張正明　主编
劉玉堂　執行主编

楚學文庫

楚系簡帛文字編（一）

滕壬生　編著

長江出版傳媒
湖北教育出版社

圖書在版編目(CIP)數據

楚系簡帛文字編 / 滕壬生編著. —武漢：湖北教育出版社，2024.5
(楚學文庫)
ISBN 978－7－5564－4546－2

Ⅰ. ①楚… Ⅱ. ①滕… Ⅲ. ①竹簡文-研究-中國-楚國(？-前223)②帛書文字-研究-中國-楚國(？-前223) Ⅳ. ①K877.54

中國國家版本館CIP數據核字(2023)第111602號

楚系簡帛文字編 CHUXI JIANBO WENZIBIAN

出品人	方　平	**責任編輯**	孫艷魁　朱思思　鄧珍珍
封面設計	蔡立國	**責任校對**	李慶華
美術編輯	李　楓　何亦明	**責任督印**	劉牧原

出版發行	長江出版傳媒	430070	武漢市雄楚大道268號
	湖北教育出版社	430070	武漢市雄楚大道268號
經　銷	新　華　書　店		
網　址	http://www.hbedup.com		
印　刷	湖北新華印務有限公司		
地　址	武漢市硚口區長風路31號		
開　本	787mm×1092mm　1/16		
印　張	148.5		
字　數	2053千字		
版　次	2024年5月第1版		
印　次	2024年5月第1次印刷		
書　號	ISBN 978－7－5564－4546－2		
定　價	788.00元		

總序

光陰荏苒，歲月不居，彈指間《楚學文庫》初版問世已近三十個春秋。驀然回首，當年的盛况仍歷歷在目：《楚學文庫》甫一亮相，即在北京召開了出版座談會與楚學研討會，著名學者季羡林、張岱年、何兹全、任繼愈、鄒衡、龐樸、黄展岳、俞偉超、黄景略、瞿林東、劉夢溪、王渝生、徐敏、白翠琴和主編張正明等先生欣然赴會，暢所欲言，對《楚學文庫》給予了高度評價，稱其『是本世紀楚文化研究成果的一次重要總結和集中展示』，爲『區域文化研究樹立了里程碑』，『對其他地域文化的研究必將産生强大的推動作用』。《光明日報》以《光彩神州，豐潤中華》爲題，整版刊發了與會學者的精彩發言。李學勤先生因故未能莅臨盛會，特意致函主編張正明先生，盛贊《楚學文庫》『不愧爲楚文化研究的集大成之作』。社會反響异常强烈，文化史學界更是好評如潮，雖多次重印，某些專著仍一書難求。

然而，自《楚學文庫》出版以來，有關楚文化的考古發現層出不窮，出土文獻聯翩而至，相關研究成果亦如雨後春笋，學術界對楚文化的認知已由量的積累上升到質的飛躍，加之初版《楚學文庫》已難以購全，因此，增補、修訂《楚學文庫》成爲學術界和廣大讀者的共同心願。湖北教育出版社審時度勢，毅然決然對《楚學文庫》進行增修，堪稱遠見卓識之舉！

相較於原版《楚學文庫》，增修版至少有如下優長。

一是體量增大，即所收專著數量增加。初版《楚學文庫》共有專著十八部，除《楚人的紡織與服飾》尊重作者意願未納入外，其他十七部全部納入增修版，并在此基礎上增加了三部專著，即張正明先生的《楚文化史》，劉彬徽、劉長武先生的《楚系金文彙編》和宋公文先生的《楚令尹制研究》，共計二十部。

其中，《楚系金文彙編》彌補了初版有簡帛文字研究而無銅器銘文研究的缺憾，與原《楚系簡帛文字編》可謂珠聯璧合，便於人們在一套叢書中得窺楚文字之全豹；《楚令尹制研究》不僅填補了楚令尹制度研究的空白，還爲楚官制研究向縱深推進提供了有益的借鑒，二書的重要意義不言而喻。尤其值得關注的是張正明先生《楚文化史》的收入，該書堪稱海内外第一部全面、系統、深入研究楚文化的精品力作，不僅在楚學界具有開榛辟莽之功，而且在中國區域文化乃至中華傳統文化研究領域享有盛譽，其影響力并未因時光流逝而消減。回想起一九八七年《楚文化史》横空出世，旋即在歷史文化學界掀起一股先睹爲快的熱潮，書中錦句如『從楚文化形成之日起，華夏文化就分成了北南兩支：北支爲中原文化，雄渾如觸砥柱而下的黄河；南支即楚文化，清奇如穿三峽而出的長江……』等，一時爲楚文化研究者和愛好者廣泛徵引傳誦，幾近『有井水處皆歌柳詞』之情狀。正是由於《楚文化史》一書思接千載，視通萬里，新意紛披，文采斐然，故雖屢屢再版，依然洛陽紙貴。此次其被納入增修版，與初版中的《楚史》相映生輝，更利於人們對楚國歷史文化的全面認識和整體把握。

二是内容增加，即每部專著都增添了新的内容。近三十年間，隨着湖北棗陽九連墩楚墓、河南新蔡葛陵楚墓、湖北宜昌萬福垴遺址等的發掘，尤其是湖北荆門郭店楚簡和上海博物館、清華大學、安徽大學珍藏的戰國竹簡等出土文獻陸續問世，極大地豐富了楚文化的内容。各位作者秉持精益求精的態度，對新資料悉心梳理、精細甄别，進而充實到原書相關部分，從而使原著更加豐滿。

三是精度更高，即匡謬正誤，推陳出新。隨着新材料的出現、新方法的運用和新技術手段的推廣，楚文化研究高潮迭起。增修版各位作者在充分吸收最新研究成果的基礎上，提出了一系列新的見解，糾正了原著中存在的謬誤，廓清了初版中某些模糊的認識，調整了不甚合理的結構，文字表述也更加準確、精煉和暢達。

人們常常以章太炎先生的『前修未密，後出轉精』來形容作品的初版和修訂版的差别，我們雖不敢如此自詡，但增修版的質量超越初版則是毋庸置疑的。時值《楚學文庫》初版問世二十九周年和主編張正明先生仙逝十八年之際，湖北教育出版社歷經九年艱苦細致的工作，鄭重推出《楚學文庫》增修版，充分體現出該社對學術的尊崇、對事業的執著和對楚文化研究一如既往的關心與支持，其中也飽含着對張正明先生的敬重和緬懷。

作爲忝列張正明先生門墻的弟子，我承蒙湖北教育出版社真誠而盛情的邀請，有幸主持了《楚學文庫》的增修工作。受命之日，我即摒弃其他瑣務，全身心恭奉其事，未敢有絲毫懈怠。因爲從某種意義上説，我把這項工作當作是恩師張正明先生布置的一次特殊作業，衹不過評判這次作業的不再是恩師，而是廣大熱心的讀者。

因我學識淺陋和能力有限，各位作者增修的時間也較爲倉促，增修版錯訛之處在所難免，誠望讀者諸君不吝指正。

劉玉堂

二〇二四年四月二十八日於武漢東湖之濱

編者獻辭*

楚學是一個正在開拓中的學術園地，從初辟草萊到蔚成氣象，還不滿半個世紀。

楚學的任務是對楚國的歷史和文化做多層面的、全方位的研究，需要衆多志士仁人爲它獻出智慧和辛勞。

楚學的對象自成一個博大精深的體系，從神話、傳説到信史，從石器時代、銅器時代到鐵器時代，從天文、曆法到地理，從物質形態的、精神形態的到制度和風俗，從民族、語言到文字，到玉帛到干戈，從科學到巫術，從老、莊的『玄覽』到屈、宋的『流觀』，從事象到模式，等等，凡上古文化涉及的一切，無所不包。祇靠一個學科或者幾個學科的力量，斷難窺其堂奥而得其神髓。

中國的古代文化是多元複合的，它的主體華夏文化是二元耦合的。所謂二元，就方位來説是北方與南方，就流域來説是黄河與長江，就代表性的始祖來説是黄帝與炎帝，就象徵性的靈物來説是龍與鳳，就學術的主流來説是儒家與道家，就風格的基調來説是雄渾、謹嚴與清奇、靈巧。早在先秦，就形成了這樣的格局。春秋戰國時代的華夏文化，北方以晉（韓、趙、魏）爲表率，南方則由楚獨領風騷。近數十年來，學術界論及中國古代文化，大抵重北輕南，重河輕江，重黄輕炎，重龍輕鳳，重儒輕道，總之，不免失之偏頗。要全面地認識中國古代文化，不可不研究楚學。

世界的古代文化更是多元複合的，它的主體即舊大陸的古代文化也是二元耦合的。這個二元，簡單地説來，就是西方與東方。從公元前六世紀中到公元前三世紀中，西方的希臘與東方的楚競輝齊光，宛如太極的兩儀。然而，近百餘年來，學術界論及世界古代文化，往往重西輕東，也不免有偏頗之失。要全面地認識世界古代文化，也不可不研究楚學。

我們奉獻給讀者的這套《楚學文庫》，結集了晚近的楚學專著，總計有書十八部。出齊之後，則非僅一斑，而足使讀者獲睹楚國歷史文化的全豹。

對於學術問題，見仁見智是正常的現象。我們的編纂宗旨是擇善而取，不拘流派，不分門户，不求千口一腔。各部專著分開來看，都自成一家言。整套文庫合起來看，則可謂：『紛總總其離合兮，斑陸離其上下。』

《楚學文庫》編委會

*本文系一九九五年版《楚學文庫》編者獻辭。

目録

序

荆州博物館滕壬生先生是我相識多年的老友，曾從他處得到很多的知識和幫助。他在博物館長期擔任行政、業務『雙肩挑』的職務，工作十分繁忙，但他始終不脱離考古和古文字的研究，尤其重視古文字學的探討。中國古文字研究會的歷次會議，滕壬生先生總是儘可能出席，在各種刊物上發表的論作有公認的成果和影響。

由于荆州爲楚國郢都故地，滕壬生先生於楚文化田野考古工作積累有豐富經驗，在古文字學方面的貢獻自然亦集中於楚文字。二十世紀九十年代，湖北省社會科學院張正明先生主編的《楚學文庫》在湖北教育出版社出版，其間關於楚文字的專書，便是滕壬生先生的《楚系簡帛文字編》。滕壬生先生在這部書上用了多年功夫，從二十世紀八十年代即着手輯集材料，矻矻久之，終於一九九五年成書，同年印行。這部書所收材料非常豐富，體例也很完善，全書厚一千二百餘頁，問世後迅即成爲有關學者架上必備的工具書，對促進楚文字研究的進步起了顯著的積極作用。

東漢許慎《説文·叙》形容戰國時期爲『言語異聲，文字異形』，近年的發現與研究充分證實了這一點。其時東方六國文字，雖都是從殷周文字演化而來，然而變異多端，常有匪夷所思之處，遠不如秦國文字的整齊規範。至秦兼并六國之後，下令『罷其不與秦文合者』，這種文字已被廢棄，更使後人辨識增加困難。現在戰國文字研究已建設成古文字學的一個分支，作爲其重點的就是六國文字，尤其是楚文字。

楚文字在六國文字中，迄今發現最多。這不僅是因爲楚國土地於六國間最稱廣袤，更是由於楚地大多具有特殊的地下環境條件，加上良好的墓葬制度，使像竹簡帛書這一類易於朽壞的文物得以存留下來。楚國簡帛的大量出土，被認爲是最重大的考古發現之一，在學術上有着廣泛而深遠的影響。

應該説明的是，楚簡帛是先秦文物中文字字數最多的文物。大家知道，殷商金文最長的畬卣是四十九字；甲骨文最長的小臣墻肋骨現存五十五字，復原估計有約一百八十字；西周金文最長的毛公鼎也衹有四百九十七字。所有這些，在字數上都不能與楚簡帛相比。況且楚簡帛都有較多的上下文可供推求，其中的書籍有的還有傳世本足资對照。這樣，通過楚簡帛能够準確考釋出許多文字，并且由之上溯殷周，下通秦漢，於古文字學中有其獨有的重要性。

楚帛書衹在一九四二年於長沙子彈庫出土過，楚簡則發現多批，而書籍以一九九三年荆門郭店一號墓所出和一九九四年上海博物館入藏的最爲豐富重要，其整理發表均在滕壬生先生《楚系簡帛文字編》初版以後。好在滕壬生先生没有中止他的工作，又費了幾年功夫，將這部《楚系簡帛文字編》全面擴充修訂，增收了文字材料，改進了編排釋讀，使之更便利於學者使用，是非常值得我們感謝的。

楚文字的研究正在迅速發展之中，新版的《楚系簡帛文字編》吸收了學術界的最新成果，也體現了滕壬生先生長期鑽研探索的眾多收獲，希望讀者不要錯過。

李學勤

二〇〇七年二月十八日於清華園

前言

楚國在春秋戰國時期是『五霸』『七雄』之一。『吞五湖三江』，據有南方的廣袤疆土。到戰國時代的『威王末年和懷王初年，楚國已是東方第一大國，世界第二大國，版圖僅亞於西方的亞歷山大帝國』[一]。在這樣一個廣大的文化圈內，其文字不僅包括楚人書寫、鑄刻的楚國文字，而且亦包括被楚所滅之國在其被滅之後所書寫、鑄刻的文字，乃至受楚文化影響較深的南方諸國，如曾、蔡、徐、宋、吴、越、鄀、黄等國的文字亦都屬於這一系。從出土的楚系文字資料看，有銅器銘文、兵器文字、貨幣文字、璽印文字、陶器文字、石器文字、漆器文字、木器文字、簡牘文字和縑帛文字。它們的形體結構和書寫風格都比較接近。

二十世紀五十年代以來，隨着文物考古事業的迅速發展，湮没幾千年的古代文字资料不斷涌現。其中簡牘文字已在楚國故地湖北（荆州、荆門、隨州、黄岡、老河口）、湖南（長沙、臨澧、常德、慈利）、河南（信陽、新蔡）三省先後出土了二十七批竹簡。現分省按時間順序略述如下：

一、五里牌竹簡。

一九五一年，在湖南長沙五里牌四〇六號楚墓中出土，計殘簡三十八支，内容屬於遣策。

二、仰天湖竹簡。

一九五三年，在湖南長沙仰天湖二五號楚墓中出土，計竹簡四十三支，二百七十二字，内容屬於遣策。

三、楊家灣竹簡。

一九五四年，在湖南長沙楊家灣六號楚墓中出土，計七十二支竹簡，文字模糊不清。年代爲戰國晚期。

四、臨澧九里竹簡。

一九八〇年，在湖南臨澧九里一號楚墓中出土，計竹簡數十支，内容爲遣策。

五、德山夕陽坡竹簡。

一九八三年，在湖南常德德山夕陽坡二號楚墓中出土，計二支竹簡，五十四字，可以連綴成文：『越涌（甬）君嬴將其衆以歸楚之歲，荆尸之月，己丑之日，王處於郊郢之游宫。士尹□王之上與（舉），念哲王之畏（威）。佶（篙）辻尹吕逯以王命，賜舒方御歲愲（課）。』内容大意是楚王賞賜墓主士尹□可以享受舒方一年租税的特權。竹簡的性質相當於後世的『丹書鐵券』[二]。

六、慈利石板村竹簡。

一九八七年，在湖南慈利縣石板村三六號楚墓中出土，殘簡四千三百七十一片，尚在整理之中，其文字多數模糊不清。内容爲典籍。一類與《國語・吴語》《逸周書・大武》等傳世文獻可印證，另一類可能是《管子》《寧越子》等佚文[三]。

七、望山一號墓竹簡。

一九六五年冬，在湖北江陵望山一號楚墓中出土，地下保存情況不佳，計有殘簡二百零七片，簡文總計一千零九十三字，内容爲卜筮祭禱的記録。

八、望山二號竹簡。

一九六六年春，在湖北江陵望山二號楚墓中出土，地下保存情況不佳，計有殘、完的竹簡六十六枚，簡文總計九百二十五字。內容爲遣策。

九、滕店一號墓竹簡。

一九七三年，在湖北江陵滕店一號墓中出土，殘斷嚴重，字迹模糊，計殘簡二十四支，内容爲遣策。

十、天星觀一號墓竹簡。

一九七八年，在湖北江陵天星觀一號楚墓中出土，因早年被盜墓賊擾亂，尚出土七十多支竹簡，四千五百多字。內容爲卜筮祭禱記録和遣策。

十一、曾侯乙墓竹簡。

一九七八年，在湖北隨县(今隨州市)曾侯乙墓中出土，計二百一十五支，另有簽牌文字。總字數爲六千六百九十六字。內容是葬儀中車馬兵甲等方面的遣策。

十二、九店五六號墓竹簡

一九八一年，在湖北江陵九店五六號楚墓中的側龕内出土，因其與污泥膠粘在一起，保存較差。經整理，有字簡一百四十六支。內容爲迄今最早的日書(選擇時日和風水方面的書籍)。

十三、九店六二一號墓竹簡。

一九八一年，在湖北江陵九店六二一號楚墓中出土，它比五六號墓的竹簡保存更差，全部殘損。經整理，有字殘簡八十八支，其中有五十四支文字已漫漶不清。內容與稱量農作物有關，包括衡制與量制的换算。

十四、馬山一號墓竹簡。

一九八二年，在湖北江陵馬山一號楚墓中出土，僅一支，八個字，内容屬簽牌記事。

十五、竹律管文字。

一九八六年，在湖北江陵雨臺山二一號楚墓中出土，殘律管四支，共計三十八字。内容爲音律名。

十六、秦家嘴一號墓竹簡。

一九八六年，在湖北江陵秦家嘴一號楚墓中出土，殘簡七支，内容爲卜筮祭禱記録。

十七、秦家嘴一三號墓竹簡。

一九八六年，在湖北江陵秦家嘴一三號楚墓中出土，殘簡十八支，内容爲卜筮祭禱記録。

十八、秦家嘴九九號墓竹簡。

一九八六年，在湖北江陵秦家嘴九九號楚墓中出土，殘簡七支，内容爲卜筮祭禱記録。

十九、包山楚簡。

一九八七年，在湖北荆門包山二號楚墓中出土，計二百七十八支，另有竹牘和簽牌，總字數一萬二千五百餘字。内容主要是司法文書、卜筮祭禱記録和遣策。

二十、鷄公山竹簡。

一九九一年，在湖北江陵鷄公山一八號楚墓中出土，數量不詳，内容爲遣策。

二十一、江陵磚瓦廠竹簡。

一九九二年，在湖北江陵磚瓦廠三七〇號楚墓中出土，殘簡六支，内容爲卜筮祭禱記録。

二十二、老河口竹簡。

一九九二年，在湖北老河口戰國楚墓中出土了一批竹簡，内容爲遣策，尚未發表。

二十三、范家坡竹簡。

一九九三年，在湖北江陵范家坡二七號楚墓中出土，僅一支竹簡，計二十七字。內容爲卜筮祭禱記録。

二十四、曹家岡楚簡。

一九九三年，在湖北黄岡曹家岡五號楚墓中出土，計七支竹簡，内容爲遣策。

二十五、郭店楚墓竹簡。

一九九三年，在湖北荆門郭店楚墓中出土，雖經盜擾，仍幸存八百餘支竹簡，除少量無字簡外，其中有字簡七百三十支。且大部分完整清晰，計有文字一萬二千零七十二個。内容爲竹書，即儒家和道家的著作十六種。年代爲戰國中期偏晚。

二十六、信陽楚簡。

一九五七年，在河南信陽長臺關一號楚墓中出土，保存較差，可見墨迹之字約一千四百五十四個，内容爲二組：一組是竹書，與傳世的先秦典籍非常相近。另一組是遣策，年代爲戰國中期偏早。

二十七、新蔡竹簡。

一九九四年，在河南新蔡葛陵一號楚墓中出土，保存較差，出土時已殘斷，總計一千五百餘片，計有文字近八千個。絶大部分爲卜筮祭禱記録，而遣策衹有十支，年代在公元前三四〇年左右。

以上二十七批竹簡的年代均在戰國時期，其中曾侯乙墓竹簡爲戰國早期，楊家灣竹簡爲戰國晚期，其餘爲戰國中期前後。完、殘竹簡編號總數爲三千六百七十四支（段），文字總計爲五萬零一百六十七字。在本編中，爲了與出土楚簡文字對照，除增訂本中收録的《上海博物館藏戰國楚竹書》（一）、（二）外，新增收録《上海博物館藏戰國楚竹書》(三)、(四)、(五)、(六)、(七)、《清華大學藏戰國竹簡》(一)、(二)、(三)、(四)、(五)共十部書中的總計字數爲二萬二千八十二字。本編是在增訂本的基礎上修訂、擴充、改版而成的，並結合當前最新的釋字成果，力求給廣大讀者閲讀楚文字和進一步考釋疑難字提供重要參考。本編的完成具有非常重大的意義。具體表現在以下幾個方面：

從數量上看，出土的楚系簡牘文字數量之多，無疑是戰國文字之冠，令世人矚目。本编按謄清後的定稿統計，共收録出土簡帛文字字形七萬一千四百三十一個，其中，新增收録《上海博物館藏戰國楚竹書》字形八千六百一十個，收録《清華大學藏戰國竹書》字形一萬三千七百七十二個。總收録字頭六千一百一十二個，其中《說文》有的字頭二千三百一十個，《說文》所無的字頭一千八百一十八個，異體字字頭一千九百八十四個（新增《上海博物館藏戰國楚竹書》的異體字頭三百二十九個。《清華大學藏戰國竹簡》的異體字頭二百零四個；另原增訂本已收包山、郭店等楚簡字形在本編中新隸定的異體字頭爲二百零一個）。

從形式上看，這是目前見到的我國書籍的最早實物，對於研究書籍的發展和傳播具有重要意義。同時，本編收録的楚系簡帛文字對研究中國文字從殷商甲骨文、金文再到戰國文字的發展歷程意義非凡。總之，這是中華文明史上一筆極其寶貴的財富，亦是中華文明對世界文明的重大貢獻。

從内容上看，它反映了當時楚國社會的方方面面，既有當時人們的物質文化，亦有當時人們的思想文化。這在遣策、卜筮祭禱記録、竹書、日書、司法文書等多類竹簡中得到了比較充分的反映。

其一，從遣策看，有的記載了各種食品，祭器，銅、陶、漆、木、竹器和絲織衣物等，以及其相關的數量、顔色。有的記載了葬儀中的車馬兵甲，包括車馬的組成，馭車者的组成，車輛的裝飾，以及車名、馬名、職官、姓氏等等。

其二，從卜筮祭禱看，均爲墓主人卜筮祭禱的記録，上述天星觀、包山、新蔡、秦家嘴等大小墓八批簡中記載有貞人苛光、許吉、陳乙、陳郢、彭定、盬、壽君、五生、軺蘉志等三十多人。卜筮用具有長靈、命靈、小尨、郄荅、大央、大保豖等近二十種。卜筮原因對邸陽君、坪夜君、左尹卲𠇷等貴族來講，一是貞問疾病的吉凶；二是貞問出入侍王是否順利；三是貞問何時獲得爵位。對地位不高的人來説，主要是貞問疾病的吉凶。祭禱的種類有『一禱』『舉禱』『賽禱』。祭禱的物品有戠（植）牛、白犬、豖、酒食、玉環等。祭禱的對象一類是神祇、山川、星辰，諸如『二天子』『東城夫人』『司禍』『地主』『后土』『大水』『宫』『祀』『行』『人禹』『不辜』『高丘』『下丘』『坐山』『五山』等。另一類是祭禱先人，充分反映了當時楚國的巫風盛行。與此相關聯的還有專講一年四季的時日吉凶，干什麽事都要『擇良日』，如家祭、娶妻、嫁女、入貨、遷新居等等，無不反映楚人信鬼好祀的迷信思想。同時在卜筮祭禱簡中往往記有年月日及其官爵，而在考古學上對其墓葬的斷代及墓主人身份的確定起着至關重要的作用。簡文中還有楚國歷史人物和歷史地名的記載。其中楚先祖有『老僮』『祝融』『媸酓』『熊繹』『武王』『邵（昭）王』『惠王』『柬（簡）王』等，可與《史記·楚世家》相互印證。楚國地名屬中心地帶的湖北境內有『鄂』『隋』『鄧』『陰』『郥』『安陸』『子陵』『南陵』『羕陵』『襄陵』『東陵』『陽陵』以及『沮（沮）』『章（漳）』等；往東有山東、安徽、浙江境内的『邾』『郯』『下蔡』『越』等；往北在河南境内有『郉道』『陳』『鄗』『吕』『新都』『宜陽』『魯陽』『安陵』等；往南在湖南境内有『長沙』『益陽』『武陵』等，爲研究戰國時期楚國的疆域提供了珍貴的考古資料。此外，關於楚郢都的名稱問題，簡文中除『郢』『戚郢』之外，還有『藍郢』『𨛭郢』『鄩郢』『鄩郢』。它們的地望以及同楚都——紀南城的關係等方面都是楚文化研究的重要課題。

其三，司法文書竹簡，是楚國官府行政和司法方面的原始檔案。內容十分豐富，多是一些訴訟案件的呈送、受理、審理或復查的有關具體材料以及有關官員借貸黄金以糴種的記録。它反映了當時楚國在司法活動中的種種實際情況，填補了楚國歷史的空白，對研究楚國的司法制度具有重要的價值。

其四，竹書的發現，不僅數量多，内容亦十分重要，學術價值極高，令人震撼。僅就郭店楚簡而言，儒家和道家的著作就有十六種，總字數一萬二千餘。從一九九八年公佈以後，至二〇〇三年五年期间以此爲主題召開了五次國際學術討論會，出版有中外文專著數十部，發表論文幾百篇。楚地出土文獻學術影響和研究前景，完全可以同殷墟卜辭、西周金文、西北地區的漢晉簡牘以及敦煌吐魯番文書相媲美，必將成爲中國出土文獻領域的一門顯學。有人預言，大批楚簡的發現會使中國的歷史文化研究進入一個新時代。事實上它已經成爲國際漢學界和我國人文學界的前沿課題，而且越來越顯得重要。

從所收録的字形看，本編依據《説文》隸定楷書字頭，次出小篆，再按出土墓葬、簡牘編號收録同一字，並詳細注解出處、辭例，對有異體字字形的均統一收録到同一字頭下。本文字編在使用过程中不僅可以清楚的看出所收録文字字形的變化，同時對該文字的字音、字義都有了涵蓋，這種體例在出版的文字編中尚屬首例。

從書法藝術的價值上來看，這些竹簡本身又是書法藝術史上一種至關重要的文化遺産，給中國漢字文化的研究提供了古老而又新穎的活史料。其風格各異十分難得，給我國書法史增添了浩富輝煌的篇章。這些墨跡的大量出土，揭開了籠罩在金石書法上刻意雕飾的帷幕，還原了戰國時代書法歷史的本來面目，是研究書法史的最佳史料。其藝術水平之高、風格之多樣，充滿着書法藝術的魅力。就仰天湖楚簡而言，篆書爲之，用筆首尾出鋒，筆勢圓轉流麗，結構豐滿而取斜傾之勢。有的雜柔篆隸，筆法多用藏鋒圓筆，含蓄而有波勢，結字因字佈排或扁或長、或寬或窄、自由活泼，藝術水平之高、風格之多樣、流脉之清晰多變，足以让今日標新立異、力創家門者欣喜，這些充滿活力乃至野性的書法藝術作品，給今日書法藝術創作推陳出新，追求時代感和个人風格提供了最佳的可供借鑒的形象資料，是中華文化史上極其寶貴的財富，也是人類文化寶庫中灿爛的明珠。

這是一部載籍浩繁的簡帛文字編，亦是漢字文化建設中學人共仰的基礎文化建設，因爲通過這些簡帛研究我國上古時代的政治、經濟、文化、法律、哲學、美學和藝術等等，首要的就是認識文字，不認識字或者認錯字，都将造成研究工作的重大失誤。著名學者任繼愈先生曾經告誡我們：『研究楚文化必須認識楚文字，不能含混。』㊃

簡帛文字的出土，给了我們以新的契機和動力。簡帛文字研究至今仍有現代意義和價值，它不僅是歷史的研究，還有易於促進傳統文化創造性詮釋和转化，有助於傳統精神價值理念之間的『靈根再植』的工作，當然它需要從一字一句的考證箋釋開始做起。

由於歷史和地域的原因，楚國自春秋以來就形成一種具有獨特風格的文化。戰國時期，簡帛文字逐漸居於主導地位，而在中、晚期，這些日常生活中通用的用毛筆書寫而成的手寫體文字对銅器銘文的風格有着直接的影響，具有濃厚的地域特點。表現在書寫風格方面：字形趨於扁平、欹斜，筆勢圓轉流麗，横畫多作昂起的弧形，一般落筆重而收筆輕，多有首粗尾細之感；有的簡易草率；有的波勢挑法具有後世隸書的雛形；表現在形體結構方面：结構歧異，筆畫多變，符號繁雜特殊；一字多體，繁簡並存，偏旁無定，假借盛行。這是楚簡帛文字的突出特點。在本編中比比皆是，故在此不一一列舉。

同六國文字相比，楚系簡帛文字有許多特殊的偏旁和特殊的形體應予注意。例如特殊的偏旁有：『石』作『』（見本編八二三頁）；『阜』作『』『』（見本編一一八九至一一九六頁）；『巾』作『』『』（見

本編七二〇頁）；『糸』作『』『』（見本編一〇七六至一〇九三頁）；『金』作『』『』（見本編一一五八至一一六六頁）；『竹』作『』『』（見本編四三五至四四四頁）；『心』作『』『』（見本編八九九至九〇二頁）。

特殊的形體很多，判定楚文字主要依據文字本身所體現的特點，同時也要兼顧文字資料的內容。例如：『歲』作『』（參見本編一三六至一四〇頁）；『陳』作『』（見本編一一九三至一一九四頁）；『事』作『』（見本編二八八至二九一頁）；『閒』作『』（見本編九九三至九九四頁）；『申』作『』（見本編一二五二至一二五三頁）；『陵』作『』（見本編一一八九至一一九〇頁）；『坪』作『』（見本編一一二九至一一三一頁）；『郤』作『』（見本編六三八頁）；『戠』作『』（見本編一〇五五至一〇五七頁）；『集』作『』（見本編三七二至三七三頁）；『關』作『』（見本編九九四頁）；『嘗』作『』（見本編四八〇頁）；『無』作『』（見本編一〇七〇頁）；『彖』作『』（見本編六七八至六七九頁）；『光』作『』（見本編八七三頁）；『癸』作『』（見本編一二一九至一二二〇頁）；『酉』作『』（見本編一二五三至一二五四頁）；『閔』作『』（見本編九九四至九九五頁）；『脰』作『』（見本編四〇七頁）；等等，都是戰國文字所僅見的。然而這畢竟衹占少數，多數同當時各地文字還是相同或相近的。從歷史的眼光分析，如同其他六國文字一樣，亦是殷周文字形體演變的繼續。殷周文字形體演變的某些規律，諸如簡化、繁化、異化等，在楚系簡帛文字形體演變規律中亦得到充分體現，主要表現在刪簡文字的筆畫和偏旁。有單筆簡化，複筆簡化，有刪簡形符或音符，有以共筆方式、亦有合文方式和代筆方式而達到簡化的目的者，可謂隨意性很强。例如：

『昜』作『』(包二·一二二)省作『』(包二·八六)；『訓』作『』，天卜省作『』；嘉作『』(包二·一五九)省作『』(包二·一六六)；『裏』作『』(信二·〇九)省作『』(信二·〇九)；『厚』作『』(望二·二策)省作『』(望二·二八)；『爲』作『』(包二·五)省作『』(包二·一六)；『馬』作『』(曾一五〇)省作『』(望一·二五)；『閒』作『』(新甲三·二〇八)省作『』(望一·六七)；『瘳』作『』(包二·一〇)省作『』(包二·一六八)；『羽』作『』(包二·二六九)省作『』(包牘一)；『春』作『』(包二·二〇〇)省作『』(包二·二〇三)；『名』借用筆畫省作『』(包二·三三二)；『之歲』合文借用筆畫省作『』(包二·二二八)；『大夫』合文借用形體省作『』(包二·一五)；『公孫』合文刪簡偏旁省作『』(包二·一四五)；如此等等。其中，有的字形本來已簡化了，又一省再省。所以説簡化是造成戰國文字異形的重要原因之一。值得注意的是：特殊簡化字，不能脱離具體的語言環境，否則就會造成種種誤解。

所謂繁化，主要表現在增繁文字的形體筆畫或偏旁。繁化可分有義和無義繁化，其結果或突出表意或突出表音。其實很多繁化是毫無意義的，它所增加的形體、偏旁筆畫是多餘的。而在未掌握這類規律之前，往往不易釋讀。縱觀楚系簡帛文字繁化的某些規律，大致可歸納如下三點：

一、重疊形體。如『月』作『』(信一·〇二三)。

二、重疊偏旁。如『骨』作『』(仰二五·三〇)；『蝕』作『』(包二·二二七)；『融』作『』(包二·二一七)。

三、增添偏旁。這類現象很突出，多屬無義增繁，祇有極個别的含有某種特義。例如，加宀：『中』之作『』（包二·七一）、『保』之作『』（包二·二二二）、『集』之作『』（天卜）、『船』之作『』（包二·二一〇）、加心：『訓』之作『』（包二·二一七）、『尚』之作『』（包二·一九七）、『卲』之作『』（望一·二〇），加匚：『逄』之作『』（包二·二一三），加邑：『梁』之作『』（包二·一六三）、『齊』之作『』（天卜）、『秦』之作『』（曾三）、『裏』之作『』（包二·一一五），加口：『巫』之作『』（天卜）、『胆』之作『』（包二·一五七反）、『梪』之作『』（帛乙·一〇）、『叙』之作『』（帛丙一〇·三）、『相』之作『』（曾二一四）、『青』之作『』（郭老乙·一五）、『組』之作『』（曾二）、『紀』之作『』（帛乙四·二四）、『丙』之作『』（望一·六六）、『䍃』之作『』（曾四五），加又：『作』之作『』（包二·一六八）、『紳』之作『』（曾一五），加土：『黄』之作『』（包二·八五）、『豢』之作『』（包二·二〇三）、『丘』之作『』（包二·二三七）、『雖』之作『』（曾四六）、『廄』之作『』（曾四）、『軥』之作『』（包牘一），加止：『軛』之作『』（包二·八七）、『衛』之作『』（望二·一〇），加羽：『戠』之作『』（天策）、『𦤎』之作『』（天策），加日：『友』之作『』（郭·語一·八〇），加爪：『室』之作『』（望一·一七）、『家』之作『』（郭·老丙·三）、『卒』之作『』（新乙四·四六），加示：『行』之作『』（九·五六·二七），成爲路神的專字。加邑，往往指地名。類似這些情況，楚系簡帛文字雖有多例，但主要的還是無義增繁。繁化深刻影響着秦漢以後古今字的發展。難識，其筆畫多變、結構詭異加以音讀每每通假，這就勢必爲釋讀戰國文字造成諸多障碍。即便是同一地區，乃至同一墓葬、同一器物也間有殊異。

所謂異化，乃是對文字的筆畫和偏旁有所變異，從而使字形發生了較大的變化，這在本編文字中亦有種種表現。其一，形體方向和偏旁位置不固定。有正側互置、上下互置、左右互置，例如：『甲』作『』（包二・四六）亦作『』（包二・一二），『柫』作『』（曾三八），『桐』作『』（曾一二二），『跪』作『』（包二・二六三），『珥』作『』（曾六四）亦作『』（信二・〇二），『祱』作『』（望一・二四）亦作『』（望一・八八）。

其二，義近相關的形符互作，其形體雖異，意義不變，即通常所説的異體字。例如：『日』與『月』互作，『歲』之作『』（包二・一四一）亦作『』（望二・一）；『木』與『禾』互作，『利』之作『』（天卜）亦作『』（帛丙一一・三），『末』之作『』（望二・一三）亦作『』（包二・一六四）；『革』與『韋』互作，『鞁』之作『』（曾四一）亦作『』（曾二五），『鞍』之作『』（曾八三）亦作『』（曾六九），『韓』之作『』（曾七）亦作『』（曾五六），『鞾』之作『』（包二・一八六）亦作『』（包二・二七二），『鞴』之作『』（曾三）亦作『』（曾一二三），『鞳』之作『』（曾三）亦作『』（曾八四）；『糸』與『市』互作，『純』之作『』（曾六七）亦作『』（曾六五），『紫』之作『』（曾一二七）亦作『』（曾一二四）；『艸』與『竹』互作，『葦』之作『』（望二・四八）亦作『』（新乙三・七），『著』之作『』（包二・四〇）亦作『』（包二・二〇一），『席』之作『』（信二・〇一九）亦作『』（信二・〇八）。

其三，形近的偏旁寫混，造成以訛傳訛的錯别字。這類形近互作的譌誤現象，反映在簡帛文字中亦有一定的規律性。例如：「人」與「尸」互作，「居」作「□」（包二·三二）亦作「□」（望二·四五），「尿」作「□」（包二·二二八）亦作「□」（包二·二二六），「屈」作「□」（包二·一五七）亦作「□」（包二·八七）；「日」與「田」互作，「昔」作「□」（天策）亦作「□」（天策），「步」作「□」（包二·一五一）亦作「□」（包二·一六七），「戠」作「□」（包二·一八）亦作「□」（包二·二〇三）；「肉」與「舟」互作，「祭」作「□」（包二·二三七）亦作「□」（包二·二二五）；「土」與「立」互作，「臧」《説文》籀文「□」，包山簡作「□」（包二·二〇五）。

其四，音近互代。例如：「系」可代「奚」，銀雀山漢簡「百里奚」之「奚」作「系」，曾侯乙墓竹簡中的「㨙」字（指木俑）偏旁作「系」（曾二三），這是因爲「系」（系）、「奚」二字形音俱近。故包山楚簡中的「□」（包二·九二）可釋爲「鼷」（包二·二五八），「□」可釋爲「鷄」，「□」（包二·二五九）可釋爲「醯」。又如「囂」可代「敖」，這是因爲「囂」音敖。故包山楚簡中的「□」（包二·一四三）字從囂從石省，可釋爲「磝」字，於簡中用做地名，古有石磝城。包山楚簡中的「□」（包二·二五七）實即「熬」字，《説文》「熬」，幹煎也，於簡文中文通義順。曾侯乙墓一一六號簡有「□」字，亦當釋作「驐」，《説文》「驐」，駿馬也。又如：「父」「甫」，「父」「付」音近互代。包山簡中的「脯」字作「□」（包二·二五五），「俌」字作「□」（包二·二二二），是其證。

其五，分割筆畫，即把本來應該連接的一筆予以分割而造成異化字。如「東」之作「□」（包二·一二），「朱」之作「□」（曾八六）。相反，亦有把本來不應該連接的筆畫連接起來，如「臣」之作「□」（包二·七），反映了楚簡文字的某些簡率，隨意性很强。

其六，對文字形體和偏旁予以解散。例如：『日』之作『』，『於』之作『』，『備』之作『』等等。

此外，楚簡文字中還使用了許多特殊的符號，除重文號、合文號之外，有的是用來作文字中的輔助性筆畫，或表示省略，或表示裝飾。其中用『=』來省掉字形的某一部分則屢見不鮮。如『命』之作『』（包二·二四三），『瘳』之作『』（天卜），『齊』之作『』（信二·〇一三），『爲』之作『』（望一·二〇），『馬』之作『』（望一·一）等等。其他的所謂裝飾符號有『』『』『』『』『』等，在楚簡中主要是對文字形體佈局起調節作用，加與不加無別。但個別的亦要具體分析，慎重對待。如楚簡中的『』（包二·二二九）和『』（包二·二一〇）字，釋作『太』，似爲太陽神的專字。從文意看，舉禱蝕一全豢，詞句完全相同。大概因爲出現日蝕而對太陽神舉禱一全豬。古文字『大』『太』本來是一個字，而在戰國文字里，『大』和『太』開始走向分化。『』字右上角加『』正是將『大』和『太』區別開來的標誌。

綜上所述，從殷商到戰國時代，在這千年的漫長歲月裏，漢字在簡化、表音化兩條基本規律作用下，一方面將原有字進行改造、更新，使之更便於書寫，更切於實用；另一方面又必須創造一批又一批新的文字符號以適應社會需要。春秋之際文字處於没有統一駕馭、放任自流的狀態。舊有的文字形體，没有也不可能一律廢棄，新的文字形體（含異文在内）又不斷滋生，二者並行於世，必然促成文字正訛雜出的混亂局面。戰國時期是我國歷史上空前混亂的時代，故地域性文化得到滋長。許慎《説文·叙》所謂『田疇異畝、車塗異軌、律令異法、衣冠異制、言語異聲、父字異形』在楚系簡帛文字中得到了充分體現。

總之，以上的粗略分析，僅僅是拋磚引玉而已，楚系文字的研究是一個複雜的綜合性的研究，它需要考古學、文字學、文獻學、社會學、歷史學、哲學、文學、藝術、地域文化研究等等通力合作方能成功。此書的出版若能致用於萬一，則余心可以帖安。由於水平所限，本書的缺點和錯誤在所難免，敬請讀者批評指正。

滕壬生

二〇一六年十二月於湖北荆州博物館

注釋

㈠ 張正明：《楚史》，湖北教育出版社，一九九五年二九四頁。
㈡ 何琳儀：《戰國文字通論》（訂補），江蘇教育出版社二〇〇三年。
㈢ 張春龙：《慈利楚簡概述》，《新出簡帛國際學術討論會論文》，北京大學二〇〇〇年。
㈣ 武漢大學中國文化研究院：《郭店楚簡國際學術研討會論文集》，湖北教育出版社二〇〇〇年。

凡例

一、本编是在二〇〇八年十月湖北教育出版社出版的《楚系簡帛文字編（增訂本）》的基礎上重新進行編撰的。新增補的内容爲：《上海博物館藏戰國楚竹書》（三）、（四）、（五）、（六）、（七），《清華大學藏戰國竹簡》（一）、（二）、（三）、（四）、（五）著録的戰國楚簡文字。

二、上述簡帛文字，一類是照片掃描字形或照片復印件；另一類是摹本。摹本的文字是嚴格依據原物照片摹寫的，間或參照實物復核。字體大小雖與原物不完全一致，但字迹儘量做到不失原形。

三、本編收録楚系簡帛文字總計七萬一千四百三十一個。體例上按照單字、合文與數字、附録三個部分。凡殘損模糊過甚者未予收録。字形相同，用法一致，一批數見者，亦儘量收録。凡文字不知音義、不便隸定者，則入附録。

四、字頭排列大體參照李守奎《楚文字編》的格式，以《説文》大徐本爲序。見於《説文》者，字頭首出小篆的楷書字形，次出小篆字形；同一字楚系簡帛文字有異體者，則分别排列在同一字頭下；結構不同的楚系簡帛異體文字皆出隸古定，次於相應的字形。《説文》所無之字而有形聲可識者，用楷書作字頭，分别附於《説文》各部之末；見於後世字書者，則注明見於何書。

五、爲了控制篇幅，與小篆結構不同的異體字，除依《説文》有重複者外，原則上不再重出其字形。

六、每一字下皆注明出處，並附辭例。凡屬已著録公佈的材料，字形下首標出處簡稱，次標簡序號；凡屬未公開發表的資料，則僅注明墓號簡稱，即按照簡文内容標明其大致出處。例如天星觀一號墓出土的卜筮祭禱記録簡，簡稱爲『天卜』；其遣策部分則簡稱爲『天策』。辭例中的本字，均用『—』作代號；用『□』號代表存疑或殘缺字；用『〼』表示竹簡殘斷。

七、審釋文字，博采衆家歷年發表的研究成果斷以己意，不注明出處，書後附有主要參考文獻，可以參看。對個别衆説紛紜的字，從一家之言，字下間出按語。

八、字編後附有筆畫檢字表，以備檢索。

九、鑒於書中内容的特殊性，本書采用繁體竪排。

引用資料全稱、簡稱及出處表

全稱	簡稱	出處
長沙五里牌四〇六號墓竹簡	牌四〇六	長沙發掘報告 科學出版社一九五七年版
長沙仰天湖二五號墓竹簡	仰二五	考古學報 一九五七年第二期
常德市德山夕陽坡二號墓竹簡	常二	楚史與楚文化研究 求索增刊一九八七年版
江陵天星觀一號墓卜筮簡	天卜	楚系簡帛文字编 湖北教育出版社一九九五年七月版
江陵天星觀一號墓遣策簡	天策	楚系簡帛文字编 湖北教育出版社一九九五年七月版
江陵雨臺山二一號墓竹律管墨書文字	雨二一	湖北出土商周文字輯證 武漢大學出版社一九九二年版
江陵馬山一號墓竹簡	馬一	江陵馬山一號楚墓 文物出版社一九八五年二月版
江陵磚瓦廠三七〇號墓竹簡	磚三七〇	簡帛研究二〇〇一 廣西師範大學出版社二〇〇一年九月版
江陵秦家嘴一號墓竹簡	秦一	楚系簡帛文字编 湖北教育出版社一九九五年七月版

江陵秦家嘴一三號墓竹簡	秦一三	楚系簡帛文字編 湖北教育出版社一九九五年七月版
江陵秦家嘴九九號墓竹簡	秦九九	楚系簡帛文字編 湖北教育出版社一九九五年七月版
江陵范家坡二七號墓竹簡	范二七	楚系簡帛文字編 湖北教育出版社一九九五年七月版
江陵滕店一號墓竹簡	滕一	文物 一九七三年第七期
荊門包山二號墓竹簡	包二	包山楚墓 文物出版社一九九一年版
信陽一號墓竹書簡	信一	信陽楚墓 文物出版社一九八六年版
信陽一號墓遣策簡	信二	信陽楚墓 文物出版社一九八六年版
曾侯乙墓竹簡	曾	曾侯乙墓 文物出版社一九八九年版
長沙子彈庫楚帛書甲篇	帛甲	楚帛書 中華書局香港分局一九八五年版
長沙子彈庫楚帛書乙篇	帛乙	楚帛書 中華書局香港分局一九八五年版
長沙子彈庫楚帛書丙篇	帛丙	楚帛書 中華書局香港分局一九八五年版

荊門郭店楚墓竹簡・太一生水	郭・太	郭店楚墓竹簡 文物出版社一九九八年版
荊門郭店楚墓竹簡・老子丙	郭・老丙	郭店楚墓竹簡 文物出版社一九九八年版
荊門郭店楚墓竹簡・老子乙	郭・老乙	郭店楚墓竹簡 文物出版社一九九八年版
荊門郭店楚墓竹簡・老子甲	郭・老甲	郭店楚墓竹簡 文物出版社一九九八年版
江陵九店二一號墓竹簡	九・二一	九店楚簡 中華書局二〇〇〇年版
江陵九店五六號墓竹簡	九・五六	九店楚簡 中華書局二〇〇〇年版
江陵望山二號墓竹簡	望二	望山楚簡 中華書局一九九五年版
江陵望山一號墓竹簡	望一	望山楚簡 中華書局一九九五年版
荊門包山二號墓竹簽	包竹簽	包山楚墓圖版四六、四七 文物出版社一九九一年版
荊門包山二號墓竹牘	包牘	包山楚簡圖版一三一 文物出版社一九九一年版
長沙子彈庫楚帛書殘片	帛殘	文物 一九九二年第十一期

荆門郭店楚墓竹簡・緇衣	郭・緇	郭店楚墓竹簡	文物出版社一九九八年版
荆門郭店楚墓竹簡・魯穆公問子思	郭・魯	郭店楚墓竹簡	文物出版社一九九八年版
荆門郭店楚墓竹簡・窮達以時	郭・窮	郭店楚墓竹簡	文物出版社一九九八年版
荆門郭店楚墓竹簡・五行	郭・五	郭店楚墓竹簡	文物出版社一九九八年版
荆門郭店楚墓竹簡・唐虞之道	郭・唐	郭店楚墓竹簡	文物出版社一九九八年版
荆門郭店楚墓竹簡・忠信之道	郭・忠	郭店楚墓竹簡	文物出版社一九九八年版
荆門郭店楚墓竹簡・成之聞之	郭・成	郭店楚墓竹簡	文物出版社一九九八年版
荆門郭店楚墓竹簡・尊德義	郭・尊	郭店楚墓竹簡	文物出版社一九九八年版
荆門郭店楚墓竹簡・性自命出	郭・性	郭店楚墓竹簡	文物出版社一九九八年版
荆門郭店楚墓竹簡・六德	郭・六	郭店楚墓竹簡	文物出版社一九九八年版
荆門郭店楚墓竹簡・語叢一	郭・語一	郭店楚墓竹簡	文物出版社一九九八年版

荆門郭店楚墓竹簡·語叢二	郭·語二	郭店楚墓竹簡 文物出版社一九九八年版
荆門郭店楚墓竹簡·語叢三	郭·語三	郭店楚墓竹簡 文物出版社一九九八年版
荆門郭店楚墓竹簡·語叢四	郭·語四	郭店楚墓竹簡 文物出版社一九九八年版
江陵馬山一號墓絹里墨書文字	馬一	江陵馬山一號楚墓 文物出版社一九八五年版
上海博物館藏戰國楚竹書(一) 孔子詩論	上(一)·孔	上海博物館藏戰國楚竹書(一) 上海古籍出版社二〇〇一年版
上海博物館藏戰國楚竹書(一) 紂衣	上(一)·紂	上海博物館藏戰國楚竹書(一) 上海古籍出版社二〇〇一年版
上海博物館藏戰國楚竹書(一) 性情論	上(一)·性	上海博物館藏戰國楚竹書(一) 上海古籍出版社二〇〇一年版
上海博物館藏戰國楚竹書(二) 民之父母	上(二)·民	上海博物館藏戰國楚竹書(二) 上海古籍出版社二〇〇二年版
上海博物館藏戰國楚竹書(二) 子羔	上(二)·子	上海博物館藏戰國楚竹書(二) 上海古籍出版社二〇〇二年版
上海博物館藏戰國楚竹書(二) 魯邦大旱	上(二)·魯	上海博物館藏戰國楚竹書(二) 上海古籍出版社二〇〇二年版
上海博物館藏戰國楚竹書(二) 從政(甲篇)	上(二)·從(甲)	上海博物館藏戰國楚竹書(二) 上海古籍出版社二〇〇二年版

上海博物館藏戰國楚竹書(二) 從政(乙篇)	上(二)·從(乙)	上海博物館藏戰國楚竹書(二) 上海古籍出版社二〇〇二年版
上海博物館藏戰國楚竹書(二) 昔者君老	上(二)·昔	上海博物館藏戰國楚竹書(二) 上海古籍出版社二〇〇二年版
上海博物館藏戰國楚竹書(二) 容成氏	上(二)·容	上海博物館藏戰國楚竹書(二) 上海古籍出版社二〇〇二年版
新蔡葛陵楚墓竹簡	新	新蔡葛陵楚墓 大象出版社二〇〇三年十月版
香港中文大學文物館藏簡牘(甲、戰國楚簡)	香中大	香港中文大學文物館藏簡牘 香港中文大學文物館出版社二〇〇一年版
上海博物館藏戰國楚竹書(三) 周易	上(三)·周	上海博物館藏戰國楚竹書(三) 上海古籍出版社二〇〇三年版
上海博物館藏戰國楚竹書(三) 中弓	上(三)·中	上海博物館藏戰國楚竹書(三) 上海古籍出版社二〇〇三年版
上海博物館藏戰國楚竹書(三) 亙先	上(三)·亙	上海博物館藏戰國楚竹書(三) 上海古籍出版社二〇〇三年版
上海博物館藏戰國楚竹書(三) 彭祖	上(三)·彭	上海博物館藏戰國楚竹書(三) 上海古籍出版社二〇〇三年版
上海博物館藏戰國楚竹書(四) 采風曲目	上(四)·采	上海博物館藏戰國楚竹書(四) 上海古籍出版社二〇〇四年版
上海博物館藏戰國楚竹書(四) 逸詩	上(四)·逸	上海博物館藏戰國楚竹書(四) 上海古籍出版社二〇〇四年版

上海博物館藏戰國楚竹書(四)	昭王毁室 昭王與龔之脽	上(四)·昭	上海博物館藏戰國楚竹書(四) 上海古籍出版社二〇〇四年版
上海博物館藏戰國楚竹書(四)	柬大王泊旱	上(四)·柬	上海博物館藏戰國楚竹書(四) 上海古籍出版社二〇〇四年版
上海博物館藏戰國楚竹書(四)	内豊	上(四)·内	上海博物館藏戰國楚竹書(四) 上海古籍出版社二〇〇四年版
上海博物館藏戰國楚竹書(四)	相邦之道	上(四)·相	上海博物館藏戰國楚竹書(四) 上海古籍出版社二〇〇四年版
上海博物館藏戰國楚竹書(四)	曹沫之陳	上(四)·曹	上海博物館藏戰國楚竹書(四) 上海古籍出版社二〇〇四年版
上海博物館藏戰國楚竹書(五)	競建内之	上(五)·競	上海博物館藏戰國楚竹書(五) 上海古籍出版社二〇〇五年版
上海博物館藏戰國楚竹書(五)	鮑叔牙與隰朋之諫	上(五)·鮑	上海博物館藏戰國楚竹書(五) 上海古籍出版社二〇〇五年版
上海博物館藏戰國楚竹書(五)	季庚子問於孔子	上(五)·季	上海博物館藏戰國楚竹書(五) 上海古籍出版社二〇〇五年版
上海博物館藏戰國楚竹書(五)	姑成家父	上(五)·姑	上海博物館藏戰國楚竹書(五) 上海古籍出版社二〇〇五年版
上海博物館藏戰國楚竹書(五)	君子爲禮	上(五)·君	上海博物館藏戰國楚竹書(五) 上海古籍出版社二〇〇五年版
上海博物館藏戰國楚竹書(五)	弟子問	上(五)·弟	上海博物館藏戰國楚竹書(五) 上海古籍出版社二〇〇五年版

上海博物館藏戰國楚竹書（五）	三德	上（五）・三德	上海博物館藏戰國楚竹書（五） 上海古籍出版社二〇〇五年版
上海博物館藏戰國楚竹書（五）	鬼神之明 融師有成氏	上（五）・鬼	上海博物館藏戰國楚竹書（五） 上海古籍出版社二〇〇五年版
上海博物館藏戰國楚竹書（六）	競公瘧	上（六）・競	上海博物館藏戰國楚竹書（六） 上海古籍出版社二〇〇七年版
上海博物館藏戰國楚竹書（六）	孔子見季趄子	上（六）・孔	上海博物館藏戰國楚竹書（六） 上海古籍出版社二〇〇七年版
上海博物館藏戰國楚竹書（六）	莊王既成 申公臣靈王	上（六）・莊	上海博物館藏戰國楚竹書（六） 上海古籍出版社二〇〇七年版
上海博物館藏戰國楚竹書（六）	平王問鄭壽	上（六）・平	上海博物館藏戰國楚竹書（六） 上海古籍出版社二〇〇七年版
上海博物館藏戰國楚竹書（六）	平王與王子木	上（六）・平王與	上海博物館藏戰國楚竹書（六） 上海古籍出版社二〇〇七年版
上海博物館藏戰國楚竹書（六）	慎子曰恭儉	上（六）・慎	上海博物館藏戰國楚竹書（六） 上海古籍出版社二〇〇七年版
上海博物館藏戰國楚竹書（六）	用曰	上（六）・用	上海博物館藏戰國楚竹書（六） 上海古籍出版社二〇〇七年版
上海博物館藏戰國楚竹書（六）	天子建州（甲本）	上（六）・天甲	上海博物館藏戰國楚竹書（六） 上海古籍出版社二〇〇七年版
上海博物館藏戰國楚竹書（六）	天子建州（乙本）	上（六）・天乙	上海博物館藏戰國楚竹書（六） 上海古籍出版社二〇〇七年版

上海博物館藏戰國楚竹書（七）	武王踐阼	上（七）·武	上海博物館藏戰國楚竹書（七） 上海古籍出版社二〇〇八年版
上海博物館藏戰國楚竹書（七）	鄭子家喪（甲本）	上（七）·鄭甲	上海博物館藏戰國楚竹書（七） 上海古籍出版社二〇〇八年版
上海博物館藏戰國楚竹書（七）	鄭子家喪（乙本）	上（七）·鄭乙	上海博物館藏戰國楚竹書（七） 上海古籍出版社二〇〇八年版
上海博物館藏戰國楚竹書（七）	君人者何必安哉（甲本）	上（七）·君甲	上海博物館藏戰國楚竹書（七） 上海古籍出版社二〇〇八年版
上海博物館藏戰國楚竹書（七）	君人者何必安哉（乙本）	上（七）·君乙	上海博物館藏戰國楚竹書（七） 上海古籍出版社二〇〇八年版
上海博物館藏戰國楚竹書（七）	凡物流行（甲本）	上（七）·凡甲	上海博物館藏戰國楚竹書（七） 上海古籍出版社二〇〇八年版
上海博物館藏戰國楚竹書（七）	凡物流行（乙本）	上（七）·凡乙	上海博物館藏戰國楚竹書（七） 上海古籍出版社二〇〇八年版
上海博物館藏戰國楚竹書（七）	吳命	上（七）·吳	上海博物館藏戰國楚竹書（七） 上海古籍出版社二〇〇八年版
清華大學藏戰國竹簡（一）	尹至	清（一）·尹至	清華大學藏戰國竹簡（一） 上海文藝出版集團 中西書局二〇一〇年版
清華大學藏戰國竹簡（一）	尹誥	清（一）·尹誥	清華大學藏戰國竹簡（一） 上海文藝出版集團 中西書局二〇一〇年版
清華大學藏戰國竹簡（一）	程寤	清（一）·程	清華大學藏戰國竹簡（一） 上海文藝出版集團 中西書局二〇一〇年版

清華大學藏戰國竹簡(一)	保訓	清(一)·保	清華大學藏戰國竹簡(一) 上海文藝出版集團 中西書局二〇一〇年版
清華大學藏戰國竹簡(一)	耆夜	清(一)·耆	清華大學藏戰國竹簡(一) 上海文藝出版集團 中西書局二〇一〇年版
清華大學藏戰國竹簡(一)	周武王有疾周公所自以代王之志(金縢)	清(一)·金	清華大學藏戰國竹簡(一) 上海文藝出版集團 中西書局二〇一〇年版
清華大學藏戰國竹簡(一)	皇門	清(一)·皇	清華大學藏戰國竹簡(一) 上海文藝出版集團 中西書局二〇一〇年版
清華大學藏戰國竹簡(一)	祭公之顧命(祭公)	清(一)·祭	清華大學藏戰國竹簡(一) 上海文藝出版集團 中西書局二〇一〇年版
清華大學藏戰國竹簡(一)	楚居	清(一)·楚	清華大學藏戰國竹簡(一) 上海文藝出版集團 中西書局二〇一〇年版
清華大學藏戰國竹簡(二)	繫年	清(二)·繫	清華大學藏戰國竹簡(二) 上海文藝出版集團 中西書局二〇一一年版
清華大學藏戰國竹簡(三)	説命上	清(三)·説上	清華大學藏戰國竹簡(三) 中西書局二〇一二年版
清華大學藏戰國竹簡(三)	説命中	清(三)·説中	清華大學藏戰國竹簡(三) 中西書局二〇一二年版
清華大學藏戰國竹簡(三)	説命下	清(三)·説下	清華大學藏戰國竹簡(三) 中西書局二〇一二年版
清華大學藏戰國竹簡(三)	周公之琴舞	清(三)·琴	清華大學藏戰國竹簡(三) 中西書局二〇一二年版

清華大學藏戰國竹簡(三)	芮良夫毖	清(三)·芮	清華大學藏戰國竹簡(三) 中西書局二〇一二年版
清華大學藏戰國竹簡(三)	良臣	清(三)·良	清華大學藏戰國竹簡(三) 中西書局二〇一二年版
清華大學藏戰國竹簡(三)	祝辭	清(三)·祝	清華大學藏戰國竹簡(三) 中西書局二〇一二年版
清華大學藏戰國竹簡(三)	赤鵠之集湯之屋	清(三)·赤	清華大學藏戰國竹簡(三) 中西書局二〇一二年版
清華大學藏戰國竹簡(四)	筮法	清(四)·筮	清華大學藏戰國竹簡(四) 上海文藝出版集團 中西書局二〇一三年版
清華大學藏戰國竹簡(四)	別卦	清(四)·別	清華大學藏戰國竹簡(四) 中西書局二〇一三年版
清華大學藏戰國竹簡(四)	算表	清(四)·算	清華大學藏戰國竹簡(四) 中西書局二〇一三年版
清華大學藏戰國竹簡(五)	厚父	清(五)·厚	清華大學藏戰國竹簡(五) 中西書局二〇一五年版
清華大學藏戰國竹簡(五)	封許之命	清(五)·封	清華大學藏戰國竹簡(五) 中西書局二〇一五年版
清華大學藏戰國竹簡(五)	命訓	清(五)·命	清華大學藏戰國竹簡(五) 中西書局二〇一五年版
清華大學藏戰國竹簡(五)	湯處於湯丘	清(五)·湯丘	清華大學藏戰國竹簡(五) 中西書局二〇一五年版

清華大學藏戰國竹簡(五)	湯在啻門	清(五)·湯門	清華大學藏戰國竹簡(五) 中西書局二〇一五年版
清華大學藏戰國竹簡(五)	殷高宗問於三壽	清(五)·殷	清華大學藏戰國竹簡(五) 中西書局二〇一五年版

卷一

一

一 包二・一一五 —百益
一 包二・一二九 —青犛
一 包二・一三七反 —穀事人
一 包二・一四五反 十兩又—兩
一 包二・一五一 城田—索畔荀

一 包二・二〇七 —貼
一 包二・二四八 —䝟
一 包二・二五四 —金匕
一 包二・二五九 —縞笠
一 包二・二五九 —韉韒

一 包二・二五九 —緯紛
一 包二・二五九 —櫝柀
一 包二・二六〇 —羽翣
一 包二・二六〇 —寢鍥
一 包二・二六〇 —奠弓

一 包二・二六〇 —紛歙
一 包二・二六〇 —沐
一 包二・二六〇 —丩牀
一 包二・二六〇 —罕必
一 包二・二六〇 —俚几

一 包二・二六〇 —竹柀
一 包二・二六〇 —缶
一 包二・二六一 —縞衣
一 包二・二六一 —鍨柜
一 包二・二六一 —戈

一 包二・二六二 —狐青之表
一 包二・二六二 —白鑘
一 包二・二六三 —寢笲
一 包二・二六三 —生綍宂
一 包二・二六三 —會
一 包二・二六三 —金鈔

一 包二・二六三 —秦縞
一 包二・二六三 —紆縛宂
一 包二・二六三 —絅縞之緯
一 包二・二六四 —宂篕
一 包二・二六四 —栗

一 包二・二六五 —湯鼎
一 包二・二六五 —聏耳鼎
一 包二・二六五 —𪋿□貞
一 包二・二六五 —牛鑐
一 包二・二六五 —升鑐

一 包二・二六六 —鉈
一 包二・二六六 —昃椐
一 包二・二六六 —剌椐
一 包二・二六六 —飤桱
一 包二・二六六 —䊠椐

包二·二六八 —紡竂
包二·二六九 紅署—百色四十色
包二·二六九 —習
包二·二六九 —和贏麆
包二·二七〇 —緅絨之給

包二·二七〇 —敗敦
包二·二七〇 —鐃
包二·二七〇 —敗梏
包二·二七一 —輮正車
包二·二七一 —輮正車

包二·二七七 —緄
包二·二七七 —白戩
包二·二七七 —絭組之緄
包二·二七七 —箬鞄韓之冒
包二·二七七 —紝

包二·二七七 —匋
包二·二七七 —緄
包二·二五九 —桂完
包二·二五九 —會瞏之觴
包二·二三三 —白犬

包二·一四九 —賽
包二·二三七 —膚
包二·二三七 —豬
包二·二二七 —全豢
包二·二四四 —全豬

包二·二五四 —鼎
包二·二五五 —籊
包二·二五六 —羿
包二·二五七 —箕
包二·二六三 —跪笞

包二·二六五 —盤
包二·二〇二 —牯
包二·一五三 並—邑
包二·二四四 —全豬
包二·二六〇 —竹柀

信二·〇三 —籯竿
信二·〇三 —戚盟之柜
信二·〇三 —罷
信二·〇一 —鋻
信二·〇二 —組纓

信二·〇七 —索革纓
信二·〇八 —紗笞
信二·〇八 —房松
信二·〇八 —鉈
信二·〇二八 —皇

信二·〇九 —沬帽
信二·〇一一 —筵
信二·〇一四 —湯鼎
信二·〇一四 —椓然之盌
信二·〇一四 —沬之鈚鼎

信二·〇一六 鎰—朱
信二·〇一七 —漆案
信二·〇一八 —槃坐首
信二·〇一九 —草罷膚
信二·〇一九 —長羽箑

一 信二・〇一九 —翌翣
一 信二・〇二一 —幕
一 信二・〇二一 —柜頁因
一 信二・〇二一 —白

一 信二・〇二一 —縉紫之寢因
一 信二・〇二三 —大囊糗
一 信二・〇二三 —柿枒
一 信二・〇二一 —縉紫之寢因

一 信二・〇二二 —大囊糗
一 信二・〇二三 —柿枒
一 信二・〇二四 —馬匜
一 信二・〇二七 —繼刀
一 信二・〇二七 —鈎

一 信二・〇二四 —馬匜
一 信二・〇二六 —鍪椓
一 信二・〇二七 —鋑朼
一 信二・〇二七 —筀

一 望二・四五 —酖櫏
一 望二・四五 —有
一 望二・四七 —柜
一 望二・四七 —丹綝之因

一 望二・四七 —霝光之侸
一 望二・四七 —大竹翣
一 望二・四七 —黼
一 望二・四七 —少雕羽翣
一 望二・四九 —少䈂

一 望二・四七 —大羽翣
一 望二・四五 —房柜
一 望二・四五 —雕桱
一 望二・四五 —大房

一 望二・四八 —耑戈
一 望二・四八 —大監
一 望二・四九 —生絲之縷
一 望二・四九 —非衣
一 望二・四九 其—𠬪丹秋之阩絕

一 望二・四九 —大冠
一 望二・五〇 —雙璜
一 望二・五〇 —雙虎
一 望二・五〇 —玉句

一 望二・五〇 —罷
一 望二・五〇 —匂
一 望二・五〇 —耑罷
一 望二・五一 —豕盎
一 望二・五四 —迅缶

一 望二・五四 —湯鼎
一 望二・五五 —鼦
一 望二・五六 —圩
一 望二・六一 —少紡冠
一 曾一七 —晋杸

一 曾三〇 —翼之翢
一 曾六二 —杸
一 曾六三 —䙌聶
一 曾七〇 —㮚弓
一 曾八〇 —䴉載扆

一 曾二九 —录魚之聶
一 曾三二 —紫魚之聶
一 曾六〇 馭鄗君之—肈
一 曾九〇 —䶂聶

一 曾九九 —箙
一 曾一〇二 —虓蓍之聶
一 曾一〇二 —録魚之箙
一 曾一〇二 —戟
一 曾一〇四 —轄

一 曾一二三 —常
一 曾一二〇 —敏車
一 曾一三七 玉墜臯氏畫幃韋
一 曾一二四 —真吴甲
一 曾一三三 —吴甲

一 曾一九七 —黄駐左驌
一 仰二五・六 —結衣
一 仰二五・八 —紫絵之笞
一 仰二五・九 —純綏笞

一 仰二五・九 —蜀笞
一 仰二五・一二 —竝韋之韓
一 仰二五・一六 —芙茐
一 仰二五・一 —蕎智縷
一 仰二五・一 —新智縷

一 仰二五・二 中君之—紈衣
一 仰二五・五 鄦昜公—紡衣
一 仰二五・二〇 —箅
一 仰二五・二二 —楸柜
一 仰二五・二五 —竹柜

一 仰二五・二四 —縷縪
一 仰二五・二五 —齒匵
一 仰二五・二六 —鑑
一 仰二五・二七 —郄鎬鐱
一 仰二五・三〇 —龍禕

一 仰二五・三二 —伺筏
一 仰二五・三五 羽膚—域
一 仰二五・三〇 —鎬
一 仰二五・三四 —鉈

一 長五・四〇六・二六 也—禺
一 帛乙三・二五 —月
一 九・五六・四 麋—
一 曾六一 —旆
一 曾六八 —貂旃

一 曾八八 —豻蓍之聶
一 曾二 —緐箙
一 曾二〇 —猪綏
一 曾一四 —录魚之箙
一 曾二一二 □—夫

一 曾二一〇 —馬
一 曾一九二 —䩞
一 曾一二六 —楚甲
一 曾一三一 —絧
一 曾一三七 —氏裯

一 天卜 —瑃環
一 天卜 —牂
一 天卜 —殎
一 天卜 —犢
一 天卜 —静

一 天卜 —精
一 天卜 —犢
一 天卜 —白犬
一 天卜 —吉環
一 天策 —童軒

一 天策 —飥𩠞
一 天策 —乘輴
一 天策 —革轡
一 天策 —齒飤
一 天策 —王車

一 磚三七〇・一 與仔門之里人—贀
一 秦九九・一 —白犬
一 秦九九・一四 —貑
一 秦九九・六 —犨
一 秦九九・一一 —環

一 秦九九・一一 —殌
一 郭・老甲・二二 王凥—安
一 郭・緇・一三 —人又(有)慶
一 郭・太・一 大(太)—生水

一 郭・太・六 大(太)—之所生也
一 郭・太・一 天反桷(薄)大(太)—
一 郭・太・六 是古(故)大(太)—𧁃(藏)於水

一 郭・緇・五 隹(惟)尹允及湯咸又(有)—悳(德)
一 郭・成・七 —宮之人不勳(勝)其敌

一 郭・成・八 —宮之人不勳(勝)[其哀]
一 郭・語一・七五 者迻鞭不逮從—衍(道)

一 郭・語二・四〇 凡㞷(過),正—以遊(失)其迒(它)者也
一 郭・語四・二一 若四旹(時)—遣一逩(來)

一 郭・語四・二六 三䡖(夸)—莲(實)
一 郭・語四・二六 三駭(雄)—鴜(雌)
一 郭・語四・二六 —王母保三(嬰)兒(婗)

一 新甲一・二 門—羊
一 新甲一・二 ☐—犬
一 新甲二・七 ☐陞(地)宔(主)—痒(羘)

一 新甲一・七 —羊(騂)牡
一 新甲一・四 曆禱—麿(鹿)
一 新甲一・七 —熊牡

一 新甲一・一一 㷉禱—備(佩)璧
一 新甲一・一五 ☐於司命—麿(鹿)
一 新甲二・二七 ☐纆子之里—豢☐

一 新甲二・二九 ☐五宔(主)山各—羖☐
一 新甲三・三一七 亖(四)冢，—⿰豕古

一 新乙二・三八、四六、三九、四〇 先之—璧
一 新乙二・二〇 ⿱宀思(賽)禱，冭(太)—☐

一 新乙二・三〇 於北方—犡
一 新乙二・四三 ☐—豬
一 新乙三・五 各—痒(羘)

一 新乙三・四一 㷉禱於三楚祧(先)各—痒(羘)
一 新乙四・一四 禱北方—犅

一 新乙四・七〇 敢甬(用)—元☐
一 新乙四・四八 敢甬(用)—元犡痒(羘)

一 新乙上・一四 先之—璧
一 新乙四・一二四 ☐—羘
一 新甲三・三五 (老)童、祝融(融)、穴熊屯—☐

一 新甲三・五六 豪(就)禱户—羊
一 新甲三・五六 豪(就)禱行—犬
一 新甲三・七四 ☐樂(梏)里—☐

一 新甲三・七七 馯(馭)里—豢☐
一 新甲三・七九 ☐白—乘絑(朱)逄(路)

新甲三·一一〇 ☐瘄（膚）—也
新甲三·九九 先之以—壁
新甲三·一二三 下䡴—豬
新甲三·一四二—一 ☐选（先）之—壁
新甲三·一四六 ☐毀禱於太—精☐
新甲三·一六三 八月辛巳之夕歸—壁於☐
新甲三·一七九 中萅（春）竽我之里—冢☐
新甲三·二〇三 吴憙（喜）受—㐀
新甲三·二〇六 孫達受—㐀
新甲三·二〇七 虞（且）祭之以—豬於東陵
新甲三·二一四 ☐口㪘（就）禱三楚先屯—牂
新甲三·二二〇 —勻
新甲三·二二〇 —㐀
新甲三·二二〇 又—赤
新甲三·二八一 ☐城—豭
新甲三·二四九 ☐—豭，禱一冢☐
新甲三·二四九 ☐一豭，禱—冢☐
新甲三·二五〇 —冢
新甲三·二五〇 —豬
新甲三·二八一 禱—冢☐
新甲三·三〇八 蒻—祩（社），一豬
新甲三·三一三 亡夜—豬
新甲三·三一三 —豭
新甲三·三一三 禱—冢
新甲三·三二一 —豭
新甲三·三二三 燹—冢
新甲三·三二一 舟室—冢
新甲三·三二八 ☐犬—豭
新甲三·三三五 邑一禝（稷）—牛
新甲三·三五五 毀於栗溪—豭
新甲三·三五五 禱—冢☐
新甲三·三六六 ☐空—冢☐
新甲三·三八六 鄢—冢
新甲三·三九二 𡑞城—豢
新甲三·四〇三 漳溪—筈
新甲三·四〇九 毀於桐—豭
上（一）·孔·二二 丌（其）義—氏

上(一)·紂·三 成(成)又(有)—悳(德)
上(一)·紂·八 —人又(有)慶(慶)
上(二)·從(甲)·四 遊(失)臤(賢)士—人

上(二)·從(甲)·五 —曰愋(寬)
上(二)·容·四二 湯王天下丗=(三十)又(有)—偞(世)而受复(作)
上(二)·容·二 而—丌志

上(二)·容·四八 —人爲亡道
上(三)·亙·九 隹(唯)—㠯猶—
上(三)·亙·九 隹(唯)—㠯猶一

上(三)·彭·七 —命戈(一)朘
上(三)·周·四二 —斛(握)于芖(笑)
上(三)·彭·七 —命戈(一)褱

上(四)·曹·六〇 —出言三軍皆造(往)
上(三)·彭·七 —命三褱
上(四)·柬·一四 —人不能詞(治)正(政)

上(四)·昭·一 又(有)—君子殜(喪)備(服)曼(蹣)廷
上(四)·曹·二四 —行

上(六)·天乙·五 一悳—忞(怒)
上(六)·天乙·五 —悳(喜)一忞(怒)
上(七)·吳·七 君—人

上(七)·吳·六 隹(惟)畬(余)—人所豊(禮)
清(一)·皇·一二 余—人
清(一)·尹至·五 —勿遺

清(二)·繫·一〇九 又—年
清(二)·繫·一〇六 又—年
清(二)·繫·一一一 又—年

清(三)·說上·五 乃殺—豕
清(三)·赤·一四 與—白兔

戈

郭·窮·一四 悳(德)行—(一)也
郭·緇·一七 則民悳(德)—(一)
郭·六·三九 或以智(知)其—(一)壴(矣)

郭·六·四〇
君子於此—(一)編(偏)者亡所灋(廢)

郭·六·四三
能獸(守)—(一)曲安(焉)

郭·緇·三九
其義(儀)—(一)也

郭·性·九
四海(海)之内，其眚(性)—(一)也

新乙四·一四八
—禱夊(太)、北方□▨

新乙四·八二
—禱卲(昭)▨

《說文》古文从弋。楚簡文字，『弋』與『戈』常常混訛。

上(三)·亙·二
爲—(一)若溉(寂)

上(三)·彭·七
一命—(一)朧

上(三)·彭·七
—(一)命三

上(三)·彭·七
一命—(一)褭

清(四)·筮·死四
—(一)虗(虛)

清(四)·筮·死一九
—(一)卦(卦)亢

清(四)·算·一
—削(半)

清(四)·筮·小二八
參(三)同—(一)

清(四)·筮·男二〇
下去—(一)

清(四)·筮·祟四七
—(一)五

元

新甲三·一五、六〇
甬(用)受繇—龜、晉(巫)篙(筮)曰

新乙四·四八
敢甬(用)一—犕痒(牂)

新乙四·七〇
敢甬(用)一—▨

新零·二〇七
▨弭—龜

新零·二九七
▨弭—龜、篙(筮)□▨

上(三)·周·五
—吉

上(三)·周·九
—羕(永)貞

上(三)·周·二〇
—卿(亨)利貞

上(三)·周·二二
僮(童)牛之梏(牿)，—

上(三)·周·三三
遇—夫

上(三)·周·四七
—羕(永)貞

上(四)·柬·二一
大剁(宰)言君王—君

上(四)·柬·二三
君王—君=

上(六)·用·一六
茅(務)之台—印

天

清(一)·金·三 尔—孫發也

清(一)·金·三 —孫

清(一)·皇·三 —武聖夫

清(三)·琴·二 —内(納)攷

清(三)·芮·一四 —君

清(五)·封·六 朱笄—(軏)

清(五)·殷·一九 —折(哲)並進

郭·語一·二 又(有)—又(有)喻(命)

郭·語一·三 —生緐(倫)

郭·語一·一二 又(有)—又(有)命

郭·語一·二九 智(知)—所爲

郭·語一·三六、三七 易所以會—道人道也

郭·語一·六八 詧(察)—道以愋(化)民㤅(氣)

清(二)·繫·八九 —下

清(二)·繫·二 —下

包二·二一三 二—子 神祇名

包二·二一五 二—子

信一·〇四〇 帝—事之

范二七 上—

帛甲二·一七 —琖

帛甲二·三四 咎—

帛甲五·一八 逿—旁達

帛乙一〇·六 佳—乍福

帛乙一〇·一四 佳—乍宎

帛乙二·五 —地

帛乙二·九 —梧

帛乙三·一四 —雨

帛甲六·一三 三—

帛甲六·二三 九—

帛甲六·三一 —需

帛乙一〇·二五 —像是恻

帛乙八・三四 —尚

磚三七〇・一 利—殺之

郭・老甲・五 古(故)—下莫能與之静(争)

郭・老甲・七 不谷(欲)以兵强於—下

郭・老甲・一八 —埅(地)弗敢臣

郭・老甲・二〇 卑(譬)道之才(在)—下也

郭・老甲・二一 先—埅(地)生

郭・老甲・二一 可以爲—下母

郭・老甲・二四 —道員員

郭・老甲・二八 古(故)不可得—(而)新(親)

郭・老甲・二九 古(故)爲—下貴

郭・老甲・三〇 以亡事取—下

郭・老甲・三〇 夫—多期(忌)韋(諱)

郭・老甲・三七 —下之勿(物)生於又(有)

郭・老甲・三一 人多智(知)—(而)戠(奇)勿(物)慈(滋)迟(起)

郭・老甲・三九 —之道也

郭・老乙・一 紿(治)人事—

郭・老乙・八 爲—下

郭・老乙・一五 清青(静)爲—下定(正)

郭・老乙・一七 攸(修)之—下▨

郭・老乙・一八 以天下觀—下

郭・老乙・一八 虐(吾)可(何)以智(知)—▨

郭・老乙・一八 以—下觀天下

郭・老丙・八 以得志於—下

郭・太・七 此—之所不能殺

郭・老丙・四 —下往

郭・太・一 天▨

郭・太・一 —是以成

郭・太・五 —埅(地)者

郭・太・五 —埅(地)之所生也

郭・太・九 —道貴溺(弱)

郭・太・一〇 上,㚇(氣)也,而胃(謂)—

郭・太・一二
—陞(地)丕名(字)並立

郭・窮・一
又(有)—又(有)人

郭・窮・一
—人又(有)分

郭・窮・一
督(察)—人之分

郭・窮・三
立而爲—子

郭・窮・四
戰(釋)板箸(築)而差(佐)—子

郭・窮・五
罨(遷)而爲—子帀(師)

郭・窮・二
—也

郭・五・五
惪(德)，—道也

郭・五・四八
—也

郭・五・四八
—也

郭・唐・一九
又(有)—下弗能益

郭・語三・一七
—型成

郭・語三・六八上
又(有)—又(有)命又(有)

上(二)・民・二
日皇(橫)于—下

上(二)・容・一
墉遲是(氏)之又(有)—下也

上(二)・容・一一
於是虐(乎)—下之人

上(二)・容・五〇
—牺(將)戢(誅)焉

上(二)・容・三〇
—下大和䵝(均)

上(二)・容・五二—五三正
弓告吝(閔)于—

上(二)・容・五〇
虐(吾)轍(勴)—畏(威)之

上(二)・容・四九
智(知)，—之道

新甲一・四
歸備(佩)玉於二—子

新乙二・三八、四六、三九、四〇
毄禱於二—子各痒(牂)☑

新零・一一四
☑于—之□☑

郭・成・三二
是古(故)小人變(亂)—棠(常)以逆大道

郭・成・三七
聖人—惪(德)」害(何)

上(一)・孔・九
—保丌(其)㝵(得)录(祿)蔑畺(疆)矣

新甲三・一六六、一六二
☑毄禱於二—子各兩痒(牂)

新乙四・二六 二—子

新零・三三五 ☐二—子

包二・二一九 二—子

包二・二四三 二—子

包二・二三七 二—子

天卜 二—子

信一・〇九 —下爲之

信一・〇二五 —下有哉

郭・老甲・四 —下樂進而弗詀（厭）

郭・老甲・一七 —（夫）唯弗居也

郭・老甲・一九 —隍（地）相會也

郭・老甲・一五 —下皆智（知）敚（美）之爲敚（美）也

郭・老甲・二二 —大

郭・老甲・二三 —隍（地）之刎（間）

郭・老乙・八 —炁（愛）以身爲—下

郭・老乙・八 若可（何）以迲—下矣

郭・老乙・八 若可以厇（託）—下矣

郭・老乙・一二 —象亡垦（形）

郭・忠・五 天也妃（配）—墬（地）也者

郭・忠・五 不异（期）而可要者，—也

郭・成・三三 言余之此而它（托）於—心也

郭・唐・一 利—下而弗利也

郭・成・四〇 是古（故）君子新（慎）六立（位）以巳（己）—棠（常）

郭・唐・四 夫聖人上事—

郭・唐・五 —子罕（親）齒

郭・唐・七 孝之殺，炁（愛）—下之民

郭・唐・一四 古者堯生於—子而又（有）天下

郭・唐・一四 古者堯生於天子而又（有）—下

郭・唐・一五 —隍（地）右（佑）之

郭・唐・一九 不以—下爲重

郭・唐・一六 升爲—子而不喬（驕）

郭・唐・一七 升（登）爲—子而不喬（驕）

郭・唐・一八 卒王—下而不矣（疑）

郭・唐・一九 亡—下弗能員(損)

郭・唐・一九 秉(及)其又(有)—下也

郭・唐・二〇 利—下而弗利也

郭・唐・二〇 上直(德)則—下又(有)君而世明

郭・唐・二二 智(知)其能羧(養)—下之老也

郭・唐・二二 能以—下僮(番)歆(矣)

郭・唐・二三 智(知)其能幻(司)—下之長也

郭・唐・二八 —下抳(必)壞

郭・唐・二四 堯僮(番)—下而受(授)之

郭・唐・二六 僮(番)—下而受(授)臤(賢)

郭・唐・二六 五十而幻(治)—下

上(二)・子・九 敃亦城(成)—子也與(歟)

上(二)・子・八 而吏(使)君—下而叟(偁)

上(二)・子・一四 口厽(叁)—子事之

上(二)・子・一 古能紿(治)—下

上(二)・魯・三 㠯(以)事上—

上(二)・魯・三 女(若)—毋悉(薆)珪璧

上(二)・魯・五 女(如)—不雨

上(一)・孔・七 又(有)命自—

上(一)・孔・一九 既曰—也

上(二)・容・五 坒(匡)天下之正(政)十又(有)九年而王—下

上(二)・容・七 禾(和)豪(懷)㠯迷—下之民

上(二)・容・五 坒(匡)—下之正(政)十又(有)九年而王天下

上(二)・容・七 衛(率)—下之人遷(就)

上(二)・容・八 於是虐(乎)訇(始)語堯—地人民之道

上(二)・容・一〇 堯㠯—下壤(讓)於臤(賢)者

上(二)・容・九 會才(在)—地之閒(間)

上(二)・容・三五 王—下十又(有)六年而傑(桀)复(作)

上(二)·容·七
㠯爲—子

上(二)·容·九
而立爲—子

上(二)·容·一〇
—下之臤(賢)者莫之能受也

上(二)·容·九
顚(履)地戴(戴)—

上(二)·容·一七
𠦝(禹)乃五壤(讓)㠯—下之臤(賢)者

上(二)·容·一九
會—地之利夫

上(二)·容·三〇
𡕪(舜)乃欲會—地之𣱼(氣)

上(二)·容·二八
—下之民居奠(定)

上(二)·容·三四
咎(皐)秀(陶)乃五壤(讓)㠯—下之臤(賢)者

上(二)·容·二九—三〇
三年而—下之人亡訟獄者

上(二)·容·三六
—地四旹(時)之事不攸(修)

上(二)·容·四一
於是虐(乎)—下之兵大迟(起)

上(二)·容·三五
湯是之又(有)—下

上(二)·容·四二
湯王—下卅=(三十)又(有)一偞(世)而受复(作)

上(二)·容·四二
是㠯𠭁(得)衆而王—下

上(二)·容·四六
篙(孰)—子而可及

與『而』字形近。

上(三)·周·十一
自—右(祐)之

上(三)·彭·一
皮(彼)—之道

上(三)·彭·二
—地與人

上(三)·彭·四
既只(躋)於—

上(三)·周·二三
㚆(何)—之枼(衢)

上(三)·亙·四
𡕖=(察察)—坔(地)

上(三)·亙·七
—之事

上(三)·亙·一〇
𦥑(舉)—下之名虚誼(樹)

上(三)·亙·一一
𦥑(舉)—下之爲也

上(四)·昭·九 —加禍於楚邦
上(四)·柬·一四 王卬(仰)—
上(四)·曹·三 而攺(撫)又(有)—下

上(四)·曹·七 —命
上(四)·曹·九 —命
上(四)·曹·六五 於—下者

上(五)·三德·一 —亞(惡)女(如)忻
上(五)·三德·一 是胃(謂)川(順)—之祟(常)

上(五)·三德·二 皇—牆(將)癹之
上(五)·三德·七 皇—弗京(諒)

上(五)·三德·八 皇—之所亞(惡)
上(五)·三德·一七 智(知)—足㠯川(順)旹(時)

上(五)·鬼·三 —下之聖人也
上(六)·用·一〇 —高而不概
上(六)·用·一三 不㠯(忌)於—

上(六)·天乙·七 —子建之㠯(以)州
上(七)·鄭乙·四 —下之豊(禮)

上(七)·君甲·五 而—下莫不語之
上(七)·凡甲·七 川(順)—之道
上(七)·凡甲·二九 —坔(地)

上(七)·凡乙·二二 爲—坔(地)旨
清(一)·金·一二 今皇—違(動)畏(威)
清(一)·皇·六 戕(并)祀—神

清(二)·繫·九七 爾(弭)—下之虢(甲)兵
清(三)·說上·四 —廼命敓
清(三)·說中·五 复(且)—出不恙(祥)

清(三)·說下·二 經悳(德)配—
清(三)·說下·五 㬎(顯)—
清(三)·芮·六 畏—之隆

上

清(三)·芮·一五 —猷畏矣

清(四)·筮·爻五四 ×(五)象爲—

清(四)·筮·祟五一 夫—之道

清(五)·厚·三 —乃永保

清(五)·厚·三 —之畏(威)

清(五)·封二 才(在)—下

清(五)·命·五 道—又(有)亟(極)

清(五)·命·五 道—莫女(如)亡(無)亟(極)

清(五)·殷·九 我思—風

丄

包二·七九 —臨邑公

包二·八五 𧴮— 人名

包二·一〇二 —新都 地名

包二·一八一 卲—之州加公郢

包二·一八八 —郢邑人周喬僕

包二·二六九 其—載

包二·二七三 其—載

包二·一三九反 命𤅊—之戠獄爲陰人舒𨑍盟

天策 其—載一戟

曾五〇 —軒

曾五一 司馬—子爲左驂

帛乙六·四 —宎

郭·老乙·二 —悳(德)女(如)浴(谷)

郭·老乙·九 —士昏(聞)道

郭·太·一〇 —𢧐(氣)也，而胃(謂)之天

郭·唐·二〇 —直(德)則天下又(有)君而世明

郭·唐·四 夫聖人—事天

郭·唐·二八 聖者不才(在)—

郭·唐·二〇 —直(德)受(授)臤(賢)之胃(謂)也

上 郭·語一·六五 —下虘(皆)得其所之胃(謂)信
上 郭·語一·六九 父子，至—下也
上 上(一)·孔·八 皆言—之衰也

上 上(一)·紂·二 爲—可夰而𥁕(知)也
上 上(一)·紂·三 —人𢝊(疑)則百眚(姓)惑
上 上(一)·紂·六 —𡚾(好)𢙣(仁)

上 上(一)·紂·四 —帝板=(板板)
上 上(一)·紂·八 —𡚾(好)
上 上(一)·紂·九 —之𡚾(好)亞(惡)

上 上(一)·紂·七 則民至(致)行㠯(己)㠯(以)兑(悦)—
上 上(一)·紂·一五 古(故)—不可㠯(以)埶型(刑)而翟𡭗(爵)

上 上(二)·子·一一 遊於央(瑶)臺之—
上 上(二)·魯·三 㠯(以)事—天
上 上(二)·容·五 —下貴戔(賤)

上 上(二)·容·一—二 而—炁(愛)下
上 上(二)·容·四四 加圜(圜)木於亓—
上 新甲三·二八五 其國(域)𢽳三袿(社)，—☐

上 新甲三·三四三—二 既於—獻、犬焚二豭
上 新甲三·四〇〇 既於—㮚丘☐
上 新甲三·四〇九 —郊㠯(以)豢

上 新甲三·四一一、四·五 既於—莘田一豭
上 香中大·四 —帝熏之

上 上(三)·周·一 —九
上 上(三)·周·八 —六
上 上(三)·周·一三 —六

上 上(三)·周·二七 —六
上 上(三)·周·四九 —九
上 上(四)·曹·六二 —䎽(聞)，

上 上(四)·曹·六二 —䝞(獲)
上 上(四)·采·三 城—生之葦
上 上(五)·弟·九 猷(猶)—臨也

上 上(五)·三德·二 —帝

上 上(五)·三德·八 —帝

上 清(一)·祭·四 皇—帝

上 清(一)·保·五 于—下

上 清(二)·繫·一二八 與—或(國)之𠂤(師)

上 清(三)·説下·七 —下罔不我

上 请(三)·琴·二 母(毋)曰高=(高高)才(在)—

上 清(三)·琴·八 㬎(顯)于—下

上 清(四)·筮·雨一四 才(在)—

上 清(四)·筮·死二三 才(在)—

上 清(四)·筮·男一九 —去

上 清(四)·筮·䶊二〇 —，妻夫相見

上 清(四)·筮·爻六一 —下皆乍(作)

上 清(五)·厚·二 咢(格)于—

上 清(五)·厚·三 皇天—帝之命

上 清(五)·厚·五 —帝

上 清(五)·命·四 —以穀(穀)

上 清(五)·命·四 —以枭(畏)之

上 清(五)·命·八 弋(代)亓(其)—

上 清(五)·命·九(重) 貫=亓=—=

上 清(五)·殷·二〇 —下毋倉(攘)

上

上 包二·一三七反 以行古𪒠—恒

上 包二·一〇 郋戲—連囂之還集瘳族衍一夫

上 包二·二四六 由攻解於水—與象人

上 包牘一 其—載

上 包牘一反上 一軨車之—口皆

上 郭·老甲·三 其才(在)民—也

上 郭·老甲·四 其才(在)民—也

上 郭·老丙·七 鏞鑮爲—

上 郭·老丙·八 喪事—右

上 郭·老丙·八 古(故)吉事—左

上 郭·太·一三 其—▨者

郭・太・一四 又（有）余（餘）於—

郭・成・二 民不從—之命

郭・成・一五 —不以其道

郭・成・二四 是以—之亙（恒）柔（務）才（在）信於衆

郭・成・三四 是古（故）君子簟筎（席）之—䢜（讓）而受學（幼）

郭・緇・五 —人恷（疑）則百眚（姓）賊（惑）

郭・緇・一〇 —好急（仁）則下之爲急也爭先

郭・緇・七 —帝板板

郭・緇・一一 則民至（致）行㠯（己）以敚（悦）

郭・緇・一四 下之事—也

郭・緇・一四 —好此勿（物）也

郭・緇・一五 古（故）—之好亞（惡）

郭・緇・三七 昔才（在）—帝

郭・緇・二八 古（故）上不可以埶（褻）型（刑）而翌（輕）雀（爵）

郭・六・二二 會埻長材以事—

郭・性・五五 昏（聞）道反—

郭・尊・三六 —好是勿（物）也

郭・成・一二 君—卿「鄉（享）」成不唯畓（本）

郭・成・一八 則民谷（欲）其貴之—也

郭・尊・三六 下之事—也

郭・尊・一一 —也

郭・五・二六 虘（虩）虘（虩）才（在）—

郭・五・四八 —帝賢女（汝）

郭・老丙・九 —牆（將）軍居右

郭・語四・一八 善事其—者

上（二）・民・一三 —下禾（和）同

上（二）・從（甲）・七 見—卒飤（食）

上（六）・孔・五 爲信㠯（以）事亓（其）—

上（六）・孔・五 —唯逃智

上（七）・武・三 帀（師）—（尚）父奉箸

上（七）・武・二 帀（師）—（尚）父

上（七）・鄭乙・二 女（如）—帝

帝

上

常二 ☐之—與怨新王之愄告迅部逯以王命貽舒方途戢愲

范二七 —天

帛甲七·九 共攻夸—

包二·二三六 既腹心疾以—愛不甘飤

包二·二四二 既腹心疾以—愛不甘飤

包二·二四五 既腹心疾以—愛不甘飤

郭·成·九 —(上)句(苟)昌(倡)之

郭·成·六 繇(由)—(上)之弗身也

新甲三·一〇三 ☐☐—(上)毄☐

郭·成·七 是古(故)—(上)句(苟)身備(服)之

新乙四·九 返(及)江，—(上)逾取☐

『上』字異體。

上(四)·曹·三六 —(上)臤(賢)，

上(四)·逸·交三 皆—皆(偕)下

清(一)·祭·一二 —(上)下

清(三)·赤·九 —(上)K(刺)句(后)之體

清(三)·赤·一三 亓(其)—(上)K(刺)句(后)之身

清(五)·命·三 —(上)以明之

清(五)·殷·一四 —(上)卲(昭)川(順)穆

辷

包二·一五〇 —㟄之客苛昒内之

『上』字異體。

帝

信一·〇四〇 —天事之

帛甲六·二 炎—乃命祝融

帛甲六·三三 —夋乃爲日月之行

郭·緇·三七 昔才(在)上—

帛乙九·二九 —曰繇……

帛乙一一·二七 —㮀繇以亂☐之行

郭·六·三八 君子不—(諦)明虘(乎)民(萌)敚(微)而已

郭·唐·八 六—興於古

上(二)·子·一二 —之武尚吏

郭·五·四八 上—賢女(汝)

郭·唐·九 忠事—堯

九・五六・三八下 —吕(以)命

上(二)・子・一 可(何)古(故)吕(以)𢔶(得)爲—

香中大・四 上—𤋎之

清(一)・尹至・五 —曰

清(一)・金・四 命于—

清(一)・耆・八(重) 上═—

清(二)・繫・四 —攸

清(二)・繫・二二 —丘

清(三)・説上・三 —毆(抑)尒

清(三)・説中・一 隹(惟)—命

清(三)・良・一 黄—之帀

清(三)・赤・一二 —命句(后)

清(五)・厚・二 —亦弗

清(五)・厚・三 上—之命

清(五)・厚・五 上—𤔔(亂)

清(五)・厚・七 —之子

清(五)・湯門・一 古之先—

清(五)・湯門・二一 —之良言

郭・六・四 歸(寑)四叜(鄰)之—(帝)虐 省形。

旁

帛甲五・一九 至于遆天—違

清(一)・楚・六 自—屽

清(一)・楚・六 居—屽

下

包二・二二〇 以其—心而疾

郭・老甲・四 天—樂進而弗詀(厭)

郭・老甲・四 以言—之

郭・老甲・一六 高—之相浧(盈)也

郭・老甲・一五 天—皆智(知)敚(美)之爲敚(美)也

郭・老乙・一五 清青(静)爲天—定(正)

郭・老乙・一八 以天下觀天—

郭・老乙・六 態(寵)爲—也

郭・老乙・八 若可以厇(託)天—矣

郭・唐・二三 智(知)其能幻(司)天—之長也

下 郭·老乙·八 爲天—

下 郭·老乙·九 —士昏(聞)道

下 郭·唐·一 利天—而弗利也

下 郭·唐·二 利天—而弗利也

下 郭·唐·四 —事𨻰(地)

下 郭·唐·七 孝之殺，炁(愛)天—之民

下 郭·唐·一四 古者堯生於天子而又(有)天—

下 郭·唐·一八 卒王天—而不矣(疑)

下 郭·唐·一八 方才(在)—立(位)

下 郭·唐·一九 不以天—爲重

下 郭·唐·一九 秉(及)其又(有)天—也

下 郭·唐·一九 亡天—弗能員(損)

下 郭·唐·二〇 上直(德)則天—又(有)君而世明

下 郭·唐·二〇 利天—而弗利也

下 郭·唐·二二 能以天—僮(番)歖(矣)

下 郭·唐·二二 智(知)其能羖(養)天—之老也

下 郭·唐·二四 堯僮(番)天—而受(授)之

下 郭·唐·二六 僮(番)天—而受(授)臤(賢)

下 郭·唐·二六 五十而幻(治)天—

下 郭·唐·二八 天—杙(必)壞

下 郭·唐·二五 南面而王而(天)—而甚君

下 郭·性·五六 —交得衆近從正(政)

下 上(二)·容·二 而上炁(愛)—

下 上(二)·容·一 墉遲是(氏)之又(有)—下也

下 上(二)·容·五 宔(匡)天下之正(政)十又(有)九年而王天—

下 上(二)·容·五 上—貴戔(賤)

下 上(二)·容·七 禾(和)寡(懷)𠮦迷天—之民

下 上(二)·容·三五 湯是之又(有)天—

下 上(二)·容·七 銜(率)天—之人遶(就)

下 上(二)·容·一〇 堯𠮦天—壤(讓)於臤(賢)者

上(二)·容·二九—三〇 三年而天—之人亡訟獄者

上(二)·容·五 㞷(匡)天—之正(政)十又(有)九年而王天下

上(二)·容·三五 王天—十又(有)六年而傑(桀)复(作)

上(二)·容·三四 咎(皋)秀(陶)乃五壤(讓)㠯天—之𢼸(賢)者

上(二)·容·四一 於是虐(乎)天—之兵大迟(起)—

上(二)·容·四二 湯王天—丗=(三十)又(有)一傑(世)而受复(作)

上(二)·容·四六—四七 乃出文王於虽(夏)坴(臺)之—而䎽(問)焉

上(一)·紂·二 爲—可禎而㞢(志)也

上(一)·紂·八 —土之式

上(二)·子·一 古能紿(治)天—

上(二)·子·八 而吏(使)君天—而叟(偁)

上(二)·容·四九 高—肥毳之利𦘦(盡)智(知)之

上(七)·吳·五 —之相䤋(擠)也

清(二)·繫·二 天—

清(五)·厚·七 寺(時)—民隹帝之子

下

包二·一八二 —鄰 地名

包二·二一八 以其—心而疾

包二·五三 不量𢊁—之貣

包二·六二 —隉里人

包二·七九 —臨邑

包二·二三七 —丘 神祇名

包二·二四一 —丘

信一·〇九 天—爲之

信一·〇一二 天君天—虐聞周公

信一·〇二五 天—有哉

磚三七〇·一 某㽤與僕䚷之—

天卜 牺又亞於車馬—之人

帛乙七·二一 乍其—凶

帛乙一〇·三三 —民之祅

帛丙一·一 取于—

郭・老甲・三七 天—之勿(物)生於又(有)

郭・老甲・三 以其能爲百浴(谷)—

郭・老甲・五 古(故)天—莫能與之静(争)

郭・老甲・二〇 卑(譬)道之才(在)天—也

郭・老甲・七 不谷(欲)以兵强於天—

郭・老甲・二一 可以爲天—母

郭・太・一四 又(有)余(餘)於—

郭・緇・五 —難智(知)則君倀(長)裳(勞)

郭・緇・七 —民卒擔(疸)

郭・緇・一〇 上好急(仁)則—之爲急(仁)也急先

郭・緇・一三 —土之弋(式)

郭・緇・一五 —必又(有)甚安者矣

郭・唐・一九 又(有)天—弗能益

郭・性・五六 昏(聞)衍(道)反—

郭・尊・三六 —之事上也

郭・語四・一七 善叟(使)其—

郭・語一・六五 上—虐(皆)得其所之胃(謂)信

郭・語一・六六 父子、至上—也

郭・五・二五 明明才(在)—

上(二)・民・二 吕皇(横)于天—

上(二)・容・四四 視(寘)盂庋(炭)亓—

上(二)・從(甲)・一 昔三弋(代)之明王之又(有)天—者

上(二)・容・二八 天—之民居奠(定)

上(二)・容・一〇 天—之跟(賢)者莫之能受也

上(二)・民・一三 上—禾(和)同

包二・五三 不量厲—之貣

包二・六二 —隱里人

包二・七九 —臨邑

包二・一八二 —鄰 地名

包二・二一八 以其—心而疾

包二·二三七 —丘　神祇名
包二·二四一 —丘
信一·〇九 天—爲之
信一·〇一二 天君天—虐聞周公

信一·〇二五 天—有戠
磚三七〇·一 某塱與僮䚷之—
天卜 牺又亞於車馬—之人
望一·一七六 思攻解於—之人

九·五六·四五 北方高，三方—
九·五六·四六 西方高，三方—
帛乙一〇·三三 —民之祅
帛丙一·一 取于—

帛乙七·二一 乍其—凶
九·五六·四七 東、南高，二方—

郭·老甲·二九 古(故)爲天—貴
郭·老甲·三〇 以亡事取天—
郭·老乙·八 若可(何)以迲天—矣

郭·老乙·八 炁(愛)以身爲天—
郭·老乙·一八 從天—觀天下
郭·老丙·八 以得志於天—

郭·老丙·四 天—往
郭·老丙·一 大上—智(知)又(有)之
郭·緇·一〇 上好息則—之爲息也争先

郭·緇·一三 —土之弋(式)
郭·緇·一四 —之事上也
郭·太·一〇 —土也

郭·太·一三 其—高以㢢(强)
郭·太·一四 不足於—者
郭·五·二五 明明才(在)—

郭·唐·一九 又(有)天—弗能益
九·五六·四六 三方—
九·五六·四六 二方—
九·五六·四七 二方—

新甲二·四〇 ▨—内外褆禱句所▨
新甲三·三一二 既於—形蔖

新甲三・三一四
旣於—窯、下姑留二黏

新甲三・三二六—一
—獻司城己之寠人

新甲三・四一三
▨—郊吕(以)豢▨

新甲三・四一〇
—薔一▨

上(三)・亙・一〇
嬰(舉)天—之复(作)强者

上(三)・亙・一一
嬰(舉)天—之爲也

上(三)・亙・一二
天—之复(作)也

上(三)・亙・一三
嬰(舉)天—之

上(四)・昭・三
臚(偕)—

上(四)・逸・交三
皆(偕)—

上(四)・内・九
岂—之

上(四)・曹・三
天—，

上(四)・曹・四
今天—之君子

上(四)・曹・一六
天—

上(四)・曹・六五
於天—者

上(六)・莊・六
忘夫析述之—虖(乎)

上(七)・鄭甲・四
天—之豊(禮)

上(七)・君甲・五
而天—莫不語之

上(七)・凡甲・一七
天—而虘(祖)之

上(七)・凡乙・一〇
坐不—笞(席)

清(一)・保・五
于上—遠埶(邇)

清(一)・金・五
于—墜(地)

清(一)・祭・四
尾(宅)—鄭(國)

清(一)・祭・五
尃(敷)鬲(聞)才(在)—

清(二)・繫・九七
天—

清(三)・説下・七
上—罔不

清(三)・琴・八
上—

清(三)・琴・九
汸=(滂滂)才(在)—

示

清(三)·琴·一一 (顯)才(在)—

清(三)·赤·三 自堂—受

清(三)·赤·八 亓(其)—舍

清(四)·筮·男二〇 —去

清(四)·筮·四位三五 —匍(軍)

清(四)·筮·爻六一 上—

清(四)·筮·爻六一 复(作)於—

清(四)·筮·雨一三 才(在)—

清(四)·筮·雨一八 火相見才(在)—

清(五)·厚·二 —爲之

清(五)·厚·五 —民

清(五)·厚·五 —民

清(五)·封·二 才(在)天—

清(五)·殷·二〇 上—毋

清(五)·殷·二二 天—䁂(甄)

清(五)·殷·二四 又(佑)—方

天策 鑵—

天策 倜—

清(一)·皇·五 神—(祇)

福

禀

包二·二〇五 既禱至—

包二·二〇六 既禱至—

包二·三七 —昜剭尹之州里公婁毛受(期)

郭·老甲·三八 貴—(富)喬(驕)

郭·尊·二七 善者民必—(富)

郭·性·五二 含—者也

郭·尊·二七 —(富)未必和

新甲三·四一九 愆(祈)—𥜽禱客(文)君

帛乙一〇·八 隹天乍—

望一·五一 ☐不見—

郭·尊·二 祡(禍)—之羿(基)也

仰二五·三七 □□□□—之□

上(三)·彭·五
唯(雖)—(富)必遊(失)

上(六)·用·二
非慷於—

上(七)·吳·八
王之—

上(七)·吳·八
王之—

上(七)·武·一〇
於貴—

清(三)·説下·六
又(有)萬—

清(五)·殷·一六
神之—

清(三)·琴·一三
勿請—之

清(三)·琴·一六
隹(惟)—思

稟

郭·語四·三
參(三)殜(世)之—

新甲一·七
☐衜篳忻(祈)—於太

新甲一·二一
忻(祈)—於卲(昭)王

新甲一·一一
☐忻(祈)—於北方

新甲三·二七
齊客陸(陳)異至—於王歲,獻☐

新甲三·三三
齊客陳異至(致)—於王之歲

新甲三·二〇
齊客陸(陳)異至—於王歲,獻☐

新甲三·二七二
齊客陳異至(致)—於王之歲

新甲三·二一七
齊客陳異至(致)—於王之歲

新乙三·六
忻(祈)—嬰禱於☐

上(一)·孔·一二
棫木—(斯)才孶=(君子)

新乙三·五
忻(祈)—於司禑(禍)

上(三)·周·四五
並受丌(其)—

上(三)·周·五七
是受—吉

上(五)·三德·五
唯—之𡈼(基)

上(五)·三德·一四
爲善—乃尞(來)

祇

清(一)·程·七 多—

清(一)·楚·八 —

清(一)·楚·九 自—丘

清(一)·楚·九 日—丘

清(五)·命·一 以禍(禍)—

清(五)·命·二(重) 易(賜)之—=

清(五)·命·七 又(有)—

清(五)·命·七 天之—

覃禀

郭·成·一七 —(富)而貧(分)賤

郭·成·一八 則民谷(欲)其—(富)之大也

祇

郭·老乙·一二 大音—聖(聲)

清(一)·保·九 —(祇)備(服)不解

清(三)·芮·二二 所—(祇)畏

清(五)·封·八 —(祇)敬尔

清(五)·殷·一四 —(祇)神之明

清(五)·殷·二〇 —(祇)不易

清(五)·殷·二七 孛(勉)—(祇)

清(五)·封·三 —(祇)事

神

神

帛甲六·九 以四—降奠

帛甲七·一五 □□—則閏

帛甲七·二三 百—風雨

帛甲三·三六 四—相戈

帛乙一〇·九 —則各之

帛乙九·一八 百—是言

帛乙九·二六 群—乃恚

帛乙一〇·一七 —則惠之

上(二)·容·四〇 吕伐高—之門

九·五六·二六 □—卿(饗)之

郭·太·二 —明復相補(薄)也

郭·太·二 是以成—明

郭·太·五 —明之所生也

郭·太·五 —明者

齋

郭・唐・一五　—明均(？)從
上(三)・亙・四　既(氣)信—才(哉)
上(四)・柬・六　爲楚邦之魂(鬼)—宔(主)

上(四)・柬・六　魂(鬼)—之祟(常)
上(四)・柬・六　魂(鬼)—高明
上(四)・曹・六三　魂(鬼)—軔武

上(五)・競・七　則訢者(諸)魂(鬼)—曰
上(五)・三德・四　毋訽(詬)政卿於—宋(祇)

上(五)・三德・九　係子是胃(謂)忘—
上(五)・鬼・二　則魂(鬼)—之賞
上(五)・鬼・四　魂(鬼)—不明

上(六)・競・一二　—見虘(吾)逕
上(七)・鄭乙・四　弗愄(畏)魂(鬼)—
上(七)・凡甲・八　魂(鬼)之—系(奚)飤

上(七)・凡乙・四　系(奚)古(故)—𥁰(盟)
清(一)・程・三　商—
清(一)・金・四　槼(鬼)—

清(一)・皇・五　先—示(祇)遉(復)
清(一)・皇・六　祀天—
清(二)・繫・一　天—

清(五)・殷・一四　—之明
清(五)・殷・一六　冒—之福
清(五)・殷・一八　憙(喜)—

清(五)・殷・二六　—慕(莫)
清(五)・殷・二八　—裳(勞)民

望一・一五六　埜—
望一・一五五　内—
望一・一五七　□—
新甲三・一三四・一〇八　庚午之夕内—

上(七)・武・一二　—牆(將)
上(七)・武・一二　武王—

禮

清(二)·繫·一 —祀

醴 清(一)·耆·八 𠦝(厥)—

祭

祭 包二·二三七 埜— 包二·二四一 啬— 包二·二二五 蒿— 望一·一一〇 遴—公室(主)冢=酉飤

望一·一三七 ☐—麋 望一 敚非—祀☐ 望一·一三八 —馬 望一·一四〇 ☐祟—□☐ 望一·一四三 饋—之

天卜 啬—惠公戠豢豨 天卜 既啬—惠公 天卜 啬—惠公 天卜 啬—葙禼肥☐

天卜 啬—門一☐ 帛乙一二·二五 則無絲— 郭·老乙·一六 子孫以其—祀祭不乇

郭·性·六六 —祀之豊(禮)必又(有)夫齊齊之敬 九·五六·一三下 —祀

九·五六·二五 㠯(以)— 九·五六·二七 㠯(以)—門桼(行) 九·五六·二八 㠯(以)—大事 九·五六·一六下 —祀

九·五六·一九下 —祀

上(一)·性·二九 —祀之豊(禮)必又(有)夫臍=(臍臍)之敬 上(二)·昔·二 女(如)—祀之事

新甲二·三八·三九 ☐樂之,饋—子西君,[illegible] 新甲三·一六一 ☐壬午之日—卲(昭)王☐

祀

新甲三·二〇一 羿(擇)日於八月前—　競坪王

新甲三·二〇七 虞(且)—之㠯(以)一豬於東陵

新甲三·二一二·一九九—三 鍊—卲(昭)王大牢

新甲三·二六九 虞(且)—之

新乙三·四二 是=(是日)—王孫厭一家

新零·三一三 ☐是=(是日)—王孫☐☐

上(三)·周·五七 不女(如)西簭(鄰)之酌—

上(三)·中·六 夫—，至敬之

上(四)·柬·三 欲—於楚邦者虐

上(四)·柬·五 速—之

上(四)·柬·七 安敢殺—

上(四)·柬·七 㠯(以)君王之身殺—

上(五)·競·二 昔高宗—

上(五)·競·三 既—安(焉)

上(五)·競·四 既—之

上(五)·鮑·七 公乃身命—

上(五)·鮑·七 —備(服)毋(無)紉

上(六)·競·一二 —正不隻

上(六)·競·一三 青(請)—與正

上(七)·凡甲·七 —異(禩)

清(一)·楚·五 著(鄀)人之犕(犝)以—

清(三)·赤·七 亓(其)—

清(四)·筮·祟四四 乃西—

清(五)·命·一〇 於逕(淫)—

祀

帛乙一一·二四 民—不𢘓

帛丙五·四 不可以亯—

郭·老乙·一六 子孫以其祭—不乇

郭·性·六六 祭—之豊(禮)必又(有)夫齊齊之敬

九·五六·四一 秎(利)㠯(以)祭—

九·五六·一九下 祭—

九·五六·一六下 祭—

上（一）·性·二九 祭—之豊（禮）必又（有）夫膌=（膌膌）之敬

上（二）·昔·二 女（如）祭—之事

上（三）·周·四三 利用祭—

上（四）·内·八 祝於五—

上（五）·三德·七 㠯—不亯

上（五）·三德·九 毋凶備（服）㠯亯—

上（五）·三德·一三 祭—

清（一）·程·一 王元—

清（一）·皇·四 明—

清（一）·皇·六 —天

清（一）·皇·一一 用—

清（二）·繫·一 禋—

清（二）·繫·一 —帝

清（三）·説下·八 （漸）五—

清（三）·芮·一八 亯（享）—

清（五）·厚·三 肆（肆）—

清（五）·厚·四 —三后

清（五）·厚·一〇 禨（肆）—

清（五）·湯丘·一四 敬—

祖

祖

上（三）·彭·一 彭—曰

上（三）·彭·一 彭—

上（三）·彭·二 彭—曰

上（三）·彭·三 彭—曰

上（三）·彭·七 彭—曰

上（六）·競·一〇 —（詛）一

昳

上（五）·姑·三 社—（稷）

景

上（五）·競·二 詈（諆）—己而昏（問）安曰

上（五）·競·二 —己會（答）曰

祠　祝

虞 包二·二四一 由(思)攻解於—與兵死　包二·二一一 由(思)攻解於槼—　天卜 由(思)攻解於槼—　望一·七八 槼—

禨 天卜 訋志由攻解於不殆弘死者與—社

槼 包二·二六六 皇—五　訛形。

祠

裑 九·五六·二六 目爲卡(上下)之禱—(祠)　『裑』是『祠』的異體。　新乙四·五三 ☐☐☐禱—

禠 九·五六·四一 秎(利)目(以)祭祀、禱—(祠)　『禠』是『祠』的異體。

祝

包二·二一七 —融　包二·二三七 —融　包二·二三一 由(思)攻—逯緒取　帛甲六·五 炎帝乃命—融

新甲三·三五 (老)童、—蟲(融)、穴熊芳屯一☐　新甲三·一八八、一九七 老童、—蟲(融)、禮酓(熊)

新乙一·二二 老嫜(童)、—蟲(融)、空(穴)酓(熊)　新零·二〇九 —丁☐　新零·二四九 ☐虐(虩)命—☐

上(四)·內·八 —於五祀　上(六)·競·二正 良—吏　上(六)·競·五 —敓也

上(六)·競·七 丌(其)—　上(六)·競·七 —之　上(六)·競·八 —亦亡(無)益

清(一)·程·二 —忑(忻)　清(一)·者·八 —誦一　清(一)·者·九 —誦

清(一)·金·三 —告

清(三)·祝·一 以—日

清(三)·祝·二 以—日

清(三)·祝·二 飤(既)—

祈

包二·二六六 二— 讀爲卺。

上(七)·武·一二 君不—

⿱祈皿

上(六)·天甲·一二 古(故)見傷(裼)而爲之—(祈)

⿱祈心

新乙四·一一三 命—(忻)福▨

⿱旂心

上(二)·子·一二 顛(履)㠯(以)—(祈)禱日

新甲三·四一九 —(祈)福舉禱吝(文)君

清(二)·繫·一三一 奠(鄭)大宰—(欣)亦

⿱祈豆

上(七)·武·二 —(齋)唐

禱

包二·二四四 舉—害一全豬

包二·二三七 舉—大一犝

包二·二三三 舉—行一白犬

包二·二〇二 舉—於宮陛宔一豭

包二·二〇二 獨—東陵連囂,肥冡,酉飤

天卜 罷—西方全豬

天卜 罷—大禱戠牛

天卜 罷—卓公訓至惠公

望一·五五 舉—於二王▨

天卜 ▨□舉—北宗一環

望一·一二四 楚先既—▨

新甲二·一二 ▨舉—▨

新甲三·五六 辜(就)—户一羊

新甲三·一八八、一九七 舉—楚先

新甲三·一三四、一〇八 乙亥—楚先與五山

新甲三・五 ▨□柰寍（賽）—於剻（荆）王

新甲三・五六 亯（就）—門▨

新甲三・一九五 ▨嬖—五山、祠□▨

新甲三・二〇〇 嬖—子西君、文夫人各戠牛饋

新甲三・三五五 —一冢▨

新乙一・二九、三〇 嬖—於卲（昭）王

新乙一・一七 壬唇（辰）之日—之

新乙一・一七 遠（就）—三楚先屯一痒（牂）

新乙二・三八、四六、三九、四〇 嬖—於陸（地）宔（主）［一］青義（犧）

新乙二・二〇 寍（賽）—夊（太）一▨

新乙四・一〇九 斅（就）—三殜（世）之殤（殤）▨

新乙四・五三四 ▨□□—祠

新乙四・九七 逯（就）—壁玉兆

新乙四・一四八 弌—大（太）、北方□▨

新甲一・四 瘔—一肑（鹿）

新甲三・三一二 —二冢▨

新甲三・二七八 —二冢

新甲三・二六八 是日斅（就）—楚祧（先）

新甲三・四 寍（賽）—司命、司彔▨

新乙三・二八 嬖—於卲（昭）王、吝（文）▨

新乙三・五五 ▨—一冢▨

新乙三・五二 —二冢。砫▨

新乙三・六一 寍（賽）—北方▨

新乙三・六四 ▨—一冢▨

新零・一 嬖—於▨

新零・一〇 ▨—之□▨

新零・二五四、一六二 斅（就）—北▨

上（二）・子・一二 盤（履）目（以）慾（祈）—曰

九・五六・二六 目（以）爲卡二之—祠（祠）

秦九九・一 賽—宮陸宔

秦九九・一 賽—行一白犬

新甲一・一〇 ☐贛(貢)。凡是戌昏(辰)以畬(會)己巳—之

新甲一・一五 擧—於

新甲一・二七 擧—於子西君戠牛,樂☐

新甲一・二三 與賓—之

新甲三・一三六 ☐壁,以罷—大牢饋

新甲三・一四四 ☐起己酉—之☐

新甲三・一四六 ☐擧—於太一精☐

新甲三・一四七 ☐擧—於☐

新甲三・一四八 ☐擧—褶☐

新甲三・一五九—一 ☐祝,昊(昃)—之☐

新甲三・一六六、一六二 ☐擧—於二天子各兩痒(牂)

新乙三・六 忻(祈)福擧禱於☐

新乙三・八 ☐□吕(以)亓(其)古(故)擧—吝(文)☐

新乙一・一一 —於吝(文)伕=(夫人)

新乙一・一一 擧—於子西君

新乙一・一三 擧—各一備(佩)璧

新乙一・一三 或擧—於盛武君

新乙一・一五 與—曆之

新乙一・二一、二三 擧—於卲(昭)王

新乙一・二一、二三 辛未之日—之

新乙一・二二 癸酉之日擧—☐

新乙二・二四、三六 ☐擧—子西君

新乙三・四一 擧—於三楚祧(先)各一痒(牂)

包二・二一〇 賽—東陵連囂豻

包二・二一七 擧—楚先老僮

包二・二一〇 擧—蝕祆一全豢

九・五六・四一 —禝(祠)

望一・一 既—

社

望一·一〇 遡—柬大王聖王☐
望一·五四 嬰—大莆玉一環
望一·二六 遡—北子肥豢
望一·二九 遡—𥘵白犬

望一·七五 賽—王孫㠯
望一·三五 既—未賽
望一·五二 遯口其胸—之
望一·八二 賽—於楚☐

望一·一一二 罷—先君東郊公戠牛
望一·一〇八 賽—於柬大王☐
望一·八八 聖王悳王既賽—

望一·二九 ☐嬰—大夫之丁晉

⿱乇示
新乙四·九六 亯（就）—大牢
新乙四·一三九 北方兄（祝）—乘良馬
新乙四·一四〇 ☐—陛（地）宔（主）☐ 省日，訛體。

⿰⿱乇日示
秦九九·二 賽—行一白犬
秦一三、一四 賽—五☐

社
包二·一三八反 同—
包二·二一〇 嬰禱—一全豬
包二·二四八 嬰禱—一全豬
天卜 冬栾至黨於—戠牛

上（二）·子·六 㝵（得）丌（其）—稷（稷）百眚（姓）而奉守之
新甲三·二七一 ☐溉鄗—
新零·一六三 ☐☐—禝（稷）滕（豢）

上（四）·柬·一八 —禝（稷）
清（三）·芮·一四 戔（衛）想（相）—禝（稷）
清（五）·湯丘·八 —禝（稷）

祩
新甲三·三四七—一 戝於鄗于二—（社）
新甲三·二八五 其國（域）悉三—（社），上☐
新甲三·三二五—二 馬人二祩（社）

新甲三·二五一 ☐—（社）一豬
新甲三·三〇八 薾一—（社），一豬
新甲三·三五三 固二—（社）
新甲三·二五〇 王虛二—（社）

新甲三・三六二 埜二—(社)

新甲三・三七二 ☐三—(社)

新甲三・三八七 ☐寺二—(社)

新甲三・三一七 浮☰(四)—(社)

新甲三・三三四 闡(關)郢三—(社)

新甲三・三四九 二—(社)二豬

新甲三・四〇五 ☐—(社)一豢、一豬、一冢

新乙三・五三 ☐禱於其—(社)一⿰月豢(豢)

新乙三・六五 ☐禱於亓(其)—(社)一⿰月豢(豢)☐

新乙四・七六 ☐禱於鮮鄭之—(社)一⿰月豢(豢)

新乙四・九〇 三—(社)☐

新乙四・七四 ☐—(社)一⿰月豢(豢)

新乙四・八八 梠里人禱於其—(社)☐

新零・四三〇 ☐—(社)

新零・三三八 亓(其)—(社)禝(稷)□☐

新乙二・七 ☐禱於其—一豬☐

上(七)・吳・五 —(社)禝(稷)

坛

望一・一二五 ☐—□其☐

上(五)・姑・三 晉畔(邦)之—祖(稷)

禍

天卜 司— 神祇名

上(四)・昭・九 天加—於楚邦

清(一)・楚・一〇 卮(起)—

清(一)・楚・一三 卮(起)—

清(一)・楚・一六 卮(起)—

禍

包二・二一三 司—(禍) 神祇名

包二・二一五 司—(禍)

新乙一・一五 司命、司—(禍)各一𦎗(鹿)

天卜 司—(禍)

秦九九・一一 司—(禍)

新零・二六六 司—(禍) 神祇名

上(五)·三德·一四 爲不善—(禍)刀或(惑)之
清(一)·尹至·三 棘(速)—(禍)
清(一)·金·八 —(禍)人乃斯旻
清(二)·繫·九〇 見—(禍)以死
清(二)·繫·九九 需(靈)王見—(禍)
清(二)·繫·一〇二 中行氏之—(禍)
清(二)·繫·一二二 陳慶子牛之—(禍)
清(二)·繫·一三一 奠(鄭)大剌(宰)忻(欣)亦记(起)—(禍)
清(三)·芮·一 周邦聚(驟)又(有)—(禍)
清(五)·命·一 —(禍)福
清(五)·命·七 又(有)—(禍)
清(五)·命·七 天之—(禍)
清(五)·命·一〇 —(禍)莫大於遥(淫)祭

䄄

清(二)·繫·八四 记(起)—(禍)於吴

祡

帛乙二·二二 是各参—
上(二)·容·一六 —(禍)才(灾)迲(去)亡
郭·尊·二 —(禍)福之羿(基)也

祟

祟

包二·二三九 毋又(有)—
包二·二三六 毋又(有)—
包二·二四五 毋又(有)—
包二·二四七 毋又(有)—

祟、柰古本一字，从《説文》重出。

清(四)·筮·祟四三 乹(乾)—

清(四)·筮·祟四四 臾(坤)—

清(四)·筮·祟四五 艮—

清(四)·筮·祟四六 兑—

清(四)·筮·祟四七 裳(勞)—

清(四)·筮·祟四八 羅(離)—

清(四)·筮·祟四九 礐(震)—

清(四)·筮·祟五〇 巽—

祚

複

包二·一四一 礬絽逯—於蔵郢之歳

包二·一二九 郘(鄦)絽逯—於蔵郢之歳

包二·一六二 礬絽逯(歸)—於蔵郢之習层之月

包二·二〇九 礬絽至—於蔵郢之歳

秦九九·一 酉飤—之

集

上(五)·鮑三 乃命又(有)𤔲(司)箸—(祚)浮

衼

帛殘 下民之—

层

包二·一二 頭—之月

包二·一二六 頭—之月

包二·一二八 顕—之月

包二·一二九 顕—之月

包二·一三六 頭—之月

包二·一七九 頭—甲寅

包二·一六二 頭—甲寅

包二·一八七 頭—甲寅

包二·二一二 頭—之月

包二·二一二 頭—之月

包二·二一二 頭—之月

包二·二一六 頭—之月

包二·一六二 習—之月

包二·一八七 習—乙亥

⿱亦示　⿱丘示

包二・一九七 ⿱刑田—之月

包二・一九七 ⿱刑田—之月

包二・一九九 ⿱刑田—之月

包二・一九七 ⿱刑田—之月

包二・一九九 ⿱刑田—之月

包二・二〇一 ⿱刑田—之月

包二・二二六 ⿱刑田—之月

包二・二二六 ⿱刑田—之月

包二・二二六 ⿱刑田—之月

包二・二二八 ⿱刑田—之月

包二・二三〇 ⿱刑田—之月

包二・二三二 ⿱刑田—之月

包二・二三四 ⿱刑田—之月

包二・二三六 ⿱刑田—之月

天卜 頭—之月

天卜 頭—戰⿺辶高返遲⿺辶兼

天卜 ⿱刑田—之月

望一・七 ⿱刑田—之月

包二・二三九 ⿱刑田—之月

包二・二四二 ⿱刑田—之月

包二・二四七 ⿱刑田—之月

包二・一七九 ⿱刑田—壬申

磚三七〇・三 頭—之月

包二・二〇八 ⿱刑田—戲見王

常二 ⿱刑田—之月

磚三七〇・二 頭—之月

九・五六・七七 ⿱刑田—

九・五六・八七 ⿱刑田—

九・五六・八八 ⿱刑田—

新甲三・八、一八 夏—之月

新甲三・五一 ☐⿱剕田—之月

新乙四・四三 ☐頭(夏)—亯(享)月

上(七)・凡甲・二 侌(陰)昜(陽)之—(尸)

上(七)・凡乙・一一 是古(故)聖人—(尸)於亓(其)所

清(一)・楚・五 夜而內—(尸)

祧

天卜 嬰禱—戠牛

天卜 罷禱—戠牛

包二・二〇三 罷禱於文坪—(輿)君

包二・二〇七 遠—之月

包二・一一五 頭—之月

包二・一三一 頭—之月

包二·一三五反 頭—之月
包二·一九 頭—之月
包二·二〇 頭—之月
包二·一七二 頭—己亥

包二·一八二 頭—己亥
包二·二〇〇 頭—又喜
包二·一五六 頭—癸丑
包二·二 冬—之月
包二·八〇 冬—之月

包二·八一 冬—之月
包二·二〇五 冬—之月
包二·二〇六 冬—之月
包二·四 屈—之月

包二·一〇四 屈—之月
包二·一二五 屈—之月
秦一·一 冬—之月
秦一三·八 顕—之月
天卜 今夕執事人—

天卜 冬—之月
天卜 冬—賽禱宮陞室一殕
天卜 冬—至祟於社戠牛

天卜 冬—賽禱惠公
天卜 屈—之月
天卜 屈—之月
天卜 頭—之月

天卜 遠—之月
天卜 遠—之月
九·五六·一六 頭(夏)—
九·五六·二四 遠—

九·五六·二三 屈—
九·五六·七七 —栾
新甲三·三四 遠—之月
新甲三·一一三 頭(夏)—之月

清(一)·楚·五 氏(抵)今日—抋(必)夜

⿱亠祭

新甲三·一一七、一二〇 ▨—之月以至枀(來)歲之夏栾
新甲三·一五一 之頭(夏)—，毋又(有)大咎▨

新甲三·一五五 —，毋又(有)大咎。占▨
新甲三·一五九—二 頭(夏)—之月
新甲三·二〇四 頭(夏)—之月

祭 禽 祼 袼

新甲三・二四八 ☐卒歲國(或)至柰(來)歲之頭(夏)—

新乙一・一二 頭(夏)—之月

新乙一・一四 屈—之月

新乙一・一八 頭(夏)—之月

新乙一・一九 自頭(夏)—之月以至柰歲頭—

新乙一・二八 頭(夏)—之月

新乙一・三一、二五 以至冬—之月

新乙一・三一、二五 自頭(夏)—之月

新乙四・四三 罣(擇)日於屈—

新乙三・四、乙二・二一 ☐頭(夏)—之月

新乙四・六三、一四七 备(冬)—之月

新零・二〇〇、三二三 ☐頭(夏)—之月

新零・二二一、甲三・二一〇 卒(卒)歲或至頭(夏)—之月

天卜 —於大波一牂

望一・一三七 ☐祭—甲戌

讀爲『厩』，爲厩神之專字。

秦九九・一〇 ☐禱之於五—王父王母

秦九九・一 酉飤—之

讀『世』。

上(四)・昭・一 䣐(將)—(格)

上(四)・昭・一 —(格)之

裕

包二・二〇二 —於新父鄰公子豪戠牛

包二・二〇二 —新母肥豬酉飤

上(四)・昭・五 既—(格)

禞
天卜
舉禱大—戠牛　神祇名

禕
帛甲七・二七
層—亂乍

𥜶
天卜
高—大水一璊：環
新乙二・四二
⍁亥之日犢(皆)—(薦)之

𥛱
天卜
宮—　神祇名

𥛱
清(三)・赤・六
牺(將)—(橅)楚

𥙊
望・一二〇
⍁先老—(童)、祝⍁

禡
天卜
高祭莆—　鬼神名

社
新甲三・二四三
舉禱剬—剬單(牢)
新甲三・二四三
頭(夏)—戠牛

祅
上(二)・容・一六
—(妖)恙(祥)不行

衧
新甲三・一九五
⍁舉禱五山、—□⍁

禝
郭・成・七
君衸—(冕)而立於复(阼)

禈 䄡 禜 橋 禠 𥚃 条 𥙿 祟 𥘵

新零・一八九
▨之日—▨

新甲三・一八八、一九七
老童、祝融（融）、—酓（熊）

新零・一二七
▨□—兄（祝）▨

上（二）・容・四五
—（鎬）地名

上（二）・從（甲）・一五
不齊（教）而殺則—（號）

新乙三・五
司—

上（四）・昭・一
誓—之

上（三）・周・五
亡（无）—（眚）

上（三）・周・二〇
丌（其）非返（復）又（有）—（眚）

上（三）・周・二一
行又（有）—（眚）

上（三）・周・五六
是胃（謂）亦衺（災）—（眚）

清（四）・筮・祟四五
九乃—（㝅）

清（四）・筮・祟四七
戊（牡）—

清（五）・湯丘・五
繪（適）奉（逢）道逄（路）之—（祟）

清(五)·厚·四 或—(肆)祀

清(五)·厚·一〇 恖(慎)—(肆)祀

清(五)·厚·一三 甬(用)—(肆)

清(三)·芮·一八 社(功)—(績)

三

三 包二·五八 —受

三 包二·一一六 爲鄺陵貣郘異之金—益剈益

三 包二·二一四 秋—月

三 包二·二四四 贛之衣裳各—冄

三 秦九九·一四 秋—月

三 天卜 —戠

三 天卜 秋—月

三 牌四〇六·一二

三 秦九九·三 —月

三 天策 —真虘

三 天策 —真行虘

三 天策 —行鎗

三 秦一三·一四 秋—月

三 包牘一 —罟

三 信一·〇三 教言—戠

三 信二·〇三 —漆本桊

三 信一·〇六 皆—代之子孫

三 信二·〇一八 十又—

三 信二·〇一一 —彫旂

三 望二·四九 —亡童

三 望二·五〇 —革紼

三 曾六五 —羊

三 曾四三 —吴甲

三 曾八 —貂襪紫魚之箙

三 曾一九 —箙

三 曾五 —襪貂與彔魚之箙

三 曾三二 —貍蓍之聶

三 曾三九 —豻䄠之箙

三 曾八四 —果

三 曾六 屯—菓

三 曾一三一 —駟畫甲

三 曾一九四 鄗君之迻車—䡩

三 曾一三五 —軏

三 曾一二四 —真楚甲

三 曾一二七 —真吴甲

三 帛甲四・二一 —日

三 帛甲六・一二 —天

三 帛三・二八 —月

三 曾一一九 𦎫城君—迻車

三 曾二一三 —夫

三 郭・老甲・一 —言以爲貞(使)不足

三 郭・緇・四七 二十又—

三 郭・窮・八 孫啚(叔)—鉃『射(謝)』郖『亟(期)』思少司馬

三 郭・緇・一二 垔(禹)立—年

三 郭・語三・二 猷(猶)—軍之旗也

三 郭・語三・四一 迵(踊),哀也—迵(踊),麠(文)也

三 郭・語四・二六 —䧺(雄)一𩧼(雌)

三 郭・語四・二七 一王母保—毆(嫛)兒(娩)

三 郭・語四・二六 —錡(荂)一䓿(實)

三 九・五六・一 䓝—秎

三 九・五六・四 —赤二篙

三 九・五六・八 梅—箚一篙

三 九・五六・三九 凡秋—月

三 九・五六・五 方—大首:一

三 九・五六・五四 夏—月

三 九・五六・五四 萩(秋)—月

三 九・五六・四六 西方高,—方下

三 上(二)・容・一八 垔(禹)聖(聽)正(政)—年

三 上(二)・昔・一 大(太)子再—

三 上(二)・容・一四 㠯—從㚔(舜)於旬(畎)畮(畝)之中

三 上(二)・容・二六 垔(禹)乃迵(通)—江五沽(湖)

上(二)・容・三一 東方爲—告(調)
上(二)・容・三一 南方爲—告(調)
上(二)・容・三一 北方爲—告(調)

上(二)・容・三九 砒—十尼而能之
上(二)・容・四八 —鼓而退之
上(二)・容・四八 —鼓而進之

上(二)・容・四四—四五 於是虗(乎)复(作)爲金桎—千
上(一)・性・三四 亞頪(類)—
上(二)・從(甲)・七 —折(誓)㞢(持)行

上(二)・從(甲)・一〇 從正(政)所矛(務)—
上(二)・民・二 㠯至(致)『五至』㠯行『—亡(無)』
新甲三・二〇六 ▨—赤、三

上(二)・民・五 敢䎽(問)可(何)胃(謂)『—亡(無)』
新甲三・二〇六 ▨三赤、—
新甲三・二八五 其國(域)悉—袿(社)，上▨

新甲三・一〇五 ▨廌(薦)—楚先，客(各)▨
新甲三・二五五 ▨—人之飤
新甲三・四〇四 䣓於竆鴼，解溛—貂

新甲三・三三四 闌(關)郢—袿(社)
新甲三・三七二 禱—冢▨
新乙一・一七 遠(就)禱—楚先屯一痒(牂)

新甲三・三七二 ▨—袿社
新甲三・三二〇 —貂
新乙四・九〇 —袿(社)▨

新乙三・三一 臺(就)禱—楚▨
新乙四・三五 才(在)郢爲—月
香中大・三 —悬(仁)而畫於雇生

新乙四・九八 爲君—歲貞▨
新乙四・一三七、甲三・三六〇 ▨祝(裸)句逾—貂

上(三)・中・一七 若出—
上(三)・彭・二 —迲(去)丌二
上(三)・彭・七 一命—㝅

上(三)·彭·八 —命四臟

上(四)·曹·一四 —弋(代)

上(四)·曹·一九 —教

上(四)·曹·四二 「—軍

上(四)·曹·四三 —軍

上(四)·曹·四九 此—者

上(四)·柬·一六 —日

上(五)·競·三 出—年

上(五)·君·一〇 —人

上(五)·季·一四 —代

上(六)·天甲·一三 不韋(諱)所不孝(教)於帀(師)者—

上(六)·天乙·八 邦君—辟

上(七)·君甲·二 白玉—回而不戔(殘)才(哉)

上(七)·君乙·一 君王又(有)白玉—回而不戔

上(七)·君乙·二 虐(吾)埶(罕)又(有)白玉—回而不戔才

上(七)·吳·七 吏丌(其)—臣

上(七)·吳·七 —夫=(大夫)辱命於㝱(寡)君之業

上(七)·吳·九 隹(唯)—夫=(大夫)

清(一)·金·一 —年

清(一)·金·二 爲—坦(壇)

清(一)·金·八 東—年

清(一)·祭·九 「—公

清(二)·繫·九 —年

清(二)·繫·六三 —月

清(二)·繫·一二三 晉—子之夫

清(四)·筮·得一五 十—

清(五)·厚·四 祀—后

清(五)·命·七 人道—

清(五)·湯丘·三 —月不出

王

弌 弍 清(四)・算・一 —

王 包二・二 壴宜命之於—大子
王 包二・七 齊客陳豫訽—之歲
王 包二・七 —廷於藍郢之遊宮

王 包二・一六反 甲申—諨
王 包二・七 臧—之墨以內其臣之象典
王 包二・一二九 恒思晷業黃—之奠
王 包二・一四七 爲—煮鹽於海

王 包二・一五〇 貣辻蕭之—金不賽
王 包二・一五四 —所舍新大廄以啻蔽之田
王 包二・一五六 □執命爲—穀取邾不涅穀而逃命

王 包二・二〇八 留层觳見—
王 包二・二六三 —絟之純
王 包二・二四六 留— 即楚—
王 包二・一七四 肅— 即楚肅—

王 包二・二一三 少又亞於—事
王 包二・二四六 武— 即楚武—
王 包二・二二四 新—父
王 包二・二一二 出內時—

王 包二・二三四 出內寺—
王 包二・一二八 —丁司敗逿
王 包二・一八四 —角州里公周訟
王 包二・一六一 嘉事命以—命諨之正

王 包二・一五五 政五連之邑於鄨—士
王 包二・二五四 二素—絟之綉
王 包二・二一四 卲— 即楚昭—
王 包二・二四〇 卲—

王 包二・一六六 愄— 即楚威—
王 包二・六五 —婁 人名
王 包二・五八 宣— 即楚宣—
王 信一・〇七 𨈫之於先—之法也

王 秦九九・一一 —父—母
王 秦一三・五 —父
王 常一 卲—
王 常一 —處於栽郢之遊宮
王 常二 新—

王 常二 邵逯以—命舒方迮戠悁
王 秦一・二 —父
王 雨二一・二 坪皇角爲定文—商▨
王 雨二一・三 姑侁之宮爲濁文—羿爲濁▨

王 天卜 齊客繵䑋䢦—於莪郢之戢
王 天卜 㕅—尚自利訓
王 天卜 三戢之宔䣿大又喜於—室
王 天策 一—車

王 天卜 秦客公孫紻䢦—於莪郢之戢
王 天策 莫司馬絚㛋—□
王 望一·一一七 —之北子各□
王 望一·一一二 □折—各戢牛

王 望一·八九 —孫桌
王 望一·八八 恖—
王 望一·八八 聖—
王 望一·一〇八 東大—
王 望一·八 （郙客）郢䢦—於莪郢之戢

王 望一·二二 走趣事—夫
王 望一·二九 出内寺—
王 曾一三 黄■迮—所馭大㞡
王 曾七五 黄豊■馭—僮車

王 曾一四三 —衵之黄爲右驂
王 曾一五六 —孫生之騏爲左驂
王 曾一八八 王𦅪一乘逄車
王 帛乙五·九 每于其—

王 郭·老甲·二 江海（海）所以爲百浴（谷）—
王 郭·老甲·三 是以能爲百浴（谷）—
王 郭·老甲·二二 —亦大

王 郭·老甲·一八 侯—女（如）能獸（守）之
王 郭·老甲·二二 —凥（居）一安
王 郭·緇·二 悉（儀）型（刑）文—

王 郭·緇·八 非其止之共唯—巷
王 郭·緇·一三 成—之孚
王 郭·緇·二九 —言女（如）索
王 郭·緇·三四 穆穆文—

王 郭·緇·三七 戠（割）紳觀文—悳（德）
王 郭·緇·二九 —言女（如）絲
王 郭·成·三九 文—之型（刑）莫厚（重）安（焉）

王 郭·成·三八 文—复（作）罰
王 郭·五·二九 文—之見也女（如）此
王 郭·六·四一 是古（故）先—之孝（教）民也

王 郭·唐·一 堯舜之—
王 郭·唐·一八 卒—天下而不矣（疑）
王 郭·唐·二五 南面而—而（天）下而甚君

郭·語四·二六
一—母保三毆(嫛)兒(娩)

上(一)·孔·一
行此者丌(其)又(有)不—虖(乎)

上(一)·孔·二
文—受命矣

上(一)·孔·五
清畜(廟)—悳(德)也

上(一)·孔·六
前—不忘

上(一)·孔·七
命此文—

上(一)·孔·八
—公恥之

上(一)·孔·二一
文—虐(吾)ㄦ(美)之

上(一)·紂·五
隹(惟)—之功

上(一)·紂·一五
—言女(如)絲

上(一)·紂·一五
—言女(如)索

上(一)·紂·一七
穆=(穆穆)文—

上(二)·子·七
先—之遊

上(二)·子·七
—則亦不大潰

上(二)·子·九
厽(叁)—者之乍(作)也

上(二)·子·一三
然則厽(叁)—者箮(孰)爲

上(二)·子·一三
厽(叁)—者之乍(作)也女(如)是

上(二)·從(甲)·一
昔三弋(代)之明—之又(有)天下者

上(二)·從(甲)·二
—舍(餘)人邦豪(家)土埅(地)

上(二)·容·五
圭(匡)天下之正(政)十又(有)九年而—天下

上(二)·容·三五
傑(桀)不述亓先—之道

上(二)·容·三五
—天下十又(有)六年而傑(桀)复(作)

上(二)·容·四二
是目尋(得)衆而—天下

上(二)·容·四二
受(紂)不述亓先—之道

上(二)·容·四二
湯—天下卅=(三十)又(有)一僕(世)而受复(作)

上(二)·容·四六—四七
乃出文—於虽(夏)臺(臺)之下而䎽(問)焉

上(二)·容·四六
文—䎽(聞)之

上(二)·容·四七
文—乃迟(起)帀(師)吕鄉(嚮)豐、喬(鎬)

上(二)·容·四七
文—曰：可

上(二)·容·四七
文—於是虐(乎)素耑(端)𧞤(褰)吕行九邦

上(二)·容·四九
文—堋(崩)

上(二)·容·四九—一〇
武—曰

上(二)·容·四九
武—即立(位)

上(二)·容·五一
武—乃出革車五百輮(乘)

上(二)·容·五〇—五一
武—於是虖(乎)复(作)爲革車千輮(乘)

新甲一·二一
忻(祈)福於卲(昭)—

上(二)·容·五二
武—於是虖(乎)素完(冠)弁(冕)

新甲一·五
又(有)敚(祟)見於卲(昭)—、獻(獻)惠

上(二)·容·四八
乃陞(降)文＝—＝(文王，文王)時故時而𡥈(教)民時

新甲一·二一
柬大—

上(二)·民·八
城(成)—不敢康，迺(夙)夜峕(基)命又(宥)𥧑(密)

新甲一·二一
獻(獻)惠—

新甲二·六、三〇、一五
—遷(徙)於鄩(鄀)郢之戠(歲)

新甲三·二
☐咎，又(有)敚(祟)見於卲(昭)—、文☐

新甲三·一三七
册告自吝(文)—以𩫏(就)聖趄王

新甲三·一六一
☐壬午之日祭卲(昭)—☐

新甲三·二〇一
睪(擇)日於八月前祭競坪—

新甲三·八三
☐(祝)韗(融)、穴[熊]、卲(昭)—、獻[惠王]☐

新甲三·一三七
册告自吝(文)王以𩫏(就)聖趄—

新甲三·一
我—於林丘戠＝(之歲)

新甲二・一三 —遅(徙)於鄵(鄢)郢之歲

新甲三・二〇 齊客陛(陳)異至福於—歲，獻▨

新甲三・三三 齊客陳異至(致)福於—之歲

新甲三・二七 齊客陛(陳)異至(致)福於—之歲，獻▨

新甲三・二一七 齊客陳異至(致)福於—之歲

新甲三・二七二 齊客陳異至(致)福於—之歲

新甲三・一五九—二 —遻(徙)於鄵(鄢)郢之歲

新甲三・二〇四 —遻(徙)於鄵(鄢)郢之歲

新甲三・二二一 —遻(徙)於鄵(鄢)郢之歲

新甲三・六九 之，賡於競坪(平)—

新甲三・六九 卲(昭)—▨

新甲三・五 以逾訓(順)至文—

新甲二・二一 ▨—爲坪夜▨

新甲三・二〇九 ▨競坪(平)—大䍃(牢)饋

新甲三・二五〇 —虛二袿(社)

新甲三・二八〇 ▨競坪(平)—

新乙三・四二 是=(是日)祭—孫厭一家

新甲三・二二三 —於嘐(鄢)郢之歲

新甲三・五 ▨□栾寋(賽)禱於暂(荆)—

新甲三・二四六 —自肥還郢遅(徙)於鄵(鄢)郢之歲

新甲三・二五九 —遅(徙)於鼜(鄢)郢(之)歲

新甲三・二六七 册告自吝(文)—以遶(就)聖趄[王]▨

新甲三・三四四—一 舉禱卲(昭)—、文君▨

新乙一・一二 —遻(徙)於敼(鄢)郢之歲

新乙一・一六 —遻(徙)於敼(鄢)郢之歲

王 新乙一・六 卲(昭)—

王 新乙一・二〇 —遷(徙)於鄩(鄀)郢之歲

王 新乙一・一八 —遷(徙)於敔(鄀)郢之歲

王 新乙一・二一、二三 獻(獻)惠—

王 新乙一・二六、二 —遷(徙)於敔(鄀)郢之歲

王 新乙一・二九、三〇 㙷禱於卲(昭)—

王 新乙一・二一、二三 㙷禱於卲(昭)—

王 新乙二・一 㙷禱於卲(昭)—大牢

王 新乙三・二八 㙷禱於卲(昭)王、吝(文)☐

王 新乙四・二 —遷(徙)於鄩(鄀)郢之(歲)☐

王 新乙四・一二 臺(就)禱卲(昭)—、蕙(惠)王，屯☐

王 新乙四・一二 臺(就)禱卲(昭)王、蕙(惠)—屯☐

王 新乙四・一五 —遷(徙)於敔(鄀)郢之歲

王 新乙四・二三 中見(期)君—又(有)亞(惡)於外☐

王 新乙三・二四 ☐祭—孫厝

王 新乙四・四四 牆(將)見—

王 新乙四・四七 —遷(徙)於鄩(鄀)郢之(歲)

王 新乙四・五四 ☐—復於藍郢之〔歲〕

王 新乙上・六七 —遷(徙)於鄩(鄀)郢之歲

王 新乙四・九六 文—以豢

王 新乙四・一一〇、一一七 公子見君—

王 新乙四・一二二 ☐君—

王 新乙四・九六 誓(荆)—憙(就)禱

王 新甲三・二九七 —復於藍郢之☐

王 新零・一一二 —遷(徙)於☐

王 新零・三〇一、一五〇 ☐誓(荆)—、文王

王 新零・一六五、一九 齊客陳異至(致)福於—之戢(歲)

王 新零・三〇一、一五〇 文—

新零·四四五 〼卲(昭)—

新零·六二九 〼—傑〼

九·五六·四二 秎(利)吕(以)見公—與貴人

上(三)·周·五 或從—事

上(三)·周·一〇 —晶(三)驅

上(三)·周·三五 —臣許〓

上(三)·周·五四 —叚(假)于窑(廟)

上(三)·中·一八 昔三弋(代)之明—

上(四)·昭·一 卲(昭)—爲室

上(四)·昭·六 大尹内(入)告—

上(四)·昭·七 —命龏(龔)之脽

上(四)·昭·九 —曰：大尹之言脽

上(四)·昭·九 息(怡)君吴—廷

上(四)·柬·一 柬(簡)大—泊澫(旱)

上(四)·柬·四 君—

上(四)·柬·五 —曰：女(如)麐(表)

上(四)·柬·七 吕(以)君—之身

上(四)·柬·九 —夢晶(三)閨

上(四)·柬·一三 女(如)君—攸(修)郢高方若肰(然)里

上(四)·柬·一三 君—毋(毋)敢戋(災)害

上(四)·柬·二〇 君〓—〓(君王，君王)之癳

上(五)·競·七 —王，天不見禹

上(五)·三德·一 累(明)—無思

上(六)·競·四 —命屈木昏(問)

上(六)·莊·六 君—

上(七)·武·三 夫先—之箸(書)

上(七)·鄭甲·七 君—必進帀(師)

上(七)·君甲·八 君—唯不長年

上(七)·君乙·二 —曰

上(七)·吴·八 君—之福

王 上(七)·吳·九 不共丞(承)—事

王 上(七)·吳·九 事先—

王 清(一)·程·三 —及大(太)子

王 清(一)·耆·三 —夜篚(爵)𠷎(酬)繹公

王 清(一)·耆·四 —夜篚(爵)𠷎(酬)周公

王 清(一)·耆·七 —又(有)脂(旨)酉(酒)

王 清(一)·耆·八 公或夜篚(爵)𠷎(酬)—

王 清(一)·金·一 武—

王 清(一)·金·一 武—既克籗(殷)三年

王 清(一)·金·一 —不瘃(豫)又(有)𡰥(遲)

王 清(一)·金·二 先—

王 清(一)·金·三 先—日

王 清(一)·金·六 壂(成)—

王 清(一)·金·六 武—

王 清(一)·金·六 壂(成)—

王 清(一)·金·八 先—

王 清(一)·金·八 周公乃遺—志(詩)

王 清(一)·金·一〇 —䎽(問)

王 清(一)·金·一〇 —旻(得)周公之所

王 清(一)·金·一一 —捕(布)箸(書)

王 清(一)·金·一四背 周武—

王 清(一)·皇·四 —用又(有)監

王 清(一)·皇·四 獻言才(在)—所

王 清(一)·皇·四 囊(助)—共(恭)明祀

王 清(一)·皇·六 —邦用寍(寧)

王 清(一)·皇·五 先—

王 清(一)·皇·六 —用能盍(奄)又四㽙

王 清(一)·皇·五 才(在)—廷

王 清(一)·皇·五 先—用又(有)蘿(勸)

王 清(一)·皇·五 —邦王豙(家)

王 清(一)·皇·七 乓(厥)逡(後)嗣立—

王 清(一)·皇·七 先—之耿光

王 清(一)·皇·七 先—之明刑

清（一）·皇·八 弗卹—邦王冢（家）
清（一）·皇·八 王邦—冢（家）
清（一）·皇·八 以䎽（問）求于—臣

清（一）·皇·八 我—訪良言於是人
清（一）·皇·九 卑（俾）—之亡（無）依
清（一）·皇·一一 莫達才（在）—所

清（一）·祭·一 —若曰：且（祖）韆（祭）公
清（一）·祭·四 周文—
清（一）·祭·四 武—

清（一）·祭·四 —曰
清（一）·祭·七 —曰
清（一）·祭·七 保肙（乂）—冢（家）

清（一）·祭·八 —曰
清（一）·祭·一〇 周文—
清（一）·祭·一〇 隹（惟）周文—受之

清（一）·楚·一二 卲（昭）—
清（一）·楚·一四 —大（太）子
清（一）·楚·一四 —大（太）子

清（一）·楚·一五 —自鄀（蔡）遉（復）郕（鄢）
清（一）·楚·一六 折（哲）—
清（二）·繫·一 武—

清（二）·繫·一 商—
清（二）·繫·三（重） 洹—
清（二）·繫·五（重） 坪（平）—

清（二）·繫·五 幽—
清（二）·繫·七（重） 幽—
清（二）·繫·九 坪（平）—

清（二）·繫·一二 文—
清（二）·繫·一四 成—
清（二）·繫·一五 坪（平）—

清（二）·繫·一七 成—
清（二）·繫·一八 惠—
清（二）·繫·二四 文—

王 清(二)·繫·二五 文—
王 清(二)·繫·二六 文—
王 清(二)·繫·二六 文—

王 清(二)·繫·二七 文—
王 清(二)·繫·二九 成—
王 清(二)·繫·二九 文—

王 清(二)·繫·四一 成—
王 清(二)·繫·四二 楚—
王 清(二)·繫·四四 襄—

王 清(二)·繫·五六 穆—
王 清(二)·繫·五七 穆—
王 清(二)·繫·五八 穆—

王 清(二)·繫·五九 臧(莊)—
王 清(二)·繫·七五 臧(莊)—
王 清(二)·繫·八〇(重) 霝—

王 清(二)·繫·八〇 —子
王 清(二)·繫·八四 —子
王 清(二)·繫·八七 [龍+凡](共)—

王 清(二)·繫·八八 楚—
王 清(二)·繫·一〇二 卲(昭)—
王 清(二)·繫·一〇九 秦—

王 清(二)·繫·一〇九 吳—
王 清(二)·繫·一二五 周—
王 清(二)·繫·一二九 —子

王 清(二)·繫·一二九 —子
王 清(三)·說上·一 —命卒
王 清(三)·說上·三 —廼繇

王 清(三)·說上·四 —曰
王 清(三)·說上·七 —甬(用)命
王 清(三)·說下·一〇 —曰

王 清(三)·說中·一 —[畐+勻](原)比
王 清(三)·說中·三 我先—減
王 清(三)·說下·三 —曰

清(三)·說下·四 —曰
清(三)·說下·六 —曰
清(三)·說下·七 —曰

清(三)·說下·八 —曰
清(三)·琴·二 —复(作)敬
清(三)·良·二 文—又(有)忞

清(三)·良·五 楚軺(昭)—
清(三)·良·五 楚成—
清(三)·良·七 吴—光又

清(三)·良·七 雩(越)—
清(三)·良·一〇 —子全(百)
清(三)·良·一一 楚恭(共)—

清(五)·厚·一 —若曰
清(五)·厚·一 —監劼〈嘉〉
清(五)·厚·三 之剸(哲)—

清(五)·厚·四 —之卿
清(五)·厚·七 —曰:
清(五)·封·五 虞(虔)血(恤)—豪(家)

清(五)·命·一 立明—以
清(五)·命·六 夫明—卲(昭)
清(五)·命·一一 明—奉

清(五)·湯丘·一〇 天—之言
清(五)·殷·一二 先—之遺

閏

帛甲七·一七 □□神則—
帛乙三·二一 —之勿行

皇

包二·二六六 五—槃
包二·二六六 四—桓
信二·〇二五 十—豆
望二·四五 四—豆

信二·〇二六 —脛二十又五
雨二一·二 坪—角爲定文王商▨
望二·四五 四—俎

玉

郭·緇·四六 龜晉(筮)猷(猶)弗智(知)而—(況)於人虐(乎)
上(二)·民·二 吕—(横)于天下

上(二)·民·六 君子吕此—(横)于天下
上(五)·三德·七 —天
上(五)·三德·七 —天弗京(諒)

上(五)·三德·八 —天
清(一)·程·四 受商命于—帝(上帝)
清(一)·金·一二 今—天違(動)畏(威)

清(一)·祭·四 滕(朕)之—且(祖)周文王
清(一)·祭·四 滕(朕)之—且(祖)周文王
清(一)·祭·一〇 —天

清(二)·繫·一三〇 —子
清(三)·良·一 又(有)史—
清(三)·琴·八 —天之社

清(五)·厚·三 畏—天
清(五)·厚·八 —天之政

郭·忠·三 古(故)不—〈皇(忘)〉生

省變之形，非从古。

王

秦九九·一一 吉—
天卜 逿—玩折車馬於悲中
天卜 吉—琗之
包二·二一三 大水備—一環

包二·二一三 備—一環
包二·三 —賡(府)之典
包二·二五 —婁瘀以廷
望一·二八 緒—一環

望二·五〇 一—句(鉤)
望一·一〇九 備—一環
仰二五·一四 革綿又—鍰
仰二五·二三 —首
郭·老甲·三八 金—浧(盈)室

郭·五·一三 悉(愛)則—色
郭·五·一五 耷(聞)君子道則—音
郭·五·一九 而—晨(振)之

郭·五·二〇 肰（然）句（後）能金聖（聲）而—晨（振之）
郭·五·一九 —音
曾一二三 緙椎—堅韋

郭·語四·二四 金—涅（盈）室不女（如）悔（謀）
九·五六·二四下 瑃（佩）—
上（二）·容·三八 立爲—閆（門）

上（二）·容·五三（正） 土—水酉（酒）
新甲三·一六六、一六二 瑅（緩）之以兆—☒

望一·五四 莆—一環
望一·五四 備—一環
望一·一〇六 ☒逯—東大王
望一·一〇七 ☒䶂逯—東□□☒

新甲一·四 歸備（佩）—於二天子
新甲三·四 大，備—兆
新甲三·一三七 ☒舉禱備（佩）—

新甲二·一〇 ☒聿（盡）緩以兆—
新甲三·一七〇 緩之兆—
新乙四·四三 備（佩）—兆

新乙四·九七 遷（就）禱璧—兆
新零·二一九 ☒備（佩）—兆

秦九九·一一 吉—
曾一三七 一—堅臯戉畫幃韋

新乙三·四四、四五 ☒備（佩）—
新乙一·二四 瑅（緩）之兆—

信一·〇三三 金—久乃
包二·二五 癸巳之日不逆—敘（令）步

新甲三·二三七—一 一韐—買□☒
新甲三·二一四 緩之兆—

上(四)・逸・交一
若—若英

上(五)・季・三
𦔻(君子)—亓(其)言而𢝊(慎)亓(其)行

上(五)・弟・一九
巨(蘧)白(伯)—保(止)虐(乎)

上(六)・天甲・六
—㪷(斗)

上(六)・天乙・五
—㪷(斗)

上(六)・競・九
非爲娧(媺)—肴生(牲)也

上(六)・競・一〇
夫埶(執)㪔(媺)之幣三布之—

上(七)・君甲・二
虗(吾)𣪏(罕)又(有)白—三回而不𢦏(殘)才(哉)

上(七)・君乙・一
君王又(有)白—三回

上(七)・君乙・二
虗(吾)𣪏(罕)又(有)白—三回

清(一)・尹至・二
龍(寵)二—

清(二)・繫・四三
命(令)尹子—述(遂)衒(率)奠(鄭)

清(二)・繫・五九
—帛

清(三)・説下・七
思(使)若—冰

清(五)・厚・一二
—之才(在)

清(五)・湯門・六
—穜(種)

璿

上(二)・容・三八
簟(築)爲—室

瓊

新乙一・一三
命(令)尹之子—

壁

上(二)・魯・二
女(如)毋忞(愛)珪—帀(幣)帛於山川

上(二)・魯・三
女(若)天毋忞(愛)珪—

新甲三·九九 先之以一—

新甲一·一一 舉禱一備（佩）—
新甲三·一三七 各束絟（錦）珈—
新甲三·一四二—一 ☐选（先）之一—

新甲三·一七一 ☐—☐
新乙一·一三 舉禱各一備（佩）—
新乙二·三八、四六、三九、四〇 先之一—

新乙三·三二 ☐或㠯（以）義（犧）生（牲）、—玉☐
新零·一八八 ☐㠯（以）一—

新零·三九七 ☐珈—

新甲一·四 各二—
新甲三·一八一 ☐—。占之：甚吉
新零·二〇七 珪—唯☐

上（六）·用·一一 冒還坙—
清（一）·金·二 秉—旹（植）珪

清（一）·金五 （我）則晉（晉）—與珪
清（一）·金·五 我乃以—與珪逷（歸）

瑗

包二·五 新官帀—

環

望一·五四 蒨玉一—
望一·五四 一少—
望一·一二五 ☐□舉禱北宗一—

曾五八 七聚—
曾一一五 鈞—賠
天卜 啻䅥大水一[王甫]=—
天卜 一吉—
天卜 畀蕭啻䅥大之[王甫]=—

璜 琥 琰 瑞 珥 玩 璁

包二·一八一 陞— 人名
包二·一九〇 登— 人名
包二·二一三 備玉一—
包二·二一三 備玉一—

望一·二八 緒玉一—
望一·五五 大水一—
望一·一〇九 備玉一—

包二·二一四 一少—
清(四)·筮·爻五八

璜

望二·五〇 一雙—
新甲三·一三七 各嬰—
新乙三·四四、四五 於郢山一珽—▨

琥

包二·二一八 袂見—
包二·二一八 璧—
清(四)·筮·爻五七 弓、—、玩

琰

望二·五六 ▨—匕

瑞

包二·二二 司馬之州加公李—

珥

曾一〇 組—填
曾六四 紫組—
天卜 解於二天子與雲君以璿—
新甲三·二六九 ▨—、衣常(裳)

珇

信二·〇二 一司齒—
信二·〇二 一司翟—

玩

天卜 逞玉—折車馬於悲中
新零·二七二 ▨—,己未▨

璁

清(五)·封·六 —(蔥)玩(衡)

瑶

琛

包二·三四 周—（瑶） 人名

包二·三九 周—（瑶）

包二·九一 周—（瑶）

包二·九一 —、敓罂（與）雁成

包二·一七三 李—（瑶）之人雓

新零·一七一 ☐之曰，—☐

新零·一八七 —命鄀（許）☐

悉

上（二）·容·三八 珁（飾）爲—（瑶）莹（臺） 不从玉。

包二·二七八反 —（瑶）脰尹之人盬䛫告紹多命以賏賓 省形。

玫

清（五）·殷·二五 諡（感）高—（文）

珈

新甲三·一三七 各束絟（錦）—一璧

新零·三九七 ☐—璧

琖

盞

望二·四六 二飽（匜）—

《説文》新附：玉爵也，从玉戔聲，或从皿。

望二·五四 二合—

玏

信二·〇一八 金—

珄

曾一三七 一玉墍韓—畫幃韋

曾四二 黄金之—

曾四二 豻—

曾六〇 黄金之—

曾六〇 豻—

上（二）·容·三八 —（飾）爲悉（瑶）莹（臺） 「弋」訛與「戈」近同。

上（三）·周·三〇 —（執）用黄牛之革

清（一）·者·五 —（飭），人

玫

包二·一四六 豕—苛歆利之金一益削益

上（六）·用·一三 —亓（其）

玟　琱　珞　瓔　　　琗　琦　珊　堅

玟 望二・六
骨—

琱 曾一正
—賠

曾四
—賠

曾七
—賠

曾三二
—賠

曾三六
—賠

珞 包二・一六七
—尹郘

曾五七
六—(纓)

新乙一・二四
—(纓)之兆玉

上(六)・競・一二
二夫可不受皇—

瓔

新甲三・一六六、一六二
—(纓)之吕(以)兆玉▨

新零・五八七
▨一痒(牂)，—(纓)▨

新乙三・四一
罌禱於三楚祧(先)各一痒(牂)，—(纓)之兆[玉]▨

瓔

新乙一・一七
—(纓)之兆玉

琗 天卜
吉玉—之

琦 信二・〇一二
八方—

珊 包二・七四
迅大敘—之州加公周遲里公周馱受期

堅 曾一二三
紂維犀—皐

曾一二三
紂椎玉—皐

曾一三七
一玉—韓氏畫幃皐

瑅 瓆 璊 珁 欽 琗 琂

曾一三八 韓—

曾三八 —組
曾五 屯—組之綬
曾八 —組之綬
曾二五 屯—組之綬

曾三二 屯—組之綬
曾四六 屯—組之綬
曾四六 屯—組之綬
曾五八 —組之綬

曾七二 屯—組之綬
曾七六 屯—組之綬
曾一〇五 —組之綬

瓆
曾二一二 —人
曾二一三 —夫

天卜 —(佩)玉
信二·七 其—
九·五六·二四 —(佩)玉

璊
天卜 —(佩)玉
包二·二一九 戲(且)爲商纓—

新乙三·四四、四五 於郜山一—璜▨

上(三)·周·四一 —(含)章

上(四)·曹·六三 弗—危地

上(七)·武·一 —(項)、堯

環
清(四)·筮·爻五七 爲—(玦)〔七〕
清(五)·封·六 璁(蔥)—(衡)

玩
清(四)·筮·爻五七 —(璜)

班
包二·八五 番—
上(三)·周·二二 —車戔(衛)
清(一)·祭·九 毛—，曰

气
上(三)·周·四四 —(汔)至
清(一)·皇二 —又(有)宝(寶)

⿱既火
包二·二一八 以其下心而疾少— 《說文》或从既，《汗簡》作。
包二·二二〇 以其下心而疾少—
包二·二四九 以其又瘙疠上—尚毋死

帛甲三·一七 竇—百—
郭·老甲·三五 心叀(使)—曰彊(强)
郭·太·一〇 —(氣)也
郭·性·四四 賊舀之—(氣)也

郭·性·二 憙(喜)惹(怒)依(哀)悲之—
郭·語一·四八 又(有)—(氣)又(有)志

郭·語一·五二 —(氣)，容𣪊(司)也
上(二)·容·二九 乃㦾(辨)侌(陰)昜(陽)之—(氣)

上(二)·容·三〇 𡊨(舜)乃欲會天地之—(氣)

上(二)·民·一一 —(氣)志不㤅(違)
上(二)·民·一二 —(氣)
郭·六·一五 非我血—(氣)之新(親) 《汗簡》《古文四聲韻》氣之古文。

上(三)·亙·一 焉又＝—＝(有氣，有氣)
上(三)·亙·二 亙—(氣)之
上(三)·亙·二 —(氣)是自生

上(三)·亙·二 亙莫生—(氣。氣)

上(三)·亙·四 —(氣)信神才(哉)

上(三)·亙·四 清—(氣)生天

上(三)·亙·四 浧(濁)—(氣)生墬(地)

上(三)·亙·九 亙—(氣)之生

上(六)·天甲·八 鴼(禽)—(氣)

上(六)·天乙·七 鴼(禽)—(氣)，

上(七)·凡甲·二七 并(屏)—(氣)而言

上(七)·凡甲·二七 味(和)—(氣)

清(五)·湯門·六 唯皮(彼)五味之—(氣)

清(五)·湯門·八 亓(其)—(氣)晉鯀(歠)發絢(治)

清(五)·湯門·八 亓(其)—(氣)畬(奮)

清(五)·湯門·九 —(氣)㲋(融)交以備

清(五)·湯門·九 —(氣)戚(促)乃老

清(五)·湯門·九 —(氣)鏃(徐)乃猷

氣

上(一)·性·一 憙(喜)惹(怒)哀悲之—(氣)

清(五)·湯門·九 㲋(氣)—(融)交以備

清(五)·湯門·九 㲋(氣)—(徐)乃猷

士

包二·一五一 左尹—命其從父之弟番款逘之

包二·一六六 莫少— 人名

包二·一一五 命尹子—

包二·一五五 郢足命甕王—

士 包二·一二二
—尹結訢返

士 包二·一八五
五帀—尹宜咎

士 包二·一二
—帀墨

士 包二·一五二
王—之逡郢賞閒之

士 常二
王處於栽郢之遊宮—尹句王

士 郭·老甲·八
長古之善爲—者

士 郭·老乙·九
下—昏(聞)道

士 郭·老乙·九
中—昏(聞)道

士 郭·老乙·九
上—昏(聞)道

士 郭·成·一三
—成言不行

士 郭·緇·二三
毋以卑(嬖)—息(塞)大夫

士 郭·五·七
士又(有)志於君子道胃(謂)之時(志)—

士 郭·五·四四
後,—之隫(尊)臤(賢)者也

士 郭·語四·八
義—之所廌(存)

士 郭·語四·二三
—又(有)悔(謀)双(友)則言談不勺(弱)

士 郭·語四·二二
—亡双(友)不可

士 上(一)·孔·六
多—

士 上(一)·孔·二九
律而—

士 上(一)·紂·一二
毋旨(以)辟(嬖)—書夫=(大夫)向(卿)使(士)

士 上(二)·從(甲)·四
遊(失)孯(賢)—一人

士 上(二)·從(甲)·三
是旨旱(得)孯(賢)—一=人=(一人,一人)譔(譽)

士 上(三)·亙·一三
明—

士 上(四)·曹·二九
可(奇)—

士 上(四)·曹·三九
吏(使)—

士 上(四)·曹·五五
車良—往取之餌(耳)

士 上(五)·姑·一
與—仉埴旦夕絢(治)之

士 上(五)·姑·一
爲—宦行

士 上(五)·弟·九
—,虗(吾)見之壴(矣)

士 上(五)·弟·一〇
—戠(鉤)以力則烋

士 上(六)·孔·三
君夫—品勿

壯　中

上（六）·天乙·一　—建之吕（以）室

上（六）·天乙·二　—爲夫（大夫）之立身不字

上（六）·天乙·七　—視，目亙（恒）奡（顧）還面

上（六）·天乙·八　—受舍（餘）

清（一）·耆·五　虞—奮甲

清（一）·耆·一一　是隹（惟）良—之迈（方）

清（一）·耆·一三　良—之思（懼）

清（一）·耆·一四　良—之思（懼）

清（一）·祭·一六　女（汝）母（毋）以俾（嬖）—息（塞）夫（大夫）卿李

壯

望一·一七六　不—死

郭·尊·二〇　敬—（長）

郭·窮·一〇　非亡體（體）—（狀）也

郭·性·六三　富（貌）谷（欲）—（庄）而毋果（拔）

上（五）·弟五　耇老不逘（復）—

中

天卜　罣良日逷玉玩折車馬於悲—

郭·語一·一九　或遜（由）—出

郭·語一·二一　遜（由）—出者

上（一）·孔·一七　牺（將）—之言不可不韋（畏）也

上（一）·孔·二七　—氏君子

上（三）·中·六　—（仲）弓畣（答）曰

上（三）·中·九　—（仲）弓曰

上（三）·中·一〇　—（仲）弓曰

上（三）·中·二八　—（仲）尼

上（五）·季·四　筭（管）—（仲）又（有）言曰

上（五）·季·九　虔（文）—（仲）

上（五）·君·一〇　昔者—㞐（尼）箴徒三人

上（五）·君·一一　—㞐（尼）與虐（吾）子産箮（孰）臤（賢）

清（一）·楚·二
遠—（仲）

清（二）·繫·一六
秦—（仲）

清（三）·良·八
宦—（仲）

清（三）·良·一〇
肥—（仲）

仰二五·二〇
皆藏於一笥之—

仰二五·二〇
—君之一紙衣

望二·一一
鍺膚之純枕—

望二·一三
一秦高之—干

望二·一三
二需光之—干

范二七
女東而東西而西與上天受—□

郭·老甲·二二
國—又（有）四大安

上（一）·孔·八
言不—志者也

上（二）·容·一四
吕三從坌（舜）於旬（畎）畓（畝）之—

包二·八
—酴誓造内之

包二·一四〇反
鄝君之陛蘘溪之—

包二·一四〇
其百又八十先於畢陞郪—

包二·二五三
二罗膚皆形—

上（二）·子·五正
從者（諸）卉茅之—

上（二）·子·八
采（播）者（諸）川畓（畎）畓（畝）之—

新甲三·一七九
—萅（春）竽我之里一冢⧄

新甲三·二七五
—邑吕（以）貕（豢）

新甲三·二七〇
期—又（有）外堯（喪）

新乙四·二三
—晜（期）君王又（有）亞（惡）於外⧄

新乙四·一三六
⧄垪—尚大篙占⧄

上（一）·性·三四
唯宜（義）道爲近—（忠）

天卜
少又悳於宫—

包二·一三八
大弁連—

包二·一三九反
其所命於此箸之—

新甲三·四三
未及—晜（期）君王⧄

新零・二三六、一八六
☐車，鄗公—

包二・三五
新遊宮—謫之州加公弼麗受期

郭・語三・三三
兼行則㦽『銅(治)』者—

郭・唐・五
大(太)教(學)之—

郭・唐・一六
夫古者舜佢(拒)於艸(草)茅之—而不惪(憂)

郭・唐・一六
佢(居)艸(草)茅之—而不惪(憂)

郭・老甲・二四
獸(守)—

郭・老乙・一四
大浧(盈)若—(盅)

郭・老乙・九
堇(僅)能行於其—

牌四〇六・一五
☐—藏一三☐

九・五六・五四
非正—，不吉

上(二)・容・四〇
立於—

包二・二六九
筆—干絑縞

包牘一
翠首筆—干絑縞

郭・成・二六
聖人之眚(性)與—人之眚(性)

上(三)・周・四
—吉

上(三)・周・三九
—又(有)凶

上(三)・周・三九
—行亡(无)咎

上(四)・内附
奉之㠯—章(準)

上(四)・曹・三五
不—

上(四)・曹・四五
亓賞識(淺)虡(且)不—

上(四)・柬・三
城於膚—者

上(四)・柬・一〇
—舍(余)倉(答)

上(四)・柬・一五
—舍(余)與五連少(小)子

上(五)・姑・六
—(忠)立(位)

上(五)・季・三
埶(執)民之—

上(六)・天乙・四
必—青(情)

上(七)·吳·二 孤居賢(保)系絝之—

上(七)·吳·三正 昔上天不—(衷)

清(一)·保·四 忈(恐)救(求)—

清(一)·保·六 坙(舜)既旻(得)—

清(一)·保·八 昔𡵂(微)叚(假)—于河

清(一)·保·八 廼(乃)追(歸)—于河

清(一)·祭·一二 隹(惟)文武—大命

清(一)·祭·一九 克—尔(爾)罰

清(二)·繫·一〇一 伐—山

清(四)·別·八

清(四)·筮·男二一 —男乃男

清(四)·筮·志三一 乃—昪(期)

清(四)·筮·四位三二 —匍(軍)

清(四)·筮·軍三三 朿(次)於四立(位)之—

清(四)·筮·果四一 —事月才(在)前

清(五)·命·一五 以—從忠

宙

包二·七一 —昜司敗黄䣃受期

包二·七一 不遲—昜之仔門人軛慶以廷

包二·九七 —昜𠚖盤邑人郜䰞

包二·一四五 —畬戠歸之客

包二·一五〇 邸昜之牢—戰竹邑人宋䶐

包二·一六七 —廄苛善

包二·一七四 —廄駁鄰臣

包二·一九八 期—又憙

包二·二一五 期—又憙

包二·二二一 期—尚毋又羕

天卜 ☐期—牺弁衆☐

天卜 期—牺違去處不爲友

天卜 期—又憙

天卜 期—少又𢘅𡧍=

天策 偶—

天策
白羽之—竿

天策
䴉倜—

天策
絑羽之—竿

九・五六・四六
丌(其)—(中)不壽

郭・五・五
君子亡—(中)心之悥(憂)則亡宔(中)心之智

郭・五・三二
以其—(中)心與人交

郭・五・五
君子亡牢(中)心之悥(憂)則亡—(中)心之智

郭・五・三三
—(中)心諓(辯)肰(然)而正行之

郭・六・一二
唯(雖)才(在)草茆(茅)之—(中)

郭・成・二四
型(形)於—

上(二)・容・六一七
於是虖(乎)方百里之—(中)

上(二)・容・二一
—(中)正之罜(旗)已澳(熊)

天卜
夜—又瘠

天卜
期—牺大又憙事

天卜
期—牺又憙

天卜
期—牺又志事憙

天卜
三戠之—牺大又憙於王室

天卜
牺又亞於宮—

九・五六・四一
秎(利)吕(以)内(入)邦—(中)

新甲三・二三六
吉。期之—(中)疾〼

包二・一五七
宋—之斨古之埦

曾一八
—[redacted]寶敓𨍭所馭少輊

曾一五二
—寶尹之黄爲左驌

曾一五六
—城子之駟爲左驌

曾二〇七
入首此梈官之—

曾二〇八
凡宮廄之馬所入長埦之—五聾

上(三)・亙・八
先又(有)—(中)

上(三)・周・七
才(在)帀(師)—(中)吉

上(六)・用・一八
—成,

串

清（一）·尹誥·四 乃至（致）眾于白（亳）（中）邑

清（一）·楚·一六 —（中）谿（謝）記（起）禍

清（一）·祭·一七 亓（其）皆自寺（時）—（中）

清（二）·繫·三九 遷（徙）之—（中）城

清（二）·繫·六七 亓（其）女子自房—（中）

清（二）·繫·六八 女子芺（笑）于房—（中）

清（三）·説上·一 甬（庸）爲遳（失）—（仲）

清（三）·説上·四 天𨑳命敓（説）伐遳—

清（三）·説上·四（重） 遳（失）—（仲）卜曰

清（三）·説上·五 遳（失）—（仲）𢘽（違）卜

清（三）·説上·五 寍（圍）伐遳（失）—（仲）

清（三）·説上·六 一豕𨸏（隨）—（仲）之自行

清（三）·説下·六 —（中）乃罰

清（三）·芮·二七 虐（吾）—（中）心念詿（絓）

清（五）·殷·四

清（五）·殷·四 —（中）壽曰

清（五）·殷·一六 桜（揆）—（中）水奐（衡）

清（五）·殷·二八 桜（揆）—（中）而象祟（常）

九·五六·二七 㫃（利）㠯（以）—㝐（户）秀（牖）

中

郭·六·一二 唯（雖）才（在）—茆（茅）之宙（中） 讀艸。

肖

清（五）·殷·二三 甬（用）—（孽）

屯

曾二 —畝軌

曾八 —貍蓍之聶

曾六 —八翼之翢

曾九 —九翼之翢

曾五 —貂蓍之聶

曾六 —三菓

曾一六 —彔魚耳

曾二五 —纏組之綏

曾二六 —一鰨聶

曾四三 —紫縢
曾四四 —戠雯翆
曾五四 —貂定之稱
曾五七 —貂稱
曾五九 —紫栓之裏

曾六一 —獴翆翻
曾八六 —狐白之聶
曾九九 —紫魚之聶
曾九九 —虓蓦之聶
曾一〇〇 —六翼之翻

曾一〇四 —一翼之翻
曾一一七 —虓韔
曾一二二 —玄組之縢
曾一三七 —紫組之縢
曾一九一 —麗

曾一九三 —麗
曾一九四 —麗
郭·老甲·九 —虗(乎)其奴(若)樸
新甲三·二一四 ⍁□斅(就)禱三楚先—一牂

新甲三·三五 (老)童、祝融(融)、穴熊—一⍁
新乙一·一七 遠(就)禱三楚先—一痒(牂)

新乙一·二八 遠(就)禱門、户—羊(牂)
新乙四·一二 臺(就)禱卲(昭)王、蕙(惠)王，—⍁

信二·〇九 —彫裏
信二·〇一三 —又常
信二·〇二三 —結芒之純
信二·〇二五 —鄰彫䂵=之砡
信二·〇六 —紫緅之帽

信二·〇二六 口脛二十又五—□緣
信二·〇二九 米—緅帽
信二·〇二五 —又鍬
信二·〇一 —青黄之象

信二·〇一四 —又盖
信二·〇一一 —雜=(絳維)之條紃
信二·〇一七 —又鐶

包二·一四七 —二僉之飤金鋞二鋞
郭·緇·一 則民臧(咸)放(扐)而型(刑)不—

上(六)·天甲·四 型(刑)—用青(情)
清(三)·赤·八 二莜(陵)—
清(三)·芮·九 —員(圓)圂(滿)溢(溢)

蓂

曾八四 屯八—之翻

曾一四九 —之騂爲左驌

蒲

曾一四二 —之駟爲左驂

曾一四三 —之黃爲左驌

清(二)·繫·六九 高之固至—池

莧

上(三)·周·三九 —芺(陸)夬=(夬夬)

包二·二五八 —一箕

包二·竹簽三

包二·竹簽二

蘞

包二·二五五 茜—之蔽一硌

包二·二五八 —二箕

上(二)·容·二六 於是虖(乎)—州䞟(始)可尻(處)也

莊

⿰爿亭

郭·語三·九 牙(與)—(莊)者处(處)，益

《説文》古文。

芬

芬

上(三)·周·二三 —(豶)豕之𤘅(牙)

《説文》或體。

每

上(七)·凡甲·一五 —(謀)於千里

上(七)·吳·八 先王姑—(緐)大巸(熙)之邑也

郭·語一·三四 樂—(繁)禮靈則謾

上(二)·子·四 —㠯(以)□寺丌(其)言

清(四)·筮·祟四三 莫(暮)—(純)

清(五)·殷二二 天(效)—(純)

清(四)·筮·祟四四 —(純)乃母

清(四)·筮·享二 —(純)牝

清(四)·筮·享三 月夕—(純)戊(牡)

清(四)·筮·貞二九 —(純)吉

英

仰二五・一六 一—□

蘠

蘠

包二・二五八 —二箕

包竹簽

九・五六・一 ▨—▨

芋

包牘一 繙—結項

包牘一 番—之童

信二・〇二三 番—之

天卜 黃— 人名

望二・三〇 ▨—之結冑緅▨

望二・九 反—之尘載

上（一）・孔・九 棠=（棠棠）者—則

上（四）・逸・交二 皆—皆英

上（五）・競・九 進—（華）倗（明）子㠯（以）馳於倪（郳）

上（五）・三德・八 是胃（謂）方—

清（二）・繫・五六 （宋）右帀（師）—（華）孫兀（元）

清（二）・繫・五七 宋公爲右（左）—（盂）

清（二）・繫・八八 王或（又）史（使）宋右帀（師）—（華）孫兀（元）

蘘

包二・一四〇反 —溪 地名

藍

包二・七 王廷於—郢之遊宮

包二・九二 鄅陲午之里人—訟登賹尹之里人苛鼺

新甲三・二九七 王復於—郢之▨

新乙上・五四 ▨王復於—郢之（歲）

新零・二九四、四八二 ▨（王）復於—郢之歲

清（一）・尹誥・二 弇（后）亯（胡）不—（監）

清（一）・祭・一四 —（監）于頣（夏）商之旣斁（敗）

落

清(一)・楚・一五(重)
東大王自疆郢遷(徙)居—

清(三)・琴・二
卑—(監)才(在)叏(兹)

清(三)・琴・七
不娩(逸)—(監)畲(余)

清(三)・芮・八
不—(鑒)于頣(夏)商

信二・〇二八
—庡盌

天卜
—形　卜具

郭・窮・一三
無—菫愈坅山石不爲▨

上(二)・容・一
—(赫)疋(胥)是(氏)

新甲三・四二
▨蔞—受女於楚之歲

上(五)・三德・一七
—。敬天之攷

上(五)・鬼・五(墨下)
我(俄)日虘(虘)—唬

清(二)・繫・一二七
敗晉自(師)於—(洛)侌(陰)

清(三)・琴・五
褻(裕)皮(彼)趣(熙)不—(落)

清(三)・琴・一二
右帝才(在)—(落)

清(五)・殷・二三
方曼(般)于—(路)

蒉

墓

包二・八五
登—　人名

包二・一〇九
—昜貣郕異之黃金七益

包二・一二一
—里人競不割

茅

上(二)・子・五正
從者(諸)卉—之中

新甲三・三七八
—丘一冢▨

清(一)·保·四 親勧(耕)于鬲(歷)—(丘)

莞

莢 包二·二六三 二—筥

信二·〇二三 一寢—

望二·四八 二策—

芙

上(二)·子·一二 冬(終)見—攷而薦

荓

清(一)·祭·一四 咠(厚)—(屏)

葛

上(一)·性·二八 居仉(處)谷(欲)㸒(戕)—而毋曼

上(四)·采·三 —人 書名

蔞

上(二)·容·二五 垔(禹)乃迵(通)—與湯

新甲三·四二 ☐—莕受女於楚之歲

新零·三一七 —丘一冢☐

藟

上(三)·周·四三 困于蘲—(藟)

茈

包二·二五八 華—二箕

包竹簽 莳—

前

㮊 包二·二一六 苛嘉以長—爲左尹㫃貞

新甲三·三四二—二 盧(穌)—㠯(以)尨霝爲☐

茜

包二·一二二 郙— 人名

萆　包二·一二五　邳昜公命郚㝅之客—

芹　曾二一二　—二夫

芸　芑　上(二)·容·四二　自爲—爲於
清(二)·繫·八五　(鄭)人戢(止)—(鄖)公義(儀)

清(二)·繫·八六　乃敓(說)—(鄖)公
清(二)·繫·八六　龍(共)王叓(使)—(鄖)公嗙(聘)於晉

萊　上(四)·采·一　埜又—

薺　上(一)·孔·二八　牆(墉)又—慙(慎)窨(密)而不智(知)言

蔆　陵　包二·一五三　東與—君伹疆

莰　包二·一五四　東與—君鞍(執)疆
从冰聲。
清(三)·赤·八　帝命句(后)土爲二—(陵)屯
清(三)·赤·一二　爲二—(陵)屯

清(三)·赤·一三　坙(發)埅(地)斬—(陵)
清(三)·赤·一四　又(有)二—(陵)

芰　芡　包竹簽

菽　包二·二五八　—二箕

著 菩 包二·四〇 —陵司敗𨻧非受期 《玉篇》以爲古著字。 天卜

箸 包二·二〇一 郿會以央—爲子左尹旅貞（貞） 著之異體。

莪 上（一）·孔·九 䇗＝（䇗䇗）者—則㠯（以）人（益）也 上（一）·孔·二六 蓼—又（有）孝志

萩 蘇 天策 ☐—作☐ 九·五六·五四 —三月

莕 荇 包二·一六四 —君之加公宋末 《說文》—或从行。

荾 上（二）·容·一四 鍪（舜）於是虖（乎）㪿（始）孛（免）埶（刈）玨（斸）槈（耨）—（鍤）

芫 曾一六一 石—贛衆（？）以韋其鞶＝

蘦 新甲三·二一五 㠯（以）駐—（靈）爲坪夜君貞

苽 上（一）·孔·一九 木—又（有）臧忑而未㝵（得）達也 上（一）·孔·一七 因木—之保（報）

上（三）·周·四一 㠯（以）芑—橐（瓜）

葯 荊 包竹簽四

葉

上（六）·用·一五
皋（罪）之枝—

英

天卜
大—
著草名

天策
縣—

上（四）·逸·交一
若玉若—

上（四）·逸·交二
皆芋皆—

蔆

苂

包二·二二五
—蕿二硆

清（一）·程·二
卑（俾）霝（靈）名—（凶）

蒝

上（二）·民·二
必達於豊（禮）樂之—（源）

从李家浩先生釋「蒝」。

芒

信二·〇二三
純結—之純

新甲三·三六四
▨—鄜二豬

⿱屮亡

郭·緇·九
君以民—（亡）

郭·語四·三
不足以出—（亡）

郭·語四·七
皮（破）邦—（亡）𤕫（將）

九·五六·四六
—（亡）倀（長）子

上（三）·周·三二
悬（悔）—（亡，喪）馬勿由（逐）

上（三）·周·三八
—（喪）羊悬（悔）亡（无）

上（三）·周·四四
亡（无）—（喪）亡（无）旻（得）

上（三）·周·五三
—（喪）丌（其）僮（童）僕（僕）

上（六）·天甲·四
乇用勿（物）邦—（喪）

上（六）·天甲·一二 觀邦不言—（喪）

清（一）·尹至·二 余返（及）女（汝）皆—（亡）

清（一）·祭·三 —（亡）悳（圖）

清（一）·祭·一六 —（亡）寺（時）

清（五）·殷·五 非（必）—（喪）

清（五）·殷·一〇 粞（將）—（喪）

清（五）·殷·一二 粞（將）—（喪）

上（六）·平·五 邦必—（亡）

清（五）·湯丘·九 而不智（知）—（喪）

清（五）·湯丘·七 是名曰—（喪）

蓺

上（二）·容·一四 叁（舜）於是虐（乎）訇（始）孕（免）—（刈）斟（斸）槈（耨）荌（鈕）

茲

郭·緇·一 好娧（美）女（如）好—（緇）衣

蓁

上（二）·容·三一—三二 —林内（入）

芮

包二·一二七 大宫痎—氏等

蒼

包二·一七六 石— 人名

包二·一七九 登— 人名

郭·老乙·一五 喿（燥）勳（勝）—（滄）

上（二）·容·二二 各（冬）不敢吕—訇（辭）

苛

包二·三七 —脣 人名

包二·四二 —諴 人名

包二·五八 —瞿 人名

包二·五八 —膚 人名

包二·五八　—餛　人名
包二·八五　—胼　人名
包二·五八　—造　人名
包二·九四　—膢　人名
包二·一三五　—冒　人名

包二·一四六　豕玫—欲利之金一益刖益
包二·一五〇　—昀　人名
包二·一六六　—鮝　人名
包二·一六七　—羅　人名

包二·一六七　—旗　人名
包二·一六八　—善　人名
包二·一三五反　—冒
包二·一七六　—狗子　人名

包二·一七六　—輇　人名
包二·一八四　—欲　人名
包二·一八五　—佗　人名
包二·一九一　—膢　人名
包二·二〇七　—光　人名

包二·一八七　—韓　人名
包二·二一六　—嘉　人名
包二·二二〇　—光
包二·二七七　—郙受=一箸齣殚之冒

天策　☐—□馯乘肇☐
望一·一　—愈　人名
望一·一二　—□☐
秦九九·一　—慶　人名

新甲三·三二九　—三袿(社)☐

包二·二六三　結—之純
天策　☐□—之☐

上(一)·紂·一七　行則旨丌(其)所—(敝)

上(一)·孔·一七　—蕍之恐(愛)婦
上(三)·周·二一　勿藥又(有)—

新甲三·四一八　☐於—丘一豬

苾

莖 郭·語四·一〇 車敀（蓋）之—（醓）酭（𥁕）

菘 包二·竹簽二〇

芳

芳 秦九九·一三 —莪□▨

芳 郭·窮·一三 嗅而不—

芳 九·五六·四四 君昔受某之翌肖—糧

芳 九·五六·四四 （翌）肖—糧吕譃韋（犢）某於武𧻓之所₌（之所）

芳 新甲三·三五 （老）童、祝䡴（融）、穴熊—屯一▨

藥

藥 郭·五·六 不安則不—（樂）

郭·五·二八 聖，智（知）豊（禮）—（樂）之所榖（由）生也

郭·五·八 不—（樂）亡悳（德）

上（二）·從（甲）·一三 不必才（在）近逗（昵）—（樂）

上（二）·從（甲）·一六 君子₌—（樂）則絧（治）正

上（二）·從（乙）·三 少（小）人—（樂）則㤅（疑）

上（三）·周·二一 勿—又（有）菜

清（一）·程·五 不可—

清（一）·耆·一〇 不憙（喜）不—（樂）

清（一）·耆·一一 母（毋）已大—（樂）

清（一）·耆·一二 不憙（喜）不—（樂）

清（一）·耆·一三 康—（樂）而母（毋）忘（荒）

清（一）·耆·一四 康—（樂）而母（毋）忘（荒）

清（三）·說中·四 若—

清（五）·殷·一七 闈（宣）義（儀）和—（樂）

蕝　葺　蓋　若

蕝

蘁

郭·性·一三
群善之—（蕝）也

郭·緇·二一
民之—（蕝）也

上（一）·性·七
羣善之—（蕝）也

上（一）·紂·一二
民之—（絕）也

葺

上（四）·曹·四八
不和則不—（輯）

蓋

郭·窮·三
卲繇衣胎—冒（帽）袿（絰）冡（冢）慬（巾）

若

上（三）·周·四二
—虐（號）

上（三）·中·一七
—出三

上（三）·彭·二
—經與緯

上（三）·彭·二
—纕（表）與裏

上（三）·彭·二
幾（豈）—已

上（四）·柬·九
王—牺（將）鼓而涉之

上（四）·柬·一〇
夢—此可（何）

上（四）·柬·一三
女（如）君王攸（修）郢高方—肰（然）里

上（四）·逸·交一
—玉若英

上（四）·逸·交·一
若玉—英

上（五）·三德·一三
凡—是者

上（五）·鬼·五（墨下）
牆（狀）—生又（有）耳不䎽（聞）

上（六）·競·三
—丌（其）告高子

上（六）·競·一三
安（晏）子許—（諾）

上（六）·平·六
逡（後）之人可（何）—

上（六）·用·二
—罔之未發（發）

上（六）·用·一二
—矢之字（置）於弦

上（六）·用·一三
玫亓（其）—弫

上（七）·吳·二
—是

清（一）·尹至·四
—寺（時）

清（一）·尹至·四
頙（夏）腥（隱）衒（率）—寺（時）

清（一）·保·二
王—曰

清（一）·金·四
不—但（旦）也

清（一）·皇·一
公—曰

清（一）·祭·五
我亦隹（惟）又（有）—且（祖）

清（一）·楚·四
思（使）—（鄀）蒜（嗌）卜遷（徙）於臺宅

清（一）·楚·六
酓咢及—罿（敖）酓義（儀）

清（一）·楚·一〇
—罿（敖）记（起）禍

清（三）·説中·二
允—寺（時）

清（三）·説中·二
—金

清（三）·説中·四
—藥

清（三）·説中·四
—天霏（旱）

清（三）·説中·五
—𩡧（屬）（津）水

清（三）·説中·七
—詆（抵）不見（視）

清（三）·説中·七
余告女（汝）—寺（時）

清（三）·説下·七
—貫

清（三）·説下·七
思（使）—玉冰

清（三）·芮·五
卑（譬）之—童（重）載以行隋（嶠）險

清(五)·厚·一 王—曰

清(五)·厚·三 𤔲(問)民之—否

清(五)·厚·六 廼弗—(赦)

清(五)·湯門·一二 姚(美)悳(德)系(奚)—

清(五)·湯門·一二 亞(惡)悳(德)系(奚)—

清(五)·湯門·一二 岂(美)事系(奚)—

清(五)·湯門·一二 亞(惡)事系(奚)—

清(五)·湯門·一二 岂(美)设(役)系(奚)—

清(五)·湯門·一三 岂(美)型(刑)系(奚)—

清(五)·湯門·一二 亞(惡)设(役)系(奚)—

清(五)·湯門·一三 岂(美)正(政)系(奚)—

清(五)·湯門·一三 亞(惡)正(政)系(奚)—

清(五)·湯門·一三 岂(美)型(刑)系(奚)—

清(五)·湯丘·一七 爲君系(奚)—

清(五)·般·九 則—火(火)之癃(寵)

清(五)·般·二七 —寺(是)

清(五)·般·二八 於(嗚)虐(呼)！—寺(是)

若

上(二)·容·一五 乃卉備(服)蓍(箬)—(箬)冒(帽)

包二·七〇 匡敔公—雄受𠙶(幾)

清(一)·楚·四 思(使)—(鄀)𦾔(嗌)卜遷(徙)於𨞊宅

清(三)·芮·三 閾(間)鬲(隔)—(若)否

清(三)·琴·九 恒(極)爯(稱)亓(其)又(有)—(若)

清(三)·琴·一二 寺(持)隹(惟)文人之—(若)

清(五)·般·一六 晨(振)—(若)敘(除)態(慝)

苴　　茹　薪

苴 蒩
包二·一五四 王所舍新大厫以啻—之田
包二·二五五 萬—一砧
包二·二五五 莧—二砧
包二·二五五 茜蓏之—一砧

包竹簽 菅蓏—
仰二五·一 一新智縷一䓊智縷皆又—
秦一三·八 以坣鼅□—連囂▨
《爾雅·釋艸》有蒩字。

上(四)·曹·五六 曰—(阻)
清(一)·尹至·一 —(徂)白(亳)

蘆
清(二)·繫·一一九 妁(趙)—(籍)

茹 安
上(六)·平·一 𠂤(以)取—(恕)
上(二)·從(乙)·三 —(恕)則剩(勝)

薪 斳
包二·一五反 —告让尹不爲其詧(察)
包二·一七二 —坴 地名
包二·一八〇 鄗君—州里公陞勳
包二·二一四 賽禱—母

包二·二二三 又縈見—王父、殤
秦一·二 —父
秦一三·四 ▨訓至—父冡畏戠牛
秦一·三 —父
秦九九·一〇 —父母

雨二一·一 定—鍾之宮爲濁穆
天卜 既訖処其—室
天卜 義懌習之以—長剌占之
天卜 盬丁習之以—承命占之

天卜 陞遣習之以—承命占之
天卜 陞憙習之以—承命占之
望一·卜 —父
曾五〇 —■安車

曾六七 —官贛衆
曾一四二 外—官之駟=
曾一四三 宮廄之—官駟
曾一四四 —官人之駟=
曾一四六 —官人之駟=

曾一四七 —官人之駟=
曾一四八 ■凡—官之馬六輦
包二·一七一 —官人之駃=
曾一七三 —賠人之駃=
曾二一四 所䝤石沕肆䝤祖—田之𥁰

郭·老甲·二八 古（故）不可得天（而）—（親）
郭·老甲·三五 名與身簹（孰）—（親）
郭·老丙·一 其即（次）—（親）譽之
郭·老丙·三 六—（親）不和
郭·五·一三 褱（戚）則—（親）
郭·五·二一 不褱（戚）不—（親）
郭·五·三三 —（親）而簹（篤）之
郭·六·一五 非我血槩（氣）之—（親）
郭·六·二五 —此多也
郭·六·三三 求敳（養）—（親）之志
郭·六·三四 父子—（親）生言
郭·六·三九 父子不—（親）
郭·六·四九 叀（使）民相—（親）也戁（難）
郭·成·三一 惜（圖）爲父子之—（親）
郭·緇·一七 大人不—（親）其所臤（賢）
郭·緇·三九 齊而—（親）之
上（二）·從（甲）·八 悟（怲）則亡—（親）
新甲三·三一五 旣於—（親）邑龍郘▢
包二·六 —官連囂郙趙
包二·五 —官市（師）瑗
包二·五 —官妻履犬
包二·五 —官斂（令）郯
包二·六一 —大厰
包二·九九 自誼於—大厰之古
包二·一一三 —者莫囂勳
包二·一一三 —都
包二·一四六 而不交於—客者
包二·一四六 鯀戲五帀而不交於—客者
包二·一四九 —昜一邑
包二·一四九 —佁一邑
包二·一五四 王所舍—大厰以啻蔽之田
包二·二〇二 —父
包二·二〇二 —母
包二·二二四 —王父
天卜 陛郢習之以—保豪占之

秦一三・一
—父母

郭・尊・一六
則民淫惃遠豊（禮）亡—（親）息（仁）

上（二）・容・一三
㠯善亓—（親）

新甲三・一九三
鄢尹羕習之㠯（以）—（新）承惪☐

上（四）・逸・多一
多＝—＝（多薪多薪）

上（四）・曹・一六
（大國）—（親）之

上（四）・曹・三五
則民—（親）之

上（五）・君・三
虗（吾）—（親）䎽（聞）言

上（五）・三德・四
戔（殘）亓—（親）

上（五）・三德・一七
倗（凭）可（何）—（親）才（哉）

上（六）・平・二
女（汝）毀—都栽（鄗）陵

上（六）・競・八
今—登（蒸）思吳（虞）守之

清（二）・繫・二六
文王敗之於—（莘）

清（五）・殷・一八
毌（謀）—（親）

莡

郭・語四・二六
三輢（莟）一—（實）

匔

望一・五
郙客困—䎽王於莪郢之歲

望一・七
☐—䎽王於莪郢之歲

匔

包二・九五
胃杳雜其弟—而懸殺之

包二・一八三
鱄—

匔之異體。

折

斮

郭・老甲・一九
訇（始）—（制）又（有）名

郭・六・二
—（制）坓（刑）灋（法）

郭・成・三一
—（制）爲君臣之義

郭・性・一九
堂(當)事因方而—(制)之

郭・語四・一六
不—其枳(枝)

上(二)・從(甲)・五
臣(固)三—(誓)

上(一)・孔・一八
—杜則情憙(喜)丌(其)至也

上(一)・孔・二〇
虗(吾)吕(以)—杜尋(得)雀□

上(一)・紂・一四
—(制)吕(以)型(刑)

九・五六・二〇下
秎(利)吕(以)—(製)衣裳(裳)

九・五六・二〇下
鮑褚—(製)布虘

九・五六・九五
壬戌吕(以)—(製)

九・五六・三六
—(製)衣絺(裳)

新甲一・七
司祴、司—〼

新零・二六六
〼—、公北、司命、司禍(禍)

上(二)・從(甲)・七
三—(誓)𢓊(持)行

上(三)・周・五十一
—丌(其)右肱(肱)

上(六)・競・七
吏(史)褺(製)蔑耑—祝之

上(六)・用・一四
—(制)灋(法)即(節)井(刑)

清(一)・皇・二
又(有)或(國)之—(哲)王

清(一)・楚・一六
至悤(悼)—(哲)王猷居鄃(鄃)郢

清(二)・繫・六八
邰(駘)之克隆(降)堂而—(誓)曰

清(二)・繫・一二七
刎(悼)—(哲)王卽立(位)

清(三)・芮・二四
非穀—(哲)人

清(五)・殷・一九
元—(哲)並進

剸

清(五)・厚・三
才(在)顕(夏)之—(哲)王

清(五)・厚・六
弗甬(用)先—(哲)王孔甲之典刑

斳

郭・緇・二六
—(制)以型(刑)

上(二)・容・一八
不—(製)革

上(二)・容・二一
鑾(宰)不—骨

卉

上(七)·武·三
柚(曲)—而南

帛乙一·三二
—木亡尚

帛乙五·一六
—木民人

上(二)·子·五正
從者(諸)—茅之中

上(二)·容·一六
—木晋(蓁)長

上(二)·容·一五
乃—備(服)蓋(笠)若(箬)冒(帽)

上(五)·三德·一
—木須旹(時)而句(後)畜(奮)

上(七)·凡甲·一三
—木𠬝(得)之㠯(以)生

上(七)·凡乙·九
—木奚(奚)𠬝(得)而生

堇

郭·老甲·三三
骨溺(弱)—(筋)秝(柔)而捉固

郭·窮·一三
無茖—愈埳山石不爲☐

上(三)·周·二二
利—(艱)貞

上(五)·三德·七
憙(喜)樂無—(限)尾(度)

上(七)·武·一〇
毋—(勤)弗志

葦

望二·四八
二—囩

上(四)·采·三
城上生之—

上(四)·逸·多一
莫奴(如)蘿—

萊

上(三)·周·五一
—(來)章，又(有)慶𢍉(譽)

芑

信一·〇二四 猶—蘭畧

上（三）·周·四一 㠯（以）—橐苽（瓜）

茆 茆

清（二）·繫·一九 赤鄲（翟）王—虘迟（起）峕（師）伐䘙（衛）

卯

郭·六·一二 唯（雖）才（在）山—之审（中）

讀『茅』。

蒿

包二·二一一 連囂豜豕酉飤—之

包二·二二五 —祭之

包二·二二七 翏膉公，各豜豕，酉飤，—之

包二·二四三 舉禱東陵連囂冢＝（冢豕），酉飤，—之

上（二）·容·五三（正） 武王素虖（甲）㠯申（陳）於鼞（殷）—（郊）

上（三）·周·二 孫（需）于—（郊）

春 萅

包二·二四〇 部公子—

包二·二四八 吾公子—

包二·二〇〇 部公子—

包二·二〇六 部公子—

包二·二一四 部公子—

新甲三·一七九 中—（春）竽我之里一冢▨

上（六）·用·一〇 —秋還連（轉）

清（二）·繫·六七 今—亓（其）會者（諸）侯

清（三）·說中·三 戠（捷）—（蠢）邦

清（五）·湯丘·一二 —（春）𥝢（秋）

萻

曾一正 大莫囂𨛭喙適豧之—（春）

芚

包二·二〇三 部公子—（春）

清（五）·湯門·二〇 夜、—（春）、𩒨（夏）、𥝢（秋）、各（冬）

芺　藏

旾
帛乙一・一三 —夏秋冬
帛丙三・一 秉司—
郭・六・二五 雚(觀)者(諸)易、—秋則亦才(在)壴(矣)
清(四)・筮・得一六 —(春)見八
清(四)・筮・貞三〇 亡—(春)
清(四)・筮・貞三〇 —(春)頙(夏)
清(四)・筮・四季三七 —(春)：逨(來)巽大吉
郭・語一・四〇、四一 —秋所以會古含(今)之事也
郭・語三・二〇 —秋亡不以其生也亡耳

芺
包二・一一九 —公 職官名
信二・〇二九 二—
上(二)・容・一五 —蓺□疋□

藏
上(三)・周・三八 —(藏)于皃(頍)
上(三)・周・五四 拯馬—(壯)

[illegible]
仰二五・二〇 皆—於一笧之中
《説文》新附从貝。
郭・老甲・三六 㕩(厚)—(藏)必多貢(亡)
郭・太・六 是古(故)大(太)一—(藏)於水
上(一)・孔・二一 —大車之囂也
上(四)・曹・三二 各載尔—(藏)

[illegible]
上(一)・孔・一九 木苽又(有)—悆而未㝵(得)達也

[illegible]
清(一)・程・九 不可以—(藏)
清(四)・筮・卦五七 —(藏)是

[illegible]
上(六)・用・一三 又(有)—在心

芏
仰二五・二三 五—縫
仰二五・二五 一齒嚚又櫌樞齒又—襄

菑
甾
包二・一六九 𨛭郢某子—
《玉篇・艸部》有菑字。
上(一)・紂・二一 君子不自—(留)安(焉)

苲
曾六五 —𦊓
曾七一 —𦊓
曾七一 —輥
郭・語一・七三 悲—其所也

⿱艹兆
郭・老甲・二五 其未—也
讀『兆』。

菓
曾三 二戟三—(戈)
曾六 二戟,屯三—(戈)
曾九 二戟,屯三—(戈)
曾六二 一戟,二—(戈)
曾六八 一戟,二—(戈)

蔕
信二・〇二一 一—

⿱艹府
包二・竹簽 —茈
包二・竹簽 —此
『莵』字異體。

荎
信二・〇二七 一—

葙
天卜 —禣
《集韻》以葙爲蘘,或鬼神名。

萺
包二・竹簽六
郭・性・二六 —女(如)也

[艹京]
郭·性·四七 又(有)其爲人之—女(如)也

[艹客]
包二·二六八 集組之—經

[艹舌]
天卜 鄝— 卜具
天卜 鄝—

菄
信一·〇二四 猶芑—磬
包二·八六 鄱易君之—陵邑人紫

萄
包二·一五一 索畔—
九·五六·二一 —於戌
九·五六·二二 —於亥
九·五六·一三上 —(萄)於寅

蓑
郭·語四·二二 成(城)無—則坨(阤)
見《玉篇·艸部》。
清(二)·繫·九五 齊—(崔)茅(杼)
上(二)·容·三二 曰悳速—(蓑)

蔦
包二·二六七 鹽—之紁
包二·二六七 鹽—之韗縎
包二·二六七 鹽—之綏

[艹畀]
曾二一四 杙爲人□—

[艹曾]
曾三 屯一翼之—

[艹坙]
帛丙一二·一 —司备

⿱艹諄	菒	莫	蔦	蔻	⿱艹龔	萬	⿰石蘢	⿱艹集		葳
			蕉						⿱雔木	莪
包二·二五八 —利二箕	天策 —絡 从艹从臬，臬即杲之繁形。 天策 —絡	天策 ▨—司馬絙炀王▨	包二·二五八 —茈二箕	包二·一五〇 —陵之戲里人石紳	包二·一〇三 —陵公 職官名 包二·一一五 —陵公 《玉篇·艸部》：⿱艹龔同蓀。	包二·二五五 —慶一砧	包竹簽	包二·二五八 —二箕 包竹簽 包竹簽	郭·尊·三九 童(踵)義—(集)釐(理)	包二·一二 東周之客蠱緹至復於—郢之戢 包二·五八 東周之客蠱緹遍復於—郢之戢 包二·一九四 —尹毛之人

包二·一四一 東周之客讐緹逅復於—郢之戠

包二·一六二 東周之客讐緹逅複於—郢之戠

包二·二二五 東周之客讐緹逅复—郢戠=(之歲)

包二·一二六 東周之客讐緹至復於—郢之戠

包二·一四〇 東周之客讐緹逅復於—郢之戠

包二·二二四 東周客讐緹逅復於—郢之戠

包二·二一八 東周之客讐緹逅復於—郢之戠

常一 王居於—郢之遊宮

望一·七 (郙客困)䎽王於—郢之戠

望一·一 齊客張果䎽王於—郢之戠

秦九九·一三 ☒三月以□□□豊芳—□☒

天卜 秦客公孫紻䎽王於—郢之戠

天卜 鄦客繡腹䎽王於—郢之戠

天卜 齊客繡腹䎽王於—郢之戠

包二·一六七 —陵人郰䣅

包二·二一二 東周之客讐緹逅複於—郢之戠

包二·二〇七 東周之客讐緹逅復於—郢之戠

包二·二一六 東周之客讐緹逅復於—郢之戠

包二·一六六 ☒䰍—陵之偏司敗郰穀

包二·二二〇 東周之客讐緹逅復於—郢之戠

包二·二〇九 東周之客讐緹至復於—郢之戠

望一·八 (郙客困)䎽王—郢戠=(之歲)

上(五)·三德三 是胃(謂)大—(感)

戕

望一·五 郙客困䎽王於—(郢之戠)

望一·七 ☒芻䎽(問)王於—郢之歲

莪

望一·一一六 ☐—陵君肥豣酉食

包二·一二九 東周客郙郢逅復於—郢之歲

包二·一三一 東周之客礐綎逅復於—郢之歲

包二·二二一 東周之客礐綎逅復於—郢歲=（之歲）

包二·二〇六 東周之客礐綎逅復於—郢之歲

包二·二〇五 東周之客礐綎逅復於—郢之歲

包二·二五五 —酭一䍐

藤

蕂

曾一六一 紫—

从艹从賸，賸賸之省，蕂即—之異構，見《爾雅·釋木》。

蒪

包二·一二五 宋客盛公𨚵—楚之歲

疑爲㽕字異體。

苣

曾二二 —一夫

蕙

郭·語三·一五 遊—

蒃

上（一）·孔·二 丌（其）訶（歌）紳（壎）而—（篪）

葚

上（一）·性·一六 —女（如）也

蒿

包二·一五〇 賁辻—之王金不賽

包二·一五〇 辻—之客

新甲一·一二 牺（將）逾取—（禀）

莉

新乙一·二六、二 牺（將）逾取—（稟）

天卜 罒—啬㭲䘻一瑞=環

菓

上（七）·君甲·九 —（爾）君人者可（何）必安哉

清（二）·繫·五七 壘（徙）之徒—

蔌

上（二）·子·三 之童土之—（黎）民也

藋

上（二）·容·四〇 傑（桀）乃逃之南—（巢）是（氏）

薣

上（一）·孔·二四 㠯（以）□—之古（故）也

蘪

上（二）·容·六 昔堯尻（處）於丹府與—陵之閒（間）

薊

上（二）·容·一五 乃卉備（服）—（笠）著（箬）冒（帽）

萳

新甲三·三一二 䏻於下彤—

新甲三·三二五—一 ☐—一豢

蕃

新甲三·二六三 鳴父、—丘、枯☐

蓄

新甲三·三五五 —昜一冢

蕃

新甲三·四一〇 下—一☐

新甲三·四一一、四一五 䏻於上—一豭

从李家浩先生釋。

蒂
新零・三八一
▨—▨

⿱艹直
新甲三・三四六、二・三八四
䶢於—丘寡二豭
新乙四・九四
▨—丘之▨

⿱艹⿰豕帝
新甲三・三〇八
—一社（社），一豬

⿱艹八
上（三）・周・三九
莧—（陸）夬=（夬夬）

芾
上（三）・周・五一
豐丌（其）—（沛）
上（三）・周・五一
豐丌（其）—（屋）

芾
上（三）・周・五一
日中見—（瞞）

蕢
上（三）・周・一二
—（撝）壓（謙）

蔎
上（四）・曹・六四
—（曹）穢（沫）倉（答）曰
上（四）・曹・一三
—（曹）蔑（沫）

上（四）・曹・二二
—（曹）蔑（沫）

薵
上（六）・平王與五
聖（聽）於—中

萸
上（四）・逸・交三
隹心是—

蒐	上（六）・競・八　山替（林）吏（史）—（衡）守之
蓳	上（六）・競・八　—（澤）梨（濟）吏（史）敍守之
華	上（三）・中・二三　巽—旱（學）杏（本）也
蘼	上（五）・三德・六　是胃（謂）邦—（竊）
萦	上（五）・季・八　也—（縈）
蓄	上（六）・用・八　鼓惠—
蒴	上（七）・凡乙・七　女（如）—（蘖）
萃	上（三）・周・四三　困于—藟（藟）
蒡	清（一）・祭・一三　周之—（旁）
芓	清（一）・程・五　不違—（材）
	清（一）・程・八　眚（生）民不—（災）
蕣	清（二）・繫・二九　圾—於汝

芋

清(二)・繫・九五 齊蔓(崔)—(杍)殺亓(其)君臧(莊)公

芫

清(五)・殷・一七 監(濫)—(媚)莫淦(感)

莫

包二・七 女命大—翼屈昜爲命

包二・二八 —翼 職官名

包二・二九 —翼

包二・一一四 —翼

包二・一一六 —翼

包二・一二一 —翼

包二・一五八 —翼

包二・一七四 隴城—翼之人利郕

包二・一七七 郤—翼之人豎瘇

包二・一八一 —翼之州加公五鄎

望二・六 貍—之冢 孳乳爲貘。

曾三六 三貍—聶

曾一正 大—钃 職官名

帛丙七・一 倉—得

郭・老甲・五 古(故)天下—能與之静(争)

郭・老甲・一九 民—之命(令)天(而)自均安

郭・老甲・六 化(禍)—大虖(乎)不智(知)足

郭・老甲・五 皋(罪)莫—厚(重)虖(乎)甚(淫)欲

郭・老甲・五 咎—僉(憯)虖(乎)谷(欲)得

郭・老甲・三八 —能獸(守)也

郭・老乙・一 —若齒

郭・老乙・二 不克則—智(知)其亙「亟(極)」

郭・五・四五 —敢不唯

郭・五・四五 如(諾),—敢不如(諾)

郭・五・四六 深,—敢不深

郭・五・四六 後,—敢不後

郭・五・四六 (淺)—莫敢不(淺)

郭·六·五
非忠信者—之能也

郭·六·四
非急(仁)宜(義)者—之能也

郭·六·三
非聖智者—之能也

郭·窮·一二
古(故)—之智(知)而不叟

郭·尊·二九
虘(且)—大虐(乎)豊(禮)樂

郭·成·二八
此以民皆又(有)眚(性)而聖人不可—(慕)也

郭·成·三九
文王之型(刑)—厚(重)安(焉)

郭·性·四八
慮斯—與之結壴(矣)

郭·尊·七
—不又(有)道安(焉)

郭·語三·四七
—得膳(善)其所

上(二)·子·九
丌(其)—

上(二)·容·一一
而臤(賢)者—之能受也

上(一)·性·三九
慮斯—與之結

上(二)·容·一〇
天下之臤(賢)者—之能受也

上(二)·從(甲)·一
—之舍(餘)也

新甲三·三六
▨大—䍐禓爲〔戰〕於長城之〔歲〕▨

新甲三·二九六
—䍐昜爲晋帀(師)戰於長▨

上(三)·周·三〇
—之勳(勝)发(敚？)

上(三)·周·三八
—(暮)譽(夜)又(有)戎

上(三)·亙·二
亙—生熨=(氣。氣)

上(四)·逸·多一
—奴(如)藋革

上(四)·逸·多一
—奴(如)䖒(兄)

上(四)·逸·多二
—奴(如)同生

上(四)·逸·多二
—奴(如)松杍

上(四)·曹·五〇
幾(忌)—之堂(當)

上(五)·弟·四
—我智(知)也夫

上(五)·姑·四
型(刑)—大安(焉)

上(六)·用·八
而—之能得

上(六)·用·一七
—衆而覭(迷)

上(七)·君甲·五
而天下—不語之

上(七)·君乙·五
天下—不語先(之)

清(一)·皇·一
隹(惟)—覓(開)余嘉悳(德)之兑(説)

清(一)·皇·一一
—達才(在)

清(一)·祭·一七
肰(然)—血(恤)亓(其)外

清(二)·繫·三六
亦—之能内(入)

清(二)·繫·五二
我—命卲(招)

清(二)·繫·一一四
王命—嚻(敖)昜爲衍(率)𠂤(師)

清(二)·繫·一一六
—嚻(敖)昜爲衍(率)𠂤(師)戠(侵)晉

清(二)·繫·一一七
多云(棄)愲(旃)—(幕)

清(三)·芮·一
—絧(治)庶戁(難)

清(三)·芮·一
—卹邦之不盜(寧)

清(三)·芮·四
甬(用)—能歨(止)欲

清(三)·芮·六
—之敊(扶)道(導)

清(三)·芮·五
而—肎(肯)齊好

清(三)·芮·一二
—敢怠(懽)憧

清(三)·芮·一六
—好安情

清（三）·芮·一六
—爯（稱）𠂔（厥）立（位）

清（三）·芮·一六
—型，自记（起）伐（殘）𧖟（虐）

清（三）·芮·一八
—之能枳（支）

清（三）·芮·二三
而—㝵（得）亓（其）𠂔（次）

清（三）·芮·二六
—之能惻（測）

清（三）·芮·二七
—我或聖（聽）

清（三）·琴·六
殹（緊）—肎（肯）曹（造）之

清（四）·筮·祟四三
—（暮）屯（純）乃室中

清（四）·筮·祟四九
—日，雨帀（師）

清（五）·厚·一一
今民—不曰余保（保）孷（教）明悳（德）

清（五）·命·五
（正人）—女（如）又（有）亟（極）

清（五）·命·五
道天—女（如）亡（無）亟（極）

清（五）·命·一〇
佴（恥）—大於

清（五）·命·一〇
福—大於行

清（五）·命·一〇
禍（禍）—大於遥（淫）祭

清（五）·命·一一
罰—大於

清（五）·般·五
夫險（險）—險（險）於心

清（五）·般·六
虗（吾）𦖞（聞）夫長—長於水

清（五）·般·七
夫險（險）—險（險）於𣟴（鬼）

清（五）·般·七
—險（險）於𣟴（鬼）

清（五）·般·一七
監（濫）芫（媚）—湶（感）

清（五）·般·二〇
神民—責

葬

𦵏 包二·九一 胃—於其土　包二·九一 唯周𧽊之妻—女　从死臧聲，葬字異文。

㛏 包二·一一五 郢足命—王士　包二·一五五 足—王士之宅　包二·一五五 政五連之邑於—王士

𥨍 包二·二六七 左尹—甬車一輮

𣦸 望一·五五 司命各一—　郭·六·一六 憥(勞)其—(股)忲(肱)之力弗敢單(憚)也

上(二)·容·三三 亓死賜—(葬)　𥨍、𣦸、㛏皆爲葬之異寫。

卷二

少

少 包二·三 —童

少 包二·五〇 —司敗 職官名

少 包二·九〇 —司敗

少 包二·一六二 —司馬

少 包二·一五九 —帀 職官名

少 包二·一六六 莫—士 人名

少 包二·一六〇 臧（臧）莫言之—帀（師）

少 包二·八〇 —臧 職官名

少 包二·一〇六 —攻尹 職官名

少 包二·一五五 —司城 職官名

少 包二·一五七 —剸尹 職官名

少 包二·一五七反 —宰尹

少 包二·一八〇 宙佸戠—童羅角

少 包二·一四一 —里喬毀尹翠

少 包二·一二八 —里喬毀尹翠

少 包二·一八一 —妾婡 人名

少 包二·一八三 —妾旬 人名

少 包二·一〇 居於鄩寓之—桃邑

少 包二·六二 —宦陽申以廷

少 包二·二一三 一—環

少 包二·二二六 —又㥁（慼）竆身

少 包二·一九七 —又㥁（慼）於竆=（躳身）

少 包二·二〇〇 志事—遲得

少 包二·二一三 —又亞於王事

少 包二·二〇七 —未已

少 包二·二一〇 —又㥁於竆（躳）身與宮室

少 包二·一九九 —外又慐（憂）

少 天卜 —又㥁（慼）於宮中

少 天卜 —又㥁（慼）於宮人

少 天卜 —又㿉

少 天卜 —又不訓

少 天卜 —又慼於竆=（躳身）

少 天卜 —又外亞

少 天卜 —外又恩

少 天卜 —又㥁（慼）於遨

少 天卜 —又㥁（慼）於止

少 天卜 —遲瘧

少 秦一三·一四 —又慼於宮室

九·五六·二三下
可㠯爲—（小）社

九·五六·三〇
—（小）大吉

上（一）·孔·少
—夏亦惪之少者也

上（一）·孔·二五
—明不

上（一）·孔·八
—又忎安

上（一）·孔·八
—旻（文）多悉=（疑矣）

上（一）·孔·八
—㝵

上（一）·孔·三
衰矣—矣

上（一）·孔·八
—㒸丌（其）言不亞（惡）

上（一）·孔·二五
腸=（腸腸）—人

上（二）·容·五二
㠯—（小）會者（諸）戾之市（師）於畱（牧）之埜（野）

上（二）·從（甲）·一八
是㠯曰—（小）人惕（易）㝵（得）而難㝵（使）也

上（二）·從（甲）·一七
—（小）人先=（先之）

上（二）·從（乙）·三
—（小）人藥（樂）則悉（疑）

上（一）·紂·一二
「毋㠯（以）—（小）悬（謀）敗大惷

上（一）·紂·六
—（小）民亦隹（惟）曰令

上（一）·紂·二一
—（小）人𢾫能㚤（好）丌（其）匹

上（一）·紂·一二
古（故）君不與（以）—（小）悬（謀）大

上（一）·紂·一八
—（小）虽（雅）員（云）

上（一）·紂·一八
能大丌（其）頣（美）而—（小）丌（其）亞（惡）

上（一）·紂·六
—（小）民隹（惟）曰命

新甲三·一二
☐曰：吉，義（宜）—（小）瘦（瘥）

新甲三·二三三、一九〇
☐鄴—司馬

郭·六·一四
少（小）材埶（藝）者—（小）官

郭·六·四七
—者以攸（修）其身

郭·六·三三
—而奈多也

天策 —司馬逗
望一・九 登遣以—箸爲怒固貞
望一・一一四 —環
望一・六三 —遲牘以其古敓之

望一・七三 —又怨於☐
望二・四七 一—箬
望二・四七 一—敗羽翣
望二・六一 一—(小)紡冠
郭・老甲・二 —厶(私)須(寡)欲

郭・老甲・一四 大—(小)之多惕(易)必多難(難)
郭・老甲・二〇 猷(猶)—(小)浴(谷)之與江海(海)

郭・尊・一五 則民—以叏(吝)
郭・尊・三七 又(有)是饬(施)—(小)又(有)利

郭・緇・三五 則民不能大其娺(美)而—(小)其亞(惡)
郭・語二・五一 —(小)不忍,伐(敗)大彭〈埶(勢)〉

郭・五・四〇 —(小)而訪〈(軫)〉者也
郭・五・四三 —(小)而軫者
郭・五・三五 不以—(小)道赴(害)大道

郭・五・三八 又(有)—(小)辠(罪)而亦(赦)之
郭・五・三九 又(有)—(少)辠(罪)而弗亦(赦)也

郭・窮・八 孫雪(叔)三躲「射(謝)」巫「郵(期)」—司馬
郭・緇・七 —(小)頣(雅)員(云)

郭・緇・九 —(小)民隹(惟)日悹(怨)
郭・緇・二二 毋以—(小)悔(謀)則大愭(作)
郭・緇・一〇 —(小)民亦隹(惟)日悁(怨)

郭・緇・三六 —(小)頣(雅)員(云)
郭・緇・二二 古(故)君不與—(小)悔(謀)大
郭・成・三四 —(小)人不絰(逞)人於刃(仁)

上(三)・周・二 —(小)又(有)言
上(三)・周・四 —(小)又(有)言
上(三)・周・一六 係—(小)子

少 上(三)·周·三〇 —(小)利貞

少 上(三)·周·三二 —(小)事吉

少 上(三)·周·五〇 —(小)子礪(厲)

少 上(四)·昭·二 —(小)人告經

少 上(四)·曹·一四 —(小)邦

少 上(四)·曹·四六 卒(卒)谷(欲)—吕多

少 上(四)·曹·四六 —則惕(易)輗

少 上(四)·曹·六四 —(小)道與(歟)

少 上(五)·君·一 弗能—居也

少 上(五)·季·一九 訢(慎)—吕畣(合)大

少 上(五)·季·二〇 —(小)則訛之

少 上(六)·用·三 難之—

少 上(六)·平·三 [illegible]—市亡悬(忌)

少 上(六)·平·四 —=(少少),王

少 上(七)·凡甲·二 —(小)雁暲(障)豉(封)

少 清(一)·皇·一 朕𢑴(寡)邑—(小)邦

少 清(一)·皇·二 今我卑(譬)—(小)于大

少 清(一)·皇·六 —(小)民用叚(假)

少 清(一)·皇·一一 —(小)民用曷(禱)

少 清(二)·繫·七六 敓之—孤

少 清(二)·繫·七七 或(又)室—孤

少 清(三)·繫·七八 公爭—孤

少 清(二)·繫·八一 —市(師)亡(無)期(極)

少 清(五)·厚·九 兹—(小)人之悳(德)

少 清(五)·命·一 —(小)命日

少 清(五)·命·一〇 —(小)命=

少 上(五)·弟·五 —(小)子,逨(來)

少 清(五)·厚·二 —命咎(皋)

少 清(二)·繫·九 于—鄂

灼

清（二）·繫·一一二
—（趙）狗衍（率）𠂤（師）

清（二）·繫·一一一
—（趙）趄（桓）子

清（二）·繫·一一五
—（趙）𡗜（浣）

清（二）·繫·一一六
—（趙）𡗜（浣）

清（二）·繫·一一九
—（趙）蘆（籍）

少

包二·一二九
—司馬　職官名

包二·二〇一
—又慐於窮＝（躳身）

包二·二二一
—寶　卜具

包二·二二三
—㷅（氣），不內飤

包二·二三三
—又慐於宮室

包二·二六五
二—鉳

包二·二六六
一—房

曾一八
宙■寷敜韇所馭—轄

曾一四六
某𦸗之—騙爲左驂

曾一七七
—帀之駟爲右驂

曾一七七
—帀之駴爲左驌

曾二一〇
—帀兩馬

信二·〇二二
—（小）囊粸四十又八

信二·〇一〇
一—（小）鐶坙

信二·〇一三
一—（小）㙷筭

信二·〇一八
—（小）大十又三

上（一）·性·三一
—枉內（納）之可也

新甲一·二五
禮公子虞（虢）命彭定以—（小）冟（尨）醃爲君貞

新甲三·六四
☐□—（小）臣成奉𧬈戲

新甲二·二二、二三、二四
雁寅以—（小）央爲☐

新甲三·一六
☐—（小）臣成迷（速）瘳，是☐

新甲三·二二、五九
鼂日癸丑，—（小）☐

新零九·甲三·二三、五七
—（小）臣成募（暮）生畢孤☐

新甲三·一〇
☐先，—（小）又（有）外言感也

新甲三·二〇四
彭定㠯（以）—（小）尨蘦（靈）☐

新甲三·二一
☐□，卲（昭）告大川有汾—（小）臣☐

新甲三・一三三 公子命彭定以—(小)尨蘢(霝)爲☐

新甲三・一五三 ☐□□宜—(小)逹(遲)虘(瘥)☐

新乙三・三八 彭定以—(小)尾(尨)蘢(霝)爲☐

新乙三・四七 —(小)逹(遲)恚☐

新乙二・二 宜—(小)逹(遲)瘢(瘥)

新乙二・三、四 —(小)逹(遲)恚瘢(瘥)

新乙三・一九 彭定以—(小)尾(尨)蘢(霝)爲☐

新零・三〇二 ☐之—多我攸☐

新零・一九八、二〇三 —(小)臣成敬之瞿☐

『少』與『尐』古本一字，《説文》分爲二字，有『少』『小』兩種讀法。

上(四)・内・一〇 才(在)—(小)不静(爭)

清(一)・祭・一 哀(哀)余—(小)子

清(一)・祭・八 以余—(小)子

清(三)・説下・二 —(小)臣

清(三)・説下・五 迵(恫)眔(瘝)—(小)民

清(三)・琴・一〇 隹(惟)克—(小)心

清(三)・琴・一一 甬(用)—(小)心

清(三)・赤・一 乃命—(小)

清(三)・赤・二 —(小)臣既蓋(羹)之

清(三)・赤・二 胃(謂)—(小)臣曰

清(三)・赤・二 —(小)臣弗敢嘗

清(三)・赤・三 紝亢胃(謂)—(小)臣曰

清(三)・赤・三 —(小)臣

清(三)・赤・三 紝亢受—(小)臣而嘗之

清(三)・赤・四 —(小)臣受亓(其)余

清(三)・赤・五 —(小)臣愳(懼)

清(三)・赤・五 —(小)臣饋

清(三)・赤・五 —(小)臣乃痳(眛)

清(三)·赤·六 是—(小)臣也

清(三)·赤·九 —(小)臣之朐(喉)渭(胃)

清(三)·赤·一〇 —(小)臣乃记(起)而行

清(三)·赤·一〇 —(小)臣曰

清(三)·赤·一〇 傒(訊)—(小)臣曰

清(三)·赤·一一 —(小)臣曰

清(三)·赤·一一 —(小)臣曰

清(三)·赤·一四 從—(小)臣之言

清(四)·筮·小二六 凸(凡)—(小)旱(得)

清(四)·筮·四季三七 裳(勞)—(小)吉

清(四)·筮·四季三七 兑—(小)凶

清(四)·筮·四季三七 巽—(小)吉

清(四)·筮·四季三八 艮(離)—(小)吉

清(四)·筮·四季三八 兑—(小)吉

清(四)·筮·爻六一 奴(如)大奴(如)—(小)

清(五)·湯丘·三 —(小)臣又(有)疾

清(五)·湯丘·三 —(小)臣畣(答)

清(五)·湯丘·四 今—(小)臣又(有)疾

清(五)·湯丘·四 見—(小)臣

清(五)·湯丘·四 今—(小)臣又(有)疾

清(五)·湯丘·七 今—(小)臣能廛(展)章(彰)百義

清(五)·湯丘·一二 —(小)臣畣(答)

清(五)·湯丘·一二 於—(小)臣

清(五)·湯丘·一三 —(小)臣畣(答)

清(五)·湯丘·一三 問於—(小)臣

清(五)·湯丘·一四 湯或(又)螽(問)於—(小)臣

清(五)·湯丘·一五 —(小)臣畣(答)

清(五)·湯丘·一六 湯或(又)螽(問)於—(小)臣

清(五)·湯丘·一七 —(小)臣畣(答)曰

清(五)·湯丘·一七 螽(問)於—(小)

清(五)·湯丘·一七 —(小)臣畣(答)曰

清(五)·湯丘·一八 螽(問)於—(小)臣

清(五)·湯丘·一九 —(小)臣畣(答)

清(五)·湯門·一 於—(小)臣
清(五)·湯門·一 —(小)臣
清(五)·湯門·三 於—(小)臣曰

清(五)·湯門·三 —(小)臣畣(答)
清(五)·湯門·五 辭(問)於—(小)臣
清(五)·湯門·五 辭(問)於—(小)臣曰

清(五)·湯門·六 —(小)臣畣(答)
清(五)·湯門·一〇 湯或(又)辭(問)於—(小)臣
清(五)·湯門·一一 —(小)臣畣(答)曰

清(五)·湯門·一二 問於—(小)臣
清(五)·湯門·一三 —(小)臣畣(答)
清(五)·湯門·一八 辭(問)於—(小)臣

清(五)·湯門·一八 —(小)臣畣(答)曰
清(五)·湯門·一九 辭(問)於—(小)臣
清(五)·湯門·一九 —(小)臣畣(答)曰

清(五)·殷·一 —壽曰
清(五)·殷·二 —壽畣(答)
清(五)·殷·二七 則隹(唯)—心翼=(翼翼)

咨 上(七)·凡乙·二〇 此之胃(謂)—(小)城(成)
清(四)·筮·果四一 —(小)事日乃前

八

包二·二一 —月
包二·二六 —月
包二·二六 —月
包二·三五 —月
包二·三六 —月
包二·一四五反 —月甲戌之日

包二·四一 —月
包二·三三 —月
包二·八七 —月
包二·三七 —月
包二·三九 —月
包二·四〇 —月

包二·一六七 —月戊辰之日
包二·一八七 —月戊辰
信二·〇一二 —方琦
信二·〇二〇 純彫—金足
信二·〇二二 小囊糗四十又—

信二·〇二八 —[illegible]童
仰二五·三一 黃帊之矢—
牌四〇六·四 金戈—
牌四〇六·一九
天策 ▨翼—杫▨

望二·一〇 黄夋且之賫—☐
望二·七 黄夋組之賫十又—
曾三 屯—翼之翻
曾六 屯—翼之翻

曾一四 屯—翼之翻
曾一七 屯—翼之翻
曾三〇 屯—翼之翻
曾三三 屯—翼之翻

曾一〇二 屯—翼之翻
曾二〇四 畋車＝—輦
帛乙二·三一 —月
九·五六·一七 —月
九·五六·八一 □亲内(入)月—日

九·五六·二 □秭之—檐(擔)
新甲三·二六 ☐歲，—月，己未之日
新甲三·二一 —月

新甲三·二二一 —月
新甲三·二二三 —月
新乙三·六〇、乙二·一三 —月辛酉☐

新乙四·一〇六 —月又(有)女子之貴
清(一)·耆·一 武王—年
清(二)·繫·六六 —年

清(三)·説下·八背 —
清(三)·琴·八背 —
清(三)·琴·一三 —攺(啟)曰

清(三)·芮·八背 —
清(三)·赤·八背 —
清(四)·算·一 仐＝(—十)

清(四)·算·一三 四百—十
清(四)·算·一三 罕＝(四十)—
清(四)·算·一七 二百仐＝(—十)

清(四)·算·一九 仐＝(—十)
清(四)·算·二〇 仐＝(—十)
清(四)·筮八 —

清(四)·筮·得一六 萅(春)見—
清(四)·筮·祟四四 —乃奻(奴)㠯(以)死
清(四)·筮·祟五〇 五、—乃咅(巫)

分

清(四)·筮·爻五二 —爲風

清(四)·筮·地五三 丑未—

清(五)·厚·八背 —

清(五)·封·八背 —

清(五)·命·八背 —

清(五)·湯門·七 —月乃正

清(五)·般·八背 —

清(五)·般·一〇 —紀(紀)則緍(紊)

分

包二·四七 朝(?)昜公秋病與周惮之—謍(察)以廷

包二·八二 以其不—田之古

郭·成·三一 —爲夫婦之支(辨)

天卜 夜迆—又閒

帛丙三·三 畜生—

帛丙一一·一 姑—長

郭·窮·一 天人又(有)—

郭·六·一〇 六戠(職)既—

郭·窮·一 訤天人之—

上(六)·慎·四 均—而生(廣)貤(施)

上(六)·天乙·一〇 堋(朋)沓(友)不語(語)—

清(五)·湯丘·一六 與民—利

介

郭·語一·五九 正(政)其虞(然)而行治安—也

郭·忠·五 君子弗言—

郭·忠·六 君子弗申——

郭·忠·八 其言—信

郭·五·四八 毋貳—心

郭·六·四 足此民—(黎)生死之甬(用)

郭·六·二 夅(教)此民—(黎)

郭·緇·三 情(請)共—立(位)

郭·緇·一六 民具—贍(瞻)

郭·緇·三〇 誓(慎)—出話

郭·緇·三〇 敬—愄(威)義(儀)

郭·緇·三二 嵒(叔)誓(慎)—止

郭·緇·三九 出内(入)自—市(師)于(虞)

郭·六·三六 煬(陽)言—設

郭·六·三六 信言—言

上(二)·昔·四 —司

上(二)·昔·四 各共(恭)—事

上(一)·紂·九 民具—詹(瞻)

上(一)·紂·一六 敬—威義

上(一)·紂·二 静龏(恭)—立(位)

上(一)·紂·一六 嵒(淑)訢(慎)—(爾)止

上(一)·紂·二〇 出内(入)自—市(師)雩

上(一)·孔·七 褱(懷)—枼(明)悳(德)害(曷)

九·五六·四三 —居逭(復)山之阯

九·五六·四三 帝胃(謂)—無事

上(三)·周·二四 豫(舍)—(爾)霝(靈)龜

上(四)·昭·二 —必走(止)少=人=(尖)

上(四)·昭·五 —蕘(葬)

上(四)·昭·五 虗(吾)不智(知)亓(其)—蕘(葬)

上(四)·曹·五二 返(及)—龜箸(策)

上(七)·吳·五 —(爾)袿(社)稷(稷)

清(一)·金·三 —(爾)元孫發也

清(一)·金·三 —(爾)母(毋)

清(一)·金·三 隹(惟)—(爾)元孫發也

清(一)·金·四 以奠(定)—(爾)子孫

清(一)·金·五 —(爾)之𧦝(許)我

清(一)·金·五 —(爾)不我𧦝(許)

清(一)·保·一一 不及—(爾)身受大命

清(一)·皇·一二 夫明—(爾)悳(德)

清(一)·皇·一三 隹(惟)—(爾)身之罌(懍)

清(一)·皇·一三 皆卹—(爾)邦

清(一)·祭·一六 𧦝(御)息(塞)—(爾)戕(莊)句(后)

清(三)·說上·三(重) 隹(惟)帝以余畀—

清(三)·說上·三 —右(左)執朕袂

清(三)·說上·三 —右頴〓(稽首)

清(三)·琴·九 者(諸)—多思輔舍(余)于勤

清(三)·琴·一三 秋(咨)—多子

清(三)·芮·三 以纏(申)—(爾)思(謀)猷

清(三)·芮·九 返(及)—(爾)書(藎)臣

清(三)·芮·一〇 各堂(當)—(爾)惪(德)

清(三)·赤·三 —不我嘗

清(三)·赤·三 虐(吾)不亦殺—

清(三)·赤·一〇 —隹(惟)曷

清(三)·赤·一〇 女(如)—天晉(巫)

清(五)·封·五 女(汝)隹(惟)狴(臧)耆—猷

清(五)·封·六 贈—鷹(薦)彝

清(五)·封·八 稟(淑)章—遽(慮)

清(五)·封·八 敬—猷

清(一)·祭·一九 四方克审(中)—(爾)罰

清(五)·殷·一 —(爾)是先生

清(五)·殷·一 —(爾)是智(知)

清(五)·殷·八 —(爾)相念

曾

上(五)·季·二一 毋信予(諛)—(憎)

清(二)·繫·六 —(繒)人乃降西戎

尚

包二·九〇 耶— 人名

包二·二四九 —毋死

包二·二五〇 觑遻其处而樝之—吉

包二·二二一 臭月期审—毋又羕

包二·二三六 舊不瘢—遴瘢毋又柰

包二·二三九 —遴瘢毋又柰

包二·二四二 舊不瘢—遯瘢
包二·二四七 舊不瘢—遯瘢
包二·二〇七 —毋又咎
包二·二一三 竆(躳)身—毋又咎

包二·二二八 寡(躳)身—毋又咎
包二·二三〇 寡(躳)身—毋又咎
包二·二一七 竆(躳)身—毋又咎

秦一三·一四 —毋又咎
天卜 寋戠—自利訓
天卜 —自利訓
天卜 —毋又咎

天卜 賽禱裳—戠豢
天卜 —宜安長处之
天卜 —毋爲大蚤
望一·二三 —速昪事
望一·三九 —毋死

望一·四〇 —毋以其古又大咎
望一·四一 ☐首疾—毋☐
望一·四六 ☐—毋又咎
帛乙二·一 卉木亡—
帛乙八·三四 以□天—

郭·忠·三 大古而者(处)—(常)
郭·五·二二 未—(嘗)聋(聞)君子道

郭·五·二三 未—(嘗)見臤(賢)人
郭·語二·一二 —(黨)生於静
郭·緇·三五 —可䃺(磨)也

新甲一·一二 還返—毋又(有)咎
新甲一·二四 ☐疾,—速瘥
新甲二·三三 ☐瘁(悶),—母(毋)又(有)咎☐

新甲三·三八 ☐—毋又(有)咎,占☐
新甲三·五八 午之日—毋瘻。占之……☐
新甲三·一一二 —毋又(有)米

新甲三·一〇七 ☐□貞:七月至冬亲之月,—☐
新甲三·一一三 —遊(速)瘢(瘥)
新甲三·一一七、一二〇 —毋又(有)大咎

新甲三·一二七 ☐疾:—迷(速)☐
新甲三·一三一 —毋死☐
新甲三·一四三 ☐—毋爲蚘(忧)

新甲三·一六五 —吉

新甲三·一九四 —遬(速)瘕(瘥)

新甲三·一九八、一九九—二 —遬(速)出

新甲三·二二九 ▨□返—毋又(有)咎

新零·三二九 —大▨

新甲三·三〇二 —毋▨

新乙一·九、乙二·一七 —毋又(有)咎

新乙一·一九 —毋又(有)大咎

新乙四·一〇三 —毋▨

新乙一·三一、二五 聿(盡)七月—毋又(有)大▨

新乙二·三五、三四 竆(躬)身—自宜訓(順)

新乙四·一一〇、一一七 —忖(怡)懌

新乙四·八五 —毋又(有)咎

新乙四·三五 —自宜訓(順)也

新乙四·四〇 —毋又(有)咎▨

新乙四·一二二 —毋又(有)咎

新乙四·一三六 ▨坓中—大簹占▨

新乙四·一五一 —吉

新零·二一〇—一 ▨—毋▨

新零·一六九 ▨返—▨

新零·六八五 ▨—

新零·六三 ▨—果見▨

上(一)·紂·一八 白珪(圭)之砧—可砡(磨)

上(二)·子·一二 帝之武—吏

新甲三·二四七、二七四 竆(躬)身尚—宜訓(順)

上(四)·柬·三 —(當)謐而卜之於

上(四)·柬·七 未—(當)又(有)

上(四)·柬·一〇 —(當)㠯(以)䎽(問)

上(六)·競·二正 酓(答)之—(倘)肰(然)

清(一)·耆·二 爲東—(堂)之客

清(一)·耆·一〇 才(在)—(堂)

清(一)·祭·三 身—才(在)

清(一)·祭·一一 亦—扂(扂)戕(臧)氒(厥)心

清(三)·芮·五 —亙(恆)敬孳(哉)

清(三)·芮·九 —惪(憂)思

清(三)·芮·一七 —藍(鑒)于先舊

清(三)·祝·三 陽(揚)武卽救(求)—(當)

清(三)·祝·四 陽(揚)武卽救(求)—(當)

清(三)·祝·五 陽(揚)武卽救(求)—(當)

清(五)·命·一 又(有)—(常)則室(廣)

清(五)·命·七 —(當)天之命

清(五)·命·七 —(當)天之福

清(五)·命·七 —(當)天之禍(禍)

清(五)·命·一五(重) 以中從忠則—(賞)

清(五)·封·八 念非—(常)

家

望二·四九 頸索—之毛

上(五)·君·七 足毋—(墜)

詹

上(一)·紂·九 民具尒—(瞻)

介

信二·〇一三 一紅—之留衣

上(四)·昭·六 脽—趣君王

上(七)·吳·四 孤吏一—吏(使)

清(三)·琴·一四 —(匀)睪(澤)寺(恃)悳(德)

清(四)·別·四 —(豫)亼=(少沘)

价 紒 公

价 上(二)·容·一四 —(諣)而坐之

紒 上(三)·周·一四 —(介)于石 今本作『介』。

公

包二·二二 魯昜— 包二·四 遳昜— 包二·一二 鄴—丁 包二·四一 兼逄— 包二·四二 —孫䖔

包二·四七 䟽— 包二·四七 朝?昜— 包二·五八 登—鶾 包二·二八 鄺邑— 包二·六一 長䨞—

包二·八三 嗌昜— 包二·八五 錡缶— 包二·九四 邾逄— 包二·七〇 筐敔— 包二·七九 上臨邑—

包二·九八 郘— 包二·九八 澂— 包二·九九 佫筴=—遅 包二·一一一 陶— 包二·一一三 喪夜—

包二·一一九 芙— 包二·一二五 邱昜— 包二·一二五 東敔— 包二·一一七 安陵— 包二·一三一 集昜—

包二·一三八 坪浂— 包二·一三九 大脰尹— 包二·一五〇 白逄— 包二·一三一 湯— 包二·一三五反 湯—

包二·一五九 郢— 包二·一六六 陸— 包二·一六八 舟贅— 包二·一六八 司舟— 包二·一八三 鷉—

包二·一八六 鄴邱— 包二·一九一 邱昜仔— 包二·二二七 縣鉻— 包二·一八三 欽戰郐邑— 包二·二四 州加—

包二·一八二 州加— 包二·一六三 州里— 包二·一六三 郰(期)思— 包二·三〇 州加— 包二·四二 州加—

包二·一九一 州里—
包二·三二 州里—
包二·二二 里—
包二·一二一 昜成—
包二·八二 郯迻—

包二·八六 贏迻—
包二·一一八 贏迻—
包二·一四一 鄴—
包二·三〇 里—
包二·一〇三 莖陵—

包二·一三〇 鉥—鷄之戢
包二·一三四 子鄗—
包二·一七七 羕陵—
包二·一二五 宋客盛—鷄蕁楚之戢

包二·三九 闡敔—
包二·二四〇 郚—子春
包二·二〇六 郚—子春
包二·一二二 加—
包二·二四八 鄝—子冡

仰二五·五 鄦昜—
秦九九·一五 秦客—孫□
天卜 秦客—孫紻▨
信一·〇一 周—
信一·〇一二 周—

天卜 卓—
天卜 圓—
天卜 逗—
天卜 惠—

曾二一三 二䡞二—鄎二夫
曾一九八 贅𥜽—
曾一九五 遊昜—
望一·二三 東庑—
望二·六三 奉昜—

曾一一九 遊昜—
曾一六二 魯𥜽—
曾一七八 —騂爲左驂
曾一七三 盻—
曾一七三 盻—

郭·魯·一 魯穆—昏(問)於子思曰
郭·魯·二 —不敓(悅)
九·五六·四二 秎(利)目(以)見—王與貴人

郭·緇·二二 𥃩—之寡(顧)命員(云)
郭·魯·三 —曰
新甲三·三〇 ▨□—城鄩(鄢)之歲

新甲一·二五 禝—子虞(號)命彭定以少(小)寵(尨)黔爲君貞
新乙一·一五 —北、陞(地)宔(主)各一青義(犧)

新甲三・一三三 —子命彭定以少（小）尨䨻（靁）爲▨

新乙四・一一〇、一一七 —子見君王

新零・一〇一 定爲—子▨

新乙一・一六 —子虞（虩）命謠生㠯（以）衛□▨

新乙一・一四 句邦—奠（鄭）余穀大城邶（兹）竝（方）之歲

新乙一・三二、二三 句邦—鄭［余穀］大𩫖（城）邶（兹）竝（方）之歲

新零・二三六、一八六 郙—▨

新零・二六六 —北 神祇名

新零・二三六、一八六 ▨車，鄎—中

上（二）・魯・一 哀—胃（謂）孔＝（孔子）

上（一）・孔・八 王—恥之

上（一）・孔・一六 卲—也

上（一）・孔・一五 㠯（以）卲—

上（一）・孔・魯一 哀—胃謂孔＝（孔子）

上（二）・魯・六 —剴（豈）不飤（飽）刉（梁）飤肉才（哉）殹（也）

上（一）・紂・一二 辨—之寡（寡）命員（云）

上（一）・紂・五 君野（好）則民—之

上（四）・曹・一〇 臧（莊）—曰

上（四）・曹・二三 䣜（莊）—或（又）䎽（問）

上（四）・曹・二五 —孫

上（四）・曹・二五 —子

上（四）・曹・四二 臧（莊）—或（又）䎽（問）曰

上（四）・曹・四三 臧（莊）—或（又）䎽（問）曰

上（四）・曹・四四 臧（莊）—或（又）䎽（問）曰

上（四）・曹・四六 —或（又）䎽（問）曰

上（四）・曹・五五 臧（莊）—或（又）䎽（問）曰

上（四）・曹・五七 臧（莊）—曰

上（五）・競・五 —曰

上（五）・競・五 又（有）㥄（憂）於—身

上（五）・競・九 —身爲亡（無）道

上（五）・鮑・五 不㝵（得）見—

上（五）・鮑・七 —乃身命祭

上(五)·鬼·三
遂(縈)尸(夷)—者

上(六)·競·九
—退武夫

上(六)·莊·六
—曰

上(六)·競·一
言於—曰

上(七)·武·一一
大(太)—䚙(望)曰

上(七)·武·一一
大(太)—䚙(望)盒(答)曰

上(七)·武·一二
大(太)—䚙(望)盒(答)曰

上(七)·武·一三
大(太)—南面

上(七)·武·一三
大(太)—盒(答)曰

清(一)·金·一
周—曰

清(一)·金·一
二—告周公曰

清(一)·金·一
告周—曰

清(一)·金·二
周—

清(一)·金·二
周—立女(焉)

清(一)·金·五
周—

清(一)·金·七
—牺(將)不利於孺子

清(一)·金·七
周—

清(一)·金·七
乃告二—曰

清(一)·金·八
周—石(宅)東三年

清(一)·金·八
周—

清(一)·金·九
王亦未逆—

清(一)·金·一〇
周—之所

清(一)·金·一一
—命我勿敢言

清(一)·金·一一
昔—堇(勤)勞王豙(家)

清(一)·金·一二
以章—悳(德)

清(一)·金·一三
亓(其)親逆—

清(一)·金·一三
二—命邦人

清(一)·金·一四背
周—所自以弋(代)王之志

清(一)·皇·一
—若曰

清(一)·皇·一
—畧(格)才(在)耆(庫)門

清(一)·耆·二
周—

清(一)·者·三 縪(畢)—

清(一)·者·六 周—

清(一)·者·八 周—

清(一)·者·九 周—秉箠(爵)未歙(飲)

清(一)·者·一〇 周—复(作)訶(歌)

清(一)·祭·一 且(祖)䊷(祭)—

清(一)·祭·二 —丌(其)告我归(懿)悳(德)

清(一)·祭·二 䊷(祭)—

清(一)·祭·四 於(鳴)虎(呼)，—

清(一)·祭·六 卲(召)—，

清(一)·祭·六 周—

清(一)·祭·七 若且(祖)䊷(祭)—

清(一)·祭·八 —，女(汝)念孳(哉)

清(一)·祭·九 —荖(懋)拜(拜手)䭫(稽首)

清(二)·繫·一〇 武—

清(二)·繫·一二 改立東(厲)—

清(二)·繫·一一 殺卲(昭)—

清(二)·繫·二〇 女(焉)立悳(戴)—申

清(二)·繫·一七 周—

清(二)·繫·二〇 —子啟方奔齊

清(二)·繫·二〇 醬(戴)—卒(卒)

清(二)·繫·二一 —子啟方女(焉)

清(二)·繫·三一 晉獻—之婢妾

清(二)·繫·三二 (文—)奔翟(狄)

清(二)·繫·三二 惠—奔于梁

清(二)·繫·三三 惠—于晉

清(二)·繫·三四 秦—弗畀(予)

清(二)·繫·四一 晉—公立四年

清(二)·繫·四三(重) (文—)衛(率)秦

清(二)·繫·五一 襄—之弟

清(二)·繫·五三 乃立霝(靈)—

清(二)·繫·五四 秦康—衛(率)自(師)

清(二)·繫·七四 陳—子

清（二）·繫·七五 亓（其）君靁（靈）—

清（二）·繫·八五 （鄭）人戠（止）芸（鄖）—義（儀）

清（二）·繫·八五 晉競（景）—會者（諸）侯

清（二）·繫·八六（重） 競（景）—欲與楚人爲好

清（二）·繫·八六 乃敓（說）芸（鄖）—

清（二）·繫·八六 芸（鄖）—嘍（聘）於晉

清（二）·繫·八六 （景—）以𡚁（歸）

清（二）·繫·八七 競（景）—

清（二）·繫·八七 競（景）—卒（卒）

清（二）·繫·八七 東（厲）—卽立（位）

清（二）·繫·八九 東（厲）—先起兵

清（二）·繫·九〇 東（厲）—救（救）奠（鄭）

清（二）·繫·九〇 東（厲）—亦見禍（禍）以死

清（二）·繫·九一 晉臧（莊）坪（平）—卽立（位）

清（二）·繫·九一 —會者（諸）侯

清（二）·繫·九二 坪（平）—

清（二）·繫·九二 坪（平）—立五年

清（二）·繫·九五 臧（莊）—

清（二）·繫·九九 晉臧（莊）坪（平）—卽殜（世）

清（二）·繫·一〇〇 東（簡）—卽立（位）

清（二）·繫·一〇一 居鄦（許）—

清（二）·繫·一〇五 秦異—命子甫（蒲）

清（二）·繫·一〇八 晉競（景）—立十又五年

清（二）·繫·一〇八（重） 繡（申）—

清（二）·繫·一〇九 （悼—）立十又一年

清（二）·繫·一一一 晉敬—立十又一年

清（二）·繫·一一三 宋—敗齊𠂤（師）

清（二）·繫·一一三 戉（越）—

清（二）·繫·一一四 宋悼—朝于楚

清（二）·繫·一一五 銜（率）𠂤（師）以定—室

清（二）·繫·一一九 晉—止會者（諸）侯於邗（任）

清（三）·說上·七 王甬（用）命敓（說）爲—

清（三）·琴·一 周—复（作）

必

清(三)·琴·一背 周—之鑋(琴)嬰(舞)

清(三)·良·四 又(有)周—旦

清(三)·良·四 又(有)卲(召)—

清(三)·良·四 晉文—又(有)子軋(犯)

清(三)·良·六 郜(葉)—子高(高)

清(三)·良·六 齊軭(桓)—

清(三)·良·七 秦穆—

清(三)·良·八 魯哀—又(有)季孫

清(三)·良·八 奠(鄭)軭(桓)—

清(三)·良·九 奠(鄭)定—

清(四)·筮·小三一 於—利貧(分)

包二·一二七 銷居郢，與其季父𨔉連囂陽𡸁—同室

包二·一三九 大脰尹公𦕡—與㦰卅=

包二·二六〇 一𠛱—

信一·〇五 —若五浴之溥

九·五六·三二 —無 —兵

九·五六·三五 男—𢼸(美)於人

九·五六·五三 —肉飤(食)

九·五六·一九下 —又(有)三□

九·五六·二五 —死

九·五六·三〇 女—出丌(其)邦

郭·尊·一二 善者民—衆

郭·尊·一二 衆未—訂(治)

郭·尊·二二 桀不胃(謂)其民—亂

郭·尊·三七 下—又(有)甚安(焉)者

郭·尊·二七 福(富)未—和

郭·尊·三九 凡達(動)民—訓(順)民心

郭·語四·一五 —聿(盡)其古(故)

郭·語四·一五 —收金谷

郭·成·七 則民—有甚安(焉)者

郭·太·一一 以道從事者—怋(託)其名

郭·成·二〇 則—先恣(愛)人

郭·成·一八 民—因此厚(重)也，以復之

郭·成·二〇 則—先敬人

郭·性·六五 出言—又(有)夫柬柬(簡簡)之信

郭·性·六六 祭祀之豊(禮)—又(有)夫齊齊之敬

郭·性·六六 賓客之豊(禮)—又(有)夫齊齊之頌(容)

郭·性·六五 君子執志—又(有)夫室室(往往)之心

郭·性·六〇 —叓(使)又(有)末

郭·性·二九 凡至樂—悲

郭·尊·二七 善者民—福(富)

郭·成·三〇 不—爲邦羿(旗)

郭·性·六七 居喪—又(有)夫繺(漣)繺(漣)之依(哀)

郭·緇·四〇 —見其成

郭·語三·六五上 (毋)—

郭·語四·五 言—又(有)及之

郭·語四·六 —𦥑以訛(過)

郭·老甲·一四 大少(小)之多惕(易)—多難(難)

郭·語四·一四 —先與之以爲塱(朋)

郭·老甲·三六 甚悉(愛)—大賫(費)

郭·老甲·三六 厚(厚)贓(藏)—多亯(亡)

郭·六·四七 爲衍(道)—繇(由)此

郭·老甲·八 —非(微)溺(妙)玄達

郭·緇·一五 下—又(有)甚安者矣

郭·六·四二 生民斯—又(有)夫婦、父子、君臣

郭·緇·一二 剴(豈)—聿(盡)急(仁)

郭·緇·四〇 —見其幣(敝)

郭·緇·四〇 —䎽(聞)其聖(聲)

郭·緇·四〇 —見其敃(蓋)

上(一)·性·二八 出言—又(有)夫柬=(柬柬)

上(二)·民·二 —先晳(知)之

上(一)·孔·二四 —好丌(其)所爲

上(二)·魯·五
或(何)—寺(恃)虘(乎)名虘(乎)

上(二)·從(甲)·一八
亓㝵(使)人—求備安(焉)

上(二)·從(甲)·一五
胃(謂)之—城(成)則棄(弃)

上(二)·民·二
—達於豊(禮)樂之蒝(源)

上(二)·從(甲)·一五
事—又(有)畀(基)則惻(賊)

上(二)·從(甲)·一二
—或智(知)之

上(二)·容·二二
垔(禹)—速出

上(一)·孔·二四
—敔丌(其)立(位)

上(二)·魯·四
或(何)—寺(恃)虘(乎)名虘(乎)

上(一)·孔·一六
見丌(其)㒸(美)—谷(欲)反一本

上(一)·孔·二〇
丌(其)䧘(離)志—又(有)㠯(以)俞(逾)也

上(一)·孔·二七
—曰虘(吾)奚舍之賓贈氏(是)也

上(二)·從(甲)·一三
不—才(在)近迡(昵)藥(樂)

上(一)性·二九
賓客之豊(禮)—又(有)夫齊〓(齊齊)之頌(容)

新甲二·一九、二〇
▨㝎(文)君—遻(徙)凥(處)安善

上(三)·彭·五
唯(雖)福(富)—遊(失)

上(三)·彭·五
唯(雖)貧—攸(修)

上(三)·彭·五
五絽(紀)—(畢)周

上(四)·昭·二
尔—㞢(止)少〓人〓(小人)

上(四)·內·一〇
爲戕(賤)—聖(聽)貴之命

上(四)·曹·八
—共(恭)僉(儉)㠯㝵(得)之

上(四)·曹·一七
疆陛(地)毋先而—取焉

上(四)·曹·二〇
君—不已

上（四）・曹・二五
—又（有）二𤖼（將）軍

上（四）・曹・三九
我兵—砥礶（礪）

上（四）・曹・四一
乎競（境）—勳（勝）

上（四）・曹・五二
—迲（過）亓所

上（四）・曹・六〇
—迲（過）前攻

上（五）・鮑・三
器—盟（盟）視（視）

上（五）・季・一六
▨之—敬

上（五）・弟・四
其—此虐（乎）

上（五）・三德・七
—遉（復）之吕康

上（五）・三德・一六
—喪死（喪）亓佖（匹）

上（五）・三德・一七
亙（恒）道—圣

上（六）・莊・八
—吕（以）氏（是）心

上（六）・競・一一
盍—死愈爲樂虐（乎）

上（七）・君甲・八
君人者可（何）—安才（哉）

上（七）・君甲・九
薾（爾）君人者可（何）—安才（哉）

上（七）・鄭甲・四
𤖼（將）—囟（思）子豪（家）

上（七）・鄭乙・三
𤖼（將）—爲帀（師）

上（七）・鄭乙・四
𤖼（將）—囟（思）子豪（家）

上（七）・凡乙・七
足𤖼（將）至千里，—

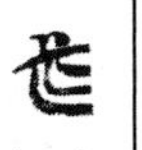
上（七）・武・六
安樂—戒

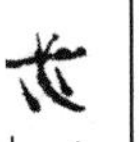
上（七）・吳・九
—五六日

清（一）・保・三
—受之以詞

余

清（二）·繫·二四 —內（入）

清（三）·芮·一一 —罙（探）亓（其）尾（宅）

清（四）·筮·十七命·六三 （占之）—力（扐）

清（五）·湯丘·四 逿（歸）—夜

清（五）·湯丘·五 逿（歸）—夜

清（五）·湯丘·七 —思（使）事與飤（食）相堂（當）

清（五）·命·一三 季（惠）—仞＝（忍人）

清（五）·命·一五 （行）不—𢉸＝（法）

包二·一六四 泿昜賶尹鄁—

包二·一六六 鄺陵命賜㞷章—可

包二·一七一 䟫佢— 人名

包二·一三七反 娌逵宿其—執牆至時而剸之

包二·一五三 —爲一邑

包二·一七四 𨾊人—爲

包二·一八四 大戠登—善

包二·一四九 —可内之

帛丙四·一 —取女

包二·一九一 舒—善 人名

包二·一四五 登—善 人名

包二·八五 黃爲— 人名

郭·太·一四 又（有）—（餘）於下

郭·太·一四 又（有）—（餘）於上

新乙一·一四 句邦公奠（鄭）—𣪘大城邮（兹）竝（方）之歲

上（二）·容·一〇 —穴䚂（竅）焉

上（五）·弟·一一 —（予），女（汝）能訢（慎）紿（始）

上（五）·弟·五 取—言

上（六）·天甲·八 士受—（餘）

上（七）·吳·四 胃（謂）—曰

上（七）·吳·五 —必攼（敗）

清（一）·皇·二 —嘉惪（德）

清（一）·皇·一〇 —蜀（獨）備（服）在寢

清(一)·皇·一二
—一人㥑(憂)

清(一)·皇·一三
叚(假)—憲(憲)

清(一)·皇·一三
輔—于險

清(一)·皇·一三
嚚(臨)—于淒(濟)

清(二)·繫·七八
氏(是)—受妻也

清(三)·良·五
又(有)子—(餘)

清(五)·厚·一一
不曰—娱(保)

清(五)·封·五
以堇(勤)—丕(一人)

清(五)·封·七
—既監于殷之不若

余

郭·成·三三
「—才宅(托)天心」

郭·成·三三
言—之此而宅(托)於天心也

郭·成·三六
則先者—

郭·尊·二三
—(除)憲(害)智(知)生

上(二)·容·二九
民又(有)—(餘)飤(食)

上(三)·周·一四
鳴—(豫),凶

上(三)·周·一四
公爻—(豫)

上(三)·周·一四
可(阿)—(豫)毋(悔)

上(三)·周·一五
杲(冥)—(豫)

上(三)·彭·六
—(余)告女(汝)咎

上(四)·昭·七
王訽而—(余)之衽褓

上(四)·柬·九
梫(相)㬎與中—(余)

上(四)·柬·一〇
—(余)畣(答)

上(四)·柬·一五
中—(余)與五連少(小)子

上(五)·弟·一三
無所又(有)—(餘)

清(二)·繫·七五
陳公子皇(徵)—(舒)殺亓(其)君

清(二)·繫·七六
殺皇(徵)—(舒)

清(二)·繫·一二九
晉賰—衒(率)晉𠂤(師)與奠(鄭)𠂤(師)

余

新甲三·三二二 郘—榖之述

新甲三·三九一 莫（鄭）—榖☐

新甲三·四〇六 邱—二☐

新甲三·三一六 甽於戠宗、—疋二黏

上（五）·姑·九 而—之兵

上（七）·武·一〇 曰—（余）智（知）之

清（一）·尹至·一 —岀（閔）亓（其）又（有）顕（夏）眔□吉好

清（一）·尹至·二 —返（及）女（汝）皆尘

清（一）·金·一一 隹（惟）—沓（沖）人

清（一）·金·一二 隹（惟）—沓（沖）人

清（一）·耆·五 人備（服）—不辜（胄）

清（一）·祭·一 衮（哀）—少（小）子

清（一）·祭·一 —多寺（時）叚（假）懲

清（一）·祭·二 不—（豫）又（有）㞤（遲）

清（一）·祭·二 —隹（惟）寺（時）

清（一）·祭·二 —畏天之复（作）畏（威）

清（一）·祭·八 以—少（小）子

清（一）·祭·九 肁（盡）㝑（付）畀—一人

清（一）·祭·二〇 —隹（惟）弗㔾（起）縢（朕）疾

清（三）·說上·三 帝以—畀

清（三）·說中·七 —告女（汝）若寺（時）

清（三）·說下·二 —罔又（有）睪（斁）言

清（三）·說下·二 —隹（惟）命女（汝）

清（三）·說下·二 —脜（柔）遠能逐（邇）

请（三）·說下·三 复（作）—一人

清（三）·說下·四 —克亯（享）于朕辟

清（三）·說下·七 —既訳（諟）

清（三）·說下·八 —不克辟萬民

清（三）·說下·九 —隹（惟）弗迸（雍）

清（三）·說下·九 —罔紨（墜）天休

清（三）·琴·五 厰（嚴）—不解（懈）

采 番

清(三)·芮·九 曰—(予)未均

清(三)·赤·四 受亓(其)—(餘)而嘗之

清(四)·筮·果四一 亓(其)—(餘)佋(昭)穆

清(四)·筮·至一一 亓(其)—(餘)

清(五)·湯丘·一一 女(如)幸—閒(間)於天畏(威)

清(五)·湯丘·一一 —孤之與卡=(上下)交

清(五)·殷·一四 —(餘)亯(享)

龕

清(二)·繫·一八 以侯殷之—(餘)民

清(二)·繫·三四 僂(背)秦公弗—(予)

清(二)·繫·七六 以—(予)繡(申)公

采

信二·二九 —屯緅帽

清(三)·祝·一 乃㑹(舍)—(幣)

清(三)·祝·一 乃敎(執)—(幣)以祝曰

番

包二·五二 —豫 人名

包二·五五 —逗 人名

包二·八五 —玨 人名

包二·四八 —羸 人名

包二·六四 —覞 人名

包二·一五一 —款 人名

包二·一七五 —嗌耳 人名

包二·一七六 —兼 人名

包二·一五二 —成 人名

信二·〇二三 —芋之

包二·九八 —申 人名

包二·九九 —期 人名

包二·九九 —翟 人名

包二·九九 —昔 人名

包二·一五一 —步 人名

包二·一五一 —黯 人名

包二·一八一 —乙 人名

包二·一八二 —鮎 人名

包牘一反 —芋之童

天卜 —先 人名

天卜 —勳 人名

天卜 —勳

天策 —之里人之☐

天策 —亥 人名

天策 —兼坊一☐

天策 乘鞋之右轎—女反馯之

牛

包二·一二五　䵼—　人名

包二·二四六　五—

包二·二六五　一—鐳

包二·二一四　賽禱卲王戠—

郭·窮·七　—板桎而爲譻（朝）卿

釋

𦤎

郭·窮·四　—（釋）板筥（築）而差（佐）天子

郭·窮·六　—杙（桎）檡（梏）

郭·唐·二〇　—（番）也者

郭·唐·二一　不—（番）而能蟡（化）民者

从何琳儀先生釋「番」，讀爲「禪」。

郭·唐·二六　—天下而受（授）臤（賢）

郭·唐·二四　堯—（番）天下而受（授）之

郭·唐·二五　古（故）堯之—（番）虖（乎）舜也

郭·唐·八　—（番）義之至也

郭·唐·一三　—而不連（傳）

郭·唐·二二　能以天下—（番）歖（矣）

播

郭·唐·一　—而不徸（傳）

郭·唐·一　—（番）而不徸（傳）

郭·唐·七　尊臤（賢）古（故）—

圂

清（一）·尹至·五　（夏）—（播）民內（入）于水曰嗇（戰）

上（一）·紂·一五　—型（刑）之由（迪）。

《説文》古文。

上（七）·凡甲·一五　—（審）於國

上（六）·競·九　—湼壐（臧）簹（高）吏

上（六）·用·一八　—（播）愭（緒）谽衆

包二·二二四 司馬子音戠—

包二·二七三 鞙—之鞾=(革堇)

包二·二七一 鞙—之革鞾

包二·二四〇 舉禱卲王戠—

包二·二〇三 罷禱於卲王戠—

秦一三·四 ☐□訓至新父母衆畏戠—

秦一三·五 ☐貞既□禱戠—於五祼王父☐

天卜 罷禱大禞戠—

天卜 舉禱社戠—

望一·二二 ☐哲王各戠—

望二·四五 一—棬

曾二一二 樊—一夫

望一·二二 罷禱先君東宅公戠—

郭·窮·五 行年七十而賭(屠)—於朝訶(歌)

郭·窮·七 爲攷(伯)斁(牧)—

郭·性·七 —生而倀(張)

新甲一·二七 舉禱於子西君戠—樂☐

新甲三·五六 ☐戠—,樂之

新甲三·二〇〇 舉禱子西君、文夫人各戠—饋

新甲三·二七五 ☐大邑㠯(以)—

新甲三·三三五 亳一稷(稷)—

新甲三·三五四 一—

新乙一·二七 ☐伕=(夫人)各戠—

新乙四·九〇 郘一稷(稷)—

新乙四·一四五 兄(祝)其戠—之禱

新零·一 —,酉(酒)食

新零·一四七 ☐禱子西君戠—

新零·一五二 ☐一—☐

新零·三〇三 ☐戠—

新零·五一七 ☐一—☐

上(三)·周·二二 僮(童)—之桿(牿)

上(三)·周·三〇 㘝(執)用黃—之革

上(三)·周·四七 㛸(鞏)用黃—之革

上(三)·周·五七 東筶(鄰)殺—

清(二)·繫·一二二 陳慶子—之禍(禍)

牡

新甲一·七　一革(騂)—

新甲一·七　一態—

駐

曾一九七　一釁—爲右驂

曾一九七　一黃—左驂

曾二〇三　右驂—　从馬不从牛。

牝

郭·老甲·三四　未智(知)—戉(牡)之合芴惹(怒)

清(四)·筮·享二　屯(純)—，乃卿(饗)

駝

曾一六〇　坪夜君之兩騜—　从馬不从牛。

犢

九·五六·四四　[𤔲豆]肖芳糧㠯譴—(犢)某於武殍之所

清(二)·繫·一二八　銜(率)—閘(關)之𠂤(師)

牲

新零·二〇七　義(犧)—

上(三)·周四二　用大—

牢

包二·七七　正義—戠之

包二·九七　義—　人名

包二·九九　義—

包二·一五〇　邔昜之—宰獸竹邑人宋顯

包二·一五七　—宰之㫁古之宼

天卜　大—樂之

包二·一〇〇　義—　人名

曾一四六　—敓之黃爲左驂

新甲三·八六　☐䜩—

新甲三·一三六　㠯(以)罷禱大—饋

新甲三·二一二、一九九—三　䉈祭卲(昭)王大—

新甲三·四一九　大—饋之☐

新乙一·一一　䜩—

新乙一·一三　各大—，百☐

新乙一·二九、三〇　獻(獻)惠王各大—饋

新乙二·一　舉禱於卲(昭)王大—

新乙四·九六　䜩(荆)—，兆

犀　犧　⿰牛同　⿱羊牛

新乙四・九六 亯（就）禱大—

新零・四〇 ☐王大—

新零・一一一 卲（昭）王、吝（文）君各大—☐

新零・五三七 ☐—☐

⿴囗牛

新乙四・一三四 ☐□罼（擇）之—（牢）宫（中）

犀

曾一二三 綒維—堅韋

犧

⿱義牛

包二・二四八 ⿱與土禱大水一—馬

新甲三・七九 驛—馬，一☐

新甲三・九九 —馬

新乙四・五八 ☐—六女

新零・二 ☐□熊—□☐

⿱義牛从義聲。

⿱我牛

上（五）・鮑・三 —（犧）生（牲）、珪璧必全

天卜 禱白朝戠牛—

⿱羊牛

包二・一二一 舍— 人名

《說文》觲从羊牛角而無⿱羊牛字。據此可知觲乃从⿱羊牛也。

新甲一・七 一—（騂）牡

新甲三・二三七—二 ☐虞⿱與土—（騂）熊☐

新乙四・一四三 ☐思爲之求四—（騂）義（犧）☐

新零・六九三 ☐三—（騂）□☐

⿰牛甬　情　牪　犇　⿰牛膚　⿰牛靜　單

天卜 寒禱白朝戠—
清（一）·楚·四 人之—（犝）以祭

天卜 塞禱大水一—
天卜 賽禱大水一—
天卜 塞禱袄一—
新甲三·一四六 ☐塞禱於太一情☐

新乙四·一四 禱北方一—
新零·二二九 ☐一—

上（四）·曹·三七 不—（奔）
上（四）·曹·三七 —（奔），尔正社

上（四）·曹·三八 古（故）銜（帥）不可思—（奔）

包二·六 —得受之
天策 ☐結☐—笄綏
天策 —笄綏
《玉篇·牛部》：「犇，牛驚。」

天卜 司土一—
天卜 ☐—☐
天卜 ☐□一—

包二·二三七 塞禱大水各一—
包二·二四三 塞禱大水一—
包二·二四三 塞禱袄一—

新乙三·四〇 ☐於北方一—
新乙四·四八 敢甬（用）一元—痒（牂）
新甲三·一一二 鷹犬（太）一—

新甲三·二〇九 ☐競坪（平）王大—（牢）饋
新甲三·二四三 塞禱㓞社㓞—（牢）
新甲三·二六一 ☐大—（牢）饋

新零·一三 ☐各大—（牢）饋

告

包二·一五 敢—見日
包二·一五 僕以—君王
包二·一五反 五帀宵倌之司敗—胃

包二·一七 不敢不—見日
包二·二七 不以死於其州者之對—

包二·一二〇 舍餶—下鄵紈
包二·一三二 敢—於見日
包二·二二 不對陞宔廥之傷之古以—

包二·一三五反 舒慶—胃
包二·一三五反 左尹以王命—湯公
包二·一三七反 見日以郐人舿慶之—訵僕

包二·一四〇 畢鬜尹酉秙與鄭（鄭）君之司馬奉爲皆—城
包二·一四二 小人女戰之以—
包二·一三九反 左尹以王命—子鄗公

包二·一四四 州人女以小人—
包二·一四五 成昜迅尹成以—子司馬
包二·一五五 不以—僕
包二·一五九 陞興之—言子司馬

包二·一五九 遊弁爲—於少帀
包二·一五九 郢公嘉之—言之攻尹
包二·一五九 郥□䎽之—
包二·一六二 所訵—於正妻宼

包二·一九三 —所訵於儞尹
包二·二七八反 瑶脰尹之人鹽愳—紹多命以睍賨
磚三七〇·三 人孝□敢—於▨

包牘一 —紽
磚三七〇·一 一賨敢—僕言胃
磚三七〇·三 人孝□敢—於見日
磚三七〇·一 僕不敢不—

郭·緇·四 不我—猷
上（一）·孔·仲 仲弓曰—孔子曰

上（二）·容·二二 𠂤爲民之又（有）詓（訟）—者䵻（鼓）焉
上（二）·容·五二—五三正 𠂤—夻（閔）于天

上(二)·昔·二
吕(以)—迳=人=(寺人,寺人)内(入)告于君=(君,君)曰

上(一)·紂·二四
不我—猷

上(二)·昔·二
吕(以)告迳=人=(寺人,寺人)内(入)—于君=(君,君)曰

九·五六·四三
敢—□繳之子武强

新零·九、甲三·二三、五七
▨食,卲(昭)—大川有汾

新甲三·一三七
册—自吝(文)以亯(就)聖趄王

新甲三·一三八
▨既膚(皆)—

新甲三·二六七
册—自吝(文)王以遼(就)聖趄(王)▨

新乙三·三三
▨爲箸—我恳所取於□▨

新零·四五二
虘(皆)—虘(且)禱之▨

上(三)·中·一
中(仲)弓吕(以)—孔(孔子)曰

上(三)·彭·二
舍(余)—女(汝)人綸(倫)

上(三)·彭·五
舍(余)—女(汝)化(禍)

上(三)·彭·六
佘(余)—女(汝)咎

上(四)·昭·二
少(小)人之—纏

上(四)·昭·四
辻命(令)尹爲之—

上(四)·昭·六
大尹内(入)—王

上(四)·昭·八
吕(以)—君王

上(四)·柬·九
王吕(以)告梖(相)屡與中佘(余)

上(四)·柬·一九
吕(以)—大剢(宰)

上(四)·曹·二三
又(有)司而—之

上(五)·季·一四

上(五)·姑·二
—姑(苦)戓(成)豪(家)父曰

上(五)·姑·九
公恩亡—=弝=門=夫=

上(五)·弟·五
可逹(奉)而—也

上(六)·競·三
安(晏)子而—之

上(六)·用·一五
—衆之所畏忌

上(七)·鄭乙·一
鄁(郎)人銮(來)—

上(七)·鄭乙·一
欲㠯(以)—夫=(大夫)

上(七)·吳·一
竄(竈)銮(來)—曰

上(七)·吳·三正
道(導)㠯(以)—吳

上(七)·吳·七
敢—䚄(視)曰

清(一)·尹誥·二
執(摯)—湯曰

清(一)·尹至·四
女(汝)—我

清(一)·程·二
—王=(王)弗敢占

清(一)·程·二
敝(幣)—宗方(祊)杢(社)稷(稷)

清(一)·金·一
二公—周公曰

清(一)·金·三
史乃册祝—先王曰

清(一)·金·七
周公乃—二公曰

清(一)·皇·一三
既—女(汝)

清(二)·繫·二七
亦—文王曰

清(二)·繫·四六
(秦之戍人)吏(使)人歸—曰

清(三)·説中·七
余—女(汝)若寺(時)

清(三)·琴·三
䫉(示)—舍

清(三)·芮·四
康戲而不智蘁(蘁)—

清(三)·芮·八
埜(靡)所—罘(懷)

[illegible]

上(五)·競·一〇
公—(告)而僗(僯)

口

郭·五·四五
耳目鼻—手足六者

郭·語四·四
—不誓(慎)而床(户)之閥(閉)

嗌

郭・語一・五一 未(味)，—殹(司)也

郭・性・七 猷(猶)—之不可蜀(獨)言也

上(二)・從(乙)・一 十日—恵而不係

郭・忠・五 —叀(惠)而實弗从(從)

新零・一一四 是蓏切而—亦不爲大詢(詬)

上(三)・周・二四 自求—實

上(六)・用・一二 既出於—

上(七)・武・七 —生听(詬)

清(三)・說中・六 叀(且)隹(惟)—记(起)戎出好

嗌

包二・八三 胃殺—昜公合

《說文》籀文作[glyph]，上象口，下象頸脉理也。

包二・一七五 武城人番—耳

天卜 —死爲芥

天策 司城—

郭・老乙・三 學者日—

郭・語三・九 牙(與)爲義(義)者遊，—

郭・語三・一〇 逌習顕(文)章，—

郭・語三・一〇 牙(與)㹊(莊)者処(處)，—

郭・語三・一四 自視(示)其所不族，—

郭・語三・一五 遊蕙，—

郭・語三・一五 嵩志，—

郭・語三・一五 才(在)心，—

郭・語三・一六 所不行，—

郭・太・九 雀(削)成者以—生者

郭・唐・一九 又(有)天下弗能—

上(二)・容・三四 啓於是虐(乎)攻—自取

上(一)・孔・九 䦈=(䦈䦈)者莪則㠯(以)人—(益)也

郭・尊・四 學爲可—也

郭・尊・二一 忠信日—而不自智(知)也

郭・性・二八 —樂龍指

九·五六·三九下 —淒壐之火
上（一）·性·一七 —（溢）樂龍（隆）

上（三）·彭·七 氏（是）胃（謂）—愈
上（五）·三德·八 邦四—，是胃（謂）方芋

上（六）·競·八 祝亦亡（無）—
清（一）·楚·四 思（使）若（鄀）—（嗌）卜遷（徙）於臺宅

清（三）·説下·三 以—（益）見（視）事
清（三）·良·一 又（有）—（益）
清（四）·筮·祟四四 四乃—（縊）者

清（四）·筮·祟四七 四，—（縊）者
清（四）·別·八 𠈌—（益）
清（五）·湯丘·二 以道心—（嗌）

膉

天卜 既又閒己𡨄〓與—漖
天卜 既滄—以𡨄〓然不欲飤以—漖

郭·唐·一〇 —（益）幻（治）幻（治）火
《玉篇·肉部》有膉字。嗌字異體。

嗌

齸

包二·一五一 左馭番戌飤田於邔宬—邑
郭·語四·一九 而終弗—『臽（陷）』

上（三）·周·三三 陞（陞）宗—（噬）肤（膚）

含

包二·一三四 —会之數客不爲其郙 讀作今。
天卜 —夕執事人□
天卜 —日有閒
郭·性·五二 —福（富）者也

郭·語一·三八、三九 詩所以會古—（今）之恃（志）也者
郭·語一·四〇、四一 春秋所以會古—（今）之事也

九·五六·四三
—(今)日某晒(將)欲飤(食)

上(二)·子·八
女(如)坙(爰、俊、舜)才(在)—(今)之殜(世)則可(何)若

上(二)·容·五〇
—(今)受爲道

信一·〇三二
—卿夫=

信一·〇六五
—爲

磚三七〇·二
未智其人—僕(僕)詧(察)

磚三七〇·三
其人—僕敢之某

上(三)·中·二〇
—(今)之君子

上(三)·中·二五
—(今)之君子叏(使)人

上(四)·昭·二
晒(將)剸(專)於—(今)日

上(四)·柬·九
—(今)夕不穀

上(五)·競·八
—(今)內之不旻(得)百生(姓)

上(五)·鮑·五
—(今)豈(豎)迡(刁)佖夫而欲

上(五)·季·八
戱(遂)—(今)語肥也

上(五)·季·一四
虘(且)夫戱(剴)—(今)之先=(先人)

上(五)·姑·五
—(今)宔(主)君不遉

上(六)·莊·七
—(今)日

上(六)·平·五
我及—(今)可(何)若

上(七)·鄭甲·六
—(今)晉

上(七)·鄭乙·二
㠯(以)忍(及)於—(今)

上(七)·鄭乙·六
—(今)晉人

上(七)·凡甲·一三
—(禽)獸旻(得)之㠯(以)豹(鳴)

上(七)·凡乙·九
—(禽)獸系(奚)旻(得)而鳴

味　唫　名

清(五)·湯丘·五　—(今)君逨(往)不以時

味

郭·老丙·五　淡可(呵)其無—也

清(一)·程·五　旨—旣甬(用)

清(五)·湯丘·一五　五—皆哉(䜤)

清(五)·湯門·六　皮(彼)五—之燹(氣)

唫

上(二)·容·二　於是虖(乎)—(喑)聾執燭

詮

上(二)·容·三七　又(有)—(喑)

清(三)·琴·六　非天—(歆)悳(德)

清(五)·殷·二五　—(感)高玟(文)稟(富)而昏忘賓(詢)

唸

郭·性·三三　—游恷(哀)也

名

包二·三二　不以所死於其州者之居处—族至命

包二·二四九反　不智其州—

郭·緇·三八　死不可敓(奪)—

上(三)·亙·六　—非

上(三)·亙·六　事出於—

上(三)·亙·七　無胃(謂)—

上(三)·亙·七　—，無胃(謂)名

上(三)·亙·十　言—先

上(三)·亙·五　—出於

上(三)·亙·十　嬰(舉)天下之—虛詎(樹)

上(三)·亙·十三　—無又(有)灋(廢)者

清(一)・程・二
卑(俾)霝(靈)—菟(凶)

清(一)・楚・九
改—之曰福丘

清(五)・殷・二一
—曰利

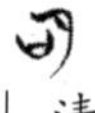
清(五)・殷・一五
—曰恙(祥)

清(五)・殷・一六
寺(是)—曰義

清(五)・殷・一七
—曰悳(德)

清(五)・殷・一八
—曰諟(仁)

清(五)・殷・一八
—曰音

清(五)・殷・一九
—曰愳(聖)

清(五)・殷・二〇
—曰智

清(五)・殷・二二
寺(是)—曰

明

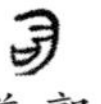
郭・老甲・一八
道亙(恆)亡—

郭・老甲・一三
牁(將)貞(鎮)之以亡—之數(樸)

郭・老甲・二一
未智(知)其—

郭・老甲・一九
訂(始)折(制)又(有)—

郭・老甲・二二
虐(吾)弜(强)爲之—曰大

郭・老甲・三五
—與身篙(孰)新(親)

郭・窮・一二
[非]爲—也

信一・〇一七
以成其—者

郭・窮・九
後—昜(揚)

郭・太・一〇
青(請)昏(問)其—

郭・太・一一
以道從事者必忨(託)其—

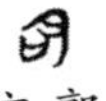
郭・太・一二
亦忨(託)其—

郭・太・一二
天埅(地)—忞(字)並立

郭・成・一三
—弗得悏(矣)

郭・語一・二
又(有)勿(物)又(有)—

郭・語一・四
又(有)命又(有)夐(文)又(有)—

郭・語一・一三
又(有)家又(有)—

郭・語一・九六
又(有)生虖(乎)—

郭・語二・四四
—，婁也

郭·語三·二九 則成—

郭·語三·六七上 —弍(二),勿(物)參(三)

郭·語三·六八下、六九下 又(有)眚(性)又(有)生虖(乎)—

上(二)·從(甲)·一八 —難静(争)也

上(二)·從(甲)·一八 行在异(己)而—在人

上(二)·從(乙)·五 吕歨(待)—之至也

上(二)·魯·五 或(何)必寺(恃)虗(乎)—虗(乎)

上(二)·容·二七 埀(禹)乃從灘(漢)吕南爲—浴(谷)五百

上(二)·容·二七—二八 從灘(漢)吕北爲—浴(谷)五百

上(二)·容·三三 是吕爲—

九·五六·三四 —之日死日

上(四)·柬·三 無又(有)—山名溪

上(四)·柬·三 —溪

上(五)·君·一四 非以异(己)—

上(五)·鬼·五(墨下) —則可蛩

上(六)·平·五 介備(服)—

上(七)·武·六 —(銘)於笞(席)之四耑(端)

上(七)·武·一〇 卣(牖)—(銘)毋(誨)曰

上(七)·凡甲·一三 目而智(知)—

清(二)·繫·一 —之日千畱(畝)

清(四)·筮·四季三九 吕(以)—亓(其)兇

清(五)·湯丘·六 —曰昌

清(五)·湯丘·七 —曰喪

⿰月口

清(一)·保·六 言不易實皃(變)—

吾

包二·二四八 嬰禱—公子春

上(六)·孔·五 —酓(誨)弗見也

包二·四 凡—子二夫

包二·六八 鄗—

包二·八六 鄅昜—

包二·一九二 坪陵—

包二·二七 邸昜—

包二·三六 不逕䣪—以廷

包二·三八 弦㕣—

包二·五四 喜—

包二·一八五 邸昜—

包二·五六 喜—

包二·一六四 酃—

包二·一一七 壽—

包二·一三八 百宜—

包二·六〇 弦㕣—

包二·七六 噩—

包二·一四二 —夫人

包二·一四三 鄝宼𠪚敔郙—之㫑邑人黄欽

包二·八六 羕陵—

包二·一三五反 —命逨爲之斷

包二·一四〇反 鄴—

包二·一四三 喬執小人於—夫人之敀愈

包二·一三八 —子

包二·一五三 東與蔆—佢疆

包二·一五四 東與蔆〔蔆〕—執疆

包二·一六四 荇—之加公宋末

包二·一七二 䣝—繇發

包二·一五四 南與郙—執疆

包二·一六五 郕—

包二·一六五 佶陵—

包二·一六七 邸昜—

包二·一五四 西與鄱—執疆

包二·一七三 埜—之州加公逷

包二·一七六 陽—

包二·一八一 坪夜—

包二·二〇〇 坪夜—

包二·一七六 栽泦—之人苛輆

包二·一八〇 郐—之人軎䔔

包二·一八九 鄟—之州加公石瘢

包二·一九〇 冡—之子連郢

包二·一九一 䣓昜—之人宋午

常一 郕湮—

天卜 邸昜—

包二·二四〇 㕸禱文坪砳—子良

信一·〇一二 天—

信一·〇一 𢿡弟—子

天卜 鹽㤯以承命爲—月貞

天卜 爲—月貞

信一·〇五一 —子

信一·〇八七 —子

仰二五·二 中—之紩衣

天卜 解於二天子與雲—以璜珥

天卜 以保冢爲—月貞

天卜 弁丑以長霝爲—月貞

天策 ▨陞舒坜口—纗▨

天策 西𥛗—

曾六七 所馭▘坪夜—之敏車

曾四二 斬毬吉▘馭鄗—一肇輊

望一・二二 罷禱先—東宓公戠牛

曾一六一 坪夜—

望一・一一六 ▨栽陵—肥豣酉飤

曾五三 鄎▘—之車

曾六五 鄎—

曾六〇 馭鄗—之一䡅

曾一一九 鄴—一肇

曾一七六 樂—之駐爲右驌

曾一六三 𥛗城—

曾一九三 𥛗城—

曾一七〇 𤔡—子之𪈲爲右驌

曾二〇三 鄴—之圓軒

郭・成・三二 —子訂(治)人侖(倫)以川(順)天悳(德)

郭・五・七 胃(謂)之—□

郭・五・七 士又(有)志於—子道胃(謂)之時(志)士

郭・五・九 未見—子

郭・五・一〇 既見—子

郭・五・一二 既見—子

郭・五・一六 肰(然)句(後)能爲—子

郭・五・一七 —子慙(慎)其▨

郭・五・一八 —子之爲悳(德)也

郭・五・二三 未尚(嘗)䎽(聞)—子道

郭・五・二六 䎽(聞)—子道

郭・五・二三 䎽(聞)—子道而不智(知)其君子道也

郭・六・二九 不爲—𢇍(絕)父

郭・五・二四 䎽(聞)君子道而不智(知)其—子道也

郭・五・四二 能進之爲—子

郭・五・四二 —子集大成

郭・五・四三 —子智(知)而與(舉)之

郭・六・四六 —子所生與之立

郭·六·五
—子不卞(偏)女(如)衍(道)

郭·太·八
—子智(知)此之胃(謂)☐

郭·六·四四
凡—子所以立身大灋(法)参(三)

郭·魯·三
亙(恆)爯(稱)其—之亞(惡)者可胃(謂)忠臣矣

郭·魯·五
夫爲其—之古(故)殺其身者

郭·魯·五
亙(恆)爯(稱)其—之亞(惡)者

郭·語三·三
—臣不相才(在)也

郭·語三·一
—猷(猶)父也

郭·語三·六
習(友),—臣之衍(道)也

郭·語四·一一
不智(知)其向(鄉)之小人、—子

郭·語四·二二
—又(有)悔(謀)臣

郭·成·八
—衰絰而処(處)立(位)

郭·成·一〇
是古(故)—子之求者(諸)吕(己)也深

郭·成·六
—子之述悳(德)也

郭·成·一二
—上卿『鄉(享)』成不唯夲(本)

郭·成·一九
古(故)—子所復之不多

郭·六·二七
外立(位)—、臣、婦也

郭·成·三一
折(制)爲—臣之義

郭·六·四二
生民斯必又(有)夫婦、父子、—臣

郭·成·一一
是—子之於言也

郭·成·四〇
是古(故)—子新(慎)六(位)以巳(己)天棠(常)

郭·尊·八
是以—子人道之取先

郭·成·二二
—奭曰

郭·成·三六
—子曰

郭·尊·三一
坓(刑)不隶(逮)於—子

郭·緇·六
下難智(知)則—倀(長)裳(勞)

郭·緇·七
則—不裳(勞)

郭·緇·八
—以民爲體

郭·緇·九 —以民芒(亡)

郭·緇·八 民以—爲心

郭·緇·八 —好則民慾(欲)之

郭·緇·九 —沓(牙)員(云)

郭·緇·一九 —迪(陳)員(云)

郭·緇·三二 —子道人以言

郭·緇·三一 —子弗言

郭·緇·三七 —子言又(有)勿(物)

郭·緇·三九 —迪(陳)員(云)

郭·緇·四一 —子不自留(留)女(安(焉))

郭·緇·四二 唯—子能好其駜(匹)

郭·緇·四三 —子好戟(逑)

郭·唐·一八 —民而不喬(驕)

郭·唐·二〇 上直(德)則天下又(有)—而世明

郭·唐·二五 南面而王而(天)下而甚—

郭·性·五六 上交近事—

郭·窮·一五 古(故)—子惇於怲(反)吕(己)

新甲一·二一 ☒筆爲—貞

新甲一·二七 擧禱於子西—戠牛，樂☒

新甲二·三八、三九 ☒樂之，饋祭子西—，犢

新甲三·一一二 或爲—貞

新甲三·一二一 ☒(平)夜文—各一玉☒

新甲三·一三二、一三〇 ☒或爲—貞

新甲三·一七六 吝(文)—、吝(文)夫人歸☒

新甲三·二三三、一九〇 以白靇(靈)爲君坪夜—貞

新甲三·二五七 ☒爲—貞

新甲三·二三三、一九〇 以白靇(靈)爲—坪夜君貞

新甲三·二一五 㠯[以]駐靇(靈)爲坪夜—貞

新甲三·三八、三〇七 ☒吝(文)—與啻

新甲三·三四四—一 擧禱卲(昭)王、文—☒

新乙一·一一 擧禱於子西—

新乙二·二四、三六
☐毀禱子西—

新甲一·二五
禮公子虞(虩)命彭定以少(小)寵(尨)𣅟爲—貞

新乙一·一七
吕以—不擇(擇)之古(故)

新乙一·五
—朁(朝)於箬☐

新乙一·二六、二
諸生以衡箪爲—貞

新乙三·六
☐箪爲—貞

新乙一·二一、二三
吝(文)—

新乙三·四三
☐吕(以)少(小)寵(尨)韲(霝)爲—貞

新乙三·七
☐录滮諸生吕(以)長箪爲—貞

新乙四·四六
彭定吕(以)駁靁爲—䘏(卒)歲貞

新乙四·一〇二
吕(以)衡韋(箪)爲—䘏(卒)歲之貞

新乙四·五五
☐箪爲—貞

新乙四·九五
—又(有)子

新乙四·八五
☐長箪爲—䘏(卒)𢧵(歲)貞

新乙四·九八
爲—三歲貞☐

新乙四·一二一
☐—王

新乙四·一〇三
爲—䘏(卒)歲之貞

新乙四·一二二
☐(爲)—集歲之貞

新乙四·一一〇、一一七
公子見—王

新乙四·一〇五
吕(以)長箪爲—䘏(卒)歲貞

新零·二四五
—杙龜☐

新零·六四〇
☐吝(文)—

新零·一四七
☐禱子西—戠牛

上(一)·孔·二七
中氏—子

上(一)·紂·四
則—不裳(勞)

上(一)·紂·四
臣事—

上(一)·紂·二
則—不悬(疑)丌(其)臣一(臣,臣)不或(惑)於君

上(一)·紂·五
—𡚾(好)則民台之

上(一)·紂·二
則君不悬(疑)丌(其)臣一(臣、臣)不或(惑)於—

上(一)·紂·五
—吕(以)亡

上(一)・紂・六　—𦥑(牙)員(云)

上(一)・紂・一八　—奭員(云)

上(一)・紂・一八　叜也—子

上(一)・紂・一〇　—緟(陳)員(云)

上(一)・紂・一二　古(故)—不與(以)少(小)悬(謀)大

上(一)・紂・二〇　—迪(陳)員(云)

上(一)・紂・二一　—子不自嵒(留)安(焉)

上(一)・紂・二三　—子玗(好)坔(戟)

上(二)・民・一　幾(凱)俤—子，民之父母

上(二)・容・一〇　萬邦之—皆吕亓邦壤(讓)於叚(賢)

上(二)・容・四六　唯(雖)—亡道

上(二)・昔・一　大(太)子朝—=(君，君)之母俤(弟)是相

上(二)・昔・一　—子曰

上(二)・昔・一　昔者—老

上(二)・昔・二　吕(以)告迲=人=(寺人，寺人)內(入)告于—=(君，君)曰

上(二)・昔・三　—子曰

上(二)・昔・四　—卒(卒)

上(一)・性・二五　上交近事—

上(二)・子・八　而吏(使)—天下而叟(偁)

上(二)・從(甲)・一一　—子不言

上(二)・從(甲)・一一　—子不行

上(三)・周・八　大—子又(有)命

上(三)・周・一二　壓(謙)—子

上(三)・周・三〇　九四：好豚(遯)—

上(三)・亙・一三　明—

上(三)・彭・四　古(故)—之忎(願)

上(四)・昭・六　脽介趣—王

上(四)・昭・八　今—王或命(令)

上(四)・昭・九　息(怕)—吳王廷

上(四)・內・二　亓(其)—者

上（四）·内·六 —子事父母

上（四）·内·八 —子曰

上（四）·東·七 —王之身

上（四）·柬·一〇 —王

上（四）·柬·一二 此爲—者之大罰（刑）

上（四）·柬·一三 女（如）—王攸（修）郢

上（四）·柬·一三 —王

上（四）·柬·一七 —皆楚邦之牆（將）軍（軍）

上（四）·柬·一九 人牆（將）芙（笑）—

⁼上（四）·柬·二〇 語儯（僕）之言於—⁼王⁼

上（四）·曹·五 罴（鄰）邦之—明

上（四）·曹·八 —言亡㠯異於臣之言

上（四）·曹·二〇 —必不已

上（四）·曹·二二 俤（弟）—子

上（四）·曹·二二 三軍出，—自銜（率）

上（四）·曹·三四 —必身聖（聽）之

上（四）·曹·四〇 我—身進

上（五）·姑·三 —貴我

上（五）·姑·四 因（因）㠯（以）害—

上（五）·姑·四 宔（主）—

上（五）·姑·四 㠯（以）不能事—

上（五）·姑·五 含（今）宔（主）—

上（五）·姑·八 宔（主）—之衆

上（五）·君·一 —子爲豊（禮）

上（五）·弟·一一 爲—子虐（乎）

上（五）·弟·一一 剸（宰）我昏（問）—子

上（五）·弟·一三 —子亡所不足

上（五）·弟·一四 —子道朝

上（五）·三德·四 —無宔（主）臣

上(五)·三德·二二
—子

上(六)·競·五
—祝敚也

上(六)·競·六
今—之貪惛(昏)

上(六)·平·五
—王

上(六)·平·六
—王

上(六)·用·二
亦力孪(勉)吕毋忘。—

上(七)·武·一二
身則—之臣

上(七)·武·一二
—齋栖(將)道之

上(七)·武·一二
—不祈(齋)

上(七)·君甲·七
人吕(以)—王爲叓(聚)

上(七)·君乙·一
—王又(有)白玉

上(七)·君乙·六
含(今)—王肂(盡)去耳目之欲

上(七)·凡乙·二〇
(之所)貴唯—

上(七)·吳·七
寡(寡)—一人

上(七)·吳·九
我先—蓋(闔)盧

清(一)·耆·一〇
今夫—子

清(一)·耆·一二
今夫—子

清(二)·繫·七
邦—者(諸)正

清(二)·繫·二五
—迲(來)伐我

清(二)·繫·二五
—女(焉)敗之

清(二)·繫·二七
—必命見之

清(二)·繫·三一
勬(奚)膂(齊)之爲—也

清(二)·繫·三四
囟(使)—涉河

清(二)·繫·五〇
—幼，未可奉承也

清(二)·繫·五〇
猷求弜(强)—

清(二)·繫·一三〇
郎臧(莊)坪(平)—

清(二)·繫·一三三
坪(平)亦(夜)悼武—

清(二)·繫·一三五
坪(平)亦(夜)悼(悼)武—

命

命

清(二)·繫·一三五 坪(平)亦(夜)悼(悼)武—

清(二)·繫·一三五 昜(陽)城洹(桓)丕(定)—

清(二)·繫·一三七 王命坪(平)亦(夜)悼武—

清(三)·琴·一 無思(悔)亯(享)—

清(三)·芮·二 敬之笄(哉)—子

清(三)·芮·二 敬笄(哉)—子

清(三)·芮·五 —子而受柬

清(三)·芮·六 敬笄(哉)—子

清(三)·芮·九 凡百—子

清(三)·芮·一三 先—以多社(功)

清(三)·芮·一四 …□□元—

清(三)·芮·一七 凡隹(惟)—子

清(三)·芮·二七 亡(無)—不能生

清(三)·良·四 武王又(有)—奭

清(三)·良·四 又(有)—抻(陳)

清(四)·筮·四位三二 —之

清(五)·厚·五 复(作)之—

清(五)·湯丘·四 —天王

清(五)·湯丘·五 不猷(猶)受—賜

清(五)·湯丘·五 吟(今)—迮(往)不以時

清(五)·湯丘·六 虐(吾)—可(何)

清(五)·湯丘·九 虐(吾)可(何)—是爲

清(五)·湯丘·一〇 —天王之言也

清(五)·湯丘·一四 —又(有)虽(夏)才(哉)

清(五)·湯丘·一六 爲—系(奚)若

清(五)·湯丘·一七 爲—恣(愛)民

清(五)·湯丘·一九 —既受—命

清(五)·湯丘·一九 —既濬明

包二·一二 子左尹—漾陵宫大夫=

包二·一六 —爲僮至典

包二·一一五 —尹子士

包二·一二五 郘昜公—鄀寈之客蓳

包二·一三五反 左尹以王—告湯公
包二·一三三 子鄗公—郘右司馬彭懌爲僕筴等
包二·一二八 發尹利之—胃
包二·一三七反 —速爲之斷

包二·一三九反 —灘上之戠獄爲陰人舒焻𡨦
包二·一五一 左尹士—其從父之弟番款逡之
包二·一三九反 左尹以王—告子鄗公

包二·一五二 右司馬适—左敆(令)馱定之
包二·一五五 僕(僕)—但嫚(?)足
包二·一五七 如宮夫=—少剴尹郕訟

包二·一六四 集迅—登嘉
包二·一七〇 侳—連囂妄
包二·一九一 王角州里公—訟
包二·一五七 鄗攻尹屈惕—解舟贅

包二·二五〇 —攻解於漸木立
包二·一三四 數客百宜君既以至—於子鄗公
包二·一三三 会郙之慶孝百宜君—爲僕㩗之

包二·一三五反 君—速爲之斷
包二·一五五 足—如少司城龏頡爲歆𨌲足於僕
包二·一五五 郢足—甕王士

包二·二〇 不貞周惕之奴以至—
包二·一三七反 以至—於子左尹
包二·一二八 由一戠獄之宔以至—
包二·二一五 司— 神祇名

包二·一三五反 一執事人以至—於郢
包二·二二八 墜乙以共—爲左尹𢇍貞
包二·二二五 既禱至—
常二 王—

包二·七 鄗—大莫囂屈昜爲—邦人……
包二·四三 不遝板於登人以至—於郢
包二·一六一 嘉事—以王—逗之正

包二·六七 不軋丝㪉遝其田以至—
包二·一二八 不至—
望一·卜 司—
天卜 陳獻習之以新承—

天卜 鹽𢙍以承—爲君月貞
天卜 陳憙習之以新承—
帛甲三·一〇 乃—出川四晋
帛甲六·四 炎帝乃—祝融

郭・老甲・二
或—之

郭・老甲・一九
民莫之—（令）天（而）自均安

郭・唐・二
羧（養）眚（性）—之正

郭・唐・一一
安—而弗宎（天）

郭・唐・一四
聖以堣（遇）—

郭・唐・一六
智（知）—也

郭・窮・八
出而爲—（令）尹

郭・語四・六
母（毋）—（令）智（知）我

郭・語三・六八上
又（有）天又（有）—又（有）

郭・語三・七一上
—与虞与

郭・緇・一四
不從其所以—

曾六三
—尹　職官名

曾二〇二
—尹之䡅敂車=

上（一）・孔・二
文王受—矣

上（二）・昔・二
至—於闈（閤門）

上（一）・紂・八
不從丌（其）所㠯（以）—

上（二）・昔・四
不䎽（聞）不—（令）

上（二）・昔・四
癹（發）—不夜

上（二）・民・八
城（成）王不敢康，迺（夙）夜晉（基）—又（宥）䆷（密）

九・五六・三八下
帝㠯（以）—

上（二）・魯・三
虗（吾）子女（若）達（重）—（名）丌（其）與（歟）

上（一）・紂・一二
辨公之㝯（寡）—員（云）

九・五六・四三
—爾司兵死者

新甲一・二五
禮公子虞（虩）—彭定以少（小）𡨋（龙）黔爲君貞

新甲三・一三三
公子—彭定以少（小）龙䨻（靇）爲☐

新乙一・一三
—（令）尹之子璥

新甲三・二六二
賓之—

上（三）・周・八
大君子又（有）—

上（四）・昭・四
—不爲僕（僕）告

上(四)·昭·五 因—(令)至俑毁室

上(四)·昭·七 王—葬(龔)之脽

上(四)·柬·一 —龜尹羅貞於大顕(夏)

上(四)·柬·一一 帝栖(將)—之攸(修)

上(四)·内·一〇 尖(少)必聖(聽)長之—

上(四)·内·一〇 爲戋(賤)必聖(聽)貴之—

上(四)·曹·七 天—

上(四)·曹·一〇 乃—毁鍾型而聖(聽)邦政

上(四)·曹·五一 不訓(順)於天—

上(五)·競·四 高宗—仪(傳)鳶(説)

上(五)·鮑·三 長百糧，篁(重)—

上(五)·鮑·七 公乃身—祭

上(六)·競·四 王—

上(六)·競·一三 —割疾(瘧)

上(六)·用·一 豫(預/舍)—乃縈

上(六)·用·一五 請—之所[illegible]

清(一)·保·九 甬(用)受大—

清(一)·保·一〇 —未又所次(延)

清(一)·保·一一 不及尔(爾)身受大—

清(一)·耆·二 郘(吕)上(尚)甫(父)—爲司政(正)

清(一)·金·四 —于帝廷(廷)

清(一)·金·六 乃—執事人曰

清(一)·金·一一 公—我勿敢言

清(一)·金·一三 二公—邦人

清(一)·皇·四 多憲(憲)正(政)—

清(一)·皇·四
王用能承天之魯—

清(一)·祭·二一
䙴(祭)公之賜(顧)—

清(二)·繫·四三
—(令)尹子玉

清(二)·繫·四七
乃以莫(鄭)君之—

清(二)·繫·五二
我莫—卲(招)之

清(二)·繫·六六
公—郘(駒)之克

清(二)·繫·七五
王—繡(申)公

清(二)·繫·七八
王—繡(申)公

清(二)·繫·八五
—(令)尹子褈(重)

清(二)·繫·九六
—(令)尹子木會郘(趙)文子武

清(二)·繫·九七(重)
霝(靈)王爲—＝尹＝

清(二)·繫·一〇五
秦異公—子甫(蒲)

清(二)·繫·一一一
—(令)尹宋䍐(盟)

清(二)·繫·一一四
王—莫囂(敖)昜爲

清(二)·繫·一一六
王—莫囂(敖)昜爲

清(二)·繫·一三三
王—坪(平)亦(夜)悼武君

清(二)·繫·一三七
王—坪(平)亦(夜)悼武君

清(三)·說上·一
王—𡚸(厥)百攻(工)

清(三)·說上·四
天廼—敓(說)伐遳＝宔＝

清(三)·說上·七
王甬(用)—敓(說)爲公

清(三)·說上·七背
尃(傅)敓(說)之—

清(三)·說中·七背
尃(傅)敓(說)之—

清(三)·說下·二
朕—

清(三)·說下·二
隹(惟)—女(汝)

清(三)·說下·一〇背
尃(傅)敓(說)之—

清(三)·芮·二一
政—悳(德)型(刑)

清(三)·良·五
—(令)君(尹)子䵣(文)

清(三)·良·五
—(令)君(尹)子西

清(三)·赤·一
乃—少(小)臣曰

清(三)·赤·一二
帝—句(后)土

清(三)·赤·七
帝—二黄它(蛇)

清(三)·赤·八
帝—句(后)土爲二茷(陵)屯

清（三）·赤·一一 帝—二黄它（蛇）
清（四）·筮·十七命六二 凡（凡）十七—
清（四）·筮·軍三六 虘（且）不相用—

清（四）·筮·爻六一 邦又（有）兵—
清（五）·封·二 雁（膺）受大—
清（五）·封·三 嚴𡐦（將）天—

清（五）·封·八 勿灋（廢）朕—
清（五）·封·九背 諱（封）鄦（許）之—
清（五）·命·一 大—又（有）祟（常）

清（五）·命·一〇 —力〈之〉曰
清（五）·命·一〇 少（小）—
清（五）·湯丘·一七 爲臣共（恭）—

清（五）·湯丘·一九 既受君—
清（五）·湯丘·一九 是非共（恭）—虎（乎）

命

上（五）·三德·三 天—孔明
清（一）·祭·五 受天之—

清（一）·祭·一〇 皇天改大邦殹（殷）之—
清（一）·祭·一二 隹（惟）文武中大—

清（一）·祭·一三 文武之受—
清（一）·祭·一三 受—是羕（永）㝵（厚）

清（二）·繫·二八 王固—見之
清（三）·說中·一 女（汝）逨（來）隹（惟）帝—
清（三）·說下·九 天之叚（嘏）—

清（三）·說下·一〇 沓（勅）朕—㢭（哉）
清（三）·琴·一〇 —不㞋（夷）箸（歇）
清（三）·芮·一五 豫（舍）—亡（無）成

清（五）·厚·二 少—咎（皋）繇（繇）下
清（五）·厚·三 上帝之—
清（五）·厚·六 廼述（墜）乒（厥）—

清（五）·厚·九　天—不可溷

清（五）·命·一　少（小）—日〓成〓（日成）

清（五）·命·一　大—又（有）祟（常）

清（五）·命·一（重）　□生民而成大—〓

清（五）·命·七　天之—

清（五）·命·七　天又（有）—

清（五）·命·八　亟（極）—則民陵（墮）乏

清（五）·命·八　乃室（曠）—以弋（代）亓（其）上

清（五）·命·一〇　大—殜（世）罰

清（五）·命·一〇（重）　少（小）—〓

命

包二·一三〇　以足金六匀聖—於桀

包二·二七八　瑶脰尹之人盬忣告紂多—以䝬賁

包二·一五六　□執—爲王㱿取郙，不涅㱿而逃命

包二·二　㲹敓亖圍—之於王大子而以陞份人

包二·二三七　司—

郭·尊·九　智（知）人所以智（知）—

郭·尊·一〇　亡智（知）—而不智（知）吕（己）者

郭·尊·一〇　又（有）智（知）吕（己）而不智（知）—者

郭·成·一　行不信則—不從

郭·成·二　民不從上之—

郭·成·五　唯（雖）𡇝（厚）其—（令）

郭·成·二五　詔—曰

郭·性·二　眚（性）自—出

郭·性·二　—自天降

郭·語一·一二　又（有）天又（有）—

郭·語一·四　又（有）—又（有）廋（文）又（有）名

郭·語一·三〇 智(知)道虞(然)句(後)智(知)—

郭·語一·二八 其智(知)尃(博)，虞(然)句(後)智(知)—

郭·語二·四七 智(知)—者亡[illegible]

上(一)·孔·七 又(有)—自天

上(一)·孔·六 昊=(昊天)又城(成)—

上(二)·子·七 垄(叐、俊、舜、)丌(其)可胃(謂)受—之民矣

上(二)·容·三七 泗(伊)尹既已受—

上(二)·容·二八 句(后)禝(稷)既已受—

上(二)·從(甲)·一九 行陰(險)至(致)—

上(二)·從(乙)·一 從—則正(政)不裳(勞)

上(二)·容·一四—一五 叁(舜)受—

上(二)·容·二九 咎(皋)秥(陶)既已受—

上(二)·容·三〇 [illegible]既受—

上(二)·容·四四 不從—者從而桎孥(梏)之

天卞 司—

上(三)·中·八 既昏(聞)—壴(矣)

上(三)·中·一一 既昏(聞)—壴(矣)

上(三)·彭·一 受—羕(永)長

上(三)·彭·七 一—三蔑

上(三)·彭·七 一—弌(一)瀼

上(三)·彭·七 三—四蔑

上(三)·彭·八 三—四瀼

上(四)·曹·九 亦天—

上(四)·曹·六二 上餌(聞)，—

上(五)·鮑·三 乃—又(有)𤔲(司)箸集(祚)浮

上(七)·鄭乙·五 奠(鄭)人—㠯(以)子良

上(七)·君乙·一 —爲君王戔(賤)之

唯

上(七)·吴·三背
吴—

上(七)·吴·七
(大夫)辱—

清(一)·程·三
受商—于皇帝=(上帝)

清(二)·繫·二七
君必—見之

清(二)·繫·二八
文王—見之

清(五)·湯丘·一九
共(恭)—女(如)訠(台)

會

郭·語一·二
又(有)天又(有)—

唯

包二·九一
成— 人名

曾一二五
緈—畢

曾一三三
緈—畢

郭·成·一二
君上卿『鄉(享)』成不—杳(本)

郭·成·一五
—(雖)强之弗内(入)悏(矣)

郭·語四·二四
—(雖)戠(勇)力𦖞(聞)於邦，不女(如)材

新零·二〇七
珪璧—☐

上(四)·柬·一二
夫—母(毋)溼(早)

上(四)·内·七
—(雖)至於—

上(五)·三德·八
—(雖)温(盈)必虚

清(五)·湯丘·一〇
—(雖)臣死而或(又)生

清(五)·湯門·六
—皮(彼)五味之燹(氣)

清(五)·湯門·一一
—皮(彼)四神

清(五)·湯門·一四
—(雖)成或(又)溼(瀆)

清(五)·湯門·一八
—皮(彼)九神

清(五)·湯門·二〇
—皮(彼)九神

清(五)·湯門·二一
—古先=(之先)帝之良言

售

上(三)·中·九
—(雖)又(有)臤(賢)才

上(三)·中·一三
—(雖)又(有)𦏵(孝)悳(德)

上(三)·中·二一
—丌𢘅(難)也

上(三)·中附
—正(政)者

上(三)·中附
夫子—又(有)與(舉)

上(三)·彭·一
—亙

上(三)·彭·五
—(雖)貧必攸(修)

上(三)·彭·五
—(雖)福(富)必遊(失)

上(四)·柬·二三
命(令)尹胃(謂)大剳(宰)：—

上(五)·鮑·五
臣—(雖)欲試(試)

上(五)·季·一
—子之訇(治)頎

上(五)·姑·四
—(雖)㝵(得)字(免)而出

上(五)·姑·五
—死安(焉)逃之

上(五)·姑·七
—(雖)不堂(當)殜(世)

上(六)·競·一〇
—是□……

上(六)·孔·一二
—又(有)詔(?)弗遠

上(七)·鄭甲三
—(雖)邦之悟(怲)

上(七)·鄭乙·三
—(雖)邦之悟(怲)

上(七)·君甲·八
君王—不長年

上(七)·凡乙·二〇
(君)㡿〓(之所)貴—心〓(心)

上(七)·吳·二
亦—君是望

清(三)·說下·四
不隹(惟)鷹(鷹)—(隼)

清(五)·殷·二八
—(雖)会(陰)

包二・一六九 黃— 人名

包二・一八六 郘— 人名

包二・二六九 一—贏麐

郭・老甲・一六 音聖(聲)之相—也

郭・老甲・二七 —其光

郭・老甲・三四 —之至也

郭・老甲・三四 —曰県〈棠(常)〉

郭・老丙・三 六新(親)不—

郭・五・四 四行—胃(謂)之善

郭・五・二九 —則𧯘(樂)

郭・五・三一 四行之所—也

郭・五・四六 —則同

郭・六・三 —大臣

郭・尊・二七 不—不安

郭・尊・二七 福(富)未必—

郭・尊・三一 訂(怡)樂—悴(萃)

郭・性・四六 人之迲(悅)肰(然)可與—安者

上(二)・子・八 [glyph]而—

九・五六・一六下 秎(利)㠯(以)祭祀、—人民、詎事

上(二)・容・八 敚(悅)—㠯長

上(一)・孔・四 卡(上下)之不—者

上(一)・性・二八 人之[glyph](悅)肰(然)可與—安者

上(二)・容・三〇 天下大—暋(均)

包牘一 一—龍麐

上(四)・采・三 峉(徵)—

上(四)・曹・一九 不—於豫

上(四)・曹・一九 不—於帨(陳)

上(四)・曹・二三 所㠯爲—於豫

上(四)・曹・二四 爲—於帨(陳)女(如)可(何)

上(四)・曹・三三 不—則不見(輯)

上(四)・曹・三五 爲—女(如)可(何)

上(四)・曹・三六 —之。

 上（四）·曹·二〇 爲—於邦女（如）之可（何）

 上（四）·曹·二二 此所㠯爲—於邦

 上（四）·曹·四八 不—則不莆（輯）

 上（六）·天甲·六 洛（樂）尹行身—二

 上（六）·天乙·五 洛（樂）尹行身—二

 上（七）·凡甲·二 水火之—

 上（七）·凡甲·八 百眚（姓）之—（味）

 上（七）·凡甲·二七 —（和）倗（朋）味（和）㷉（氣）

 清（一）·程·八 思（使）卑䡇（柔）—川（順）

 清（一）·程·八 可（何）爰（務）非—

 清（一）·耆·四 庶民—同

 清（一）·皇·四 用克—又（有）成

 清（一）·祭·七 坙（修）—周邦

 清（二）·繫·三 龍（共）白（伯）—立

 清（二）·繫·三 —歸于宋〈宗〉

 清（二）·繫·一二三 明（盟）陳—

 清（三）·芮·八 忑（恐）不—均（均）

 清（三）·芮·一一 —剌（專）同心

 清（三）·芮·一二 坪（平）—庶民

 清（三）·芮·一八 —悳（德）定型（刑）

 清（三）·芮·二〇 料—庶民

 清（三）·良·一 女—、䵷人、保倜

 清（五）·命·一一 —之以均·

 清（五）·命·一四 均一不—

 清（五）·湯丘·一 亯（烹）之—

清（五）·湯丘·三
此可以—民虎（乎）

清（五）·湯丘·七
以—利萬民

清（五）·殷·一七
闡（宣）義（儀）—藥（樂）

清（五）·殷·一九
—民甬（用）政（正）

清（五）·殷·二八
棘（束）柬（簡）—募（慕）

信一·〇二五
天下有—

帛乙九·三四
帝曰繇□之—

新零·九、甲三·二三、五七
曰：於（嗚）唬（虖）悚（哀）—

上（六）·用·七
慵（貞）可新（慎）—

清（一）·楚·三
逆流—（載）水

清（五）·湯丘·一六
五味皆—（䛊）

清（五）·湯門·六
是—以爲人

戋

上（四）·柬·一三
君王毋（毋）敢—（災）害

戋

清（五）·厚·三
智（知）天之畏（威）—（哉）

清（五）·厚·七
欽之—（哉）

郭·魯·二
—（揖）而退之

新乙四·一二八
—（揖）大斂（牢）

新乙四·一三九
北方—禱乘良馬

新乙四·一四五
—亓（揖）戠牛之禱

新零·一二七
▨□槩—（揖）▨

清（三）·琴·一一
甬（用）頌（容）—（輯）舍（余）

郭·緇·二一
則大臣不—

新甲一·二四
又（有）癘。—（以）

新甲三·一一、二四
—（以）選遷（遷）凥（處）

新乙四·一二六 西陵執事人—(以)君王☐

新零·三〇八 ☐飤(食)滕(絭)—(以)滕(絭)

新零·三〇八 飤(食)豬—(以)☐

上(五)·姑·七 —(以)義毋售(舊)

上(六)·用·一一 —(以)民乍(作)康

上(六)·用·一四 —(以)異(翼)四戔(踐)

上(六)·用·一八 言—(以)爲章

上(六)·用·一八 —(以)字(置)民生

咸

信一·〇五四 ☐四日—☐

郭·緇·五 隹(惟)尹允及湯—又(有)悳(德)

上(七)·凡乙·一八 於天—

清(一)·保·六 —川(順)不詳(逆)

清(五)·厚·二 玆咸又(有)神

清(五)·厚·七 —天之臣民

清(五)·湯門·一七 民—解體自卹(恤)

成

上(一)·紂·一 則民—(咸)㓜(扐)而型(刑)不刌

上(一)·紂·三 —(咸)又(有)一悳(德)

清(一)·尹至·三 —曰：𡸁(胡)今東恙(祥)不章

清(一)·尹誥·一 —又(有)一悳(德)

清(五)·封·三 —成商邑

呈

呈　呈

郭·老甲·一〇 保此衍(道)者不谷端(尚)—(盈)

右

包二·四四 鄦—仔尹李抾受旮

包二·一八〇 —郜鄗還

包二·二七〇 二—貞鞘虞

包二·四三 —司馬 職官名

包二·一一九 —司馬

包二·一三三 —司馬

包二·一〇二 —司寇正塦（陳）得

包二·一七五 鄱君之—司馬

包·一五八 畢得厠爲—叀於莫囂之軍

包二·一八二 —司馬愋之州加公番鮎

包牘一 駁—二真轢虞

天策 剠尹—㛍一白▨

天策 塦夛爲馯大尹—轎

天策 ▨□㛍一—鼒藚輈▨

郭·老丙·八 喪事上—

郭·老丙·六 用兵則貴—

郭·老丙·九 上牆（將）軍居—

郭·唐·一五 天陛（地）—（佑）之

上（二）·容·一六—一七 昔天地之差（佐）夋（舜）而—（佑）善

上（二）·容·二〇 㠯攴（辨）亓右（左）—

上（三）·周·一一 自天—（祐）之

上（三）·周·五一 折亓（其）—抾（肱）

上（六）·競·一一 亓左—相佖（公）自善曰

上（六）·用·一五 而考（巧）於左—

上（七）·武·六 遂（後）—耑（端）曰

上（七）·武·六 —耑（端）曰

上（七）·凡甲·三 未智（知）左—之請

清（一）·皇·五 以瀕（賓）—（佑）于上

清（二）·繫·五六 （宋）—帀（師）芋（華）孫兀（元）

清（二）·繫·五七 莫（鄭）白（伯）爲—芋（盂）

清(二)·繫·八八
宋—帀(師)芋(華)孫兀(元)

清(二)·繫·一三五
—尹卲(昭)之卲(誒)死女(焉)

清(三)·說上·三
尔—韻=(稽首)

清(三)·琴·一二
—帝才(在)茖(落)

清(四)·筮·得四
—，乃㝵(得)

清(四)·筮·得五
參(三)—同

丞

曾一 正
—斂

曾三八
—彤䘲

曾三九
柘■四馭—褈屄

曾三九
—褈屄

曾二一一
—迲徒一馬

曾一四三
—驌

曾一四五
—驌

曾一四五
—尹

曾一五四
—驌

曾一六四
—驌

曾一五三
—驂

曾一五六
—驂

曾一三三
—褈䘲

曾一七五
—飛

曾一七六
—飛

曾一七七
—驂

曾一七四
—驌

曾一七六
—驂

啻

包二·一五四
新大厩以—蔽之田

望一·七七
與—見☐

新甲三·三〇四
占之：吉。—☐☐

新甲三·三〇〇、三〇七
☐吝(文)君與—

九·五六·一〇二
巳—☐之

上(四)·曹·一四
—(敵)邦

上(四)·曹·五一
虐(吾)戰(戰)—(敵)不訓(順)

上(七)·凡甲·一二 箸(孰)爲—(雹)

清(三)·芮·八 隹(惟)—(帝)爲王

清(五)·湯門·一 湯才(在)—門

曾

新甲三·三五六 ☐爲之—

上(三)·周·三八 —(愓)虐(號)

上(五)·季·二三 從事者之所—䙹也

吉

包二·一三 —啓 人名

包二·八五 疋— 人名

包二·一六四 利— 人名

包二·一九二 陞— 人名

包二·二一八 舋— 人名

包二·二三四 舋—

包二·二四七 舋—

包二·二〇五 卲— 人名

包二·二四一 盬—

包二·二〇六 卲—

包二·一九七 盬— 人名

包二·二一五 盬—

包二·二二七 盬—

包二·二三八 盬—

包二·二〇四 占之曰—

包二·二四六 占之曰—

包二·二三三 占之曰—

包二·一九八 尚—

包二·二一八 死貞—

包二·二四一 占之曰—

包二·一九九 死貞—

包二·二二〇 死貞—

包二·二四五 死貞—

包二·二二九 死貞—

包二·二三一 死貞—

包二·二三三 死貞—

包二·二〇一 死貞—

包二·二四四 占之曰—

包二·二四三 恒貞—

秦一三·一四 死貞—

秦一三·二 占之—

包二·二四八 占之曰—

包二·二二二 占之曰—

秦九九·四 占之—

秦九九·一一 —玉

秦九九·一 占之—

包二·二一八 舋— 人名

包二·二三四 舋—

秦九九·五 占之—

秦九九·一四 占之—

天卜 死貞—

包二·二三五 占之—

天卜 —玉

吉吉吉吉 天卜 死貞—

吉吉吉吉 天卜 占之—

吉吉 天卜 占之曰—

吉 天卜 占之長—

吉 望一·二三 占之—

吉吉 望一·一〇二 占之曰—

吉 天卜 一—環

吉吉 望一·三五 死貞—

吉 曾四二 軛鈏—■馭鄗君一鞶鞋

吉 郭·老丙·八 古(故)—事上左

吉 新甲一·二二 ☒之：死(恒)貞—，無咎

吉 新甲三·二五 占之曰：—

吉 新甲三·一二 ☒曰：—，義(宜)少(小)瘦(瘥)

吉 新甲二·三四 ☒之曰：—，無咎

吉 新甲三·四五 占之：—

吉 新甲三·七一 ☒朧爨占之曰：—☒

吉 新甲三·七三 ☒占之曰：吉☒

吉 新甲三·七五 ☒嘉占之曰：—☒

吉 新甲三·一二九 ☒占之曰：甚—

吉 新甲三·一五四 ☒……—。卒(卒)☒

吉 新甲三·一六〇 ☒曰：甚—

吉 新甲三·一六五 尚—

吉 新甲三·一七〇 定占之曰：—

吉 新甲三·一八一 ☒壁。占之：甚—

吉 新甲三·一九二、一九九—一 占之，—

吉 新甲三·一九八、一九九—二 死(恒)貞—，少☒

吉 新甲三·二〇〇 定占之曰：—

吉 新甲三·二〇一 占之：—

吉 新甲三·二四七、二七四 占之：死(恒)貞—

吉 新甲三·二三六 —。期之宔(中)疾☒

吉 新甲三·四〇一 日於九月廌(薦)虞(且)禱之，—

吉 新乙二·二 占之曰：—

吉 新乙二·三、四 ☒—。疾遯(速)敗(損)

吉 新乙四·二四 ☒[占]之：甚—

吉 新乙四·六二 占之：—

新乙四・一五一　尚—
新零・二〇八　死(恒)貞—□
新零・六一　□占之曰：—□

新零・一二〇　死(恒)貞—□
九・五六・二二下　不—
九・五六・二九　不—
九・五六・三〇　大—

九・五六・一三下　大—
九・五六・一八下　不—
九・五六・二一下　大—
九・五六・四一　凡—日
九・五六・四一　凡不—日

上(三)・周・二　冬(終)—
上(三)・周・二　貞—
上(三)・周・四　中—

上(三)・周・四　冬(終)—
上(三)・周・五　安貞—
上(三)・周・五　冬(終)—

上(三)・周・九　冬(終)逨(來)又(有)它—
上(三)・周・九　—，亡(无)咎
上(三)・周・一〇　邑人不戒，—

上(三)・周・一一　恚(威)女(如)，—
上(三)・周・一一　—亡(无)不利
上(三)・周・一二　甬(用)涉大川，—

上(三)・周・一四　貞—
上(三)・周・一六　貞—
上(三)・周・一八　礪(厲)冬(終)—

上(三)・周・二〇　亡(无)忘，—
上(三)・周・二二　不豪(家)而飤(食)，—
上(三)・周・二三　芬(豶)豕之酉(牙)，—

上(三)・周・二五　尻貞，—
上(三)・周・二五　繇(由)頤礪(厲)—
上(三)・周・二五　遉(顛)頤，—

上(三)・周・二六　取女—
上(三)・周・二六　尻(居)—

上(三)·周·三二 少(小)事—

上(三)·周·三七 丌(其)逨(來)復(復)，—

上(三)·周·三七

上(三)·周·四〇 貞—

上(三)·周·四三 征—

上(三)·周·四九 章(敦)艮，—

上(三)·周·五〇 女遠(歸)—

上(三)·周·五〇 酓(飲)飤(食)鑪=(衎衎)，—

上(三)·周·五一 遇丌(其)巳(夷)宔(主)，—

上(三)·周·五三 遊(旅)貞—

上(三)·周·五四 摇馬藏(壯)，—

上(三)·周·五七 是受福—

上(三)·周·五八 貞—

上(六)·用·一三 嘉德—猷

上(七)·武·一四 敬勳(勝)怠(怠)則—

清(一)·尹至·一 女(汝)亓(其)又(有)—志

清(一)·尹至·二 口—好

清(一)·尹誥·四 舍之—言

清(一)·程·三 王及大(太)子發並拜—夢

清(一)·程·四 女(汝)敬聖(聽)—夢

清(三)·說上·五 勿殺是—

清(三)·說中·七 —不吉

清(三)·說中·七 吉不—

清(四)·筮·死五 參(三)—同

清(四)·筮·死八 —，寺(待)死

清(四)·筮·死九 參(三)—同

清(四)・筮・死一三 —,亞(惡)肴(爻)
清(四)・筮・娶一五 女同男,—
清(四)・筮・貞二九 —,亡

清(四)・筮・貞二九 屯(純)—
清(四)・筮・乾三九 月朝—
清(四)・筮・乾三九 月=(月夕)—

清(四)・筮・四季三七 裘(勞)大—
清(四)・筮・四季三七 銮(來)巽少(小)—
清(四)・筮・四季三七 銮(來)巽大—

清(四)・筮・四季三七 裘(勞)少(小)—
清(四)・筮・四季三八 兑大—
清(四)・筮・四季三八 艮羅(離)少(小)—

清(四)・筮・四季三八 艮羅(離)大—
清(四)・筮・四季三八 兑少(小)—

周

包二・二九 —壬 人名
包二・四五 —國 人名
包二・四七 —慲 人名
包二・五七 —惑 人名

包二・七四 —遅 人名
包二・七四 —⿰黑夬 人名
包二・七六 —緩 人名
包二・六〇 —駕 人名
包二・六八 —踦 人名

包二・七七 —甬 人名
包二・九一 —雁 人名
包二・九一 —霰 人名
包二・九一 —鼷 人名
包二・一四一 —瘊 人名

包二・一六三 —惕 人名
包二・一六五 —敔 人名
包二・一六九 —緹 人名
包二・一六二 —欧 人名
包二・一七四 —霖 人名

包二・一八三 —庚 人名
包二・一八四 —諡 人名
包二・一八五 君夫人之劵陎—
包二・一七四 —賢 人名
包牘一 一—韗

包二・一九〇 —蠣 人名
包二・一八八 —喬 人名
包二・一九一 —蟲 人名
包二・一八二 —邅 人名
包二・三四 —童耳 人名

包二·三四 —敓 人名
包二·三四 —琭 人名
包二·三九 —琭
包二·三九 —童耳
包二·九一 —琭

包二·九一 —敓
包二·六五 —賜 人名
包二·八一 —賜
包二·三九 —敓
包二·八五 —敓

包二·一四一 東—之客
包二·二〇九 東—之客
包二·二一六 東—之客
包二·一三一 東—之客
包二·一四〇 東—之客

包二·二〇六 東—之客
包二·二〇七 東—之客
包二·二三 東—之客
包二·一四五 東—之客
包二·一二 東—之客

信二·〇二〇 —者二十二足桱 —假爲雕。
信一·〇一三 —公
包二·五八 東—之客
望二·一 ▨—之戠

秦一·一 —客
天策 蠪—
天策 素—之□
郭·緇·四二 旨我—行
上(一)·紂·二一 覞我—行

郭·窮·五 堣(遇)—文也
新零·二一三、二一二 ▨—墨 人名
九·五六·四三 不—之埜(野)

上(三)·彭·五 五紀(紀)必(畢)—
上(四)·曹·一 昔—室之邦魯
上(四)·曹·三 昔—□

上(四)·曹·四一 —等(志) 書名
上(五)·鮑·二 —人之所㠯(以)弋(代)之

上(七)·吳·五 卑(俾)—先王佾□
上(七)·吳·六 聶(攝)—孫=(子孫)
上(七)·吳·八 吳人虐□□於—

清(一)·程·一 (小子)鼜(發)取—
清(一)·程·五 隹(惟)商感才(在)—

清(一)·程·六 朕䎽(聞)—長不弍(貳)

清(一)·程·七 孞(務)睪(擇)用—

清(一)·耆·二 —公弔(叔)旦爲宔

清(一)·耆·四 —公

清(一)·耆·六 —公

清(一)·耆·七 —公或夜籊(爵)𧗿(酬)王

清(一)·耆·九 —公

清(一)·金·一 二公告—公曰

清(一)·金·一 —公曰

清(一)·金·二 —公

清(一)·金·二 —公立女(焉)

清(一)·金·五 —公

清(一)·金·七 —公乃告二公曰

清(一)·金·八 —公石(宅)東三年

清(一)·金·八 —公乃遺王志(詩)

清(一)·金·九 —(雕)鴞 書名

清(一)·金·一〇 —公之所

清(一)·金·一四背 —武王又(有)疾

清(一)·金·一四背 —公所自以弋(代)王之志

清(一)·祭·四 —文王

清(一)·祭·四 复(作)戟(陳)—邦

清(一)·祭·六 —公

清(一)·祭·七 坙(修)和—邦

清(一)·祭·一〇 隹(惟)—文王受之

清(一)·祭·一三 不(丕)隹(惟)—之蒡(旁)

清(一)·祭·一四 不(丕)隹(惟)—之㫗(厚)茾(屏)

清(一)·祭·二一 維我—又(有)祟(常)型(刑)

清(二)·繫·一 —武王

清(二)·繫·二 (厲王)大瘧(虐)于—

清(二)·繫·四 戎乃大敗—㠯(師)

清(二)·繫·五 —幽王

清(二)·繫·七 —乃亡

清(二)·繫·八 —亡王九年

清(二)·繫·八 不朝于—

清(二)·繫·九 止于成—

清(二)·繫·一三 —武王既克㲋(殷)

清(二)·繫·一五 殜(世)乍(作)—屈

清(二)·繫·一五 —室郘(既)寍(卑)

清(二)·繫·一六 止于成—

清(二)·繫·一六 秦中(仲)女(焉)東居—地

清(二)·繫·一六 以戰(守)—之埶(墳)蓦(墓)

清(二)·繫·一七 —公

清(二)·繫·一七 —成王

清(二)·繫·一七 以乍(作)—厚嘍(屏)

清(二)·繫·一八 —惠王立十又七年

清(二)·繫·四四 述(遂)朝—襄王于衡澭(雍)

清(二)·繫·一二四 —王

清(二)·繫·一二五 —王

清(二)·繫·一二五 朝—王于周

清(三)·琴·一 —公

清(三)·琴·一背 —公之鋻(琴)舞(舞)

清(三)·良·四 又(有)—公旦

清(三)·良·八 奠(鄭)桓(桓)公與—之遺老

清(五)·封·七 —(雕)匩(匚)

清(五)·封·八 以永厚—邦

哯 叴 啐 吁 吝

哯
見
上(四)·曹·三三
不和則不—(輯)

叴
包二·二八
郇—臺　人名

包二·八三
傷之妄—毀

包二·三八
弦—君

包二·六〇
弦—君

上(二)·容·三四
—(臯)秀(陶)乃五壤(讓)吕天下之臤(賢)者

上(二)·容·三三—三四
見—(臯)咎(陶)之臤(賢)也

⿱尤口
郭·窮·三
—緜衣胎蓋冒(帽)衽(經)冟(冡)慬(巾)

郭·窮·一〇
驥(驥)馰張山𩥈空於—坔

尤聲與九聲古音相近，用作偏旁可以互通。

啐
嗺
上(三)·周·四二
⿱⿻亾⿻亾—(萃)

上(三)·周·四二
乃𤔔(亂)—卤(萃)

吁
郭·語二·一六
忘生於—(訏)

帛丙·九
—▨

呈
郭·語二·一五
—(饕)生於楥(諼)

望二·四五
二居㮚一又—廿

清(一)·楚·一四
(鄢郢)遷(徙)居鄀—

清(一)·楚·一四
王自鄀—遷(徙)鄀(蔡)

吝
帛乙五·一
東域又—

帛乙四·二三
西域又—

帛甲·四—二三
西域又—

新甲三·九九
遯(逡)—(文)君之祱(說)▨

新甲三·一七六
吝(文)君、吝(文)夫人歸▨

新甲三·一七六
—(文)君、吝(文)夫人歸▨

各

新甲三・二〇一 以逾至—(文)君

新甲三・二六〇 ☐—(文)君

新甲三・三〇〇、三〇一 ☐—(文)君與啻

新甲三・二六七 冊告自—(文)王以遷(就)聖趄[王]☐

新甲三・一三七 冊告自—(文)王以𦎫(就)聖趄王

新乙一・六 —(文)君

新乙一・六 —(文)夫人

新乙一・一一 禱於—(文)佚=(夫人)

新乙一・一三 —(文)佚=(夫人)

新乙一・二一、三三 —(文)君

新乙三・二八 𧗿禱於卲(昭)王、吝(文)☐—

新乙三・四六 ☐□於—(文)佚=(夫人)丗=(三十)乘☐

新零・六四〇 ☐—(文)君

上(二)・容・五二—五三正 㠯告—(閔)于天

雨二一・二 坪皇角爲定—王商☐

雨二一・三 ☐姑侁之宫爲濁—王羿爲濁☐

上(三)・周・二六 埶(勢)丌(其)陸(墜)，—

上(三)・周・一 困尨(蒙)，—

上(三)・周・二八 貞—

上(六)・用・一六 沁—惠武

清(一)・皇・一二 悉(媢)夫先受—(殄)罰

包二・一四〇 小人—政於小人之𨸏

包二・二二七 —豻豕

包二・二三七 —兩牯

包二・二〇三 —戠豢

包二・二一三 —一少環

包二・二一四 —一少環

包二・二一七 —一牂

包二・二〇六 —戠豢

秦九九・一 —一殉綬

包二・二三七 —一牂
包二・二四三 —一牂
包二・二〇〇 —戠豢酉飤
包二・二四一 —一全豢

包二・二四四 贛之衣裳—三冉
天卜 女殤—殺軋腹志占吉
望一・一一四 —一少環
望一・一三〇 —備玉一環

包二・二五〇 —肥豬
望一・一一〇 —戠牛
天卜 —一牂
天卜 —兩牂
天卜 —一吉環

望一・一一七 王之北子—▨
望一・一二一 嫭禽—一□
帛甲二・二〇 天地是—
帛乙一〇・一一 神則—之

郭・老甲・二四 —復其堇（根）
郭・尊・二六 民五之方—（格）
郭・性・九 其甬（用）心—異

郭・五・四二 —止於其里
郭・語一・一〇五 勿（物）—止於其所
郭・語一・一〇七—一〇八 —以澮（詹）訂（詞）毀也

新甲一・四 —二璧
新甲二・二九 ▨五宔（主）山（？）—一戕（瓶）▨
新甲三・一八八、一九七 —兩痒（牂）。旂

新乙一・一三 罷禱—一備（佩）璧
新零・一三 ▨—大單（牢）饋
新零・二七八 ▨先之—一▨

上（二）・容・五 —㝵（得）亓殜（世）
上（二）・昔・四 —共（恭）尔事

新甲三・一三七 —舁璜
新甲三・一三七 —柬絟（錦）珈璧
新甲三・八一、一八二—一 歸備（佩）玉於二天子，—二▨

新甲三・一六六、一六二 ▨罷禱於二天子—兩痒（牂）
新乙一・三 —一痒（牂）▨

新乙一・一三
—大牢，一百☐

新乙一・一五
公北、坔（地）宔（主）—一青義（犧）

新乙一・一五
司命、司禍（禍）各一麐（鹿）—

新乙一・二一、三三
—一備（佩）玉

新乙二・三八、四六、三九、四〇
斁禱於二天子—痒（牂）☐

新乙三・五
—一痒（牂）

新乙一・二九、三〇
獻（獻）惠王—大牢饋

新乙一・二四
韓（融），空（穴）酓（熊）—一痒（牂）

新乙三・四一
斁禱於三楚祧（先）—一痒（牂）

新零・一一一
卲（昭）王、吝（文）君—大牢☐

上（四）・曹・三二
—載尔贓（藏）

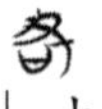
上（四）・曹・六五
—㠯亓殜（世）

上（五）・季・二〇
凡遊（失）勿危（危），—

上（五）・三德・一二
—慙（慎）亓尾（度）

上（六）・用・六
—又（有）亓（其）異惜（緒）

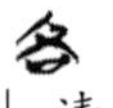
清（一）・尹至・一
—（格），女（汝）亓（其）又（有）吉志

清（一）・耆・八
不（丕）㬎（顯）逨（來）—（格）

清（一）・祭・一七
女（汝）母（毋）—豪（家）相而（乃）室

清（二）・繫・一〇四
囟（使）—逸（復）亓（其）邦

清（三）・說中・二
來—（格）女（汝）敚（說）

清（三）・芮・一
戠（御）事—褮（營）亓（其）身

清（三）・芮・一〇
—㙷（當）尔（爾）悳（德）

清（三）・芮・一八
—恳（圖）氒（厥）恙（永）

清(三)·芮·二一
—又(有)祟(常)朿(次)

清(四)·筮·乾四〇
臾(坤)乃—彶(返)亓(其)所

清(四)·筮·十七命六三
—堂(當)亓(其)刲(卦)

清(五)·湯門·二〇
—時(司)不解

嚣

上(三)·周·四二
王—(假)于宙(廟)

上(五)·三德·一五
嚴(嚴)—(恪)必信

清(一)·皇·一
公—(格)才(在)者(庫)門

清(五)·厚·二
能—(格)于上

信一·一
戔人—上

否

上(二)·魯·三
—戝(也)

清(三)·芮·三
閼(間)鬲(隔)若(若)—

清(五)·厚·三
𧧯(問)民之若—

哀

包二·一四五
公孫— 人名

曾二五
—■裛所馭左䡍輔

曾三一
—■立馭左尹之肇=

曾七〇
—宴

曾一二七
—裛馭左䡍旆

郭·五·一七
肰(然)句(後)能至—

郭·語三·四一
迵(踊),—也,三迵(踊),度(文)也

郭·語三·五九
遊(失)者—

郭·殘·六

郭·殘·六

上(二)·魯·一
—公胄(謂)孔=(孔子)

新乙四·一二二
君㯝(將)喪—

新乙四・五七 ▨爲孯=(孯子)䠷—告大▨

上(一)・性・一八 —樂丌青相近也

清(二)・繫・二三 郗(蔡)—侯取妻於陳

清(二)・繫・二三 (蔡)—侯命乏=(止之)

清(二)・繫・二四 (蔡)—侯妻之

清(二)・繫・三八 囟(使)—(襲)褱(懷)公之室

清(三)・良・八 魯—公又(有)季孫

清(五)・命・一一 韜(斂)之以—

清(五)・命・一三 樂不繡(伸)，—不至

清(五)・命・一四 —至則貴(匱)

[忄衣]

郭・老丙・一〇 則以—(哀)悲位(莅)之

郭・性・六七 居喪必又(有)夫戀(漣)戀(漣)之—(哀)

郭・性・四三 —(哀)樂爲甚

郭・性・二 憙(喜)惹(怒)—(哀)悲之燹(氣)

郭・性・二九 —(哀)、樂，其眚(性)相近也

郭・性・三三 謠(吟)游—(哀)也

郭・尊・三一 訂(怡)樂和—(卒)

上(二)・昔・四 唯—(哀)悲是思

包二・一一一 少攻尹—

[忄衣]即哀之異寫。

上(五)・三德・二〇 至型(刑)忩(以)—

㥏

郭・語二・三一 —(哀)生於惪(憂)

上(二)・民・四 —(哀)樂相生

唬

新零九·甲三·二三、五七　曰：於（嗚）唬（虖）—（哀）哉！
上（五）·弟·四　嚻（亂）節而—（哀）聖（聲）
《字彙·心部》：『㤢同哀。』

衰
上（三）·亙·三正　—（哀）生衰（哀）
上（三）·亙·三正　衰（哀）生—（哀）
清（一）·楚·九　遷（徙）—（襲）箬（鄀）郢

清（一）·楚·九　自箬（鄀）郢遷（徙）—（襲）湫=涅=
清（一）·楚·一〇　自嬰（睽）郢遷（徙）—（襲）爲郢

清（一）·楚·一〇　至臧（莊）王遷（徙）—（襲）蔑=郢=
清（一）·楚·一一　□—（襲）爲郢

清（一）·楚·一二　（鄂郢）遷（徙）—（襲）爲郢
清（一）·楚·一三　（乾溪之上）復（復）遷（徙）—（襲）媺（媺）郢

清（一）·楚·一三　自媺（媺）郢遷（徙）—（襲）爲郢
清（一）·楚·一三　女（焉）遷（徙）—（襲）湫郢

清（一）·楚·一六　女（焉）遷（徙）—（襲）肥遺
清（二）·繫·一一一　戉（越）人因—（襲）吳之與晉爲好

哀
上（六）·天乙·八　剸（剸）型（刑）則㠯（以）—（哀）
清（一）·祭·一　—（哀）余少（小）子

清（三）·說中·七　隹（惟）—（衣）載（載）悳（病）
清（三）·芮·二三　並（靡）所并（屏）—（依）

清（五）·殷·一八　丂（孝）忞（慈）而—（哀）眾（鰥）

唬
虖
郭·老甲·二　或—（呼）豆（屬）
郭·老甲·六　化（禍）莫大—（乎）不智（知）足

郭·老甲·八
夜(豫)—(乎)奴(若)冬涉川

郭·老甲·八
猷(猶)—(乎)其奴(若)愄(畏)四叟(鄰)

郭·老甲·九
敢(嚴)—虐(乎)其奴(若)客

郭·老甲·九
覲(渙)虐(乎)其奴(若)懌(釋)

郭·老甲·五
辠(罪)莫厚(重)—(乎)甚(淫)欲

郭·老甲·五
咎莫僉(憯)—(乎)谷(欲)得

郭·老甲·九
坉—(乎)其奴(若)濁

郭·老甲·九
屯—(乎)其奴(若)樸

郭·老甲·三四
終日—(乎)而不惪(憂)

郭·老丙·二
猷(猶)—虐(乎)其貴言也

郭·成·五
是古(故)亡虐(乎)其身而廌(存)—(乎)其訇(詞)

郭·成·一九
可不新(慎)—(乎)

郭·尊·二八
逨—(乎)楷(置)蚤(郵)而連(傳)命

郭·尊·一
民—(乎)民侖(倫)

郭·尊·二九
戲且(莫)大—(乎)豊(禮)樂

郭·魯·四
言—(乎)

郭·緇·四六
龜啚(筮)猷(猶)弗智(知)而皇(況)於人—(乎)

郭·六四
帰(寢)四叟(鄰)之帝(抵)—(梧)

上(二)·容·四
於是—(乎)不賞不罰

上(二)·容·八
於是—(乎)訇(始)語堯天地人民之道

上(二)·容·三四
壘(禹)於是—(乎)壤(讓)益

上(二)·容·二五
於是—(乎)

上(二)·容·二六
於是—(乎)

 上(二)·容·三七 —(乎)

 上(二)·容·四一 湯於是—(乎)諻(徵)九州之帀(師)

 上(二)·容·三四 啓於是—(乎)攻益自取

 上(二)·容·四一 於是—(乎)𦉢(亡)宗鹿(戮)族戔(殘)羣焉備(服)

 上(二)·容·四一 於是—(乎)天下之兵大𢀛(起)

 上(二)·容·四四 是—(乎)复(作)爲九城(成)之𡍬(臺)

 新零九·甲三·二三、五七 曰：於(嗚)—(虖)悹(哀)哉—

 上(二)·容·四七 文王於是—(乎)素耑(端)䙪(褰)裳㠯行九邦

 上(一)·孔·一 行此者丌(其)又(有)不王—(乎)

 上(一)·孔·六 於—(呼)

 上(一)·孔·七 𠭁(得)—(乎)

 上(一)·孔·九 多恥者丌(其)忞之—(乎)

 上(一)·孔·一三 不亦智(智)亙(恆)—(乎)

 上(二)·魯·五 於—(呼)

 香中大·三 生乃—(呼)曰

 新甲三·二九五 ▨—▨

 郭·語一·一〇九 —与容與夫其行者

 上(三)·中·一五 昏(聞)—(乎)足㠯(以)𡥈(教)𡊄(矣)

 上(三)·中·二五 可不訢(慎)—(乎)

 上(三)·周·三八 啻(惕)—(號)

 上(三)·周·三九 忘—(號)

 上(三)·周·四二 若—(號)

 上(三)·周·五五 馢(涣)丌(其)大—(號)

 上(四)·柬·三 欲祭於楚邦者—(乎)

 上(四)·柬·二一 𦚏尹又(有)古(故)—(乎)

上（四）·柬·二三 臣者亦又（有）㛈（靜）—（乎）

上（五）·競·六 可—（虐）於

上（五）·弟·一 其天民也—（乎）

上（五）·弟·四 又（有）墜（施）之胃（謂）也—（乎）

上（五）·弟·八 可言—（乎）其信也

上（五）·弟·八 信—（乎）

上（五）·弟·八 莫新（親）—（乎）父母

上（五）·弟·一〇 女（汝）弗智（知）也—（乎）

上（五）·弟·一一 爲君子—（乎）

上（五）·弟·一四 虗（吾）子皆能又（有）時（待）—（乎）

上（五）·弟·一五 —（吾）告女（汝）

上（五）·弟·一九 巨（蘧）白（伯）玉侸（止）—（乎）

上（五）·弟·一九 子洛（路）遣（往）—（乎）

上（五）·弟·二〇 子虘（乘）—（乎）軒而

上（五）·鬼·四 古（故）不能至安（焉）—（乎）

上（五）·鬼·五（墨下） 我（俄）曰虞（虘）茖—

上（五）·鬼·六 我（俄）曰虞（虘）喬—

上（六）·競·七 女（如）川（順）言弇亞（惡）—（乎）

上（六）·競·七 忍皋（罪）—（乎）

上（六）·競·一一 盍必死愈爲樂—（乎）

上（六）·孔·一四 則不難—（乎）

上（七）·武·一 不可𣎆（得）而訨（睹）—（乎）

哦 ⿱口立 嘐

上（七）·武·一
叜（舜）之道才（在）—（乎）

上（七）·武·二
盍誓（齋）—（乎）

上（七）·武·一一
又（有）之—（乎）

上（七）·武·一二
㠯（以）䎽（聞）—

清（一）·程·四
於（嗚）—（呼），可（何）敬（警）非朋

清（一）·程·六
於（嗚）—（呼），敬才（哉）

清（一）·程·八
於（嗚）—（呼），可（何）監非旹（時）

清（一）·保·九
於（嗚）—（呼）

清（一）·皇·一二
於（嗚）—（呼）

清（五）·封·七
於（嗚）—（呼）

清（二）·繫·五一
乃俈（抱）霝（靈）公以—（號）于廷

清（二）·繫·一九
赤鄻（翟）王峁—㠯（起）㠯（師）伐䢔（衛）

清（五）·命·三
（人）□母（毋）諻（懲）—（乎）

清（五）·命·三
能亡（無）佴（恥）—（乎）

清（五）·命·四
能母（毋）懽（勸）—（乎）

清（五）·命·五
能母（毋）忎（恐）—（乎）

我
郭·忠·八
信，—（義）之畀『期（基）』也

包二·四八
—鄭 人名

上（一）·紂·一三
則民又（有）—心

郭·語二·四三
—（夸=華）自悬也

郭·語二·四六
未又（有）—（夸=華）而忠者

[illegible]

信一・二六 ☒□—

望一・七〇 —閒

郭・性・三 —(始)者近青(情)

郭・性・一五 其—(始)出皆生於人

郭・性・二七 —其悳(德)也

郭・六・四〇 —(始)於孝弟

郭・五・一八 又(有)與—(始)

郭・成・二九 害(益)道不說(悅)之—(始)也

郭・語四・一 言以—(殆)

上(一)・性・二 —(始)者近情

上(一)・性・二 道—(始)於情=(情,情)生於眚(性)

上(一)・性・八 丌(其)—(始)出也

上(二)・容・八 於是虐(乎)—(始)語堯天地人民之道

上(二)・容・二三 各(冬)不敢吕滄—(辭)

上(二)・容・二一 垂(禹)然(然)句(後)—(始)行吕會(儉)

上(二)・容・二二 顕(夏)不敢吕昬(暑)—(辭)

上(二)・容・二七 於是於(乎)斂(豫)州—(始)可凥(處)也

上(二)・容・二五 夾州、涂(徐)州—(始)可凥(處)

上(二)・容・二五 競州、篖(莒)州—(始)可凥(處)也

上(二)・容・二九 喬(驕)能(態)—(始)复(作)

上(二)・容・二六 䣄(荊)州、鄒(揚)州—(始)可凥(處)也

上(二)・容・二六 於是虖(乎)蓏州—(始)可凥(處)也

上(二)・容・二七 於是虖(乎)虘州—(始)可凥(處)也

上(二)・容・三六 虐(虐)疾—(始)生

上(二)・容・三七 —(始)迟(起)

上(二)・容・三二 於是於(乎)—(治)篧(爵)而行录(祿)

上（二）·從（乙）·一 則自异（忌）—（始）

上（三）·中·二六 忎（愿）因（因）虘（吾）子而—（治）

上（七）·凡甲·九 必從弁（寸）—（始）

上（七）·凡乙·七 亓（其）—（始）生

清（二）·繫·四 洹（宣）王是—（始）弃（棄）帝攱（籍）

清（二）·繫·九 晉人女（焉）—（始）啟于京𠂤（師）

清（二）·繫·一六 秦以—（始）大

清（二）·繫·四九 秦女（焉）—（始）與晉執（執）衛

清（二）·繫·一〇八 女（焉）—（始）迵（通）吴晉之逄（路）

清（三）·赤·一五 是—（始）爲埤（陴）丁者（諸）廛（屋）

清（五）·命·一五 （微）以智（知）—=

上（三）·中·八 正（政）之—（始）也

上（三）·周·五五 非—（夷）所思

上（七）·凡甲·一〇 日之—（始）出

清（一）·楚·七 女（焉）—（始）□□福

清（二）·繫·八 女（焉）—（始）不朝于周

清（二）·繫·一二 奠（鄭）以—（始）政（正）

清（二）·繫·三九 秦晉女（焉）—（始）會好

清（二）·繫·七九 女（焉）—（始）迵（通）吴晉之逄（路）

清（二）·繫·一一二 （齊）人女（焉）—（始）爲長城於濟

清（五）·命·一〇 正（政）之所—（殆）

清（五）·湯丘·九 我爲—（怠）於亓（其）事虎（乎）

嘍

清（五）·湯丘·九
—（怠）於亓（其）事虎（乎）

清（五）·湯門·六
鼠（一）月—（始）匐（揚）

郭·忠·九
氏（是）古（故）古之所以行虐（乎）閔—者

帛乙·六
月㠯—曆爲之正

嗅

郭·窮·一三
—而不芳

嗅字異體。

嗚

新甲三·四一
彭定習之以—䲨□

呉

上（三）·彭·七
氏（是）胃（謂）敚（遺）—（殃）

哨

清（五）·命·六（重）
正人亡（無）亟（極）則不=㖓=

哕

清（五）·湯丘·四
女（如）思（使）—（召）

嗜

上（六）·孔·二〇
女（如）夫見人不—（狡）

嚾

上（五）·季·五
㝵（得）亓（其）—（勸）而弜（强）之

山 凵

凵 包二·二七一 四馬之—（白）䭿

毁 毀

包二·一七〇 㪿郢人絑𦛤—

包二·一七六 鈇— 人名

毀

帛甲二·一六 □是—

帛甲二·三三 以司堵—

郭·成·三四 是古（故）君子簟笫（席）之上—（讓）而受學（幼）

郭·成·二九 —（襄）我二人

郭·成·三四 —（讓）而処戔（賤）

包二·一五五 —陵 地名

从李守奎：小篆毁爲訛變之形。楚之毁皆从土。疑即襄之本字。

嚴

嚴 嚴

郭·五·二二 不敬不—

郭·五·二二 不—不障（尊）

郭·五·三六 —而畏之

郭·五·三六 —也

清（一）·楚·六 至禽甬（勇）及禽—

清（五）·厚·三 廼—禎畏皇天上帝之命

清（五）·封·三 —䢅（將）天命

咢

咢 噩

包二·七六 —君 楚國封君

包二·一九三 —君之人舒遲

上（五）·弟·一九 子—＝（愕愕）女（如）也

清（一）·楚·六 禽—及若嚻（敖）禽義（儀）

清（三）·祝·三 叹（撫）—（額）

清（三）·祝·四 叹（撫）—（額）

清（三）·祝·五 叹（撫）—（額）

單

單 郭·六·一六 愽(勞)其葬(股)忲(肱)之力弗敢—(憚)也

嘼 郭·成·二二 唯彭(冒)不—再(稱)直(德)　嘼單之異體。

清(一)·尹至·五 (夏)㒸(播)民內(入)于水曰—(戰)

清(二)·繫·六四 邻(趙)—(旃)不欲成

哭

郭·性·二九 —亦悲

郭·性·三〇 —之數(動)心也濈(浸)潑

上(一)·性·一八 —之數(動)心也

上(五)·三德·一 檮(平)旦毋—

清(四)·筮·死二 癒(病)—死

喪

郭·語一·九八 —，悬(仁)之耑(端)也

郭·語三·三五 —，悬(仁)也

新乙四·一二三 君牺(將)—衰

⿱吅死

郭·老丙·一〇 戰勳(勝)則以—豊(禮)居之

郭·老丙·八 —事上右

郭·老丙·九 言以—豊(禮)居之也

郭·性·六七 居—必又(有)夫綝(漣)綝(漣)之怵(哀)

上(二)·民·九 [無][服]之—(喪)也

上(二)·民·一三 亡(無)備(服)—(喪)

上(二)·民·一四 [之]—(喪)

新甲三·二七〇 期中又(有)外—

上(五)·三德·一六 —(喪)忈(怠)係樂

⿱山吅

上(五)·弟·四 曹之—

上(五)·弟·七 虗𩰲父母之—飤(食)肉女(如)飯土

⿱亡吅

上(七)·武·一 音敚—不可㝵(得)而訌(睹)虐(乎)

上(七)·武·四 怠勳(勝)義則—

器

上(六)·孔·二五 —不可⿱毋心(悔)

走

劢 上（四）·曹·九 吕亡道爯（稱）而旻（没）身遷（就）—（死）

菀 上（五）·季·一四 —（喪）三代之連（傳）叀（史）

走 包二·一〇〇 —仿 人名
包二·一〇〇 —仿
包二·一二二 場賈既—於前
包二·一二二 不割既—於前
包二·一二二 女返既—於前
包二·一二三 郑倖之伎既—於前
望一·二二 —趣事王夫=
上（三）·周五四 叡（涣）—丌（其）凥
上（七）·吴·一 馬晒（將）—
上（七）·吴·九 吴—墜（陳）
清（二）·繫·六 （平王）—西繡（申）
清（二）·繫·七二 郘（駒）之克—敳（援）齊侯之綁（帶）

赴

赴 辻 包二·七四 —大敏珊之州加公周遲
包二·七四 —御嘉 人名
包二·一六四 集—命登嘉
包二·一六 不㯱新告—尹
包二·一六 誼之新告—尹丹
包二·一六 新告—尹不爲儯（僕）斷
包二·一七四 新告—黄儥
包二·一六九 告大—舒抾
包二·一二三 大—尹
包二·一四五 成昜—尹成以告子司馬
包二·七七 —敏人周甬受正李𣪠𠃊以數田於章寍鄉邑
包二·一六六 告—邑甬
包二·一八五 告—邑甬
包二·一四九 陵—尹
包二·一六七 大—苛羅
包二·一七九 告—李訧
包二·一七二 大告—繼迫
包二·一七八 告大—繼迫
包二·一四六 告—六敏李㑩之金五益
包二·一七三 古—湯昃
包二·一八六 告—郘和
包二·一八六 正昜—鳘腹志
包二·一四九 陵—尹
包二·一七四 正昜—雷
包二·五一 大—尹 官名

包二·一九一 邵—尹之人舒余善

包二·一五反 新告—尹不爲其詧（察）

包二·一七七 鄴—敓絑

包二·一七九 邸昜—周賢

包二·一九四 —敓弁狀

信二·〇一四 一—缶

常二 告—尹

望二·五四 一—缶

曾一四五 大—尹之黄爲左驌

曾一五五 —叀啓之騽爲左驌

曾一五六 —叀伐之騏爲右驌

包二、二六五 二—缶

范二七 隻以爲悳—悳迸

上（四）·昭·三 —（卜）命（令）尹陳省爲晷告

上（四）·昭·四 —命（令）尹爲之告

上（六）·孔·二二 虘（予）不—

趣

望一·二二 走—事王夫=

上（四）·昭·六 脽介—君王

逦

包二·一四二 遊—至州衖（巷）

見《玉篇·辵部》。

上（五）·鬼·五（墨下） 又（有）足不—（趨）

遫

信一·〇四二 —誓龏言

逕

望二·二〇 ▨之笞（席）、絟純。亓（其）—（逦）

越

越

清（一）·尹至·一 越（越）今昀=（旬日）

趞

包二·六　新官連罿郙—

起

新甲三·一〇九　☐☐簸。庚申之昏以—辛酉之日禱之☐

新甲三·一一九　☐甲戌之昏以—乙亥之日廌（薦）之

新甲三·一四四　☐—己酉禱之☐

新乙二·五　☐戊申以—己酉禱之☐

新零·二三八　—痌経（緼）命坪夜君☐

清（二）·繫·六　幽王—𠂤（師）

清（二）·繫·二八　—𠂤（師）伐賽（息）

清（二）·繫·八九　柬（厲）公先—兵

清（二）·繫·九八　需（靈）王先—兵

迟

包二·一六四　鄝邑人疋—

郭·老甲·三一　人多智（知）天（而）戠（奇）勿（物）慈（滋）—（起）—

上（二）·容·三七　刣（始）—（起）

上（二）·容·三八　—（起）帀（師）㠯伐昏（岷）山是（氏）

上（二）·容·四一　於是虖（乎）天下之兵大—（起）

上（二）·容·四七　文王乃—（起）帀（師）㠯鄉（嚮）豐、喬（鎬）

上（二）·容·五二　或亦—（起）帀（師）㠯逆之

新甲三·一二六、零九五　☐戊申之夕以—己☐

上（四）·柬·一七　大剌（宰）—（起）而胃（謂）之

上（四）·内·八　如𣥺（從）㠯（己）—（起）

上（四）·曹·五五　思亓志—（起）

上（四）·曹·六四　昔之明王之—（起）

上(五)·競·九
—(起)而言曰

上(五)·季·一五
(之所)瀍勿—(起)

上(五)·三德·一四
畏(興)而—(起)之

上(五)·三德·一八
—(起)地之……

上(六)·競·一二
公甹—(起)

上(六)·用·一五
而言語(語)之所=—(起)

上(六)·用·一八
—(起)事乍(作)志

上(七)·鄭甲·三
乃—(起)帀(師)回(圍)奠(鄭)三月

上(七)·鄭甲·六
君王之—(起)此帀(師)

上(七)·鄭甲·七
君王必進帀(師)㠯(以)—(起)之

上(七)·鄭乙·六
君王之—(起)此帀(師)

上(七)·鄭乙·七
君王必進帀(師)㠯(以)—(起)之

上(七)·鄭乙·七
王安(焉)還軍㠯(以)—(起)之

上(七)·凡甲·二〇
—(起)於豸(貌)耑(端)

清(一)·金·一三
禾斯—(起)

清(一)·祭·二〇
余隹(惟)弗—(起)滕(朕)疾

清(一)·楚·一〇
若嚣(敖)—(起)禍

清(一)·楚·一三
白公—(起)禍

清(一)·楚·一六
宋(中)謝(謝)—(起)禍

清(二)·繫·一九
—(起)峕(師)伐塗(衛)

清(二)·繫·二五
文王—(起)峕(師)伐賽

清(二)·繫·三八
秦人—(起)峕(師)以內文公于晉=

趠

清(二)·繫·五四 晉人—(起)𠂤(師)

清(二)·繫·八四 𤜊(將)—(起)禍(禍)於吴=

清(二)·繫·一三一 亦—(起)禍(禍)於奠=(鄭)

清(三)·說中·六 复(且)隹(惟)口—(起)戎出好

清(三)·芮·一七 自—(起)伐(殘)虐(虐)

清(三)·赤·一〇 少(小)臣乃—(起)而行

清(五)·湯門·一四 —(起)事又(有)穫

清(五)·湯門·一五 —(起)事亡(無)穫

清(五)·湯門·一五 —(起)孜(役)時訓(順)

清(五)·湯門·一六 —(起)孜(役)不時

清(五)·殷·一〇 殹(殷)邦之蚕(妖)恙(祥)並—(起)

追 郭·語三·一〇 —習度(文)章

趬

上(一)·性·三五 凡甬(用)心之—(躁)者

趑 䟚

包二·一六二 周—

新零·一九三 不—取於孜與崙☑

《集韻·脂韻》：「趑，或作䟚。」

趫

上(六)·用·一四 恒民—(?)敗

趄

包二·一三二 —卯 人名

包二·一三四 —卯

包二·一三五 —卯

曾四 畫— 讀爲轅。

曾七 畫—

曾一五八 —定之騏爲左驂

新甲三·八、一八 —醫以郈黔爲☐

新甲三·二六七 册告自吝（文）王以遠（就）聖—（王）☐

新甲三·一三七 册告自吝（文）王以𦎫（就）聖—王

新乙四·四四 —醫☐

上（六）·孔·二 —（桓）子曰

上（六）·孔·二三 —（桓）子曰

清（二）·繫·二〇 齊—（桓）公會者（諸）侯

清（二）·繫·一一一 灼（趙）—（桓）子會（諸）侯之夫

清（二）·繫·一一九 楚聖（聲）—（桓）王卽立（位）

清（二）·繫·一二六 楚聖（聲）—（桓）王立四年

清（五）·封·三（重） —=（桓桓）不（丕）苟（敬）

逗

包二·五五 郕異之司敗番—受

郭·窮·六 堣（遇）齊—（桓）也

上（三）·中·一 季—子 人名

趄

曾一正 韋—

趧

曾一六六 高—之騜爲左驂

趩

上（四）·采·四 —羽：子之賤奴 書名

趣

清（三）·琴·五 裦（裕）皮（彼）—（熙）不茖（落）

迺

郭·緇·三四
於鼾(緝)—(熙)敬止

止

天下
少又悳於—

包二·一八一
酈族之州人孫—　人名

郭·六·二六
衍(道)宷(困)—

郭·六·四八
不得其人則—也

郭·語一·一〇五
勿(物)各—於其所

郭·語三·五七
人之眚(性)非與—虖(乎)其

郭·語三·五三
臤(賢)者隹(唯)其—也以異

上(一)·紂·一六
害(淑)訢(慎)尔(爾)—

上(三)·周·四八
艮丌(其)—(趾)

清(二)·繫·九
—于成周

清(二)·繫·一五
—于成周

清(二)·繫·一一九
晉公—會者(諸)侯於邘(任)

肯

包二·一四五
穖—　人名

包二·一八四
郘—　人名

包二·一九三
緣—　人名

郭·老甲·三
聖人之才(在)民—也

郭·老甲·四
其才(在)民—也

郭·尊·二
或—之者矣

上(一)·孔·六
—王不忘

上(一)·孔·二〇
或—之而后交

上(二)·昔·一
大(太)子—之母=俤=(母弟，母弟)送

上(二)·昔·一
—之

上(二)·子·一一
又(有)鼹監(銜)卵而階(錯)者(諸)丌(其)—

包二·一二二
塲賈既走於—

包二·一二三
女返既走於—

包二·一二三
不割既走於—

包二·一二三
女返既走於—

歸

郭·窮·九 子疋（胥）—多杠（功）
上（三）·周·一〇 遊（失）—含（禽）
上（四）·曹·二四 —立（位）一行

上（四）·曹·三〇 思爲—行
上（四）·曹·三一 思爲—行

上（四）·曹·六〇 必迠（過）—攻
上（五）·弟·一 —陵（延）季=

上（五）·弟·二 —（廷）陵季子
上（六）·用·五 視—寡（顧）遂（後）

上（七）·武·七 見亓（其）—
上（七）·君甲·三 五貞（鼎）竽祇（管）奐（掬）於—

上（七）·君乙·三 奐（掬）於—
上（七）·吳·五 㠯（以）此—遂（後）之猷

清（一）·保·三 昔—（前）人連（傳）—（寶）
清（四）·筮·果四一 中事月才（在）—
清（四）·筮·果四一 省（小）事日乃—

清（四）·筮·果四一 大事戠（歲）才（在）—
清（五）·厚·一 䎽（問）—文人之龏（恭）明悳（德）

遊

包二·一八五 婁— 人名
包二·一九三 楚軡— 人名

清（一）·楚一 —（前）出于喬山

即『前』字。

歸

天卜 —玉玩折車馬於悲中
天卜 八月=—備玉於咎丁占之吉
新甲三·一七六 吝（文）君、吝（文）夫人—☐

新乙三・五〇
—一壁〼

新甲一・四
—備（佩）玉於二天子

新零・一九七
〼而—之□〼

新甲三・一六三
八月辛巳之夕—一壁於〼

清（二）・繫・三
乃—東（厲）王于彘（彘）

清（二）・繫・三
龏（共）白（伯）和—于宋〈宗〉

清（二）・繫・二三
（息嬀）晒（將）—于賽（息）

清（二）・繫・二六
臒（獲）哀侯以—

清（二）・繫・二九
取賽（息）爲（嬀）以—

清（二）・繫・三五
戠（止）惠公以—

清（二）・繫・三七
褱（懷）公自秦逃—

清（二）・繫・四〇
戠（止）繿（申）公子義（儀）以—

清（二）・繫・四二
楚王豫（舍）回（圍）—

清（二）・繫・六一
奠（鄭）成公自𬁡（厲）逃—

清（二）・繫・一一五
違迵而—之於楚

遆

包二・四三
不—板於登人以至命於郢

包二・四四
不—登人之金

包二・五八
𣌭緹—復於蕆郢之戢

包二・六七
不軏丝戲—其田以至命

包二・一三一
𣌭緹—復於蕆郢之戢

包二・一四〇
𣌭緹—復於蕆郢之戢

包二・一二九
郙郢—複於蕆郢之戢

包二・一四一
𣌭緹—複於蕆郢之戢

包二・一六二
𣌭緹—複於蕆郢之𦛹層之月

包二・二〇五
𣌭緹—復於蕆郢之戢

包二・二〇六
𣌭緹—復於蕆郢之戢

包二・二〇七
𣌭緹—复於蕆郢之戢

包二·二一二 僣經—復於莪郢之戢

包二·二一六 僣經—復於莪郢之戢

包二·二一八 僣經—復於莪郢之戢

包二·二一八 罣良月良日—之

包二·二二〇 僣郢—復於莪郢之戢

包二·二二一 僣經—復於莪郢戢=

包二·二二四 僣經—復於莪郢之戢

包二·二二五 僣經—复莪郢戢=

包二·二三一 由攻祱—繡取

常一 邸湩君嬴逗其衆以—楚之戢

秦一三·二 —豹 人名

郭·六·二 智(知)其以又(有)所—(歸)也

郭·尊·二〇 —(歸)豊(禮)

上(一)·孔·一〇 鯌棣之—(歸)

新甲三·九九 迈而—(歸)之

郭·語一·一〇一 鑵,可去可—(歸)

望一·一〇七 ☐𤔲—玉柬大王☐

望一·二八 ☐□—繡玉一環柬大王☐

上(三)·周·四 —(歸)肤(逋)

上(三)·周·五〇 女—(歸)吉

上(五)·鮑·八 師乃—(歸)

上(六)·平·二 先王亡所—(歸)

清(一)·尹誥·三 今隹(惟)民遠邦—(歸)志

清(一)·金·五 我乃以璧與珪—(歸)

清(五)·湯丘·四 —(歸)必夜

清(五)·湯丘·五 —(歸)必夜

清(五)·殷·二三 腥(診)頭(夏)之—(歸)許(信)之行

歸

清(二)·繫·四六 (秦之戍人)史(使)人—(歸)告曰

清(二)·繫·四八 囟(使)—(歸)求成

清(二)·繫·五四　䦉(隨)會不敢—(歸)

清(二)·繫·六九　乃先—(歸)

清(二)·繫·六九　乃逃—(歸)

清(二)·繫·七〇　安(晏)子以—(歸)

清(二)·繫·八一　五(伍)員與五(伍)之雞逃—(歸)吴

清(二)·繫·八四　(吴)王盍(闔)虏(盧)乃—(歸)

清(二)·繫·八六　囟(使)—(歸)求成

清(二)·繫·九二　齊高厚自𠂤(師)逃—(歸)

清(二)·繫·一〇六　自—(歸)於吴。

清(二)·繫·一三一　以—(歸)於郢

清(二)·繫·一三二　楚人—(歸)奠(鄭)之四牆(將)軍

⿺辶歸

清(二)·繫·八六　(景公)以—(歸)

望一·一七　—豹　人名　與秦一三、二『⿺辶𠂤豹』爲同一人。

望一·五四　—豹

望一·九四　—豹

⿱⿰𠂤鬼止

包二·七　—豹　『⿱⿰𠂤鬼止』即『⿱⿰𠂤帚止』的異體。

上(二)·容·七　(於是於)—(持)板正立(位)

郭·緇·三二　而—(亟)以行

上(三)·亙·一二　無許—(恆)

上(六)·天甲·七　目—(恆)㬳(顧)還

㞢

上(六)·天乙·七 目—(恒)𩕄(顧)還面

清(三)·芮·五(重) 尚—=(恆恆)敬𢦏(哉)

包二·二二八 出内—王

包二·二三〇 出内—王

包二·二三二 出内—王

包二·二三九 以—𣄰(氣)不甘飤

郭·老甲·二〇 夫亦𤕫(將)智(知)—

郭·老甲·三六 智(知)—不怠(殆)

郭·老丙·四 𢘓(過)客—

郭·緇·八 非其—之共唯王恭

郭·緇·三二 呰(叔)誓(慎)尔—

郭·緇·三四 於䢅(緝)逗(熙)敬—

郭·太·四 成戢(歲)而—

郭·五·一〇 亦既訽(覯)—(之)

郭·五·一〇 亦既見—(之)

郭·五·三五 其—(等)𨽿(尊)臤(賢)

郭·五·四二 各—於其里

帛甲二·三五 咎天—□

帛甲四·四 —以爲戢

郭·語一·三 ……—之

郭·尊·二〇 而民不可—(止)也

郭·性·一 —(待)勿(物)而句(後)𢀵(作)

郭·性·一 —(待)習而句(後)奠

郭·性·一 —(待)兑(悦)而句(後)行

讀爲止、之、等、待等等。

上(四)·昭·二 尔必—(止)少=人=

上(四)·昭·二 寵(稚)人弗敢—(止)

上(四)·柬·二二 子—爲人

上(四)·内·六 不善則—=之=

上(四)·曹·二一 貴戔(賤)同—(待)

清(三)·芮·四 莫能—(止)欲

清(五)·殷·九 既㝬(回)或—(止)

⿱氏止　⿱干止　⿱各止　⿱十止　崎　舉

上(五)·君·七
行毋—(眡)

曾一七五
跖—子爲左驌

郭·成·三一
天—(格)大尚(常)

曾一五〇
右—徒

进

曾一五二
左—徒之黄爲右驌

曾二一一
右—徒一馬

上(七)·凡乙·七
—(升)高從埤

包二·一七三
正昜脛尹—　人名

曾一六四
—馬

天卜
—禱

天卜
—禱

天卜
—禱

包二·一四一
少里喬—尹羿

包二·二四〇
—禱

新甲一·二一
—禱一備(佩)壁

新甲一·二七
—禱於子西君戠牛，樂▨

新甲三·一〇三
▨□走—▨

新甲三·一四八
▨—禱剬▨

新乙一·一一
—禱於子西君

新乙一·一三
—禱各一備(佩)璧

新乙一·二二
癸酉之日—禱▨

新乙三·二八
—禱於卲(昭)王、吝(文)▨

新乙三·二八
▨—良之敓(說)

新乙一·二九、三〇
—禱於卲(昭)王、獻(獻)惠王各大牢饋

新乙三・六　忻（祈）福—禱於▨
望一・一三　不可以違思—身軷

包二・九一　—雁　人名
包二・一九五　所詎於少里喬—尹羿
包二・二二四　頙—　人名
包二・二二四　—禱

包二・二二五　—禱
包二・二二七　—禱
包二・二四三　—禱
包二・二四四　—禱

包二・二四六　—禱
包二・二四八　—禱
秦九九・一四　—禱

包二・二二九　—禱
包二・二三三　—禱
包二・二三三　—禱
包二・二二二　—禱

包二・三九　付—
包二・二三七　—禱
包二・二三七　—禱
包二・二三七　—禱
包二・二四九　—禱

包二・八九　郢是—　人名
望一・五五　—禱

郭・六・四八　得其人則—（舉）安（焉）
新甲二・一二　▨—禱▨
新甲三・一八八、一九七　—禱楚先

新甲三・二四三　▨之，—禱⿰卜甾單（牢）
新甲三・三四四—一　—禱卲（昭）王、文君▨

包二・八三　傷之妾㕣—
包二・八三　傷之妾㕣—
郭・五・二九　又（有）悳（德）則邦豪（家）—（興之訛字）

上（二）・子・二　伊堯之悳（德）則甚昷（温）—
上（三）・周・七　帀（師）或—（輿）殍（尸）

上（三）·周·八 弟子—（輿）殜（尸）

上（三）·中·九 敢昏（問）—（舉）才

上（三）·中·九 弗智（知）—（舉）也

上（三）·亙·一一 —（舉）天下之爲也

上（三）·亙·一二 —（舉）天下之生（性）同也

上（五）·季·一〇 㛸（夙）—（興）夜寐（寐）

上（六）·競·八 —（舉）邦爲欽（斂）

上（六）·用·一一 —（舉）竿於埜（野）

清（一）·祭·二一 王拜韻=（稽首）—（舉）言

清（二）·繫·八三 以敗楚自（師）于白（柏）—（舉）

清（五）·湯丘·一一 剴（豈）敢以衾（貪）—（舉）

⿱㠯止

郭·性·一六 又（有）爲—（舉）之也

郭·性·三八 [不]逃（過）十—（舉）

郭·性·六〇 言及則明，—（舉）之而毋僞

⿺辶與

望一·一〇 爲悤固—禱東大王

望一·一一九 —禱𥙐白犬

包二·二七六 —

望一·五五 —禱

望一·五五 —禱

⿰犭與

包二·二〇二 —禱於宮陞室一羖

包二·二〇二 —禱東陵連囂肥豣

擧

上（三）·中·七 —（舉）䝸（賢）才

上(三)·彭·一 而—(舉)於朕身

清(三)·琴·八 日内(入)皐—(舉)不寍(寧)

上(一)·紂·二 爲下可楨(述)而—(志)也

上(一)·孔·一一 則—者

上(一)·孔·一三 不亦又—虖(乎)

上(一)·孔·二七 —丌所悉(愛)

曾·二一三 郙—三夫

上(七)·凡甲·五 系(奚)—(適)

上(七)·凡乙·五 系(奚)—(適)

上(五)·鬼·八 □髜(聞)—(適)昜(湯)

清(一)·保·二 䏌(朕)疾—甚

上(七)·吳·一 速—(仰)

上(七)·吳·八 —(踐)躗(履)墜(陳)埅(地)

清(二)·繫·一一 齊襄公會者(諸)侯于首—(止)

清(五)·封·五 女(汝)隹(惟)—(臧)者尔猷

登

望一·九 —遣吕少敔（筹）爲忍固貞

包二·一二九 亟（期）思少司馬—瘍言胃

上（三）·彭·四 夫子之悳—矣

上（六）·競·八 今新（薪）—（蒸）思吴（虞）守之

清（三）·良·一〇 卑—、啻（富）之厦

𤼷

包二·五八 —公鶨之州人苛瘢

包二·八五 —阩 人名

包二·八五 —𦡪 人名

包二·八五 —迿 人名

包二·一六四 大厩—筀

包二·一六四 —嘉 人名

包二·一六五 —𤠫 人名

包二·一六五 —定 人名

包二·一六七 —步 人名

包二·一六七 —䢼 人名

包二·一八七 —人苛𩊚

包二·一七一 —瘄 人名

包二·一七二 —孛 人名

包二·一七三 —軍之州人婁瀸

包二·一七二 —賢

包二·一八四 —余善

包二·一七九 —泖之人陆訓

包二·一四五 —余善 人名

包二·一五 —期 人名

包二·一五 —臧 人名

包二·二六 —生抾 人名

包二·三八 —敢 人名

癹

包二・一九六 —連 人名
包二・一九〇 —環 人名
包二・四三 不逷板於—人以至命於郢
包二・四五 —厞 人名

包二・五七 —厞
包二・一七 —賢
包二・一四五 —余善 人名
包二・一八四 —余善
包二・四四 不逷—人之金

包二・一四〇 —人所漸木四百先於
包二・一六四 —人遠纙
包二・一八六 —人臧燭
包二・一八七 —人苛韓

包二・一八七 —塙 人名
包二・一八七 —鄰 人名
包二・一八九 —裳 人名
包二・一八九 —翌 人名
包二・一七九 —蒼 人名

誉

清(二)・繫・一 以—(登)祀帝=(上帝)天神

雙

包二・七〇 乙未之日不遲䛐—以廷
包二・一二五背 既—竽
包二・一二八 —尹利之命胃(謂)
帛乙二・八〇 山陵丌—

望二・一九 紫—
望二・三四 ☐—☐約☐☐
郭・老甲・七 果而弗—(伐)
郭・老丙・三 古(故)大道—(廢)

郭・成・二四 —(發)於色
郭・忠・二 蝺(爲)勿(物)而不犨(發)—
上(二)・昔・四 —(發)命不夜

上(四)・柬・一六 —(發)馽(駐)逅(蹠)四=疆=
上(五)・鬼・七 —(發)昜(揚)索債

上(六)・競・五 外内不—(廢)
上(六)・用・一一 若罔之未—(發)

清(一)・程・二 翌(詔)大(太)子—
清(一)・程・二 宗丁攸(祓)大(太)子—

歲

戠

— 包二・二 魯昜公以楚帀逡𨍭莫之—

— 包二・四 遨昜公以楚帀逡𨍭莫之—

— 包二・七 齊客墬豫訋王之—

— 上（六）・莊・九 不㠯（以）晨（辰）釹（扶）—

— 上（五）・鬼・五（墨下） —者可矛（柔）

— 上（六）・慎・一 忠—㠯（以）反—

— 包二・一一六 卲— 人名

— 包二・一六七 登— 人名

— 包二・一九四 鄦— 人名

步

— 包二・二五 玉敂— 《汗簡》—作—。

— 包二・一〇五 □莫囂— 人名

— 包二・一五一 番— 人名

— 包二・一五一 —死

— 清（一）・保・九 —，敓才（哉）

— 上（五）・競・三 —（廢）古箎（虐）

— 清（一）・保・二 —，䑛（朕）疾奄甚

癶

𣥠

— 包二・二六八 紫—

— 包二・二七一 紫—

— 包二・二七三 —𦌾報鞅 省形。

鼜

— 清（一）・程・一 —（發）取周廷杍（梓）梪（樹）于𣎆（厥）閈（間）

— 清（五）・湯丘・二 九穸（竅）—明

— 清（三）・祝・一 句（侯）兹某也—陽（揚）

— 清（一）・金・三 隹（惟）尔（爾）元孫—也

— 清（五）・湯門・八 燹（氣）晉鯀（歜）—紿（治）

包二・一二〇 □客監匿逅楚之—
包二・一三〇 □—也
包二・一三〇 鉘公鷄之—
包二・一九九 宋客盛公鷄咠於楚之—

包二・一二 藏郢之—
包二・五八 藏郢之—
包二・一二六 藏郢之—
包二・二三八 由攻解於—
包二・一二九 藏郢之—

包二・二〇五 藏郢之—
包二・二〇六 藏郢之—
包二・二〇七 藏郢之—
包二・一四〇 藏郢之—
包二・一四一 藏郢之—

包二・二〇九 藏郢之—
包二・二二〇 藏郢之—
包二・二二八 救郙之—
包二・二三〇 救郙之—
包二・二三九 救郙之—

包二・二四九 救郙之—
包二・一二五 蒿楚之—
包二・九〇 甘匿之—
包二・二四二 救郙之—
包二・一二九 甘匿之—

包二・二〇九 寨—
包二・二一二 寨—
包二・二一三 集—
包二・一〇三 襄陵之—
包二・一一五 襄陵之—

包二・二一六 寨—
包二・二一七 集—
包二・二二六 集—
包二・二二八 集—

包二・一九九 聿垩—
包二・二〇一 聿垩—
包二・二三〇 集—
包二・一九七 聿垩—

信一・〇三 教箸晶—
信一・〇三 教言三—
信一・〇三八 毋教之七—
常二 郕漫君嬴逓其衆以逷楚之—

秦一 周客鄉無王於宋東之—
秦一三・三 ▨□之—
秦九九・四 四—
常二 以王命肪舒方□—

天卜 卅＝—
天卜 寨—
天卜 藏郢之—
天卜 郙客困公頌逅楚之—

天卜 蔵郢之—

天卜 蔵郢之—

天卜 左帀虐㝵於楚之—

天卜 秦客公孫紻餌王於蔵郢之—

天卜 寨—

天卜 三—之宙栖大又喜

望一·三四 集—

望一·七 戠郢之—

望二·一 ☐周之—

天卜 從十月以至來—之十月

帛甲四·七 步以爲—

帛甲四·三四 千又百—

帛乙二·三〇 孛—八月

天卜 蔵郢之—

帛乙五·一二 凡—悳匿

帛乙六·一四 隹悳匿之—

帛乙七·三三 —秀乃☐

天卜 蔵郢之—

新甲一·三 ☐王遷（徙）於鄩（鄩）郢之—（歲）

新甲二·六、三〇、一五 王遷（徙）於鄩（鄩）郢之—

新甲二·一三 王遅（徙）於鄩（鄩）郢之—

新甲三·三三 齊客陳異至（致）福於王之—

新甲三·一五九—二 王遷（徙）於鄩（鄩）郢之—

新甲三·一七八 [王徙於]鄩（鄩）郢之—

新甲三·二一五 王遷（徙）於鄩（鄩）郢之—

新甲三·二四〇 王自肥還郢遅（徙）於鄩（鄩）郢之—

新甲三·二二三 王於鄩（鄩）郢之—

新甲三·二五九 王遅（徙）於鄩（鄩）郢[之]—

新甲三·二九九 ☐王遷（徙）於鄩（鄩）郢之—

新甲三·二〇四 王遷（徙）於鄩（鄩）郢之—

新乙一・一二 王遷（徙）於敔（鄩）郢之—

新乙四・一五 王遷（徙）於敔（鄩）郢之—

新乙一・一六 王遷（徙）於敔（鄩）郢之—

新乙一・一八 王遷（徙）於敔（鄩）郢之歲

新乙一・二〇 王遷（徙）於鄩（鄩）郢之—

新乙一・二六、二 王遷（徙）於敔（鄩）郢之—

新甲三・二二一 王遷（徙）於鄩（鄩）郢之—

新甲三・一八三—二 王遷（徙）於敔（鄩）郢之—

新零・一一三 〔王徙〕於鄩郢之—（歲）

新甲三・一一三 ☑〔王徙於鄩〕郢之—

新零・二一六 ☑—敔（鄩）郢之戠（歲）☑

新甲二・二二、二三、二四 ☑於鄩（鄩）郢之—

新甲三・三〇 ☑□公城鄩（鄩）之—

新乙三・二九 ☑於鄩（鄩）郢之—

新乙四・一六 ☑鄩（鄩）郢之—

新乙四・六七 王遷（徙）於鄩（鄩）郢之—

新乙一・五 ☑郢之—

新零・五二六、甲三・三七 ☑至師〔於陳〕之—

新甲三・八、一八 ☑大城（城）邺（兹）邡（方）之—

新乙一・一四 句邦公奠（鄭）余穀大城邺（兹）竝（方）之—

新甲三・二〇 齊客墬（陳）異至福於王—，獻☑

新乙一・三二、二三 句邦公鄭〔余穀〕大城（城）邺（兹）竝（方）之—

新甲三・二七二 齊客陳異至（致）福於王之—

新甲三・二七 齊客墬（陳）異至（致）福於王之—，獻☑

新甲三・二一七 齊客陳異至（致）福於王之—

新零・一六五、一九 齊客陳異至(致)福於王之—(歲)

新甲三・四二 ☐蔞茖受女於楚之—

新甲二・八 ☐宓(悶)卒(卒)—戒至夏柰

新甲三・二四八 ☐卒歲國(或)至枩(來)—之夏柰☐

新乙四・三四 ☐之黿爲君卒(卒)—(歲)之貞

新乙四・四六 彭定吕(以)駁黿爲君卒(卒)—(歲)貞

新乙四・八五 ☐長簟爲君卒(卒)—(歲)貞

新乙四・一〇三 爲君卒(卒)—(歲)之貞

新乙四・一〇二 吕(以)衛韋(簟)爲君卒(卒)—(歲)之貞

新乙四・一〇五 吕(以)長簟爲君卒(卒)—貞

新甲一・一六 卒—或至夏

新零・九七 卒(卒)—(歲)☐

新零・五八四、甲三・二六六、二七七 卒(卒)—或至☐

新零・二二一、甲三・二一〇 卒(卒)—或至頣(夏)柰之月

新乙四・一二二 ☐〔爲〕君集—之貞

新零・一三五 爲集—(歲)貞

郭・太・三 成—(歲)而止

郭・太・四 古(故)—(歲)者

新甲三・二四八 ☐卒(卒)—國(或)至枩(來)歲之夏柰☐

新零・一七七 ☐—(歲)貞：自☐

新乙四・九八 爲君三—貞☐

新甲三・一一七、一二〇 ☐柰之月以至來—之夏柰

九・五六・七七 大(太)—(歲)

九・五六・九九 —之遂(後)

上(三)・周・五二 晶(三)—(歲)不覿

上(四)・柬・一三 弗可爲—(歲)安(焉)簹(熟)

上（六）·競·一
㥃（逾）—（歲）不已

清（一）·耆·九
—（歲）又（有）剌（歇）行

清（一）·耆·一二
—（歲）𥎦員（云）茖（莫）

清（一）·耆·一三
—（歲）𥎦〔員〕（云）□

清（一）·金·九
是—（歲）也

清（一）·金·一三
—（歲）大又（有）年

清（二）·繫·二八
昷（明）—（歲）

清（二）·繫·七二
昷（明）—（歲）

清（二）·繫·八八
昷（明）—（歲）

清（二）·繫·八九
昷（明）—（歲）

清（二）·繫·一二九
昷（明）—（歲）

清（二）·繫·一二九
昷（明）—（歲）

清（二）·繫·一三二
昷（明）—（歲）

清（三）·芮·二三
—（歲）迺不厇（度）

清（四）·筮·果四〇
大事—（歲）才（在）前

戠

望二·一
□周之—（歲）

上（五）·鮑八
是—（歲）也

此

包二·一三二反
𦈡尹駐從郢以—等來

包二·一三九反
其所命於—箸之中

包二·一五七反
鄢少宰尹𨛭訬以—筟至命

信一·〇三一
監於—

曾二〇七
入—桴官之宙

包二·二〇四
凡—箃也既𦘦遆

帛丙二·一
女—武

郭·老甲·二
—亡敗事矣

郭·老甲·六
—亙(恆)足矣

郭·老甲·一五
—其不善已

郭·老甲·一〇
保—衍(道)者不谷(欲)竘(尚)呈(盈)

郭·六·四〇
君子於—弌(一)編(偏)者亡所灋(廢)

郭·六·二五
畬—多

郭·六·二六
顭—多也

郭·六·四一
不叀(使)—民也悥(憂)其身

郭·六·四二
君子明虘(乎)—六者

郭·六·四八
爲衍(道)者必繇(由)—

郭·六·二五
新—多也

郭·五·一一
—之胃(謂)□

郭·五·二六
—之胃(謂)也

郭·五·二九
文王之見也女(如)—

郭·五·三〇
—之胃(謂)也

郭·五·四一
—之胃(謂)也

郭·五·四八
—之胃(謂)也

郭·六·一
—可胃(謂)六悳(德)

郭·六·二
夆(教)—民尔，叀(使)之又(有)向也

郭·六·四
足—民尔(黎)生死之甬(用)

郭·六·九
—六戠(職)也

郭·六·一〇
以貢(任)—☐

郭·唐·二
古昔臤(賢)悬(仁)聖者女(如)—

郭·唐·八
虘〈虘(皆)〉采(由)—也

郭·唐·二五
女(如)—也

郭·唐·二七
—以智(知)其弗利也

郭·唐·二八
悬(仁)者爲—進

郭·唐·二九
女(如)—也

郭·忠·三
君子女(如)—

郭·忠·四
夫—之胃(謂)

郭·忠·四
夫比之胃(謂)—

郭·忠·五
忠信之胃(謂)—

郭·忠·九
女(如)—也

郭·尊·三一
—往矣

郭·尊·三九
言—章也

郭·尊·一七
行—廋(文)也

郭·尊·二五
殜(世)—亂矣

郭·成·三九
害(蓋)—言也

郭·成·一八
民必因—厚(重)也,以復之

郭·太·七
—天之所不能殺

郭·成·一八
反—道也

郭·成·三三
害(盖)—言也

郭·成·三三
言余之—而宅(托)於天心也

郭·成·二八
—以民皆又(有)眚(性)而聖人不可莫(慕)也

郭·成·二五
—言也

郭·緇·一八
鲞(教)—以遊(失)

郭·緇·二一
—以大臣不可不敬

郭·緇·一八
民—以緐(繁)

郭·緇·一四
上好—勿(物)也

郭·緇·三八
—以生不可敚(奪)志

郭·語一·五五
爲孝,—非孝也

郭·緇·三六
—言之砧(玷)

郭·緇·四三
—以褸(邇)者不賊(惑)

郭·太·八
君子智(知)此之胃(謂)☒

郭·語一·五八
爲之,—非也

郭·語二·五〇
—彑『埶(勢)』得矣

郭·語三·五六
—飤(食)乍安

郭·語三·六二
行書—双(友)矣

上(一)·孔·七
—命也

上(一)·孔·一
行—者丌(其)又(有)不王虐(乎)

上(一)·孔·七
—命也夫

上(一)·孔·七
命—文王

上(一)·紂·一〇 民—㠯(以)緐(繁)

上(一)·紂·一〇 㝨(教)—㠯(以)遊(失)

上(一)·紂·一八 —言之砧不可爲

上(一)·紂·二四 —㠯(以)迩(邇)者不惑

上(二)·魯·三 —是才(哉)

上(一)·孔·二七 女(如)—

上(二)·從(甲)·九 㕣(凡)—七者

上(三)·周·五三 —丌(其)所取惥

上(四)·柬·一一 鼓而涉之，—可(何)？

上(四)·柬·一一 —所胃(謂)之澭(旱)母

上(四)·柬·一二 —爲君者之罰(刑)

上(四)·曹·三 —不貧於散(美)

上(四)·曹·一〇 虗(吾)聑(聞)—言

上(四)·曹·二二 —所㠯爲和於邦

上(四)·曹·二八 —三者所㠯戰(戰)

上(四)·曹·四〇 —戰(戰)之㬎(顯)道

上(四)·曹·四二 —出帀(師)之幾(忌)

上(四)·曹·四三 —㪟(散)果(裏)之幾(忌)

上(四)·曹·四四 —戰(戰)之幾(忌)

上(四)·曹·四五 —既戰(戰)之幾(忌)

上(四)·曹·五二 —返(復)

上(五)·季·二 —君子之大勇(務)也

上(五)·鬼·一 —㠯(以)貴爲天子

上(五)·鬼·二背 —㠯(以)桀折於鬲山

上(五)·鬼·三 女(汝)㠯(以)—詰之

上（五）・鬼・五（墨上）
—之胃（謂）唬（乎）

上（六）・競・一二
未㠯（以）至於—

上（六）・孔・二七
—㠯（以）不惑

上（七）・君甲・六
—亓（其）三回（違）也

上（七）・君乙・四
—亓（其）二回（違）也

上（七）・君乙・六
先王爲—

上（七）・凡甲・二〇
戠（識）—言

上（七）・吳・二
—則社禝（稷）

清（二）・繫・五二
而女（焉）粞（將）寊（寘）—子也

清（三）・芮・四
—心目亡（無）亟（極）

清（三）・芮・七
—悳（德）型（刑）不齊

清（三）・芮・二一
—隹（惟）天所建

清（四）・筮・爻六一
日月又（有）—（食）

清（五）・命・一一
是古（故）明王奉—六者

清（五）・命・一三
凡—，勿（物）氒（厥）耑（權）之椈（屬）也

清（五）・湯丘・二
—可以和民虎（乎）

清（五）・湯丘・八
虘（吾）—是爲見之

清（五）・湯丘・一〇
—言弗或（又）可旻（得）而翻（聞）也

清（五）・湯丘・一六
—以自炁（愛）也

清（五）・湯門・一三
—胃（謂）岀（美）悳（德）

清（五）・湯門・一四
—胃（謂）亞（惡）悳（德）

清（五）・湯門・一五
—胃（謂）岀（美）事

清(五)・湯門・一五　此胃(謂)亞(惡)事
清(五)・湯門・一五　—胃(謂)光(美)没(役)

清(五)・湯門・一六　—胃(謂)亞(惡)没(役)
清(五)・湯門・一六　此胃(謂)光(美)正(政)

清(五)・湯門・一七　——胃(謂)亞(惡)正(政)
清(五)・湯門・一七　—胃(謂)光(美)型=

清(五)・湯門・一七　——胃(謂)亞(惡)型(刑)
清(五)・湯門・二〇　—隹(惟)事首

清(五)・封・七　斷□腃—

正

郭・唐・二六　七十而至(致)正(政)—
郭・語二・四〇　凡䢔(過)，—以遊(失)其迱(它)者也

郭・語三・二　—也
上(一)・紂・二　玗(好)是—植(直)
上(一)・紂・一三　䛐(教)之目(以)—(政)

上(一)・紂・一四　—(政)之不行

郭・唐・一三　—(征)不備(服)也
上(三)・中附　—也
上(三)・中附　唯—(政)者

上(三)・中附　女(汝)蜀(獨)—之
上(六)・競・一二　祭—不隻

正

包二・一八　命受—以出
包二・二六　郫昜大—登生拡受期
包二・九六　—疋期戠之
包二・二四　—羅愃

包二·二九 —呈得
包二·三九 —疋忻戠之
包二·五九 長昜—龏懌受期
包二·二六 —羅壽戠之
包二·七七 —義牢戠之

包二·一六一 嘉事以王命詎之—
包二·一七五 宋亡— 人名
包二·一七七 —差
包二·三一 —秀不孫

包二·一八七 所詎於—敓翌
包二·二七一 一轔—車
包二·八三 —汳期戠之
包二·八四 —義弘戠之
包二·一〇〇 —義牢

包二·七七 周甬受—李勫叓以數田於章竅鄺邑
包二·九〇 —秀齊戠之
包二·二一 —旦塙戠之

包二·九九 —義牢
包二·一〇二 右司寇—
包二·一〇二 —叀炎 人名
包二·一九 郊—婁，剸虜受期

包二·一六二 —婁恷
包二·一二八 —婁恷
包二·一四三 —婁恷
包二·二七 —邸塙
包二·一三五 会之—國執僕之父適

包二·一三一 ……舒慶之獄於陰之—
包二·一三八 陳無— 人名
包二·一三七反 郐之—既爲之䫷誁
包二·一四一 —敓翌

包二·一四三 —敓翌
包二·一八六 —昜
包二·一九三 —昜
包二·一七三 —昜
包二·一七四 —昜

帛乙九·四 羣臣五—
帛乙九·一四 五—乃明
郭·老甲·二九 以—之(治)邦
郭·老甲·三二 我好青(静)而民自—

郭·老丙·三 邦𧰼(家)緍(昏)□安又(有)—臣
郭·唐·三 北(必)—其身
郭·唐·三 肰(然)后(後)—世

郭·唐·二 羖(養)眚(性)命之—
郭·唐·一三 悉(愛)而—(征)之
郭·緇·二七 —(政)之不行

郭·緇·二四
䛒(教)之以—(政)

郭·尊·二
—欽

郭·尊·三四
均不足以坪(平)—(政)

郭·尊·一二
是以爲—(政)者䛒(教)道之取先

郭·尊·一八
䛒(教)其—(政)

郭·尊·三〇
古(故)爲—(政)者

郭·尊·三四
—則民不叟(吝)

郭·性·五七
下交得衆近從—(政)

郭·五·三四
宔(中)心訙(辯)肰(然)而—行之

郭·語三·五五
賓(賓)容之用緜(幣)也，非—

郭·語一·五九
—(政)其虞(然)而行，治安尔也

郭·語一·六〇
—(政)不達，虞(且)生虖(乎)不達其虞(然)也

上(二)·從(甲)·七
則亡(無)㠯行—(政)

上(二)·從(甲)·一〇
從—(政)所矛(務)三

上(二)·從(乙)·一
絧(治)—䛒(教)

上(二)·從(乙)·三
從—(政)

上(二)·從(乙)·一
從命則—(政)不裻(勞)

上(二)·子·一
㠯(以)又(有)吴(虞)是(氏)之樂—宫

上(二)·容·五
圭(匡)天下之—(政)十又(有)九年而王天下

上(二)·容·八
與之言—(政)

上(二)·容·一八
墨(禹)聖(聽)—(政)三年

上(二)·容·二三
坴(舜)聖(聽)—(政)三年

上(二)·容·三〇
乃立敳㠯爲樂—

上(二)·容·三二
焉㠯行—

上(二)·從(甲)·五
從—(政)

上(二)·從(甲)·一六
君子=(君子)藥(樂)則絧(治)—

上(二)·從(甲)·八
從—(政)又(有)七幾(機)

上(二)·從(甲)·九
—(政)茀=(之所)𤔲(治)也

上(二)·容·二一
宙(中)—之罘(旗)㠯澳(態)

上(二)·容·三六
湯乃尃(輔)爲—(征)㚏(籍)

上(二)·容·三六
㠯—(征)閘(關)市

九·五六·三〇
出—(征)

上(二)·容·五二
受不智(知)亓未又(有)成—(政)

上(二)·容·四五
不聖(聽)亓邦之—(政)

九·五六·五四
□—方

九·五六·五七
人—

上(三)·中·五
敢昏(問)爲—(政)可(何)先

上(三)·中·一七
型(刑)—(政)不綴(緩)

上(四)·柬·一四
一人不能詞(治)—(政)

上(四)·柬·一九
倀子梄(將)—

上(四)·曹·一四
又(有)克—(政)而亡克戟(陳)

上(四)·曹·三七
牪(奔)，尔—社

上(五)·姑·一
—(征)迺弖(强)

上(五)·姑·一
㠯(以)亓族参(三)坏(郤)—(征)百鐌

上(五)·姑·五
—公事

上(五)·姑·六
㠯(以)—上下之謞

上(五)·鬼·八
而—固

上(六)·競·五
丌(其)君祝敓也。—□……

上(六)·天乙·四
戔殺而邦—

上(七)·鄭甲·二
而逡(後)楚邦囟(思)爲者(諸)侯—

上（七）·鄭乙·二
而逡（後）楚邦囟（思）爲者（諸）侯—

上（七）·凡甲·一〇
牐（將）可（何）—（征）

上（七）·凡乙·八
牐（將）可（何）—（征）

清（一）·皇·一
隹（惟）—［月］庚午

清（一）·皇·四
多憲（憲）—（政）命

清（一）·皇·一一
—（政）用迷啚（亂）

清（二）·繫·二
卿李（士）、者（諸）—

清（二）·繫·七
邦君者（諸）—乃立幽王之弟

清（四）·筮·至九
至，四—之

清（五）·命·一
—以禍（禍）福

清（五）·命·五
（正人）莫女（如）又（有）亟（極）

清（五）·命·六
—人亡（無）亟（極）則不＝嗚＝

清（五）·命·一〇
—（政）之所旬（殆）

清（五）·命·一二
—之以政

清（五）·命·一三
—（政）不成

清（五）·命·一四
—（政）成則不長

清（五）·湯丘·八
以攸（修）四時之—（政）

清（五）·湯門·七
八月乃—

清（五）·湯門·一一
是胃（謂）四—

清（五）·湯門·一一
—（政）、型（刑）

清（五）·湯門·一三
片（美）—（政）系（奚）若

清（五）·湯門·一三
亞（惡）—（政）系（奚）若

清(五)·湯門·一六 —(政)柬(簡)以成
清(五)·湯門·一六 此胃(謂)㠯(美)—(政)

清(五)·湯門·一七 此胃(謂)亞(惡)—(政)

是

昰

包二·四 斆—
包二·八九 鄛—壄爲李
信一·〇三六 ☐子—聞於☐
信一·〇二八 箸—胃
帛甲二·一九 —襄天埅

天卜 以—古又大咎
天卜 —古又大咎☐
天卜 ☐以—古敓☐
帛甲二·一〇 —生子四

帛甲四·八 —隹四寺
帛乙二·二七 —胃孛
帛乙三·八 —達月
帛乙三·三〇 —胃達終
帛乙四·一〇 —胃亂紀

帛乙六·八 三寺—行
帛乙九·一九 百神—亯
帛乙九·二一 —胃悳匿
帛乙六·二四 —月以婁

帛乙一〇·二七 天像—惻
帛乙二·一三 —則兄至
郭·老甲·三 —以能爲百浴(谷)王

郭·老甲·七 —胃(謂)果而不强
郭·老甲·八 —以爲之頌(容)
郭·老甲·二 —以聖人亡爲古(故)亡敗

郭·老甲·一二 —古(故)聖人能尃(輔)萬勿(物)之自肰(然)
郭·老甲·一四 —以聖人猷(猶)墮(難)之

郭·老甲·一六 —以聖人居亡爲之事
郭·老甲·一八 —以弗去也
郭·老甲·二八 —胃(謂)玄同

郭·老甲·三一 —以聖人之言曰
郭·老甲·三五 —胃(謂)不道
郭·老乙·一 是以杲(早)備(服)—胃(謂)……

郭·老乙·一 —以杲（早）

郭·老乙·一 —以杲（早）備（服）是胃（謂）……

郭·老乙·六 —胃（謂）憝（寵）辱纓（驚）

郭·老丙·七 —樂殺人

郭·老丙·八 —以下（偏）牐（將）軍居左

郭·老乙·一〇 —以建言又（有）之

郭·老丙·一二 —以□人欲不欲

郭·老丙·一三 —以能楠（輔）壖（萬）勿（物）之自肰（然）

郭·成·四 —古（故）亡虗（乎）其身而廌（存）虖（乎）其訇（詞）

郭·成·二 —君子之於言也

郭·成·五 —古（故）畏（威）備（服）型（刑）罰之婁（屢）行也

郭·成·一三 —古（故）君子之於言也

郭·成·六 —古（故）走（上）句（苟）身備（服）之

郭·成·一〇 —古（故）君子之求者（諸）㠯（己）也深

郭·成·一五 —以民可敬道（導）也

郭·成·二〇 —古（故）谷（欲）人之悉（愛）㠯（己）也

郭·成·二四 —以上之亙（恆）柔（務）才（在）信於衆

郭·成·二七 則猷（猶）—也

郭·成·三〇 —以君子貴

郭·成·三二 —古（故）小人變（亂）天崇（常）以逆大道

郭·成·三三 —古（故）君子簟笞（席）之上䜃（讓）而受學（幼）

郭·性·二九 —古（故）其心不遠

郭·成·三九 —古（故）君子新（慎）六立（位）以巳（已）天崇（常）

郭·尊·八 —以君子人道之取先

郭·尊·一二
—以爲正（政）者𠦝（教）道之取先

郭·尊·三六
上好—勿（物）也

郭·尊·一九
古（故）終—勿（物）也，而又深安（焉）者

郭·尊·三七
又（有）—㐌（施）少（小）又（有）利

郭·尊·三七
夫唯—

郭·六·一九
—由夫死又（有）宔（主）

郭·六·三三
—以𨠵（更）也

郭·六·三九
—古（故）先王之𠦝（教）民也

郭·六·四〇
—古（故）先王之𡥈（教）民也

郭·六·四四
—以其𠭴（剸）岳（獄）速

郭·太·一
—以成埅（地）

郭·太·二
—以成四時

郭·太·二
—以成侌（陰）昜（陽）

郭·太·二
—以成神明

郭·太·三
—以成溼澡（燥）

郭·太·三
—以成倉（滄）然（熱）

郭·太·六
—古（故）大（太）一𧷸（藏）於水

郭·語四·一二
—胃（謂）迷惑

郭·語四·一二
—胃（謂）浦行

郭·語四·一三
—胃（謂）自惎（欺）

郭·語四·一三
—胃（謂）童（重）基

郭·語四·一六
䧺（雄）—爲割（界）

上（二）·子·一三
厽（叁）王者之乍（作）也女（如）是

上（二）·子·一〇
—垔（禹）也

上（二）·子·一
㠯（以）又（有）吴（虞）—（氏）之樂正宮

上（二）·子·一〇
又（有）酉（娀）—（氏）之女

上（二）·子·一二
又（有）咅（邰）—（氏）之女也

上（二）·子·一二
—禼（契）也

上（二）·魯·三
此—才（哉）

上(二)·子·一三 —句(后)稷(稷)之母也

上(二)·容·一 新(神)戎(農)—(氏)

上(二)·容·一 軒緩(轅)—(氏)

上(二)·容·一 喬結—(氏)

上(二)·容·一 膚(盧)—(氏)

上(二)·容·一 茖(赫)疋(胥)—(氏)

上(二)·容·一 墉遟—(氏)之又(有)天下也

上(二)·容·八 於—唐(乎)刣(始)語堯天地人民之道

上(二)·容·八—九 堯—吕視䁢(賢)

上(二)·容·一四 堯於—虖(乎)爲車十又(有)五輮(乘)

上(二)·容·一七 女(如)—牄(狀)也

上(二)·容·二五 於—虖(乎)夾州、滄(徐)州刣(始)可尻(處)

上(二)·容·二五 於—唐(乎)

上(二)·容·二六 於—虖(乎)蓏州刣(始)可尻(處)也

上(二)·容·二六 於—唐(乎)

上(二)·容·二七 於—虖(乎)虞州刣(始)可尻(處)也

上(二)·容·三二 於—於(乎)刣(治)篧(爵)而行录(禄)

上(二)·容·三六 堂(當)—昔(時)

上(二)·容·四一 湯於—唐(乎)諻(徵)九州之帀(師)

上(二)·容·三六 於—

上(二)·容·五二 武王於—虖(乎)素完(冠)㚇(冕)

上(二)·從(甲)·一七 —吕曰君=(君子)難得而惕(易)㝵(使)也

上(二)·從(甲)·一八 —吕曰少(小)人惕(易)㝵(得)而難㝵(使)也

上(一)·紂·二 𡚬(好)—正植(直)

上(二)·昔·一 大(太)子朝君=(君,君)之母俤(弟)—相

上(二)·昔·四 唯忞(哀)悲—敬

上(二)·民·八 可(何)志(詩)—讵迟
新甲三·四 睪(擇)日於—𠧟(期)
新甲三·三二一 䰷於魚—

新甲三·一六 ☐少(小)臣成迷(速)瘳，—☐
新乙三·四二 —=(是日)祭王孫厭一冢

新零·一一四 —蓏切而口亦不爲大詬(詬)
九·五六·二六 —胃(謂)螽(陽)日
九·五六·二七 —胃(謂)交日

九·五六·一八下 —胃(謂)無☐
九·五六·二八 —胃(謂)☐日
九·五六·二九 —胃(謂)侌(陰)日
九·五六·三〇 —胃(謂)達日

上(三)·周·四〇 嬴(嬴)豕孚—蜀(獨)
上(三)·周·五六 —胃(謂)亦夾(災)禍(眚)

上(三)·周·五七 —受福吉
上(三)·中·二 夫季—(氏)
上(三)·中·九 —古(故)又(有)司

上(三)·亙·二 㤉(氣)—自生
上(三)·亙·二 (氣)—自生自复(作)

上(三)·彭·一 句(耇)—(氏)
上(四)·逸·交三 雋—奠

上(四)·内·一正 㤅(愛)—甬(用)
上(四)·内·一正 豊(禮)—貴

上(四)·曹·七 臣—古(故)不敢𠂤古(故)畣(答)
上(四)·曹·一九 —古(故)夫戟(陳)者

上(四)·曹·四一 《周等(志)》—廌(存)
上(四)·曹·四四 —古(故)矣(疑)戟(陳)敗

上（五）·鮑·八
—戠（歲）也

上（五）·三德·四
—胃（謂）違（罪）

上（五）·三德·六
—胃（謂）反逆

上（五）·三德·八
—胃（謂）方芋

上（五）·三德·二二
—帝之□

上（六）·競·一〇
唯—□……

上（七）·凡乙·一一
—古（故）聖人尻（尻）於亓（其）所

上（七）·吳·二
亦唯君—望

清（一）·耆·一一
—隹（惟）良士之迈=（方）

清（一）·耆·一四
—隹（惟）良士之恖=（懼）

清（一）·金·九
—戠（歲）也

上（五）·三德·三
—胃（謂）不恙（祥）

上（五）·三德·六
—胃（謂）邦蕭（窳）

上（五）·三德·六
—胃（謂）邦固

上（五）·三德·二〇
魂（鬼）神—有（祐）

上（六）·競·二正
—虐（吾）所寬（望）於女（汝）也

上（六）·用·二〇
隹善—善

上（七）·凡甲·一二
—古（故）

上（七）·吳·二
若—，此則社禝（稷）……

清（一）·耆·一三
—隹（惟）良士之恖=（懼）

清（一）·金·四
—年（佞）若丂（巧）能

清（一）·金·一三
—夕，天反風

清(一)·皇·四 —人斯囊(助)王共(恭)明祀

清(一)·皇·五 —人斯既囊(助)氒(厥)辟

清(一)·皇·八 乃隹(惟)不訓(順)—紿(治)

清(一)·皇·八 我王訪良言於—人

清(一)·皇·九 —人斯廼詅(讒)惻(賊)□□

清(一)·皇·一一 —以爲上

清(一)·皇·一一 —緆(揚)是⿰糹興(繩)

清(一)·皇·一一 —受(授)司事帀(師)長

清(一)·皇·一一 —⿰糹興(繩)

清(一)·祭·一三 隹(惟)句(后)禝(稷)之受命—羕(永)畐(厚)

清(二)·繫·四 洹(宣)王—刣(始)弃(棄)帝攸(籍)

清(二)·繫·五 —孚(褒)忩(姒)

清(二)·繫·七 —⿰口嶲(攜)惠王

清(二)·繫·一五 —秦先=(先人)

清(二)·繫·二一 —文=公=

清(二)·繫·二三 —賽=爲=

清(二)·繫·二九 —生卓(堵)囂(敖)及成王

清(二)·繫·五九 (宋人)—(故)殺孫(申)白(伯)

清(二)·繫·七四 —少盄

清(二)·繫·八二 —雞父之涇(洍)

清(二)·繫·八三 —教吴人反楚邦之者(諸)侯

清(二)·繫·一〇七 —下郄(蔡)

清（二）・繫・一二六
—（寘）武殤（陽）

清（三）・説上・四
（失仲）—生子

清（三）・説上・五
（勿殺）—吉

清（三）・説上・六
—爲赤（赦）敎（俘）之戎

清（三）・説上・六
—隹（惟）員（圜）土

清（三）・琴・八
—隹（惟）尾（宅）

清（三）・琴・一〇
廼—（褆）隹（惟）民

清（三）・琴・一五
—龥（墜）于菩（若）

清（三）・芮・二八
我之不□，□□—逵（失）

清（三）・赤・六
—少（小）臣也

清（三）・赤・八
—囟（使）句（后）瘩（疾）

清（三）・赤・九
—思（使）句（后）之身蠱（疴）蛬

清（三）・赤・一二
—思（使）句（后）慭=恂=

清（三）・赤・一三
—思（使）句（后）䶂（昏）䶁（亂）甘心

清（三）・赤・一五
—訇（始）爲埤（陴）丁者（諸）塵（屋）

清（四）・筮・戰二四
㔾（凡）—，内

清（四）・筮・戰二六
㔾（凡）—，外

清（四）・筮・四季三九
兇之所集於四立（位）—視

清（四）・筮・卦四六
雷，—

清（四）・筮・卦四六
收，—

清（四）・筮・卦五七
寤（藏），—

清（四）・筮・卦五七
査（樹），—

 清（四）·筮·十七命六三
𠙴（凡）—

 清（五）·厚·一二
廼—隹（惟）人

 清（五）·命·一一
—古（故）明王

 清（五）·湯丘·四
—又（有）臺（臺）僕（僕）

 清（五）·湯丘·六
—名曰昌

 清（五）·湯丘·七
—名曰喪

 清（五）·湯丘·八
虐（吾）此—爲見之

 清（五）·湯丘·九
虐（吾）可（何）君—爲

 清（五）·湯丘·一一
朕隹（惟）逆訓（順）—悳（圖）

 清（五）·湯丘·一八
罙（深）㴊（淵）—淒（濟）

 清（五）·湯丘·一八
—非

 清（五）·湯丘·一八
高山—逾（逾）

 清（五）·湯丘·一九
—非共（恭）命虎（乎）

 清（五）·湯門·五
者（固）猷（猶）—人

 清（五）·湯門·六
—哉以爲人

 清（五）·湯門·六
—胃（謂）玉穜（種）

 清（五）·湯門·八
—亓（其）爲長虘（且）好才（哉）

 清（五）·湯門·九
—亓（其）爲䝁（當）䫆（壯）

 清（五）·湯門·九
—亓（其）爲力

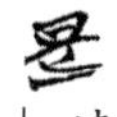 清（五）·湯門·一〇
—亓（其）爲疾央（殃）

 清（五）·湯門·一一
—胃（謂）四正

 清（五）·湯門·一八
—胃（謂）埅（地）真

清(五)·湯門·二〇
—胃(謂)九宏

清(五)·殷·一
尔(爾)—智(知)二又(有)郞(國)之請(情)

清(五)·殷·一
尔(爾)—先生

清(五)·殷·二六
天罰—加

韙　愇

上(二)·民·一一
燮(氣)志不—(違)

曾七三
南■陵連轡—馭椯轂

《說文》籀文。

上(三)·周·一一
—(戚)女(如)

清(三)·說上·五
(勿殺)—吉

天策
□輈=—□

逹

包二·一九四
舒—鯇

郭·尊·二八
爲古(故)—(率)民向(嚮)方者

同衛，行部重見。

迴

包二·八六
—墇

徒

上(六)·用·一〇
裝(勞)人亡—

包二·八
司馬—箸之

包二·二二六
大司馬悼滑逹楚邦之帀—以救郙歲=(之歲)

包二·二二六
—以救郙之歲

包二·二三四
—以救郙歲=(之歲)

包二·二三六
以救郙歲=(之歲)—

包二·二三九
—以救郙之歲

包二·二二八
—以救郙之歲

包二·二四二
—以救郙之歲

包二·二四五
—以救郙歲=(之歲)—

包二·二四七
—以救郙之歲

包二·二三二
—以救郙之歲

徒

曾二一一 左跗—一馬

曾一五二 左跗—之黄爲右驌

九·五六·三〇 称(利)吕(以)行币(師)—

包二·一五〇 貟—薔(廩)之王金不賽

上(四)·曹·三二 乃[□]白—

上(四)·曹·五八 銜(率)—

上(四)·曹·五八 銜(率)徒吕—

上(五)·君·一〇 昔者仲屖(尼)箴—三人

上(五)·君·一〇 芫贅之—

上(七)·君甲·四 州—

上(七)·吳·八 箸(孰)爲币(師)—

清(一)·程·六 —庶言迖

清(二)·繫·五七 壘(徙)之—蕾

遜

郭·語一·二 —(由)▨

郭·語一·一九 或—(由)中出

郭·語一·二〇 或—(由)外内(入)

郭·語一·二一 —(由)中出者

郭·語一·二四 —(由)樂智(知)型

郭·語三·四二 或—(由)其闢(避?)

郭·語二·四 —(由)㝵鮇生

郭·語一·九五 峙—(由)敬乍(作)

郭·語三·四二 或—(由)其不書(進?)

郭·語三·四三 或—(由)其可

郭·語三·四九 思亡不—(由)我者

郭·語二·五三 又(有)—(由)而不行

郭·語二·五三 又(有)行而(而)不—(由)

繇 曾一一六 紫—

从張鐵慧釋。

延

清(一)·尹至·五 湯逩(往)—(征)弗雟(服)

清(一)·耆·一 —(征)伐鄙

征 帛丙一·四 北—

《說文》或體。

上(三)·周·一三 —邦

上(三)·周·二四 —凶

上(三)·周·四三 —吉

上(三)·周四七 —吉

上(三)·周·四七 —凶

上(三)·周·五八 —凶

上(六)·用五 —虫飛鳥(?)

迋

逩 郭·尊·三一 此—矣

郭·尊·三二 攻(功)則—者復依

郭·語四·二 —言剔(傷)人

清(一)·尹至·四 湯—(往)延(征)弗雟(服)

清(三)·赤·一 湯—(往)□

《說文》『迋』與『逩』當係一字異體。楚簡作『逩』，即今之『往』字。

清(三)·赤·九 眾於烏(烏)乃—(往)

清(五)·湯丘·五 吟(今)君—(往)不以時

退

遣 包二·一八八 鄭丘郰—之人果

《說文》籀文从虘作遣。

述

望一·卜 —瘦

帛乙一二·二八 祀則—

郭·老甲·三九 攻(功)—(遂)身退

郭·老丙·二 成事—(遂)社(功)

郭·五·三四 悳(直)而—(遂)之

郭·成·六 君子之—悳(德)也

郭·成·二三 卒之—也

郭·成·一七
則民谷（欲）其智之—也

郭·性·一四
心—（術）爲宔（主）

郭·性·一四
術（道）四—（術）

郭·性·一五
其參（三）—（術）者

上（一）·性·八
丌（其）三—者

上（二）·容·三五
傑（桀）不—亓先王之道

上（二）·容·三七
—（遂）迷

上（二）·容·三九
坓（升）自戎（？）—（遂）

上（二）·容·四一
—（遂）逃

上（二）·容·四〇
墜（降）自鳴攸（條）之—（遂）

上（二）·容·四二
受（紂）不—亓先王之道

上（二）·容·四四
不能—（遂）者内（入）而死

上（二）·容·四四
能述（遂）者—（遂）

新甲三·三一〇
喬尹申之—

新甲三·三一二
奠（鄭）見之—

新甲三·三一四
玄惪（憙）之—

新甲三·三一五
黃宜日之—

新甲三·三一六
司馬教之—

新甲三·三二〇
譽智之—

新甲三·三二二
郊余穀之—

新甲三·三二四
屈九之—

新甲三·三四三—一
郘（蘧）己之—

新甲三·三四三—二
鄃羌之—

新甲三·三七九
☐—，舣於係豐一☐

新甲三·三四八
閑（閒）墬大宫果之—☐

新甲三·三四九
司城均之—

新甲三·三九八
郊豎之—

新甲三·四〇〇
旬尹宋之—

郭·語一·四二
豊（禮），交之行—也

上（三）·互·一二
而果—（遂）

上（三）·彭·六
—（怵）惕之心

 上(六)·莊·四下 戠(吾)於析—

 清(一)·保·一 忎(恐)—(墜)保(寶)訓

 清(二)·繫·一九 翟—(遂)居衛=

 清(二)·繫·四三 命(令)尹子玉—(遂)銜(率)奠(鄭)

 清(二)·繫·四四 —(遂)朝周襄王于衡澭(雍)

 清(二)·繫·五四 —(遂)奔秦

 清(二)·繫·六三 戕(莊)王—(遂)北

 清(二)·繫·六一 戕(莊)王—(遂)加奠(鄭)亂(亂)

 清(二)·繫·六五 —(遂)敗晉𠂤(師)于河……

 清(二)·繫·七九 自齊—(遂)逃迈(適)晉

 清(二)·繫·八三 —(遂)内(入)郢

 清(二)·繫·九一 —(遂)以𨖍(遷)鄦(許)於鄴(葉)

 清(二)·繫·九八 —(遂)以伐郐(徐)

 清(二)·繫·一〇一 —(遂)明(盟)者(諸)侯於𨚗(召)陵

 清(二)·繫·一一二 —(遂)以伐齊=

 清(二)·繫·一二四 —(遂)以齊侯貣(貸)

 清(二)·繫·一三八 —(遂)還

 清(三)·良·四 —(遂)差(佐)成王

 清(四)·筮·亍六 出,乃—(遂)

 清(四)·筮·咎七 夃(凡)咎,見—(術)

 清(四)·筮·瘳一〇 夃(凡)瘳,見—(術)

 清(四)·筮·行二三 —(遂)

適

清（五）·厚·六 迺—（墜）乒（厥）命

清（五）·命·八 □方三—

曾一正 大莫𤅊𥏻喙—豬之春

上（五）·季·一九 弃亞（惡）毋—

過

郭·語三·五二 我日—（化）膳（善）

郭·語三·五二 膳（善）日—（化）我

𨑓

包二·一〇五 —期不賽金 讀作過

包二·一〇六 —期不賽金

郭·老丙·一三 復衆之所—（過）

郭·性·三八 不—（過）十㝵（舉）

郭·緇·二〇 而賶（富）貴已—（過）也

上（一）·紂·一一 而𩔘（富）貴巳（已）—（過）

郭·語二·四〇 凡—（過），正一以遊（失）其迉（它）者也

上（四）·曹·五二 必—（過）亓所

上（四）·曹·六〇 必—（過）前攻

清（二）·繫·二三 —（過）郗⁼（蔡）

上（五）·三德·五 大邦—（過）戕（傷）

上（五）·三德·八 衣備（服）—（過）折（制）

𣥺

郭·老甲·一二 復衆之所⁼—（過）

上（三）·周·五六 弗遇—（過）之

上（六）·平王與·一 —繣（申）

𢘑

郭·太·一二 古（故）—（過）其方

郭·成·三六 從允懌（釋）—（過）

郭·性·四九 人不新（慎）斯又（有）—（過）

郭·性·五五 行之不—（過）

上（一）·性·一 唯（雖）—（過）不亞（惡）

上（一）·性·三二 不—（過）直𢀜（舉）

上(一)·性·三九 肰(然)而丌(其)—(過)不亞(惡)

上(一)·性·三九 又(有)—(過)則咎

上(一)·性·四〇 斯又(有)—(過)

郭·性·五〇 唯(雖)—(過)不亞

郭·老丙·四 —(過)客止

『亻』爲『亻』之訛形。

上(三)·中·七 惑(赦)—(過)惥(與)辠(罪)

上(三)·中·一〇 惑(赦)—(過)譽(與)辠

上(三)·中·二〇 孚—(過)戕析

上(四)·曹·二三 —(過)不才(在)子才(在)□

上(四)·曹·六三 乃自—(過)㠯敓(悅)於薑(萬)民

上(五)·三德·五 —(過)而改

上(七)·吳·三正 墜(降)—(禍)於我□□……

清(三)·說下·四 卑(厥)亓(其)—(禍)

清(五)·命·二 (禍)—(過)才(在)人=

清(五)·命·三 女(如)諻(懲)而毋(悔)—(過)

清(五)·殷·一五 尃(轉)民之—(化)

遺

郭·窮·七 白(百)里逞—〔賣(鬻)〕

新甲三·一一、二四 ▨昔我先出自邡—

从董珊先生：『邡遺』讀爲『顓頊』。

進

帛乙八·五 寺兩—退

郭·老甲·四 天下樂—而弗詀(厭)

郭·尊·一六 則民—善安(焉)

郭·性·六四 —谷(欲)孫(遜)而毋攷(巧)

郭·五·四二 能—之爲君子

郭·五·四二 弗能—也
郭·五·四七 目而智(知)之胃(謂)之—之
郭·五·四六 進，莫敢不—

郭·五·四六 —，莫敢不進
郭·五·四七 ⿰寵刂(喻)而智(知)之胃(謂)之—之

郭·唐·二八 急(仁)者爲此—
上(二)·昔·一 庶醑=(叩，叩)—
上(二)·容·四八 三鼓而—之

上(四)·昭·二 君之備(服)不可㠯(以)—
上(四)·柬·一一 大割(宰)—倉(答)

上(四)·柬·一四 矦(侯)大割(宰)遜迣(伴)—
上(四)·曹·二四 逡(後)則見亡。—

上(四)·曹·四〇 我君身—
上(五)·競·九 —芋(華)倗(明)子

上(六)·孔·九 不急(仁)人弗旻(得)—矣
上(六)·孔·九 急(仁)爰急(仁)而—之

上(七)·鄭乙·七 君王必—帀(師)㠯(以)记(起)之
清(三)·芮·二三 甬(用)交鼂(亂)—退

清(五)·殷·一九 元折(哲)並—

隹

曾二〇六 犨犫人兩—

造

包二·一三七 儙軍—言之
清(二)·繫·九一 𠂤(師)—於方城

逾

郭·窮·一一 堣(遇)—(造)古(故)也

省形。

包二·一三五 会之正國執僕之父—

秦一·二 ▨五□王父以—至新父凡紫䜴▨

郭·尊·一七 然句(後)可—(愉)也

新甲一·一二 牺(將)—取蓄(稟)

新甲二·一六 牺(將)—▨

新甲三·一一一 社(功)—而層之

新甲三·二八〇 吕以—至▨

新甲三·二〇一 以—至吝(文)君

新甲三·三七三 䚂於—▨

新乙四·九 汲(及)江，𨑒(上)—取▨

新乙四·一三七、甲三·三六〇 ▨祼(裸)句—三貂

新零·三〇一、一五〇 吕(以)—至文君□□▨

新零·五八 ▨□成—▨

上(六)·莊·四上 —虘(乎)

清(二)·繫·一三一 聿(盡)—奠(鄭)㠯(師)

清(二)·繫·一三三 —鄁(郜)

僉

包二·二四四 保—之

郭·老甲·一九 以—甘霝(露)

上(七)·武·二 —(踰)堂(堂)散(微)

清(五)·湯丘·一八 高山是—(逾)

俞

新甲三·五 吕(以)—▨

新甲三·五 以—訓(順)至文王

迮

郭·六·二四 六者客（各）行其戠（職）而岳（獄）訏（犴）亡繇（由）—（作）也

乍

郭·六·三八 緍（昏）所繇（由）—（作）也

信一·〇一 周公戠然—色

遣

天卜 墬— 人名

望一·九 登— 人名

郭·成·三七 惟君子道可近求而可遠—也

速

上（一）·性·三九 『速（數）』

新甲三·二二、五九 ☐伓膺宔心之疾，—（速）瘳迷（速）瘧（瘥）

新甲三·一六 ☐少（小）臣成—（速）瘳，是☐

新甲三·二二、五九 ☐伓膺宔心之疾，迷（速）瘳—（速）瘧（瘥）

新乙四·一一〇、一一七 —（速）從郢垄（來）

新甲三·一二七 ☐疾，尚—（速）☐

新甲三·二〇八 —（速）又（有）閼（閒）

新零·一八九 思坪夜君城寍瘳—（速）瘧（瘥）☐

清（四）·筮·志二八 曰—，疾

遬

包二·一三五反 君命—爲之斷

包二·一三七反 命—爲之斷

天卜 —賽禱惠公戠豢

天卜 疾—又瘧

望一·二〇 —祭公宔豻酉食

望一·二六 —賽之

望一·五二 —瘧（瘥）

秦一·三 —賽

秦一·三 —瘧

秦九九·一 —瘧

郭·六·四四 是以其勧（劃）岳（獄）—

郭·性·三六 不女（如）以樂之—也

郭·六·三一 急（仁）頪（類）莥而—

新甲一·二四 ☐疾，尚—（速）瘧

新甲三·一九四 尚—（速）瘧（瘥）

新甲三・二三二、九五 ☐酒(將)—(速)又(有)閖(間)

新甲三・二四七、二七四 疾—(速)☐

新乙二・三、四 ☐吉。疾—(速)敗(損)

新乙二・四五 ☐☐酒(將)—(速)瘷(瘥)

新乙三・二、甲三・一八六 ☐酒(將)—(速)瘷(瘥)

包二・二二〇 痨—瘷

包二・二三六 尚—瘷

包二・二三九 尚—瘷

包二・二四二 尚—瘷

包二・二四五 尚—瘷

包二・二四七 尚—瘷

秦九九・懷〇 —賽

秦九九・一四 —賽

天卜 戰逌返遅—

郭・尊・二八 —虐(乎)櫧(置)蚤(郵)而連(傳)命

上(二)・容・二二 垔(禹)必—出

上(二)・容・三二 曰悳—蓑(衰)

新甲二・三四 —(速)瘷(瘥)☐

新甲三・一一三 尚—(速)瘷(瘥)

新甲三・一九八、一九九—二 尚—(速)出

上(四)・柬・二 龜尹—卜

上(四)・柬・五 —祭之虗(吾)癝鼠痨(病)

上(四)・曹・四四 不—

上(五)・季・二二 馘(滅)—毋死(恒)

清(一)・耆・四 嘉篚(爵)—歛(飲)

清(一)・耆・六 嘉篚(爵)—歛(飲)

上(七)・吳・一 —羞(仰)

⿰彳柬

上(七)・吳・七 毋敢又(有)迲(避)—之羿(旗)

适

棘　清（一）·尹至·三　隹（惟）我—（速）禍（禍）

清（五）·殷·二八　—（束）柬（簡）和募（慕）

逜　逜

包二·一八　中酴酉—內之

包二·五八　苛—

包二·九七　枸里人文—

包二·一六四　婁—

包二·一八五　酓雯—

上（五）·姑·七　伐尾遒—

清（三）·良·三　又（有）南宮—

清（三）·良·三　又（有）白（伯）—

清（五）·殷·一四　—（括）還蚕（妖）蠡（祥）

郭·尊·二四　猷（猶）所之亡—也

从陳偉先生：疑爲『适』之變體。

逆

包二·七一　宵—　人名

包二·七五　宵—

郭·成·三二　是古（故）小人變（亂）天棠（常）以—大道

郭·性·二　—青（性）者

郭·性·一七　雚（觀）其先後而—訓（順）之

郭·性·一〇　或—之

上（一）·性·四　或—（順）之

上（二）·容·八　敓（悦）故㠯不—

上（二）·容·二一　朝不車—（逆）

上（二）·容·五二　或亦迟（起）帀（師）㠯—之

帛甲·七

郭殘·九　告又—□▨

上（五）·三德·六　是胃（謂）反—

上（七）·武·一五　吏（使）民不—而訓（順）城（成）

上（七）·吳·四　慙（親）於桃—裳（勞）丌（其）夫=（大夫）

清(一)·金·九 王亦未—公

清(一)·金·一二 隹(惟)余沓(沖)人亓(其)親—公

清(一)·金·一二 王乃出—公至鄗(郊)

清(一)·楚·一 —上洲水

清(一)·楚·三 —流哉(載)水

清(二)·繫·九 晉文侯乃—坪(平)王于少鄂

清(二)·繫·一〇七 以𠂤(師)—鄀(蔡)卲(昭)侯

清(四)·筮·乾四〇 —𠦝(乾)以長(當)巽

清(五)·湯丘·一一 朕隹(惟)—訓(順)是煮(圖)

清(五)·湯門·九 燹(氣)—𤔔(亂)以方

曾一三 黄■—王所馭大展

从李家浩先生釋。

这

清(二)·繫·一二八 以—(交)之

清(二)·繫·一二九 遂(魯)易公衒(率)𠂤(師)以—(交)晉=人=

清(二)·繫·一三〇 衒(率)𠂤(師)以—(交)楚=人=

遇

九·五六·五 東南之—(寓)

九·五六·五 東北之—(寓)

九·五六·四五 豉邦复(作)邑之—(寓)，盍(蓋)西南之—(寓)

九·五六·四六 盍(蓋)西北之—寓

上(二)·魯·三 出—子贛(貢)曰

上(三)·周·三二 —宔(主)于衖(巷)

上(三)·周·三三 —元夫

逢　迪　通　徙

上（三）·周·三八 蜀（獨）行—雨

上（三）·周·五一 —丌（其）𡰥（夷）宔（主）

上（三）·周·五六 弗—𨑥（過）之

上（四）·昭·六 大尹—之

上（四）·昭·六 僕（僕）—腓

清（二）·繫·四七 —之

逢 遣

郭·唐·一四 𢚩（仁）以—（逢）旹（時）

迪

郭·緇·一九 我弗—聖

郭·緇·二九 翻（播）型（刑）之—

郭·尊·二〇 可斈（教）也而不可—（由）其民

通

郭·性·三五 窔斯—（踊）

九·五六·四七 攻—

徙 𨒁

包二·七八 不遷長—正差鄦思以廷

包二·二五九 相—之器所以行

九·五六·九〇 不可㠯（以）西—（徙）

九·五六·一五 □迲（去）（徙）—豢（家）

郭·五·一七 能—（差）沱（池）其羿（羽）

新甲一·三 ☒王—（徙）於鄩（鄩）郢之戠（歲）

新甲二·六、三〇、一五 王—（徙）於鄩（鄩）郢之歲

新甲二·一三 王—（徙）於鄩（鄩）郢之歲

新甲二·一九、二〇 ☒虞（文）君必—（徙）凥（處）安善

新甲三·一五九—二 王—（徙）於敼（鄩）郢之歲

新甲三·一八三—二 王—（徙）於敼（鄩）郢之歲

新甲三·二〇四 王—（徙）於敼（鄩）郢之歲

新甲三·二二一 王—（徙）於敼（鄩）郢之歲

新甲三·二二四 王—（徙）於敼（鄩）郢之歲

新甲三·二四〇 王自肥還郢—（徙）於鄩（鄢）郢之歲

新甲三·二五九 王—（徙）於𨹉（鄢）郢〔之〕歲

新甲三·二九九 ☐王—（徙）於敔（鄢）郢之歲

新乙四·二 王—（徙）於鄩（鄢）郢之〔歲〕☐

新乙一·一二 王—（徙）於敔（鄢）郢之歲

新乙四·一五 王—（徙）於敔（鄢）郢之歲

新乙一·一六 王—（徙）於敔（鄢）郢之歲

新乙一·一八 王—（徙）於敔（鄢）郢之歲

新乙一·二六、二 王—（徙）於敔（鄢）郢之歲

新乙四·四七 王—（徙）於鄩（鄢）郢之〔歲〕

新乙四·六七 王—（徙）於鄩（鄢）郢之歲

新零·一一二 王—（徙）於☐

與《汗簡》徙之古文相近。

清（一）·楚·二 穴酓遲（遲）—於京宗

清（一）·楚·四 思（使）若（鄀）嗌（嗌）卜—於㚒宅

清（一）·楚·五 酓逗—居發漸

清（一）·楚·六 酓摯（摯）—居旁屽

清（一）·楚·六 至酓縪（延）自旁屽—居喬多

清（一）·楚·七 若嚻（敖）酓義（儀）—居箬（鄀）

清（一）·楚·七 焚冒酓帥（率）自箬（鄀）—居焚

清（一）·楚·七 至宵嚻（敖）酓鹿自焚—居宵

清（一）·楚·七 至武王酓鬷自宵—居免

清（一）·楚·八 至文王自疆浧—居湫=郢=

清（一）·楚·八 （湫郢）—居蘛=郢=

清（一）·楚·八 （樊郢）—居爲=郢=

清（一）·楚·九（爲郢）遉（復）—居免郢

清（一）·楚·九 自福丘—衮（襄）箬（鄀）郢

清（一）·楚·九 自箬（鄀）郢—衮（襄）湫＝浧＝

清（一）·楚·九（湫浧）—□□□□居睽（睽）郢

清（一）·楚·一〇 自睽（睽）郢—衮（襄）爲郢

清（一）·楚·一〇 至臧（莊）王—衮（襄）藚＝郢＝

清（一）·楚·一〇 樊郢—居同宫之北

清（一）·楚·一〇 女（焉）—居承＝之＝埜＝

清（一）·楚·一一 自爲郢—居秦（乾）溪之上

清（一）·楚·一二 自秦（乾）溪之上—居娧＝郢＝

清（一）·楚·一二（𡟰郢）—居鶚＝郢＝

清（一）·楚·一二（鄂郢）—衮（襄）爲郢

清（一）·楚·一三 女（焉）遉（復）—居秦＝溪＝之＝上＝

清（一）·楚·一三（乾溪之上）遉（復）—衮（襄）娧（𡟰）郢

清（一）·楚·一三 自娧（𡟰）郢—衮（襄）爲郢

清（一）·楚·一三 女（焉）—衮（襄）湫郢

清（一）·楚·一四（酉滿）—居如＝郢＝

清（一）·楚·一四（鄩郢）—居鄀吁

清（一）·楚·一五 自湫郢—居疆郢

清（一）·楚·一五 自疆郢—居藍＝郢＝

清（一）·楚·一五（藍郢）—居鄃＝郢＝

清（一）·楚·一六 女（焉）—衮（襄）肥遺

迻

清（一）·楚·一六
女（焉）—居鄩郢

清（二）·繫·九
三年，乃東—

清（二）·繫·三九
—之宇（中）城

遲
帛丙九·三
—乃……

上（四）·昭·五
王—（徙）凥（居）於坪（平）澫（漫）

清（二）·繫·五七
—（徙）之徒菑

包二·一七三
妾婦—

郭·語二·四八
又（有）悳（德）者不—

上（四）·柬·一二
母（毋）滰（旱）而百眚（姓）—

上（五）·季·一九
毋詯—

包二·二一三
—古筮

包二·二一四
—石被裳之祱

包二·二〇四
既𦘠—

包二·二一〇
—（迻）鄘會（會）之祱（敓）

天卜
—𠂤丑之敓

天卜
—盬了之祭

天卜
—盬㤯之祭

新甲三·九九
—（迻）吝（文）君之祱（說）☐

新甲三·二〇九
—（迻）頭（夏）

新甲三·三〇〇、三〇七
—（迻）其疋祱（說）

新甲三·二一二、一九九—三
—（迻）藍（盬）𥎦之敓

新甲三·一六九
☐古（故）敓（說）之。 —（迻）☐

遷

䙴 新零・二七〇 ☐或—(遷)彭定之(説)☐

䙴 望一・一三 不可日(以)達(動)思—身
郭・五・三二 —於兄弟
清(二)・繫・一四 西—商盍(蓋)之民于邾虘

清(二)・繫・一五 坪(平)王東—
清(二)・繫・一七 周公既—殷民于洛邑

清(二)・繫・一八 衛(衛)人自庚(康)丘—于沂(其)衛(衛)

罨 清(二)・繫・二〇 —(遷)于曹
清(二)・繫・二二 衛人自楚丘—(遷)于帝丘

遜

上(四)・柬・一四 矦(侯)大割(宰)—迬(伴)進

返

天卜 —迡速
郭・老甲・三七 —也者
郭・六・三七 其—(反)
郭・語二・四五 未又(有)善事人而不—者

新甲一・一二 還—尚毋又(有)咎
新甲三・二二九 ☐□—尚毋又(有)咎
新乙四・四四 還—毋又(有)咎

𨑍 包二・一二一 信卡下鄗閘里人雇女—
包二・一二二 孔執雇女—
包二・一二二 士尹結詬—
包二・一二二 里公利笞—

包二・一二三 女—既走於前
包二・一二三 亞□鄗輮—
包二・一二三 里公舍□—
包二・一二三 雇女—

彶 清(四)・筮・乾四〇 乃各—(返)亓(其)所

還 還

包二·一〇 鄭戱上連囂之—寨瘂族澗（衍）一夫

新甲一·一二 —返尚毋又（有）咎

新乙四·五五 才（在）行，—☐

新乙四·四四 —返毋又（有）咎

新乙四·一〇〇、零·五三二、六七八 —反（返）至於東陵

曾六三 哀■—馭命尹之一犨䵹車

包二·九二 —𡉚 人名

包二·一八〇 鄗— 人名

天卜 郚— 人名

郭·成·三八 不—（率）大夏（雅）

郭·尊·二五 訂（治）民非—（率）生（性）而已也

新甲三·三四二—二 乙—（亥）之日

上（四）·曹·一二 —年而䎽（問）於敳（曹）

上（六）·用·一〇 春秋—連（轉）

上（六）·天乙·七 目坙（恒）㬥（顧）—面

上（七）·鄭乙·六 帀（師）未—

上（七）·鄭乙·七 王安（焉）—軍㠯（以）迟（起）之

清（一）·者·一 —，乃歓（飲）至于文大（太）室

清（二）·繫·二八 既見之，—

清（二）·繫·六二 楚𠂤（師）未—

清（二）·繫·八七 未—，競（景）公卒（卒）

清（二）·繫·一一七 楚人豫（舍）回（圍）而—

清（二）·繫·一二九 （晉人）—，不果内（入）王子

清（二）·繫·一三六 犬達（逸）而—

清（二）·繫·一三八 齊𠂤（師）至喦，述（遂）—

清（五）·殷·一四 适（括）—蚕（妖）𧖴（祥）

送

上(五)·季·五 百眚(姓)—之㠯(以)□□

遂 上(五)·鬼·三 —(縈)盉(夷)公者

遣

適 郭·語四·二一 若四旹(時)——一坴(來)

从𦥑省聲。

逮

郭·語一·七五 者浴鞭不—從一衍(道)

遲

迟 新甲一·二四 疾—(遲)瘥

新甲三·九六 ▨—(遲)也

新甲三·一一二 —(遲)出

新甲三·一一二 以其—(遲)出之古(故)

新甲三·一五三 ▨□□宜少(小)—(遲)虘(瘥)▨

新乙二·三、四 少(小)—(遲)恚瘧(瘥)

新乙二·二 宜少(小)—(遲)瘧(瘥)

新乙三·三九 疾—(遲)瘧(瘥)

新乙三·四七 少(小)—(遲)恚▨

新乙四·一一〇、一一七 ▨□—(遲)

新零·一七九 少(小)—(遲)瘧(瘥)

上(七)·吴·七 毋敢又(有)—(避)逑之羿(旗)

迡 包二·一九八 戲志事少—得

《說文》遲或从𡰥。

包二·二〇〇 志事少—得

包二·二〇二 戲雀立—遂

天卜 戰適返—速

天卜 少—瘧

天卜 —瘧

天卜 ▨—瘧又棥

天卜 少—𤸰

望一·六二 —瘢

郭·老乙·一〇 —(夷)道(如績)

新零·三三〇 —(遲)瘢(瘥)

上(三)·周·一四 —(遲)又(有)恳(悔)

《古文四聲韻》引古《尚書》「遲」作「遅」。

遲

清(一)·楚·二 穴酓—(遲)徙於京宗

屖

望一·六一 疾—瘢

望一·六三 ☐少—瘢

省形。

尸

上(一)·孔·二一 —酷虐(吾)信之

上(一)·孔·二三 —酷曰

上(二)·民·八 魂(威)我(儀)—=(遲遲)

上(二)·民·一一 魂(威)我(儀)—(逮逮)

上(二)·容·三九 秕三十—而能之

與《說文》古文仁字同形，但音義不同，二者并非一字。

清(一)·金·一 王不瘀(豫)又(有)—(遲)

清(一)·祭·二 我䎽(聞)且(祖)不余(豫)又(有)—(遲)

逗

包二·二四 孝— 人名

包二·二一九 —於邸昜

包二·二二〇 不—於邸昜

天下 既—於王

信二·〇四 二業緣—軿

新甲三·一八二—二 ☐司馬蚘—於鐠

上(四)·柬·一五 龍(寵)臣皆—

上(四)·柬·一六 色—者(睹)又(有)类人

清(二)·繫·一一二 自南山—(屬)之北海(海)

迟

包二·一八五 君夫之族陈周—

透

蟡

郭·唐·二一 受（授）臤（賢）則民遷效（教）而—（化）虖（乎）道

《說文》或體。

避

郭·尊·一七 戚（就）辵則亡—（僻）

達

上（五）·三德·八 是胃（謂）—章

清（一）·程五 不—芓（材）

達

包二·一一九 郘昜司馬— 人名

包二·一一九 昜陵司馬— 人名

包二·一一二 邉陵連囂— 人名

常二 佸迅尹郘逯以王命賜舒方—戠憲

帛甲二·三六 咎天步—

郭·老甲·八 必非（微）溺（妙）玄—

包二·一一三 新都桀夜公— 人名

郭·五·四三 疋膚膚—者（諸）君子道

郭·窮·一四 竆（窮）—以旹（時）

郭·窮·二 童（動）非爲—也

郭·窮·一五 竆（窮）—以旹（時）

新甲三·二〇六 孫—受一匿

郭·語一·六〇 正（政）不—，虘（且）生虖（乎）不達其㢼（然）也

郭·語一·六〇 正（政）不達，虘（且）生虖（乎）不—其㢼（然）也

包二·一一一 正昜莫囂— 人名

上（一）·孔·一九 木苽又（有）寂忎而未𢔶—也

九·五六·三〇 是胃（謂）—日

上（五）·三德·四 悳—之宲

上(六)·用·一〇 胃(謂)陘(地)毛(厚)而不—

上(六)·用·一九 又(有)泯=之不—

清(一)·皇·三 亡(無)不譻(懔)—

清(一)·皇·一一 (善夫)莫—才(在)王所

清(五)·命·五 六亟(極)既—

清(五)·命·五 —道=

避

包二·一二一 屈— 人名

郭·性·五四 —於義者也

上(二)·民·二 必—於豊(禮)樂之莅(涖)

清(三)·芮·二八 □□是—(失)

清(五)·殷·一九 四方—盜(寧)

逯

包二·六五 王妻—

包二·七四 王妻—

包二·一三〇 鄰— 人名

常二 郘— 人名

迵

郭·老甲·二七 —(同)其新(塵)

郭·六·四五 言行皆—(通)

郭·六·四五 參(三)者—(通)

郭·六·四五 參(三)者不—(通)

郭·語一·一〇二 凡同者—(通)

郭·語三·四一 —哀也,三迵廔(文)也

郭·語三·四一 迵(踊)哀也,三—(踊),廔(文)也

上(二)·容·五 又(有)吴(無)—(通)

上(二)·容·二五 垔(禹)乃—(通)蔞與湯

上(二)·容·二六 垔(禹)乃—(通)沇(伊)、洛

上(二)·容·二六 垔(禹)乃—(通)三江五沽(湖)

上(二)·容·二七 垔(禹)乃—(通)經(涇)與渭

上(二)·容·三二 亦=—=

迷

清(二)·繫·七九 女(焉)訇(始)—(通)吴晉
清(二)·繫·一〇八 女(焉)訇(始)—(通)吴晉之逄(路)

清(二)·繫·一一五 遑—而歸之於楚
清(三)·說下·五 —(恫)眾(瘝)少(小)民

謎

郭·語四·一三 是胃(謂)—惑
上(二)·容·三七 述(遂)—

上(六)·孔·二二 —,言之則忐(恐)
清(一)·皇·一一 正(政)用—爾(亂)

清(五)·殷·一二 古民人—嚻(亂)

連

䢅

包二·一三五 —利 人名
包二·一三八 大臭—中
包二·一三八 —戲 人名
包二·一五五 政五—之邑於𨜒王士

包二·六 —囂 職官名
包二·一〇 —囂
包二·一一〇 —囂
包二·一九〇 —郢 人名

包二·一九六 登— 人名
包二·一一三 —囂
包二·一一八 —囂
包二·一二七 —囂

包二·一六三 —囂
包二·一九一 —囂
包二·二〇二 —囂
包二·二一一 —囂

包二·一七〇 —囂
包二·二二五 —囂
包二·二四三 —囂
秦一三·八 —囂

包二·一八〇 —囂
曾一二 —𦔻
曾七三 —𦔻
新甲三·二九四、零·三三四 攻婁—爲攻人受六臣
新零·三五四 𠂤—囂受☐

述
上(三)·周·三五 造(往)許蚉(來)—
上(四)·柬·一五 中夋(余)與五—少(小)子
上(七)·武·九 (危)於忿—(縺)
清(二)·繫·七六 —尹襄老與之爭
清(二)·繫·七六 —尹戠(止)於河澭
清(二)·繫·八一 —尹頯(奢)而殺之
上(二)·民·一一 日—月相

遯
清(二)·繫·一一七 肖(宵)—

遺
包二·一八 鄰— 人名
包二·一六五 份竊—喜
天策 首—
天策 戠—
天策 ☐—笲兩馬之䜌
郭·老甲·三八 自—咎也
郭·緇·四六 其古之—言鋻(與)
郭·唐·八 尊叚(賢)—罕(親)
上(四)·采·三 夬也—夬(玦) 書名
上(五)·季·九 (君子)弝(强)則—
清(一)·金·八 周公乃—王志(詩)
清(一)·皇·一二 朕—父兄眔朕俥(藎)臣
清(一)·祭·一四 不(丕)則亡—逡(後)
清(一)·楚·一四 女(焉)曰肥—
清(一)·楚·一六 女(焉)遷(徙)衺(襲)肥—

清(三)・良・八 周之—老

清(五)・般・一二 敢𧥣(問)先王之—𢘓(訓)

遂

上(五)・三德・二二 ……之罡未可㠯—

上(五)・鬼・二 後殜(世)—之

逃

包二・八七 以受鄦昜之榣官𨻶逿=—之古

包二・一四四 小人—至州衛

包二・一五六 □執命爲王穀取邾不浧穀而—命

包二・八五 以其受䛈缶人而—

包二・一三七 逵宿而—

包二・一三六 慶— 人名

包二・一六五 莫— 人名

包二・一三七反 慶—

帛甲二・二四 寥㭉嫷—

郭・語二・一八 —生於恋

上(二)・從(甲)・八 罰則民—

上(二)・容・四〇 桀(桀)乃—之南菓(巢)是(氏)

上(二)・容・四〇 桀(桀)乃—之鬲(鬲)山是(氏)

上(二)・容・四一 述(遂)—

上(二)・容・四二 恻(賊)—(盜)夫

九・五六・三〇 —人不旱(得)

九・五六・三一 —人不旱(得)

九・五六・三二 堣(遇)冠冦—(盜)

九・五六・三四 —人不旱(得)

九・五六・六六 朝(盜)—旱(得)

九・五六・七一 朝(盜)—旱(得)

上(四)・昭・六 —(珧)瑤(寶)

上(四)・昭・七 見𣪘(捫)—(珧)瑤(寶)

上(五)・姑・五 唯死安(焉)—之

上(六)・孔・五 上唯—智

上(六)·孔·一二
二—者㠯(以)觀於民

上(六)·孔·二一
—亓(其)

上(六)·用·一一
亦不可—

清(二)·繫·一四
—于商盍(蓋)氏

清(二)·繫·三七
褱(懷)公自秦—歸

清(二)·繫·六一
自疈(厲)—歸

清(二)·繫·六九
乃—歸(歸)

清(二)·繫·七九
自齊述(遂)—迲(適)晉

清(二)·繫·九二
齊高厚自𠂤(師)—歸(歸)

清(二)·繫·一三〇
奠(鄭)𠂤(師)逃內(入)於蔑

追

上(六)·競·一二
晏子是壤(讓)—之言也

清(一)·保·八
迺(乃)—(歸)中于河

逐

清(二)·繫·九三
衒(率)𠂤(師)以—縕=經=

清(三)·說下·三
余䫉(柔)遠能—(邇)

迖

清(二)·繫·六
盤—(逐)坪=王=

清(二)·繫·一二二
晉𠂤(師)—(逐)之

清(三)·琴·九
—(逐)思谘(忱)之

上(三)·周·四三
—(動)毋悬(悔)

上(五)·競·一〇
追—(犬)畋(獵)𢓜(鄉)

還

清(五)·殷·一五
—(邇)則文之悳(化)

近

郭·尊·八 人道爲—

郭·成·三七 惟君子道可—求而可遠向也

郭·五·七 善弗爲亡—(忻)

郭·六·四八 新(親)遠(戚)遠—

郭·性·三 司(始)者—青(情)

郭·性·五六 上交—事君

郭·性·二九 悏(哀)、樂，其眚(性)相—也

郭·性·四〇 唯眚(性)𢜈(愛)爲—悳(仁)

郭·性·五七 下交得衆—從正(政)

郭·性·五七 攸(修)身—至悳(仁)

上(二)·從(甲)·一三 不必才(在)—遲(昵)藥(樂)

上(三)·中·二〇 三害—與矣

丘

上(一)·性·一八 丌(其)眚(性)相—也

上(一)·性·二五 上交—事君

上(一)·性·二五 攸(修)身—至悳(仁)

上(一)·性·二五 下交㝵(得)衆—從(從)正(政)

上(一)·性·三四 唯宜(義)道爲—中(忠)

上(一)·性·三四 唯眚(性)𢜈(愛)—悳(仁)

郭·性·三六 —(近)得之壴(矣)

上(一)·性·二 𣅀(終)者—義

上(一)·性·二 司(始)者—情

望二·四五 二—(巹)

《說文》古文作[glyph]。

邋

清(三)·芮·六 亓(其)由不—(攝)丁(停)

邇　過　遮　迁　遠

邇
遫　天卜 少又優於— 又有敚
郭・緇・四三 此以—(邇)者不賊(惑)
遫之訛形。

迩　上(一)・紂・二二 此㠯(以)—(邇)者不惑
上(二)・容・一九 乃因—㠯智(知)遠
《説文》古文邇。

過
上(三)・周・三二 見車—

遮
徬　郭・成・一六 古(故)君子不貴—(僻)勿(物)而貴與民又(有)同也

迁
清(五)・命・五 九—(間)具(俱)寅(塞)
清(五)・命・八(重) (民禄)—〓善〓

遠
包二・二八 —忻 人名
包二・二八 —䚂 人名
包二・五六 —絧 人名
包二・八九 —乙 人名
包二・九〇 — 人名
包二・一九三 —從志 人名
包二・二〇七 —栾之月
天卜 —栾之月
包二・一六四 —纕 人名
天卜 —栾之月
天卜 —栾之月
郭・老甲・一〇 執之者—之
郭・魯・七 〔爲〕義而—录(禄)雀(爵)
郭・性・三〇 是古(故)其心不—

郭・六・四八
新（親）遠（戚）—近

郭・尊・一六
則民（淫）惃—豊（禮）亡新（親）息（仁）

郭・成・二一
其迲（去）人弗—俟（矣）

郭・成・三七
惟君子道可近求而可—向也

郭・五・三六
—而𥚃之

郭・五・三六
—也

郭・緇・四三
而—者不俟（疑）

上（二）・從（甲）・一〇
誂則—〓戾〓（遠戾，遠戾）所㠯☐

九・五六・七七
—栾

九・五六・八五
—栾

九・五六・二四
—栾

九・五六・三三
㠯（以）—行

九・五六・三五
女（如）—行

上（一）・孔・二
丌（其）思深而—

上（二）・子・五正
或㠯（以）慶而—

上（一）・紂・二二
而—者不惷（疑）

上（二）・容・一九
而—者自至

新甲三・三四
—栾之月

上（三）・彭・六
—慮（慮）

上（四）・采・三
道之—尔　書名

上（四）・内附
—敬之

上（五）・季・一九
毋欽—，毋詣移

上（五）・姑・七
—慵（慮）惰（圖）逡（後）

上（六）・用・三
—君遠戾

上（七）・武・七
所諫不—

上（七）・凡甲・九
至—從迩（邇）

清（一）・尹誥・三
今隹（惟）民—邦逯（歸）志

清（一）・程・五
不可藥，時（時）不—

逮 邍 道

清(一)·保·五 又(有)攺(施)于上下—埶(邇)
清(一)·皇·六 —土不(丕)承

清(一)·皇·一〇 又(有)埶(邇)亡(無)—
清(一)·楚·二 —中(仲)

清(三)·説中·五 不虞(徂)—
清(三)·説下·二 余順(柔)—能逐(邇)

清(三)·芮·一〇 不—亓(其)恻(則)
清(五)·湯丘·一七 —又(有)所亟

清(五)·湯丘·一八 —民皆亟(極)
清(五)·殷·一八 卹(恤)—而惎(謀)新(親)

逮
上(二)·容·一九 是目—(近)者敓(悦)紿(治)

邍
备
上(三)·周·九 —(邍)簭(筮)
簡文「邍簭」,帛本、今本作「原筮」。

道
道
包二·八八 陽— 人名
信一·〇五 君子之—
信一·〇一六 行有—

郭·老甲·一八 —亙(恆)亡名
郭·老甲·二〇 卑(譬)—之才(在)天下也

郭·老甲·二二 —大
郭·老甲·三五 是胃(謂)不—

郭·老甲·三七 —僮(動)也
郭·老甲·三七 —之甬(用)也
郭·老乙·三 爲—者日員(損)

郭·老乙·三 長生售(舊‖久)視之—也

郭·老乙·九 上士昏(聞)—

郭·老乙·九 下士昏(聞)—

郭·老乙·九 中士昏(聞)—

郭·老乙·一〇 明—女(如)孛(曹)

郭·老乙·一〇 不足以爲—矣

郭·老乙·一一 〔進〕—若退

郭·老丙·三 古(故)大—癹(廢)

郭·太·九 天—貴溺(弱)

郭·太·一〇 —亦其恣(字)也

郭·太·一一 以—從事者必㐌(託)其名

郭·五·五 善,人—也

郭·五·五 悳(德),天—也

郭·五·七 士又(有)志於君子—胃(謂)之時(志)士

郭·五·一五 聰則聋(聞)君子—

郭·五·二三 未尚(嘗)聋(聞)君子—

郭·五·二六 聋(聞)君子—

郭·五·二三 聋(聞)君子—而不智(知)其君子道也

郭·五·二四 聋(聞)君子道而不智(知)其君子—也

郭·五·二七 聖人智(知)而(天)—也

郭·五·三五 不以少(小)—赴(屠)大道

郭·五·三五 不以少(小)道害(害)大—

郭·五·三八 不匿,不辯(遍)於—

郭·五·四九 聋(聞)—而兑(悦)者

郭·五·五 聋(聞)—而共(恭)者

郭·尊·四 訾(教)非改—也

郭·尊·五 桀以人—亂其民

郭·尊·五 瑀(禹)以人—訂(治)其民

郭·尊·六 民之—也

郭·尊·七 水之—也

郭·尊·七 陧(地)之—也
郭·尊·八 人—爲近
郭·尊·八 莫不又(有)—安(焉)

郭·尊·八 是以君子人—之取先
郭·尊·九 智(知)命而句(後)智(知)—
郭·尊·二一 民可叀(使)—(由)之

郭·唐·一 湯(唐)吴(虞)之—
郭·唐·三 聖(聖)—備歖(矣)
郭·唐·六 效(教)民大川(順)之—也

郭·唐·二一 受(授)臤(賢)則民遷效(教)而蝺(化)虖(乎)—
郭·成·四 其—民也不憲(浸)

郭·成·一五 上不以其—
郭·成·一六 是以民可敬—(導)也
郭·成·二七 唯(雖)其於善—也

郭·成·二九 害(盍)—不説(悦)之司(始)也
郭·成·三二 是古(故)小人變(亂)天祟(常)以逆大—

郭·性·二二 其訇(詒)宜(儀)—也
郭·緇·一二 百眚(姓)以悬(仁)—

郭·緇·三二 君子—人以言
郭·語一·三〇 虞(然)句(後)智(知)—
郭·語一·一九 人之—也
郭·語一·二二 我(義)生於—

郭·語一·六八 憲(察)天—以㑥(化)民獎(氣)
郭·語一·八〇 長弟,罪(親)—也
郭·語四·五 凡敚(説)之—

上(一)·孔·二三 巳(以)—交見善而斈(傚)
上(二)·子·七 —不奉罡
上(二)·從(甲)·八 愄(威)則民不—

上(一)·性·七 —也
上(一)·性·八 —四述也
上(一)·性·八 —(導)之而巳
上(一)·性·二三 又(有)—者也

上(一)·性·二四
智(知)—者

上(一)·性·三四
唯宜(義)—爲近中(忠)

上(一)·性·三五
□□道爲可—(導)也

上(二)·容·四—五
—洛(路)無殤死者

上(二)·容·八
於是虐(乎)㠯(始)語堯天地人民之—

上(二)·容·三五
傑(桀)不述亓先王之—

上(二)·容·四二
受(紂)不述亓先王之—

上(二)·容·四四
思民—(蹈)之

上(二)·容·四六
唯(雖)君亡—

上(二)·容·四六
唯(雖)父亡—

上(三)·周·一七
又(有)孚才(在)—已明

上(三)·中·三
—女(汝)思老

上(三)·中·一一
敢昏(問)—民興悳(德)女(如)可(何)

上(三)·亙·九
天—既載

上(三)·彭·一
皮(彼)天之—

上(三)·彭·八
既㝵(得)昏(聞)—

上(四)·采·三
—之遠尔　書名

上(四)·相·四
不昏(問)又(有)邦之—

上(四)·曹·六
叟(鄰)邦之君亡—

上(四)·曹·八
又(有)大—焉

上(四)·曹·九
已亡—

上(四)·曹·一〇
已亡—爯(稱)

上(四)·曹·三八
戰(戰)又(有)㬎(顯)—

上(四)·曹·四〇
此戰(戰)之㬎(顯)—

上(四)·曹·五〇
復(復)盤戰(戰)又(有)—虖(乎)

上（四）·曹·五三 盤戰（戰）之—

上（四）·曹·五四 逿（復）故戰（戰）又（有）—虖

上（四）·曹·五五 此逿（復）故戰（戰）之—

上（四）·曹·六四 先王之至—

上（五）·競·九 公身爲亡（無）—

上（五）·季·四 亓（其）—而備（服）安（焉）

上（五）·季·一〇 —（導）

上（五）·姑·一 （厲公）無—

上（五）·姑·七 亡—，正（征）也

上（五）·三德·一七 亙（恒）—必𡍮

上（六）·孔·四 能行䀘（聖）人之—

上（六）·慎·六 智（知）—不可㠯（以）㤅（疑）

上（六）·用·一九 民—緮（煩）多

上（七）·武·三 —箸（書）之言

上（七）·武·一 𡍮（舜）之—才（在）虐（乎）

上（七）·武·一二 則弗—

上（七）·武·一二 —則聖人之道

上（七）·武·一二 君齋牺（將）—之

上（七）·武·一二 聖人之—

上（七）·吳·四 型（荆）爲不—

上（七）·吳·九 楚人爲不—

清（一）·程·九 可（何）保非—

清（二）·繫·六六 于幽（斷）—

清（三）·芮·六 莫之敊（扶）—（導）

清（三）・芮・一七
—（導）諱（讀）善敗（敗）

清（四）・筮・祟五一
夫天之—，

清（五）・命・五
達—＝

清（五）・命・五
—天莫女（如）亡（無）亟（極）

清（五）・命・五
—天又（有）亟（極）則不＝枼＝

清（五）・命・六
夫天—三

清（五）・命・七
人—三

清（五）・湯丘・二
以—心蕣（嗌）

清（五）・湯丘・五
繕（適）奉（逢）—洛（路）之祙（祟）

清（五）・湯門・二一
亦隹（惟）天—

⿱首止

清（二）・繫・六九
逌（須）者（諸）侯于幽（斷）—（道）

清（二）・繫・七〇
會于幽（斷）—（道）

衍

郭・老甲・六
以—（道）差（佐）人宔（主）者

郭・老甲・一〇
保此—（道）者不谷（欲）端（尚）呈（盈）

與《汗簡》「道」字相同。

郭・老甲・一三
—（道）亙（恆）亡爲也

郭・性・一二
—（道）也

郭・性・一四
凡—（道）

郭・性・一四
—（道）者

郭・性・一四
群勿（物）之—（道）

郭・性・一四
—（道）四述（術）

郭・性・一五
—（道）之而已

郭・性・一五
唯人衍（道）爲可—（導）也

郭・性・一五
唯人—（道）爲可衍（導）也

郭・性・五三
又（有）—（道）者也

郭・性・一九
其先後之舍（叙）則宜（儀）—也

郭・性・四二
唯人衍（道）爲可—（道）也

迒 邊 迢

衍 郭・性・五六 昏(聞)—(道)反下

衍 郭・六・五 君子不卞(偏)女(如)—(道)

衍 郭・六・七 ☐繇(由)其—(道)

衍 郭・六・六 君子女(如)谷(欲)求人—(道)☐

衍 郭・六・二六 —(道)宎(困)止

衍 郭・六・四七 爲—(道)者必繇(由)此

衍 郭・性・四一 所爲—(道)者四

衍 郭・性・四一 唯宜(義)—(道)爲忻(近)忠

衍 郭・忠・七 信之爲—(道)也

衍 郭・語三・五〇 志於—(道)

衍 郭・語三・六 習(友)，君臣之—(道)也

衍 郭・語一・三六、三七 易所以會天—人道也

衍 郭・語一・三六、三七 易所以會天道人—也

衍 郭・性・二一 樂其—(道)

衍 郭・性・四一 唯人—(道)爲可衍(道)也

衍 郭・語一・七五 者浴鞭不逮從一—(道)

衍 郭・語三・五六 聿(進？)飤(食)之—(道)

衍 上(一)・紂・一七 言—(道)行之

衕

衕 郭・語二・三八 凡悔(謀)，已—(道)者也

迒

迒 上(五)・鮑・五 含(今)豈(豎)—(刁)怭夫而欲

邊

邊 曾・一七二 —輿人馱=

邊 上(五)・三德・四 是胃(謂)—(罪)

邊 上(四)・曹・一七 所已佢(距)—(邊)

『邊城』之『邊』。

迢 巠

迢 包二・一六七 東郕人登—

迢 清(三)・芮・二三 民乃—(嗥)嚚

迸

迸

上（七）·凡甲·一四 颰（拔）飄而—（屏）之

上（七）·凡乙·一〇 戠（識）—

𨑨

包二·一二〇 —楚之戠

包二·一二八反 —郢

九·五六·三二 —（蹠）四方埜（野）外

上（四）·昭·一 牺（將）—（跖）閨

上（四）·昭·五 卲（昭）王—

上（四）·柬·一六 癹（發）駐（馹）—（蹠）四〓疆〓

上（五）·三德·五 土地乃—（坼）

上（五）·三德·六 土地乃—（坼）

上（六）·平王與·一 王子木—（至）城父

上（六）·平王與·三 臧（莊）王—（至）河澹（淮）

清（二）·繫·三六 乃—（適）齊〓

清（二）·繫·三六 —（適）宋〓

清（二）·繫·三七 乃—（適）衛〓

清（二）·繫·三七 —（適）莫〓

清（二）·繫·三七 乃—（適）楚

清（二）·繫·七〇 —（適）晉求數（援）

清（二）·繫·七五 —（適）秦求𠂤（師）

清（二）·繫·七九 自齊述（遂）逃—（適）晉

清（二）·繫·七九 自晉—（適）吳

清（二）·繫·一〇八 自晉—（適）吳

亙

曾一七五 —趼子爲左驌

遝

包二·一六七 疋束—

逗

包二・一八二 宵官司敗— 人名

天策 少司馬—

清(一)・楚・五 𦧒—，𦘠(盡)居𡍮宅

清(一)・楚・五 𦧒—遷(徙)居發漸

迲

包二・一二九 左司馬— 人名

迿

包二・八五 登— 人名

包二・一七二 大佶辻繼—

包二・一七八 佶大迅繼—

上(五)・鮑・二 —佝者㝵(使)遅(堋)

上(五)・鮑・二 忘亓(其)—佝也

上(五)・鮑・二 𧴪(寡)人牆(將)—佝

速

范二七 ☐受可—

范二七 隻以爲悳迋悳—

逵

包二・一三七 —宿而逃

包二・一三七反 㫊—宿

九・五六・二八 秎(利)㠯(以)解—兇(凶)

逿

包二・一五九 —㝵 人名

包二・一三七 —㫊

包二・一七三 州加公— 人名

包二・一三一 舒— 人名

包二・一三六 舒—

郭・太・六 —而或☐

趙

清(一)・耆・一〇 蚩(蟋)蟹(蟀)—隆(降)于尚(堂)

迒

郭・語一・四 又(有)—又(有)型乂(有)聿

郭・語二・四〇 正一以遊(失)其—者也

⿺辶厚

⿺辶⿱日子 包二·九九 郘昜之佶筴公—

包二·一七〇 鄴人鄗— 人名

所从與《説文》古文形近。

⿺辶丰

郭·緇·三八 行又(有)—(格)

郭·緇·三九 —(略)而行之

上(五)·弟·五 可—(奉)而告也

⿺辶旦

郭·窮·七 白(百)里—

从裘錫圭先生：此字从『旦』声，讀爲『轉』。遄五羊。

郭·尊·三八 —(轉)而大又(有)憲(害)者

郭·尊·三七 古(故)悳(德)可易而攺(施)可—(轉)也

郭·尊·三八 —(轉)而大又(有)利者

⿺辶羊

包二·一九 不—龏倉以廷

包二·二一 不—寀戰黄辱

包二·二三 不—郐談大司敗以槼

包二·二五 不—玉敓(令)步

包二·二六 不—郙昜宫夫=以廷

包二·二八 不—贅尹之鄘邑公遠忻

包二·三一 不—鄬之已里人青辛以廷

包二·三三 不—五皮以廷

包二·三四 不—倗娶之闈人周敚周瑑以廷

包二·三五 不—嫿以廷

包二·三六 不—剝君以廷

包二·三七 不—苛㬻以廷

包二·三八 不—㢨夻君之司馬駕與㢨夻君之人南軺登敢以廷

包二·四一 不—郢剝以廷

包二·三九 不—周敚周瑑(瑶)以廷

包二·四〇 不—李兼以廷

包二·四五 不—登屝以廷

包二·四七 不—顫宫夫=鈇公𡷠期

包二·四八 不—邔鄴以廷

包二·四六 不—郙異之大市(師)郙儥以廷

包二·四九 不—如左喬尹秋䍃以廷

包二·五〇 不—郬辛以廷 | 包二·五一 不—陰大辻尹宋勳以廷 | 包二·五六 不—郈逼玺慶以廷

包二·六〇 不—弡台君之司馬周駕以廷 | 包二·六八 不—競酉之司敗鄆愴以廷 | 包二·六九 不—大廄馭墜𠯑以廷

包二·六四 不—郕異之大市(師)郕儥 | 包二·五五 不—大市(師)儥以廷 | 包二·六五 不—𨭼弡臺𨭼臒以廷

包二·六六 不—登䏔之子娭以廷 | 包二·七〇 不—谿若以廷 | 包二·七一 不—宙昜之仟門人軋慶以廷

包二·七四 不—過御𨑩嘉以廷 | 包二·七五 不—𨭼𠦪以廷 | 包二·七六 不—周緩以廷 | 包二·七八 不—長㞷正差鄆思以廷

包二·二二八 —楚邦之市(師) | 包二·二三〇 —楚邦之市(師) | 包二·二三九 —楚邦之市(師) | 包二·二四二 —楚邦之市(師)

常二 郕渒君𣎆—其衆 | 秦九九·一二 —其□孫人□以黏▨

逞

上(四)·曹·二七 而改亓—(將) | 上(四)·曹·三二 亓—(將)銜(帥)𦘒(盡)剔(傷)

上(四)·曹·四二 亓—(將)連(卑)

迸

包二·二二六 —楚邦之市(師)徒 | 包二·二三四 —楚邦之市(師)徒 | 包二·二四五 大司馬悼滑—楚邦之市(師)徒

包二·二四七 大司馬悼滑—楚邦之市(師)徒 | 包二·二三二 —楚邦之市(師)徒 | 包二·二三六 —楚邦之市(師)徒

迻

上（七）·武·九 亞（惡）—〓

清（二）·繫·八一 五（伍）雞—（將）吴人

『遲』之省形。

逡

包二·一六九 鄒—邑人周絰

迬

郭·成·一九 所求之不—（陵）

迪

郭·老甲·一〇 竺（孰）能庀以—者

見《玉篇·辵部》。

郭·緇·一九 君—（陳）員（云）

郭·緇·三九 君—（陳）員（云）

上（一）·紂·二〇 君—（陳）員（云）

紳

上（一）·紂·一〇 君—（陳）員（云）

递

包二·二四〇 —瘢

包二·二四三 病—瘢

《玉篇·辵部》：『递同遞。』

逽

包二·六八 鄗君之耆州加公周—受期

逿

包二·一二八 王丁司敗—

包二·一四一 王丁司敗—

⿺辶兑

郭・老甲・二七 閟（閉）其—（兑）

郭・老乙・一三 賽（塞）其—（兑）

郭・老乙・一三 啓其—（兑）

上（三）・中・二五 不聿（盡）亓—

郭・性・四六 人之—（俛）（然）可與和安者

迎

郭・性・四四 又（有）其爲人之—迎=（節節）女（如）也

逼

包二・五六 郘— 人名

包二・一六七 隋— 人名

包二・一九二 婁— 人名

⿺辶高

天卜 戰—返遟逨

⿺辶罼

包二・七四 周— 人名

从辵从罼，罼即畢字繁文。

包二・九三 舒— 人名

⿺辶罼

上（二）・容・一 壚—是（氏）之又（有）天下也

上（二）・容・九 —（畢）能亓事

遶

选

包二・一一九反 鄀— 人名

包二・一七五 佶戯邦—

从堯省。『遶』字見《廣韻・小韻》。

逋

郭・六・四六 死與之—（斃）也

⿺辶希

郭・五・二一 不悳（直）不—

郭・五・二一 不—不果

郭・五・三四 —也

逍 迈 途 迡 遈 逿 遳 遳 遌

郭·五·三四
—而不畏彊(强)語(禦)

郭·語三·五八
又(有)眚(性)又生虖(乎)生又(有)—

新甲三·九九
—而遏(歸)之

新零·二二二
☐〔句郏〕公鄭—〔㲄〕

郭·尊·一七
戚(就)—則亡避(僻)

上(二)·民·八
可(何)志(詩)是—(迡)

上(二)·從(甲)·一三
不必才(在)近—(昵)藥(樂)

上(二)·昔·二
吕(以)告—₌人₌(寺人)内(入)告于君₌(君,君)曰

郭·唐·六
考後而—先

上(二)·從(乙)·六
不武則志不—(匿)

新乙四·三〇、三二
☐□爾迖毋—爾☐

包二·一八二
周— 人名
从劉信芳先生釋。

遉

上（三）・周・二四
日—（顛）頤

上（三）・周・二五
—（顛）頤
帛本、今本皆作「顛」。

上（七）・鄭甲・四
豙（家）—（顛）逘（覆）

上（七）・鄭乙・四
子豙（家）—（顛）逘（覆）天下之豊（禮）

⿺辶令

上（四）・柬・一四
医（侯）大割（宰）遜—（伴）進
疑爲「遂」字。

⿺辶坐

上（四）・柬・一八
社禝（稷）㠯（以）—（坐）與（歟）

上（五）・君・一
—（坐），虗（吾）語女（汝）
疑爲「坐」字異體。

迗

上（四）・柬・二
我（儀）愈—（突）

⿺辶舀

上（四）・采・四
嘉賓—憙　書名
疑爲「蹈」字。

⿺辶卑

上（四）・曹・一八
便—（嬖）

上（四）・曹・四二
亓逞（將）—（卑）

⿺辶樂

𨖼

上（四）・內・六
亡厶（私）—（樂）

迨

上（五）・競・一〇
—迖（犬）畋（獵）𦡴（鄉）

⿺辶青

上（五）・姑・五
宔（主）君不—於虗（吾）古（故）

上（五）・姑・七
伐尾—适
疑爲「舌」字異體。

⿺辶医

上（五）・鮑・四
篧（敦）—（堪）伓（背）忎（愿）

⿺辶今

上（六）·慎·六
⿺辶幾—

⿺辶凶

清（一）·程·七
—（芃）于商

⿺辶皮

清（二）·繫·八八
楚王子—（罷）會晉文子燮（燮）

⿺辶須

清（二）·繫·六九
—（須）者（諸）侯于幽（斷）苴（道）

⿺辶丵

清（二）·繫·五四
秦康公衒（率）𠂤（師）以—（送）癰（雍）

进

清（三）·説下·九
余隹（惟）弗—（雍）天之叚（嘏）命

逷

清（四）·筮·至一三
不—（易）向，䎽（昏）䎽（聞）不至

⿰彳易

清（四）·筮·至一一
亓（其）余（餘），—（易）向

⿺辶⿱虍木

清（五）·封·八
女（汝）亦隹（惟）臺（淑）章尔—（慮）

⿺辶㸒

清（五）·命·九
（民畏）則—＝祭＝

清（五）·命·一〇
禍（禍）莫大於—（淫）祭

清（五）·命·一三
埶（藝）不—（淫）

清（五）·命·一四
埶（藝）—（淫）則割（害）於材（才）

德　徑　復

德　遮
信一·五　君子之—

德
包二·八四　膚人之州人陳—
包二·八五　錡缶公—訟宋𥢶·宋庚
范二七　以爲—安
德之或體。

經
上(六)·用四　德—于康

逕
上(六)·競一二　神見虗(吾)—

復　逡
曾一六〇　鞏—尹之肇
帛甲五·一七　至于—天旁遷
帛丙六·三　其□其—
郭·老甲·一二　—衆之所𨑒(過)

郭·老甲·二四　各—其堇(根)
郭·老甲·二四　居以須—也
郭·老丙·一三　—衆之所𨑒(過)

郭·性·二六　其反善—訂(始)也訢(慎)
郭·性·一八　肰(然)句(後)—以𠯘(教)

郭·性·六一　已則勿—言也
郭·成·一九　古(故)君子所—之不多
郭·成·一九　民必因此厚(重)也，以—之

郭·尊·二三　訂(治)民—豊(體)民
郭·尊·三二　攻(功)則往者—依
郭·尊·三四　弗勇則亡—

郭·太·二　神明—相補(薄)也
郭·太·二　侌(陰)昜(陽)—相補(薄)也
郭·太·三　四時—補(薄)也

郭·太·三　倉(滄)然(熱)—相補(薄)也
郭·語四·一　非(靡)悳(德)亡—
郭·語四·四　亞(惡)言—己而死無日

九・五六・二一
—(復)於栖(西)

九・五六・二二
凡—(復)日

上(二)・容・二八
—(復)穀(穀)豢(換)土

新零・四二一
王—於藍(郢之歲)〼

上(三)・周・五
—(復)即命愈(渝)

上(三)・周・一九
韋(敦)—(復)

上(三)・周・二〇
丌(其)非—(復)又(有)猎(眚)

上(三)・周・三二
自—(復)

上(三)・周・三七
丌(其)丞(来)—(復)

上(三)・周・五〇
夫征不—逡(復)

上(三)・亙・三正
求慾(欲)自—(復。復)

上(三)・亙・五
隹(唯)—(復)𠂤不灋(廢)

上(三)・亙・九
隹(唯)逡(復)𠂤猶—(復)

上(三)・亙・九
隹(唯)—(復)𠂤猶逡(復)

上(四)・曹・二九
毋—(復)遊(失)

上(四)・曹・四六
—(復)敗戰(戰)又(有)道虘

上(四)・曹・五〇
既戰(戰)—(復)豫

上(四)・曹・五〇
—(復)盤戰(戰)又(有)道虘(乎)

上(四)・曹・五一
反(返)帀(師)牺(將)—(復)

上(四)・曹・五二
此—(復)

上(四)・曹・五二
明日—(復)帔(陳)

上(四)・曹・五三
此—(復)甘戰(戰)之道

上(四)・曹・五三
—(復)甘戰(戰)又(有)道虘

上(四)・曹・五四
—(復)故戰(戰)又(有)道虘

 上（四）·曹·五五
此—（復）故戰（戰）之道

 上（五）·鮑·八
—（復）曰

 上（五）·三德·七
必—（復）之吕康

 上（五）·三德·二一
竿之長枸株— 車善游者

 上（六）·平·四
王—（復）見蒖＝（鄭壽）

 上（七）·鄭甲·四
逌（顛）—（覆）天下之豊（禮）

 清（一）·保·八
以—（復）又＝易＝

 清（一）·耆·六
遂（後）雚（爵）乃—（復）

 清（一）·金·一三
聿（盡）—（復）笙（筑）之

 清（一）·皇·五
先神示（祇）—（復）式〈式〉用休

 清（一）·楚·八
（爲郢）—（復）遷（徙）居免郢

 清（一）·楚·一二
女（焉）—（復）遷（徙）居秦＝溪＝之＝上＝

 清（一）·楚·一三
—（復）遷（徙）袠（襲）姚（㜸）郢

 清（一）·楚·一四
王大（太）子以邦—（復）於淋郢

 清（一）·楚·一五
王自鄀（蔡）—（復）郊（鄀）

 清（一）·楚·一五
（鄘郢）—（復）於鄘（鄘）

 清（三）·琴·一六
思豊亓（其）—（復）

 清（三）·芮·五
募（顧）皮（彼）遂（後）—（復）

 清（四）·別·五
《—（復）

 清（五）·湯丘·四
湯反—（復）見少（小）臣

 清（五）·殷·二七
募（顧）—（復）孕（勉）祔（祇）

 清（五）·殷·二八
天募（顧）—（復）之甬（用）休

新甲三·二九七
王—於藍郢之☐

新乙四·五四
☐王—於藍郢之〔歲〕

新零·二九四、四八二
☐〔王〕—於藍郢之歲

清（二）·繫·四七
秦𡧊（師）乃—（復）

清（二）·繫·六八
所不—（復）頜（詢）於齊

清（二）·繫·八四
卲（昭）王女（焉）—（復）邦

清（二）·繫·九四
以—（復）坪（平）会（陰）之𠂤（師）

清（二）·繫·九五
以—（復）朝訶（歌）之𠂤（師）

清（二）·繫·一〇二
洛以—（復）方城之𠂤（師）

清（二）·繫·一〇四
𠣾（使）各—（復）亓（其）邦

清（二）·繫·一〇六
卲（昭）王既—（復）邦

清（二）·繫·一一六
以—（復）黄池之𠂤（師）

清（二）·繫·一三三
以—（復）長陵之𠂤（師）

清（二）·繫·一三四
以—（復）郢（郚）之𠂤（師）

逼

曾一六二
—尹之一騏一黄

上（五）·弟·五
耇老不—（復）壯

上（七）·武·一三
武王北面而—（復）𦖞（問）

清（一）·金·八
我之□□：亡以—（復）見於先王

清（五）·命·一〇
（不忠）則亡（無）—（復）

[illegible]

清（一）·尹誥·二
（民）—（復）之甬（用）麗（離）心

[illegible]

清（五）·厚·六
真（顛）—（覆）氒（厥）悳（德）

省形。

往

清（四）・箋・㝔八 内（入），乃—（復）

清（四）・箋・行二三 譬（數）内（入），—（復）

省形。

徃

徃

郭・老丙・四 —而不害

郭・老丙・四 天下—

上（四）・曹・五五 車良士—取之餌（耳）

迬

上（三）・周・二〇 不利又（有）卣（攸）—（往）

上（三）・周・二二 利又（有）卣（攸）—（往）

《説文》古文。

上（三）・周・三〇 勿用又（有）卣（攸）—（往）

上（三）・周・三五 —（往）訏⿱來土（來）譽

上（三）・周・三六 —（往）訏⿱來土（來）碩

上（三）・周・三七 亡（无）所—（往）

上（三）・周・三七 又（有）卣（攸）—（往）

上（三）・周・四〇 又（有）卣（攸）—（往）

上（三）・周・四二 —（往）亡（无）咎

上（三）・周・四二 利又（有）卣（攸）—（往）

上（四）・曹・六〇 一出言三軍皆—（往）

上（五）・弟・一九 其聖（聽）子迲（路）—（往）虘（乎）

敳

上（三）・周・三三 —（往）可（何）咎

彶

郭・老甲・二五 易—（散）也

遂

包二・二三八 由（思）左尹𢓜—遉尻

彶字異體。

上（六）・平・五 君王—（彶）尻（居）

清（三）・説上・五 迺—（踐）

復　後

復

退　帛乙八・六　寺兩進—　《説文》古文从辵作…，隸作退。　郭・老甲・三九　攻（功）述（遂）身—　郭・老乙・二　〔進〕道若—

郭・性・六五　—谷（欲）尋而毋巠（輕）　郭・魯・二　咠（揖）而—之　郭・唐・二七　—而敄（養）其生

上（一）・孔・三　多言難而悹（悁）—（懟）者也　上（二）・容・四八　三鼓而—之

上（五）・君・二　詹（顔）困（淵）—　上（六）・用・一九　進—敎立

清（三）・芮・二三　甬（用）交䜌（亂）進—

上（四）・相・四　孔＝（孔子）—

上（四）・曹・五八　所㠯爲毋—

上（六）・競・一二　—笞（席）曰　省形。

遐　郭・語二・四三　惻（賊），—人也　上（二）・昔・一　—，前之　上（一）・性・二七　—谷（欲）緊（？）而毋翌（輕）

清（五）・湯丘・一九　—不𥤚（顧）死生

後

逡　包二・二　魯易公以楚帀—𨍭莫之戢　《説文》古文—从辵作…。　包二・四　遊易公以楚帀—𨍭莫之戢　包二・九三　以其敚其—

包二·二二七 曌禱兄俤無—者

包二·二五〇 曌禱於絶無—者各肥豬

包二·二四九 見於絶無—者與漸木立

郭·老甲·三 以身—之

郭·五·四六 後，莫敢不—

郭·成·三五 其先也不若其—也

郭·窮·九 —名昜（揚）

九·五六·四九 □祭室之—（後）

上（二）·容·一二 而欲㠯爲—（後）

郭·性·一七 雚（觀）其先—（『後』之誤）而逆訓（順）之

上（三）·周·九 —（後）夫凶

上（三）·周·一八 —（後）甲晶（三）日

上（三）·中·四 從於剁（宰）夫之—（後）

上（三）·亙·一〇 㤁言之—（後）者孳（校）比焉

上（四）·曹·二四 —（後）則見亡

上（五）·鮑·四 弗靚（顧）前—（後）

上（五）·季·一 又（有）司（事）之—（後）

上（五）·姑·五 而又（有）—（後）青（請）

上（五）·姑·七 慮（慮）惰（圖）—（後）

上（六）·競·七 忑（恐）—致（誅）於吏（史）者

上（六）·用·五 視前寡（顧）—（後）

上（七）·吳·五 㠯（以）此前—（後）之猷

清（一）·程·九 —〃戒（後戒，後（戒））

清（一）·皇·七 乎（厥）—（後）嗣立王

清（二）·繫·九〇 亡—（後）

清（二）·繫·一三二 亡—（後）於奠（鄭）

迒

上（五）·競·四 —（後）安（焉）

上（七）·武·六 —（後）右耑（端）曰

上（七）·武·六 笘（席）—（後）左耑（端）曰

上（七）·武·七 必慮亓（其）—（後）

清（一）·耆·四 —（後）篧（爵）乃從

清（一）·耆·六 —（後）篧（爵）乃退（復）

清（一）·金·六 臺（就）—（後）武王力（陟）

清（一）·金·八 於—（後）周公乃遺王志（詩）

清（三）·琴·七 缶（保）藍（監）亓（其）又（有）—（後）

清（三）·芮·五 鼻（顧）皮（彼）—（後）退（復）

清（五）·殷·八 殜＝（世世）至于—（後）飤（嗣）

清（五）·殷·二六 不鼻（顧）于—（後）

遙

包二·一五一 其弟番黜—之

包二·一五一 番欸—之

包二·一五二 成又—

包二·一五二 番成無—

包二·一五一 其子番步—之

郭·五·四六 —，莫敢不後

新甲二·三二 ☐牆（將）爲瘨於—☐

上（四）·曹·三〇 三行之—（後）

徭

清（三）·良·五 —（後）又（有）弔（叔）向

清（三）·良·九 —（後）出邦

清（五）·厚·四 其才（在）寺（時）—（後）王之卿

得

㝵

包二·九〇 競— 人名 《説文》古文『得』。

包二·九二 而—之於鱈之室

包二·一〇二 墜— 人名

包二·一二〇 傳邦僕—之

包二·一三五反 郤之戟客敷—冒

包二·一五八 畢— 人名

包二·一六六 邨— 人名

包二·一九八 𠭯志事少遅—

包二·一五六 不—穀之處

包二·二〇〇 志事少遅—

包二·二〇〇 志事速—

包二·二二 隋— 人名

包二·二四 隋—

包二·三〇 隋—

包二·三五 𠈇— 人名

包二·一八三 邗— 人名

包二·一八四 邗—

包二·一三三 —苛冒趄卯自殺

包二·一三四 —苛冒趄卯自殺

包二·一八 義— 人名

包二·九四 義— 人名

望一·二二 𩞄—事

帛乙一·一〇 不—其當

帛乙三·一〇 不—其參

望一·二二 尚速—事

帛丙二·四 不火—

帛丙五·二 —以匿

郭·老甲·五 咎莫僉(憯)虐(乎)谷(欲)—

郭·老甲·一二 不貴難—之貨

郭·老甲·二八 不可—而利

郭·老甲·二八 亦不可—而疋(疏)

郭·老甲·二八 古(故)不可—天(而)新(親)

郭·老甲·二八 亦不可—而害

郭·老甲·二九 不可—而貴

郭·老甲·二九 亦可不可—而戔(賤)

郭·老乙·六 —(得)之若纓(驚)

郭·老丙·七 —已而甬(用)之

郭·老丙·八 以—志於天下

郭·老丙·一三 不貴戁(難)—之貨

郭·性·三六 烇(近)—之壴(矣)

郭·性·三七 弗—之壴(矣)

郭·性·五六 不交—衆近從正(政)

郭·成·一一 弗—恢(矣)

郭·成·一二 未有可—也者

郭·成·一三 名弗—恢(矣)

郭·魯·四 而未之—也

郭·五·八 智弗思不—

郭・六・七 唯(雖)堯求之弗—也
郭・六・四八 不—其人則止也
郭・六・四八 —其人則舉(舉)安(焉)

郭・緇・一八 女(如)不我—
郭・語一・九一 夫(缺)生虖(乎)未—也
郭・語一・六五 上下膚(皆)—其所之胃(謂)信

郭・語二・五〇 此彭『埶(勢)』—矣
郭・語三・四七 莫—膳(善)其所
郭・語三・五九 —者樂，遊(失)者哀

郭・語四・五 既—其級
上(二)・從(甲)・一〇 敬、誂、信=(信，信)則—(得)衆
上(二)・民・六 不可—(得)而䎽(問)也

上(二)・從(甲)・三 是㠯—(得)孯(賢)士一=人=(一人，一人)譔(譽)
上(二)・民・一七 而—(得)既(氣)塞於四海(海)矣

上(二)・從(甲)・一七 是㠯曰君=(君子)難—而惕(易)㝈(使)也
上(二)・民・一〇 □可—(得)而䎽(問)弁(歟)

上(二)・從(甲)・一八 是㠯曰少(小)人惕(易)—(得)而難㝈(使)也
上(二)・民・一三 志既—(得)

上(二)・民・一二 屯(純)—(德)同明
上(二)・容・五 各—(得)亓殜(世)
上(二)・容・一八 不—(得)已

上(二)・容・二九 無求不—(得)
上(二)・容・三七 兼(佯)—(得)于民
上(二)・容・四二 是㠯—(得)衆而王天下

上(二)・容・五二 而—(得)遊(失)行於民之唇(朕)也
上(一)・孔・七 —(得)虐(乎)
上(一)・孔・一三 可—(得)

上(一)・孔・九 天保丌(其)—(得)彔(祿)蔑畺(疆)矣
上(一)・孔・一一 則智(智)不可—(得)也

上(一)·孔·一六 虗(吾)㠯(以)蕎—(得)氏初之詩

上(一)·孔·一九 木茲又(有)臧恧而未—(得)達也

上(一)·孔·二〇 虗(吾)㠯(以)折杜—(得)雀□

上(一)·孔·二四 虗(吾)㠯(以)甘棠—(得)宗宙(廟)之敬

上(二)·子·六 陞(隰)又(有)長楚—(得)而悊之也

上(二)·子·六 堯之—(得)㚑(夋、俊、舜)也

上(二)·子·六 —(得)丌(其)社稷(稷)百青(姓)而奉守之

上(二)·子·一一 觀於伊而—(得)之金厽(叁)也

上(二)·子·一 可(何)古(故)㠯(以)—(得)爲帝

上(一)·性·三二 弗—之矣

上(一)·紂·一 女(如)不我—(得)

上(一)·性·二五 下交—(得)衆近㣺(從)正(政)

九·五六·五 啓於北—(得)

九·五六·六六 朝逃(盜)—(得)，夕不—(得)

九·五六·四五 土田聚(驟)—(得)

九·五六·三〇 逃人不—(得)

九·五六·三一 無聒(聞)埶(設)罔(網)—(得)

九·五六·三五 行又(有)—(得)

九·五六·七一 朝逃(盜)(得)—，晝(得)—，夕不—(得)

包二·六 犇(奔)—受之

上(三)·周·一四 大又(有)—(得)

上(三)·周·一六 陵(隨)求又(有)—(得)

上(三)·周·二一 行人之—(得)

上(三)·周·三七 —(得)黃矢

上(三)·周·四四 亡(无)九(喪)亡(无)—(得)

上(三)·周·五三 —(得)僮(童)僕(僕)之貞

上(三)·亙·一二 無不—(得)亓亟(恆)

上(三)·亙·一三
—(得)之

上(三)·彭·八
既—(得)昏(聞)道

上(四)·昭·四
𠂤(以)僕(僕)之不—(得)

上(四)·曹·七
君子—(得)之遊(失)之

上(四)·曹·八
必共(恭)會(儉)𠂤—(得)之

上(五)·姑·三
可—(得)而事也

上(五)·姑·三
不䖒則—(得)字(免)而出

上(五)·姑·四
唯(雖)—(得)字(免)而出

上(五)·姑·五
必思君—(得)志於㠯(己)

上(五)·三德·二
敬者—(得)之

上(六)·用·一
參節之未—

上(六)·天甲·五
冐=(日月)—(得)亓(其)

上(六)·天甲·五
信文—(得)事(吏)

上(六)·天乙·四
信文—(得)吏

上(七)·武·五
不悬(仁)𠂤(以)—(得)之

上(七)·武·一一
亓(其)道可—(得)

上(七)·凡甲·二
系(奚)—(得)而生

上(七)·凡甲·七
虛(吾)既—(得)

上(七)·凡甲·一二
水系(奚)—(得)而清

上(七)·凡乙·一
系(奚)—(得)而不死

上(七)·凡乙·一
系(奚)—(得)而城(成)

上(七)·凡乙·二
系(奚)—(得)而固

上(七)·凡乙·一六 —(得)豸(貌)而恚(圖)之

清(一)·保·六 坌(舜)既—(得)中

清(一)·金·八 禍(禍)人乃—(得)

清(一)·金·一〇 王—(得)周公之所

清(一)·楚·二 爰—(得)妣戲

清(二)·繫·四六 我既—(得)奠(鄭)

清(二)·繫·七五 —(得)𠂤(師)以逨(來)

清(三)·説上·二 隹(惟)弜(弼)人—(得)敚(説)

清(三)·芮·二三 而莫—(得)亓(其)㳄(次)

清(四)·筮·得二 人,乃—(得)

清(四)·筮·得四 右,乃—(得)

清(四)·筮·得六 右(左),乃—(得)

清(四)·筮·得八 女,乃—(得)

清(四)·筮·得一〇 男,乃—(得)

清(四)·筮·得一二 乃亦—(得)

清(四)·筮·得一五 亦—(得)

清(四)·筮·得一七 乃亦—(得)

清(四)·筮·得二一 乃亦—(得)

清(四)·筮·得二三 乃亦—(得)

清(四)·筮·小二四 凸(凡)少(小)—(得)

清(四)·筮·小二五 乃—(得)之

清(四)·筮·小二六 凸(凡)少(小)—(得)

清(四)·筮·小二七 乃—(得)之

清(四)·筮·小二九 乃—(得)之

清(四)·筮·十七命六二 曰死生,曰—(得)

清(五)·湯丘·六 能亓(其)事而—(得)亓(其)飤(食)

清(五)·湯丘·七 未能亓(其)事而—(得)其飤(食)

清(五)·湯丘·一〇 此言弗或(又)可—(得)

倚

倚

清(五)·湯丘·一三 虽(夏)王不—(得)亓(其)悳(圖)

清(五)·湯門·五 人可(何)—(得)以生

包二·一三七反 僕—之

御

御

包二·一三 閒—之典匱

包二·七四 让— 人名

包二·一三八 陰人—君子墜旦

上(一)·孔·二二 㠯(以)—嚻(亂)

上(三)·周·一 利—(禦)寇(寇)

上(三)·周·四 不出—(御)事

清(二)·繫·一五 以—奴虔之戎

清(二)·繫·四八 —(禦)秦自(師)于嶇(崤)

御

天卜 —需 卜具

天卜 —霝 卜具

郭·緇·二三 毋以卑(嬖)—息(塞)妝(莊)句(后)

上(一)·紂·一二 毋㠯(以)辟(嬖)—書妝后

新甲三·二二四 ☐某槩(楷)冬—鈇受十戎臣

天策 馬—䉷坊☐

迕

上(五)·姑·四 欲㠯(以)長圭(建)宔(主)君，而—

馯

包二·六九 不遅大廄—墜㠯以廷

《說文》古文作馭，簡文从午或从五聲。

包二·三三 臨昜之—司敗黃異受期

包二·一五一 左— 職官名

包二·一五二 左—

包二·六九 大廄—司敗雩戲受期

包牘一 —右二真韊虘

包二·二七〇 —右二真韊虘

包二·一七五 宋廄—鄗臣

包二·一七九 疆—婁閒

包二·一八〇 右—郙還

天策 ▱戭弘—▱

天策 乘輊之右驂番女反—之

天策 苛弘—乘鞏▱

天策 陞𡰥爲—大尹右驂

郭·尊·七 戚(造)父之—(御)馬

郭·成·一六 可—(御)也

新甲三·七七 —(馭)里一豢▱

清(五)·殷·二三 牧民而—(御)王

駁

曾七〇 所—■郙尹之敏車

天卜 陞— 人名

上(四)·昭·六 龏(龔)之脽—(馭)王䏽(將)取車

上(五)·弟·二〇 □囷(淵)—(馭)

清(二)·繫·五八 用挽(扶)宋公之—(御)

清(二)·繫·一二一 (魯)侯—(御)

駁

曾四 宮廄令𢼸所—乘𩊂

从馬从X或X，上部所从之五或午是有意使其聲符化。

曾七 差敵弜所—𩊂二

曾二六 黃■戕所—𨆚軒

曾三一 哀■立—左尹之𩊂二

曾三二 鄜■𧎸—左彤屄

曾三六 黃夏■—右𦔮

曾三八 黃■㳟—右彤𦔮

曾三九 柘■四—右𥙷屄

曾四五 黃克■—𨌴車

曾四八 宮■廄尹—安車

曾六二 黃□■X慶事之𩊂二—

曾六三 哀■還—命尹之一𩊂䡊車

曾六五 黃■豻—一鄖君之一𩊂䡊

曾七一 □尹■𤸫—敏車

曾六七 所—■坪夜君之敏車

但 徬 張 𢖍 微 徥 得 徸

曾七三 南■陵連鑘愇—楇轂

曾七五 黃豊■—王僮車

曾一三〇 —左彤展

曾一三一 黃夏—右旆

曾一二七 裘定—左展

曾一二七 哀裛—左禮賠

駜

上（四）·曹·四二 繇（由）邦—（御）之

郭·忠·八 古（故）—（亶）而可受也

郭殘·一五

郭·尊·一四 則民埶（褻）陵—（長）貴以忘

郭·六·四三 衍（道）不可—（遍）也

新甲三·三五六 以—劑尹㚤與▨

上（七）·凡甲·一一 埅（地）箸（孰）—（遠）与（與）

清（三）·祝·五 牐（將）𤼶（射）—（干）音（函）

清（三）·祝·三 —（隨）弓

侗

清(四)·筮·爻五三
爲權(鑵)—(筩)

代

清(四)·筮·祟四九
—(食)日

㑞

清(五)·厚·一二
乎(厥)—(徵)女(如)有之服于人

廷

上(四)·昭·九
君吳王—

包二·七
王—於藍郢之遊宮

包二·九
—等□以内

包簽
—等

包二·一九
不逕龔倉以—

包二·二一
黃蚰以—

包二·二六
不逕郙昜宮夫=以—

包二·二八
遠覞以—

包二·二九
癸未之日不—

包二·二五
玉婁㮚以—

包二·三一
不逕鄦之已里人青辛以—

包二·三三
不逕五皮以—

包二·三四
不逕郙舉之闈人周敓周瑑以—

包二·三六
不逕鄭君以—

包二·三七
不逕苛唇以—

包二·三八
登敢以—

包二·四〇
不逕李羕以—

包二·四五
不逕登厞以—

包二·四六
不逕邚異之大帀邚僨以—

包二·四七
□昜公秋痾與周悃之分督(察)以—

包二·四八
不逕呈鄒以—

包二·五一
不逕陰大辻尹宋勳以—

包二·五二
不逕邚異之大帀僨以—

包二·五五
不逕大帀僨以—

包二·五七
不逕登厞以—

包二·五九
不以—

包二·六〇
不逕弦𠆣君之司馬周駕以—

包二·五六
不逕郇逼𧴩慶以—

包二·六二
屈犬少宫𨻰申以—

建

曾一正 右敂—所轚大䡅

曾一七二 —巨之子爲右驂

帛乙·九·九 —恒褱民

建

上(五)·競·一〇 進芋(華)倗(明)子𠤎(以)馳於倪(郳)—

清(二)·繫·五一 乃佸(抱)霝(靈)公以虐(號)于—

清(四)·筮·四位三五 宫—

清(一)·程·一 大(太)姒夢見商—隹(惟)梂(棘)

清(一)·皇·五 (在)王—

上(五)·姑·九 㠯(已),立於—

清(一)·程·一 取周—杍(梓)桓(樹)于乓(厥)閒(間)

上(五)·姑·一 不思反(返)—

上(五)·姑·九 棎(梏)者(諸)—

上(三)·周·四三 行丌(其)—

上(四)·昭·一 㱜(喪)備(服)曼(蹣)—

上(四)·柬·一七 复(作)色而言於—

包二·八五反 逗以—

包二·一二五反 —疋昜之酷官之客

上(二)·容·二二 盉(禹)乃𦘕(建)鼓於—

包二·七六 不逗周緩以—

包二·七〇 不逗遜若以—

包二·七八 不逗長𣏂正差鄰思以—

包二·七九 己未之日不—

包二·六九 不逗大廄馭陞𢑚以—

包二·七一 不逗宋昜之仔門人軋慶以—

包二·七四 不逗让御□嘉以—

包二·七五 不逗𨙶𦔮以—

包二·六五 不逗𨙶㢧㙯𨙶䐈以—

包二·六三 𦪈𦿆求朔𨙨不以朔—

包二·六八 不逗競酉之司敗鄰愴以—

上（三）·周·一四
利—疾（侯）行帀（師）

清（二）·繫·一一八
乃先—𧗳（衛）弔（叔）垟（封）于庚（康）丘

清（二）·繫·一二〇
以—昜（陽）

清（五）·厚·二
—顕（夏）邦

書

郭·老乙·一〇
是以—言又（有）之

郭·老乙·二
—悳（德）又（如）□□貞（真）女（如）愉

郭·老乙·一五
善—者不拔

上（二）·容·二二
垔（禹）乃—（建）鼓於廷

新甲三·二二三
鄭—㠯（以）□▨

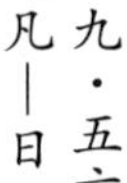
九·五六·一三
凡—日

九·五六·一八
—於栖（酉）

九·五六·一九
—於戌

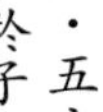
九·五六·二一
—於子

九·五六·二三
—於寅

九·五六·二四
—於卯

上（五）·競·一背
競—內之

上（五）·姑·四
欲㠯（以）長—（建）宔（主）君

上（五）·三德·六
—五官弗散（措）

上（六）·天甲·一
邦君—（建）之㠯（以）㞐（都）

上（六）·天乙·一
夫〓（大夫）—之㠯（以）里

上（六）·天乙·一
凡天子—之㠯（以）州

上（六）·天乙·一
邦君—之㠯（以）㞐（都）

清（一）·祭·一三
方—（建）宗子

清（三）·芮·一二
甬（用）—亓（其）邦

清（三）·芮·二一
此隹（惟）天所—

延

新甲三・二〇〇 —鐘樂之 讀爲『棧』。

新甲三・二〇九 —鐘樂之

新甲三・二六八 —至於瀼

新甲三・二六一 —(棧)鐘樂之

新零・一三 —鐘▨ 疑與『脠』同。

上(六)・天乙・八 天子四辟—(筵)笫(席)

行

包二・八一 不—伐

包二・八五 黄— 人名

包二・一三〇反 須左司馬之羿—牺以餅之

包二・一三七反 以—古瀸上恒

包二・一五五 襄陵之—僕(僕)宫於鄢

包二・二五九 相遐之器所以—

包二・一五 卲—之夫＝

包二・一五〇 登— 人名

包二・二二九 —一白犬

包二・一五五反 卲—之夫＝窍軗其倌人

包二・一一六 卲—無典

包二・二〇八 —一白犬

包二・二三三 —一白犬

包竹簽

信一・〇一六 —有道

秦九九・一 賽禱—一白犬

天策 二—鎗

天策 三—鎗

天卜 —一白犬

天策 —備虖二真▨

天策 二真—備虖

天策 三真—虖

天策 二—

曾一五〇 —鞋 車名

曾一五四 —鞋

曾一五五 —鞋

帛甲七・四 帝夋乃爲日月之—

曾一五六 —鞋

曾一五七 —鞋

曾一五八 —鞋

帛乙一・二七 亂遠其—

帛乙六・九 三寺是—

帛乙五・二五 五宎之—

帛乙一一・三四 帝曰繇以亂□之—

郭・老甲・一七 —不言之孝(教)

郭・老乙・九 堇(僅)能—於其中

郭·五·一 不型(形)於内胃(謂)之—

郭·五·一 悬(仁)型(形)於内胃(謂)之悳(德)之—

郭·五·一 五—

郭·五·二 豊(禮)型(形)於内胃(謂)之悳(德)之—

郭·五·二 不型(形)於内胃(謂)之—

郭·五·三 不型(形)於内胃(謂)之—

郭·五·三 □□於内胃(謂)之悳(德)之—

郭·五·四 四—和胃(謂)之善

郭·五·四 悳(德)之—五

郭·五·四 不型(於)内胃(謂)之悳(德)之—

郭·五·四 聖型(形)於内胃(謂)悳(德)之—

郭·五·六 五行皆型(形)于内而時—之

郭·五·六 五—皆型(形)于内而時行之

郭·五·二二 不柬(簡)不—

郭·五·二七 —之而時

郭·五·二七 智(知)而—之

郭·五·三一 安而—之

郭·五·三一 四—之所和也

郭·五·三一 —而敬之

郭·五·三四 [宀中](中)心誏(辯)肰(然)而正—之

郭·五·三五 —也

郭·太·六 —於時

郭·五·三七 不柬(柬)，不—

郭·六·一八 智(知)—者

郭·六·一八 智(知)不—者

郭·六·二四 六者客(各)—其戠(職)而岳(獄)訡(犴)亡繇(由)迮(作)也

郭·六·四五 非言—也

郭·六·四五 言—皆迵(通)

郭·成·五 是古(故)畏(威)備(服)型(刑)罰之婁(屢)—也

郭·尊·三 不—

郭·尊·七 堣(禹)之—水

郭·尊·九 智(知)道而句(後)智(知)—

郭·尊·三六 而從其所—

郭·性·一 寺(待)兑(悦)而句(後)—

郭·性·七 蜀(獨)—

郭·性·五五 —之不怂(過)

郭·緇·一一 則民至—㠯(己)以敓(悦)上

郭·緇·一二 又(有)□悳(德)—

郭·緇·一四 而從其所—

郭·緇·二七 正(政)之不—

郭·緇·三一 可言不可—

郭·緇·三一 可—不可言

郭·緇·三一 君子弗—

郭·緇·三一 則民言不陒(危)—

郭·緇·三二 而臸(亟)以—

郭·緇·三三 —則䭫(旨)(稽)其所幣(敝)

郭·緇·三三 而慬(謹)於—

郭·緇·三四 言，從—之

郭·緇·三五 古(故)君子賜(寡)言而—

郭·緇·三七 —又(有)迲(格)

郭·緇·三九 迲(略)而—之

郭·緇·四〇 句(苟)又(有)—

郭·緇·四二 旨我周—

郭·窮·一 而智(知)所—矣

郭·窮·二 唯(雖)臤(賢)弗—矣

郭·窮·五 —年七十而睹(屠)牛於朝訶(歌)

郭·窮·一四 悳(德)—弌(一)也

郭·成·一 —不信則命不從

郭·成·一三 士成言不—

郭·成·二一 戜(勇)而—之不果

郭·成·二三 —之不疾

郭·忠·六 古(故)—而鯖(請)兑(悦)民

郭·忠·九 氏(是)古(故)古之所以—虘(乎)閔嘍者

郭·語一·二七 智(知)豊(禮)而句(後)智(知)—

郭·語一·四二 豊（禮），交之—述也

郭·語一·六七 政其虞（然）而—，怠（治）安

郭·語一·一〇五連九九 我—悚者

郭·語一·一〇九 虗與容與夫其—者

郭·語二·五三 又（有）—甬（而）不遜（由）

郭·語二·五二 其—者異

郭·語二·五四 又（有）遜（由）而不—

郭·語三·一六 所不—，益

郭·語三·一六 交—則▨

郭·語三·三三 兼—則㚒「䤘（治）」者中

郭·語三·三六 豊（禮）—之也

郭·語三·六二 —婁此双（友）矣

郭·語三·四四 虔（文）衣（依）勿（物）以青（情）—之者

郭·語四·七 流澤而—

郭·語四·一二 是胃（謂）浦—

上（一）·孔·一 —此者丌（其）又（有）不王虐（乎）

新甲三·五六 稟（就）禱—一犬

上（二）·從（甲）·七 則亡（無）㠯—正（政）

上（二）·從（甲）·七 三折（誓）寺（持）—

上（二）·從（甲）·一一 可—而不可言

上（二）·從（甲）·一一 君子不—

上（二）·從（甲）·一一 可言而不可—

上（二）·從（甲）·一二 章（敦）—不佚（倦）

上（二）·從（甲）·一六 不訓（順）—㠯出之

上（二）·從（甲）·一八 —在异（己）而名在人

上（二）·從（乙）·五 君=（君子）強（强）—

新乙一·二八 遠（就）禱—一犬

上（二）·容·一九 迲（去）亟（苛）而—柬（簡）

上（二）·容·二一 埀（禹）狀（然）句（後）刣（始）—㠯會（儉）

上（二）·容·三二 焉㠯—正

上（二）·容·四七 文王於是虐（乎）素耑（端）𧞤（褰）裳㠯—九邦

上(二)·容·五二 而㝵(得)遊(失)—於民之唇(朕)也

上(二)·容·一四 而㪇(美)亓—

上(一)·紂·八 而從丌(其)所—

上(一)·紂·七 則民至(致)—㠯(己)㠯(以)兑(悦)上

上(一)·紂·七 又(有)共悳(德)—

上(一)·紂·一四 正(政)之不—

上(一)·紂·一六 君=(君子)弗—

上(一)·紂·一六 可言不可—

上(一)·紂·一六 可—不可言

上(一)·紂·一七 言術(道)—之

上(一)·紂·一七 —則旨丌(其)所蔽(敝)

上(一)·紂·一七 則—不可匿

上(一)·紂·一七 古君=(君子)㝢(寡)言而—

上(一)·紂·二一 覴我周—

新乙四·五二 ☐—，又(有)外龏(喪)

上(一)·紂·一七 則民訢(慎)於言而歎(謹)於—

新乙四·五五 才(在)—，還☐

九·五六·三〇 称(利)㠯(以)—帀(師)徒

九·五六·二七 —水事

九·五六·三一 称(利)㠯(以)—复(作)四方埜(野)外

九·五六·三五 —又(有)旱(得)

九·五六·三三 是古(故)不称(利)㠯(以)—□

上(三)·周·一三 可用—帀(師)

上(三)·周·一四 利建厌(侯)—帀(師)

上(三)·周·二一 —又(有)禧(青)

上(三)·周·四一 丌(其)—緀(萋)疋(且)

上(三)·周·四八 —丌(其)廷

上(三)·中·二八 夫—

上(三)·亙·二 又(有)乍(作)—

上(三)·亙·四 生之生—

上(三)·亙·五
明=(明明)天—

上(四)·曹·三〇
思爲前—

上(四)·曹·三〇
三—之遂(後)

上(四)·曹·三一
命之毋—

上(四)·曹·三一
思爲前—

上(四)·曹·三二
曰牆(將)丮—

上(四)·曹·四三
—陞(阪)淒(濟)墇(障)

上(四)·曹·五一
盤邊(就)—□人

上(五)·競·三
命—先王之灋(法)

上(五)·競·三
—古遂(作)

上(五)·季·七
(君子)之—也

上(五)·姑·七
虗(吾)想立經—

上(五)·君·三
欲—之不能

上(五)·君·七
—毋岳(眡)

上(五)·弟·一二
言—相忢(近)

上(五)·弟·一二
求爲之—

上(五)·鬼·八
而志—纍(顯)明

上(六)·競·四
軳(范)武子之—安(焉)

上(六)·孔·四
能—䏢(聖)人之道

上(六)·孔·五
孳=(君子)—

上(六)·用·一一
䜌(亂)節暜(僭)—

上(六)·天甲·一三
弜(强)—

上(七)·武·三
武王西面而—

上(七)·武·六
毋—可悬(悔)

上(七)·吳·四
虐(且)青(請)丌(其)—

清(一)·程·七 卑(俾)—量亡乏
清(一)·耆·九 戢(歲)又(有)剌(歇)—

清(一)·耆·一〇 𠬝(役)車亓(其)—
清(一)·皇·一三 忈(元)悳(德)之—
清(一)·楚·三 麗不從—

清(二)·繫·五一 乃命右(左)—癢(蔑)
清(二)·繫·五四 右(左)—癢(蔑)

清(二)·繫·五六 乃—
清(二)·繫·六三 晉中—林父衒(率)𠂤(師)
清(二)·繫·七九 載少盄以—

清(二)·繫·八〇 爲南淝(懷)之—
清(二)·繫·八八 —晉楚之成

清(二)·繫·九九 爲南淝(懷)之—
清(二)·繫·一〇二 又(有)軋(范)氏与(與)中—氏之禍(禍)

清(三)·說上·六 墮(隨)审(仲)之自—
清(三)·琴·三 㬎(顯)悳(德)之—
清(三)·芮·六 以—陮(峭)險

清(三)·赤·一〇 少(小)臣乃迟(起)而—
清(四)·筮·行二二 凸(凡)—,譻(數)出

清(四)·筮·祟四四 臾(坤)祟:門、—
清(四)·筮·十七命六二 曰成,曰—
清(五)·命·三 亙(恆)—

清(五)·命·六 (不信)則不—
清(五)·命·八 弗智(知)則不—

清(五)·命·八 (干善)韋(違)則不—
清(五)·命·一〇 福莫大於—

衛

清(五)·命·一二
—之以嵩=

清(五)·命·一五
以嵩(權)從𡟗(法)則不—=

清(五)·湯門·五
六以—之

清(五)·湯門·一九
六以—之

清(五)·殷·二〇
六以—之

清(五)·殷·一〇
四厰(嚴)㢋(將)—

清(五)·殷·一四
敬(警)民之—

行

包二·二一〇
舉禱宮—(行)

包二·二一九
賽禱—(行)

九·五六·二七
㠯(以)祭門—(行)

九·五六·二八
秎(利)㠯(以)祭門—(行)

行字異文，路神之專字。

衛

包二·七四
不逕迅御—嘉以廷

《三體石經》古文—作衛。

包二·一九四
舒—鲵、人名

包二·七四
不逕辻御—嘉以廷

郭·尊·二八
爲古(故)—(率)民向(嚮)方者

郭·六·八
又(有)—(率)人者

郭·六·一八
以智—(率)人多

郭·六·三五
智—(率)信

上(一)·孔·二七
七—(衛)智(智)難

上(二)·容·七
—(率)天下之人遠(就)

與『達』爲一字。辵部重見。

上(三)·周·八
長子—(師)帀(師)

上(四)·曹·二二
君自—(率)

上(四)·曹·二五
凡又(有)司—(率)倀(長)

上(四)·曹·二八
三軍又(有)—(帥)

上（四）·曹·三三 親—（率）勭（勝）

上（四）·曹·三六 思—（帥）受

上（四）·曹·三八 古（故）—（帥）不可思牪=

上（四）·曹·五八 —（率）車吕車

上（四）·曹·五八 —（率）徒吕徒

清（一）·尹至·三 亓（其）又（有）民—（率）曰

清（一）·楚·一 秉兹—（率）相

清（二）·繫·二五 （蔡）哀侯—（率）帀（師）

清（二）·繫·三四 秦公—（率）𠂤（師）

清（二）·繫·四一 楚成王—（率）者（諸）侯

清（二）·繫·四三 （文公）—（率）秦

清（二）·繫·四三 命（令）尹子玉述（遂）—（率）奠（鄭）

清（二）·繫·四八 襄公新（親）—（率）𠂤（師）

清（二）·繫·四七 裻（勞）秦三—（帥）

清（二）·繫·五五 —（率）𠂤（師）

清（二）·繫·六九 安（晏）子—（率）𠂤（師）

清（二）·繫·九四 坪（平）公—（率）𠂤（師）會者（諸）侯

衒

清（二）·繫·五四 秦康公—（率）𠂤（師）

清（二）·繫·五九 戕（莊）王—（率）𠂤（師）

清（二）·繫·六三 —（率）𠂤（師）

清（二）·繫·六六 陊（隨）會—（率）𠂤（師）

清（二）·繫·七一 郇（駒）之克—（率）𠂤（師）

清（二）·繫·七五 戕（莊）王—（率）𠂤（師）回（圍）陳

清（二）·繫·八九 —（率）𠂤（師）會者（諸）侯

衛

清（二）·繫·九〇 畀（共）王亦—（率）𠂤（師）

清（二）·繫·九二 坪（平）公—（率）𠂤（師）會者（諸）侯

清（二）·繫·九三 —（率）𠂤（師）以逐𨞪=經=

清（二）·繫·一〇五 子虎—（率）𠂤（師）𢦏（救）楚

清（二）·繫·一一二 㓞（趙）狗—（率）𠂤（師）

清（二）·繫·一一四 —（率）𠂤（師）以定公室

清（二）·繫·一一五 —（率）𠂤（師）

清（二）·繫·一一六 —（率）𠂤（師）戠（侵）晉

清（二）·繫·一一七 —（率）𠂤（師）𢦏（救）赤壋

清（二）·繫·一二〇 𩲡（魏）繫（擊）—（率）𠂤（師）

清（二）·繫·一二六 王—（率）宋公以城䁓闇（關）

清（二）·繫·一二七 君—（率）犢闇（關）之師

清（二）·繫·一二九 晉𨊠余—（率）晉𠂤（師）

清（二）·繫·一二九 —（率）𠂤（師）

清（二）·繫·一三〇 —（率）𠂤（師）戠（侵）奠=

清（二）·繫·一三〇 —（率）𠂤（師）以迻（交）楚=人=

清（二）·繫·一三三 —（率）𠂤（師）戠（侵）晉

清（二）·繫·一三四 —（率）𠂤（師）回（圍）武𥏻（陽）

清（二）·繫·一三四 —（率）𠂤（師）𢦏（救）武昜（陽）

清（二）·繫·一三七 陳疾目—（率）車千𨍭（乘）

衛

新甲三·一一三 郿嘉以—庆之筭（筮）爲坪夜君貞

新乙一·一六 公子虞（虢）命謠生㠯（以）—□⧄

新甲三·一五二 ⧄㠯（以）—葦爲君⧄

清（二）·繫·二一 伐—于楚丘

清（二）·繫·二一 —人自楚丘

清（二）·繫·一二四 —侯虔

衜

包二・二二四 —妝爲左尹邡娶禱於新王父司馬子音

包二・二二五 —妝 人名

包二・二六三 一生縛完一圩縛完皆—

天策 —□乘=韓左▨

天策 ▨紶—絟生▨—

郭・性・二七 莫（鄭）—（衛）之樂

望二・一〇 —霝光之純

望二・三五 ▨□筭—▨

上（二）・容・三一 㠯—於溪浴（谷）

新零・二六八 ▨諸生㠯（以）—▨

新甲一・七 ▨—筆忻（祈）福於太

新乙一・二六、二 諸生以—筆爲君貞

清（二）・繫・一八 乃先建—（衛）弔（叔）

清（二）・繫・一八 —（衛）人

清（二）・繫・一八 豊（遷）于沂（淇）—（衛）

清（二）・繫・一九 记（起）㠯（師）伐—（衛）

清（二）・繫・一九 大敗—（衛）㠯（師）於睘

清（二）・繫・一九 翟述（遂）居—=

清（二）・繫・三七 乃迈（適）—=（衛，衛）人弗善

清（二）・繫・四二 伐—（衛）

清（二）・繫・四三 命（令）尹子玉述（遂）—（率）莫（鄭）

鄧

新乙四・一〇二 㠯（以）—韋（筆）爲君卒（卒）歲之貞

䣈

包二・一〇 郞戲上連囂之還集瘳族—一夫

从劉釗、李零二位先生釋『衍』。

清（二）・繫・四九 秦女（焉）台（始）與晉敎（執）—

齒

齒 信二・〇二 一司—珥　信二・〇九 一—篦　仰二五・二五 一—齹　天策 —涉　天策 —[illegible]

天策 —監　天策 —戚　天策 —桶　天策 一—飤　天策 —轍

望二・五 —爰　曾五四 —鋪　曾一 —輔　天策 集脰尹坊一—轍　仰二五・二五 一—

郭・唐・五 天子䍐(親)—　郭・語四・一九 若—之事脂(舌)

上(六)・用・六 慮(脣)亡—倉(滄/寒)

齮

齮 曾一四二 鄦—之騍爲右驌

齹

齹 曾三二 鄦■—馭左彤㞐　曾一三〇 鄦—馭左彤㞐

嬰

清(四)・別・七 𠫓—(噬)

牙

牙 与齒 曾一六五 晒—坪之駴爲左驂 《說文》古文作[illegible]。　曾・一五六 憙𤕫尹之黄爲右驂

郭・緇・九 君—(牙)員(云)　上(一)・紂・六 君—(牙)員(云)

上(三)・周・二三 芬(豶)豕之—(牙)　上(五)・競・一正 鞊(鮑)䛐(叔)—(牙)倉(答)曰

上(五)·競·六 鞊(鮑)舌(叔)—(牙)

上(五)·競·九 鞊(鮑)舌(叔)—(牙)皆拜

上(五)·競·一〇 戔(易)—(牙)爲相

清(三)·良·四 又(有)君—(牙)

清(二)·繫·五四 敗之于—𠂤

足

包二·一一二 大迅尹— 人名

包二·一六九 翏— 人名

包二·一五五 郢—命鑿王士

包二·二六六 一飤桱，金—

包二·一三〇 —金六勻

信二·〇二〇 彫者二十二—桱

信二·〇二〇 屯彫八金—

望一·三八 —骨疾

郭·老甲·二 三言以爲㠯(使)不—

郭·老甲·六 智(知)—之爲足

郭·老甲·六 此亙(恆)—矣

郭·老甲·六 智(知)足之爲—

郭·老甲·六 化(禍)莫大虖(乎)不智(知)—

郭·老甲·一四 夫亦酒(將)智(知)—

郭·老甲·三六 古(故)智(知)—不辱

郭·老乙·一〇 不—以爲道矣

郭·老乙·一一 㞷(廣)悳(德)女(如)不—

郭·老丙·一 信不—

郭·老丙·五 視之不—見

郭·老丙·五 聖(聽)之不—䎽(聞)

郭·緇·二〇 則忠敬不—

郭·緇·二八 而雀(爵)不—懽(勸)也

郭·五·四五 耳目鼻口手—六者

郭·六·一四 —以死

郭·六·四 —此民尔(黎)生死之甬(用)

郭·六·一四 㠯(使)之—以生

郭·尊·三二 惠則民材—

郭·尊·三四
均不—以坪(平)正(政)

郭·尊·三五
愋(緩)不—以安民

郭·尊·三五
戝(勇)不—以沫衆

郭·尊·三五
尃(博)不—以智(知)善

郭·尊·三六
殺不—以勳(勝)民

郭·尊·三五
快(决)不—以智(知)侖(倫)

郭·太·一三
陞(地)不—於東南

郭·太·一四
不—於下者

郭·忠·四
不兑(説)而—羧(養)者

郭·忠·七
而人羧(養)虘(皆)—

郭·成·一三
糧弗—俟(矣)

郭·性·四八
弗校(補)不—

郭·唐·一〇
—民羧(養)▨

郭·語四·三
—以終殜(世)

郭·語四·三
不—以出芒(亡)

郭·語四·一八
若䖵蟲(蚤)之—

上(二)·從(甲)·一四
又(有)所不—而不敢弗▨

上(一)·紂·一一
則忠敬不—

上(二)·子·九
而亓(其)父戔(賤)而不—叓(偁)也與(歟)

上(二)·容·三八
而不量亓力之不—

郭·老甲·二七
—下

上(三)·中·一五
昏(聞)虐(乎)—㠯(以)季(教)壴(矣)

上(四)·曹·一五
亓飤(食)—㠯飤(食)之

上(四)·曹·一五
亓兵—㠯利之

上(四)·曹·一六
—㠯攼(捍)之

上(四)·曹·三四
又(有)智(知)不—

上(四)·曹·四九
此三者—㠯戰(戰)虖(乎)

上(五)·季·一一
女(如)虐(吾)子之—肥也

上(五)·季·一九
—言而簪(密)獸(守)之

上（五）·君·七 —毋豕（墜）

上（五）·弟·一三 君子亡所不—

上（五）·三德·一七 智（知）天—㠯川（順）旹（時）

上（五）·三德·一七 智（知）地—㠯古（固）材

上（五）·鬼·五（墨下） 又（有）—不趣（趨）

上（五）·鬼·六 又（有）—而

上（六）·孔·二〇 未—

上（六）·用·二 柬（簡）=—=

上（六）·用·三 —於穀（慤）

上（七）·凡乙·七 —晒（將）至千里

清（一）·保·一一 日不—隹俖（宿）不羕（詳）

清（四）·筮·爻五六 爲百（首），爲—

跪

岇

包二·二六三 一—笞

踵

清（三）·祝·五 —弓

跛

上（二）·容·二 —（跛）皇（蹕）戰（守）門

路

洛

包二·三 瘼一夫，居於郢—區湯邑

包二·一八 羸—公角戠之

包二·四一 羕—公

包二·八一 郯—公蠱戠之

包二·八二 郯—公蠱戠之

包二·八六 羸—公角

包二·九四 郙—公壽

包二·一二一 而相卡弃之於大—

包二·一二八 郯—尹虡

包二·一四一 郯—尹虡

包二·一四三 鄗—尹憍𨌲小人於君夫人之敓愴

包二·一五〇 白—公訢

包二·一五九 畢繧命以顕—𠂤

包二·一七九 所逗於郯—尹虡

天策 大— 車名

天策 悳— 車名

曾一一五 —車二𨏖

曾一一六 二𨏖—車

曾一一七 三𨏖—車

曾一一八 —車三𨏖

曾一一九 鄴君㦉一𨏖—車

曾一七七 戎—

曾一七八 大—

曾一八三 韔—

曾一八四 韔—

上（一）·性·三〇 凡於道—（路）毋愄（畏）

上（二）·魯·三 而昏（聞）𧗟（巷）—（路）之言

上（二）·容·四—五 道—（路）無殤死者

新甲三·二三七—一 毀禱一乘大—（路）黃輯（緝）

新乙三·二一 ☐絑—（路）

新乙二·一〇 ☐乘韝（雀）—（路）

上（五）·鮑·一 九月敍（除）—（路）

上（五）·弟·一九 聖（聽）子—（路）迬（往）虐（乎）

上（六）·平·四 居（據）—（路）㠯（以）須

清（二）·繫·五八 叚（假）—（路）於宋=

清（二）·繫·七九 女（焉）訇（始）迵（通）吳晉之—（路）

清（二）·繫·一〇八 女（焉）訇（始）迵（通）吳晉之—（路）

清（三）·赤·六 歸（寢）於—（路）

清（五）·湯丘·五 奉（逢）道—（路）之祩（祟）

郭·性·六〇 凡於—毋愄（畏）

省形。

敘

清（五）・封・五　—（路）車

疋

包二・九一　—忻

包二・二八　—胥　人名

包二・三八　—胥

包二・三九　—忻　人名

包二・六一　—邸　人名

包二・六四　—㟪　人名

包二・七〇　—胥

包二・七九　—猷　人名

天策　—占

天策　筡—

曾一七五　—䡅之騂

新甲三・三一六　䣂於猷宗、余—二黏

新甲三・三七四、三八五　䣂於—虞（虢）

包二・三六　—期　人名

包二・六二　—䐦　人名

包二・八四反　—獄

包二・八五　—吉　人名

包二・九六　—期

包二・一二五反　—昜之酷官之客

包二・一六四　—迉　人名

包二・一六七　—朿逄　人名

仰二五・一　—縷

天策　—結

郭・老甲・二八　亦不可得而—疋（疏）

郭・窮・九　子—（胥）前多社（功）

上（一）・孔・一〇　閘—之攺（怡）

郭・五・四三　—膚膚達者（諸）君子道

上（一）・孔・一〇　閘—㠯（以）色俞（喻）於豊（禮）

上（一）・孔・一一　閘—之攺（怡）

上（二）・容・一　茖（赫）—（胥）是（氏）

上（二）・容・一五　芙蓻□—□

上（三）・周三八　丌（其）行緀（萋）—（且）

上（三）・周四一　丌（其）行緀（萋）—（且）

上（四）・采一　宮訐：—坓月　書名

上（五）・鬼三　汲（及）五（伍）子—（胥）者

欠

清(一)·皇·七　(急急)—(胥)區(驅)

清(一)·皇·七　—(胥)敎(教)于非彝

清(三)·芮·九　—(胥)收(糾)

清(三)·芮·九　—(胥)由

清(三)·芮·九　—(胥)鞣(穀)

清(三)·芮·九　—(胥)埳(均)

清(三)·芮·一八　—(胥)恖(訓)

清(三)·芮·一八　—(胥)夆(教)

清(三)·芮·一八　—(胥)戠(箴)

清(三)·芮·一八　—(胥)母恖(謀)

清(三)·良·七　又(有)五(伍)之—(胥)

清(五)·殷·二四　—(胥)民古(胡)

曾一三七　紫—之滕

清(一)·程·九　悉(愛)日不—(足)

品

上(六)·孔·三　君(?)夫士—勿

喿

包二·一四五　譁—　人名

望一·二九　王孫—

望二·四五　二居—

郭·老乙·一五　—(燥)勳(勝)蒼(滄)

郭·性·四二　凡甬(用)心之—(躁)者

郭·性·三三　—(噪)游樂也

郭·唐·二八　羖(養)不—(肖)

龠

清(三)·良·六　齊軭(桓)公又(有)—寺(夷)虘(吾)

册

新甲三·一三七　—告自吝(文)以辜(就)聖趄王

新甲三·二六七　—告自吝(文)王以遷(就)聖趄[王]☒

嗣

清（一）·金·二
史乃—祝告先王曰

上（五）·鮑·一
乃命百又（有）—（司）曰

上（五）·鮑·三
乃命又（有）—（司）箸集（祚）浮

上（五）·鮑·七
又（有）—（司）祭備（服）毋（無）紋

清（一）·皇·七
至于氒（厥）逡（後）—立王

清（五）·封·八
經—枼（世）亯（享）

卷三

囂

包二・六 連— 職官名

包二・一〇 連—

包二・一一〇 連—

包二・一一二 連—

包二・一一八 連—

包二・一六三 連—

包二・一七〇 連—

包二・一八〇 連—

包二・一二七 連—

包二・一九一 連—

包二・一一六 莫—

包二・一五八 莫—

包二・一七四 莫—

包二・二九 莫—

包二・一〇五 莫—

包二・一〇八 莫—

包二・二〇三 連—

包二・一八一 莫—之州加公五鄎

包二・一八七 鄅昜莫—之人瘠

包二・二一一 連—

秦九九・一二 連—

天策 ☐—衡昔☐

上(一)・孔・二一 竇大車之—也

新零・三五四 𠦪連—受☐

新甲三・三六 ☐大莫—鴋爲〔獸〕於長城之〔歲〕☐

上(五)・三德・五 民乃—死

上(五)・三德・一六 四方銮(來)—

清(一)・楚・六 酓咢及若—(敖)酓義(儀)

清(一)・楚・六 若—(敖)酓義(儀)遷(徙)居箬(鄀)

清(一)·楚·七
至宵—(敖)畜鹿

清(一)·楚·九
至皇(堵)—(敖)

清(一)·楚·一〇
若—(敖)记(起)禍

清(二)·繫·二九
是生皇(堵)—(敖)及成王

清(二)·繫·一一四
王命莫—(敖)易爲衔(率)𠂤(師)

清(二)·繫·一一六
莫—(敖)易爲衔(率)𠂤(師)

清(三)·芮·七
娩(逸)以—(遨)

清(三)·芮·二三
民乃𦣻(嗥)—

清(五)·殷·二六
返(急)利—神慕(莫)龏(恭)

鄗

包二·一一七
株昜莫—壽君

戱

曾一正
大莫—(囂)殤喙適豧之春

曾一二
▌邻連—(囂)東臣所馭政車

曾七三
連—(囂)

上(七)·君甲·七
吕(以)—(囂)民又(有)不能也

器

信二·〇一二
其木—

信二·〇二〇
其木—

信二·〇二五
其木—

信二·〇二九
其木—

信二·〇一八
樂人之—

信二·〇一
□□□

信二·〇五
竹—

信二·〇九
□□之—

望二·一
辛□□車與—之典

包二·二五一
食室之金—

包二·二五二
☐之金—

包二·二五九
相遝之—所以行

包二·二六五
大兆之金—

舌

包二・二六六 木—

望二・三七 金—

郭・老甲・三〇 民多利—

郭・老乙・一二 大—曼成

郭・語一・一〇七 快（决）與信，—也

上（二）・從（甲）・一七 丌叟（使）人—之

上（五）・鮑・三 毋內（入）錢—

上（五）・鮑・三 —必盟（盟）䙴（視）

清（五）・湯丘・一六 —不敢（雕）鏤

⿰月舌

郭・語四・一九 若齒之事—（舌）

上（三）・周・二七 欽（感）頌（輔）夾（頰）—（舌）

上（六）・用・一〇 而莫㲦（執）朕—

⿰月𥁕

上（六）・用・一二 —（舌）非考（巧）字（置）

舐

曾一正 畫—

曾一三 畫—

曾一六 畫—

曾一八 畫—

曾三八 畫—

曾四三 繢—

曾三 二莱又—

曾三〇 三果又—

曾三六 畫—

从何琳儀先生釋。

⿰舌奚

清（一）・楚・七 至武王禽—自宵遷（徙）居免

干

干

包二·二六九 筆中—

包牘一 中—

望二·一三 二霝光之中—

望二·一三 一秦高之中—

羊

上（六）·慎·二 會（僉）莫弇（偏）—（干）

上（六）·慎·二 —（干）

上（六）·慎·二 莫弇（偏）—（干）

清（五）·殷·八 非（必）矛返（及）—

『羊』當爲戰國文字『干』。

只

只

郭·尊·一四 誊（教）以—（技）

上（三）·彭·四 既—（躋）於天

上（五）·鬼·二背 而受首於—（岐）社（社）

清（一）·楚·五 至禽—

矞

矞

清（一）·者·一二 戠（歲）—員（云）莕（莫）

清（一）·者·一三 戠（歲）—［員］（云）□

清（三）·芮·二〇 —（適）易兇心

商

商

雨二一·二 坪皇角爲定文王—

《說文》古文作[glyph]。

上（二）·孔·一（附） 善才（哉）—也

上（二）·民·八 —也

上（四）·采·二 趣—

清（一）·程·一 大（太）姒夢見—廷隹（惟）梾（棘）

清（一）·程·三 攻于—神

清（一）·程·三 受—命于皇帝=（上帝）

清（一）·程·五 可（何）戒非—

清（一）·程·五 隹（惟）—慼才（在）周=

句

清(一)·程·五 可(何)戒非—

清(一)·程·七 逸(苋)于—

清(一)·祭·七 甬(用)臧(畢)埅(成)大—

清(一)·祭·一四 顕(夏)—之旣敗(敗)

清(二)·繫·一 —王之不龏(恭)

清(二)·繫·二 以克反—邑

清(二)·繫·一三 —邑興反

清(二)·繫·一四 成王屎伐—邑

清(二)·繫·一四 東逃于—盍(蓋)氏

清(二)·繫·一四 成王伐—盍(蓋)

清(二)·繫·一四 —盍(蓋)之民

清(二)·繫·一七 顕(夏)—之亡由

清(二)·繫·三九 回(圍)—簪(密)

清(三)·芮·八 不藍(鑒)于顕(夏)—

清(五)·封·一二 咸成—邑

包二·六〇 —戣 人名

包二·六七 顕—浩 人名

包二·一二〇 命倞邦解—

仰二五·二一

天卜 —(后)土

望一·五四 —(后)土

望二·五〇 一玉—

秦一·三 至新父—由紫

郭·尊·六 湯不易㚔民而—(後)訂(治)之

郭·尊·九 智(知)道而—(後)智(知)行

郭·尊·九 智(知)命而—(後)智(知)道

郭·性·一 𨑖(待)勿(物)而—(後)智(知)行

郭·性·一 𨑖(待)習而—(後)奠

郭·性·三一 凡恴(憂),思而—(後)悲

郭·性·三二 凡樂,思而—(後)忻

郭·性·五〇 —（苟）以其青（情）

郭·性·五一 —（苟）又（有）其青（情）

郭·性·六一 —（苟）毋（無）大害

郭·性·一 迼（待）兑（悦）而—（後）行

郭·成·九 走（上）—（苟）昌（倡）之

郭·成·一四 —（苟）不從其繇（由）

郭·六·四六 肰（然）—（後）是也

郭·性·一八 肰（然）—（後）復以訔（教）

郭·緇·二三 毋以卑（嬖）御息（塞）妝（莊）—（后）

郭·緇·四〇 —（苟）又（有）車

郭·緇·四〇 —（苟）又（有）行

郭·緇·四〇 人—（苟）又（有）言

郭·五·一六 肰（然）—（後）能爲君子

郭·五·一七 肰（然）—（後）能至哀

郭·五·二〇 肰（然）—（後）能金聖（聲）而玉晨（振）之

郭·成·七 是古（故）走（上）—（苟）身備（服）之

郭·成·一二 —（苟）不從其繇（由）

郭·尊·六 桀不易堣民而—（後）亂之

郭·尊·七 —（后）褋（褋）之埶（藝）陞（地）

郭·六·一六 —（苟）淒夫人之善施

郭·語一·六 而—（後）又（有）厚

郭·窮·二 —（苟）又（有）其殜（世）

郭·語一·五 而—（後）又（有）緜（倫）

郭·語一·八 而—（後）好亞（惡）生

郭·語一·一〇 而—（後）訔（教）生

郭·語一·二六 智（知）人而—（後）智（知）豊（禮）

郭·語一·二六 智（知）忌（己）而—（後）智（知）人

郭·語一·二七 智（知）豊（禮）而—後智（知）行

郭·語一·二八 其智（知）尃（博），虘（然）—（後）智（知）命

郭·語一·三〇
𠙽(然)—(後)智(知)道

郭·語一·三〇
智(知)道𠙽(然)—(後)智(知)命

郭·語一·三二
善里(理?)而—(後)樂生

郭·語一·六三
𠙽(然)—後智(知)型(形)

上(一)·孔·二〇
或前之而—(后)交

上(二)·子·一三
是—(后)稷(稷)之母也

上(二)·子·一二
—(后)稷(稷)之母

上(一)·紂·二〇
—(苟)又(有)車

上(二)·容·一八
𦉢(然)—(後)敢受之

上(二)·容·二一
𦉢(然)—(後)訂(始)

上(一)·孔·二〇
又(有)所載而—(后)内(納)

上(二)·容·二八
乃立—(后)稷(稷)㠯爲緹(盈)

上(二)·容·二八
—(后)稷(稷)既已受命

上(一)·性·一九
凡𢡀(憂)思而—(後)悲

新甲二·四〇
▨下内外禋禱—所▨

新乙一·一四
—邦公萛(鄭)余穀大城

上(一)·孔·二四
—(后)稷之見貴也

上(二)·昔·一
𦉢(然)—(后)竝(並)聖(聽)之

仰二五·一
剚□—

上(三)·彭·一
—(耆)是(氏)

上(四)·柬·一四
—(後)而汥(訦)胃(謂)大剴(宰)

上(四)·内附
𦉢然—(後)奉之㠯中章(準)

上(四)·曹·三〇
—(苟)見耑(短)兵

上(四)·曹·五五
𦉢(然)—(後)改訂(始)

上(五)·三德·一
卉木須旹(時)而—(後)畜(奮)

上(五)·三德·一〇
皇—(后)日立

上(六)·孔·一五
—(後)拜四方之立(位)㠯(以)童(動)

清(一)·尹至·一
—(后)，我逨(來)

清(一)·尹至·二
亓(其)又(有)—(后)氒(厥)志亓(其)倉(爽)

清（一）·尹誥·二
今—（后）耆（胡）不藍（監）

清（一）·尹誥·三
—（后）亓（其）李（賚）之

清（一）·皇·三
—（茍）克又（有）款（諒）

清（一）·祭·一六
臧（莊）—（后）

清（一）·祭·一三
不（丕）隹（惟）—（后）稷（稷）之受命

清（二）·繫·三四
我—（後）果内（入）

清（二）·繫·一一〇
戉（越）公—戔（踐）克吴

清（二）·繫·一一三
株（朱）—伐齊

清（二）·繫·一一三
長城—俞之門

清（三）·琴·一七
黄—（耇）隹（惟）程（盈）

清（三）·良·七
雩（越）王—戔（踐）

清（三）·祝·一
—（侯）兹某也發陽（揚）

清（三）·赤·二
湯—（后）妻紝巟胃（謂）少（小）臣曰

清（三）·赤·二
—（后）亓（其）[殺]我

清（三）·赤·六
頙（夏）—（后）又（有）疾

清（三）·赤·七
頙（夏）—（后）之疾女（如）可（何）

清（三）·赤·七
尻—（后）之帰（寤）室

清（三）·赤·八
亓（其）下舍（舍）—（后）疾

清（三）·赤·八
是囟（使）—（后）瘩（疾）

清（三）·赤·八
帝命—（后）土爲二茨（陵）屯

清（三）·赤·八
共尻—（后）之牀下

清（三）·赤·九
K（刺）—（后）之體

清（三）·赤·九
是思（使）—（后）之身

清（三）·赤·一〇
至于頙=—=

清（三）·赤·一〇
夏—（后）乃絲（訊）少（小）臣曰

清（三）·赤·一一
頙（夏）—（后）曰

笱　鉤　[illegible]　丩

清(三)·赤·一一
𡰥—(后)之帰(寑)室之棟

清(三)·赤·一二
亓(其)下舍(舍)—(后)疾

清(三)·赤·一二
思(使)—(后)𢡱〓恂〓

清(三)·赤·一二
帝命—(后)土

清(三)·赤·一二
共𡰥—(后)之𤖼下

清(三)·赤·一三
亓(其)走(上)K(刺)—(后)之身

清(三)·赤·一三
思(使)—(后)䍃(昏)䜑(亂)甚

清(三)·赤·一三
—(后)女(如)𢽳(撤)𡑂(屋)

清(三)·赤·一四
頣(夏)—(后)

清(三)·赤·一三
—(后)之疾亓(其)瘳

清(五)·湯丘·一三
—(后)古(固)共(恭)天畏(威)

清(五)·湯丘·一四
—(后)㮚(將)君又(有)𧈧(夏)才(哉)

清(五)·殷·八
—(苟)我與尔(爾)相念相𢘓(謀)

清(五)·殷·二三
肖(孽)卲(昭)—(后)成湯

仰二五·一六
又紵鉘—笫

信二·〇二七
一—

信二·〇二
一革皆又—

曾一一五
—環賠

郭·語四·八
數(竊)—(鉤)者戝(誅)

上(一)·性·三
弗—(扣)不鳴

清(五)·封·六
—雁(膺)

上(五)·季·一八
而又(有)—(劬)心

包二·二六〇
一—𤖼

清(五)·殷·二一
弜(强)敊(並)—(糾)出

古

包二・一三七反 以行—㳄上恒

包二・一五七 牢宙之斨—斨寇

包二・二二 不訾(察)陞室𨍭之傷之—

包二・一五 ……登臧而無—

包二・八二 以其不分田之—

包二・一七三 —迅湯昳

包二・九九 自致於新大厩之—

包二・一〇〇 與罬澤之—

包二・二一三 遻—篩

包二・二〇〇 以其—敓之

包二・八七 以受鄦易之槿官𨻸逷=逃之—

包二・二〇二 以其—敓之

包二・二〇七 以其—槩之

包二・二二七 以其—敓之

包二・二三一 以其—槩之

包二・二四〇 以其—槩之

包二・二四六 以其—敓之

包二・二四九 以其—敓之

信一・〇八七 君子—昔

包二・二三七 以其—敓之

秦一三・二 以其—敓之

天卜 以其—敓之

天卜 以其—槩之

天卜 以其—槩之

望一・四〇 以其—又大咎

望一・四九 以其—敓之

天卜 以其—敓之

郭・老甲・二 亡執—(故)亡遊(失)

郭・老甲・五 —(故)天下莫能與之静(争)

郭・老甲・八 長—之善爲士者

郭・老甲・二 是以聖人亡爲—(故)亡敗

郭・老甲・一二 是—(故)聖人能尃(輔)萬勿(物)之自肰(然)

郭・老甲・一五 —(故)終亡𨎑(難)

郭・老甲・二八 —(故)不可得天(而)新(親)

郭・老甲・二九 —(故)爲天下貴

郭・老甲・三六 —(故)智(知)足不辱

郭・老丙・二 —(故)大道發(廢)

郭・老丙・四 —(故)道……

郭·老丙·六 —(故)曰兵者▨
郭·老丙·八 —(故)吉事上左
郭·老丙·九 —(故)▨
郭·老丙·二 —(故)無敗也

郭·老丙·二 —(故)▨
郭·成·一 —之甬(用)民者
郭·成·三 —(故)君子之立(莅)民也

郭·成·四 是—(故)亡虖(乎)其身而廌(存)虖(乎)其訇(詞)
郭·成·六 是—(故)走(上)句(苟)身備(服)之

郭·成·五 是—(故)畏(威)備(服)型(刑)罰之婁(屢)行也
郭·成·一〇 是—(故)君子之求者(緒)吕(己)也深

郭·成·一三 是—(故)君子之於言也
郭·成·一六〇 —(故)君子不貴辟(僻)勿(物)而貴與民又(有)同也

郭·成·一九 —(故)君子所復之不多
郭·成·二〇 是—(故)谷(欲)人之炁(愛)吕(己)也
郭·成·二二 是—(故)凡勿(物)才(在)疾之

郭·成·三三 是—(故)君子簟笞(席)之上毀(讓)而受學(幼)
郭·六·一六 —(故)曰

郭·成·三二 是—(故)小人變(亂)天棠(常)以逆大道
郭·六·二二 —(故)人則爲▨

郭·成·四〇 是—(故)君子新(慎)六立(位)又巳(已)天棠(常)
郭·六·二三 —(故)夫夫

郭·六·三五 —(故)夫夫
郭·六·三九 是—(故)先王之謷(教)民也
郭·六·四九 —(故)曰

郭·六·四〇 是—(故)先王之夆(教)民也
郭·太·四 —(故)戠(歲)者
郭·太·二 —(故)事成而身長

郭·太·六 是—(故)大(太)一贜(藏)於水

郭·太·一二 —(故)社(功)成而身不剔(傷)

郭·太·一二 —(故)佖(過)其方

郭·魯·五 夫爲其君之—(故)殺其身者

郭·尊·一七 因亙(恒)則—(固)

郭·尊·三七 —(故)直悳(德)可易而敀(施)可迴(轉)也

郭·尊·二八 爲—(故)衒(率)民向(嚮)方者

郭·尊·一九 —(故)終是勿(物)也，而又深安(焉)者

郭·忠·六 —(故)行而鯖(請)兑(悦)民

郭·忠·七 百工不—

郭·忠·八 氏(是)—(故)古之所以行虖(乎)閔嘍者

郭·忠·八 —(故)縈(巒)睪(親)尃(溥)也

郭·忠·八 —(故)弖(亶)而可受也

郭·唐·二 昔臤(賢)急(仁)聖者女(如)此

郭·唐·三 —(故)湯(唐)吴(虞)之☐

郭·唐·四 旹(時)事—川

郭·唐·七 㤅(愛)睪(親)—(故)孝

郭·唐·七 尊臤(賢)—(故)番

郭·唐·八 六帝興於—

郭·唐·一四 者堯生於天子而又(有)天下

郭·唐·一五 夫—者舜佢(拒)於艸茅(草)之中而不惪(憂)

郭·唐·二二 者堯之與舜也

郭·唐·二四 —(故)其爲兆(瞽)寞(瞍)子也

郭·唐·二五 者咠(聖)人廿(二十)而冒(曰)

郭·唐·九 者吴(虞)舜簹(篤)事兆(瞽)寞(瞍)

郭·唐·二五 —(故)堯之僮(番)虖(乎)舜也

郭·性·二
—(故)也

郭·性·一三
又(有)爲也者之胃(謂)—故

郭·性·二八
凡—樂龍心

郭·性·二九
是—(故)其心不遠

郭·緇·九
—(故)心以體法(廢)

郭·緇·二
—(故)倀(長)民者

郭·緇·一五
—(故)上之好亞(惡)

郭·緇·二一
君不與少(小)悔(謀)大

郭·緇·二五
—(故)孳(慈)以炁(愛)之

郭·緇·二八
—(故)上不可以埶(褻)型(刑)而翟(輕)雀(爵)

郭·緇·三〇
—(故)大人不昌流

郭·緇·三二
—(故)言則慮(慮)其所終

郭·緇·三四
—(故)君子賜(寡)言而行

郭·緇·三八
—(故)君子名多聐(聞)

郭·緇·四二
—(故)君子之友也又(有)向(鄉)

郭·緇·四六
其—之遺言舉(與)

郭·魯·六
夫爲其君之—(故)殺其身者

郭·窮·二
堣(遇)告(造)—(故)也

郭·窮·二
—(故)穿(窮)而不□

郭·窮·一二
—(故)莫之智(知)而不哭

郭·窮·一五
—(故)君子惇於恆(反)㠯(己)

郭·語一·三八、三九
詩所以會—含(今)之恃(志)也者

郭·語一·四〇、四一
春秋所以會—含(今)之事也

郭·語三·六四上
亡(毋)—(固)

郭·語四·一五
必聿(盡)其—(故)

郭·語四·二五
—(故)悔(謀)爲可貴

上(二)·容·四三
—(故)曰

上(一)·紂·一三
—(故)慈(子)㠯(以)炁(愛)之

新甲三・一一二 以其無死(恒)米之—(故)

新甲三・一一二 以其逹(遲)出之—(故)

新甲三・一六九 ▨—(故)敚(說)之

新甲三・一六四 以君不睪(懌)之—故▨

新甲三・二一二、一九九—三 以其—(故)敚(說)之

新甲三・一八八、一九七 ▨㠯(以)丌(其)—(故)敚(說)之

新乙一・一七 㠯(以)君不睪(擇)之古(故)

新乙一・二九、三〇 其—(故)敚(說)之

新乙三・六一 㠯(以)其—(故)敚(說)之

新乙三・三九 以其—(故)敚(說)▨

新乙二・四一 以其古(故)敚(說)▨

新乙四・三 丌(其)—(故)敚(說)之

上(二)・從(甲)・一二 是—(故)

上(一)・性・二六 㠯(以)—(故)者也

上(一)・性・一七 凡—樂龍(隆)心

上(一)・性・五 —(故)也

上(三)・周・三五 非今之—(故)

上(三)・彭・四 —(故)君之忎(愿)

上(四)・昭・五 —須(鬚)

上(四)・內・四 —(故)爲人倪(兄)者

上(四)・曹・七 臣是—(故)不敢㠯古(故)酓(答)

上(四)・曹・七 㠯—(故)酓(答)

上(四)・曹・四四 是—(故)

上(四)・曹・六五 今與—亦肰(然)

上(五)・季・一一 氏(是)—(故)

上(五)・姑・五 含(今)宔(主)君不適於虐(吾)—(故)

上(五)・三德・五 —(故)棠(常)不利

上(五)・三德・一〇 毋焚—謱

上（五）・鬼・四
亓（其）力—（故）不能至安（焉）

上（五）・鬼・四
虐—（故）

上（六）・競・七
—（故）亓（其）祝

上（六）・競・一〇
自—（姑）

上（六）・慎・六
爲民之—（故）

上（七）・凡甲・一〇
可（何）—（故）

上（七）・凡甲・一一
系（奚）—（故）少（小）雁暲（障）豉（尌）

上（七）・凡甲・一六
是—（故）聖人尻（尻）於亓（其）所

上（七）・凡甲・二七
—（故）曰臤（賢）

上（七）・凡乙・五
虐（吾）系（奚）—（故）事之

上（七）・凡乙・一一
是—（故）聖人尻（尻）於亓（其）所

清（二）・繫・二四
以同生（姓）之—（故）

清（二）・繫・五五
聑盉之—（故）

清（二）・繫・五九
是—（故）殺孫（申）白（伯）

清（三）・琴・四
叚（假）才（哉）—之人

清（三）・芮・一三
—□□…元君

清（四）・筮・卦四三
系（奚）—（故）

清（四）・筮・卦四三
系（奚）—（故）

清（四）・筮・卦五四
系（奚）—（故）

清（四）・筮・卦四七
—（故）胃（謂）

清（四）・筮・卦四七
—（故）胃（謂）

清（四）・筮・卦五四
系（奚）—（故）

清（四）・筮・卦五八
—（故）胃（謂）

清（五）・封・二
—（故）天雚（勸）之乍（亡）臭（斁）

清（五）・命・一〇
天—（故）卲（昭）命

清（五）・命・一一
是—（故）明王奉此六者

清（五）・湯丘・一三
句（后）—（固）共（恭）天畏（威）

清(五)·湯丘·一四 —先=(之先)聖人

清(五)·湯丘·一五 —先=(之先)聖人所以自悉(愛)

清(五)·湯門·一 —之先帝

清(五)·湯門·一五 瘩(病)民亡(無)—(故)

清(五)·湯門·二一 唯—先=(之先)帝之良言

清(五)·殷·一二 —民人迷亂(亂)

清(五)·殷·二四 敢𧦝(問)疋(胥)民—(胡)

清(五)·殷·二四 —(胡)曰晉=

九·五六·三二 是—(故)胃(謂)不秎(利)於行

九·五六·三三 是—(故)不秎(利)㠯(以)行□

上(一)·紂·六 —(故)長民者章志

清(五)·厚·五 —天降下民

上(一)·紂·一五 —(故)上不可㠯(以)埶型(刑)而翌夆(爵)

上(一)·紂·一二 —(故)君不與(以)少(小)母(謀)大

上(一)·紂·五 —(故)心㠯(以)僼(體)廌

上(一)·紂·一七 —孱=(君子)奡(寡)言而行

上(一)·孔·九 黃鳥則困而谷(欲)反丌(其)—也

上(一)·孔·九 悳(德)—(故)也

上(一)·孔·一六 思—人也

上(一)·孔·一六 民眚(性)—(固)然

上(一)·孔·二一 民眚(性)—(固)然

上(一)·孔·二四 㠯(以)□蔉之—(故)也

上(一)·孔·二四 民眚(性)—(固)然

上(二)·子·一 可(何)—(故)㠯(以)見(得)爲帝

上(二)·子·一 —能紿(治)天下

上(二)·子·六
—(故)讓之

上(二)·子·八
—(故)夫奎(夋、俊、舜)之悳(德)(丌其)城(誠)臤(賢)矣

上(三)·中·九
是—(故)又(有)司

清(一)·祭·一五
母(毋)以戾萖(兹)皐—(辜)

清(四)·别·二
亽—(蠱)

十

包二·一六九
—月

包二·一三七
二百人—一人

包二·一四五反
—兩又一兩

包二·一一一
—益

包二·一一九
—益

信二·〇五
—笑

信二·〇六
少箕—又二

信二·〇一二
—甌坪

信二·〇一八
小大—又三

信二·〇一八
一槃桯首磬小大—又九

信二·〇二二
一大囊糗—又二

信二·〇二五
鼎—金

信二·〇二五
—皇豆

牌四〇六·八

望二·七
黄鞭組之賫—又八

望二·二八
▨—大鞭▨

天策
綏組之綴—又六

曾一二〇
■凡輊車—鞏又二鞏

曾一四〇
所賠—真又五真

曾一五九
凡大官之馬—鞏

曾二〇七
凡宫廄之馬與𨽸—鞏

曾二〇九
▨車—鞏又五

帛甲七·九
—曰

帛乙六·三三
—又二

上(二)·從(甲)·五
敘(除)—悁(怨)

上(二)·從(乙)·一
—曰口惠而不係

上(二)·容·五
坓(匡)天下之正(政)—又(有)九年而王天下

上(二)·容·一四
堯於是虖(乎)爲車—又(有)五輮(乘)

上(二)·容·三五
王天下—又(有)六年而傑(桀)复(作)

上(二)·容·三九
㲋三—尸而能之

郭·六·四五
其頗(覞)—又二

郭·緇·四七
二—又三

郭·性·三八
不逃(過)—皇(舉)

郭·尊·二七
—之方静

新甲三·二二四
☐某棐(楷)冬御釮受—匿

新乙四·一〇六
九月、—月又(有)外☐

新零·五二六、甲三·三七
—月,壬戌☐

九·五六·一二
敔毋之—檐(擔)二檐(擔)

九·五一六·一二
☐之—檐(擔)

九·五六·一九
—月

上(五)·鮑·一
—月

上(五)·君·一一
夫子絢(治)—室之邑亦樂

上(五)·三德·一二
百輮(乘)之豪(家),—室之俉(?)

上(七)·武·一一
亦又(有)不浧(盈)於—言

清(二)·繫·三
—又四年

清(二)·繫·一八
周惠王立—又七年

清(二)·繫·三六
文公—又二年居翟=

清(二)·繫·六一
立—又四年

清(二)·繫·七四
臧(莊)王立—又五年

清(二)·繫·九六
楚康王立—又四年

清(二)·繫·九六
立—又二年

清(二)·繫·一〇六
獻惠王立—又一年

清(二)·繫·一〇八
立—又五年

清(二)·繫·一〇九
(悼公)立—又一年

清(二)·繫·一一一
晉敬公立—又一年

清(三)·説下·一〇背
—尃(傅)敚(說)之命

清(三)·琴·一〇背
—

清(三)·芮·一〇背
—

丈　千

清(三)·赤·一〇背 —
清(四)·筮·十七命六二 凸(凡)—七命
清(四)·筮·得一五 —三。

清(四)·筮·十七命六二 —七命
清(四)·算·一 —|…九—
清(四)·算·一〇 —廿(二十)…|—

清(四)·算·一一 —|…五—
清(四)·算·一一 —|…九百—
清(四)·算·一六 —十五—|—

清(四)·算·一九 —十二—|—
清(四)·算·二〇 —|…九—
清(四)·算·二一 —|—五…

清(五)·厚·一〇背 —
清(五)·命·一〇背 —

清(五)·湯門·八 —月乃成
清(五)·般·一五背 —

郭·六·二七 絰(疏)斬布實(經)，—(杖)
上(三)·周·七 貞，—人吉
上(三)·周·一六 遊(失)—夫

上(三)·周·一六 係—夫
清(四)·筮·貞二五 —夫

帛甲四·三一 —又百戢
郭·窮·一〇 至(致)—里
上(二)·容·七 於是虖(乎)方囩(圓)—里

上(二)·容·四四—四五 於是虐(乎)复(作)爲金桎三—
上(二)·容·五〇—五一 武王於是虐(乎)复(作)爲革車—輮(乘)

上(二)·容·五一 鞴(帶)虖(甲)三—
上(七)·凡甲·九 足牆(將)至—里
上(七)·凡甲·一五 於—里

廿　揖　世　殜

上(七)·凡乙·七 至—里
清(二)·繫·二 名之曰—畱(畝)
清(二)·繫·四 于——畱(畝)

清(二)·繫·一三七 車—𨍏(乘)
清(四)·算·七 ▬千五百▬—▬
清(四)·算·一〇 ▬千二百▬—▬

廿

九·五六·四 舊—(二〇)檐(擔)
清(三)·芮·二〇背 —
清(四)·筮二〇 —

清(五)·殷·二〇背 —

咠

郭·緇·三四 於—(緝)逅(熙)敬止

世

郭·唐·三 肰(然)后(後)正—
郭·唐·七 —亡忄(隱)直(德)

郭·唐·二一 上直(德)則天下又(有)君而—明

天卜 見毋—之
信一·三四 以吏罷—
郭·尊·二五 —(世)此亂矣

郭·窮·二 句(苟)又(有)其—(世)
郭·語四·三 参(三)—(世)之福
郭·語四·三 足以終—(世)

上(二)·子·一 昔者則弗(殁)—(世)也
上(一)·孔·三 如坴(夆)才(在)今之—(世)則可(何)若

上(二)·子·八 女(如)坴(夋、俊、舜)才(在)含(今)之—(世)則(何)苦
上(二)·容·五 各㝵(得)丌—(世)

上（二）·從（甲）·一二
唯—（世）不儀（？）

新乙四·二七
亙（恒）由郭亥敓（說）於五—（世）⧄

新乙四·一〇九
敫（就）禱三—（世）之殤（殤）⧄

上（四）·曹·六五
各㠯亓—（世）

上（五）·季·二二
逡=（後之）—（世）比亂（亂）

上（五）·姑·七
㠯（以）事—（世）才（哉）

上（五）·姑·七
唯（雖）不堂（當）—（世）

上（六）·慎·四
旻（得）甬（用）於—（世）

上（六）·天甲·二
—（世）

上（六）·天乙·一
夫=（大夫）三—（世）

上（七）·武·一一
而百—（世）不遊（失）之道

上（七）·武·一五
而敬者萬—（世）

清（二）·繫·一〇
武公卽—（世）

清（二）·繫·一〇
臧（莊）公卽—（世）

清（二）·繫·八〇
霝（靈）王卽—（世）

清（二）·繫·八二
競（景）坪（平）王卽—（世）

清（二）·繫·一〇〇
㬥（早）—（世）

清（二）·繫·一〇〇
競（景）坪（平）王卽—（世）

清（二）·繫·一〇四
競（景）坪（平）王卽—（世）

清（二）·繫·一〇六
卲（昭）王卽—（世）

清（二）·繫·一二七
聖（聲）王卽—（世）

清（二）·繫·一一〇
盍（闔）虏（盧）卽—

清（二）·繫·一五
—乍（作）周𡰥

清（二）·繫·二一
（文公）卽—（世）

言

清（二）·繫·五八 穆王卽—（世）

清（二）·繫·七七 臧（莊）王卽—（世）

清（二）·繫·九七 康王卽—（世）

清（二）·繫·九八 乳=（孺子）王卽—（世）

清（二）·繫·九九 晉臧（莊）坪（平）公卽—（世）

清（五）·命·一〇 大命—（世）罰

清（五）·殷·八 —=（世世）至于逡（後）飤（嗣）

偞

上（二）·容·四二 湯王天下卅=（三十）又（有）一—（世）而受复（作）

包二·一四 集箬—

包二·八〇 —胃剔其弟石耴駝

包二·一二二 孔—胃

包二·一三六 —曰

包二·一三七 皆—曰

包二·一二一 下鄰山昜里人郙倖—於昜城公樣睪

包二·一二八反 戠—帀以至

包二·一四三 欽—曰

包二·一二八反 其譥（察）戠—帀旣以迈郢

包二·一六〇 臧蒖—之少帀

包二·一五九 陳興之告—之子司馬

包二·一三七反 僕軍造—之

包二·一五五反 旣—之諠之左尹

包二·一五九 郢公嘉之告—之攻尹

包二·一四一 周瘶—於左尹與鄰公賜

包二·九〇 —胃緐丘之南里人信又榩酉

包二·一二二 孔—胃

包二·一二三 孔—胃

包二·一二六 大駐尹帀（師）—胃

包二·一二〇 闕—胃

包二·一二一 倖—胃

包二·一二九
登瘟—胃

包二·一五二
—胃番成無逡

包二·一五二
—胃成又逡

包二·一五七
對蔛大罙之戠舊之客苛=坦=—胃

包二·一二五
敔司馬隀牛皆—曰

包二·一三一
告湯公競軍—曰

包二·一三六
逷楃皆—曰

包二·一四〇
—胃

包二·一四一
瘶—曰

包二·一四三
欽—曰

信一·〇三
教—三戠

信一·〇四九
—以爲

磚三七〇·一
賽告僅—胃

郭·老甲·二七
智(知)之者弗—

郭·老甲·三一
是以聖人之—曰

郭·老甲·一
三—以爲㝵(使)不足

郭·老甲·四
以—下之

郭·成·六
昔者君子有—曰

郭·成·二
不信其—

郭·老乙·一〇
是以建—又(有)之

郭·成·二
是君子之於—也

郭·成·一三
士成—不行

郭·成·一四
是古(故)君子之於—也

郭·老甲·一七
行不—之孷(教)

郭·老丙·九
—以喪豊(禮)居之也

郭·成·二五
此—也

郭·成·二二
害(盍)—疾也

郭·成·二
信不懏(著)則—不樂

郭·成·二五
—信於衆之可以淒(濟)悳(德)也

郭·成·三〇
害(盍)—寅之也

郭·成·三九
害(盍)此—也

郭·成·三九
—不朔(溯)大祟(常)者

郭·成·三五
—語嗱(哢)之

郭·緇·七
—其所不能

郭·緇·二九
王—女(如)絲

郭·緇·二九
王—女(如)索

郭·緇·三〇
可—不可行

郭·緇·三一
君子弗—

郭·緇·三二
君子道人以—

郭·緇·三二
古(故)—則[illegible](慮)其所終

郭·緇·三三 則民訢(慎)於—

郭·緇·三四 —，從行之

郭·緇·三四 古(故)君子顧(寡)—而行

郭·緇·三六 此—之砧(玷)

郭·緇·三七 君子—又(有)勿(物)

郭·緇·四〇 人句(苟)又(有)—

郭·緇·四〇 庶—同

郭·緇·四五 宋人又(有)—曰

郭·緇·四六 其古之遺—舉(與)

郭·性·七 猷(猶)口之不可蜀(獨)—也

郭·性·一六 箸(書)，又(有)爲—之也

郭·性·四六 人之攷(巧)—利訂(詞)者

郭·性·五一 未—而信

郭·性·六〇 毋蜀(獨)—

郭·性·六一 己則勿復—也

郭·性·六五 出—必又(有)夫柬柬(簡簡)之信

郭·六·三四 君臣宜(義)生—

郭·六·三六 信言尔—

郭·六·四五 —行皆迵(通)

郭·六·四五 非—行也

郭·六·三四 父子，新(親)生—

郭·六·三四 男女，卞(辨)生—

郭·六·三六 信—尔言

郭·忠·五 君子弗—尔

郭·忠·八 其—尔信

郭·尊·三九 —此章也

郭·五·三九 柬〈柬(簡)〉之爲—猷(猶)練也

郭·五·四〇 匿之爲—也猷(猶)匿匿也

郭·魯·四 —虐(乎)！

郭·成·三七 昔者君子有—曰

郭·成·三三 —余之此而宅(托)於天心也

郭·性·五九 —及則明，㪟之而毋⿰忄爲

郭·語四·二 非(靡)—不讎(讎)

郭·語四·二 𡌰(來)—剔(傷)吕(己)

郭·語四·二 往—剔(傷)人

郭·語四·三 —之善

郭·語四·四 亞(惡)—復己而死無日

郭·語四·五 —必又(有)及之

郭·語四·二三 則—談不勺(弱)

上(一)·性·三〇 毋竄(獨)—

上(一)·性·三一 則勿复(復)—也

上(一)·性·二六 出—必又(有)夫柬=(柬柬)

上(二)·從(甲)·四 方(防)亦坂(反)是=(是,是)故君=(君子)訢(慎)—而不訢(慎)事

上(二)·從(甲)·一一 可—而不可行

上(二)·從(甲)·一一 君子不—

上(二)·從(甲)·一一 —見善行

上(二)·從(甲)·一一 可行而不可—

上(二)·從(甲)·一九 君子不㠯流—戢(傷)人

上(二)·從(乙)·五 君=(君子)䎽(聞)善—㠯改(改)亓

上(二)·昔·三 不見(顯)於内=(内 内)—不㠯(以)出

上(二)·昔·三 外—不㠯(以)内(入)

上(二)·容·二二 身—

上(二)·容·八 與之—正(政)

上(二)·容·八 與之—樂

新甲三·一〇 ☐先,少(小)又(有)外—感也

九·五六·六六 西昏(聞)—

九·五六·二一下 城(成)—

九·五六·二一下 結—

上(三)·周·四九 —又(有)會(序)

上(三)·亙·五 —出於音

上(三)·亙·六 —非言

上(三)·亙·六 無胃(謂)—

上(三)·亙·六 言非—

上(三)·亙·六 —,事出於名

上(三)·亙·一〇
—名先

上(三)·亙·一〇
恋—之逡(後)者柔(校)比焉

上(四)·采·二
奚—不從 書名

上(四)·昭·八
或昏(聞)死—僕(僕)見脽之倉也

上(四)·昭·九
大尹之—脽

上(四)·柬·二〇
—於君=王=

上(四)·内·三
不與—人之子

上(四)·内·四
—人之俤(弟)之不能丞(承)侃(兄)

上(四)·内·五
與君—=(言,言)叓(使)臣

上(四)·内·五
與臣—=(言,言)事君

上(四)·内·五
與父—=

上(四)·曹·八
君—亡邑異於臣之言

上(四)·曹·一〇
虐(吾)䎽(聞)此—

上(四)·曹·六四
虐(吾)—氏(是)不(否)

上(五)·競·九
㠯(起)而—曰

上(五)·鮑·二
爲亓(其)—

上(五)·季·九
又(有)—曰

上(五)·季·一四
—也已

上(五)·季·一八
子之—也已砫(主)

上(五)·君·一
—之而不義

上(五)·君·三
虐(吾)新(親)䎽(聞)—於夫子

上(五)·三德·一〇
毋爲角—

上(六)·用·九
僨—

上(六)·天甲·一一
不—耑(短)

上(七)·武·三 道箸(書)之言

上(七)·武·一一 亦又(有)不浧(盈)於十—

上(七)·武·一三 丹箸(書)之—又(有)之曰

上(七)·武·一五 —又(有)之

上(七)·君甲·八 —不敢罣(斁)身

上(七)·凡甲·四 五—才(在)人

上(七)·凡甲·一八 能寡(顧)—

清(一)·尹誥·三 勿韋(違)朕—

清(一)·尹誥·四 舍之吉—

清(一)·保·六 —不易實覍(變)名

清(一)·程·六 徒庶—迹

清(一)·金·六 勿敢—

清(一)·金·七 流—于邦曰

清(一)·金·一一 公命我勿敢—

清(一)·皇·八 良—於是人

清(一)·祭·一五 不(丕)則魕(寅)—孳(哉)

清(三)·說中·二 聖(聽)戒朕—

清(三)·說下·二 余罔又(有)罣(斁)—

清(三)·琴·六 才(在)—隹(惟)克

清(三)·芮·一〇 殹(繄)先人又(有)—

清(三)·芮·二三 罔肎(肯)獻—

清(三)·芮·二五 我之不—

清(三)·芮·二五 民亦又(有)—曰

清(三)·芮·二五 我亓(其)—矣

清(三)·芮·二六 —寀(深)于棩(淵)

清(三)·祝·三 引虘(且)—之

清(三)·祝·四 引虘(且)—之

清(三)·祝·五 引虘(且)—之

清(三)·赤·六 見(視)而不能—

清(三)·赤·七 乃—曰

清（三）·赤·一四
乃從少（小）臣之—

清（四）·筮·爻五二
爲水，爲—

清（五）·厚·八
簭（筮）之—亦勿可遠（專）改

清（五）·湯丘·六
先=（先人）又（有）—

清（五）·湯丘·一〇
君天王之—也

清（五）·湯丘·一〇
此—弗或（又）可旻（得）

清（五）·湯門·一
先帝亦有良—

清（五）·湯門·二
女（如）亡（無）又（有）良—

清（五）·湯門·三
幾—成邦

清（五）·湯門·三
幾—成埅（地）

清（五）·湯門·三
幾—成天

清（五）·湯門·三
幾—成人

清（五）·湯門·二一
唯古先=（之先）帝之良—

清（五）·殷·七
高宗乃—曰

上（一）·孔·二
多—逡（後）

上（一）·孔·二
多—

上（一）·孔·三
丌（其）—旻（文）

上（一）·孔·八
則—讒人之害也

上（一）·孔·八
皆—上之衰也

上（一）·孔·八
十月善諀（諞）—

上（一）·孔·八
考—

上（一）·孔·八
—不中志者也

上（一）·孔·八
少𦝼丌（其）—不亞（惡）

上（一）·孔·一七
牆（將）中之—不可不韋（畏）也

上（一）·孔·一九
猷又（有）寡（捐）—

上（一）·孔·二〇
丌（其）—又（有）所載而后内（納）

上(一)·孔·二八
𤻞(墉)又薺慙(慎)窗(密)而不智(知)—

上(一)·孔·二五
智(知)—而又(有)豊(禮)

上(二)·子·四
每㠯(以)□寺丌(其)—

上(二)·子·一〇
𢚓而畫(劃)稚伓(背)而生=(生，生)而能—

上(二)·子·五
與之—豊(禮)

上(二)·魯·三
而昏(聞)𨞰(巷)洛(路)之—

上(一)·紂·一五
王—女(如)絲

上(一)·紂·一五
王—女(如)索

上(一)·紂·一七
則民訢(慎)於—而歎(謹)於行

上(一)·紂·一七
古君=(君子)募(寡)—而行

上(三)·周·二
少(小)又(有)—

上(三)·周·四
少(小)又(有)—

上(三)·周·八
利埶(執)—

上(三)·周·三九
—不冬(終)

上(三)·周·四七
革—晶(三)就(就)

上(三)·周·五〇
又(有)—

上(三)·彭·二
—：天地與人

上(五)·弟·八
可—虐(乎)其信也

上(五)·弟·一二
求爲之—

上(五)·弟·一二
又(有)夫—也

上(六)·競·一
—於公曰

上(六)·競·一二
晏子是壞(讓)追之—也

上(六)·天乙·一一
不—犮(拔)

上(七)·吳·二
君而或—

上(一)·紂·四
—丌(其)所不能

上(一)·紂·一八
此—之砧不可爲

上(一)·紂·一七
—術(道)行之

上（一）·紂·一六　君〓（君子）弗—

上（一）·紂·一六　可—不可行

上（一）·紂·一六　則民—不舍行〓（行，行）不舍言

上（一）·紂·一六　則民言不含行一（行，行）不含—

上（一）·紂·二〇　庶—同

上（一）·紂·二三　宋人又（有）—曰

語

郭·五·三四　遠而不畏彊（强）—（禦）

上（二）·容·八　於是虐（乎）訇（始）—堯天地人民之道

上（四）·柬·二〇　君内（入）而—僕（僕）之言於君〓

上（四）·内·八　不奚（依）立，不庶—

上（四）·曹·六　昔池舶—募（寡）人曰

上（五）·季·八　戥（遂）含（今）—肥也

上（六）·天乙·九　朝不—内

上（七）·君乙·五　天下莫不—先（之）

清（三）·芮·一二　身與之—

清（五）·殷·一一　乃尃（復）—彭且（祖）曰

[言五]

郭·成·三六　言—唫（吟）之

上（六）·平·四　王與之—（語）少〓

上（六）·用·一五　而言—（語）斎〓记（起）

上（六）·天甲·一一　—（語）分

上（六）·天乙·一〇　女不—（語）鹿（獨）

上（六）·天乙·一〇　堋（朋）沓（友）不—（語）分

談

郭·語四·二三　則言—不勺（弱）

請

包二・一八〇 黃—人名

信一・〇一〇 —□

上（六）・用・一五 —命

清（三）・琴・一三 勿—福之侃（愆）

清（五）・般・二 又（有）或（國）之—（情）

許

上（二）・民・九 丌（其）才—（許）也

上（四）・柬・四 贅尹—諾

上（四）・柬・一五 王—諾攸（修）四蒿

上（六）・競・一三 安（晏）子—若（諾）

上（三）・亙・一二 無—亟（恆）

上（七）・鄭乙・六 王—之

清（二）・繫・八七 是（且）—成

魯

包二・一二六 —緹

包二・一三一 —旌 人名

包二・一三二反 —緹

包二・一四〇 —緹

包二・一四一 —旌

包二・一八〇 —時 人名

包二・二三四 —吉 人名

包二・二〇六 —緹

包二・二〇五 東周之客—緹

包二・二〇七 —緹

包二・二〇九 —緹

包二・二一六 —緹

包二・二一二 東周之客—緹遢（歸）

包二・二一八 —緹

包二・二一八 —緹

包二・二二一 —緹

望一・一八 —佗 人名

新甲三・二一六 —（許）定目（以）陵尹懌之大保（寶）彖爲□

新甲三・三二〇 —=智=（魯智、魯智）之述

清（二）・繫・七〇 —（許）迈（適）晉求数（援）

清（二）・繫・九一 —（許）於鄴（葉）而不果

諾　譍　讎　詩

清(二)·繫·一〇〇　—(許)人𤔔(亂)

清(二)·繫·一〇〇　—(許)公尨出奔晉。

鄦

新零·一八七　瑶命—(許)▨

清(五)·封·五　命女(汝)侯于—(許)

清(五)·封·九背　諫(封)—(許)之命

邵

包二·一二九　—緹　人名

異文作『𨛬』。

諾

上(四)·柬·四　贅尹許—

上(四)·柬·一五　王許—攸(修)四蒿

譍

清(一)·皇·九　斯乃非休悳(德)以—(應)

讎

清(四)·筮·讎一八　㕚(凡)—(售)

清(四)·筮·讎二〇　妻夫相見，—(售)

清(四)·筮·讎二一　—(售)

清(四)·筮·讎二二　出，乃亦—(售)

清(四)·筮·十七命六二　曰—(售)

詩

郭·語一·三八、三九　—(詩)所以會古含(今)之恃(志)也者

上(四)·曹·二一　—　書名

旹

上(一)·孔·一　—(詩)亡隱(離)志

上(一)·孔·四　丌(其)猷坪(平)門

上(一)·孔·一六　虗(吾)目(以)菳𦣻㝵(得)氏初之—

上(一)·性八　—(詩)

告

上(一)·紂·一　—(詩)員(云)

上(一)·紂·二　—(詩)員(云)

上(一)·紂·二　—(詩)員(云)

誦

上(一)·紂·二三 —(詩)員(云)

上(一)·紂·五 —(詩)員(云)

上(一)·紂·七 —(詩)員(云)

上(一)·紂·九 —(詩)員(云)

上(一)·紂·一〇 —(詩)員(云)

上(一)·紂·一三 —(詩)員(云)

上(一)·紂·一七 —(詩)員(云)

上(一)·紂·二一 —(詩)員(云)

上(一)·紂·二一 —(詩)員(云)

香中大·一 —(詩)員(云)

『詩』之省形。

詒

上(二)·民·一 —(詩)曰

『詩字』異體。

誦

清(一)·者·八 复(作)祝—一夂(終)曰明〓上〓帝〓

清(一)·者·九 复(作)莽(茲)祝—

清(三)·芮·一三 罔又(有)肙(怨)—(訟)

讀

清(三)·芮·一七 道(導)—善敗(敗)

清(五)·殷·九 不—箸(書)占

啻

音

郭·語三·六四上 亡(毋)—(意)

上(五)·鬼·四 —(意)亓(其)力古(故)不能至

上(七)·武·一 —(意)散(微)喪不可㝵(得)

清(一)·祭·一四 至于萬—〓(億)年〓

訓

包二·一七九 陆—人名

包二·一九三 某— 人名

包二·一九九 —韆 卜具

天卜 尚自利—

天卜 自利—

天卜 少又不—

天卜 尚自利—

天卜 —至惠公

天卜 尚自利—

上(二)·從(甲)·一六 不—(順)行巳出之

秦九九·一〇 —至父母疾

秦一三·三 ☐—至新父

帛丙七·三 不—于邦

郭·性·一七 雚(觀)其先後而逆—(順)之

郭·性·二七 其出内(入)也—(順)

郭·尊·三九 凡達(動)民必—(順)民心

上(一)·性·一六 丌(其)出内(入)也—(順)

新甲三·五 以適—(順)至文王

新乙四·三五 尚自宜—(順)也

新甲三·二四七、二七四 竆(躳)身尚自宜—(順)

新乙一·九、乙二·一七 竆(躳)身尚自宜—(順)

新零·二八六 ☐自宜—(順)☐

新乙二·三五、三四 竆(躳)身尚自宜—(順)

上(四)·曹·五一 不—(順)於天命

上(七)·武·一五 吏(使)民不逆而—(順)城(成)

清(一)·保·一 忑(恐)述(墜)保(寶)—

清(一)·保·三 忑(恐)不女(汝)及—

清(一)·皇·八 乃隹(惟)不—(順)是絧(治)

清(一)·楚·六 及畬—(徇)

清(二)·繫·二四 賽(息)侯弗—(順)

清(二)·繫·七八 司馬不—(順)繡(申)公

清(五)·湯丘·一一 朕隹(惟)逆—(順)是⿱者心(圖)

⿰忄言

包二·二一〇 慮(且)外又不—(順)

⿱訓心

包二·二一七 慮(且)外又(有)不—(順)

九·五六·二六 百事—(順)城(成)

『訓』字異體。

誨　譔　諭　謀

誨
清（五）·厚·一一　亦鮮克以—（謀）

譔
上（五）·競·二　—祖己而昏（問）安曰

諭
包二·三五　新遊宮中—之州加公弼麗受凡

謀
譬　上（六）·天甲·一三　忠—、信言　《說文》古文。

毌　天卜　尚—（毋）又咎　《說文》古文，在此讀爲『毋』。

清（二）·繫·五〇　夫＝（大夫）聚—（謀）曰

清（四）·筮·雠一九　同女＝（女，女）才（在）—（舟）

基　上（二）·容·三　惷（教）而—（誨）之

上（二）·容·三七　湯乃—（謀）戒求臤（賢）

悬　郭·老甲·二五　易—（謀）也

郭·語二·三八　凡—（謀），已衍（道）者也

郭·語三·三一　智銅（治）者賔（寡）—（悔）

郭·語四·一三　槀（早）與智—（謀）

郭·語四·一三　不與智—（謀）

郭·語四·二三　士又（有）—（謀）双（友）

郭·語四·二五　金玉浧（盈）室不女（如）—（謀）

郭·語四·二五　古（故）—（謀）爲可貴

上（一）·紂·一二　古（故）君不與（以）少（小）—大

上（一）·孔·二六　陘（濕）又（有）長楚旻（得）而—之也

上（三）·中·五　爲之宗—（謀）女（汝）

上(三)·周·一四 可(阿)肏(豫)—(悔)

上(三)·周·一九 亡(无)—(悔)

上(三)·周·二六 貞吉亡(无)悬(悔)

上(三)·周·二七 亡(无)—

上(三)·周·四三 又—(悔)

上(三)·周·四三 迖(動)—(悔)

上(三)·周·四九 —(悔)亡(无)

上(四)·逸·交三 閈卄—司

上(四)·曹·一三 又(有)固—(謀)而亡固城

上(四)·曹·五五 斈(蒠)者思—(悔)

上(四)·曹·六一 亢者—(悔)之

上(五)·三德·一三 聖人之—(謀)

上(五)·三德·二〇 噌迲(去)吕—(謀)

上(六)·用·一七 䎽(聞)亞(惡)—(事)

清(一)·程·九 (人)—(謀)疆(彊)

清(一)·耆·七 窸(毖)情(精)—(謀)猷

清(一)·祭·三 —(謀)父滕(朕)疾

清(一)·祭·九 —(謀)父滕(朕)疾

清(一)·祭·一六 少(小)—(謀)

清(三)·琴·一 無—(悔)喜(享)君

清(三)·芮·三 以繡(申)尔(爾)—(謀)猷

清(三)·芮·一一 —(謀)猷隹(惟)戒

清(三)·芮·一八 疋(胥)—(謀)

清(三)·芮·一八 以交罔—(謀)

清(三)·芮·二五 —(謀)亡(無)少(小)大

清(五)·命·三 女(如)諻(懲)而—(悔)怨(過)

清(五)·湯丘·三 少(小)臣甚(基)—(謀)鄋(夏)邦

清(五)·殷·八 相念相—(謀)
清(五)·殷·一八 卹(恤)遠而—(謀)新(親)
清(五)·殷·二一 (左右)—(毋)比

[毋心]
郭·緇·二二 古(故)君不與少(小)—(謀)大
郭·緇·二二 毋以少(小)—(謀)敗大惜(作)
郭·尊·一六 叁(教)以懽(權)—(謀)

郭·六·二一 或從而孝(教)—(誨)之
上(一)·紂·一二 毋臣(以)少(小)—(謀)敗大悳(惜(作))
上(一)·性·三九 —(謀)之方也

上(三)·彭·六 ☒忈ₑ之—(謀)不可行
上(五)·君·一 韋(回)不—(敏)

上(七)·武·六 毋行可—(悔)
上(七)·吳·九 隹(惟)不—(敏)既卲(莅)矣

訪

郭·五·四〇 少(小)而—(訬(軫))者也
清(一)·皇·八 我王—良言於是人

諏

清(五)·湯丘·一二 民人—(趣)貣(忒)

訊 訽

上(四)·相·四 女(如)—(斯)
上(五)·姑·一 正(征)—弖(强)
《說文》古文。

詧

郭·尊·八 —(察)者出所以智(知)邑(己)
郭·尊·一七 —(察)迡則亡避
郭·成·一九 —(察)反者(諸)己而可以智(知)人

包二·一五七 少刹尹郕詨—(察) 从李家浩先生。其所从「㚇」等與《三體石經》古文「踐」所从聲旁相同。據此,从「邑」「刀」「水」諸字暫且釋寫作「鄰」「剗」「淺」。但是从「言」用爲「察」的字似可釋寫作「詧」,不可釋寫作「諓」。

郭·語一·六八 —(察)天道以愄(化)民燹(氣)

信

包二·一二八反 其—(察)，戠言市既以返郢

郭·五·八 思不清不—(察)

包二·一二 —(察)郜室人某瘽之典之在漾陸之参鉨

郭·五·一三 清則—(察)

設

包二·二四 不—(察)陞雒之傷

包二·三〇 不—(察)陞雒之剔(傷)以告

包二·四二 不—(察)公孫虩之佢之死

包二·五四 不—(察)長陵邑之死

包二·一二五 戠尹癸—(察)之

包二·一二六 —(察)州里人陽鏰之與父陽年同室與不同室

包二·一三七 信—(察)䣂智舒慶之殺佢卯

包二·一三七 逾、嬀與慶皆；—䣂智苛冒佢卯不殺舒昉

包二·一五反 不爲其—(察)

磚三七〇·二 未智其人今僅—(察)

郭·窮·一 —(察)天人之分

上(四)·曹四五 虞(且)不—(察)

上(五)·鮑五 沽弗—人之生

包二·二二 不—(察)陞室雒之傷之故以告

包二·二七 不以死於其州者之—(察)告

戔

上(七)·凡甲·一四 —(察)道

上(七)·凡甲·二〇 —(察)此言

上(七)·凡甲·二四 —(察)智(知)

上(七)·凡甲·二四 —(察)僉(險)而困

上(七)·凡乙·一〇 —(察)道

上(七)·凡乙·一五 —(察)豸(貌)

上(七)·凡乙·一七 —(察)智(知)而神

信 許

包二·九〇 言胃緐丘之南里—又葬酉

包二·一二一 不—緻馬

包二·一二一 小人—卡下鄰闈里人雇女返

包二·一三七 —詧(察)䛐智舒慶之殺恒卯

包二·一四四 小人—以刀自戕(傷)

包二·一三六 小人與慶不—殺恒卯

郭·老丙·一 —不足

郭·老丙·二 安又(有)不—

郭·六·一 忠、—也

郭·六·二 忠與—亯(就)

郭·六·五 悲忠— 者莫之能也

郭·六·二〇 —也者

郭·六·三六 —言尔言

郭·六·二〇 以—從人多也

郭·六·三四 婦—

郭·六·三五 智銜(率)—

郭·緇·一七 利(黎)民所—

郭·緇·一八 而—其所戔(賤)

郭·緇·二五 —以結之

郭·緇·三五 以成其—

郭·緇·四四 虘(吾)弗—之矣

郭·五·三三 亯(戚)而—之

郭·性·二二 所以爲—與諓(微)也

郭·性·二三 其出於情也—

郭·性·四〇 —，青(情)之方也

郭·性·四〇 忠，—之方也

郭·性·四九 —壴(矣)

郭·性·五一 斯人—之壴(矣)

郭·性·五一 未言而—

郭·性·六六 出言必又(有)夫柬柬(簡簡)之—

郭·成·一 行不—則命不從

郭·成·二 —不惜(著)則言不樂

郭·成·二 不—其言

郭·成·二四 民篙(孰)弗—

郭·成·二五 柔(務)才(在)—於衆是以上之亙(恒)

郭·成·二五 言—於衆之可以淒(濟)悳(德)也

郭·成·三六 坓(來)者—

郭·尊·二 所以—其肰(然)也

郭·尊·四 忠爲可—也

郭·尊·一五 則民話（訏）以㝏（寡）—

郭·尊·二一 忠—日益而不自智（知）也

郭·尊·三三 不忠則不—

郭·語一·二一 忎（仁）、忠、—

郭·語一·六六 —非至齊也

郭·語一·一〇七 快（决）与—，器也

上（一）·孔·七 —矣

上（一）·孔·二一 𡰥鴼虘（吾）—之

上（一）·孔·二二 虘（吾）—之

上（一）·紂·一 而—丌（其）所賤

上（一）·紂·一三 —㠯（以）結之

上（一）·紂·一七 㠯（以）𡉚（成）丌（其）—

上（一）·紂·二三 虘（吾）弗—之矣

上（二）·從（甲）·一〇 敬、誂—（信，信）則㝵（得）衆

上（二）·從（乙）·一 㬎（顯）訪（嘉）懽（勸）—

上（二）·從（甲）·一 夫是則戰（守）之㠯—

上（一）·性·一四 丌（其）出於情也—

上（二）·容·九 竺（篤）義與—

上（三）·亙·四 燹（氣）—神才（哉）

上（三）·亙·四 —浧（盈）天墬（地）

上（五）·季·二一 毋—予（諛）曾（憎）

上（五）·弟·八 可言虗（乎）其—也

上（五）·弟·八 —虗（乎）

上（五）·三德·一五 𠟭（嚴）畧（恪）必—

上（六）·競·三 是—虘（吾）亡（無）良祝

上（六）·孔·五 爲—㠯（以）事亓（其）上

上(六)·慎·二
—己(以)爲言

清(一)·金·一一
曰：—(信)

清(五)·命·四
女(如)懽(勸)以忠—(信)

清(五)·命·六
明王卲(昭)天—(信)人以尼(度)攻=

清(五)·湯門·一三
執—(信)以義成

清(五)·殷·一四
可(何)胃(謂)—(信)

清(五)·殷·一八
衣備(服)凸(端)而好—(信)

清(五)·殷·二二
矕(叡)—(信)之行

㐰

郭·忠·一
—之至也

郭·忠·一
信㢥(積)則可—也

郭·忠·一
—㢥(積)則可信也

郭·忠·二
忠—㢥(積)而民弗罪(親)信者

郭·忠·二
忠信㢥(積)而民弗罪(親)—者

郭·忠·二
至—女(如)旹(時)

郭·忠·三
—人不伓(倍)

郭·忠·三
—之至也

郭·忠·四
大—不异(期)

郭·忠·五
忠—之胄(謂)此

郭·忠·六
—人弗爲也

郭·忠·七
—之爲衍(道)也

郭·忠·八
其言尔—

郭·忠·八
—，我(義)之异『期(基)』也

諱

清(一)·保·五
不—(違)于庶萬眚(姓)之多欲

誥

包二·一三三
儻以—告子郙公

詔

弃
郭·成·三八 康—（誥）曰
郭·緇·二八 康—（誥）員（云）
郭·緇·五 尹—（誥）員（云）
上（一）·紂·一 尹—（誥）員（云）
上（一）·紂·一五 康—（誥）員（云）

清（一）·祭·九 乃—（召）羅（畢）鉅

習
清（一）·程·二 —（詔）大（太子）發

諫

上（五）·鮑·九 級（隰）俚（朋）之—
上（七）·武·七 所—不遠
清（五）·殷·二〇 內（納）—受訾

訾

鈢
郭·尊·九 —豊（禮）智（知）樂
郭·尊·一〇 —樂智（知）恷

謠
郭·性·二四 昏（聞）訶（歌）—（謠）

訢

上（四）·昭·九 可（何）—又（有）安
上（五）·競·七 則—者（諸）禮（鬼）神曰

説

郭·成·二九 害（盍）道不—（悅）之司（始）也

話

語
郭·緇·三〇 誓（慎）尔出—

謐 䛑

包二·一八四 周— 人名　从言从必，檢《正字通》䛑同—。

包二·一九一 王西州里公命— 人名

天卜—志 人名

上（三）·彭·一 而—于帝祟（常）

上（四）·柬·三 尚（當）—而卜之於

上（四）·柬·四 —而卜之禳（表）

上（四）·柬·四 既—而卜之禳（表）

清（三）·說下·七 余既訳（諟）故（詁）—女（汝）

清（三）·芮·二 乃复（作）—（毖）再夂（終）

清（五）·封·二 —（毖）光乓（厥）剌（烈）

詷

清（一）·保·三 必受之以—

譽

郭·老丙·一 其即（次）新（親）—之

郭·性·二二 拜，所以□□□其—慶（文）也

上（一）·性·一三 丌（其）—慶（文）也

上（三）·周·三五 進（往）許沓（來）—

上（三）·周·三八 莫（暮）—（夜）又（有）戎

譔

上（二）·從（甲）·三 是日昇（得）賢（賢）士一=人=（一人，一人）—（譽）

礜

郭·窮·一四 —（譽）皇（毀）才（在）仿（旁）

信一·二四 猶芒蘭—

訖

清（三）·琴·三 —（適）我個（夙）夜不免（逸）

清（三）·琴·一六 —（適）我敬之

諺

彥

郭・六・二四 岳(獄)—(犴)亡繇(由)迮(作)也

郭・六・三六 岳(獄)—(犴)蔑繇(由)亡(乍)也

从李零、劉信芳：該字其上从「文」非从「大」。「奆」乃「彥」之誤書。

上(五)・君・一 —(顏)困(淵)時(侍)於夫〃

上(五)・君・一 —(顏)困(淵)復(作)而倉(答)曰

上(五)・君・二 —(顏)困(淵)退

上(五)・君・三 —(顏)困(淵)時(侍)於夫〃子〃

詣

包二・一五六 以其不得執之处弗能—

清(一)・保・四 自—(稽)乒(厥)志

清(一)・保・五 易立(位)埶(設)—(稽)

清(三)・芮・二五 虐(吾)埜(靡)所爰(援)—

謱

上(五)・三德・一〇 毋焚古—

嚶

上(二)・容・二 婁(僂)者攷—

上(四)・曹・二五 必又(有)—(數)獄夫〃(大夫)

上(五)・君・二 —(數)日不出

清(四)・筮・亥五 —(數)而

清(四)・筮・亥七 㕣(凡)亥，—(數)而

清(四)・筮・得一一 見丁—(數)

清(四)・筮・雨一三 才(在)下，—(數)而

清(四)・筮・雨一五 —(數)而出

清(四)・筮・䨓二一 —(數)

清(四)・筮・行二二 —(數)出

清(四)・筮・果四二 內事—(數)內(入)

清(四)・筮・果四二 外事—(數)而出

詛

詛 虘

包二·二一一 由(思)攻解於⿱明示—

包二·二四一 由(思)攻解於—與兵死

天卜 ⿱明示—

九·五六·三四 ⿱明示(盟)—(詛)

《廣雅·釋天》:『詛亦作禮。』

上(六)·競八 —(詛)爲亡(無)䖒(喪)

襒

天卜 ⿱明示—

新甲三·二三一 ▨於⿱明示(盟)—(詛)□▨

緜

緜

包二·一〇二 —瘖

包二·一七八 佶大让—迫

包二·一九三 —前

信二·〇二七 一—刀

清(二)·繫·四三 羣—(蠻)㞑(夷)之𠂤(師)

清(二)·繫·九四 晉人既殺—(欒)緹(盈)于曲夭(沃)

清(五)·封·六 —(鸞)鈴(鈴)索(素)旂

註

註

清(三)·芮·二七 虘(吾)宔(中)心念—(絓)

訾

訾

上(五)·季·二〇 小(小)則—之

清(三)·芮·三 以自—讀

清(五)·殷·二〇 内(納)諫受—

訮

訮

上(五)·鬼·七 —尋頭(夏)邦

訇

訇

郭·唐·二七 丏(萬)勿物虐(皆)—

朞 亓言
上(二)·民·八 城(成)王不敢康，迺(夙)夜—(基)命又(宥)簪(密)

讀
清(三)·芮·三 以自訛(訾)—

訓
天卜 既—處其新室尚宜安長處之

讙
包二·一八九 張—人名

譌
郭·忠·一 不—不匋
郭·忠·三 忠人亡—
郭·忠·四 至忠亡—

清(五)·湯門·一四 悳(德)叏(變)亟執—以亡成

訛
郭·語四·六 必叏(文)以—
新甲三·六一 ☐成敢甬(用)解—懌悫(忧)，若
『訛』即『譌』之異體。

諆 訂
天卜 —肰又外㥁
上(五)·三德·二 —而不訂
上(五)·三德·二 訂而不—

訏 話
郭·尊·一五 則民—(訏)以㝅(寡)信

訟
包二·八〇 肆士石佢—其州人肆士石𦍑
包二·八一 周賜—鄗之兵𡩜
包二·八三 —羅之㢋𡨛之𡊬者邑人郘女
包二·八四 —聖夫人之人
包二·八五 𨩂缶公㥁—宋䣋
包二·八六 —羕陵君之陲𡵂邑人逿墑

包二·八二
谿快—郘賢

包二·九〇
競得—鮽丘之南里人龏怵

包二·八八
楚斨司敗駁須—陸道斨邑鬯軍

包二·八七
鄦昜大兮尹宋郙—軋慶

包二·八九
遠乙—司衣之州人苛鐈

包二·九一
周雁—付舉之閘人周琜

包二·九二
藍— 人名

包二·九三
鄗人軋纏—軋駁

包二·九四
苛朦—聖冢之夫軋竪以賨田

包二·九五
鼓皉張惏—鄢之鳴鄗邑人某

包二·九七
郘萦以—坪昜之枸里人文适

包二·九八
魯鼺以—邸昜君之人

包二·九六
澭宊人軋臣—澭宊之南昜里人陞緩

包二·一〇〇
登城—走仿郘緖，以其敓湯汸與翯澤之古

包二·一〇一
章郕—宋偊，以敁田

包二·一〇二
鄰僥—新都南陸太宰繎瘖

上(一)·孔·二
—坪(平)悳(德)也

上(一)·孔·五
曰—氏(是)也

上(一)·孔·六
—

上(二)·容·二九
而聖(聽)亓—獄

上(二)·容·三九—三〇
三年而天下之人亡—獄者

上(二)·容·三六
衆寡(寡)不聖(聲)—(頌)

上(二)·容·五三正
—(容)城(成)氏(氏)

上(三)·周·四
不克—

上(三)·周·四
三尖—

上(三)·周·五
—，元吉

上(三)·周·五
不克—

上(四)·昭·八
自—於王

上(四)·曹·三四
寡(寡)婦之獄—

清(四)·别·一
≡頚(履)≡—≡

詎

上（三）・周・三五　逹（往）—迲（來）譽

上（三）・周・三五　王臣—

許

上（三）・周・三五　㕣㕣—

上（三）・周・三六　逹（往）—迲（來）碩

上（三）・周・三六　大—不槎（來）

上（四）・采・一　宮—

上（四）・采・二　—商

上（四）・采・三　—峉（徵）

上（四）・采・四　—羽

上（五）・鬼・二　殺—者

讓

上（二）・子・六　古（故）—之

誶

上（一）・孔・九　—父之脨（責）亦又（有）目（以）也

詰

上（五）・鮑・五　公弗—盟（盟）

上（五）・鬼・三　女（汝）目（以）此—之

詘

郭・老乙・一四　大成若—

郭・性・四六　不又（有）夫—詘（款款）之心則流

上（一）・性・三八　不又（有）夫—（詘詘）之心則瀘（流）

詘

上(六)·用·七 亓(其)言之—(詘)

詆

清(三)·說中·七 若—(抵)不見(視)

誅

戉

郭·語四·八 數(竊)鉤(鉤)者—(誅)

上(二)·容·五〇 天⿰爿酉(將)—(誅)焉

上(二)·容·五三正 天⿰爿酉(將)—(誅)焉

上(五)·弟·一九 女(如)—

裘錫圭先生：此字應即『誅』字別體。

詬

訽

包二·一〇二 □—⿰爿酉須□

《說文》从言后聲 —或从句。

新零·一一五·二二 是蓒切而□亦不爲大—(詬)

郭·五·一〇 亦既—(覯)止(之)

上(五)·三德·四 毋—政卿於神宋(祇)

清(五)·殷·二七 甬(用)兇以見—

譯

郭·成·二七 亦非又(有)—妻以多也

詢

上(一)·孔·二二 —(洵)又(有)情

設

郭·六·三六 —外内皆得也

諱

包二·八五 登— 人名

詨

包二·一五七 郳— 人名

包二·一五七反 郳—

郭·性·三八 —(敏),宜(義)之方也

欱 詁 訧 詸 詚

上（三）·彭·二 戁（難）易—欲

郭·性·六二 身谷（欲）青（静）而毋—

从李零先生釋。

郭·老甲·四 天下樂進而弗—（厭）

包二·一七九 戊午，佶让李—

包二·一九三 鄰— 人名

包二·一五 —僕於子左尹

包二·一六 —之新佶让尹丹

包二·一六反 甲申王—

包二·二七二 不—人於郚豫

包二·一三四 子鄁公—之於陰之勬客

包二·一三七反 —僕命速爲之斷

包二·一三一 執事人—郐人佢梋

包二·一六二 所—告於正婁炫

包二·一五五反 既言之—之左尹

包二·一五六 —之政

包二·一六一 嘉事命以王命—之正

包二·一七九 所—於郯逸虐

包二·一八七 所—於正敏翠

包二·一九三 告所—於儩尹

包二·一七一 所—於發尹利

包二·一九五 所—於少里喬舉尹羿

諑 諻 諹 謏 ⿰言隶 ⿰言丙 ⿰言因 誇

包二·一九六 所—於王丁司敗逿；信二·〇二 一兩—縷；天策 所—於鄦寅童軒鸗□	九·五六·一六下 —事；上(三)·亙·一〇 毄(舉)天下之名虛—(樹)	上(四)·曹·二七 毋—(誅)而賞；上(四)·曹·四五 亓—(誅)攼(厚)虘(且)不詧(察)	郭·性·二五 則—(悸)女(如)也斯戁(歎)	天卜 執事人行—瘢	郭·語一·三五 樂緐(繁)豊(禮)悪「需(零)」則—(謾)	曾二一四 所賫汈—賫祖新田之盟	包二·九〇 —笋 人名	上(二)·容·三六 弜(强)溺(弱)不絧(辭)—(揚)	包二·六〇 鄙— 人名	包二·八五 登— 人名

諴

包二・四二
苛— 人名

迦

包二・七
齊客陳豫—王之戢

譸

包二・一四〇
小人各政於小人之地，無—

包二・一六一
—事令以王命証之正

从李家浩先生：是「迦」字異體。

𧮢

包二・一三七
槼—凡二百人十一人

謰

郭・五・三四
宔(中)心—(辯)肰(然)而正行之

𧩸

訔

郭・性・三三
—(啾)游聖(聲)。

訪

上(二)・從(乙)・一
𣅀(顯)—(嘉)愳(勸)信

訞

上(一)・紂・八
堇(萬)民—之

𧨏

譴

上(一)・孔・八
則言—人之害也

清(二)・繫・三一
乃—(讒)大子龍(共)君

清(二)・繫・三一
或—(讒)惠公及文〓公〓

清(五)・殷・一九
—(讒)繇(謡)則敓(屏)

从李守奎先生，「蚩」爲「㐬」之譌。

清(二)・繫・八一
—(讒)連尹顉(奢)而殺之

訧
新零·二〇四
不爲—（忧）

詓
上（二）·容·二二
吕爲民之又（有）—（訟）告者鼓（鼓）焉

詨
新零·一七〇
黄佗吕（以）—□□爲君☐

誂
上（二）·從（甲）·一〇
—則遠⁼戾⁼（遠戾，遠戾）所吕☐

上（二）·從（甲）·一〇
敬、—信⁼（信，信）則㝵（得）衆

詔
郭·成·二五
詔命曰
从何琳儀先生釋詔，讀旅。

[言後]
上（二）·容·四五
—（厚）樂於酉（酒）

新零·一三〇
—（生）☐

新甲三·一四三
—生占之☐

新乙一·一六
公子虡（虩）命—生吕（以）衛□☐

新乙三·七
☐彔滮—生吕（以）長筆爲君貞

諀
上（一）·孔·八
十月善—（諞）言

譹
上（二）·從（甲）·一三
君⁼（君子）相—（就）也

[言量]
九·五六·四四
㑹芳糧吕—韋（犢）

[言樂]
郭·五·二九
—（樂）則又（有）悳（德）

郭·五·二九
和則—（樂）

譬 誫 訒 試 會 誚

郭·五·五〇
龏(聞)道而—(樂)者

《集韻·鐸韻》有讌字。

包二·一三七
事人爲之盟—

上(三)·周·三八
—(臂)亡(无)肤(膚)

上(三)·周·四〇
—(臂)亡

上(四)·昭·二
(小人)牺(將)—寇(寇)

上(四)·昭·四
僂(僕)牺(將)—寇(寇)

上(四)·昭·七
王—而舍(余)之衽祿

上(四)·曹·二九
必—(約)邦之貴人及邦之可(奇)士

清(二)·繫·三七
秦穆公乃—(召)文公於楚

上(五)·鮑·五
臣唯(雖)欲—(試)

清(四)·筮·十七命六三
封(卦)乃不—(忒)

上(五)·競·一正
鞊(鮑)弔(叔)牙(牙)—(答)曰

上(五)·競·二
祖己—(答)曰

上(五)·競·五
鞊(鮑)弔(叔)牙(牙)—(答)曰

上(五)·競·五
汲(隰)倗(朋)—(答)曰

上(六)·天甲·四
亡義大—

上(六)·天乙·三
亡義大—

上(六)·用·一七
衆—誎頎

訌 誇 諂 設 讇 詿 詨 誁 䛊 詉 詅

訌 上（六）·孔·二〇 䝉（孰）敢—（譕）之

誇 上（六）·用·三 —亓（其）又（有）宔（中）墨

諂 上（六）·用·一〇 而—既乑（及）

設 上（六）·用·一八 建—（設）之政

讇 上（三）·中·一二 —（讇讇）猒（狷）人

讇 上（六）·用·九 內閈（間）—衆

詿 上（七）·武·一 啻（意）敚（微）喪不可㝵（得）而—（睹）虖（乎）

詨 清（一）·祭·一 —（旻）天疾畏（威）

誁 清（一）·保·六 咸川（順）不—（逆）

䛊 清（一）·金·五 尒（爾）之—（許）我₌

䛊 清（一）·金·五 尒（爾）之—（許）我₌

詉 清（一）·皇·七（重） 乃隹（維）—₌

詅 清（一）·皇·九 是人斯廼—（讒）惻（賊）□□

說

清（二）·繫·七五
陳公子——（徵）郐（舒）殺亓（其）君

清（二）·繫·七四
陳公子——（徵）郐（舒）

⿰爿言

上（三）·周·七
不——（臧）凶

清（二）·繫·七〇
（魯）——（臧）孫詟（許）

帛本、今本皆作『藏』。

訞

清（三）·芮·一九
民所——訛（僻）

訳

清（三）·說下·七
余旣——（諟）故（劼）詠（毖）女（汝）

諮

清（三）·芮·四
尾（度）毋（毋）又（有）——

謚

清（三）·琴·一四（重）
畏（威）義（儀）——＝（謚謚）

訛

清（三）·芮·一九
民所訞——（僻）

清（三）·芮·二〇
五（互）想（相）柔——（比）

清（三）·芮·二八
虗（吾）甬（用）乍（作）——（毖）再夂（終）

談

清（四）·筮·爻五五
爲——（飢）

讈

清（四）·別·五
巛——（臨）

訞 清（五）・殷・一六 寺（時）型（刑）罰—（赦）

譔 清（五）・殷・一五 梩（往）尾（宅）毋—（徙）

諓 清（五）・封・九背 —（封）鄙（許）之命

詻 清（五）・命・三 （人）□母（毋）—（懲）虐（乎）

詻 清（五）・命・三 女（如）—（懲）而悬（悔）怨（過）

譱 善

包二・五四 弁— 人名

包二・一六八 苛— 人名

包二・一六八 㬪—之人苛朢

包二・一八二 舒— 人名

包二・一九一 舒余— 人名

包二・一四五 登余— 人名

包二・一八四 登余—

信一・〇四五 毋賵—

信二・〇二九 首—米

望一・一七 —歓

郭・老甲・八 長古之—爲士者

郭・老甲・一五 皆智（知）—

郭・老甲・一五 此其不—已

郭・老甲・七 —者果而已

郭・老乙・一五 —休（保）者不兑（脫）

郭・老乙・一五 —建者不拔

郭・五・七 —弗爲亡近（忻）

郭・五・一八 ▨子之爲—也

郭・五・一九 —也

郭・五・二〇 —，人道也

郭・五・三二 則同—

郭・五・四六 則同—

郭・六・一六 句（苟）淒夫人之—施

郭・性・五 所—所不善

郭・性・五 所善所不—

郭・性・一三 群—之嵫（蕝）也

郭・性・二一 —其即（節）

郭・性・二六 其反—復訂（始）也訢（慎）

善 郭·性·五二 眚(性)—者也
善 郭·尊·二 —取,人能(乃)從之
善 郭·尊·一二 —者民必象
善 郭·尊·一六 則民進—安(焉)

善 郭·忠·七 而百—膚(皆)立
善 郭·語一·一七 又(有)聖又(有)—
善 郭·語一·三二 —里(理?)而句(後)樂生

善 郭·語四·三 言之—
善 郭·語四·一七 —叏(使)其下
善 郭·語四·一八 —事其上者
善 郭·語四·一九、二〇 —吏(使)其下者

善 郭·語四·二〇 —叏(使)其民者
善 郭·成·二七 唯(雖)其於—道也
善 郭·成·三 身備(服)—以先之
善 郭·魯·四 —才(哉)

善 郭·尊·三五 専(博)不足以智(知)—
善 郭·尊·二七 —者民必福(富)
善 郭·五·四 四行和胃(謂)之—
善 上(一)·孔·八 十月—諀(諞)言

善 上(一)·孔·三 丌(其)聖(聲)—
善 上(一)·孔·二一 亖丘虐(乎)—之
善 上(一)·孔·二二 虐(吾)—之

善 上(二)·子·一 —與善相受也
善 上(二)·子·一 善與—相受也
善 上(二)·子·九 —
善 上(一)·孔·子二 —

善 上(二)·子·六 坴(夋、俊、舜)之悳(德)則城(誠)—
善 上(二)·從(甲)·三 —人=(善人,善人)也

善 上(二)·從(甲)·一一 言見—行
善 上(二)·從(甲)·一二 戠(持)—不猒(厭)
善 上(二)·從(乙)·五 𦖞(聞)—言㠯攺(改)亓

善 上(一)·性·二 善不—
善 上(一)·性·三 所—所不善
善 上(一)·性·七 羣—之葢(蕝)也
善 上(二)·民·八 —才(哉)

善 上(二)·容·一三 㠯—亓新(親)
善 上(二)·容·一三 堯爲—與臤(賢)
善 上(二)·容·一六—一七 昔天地之差(佐)坴(舜)而右(佑)—

新甲二・一九、二〇
☐虞（文）君必遷（徙）凥（處）安—

上（三）・中・一五
—才（哉）

上（三）・中・二四
曰=（一日）吕不—立

上（三）・中・二四
曰=（一日）吕—立

上（三）・亙・八
又（有）不—

上（三）・亙・八
多采（採）勿（物）先者又（有）—

上（四）・柬・二三
君王元君=（君，君）—夫=

上（四）・內・六
—則芷（從）之

上（四）・內・六
不—則芷=之=

上（四）・曹・六
不攸（修）政而—於民

上（四）・曹・四七
—於死者爲生者

上（四）・曹・五六
—攻者奚女（如）

上（四）・曹・五六
—攻者必吕亓所又（有）

上（四）・曹・五六
三—聿（盡）甬（用）不皆（棄）

上（四）・曹・五七
—戰（守）者奚女（如）

上（五）・競・六
不遂（踐）於—而敚（奪）之

上（五）・競・八
此能從—而迲（去）祀（禍）者

上（五）・競・八
亓（其）爲不—也

上（五）・季・一二
先=䒨=（先人之所）—

上（五）・季・二三
衆必亞（惡）—

上（五）・弟・一一
斯—欸（矣）

上（五）・三德・一一
—勿戚（滅）

上（五）・三德・五
—=才=（善哉善哉）

上(五)·三德·一四 爲—福乃逨(來)

上(五)·三德·二一 竿之長枸株復車—游者

上(五)·鬼·三 則—者或不賞

上(六)·競·一一 亓左右相俗(公)自—曰

上(六)·競·一二 —才(哉)

上(六)·用·一 是—敗之經

上(六)·用·二〇 隹—是善

上(六)·用·二〇 —古(故)君之亻

清(一)·皇·一〇 乃弁盍(蓋)—=

清(二)·繫·三六 (狄)甚—之

清(二)·繫·三六 (齊)人—之

清(二)·繫·三六 (宋)人—之

清(二)·繫·三七 (衛)人弗—

清(二)·繫·三七 (鄭)人弗—

清(三)·芮·一七 道(導)譁(讀)—敗(敗)

清(五)·命·八 迁=—=

清(五)·湯丘·一 (小臣)—爲飤(食)

清(五)·湯丘·六 —才(哉)

清(五)·湯丘·九 —才(哉)

清(五)·湯丘·一〇 —才(哉)

競

包二·六八 不迡—酉之司敗鄰愴以廷

包二·八一 —丁 人名

包二·一一〇 —愋 人名

包二·一一八 —快 人名

包二·一一八 —紳 人名

包二·九〇 —得 人名

包二·一二三 —不割

包二・一二一 —不割

包二・一二二 子𢾊(執)—不割

包二・一三一 —軍 人名

包二・一三二 秦—夫人

包二・一六三 —履 人名

包二・一八〇 —賈之州加公𨻰鄍

包二・一八七 登鄝，—駝

包二・一五五 —慶 人名

包二・一八九 邘—之州加公郘秦

磚三七〇・一 —利天殺之

上(一)・孔・六 乍—隹(唯)人

上(二)・容・二五 —州

新甲三・六九 之，賡於—坪(平)王

新甲三・二九 罷(擇)日於八月前祭—坪王

新甲三・二八〇 ☐—坪(平)王

新甲三・三三六 ☐䣼於—方一貊

上(四)・曹・四一 〔乎〕—(境)必勳(勝)

上(五)・競・一背 —建内之

上(六)・競・一 齊—(景)公

上(六)・競・二背 —(景)公瘧(瘧)

清(一)・楚・一二 —(景)坪(平)王卽立(位)

清(二)・繫・六六 晉—(景)公立八年

清(二)・繫・七二 朝于晉—(景)公

清(二)・繫・七二 獻之—(景)公

清(二)・繫・八一 —(景)坪(平)王卽立(位)

清(二)・繫・八二 —(景)坪(平)王

清(二)・繫・八五 晉—(景)公

清(二)・繫・八六 獻者(諸)—＝公＝

清(二)・繫・八六 —(景)公欲與楚人爲好

清(二)・繫・八七 —(景)公

清(二)・繫・八七 —(景)公卒(卒)

音

清(二)·繫·九九 —(景)坪(平)王

清(二)·繫·一〇〇 —(景)坪(平)王

清(二)·繫·一〇四 —(景)坪(平)王卽立(位)

清(二)·繫·一〇四 —(景)坪(平)王

清(二)·繫·一〇八 晉—(景)公

清(二)·繫·一二八 —(景)之貫

包二·二〇〇 司馬子—

包二·二〇三 司馬子—

包二·二〇六 司馬子—

包二·二四八 司馬子—

包二·二一四 司馬子—

包二·二二四 司馬子—

包二·二四一 司馬子—

郭·老甲·一六 —聖(聲)之相和也

郭·老乙·一二 大—祇聖(聲)

郭·五·一五 聋(聞)君子道則玉—

郭·五·一九 玉—

郭·五·一五 玉—則型(形)

郭·成·二九 毀(襄)我二人，毋又(有)合才(在)—(言之誤)

上(二)·容·一六 亠攴(辨)爲五—

上(三)·亙·五 —出於生(性)

上(三)·亙·五 言出於—

上(三)·亙·六 —非音

上(三)·亙·六 無胃(謂)—

上(三)·亙·六 音非—

上(四)·采·四 王—深浴(谷) 書名

清(三)·祝·五 牺(將)彂(射)得(干)—(函)

清(三)·祝·五 彂(射)—(函)也

清(五)·殷·一三 可(何)胃(謂)—

清(五)·殷·一八 寺(是)名曰—

清(五)·殷·二一 —色柔丂(巧)而睿(叡)武不罔

詨

上(四)·采·一
又— 書名

上(四)·采二
嬰(要)丘又(有)— 書名

章

包二·七七
周甬受正李㓝䏌以數田於—寍鄰邑

包二·一〇一
—郘 人名

包二·一六六
—余可 人名

信一·〇八
—弆即哉

天策
鏷灼戭—之毛

帛甲·一二五
亡—弻弻

天策
☐鏷灼戭—☐

郭·老甲·三一
法勿(物)慈(滋)—(彰)

郭·緇·六
—好以視民忩(欲)

郭·緇·二
—志以卲(昭)百眚(姓)

郭·緇·二
又(有)郞(國)者章好—亞(惡)

郭·緇·二
又(有)郞(國)有—好章亞(惡)

郭·尊·三九
言此—也

郭·語三·一〇
追習慶(文)—益

上(一)·孔·一四
丌(其)四—則俞(愉)矣

上(一)·孔·二五
大田之衺(卒)—

上(一)·紂·六
古(故)長民者—志

上(一)·紂·一
又(有)國者章玗(好)—惡

上(二)·從(乙)·一—二
則愢(僞)不—

上(一)·紂·一
又(有)國者—玗(好)章惡

新甲三·一一、二四
宅茲沍(沮)、—(漳)

新乙四·九
☐渚沍(沮)、—(漳)

上(三)·周·四一
欽(含)—

上(三)·周·五一
莶(來)—

上(五)·季·一七
因古莿(典)豊(禮)而—之

上(五)·三德·八
是胃(謂)違—

上(五)·鬼·六
隹(惟)孳(茲)復(作)—(彰)

上(六)·用·一八
言台(以)爲—

上(六)・用・一九 而朁(散)亓(其)可—

清(一)・尹至・三 𢡺(胡)今東恙(祥)不—

清(一)・尹至・三 見—于天

清(一)・金・一二 以—公悳(德)

清(二)・繫・一一五 𨐬(韓)啟—

清(二)・繫・一一七 𨐬(韓)啟—

清(三)・說下・八 天—之甬(用)九悳(德)

清(五)・封・八 隹(惟)㐭(淑)—尒遠(慮)

清(五)・湯丘・七 少(小)臣能㞕(展)—(彰)百義

清(五)・湯・門八 九月緐(顯)—

韐

清(五)・命・一一 —(斂)之以哀

韜

郭・緇・二六 虛(吾)夫夫共(恭)叡(且)韜(儉)

童

包二・三四 周—耳 人名

包二・三九 周—耳

包二・一八〇 宙佶戠少—

包二・二七六 需光之—

包牘一反上 番芋之—

信二・〇二八 八䍜—

天策 所謯於鄦寅—軒䳄=

天策 —組之㝑

天策 ☐長促—☐

天策 一—軒

天策 紫緑之—☐

天策 素絵生絵之—

天策 緈—

望二・二三 鞭組之—

望二・四九 二亡—

望二・六一 需光之—

望二・六一 需光之—

望二・六 丹厚緅之—

望二・四九 四亡—

妾

望二·四九 九亡—
望二·四九 二亡—
帛乙八·二〇 母—群民
郭·窮·二 —(動)非爲達也

郭·尊·三九 —(踵)義蕖(集)釐(理)
郭·語四·一四 是胃(謂)—(重)基
上(二)·容·二一 飤(食)不—(重)味(味)

新甲三·三五 [老]—、祝融(融)、穴熊芳屯一☐
新甲三·一八八、一九七 老—、祝融(融)、禮酓(熊)
新零·二三四 ☐—首㠯(以)鹿靁爲☐

上(一)·孔·一〇 害曰—而皆臤於丌(其)初者也
上(二)·子·二 坴(夋、俊、舜)畨(來)於—土之田
上(二)·子·三 之—土之莉(黎)民也

上(七)·吳·一 或—(動)之
清(三)·芮·六 卑(譬)之若—(重)載以行隋(峭)險

清(三)·祝·三 —(同)以心
清(三)·祝·四 —(同)以目
清(三)·祝·五 —(同)以戕

清(五)·封·八 囤—才(兹)悳(憂)
清(五)·命·一二 —(動)之以事

包二·八三 傷之—呇嬰
包二·八九 胃取其—媺
包二·一七〇 佶斪䢀—之人登鰟(漁)
包二·一七〇 侄命連囂—

包二·一六八 —婦監
包二·一七三 —婦逸
包二·一七五 —婦婡
包二·一七七 喜君之人晳—

包二·一七七 —婦姓
包二·一八七 —婦壬女
包二·一九一 —婦妝
范二七 以爲僡—
帛丙五·四 爲臣—

包二·一八一 少—婡
包二·一八三 新埜人少—旬
包二·一七一 少—☐
上(七)·君乙四 宮—㠯(以)十百數

業

清（二）·繫·三一 晉獻公之婢—

清（四）·筮·四位三五 臣—

清（四）·筮·祟四六 長女爲—而死

[illegible]

清（三）·說下·六 隹（惟）又（有）萬福—〓

清（三）·琴·五 —〓（業業）畏載（忌）

《說文》古文。

上（七）·吳·七 叐（寡）君之—（僕）

『[illegible]』字省形。

業

包二·一四五 郙客望困—之寇〓（宊邑）敘層

上（一）·孔·五 ⺋（以）爲丌（其）—

上（三）·亙·四 —〓（察察）天陛（地）

从李零教授：『[illegible]』與楚簡『察』字所从相同，這裏讀爲『察』。

僕

上（六）·孔·一三 昂不—此

清（四）·別·二 —（剝）

今本和馬王堆帛書《周易》皆作『剝』。

僕

包二·一五 —五帀宵倌之司敗若

《說文》古文从臣。

包二·一五 盤㳧夸㪿—之倌

包二·一五 登— 人名

包二·一五 —以告君王

包二·一六 命爲—至典

包二·一六 —又典

包二·一六 新佸让尹不爲—斷

包二·一五 謳—於子左尹

包二·一六 䘙倌頸事牺鏖

包二·一三三 並殺—之𧢲昒

包二·一三三 会郲之慶李百宜君，命爲—捕之

包二·一五五 襄陵之行—宦於鄢

包二·一五五 嫚足於—（僕）

包二·一三五 而倚㪿—之𧢲絟

包二・一五五 —命恒㛂(?)足若
包二・一五五 不以告—
包二・一二八反 喬差—受之
包二・一三三 —以詰告子=鄗=公=

包二・一三五 会之正國𩊄—之父逾
包二・一三五 苛冒趄卯並殺—之𧢼昒
包二・一三三 爲—笶等

包二・一三五 —不敢不告於見日
包二・一三七反 —軍造言之
包二・一三七反 —命逨爲之斷
郭・老甲・一八 —(樸)唯(雖)妻(微)

包二・一三七反 —徛之
磚三七〇・一 —不敢不告
磚三七〇・一 與仵門之里人一賫告—言胃
磚三七〇・二 未智其人含—對

磚三七〇・二 䢃殺—之𧢼
磚三七〇・三 䢃殺—之𧢼
磚三七〇・三 孝—不智其人今—敢之某
望二・一一 —婁紫▨

磚三七〇・一 某𡋤與慶—𧢼之下□□□
上(三)・周・五三 九(喪)丌(其)僮(童)—(僕)

上(三)・周・五三 旻(得)僮(童)—(僕)之貞
上(四)・昭・三 —(僕)牺(將)埮亡老

上(四)・昭・四 —(僕)牺(將)訋寇(寇)
上(四)・昭・四 㠯(以)—(僕)之不旻(得)

上(四)・昭・八 或昏(聞)死言—(僕)見腜之倉也
清(二)・繫・四四 敗楚𠂤(師)於城—(濮)

清(五)・湯丘・四 是又(有)䒌(臺)—(僕)

郭・老甲・一三 牺(將)貞(鎮)之以亡名之—(樸)

奉

郭·老甲·二 視索（素）保—（樸）

郭·語四·一八 割（害）而不—（仆）

省形。

奉 丰

包二·七三 不量駐—

包二·一四○ 畢䞈尹酉貉與剡君之司馬—爲皆告城（成）

帛乙四·一 亡—

望二·六二 —昜公

望二·三二 纓約，紫鞁，紃—☒

郭·老乙·一七 其悳（德）乃—（豐）

上（二）·子·七 道不—詛

上（一）·孔·二五 又（有）兔不—（逢）旹（時）

上（二）·子·六 㝵（得）丌（其）社稷（稷）百青（姓）而—守之

上（二）·從（甲）·一七 逡（後）人則—相之

上（二）·容·七 —而立之

新甲三·六四 ☒□少（小）臣成—遹戲

上（四）·內附 —之㠯中章（準）

上（五）·三德·一四 是—（逢）凶朔

上（六）·孔·二六 不—（捧）出（芯）

上（七）·武·三 帀（師）上（尚）父—箸（書）

上（七）·武·一三 —丹箸（書）㠯（以）朝

上（七）·凡甲·五 箸（孰）爲芺（侍）—

清（一）·皇·一一 乃隹（惟）又（有）—俟（疑）夫

清（二）·繫·五○ 未可—承也

清（三）·芮·二一 不—（逢）庶戁（難）

清（五）·命·一一 是古（故）明王—此六者

弇

清（五）·湯丘·五　繕（適）—（逢）道洛（路）之袜（祟）

清（五）·湯丘·八　以長—社禝（稷）

曾三一　二襩—扂

曾六〇　—扂

曾六二　—扂

曾九七　一—

穿　郭·成·一六　而不可—（掩）也

新甲三·二〇三　又—皇

新甲三·二〇三　二弇，—▨

新甲三·二四四　—皇

上（二）·從（乙）·一　—（壅）戒先遥（匿）

上（三）·中·一〇　不可—（弇）也

清（一）·皇·一〇　乃—盍（蓋）善=夫=

穿　郭·六·三一　門内之紖紉—（弇）宜（義）

《説文》古文作□，《汗簡》作□。

穼　望二·三八　赤金桶—叜（吝）至白金▨

郭·成·二三　鏞之—（弇）也

卑

清（二）·繫·一一五　晉嵬（魏）—（斯）

清（二）·繫·一一六　嵬（魏）—（斯）

清（二）·繫·一二一　晉嵬（魏）文侯—（斯）從晉=白=

羃

新甲三·二〇一　—（擇）日於八月脭祭競坪王

新乙四·一三四　▨□—（擇）之囙宙（中）

犇

郭·六·二二　以—壄=（里社）

舁

肉舁　天卜　啻祭惠公戠豢—▨

天卜　▨豢—饋▨

天卜　罷禱惠公戠豢—饋

戒

上（二）·容·三九 於是虐（乎）新（慎）—陞（登）臤（賢）

上（二）·容·三七 湯乃悪（謀）—求臤（賢）

上（二）·從（乙）·一 穽（壅）—先違（匿）

新乙四·一二二 又（有）火—

上（三）·周·一〇 邑人不—

上（三）·周·五七 冬（終）日—

上（三）·彭·二 —之毋喬（驕）

上（四）·昭·一 王—（誡）邦夫=

上（四）·曹·三七 又（有）—言曰

上（四）·曹·四九 畣（答）曰：—

上（四）·曹·六〇 明慙（慎）吕—

上（五）·三德·一五 敄（務）蕽（農）敬—

上（七）·武·六 安樂必—

清（一）·程·四 可（何）—非商

清（一）·程·九 逡=—

清（三）·說中·二 聖（聽）—朕言

清（三）·芮·一一 毋（謀）猷隹（惟）—

清（三）·芮·一七 卑生（匡）以—（誡）

清（四）·筮·爻五六 爲備—

清（五）·封·七 —才（哉）

兵

包二·八一 周賜訟鄢之—㢈執事人宦司馬競丁

包二·二四一 由攻解於禮與—死

天卜 田邑與—獻之事

帛乙五·五 乃—

郭·老甲·二九 以戟甬（用）—

郭·老丙·六 用—則貴右

郭·老丙·六 古（故）曰—者☐

郭·老甲·六
不谷（欲）以—强於天下

郭·唐·一二
出戈（試）—革

上（二）·容·二
而寢亓—

上（二）·容·三七
乃執—瘖（？）

上（二）·容·四一
於是虐（乎）天下之—大记（起）

九·五六·三二
必—

九·五六·四三
命尔司—死者

上（四）·曹·一五
亓—足㠯利之

上（四）·曹·三〇
句（苟）見耑（短）—

上（四）·曹·三八
勿—㠯克

上（四）·曹·三八
人之—不砥礛（礪）

上（四）·曹·三八
勿—㠯克奚女（如）

上（四）·曹·三九
我—必砥礛（礪）

上（四）·曹·五一
綏（繕）虘（甲）利—

上（五）·競·五
牐（將）又（有）—

上（五）·三德·一六
敓（奪）民旹（時）㠯—事

清（一）·皇·六
戎—以能興

清（二）·繫·六〇
—車百乘（乘）

清（二）·繫·八九
柬（厲）公先起—

清（二）·繫·八九
爾（弭）天下之虢（甲）—

清（二）·繫·九七
爾（弭）天下之虢（甲）—

清（二）·繫·九八
霝（靈）王先起—

清（二）·繫·一三六
幗（旃）、幕、車、—

清（四）·筮·爻五四
爲—

清（四）·筮·爻六一
邦又（有）—命

龏

清(五)·殷·一一 大萶(路)甬(用)見—
清(五)·殷·一九 畱(留)邦妟(匽)—

包二·一九 —倉 人名
包二·四一 —夫人
包二·四八 —夫人
包二·五九 —懌 人名

包二·九〇 —悚 人名
包二·九〇 —酉 人名
包二·一八八 —夫人之人郘鄴
包二·一八九 —緩 人名

包二·一九一 —穀 人名
包二·一九二 陲人—筐之人上
包二·一六二 郯少司馬—酉

上(四)·昭·六 —(龔)之腓
上(四)·昭·七 王命—(龔)之腓

上(四)·昭·七 —(龔)之腓被(披)之亓(其)袿
上(四)·昭·一〇 命(令)—(龔)之腓見

上(五)·季·四 君=(君子)—(恭)則述(遂)
上(六)·用·六 凡—(恭)人非人

清(一)·祭·一二 敬—(恭)之
清(一)·楚·一一 至—(共)王

清(二)·繫·一 商王之不—(恭)帝=
清(二)·繫·三 —(共)白(伯)和立
清(二)·繫·九〇 —(共)王亦衒(率)自(師)

清(三)·琴·一二 —(寵)畏(威)才(在)上
清(三)·琴·一二 —(恭)害(害)匋(怠)

清(三)·芮·三 —(恭)天之畏(威)
清(三)·芮·一八 —(恭)監(監)亯(享)祀

具

[illegible]
清（五）·殷·一八 —（恭）神以敬
清（五）·殷·二七 —（恭）神裻（勞）民

[illegible]
清（二）·繫·七七 —（共）王卽立（位）
清（五）·殷·二六 慕（莫）—（恭）而不㬥（顧）于逡（後）

[illegible]
信一·〇二四 導誓—言
上（一）·紂·二 静—（恭）尔立（位）
『廾』之省形，郭店簡、今本皆作『共』。

[illegible]
上（一）·紂·一四 虗（吾）夫＝（大夫）—（恭）虘（且）會（儉）

郭·尊·三四 —（龏之誤，讀爲「恭」）則民不愲（怨）

[illegible]
郭·緇·一六 民—尔瞻（瞻）
上（一）·紂·九 民—尔詹（瞻）

清（三）·芮·一五 萬民—（俱）慭（憖）
清（五）·命·五 九迁（間）—（俱）寘（塞）

員
上（七）·凡乙·一五 則百勿（物）—（具）遊（失）

关

[illegible]
信二·〇一五 笲一—小关
信二·〇一五 笲一关小—
信二·〇一五 又業鈛—

上（二）·昔·一 大（太）子前之母＝俤＝（母弟，母弟）—
上（七）·凡甲·九 必從—（寸）㠯（始）

关

清（二）·繫·一一五 灼（趙）—（浣）
清（二）·繫·一一六 灼（趙）—（浣）

共 [illegible]

望二・四九
二𡘋—(莞)

望二・一三
形—(莞)，黃末

郭・窮・六
—(莞)寺虗訽緐束縛

帛乙一・一二
不得其—

𦵏

包二・二二八
陳乙以—命爲左尹䢼貞

《說文》古文作𢀜。

包二・二三九
—命 卜具

帛甲七・五
—攻

郭・尊・一九
古(故)—是勿(物)也而又深安(焉)者

从何琳儀先生釋。

郭・五・二二
不—(恭)亡豊(禮)

郭・五・二二
不僔(尊)不—(恭)

郭・五・三七
—(恭)而尃(博)交

郭・五・三七
—(恭)也

郭・五・五〇
聋(聞)道而—(恭)者

郭・六・二二
上—下之宜(義)

郭・六・二六
豊(禮)樂，—也

郭・緇・三
情(請)—尒立(位)

郭・緇・八
非其止之—唯王恙

郭・緇・二五
—(恭)以位(莅)之

郭・緇・二六
虗(吾)夫夫—(恭)𠭯(且)𩋰(儉)

上(二)・從(甲)・五
二曰—(恭)

上(二)・從(甲)・六
不—(恭)則亡(無)𠮷敓(除)辱

上(二)・昔・四
各—(恭)尒事

上(二)・從(乙)・四
□悬(誨)而—(恭)孫(遜)

上(二)・容・五一
至於—、緐之閒(間)

異

上(四)·曹·八 必—(恭)會(儉)㠯㝵(得)之

上(五)·三德·一 天—旹(時)

上(五)·三德·一 地—材

上(五)·三德·一 民—力

上(七)·吳·九 不—丞(承)王事

清(一)·皇·二 折(哲)王則不—(恐)于卹

清(一)·皇·四 鬳(助)王—(恭)明祀

清(二)·繫·一二八 與髓子—戠而死

清(三)·赤八 —尻句(后)之牀下

清(三)·赤·一二 —尻句(后)之牀下

清(五)·厚·九 民弋(式)克—(恭)心芀(敬)愄(畏)

清(五)·湯丘·一四 句(后)古(固)—(恭)天畏(威)

清(五)·湯丘·一七 民爲臣—(恭)命

清(五)·湯丘·一九 臣—(恭)命女(如)㠯(台)

清(五)·湯丘·一九 是非—(恭)命虎(乎)

清(五)·殷·二〇 —(供)桂(皇)思坒(修)

清(五)·殷·二三 我㽞(寅)晨—(降)𦯔(在)九尾(宅)

異

包二·三三 黃— 人名

包二·五二 郘—之司敗豫受期

包二·五五 郘—之司敗番逗受(期)

包二·六四 郘—之司敗番覞受期

包二·四六 不逕郘—之大帀郘債以廷

包二·四六 郘—之司敗番覞

包二·五二 不逕郘—之大帀債以廷

包二·六四 不逕郘—之大帀郘債

包二·一〇三 宜昜司馬弘貣郘—之黃金

包二・一〇七 爲羕陵貣郘—之黃金

包二・一〇八 爲株昜貣郘—之黃金

包二・一〇五 爲鄝貣郘—之黃金

包二・一一〇 爲鄗貣郘—之黃金七益以翟種

包二・一一一 貣郘—之黃金

包二・一一八 貣郘—之金七益

包二・一一八 貣郘—之金七益

包二・一一七 貣郘—之金卅〓益二益

包二・一一六 貣郘—之金七益

包二・一一六 爲鄽陵貣郘—之金三益刖益

包二・一一七 貣郘—之金五益

包二・一一五 貣郘—之鍒金一百益二益四兩

包二・一一二 爲昜陵貣郘—之黃金

包二・一六五 郘—之人周敓

包二・一七三 郘—之人五慶

包二・一九〇 郘—之人軺貫

新零・一六五、一九 陸(陳)— 人名

郭・語二・五二 其行者—

新甲三・二七二 齊客陳—至(致)福於王之歲

上(一)・性・四 丌(其)甬(用)心各—

上(二)・民・一三 磈(威)我(儀)—〓(翼翼)

新甲三・二〇 齊客陸(陳)—至(致)福於王歲，獻☐

新甲三・二七 齊客陸(陳)—至(致)福於王之歲，獻☐

新甲三・三三 齊客陳—至(致)福於王之歲

郭・語三・三 所以—於父

郭・語三・五三 臤(賢)者隹(唯)其止也以—

上(三)・亙・三正 異(翼)生—(翼)

上(三)・亙・三正 —(翼)生異(翼)

上(三)・亙・四 同出而—生(性)

上（四）·曹·七
今—於而（尔）言

上（四）·曹·八
君言亡㠯—於臣之言

上（六）·孔·一七
□旨求—於人

上（六）·用·六
各又（有）亓（其）—惜（緒）

上（六）·用·一四
台（以）—（翼）四戔（踐）

上（七）·凡甲·四
虗（吾）系（奚）—系（奚）同

上（七）·凡甲·七
祭—（禩）系（奚）进（升）

上（七）·凡乙·三
虗（吾）系（奚）—系（奚）同

清（二）·繫·一〇五
秦—公

郭·性·八
其甬心各—

訛形。

郭·性·九
其甬（用）心各—

戴

⿹𢦏百

天策
—遺

天策
—羽

上（二）·容·九
頟（履）地—（戴）天

⿹𢦏首

清（二）·繫·三五
—（止）惠公以歸

清（二）·繫·三九
—（止）繡（申）公子義（儀）以歸

清（二）·繫·七六
連尹—（止）於河澭

清（二）·繫·八五
（鄭）人—（止）芸公義

清（二）·繫·一二八
競（景）之賈與醬（舒）子共—而死

與

包二·三八
司馬駕—弡𠙶君之人南𨋐

包二·四七
秋痾—周惃之分對以廷

包二·九五
某藼—其𦮼大市米堣人咊

包二·一〇七 鄴陵攻尹惐—喬尹黃驕

包二·一〇八 郘壽君—喬差瘍

包二·一〇〇 —罱澤之古

包二·一二六 —其父陞年同室—不同室

包二·一二六 陞錆不—其父陞年同室

包二·一二八 少里喬—尹羿

包二·一二七 錆居郢，—其季父𨔶連囂陞必同室

包二·一二八反 既涉於喬—喬差僮受之

包二·一三八 陞哭—其戡客

包二·一三八反 —其戕

包二·一三九 大脰尹公彌必—戠卌=

包二·一四一 左尹—鄴公

包二·一四三 左尹—鄴公

包二·一四九 —其罚

包二·一五三 東—蔆君佢疆

包二·一五四 東—蔆君執疆

包二·一五三 西與鄱君佢疆

包二·一五三 北—鄝昜佢疆

包二·一五四 北—鄝昜執疆

包二·一五三 南—郚君佢疆

包二·一五四 西—鄱君執疆

包二·一五四 南—郚君執疆

包二·二一〇 少又傴於竆身—宮室

包二·一二八 陞錆之不—其父陞年同室

包二·一三六 小人—慶不信殺佢卯

包二·一三七 逿搓—慶

包二·二四六 由攻解於水上—像人

包二·二四八 由攻解日月—不殆

包二·二四九 見於絕無逡者—漸木立

信二·〇一二 緅—素綍之紘囊二十又一

信二·〇一二 緅—青綍之鞶囊七

信二·〇一五 —絹

磚三七〇·一 —仔門之里人一賁告僮

磚三七〇·一 某瑿—僮䚗之下□□□

望一·七八 —不殆

望一·七九 ▨祑—▨

望一·七三 少(小)又(有)優於▨

望一·七五 優於躳—宮室

 曾五 三襹貂—彔魚之箙

 曾五 一襹貂—紫魚之箙

 望一·七七 —啻見

 望二·一 辛□□□車—器之典

 天卜 旣又間已優—膉湫

 天卜 田邑—兵猷之事

 天卜 —其□□於悲中

 天卜 —褸袿郢

 天策 生絟—索☐

 天策 生絟—索絟

 望一·七八 —不殆

 曾一四 二襹貂—彔魚之箙

 曾二九 一襹貂—彔魚之箙

 曾三二 屯襹豻—貍

 曾五五 襹貂—彔魚之韔

 曾六三 襹貂—彔魚之箙

 曾七一 襹貂—紫魚之箙

 曾七八 襹貂—彔魚之箙

 曾八八 一襹貂—彔魚之聶

 曾九九 襹貂—彔魚

 曾一〇四 襹貂—紫魚之箙

 曾一〇六 襹貂—彔魚之韔

 郭·成·二六 聖人之眚（性）—中人之眚（性）

 上（二）·容·八 —之言樂

 上（二）·容·二五 埀（禹）迵（通）淮—忻（沂）

 上（二）·容·二五 埀（禹）乃迵（通）蔞—湯

 上（二）·容·九 竺（篤）義—信

 上（二）·容·八 —之言正（政）

 上（二）·容·二七 埀（禹）乃迵（通）經（涇）—渭

 上（一）·紂·一二 古（故）君不—（以）少（小）悬（謀）大

 新甲三·一三四、一〇八 乙亥禱楚光—五山

 上（二）·容·六 昔堯凥（處）於丹府—藋陵之閑（間）

 郭·老甲·二三 其猷（猶）囙（槖）籊（籥）—

信二·〇七 黃金—白金之馬

郭·老甲·三五 身—貨簹(孰)多

郭·語三·五七 人之眚(性)非—止虖(乎)其

新甲三·三一八 ☒播—其國(域)

九·五六·四二 秎𠃊見公王—貴人

天卜 ☒槑—弘死者

新乙四·九七 ☒室(主)—司命

包二·二四一 由攻解於禮—兵死

常二 ☒之走—忍新王之愄

包二·一四〇 畢𦝠尹酉鮥—剡君之司馬奉爲皆告城(成)

郭·緇·二二 古(故)君不—少(小)悔(謀)大

天卜 解於二天子—雲君以璜珥

天卜 由社解於槑瘕—弘死

郭·五·一八 又(有)—司(始)

郭·五·四四 君子智(知)而—(舉)之

郭·五·三六 以其外心—人交

郭·老甲·三六 貴(持)—貞(亡)簹(孰)疠(病)

郭·老乙·四 唯—可(呵)

郭·老丙·四 樂—餌

郭·五·三二 以其宙(中)心—人交

郭·五·一八 又(有)—冬(終)也

郭·語四·一四 必先—之以爲塱(朋)

郭·語四·一二 杲(早)—臤(賢)人

郭·語四·一三 杲(早)—智悔(謀)

郭·語四·一三 不—智悔(謀)

上(一)·孔·四 —戔(賤)民而餛之

上(一)·孔·二一 丌(其)猷輗—

上(二)·魯·二 政坓(刑)—

上(二)·魯·一 母乃遊(失)者(諸)型(刑)—悳(德)虐(乎)

上(二)·魯·二 不智(知)型(刑)—悳(德)

上(二)·魯·三　毋乃胃(謂)丘之畣(答)非—(歟)

上(二)·魯·三　虗(吾)子女(若)違(重)命(名)丌(其)—(歟)

上(二)·魯·三　女(如)夫政坓(刑)—悳(德)

上(二)·魯·四　毋乃胃(謂)丘之畣(答)非—(歟)

上(二)·子·五(正)　—之言豊(禮),敚(悦)□

上(二)·子·九　敺亦城(成)天子也—(歟)

上(二)·子·一　善—善相受也

上(二)·子·九　而丌(其)父戔(賤)而不足爯(偁)也—(歟)

上(三)·中·二〇　三害近—矣

上(三)·中·二一　㠯忠—敬

上(三)·中附　夫子唯又(有)—(舉)

上(三)·亙·三正　不蜀(獨)又(有)—也

上(三)·亙·一〇　無—也

上(三)·亙·一一　甬(庸)又(有)果—不果

上(三)·亙·一三　—天下之明王

上(三)·彭·二　若纕(表)—裏

上(三)·彭·二　若經—緯

上(三)·彭·二　天地—人

上(四)·柬·七　君—陵尹子高卿(饗)

上(四)·柬·九　王㠯(以)告槫(相)㞕—中舍(余)

上(四)·柬·一五　中舍(余)—五連少(小)子及龍(寵)臣皆逗

上(四)·柬·一八　社禝(稷)㠯(以)逨(坐)—(歟)

上(四)·内·一正　不—言人之臣之不能事

上(四)·内·二　不—言人之君之不能史(使)亓(其)臣者

上(四)·内·三　不—言人之子之不孝者

上(四)·内·三　不—言人之父之不能畜子者

 上（四）·內·四
不—言人之俤（弟）之不能豕（承）伿（兄）者

 上（四）·內·五
—臣言＝（言言）事君

 上（四）·內·五
—君言＝（言言）叓（使）臣

 上（四）·內·六
—俤（弟）言＝豕（承）伿（兄）

 上（四）·曹·一三
虛（吾）欲—齊戰

 上（四）·曹·六四
而毋或（惑）者（諸）少（小）道—（歟）

 上（四）·曹·六五
今—古亦肰（然）

 上（五）·姑·一
—士伋埕旦夕紿（治）之

 上（五）·姑·二
㠯（以）虛（吾）族叄（三）坏（郤）—

 上（五）·姑·六
可（何）㠯（以）女（如）是亓疾—（歟）才

 上（五）·姑·九
—亓妻

 上（五）·姑·九
—亓母

 上（五）·君·一一
仲屖（尼）—虛（吾）子産篙（孰）臤（賢）

 上（五）·弟·一一
女（汝）能訢（慎）紿（始）—冬＝（終）

 上（六）·競·一
割疾（瘧）—梨（梁）丘虘（據）言于公曰

 上（六）·競·一二
則未旻（得）—昏（聞）

 上（六）·競·一三
青（請）祭—正

 上（六）·天乙·六
—卿

 上（七）·鄭乙·七
—之戰（戰）於兩棠

 清（一）·尹誥·一
非民亡—戰（守）邑

 清（一）·金·五
則晉（晉）璧—珪

 清（一）·金·五
我乃以璧—珪遍（歸）

 清（一）·楚·四
至酓霁—屈紃（紃）

 清（二）·繫·六
—白（伯）盤逑（逐）坪＝王＝走西纏（申）

 清（二）·繫·二六
郗（蔡）侯—從

清(二)·繫·四八 秦穆公欲—楚人爲好

清(二)·繫·四九 訇(始)—晉敎(執)衜

清(二)·繫·六〇 —兵車百窐(乘)

清(二)·繫·六七 子亓(其)—臨之

清(二)·繫·七一 以鞫駱玉笏—辜(淳)于之

清(二)·繫·七六 連尹襄老—之爭

清(二)·繫·七七 司馬子反—繡(申)

清(二)·繫·八一 —五(伍)之雞逃歸(歸)吴

清(二)·繫·八四 —吴人戩(戰)于析

清(二)·繫·八六 競(景)公欲—楚人爲好

清(二)·繫·一〇一 晉—吴會爲一

清(二)·繫·一〇五 —吴人伐楚

清(二)·繫·一〇五 —楚𠂤(師)會伐陽(唐)

清(二)·繫·一〇九 以—吴王𦎫(壽)夢相見于虢

清(二)·繫·一〇九 —吴王盍(闔)虜(盧)伐

清(二)·繫·一一〇 以—夫秦(差)王相見于黄池

清(二)·繫·一一一 戉(越)人因袲吴之—晉爲好

清(二)·繫·一一一 以—戉(越)命(令)尹宋䍙(盟)于

清(二)·繫·一一二 灼(趙)狗衒(率)𠂤(師)—戉(越)

清(二)·繫·一一七 —晉𠂤(師)戩(戰)於長城

清(二)·繫·一一八 —晉固爲肙(怨)

清(二)·繫·一二〇 —戉(越)公殹(翳)伐齊=(齊齊)

清(二)·繫·一二〇 —戉(越)成

清(二)·繫·一二〇 戉(越)公—齊侯貣(貸)

清(二)·繫·一二二 齊—晉成

清(二)·繫·一三二 —陳湨於溋門之外

清(二)·繫·一二八 —上或(國)之𠂤(師)以这(交)之

清(二)·繫·一二八 —之戩(戰)於珪(桂)陵

清（二）·繫·一二八 —䜌（舒）子共戠（止）而死

清（二）·繫·一二九 —莫（鄭）𠂤（師）以內（入）

清（二）·繫·一三〇 䢅（將）—之戰（戰）

清（二）·繫·一三一 —亓（其）四𨗨（將）軍

清（二）·繫·一三二 —亓（其）萬民於莫（鄭）

清（二）·繫·一三四 —晉𠂤（師）

清（二）·繫·一三五 —右尹

清（三）·芮·一一 身—

清（三）·芮·二六 屯可—忎（忨）

清（三）·芮·二六 而鮮可—惟

清（三）·良·八 —周之遺老

清（三）·赤·七 —二白兔

清（三）·赤·一一 —二白兔

清（三）·赤·一三 殺黃它（蛇）—白兔

清（三）·赤·一四 殺二黃它（蛇）—一白兔

清（五）·湯丘·一六 —民分利

清（五）·殷·一 參（三）壽—從

弅

信一·〇三 教辪—□▨

信一·〇八 章—即哉

郭·老甲·五 古（故）天下莫能—之静（争）

郭·老甲·二〇 猷（猶）少（小）浴（谷）之—江海（海）

郭·唐·二二 古者堯之—舜也

上（二）·民·一〇 □可旻（得）而䎽（問）—（歟）

上（五）·競·五 則可敚（奪）—（與）

上（五）·競·一〇 —（與）𢧢（易）舀（牙）爲相

上（六）·孔·一四 戏（厠）—（與）民之行也

上（六）·孔·一六 安焉—（與）之倡（歟）

興

包二・一五九 陞—之告言子司馬
帛乙八・二九 發四—鼠
信一・〇二四 猶芑蘭—
郭・唐・八 六帝—於古

郭・唐・一七 浗(求)虗(乎)大人之—
郭・唐・二一 受(授)臤(賢)則民—效(教)而蝸(化)虗(乎)道

郭・性・一九 或—之也

上(二)・從(甲)・八 獄則—
上(二)・從(乙)・一 —邦豪(家)
上(二)・容・一三 堯爲善—毀(賢)

郭・語四・一六 其—女(如)緬(將)又(有)敗
郭・窮・五 —而爲天子帀(師)
上(二)・昔・三 —殺癰亞(惡)

上(三)・中・一一 敢昏(問)道民—悳(德)女(如)可(何)
清(一)・程・四 —發

清(一)・皇・六 戎兵以能—
清(二)・繫・一三 商邑—反

舉

上(五)・季・二一 臤(賢)而—(興)之
上(五)・三德・二 皇天緬(將)—之

上(五)・三德・一四 —(興)而迟(起)之
上(五)・三德・一七 —(興)地之弡

要

清(二)・繫・七七 亓(其)子墨(黑)—也或(又)室少孔
清(二)・繫・七七 墨(黑)—也死

晨

曟

帛甲七・二六 —禕亂乍
郭・五・一九 金聖(聲)而玉—(振)之
郭・五・二〇 金聖而玉—之

農　爨

清(四)・筮・卦四五 —(震)	晨 清(四)・筮・卦四八 之—(震) 清(四)・筮・天四九 亼—(震)	清(四)・筮・祟四九 —(震)祟 清(四)・筮・地五二 子午—(震)	農 蓐 上(五)・三德・一五 敄(務)—(農)敬戒 《説文》古文作[古文]。	爨 臭 包二・七一 —月 根據楚簡與雲夢秦簡楚月名對照，臭月相當於—月。 包二・七二 —月 包二・七三 —月	包二・七七 —月 包二・七八 —月 包二・七六 —月 包二・一四三 —月 包二・一七七 —月	包二・一五七反 —月 包二・一九二 —月 包二・二一八 —月 包二・二二〇 —月	包二・二二五 —月 望二・六 ▨—紃綘又鍉鉊	九・五六・八三 —月内(入)月□▨ 九・五六・一〇〇 —月丁▨	旡 包二・二二一 —月 包二・二二一 —月 包二・一二九 恒思䵣業黃王之—	包二・二二四 —月 望一・八 —月 清(三)・説下・二 少(小)臣罔—(俊)才(在)朕備(服)

爨　臾　革

天卜 —月

天卜 —月

望一·八 —月

清(二)·繫·一一 亓(其)弟子—(眉)壽

清(二)·繫·一二 —(眉)壽

清(四)·筮·貞二七 ⨀⨀—(坤)之

清(四)·筮·乾三九 —(坤)

清(四)·筮·乾三九 —(坤)朔(晦)之日

清(四)·筮·乾四〇 𠦝(乾)—(坤)長(當)艮

清(四)·筮·乾四〇 —(坤)乃各彶(返)亓(其)所

清(四)·筮·祟四四 —(坤)祟

清(四)·筮·天四四 ⨀—(坤)乙癸

革

包二·二六四 二—囩

包二·二七一 [illegible]牛之—䩩

曾六三 —[illegible]

曾三八 —綏

曾四三 —綏

曾四八 —弦

曾六六 兩馬之—轡

曾七五 —[illegible]

曾七七 其—轡黃金之釴

曾四五 —[illegible]

曾四七 —[illegible]

曾四 —[illegible]

曾二六 —[illegible]

曾四六 —戫

望二·六 郗敀—，緙紳，豚丝繐

信二·〇二 一—皆又鉤

牌四〇六·三

天策 —紳

天策—紳
天策—繖
天策—綏
天策—綏
天策 二—綏
天策 兩馬之—繖
望二·二三 —鞁
望二·五〇 一—緙
望二·四九 三—帶
郭·唐·一二 出弋(試)兵—
上(二)·容·一八 不折(製)
上(二)·容·五〇—五一 武王於是虐(乎)复(作)爲—車千鞁(乘)
上(二)·容·五一 武王乃出—車五百鞁(乘)
上(三)·周·三〇 玐(執)用黄牛之—
上(三)·周·四七 娶(鞏)用黄牛之—
上(三)·周·四七 攺日乃—之
上(三)·周·四七 —言晶(三)敓(就)
上(三)·周·四七 [illegible]—

鞄

鞊 上(五)·競·六 —(鮑)害(叔)耆(牙)
上(五)·競·九 伋(隰)倗(朋)与(與)—(鮑)害耆皆拜
上(五)·鮑·七 —(鮑)害(叔)耆(牙)倉(答)曰
上(五)·鮑·九 —(鮑)害(叔)耆(牙)與級(隰)倗(朋)之諫

鞶

繙 上(三)·周·五 或賜—(鞶)縏(帶)
从李守奎先生釋。

鞔

輓 包二·二五九 一轙—
鞔之異體。

鞀

鞉 包二·九五 鼓—張怵
《説文》：「鞀或从兆……或从鼓从兆。」

鞞

天策 倜—

曾七三 貍—之聶

鞎

鞶

曾一正 臒輪弼—琱賠

曾四 革𩋚弼—琱賠

曾一二 革—▨

曾一三 臒輪弼—琱賠

曾二八 革𩋚—琱賠

曾三二 臒輪弼—琱賠

曾四七 革—

曾一八 臒輪齒桶弼—琱賠

曾六二 —匋銅賠

曾七五 革—

曾一〇五 —琱賠

鞁

天策 白—

天策 二—

望二·二三 魚—之家

望二·二三 革—

曾八五 鞎—

曾七 甤馬=之—鑾賠

曾三八 —鑾

曾七九 —鑾

曾一一五 鞎—

䩟 從韋

曾一一 —鑾賠

曾一五 —鑾賠

曾二二 —鑾

曾二五 —鑾

曾四七 —鑾

曾六九 —鑾

曾八三 —鑾

曾二八 四—

望一·一三 不可以違思舉身—

包二·二五九 一魚—之縷

上(二)·容·二一—二二 䩤表—尃

清(三)·良九 莫(鄭)定公之相又(有)子—(皮)

鞁字異體。

鞈

韐

曾四六 一—鞈

鞈字異體。

韊

曾八〇 —鞅

靷 鞌 勒 輯 韇 鞭

靷 鞞 曾九八 韄—

鞌 曾八三 係—
从安省聲。

鞍 天策 㓜—
鞌字異體。
曾六九 酉—

勒 曾四四 紫—
曾六六 黃金之—

勒加 曾六四 黃金之—

輯 韡 包二·二七一 —牛之革韃
包二·二七三 —牛之韃=
包二·二七〇 —犀
包二·牘一 駁右二真—犀

韇 曾一二三 一革—貽

鞭 㝐 望二·二八 ☐十大—☐
《說文》㝐古文—。
望二·九 —組之童
望二·一〇 黃—組之𧝓

望二·一四 黃—組之☐
望二·八 黃—組之繻
望二·一二 結☐—組之需

郭·尊·一四 𠭁(教)以—(辯)兑(說)
郭·成·三二 分爲夫婦之—(辨)

上(二)·容·一六 —(辨)爲五音
上(二)·容·二九 乃—(辨)侌(陰)昜(陽)之髜(氣)

鞅

上(二)·容·二〇 吕—(辨)亓右右	上(六)·慎二 會(僉)莫—(偏)羊(干)			
上(六)·慎二 莫—(偏)羊(干)				
清(四)·筮·戈五 ≦三𡉚(凡)—	清(四)·筮·戈七 ≪≪𡉚(凡)—			
戈 郭·老甲·一 𢇍(絕)智(知)弃—(辯)	郭·老丙·八 是以—(偏)牆(將)軍居左			
下 郭·六·五 君子不—(偏)女(如)衍(道)	郭·六·三九 男女不—(辨)	郭·六·三四 男女—(辨)生言		
鞭				
曾六四 鞁—	曾三 顯—	曾五六 顯—	曾九一 顯—	曾一一五 顯—
曾一三八 毯—賠	曾一〇 鞁顯—	曾八九 顯—賠		
曾九八 削紫彔之—	曾七 顯—	曾四三 顯—	曾五九 顯—	曾六一 顯—
曾七八 顯—	曾八〇 顰—	曾九八 顯—	曾八四 顯—賠	曾八九 顯—賠
曾二八 𩢁—賠	曾八四 顯—賠	曾一〇三 顯—賠		
包二·二六八 紫親—	包二·二七一 紫親—	包二·二七三 親—		

包二·二六八 紫—　包二·二七一 紫—　包二·二七三 罯𪗋—鞅韇韋鞈　包牘

包二·二六〇 一□—

天策 ▨二倜—綠組之纓　天策 ▨倜—笄

包二·二六〇 曲—

曾一二三 —隥

望二·二二 ▨—鐶緯席

曾五六 —鞿輴　曾五六 —紳　曾八五 —鞁　曾七 —紳紃

曾一〇 —紳紃　曾六 —敗　曾五九 —敗　曾六四 —顯鞅

曾六四 —敗　曾一一二 —敗　曾一一五 —敗

《玉篇·革部》有鞁字。簡文中讀紴。

曾七 貂—　曾六九 貂—

曾八〇 —貝

鞴

天策

鞴字見《廣韻》至、屋、暮等韻。簡文中讀箙。

⿰革堇

包二·一八六 佫戯邧

鞾 包二·竹櫝

包二·二七三 —韋鞈

⿰革㬎

⿰革發

⿱癶革 天策 衡厄素— 天策 白—

⿰弓⿱癶革 曾一二六 —䩛賠 曾一二四 —䩛賠 曾一二八 —䩛賠 曾一三〇 —歕賠 曾一三五 —歕賠

曾一三七 —⿱軋革賠 曾一二三 —⿱軋革賠 曾一二五 —䩛賠 曾一二六 —歕賠

⿱軋革

曾一二二 —賠 曾一三七 —賠

鬲

鬲

郭·窮·二 舜耕於—(歷)山 上(二)·容·四〇 傑(桀)乃逃之—(鬲)山是(氏)

上(五)·鬼·二背 此以(以)桀折於—山 清(三)·芮·三 閼(間)—(隔)著(若)否

清(五)·殷·一五 —(麻)象天寺(時)

融

清（一）·保·一 王念日之多—（歷）

清（一）·保·四 親勓（耕）于—（歷）茅（丘）

鬲

上（二）·容·一三 昔〔者〕銮（舜）静（耕）於—（鬲）丘

䗊

包二·二一七 祝— 楚先祖名

包二·二三七 祝—

帛甲六·六 炎帝乃命祝—

新甲三·八三 ▨〔祝〕—（融）、穴（熊）、卲（昭）王、獻〔惠王〕▨

新甲三·一八八、一九七 老童、祝—（融）、禮禽（熊）

新乙一·二二 老嫜（童）、祝—（融）、空（穴）畲（熊）

新乙一·二四 —（融）、空（穴）畲（熊）各一庠（牂）

上（三）·周·二五 虎見（視）—（眈眈）

上（五）·鬼·七 昔—（融）之氏（是）帀（師）

清（三）·說下·二 余隹（惟）命女（汝）敓（說）—（融）朕命

韚

望一·一二一 ▨—各一□

鬻

餌

郭·老丙·四 樂與—

上（四）·曹·五五 車良士往取之—（耳）

《說文》或體。

鬻

煮

包二·一四七 宋獻爲王—鹽於海

《說文》或从火作𤎪。

上（二）·容·二一三 瘦（瘻）者—盧尾

孚

郭·緇·二 萬邦乍（作）—

郭·緇·一三 成王之—

爲

上(三)·周·四 又(有)—

上(三)·周·九 又(有)—比之

上(三)·周·一一 孚(厥)—洨(交)女(如)

上(三)·周·三三 交—

上(三)·周·四〇 嬴(嬴)豕—是蜀(獨)

上(三)·周·四五 又(有)—元

上(三)·周·四七 改日—卤

上(三)·周·四七 又(有)—

清(二)·繫·五 或敂(取)—(褱)人之女

清(二)·繫·五 是—(褱)忩(姒)

清(二)·繫·五 —(褱)忩(姒)辟(嬖)于王＝

清(三)·說中·三 甬(用)—自䄵(邇)

清(五)·殷·一一 龜簭(筮)—貣(忒)

包二·五 佗大敓念以—㓚敓圍陞㓚人其厚典

包二·七 女命大莫囂屈昜—命

包二·八〇 秀履—李

包二·八一 泥競—李

包二·八二 㪣㚒—孛

包二·一五反 不—其對

包二·八三 旦坪—孝

包二·八五 黄—宗 人名

包二·九〇 以甘匿之歲—偏於郙

包二·九〇 郘尚—李

包二·九一 鄗從—李

包二·一〇七 —羕陵貣郘異之黄金三十益二益以翟種

包二·一〇八 —株昜貣郘異之黄金七益以翟種

包二·一一三 —新都貣郘異之黄金

包二·一一四 —州貣郘異之黄金七益以翟種

包二·一一八 —鄗貣郘異之金六益

包二·一一六 —鄦陵貣郘異之金三益以翟種

包二·一一八 —鄝昜貣郘異之金七益

包二·一一九 —昜陵貣郘異之金四益

包二·一一九 —郘昜貣郞異之金十益一益四兩

包二·一二〇 小人命䏍以傳之

包二·一三三 右司馬彭懌—僕筭等

包二·一三三 会郙之慶李百宜君命—捕之

包二·一三四 含会之斆客不—其剸

包二·一三六 執事人—之

包二·一三七反 命速—之剸

包二·一四〇 酉㮨與剢君之司馬奉—皆告城

包二·一四七 宋獻—王煮鹽於海

包二·一五三 余—一邑

包二·一五五 犇頡—㰻䐶足於僕

包二·一五五 競慶—大司城㰻客䱷

包二·一四二 𨝘鄰—李

包二·一五六 □執命—王穀取郙不涅穀而逃命

包二·一五八 畢得硎—右㝵

包二·二一九 䱷—害縲璊

包二·一三七反 命速—之斷

包二·二二八 以共命—左尹䏛貞

包二·二三〇 以長霝—左尹䏛貞

包二·二二三 以彤筶—左尹𣏟䏛貞

包二·一九七 以保豪—左尹䏛貞

包二·二〇一 以央箸—子左尹䏛貞

包二·二〇五 卲吉—祏

包二·二〇九 以丞悳—左尹䏛貞

包二·二〇七 以長惻—左尹䏛貞

包二·二一六 以長葥—左尹䏛貞

包二·二四二 以長霝—左尹䏛貞

信一·〇九 天下—之

信一·〇六五 令—

范二七 以—德妄

范二七 隻以—德辻德进

雨二一·二 坪皇角—定文王商

雨二一·四 ▨之宮—濁𩨇釦翣

雨二一·一 定新鐘之宮—濁穆

天卜 以—頙层𩨇過返迡速

天卜 嗌死—芥

天卜 去尻不—友

天卜 以丞命—君月貞

天卜 以保冡—邸殤君勳(勝)貞

天卜 以大英—邸殤君勳(勝)貞

天卜 以承命—君月貞

天卜 以長霝—君月貞

天卜 以郗菩—君月貞

天卜 陞皀—跰大君右輪

望一·九 尚毋—大蚕

望一·三 以少箸—恕固貞

望一·一〇 —恕固遡禱柬大王聖▨

望一·一五 以保冡—恕固貞

曾一四五 鄱牧之騏—右驂

曾一四六 某䓞之少駢—左驂

曾一四九 鄗君之黄—右驂

望一·一四 以保(寶)堂(冡)—恕固貞

曾一五〇 右司馬之騆—右驌

曾一五〇 鄗君之騆—左驌

曾一五〇 右豣徒之騏—左驂

曾一四二 慶事之騆—左驌

曾一五五 笁斬之麗會—左驂

曾一五六 迅弁伐之騏—右驌

曾一五八 鄗君之騆—左驌

曾一四三 某䓞之黄—右驌

曾一六三 鄦君之騆駐—右驌

曾一六五 晉殤駁—左驌

曾一六九 黝夫之見—右驌

曾一四三 王衤之黄—右驂

曾一七〇 高鄱之麗會—左驂

曾一七一 品探驓—左飛

曾一七四 司馬之白—右飛

曾一七五 大宰之騆—左驂

帛甲四·六 步以—戠

帛甲七·一 夋乃—日月之行

帛乙六·二九 唇—之正

曾一七五 大首之子—右驌

帛甲二·二五 —禹

帛甲二·二七 —萬

帛甲三·二一 以—其戠

郭·老甲·一四 —亡爲

郭·老甲·六 智(知)足之—足

郭·成·一 求之於㠯(己)—(亙)(恒)

郭·老乙·四 亡爲而亡不

郭·老丙·一四 而弗敢—

郭·成·三〇 不必—邦羿(旗)

郭·成·三一 折(制)—君臣之義

郭·成·三〇 唯(雖)又(有)其亙(恒)而可能，終之—難

郭·窮·五 罨(遷)而—天子帀(師)

郭·窮·七 戰(釋)板柽而—譶(朝)卿

郭·魯·五 夫—其君之古(故)殺其身者

郭·五·七 善弗—亡近(忻)

郭·魯·六 夫爲其國之古(故)殺其身者

郭·性·五 凡眚(性)—室(主)

郭·性·一四 心述(術)—室(主)

郭·性·一六 豊(禮)、樂，又(有)—㠯(舉)之也

郭·性·一五 唯人衍(道)—可衍(導)也

郭·性·二〇 或舍(叙)—之即(節)則度(文)也

郭·性·四一 唯人衍(道)—可衍(道)也

郭·性·四三 利—甚

郭·性·四二 患—甚

郭·性·四七 又(有)其—人之菉女(如)也

郭·性·四七 又(有)其—人之快女(如)也

郭·性·五一 唯(雖)未之—

郭·緇·八 君以民—體

郭·緇·九 不自—貞

郭·緇·八 民以君—心

郭·緇·三六 不可—也

郭·六·二八 —弸(朋)督(友)亦肰(然)

郭·六·二七 —父也

郭·六·二七 —君亦肰(然)

郭·六·二八 袒字(爲『免』之誤寫)—宗族也

郭·六·二九 —昆弟𢇍(絶)妟(妻)

郭·六·三〇 不—弸(朋)督(友)𣐺[瑟(殺)]宗族

郭·六·二八 —妟(妻)亦肰(然)

郭・六・二九 —宗族𠂤(瑟(殺))弸(朋)習(友)

郭・六・一八 智(知)不可—者

郭・窮・三 立而—天子

郭・窮・四 郘(呂)𡈼(望)—牂棊瀌

郭・窮・六 而—者(諸)侯相

郭・窮・七 —故斁牛

郭・窮・一二 非—名也

郭・窮・一三 無茖菫愈坧山石不—☐

郭・窮・八 出而—命(令)尹

郭・成・三一 㤖(圖)—父子之新(親)

郭・尊・四 學—可益也

郭・尊・四 𡥋(教)—可頪(類)也

郭・尊・八 人道—近

郭・尊・一二 是以—正(政)者𡥋(教)道之取先

郭・五・一六 能—罷(一)

郭・五・一六 肰(然)句(後)能—君子

郭・五・一八 君子之—悳(德)也

郭・五・一八 ☐子之—善也

郭・五・三九 柬(柬(簡))之—言猷(猶)練也

郭・五・四〇 匿之—言也猷(猶)匿匿也

郭・五・四二 能進之—君子

郭・語四・八 數(竊)邦者—者(誅)侯

郭・語四・一四 必先與之以—埅(朋)

郭・尊・二八 —古(故)銜(率)民向(嚮)方者

郭・老丙・二 —之者敗之

新甲二・一六 譄生以□□—君貞

九・五六・一四下 称(利)㠯(以)—□□

九・五六・一九下 無—而可

九・五六・二二下 無—而可

九・五六・二三下 可㠯(以)—少(小)杠

九・五六・二九 称(利)㠯(以)—室

上(一)・性・三七 又(有)丌(其)—人之柬：(柬柬)女(如)也

上(一)·紂·二 —下可槇而旹(志)也
上(一)·性·三四 唯眚(性)悉(愛)—近息(仁)
上(一)·性·三五 惓(惓)—甚

上(一)·性·三四 唯亞(惡)不息(仁)—近宜(義)
上(一)·紂·六 則下之—息(仁)也静(争)先

上(一)·性·三七 又(有)丌(其)—人之伛(伛伛)女(如)也
上(一)·性·三八 又(有)丌(其)—人之慧女(如)也

上(一)·孔·五 吕(以)—丌(其)沓(本)
上(一)·孔·二四 必好丌(其)所—
上(一)·孔·五 吕(以)—丌(其)䉼

上(一)·孔·二一 則吕(以)—不可女(如)可(何)也
上(一)·孔·魯一 子不—我圂(圖)之

上(二)·子·一四 然則厽(叁)王者篙(孰)—
上(二)·子·一 可(何)古(故)吕(以)旻(得)—帝

上(二)·魯·一 子不—我圂(圖)之
上(二)·魯·四 水吕(以)—膚
上(二)·魯·四 木吕(以)—民

上(二)·魯·四 石吕(以)—膚
上(二)·容·七 吕—天子
上(二)·容·九 而立—天子

上(二)·容·九 堯—之孝(教)曰
上(二)·容·一二 不吕亓子—逡(後)
上(二)·容·一三 堯—善興叚(賢)

上(二)·容·一七 而欲吕—逡(後)
上(二)·容·一二 而欲吕—逡(後)
上(二)·容·三一 南方—三侣(調)

上(二)·容·三一 北方—三侣(調)
上(二)·容·三一 東方—三侣(調)
上(二)·容·三一 西方—三侣(調)

上(二)·容·五〇—五一 武王於是虖(乎)复(作)—革車千轢(乘)

上(二)·從(甲)·一五 —利梪(柱)

上(一)·性·三六 利—甚

上(一)·紂·一八 此言之砧不可—一

上(一)·紂·二 —上可斉而鎰(知)也

上(一)·性·三五 思—甚

上(二)·容·二二 㠯—民之又(有)詓(訟)告者訏(鼓)焉

上(二)·容·二七 垔(禹)乃從灘(漢)㠯南—名浴(谷)五百

上(二)·容·二七—二八 從灘(漢)㠯北—爲名浴(谷)五百

上(二)·容·四四 是虐(乎)复(作)—九城(成)之壹(臺)

上(二)·容·二九 乃立咎(皋)秥(陶)㠯—李(李)

上(二)·容·三〇 乃立[illegible]㠯—樂正

上(二)·容·一六 攴(辨)—五音

上(二)·容·三六 湯乃尃(輔)—正(征)复(籍)

上(二)·容·三三 是㠯—名

上(二)·容·三〇 复(作)—六頪(律)六

上(二)·容·三三 不㠯亓子—後

新甲一·三 雁愴以大央—坪☐

新甲二·二一 ☐王—坪夜☐

新甲一·二五 禝公子虘(虓)命彭定以少(小)冠(尨)黔—君貞

新甲一·二一 ☐篳—君貞

新甲二·二二、二三、二四 雁寅以少(小)央—☐

新甲三·一〇 不—悳(憂)

新甲三·一五二 ☐㠯(以)衛莗—君☐

新甲三·二一九 ☐㠯(以)陵君懌之大保(寶)豢—君貞

新甲三·二三三、一九〇 以白靁(靈)—君坪夜君貞

新乙一·二六、二 諸生以衝篳—君貞

新甲二·三二 ☐晒(將)—癀於後☐

新甲三·一一二 或—君貞

新甲三・三六
⧄大莫囂𬀩—〔戰〕於長城之〔歲〕⧄

新甲三・七二
⧄以弆之大形筶（筮）—君貞

新甲三・二一九〇
既—貞

新甲三・二二〇
李絅—⧄

新甲三・二四六
⧄冢—坪夜君貞

新乙三・六
⧄篳—君貞

新乙三・二〇
⧄白䵼（黿）—坪〔夜君貞〕⧄

新乙三・三八
彭定以少（小）冠（尨）䵼（黿）—⧄

新乙四・三四
⧄之黿—君卒（卒）歲之貞⧄

新乙三・四三
⧄㠯（以）少（小）冠（尨）䵼（黿）—君貞

新乙四・四六
彭定㠯（以）駁黿—君卒（卒）歲貞

新乙四・八五
⧄長篳—君卒（卒）戠（歲）貞

新乙四・一〇〇
⧄□□篳—君貞

新乙四・五五
⧄篳—君貞

新乙四・五七
⧄—𦣞=（𦣞子）𢼸哀告大⧄

新乙四・三五
才（在）郢—三月

新乙四・一〇二
㠯（以）衛韋（篳）—君卒（卒）歲之貞

新乙四・九八
—君三歲貞⧄

新乙二・二五、零：二〇五、乙三・四八
瞢（許）定以陵尹懌之大保（寶）冢—⧄

新零・四七二
不—尤（忧）⧄

郭・性・四四
人不難—之死

郭・忠・六
忠之—衍（道）也

郭・忠・六
信人弗—也

郭・忠・七
信之—衍（道）也

上（三）・周・一
不利—寇（寇）

上（三）・周・四五
—我心寒

上（三）·中·一
季逗子㝵（使）中（仲）弓—𠜶（宰）

上（三）·中·五
—之宗悉（謀）女（汝）

上（三）·中·五
敢昏（問）—正（政）可（何）先

上（三）·中·八
—之女（如）可（何）

上（三）·中·一二
𢝊（難）—從正

上（三）·亙·七
自复（作）—

上（三）·亙·一一
舉（舉）天下之—也

上（三）·亙·一一
而能自—也

上（五）·競·八
虐（吾）不智（知）亓（其）—不善也

上（五）·競·九
公身—亡（無）道

上（五）·鮑·八
旗（作）内（入）不—态（災）

上（五）·鮑·八
公蠹（昆）亦不—戡（害）

上（五）·姑·四
天下—君者

上（五）·姑·五
虐（吾）䎽（聞）—臣者

上（五）·姑·六
—此殜（世）也從事

上（五）·君·一
君子—豊（禮）

上（五）·弟·一一
—君子虐（乎）

上（五）·弟·一二
求—之言

上（五）·弟·一八
皆可以—者（諸）侯㚇（相）鼓（矣）

上（五）·三德·二
毋—□□

上（五）·三德·一五
毋不能而—之

上（五）·鬼·一
此𠂤（以）貴—天子

上（六）·競·一一
盍必死愈—樂虐

上（六）·用·一八
言台（以）—章

上(七)·凡甲·四 筥(孰)—之公

上(七)·凡甲·七 虗(吾)系(奚)㠯(以)—頁(首)

上(七)·凡甲·一一 筥(孰)—天

上(七)·凡甲·一七 此豸(貌)㠯(以)—天埅(地)旨

上(七)·吳·八 筥(孰)—帀(師)徒

清(一)·耆·一 緙(畢)公高—客

清(一)·耆·一 邵(召)公保睪(奭)—

清(一)·耆·二 周公弔(叔)旦—宔

清(一)·耆·二 辛公詎虔(甲)—立(位)

清(一)·耆·二 —東尚(堂)之客

清(一)·耆·二 郘(吕)上(尚)甫(父)命—

清(一)·金·一 我亓(其)—王穆卜

清(一)·金·二 周公乃—三坦(壇)同鎗(墠)

清(一)·金·二 —一坦(壇)於南方

清(一)·金·六 所—社(功)

清(一)·金·一〇 —社(功)以弋(代)武王之敓

清(一)·皇·一一 是以—上

清(一)·楚·四 —梫室=

清(一)·楚·八 遷(徙)居—郢=

清(一)·楚·一〇 遷(徙)衺(龍)—郢

清(一)·楚·一一 衺(襲)—郢

清(一)·楚·一一 王皆居—郢

清(一)·楚·一一 至霝(靈)王自—郢

清(一)·楚·一一 以—凥(處)於章(華之臺)

清(一)·楚·一二 遷(徙)衺(襲)—郢

清(一)·楚·一三 遷(徙)衺(襲)—郢

清(一)·楚·一三 改—之

清(一)·楚·一四 以—凥(處)於卣=灉=

清（一）·楚·一五
以—凥（處）於

清（二）·繫·二三
是賽₌—₌

清（二）·繫·二四
賽（息）—（媯）乃内（入）

清（二）·繫·二六
文王—客於賽（息）

清（二）·繫·二九
賽（息）—（媯）以歸

清（二）·繫·三一
—君也

清（二）·繫·三五
—執（質）于秦₌

清（二）·繫·四八
欲與楚人—好

清（二）·繫·四九
与（與）楚—好

清（二）·繫·五五
銜（率）𠂤（師）—河曲之戰（戰）

清（二）·繫·五七
宋公—右（左）芋（盂）

清（二）·繫·五七
奠（鄭）白（伯）—右芋（盂）

清（二）·繫·五九
宋人女（焉）—成

清（二）·繫·六〇
以芋（華）孫兀（元）—敎（質）

清（二）·繫·六三
奠（鄭）人—成

清（二）·繫·七一
齊人—成

清（二）·繫·七八
取以—妻

清（二）·繫·八〇
—南淉（懷）之行

清（二）·繫·八二
—長澂（壑）而涇（洍）之

清（二）·繫·八三
五（伍）員—吴大宰（宰）

清（二）·繫·八五
—沬之𠂤（師）

清（二）·繫·八六
競（景）公欲與楚人—好

清（二）·繫·九二
—坪（平）侌（陰）之𠂤（師）

清（二）·繫·九五
以—成於晉

清（二）·繫·九七
需（靈）王—命₌尹₌

清（二）·繫·九九
—南淉（懷）之行

清（二）·繫·一〇一
晉與吴會—一

清（二）·繫·一〇八
二邦—好

清（二）・繫・一一一 與晉—好

清（二）・繫・一一三 —長城於濟

清（二）・繫・一一三 至今晉戉（越）以—好

清（二）・繫・一一四 王命莫囂（敖）易—衒（率）

清（二）・繫・一一六 莫囂（敖）易—衒（率）

清（二）・繫・一二七 以—楚數（援）

清（二）・繫・一一八 —晉固—肙（怨）

清（三）・說上・一 甬（庸）—逵（失）审（仲）叏（使）人

清（三）・說上・七 王甬（用）命敓（說）—公

清（三）・良・一一 以—大宰

清（三）・赤・八 —二菱（陵）屯

清（三）・赤・一二 —二菱（陵）屯

清（三）・赤・一五 是司（始）—埤（陴）丁者廛

清（四）・筮・志三〇 日—烾（來）

清（四）・筮・祟四六 長女—妾而死

清（四）・筮・爻五二 八—風

清（四）・筮・爻五二 —水

清（四）・筮・爻五二 —言

清（四）・筮・爻五二 —非（飛）鳥

清（四）・筮・爻五三 —瘇（腫）脹

清（四）・筮・爻五三 —魚

清（四）・筮・爻五三 —權（鑵）裥（筩）

清（四）・筮・爻五三 才（在）上—飢（醪）

清（四）・筮・爻五三 下—汰（汏）

清（四）・筮・爻五四 ㄨ（五）象—天

清（四）・筮・爻五四 —日

清（四）・筮・爻五四 —貴人

清（四）・筮・爻五四 —兵

清（四）・筮・爻五四 —血

清（四）・筮・爻五四 —車

清（四）・筮・爻五四 —方

清（四）·筮·爻五五　—悥（憂）

清（四）·筮·爻五五　—謑（飢）

清（四）·筮·爻五六　九象—大獸（獸）

清（四）·筮·爻五六　—木

清（四）·筮·爻五六　—備戒

清（四）·筮·爻五六　—百（首）

清（四）·筮·爻五六　—足

清（四）·筮·爻五七　—它（蛇）

清（四）·筮·爻五七　—它

清（四）·筮·爻五七　—凵（曲）

清（四）·筮·爻五七　—瞏（玦）

清（四）·筮·爻五七　—弓

清（四）·筮·爻五八　四之象—墜（地）

清（四）·筮·爻五八　—員（圓）

清（四）·筮·爻五八　—壴（鼓）

清（四）·筮·爻五八　—耳（珥）

清（四）·筮·爻五九　—霓（霰）

清（四）·筮·爻五九　—腫（踵）

清（四）·筮·爻五九　—霻（雪）

清（四）·筮·爻五九　—零（露）

清（五）·湯丘·一　善—飤（食）

清（五）·湯丘·九　夫人母（毋）以我—訇（怠）

清（五）·湯丘·九　虛（吾）可（何）君是—

清（五）·湯丘·一六　—君系（奚）

清（五）·湯丘·一七　—臣系（奚）若

清（五）·湯丘·一七　—君悉（愛）民

清（五）·湯丘·一七　—臣共（恭）命

清（五）·湯門·六　是哉以—人

清（五）·湯門·八　是亓（其）—長虞（且）好才（哉）

清(五)·湯門·九 是亓(其)—堂(當)䙷(壯)

清(五)·湯門·九 是亓(其)—力

清(五)·湯門·一〇 是亓(其)—疾央(殃)

包二·二二五 衛妝—子左尹旅𥜽禱

包二·二二四 臧敢—位

包二·一五九 逍弁—告於市

包二·二二六 以琛豢—左尹旅貞

郭·老乙·三 以至亡—也

郭·老乙·三 —道者日員(損)

郭·老乙·七 —虗(吾)又(有)身

郭·老乙·一五 清青(静)—天下定(正)

郭·老甲·二 江海(海)所以—百浴(谷)王

郭·老甲·三 是以能—百浴(谷)王

郭·老甲·八 長古之善—士者

郭·老甲·三 以其能—百浴(谷)下

郭·老甲·八 是以—之頌(容)

郭·老甲·一〇 —之者敗之

郭·老甲·一七 是以聖人居亡—之事

郭·老甲·一三 而弗能—

郭·老甲·一三 衍(道)亙(恒)亡—也

郭·老甲·一四 爲亡—

郭·老甲·二一 可以—天下母

郭·老乙·六 態(寵)—下也

郭·老乙·八 —天下

郭·老乙·一〇 不足以—道矣

郭·唐·一六 升—天子而不喬(驕)

郭·唐·二四 古(故)其—兆(瞽)寞子也

郭·唐·一八 不以仄(匹)夫—巠(輕)

郭·唐·二四 —民宔(主)也

郭·唐·二八 急(仁)者—此進

郭·語一·二九 智(知)天所—

郭·語一·一八
夫(天)生百勿(物),人—貴

郭·語一·二九
智(知)人所—

郭·語一·五三
義亡能—也

郭·語一·五六
而不可不—也

郭·語一·五五
—孝,此非孝也

郭·語一·五五
—弟,此非弟也

郭·語一·五六
不可—也

郭·語一·五七
—之,此非也

郭·語一·八四
又憏(察)膳(善),亡—膳(善)

郭·語一·八三
人亡能—

郭·語一·八六
埶(勢)與聖—可憏(察)也

郭·語一·九三
急(仁)義(義)—之楻

郭·語一·三一
豊(禮)因人之情而—之
从陳偉說,與此簡九七相連,即(節)虔(文)者也。

郭·語三·八
非又(有)—也

郭·語三·六七下
生—貴

郭·語三·七〇下
—其型

郭·語三·三八
不膳(善)睪(擇),不—智

郭·語四·五
級(急)者—首

包二·一七四
飤人余—

包二·一七六
新大厩屈—人

包二·一三五反
君命速—之斷

包二·八六
宵采—李

包二·八六
宵采—李

包二·八九
郢是娶—李

包二·一〇二
郢胢—李

包二·一〇五
—鄝貣郕異之黄金七益以翟種

雨二一·三
姑佚之宮—濁文王羿—濁

包二·一六
命—僕至典

包二·一六
新告辶尹不—僕剌

郭·老乙·八
炁(愛)以身—天下

包二·一三九反
其所命於此箸之中以—詳

包二·一一一
—正昜貣郕異之黄金……

包二·一三九反
命潡上之戠獄—陰人舒煋盟

包二·一〇二
以其—其兄𨛭瘽斷不瀍

郭·老甲·二
三言以—貞(使)不足

郭·老甲·一五 天下皆智（知）敚（美）之—敚（美）也
郭·老乙·四 亡—而亡不爲
郭·老丙·七 鏞纀—上

郭·老丙·二 聖人無—
郭·緇·一〇 上好㤅（仁）則下之—㤅（仁）也爭先
郭·唐·一七 升（登）—天子而不喬（驕）

郭·太·七 以忌（紀）—壥（萬）勿（物）經

郭·老甲·二 是以聖人亡—古（故）亡敗
郭·老甲·一七 —而弗志（恃）也
郭·老甲·二二 虐（吾）彊（强）爲之名曰大

郭·老甲·二五 —之於其亡又（有）也
郭·老甲·三二 我亡爲而民自𧊒（化）
郭·老甲·二九 古（故）—天下貴

上（三）·彭·三 敢昏（問）—人
上（六）·競·八 禮（詛）—亡（無）䰪（喪）
上（六）·莊·六 臣不智君王之𨢊（將）—君

上（六）·慎·六 —民之古（故）
上（六）·天乙·二 士—夫〻之立身不字

上（七）·君甲·五 王㡯〻（之所）㠯（以）—目觀也
上（七）·君乙·五 而不—亓（其）樂

上（七）·吴·九 楚人—不道
清（五）·厚·二 —之卿事

上（六）·天乙·二 士—夫〻之立身不字
上（六）·天乙·二 夫〻—邦君之立身不字

上（六）·天乙·二 邦君—天子之立身不字

埶　𦦨　賫

清(三)·祝·三
牺(將)敔(注)—肉

清(三)·祝·四
牺(將)敔(注)—死

从李守奎先生釋。

喙

曾一正
殤—　人名

从李學勤先生釋作『爲』。

曾一六
黄—所馭左䡟臒輪

曾一二五
黄—馭左旆=二真吴甲

郭·語一·七五
者逧—不逮從一衍(道)

婁

郭·老丙·四
—(設)大象

郭·性·二
—(勢)也

郭·性·一三
勿(物)之埶(勢)者之胃(謂)—(勢)

郭·尊·七
句(后)稷(稷)之—(藝)陞(地)

郭·尊·一四
則民—(褻)陵張(長)貴以忘

郭·尊·三〇
或—(藝)之外

郭·尊·一四
䛊(教)以—(勢)

郭·緇·二一
而—(褻)臣怋(託)也

郭·性·五
—(勢)也

郭·性·一三
勿(物)之—(勢)者之胃(謂)埶(勢)

郭·緇·二八
古(故)上不可以—(褻)型(刑)而翌(輕)雀(爵)

九·五六·三
無昏(聞)—(設)罔(網)㝵(得)

郭·六·一三
子弟大材—(藝)者大官

郭·語一·八六
—(勢)与聖爲可慻(察)也

上（一）·性·六 勿之埶者之胃—（勢）
郭·六·一四 少（小）材—（藝）者少（小）官
郭·語三·五一 遊於—（藝）

上（三）·彭·一 臣可（何）—（藝）
上（六）·用·二 —（邇）君—（邇）戾

上（六）·用·三 亦不—（邇）於惻（賊）
上（六）·用·一五 —（邇）而不難

清（一）·保·五 啟（施）于上下遠—（邇）
清（一）·保·五 迺易立（位）—（設）詣（稽）
清（一）·金·四 多志（才）多埶（藝）

清（一）·皇·二 迺隹（惟）大門宗子—（邇）臣
清（一）·皇·一〇 忞（媢）夫又（有）—（邇）亡（無）遠

清（二）·繫·一三 乃—（設）三監于殷
清（二）·繫·一七 方（旁）—（設）出宗子

清（三）·說中·三 甬（用）孚自—（邇）
清（五）·湯丘·八 以—（設）九事之人

槷

上（六）·用·一八 —（邇）立帀（師）長

杋

清（五）·厚·五 —（設）萬邦

巩

⿱巩又

清（五）·厚·二 帝亦弗—（⿱巩手）啟之經悳（德）

「⿱巩又」即「⿱巩手」字，「⿱巩手」爲「巩」字《說文》或體。

⿰戈巩

清（五）·封·五 柬（簡）膀（×）☰（四）方不—

清（二）·繫·八一
少市（師）亡（無）——（極）讓（讒）連尹頵（奢）而殺之

包二·一六
僕—典

包二·一九
阩門—敗

包二·二一
阩門—敗

包二·二二
阩門—敗

包二·二八
阩門—敗

包二·二九
阩門—敗

包二·五三
阩門—敗

包二·二四
阩門—敗

包二·二五
阩門—敗

包二·六〇
阩門—敗

包二·七〇
阩門—敗

包二·七六
阩門—敗

包二·二三
邻之棫里之敂無—李族甶（思）

包二·九〇
緐丘之南里信—龏酉

包二·一三七
未—斷

包二·一三八反
—情不可諍

包二·九〇
緐昜旦無—龏悚

包二·一四〇反
其百—八十先於畢陛郲中

包二·一四五反
十兩—一兩

包二·一四六
所—覘於寢戠五市（師）

包二·一五二
成—逡

包二·一九八
期宷—憙

包二·一九九
䢅卒戠竆=（躬身）忽毋又（有）咎

包二·一五二
左馭遊昏（辰）骨賈之，—五箘

包二·二〇〇
顕柰—憙

包二·二〇一
寡=尚毋—咎

包二·二一〇
䖒外—不訓

包二·二一三
竆身尚毋—咎

包二·二一八 病良瘛（瘥）—祭
包二·二二〇 庚辛—閒
包二·二二一 既—病=心疾
包二·二一三 少—亞於王事

包二·二二三 尚無—恙
包二·二二六 躳身尚無—咎
包二·二二七 少—惡於躳身
包二·二一三 叡—惡於躳身

包二·二二九 少—惡於宮室
包二·二三一 少—惡也
包二·二三二 躳身尚毋—咎
包二·二四〇 疾弁，—瘨，递瘛

包二·二六〇 一丩牀，—策
信一·〇二 —走賢
信一·〇二四 州昊昊杲杲—月日
包二·二四九 以其—瘴病

信二·〇二四 二草□純—盍
信一·〇二五 天下—哉
信二·〇二 一革皆—鈎
包二·二五九 一櫝柅—絵綉

信二·〇三 二笙■一篁竽皆—簍
信二·〇六 箕四十—四
信二·〇六 少箕十—二
信二·〇七 一素緙緙紼—五鈎

信二·〇一三 七見槑之衣純—常
信二·〇一四 一湯鼎純—盍
信二·〇一八 小大十—三
信二·〇一二 綳與素絵之紡囊二十—一

信二·〇一八 小大十—九
信二·〇二三 一大囊粸十—二
信二·〇二三 小囊粸四十—八
信二·〇二三 —爵

信二·〇二九 一韇—鋅
仰二五·一 ……皆—蔑
仰二五·一〇 —紅組之綏
信二·〇二五 純—鼎

仰二五·一〇 —骨夬
仰二五·一二 —二鐶
仰二五·一四 革紼—玉鐶
信二·〇二六 皇脰二十—五

仰二五·一六 —紵鉀笥笲
仰二五·一九 —紫絞
仰二五·二一 鉀箕一十二箕皆—絵縫
仰二五·二二 一楔柜—絵綉

仰二五·二六 —繅縞
仰二五·二八 二鄰鈚皆—蓋
仰二五·三一 —檜
仰二五·二五 一齒䈉—槁

牌四〇六·三
秦一·一 紫以其—疾之古
秦一·一 —縈
仰二五·二五 —芏襄
秦一三·二 —縈

秦一三·一四 少—憻於宮室
秦九九·一五 埜以其—牬之
秦九九·三 以其—病之
秦一三·一四 尚毋—咎

天卜 牺—亞於車馬下之人
天卜 少外—怨
天卜 諆然—外遯（怫）
天卜 麆—亞於東方
天卜 少—憖

天卜 少—外惡
天卜 —大咎
天卜 疾速—瘳
天卜 麆—外惡
天卜 乙巳—閒

天卜 三戠之宋牺大—憙
天卜 少—遯於宮人
天卜 旣—閒
天卜 期宋牺—憙

天卜 牺少—遯於宮室
天卜 少—遯於寡=
天卜 少—外遯（怫）
天卜 少—不訓
天卜 尚毋—咎

天卜 —瘖
天卜 —縈
天卜 期宋少—遯於寡=
天卜 牺—瘖
望一·六七 己未—閒

望一·七四 牺—優於躬=
望一·二二 未—篧立
望一·四〇 尚毋以其古—大咎
天策 綏組之繢十—六

望一·七七 —敓
望一·五〇 —見祱
望二·二 —枕
望一·二六 期宋—憙
望二·四六 四瞀—盍

望二·七 組之賨十—八
望二·四九 笞（席）十—二
望二·四六 六鱅=,—盍
望二·四六 二卯缶,—盍

曾三〇 —絬

曾一二〇 凡軠車十𨏥—二𨏥

曾一二一 大凡四十𨏥—三𨏥

帛甲四·三二 千—百戢

曾一七一 宋客之駟爲—飛

帛甲三·三三 未—日月

帛甲八·三 —宵

帛甲八·五 —朝

帛甲八·七 —晝

帛甲八·九 —夕

曾一四〇 大凡六十—四真

帛乙一·一八 —事

帛乙一·二〇 —尚

帛乙二·二三 —耑乇湼

帛乙三·四 —電雲雨土

帛乙四·三四 東國—各

帛乙一二·三 民則—敎

帛乙一二·六 亡—相臺

帛乙四·二二 西國—吝

郭·老甲·二二 國中—(有)四大安

帛乙四·二九 乃—鼠

帛丙七·二 —梟内于上下

郭·老甲·一 頫(盜)惻(賊)亡—(有)

郭·老甲·一五 —(有)亡之相生也

郭·老丙·一 大上下智(知)—(有)之

郭·老丙·二 安—(有)不信

郭·老甲·一九 訂(始)折(制)—(有)名

郭·老丙·三 邦豪(家)緍(昏)□安—(有)正臣

郭·成·二三 未—(有)能深之者也

郭·老甲·二〇 名亦既—(有)

郭·成·二六 其生而未—(有)非之,節(即)於而也

郭·成·二八 此以民皆—(有)眚(性)而聖人不可莫(慕)也

郭·成·二七 亦非—(有)譯妻以多也

郭·成·二九 毀(襄)我二人,毋—(有)合才(在)音(言之誤)

郭·老丙·三 安—(有)急(仁)義

郭·老丙·三 安—(有)孝斈(慈)

郭·性·一六 時（詩），又（有）爲爲之也

郭·性·四五 —（有）其爲人之柬柬（簡簡）女（如）也

郭·性·四六 不—（有）夫詘詘（款款）之心則流

郭·性·四六 不—（有）夫懽（奮）猍（作）之青（情）則悉（懋）

郭·性·四七 —（有）其爲人之蒹女（如）也

郭·性·五一 句（苟）—（有）其青（情）

郭·性·四七 —（有）其爲人之快女（如）也

郭·性·一三 —（有）爲也者之胃（謂）古（故）

郭·性·五二 —（有）心愄（畏）者也

郭·性·六五 君子執志必—（有）夫坐坐（往往）之心

郭·性·六五 出言必—（有）夫柬柬（簡簡）之信

郭·性·五三 —（有）悳（德）者也

郭·性·六〇 必㝵（使）—（有）末

郭·尊·一八 夫生而—（有）戠（職）事者也

郭·尊·二二 而民—（有）爲亂矣

郭·尊·三八 邅（轉）而大—（有）利者

郭·尊·三八 —（有）之

郭·尊·三八 又（有）是敀（施）少（小）—（有）憲（害）

郭·尊·三八 邅（轉）而大—（有）憲（害）者

郭·六·九 既—（有）夫六立（位）也

郭·六·四五 其籅（覞）十—二

郭·六·二 智（知）其以—（有）所逯（歸）也

郭·唐·四 效（教）民—（有）尊也

郭·唐·四 效（教）民—（有）新（親）也

郭·唐·二一 自生民未之—（有）也

郭·唐·五 效（教）民—（有）敬也

郭·唐·一四 古者堯生於天子而—（有）天下

郭・唐・一九　秉(及)其—(有)天下也

郭・唐・二六　卅(三十)而—(有)家

郭・五・一八　—(有)與司(始)

郭・五・一八　—(有)與冬(終)也

郭・五・二〇　唯—(有)悳(德)者

郭・五・二九　𢡺(樂)則—(有)悳(德)

郭・五・三八　—(有)大皋(罪)而大豉(誅)之

郭・五・四三　能—(有)取安(焉)

郭・性・一六　豊(禮)、樂，—(有)爲𧯠(舉)之也

郭・性・五三　—(有)衍(道)者也

郭・語一・二　—(有)天又(有)命(命)

郭・語一・二　—(有)勿(物)又(有)名

郭・語一・二　又(有)天—(有)命(命)

郭・語一・二　又(有)勿(物)—(有)名

郭・語一・四　又(有)命又(有)𢉖(文)—(有)名

郭・語一・五　而句(後)—(有)緐(倫)

郭・語一・四　又(有)命—(有)𢉖(文)又(有)名

郭・語一・六　又(有)浧(地)又(有)型(形)—(有)𦘔

郭・語一・六　又(有)浧(地)—(有)型(形)又(有)𦘔

郭・語一・六　—(有)浧(地)又型(形)又(有)𦘔

郭・語一・七　而句(後)—(有)厚

郭・語一・八　又(有)生—(有)智(知)

郭・語一・一〇　又(有)勿(物)又(有)繇—繰

郭・語一・一〇　—(有)勿(物)又(有)繇又繰

郭・語一・一〇　又(有)勿(物)—(有)繇又繰

郭・語一・一二　—(有)天又(有)命

郭・語一・一二　—(有)浧(地)又(有)𢝊(形)

郭・語一・一二　又(有)浧(地)—(有)𢝊(形)

郭・語一・一二　又(有)天—(有)命

郭・語一・四　—(有)命又(有)𢉖(度)又(有)名

郭・語一・一三　又(有)勿(物)—(有)容

郭·語一·一三 —(有)家又(有)名

郭·語一·一三 —(有)勿(物)又(有)容

郭·語一·一三 又(有)家—(有)名

郭·語一·一四 又(有)勿(物)—(有)容

郭·語一·一四 又(有)𦘔—(有)厚

郭·語一·一四 —(有)𦘔又(有)厚

郭·語一·一四 —(有)勿(物)又(有)容

郭·語一·一五 又(有)顗(美)—(有)膳(善)

郭·語一·一五 —(有)顗(美)又(有)膳(善)

郭·語二·五三 —(有)遜(由)而不行

郭·語一·一六 又(有)義—(有)豊(禮)

郭·語一·一六 —(有)義又(有)豊(禮)

郭·語一·一六 又(有)急(仁)—(有)智

郭·語一·一六 —(有)急(仁)又(有)智

郭·語一·一七 又(有)聖—(有)善

郭·語一·一七 (有)聖—(有)善

郭·語一·四五 虘(皆)—(有)憙(喜)又(有)忞(怒)

郭·語一·四六 —(有)昚(慎)又(有)㦤

郭·語一·四六 又(有)昚(慎)—(有)㦤

郭·語一·四六 虘(皆)又(有)憙(喜)—(有)忞(怒)

郭·語一·四七 —(有)聖(聲)又(有)臭(嗅)又(有)未(味)

郭·語一·四七 其豊(體)又(有)容—(有)頟(色)

郭·語一·四七 其豊(體)—(有)容又(有)頟(色)

郭·語一·四七 又(有)聖(聲)—(有)臭(嗅)又(有)未(味)

郭·語一·四八 又(有)聖(聲)又(有)臭(嗅)—(有)未(味)

郭·語一·四八 —(有)既(氣)又(有)志

郭·語一·四八 又(有)既(氣)—(有)志

郭·語一·四九 凡勿(物)—(有)螽又(有)卯

郭·語一·四九 —(有)終又(有)絧(始)

郭・語一・四九
又(有)終—(有)絧(始)

郭・語一・四九
凡勿(物)又(有)螽—(有)卯

郭・語一・八四
—憏(察)膳(善)，亡爲膳(善)

郭・語一・七八
父，又(有)罤(親)—又(有)障(尊)

郭・語一・七八
父，—(有)罤(親)又(有)障(尊)

郭・語一・九九
亡—(有)自來(來)也

郭・語一・一〇六
慮(皆)—(有)之

郭・語二・三九
凡㞷，—(有)不行者也

郭・語二・四五
未—(有)善事人而不返者

郭・語二・四六
未—(有)笥「雩(華)」而忠者

郭・語三・八
非—(有)爲也

郭・語三・一八
……勿以日勿—里而……

郭・語三・二八
未—(有)其至

郭・語三・六八上
又(有)天—(有)命又(有)

郭・語三・五八
又(有)眚(性)—生虖(乎)生又(有)𢕟

郭・語三・五八
又(有)眚(性)又生虖(乎)生—(有)𢕟

郭・語三・五八
—(有)眚(性)又生虖(乎)生又(有)𢕟

郭・語三・六八上
又(有)天又(有)命—(有)

郭・語三・六八上
—(有)天又(有)命又(有)

郭・語三・六八下・六九下
又(有)眚(性)—(有)生虖(乎)名

郭・語三・七一下
—(有)眚(性)又(有)生

郭・語四・二
墉(墻)—(有)耳

郭・語四・五
言必—(有)及之

郭・語四・一四
邦—(有)巨𫞣(雄)

郭・語四・二三
士—(有)悔(謀)双(友)

郭・五・七
士—(有)志於君子道胃(謂)之時(志)士

郭・五・一九
—(有)悳(德)者也

郭・五・二四
見臤(賢)人而不智(知)其—(有)悳(德)也

郭·五·三八 —(有)少(小)辠(罪)而亦(赦)之

郭·五·三八 —(有)大辠(罪)而弗大豉(誅)也

郭·五·三九 —(有)少(小)辠(罪)而弗亦(赦)也

郭·五·三五 —(有)大辠(罪)而大豉(誅)之

郭·六·三 叓(使)之—(有)向也

郭·六·八 —(有)從人者

郭·六·九 —(有)事人者

郭·六·一九 是由夫死—(有)宔(主)

郭·六·四二 生民斯必—(有)夫婦、父子、君臣

郭·性·五四 —(有)內禮者也

郭·性·五 金石之—(有)聖(聲)

郭·性·一 凡人唯(雖)—(有)眚(性)

郭·性·三七 求其心—(有)爲也

郭·性·六六 祭祀之豊(禮)必—(有)夫齊齊之敬

郭·性·四四 —(有)其爲人之迎迎(節節)女(如)也

郭·性·六 唯(雖)—(有)眚(性)心、弗取不出

郭·老甲·二六 爲之於其亡—(有)也

郭·老甲·二一 —(有)㴋(道)蟲(蛀)成

郭·老甲·三七 天下之勿(物)生於—(有)

郭·老甲·三一 煩(盜)惻(賊)多又—(有)

郭·老乙·二 莫智(知)其亙(亟〈極〉)可以—(有)或(國)

郭·老乙·七 爲虐(吾)—(有)身

郭·老乙·七 虐(吾)所以—(有)大患者

郭·老乙·一〇 是以建言—(有)之

郭·老乙·一六 其惪(德)—(有)舍(餘)

郭·尊·八 莫不—(有)道安(焉)

郭·尊·一〇 —(有)智(知)豊(禮)而不智(知)樂者
郭·尊·一〇 —(有)智(知)㠯(己)而不智(知)命者

郭·尊·三七 下必—(有)甚安(焉)者
郭·尊·三七 —(有)是敀(施)少(小)又(有)利

郭·尊·三八 —(有)是敀(施)少(小)又(有)憲(害)
郭·太·一四 又—(有)余(餘)於上

郭·太·一四 —(有)余(餘)於下
郭·忠·二 未之—(有)也
郭·魯·五 嘗—(有)之矣
郭·魯·六 未之—(有)也

郭·緇·二 —郞(國)者章好章亞(惡)
郭·緇·五 隹(惟)尹允及湯咸又—(有)悳(德)
郭·緇·一三 一人—(有)慶

郭·緇·一二 —(有)悳(德)行
郭·緇·一五 下必—(有)甚安者矣
郭·緇·一六 頌(容)—(有)祟(常)

郭·緇·二四 則民—(有)娩心
郭·緇·二五 則民—(有)新(親)
郭·緇·二六 則民又—(有)孫(遜)心

郭·緇·三七 行—(有)违(格)
郭·緇·三七 君子言—勿(物)
郭·緇·四〇 句(苟)—(有)車
郭·緇·四〇 句(苟)—衣

郭·緇·四〇 句(苟)—行
郭·緇·四三 古(故)君子之反也—(有)向(鄉)
郭·緇·四三 其亞(惡)—(有)方

郭·緇·四五 宋人—(有)言曰
郭·緇·四七 二十—三
郭·窮·一 又(有)天—(有)人
郭·緇·二四 則民—(有)懽(歡)心

郭·窮·一 天人—(有)分
郭·窮·一 —(有)其人
郭·窮·二 句(苟)—(有)其殜(世)

郭・窮・二
可（何）慬〈僅（難）〉之—（有）才（哉）

郭・成・二九
唯（雖）—（有）其亙（恒）而可能，終之爲難

上（一）・孔・八
少—㤅安

上（一）・孔・一
行此者丌（其）—（有）不王虐（乎）

上（一）・孔・七
—（有）命自天

上（一）・孔・九
誶父之賕（責）亦—（有）㠯（以）也

上（一）・孔・一三
不亦—徸虖（乎）

上（一）・孔・一九
猷—（有）寔（捐）言

上（一）・孔・二〇
丌（其）䍦（離）志必—（有）㠯（以）俞（逾）也

上（一）・孔・二〇
丌（其）言—（有）所載而后内（納）

上（一）・孔・二五
—（有）兔不弄（逢）旹（時）

上（一）・孔・二六
翏莪—（有）孝志

上（一）・孔・二六
隓（隰）—長楚㝵（得）而悉之也

上（二）・子・一
吏（使）亡（無）、又（有）

上（一）・孔・二八
牑（墉）—薺慸（慎）窨（密）而不智（知）言

上（二）・子・一〇
—（有）酉（娀）是（氏）之女

上（二）・子・一一
—（有）鰻監（銜）卵玭（錯）者（諸）丌（其）前

上（二）・子・一二
—（有）昌（部）是（氏）之女也

上（二）・容・五
—（有）吴（無）迵（通）

上（二）・容・五
坓（匡）天下之正（政）十—（有）九年而王天下

上（二）・容・五—六
世〓（三十）—（有）七年而民（泯）冬（終）

上（二）・容・一二
堯—（有）子九人

上（二）・容・一四
堯於是虖（乎）爲車十—（有）五乘（乘）

上（二）・容・一七
垒（舜）—（有）子七人

上（二）・容・二二
𠂤爲民之—（有）詓（訟）告者䡄（鼓）焉

上（二）・容・二九
民—（有）余（餘）飤（食）

上（二）・容・三三
墨（禹）—（有）子五人

上（二）・容・三五
王天下十—（有）六年而傑（桀）复（作）

上（二）・容・三七
—（有）詮（喑）、聾、皮（跛）、、瘦（瘻）、宎、婁（僂）、㚸（始）记（起）

上（二）・容・五二
受不智（知）亓未—（有）成正（政）

上（二）・從（甲）・一
昔三弋（代）之明王之—（有）天下者

上（二）・從（甲）・八
從正（政）—（有）七幾（機）

上（二）・從（甲）・一四
又（有）所—（有）舍（餘）而不敢聿（盡）之

上（二）・從（甲）・一四
—（有）所不足而不敢弗☐

上（二）・從（甲）・一四
—（有）所又（有）舍（餘）而不敢聿（盡）之

上（一）・性・二九
祭祀之豊（禮）必—（有）夫臍=（臍臍）之敬

上（一）・性・三八
—（有）亓（其）爲人之慧女（如）也

上（二）・民・八
城（成）王不敢康，迺（夙）夜晉（基）命—（宥）箸（密）

上（一）・紂・三
成（咸）—（有）一悳（德）

上（一）・紂・八
一人—（有）慶（慶）

上（一）・紂・一三
則民—（有）免心

上（一）・紂・一三
則民—（有）昱心

上（一）・紂・二〇
句（苟）—（有）車

上（一）・紂・二二
丌（其）惡也—（有）方

上（一）・紂・二三
宋人—（有）言曰

上（一）・紂・二二
古（故）君=（君子）之友甘（友）也—（有）替

新甲三・一〇
☐先，少（小）—（有）外言感也

新甲三・三 ☒咎，—(有)敓(祟)與龜

新甲三・一〇 君牆(將)—(有)志成也。☒

新甲一・一二 還返尚毋—(有)咎

新甲三・一七 ☒期宷(中)無咎，—(有)閼(間)☒

新甲一・二四 —(有)瘻。㠯(以)

新甲三・二五 牆(將)—(有)喜

新甲三・一五一 之頭(夏)柰，毋—(有)大咎☒

新甲三・二 ☒咎，—(有)敓(祟)見於卲(昭)王、文☒

新甲三・二九 ☒兆亡(無)咎。—(有)敓(祟)☒

新甲一・二二 至九月—(有)良閒

新甲二・二九 而不良—(有)閼(間)

新甲三・四四 ☒—(有)咎

新甲二・三三 ☒痵(悶)，尚母(毋)—(有)咎☒

新甲三・三八 ☒尚毋—(有)咎，占☒

新甲三・九六 —(有)祱(祟)

新甲三・一一三 毋—(有)☒

新甲三・一七七 —(有)敓(祟)見於大(太)☒

新甲三・二〇三 —杓

新甲三・二〇三 —弁[illegible]

新甲三・二〇六 —三赤

新甲三・二二〇 —一赤

新甲三・二二九 ☒□返尚毋—(有)咎

新甲三・二二四 —二赤

新甲三・二三〇 ☒□—五□白□☒

新甲三・二六五 —(有)祱(祟)

新甲三・二九二 —肋；晉☒

新乙二・二 ☒毋—(有)咎

新乙一・九、乙二・一七 尚毋—(有)咎

新甲三・一一二 尚毋—(有)米

新乙四・二三 中凥(期)君王—(有)亞(惡)於外☒

新乙一・三一、二五 聿(盡)七月尚毋—(有)大☒

新乙三・三六 ☐☐亓（其）繠（說），—（有）繠（祟）於☐

新乙四・四〇 尚毋—（有）咎☐

新乙四・四四 還返毋—（有）咎

新乙四・八五 尚毋—（有）咎

新乙四・九五 君—行

新乙四・六〇 ☐陵，尚毋—（有）☐

新乙四・一〇六 九月、十月—（有）外☐

九・五六・三七下 （有）—大咎

九・五六・六一 ☐南—（有）得

九・五六・九四 丁亥—霝（靈）

九・五六・二五 如—（有）俤（弟）

九・五六・二七 —（有）志百事

九・五六・一 二秜—五來

九・五六・三 五稌—五來

九・五六・四 五稌—六來

九・五六・一九下 必—（有）三□

上（三）・周・八 大君子—（有）命

上（三）・周・一四 遲（遲）—（有）悬（悔）

上（三）・周・二〇 不利—（有）卣（攸）逹（往）

上（三）・周・二一 勿藥—（有）菜

上（三）・周・四九 言—（有）畲（序）

上（三）・中・三 子—（有）臣蓳（萬）人

上（三）・中・一八 —（有）四海之内

上（三）・中附 夫子唯—（有）與（舉）

上（三）・中附 幾（豈）不—（有）性也

上（三）・亙・一 —（有）或

上（三）・亙・一 焉—（有）逹（往）者

上（三）・亙・一 亙先無—（有）

上（三）・亙・二 —（有）乍（作）行

上（三）・亙・五 生（性）出於—（有）

上（三）・亙・八 多采（採）勿（物）先者—（有）善

上(三)·亙·八 先—(有)宙(中)

上(三)·亙·一〇 者—(有)恖(疑)

上(四)·采·一 —譣

上(四)·采·一 —文—譣

上(四)·采·一 埜—菜

上(四)·昭·一 —一君子䟡備曼(蹢)廷

上(四)·昭·九 可(何)訴—(有)安

上(四)·曹·二一 荎(刑)罰—(有)皐

上(四)·曹·二一 而賞箠(爵)—(有)悳

上(四)·曹·三四 —(有)智(知)不足

上(四)·曹·三七 □—(有)戒言曰

上(四)·曹·四三 戰(戰)—(有)幾(忌)虗

上(四)·曹·四三 —(有)

上(四)·曹·四四 既戰(戰)—(有)幾(忌)虗

上(四)·曹·四五 —(有)

上(四)·曹·四六 —(有)道虗

上(四)·曹·五〇 則录箠(爵)—(有)祟(常)

上(四)·曹·五四 復(復)故戰(戰)—(有)道虗

上(四)·曹·六〇 —(有)之虗

上(五)·姑·五 虛(吾)毋—(有)它

上(五)·弟·一二 —(有)夫言也

上(五)·弟·一四 皆能—(有)時(待)虐(乎)

上(五)·三德·三 外內—(有)詼(辨)

上(五)·鬼·五(墨上) —(有)所不明

上(五)·鬼·五(墨下) —(有)口不鳴

上(五)·鬼·五(墨下) —(有)目不見

上(六)·用·一九 定—(有)絽(紀)

上(六)·用·二〇 —(有)但之深

上（六）·天乙·一一 古（故）龜—（有）五昇（忌）

上（七）·武·一一 亦—（有）不浧（盈）於十言

上（七）·武·一一 —（有）之虐（乎）

上（七）·武·一三 丹箸（書）之言—（有）之曰

上（七）·武·一五 丹箸（書）之言—（有）之

上（七）·君甲·七 㠯（以）戳（囂）民—（有）不能也

上（七）·君乙·二 虗（吾）𢍰（罕）—（有）白玉三回而不戔（殘）才（哉）

上（七）·君乙·二 楚邦之中—（有）飤（食）田

上（七）·君乙·七 —（有）不能也

上（七）·吳·一 先=（先人）—（有）言曰

清（一）·尹至·一 女（汝）亓（其）—（有）吉志

清（一）·尹至·二 弗悬（虞）亓（其）—（有）眾

清（一）·尹至·三 顕（夏）—（有）恙（祥）

清（一）·尹至·三 亓（其）—（有）民衒（率）曰

清（一）·尹誥·一 —（有）一悳（德）

清（一）·尹誥·一 自藂（絕）亓（其）—（有）民

清（一）·皇·一 穖（蔑）—（有）耆耇

清（一）·皇·二 乞（迄）—（有）寍（寶）

清（一）·皇·四 王用—（有）監

清（一）·皇·一〇 —（有）悉（媢）妻

清（一）·皇·一一 乃隹（惟）—（有）奉俟（疑）夫

清（一）·程·六 引（矧）—勿亡䵷（秋）明武褪（威）

清（一）·保·五 氒（厥）—（有）攺（施）于上下遠埶（邇）

清（一）·保·八 以逺（復）—=易=

清（一）·皇·二 —（有）或（國）之折（哲）

清（一）·皇·三 —（有）貧（分）厶（私）子

清（一）·皇·三 句（苟）克—（有）款（諒）

清(一)·皇·四 先王用—(有)雚(勸)

清(一)·皇·六 —(有)四叜(鄰)

清(一)·皇·一〇 —(有)悉(媢)妻

清(一)·保·一〇 命未—所次(延)

清(一)·保·一〇 亓(其)—(有)所卣(由)矣

清(一)·耆·七 王—(有)脂(旨)酉(酒)

清(一)·耆·九 戠(歲)—(有)剆(歇)行

清(一)·耆·九 月—(有)盛(盈)敨(缺)

清(一)·金·一 王不瘵(豫)—(有)尸(遲)

清(一)·金·一三 戠(歲)大—(有)年

清(一)·祭·五 我亦隹(惟)—(有)若且(祖)

清(一)·祭·七 我亦隹(惟)—(有)若且(祖)

清(一)·祭·二 余(豫)—(有)尸(遲)

清(一)·祭·一五 乃—(有)頵(履)宗

清(一)·祭·二一 維我周—(有)祟(常)型(刑)

清(一)·楚·二 季緣(連)䎽(聞)亓(其)—(有)嘍

清(二)·繫·三 十—四年

清(二)·繫·四 —九年

清(二)·繫·八 —一年

清(二)·繫·一九 —七年

清(二)·繫·三六 文公十—二年居翟〓甚善之

清(二)·繫·六一 楚臧(莊)王立十—四年

清(二)·繫·七四 臧(莊)王立十—五年

清(二)·繫·九六 晉臧(莊)坪(平)公立十—二年

清(二)·繫·九六 楚康王立十—四年

清(二)·繫·一〇二 晉人旻(且)—(有)軋(范)氏与(與)中行氏之禍(禍)

清(二)·繫·一〇六 獻惠王立十—一年

清(二)·繫·一〇八 晉競(景)公立十—五年

清(二)·繫·一〇九
立十—一年

清(二)·繫·一二二
齊人旻(且)—(有)陳釐子牛之禍(禍)

清(三)·說下·二
余罔—(有)罣(斁)言

清(三)·說下·五
亓—迺司四方民不(丕)克明

清(三)·說下·五
—(有)萬壽(壽)才(在)乃政

清(三)·說下·六
—(有)萬福業=才(在)乃備(服)

清(三)·說下·一〇
—(有)昚(友)昚(勑)朕命씨(哉)

清(三)·琴·四
甬(用)戴(仇)亓(其)—(有)辟

清(三)·琴·六
—(有)敚(悅)

清(三)·琴·七
—(有)豪(家)

清(三)·琴·七
—(有)逡(後)

清(三)·琴·九
恒(極)爯(稱)亓(其)—(有)著

清(三)·琴·一一
弋(式)克亓(其)—(有)辟

清(三)·琴·一二
思—(有)息

清(三)·琴·一二
不(丕)㬎(顯)亓(其)—(有)立(位)

清(三)·琴·一四
亓(其)—(有)心不易

清(三)·琴·一四
大亓(其)—(有)慕(謨)

清(三)·芮·一
周邦聚(驟)—(有)禍(禍)

清(三)·芮·四
母(毋)—(有)諮

清(三)·芮·七
而亡(無)—(有)紹(紀)紞(綱)

清(三)·芮·一〇
殹(繄)先人—(有)言

清(三)·芮·一一
母(毋)—(有)相放(負)

清(三)·芮·一一
恂求—(有)忞(才)

清(三)·芮·一二
幾(既)—(有)眾俑(庸)

清(三)·芮·一三
罔—(有)肙(怨)誦(訟)

清(三)·芮·一六
于可—(有)静(爭)

清(三)·芮·一八
政(正)百—(有)司

清(三)·良·一
—(有)禹=

清(三)·良·一
—(有)白(伯)巳(夷)

清(三)·良·一 —(有)𦯍(益)

清(三)·良·一 —(有)史皇

清(三)·良·二 康(唐)—(有)伊君(尹)

清(三)·良·二 —(有)伊陟

清(三)·良·二 —(有)臣𠂢(扈)

清(三)·良·二 武丁—(有)𢼄(傅)鴕(説)

清(三)·良·二 —(有)保奐(衡)

清(三)·良·二 文王—(有)忞(閎)天

清(三)·良·三 —(有)柬(散)宜生

清(三)·良·三 —(有)南宮适

清(三)·良·三 —(有)南宮夭

清(三)·良·三 —(有)郕(芮)白(伯)

清(三)·良·三 —(有)白(伯)适

清(三)·良·三 —(有)帀(師)上(尚)父

清(三)·良·三 —(有)虔(虢)弔(叔)

清(三)·良·四 武王—(有)君奭

清(三)·良·四 —(有)君陳(陳)

清(三)·良·四 —(有)君𦥑(牙)

清(三)·良·四 —(有)周公旦

清(三)·良·四 —(有)邵(召)公

清(三)·良·五 —(有)子余(餘)

清(三)·良·五 —(有)咎𩊐(犯)

清(三)·良·五 䢔(後)—(有)弔(叔)向

清(三)·良·五 —(有)命(令)君(尹)子葿

清(三)·良·五 楚鞀(昭)王—(有)命(令)君(尹)

清(三)·良·六 —(有)司馬子忑(期)

清(三)·良·六 —(有)鄴(葉)公子亯(高)

清(三)·良·六 齊軭(桓)公—(有)龠寺(夷)虐(吾)

清（三）・良・六
—（有）宔（賓）須亡

清（三）・良・六
—（有）坙（隰）

清（三）・良・七
吴王光—（有）五（伍）之疋（胥）

清（三）・良・七
—（有）軓（范）羅（蠡）

清（三）・良・九
—（有）子皷（皮）

清（三）・良・九
—（有）子産

清（三）・良・一一
—（有）郙（伯）州利（犁）

清（三）・祝・一
—（有）上亢＝

清（三）・祝・一
—（有）下尘＝

清（三）・赤・一
曰故（古）—（有）赤駱（鵠）

清（三）・赤・六
—（有）疾

清（三）・赤・一四
—（有）二茷（陵）

清（四）・筮・爻六一
日月—（有）此（食）

清（四）・筮・爻六一
外—（有）叜（吝）

清（四）・筮・爻・六一
内—（有）叜（吝）

清（五）・厚・二
兹咸—（有）神

清（五）・命・一
大命—（有）祟（常）

清（五）・命・一
—（有）尚（常）則宔＝以敬命

清（五）・命・三
女（如）—（有）佴（恥）而亙（恆）行

清（五）・命・五
莫女（如）—（有）亟（極）

清（五）・命・五
道天—（有）亟（極）則不＝㬜＝

清（五）・命・七
天—（有）命

清（五）・命・七
—（有）福

清（五）・命・七
—（有）禍（禍）

清（五）・命・七
人—（有）佴（恥）

清（五）・命・七
—（有）市冒（冕）

清（五）・命・七
—（有）敍（斧）戉（鉞）

清（五）・命・一三
豊（禮）—（有）旹（時）

厷

清(五)·湯丘·六 先=—(有)言

清(五)·湯丘·一二 —(有)顕(夏)之悳(德)可(何)若才(哉)

清(五)·湯丘·一四 句(后)廼(將)君—(有)虽(夏)才(哉)

清(五)·湯丘·一七 遠—(有)

清(五)·湯門·二 —(有)才(哉)

清(五)·湯門·二 —(有)良言清(情)至於今

清(五)·湯門·一四 迟(起)事—(有)穫

清(五)·殷·二 智(知)二—(有)鄎(國)之請(情)

清(五)·殷·二四 尃(敷)—(佑)下方

上(二)·民·九 —(宏)矣

《集韻·耕韻》：厷，通作宏。

拡

包二·四四 —受凸

包二·一六九 佸大辻舒—

包二·一八三 鴝公—

包二·二六 登生— 人名

包二·四四 李— 人名

包二·一二二 里公吴—

拿

上(三)·周·五一 折朾(其)右—(肱)

父

包二·一二六 與其—陞年同室與不同室

包二·一二六 陞鍇不與其—陞年同室

包二·一二七 與其季—陞 連嚣陞必同室

包二·一五一 右尹士命其從—之弟番款逡之

包二·二〇二反 新—既城

包二·一二八 陞鍇之不與其父陞年同室

包二·一三五 会之正國敎僕之—逾

包二·一三八反 匿至從—兄弟不可誁

包二·二〇二 榕於新—

包二·二二二 又祭見新王—、殤

牌四〇六·二二

秦一·二 王—

秦一·二 新—

包二·二二四 新王—

秦一·三 新—

秦一三·四 新—
秦一三·五 王—
秦九九·一一 王—
秦一三·一 ☐—母
秦一三·一 新—母

秦九九·一〇 □禱之於五禖王—王父訓至新—母疾
望一·一〇八 ☐於—大
望一·七八 新—

天卜 季—
郭·五·三三 忎(愛)—
郭·六·三 新(親)—子
郭·六·一三 ☐□—兄貢(任)者

郭·六·二一 —悳(德)也
郭·六·二六 内立(位)—子、夫也
郭·六·二七 爲—也

郭·六·二九 爲—𢇍(絶)君
郭·六·二九 不爲君𢇍(絶)—
郭·六·三四 —聖

郭·六·三四 —子，新(親)生言
郭·六·三七 父不—
郭·六·三七 —不父

郭·六·三九 —子不新(親)
郭·六·四二 生民斯必又(有)夫婦、—子君臣
郭·尊·七 戚(造)—之馯(御)馬

郭·性·六一 蜀(獨)處則習—兄之所樂
郭·成·三一 惛(图)爲—子之新(親)
郭·語一·六九 —子，至上下也

郭·語三·一 —亡亞(惡)
郭·語三·一 君猷(猶)—也
郭·語三·三 所以異於—
郭·語三·八 —孝子愍(愛)

郭·語一·七八 —，又(有)罕(親)又(有)隫(尊)
上(一)·孔·九 誶—之賕(責)亦又(有)吕(以)也

上(二)·子·九 而丌(其)—戔(賤)而不足爯(偁)也與(歟)
上(二)·民·三 之胃(謂)民之—母矣

上(二)·民·一
敢𢁅(問)可(何)女(如)而可胃(謂)民之—母

上(二)·民·一
幾(凱)俤君子，民之—母

上(二)·容·一三
孝羕(養)—母

上(二)·容·四六
唯(雖)—亡道

新甲三·三二二
既於温—鴼

新甲三·二六三
鳴—、薊丘、枯☐

新甲三·三三七
☐部—一☐

新甲三·三五○
既於舊虛希(肴)—二豬☐

新乙四·九二
☐堵—一冢

上(三)·周·一八
榦(幹)—之盅(蠱)

上(三)·周·一八
榦(幹)—之盅(蠱)

上(三)·彭·五
—子兄弟

上(四)·昭·三
僕(僕)之—

上(四)·內·三
—之不能畜子者

上(四)·內·五
與—言=畜子

上(四)·內·五
與子言=孝—

上(四)·內·六
—母

上(四)·內·六
—母

上(四)·內·六
—母

上(四)·內·九
—母

上(四)·曹·二二
民之—母

上(四)·曹·三五
毋倀(長)於—䏲(兄)

上(四)·曹·四二
—䏲(兄)不䧊(薦)

上(五)·姑·一
姑(苦)戓(成)豙(家)—事敕(厲)公

上(五)·姑·三
—曰

上(五)·姑·六
—曰

上(五)·弟·八
—母

上(六)·平王與·一
競坪(平)王命王子木迈(至)城—

上(七)·武·一
武王𢁅(問)於市(師)上(尚)—

上（七）·武·二 市（師）上（尚）—

上（七）·武·三 市（師）上（尚）—奉箸（書）

上（七）·吳·六 亦隹（惟）吳白（伯）—

清（一）·皇·一二 朕遺—兄眔朕俆（蓋）臣

清（一）·祭·三 毋（謀）—滕（朕）疾隹（惟）不瘳

清（一）·祭·九 毋（謀）—滕（朕）

清（二）·繫·六三 —衒（率）自（師）栽（救）莫

清（二）·繫·八二 是雞—之涇（洍）

清（三）·芮·二七 亡（無）—母能生

清（三）·良·三 又（有）市（師）上（尚）—

清（四）·筮·祟四三 肴（淆）乃—之不粝=

清（四）·筮·祟四三 乃—

清（五）·厚·一 厚—

清（五）·厚·五 —拜頶=

清（五）·厚·七 厚—

清（五）·厚·九 厚—曰

清（五）·厚·一三背 厚—

曼

郭·老乙·一二 大器—成

上（一）·性·二八 居仉（處）谷（欲）牄（壯）葛（?）而毋—

上（一）·性·三七 不又（有）夫恒怔（忻）之志則—

上（四）·昭·一 又（有）一君子瑳（喪）備（服）—（蹣）廷

上（四）·曹·一〇 —才（哉）

清（一）·祭·六 文武之—悳（德）

清（五）·般·二三 方—（般）于茖（路）

央

包二·二六〇 —囚

仰二五·一〇 又骨—

望二·二 丹緅之軩—

郭·老乙·一四 大成若—（缺）

郭·語一·九一 —（缺）生虖（乎）未得也

望二·二 ☐胃緅聯綊之—

九·五六·九六 —生於丑

九·五六·九六 衰生於卯—

上（四）·采·三 𠂤也遺—（玦）

上（七）·凡甲·五 亓（其）—（缺）

上（七）·凡乙·五 —（缺）系（奚）啻（適）

上（三）·周·三八 君子—（夬夬）

上（三）·周·三九 莧芫（陸）—（夬夬）

尹

包二·一二 大駐—帀（師）

包二·四四 鄴右仔—李鈜受期

包二·六七 大倖—頭句浩受期

包二·八七 鄦昜大主—宋款

包二·一一五 命—子士

包二·一一六 主—藁

包二·一二一 大敏—

包二·九二 登賖—之里人苛鱷

包二·一二二 士—紬𦀚返子

包二·一二五 戱—癸督（察）之

包二·一三二反 䯄—集駐從郢以此等逨

包二·一一〇 波—宜

包二·一三八 左闡—黄惕

包二·一三九 大脰—

包二·一四〇 畢𬭁—

包二·一四三 少里喬與—翆

包二·一六四 泥昜牒—鄅余

包二·一六四 鄓—之人敚

包二·一四三 鄙逄—

包二·一五六 子陵—誼之

包二·一六五 囂酭—之州加鈇鯉

包二·一六七 珞— 人名

包二·一六九 武陵戱—之人翏足

包二·一七一 𥎦寢—之人悚

包二·一七五 郢=牒—胺

包二·一七七 大室酭—𥎦

包二·八四 郜—之陆祥倚

包二·一七三 正昜脰—崎

包二·一八五 五帀士—宜咎　包二·一八六 羕陵少甸—燒　包二·一八七 大—之人黃新　包二·一八九 昜廠—之人黃欯

包二·一九三 告所誆於儞—　包二·一九四 莪—毛之人　包二·二七八 瑶脰—之人醓惡　包二·一六 新佶辻—不爲僵斷

包二·一六 誆之新佶迅—丹　包二·二八 贅—之鄜邑公遠忻　包二·一〇七 喬—　包二·一一七 喬—

包二·一一六 攻—　包二·一一八 攻—　包二·一五七 鄢攻—屈愓命解舟贅　包二·一一六 少攻—

包二·一七二 邺郢攻—之人登賢　包二·二二五 社—之社　包二·一二八 郯逄—虏　包二·一〇六 攻—

包二·一四一 郯逄—虏　包二·一五七 鄢宮大夫命少宰—郯詨　包二·一一二 大辻—　包二·一四五 成昜辻—

包二·一四九 陵迅—之艳陲　包二·一九一 邵辻—之人舒余善　包二·一二八 甏—利之命胃　包二·一五七反 鄢少宰—郯詨以此等至命

包二·一四一 甏(發)—利　包二·一二八 左—　包二·一三七反 以至命於子左—　包二·二一二 左—

包二·二三〇 左—　包二·二三二 左—　包二·二四二 左—　包二·二六七 左—

天卜 邶酪—逃以鄰萅爲君月貞　天策 集脰—㛗一齒軌　常二 佶迅—邵逯　天卜 剸—右㛗一白☐

曾三一 左—　曾四八 宮廄—　曾六三 命(令)—　天策 集—墨☐

曾一四四 右—

曾一四五 大辻—之黄爲左驌

曾一四五 大攻尹之騮爲右驌

天策 陸㠯爲駢大—右轎

曾一四九 鄗—之騮爲左□

曾一五〇 新俈—之覞爲右驂

曾一五一 敏—之騮爲右驌

曾一五二 宋寶—之黄爲左驌

曾一五二 竊—㪍之騮爲右驂

曾一五二 大攻—之騮爲左驂

曾一五三 𨞴馬—之騮爲左驂

曾一五四 右—之白爲左驂

曾一五六 悆𦣞—之黄爲右驂

曾一五八 贅—之騮爲右驂

曾一六二 復—之一騏一黄

曾一五七 贏—鄒之黄爲右驌

郭·緇·五 —弄(誥)員(云)

郭·緇·五 隹(惟)—尹允及湯咸又(有)一悳(德)

郭·窮·八 出而爲命(令)—

郭·緇·一六 虞(虩)虞(虩)帀(師)—

上(一)·紂·三 隹(惟)—夋及康(湯)

上(一)·紂·三 —弄(誥)員(云)

上(一)·紂·九 虩〓(虩虩)帀(師)—

上(二)·容·三七 泗(伊)—既已受命

新甲三·三一〇 喬—申之述

上(二)·容·三七 乃立泗(伊)—㠯爲差(佐)

新甲三·三五六 以㣲剸—發與▨

新甲三·三八〇 ▨梘癀戈—□▨

新甲三·一九三 鄅—羕習之㠯(以)新(新)承悳▨

新甲三·二一九 ▨㠯(以)陵—懌之大保(寶)豙爲君貞

新甲三·四〇〇 旬—宋之述

新零·五八四、甲三·二六六、二七七 以陵—懌之髗髀爲君貞

新乙四·六
☐陵—子簡紡紫緫廿〻(二十)☐

新乙四·一四一
覀—舟㠯(以)承國爲☐

新乙二·二五、零·二〇五、乙三·四八
魯(許)定以陵—㪉之大保(寶)豢爲☐

新乙一·一三
命(令)—子之璥

新零·四二
☐安,陵—

新零·二〇六
☐□—丁,㠯(以)長☐

新零·二七一
裁—☐

上(四)·昭·四
辶命(令)—不爲之告

上(四)·昭·六
大—遇之

上(四)·柬·一
命龜—羅貞於大頭(夏)

上(四)·柬·五
贅—酓(答)曰

上(四)·柬·八
王㠯(以)䎽(問)贅—高

上(四)·柬·一九
陵—

上(四)·柬·二一
贅—又(有)古(故)虐(乎)

上(六)·平·三
殺左—

上(六)·天乙·五
洛(樂)—行身㕭(和)二

清(一)·尹至·一
隹(惟)—自頭(夏)蘆(徂)白(亳)

清(一)·尹至·一
—曰

清(一)·尹至·四
—曰

清(一)·尹至·四
湯盟(盟)慙汲(及)—

清(一)·尹誥·一
隹(惟)—旣汲(及)湯咸又(有)一悳(德)

清(一)·尹誥·一
—念天之散(敗)西邑頭(夏)

清(二)·繫·四三
命(令)—子玉述(遂)銜莫

清(二)·繫·七六
連—襄老與之爭

清(二)·繫·七六
連—襄老與之爭

清(二)·繫·八一
連—頳(奢)而殺之

清(二)·繫·八五
命(令)—子橦(重)伐莫(鄭)

清(二)·繫·九六 命(令)—子木
清(二)·繫·九七 霝(靈)王爲命=尹=
清(二)·繫·三 命(令)—宋盟(盟)于

清(二)·繫·一三五 右—
清(五)·封·二 昆(駿)—三(四)方
清(五)·湯門·二一 天—

君
新零·二〇〇、三二三 陵—(尹)懌☐ 尹之異文。
清(三)·良·二 康(唐)又(有)伊—(尹)

清(三)·良·五 楚成王又(有)命(令)—(尹)子蓈(文)
清(三)·良·五 楚韶(昭)王又(有)命(令)—(尹)

虘
包二·六七 不軝丝—逿其田以至命
包二·六九 雩—
包二·一三八 連—
包二·一九六 畬相—

包二·一九八 —(且)志事少遲得
包二·二〇二 —雀立遲逡
包二·二〇八 翟尿—見王
包二·二一一 —敍於宫室

包二·二四四 —桓 器名
包二·二五〇 —逿其尻而桓之
包二·二一〇 —外又不訓
包二·二一三 —又傴於躬身

包二·一五五 競慶爲大司城敀客，—政
包二·二一九 —爲害經緖
包二·二一七 —外又不訓
天卜 —又外惡

望一·七六 —又☐☐
帛丙六·一 —司頭
帛丙六·二 曰—
天卜 —又惡於東方

郭·老丙·一二 亙(恒)於其—戲(且)成也敗之
郭·緇·二六 虐(吾)夫夫共(恭)—戲(且)輸(儉)

郭·尊·二九 —(且)莫大虘(乎)豊(禮)樂
上(一)·孔·六 貴—(且)㬎(顯)矣

上（二）・容・二七
於是虘（乎）—州𠤳（始）可凥（處）也

新甲一・一七
旣城（成），—（且）▨

新甲二・一九、二〇
▨—（文）君必遷（徙）凥（處）安善

新甲三・一五三
▨□□宜少（小）迲（遲）—（瘥）▨

新甲三・一三八
—（且）禱也

新甲三・一九八、一九九—二
—（且）瘠（疥）不出

新甲三・二三三、一九〇
—（且）心瘁（悶）▨

新甲三・二〇七
—（且）祭之𠂤（以）一豬於東陵

新甲三・二六九
—（且）祭之

新甲三・二九一—一
以疾—（且）痮（脹）脹

新甲三・四〇一
日於九月廌（薦）—（且）禱之，吉

新乙四・八〇
酉（酒）食。—▨

新乙一・一一
樂—（且）贛（貢）之

新零・三三一—一
▨樂—（且）贛（貢）之

新零・四五二
𧡐（皆）告—（且）禱之▨

上（三）・周・三七
僨（負）—輮（乘）

上（四）・曹・一一
居不褻（設）—（席）

上（四）・曹・一六
卡＝和—（且）肙（輯）

上（四）・曹・二八
—（且）臣䎽（聞）之

上（四）・曹・四五
亓賞識（淺）—（且）不中

上（四）・曹・四五
亓諨（誅）𠬝（厚）—（且）不設（察）

上（五）・季・一四
—（且）夫毆（𠛬）含（今）之𡗜＝

上（五）・鬼・六
我（俄）曰—（虘）喬唬

上（六）・競・一
齊競公瘙（疥）—（且）瘧（瘧）

上（六）・競・二正
公瘙（疥）—（且）瘧（瘧）

上(六)·用·一九
而亦不可—

上(七)·凡甲·一七
女(如)并天下而—(抯)之

上(七)·凡甲·一九
古(故)豸(貌)—(抯)之又未敗(畀)

上(七)·吳·四
—(且)青(請)丌(其)行

清(一)·耆·五
—士奮甲

清(二)·繫·一五
以御奴—之戎

清(二)·繫·八七
—(且)攸(修)成

清(二)·繫·一〇二
—(且)飢

清(三)·說中·五
不—(徂)遠

清(三)·祝·三
引—(且)言之

清(三)·祝·四
引—(且)言之

清(三)·祝·五
引—(且)言之

清(四)·筮·軍三四
—(且)相亞(惡)也

清(四)·筮·軍三六
—(且)不相用命

清(五)·命·九
亟罰則民多=—=則

清(五)·命·一一
罰莫大於多—(詐)

清(五)·湯門·八
是亓(其)爲長—(且)好才(哉)

及

郭·唐·一五
皆(時)弗可—(及)也

郭·唐·一九
—(及)其又(有)天下也

郭·唐·二四
—(及)其爲堯臣也

清(一)·保·二
忑(恐)不女(汝)—

清(一)·保·一一
—尔(爾)身受大命

郭·性·二
—其見於外

郭·性·五九
言—則明,貞之而毋愚

郭·尊·一八
非訾(教)所—也

郭·成·二七
—其尃(溥)長而尾「厚」(重)大也

郭·尊·二三
可從也而不可—也

郭·語四·五
言必又(有)—之

郭·語四·二七、二七背 至而亡—也已

郭·緇·五 隹(惟)尹允—湯咸又(有)一悳(德)

上(一)·孔·一五 —亓(其)人

上(一)·紂·三 隹(惟)尹夋—康(湯)

上(二)·容·四三 毀(賢)—□

上(二)·容·一三 乃—邦子

新甲三·四三 未—中見(期)君王▨

上(三)·中·一二 不—亓(其)城(成)

上(四)·逸·多一 䎵(兄)—弟淇

上(四)·柬·一五 中余與五連少子—龍臣皆逗

上(四)·曹·二九 必訡(約)邦之貴人—邦之可(奇)士

上(四)·曹·六五 㠯—亓身

上(五)·鬼·八 不—塊(遇)焚

上(六)·平·五 我—含(今)可(何)若

上(七)·武·五 —於身

上(七)·鄭乙·二 㠯(以)—内(入)墬(地)

清(一)·程·三 王—大(太)子

清(一)·楚·二 —之盤(泮)

清(一)·楚·六 —畬訓(徇)

清(一)·楚·五 畬𤅷(樊)—畬賜

清(一)·楚·六 至畬甬(勇)—畬嚴

清(一)·楚·六 畬相(霜)—畬霻(雪)

清(一)·楚·六 畬咢—若囂(敖)畬義(儀)

清(二)·繫·七 攻幽=王=—白(伯)盤乃滅

清(二)·繫·二九 是生㠯囂(敖)—成王

清(二)·繫·三二 惠公—文=公=

清(二)·繫·四一 晉文公囟(思)齊—宋之

清(二)·繫·四二 乃—秦𠂤(師)

清(二)·繫·四二 —五麇(鹿)

清(二)·繫·四二 —宋之回(圍)

清(二)·繫·四三 郗—羣繇巳之𠂤以交文=公=

清(二)·繫·四三 宋—羣戎

清(二)·繫·八九 子燮(燮)—者(諸)侯之夫=

清(二)·繫·九六 —者(諸)侯之夫=

清(二)·繫·九七 —者(諸)侯之夫=

清(三)·芮·一四 以力—复(作)

清(四)·筮·四季三八 𠂢簭志事—匍(軍)

清(五)·厚·一〇 亦隹(惟)歆(禍)之卣(攸)—

返

包二·一二二 孔弗— 从辵。

包二·一二三 孔弗—

信一·〇二 天—於型者

郭·老乙·七 —(及)虗(吾)亡身

上(二)·民·一三 它(施)—(及)四國

上(二)·民·一二 它(施)—(及)孫=(孫子)

新甲三·二六八 ☐—(及)江、灘(漢)、沢(沮)、漳

新零·二五九 ☐—☐

上(四)·曹·五二 —(及)尔龜篖(策)

上(五)·鬼·二 —(及)桀受學(幽)萬(厲)

上(五)·鬼·三 —(及)五(伍)子疋(胥)者

上(六)·用·一〇 而諮既—(及)

清(一)·尹至·二 余—(及)女(汝)皆峕(亡)

清(一)·尹至·四 湯盟(盟)慙—(及)尹

清(一)·尹誥·一 —(及)湯咸又(有)一悳(德)

清(一)·耆·一二 從朝—(及)夕

清(一)·金·七 官(管)弔(叔)—(及)亓(其)羣𥅠(兄)俤(弟)

清(一)·金·一一 隹(惟)余谘(沖)人亦弗—(及)

清(三)·芮·九 —(及)尔(爾)𦙶(盡)臣

秉

清(五)·殷·八　虖𦖞(聞)夫險(險)非(必)矛—(及)干
清(五)·殷·二六　—(急)利嚣神慕(莫)𦒉而不𥄎(顧)于遂(後)

丞
新乙四·九　—(及)江，走(上)逾取菑(稟)☐
上(二)·容·一九　四海(海)之内—(及)
清(三)·芮·一四　以武—(及)恿(勇)

遘
郭·語二·一九　𠊱生於—(返)
郭·語二·一九　—(返)生於忩(欲)

秉
曾四三　羊二—又六
曾七二　五—羊
曾四八　羊五—
曾九七　羊五—
曾三　箙五—
曾五　箙五—
曾七　箙五—
曾一五　箙五—
曾八六　羊五—
帛丙三·一　—司春
曾一七　箙五—
曾二〇　箙五—
曾六八　箙五—
郭·緇·九　隹(誰)—𡨦(國)成
上(一)·孔·五　—旻(文)之悳(德)
上(一)·孔·六　—旻(文)之悳(德)
上(一)·紂·五　隹(惟)—或國
上(五)·三德·一二　—之不固
上(六)·用·二　爯(稱)—緟(重)德
清(一)·耆·九　周公—簭(爵)未歓(飲)
清(一)·金·二　—璧旹(植)珪
清(一)·楚·一　—兹衙(率)
清(三)·芮·一六　不—純悳(德)
清(五)·厚·八　廼虔—氒(厥)悳(德)

包二·八八 以—其官

包二·九九 以其—官自致於新大廄之古

天策 乘輊之右轎番女—馯之

望二·二 軒—

望二·九 —芋之峚戟

曾五三 —彔之弦

曾七三 —彔之裏

郭·老甲·二二 遠(遠)曰—(返)

郭·性·五六 昏(聞)道—㠯(己)

郭·性·五五 昏(聞)道—上

郭·成·一一 窮(窮)藻(源)—杳(本)者之貴

郭·成·一四 窮湶(源)—杳(本)者之貴

郭·成·一五 不—其杳(本)

郭·成·一八 —此道也

郭·成·一九 戚(就)—者(諸)㠯(己)而可以智(知)人

郭·性·二六 其—善復訂(始)也訢(慎)

郭·尊·三一 —之

郭·太·一 水—楠(薄)大(太)一

上(一)·孔·九 黄鳥則困而谷(欲)—丌(其)古也

上(一)·孔·一二 —內(納)於豊(禮)

上(一)·孔·一六 見丌(其)岂(美)必谷(欲)—一本

上(一)·性·一六 丌(其)—善遉(復)司(始)也慙(慎)

上(二)·容·四六 箸(孰)天子而可—

新乙四·一〇〇、零·五三二、六七八 還—(返)至於東陵

郭·成·一二 不—其杳(本)

上(四)·內·六 —此蹈(亂)也

上(四)·曹·五一 —(返)帀(師)牐(將)遉(復)

上(五)·姑·一 虐於百=豫=—之

上(五)·姑·一 不思—(返)廷
上(五)·姑·五 而—亞(惡)之
上(五)·三德·四 女(如)—之
上(五)·三德·六 是胃(謂)—逆
上(六)·用·九 而焚丌(其)—吴
上(六)·天乙·三 義—之
上(七)·武·六 民之—宿(側)
上(七)·凡甲·二五 至則或—
上(七)·吴·五 不能㠯(以)牧民而—志
清(一)·金·一三 天—風
清(二)·繫·二 以克—商邑
清(二)·繫·一三 商邑興—
清(二)·繫·七七 司馬子—與繡(申)
清(二)·繫·七九 教吴人—(叛)楚
清(二)·繫·八三 —楚邦之者(諸)侯
清(二)·繫·一〇三 于鹹泉以—晉
清(二)·繫·一〇五 䢵(胡)—楚
清(二)·繫·一三六 陳人女(焉)—而内王子定於陳
清(三)·芮·一九 —=(板板)亓(其)亡(無)成
清(五)·湯丘·三 湯—
清(五)·殷·一一 先—

叟

上(四)·曹·九 㠯亡道爯而—(没)身遻(就)殤(死)
上(五)·三德·三 亓身不—(没)
上(五)·鬼·二 身不—(没)爲天下芺(笑)
郭·唐·二 —(没)而弗利

取

包二·八九 胃—其妾嬿 借爲娶。
包二·一四四 —愴之刀以解小人
帛丙二·三 —臣妾
帛丙四·一 余—女

帛丙四·二 —女
帛丙一·一 —于下
帛丙一·二 曰—
郭·老甲·七 不以—强
郭·性·二 則勿(物)—之也

郭·性·五 勿(物)—之也
郭·性·九 柔—之也
郭·性·六 唯(雖)又(有)眚(性)心,弗—不出

郭·性·二八 峹(賚)武樂—(趣)
郭·尊·八 是以君子人道之—先
郭·五·四三 能又(有)—安(焉)

郭·五·四三 能又(有)—安(焉)
上(二)·从·一 而□—之
新甲一·一二 牺(將)逾—蓄(稟)

新甲三·三二〇 既於盤—
新乙一·二六、二 牺(將)逾—蓄(稟)
新乙四·九 汲(及)江,走(上)逾—▨

新乙三·三三 ▨爲箸告我悬所—於□▨
新零·一九三 不欿—於淺與脊▨

新乙四·一四四 攻差吕(以)君命—悳霝(靈)▨
上(三)·周·二六 —女吉
上(三)·周·四〇 勿用—(娶)女

上(三)·周·五三 此丌(其)所—悬
上(四)·昭·六 牺(將)—車
上(四)·昭·六 牺(將)—車

上(四)·曹·六 亡吕—之
上(四)·曹·一七 疆陸(地)毋先而必—□焉

上(四)·曹·五五 車良士往—之餌(耳)
上(五)·弟·五 —余言

上(六)·平·一 吕(以)—安(恕)
清(一)·程·一 廼学=甕(發)—周廷杍桓(樹)于乓閒(間)

清(二)·繫·五 —妻于西繡(申)
清(二)·繫·二三 —妻於陳
清(二)·繫·二三 —妻於陳

清(二)·繫·二八 —賽(息)爲(嬀)以歸
清(二)·繫·三〇 —郘以贛(恐)陳侯
清(二)·繫·四七 —之

清(二)·繫·七四 —妻于莫(鄭)穆公
清(二)·繫·七六 —亓室以金繡(申)公
清(二)·繫·七八 —以爲妻

清(四)·筮·娶·一四 巛巛㕣(凡)—(娶)妻
清(四)·筮·娶一六 巛三㕣(凡)—(娶)妻

清(五)·厚·一〇 隹(惟)司民之所—
清(五)·湯丘·一 —妻於又=莘=

包二·一五六 執命爲王穀取郘不浧穀而逃命
郭·性·八 剛—之也
郭·尊·二 善—，人能(乃)從之

郭·語一·七二 而亡非㠯(己)—之者
郭·語三·四六 彊(强)—之也
上(一)·性·一七 武樂—

九·五六·二一下 —(娶)妻
九·五六·四一 —(娶)妻
九·五六·一七下 以秎(利)—(娶)妻

上(五)·競·一〇 俚(朋)—舁(與)覩(視)
清(四)·筮·十七命六二 曰—(娶)妻

叜

上(一)·孔·二三 兔虘丌(其)甬(用)人則虐(吾)—
上(二)·子·五正 堯之—坴(叜、俊、舜)也

上(二)·子·一一 —而軟(吞)之

彗 叚 友

取 郭・老甲・二一〇 以亡事—天下
郭・尊・一三 是以爲正（玫）者豸（教）道之—先
取之異體。

包二・二三一 —完緋於南方

叙 清（二）・繫・五 —孚（褒）人之女

彗 篲 曾九 鞞—
《説文》或體从竹。

叚 上（三）・周・五四 王—（假）于富（廟）
清（一）・皇・六 少（小）民用—（假）能豪（稼）嗇（穡）

清（一）・皇・一三 —（假）余憲（憲）

清（二）・繫・五八 —（假）洛（路）
清（三）・説下・九 余隹弗迸（雍）天之—（嘏）命
清（三）・琴・四 —（假）才（哉）古之人

清（一）・保・八 昔𠵭（微）—（假）中于河
從李學勤先生釋爲『叚』。

友 郭・語三・六二 行𦘔此—（友）矣

郭・語四・二三 士又（有）悔（謀）—（友）
郭・語四・二二 士亡（無）—（友）不可

沓 天卜 期守晒遣去尻不爲—
郭・緇・四二 古（故）君子之友也又（有）向（鄉）
郭・緇・四五 偎（朋）—（友）卣（攸）㝵（攝）

嬰　史　僉　圣

郭・六・三〇 爲宗族𤦎（瑟（殺））弸（朋）—（友）
郭・六・二八 爲弸（朋）—（友）亦肰（然）
郭・語一・八〇 —（友）君臣

郭・六・三〇 不爲弸（朋）—（友）𤦎（瑟（殺））宗族
郭・語三・六 —（友），君臣之衍（道）也

郭・語一・八七 君臣、朋—（友），其睪（擇）者也
上（一）・紂・二二 古（故）君=（君子）之—（友）也又（有）替

上（一）・紂・二三 塱（朋）（友）卣（攸）図=（攝，攝）㠯（以）威義（儀）
上（五）・弟・一五 隹（雖）多髜而不—（友）臤（賢）

上（六）・天乙・一〇 堋（朋）—（友）不
上（六）・天乙・一〇 堋（朋）—（友）不詁（語）分

清（一）・尹誥・二 我克爨（協）我—（友）
清（三）・説下・一〇 又（有）—（友）沓（勑）朕命𦥑（哉）

清（五）・厚・一一 引（矧）其能丁良于—（友）人
清（五）・殷・一〇 不—（友）

新甲三・一三七 各—璜
从李天虹博士，以爲是『𦣻』字，疑讀爲『友』。

信一・三四 之以—踹牒

上（六）・競・一 —（逾）戠（歲）不已
上（六）・競・二正 —（逾）戠（歲）不已

清（五）・命・二 女（如）不居而—（重）義

郭・老甲・二〇 —（譬）道之才（在）天下也
郭・緇・二三 毋以—（嬖）御息（塞）妝（莊）句（后）
郭・緇・二三 毋以—（嬖）士息（塞）大夫

上（七）・吳・五 —（俾）周先王佾▨▨
清（一）・尹誥・三 —（俾）我衆勿韋（違）朕言

清（一）・程・二 —（俾）霝（靈）名茖（凶）
清（一）・程・七 —（俾）行量亡乏
清（一）・程・八 思（使）—頙（柔）和川（順）

清（一）・皇・二 今我—（譬）少（小）于大
清（一）・皇・五 —（俾）備（服）
清（一）・皇・九 —（俾）王之亡依亡蠹（助）

清（一）・皇・九 —（譬）女（如）戎夫
清（一）・皇・一〇 —（譬）女䍽（梏）夫之又（有）悉（媢）妻

清（一）・皇・一三 —（譬）女（如）舡（主）舟
清（三）・說上・二 氒（厥）—（俾）繧（繃）弓

清（三）・說下・三 勿易—（俾）邩（越）
清（三）・琴・二 —藍（監）
清（三）・芮・五 —（譬）之若

清（三）・芮・一七 —𡉚（匡）以戒（誡）
清（三）・良・一〇 —登

窜

清（二）・繫・一五 周室卽（既）—（卑）

史

清（三）・良・一 又（有）—皇
清（三）・良・八 —全（伯）

卓

包二・五四 —善 人名
包二・一〇二 正—
包二・一三八 大—連中
包二・一五八 畢得厠爲右—

包二·一五九 詯—爲告於少宭

包二·一五九 畢纆命以異芫—

包二·一六一 陆仿—婁佗

包二·一六八 —懌 人名

包二·一九四 迅蘁—韋

信二·〇七 —績

天卜 期達象—衆

天卜 —丑 人名

天卜 —丑

天卜 —丑

天卜 —丑

曾一五五 迅—啓之𦔻爲左𢧢

曾一五六 迅—伐之騏爲右𢧢

郭·性·九 訔(教)—(使)肰(然)也

郭·性·六〇 必—(使)又(有)末

郭·六·一四 —(使)之足以生

郭·六·二 —(使)之又(有)何也

郭·六·一五 以宜(義)—(使)人多

郭·六·一七 胃(謂)之以忠—(事)人多

郭·六·四一 不—(使)此民也罷(憂)其身

郭·六·九 又(有)—(使)人者

郭·尊·二一 民可—(使)道(由)之

郭·尊·二二 而不可—(使)智(知)之

上(二)·從(甲)·一八 丌—(使)人必求備安(焉)

郭·語四·二〇 善—(使)其民者

郭·老甲·二 三言以爲—(使)不足

郭·老甲·三五 心—(使)郢(氣)曰㤞(强)

上(一)·性·四 賨—(使)遊(然)也

上(二)·子·一 —(使)亡(無)、又(有)

上(二)·從(甲)·一八 是㝵曰少(小)人惕(易)攼(得)而難—(使)也

上(二)·從(甲)·一七 丌—(使)人器之

上(三)·中·一四 杲(早)—(使)不行

上(三)·中·一六正 孥(教)而—(使)之

 上(三)·中·二五 含(今)之君子—(使)人
 上(四)·柬·六 —(變)亂(亂)䰟(鬼)神之祟(常)

 上(四)·柬·二一 不㠯丌(其)身—(變)𦯧尹之祟(常)
 上(四)·曹·三六 —(使)倀(長)百人

 上(四)·曹·三九 人—(使)士
 上(四)·曹·三九 我—(使)夫=

 上(四)·曹·三九 人—(使)夫=
 上(四)·曹·三九 我—(使)牆(將)軍

 上(四)·曹·四〇 —(使)牆(將)軍
 上(五)·競·六 募(寡)人至於—(辯)日飤(食)

 上(五)·鮑·七 而上(尚)不旹(時)—(變)
 上(六)·競·二正 是虐亡=良祝—(史)也

 上(六)·競·七 則忎(恐)後敌(誅)於—(史)者
 上(六)·競·八 山替(林)—(史)蒐(衡)守之

 上(七)·武·一五 —(使)民不逆而訓(順)城(成)
 上(七)·吳·四 孤—一介史(使)

 上(七)·吳·四 孤史一介—(使)
 上(七)·吳·七 古(故)甬(用)—(使)丌(其)三臣

 清(一)·金·二 —乃册
 清(二)·繫·二四 乃—(使)人于楚文王
 清(二)·繫·八六 龍王—(使)芸公嘍於

 清(三)·說上·一 甬爲遳(失)宷(仲)—(使)人
 清(五)·湯丘·一二 —(使)貨(過)以惑

事

清（五）·湯丘·一五 不—（事）䎽（問）

叓

郭·語四·一七 善—（使）其下

上（二）·子·八 而—（使）君天下爲（孕）

上（四）·内·一正 言人之君之不能—（使）亓臣者

上（四）·内·二 不能—（使）亓（其）臣者

上（四）·内·五 —（使）臣

上（四）·内·七 腹中攷（巧）—（變）

上（五）·季·一四 𡬋（喪）三代之連（傳）—（史）

上（五）·三德·一〇 毋—（變）事

清（二）·繫·八七 競（景）公—（使）翟（糴）之伐（茷）𠻘（聘）於楚

叏

清（二）·繫·八七 䚎（共）王—（使）王

清（二）·繫·八八 王或（又）—（使）宋右帀（師）

事

包二·一六 頸—䣼𤀊

包二·一八 宋弘𤀊其官—

包二·二一三 少又亞於王—

包二·一九七 出内—王

包二·二〇一 出内—王

包二·一九八 㪤志—少遟得

包二·二〇〇 志—少遟得

包二·一六一 謞—命以王命誼之正

包二·二〇〇 志—逨得

包二·五八 執—人

包二·六三 執—人

包二·八一 執—人

包二·一三五反 執—人

包二·一三六 執—人爲之盟

包二·一二〇 執—人

包二·一三一 執—人

包二·一三七反 命一執—人至命

包二·一八八 鄗執—人郙莫

包二·二二四 執—人夏𤼈

包二·二二五 執—人夏𤼈

天卜 期宙醻又志—憙

天卜 期宙醻大又憙—

天卜 賽禱夜—戠豢

天卜 田邑與兵獻之—

望一・二二 走趣—王夫=

望一・二六 ▨憙於—

望一・二六 志—

天卜 執—人行詷瘕

望一・二二 尚速得—

望一・二二 尚速得—

曾一正 執—人

曾六二 黃起■馭𠃌慶—之肇=

曾一四二 慶—之駟爲左驂

曾一七二 卿—之驪爲左驂

帛丙一〇・二 不可毀

曾一九九 卿—之肇=

帛乙一二・三四 土—勿從

帛丙四・二 (可)以乍大—

帛丙一一・四 型百—

郭・老甲・八 其—好

郭・老甲・二 此亡敗—矣

郭・老甲・一四 —亡事

郭・老甲・一四 事亡—

郭・老甲・一七 是以聖人居亡爲之—

郭・老甲・三一 我無—而民自福(富)

郭・老甲・二 臨—之紀

郭・老甲・二九 以亡—取天下

郭・老乙・一 紿(治)人—天

郭・老乙・一三 賽其—

郭・老丙・八 喪—上右

郭・老丙・二 成—事述(遂)社(功)

郭・老丙・八 古(故)吉—上左

郭・老丙・一二 則無敗—壴(矣)

郭・太・二 以道從—者必怋(託)

郭・唐・四 旹(時)—山川

郭・唐・四 下—陛(地)

郭・太・二 聖人之從—也

郭・太・二 古(故)—成而身長

郭・性・一九 堂(當)—因方而折(制)之

郭·五·四四 智(知)而—之
郭·性·五六 上交近—君
郭·性·三七 唯(雖)能其—

郭·性·六二 樂—谷(欲)後
郭·性·六二 凡恴(憂)患之—谷(欲)妊(任)
郭·尊·三六 下之—上也

郭·尊·一八 夫生而又(有)戠(職)—者也
郭·尊·一五 誶(教)以—
郭·緇·二三 卿—(士)

郭·緇·一四 下之—上也
郭·緇·一六 臣—君
郭·六·九 又(有)—人者

郭·六·二二 會埻長材以—上
郭·語一·四〇、四一 春秋所以會古含(今)之—也
郭·語四·一八 善—其上者

郭·語二·四五 未又(有)善—人而不返者
郭·語四·一九 若齒之—聒(舌)
上(二)·昔·四 各共(恭)尔—

上(二)·昔·三 能—丌(其)慭(親)
上(二)·從(甲)·四 方(防)亦坂(反)是=(是,是)故君=(君子)新(慎)言而不新(慎)—

上(二)·從(甲)·一九 從—而毋說
上(二)·從(甲)·七 不敬則—亡(無)城(成)
上(二)·從(甲)·九 其—不

上(二)·從(甲)·一五 —必又(有)罪(基)則惻(賊)
九·五六·二七 行水—
九·五六·二七 又(有)志百—

九·五六·三三 吕(以)隻卯—
九·五六·四一 秎(利)吕(以)城(成)—
九·五六·四三 帝胃(謂)尔無—
九·五六·二八 吕(以)祭大—

九·五六·二五 是胃(謂)結日作—
九·五六·二六 百—訓(順)城(成)
九·六二一·一四 —又器？

上(二)·容·九 遲(畢)能亓—

上(二)·容·三六 天地四旹(時)之—不攸(修)

上(二)·容·四六 子敢勿—虖(乎)

上(二)·容·四六 臣敢勿—虖(乎)

上(二)·子·一四 □厽(叁)天子—之

上(二)·昔·二 女(如)祭祀之—

上(二)·魯·二 厥民智(知)敚(說)之—

上(二)·魯·三 㠯(以)—上天

郭·唐·四 夫聖人上—天

郭·唐·五 新(親)—且(祖)𥧹(廟)

郭·唐·九 忠—帝堯

郭·唐·九 古者吴(虞)舜篙(篤)—兆(朁)寞(瞍)

九·五六·一下六 誼—

上(一)·紂·四 臣—君

上(一)·紂·八 下之—上也

新乙四·一二六 西陵執—人㠯(以)君王□

上(一)·性·二五 上交近—君

上(一)·性·三一 凡悥(憂)惓(惓)之事谷(欲)任樂—谷(欲)遂(後)

上(三)·周·三二 少(小)—吉

上(一)·性·三一 凡悥(憂)惓(惓)之—谷(欲)任樂事谷(欲)遂(後)

上(三)·亙·七 天之—

上(三)·亙·七 —非事

上(三)·亙·七 焉又(有)—不复(作)無事舉(舉)

上(三)·亙·七 —甬(庸)㠯不可賡(更)也

上(三)·亙·七 焉又(有)事不复(作)無—舉(舉)

上(四)·昭·五 安從—

上(四)·柬·一七 王—可(何)

上(四)·柬·一八 必三軍(軍)又(有)大—

上(四)·內·一正 不與言人之臣之不能—

上(四)·內·二 言人之臣之不能—亓(其)君者

上(四)·內·五 與臣言＝—君

上(四)·內·六 君子—父母

上(四)·內·九 孝子—父母

上(四)·相·一 古(故)此—＝出政＝

上(四)·相·二 敢昏(問)民—

上(四)·相·三 百攻(工)窸(勸)於—

上(四)·曹·一七 㠯—亓

上(五)·季·五 □□□□□□□□□□□□舀(擾)—

上(五)·季·一六 女(如)貞(則)客之—也

上(五)·姑·一 姑(苦)戓(成)豪(家)父—敕(厲)公

上(五)·姑·三 䇗則晉辟(邦)之社禝(稷)可碁而—也

上(五)·姑·四 欲㠯(以)不能—君

上(五)·姑·五 正公—

上(五)·姑·六 爲此殜(世)也從—

上(五)·姑·七 㠯(以)—殜(世)才(哉)

上(五)·弟·九 —而弗受者

上(五)·弟·一〇 褮(勞)以城(成)—

上(五)·三德·六
舋=民—

上(五)·三德·一〇
毋復(作)大—

上(五)·三德·一六
敚(奪)民旹(時)㠯水—

上(六)·孔·五
為信㠯(以)—亓(其)上

上(六)·莊·八
繡(申)公—不穀(穀)

上(六)·用·五
盍—虢=

上(六)·用·一四
毋—纀

上(六)·用·一八
记(起)—乍(作)志

上(六)·天甲·五
信文㝵(得)—(吏)

上(七)·凡甲·八
虐(吾)系(奚)—之

上(七)·凡乙·五
虐(吾)系(奚)古(故)—之

上(七)·吳·九
君之臣—先王

上(七)·吳·九
不共承(承)王—

清(一)·金·四
能—臬(鬼)神

清(一)·金·六
乃命執—人曰

清(一)·金·一一
—人

清(一)·皇·一
穠(蔑)又耆耇虘(慮)—嘼朕立(位)

清(一)·皇·一一
是受(授)司—帀(師)長

清(一)·祭·一八
三公—求先王之共(恭)明悳(德)

清(三)·說上·七
自從—于鬯(殷)

清(三)·說下·三
以䔖(益)見(視)—

清(三)·琴·二
劭(陟)隆(降)亓(其)—

清(三)·芮·一
钺(御)—各縈(營)亓(其)身

清(四)·筮·志二五
—而見

清(四)·筮·軍三二
≪≪𠔁(凡)簭(筮)志—

清(四)·筮·四季三八
𠔁(凡)簭(筮)志—及匍(軍)

清(四)·筮·果四〇
大—戠(歲)才(在)

清(四)·筮·果四一
中—月才(在)前

清(四)·筮·果四一
尐(小)—日乃前

清(四)·筮·果四一
外—

清(四)·筮·果四二
内—讐(數)内(入)

清(五)·封·三
鼍(祇)—帝(上帝)

清(五)·命·六
—(使)身=禼(畏)天

清(五)·命·一二
童(動)之以—

清(五)·命·一三
—不醬(震)

清(五)·命·一四
—醬(震)則不攻(功)

清(五)·湯丘·六
能亓—而叟(得)亓飤(食)

清(五)·湯丘·七
未能亓—而叟(得)其飤(食)

清(五)·湯丘·七
必思(使)—與飤(食)相堂(當)

清(五)·湯丘·八
以埶(設)九—之人

清(五)·湯丘·九
我㠯(怠)於亓(其)—

清(五)·湯丘·九
夫人母(毋)以我爲㠯於亓(其)—虎(乎)

清(五)·湯門·一一
悳(德)—设(役)正(政)型(刑)

清(五)·湯門·一二
岦(美)—系(奚)若

清(五)·湯門·一二
亞(惡)—系(奚)若

清(五)·湯門·一四
记(起)—又(有)穫

清(五)·湯門·一五
此胃(謂)岦(美)—

支　肄　肅　聿　𦘒

支
清（五）・湯門・一五　迟（起）—亡（無）穫
清（五）・湯門・一五　此胃（謂）亞（惡）—
清（五）・湯門・二〇　此隹（惟）—首

支
上（六）・競・一〇　夫婦皆祖（詛）一—

肄　肄
清（一）・皇・一　—（肆）朕沓（沖）人非敢不用明刑
清（五）・厚・三　朝夕—（肆）祀
清（五）・厚・八　—（肆）女其若龜筮（筮）之言亦勿可連（專）改

肅　𦘒
包二・一七四　—王　即楚—王
上（一）・孔・五　—售（雍）

聿
上（三）・周・七　帀（師）出以—（律）

𦘒
包二・二〇四　既—遲
包二・一九九　—卒戠
包二・二三二　—集戠
包二・二三四　—集戠
包二・二一二　—集戠
天卜　—冬柰之月
天策　—緑組之綏
天卜　㫐王—獻馬之月
包二・二一六　—集戠
包二・二二六　—集戠
包二・二二八　—集戠
天卜　㫐王—䜌月
天卜　—屈柰之月
天卜　—䫉柰之月
天卜　㫐王—䫉柰之月
天卜　—八月☐

天策 —玄羽之䍐

天策 —倜

天策 —緑組之綏

天策 —白羽之䍐

郭·語一·六 又(有)徣(地)又(有)型(形)又(有)—

郭·語一·一四 又(有)—又(有)厚

郭·語一·九〇 婁(數),不—(盡)也

郭·語三·二四 莪(義),悳(德)之—(盡)也

郭·語三·五六 —(進?)飤(食)之衍(道)

郭·語三·六二 行—此双(友)矣

郭·緇·一三 剴(豈)必—(盡)恴(仁)

郭·性·四三 甬(用)力之—(盡)者

上(二)·民·九 —(盡)

上(二)·容·四九 高下肥毳之利—(盡)智(知)之

新甲二·二五 —(盡)八月疾虐(瘥)▨

新甲三·一六〇 未—(盡)八月疾必瘛(瘥)▨

新甲三·二八二 —(盡)割㠯(以)九黏

新甲二·一〇 ▨—(盡)緩以𠦝玉

新乙一·三一、二五 —(盡)七月尚毋又(有)大▨

包二·二三〇 —集戠

包二·一九七 —卒戠

包二·二〇一 —卒戠

包二·二〇九 —集戠

天卜 峕王—冬栾之月

郭·語三·四三 或遜(由)其不—(進?)

郭·語四·一五 —(盡)之而㑇(俟)

郭·語四·一五 必—(盡)其古(故)

上(一)·性·三六 甬(用)力之—(盡)者

上(二)·從(甲)·一四 又(有)所又(有)舍(餘)而不敢—(盡之)

上(三)·中·二五 不—(盡)丌逆

上(四)·曹·八 君弗—(盡)

上(四)·曹·三二 亓逕(將)銜(帥)—(盡)剔(傷)

上(四)·曹·五六 三善—(盡)甬(用)不皆(棄)

清(一)·金·一三 二公命邦人—(盡)逿(復)笁(筑)之

清(一)·祭·九 —(盡)守(付)畀余一人

清(一)·楚·五 —(盡)居臺宅

清(二)·繫·一三一 晉人回(圍)—(津)

清(二)·繫·一三五 楚人—(盡)云(弃)亓(其)

清(三)·芮·九 返(及)尔(爾)—(藎)臣

書

曾一正 —入車

畫

曾七 —䡄

《說文》古文—省。

曾三一 二—層之載

曾一三八 鷩=—甲

曾二七 —戢

曾八八 —戢

曾一〇 —戢

曾一五 二—戢

曾三〇 二—戢

曾四〇 二—戢

曾一正 —䩵

曾一三 —䩵

曾三七 二—戢

曾一六 —䩵

曾一二八 六馬—甲

曾一三一 三騧—甲

曾一三七 一玉墜䡅玳—幃韋

曾三八 —䩵

曾一二七 鷩=—甲

上(二)·子·一〇 悬而—(劃)於伓(背)而生=(生,生)而能言

香中大·甲·三 三悬(仁)而—於雇

畫

帛甲八・八
又—又夕

《說文》从畫省从日書籀文—。

九・五六・七一
朝(盜)逃㝵(得)，—㝵(得)

香中大・三
三㤅(仁)而—於雇生

九・五六・六七
—㝵(得)，夕㝵(得)

上(四)・曹・一〇
不—寢

清(三)・說下・六
—女(如)見(視)日

清(三)・琴・八
—之才(在)見(視)日

清(五)・湯門・二〇
六以行之—夜芭顕豚各

隶

郭・尊・三〇
侖—其頪(類)安(焉)

郭・尊・三一
坓(刑)不—(逮)於君子

郭・尊・三二
豊(禮)不—(逮)於小人

郭・性・三六
凡學者—(求)其心爲難

清(四)・筮・祟四五
艮祟—(殜)

臤

郭・語三・五二
—(賢)者隹(唯)其止也以異

𦣞

包二・一二二
里公利—返子

包二・一七九
邱昜辻周—

郭・語四・一二
㬥(早)與—(賢)人

郭・五・一四
明則見—(賢)人

郭・五・一四
見—(賢)人則玉色

郭・五・二三
未尚(嘗)見—(賢)人

郭・五・二四
見—(賢)人而不智(知)其又(有)悳(德)也

郭・五・二七
見—(賢)人

郭・五・三五
其止(等)障(尊)—(賢)

郭・五・四三
胃(謂)之—(賢)

郭·五·四四
胃(謂)之僔(尊)—(賢)

郭·五·四四
胃(謂)之僔(尊)—(賢)者也

郭·五·四四
後，士之僔(尊)—(賢)者也

郭·窮·二
唯(雖)—(賢)弗行矣

郭·緇·一七
大人不新(親)其所—(賢)

郭·六·一二
句(茍)—(賢)

郭·語四·一二
—(賢)人不才(在)昃(側)

上(一)·孔·一〇
害曰童而皆—於丌(其)初者也

上(一)·紂·二三
—(堅)

郭·語一·五四
—(賢)者能里(理?)之

上(一)·紂·一〇
大人不𦋢(親)丌(其)所—

上(二)·容·一〇
堯㠯天下壤(讓)於—(賢)者

上(二)·容·一〇
㠯求—(賢)者而壤(讓)焉

上(二)·容·一一
而—(賢)者莫之能受也

上(二)·容·一二
見𡍬(舜)之—(賢)也

上(二)·容·一三
堯爲善興—(賢)

上(二)·容·四三
—(賢)及口……

上(二)·容·一七
𡍮(禹)乃五壤(讓)㠯天下之—(賢)者

上(二)·容·三九
於是虐(乎)新(慎)戒𨺅(登)—(賢)

上(二)·容·三四
𠯑(皋)秀(陶)乃五壤(讓)㠯天下之—(賢)者

上(二)·容·一〇
天下之—(賢)者莫之能受也

上(二)·容·三三—三四
見𠯑(皋)咎(陶)之—(賢)也

上(二)·容·三七
湯乃𢘅(謀)戒求—(賢)

上(二)·容·八—九
堯是㠯視—(賢)

上(二)·容·一
皆不受(授)丌子而受(授)—(賢)

上（二）・子・六
堯見埶（叏、俊、舜）之悳（德）—（賢）

上（二）・子・八
古（故）夫埶（叏、俊、舜）之悳（德）丌（其）城（誠）—（賢）矣

上（三）・中・七
譽（舉）—（賢）才

上（三）・中・一九
—（賢）者

上（三）・彭・八
毋劢—（賢）

上（四）・曹・九
子吕—（賢）爯（稱）而遊（失）之

上（四）・曹・九
君子吕—（賢）爯（稱）

上（四）・曹・三六
緍（申）攻（功）𨑓（上）—（賢）

上（五）・季・一〇
—（賢）人之居邦豪（家）也

上（五）・季・二二
—（賢）人

上（五）・弟・五
—（賢）者伋（及）

上（五）・弟・一五
隹（雖）多䎽（問）而不畬（友）—（賢）

曾六二
黄𧻚馭—慶事之𨸏=
省形。

郭・唐・六
忎（愛）睪（親）䙴（尊）—（賢）

郭・唐・二
古昔—（賢）𢤍（仁）聖者女（如）此

郭・唐・七
尊—（賢）古（故）番

郭・唐・八
忎（愛）睪（親）亢（忘）—（賢）

郭・唐・八
尊—（賢）遺睪（親）

郭・唐・二一
受（授）—（賢）則民遷效（教）而蟡（化）虖（乎）道

郭・唐・二〇
上直（德）受（授）—（賢）之胃（謂）也

郭・唐・二七
僅（番）天下而受（授）—（賢）

郭・唐・二八
滅—(賢)

省形。

豎

包二・九四
軦— 人名

新甲三・二九三
☐鐘佗、鐘—受☐

新甲三・三九八
邩—之述

上(五)・競・一〇
或㠯(以)—(豎)逗豈戔舀爲相

上(五)・鮑・五
含(今)—(豎)逗(刁)佖夫而欲

緊

上(四)・曹・三九
人之虖(甲)不—(堅)

上(四)・曹・三九
我虖(甲)必—(堅)

臣

包二・七
臧王之墨以内其—之象典

包二・八四
胃殺其兄—

包二・九六
軦— 人名

包二・一六一
婁— 人名

包二・一七六
魯客専—

包二・一八〇
舟室舒—

包二・一八七
告斫貼—

包二・一七五
宋廠馭鄒—

包二・一九二
鄪人舒頣—

天策
欲差頣—駻乘肇☐

曾一二
邻連钃東—所馭政車

曾一五五
宰尹—之黄爲右驌

曾一七六
哀—之駐爲左驌

曾一五四
宰尹—之騏爲右驌

帛丙二・三
取—妾

帛丙五・四
—妾

郭・老甲・一八
天陛(地)弗敢—

郭・緇・二一
則大—不台(治)

郭・老丙・三
邦冡(家)緍(昏)□安又(有)正—

郭・魯・一
可(何)女(如)而可胃(謂)忠—

郭・魯・二
可胃(謂)忠—矣

郭・魯・三
向(嚮)者虐(吾)昏(問)忠—於子思

郭·魯·四
互(恒)爯(稱)其君之亞(惡)者可胃忠—矣

郭·語一·八〇
習(友)君—

郭·語三·三
君—不相才(在)也

郭·語三·六
習(友),君—之衍(道)也

郭·緇·四
則君不悑(疑)其—

郭·緇·六
—事君

郭·緇·二〇
大—之不新(親)也

郭·緇·二一
此以大—不可不敬

郭·緇·二二
則大—不悁(怨)

郭·緇·二一
而執(褻)—恉(託)也

郭·六·三
和大—

郭·六·一七
忠者,—悳(德)也

郭·六·二七
外立(位)君、—、婦也

郭·六·三四
君—宜(義)生言

郭·六·三五
—宜(忠)

郭·六·三八
—不臣

郭·六·三八
臣不—

郭·六·三九
君—亡宜(義)

郭·唐·九
乃弋其—

郭·六·四二
生民斯必又(有)夫婦、父子、君—

郭·成·三一
折(制)爲君—之義

郭·唐·二四
秉(及)其爲堯—也

郭·語一·八七
君—、朋習(友),其睪(擇)者也

郭·語四·二三
君又(有)悔(謀)—

上(一)·紂·二
則君不忎(疑)丌(其)—

上(一)·紂·四
—事君

上(一)·紂·一二
則大—不令

上(一)·紂·一一
大—之不罤(親)也

上(二)·容·四六
—敢勿事虐(乎)

新甲三·一六
▨少(小)—成迷(速)瘳

新甲三·二一
▨□,卲(昭)告大川有汸,少(小)—▨

新甲三·六四
▨□少(小)—成奉邁戲

新乙四・二八
—成敗▨

新乙四・七〇
▨少(小)—成拜：(拜手)䭫=(稽首)

新零・一九八、二〇三
少(小)—成敬之瞿▨

新零・九、甲三・二三、五七
少(小)—成蓦(暮)生畢孤▨

上(三)・周・三〇
畜—妄

上(三)・周・三五
王—訐=

上(三)・中・三
子又(有)—蔓(萬)人

上(三)・彭・一
—可(何)埶(藝)

上(四)・昭・八
老—爲君王戰(守)

上(四)・昭・九
楚邦之良—所䜌(慧)

上(四)・柬・一五
及龍(寵)—皆逗

上(四)・內・一正
言人之君之不能叀(使)亓—者

上(四)・曹・一四
虞(且)—䎽(聞)之

上(四)・曹・一八
虞(且)—之䎽(聞)之

上(四)・曹・二一
凡畜羣—

上(四)・曹・二八
虞(且)—䎽(聞)之

上(四)・曹・四〇
—䎽(聞)之

上(四)・曹・四二
—䎽(聞)

上(四)・曹・六四
—䎽(聞)之

上(五)・競・七
從—不訐(諫)

上(五)・鮑・五
—唯欲試或不㝵(得)見公

上(五)・姑・五
虗(吾)䎽(聞)爲—者

上(五)・姑・六
—之節

上(五)・三德・四
君無宔(主)—

上(六)・競・一〇
之—

上(六)・莊・六
女(如)—智(知)君王

上(七)・武・一二
身則君之—

上(七)·吳·七
古甬吏(使)丌(其)三—

上(七)·吳·九
君之—事先王

清(一)·皇·二
廼隹大門宗子埶—

清(一)·皇·三
自耊—至于又貧(分)厶(私)子

清(一)·皇·八
以䎽(問)求于王—

清(一)·皇·一二
朕遺父兄眔朕俥—

清(二)·繫·七
幽王之弟舍(余)—于虢(虢)

清(三)·說下·二
少—罔夋(俊)才(在)朕備(服)

清(三)·芮·九
返(及)尔(爾)妻(蓋)—

清(三)·良·二
又(有)—𤓰(㔿)

清(三)·赤·一
乃命少(小)—曰

清(三)·赤·二
少(小)—旣蛩(羹)之

清(三)·赤·二
湯句妻紝巟胃少(小)—曰

清(三)·赤·二
少(小)—弗敢嘗

清(三)·赤·三
紝巟胃少(小)—曰

清(三)·赤·三
少—自堂下受紝巟蛩(羹)

清(三)·赤·三
紝巟受少—而

清(三)·赤·四
少—受亓余(餘)而嘗之

清(三)·赤·五
少(小)—饋

清(三)·赤·五
少(小)—愳(懼)

清(三)·赤·五
少—乃瘃(眛)而帰(寢)

清(三)·赤·六
是少(小)—也

清(三)·赤·九
晉(巫)鴍(烏)乃歝少—之朐(喉)渭(胃)

清(三)·赤·一〇
少(小)—乃记(起)而行

清(三)·赤·一〇
少(小)—曰

清(三)·赤·一〇
少(小)—乃记(起)而行

清(三)·赤·一一
少(小)—曰

清(三)·赤·一一 少(小)—曰

清(三)·赤·一四 少(小)—之言

清(四)·筮·四位三五 —妄

清(四)·筮·四位三五 —之

清(五)·厚·七 咸天下之—民

清(五)·湯丘·一 少＝—＝

清(五)·湯丘·三 少(小)—酓(答)曰

清(五)·湯丘·三 少(小)—惎(基)悬(謀)鄙(夏)邦

清(五)·湯丘·三 少(小)—又(有)疾

清(五)·湯丘·四 遉(復)見少(小)—

清(五)·湯丘·四 今少(小)—又(有)疾

清(五)·湯丘·七 今少(小)—能廛(展)章(彰)百義

清(五)·湯丘·一〇 唯(雖)—死而或(又)生

清(五)·湯丘·一二 於少(小)—

清(五)·湯丘·一二 少(小)—酓(答)

清(五)·湯丘·一三 湯或(又)䎽(問)於少(小)—

清(五)·湯丘·一三 少(小)—酓(答)

清(五)·湯丘·一四 湯或(又)䎽(問)於少(小)—

清(五)·湯丘·一五 少(小)—酓(答)

清(五)·湯丘·一六 湯或(又)䎽(問)於少(小)—

清(五)·湯丘·一七 爲—系(奚)若

清(五)·湯丘·一七 少(小)—酓(答)

清(五)·湯丘·一七 爲—共(恭)命

清(五)·湯丘·一七 湯或(又)䎽(問)於少(小)—

清（五）·湯丘·一七 少（小）—會（答）曰

清（五）·湯丘·一九 湯或（又）𤔲（問）於少（小）—

清（五）·湯丘·一九 少（小）—會（答）

清（五）·湯門·一 𤔲（問）於少（小）—

清（五）·湯門·一 少（小）—會（答）曰

清（五）·湯門·三 𤔲（問）於少（小）—曰

清（五）·湯門·三 少（小）—會（答）曰

清（五）·湯門·五 𤔲（問）於少（小）—曰

清（五）·湯門·六 少（小）—會（答）曰

清（五）·湯門·一〇 湯或（又）𤔲（問）於少（小）—

清（五）·湯門·一一 少（小）—會（答）曰

清（五）·湯門·一二 湯或（又）𤔲（問）於少（小）—

清（五）·湯門·一三 少（小）—會（答）

清（五）·湯門·一八 少（小）—會（答）曰

清（五）·湯門·一八 湯或（又）𤔲（問）於少（小）—

清（五）·湯門·一九 湯或（又）𤔲（問）於少（小）—

清（五）·湯門·二〇 —會（答）曰：唯皮（彼）九神

臧

[illegible]

包二·七 —王之墨以内其臣之𧰼典

包二·二三 —未 人名

包二·一二二 —申 人名

包二·四三 均— 人名

包二·八〇 少— 職官名

包二·一二一 —[illegible] 人名

包二·一六〇 —奠 人名

包二·一六六 —嘉 人名

包二·一六七 —秦 人名

包二·一七二 —罾 人名

包二·一六三 —塙 人名

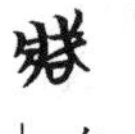 包二・一七三 —署 人名

 包二・一八三 愄王埯人—

 包二・一六三 —燭 人名

 包二・七二 大—之州人窒聯受期

 包二・一八二 大—之加公黄申

 包二・二二四 —敢爲位

 包二・二二五 —敢爲位

 包二・一八六 登人—燭

 包二・三八 —牁 人名

 包二・六〇 —牁

 帛丙八・一 —𡳿□

 郭・緇・一 則民—(咸)放(扐)型(刑)不屯

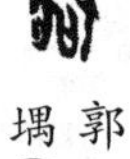 郭・窮・八 堣(遇)楚—(莊)也

 上(四)・曹・一〇 —(莊)公

 上(四)・曹・二〇 —(莊)公

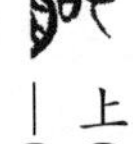 上(四)・曹・二二 —(莊)公

 上(四)・曹・三三 —(莊)公

 上(四)・曹・三五 —(莊)公

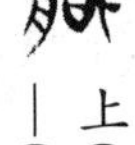 上(四)・曹・三八 —(莊)公

 上(四)・曹・四三 —(莊)公

 上(四)・曹・四四 —(莊)公

 上(四)・曹・五三 —(莊)公

 上(四)・曹・五五 —(莊)公

 上(四)・曹・五七 —(莊)公

 上(七)・鄭乙・一 —(莊)王

 清(一)・耆・四 方—(臧)方武

 清(一)・耆・五 方—(臧)方武

 清(一)・耆・六 —(臧)武悉=(赳赳)

 清(一)・祭・一一 亦尚㞒(宣)—(臧)乓(厥)心

 清(一)・祭・一六 女(汝)母(毋)以俾䛐息(塞)尔—(莊)句

 清(一)・楚・一〇 至—(莊)王逷(徙)袠(襲)薆=郢=

清（二）·繫·一 —（莊）公

清（二）·繫·一〇 —（莊）公

臧

上（六）·莊·一背 —（莊）王

清（二）·繫·五八 —（莊）王

清（二）·繫·五九 —（莊）王

清（二）·繫·六一 —（莊）王

清（二）·繫·六三 —（莊）王

清（二）·繫·七四 —（莊）王

清（二）·繫·七四 —（莊）王

清（二）·繫·七五 —（莊）王

清（二）·繫·七七 —（莊）王

清（二）·繫·九三 —（莊）公

清（二）·繫·九一 晉—（莊）坪（平）公即立兀（元）年

清（二）·繫·九四 —（莊）公

清（二）·繫·九五 —（莊）公

清（二）·繫·九六 晉—（莊）坪（平）公立十又二年

清（二）·繫·九九 晉—（莊）坪公即殜（世）

清（二）·繫·一三〇 郎—（莊）坪（平）君衒（率）𠂤（師）

臧

清（二）·繫·六一 —（莊）王

壓

包二·一七七 翌— 人名

上（五）·季·二二 —（臧）辠（罪）型（刑）之

杸

曾一 一—

曾二〇 一—

曾四〇 一—

曾一七 一晉—

曾三〇 一晉—

曾六二 一—

曾九九 一—

曾一四 一晉—

曾六八 一晉—

毄　毆　殹　役

毄 上(三)·周·一 —(擊)龙(蒙)

毆 清(二)·繫·九二 —(驅)車𡴶(至于)東啚(敵)
清(二)·繫·五七 穆王思—(驅)罴(孟)者(諸)之麋

殹
殹 包二·一〇五 左司馬—
郭·語四·二七 一王母保三—(嫛)兒(娩)
上(二)·子·九 —亦城(成)天子也與(歟)
上(二)·魯·六 公剴(豈)不飤(飽)㓞(粱)飤肉才(哉)—(也)
新甲三·二〇三 ▨吴—無受一赤
清(一)·耆·五 —(緊)民之秀
清(一)·金·一一 —(噫)公命我勿敢言
清(二)·繫·一二〇 繫衜(率)𠂤(師)與戉公—(翳)伐齊=
清(三)·說上·三 帝—(抑)尔以畀舍(余)
清(三)·說上·三 —(抑)非
清(三)·琴·六 —(緊)莫肎(肯)曹(造)之
清(三)·芮·一〇 —(緊)先人又(有)言

⿰医戈 上(二)·魯·三 否—(也)

包二·一一六 左司馬旅—爲鄝貣郕異之金七益
訛形。

役
清(五)·厚·一〇 隹(惟)所—之司民

⿺辶殳 郭·五·四五 心之—也
上(二)·容·三 思—百官而月青(請)之
上(二)·容·一六 戲(癘)—(疫)不至

殺

清(一)·者·一〇　—(役)車亓(其)行

清(五)·湯門·一一　悳(德)事—(役)正(政)型(刑)

清(五)·湯門·一二　岦(美)—(役)系(奚)若

清(五)·湯門·一二　亞(惡)—(役)系(奚)若

清(五)·湯門·一五　迟(起)—(役)時訓(順)

清(五)·湯門·一六　岦(美)—(役)

清(五)·湯門·一六　迟(起)—(役)不時

清(五)·湯門·一六　此胃(謂)亞(惡)—(役)

殺　敘

包二·八三　胃—嗌昜公會剔……

包二·八六　胃—其弟

包二·九五　兢—之

包二·一二〇　或—下鄰人舍睪

包二·一三五　苛冒逗卯並—僕之戥叨

包二·一三六　苛冒亘卯並—舒叨

包二·一二一　會—余睪

包二·一三五　連利皆智其—之

包二·一三六　舒逬—亘卯

包二·一三七　信讃毋智舒慶之—亘卯

包二·一三五反　苛冒宣卯—其戥叨

包二·一三六　小人與慶不信—亘卯

包二·一三七　苛冒亘卯不—舒叨

包二·八四　胃—其戥臣

包二·一三五反　卯自—

包二·九〇　胃—其戥

包二·一三四　得苛冒逗卯自—

磚三七〇·一　兢利天—之僕不敢不告

磚三七〇·三　眺—僕之戥

天卜　女殤各—軋臆志占之

望一·一七六　☑—坪樂

磚三七〇·二　眺—僕之戥

帛丙一·三　不可以□—

郭·魯·五　夫爲其君之古(故)—其身者

郭·尊·三　—殍(戮)

郭・魯・六　夫爲其君之古(故)—其身者
郭・尊・三五　—不足以勳(勝)民
郭・老丙・七　是樂—人

郭・太・七　此天之所不能—
上(二)・容・四　不型(刑)不—
上(二)・容・六　不型(刑)—而無頪(盗)惻(賊)

上(三)・周・五七　東荅(鄰)—牛
上(四)・柬・七　安敢—祭
上(四)・柬・七　㠯君王之身—祭未尚又

上(五)・季・一〇　好—則复(作)亂(亂)
上(五)・季・二一　大辠(罪)—

上(五)・三德・一二　出(?)欲—人
上(五)・三德・一四　牆(將)舉(興)勿—

上(五)・鬼・二　—許者
上(六)・天乙・四　幾—而邦正

上(六)・天乙・五　文生武—
上(七)・鄭乙・一　奠(鄭)子彖(家)—亓(其)君

上(七)・鄭乙・二　奠(鄭)子彖(家)—亓(其)君
清(二)・繫・八　—惠王于虢(號)

清(二)・繫・一一　—卲(昭)公而立亓弟子釁壽
清(二)・繫・一一　—子
清(二)・繫・一三　—三監而立宗子耿

清(二)・繫・一四　—寀子耿
清(二)・繫・一四　—飛曆(廉)
清(二)・繫・二八　—賽(息)侯

清(二)・繫・三一　而—之
清(二)・繫・三二　亓夫=里之克乃—勦胥
清(二)・繫・三三　里之克或(又)—悼子

清（二）·繫·三八
晉人—

清（二）·繫·五九
宋人是古（故）—孫（申）白（伯）亡（無）愄（畏）

清（二）·繫·七五
—亓（其）君需（靈）公

清（二）·繫·七六
—㞷（徵）余（舒）

清（二）·繫·八一
而—之

清（二）·繫·九四
—䜌（欒）纆（盈）于曲夭（沃）

清（二）·繫·九五
—亓（其）君臧（莊）公

清（二）·繫·九九
—郗（蔡）需（靈）侯

清（三）·說上·五
勿—=

清（三）·說上·四
我亓（其）—之

清（三）·說上·五
乃—一豕

清（三）·赤·三
虗（吾）不亦—尒

清（三）·赤·一三
—黄它（蛇）與白兔

清（三）·赤·一四
—二黄它（蛇）與一白兔

清（五）·湯丘·一六
不瘧（虐）—

郭·唐·七
孝之—㤅（愛）天下之民

郭·語一·一〇三
豊（禮）不同，不奉（豊），不—

郭·語三·四〇
𢙣（愛）睪（親）則其—𢙣（愛）人

《說文》古文。

郭·語一·一一二
……樂—

郭·語一·五〇
容𩔁（色），目—（司）也

郭·語一·五〇
聖（聲），耳—（司）也

郭·語一·五一
臭（嗅），鼻—（司）也

殺 坌 役 寺

郭・語一・五一 未(味),口—(司)也

郭・語一・五二 志,心之—(司)

毀

郭・語一・五二 㷎(氣),容—(司)也

與毀爲一字異體。

上(五)・三德・一四 弗—(滅)不墮(隕)

清(三)・祝・二 乃—(投)以土

清(四)・別・六 㕛—(夬)

寺 㞢

包二・二六六 出内—(侍)王

包二・二三四 出内—(侍)王

信一・〇三七 二芷一子—

望一・一四 出内—王

帛甲四・一一 是佳四—(時) 借爲時。

帛甲七・一二 十日四—(時)

帛乙六・七 三—是行

帛乙六・一六 三—

帛乙八・三 —雨進退

郭・緇・一 —(詩)員(云)

郭・緇・三 —(詩)員(云)

郭・緇・四 —(詩)員(云)

郭・緇・九 —(詩)員(云)

郭・緇・一二 —(詩)員(云)

郭・緇・一三 —(詩)員(云)

郭・緇・一五 —(詩)員(云)

郭・緇・一七 —(詩)員(云)

郭・緇・一八 —(詩)員(云)

郭・緇・三〇 —(詩)員(云)

郭・緇・三二 —(詩)員(云)

郭・緇・三三 —(詩)員(云)

郭・緇・三九 —(詩)員(云)

郭・緇・二六 —(詩)員(云)

郭・緇・四一 —(詩)員(云)

郭・緇・四一 —(詩)員(云)

郭・緇・四三 —(詩)員(云)

郭・緇・四五 —(詩)員(云)

郭・緇・四六 —(詩)員(云)

郭・窮・六 莞(管)—(夷)虐(吾)竒(拘)繇(囚)束縛

上(一)・孔・二 —也

上(二)・魯・四 或(何)心—(恃)虐(乎)名虐(乎)

上(二)・魯・五 或(何)必—(恃)虐(乎)名虐(乎)

上(二)・子・四 每旨(以)□—丌(其)言

新甲三・三八七 ▨—二祩(社)

新甲三・三八七 既於高—

新零・三五三 —怡(怡)▨

上(四)・相・一 宵(静)㠯(以)—(待)

清(一)・尹至・四 女告我頣腥(隱)銜(率)若—(時)

清(一)・尹至・四 若—(時)

清(一)・祭・一 余多—(時)叚(假)懲

清(一)・祭・二 余隹—(時)逨(來)見

清(一)・祭・四 隹—(時)皇上帝

清(一)・祭・一六 岂(亡)—(時)寔(遠)大邦

清(一)・祭・一七 亓皆自—(時)宙(中)舅(乂)萬邦

清(一)・祭・一八 —(時)隹大不弔(淑)孳(哉)

清(三)・説中・二 允若—(時)

清(三)·説中·七
余告女(汝)若—(時)

清(三)·説下·六
—(時)罔非乃

清(三)·説下·八
隹—(時)大戊盍(謙)曰

清(三)·琴·三
弻(弼)—(持)亓又(有)肩

清(三)·琴·一二
—(持)隹文人之若(若)

清(三)·琴·一三
差(佐)—(事)王

清(三)·琴·一四
介(匄)睪(澤)—(恃)悳(德)

清(三)·芮·二一
風雨—(時)至

清(三)·芮·二二
曰亓罰—(時)亗(償)

清(五)·厚·四
其才(在)—(時)後(後)王之卿

清(五)·厚·七
隹—(時)下民雓帝之子

清(五)·厚·七
隹—(時)余經

清(五)·般·一五
—(是)名曰恙(祥)

清(五)·般·一五
鬲(厤)象天—(時)

清(五)·般·一六
—(是)名曰義

清(五)·般·一六
—(時)型(刑)罰跡(赦)

清(五)·般·一六
—(是)

清(五)·般·一八
—(是)名曰音

清(五)·般·一八
—(是)名曰訦

清(五)·般·一九
—(是)名曰愳(聖)

清(五)·般·二〇
—(是)名曰智

清(五)·般·二一
—(是)名曰利

清(五)·般·二二
—(是)名曰賭(叡)訐(信)之

清(五)·般·二七
若—(是)

清(五)·般·二八
若—(是)

𢔶

唛 天卜—主從十月以至來
天卜—王䢅夏䨖之月
包二·二一六 出內—王
望一·三七 □內—▨

曾七七 ▨□麗—桲車
郭·五·七 君子之道胃(謂)之—(志)士
上(二)·民·八 牺(將)可孥—(詩)矣

清(一)·程·五 —(時)不遠
上(五)·君·一 詹囷—(侍)於夫₌子₌
上(五)·弟·一四 虐子皆能又—(待)虐(乎)

唛 天卜—王䢅冬栾之月
郭·六·二四 雚(觀)者(諸)—(詩)、箸(書)則亦才(在)壴(矣)
上(二)·從(甲)·一二 —(持)善不猒(厭)

上(二)·從(甲)·七 三折(誓)—(持)行
上(二)·從(甲)·一五 命亡(無)—(時)
上(二)·從(乙)·五 㠯—(待)名之至也

歨 上(四)·相·一 寊(靜)㠯(以)—(待)
清(三)·良·六 齊軭(桓)公又龠—(夷)虐(吾)

清(四)·筮·死六 —(待)死
清(四)·筮·死八 —(待)死

上(一)·性·一 —(待)勿(物)而句(後)乍(作)
楚寺之特形。

䢊 郭·性·六五 退谷(欲)—而毋巠(輕)

軸 上(一)·孔·一六 虐(吾)㠯(以)萿—㝵(得)氏初之詩

謷 上(五)·鬼·七 訐—頣(夏)邦

包二·一七六 魯客—臣

郭·老甲·一二 是古(故)聖人能—(輔)萬勿(物)之自肰(然)

郭·五·三七 共(恭)而—(博)交

郭·成·二七 及其—(溥)長而尾「厚(重)」大也

郭·忠·八 古(故)蠍(䜌)罕(親)—(溥)也

郭·尊·三五 —(博)不足以智(知)善

郭·語一·二八 其智(知)—(博)，虡(然)句(後)智(知)命

郭·語一·八二 厚於義，—(薄)於息(仁)

郭·語二·五 —生於慶(文)

上(一)·孔·三 —(溥)儨(觀)人谷(俗)安(焉)

上(二)·容·二一—二二 菨衣鞁—

上(二)·容·三六 湯乃—(輔)爲正(征)复(籍)

上(三)·彭·二 女(汝)孳=(孳孳)—(布)昏(問)

上(四)·曹·四四 亓邊(就)之不—(附)

上(六)·競·七 毋—青(情)

上(六)·孔·三 上不皐(罪)息(仁)而楘(溥)—

清(一)·金·四 —(溥)又(有)四方

清(一)·祭·五 —(敷)䎽(聞)才(在)下

清(二)·繫·二 —(敷)政天下

清(三)·說上·二 旻(得)敓于—(傅)厰

清(三)·說上·七背 —(傅)敓(說)之命

清(三)·說中·一 敓逨(來)自—(傅)厰

清(三)·說中·七背 —(傅)敓(說)之命

清(三)·說下·九 虐(吾)乃—(敷)之于百青(姓)

皮

清(三)・說下・一〇 —(敷)之于朕政
清(三)・說下・一〇背 —(傅)敚(說)之命

清(三)・琴・六 惎—(敷)亓又敚(悅)
清(五)・殷・一一 乃—(復)語彭且(祖)
清(五)・殷・一五 —(輔)民之怹(化)

清(五)・殷・二四 —(敷)又(佑)下方
清(五)・殷・二八 —(補)鞅(缺)而救桂(枉)

包二・三三 王— 人名
郭・緇・一八 —(彼)求我則
郭・語四・六 —(破)邦芒(亡)㾕(將)

上(四)・柬・一〇 晉侯—(彼)聖人之孫=

上(一)・紂・一〇 —(彼)求我則女
上(五)・鬼・六 象—(彼)獸鼠

上(二)・容・三七 —(跛)
上(三)・周・五六 取—(彼)才(在)坹(穴)

上(六)・慎・三正 中仉(處)而不—
清(三)・琴・五 褎(裕)—(彼)趣(熙)不茖(落)
上(三)・彭・一 —(彼)天之道

清(三)・芮・五 㚃(顧)—(彼)逘(後)復(復)
清(三)・芮・八 —(彼)人不敬
清(五)・命・九 淫祭—(罷)豙(家)

清(五)・湯門・六 唯—(彼)五味之𣪠(氣)
清(五)・湯門・一一 唯—(彼)四神

清(五)・湯門・一八 唯—(彼)九神
清(五)・湯門・二〇 唯—(彼)九神

清(五)·般·一五
民觀(勸)毋—(疲)

啟

包二·一三
吉— 人名

曾一五五
迅弁—之轡爲左驌

郭·老乙·一三
—其说(兑)

上(二)·從(甲)·一七
人則—道之

九·五六·六〇
〔朝〕閟(閉)夕—

上(二)·容·三四
—於是虐(乎)攻益自取

上(三)·周·八
—邦丞(承)豪(家)

上(四)·柬·九
王夢晶(三)閨(圭)未—

清(二)·繫·九
晉人女(焉)刣(始)—

清(二)·繫·二〇
公子—方奔齊

清(二)·繫·二一
公子—方女(焉)

清(二)·繫·二九
文王以北—出方成(城)

清(二)·繫·一一五
執—章術(率)自(師)回(圍)黄池

清(二)·繫·一一六
執—

清(五)·厚·二
—隹(惟)后

啓

清(五)·厚·二
帝亦弗恐(鞏)—之經悳(德)

清(五)·厚·一〇
—之民其亡款(諒)

攺

清(一)·金·一〇
以—(啓)金紷(縢)之匱

清(三)·說中·三
—(啟)乃心

清(三)·琴·一
元内(納)—(啟)曰

清(三)·琴·二
元内(納)—(啟)曰

清(三)·琴·三
尃—(啟)

清(三)·琴·五
参(三)—(啟)曰

清(三)·琴·七
四—(啟)曰

敏　敀　故　政

清(三)·琴·八 五—(啟)曰
清(三)·琴·一〇 六—(啟)曰
清(三)·琴·一二 七—(啟)曰
清(三)·琴·一三 八—(啟)曰

清(三)·琴·一五 九—(啟)曰
清(三)·芮·一四 燮(燮)戟(仇)—(啓)郕(國)
清(三)·芮·一五 二—(啓)曰

坙
上(四)·曹·四四 亓—(啓)節不疾

敏
孜
上(三)·彭·八 朕孳不—(敏)

敀
包二·一四二 小人之州人君夫人之—愴之宿一夫
包二·一四三 鄅逄尹憍執小人於君夫人之—愴
仰二五·一八 魯—之

郭·窮·七 爲—(伯)𢾅(牧)牛
上(二)·容·八 敚(悅)—㠯不逆

上(五)·季·一一 夫—(迫)邦甚

故
帛甲一·二 曰—
上(二)·容·四八 乃坙(降)文=王=(文王，文王)時—時而孝(教)民時

上(五)·鮑·三 —纆端田纆
清(三)·說中·二 —(古)我先王滅(滅)頣(夏)

清(三)·赤·一 —纆端田纆

政
包二·八一 以其—其田
包二·一四〇 小人各—於小人之陛
包二·一五五 —五連之邑於甕王士
包二·一五六 詛之—

包二・一二
鄰連鑵東臣所馭—車

曾一六六
—車

曾一二三
—車

上(二)・魯・二
—坓(刑)與

上(二)・容・四三
亓—紿(治)而不賞

上(一)・孔・八
雨亡(無)—

上(二)・魯・三
女(如)夫—坓(刑)與悳(德)

上(四)・相・一
古(故)此事〓出—

上(四)・曹・五
則不可㠯不攸(修)—而善於民

上(四)・曹・六
則亦不可㠯不攸(修)—而善於民

上(四)・曹・一〇
乃命毁鐘型而聖(聽)邦—

上(五)・三德・四
毋訽(詬)—卿於神宋(祇)

上(六)・用・一三
兇(凶)井(刑)厲—

清(一)・耆・三
司—(正)

清(一)・祭・一九
弗逹(失)于—

清(二)・繫・二
尃(敷)—天下

清(二)・繫・一〇
奠武公亦—(正)東方之者侯

清(二)・繫・一二
奠(鄭)以台(始)—(正)

清(三)・說下・五
女隹又萬𦔻(壽)才乃—

清(三)・說下・一〇
尃(敷)之于朕—

清(三)・芮・一四
甬(用)又聖—悳(德)

清(三)・芮・一八
—(正)百又(有)司

清(三)・芮・二〇
緤剌(斷)旣—而五想柔訛(比)

清(三)・芮・二一
—命悳型各又(有)嵩㢩(次)

清(四)・筮・小三〇
巛三埶去—巳

清(五)・厚・四
以庶民隹(惟)—之龏(恭)

清(五)・厚・八
念乃高且(祖)克憲皇天之—工(功)

攺　軙　攽

清（五）·殷·一九 和民甬（用）—（正）

清（五）·命·一二 正之以—

郭·語一·六七 —其虞（然）而行，怠（治）安

攺

郭·尊·三七 古（故）悳（德）可易而—（施）可迴（轉）也

郭·尊·三七 又（有）是—（施）少（小）又（有）利

《集韻·支韻》：「攺，或作攺。」

清（一）·保·五 𢆶（厥）又—（施）于上下遠埶（邇）

軙

包二·一三五反 陰之戩客—得冒

包二·一四二 小人牺—之

包二·一四四 州人牺—小人

清（一）·皇·四 —（敕）明刑

攽

曾八 —启

曾一〇 —衡尼

曾五六 —敗

曾二 屯—軚

曾八 二—軚

曾六九 —鞿韜

曾七三 —敀

曾一〇一 —䡞

曾一九 二—軚

曾三一 —韌

曾五八 —韌

曾二五 —軚

〔旱攵〕　歛　斂　敶

曾二六 —靷
曾三六 —靷
曾一正 —靷
曾三八 —鞉
曾一〇五 —鞉

〔旱攵〕 攼
帛甲五・二一 —斆之
《集韻・翰韻》：『攼同〔旱攵〕。』
上（二）・子・一二 冬（終）見芙—而薦之

清（三）・芮・二三 人頌（訟）—（扞）啚（違）
清（五）・封・三 —（干）敦般受

上（七）・吳・五 余必—（敦）喪尔（爾）袿（社）稷（稷）

敳
信一・〇一一 —（愷）弟君子

斂 歛
包二・一四九 陵让尹塙以楊虎—闡金於邾敓，䟕仿之新易一邑

郭・緇・二六 𣏟人不—
上（一）・紂・一四 林人不—（儉）

敶 帒
郭・性・七 雁生而—（伸）
上（四）・曹・一四 又克正而亡克—（陳）
上（四）・曹・一九 不可㠯出—（陳）

上（四）・曹・一九 不和於—（陳）
上（四）・曹・二四 爲和於—（陳）女（如）可（何）

上（四）・曹・四四 是古（故）矣（疑）—（陳）敗
上（六）・天甲・六 戟（戟）—（陳）戔（踐）亡

上（六）・天乙・五 戟（戟）—（陳）戔（踐）亡
清（一）・祭・四 隻（作）—（陳）周邦

救

清（五）·殷·一五 —（申）豊（禮）憅（勸）忮（規）

包二·二二八 —郙之戢

包二·二三〇 —郙之戢

包二·二三九 —郙之戢

包二·二四二 —郙之戢

包二·二四九 —郙之戢

新零·六 ☒司—返（及）左☒

上（五）·季·二〇 —民㠯（以）睬（親）

上（五）·三德·四 毋亯（享）牖（逸）焉（安）—（求）利

上（七）·鄭甲·六 牺（將）—奠（鄭）

上（七）·鄭甲·七 人牺（將）—子蒙（家）

上（七）·鄭乙·六 牺（將）—奠（鄭）

清（一）·保·四 忈（恐）—（求）中

清（一）·者·七 袞（裕）悳（德）乃—

清（一）·皇·三 廼方—（求）巽（選）睪元武聖夫

清（三）·祝·二 —火

清（三）·祝·三 陽（揚）武卽—（求）尚

清（三）·祝·四 陽（揚）武卽—（求）尚

清（三）·祝·五 陽（揚）武卽—（求）尚

戕

包二·二二六 —郙之戢

包二·二三二 —郙之戢

包二·二三四 —郙之戢

包牘一 大司馬郫慣—郙之戢

救字異體。

清（二）·繫·二五 我牺（將）求—（救）於郙（蔡）

清（二）·繫·二五 求—（救）於郙=

敚

清（二）·繫·二六　以—（救）賽（息）
清（二）·繫·六二　—（救）奠（鄭）
清（二）·繫·六三　—（救）奠（鄭）

清（二）·繫·七一　郘（駒）之克衒（率）𠂤—（救）魯
清（二）·繫·八五　晉競公會者侯以—（救）鄭＝
清（二）·繫·九〇　東（厲）公—（救）奠（鄭）

清（二）·繫·一〇五　子虎衒（率）𠂤（師）—（救）楚
清（二）·繫·一一七　章衒（率）𠂤（師）—（救）赤壦

清（二）·繫·一三四　遯（魯）易公衒𠂤—（救）武易
清（二）·繫·一三六　楚𠂤𤖤（將）—（救）武易
清（五）·殷·二八　尃（補）𠷎（缺）而—梩（柱）

包二·九三　以其—其逡
包二·九七　以其—妻
包二·一〇〇　郹—之郙邑人走仿
包二·三九　周—　人名

包二·一〇〇　以其—湯汸
包二·一四九　以楊虎斂關金於郙—賟仿之新易一邑
包二·八五　周—

包二·一六四　—兮　人名
包二·一八五　邸易君之集—
包二·二二三　卑郙脁之—
包二·二〇二　以其古—之

包二·九一　周—
包二·一九八　以其古—之
包二·二〇〇　以其古—之

包二·二二二　以其古—之
包二·二二七　以其古—之
包二·二二九　以其古—之
包二·二一〇　以其古—之

包二·二二三　以其古—之
包二·二三七　以其古—之
包二·二四三　以其古—之
包二·二一三　以其古—之

包二·二四六　以其古—之
秦一三·二　—以其古—之
秦一三·一四　以其古—之
秦九九·五　無—

天卜 遝升丑之—

天卜 以其古—之

天卜 無—

望一·四四 以其古—之

望一·四五 又—

望一·七六 ☐北方又—☐

天卜 又—

望一·七七 又見—

望一·八六 —非祭祀

望一·四四 以其古—之

天卜 以其古—之

郭·老甲·二一 —纓(穆)

郭·語二·二一 㺅(好)生於—

郭·語二·二一 —生於卯

郭·語二·四二 凡—，乍(作)於懇者也

郭·語三·四 不—(悅)，可去也

郭·語四·五 凡—(說)之道

郭·緇·一一 則民至(致)行㠱(己)以—(悅)上

郭·緇·三八 此以生不可—(奪)志

郭·緇·三八 死不可—(奪)名

郭·魯·二 公不—(悅)

上(一)·孔·六 虗(吾)—(悅)之

上(二)·子·五正 —(悅)□

上(一)·孔·一四 㠯(以)鎜(琴)䎼(瑟)之—(悅)

上(一)·孔·二四 —(悅)丌(其)人

上(二)·魯·二 庶(庶)民智(知)—(說)之事

上(二)·容·八 —(悅)柬(簡)㠯行

上(二)·容·一九 是㠯逮(近)者—(悅)絧(治)

上(二)·容·八 —(悅)故㠯不逆

上(二)·容·八 堯乃—(悅)

上(二)·容·五〇 虗(吾)—(說)而弋(代)之

九·五六、二八 —(奪)之室

新甲一·五 又(有)—(祟)見於卲(昭)王、獻(獻)惠

新甲三·二 ☐咎，又(有)—(祟)見於卲(昭)王、文☐

新甲三·三 同—(祟)見於太☐

新甲三・一九 ☑兆亡(無)咎。又(有)—(祟)☑

新甲三・九六 以其古(故)—(說)之□☑

新甲三・二三二、九五 無咎無—(祟)

新甲三・一六九 ☑古(故)—(說)之。遯(逡)☑

新甲三・一七七 又(有)—(祟)見於仌(太)☑

新甲三・一八八、一九七 ☑㠯(以)亓(其)古(故)—(說)之

新甲三・二一二、一九九—三 以其古(故)—(說)之

新甲三・二一九 而—(說)其祱(祟)

新甲三・二五六 㠯(以)其古(故)—(說)之

新甲三・二六五 㠯(以)其古(故)—(說)之

新乙一・六 ☑—(祟)

新乙一・二二 又(有)—(祟)

新乙一・二九、三〇 其古(故)—(說)之

新乙二・四一 以其古(故)敚(說)☑

新乙二・三、四 以其古(故)—(說)☑

新乙三・二八 ☑嬰良之—(說)

新乙三・五〇 ☑生之—(說)

新乙三・二、甲三・一八六 無咎無—(祟)

新乙三・六一 㠯(以)其古(故)—(說)之

新乙三・二七 死(恒)由郙亥—(說)於五殜(世)☑

上(三)・周・二五 車—(說)复(輹)

上(四)・曹・二〇 毋—(奪)民利

上(四)・曹・六三 乃自怭㠯—(悅)於蓳(萬)民

上(五)・競・五 則可—(奪)㫃(與)

上(五)・競・六 不遂(踐)於善而—(奪)之

上(五)・三德・一五 聚(驟)—(奪)民旹(時)

上(五)・三德・一六 —(奪)民旹(時)㠯土攻(功)

上(五)・三德・一六 —(奪)民旹(時)㠯水事

上(六)·競·五
吏(史)之爲丌(其)君祝—也

上(六)·競·七
君祝—

清(一)·金·六
所爲社自以弋王之—(說)

清(二)·繫·四二
伐衜以—(脫)齊之戍及宋之回(圍)

清(二)·繫·七六
—之少盄

清(二)·繫·八六
乃—(說)芸(鄖)公

清(一)·金·一〇
以弋(代)武王之—(說)

清(三)·說上·一
隹鼙(殷)王賜—(說)于天

清(三)·說上·一
以貨徇求—(說)于邑人

清(三)·說上·二
旻—(說)于尃(傅)厰(巖)

清(三)·說上·二
—(說)方笙(築)壂(城)

清(三)·說上·二
乎(厥)—(說)之痟(狀)

清(三)·說上·三
王廼餘(訊)—(說)曰

清(三)·說上·三
—(說)廼曰

清(三)·說上·四
天廼命—(說)伐遳=宔=

清(三)·說上·五
—(說)于韋(圍)伐遳(失)宔(仲)

清(三)·說上·六
亓(其)隹(惟)—(說)邑

清(三)·說上·六
—(說)

清(三)·說上·七
王甬(用)命—(說)爲公

清(三)·說上·七背
尃(傅)—(說)之命

清(三)·說中·一
—(說)逨自尃厰(巖)

清(三)·說中·一
—(說)

清(三)·說中·二
來各(格)女(汝)—(說)

清(三)·說中·五
女隹埶(兹)—(說)砥(底)之于乃心

清(三)·說中·七背
尃(傅)—(說)之命

清(三)·說下·二
余隹命女(汝)—(說)轊(融)朕命

清(三)·說下·三　—(說)

清(三)·說下·四　—(說)

清(三)·說下·六　—(說)

清(三)·說下·七　—(說)

清(三)·說下·八　—(說)

清(三)·說下·一〇　—(說)

清(三)·說下·一〇背　尃(傅)—(說)之命

清(三)·琴·六　惹(懋)尃(敷)亓又(有)—(悦)

清(三)·琴·九　流(攸)自求—(悦)

清(四)·別·一　三啚(否)三—(遯)

祱

包二·二一〇　遙郿禽之—

包二·二一四　遙郿禽之—

包二·二一四　遙郿禽—

天卜　以其古—之

天卜　宜室無咎無—

天卜　丗=戠無咎無—

天卜　少又惡於窮=又—

天卜　不□□無—

天卜　晒又亞於車馬下之人又—

望一·二四　以其古—之

望一·二四　㠯(以)六(其)古(故)—之

天卜　占之恒貞吉又—

天卜　少又外悳又—

新甲三·九六　又(有)—(祟)

新甲三·二六五　又(有)—(祟)

新甲三·三四四—一　☐瘔，又(有)—(祟)

新甲三·四〇　亡(無)—(祟)。☐

新甲三·四五　☐□之—(說)

新甲三·二一三　又(有)—

新甲三·二一九 而敚（說）其—（祟）

新甲三·三〇〇、三〇七 遯（迻）亓（其）疋—（說）

新乙四·五〇 ☐無咎無—（祟）☐

新零·一九八、二〇三 有—（祟）見于大川有汸

望一·六一 又（有）税（祟）

新零·二六五 ☐— ☐

望一·八八 痼以黄靁習之，尚—

望一·六三 輿逯豹之—

望一·四九 ☐吉不死又見—

望一·五〇 ☐恒貞吉又見—

禜

包二·二〇三 弄石被裳之—

包二·二〇七 以其古—之

包二·二一八 以其古—之

包二·二一八 痥良瘦又—

包二·二二〇 不逗於邸昜同—

包二·二二二 恒貞吉又—見

包二·二二三 恒貞吉又—

包二·二三一 以其古—之

包二·二三五 無咎無—

包二·二四〇 以其古—之

包二·二四一 弄䀍吉之—

包二·二四三 弄䀍吉之—

包二·二四九 恒貞吉不死又—見

秦一·一 又—見

天卜 逯䀍烓之—

天卜 逯䀍了之—

天卜 戱（且）又（有）外惡，又（有）—

天卜 少又慐（憂）於止（趾），又（有）—

天卜 恒貞吉，少迟瘻（瘥），又—

天卜 疾速又瘳牺又癀又—

天卜 以其古—之

天卜 以其古—之

天卜 以其古—之

天卜 少迟瘢（瘥），又—

天卜 少又（有）慐（憂）於窮=（躬身），又（有）—

新乙三·三六 ☐□亓（其）—（說），又（有）禜（祟）於☐

新乙三·三六 ☐□亓（其）禜（說），又（有）—（祟）於☐

數

新甲三・三〇三　—（擇）日於八月之审（中）賽禱☐

攸

郭・老乙・一六　—（修）之身

郭・老乙・一六　—（修）之向（鄉）

郭・老乙・一六　—（修）之豪（家）

郭・老乙・一七　—（修）之邦

郭・老乙・一七　—（修）之天下☐

郭・六・四七　少者以—（修）其身

上（一）・性・一九　—肰（然）㠯（以）思（息）

上（一）・性・二五　—（修）身近至悬（仁）

上（一）・性・二五　—（修）身者也

上（二）・容・四〇　墜（降）自鳴—（條）之述（遂）

上（二）・容・三六　天地四旹（時）之事不—（修）

新甲三・三五二　未智其—里之算☐

上（三）・周・二五　丌（其）猷—（逐逐）

上（三）・彭・五　唯（雖）貧必—（修）

上（四）・柬・一一　帝㴅命之—（修）

上（四）・柬・一三　女（如）君王—（修）郢高方若肰里

上（四）・柬・一五　王許諾—（修）四蒿

上（四）・曹・五　則不可不—（修）政而善於民

上（四）・曹・六　則亦不可㠯不—（修）政而善於民

上（四）・曹・一八　城章（郭）必—（修）

上（五）・競・四　—（修）先王之灋（法）

上（五）・三德・一七　不—（修）亓成

清（二）・繫・八七　虞（且）—（修）成

清（二）・繫・八八　或（又）—（修）

清（二）・繫・一二三　母（毋）—（修）長城

攸　敦　敗

 清(五)·封·六　—豢(脅)

 清(五)·湯丘·八　以—(修)四時之正(政)

坚  清(三)·琴·四　思—(攸)亡睪(斁)

郰  包二·八八　—軍　人名

 包二·八八　—鵋　人名

从徐在國釋爲『攸』，爲姓氏。

攱

 上(四)·曹·三　而—(撫)又(有)天下

议  清(三)·祝·三　—(撫)咢(額)

 清(三)·祝·四　—(撫)咢(額)

 清(三)·祝·五　—(撫)咢(額)

𢾾

 清(五)·封·三　孜(干)—般受

敗

 包二·一二八　司—

 曾六一　削—

 曾六四　鞁—

 曾六六　鞁—

 上(七)·凡甲·一九　—之則

 清(二)·繫·四八　大—之

 清(二)·繫·五四　—之于殽丕

 清(二)·繫·六五　述(遂)—晉𠂤(師)于河

 清(二)·繫·八二　以—楚𠂤(師)

 清(二)·繫·一三五　楚𠂤(師)大—

敗  包二·三二　阩門又—

 包二·二三　阩門又—

 包二·二四　阩門又—

 包二·二一　阩門又—

包二·二三 大司— 職官名
包二·一五 司— 職官名
包二·一五反 司—
包二·二五 阩門又—

包二·二〇 司—
包二·二八 司—
包二·三八 司—
包二·二六 阩門又—

包二·三五 阩門又—
包二·五六 阩門又—
包二·五七 阩門又—
包二·三六 阩門又—
包二·三七 阩門又—

包二·四二 阩門又—
包二·四八 阩門又—
包二·五二 阩門又—
包二·五四 司—

包二·五八 阩門又—
包二·五九 阩門又—
包二·七一 阩門又—
包二·五五 司—

包二·六〇 司—
包二·六四 司—
包二·六八 司—
包二·五七 司—

包二·七八 阩門又—
包二·七九 阩門又—
曾五六 歛—
包二·九〇 少司—
曾六 鞁—

曾五九 鞁—
包二·二三 少司—
包二·二〇 阩門又—
包二·一六六 司—

曾七八 鞁—
曾一一三 鞁—
包二·一〇三 大司馬卲鄬—晋帀於襄陵之歲

包二·一一五 卲鄬—晋帀於襄陵之歲
包二·一八三 司—
包二·一九 阩門又—
包二·一四一 司—

包二·一四三 司—
郭·老甲·一〇 爲之者—之
郭·老甲·二 此亡—事矣

郭·老甲·二
是以聖人亡爲古（故）亡—

郭·老丙·二
爲之者—之

郭·老丙·二
古（故）無—也

郭·老丙·一二
則無—事壴（矣）

郭·老丙·一二
人之—也

郭·老丙·一二
亙（恒）於其戱（且）成也—之

郭·緇·二二
毋以少（小）悔（謀）—大愭（作）

郭·語四·一六
其舉女（如）牆（將）又（有）—

郭·語四·二〇
而終不相—

上（一）·紂·一二
毋㠯（以）少（小）悉（謀）—大悳

《説文》𣀔籀文又从貝。

上（四）·曹·四四
是古（故）矣（疑）帗（陳）—

上（四）·曹·四六
復（復）—戩（戰）又（有）道虘

上（四）·曹·四六
三軍大—不勳（勝）

上（五）·三德·一三
天之所—多亓贊（喜）

上（六）·用·一四
恒民趫（？）—

清（一）·尹誥·一
尹念天之—（敗）西邑頣（夏）

清（一）·祭·一〇
隹武王大—（敗）之

清（一）·祭·一四
藍（監）于頣（夏）商之既—（敗）

清（一）·祭·一六
女母（毋）以少悉（謀）—大慮（作）

清（二）·繫·四
大—周𠂤（師）于千畨（畝）

清（二）·繫·一九
大—𨸏岂（師）於睘

清（二）·繫·二五
君女（焉）—之

清（二）·繫·二六
文王—之於新（莘）

清（二）·繫·四四
之𠂤以—楚𠂤於城僕

清（二）·繫·七一
—齊𠂤（師）于𣓋（靡）幵（笄）

清（二）·繫·八三
以—楚𠂤（師）于白（柏）畢（舉）

清(二)·繫·九〇 —楚𠂤(師)於隰(鄗)

清(二)·繫·一一三 宋公—齊𠂤(師)于襄坪(平)

清(二)·繫·一二七 —晉𠂤(師)於菩(洛)侌(陰)

清(三)·芮·二 蔓(蘁)—(敗)改繇

清(三)·芮·一七 道(導)譁(讀)善—(敗)

清(五)·厚·一三 民亦隹酉(酒)甬—(敗)畏(威)義(儀)

上(二)·民·二 四方又(有)—(敗)

上(二)·民·九 —(快)矣

敡

包二·七六 司—

包二·七六 阩門又—

包二·二三 阩門又—

包二·二七 阩門又—

戝

清(二)·繫·一二一 晉師大—(敗)

戠

信一·〇二九 不知其—

上(七)·武·一五 力則枉=者—

寇

包二·一〇二 右司—正

九·五六·三二 堣(遇)—(寇)逃(盜)

上(三)·周·一 不利爲—(寇)

上(三)·周·一 利迎(禦)—(寇)

上(三)·周·二 至(致)—(寇)至

上(三)·周·三四 —(寇)，昏(婚)佝(媾)

上(三)·周·三七 至(致)—(寇)至

上(四)·昭·二 少(小)人牺(將)訋—(寇)

上(四)·昭·四 儓(僕)牺(將)訋—(寇)

清(三)·芮·一〇 —(寇)戎方晉

收

包二·一二二 孔—郱捧之攸

包二·一四七 晒以成—

上(四)·曹·四七 者—之

上(四)·曹·五四 —而聚之

清(三)·芮·九 疋(胥)—(糾)疋(胥)

清(四)·筮·卦四六 —是

清(五)·湯門·七 五月或—(褻)

鼓

上(二)·容·四八 三—而退之

上(二)·容·四八 三—而退之

信二·三 一彫—

象手執桴擊鼓形。

敼

包二·九五 卲無戠之州人—䠛張惏

攷

郭·老甲·一 亾(絶)—(巧)弃利

郭·老乙·一四 大—(巧)若仙(拙)

郭·性·四五 人之—(巧)言利詞(詞)者

郭·性·六四 進谷(欲)孫(遜)而毋—(巧)

上(三)·周·一八 —亡(无)咎

上(四)·內·七 腹中—(巧)叏(變)

清(三)·琴·一三 —(孝)敬肥(非)紒(怠)亢(荒)

敀

郭·性·二三 肰(然)句(後)其内(入)拔(祓)人之心也—(厚)

上(一)·性·一四 肰(然)句(後)丌(其)内(入)柬(拔)人之心也—

上(三)·周·四〇 三六—(姤)

上(三)·周·一七 係而—(扣)之

上(三)·周·四一 —丌(其)角

攻

包二·一七二 —賔苛愉

包二·二五〇 命—解於漸木立

包二·一一一 少—尹

包二·一〇六 鄺陵—尹産

包二·一〇七 —尹

包二·二一七 由—解於不殆

包二·二二九 由—敘於宮室

包二·二三一 由—祝遏繡取

包二·二三八 由—解於戠

包二·一七二 —尹

包二·二四六 由—解於水上與像人

包二·二四八 由—解日月與不殆

包二·二四一 由—解於禮與兵死

包二·一九八 由—解於人愚

帛甲七·六 共—

帛丙一一·二 可以—成

帛丙一二·三 不可以—

包二·一五七 —尹

包二·一五九 —尹

望一·一七六 思—解於下之人

包二·一〇六 少—尹 職官名

九·五六·四七 —通安

上(二)·容·四〇 湯或(又)從而—之

上(二)·容·三四 啓於是虖(乎)—益自取

上(二)·容·三九 猒(然)句(後)從而—之

郭·老甲·三九 —(功)述(遂)身退

上(二)·容·四一 湯或(又)從而—之

新乙四·一四四 —差㠯(以)君命取㥁霝(靈)

上（四）・曹・三六 繦（申）—（功）疌（上）臤（賢）

上（四）・曹・五六 善—者奚女（如）

上（四）・曹・五六 善—者必㠯亓

上（四）・曹・五七 㠯—人之所亡又（有）

上（五）・三德・一六 敚（奪）民旹（時）㠯土—（功）

清（一）・程・三 —于商神

清（二）・繫・七 —幽=王=

清（三）・說上・一 王命氒（厥）百—（工）向

清（五）・命・六 夫明王卲天訐人以厇（度）—=

清（五）・命・一四 事朁（震）則不—（功）

包二・一一六 —尹

包二・一一七 —尹

天卜 由—解於不殆

天卜 由—解於槑禮

秦九九・一四 由—

天卜 由—☐

天卜 由—解於弘死

曾一五二 大—尹之騆爲左驂

曾一四五 大—尹之騆爲右驌

假借爲工。楚有工尹之官。

曾一八五 —尹之騆

曾一二〇 —差坪所賠行鞋五輦

包二・一一八 —尹

新甲三・二九四、零・三三四 —婁連爲攻人受六臣

新甲三・二九四、零・三三四 攻婁連爲—人受六臣

新零・五五二 ☐黏，—

上（四）・相・三 百—（工）寵（勸）於事

戉

郭・尊・三 所以—（攻）□□

郭・成・一〇 不求者（諸）其㐩（本）而—（攻）者（諸）其末

上（二）・容・二 楇—鼓瑟（瑟）

攴

上（一）・孔・一三 不—不可能

敌

⿰礻工

包二·二二四 攻尹之—執事人夏舉

包二·二二五 —尹之—執事人夏舉

天卜 由—解於㬎瘽與弘死

郭·老丙·二 成事述(遂)—(功)

郭·太·一二 古(故)—(功)成而身不剔(傷)

郭·窮·九 子疋(胥)前多—(功)

上(二)·容·二〇 四海(海)之外皆青(請)—(貢)

新甲三·一一一 —(功)逾而曆之

新甲三·一八九 卜筶(筮)爲—，既▨

上(四)·內·八 —(攻)縈(禁)行

上(四)·曹·三七 尔正—

上(六)·用·四 既無—衆

上(六)·用·一七 —(功攻)之亡纗

清(一)·金·六 所爲—(功)

清(一)·金·一〇 以爲—(功)

清(一)·祭·一一 埅(成)氒(厥)—(功)

清(三)·琴八 皇天之—(功)

清(三)·芮一三 先君以多—(功)

清(三)·芮·一八 —(功)裍(績)

清(五)·殷·一四 余(餘)亯(享)獻—(攻)

敌

包二·七〇 筆—公若甗受期

包二·一二五 東—公豁捭

包二·一二五 —司馬墮牛

包二·一二五 臭月死於小人之—

包二·一四三 鄝寍屨—郘君之㞐邑人黃欽

九·五六·一 —䄌之四檐(擔)

九·五六·一 —䄌之六檐(擔)

上(四)·曹·二六 五人已—(伍)

上(五)·三德·一〇 毋□—

畋　　改

敔
九・五六・三　—栅之十檐（擔）一檐（擔）

戢
包二・三四　闈—公
上（二）・從（甲）・一七　則筀—之

上（六）・莊・四下　—（吾）於析述

畋
望二・五　—（田）車一簟
上（三）・周・八　—（田）又（有）酓（禽）
清（二）・繫・四　王是訇弃帝叚（籍）弗—（田）

清（二）・繫・一二四　宋公—（田）
清（二）・繫・一二六　宋公—（田）

畟
上（五）・競・一〇　追迖（犬）—（獵）鮂（鄉）

[illegible]
曾六五　一簟—車
从文甸聲。
曾六七　所馭■坪夜君之—車
曾七〇　所馭■郙尹之—車

曾七一　□云尹■癰馭—車
曾一五一　—尹之騮爲右驂

改
郭・尊・一　—愼（忌）勳（勝）
郭・尊・四　訾（教）非—道也
郭・六・一九　終身弗—之壴（矣）

郭・尊・五　學非—侖（倫）也
郭・緇・一六　倀（長）民者衣備（服）不—
郭・緇・一七　其頌（容）不—

上（一）・紂・九　長民者衣備（服）不—
上（一）・孔・一　闡疋之—（怡）

上(二)·從(乙)·五 君〃(君子)餌(聞)善言㠯—(改)亓

香中大·一 亓(其)容不—

上(三)·周·四四 改邑不—恭

上(三)·周·四四 —邑不改恭

上(三)·周·四七 —日卤孚

上(三)·周·四七 —日乃革之

上(三)·亙·一〇 習㠯不可—也

上(四)·曹·二七 而—亓逞(將)

上(四)·曹·五二 —⿱癶介尔鼓

上(四)·曹·五五 肰(然)句(後)—钌(始)

上(五)·三德·五 怸(過)而—

上(六)·平·二 虛(吾)可—而可(何)

上(六)·平·六 君王所—多〃

清(一)·祭·一〇 皇天—大邦壁(殷)之命

清(一)·楚·一三 —爲之

清(二)·繫·一二 —立東(厲)公

清(二)·繫·二九 —遂於陳

清(二)·繫·一〇四 —邦陳鄀(蔡)之君

清(三)·芮·二 藅(蘁)敗(敗)—繇

清(三)·芮·七 皃(變)—祟(常)絉(術)

清(五)·厚·八 肆女其若龜簭之言亦勿可速—

清(五)·湯丘·一二 萅(春)跊(秋)—則

清(五)·湯門·二一 則可(何)以—之

㚔

上(一)·孔·一二 不亦能—(怡)虖(乎)

上(一)·孔·一一 闢疋之—(怡)

叙

包二·一三八反 甶攫之戕—於攫之所誁

包二·二一一 戲—於宮室

九·五六·二八 —(除)不羊(祥)

九·五六·二八 —(除)疾

新甲三·二〇一 既—之☐

新零·一四八 ☐尚—故☐

敘

包二·二二九 甶攻—於宮室

上(二)·從(甲)·五 —(除)十惛(怨)

上(二)·從(甲)·六 不共(恭)則亡(無)㠯—(除)辱

上(五)·鮑·一 九月—(除)洛(路)

清(五)·殷·一六 晨(振)著(若)—(除)態(慝)

敍

帛丙一〇·三 —故不義

郭·尊·三 所以—(除)𡞞也

上(二)·容·二七 於是於(乎)—(豫)州訇(始)可凥(處)也

清(五)·厚·四 永—(叙)才(在)服

清(五)·厚·七 甬(用)—(叙)才(在)服

斂

帛丙一二·三 —不可以攻

牧

曾一四七 都—之騑爲左驂

曾一六四 都—之駁爲左騑

曾一八一 —人之䮄爲左騑

曾一八四 —人之兩黃

郭·性·四七 弗—不可

上(一)·性·三八 弗—不可

敔　故　攺

上(四)·采·三
—人

上(四)·相·一
—其㢢(強)

上(七)·吳·五
不能㠯(以)—民而反志

清(五)·命·一一
以—蓮(萬)民=

清(五)·般·一〇
九—九矣(有)粞(將)㟁(喪)

清(五)·般·二三
—民而馯(御)王

郭·六·三二
—之爲言也

郭·六·三二
猷(猶)—(更)—(更)也

郭·六·三三
是以—(更)也

郭·六·三二
㤙(仁)𠢕而—(更)

包二·一五五
若足命,鄗少司城龔頡爲—,㛬(?)足於僕(僕)

故讀爲廄。

包二·一五五
方鄗左司馬競慶爲大司城—客

天策
—差𩒨臣馯乘▨

包二·九九
以其反官自—於新大廏(厩)之古

郭·五·三五
又(有)大辠(罪)而大—(誅)之

郭·五·三八
又(有)大辠(罪)而大—(誅)之

郭·五·三九
又(有)大辠(罪)而弗大—(誅)也

上(二)·容·二五
東—(注)之海(海)

上(二)·容·二五—二六
東—(注)之海(海)

上(二)·容·二六
東—(注)之海(海)

上(二)·容·二六—二七
東—(注)之河

上(二)·容·二七
北—(注)之河

攸 放 敃 旼 敀

上(六)・競・二正
虐(吾)敓—(誅)者(諸)祝吏(史)

上(六)・競・二正
盍—(殊)之二子叕(急)牆(將)

上(六)・競・七
則忑(恐)後—(誅)於吏(史)者

清(二)・繫・四五
鄭人—(屬)北門之笑(管)於秦=之=

敨

清(三)・祝・三
牆(將)—(注)爲死

清(三)・祝・四
牆(將)—(注)爲肉

香中大・二
牛—(掣)丌(其)人

郭・緇・一
則民臧(咸)—(扐)而型(刑)不屯

清(三)・芮・一一
母(毋)又(有)相—(負)

包二・二五三
二牆白之膚,皆—

包二・二五四
二牆白之膚,皆—

望二・六
𦔮—革

望二・二
軥,杠皆—

望二・四五
一—楃

望二・四〇
☐☐—,赤金☐

望二・四七
—杯廿=會(合)

望二・四七
一少—羽翣

簡文中讀爲彫。

包二・二七〇
一—敂

包二・二七〇
一—柭

清(五)・湯丘・一六
器不—(雕)鏤

包二・二三
郘之棫里之—無又李宎由(思)

包二・一〇一
章郕訟宋偶以—田

敒

新乙四·一三四 晋縣爲禽相之—告大▨

敆

包二·一七〇 大佁戭黄—

敇

包二·二七〇 一敗—

歎

包二·一三三 以舍金之—客

包二·一三四 —客，百宜君既以至命於子鄁公

包二·一三四 子鄁公諠之於金之—客

包二·一三四 吟金之—客不爲其斷

上(一)·紂·一七 則民訢(慎)於言而—(謹)於行

上(一)·紂·四 —惡㠯(以)慮民淫

魰

包二·一六四 敚兮—之州加公魯勳

敦

包二·四 —是，其箸之

飲

包二·二〇四 酈— 人名

包二·二六〇 一紛—

信二·〇一三 一草齊緂之—

信二·〇二五 二—豆

上(二)·從(甲)·一九 錯滄而毋—

新甲一·一〇 ▨贛(貢)。凡是戊晷(辰)以—(會)己巳禱之

歏

曾五一 覺組之—

曾六七 覺組之—

曾一一五 覺組之—

曾六六 紫纏之—

敐 旊 黴 數 敵 敷 敓

曾六四 紫組之—

曾六五 紫纑之—

新零·三七七 ☐—敳☐

包二·七七 周甬受正李劬卂以—田於章宓鄉邑

郭·語四·一〇 車—（蓋）之莖（醢）酭（亯）

郭·緇·四〇 必見其—（蓋）

帛丙一·五 武□□其—

曾一五二 竊尹—之駟爲右驂

曾二一一 竊尹—一馬

郭·語三·一二 処（處）而亡—習也，員（損）

郭·語四·八 —（竊）鉤（鈎）者戝（誅）

郭·語四·八 —（竊）邦者爲者（諸）侯

上（二）·容·三〇 乃立—㠯爲樂正

上（二）·容·三〇 —既受命

敵

曾二 —轟

曾一一 旐鉐—

帛甲五·二二 攼—之

九·五六·一四 —於未

九·五六·一五 —於申

九·五六·一六 —於梄（酉）

故

九·五六·一八
—於亥

九·五六·二〇
—於丑

帛丙一〇·三
敘—不義

新零·一四八
☐尚敘—☐

敎

帛甲六·一六
—莫四亟

上(七)·吳·六
盗(寧)心—(撫)㥑(憂)

清(三)·説上·六
是爲赤(赦)—(俘)之戎

攸

郭·語四·一五
必—(慎)全谷

上(四)·曹·三〇
句(苟)見耑(短)兵—

數

郭·窮·七
爲攺(伯)—(牧)牛

牧

上(二)·容·二
—(侏)需(儒)爲矢

柀

上(二)·容·三
凡民俾—者

清(一)·程·二
—(祓)

清(一)·程·二
祝忻(忻)—(祓)王

清(一)·程·二
咢(巫)銜(率)—(祓)大(太)姒

清(一)·程·二
宗丁—(祓)大(太)子發

敉

新乙四·一二八
兄(祝)亓(其)大—(牢),百

敗

新乙三·四七
☐疾遬(速)—(損)

新乙二·三、四
☐吉。疾遬(速)—(損)

黴

新甲三・二七一
▨—郤社

戲

上(二)・容・五〇
虐(吾)—(勮)天畏(威)之

上(二)・容・五三(正)
虐(吾)—天畏(威)之

畋

上(三)・彭・八
毋—賵(富)

敆

上(三)・彭・七
氏(是)胃(謂)—(遭)殃(殃)

上(四)・曹・一
—(曹)穠(沫)内(入)見曰

上(四)・曹・二背
—(曹)蔑(沫)之戟(陳)

上(四)・曹・五
—(曹)薑(沫)曰

上(四)・曹・七
—(曹)穠(沫)曰

上(四)・曹・一二
還年而䎽(問)於—(曹)

上(四)・曹・二〇
—(曹)歲(沫)會(答)曰

數

上(四)・曹・三二
既戰(戰)牆(將)—(量)

敕

上(五)・姑・一
姑(苦)戓(成)豪父事—(厲)公

上(五)・姑・一
㠯(以)見亞(惡)於—=公=

上(五)・姑・一〇
鑾(欒)箸(書)式(弒)—(厲)公

敹

上(五)・君・七
毋—(搖)

散
上（五）・三德・六
建五官弗—（措）

㪊
上（六）・競・二正
虐（吾）—（欲）政（誅）者（諸）祝吏（史）

㪅
上（六）・用・一八
諭諫—□

敎
上（六）・用・一九
進退—立

敘
清（一）・金・九
未—（穫）
清（一）・金・一四
則大—（穫）

攸
清（二）・繫・一
乃乍（作）帝—（籍）
清（二）・繫・四
王是㠯（始）弃（棄）帝—（籍）弗畋（田）

敗
清（二）・繫・六
申人弗—（畀）

數
清（二）・繫・一二
車—（轘）高之巨（渠）爾（彌）

敹
清（二）・繫・七一
晉求—（援）
清（二）・繫・七二
郇（駒）之克走—（援）齊侯之綁（帶）

清（二）・繫・一二七
以爲楚—（援）

墩
清（二）・繫・一一六
—（奪）宜昜（陽）

㢭

清（三）·說上·一
隹（惟）—（弼）人

故

清（三）·說下·七
余既訳（諟）—（劼）訟（毖）女（汝）

敕

清（三）·琴·一六
文非—（動）帀

㪀

清（三）·芮·六
莫之—（扶）道（導）

清（三）·良·二
武丁又（有）—（傅）鵙（説）

敵

上（七）·凡甲·一八
是胃（謂）少（小）—（徹）

上（七）·凡甲·一八
系（奚）胃（謂）少（小）—（徹）

清（一）·耆·九
月又（有）盛（盈）—（缺）

清（二）·繫·三
乃歸東（厲）王于—（彘）

清（三）·赤·一三
句（后）女（如）—（撤）廑（屋）

清（三）·赤·一四
—（撤）廑（屋）

𣀒

清（四）·別·二
亼—（損）

埶攴

清（五）·命·一三
教之以—（藝）

清（五）·命·一三
—（藝）不逕（淫）

清（五）·命·一四
—（藝）逕（淫）則割（害）於材（才）

敝

清（五）·殷·一九
譴（讒）繇（謠）則—（屏）

清（五）·殷·二一
弜（强）—（並）丩（糾）出

教

包二・九九 —斂嵩訟其官人番羅

信一・〇三 —言三詭

郭・語三・一二 牙(與)不好—(學)者遊，員(損)

清(二)・繫・七九 —吳人反(叛)楚

清(二)・繫・八三 是—吳人反楚邦之者(諸)侯

清(五)・厚九 娒(保)—明悳(德)

清(五)・命一二 —之以埶(藝)

效

郭・唐・四 —(教)民又(有)敬也

郭・唐・四 —(教)民又(有)尊也

郭・唐・四 —(教)民又(有)新(親)也

郭・唐・五 —(教)民弟也

郭・唐・五 —(教)民孝也

郭・唐・六 —(教)民大川(順)之道也

郭・唐・一二 孫民—(教)也

郭・唐・二一 受(授)臤(賢)則民遷—(教)而蝸(化)虖(乎)道

《說文》古文。

敎

郭・唐・五 大(太)—(學)之中

[illegible]

郭・尊・四 —(教)之也

信一・〇三二 乃—■含卿夫=

《說文》教之古文从言。

清(一)・皇七 乃隹(維)設=疋(胥)區(驅)疋(胥)—(教)于非彝

[illegible]

郭・尊・四 —(教)非改道也

郭・尊・四 —(教)爲可頪(類)也

郭・尊・一三 —(教)以樂

郭・尊・一二 是以爲正(政)者—(教)道之取先

郭·尊·一三
—(教)以攴(辯)兑(説)

郭·尊·一三
—(教)以豊(禮)

郭·尊·一四
—(教)以只(技)

郭·尊·一四
—(教)以埶(勢)

郭·尊·一五
—(教)以事

郭·尊·一五
—(教)以言

郭·尊·一六
—(教)以懽(權)悔(謀)

郭·尊·一八
—(教)其正(政)

郭·尊·一八
非—(教)所及也

郭·尊·一九
不—(教)其人

郭·性·二一
兑(悦)其—(教)

郭·性·九
—(教)叏(使)肰(然)也

郭·性·一八
肰(然)句(後)復以—(教)

郭·性·二八
皆—(教)其人者也

郭·性·五一
未—(教)而民亙(恒)

郭·緇·一八
—(教)此以遊(失)

郭·緇·二三
倀(長)民者—(教)之以悳(德)

郭·緇·二四
—(教)之以正(政)

郭·成·四
君子之於—(教)也

郭·語一·二
而句(後)—(教)生

上(二)·從(甲)·四
—(教)之纏(勸)也

上(二)·從(甲)·一五
不—(教)而殺則禠(號)

上(一)·紂·一三
—(教)之㠯(以)正(政)

上(一)·紂·一三
長民者—(教)之㠯(以)悳(德)

上(一)·紂·一〇
—(教)此㠯(以)遊(失)

數

上(二)·從(乙)·一 綯(治)正—(教)

上(二)·從(甲)·一 —(教)

上(四)·曹·一九 三—之

上(四)·曹·三七 甬(用)都—(教)於邦

上(四)·曹·四〇 既成—(教)矣

上(四)·曹·六三 非所㠯—(教)民

上(五)·季·三 紿(綯)—(設)於百眚(姓)

詻

上(二)·從(甲)·三 —(教)之㠯型(刑)則述(遂)

敎

郭·語一·四三 樂,或生或—者也

斆 學

郭·老乙·三 —者日益

郭·老丙·一三 —不學

郭·老丙·一三 學不—

郭·尊·一九 可—也而不可矣(俟)也

郭·性·八 而—或貞(使)之也

郭·性·三六 凡—者隶(求)其心爲難

上(二)·從(甲)·一一 可胃(謂)—(學)矣

郭·老乙·四 幽(絶)—亡惪(憂)

郭·尊·四 —爲可益也

郭·尊·五 —非改侖(倫)也

郭·尊·五 —㠱(己)也

上(三)·中·二二 則民懽(歡)丞(承)—(學)

上(三)·中·二三 巽華—(學)沓(本)也

上(三)·中·二四 所—(學)皆終

上(三)·中·二五 所—(學)皆亞(惡)

上(六)·孔·一七 —爯(稱)

卜

郭·緇·四六 不可爲—筶(筮)也

新甲三·一八九 —筶(筮)爲祱，既▨

新乙四·九八 鄭—子悚 人名

新零·六六、甲三·二三四 ▨爲坪夜君—之▨

望一·一三二 己未之日—

上(四)·柬·一 王自臨—

上(四)·柬·二 龜尹速—

上(四)·柬·三 尚(當)謐而—之於

上(四)·柬·四 謐而—之褢(表)

上(四)·柬·五 而—之褢(表)

清(一)·金·一 我亓(其)爲王穆—

清(一)·楚·四 思(使)若(鄀)莾(嗌)—遷(徙)於亳宅

清(三)·說上·四 遳(失)宋(仲)—曰

清(三)·說上·五 遳(失)宋(仲)韋怎(違)—

貞

包二·二〇 不—周惝之奴以至命

包二·一九七 恒—吉

包二·二〇一 恒—吉

包二·二一〇 恒—吉

占 包二·二二〇 恒—吉
占 包二·二二三 恒—吉
占 包二·二三一 恒—吉
占 包二·二一七 恒—吉

占 包二·二三六 恒—吉
占 包二·二四三 恒—吉
占 包二·二四五 恒—吉
占 包二·二四七 恒—吉

占 包二·二〇一 以央管爲子左尹𦨶—
占 包二·二一二 以保豢爲左尹𦨶—
占 包二·二〇七 占之—吉
占 包二·一九九 以訓鼊爲左尹𦨶—

占 包二·二一六 以表惻爲左尹𦨶—
占 包二·二二〇 以長惻爲左尹怨𦨶—
占 包二·二二一 以少寶爲左尹𦨶—

占 包二·二二六 以琛豢爲左尹𦨶—
占 包二·二三二 以承悳爲左尹𦨶—
占 包二·二二三 以彤筶爲左尹怨𦨶—

占 包二·二三四 以駁霝爲左尹𦨶—
占 秦一三·五 ☐—既☐禱戠牛於五殜王父☐
占 秦一三·一四 恒—吉

占 天卜 以新長剌爲邸昜番勳—
占 天卜 以大英爲邸鴋君勳—
占 天卜 以保豢爲邸昜君勳—

占 天卜 以承命爲君月—
占 天卜 以長霝爲君月—
占 天卜 以白靈爲君月—

占占占占 天卜 恒—吉
占占占 天卜 恒—吉
占 天卜 以保豢爲君月—

占占占 天卜 恒—吉
占占占占 望一·三九 恒—吉
占 望一·一三 以愈豢爲怨固—

占 望一·一四 以保豢爲怨固—
占占 望一·九 以少箸爲怨固—

郭·老甲·一三
牆(將)—(鎮)之以亡名之數(樸)

郭·老乙·一六
其悳(德)乃—(真)

郭·緇·九
不自爲—

郭·老乙·二
建悳(德)女(如)□□—(真)女(如)愉

郭·緇·三
好氏(是)—(正)植(直)

上(二)·容·五
四海(海)之内—

新甲一·一二
爲君—

新甲一·一四
☑—：伓(背)、膺疾

新甲二·一六
諸生以□□爲君—

新甲一·二一
☑箽爲君—

新甲一·二二
☑之：死(恒)—吉，無咎

新甲一·二四
定—(占)之

新甲一·二五
樓公子虘(虩)命彭定以少(小)冠(尨)黔爲君—

新甲一·二四
死(恒)— 無咎

新甲二·一九、二〇
或爲君—

新甲三·六
☑坪夜君—=既

新甲三·七二
☑以揥之大形箬(筮)爲君—

新甲三·一〇〇
☑—=既肧(背)、雁(膺)疾

新甲三·一一二
或爲君—

新甲三·一一二
或爲君—

新甲三·一一三
鄖嘉以衛厇之箪(筮)爲坪夜君—

新甲三·一三二、一三〇
☑或爲君—

新甲三·一八四—二
或爲君—

新甲三·一八九
☑坪夜君—

新甲三·二三三、一九〇
以白霝(靈)爲君坪夜君—

新甲三·一九八、一九九—二
死(恒)—吉，少☑

新甲三·二一五
𠂤(以)駘蓍(靈)爲坪夜君—

新甲三·二一九
☑𠂤(以)陵尹懌之大保(寶)冡爲君—

新甲三・二一九
既爲—

新甲三・二三八
—：既伓（背）、膺疾

新甲三・二五七
☐爲君—

新甲三・二四七、二七四
占之：亙（恒）—吉

新甲三・二四六
☐豕爲坪夜君—

新甲三・二八四
☐亙（恒）—無咎

新甲三・三六五
☐亙（恒）—

新乙三・六
☐筆爲君—

新乙三・七
☐彔濾諸生㠯（以）長筆爲君—

新乙三・四三
☐㠯（以）少（小）冠（尨）𪓞（黿）爲君—

新乙四・四六
彭定㠯（以）駁黿爲君卒（卒）歲—

新乙三・五一
☐—〻既伓（背）、雁（膺）疾

新乙四・三四
☐之黿爲君卒（卒）歲之—☐

新乙四・三八
☐卒（卒）戢（歲）—

新乙四・四〇
☐歲之—

新乙四・五五
☐筆爲君—

新乙四・八五
☐長筆爲君卒（卒）戢（歲）—

新乙四・一〇二
㠯以（衛止）韋（筆）爲君卒（卒）歲之—

新乙四・一二二
☐（爲）君集歲之—

新零・七
☐亙（恒）—

新零・一七七
☐戢（歲）—〻自☐

新零・一三五
爲集戢（歲）—

新零・五八四、甲三・二六六、二七七
以陵尹懌之髗髀爲君—

新零・一二〇
亙（恒）—吉☐

新零・三二九
☐君七日—

新零・二〇八
亙（恒）—吉☐

新零・一九五
亙（恒）—無（咎）☐

上（三）・周・一四
—吉

上（三）・周・一六
—吉

上（三）・周・一六
元卿（亨）利—

占

上(三)·周·二二 利堇(艱)—

上(三)·周·二五 尻—

上(三)·周·二六 —吉亡(无)悬(悔)

上(三)·周·四〇 —吉

上(三)·周·四七 利—

上(三)·周·四八 利羕(永)—

上(三)·周·五〇 利—

上(三)·周·五三 遴(旅)—吉

上(三)·周·五三 —礪(厲)

清(一)·程·一 隹王元祀—(正)月既生朗(魄)

清(四)·筮·貞二四 三三𠂤(凡)—(貞)

清(四)·筮·貞二四 ≪≪𠂤(凡)—(貞)

清(五)·湯門·一 —(正)月己菖(亥)

新乙四·三五 ☐□□爲君—

上(四)·柬一 命龜尹羅—於大𩒨(夏)

包二·一九八 —之尚吉

包二·二〇七 —之貞吉

包二·二〇〇 —之吉

包二·二三五 —之吉

包二·二〇八 —之日吉

包二·二二三 —之日吉

包二·二二七 —之日吉

包二·二二九 —之日吉

包二·二一一 —之日吉

包二·二三一 —之日吉

包二·二三三 五生—之日吉

包二·二四四 觀綳—之日吉

包二·二五〇 義—之日吉

包二·二二九 —之恒貞吉

包二·二三三 —之恒貞吉

包二·二四三 —之恒貞吉

秦一三·二 以犬寵—之吉

秦一三·一四 —之恒貞吉

天卜 盤柄—之長吉

天卜 —之

天卜 以承命—之

天卜 鹽愖—之

占 占 占 占 天卜—之日吉
占 占 占 天卜—之吉
占 占 占 占 占 天卜—之吉

占 占 占 占 天卜—之恒貞吉
占 天策 尼—
占 占 望一·九四 —之日吉
占 望一·九 —之恒貞吉

占 上(二)·從(乙)·二 毋—(佔)民贍(歛)則同
占 新甲二·二五 □—之日：吉
占 新乙四·三五 鬗—之

占 新甲三·三八 □尚毋又(有)咎，—□
占 新甲三·四三 □黄佗—之
占 新甲三·四四 恐(恒)—之，兆□

占 新甲三·七一 □犧馨—之日：吉□
占 新甲三·七三 □—之日：吉□
占 新甲三·七五 □嘉—之日：吉□

占 新甲三·一一二 嘉—之日
占 新甲三·一二九 □—之日：甚吉
占 新甲三·一六五 定—之日：甚□

占 新甲三·一七〇 定—之日：吉
占 新甲三·一九二、一九九—一 —之，吉
占 新乙四·一二二 —日

占 新乙四·三八 □卒(卒)歲(歲)貞，—之
占 新甲三·一九八、一九九—二 嘉—之日
占 新甲三·三四五— 瘥—之□

占 新乙四·六二 —之：吉
占 包二·二二三 —之恒貞吉
占 秦九九·一 苛慶—之吉
占 秦九九·四 —之吉

占 清(一)·程·三 —于明堂
占 清(五)·殷·九 孠=而不諱(讀)箸(書)—

占 包二·二〇一 —之恒貞吉
占 包二·二一三 —之恒貞吉
占 包二·二一七 苛嘉—之日吉

包二·二〇四 郿歆—之曰吉

包二·二四五 —之恒貞吉

天卜—之恒貞吉

新甲一·一二 生—之曰

新甲三·四〇 —之：兆不死

新甲三·四五 —之：吉

新甲三·一一七、一二〇 洍簪—之

新甲三·一四三 謠生—之

新甲三·二〇〇 定—之曰：吉

新甲三·二四一 良志—之曰☒

新甲三·二六〇 —之曰：吉☒

新甲三·二四七、二七四 —之：死（恒）貞吉

新乙二·二 —之曰=吉

新甲三·二〇一 —之：吉

新乙四·一五一 —之=吉

新甲三·一八一 ☒璧。—之：甚吉

新零·一〇〇 —之

清（一）·程·二 告王=弗敢—

清（四）·筮·十七命六三 乃力（扐）—=之=

兆

新甲三·四 太，備玉—

新乙四·一二二 —亡（無）咎

新乙四·二三 —亡（無）咎

新甲三·一九 ☒—亡（無）咎。又（有）敚（祟）☒

新甲三·四〇 占之：—不死

新甲三·四三 —亡（無）咎

新甲三·四四 死（恒）占之，—☒

新甲三·一六六、一六二 嬰（緩）之以—玉☒

新甲三·一七〇 ☒痒（牂），緩之—玉

新甲三·二一四 緩之—玉

新甲三·二一七 —亡（無）咎

新甲三·二二九 —亡（無）咎

新乙四·九七 禱（就）禱璧玉—

新零·二一九 ☒備（佩）玉—

新乙一·二四 瑅（緩）之—玉

新乙三·四一 嬰（緩）之—［玉］☒

新乙四・三八 —亡(無)咎　新乙四・四三 備(佩)玉—　新乙四・七一 —亡(無)咎　新乙四・九六 犓(荆)牢，—

新乙四・九六 臺(就)禱大牢，—☐

新甲二・一〇 ☐聿(盡)緩以—玉　新乙二・二三 嬰(緩)之—玉　新乙一・一七 嬰(緩)之—玉

新甲三・三六五 —亡(無)咎　新乙三・一 ☐—無☐

上(六)・天甲・一一 臨—　上(六)・天乙・一〇 臨—

逃

新零・一〇〇 —(兆)亡(無)咎

⿱卜古

郭・緇・四六 龜—(卜)猷(猶)弗智(知)而皇(况)於人虐(乎)

从李守奎博士疑爲卜筮之卜異體。

訃

包二・一七四 —人余爲

用

曾五 —羊　曾九 —羊　曾二〇 —羊　曾六八 —羊　帛一一・一〇 民勿—

以甬爲用。

郭・唐・一二 咎采(繇)内(入)—五型(刑)　郭・唐・一三 —戚　郭・唐・一三 虽(夏)—戈

郭・語三・五五 宾(賓)客之—緋(幣)也，非正　上(三)・周・八 火=(小人)勿—　上(三)・周・一三 可—行帀(師)

上(三)·周·一三 利—戠(侵)伐
上(三)·周·三〇 勿—又(有)卣(攸)逹(往)
上(三)·周·三〇 戉(執)—黄牛之革

上(三)·周·四〇 勿—取(娶)女
上(三)·周·四二 —大牲
上(三)·周·四三 利—祭祀

上(三)·周·四七 嬰(犟)—黄牛之革
上(三)·周·五七 勿—

上(五)·姑·一〇 不—亓衆
上(六)·用·三 —曰

上(六)·用·六 —曰
上(六)·用·一一 —曰

上(六)·用·一二 —曰
上(六)·用·一四 —曰

上(六)·用·一七 —亡咎隹(惟)盈(盈)
清(一)·程·七 睪(擇)—周

清(一)·程·七 妥(綏)—多福
清(一)·皇·一 緐(肆)朕遳人非敢不—明刑

清(一)·皇·四 王—又(有)監
清(一)·皇·四 —克和又(有)成

清(一)·皇·四 王—能承天之魯命
清(一)·皇·四 百眚(姓)萬民—
清(一)·皇·五 先王—又(有)雚(勸)

清(一)·皇·五 先神示(祇)逡(復)式—休
清(一)·皇·六 王邦—寍(寧)

張正明 主編
劉玉堂 執行主編

楚學文庫

楚系簡帛文字編

（三）

滕壬生 編著

長江出版傳媒
湖北教育出版社

清(一)·程·六 引(矧)又勿亡睬(秋)—武禔(威)

清(一)·程·七 —〓(明明)才(在)向

清(一)·耆·七 —日勿稻

清(一)·耆·八 复(作)祝誦一夂(終)曰—上帝

清(一)·耆·八 盦(歆)氒(厥)醴(禋)—(盟)

清(一)·皇·一 緐(肆)朕沓(沖)人非敢不用—刑

清(一)·皇·四 是人斯欙(助)王共(恭)—祀

清(一)·皇·四 敦(敷)—刑

清(一)·皇·七 廼弗肯用先王之—刑

清(一)·皇·一二 夫—尔(爾)悳(德)

清(一)·祭·五 卿(享)亓(其)—悳(德)

清(一)·祭·一八 求先王之共(恭)—悳(德)

清(二)·繫·六四 臧(莊)王述(遂)北……楚人—(盟)

清(二)·繫·八九 —(盟)於宋

清(二)·繫·九六 —(盟)于宋

清(二)·繫·九七 —(盟)于虢(虢)

清(二)·繫·一〇一 述(遂)—(盟)者(諸)侯於郘(召)陵

清(二)·繫·一二一 魯侯侃(衍)—(盟)于魯稷門之外

清(二)·繫·一二三 齊侯—(盟)於晉軍

清(二)·繫·一二三 —(盟)陳和與陳淏於溋門之外

清(三)·说下·五 亓又廼司四方民不(丕)克—

清(三)·琴·三 孪(教)亓(其)光—

清(三)·琴·四 夫—思慙(慎)

清(三)·琴·一四 差(佐)寺(事)王志(聰)—

清(三)·良·一〇 萄(蔑)—卑登畐(富)之厇

清(五)·厚·一 辭(問)前文人之觀(恭)—悳(德)

清(五)·厚·九
娱(保)教—悳(德)

清(五)·厚·一一
今民莫不曰余娱(保)孚(教)—悳(德)

清(五)·封·三
□司—型(刑)

清(五)·命·一
立—王以慫(訓)之

清(五)·命·三
夫民生而佴(恥)不—

清(五)·命·三
走(上)以—之

清(五)·命·六
夫—王卲天訏人以尾攻(功)

清(五)·命·一一
是古(故)—王奉此六者

清(五)·湯丘·二
九交(竅)發—

清(五)·湯丘·一九
君既濬—

清(五)·湯門·一三
悳(德)濬—執訏(信)以義成

清(五)·殷·一四
爂(祇)神之—

清(五)·殷·二一
覜(觀)臺(覺)悤(聰)—

清(五)·殷·二八
唯(雖)侌(陰)或(又)—

盟

曾二一四
所𧸘汈肆祖新田之—

新甲三·二二一
所受—於▨

昷

上(二)·子·二
伊堯之悳(德)則甚—(温)燮

上(五)·季·一〇
—(磂)則亡(無)新(親)

上(六)·孔·四
君(?)夫士品勿□悬〓者—(盟)

清(二)·繫·二八
—(明)戠(歲)起𠂤(師)伐賽(息)

清(二)·繫·七二
—(明)戠(歲)齊同(頃)公朝于晉競公

清(二)·繫·八八
—(明)戠(歲)楚王子波會晉文子燮及者侯之夫〓

清(二)·繫·八九
—(明)戠(歲)柬(厲)公先起兵

清(二)·繫·一二八
—(明)戠(歲)晉䱷余衒晉𠂤與莫𠂤以内王子定

清（二）·繫·一二九 —（明）戠（歲）

清（二）·繫·一三二 —（明）戠（歲）

清（三）·祝·二 鼏—冥=（冥冥）

包二·二六〇 一紛歕，央—

省形。

盟

上（五）·三德·一 —（明）王無思

上（七）·凡甲·八 敬天之—（盟）系（奚）尋（得）

上（七）·凡甲·五 系（奚）古（故）神—（盟）

上（七）·凡乙·四 系（奚）古（故）神—（盟）

包二·二一一 由攻解於—禮

包二·一二三 雇女返場賈競不割皆既—

包二·一三七 執事人爲之—

包二·一三七 凡二百人十一人既—

包二·一三七反 郤之正既爲之—誅

包二·一三九反 命濬上之戠獄爲陰人舒𡰥—

信二·〇二八 八—童

信二·四九 —禮

天卜 由社解於—瘢

天卜 由攻解於—禮

天卜 ☐—與弘死者☐

上（一）·孔·七 褱（懷）尔—（明）悳（德）害（曷）

清（一）·尹至·四 湯—（盟）慙誓返（及）尹

清（二）·繫·四四 —（盟）者（諸）侯於墳（踐）土

清（二）·繫·五七 穆王思（使）毆（驅）—（孟）者（諸）之麋

清（二）·繫·一〇三 者（諸）侯同—（盟）于鹹泉以反晉

清（二）·繫·一一一 以與戉（越）命（令）尹宋—（盟）于邧

新甲三·二三一 ☐於—（盟）𧟄（詛）□☐

新零·二八〇 ☐塞（賽）—禱

朗　朙　夕

包二・二三 不遲郘大司敗以—
清（一）・程・一 隹王元祀貞（正）月既生—（魄）
清（四）・筮・乾三九 臾（坤）—（晦）之日逆𠃬（乾）以長（當）巽
天卜 甲午之—
天卜 癸巳之—
天卜 今—執事人柰
秦九九・一 甲申之—
磚三七〇・二 庚子之—
磚三七〇・三 庚子之—
九・五六・六〇 〔朝〕閟（閉）—啓
九・五六・六六 朝閟（閉）—啓
九・五六・六六 朝（盜）逃导（得），—不导（得）
九・五六・六六 —不导（得）
九・五六・六七 晝导（得），—导（得）
九・五六・七一 晝导（得），—不导（得）
上（四）・柬・九 含（今）—不穀夢若此可（何）
上（五）・姑・一 與士仉埳旦—絧（治）之
上（六）・競・三 安（晏）子—（惜）二夫=
上（六）・用・一五 而壟亓（其）又（有）恵民□宦于朝—
清（一）・耆・一二 從朝返（及）—
清（一）・金・一三 是—天反風
清（一）・祭・二〇 肰（然）母（毋）—□
清（四）・筮・享三 三三月—屯（純）戊（牡）
清（四）・筮・貞二六 三三月—

夜

清（五）·厚·三 朝—緯（肆）祀

包二·一八一 坪—君之州加公禽鹿

包二·一六八 —基之里人鄴墜

包二·二〇〇 文坪—君

曾六七 所馭▼坪—君之敏車

曾一六〇 坪—君之兩騮駝

曾一六〇 朱—寰以犨遉尹之肇=

曾一六一 坪—君之兩騮駝

曾一九一 坪—君之㡀逸車二犨

新甲三·六 ☐坪—君貞：既

新甲二·二一 ☐王爲坪—☐

新甲三·一一三 鄘喜以衛戾之篿（筮）爲坪—君貞

新甲三·一二一 ☐（平）—文君各一玉☐

新甲三·一一五 ☐盬（盬）瘄以䵼霝爲坪—君☐

新甲三·一八九 ☐坪—君貞

新甲三·二三三、一九〇 以白霝（靈）爲君坪—君貞

新甲三·二四六 ☐彖爲坪—君貞

新乙二·三七 吕（以）坪—君不癯（懌）

新零·三一一 髀爲坪—（君貞）☐

新甲三·二七一 大殤坪—之楚禝，東

新零·一八九 ☐思坪—君城䆫瘳迷（速）瘕（瘥）☐

新零·四九〇 ☐寶爲坪—君☐

新甲三·一三 ☐麗—遂先=（先人）☐

新甲三·三一三 亡—一豬

新零·三九、五二七 ☐𡭔=（小子）—☐

上（二）·昔·四 癹（發）命不—

包二·二一四 文坪—君

上（三）·亙·一一 無—（舍）也

清（一）·楚·五 —而內尿（尸）

清(一)·楚·五
—而内尿(尸)

夌
包二·一一三
喪—公

天卜
—宙又癀

天卜
—逃分又閒

天卜
賽禱—□戠豢樂之

包二·二〇六
文坪—君

郭·老甲·八
—(豫)虐(乎)奴(若)冬涉川

上(二)·民·八
「城(成)王不敢康,迺(夙)—㝁(基)命又(宥)簪(密)」

上(五)·季·一〇
晏(夙)譽(興)—寤(寐)宨佝

上(五)·季·二〇
大皋(罪)則—(處)之吕(以)型(刑)

上(五)·季·二〇
壄(臧)皋(罪)則—(處)之吕(以)罰

上(五)·弟·二二
□(夙)興—牀(寐)

清(一)·者·三
王—箠(爵)曷(酬)縪(畢)公

清(一)·者·四
王—箠(爵)曷(酬)周公

清(一)·者·六
周公—箠(爵)曷(酬)縪(畢)公

清(一)·者·八
周公或—箠(爵)曷(酬)王

清(一)·者·一四背
郘—

清(三)·説下·六
—女(如)見(視)晨(辰)

清(三)·琴·三
訖(適)我俖(夙)—不免(逸)

清(三)·琴·六
俖(夙)—不解(懈)

清(三)·琴·八
—之才(在)見(視)晨(辰)

清(五)·湯丘·四
逿(歸)必—

夢

清（五）·湯丘·五
逯（歸）必—

清（五）·湯門·二〇
書—芚（春）顕（夏）昋（秋）各（冬）

帛甲一·六九

上（三）·亙二
—（夢夢）寍（静）同

上（四）·柬·八
—高山深虐（吾）所旻（得）

上（四）·柬·九
王—晶（三）閨（圭）未啟

上（四）·柬·一〇
含（今）夕不穀—若此可（何）

清（一）·程·一
大（太）姒—見商廷隹（惟）棶（棘）

清（一）·程·三
王及大（太）子發並拜吉—

清（一）·程·四
女（汝）敬聖（聽）吉—

清（一）·程·六
欲隹（惟）柏—

清（二）·繫·一〇九
以與吴王壽（壽）—相見于鄌（號）

清（三）·説中·一
王韵（原）比氒（厥）—

外

包二·一九九
少—又慼

包二·二一〇
𡄹—又不訓

包二·二一七
𡄹—又不訓

包二·二五三
二䍜膚，皆彤中𦈂—

天卜
𡄹又—惡

天卜
少—又慼

天卜
諆然又—慼又𦀚之

天卜
少又—亞

天卜
少又—悳

曾一四二
—新官之駟=

郭·六·二六
宜（義），—也

郭·六·二七
—立（位）君、臣、婦也

郭·六·三一
門—之絧（治）宜（義）斬紉（仁）

郭·性·二
及其見於—

郭·尊·三〇
或埶（藝）之—

郭·語一·二〇
或𨘢（由）—内（入）

郭·語一·二三
或生於—

上（二）·昔·三
恳（慍）於—

上(二)·昔·三 憙(喜)於—

上(二)·昔·三 不見(顯)於—

上(二)·容·五 四海(海)之—宾(賓)

上(二)·容·二〇 四海(海)之—皆青(請)社(貢)

新甲二·四〇 ☐下内—禝禱句所☐

新甲三·一〇 ☐先,少(小)又(有)—言感也

新甲三·二七〇 期中又(有)—𧷏(喪)

新乙四·二三 中兒(期)君王又(有)亞(惡)於—☐

新乙四·五二 ☐行,又(有)—𧷏(喪)

新乙四·一二二 又(有)—☐

新乙四·一〇六 九月、十月又(有)—☐

上(二)·昔·三 —言不㠯(以)内(入)

九·五六·四二 毋(以)㠯舍人貨於—

九·五六·三二 是胃(謂)—害日

九·五六·三一 是胃(謂)—昜(陽)日

九·五六·三一 秎(利)㠯(以)行复(作)四方埜(野)—

上(三)·周·一〇 —𢼄(比)之

上(三)·亙·八 焉又(有)—

上(五)·競·八 —之爲者(諸)矦(侯)狀(笑)

上(五)·三德·三 —内又(有)諓(辨)

上(六)·競·五 —内不發(廢)

上(六)·用·一四 𥼶(揚)武於—

清(一)·祭·一七 肰(然)莫血(恤)亓(其)—

清(二)·繫·五二 而卲(召)人于—

清(二)·繫·一二一 明(盟)于魯稷門之—

清(二)·繫·一二三 明陳和與陳淏於溋門之—

清(三)·祝·四 四巟(荒)之—

夗　募　多

清(三)・赤・四
四㠩(荒)之—

清(三)・赤・四
四昏(海)之—

清(四)・筮・戰二五
㠯(以)戩(勝)—

清(四)・筮・戰二六
㠯(以)吕(凡)是—

清(四)・筮・四位三五
—之

清(四)・筮・果四一
—事嚳(數)而出

清(四)・筮・爻六一
—又(有)叟(吝)

清(五)・般・二〇
内亓(基)而—比

包二・一三九
大胆尹公—(弼)必，與戠卅=(三十)

上(五)・季・一〇
—(夙)畢(興)夜寐(寐)宨佝

包二・五八
虆—　人名

包二・六三
虆—

新零・九、甲三・二三、五七
少(小)臣成—(暮)生畢孤☒

清(二)・繫・五八
宋公之車—(暮)䢖(駕)

清(五)・般・二八
楝(束)柬(簡)和—(慕)

包二・二七一
—輂絨絟絟純

包二・二七八
瑶脜尹之人盬愳告絽—命以賅賨

郭・老甲・一四
大少(小)之多惕(易)必—蘪(難)

郭・老甲・一四
大少(小)之—惕(易)必多蘪(難)

郭・老甲・三〇
民—利器

郭・老甲・三〇
夫天—期(忌)韋(諱)

郭・老甲・三〇
人—智(知)天(而)戠(奇)勿(物)慈(滋)记(起)

郭・老甲・三一
覞(盜)惻(賊)—多又(有)

郭・老甲・三六
厚(厚)臢(藏)必—貢(亡)

郭・老甲・三六
身與貨篙(孰)—

郭・六・一五
以宜(義)叀(使)人—

郭・六・一七
胃(謂)之以忠叀(事)人—

郭・成・一〇
其重(动)也弗—恢(矣)

郭・六・一八
以智衒(率)人—

郭・六・二〇
以信從人—也

郭・六・二五
新此—也

郭・六・二五
龠此—

郭・六・二六
頮此—也

郭・六・三三
少而𡡉—也

郭・成・一九
古(故)君子所復之不—

郭・成・二七
亦非又(有)譯婁以—也

郭・緇・三八
古(故)君子—䎽(聞)

郭・緇・三八
—志

郭・窮・九
子疋(胥)前—社(功)

上(一)・孔・二
—言

上(一)・孔・二
—言逡(後)

上(一)・孔・六
—士

上(一)・孔・三
—言難而意(悁)退(懟)者也

上(一)・孔・八
少旻(文)—𢘓=(疑矣)

上(一)・孔・九
—恥者丌(其)忘之唐(乎)

郭・語一・八九
—好(好)者，亡好(好)者也

郭・語四・二五
衆强甚—不女(如)皆(時)

上（二）·容·四八
虐（吾）所智（知）—鹰（盡）

新零·三〇二
☐之少—我攸☐

九·五六·五八
凥（居）東南—丌（基）

上（三）·亙·八
—采（採）勿（物）先者又（有）善

上（三）·彭·一
乃犆（將）—昏（問）因由

上（三）·彭·七
多悉（務）者—悳

上（三）·彭·七
—悉（務）者多悳

上（四）·逸·多·一
—新〓（多薪多薪）

上（四）·逸·多·一
—人〓（多人多人）

上（四）·逸·多·二
—新〓（多薪多薪）

上（四）·逸·多·二
—人〓（多人多人）

上（四）·曹·四六
𢆶（卒）谷（欲）少吕—

上（四）·曹·六二
薑（萬）民……□—

上（五）·季·四
湍（備）言—難

上（五）·弟·一五
隹（雖）—䎽（問）而不𦣞（友）臤（賢）

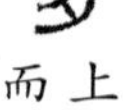
上（五）·三德·一一
而—亓言

上（五）·季·一一
難民能—一矣

上（五）·三德·一三
天之所敗—亓贊（喜）

上（六）·競·七
—堣言禮（詛）爲亡（無）䨋（喪）

上（六）·競·一〇
丌（其）人妻（數）—已

清（一）·程·七
妥（綏）用—福

清（一）·保·一
王念日之—鬲（歷）

清（一）·保·五　不諱（違）于庶萬眚（姓）之—欲

清（一）·金·四　—忎（才）多埶（藝）

清（一）·金·四　多忎（才）—埶（藝）

清（一）·皇·四　—憲（憲）正（政）命

清（一）·皇·六　軍用—實

清（一）·祭·一　余—寺（時）叚（假）懲

清（一）·楚·六　至畬繙自旁屽遅居喬—

清（一）·楚·六　皆居喬—

清（二）·繫·一一七　—亡（棄）愕（旃）莫（幕）

清（二）·繫·一三六　楚邦以—亡城

清（三）·說中·六　甬（用）隹（惟）—悳（德）

清（三）·琴·一　周公复（作）—士敬（儆）怭（毖）

清（三）·琴·九　天—隆（降）悳（德）

清（三）·琴·九　者（諸）尔—子

清（三）·琴·一三　秋（咨）尔—子

清（三）·芮·一三　先君以—社（功）

清（三）·芮·二六　民—勤（艱）戁（難）

清（五）·命·九　亟罰則民—虔（詐）

清（五）·命·一一　罰莫大於—虔（詐）

清（五）·湯門·五　可（何）—以長

虜

包二·一九　鄦正婁剝—受㽞

清（一）·楚·一二　盍—（盧）内（入）郢

函

新甲三·三二四　旣於郘生—

从李家浩先生釋。

上（六）·平·七 —（謙）龔（恭）埅（淑）悳（德）

肣

上（二）·容·五 —戰（獸）朝

上（二）·容·一六 —戰（獸）肥大

清（一）·皇·九 喬（驕）用從—（禽）

唅

望一·一二五 坛（社）□亓—（脍）

《說文》或體作肣。

甬

甬

包二·七七 周—受正李毄乳以𣪠田於章寏𨛮邑

包二·二六七 —車一輮

包二·一六六 佶辻䢅—

包二·一八五 佶辻䢅—

帛乙一一·一〇 民勿—

郭·老甲·三七 道之—（用）也

郭·老甲·二九 以戠（奇）—（用）兵

郭·老乙·一四 其—（用）不穿（窮）

郭·老乙·一四 其—（用）不幣（敝）

郭·老丙·六 用—兵則貴右

郭·老丙·七 得已而—（用）之

郭·成·一 古之—（用）民者

郭·性·九 其—（用）心各異

郭·性·三三 凡思之—（用）心爲甚

郭·性·四二 凡—（用）心之喿（躁）者

郭·性·四二 —（用）青（情）之至者

郭·性·四三 —（用）力之聿（盡）者

郭·緇·二六 非—（用）巠（晋）

上（一）·孔·二三 免虘丌（其）—（用）人則虘（吾）取

上（一）·孔·四 丌（其）—（用）心也𨟻（將）可（何）女（如）

上(一)·孔·四
丌(其)—(用)心也牆(將)可(何)女(如)

上(一)·性·二七
—(用)心谷(欲)悳(德)而毋茍

上(一)·性·三五
—(用)智之疾者

上(一)·性·三五
—(用)情之至

上(一)·紂·一四
「貶(苗)民非—霝(命)

上(二)·容·三〇
而聖(聽)—(用)之

新甲三·一五、六〇
—(用)受繇元龜、晉(巫)箁(筮)曰

新甲三·六一
☐成敢—(用)解訛懌悆(忧)，若

新乙四·七〇
敢—(用)一元☐

上(三)·周·一二
—(用)涉大川

上(三)·亙·七
事—(庸)吕不可賡(更)也

上(三)·亙·一一
—(庸)又(有)果與不果

上(三)·亙·一二
—(庸)或

上(三)·亙·一三
—(庸)又(有)求

上(三)·亙·一三
—(庸)或遊(失)之

上(三)·彭·六
遠慮(慮)—(用)素心白身澤(釋)

上(四)·內·一正
忎(愛)是—(用)

上(四)·曹·三七
—(用)都䚬(教)於邦

上(四)·曹·五六
三善肁(盡)—(用)不皆(棄)

上(六)·慎·四
旻(得)—(用)於殜(世)

上(七)·凡甲·一五
迟(起)而—(用)之

上(七)·吳·七
晉……古(故)—(用)吏(使)丌(其)三臣

清(一)·尹誥·二
民褄(復)之—(用)麗(離)心

清(一)·程·五
可(何)—(用)非桓

清(一)·程·五
旨味旣—(用)

清(一)·程·八
意(億)亡勿—(用)

清(一)·程·九
人—(用)女(汝)母(謀)

清(一)·保·七
—(用)乍(作)三隆(降)之悳(德)

清(一)·保·七
—(用)受(授)氒(厥)緒

清(一)·保·九
—(用)受大命

清(一)·祭·五
—(用)纏(膺)受天之命

清(一)·祭·六
—(用)臧(畢)壂(成)大商

清(一)·祭·一一
違(董)之—(用)畏(威)

清(一)·祭·一一
康受亦弋(式)—(用)休

清(一)·楚·六
至禽—(勇)及禽嚴

清(三)·說上·一
—(庸)爲遂(失)宔(仲)叏(使)人

清(三)·說上·七
王—(用)命敓(說)爲公

清(三)·說中·二
—(用)隹(惟)女(汝)复(作)礪(礪)

清(三)·說中·三
—(用)孚自埶(邇)

清(三)·說中·六
—(用)隹(惟)多悳(德)

清(三)·說中·七
—(用)剔(傷)

清(三)·說下·八
天章之—(用)九悳(德)

清(三)·琴·四
—(用)戭(仇)亓(其)又(有)辟

清(三)·琴·五
—(用)求亓(其)定

清(三)·琴·一一
—(用)頌(容)咠(輯)舍(余)

清(三)·琴·一一
—(用)少(小)心

清(三)·琴·一四
不畀—(用)非頌(雍)

清(三)·琴·一五
曰亯(享)人大……罔克—(用)之

清(三)·琴·一七
隹(惟)福思—(庸)

清(三)·芮·七 夫民—(用)悳(憂)愓(傷)

清(三)·芮·一二 —(用)建亓(其)邦

清(三)·芮·一三 □□□□□□□□□—(用)勰(協)保

清(三)·芮·一四 —(用)又(有)聖政悳(德)

清(三)·芮·一五 邦—(用)昌箟(熾)

清(三)·芮·一六 亓尼(度)—(用)遂(失)縈(營)

清(三)·芮·一七 邦—(用)不寍(寧)

清(三)·芮·一九 —(用)㞷(皇)可畏

清(三)·芮·二三 —(用)交䜌(亂)進退

清(三)·芮·二四 民—(用)戾𦘔(盡)

清(三)·芮·二八 虘—(用)复訛(怂)再夂(終)

清(三)·芮·四 —(用)莫能之(止)欲

清(五)·厚·六 弗—(用)先剀(哲)王孔甲之典刑

清(五)·厚·七 —(用)敍(敘)才(在)服

清(五)·厚·一三 民曰隹(惟)酉(酒)—(用)𢓊(肆)祀

清(五)·厚·一三 亦隹(惟)酉(酒)—(用)庚(康)樂

清(五)·厚·一三 民亦隹酉—(用)斁(敗)畏(威)義(儀)

清(五)·命·一一 民—(用)不遂(失)

清(五)·殷·一一 大茖(路)—(用)見兵

清(五)·殷·一九 和民—(用)政(正)

清(五)·殷·二三 —(用)兇以見訽

清(五)·殷·二六 —(用)肖(孽)卲(昭)句(后)成湯

清(五)·殷·二八 天募(顧)復(復)之—(用)休

鹵　桌　齊

⿱甬止
清（三）·說上·二　滕隆（降）—（庸）力
清（三）·琴·三　—再攺（啟）曰叚（假）才（哉）古之人
『卣』與『鹵』當爲一字，從《說文》重出。

鹵
卣
郭·緇·四五　俚（朋）友—（攸）槼（攝）
上（三）·周·一　亡（无）—（攸）利
上（三）·周·二〇　不利又（有）—（攸）造（往）
上（三）·周·二二　利又（有）—（攸）造（往）
上（三）·周·二八　亡（无）—（攸）利
上（三）·周·三七　又（有）—（攸）造（往）
上（三）·周·四二　利又（有）—（攸）造（往）
上（三）·周·四〇　又（有）—（攸）造（往）
上（七）·武·一〇　—（牖）名（銘）母（誨）曰
清（三）·琴·一六　不爯（墜）—（修）彦（彦）
清（五）·厚·一〇　亦隹（惟）歆（禍）之—（攸）及
清（五）·封·五　巨（秬）鬯一—
清（五）·湯丘·一三　型（刑）亡（無）—（攸）恋（赦）
卣
上（一）·紂·二三　「望（朋）奢（友）—（攸）図〓（攝，攝）吕（以）威義（儀）」

桌
栗
包二·二五七　—二筭
包二·二六四　☐一—
包簽
新甲三·三五五　既於—滐一黏
新甲三·一五、六〇　☐隹潒（蕩）—忎（恐）臒（懼）

齊
包二·七　—客陳豫訋王之戠
包二·八九　秀—　人名
包二·九〇　正秀—戠之
包二·一二五　黄—　人名

包二・一四二 鄝—戠之

包二・一九二 鄝— 人名

信二・〇一三 一草—緂之歙

天下—客

望一・一 —客張果餌王於莪郢之歲

郭・六・一九 能(一)與之—

郭・六・二八 紅(疏)衰—戊(牡)茻(麻)實(経)

郭・窮・六 堣(遇)—逗(桓)也

郭・性・六三 谷(欲)柔—而泊

郭・性・六六 祭祀之豊(禮)必又(有)夫—之敬

郭・性・六六 賓客之豊(禮)必又(有)夫—之頌(容)

郭・緇・二四 —之以豊(禮)

郭・緇・二四 —之以型(刑)

郭・緇・三八 —而新(親)之

郭・緇・三八 —而戰(守)之

郭・語一・六六 信非至—也

上(一)・性・二九 賓客之豊必又夫—之頌(容)

新甲三・二〇 —客陸(陳)異至(致)福於王歲，獻☐

新甲三・二七 —客陸(陳)異至(致)福於王之歲，獻☐

新甲三・三三 —客陳異至(致)福於王之歲

新甲三・二七二 —客陳異至(致)福於王之歲

上(四)・曹・一三 虐(吾)欲與—戰

上(五)・競・一正 爲—競建内之兵

上(五)・鮑・八 晉人戕(伐)—

上(五)・鮑・八 既至—墜(地)

上(五)・三德・一 弦望—個(宿)

上(五)・三德・三 —〻(齊齊)節〻(節節)

上(五)·三德·一四
牺(將)—勿梈(刳)

上(六)·競·一
—競(景)公瘧(疥)虘(且)瘧(瘧)

清(二)·繫·一一
—襄公會者侯于首壯(止)

清(二)·繫·二〇
公子啟方奔—

清(二)·繫·二〇
—趄公會者(諸)侯

清(二)·繫·三六
乃迈(適)—

清(二)·繫·四一
楚成王衒者(諸)侯以回(圍)宋伐—

清(二)·繫·四一
晉文公囟(思)—及宋之悳(德)

清(二)·繫·四二
伐埶以敚(脫)—之戍及宋之回(圍)

清(二)·繫·四三
文公衒秦—宋及羣戎之𠂤(師)

清(二)·繫·五八
叏(使)孫(申)白(伯)亡(無)愄(畏)嘍(聘)于—

清(二)·繫·六六
公命郇(駒)之克先嘍(聘)于—

清(二)·繫·六七
郇(駒)之克牺(將)受—侯㡀(幣)

清(二)·繫·六七
—同(頃)公囟(使)亓女子自房宙觀郇之克

清(二)·繫·六八
所不逡(復)頠(詢)於—

清(二)·繫·六九
—三辟(嬖)夫=南亶子鄒子安子

清(二)·繫·七〇
—同(頃)公回(圍)魯

清(二)·繫·七一
敗—𠂤(師)于霖(靡)幵(笄)

清(二)·繫·七一
—人爲成

清(二)·繫·七二
—同公朝于晉競公

清(二)·繫·七二
郇之克走叐—侯之𦄂

清(二)·繫·七二
—侯之埊(來)也

清(二)·繫·七八
王命繡(申)公嘍(聘)於—

清(二)·繫·七九
自—述(遂)逃迈(適)晉

清(二)·繫·九一
—高厚自𠂤(師)逃歸(歸)

清(二)·繫·九二 爲坪(平)会(陰)之自(師)以回(圍)—

清(二)·繫·九三 繺(欒)綎(盈)出奔—

清(二)·繫·九四 —臧(莊)公涉河竈朝訶(歌)

清(二)·繫·九五 —蓑(崔)芧(杼)殺亓(其)君臧(莊)公

清(二)·繫·一〇三 至今—人以不服于晉

清(二)·繫·一一二 述(遂)以伐—

清(二)·繫·一一三 與戉(越)公株(朱)句伐—

清(二)·繫·一一三 宋公敗—自于襄坪(平)

清(二)·繫·一二〇 與戉公毆(翳)伐—

清(二)·繫·一二一 —侯晶(參)犨(乘)以内(入)

清(二)·繫·一二〇 戉(越)公與—侯貣(貸)

清(二)·繫·一二二 晉自(師)大戝(敗)—自(師)

清(二)·繫·一二二 —自(師)北

清(二)·繫·一二二 —人旻(且)又(有)陳慶子牛之褙(禍)

清(二)·繫·一二三 —與晉成

清(二)·繫·一二三 —侯明(盟)於晉軍

清(二)·繫·一二三 晉三子之夫=内(入)—

清(二)·繫·一二四 晉公獻—俘馘於周王

清(二)·繫·一二四 述(遂)以—侯貣(貸)魯侯犇朝周王于周

清(二)·繫·一三七 王命坪亦(夜)悼武君李人於—

清(二)·繫·一三八 —自(師)至嵒

清(三)·芮·五 而莫肎(肯)—好

清(三)·良·六 —軭(桓)公又(有)龠寺(夷)虐(吾)

清(三)·芮·七 此悳(德)型(刑)不—

清(五)·殷·二一 經緯𢘅(順)—

鄰　曾五四　—紫之榑　曾七六　—紫之加　曾八八　—紫之綳　天卜　—客　加『邑』爲地名，疑當爲『齊』之異體。

朿　包二・一六七　足—逘　人名　郭・老甲・九　竺（孰）能濁以—（静）者　郭・老甲・一四　智（知）以—（静）

鼎　上（一）・性・一　—勿（物）取之　上（一）・性・一四　—犇（馨）女（如）也斯憙（喜）　上（一）・性・一五　—悸女（如）也斯難（戁）

上（一）・性・一五　—癒（懠）女（如）也斯复（作）　上（一）・性・三〇　寷（獨）居—習　上（一）・性・三一　—勿復（復）言也

上（一）・性・三七　不又（有）夫恒怨（忻）之志—曼　上（一）・性・三八　不又（有）夫詘＝（詘詘）之心—濜（流）

上（一）・性・三九　又（有）怨（過）—咎　鼎字在此讀爲『則』。

鼎　包二・二五四　天卜或曰假貞爲—。　一—（鼎）　信二・〇二五　—十金　信二・〇一四　一沐之鍬—　牌四〇六・一九　—八　望二・五四　一湯—（鼎）

清（四）・別・七　亼—（鼎）　清（五）・封・七　—（鼎）盥（簋）釙（觥）鎦（卣）急（格）

上（六）・用・五　九惠是—（貞）　上（六）・用・三　良人—安（焉）

貞　包二・二六五　一湯—（鼎）　包二・二六五　二喬—（鼎）　包二・二六五　二蠹鷹之—（鼎）　包二・二六五　二貴—（鼎）　包二・二六五　二銎—（鼎）

包二・二六五　一聃耳—（鼎）　包二・二六五　一鐈□—（鼎）

鼎升 鼎它 鼎品 蕐 克

鼎升 望二·五三 二—

鼎它 望二·五五 一—

望二·四七 一—

新甲三·三二三 —一冢

克

曾四五 黃—■馭輴車

郭·緇·一九 如其弗克—見

郭·老乙·二 不—則莫智（知）其亙（亟〈極〉）

上（一）·紂·一一 女（如）丌=（其其）弗—見

上（三）·周·四 不—訟

上（四）·曹·一四 又（有）—正（政）而亡克戟（陳）

上（四）·曹·一四 又克正而亡—戟（陳）

上（四）·曹·一四 或吕—

上（四）·曹·三八 勿兵吕—

上（四）·曹·六〇 砉（弗）洒（將）弗—

上（四）·曹·三八 勿兵吕—奚女（如）

上（六）·用·一四 —轍戎事

清（一）·尹誥·二 我—𡡉（協）我畜（友）

清（一）·耆·四 穆=（穆穆）—邦

清（一）·耆·五 —芠戜（仇）戳（讎）

清（一）·金·一 武王既—鬗（殷）三年

清（一）·皇·三 句（苟）—又（有）款（諒）

清（一）·皇·四 用—和又（有）成

清(一)·皇·九
亓(其)由(猶)—又(有)䨼(獲)

清(一)·祭·六
—夾卲(紹)㞷(成)康

清(一)·祭·一九
四方—宔(中)尔(爾)罰

清(二)·繫·二
以—反商邑

清(二)·繫·一三
周武王旣—䰜(殷)

清(二)·繫·二八
—之殺賽(息)侯

清(二)·繫·三二
亓夫=里之—乃殺鄬尹

清(二)·繫·三三
里之—或(又)殺悼子

清(二)·繫·六六
公命郘(駒)之—先嗚(聘)于齊

清(二)·繫·六七
齊同公囟亓女子自房宔觀郘之—

清(二)·繫·六八
郘(駒)之—𨹹(降)堂而折(誓)曰

清(二)·繫·七〇
郘(駒)之—乃敎(執)南𩫖子鄍子安子以歸

清(二)·繫·七一
郘之—衒(率)𠂤(師)戕(救)魯

清(二)·繫·七二
郘之—走殹齊侯之緋(帶)

清(二)·繫·九八
—瀉(賴)邾(朱)邡(方)

清(二)·繫·一〇六
女—𠭹(胡)回(圍)郗(蔡)

清(二)·繫·二〇
戉(越)公句戔(踐)—吴

清(二)·繫·一三三
晉人回(圍)津(津)長陵—之

清(三)·説中·五
女(汝)—䀠(覭)見(視)四方

清(三)·説下·四
余—亯(享)于朕辟

清(三)·説下·五
亓又廼司四方民不—明

清(三)·説下·五
女亦隹—㬎(顯)天

清(三)·説下·八
余不—辟萬民

清(三)·説下·八
—㴊(漸)五祀

清(三)·琴·六
才(在)言隹(惟)—

清(三)·琴·一〇 隹(惟)—少(小)心

清(三)·琴·一一 弋(式)—亓(其)又(有)辟

清(三)·琴·一五 罔—甬(用)之

清(五)·厚·八 乃高且—害皇天之政工

清(五)·厚·九 民弋—共(恭)心芍(敬)愄(畏)

清(五)·厚·一一 亦鮮—以誨(謀)

清(五)·厚·一二 民弋(式)—芍(敬)悳(德)

彔

曾五 三襪貂與—魚之箙

曾八 —魚之韔

曾一三 一襪紫魚—魚之箙

曾一四 二襪貂與—魚之箙

曾一四 一—魚之箙

曾一六 一襪紫魚—魚之箙

曾一九 屯襪紫魚—魚之箙

曾二九 一—魚之聶

曾二六 二襪紫魚—魚之襪

曾二九 一襪貂與—魚之箙

曾五三 反—之弦

曾六四 紫—之綏

曾七三 反—之裏

曾七六 —裏

曾七一 —裏

曾七八 紫—之鞶

曾九八 紫—之鞅

曾四 —魚之韔

曾八八 —魚之韔

曾一〇六 —羽之鉼貽

曾一〇六 襪貂與—魚之韇

郭·六·一四 因而它(施)—(禄)安(焉)

新甲三·四 寋(賽)禱司命、司—☐

新乙三·七 ☐—濾諮生㠯(以)長筆爲君貞

上(一)·孔·一一 則㠯(以)亓(其)—(禄)也

上(二)·容·三二 於是於(乎)㠯(治)筭(爵)而行—(禄)

清(五)·命·二 福—(禄)才(在)人=

清(五)·命·八 亟(極)福則民—(禄)

上(一)·孔·九 天保丌(其)㝵(得)—(禄)蔑畺(疆)矣

彔

郭·魯·七 爲義而遠—(禄)雀(爵)

郭·魯·六 交(效)—(禄)雀(爵)者也

郭·魯·七 〔遠〕—(禄)雀(爵)者

上(四)·曹·二一 —(禄)毋偵(負)

上(四)·曹·五〇 勳(勝)則—(禄)篧(爵)又(有)棠(常)

清(一)·尹至·一 —(逯)至才(在)湯

清(三)·琴·一三 畬(余)—(逯)思念

禾

上(二)·民·一三 上下—(和)同

上(二)·容·七 —(和)寏(懷)吕逨天下之民

清(一)·金·九 —斯㬟(偃)大木斯臧(拔)

清(一)·金·一三 —斯迟(起)凡大木𡗝=臧(拔)

清(三)·芮·二四 則女(如)—之又(有)秬(稱)

清(四)·筮·軍·三六 〈〈〈—(和)虞(且)不相用命

秀

包二·二五 —倅 人名

包二·六六 —義 人名

包二·八五 —湋 人名

包二·一〇一 —繡 人名

包二·一八七 正—暘秋亥

包二·一九三 —偪 人名

包二·八九 —齊 人名

包二·九〇 —齊

包二·二〇 —免 人名

包二·五三 —免

包二·五九 —免

包二·七八 —免

包二·二三 —不孫 人名

包二·三一 —不孫

包二·四三 —不孫

包二·四四 —不孫

包二·四五 —不孫

包二·五〇 —不孫

包二·五四 —履 人名

穜

包二・五七 —履

包二・八〇 —履

包二・一一九反 —腹志 人名

包二・一一九反 —陷 人名

包二・八四 —期 人名

包二・一四六 —見

包二・一六九 —鄗 人名

包二・二六三 二俾笞，一䟤笞，二筽笞，皆又(有)—

九・五六・二七 秎(利)目(以)申尻(户)—(牗)

上(二)・容・三四 呇(皐)—(陶)乃五壤(讓)目天下之臤(賢)者

上(五)・君・七 爯(稱)其衆募(寡)𨡕而—

清(一)・耆・五 毆(繄)民之—

穜

包二・一〇三 貣郕異之黄金，以貣郜鄻以糧—

包二・一〇五 貣郕異之黄金七益以翟—

包二・一〇六 貣郕異之黄金七益以翟—

包二・一〇七 貣郕異之黄金卅=益二益以翟—

包二・一〇八 貣郕異之黄金七益以翟—

包二・一〇九 貣郕異之黄金七益以翟—

包二・一一〇 貣郕異之黄金七益以翟—

包二・一一二 貣郕異之黄金十益一益四兩以翟—

包二・一一三 貣郕異之黄金五益以翟—

包二・一一四 貣郕異之黄金七益以翟—

清(五)・湯門・六 是胃(謂)玉—(種)

上(二)・容・二一 —(舂)不程(穀)米

上(二)・容・五三(正) 𢇍(絶)—(種)悉(侮)眚(姓)

穜

上(六)・用・八 非稷之—(種)

穖

包二·一四五 郘客前— 人名

上(四)·曹·一 敔(曹)—(沫)內(入)見曰

上(四)·曹·七 敔(曹)—(沫)曰□不同矣

上(四)·曹·六四 —(沫)虛(吾)言氏(是)不(否)

上(四)·曹·六四 蔌(曹)—(沫)酓(答)曰臣餌(聞)之

清(一)·耆·一二 日月亓(其)—(邁)

清(一)·皇·一 —(蔑)又耆耇虞事嘍(屏)朕立(位)

清(一)·皇·七 孫=用—(末)被先王之耿光

穆

包二·四九 —哭 人名

郭·魯·一 魯—公昏(問)於子思曰

郭·緇·三三 —穆文王

上(一)·紂·一七 —=(穆,穆)文王

上(四)·采·一 宮—碩人又文又韵

清(一)·耆·四 —=(穆穆)克邦

清(一)·金·一 我亓(其)爲王—卜

清(一)·楚·一〇 至—王自嬰(睽)郢遷(徙)袁(襲)爲郢

清(二)·繫·三三 秦—公乃內惠公于晉

清(二)·繫·三五 秦—公以亓(其)子妻之

清(二)·繫·三七 秦—公乃訋(召)文公於楚

清(二)·繫·三九 —(戮)力同心

清(二)·繫·四八 秦—公欲與楚人爲好

清(二)·繫·五六 楚—王立八年

清(二)·繫·五七 —王思毆(驅)睘(孟)者(諸)之麋

清(二)·繫·五八 —王卽殜(世)臧(莊)王卽立(位)

稷

清(二)·繫·七四 陳公子讙(徵)郘(舒)取妻于莫—公

清(四)·筮·見六 〔亼〕伀佋(昭)—見

清(四)·筮·咎九 —上毀亡咎

清(四)·筮·果四一 亓余(餘)佋(昭)—

清(五)·殷·一四 走卲㳄(順)—而敬(警)民之行

雨二一·一 定新鐘之宮爲濁—

郭·窮·七 堣(遇)秦—

清(三)·良·七 秦—公

稷

上(一)·孔·二四 后—之見貴也

上(二)·子·一二 句(后)—(稷)之母

上(二)·子·一三 是句(后)—(稷)之母也

上(六)·用·八 非—之橦(種)

清(二)·繫·一二一 魯侯侃(衍)明(盟)于魯—門之外

稷

郭·尊·七 句(后)—(稷)之埶(藝)陛(地)

郭·唐·一〇 后—(稷)幻(治)土

上(二)·容·二八 句(后)—(稷)既已受命

上(二)·子·六 𣁋(得)丌(其)社—(稷)百眚(姓)而奉守之

上(二)·容·二八 乃立句(后)—(稷)吕爲經(盈)

上(四)·柬·一八 社—(稷)吕(以)坐(坐)與(歟)

上(七)·吴·二 此則社—(稷)……㒳君之㳄(順)之

清(一)·程·三 敝(幣)告宗方(祊)杢(社)—(稷)

清(三)·芮·一五 𢦏(衛)想(相)社—(稷)

清(五)·湯丘·八 以長奉社—(稷)

視 新甲三·三三五 壱一—(稷)一牛
新乙四·九〇 郋一—(稷)一牛
《集韻·職韻》：禝通作稷。

九·五六·一三 立社—(稷)
新零·三三八 亓(其)社(社)—(稷)□▨

禝 清(一)·祭·一三 不(丕)隹(惟)句(后)—(稷)之受命是羕(永)厚(厚)

跻 上(七)·吳·五 余必攺(斅)喪尔(爾)社(社)—(稷)

秫

术 包二·二六九 —五賽
包二·二七三 皆—九賽
包牘一

稻

清(一)·耆·七 明日勿—

采

包二·八六 宵— 人名
九·五六·三六 是胃(謂)—(禾)日
郭·唐·八 虗(盧(皆))—(由)此也
郭·唐·一二 咎—(繇)内(入)用五型(刑)
郭·忠·六 君子弗—(由)也
上(二)·子·八 —(播)者(諸)甽(畎)畝(畝)之中

穫

稷 新零·四一五 ▨之—箸匊箸□▨
上(五)·季·一二 則邦又(有)—

穫 上(三)·周·二〇 不𦓤(耕)而—(穫)
上(四)·曹·二〇 毋—(獲)民皆(時)

穅

清（五）・湯門・一五
已（起）事亡（無）—

清（五）・湯門・一四
已（起）事又（有）—

康

郭・緇・二八
—弄（誥）員（云）

上（四）・曹・六五
亦隹（唯）䎽（聞）夫坓（禹）—（湯）傑（桀）受矣

清（三）・良・二
—（唐）又（有）伊君（尹）

上（一）・紂・三
隹（惟）尹夋及—（湯）

上（一）・紂・一五
—弄（誥）員（云）

上（六）・用・四
德徑于—

清（一）・保・九
至于成—（湯）

郭・成・三八
—弄（誥）曰

上（二）・民・八
「城（成）王不敢—，迺夜㝊（基）命又（宥）寍（密）」

上（四）・曹・三七
而或𦥯（興）或—邑會

上（五）・三德・一一
复（作）毋—

清（二）・繫・五四
秦—公衒𠂤以逹（送）癰（雍）子

清（二）・繫・九六
楚—王立十又四年

清（一）・耆・一二
母（毋）已大—

清（一）・耆・一三
—藥（樂）而母（毋）忘（荒）

清（一）・耆・一四
母（毋）已大—

清（一）・耆・一四
—藥（樂）而母（毋）忘（荒）

年

清(一)·祭·六 克夾卲(绍)坓(成)—

清(一)·祭·八 颺(揚)坓(成)—卲(昭)宔(主)之剌(烈)

清(一)·祭·一一 —受亦弋(式)甬(用)休

清(一)·祭·二〇 —□之彷(蠻)伓(服)之

清(一)·楚·一一 —王孚=(嗣子)王皆居爲郢

清(二)·繫·九七 —王卽殜(世)

清(三)·芮·四 —戲而不智薨(蘄)告

清(三)·芮·二一 邦亓(其)—盜(寧)

清(五)·殷·一二 象矛(茂)—豨(懋)

季

仰二五·三九 楚孝般之—

包二·一二六 墮— 人名

上(二)·容·二三 夋(舜)聖(聽)正(政)三—

包二·一二八 墮—

九·五六·二六 邦君㝵(得)—

郭·成·三〇 槁(矯)木三—

上(二)·容·二八—二九 五—乃壤(穰)

上(二)·容·一八 壐(禹)聖(聽)正(政)三—

上(二)·容·五 皇(匡)天下之正(政)十又(有)九—而王天下

上(二)·容·五—六 丗=(三十)又(有)七—而民(泯)冬(終)

上(二)·容·二九—三〇 三—而天下之人亡訟獄者

上(二)·容·三五 王天下十又(有)六—而傑(桀)复(作)

包二·一二七 墮—

郭·窮·五 行—七十而賭(屠)牛於朝訶(歌)

上（一）・紂・七 壐（禹）立品（三）—

上（三）・周・二 十—勿

上（四）・曹・一二 還—而靜於敔（曹）蔑（沫）曰

上（五）・競・三 三—

上（五）・鬼・二 長—又（有）𦥑（舉）

上（五）・鬼・三 長—而叟（没）

上（七）・君甲・八 君王唯不長—

上（七）・君乙・七 君王唯不長—

清（一）・保・一 隹王卒〓（五十）—

清（一）・耆・一 武王八—

清（一）・金・一 三—

清（一）・金・四 是—（佞）若丂（巧）能

清（一）・金・八 周公石（宅）東三—

清（一）・金・一三 戠（歲）大又（有）—

清（一）・祭・一四 至于萬啻〓（億）—〓

清（二）・繫・三 四—

清（二）・繫・四 九—

清（二）・繫・八 九—

清（二）・繫・八 一—

清（二）・繫・九 三—

清（二）・繫・一九 七—

清（二）・繫・三四 六—

清（二）・繫・三六 二—

清（二）・繫・四一 四—

清（二）・繫・四五 七—

清（二）・繫・五五 六—

清（二）・繫・五六 八—

清（二）・繫・六一 四—

清（二）・繫・六六 八—

清（二）・繫・七四 五—

清（二）・繫・八五 七—

清(二)·繫·八六 一—

清(二)·繫·九一 晉臧(莊)坪(平)公卽立(位)兀(元)—

清(二)·繫·九三 五—

清(二)·繫·九六 二—

清(二)·繫·九六 四—

清(二)·繫·一〇六 一—

清(二)·繫·一〇八 五—

清(二)·繫·一〇九 一—

清(二)·繫·一〇九 五—

清(二)·繫·一一一 一—

清(二)·繫·一一二 四—

清(二)·繫·一一四 七—

清(二)·繫·一一九 楚聖(聲)趄(桓)王卽立(位)兀(元)—

清(二)·繫·一一六 二—

清(二)·繫·一二六 四—

清(二)·繫·一三三 旾(厭)—

清(三)·芮·二一 —穀(穀)焚(紛)成

郭·唐·一八 未—不弋

郭·緇·一二 埀(禹)立三—

包二·四七 —痾 人名

包二·一八七 —亥 人名

望二·四九 三亡童皆丹—之衣

望二·二三 丹厚—之裏 以—爲緥。

望二·五〇 𠀉丹—之阩𡊄

望二·五八 丹—之宦☐

清(五)·湯門·二〇 芚(春)顕(夏)—(秋)备(冬)

䆐

包牘一 其移紛—之緟

包牘一 緅—之絽

郭·六·二五 雚(觀)者(諸)昜、春—則亦才(在)壴(矣)

清(一)·程·六 引(矧)又勿亡—(秋)明武禝(威)

清(四)·筮·得二〇 〈〈—(秋)見九

清(四)·筮·貞三一 〈〈〈〈—(秋)备(冬)

清(四)·筮·貞三一 〈〈〈〈頣(夏)—(秋)备(冬)

清(四)·筮·四季三八 旾(春)頣(夏)—(秋)备(冬)

昧

包二・二一三 —三月

帛乙一・一五 春夏—冬

帛丙九・一 玄司—

蘇

清（一）・金・九 —（秋）大箸（熟）

清（一）・金一三 —（秋）則大殺（穫）

郭・語一・四〇、四一 春—所以會古含（今）之事也

上（六）・用一〇 春—還連（轉）

清（五）・湯丘・一二 菩（春）—（秋）改則

郭・語三・二〇 春—亡不以其生也亡耳

訛爲穆。

天卜 —三月

秦一三・一四 —三月

上（五）・弟・五 春—

秦

包二・一三二 —競夫人之人𨛭慶坦處陰郟之東竆之里

《説文》籀文从秝。

包二・一四一 —夫"惁之州里公周瘊言於左尹與鄝公賜

包二・一四五 —客墬䜣

包二・一八九 卲— 人名

包二・一八四 鄗人—赤

望二・一三 —高之𡈼署

包二・一七四 正昜辻雷—

包二・一六八 鄗人—赤

包二・一六八 鄗人—赤

上（一）・孔・二九 涉—丌（其）幽（絶）

郭・窮・七 堣（遇）—穆

天卜 —客公孫紻餌王於菽郢之戢

包二・一六七 臧—之人吳加

包二・一八〇 —戱連囂頂

包二・二六三 一—縞

望二・一三 —高之中干

清(二)·繫·一五
是—先=(先人)

清(二)·繫·一六
—中(仲)女(焉)東居周地

清(二)·繫·一六
—以clean(始)大

清(二)·繫·三三
—穆公乃内惠公于晉

清(二)·繫·三三
惠公賂—公曰

清(二)·繫·三四
乃倰(背)—公弗叓(予)

清(二)·繫·三四
—公銜𠂤(師)与惠公戰(戰)于倝(韓)

清(二)·繫·三五
—穆公以亓(其)子妻之

清(二)·繫·三七
褱(懷)公自—逃歸

清(二)·繫·三七
—穆公乃訋(召)文公於楚

清(二)·繫·三八
—人记(起)𠂤(師)以内文公于晉

清(二)·繫·三九
—晉女(焉)訂(始)會好

清(二)·繫·四二
乃及—𠂤回曹及五麋(鹿)

清(二)·繫·四三
文公銜—齊宋及羣戎之𠂤

清(二)·繫·四五
—晉回(圍)奠(鄭)

清(二)·繫·四五
—人豫戍於奠(鄭)

清(二)·繫·四五
奠(鄭)人致(屬)北門之笑(管)於—之戍人

清(二)·繫·四五
奠(鄭)降—不降晉

清(二)·繫·四六
—𠂤晒東賽(襲)奠(鄭)

清(二)·繫·四七
乃以奠君之命裳—三銜(帥)

清(二)·繫·四七
—峕(師)乃遉(復)

清(二)·繫·四八
襄公新(親)銜𠂤御(禦)—𠂤于嶐(崤)

清(二)·繫·四八
—穆公與楚人爲好

清(二)·繫·四八
—女(焉)訂(始)與晉𢾊(執)衛

清(二)·繫·五一
卲(召)襄公之弟癕(雍)也于—

清(二)·繫·五四
—康公銜𠂤(師)以㣫(送)癕(雍)子

清（二）·繫·五五 述（遂）奔—

清（二）·繫·五五 —公以戰（戰）于䣙缶之古（故）

清（二）·繫·七五 王命繡公屈咢（巫）迈（適）—求白

清（二）·繫·九〇 衒（率）白（師）會者（諸）侯以伐—

清（二）·繫·一〇五 —異公命子甫（蒲）

清（二）·繫·一一〇 夫—（差）王卽立（位）

清（二）·繫·一一〇 以與夫—（差）王相見于黃池

清（二）·繫·一二六 —人敗晉白（師）於茖（洛）侌（陰）

清（一）·楚·一一 至霝王自爲郢遷（徙）居—（乾）溪之上

清（一）·楚·一二 猷居—（乾）溪之上

清（一）·楚·一二 至卲王自—（乾）溪之上遷居娧（媺）郢

清（一）·楚·一三 女（焉）逡（復）遷（徙）居—（乾）溪之上

清（三）·良·七 —穆公又（有）胥（羖）大夫=

鄡

曾三 二—弓

曾五 二—弓

曾三三 二—弓

曾三七 二—弓

曾六八 二—弓

曾五六 一—弓

曾六五 一—弓

曾七〇 一—弓

程

清（三）·琴·一七 黃句（耇）隹（惟）—（盈）

杠

曾一七四 —黑爲右驌

新乙三・五四
—室之里人禱▨

九・五六・一
敔—之六檐(擔)

九・五六・二
敔—之十檐(擔)一檐(擔)

䅝

九・五六・一
舊二—

九・五六・一
舊二—又五來

九・五六・一
舊三—

九・五六・二
舊四—

九・五六・三
舊五—又五來

清(三)・琴・一三
—(洛)尔多子

清(三)・芮・二四
則女(如)禾之又(有)—(稱)

清(五)・命・一一
—(撫)之以季(惠)

清(五)・湯門・一九
以—(植)五穀(穀)

曾一一
旐□敔—肆旚炑▨

郭・語二・四
—(廉)生於惻

郭・語三・三三
—行則戔「銅(治)」者中

郭・語三・六〇
豊(禮)朼(必)—

上(四)・曹・四
篙(孰)能并—人才(哉)

上(四)・曹・四八
不—畏……於民

米

米 包二·九五 邵無戠之州人鼓䠷張恘訟鄝之鳴鄺邑人某慸㸒其斋大市—﨤人杏
信二·〇二九 —純緅帽
上（二）·容·二一 穜（舂）不粗（穀）—
新甲三·一一二 無死（恒）—
新甲三·一一三 以其無死（恒）—之古（故）
新甲三·一一三 尚毋又（有）—

粱

枌 包二·一五七 大—（粱）
磚三七〇·一 競—天殺之僅不敢不告
上（五）·鮑·一 十月而徒—（梁）城

精

郭·緇·三九 —智（知）
上（六）·慎·一 —灋（以）巽嫢（藝）

橐 郭·老甲·三四 —之至也

糂

䆒 上（一）·孔·二一 —（湛）露（露）之賹也

糗

粨 望一·一四五 ▨粧—▨
上（五）·鬼·六 —（類）獸非鼠
上（六）·用·二〇 凡民之冬（終）—（類）
糅 包二·二五六 青綸之□四□—
信二·〇六 四—箕
信二·〇二二 小囊—四十又八

糧

九·五六·四四 芳—
九·五六·四四 芳—
槀 郭·成·一三 —弗足俟（矣）
上（五）·鮑·三 長百—簟（重）命之

糶

包二·一〇三 以貣鄗鄳以—穜

包二·二七六 —輸

包牘一 —輸

包二·二六八 —輸

上（五）·競·三 —人之伓（背）者七百里

新甲三·四〇二 䣓於汄林—☐

糶之異體。

包二·二七三 —輸

糶之異體。

粉

包二·二五九 一緯—

糉

包二·一五五 —陵之行僕（僕）宦於鄢

粧

望一·一四五 ☐—粿☐

糌

包二·二六六 一—梱

信二·〇二四 集—之器

天策 集—尹賸炀一革轡

粫

九·五六·七 —三韵一篙

九·五六·八 —三韵一篙

粡

包二·一三一 郯人訄—

包二·一三六 訄—、苛冒言曰

糟

包二·一四〇 畢驕（?）尹酉—與剗君之司馬奉爲皆告城

粌

新甲三·二〇三 又—

鍚
郭·成·二四 其—也固悳（矣）

舃
清（一）·皇·一一 是—（揚）是繩（繩）

粯
上（六）·用·一七 莫衆而—（迷）

𥨍
清（一）·楚·四 乃—（竊）若（鄀）人之脯（橦）以祭

𥨍
清（二）·繫·七九 繡（申）公—（竊）載少盃以行

竊 䇺
包二·一二〇 郙倴—馬於下鄰而債之於昜城
包二·一二一 小人不信—馬

毇
上（二）·容·二一 穜（舂）不—（毇）米

臼
包二·二七二 —戟
包二·二七七 一—戟
包二·二七二 —毦
包二·二七二 —毦
包二·二七六 —毦

舀
郭·性·二四 則—女（如）也斯奮
郭·性·三一 濬（浚）深賊（鬱）—（陶）
郭·性·四四 賊（鬱）—（陶）之煲（氣）也

上（五）·季·五 □□□□□□□□□□—（擾）事皆旻（得）亓（其）嚾（勸）而弜（强）之

舊
包二·一六 不—新佸辻尹

䐗
清(三)·說下·三　罛(既)亦—(詣)乃備(服)

䜌
清(三)·良·三　又(有)(㯋)—(顛)

䜌
清(三)·良·一〇　土(杜)—(逝)斵斤

吉
清(五)·殷·二四　昜(揚)則—(悍)遳(佚)亡(無)祟(常)

凶
帛乙七·二二　乍其下—
帛乙一三·三　土事勿從—
帛丙五·四　不可以亯祀—
帛丙八·四　取女—
帛丙一·三　壬子丙子—
上(三)·周·四　冬(終)—
上(三)·周·八　貞—
上(三)·周·一〇　比亡(无)首，—
上(三)·周·二四　貞—
上(三)·周·二六　欽(感)丌(其)脊(脊)，—
上(三)·周·二九　子—
上(三)·周·二九　貞—
上(三)·周·三八　又(有)—
上(三)·周·三九　中又(有)—
上(三)·周·四〇　見—
上(三)·周·四一　已(起)—
上(三)·周·四四　贏(贏)丌(其)鉼(瓶)，—
上(三)·周·五二　晶(三)戠(歲)不覿，—
上(三)·周·五六　飛鳥羅(離)之，—
上(三)·周·五八　征—

兇

上（五）・三德・四　必禺（遇）—央（殃）
上（五）・三德・九　乃無—材（災）

清（四）・筮・四季・三七　兇少（小）—
清（四）・筮・四季・三七　艮羅（離）大—
清（四）・筮・四季・三七　兇大—

清（四）・筮・四季・三八　裝（勞）大—
清（四）・筮・四季・三八　查（來）巽少（小）—

九・五六・二八　称（利）㠯（以）迲（解）—（凶）
上（五）・鬼・六　蔑帀（師）見—

上（七）・武・一四　欲勳（勝）志則—
清（三）・芮・二〇　啇（適）易—心

清（四）・筮・死・六　〈卦畫〉—寺（待）死
清（四）・筮・死七　〈卦畫〉參（三）—同
清（四）・筮・死・一〇　〈卦畫〉—亞（惡）肴（爻）

清（四）・筮・死・一二　〈卦畫〉參（三）—同
清（四）・筮・娶一七　〈卦畫〉男同女—
清（四）・筮・四季・三九　乃㠯（以）名亓（其）—

清（四）・筮・四季・三九　乃蜡（惟）—之所集於四立是視
清（五）・殷・二六　甬（用）—以見訽

上（六）・用・一　憂之台（以）—（凶）荎（刑）
上（六）・用・一一　司民之降—（凶）而亦不可逃

上（六）・用・一三　—（凶）井（刑）厲政

臬

蘇　天策—絡
蘇　天策—絡
蘇　天策—絡

補

清(五)·封·三
旃(扞)—(輔)珷(武王)

林

天策
—綳

天策
—𨙸

天策
—綳之絓

天策
—人不斂

郭·六·二八
紽(疏)衰齊戉(牡)—(麻)實(絰)

上(一)·紂·一四
—人不斂(儉)」

新乙四·五三
—有▨

上(七)·凡甲·五
骨=(骨肉)之既—(靡)

上(七)·凡乙·一一
邦既—(靡)

清(五)·封·八
—(靡)念非尚(常)

楸

𢿱

上(四)·曹·四三
此—(散)果(裹)之幾(忌)

森

郭·成·八
君衰—而処(處)立(位)

替

上(六)·用·一九
而—(散)亓(其)可章

埜

清(三)·芮·八
—(靡)所告眾(懷)

清(三)·芮·二三
—(靡)所并(屏)衮(依)

清(三)·芮·二四
虐(吾)—(靡)所爰(援)□詣

耑

望二·九
兩馬皆又□—翆喉—▨

望二·四八
一—戈

望二·五〇
一—環

郭·老甲·一六
長—(短)之相型(形)也

郭・語一・九八　喪，悬（仁）之—（端）也

郭・語三・二三　☐之—（端）也

上（二）・容・四七　文王於是虍（乎）素—（端）襌（褰）裳㠯行九邦

上（三）・亙・九　先又（有）—（短）

上（四）・曹・三〇　句（苟）見—（短）兵

上（六）・競・七　吏（史）𡙂（製）蔑—折祝之

上（六）・天乙・一一　不言—（短）

上（七）・武・一　不智（知）黄帝—（顓）琂（項）

上（七）・凡甲・一四　—（端）㬈（文）

上（七）・凡甲・二〇　叱（起）於豸（貌）—（端）

上（七）・凡乙・一〇　—（端）㬈（文）

清（五）・命・一二　行之以—（權）

清（五）・命・一三　勿（物）氒（厥）—（權）之檅（屬）也

清（五）・命・一五　以—（權）從𢊁（法）則不行

清（五）・命・一五　𢊁（法）以智（知）—（權）

非

郭・語四・一一　飤（食）—（鴆）亞（惡）智（知）終其

瓜

包二・一七四　繇戲黄—

家

新・唐・二六　卅（三十）而又（有）—

上（一）・紂・一一　邦—之不寍（寧）也

豙

包二・一九七　盬吉以保—爲左尹㾪貞

包二・二二六　琛—

包二・二三六　琛—

包二・二四八　鄰公子—

包二·二一二 保—

包二·二〇六 鄝公子—

包二·二一八 保—

包二·二〇三 鄝公子—

包二·二四九 保—

包二·二〇〇 鄝公子—

包二·二〇二 鄝公子—

天卜 以承—占之

天卜 軋朡志以保—爲君月貞

天卜 軋朡志以保—爲邸瘍君勳貞

天卜 弁丑習之以保—占之

天卜 鹽丁以保—爲君月貞

天卜 陵郢習之以新保—占之

天卜 軋朡志習之以承—占之

天卜 陵惿習之以承—占之

天卜 陵逍習之以承—占之

帛丙二·三 可以—女 讀作嫁。

望一·一七 逞豹以竆—爲怨固貞

望一·一七 貸—

郭·老乙·一六 攸(修)之—(家)

郭·老乙·一七 —(家)

郭·老丙·三 邦—(家)緍(昏)□安又(有)正臣

郭·緇·二〇 邦—(家)之不寍(寧)也

上(二)·從(乙)·一 興邦—(家)

上(二)·从(乙)·二 王舍(餘)人邦—(家)土墜(地)

新乙二·二五、零·二〇五、乙三、四八 魯(許)定以陵尹懌之大保(寶)—爲☑

新甲三·二一九 ☑吕(以)陵尹懌之大保(寶)—爲君貞

九·五六·一五下 □迲(去)遲(徙)—(家)

九·五六·一七下 㝵(徙)—(家)室

九·五六·二一下 —(嫁)子

九·五六·二九 取(娶)妻—(嫁)女

九·五六·二九 —(家)祭

九·五六·四一 —(嫁)女

郭·語一·一三 又(有)—又(有)名

 上（三）·周·二二 不—（家）而飤（食）

 上（三）·中·二 河東之城（盛）—（家）也

 上（三）·中·三 丌—（家）

 上（四）·柬·一二 𠃬（以）迲（去）邦—

 上（四）·柬·一八 邦—𠃬（以）軒轝

 上（四）·柬·一八 邦—大澣（旱）

 上（四）·曹·五六 邦—（家）𠃬怯（宏）

 上（七）·凡甲·一六 邦—（家）之恚（圖）之

 上（五）·鬼·二 𨚏（亂）邦—（家）

 上（六）·用·一〇 言在—室

 上（六）·用·一二 新（慎）良台（以）—

 上（七）·鄭甲·七 含（今）晉人𨠕（將）救子—（家）

 上（七）·鄭乙·一 奠（鄭）子—（家）喪

 上（七）·鄭乙·一 奠（鄭）子—（家）殺亓（其）君

 上（七）·鄭乙·二 奠（鄭）子—（家）殺亓（其）君

 上（七）·鄭乙·六 𠃬（以）子—（家）之古（故）

 清（一）·皇·三 堇（勤）卹王邦王—（家）

 清（一）·皇·五 堇（勤）勞王邦王—（家）

 清（一）·皇·六 𤰈（俾）備（服）才（在）𠂤（厥）—（家）

 清（一）·皇·六 少（小）民用叚（假）能—（稼）嗇（穡）

 清（一）·皇·七 以—（家）相𠂤（厥）室

 清（一）·皇·八 弗卹王邦王—（家）

清（一）·皇·一〇
以自零（落）乇（厥）—（家）

清（五）·封·五
虔（虔）血（恤）王—（家）

清（五）·命·九
逕（淫）祭皮（罷）—（家）

上（五）·姑·一
姑（苦）戓（成）—（家）父事敫（厲）公

上（五）·姑·一
姑戓—（家）父𠮯亓族参坮正百豫

上（五）·姑·二
告姑（苦）戓（成）—（家）父曰

上（五）·姑·三
姑（苦）戓（成）—（家）父曰

上（五）·姑·六
弜（强）于公—（家）

上（五）·姑·七
姑（苦）戓（成）—（家）父曰

上（五）·姑·八
参坮—宔取宔（主）君之眾

上（五）·姑·九
姑戓—（家）父尃（捕）長魚罯

上（五）·姑·一〇
姑（苦）戓（成）—（家）父立死

上（三）·周·八
啓邦丞（承）—（家）

上（三）·周·五二
坿丌（其）—（家）

清（一）·金·一一
昔公堇（勤）勞王—（家）

清（一）·金·一二
我邦—（家）豊（禮）亦宜之

清（一）·祭·七
保肙（乂）王—（家）

清（三）·琴·七
四攼（啟）曰文=（文文）亓（其）又（有）—（家）

家

郭·五·二九
又（有）悳（德）則邦—（家）𡐦

天卜
軋䑋志習之以承—占之

訛形。

筮

望一・一七
逯豹以保—爲恕固貞

彖之異體。讀爲『蓍』。

宅

包二・一七一
東—人舒豫

包二・一九〇
東—人登環

郭・老乙・八
若可以—(託)天下矣

郭・成・三三
「余才—天心」

郭・成・三三
言余之此而—(托)於天心也

信一・〇一六
有首▌行有道—有

上(二)・容・一八
—(宅)不工(空)

上(三)・彭・一
乃不遊(失)—(度)

上(四)・曹・五一
則戠—剔(傷)亡

上(五)・姑・七
伐—遖适

上(五)・三德・一一
毋—(度)山

上(五)・三德・七
憙(喜)樂無堇(限)—(度)

上(五)・三德・八
宮室逃(過)—(度)

上(六)・天乙・七
與卿夫⁼(大夫)同恥—(度)

清(一)・尹至・五
執(摯)—(度)

清(一)・祭・四
—(宅)下郕(國)

清(一)・祭・五
隹(惟)寺(時)皇上帝—(宅)亓(其)心

清(三)・芮・三
—(度)母(毋)又(有)詻

清(三)・芮・一一
必罙(探)亓(其)—(宅)

清(三)・芮・一六
亓(其)—(度)甬(用)遳(失)縈(營)

清(三)・芮・二四
戠(歲)廼不—(度)

清(五)·般·一五 梩(往)—(宅)毋遲(徙)

清(五)·般·二三 我莤(寅)晨共(降)孶(在)九—(宅)

望一·一〇九 東—公

包二·一五五 足甕王士之—

郭·成·三四 所—(宅)不遠(陵)悔(矣)

《說文》古文作 。

上(二)·容·二—三 瘦(瘻)者煮盧—

上(二)·容·二 長者酥—

上(五)·競·一〇 亡(無)畀(旗)—(度)

上(六)·天甲·七 與卿夫=(大夫)同恥—(度)

上(六)·天乙·七 與卿夫=(大夫)同恥—(度)

上(七)·凡甲·三 天降(降)五—(度)

上(七)·凡乙·三 天降(降)五—(度)

清(五)·命·一 則—(度)□□亟(極)

清(五)·命·二 則—(度)至于亟(極)

清(五)·命·三 則—(度)至于亟(極)

清(五)·命·三 則—(度)至于亟(極)

清(五)·命·四 則—(度)至于亟(極)

清(五)·命·五 則—(度)至于亟(極)

清(五)·命·六 夫明王卲(昭)天許(信)人以—(度)攻(功)

清(五)·命·六 則—(度)至于亟(極)

宅

新甲三·一一、二四 —茲洍(沮)、章(漳)

上(五)·三德·六 凡—(托)官於人

乇

清(一)·楚·一 —(宅)凥(處)爰波

《三體石經》『乇』字古文。

室

包二·一二 詧(察)郜—人某瘽之典之在漾陵之参鉨

包二·九二 以其喪其子丹而得之於鱷之—

包二·一二六 詧(察)州里人隆鍎之與父隆年同—與不同—

包二·一二七 鍇居郢，與其季父𨌲連囂隆必同—

包二·一七七 大—酷尹象

包二·一八〇 舟—舒臣

包二·二一〇 少又慍於窮身與宮—

包二·二一一 㪍敘於宮—

包二·二二九 少又慍(憂)於宮—

包二·二二九 由攻敘於宮—

包二·二三三 少又慍於宮—

包二·二五一 食—之金器

包二·二五五 飤—之飤

包二·二五七 飤—所以食箕

包二·一二七 隆鍇不與其父隆年同—

包二·一二八 隆鍇之不與其父隆年同—

包二·一七三 偎王㑃—𦏴膳

包二·一九二 偎王㑃—楚斷𩛩

包簽

秦一三·八 少又慍於宮—

天卜 少又慍於宮—

天卜 旣訛處其新—

望一·二七 ▨䂓：酉飤唐之於宮—□▨

天卜 三戠之宙牺大又憙於王—

天卜 盤栖占之長吉宜—無咎無祱

望一·七五 ▨又慍於船與宮—

望一·七五 慍於船與宮—

望二·四八 一大監紅緂之—

帛丙八·二 不可以築—

郭·語四·二四 金玉涅(盈)—不女(如)㑛(謀)

上(二)·容·三八 簹(築)爲璿—

新乙三・五四
稓—之里人禱☐

新甲三・三二一
舟—一家

郭・老甲・三八
金玉浧(盈)—

九・五六・四一
秎(利)㠯(以)内(納)—

九・五六・四九
□祭—之後

九・五六・二七
秎(利)於内(納)—

九・五六・一三下
笁(築)—

九・五六・一七下
遷(徙)豙(家)—

九・五六・二九
秎(利)㠯(以)为—

上(四)・昭・一
卲(昭)王爲—於死沢(滑)之滤(滤)

上(四)・昭・一
—既成牆(將)袼(格)之

上(四)・昭・二
君王台(始)内(入)—

上(四)・昭・三
僕(僕)之父之骨才(在)於此—之蘁(階)下

上(四)・昭・五
因命(令)至俑毀—

上(四)・曹・一
昔周—之邦魯

上(五)・君・一一
夫子絧(治)十—之邑亦樂

上(五)・三德・八
宮—逃(過)尾(度)

上(五)・三德・一二
十—之佸(?)

上(五)・三德・一三
—虗(且)弃

上(六)・天甲・一
士疌(建)之㠯(以)—

清(一)・耆・一
乃歆(飲)至于文大(太)—

清(一)・皇・七
以豙(家)相乑(厥)—

清(一)・祭・一七
女(汝)母(毋)各豙(家)相而(乃)—

清(一)・楚・四
爲梪—

清(二)・繫・一五
周—卽(旣)窜(卑)

清（二）·繫·三八 囟（使）衰（襄）褱（懷）公之—

清（二）·繫·七六 取亓（其）—以夋（予）繙（申）公

清（二）·繫·七七 亓（其）子墨要也或—少盄

清（二）·繫·二四 告以宋司城坡之約公—

清（二）·繫·二五 王命莫囂昜爲衒㠯以定公—

清（三）·赤·七 尻句（后）之帰（寑）—之棟

清（三）·赤·一二 尻句（后）之帰（寑）—之棟

清（四）·筮·四位·三二 —之

清（四）·筮·祟·四三 莫（暮）屯（純）乃—中

宣

包二·一三五反 —卯 人名

包二·五八 —王 即楚—王

包二·一九一 —王宼市客苛臒

向

清（三）·良·五 遙（後）又（有）弔（叔）—

郭·語四·一一 不智（知）其—（鄉）之小人、君子

郭·尊·二八 爲古（故）衒（率）民—（嚮）方者

郭·魯·三 —（嚮）者虐（吾）昏（問）忠臣於子思

包二·九九 番— 人名

郭·六·三 叏（使）之又（有）—也

上（一）·紂·一二 毋㠯（以）辟（嬖）士書夫=（大夫）—（卿）使（士）

上（三）·彭·八 毋—桓

上（四）·柬·一 王—（嚮）日而立

上（五）·競·七 則攸（修）者（諸）—（鄉）邦

清（一）·程·七 明=（明明）才（在）—

清（三）·說上·一 王命氒（厥）百攻（工）—

清(四)·筮·至·一一
亓余𥎦(易)—

清(四)·筮·至一三
日不遏(易)—

清(五)·封·二
—(尚)昏(純)乎(厥)悳(德)

郭·老乙·一八
以—(鄉)觀向(鄉)

郭·老乙·一八
以向(鄉)觀—(鄉)

郭·老乙·一七
攸(修)之—(鄉)

郭·緇·四三
古(故)君子之友也又(有)—(鄉)

上(二)·容·七
四—㕼

宇

清(一)·楚·八
乃渭(潰)疆浧之波(陂)而—人女(焉)

宏

清(五)·湯門·二〇
是胃(謂)九—

窒

包二·七二
—聃 人名

郭·緇·二〇
邦豪(家)之不—(寧)也

上(一)·紂·一一
邦家之不—(寧)也

九·五六·一三
—於申

九·五六·一四
—於栖(酉)

九·五六·一五
—於戌

九·五六·一六
—於亥

九·五六·一九
—於寅

九·五六·二〇
—於卯

上(三)·周·九
不—(寧)方逨(來)

上(三)·亙·三正
昏=(昏昏)不—(寧)

上(五)·季·六
▨—(窒)秭(移)肥也

上(五)·姑·五
姑(苦)或(成)豪(家)父乃—(寧)百鐌

上(七)·吳·六
—(寧)心敦(撫)悳(憂)

清(一)·皇·六
王邦用—(窒)

定

清(一)·皇·一二 邦亦不—(寍)

清(三)·琴·七 不(丕)—(寧)亓(其)又(有)心

清(三)·琴·八 日内(入)皐鐾(舉)不—(寧)

清(三)·芮·二 莫卹邦之不—(寧)

清(三)·芮·一七 邦甬(用)不—(寧)

清(三)·芮·二一 邦亓(其)康—(寧)

清(五)·殷·一九 四方達—(寧)

包二·一五二 左司馬迼命左敏(令)韻—之，言胃成又逡

包二·一六五 佶陵君之人登—

雨二一·一 —新鐘之宮爲濁穆

雨二一·二 坪皇甫爲—文王商

曾八 貂—之鞮

曾四五 貂—之鞮

曾五三 貂—之鞮

曾五四 屯貂—之鞮

曾一〇 貂—之笠

曾二二 裘▮—所馭左屏

曾八九 貂—之頸

曾一二七 裘—馭左屏

曾一五八 趄—之騏爲左驂

郭·老甲·一四 萬勿(物)酒(將)自—

郭·老乙·一五 清青(静)爲天下—(正)

上(二)·容·一六 㠯—男女之聖(聲)

新甲一·二四 —貞(占)之

新甲一·二五 墭公子虘(虩)命彭—以少(小)冟(尨)黲爲君貞

新甲三·三二 鄺喜以—☐

新甲三·四一 彭—習之㠯(以)鳴䍦☐

新甲三·一五七 ☐[彭]—以酱(駁)蘦(靈)☐

新甲三・一六五 —占之日：甚☐

新甲三・一六八 ☐彭—☐

新甲三・一七〇 —占之日：吉

新甲三・二〇〇 —占之日

新甲三・二〇四 彭—以少(小)尨蘢(靇)☐

新乙一・九、乙二・一七 —☐

新乙二・二五、零・二〇五、乙三・四八 魯(許)—吕(以)陵尹懌之大保(寶)冢爲☐

新甲三・二一六 魯(許)— 人名

新乙三・三八 彭—以少(小)冟(尨)蘢(靇)爲☐

新乙二・三五、三四 —占☐

新乙四・四六 彭—吕(以)駁靇爲君卒(卒)歲貞

新乙四・一二一 —占之☐

新零・一〇一 —爲公子☐

上(三)・中一二 也—

上(四)・昭七 君王至於—沓(冬)

上(五)・君六 —見是求

上(六)・用・一九 諭諫戢□—又(有)絽(紀)

上(七)・武・一四 不敬則不—

清(二)・繫・一一五 衛(率)自(師)以—公室

清(二)・繫・一二九 奠(鄭)自(師)以内(入)王子—

清(二)・繫・一三六 陳人女反而内王子—於陳

清(三)・琴・五 甬(用)求亓(其)—

清(三)・芮・一八 和悳(德)—型(刑)

包二・一〇五 —陵 地名

包二・一一七 —陵公僾爲株昜貣郕異之金五益

包二・六二 —陕(陸) 地名

曾四八 紫桧之—賠

曾五〇 紫桧之—

曾四八 宮■廄馭—車

包二・一八一　—阬人陞環
天卜　尚宜—長處之
郭・老甲・二五　其—也

郭・五・八　不型不—
郭・五・二八　—而敬之
郭・五・四三　能又（有）取—（焉）

郭・五・六　亡宔（中）心[之][悅][則][不]—
郭・五・六　不—則不藥（樂）
郭・五・二八　智（知）而—之

郭・五・四三　能又（有）取—（焉）
郭・五・二一　不悬（仁）不—
郭・五・三〇　智（知）而—之

郭・五・三〇　—而行之
郭・五・一三　詧（察）則—
郭・語一・五九　正（政）其處（然）而行，治—尔也

郭・緇・八　心好則體—之
郭・語三・五六　此飤（食）乍—
上（二）・民・三　志（詩）亦至—（焉）

上（二）・民・四　豊（禮）亦至—（焉）
上（二）・民・四　樂亦至—（焉）
上（二）・容・三五　—身力㠯裳（勞）百眚（姓）

新甲三・一三二、一三〇　以其不—於氏（是）尻（處）也
新乙四・一二五　☐以君之竆（躳）身不—之古（故）☐

上（一）・性・二八　人之巿（悅）肰（然）可與和—者
香中大・五　孫—□

上（三）・周・五　—貞吉
上（五）・季・三　而民不備（服）—（焉）

上（五）・季・一八　丘也昏（聞）君＝田肥民則—
上（七）・武・六　—樂必戒

女

清(二)·繫·六九 —(晏)子銜𠂤以會于幽莡
清(二)·繫·七〇 —(晏)子以歸(歸)
清(三)·芮·一六 莫好—情

郭·六·四八 得其人則舉(舉)—(焉)
郭·六·一一 □賞慶—(焉)
天卜 —良瘢

郭·六·四三 能獸(守)弌(一)曲—(焉)
郭·六·一四 因而它(施)彔(祿)—(焉)
天策 絶—素

包二·一四二 火=(小人)—獸之以告
包二·一四四 州人—以火=(小人)告
包二·一八〇 臚笋会—
曾一六四 舊—車

郭·尊·三五 愋(緩)不足以—民
郭·尊·三一 侖隶其頪(類)—(焉)
郭·成·三九 文王之型(刑)莫厚(重)—(焉)

郭·尊·八 莫不又(有)道—(焉)
郭·尊·一九 古(故)終是勿(物)也,而又深—(焉)者
郭·語一·六七 政其虞(然)而行,怠(治)—

郭·語一·七一 膚(皆)至—(焉)
新甲三·三三二 ☐既—一貼
郭·性·二一 是以敬—(焉)

郭·性·五三 貧而民聚—(焉)
郭·性·四六 人之兌(說)肰(然)可與和—者

郭·尊·三七 下必又(有)甚—(焉)者
郭·尊·二九 其載也亡厚—(焉)

郭·尊·一六 則民進善—(焉)
郭·尊·二七 不和不—
郭·性·三八 青(情)—遊(失)才(哉)

郭·語三·六五下 膚(皆)至—(焉)
新甲二·一九、二〇 ☐虞(文)君必遲(徙)凥(處)—善
郭·緇·一五 下必又(有)甚—者矣

九·五六·四五 尻(居)之—壽
九·五六·四七 攻通—中坦，中□、又汙(穻)—(安)
九·五六·四九 垑於東北之北—

郭·魯·四 寡(寡)人惑—(焉)
新甲三·三九 至癸卯之日—良虞(瘥)

上(一)·紂·二一 君子不自(留)—(焉)
上(二)·容·九—一〇 自内(入)—
上(二)·容·一〇 余穴覞(窺)—

上(二)·容·一〇 吕求臤(賢)者而壤(讓)—
上(二)·容·二二 吕爲民之又(有)詀(訟)告者訐(鼓)—

上(二)·容·三二 —吕行正
上(二)·容·四一 戔(殘)羣—備(服)
上(二)·容·五〇 天䣜(將)戝(誅)—

上(二)·容·四六—四七 而䎽(問)—
上(二)·容·五三(正) 天䣜(將)戝(誅)—
上(二)·從(甲)·一八 亓㒵(使)人必求備—(焉)

上(二)·從(甲)·一一 内(納)亓惪(仁)—(焉)
上(一)·孔·三 尃(溥)僭(觀)人谷(俗)—(焉)

上(一)·孔·二 亓(其)樂—而屖
上(一)·孔·八 少又恙—
上(一)·孔·三 大會(歛)材—(焉)

曾一六五 —車
郭·老甲·二三 王尻一—
郭·老甲·一九 民莫之命(令)天(而)自均—

郭·老甲·二二 國中又(有)四大—

郭·老丙·一 —又(有)不信
郭·老丙·三 —有息(仁)義
郭·老丙·四 —坪(平)大
郭·老丙·三 —又(有)孝孳(慈)

郭·唐·二
—命而弗实(天)

上(一)·性·一二
是吕(以)敬—(焉)

上(三)·中·八
夫民—舊而庄(塚)舉(舉)

上(三)·亙·一
—又(有)造(往)者

上(三)·亙·一
—又=㷼=(有氣,有氣)

上(三)·亙·一
—又=又=(有有,有有)

上(三)·亙·一
—又=訂=(有始,有始)

上(三)·亙·三正
或,亙—

上(三)·亙·三正
生或者同—

上(三)·亙·七
—又(有)事不复(作)無事舉(舉)

上(三)·亙·八
—又(有)外

上(三)·亙·八
先又(有)矛(柔),—

上(三)·亙·八
—又(有)大

上(三)·亙·八
又(有)人—

上(三)·亙·九
—又(有)枋(方)

上(三)·亙·九
—又(有)明

上(三)·亙·九
—又(有)長

上(三)·亙·一〇
恋言之遂(後)者孝(校)比—

上(四)·昭·五
—從事

上(四)·昭·九
可(何)訢又(有)—

上(四)·柬·七
古(故)夫帝=魂(鬼)神高明—敢殺祭

上(四)·柬·一三
大刲(宰)弗·可爲戠(歲)—(焉)箸(熟)

上(四)·曹·五
毛(任)亡—

上(四)·曹·八
亦又(有)大道—

上(四)·曹·一七
疆埅(地)毋先而必取□—

上（五）·競·四 逡（後）—（焉）

上（五）·季·四 民瞑（望）亓（其）道而備（服）—（焉）

上（五）·季·一二 ▨—＝（安焉）

上（五）·姑·四 型（刑）莫大—（焉）

上（五）·姑·五 唯死—（焉）逃之

上（五）·君·二 身毋遼（動）—（焉）

上（五）·弟·六 臤（賢）者彶（及）—（焉）

上（五）·弟·二〇 又（有）菽植其槈而訶（歌）—（焉）

上（五）·三德·四 毋高（享）賸（逸）—（安）救（求）利

上（五）·鬼·四 亓（其）力能至—（焉）而弗爲唬（乎）

上（六）·競·三 或可忮（祰）—（焉）

上（六）·競·四 軋（范）武子之行—（焉）

上（六）·競·一三 —（晏）子許若（諾）

上（六）·用·三 良人鼎—（焉）

上（七）·鄭乙·七 王—（焉）還軍吕（以）记（起）之

上（七）·君甲·八 君人者可（何）必—才（哉）

上（七）·君乙·六 人胃（謂）之—邦

上（七）·君乙·八 君人者可（何）必—才（哉）

上（七）·吳·一 非疾𡢂—（焉）加之

清（一）·金·二 周公立—（焉）

清（一）·楚·七 —（焉）訇（始）□□□□□福

清（一）·楚·八 乃渭（潰）疆浧之波（陂）而宇人—（焉）

清（一）·楚·九　—（焉）改名之曰福丘

清（一）·楚·一三　—（焉）遷（徙）袞（襲）湫郢

清（一）·楚·一〇　—（焉）遷（徙）居承之埜

清（一）·楚·一二　—（焉）復（復）遷（徙）居秦（乾）溪之上

清（一）·楚·一三　—（焉）曰肥遺

清（一）·楚·一六　—（焉）遷（徙）袞（襲）肥遺

清（一）·楚·一六　—（焉）遷（徙）居鄀郢

清（二）·繫·九　晉人—（焉）㠯（始）啟于京𠂤（師）

清（二）·繫·一六　秦中（仲）—（焉）東居周地

清（二）·繫·一九　幽侯滅—（焉）

清（二）·繫·二一　□公子啟方—（焉）

清（二）·繫·二五　君—（焉）敗之

清（二）·繫·二九　—（焉）取邨（頓）以贛（恐）陳侯

清（二）·繫·三五　惠公—（焉）以亓子褱（懷）公爲執（質）于秦

清（二）·繫·三九　秦晉—（焉）㠯（始）會好

清（二）·繫·四八　—（焉）繁（脱）繻（申）公義（儀）

清（二）·繫·四八　秦—（焉）㠯（始）與晉教（執）衛

清（二）·繫·五二　而—（焉）𨟻（將）寘（寘）此子也

清（二）·繫·五三　—（焉）歾（葬）襄公

清（二）·繫·五九　宋人—（焉）爲成

清（二）·繫·七九　—（焉）㠯（始）迵（通）吳晉之逄（路）

清（二）·繫·八〇　吳人—（焉）或（又）服於楚

清（二）·繫·八四　卲（昭）王—（焉）復（復）邦

清（二）·繫·一〇六　—（焉）克𢧢（胡）回（圍）鄐（蔡）

清（二）·繫·一〇七　楚人—（焉）𨻯（縣）鄐（蔡）

清(二)·繫·一〇八　—(焉)㠯(始)迵(通)吴晉之洛(路)

清(二)·繫·一一二　齊人—(焉)㠯(始)爲長城於濟

清(二)·繫·一三五　三執珪之君與右尹卲之迈(竢)死—(焉)

清(二)·繫·一三六　陳人—(焉)反而内(入)王子定於陳

宓

清(二)·繫·三九　回(圍)商—(密)

完

上(七)·吴·五　譥(衍)敢居我江—(干)

富

上(四)·曹·三　此不貧於㱿(美)而—(富)於悳與(歟)

寘

郭·老甲·三一　我無事而民自—(富)

簡文從西，是楚簡文字『富』的專字。

清(三)·芮·一　恖(恆)静(爭)于—(富)

清(三)·芮·四　—(富)而亡(無)況

清(五)·殷·八　肩(厭)非(必)—(富)

清(五)·殷·二五　詮(感)高玟(文)—(富)而昏忘賓(詢)

賈

郭·緇·二〇　而—(富)貴已逃(過)也

郭·緇·四四　而厚與(絶)—(富)貴

上(三)·周·一二　不—(富)吕(以)

上(三)·彭·八　毋敀—(富)

上(五)·君·九　蜀(獨)—(富)人所亞(惡)也

上(五)·弟·六　—(富)貴而不喬(驕)者

實　宋　容

實
上（一）·紂·一一
而—（富）貴 罒巴（巴）逃（過）
上（一）·紂·二二
而厇（厚？）鱶（絕）—（富）貴

酉
清（三）·良·一〇
—（富）之厦

信二·〇九
一筭箕—
上（二）·容·一九
者而緐（繁）—之
上（一）·孔·九
—咎於其也

郭·六·二八
紉（疏）衰齊戊（牡）𦬸（麻）—（経）
郭·六·二七
紉（疏）斬布—（経），丈（杖）

郭·忠·五
口叀（惠）而—弗从（從）
郭·忠·八
忠，悬（仁）之—也

上（三）·周·二四
自求口—
上（四）·相·三
孔⁼……—官蒼（倉）

上（四）·相·三
吕（以）—寊（府）庫
清（一）·保·六
言不易—皃（變）名

清（一）·皇·六
軍用多—

宗

保
包二·二一二
盬吉以—豪爲左尹𢼸貞
清（五）·湯門·一四
可以—（保）成

上（二）·容·三七
瘦、—、婁刨（始）迟（起）

上（五）·鮑·一
又（有）虽（夏）是（氏）觀（觀）亓（其）—
上（五）·鮑·一
皆爲亓（其）—

上(五)·鮑·一 觀(觀)亓(其)—

上(五)·鮑·二 為亓(其)—

上(五)·鮑·二 觀(觀)亓(其)—

宆

望一·一八五 ▨□—▨

郭·語一·四七 其豊(體)又(有)—又(有)頷(色)

郭·語一·一〇九 虗与—與夫其行者

郭·語一·一三 又(有)勿(物)又(有)—

郭·語一·一四 又(有)勿(物)又(有)—

郭·語二·二四 —生於𢑚(肆)

郭·語一·五〇 —絶(色),目𢽥(司)也

郭·語一·五二 𣱱(氣),—𢽥(司)也

上(一)·紂·九 適—又(有)祟(常)

香中大·一 丌(其)—不改

上(四)·昭·八 臣辠(罪)亓(其)—(容)於死

上(四)·曹·二四 車閈(閒)—俉

上(四)·曹·二四 俉閈(閒)—兵

清(一)·程·七 隹(惟)—内(納)梀(棘)

清(一)·楚·八 衆不—於免

寶

包二·二二一 郙脕以少—爲左尹卲㐌貞

清(五)·殷·一一 五—皃(變)色

寳

上(四)·曹·五六 民又(有)—(保)

寚

清(一)·皇·二 乞(迄)又(有)—(寶)

清(一)·皇·一三 天用弗—(保)

窺
望一・一四
以—豙爲愳固貞

賫
望一・一五
▨以—豙爲愳固▨

望一・一四
以—豙爲愳固貞

上（五）・三・德・九
邦豙（家）—（保）

上（七）・吳・二
孤居—（保）系綌之中

琛
包二・二二六
盬吉以—豙爲左尹㐌貞

包二・二三六
盬吉以—豙爲左尹㐌貞

上（六）・競・一
虐（吾）珪—（寶）大於虐（吾）先君之□公瘧（疥）虘（且）瘧（瘧）

珐
上（四）・昭・六
卲（昭）王迈逃（珧）—（寶）

上（四）・昭・七
見𡚸（㨉）逃（珧）—（寶）

宦
清（三）・良・八
史全（伯）—中（仲）虔（號）弔（叔）

宰
包二・一〇二
大—　職官名

包二・一五七反
鄟少—尹郳詃以此等至命

清（三）・良・一一
以爲大—

宷
天策
—尹左㚖一白▨

包二・三七
福昜—尹之州里公婁毛受（期）

包二・一五七
鄟宧夫=命少—尹郳詃

上（四）・柬・一〇
君王尚（當）吕（以）䛗（問）大—（宰）

上（四）・柬・一三
大—（宰）弗可爲戠（歲）安（焉）篙（熟）

上(四)·柬·一三 大—(宰)酓(答)

上(四)·柬·一四 句(後)而洨(詨)胃(謂)大—(宰)

上(四)·柬·一四 矦(侯)大—(宰)遜迸(伴)進畀

上(四)·柬·一七 大—(宰)记(起)而胃(謂)之

上(四)·柬·一九 贅尹皆絧(紿)丌言吕(以)告大—(宰)

上(四)·柬·二〇 大—(宰)胃(謂)陵尹

上(四)·柬·二一 大—(宰)言君王元君

上(四)·柬·二二 命(令)尹子林駬(問)於大—(宰)

上(四)·柬·二三 大—(宰)酓(答)曰

上(四)·柬·二三 命(令)尹胃(謂)大—(宰)

清(二)·繫·八三 五(伍)員爲吴大—(宰)

清(二)·繫·一三一 奠(鄭)大—(宰)惦(欣)亦记(起)禍(禍)於奠

⿱宀⿰辛刀

包二·二六六 一—梱

上(三)·中·一 㝵(使)中(仲)弓爲—(宰)

上(三)·中·四 從於—(宰)夫之逡(後)

⿱宀⿰口辛

曾一五四 —尹臣之騏爲右驌

曾一五五 —尹臣之黄爲右驌

曾一七五 大—之駟爲左驂

曾二一〇 所繫大—䮰=

守

郭·老甲·一三 侯王能—之

郭·唐·一二 愄「畏(夔)」—樂

上(二)·子·六 㝵(得)丌(其)社稷(稷)百眚(姓)而奉—之

上(一)·紂·一九 齊而—之

寵

上（三）·彭·八 忎（恐）弗能—

上（六）·競·八 今新（薪）登（蒸）思吳（虞）—之

上（六）·競·八 蕐（澤）梨吏（史）敓—之

上（六）·競·八 山朁（林）吏（史）蒀（衡）—之

宔

包二·一三五 陞— 人名

上（六）·競·九 今内—又（有）割疾（瘔）外

宜

包二·一〇三 —昜司馬弘貣郘異之黃金

《說文》古文作[古文]。

包二·一一〇 波尹— 人名

包二·一三三 会鄦之慶李百—君命爲儘搏之

包二·一三四 數客百—君

包二·一六五 郘人鈇—

包二·一八五 五帀士尹—咎

包二·一三八 與其戰客百—君大弁連中

郭·性·一一 —（義）也

新甲三·六五 —爾

望一·一〇 —禱□□

郭·性·四一 唯—（義）衍（道）爲忻（近）忠

郭·性·二二 其訶（詒）—（儀）道也

郭·性·一七 體其—（義）而即（節）虘（文）之

郭·六·一五 以—（義）叀（使）人多

郭·六·三一 門内之紿（治）紉（仁）穿（弇）—（義）

郭·性·四 智（知）—（義）者能内（入）之

郭·性·三五 臣—〈忠〉

郭·六·三四 君—（義）

郭·六·二六 —（義），外也

郭·六·三二 —（義）强而柬

郭·六·一 急（仁）、—（義）也

郭·六·二二 上共下之—（義）

郭·六·四 非急（仁）—（義）者莫之能也

郭·六·三一
門外之絧(治)—(義)斬紉(仁)

郭·六·三九
君臣亡—(義)

郭·性·三八
誨(敏)，—(義)之方也

郭·六·三一
—(義)頪(類)卉而㡭(絕)

郭·六·一五
—(義)者

郭·六·一一
悬(仁)與—(義)稾(就)壴(矣)

天卜
—室無咎無祱

天卜
尚—安長處之

新甲三·一五三
☐☐☐—少(小)達(遲)虘(瘥)☐

郭·語三·三五
悉(義)，—也

新零·二八六
☐自—訓(順)☐

包二·二二三
屈— 人名

包二·二二三
屈—占之曰吉

新乙二·二
—少(小)達(遲)瘛(瘥)

新甲三·二四七、二七四
竆(躬)身尚自—訓(順)

新甲三·三一五
黄—日之述

新乙四·三五
尚自—訓(順)也

新乙一·九、乙二·一七
竆(躬)身尚自—訓(順)

新乙二·三五、三四
竆(躬)身尚自—訓(順)

九·五六·四五
—人民

九·五六·四六
—人民

上(二)·容·三六
民乃—肙(怨)

新乙四·七一
自—訓(順)

上(四)·采·三
良人亡不—也

上(四)·曹·二八
則民—之

清(一)·金·一二
我邦豕(家)豊(禮)亦—之

清(三)·良·三
又(有)柬(散)—生

上(一)·性·三三
—(義)

上(一)·性·三三
—(義)之方也

上(一)·性·三四
唯—(義)道爲近中(忠)

上(一)·性·七　—(義)也者
上(一)·性·一二　貴丌(其)—(義)
上(一)·性·一三　丌(其)訂(治)—(義)道也
上(一)·性·二四　賓(謂)於—(義)者也

上(三)·亙·七　恙(詳)—利主
清(二)·繫·一一六　埮(奪)—昜(陽)

宵

包二·一五　僅五帀(師)—倌之司敗若
包二·一五反　五帀—倌之司敗告謂
包二·七五　—逆
包二·八七　—逆

包二·八六　—环　人名
包二·五一　—親　人名
包二·七二　—被　人名
包二·七一　—逆　人名
包二·九八　漕公朔，—吳

包二·一一九反　—懷　人名
包二·一一九反　—晥　人名
包二·一七六　—官司敗若
包二·一八二　—官司敗逗
帛甲八·四　又—又朝

清(一)·楚·七　至—囂(敖)禽鹿自焚遷(徙)居宵
清(一)·楚·七　至宵囂(敖)禽鹿自焚遷(徙)居—

清(一)·楚·七　至武王酓巸自—遷(徙)居免

宿

佰　佰

九·五六·五　☒□□—堂吉

佰

上(二)·容·二八　—(宿)於埜(野)
上(三)·周·三七　—(夙)吉
上(五)·三·德·一　弦望齊—(宿)

清(一)·保·一一　日不足隹—(宿)不羕(詳)

清(三)·琴·三　訖(適)我—(夙)夜不免(逸)
清(三)·琴·六　—(夙)夜不解(懈)

寖

迺 上(二)·民·八 「城(成)王不敢康，—(夙)夜耆(基)命又(宥)簪(密)」

寝 包二·一四六 所又責於𠰨䢜戱—戱
包二·一四六 —戱
包二·二六〇 一—錢

包二·二六三 一—笘
包二·一四六 所又責於𠰨—戱
包二·一六五 𠰨—遺喜
包二·一六六 𠰨—敓(令)之州苛鮇

包二·一七一 𠰨—尹之人恇
清(一)·皇一〇 曰余蜀(獨)備(服)才(在)—

帰 信二·〇二一 一縉紫之—裀
信二·〇二三 一—莫
信二·〇二三 一—篓

上(六)·天甲·一一 不言—(寢)
上(六)·天乙·一〇 不言—(寢)

清(三)·赤·五 少(小)臣乃痓(眛)而—(寢)於逄(路)
清(三)·赤·七 尻句(后)之—(寢)室之棟

清(三)·赤·一一 尻句(后)之—(寢)室之棟

郭·六·三 —(寢)四叕(鄰)之帝(抵)虗(梧)
省形。

寂 上(二)·容·二 而—亓兵
寢之異文。

宎

宎 郭·語一·八八 —(賓)客，青(清)濘(廟)之廈也
郭·語三·五五 —(賓)客之用幣(幣)也，非正
上(二)·容·五 四海(海)之外—(賓)

寡

清(三)·良·六 又(有)—(賓)須亡

天策 一左—

天策 一右—

郭·魯·四 —(寡)人惑安(焉)

郭·緇·二二 公之—(顧)命員(云)

上(一)·紂·一七 古孳=(君子)—(寡)言而行

上(一)·紂·一二 辩公之—(寡)命員(云)

上(一)·孔·九 巽(僎)—(寡)

上(二)·從(甲)·三 豊(禮)則—(寡)而爲悬(仁)

上(二)·容·三六 衆—(寡)不聖(聲)訟(頌)

郭·緇·二三 公之—命員(云)

郭·尊·一五 則民訐以—(寡)信

郭·老甲·二四 居以—復也

郭·老甲·二 少厶(私)—欲

上(五)·競·六 —(寡)人至於貞(辩)日飤(食)

上(五)·競·八 —(寡)人之不剁也

上(五)·鮑·二 —(寡)人牺迿佝器必罝(蜀)視(視)

上(五)·弟·一六 —(寡)聑(聞)則沽(孤)

上(五)·弟·一六 —見則𠫑(肆)

上(四)·采·四 訐羽：北埜人，—虎

上(四)·曹·六 昔池舶語—(寡)人曰

上(六)·用·五 視前—(顧)逡(後)

上(六)·天甲·七 矦量—(顧)還身

上(六)·天甲·七 百正—(顧)還胥(脊)

上(六)·天乙·六 矦量—(顧)還身

上(六)·天乙·七 目亙(恒)—(顧)還面

上(七)·凡乙·一 系(奚)—(呱)而鳴

上(七)·吳·七 三夫=辱命於—(寡)君之僕(僕)

上(七)·吳·七 —(寡)君一人……

上(七)·吳·八 —(寡)君昏(問)左右

清(一)·皇·一 朕—(寡)邑少(小)邦

清(三)·芮·五 —(顧)皮(彼)遂(後)復(復)

清(三)·芮·一五 褱志學弱贏—(寡)脛(矜)蜀(獨)

清(四)·筮·祟·五一 衆戰(勝)—(寡)

清(五)·湯丘·一九 退不—(顧)死生

清(五)·殷·二六 返利囂神慕彝而不—(顧)于遂

清(五)·殷·二七 —(顧)遉(復)孛(勉)釁(祇)

清(五)·殷·二八 天—(顧)遉(復)之甬(用)休

客

包二·六 齊—陸豫訋王之戢

包二·一二五 鄦寅之—葦

包二·一二五反 廷疋昜之酷官之—

包二·一四五 郢—登余善

包二·一四五 秦—陞新

包二·一四五 鄒—鄒神

包二·一四五 鄒—公孫哀

包二·一四五 郯—左尹輊

包二·一四五 鄒—諱梟

包二·一四五 郙—望困業之寇=(宊邑)敘顏

包二·一四五 宙餘戢歸之—

包二·一四六 而不交於新—者

包二·一四六 所又責於寢戱五帀而不交於新—者

包二·一五〇 让薔(虆)()之—苛昒内之

包二·一五五 方鄢左司馬競慶爲大司城欿—

包二·一五七 詧(察)竊大梁之戢舊之—

包二·一七六 魯—專臣

包二·五八 東周之—

包二·一二九 東周之—

包二·一四〇 東周之—
包二·一四一 東周之—
包二·一六二 東周之—
包二·二〇五 東之—
包二·二〇六 東周之—

包二·二〇七 東周之—
包二·二〇九 東周之—
包二·二二一 東周之—
包二·二二二 東周之—

包二·五八 苛鍉以受宣王之㙯市之—苛造
包二·一九一 宣王㙯市—苛朧
包二·一九九 宋—盛公鸚甹於楚之戢

包二·二〇一 宋—盛鸚甹於楚之戢
包二·一三三 以舍会之歡—
包二·一三四 吟会之歡—不爲其劃

包二·一三五反 陰之戰—敎得冒之
包二·一三五反 陰之戰—或執𠊳之㲸旭
包二·一三八 與其戰—百宜君
包二·一四八 —發笲

包二·一五〇反 —發笲
秦一·一 周—軳無？王於宋東之戢
天卜 郙—圍公頌迈楚之戢
天卜 齊—纏腹之戢

天卜 鄦—纏腹䣓王於栽郢之戢
天卜 鄦—纏腹䣓王於栽郢之戢
天卜 齊—纏腹䣓王於栽郢之戢

望一·一 齊—張果䣓（王）於栽郢之戢
望一·七 郲—困𢀛䣓王於栽郢之戢
曾一七一 宋—之駟爲又飛
郭·老丙·四 怂（過）—止

郭·語一·八八 守（賓）—，青（清）滰（廟）之度也
郭·語三·五五 守（賓）—之用繖（幣）也，非正

新零·一六五、一九 齊—陸（陳）異至（致）福於王之戢（歲）
新甲三·二七 齊—陸（陳）異至（致）福於王之歲，獻☐

新甲三·二〇 齊—陸（陳）異至（致）福於王歲，獻☐
新甲三·三三 齊—陳異至（致）福於王之歲

新甲三・一〇五
☐鷹(薦)三楚先，—(各)☐

新甲三・二七二
齊—陳異至(致)福於王之歲

郭・老甲・九
敢(嚴)虐(乎)其奴(若)—

上(四)・柬・一七
……晒(將)爲—告

上(五)・競・七
鞋(鮑)帀(叔)耆(牙)—王

上(五)・季・一六
女(如)訢(則)—之事也

清(一)・耆・一
繹(畢)公高爲—

清(一)・耆・二
夏(作)策逸(逸)爲東尚(堂)之—

清(二)・繫・二六
文王爲—於賽(息)

寓

清(三)・芮・二八
以—命達聖(聽)

寒

上(三)・周・四五
—湶(泉)飤(食)

上(一)・紂・六
晋昝(冬)耆(祁)—

害

郭・成・二二
—(盍)言疾也

郭・成・三〇
—(盍)言寅之也

郭・成・三三
—(盍)此言也

郭・成・三九
—(蓋)此言也

郭・成・二九
—(盍)道不說(悅)之司(始)也

郭・六・三三
—(蓋)亡(無)不以也

九・五六・三二
是胃(謂)外—日

上(一)・孔・八
則言讒人之—也

上(二)・從(甲)・七
而不智則奉(逢)䜌(災)—

上(一)·性·三一 句(苟)毋—

上(五)·姑·四 而因(因)吕(以)—君

上(五)·姑·六 —参(三)坓(欲)

上(五)·姑·八 攖(將)大—

叡

郭·老甲·二八 亦不可得而—

[illegible]

郭·老丙·四 往而不—

郭·語四·二一 而民弗—也

上(一)·孔·七 褱(懷)尔䀎(明)悳(德)—(曷)

上(一)·孔·一〇 —(害)曰童而皆臤於丌(其)初者也

上(三)·中·二〇 三—近與矣

上(三)·中·二二 —□者不

上(四)·柬·一三 君王毋(毋)敢戋(災)—

上(四)·曹·一〇 —(曷)又(有)弗遊(失)

清(一)·尹誥·二 今句(后)—(胡)不藍(監)

清(三)·琴·一三 仡(適)舍(余)龏(恭)—(害)㤅(怠)

[illegible]

上(五)·競·一正 日之飤(食)也—(曷)爲

上(四)·曹·九 —(曷)又(有)弗㝵(得)

害

包二·二六八 一紡—

[illegible]

包二·九五 卲無—之州人

郭·緇·三七 —(割)紳觀文王悳(德)

上(五)·鮑·八 公蟲(昆)亦不爲—(害)

憲

清（一）·尹至·三
—（胡）今東恙（祥）不章

𧷻

上（五）·鮑·六
必—（害）公身

清（五）·厚·八
隹寺余經念乃高且克—（憲）皇天之政工

郭·老甲·四
民弗—（害）也

宋

包二·四九
—加 人名

包二·五一
—𢘅 人名

包二·八五
—㹁 人名

包二·八五
—庚 人名

包二·八五
雷— 人名

包二·八七
鄦昜大主尹—款訟

包二·一〇一
—偈 人名

包二·一四七
—猒 人名

包二·一五〇
—鼎 人名

包二·一六四
—末 人名

包二·一七〇
—丹 人名

包二·一七五
—亡正

包二·一九一
—午 人名

包二·一二五
—客盛公鸚蕳楚之戢

包二·一三二
—客盛公鸚之戢

包二·一九七
—客盛公鸚㝵於楚之戢

秦一·一
周客輗無？王於—東之戢

望二·六〇
一—□▨

曾一七一
—客之駟爲又飛

曾一七三
—司城之騎爲右驂

曾一七六
—司城之駐爲左驂

上（一）·紂·二三
—人又（有）言曰

新甲三·二二〇
—良志受亖（四）匠

新甲三·四〇〇
旬尹—之述

郭·緇·四五
—人又（有）言曰

新零·三四三
▨—木受一匠

上（六）·競·四
若丌（其）告高子……木爲成於—

清（二）·繫·三
龏（共）白（伯）和歸于—

宗

宗

望一·一二五
☐☐舉禱北—一環

郭·六·二八
祖字（爲「兔」之誤写）爲—族也

郭·六·三〇
爲—族㣺〔瑟（殺）〕弸（朋）習（友）

清（二）·繫·一二六
—公畋萛白舀皆朝于楚

清（二）·繫·一二六
王銜—公以城贖闈（關）

清（三）·良·七
—又（有）左帀（師）

清（二）·繫·一一四
告以—司城㳄之約公室

清（二）·繫·一一九
—殚（悼）公牺（將）會晉公

清（二）·繫·一二四
齊侯貣魯侯犇—公畋

清（二）·繫·一一三
—公敗齊𠂤（師）于襄坪（平）

清（二）·繫·一一四
—悼公朝于楚

清（二）·繫·九七
明（盟）於—

清（二）·繫·一一一
以與戉（越）命（令）尹—䍃（盟）于邪

清（二）·繫·八八
王或叏—右帀芋孫兀（元）行晉楚之成

清（二）·繫·八九
明（盟）於—

清（二）·繫·五九
臧（莊）王銜（率）𠂤（師）回（圍）—九月

清（二）·繫·五九
—人女（焉）爲成

清（二）·繫·五八
用㝃（挟）—公之馭（御）

清（二）·繫·五九
叚（假）洛（路）於—

清（二）·繫·五六
牺（將）以伐—

清（二）·繫·五七
—公爲右（左）芋（盂）

清（二）·繫·五七
—公之車萲（暮）㚘（駕）

清（二）·繫·四二
伐㚔以敚齊之戍及—之回（圍）

清（二）·繫·四三
文公銜秦齊—及羣戎之𠂤以敗楚𠂤

清（二）·繫·三六
—人善之

清（二）·繫·四一
者（諸）侯以回（圍）—代齊

清（二）·繫·四一
晉文公囟齊及—之悳（德）

上（一）·孔·五
敔—宙（廟）之豊（禮）

上（一）·孔·二四
虗（吾）㠯（以）甘棠㝵（得）—宙（廟）之敬

上（二）·從（甲）·四
悬（仁）之—也

上（二）·容·四一
於是虐（乎）㲹（亡）—鹿（戮）族戔（殘）羣焉備（服）

上（二）·容·四六
—（崇）

新乙一·四、一〇、乙二·一二
邍（就）禱陸（陳）—一豬

上（三）·周·三三
陞（陞）—暫（嗑）肤（膚）

上（三）·中·五
爲—宗悬（謀）女（汝）

上（三）·彭·四
可（何）丌—（崇）

上（五）·競·二
昔高—祭

上（五）·三德·一〇
毋戚（滅）—

清（一）·程·二
—丁敊（祓）大（太）子發

清（一）·程·三
敝（幣）告—方（祊）杢（社）禝（稷）

清（一）·皇·二
廼隹（惟）大門—子埶（邇）臣

清（一）·祭·一三
方𦘔（建）—子

清（一）·祭·一五
乃又（有）顛（履）—

清（一）·楚·二
先凥（處）于京—

清（一）·楚·二
穴酓遅（遲）遷（徙）於京—

清（一）·楚·四
至酓惿（狂）亦居京—

清（二）·繫·一七
方（旁）埶（設）出—子

清（三）·説中·一
内（入）才（在）—

清（四）·筮·祟·四三
宴（滅）—

清（五）·殷·一
高—觀於𦧲（洹）水之上

清（五）·殷·一
高—乃𤔲於少壽曰

宔

清（五）·殷·五 高—乃或（又）䛐（問）於彭且（祖）曰

清（五）·殷·七 高—乃言曰

清（五）·殷·一一 高—恭（恐）愳（懼）

清（五）·殷·二四 高—或（又）䛐（問）於彭且（祖）曰

清（五）·殷·二八背 鼙（殷）高—䛐（問）於三𠭯（壽）

宔

包二·二二 不䍐（察）陞—䧹之傷之古

包二·一二八 由一戠獄之—

包二·一八五 臨昜人—貫

包二·二一九 速巫之，厭一牯於陞（地）—（主）

包二·二〇二 獮禱於宮陞—一羖

包二·二〇七 屏於埜（野）陞—一牯

包二·二〇七 宮陞—一牯

秦九九·一 賽禱宮陞—

秦九九·一一 陞—司命司禍各一殎纓

秦九九·一四 舉禱大陞—一牯

天卜 宮陞—一羖

天卜 司命司禍陞—各一吉環

天卜 賽禱宮陞—

天卜 賽禱宮陞—一羖

天卜 舉禱宮陞—一羖

望一·一〇九 ☒—一豭

望一·一一〇 速祭公—豜酉飤

望一·一一〇 ☒公—□

新甲二·七 ☒陞（地）—（主）一痒（牂）

新甲二·二九 ☒五—（主）山（？）各一戕（瓶）☒

新甲三·三〇六 ☒陞（地）—（主）

新乙一·一五 公北、陞（地）—（主）各一青義（犧）

新乙二·三八、四六、三九、四〇 舉禱於陞（地）—（主）〔一〕青義（犧）

新乙三·一七 ☒禱陞（地）—（主）一牂

新乙四·二六
陞(地)—(主)

新乙四·八二
陞(地)—(主)

新乙四·八六
☐於陞(地)—(主)一牂

新乙四·九七
☐—(主)與司命

新乙四·一四〇
☐禱陞(地)—(主)☐

新零·三
陞(地)—(主)吕(以)□☐

上(一)·性·八
爲—(主)

郭·老甲·六
以衍(道)差(佐)人—(主)者

郭·性·六七
君子身以爲—(主)心

郭·六·一九
是由夫死又(有)—(主)

新乙三·六〇、乙二·一三
陞(地)—(主)

上(一)·性·三
凡眚(性)爲—(主)

郭·唐·二四
爲民—(主)也

郭·性·五
凡眚(性)爲—(主)

郭·性·一四
心述(術)爲—(主)

上(三)·周·三二
遇—(主)于衢(巷)

上(三)·周·五一
遇丌(其)尸(夷)—(主)

上(三)·彭·七
百眚(姓)之—(主)

上(四)·柬·六
古(故)爲楚邦之魂(鬼)神—(主)

上(五)·姑·四
欲吕(以)長書(建)—(主)君

上(五)·姑·八
參(三)坓(郤)家宔取—(主)君之眾

上(五)·三德·四
君無—(主)臣

上(七)·君甲·四
百眚(姓)之—(主)

⿱宀今

清（一）·祭·八
卲（昭）—（主）之剌（烈）

清（一）·楚·五
思（懼）亓（其）—（主）

包二·一五
卲行之夫＝—執僕之倌登虗

清（一）·尹至·五
—（戚）亓（其）又（有）顕（夏）

⿱宀吟

包二·一五反
卲行之夫＝—執其倌人

⿱宀反

包二·九六
漕—人䡅臣訟漕—之南昜里人墮緩

⿱宀古

上（二）·子·一
㠯（以）又（有）吳（虞）是（氏）之樂正—

⿱宀尔

新甲三·三一六
既於獻—、余疋二黏

⿱宀奉

⿱宀丰

郭·語一·一〇三
豊（禮）不同，不—（豐），不殺

或即寷字異體。

⿱宀截

信二·〇四
一良圓鈃—紡箭緶良爲頁翠結

⿱宀开

上（二）·子·一
—之子也

⿱宀句

郭·窮·六
莞（管）寺（夷）虗（吾）—（拘）繇（囚）束縛

包二·一二三
死於—

宿

包二·一三七反
㝵逹—

包二·一四二
小人之州人君夫人之敀愴之—一夫

包二·一三七
逹—而逃

與宿異體。

宮

包二・六二 屈犬少—隍申以廷

包二・六七 郘邮大—屈蛇

包二・一五五 襄陵之行僕—於鄢

包二・二五九 縞—

包二・二六〇 絟—

包二・五三 臨昜之—司馬李䢺受昌

包二・八一 —司馬 職官名

包二・四七 不遅顓—夫〻䴬公㚘期

包二・一二六 —大夫謹州里人隍鎗之與父隍年同室與不同室

包二・一二八 蒹陵—夫〻司敗詧（察）蒹陵之州里人隍鎗之不與其父隍年同室

包二・一三〇 桊—夫〻（大夫）

包二・一五七 鄢—夫〻命少䣄尹郱訧

包二・一八八 邔—夫〻黃轊

包二・一二 漾陵大—痎

包二・一三 大—痎內氏等

包二・一二六 大—痎

包二・一二七 大—痎內氏等

天策 一弓紡—

天策 絟—

望二・四七 四膚皆慶—

包二・一二 子左尹命漾陵—夫〻（大夫）

包二・二六 不遅鄟昜—夫〻（大夫）以廷

新甲三・三四八 閈（閒）隍大—果之述☐

上（五）・鮑・五 百眚（姓）皆—（邑）愢

上（五）・姑・一 爲士—行

家

包二・一四五 夕—旦瀌之

包二・一四五反 舍夕—之䤐人□□贕（歸）客之□金十兩又一兩

包二・一九〇 —君之子連郢

清（二）・繫・一三 殺三監而立—子耿

清（二）・繫・一四 殺—子耿

襄

上（二）・子・一 巴（肥）、—（磽）

青

郭・性・六二
身谷（欲）—（静）而毋訞

郭・語四・一
—（情）以舊（咎）

上（一）・性・二七
凡身谷（欲）—（静）而毋遣（動？）

上（三）・亙・一
青（静）大—（静）

上（三）・亙・一
—（静）大青（静）

上（三）・亙・一
翼（質）、—（静）、虛

上（三）・亙・二
出生虛—（静）

上（三）・亙・二
夢＝（夢夢）—（静）同

『青』爲『青』之異體

宴

曾七〇
所馭■郙尹之敀車哀—

曾一六〇
朱夜—以䡅復尹之䡅＝

清（一）・祭・一六
女（汝）母（毋）以戾孳（兹）皐䖒（辜）岜（亡）寺（時）—（遠）大邦

窬

郭・五・四七
—（喻）而智（知）之胃（謂）之進之

窗

郭・緇・四一
君子不自—（留）女〈安（焉）〉

清（五）・殷・一九
—（留）邦妟（偃）兵

寞

郭・唐・九
古者吴（虞）舜篙（篤）事兆（瞽）—（瞍）

郭・唐・二四
古（故）其爲兆（瞽）—子也

見《廣韻・鐸韻》。

寎

上（三）・周・四五
莱朻（救）勿—

上（六）・平王與・三
署飤（食）於䢷—（寞）

窗

郭・語四・一二
是胃（謂）—（浦）行

卷七

一二三九

寷

曾一二六
宀—斂䡾馭少軽

曾一五二
宀—尹之黄爲左驌

曾一八
宀[redacted]—斂䡾馭少軽

寑

郭・尊・三四
—不足以安民

賓

新零・二一三、二一二
☐周墨習之㠯（以）—鼉☐

寯

新甲三・三九八
𣧑於—虩一䩞

𥨭

新甲三・二五一
其國（域）之—㑀麀☐

新甲三・二六四
亓（其）—

新甲三・三八〇
☐梘—戠尹□☐

新零・三八六
☐—☐

𥧲

新甲三・三二六—一
下獻司城己之—人

𡪤

新零・四八四
☐—塞☐

新零・一八九
思坪夜君城—瘳迷（速）瘢（瘥）☐

𢝊

郭・成・四
其道民也不—（浸）

𡪩

包二・一二一
臧—　人名

宋

上（三）・周・七
帀（師）左—（次）

上（三）・周・五三
遊（旅）既—（韰）

上（三）・周・五三
遊（旅）焚丌（其）—（韰）

方

上（五）・三德・四
毋訽（詬）政卿於神—（祇）

宊

上（三）・周・四〇
不利—（賓）

䆞

上（三）・亙・五
思不—（殄）

穉

上（四）・昭・一
—（稚）人𣥠=（止之）

上（四）・昭・二
—（稚）人弗敢𣥠（止）

㓷

上（五）・季・一六
女（如）—（則）客之事也

疑爲『則』字異體。

第

上（五）・君・一〇
—徒五人

字

上（六）・用・一二
若矢之—（置）於弦

上（六）・用・一八
台（以）—（置）民生

上（六）・天乙・二
士爲夫=（大夫）之立身不—

室

上（七）・吳・五
吕—（廣）東海（海）之表

清（五）・命・一
又（有）尚（常）則—（廣）

清（五）・命・八
乃—（曠）命以弋（代）亓（其）上

㝛

清（一）・耆・七
—（毖）情（精）𢝊（謀）猷

宜

清(一)·祭·一三
宔(皇)—(戡)方邦
疑爲『甚』字異體。

譶

清(二)·繫·四六
逨(來)—(襲)之

清(二)·繫·九三
鄉(欒)絰(盈)—(襲)巷(絳)而不果

清(二)·繫·四六
秦𠂤(師)牆(將)東—(襲)奠(鄭)

清(二)·繫·九四
齊戕(莊)公涉河—(襲)朝訶(歌)

窜

清(三)·説上·五
敚(説)于—(圍)伐遂(失)宙(仲)

清(五)·殷·九
旣—(回)或迲(止)

宇

清(四)·筮·雨·一五
𦣞(數)而出乃—(早)

清(四)·筮·十七命六二
日—(早)日祟

宴

清(四)·筮·祟·四三
—(滅)宗

窓

清(四)·筮·祟·五〇
柆—子
疑爲『兹』字異體。

寘

清(五)·命·五
九迁(間)具(俱)—(塞)

清(五)·湯門·一四
悳(德)—(變)亟執譌以亡成

清(五)·殷·一七
竘(徇)—(句)傑(過)怪(淫)

清(五)·殷·二六
詮(感)高玟(文)稟(富)而昏忘—(詢)

新甲三·三一四
𤔲於下—、下姑留二粘

宮

包二·七
王廷於藍郢之遊—

包二·三五
新郢—中諭之州加公弼麗受旮

包二·一七五
遊—坦倌黃贛

包二·一九〇
遊—州加公矵

包二·二一〇
少又憄(慼)於窮身與—室

包二·二一一
慮敘於—室

包二·二一四
—疾土一牯

包二·二〇二
—陛室

包二·二〇七
—陛室一黏

包二·二一〇
舉禱—𧗠一白犬

包二·二二九
由攻敘於—室

包二·二二九
舉禱—行一白犬

包二·二三三
舉禱—疾土一牯

包二·二三九
少又憄(慼)於—室

包二·二三三
少又憄(慼)於—室

常一
王處於哉郢之遊—

秦一三·一四
少又憄(慼)於—室

秦九九·一
賽禱—陛室一黏

雨二一·一
定新鐘之—爲蜀穆

雨二一·三
姑侊之—爲蜀文王𦒸爲蜀

雨二一·四
▨之—爲蜀戰金𦒸▨

天卜
舉禱—禡猪=

天卜
少又恒於—中

天卜
牺又亞於—中

天卜
少又憄(慼)於—人

天卜
少又憄(慼)於—室

天卜
賽禱—陛室一殍

呂

呂

郭·緇·二六 呂型(刑)員(云)—

郭·緇·二九 —型(刑)員(云)

上(一)·紂·一五 —型(刑)員(云)

清(四)·筮·四位三五 —廷

清(一)·楚·一〇 薆(樊)郢遷(徙)居同—之北

清(三)·良·三 南—适 人名

清(三)·良·三 南—夭 人名

上(五)·三德·八 —室迯(過)尾(度)

上(五)·三德·一二 —室汙池

上(四)·采·一 —詽疋坐月埜又菜

上(四)·采·一 —祝君壽

上(四)·采·一 —穆碩人又文又敨

上(四)·采·一 —蹠(巷)喪之末

上(二)·容·三六 智爲吿—

郭·成·七 一—之人不勳(勝)其敔

九·五六·四八 凡—垑於西南之南

曾二一〇 —廄尹一馬

郭·成·八 一—之人不勳(勝)[其哀]

曾一七五 —廄尹之駟爲左飛

曾二〇七 凡—廄之馬與𥡴十乘

曾二〇八 凡—廄之爲所入長坛之审五乘

天卜 罌禱—陞宔一𤘽

望一·一〇九 賽禱—陞☐

曾四 —廄敘(令)

曾一四三 —廄之新官駟

望一·七五 ☐又悳(愳)於—室

望一·七五 ☐又悳(愳)於船與—室

望一·七五 悳(愳)於船與—室

天卜 賽禱—陞宔一𤘽

躳

上(一)·紂·八
—型(刑)員(云)

上(一)·紂·一四
—型(刑)員(云)

清(五)·封·二
則隹(惟)女(汝)—丁

清(五)·封·三
亦隹(惟)女(汝)—丁

包二·二二六
—身尚毋又咎

望一·七五
☐又悳(愻)於—與宮室𣪠又☐☐

新零·九〇
☐☐才(在)郢，—(躳)☐

上(三)·周·一
不又(有)—(躳)

上(三)·周·四九
艮丌(其)—

上(三)·周·五四
[illegible](渙)丌(其)—

清(四)·筮·四位三二
—身

穴

上(二)·容·一〇
余—覞(窺)焉

新甲三·三五
〔老〕童、祝韀(融)、—熊芳屯一☐

新甲三·八三
☐〔祝〕韀(融)、—〔熊〕、卲(昭)王、獻〔惠王〕☐

新零·二五四、一六二
☐〔祝〕韀(融)、—酓(熊)

清(一)·楚·二
—酓遅(遲)屖(徙)於京宗

空

郭·窮·一〇
驥(驥)馰張山騹—於卲坙

新乙一·二二
老嫜(童)、祝韀(融)、—(穴)酓(熊)

新甲三·三六六
☐—一冢☐

新乙一·二四
韀(融)，—(穴)酓(熊)各一痒(牂)

穴之異體。

清(一)·楚·一
氏(抵)于—(穴)窮(窮)

竈

竁 包二・木簽

竁 望一・一三九
〔祭〕—
竈神之專字。

突

宊 上（五）・季・一一
—佝
從李守奎先生釋。

宎 清（三）・芮・一一
必—（探）亓（其）厇（宅）

清（三）・芮・二六
言—（深）于㟭（淵）

清（五）・湯丘・一八
—（深）㟭（淵）是淒（濟）
省形。

窺

䞓 上（二）・容・一〇
余穴—（窺）焉

䁒 上（六）・孔・一五
吕（以）亓所眊—（䞓）之

窮

竆 郭・成・一四
—湶（源）反杳（本）者之貴

新甲三・四〇四
既於—鵠、解溪三秙

新乙四・一二五
☐以君之—（躬）身不安之古（故）☐

清（五）・湯門・一〇
百志皆—（窮）

竆 九・五六・四九
—（身）尻（居）南北不秎（利）人民

竆 郭・成・一一
—（窮）湶（源）反杳（本）者之貴

竆

包二·二一〇 聿寨戠—身尚毋又咎
包二·二一〇 少又惪於—身與宮室
包二·二一三 聿寨戠—身尚毋又咎

包二·二一三 戱又猳於—身
包二·二一七 聿寨戠—身尚毋又咎
包二·二一七 少又惪於—身
包二·二二七 少又惪—身

包二·二三四 —身尚毋又咎
郭·唐·三 —(窮)悬(仁)歖(矣)
新甲三·二四七、二七四 —(躳)身尚自宜訓(順)

新乙一·九、乙二·一七 —(躳)身尚自宜訓(順)
包二·二三〇 聿集戠—身尚毋又咎
新乙二·三五、三四 —(躳)身尚自宜訓(順)

清(一)·楚·一 氏(抵)于穻(穴)—(窮)

穿

包二·二二八 聿集戠—身尚毋又咎
包二·二三二 —身尚毋又咎

郭·老乙·一四 其甬(用)不—(窮)
郭·窮·一〇 —(窮)四㴔(海)
郭·窮·一一 古(故)—(窮)而不□

郭·窮·一四 —(窮)達以旹(時)
郭·窮·一五 穿(窮)達以旹(時)

窆

包二·二四五 疾叓,病—

窔

交

清(五)·湯丘·二 九—(窔)發明

窀

宒

包二·一五七 車輣夅斨牢宙之斨古斨—竽駐倌竽之舊貣解
包二·一七二 愄王之—人臧(臧)晉

寐　𥨊　𥩁　疾

包二·一七四 肅王—人廖亞夫

包二·一六六 愄王—臧嘉

宅

清（一）·楚·五 聿（盡）居壼—

清（一）·楚·四 思（使）若（鄀）蕼（嗌）卜遲（徙）於壼—

寤

上（五）·季·七 乂=（小人）毋—（寐）▨

上（五）·季·一〇 㛐（夙）䍃（興）夜—（寐）

䊿

上（五）·弟·二二 □（夙）興夜—（寐）

上（七）·吴·一 —（竈）逨（來）告曰

清（一）·祭·一九 我亦不以我辟—（陷）于懟（難）

疾

包二·一二三 郙傒未至斷，有—，死於宥

包二·二〇七 病腹—以少既（氣），尚毋又咎

包二·二〇七 病腹—，以少既（氣），尚毋又咎

包二·二三六 既腹心—，以走（上）既（氣），不甘飤

包二·二三六 —難㪅（瘥），以其古敚之

包二·二一八 以其下心而—

包二·二二〇 以其下心而—

包二·二二一 既又病，病心—，少既（氣），不內飤

包二·二二三 既又病，病心—，少既（氣），不內飤

包二·二三六 既腹心—，以走（上）既（氣），不甘飤

包二·二四五 既腹心—，以走既（氣），不甘飤

包二·二三九 既腹心—，以走既（氣），不甘飤

包二·二四二 既腹心—，以走既（氣），不甘飤

包二·二四五 既腹心—既（氣），以走不甘飤

包二·二四七 既腹心—，以走既（氣），不甘飤

包二·二三九 —㝵又瘨，递瘥（瘥），以其古𥛚之

包二·二四五 —弁，病窔，以其古敚之

秦一·一 以其又—之古

秦一·三 至新父句由紫之—速瘽（瘥）

秦九九·一四 —速瘽速賽之

天卜 —速瘽

天卜 —匢肰遅瘽

天卜 —又瘨以其古敚之

天卜 既肧雁—，以心痵，尚毋又咎

天卜 既肧雁—，以心痵

天卜 —速又瘳

天策 ☐—炥☐

望一·三九 足骨—，尚毋死

望一·六二 —遅瘽以其古敚之

望一·四一 ☐首—

郭·成·二三 行之不—

郭·性·四二 甬（用）智之—者

郭·語一·二〇 飤（食）与頟（色）与—

郭·成·二一 是以智（知）而求之不—

郭·成·二二 害（盖）言—也

郭·成·二二 是古（故）凡勿（物）才（在）—之

郭·成·二二 —之

九·五六·二八 敍（除）—

九·五六·六六 㠯（以）又（有）—

上（二）·容·三四 述（遂）爯（稱）—不出而死

上（一）·性·三五 甬（用）智之—者

上（二）·容·三六 唐（虐）—訇（始）生

上（二）·容·四九 思民不—

新甲一·一三 ☐伓（背）、膺—

新甲一·二二 —罷癘罷也

新乙三·二二 既伓（背）、雁（膺）—

新甲二·二五 聿（盡）八月—虘（瘥）☐

新甲一·一四 ☐貞：伓（背）、膺—

新甲一·二四 —逹（遅）瘥

新甲一・二四 ▨—，尚速瘥

新甲三・二二、五九 ▨伓膺悆心之—

新甲三・七二 既心—，以▨

新甲三・一〇〇 以毓(胛)疾

新甲三・一〇〇 ▨貞：既肧(背)、雁(膺)—

新甲三・一一三 既又(有)—

新甲三・一三一 ▨疾，𩪩—

新甲三・一三一 ▨—，𩪩疾

新甲三・一六〇 未𦘦(盡)八月—必瘛(瘥)▨

新甲三・一七三 —屖(遲)瘧(瘥)▨

新甲三・一八九 吕(以)百腨體—

新甲三・二三六 吉。期之宔(中)—▨

新甲三・二四七、二七四 —遯(速)▨

新甲三・三六五 —罷▨

新甲三・一四九 ▨膺—，吕(以)痒(肨)痕(脹)▨

新甲三・二三八 貞：既伓(背)、膺—

新甲三・二四五 ▨□疾，𩪩—、吕(以)心▨

新甲三・一九四 既又(有)—

新甲三・二四五 ▨□疾，𩪩疾、吕(以)心▨

新甲三・二三三、一九〇 既心—

新甲三・二八四 —罷癀罷也▨

新甲三・二九一—一 以—虘(且)痕(脹)

新甲三・二九一—二 膚—、悆(悶)心

新乙二・三、四 ▨吉。—遯(速)敗(損)

新乙二・五 ▨㾜(膚)—

新乙四・八 既脈(背)、雁(膺)—，吕(以)毓(胛)疾▨

新乙二・一一 ▨雁(膺)—

新乙二・一九 伓(背)、膺—

新甲三・二一九 伓(背)、膺疾

新乙一・三一、二五 㾜(膚)—

新乙一・三一、二五 —龍、痕(脹)腹、㾜(膚)疾

新乙四・二七
☐☐—

新乙三・三五
☐膺—、瘁(胖)痮(脹)、☐☐

新乙三・三九
—迲(遲)瘧(瘥)

新乙三・四七
☐—遊(速)敗(損)

新乙三・五一
☐貞：既伓(背)、雁(膺)—

新零・一二一
☐又(有)—

新零・一九九
伓(背)、膺—

新零・二二一、甲三・二一〇
☐爲君貞：伓(背)、膺—

新零・五八四、甲三・二六六、二七七
伓(背)、膺—

新零・三五四
☐癎(膚)—☐

上(三)・周・一五
貞—

上(三)・周・二一
亡(无)忘又(有)—

上(三)・周・三〇
又(有)—礪(厲)

上(四)・內・八
父母又(有)—

上(四)・曹・四四
亓堅(啓)(節)不—

上(五)・姑・六
可(何)吕(以)女(如)是亓—與(歟)才(哉)

上(六)・平・四
奠(鄭)壽告又(有)—

上(七)・吳・一
非—烟安(焉)加之

清(一)・程・五
女(如)天隆(降)—

清(一)・保・二
螒朕—啻甚

清(一)・保・三
今螒朕—允瘠(病)

清(一)・保・三
螒朕—啻甚

清(一)・金一四背
周武王又(有)—

清(一)・祭・一
訖(旻)天—畏(威)

清(一)・祭・二
不淴(淑)—甚

清（一）・祭・三　㥜（謀）父縢（朕）—隹（惟）不瘳

清（一）・祭・一〇　㥜（謀）父縢（朕）—隹（惟）不瘳

清（一）・祭・二〇　余隹（惟）弗记（起）縢（朕）—

清（二）・繫・一三七　陳—目衒（率）車千窐（乘）

清（三）・説中・四　郕（越）—罔瘳

清（三）・説中・七　隹（惟）戋（干）戈复（作）—

清（三）・赤・六　頣（夏）句（后）又（有）—

清（三）・赤・七　頣（夏）句（后）之—女（如）可

清（三）・赤・八　亓（其）下舍（舍）句（后）—

清（三）・赤・八　是囟（使）句（后）瘱（疾）—而不智（知）人

清（三）・赤・一一　女（如）尔天咅（巫）而智（知）朕—

清（三）・赤・一一　朕—女（如）可（何）

清（三）・赤・一二　亓（其）下舍（舍）句（后）—

清（三）・赤・一三　句（后）之—亓（其）瘳

清（四）・筮・死一八　巛巛簭（筮）—者

清（四）・筮・志二八　曰迷（速）—

清（五）・湯丘・三　少（小）臣又（有）—

清（五）・湯丘・四　今少（小）臣又（有）—

清（五）・湯丘・五　少閑（間）於—

清（五）・湯丘・一四　傑（桀）之—

清（五）・湯門・一〇　是亓（其）爲—央（殃）

痻

上（六）・競・一〇　是皆貧痻（苦）約疠（瘸）—（疾）

病

[疒方]

包二・一五二　歁飤田，—於責

包二・二四三　—递瘧

新零・二〇九　—（病）之古（故）

上(四)·柬·二 王之庶於日而—(病)芥
上(四)·柬·八 不穀瘵甚—(病)聚(驟)
清(五)·湯門·一五 —(病)民亡(無)古(故)

包二·一五八 畢得硼爲右弁於莫囂之軍，死—當
包二·二〇七 —腹疾，以少㤅(氣)尚毋又咎
包二·二一八 —良瘥

包二·二二〇 —速瘥
包二·二四五 —窔
包二·二四七 —又瘨
包二·二四九 以其又瘴—

秦九九·三 埜以其又—之
秦九九·五 埜以其又—之
郭·老甲·三六 貴(持)與貢(亡)篙(孰)—(病)

上(四)·柬·二 贅尹智(知)王之—(病)乘(勝)
上(四)·柬·五 速祭之虐(吾)瘵鼠—(病)

上(四)·柬·二二 君王之—(病)䣳(將)從含(今)日𠮷(以)已

瘥
上(五)·三德·一三 身虗(且)有—(病)

瘖
清(一)·保·三 今瘉朕疾允—(病)

瘜
清(四)·筮·死二 ☰☰—(病)哭死

瘽
包二·一二 詧(察)郜室人某—之典之在漾陵之参鉩
包二·一三 某—在漾陵之参鉩閒逬之典匱
包二·一七四 佶䢵亢—

包二·一七五 李— 人名

疕　瘍　痒　瘻　痾　痙　疽

疕
包二·八 昭之子—一夫，未在典

瘍
清（五）·命·九 民ㄨ（枳）則—（傷）人
清（五）·命·一一 倂（恥）莫大於—（傷）人

痒
新甲二·二 ☐—（痒），緩……☐
新甲二·七 ☐陛（地）室（主）一—（痒）
新乙一·三 各一—（痒）☐
新甲三·一六六、一六二 ☐舉禱於二天子各兩—（痒）
新乙一·一七 遷（就）禱三楚先屯一—（痒）
新乙一·二四 韍（融），空（穴）酓（熊）各一—（痒）
新乙二·二二 ☐命一—
新乙二·二三 ☐兩—（痒）
新乙三·四一 舉禱於三楚祧（先）各一—（痒）
新乙四·四八 敢甬（用）一元犠—（痒）

瘻 瘦
上（二）·容·二—三 —（瘦）者煮盧厇
上（二）·容·三七 —（瘦）

痾
包二·四七 秋— 人名
新零·二〇四 又—疾復（作）

痙 疰
望一·九 既—
望·一三 既—

痓
望一·四〇 吕—

疽 瘦
包二·五一 陰侯之正差鈇—受吕
包二·五八 苛— 人名

包二·二三六　既腹心疾，以走（上）懸（氣），不甘飤舊不—尚速—，毋又柰，占之：恆貞吉，疾難—以其古敓之

秦九九·一　速—（瘥）

天卜　由社解於祟—與弫死

天卜　安良—（瘥）

天卜　少遲—（瘥）

天卜　遲—（瘥）

天卜　☑遲—又棨

包二·二四三　病速—以其古敓之

包二·二三九　不甘飤，尚速—（瘥）

包二·二四〇　遆—（瘥）

包二·二四二　舊（久）不—尚速—（瘥）

包二·一八九　鄦君之州加公石—

包二·二一八　病良—（瘥）

包二·二二〇　病速—

包二·二四五　尚速—毋又柰

包二·二四七　舊（久）不—尚速—

包二·五一　䟣—人名

秦一·三　至新父句郘紫之疾速—（瘥）

望一·六一　疾遲—（瘥）

望一·六二　□又癪遲—（瘥）

望一·六三　□少遲—（瘥）

望一·一五〇　述—

望一·二二　尚速—（瘥）

秦九九·一四　速—（瘥）

新甲一·二四　☑疾，尚速—（瘥）

新甲一·二四　疾達（遲）—（瘥）

新甲三·二二、五九　☑伓膺𡧉心之疾，迭（速）瘳迭（速）—（瘥）

新甲三·一六〇　未聿（盡）八月疾必—（瘥）

新甲三·一九四　尚遬（速）—（瘥）

新甲三·二六五　☑達（遲）恚—（瘥）

新甲三·二一二、一九九—三　☑—（瘥）

新甲三·二五六　☑—（瘥）。

新乙二·二　宜少（小）達（遲）—（瘥）

新零·三三〇　遲（遲）—（瘥）

瘧

新甲三·一七三　疾屖（遲）—（瘥）☑

新乙三·三九　疾達（遲）瘧（瘥）—

疥

疥
包二·一一四
州莫囂— 人名

癠
新甲三·一九八、一九九—二
虘(且)—(疥)不出
新甲二·二八
☐—(疥)不出
新甲三·二九一—一
—(疥)不☐

[疒盍]
上(六)·競·一
齊競(景)公—(疥)虘(且)[疒虍吕](瘧)
上(六)·競·二正
公—(疥)虘(且)[疒虍吕](瘧)

瘧

瘧
[疒虍吕]
清(二)·繫·二
柬(厲)王大—(虐)于周
清(五)·湯丘·一六
不—(虐)殺

郭·緇·二七
隹(惟)乍(作)五—(虐)之型(刑)曰法
上(六)·競·一
齊競(景)公[疒盍](疥)虘(且)—(瘧)

上(六)·競·二正
公[疒盍](疥)虘(且)—(瘧)
上(六)·競·二背
競(景)公—(瘧)

痎

痎
包二·一二六
大宮—
包二·一二
漾陵大宮—
包二·一三
大宮—內氏等
包二·一二七
大宮—內氏等

[疒童]

[疒童]
包二·一七七
盬— 人名
包二·二四九
以其又—病走(上)氣,尚毋死
清(四)·筮·爻五三
爲—(腫)脹

[疒市]

[疒市]
瘚
包二·一四一
州里公周—言於左尹
包二·一四一
—言曰

上(四)·柬·一八
痼(因)—(歎)智(知)於邦

疫

疫
清(二)·繫·一〇一
晉𠂤(師)大—虘(且)飢

痑

包二·一八七 郙昜莫囂之人— 人名

⿸疒古

上（六）·競·一〇 是皆貧—（苦）約疠（瘑）瘠（疾）

瘳

天卜 ☒—☒

包二·一〇 鄦戲上連囂之還集—族衍一夫

包二·一七一 —埜 人名

天卜 疾速又—

天卜 ☒疾又—☒

新甲一·九 ☒又（有）—

新甲三·一六 ☒少（小）臣成迷（速）—，是☒

新甲三·二二、五九 ☒伓膺宔心之疾，迷（速）瘛（瘥）

新甲三·一八四—二、一八五、二二二 以其不良恚—之古（故）

新零·一八九 思坪夜君城宔—迷（速）瘛（瘥）☒

包二·一八八 —亞夫

清（一）·祭·三 㤅（謀）父滕（朕）疾隹（惟）不—

清（一）·祭·一〇 㤅（謀）父滕（朕）疾隹（惟）不—

清（三）·說中·四 郕（越）疾罔—

清（三）·赤·一三 句（后）之疾亓（其）—

清（四）·筮·瘳一〇 ≘《凸（凡）—見述（術）

清（四）·筮·瘳一一 ≡〈三日上毀—

清（四）·筮·十七命六二 曰—曰咎曰男女曰雨

痺

包二·一二五 東敔公鵌—

⿸疒安

包二·一〇八 喬差—

新甲三·三四五—一 —占之☒

新乙四·六三、一四七 鄭—

包二·二二四 衛— 人名

包二·二二五 衛— 人名

𤸰

疾

包二·三 —一夫，處於郢逄區湯邑

包二·一九四 辻敍㝵—

見《玉篇·疒部》。

上（六）·競·一 割—（𤸰）與梨丘虗言於公曰

上（六）·競·一三 命割—（𤸰）不敢監祭

𤹤

包二·一七一 登— 人名

包二·一七一 酓相—

𤷱

包二·一〇二 緣— 人名

望一·一一 苛悆以—▨

𤻮

包二·一七三 愄王佶室瘳—

𤼚

包二·一二九 恒思少司馬登—

痰

曾二六 黃一—所馭𨸏軒鄟輪

曾一二八 黃—馭𨸏軒二吳甲

《廣韻·談韻》有痰字。

𤼲

包二·二四〇 疾弁又—递瘥

新乙三·三九 又（有）—

从疒省形。

新甲二·三二 ▨晒（將）爲—於後▨

新甲三·二八四 疾罷—罷也

新乙三·六一 ▨—。㠯（以）亓（其）古（故）敚（説）之

𤺺

包二·二四七 疠又—以其古敚之

望一·六二 ▨又—迟瘥

天卜 疾又—

⿸疒賣
天卜 夜中有—
新甲一・二四 又(有)—。台(以)
新甲三・五八 午之日尚毋—。占之……▨

新甲三・一九二、一九九—一 不—
新甲一・二三 疾罷—罷也
新乙二・四一 ▨—

曾七一 □云尹■—馭敂車

包二・一〇二 以其爲其䚀䣝—斷瀴……

望一・一七 既心孛,以—

新甲一・一三 以—(胖)瘬(脹)、心▨
新甲三・一四九 ▨膺疾,吕(以)—(胖)瘬(脹)▨

新乙二・五 —(胖)瘬(脹)
新乙二・一一 ▨吕(以)—(胖)瘬(脹)▨

新甲三・二五七 吕(以)—(胖)瘬(脹),⿸疒膚(膚)▨

新乙三・三五 ▨膺疾、—(胖)瘬(脹)、□▨
新零・一二五 ▨—(胖)瘬(脹)
新甲一・一四 以⿸疒奉(胖)—(脹)、心宼(悶)▨

新零・一三八 ▨—(胖)瘬(脹)▨
新零・三〇六 —(胖)瘬(脹)
新甲三・二一九 吕(以)—(胖)瘬(脹)、心宼(悶)

⿸疒孛
天卜 以心—尚毋以是古又大咎
新甲二・三三 ▨—(闷),尚母(毋)又(有)咎▨

瘦　痮

⿸疒享

新甲三・一三一 天卜 以心—尚毋又咎
新甲三・一三一 以心—(悶)
新乙四・七 ▨吕(以)心—(悶)

新甲三・二三三、一九〇 虘(且)心—(悶)
新零・四七五 ▨—(悶)
新零・一三五 ▨—(悶)

新甲三・一二 ▨日:吉,義(宜)少小—(瘥)

新甲三・二一九 吕(以)痒(胖)—(脹)、心宔(悶)
新零・二二一、甲三・二一〇 以痒(胖)(脹)、心宔(悶)

新零・五八四、甲三・二六六、二七七 吕(以)痒(胖)—(脹)、心宔(悶)
新零・三二八 ▨吕(以)痒(胖)—(脹)
新零・一二五 ▨瘫(胖)—(脹)

新乙三・三五 ▨膺疾、瘫(胖)—(脹)、□▨
新甲三・一四九 ▨膺疾,吕(以)瘫(胖)—(脹)▨

新甲一・一三 以瘫(胖)—(脹)、心▨
新甲三・二九一—一 以疾虘(且)—(脹)
新乙二・五 瘫(胖)—(脹)

新零・一三八 ▨瘫(胖)—(脹)
新零・二九二 ▨—(脹)
新零・三〇六 痒(胖)—(脹)

新乙一・三一、二五 —(脹)腹

⿸疒鄉　⿸疒睪

新乙四・一三二 ▨吕(以)君之衆导(得)—▨

新甲三・二八三 以君之不—(懌)也
新乙二・三七 吕(以)坪夜君不—(懌)

痦

新乙四・一二〇
☐☐不—（懌）☐☐

新零・二〇九
☐不—（懌）

新甲三・一九八、一九九—二
吕（以）又（有）—

新甲三・三四四—一
☐—，又（有）敓（祟）

瘖

帛乙二・二一
民祀不—

新甲三・二一五
盬（盬）—　人名

新甲三・二一二、一九九—三
遯（逐）盬（盬）—之敓

新甲三・一九二、一九九—一
盬（盬）—習之以黜鼊

《玉篇・疒部》有瘖字。

痼

包二・八三
鄟之䔿里人湘—

望一・八八
—以黃鼊習之

新零・二三八
起—綅（緼）命坪夜君☐

新零・一二四
☐與—㕣☐

上（四）・柬一八
—（因）瘶（歎）智（知）於邦

上（七）・吳・一
非疾—安（焉）加之

痡

包二・二三三
少又（有）慐（憂）於宮室—

《集韻・薛韻》有痡字。

癚

新甲三・一一〇
☐—（膚）一也

新乙二・五
☐—（膚）疾

新乙一・三一、二五
—（膚）疾

新零・三五四
☐—（膚）疾☐

瘙

上（四）・柬・五
速祭之虗（吾）—鼠疠（病）

上（四）・柬・八
不穀—甚疠（病）聚（驟）

上（四）・柬・二〇
君王之—從今日已瘻（瘥）

疠

上（六）・競・一〇
是皆貧瘖（苦）約—（瘸）瘖（疾）

𤻮

清(一)·尹至·二　隹(惟)𢦏(災)虐(虐)悳(極)—(暴)𤸻(瘴)

𤶃

清(一)·金·一　王不—(豫)又(有)𡰥(遲)

清(一)·保·一　隹王卒=(五十)年不—(豫)

瘠

清(一)·楚·一六　邦大—(瘠)

癰

清(二)·繫·五一　會卲(召)襄公之弟—(雍)也于秦

清(二)·繫·五四　秦康公衒(率)𠂤(師)以䢘(送)—(雍)子

𤼒

清(二)·繫·五一　乃命右(左)行—(蔑)

清(二)·繫·五四　右(左)行—(蔑)陖(隨)會不敢歸(歸)

痓

清(三)·說下·四　女(汝)母(毋)—(忘)曰

清(四)·筮·祟四九　乃—(狂)者

清(四)·筮·祟五〇　非—(狂)乃𦃇(縊)者

清(五)·殷·九　則若火=(小人)之癰(寵)—(狂)而不沓(友)

𤵸

清(三)·赤·五　少(小)臣乃—(眛)而帰(寢)於逄(路)

痌

清(五)·命·四　夫民生而—(痛)死喪

𤺺

清(五)·殷·九　則若火=(小人)之—(寵)痓(狂)而不沓(友)

冠

冐　冕

包二·一五六　左尹—以其不得執之處

包二·二六三　一生絆—

包二·二六三　一圩絆—

包二·二六四　一—簦

望二·四五 一大—

望二·六一 一少紡—

望二·六二 三觟—

冕

包二·二一九 逿—緋於二天子

包二·二三一 逿緒取—緋於南方

包二·二五九 一桂—

九·五六·三六 —（冠）吉

九·五六·四一 豙（嫁）女、—（冠）

上（二）·容·五二 武王於是虖（乎）素—（冠）弁（冕）

上（四）·內·八 —（冠）不力

昌

郭·唐·二六 古者聖（聖）人廿（二十）而—（昌）

同

包二·一二六 詧（察）州里人陞鋿之與其父陞年—室與不—室

包二·一二八 陞鋿之不與其父陞年—室

包二·一三八反 —社—里—官不可諍

包二·一七三 畢— 人名

包二·二二〇 不逗於邸易，—祭

帛乙七·一八 出內□—

包二·一二七 陞鋿不與其父陞年—室

包二·一二七 鋿居郢與其季父郙連囂陞必—室

郭·老甲·二八 是胃（謂）玄—

郭·緇·四〇 庶言—

郭·成·一七 古（故）君子不貴辟（僻）勿（物）而貴與民又（有）—也

郭·五·四六 和則—

郭·性·五七 —方而交

郭·性·五八 不—兑（悅）而交

郭·語一·一〇三 豊(禮)不—，不豊(豊)，不殺

郭·語一·一〇二 凡—者迵(通)

郭·語二·五二 其所之—

上(一)·紂·二〇 庶言—

上(一)·性·二五 —方而

上(一)·性·二六 不—方而交

上(二)·從(乙)·二 毋占(佔)民贍(歛)則—

上(二)·民·一二 屯(純)旻(德)明

上(二)·民·一三 上下禾(和)—

新甲三·三 —敓(祟)見於太☐

新零·二四一 —敓(祟)

帛乙七·二九 星曆不—

上(三)·周·四九 礪(厲)—(痛)心

上(三)·亙·二 夢=(夢夢)寈(静)—

上(三)·亙·三正 生或者—焉

上(三)·亙·四 —出而異生(性)

上(三)·亙·一二 舉(舉)天下之生(性)—也

上(四)·昭·一〇 亓子脽既與虘(吾)—車

上(四)·曹·七 □不—矣

上(四)·曹·二一 貴戔(賤)—止(待)

上(四)·曹·五八 所吕—死……

上(六)·天甲·七 者(諸)矦飤—痻(狀)

上(六)·天乙·六 者(諸)矦飤—痻(狀)

上(六)·天乙·七 卿夫=(大夫)—恥尾(度)

上(七)·凡甲·二四 戠(識)神而—

清(一)·耆四 庶民和—

清(一)·金·二 周公乃爲三坦(壇)—盉

清(一)·楚一〇 䕤(樊)郢遅居—宮之北

清(二)·繫·二四 以—生(姓)之古(故)

清（二）·繫·三九 穆（戮）力—心

清（二）·繫·一〇三 者（諸）侯—盟（盟）

清（三）·琴·一二 不遂（失）隹（惟）—

清（三）·芮·一一 和𠜄（専）—心

清（三）·良·七 雩（越）王句戔（踐）又（有）大夫—（種）

清（四）·筮·得一 ☰☱妻夫—

清（四）·筮·見二 ☰☱—男〓（男男）見

清（四）·筮·死三 ☲☰五虗（虛）—

清（四）·筮·得三 ☲☱參（三）右（左）—

清（四）·筮·見四 ☲☲—女〓（女女）見

清（四）·筮·死五 ☱☴參（三）吉—

清（四）·筮·得五 ☱☳參（三）右—

清（四）·筮·得七 ☴☱參（三）男—

清（四）·筮·死七 ☳☳參（三）兇—

清（四）·筮·得九 ☱☲參（三）女—

清（四）·筮·死九 ☱☴參（三）吉—

清（四）·筮·死一二 ☳☳參（三）兇—

清（四）·筮·娶一五 ☲☱女—男吉

清（四）·筮·娶一七 ☴☰男—女兇

清（四）·筮·雔一九 ☳☱—女〓（女女）才（在）母（毋）

清（四）·筮·小二八 ☱☱參（三）—弋（一）

清（四）·筮·成二八 ☱☵吕（凡）成—

清（四）·筮·成三〇 ☴☲不—乃

清（四）·筮·軍三二 ☱☱吕筈志事而見—

清（四）·筮·果四一 卡〓（上下）—牆（狀）

清（五）·般·一六 —民之力

上（七）·凡甲·四 虗（吾）系（奚）異系（奚）—

上（七）·凡乙三 虗（吾）系（奚）異系（奚）—

包二·九四 苛腹訟聖—之夫〓軛豎以寶田

望二·六 貍莫之—

望二·一三 —毛之首

望二·二三 魚鞁之—

冕　冑

冕

新甲一·二五
𥠻公子虘（號）命彭定以少（小）—（尨）黔爲君貞

天策
—羽首

新乙三·四三
▨吕（以）少（小）—（尨）蘦（靈）爲君貞

天策
紛—

天策
—羽之戳

新乙三·一九
彭定以少（小）—（尨）蘦（靈）爲▨

新乙三·三八
彭定以少（小）—（尨）蘦（靈）爲▨

郭·窮·三
卲䌛衣胎蓋冒（帽）衽（経）—（冢）慬（巾）

㒬

上（二）·容·五二
武王於是虖（乎）素完（冠）—（冕）

䎕

上（七）·武二
耑（端）備（服）—（冕）

冑

韋

曾一正
—趄

曾四三
屯紫縢—栶貽

曾四三
紫縢—輩貽

曾六一
紫蒴（縢）—栶貽

曾一二三
緷椎玉墜—

曾一二三
緷維犀墜—

曾一二五
緷唯—

曾一二八
黃紡之縢—彃𨋢貽

曾一二九
緷唯—栶貽

曾一三三
緷唯—栶貽

曾一三六
紫市之縢—左襢屏

曾一三八
緷膹—韓貽

曾一三八
紫組之縢—韓貽

曾一三八
紫組之縢—彃𨋢貽

曾一二四
緷唯乜—索栶貽

曾一二四
黃紡之膹—彃𨋢貽

曾一二六
黃紡之縢—彃𨋢貽

曾一二六
吳組之縢—栶貽

秦九九·六 一麆一—　天策 悳—　天策 悳—　《說文》或體。

清(一)·者·五 人備(服)余不—(冑)

鞘

包二·二六九 首—　包二·二七〇 駁右二真鞿麆皆首—　包牘一 一和龍麆頁—

包牘一 駁右二真鞿麆皆頁—

由

郭·六·一九 是—夫死又(有)宔(主)　郭·成·二八 則聖人不可—與嘼(守)之　从李守奎先生：《說文》無『由』字，『由』當即『冑』字初文。

上(一)·紂·一五 「㓝型(刑)之—(迪)」　上(三)·周·二二 良馬—(逐)一　上(三)·周·三二 悬(悔)亾⁼(亡,喪)馬勿—(逐)

清(一)·金·六 壂(成)王—(猶)學(幼)才(在)立(位)　清(一)·皇·九 亓(其)—(猶)克又(有)膢(獲)

清(一)·祭·六 孳—(迪)巠(襲)斈(學)于文武之曼悳　清(一)·祭·一五 不(丕)隹(惟)文武之—

清(二)·繫·一七 乃沓(追)念頣商之亡—　清(三)·芮·三 —(迪)求聖人　清(三)·芮·六 亓—不還(摄)丁(停)

清(三)·芮·九 疋(胥)收(糾)疋(胥)—　清(五)·殷·一七 惠民—壬(任)　清(五)·殷·二七 畱(晦)而本—生光

上(三)·彭·一 乃牆(將)多昏(問)因—　字形與『古』字混譌。

冒

冒

包二·一三一　苛—　人名

包二·一三二　苛—

包二·一三四　苛—

包二·一三五　苛—

包二·一三五反　苛—宣卯殺其兟昒郐之戰客敷得—卯自殺

包二·一三六　苛—

包二·一三七　苛—

包二·一三八　苛—

包二·二七七　一箸鼢韡之—　物名，讀作帽。

上（二）·容·一五　乃卉備（服）蓋（笠）若（箬）—（帽）

郭·窮·三　卲繇衣胎蓋—（帽）絰（絰）冡（冢）幢（巾）

新零·三五　—猶一冢

上（六）·用·二　—難軔（犯）央（殃）

上（六）·用·一一　—還乓壁

清（一）·楚·七　至焚—畲帥（率）自箬（鄀）遷（徙）居焚

清（五）·命·七　又（有）市—（冕）

清（五）·命·七　以亓（其）市—（冕）尚（當）天之福

清（五）·殷·一六　—神之福

⿰糸冒

仰二五·一一　紑布之—二堣

⿰韋冒

包二·二五九　二紫韋之—

兩

兩

包二·一一一　四—

包二·一一五　四—

包二·一一九　四—

包二·一四五　十—又一—

天策 —馬䭾

天策 —馬之紡繖

天策 ☐鑚面偶麃—☐

天策 —馬長翆

天策 —馬㢘長促

天卜 □—殍

天卜 毄禱於二天子各—牂

天策 —馬之紩纓

郭·語四 若—輪之相迿(轉)

上(一)·孔·一三 䧿棣出㠯(以)百—

上(一)·孔·一四 —矣

新甲三·一八八、一九七 各—痒(牂)，旂☐

新乙四·六二 ☐—牂

新零·二七七 —嗑☐

上(二)·容·三六 取亓—女瞖(琰)、䏇(琬)

新乙二·九 ☐—義(犧)馬

天策 —馬之紩纓

上(三)·亙一一 —者不瀍(廢)

上(七)·吳·三正 —君之弗巡(順)

信二·〇二 一—丝紝縷

信二·〇二 一—紤緹縷

信二·〇二 一—緣繹縷

包二·二三七 毄禱楚先老僮祝融媸酓各—羖

信二·〇二 一—緂縷

上(五)·鬼·四 此—者枳(歧)

上(七)·鄭乙七 與之戩(戰)於—棠

曾四三 —馬之紤甲

曾六六 —馬之革繖

曾六四 —馬之繖

曾八〇 —馬之繖

曾九八 —馬之繖

曾一六〇 坪夜君之—駟駝

曾一七一 宬尹𦤎之—駟爲騚

曾一八四 牧人之—黄翰迻

曾一八八 麗—駟

曾二〇二 麗—黄

曾二〇二 麗—䮝

曾二〇五 䡞𨍭人—㝬與其車

曾二〇六 聾𩍿人—進

曾二一〇 大尹—馬

曾二一〇 少帀—馬

网

九·五六·三一 埶（設）—（網）㝵（得）

《說文》或體。

上（六）·用·一一 若—之未癹（發）

清（三）·說中·四 郘（越）疾—瘳

清（三）·說下·二 余—又（有）罣（斁）言

清（三）·說下·四 女（如）飛䳓（雀）—畏讟（離）

清（三）·說下·六 寺（時）—非乃載

清（三）·說下·七 上下—不我義（儀）

清（三）·說下·九 余—絉（墜）天休

清（三）·琴·一 —䫑（墜）亓（其）考（孝）

清（三）·琴·一五 —克甬（用）之

清（三）·芮·一三 —又（有）肙（怨）誦（訟）

清（三）·芮·一八 以交—𢘓（謀）

清（三）·芮·二二 —肎（肯）獻言

清（五）·殷·二二 音色柔丂（巧）而晵（叡）武不—

⿱罒廾

包二·一三〇反 須左司馬之—行牺（将）以舁之

上（二）·容·四一 於是虐（乎）—（亡）宗鹿（戮）族戔（殘）羣焉備（服）

上（四）·昭·七 見—（捫）逃（珧）珤（寶）

清（三）·赤·五 湯—（返）駐（廷）

⿱罒豆

新甲三·二三七—一 一鈐玉—□▨

羅

包二·八三 訟—之㾦宼之𢀜者邑人郘女

包二·九三 —軍 人名

包二·一六七 大让苛—

包二·一八〇 ⿱宀告戱少童—角

包二・二六
—壽 人名

包二・六八
—壽

包二・二四
—愺 人名

仰二五・一〇
促—縋之緆

新乙二・一四
☐既—丘霊☐

上(三)・周・五六
飛鳥—(離)之

上(四)・柬一
命龜尹—貞於大顕(夏)

清(二)・繫・一〇〇
晉人—

清(三)・説下・四
卑(厥)亓(其)怸(禍)亦—于罝罛

清(四)・筮・四季三七
艮—(離)大凶

清(四)・筮・四季三七
艮—(離)凶=(小凶)

清(四)・筮・四季三八
艮—(離)少(小)吉

清(四)・筮・四季三八
艮—(離)大吉

清(四)・筮・天四八
亼—(離)

清(四)・筮・地五五
卯酉(酉)—(離)

清(四)・筮・卦五六
—(離)司

清(四)・筮・卦五九
之—(離)

清(五)・封・六
—緩(纓)

⿱罒⿰隹糸

清(四)・筮・祟四八
—(離)祟寞(熱)㳄(溺)者

⿰⿱罒隹阝

包二・二二
—愺

⿱罒隹

上(六)・天乙・四
必中青(情)己(以)—(羅)於勿(物)

上(六)・天甲・四
必中青(情)己(以)—(羅)於勿(物)

⿰⿱罒⿰糸隹阝

包二・八三
—之壦里人湘痐

詈

圖

清（一）・楚・二

—曹四方

纙

新甲三・四一

彭定習之以鳴—□

𦊆

包二・二五五

蔽酭一—

包二・二五五

肉酭一—

包二・二五六

醨一—

包二・二五六

蘲泣一—

罷

包二・三五

新遊宮中諭之州加公弼—受旨

新甲三・一三

□—夜遂先＝（先人）□

𦋺

包二・一〇〇

登城訟走仿郘縖，以其敓湯汸與—之古（故）

清（三）・説下・四

乎（厥）亓（其）忎（禍）亦羅于罿—

𦌥

包二・一四九

與其—

包二・一四九

涅—一賽

包二・一四九

湶—一賽

包二・一四九

斮—一賽

罘

上（五）・三德・一三

—鯝（岸）之邑

罡

上（五）・三德・二三

……之—未可吕遂

罷 罿 罰 巾 帥 帶

罷

上(六)·孔·一二 亓(其)易(賜)與—(覤)之民

罿

清(三)·說下·四 毕(厥)亓(其)怸(禍)亦羅于—罘

罰

清(五)·命·九 瘍(傷)人則不—(義)

巾

帍

信二·〇五 純赤綿之—

信二·〇二 純紫緅之—

信二·〇九 一祝邊之—

信二·〇一五 七布—

信二·〇二四 純緅—

信二·〇二九 米純緅—

帍

包二·二七二 需光結—

包二·二七六 需光結—

包二·二七七 需光之結—

望二·四九 一綊□啻帽—廿(二十)二

帥

帥

清(一)·楚·七 至焚冒畬—(率)自箬(鄀)遷(徙)居焚

帶

帶

曾一三八 韋彈軌貽—錟鞅貽

天策 玄—

天策 紫—

天策 黃金—

天策 二爲之—

𦅸
包二・二一九 逷完—於二天子
包二・二三一 由攻祝逷綪取完—於南方
望二・四八 一耑戈七會—
望二・四九 一緯—
望二・四九 三革—
望二・四九 一緯—
九・五六・三六 —鐱（劍）
上（三）・周・五 或賜縉（肇）—（帶）
清（二）・繫・七二 郘（駒）之克走敹（援）齊侯之—（帶）
九・五六・一三下 （帶）—鐱（劍）
帶字異體。
信二・〇二 一索緯—
信二・〇二 一組—
帶字異體。
仰二五・一四 革—又玉鐶
仰二五・二四 一緁—
仰二五・二七 促纙之—
帶之訛體。
上（二）・容・五一 —（帶）虖（甲）三千
上（二）・容・五一 —（帶）虖（甲）蔓（萬）人
訛體。

常

包二・二〇三 輿石被—（裳）之縏
信二・〇一三 十見累之衣屯又—
信二・〇一五 一綫—緒膚之純
九・五六・一〇九 —紻
常
天策 玄羽之—
天策 ☐—緑組之纘☐
天策 生絵之—
曾六 紫翠之—
曾五三 貂—
曾六九 絎—
曾一二三 一—
新甲三・二六九 ☐珥、衣—（裳）
新甲三・二〇七 珥、衣—（裳）
包二・二一四 遐石被—之祱

裳

包二・二四四 贛之衣—各三冉

《說文》或从衣。

上(二)・容・四七 文王於是虐(乎)素耑(端)褋(褰)—吕行九邦

常

郭・緇・一六 [illegible]頌(容)又(有)—(常)

郭・成・三一 是以君子貴天路(格)大—(常)

郭・成・三二 是古(故)小人變(亂)天—(常)以逆大道

郭・成・三八 而可以至川(順)天—(常)悏(矣)

郭・成・三九 言不朔(湖)大—(常)者

郭・成・四〇 是古(故)君子訢(慎)六立(位)以巳(已)天—(常)

九・五六・二〇下 秎(利)吕(以)折(製)衣—(裳)

上(一)・紂・九 適容又(有)—(常)

包二・二二二 殤因其—生

上(三)・彭一 而訟于帝—(常)

上(四)・柬・五 楚邦又(有)—(常)

上(四)・柬・六 㝠(變)𤔔(亂)魂(鬼)神之—(常)

上(四)・柬・二一 不邑丌(其)身㝠(變)羮尹之—(常)

上(四)・曹・二四 貴又(有)—(常)

上(四)・曹・五〇 勳(勝)則录(禄)簹(爵)又(有)—(常)

上(五)・季・二〇 凡欲勿—(狂)

上(五)・三德・一 是胃(謂)川(順)天之—(常)

上(五)・三德・二 是胃(謂)天—(常)

上(五)・三德・五 古(故)—(常)不利

上(五)・三德・五 邦遊(失)旚(幹)—(常)

上(五)・三德・五 㝠(變)—(常)悬(易)豊(禮)

清（一）·祭·二一　維我周又（有）—（常）型（刑）
清（三）·芮·七　皃（變）改—（常）絉（術）

清（三）·芮·一〇　母（毋）灋（害）天—（常）
清（三）·芮·二一　政命悳型各又—（常）朩
清（五）·命·一　大命又（有）—（常）

清（五）·湯門·一六　正（政）絀（禍）亂（亂）以亡（無）—（常）
清（五）·湯門·一七　型（刑）簻（重）以亡（無）—（常）

清（五）·殷·一四　辭（聞）天之—（常）
清（五）·殷·二四　昜則舌（悍）達（佚）亡—（常）
清（五）·殷·二八　桜（揆）宋（中）而象—（常）

㡛
郭·老甲·三四　和曰—〈祟（常）〉
祟之訛體。从顏世鉉先生釋。

㠏
包二·一九九　石被—（裳）以訓鼈爲左尹疕貞
與常字異文。

帬
信二·〇一五　一紡—
《說文》下裳也。或从巾君聲。

幕
清（二）·繫·一三六　楚人⿱（盡）云（弃）亓（其）幔（旃）—車兵

幝
幝
清（二）·繫·一一七　多亡（棄）—（旃）莫（幕）
清（二）·繫·一三六　楚人⿱（盡）云（弃）亓（其）—（旃）幕車兵

幃
幃
曾一二三　—賠
曾一三七　—賠
曾一三七　一玉墅鞞玳畫—韋
曾一三八　—賠

席
篇
曾八　紫—
曾一八　紫—
曾七一　紫—
曾五四　傜韋之—
曾五八　腫韋之—

曾七〇 晋—
曾七六 紫因之—
曾一一六 萏—
曾六 紫—
曾七三 紫—

曾七五 紫—
曾八八 紫—
曾一〇四 紫—

笞

包二·二六三 一䍐— 从竹从石。《説文》古文—从石省。
包二·二六三 二俾—
包二·二六二 二縞—
信二·〇八 一鈔—

信二·〇一九 䋙—
包二·二六三 一䟡—
包二·二六三 二莢—
包二·二五九 縞—

天策 紡—
天策 䡮=—
天策 ▨—杙▨
天策 ▨緅—▨

天策 ▨之—象▨
天策 ▨纘䌌—
天策 䌌—
天策 罶—
望二·二〇 ▨之—絵純

望二·二一 ▨純緂—
望二·二二 ▨□䋞䌌緂—
望二·四九 —十又二皆紡䌌
仰二五·八 一紫絵之—

仰二五·九 一純綏—
仰二五·九 一䋻—

郭·成·三四 是古（故）君子簟—（席）之上叚（讓）而受學（幼）
上（五）·君·四 逾—（席）曰

上（六）·競·一二 退—（席）曰
上（六）·天乙·八 天子四辟延（筵）—（席）

上（七）·武·六 爲名（銘）於—（席）之四耑（端）
上（七）·凡甲·一四 坐不下—（席）

布

清(一)·耆·一二 蝨(蟋)蜜(蟀)才(在)—(席)

清(三)·赤·九 不可垩(及)于—(席)

九·五六·二〇下 䌛禮，折(製)—(布)盧

信二·〇一五 七—幍

仰二五·一一 紀—之絹二堣

敀

曾一二二 紫—之縢

曾一二四 紫—之縢

曾一三〇 紫—之縢

斧

郭·六·二七 紀(疏)斬—實(絰)，丈(杖)

信一·〇一〇 贛賜—也

上(六)·競·一〇 夫埶(執)敓(熾)之幣三—之玉

悚

帛乙六·二二 嬰之以—降

市

曾一二七 紫—之縢

曾一二九 紫—之縢

曾一三〇 紫—之縢

曾一三三 紫—之縢

曾一三一 玄—之縢

天策 ▱乘大—▱

望二·一三 佳署白—

曾一二五 紫—之縢

清(五)·命·七 又(有)—冒(冕)

清(五)·命·七 以亓(其)—冒(冕)尚(當)天之福

韐

韐

天策 紛—鞁

天策 一—

天策 一—

《說文》韐或从韋。

帞

曾一二三 —縢

杭

曾一七〇 —甫子之𩣡爲右驂

曾一七一 —甫之駟爲左驂

桐

曾六一 —賠

曾一二三 —賠

曾一二四 —賠

曾一二五 —賠

曾一二六 —賠

曾一二七 —賠

曾一二八 —賠

曾一二九 —賠

曾一三〇 —賠

曾一三一 —賠

曾一三三 —賠

柍

新零・二四五 君—龜☐

梍

曾五八 紫—之𣟮

帣

曾一九一 坪夜君之—洛車二䡅

曾一九五 凡—洛車九䡅

曾一八七 王—一䡅洛車

曾一八八 王—一䡅洛車

曾一九七 一䡅—車

曾一九八 𧷸𨜏公之一—𩌏

曾二〇一 鄍君之—𩌏₌

曾二〇二 命（令）尹之—𩌏二

曾二〇三 一䡅—車

曾二〇四 凡—車

繫

曾二一〇 所—大宰𩧢

槫

曾五三 —組之綷

師

曾一一九 鄴君—一䡍逄車

⿱罒⿱丌巾

曾六二 虢貘之—

曾六二 貍墓之—

幡

上（一）·孔·二九 角—婦

⿱毳巾

曾一五 一—

帛

信二·〇一五 —槼

信二·〇一三 —裏

上（二）·魯·四 帣（幣）—於山川

上（二）·魯·二 女（如）毋悉（薆）珪璧帣（幣）—於山川

清（二）·繫·五九 貯（奪）亓（其）玉—

帛

上（一）·孔·二〇 帣（幣）—之不可迲（去）也

郭·性·二二 幣—

錦

榣

曾六〇 二紫—之箙

曾四八 紫—之安䝵

曾六五 紫—之純

曾四二 紫—之箙

曾一〇六 紫—之裏

曾八八 紫—裏

曾七〇 —扂

曾六七 紫—之純

曾五三 紫—之韔

綸

新甲三·一三七 各束—（錦）珈璧

錦字異體，詳見卷十三糸部。

白

包二·二五七 —䬸二箕

包二·二六二 一—鐳

包二·二七二 —金之鈺

包牘一 —金大

包二·二七三 —金之鈙

包二·二三三 閟於大門一—犬
包二·二五三 二牺—之膚
包二·二五四 二牺—之膚
包二·二一〇 瞾禱宮䄉一—犬
包二·二七六 —金之鈌

包二·二二九 瞾禱宮行一—犬
包二·二三三 瞾禱行一—犬
信二·〇七 黄金與—金之馬
信二·〇一一 一—二牺—膚

信二·〇二一 一—
仰二五·一八 —金之銍
秦九九·一 賽禱行一—犬
秦九九·二 賽禱行一—犬

秦九九·三反 —羽之䎉
天卜 一—犬
天卜 —鼉
天卜 —鼉

天卜 賽禱—朝戠恫樂之
天卜 見於—朝
天策 —面
天策 剌尹右㔆一—⧄
天策 —鞁

天策 —毛之真
天策 —羽之䎉
天策 —羽之首
天策 —羽之宇竿

天策 —鞏
天策 —金之鈌
望一·二八 遄禱行—犬
望一·二八 ⧄—犬酉飤
望二·一三 —市

望二·一八 —金之阩戠⧄
望二·一九 —金之交
望二·三八 —金之勿
望二·九 ⧄—柔之妥
曾六八 —敚之首

曾八一 鸏=戠翼—羽
曾五 狐—之聶
曾四六 狐—之聶
曾六八 屯狐—之聶

曾一〇二 一狐—之聶
曾一一七 —金之弼
曾一四五 右尹之—爲左驂
曾一五四 右尹之—爲左驂

曾一七四 司爲之—爲左飛
曾一七六 鄭襢—爲左飛
帛甲五·三〇 —木
郭·老乙·一一 大白—女(如)辱

郭·緇·三五
—珪之石

郭·緇·一
亞(惡)亞(惡)女(如)亞(惡)逆(巷)—(伯)

上(一)·孔·二六
北—舟悶

郭·窮·一四
聖(聽?)之弋母之—不耋(耋)

上(一)·紂·一八
「—珪(圭)之砧尚可磊(磨)

上(一)·紂·一
亞(惡惡)女(如)亞(惡)衖(巷)—伯

新甲三·七九
☐—,一乘絑(朱)洛(路)

新乙三·二〇
☐—蘁(靁)爲坪(夜君貞)☐

新零·三七〇
☐—蘁(靁)☐

上(三)·彭·六
遠慮(慮)甬(用)素心—身澤(釋)

上(四)·采·四
鷃羽之—也

上(四)·曹·三二
乃□—徒

上(五)·弟·一九
巨(蘧)—(伯)玉佳(止)虐(乎)

上(七)·君甲·一
君王又(有)—玉三回而不戔(殘)

上(七)·君甲·二
虐(吾)埶(罕)又(有)—玉三回而不戔(殘)才

上(七)·君乙·一
君王又■玉三回而不戔(殘)

上(七)·君乙·二
又—玉三回而不戔才

上(七)·吳·六
亦隹(惟)吳—(伯)父

清(一)·尹至·一
隹(惟)尹自頣(夏)蒦(徂)—(亳)

清(一)·尹誥·四
乃至(致)衆于—(亳)宙(中)邑

清(一)·楚·二
爰生絰—(伯)遠中(仲)

清(一)·楚·一三
—公记(起)禍

清(二)·繫·三
龍(共)—(伯)和立

清(二)·繫·三
龏(共)—(伯)和歸于宋宗

清(二)·繫·五
生—(伯)盤

清(二)·繫·六
王與—(伯)盤达(逐)坪(平)王

皅

清(二)·繫·七 幽王及—(伯)盤乃滅
清(二)·繫·五七 奠(鄭)—(伯)爲右芋(盂)
清(二)·繫·五八 𡒊孫—(伯)亡(無)愄嗙于齊

清(二)·繫·五九 宋人是古(故)殺孫(申)—(伯)亡(無)愄(畏)
清(二)·繫·六八 母(毋)能涉—水

清(二)·繫·八三 以敗楚𠂤(師)于—(柏)舉
清(二)·繫·一二四 奠(鄭)—(伯)紿(駘)朝周王于周
清(二)·繫·一二六 奠(鄭)—(伯)紿(駘)皆朝于楚

清(三)·良·一 禹又(有)—(伯)尸(夷)
清(三)·良·三 又(有)郮(芮)—(伯)

清(三)·良·三 又(有)—(伯)适
清(三)·良·九 宦中(仲)虗(虢)弔(叔)土(杜)—(伯)

清(三)·良·一〇 王子—(伯)忢(願)
清(三)·赤·七 帝命二黃它(蛇)與二—兔
清(三)·赤·一一 帝命二黃它(蛇)與二—兔

清(三)·赤·一三 殺黃它(蛇)與—兔
清(三)·赤·一四 殺二黃它(蛇)與一—兔

清(三)·赤·一四 亓(其)一—兔不𢓜(得)
清(三)·赤·一五 以戟(御)—兔
清(四)·筮·卦四二 西方也金也—色

望二·一三 白金之—(葩)釣(瑤)

从李家浩先生釋『皅』。

皂

天策 墮—爲騂大尹右轎

晹

曾二一二 靳姑長—二夫

㡀

郭·緇·三三 行則鮨(旨)其所—(敝)

郭·緇·四〇 必見其—(敝)

郭·性·二二 —帛

希

郭·老乙·一四 其甬(用)不—(敝)

新甲三·三五〇 既於舊虛—(㡀)父二秙☐

上(二)·魯·四 —(幣)帛於山川

上(一)·孔·二〇 —(幣)帛之不可迲(去)也

上(二)·魯·二 女(如)毋悉(薆)珪璧—(幣)帛於山川

上(六)·競·一 虐—帛甚娧於虐先君之量矣

上(六)·競·六 —韋(違)……君祝敓

上(六)·競·一〇 夫埶(執)敚(孅)之—三布之玉

上(七)·吳·九 皆—(敝)邑之昇(期)也

清(二)·繫·六八 郇(駒)之克牺(將)受齊侯—(幣)

袭

上(三)·周·四四 佳—

敝

包二·二六〇 一—☐

清(一)·程·二 —(幣)告宗方(祊)杢(社)禝(稷)

清(一)·程·七 隹(惟)杍(梓)—不義

卷八

人

包二·二 壴宜命之於王大子而以阩𠛱—

包二·五 伴大敓忿以爲𠛱敓宜𠛱—其厚典

包二·七 邦—内其豫典

包二·一二 詧（察）郜室—某瘽之典之在漾陵之参鉨

包二·一五反 喀執其倌—

包二·二九 鄝莫囂之—周壬受旨

包二·三八 弦（射）叴君之—南軲

包二·四八 犇夫—

包二·六一 不行代昜廄尹郙之—戝戟於長𨾊公之軍

包二·七一 不遅审昜之仟門—軗慶以廷

包二·七二 不諨—於郛豫

包二·八〇 少臧之州—

包二·八四 膚—之州—陞億訟聖夫—之—郛𩍐郛未胃殺其𣪊臣

包二·八五 以其受𦐊缶—而逃

包二·九一 佸大戭六敓周霰之—周雁訟付𧿹之闡—周瑶

包二·九二 登䠷尹之里—苛𧊒

包二·九五 𧿹其𦐊大市米𡎸—咮

包二·九五 卲無𢧵之州—鼓𨿅

包二·九六 灘安—

包二·九八 訟邸昜君之—𨚕公番申以責

包二·一〇二 上新都—鄰𨿅

包二·一二〇 下鄰𦿃里—余𩡬告下鄰𨆥執事—昜城公𠍱睪

包二·一二〇 或殺下鄰—余睪

包二·一二八 州里—

包二·一三二 秦競夫—

包二·一三七 嚖凡二百—十一—

包二·一四〇 登—所漸木四百先於𨛭君之陞蘘溪之中

包二·一五〇 邸昜之酷里—卲巽
包二·一五〇 邸昜之牢审戳竹邑—宋肙
包二·一六三 周惕之—腹
包二·一六四 莫它—

包二·一六五 郘異之—周歆
包二·一六五 倍陵君之—登定
包二·一六五 喜君之—奠雁
包二·一六五 新都—奠逃

包二·一六五 郛—鈇宜
包二·一六五 郙郢—黃鯛
包二·一六五 鄗君之—登繒
包二·一六六 晉合之—邨得
包二·一六六 陞公之—莫少士

包二·一六六 鄝陵—李郕
包二·一六七 喜夫—之—文瑁
包二·一六七 莪陵—兆䣊
包二·一六七 鄢—喪(桑)覞

包二·一六八 鄗—秦赤
包二·一六八 陸惃之—惑
包二·一六九 郠=(郠邑)—軋鷍
包二·一六八 夜基之里—鄝墜
包二·一六八 罾善之—苛㹸

包二·一六八 告戲黃瘶之—䍙鈥(鞳)
包二·一六九 湛母邑—屈帝
包二·一六九 郛—鈇慶
包二·一六九 鄝陵—郘快

包二·一六九 武陵戲尹之—翏足
包二·一六九 陽郛邑—周絰
包二·一六九 鄢邑—吳勳
包二·一七〇 鈇妄之—登鮒
包二·一七〇 喜池—宋丹

包二·一七〇 鄴—鄗遲
包二·一七一 如—鈇佢余
包二·一七一 東宅—舒豫
包二·一七一 鄺邑—登瘠
包二·一七一 鄩郢—隋偏

包二·一七一 刅寤尹之—恅
包二·一七二 泥昜—陞圃
包二·一七二 愄王埦—臧譽
包二·一七二 攻尹之—登賢
包二·一七三 登軍之州—婁遴

包二·一七三 李瑤之—睢
包二·一七四 剴—余爲
包二·一七四 鄢—鈇媛
包二·一七四 大鈇之州—黃子嬛

包二·一七四 肅王埦—廖亞夫
包二·一七四 鄘城莫囂之—利郕
包二·一七五 武城—番嗌耳
包二·一七五 邸昜君之—番覞

包二·一七五 鄘邑—登楠
包二·一七六 莪氾君之—苛輆
包二·一七六 大廠屈爲—
包二·一七六 陻君之—郿懌

包二·一七六 卲媛之—舒亡愄
包二·一七七 郜莫囂之—醢瘽
包二·一七七 喜君之—暂妄
包二·一七九 登䍜之—隋訓

包二·一七九 郲—鈇慶
包二·一七九 陵尹之—黄系
包二·一七九 鄚—登蒼
包二·一七九 聖夫—之鄀邑—番

包二·一八〇 郐君之—魯鄝
包二·一八一 安阦—陸環
包二·一八一 陵—番乙
包二·一八一 郜昜—李鍋
包二·一八二 郊—雔㠱

包二·一八三 愄王埦—臧
包二·一八三 鄴昜—陸楚
包二·一八三 新埜—少妄旬
包二·一八三 枏族之州—周庚

包二·一八四 郫—篋
包二·一八五 臨昜—宔貫
包二·一八六 郘邮—軦固
包二·一八七 大尹之—黄釿

包二·一八七 鄗昜莫囂之—瘆
包二·一八八 上郢邑—周喬儀
包二·一八九 昜廠尹郙之—黄欯
包二·一九一 昜君之—宋午

包二·一九一 邛辻尹之—舒余善
包二·一九二 楊亂—鄝齊
包二·一九二 郊—武貴墨
包二·一九二 鄗—舒頭臣
包二·一九三 昜翟—翏賢

包二·一九三 鄣邑—秀偏
包二·一九八 息攻解於人愚
包二·二四六 由攻解於水上與象—
包二·二七八反 瑶脰尹之—醢惡告紆多命以賜賓

信一·〇一 戔—畬上則型戮至
信一·〇二 戔—剛恃
信二·〇八 —之器
磚三七〇·一 ☐與仟門之里—一賓告僕言胃

信二·〇一八 樂—之器
磚三七〇·二 未智其—今僕詧(察)
磚三七〇·三 ☐—李捭敢告於見日
秦九九·一二 遅其妻子—未以䩉☐

磚三七〇・三 不智其—句僅敢之某

天卜 昜城夫—猪：酉食

天卜 牺又亞於車馬下之—

天卜 少又僡於宮—

天卜 執事—栾

天卜 執事—行詶瘽

天策 ☐番之里—之☐

曾一正 執事—

曾一四四 新官—之駟=

望一卜 由攻解於下之—

曾一四五 新官—之駟=

曾一四七 新官—之駟=

曾一六四 長膓—與杙—之馬

曾一六六 長膓—之駟=

曾一六九 —人之駟=

曾一七一 新官—之駛=

曾一七二 邊輿—駛=

曾一七三 新賠—之駛

曾一七七 石汈—駟=

曾二〇六 犨犫—兩隹

帛乙五・二九 民—

曾一八一 牧—之騏爲左驌

曾一八一 牧—之駟爲右驌

曾一八四 牧—之兩黃

郭・老甲・一一 是以聖—亡爲古（故）亡敗

郭・老甲・一一 聖—谷（欲）不谷（欲）

郭・老甲・六 以衍（道）差（佐）—宔（主）者

郭・老甲・一四 是以聖—猷（猶）難（難）之

郭・老甲・一七 是以聖—居亡爲之事

郭・老甲・三〇 —多智（知）天（而）戠（奇）勿（物）慈（滋）记（起）

郭・老甲・三一 是以聖—之言曰

郭・老乙・一 紿（治）—事天

郭・老乙・五 —龍（寵）辱若缨（驚）

郭・老甲・二二 —法陛（地）

郭・老甲・三 聖—之才（在）民前也

郭・老丙・一一 聖—無爲

郭・老丙・七 是樂殺—

郭・老丙・一二
—之敗也

郭・老丙・一三
是以□—欲不欲

郭・成・六
戰與型（刑）—

郭・成・七
一官之—不勳（勝）其敔

郭・成・八
一官之—不勳（勝）〔其哀〕

郭・成・九
一軍之—不勳（勝）其戠（勇）

郭・成・二〇
谷（欲）—之敔吕（己）也

郭・成・二〇
是古（故）谷（欲）—之忢（愛）吕（己）也

郭・成・二〇
則必先敔—

郭・成・二〇
戚（就）反者（諸）吕（己）而可以智（知）—

郭・成・二〇
則必先忢（愛）—

郭・成・二一
其迲（去）—弗遠悏（矣）

郭・成・二六
聖—之眚（性）與中人之眚（性）

郭・成・二六
聖人之眚（性）與中—之眚（性）

郭・成・二八
此以民皆又（有）眚（性）而聖—不可莫（慕）也

郭・成・二八
則聖—不可由與瞾（守）之

郭・成・二九
毀（襄）我二—，毋又（有）合才（在）音（言之誤）

郭・成・三一
以里（理）—侖（倫）

郭・成・三二
君子訂（治）—侖（倫）以川（順）天悳（德）

郭・成・三四
少（小）—不綎（逞）人於刅（仁）

郭・成・三五
少（小）人不綎（逞）—於刅（仁）

郭・成・三五
君子不綎（逞）—於豊（禮）

郭・成・三七
聖—天悳（德）一害（何）

郭·五·四
善，—道也

郭·五·一四
明則見臤（賢）—

郭·五·一六
婁（淑）—君子

郭·五·二〇
善，—道也

郭·五·二三
未尚（嘗）見臤（賢）—

郭·五·二四
見臤（賢）—而不智（知）其又（有）悳（德）也

郭·五·二六
聖—智（知）而（天）道也

郭·五·二七
見臤（賢）—

郭·五·三二
以其宙（中）心與—交

郭·五·三六
以其外心與—交

郭·五·四八
大陞（施）者（諸）其—

郭·五·四九
其人陞（施）者（諸）—

郭·緇·五
上—恔（疑）則百眚（姓）賊（惑）

郭·緇·一三
一—又（有）慶

郭·緇·四二
少（小）₌—剴（豈）能好其駜（匹）

郭·緇·二六
𦣻—不斂

郭·緇·三二
君子道—以言

郭·緇·四〇
—句（苟）又（有）言

郭·緇·四一
—之好伐

郭·緇·四五
宋—又（有）言曰

郭·緇·四四
—唯（雖）曰不利

郭·緇·一七
大—不新（親）其所臤（賢）

郭·緇·三九
峕（淑）—君子

郭·緇·四六
龜峕（筮）猷（猶）弗智（知）而皇（況）於—虐（乎）

郭·唐·四
夫聖—上事天

郭·唐·一〇
吴（虞）舜其—也

郭·唐·一七
浗（求）虖（乎）大—之興

郭·唐·二五 古者聖(聖)—廿(二十)而冒(月)

郭·窮·一 又(有)其—

郭·窮·一 天—又(有)分

郭·窮·一 又(有)天又(有)—

郭·窮·一 詋天—之分

郭·忠·二 忠—亡詭

郭·忠·三 信—不伓(倍)

郭·忠·七 而—羧(養)虘(皆)足

郭·尊·五 桀以—道亂其民

郭·尊·五 墕(禹)以—道訇(治)其民

郭·尊·八 是以君子—道之取先

郭·尊·八 —道爲近

郭·尊·九 智(知)吕(己)所以智(知)—

郭·性·一 凡—唯(雖)又(有)眚(性)

郭·性·一六 聖—比其頪(類)而侖(綸)會之

郭·尊·二 善取，—能(乃)從之

郭·性·一六 其司(始)出皆生於—

郭·性·三七 —之不能以爲也

郭·性·二八 皆謷(教)其—者也

郭·性·四四 —不難爲之死

郭·性·四五 —之攷(巧)言利訇(詞)者

郭·性·四四 又(有)其爲—之迎迎(節節)女(如)也

郭·性·五〇 凡—青(情)爲可兑(悦)也

郭·性·四六 —之㳄(侻)肰(然)可與和安者

郭·性·五一 斯—信之亖(矣)

郭·性·五九 凡兑(說)—勿悁(吝)也

郭·六·六 君子女(如)谷(欲)求—術(道)☐

 郭·六·四 聚—民

 郭·六·八 又(有)從—者

 郭·六·八 又(有)衡(率)—者

 郭·六·九 又(有)叓(使)—者

 郭·六·一五 以宜(義)叓(使)—多

 郭·六·一六 句(苟)淒夫—之善施

 郭·六·一七 胃(謂)之以忠叓(事)—多

 郭·六·二〇 以信從—多也

 郭·六·二二 古(故)—則爲▨

 郭·六·四七 ▨—民，少者，以攸(修)其身

 郭·六·四八 不得其—則止也

 郭·六·四八 唯其—所才(在)

 郭·六·四八 得其—則舉(舉)安(焉)

 郭·太·一一 聖—之從事也

 郭·魯·四 寡(寡)—惑安(焉)

 郭·語一·三 —生卯

 郭·語一·三一 豊(禮)因—之情而爲之

从陳偉說

 郭·語一·一八 —之道也

 郭·語一·一八 夫(天)生百勿(物)，—爲貴

 郭·語一·二六 智(知)忌(己)而句(後)智(知)—

 郭·語一·二九 智(知)—所爲

 郭·語一·二三 息(仁)生於—

 郭·語一·三六、三七 易所以會天道—道也

 郭·語一·八三 —亡能爲

 郭·語二·四五 未又(有)善事—而不返者

 郭·語二·四三 惻(賊)，退—也

 郭·語三·一七 —與勿(物)斯里(理？)

 郭·語三·四〇 悉(愛)罕(親)則其殺悉(愛)—

郭·語三·五七 —之眚（性）非與止虖（乎）其

郭·語四·二 往言剔（傷）—

郭·語四·一二 曩（早）與臤（賢）—

上（一）·孔·二三 免虛丌（其）甬（用）—則虐（吾）取

上（一）·孔·三 尃（溥）䜣（觀）—谷（欲）安（焉）

上（一）·孔·六 乍競隹（唯）—

上（一）·孔·一五 及丌（其）—

上（一）·孔·一六 思古—也

上（一）·孔·九 靖=（靖靖）者莪則㠯（以）—蕣（益）也

上（一）·孔·八 則言讒—之害也

上（一）·孔·二一 —不可解（懈）也

上（一）·孔·二四 亞（惡）丌（其）—者亦然

上（一）·孔·二四 甚貴丌（其）—

上（一）·孔·二七 —之怨子立不

上（一）·孔·二三 冬（終）虖（乎）不猒（厭）—

上（一）·孔·二四 敓（悅）丌（其）—

上（一）·孔·二五 賜=（賜賜）少—

上（一）·孔·二九 卷而不智（智）—

上（一）·紂·三 上—戔（疑）則百眚（姓）惑

上（一）·紂·三 吾（淑）—䇂=（君子）

上（一）·性·八 唯—道爲可道也

上（一）·紂·八 一—又（有）廌（慶）

上（一）·紂·一〇 大—不畢（親）丌（其）所配

上（一）·性·一四 肰（然）句（後）丌（其）內（入）㯻（拔）—之心也敂

上（一）·紂·一四 林—不斂（儉）

上（一）·紂·二一 —之野（好）我

上（一）·紂·二一
少（小）—鼓能野（好）丌（其）匹

上（一）·紂·二三
宋—又（有）言曰

上（一）·紂·二三
—而亡死（恒）

上（一）·性·三七
又（有）丌（其）爲—之佤＝（佤佤）女（如）也

上（一）·性·三八
—之𦍒（悦）肰（然）可與和安者

上（一）·性·三七
又（有）丌（其）爲—之柬＝（柬柬）女（如）也

上（一）·性·三八
又（有）丌（其）爲—之慧女（如）也

上（一）·性·三九
—不言

上（二）·從（甲）·二
王舍（餘）—邦豪（家）土墬（地）

上（二）·從（甲）·一七
少（小）—先＝（先之）

上（二）·從（甲）·一七
逡（後）—則奉相之

上（二）·從（甲）·一八
亓臭（使）—必求備安（焉）

上（二）·從（甲）·一八
行在异（己）而名在—

上（二）·從（甲）·一八
是㠯日少（小）—惕（易）㝵（得）而難臭（使）也

上（二）·從（甲）·一九
君子不㠯流言戕（傷）—

香中大·二
牛攸（掣）丌（其）—

上（二）·從（甲）·三
是㠯㝵（得）臤（賢）士一—譔（譽）

上（二）·從（甲）·一九
之—可也

上（二）·從（甲）·四
遊（失）臤（賢）士一—

上（二）·從（乙）·三
少（小）—藥（樂）則悉（疑）

上（二）·從（乙）·一
曰軋（犯）—之矛（務）

上（二）·子·七
—子也

上（二）·子·九
虘（皆）—子也

上(二)·子·一二 乃見—武

上(二)·容·四 邦無飤(食)—

上(二)·容·七 銜(率)天下之—遶(就)

上(二)·容·八 於是虐(乎)訇(始)語堯天地—民之道

上(二)·容·一一 於是虐(乎)天下之—

上(二)·容·一二 堯又(有)子九—

上(二)·容·一七 坌(舜)又(有)子七—

上(二)·容·二九—三〇 三年而天下之—亡訟獄者

上(二)·容·三三 盉(禹)又(有)子五—

上(二)·容·三三 曰聖—

上(二)·容·四八 一—爲亡道

上(二)·容·五一 𦃰(帶)虖(甲)菫(萬)—

新甲三·二〇〇 毀禱子西君、文夫—各戠牛饋

新甲三·九二 長陽—□

新甲三·二五五 □三—之飤

新甲三·二四四 匋—黽腤受=

新甲三·二九四、零·三三四 軌不奮(害)、鄰回二—受二臣

新甲三·二九四、零·三三四 攻婁連爲攻—受六臣

新甲三·三二五—二 馬—二禥(社)

新甲三·三二六—一 下獻司城己之—人

新乙三·五四 褚室之里—禱□

新乙四·一二六 西陵執事—旨(以)君王□

新零·一一 大桀(榗)里—□

新零·七二 楊里—禱□

新零·四〇三 郯里—□

九·五六·四一 秎(利)旨(以)内(入)—民

九·五六·四二 利旨(以)取貨於—之

九·五六·四五 宜—民

九·五六·四二 秎(利)旨(以)見公王與貴—

九·五六·二一下 内(入)—

九·五六·二八 旨(以)堣(寓)—

九・五六・三〇 逃—不㝵（得）
九・五六・一六下 秎（利）吕（以）祭祀、和—民、詎事
九・五六・一七下 秎（利）吕（以）取（娶）妻、內（入）—、㞣（徙）家室

九・五六・三五 男必敚（美）於—
九・五六・四九 窮（身）凥（居）南北不利—民

上（三）・周・一〇 非（匪）—
上（三）・周・一〇 邑—不戒
上（三）・周・二一 邑—之灾（災）

上（三）・周・二八 婦—吉
上（三）・周・三六 利見大—
上（三）・中・一〇 —亓（其）豫（舍）之者

上（三）・中・二五 含（今）之君子叓（使）—
上（三）・亙・八 又（有）—焉
上（三）・彭・二 —綸（倫）

上（三）・彭・二 天地與—
上（三）・彭・三 敢昏（問）爲—
上（四）・采・三 訐客（徵）牧—

上（四）・采・四 良—亡不宜也
上（四）・逸多・一 鮮我二—

上（四）・昭・二 少—之告縵牆剌於舍日
上（四）・昭・二 尔必歨（止）少（小）—
上（四）・昭・二 穉（稚）—弗敢歨（止）

上（四）・昭・一〇 邦—虛（皆）見之三日安（焉）
上（四）・柬・一〇 晉侯皮（彼）聖—之孫＝（子孫）

上（四）・柬・一六 色逗者（睹）又（有）㚇—
上（四）・柬・一九 —牆（將）芺（笑）君
上（四）・內・一正 古（故）爲—君者

上（四）・內・一正 言—之君之不能叓（使）亓（其）臣者
上（四）・內・三 不與言—之臣之不能事內豊亓君者

上（四）·內·三 不與言—之子之不孝者
上（四）·曹·四 篙（孰）能并兼—才（哉）
上（四）·曹·三三 吏（使）—不親則不緯（敦）

上（四）·曹·三六 能絢（治）百—
上（四）·曹·三八 —之兵不砥礶（礪）

上（四）·曹·三九 —之虐（甲）不緊（堅）
上（四）·曹·五七 㠯攻—之所亡又（有）
上（五）·競·一〇 二—也

上（五）·鮑·二 周—之所㠯（以）弋（代）之
上（五）·鮑·二 㬨—牺（將）迿倘器必盟（蠲）視（視）

上（五）·鮑·五 沽弗謀（僕）—之生
上（五）·鮑·八 晉—戮（伐）齊

上（五）·季·一〇 臤（賢）—之居邦豪（家）
上（五）·季·一四 肰（然）亓（其）宔（主）—亦曰

上（五）·季·一九 亞（惡）—勿歓（戕）
上（五）·季·二〇 好—勿貴
上（五）·季·二二 臤—堂（當）亓曲㠯城之

上（五）·君·四 夫子智（知）而□信斯—
上（五）·弟·九 —而下臨

上（五）·弟·一三 子遠（就）—
上（五）·三德·六 凡宅（托）官於—

上（五）·三德·六 宅（托）—於官
上（五）·三德·一二 出（？）欲殺—
上（五）·鬼·二 梵聖—

上（五）·鬼·三 天下之聖—也
上（六）·孔·四 能行眖（聖）—之道

上(六)・用・六
凡龔(恭)—非人

上(六)・用・一三
而邑(忌)於—

上(七)・君甲・七
—吕君王爲叚(聚)

上(七)・君甲・八
君—者可必安才(哉)

上(七)・君乙・四
矦(侯)子三—

上(七)・君乙・四
一—土(杜)門而不出

上(七)・君乙・六
—胃(謂)之安邦

上(七)・君乙・六
—吕(以)君王爲叚(聚)

上(七)・凡甲・四
五言才(在)—

上(七)・凡甲・五
魂(鬼)生於—

上(七)・凡甲・一〇
亓(其)—(入)宙(中)

上(七)・凡甲・一二
天悗之矢—

上(七)・凡乙・三
五言才(在)—

上(七)・吳・六
隹(惟)舍(余)一—所豊(禮)

上(七)・吳・八
吳—虐□□於周

上(七)・吳・九
楚—爲不道

清(一)・程・九
可(何)力非—

清(一)・耆・五
—備(服)余不辠(冑)

清(一)・金・八
禤(禍)—乃斯旻(得)

清(一)・金・一一
王䎽(問)執事—

清(一)・金・一一
隹(惟)余沓(沖)—亦弗乃(及)智(知)

清(一)・金・一二
隹(惟)余沓(沖)—亓(其)親逆公

清(一)・皇・四
是—斯鬳(助)王共(恭)明祀

清(一)・皇・五
是—斯既鬳(助)乓辟堇(勤)勞王邦王豙(家)

清(一)・皇・九
我王訪良言於是—

清(一)・皇・九
是—斯廼詅(讒)惻□□

清(一)・皇・一二
以鬳(助)余一—悥(憂)

清（一）·祭·二〇
犨皆缶（保）舍（胥）一—

清（一）·楚·四
今曰楚—

清（一）·楚·四
乃糤著—之㛹（撞）以祭

清（一）·楚·八
乃渭疆涅之波而宇—女（焉）

清（二）·繫·五
坪（平）王或敓取孚—之女

清（二）·繫·六
繡（申）—弗敢（畀）

清（二）·繫·六
曾（繒）—乃降西戎

清（二）·繫·九
晉—女（焉）ㄅ（始）啟于京𠂤（師）

清（二）·繫·一八
衜（衛）—自庚丘豊于沂衜（衛）

清（二）·繫·一九
衜（衛）—乃東涉河

清（二）·繫·二一
翟—或涉河

清（二）·繫·二一
衛—自楚丘䙴（遷）于帝丘

清（二）·繫·二四
乃叓（使）—于楚文王曰

清（二）·繫·三六
齊—善之

清（二）·繫·三六
宋—善之

清（二）·繫·三七
衜（衛）—弗善

清（二）·繫·三七
奠（鄭）—弗善

清（二）·繫·三八
秦—㠯𠂤以内文公于晉

清（二）·繫·三八
晉—殺褱公而立文公

清（二）·繫·四五
晉—以不憖

清（二）·繫·四六
奠（鄭）—致（屬）北門之筦（管）於秦之戍人

清（二）·繫·四六
秦之戍—叓（使）人歸（歸）告曰

清（二）·繫·四六
奠（鄭）之賈—弦高牺（將）西市

清（二）·繫·四八
秦穆公欲與楚—爲好

清（二）·繫·五一
死—可（何）辠（罪）

清（二）·繫·五二
生—可（何）黏（辜）

清（二）·繫·五二
而卲（召）—于外

清(二)·繫·五二
而卲(召)—于外

清(二)·繫·五四
晉—迟(起)自(師)

清(二)·繫·五九
宋—是古殺孫(申)白(伯)亡(無)愄

清(二)·繫·五九
宋—女(焉)爲成

清(二)·繫·六三
奠(鄭)—爲成

清(二)·繫·六四
臧(莊)王述(遂)北……楚—明(盟)

清(二)·繫·六四
楚—被䡅(駕)以自(追)之

清(二)·繫·七一
齊—爲成

清(二)·繫·七四
吴—服于楚

清(二)·繫·七九
教吴—反(叛)楚

清(二)·繫·八〇
吴—女(焉)或(又)服於楚

清(二)·繫·八二
吴—以回(圍)州尘(來)

清(二)·繫·八三
是教吴—反楚邦之者侯

清(二)·繫·八四
與吴—戩(戰)于析

清(二)·繫·八五
鄭—戠(止)芸(鄖)公義(儀)

清(二)·繫·八六
競(景)公欲與楚—爲好

清(二)·繫·九四
晉—既殺緣(欒)縕(盈)于曲夭(沃)

清(二)·繫·一〇〇
嚮(許)—巤(亂)

清(二)·繫·一〇〇
晉—羅

清(二)·繫·一〇二
晉自(師)大疫虞(且)飢飤—

清(二)·繫·一〇二
晉—旻(且)又(有)軋(范)氏与(與)中行氏之褙(禍)

清(二)·繫·一〇三
至今齊—以不服于晉

清(二)·繫·一〇五
與吴—伐楚

清(二)·繫·一〇七
楚—女(焉)闕(縣)鄀

清(二)·繫·一一一
戉—因衰吴之與晉爲好

清(二)·繫·一一二
齊—女訇(始)爲長城於濟

清(二)·繫·一一七
楚—豫(舍)回(圍)而還

清(二)·繫·一二三 齊—旻又陳麈子牛之猬

清(二)·繫·一二六 秦—敗晉自於茖(洛)侌(陰)

清(二)·繫·一二七 奠(鄭)—戠(侵)饋闈(關)

清(二)·繫·一二九 晉—還

清(二)·繫·一三〇 楚—涉汦(氾)

清(二)·繫·一三二 楚—歸(歸)奠(鄭)

清(二)·繫·一三二 晉—回(圍)津(津)長陵

清(二)·繫·一三五 楚—晝(盡)𠫔(弃)亓(其)幰(旃)幕車兵

清(二)·繫·一三六 陳—女(焉)反而内(入)王子定於陳

清(二)·繫·一三七 夌(使)—於齊陳淏求自(師)

清(三)·說上·一 甬(庸)爲遂宑叏(使)—

清(三)·說上·一 以貨句求敓(說)于邑—

清(三)·說上·一 隹孜—旻敓于尃(傅)厰(巖)

清(三)·說上·六 邑—皆從

清(三)·說下·三 复(作)余一—

清(三)·琴·四 叚(假)才(哉)古之—

清(三)·琴·七 褎(裕)亓(其)文—

清(三)·琴·九 曰高(享)會(答)舍(余)一—

清(三)·琴·一〇 亓(其)舍(余)滔(沖)—

清(三)·琴·一二 寺(持)隹(惟)文—之若(若)

清(三)·琴·一四 曰高(享)—大……罔克甬之

清(三)·芮·八 皮(彼)—不敬

清(三)·芮·二三 —頌(訟)攼(扞)韋(違)

清(三)·芮·二四 秦(朕)隹(惟)滔(沖)—

清(三)·良·一 女和韓—保侗

清(三)·赤·八 是囟句瘥(疾)疾而不智—

清(三)·赤·一二 是思句后瘥〓恂〓而不智—

清(四)·筮·得二 仌三仌—乃旱(得)

清(四)·筮·見五 三仌三圣(凡)見大—

清(四)·筮·爻五四 爲貴—

清（五）·厚·一
𤔲前文—之觀明悳

清（五）·厚·九
兹少（小）—之悳（德）

清（五）·厚·一一
引（矧）其能丁良于畜（友）—

清（五）·厚·一二
廼是隹（惟）—

清（五）·厚·一二
乎（厥）升（徵）女（如）右之服于—

清（五）·命·二
福彔（禄）才（在）—

清（五）·命·二
禍（禍）怭（過）才（在）—

清（五）·命·五
達道=天以正—

清（五）·命·六
正—亡（無）亟（極）則不㕾（信）

清（五）·命·六
夫明王卲（昭）天訐（信）—以乇（度）攻

清（五）·命·七
夫天道三—道三

清（五）·命·七
—又（有）佴（恥）

清（五）·命·九
民炏（枳）則瘍（傷）—

清（五）·命·一一
佴（恥）莫大於瘍（傷）—

清（五）·命·一三
—不兗（勝）□□不智（知）死

清（五）·湯丘·五
民—𤔲之亓（其）胃（謂）虗（吾）君可（何）

清（五）·湯丘·八
以埶（設）九事之—

清（五）·湯丘·九
夫—母（毋）以我爲㠯（怠）於亓事虎（乎）

清（五）·湯丘·一二
民—諏（趣）貣（忒）

清（五）·湯丘·一三
民—皆紉（瞀）禺（偶）𠨃（離）

清（五）·湯丘·一五
古先=（之先）聖—

清（五）·湯丘·一五
古先=（之先）聖—所以自忢（愛）

清（五）·湯門·二
則可（何）以成—

清（五）·湯門·三
幾言成—

僮

清(五)·湯門·四
五以成—

清(五)·湯門·五
—可(何)旻(得)以生

清(五)·湯門·五
者(固)猷(猶)是—

清(五)·湯門·六
是哉以爲—

清(五)·殷·二
敢翻(問)—可(何)胃(謂)長

清(五)·殷·四
敢翻(問)—可(何)胃(謂)長

清(五)·殷·六
敢翻(問)—可(何)胃(謂)長

清(五)·殷·一二
古民—迷噩(亂)

清(五)·殷·一八
憙(喜)神而頣(憂)—

包二·三
刅戲之少—

包二·二一七
舉禱楚先老—

包二·二三七
舉禱楚先老—

曾七五
黄豊■馭王—車

曾一七七
王—車

郭·老甲·三七
道—(動)也

上(三)·周·一
—(童)龙(蒙)

上(三)·周·二二
—(童)牛之梏(牿)

上(三)·周·五三
旻(得)—(童)僕(僕)之貞

上(三)·周·五三
九(喪)丌(其)—(童)僕(僕)

保

包二·二一八
—冢

包二·二四九
—冢

天卜
—冢

望一·一七
逯豹以—壆爲怨固貞

包二·二四四
𢾊桓—逾之

包二·一九七
盬吉以—冢爲左尹龙貞

信一·〇四
相—如笲

天下—豖

郭・老甲・二 視索(素)—僕(樸)

郭・老甲・一〇 —此術(道)者不谷(欲)端(尚)呈(盈)

郭・老甲・三八 不可長—也

上(一)・孔・九 天—丌(其)旻(得)录(禄)蔑畺(疆)矣

上(一)・孔・一〇 甘棠之—(褒)

上(一)・孔・一八 因木苽之—(報)

上(一)・孔・一五 丌(其)—(褒)厚矣

新甲三・二一九 ▨吕(以)陵尹懌之大—(寶)豖爲君貞

新零・一一七 ▨懌之大—(寶)[豖]▨

上(三)・彭・二 新(慎)冬(終)—裳(勞)

上(六)・用・八 惁(定)—之亟

上(七)・鄭乙・二 牆(將)—(保)亓(其)慵炎(恢)

清(一)・程・九 可(何)—非道

清(一)・保・一 忑(恐)述(墜)—(寶)訓

清(一)・保・三 昔歬(前)人連(傳)—(寶)

清(一)・耆・一 卲(召)公—罼(奭)爲夾

清(一)・祭・七 —肙(乂)王豖(家)

清(三)・說上・五 一豖乃觀(旋)—以遣(逝)

清(三)・芮・一三 □□□□□□□□甬(用)爕(協)—

清(三)・良・二 又(有)—奥(衡)

清(三)・良・一 女和韙人—侗

清(五)・厚・三 隹(惟)天乃永—顕(夏)邑

清(五)・厚・四 永—顕(夏)邦

仁

呆 望一·一九七 ▨—▨ 《說文》古文。

郭·老乙·一五 善—(保)者不兑(脱) 訛形。

尸 包二·一八〇 瞳笋会—女 《說文》古文从尸。

香中大·五 □之—

上(三)·周·五一 遇丌(其)—(夷)宔(主)

上(五)·鬼·三 鴟—(夷)而死

清(一)·耆·三 紝(恁)—(仁)𡰥(兄)俤(弟)

清(二)·繫·四三 鄒(蔡)及羣䜌—(夷)之𠂤(師)以交文公

清(三)·琴·一〇 命不—(夷)𥫗(歇)

清(三)·良·一 禹又(有)白(伯)—(夷)

清(三)·祝·二 旨(詣)五—(夷)

清(五)·殷·一〇 四晋(海)之—(夷)則复(作)

念 郭·唐·三 窮(窮)—(仁)歆(矣)

郭·唐·九 我(義)而未—(仁)也

郭·唐·七 孝,—(仁)之大也

郭·唐·一四 —(仁)以遣(逢)旹(時)

郭·唐·一五 從(縱)—(仁)、聖可与

忎 郭·唐·二 —(仁)之至也 《說文》古文。

郭·唐·二 古昔臤(賢)—(仁)聖者女(如)此

郭·唐·一九 亟(極)—(仁)之至

郭·唐·二八 —(仁)者爲此進

上(一)·性·二四 篙(篤)於—(仁)者也

上(一)·性·三三 —(仁)

上(一)·性·三四 唯青(性)烝(愛)近—(仁)

上(一)·容·二五 攸(修)身近至—(仁)

上(一)·性·三四 唯亞(惡)不—(仁)爲近宜(義)

上(二)·子·一〇 —而畫(劃)於伓(背)而生=(生,生)而能言

上(一)·紂·六 則下之爲—(仁)也静(争)先

上(一)·紂·六 上玗(好)—(仁)

香中大·三 三—(仁)而畫於雇生

上(五)·三德·二二 臨民㠯—(仁)

上(五)·鬼·一 —(仁)義聖智

上(六)·競·一一 可(何)—(仁)……二夫可不受皇珵

上(六)·孔·九 乃—(仁)爰息(仁)而進之

上(六)·孔·九 不—(仁)人弗旻(得)進矣

息

郭·老丙·三 安有—(仁)義 仁字異體。

郭·五·一 —(仁)型(形)於内胃(謂)之悳(德)之行

郭·五·九 不—(仁)不智

郭·五·九 不—(仁)

郭·五·二 不—(仁)不聖

郭·五·一二 —(仁)之思也清

郭·五·一三 型(形)則—(仁)

郭·五·二一 不智不—(仁)

郭·五·二一 不—(仁)不安

郭·五·二一 不烝(愛)不—(仁)

郭·五·二八 —也

郭·五·三〇 —(仁)也

郭·五·四一 匿,—(仁)之方也

郭·五·四一 矛(柔),—(仁)之方也

郭·五·三三 —(仁)也

郭·五·三一 —(仁)，義豊(禮)所穀(由)生也
郭·五·四九 好—(仁)者也

郭·六·一 —(仁)、宜(義)也
郭·六·四 非—(仁)宜(義)者莫之能也
郭·六·二六 —(仁)，内也

郭·六·三四 子—(仁)
郭·六·三一 —(仁)頪(類)蕘而速
郭·六·二三 —(仁)者

郭·六·三五 聖生—(仁)
郭·尊·二〇 畚(尊)—(仁)
郭·性·五五 篙(篤)於—(仁)者也

郭·尊·三 —(仁)爲可新(親)也
郭·性·五七 攸(修)身近至—(仁)
上(二)·從(乙)·六 —(仁)而不智(知)則

上(二)·從(甲)·五 四曰—(仁)
郭·尊·一六 則民淫惃遠豊(禮)亡新(親)—(仁)

郭·緇·一二 百眚(姓)以—(仁)道
上(二)·從(甲)·六 不—(仁)
郭·緇·一〇 上好—(仁)則下之爲悬(仁)也爭先

郭·緇·一一 上好悬(仁)則下之爲—(仁)也爭先
郭·緇·一三 剴(豈)必聿(盡)—(仁)
郭·緇·四四 則好—(仁)不硻(堅)

郭·語一·一六 又(有)—(仁)又(有)智
郭·語一·二一 —(仁)、忠、信
郭·語一·二二 —(仁)生於人

郭·語一·八二 厚於義，専(薄)於悬(仁)
郭·語一·九二 㤅(愛)膳(善)之胃(謂)—(仁)

郭·語一·九三 —(仁)㦤(義)爲之桯
郭·語一·九八 喪，—(仁)之耑(端)也

郭・語三・二二
—（仁），厚之☐

郭・語三・二八
則—（仁）鈶（治）者至亡閒（間）

郭・語三・三五
悉（愛），—（仁）也

郭・語三・三九
不成—（仁）

郭・語三・三五
喪，—（仁）也

郭・語三・五一
庇於—（仁）

上（一）・紂・七
百眚（姓）目（以）—（仁）賴

上（五）・君・一
以依於—（仁）

上（五）・弟・一一
此之胃（謂）—（仁）

上（六）・孔・四
君（？）夫士品勿□—〻（仁心）者昷（盟）

上（六）・孔・五
—（仁）亓（其）女（如）此也

上（七）・武・五
不—（仁）㠯（以）㝵（得）之

忓

上（一）・孔・八
少又—安

傑

郭・尊・五
以人道亂其民

郭・尊・五
不易墔（禹）民而句（後）亂之

郭・尊・六
湯不易—民而句（後）訂（治）之

郭・尊・二二
不胃（謂）其民必亂

上（二）・容・三五
王天下十又（有）六年而—（桀）复（作）

上（二）・容・三五
—（桀）不述亓先王之道

上（二）・容・四〇
—（桀）乃逃之鬲（鬲）山是（氏）

上（二）・容・四〇
—（桀）乃逃之南菓（巢）是（氏）

新零・六二九
☐王—☐

上（四）・曹・六五
亦隹（唯）䍃夫垔（禹）康（湯）—（桀）受矣

上（七）・君甲・八
—（桀）受（紂）幽萬（厲）殍（戮）死於人手

上（七）・君乙・八
—（桀）受幽萬死於人手

清（五）・湯丘・一四
—（桀）之疾

倞

包二・一二〇 昜城公祥睪命—郕解句

古璽京作。

侗

清(三)・良・一 黄帝之帀(師)女和韗人保—

俟

清(一)・皇・一一 乃隹(惟)又(有)奉—(疑)夫

僑 僑

上(五)・弟・一 前(延)陵季₌(季子)—而弗受

上(五)・鮑・五 含(今)曁(曁)迡(刁)—夫而欲智

上(五)・三德・一六 必蠹(喪)亓—(匹)

佖

郭・語四・一〇 —(匹)婦禺(偶)夫

上(四)・曹・三四 —(匹)夫奡(寡)婦之獄訟

伀

郭・五・三二 顔色—(容)伇(貌)慍(温)，㝵(變)也

上(六)・競・一一 亓左右相—(公)自善曰

清(三)・良・二 又(有)—陟

清(三)・良・二 康(唐)又(有)—君(尹)

伊

上(二)・子・二 —堯之悳(德)則甚昷(温)綖

上(二)・子・一一 觀於—而旻(得)之僉厶(參)也

伋

上(五)・競・九 —(隰)倗(朋)与(與)鞁(鮑)弔(叔)㸦(牙)皆拜

清(五)・殷・一七 坸(徇)寳(句)—(遏)悭(淫)

清(五)・殷・二三 弋(代)—(桀)専(敷)又(佑)下方

佗

清（三）・琴・一二
—（適）舍（余）龏（恭）害（害）紿（怠）

伾 伓

郭・忠・三
不—（倍）死也

郭・忠・三
信人不—（倍）

郭・忠・四
至信不—（倍）

上（三）・周・四八
丌（其）—（背）

《集韻・脂韻》：「伾」或作「伓」。

郭・老甲・一
民利百—（倍）

郭・窮・一三
善—（否），㠯（己）也

郭・緇・二五
則民不—（倍）

郭・語二・一四
𤔲生於—

天策
—綳

望一・一八三
▨—口▨

郭・語二・一三
—生於念

上（二）・從（乙）・三
愳（懼）則—（背）

新甲一・一三
▨—（背）、膺疾

新甲一・一四
▨貞：—（背）、膺疾

新甲三・二一九
—（背）、膺疾

新甲三・二三三、一九〇
㠯（以）合於—（背）

新甲三・二三八
貞：既伓（背）、膺疾

新甲三・二五七
既—（背）、雁（膺）疾

新乙二・一九
—（背）、膺疾

新乙二・三七
—（背）、雁（膺）▨

新乙三・五一
▨貞：既—（背）、雁（膺）疾

新零・五八四、甲三・二六六、二七七
—（背）、膺疾

新零・一九九
—（背）、膺疾

清（一）・保・八
又（有）易—（服）氒（厥）辠（罪）

清（一）・祭・二〇
殍（蠻）—（服）之

倗

上(七)·凡甲·二七 咊(和)—(朋)咊(和)㷉(氣)

優

懮

包二·一一七 安陵公—爲株昜貣郕異之金五益

《説文》㤳之古文作懮。懮即㤳的異體。

仿

包二·七三 —斂賢受旨

包二·一四九 陵让尹塙以楊虎斂閘金於邾敓䀛—之新昜一邑

包二·一〇〇 邾敓之邾邑人走—

包二·一〇〇 登城訟走—邵絹，以其敓湯汸與霝澤之古

包二·一八二 郏株之—周邎

包二·一六一 䣙—司馬婁臣

包二·一六一 䣙—弁婁佗

郭·窮·一四 譽(譽)呈(毁)才(在)—(旁)

佗

包二·一〇二 卲— 人名

包二·一六一 䣙仿弁婁—

包二·一八五 苛— 人名

包二·一九一 五— 人名

望一·九三 譖— 人名

新甲三·四三 ☐黄—占之

新甲三·二九三 ☐鐘—、鐘豈受☐

新零·一七〇 黄—

何

仰二五·三 —馬之紑衣

上(五)·鮑·七 至亞(惡)—

坷

包二·一五 盤—夸執僕(僕)之倌登虘

包二·五三 李— 人名

包二·六三 䇢— 人名

包二·六三 —不以朔廷

包二·一〇二 鄀— 人名

包二·一七〇 陆鐘連囂—

包二·一八四 鄵人䇢—

包二·八五 莫— 人名

上(三)·周·二三 —(何)天之杘(衢)

上(三)·彭八 毋—㲴(賢)

僭

信

包二·一四七 爰屯二—之飤金釛二釛

備

包二·二一三 賽禱大—玉一環

天策 鞄—

望一·五四 大水—玉一環

望一·五四 —玉一環

天策 行—虖二真

天策 二真行—虖(甲)

望二·五〇 一革紼—

曾一三七 —甲

帛甲五·九 山陵—旡

包二·二一三 大水—玉一環

帛乙一〇·二四 □敬佳—

上(二)·容·一五 乃卉—(服)蓋(笠)坐(箬)冒(帽)

郭·緇·一六 悵(長)民者衣—(服)不改

郭·緇·四一 —(服)之亡懌

郭·成·五 是古(故)畏(威)—(服)型(刑)罰之婁(屢)行也

郭·成·七 是古(故)走(上)句(苟)身—(服)之

郭·唐·一三 正(征)不—(服)也

郭·唐·三 聖(聖)道—歆(矣)

郭·尊·二五 非侖(倫)而民—(服)

上(二)·民·六 亡(無)—(服)之喪(喪)

上(二)·民·七 亡(無)—(服)之喪(喪)

上(二)·民·一一 亡(無)—(服)之喪(喪)

上(二)·民·一二 亡(無)—(服)之喪(喪)

上(二)·民·一三 亡(無)—(服)喪(喪)

上(二)·民·一三 亡(無)—(服)

上(一)·紂·九 長民者衣—(服)不改

上(一)·紂·二一 —之亡臭(斁)

上(二)·容·六 甚緩而民—(服)

上(二)·容·四一 於是虐(乎)毀(亡)宗鹿(戮)族戔(殘)羣焉—(服)

上(二)·容·四七
七邦逨(來)—(服)

上(二)·容·四七
豐、喬(鎬)不—(服)

新甲一·一一
嬖禱一—(佩)璧

新甲·四
歸—(佩)玉於二天子

新甲三·八一、一八二—一
歸—(佩)玉於二天子，各二☐

新甲三·一三七
☐嬖禱—(佩)玉

新乙一·一三
鄝禱各一—(佩)璧

新乙一·二一、二三
各一—(佩)玉

新乙三·四四、四五
☐—(佩)玉

新乙四·四三
—(佩)玉兆

上(二)·從(甲)·一六
亓㝵(使)人必求—安(焉)

上(三)·中·一三
—(服)之緩(緩)

上(四)·昭·一
又(有)一君子𣨼(喪)—(服)曼(蹣)廷

上(四)·昭·二
君之—(服)不可㠯(以)進

上(四)·曹·三三
不𢘽(義)則不—(服)

上(四)·曹·五二
乃遊(失)亓—(服)

上(五)·鮑·七
又(有)𦖞(司)祭—(服)毋(無)紋

上(五)·季·三
而民不—(服)安(焉)

上(五)·季·四
民𣪠(望)亓(其)道而—(服)安(焉)

上(五)·季·一三
民必—(服)矣

上(五)·弟·一〇
以新(親)受—(服)

上(五)·三德·八
衣—(服)讹(過)折(制)

上(五)·三德·九
毋凶—(服)㠯亯祀

上(五)·三德·一三
唯蘧是—(服)

上(六)·孔·七
衣—此中

上(六)·孔·二四
□勿—(服)矣

上(七)·武·二
耑(端)—(服)毘(冕)

上(七)·凡甲·八
先王之智系(奚)—

清(一)·保·六
身兹—

清(一)·保·九
㵒(祇)—(服)不解

清(一)·保·一〇
今女(汝)㵒(祇)—(服)母(毋)解

清(一)·耆·五
人—(服)余不䡅(冑)

清(一)·耆·六
鼎鼎戎—(服)

清(一)·金·三
尔母乃有—子之責才上

清(一)·皇·五
卑(俾)—(服)才(在)氒(厥)豪(家)

清(一)·皇·一〇
曰余蜀(獨)—(服)才(在)寢

清(三)·說中·六
心毀隹(惟)—

清(三)·說下·二
少臣罔叜(俊)才朕—(服)

清(三)·說下·三
罙(既)亦䏌(詣)乃—(服)

清(三)·說下·六
又萬福貉=才(在)乃—(服)

清(三)·琴·一〇
—(服)才(在)清富(廟)

清(四)·筮·爻五六
爲—戒

清(五)·命·一五
以□□—(服)

清(五)·湯丘·一六
不—(服)佌(過)文

清(五)·湯門·九
燹(氣)叚(融)交以—

清(五)·湯門·一五
民—不俑(庸)

清(五)·殷·一八
衣—(服)耑(端)而好訐(信)

郭·成·三
身—(服)善以先之

郭·老乙·一
是以杲(早)—(服)是胃(謂)

人旁訛爲彳。

位

郭·語一·九四 —之胃(謂)聖

郭·語三·五四 樂，—悳(德)者之所樂也

包二·二二四 臧敢爲—既禱至命

包二·二二五 臧敢爲—既禱至命

天卜 啻祭惠公於郣之—戠豢饋之

郭·老丙·一〇 則以依(哀)悲—(莅)之

郭·緇·二五 共(恭)以—(莅)之

祉

包二·二〇五 卲吉爲—

包二·二〇六 卲吉爲—

天卜 禮—

仢

清(二)·繫·一〇三 晉人以—(弱)

倚

包二·七八 長鄓之旦陽—受旮

包二·一二五反 䍐— 人名

包二·一三五 —執僕之觃經

包二·一八四 郬尹之陆样—

依

曾·一四六 —騏爲右驂

郭·尊·三二 攻(功)則往者復—

上(五)·君·一 以—於悬(仁)

清(一)·皇·九 卑(俾)王之亡(無)—亡(無)鬳(助)

佴

清(五)·命·三 夫民生而—(恥)不明

清(五)·命·三 能亡(無)—(恥)虐(乎)

清(五)·命·三 女(如)又(有)—(恥)而亙(恆)行

清(五)·命·七 人又(有)—(恥)

付

清（五）·命·七 以人之—（恥）尚（當）天之命

清（五）·命·九 亟（極）—（恥）則民𡰥（枳）

清（五）·命·一〇 —（恥）莫大於瘍（傷）人

仅

包二·三九 —嬰之闈敔公周童年受酉

包二·九一 周雁訟—嬰之闈人周瑹周敓

《正字通·人部》：仅同付《說文》以爲奴之古文。

上（五）·三德·二〇 晝□……—（？）之不戭

侁

雨二一·三 姑—之宮爲濁吝王羿爲濁

佢

包二·四二 不詧（察）公孫虩之—之死

望二·五七 一紅綊之—▨

清（一）·楚·三 生—咠（叔）麗季

侳

包二·二三七 —山一岾

信二·〇二一 一絟—裀裙

敓

郭·老甲·一五 天下皆智（知）—（美）之爲散（美）也

郭·唐·一七 —（美）也

郭·六·三八 君子不帝（諦）明虘（乎）民（萌）—（微）而已

上（二）·昔·三 譽（舉）—（孅）瀍（廢）亞（惡）

上（二）·容·一四 而—（美）亓行

九·五六·一三 —於卯

九·五六·一六 —於午

九·五六·二一 —（散）於亥

九・五六・二二
—於子

九・五六・二四
—於寅

九・五六・三五
男必—(美)於人

上(三)・周・二四
觀我—(微)頤

上(四)・曹・三
此不貧於—(美)

上(五)・季・一九
民之㑣(勸)—(微)

上(六)・競・一〇
夫埶—(孅)之幣三布之玉

清(五)・命・一五
耑(權)以智(知)—(微)

上(七)・武・一
音(意)—(微)喪不可㝵而訨(睹)虐

上(七)・武・二
龕(踰)堂(堂)—(微)

郭・老乙・四
—(美)與亞(惡)

上(一)・孔・一六
見丌(其)—(美)必谷(欲)反一本

上(一)・孔・二一
文王虐(吾)—(美)之

上(一)・孔・二三
虐(吾)—(美)之

上(四)・內・九
—(孅)下之君子曰

上(六)・孔・一四
好刮(砌)—(孅)㠯(以)爲芑

清(五)・湯門・一三
—(美)事系(奚)若

清(五)・湯門・一三
—(美)型(刑)系(奚)若

清(五)・湯門・一二
—(美)设(役)系(奚)若

清(五)・湯門・一二
—(美)正(政)系(奚)若

清(五)・湯門・一四
此胃(謂)—(美)悳(德)

清(五)・湯門・一五
此胃(謂)—(美)事

清(五)・湯門・一六
此胃(謂)—(美)设(役)

清(五)・湯門・一六
此胃(謂)—(美)正(政)

作

清（五）·湯門·一七
此胃（謂）—（美）型（刑）

上（四）·采·二
䣣—（媺）人

清（一）·保·八
昔—（微）叚（假）中于河

清（一）·保·八
—（微）亡（無）禼（害）

清（一）·保·九
—（微）寺（志）弗忘

清（一）·祭·一一
亦—（美）悳（懋）妥（綏）心

清（一）·尹至·一
余—（閔）亓（其）又（有）頣（夏）眾▨吉好

天策
▨萩—▨

㑅

包二·五八
𣍘經遆—於栽郢之戢

包二·一三一
𣍘旌遆—於栽郢之戢

包二·二〇六
𣍘經遆—於栽郢之戢

包二·二一二
𣍘經遆—於栽郢之戢

包二·二一六
𣍘經遆—於栽郢之戢

包二·二一八
𣍘經遆—於栽郢戢

郭·老甲·一七
萬勿—（作）而弗忖（始）也

包二·一二六
𣍘經至—於栽郢之戢

包二·一二
東周之客𣍘經至—於栽郢之戢

包二·一六八
軋—　人名

上（五）·君·一
詹（顏）囦（淵）—（作）而倉（答）曰

上（五）·鬼·六
隹（惟）孳（茲）—（作）章（彰）

弜
新零・四七二
□—(作)

弢
包二・一四〇
噿経逷—於戠郢之戢

包二・二二一
噿経逷—於戠郢戢=

上(五)・三德・一一
—(作)毋康

清(五)・厚・八
—(作)辟事三后

清(五)・厚・一一
㬰(厥)—(作)隹(惟)枼(葉)

後
新零・二〇四
又痀疾—(作)

九・五六・三一
秎(利)㠯(以)行—(作)四方埅(野)外

九・五六・三二
不秎(利)㠯(以)行—(作)迈(起)四方埅(野)外

九・五六・三二
不秎(利)於行—(作)埅(野)事

九・五六・三三
㠯(以)—(作)卯事

九・五六・三八下
不可㠯—(作)大事

复
包二・二二五
東周之客噿経逷—於戠郢戢=

郭・老甲・一三
愢(化)而雒(欲)—(作)

郭・成・七
君均(袀)褑(冕)而立於—

郭・性・一
𢓊(待)勿(物)而句(後)—(作)

郭・性・一八
豊(禮)—(作)於青(情)

包二・二〇七
東周之客噿経逷—於栽郢之戢

郭・老甲・二四
萬勿(物)方(旁)—(作)

郭・性・二五
則齊女(如)也斯—(作)

上(二)・容・三六
湯乃尃(輔)爲正(征)—(籍)

上(二)・從(甲)・九
□則民—(作)㗊(亂)

上(一)・性・一五
則憃(懠)女(如)也斯—(作)

郭·成·三八 文王—（作）罰

上（一）·紂·一四 隹（惟）—（作）五虐之型（刑）曰金

上（一）·紂·一 蔓（萬）邦—（作）𠬝

上（二）·容·二九 喬（驕）能（態）𠯑（始）—（作）

上（二）·容·三〇 —（作）爲六頪（律）六

上（二）·容·三五 王天下十又（有）六年而傑（桀）—（作）

上（二）·容·四四 是虐（乎）—（作）爲九城（成）之臺（臺）

上（二）·容·五〇—五一 武王於是虖（乎）—（作）爲革車千韓（乘）

上（二）·容·四四—四五 於是虐（乎）—（作）爲金桎三千

上（二）·容·四二 湯王天下卅=（三十）又（有）一傑（世）而受—（作）

上（三）·亙·二 （氣）是自生自—（作）

上（三）·亙·七 自—（作）爲

上（三）·亙·七 采（採）勿（物）出於—（作）

上（三）·亙·一二 㸑（舉）天下之—（作）也

上（四）·柬·一七 —（作）色而言於廷

上（四）·曹·一七 天下……交墜不可㠯先—（作）悁（怨）

上（五）·季·一〇 好殺則—（作）亂（亂）

上（五）·季·一二 —（作）而轙（乘）之

上（七）·凡乙·一九 惻（賊）怨（盜）之—（作）

清（一）·尹誥·二 𠦪（厥）辟—（作）悁（怨）于民

清（一）·尹誥·三 虐可（何）—（祚）于民

清（一）·保·四 昔鉴（舜）舊—（作）火=（小人）

清（一）·耆·二 —（作）策𡧍（逸）爲東尚（堂）之客

清(一)·耆·三 —(作)訶(歌)一夂(終)

清(一)·耆·五 —(作)訶(歌)一夂(終)

清(一)·耆·六 —(作)訶(歌)一夂(終)

清(一)·耆·八 —(作)祝誦一夂(終)

清(一)·耆·九 —(作)孳(茲)祝誦

清(一)·耆·一〇 周公—(作)訶(歌)一夂(終)曰蟋蟀

清(一)·耆·一三 則夂(終)以—(祚)

清(一)·皇·一三 母(毋)—(作)組(祖)考順(羞)才(哉)

清(一)·祭·二 余畏天之—(作)畏(威)

清(一)·祭·四 —(作)戟(陳)周邦

清(三)·說中·二 甬隹女(汝)—(作)礪(礪)

清(三)·說中·四 女(汝)—(作)㸒(淫)雨

清(三)·說中·六 —(且)隹(惟)□迟(起)戎出好

清(三)·說中·七 隹(惟)戕(干)戈—(作)疾

清(三)·說中·五 女(汝)—(作)舟

清(三)·說中·五 —(且)天出不恙(祥)

清(三)·說下·三 —(作)余一人

清(三)·琴·一 周公—(作)多士敬(儆)怭(毖)

清(三)·琴·二 盛(成)王—(作)敬(儆)怭(毖)

清(三)·芮·二 内(芮)良夫乃—(作)訟再夂(終)

清(三)·芮·一四 以力及—(作)

清(三)·芮·二八 虐甬—(作)訛(毖)再夂(終)

清(四)·筮·得·一三 ☰☰—(作)於陽

清(四)·筮·爻六一 —(作)於上

清(五)·厚·五 —(作)之君

清(五)·厚·五 —(作)之帀(師)

清（五）·般·二一 土（妒）悁（怨）毋—（作）

侵

戙

包二·二七三 二戟—

包二·二七三 九罶二戟皆—

秦九九·三反 白羽之—

包牘一 七罶車戟—羽

新甲一·七 司—、司折▢

清（二）·繫·一三三 王命坪（平）亦（夜）悼武君衒（率）𠂤（師）—（侵）晉

上（三）·周·一三 利用—（侵）伐

清（二）·繫·一〇二 楚卲（昭）王—（侵）洢（伊）

清（二）·繫·一一六 王命莫囂昜爲衒𠂤—（侵）晉

清（二）·繫·一二七 奠（鄭）人—（侵）𩻛閘（關）

清（二）·繫·一三〇 戕（莊）坪（平）君衒𠂤（師）—（侵）奠（鄭）

儥

包二·五二 不遅郯異之大市（師）—以廷

包二·五五 不遅大市（師）—以廷

包二·一七四 新告辻黃—

包二·六四 不遅郯異之大市（師）郯—

包二·四六 不遅郯異之大市（師）郯—以廷

包二·一二〇 郑倴黻馬於下蔡市（師）—之於昜城

包二·一五二 款飤田病於青骨—之

上（五）·鬼·七 癹（發）昜（揚）索—

代

信一·〇六 皆三—之子孫

上（五）·季·一四 兂（喪）三—之連（傳）叏（史）

包二·六一 十月辛未之日不行—昜廄（厩）尹之人

儀

上（六）·天乙·七 民之—也

便

上（四）·曹·一八 𠂤事亓—連（變）

上（四）·曹·三五 毋辟（變）於—俾（變）

任

任 上(一)·性·三一 凡悳(憂)惓(惓)之事谷(欲)—樂事谷(欲)逡(後)

任 上(四)·內·六 罷(憐)而—不可

上(七)·凡甲·二三 —而伏之

上(七)·凡乙·一五 —而伏之

俾

包二·二六三 二—笞

上(二)·容·三 凡民—敂者

上(四)·曹·二五 毋—(禆)夫=必又嚳大官之帀

上(四)·曹·三五 毋辟(嬖)於便—(嬖)

清(一)·祭·一六 女(汝)毋(毋)以—(嬖)詐息(塞)尔臧句(后)

清(一)·祭·一六 女(汝)毋(毋)以—(嬖)士息(塞)夫=卿李(士)

倪

上(五)·競·九 進芋(華)倗(明)子𠑹(以)馳於—(郳)廷

使

上(一)·紂·一二 毋𠑹(以)辟(嬖)士書夫=(大夫)向(卿)—(士)

傳

包二·一二〇 小人命爲盱以—之

包二·一二〇 —郑倖得之

連

郭·老甲·二二 —(遠)曰反(返)

郭·老甲·二二 灊曰—(遠)

郭·唐·一三 番而不—(傳)

郭·尊·二八 速虐(乎)楷(置)蚤(郵)而—(傳)命

清(一)·保·三 昔奔(前)人—(傳)保(寶)

清(一)·保·九 —(傳)飼(貽)孫=(子孫)

清(五)·厚·八 肆女(如)其若龜筮之言亦勿可—(專)改

上（六）・用・一〇 春秋還—（轉）

上（五）・季・一四 堯（喪）三代之—（傳）叓（史）

上（五）・季・一四 幾敢不㠯（以）亓（其）先=之—（傳）等告

遡 曾二二 —二人

郭・語四・二〇 若兩轉之相—（轉）

遡 帛甲・七 㠯—相▨

徸 郭・唐・一 （番）而不—（傳）

倌

包二・一五 五帀宵—之司敗若敢告見日

包二・一五反 五帀宵—之司敗告胃

包二・一五反 窖執其—人

包二・一六 僕裳—頸事牺灋

包二・一七五 遊宮坦—黄贛

宿 包二・一二五 邸昜之酷—黄齊

包二・一二五 盤絅窖執僕之—登虜

包二・一五七 竽駐—竽—之舊貣解

佀 包二・一三六 —卯

包二・一三六 —䋯

包二・一三六 —卯

包二・一三七 —卯

包二・一五五 —㛸（？）足

仔

上（六）・孔・二一 孝=德（？）㠯（紀）而立—

倀

包二・一六三 楚斨族—㚇

天卜 —靁 卜具

帛甲四・一二 —曰青榦

郭・性・七 牛生而—（張）

郭·緇·一一
古(故)—(長)民者

郭·緇·六
下難智(知)則君—(長)裳(勞)

郭·緇·一六
—(長)民者衣備(服)不改

郭·緇·二三
—(長)民者誊(教)之以悳(德)

郭·五·八
思不—不型(形)

郭·五·九
思不能—(長)

郭·五·一四
智之思也—(長)

九·五六·三六
—(長)子吉

九·五六·三八下
—(長)子受亓(其)咎

九·五六·四六
芒(亡)—(長)子

上(四)·柬·一九
—子牺(將)正於君

上(四)·曹·一八
所吕爲—(長)也

上(四)·曹·二五
凡又(有)司銜(率)—(長)

上(四)·曹·二八
孚(卒)又(有)—(長)

上(四)·曹·二八
是古—(長)必訽邦之貴人及邦之可士

上(四)·曹·三五
毋—(長)於父腥(兄)

上(四)·曹·三六
吏(使)—(長)百人

倀

清(三)·芮·八
民之—(賤)矣

清(三)·芮·一七
自迟(起)—(殘)盡(虐)

郭·性·三八
—其見者

僻

包二·二五八
—脩一箕

佝

上（五）·鮑·二 迿—者叀遷亓所㠯（以）衰薨（亡）

上（五）·鮑·二 忘亓（其）迿—也

上（五）·鮑·二 夈（寡）人牺（將）迿—器必罍（蠱）䙳（視）

上（五）·季·一一 寃—

侮

柔

郭·老丙·一 其即（次）—（侮）之

郭·成·一三 戎（農）夫—（務）飤（食）不强耕

郭·成·二五 是以上之亙（恒）—（務）才（在）信於衆

郭·尊·一 爲人上者之—（務）也

上（二）·昔·四 唯邦之大—是敬

偒

上（六）·天乙·一一 古（故）見—（禓）而爲之晢（祈）

上（六）·天·一二 古（故）見—（禓）而爲之晢（祈）

仆

包二·二六一 二□夅—☐

傷

剔

包二·二二 不詧（察）陞宔雁之—之古

包二·二四 不詧（察）陞雁之—

包二·三〇 不詧（察）陞雁之—

包二·八〇 言胃—其弟石耴𨈖

包二·八三 —之妄㕣嬰

包二·一四二 夫自—

郭·太·一二 古（故）社（功）成而身不—（傷）

郭·唐·一一 羖（養）生而弗—（傷）

郭·語四·二 往言—（傷）人

郭·語四·二 壅(來)言—(傷)吕(己)

戕

包二·一四四 小人信以刀自—

傷字異體。

郭·唐·一一 羖(養)生而弗—(傷)

上(二)·從(甲)·一九 君子不𠙵流言—(傷)人

上(五)·三德·五 大邦迆(過)—(傷)

上(五)·姑七 立死可(何)—(傷)才(哉)

上(六)·競·八 多堣(訏)言禮(詛)爲亡(無)—(喪)

係

上(二)·從(乙)·一 十日口惠而不—

新甲三·三七九 鼢於—蟹一☐

上(三)·周·一六 —丈夫

上(三)·周·一六 —少(小)子

上(三)·周·一七 —而敂(扣)之

上(三)·周·三〇 —滕(遯)

上(五)·三德·一六 龔(喪)忿(怠)—樂

省形。

俑

上(四)·昭·五 因命(令)至—毀室

清(三)·芮·一二 幾(既)又(有)眾—(庸)

清(五)·湯門·一五 民備不—(庸)

伏

清(四)·筮·祟四七 —鐱(劍)者

伐

包二·六一 不行—昜廄尹郙之人戠輁於長𡰥公之軍

信一·〇六 皆三—之子孫

帛丙一一·二 利戢—

曾一五六 让弁—之騏爲右驌

郭·太·九 —於彊(强)

郭·語二·五一 少(小)不忍，—(敗)大彭「埶(勢)」

上(一)·孔·八 —木

上(二)·容·四〇 㠯—高神之門

上(二)·容·三八 迟(起)帀(師)㠯—昏(岷)山是(氏)

上(二)·容·五〇 虗(吾)—而弋(代)之

上(三)·周·一三 利用戢(侵)—

上(五)·姑·七 —尾逋适

上(五)·三德·一四 方縈(營)勿—

上(六)·天乙·五 武直(德)—

清(一)·耆·一 延(征)—鄙

清(二)·繫·一四 成王屎—商邑

清(二)·繫·一四 成王—商盍(蓋)

清(二)·繫·一九 赤鄰(翟)王峁虐迟(起)峕(師)—衛

清(二)·繫·二一 —衛于楚丘

清(二)·繫·二五 君埜(來)—我

清(二)·繫·二五 文王迟(起)峕(師)—賽(息)

清(二)·繫·二八 起峕(師)—賽(息)

清(二)·繫·三九 二邦—緒(鄀)

清(二)·繫·四一 楚成王銜者侯以回宋—齊

清(二)·繫·四二 —衛以敓(脱)齊之戍及宋之回(圍)

清(二)·繫·四七 —顝(滑)取之

清(二)·繫·五六 牆(將)以—宋

清(二)·繫·八〇 靁(靈)王—吴

伐 伇 俘 但

伐 清(二)·繫·八五 命(令)尹子䧿(重)—奠(鄭)

伐 清(二)·繫·八七 史翟(糴)之—(茷)嘪於楚

伐 清(二)·繫·八九 衒𠂤會者(諸)侯以—秦

伐 清(二)·繫·九四 坪(平)公銜(率)𠂤(師)會者(諸)侯—齊

伐 清(二)·繫·九八 述(遂)以—郤(徐)

伐 清(二)·繫·九八 克灘(賴)邾(朱)邡(方)—吳

伐 清(二)·繫·一〇一 以—楚

伐 清(二)·繫·一〇一 —中山

伐 清(二)·繫·一〇五 與吳人—楚

伐 清(二)·繫·一〇五 與楚𠂤(師)會—陽(唐)

伐 清(二)·繫·一〇九 與吳王盍(闔)虏(盧)—楚

伐 清(二)·繫·一一三 述(遂)以—齊

伐 清(二)·繫·一一三 與戉(越)公株(朱)句—齊

伐 清(二)·繫·一二〇 與戉(越)公殹(翳)—齊

伐 清(二)·繫·一二三 母(毋)—稟(廩)丘

伐 清(三)·說上·四 天𨑓敚(說)—逵(失)宔(仲)

伐 清(三)·說上·五 敚(說)于𡪞(圍)—逵(失)宔(仲)

戮

戮 上(五)·鮑·八 晉人—(伐)齊

俘 清(二)·繫·四四 獻楚—馘

俘 清(二)·繫·一二四 晉公獻齊—馘於周王

但 上(六)·用·二〇 又(有)—之深

但 清(一)·金·四 不若—(旦)也

伇 包二·九六 —捙 人名

咎

包二·一八五 五帀士尹宜—

包二·二三五 無—無槩

包二·一九七 竆=尚毋又咎

包二·一九九 竆=尚毋又—

包二·二〇一 窮=尚毋又—

包二·二〇七 尚毋又—

包二·二一〇 竆身尚毋又—

包二·二一三 竆身尚毋又—

包二·二一七 竆身尚毋又—

包二·二二六 躳身尚毋又—

包二·二二八 窮身尚毋又—

包二·二三〇 竆身尚毋又—

包二·二三二 竆身尚毋又—

包二·二三四 竆身尚毋又—

秦九九·四 四戠無—

秦九九·五 無—無敓

秦一三·一四 尚毋又—

天卜 卅=(三十)戠無—

天卜 宜室無—

天卜 以心瘁尚毋以是古又大—

天卜 ☐是古又大—

天卜 尚毋又—

望一·四四 毋以其古又—

望一·四六 ☐尚毋又—

望一·四〇 尚毋以其古又大—

望一·六一 ☐無大—

帛甲二·三三 —天步還

帛丙一·四 北征衛又—

九·五六·二九 亦無—

九·五六·三八 倀(長)子受丌(其)

九·五六·三七 又(有)大—

郭·老甲·五 —莫僉(憯)虖(乎)谷(欲)得

郭·性·四九 又(有)怂(過)則—

上(一)·孔·九 實(貴)—於其也

上(一)·性·三九 又(有)怂(過)則—

上(二)·容·二九 乃立—(皋)訿(陶)吕爲麥(李)

上(二)·子·一二 遊於串—之内

上(二)·容·二九 —(皋)訿(陶)既已受命

新甲三·二 ☐—,又(有)敚(祟)見於卲(昭)王、文☐

新甲三・三 ☐—，又(有)敚(祟)與黿

新甲三・一七 ☐期宷(中)無—，又(有)閼(間)☐

新甲一・五 吉，無—

新甲三・一九 ☐兆亡(無)—。又(有)敚(祟)☐

新甲二・三四 ☐之曰：吉，無—

新甲二・三三 ☐瘁(悶)，尚母(毋)又(有)—☐

新甲三・三八 ☐尚毋又(有)—，占☐

新甲三・四三 兆亡(無)—

新甲三・二二九 兆亡(無)—

新甲三・二四七、二七四 毋又(有)大—

新甲三・三四五—一 又(有)—

新甲三・三六五 兆亡(無)—

新乙二・二 ☐毋又(有)—

新乙一・一九 尚毋又(有)大—

新乙三・二、甲三・一八六 無—無敚(祟)

新乙四・二三 兆亡(無)—

新乙四・三八 兆亡(無)—

新乙四・四〇 尚毋又(有)—

新乙四・四四 還返毋又(有)—

新乙四・五〇 ☐無咎無祱(祟)☐

新乙四・七一 兆亡(無)—

新乙四・八五 尚毋又(有)—

新乙四・一二二 兆亡(無)—

新乙四・一二三 尚毋又(有)—

新零・一〇〇 逃(兆)亡(無)—

新乙一・九、乙二・一七 尚毋又(有)—

新甲一・二二 ☐之：亙(恒)貞吉，無—

新甲一・二四 亙(悟)貞無—

新甲一・一二 還返尚毋又(有)—

新乙三・三九 ☐無—

新甲三・一五五 栾，毋又(有)大—占☐

上(三)·周·二 亡(无)—

上(三)·周·七 无—

上(三)·周·七 亡(无)—

上(三)·周·七 亡(无)—

上(三)·周·八 亡(无)—

上(三)·周·九 亡(无)—

上(三)·周·一一 亡(无)—

上(三)·周·一五 亡(无)—

上(三)·周·一八 攷亡(无)—

上(三)·周·二五 亡(无)—

上(三)·周·三三 敳(往)可(何)—

上(三)·周·三七 亡(无)—

上(三)·周·四〇 亡(无)—

上(三)·周·四一 礪(厲)亡(无)大—

上(三)·周·四八 亡(无)—

上(三)·彭·六 余(余)告女(汝)—

上(四)·采·四 訏羽北埜人募虎—比王音深浴(谷)

上(六)·用·一七 亡—隹(惟)盪(盈)

上(七)·吳·六 —生之邦

清(三)·良·一 又(有)—囟(囟)

清(三)·良·五 又(有)—軛(犯)

清(四)·筮·咎七 巛〈三〉𠙴(凡)—見述(術)

清(四)·筮·咎九 穆上毁亡—

清(四)·筮·十七命六二 曰—曰男女曰雨

清(五)·厚·二 少命—(皋)繇(繇)下爲之卿事

咎

郭·老甲·三八 自遺—也

人旁訛作刃。

窖

清(三)·芮·五 君子而受柬萬民之—

清(三)·芮·二四 —(咎)可(何)亓(其)女(如)紿(台)斈(哉)

像

帛乙一〇·二六 天—是惻

像

倦

倦 佚

上（二）·從（甲）·一二 章（敦）行不—（倦）

新甲三·二六七 ☐—占之曰：吉

新甲三·二三五—一 醓（醓）—㠯（以）長刺☐

『倦』在郭店簡作『腃』。

卷

上（一）·孔·四 民之又戚—（惓）也

上（一）·孔·二九 —而不智（知）人

上（一）·性·三一 凡悥（憂）—（惓）之事谷（欲）任樂事谷（欲）遂（後）

上（一）·性·三五 —（惓）爲甚

上（三）·中·一三 愢（弛）而—（惓）放（力）之

上（三）·中·一七 悳（德）孝（教）不—（倦）

上（四）·相·一 牧其—（惓）

弔

上（五）·鮑·九 鞊（鮑）—（叔）乭（牙）與級（隰）俚之諫

上（六）·用·二〇 而又（有）—（淑）之渫（淺？）

清（一）·耆·二 周公—（叔）旦爲宔

清（一）·金·七 官（管）—（叔）返（及）亓（其）羣雎（兄）俤（弟）

清（二）·繫·一八 乃先建衛—（叔）坴（封）于庚（康）

清（二）·繫·五七 繡（申）公—（叔）侯智（知）之

清（三）·良·三 又（有）虐（虢）—（叔）

清（三）·良·五 後（後）又（有）—（叔）向

清（三）·良·八 史全（伯）宦中（仲）虐（虢）—（叔）

清（三）·良·九 又（有）子大—（叔）

清（五）·厚·一一 廼洹（宣）—（淑）卒（厥）心

郭·緇·四
—(淑)人君子

郭·緇·三二
—(叔)誓(慎)尔止

郭·緇·三九
—(淑)人君子

上(一)·紂·三
—(淑)人君子、(君子)

上(一)·紂·一六
「—(淑)訢(慎)尔(爾)止

郭·窮·八
孫—(叔)三射(斥)邳思少司馬

上(五)·競·九
伋(隰)俚(朋)与(與)鞊(鮑)—(叔)𦥑(牙)皆拜

清(一)·楚·三
生佢—(叔)麗季

清(五)·湯丘·一四
—(淑)慈我民

佋

清(四)·筮·見六
[卦][卦]—(昭)穆見

清(四)·筮·咎八
[卦][卦]日妻夫—(昭)

清(四)·筮·果四一
亓(其)余(餘)—(昭)穆

倅

倅

包二·二五
秀— 人名

倜

天策
▨蘁—宙鏜▨

天策
—韓齒涉齒桶絑羽之緯笞

天策
▨皐聿—

天策
▨—韅笲▨

天策
鐼面—麃

天策
□誠白毛—示綏組之纓十又六

佾

上(七)·吳·五
卑(俾)周先王—□□賽

仟

包二·四四
鄦右—尹李拡

包二·七一
不遅宙易之—門人軞慶以廷

包二·一九一
邛昜—公悃

伴 彼 促 㑁 俁 俈

磚三七〇・一 ☐與—門之里人一賫告僅言胃

包二・五 —大敘念以爲㓷斂(令)圍隓㓷人其厚典

包二・六七 大—尹頣句浩受旨

包二・一六三 郚邑人鄆—

仰二五・二七 —羅繬之緆

上(一)・性・三六 —之熨(氣)也

天策 革紳兩馬之長—

天策 ☐長—

天策 虘長—(筵)

望二・二三 豚—(筵)㫚

望二・四八 二筴—(筵)

包二・一五反 新—辶尹不爲其詧(察)

包二・一六 詎之新—辶尹丹

包二・一六 新—辶尹不爲僅(僕)斷

包二・一六 不槫新—辶尹

包二・四五 —腰 人名

包二・五七 —腰

包二・九一 —大戠六敘周霰之人

包二・九九 —筴公

包二・一四六 —辶六敘李愉之金五益

包二・一四九 新—一邑

包二・一四九 —一邑

包二・一六五 —陵君之人登定

包二・一六六 —辻番甬

包二・一六六 —僑司敗邨

包二・一六七 —戠郝軋

包二・一六八 —戠黃痃之人䏿鉯

包二・一六九 —大辻舒抾

包二・一六九 —斪 人名

包二・一七〇 大—戠黃敨

包二・一七一 登— 人名

包二・一七二 大—辻繇迿

包二・一七三 愄王—室

包二・一七四 —戠汸瘽

包二・一七四 新—辻黃僨

包二・一七五 —辻鄦邋

包二・一七八 —大辻繇迿

包二・一七九 —辻李訛

包二・一八〇 宋—戠少童羅角

包二・一八六 —辻郤和

包二・一八九 —庋登翆

包二・一八六 —戠郈韡

包二・一九二 愄王—室

常二・二 ▨之走與郘新王之愄—辻尹部逯以王命賜舒方迲戠愲

上(二)・容・三一 東方爲三—(調)

上(二)・容・三一 南方爲三—(調)

上(二)・容・三一 北方爲三—(調)

上(二)・容・三一 西方爲三—(調)

上(二)・容・三一 方爲三—(調)

仾

郭·老乙·一四
大攷（巧）若—（拙）

佣

曾二一二
—所□□六夫

侄

全

包二·一七〇
襄—命連囂妾

《玉篇·人部》有侄字。

佷

良

郭·尊·二一
兼（養）心於子—（諒）

⿰亻咼

包二·一〇一
章郕訟宋—以歧田

見《集韻·馬韻》。

⿰亻魚

帛乙·一七
—乑田（？）

讀爲漁。

⿰亻丹

佋

仰二五·二三
一—钱

律

上（一）·孔·二九
—而士

律

清（一）·皇一二
朕遺父兄眔朕—（藎）臣

⿸厂欠

郭·尊·二四
猷（猶）—之亡適也

信

包二·一八四
坪陵敘—

佳

包二·三五
—得

清(三)·丙八
—(兄)俤(弟)悘矣

偳

包二·三〇
邷司馬之州加公李—
見《廣韻·桓韻》。

俸

包二·一二〇
鬩言胃：郝—㪚馬於下鄰而儥之於昜城

包二·一二〇
昜城公徉䍐命倞郝解句，傳郝—得之

包二·一二一
下鄰山昜里人郝—言於昜城公徉䍐

包二·一二一
—言胃

包二·一二二
孔收郝—之伇

包二·一二三
郝—之伇既走於前，孔弗汲。郝—未至斷，有疾，死於宥

偓

信一·〇四
毋—

偏

包二·九〇
酉以甘匿之歲爲—於鄗

包二·一六六
莪陵之—司敗邺敎

包二·一七一
𨜏郢人隋—

包二·一九三
鄟邑人秀—

儀

包二·一八八
—遊郕　人名
見《集韻·漾韻》。

獨

仰二五·九
一—笞
見《玉篇·人部》。

儔

包二·一四一
—尹桀

包二·一六六
俈—司敗郕

包二·一九三
告所詎於—尹

包二·一四三
—尹桀

伬

上(一)·性·三七
又(有)丌(其)爲人之—(伬)女(如)也

佌

新甲三・二五一 其國（域）之寢—鹿☐

佢

包二・八〇 肆士石—訟其州人肆士石膏

包二・一六六 鄘陵敍陽—

包二・一七一 鄢人紩—佘

包二・一五三 東與蔆君—疆

包二・一五三 北與鄝昜—疆

包二・一九二 坪陵君之州加公—新

包二・一五三 南與郚君—疆

包二・一五三 西與鄱君—疆

郭・唐・一六 —（居）艸（草）茅之中而不恴（憂）

郭・唐・一六 夫古者舜—（扼）於艸（草）茅之中而不恴（憂）

上（四）・曹・一七 所曰—（距）鄾（邊）

上（四）・曹・一八 所曰—（距）内

凥

包二・一九〇 畬鹿—

疑居字異體。

售

上（三）・中・四 —（雍）也憧

上（三）・中・四 叀（使）—（雍）也

上（三）・中・九 —（雍）也不悉（敏）

上（三）・中・二一 曰：—（雍）

上（三）・中・二六 孔〓（孔子）曰：—（雍）

倍

上（四）・曹・二四 車閧（閒）容—（伍）

众

上（四）・曹・二九 —（御）卒（卒）吏（使）兵

上（四）・曹・三七 毋—（御）軍

仪

上（五）・競・四 高宗命—（傅）鳶（說）

僕

上（五）·競·一〇
公𦬊（告）而——（僯）

伽

上（五）·鮑·三
女（如）耆——（加）之㠯（以）敬

偖

上（五）·鮑·六
偒（易）㸙（牙）人之與——而飤（食）人

倠

上（五）·弟·一九
巨（蘧）白（伯）玉——（止）虐（乎）

傒

係

上（五）·三德·九
——子是胃（謂）忘神

俉

上（五）·三德·一二
十室之——（？）

侼

上（六）·孔·七
觀——不求

佰

上（六）·孔·一〇
——可明而智与（歟）

俍

上（六）·孔·一八
不詟（對）不——

僨

上（六）·用·九
韓（違）難——言

俿

上（七）·凡甲·二六
——鳶（存）忘

上（七）·凡乙·一九
——鳶（存）忘

屍 優 佸 儹 傒 恒 併 眞

屍
清(二)·繫·一五 殜(世)乍(作)周—

優
清(二)·繫·三四 惠公既内(入)乃—(背)秦公弗㚇(予)

佸
清(二)·繫·五一 乃—(抱)霝(靈)公以虐(號)于廷

儹
清(二)·繫·一二七 奠(鄭)人戩(侵)—閘(關)

傒
清(三)·說上·三 王廼—(訊)敚(說)曰
清(三)·赤·七 眾鷘(烏)乃—(訊)䀠(巫)鷘(烏)曰
清(三)·赤·一〇 夏句(后)乃—(訊)少(小)臣曰
清(五)·湯丘·五 朝而—(訊)之

恒
清(三)·琴·九 —(桓)再(稱)亓(其)又(有)著(若)
清(五)·殷·二三 天(效)屯(純)—(宣)猷

併
清(五)·命·一二 —(訓)之以豊(禮)

眞
曾六一 二—吳甲
曾一二五 二—吳甲
曾一二二 二—楚甲
曾一二二 一—楚甲
曾一二四 一—楚甲
曾一二二 晶(參)—吳甲
曾一二四 一—吳甲
曾一三八 一—吳甲
曾一四〇 所賠十—又五—

曾一四〇
大凡六十—又四—

清(五)·湯門·一八
是胃(謂)坠(地)—

清(五)·厚·六
—(顛)復(覆)氒(厥)悳(德)

天策
三—虍

天策
三—行虍

天策
三—行虍

天策
☒毛之—緔組之☒

天策
白毛之—

天策
二—行備虍

天策
行備虍二—

包二·二六五
一湯—(鼎)

包二·二七〇
馭右二—鞿虍

包牘一
馭右二—鞿虍

簡文中讀真或鼎。

化

郭·老甲·六
—(禍)莫大虐(乎)不智(知)足

佻

清(五)·湯門·一六
正(政)—(禍)嚻(亂)以亡(無)棠(常)

清(五)·湯丘·一六
不備(服)—(過)文

匕

望二·四七
四金—

望二·五六
☒埮—

飤

信二·一
二葦—(匕)

乇

新甲三·三三五
一—稷(稷)一牛，五☒

卬

上(四)·柬·一四 王—(仰)天，句而洨(詨)胃大剳(宰)

上(六)·孔·二六 —(仰)天而戁(嘆)曰

卓

天卜 賽禱—公訓至惠公大牢樂之

天卜 既賽—公

天卜 罷禱—公

天卜 罷禱—公

艮

上(三)·周·四八 ㄍㄍ—

上(三)·周·四八 —丌(其)瞑

上(三)·周·四八 —丌(其)足

上(三)·周·四九 —丌(其)舡

上(三)·周·四九 —丌(其)頌(輔)

上(三)·周·四九 𦎫(敦)—

清(四)·筮·四季三七 —羅(離)大凶

清(四)·筮·四季三七 —羅(離)㞿=(小凶)

清(四)·筮·四季三八 —羅(離)少(小)吉

清(四)·筮·四季三八 —羅(離)大吉

清(四)·筮·乾四〇 乾(乾)臾(坤)長(當)—

清(四)·筮·祟四五 —祟隶(殃)

清(四)·筮·天四五 ㄍ—酉(丙)

清(四)·筮·地五六 昏(辰)戌—

从

郭·忠·五 □旨而實弗—(從)

郭·忠·五 口叀(惠)而實弗—(從)

從

包二·九一 郘— 人名

包二·一三二反 驀尹集駐—郘以此等來

包二·一九三 昜陵人遠—志

包二·一五一 左尹士命其—父之弟番款逘之

天卜 時王—十月以至來歲之十月

帛乙一三·二 土事勿—

郭·成·一 行不信則命不—

郭·成·二 民不—上之命

 郭·成·五 民弗—之矣(矣)

 郭·成·九 則民鮮不—矣(矣)

 郭·成·一一 非—末流者之貴

 郭·成·一二 句(苟)不—其繇(由)

 郭·成·一四 非—末流者之貴

 郭·成·一四 句(苟)不—其繇(由)

 郭·成·一五 民之—之也難

 郭·成·二四 民箸(孰)弗—

 郭·成·三六 —允懌(釋)怂(過)

 郭·尊·一一 善取，人能(乃)—之

 郭·性·二七 則非其聖(聲)而—之也

 郭·尊·二三 可—也而不可及也

 郭·尊·三六 不—其民命(令)

 郭·尊·三六 而—其所行

 郭·性·三六 —其所爲

 郭·性·五七 下交得衆近—正(政)

 郭·緇·一四 而—其所行

 郭·緇·一四 不—其所以命

 郭·緇·三四 言，—行之

 郭·太·二 聖人之—事也

 郭·太·二 以道—事者必怋(託)其名

 郭·六·八 又(有)—人者

 郭·六·二〇 以信—人多也

 郭·六·二一 或—而孝(教)悔(誨)之

 郭·唐·一五 神明均(？)—

 郭·唐·一五 —(縱)㐰(仁)、聖可与

 郭·語一·七五 者逡鞭不逮—一衍(道)

 郭·語二·二三 —生於野(好)

 上(一)·性·一七 聖(聽)而—(從)之也

 上(二)·子·五正 —者(諸)卉茅之中

從 上(二)·民·一三 㷅(氣)志既—

從 上(二)·從(甲)·八 —正(政)又(有)七幾(機)

從 上(二)·從(甲)·一〇 —正(政)所矛(務)三

從 上(二)·從(乙)·一 —命則正(政)不裝(勞)

從 上(二)·從(乙)·三 —正(政)

從 新乙四·一一〇、一一七 迭(逨)—郢坴(來)

從 上(二)·容·一四 㠯三—垐(舜)於旬(畎)畮(畝)之中

從 上(二)·容·二七 垔(禹)乃—灘(漢)㠯南爲名浴(谷)五百

從 上(二)·容·二七—二八 —灘(漢)㠯北爲名浴(谷)五百

從 上(二)·容·三九 猷(然)句(後)—而攻之

從 上(二)·容·四四 不—命者從而桎𣏟(梏)之

從 上(二)·容·四四 不從命者—而桎𣏟(梏)之

從 上(一)·紂·八 而—丌(其)所行

從 上(一)·紂·八 不—丌(其)所㠯(以)命

從 上(三)·周·五 或—王事

從 上(三)·周·一七 —乃巂(維)之

從 上(三)·中·四 —於剶(宰)夫之逡(後)

從 上(三)·中·一二 戁(難)爲—正

從 上(四)·采·二 奚言不—

從 上(四)·昭·五 安—事

從 上(四)·柬·二〇 君王之瘙—今日已瘧

從 上(四)·柬·二二 君王之疠晒—含日㠯已

從 上(四)·內·七 唯(雖)至於死—之

從 上(四)·內·一〇 —人觀(勸)肰(然)則孛(免)於戾

從 上(五)·姑·五 不思—

從 上(五)·姑·六 爲此殜(世)也—事

從 上(五)·三德·一八 天無不—

從 上(五)·三德·一八 好昌天—之

上（五）·三德·一八
好貢（旺）天—之

上（七）·武·一四
志勳（勝）欲則—

上（七）·凡乙·三
虗（吾）系（奚）奐（衡）系（奚）—（縱）

上（七）·凡乙·七
至遠—迩（邇）

上（七）·凡乙·七
进（升）高—埤

清（一）·耆·四
逡（後）篧（爵）乃—

清（一）·耆·一二
—朝退（及）夕

清（一）·皇·九
喬（驕）用—矜（禽）

清（一）·楚·二
—及之盤（泮）

清（一）·楚·三
麗不—行

清（二）·繫·二六
鄀（蔡）侯與—

清（二）·繫·一三七
以—楚自（師）於武昜（陽）

清（三）·說上·六
邑人皆—

清（三）·說上·七
自—事于甓（殷）

清（三）·赤·一四
頸（夏）句乃—少臣之言

清（五）·命·一三
罰□□□不—裳（勞）

清（五）·命·一四
以賞—裳（勞）

清（五）·命·一五
以中—忠則尚（賞）

清（五）·命·一五
以嵩（權）—螞（法）則不行

清（五）·殷·一
參（三）壽與—

⿱从止

包二·一三八反
匿至—父兄弟不可誁

上（一）·性·二〇
則心—（從）之矣

上（四）·內·六
善則—（從）之

上（四）·內·八
如—（從）㠯（已）迟（起）

并

清(二)·繫·一二一 晉魯(魏)文侯弁(斯)—晉𠂤(師)

望二·二 其—橎丹厚緅之繰

上(二)·容·四 亡—

上(地)·容·二六 —里〈廛〉(瀍)、干(澗)

上(四)·昭·四 —僕(僕)之父母之骨厶(私)自塼

上(四)·曹·四 篙(孰)能—兼人才(哉)

上(七)·凡甲·一七 女(如)—天下而虘(沮)之

上(七)·凡甲·一七 若—天下而訣之

清(三)·芮·二三 埜(靡)所—(屛)㕎(依)

比

包二·二五三 一金— 通作匕。

包二·二五四 一金—

郭·成·一七 智而—即(次)

郭·老甲·三三 —於赤子

郭·性·一六 聖人—其頪(類)而侖(綸)會之

上(三)·周·九 㒸㒸—

上(三)·周·九 又(有)孚—之

上(三)·周·一〇 —亡(无)首,凶

上(三)·周·一〇 顯—

上(四)·采·四 訐羽𣅀虎咎—

上(五)·季·一九 能爲視降耑(端)以—

上(五)·季·二二 才(災)逡〓(後之)殜(世)—亂(亂)

清(一)·皇·五 百眚(姓)萬民用亡(無)不順—才(在)王廷

清(一)·楚·一 女曰—(妣)隹

清(三)·說中·一 王紒(原)—乎(厥)夢

北

清（五）・殷・二〇
内丕（基）而外—

清（五）・殷・二一
𠂇=（左右）悉（毋）—

包二・一五三
—與鄝昜佢疆

包二・一五四
—與鄝昜執疆

秦九九・一一
綏之吉玉—方

望一・七六
☒—方又敚□☒

望一・一二五
☒□兕禱—宗一環

望一・二七
王之—子各☒

望一・一一五
☒□於東石公社—子

望一・一一六
遡禱—子肥豢酉飤

望一・二五
☒—☒

望一・一一六
☒—子豣酉飤

曾一四四
—坪爲右驌

帛丙一・四
—征衡又咎

郭・語二・三七
—坐於悷（疑）

郭・太・一三
於西—

上（一）・孔・二六
—白舟悶

上（一）・孔・二七
—風不𢇍（絶）

上（二）・容・一四
𡈼（舜）—面

上（二）・容・二一
—方之罜（旗）㠯鳥

上（二）・容・二七
—鼓（注）之河

上（二）・容・二七—二八
從灘（漢）㠯—爲名浴（谷）五百

新甲一・一一
☒忻（祈）福於—方

新甲三・一二九
女西—□☒

新甲三・二三九
☒解於—方

新乙三・六一
寠（賽）禱—方☒

新乙三・四〇
☒於—方一犡

新乙二・三〇
於—方一犡

親乙一・一五
公—、陞（地）宔（主）各一青義（犧）

新乙四・一四八
弌禱𡭠（太）、—方□☒

新乙四・一三九
—方兄（祝）禱乘良馬

新零・一七八
—方，楚☒

新零・二五四、一六二
敾(就)禱—▨

新零・二六六
公— 神祇名

九・五六・四五
—方高三方下

九・五六・四六
盍(蓋)西—之遇(寓)

九・五六・四七
東、—高、二方下

九・五六・四九
凥(居)西—秎(利)

九・五六・五十
坅於西—不秎(利)於子

九・五六・五六
□不笁(築)東—之遇(寓)

上(三)・周・二四
䰜(弗)經于—洍(頤)

上(三)・周・三五
不利東—

上(四)・采・四
訐羽—埜人𡕒虎

上(四)・曹・一
南—五百

上(五)・弟・一八
東西南—

上(七)・武・三
夫先王之箸(書)不弃(與)—面

上(七)・武・一三
武王—面而逿(復)䎽(問)

清(一)・楚・一〇
𦺈(樊)郢遷居同宮之—

清(二)・繫・二九
文王以—啟出方成(城)

清(二)・繫・四五
奠(鄭)人致—門之筊於秦之戍人

清(二)・繫・五二
乃虘(皆)—(背)之曰

清(二)・繫・一一二
自南山逗(屬)之—海(海)

清(二)・繫・一二二
齊𠂤(師)—晉𠂤(師)迖(逐)之

清(二)・繫・六三
戕(莊)王述(遂)—

清(三)・說上・六
才(在)—晉(海)之州

清(四)・筮・卦四九
—方也

蒕

信二・〇二六
一—▨

丘

 包二·一八八 鄭—邦遨之人果

 包二·九〇 緐—之南里人龏怵

 包二·九〇 緐—少司敗遠𢘅謏竽

 包二·九〇 言胃：緐—之南里信又龏酉

 上（二）·容·一三 昔〔者〕坌（舜）静（耕）於鬲（鬲）—

 新零·三一七 蔞—一冢▨

 上（二）·魯·三 毋乃胃（謂）—之畣（答）非與（歟）

 上（一）·孔·二一 訶—虖（乎）善之

 上（一）·孔·二二 訶—日

 新甲三·一 我王於林—戠=（之歲）

 新甲三·二六三 鳴父、蒰—、枯▨

 新甲三·三二五—一 甿於𨟭（喪）—、桐寨

 新甲三·三五七、三五九 ▨於𨟭（喪）—、無與▨

 新甲三·三四六—二、三八四 甿於堇—寡二豬

 新甲三·三九〇 蒴—一豬

 新甲三·四〇〇 甿於上桑—

 新甲三·四〇三 甿於𦻕丘、某—一▨

 新甲三·三七八 茅—一冢▨

 新甲三·四〇三 甿於𦻕—、某丘二▨

 新甲三·四〇八 ▨夆—

 新甲三·四一八 ▨於芇—一豬

 新乙二·一四 ▨兼羅—雪▨

 新乙四·九四 ▨堇—之▨

 新零·二六三 ▨—二豬

 新零·二八二 ▨舊—

 上（三）·周·五五 丌（其）—

 上（五）·季·九 ▨莫於—旂=（之所）昏

 上（五）·季·一八 —也昏孯=田肥民則安

 上（五）·三德·一二 陞（登）—毋訶（歌）

 上（六）·競·一 割疾（瘧）與梨—虗（據）言於公曰

上（六）·競·九
外又梨（梁）—𡐓（據）絭（縈）恚（狂）

清（一）·楚·九
女（焉）改名之曰福—

清（一）·楚·九
自福—遌衰（襲）箬（鄀）郢

清（二）·繫·一八
乃先建衛𡐓弔坪于庚—

清（二）·繫·一八
衛𡐓人自庚—遷𡐓于沂衛𡐓

清（二）·繫·二〇
齊趄（桓）公會者（諸）侯以成（城）楚—

清（二）·繫·二一
伐衛于楚—

清（二）·繫·二一
衛人自楚—遷（遷）于帝丘

清（二）·繫·二二
衛人自楚丘遷（遷）于帝—

清（二）·繫·一一五
城黃池城壅（雍）—

清（二）·繫·一二四
毋（毋）伐稟（廩）—

垚

包二·二三七
篙之高—下—各一全豢

从土與《説文》—字古文同。

包二·二四一
篙之高—下—各一全豢

上（四）·采·二
㝁（要）—又（有）詨

上（五）·季·九
☐莫（異）於—岃〻（之所）昏（聞）

清（三）·良·八
又（有）孔—（丘）

清（五）·湯丘·一
湯屋（處）於湯（唐）—（丘）

清（四）·筮·死一
三三六—（虛）亓（其）

清（四）·筮·死三
亖三五—（虛）同

清（四）·筮·死四
亖亖弌（一）—（虛）死

郭·老甲·二三
—而不屈

郭·老甲·二四
至—

新甲三·二五〇
王—二袿（社）

新甲三·二七八
☐—，䁲二黏

新甲三·二八二
—，聿（盡）割㠯（以）九黏

新零·三〇四
☐䁲於亓（其）舊—一

眾

新甲三·三五〇 䶊於舊—、柔(肖)父二黏〼

新甲三·三五三 䶊於鄩思—一黏

九·五六·四七 是胃(謂)—井

上(三)·亙·一 虛大—

上(三)·亙·一 —大虛

上(三)·亙·一 𡰪(質)、寈(静)、—

上(三)·亙·二 出生—寈(静)

上(三)·亙·一〇 舉(舉)天下之名—豆(樹)

上(五)·三德·八 唯(雖)浧(盈)必—

上(五)·三德·一〇 毋—狀毋□敌

上(五)·三德·一一 內(入)—毋樂

上(五)·三德·二〇 慙(慎)戰(守)—詔

常一 郘湎君嬴逗其—以逿楚之戠

秦一三·四 〼訓至新父—，畏犧牛酉飤

天卜 期宋牺弁—

帛丙一一·三 可以聚—

郭·老甲·一二 復—之所=作(過)

郭·老丙·一三 復—之所逃(過)

郭·尊·一二 —未必訇(治)

郭·尊·一二 善者民必—

郭·尊·三五 戝(勇)不足以沬—

郭·成·二五 言信於—之可以湊(濟)息(德)也

郭·成·二五 炙(務)才(在)信於—

郭·性·五七 下交得—近從正(政)

郭·語四·一八 —而不割(害)

郭·語四·二五 —强甚多不女(如)旹(时)

上(一)·性·二五 下交㝵(得)—近㞷(從)正(政)

上(二)·容·三六 —寡(寡)不聖訟
九·五六·一五 聚—
九·五六·二八 聚—
上(二)·容·四二 是吕㝵—而王天下

上(二)·從(甲)·一〇 敔,誂,信(信,信)則㝵(得)—
上(二)·從甲·八 則遊(失)—

上(五)·季·一〇 俞(逾)則遊(失)—
上(五)·季·二二 —必亞(惡)善

上(五)·姑·三 而受(授)我—
上(五)·姑·四 虐(吾)弖(强)立絧(治)—

上(五)·姑·八 参(三)丯(郤)家牢取宔(主)君之—
上(五)·姑·一〇 不用亓—

上(五)·弟·一〇 夫以—軛(犯)壟(難)
上(六)·競·八 —……明悳觀行

上(六)·用·九 内閼(間)譌—
上(六)·用·一七 既無社—人亡䖒

上(六)·用·一八 番(播)惰(緒)綌—
上(七)·凡甲·二〇 豸(貌)言而又(有)—

清(一)·尹至·一 余兂(閔)亓(其)又(有)頣(夏)—□吉好
清(一)·尹至·二 弗悬(虞)亓(其)又(有)—

清(一)·尹誥·一 亦隹(惟)氒(厥)—
清(一)·尹誥·三 卑(俾)我—勿章朕言
清(一)·尹誥·四 乃至(致)—于白(亳)宙邑

清(一)·楚·八 —不容於免
清(三)·芮·一二 幾(既)又(有)—俑(庸)

清(三)·赤·六 —鵉(烏)䣁(將)飤(食)之

清(三)·赤·七 —鵉(烏)乃䋎(訊)啚(巫)鵉(烏)曰

清(三)·赤·九 —鵉(烏)乃逹(往)

清(四)·筮·祟五一 —戰(勝)㝅(寡)

聚

郭·六·四 —人民

望一卜 以—欲☐

曾五八 七—環

帛丙一一·三 可以—衆

上(一)·性·二三 貧而民—安(焉)

上(二)·從(甲)·六 不惠則亡(無)目—民

九·五六·二八 —衆

九·五六·四五 土田—(驟)昇

九·五六·四六 土—□□吉

上(四)·柬·八 不穀𤻲甚疠(病)—(驟)

上(四)·曹·二三 必—羣又(有)司而告之

上(四)·曹·五四 收而—之

上(五)·三德·一五 —(驟)敓(奪)民旹(時)

清(二)·繫·五〇 夫=(大夫)—𢘓(謀)曰

清(三)·芮·一 周邦—(驟)又(有)禍(禍)

清(五)·殷·二六 神民並蠢(尤)而九(仇)悁(怨)所—

聚

郭·性·五三 貧而民—安(焉)

徵

誁

郭·性·二二 所以爲信與—(徵)也

包二·一三八反 又情(怨)不可—

包二·一三八 郘人舒𢓊命—

包二·一三八反 由𢓊之𢦏敘於𢓊之所—

包二·一三八反 同官不可—

包二·一三八反 匿至從父兄弟不可—

包二・一三九反 以爲—

包二・一四九 牺—之於其尹敘

包二・一三七反 郯之正既爲之䀏(盟)—

上(二)・容・四一 湯於是虐(乎)—(徵)九州之帀(師)

㝐 上(四)・采・三 訐—(徵)牧人葛人蠶亡

上(四)・采・三 —(徵)和磴剸之賓 从李守奎先生釋。

坙

信二・〇一〇 一小鐶—

信二・〇一〇 一青□□之琗

重

郭・成・一〇 其—(动)也弗多怢(矣)

郭・唐・一九 不以天下爲—

至 郭・老甲・五 辠(罪)莫—(重)虐(乎)甚(淫)欲

郭・成・三九 文王之型(刑)莫—(重)安(焉)

郭・成・一八 民必因此—(重)也

新乙三・六二 ☐禱二冢。—☐

新乙四・一三五 ☐冢。—

駐 上(四)・曹・五四 —(重)賞泊(薄)荖(刑)

呈

郭・窮・一四 譽(譽)—(毀)才(在)仿(旁)

量

包二・五・三 不—廡下之貣 《說文》古文作𠂤。

包二・七三 不—駐奉

包二・一四九 不—其關金

上(二)・容・三七—三八 而不—亓力之不足

上(五)・三德・七 凡飤(食)歙無—詯(計)

清(一)・程・七 卑(俾)行—亡乏

監

上（六）・天甲・七 奏—尋（顧）還身

上（六）・競・一 虐（吾）幣帛甚姚（嬍）於虐（吾）先君之—矣

上（五）・競・四 周—之吕（以）寖胥（汲）

上（五）・競・四 —之吕（以）言曰多

包二・一二〇 □客—匡□楚之戠

包二・一六四 黃— 人名

包二・一六八 妾婦—

望二・四八 二—

望二・四八 一大—

信一・〇三一 ▨—於此

信二・〇一 二方—

信二・〇一 二固—

天策 齒—

郭・語二・三三 望生於—

郭・窮・四 戰—門坴陛（地）

郭・語二・三二 —生於瞿

上（二）・子・一一 又（有）鬟—（銜）卯而階（錯）者（諸）丌（其）前

上（五）・三德・一二 —川之都

上（六）・競・一三 命割疾（瘥）不敢—祭

清（一）・程・八 可（何）—非旹（時）

清（一）・耆・三 —歙（飲）酉（酒）

清（一）・皇・四 王用又（有）—

清（一）・皇・一二 戠（敬）才（哉）—于兹

清（二）・繫・一 周武王—觀商王之不龏帝

清（二）・繫・一三 乃埶（設）三—于殷

清（二）・繫・一三 殺三—而立彔子耿

清（四）・筮・祟四九 代（食）日—天

清（五）・厚・一 □□□□王—劼嘉練（績）

清（五）・封・七 盤—（鑑）鏶（鋈）諐

臨

清（五）·封·七 余旣—于殷之不若

清（五）·殷·一七 —（濫）荒（媚）莫淦（感）

𦣞

包二·五三 —昜之宦司馬李旃受期

⿰臣品

包二·七九 上—邑公—旄、下—邑公—得受期

包二·一八五 —昜人宔貫

⿱臤品

郭·老甲·二 —事之紀

上（五）·弟·九 人而下—

上（六）·天乙·一一 —城不言毀

⿱臤⿰品品

包二·三三 —昜之馭司敗黃異受期

上（四）·柬·一 王自—卜

上（六）·天甲·一一 —飤（食）不話（語）亞（惡）

清（一）·耆·八 —下之光

清（二）·繫·六七 子亓（其）與—之

⿱从品

上（五）·弟·九 猷（猶）上—也

省形。

身

𨈏

包二·二一三 歔又慼於竆（躳）—

包二·二一〇 少又慼於竆—

包二·二一七 少又慼於躳—

包二·二一〇 竆—尚毋又咎

包二·二一三 竆—尚毋又咎

包二·二一七 竆—尚毋又咎

郭·老甲·三五 —與貨簹（孰）多

新甲三·二四七、二七四 竆（躳）—尚自宜訓（順）

新乙四·一二五 ☐以君之竆（躳）—不安之古（故）☐

新零·四〇八
☐君—☐

包二·二一七
竊—尚毋又咎

上（五）·君·二
—毋違（動）安（焉）

清（一）·保·六
—茲備

清（一）·保·一一
不及尔（爾）—受大命

包二·二三二
竊—尚毋又咎

包二·二三四
竊—尚毋又咎

望一·一三
不可以違思毄—皶

包二·二二六
躳—尚毋又咎

包二·二二七
少又愍竊—

上（一）·性·二五
攸（修）—近至悬（仁）

上（一）·性·二五
攸（修）—者也

上（一）·性·二七
凡—谷（欲）青（静）而毋違（動？）

上（二）·容·二二
—言

上（一）·性·三六
甬（用）—之㝵（弁）者

上（二）·容·三五
安—力吕裳（勞）百眚（姓）

新乙二·三五、三四
竊（躳）—尚自宜訓（順）

上（三）·彭·一
而毄（舉）於朕—

上（三）·彭·六
遠慮（慮）甬（用）素心白—澤（釋）

上（四）·曹·九
吕亡道爯（稱）而旻（没）—遑疠（死）

上（四）·曹·三四
君必—聖（聽）之

上（四）·曹·四〇
我君—進

上（四）·曹·六五
吕及亓—

上（五）·鮑·七
公乃—命祭

上（五）·三德·三
亓—不旻（没）

上（五）·三德·一七
旻（没）亓—才（哉）

包二·二二八
竆—尚毋又咎

包二·二三〇
竆—尚毋又咎

郭·六·一九
終—弗改之壴（矣）

郭·六·四四
凡君子所以立—大灋（法）参（三）

上（五）·競·五
又（有）悥（憂）於公—

上（五）·競·五
公—爲亡（無）道

上（五）·競·九
公—爲亡（無）道

帛乙七·一二
土—

郭·太·二
古（故）事成而—長

郭·太·一二
古（故）社（功）成而—不剔（傷）

郭·魯·五
夫爲其君之古（故）殺其—者

郭·魯·六
夫爲其君之古（故）殺其—者

郭·老甲·三五
名與—簹（孰）新（親）

郭·老甲·三九
攻（功）述（遂）—退

郭·老乙·五
貴大患若—

郭·老乙·七
返（及）虛（吾）亡—

郭·老乙·七
爲虛（吾）又（有）—

郭·老乙·八
悉（愛）以—爲天下

郭·老乙·一三
終—不畜

郭·老乙·一三
終—身不逑

郭·老乙·一六
攸（修）之—

郭·六·四一
不㝵（使）此民也悥（憂）其—

郭·六·四七
以攸（修）其—

郭·唐·三
柲（必）正其—

郭·緇·三七
其集大命于氒（厥）—

郭・成・三 —備(服)善以先之

郭・成・四 是古(故)亡虖(乎)其—而廌(存)虖(乎)其訋(詞)

郭・成・六 繇(由)走(上)之弗—也

郭・成・七 是古(故)走(上)句(苟)—備(服)之

郭・性・五九 —必從之

郭・性・五六 攸(修)—者也

郭・性・五七 攸(修)—近至悬(仁)

郭・性・六二 —谷(欲)寈(静)而毋訞

郭・性・六七 君子—以爲宔(主)心

九・五六・三八下 亓(其)—

九・五六・九四 丁巳夂(終)亓(其)—

上(三)・周・四八 不蒦(獲)亓(其)—

上(四)・柬・六 不敢吕(以)君王之—

上(四)・柬・七 吕(以)君王之—殺祭未尚(嘗)又(有)

上(四)・柬・二一 不吕亓(其)—㚇(變)贅尹之祟(常)

上(五)・三德・一一 毋牋(逸)亓—

上(六)・競・三 —爲新(薪)

上(六)・用・一六 良人可思鄹之—

上(六)・天甲・二 士爲夫=之立—不字

上(六)・天乙・二 士爲夫=之立—不字

上(七)・武・五 及於—

上(七)・君甲・八 言不敢睪(斁)—

上(七)・君乙・八 言不敢睪(斁)—

上(七)・凡乙・五 —豊(體)不見

上(七)・凡乙・一六 厇(託)於—旨(稽)之

般

清（一）·程·九 可（何）悉（愛）非—

清（一）·皇·一三 母（毋）隹（惟）尒（爾）—之嚚（懍）

清（五）·命·一〇 少（小）命＝（命命）—

清（五）·湯丘·一四 若自吏（事）朕—也

上（五）·鮑·六 必鬻（害）公—

清（一）·祭·三 滕（朕）—尚才（在）孳（兹）

清（三）·說中·四 非乃—

清（三）·說中·七 隹（惟）伐（干）戈生（眚）乒（厥）—

清（三）·芮·一 钱（御）事各縈（營）亓（其）—

清（三）·芮·一一 —與之語

清（三）·芮·二八 虐（吾）忎（恐）辠（罪）之□—

清（三）·赤·九 是思（使）句（后）之—蝨（疴）蓋

清（三）·赤·一三 亓（其）走（上）K（刺）句（后）之—

清（四）·筮·四位三二 躳—

清（四）·筮·四位三二 —之

般

清（二）·繫·一三 乃埶（設）三監于—

清（五）·封·三 孜（干）敦—受

清（五）·封·七 余既監于—之不若

清（二）·繫·一八 以侯—之食（餘）民

清（二）·繫·一七 周公既豐（遷）—民于洛邑

盤

清（一）·祭·一〇 皇天改大邦—（殷）之命

⿱般邑

包二·六三 —朔 人名

包二·六三 —妸 人名

包二·一八四 —妸

包二·一八二 —𦝼志 人名

包二·一八六 —𦝼志

包二·一九一 —慚 人名

上（二）·容·五三正 武王素𢉖（甲）吕申（陳）於—（般）蒿（郊）

上（二）·容·五三正 而—（般）

清（一）·金·一 武王既克—（般）三年

清（二）·繫·一三 周武王既克—（般）

清（三）·説上·一 隹（惟）—（般）王賜敓（説）于天

清（三）·説上·七 自從事于—（般）

清（三）·説中·一 才（在）—（般）

清（五）·殷·一〇 —（般）邦之蚕（妖）羕（祥）並记（起）

清（五）·殷·二·八背 —（般）高宗𦖞（問）於三𠷎（壽）

上（五）·君·七 身毋—（偃）毋倩（静）

清（一）·尹至·二 隹（惟）㦰（災）𧕉（虐）悳（極）𤻞（暴）—（瘽）

清（五）·湯丘·二 身體—（痊）劢（平）

衣

包二·八九 司—之州人苛𨩌

望二·四九 其三亡童皆丹緅之—

望二·四九 其二亡童皆紫—

望二・四九 其四亡童皆鍉—

望二・四九 一飛—

包二・二四四 贛之—裳各三再

包二・二六一 一縞—

信二・〇一三 七見景之—

郭・緇・一 好娩（美）女（如）好茲（緇）—

上（一）・紂・一 玤（好）頮（美）女（如）玤（好）紂—

上（一）・紂・九 長民者—備（服）不改

上（一）・紂・二〇 句（苟）又（有）—

新甲三・二〇七 珥、—常（裳）

新甲三・二六九 ☐珥、—常（裳）

上（三）・周・五七 需又（有）—絮（袽）

上（四）・昭・一〇 或□—由

上（五）・三德・八 —備（服）㐌（過）折（制）

上（五）・三德・九 毋衿（錦）—交祖

清（五）・殷・一八 —備（服）㟰（端）而好訐（信）

卒用爲—

仰二五・四 一紱—

郭・緇・一六 倀（長）民者—備（服）不改

郭・緇・四〇 句（苟）又（有）—

郭・窮・三 卲詠—胎蓋冒（帽）裎（經）冟（冢）慬（巾）

郭・語三・四四 慶（文）—（依）勿（物）以青（情）行之者

上（一）・孔・一〇 綠—之思

上（一）・孔・一六 綠—之思

上（二）・容・二一 —不褻（鮮）娩（美）

九・五六・二〇下 秎（利）目（以）折（製）—崇（裳）

表

九・五六・三六 折(製)—紻(裳)

上(六)・孔・七 —備此中

包竹笥竹簽

省形。

包二・二六二 一韵青之—

上(二)・容・二一—二二 鞍—鞁專

九・五六・三六 折(製)衣紻(裳)—紩

上(七)・吴・五 㠯(以)宔(廣)東海(海)之—

裏

包二・二六一 樂成之純亡—

包二・二六二 一縞笞緑—

包二・二六二 一韵青之裏紫—

包二・二六三 索絵綉—

包二・二六三 一秦高之絈—

信二・〇九 二方濫(鑑)乇彤—

天策 禪—

天策 紡䋤紫—

望二・五八 丹楸之—

望二・二 丹絚之屋，紡—

望二・六 丹厚楸之韗肙黄—

望二・八 生結之—

望二・一〇 丹絚之—

望二・一二 䋈膚之—

望二・六 丹厚楸之—

望二・四七 一丹楸之因緑—

望二・六一 ▨霝光之絥縞—

曾五五 黄紡之—

曾四五 —彔

曾七一 彔—

曾四五 紫—

曾六七 紫—

曾七〇 紫—

曾七一 紫—

曾五九 紫緰之—

曾五五 紫—

曾五五 紫緰之—

上(三)・彭二 若纕(表)與—

襮　衽　裣　袂　褢　裦

信二·〇九 縉綿之—
信二·〇一三 一草齊緅之歙帛—
信二·〇一三 一紅介之留衣帛—
信二·〇一五 一丹緅之衦□—

信二·〇一三 二紡絹帛—
信二·〇一五 一紡裙與絹紫—
信二·〇一九 裀若皆緅襡綿—

襮 幞
曾四 紡— 从市从昪。昪乃暴字初文。
曾五三 紫襝之—
曾五五 鄰紫之—
曾五八 紫裉之—
曾四五 紡—

衽
上（四）·昭·七 王訋而𠇍（余）之—祩

裣
上（四）·昭·七 龏（龔）之腓被（披）之亓（其）—

袂
清（三）·說上·三 尔右（左）執朕—

褢 褁
曾一一七 其一韋白金之弼載紉—

帛乙九·一一 建恒—民

裦
上（一）·孔·七 —（懷）尔䀉（明）悳（德）害（曷）
上（一）·紂·二一 厶（私）惠不—（懷）悳（德）

上（三）·周·五三 —（懷）亓（其）次（資）
清（一）·程·八 眚（生）民不芽（災）—（懷）允

清（二）·繫·三五 惠公女（焉）以亓子—（懷）公爲執于秦
清（二）·繫·三七 —（懷）公自秦逃歸

褱 裯 襄

清(二)·繫·三八
囟(使)衺(襄)—(懷)公之室

清(二)·繫·三八
—(懷)公卽立(位)

清(二)·繫·三九
晉人殺—(懷)公而立文公

清(三)·芮·一五
—(懷)忑(慈)學(幼)弱

清(五)·殷·一七
非—(壞)于慖(湛)

衺

上(四)·昭·七
王訋而余(余)之祍—

信二·〇一九
裯若皆緅—

襄

帛甲九
建丞—民

信二·〇一二
緅與索絵之紁—二十又一

信二·〇一二
緅與青絵之鞶—七

信二·〇二二
小—粺四十又八

信二·〇二九
紫緅百—

清(二)·繫·一一
齊—公會者(諸)侯于首沚(止)

清(二)·繫·四四
述(遂)朝周—王于衡澭(雍)

清(二)·繫·四七
—公新(親)銜(率)𠂤(師)

清(二)·繫·五三
女(焉)⿰爿歹(葬)—公

清(二)·繫·七六
連尹—老與之爭

清(二)·繫·五〇
晉—公𡚸(卒)

清(二)·繫·五一
會卲(召)—公之弟瘫(雍)也于秦

清(二)·繫·五一
—而夫人𦖞(聞)之

清(二)·繫·一一三
宋公敗齊𠂤(師)于—坪(平)

被

包二·一九九 石—裳以訓䵷爲左尹𡧊貞

清(二)·繫·六五 楚人—䡋(駕)以𠂤(追)之

⿸广皮

包二·二一四 遝石—裳之祱

裘

上(四)·昭·六 —(披)襦=(裀衣)

上(四)·昭·六 —(披)襦=(裀衣)

上(四)·昭·七 而—(披)襦=(裀衣)

上(四)·昭·七 䢅(龔)之脽—(披)之亓(其)裣

清(一)·皇·七 孫=用穖(末)—先王之耿光

包二·二〇三 輿石—裳之祟

衾

上(五)·姑·六 褱—㠯(以)至於含(今)才(哉)

上(五)·姑·七 虐(吾)敢欲褱—

清(五)·湯丘·一一 剀(豈)敢以—(貪)舉(舉)

褺

褺

上(四)·曹·一一 居不—(設)虘(席)

褺

上(二)·容·二一 衣不—(鮮)娧(美)

上(四)·相·三 叒(庶)□(?)寋(觀)於四枳(肢)之—(藝)

裕

袞

清(一)·者·七 —(裕)悳(德)乃救

清(三)·說下·一〇 —(欲)女(汝)亓又沓(友)沓(勑)朕命夋(哉)

清(三)·琴·五 —(裕)皮(彼)趣(熙)不萻(落)

清(三)·琴·六 —(裕)亓(其)文人

衮 郭·六·一〇 从—六悳(德)

从谷借筆省聲。

衦

衣 信二·〇一五 一丹秋之—

曾一二三 一革—

袒

衰 郭·六·二八 —字(爲免之誤寫)爲宋族也

䘣 上(五)·三德·九 毋衿(錦)衣交—

裹

清(五)·湯門·七 二月乃—

𧘝

曾二五 衣[redacted]—所馭左𧝎𧝓

曾一二七 衣—馭左𧝎旆

信二·〇一五 一丝—

衰

郭·唐·二六 耳目眩(軱)明—

郭·成·八 君—絰而処(處)立(位)

郭·六·二七 紟(疏)—齊戊(牡)𣏟(麻)實(絰)

上(一)·孔·三 —矣少矣

上(一)·孔·八 皆言上之—也

九·五六·九六 —生於卯夬

九·五六·九六 —亶於午

上(五)·鮑二 迿佝者𡚸(使)遝(堋)亓(其)所㠯(以)—蒊(亡)

卒

包簽 郯君紡—

戰國時衣—不分皆用爲衣。—是衣的借用引申字,至小篆方將衣—分開。

信二·〇一三 一紅介之留—

仰二五·二 中君之一綒—

仰二五·三 何馬之綒—

仰二五·四 一綒—

仰二五·五 鄦昜公一紡—

仰二五·六 一結—

仰二五·七 □□之虜—

望二·四七
二㣇皆秋—

郭·唐·一八
—王天下而不矣(疑)

上(二)·從(甲)·七
見上—飤(食)

清(四)·筮·貞二八
☰☰—(萃)乃

清(四)·筮·貞二八
⨯⨯—(萃)乃

卒

包二·八二
邵— 人名

包二·一九九
聿(盡)—戠窮=(躬身)尚(尚)毋又咎

包二·二〇一
事王盡—戠躬身尚毋又咎

郭·緇·七
下民—担(疸)

郭·緇·九
—裳(勞)百眚(姓)

新乙四·四六
彭定吕(以)駁靁爲君—(卒)歲貞

新零·一七
☐—(卒)戠(歲)☐

上(二)·容·一三
而—(卒)立之

新甲一·一六
—(卒)戠(歲)或至頭(夏)

新甲二·八
☐宔(悶)—(卒)歲或至夏栾

新甲三·八七
—歲或至頭(夏)栾☐

新甲三·一五四
☐……吉。—(卒)☐

新甲三·一五八
☐閖(閒),瘁(卒)戠(歲)無咎☐

新甲三·二四八
☐—(卒)歲國(或)至柰(來)歲之夏栾☐

新乙四·一〇二
吕(以)衛章(筆)爲君—(卒)歲之貞

新乙四·三四
☐之靁爲君—(卒)歲之貞☐

上(一)·紂·六
—裳(勞)百眚(姓)

新乙四·八五
☐長筆爲君—(卒)戠(歲)貞

上(二)·昔·四
君—(卒)

上(一)·孔·二五
大田之—(卒)章

新零·二一五
心宔(悶)、(卒)☐

新零·五八四、甲三·二六六、二七七
—(卒)歲或至☐

上（三）·中·二三 至忎（愛）之—（卒）也

上（四）·昭·五 —（卒）㠯（以）夫=歓=（飲酒）於坪（平）澫（漫）

上（四）·內·八 不—（依）立

上（四）·曹·二八 —（卒）又（有）倀（長）

上（四）·曹·二九 衆（御）—（卒）吏（使）兵

上（四）·曹·四六 —（卒）谷（欲）少㠯多

上（四）·曹·四八 不—則不亙（恒）

清（二）·繫·二〇 戴（戴）公—（卒）

清（二）·繫·三二 獻公—（卒）

清（二）·繫·三八 晉惠公—（卒）

清（二）·繫·四七 晉文公—（卒）

清（二）·繫·五〇 晉襄公—（卒）

清（二）·繫·六二 晉成公—（卒）于扈

清（二）·繫·八七 競（景）公—（卒）

清（二）·繫·一一九 宋殚公䣄會晉公—（卒）于鬉

清（四）·別六 〈三〉—（萃）

製

裚

上（六）·競·七 古（故）丌（其）祝吏（史）—（製）蔑耑折祝之

褮

包二·一六 僕—倌頸事䣄瀍

包二·一八九 登— 人名

天卜 賽禱—□戠豢酉飤

天卜 罷禱—□戠豢酉食

郭·緇·六 下難智則君倀（長）—（勞）

郭·緇·七 則君不—（勞）

郭·緇·九 卒—（勞）百眚（姓）

上（一）·紂·四 則君不—（勞）

上（二）·從（乙）·一 從命則正（政）不—（勞）

上（二）·容·三五 安身力㠯—（勞）百眚（姓）

褭 裩 禝

上(三)・彭・二
新(慎)冬(終)保—(勞)

上(四)・曹・三四
君毋𢘓(憚)自—(勞)

上(六)・用・一〇
—(勞)人亡赴(徒)

上(七)・吳・四
新(親)於桃逆—(勞)丌(其)夫=

上(七)・吳・八
可(何)—(勞)力之又(有)安(焉)

清(二)・繫・四七
乃以奠(鄭)君之命—(勞)秦三銜(帥)

清(二)・繫・五六
宋右帀芋(華)孫兀欲—(勞)楚帀

清(四)・筮・四季三七
—(勞)少(小)吉

清(四)・筮・四季三七
—(勞)大吉

清(四)・筮・四季三八
—(勞)大凶

清(四)・筮・祟四七
—(勞)少(小)凶

清(四)・筮・天四七
宂—(勞)

清(四)・筮・地五四
寅申—(勞)

清(四)・筮・卦五六
—(勞)司

清(四)・筮・卦五九
之—(勞)

清(五)・命・一三
罰□□□不從—(勞)

清(五)・命・一四
以賞從—(勞)

清(五)・湯丘・一八
—(勞)又(有)所思

清(五)・殷・二八
龏(恭)神—(勞)民

褭

包二・七二
宵— 人名

天策
—裹

《類篇・衣部》有裩字。

天策
▨軒—索絵之里▨

李零先生釋『禝』。

衣 裀 襦 裞 裯 襄 襢

曾一四三 王—之黃爲右驂

裀

信二・〇一九 —若

信二・〇二一 一縉紫之寢—

信二・〇二一 一絵侳—縉

《玉篇》有『裀』字。

上(四)・昭・六 被(披)—=(裀衣)

上(四)・昭・六 被(披)—=(裀衣)

上(四)・昭・七 而被(披)—=(裀衣)

信二・〇九 一—邊之愲

曾一二三 一氏—

曾一三七 一氏—

《方言》卷四有『裯』字。

曾一七二 殤—之饗爲左飛

曾二五 哀[redacted]裹所馭左—輣

曾三九 柘[redacted]四馭右—展

曾四八 —軒

曾一二七 哀裹馭左—旆

曾一三三 黃[redacted]彿馭右—輣

曾一三六 右—展

清(二)・繫・八五 命(令)尹子—(重)伐莫(鄭)

襄

曾一七六 鄭—白爲左飛

𧝓　𧜱　襀　　　　襻　襄　袿

郭·成·七
君均—(冕)而立於𠂤(阼)

新甲一·二五
—公子虡(虩)命彭定以少(小)冟(尨)黽爲君貞

襀

曾二
—紫魚與彔魚

曾五
三—貂與彔魚之箙

曾八
三貂—紫魚之箙

《説文》所無,漢印襀作𧜵。

曾一九
一—貂紫魚之箙

曾二六
一—貂彔☐

曾二六
二—紫魚彔魚之箙

曾三六
四—貂與彔魚之箙

曾九
一—載庿

曾一三〇
一—載庿

曾六八
一—載庿

曾一四
二—載庿

曾一七
二—載庿

曾一九
二—載庿

曾三三
二—載庿

曾八四
二—載庿

曾六三
一—聶

曾六三
—聶

曾一三
一—紫魚彔魚之箙

曾一三
二—貂與彔魚之箙

曾二九
一—貂與彔魚之箙

曾六三
—貂與彔魚之箙

曾七八
一—貂與彔魚之箙

曾一〇四
—貂與紫魚之箙

曾一二九
—䋣

上(二)·容·四七
文王於是虐(乎)素耑(端)—(襄)裳𠙵行九邦

信二·〇三
二笙一箇竽皆又—

信二·〇一一
屯雜=之—紃

信二·〇一九
一草䯂慮絵—

襄

郭·窮·三
卲繇衣胎蓋冒(帽)—(絰)冡(冢)慬(巾)

褩 畜 裘

上（五）·弟·一五
其緄（阻）—（絶）虐（乎）

上（五）·三德·一
卉木須旹（時）而句（後）—（奮）

清（五）·湯門·八
亓（其）僾（氣）—（奮）昌

曾二二
—■定所馭左展

曾一二七
—定馭左展

曾一六七
鮑—爲左黻

求 裘

包二·六三
龖蓦—朔妸不以朔廷

《説文》古文省衣。

郭·成·一
—之於㠯（己）爲亙（恒）

郭·成·一〇
是古（故）君子之—者（諸）㠯（己）也深

郭·成·一〇
不—者（諸）其畬（本）而戉（攻）者（諸）其末

郭·成·一九
所—之不遠（陵）

郭·成·三八
言新（慎）—之於㠯（己）

郭·成·二一
是以智（知）而—之不疾

郭·成·三七
惟君子道可近—而可遠向也

上（二）·容·一〇
㠯—臤（賢）者而壤（讓）焉

上（一）·紂·一〇
皮（彼）—我則

上（二）·容·三七
湯乃惎（謀）戒—臤（賢）

郭·尊·三九
—其羕（養）

郭·六·六
君子女（如）谷（欲）—人衍（道）☐

郭·六·七
唯（雖）堯—之弗得也

郭·六·三三
—戕（養）新（親）之志

郭·緇·一八
皮（彼）—我則

上（二）·從（甲）·一八
亓貞（使）人必—備安（焉）

上（一）·性·三一
凡孝者—丌（其）

新乙四·一四三
☐思爲之—白羊（騂）義（犧）☐

上（三）·周·一六
陵（隨）—又（有）㝵（得）

上(三)·周·二四 自—口實

上(三)·亙·三正 —亓所生

上(三)·亙·三正 —慾(欲)自逡=(復。復)

上(三)·亙·一三 甬(庸)又(有)—

上(五)·君·六 定見是—

上(五)·弟·一二 —爲之言

上(五)·弟·一二 —爲之行

上(六)·孔·二七 —之於中

清(一)·皇·八 以䎽(問)—于王臣

清(一)·祭·一八 —先王之共(恭)明悳(德)

清(二)·繫·二五 我䣛—戕(救)於鄀(蔡)

清(二)·繫·二五 賽(息)侯—戕(救)於鄀

清(二)·繫·四八 囟(使)歸(歸)—成

清(二)·繫·五〇 猷—弜(强)君

清(二)·繫·七一 魯宿孫舋迈晉—敚(援)

清(二)·繫·七五 王命繻公屈臿迈秦—白

清(二)·繫·八六 囟(使)歸(歸)—成

清(二)·繫·一三七 王命坪亦悼武君李人於齊陳淏—白

清(三)·說上·一 以貨旬(徇)—敓(說)于邑人

清(三)·琴·五 甬(用)—亓(其)定

清(三)·琴·九 流(攸)自—敓(悅)

清(三)·芮·三 由(迪)—聖人

清(三)·芮·一一 恂—又(有)忞(才)

清(三)·芮·一二 以—亓(其)上

包二·二一七 嬰禱楚先—僮

包二·二三七 嬰禱楚先—僮

郭·唐·二三 智(知)其能羧(養)天下之—也

耆

郭·老甲·三五
勿(物)壓(壯)則—

上(二)·昔·一
昔者君—

上(二)·容·一七
叒(舜)乃—

新甲三·二六八
—婞(童)、祝☐

新乙一·二二
—婞(童)、祝融(融)、空(穴)酓(熊)

新甲三·一八八、一九七
—童、祝融(融)、禮酓(熊)

上(三)·中·三
道女(汝)思—

上(三)·中·七
—(老老)慈幼

上(三)·中·八
若夫—(老老)慈=幼(慈幼)

上(三)·彭·一
狗(耇)—

上(三)·彭·三
狗(耇)—曰

上(三)·彭八
狗(耇)—

上(四)·昭三
僕牺埮亡—㠯僕之不㝵(得)

上(四)·昭八
—臣爲君王戰(守)

上(五)·鮑·三
—㢦(弱)不型(刑)

上(五)·弟·五
耇—不逸(復)壯

上(五)·弟·二〇
至—丘

上(七)·凡甲·五
虗(吾)既長而或—

上(七)·凡乙·四
虗(吾)既長而或—

清(二)·繫·七三
—夫之力也

清(二)·繫·七六
連尹襄—與之爭

清(三)·良·八
奠(鄭)趄(桓)公與周之遺—

清(五)·湯門·五
簹(孰)少而—

清(五)·湯門·九
燹(氣)戚(促)乃—

耆

包二·六八
鄗君之—州加公周逄受𠫑

上(一)·紂·六
晉畣(冬)—(祁)寒

清（一）·皇·一　穰（蔑）又（有）—耇虞事嘐（屏）朕立
清（五）·封·五　女（汝）隹（惟）芷（臧）—尔猷

清（一）·皇·一　穰（蔑）又（有）耇—虞（慮）事嘐（屏）朕立（位）

書

包二·一〇八　邵—君
包二·六八　羅—
包二·八二　邵—　人名
新甲二·六、三〇、一五　藍（監）—君以吳夏☐

清（一）·耆·九　萬—亡疆
清（二）·繫·一一　立亓弟子釁（眉）—
清（二）·繫·一二　殺子釁（眉）—

清（五）·殷·一　參（三）—與從
清（五）·殷·一　高宗乃𦣞（問）於少—曰

清（五）·殷·二　少—畣（答）曰
清（五）·殷·四　宔（中）—曰

清（五）·殷·四　宔（中）—畣（答）曰

包二·一一七　—君
上（六）·平·二　莫—怠（辭）不敢畣（答）
上（六）·平·四　莫（鄭）—告又（有）疾

𠷎

包二·九四　郙逧公—
包二·二六　羅—　人名
清（一）·耆·三　王夜篧（爵）—（酬）縪（畢）公

清（一）·耆·四　王夜篧（爵）—（酬）周公
清（一）·耆·六　周公夜篧（爵）—（酬）縪（畢）公

清（一）·耆·八　周公或夜篧（爵）—（酬）王
清（一）·皇·一一　少（小）民用—（禱）亡（無）用祀

考

清（二）·繫·一〇九 以與吴王—（壽）夢相見于鄬（虢）

清（三）·說下·五 女（汝）隹（惟）又（有）萬—（壽）才（在）乃政

清（三）·赤·一〇 尒隹（惟）—

清（五）·殷·二八背 鬯（殷）高宗𦖞（問）於三—（壽）

孝

上（一）·孔·八 —言

郭·唐·六 —後而遮先

上（六）·用·一二 賰（舌）非—（巧）宇（置）

上（六）·用·一五 而—（巧）於左右

清（一）·皇·一三 母（毋）复（作）組（祖）—脜（羞）才（哉）

清（三）·琴·一 罔𩓐（墜）亓（其）—（孝）

清（三）·琴·一 —（孝）隹（惟）型帀

郭·唐·五 效（教）民—也

郭·唐·七 —，𢡐（仁）之大也

郭·唐·九 乃弋其—

郭·唐·七 炁（愛）睪（親）古（故）—

郭·唐·七 —之殺，炁（愛）天下之民

郭·唐·二三 昏（聞）舜—

郭·唐·二四 甚—

郭·六·二二 胃（謂）之—

郭·六·四〇 司（始）於—弟

郭·六·四一 —，沓（本）也

郭·老丙·三 安又（有）—孥（慈）

郭·語一·五五 爲—，此非孝也

郭·語一·五五 爲孝，此非—也

郭·語三·六 長弟，—之紡（方）也

郭·語三·六一 —

郭·語三·八 父—子悉（愛）

上（二）·容·一三 —兼（養）父母

上（二）·容·三一 —君

上（一）·孔·二六 翏莪又（有）—志

上（四）・內・一正
君子之立—

上（四）・內・三
不與言人之子之不—者

上（四）・內・三
言人之子之不—者

上（四）・內・五
与（與）子言〻（言言）—父

上（六）・平・六
辱於—（老）夫

上（四）・內・七
—而不諫

上（四）・內・七
亦不城（成）—

上（四）・內・七
君子—子

上（四）・內・八
君子曰—子

上（四）・內・八
君子𠂹城亓—

上（四）・內・九
—子事父母

辥

上（三）・中・一三
唯（雖）又（有）—（孝）悳（德）

上（五）・鮑・三
女（如）—伽（加）之𠯑（以）敬

清（一）・皇・一
公略（格）才（在）—（庫）門

清（五）・湯門・五
—（固）猷（猶）是人

清（五）・封・七
蘿（鑵）鉦—肹盤監（鑑）

包二・三七
福昜剸尹之州里公婁—受

包二・一九四
莪尹—之人

天策
—首

望二・一三
冡—之首

望二・六一
索豙之—

天策
—承

天策
—之首

毛 曾四六 墨—之首

毛 上（二）·容·二四 不生之—

毛 清（一）·祭·九 乃詔（召）羅（畢）𩣡𢍏（井）利—班

氊

氊 天策 —笞

⿱罒單毛

⿱罒單毛 包二·二六二 一白—綒純

⿱罒單、單一字，从單聲。

⿰毛内

包二·二五 司敗黃貴—受旮

⿰毛安

曾一〇 䑌—

曾二一 𢶡—

曾三〇 貂—

曾六六 㚖韋之—

曾三五 𢶡—

曾四三 削𢶡—

曾四三 削𢶡—

曾五六 𢶡—

曾五九 𢶡—

曾七八 𢶡—

曾八六 𢶡—

曾八九 𢶡—

曾九七 𢶡—

曾一一三 𢶡—

曾六一 𢶡—

曾九一 𢶡—

曾九五 𢶡—

⿰毛甬

曾四五 貂定之—

曾四 豻尾之—

曾八六 豻蓍之—

曾八九 豻尾之—

曾四 貂—

曾五一 貂—

曾五三 貂定之—

曾一〇 貂蓍之—

曾二一 貂蓍之—

曾七一 貂蓍之—

曾三五 豻尾之—

曾四一 豻尾之—

曾九一 豻尾之—

曾四三 豻—

曾五〇 貂—

曾五一 豻—

曾六六 豻—

曾九八 虓蓍之—

曾二八 絕—

曾一一五 絕—

包二·二六六
二—

天策
〼鈺—二緋〼

包二·二七三
—首

新甲三·四一四、四一二
—二袿（社）

曾九
白—之首

曾六八
白—之首

包二·五八
執事人□蓦（暮）—迲

曾六五
—聶

曾九
屯貍—之聶

曾一〇
貂—之稱

曾三二
三貍—之聶

曾一〇四
屯貍—之聶

曾一九
一貍—之聶

曾一四
貍—之聶

曾三九
貍—之聶

曾五五
貍—之聶

曾七〇
貍—之聶

曾九〇
貍—之聶

曾八
虎—之聶

曾一三
虎—之聶

曾四二
虎—之聶

曾六五
虎—之聶

曾七八
虎—之聶

曾七八
虎—之稱

曾一〇二
一虎—之聶

曾七一
貂—之稱

曾二九
虎—之聶

曾三二
虎—之聶

曾三二
屯虎—之聶

曾七一
豻—之聶

曾八六
豻—之稱

曾九五
豻—之稱

曾一〇六
豻—之聶

包二·九五
胃咊—其弟剔而懸殺之

⿰毛叚 ⿰毛䜌 ⿰毛登 毦 ⿰毛爰 ⿰毛兆 毳 居

曾九八
叚—

天策
□鞲—曁白金之釱紫纞象□

清（一）·耆·五
复（作）訶（歌）一夂（終）日—（輶）尭（乘）

清（三）·琴·五
思—彊之

清（五）·封·六
毬—羅緄（纓）鉤雁（膺）

清（五）·封·六
—毯羅緄（纓）鉤雁（膺）

上（二）·容·四九
高下肥—之利聿（盡）智（知）之

包二·三二
不以所死於其州者之—處名族至命

包二·九〇
—都里

包二·一二七
鏞—郢與其季父𨑹連囂陽必同室

望二·四五
二—杲

郭·老甲·一七
成而弗—

郭·老甲·一七
是以聖人—亡爲之事

郭·老甲·一八
天（夫）唯弗—也

郭·老甲·二四
—以須復也

郭·老丙·六
君子—則貴左

郭·老丙·九
言以喪豊（禮）—之也

郭·老丙·九
是以下(偏)牆(將)軍—左

郭·老丙·一〇
戰勳(勝)則以喪豊(禮)—之

郭·性·二六
其—即(次)也舊

上(一)·性·一六
丌(其)—節也舊

上(一)·性·二三
⿱穴蜀(獨)—而樂

上(一)·性·三〇
⿱穴蜀(獨)—則習

上(一)·性·二六
—仉(處)谷(欲)牆(壯)葛(?)而毋曼

上(一)·性·二九
—喪必又(有)夫䋽=(累累)之哀

上(二)·容·二八
天下之民—奠(定)

新乙四·八五
—郢

新乙四·一〇〇、零·五三二、六七八
—郢

上(四)·曹·一一
—不褻(設)虞(席)

上(五)·季·一〇
臤(賢)人之—邦豪(家)也

上(五)·君·一
弗能少—也

上(五)·三德·一一
—毋惁復(作)毋康

上(五)·三德·八
唯(雖)成弗—

上(六)·平·四
—(據)洛(路)㠯(以)須

上(七)·吳·五
䜋(衍)敢—我江完(干)

清(一)·楚·四
至畲性(狂)亦—京宗

清(一)·楚·五
聿(盡)—臺宅

清(一)·楚·五
畲逗遷(徙)—發漸

清(一)·楚·六
至畲朔畲埶(摯)—發漸

清(一)·楚·六
畲埶(摯)遷(徙)—旁岍

清(一)·楚·六　至畬緍(延)自旁屽遷(徙)—喬多

清(一)·楚·六　皆—喬多

清(一)·楚·七　若嚣(敖)畬義(儀)遷—箬(鄀)

清(一)·楚·七　至焚冒畬帥自箬遷—焚

清(一)·楚·七　至宵嚣畬鹿自焚遷—宵

清(一)·楚·七　至武王畬鬏自宵遷(徙)—免

清(一)·楚·八　至文王自疆浧遷(徙)—湫郢

清(一)·楚·八　湫郢遷(徙)—𤎄(樊)郢

清(一)·楚·八　𤎄(樊)郢遷—爲郢

清(一)·楚·九　爲郢復遷(徙)—免郢

清(一)·楚·一〇　湫浧遷(徙)□□□□—䙷(睽)郢

清(一)·楚·一〇　𤎄(樊)郢遷(徙)—同宮之北

清(一)·楚·一一　至龏(共)王康王孠=(嗣子)王皆—爲郢

清(一)·楚·一一　至霝王自爲郢遷(徙)—秦(乾)溪之上

清(一)·楚·一二　猷—秦(乾)溪之上

清(一)·楚·一二　自秦溪之上遷—㜸(媺)郢

清(一)·楚·一二　㜸(媺)郢遷—鄂(鄂)郢

清(一)·楚·一三　女(焉)復遷(徙)—秦(乾)溪之上

清(一)·楚·一四　酉澫遷(徙)—如(鄀)郢

清(一)·楚·一四　如(鄀)郢遷(徙)—鄩吁

清(一)·楚·一五　王大(太)子自湫郢遷(徙)—疆郢

清(一)·楚·一五　柬大王自疆郢遷—藍郢

清(一)·楚·一五　藍郢遷(徙)—鄩(鄗)郢

清(一)·楚·一五　王大(太)子以邦—鄩(鄗)郢

清(一)·楚·一六　至恖(悼)折(哲)王猷—鄩(鄗)郢

屍

清(一)·楚·一六 女(焉)遻(徙)—郢郢

清(一)·楚·一〇 女(焉)遻(徙)—承(蒸)之埜(野)

清(二)·繫·一六 秦中(仲)女(焉)東—周地

清(二)·繫·一九 翟述(遂)—衜(衛)

清(二)·繫·三六 文公十又二年—翟(狄)

清(二)·繫·四一 戉穀(縠)—鑊

清(二)·繫·四二 楚王豫(舍)回歸—方城

清(二)·繫·一〇〇 —鄦(許)公旄於頌(容)城

清(二)·繫·一〇七 —于州坴(來)

清(五)·命·二 福彔(祿)才(在)人=(人人)能—

清(五)·命·二 女(如)不—而坓(重)義

清(五)·殷·二〇 昔勤不—

九·五六·三五 —又(有)飤(食)

九·五六·四三 尔—逿(復)山之巸

尻

曾一三 黄■迋王所馭大—

曾一五 —旗賠

曾二二 裘■定所馭左—

曾三二 鄜(?)■鼗馭左彤—

曾三九 柘■四馭右驂—

曾一二四 大—

曾一二七 裘定■馭左—

曾一三〇 鄜?鼗■馭左彤—

曾一三六 右驂—

輾

曾一四九 大—

曾一五〇 左—

曾一五一 左—

曾一五二 左—

尼
上(三)·中·八 中(仲)—曰
上(三)·中·一〇 中(仲)—
上(三)·中·二八 中(仲)—

屖
上(一)·孔·二 丌(其)樂安而—
新甲三·一七三 疾—(遲)瘻(瘥)☐

屍 殍
上(三)·周·七 帀(師)或遝(輿)—(尸)
上(三)·周·八 弟子遝(輿)—(尸)

⿸尸乇
上(三)·中·一四 妥(綏)—

屋
望二·一五 丹組之— 《說文》古文作。
望二·二 紡—

⿸尸旦
清(一)·祭·一一 亦尚—(宣)臧(藏)乎(厥)心

屎
清(二)·繫·一四 成王—伐商邑

尾
清(三)·琴·八 是隹(惟)—(宅)

屬
清(三)·祝·二 —昷冥=(冥冥)

尾
曾四 豻—之䋎
曾三五 豻—之䋎
曾四一 豻—之䋎
曾八三 豻—之䋎

屈

曾八九 豻—之䞷

曾九一 豻—之䞷

上（三）·周·三〇 腅（遯）丌（其）—礪（厲）

屘

包二·四 —柰之月

包二·七 鄦命大莫囂—昜爲命

包二·六二 —犬 人名

包二·六七 郘郿大宮—㐌

包二·一二五 —柰之月

包二·二二三 —宜 人名

郭·老甲·二三 虛而不—

郭·老乙·一五 大植（直）若—

九·五六·二三 —柰

九·五六·八五 —柰

新乙一·一四 —柰之月

新乙一·三二、二三 —柰之月

新乙四·四三 睪（擇）日於屈柰

新甲三·三二四 —九之述

包二·一五七 —愓 人名

包二·一二一 —遥 人名

包二·一六九 —帝 人名

包二·一七六 新大廄—爲人

包二·一九〇 —貫 人名

包二·一〇四 —柰之月

包二·八七 —駱 人名

包二·一三〇 —騺 人名

上（六）·競·四 王命—木昏（問）

清（一）·楚·四 至禽羿與—紃（紃）

清（二）·繫·七五 王命繡公—呇（巫）迈（適）秦求自

清（二）·繫·一〇八 繡（申）公—呇（巫）自晉迈（適）吴

清（五）·湯門·一〇 㲉（氣）—乃夂（終）

天卜 —柰之月

天卜 —柰之月

履

履 頟 包二・六 新官婁—犬 《説文》頟,古文—从頁从足。 包二・五四 秀— 人名 包二・五七 秀— 包二・八〇 秀—

包二・一六三 競— 人名 上(二)・子・一二 —(履)吕(以)慭(祈)禱曰 上(二)・容・九 —(履)地戴(戴)天

上(七)・吴・八 逄—(履)陞(陳)陞(地) 清(一)・祭・一五 乃又(有)—(履)宗 清(四)・別・一 三—(履)

舟

包二・一五七 解— 人名 包二・一五七 賛— 人名 包二・一六八 —賛公豕 上(一)・孔・二六 北白—悶

包二・一六八 司—公孛 包二・一八〇 —室舒臣 清(一)・皇・一三 卑(譬)女(如)舡(主)—

郭・成・三五 搪(津)汈(梁)婧(争)— 新甲三・三二一 —室一豕 清(三)・説中・五 女(汝)复(作)—

俞

郭・忠・三 大舊(久)而不—(渝) 上(一)・孔・二〇 丌(其)愢(離)志必又(有)吕(以)—(逾)也

上(一)・孔・一四 丌(其)四章則—(愉)矣 上(一)・孔・一八 吕(以)—(喻)丌(其)悹(捐)者也 上(一)・孔・一〇 闈疋吕(以)色—(喻)於豊(禮)

清(一)・皇・八 隹(維)—(媮)悳(德)用 清(二)・繫・一一三 晉白(師)閔長城句—之門

郭・五・四七 —而智(知)之胃(謂)之進之 从李守奎先生注:讀喻,疑爲訛書。

新乙四・九六 文王以—(逾)亯(就)禱大牢糾 ☐

䑣 舼

帛甲三・三 乃上下—逈

上(三)・彭・一 而壆(舉)於—身

上(三)・彭・三 旺=(旺旺)舍(余)—孳

上(三)・彭・八 —孳不劭(敏)

上(六)・用・一〇 而莫䍱(執)—聒(舌)

清(一)・尹誥・三 卑(俾)我眾勿韋(違)—言

清(一)・程・六 —毌(聞)周長不弍(貳)

清(一)・保・二 兪—疾壹甚

清(一)・保・三 今兪—疾允痞(病)

清(一)・皇・一 —𡨦(寡)邑少(小)邦

清(一)・皇・一 穫又耆耇虞事嘐—立

清(一)・皇・一 𦗦—沓人非敢不用明刑

清(一)・皇・一二 —遺父兄眔朕傳(盡)臣

清(一)・皇・一三 朕遺父兄眔—傳(盡)臣

清(三)・說上・三 尔右(左)埶—袂

清(三)・說中・二 聖(聽)戒—言

清(三)・說中・四 日沃—心

清(三)・說中・四 —畜女(汝)

清(三)・說下・二 少(小)臣罔㑴(俊)才(在)—備(服)

清(三)・說下・二 余隹(惟)命女(汝)敓(說)䡎(融)—命

清(三)・說下・五 余克亯(享)于—辟

清(三)・說下・一〇 尃(敷)之于—政

清(三)・說下・一〇 衮(欲)女(汝)亓(其)又呑昚(勑)—命𦀚

清(三)・赤・一一 而智(知)—疾

清(三)・赤・一一 —疾女(如)可(何)

清(五)・封・八 勿灋(廢)—命

般　服　舶　舿　舡　方

清（五）・湯丘・一一　—隹（惟）逆訓（順）是悳（圖）

清（五）・湯丘・一四　若自叏（事）—身也

般

敂

仰二五・三九　楚孝—之年

服

清（二）・繫・七四　吳人—于楚

清（二）・繫・八〇　吳人女（焉）或（又）—於楚

清（二）・繫・一〇三　至今齊人以不—于晉

清（二）・繫・一二〇　旻（且）男女—

清（五）・厚・四　永敘（敘）才（在）—

清（五）・厚・七　甬（用）敓（敘）才（在）—

清（五）・厚・一二　氒（厥）廾（徵）女（如）右之—于人

舶

上（四）・曹・六　昔池—語㝈（寡）人曰君子㝵（得）之遊（失）之

舿

清（一）・皇・一三　卑（譬）女（如）—（主）舟

舡

清（一）・楚・五　至酓只酓—酓麮（樊）及酓賜酓逗

方

包二・一五五　—鄢左司馬競慶爲大司城欲客戲

包二・二三一　冠綁於南—

望一・七六　☒北—又敓□☒

望一・七七　南—又敓

帛乙二・一八　降于其—

信二・〇一　二青—

信二・〇一　二—監

信二・〇一二　八—琦

常二　倍辻尹部逯以王命貺舒—迲戠惝

秦一三·一四
—秋三月

天卜
戲又惡於東—

天卜
罷禱西—全豬

天策
—組之纘

天策
一—犫

天策
二—犫

郭·老甲·二四
萬勿(物)—(旁)复(作)

郭·老乙·一二
大—亡禺(隅)

郭·性·三二
歎，思之—也

郭·性·三八
誨(敏)，宜(義)之—也

郭·性·四〇
忠，信之—也

郭·性·四九
速，悔(謀)之—也

郭·性·四九
新(慎)，悬(仁)之—也

郭·性·五七
同—而交

郭·緇·一二
四—𠬝(順)之

郭·尊·二六
民五之—各(格)

郭·太·一二
古(故)怭(過)其—

郭·唐·一八
—才(在)下立(位)

郭·語三·二五
羛(義)，膳(善)之—也

九·五六·四六
北，南高，二—下

九·五六·四七
東，南高，二—下

九·五六·四
▨—七

九·五六·四
—、奋=一

九·五六·四五
北—高三—下

上(一)·紂·二二
丌(其)惡也又(有)—

上(一)·性·三三
青(性)之—也

上(一)·性·三三
敬之—也

上(一)·性·三三
悬(仁)之—也

上(一)·性·三九
恳(謀)之—也

上(二)・民・二 四—又(有)敗(敗)

上(二)・容・六—七 於是虖(乎)—百里之宙(中)

上(二)・容・三一 西—爲三佶(調)

上(二)・容・三一 南—爲三佶(調)

上(二)・容・三一 東—爲三佶(調)

新甲一・一一 ☑忻(祈)福於北—

新甲三・二三九 ☑解於北—

新甲三・三三六 ☑䚡於兢—一豴

新乙四・一四八 弋禱㚇(太)、北—□☑

新乙二・三〇 於北—一犕

新乙三・四〇 ☑於北—一犕

新乙三・六一 賽(賽)禱北—☑

新零・一七八 北—

上(二)・容・二一 北—之羿(旗)㠯鳥

上(二)・容・二〇 南—之羿(旗)㠯它(蛇)

上(三)・周・九 不寍(寧)—逨(來)

上(四)・柬・一三 女(如)君王攸(修)郢高—若肰(然)里

上(五)・弟・一三 不曲—(防)以逵(去)人

上(五)・三德・八 是胃(謂)—芋

上(五)・三德・一四 —縈(營)勿伐

上(五)・三德・一六 四—坔(來)羉

上(六)・慎・四 時(時)悳(德)而—(方)義

上(六)・慎・六 氏(是)㠯(以)君=(君子)莳(向)—

上(六)・用・二 事非與又(有)—

上(六)・用・七 則—繇而弗可矣

清(一)・程・三 敝告宗—(祊)杢(社)禝(稷)

清(一)・耆・四 —戕(臧)方武

清(一)・耆・四 方戕(臧)—武

清（一）·耆·五
方臧（臧）—武

清（一）·耆·五
—臧（臧）方武

清（一）·金·二
爲一坦（壇）於南—

清（一）·金·四
尃（溥）又（有）四—

清（一）·皇·三
廼—（旁）救巽睪元武聖夫

清（一）·祭·五
守（付）畀四—

清（一）·祭·一三
室（皇）宔（戡）—邦

清（一）·祭·一三
—肁（建）宗子

清（一）·祭·一八
四—克宙（中）尒（爾）罰

清（一）·楚·一
凥（處）于—山

清（一）·楚·二
罯冑四—

清（二）·繫·一〇
亦政（正）東—之者（諸）侯

清（二）·繫·一七
—（旁）埶（設）出宗子

清（二）·繫·二〇
公子啟—奔齊

清（二）·繫·二一
□公子啟—女（焉）

清（二）·繫·二九
文王以北啟出—成（城）

清（二）·繫·四二
居—城

清（二）·繫·九一
𠂤（師）造於—城

清（二）·繫·一〇一
閔—城

清（二）·繫·一〇二
洛以復—城之𠂤（師）

清（三）·說上·二
敓（說）—笙（築）埅（城）

清（三）·說中·六
女（汝）克晛（覘）見（視）四—

清（三）·說下·五
亓（其）又廼司四—民不（丕）克明

清（三）·芮·一
寇（寇）戎—晉

清（三）·芮·一〇
寇（寇）戎—晉

清（三）·芮·一三
畏燮（燮）—戳（讎）

清(三)·芮·二一
隹(惟)四—所鬻(祇)畏

清(四)·筮·卦四二
西—也

清(四)·筮·祟四九
東—

清(四)·筮·卦五〇
南—

清(四)·筮·卦五〇
北—

清(四)·筮·爻五四
爲車爲—

清(四)·筮·卦六〇
東—也

清(五)·封·二
旻(駿)尹三(四)—

清(五)·封·五
東(簡)膀(又)三(四)—不娊

清(五)·命·八
□—三述

清(五)·湯丘·四
—惟䎽(聞)之乃纖(箴)

清(五)·湯丘·九
—惟曰善才(哉)

清(五)·湯門·九
燹(氣)逆亂(亂)以—

清(五)·湯門·一七
型(刑)情(輕)以不—

清(五)·殷·一七
四—懃(勸)𡥈(教)

清(五)·殷·一九
四—達盜(寧)

清(五)·殷·二二
以夅(誥)四—

清(五)·殷·二三
—曼(般)于茖(路)

清(五)·殷·二四
弋(代)傑(桀)尃(敷)又(佑)下—

郭·性·一九
堂(當)事因—而折(制)之

郭·尊·二八
爲古(故)銜(率)民向(鄉)—者

郭·五·四〇
義之—也

郭·五·四一
彊(剛),義之—

郭·五·四一
矛(柔),𢝊(仁)之—也

郭·五·四一
匿,𢝊(仁)之—也

汸

包二·一〇〇
郱敓之郱邑人走—

《說文》或體。

旅　兒　允

迒 清(一)・耆・一一 是隹(惟)良士之—(方)

曾一一 貂首之雺豻韔鞁鑾賠—鎗

兒 郭・語四・二七 一王母保三毆(嫛)—(婗)

鼠 上(四)・柬・五 速祭之虘(吾)瘵—疠(病)

清(五)・湯門・六 —(一)月句(始)匓(揚) 从李守奎先生,「鼠」爲「兒」字異體。

清(五)・命・一三 哀不至均不—(一)

清(五)・命・八 亓(其)亟(極)—(一)

允 郭・成・三六 從—懌(釋)怂(過)

郭・成・二五 「—帀(師)淒(濟)悳(德)」

夋 帛甲五一 日月—生

帛甲六・三四 帝—乃爲日月之行

郭・緇・五 隹(惟)尹—及湯咸又(有)一悳(德)

上(一)・紂・三 隹(惟)尹—及康(湯)

上(一)・紂・一八 「—也君子壂也大盛(成)」 允之繁文。

清(一)・程・八 青(生)民不芽(災)褢(懷)—

清(一)・保・三 今舩朕疾—痞(病)

清(一)・保・七 身兹備隹—

清(三)・說中・二 —若寺(時)

清(三)・琴・四 —不(丕)承不(丕)㬎(顯)

清(五)・湯丘・二 湯亦飤(食)之曰—

兌

郭·老乙·一六 善休（保）者不—（脫）

郭·五·一〇 心不能—（悅）

郭·五·一三 慍（温）則—（悅）

郭·五·二一 不𢀞（變）不—（悅）

郭·五·三二 宔（中）心—（悅）𡩆（旃）

郭·五·三二 —（悅）也

郭·性·五九 凡—（說）人勿㥶（吝）也

郭·忠·四 大忠不—（悅）

郭·忠·四 不—（說）而足羧（養）者

郭·忠·六 古（故）行而鯖（請）—（悅）民

郭·性·一 𨑡（待）—（悅）而句（後）行

郭·性·二 —（悅）也

郭·性·一二 快於㠯（己）者之胃（謂）—（悅）

郭·性·二一 —（悅）其𡥈（教）

郭·性·五八 不同—（悅）而交

郭·性·五八 同—（悅）而交

郭·性·四三 —（悅）爲甚

上（一）·性·五 —（悅）也

上（一）·性·六 𢘓（囿）於其者之胃（謂）—（悅）

上（一）·性·一二 —（悅）丌（其）𡉚

上（一）·紂·七 則民至（致）行㠯（己）㠯（以）—（悅）上

新甲三·三一 氏（是）日未—

清（一）·皇·二 隹莫𦤎（開）余嘉𢡃之—（說）

清（四）·筮·四季三七 —少（小）凶

清（四）·筮·四季三七 —大凶

清（四）·筮·卦四五 —司

清（四）·筮·天四六 亼—丁

清（四）·筮·祟四六 —祟女子大面端虘（嚇）死

清（四）·筮·卦四八 之—

清（四）·筮·地五七 巳亥—

清（四）·筮·四季三八 —大吉

免

 包二·七八 秀—

 包二·五九 秀—

 包二·五三 秀—

 郭·性·二五 則—(勉)女(如)也斯僉(儉)

 包二·二八 則—女(如)也

 上(一)·紂·一三 則民又(有)—心

 清(一)·楚·七 至武王酓䍮自宵遷(徙)居—

 清(一)·楚·八 衆不容於—

 清(一)·楚·九 爲郢復(復)遷(徙)居—郢

兄

 包二·一三八反 匿至丛父—弟不可謙

 郭·六·一三 ▨□父—責(任)者

 郭·性·六一 蜀(獨)処則習父—之所樂

 郭·語一·七〇 —弟，至先後也

 上(三)·彭五 父子—弟

 上(五)·季·一五 眯(迷)父—子俤(弟)而再眯▨之必敌

 清(一)·皇·一二 朕遺父—罘朕俳(藎)臣

侃

 上(四)·内·四 古(故)爲人—(兄)者

 上(四)·内·四 言人之—(兄)之不能㥓(慈)俤(弟)者

 上(四)·内·四 不與言人之俤之不能承(承)—(兄)者

 上(四)·内·四 言人之俤(弟)之不能承(承)—(兄)……曰

 上(四)·内·五 與—(兄)言

 上(四)·内·六 言承(承)—(兄)

⿰月㞷

 包二·六三 受其—詧朔 高景成云：兄、㞷同聲，古字恒增聲符。

 包二·八四 胃殺其—臣

 包二·九〇 胃殺其—

 包二·九六 胃殺其—

包二·一〇二 正弁赤以其爲其—（兄）鄰瘽斷不瀍
包二·一三五反 苛冒宣卯殺其—昒
磚三七〇·一 某㙻與僮—之下☐
磚三七〇·三 䏚殺僮之—

上（四）·曹·三五 毋倀（長）於父—（兄）
上（四）·曹·四二 父—（兄）不廌（薦）

上（五）·三德·一一 毋恥父—（兄）
清（一）·耆·三 絍（恁）𡰥（仁）—（兄）㖒（弟）

清（一）·金·七 官（管）弔（叔）𢓊（及）亓（其）羣—（兄）㖒（弟）乃流言于邦曰

䖒
包二·一三五 倚執僮之—絰
包二·一三五反 郘之戩客或執僮之—㫃
包二·二二七 罌禱—㖒無逡者
包二·一三三 並殺僮之—昒

包二·一三五 苛冒趄卯並殺僮之—昒
上（六）·天·三 義之—（兄）也

上（四）·逸·多一 莫奴（如）—（兄）莫奴（如）同生

上（六）·天乙·二 義之—（兄）也

皃

佼
郭·五·三二 顔色伀（容）—（貌）愠（温），叏（變）也

兑

郭·性·四三 甬（用）身之—（弁）者
清（一）·金·一〇 邦人□□□□—（弁）

弁
包二·二四〇 —（弁）又𩡧
包二·二四五 疾—（弁）
郭·性·三二 其聖（聲）—（變）☐
郭·性·三三 其心—（變）則其聖（聲）亦肰（然）

兆 先

郭·五·二一 不—(變)不兑(悦)

郭·五·三二 顔色伀(容)佼(貌)愠(温)—(變)也

上(一)·孔·八 少—(弁)

上(二)·孔·二二 四矢—(變)

上(二)·子·一二 帝之武尚—(弁)

上(一)·性·二〇 丌(其)聖(聲)—(變)

上(一)·性·三六 甬(用)身之—(弁)者

清(一)·保·六 言不易實—(變)名

清(三)·芮·七 —(變)改祟(常)絉(術)

清(五)·殷·一一 五實—(變)色

兆

郭·唐·九 古者吴(虞)舜篙(篤)事—(瞽)寞(瞍)

郭·唐·二四 古(故)其爲—(瞽)寞子也 或釋『宂』。

先

包二·二一七 舉禱楚—老僮

包二·二三七 舉禱楚—老僮

信一·〇七 䎽之於—王之法也

天卜 舉禱番—戠牛

望一·一一二 罷禱—君東郘公戠牛

望一·一一二 ☐—君☐

望一·六一 賽禱—☐

望一·五六 ☐於—☐

郭·唐·六 考後而遮—

郭·唐·五 —聖牙(與)後耶(聖)

郭·語四·一四 必—與之以爲朢(朋)

郭·老甲·一六 —後之相墮(隨)也

新乙二·三〇 —之☐

郭·成·三 身備(服)善以—之

郭·老甲·二一 —天陛(地)生

上(二)·从(乙)·一 穿(壅)戒—遑(匿)

上(二)·子·七 —王之遊

郭·六·三九 是古(故)—王之砉(教)民也

郭·性·一九 其—後之舍(叙)則宜(儀)道也

郭·語一·七〇 兄弟，至—後也
上（一）·紂·六 則下之爲悬（仁）也静（争）—
上（二）·容·三五 桀（桀）不述亓—王之道

新乙四·四八 —之▨
新甲三·一〇 ▨—，少（小）又（有）外言慼也
新甲三·九九 —之以一璧

新甲三·一〇五 ▨鹰（薦）三楚—，客（各）▨
新乙二·三八、四六、三九、四〇 —之一璧
新乙四·一四 —之一璧

新乙三·四〇 —之㠯（以）▨
新零·二七八 ▨—之各一▨
郭·緇·一一 上好悬（仁）則下之爲悬（仁）也争—

郭·成·二〇 則必—敬人
郭·成·二〇 則必—炁（愛）人
郭·成·三五 其—也不若其後也

郭·尊·八 是以君子人道之取—
新甲三·一一、二四 ▨昔我—出自𨛭道

上（二）·民·二 必—𥎿（知）之
新乙四·二六 ▨三楚—
新甲三·一八八、一九七 嬖禱楚—

上（二）·容·四二 受（紂）不述亓—王之道
新甲三·一三四、一〇八 乙亥禱楚—與五山

上（三）·中·五 敢昏（問）爲正（政）可（何）—
上（三）·中八 夫—又（有）司
上（三）·中九 不可不—也

上（三）·亙·三背 亙—
上（三）·亙·八 多采（採）勿（物）—者又（有）善

上（三）·亙·九 —又（有）晦（晦）
上（三）·亙·九 —又（有）囩（圓）
上（四）·相·一 ……—其欲

上(四)·曹·一七　天下……交墜不可𠮠—复(作)悁(怨)

上(四)·曹·一七　疆墜(地)毋—而必取□焉

上(四)·曹·六四　此—王之至道

上(五)·競·三　命行—王之灋(法)

上(六)·競·一　虛幣帛甚娕於虐—君之量矣

上(六)·競·一　虛珪琛(寶)大於虐—君之□

上(六)·平王與·三　—君智(知)醢不盍

上(七)·武·三　夫—王之箸(書)不㠯(與)北面

上(七)·君甲·九　—君需王韋(姦)湀(繫)云(員)

上(七)·君乙·六　—王爲此

上(七)·凡乙·一　系(奚)遂(後)之系(奚)—

上(七)·吳·五　卑(俾)周—王佾□□賽

清(一)·金·二　未可以慼(戚)虐(吾)—王

清(一)·金·三　史乃册祝告—王曰

清(一)·金·八　我之□□□□亡以逡見於—王

清(一)·皇·五　—王用又(有)藿(勸)

清(一)·皇·五　—神示(祇)逡(復)式式用休

清(一)·皇·七　孫用穫(末)被—王之耿光

清(一)·皇·七　廼弗肯用—王之明刑

清(一)·皇·一二　㤅(媢)夫—受客(殄)罰

清(一)·楚·二　—凥(處)于京宗

清(二)·繫·一八　乃—建衛弔𡉚于庚丘

清(二)·繫·六六　公命郇之克—嘍于齊

清(二)·繫·六八　乃—歸(歸)

清(二)·繫·八九　柬(厲)公—起兵

見

清(二)·繫·九八 霝王—起兵

清(三)·說中·三 故(古)我—王滅(滅)頣(夏)

清(三)·芮·一〇 殹(緊)—人又(有)言

清(三)·芮·一二 昔才(在)—王

清(三)·芮·一三 —君以多社(功)

清(三)·芮·一七 尚藍(鑒)于—舊

清(五)·厚·六 弗甬(用)—剸(哲)王孔甲之典刑

清(五)·湯門·一 古之—帝亦有良言青(情)至於今虎(乎)

清(五)·殷·一 尔(爾)是—生

清(五)·殷·一一 熀=(惶惶)—反

清(五)·殷·一二 敢𠭁(問)—王之遺𢘐(訓)

峕

上(五)·競·二 昔—君祭

祧

新乙三·四一 罷禱於三楚—(先)各一痒(牂)

新甲三·二六八 是日數(就)禱楚—(先)

选

新甲三·一四二—一 ▨—(先)之壁

新零·三三七 ▨□—

上(三)·周·一八 —(先)甲晶(三)日

見

包二·二〇八 䎆层䖒—王

包二·二一八 祆—琥

包二·二四九 —於繼無逡者與漸木立

信二·〇一三 七—累之衣

馬一·一 絜以一緥衣—於君

秦一·一 又䉷—

天卜 無咎又䉷—毋殜之

天卜 —於白朝

望一·五〇 ▨不—福毋以其古敓之

望一·七七 南方又敓與啻—

郭·五·一四 明則—臤(賢)人

上(一)·性·六 凡—者之胃(謂)勿(物)

上(一)·孔·一六 夫蒿之—訶(歌)也

上(一)·孔·二四 后稷之—貴也

上(二)·孔·一二 乃—人武

郭·五·一〇 亦既—止(之)

郭·緇·四〇 必—其成

郭·緇·四〇 必—其幣(敝)

郭·五·九 未—君子

包二·二二三 又檠—卉鄗脁之敚

包二·二二二 又檠—新王父殤

上(二)·從(甲)·一六 㠯軋(犯)膚郒(軛)—

上(二)·昔·三 不—(顯)於內=(內。內)言不㠯(以)出

上(二)·容·一二 —坌(舜)之臤(賢)也

上(二)·從(甲)·一一 言—善行

上(二)·容·一七 —垔(禹)之臤(賢)也

上(二)·昔·三 不—(顯)於外

上(二)·昔·三 不—(顯)於內

上(二)·子·一二 冬(終)—芙孜而廌之

上(二)·昔·二 大(太)子內—

郭·性·三八 戚(訧)其—者

九·五六·二九 㠯(以)—邦君

九·五六·六七 北—□▨

九·五六·二四下 —人

九·五六·四二 𥝩(利)㠯(以)—公王與貴人

上(二)·子·六 堯—坌(叟、俊、舜)之悳(德)臤(賢)

上(一)·孔·一六 —丌(其)岦(美)必谷(欲)反一本

新甲一·五 又(有)敚(祟)—於卲(昭)王、獻(獻)惠

郭·語四·一〇 不—江沽(湖)之水

新乙四·一一〇、一一七 公子—君王

郭·老丙·五 視之不足—

郭・五・一二
未—君子

郭・五・一二
既—君子

新甲三・三
同敚(祟)—於太▨

郭・五・二四
—臤(賢)人而不智(知)其又(有)悳(德)也

郭・五・二三
未尚(嘗)—臤(賢)人

新甲三・二
▨咎,又(有)敚(祟)—於卲(昭)王、文▨

新零・一九八、二〇三
有祱(祟)—于大川有沂

郭・五・二五
—而智(知)之

郭・五・二七
—臤(賢)人

郭・五・一〇
既—君子

新乙一・二二
—於司命、老嫜(童)、祝鰱(融)、—空(穴)酓(熊)

望一・四九
□又—祱(祟)

帛乙一二・一一
不—陵西

帛丙五・三
不—月

郭・五・二七
—而智(知)之

郭・緇・一九
如其弗克—

郭・緇・四〇
必—其骰(蓋)

郭・魯・二
成孫弋—

郭・緇・一九
我既—

上(一)・孔・二三
㠯(以)道交—善而夆(倣)

新甲三・一七七
又(有)敚(祟)—於夨(太)▨

上(二)・容・三三—三四
—㕣(皋)咎(陶)之臤(賢)也

郭・性・一二
凡—者之胃(謂)勿(物)

上(三)・周・一
—金夫

上(三)・周・四
利用—大人

上(三)・周・三二
—啞(惡)人

上(三)·周·三二
—車過

上(三)·周·三一
利—大人

上(三)·周·四二
利—大人

上(三)·周·五一
日中—斗

上(三)·周·五一
日中—芾(韛)

上(四)·昭·八
王命龏(龔)之腓母(毋)—

上(四)·昭·八
—之臣辠(罪)亓(其)宊(容)於死

上(四)·昭·九
今君王或命(令)腓母(毋)—

上(四)·昭·一〇
邦人膚(皆)—之三日安(焉)

上(四)·相·四
虐(吾)—於君

上(四)·曹·一
敂(曹)穖(沫)内(入)—曰

上(四)·曹·二四
逡(後)則—亡

上(四)·曹·三〇
句(苟)—耑(短)兵

上(四)·曹·五四
思忘亓死而—亓生

上(五)·鮑·五
臣唯(雖)欲試(試)或不㝵(得)—公

上(五)·弟·六
虐(吾)䎽(聞)而未之—也

上(五)·弟·九
虐(吾)—之𡗝(矣)

上(五)·弟·九
虐(吾)䎽(聞)而未之—也

上(五)·鬼·五(墨下)
又(有)目不—

上(六)·平·四
王逡(復)—莫=(鄭壽)

上(六)·用·一九
又(有)眛丌(其)不—

上(六)·天·一二
古(故)—傷(禓)而爲之晳(祈)

上(七)·凡甲·六
身豊(體)不—

上(七)·君乙·一
敢告於—日

上（七）・凡乙・五　身豊（體）不—

清（一）・尹至・三　—章于天

清（一）・程・一　大（太）姒夢—商廷隹梾（棘）

清（一）・金・八　我之□□□□亡以復—於先王

清（一）・楚・一　—盤庚之子

清（二）・繫・二七　君必命—之

清（二）・繫・二八　文王命—之

清（二）・繫・二八　王固命—之

清（二）・繫・二八　旣—之還

清（二）・繫・九〇　柬（厲）公亦—禍（禍）以死

清（二）・繫・九九　霝（靈）王—禍（禍）

清（二）・繫・一〇九　以與吴王𦤎（壽）夢相—于鄕（虢）

清（二）・繫・一一〇　以與夫秦（差）王相—于黄池

清（三）・赤・四　亡（無）不—也

清（三）・赤・四　亡（無）不—也

清（四）・筮・見一　兦亖呂（凡）—参（三）女

清（四）・筮・見二　亖仌同男＝（男・男）—

清（四）・筮・見三　亼二呂（凡）—参（三）男

清（四）・筮・見四　兦亼同女＝（女・女）—

清（四）・筮・見五　兦二呂（凡）—大人

清（四）・筮・見六　亼兦佋（昭）穆—

清（四）・筮・咎七　亖亼二呂（凡）咎—述（術）

清（四）・筮・瘳一〇　亖兦呂（凡）瘳—述（術）

清（四）・筮・至一〇　仌亖封（卦）—乃至

清（四）・筮・得一一　亼仌—丁譻（數）

清（四）・筮・死一六　亖兦亼者相—

清（四）・筮・死二二　亼亖者相—

清（四）・筮・雨一六　亖亖兦金木相—

清（四）・筮・雨一八　火相—才（在）下風

視

清（四）·筮·得一八 亼三亼頭（夏）—五

清（四）·筮·雠二〇 上妻夫相—雠（售）

清（四）·筮·得二〇 亼亼琇（秋）—九

清（四）·筮·得二二 亼亼备（冬）—四

清（四）·筮·死二二 亼亼者相—

清（四）·筮·志二五 事而—

清（四）·筮·軍三二 而—同

清（四）·筮·十七命六二 曰㝵（得）曰—曰瘳

清（五）·湯丘·四 湯反逿（復）—少（小）臣

清（五）·湯丘·八 虗（吾）此是爲—之

清（五）·湯丘·八 女（如）我弗—

清（五）·殷·一一 大萶（路）甬（用）—兵

清（五）·殷·二六 甬（用）兇以—詢

上（二）·魯·二 —也

上（五）·季·一八 能爲—降耑（端）以比

見

包二·一五 —日 人名

包二·一七 不敢不告—日

包二·一三五 僕不告於—日

包二·一三七反 —日以陰人谿慶之告詎僕

包二·一三七反 —日命一執事入至命

磚三七〇·二 —日

磚三七〇·三 —日

郭·老甲·二 —索（素）保僕（樸）

郭·老乙·三 長生售（舊‖久）—之道也

郭·老丙·五 —之不足見

郭·緇·二 以—民厚

郭·緇·六 章好以—民忿（欲）

郭·五·二九 文王之—也女（如）此

郭·五·三〇 —而智（知）之

郭·語三·一三 自—（示）其所能，員（損）

郭·語四·二七、二七背 —畱（朝）而內（入）

郭·語三·一四 自—（示）其所不族，益

上（二）·容·八—九 堯是㠯—臤（賢）　上（二）·從（甲）·七 —上卒飤（食）　上（一）·紂·一一 我既—

上（一）·紂·一〇 「未—　上（一）·紂·二〇 枇（必）—丌（其）成　上（二）·民·六 明目而—之

上（二）·民·七 旻（得）而—也　新甲三·三一二 奠（鄭）—之述　新甲三·三一九 不—畀▨

新乙四·四四 牺（將）—王　上（一）·紂·一一 女（如）丌=（其其）弗克—　新乙一·六 —於卲（昭）王、吝（文）、吝（文）佚=（夫人）、子西君

上（三）·周·二五 虎—（視）矗=（眈眈）　上（四）·昭·三 让（卜）命（令）尹陳省爲—日告

上（四）·昭·七 —毀（捆）逃（珧）珤（寶）　上（四）·昭·八 —之臣皋（罪）亓（其）宓（容）於死

上（五）·君·二 —之而不義　上（五）·君·二 目勿—也

上（五）·君·六 毋正—毋昊（側）䁖（視）　上（五）·三德·六 行逩（往）—逨（來）

上（五）·三德·一五 府（俯）—□□　上（六）·孔·五 吾會（詥）弗—也

上（六）·用·五 —前寡（顧）逡（後）　上（六）·天·七 —百正寡（顧）還肩（脅）

上（六）·天乙·七 士—目亙（恒）寡（顧）還面　上（七）·武·七 —而（遖）所弋（代）

觀　覾

上（七）・凡甲・二三　丩（糾）而—之
上（七）・凡乙・一五　丩（糾）而—之

清（一）・祭・二　余隹（惟）寺（時）逨（來）—
清（三）・說中・六　女（汝）克晛（覞）—（視）四方

清（三）・說中・六　乃府（俯）—（視）墬（地）
清（三）・說中・七　若詆（抵）不—（視）
清（三）・說下・三　以藉（益）—（視）事

清（三）・說下・六　晝女（如）—（視）日
清（三）・說下・六　夜女（如）—（視）晨（辰）

清（三）・琴・八　晝之才（在）—（視）日
清（三）・琴・八　夜之才（在）—（視）晨（辰）

清（三）・赤・六　—（視）而不能言
清（四）・筮・四季三九　乃蜡（惟）兇之所集於四立（位）是—

眂
上（一）・紂・一　㠯（以）—（視）民
《說文》古文。

眙
上（一）・紂・二一　—我周行
清（三）・琴・三　—（示）告畬（余）㬎（顯）悳（德）之行

覾
清（三）・說下・四　女（如）飛鶴（雀）罔畏—（離）

觀
矔
包二・一八五　—蟎　人名
包二・二四九　—義　人名

包二・二三一　—緗
包二・二四二　—緗
包二・二四四　—緗
包二・二三〇　—緗　人名

親

親 郭·語一·七六—八二相連
臯 ▨於義，—（親）而不障（尊）
郭·語一·七八 父，又（有）—（親）又（有）障（尊）

上（一）·性·九
—（觀）丌（其）先逡（後）而
觀字異體。

寵
上（七）·武·二
王女（如）谷（欲）—（觀）之

舊
上（四）·內·一〇
從人—（勸）
上（一）·性·一五
—（觀）歪賚

僊
上（一）·孔·三
尃（溥）—（觀）人谷（俗）安（焉）

清（二）·繫·一
昔周武王監—商王之不龏帝⁼
清（二）·繫·六七
自房宙（中）—郤之克
清（五）·殷·一
高宗—於匌（洹）水之上

上（七）·君甲·五
王肯⁼之所㠯（以）爲目—也
上（七）·君乙五
王肯⁼之所㠯（以）爲目—也

上（五）·鮑·二
—（觀）亓（其）容
上（六）·競·九
明悳—行

新零·三二六
▨己巳之日，—▨
上（三）·周·二四
—我散（微）頤
上（四）·曹·三四
㠯—卡⁼之青（情）憑（僞）

郭·緇·三七
戠（割）紳—文王悳（德）
上（二）·子·一一
—於伊而旻（得）之宜厶（冬）也

望一·一七四
▨日—□▨
郭·老乙·一八
以向（鄉）—向（鄉）
郭·老乙·一八
以天下—天下
郭·老乙·一八
以邦—邦

郭·語一·七九 僔（尊）而不—（親）

郭·語一·八〇 長弟，—（親）道也

郭·語一·八一 毋（無）—（親）也

郭·語二·八 —（親）生於㤅（愛）

郭·語二·九 忠生於—（親）

郭·語三·四〇 㤅（愛）—（親）則其殺㤅（愛）人

上（一）·紂·一〇 大人不—（親）丌（其）所𢀖

上（一）·紂·一三 則民又（有）—（親）

上（一）·紂·一一 大臣之不—（親）也

郭·語三·三〇 㤅（愛）鉰（治）者—（親）

郭·忠·一 忠㡒（積）則可—（親）也

郭·忠·八 古（故）𢇍（蠻）—（親）尃（溥）也

郭·忠·二 忠信㡒（積）而民弗—（親）信者

郭·唐·八 尊臤（賢）遺—（親）

郭·唐·五 天子—（親）齒

郭·唐·六 㤅（愛）—（親）僔（尊）臤（賢）

郭·唐·七 㤅（愛）—（親）古（故）孝

郭·唐·八 㤅（愛）—（親）𢖈（忘）臤（賢）

郭·唐·一〇 㤅（愛）—（親）尊臤（賢）

清（三）·芮·一一 以—（親）亓（其）㾞（狀）

𥅘

包二·五一 宵— 人名

上（四）·曹·二七 君女（如）—衙（率）

上（四）·曹·三三 —衙（率）勳（勝）

上（四）·曹·三三 吏（使）人不—則不緯（敦）

上（四）·曹·三三 爲—女（如）可（何）

清（一）·保·四 —勸（耕）于鬲（歷）茅（丘）

清（一）·金·一二 隹（惟）余沓（沖）人亓（其）—逆公

親
上(二)·容·二四 埊(禹)—埶枌〈朸〉(耒)耙(耜)

睬
上(五)·季·二〇 救民吕(以)—(親)

新
包二·一九一 新大厩鄎(殷)—(親)
上(七)·吴·四 —(親)於桃逆裳(勞)丌(其)夫=(大夫)

慭
上(二)·昔·三 能事丌(其)—(親)
《字彙補·攴部》:『敹,古文親字。』

覜

䚀
碑三七〇·二 —殺僅之郣
郭·老甲·一 —(盗)惻(賊)亡又(有)
郭·老甲·三一 —(盗)惻(賊)多又(有)

碑三七〇·三 —殺僅之郣
上(二)·容·六 不型(刑)殺而無—(盗)惻(賊)

晛

眊
上(一)·紂·一四 —(苗)民非甬霝(命)
《廣韻》:晛,亦作眊。

覾

上(三)·周·五 晶(三)戢(歲)不—
清(二)·繫·一二六 王衔(率)宋公以城—閘(關)

䚌

包二·四六 番— 人名
包二·六四 番—
包二·一六七 番—
包二·一七五 番—
包二·一八六 番—
包二·一六七 喪— 人名
包二·二八 遠— 人名
清(三)·説中六 女(汝)克—(覴)見(視)四方

覼

新甲三·二三三、一九〇 陸(陳)—志 人名

⿰見枼

包二·一三八 大—尹

包二·一六四 泜昜—尹郙余

包二·一七五 郭=(鄗邑)—尹䏃

上(四)·曹·三一 —(諜?)人銮(來)告曰

⿰見睿

包二·八二 郘—

包二·一六七 喜夫人之人文—

包二·一七三 邔昜少司馬鈇—

包二·一七七 鄎昜司敗郙— 从李家浩先生釋。

清(三)·說上·五 一豕乃—(旋)保以遣(逝)

清(五)·殷·二二 音色柔丂(巧)而—(叡)武不罔

清(五)·殷·二二 寺(是)名曰—(叡)訐(信)之行

⿰冋見

上(六)·平·七 民是—(觀)䚚(望)

⿰見思

上(七)·武·五 武王䎽(聞)之忎(恐)—(懼)

⿰見垔

清(一)·尹至·四 女(汝)告我頣(夏)—(隱)銜(率)若寺(時)

清(五)·殷·二三 —(診)頣(夏)之逷(歸)商

清(五)·殷·二二 天下—(甄)爯(稱)

清(三)·說中·四 女(如)不—(瞑)均(眩)

清(三)·芮·一五 褭(懷)忎(慈)斈(幼)弱羸(羸)募(寡)—(矜)蜀(獨)

清(三)·芮·一八 龏(恭)—(監)亯(享)祀

清(一)·皇·一 隹(惟)莫—(開)余嘉悳(德)之兑(說)

清(三)·芮·二〇 —(研)㪣(甄)嘉惟

清(五)·厚·一二 曰天—(監)司民

包二·一四三 黄— 人名

包二·一四三 —言曰

帛乙一一·二〇 不—□行

上(二)·子·一二 ▨—

上(三)·周·二六 巿巿—(感)

上(三)·周·二六 —(感)丌(其)拇

上(三)·周·二六 —(感)丌(其)脊(膂)

上(三)·周·二七 —(感)丌(其)拇

上(三)·周·二七 —(感)頌(輔)夾(頰)䑛(舌)

上(六)·競·八 𦥑興(舉)邦爲—(歛)

清(一)·保·四 —才(哉)

清(五)·厚·七 —之戋(哉)

欽

上(二)·容·三七 乃執兵—痻(?)

上(三)·周·二六 —(感)丌(其)脊(腓)

郭・尊・二
正—

歙

歙 包二・八五
陵—　人名

欲

上(二)・魯・五
丌(其)—雨

上(三)・周一四
朢(朋)—(盍)簪(簪)

上(三)・周・五五
—易出

上(三)・亙・四
因生亓所—(欲)

上(三)・彭・二
戁(難)易訡—

清(一)・保・五
不諱于庶萬眚之多—

清(二)・繫・五六
宋右帀芋孫兀—裘楚帀

清(二)・繫・八六
競公—與楚人爲好

欲 信一・〇二六
大—貴▨

天卜
不—飤

天卜
不—▨

郭・老甲・二
少厶(私)須(寡)—

郭・老甲・五
辠(罪)莫厚(重)虐甚(淫)—

郭・老丙・一三
是以□人—不欲

郭・老丙・一三
是以□人欲不—

上(二)・容・一二
而—目爲逡(後)

上(二)・容・一七
而—目爲逡(後)

上(二)・容・三〇
坌(舜)乃—會天地之燹(氣)

上(二)・魯・四
丌(其)—雨或甚於我

九・五六・四三
含(今)日某栖(將)—飤(食)

上(四)・柬・三
—祭於楚邦者虐(乎)

上(四)・曹・二正
—於土型(鉶)

上(四)・曹・一三
虗(吾)—與齊戰

上(四)・曹・五三
必贊首皆—或之

上(五)・鮑・四
縱公之所—

上（五）·鮑·五 含（今）豊迅（刁）伀夫而—智
上（五）·鮑·五 臣唯（雖）—試（試）或不㝵（得）見公

上（五）·鮑·七 至—飤（食）而上（尚）厚亓（其）會（斂）
上（五）·姑·四 隹（惟）—畜女（汝）者才（哉）

上（五）·姑·六 鑾（欒）箸（書）—乍（作）𨸏（難）
上（五）·姑·七 虛（吾）敢—褱衰
上（五）·君·三 —行之不能

上（五）·君·三 —迲（去）之而不可
上（五）·三德·二〇 民之所—
上（七）·武·一三 志勫（勝）—則利

上（七）·武·一四 —勫（勝）志則喪
上（七）·武·一四 志勫（勝）—則從
清（一）·程·五 桓（樹）因—

上（七）·君甲·七 含（今）君王𦘒（盡）去耳目之—
上（七）·君乙·六 含（今）君王𦘒（盡）去耳目之—

清（一）·程·六 —隹（惟）柏夢
清（二）·繫·三一 —亓（其）子勬（奚）資（齊）之爲君也

清（二）·繫·四八 秦穆公—與楚人爲好
清（二）·繫·六四 郘（趙）𥂝（旃）不—成
清（三）·芮·五 甬（用）莫能歨（止）—

慾

上（三）·亙·三正 求—（欲）自復=（復。復）
上（三）·亙·五 復（復）亓所—（欲）

忩

郭·緇·六 章好以視民—（欲）
郭·緇·八 君好則民—（欲）之
郭·語二·一〇 —（欲）生於眚（性）
郭·語二·一三 念（念）生於—（欲）

郭·語二·一五 楥（諼）生於—（欲）
郭·語二·一〇 慮生於—（欲）
郭·語二·一七 渇生於—（欲）
郭·語二·一九 返生於—（欲）

从谷省聲。

歌

訶

郭·窮·五 行年七十而賭(屠)牛於朝—(歌)

《說文》或體。

郭·性·二四 昏(聞)—(歌)謠(謠)

上(一)·性·一四 昏(聞)—(歌)要(謠)

上(一)·孔·一六 夫蕎之見—(歌)也

上(五)·弟·二〇 又(有)戒植其槈而—(歌)安(焉)

上(五)·三德·一二 陞(登)丘毋—(歌)

清(一)·耆·三 复(作)—(歌)一夂(終)曰藥脂酉

清(一)·耆·五 复(作)—(歌)一夂(終)曰鐙尭

清(一)·耆·一〇 复(作)—(歌)一夂(終)曰⿱七䖵⿴行虫

清(二)·繫·九五 以遉(復)朝—(歌)之𠂤(師)

清(二)·繫·九四 齊戒公涉河𡨦(襲)朝—(歌)

款

款

郭·唐·三 窮(窮)悬(仁)—(矣)

郭·唐·三 聖(聖)道備—(矣)

郭·唐·一五 旹(時)弗可秉(及)—(矣)

郭·唐·二二 能以天下𠅙(番)—(矣)

《說文》喜之古文。

欸

欸

望一·一七 既心孛以癢善—☑

望一·三七 ☑以不能飤以心孛以—胸口疾

望一·三九 ☑聚—☑

望一·一八 ☑以心悖不能飤以聚—☑

歙

包二·一六八 𥝩戯某—

歒

曾五七 —馭公左□

⿰者欠
包二・一六三 李—于 人名

欯
帛丙五・一 曰—
帛丙五・二 —出睹

欱
包二・一四六 苛— 人名
包二・一八四 苛—
包二・一八六 鄴邳公—

⿰旡欠
包二・一八九 黃— 人名

⿴衣欠
包二・八七 鄦昜大兮尹宋—訟軋慶

⿰索欠
包二・一五二 —飤田，病於腜（責）
包二・一五一 左尹士命其從父之弟番—遂之

⿰𠦝欠
曾一二八 彈—
曾一三〇 彈—賠
曾一三三 彈—賠
曾一二八 彈—賠
曾一三九 彈—賠
曾四三 無—
上（五）・季・一九 亞（惡）人勿—（戕）

⿰𠦝凡
曾一二五 彈—賠
曾一二六 彈—賠
曾一三八 彈—賠

故
上（四）・曹・五四 遉（復）—戰（戰）又（有）道虖
上（四）・曹・五五 此遉（復）—戰（戰）之道

欥　歈

欥

清（三）·赤·九
罒（巫）鴬（烏）乃—（歎）少（小）臣之朐（喉）渭（胃）

歈

歈

天卜
旣滄然以宻=然不欲食以脇漱以—尚毋又咎

上（二）·容·三
—而飤（食）之

上（四）·昭·五
卒（卒）吕夫=—=（飲酒）於坪（平）滿（漫）

上（五）·三德·一二
不—不飤（食）

上（五）·鬼·六
弗—（飲）弗飤（食）

上（四）·昭·一
王戒（誡）邦夫=吕（以）—（飲）

清（一）·耆·三
監—（飲）酉（酒）

清（一）·耆·四
嘉箮（爵）速—（飲）

清（一）·耆·一
乃—（飲）至于文大（太）室

清（一）·耆·六
嘉箮（爵）速—（飲）

清（一）·耆·九
周公秉箮（爵）未—（飲）

次

清（一）·保·一〇
命未又所—（延）

涼

款

清（一）·皇·三
句（苟）克又（有）—（諒）

清（五）·厚·一〇
啟之民其亡—（諒）

卷九

頁

包牘一 緅翟— 《説文》頭也，古文䭫首如此。

信二·〇五 屯四鈇—

信二·〇一七 鈇—

仰二五·二三 玉—

新乙四·九八 吕（以）𩠐—之𩠐爲君三歲貞▨

上（六）·競二正 公與—合（答）之尚（倘）肰（然）

上（七）·凡甲·七 虗（吾）系（奚）吕（以）爲—（首）

頭

亘豆

望二·四九 皆赤—索（素）豖之毛□

顏

新甲三·二〇三 又—首

上（五）·鬼·八 —（顏）色深晦（晦）

清（一）·祭·一八 悳＝（唐唐）咼（厚）—（顏）忍耻

頌

天卜 郙客困公—迈楚之戠

郭·老甲·八 是以爲之—（容）

郭·緇·一六 𡩜—（容）又（有）棠（常）

郭·緇·一七 其—（容）不改

郭·性·二〇 至—（容）宙（貌）

郭·性·二一 好其—（容）

郭·性·六六 賓客之豊（禮）必又（有）夫齊齊之—（容）

上（二）·從（甲）·六 吕—（容）百眚（姓）

上(四)·內·八 冕(冠)不力行不—

上(六)·用·七 亓(其)—(容)之怍

清(二)·繫·一〇一 居譽(許)公𢓊於—(容)城

清(三)·琴·一一 甬(用)—(容)㫚(輯)舍(余)

清(三)·琴·一四 不畀甬(用)非—(雍)

清(三)·芮·二三 人—(訟)孜(扞)害(違)

顡

覔 上(三)·周·三八 藏(藏)于—(頍)

頸

包二·一六 —事牺㶌

秦九九·七 ☐王夫=以其—☐

上(四)·昭·七 不隻(獲)寅(引)—之皐(罪)

頣 曾九 鞞—

曾七二 鞞—

曾八九 貂定之—

項

望二·一三 需光之童，纓縲—

瓨 包牘一 繙芋結—

碩

上(三)·周·三六 造(往)訐逨(來)—

上(四)·采·一 宮穆—人又文又敨

顧

臊 郭·緇·三四 古(故)君子—一言而行

清(一)·祭·二一 搖(祭)公之—(顧)命

頟 順 頡 類

頟

上（四）・采・四
—羽之白也

順 心

郭・緇・一二
四方—（順）之

上（七）・吳・三正
君之—（順）之

清（三）・芮・一八
足（胥）—（訓）足（胥）孥（教）

清（五）・殷・一二
敢𠹌（問）先王之遺—（訓）

清（五）・殷・一四
㞢（上）卲（昭）—（順）穆而敬（警）民之行

清（五）・殷・二一
經緯—（順）齊

清（五）・殷・二七
𠹌（聞）孥（教）—（訓）

頡

包二・一五五
鄅少司城龏—爲欿，媛（？）足於僕（僕）

上（二）・容・一
倉—是（氏）

類 頪

上（二）・容・三〇
复（作）爲六—（律）六

郭・緇・四
爲下可—（類）而等（等）也

郭・尊・四
𧥺（教）爲可—也

郭・性・四〇
智（知）—（類）五

郭・性・一七
聖人比其—（類）而侖（綸）會之

郭・性・四〇
悉（愛）—（類）七

郭・六・三一
𢝊（仁）—（類）蓸而速

郭・六・三一
宜（義）—（類）卉而𢆶（絕）

上（一）・性・三四
智（知）—（類）五

上（一）・性・九
聖人比丌（其）—（類）而侖（論）會之

上（一）・性・三四
亞—（類）三

上（一）・性・三四
悉（愛）—（類）七

顯 頪 顗 頌

上(一)·紂·二 爲下可—而啚(志)也 訛形。

顯

曾四三 —鞅

曾五六 —鞅

曾五九 —鞅

曾六一 —鞅

曾六四 鞎—鞅

曾九五 —鞅

曾九一 —鞅

曾一〇三 —鞅

曾一一五 —鞅

曾一五 —鞅賠

曾二八 —鞅賠

曾三七 —鞅賠

曾七二 —鞅賠

曾八四 —鞅賠

曾八六 —鞅賠

上(三)·周·一〇 —比

清(一)·祭·七 公爯(稱)不(丕)—悳(德)

郭·六·二六 —此多也

郭·語一·一五 又(有)—(美)又(有)膳(善)

上(一)·紂·一 㚶(好)—(美)女(如)㚶(好)紂衣

上(一)·紂·一八 能大丌(其)—(美)而少(小)丌(其)亞(惡)

包二·四七 —司敗李一耳受旮

包二·四七 辛巳之日不逕—宦夫=(大夫)

清(二)·繫·六八 所不逡(復)—(詢)於齊

⿰者頁

清（二）·繫·八一 少市（師）亡（無）朞（極）讒（讒）連尹—（奢）而殺之

⿰邕頁

清（四）·別·二 㐅—（頣）

百

曾九 白敓之—

百、首爲一字，詳見首字。

脜

九·五六·四〇 六牲—（擾）

九·五六·四〇 六—（擾）

九·五六·四六 六—（擾）

⿰月頁

包·一八〇 秦戯連囂—

上（六）·用·一七 衆謀謀—

清（一）·程·八 思（使）卑—（柔）和川（順）

清（一）·皇·五 百眚（姓）萬民用亡（無）不—（擾）比才王廷

清（一）·皇·一三 母（毋）复（作）组（祖）考—（羞）才（哉）

清（三）·說下·二 余—（柔）遠能逐（邇）

清（三）·芮·三 母（毋）—䎽（聞）繇

清（五）·殷·一八 憙（喜）神而—（憂）人

⿱頁伩

上（三）·彭·七 一命戈（一）—

上（三）·彭·七 一命三—

上（三）·彭·七 三命四—

⿱頁夭

上（五）·三德·一一 毋—貧毋芺（笑）型（刑）

旹

清(一)·金·二 秉璧—(植)珪

𩠐

清(二)·繫·二〇 —(戴)公卒(卒)

面

包二·二七一 四馬之𠙶—

包二·二七二 白錫=—

天策 兩馬之紡轡白—

天策 ☐鑛—

包牘一 四馬晧—

郭·尊·一五 則民力罷(犨)以—利

郭·唐·二五 南—而王而〈天〉下而甚君

上(二)·容·一四 㚇(舜)北—

上(二)·容·一四 子堯南—

上(二)·容·二四 —旃鯌(?)嶕

上(六)·天乙·七 目亞(恒)㬥(顧)還—

上(七)·武·二 南—而立

上(七)·武·三 夫先王之箸(書)不𢍏(與)北—

上(七)·武·三 武王西—而行

上(七)·武·三 東—而立

清(四)·筮·祟四六 女子大—端虞(嚇)死

酺

頰

上(三)·周·二七 欽(感)—(輔)夾(頰)䛡(舌)

上(三)·周·四九 良刀(其)—(輔)

丏

包二·一六四 —鮌之州加公䛗勳

郭·唐·二七 —(萬)勿(物)虘(咸)訇

首

天策 —遺

天策 ☐毛之—

天策 白羽之—

天策 白羽之—

天策 ☐—承

包二・二六九 —韋

包二・二七〇 —韋

郭・語四・五 級(急)者爲—

新甲三・二〇三 又顏—

上(五)・鬼・二背 而受—於只(歧)袿(社)神之罰

上(六)・莊・四下 繡(申)公子皇—(首)皇子

清(二)・繫・一一 齊襄公會者(諸)侯于—壯(止)

頁 信二・四 —罩稀

信二・二一 一柜—因

包牘一 —韋

百 包二・二六九 替芼之—

包二・二七三 鑟䝟𣯫—

天策 宎羽—

天策 罩—

望二・一三 羆罩之—

望二・一三 冢毛之—

望二・三七 金之□—

天卜 賽□惠公—以豻

曾三 豻—之霥

曾七 豻—之霥

曾二八 虓—之霥

曾三八 豻—之霥

曾八九 鼬—

曾一〇一 二虓—之戠

曾一〇三 虓—之𦐊

曾一四七 大—之子駢爲右驂

曾一七三 大—之子駢爲左飛

曾四六 墨毛之—

曾六九 貂—之霥

曾七九 玄羽之—

曾八六 朱毛之—

曾六 鼬—

百、頁、首、頁爲同字異形。

上(三)・周・一〇 比亡(无)—，凶

上(三)・周・五七 需丌(其)—

上(三)・彭・八 弍(二)拜旨(稽)—曰

𩠐

上（四）・曹・五三
必贊—皆欲或之

上（五）・弟・三
毋又（有）—猷

清（四）・筮・爻五六
爲木爲備戒爲—（首）爲足

清（五）・湯門・二〇
此隹（惟）事—

新甲三・三一〇
䤾於郝—、郘思二貼▨

䵹

斷

郭・緇・二六
—以型

與剸、剚爲一字異文。

𩠑

郭・老甲・二一
又（有）—（道）蟲（蚰）成

郭・五・三六
遠而—之

上（二）・容・三八—三九
亓喬（驕）大（泰）女（如）是—（狀）

上（二）・容・一七
女（如）是—（狀）也

上（二）・容・四九
女（如）是—（狀）也

上（五）・鬼・五（墨下）
—（狀）若生又（有）耳不䎽（聞）

上（六）・天甲・七
者（諸）侯飤同—（狀）

上（六）・天乙・六
者（諸）侯飤同—（狀）

清（一）・楚・三
氒（厥）—（狀）䎽（聶）耳

清（三）・說上・二
氒（厥）敚（說）之—（狀）

清（三）・琴・三
日臺（就）月—（將）

清（三）・芮・一一
以畢（親）亓（其）—（狀）

清（四）・筮・果四一
卡=（上下）同—（狀）

𩠸

包二・二二
不詧（察）陳宔—之傷之古

包二・三〇
不詧（察）陳—之傷

包二・一七三
李瑤之人—

[illegible]

[illegible]　包二·二一　鄝—　人名

[illegible]

包二·一〇二　鄝—　人名

[illegible]

望二·四八　一匡紃—（枕）

[illegible]

新零·一一五、二二　是—切而□亦不爲大詢（詬）

[illegible]

清（四）·筮·祟四五　五乃𢞷—

縣

縣　䌛

曾二　一—箙

曾二　二—箙

上（六）·天甲·六　立𠄀（以）—

上（六）·天乙·六　立𠄀（以）—

包二·二二七　—鮥公，各冢豕

新乙四·一三四　晋—爲䣁相之𢼄告大⊘

須

包二·八八　楚斨司敗駁—訟陽迲斨邑𩬜軍𩬜䳐

包二·一〇二　廼—　人名

包二·一〇二反　瘵既□於郢，廼—□

包二·一三〇反　—左司馬之𢍏行廼以𨜙之

包二·一四五反　司豊之客—□箸言胃

曾六　紫羊—之緄

曾一〇　紫羊—之緄

曾六八　羊—之緄

郭·老甲·二四　居以—復也

上（二）·容·四六　䣁（密）—是（氏）

上(四)·昭·五
尔古—(鬚)既㮳(格)

上(五)·三德·一
卉木—旹(時)而句(後)畜(奮)

上(六)·平·四
居(據)洛(路)㠯(以)—

清(三)·良·六
又(有)寍(賓)—亡

彰

郭·語三·一〇
逗習閔(文)—(章)

彫

信二·〇九
二方濫(鑑)屯—裏

信二·〇一一
二—䄻

信二·〇二五
屯鄰—又業之臺

信二·〇三
一—鼓

彣

包二·二〇三
罷禱於—坪栾(夜)君

上(一)·孔·一
—(文)亡隱(離)言

上(一)·孔·五
秉—(文)之悳(德)

清(一)·程·八
可(何)褁(褱)非—(文)

清(五)·湯丘·一六
不備(服)佌(過)—

彥 彥

清(三)·琴·一六
不䫉(墜)卣(修)—(彥)

文

包二·四二
—壬 人名

包二·九七
—逗 人名

包二·一六七
—胆 人名

包二·二〇〇
—坪夜君

包二·二〇六
—坪夜君

包二·二一四
—坪夜君

包二·二四〇
—坪虽(夜)君

郭·緇·二
㦿(儀)型(刑)—王

郭·緇·三四
穆穆—王

郭·緇·三七
戠(割)紳觀—王悳(德)

郭·窮·五
堣(遇)周—也

郭·五·二九
—王之見也女(如)此

郭・成・三八
—王复(作)罰

郭・成・三九
—王之型(刑)莫厚(重)安(焉)

上(一)・孔・七
命此—王

上(一)・孔・二一
—王虗(吾)岂(美)之

上(一)・孔・二二
—王曰

上(一)・孔・二四
則𠂤(以)—武之悳也

上(二)・容・四六
—王䎽(聞)之

上(二)・容・四六—四七
乃出—王於虽(夏)𡐨(臺)之下而䎽(問)焉

上(二)・容・四七
—王曰

上(二)・容・四七
—王於是虖(乎)素耑(端)䘲(褰)裳𠂤行九邦

上(二)・容・四七
—王乃㠯(起)帀(師)𠂤鄉(嚮)豐、喬(鎬)

上(二)・容・四九
—王堋(崩)

上(二)・容・四八
乃陞(降)—王=(文王,文王)時故時而夋(教)民時

上(一)・紂・一七
穆=(穆穆)—王

上(二)・容・四九
昔者—王之差(佐)受也

新甲三・五
以逾訓(順)至—王

新甲三・一二一
▨(平)夜—君各一玉▨

新甲三・二〇〇
嬰禱子西君、—夫人各戠牛饋

新甲三・二〇六
—㬎受亖(四)

新甲三・二一三
—君、文伕=(夫人)

新甲三・二四二
▨坪鄃—君子良,樂,贛(貢)

新甲三・三四四—一
嬰禱卲(昭)王、—君▨

新乙四・四五
▨□白—白□

新乙四・九六
—王以豢

新零・三九、一五〇
𠂤(以)逾至—君□□▨

新零・二五五
𨗨(就)禱—▨

新零・三〇一、一五〇
—王

新零・四四五
▨卲(昭)王、—▨

上（四）·采·一
宮穆碩人又—又敨

上（六）·競·四
—子畣（答）曰夫□吏（使）丌（其）厶（私）

上（六）·天甲·五
—会（陰）而武昜（陽）

上（六）·天乙·四
—会（陰）而武昜（陽）

上（六）·天乙·五
—生武殺

清（一）·耆·一
乃歙（飲）至于—大（太）室

清（一）·祭·四
滕之皇且（祖）周—王

清（一）·祭·六
孳由逖𡨦于—武之曼悳

清（一）·祭·八
以余少子颺（揚）—武之剌（烈）

清（一）·祭·一〇
隹（惟）周—王受之

清（一）·祭·一一
隹（惟）天奠我—王之志

清（一）·祭·一二
隹（惟）—武中大命

清（一）·祭·一二
我亦走（上）下卑（譬）于—武之受命

清（一）·祭·一五
不（丕）隹（惟）—武之由

清（一）·楚·八
—王自疆浧遷（徙）居湫郢

清（二）·繫·八
晉—侯戝乃殺惠王于鄬

清（二）·繫·九
晉—侯乃逆坪王于少鄂

清（二）·繫·一二
楚—王以敓于灘（漢）澢（陽）

清（二）·繫·二一
□公子敓方女（焉）是—公

清（二）·繫·二四
乃𤔲（使）人于楚—王曰

清（二）·繫·二五
—王𢀛（起）𠂤（師）伐賽（息）

清（二）·繫·二六
—王敗之於新（莘）

清（二）·繫·二六
—王爲客於賽（息）

清（二）·繫·二六
賽侯以—王歙⁼（歙酒）

清（二）·繫·二七
亦告—王曰

清（二）·繫·二七
—王命見之

清(二)·繫·二九 —王以北啟出方成(城)

清(二)·繫·三二 或譔(讒)恵公及—公

清(二)·繫·三六 —公十又二年居翟(狄)

清(二)·繫·三八 秦穆公乃訋(召)—公於楚

清(二)·繫·三八 秦人记(起)自(師)以内—公于晉

清(二)·繫·三九 晉人殺褱(懷)公而立—公

清(二)·繫·四一 晉—公立四年

清(二)·繫·四一 晉—公囟(思)齊及宋之悳

清(二)·繫·四三 鄒(蔡)及羣緣尸(夷)之自(師)以交—公

清(二)·繫·四五 晉—公立七年

清(二)·繫·四七 晉—公妥(卒)

清(二)·繫·八八 楚王子波(罷)會晉—子燮(燮)及者侯之夫=

清(二)·繫·九六 命尹子木會郘—子武

清(二)·繫·九七 命尹會郘—子及者(諸)侯之夫=

清(二)·繫·一二一 晉蟲—侯弇從晉自(師)

清(三)·琴·二 —非易币

清(三)·琴·七 褎(裕)亓(其)—人

清(三)·琴·一二 寺(持)隹(惟)—人之若(若)

清(三)·琴·一六 —非敕(動)币

清(三)·良·二 —王又(有)忞(閔)夭

清(三)·良·四 晉—公又(有)子軦(犯)

清(五)·厚·一 䜌(問)前—人之龏(恭)明悳(德)

清(五)·殷·六 高—成且(祖)

清(五)·殷·一五 𨗴(邇)則—之爲(化)

清(五)·殷·二四 高—成且(祖)

彭

郭·成·二二 唯—不單爯（稱）悳（德）

后

郭·唐·三 肰（然）—（後）正世

郭·唐·一〇 —禝（稷）幻（治）土

上（一）·紂·一二 毋㠯（以）辟（嬖）御𦘦妝—

清（五）·厚·二 敀隹（惟）—帝亦弗叜（䍐）敀之經悳

清（五）·厚·四 或律（肆）祀三—

清（五）·厚·八 复（作）辟事三—

司

包二·八九 —衣之州人苛𨧨

包二·一〇二 右—寇 官名

包二·二八 —敗 官名

包二·三一 —取

包二·四五 —敗

包二·五五 —敗

包二·五六 —敗

包二·六四 —敗

包二·八八 —敗

包二·一二八 王丁—敗遏

包二·一八三 —敗

包二·六二 —悳 官名

包二·一六九 —悳

包二·二四 —馬 官名

包二·六〇 —馬

包二·一一四 —馬

包二·四三 右—馬 官名

包二·一二九 左—馬 官名

包二·一一五 大—馬 官名

包二·二二八 大—馬

包二·二三四 大—馬

包二·二三九 大—馬

包二·二六七 大—馬

包二·一三〇 少—馬 官名

包二·一五九 陞與之告言之子—馬

包二·二〇六 —馬子音

包二·二二四 —馬子音

包二·二一三 —禍(禍) 神祇名

包二·二一五 —命

包二·二四三 —命

包二·二二三 少—敗 官名

包二·九〇 少—敗

包二·一四五反 —豊之客須□箸言胃

包二·一五五 少—城 官名

包二·一五五 大—城 官名

包二·一五七 舟裁—舟

包二·一六八 —舟公孪

信二·〇二 一—齒珥

牌四〇六·二三

秦九九·一一 —命

秦九九·一一 —禍(禍)

天卜 —命

天卜 —禍(禍)

天策 少—馬

天策 —成

望一·五四 —命

曾一五〇 右—馬之騮爲右驌

曾一六九 左—馬之騮爲右驂

曾一七三 宋—城之騁爲右驂

曾一七四 —馬之白爲右飛

曾二一〇 鄴—馬一馬

曾一七七 —馬之𩣡爲右驌

帛甲二·三〇 以—堵襄

帛丙三·一 秉—春

帛丙六·一 𢼄—頊

帛丙九·一 玄—昧

帛丙一二·一 荃—畓

郭·窮·八 孫舌(叔)三鉃「射(謝)」郅「郅(期)」少—馬

九·五六·四三 命尔—兵死者

上(二)·容·二三 乃立盂(禹)㠯爲—工

上(二)·昔·四 尔—

新甲一·七 司𢧵、—折□

新甲一·七 —𢧵、司折□

新甲一·一五 □於—命一𪊨(鹿)

新甲三·四 寋(賽)禱司命、—彔□

新甲三·一八二—二 ▨—馬虮逗於鑇

新甲三·四 寋（賽）禱—命、司彔▨

新甲三·三一六 —馬敎之述

新甲三·二三三、一九〇 ▨鄴少—馬

新甲三·三二六—一 下獻—城己之窠人

新甲三·三四九 —城均之述

新乙一·一五 司命、—禍（禍）各一麐（鹿）

新乙一·一五 —命、司禍（禍）各一麐（鹿）

新乙一·二二 —命

新乙三·五 —禮

新乙三·五 —䶘

新乙三·五 忻（祈）福於—禍（禍）

新乙四·九七 ▨宔（主）與—命

新零·二三五、五四五 ▨告大—城▨

新零·一〇二、五九 ▨堅=（堅子）郢果告大—城瘥▨

新零·二三六、一八六 大—馬子厚

新零·二六六 —禍（禍） 神祇名

新零·二六六 —命

上（三）·中·七 先又（有）—

上（三）·中·八 夫先又（有）—

上（三）·中·九 是古（故）又（有）—

上（六）·用·一一 —民之降兇（凶）而亦不可逃

上（四）·曹·二三 必聚羣又（有）—而告之

上（四）·曹·二五 凡又（有）—銜（率）倀（長）

上（五）·季·一 從又（有）—（事）之逡（後）

清（一）·耆·三 郘上（尚）甫（父）命爲—政（正）

清（一）·皇·一一 是受（授）—事帀（師）長

清（二）·繫·七七 —馬子反與纆公爭少孔

清（二）·繫·七八 —馬不訓（順）纆（申）公

清（二）·繫·一一四 告以宋—城坡之約公室

清（三）·說下·五
亓（其）又廼—四方民不（丕）克明

清（三）·芮·一八
政（正）百又（有）—

清（三）·良·六
又（有）—馬子忑（期）

清（三）·祝·一
—湍彭＝（滂滂）

清（四）·筮·卦四五
鬠（震）—

清（四）·筮·卦四五
兑—

清（四）·筮·卦五六
裳（勞）—

清（四）·筮·卦五六
羅（離）—

清（五）·厚·一〇
隹（惟）所役之—民

清（五）·厚·一〇
隹（惟）—民之所取

清（五）·厚·一二
曰天僉（監）—民

清（五）·封·三
□—明型（刑）

清（五）·命·一
□生民而成大命＝（命命）—悳（德）

清（五）·命·二
夫—悳（德）司義

清（五）·命·二
夫司悳（德）—義

清（五）·命·二
或—不義而墜（降）之禍（禍）

詞

上（四）·柬·一二
者（諸）侯之君之不能—（祠）者

上（四）·柬·一四
一人不能—（治）正（政）

清（一）·皇·八
不肯惠聖（聽）亡（無）辠（罪）之—（辭）

詒

郭·成·三二
君子—（治）人侖（倫）以川（順）天悳（德）

郭·成·五
是古（故）亡虖（乎）其身而廌（存）虖（乎）其—

郭·尊·三一
—（怡）樂和悴（萃）

訇

郭·成·二三 —之工也

郭·緇·七 不—(辭)其所能

郭·尊·五 堣(禹)以人道—(治)其民

郭·尊·一二 衆未必—(治)

郭·尊·六 聖人之—(治)民

郭·尊·一二 不—(治)不川(順)

郭·尊·二三 —(治)民復豊(體)民

郭·性·二二 其—(詒)宜(儀)道也

郭·性·二六 其反善復—(始)也訢(慎)

郭·性·四六 人之攷(巧)言利—者

上(一)·孔·一七 東方未明又(有)利—

上(一)·孔·二三 麋鳴㠯(以)樂—而會

上(二)·子·一二 又(有)—(邰)是(氏)之女也

上(二)·紂·四 不—(詒)丌(其)所能

郭·語一·一〇七—一〇八 各以澹(詹)—(詞)毀也

郭·老甲·一九 —(始)折(制)又(有)名

郭·老甲·二〇 智(知)止所以不—(殆)

郭·老丙·一二 訢(慎)終若—(始)

上(六)·競·一三 安(晏)子—(辭)

上(六)·孔·九 —(治)旻(得)不可人而与(歟)

清(二)·繫·二八 賽(息)侯—(辭)

令

⿱令二

包二·一二〇 小人—爲盰以傳之

包二·一三八 陰人舒握—郘

包二·一三九反 其所—於此箸之中

包二·一五九 畢繮—以頭逘弁

包二·一八 —受正以出

包二·二四三 司—

秦九九·一 司—

郭·緇·二二 公之寡(顧)—員(云)

郭·緇·三七 其集大—于氒(厥)身

上(一)·性·二 —自天降

新甲一·一五 ☐於司—一虜(鹿)

新甲三·四 寖(賽)禱司—、司录☐

新零·二六六 司—

新乙一·一五 司—、司禍(禍)各一虜(鹿)

敂

包二·五 佗大—(令)悆以爲𠛱—(令)圍陞𠛱人其厚典

楚簡文字令長之令。

包二·二五 玉—(令)步 人名

包二·七三 仿—(令)𨍭受旮

包二·七四 辻大—(令)玥之州加公周遲、里公周𪜤受旮

包二·八五 差—(令)恻 人名

包二·九九 教—(令)萛訟其官人番㪍

包二·一四三 正—(令)翠

包二·一四六 佶辻六—李悁之金五益

包二·一五二 左—(令) 職官名

包二·一六五 鄓—(令)之州加公苛䀨

包二·一八六 醢昜—(令)𥝤

包二·一八九 鄓—(令)之州加公苛䀨

包二·一九〇 篁—(令)州加公陸女

包二·一九四 辻—(令)弁瘏

包二·一七七 鄴—(令)絑

包二·一八四 坪陵—(令)㐰 職官名

曾七 差—(令) 職官名

曾五七 新官—(令) 職官名

包二·二 𠛱—(令)壴圍命之於王大子而以陞𠛱人

包二·五 新官—邸

包二·一四九 䣺誁之於其尹—(令)

包二·一六六 鄽陵—(令)賜佢

包二·一八七 所謯於正—(令)翠

卲

 包二·一九三 頭—(令)鄭談

 曾一正 右—(令)

 曾四 宮廏—(令)

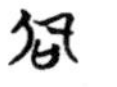 包二·九五 —無戠之州人

 包二·一七六 —媛之人舒亡愄

 包二·一八一 —上之州加公郢

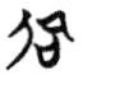 包二·一五反 —行之夫₌㝬執其倌人

 包二·一六 —行無典

 包二·二二七 —輮 人名

 包二·一〇三 —陽 人名

 包二·二二七 —良 人名

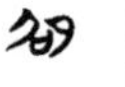 包二·一一五 —陽

 包二·一五 —羿 人名

 包二·一九三 —羿

 包二·二〇五 —吉 人名

 包二·二〇六 —吉

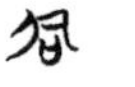 包二·二〇〇 —王

 包二·二一四 —王

 包二·二〇七 —旄 人名

 包二·二二〇 —旄

 包二·二二一 —旄

 包二·二二三 —旄

 包二·二四九 —旄

 望一·一三 —固 人名

 郭·窮·三 —繇衣胎蓋冒(帽)袿(經)冟(冢)慬(巾)

 郭·窮·一〇 驥(驥)馰張山騹空於—蚉

 郭·性·二五 雚(觀)—(韶)頭(夏)

 郭·性·二八 —(韶)頭(夏)樂情

 上(一)·孔·一五 㠯(以)—公

 上(一)·孔·二二 文 王才上於—于天

上（二）·昔·二
—（召）之

上（一）·性·一七
—（韶）

上（一）·紂·七
㠯（以）—（昭）百眚

新甲一·五
又（有）敓（祟）見於—（昭）王、獻（獻）惠

新甲一·二一
忻（祈）福於—（昭）王

新甲三·二
☐咎，又（有）敓（祟）見於—（昭）王、文☐

新甲三·二三、五七、零九
☐食，—（昭）告大川有汵

新甲三·六九
—（昭）王☐

新甲三·一六一
☐壬午之日祭—卲（昭）王☐

新甲三·二一二、一九九—三
饎祭—（昭）王大牢

新甲三·八三
☐〔祝〕䲹（融）、穴（熊）、—（昭）王、獻〔惠王〕☐

新甲三·二一三
見於—（昭）王、蕙（惠）王

新甲三·三四四—一
舉禱—（昭）王、文君☐

新乙一·六
—（昭）王

新乙一·二一、二三
舉禱於—（昭）王

新乙一·二九、三〇
舉禱於—（昭）王

新乙二·一
舉禱於—（昭）王大牢

新乙三·二八
舉禱於—（昭）王、吝（文）☐

新乙四·一二
臺（就）禱—（昭）王、蕙（惠）王，屯☐

包二·一一六
—步　人名

包二·一二五
—戊之笑邑

上（四）·昭·一
—（昭）王爲室於死沢（滑）之滸（滸）

上（四）·昭·五
—（昭）王迈逃（珧）珤（寶）

上（六）·用·一九
不—亓（其）甚明

清（一）·耆·一
—（召）公保罣（奭）爲夾

清（一）·祭·三
縢（朕）䡅（魂）才（在）縢（朕）辟—（昭）王之所＝

清（一）·祭·六
我亦隹又（有）若且（祖）周公概（暨）且—（召）公

清（一）·祭·六
克夹—（绍）壂（成）康

清（一）·祭·八
—（昭）室（主）之剌（烈）

清（一）·楚·一二
—（昭）王自秦（乾）溪之上遝（徙）居旇（媺）郢

清（二）·繫·一〇
—（昭）公卽立（位）

清（二）·繫·一一
亓夫₌高之巨爾殺—（昭）公

清（二）·繫·五一
會—（召）襄公之弟癕（雍）也于秦

清（二）·繫·五二
而—（召）人于外

清（二）·繫·五二
我莫命—（招）之

清（二）·繫·六四
弗—（召）玦于楚軍之門

清（二）·繫·六六
旻（且）—（召）高之固曰今萻亓會者（諸）侯

清（二）·繫·八二
—（昭）王卽立（位）

清（二）·繫·八四
—（昭）王女（焉）逡（復）邦

清（二）·繫·九九
—（昭）公同（頃）公虘（皆）杲（早）殜（世）

清（二）·繫·一〇〇
—（昭）王卽立（位）

清（二）·繫·一〇二
楚—（昭）王戠（侵）尹（伊）

清（二）·繫·一〇四
—（昭）王卽立（位）

清（二）·繫·一〇六
—（昭）王卽殜（世）

清（二）·繫·一〇六
—（昭）王旣逡（復）邦

清（二）·繫·一〇六
吳縵（洩）用（庸）以自（師）逆鄗（蔡）—（昭）侯

清（二）·繫·一〇七
鄗（蔡）—（昭）侯繡（申）懼

清（二）·繫·一三五
三執珪之君與右尹—（昭）之巸（竢）死女（焉）

清（三）·琴·一三
笙（篤）亓（其）䚄（諫）—（劭）

清（三）·赤·四
乃—（昭）然

清（三）·赤·四
亦—（昭）然

印　卻　卸　郄

清（五）・命・六 不梟（威）則不—（昭）

清（五）・命・一〇 天古（故）—（昭）命以命力之日大命殜罰

清（五）・殷・二三 甬（用）肖（孽）—（昭）句（后）成湯

聖

清（二）・繫・一〇一 述（遂）明（盟）者（諸）侯於—（召）陵

郄

包二・二五三 二翠膚皆彤中—（漆）外

天卜 —（漆）荅 卜具

曾三一 —（漆）輪

曾三七 二—（漆）載扂

曾一二 —（漆）輪

曾四三 兩馬之—（漆）甲

曾六四 —（漆）紳

信二・〇二 一兩—（漆）緹縷

信二・〇三 —（漆）青黃之緣

望二・六 ☐☐臾紃綘又鍉☐衡戹骨玟—（漆）雕

信二・〇二五 屯—（漆）彫石奉之硜

包二・一八四 鄰— 人名

包二・一三五 陳— 人名

上（六）・用・一六 茅（務）之台（以）元—

清（一）・祭・二 公亓（其）告我—（懿）悳（德）

清（三）・琴・五 曰㝵（淵）亦—（抑）

清（五）・殷・九 虐（吾）孪（勉）自—（抑）畏以敬

郭・五・一三 炁(愛)則玉—

郭・五・一四 見臤(賢)人則玉—

信一・〇一 周公戠然作—

郭・成・二四 嬖於—

上(一)・性・三六 目之好—

上(一)・孔・一〇 闡疋吕(以)—俞(喻)於豊(禮)

上(一)・孔・一四 𢘅好—之忑

上(四)・柬・一六 —逗者(睹)又(有)烖人

上(四)・柬・一七 复(作)—而言於廷

上(五)・鮑・五 品(三)飤(食)—悥(憂)

上(五)・鬼・八 庵(顏)—深晦(晦)

清(四)・筮・卦四二 白—

清(四)・筮・卦五一 赤—

清(四)・筮・卦五一 黑—

清(四)・筮・卦六〇 青—

清(五)・殷・一一 五寶㞱(變)—

清(五)・殷・二一 音—柔丂而𥌒(叡)武不罔

頣

郭・語一・四七 其豊(體)又(有)容又(有)—(色)

頯

郭・語一・五〇 容—(色)

郭・語一・二〇 飤(食)與—(色)与疾

包二・九九 教敿(令)—訟其官人番瞉

⿰皀今
包二·一七一 亡— 人名

⿰皀占
包二·一八二 右司馬愋之州加公番—

⿰皀者
包二·二六一 一縞衣—膚之純

薑
包二·〇一五 一綊常—膚之純

⿰爿皀
郭·尊·一五 則民力—(嗇)以面利

⿰皀是
包二·五八 苛— 人名
望二·四八 九亡童其四亡童皆—衣

⿰皀蜀
包二·一六七 蔵陵人郳—
包二·一七〇 黃— 人名
包二·一八一 孝— 人名
包二·八八 旦— 人名

⿰皀色
九·五六·二〇下 —褈

卿
信一·〇三二 舍—夫₌
信一·〇三五 天子天—
曾一七二 —事之鬶爲左驌
曾一九九 —事之㡀₌
郭·成·一二 君上—成不唯本(本)
郭·窮·七 戰(釋)板桎而爲卿(朝)—
郭·緇·二三 —事(士)
新零·九二 ▨祀(祀)配—(饗)賜▨
九·五六·二六 □神—(饗)之

辟

上(三)·周·二 光—(亨)

上(三)·周·一二 —(亨)，君子又(有)冬(終)

上(三)·周·二六 —(亨)，利貞

上(三)·周·二三 妿(何)天之枈(衢)，—(亨)

上(三)·周·三〇 —(亨)，少(小)利貞

上(三)·周·五三 少(小)—(亨)

上(三)·周·五四 ☰☷彝(渙)：—(亨)

上(四)·柬·七 君與陵尹子高—(饗)

上(五)·三德·四 毋詢(詬)政—於神宋(祇)

上(六)·天甲·七 與—夫=(大夫)同恥厇(度)

上(六)·天乙·七 與—夫=(大夫)同恥厇(度)

清(一)·祭·五 —(亨)亓(其)明悳(德)

清(二)·繫·二 —孝(士)者(諸)正萬民弗刃(忍)于𢀽心

清(五)·厚·二 少命咎(皋)繇(繇)下爲之—事

清(五)·厚·四 其才(在)寺(時)後(後)王之—

清(五)·厚·一三 隹(惟)神之—(饗)

辟

郭·五·四七 —(譬)而智(知)之胃(謂)之進之

上(一)·紂·一二 毋㠯(以)—(嬖)御書妝后

上(一)·紂·一二 毋㠯(以)—(嬖)士書夫=(大夫)向(卿)使(士)。

上(六)·天甲·八 天子四—延(筵)笞(席)

上(六)·天乙·八 天子四—延(筵)笞(席)

上(四)·曹·三五 毋—(嬖)於便俾(嬖)

上(四)·曹·三七 毋—(避)皋

上（六）·天乙·八
天子四—延（筵）笤（席）

上（六）·天乙·八
邦君三—

清（一）·尹誥·二
氒（厥）—复（作）悬（怨）于民

清（一）·皇·三
以蠚（助）氒（厥）—

清（一）·皇·五
是人斯既蠚氒—堇（勤）劳王邦王冡（家）

清（一）·皇·一〇
以不利氒（厥）—氒（厥）邦

清（一）·祭·三
滕蹝（魂）才（在）滕—卲（昭）王彘=

清（一）·祭·一九
我亦不以我—竁（陷）于戁（難）

清（二）·繫·五
孚（褒）忩（姒）—（嬖）于王

清（二）·繫·六九
齊三—（嬖）夫=南亶子

清（三）·説上·二
紳（引）弹（關）—矢

清（三）·説下·五
余克亯（享）于朕—

清（三）·説下·九
余不克—萬民

清（三）·琴·四
甬（用）戟（仇）亓（其）又（有）—

清（三）·琴·一一
弋（式）克亓（其）又（有）—

清（三）·芮·一
氒（厥）—戠（御）事各縈（營）亓（其）身

清（五）·厚·八
復（作）—事三后

匀

包二·一二九
足金六—

包二·一六〇
足金六—

信一·〇一三
不—□□□□子可行

新甲二·二八
—（旬）亦（腋）豊（體）出

新甲三·二二〇
一—

新零·四四四
▨五十—□▨

旬

包二·一八三
新埜人妾—

匋

 九·五六·八五
月—

 九·五六·八三
内（入）月—

 上（二）·容·一四
吕三從𡈽（舜）於—（畎）畮（畝）之中

 上（六）·競·一三
—又五公乃出見折

 清（三）·説上·一
以貨—（徇）求斂（説）于邑人

 清（四）·筮·乾四〇
—𠃓（乾）臾（坤）乃各彶（返）亓（其）所

 新零·二九一
□—所兆者□

胸

 望一·三七
以心孛，以歎，—（胸）肌疾，尚□

㔣

 望一·五二
速□其—禱之

説文—或从肉。

匓

匔

 郭·尊·二四
悳（德）袋（勞）之—也

 郭·尊·二六
—民悉（愛）

𠣍

 上（四）·柬·一七
君皆楚邦之牆（將）—（軍）

 上（四）·柬·一八
王事可（何）必三—（軍）又（有）大事

 清（四）·筮·四位三二
上—（軍）

 清（四）·筮·軍三五
三⊜奴（如）箬—（軍）遊（旅）

 清（四）·筮·四位三五
㢴（次）—（軍）

 清（四）·筮·四位三五
下—（軍）

 清（四）·筮·四季三八
𠔁（凡）箬（筮）志事及—（軍）遊（旅）

𠤁

 清（三）·説中·一
王—（原）比乓（厥）夢

匌　家

清(五)·殷·一 高宗觀於—(洹)水之上

清(五)·湯門·七 鼠(一)月訇(始)—(揚)

圂

豜

包二·二〇二 榕新毋肥—

包二·二〇三 肥—

新甲三·一七九 中菁(春)竽我之里一—☐

新甲三·一八〇 禱一—☐

新甲三·二五一 四—

新甲三·二四九 ☐一豭,禱一—☐

新甲三·二五〇 一—

新甲三·二七八 禱二—

新甲三·二八一 禱一—☐

新甲三·二八五 ☐里二豬、三—

新甲三·三一二 禱二—☐

新甲三·三一三 禱一—

新甲三·三一七 三(四)—、一豭

新甲三·三二〇 禱三—

新甲三·三二一 舟室一—

新甲三·三二三 哭一—

新甲三·三二七—二 禱二—

新甲三·三二八 禱一—

新甲三·三三三 ☐豬,某一冡

新甲三·三三四 三—☐

新甲三·三六一、三四四—二 ☐一豬,一—

新甲三·三五五 禱一—☐

新甲三·三六六 ☐室一—

新甲三·三七二 禱三—☐

新甲三·三八六 郢一—

新甲三·三九七 夫它一—

新甲三·四〇五 ☐袿(社)一豢、一豬、一冡

新乙三·四二 是=(是日)祭王孫厭一—

新乙三・五二
禱二—

新乙三・五五
禱一—

新乙三・六二
☐禱二—。砫☐

新乙三・六四
☐禱一—☐

新乙四・一三七、甲三・三六〇
禱三—

新零・三五
冒猶一—

新零・三一〇
禱三（四）—☐

新零・三一七
蔞丘一—☐

包二・二一一
—豕，酉飤

天卜
賽☐惠公首以—

望一・一一六
肥—

包二・二二五
肥—

包二・二二七
各—豕，酉飤

苟

清（五）・封・三
趣＝（桓桓）不（丕）—（敬）

竹

清（五）・厚・九
民弋（式）克共（恭）心—（敬）愄（畏）

清（五）・厚・一三
民弋（式）克—（敬）悳（德）

敬

帛乙一〇・四
毋弗或—

帛乙一〇・二二
☐—隹儀

帛乙一一・三
—之毋戈

郭・緇・二〇
則忠—不足

郭・緇・二一
此以大臣不可不—

郭・緇・二八
—明乃罰

郭・緇・三〇
—尔愄（威）義（儀）

郭・緇・三四
於㪷（緝）逗（熙）—止

郭・唐・五
效（教）民又（有）—也

郭・尊・二〇
—壯（長）

郭・成・三
—新（慎）以肘（主）之

郭・成・八
一宮之人不勳（勝）其—

郭・成・二〇
則必先—人

郭·成·一六 是以民可—道(導)也

郭·成·二〇 谷(欲)人之—㠯(己)也

郭·性·二一 是以—安(焉)

郭·性·六六 祭祀之豊(禮)必又(有)夫齊齊之—

郭·語一·九五 持遜(由)—乍(作)

郭·語二·二 —生於嚴(嚴)

郭·語二·三 臸(望)生於—

上(一)·孔·一五 —蟋(愛)丌(其)查(樹)

上(一)·孔·二四 必—丌(其)立(位)

上(一)·孔·仲 夫祭至—之

上(一)·孔·六 虗(吾)—之

上(一)·性·一二 是㠯(以)—安(焉)

上(一)·性·三三 —之方也

上(一)·紂·一一 則忠—不足

上(一)·孔·二四 虗(吾)㠯(以)甘棠㝵(得)宗宙(廟)之—

上(一)·紂·一二 不可不—也

上(一)·性·二九 祭祀之豊(禮)必又(有)夫臍=(臍臍)之—

上(一)·紂·一五 —明乃罰

上(一)·紂·一六 —尔威義

上(二)·從(甲)·五 五曰—

上(二)·從(甲)·四 悘(温)良而忠—

上(二)·昔·四 唯邦之大㽙是—

上(二)·從(甲)·七 不—則事亡(無)城(成)

上(二)·從(甲)·一〇 —、誂信=(信,信)則㝵(得)衆

新零·一九八、二〇三 少(小)臣成—之瞿☐

上(三)·中·六 至—之

上(三)·中·二一 㠯忠與—

上(四)·內·附 母(毋)忘姑姊妹而遠—之

上(五)·鮑·三
女(如)耇伽(加)之㠯(以)—

上(五)·季·七
孶=—城(成)亓(其)悳(德)

上(五)·季·一六
眛父兄子俤(弟)而爯眛⧄之必—

上(五)·三德·三
—=之=(敬之敬之)天命孔明

上(五)·三德·一五
敄(務)蓑(農)—戒

上(五)·三德·一七
—天之敌

上(六)·天甲·九
事瑰(鬼)則行—

上(七)·武·一四
—勳(勝)怠(怠)則吉

上(七)·武·一四
怠(怠)勳(勝)—則戚(滅)

上(七)·武·四
不—則不定

清(一)·程·二
悳(寤)—(驚)告王=

清(一)·程·四
女(汝)—聖(聽)吉夢

清(一)·程·四
可(何)—(警)非朋

清(一)·程·六
於(嗚)虖(呼)—才(哉)

清(一)·保·九
於(嗚)虖(呼)發—才(哉)

清(一)·保·一一
不及尔(爾)身受大命—才(哉)

清(一)·祭·一二
—龏(恭)之

清(一)·祭·二〇
女(汝)亓(其)—彗

清(二)·繫·一一一
晉—公立十又一年

清(三)·說中·三
—之笲(哉)

清(三)·說中·六
—之笲(哉)

清(三)·說下·七
—之笲(哉)

清(三)·琴·二
盛(成)王复—(儆)怭(毖)

清(三)·琴·二
—=之=(敬之敬之)

清(三)·琴·三
—(儆)之日臺(就)月牂(將)

清(三)·琴·六
才(在)言隹(惟)克—之

清(三)·琴·一一
—(警)㬎(顯)才(在)下

清(三)·琴·一三
攷(孝)—肥(非)絅(怠)巟(荒)

清(三)·琴·一六
純隹(惟)—帀

清(三)·琴·一六
訖(適)我—之

清(三)·芮·二
—之笲(哉)君子

清(三)·芮·五
尚𤔲=(恆恆)—笲(哉)

清(三)·芮·五
所而弗—

清(三)·芮·六
—笲(哉)君子

清(三)·芮·八
皮(彼)人不—

清(五)·封·八
畀(祗)—尔猷

清(五)·殷·九
虐(吾)孝(勉)自印(抑)畏以—

清(五)·殷·一四
走(上)卲(昭)𢘅(順)穆而—(警)民之行

清(五)·殷·一九
龏(恭)神以—

清(五)·殷·二七
舍(餘)—恙(養)

清(五)·命·一
日成則—

清(五)·命·一
室(廣)以—命

郭·五·二二
不賤(遠)不—

郭·五·二八
安而—之

郭·五·三一
行而—之

郭·五·三六
—也

郭·五·三六
—而不郁(解)

戩

清（一）·皇·一二 於（嗚）虖（呼）—（敬）才（哉）

清（五）·湯丘·一四 —祀𦣻（淑）慈我民

鬼 皃

上（三）·亙·三正 —（畏）生鬼（畏）

上（三）·亙·三正 鬼（畏）生—（畏）

清（五）·厚·三 智（知）天之—（威）戈（哉）

清（五）·厚·三 廼嚴禎—皇天上帝之命

清（五）·厚·九 —不恙（祥）

清（五）·厚·一〇 廼弗—不恙（祥）

清（五）·厚·一三 民亦隹（惟）酉（酒）甬（用）敗（敗）—（威）義（儀）

⿱皃示

信二·〇一三 七見—之衣

郭·老乙·五 亦不可以不—（畏）

郭·老乙·五 人之所—（畏）

上（四）·柬·六 古爲楚邦之—（鬼）神宔

上（四）·柬·六 ⿱白又𤔔（亂）—（鬼）神之祟（常）

上（四）·柬·六 古（故）夫帝⁼（上帝）—（鬼）神高明

上（四）·曹·六三 —（鬼）神勑武

上（五）·三德·二〇 —（鬼）神是有（祐）

上（五）·鬼·一 今夫—（鬼）神又（有）所明又（有）所不明

上（五）·鬼·二 則—（鬼）神之賞

上（五）·鬼·四 —（鬼）神不明

上（七）·鄭乙·四 弗愄（畏）—（鬼）神之不恙（祥）

上（七）·凡甲·五 —（鬼）生於人

畏

清(一)·金·四 能事—(鬼)神

清(五)·命·四 上以—(畏)之

清(五)·命·六 事(使)身=(信人)—(畏)天

清(五)·命·一二 —(畏)之以罰

上(二)·民·八 —(威)我(儀)𡰥=(遲遲)

上(二)·民·一一 —(威)我(儀)𡰥=(逮逮)

上(二)·民·一三 —(威)我(儀)異=(翼翼) 《説文》古文从示。

鬼 上(七)·君甲·七 —(鬼)亡不能也

上(七)·君乙·七 —(鬼)亡不能也

禩 新甲二·四〇 ☐下内外—禱句所☐

清(一)·程·六 引(矧)又勿亡㶣(秋)明武—(威) 从徐在國先生釋。

清(一)·程·八 可(何)—(褭)非彣(文)

秦一三·四 訓至新父衆—戠牛酉飤

郭·五·三四 逸而不—彊(强)語(禦)

郭·五·三六 嚴而—之

郭·五·四九 龏(聞)道而—者

郭·成·五 是古(故)—(威)備(服)型(刑)罰之婁(屢)行也

上(二)·容·五 虛(吾)敾(勵)天—(威)之

上(二)·容·五三正 虛(吾)敾天—(威)之

上(四)·曹·四八 不兼—……於民

上(五)·三德·四 是胃(謂)—(危)

上(六)·用·一五 告衆之所—忌

清(一)·皇·八 弗—不恙(祥)

愄

清（一）·祭·一　訍（旻）天疾—（威）

清（一）·祭·二　余—天之复（作）畏（威）

清（一）·祭·二　余畏天之复（作）—（威）

清（一）·祭·一一　潼（董）之甬（用）—（威）

清（三）·琴·五　𦸃=（業業）—載（忌）

清（三）·琴·六　不易—（威）義（儀）

清（三）·琴·一一　龏—（威）才（在）上

清（三）·琴·一三　—天之載

清（三）·琴·一四　—（威）義（儀）諡=（謐謐）

清（三）·芮·二　天猷—矣

清（三）·芮·三　龏（恭）天之—（威）

清（三）·芮·六　—天之陛（降）載（災）

清（三）·芮·一〇　則—（威）盧（虐）之

清（三）·芮·一三　—妟（變）方戳（讎）

清（三）·芮·一九　甬（用）皇（皇）可—

清（三）·芮·二三　隹（惟）四方所鼻（祇）—

清（三）·芮·二五　則—天之發幾（機）

清（五）·湯丘·一一　女（如）幸余閒（閒）於天—（威）

清（五）·湯丘·一四　句（后）古（固）共（恭）天—（威）

清（五）·殷·九　虐（吾）孛（勉）自印（抑）—以敬

皇

清（一）·金·一二　今皇天潼（動）—（威）

清（三）·說下·四　女（如）飛鸖（雀）罔—觀（離）

畏

包二·一七六　舒亡—　人名

包二·一六六　—王　即楚威王。《集韻·灰韻》有愄字。

禺

包二·一七二 —王

包二·一七三 —王

包二·一八三 —王

包二·一九二 —王

上(一)·性·二三 而民—(畏)

上(二)·從(甲)·八 —(威)則民不道

鬼

郭·老甲·九 猷(猶)虐(乎)其奴(若)—(畏)四哭(鄰)

郭·尊·三三 不釐則亡—(畏)

从心从畏省。

郭·唐·一二 —「畏(夔)」守樂

郭·緇·三〇 敬尔—(威)義(儀)

郭·緇·四五 戥(攝)以—(畏)義(儀)

郭·性·五二 未型(刑)而民—(畏)

郭·性·五三 又(有)心—(畏)者也

郭·性·六〇 凡於路毋—(畏)

坡二 ☑之上與恖新王之—佶让尹邵逄以王命舒方逵戠愲

清(二)·繫·五八 叏孫(申)白(伯)亡(無)—(畏)嘐(聘)于齊

清(二)·繫·五九 宋人是古(故)殺孫(申)白(伯)亡(無)—(畏)

清(三)·芮·一五 天猷—矣

清(三)·芮·二六 於(嗚)虘(虖)—竽(哉)

清(五)·厚·九 民弋(式)克共(恭)心苛(敬)—(畏)

恖

上(七)·鄭乙·四 弗—(畏)禨(鬼)神之不恙(祥)

望二·四八 —純

郭·老乙·一二 大方亡—(隅)

郭·語四·一〇 佖(匹)婦—(偶)夫

新乙四·四五 □駁□—□□㠯(以)火□☑

牌四〇六·二六 也一—

厶

上（五）·三德·四 必—（遇）凶央（殃）

清（五）·湯丘·一三 民人皆縊（膂）—（偶）㕛（離）

望一·一一九 ☐遄禱夫＝（大夫）之—（私）

包二·一二八 王—司敗逿

包二·一四一 王—司敗逿

包二·一四三 王—司敗逿

包二·一九六 所詛於王—司敗逿

郭·老甲·二 少—須（寡）欲

郭·緇·四一 —（私）惠不臺「壞（懷）」悳（德）

上（一）·紂·二一 —（私）惠不褱（懷）悳（德）

上（四）·昭·四 并僕之父母之骨—（私）自塼

上（四）·内·六 亡—（私）𢙢（樂）

上（四）·内·六 亡（無）—（私）惪（憂）

上（四）·曹·一二 而亡又（有）—（私）也

上（六）·競·四 夫☐吏（使）丌（其）—（私）

清（一）·皇·三 自畬臣至于又貧（分）—（私）子

羞

誘

清（二）·繫·二七 鄐（蔡）侯智（知）賽（息）侯之—㠯（己）也

《說文》或體。

嵬

清（二）·繫·一一五 晉—（魏）弁（斯）

清（二）·繫·一一六 —（魏）弁（斯）灼（趙）㚔（浣）

清（二）·繫·一一九 —（魏）繫衍（率）𠂤與戉公毆（翳）伐齊

清（二）·繫·一二一 晉—（魏）文侯弁（斯）從晉𠂤（師）

清（二）·繫·一三四 —（魏）縛（擊）衍（率）𠂤（師）回（圍）武𥳑（陽）

山

包二·一二一 下蔡—陽里人邦倴言於昜城公柈睪

包二·二一四 㟴—一玨

包二·二一五 㟴—

包二·二三七 侳—一粘

包二・二四〇 五—各一牂
九・五六・四三 尔居復(復)—之凸
上(二)・容・三一 高—坒(登)
新乙三・四四、四五 於郘—一珽璜☐

新甲二・二九 ☐五宔(主)山？各一羖(瓶)☐
新零・一六三 —義(犧)☐
新乙四・二六 郘—

上(三)・周・一七 王用亯于西—
上(五)・三德・一一 毋尾(度)—

上(五)・鬼・二背 則魂(鬼)此吕(以)桀折於鬲—
上(六)・競・八 —替(林)吏(史)薁(衡)守之

清(一)・程・三 忎(祈)于六末—川
清(一)・楚・一 季繡(連)初降於鄢—

清(一)・楚・一 遊(前)出于喬—
清(一)・楚・一 凥(處)于方—
清(二)・繫・一〇一 伐中—

清(二)・繫・一一二 自南—逗(屬)之北海(海)
清(五)・湯丘・一八 高—是龠(逾)

包二・二四三 坐—一粘
帛甲三・五 —陵不戢
帛甲三・一一 —川四旹
帛甲五・七 —陵僕觝
帛乙二・一七 —陵其發

帛一一・一五 —川瀵谷
郭・窮・一〇 驥(驥)駒張—騹空於卲奎
郭・窮・二 舜耕於鬲(歷)—

郭・窮・一三 無茖董愈埱—石不爲☐
郭・語四・二二 —亡隆(？)則坨(阤)
上(一)・孔・八 即南—

上(二)・容・一八 墨(禹)乃因—陞(陵)坪(平)侳(隰)之可封(封)邑
上(二)・容・二三 —陞(陵)不凥(序)

嶽

上（二）·容·三八
卂（起）帀（師）㠯伐昏（岷）—是（氏）

上（二）·容·四〇
傑（桀）乃逃之鬲（鬲）—是（氏）

上（二）·魯·二
女（如）毋悉（薆）珪璧帀（幣）帛於—川

上（二）·魯·四
帀（幣）帛於—川

上（二）·魯·四
夫—

新甲三·一三四、一〇八
乙亥禱楚先與五—

新甲三·一九五
☐甇禱五—、祠☐☐

新零·九九
☐於楚先與五—☐

上（三）·中·一九
—又（有）堋（崩）

上（四）·柬·三
無又（有）名—名溪

上（四）·柬·八
高—深溪

上（四）·柬·八
夢高—深溪虗所旻

上（四）·曹·二正
非—非澤

清（四）·筮·祟四三
九乃—

清（五）·厚·一二
若—氒（厥）高

郭·六·二四
六者客（各）行其戠（職）而—（獄）諺（犴）亡繇（由）迮（作）也

郭·六·四二
可以䜎（剸）—（獄）

郭·六·三六
此六者客（各）行其戠（職）而—（獄）諺（犴）蔑繇（由）亡（乍）也

郭·六·四三
肰（然）句（後）可以䜎（剸）—（獄）

郭·六·四四
是以其䜎（剸）—（獄）速

嵒

包二·一六六
佶让—甬

包二·一八五
佶让—甬

清（二）·繫一三八
酉（丙）子齊𠂤（師）至—述（遂）還

隆　嵍　嵩　[山坐]　嵔　㞷　屽　[山虍吾]　[丕山]　府

陸
包二·一六三
陽君之人—惕

[敄山]
郭·老乙·一三
終身不—

上(五)·鬼·三
遂(榮)—(夷)公者

高
郭·語三·一五
—志，益

峌
包二·二一四
—山一珇

包二·二一五
—山

包二·六四
疋—　人名

包二·一四〇
登人所漸木四百—於鄢君之陛蘘溪之中

包二·一四〇反
其百又八十—於畢陛郢中

从裘錫圭先生、李家浩先生釋『㞷』。簡文『㞷』用爲『徵』。

清(二)·繫·七六
殺—(徵)余(舒)

清(一)·楚·六
酓摯(摰)遂(徙)居旁—

清(一)·楚·六
至酓繹(延)自旁—遂(徙)居喬多

清(二)·繫·四八
襄公新(親)銜(率)𠂤(師)御(禦)秦𠂤(師)于—(崤)

清(二)·繫·五四
敗之于𡼥—

清(二)·繫·五五
秦公以戰(戰)于䂀—之古(故)

賓
包二·三
㓞之玉—之典

包二·一七二
攻—苛㤓

包二·一八一
昃—曆　人名

包二牘一反下
一軨車之上□皆—執事

上（四）·相·三　㠯（以）實—（府）庫

宊　上（二）·容·六　昔堯凥（處）於丹—（府）與藿陵之閒（間）　上（五）·三德·一五　—（俯）視□□　省形。

清（一）·祭·五　—（付）畀四方　清（一）·祭·九　聿（盡）—（付）畀余一人

清（三）·説中·六　乃—（俯）見（視）埅（地）

廡　廡　包二·五三　不量—下之貣　包二·八三　訟羅之—寃之𡍬者邑人邷女

庫　庫　上（五）·姑九　內（納）—之𧨝

廏　廄　包二·六一　昜—　包二·九九　新大—　包二·六九　大—　包二·一八九　悉—尹　職官名

包二·一八四　大—　包二·一八九　大—　包二·一七六　新大—　包二·六一　新大—

包二·一八三　新大—　包二·一九一　新大—　包二·一六三　宑—　包二·一六七　宑—

包二·一七四　宑—　負責管理馬匹的機構。

廏　曾四　宮—敂　職官名　曾四八　宮■—尹　職官名　曾一七五　宮—尹　曾二一〇　宮—尹

曾一四三
宮—之新官駟

曾二〇八
凡宮—之馬所入長坛之宙五𩍋

廏

包二・一五四
新大—

从廄从飤。楚二合璽有大—之官。

廁

包二・一五八
畢得—爲右叓於莫囂之軍

上(二)・容・三九
悳惠而不—

廛

郭・緇・三六
—也大城(成)

清(五)・湯丘・七
今少(小)臣能—(展)章(彰)百義

礰

上(四)・采・三
峉(徵)和—剌之賓

廉

𡑍

上(三)・周・一二
仌仌—(謙)

上(三)・周・一二
蕢(撝)—(謙)

上(三)・周・一二
鳴—(謙)

上(三)・周・一二
—(謙)君子

上(三)・周・一三
鳴—(謙)

庇

𠩄

郭・語三・五〇
—於悬(仁)

从比之古文。

庶

郭・緇・四〇
—言同

上(四)・柬・二
龜尹智(知)王之—(遮)於日而疠(病)疥(疥)

灰

包二・二五八
—鷄一笲

包簽
—鷄

九・五六・四七
黃帝□□—民凥(居)之

九・五六・五三
日出—(炙)之

上(四)・內・八
不豸(依)立不—語

清(一)・保・五
不諱(違)于—萬眚(姓)之多欲

清(一)·耆·四 紝(恁)𡰥(仁)𠈁(兄)俤(弟)—民和同

清(三)·說中·三 隹(惟)—想(相)之力尭(勝)

清(三)·芮·一 莫絇(治)—戁(難)

清(三)·芮·一二 □□—戁(難)

清(三)·芮·二一 料和—民

清(三)·芮·二一 不奉(逢)—戁(難)

上(二)·昔·一 —𨠵=(叩,叩)進

上(一)·紂·二〇 —言同

清(五)·厚·四 以—民隹(惟)政之龏(恭)

砅

包二·二五七 —𧰼一箕

包二·二五七 —鷄一箕

清(一)·程·六 徒—言迒

上(二)·魯·二 —(庶)民智(知)敓(說)之事

上(二)·魯·六 亡(無)女(如)—(庶)民可(何)

廟 宙

郭·性·二〇 至頌(容)—(貌)

郭·性·六三 —(貌)谷(欲)壯(庄)而毋㬎(拔)

上(一)·孔·五 敬宗—(廟)之豊(禮)

上(一)·孔·五 清—(廟)王悳(德)也

上(一)·孔·二四 虗(吾)㠯(以)甘棠旱(得)宗—(廟)之敬

上(三)·周·四二 王畧(假)于—(廟)

上(三)·周·五四 王叚(假)于—(廟)

上(六)·天·三 豊之於尿—(廟)也

上(六)·天乙·三 豊(禮)之於层(尸)—(廟)也

清(三)·琴·一〇 備(服)才(在)清—(廟)

淳

郭·唐·五 新(親)事且(祖)—(廟)

寂

郭·語一·八八 守(賓)客,青(清)—(廟)之閔(文)也

庿

郭·語四·二七、二七背 視—(朝)而内(入)

《說文》古文作庿。

膺

新甲一·一三 ☐伓(背)、—疾

新甲一·一四 ☐貞：伓(背)、—疾

新甲三·二一〇、零·二二一 ☐爲君貞：伓(背)、—疾

新甲三·一四九 ☐—疾,㠯(以)瘔(肨)痮(脹)☐

新甲三·二一九 伓(背)、—疾

新甲三·二三八 貞：既伓(背)、—疾

新零·五八四、甲三·二六六、二七七 伓(背)、—疾

新零·一九九 伓(背)、—疾

新乙二·一九 伓(背)、—疾

新乙三·三五 ☐—疾、瘔(肨)痮(脹)、□☐

雁

包二·一六五 喜君之人莫(鄭)—

天卜 既伓(背)—疾

訛體。參見《楚地簡帛思想史》。

清(五)·封·二 —(膺)受大命

清(五)·封·六 鉤—(膺)

厰

厰

郭·語二·二 敌生於—(嚴)

郭·語二·二 —(嚴)生於豊(禮)

清(三)·說上·二 隹敚(弱)人旻(得)敚(說)于尃(傅)—(巖)

清(三)·說中·一 敚(說)逨(來)自尃(傅)—(巖)

清(三)·琴·五 —(巖)余不解(懈)

清(五)·殷·一〇 四—(嚴)㮚(將)行

底

砥

清(三)·說中·五 女(汝)隹(惟)丝(茲)敚(說)—(底)之于乃心

《說文》或體。

上(四)·曹·三九 人之兵不—礓(礪)

上(四)·曹·三九 我兵必—礓(礪)

厲

上(六)·用·一三 兇(凶)井(刑)—政

厞

包二·四五 登— 人名

包二·五七 登—

厭

包二·二一九 逑爲巫之；—一豭於陞室

新乙三·四二 是=(是日)祭王孫—一冢

肩

清(五)·殷·二 可(何)胃(謂)—(厭)

清(五)·殷·四 可(何)胃(謂)—(厭)

清(五)·殷·五 —(厭)非(必)頙(臧)

清(五)·殷·六 可(何)胃(謂)—(厭)

清(五)·殷·七 —(厭)非(必)坪(平)

清(五)·殷·八 —(厭)非(必)稟(富)

帛乙六·二八 —爲之正

帛乙八·一五 —以爲則

厝

碈

新甲三·一一一 社(功)逾而—之

新乙一·一五 與禱—之

从賈連敏先生：厝、厭通假，王孫厝又稱王孫厭。

新乙三·二四 ▨祭王孫—

清（一）·金·五 我則—（晉）璧與珪

清（二）·繫·一三三 —（厭）年

屛

包二·二〇七 —於埜陛宔一豭

省形。

庋

包二·一八九 告—登𦉢

庥

帛乙四·一五 亡—

厭

新零·四七一 ▨—▨

厓

上（三）·中·八 夫民安舊而—（塚）𡑞（舉）

上（三）·亙·四 —（濁）燹（氣）生壂（地）

厇

上（四）·逸·交一 㠯（以）自爲—（長）

庛

上（五）·君·七 瞖毋登（廢）毋—（疴）

庴

上（七）·武·一〇 卣（牖）名（銘）—（誨）曰立（位）難㝵（得）而惕（易）逆（失）

庚

清（三）·良·一〇 畐（富）之—王子全（白）

斥

清（三）·良·一〇 土（杜）舊（逝）斷—

斸

清(五)·封·六 —□豚粃

危

郭·六·一七 —(委)其死弗敢忎(愛)也

以人立山上會危意。

上(六)·孔·一四 嗚仉(居)—切

上(四)·曹·六三 弗琗—地

上(五)·季·二〇 凡遊(失)勿—(危)

上(一)·紂·一六 則民言不—行=(行,行)不—言

上(一)·紂·一六 則民言不—行=(行行)不酓言

石

包二·八〇 言胃傷其弟—耴鼽

包二·八〇 肆士—佢訟其州人—脊

包二·一五〇 蒄陵之戲里人—練

包二·一七六 —蒼 人名

包二·一九九 —被裳 人名

包二·二〇三 輿—被常之祭

包二·二一四 遲—被常之祱

望一·二五 東—公

曾一七七 —汈人駟=

曾一六一 —芫贛夵?以犨其鞶

曾二一四 所彉—汈肄彉祖新田之盄

郭·窮·一三 無茖菫愈坫山—不爲☐

郭·緇·三五 白珪之—

郭·性·五 金—之又(有)聖(聲)

上(一)·性·三 金—之又(有)聖(聲)也

上(二)·魯·四 —吕(以)爲膚

上(二)·魯·四 —牺(將)𩰫(焦)

上(三)·周·一四 紒(介)于—

清(一)·金·八 周公—(宅)東三年

清(三)·說下·七 女(汝)母(毋)非貨女(如)戠(職)—

清(五)·厚·一二 女(如)玉之才(在)—

礦

上(四)·逸·交三 閈—毋司

上(四)·逸·交四 閈—毋司

《說文》古文。

磧

郭·忠·一 忠—(積)則可罼(親)也

郭·忠·一 信—(積)則可信也

郭·忠·二 忠信—(積)而民弗罼(親)信者

上(六)·用·八
—(積)浧(盈)天之下

砮

郭·緇·四四
則好悬(仁)不—(堅)

磿

磿 包二·一八一
昃磿—
从石省形。

磿 清(二)·繫·一四
飛—(廉)東逃于商盍(蓋)氏

清(二)·繫·一四
殺飛—(廉)

礛

替 郭·緇·三六
尚可—(磨)也

砅 上(一)·紂·一八
白珪(圭)之砧尚可—(磨)
見《爾雅·釋器》之磨字。

清(二)·繫·七一
敗齊自(師)于—(靡)幵(笄)

礪

礪 上(三)·周·一八
—(厲)冬(終)吉

上(三)·周·二五
繇(由)頤—(厲)吉

上(三)·周·三〇
豚(遯)丌(其)尾—(厲)

上(三)·周·五三
貞=—(厲)

上(三)·周·五七
需丌(其)首，—(厲)

蠆 包二·一四九
—邑
《說文》新附。

清(三)·說中·二
甬(用)隹(惟)女(汝)复(作)—(礪)

𥗺 上(三)·周·二二
又(有)—(厲)利巳

壟 上(四)·曹·三九 人之兵不砥—(礪)
上(四)·曹·三九 我兵必砥—(礪)

砧
郭·緇·三六 此言之—(玷)
上(一)·紂·一八 此言之—不可爲一
上(一)·紂·一八 白珪(圭)之—尚可𥗟(磨)
《說文新附》。

垔
信二·〇八 四石奉之—

碨
包二·四六 沢— 人名
《廣韻·賄韻》有碨字。

礭
包二·一四三 郟寏—敔郗君之䏌邑人黄欽

磝
包二·一六一 —仿司馬婁臣
包二·一六一 —仿弁婁佗

砫
上(五)·季·一八 子之言也已—(主)

刡
上(六)·孔·一四 好—(砌)完(墢)吕(以)為茵君子死(恒)吕(以)衆福

砃
清(三)·琴·二 —(陟)隆(降)亓(其)事

長
包二·五四 不詧(察)—陵邑之死
《說文》古文—。
包二·五九 —䀪 地名
包二·七八 —䀪
包二·六一 —䀪公
包二·七八 —鄟
包二·二〇七 —㥳 卜具
包二·二一六 —則
包二·二二〇 —㥳
包二·二三〇 —需 卜具

包二·二六八 豹—
包二·二七一 虎—
包二·二七三 虎—
包二·二四二 —霝

包牘一 虎—
信二·〇一九 一—羽翣
天卜 尚宜安—處之
天卜 —箠
天卜 盤吉占之—吉

天卜 —靁 卜具
天卜 陞猷習之以—▨
天卜 弁丑習之以—▨
天卜 —霝 卜具

天卜 —剌 卜具
天卜 —保 卜具
天策 虎—
天策 —促

天策 —綏
天策 —罤
望二·六四 —王孫
曾一六四 —腸人與杙人之馬

曾一六六 —腸人之騆
曾二〇八 凡宮廄之馬所入—坛之宇五聋
帛丙一·一 姑分—

郭·老甲·八 —古之善爲士者
郭·老甲·一六 —耑(短)之相型(形)也
郭·老甲·三七 可以—舊(久)

郭·老甲·三八 不可—保也
郭·老乙·二 可以—……
郭·老乙·三 —生舊(舊‖久)視之道也

郭·老乙·一七 其悳(德)乃—
郭·成·二七 及其専(溥)—而屋「(重)」大也
郭·性·一〇 或—之

郭·性·一二 —青(性)者
郭·六·二一 會墇—材以事上
郭·太·二 古(故)事成而身—

郭·唐·二三 智(知)其能幻(司)天下之—也
郭·語一·八〇 —弟，罤(親)道也

郭·語三·六
—弟，孝之紡(方)也

上(一)·孔·二六
陞(隰)又(有)—楚㝵(得)而㥄之也

上(一)·性·五
或—之

上(一)·性·六
—青(性)者

上(二)·容·二
—者酥𡰥

上(二)·容·八
敚(悦)和𠂤—

上(二)·容·一六
卉木晋(蓁)—

上(一)·紂·三
下難㿝(知)則君—

上(一)·紂·六
古(故)—民者章志

上(一)·紂·九
—民者衣備(服)不改

上(一)·紂·一三
—民者𧦝(教)之𠂤(以)悳(德)

新甲三·二六
盬(鹽)券以—▨

新甲三·三六
▨大莫囂𢧢爲〔戰〕於—城之〔歲〕▨

新甲三·九二
—陽人▨

新甲三·二三五—一
盬(鹽)佚𠂤(以)—剌▨

新甲三·二九六
莫囂昜爲晋帀(師)戰於—▨

新乙三·七
▨彔滮譖生𠂤(以)—筆爲君貞

新乙四·八五
▨—筆爲君𡚱(卒)戢(歲)貞

新乙四·一四九、一五〇
𠂤(以)—剌▨

新零·四五六
▨—筆▨

上(三)·周·八
—子銜(師)帀(師)

上(三)·亙·九
焉又(有)—

上(三)·彭·一
受命兼(永)—

上(三)·彭·六
不可—

上(四)·内·一〇
古爲㞷必聖—之命

上(五)·鮑·三
—百糧

上(五)·姑·四
欲𠂤(以)—𦘔(建)宔(主)君

上(五)·姑·八
乃命—魚罳𠂤(己)

上(五)·三德·一八
好—天從之

上(五)·三德·二一
竿之—枸株遉車善游者

上（五）・鬼・三 —年而旻（没）

上（六）・用・一八 嬃（邇）立帀（師）—

上（七）・武・四 義勳（勝）怠則—

上（七）・武・八 集（懲）粞（將）—

上（七）・君甲・八 君王唯不—年

上（七）・君乙・七 君王唯不—年

上（七）・凡甲・四 虐（吾）既—而或老

清（一）・程・六 朕餌（聞）周—不弍（貳）

清（一）・皇・一一 是受司事帀（師）—

清（二）・繫・八二 爲—瀫（壑）而涇（洍）之

清（二）・繫・一一二 齊人女釗爲—城於濟

清（二）・繫・一一三 晉㠯（師）閔—城句俞之門

清（二）・繫・一一七 與晉㠯（師）戰（戰）於—城

清（二）・繫・一二三 母（毋）攸（修）—城

清（二）・繫・一三二 晉人回（圍）津（津）—陵

清（二）・繫・一三三 以逡（復）—陵之㠯（師）

清（四）・筮・乾・四〇 乾（乾）臾（坤）—（當）艮

清（四）・筮・乾四〇 逆乾（乾）以—（當）巽

清（四）・筮・祟四六 —女爲妾而死

清（四）・筮・祟・四七 風—殤（殤）

清（四）・筮・祟四八 —女殤（殤）

清（五）・命・一四 正（政）成則不—

清（五）・湯丘・八 以—奉社稷（稷）

清（五）・湯門・五 可（何）多以—

清（五）・湯門・八 是亓（其）爲—虘（且）好才（哉）

清（五）・湯門・一四 民—萬（賴）之

裳 勿

清(五)·殷·二
敢䛐(問)人可(何)胃(謂)—

清(五)·殷·四
敢䛐(問)人可(何)胃(謂)—

清(五)·殷·四
虗䛐夫—莫長於風

清(五)·殷·五
虗䛐夫長莫—於風

清(五)·殷·六
敢䛐(問)人可(何)胃(謂)—

清(五)·殷·六
虗䛐(聞)夫—莫長於水

清(五)·殷·七
虗䛐(聞)夫長莫—於水

清(五)·殷·七
虗䛐(聞)夫—莫長於□

清(五)·殷·七
虗䛐(聞)夫長莫—於□

清(一)·楚·二
婋(游)—(徜)羊(徉)

勿

包二·八〇
執—遾(失)

望二·一八
白金之—

帛乙三·二三
閏之—行

郭·老甲·一三
而萬—(物)牆(將)自愢(化)

郭·老甲·一二
是古(故)聖人能尃(輔)萬—(物)之自肰(然)

郭·老甲·一四
萬—(物)牆(將)自定

郭·老甲·一七
萬—(物)復(作)而弗忖(始)也

郭·老甲·一九
萬—(物)牆(將)自賓(賓)

郭·老甲·二四
萬—(物)方(旁)复(作)

郭·老甲·三一
人多智(知)天(而)戟(奇)—(物)慈(滋)记(起)

郭·老甲·三一
法—(物)慈(滋)章(彰)

郭·老甲·三五
—(物)壓(壯)則老

郭·老甲·三七
天下之—(物)生於又(有)

郭·老丙·一三
是以能補(輔)墣(萬)—(物)之自肰(然)

郭·忠·七
羣—(物)皆成

郭·性·一 走(待)—(物)而句(後)复(作)

郭·性·二 則—(物)取之也

郭·性·四 —(物)也

郭·性·五 —(物)取之也

郭·性·八 凡—(物)亡不其(期)也者

郭·性·一一 —(物)也

郭·性·一二 凡見者之胃(謂)—(物)

郭·性·一二 —(物)之埶(勢)者之胃(謂)埶(勢)

郭·性·一四 群—(物)之衍(道)

郭·性·五九 凡兑(悦)人—悞(吝)也

郭·性·六一 已則—復言也

郭·性·三九 敔,—(物)之即(節)也

郭·成·一六 古(故)君子不貴辟(僻)—(物)而貴與民又(有)同也

郭·成·二二 是古(故)凡—(物)才(在)疾之

郭·緇·一四 上好此—(物)也

郭·緇·三七 君子言又(有)—(物)

郭·尊·一九 古(故)癸(終)是—(物)也,而又深安(焉)者

郭·尊·三六 上好是—(物)也

郭·忠·二 蝺(爲)—(物)而不𦶬(發)

郭·太·七 以忌(紀)爲壏(萬)—(物)經

郭·太·七 壏(萬)—(物)母

郭·唐·二七 丏(萬)—(物)慮(咸)訇

郭·語一·一 凡—(物)繇(由)𡉉「亡(無)」生

郭·語一·二 又(有)—(物)又(有)名

郭·語一·一〇 又(有)—(物)又(有)繇又縔

郭·語一·一三 又(有)—(物)又(有)容

郭·語一·一四 又(有)—(物)又(有)容

郭·語一·四八 凡—(物)又(有)螽又(有)卯

郭·語一·七一 亡—(物)不勿(物)

郭·語一·七一 亡勿(物)不—(物)

郭·語一·一八 夫(天)生百—(物),人爲貴

郭·語一·一〇四 凡—(物)𨒪(由)望生

郭·語一·一〇五
—(物)各止於其所

郭·語三·一七
人與—(物)斯里(理?)

郭·語三·一八
勿以日—又里而

郭·語三·一八
—以日勿又里而

郭·語三·三九
—(物)不莆(備)

郭·語三·四四
閔(文)衣(依)—(物)以青(情)行之者

郭·語三·六四下
亡亡勿(物)不—(物)

郭·語三·六四下
亡亡—(物)不勿(物)

郭·語三·六七上
名式(二),—(物)参(三)

郭·語三·七二上
虖(乎)—(物)

上(一)·孔·三
邦風丌(其)内(納)—(物)也

上(一)·性·一
則—(物)取之

上(一)·性·二九
凡悦人—罿(吝)

上(一)·性·三
—也

上(一)·性·三
—(物)取之也

上(一)·性·一
寺(待)—(物)而句(後)乍(作)

上(一)·性·六
凡見者之胃(謂)—(物)

上(一)·性·三三
—(物)之即(則)也

上(一)·性·六
—(物)之埶(勢)者之胃(謂)埶(勢)

上(一)·性·五
—(物)也

上(二)·容·四六
臣敢—事虖(乎)

上(二)·容·四六
子敢—事虖(乎)

上(二)·民·三
—(志)之所至者

新零·一一四
—卹亡(無)咎☐

上(三)·周·一
—用取女

上(三)·周·八
火〓(小人)—用

上(三)·周·二一
—藥又(有)菜

上(三)·周·三〇
—用又(有)卣(攸)逪(往)

上(三)·周·三八
—卹(恤)

上(三)·周·四〇
—用取(娶)女

上(三)·周·四二
—卹(恤)

上(三)·周·四五
莽枓(救)—寞

上(三)·亙·七
采(採)—(物)出於复(作)

上(三)·亙·八
多采(採)—(物)先者又(有)善

上(四)·曹·三八
—兵㠯克

上(四)·曹·三八
—兵㠯克奚女(如)

上(五)·季·一五
失=(先人)莳=(之所)灋—迟(起)

上(五)·季·一九
亞(惡)人—歎(戕)

上(五)·季·二〇
好人—貴

上(五)·季·二〇
凡欲—棠(狂)

上(五)·季·二〇
凡遊(失)—垚(危)

上(五)·君·二
口—言也

上(五)·三德·一一
善—威(滅)

上(五)·三德·一四
思道(?)而—救

上(五)·三德·一四
方縈(營)—伐

上(五)·鬼·六
—(物)斯可惑

上(六)·競·九
—(物)而未者(著)也

上(六)·孔·一二
亦㠯亓(其)—審二逃者㠯(以)觀於民

上(六)·用·五
叟(受)—(物)于天

上(七)·凡甲·三背
虐系(奚)㫖(凡)—(物)流型(形)

上(七)·凡甲·二二
則百—(物)不遊(失)

上(七)·凡乙·一
㫖(凡)—(物)流型(形)

上(七)·凡乙·一八
百—(物)不死女(如)月

清(一)·尹至·五
帝曰—遺

易

清(一)·尹誥·三 卑(俾)我眾—韋(違)朕言

清(一)·程·六 引(矧)又—亡邸(秋)明武禝(威)

清(一)·程·八 意(億)亡—甬(用)

清(一)·保·四 欽才(哉)—泾

清(一)·保·六 測侌(陰)瘍(陽)之—(物)

清(一)·耆·七 明日—稻

清(一)·金·六 乃命執事人曰—敢言

清(一)·金·一一 公命我—敢言

清(三)·說上·五 —=殺=

清(三)·說下·三 —易卑(俾)郕(越)

清(三)·琴·一三 —請福之侃(愆)

清(五)·厚·八 肄女(如)其若龜筮之言亦—可連(專)改

清(五)·封·八 —灋(廢)朕命

清(五)·命·一三 —(物)氒(厥)耑(權)之樃(屬)也

包二·二 魯—公

包二·四 遊—公

包二·七 女命大莫囂屈—爲命

包二·二六 郙—大正登生鉞受期

包二·二六 不逕郙—宮夫=以廷

包二·三三 臨—之敗司敗黃異受期

包二·三七 福—䣮尹之州里公婁毛受

包二·六一 不行代—阩尹郙之人戠戟於長䢿公之軍

包二·八三 胃殺袁—公合

包二·八六 鄗—君之蒙陵邑人紫

包二·九〇 緐—旦無又葬悚

包二·九六 南—里 地名

包二·九七 宰—玄盤邑人郘絜

包二·九七 坪—之枸里人

包二·一〇三 宜—司馬

包二·一二一 郚— 地名

包二·一二一 山—里 地名

包二·一二五反 廷疋—之酷官之客

包二·一四五 成—辻尹□以告子司馬

包二·一四九 新—一邑

包二·一七二 霝—人盬像

包二·一七七 郙—司敗郳腽

包二·一八一 邮—人李鐲

包二·一八六 醢—人敓睪

包二·一八七 鄘—莫囂之人瘆

包二·一九一 —君之人宋午

包二·一九三 —翟人翏賢

包二·一六二 邸—君

包二·五三 臨— 地名

包二·一八五 臨—人宔貫

包二·二七 邸—君

包二·三二 邸—君

包二·九八 邸—君

包二·七一 不逕审—之仟門人軋慶以廷

包二·八七 鄵—大宔尹宋歆訟軋慶

包二·一〇八 株— 地名

包二·一〇八 株—

包二·一一七 株—

包二·一〇九 堇—司馬寅

包二·一五〇 邔— 地名

包二·一七七 正—正差

包二·一一二 —陵 地名

包二·一一九 —陵

包二·一一八 鄄— 地名

包二·一一九 郢— 地名

包二·一七三 邸— 地名

包二·二二〇 邔— 地名

包二·一五三 北與郯—佢疆

包二·一八一 泜—人盬軋

包二·一八三 泜—人邗得

包二·一八九 —廄尹郙之人黄歆

仰二五·五 鄵—公一紡衣

天卜 邸—君

望二·六三 奉—公

望二·一五 杄—馬

帛丙一〇·一 —□羕

帛丙一〇·二 曰—不▨

九·五六·三一 是胃(謂)外—(陽)日

郭·窮·九 後名—(揚)

郭·太·二 是以成侌(陰)—(陽)

郭·太·二
侌(陰)—(陽)復相椺(薄)也

郭·太·五
侌(陰)—(陽)者

郭·太·五
侌(陰)—(陽)之所生

郭·太·八
侌(陰)—(陽)之所不能成

上(二)·容·二九
乃支(辨)侌(陰)—(陽)之氣(氣)

新甲三·二九六
莫囂—爲晋帀(師)戰於長☐

上(五)·三德·三
幽而—(陽)

上(五)·三德·三
—(陽)而幽

上(五)·三德·九
高—(陽)曰毋凶備(服)吕亯祀

上(五)·鬼·七
登(發)—(揚)索價

上(六)·平·三
臨—(陽)殺左尹

上(六)·用·四
—(陽)則或昜(陽)

上(六)·用·四
昜(陽)則或—(陽)

上(六)·天乙·四
文侌(陰)而武—(陽)

上(七)·凡甲·二
侌(陰)—(陽)之尻(尻)

清(一)·皇·二
楙(懋)—(揚)嘉悳(德)

清(二)·繫·一〇〇
城汝—(陽)

清(二)·繫·一一四
王命莫囂—衙自以定公室

清(二)·繫·一一六
王命莫囂—爲衙自戫晉

清(二)·繫·一一六
墩(奪)宜—(陽)

清(二)·繫·一二〇
以建—(陽)邱陵之田

清(二)·繫·一二九
遂(魯)—公衙自以这(交)晉人

清(二)·繫·一三四
遂—公衙自(師)栽(救)武昜(陽)

清(二)·繫·一三四
遂昜公衙自栽(救)武—(陽)

清(二)·繫·一三四
與晉自(師)戰(戰)於武—(陽)之城下

清(二)·繫·一三五
遂(魯)—(陽)公坪(平)亦(夜)悼(悼)武君

而

清(二)·繫·一三五 —(陽)城洹(桓)恴(定)君

清(二)·繫·一三六 楚𠂤(師)𨟻(將)救(救)武—(陽)

清(二)·繫·一三七 以從楚𠂤(師)於武—(陽)

清(五)·殷·二四 敢𦖞(問)疋(胥)民古(胡)曰—(揚)

包二·一三七 逄㝛—逃

郭·老甲·四 天下樂進—弗詁(厭)

郭·老甲·七 是胃(謂)果—不强

郭·老甲·七 果—弗喬(驕)

郭·老甲·一三 —萬勿(物)𨟻(將)自𢡺(化)

郭·老甲·一三 𢡺(化)—雒(欲)复(作)

郭·老甲·二三 湩(動)—愈出

郭·老丙·二 —百眚(姓)曰我自肰(然)也

郭·老丙·四 往—不害

郭·老丙·七 得己—甬(用)之

郭·老丙·一四 —弗敢爲

郭·唐·一 番—不𢓊(傳)

郭·緇·一四 —從其所行

郭·語四·四 亞(惡)言復己—死無日

郭·語四·七 流澤—行

包二·二二〇 以其下心—疾

包二·二五〇 𢾅逯其處—桓之

郭·老乙·四 亡爲—亡不爲

郭·太·六 逾—或▨

郭·太·四 成㦃(歲)—止

郭·太·一〇 —胃(謂)之陛(地)

郭·太·一〇 上,𣱼(氣)也,—胃(謂)之天

郭·太·一一 古(故)事成—身長

郭·老甲·一二 —弗能爲

郭·太·一二 古(故)社(功)成—身不剔(傷)

郭·語四·一五 𦘔(盡)之—悘(侯)

郭·語四·二七、二七背 聖(聽)君—會

郭·語四·二七、二七背 至—亡及也已

郭・語四・二七、二七背
視𦣻(朝)—內(入)

郭・語四・四
口不誓(慎)—床(户)之閟(閉)

郭・老甲・七
果—弗矜

包二・二一八
以其下心—疾

上(三)・彭・一
—毖(舉)於朕身

上(四)・柬・二〇
君内—語儘之言於君王

上(五)・弟・五
可達(奉)—告也

上(五)・弟・九
虞(吾)聒(聞)—未之見也

上(六)・競・六
—湯清者

上(六)・用・二〇
—又(有)弔(淑)之濮(淺?)

上(六)・用・二〇
—又(有)縸=(莫莫)之[illegible]

上(七)・吳・一
—悊(慎)醬(絶)我二邑之好

上(一)・孔・二
丌(其)思深—遠

上(一)・孔・二
丌(其)訶(歌)紳(壎)—莠(箎)

上(一)・孔・二二
—亡望

上(一)・孔・四
與戋(賤)民—毓之

上(一)・孔・三
多言難—寚(惰)退(懟)者也

上(一)・孔・十九
木苽又(有)藏忑—未㝵(得)達也

上(一)・孔・二三
㠯(以)道交見善—孛(傚)

上(一)・孔・二三
廛鳴㠯(以)樂詞(詞)—會

上(一)・孔・二五
智(知)言—又(有)豊(禮)

上(一)・孔・二六
陛(隰)又(有)長楚㝵(得)—怘之也

上(一)・孔・二八
牆(墉)又薺懃(慎)窨(密)—不智(知)言

上(一)・孔・二九
卷—不智(智)人

上(一)・孔・二九
律—士

上(二)・子・一
昔者—弗(殁)殜(世)也

上(二)·子·六 旱(得)丌(其)社稷(稷)百告(姓)—奉守之

上(二)·子·九 而丌(其)父戔(賤)—不足爯(偁)也與(歟)

上(二)·子·九 —(爾)昏(問)之也舊矣

上(二)·子·九 —丌(其)父戔(賤)而不足爯(偁)也與(歟)

上(二)·子·一〇 㥁而畫(劃)於伓(背)—生=(生,生)而能言

上(二)·子·一〇 㥁—畫(劃)於伓(背)而生=(生,生)而能言

上(二)·子·一一 觀於伊—旻(得)之査厽(叄)也

上(二)·子·一二 冬(終)見芙孜—薦之

上(三)·中·一〇 舉(舉)—(爾)所智(知)

上(四)·柬·一 王伀(嚮)日—立

上(四)·柬·三 尚(當)訟—卜之於大頭(夏)

上(四)·柬·四 訟—卜之袠(表)

上(四)·柬·一四 句(後)—洨(詨)胃(謂)大剀(宰)

上(七)·吳·二 君—或言

上(一)·孔·二〇 丌(其)言又(有)所載—后内(納)

上(一)·孔·二〇 或前之—后交

上(二)·魯·三 —昏(聞)衟(巷)逄(路)之言

上(一)·魯·四 —(尔)昏(聞)衖(巷)逄(路)之言

上(二)·子·五正 或㠯(以)慶—遠

上(二)·子·八 —和

上(二)·子·八 而吏(使)君天下—爯(偁)

上(一)·孔·九 黄駘則困—谷(欲)反丌(其)古也

上(二)·子·一〇 㥁而畫(劃)於伓(背)而生=(生,生)—能言

上(二)·子·八 —吏(使)君天下而爯(偁)

上(二)·子·一一 又(有)鬟監(銜)卯—階(錯)者(諸)丌(其)前

上(二)·子·一一 取—欯(吞)之

上(二)·從(甲)·二 —民或弗義

郭·六·二一 或從—𡥈(教)悔(誨)之

郭·六·二四 六者客(各)行其戠(職)—岳(獄)誇(犴)亡繇(由)迮(作)也

郭·六·三二 悬(仁)薊—攺(更)

郭·六·三八 君子不帝(諦)明虐(乎)民(萌)散(微)—已

郭·六·三一 悬(仁)頪(類)薊—速

郭·性·五二 未型(刑)—民愄(畏)

上(一)·紂·一五 古(故)上不可㠯(以)埶型(刑)—翌夆(爵)

上(一)·紂·一七 古孠=(君子)募(寡)言—行

上(一)·紂·二三 —遠者不悉(疑)

上(一)·紂·一七 則民訢(慎)於言—歎(謹)於行

上(一)·紂·二二 —厇(厚)醬(絕)賶(富)貴

上(一)·紂·一八 能大丌(其)顗(美)—少(小)丌(其)亞(惡)

上(一)·紂·二三 人—亡死(恒)

上(一)·紂·一〇 —信丌(其)所賤

郭·語二·五三 又(有)遜(由)—不行

上(一)·紂·一 則民咸(咸)㪅(扐)—型(刑)不刦

郭·忠·八 古(故)忸(亶)—可受也

上(一)·紂·二 爲上可䞂—㳄(知)也

上(一)·紂·一一 —賶(富)貴𠂤(已)逃(過)

郭·唐·一 利天下—弗利也

郭·唐·三 —弗利

郭·唐·八 悬(仁)—未義也

郭·唐·六 考後—遮先

郭·唐·九 我(義)—未悬(仁)也

郭·唐·一 僮(番)—不徸(傳)

郭·唐·二 利天下—弗利也

郭·唐·一二 □—（禮），愄「畏（夔）」守樂

郭·唐·一一 安命—弗宎（夭）

郭·唐·一三 悉（愛）—正（征）之

郭·唐·一三 番—不連（傳）

郭·唐·一四 古者堯生於天子—又（有）天下

郭·唐·一六 夫古者舜佢（拒）於艸（草）茅之中—不恳（憂）

郭·唐·一六 佢（居）艸（草）茅之中—不恳（憂）

郭·唐·一六 升爲天子—不喬（驕）

郭·唐·一七 升（登）爲天子—不喬（驕）

郭·唐·一八 君民—不喬（驕）

郭·唐·一八 卒王天下—不矣（疑）

郭·唐·二〇 上直（德）則天下又（有）君—世明

郭·唐·二〇 利天下—弗利也

郭·唐·二一 受（授）臤（賢）則民遷效（教）—蟡（化）虗（乎）道

郭·唐·二一 不僮（番）—能蟡（化）民者

郭·唐·二五 南面而王而（天）下—甚君

郭·唐·二五 南面而王—（天）下而甚君

郭·唐·二五 古者聖（聖）人廿（二十）而—冒（曰）

郭·唐·二五 南面—王而（天）下而甚君

郭·唐·二六 七十—至（致）正（政）

郭·唐·二六 卅（三十）—又（有）家

郭·唐·二六 僮（番）天下—受（授）臤（賢）

郭·唐·二六 五十—紿（治）天下

郭·唐·二七 退—羧（養）其生

郭·忠·二 忠信厏（積）—民弗罕（親）信者

郭·忠·二 蟡（爲）勿（物）—不韮（發）

郭·忠·四 不兑(説)—足羖(養)者

郭·忠·五 口叀(惠)—實弗从(從)

郭·忠·七 —百善膚(皆)立

郭·忠·五 不幷(期)—可要者，天也

郭·忠·七 —人羖(養)膚(皆)足

郭·忠·六 古(故)行—鯖(請)兑(悦)民

郭·語三·一二 処(處)—亡[glyph]習也，員(損)

郭·語一·五 —句(後)又(有)緐(倫)

郭·語一·六 —句(後)又(有)厚

郭·語一·八 —句(後)好亞(亞)生

郭·語一·二六 智(知)忌(己)—句(後)智(知)人

郭·語一·二六 智(知)人—句(後)智(知)豊(禮)

郭·語一·二七 智(知)豊(禮)—句(後)智(知)行

郭·語一·三二 善里(理？)—句(後)樂生

郭·語一·五六 —不可不爲也

郭·語二·五三 又(有)行—〈而〉不遜(由)

訛書爲不字。

郭·語一·五九 正(政)其虞(然)—行，治安尔也

郭·語一·六七 政其虞(然)—行，怠(治)安

郭·語一·七一 —亡非吕(己)取之者

郭·語一·七六 ▨於義；睪(親)—(七七)不障(尊)(八二)

郭·語一·三一 豊(禮)因人之情—爲之

郭·語一·七九 障(尊)—不睪(親)

郭·語二·四五 未又(有)善事人—不返者

郭·語三·五 不我(義)—加者(諸)巳

包二·一五 卲行之夫₌盤㚘宊執僕之倌登虞登期登僕登臧—無古

包二·八五 以其受鋳缶人—逃

包二·一三七反 其余執牺至時—斷之

包二·一三五反 陰之戡客或執筳之覢䢜—舊不爲剸

郭·老甲·七 果—弗發(伐)

郭·老甲·一七 爲—弗志(恃)也

郭·老甲·一七 萬勿(物)復(作)—弗忖(始)也

郭·老甲·二三 虛—不屈

郭·老甲·二八 不可得—利

郭·老甲·二八 亦不可得—害

郭·老甲·二九 不可得—貴

郭·老甲·二八 亦不可得—疋(疏)

郭·老甲·二九 亦可不可得—戔(賤)

郭·老甲·三〇 —邦慈(滋)昏

郭·老甲·三一 伐無事—民自福(富)

郭·老甲·三二 我谷不谷(欲)—民自樸

郭·老甲·三二 我好青(静)—民自正

郭·老甲·三三 骨溺(弱)董(筋)秾(柔)—捉固

郭·老甲·三二 我亡爲—民自蟲(化)

郭·老甲·三八 湍—羣之

包二·九五 胃杏雜其弟剔—𦧇殺之

包二·九二 以其喪其子丹—得之於𩶀之室

郭·五·一九 —玉晨(振)之

郭·五·二〇 肰(然)句(後)能金聖(聲)—玉晨(振)之

郭·五·二〇 悳(德)，—〈天〉☐

郭·五·二五 聋(聞)—智(知)之

郭·五·二五 見—智(知)之

郭·五·二六 聖人智(知)—〈天〉道也

郭·五·二六 聋(聞)—智(知)之
郭·五·二七 見—智(知)之
郭·五·二七 智(知)—行之

郭·五·二八 智(知)—安之
郭·五·二八 安—敬之
郭·五·三〇 見—智(知)之

郭·五·三一 安—行之
郭·五·三三 新(親)—篙(篤)之
郭·五·三三 憙(戚)—信之

郭·五·三四 悳(直)—述(遂)之
郭·五·三四 宔(中)心言(辯)肰(然)—正行之

郭·五·三五 又(有)大辠(罪)—大豉(誅)之
郭·五·三六 嚴—畏之
郭·五·三六 遠—[illegible]之

郭·五·三六 敬—不郤
郭·五·三八 又(有)大辠(罪)—弗大豉(誅)也

郭·五·三九 又(有)少(小)辠(罪)—弗亦(赦)也
郭·五·四〇 大—晏者也
郭·五·四三 少(小)—軫者

郭·五·四〇 少(小)—訪〈診(軫)〉者也
郭·五·四七 𤔲〈喻〉—智(知)之胃(謂)之進之

郭·五·四九 聋(聞)道—兑(悦)者
郭·五·四九 聋(聞)道—畏者

郭·五·五〇 聋(聞)道—䜌(樂)者
郭·窮·五 行年七十—賭(屠)牛於朝訶(歌)

郭·窮·五 䙴(遷)—爲天子帀(師)
郭·窮·六 —爲者(諸)矦相
郭·窮·一三 嗅—不芳

郭·窮·八
出—爲命(令)尹

郭·語四·六
及之—不可

郭·語四·二
言—狗(苟)

郭·老甲·七
善者果—已

郭·語四·一九
—終弗𧀠「臽(陷)」

郭·語四·一八
割—不僕(仆)

郭·語四·一八
衆—不割(害)

上(二)·從(甲)·一四
又(有)所又(有)舍(餘)—不敢𦘦(盡)之

郭·語四·二一
—民弗害也

上(二)·從(甲)·一八
是𠂤日少(小)人惕(易)㝵(得)—難(使)也

上(二)·從(甲)·一一
可行—不可言

上(二)·從(乙)·六
𢝊(仁)—不智(知)則

上(二)·從(甲)·一四
又(有)所不足—不敢弗▨

郭·老甲·一七
成—弗居

上(二)·從(乙)·一
十日口惪—不係

郭·性·二七
則非其聖(聲)—從之也

郭·性·六二
身谷(欲)青(静)—毋訧

郭·性·五三
戔(賤)—民貴之

郭·性·三二
凡樂,思—句(後)忻

郭·性·六二
慮谷(欲)囦(淵)—毋僞

郭·性·五七
同方—交

郭·性·六三 憙(喜)谷(欲)智—亡末

郭·六·三三 少—㝋多也

郭·六·三二 宜(義)强—柬

郭·尊·九 智(知)道—句(後)智(知)行

郭·老甲·三四 終日虐(乎)—不㥑(憂)

郭·五·三七 僔(尊)—不喬(驕)

郭·五·二七 行之—時

郭·五·二三 聋(聞)君子道—不智(知)其君子道也

郭·五·二四 見臤(賢)人—不智(知)其又(有)悳(德)也

郭·五·三〇 智(知)—安之

郭·老甲·三七 朱(殖)—浧(盈)之

郭·五·三一 行—敬之

郭·五·三七 共(恭)—尃(博)交

郭·五·四二 大—晏者

郭·五·三八 又(有)少(小)辠(罪)—亦(赦)之

郭·五·四四 君子智(知)—與(舉)之

郭·五·三八 又(有)大辠(罪)—大豉(誅)之

郭·五·四四 智(知)—事之

郭·五·四八 幾—智(知)之

郭·五·四七 目—智(知)之胃(謂)之進之

郭·五·五〇 聋(聞)道—共(恭)者

郭·魯·四 —未之得也

郭·魯·一 可(何)女(如)—可胃(謂)忠臣

郭·魯·七 〔爲〕義—遠录(禄)雀(爵)

郭·尊·二〇 可孥(教)也—不可迪(由)其民

郭·尊·二二 —民又(有)爲亂矣

郭·性·七 牛生—倀(張)

郭·性·一
迠（待）兑（悦）—句（後）行

郭·性·一
迠（待）勿（物）—句（後）复（作）

郭·性·七
雁生—軷（伸）

郭·性·一七
體其宜（義）—即（節）虞（文）之

郭·性·一七
雚（觀）其先後而逆訓（順）之

郭·尊·九
智（知）命—句（後）智（知）道

郭·尊·一九
古（故）終是勿（物）也，—又深安（焉）者

郭·尊·一九
可學也—不可矣（俟）也

郭·尊·二八
速虐（乎）楷（置）蚤（郵）—連（傳）命

郭·尊·二九
交矣—弗智（知）也

郭·尊·三七
古（故）悳（德）可易—卮（施）可迴（轉）也

郭·尊·三八
遭（轉）—大又（有）憲（害）者

郭·尊·二〇
—民不可歨（止）也

包二·一三四
—倚執僕之戠經

包二·一三
漾陵之参鉩—在之

上（二）·從（甲）·一九
鍇滄—毋歓

上（二）·從（甲）·一
—□取之

上（二）·從（甲）·四
方（防）亦坂（反）是=（是，是）故君=（君子）新（慎）言—不新（慎）事

上（二）·從（甲）·八
—不智則奉（逢）举（災）害

上（二）·從（乙）·四
□恳（誨）—共（恭）孫（遜）

范二七
女東—東西—西受上天受中

郭·緇·四
爲下可頪（類）—等（等）也

郭·緇·二〇
—賜（富）貴已逃（過）也

郭·緇·三四
古（故）君子賸（寡）言—行

郭·緇·三五
則民不能大其娓（美）—少（小）其亞（惡）

郭·緇·三八 齊—獸(守)之

郭·緇·三九 迲(略)—行之

郭·窮·二 古(故)穿(窮)—不□

郭·窮·一二 古(故)莫之智(知)—不叚

郭·窮·三 立—爲天子

郭·窮·一 —智(智)所行矣

郭·窮·四 戥(釋)板箸(築)—差(佐)天子

郭·窮·七 戥(釋)板桎—爲晝(朝)卿

上(三)·周·二〇 不靜(耕)—穫(穫)

上(三)·周·二二 不豪(家)—飤(食)

上(三)·亙·二 —未或明

上(三)·亙·五 智(知)既(既)—巟(荒)

上(三)·亙·一一 —能自爲也

上(四)·內·六 㞢(止)之—不可

上(五)·競·九 㠯(起)—言曰公身爲亡(無)道

上(五)·君·一 啻(顏)囦(淵)复(作)—㑒(答)曰

上(五)·君·一 言之—不義

上(五)·君·二 視之—不義

上(五)·君·二 聖(聽)之—不義

上(五)·君·二 違(動)—不義

上(五)·君·三 欲迲(去)之—不可

上(五)·三德·一 卉木須旹(時)—句(後)畓(奮)

上(五)·三德·二 訢—不訢

上(五)·三德·二 已—不已

上(五)·三德·五 怂(過)—改新

上(五)·三德·一四 舉(興)—㠯(起)之

上（五）·三德·一五　毋不能—爲之

上（五）·鬼·八　—志行㬎（顯）明

上（六）·孔·二四　—亡（無）城（成）悳（德）民

上（六）·孔·二七　—民道（導）之乚

上（六）·用·一三　—㠯（忌）於人

上（六）·天·一二　古（故）見傷（禓）—爲之晢（祈）

上（七）·凡乙·九　卉木系（奚）旻（得）—生

上（七）·君乙·七　民乍（作）—囟（思）

上（七）·凡甲·二　系（奚）旻（得）—固

上（七）·凡甲·二〇　豸（貌）言—禾（和）不侌（陰）

上（七）·凡乙·一〇　坐—思之

清（一）·楚·五　夜—内𡱒（尸）

清（一）·楚·八　乃渭疆涅之波（陂）—宇人女

清（二）·繫·一一　殺卲公—立亓弟子斆壽

清（二）·繫·一三　殺三監—立彔子耿

清（二）·繫·三一　乃讓大子龍（共）君—殺之

清（二）·繫·三三　—立亓（其）弟悼子

清（二）·繫·三六　—弗能内（入）

清（二）·繫·三九　晉人殺褱（懷）公—立文公

清（二）·繫·五一　襄—夫人䎽（聞）之

清（二）·繫·五二　—卲（召）人于外

清（二）·繫·五二　—女（焉）牆（將）寘（寘）此子也

清（二）·繫·六八　郤之克塦堂—折（誓）曰

清（二）·繫·八一　少帀（師）亡（無）䀻讙連尹顉（奢）—殺之

清（二）·繫·八二　爲長瀲（壑）—淫（洍）之

清(二)·繫·九一
述以豐醬於鄴—不果

清(二)·繫·九三
鄴経竃巷(绛)—不果

清(二)·繫·一一五
違迵—歸之於楚

清(二)·繫·一一七
楚人豫(舍)回(圍)—還

清(二)·繫·一二八
競(景)之賈與豁(舒)子共戠(止)—死

清(二)·繫·一三六
犬達(逸)—還

清(二)·繫·一三六
陳人女(焉)反—内(入)王子定於陳

郭·語三·一八
勿以日勿又里—

新甲二·二八
—不良又(有)閘(間)

新甲三·一〇一、九四
—不良〼

新零·一九七
〼—歸之□〼

上(四)·昭·七
—被(披)襦=(裀衣)

上(四)·昭·七
王訋—舍(余)之衽褓

上(七)·凡甲·二九
豸(貌)言—萬民之利

上(七)·凡乙·二
系(奚)㝵(得)—固

清(一)·耆·一一
康藥(樂)—母(毋)忘(荒)

清(一)·耆·一三
康藥(樂)—母(毋)忘(荒)

清(一)·耆·一四
康藥(樂)—母(毋)忘(荒)

清(一)·祭·一七
女(汝)母(毋)各豕相—(乃)室

清(三)·芮·四
康戲—不智蔓(蘼)告

清(三)·芮·四
稟(富)—亡(無)浣

清(三)·芮·五
—莫肎(肯)齊好

清(三)·芮·五
君子—受柬萬民之窨

清(三)·芮·七
—亡(無)又(有)紹(紀)統(綱)

清(三)·芮·八
—隹(惟)啻(帝)爲王

清(三)·芮·一六
—不智(知)允盈(盈)

清(三)·芮·二〇
繏(繩)剸既政—五(互)想(相)柔訛(比)

清(三)·芮·二二 —繅剫(斷)遳(失)楑

清(三)·芮·二三 —莫旻(得)亓(其)𠂔(次)

清(三)·芮·二五 —器不再利

清(三)·芮·二六 —鮮可與惟

清(三)·芮·二八 —邦受亓(其)不盜(寧)

清(三)·赤·二 嘗我於—(尔)蹙(蔑)

清(三)·赤·三 紝㐬受少(小)臣—嘗之

清(三)·赤·四 少(小)臣受亓余(餘)—嘗之

清(三)·赤·五 少(小)臣乃寐(眛)—帰(寢)於逄(路)

清(三)·赤·六 見(視)—不能言

清(三)·赤·八 是囟(使)句(后)疮(疾)—不智(知)人

清(三)·赤·一〇 少(小)臣乃迟(起)—行

清(三)·赤·一一 —智(知)朕疾

清(三)·赤·一二 是思(使)句瑟=恂=—不智人

清(四)·筮·支五 ≦二二𠕁支譽(數)—

清(四)·筮·支七 ≪≪𠕁支譽(數)—

清(四)·筮·雨一三 ≪亼才(在)下譽(數)—

清(四)·筮·雨一五 譽(數)—出乃宇(早)

清(四)·筮·志二五 事—見

清(四)·筮·軍三二 ≪亼≪𠕁簪志事—見同

清(四)·筮·果四二 外事譽(數)—出

清(四)·筮·祟四六 長女爲妾—死

清(五)·命·一 □生民—成大命

清(五)·命·二 —昜(賜)之福

清(五)·命·二 女(如)不居—圣(重)義

清(五)·命·二 或司不義—墜(降)之禍(禍)

清(五)·命·三 女(如)諻(懲)—毋(悔)怂(過)

清(五)·命·三 夫民生—佴(恥)不明

清（五）·命·三
女（如）又（有）佴（恥）—亙（恆）行

清（五）·命·四
夫民生—樂生穀（穀）

清（五）·命·四
夫民生—痌（痛）死喪

清（五）·命·五
女（如）忑（恐）—承孥（教）

清（五）·命·一三
季（惠）—不仞=（忍人）

清（五）·命·一四
裻（勞）—不至

清（五）·命·一五
備（服）—不鈦

清（五）·湯丘·五
朝—傒（訊）之

清（五）·湯丘·六
能亓（其）事—旻（得）亓（其）飤（食）

清（五）·湯丘·七
未能亓（其）事—旻（得）其飤（食）

清（五）·湯丘·九
—不智（知）喪

清（五）·湯丘·一〇
唯（雖）臣死—或（又）生

清（五）·湯丘·一〇
此言弗或（又）可旻（得）—𦖞（聞）也

清（五）·湯門·五
簹（孰）少—老

清（五）·湯門·五
—罷（一）亞（惡）罷（一）好

清（五）·殷·九
㝵=—不諱（讀）箸（書）占

清（五）·殷·九
則若尖=（小人）之㾮（寵）瘧（狂）—不昚

清（五）·殷·一一
—星月𦋓（亂）行

清（五）·殷·一四
—敬（警）民之行

清（五）·殷·一八
衣備（服）耑（端）—好訏

清（五）·殷·一八
丂（孝）忞（慈）—哀（哀）眾

清（五）·殷·一八
卹（恤）遠—毋（謀）新（親）

清（五）·殷·二〇
內至（基）—外比

清（五）・殷・二一
—天目毋眉（眯）

清（五）・殷・二二
音色柔丂（巧）—瞖（叡）武不罔

清（五）・殷・二三
牧民—馯（御）王

清（五）・殷・二五
□□□□□□□□□戲（虐）怪自嘉—不縷（數）

清（五）・殷・二六
詮（感）高玟稟（富）—昏忘賔（詢）

清（五）・殷・二六
返利嚚神慕龏（恭）—不㚶（顧）于逡（後）

清（五）・殷・二七
畐（晦）—本由生光

清（五）・殷・二八
楑（揆）审（中）—象棠（常）

清（五）・殷・二八
尃（補）䍃（缺）—救柱（枉）

上（三）・亙・一二
—果述（遂）

上（五）・季・四
民膛亓道—備（服）安

上（五）・季・五
舀事皆㝵亓嚾—弫之

包二・一四六
—不交於新客者

包二・一五六
□執命爲王穀取郙不涅穀—逃命

包二・二
壴宜命之於王大子—以陞𡫳人

上（二）・容・四八
三鼓—進之

上（二）・容・一
皆不受（授）丌子—受（授）䝿（賢）

上（二）・容・一—二
—上忢（愛）下

上（二）・容・二
—一丌志

上（二）・容・二
—寢丌兵

上（二）・容・二
—官亓才（材）

上（二）・容・三
歈—飤（食）之

上（二）・容・三
思役百官—月青（請）之

上（二）・容・三
䜭（教）—恙（誨）之

上（二）・容・五〇
虗（吾）伐—弋（代）之

上（二）・容・五
𡈼（匡）天下之正（政）十又（有）九年—王天下

上(二)·容·五三　—㝵(得)遊(失)行於民之唇(朕)也
上(二)·容·五—六　丗=(三十)又(有)七年—民(泯)冬(終)

上(二)·容·六　堯戔(賤)貤(施)—皆=(時時)
上(二)·容·六　甚緩—民備(服)

上(二)·容·六　寅不寋(勸)—民力
上(二)·容·七　奉—立之
上(二)·容·九　—橐(包)才(在)四海(海)之内

上(二)·容·九　—立爲天子
上(二)·容·一〇　㠯求臤(賢)者—壤(讓)焉
上(二)·容·一三　—卆(卒)立之

上(二)·容·一一　—臤(賢)者莫之能受也
上(二)·容·一二　—欲㠯爲逡(後)
上(二)·容·一四　㑺(謁)—坐之

上(二)·容·一四　—敚(美)亓行
上(二)·容·一九　—遠者自至
上(二)·容·一九　迲(去)𧊒(苛)—行柬(簡)

上(二)·容·一九　者—緐(繁)實之
上(二)·容·二九　—聖(聽)亓訟獄
上(二)·容·二九—三〇　三年—天下之人亡訟獄者

上(二)·容·三〇　—聖(聽)甬(用)之
上(二)·容·三二　於是於(乎)㠯(治)雀(爵)—行录(禄)

上(二)·容·三四　—欲㠯爲後
上(二)·容·一六—一七　昔天地之差(佐)坙(舜)—右(佑)善
上(二)·容·三九　惪惠—不贏

上(二)·容·三九　猒(然)句(後)從—攻之
上(二)·容·三九　𣎵三十凥—能之
上(二)·容·四〇　湯或(又)從—攻之

上(二)·容·四二　湯王天下丗=(三十)又(有)一僷(世)—受复(作)
上(二)·容·四三　亓政紿(治)—不賞

上（二）·容·四四
不從命者從—桎䇐（梏）之

上（二）·容·四四
不能述（遂）者內（入）—死

上（二）·容·四六
箸（孰）天子—可反

上（二）·容·五〇
虖（吾）敚（說）—弋（代）之

上（二）·容·四六—四七
乃出文王於虽（夏）臺（臺）之下—䎽（問）焉

上（四）·曹·六
則亦不可𠂤不攸（修）政—善於民

上（四）·曹·七
今異於—（尔）言

上（四）·曹·七
肰（然）—古亦又（有）大道焉

上（四）·曹·八
—喬（驕）大（泰）𠂤遊（失）之

上（四）·曹·九
君子𠂤臤（賢）爯（稱）—遊（失）之

上（四）·曹·一〇
乃命毀鐘型—聖（聽）邦政

上（四）·曹·一四
又（有）克正（政）—亡克戟（陳）

上（四）·曹·一七
疆陛（地）毋先—必取□焉

上（四）·曹·二七
万=（萬人）……毋詚（誅）—賞

上（四）·曹·四五
既戰（戰）—又（有）怠=（殆心）

上（四）·曹·五四
收—聚之

上（四）·曹·五四
罙（朿）—厚之

上（五）·鮑·五
含（今）豈（豎）迅（刁）佖夫—欲智

上（二）·民·一
敢䎽（問）可（何）女（如）—可胃（謂）民之父母

上（二）·民·六
明目—見之

上（二）·民·六
不可旻（得）—䎽（問）也

上（二）·民·六
奚（繫）耳—聖（聽）之

上（二）·民·七
旻（得）—見也

上(二)·民·一〇
□可旻(得)—䎽(問)弁(歟)

新甲三·九九
迈—逯(歸)之

新甲三·二一九
—敚(說)其祱(祟)

新甲三·一一一
社(功)逾—厝之

上(一)·性·二六
立谷(欲)植(直)—毋濜(流)

上(一)·性·二四
非之—不可亞(惡)者

上(一)·性·二七
退谷(欲)緊(?)—毋翌(輕)

上(一)·性·八
道(導)之—已

上(一)·性·一九
凡慐(憂)思—句(後)悲

上(一)·性·二三
蜀(獨)居—樂

上(一)·性·二三
戔(賤)—民貴之

上(一)·性·二三
貧—民聚安(焉)

上(一)·性·二四
行之—不怂(過)

上(一)·性·二七
甬(用)心悳(德)—毋苟

上(一)·性·三九
肰(然)—丌(其)怂(過)

上(四)·內·六
歨(止)之—不可

上(五)·姑·三
不犾則旻(得)字(免)—出

上(五)·姑·三
—受(授)我衆

上(五)·姑·四
—因(因)㠯(以)害君

上(五)·姑·四
唯(雖)旻(得)字(免)—出

上(五)·姑·五
—反亞(惡)之

上(五)·姑·五
—又(有)逡(後)青(請)

上(七)·武·一三
武王北面—逭(復)䎽(問)

上(七)·武·一五
—敬者萬殜(世)

豕

郭·成·四 是古(故)亡虖(乎)其身—廌(存)虖(乎)其訂(詞)

郭·成·七 君均(袀)褄(冕)—立於隻(作)

郭·成·八 君衰絰—処(處)立(位)

郭·成·一〇 不求者(諸)其沓(本)—戉(攻)者(諸)其末

郭·成·一六 古(故)君子不貴辟(僻)勿(物)—貴與民又(有)同也

郭·成·一九 戚(就)反者(諸)㠯(己)—可以智(知)人

郭·成·二一 戠(勇)—行之不果

郭·成·二一 是以智(知)—求之不疾

郭·成·一七 福(富)—貧(分)賤

郭·成·二六 其生—未又(有)非之節(即)於而也

郭·成·二六 其生而未又(有)非之,節(即)於—也

郭·成·二七 及其尃(溥)長—厔「厚(重)」大也

郭·成·二九 唯(雖)又(有)其亙(恒)—可能,終之爲難

郭·成·三四 毁(讓)—処戔(賤)

郭·成·三四 是古(故)君子簟笞(席)之上毁(讓)—受學(幼)

郭·成·二八 此以民皆又(有)眚(性)—聖人不可莫(慕)也

豸

包二·一四六 —玫苛欲利之金一益剮益

包二·一六八 舟贅公—

包二·二一一 賽禱東陵連囂豻—

望二·四五 一—櫓

望二·五一 一—盎

包二·二四六 五—

包二·二二七 豻—

豢　豬　猪

[seal glyph] 包二·二六五　一—鑄

訛書爲亥。

[seal glyph] 上（三）·周·二三　芬（豶）—之䏕（牙）

[seal glyph] 上（三）·周·三三　見—偩（負）坔（塗）

[seal glyph] 上（三）·周·四〇　贏（羸）—孚是蜀（獨）

[seal glyph] 清（三）·説上·四　生二戊（牡）—

[seal glyph] 清（三）·説上·五　乃殺一—

[seal glyph] 清（三）·説上·五　一—乃觀（旋）保以遣（逝）

[seal glyph] 清（三）·説上·六　一—墜（隨）宧（仲）之自行

猪

[seal glyph] 天卜　☐羆禱西方全—

豬

[seal glyph] 曾一正　大莫䵼殤喙適—之春

[seal glyph] 新甲三·一七五　肥陵陸（陳）—之述

豢

豯

[seal glyph] 包二·二一〇　一全—

[seal glyph] 包二·二三八　一全—

[seal glyph] 包二·二四一　一全—

[seal glyph] 包二·二〇〇　戠—

[seal glyph] 包二·二〇六　戠—

[seal glyph] 包二·二一四　戠—

[seal glyph] 包二·二四八　戠—

[seal glyph] 望一·一一六　遐禱北子肥—

[seal glyphs] 天卜　戠—

[seal glyph] 上（二）·容·二八　逯（復）穀（穀）—（換）土

[seal glyph] 新甲二·二七　☐纆子之里一—☐

[seal glyph] 新乙三·三七　☐—，䣒於無☐

[seal glyph] 新甲三·七七　☐一—

[seal glyph] 新零·九八　☐—，其☐

[seal glyph] 新甲三·二六四　城再㠯（以）—

[seal glyph] 新甲三·三九二　壆城一—

[seal glyph] 新甲三·四〇五　☐袿（社）一—、一豬、一冢

[seal glyph] 新甲三·四一三　☐下郊㠯（以）—☐

[seal glyph] 新乙三·二三　䍣之里一—

[豸古]

[豕坴]

新甲三·三六三 一—（豢）

新甲三·三二五—一 ☒蒿一—

新甲三·二七五 中邑𠯑（以）—（豢）

包二·二〇三 戠—

包二·二二七 一全—

包二·二四〇 戠—

聲旁「关」訛作「关」。

包二·一八七 告所—臣

包二·二〇七 研於埜陛宝一—

包二·二〇七 宫陛宝一—

包二·二一九 速商之，厭一—於陛（地）宝

秦九九·一四 陛宝一—

新甲二·一八 ☒𠯑（以）—☒

新甲三·一八〇 ☒[皀刂]於江一—

新甲三·三一三 一—

新甲三·三二〇 三—

新甲三·三二一 一—

新甲三·三二六—一 [皀刂]一—

新甲三·三二八 ☒犬一—

新甲三·二四九 ☒一—，禱一冢☒

新甲三·二八一 ☒城一—

新甲三·三三一 ☒於倉暘一—

新甲三·二七八 ☒虛，[皀刂]二—

新甲三·二八二 聿（盡）割𠯑（以）九—

新甲三·三一〇 二—☒

新甲三·三一二 二—

新甲三·三一四 [皀刂]於下窯、下姑留二—

新甲三·三一六 [皀刂]於歖宗、余疋二—

新甲三·三一七 三（四）冢、一—

新甲三·三二五—一 二—

新甲三·三三二 ☒[皀刂]安一—

新甲三·三二七—二 縈聖二—

新甲三·三四六—二、三八四 [皀刂]於菫丘寡二—

新甲三·三四三—二 [皀刂]於上獻、犬焚二—

新甲三·三五五 [皀刂]於栗溪一—

豬

新甲三・三五〇 䶂於舊虛希(肖)父二—▨
新甲三・三五三 䶂於郘思虛一—
新甲三・三九〇 䶂經寺一—

新甲三・三九八 䶂於䨮虒一—
新甲三・四〇四 䶂於竆鵠、解溗三—
新甲三・四〇八 三—

新甲三・四〇九 䶂於桐一—
新乙四・一三七、甲三、三六〇 ▨祼(裸)句逾三—
新甲三・四一一、四一五 䶂於上蓄一—

新乙四・一四六 ▨非，䶂二—
新零・三一〇 ▨亖(四)—
新零・三三三 䶂吕(以)二—▨

包二・二一五 賽禱新父戠—
包二・二一〇 一全—
包二・二五〇 舉禱於繼無遂者各肥—
包二・二四八 舉禱社一—

包二・二四四 一全—
新甲三・九七 ▨—。□▨
新甲三・一二三 下䝤一—
新甲三・一五〇 ▨—，䶂於禁(麓)▨

新甲三・二〇七 慶(且)祭之以一—於東陵
新甲三・二五〇 一—
新甲三・二五一 ▨祩(社)一—

新甲三・二八五 ▨里二—、王冢
新甲三・三〇八 萿一祩(社)，一—
新甲三・三一三 亡夜一—

新甲三・三三三 ▨—，某一冢
新甲三・三五〇 蔵一—
新甲三・三六一、三四四—二 ▨一—，一冢

新甲三・四〇五 ▨祩(社)一豢、一豬、一冢
新甲三・四〇三 漳溗一—
新乙二・七 ▨禱於其祩一▨

新乙二・四三 ▨一—
新乙四・八〇 陽子—豬
新零・三〇八 ▨飤(食)—吕(以)▨
新零・四三〇 二—▨

豢

包二·二〇二 䅵於新父鄴公子豢犆—酉飤

包二·二〇四 夫人戠—

包二·二〇〇 罷禱於夫人戠—

新甲三·七一 ☐䑽—占之曰：吉☐

新零·一一八 ☐□—吕（以）新（新）□☐

豬

包二·二五七 羹—一箕

包二·二五七 庶—一箕

豣

上（三）·周四四 汬浴（谷）弦（射）—（鮒）

豨

郭·語二·二四 —（肆）生於易

郭·語二·二四 容生於—（肆） 《説文》古文。

[illegible]

包二·四二 𥁰— 人名

包二·一二〇 舍— 人名

包二·一二〇 —言胃

䖵

新老甲·三三 —蠆虫（虺）它（蛇）弗螫（蓋）

象

信二·〇一 屯青黃之— 以—爲緣。

信二·〇三 絧青黃之—

信二·〇一八 絧—

信二·〇二六 屯—

信二·〇二八 絧青黃之—

天策 ☐組之□一—☐

天策 ☐綏一—約□與一乘輈䍐之章翠紩纓

天策 ☐䊵韔一—☐

天策 紫緋—☐

天策 ☐之鈦—

天策 ☐之笞—□☐

豸

上（七）·凡甲·一七 旻（得）—（貌）而思之

上（七）·凡甲·一八 虗（吾）能—（貌）之

上（七）·凡甲·二〇 记（起）於—（貌）耑（端）

上（七）·凡甲·二一 —（貌）言而禾（和）不会（陰）

上（七）·凡乙·一五 女（如）不能戠（識）—（貌）

上（七）·凡乙·一五 女（如）欲戠（識）—（貌）

貃

上（七）·凡甲·一三 虗（吾）能—（貌）虗（吾）夫之

簡文中讀『貌』字。

豹

䶂

包二·二六八 —緄

豹之異體，鼠部重見。

貘

鼳

包二·二七一 豻—之鞥鞍

望二·八 貍—之韔□純

曾一正 —聶

曾二 二貍—之聶

曾二 貍—

貘之異體。

豻

鼾

天策 ☐魚韔—曌革紳☐

天策 ☐—絷二緙☐

天策 —韔

天策 —韔

望二策 ☐童繖—☐

曾一正 —殉

曾七 —首之䨝

曾一六 三—殉之箙

曾一一 —幹

曾九五 —幹

曾四 —尾之䢱

曾三五 —尾之䢱

曾六一 —䢱

曾九一 —尾之䢱

曾三五 —䨝

曾三〇 —䢱

曾三八 —首之䨝

曾四三 —䢱

曾五〇 —䢱

曾三五 —轄
曾四七 —轄
曾五六 —轄
曾一一三 —蓋之䡅
曾六二 —箙

曾六七 —韔
包二·二七一 —貘之韇鞍

天策 —備
豻之異體。

貂

鼦

曾四 —䡅
曾五 一襮—與紫魚之箙
曾八 三—襮紫魚之箙
曾一〇 —蓋之䡅

曾一一 —首之雺
曾一五 —首之雺
曾一九 一襮—紫魚之箙
曾二一 —蓋之䡅

曾二九 一襮—與彔魚之箙
曾三〇 —[illegible]
曾三六 四襮—與彔魚之箙
曾四五 —定之䡅

曾五〇 —䡅
曾五六 —䡅
曾六八 一—旂
曾六九 —轄
曾七〇 襮—與紫魚之箙

曾七一 —蓋之䡅
曾八九 —定之頸
曾九九 二—聶
曾九九 襮—與紫魚
曾一〇四 襮—與紫魚之箙

曾一〇六 襮—與彔魚之韔
曾一〇六 —蓋之聶
貂之異體。

貉

[illegible]

包二·八七 屈— 人名
貉字異體，鼠部重見。

貍

[illegible]

曾二 二—貘之聶
曾九 屯—蓋之聶
曾一四 —蓋之聶
曾一九 屯—蓋之聶

曾二九 三—薹之聶
曾三二 屯襪豻與—
曾三二 三—薹之聶
曾五五 —薹之聶
曾六二 —薹之聶

曾六五 —箙
曾七〇 —韜
曾一〇二 一—聶
包二·一六五 罿酟尹之州加鈇—

望二·六 —莫之冢
望二·八 —貘之韔
貍字異體。

⿰鼠膚

上(三)·周·四五 恭—(鵞)

上(五)·三德·一八 —貌飤(食)虎

易

郭·老甲·二五 —米(持)也
郭·老甲·二五 —畔(判)也
郭·老甲·二五 —後(散)也
郭·老甲·二五 —悔(謀)也

郭·尊·五 桀不—墒(禹)民而句(後)亂之
郭·尊·六 湯不—桀民而句(後)訂(治)之

郭·尊·三七 古(故)悳(德)可—而攺(施)可迿(轉)也
郭·六·二五 藋(觀)者(諸)—春秋則亦才(在)壴(矣)

郭·六·四九 民之父母,新(親)民—
郭·語一·三六、三七 —所以會天道人道也
郭·語二·二三 —生於子

郭·語二·二四 肴(肆)生於—
新甲三·三五五 莆—一冢

上(三)·周·五五 欲—出
上(三)·彭·二 戁(難)—歆欲
上(六)·孔·一三 —與民不飤五穀

清（一）·保·五 廼（乃）—立（位）埶（設）詣（稽）

清（一）·保·六 言不—實皃（變）名

清（一）·保·八 以遉（復）又（有）—

清（三）·説下·三 勿—卑（俾）邸（越）

清（三）·説下·八 弗—百青（姓）

清（三）·琴·二 文非—帀

清（三）·琴·六 不—畏（威）義（儀）

清（三）·琴·一一 疐（對）天之不—

清（三）·琴·一四 亓（其）又（有）心不—

清（三）·芮·二〇 矞（遹）—兇心

清（五）·封·五 —（錫）女（汝）倉（蒼）珪巨鬯一卣

清（五）·命·二 而—（賜）之福

清（五）·般·二〇 麐（淡）（紙）不—

信一·〇一 —夫

信一·〇二 —夫

信一·〇七 —之

象

上（五）·鬼·六 —皮（彼）獸鼠

清（四）·筮·爻五二 凸（凡）肴（爻）—

清（四）·筮·爻五四 ×（五）—爲天

清（四）·筮·爻五六 九—爲大戰（獸）

清（四）·筮·爻五八 四之—爲墬（地）

清（五）·般·一二 —矛（茂）康駅（懋）

清（五）·般·一五 鬲（厤）—天寺（時）

豫

清(五)·般·二八
楑(揆)宧(中)而—祟(常)

郭·老乙·一二
天—亡𡍮(形)

郭·老丙·四
埶(設)大—

豫

包二·七
齊客墜—逾王之歲

豫

包二·二四
邵司馬—之州加公李逗

包二·五二
郘異司敗番—受旨

包二·一七一
舒— 人名

包二·一七四
鄵— 人名

包二·一九一
舒—

包二·七二
不誼人於郚—

包二·一六三
宙廄鈇—

上(三)·周·二四
—(舍)尒(爾)霝(靈)龜

上(四)·曹·四三
帍(陳)未—

上(四)·曹·五〇
既戰(戰)遉(復)—

上(六)·用·一
—(預舍)命乃縈不可恘

清(二)·繫·二七
楚人—(舍)回(圍)而還

清(二)·繫·四二
楚王—(舍)回(圍)歸

清(二)·繫·四五
秦人—戍於奠(鄭)

清(二)·繫·五二
—(舍)亓(其)君之子弗立

豫

郭·六·三三
—其志

上(三)·中·一〇
人亓(其)—(舍)之者

上(一)·孔·四
與戔(賤)民而—之

豫

包二·一一
在陳—之典

上(四)·曹·一九
不可㠯出—

上(四)·曹·一九
不和於—

上（四）·曹·二二
爲和於—女（如）可（何）

上（四）·曹·二三
所㠯爲和於—

清（三）·芮·一五
—（舍）命亡（無）成

清（四）·筮·乾四〇
内（入）月五日—（舍）巽

鏡

上（五）·姑·一
虐於百—

上（五）·姑·一
姑戓（成）豪父㠯亓族參埒正（征）百—

上（五）·姑·五
姑（苦）戓（成）豪（家）父乃寍（寧）百—

上（五）·姑·九
敂（糾）人於百—

卷十

馬

曾一二八 六—晝甲

曾一四一 大凡八十—甲又六馬之甲

曾一四七 大首之子騁—爲右驂

曾一四八 ▌凡新官之—六轂

曾一五〇 右司—之騆爲右驂

曾一五一 司—上子爲左驂

曾一五三 郕—尹之騆爲左驂

曾一五九 凡大官之—十轂

曾一六四 長腸人與杙人之—麗崎—

曾一六七 轂—騆

曾一六八 司—

曾一六九 左司—之騆爲右驂

曾一七〇 犬—騆

曾一七四 司—之白爲左飛

曾一七四 轂—之駃

曾二〇八 ▌凡宮廄之—所入長坛之宔五轂

曾四三 兩—之郩甲

曾六六 兩—之革紲

曾六四 兩—之紲

曾八〇 兩—之紲

簽一 肇軒之—甲

簽二 肇軒之—甲

新甲三·三三 獻—之月

新甲三·九九 犧—

新甲三·三一六 司—敎之述

新甲三·三四二—二 獻(獻)—之月

新甲三·三二五—二 —人二袿(社)

新乙二·九 ☐兩義(犧)—

新乙四·五九 ☐☐—之箁(筮)復爲君☐

新甲三·七九 驪犧—，一☐

新乙四·一三九 北方兄(祝)禱乘良—

新甲三·一八二—二 ☐司—蚘逗於𨯔

新零·一六七 義(犧)—☐

新零·二三六、一八六 大司—子厚
新零·五〇一 ☐—☐☐

上(三)·周·二二 良—由(逐)
上(三)·周·三二 悬(悔)亾亖(亡,喪)—勿由(逐)

上(三)·周·五四 拯—藏(壯)
清(五)·封·六 —亖(四)匹

包二·八 司— 職官名
包二·二二 司—
包二·二四 司—
包二·三〇 司—
包二·三八 司—

包二·六〇 司—
包二·八一 司—
包二·一〇三 司—
包二·一一八 司—
包二·一一九 司—

包二·一二五 司—
包二·二〇〇 司—子音
包二·二〇三 司—子音
包二·二〇六 司—子音
包二·二一四 司—子音

包二·二二四 司—子音
包二·二四〇 司—子音
包二·一一九 右司— 職官名
包二·一三三 右司—

包二·一七五 右司—
包二·一〇五 左司— 職官名
包二·一一六 左司—
包二·一二九 左司—
包二·一三〇 左司—

包二·一三〇反 左司—
包二·一五五 左司—
包二·一二九 少司— 職官名
包二·一六二 少司—

包二·一七三 少司—
包二·一四五 成昜辻尹成以告子司—
包二·一四五反 子司—誼之
包二·一〇三 大司— 職官名

包二·一一五 大司—
包二·一五九 陳興之告言之子司—
包二·二二六 大司—
包二·二二八 大司—

包二·二三〇 大司—
包二·二三九 大司—
包二·二四九 大司—
包二·二六七 大司—

包二·一二〇 郝倖擻—於下鄰市儥之於易城
包二·二七一 四—之凵(臼)面
包二·二七六 二—之鋧
包二·二七六 四—首

包二·二七七 二—之秏
仰二五·三 何—之絧衣
天卜 䢅又亞於車—下之人
天卜 折車—於悲中

天卜 獻—之月
天策 兩—虘
天策 兩—之長𠈌
天策 兩—綖
天策 二—之箳

天策 四—之箳
天策 兩—之紩綏
天策 兩—之章罺
天策 ☐索兩—長罺鍏☐

天策 司—絚㶳王☐
天策 二—之綿
天策 ☐結四—之章罺☐
天策 少司—
天策 兩—之䌬

天策 兩—之革䌬
天策 兩—之紡䌬
望一·一一三 祭—
望一·二 獻—之月
望二·一五 杅昜—

郭·尊·七 —也之道也
郭·尊·七 戚(造)父之馯(御)—
郭·窮·八 孫雩(叔)三躲「射(謝)」邱思少司—

九·五六·七七 獻—
九·五六·三六 口車—
新甲三·二一七 獻—之月
新甲三·二三三、一九〇 ☐鄴少司—

上(七)·吳·一 —䢅(將)走
清(二)·繫·七七 司—子反與繡(申)公爭少孔

清(二)·繫·七八 司—不訓(順)繡(申)公
清(二)·繫·一三〇 奠(鄭)皇子〃—子池
清(三)·良·六 又(有)司—子忑(期)

駒

曾一七九 鄱牧之晶(參)匹—

驪

清(二)·繫·三一 晉獻公之婢妾曰—姬

騏

駙

曾一四二 鄴君之—爲右驂

曾一四五 鄱牧之—爲右驂

曾一五〇 右𡰥徒之—爲左驂

曾一五三 椲—爲右驂

曾一五 王孫生□之—爲左驂

曾一五六 迅弁伐之—爲右䮒

曾一五八 贅尹之—爲右䮒

曾一六二 逯尹之一—一黃

曾一八一 牧人之—爲左䮒

驩

郭·窮·一〇 驥(驥)馰張山—空於卲杢

騮

駠

曾一四二 慶事之—爲左䮒

曾一四四 駃—爲左驂

曾一四四 左尹之—爲左驂

曾一四七 鄱牧之—爲左䮒

曾一五〇 郙君之—爲右䮒

曾一五一 敏君之—爲左䮒

曾一五三 郙君之—爲左䮒

曾一五四 右尹之—爲右驂

曾一五六 宋城子之—爲左䮒

曾一五七 鄓—爲左䮒

曾一五七 擡之—爲右驂

曾一五八 郙君之—爲左䮒

曾一五八 贅尹之—爲右驂

曾一六三 𥎦城君之—爲左䮒

曾一六六 熒—爲右䮒

曾一六七 高都之—爲左驂

曾一七一 𣏴甫之—爲左驂

曾一七七 少帀之—爲右驂

曾一八一 牧人之—爲右䮒

曾一八五 攻尹之—

駒

郭・窮・一〇
騶（驥）—張山驩空於卲㚇

駁

包二・九三
軋— 人名

曾一六四
都牧之生—爲左驌

曾一六四
黝夫之生—爲右驌

曾一六五
晉𥄫—爲左驌

新乙四・四五
□—□禺□□㠯（以）火□▨

新乙四・四六
彭定㠯（以）—霝爲君𢆉（卒）歲貞

曾一七四
難—爲右驂

據紅外影像釋。

备

新甲三・一五七
▨〔彭〕定以—（駁）䨮（靈）▨

駁之異體，省形。

嫣

包二・二三四
𧦝吉以—霝爲左尹牝貞

包二・二四七
—霝 卜具

驥

驥

郭・窮・一〇
—（驥）駒張山驩空於卲㚇

驕

悥

包二・一四三
鄗逄尹—執𠈌=於君夫人之敀悆

駜

郭・緇・四二
唯君子能好其—（匹）

郭・緇・四二
少（小）=人剴（豈）能好其—（匹）

騎

駉

包二・一一九
芙公— 人名

从馬从可古陶文—作。

駕

駕 包二·三八 不逕弦（射）厃君之司馬—與弦厃君之人南輊，登敢以廷

包二·六〇 周— 人名

驂

曾一四三 王衵之黃爲右—

曾一四四 右尹之騶右—

曾一四五 鄱牧之騏爲右—

曾一四七 鄱牧之駜爲右—

曾一四九 郙君之黃爲右—

曾一五〇 新酷尹之駜爲右—

曾一五一 鄭成之騮爲右—

曾一五二 裁尹𢓊之騮爲右—

曾一五三 𨛭馬尹之騮爲左—

曾一五四 右尹之騮爲右—

曾一五六 王孫生□之騏爲左—

曾一五八 趄定之騏爲左—

曾一五八 贅尹之騮爲左—

曾一六五 鄭駴爲右—

曾一六六 高趄騜爲左—

曾一六七 高都之騮爲右—

曾一六八 縣子之騮爲左—

曾一六九 左司馬之騮爲右—

曾一七〇 高都之𩦍爲左驂

曾一七〇 𣏌甫子之𩦍爲右—

曾一七一 盈駐爲右—

曾一七二 建巨之子爲右—

曾一七五 某𦯬之騮爲右—

曾一七六 左尹之駐右—

曾一七七 少帀之騮爲右—

駟

曾一四五 新官人之—

曾一六五 𩦍犫—

曾一六七 𩦍馬—

曾一七〇 犬馬—

曾一九〇 丌一𩦍—

驅

上（三）·周·一〇 王晶（三）—

馳

駝 包二·一八七 競— 人名 見《玉篇·馬部》。

上（五）·競·九 進芋（華）倗（明）子㠯（以）—於倪（郳）廷

駐

曾一六三　鄦君之駟—爲右⿰馬甫

馹

⿰馬坴

包二·一二　大—尹帀（師）言胃（謂）

包二·七三　不量—奉

包二·一二六　大—尹帀

上（四）·柬·一六　癹（發）—（駐）迈（蹠）四疆

包二·一三二反　壽尹傑—從郢以此等逨

包二·一五七　車轄垦𣂑埯竽—倌竽倌之舊貣解

驒

曾一八五　鄦君之—

⿰馬夭

曾一四四　—駟爲左驂

見《玉篇·馬部》。

⿰馬夫

曾一六七　高—爲右⿰馬甫

⿰馬⿱𢀖骨

曾一七一　盈探—爲左飛

⿰馬囂

曾一六六　盈—爲右驂

⿰馬⿱罒示

新甲三·七九　—犧馬，一▨

新乙三·二一　—義（犧）馬▨

騾

曾二〇五　𩣡鞶人兩—與其車

曾二〇七　凡宮廄之馬與—十𩣡

从何琳儀先生釋爲『騾』之初文。

⿰馬占

曾一四二 蒲之—爲左驂

曾一七六 宋司城之—爲左驂

曾一七六 哀臣之—爲左⿰馬甫

曾一七六 左尹之—爲右驂

新甲三·二一五 巳(以)—蘦(靈)爲坪夜君貞

⿰馬巿

天策 ☐乘—之☐

⿰馬于

曾一四七 大首之子—馬右⿰馬甫

曾一六六 殤城君之—爲左⿰馬甫

曾一七三 邧鄗之—爲左飛

曾一七三 公—爲左驂

曾一七三 宋司城之—爲右驂

曾一七三 大首之子—爲右飛

曾一七三 鄴君之—爲左⿰馬甫

見《集韻·泰韻》。

⿰馬畏

曾一四七 鄱牧之—爲右驂

曾一四七 鄱牧之—爲左驂

曾一五〇 新賠尹之—爲右驂

曾一六九 黝夫之—爲右⿰馬甫

⿰馬畏可讀作騩，字見《説文》：騩，馬淺黑色。

⿰馬舌

曾一七四 嬛—爲左驂

曾一七六 樂君之—爲右⿰馬甫

曾一七六 西邧之—爲右飛

見《正字通·馬部》。

⿰馬或

曾一六五 頤舀坪之—爲左驂

曾一六五 鄭—爲右驂

曾一六五 贅尹之—爲右⿰馬甫

曾一七四 嬛—爲左驂

曾一七七 少市之—爲左⿰馬甫

曾一七八 盻公之—爲右⿰馬甫

曾一七八 黝夫之—爲左驂

騍

曾一四二 蔡齮之—爲右⿰馬甫

見《正字通·馬部》。

騜 ⿰馬爯 ⿰馬班 ⿰馬甫 駍 駗 麂

騜
曾一六六 高趄之—爲左驂
曾二〇三 左騜—
《爾雅·釋畜》有『騜』字。

⿰馬爯（⿰馬⿱爯口）
曾一四六 某𡉚之少—爲左驂
曾一四六 某𡉚之大—爲右⿰馬甫

⿰馬班
曾一七一 盂—爲右驂

⿰馬甫
曾一四二 慶事之駟爲左—
从馬从甫乃服馬之服。
曾一四六 𡉚之大⿰馬甫爲右—
曾一四七 大首之子駒馬爲右—
曾一五〇 鄅君之駟爲左—
曾一五一 畋尹之駟爲右—
曾一五四 右尹之騏爲左—
曾一六五 晉殤駁爲左—
曾一六六 殤城君之駒爲左—
曾一六六 㷊駟爲右—
曾一六九 鄹夫之騍爲右—
曾一七〇 鄹夫之騮爲左—
曾二〇三 鄴君之圓軒左—騜右—駐
曾一七四 秖黑爲右—
曾一七六 哀臣之駐爲左—
曾一八三 盼公之黃爲右—

駍
清（三）·赤·五 湯羿（返）—（廷）

駗
清（五）·殷·一二 象矛（茂）康—（懋）

麂
郭·成·五 是古（故）亡虘（乎）其身而—虘（乎）其訶（詞）
郭·成·九 其—也不𦍒（厚）

包二·二六五 二盡—之真

郭·語四·九 義士之所—（存）

上（二）·容·四八 虘（吾）所智（知）多—（盡）

上（一）·紂·五 古（故）心㠯（以）豊（體）—

新甲三·八〇 —（薦）之☐

新甲三·一〇五 ☐—（薦）三楚先，客（各）☐

新甲三·三〇〇、三〇七 —（薦）大（太）

新甲三·四〇一 日於九月—（薦）虘（且）禱之，吉

新零·三〇三 既—（薦）之於東陵

上（四）·曹·一四 三弋之戟（陳）皆—（存）

上（四）·曹·四一 周等（志）是—（存）

上（四）·曹·四二 父腥（兄）不—（薦）

上（六）·天·八 夫=承（承）—（薦）

上（六）·天乙·八 夫=承（承）—（薦）

清（四）·筮·爻六一 邦又（有）兵命—（燹）恣（怪）風雨日月又（有）此（食）

清（五）·封·六 贈尔—（薦）彝

薦

上（二）·子·一二 冬（終）見芙孜而—之

灋

清（五）·封·八 勿—（廢）朕命

⿰去⿸廌水

信一·〇七 䳬之於先王之—也

郭·緇·九 古（故）心以體—（廢）

郭·緇·二七 隹（惟）乍（作）五瘧（虐）之型（刑）曰—

上（二）·昔·三 譽（舉）敚（孅）—（廢）亞（惡）

上（二）·從（乙）·二 不膚（敷）—（法）贏（盈）亞（惡）

 上（三）·亙·一一 兩者不—（廢）

 上（三）·亙·一三 名無又（有）—（廢）者

 上（五）·三德·一九 —（廢）人勿譽（興）

 上（六）·慎·一 精—㠯（以）巽婁（藝）

 上（七）·吳·九 —（廢）丌（其）䡴（賓）獻

 郭·六·二 折（制）荎（刑）—（法）

 郭·六·四〇 君子於此弌（一）編（偏）者亡所—（廢）

 郭·六·四四 凡君子所以立身大—（法）叄（三）

 上（三）·亙·五 隹（唯）復（復）㠯不—（廢）

 上（六）·天乙·三 古（故）亡豊（禮）大—（廢）

[illegible]

 上（五）·鬼·一 天下—之

 上（六）·用·一四 折（制）—（法）即（節）井（刑）

[illegible]

 包二·一六 頸事䣾—

 郭·老甲·二三 天—道

 郭·老甲·二三 陛（地）—天

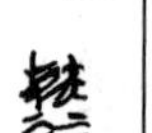 郭·老甲·二三 人—陛（地）

 郭·老甲·二三 道—自肰（然）

 郭·老甲·三〇 —勿（物）慈（滋）章（彰）

[illegible]

 包二·一八 宋弫—其官事

 包二·一四五 夕寈旦—之

[illegible]

 清（五）·命·一五 以耑（權）從—（法）則不行

 清（五）·命·一五 行不必—（法）

[illegible]

 清（五）·命·一二 耑（權）不—（法）

鹿

金 上（一）·紂·一四 隹（惟）复（作）五虍之型（刑）曰— 《説文》『灋』之古文『㪕』。

包二·一七九 畲— 人名

包二·一八一 畲—

包二·一九〇 畲—层 人名

包二·二四六 自畲—以商武王

上（二）·容·四五 — 地名

上（二）·容·四一 於是虖（乎）网（亡）宗—（戮）族戔（殘）羣焉備（服）

上（五）·鬼·六 毀折—戔（踐）

上（六）·天·一〇 男女不語（語）—（獨）

上（六）·天乙·一〇 男女不語（語）—（獨）

清（一）·楚·七 至宵嚻（敖）畲—自焚遷（徙）居宵

上（一）·孔·二三 —（鹿）鳴㠯（以）樂詞（詞）而會

麐 新零·三五二 ▨於成祼（祼）—▨

清（二）·繫·四二 乃及秦𠂤（師）回（圍）曹及五—（鹿）

麋 清（二）·繫·五七 穆王思（使）毆（驅）䍐（孟）者（諸）之—

麇 九·五六·三 方一—五□□▨

九·五六·一〇 ▨五—一

麃 天策 生—

天策 倜—

望二·一三 角—（鑣）

麗 曾一六三 —鄗君之𩣡

曾一六四 長腸人與杙人之馬—𩣡馬

曾一九一 坪夜君之𢃄逸車二𩣡屯—

麗

曾一八八 —兩騮

曾一九三 屯—

曾一九七 一羣帶車—

曾一九八 贇𥎦公之一帶肇—

曾二〇〇 ▨之肇＝—兩騮

曾二〇二 命尹之帶肇＝—兩麗

曾二〇三 一羣帶車—

清（一）·楚·三 生伍吕（叔）—季

清（一）·楚·三 —不從行

清（一）·尹誥·二 民𨑱（復）之甬（用）—（離）心

清（五）·湯丘·一三 民人皆絽（瞀）禺（偶）—（離）

《説文》篆文。

曾一五一 某𦯶之—爲左驌

曾一五五 笀軒之—爲左驂

曾一五五 迅弁啟之—爲左驌

曾一五七 贏尹郘之—爲左驂

曾一七〇 高都之—爲左驂

曾一七〇 䎛君子之—爲右驌

曾一七〇 𢘅甫子之—爲右驂

曾一七二 殤緩之—爲左飛

曾一七二 㺜之—爲左驂

曾一七二 卿事之—爲左驌

曾一七二 鄴君之—爲右驌

曾一七二 㺜之—爲右飛

曾二〇二 命尹之帶肇＝麗兩—

鹿

新甲三·二五一 其國（域）之瘽㑌—▨

麇

上（三）·周·六 朝晶（三）—（表）之

麈　麈

麃

上（四）・柬・四
女（如）—（表）牆（將）祭之

上（四）・柬・四
謐而卜之—（表）

上（四）・柬・五
既謐而卜之—（表）

上（四）・柬・五
王曰女（如）—（表）

清（二）・繫・一二二
齊人旻（且）又（有）陳—子牛之禍（禍）

清（三）・赤・一
集于湯之—（屋）

清（三）・赤・一三
句（后）女（如）敵（撤）—（屋）

清（三）・赤・一四
顕（夏）句（后）乃從少臣之言敵—（屋）

清（三）・赤・一五
是訇（始）爲埤（陴）丁者（諸）—（屋）

清（三）・赤・一五背
赤鵅之集湯之—（屋）

兔

上（一）・孔・二三
—虘丌（其）甬（用）人則虘（吾）取

上（一）・孔・二五
又（有）—不𨑋（逢）旹（時）

清（三）・赤・七
帝命二黄它（蛇）與二白—

清（三）・赤・一一
帝命二黄它（蛇）與二白—

清（三）・赤・一三
殺黄它（蛇）與白—

清（三）・赤・一四
殺二黄它（蛇）與一白—

清（三）・赤・一四
亓（其）一白—不旻（得）

清（三）・赤・一五
以䖵（御）白—

清（三）・琴・三
訖（適）我個（夙）夜不—（逸）

逸

逸 逸

上（五）·三德·一一
毋—（逸）亓身

上（五）·三德·四
毋喜（享）—（逸）焉（安）救（求）利

清（一）·耆·二
复（作）策—（逸）爲東尚（堂）之客

清（二）·繫·五八
用—（扶）宋公之馭（御）

清（三）·琴·七
不—（逸）藍（監）畬（余）

清（三）·琴·八
—（適）亓（其）㬎（顯）思

清（三）·芮·七
毋自縱于—（逸）以嚚

清（五）·厚·六
之匿（慝）王廼渴（竭）—（失）其命

鮸

郭·性·五九
谷（欲）其—也

上（二）·容·三八
取其兩女琰（琰）、—（琬）

上（六）·平·三
—少帀（師）亡惎（忌）

上（一）·孔·八
少—亓（其）言不亞（惡）

曾四九
—組之綏

曾五〇
—組之敾

曾五三
—組之綏

曾六七
—組之敾

曾一一五
—組之敾

曾一三四
—組之縢

犬

包二·六
新官婁履—

包二·六二
屈—少宦墬申以廷

包二·二一〇
一白—

包二·二一九
一白—

包二·二二九
一白—

包二·二三三
一白—

包二·二三三
一白—

秦九九·一
一白—

秦九九·二
一白—

狗

天卜
一白—

望一卜
白—

新甲一·二
☐一—

新甲三·五六
稾(就)禱行一—

新乙一·二八
遼(就)禱行一—

清(二)·繫·一三六
—達(逸)而還

曾一七〇
—馬駟

新甲三·三二八
☐—一豭

新甲三·三四三—二
剮於上獻、—焚二豭

狗

天策
—子☐☐

上(三)·彭·一
—(耆)老

上(三)·彭·八
—(耆)老

上(四)·采·六
—(苟)虐(吾)君毋死

清(二)·繫·一一三
灼(趙)—衔(率)自(師)與戉(越)公株(朱)句伐齊

㺃

包二·一七六
苛—子 人名

郭·語四·二
言而—(苟)

上(三)·彭·三
—(耆)老曰

龙

尨

秦一三·二
逿豹習以—霝占之

新甲三·一三三
公子命彭定以少(小)—蘢(霝)爲☐

新乙四·一〇三
—霝

新甲三·二〇四
彭定以少(小)—蘢(霝)☐

新甲三·三四二—二
盧(穌)前㠯(以)—霝爲☐

新乙四·一三〇
☐—蘢(霝)爲君卒(卒)歲貞

上(三)·周·一
僮(童)—(蒙)

上(三)·周·一
毄(擊)—(蒙)

上(三)·周·一
困—(蒙)

上(三)·亙·一一
亓𥨍—不自若复(作)

疑爲『尨』字，待考。

猛
猛 猷 郭·老甲·三三 攫鳥—獸弗扣

犮
犮 上(六)·天甲·一一 不言—(拔)
上(六)·天乙·一一 不言—(拔)

清(二)·繫·五六 王會者(諸)侯于—(厥)貉(貉)

戾
戾 上(二)·從(甲)·一〇 逃則遠〓—(遠戾,遠戾)所㠯☐
上(四)·内·一〇 肰(然)則孚(免)於—

上(六)·用·二 婁(邇)君婁(邇)—
清(一)·祭·一五 女(汝)母以—嬖皋讎岂寺宴(遠)大邦

清(三)·芮·二四 民甬(用)—肆(盡)

臭
臭 郭·語一·四七 又(有)聖(聲)又(有)—(嗅)又(有)未(味)
郭·語一·五一 —(嗅),睪殹(司)也

獲
獲 隻 九·五六·三一 㠯(以)田獵(獵),—(獲)
范二七 —以爲悳辻悳进
與《説文》之隻同形，但音、義不同。

蒦 上(三)·周·一七 —(獲),貞工(功)
上(三)·周·三七 畋—(獲)晶(三)䫏(狐)
上(三)·周·四八 不—(獲)丌(其)身

上(六)·競·七 青(請)不—(獲)
上(六)·競·一二 祭正不—

獻
獻 包二·七九 足— 人名
包二·一八二 李— 人名
信二·〇二九 一—
天卜 —馬之月

天卜
陵— 人名

望一・一
—馬之月

上(二)・容・五
魚蟲(鱉)—

新甲三・三三
—馬之月

上(七)・吳・九
瀍(廢)丌(其)瞳(實)—

清(一)・皇・三
—言才(在)王所

清(一)・楚・一三
至—惠王自娩(孅)郢遷(徙)袁(襲)爲郢

清(二)・繫・三一
晉—公之婢妾曰驪姬

清(二)・繫・三二
—公乘(卒)乃立勬(奚)脅(齊)

清(二)・繫・四四
—楚俘馘

清(二)・繫・七二
—之競(景)公

清(二)・繫・八五
—者(諸)競(景)公

清(二)・繫・一〇六
—惠王立十又一年

清(二)・繫・一二四
晉公—齊俘馘於周

包二・一四七
宋— 人名

新甲一・五
又(有)敚(祟)見於卲(昭)王、—(獻)惠

新甲一・二一
—(獻)惠王

新甲三・三四二—二
—(獻)馬之月

新甲三・三五四
—(獻)二袿(社)

新乙一・二九、三〇
—(獻)惠王各大牢饋

鬲訛作貝。

包二・一〇五
繼— 人名

望一・九五
—占之曰吉

鬲訛作夲。

清(五)・殷・一四
余(餘)言(享)—社(攻)

清(三)・芮・一三
恖(恆)静(爭)—亓(其)力

清(三)・芮・二三
罔冒(肯)—言

狂

㤮 性

包二·二二 羅— 人名

《說文》㤮古文从心。

天卜 鹽—

清(一)·楚·四 至禽—(狂)亦居京宗

包二·二四 羅—

天卜 鹽— 人名

天卜 —占之吉

郭·語二·三 恥生於—(狂)

上(三)·中·附 幾(豈)不又(有)—也

上(六)·競·九 外又(有)梨(梁)丘筌(據)縈(縈)—(狂)

猶

猶 猷

信一·〇二四 —艺蘭礜

郭·老甲·八 —(猶)虐(乎)其奴(若)悁(畏)四哭(鄰)

郭·老甲·一五 是以聖人—(猶)難(難)之

郭·老甲·二〇 —(猶)少(小)浴(谷)之與江海(海)

郭·老甲·二三 其—(猶)囙(橐)籥(籥)與

郭·老丙·二 —(猶)虐(乎)其貴言也

郭·尊·二四 —(猶)戾之亡適也

郭·五·三九 東(柬)(簡)之爲言—(猶)練也

郭·五·四〇 匿之爲言也—(猶)匿匿也

郭·六·三二 —(猶)敔(更)敔(更)也

郭·性·七 —(猶)口之不可蜀(獨)言也

郭·性·三四 羕(咏)斯—(猶)

郭·性·五八 以—者也

郭·緇·四六 龜耆(筮)—(猶)弗智(知)而皇(況)於人虐(乎)

郭·緇·四七 不我告—

上(一)·紂·二四 不我告—

新零·三五 冒—一家

上(一)·孔·四 詩丌(其)—坪(平)門

上(一)·孔·二一 丌(其)—輊(酡)與

上(一)·孔·一九 —又(有)意(捐)言

上(三)·周·一四
—夋(豫)

上(三)·周·二五
丌(其)—攸=(逐逐)

上(三)·中·一八
—(猶)差(左)民

上(三)·中·一九
—(猶)夈(賁)

上(三)·亙·九
隹(唯)一㠯—一

上(三)·亙·九
隹(唯)遉(復)㠯—遉(復)

上(五)·弟·九
—(猶)上臨也

上(五)·鬼·六
□□—時

上(六)·用·一一
昌亞(惡)—慨

上(六)·用·一三
嘉德吉—

上(七)·吳·五
㠯(以)此前逡(後)之—

清(一)·耆·七
悐(毖)情(精)悬(謀)—

清(一)·楚·一二
—居秦(乾)溪之上

清(一)·楚·一六
至愻(悼)折(哲)王—居鄩(鄩)郢

清(二)·繫·五〇
—求弫(强)君

清(三)·芮·二
天—畏矣

清(三)·芮·三
以繡(申)尔(爾)悬(謀)—

清(三)·芮·一一
悬(謀)—隹(惟)戒

清(三)·芮·一五
天—畏矣

清(五)·封·三
耋(釐)氒(厥)—

清(五)·封·五
女(汝)隹(惟)壯(臧)者尔—

清(五)·封·八
鬳(祇)敬尔—

清(五)·湯丘·五
不—(猶)受君賜

狐

清(五)·湯門·五 耆(固)—(猶)是人

清(五)·湯門·九 熨(氣)鑁(徐)乃—

清(五)·般·二二 天(效)屯(純)佢(宣)—

猷 郭·成·二七 則—(猶)是也

歎 郭·語三·一 君—(猶)父也

郭·語三·二 —(猶)三軍之旗也

曾五 —白之聶

曾二三 屯—聶

曾二五 屯—聶

曾二六 屯—聶

曾三六 屯—聶

曾二九 屯—白之聶

曾三六 一—白之聶

曾四六 —白之聶

曾六八 屯—白之聶

曾八六 屯—白之聶

曾一〇二 一—白之聶

鼫 包二·九五 鼓銚張怵訟鄢之鳴—邑人某憗與其翥大市米堣人咻

从鼠。

包二·一六四 婁— 人名

包二·二五九 二—罼

包二·二六二 一—青之表

天策 □□—裀之翼

天策 ☐—裀☐

上(三)·周·三七 畋𧊒(獲)晶(三)—(狐)

犴

上(一)·性·三八 不又(有)夫柬(奮)—(猛)之情則忞(慜)

[犭乍]

郭·性·四七
不又（有）夫懽（奮）—（作）之青（情）則忞（懋）

[犭高]

曾二六
—綏

曾五三
—綏

曾七一
—綏

曾七三
—綏

曾一〇四
—綏

曾二〇
一—綏

曾八
二—綏

曾五八
二—綏

見《集韻·爻韻》。

鰝

曾四
二—綏

猷

新甲三·三一六
䶜於—宗、余疋二黏

[犭翟]

曾一四三
—乩之黄爲左驂

見《玉篇·犬部》。

獻

新甲三·三二六—一
下—司城己之寠人

新甲三·三四三—二
䶜於上—、犬焚二黏

[犭桼]

曾一七二
—之譽爲左驂

曾一七二
—之譽爲右飛

[讎犬]

上（三）·周·四四
亦母（毋）—（繘）恭

狣

猌

上（五）·競·八
外之爲者（諸）矦（侯）—（笑）

[毄犬]

清（二）·繫·一一九
宋殔（悼）公㴸（將）會晉公夆（卒）于—

教

清(三)·芮·四 母(毋)悧(婪)憙(貪)—(猝)昆(惃)

獄

包二·八四反 疋—

包二·一二八 由一戠—之宔以至命

包二·一三一 舒慶之—於陰之正

包二·一三九反 命澂上之戠—爲陰人舒捏㬎

上(二)·容·二九 而聖(聽)亓訟—

上(二)·從(甲)·八 —則興

上(二)·容·三九—三〇 三年而天下之人亡訟—者

上(四)·曹·二五 毋(無)䣣(將)軍必又(有)嬰(數)—夫=(大夫)

上(四)·曹·三四 𠑹(匹)夫𡨕(寡)婦之—訟

上(六)·競·四 吏(使)聖(聽)—於晉邦

清(一)·皇·一一 —用亡(無)成

鼠

帛乙四·三〇 乃又—

帛乙八·三〇 發四興—

帛乙一三·一六 是則—至

鼠之省形。楚簡中鼠、豸用作偏旁時往往無別。

上(五)·鬼·六 頪(類)獸非—

上(五)·鬼·六 象皮(彼)獸—

⿰鼠各

包二·八七 屈—

包二·二二七 縣—公

簡文中讀貉。

鼷

包二·九一 周— 人名

从鼠从奚。

⿰鼠勺

包二·二七七 一箁—殚之冒

秦一三·二 逷—(豹)

秦一三·三 郾—(豹) 人名

能　䶂　鼬　鼺　鼢

望一・九四 鄳—(豹)
望一・一〇六 逿—(豹)

包二・二六八 —長
从鼠从虫，虫乃勺之誤。此在簡文中皆讀爲豹。卷九重見。

鼢
包二・一六二 郢戲尹—
包二・一八〇 陽— 人名

鼩
包二・八五 宋— 人名

天策 龤鞅縷綏紡—□黿衡戹

鼱
曾・四九 —䂆

曾・六二 —貘之幂

能
信一・〇一八 ☐其欲—有弃也—☐
望一・三七 不—飤
郭・老甲・三 是以—爲百浴(谷)王

郭・老甲・三 以其—爲百浴(谷)下
郭・老甲・五 古(故)天下莫—能與之静(争)

郭・老甲・九 竺(孰)—濁以朿(静)者
郭・老甲・一〇 竺(孰)—庀以迬者

郭・老甲・一三 侯王—守之
郭・老甲・一二 是古(故)聖人—尃(輔)萬勿(物)之自肰(然)

郭·老甲·一三 而弗—爲

郭·老甲·一八 侯王女（如）—獸（守）之

郭·老甲·三八 莫—獸（守）也

郭·老乙·九 堇（僅）—行於其中

郭·老丙·一三 是以—桶（辅）壖（萬）勿（物）之自肰（然）

郭·五·九 思不—倀（長）

此舟與肉同。

郭·五·九 思不—清

郭·五·一〇 悳（憂）心不—惙惙

郭·五·一〇 心不—兑（悦）

郭·五·一二 思不—翌（輕）

郭·五·一二 悳（憂）心不—㤓（忡）㤓（忡）

郭·五·一二 心不—降

郭·五·一六 肰（然）句（後）—爲君子

郭·五·一六 —爲罷（一）

郭·五·一七 —遷（差）沱（池）其羿（羽）

郭·五·一七 肰（然）句（後）—至哀

郭·五·二〇 肰（然）句（後）—金聖（聲）而玉晨（振）之

郭·五·四二 弗—進也

郭·五·四二 —進之爲君

郭·五·四三 —又（有）取安（焉）

郭·五·四三 —又（有）取安（焉）

郭·六·三 非聖智者莫之—也

郭·六·一九 —（一）與之齊

郭·六·四 非息（仁）宜（義）者莫之—也

郭·六·五 非忠信者莫之—也

郭·六·四三 —獸（守）弋（一）曲安（焉）

郭·緇·七 不訂（詞〈辭〉）其所—

郭·緇·七 言其所不—

郭·緇·三五 則民不—大其娧（美）而少（小）其亞（惡）
郭·緇·四二 少（小）＝人剴（豈）—好其駜（匹）

郭·緇·四二 唯君子—好其駜（匹）
郭·太·七 此天之所不—殺
郭·太·八 陞（地）之所不—耋（埋）

郭·太·八 侌（陰）昜（陽）之所不—成
郭·成·二 而—悆（念）悳（德）者

郭·成·二三 未又（有）—深之者也
郭·成·三〇 唯（雖）又（有）其亙（恒）而可—，終之爲難

郭·性·四 智（知）宜（義）者—内（入）之
郭·性·三七 人之不—以爲也
郭·性·三七 唯（雖）—其事

郭·尊·一一 善取，人—（乃）從之
郭·唐·二一 不僮（番）而—蝺（化）民者
郭·語一·八三 人亡—爲

上（一）·孔·一二 不亦—改（怡）虖（乎）
上（一）·孔·三 隹（唯）—夫
上（一）·孔·一三 不攴不可—

上（二）·子·一 古—紿（治）天下
上（二）·子·一〇 悬而畫（劃）於伓（背）而生＝（生，生）而—言

上（二）·容·九 遲（畢）—亓事
上（二）·容·一〇 天下之臤（賢）者莫之—受也
上（二）·容·三九 絀三十层而—之

上（二）·容·一一 而臤（賢）者莫之—受也
上（二）·容·二九 喬（驕）—（態）飼（始）复（作）

上（二）·容·四四 不—述（遂）者内（入）而死
上（二）·容·四四 —述（遂）者述（遂）

上(一)·性·二 智(知)義者—内(入)之

上(一)·性·二 智(知)情者—出之

上(一)·性·三二 人之不—㠯(以)憍(僞)也

上(二)·昔·三 —事丌(其)慦(親)

上(一)·紂·四 言丌(其)所不—

上(一)·紂·一八 —大丌(其)頪(美)而少(小)丌(其)亞(惡)

上(一)·紂·二一 隹(惟)君=(君子)—野(好)丌(其)匹

上(一)·紂·二一 少(小)人豉—野(好)丌(其)匹

上(二)·從(甲)·一三 肰(然)句(後)—立道

上(三)·亙·一一 而—自爲也

上(三)·彭·八 忎(恐)弗—守

上(四)·柬·一四 一人不—詞(治)正(政)

上(四)·内·一正 言人之君之不—叓(使)亓(其)臣者

上(四)·内·一正 不與言人之臣之不—事内豊亓君者

上(四)·内·二 言人之臣之不—事亓(其)君者

上(四)·内·三 言人之父之不—畜子者

上(四)·内·三 不與言人之父之不—畜子者

上(四)·内·四 言人之倪(兄)之不—㦤(慈)俤(弟)者

上(四)·内·四 不與言人之俤(弟)之不—丞(承)倪者

上(四)·内·四 言人之俤(弟)之不—丞(承)倪(兄)者

上(四)·曹·四 篙(孰)—并兼人才(哉)

上(四)·曹·二八 又智(知)舍(舍)又(有)—

上(四)·曹·三六 —絧(治)百人

上(四)·曹·三六 —絧(治)三軍

上(五)·季·一一 難民—多一矣
上(五)·君·三 欲行之不—

上(五)·弟·一一 女(汝)—斳(慎)紿(始)與冬(終)
上(五)·弟·一四 虗(吾)子皆—又(有)時(待)虖(乎)

上(五)·三德·一五 毋不—而爲之
上(六)·孔·二五 莫之—𢍏(升)也

上(六)·用·五 而亦弗—弃(棄)
上(六)·用·六 亓(其)自—不沽(涸)

上(六)·用·二〇 而民亦弗—望
上(七)·君甲·七 㠯(以)戳(囂)民又(有)不—也

上(七)·君甲·七 䰟(鬼)亡不—也
上(七)·君乙·七 [㠯](以)戳(囂)民又(有)不—也

上(七)·凡甲·一八 —㬥(顧)言
上(七)·凡乙·一五 女(如)不—戠(識)豸(貌)

上(七)·吳·五 不—㠯牧民而反志
清(一)·金·四 是年(佞)若丂(巧)—
清(一)·金·四 —事𣝞(鬼)神

清(一)·皇·四 王用—承天之魯命
清(一)·皇·六 少(小)民用叚(假)—彖(稼)嗇(穡)

清(一)·皇·六 戎兵以—興
清(一)·皇·六 王用—盍(奄)又四叕(鄰)
清(二)·繫·三六 而弗—内(入)

清(二)·繫·三七 亦莫之—内(入)
清(二)·繫·五〇 母(毋)乃不—邦

清(二)·繫·六八
母(毋)—涉白水

清(三)·説下·三
余脜(柔)遠—逐(邇)

清(三)·芮·四
甬(用)莫—歨(止)欲

清(三)·芮·一九
莫之—枳(支)

清(三)·芮·二六
莫之—惻(測)

清(三)·芮·二七
亡(無)父母—生

清(三)·芮·二七
亡(無)君不—生

清(三)·赤·六
見(視)而不—言

清(五)·厚·二
—畧(格)于上

清(五)·厚·一一
引(矧)其—丁良于畜(友)人

清(五)·命·二
人—居

清(五)·命·三
—亡(無)佴(恥)虐(乎)

清(五)·命·四
—母(毋)懽(勸)虐(乎)

清(五)·命·四
—母(毋)忈(恐)虐(乎)

清(五)·湯丘·六
—亓(其)事而旻(得)亓(其)飤(食)

清(五)·湯丘·七
未—亓(其)事而旻(得)其飤(食)

郭·語一·五三
義亡—爲也

郭·語一·五四
臤(賢)者—里(理?)之

郭·語三·一三
自視(示)其所—,員(損)

郭·語三·一九
陞(地)—貪之生之者

郭·唐·一九
又(有)天下弗—益

郭·唐·一九
亡天下弗—員(損)

郭·唐·二二
—以天下徸(番)歆(矣)

郭·唐·二二
智(知)其—敥(養)天下之老也

郭·唐·二三
智(知)其—幻(司)天下之長也

罷

新甲三・二二、五九
—日癸丑，少（小）▨

熊

包二・一五六
弗—詣

从能从大，大乃火之譌。

帛甲一・四
曰故□—靁虘

新甲一・七
一—牲

新甲三・三五
〔老〕童、祝䵣（融）、穴—芳屯一▨

新甲三・二三七—二
▨虞𫭢羊（騂）—▨

新零・二
▨□—犧□▨

新零・七一、一三七
▨一—牲

火

清（三）・祝・二
救—

帛丙二・四
不—得

郭・唐・一〇
膉（益）䛊（治）—

新乙四・四五
㠯（以）—□▨

新乙四・一二二
又（有）—戒

九・五六・三九下
嗌淒𡑞之—

上（七）・凡甲・二
水—之味（和）

上（七）・凡乙・二
水—之味（和）

清（四）・筮・雨一八
—相見才（在）下

清（四）・筮・卦五二
—也

清（五）・湯門・一九
水—金木土

燬

帛一〇・二
不（可）—事

然

天卜
既滄（寒）—（熱）以亯=—不欲食

天卜
滄（寒）—（熱）以亯=—

天卜
既滄（寒）—（熱）以亯=—

望一・一七九
▨既愴（寒）—（熱）

郭・老乙・一五
青（静）勅（勝）—（熱）

郭・太・三
是以成倉（寒）—（熱）

郭・太・四
倉（寒）—（熱）之所生也

郭·太·四 倉(寒)—(熱)者

上(七)·凡甲·二七 —古(故)曰臤(賢)

清(三)·赤·四 乃卲(昭)—

清(三)·赤·四 亦卲(昭)—

清(四)·筮·志二九 亦—

上(五)·弟·一〇 士戠(鉤)以力則—

上(四)·內·一〇 —(然)則孚(免)於戾

上(四)·曹·五 不—(然)毛(任)亡焉

上(四)·曹·六 不—(然)亡吕取之

上(四)·曹·七 —(然)而古亦又(有)大道焉

上(四)·曹·九 不—(然)君子吕臤(賢)爯(稱)

上(四)·曹·五五 —(然)句(後)改刣(始)

燒 烧

包二·一八六 羕陵少敂尹—

烝 登

包二·二五七 —猪一箕

炭 炭

信二·〇二八 茖—盌

上(二)·容·四四 視(寘)盂—(炭)亓下

从李零先生釋炭。

熬 羃

包二·二五七 —鷄一箕

从火从囂。

包二·二五七 —魚二箕

灼

天策 鑵—□章▨

天策 ▨四馬之笲鑵—□□之毛

燭

包二・一六三 臧— 人名

包二・一八六 臧—

包二・二六二 二—鏞

上(二)・容・二 於是虖(乎)唫(喑)聾執—

樊

曾二一二 —牛二夫

焚

新甲三・三四三—二 䣓於上獻、犬—二豁

新零・四六六 —二☐

上(三)・周・五三 遊(旅)—丌(其)宋(螯)

上(三)・亙・四 —(紛紛)而

上(五)・三德・一〇 毋—古謱(?)

上(五)・鬼・二 —聖人

上(五)・鬼・八 不及墜(遇)—

上(六)・用・九 而—丌(其)反昊(昃/側)

清(一)・楚・七 至—冒酓帥自箬遷居焚

清(一)・楚・七 至焚冒酓帥自箬遷居—

清(一)・楚・七 至宵囂酓鹿自—遷居宵

清(二)・繫・九二 —亓(其)四亭(郭)

清(三)・芮・二一 年穀(穀)—(紛)成

爨

上(二)・魯・四 石晒(將)—(焦)

烖

灾

上(三)・周・二一 邑人之—(災)

上(三)・周・五六 是胃(謂)亦—(災)眚(眚)

材

上(五)・三德・九 乃無凶—(災)

上(五)・三德・一四 天—(災)纏=(繩繩)

熅 光 熱

熅 熖

曾九八 —毱

曾六六 —韋之毱

光

包二·二〇七 茍— 人名

包二·二二〇 茍—

包二·二六一 霝—之綉

望二·一三 霝—之中干

望二·五〇 一霝—之處

望二·五〇 霝—之阩絶

望二·四九 素豙之—

望二·一二 霝—之童

望二·一〇 霝—之純

郭·老甲·二七 和其—

包二·二六八 纓—之紑

包二·二七〇 霝—之縷

包二·二七二 霝—結幘

包二·三七六 霝—之童

包二·二七六 霝—結幘

包二·二七七 霝—之結幘

上(三)·周·二 —卿(亨)

清(一)·耆·八 臨下之—

清(一)·皇·七 孫=用穖(末)被先王之耿—

清(二)·繫·九三 戕(莊)公—衔(率)𠂤(師)以逐鄉緸

清(三)·琴·三 孝(教)亓(其)—明

清(三)·良·七 吴王—又(有)五(伍)之疋

清(五)·封·二 訟(毖)—氒(厥)剌(烈)

清(五)·湯門·四 悳(德)以—之

清(五)·殷·二七 畱(晦)而本由生—

熱 炱

郭·六·三三 少而—多也

寔

帛甲三·一六 —氣百氣

清(四)·筮·祟四八 —(熱)脉(溺)者

熾 戠 包二·一三九 大脰尹公翏必，與——世=（三十） 《說文》古文。

烕 信二·〇三 一——盟之柜
上（六）·天·一一 不言——（滅）
上（五）·三德·一一 善勿——（滅）
上（五）·三德·一〇 毋——（滅）宗

虞 望一·一三六 ▨公——▨

煬 郭·六·三六 ——（陽）言尒設

臭 郭·語二·四四 遜（由）——鯀生

叀 包二·一二九 亟（期）思舍某——（具）王之臭一青犛之齎足金六匀（鈞）

炑 曾一一 獱——▨ 見《玉篇·火部》。

筆 包二·二六九 ——中干
包二·二六九 篫——之首

爇 包二·二六五 一——□真貞（鼎）

曃 上（四）·柬·一六 色逗者（睹）又（有）——人

⿱冊火
上（五）·姑·九 長魚翯—（冊）自公所

⿱炏又
清（一）·耆·五 克—戴（仇）戳（讎）
清（二）·繫·八九 楚王子波會晉文子—及者侯之夫＝
清（三）·説中·三 —（燮）鄧（强）
清（三）·芮·一三 畏—（燮）方戳（讎）
清（三）·芮·一四 —（燮）戴（仇）攺（啓）或（國）

炎
包二·一〇二 正弁— 人名
帛甲六·一 —帝乃命祝融
九·五六·三五 胃（謂）—日
上（七）·鄭甲·二 䣾（將）保（保）亓（其）㦵（恭）—（㥦）
上（七）·鄭乙·二 䣾（將）保（保）亓（其）恭—（㥦）

黑
曾一七四 秈—爲右驌
清（四）·筮·卦五〇 —色

黨 党
郭·尊·一七 不黨—則亡情（怨）

黵
曾一六四 —夫之生駁爲右驌
曾一六九 —夫之駛爲右驌
曾一七〇 —夫之譽爲左驌
曾一七四 —夫之譽爲左驌

黵
清（三）·良·一 黄帝之市（師）女和—人保侗

赤

包二·一六八 秦— 人名
包二·一六八 秦—
包二·一八四 秦—
包二·二七二 —金之鈦 上从火蓋大增加飾筆而譌。
包二·二七六 —金之銍
包牘一 —金之鈺
信二·〇五 屯—綿之帽
天策 —韋之綏
天策 —金之釣
天策 ▨輈—
望二·三八 —金桶弁文至白金▨
望二·四〇 ▨□敗—金▨
帛甲五·二六 —木
望二·四九 其二亡童皆紫衣皆—□□頸索豕之毛□
郭·老甲·三三 比於—子
九·五六·六 三—二篇
新甲三·二〇三 二—，弁▨
新甲三·二〇三 ▨吴殹無受一—
新甲三·二〇六 ▨三—、三
新甲三·二二〇 又一—
新甲三·二二四 又二—
新甲三·二二四 二—▨
新甲三·二四四 受二—
新甲三·二〇六 又三—
新零·三六四 ▨—鄒▨
清(三)·説上·六 是爲—(赦)敎(俘)之戎
清(三)·赤·一 曰故(古)又(有)—鵅(鵠)
清(三)·赤·一五背 —鵅之集湯之—(屋)
清(四)·筮·卦五〇 —色
清(二)·繫·一九 —鄟王峁虐迟旹伐壄
清(二)·繫·一一六 回(圍)—滻
清(二)·繫·一一七 敦啟章衙台栽—墉

大

曾一正 —莫囂 職官名
曾一正 —轅 車名
曾一三 黃▌迲王所馭—屄
曾一二一 —凡四十奪又三奪
曾一二四 —屄
曾一四二 —旆
曾一四五 —攻尹之駟爲右驂
曾一四六 某䒦之—驂爲右驂
曾一四九 —輾

曾一五〇 —官之駟=
曾一七五 —宰之駟爲左驂
曾一七五 —首之子爲右驌
曾一九〇 —子幣三皐逄車

曾二一〇 —宰瑀=—尹兩馬
上（一）·紂·四 —頙（雅）員（云）
上（一）·紂·一 —人不畢（親）丌（其）所𨚘

上（一）·紂·一一 —臣之不畢（親）也
上（一）·紂·一三 則—臣不令
上（一）·紂·一八 埊（塵）也—坙（成）

上（一）·紂·一八 —虽（雅）員（云）
上（一）·紂·一八 能—丌（其）頮（美）而少（小）丌（其）亞（惡）

新甲三·七二 □以兟之—彤簭（筮）爲君貞
新零·一九八、二〇三 有祱（祟）見於—川有汸
新甲三·三九七 —它一冢

包二·二 壴宜命之於王—子
包二·五 伻—敍（命）
包二·七 —莫囂 職官名
包二·二三 —司敗 職官名

包二·二六 鄟昜—正登生鉉受期
包二·五二 不逕郘異之—帀郘𧵍以廷
包二·五五 不逕—帀𧵍以廷

包二·六一 新—廏
包二·六七 —伻尹 職官名
包二·六九 —𢈪
包二·七四 让—敍珊之州加公周運里公周𪒠受期

包二·九一 佶—戠六敍周霰之人
包二·九五 虩與其膏—市米堣人咊
包二·一〇二 —宰 職官名
包二·一一二 —让尹

包二·一一五 —帀子紼
包二·一二一 —敂尹
包二·一二一 帀相卡弃之於—逄
包二·一二六 —駐尹帀言胃

包二·一三八 —弁連中
包二·一三八 —賺尹
包二·一三九 —脰尹
包二·一五五 —司城敀客戲

包二·一六七 —辻苛羅
包二·一六七 倍—辻舒拡
包二·一七〇 —倍戲黄敓
包二·一七二 —倍辻繇迿
包二·一七四 —䟽之州人黄子媢

包二·一七七 —室酭尹象
包二·一八七 —尹之人黄𣂑
包二·二三三 閔於—門一白犬
包二·七二 —臧之州人𥨩聽受期

包二·二一三 —水備玉一環
包二·二四三 罌禱—水一膚
包二·二六五 —兆之金器
包二·二六六 一—房
包牘一 紊組鑐之—

包二·一〇三 —司馬 職官名
包二·二二六 —司馬
包二·二二八 —司馬
包二·二三二 —司馬
包二·二四二 —司馬

信二·〇一八 小—十又三
信二·〇一八 小—十又九
仰二五·八 —繕之純
仰二五·一〇 —絟之章
天卜 —波一牂

天卜 犅—又憙於王室
天卜 犅—又憙事
天卜 ☐—瘢☐
天卜 —水一瑂=環

天卜 —水一精
天卜 —禞 神祇名
天卜 以是古又—咎
天卜 —央 卜具

天策 —尹 職官名
天策 —市 車名
天策 —逄 車名
天策 —軩之笲
望一·九 尚毋爲—蚤

天卜 —英 卜具
望一·四〇 尚毋以其古又—咎
望一·六一 ☐無—咎

望一·一〇 東—王
望一·一一九 罌禱—夫之丁晋
望一·五四 —水備玉一環
望二·四八 一—鑑
望二·四五 一—房

帛甲六·二五 —𡟭
帛丙·四二 —事
帛丙七·二 —不訢于邦
帛丙八·四 又—亂
郭·老甲·二二 陞(地)—

大 郭·老甲·六 化(禍)莫—虐(乎)不智(知)足

大 郭·老甲·二二 國中又(有)四—安

大 郭·老甲·二三 道—

大 郭·老甲·一四 —少(小)之多惕(易)必多𪉩(難)

大 郭·老甲·二二 虐(吾)彊(强)爲之名曰—

大 郭·老甲·二三 王亦—

大 郭·老甲·二二 天—

大 郭·老甲·三六 甚悉(愛)必—𧶽(費)

大 郭·老乙·五 貴—患若身

大 郭·老乙·九 —芖(笑)之

大 郭·老乙·一二 —白女(如)辱

大 郭·老乙·一二 —音祇聖(聲)

大 郭·老乙·一二 —方亡禺(隅)

大 郭·老乙·一三 —成若夬(缺)

大 郭·老乙·一四 —成若詘

大 郭·老乙·一四 —攷(巧)若仳(拙)

大 郭·老乙·一四 —植(直)若屈

大 郭·老丙·一 —上下智(知)又(有)之

大 郭·老丙·四 埶(設)—象

大 郭·五·三五 不以少(小)道赴(害)—道

大 郭·五·三五 又(有)大皋(罪)而—豉(誅)之

大 郭·五·三五 又(有)—皋(罪)而大豉(誅)之

大 郭·五·三八 又(有)大皋(罪)而弗—豉(誅)也

大 郭·五·三八 又(有)—皋(罪)而弗大豉(誅)也

大 郭·五·三八 又(有)—皋(罪)而大豉(誅)之

大 郭·五·三八 又(有)大皋(罪)而—豉(誅)之

大 郭·五·四〇 —而晏者也

大 郭·五·四二 君子集—成

大 郭·五·四二 —而晏者

大 郭·五·四八 —陞(施)者(諸)其人

大 郭·六·三 和—臣

大 郭·唐·五 —(太)教(學)之中

郭·唐·六 敎(教)民—川(順)之道也

郭·唐·七 孝，㤅(仁)之—也

郭·唐·一五 並於—旹(時)

郭·唐·二七 —明不出

郭·成·三三 —堣(禹)曰

郭·成·三一 是以君子貴天路(格)—祟(常)

郭·成·三二 是古(故)小人變(亂)天祟(常)以逆—道

郭·成·三九 言不朔(溯)—祟(常)者

郭·成·三八 不還(率)—夏(雅)

郭·忠·四 —信不异(期)

郭·忠·四 —忠不兑(説)

郭·六·四四 凡君子所以立身—灋(法)參(三)

郭·尊·三八 遭(轉)而—又(有)憲(害)者

郭·太·一 水反榑(薄)—(太)

郭·太·一 天反榑(薄)—(太)

郭·太·一 —(太)一生水

郭·太·六 是古(故)—(太)一贇(藏)於水

郭·太·六 —(太)一之所生也

郭·緇·七 —頣(雅)員(云)

郭·緇·一七 —人不新(親)其所臤(賢)

郭·緇·二〇 —臣之不新(親)也

郭·緇·二一 則—臣不台(治)

郭·緇·二一 此以—臣不可不敬

郭·緇·二二 毋以少(小)悔(謀)敗—愲(作)

郭·緇·二二 古(故)君不與少(小)悔(謀)—

郭·緇·二二 則—臣不慝(怨)

郭·緇·三五 大—虽(雅)云

郭·緇·三五 則民不能—其媺(美)而少(小)其亞(惡)

郭·緇·三六 麈也—成

郭·緇·三七 其集—命于孠(厥)身

郭·性·六一 句(苟)毋(無)—害

上(二)·昔·一 —(太)子再三

上(二)·昔·一 —(太)子朝君=(君，君)之母俤(弟)是相

上(二)·昔·一 —(太)子母俤(弟)

上(二)·昔·一 —(太)子前之母=俤=(母弟，母弟)送

上(二)·昔·一 —(太)子昃聖(聽)

上(二)·昔·二 —(太)子內(入)見

上(二)·昔·四 —(太)子乃亡䎽(聞)、亡聖(聽)

上(二)·昔·四 唯邦之—甹是敬

上(二)·容·三〇 天下—和㕚(均)

上(二)·容·四一 於是虐(乎)天下之兵—迟(起)

新甲一·三 雁惂以—央爲坪▨

新甲三·八、一八 ▨—豉(城)邶(兹)邡(方)之歲

新甲三·三一 —言訟=(訟訟)

新甲三·三六 ▨—莫嚻𥙨爲[戰]於長城之[歲]▨

新甲三·一三六 ▨壁，以罷禱—牢饋

新甲三·一五一 之頣(夏)栾，毋又(有)—咎▨

新甲三·一五五 栾，毋又(有)—咎。占▨

新甲三·二一九 ▨㠯(以)陵尹懌之—保(寶)冡爲君貞

新甲三·二三七—一 罷禱一乘—逄(路)黄輯(絹)

新甲三·二四七、二七四 毋又(有)—咎

新甲三·二六一 ▨—畢(牢)饋

新甲三·二七一 —𥙨坪夜之楚禝，東

新甲三·二七五 ▨—邑㠯(以)牛

新甲三·三〇四 —牖(牢)饋之於黄李

新甲三·三四八 閼(閒)陽—宧果之述▨

 新甲三·四一九 —牢饋之☐

 新乙一·一三 各—牢，百☐

 新乙一·一四 句郙公奠（鄭）余豧—城邺（兹）竝（方）之歲

 新乙一·一九 尚毋又（有）—咎

 新乙二·一 嬰禱於卲（昭）王—牢

 新乙四·四三 寋（賽）禱—水

 新乙二·二五、零·二〇五、乙三·四八 讆（許）定巳（以）陵尹懌之—保（寶）冢爲☐

 新乙四·一三六 ☐坓中尚—簹占☐

 新甲三·二一六 讆（許）定以陵尹懌之—保（寶）冢

 新零·一三 ☐各—畢（牢）饋

 新零·四〇 ☐王—牢

 新零·九、甲三·二三、五七 ☐食，卲（昭）告—川有淤

 新零·一一四 是鼒切而口亦不爲—訽（詬）

 新零·二三六、一八六 —司馬子厚

 新零·四六一 —蓏巳（以）☐

 包二·一二 漾陵—宦瘂

 包二·八七 鄦昜—宔尹宋歁

 包二·一八四 —戱登余善

 包二·二〇五 罷禱於卲王犆—豬

 包二·二三七 嬰禱—水一膚

 包二·二四八 嬰禱—水一犧馬

 天卜 —牢樂之

 望二·四九 一—完

 望二·七 一—羽翣

 望二·二八 十—鞭

 望二·四七 一—竹翣

 天卜 —水一静

 郭·老乙·七 虘（吾）所以又（有）—患者

 郭·老乙·一二 —器曼成

 郭·老乙·一四 浧（盈）若中（盅）

 郭·老丙·四 安坪（平）—

 上（二）·子·一 少、—

 上（一）·孔·二一 鬢—車之囂也

 上（一）·孔·二五 —田之衺（卒）章

 上（二）·魯·一 邦—旱

上(一)·魯·一 魯邦—旱

上(一)·魯·二 邦—旱

上(二)·子·七 王則亦不—湲

上(二)·魯·一 魯邦—旱

新乙四·九六 亯(就)禱—牢

郭·忠·三 —舊(久)而不俞(渝)

新甲三·二五八 郿寅𠮷(以)—央☒

上(三)·周·二 利涉—川

上(三)·周·八 —君子又(有)命

上(三)·周·二二 利涉—川

上(三)·周·二五 利涉—川

上(三)·周·四一 礪(厲)亡(无)—咎

上(三)·周·五五 豰(渙)丌(其)—虐(號)

上(三)·彭·二 —筌(匡)之妻

上(四)·昭·八 —尹昏(聞)之

上(四)·柬·一 柬(簡)—王泊瀌(旱)

上(四)·柬·一〇 君王尚(當)𠮷(以)䎽(問)—剶(宰)

上(四)·柬·一一 —剶(宰)進倉(答)

上(四)·柬·一四 句(後)而泼(詨)胃(謂)—剶(宰)

上(四)·柬·一八 王事可(何)必三匍(軍)又(有)—事

上(四)·柬·二二 命尹子林䎽(問)於—剶(宰)

上(四)·柬·二三 —剶(宰)倉(答)曰

上(四)·曹·一 魯臧(莊)公牺爲—鐘

上(五)·季·二 君子之—務何

上(五)·季·二〇 —皇(罪)則夜(處)之𠮷(以)型(刑)

上(五)·姑·四 型(刑)莫—安(焉)

上(五)·姑·八 腰(將)—害

上(五)·三德·三 是胃(謂)—菽(感)

上(五)·三德·五 —邦逃(過)戢(傷)

上(五)·三德·七 是胃(謂)—亢(荒)

上（五）·三德·一三
不有—禍（禍）必大恥

上（五）·三德·一三
不有大禍（禍）必—恥

上（六）·競·一
虛珪琛（寶）—於虛先君之□

上（六）·孔·一三
—為毋槩（聑）

上（六）·天·四
古（故）亡豊（禮）—瀿（廢）

上（六）·天乙·三
古（故）亡豊（禮）—瀿（廢）

上（七）·武·一一
武王𣪠於—（太）公䙵（望）曰

上（七）·武·一一
—（太）公䙵（望）畬（答）曰

上（七）·武·一二
—（太）公䙵（望）畬（答）曰

上（七）·武·一三
—（太）公南面

上（七）·武·一三
—（太）公畬（答）曰

上（七）·凡甲·一〇
可（何）古（故）—而不𦋡（燿）

上（七）·吳·八
先王姑每（緐）—𢀜（熙）之邑也

清（一）·尹至·四
䔳（兹）乃柔—縈

清（一）·程·一
—（太）姒夢見商廷佳棶

清（一）·程·二
䍜（詔）—（太）子發

清（一）·程·二
𢀛（巫）衛（率）敂（祓）—（太）姒

清（一）·程·二
宗丁敂（祓）—（太）子發

清（一）·程·三
王及—（太）子發並拜吉夢

清（一）·保·九
甬（用）受—命

清（一）·保·一一
不及尔（爾）身受—命

清（一）·耆·一
武王八年延（征）伐鄙—𢦏（戡）之

清（一）·耆·一
乃歙（飲）至于文—（太）室

清（一）·耆·一一
母（毋）已—藥（樂）

清（一）·耆·一二
母（毋）已—康

清(一)·耆·一四 母(毋)已—康

清(一)·金·九 蘇(秋)—簹(熟)

清(一)·金·九 —木斯𡨦(拔)

清(一)·金·一三 凡—木斎=(之所)𡨦(拔)

清(一)·金·一三 戠(歲)—又(有)年

清(一)·金·一四 蘇(秋)則—𣪘(穫)

清(一)·皇·二 今我卑(譬)少(小)于—

清(一)·皇·二 廼隹—門宗子埶(邇)臣

清(一)·祭·七 甬(用)𡨦(畢)盛(成)—商

清(一)·祭·一〇 皇天改—邦㿿(般)之命

清(一)·祭·一〇 隹(惟)武王—敗(敗)之

清(一)·祭·一二 隹(惟)文武中—命

清(一)·祭·一六 女(汝)毋(毋)以少悉(謀)敗—虞(作)

清(一)·祭·一六 女(汝)母以戾𦯄(茲)𦥑𧮫㞢(亡)寺(時)𡨴(遠)—邦

清(一)·祭·一八 寺(時)隹(惟)—不弔(淑)𦯄

清(一)·楚·一四 王—(太)子以邦遉(復)於湫郢

清(一)·楚·一五 王—(太)子以邦居鄩(鄀)郢

清(一)·楚·一六 邦—瘠(瘠)

清(一)·楚·一四 王—(太)子自湫郢遷居疆郢

清(一)·楚·一五 柬—王自疆郢遷居藍郢

清(二)·繫·二 柬(厲)王—瘧(虐)于周

清(二)·繫·四 戎乃—敗周𠂤(師)于千畝(畝)

清(二)·繫·一六 秦以𠛬(始)—

清(二)·繫·一九 —敗衛(衛)𠂤(師)於睘

清(二)·繫·三一 乃讒—子龍(共)君而殺之

清(二)·繫·四八 —敗之

清(二)·繫·八三 五(伍)員爲吴—宭(宰)

清(二)·繫·一〇一　晉𠂤(師)—疫虘(且)飢
清(二)·繫·一一四　楚柬(簡)—王立七年
清(二)·繫·一二一　晉𠂤(師)—戝(敗)齊𠂤(師)

清(二)·繫·一三一　奠(鄭)—宵(宰)㴔(欣)亦卫(起)禍於奠
清(二)·繫·一三五　楚𠂤(師)—敗

清(三)·說下·八　昔在—戊
清(三)·說下·八　隹(惟)寺(時)—戊盍(謙)曰

清(三)·琴·一四　—亓(其)又(有)慕(謨)
清(三)·琴·一四　曰亯(享)人—……罔克甬(用)之

清(三)·芮·二五　毋悉(謀)亡(無)少(小)—
清(三)·良·七　雩王句戔又—夫同(種)
清(三)·良·七　秦穆公又(有)胥(殺)—夫=

清(三)·良·九　又(有)子—弔(叔)
清(三)·良·一一　以爲—宰

清(四)·筮·見五　巜二㕣(凡)見—人
清(四)·筮·四位三五　—夫
清(四)·筮·四季三七　裳(勞)—吉

清(四)·筮·四季三七　兑—凶
清(四)·筮·四季三七　銮(來)巽—吉
清(四)·筮·四季三七　艮羅(離)—凶

清(四)·筮·四季三八　兑—吉
清(四)·筮·四季三八　裳(勞)—凶
清(四)·筮·四季三八　艮羅(離)—吉

清(四)·筮·果四〇　—事戠(歲)才(在)前
清(四)·筮·祟四六　女子—面端虞(嚇)死
清(四)·筮·爻五六　九象爲—戰(獸)

清(四)·筮·爻六一　奴(如)—奴(如)少(小)
清(五)·封·二　雁(膺)受—命
清(五)·命一　□生民而成—命

太

清（五）·命·一
—命又（有）祟（常）

清（五）·命·一〇
—命殜（世）罰

清（五）·命·一〇
福莫—於行

清（五）·命·一〇
禍（禍）莫—於逕（淫）祭

清（五）·命·一〇
佴（恥）莫—於瘍（傷）人

清（五）·命·一一
賞莫—於壤（讓）

清（五）·命·一一
罰莫—於多虔（詐）

清（五）·湯門·一六
—弼（費）於邦

清（五）·殷·一一
大莕（路）甬（用）見兵

包二·二三七
舉禱—一牂

包二·二一五
—，侯土、司命、司禍（禍）大水、二天子、峗山既皆城（成）

包二·二一三
賽禱—備玉一環

包二·二二九
舉禱蝕—一全豢

秦九九·一四
舉禱—☐

望一·七八
☐於父—，與新父，與不殆（辜），與祟禮

望一·五四
舉禱—甫玉一環

新甲三·四
—，備玉兆

新甲三·一一一
鷹—（太）一犝

新乙四·一四八
弌禱—（太）、北方☐☐

新甲三·一七七
又（有）敚（祟）見於—☐

新甲三·三〇〇、三〇七
鷹（薦）—（太）

新甲三·三〇〇、三〇七
解於—（太）

新乙二·二〇
寠（賽）禱—（太）一☐

新零·一七八
☐—（太）

新零·二三二
☐歖（就）禱—（太）☐

神祇名。

祑

望一·七九
☐—與☐

包二·二四三
舉禱—一膚

祙

包二·二一〇 𥜽禱鎰—一全豢

包二·二一八 —見琥

天卜 羿蒿音榛—一璿=環

天卜 𥜽禱—一静羊

天卜 𥜽禱—一情

望一·五五 𥜽禱於—一環

望一·五六 —一牂

新甲一·七 ☐衜丠篳忻(祈)福於—

新甲三·一四六 ☐𥜽禱於—(太)一情☐

夾

信二·〇七 絟緂之—

上(二)·容·二五 於是虗(乎)—州、滄(徐)州刣(始)可凥(處)

上(三)·周·二七 欽(感)頌(輔)—(頰)䛟(舌)

上(六)·競·八 約(要)—(挾)者閘(忨)

清(一)·者·二 卲(召)公保睪(奭)爲—

清(一)·祭·六 克—卲(紹)坴(成)康

清(四)·筮·祟四八 二五—四

夷

坴

包二·二八 贅尹之司敗郙𠯑—受旮

包二·一二四 司豊之—邑人桯甲

曾一三一 —紳之縢

清(一)·楚·四 思若(鄀)㚔(嗌)卜遷於—宅

清(一)·楚·五 聿(盡)居—宅

[夷臱]

包二·五八 登公—之州人苛瘢

[夷昌]

包二·八八 —人名

争　耎　奎　亦

天策 集脰尹—一齒𨌔

天策 集糌尹膭—一革䋉

天策 ☒□—一右寡龔輈

天策 宰尹右—一白☒

天策 墬紟—□君纗

天策 某𥙲—一右寡一龍輈

天策 番美—☒

天策 ☒子—☒

包二·一八六 盬昜斂—

郭·緇·四五 俚（朋）友𠂤（攸）—（攝）

帛甲七·七 共攻—步

郭·老甲·一四 夫—𤖸（將）智（知）足

郭·老甲·二〇 名—既又（有）

郭·老甲·二〇 夫—𤖸（將）智（知）止

郭·老甲·二二 王—大

郭·老甲·二八 —不可得而害

郭·老甲·二八 —不可得而疋（疏）

郭·老甲·二九 —可不可得而戔（賤）

郭·老乙·五 —不可以不禔（畏）

郭·太·一〇 道—其志（字）

郭·太·二 —恉（託）其名

郭·緇·一〇 少（小）民—佳（惟）日情（怨）

郭·緇·一九 —不我力

郭·性·三三 其心弁(變)則其聖(聲)—肰(然)

郭·性·二九 哭—悲

郭·五·一〇 —既詢(覵)止(之)

郭·五·一〇 —既見止(之)

郭·五·三八 又(有)少(小)辠(罪)而—(赦)之

郭·五·三九 又(有)少(小)辠(罪)而弗—(赦)也

郭·六·二五 雚(觀)者(諸)易、春秋則—才(在)壴(矣)

郭·六·二七 爲君—肰(然)

郭·六·二五 雚(觀)者(諸)豊(禮)、樂則—才(在)壴(矣)

郭·六·二八 爲妟(妻)—肰(然)

郭·六·二九 爲弸(朋)晉(友)—肰(然)

郭·成·二七 —非又(有)譯妻以多也

九·五六·二九 —無咎

上(一)·孔·九 辞父之賕(責)—又(有)㠯(以)也

上(一)·孔·一二 不—能改(怡)虘(乎)

上(一)·孔·一三 不—又逌虘(乎)

上(一)·孔·一三 不—智(智)亙(恆)虐(乎)

上(二)·子·七 王則—不大湏

上(一)·孔·二四 亞(惡)丌(其)人者—然

上(二)·子·七 —絽

上(二)·子·九 敀—城(成)天子也與(歟)

上(二)·容·五二 或—迟(起)帀(師)㠯逆之

上(二)·容·三二 —〓迵〓

上(二)·容·四五 専(溥)—(夜)㠯爲槿(淫)

上(一)·性·一八 哭—悲

上(一)·性·二 則丌(其)聖(聲)—肰(然)

上(一)·紂·六 少(小)民—隹(惟)日令

上（一）·紂·一〇 —不我力

上（二）·從（甲）·四 方（防）—坂（反）是=（是，是）故君=（君子）誓（慎）言不誓（事）

新甲二·二八 勻（旬）—（腹）豊（體）出

新甲三·一三五 勻（旬）—（腹）少☐

新零·一一四 是寁切而口—不爲大詢（詬）

香中大·九 —勺

上（三）·周·四四 —母（毋）[illegible]（纗）恭

上（三）·周·五六 是胃（謂）—孛（災）禮（眚）

上（四）·柬·二三 子皇爲人臣者—又（有）靜（静）虐

上（四）·相·四 不—墜（欽）虐（乎）

上（四）·曹·六 則—不可㠯不攸政而善於民

上（四）·曹·七 肰（然）而古—又（有）大道焉

上（四）·曹·九 㠯亡道爯（稱）而叟（没）身邊死（死）—天命

上（四）·曹·六三 毋—飤（食）餗

上（四）·曹·六五 今與古—肰（然）

上（五）·鮑·八 公蟲（昆）—不爲戋（害）

上（五）·季·一二 先=萻=（先人之所）善—善之

上（五）·季·一四 肰（然）亓（其）宔（主）人—曰

上（六）·競·八 祝—亡（無）益

上（六）·用·五 而—弗能弃（棄）

上（六）·用·一一 司民之降兇（凶）而—不可逃

上（六）·用·一九 而—不可戲

上（六）·用·二〇 而民—弗能望

上（七）·武·一一 —又（有）不浧（盈）於十言

上（七）·武·六 —不可志

上（七）·吳·二 —唯君是望

上（七）·吳·六 —隹（惟）吳白（伯）父

清（一）·尹誥·一 ——隹（惟）乓（厥）眾
清（一）·金·九 王——未逆公
清（一）·金·一一 隹余谘人——弗返（及）智（知）

清（一）·金·一二 我邦豕（家）豊（禮）——宜之
清（一）·皇·一二 邦——不寍（寍）

清（一）·祭·五 我——隹又（有）若且（祖）周公概（暨）且（祖）卲公
清（一）·祭·七 我——隹（惟）又（有）若且（祖）𧧻（祭）公

清（一）·祭·一一 ——尚𡨄（宣）㦰（臧）乓心
清（一）·祭·一一 康受——弋（式）甬（用）休
清（一）·祭·一一 ——㣈（美）忢（懋）妥（綏）心

清（一）·祭·一二 我——走（上）下卑（譬）于文武之受命
清（一）·祭·一九 我——不以我辟竄（陷）于戁（難）

清（一）·祭·一九 我——隹（惟）以没我殜（世）
清（一）·楚·四 至酓恇（狂）——居京宗

清（二）·繫·一〇 奠（鄭）武公——政東方之者侯
清（二）·繫·二三 賽（息）侯——取妻於陳
清（二）·繫·二七 ——告文王曰

清（二）·繫·三六 ——莫之能内（入）
清（二）·繫·九〇 郙王——衒𠂤（師）回（圍）莫
清（二）·繫·九〇 柬（厲）公——見禍（禍）以死

清（二）·繫·一三一 奠（鄭）大宰（宰）㶊（欣）——记（起）禍（禍）於奠
清（二）·繫·一三三 王命坪——（夜）悍武君衒𠂤（師）戢（侵）晉

清（二）·繫·一三五 遊（魯）昜（陽）公坪——（夜）悍（悼）武君
清（二）·繫·一三七 王命坪——（夜）悍武君李人於齊陳淏求𠂤

清（三）·説下·三 罘（既）——䳡（詣）乃備（服）
清（三）·説下·四 乓亓怭——羅于罿罘
清（三）·説下·五 女（汝）——隹（惟）克㬎（顯）天

清(三)·說下·六 女(汝)—隹又(有)萬福粦=才(在)乃備(服)

清(三)·琴·五 曰閈(淵)—印(抑)

清(三)·琴·一〇 —思不忘

清(三)·芮·一九 —不可轂(壞)

清(三)·芮·二五 民—又(有)言曰

清(三)·赤·三 虘(吾)不—殺尔

清(三)·赤·四 —卲(昭)然

清(四)·筮·享四 [illegible]乃—鄉(饗)

清(四)·筮·得一二 [illegible]乃—㝵(得)

清(四)·筮·至一二 [illegible]乃—至

清(四)·筮·得一五 —㝵(得)亓(其)徉(失)十三

清(四)·筮·得一七 [illegible]乃—㝵(得)

清(四)·筮·得一九 [illegible]乃—㝵(得)

清(四)·筮·得二一 [illegible]乃—㝵(得)

清(四)·筮·讎二二 [illegible]出乃—讎(售)

清(四)·筮·得二三 [illegible]乃—㝵(得)

清(四)·筮·志二九 —然

清(四)·筮·果四二 —果

清(五)·厚·二 帝—弗叕啟之經悳(德)

清(五)·厚·八 肄女(如)其若龜簭之言—勿可速改

清(五)·厚·一〇 —隹(惟)猷(禍)之卣(攸)及

清(五)·厚·一一 —鮮克以誨(謀)

清(五)·厚·一三 —隹(惟)酉(酒)甬(用)庚(康)樂

清(五)·厚·一三 民—隹酉(酒)甬(用)敗(敗)畏(威)義(儀)

清(五)·厚·一三 —隹酉(酒)甬(用)恖(恒)痤(狂)

清(五)·封·三 —隹(惟)女(汝)吕丁

清(五)·封·八 女(汝)—隹亯(淑)章尔遽(慮)

吴

清（五）・湯丘・二 湯—飤（食）之

清（五）・湯門・一 古之先帝—有良言青（情）至於今虎（乎）

上（二）・民・三 志（詩）—至安（焉）

上（二）・民・四 樂—至安（焉）

上（二）・民・四 豊（禮）—至安（焉）

上（二）・民・四 悳（哀）—至安（焉）

上（六）・孔一二 —㠯（以）亓（其）勿審二逃者㠯（以）觀於民

吴

包二・九八 宵— 人名

包二・一六七 —加 人名

曾四三 三—甲

曾六一 二真—甲

曾一二二 参真—甲

曾一二三 一真—甲

曾一二五 二真—甲

曾一二六 二—甲

曾一二六 —組之縢

曾一二七 三真—甲—組之縢

曾一二八 二—甲—組之縢

曾一二八 一—甲

曾一二九 一—甲

曾一三一 —組之縢

包二・一六九 —勳 人名

包二・一七四 —晋 人名

新甲二・六、三〇、一五 盬（鹽）壽君以—夏☐

新甲三・二〇三 —憙（喜）受一臣

新甲三・二〇三 ☐—毆無受一赤

新甲三・三四二—一、零・三〇九 盬（鹽）壽君以—蹞之☐

郭・唐・一 湯（唐）—（虞）之道

郭・唐・三 古（故）湯（唐）—（虞）之☐

郭・唐・一〇 —（虞）舜其人也

郭・唐・一三 —（虞）虽（夏）之紂（治）也

郭・唐・二七 吴時曰

从裘錫圭先生：『吴時』疑當讀爲『虞詩』。

上(二)·子·一 呂(以)又(有)—(虞)是(氏)之樂正宫

上(二)·容·五 又(有)—(無)迵(通)

上(四)·昭·九 息(怡)君—王廷

上(五)·季·六 丘昏(聞)之孟者(子)—(餘)曰

上(六)·競·八 今新登思—(虞)守之

上(七)·吴·八 —人虐□□於周

上(七)·吴·九 —走陛(陳)

清(二)·繫·七四 —人服于楚

清(二)·繫·七九 自晉迈(適)—

清(二)·繫·七九 女(焉)訇迵(通)—晉之迻(路)

清(二)·繫·七九 教—人反(叛)楚

清(二)·繫·八〇 霝(靈)王伐—

清(二)·繫·八〇 執—王子鱥(蹶)繇(由)

清(二)·繫·八〇 —人女(焉)或(又)服於楚

清(二)·繫·八一 五員與五之雞逃歸—

清(二)·繫·八二 五雞逆—人以回州麥

清(二)·繫·八三 五(伍)員爲—大宿(宰)

清(二)·繫·八三 是教—人反楚邦之者侯

清(二)·繫·八四 與—人戰(戰)于析

清(二)·繫·八四 —王子唇晒迟禍(禍)於吴

清(二)·繫·八四 吴王子唇晒迟禍於—

清(二)·繫·九八 伐—

清(二)·繫·一〇一 晉與—會爲一

清(二)·繫·一〇五 與—人伐楚

清(二)·繫·一〇六 自歸(歸)於—

清(二)·繫·一〇八 繡(申)公屈晉(巫)自晉迈(適)—

清(二)·繫·一〇八 女(焉)訇迵(通)—晉之迻(路)

清(二)·繫·一〇九 以與—王咼夢相見于鄬

清(二)·繫·一〇九 與—王盍虜(盧)伐楚

清(二)·繫·一一一 戊(越)公句戔(踐)克—

清(二)·繫·一一一 戊(越)人因袠—之與晉爲好

清(三)·良·七 —王光又(有)五(伍)之疋(胥)

清(五)·命·一一 —(娱)之以樂

包二·一二二 里公—抲、亞□鄗𨍭返子

从黄錫全先生釋『吴』。

上(七)·吴·三背 —命𣈌(壽)逨(來)

上(七)·吴·六 亦隹(惟)—白(伯)父

夭

帛乙五·二三 五—之行

帛乙六·五 上—

帛乙一〇·一六 隹天乍—

郭·唐·二 安命而弗—(夭)

清(二)·繫·九三 奔内(入)於曲—(沃)

清(二)·繫·九四 晉人殺緣絰于曲—(沃)

清(三)·良·二 文王又(有)忞(閎)—

清(三)·良·三 又(有)南宫—

清(五)·殷·二二 —(效)屯(純)亘(宣)猷

喬

郭·唐·一七 升(登)爲天子而不—(驕)

郭·唐·一八 君民而不—(驕)

郭·唐·一六 升爲天子而不—(驕)

包二·一一七 —尹⿰墨喬

包二·一二八 少里—與尹羿

包二·一四一 少里—𧺆尹羿

包二·一二八反 戠言市以至既涉於—與—差僕受之

郭·五·三七 僔(尊)而不—(驕)

包二·一八八 周— 人名

上(二)·容·四七 豐、—(鎬)不備(服)

上(三)·彭·二 戒之毋—(驕)

上(六)·競·一〇 出—(矯)於鄄(鄗)

清(一)·楚·一 遊(前)出于—山

奔　奔

清(一)·楚·六 至會緕自旁屽遌(徙)居—多
清(一)·楚·六 皆居—多

喬
包二·四九 如—差宋加受期
包二·四九 不逕如左—尹穆翠以廷
包二·一〇七 —尹 職官名
包二·一〇八 —差疫

包二·一四三 少里—壆尹翠
包二·一九五 所詎於少里—與尹翠
包二·二六五 二—真
郭·老甲·七 果而弗—(驕)

郭·老甲·三八 貴福(富)—喬(驕)
上(二)·容·一 —結是(氏)
上(二)·容·二九 —驕能(態)訇(始)复(作)

上(二)·容·三八—三九 亓—(驕)大(泰)女(如)是𦚬(狀)
上(二)·容·四八 豊、—(鎬)之民翻(問)之
上(二)·容·四八 —(鎬)

新甲三·三一〇 —尹申之述
上(四)·曹·八 而—(驕)大(泰)㠯遊(失)之
上(五)·弟·六 鼺(富)貴而不—(驕)者

上(五)·鬼·六 我(俄)曰虞(虐)—唬
清(一)·皇·九 —(驕)用從肣(禽)

奔 犾
上(四)·昭·三 僕之母(毋)辱君王不—(逆)

犾
上(五)·姑·三 —則晉畔之社禍可旻而事也
上(五)·姑·三 不—則旻(得)字(免)而出

烊
清(三)·芮·九 民不日—

奔
清(二)·繫·二〇 公子啟方—齊
清(二)·繫·三二 文公—翟(狄)

交

清(二)·繫·三二 惠公—于梁
清(二)·繫·五五 述(遂)—秦
清(二)·繫·九三 鄉絰出—齊

清(二)·繫·九三 —內(入)於曲夭(沃)
清(二)·繫·一〇〇 響(許)公旅出—晉

包二·一四六 所又責於寤戲五帀而不—於新客者
包二·一四六 緐戲五帀而不—於新客者
仰二五·三〇 骨—

望二·一八 黃生角之—
望二·一八 白金之—
郭·尊·二九 —矣而弗智(知)也，亡

郭·五·三二 以其宀(中)心與人—
郭·五·三六 以其外心與人—
郭·五·三七 共(恭)而尃(愽)—

郭·魯·六 —(效)录(禄)雀(爵)者也
郭·性·一〇 或—(實)之
郭·性·五五 上—者也
郭·性·五六 上—近事君

郭·性·五六 下—者也
郭·性·五六 下—得衆近從正(政)
郭·性·五七 同方而—

郭·性·五八 同兑(悦)而—
郭·性·五八 不同兑(悦)而—
郭·性·六〇 凡—毋剌(裂)

郭·語一·四二 豊(禮)，—之行述也
郭·語三·三四 —行則☐
九·五六·二七 是胃(謂)—日

上(一)·孔·二〇 或前之而后—
上(一)·孔·二三 㠯(以)道—見善而孝(做)
上(一)·性·二五 上—近事君

上(一)·性·二五 下—㝵(得)衆近䢔(從)正(政)
上(一)·性·二六 不同悦而—
上(一)·性·二六 [同][悦]而—

睪

上（一）・性・二六 —，㠯（以）道者也

上（一）・性・二六 不同方而—

上（一）・性・三〇 凡—毋剌（拔）

上（三）・周・一六 出門—又（有）工（功）

上（三）・周・三 —孚

上（四）・逸・交二 —=（交交）鳴鶩

上（四）・逸・交三 —=鳴鶩

上（四）・曹・一七 天下……—墬（地）不可㠯先复（作）悁（怨）

上（五）・三德・九 毋衿（錦）衣—祖

清（二）・繫・四三 鄀（蔡）及羣緣尸（夷）之自（師）以—公文

清（三）・芮・一八 以—罔悬（謀）

清（三）・芮・二三 甬（用）—𨚗（亂）進退

清（五）・湯丘・一一 唯（雖）余孤之與卡=（上下）—

清（五）・湯門・九 既（氣）夋（融）—以備

包二・一二〇 祥— 人名

包二・一二一 祥—

包二・一二〇 舍— 人名

秦一・三 —（擇）良月良日牺逨賽

包二・一二一 舍—

郭・六・四四 其—（釋）之也六

郭・語三・三八 不膳（善）—（擇），不爲智

新甲三・四 —（擇）日於是見（期）

新甲三・三三九 ☐—（擇）日八月之审（中）朏☐

新甲三・二三九 —（擇）☐

新零・五 ☐□—（擇）日於☐

新零・二一九 —（擇）日於□☐

新乙四・四三 —（擇）日於屈栾

新零・三一八 —（擇）日臺（就）☐

天卜 —（擇）良日

天卜 —良日

天卜 —良日

上(五)·姑·一〇
弜(强)門夫₌衙(率)吕(以)—(釋)

清(一)·程·七
孜(務)—(擇)用周

清(一)·皇·三
迺方(旁)救(求)巽—(擇)元武聖夫

清(三)·説下·二
余周又(有)—(斁)言

清(三)·琴·四
思坔(攸)亡—(斁)

清(三)·琴·一四
介(匄)—(澤)寺(持)悳(德)

包二·二一八
—(擇)良月良日逿之

包二·二五九
二鼦—

上(七)·君甲·八
言不敢—(斁)身

上(七)·君乙·八
言不敢—(斁)身

清(一)·耆·一
卲(召)公保—(奭)爲夾

睪

清(一)·楚·四
至酓—與屈約(紃)

上(六)·用·七
—龔(恭)又(有)武

皋

秦九九·一四
—良日

天下
—日

天下
—良日

郭·性·六四
樂谷(欲)—(懌)而又(有)志

執

曾一正
—事人

⿰幸婁

包二·一五反
咵—其倌人

包二·八〇
—勿達

包二·一三五反
陰之戠客或—筀之䚃雇

包二·一三七
舒雇—未又剸逹宿而逃

包二・一三一 —事人；包二・一三七反 見日命一—事人至命；包二・五八 —事人；包二・六三 —事人；包二・八一 —事人

包二・一三七反 其余—牺至時而剸之；包二・一四三 鄗洛尹憍—小人=(小人)於君夫人之敀愴

包二・一八八 鄢—事人鄗莫；包二・二二五 —事人暊塁；包二・一五四 南與郯君—疆；包二・一五四 東與蔆(蔆)君—疆

包二・一五四 北與鄝昜—疆；包二・一五四 西與鄱君—疆；包二・一五六 左尹以其不得—之處；包牘一反下 —事人

包二・一五 卲行之夫=盤𣶒䆲—僕之倌登虘；包二・二二四 —事人暊塁；天卜 —事人宲；郭・老甲・一〇 —之者遠

郭・老甲・一一 亡—古(故)亡遊(失)；郭・老丙・一一 無—；郭・老丙・一一 —之者遊(失)之；郭・緇・一八 —我戟(仇)戟(仇)

郭・性・六四 君子—志必又(有)夫生生(往往)之心；上(二)・容・二 於是虖(乎)唫(喑)聾—燭

上(二)・容・二四 垂(禹)親—枌(枌)(耒)耜(耜)；上(二)・容・三七 乃—兵欽□

新乙四・二六 西陵—事人㠯(以)君王▨；上(一)・紂・一〇 —(執)我鈛=(戟、戟)

郭・老甲・一〇 —之者遠之；郭・老甲・二 亡—古(故)亡遊(失)；郭・老丙・二 無—

郭・老丙・二 —之者遊(失)之；上(三)・周・八 利—(執)言；上(三)・周・二六 —(勢)丌(其)陸(墜)

上（三）・彭・一
—心不忘

上（五）・季・三
—（執）民之中

上（六）・競・一〇
夫—（執）敚（孅）之幣三布之玉

上（六）・用・一〇
而莫—（執）朕聒（舌）

清（一）・尹至・五
—（摯）尾（度）

清（一）・尹至・五
—（摯）悳不憖（僭）

清（一）・尹誥・二
—（摯）告湯曰

清（一）・尹誥・三
—（摯）曰句（后）亓（其）李（賚）之

清（一）・金・六
乃命—事人曰勿敢言

清（一）・金・一〇
王䎽（問）—事人曰訐（信）

清（二）・繫・三五
以亓（其）子褢（懷）公爲—（質）于秦

清（二）・繫・八〇
—吴王子鱥（蹶）繇（由）

清（三）・説上・三
尔右（左）—朕袂

清（五）・湯門・一三
悳（德）濬明—訐（信）以義成

清（五）・湯門・一四
悳（德）㝉（變）亟—譌以亡成

㚇

清（一）・楚・六
酓—（摯）居發漸

清（一）・楚・六
酓—（摯）遈（徙）居旁屽

教

包二・一二〇
—事人昜城公䍧睪

包二・一二二
孔—埸貫

包二・一二二
孔—雇女返

包二・一二二
孔—競不割

清（二）・繫・四九
秦女（焉）㠯與晉—（執）衛

清（二）・繫・六〇
以芋（華）孫兀（元）爲—（質）

清（二）・繫・七〇
郘（駒）之克乃—（執）南章（郭）子

清（二）・繫・九八
—（執）郐（徐）公

韓　亢　臭　奚

清（三）·祝·一
乃—（執）采（幣）以祝曰

清（三）·祝·二
乃左—（執）土以祝曰

包二·一八七
苛—　人名

清（四）·筮·死一九
弌（一）刲（卦）—

郭·語一·八七
君臣、朋晉（友），其—（擇）者也

系

上（四）·采·二
—言不從

上（四）·曹·一三
䎽（問）戦（陳）—女（如）

上（四）·曹·一三
戰（守）鄾（邊）城—女（如）

上（四）·曹·三八
勿兵㠯克—女（如）

上（四）·曹·五六
善攻者—女（如）

上（四）·曹·五七
善戰（守）者—女（如）

上（七）·凡甲·一
—（奚）䙷（得）而城（成）

上（七）·凡甲·二
—（奚）䙷（得）而固

上（七）·凡甲·五
—（奚）古（故）神槼（盟）

上（七）·凡甲·五
—（奚）啻（適）

上（七）·凡甲·七
虗（吾）—（奚）旹（時）之搴（塞）

上（七）·凡甲·八
虗（吾）—（奚）事之

上（七）・凡甲・八 魂（鬼）之神—（奚）飤

上（七）・凡甲・一一 —（奚）古（故）少（小）雁暲（障）豉（封）

上（七）・凡乙・一 —（奚）㝵（得）而城（成）

上（七）・凡乙・一 —（奚）㝵（得）而不死

上（七）・凡乙・一 —（奚）纂（呱）而鳴

上（七）・凡乙・二 —（奚）㝵（得）而固

上（七）・凡乙・二 —（奚）㝵（得）而不厚（厚）

上（七）・凡乙・三 虐（吾）—（奚）奐（衡）系（奚）從（縱）

上（七）・凡乙・三 虐（吾）—（奚）異系（奚）同

上（七）・凡乙・四 —（奚）古（故）神䁎（盟）

上（七）・凡乙・五 虐（吾）—（奚）古（故）事之

上（七）・凡乙・七 先王之智—（奚）備

清（五）・湯丘・一七 爲臣—（奚）若

清（五）・湯門・一二 娧（美）悳（德）—（奚）若

清（五）・湯門・一二 亞（惡）悳（德）—（奚）若

清（五）・湯門・一二 岦（美）事—（奚）若

清（五）・湯門・一二 亞（惡）事—（奚）若

清（五）・湯門・一二 岦（美）设（役）—（奚）若

清（五）・湯門・一三 岦（美）正（政）—（奚）若

『系』字卷十二重見。

夫

信一・〇一 烏—

信一・〇一四 □虐哉不智也—周□

曾一六四 鷀—之生駁爲右驂

曾一六九 鷀—之覞爲右驂

曾一七〇 黝—之驂爲左驌
曾一七八 黝—之駴爲左驂
曾二一二 樊牛一—
曾二一三 三—
曾二一三 絅䵷三—
曾二一三 瓌一—
曾二一三 旝一—
郭·忠·四 —此之胃（謂）
郭·語一·一八 —（天）生百勿（物），人爲貴
郭·語一·一〇九 虐與容與—其行者
上（六）·孔·二 —子曰言即至矣
上（六）·孔·二〇 女（如）—見人不嗜（狡）
包二·四 凡君子二—
包二·一〇 鄓戲上連囂之還集瘳族衍一—
包二·一四二 㐺=之州人君—人之敀愈之宿一—
包二·一三二 秦競—人
包二·一四二 —自傷
包二·一四三 鄗逄尹喬執小人=（小人）於君—人之敀愈
包二·一八五 君—人之劵阩周
包二·二〇〇 罷禱於—人戠䄶
包二·二〇三 —人
包二·四 巽—人
包二·四八 巽—人
包二·八四 陳僬訟聖—人之人郘漸
包二·一七九 聖—人之鄗邑人䨓
包二·一七四 瘳亞—
包二·一八八 瘳亞—
包二·一八九 瘳亞—
天卜 □城—人
望一·一一九 舉禱—人之丁巫
郭·老甲·一三 —亦牆（將）智（知）足
郭·老甲·二〇 —亦牆（將）智（知）止
郭·老甲·三〇 —天多期（忌）韋（諱）
郭·唐·四 —聖人上事天
郭·唐·一五 —古者舜佢（拒）於艸（草）茅之中而不惪（憂）
郭·尊·三七 —唯是

郭·魯·五 —爲其君之古(故)殺其身者

郭·魯·六 —爲其[君]之古(故)殺其身者

郭·六·一〇 既又(有)—六立(位)也

郭·六·一八 胃(謂)之—

郭·六·一六 句(茍)淒—人之善施

郭·六·一九 是由—死又(有)宔(主)

郭·六·一九 —悳(德)也

郭·六·二七 内立(位)父、子、—也

郭·六·三七 夫不—

郭·六·三四 —智

郭·六·三五 古(故)—,婦婦,父父,子子,君君,臣臣

郭·六·三七 —不夫

郭·六·四二 生民斯必又(有)—婦、父子、君臣

郭·緇·一 —子曰

郭·性·四六 不又(有)—慵(奮)猍(作)之青(情)則悉(懋)

郭·語四·一〇 佖(匹)婦禺(偶)—

郭·性·四六 不又(有)—詘詘(款款)之心則流

郭·性·六五 君子執志必又(有)—峑峑(往往)之心

郭·性·六六 賓客之豊(禮)必又(有)—齊齊之頌(容)

上(二)·容·一九 會天地之利—

郭·性·六七 居喪必又(有)—戀(連)戀(連)之依(哀)

上(二)·容·四二 惻(賊)逃(盜)—

五六·二六 少(小)—四城(成)

郭·老乙·一 —唯嗇

郭·老丙·七 —樂☐

郭·唐·一八 不以仄(匹)—爲垩(輕)

上(一)·孔·三 隹(唯)能—

上(一)·孔·七 此命也—

上(二)·魯·四 —山

上(二)·魯·四 —川

上(一)·孔·仲 —祭至敬之

上(二)·魯·三 女(如)—政坓(刑)與悳(德)

上(一)·孔·一六 —蕎之見訶(歌)也

上(二)·子·八 古(故)—坴(夋、俊、舜)之悳(德)丌(其)城(誠)叚賢矣

上(二)·子·四 虗(吾)昏(聞)—坴(夋、俊、舜)丌(其)幼也

新甲三·二〇〇 毀禱子西君、文—人各戠牛饋

上(三)·周·一 見金—

上(三)·周·九 逡(後)—凶

上(三)·周·一六 係丈—

上(三)·周·一六 遊(失)丈—

上(三)·周·二八 婦人吉，夫

上(三)·周·五〇 —征不復(復)

上(三)·中·三 丌豪(家)，—

上(三)·中·四 從於刣(宰)—之逡(後)

上(三)·中·八 —民安舊而厇(塚)毀(舉)

上(三)·中·一〇 —叚(賢)才

上(三)·中·二三 —毙(死)

上(四)·昭·五 孚吕—=(大夫)歓=於坪滿(漫)

上(四)·柬·六 古—帝=(上帝)魂(鬼)神高明

上(四)·柬·一二 —唯母滐而百眚(姓)逡

上(四)·曹·一九 是古(故)—戦(陳)者

上（四）·曹·三四
佖（匹）—㝥（寡）婦之獄訟

上（四）·曹·六五
亦隹（唯）䎽—壘（禹）康（湯）傑（桀）受矣

上（五）·鮑·五
含豊（禮）逆佖—而欲智

上（五）·季·七
—時（詩）也者

上（五）·季·一四
虔—戱含之犬〓（先人）

上（五）·君·一
䫈（顏）囦（淵）時（侍）於—子

上（五）·君·一
—子曰迾（坐）虐（吾）語女（汝）

上（五）·君·一一
—子紿（治）十室之邑亦樂

上（五）·君·三
虐（吾）新（親）䎽（聞）言於—子

上（五）·君·三
䫈（顏）囦（淵）時（侍）於—子

上（五）·君·四
—子智而□信斯人

上（五）·弟·四
莫我智（知）也—

上（五）·弟·一〇
—以衆軋（犯）難（難）

上（五）·弟·一四
肰（然）則—二晶（三）子者曰

上（五）·鬼·一
今—魂（鬼）神又所明又所不明

上（六）·競·一二
二—可不受皇璟

清（一）·耆·一〇
今—君子

清（一）·耆·一〇
—日□□

清（一）·耆·一二
今—君子

清（一）·皇·三
廼方救（求）巽睪元武聖—

清（一）·皇·九　卑（譬）女（如）戎—
清（一）·皇·一〇　卑女（如）䂂—之又忞（媚）妻
清（一）·皇·一〇　忞—又埶亡（無）遠

清（一）·皇·一一　乃隹（惟）又（有）奉俟（疑）—
清（一）·皇·一二　忞（媚）—先受吝（殄）罰

清（一）·皇·一二　—明尔（爾）悳（德）
清（二）·繫·七三　老—之力也

清（二）·繫·一一〇　—秦（差）王卽立（位）
清（二）·繫·一一〇　以與—秦（差）王相見于黃池

清（三）·琴·四　—明思誋（慎）
清（三）·芮·二　內（芮）良—乃复訟再夂（終）
清（三）·芮·七　—民甬（用）悳（憂）惕（傷）

清（三）·良·七　雩（越）王句戔（踐）又大—同（種）
清（四）·筮·得一　二仌妻—同
清（四）·筮·咎八　亽仌日妻—佋（昭）

清（四）·筮·鏇二〇　上妻—相見鏇（隹）
清（四）·筮·死二一　仌仌簭（筮）死—
清（四）·筮·貞二五　三仌丈—

清（四）·筮·四位三五　大—
清（四）·筮·祟五一　—天之道
清（五）·命·二　—司悳（德）司義

清（五）·命·三　—民生而佴（恥）不明
清（五）·命·四　—民生而樂生穀（穀）

清（五）·命·四　—民生而痌（痛）死喪
清（五）·命·六　—明王卲（昭）天訏（信）人以厇（度）攻（功）

清（五）·命·六　—天道三
清（五）·湯丘·九　—人母以我爲訇於亓事虎
清（五）·湯門·一〇　—四以成邦

清（五）·湯門·一九
—九以成天

清（五）·般·四
虗（吾）𦖞（聞）—長莫長於風

清（五）·般·五
虗𦖞—墜莫墜於心

清（五）·般·六
虗𦖞—長莫長於水

清（五）·般·七
虗𦖞—墜莫墜於㮚

清（五）·般·七
虗（吾）𦖞（聞）—長莫長於□

清（五）·般·八
虗（吾）𦖞—墜非（必）矛返（及）干

清（五）·般·九
—𦖍（兹）□

郭·成·一三
戎（農）—柔（務）飤（食）不强耕

上（一）·性·三八
不又（有）—柬（奮）犾（猛）之情則𢙢（侮）

上（一）·性·二八
出悳又（有）—柬〓（柬柬）

上（一）·性·二九
祭祀之豊（禮）必又（有）—臍〓（臍臍）之敬

上（一）·性·二八
孶〓埶（執）志必又（有）—桂〓（注注）之心

上（一）·性·二九
居喪必又（有）—緜〓（累累）之哀

上（一）·性·二九
賓客之豊（禮）心又（有）—齊〓（齊齊）之頌（容）

上（一）·性·三七
不又（有）—恆怘（忻）之志則曼

上（一）·性·三八
不又（有）—詘〓（詘詘）之心則灋（流）

上（六）·競·一〇
—婦皆祖（詛）一支

上（六）·孔·一一
—民虐之

上（六）·平·六
辱於孝（老）—

上（七）·武·三
—先王之箸（書）不𢍁（與）北面

夫
[illegible] 上（七）·鄭甲·六 —=（大夫）皆進
[illegible] 上（七）·鄭乙·一 臧王𦎫（就）—=（大夫）而与之言

[illegible] 上（七）·鄭乙·六 —=（大夫）皆進
[illegible] 上（七）·凡乙·九 —雨之至

[illegible] 包二·四七 不逕顛宦夫=—公遂期
[illegible] 包二·五一 —瘢 人名
[illegible] 包二·六五 不逕—層䢵—謄以廷

[illegible] 包二·八五 —上 人名
[illegible] 包二·一六五 审廠—豫
[illegible] 包二·一六五 —宜 人名
[illegible] 包二·一六五 —貍 人名

[illegible] 新零·二一一 —良之☐
[illegible] 包二·一七一 —佢佘 人名
[illegible] 包二·一七二 郙戲—軺
[illegible] 包二·一七六 —襄 人名

[illegible] 包二·一六三 —慶 人名
[illegible] 包二·一七四 —媛 人名
[illegible] 包二·一八二 —快 人名
[illegible] 包二·一七九 —慶

[illegible] 清（二）·繫·一〇五 陳鄀（蔡）—（胡）反楚
[illegible] 清（二）·繫·一〇六 女（焉）克—（胡）回（圍）鄀（蔡）

鈇
[illegible] 包二·一七三 —瞷 人名
[illegible] 包二·一七〇 佶䜣—妾之人登鮒
[illegible] 包二·一八八 如坪邑—翠

[illegible] 包二·七五 —軌 人名
[illegible] 包二·一六九 —慶
[illegible] 包二·一七四 大—之州人黃子媢
[illegible] 包二·一七七 兼陵公之人—

[illegible] 新乙四·五七 ☐爲堅=（堅子）—哀告大☐

立
[illegible] 望一·二二 以其未又篧—（位）
[illegible] 包二·二〇二 㪤雀（爵）—（位）
[illegible] 包二·二〇四 九月喜雀（爵）—（位）
[illegible] 包二·二四九 見於絕無遂者與漸木—

包二·二五〇 命攻解於漸木—

信一·〇一〇 —日

望一·二三 未又籊—

曾三一 哀■—馭左尹之䡅=

郭·老甲·二一 蜀(獨)—不亥(改)

郭·緇·一二 墨(禹)—三年

郭·窮·三 —而爲天子

郭·成·四〇 是古(故)君子訢(慎)六—(位)以巳(已)天棠(常)

郭·唐·一八 方才(在)下—(位)

郭·忠·七 而百善虐(皆)—

郭·語一·三四 —生於漶(强)

郭·語一·三五 螝(斷)生於—

上(一)·孔·二四 必敬丌(其)—(位)

上(一)·孔·二七 人之怨子—不

上(二)·容·七 〈於是於〉岦(持)板正—(位)

上(二)·容·七 奉而—之

上(二)·容·九 而—爲天子

上(二)·容·一三 而卒(卒)—之

上(二)·容·二三 乃—墨(禹)㠯爲司工

上(二)·容·二八 乃—句(后)禝(稷)㠯爲緹(盈)

上(二)·容·二九 乃—咎(皐)䧊(陶)㠯爲李(李)

上(二)·容·三〇 乃—㪍㠯爲樂正

上(二)·容·三七 乃—泗(伊)尹㠯爲差(佐)

上(二)·容·三八 —爲玉閏(門)

上(二)·容·四〇 —於中朿

上(二)·容·四九 武王即—(位)

上(二)·從(甲)·一三 肰(然)句(後)能—道

上(一)·紂·二 静龏(恭)尒—(位)

上(一)·紂·七 墨(禹)—厽(三)年

上(一)·紂·一三 龍(恭)㠯(以)—(涖)之

上(三)·中·二三 所𠂤—生也

上(三)·中·二四 𣄼=(一日)𠂤不善—

上(三)·中·二四 𣄼=(一日)𠂤善—

上(四)·柬·一 王𥫗(嚮)日而—

上(四)·內·一正 君子之—孝

上(四)·內·八 不𧨳(依)—

上(四)·曹·二四 凡貴人甶(思)仉(處)前—(位)一行

上(五)·季·八 不弜(强)則不—▨

上(五)·姑·七 虐(吾)想—經行

上(五)·姑·七 —死可(何)戢(傷)才(哉)

上(五)·姑·九 —於廷

上(五)·姑·一〇 姑(苦)𢦏(成)豙(家)父—死

上(六)·用·一八 婁(邇)—帀(師)長

上(六)·天乙·二 士爲夫=之—身不字

上(六)·天乙·六 —𠂤(以)縣

上(七)·武·二 南面而—

上(七)·鄭甲·四 毋𠂤(以)城(成)名—(位)於上

清(一)·保·五 廼(乃)易—(位)埶詣

清(一)·耆·二 辛公証𢈉(甲)爲—(位)

清(一)·金·七 盛王由(猶)學(幼)才—(位)

清(一)·金·二 周公—女(焉)

清(一)·皇·一 穖又耆耇虞事嗖朕—(位)

清(一)·皇·七 至于𠂔(厥)逡(後)嗣—王

清(一)·祭·一 珠(昧)亓(其)才(在)—(位)

清(一)·楚·一二 競(景)坪(平)王卽—(位)

清(二)·繫·三 洹(宣)王卽—(位)

清(二)·繫·三 龍(共)白(伯)和—

清(二)·繫·四 —丗=(三十)又九年

清(二)·繫·七　邦君者正乃—幽王之弟

清(二)·繫·八　—廿=(二十)又一年

清(二)·繫·九　—之于京自(師)

清(二)·繫·一〇　臧(莊)公即—(位)

清(二)·繫·一〇　卲(昭)公即—(位)

清(二)·繫·一一　殺卲公而—亓弟子釁壽

清(二)·繫·一二　改—柬(厲)公

清(二)·繫·一三　殺三監而—宲子耿

清(二)·繫·一八　周惠王—十又七年

清(二)·繫·二〇　女(焉)—悳(戴)公申

清(二)·繫·二一　成公即—(位)

清(二)·繫·三二　乃—勬(奚)資(齊)

清(二)·繫·三三　而—亓(其)弟悼子

清(二)·繫·三四　—六年

清(二)·繫·三八　褱(懷)公即—(位)

清(二)·繫·三九　晉人殺褱(懷)公而—文公

清(二)·繫·四一　晉文公—四年

清(二)·繫·四五　晉文公—七年

清(二)·繫·五二　豫(舍)亓(其)君之子弗—

清(二)·繫·五三　乃—霝(靈)公

清(二)·繫·五五　霝(靈)公高—六年

清(二)·繫·五六　楚穆王—八年

清(二)·繫·五八　臧(莊)王即—(位)

清(二)·繫·六一　楚臧(莊)王—十又四年

清(二)·繫·六六　晉競(景)公—八年

清(二)·繫·七四　楚臧(莊)王—

清(二)·繫·七四　臧(莊)王—十又五年

清(二)·繫·七七　龏(共)王即—(位)

清(二)·繫·八一　競(景)坪王即—(位)

立 清(二)·繫·八三 卲(昭)王卽—(位)

立 清(二)·繫·八五 楚龍(共)王—七年

立 清(二)·繫·八七 柬(厲)公卽—(位)

立 清(二)·繫·九一 晉臧(莊)坪(平)公卽—(位)亓(元)年

立 清(二)·繫·九三 坪(平)公—五年

立 清(二)·繫·九六 晉臧(莊)坪(平)公—十又二年

立 清(二)·繫·九六 楚康王—十又四年

立 清(二)·繫·九七 乳=(孺子)王卽—(位)

立 清(二)·繫·九八 霝(靈)王卽—(位)

立 清(二)·繫·九九 競(景)坪(平)王卽—(位)

立 清(二)·繫·一〇〇 柬(簡)公卽—(位)

立 清(二)·繫·一〇〇 卲(昭)王卽—(位)

立 清(二)·繫·一〇四 楚霝(靈)王—

立 清(二)·繫·一〇四 競(景)坪(平)王卽—(位)

立 清(二)·繫·一〇五 卲(昭)王卽—(位)

立 清(二)·繫·一〇六 獻惠王—十又一年

立 清(二)·繫·一〇八 晉競(景)公—十又五年

立 清(二)·繫·一〇九 悼公—十又一年

立 清(二)·繫·一〇九 晉柬(簡)公—五年

立 清(二)·繫·一一〇 夫秦(差)王卽—(位)

立 清(二)·繫·一一一 晉敬公—十又一年

立 清(二)·繫·一一二 晉幽公—四年

立 清(二)·繫·一一四 楚柬(簡)大王—七年

立 清(二)·繫·一一九 楚聖(聲)趄(桓)王卽—(位)

立 清(二)·繫·一二六 楚聖(聲)趄(桓)王—四年

立 清(二)·繫·一二七 刎(悼)折(哲)王卽—(位)

清（三）·琴·七
夆⁼（慈慈）亓（其）才（在）—（位）

清（三）·琴·一一
弻（弼）敢亢（荒）才—（位）

清（三）·琴·一二
不（丕）㬎（顯）亓（其）又（有）—（位）

清（三）·芮·一六
莫爯（稱）卑（厥）—（位）

清（四）·筮·四位三三
之—（位）

清（四）·筮·四位三三
之—（位）

清（四）·筮·四位三三
之—（位）

清（四）·筮·軍三三
〔〈〈〕弗於四—（位）之中

清（四）·筮·四位三三
—（位）也

清（四）·筮·四位三三
—（位）也

清（四）·筮·四位三三
—（位）也

清（四）·筮·四位三三
—（位）也

清（四）·筮·四位三三
—（位）也

清（四）·筮·四位三六
之—（位）

清（四）·筮·四位三六
之—（位）

清（四）·筮·四位三六
之—（位）

清（四）·筮·四位三六
—（位）也

清（四）·筮·四位三六
—（位）也

清（四）·筮·四位三六
之—（位）

清（四）·筮·四位三六
—（位）也

清（四）·筮·四位三六
之—（位）

清（四）·筮·四季三九
乃蜡（惟）兇之所集於四—（位）是視

清（五）·命·一
—明王以僊（訓）之

郭·尊·二
雀（爵）—（位）

郭·成·三
古（故）君子之—（莅）民也

郭·成·八
君衰経而処（處）—（位）

郭·成·七
君均（袀）褑（冕）而—於隻（阼）

郭·成·三四
朝廷之—（位）

郭·六·二七
外—（位）君、臣、婦也

郭・六・一〇
既又(有)夫六—(位)也

郭・六・二六
內—(位)父、子、夫也

郭・六・四六
君子所生與之—

郭・六・四四
凡君子所以—身大灋(法)參(三)

郭・緇・三
情(靖)共尔—(位)

九・五六・一三下
—社禝(稷)

上(六)・孔・二一
孝=悳(?)㠯(紀)而—仔

上(七)・武・一〇
—(位)難㝵(得)而惕(易)迖(失)

清(四)・筮・祟四六
女子大面—

曾一七六
□人之駟=—轂

妃

清(二)・繫・一三五
三執珪之君與右尹卲(昭)之—(娭)死女(焉)

《說文》或體。

包二・一八八
邔昜人陸(陳)—

清(二)・繫・一一四
告以宋司城—之約公室

郭・老甲・一〇
保此衍(道)者不谷(欲)—(尚)呈(盈)

郭・性・一九
—(當)事因方而折(制)之

上(一)・性・一一
—(當)事因方而褺(制)之

上(二)・容・一六
—(當)是時也

上(二)・容・三
古(故)—(當)是旹(時)也

上(二)・容・三六
—(當)是旹(時)

上(四)・曹・五〇
幾(忌)莫之—(當)

上(五)・姑・七
唯(雖)不—(當)殜(世)

壄

上（七）·武·二　龡（踰）—（堂）敚（微）

清（三）·芮·一〇　各—（當）尔（爾）悳（德）

清（三）·芮·二三　曰亓（其）罰寺（時）—（償）

清（四）·筮·雨一二　⊆≪凸（凡）雨—（當）日

清（四）·筮·至一二　三≪乃亦至—（當）

清（四）·筮·雨一四　内（入）雨—（當）日才（在）上

清（四）·筮·志二六　—（當）日奴（如）

清（四）·筮·志二七　—（當）昏（辰）乃

清（四）·筮·十七命六三　各—（當）亓（其）卦（卦）

清（五）·湯丘·七　必思（使）事與飤相—（當）

清（五）·湯門·九　是亓爲—（當）䙴（壯）

上（五）·競·一〇　倗（朋）—（黨）羣戰（獸）薹（遷）

包二·二〇五　大—（壄）

⿱聑立

磚三七〇·一　某—　人名

天策　豻—

天策　☐鞴䊵—

⿹勹⿱畾立

清（一）·楚·三　乎（厥）揗（狀）—（聶）耳

曾六二　—銅賠

⿰氵辰

上（六）·孔·一七　不—（振）亓（其）所

卲

上（七）·吳·九　今日隹（惟）不毋（敏）既—（莅）矣

㴒

清（三）·說中·七
—（志）之于乃心

埅

清（五）·湯丘·一六
不又（有）所—（瀧）

清（五）·湯門·一七
型（刑）—（重）以亡（無）棠（常）

並

㚘

包二·一五三
—邑

郭·唐·一五
—於大旹（時）

上（二）·昔·一
肰（然）句（后）—（並）聖（聽）之

新乙一·一四
句邦公奠（鄭）余邡大城郱（茲）—（方）之歲

新乙四·二一
▨城郱（茲）—（方）之歲▨

新乙一·三二、二三
句邦公鄭［余邡］大軑（城）郱（茲）—（方）之歲

上（三）·周·四五
—受丌（其）福

清（一）·程·三
王及大（太）子發—拜吉夢

清（五）·殷·一〇
殹（殷）邦之蚕（妖）羞（祥）—迟（起）

清（五）·殷·一九
元折（哲）—進

清（五）·殷·二六
神民—蠢（尤）而九（仇）悁（怨）所聚

上（七）·凡甲·四
五既（斝）—至

上（七）·凡乙·三
五既（斝）—至

普

普

上（三）·周·四四
莁—不飤（食）

《說文》或體。

囟

望二·三一
五—（彩）之紃

望二·六〇
五—（彩）之純

包二·二三
邻之棫里之敀無又李荻—（思）

包二·一二八
—（思）一戠獄之宔

包二·一三四
子郙公諠之於陰之勤客—（思）斷之

包二·一三八反
—(思)𡰥之戕敍於𡰥之所誁

包二·二三八
—(思)左尹𫁒遂復處

包二·二一一
—(思)攻解於槼禮

包二·一三六
—(思)聖之

包二·二一七
—(思)攻解於不殆

包二·二二九
—(思)攻敘於宮室

包二·二三一
—(思)攻祱逯䋿取完(冠)綿於南方

包二·二三八
—(思)攻解於戠

包二·二四一
—(思)攻解於禮與兵死

包二·二四六
—(思)攻解於水上與象人

包二·二四八
—(思)攻解日月與不殆

秦一·三
至新父句—紫之疾速瘢

天卜
—(思)社解於槼瘢與弜死

天卜
—(思)攻解於弜死

天卜
—攻

天卜
—(思)攻解於不殆弜死者

天卜
—(思)攻解於槼禮

郭·太·一二
不—相☐

九·五六·四四
—(思)某逨(來)逯(歸)飤(食)故

新乙四·二七
死(恒)—(思)郭亥敓(說)於五殜(世)☐

从李家浩先生說：「」字，其形雖與《說文》訓爲「鬼頭也」的「甶」相同，但是並非一字。

上(四)·昭·一〇
或□衣—

上(四)·曹·二四
凡貴人—(思)仉前立(位)一行

上(六)·平·一
—(思)先王亡所逯(歸)

上(七)·鄭甲·四
𢀜牺必—(思)子冡(家)

上(七)·鄭乙·二
而遂楚邦—(思)爲者侯正

上(七)·鄭乙·四
我牺必—(思)子冡(家)

上(七)·鄭乙·五
—(思)子冡(家)利木三萶

上(七)·君乙·七
民乍(作)而—(思)𩓘之

䰎　思

清(二)·繫·三四　—(使)君涉河
清(二)·繫·三八　—(使)衮褱(懷)公之室
清(二)·繫·四一　晉文公—(思)齊及宋之悳

清(二)·繫·四八　—(使)歸(歸)求成
清(二)·繫·六七　—(使)亓女子自房宧觀郃之克
清(二)·繫·八六　—(使)歸(歸)求成

清(二)·繫·一〇四　—(使)各復(復)亓(其)邦
清(三)·赤·八　是—(使)句(后)瘖(疾)疾而不智(知)人

䰎

九·五六·二五　不爯(稱),𠂤(以)—田邑□。

思

包二·七八　鄦—　人名
包二·一二九　恒—少司馬登瘧
包二·一二九　恒—瘧莱黄王之臾
包二·一三〇　恒—少司馬屈䕽

包二·一三〇　恒—少司馬𤔲勳
包二·一六三　郘—公之州里公虘
包二·一九八　—攻解於人愚
天卜　—速解安

望一·一三　不可以逋—塁身皷
帛甲六·一五　三天□—
帛甲七·二一　四□毋—
帛甲八·二　以𨒪相□—

望一·一七六　—攻解於之人
郭·窮·八　孫𠾵(叔)三鈇「射(謝)」耴「郖(期)」—少司馬

郭·魯·一　魯穆公昏(問)於子—曰
郭·魯·一　子—曰
郭·魯·八　非子—

郭·魯·三　向(嚮)者虗(吾)昏(問)忠臣於子—
郭·性·三一　凡悥(憂),—而句(後)悲

郭·性·三一　條(悠)肰(然)以—
郭·性·三二　凡樂,—而句(後)忻
郭·性·三二　凡—之甬(用),心爲甚

郭·性·二六
羕(永)—而敳(動)心

郭·五·八
智弗—不得

郭·五·八
—不清不謍(察)

郭·五·八
—不倀不型(形)

郭·五·九
—不能清

郭·五·二
—不能清

郭·五·二
—不能翌(輕)

郭·五·一二
悬(仁)之—也清

郭·五·一四
智之—也倀(長)

郭·五·一五
聖之—也翌(輕)

郭·語三·四八
—亡彊(疆)

郭·語三·四八
—亡其(期)

郭·語三·四八
—亡衺(邪)

郭·語三·四八
—亡不遜(由)我者

上(一)·孔·二
丌(其)—深而遠

上(一)·孔·一〇
緑衣之—

上(一)·孔·一六
—古人也

上(一)·孔·一一
則丌(其)—賹矣

上(一)·性·一六
羕—而敳(動)心

上(一)·性·一九
攸(然)㠯(以)—(息)

上(一)·性·一九
凡悥(憂)—而句(後)悲

上(一)·性·二〇
凡—之甬(用)心爲甚

上(一)·性·三五
—爲甚

上(二)·容·三
—役百官而月青(請)之

上(二)·容·二〇
—民毋惑(惑)

上(二)·容·四四
—民道(蹈)之

上(二)·容·四九
—民不疾

上(二)·昔·三
—(愠)於外

上(二)·昔·四
唯悫(哀)悲是—

新甲三·三五三
鼦於郅—虛一貇

新乙四·一四三
☐—爲之求四苇(騂)義(犧)☐

新甲三·三一〇
鼦於郝㬥鄁—二貇☐

新零・一八九 ☐—坪夜君城壺瘳迷(逨)瘢(瘥)☐

上(三)・周・五五 非台(夷)所—

上(三)・中・三 道女(汝)—老

上(三)・亙・五 —不実(殄)

上(四)・采・一 子奴—我

上(四)・曹・三〇 —爲前行

上(四)・曹・三六 —銜(帥)受民者(?)

上(四)・曹・三八 古(故)銜(帥)不可—粁(奔)

上(四)・曹・五四 —忘亓死而見亓生

上(四)・曹・五五 —亓志记(起)

上(五)・姑・一 不—反(返)廷

上(五)・姑・五 必—君㝵(得)志於㠯(己)

上(五)・三德・一 罞(明)王無—

上(六)・競・五 祝吏(史)進……—聖

上(六)・競・八 今新(薪)登(蒸)—吴(虞)守之

上(六)・用・一 —民之初生

上(六)・用・一五 良人可—鰥之身

上(七)・鄭甲・五 —子豢(家)利木三萅

上(七)・凡甲・七 虗(吾)女(如)之可(何)—劉(饗)

上(七)・凡甲・一五 坐而—之

上(七)・吴・九 不—丌先君之臣事先王

清(一)・程・八 —(使)卑頫(柔)和川(順)

清(一)・楚・四 —(使)若蕣卜遐於亳宅

清(二)・繫・五七 穆王—(使)毆罞者之麋

清(三)・説下・七 —(使)若玉冰

清(三)・琴・四 夫明—謞(慎)

清(三)·琴·四 —坠(攸)亡罩(斁)

清(三)·琴·四 —型之

清(三)·琴·五 —毘彊之

清(三)·琴·五 褎(裕)皮(彼)趣(熙)不莕(落)—逝(慎)

清(三)·琴·八 殗(適)亓(其)㬎(顯)—

清(三)·琴·九 达(逐)—沓(忱)之

清(三)·琴·一〇 —輔舍(余)于勤(艱)

清(三)·琴·一〇 亦—不忘

清(三)·琴·一二 —又(有)息

清(三)·琴·一二 —悳(意)才(在)上

清(三)·琴·一三 舍(余)彖(逯)—念

清(三)·琴·一六 —豐亓(其)逿(復)

清(三)·琴·一六 隹(惟)福—甬(庸)

清(三)·芮·一〇 尚悳(憂)—

清(三)·赤·九 是—(使)句(后)之身疷(疴)蓋

清(三)·赤·一二 是—(使)句埜=而不智人

清(三)·赤·一三 是—(使)句䍐囂甘心

清(五)·湯丘·四 女(如)—(使)啰(召)

清(五)·湯丘·七 必—(使)事與飤(食)相堂(當)

清(五)·湯丘·一八 裳(勞)又(有)所—

清(五)·殷·八 我—天風

清(五)·殷·二〇 共(供)䍐(皇)—坠(修)

上(一)·性·三九 十言，—之方也

上(一)·紂·一七 古(故)言則—亓(其)所冬=(終)

慮

郭·語二·一〇 —生於忩(欲)

郭·語二·一一 悟生於—

郭·性·四八 叟(矜)斯—壴(矣)

上(七)·武·七 必—亓(其)逡(後)

郭·老甲·一 𢇍(絶)愚(僞)弃—

从裘錫圭先生：郭店楚簡的字形中，「⿸虍田」旁與「虘」旁混同，此只能釋爲「慮」或視爲「慮」的誤寫。

郭·性·六二 —谷(欲)困(淵)而毋愄

訛形。

憛

郭·緇·三三 古(故)言則—(慮)其所終

上(一)·性·二七 —谷(欲)困(淵)而毋異

上(三)·彭·六 遠—(慮)甬(用)素心白身澤(釋)

上(五)·姑·七 遠—(慮)愲(圖)逡(後)

心

包二·二一八 以其下—而疾

包二·二二〇 下—而疾

包二·二二一 旣又病=—疾

包二·二二三 旣又病=心疾

包二·二三六 旣腹—疾

包二·二三九 旣腹—疾

包二·二四二 旣腹—疾

包二·二四五 旣腹—疾

包二·二四七 旣腹—疾

望一·一七 旣—孛

信一·〇六一 ▨—毋

天卜 期宔又—憙

天卜 以—痔

望一·九 以悖—不內飤

望一·一三 以—瘢然

望一·三八 以—悖

郭·老甲·三五 —叓(使)燹(氣)曰彊(强)

郭·五·九 悥(憂)—不能惙惙

郭·五·一〇 我—則□

郭·五·一〇 —不能兑(悦)

郭·五·一二 —不能降

郭·五·一二 悳(憂)—不能忪(忡)忪(忡)

郭·五·四八 毋貳尔—

郭·尊·三九 民—又(有)恆

郭·緇·二四 則民又(有)懽(歡)—

郭·緇·二六 則民又(有)愻(遜)—

郭·性·一 —亡奠志

郭·尊·三九 凡遭(動)民必訓(順)民—

郭·成·三三 「余才宅(托)天」

郭·成·三三 言余之此而宅(托)於天—也

郭·性·六 唯(雖)又(有)眚(性)—，弗取不出

郭·性·六 凡—又(有)志也

郭·性·九 其甬(用)—各異

郭·性·一四 —述(術)爲宔(主)

郭·性·二八 凡古樂龍—

郭·性·二六 羕(永)思而鼓(動)—

郭·性·二九 是古(故)其—不遠

郭·性·三〇 樂之鼓(動)—也

郭·性·三〇 哭之鼓(動)—也瀎(滯)濈

郭·性·三二 凡思之甬(用)，—爲甚

郭·性·三三 其—弁(變)則其聖(聲)亦肰(然)

郭·性·三七 求其—又(有)爲也

郭·性·六五 君子執志必又(有)夫生生(往往)之—

郭·性·三七 不能其—

郭·語三·一五 才(在)—，益

郭·性·六七 君子身以爲宔(主)—

郭·性·四二 凡甬(用)—之喿(躁)者

郭·性·三八 其—必才(在)安(焉)

郭·性·四六 不又(有)夫詘詘(款款)之—則流

上(一)·孔·四
丌(其)甬(用)—也牺(將)可(何)女(如)

上(一)·孔·二二
—女(如)結也

上(一)·孔·四
丌(其)甬(用)—也牺(將)可(何)女(如)

上(一)·性·二八
孳=埶(執)志必又(有)夫柱=(注注)之

上(一)·性·四
丌(其)甬(用)—各異

上(一)·性·一四
肰(然)句(後)丌(其)内(入)杲(拔)人心—也敂

上(一)·性·一六
羕思而數(動)—

上(一)·性·一七
凡古樂龍(隆)—

上(一)·性·一八
哭之數(動)—也

上(一)·性·一八
是古(故)丌(其)—不遠

上(一)·性·一九
樂之數(動)—也

上(一)·性·二〇
則—坐(從)之矣

上(一)·性·二〇
丌(其)—㝴(變)

上(一)·性·二一
斿(遊)—也

上(一)·性·二七
甬(用)—谷(欲)悳(德)而毋蒚

上(一)·性·三二
—又(有)爲(僞)也

上(一)·性·三五
凡甬(用)—之趮(躁)者

上(一)·紂·五
民𠂤(以)君爲—

上(一)·性·三七
不又(有)夫柬=(柬柬)之—則悉

上(一)·性·三八
不又(有)夫詘=(詘詘)之—則瀶(流)

上(一)·紂·五
古(故)—𠂤(以)僼(體)廌

新甲一·一三
以瘙(胖)痕(脹)、—⧄

新甲三·七二
既—疾,以⧄

新甲一·一四
以瘙(胖)痕(脹)、—宓(悶)⧄

新甲三·二二、五〇
⧄伓膺宓—之疾

新甲三·一〇〇
以—⧄

新甲三·一三一
以—瘖(悶)

新甲三·一八九
既—宓(悶)、瘙(胖)痕(脹)

新甲三·二一五
既—⧄

新甲三・二一九
吕（以）痒（胖）瘬脹、心宓（悶）

新甲三・二三三、一九〇
既—疾

新甲三・二三三、一九〇
虘（且）—瘖（悶）

新零・二二一、甲三・二一〇
以痒（胖）瘬（脹）、—宓（悶）

新甲三・二四五
▨□疾，䐢疾、吕（以）—▨

新甲三・二一九—一
▨既—宓（悶）

新乙四・七
▨吕（以）—痵（悶）

新零・二一五
—宓（悶）、卒（卒）▨

新零・三〇六
吕（以）宓（悶）—▨

新零・五八四、甲三・二六六、二七七
吕（以）痒（胖）瘬（脹）、—宓（悶）

郭・五・五
君子亡审（中）—之𢝊（憂）則亡审（中）心之智

郭・五・四五
—之返也

上（一）・紂・一三
則民又（有）㫒—

上（一）・紂・一三
則民又（有）免—

上（三）・周・四五
爲我—寒

上（三）・周・四九
礪（厲）同（痛）—

上（三）・彭・一
䂓—不忘

上（三）・彭・六
遠慮（慮）甬（用）素—白身澤（釋）

上（四）・逸・交三
隹—是蕆

上（四）・曹・一八
必又（有）戰（戰）—吕獸（守）

上（五）・季・一八
而又（有）畧（劬）—

上（六）・用・六
□階—懷惟

上（六）・用・一三
又（有）殰在—

上（七）・凡甲・二六
—不勳（勝）心

上（七）・凡甲・二六
心不勳（勝）—

上（七）・凡甲・二六
—女（如）能勳（勝）心

上（七）・凡乙・二〇
君凿=（之所）貴唯—

上（七）・吳・六　寍（寧）—敄（撫）惪（憂）
清（一）・尹誥・二　民䨱（復）之甬（用）麗（離）—

清（一）・祭・五　隹寺皇上帝尾（宅）亓—
清（一）・祭・九　遜（遜）惜（措）乃—
清（一）・祭・一一　亦尚亘（宣）臧（臧）氒（厥）—

清（一）・祭・一二　亦光（美）忥（懋）妥（綏）—
清（二）・繫・二　萬民弗刃（忍）于氒（厥）—
清（二）・繫・三九　穆（戮）力同—

清（三）・說中・二　漸（漸）之于乃—
清（三）・說中・三　攺（敵）乃—

清（三）・說中・四　日沃朕—
清（三）・說中・五　女（汝）隹（惟）舜（茲）敓（說）砥（底）之于乃—

清（三）・說中・六　—毀隹（惟）備
清（三）・說中・七　𨙸（志）之于乃—
清（三）・說下・一〇　母（毋）蜀（獨）乃—

清（三）・琴・七　不（丕）寍亓（其）又（有）—
清（三）・琴・一〇　隹（惟）克少（小）—
清（三）・琴・一一　甬（用）少（小）—

清（三）・芮・一四　亓（其）又（有）—不易
清（三）・芮・四　此—目亡（無）亟（極）

清（三）・芮・八　—之惪（憂）矣
清（三）・芮・一一　和剸（專）同—

清（三）・芮・二〇　矞（遹）易兇—
清（三）・芮・二六　我—不快
清（三）・芮・二七　虘（吾）宷（中）—念詿（絓）

清（三）・祝・三　童（同）以—
清（三）・赤・一三　是思（使）句䍐䍐（亂）甘—
清（五）・厚・九　斯民—難測

清(五)·厚·九 民弋(式)克共(恭)—𢀜(敬)愄(畏)

清(五)·厚·一一 曰民—隹(惟)本

清(五)·厚·一一 廼洹(宣)弔(淑)𠂎(厥)—

清(五)·湯丘·二 以道—𦼮(謚)

清(五)·殷·五 虐(吾)𤔲夫墮莫墮於—

清(五)·殷·二七 則隹(唯)小—翼=(翼翼)

郭·緇·八 民以君爲—

郭·緇·八 —好則體安之

郭·緇·九 古(故)—以體法(廢)

郭·五·五 亡宔(中)—之智則亡宔(中)心□□之悅

郭·五·五 君子亡宔(中)心之惪(憂)則亡宔(中)—之智

郭·五·三二 宔(中)—兑(悦)重(旃)

郭·五·三二 以其宔(中)—與人交

郭·五·三三 宔(中)—詨(辯)肰(然)而正行之

郭·五·三六 以其外—與人交

郭·五·四五 —曰唯

息

清(一)·祭·一六 毋以俾御—(塞)尔𢦏句

清(一)·祭·一六 毋以俾士—(塞)夫=卿李

清(三)·琴·一二 思又(有)—

憩

郭·緇·二三 毋以卑(嬖)士—息(塞)大夫

郭·緇·二三 毋以卑(嬖)御—(塞)妝(莊)句(后)

情

悳

郭·緇·三 —(靖)共尔立(位)

郭·性·二三 其出於—也信

郭·性·二八 佋(韶)頣(夏)樂—

郭·性·二九 皆至(致)其—也

郭·語二·一 —生於眚(性)

郭·語二·一 豊(禮)生於—

上(一)·孔·一〇
⿱髟妥=(⿱髟妥⿱髟妥)之—

上(一)·孔·一六
⿱髟妥=(⿱髟妥⿱髟妥)之—

上(一)·孔·一八
折杜則—憙(喜)丌(其)至也

上(一)·性·二一
凡人—爲可兑(悦)也

上(一)·性·二一
句(苟)㠯(以)丌(其)—

上(一)·孔·二三
訇(洵)又(有)—

上(一)·性·二
司(始)者近—

上(一)·性·二
智(知)—者能出之

上(一)·性·二
道司(始)於—(情)生於眚(性)

上(一)·性·一〇
里(理)丌(其)—而出内(入)之

上(二)·性·一二
羣=(君子)㞇(媺)丌(其)—

上(一)·性·一四
丌(其)出於—也信

上(一)·性·一七
頣(夏)樂—

上(一)·性·一八
皆至丌(其)—也

上(一)·性·三五
甬(用)—之至

上(一)·性·三四
—出於眚(性)

上(一)·性·三八
不又(有)夫柬(奮)犴(猛)之—則恣(侮)

上(六)·競·四
塼—而不忍(愈?)吏丌厶(私)

清(五)·湯門·一七
型(刑)—(輕)以不方

上(一)·孔·一
樂亡隱(離)—

清(一)·耆·七
⿱宀悉(⿱此心)—(精)⿱毋心(謀)猷

清(三)·芮·一六
莫好安—

上(七)·鄭乙·三
奠(鄭)人—(請)亓(其)古(故)

上(七)·凡甲·一五
至—而智(知)箸(書)

志

上(七)·凡乙·一七 戠(識)—而智(知)

郭·語一·三一 豊(禮)因人之—而爲之

上(一)·紂·二 則民—不弋

包二·一一九 右司馬—
包二·一一九反 秀𦡱— 人名
包二·一八二 𥬯𦡱— 人名
包二·一八六 𥬯𦡱—

包二·一九三 遠從— 人名
包二·一九八 𢿘—事少遲得
包二·二〇〇 —事少遲得
包二·二〇〇 —事逮得

秦九九·一三 軦𦡱—
望一·一七〇 軦𦡱—
望一·二六 𠩺宰又憙於—☐
天卜 𠩺宰𤗪又—憙

望一·一七〇 軦𦡱—
郭·老甲·八 深不可—(識)
郭·老甲·一七 爲而弗—(恃)也

郭·老丙·八 以得—於天下
郭·五·七 士又(有)—於君子道胃(謂)之旹(志)士

郭·六·三三 求敚(養)新(親)—
郭·六·三三 㠯其—
郭·性·六 凡心又(有)—也

郭·緇·一一 章—以卲(昭)百眚(姓)
郭·緇·三八 多—
郭·緇·三八 此以生不可敓(奪)—

郭·語一·四八 又(有)㤅(氣)又(有)—
郭·語一·五二 —心之𢼄(司)
郭·語三·一五 嵩—，益

 郭·語三·五〇
—於衍(道)

 上(一)·孔·一
訔(詩)亡隱(離)—

 上(一)·孔·八
言不中—者也

 上(一)·孔·一九
□—

 上(一)·孔·二六
翏莪又(有)孝—

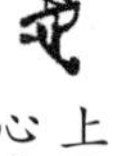 上(一)·性·一
心亡正—

 上(一)·孔·二〇
丌(其)隉(離)—必又(有)㠯(以)俞(逾)也

 上(一)·性·二八
羣=埶(執)—必又(有)夫桂=(注注)之心

 上(一)·性·三七
不又(有)夫恆怸(忻)之—則曼

 上(二)·容·二
而一丌—

 上(二)·從(甲)·九
—⿱既火(氣)不旨

 上(二)·從(乙)·六
不武則—不⿺辶⿱宀若(匿)

 上(一)·紂·六
古(故)長民者章—

 上(二)·民·三
—(詩)亦至安(焉)

 上(二)·民·三
—(詩)之

 上(二)·民·七
可(何)—(詩)是迡(泥)

 上(二)·民·一一
⿱既火(氣)—不⿱韋心(違)

 上(二)·民·一三
⿱既火(氣)—既從

 新甲三·二二〇
宋良—受☰(四)䢃

 新甲三·一〇
君䣘(將)又(有)—成也。☒

 新甲三·二三三、一九〇
陞(陳)䚖—

 新甲三·二四一
良—占之曰☒

 新零·五八四、甲三·二六六、二七七
䀠(夏)與良—以陵尹懌之髗髀爲君貞

 新乙一·一二
䀠與良—㠯(以)陵尹☒

 新乙二·四四
夏與良—㠯(以)☒

 新零·一六四
無—[占]☒

 新零·二二五
☒有—□□☒

 新零·四七四
☒可—

 九·五六·二六
乃浧(盈)丌(其)—

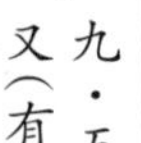 九·五六·二七
又(有)—百事

 九·五六·四七
凥(居)之不滍(盈)—

九・五六・五〇 不相—

上（三）・周・二七 朋從爾—

上（四）・曹・五五 思亓—记（起）

上（四）・曹・五九 亓—者𡨕（寡）矣

上（四）・曹・六一 㠯懽（勸）亓—

上（五）・季・七 㠯（以）等（誌）𦔻=—=（之志）

上（五）・姑・五 必思君㝵（得）—於㠯（己）

上（五）・鬼・八 而—行㬎（顯）明

上（六）・用・一八 记（起）事乍（作）—

上（七）・武・一三 —勳（勝）欲則利

上（七）・武・一四 欲勳（勝）—則喪

上（七）・武・一四 —勳（勝）欲則從

上（七）・吳・五 不能㠯（以）牧民而反—

清（一）・尹至・一 女（汝）亓（其）又（有）吉—

清（一）・尹至・二 亓又句𠂔—亓倉（爽）

清（一）・尹誥・三 隹（惟）民遠邦逯（歸）—

清（一）・保・四 自詣（稽）𠂔（厥）—

清（一）・金・八 於遂周公乃遺王—（詩）

清（一）・金・一四背 周公所自以弋（代）王之—

清（一）・祭・一一 隹（惟）天奠我文王之—

清（四）・筮・志二四 凸（凡）箬（筮）—事

清（四）・筮・四季三八 凸（凡）箬—事及匍遊

清（四）・筮・軍三二 巛巛凸（凡）箬（筮）—事

清（五）・湯門・一〇 百—皆竆（窮）

意

清（一）・程・七 —（億）亡勿甬（用）

悳

郭·語三·二四 悊(義)，—(德)之𦘔(盡)也

郭·語三·五四 樂，備—(德)者之所樂也

郭·語三·二六 —(德)至區者

郭·語三·五〇 虖於—(德)

悳

包二·二四五 丞—

信二·〇七 純—

天策 —鈇

天策 —臯

天策 —臯

包二·六二 司— 職官名

包二·一六九 司—

包二·二三二 丞—

天策 —洛 車名

郭·語四·一 非(靡)—(德)亡復

新乙四·四九 ☐☐禓習之㠯(以)承—

郭·尊·二八 —(德)之流

郭·尊·三七 古(故)—(德)可易而攺(施)可迲(轉)也

郭·成·二 而能念(念)—(德)者

郭·成·六 君子之—(德)也

郭·成·二二 唯彭(冒)不單爯(稱)—(德)

郭·成·二五 「允帀(師)淒(濟)—(德)」

郭·六·一 此可胃(謂)六—(德)

郭·六·一〇 以裕六—(德)

郭·六·一五 君—(德)也

郭·六·一七 忠者臣—(德)也

郭·六·一九 夫—(德)也

郭·六·二〇 婦—(德)也

郭·六·二一 父—(德)也

郭·六·二三 子—(德)也

郭·性·五三 又(有)—(德)者也

郭・性・五八 以—(德)者也

郭・窮・九 非其—(德)加

郭・窮・一四 —(德)行弌(一)也

郭・緇・五 隹(惟)尹允及湯咸又(有)一—(德)

新甲三・一九三 鄅尹羕習之㠯(以)新(新)承—☐

郭・緇・一六 則民—(德)弌(一)

郭・緇・二四 倀(長)民者𡩜(教)之以—(德)

郭・緇・三七 戠(割)紳觀文王—(德)

郭・緇・四一 厶(私)惪不𡐦「壞(懷)」—(德)

郭・性・二七 司其—(德)也

郭・尊・一 畚(尊)—(德)義

郭・尊・一三 則民弗—(德)清牆(壯)

郭・尊・一六 先=(先之)以—(德)

郭・尊・二八 唯—(德)可

郭・成・二六 言信於衆之可以凄(濟)—(德)也

郭・成・三三 君子訂(治)人侖(倫)以川(順)天—(德)

郭・語一・二四 ☐生—(德)

上(三)・中・一一 敢昏(問)道民興—(德)女(如)可(何)

上(四)・曹・三 此不貧於散(美)而福(富)於—與

上(四)・曹・二一 而賞雀(爵)又(有)—

上(五)・季・四 敬城亓—(德)㠯(以)臨民

上(五)・三德・一 是胃(謂)參(三)—

上(五)・三德・二二 君子不㪿(慎)亓—(德)

上(六)・競・九 明—觀行

上(六)・天・五 文—(德)絧(治)

上(六)・天・五 武—(德)伐

清(一)·尹至·二 隹(惟)截(災)蠱(虐)—(極)瀑(暴)瞳

清(一)·尹至·五 執(摯)—(德)不憯(僭)

清(一)·尹誥·一 隹(惟)尹既汲(及)湯咸又(有)一—(德)

清(一)·保·七 甬(用)乍(作)三墜(降)之—(德)

清(一)·耆·七 褒(裕)—(德)乃救

清(一)·金·一二 以章公—(德)

清(一)·皇·二 楙(懋)易(揚)嘉—(德)

清(一)·皇·二 隹莫覔(開)余嘉—(德)之兑

清(一)·皇·八 隹(維)俞(媮)—(德)用

清(一)·皇·九 斯乃非休—(德)以麐(應)

清(一)·皇·一二 夫明尔(爾)—(德)

清(一)·皇·一三 既告女(汝)忎(元)—(德)之行

清(一)·祭·二 公亓(其)告我归(懿)—(德)

清(一)·祭·五 卿(享)亓(其)明—(德)

清(一)·祭·六 孳(兹)由(迪)巡(襲)斈(學)于文武之曼—

清(一)·祭·七 公爯(稱)不(丕)顯—(德)

清(一)·祭·一八 求先王之共(恭)明—(德)

清(二)·繫·二〇 女(焉)立—(戴)公申

清(二)·繫·四二 晉文公囟齊及宋之—(德)

清(三)·説中·六 甬(用)隹(惟)多—(德)

清(三)·説下·二 經—(德)配天

清(三)·説下·八 天章之甬(用)九—(德)

清(三)·説下·九 弋(式)隹(惟)參(三)—(德)賜我

清(三)·芮·七 此—(德)型(刑)不齊

清(三)·芮·一〇 各堂(當)尔(爾)—(德)

清(三)·芮·一九 —(德)型(刑)態(怠)絉(惰)

清（三）·琴·三
䏌（示）告舍（余）㬎（顯）—（德）之行

清（三）·琴·五
—（德）元隹（惟）可（何）

清（三）·琴·六
非天諡（廞）—（德）

清（三）·琴·九
天多隆（降）—（德）

清（三）·琴·一四
介（匃）睪（澤）寺（恃）—（德）

清（三）·琴·一四
良—（德）亓（其）女（如）紿（台）

清（三）·琴·一五
弻（弼）敢巟（荒）—（德）

清（五）·厚·一
𩂣（問）前文人之龏（恭）明—（德）

清（五）·厚·二
帝亦弗巩（鞏）啟之經—（德）

清（五）·厚·六
真（顛）𠈤（覆）氒（厥）—（德）

清（五）·厚·七
迺弗慙（慎）氒（厥）—（德）

清（五）·厚·八
迺虔秉氒（厥）—（德）

清（五）·厚·九
兹少（小）人之—（德）

清（五）·厚·九
㑒（保）教明—（德）

清（五）·厚·一一
今民莫不曰余㑒（保）𡥈（教）明—（德）

清（五）·厚·一三
民弋（式）克芍（敬）—（德）

清（五）·封·二
向（尚）昏（純）氒（厥）—（德）

清（五）·命·二
夫司—（德）司義

清（五）·命·一
命司—（德）

清（五）·湯丘·一二
又（有）顕（夏）之—（德）可（何）若才（哉）

清（五）·湯丘·一二
又（有）顕（夏）之—（德）

清（五）·湯門·四
—（德）以光之

清（五）·湯門·一一
五以相之，—（德）事𢼸（役）正（政）型（刑）

清（五）·湯門·一二
娧（美）—（德）系（奚）若

清(五)·湯門·一二 亞(惡)—(德)系(奚)若
清(五)·湯門·一三 —(德)濬明執訏(信)以義成

清(五)·湯門·一四 此胃(謂)𢼸(美)—(德)
清(五)·湯門·一四 —(德)㝉(變)亟執譌以亡成

清(五)·湯門·一四 此胃(謂)亞(惡)—(德)
清(五)·殷·一三 可(何)胃(謂)—(德)

清(五)·殷·一七 寺(是)名曰—(德)

包二·二〇九 丞— 卜具
上(三)·中·一三 唯(雖)又(有)㚇(孝)—(德)

上(三)·中·一七 —(德)𡥈(教)不劵(倦)

上(一)·性·一〇 所㠯(以)生—(德)於中者也
上(一)·性·二三 又(有)—(德)者也

上(二)·容·三二 曰—逨萇(𧙍)
上(一)·性·二六 㠯—(德)者也
上(一)·孔·二 大顕(夏)盛—(德)也

帛乙六·一一 隹—匿之戢
帛乙五·一三 凡戢—匿
帛乙九·二八 羣神乃—

帛乙九·二三 是胃—匿
上(二)·子·六 坴(叐、俊、舜)之—(德)則城(誠)善
上(一)·性·二七 甬(用)心—(德)而毋苟

上(一)·孔·二四 則㠯(以)文武之—也
上(二)·魯·二 不智(知)型(刑)與—(德)
上(一)·紂·二一 厶(厶)悳不褱(懷)—(德)

郭·老甲·三三
酓(含)—(德)之厚者

郭·五·一
義型(刑)於内胃(謂)之—(德)之行

郭·五·一
悬(仁)型(刑)於内胃(謂)之—(德)之行

郭·五·二一
不樂亡—(德)

香中大·一
▨民—(德)一

范二七
隻以爲—辻—进

上(一)·紂·三
成(咸)又(有)一—(德)

上(一)·紂·一三
長民者耆(教)之目(以)—(德)

上(二)·子·六
堯見垚(叏、俊、舜)之—(德)䝿(賢)

上(二)·魯·三
女(如)夫政𡊣(刑)與—(德)

上(二)·魯·一
毋乃遊(失)者(諸)型(刑)與—(德)虐(乎)

上(二)·子·八
古(故)夫垚(叏、俊、舜)之—(德)丌(其)城(誠)䝿(賢)矣

上(一)·孔·五
秉旻(文)之—(德)

上(一)·孔·五
清宙(廟)王—(德)也

上(一)·孔·六
秉旻(文)之—(德)

上(一)·孔·六
不(丕)㬎(顯)隹(唯)—(德)

上(一)·孔·七
褱(懷)尔㽙(明)—(德)害(曷)

上(一)·孔·二
訟坪(平)—(德)也

上(一)·孔·九
—(德)古(故)也

上(二)·子·二
伊堯之—(德)則甚昷(温)𦥯

上(三)·彭四
夫子之—登矣

上(六)·用·九
台(以)忘民—(德)

郭·老乙·一一
上—(德)女(如)浴(谷)

郭·老乙·一一
㞷(廣)—(德)女(如)不足

郭·老乙·一六
其—(德)又(有)舍(餘)

郭·老乙·一一
建—（德）女（如）□□貞（真）女（如）愉

郭·老乙·一六
其—（德）乃貞（真）

郭·老乙·一七
其—（德）乃長

郭·五·二
豊（禮）型（形）於内胃（謂）之—（德）之行

郭·老乙·一七
其—（德）乃奉（豐）

郭·五·三
聖型（形）於内胃（謂）之—（德）之行

郭·五·六
不藥則亡—（德）

郭·五·一八
君子之爲—（德）

郭·五·一九
又（有）—（德）者也

郭·五·三
□□於内胃（謂）之—（德）之行

郭·五·四
和胃（謂）之—（德）

郭·五·四
不型（形）於内胃（謂）之—（德）之行

郭·五·二一
不—（直）不逵

郭·緇·一二
又（有）—（德）行

郭·五·二〇
唯又（有）—（德）者

郭·五·二〇
—（德），而〈天〉▨

郭·五·二七
—也

郭·五·二四
見臤（賢）人而不智（知）其又（有）—（德）也

郭·五·五〇
好—（德）者也

郭·五·七
—（德）弗之（志）不成

郭·五·九
不藥（樂）亡—（德）

郭·五·二九
藥（樂）則又（有）—（德）

上（六）·用·一三
嘉—古猷

上（三）·周·五
飤（食）舊—（德）

上（三）·周·二八
經（恆）丌（其）—（德）

應

上（三）·周·二八 不經（恆）丌（其）—（德）

上（五）·季·二 仁之以—（德）

包二·一七四 周霖之人—

慎

㥲 郭·語一·四六 又（有）—（慎）又（有）懟

《説文》古文。

訢 郭·老甲·二 —（慎）冬女（如）忖（始）

郭·緇·一五 不可不—（慎）也

郭·緇·三〇 —（慎）尔出話

郭·緇·三二 䛐（叔）—（慎）尔止

郭·緇·三三 則民—（慎）於言

郭·語四·四 不—（慎）而床（户）之閟（閉）

上（一）·紂·一六 䛐（淑）—（慎）尔（爾）止

上（一）·紂·一七 則民—（慎）於而歎（謹）於行

上（二）·從（甲）·四 是故孝=（君子）—（慎）言而不訢（慎）事

上（三）·彭·二 —（慎）冬（終）保袋（勞）

上（五）·弟·一一 女（汝）能—（慎）紿（始）與冬（終）

上（六）·用·一二 —（慎）良台（以）家

上（六）·用·七 慷（貞）可—（慎）哉

𧥺 上（一）·性·三九 人不—（慎）

上（一）·性·三九 —（慎），慮之方也

省形。

訢 包二·一四五 陵— 人名

包二·一五〇 白逡公—

包二·一七七 鈇— 人名

包二·一八七 黄— 人名

天策 少司馬—斯☐

郭·老甲·二七 迵(同)其—

郭·性·二七(七) 其反善復訂(始)也—(慎)

郭·成·三 敬—(慎)以肘(主)之

郭·成·一九 可不—(慎)虐(乎)

郭·成·三八 言—(慎)求之於㠯(己)

郭·成·四〇 是古(故)君子—(慎)六立(位)以巳(已)天祟(常)

上(二)·容·一 —(神)戎(農)是(氏)

上(二)·容·三九 於是虐(乎)—(慎)戒毀(登)䜴(賢)

上(三)·中·二〇 慬(盡)丌—(慎)者

上(三)·中·二三 不可不—(慎)也

上(三)·中·二三 不可不—(慎)也

上(六)·孔·二一 保—(慎)亓(其)豊(禮)樂

⿱⿰言斤心

上(四)·曹·四八 君不可不—(慎)

上(五)·三德·一二 各—(慎)亓尼(度)

上(七)·吳·一 而—(慎)䜌(絕)我二邑之好

清(一)·尹至·四 湯㬎(盟)—誓返(及)尹

清(三)·琴·四 夫明思—(慎)

⿱⿰夕斤心

清(五)·厚·七 廼弗—(慎)乒(厥)—(德)

清(五)·厚·一〇 —(慎)祧(肆)祀

⿰⿱斤言攵

信一·〇四 導—嫠言

忠

郭·忠·一 —㡉(積)則可罨(親)也

郭·忠·六 —之爲衍(道)也

郭·忠·一 —信㡉(積)而民弗罨(親)信者

郭·忠·二 至—女(如)土

郭·忠·二 —人亡訑

郭·忠·三 —之至也

郭·忠·八 君子其它(施)也—

郭·語三·六三 —則會

郭·魯·一 可(何)女(如)而可胃(謂)—臣
郭·唐·九 —事帝堯
郭·緇·二〇 則—敬不足

郭·語二·四六 未又(有)籥「雩(華)」而—者
郭·唐·二四 甚—

郭·忠·一 —之至也
郭·語二·九 —生於𥅅(親)
郭·忠·四 至—亡譌(詭)
郭·忠·四 大—不兌(説)
郭·語一·二一 悬(仁)—信

郭·忠·五 —信之胃(謂)此
上(一)·孔·二六 —。北白舟悶
郭·忠·八 —，悬(仁)之實也

上(六)·孔·三 虐(予)—〓(中心)樂之
上(六)·天·一三 弜(强)行—譻(謀)信言

清(五)·命·四 女(如)懽(勸)以—訐(信)
清(五)·命·一〇 多虞(詐)則不—

清(五)·命·一二 中不—
清(五)·命·一五 以中從—則尚(賞)

郭·魯·三 亙(恆)爯(稱)其君之亞(惡)者可胃—臣矣
郭·魯·二 可胃(謂)—臣矣
郭·魯·三 向(鄉)者虐(吾)昏(問)—臣於子思

上(一)·紂·一一 則—敬不足
上(三)·中·二二 夫〓(上人)相復(復)ㄖ—

宓

郭·尊·四 —爲可信也
郭·性·三九 —，信之方也
郭·六·一七 —者，臣悳(德)也

快

郭·性·四一 唯宜（義）術（道）爲忻（近）—

郭·尊·二〇 新（親）—

郭·六·一 —、信也

郭·尊·二一 —信日益而不自智（知）也

郭·尊·三三 不—則不信

郭·六·二 —與信憙（就）

郭·六·五 非—信者莫之能也

郭·六·一七 胃（謂）之以—叓（事）人多

郭·六·三五 宜（義）叓（使）—

上（二）·從（乙）·四 恩（温）良而—敬

此是『忠』字訛體。

悉

包二·一一八 競— 人名

包二·一一七 鄴陵攻尹—

包二·一六九 邵— 人名

包二·八二 賒— 人名

包二·一八二 鈇—

包二·一七二 郤— 人名

包二·一八六 遊— 人名

包二·一九〇 梓—耳 人名

郭·性·一二 —於巳（己）者之胃（謂）兑（悦）

郭·性·四七 又（有）其爲人之—女（如）也

郭·尊·三五 —（决）不足以智（知）侖（倫）

郭·語一·一〇七 —（决）與信，器也

清（五）·湯丘·二 惜（舒）—以悉（恆）

念

上（五）·鬼·七 湉（沈）坙（坐）—惟

清（一）·保·一 王—日之多鬲（歷）

清（五）·厚·八 隹寺（時）余經—乃高且（祖）克害皇天之政工

清（五）·封·八 林（靡）—非尚（常）

清（三）·琴·一三 畬（余）彖（逯）思—

清（三）·芮·二七 虘（吾）宙（中）心—註（絓）

清（五）·殷·八 句我與尔相—相母（謀）

郭・語二・一三
伓生於—

清(一)・祭・八
女(汝)—孳(哉)

唸

郭・成・二
而能—悳(德)者

郭・語二・一三
—(念)生於忩(欲)

清(二)・繫・一七
乃旨(追)—頙(夏)商之亡由

憲

新甲三・二五
莫(鄭)—習之以隓(隋)疾之▨

新乙四・一四五
鄭—占之

憲

清(一)・皇・四
多—(憲)正(政)命

清(一)・皇・一三
叚(假)余—(憲)

難

郭・老甲・一六
—(難)惕(易)之相成也

郭・老丙・一三
不貴—得之貨

郭・性・二五
則詩(悖)女(如)也斯—(歎)

郭・性・三二
—(歎),思之方也

郭・性・三五
慼斯—(歎)

郭・性・三五
—斯桼

郭・六・四九
㫷(使)民相新(親)也—

上(四)・內・附
□亡(無)—(難)

上(五)・弟・四
韋(回)子—(嘆)曰

清(一)・祭・一九
我亦不以我辟竊(陷)于—(難)

清(三)・芮・一
莫絢(治)庶—(難)

清(三)・芮・七
不惹(圖)—(難)

清(三)・芮・一二
□□庶—(難)

清(三)・芮・二一
不奉(逢)庶—(難)

忻

郭·語四·一四
唯(雖)—之而弗亞(惡)

裘錫圭先生指出：『憓』在郭店楚簡中多釋爲『歎』。

上(三)·中·一二
—(難)爲從正

上(三)·中·二〇
—(難)㠯(以)内(納)諫

上(三)·中·二一
唯丌—(難)也

上(三)·彭·二
—(難)易欲欲

㤖

包二·二八
遠— 人名

包二·三四
泥— 人名

包二·三九
足— 人名

包二·九一
足—

郭·性·三二
凡樂,思而句(後)—

郭·性·四一
唯宜(義)衍(道)爲—(近)忠

上(一)·性·一九
樂思而句(後)—(忻)

上(二)·容·二五
垔(禹)迵(通)淮與—(沂)

新甲一·二一
—(祈)福於卲(昭)王

新甲一·一一
☐—(祈)福於北方

新乙三·五
—(祈)福於司禂(禍)

新甲一·七
☐衢筆—(祈)福於太

新乙三·六
—(祈)福舉禱於☐

上(五)·三德·一
天亞(惡)女(如)—

清(一)·程·二
祝—(忻)敂(祓)王

清(一)·程·三
—(祈)于六末山川

慧

上(一)·性·三八
又(有)丌(其)爲人之—女(如)也

恔

上(一)·性·四 或—(交)之

上(一)·性·五 —(交)眚(性)者

恭

帛乙八·一一 —民未智

清(三)·良·一一 楚—王又(有)郘(伯)州利(犁)

清(五)·般·一一 高宗—(恐)愳(懼)

(惷)

郭·緇·八 非其止之共唯王—

恕

(忞)

郭·語一·四六 慮(皆)又(有)憙(喜)又(有)—(怒)

郭·語二·二五 —(怒)生於惡

郭·語二·二六 乘生於—(怒) 《說文》古文。

上(五)·競·六 不諦—(恕)

上(六)·天乙·五 一憙(喜)一—(怒)

清(三)·赤·五 湯—(怒)曰箁(孰)洀(調)虐(吾)蓋(羹)

慈

(丝心)

郭·老甲·三〇 而邦—(滋)昏

郭·老甲·三一 人多智(知)天(而)戠(奇)勿(物)—(滋)记(起)

郭·老甲·三一 法勿(物)—(滋)章(彰)

上(一)·紂·一三 古(故)—(子)㠯(以)炁(愛)之

上(三)·中·七 老=(老老)—幼

上(三)·中·八 若夫老=(老老)—幼(慈幼)

清(五)·湯丘·一四 雪(淑)—我民

(丝言)

上(四)·內·四 言人之侃(兄)之不能—(慈)俤(弟)者

上(四)·內·五 言—(慈)俤(弟)

恩

郭·五·一三 安則—(温)

郭·五·三二 顏色伀(容)伩(貌)—(温)，㝵(變)也

上(五)·姑·九 公—亡告弜(强)門夫=(大夫)

愁

包二·一五反 新俈让尹不爲其詧(察)，不—

包二·一七二 陞— 人名

[illegible]

包二·一九四 盬— 人名

[illegible]

清(二)·繫·四五 晉人以不—

清(三)·芮·一五 萬民具(俱)—(愁)

慽

感

清(四)·别六 亼—(革)

慶

包二·一三 陽— 人名

包二·一三二 䣝(舒)— 人名

包二·一三三 会郿(侯)之—李百宜君

包二·一三一 舒— 人名

包二·一三六 从=與—不信殺卮卯=自殺

包二·一五五 競— 人名

包二·一三六 舒—

包二·一三七反 䣝(舒)—

包二·一三七 舒—

包二·一三六 —逃 人名

包二·一三七反 —逃

秦一三·八 苛— 人名

秦九九·一 苛—

秦九九·五 苛—

曾六二 黄起■馭 —事(士)之𨊠

曾一四二 —事之駟爲左驌

包二·七一 軘— 人名

包二·五六 𨍴— 人名

包二·八七 軦—

包二·一三五反 舒—

包二·一六三 鈇— 人名

包二·一六九 鈇—

包二·一七三 五— 人名

包二·一七九 鈇—

郭·緇·一三 一人又(有)—

郭·六·一一 □賞—安(焉)

新甲三·六五 休有成—

上(一)·紂·八 一人又(有)—(慶)

上(三)·周·五一 又(有)—悉(譽)

遜

郭·緇·二六 則民又(有)—(遜)心

清(一)·祭·八 —(遜)惜(措)乃心

寒

上(三)·周·四五 爲我心—

恂

清(三)·芮·一一 —求又(有)恣(才)

清(三)·赤·一二 是思(使)句(后)楚= —=(棼棼眩眩)而不智(知)人

惟

上(五)·鬼·七 湝(沈)坚(坐)念—

上(六)·用·六 □階心懷—

清(三)·說上·三 鵑(腕)肩女(如)—(椎)

清(三)·芮·二〇 覔(研)懃(甄)嘉—

清(三)·芮·二六 而鮮可與—

清(五)·湯丘·四 方—螽(聞)之乃纖(箴)

清(五)·湯丘·九 方—曰善才(哉)

懷

- 嗺  郭·尊·二一 行矣而亡—(惟)
-  褱  上(六)·用·六 □階心—惟
- 褱  上(五)·季·二三 邦相—毀
- 罜  郭·尊·三三 不□則弗—

想

-   上(五)·姑·七 虗(吾)—立經行

懼

-   九·五六二一·一三 ◸忎(恐)—  清(二)·繫·一〇六 鄀(蔡)卲(昭)侯纁(申)—
- 䀠  上(二)·從乙·三 —(懼)則伓(背)  上(五)·姑·八 公—(懼),乃命長魚矯𠄠  清(一)·耆·一三 是隹(惟)良士之—=(懼)
-  清(一)·耆·一四 則夂(終)以—(懼)  清(一)·耆·一四 是隹(惟)良士之—=(懼)
-  清(一)·楚·五 —(懼)亓(其)宔(主)  清(三)·赤·五 少(小)臣—(懼)
-  清(五)·殷·二一 高宗恭(恐)—(懼) 《說文》古文。
-  上(七)·吳·五 或又(有)釜(斧)戉(鉞)之—(瞿)

恃 悉

恃

信一·〇二 戔人剛—

郭·語一·三八、三九 詩所以會古含(今)之—(志)也者

悉

郭·緇·二五 古(故)孥(慈)以—(愛)之

上(一)·孔·二七 德丌所—(愛)

上(一)·孔·一七 湯之水丌(其)—(愛)婦烈(黎)

上(二)·魯·三 女(若)天毌—(蔓)珪璧

上(一)·紂·一三 古(故)慈(子)㠯(以)—(愛)之

上(二)·魯·二 女(如)毌—(蔓)珪璧帀(幣)帛於山川

上(二)·容·一一二 而上—(愛)下

上(一)·性·三四 唯青(性)—(愛)爲近悬(仁)

上(一)·性·三四 —(愛)頪(類)七

上(四)·内·一正 —(愛)是甬(用)

清(一)·程·九 可(何)—(愛)非身

清(一)·程·九 —(愛)日不欧(足)

清(五)·湯丘·一五 可(何)以自—(愛)

清(五)·湯丘·一五 古先=(之先)聖人所以自—(愛)

清(五)·湯丘·一七 爲君—(愛)民

清(五)·湯丘·一七 —(愛)民女(如)訇(台)

清(五)·湯丘·一八 是非—(愛)民虎(乎)

郭·尊·二六 弗—(愛)則戳(讎)也

郭·尊·二六 民—(愛)則子也

上(四)·曹·一二 兼—(愛)堇(萬)民

清(五)·湯丘·一六 此以自—(愛)也
上(一)·孔·一七 菜萏之—(愛)婦

郭·老甲·三六 甚—(愛)必大費(費)
郭·老乙·八 —(愛)以身爲天下
郭·六·一七 危(委)其死弗敢—(愛)也

郭·成·二〇 是古(故)谷(欲)人之—(愛)㠯(己)也
上(三)·中·二三 至—(愛)之枈(卒)也

郭·五·一三 新(親)則—(愛)
郭·五·二 不新(親)不—(愛)
郭·五·三三 其稽(繼)—(愛)人

郭·五·三三 —(愛)父
郭·五·三三 —(愛)也

郭·唐·六 —(愛)睪(親)古(故)孝
郭·唐·七 孝之殺—(愛)天下之民
郭·唐·六 —(愛)睪(親)隣(尊)臤(賢)

郭·唐·八 —(愛)睪(親)亢(忘)臤(賢)
郭·唐·一〇 —(愛)睪(親)尊臤(賢)
郭·唐·一三 —(愛)而正(征)之

[illegible]
包二·二三六 既腹心疾以上—不甘飤
包二·二四五 既腹心疾以上—不甘飤
包二·二四七 既腹心疾以上—不甘飤

[illegible]
包二·二三九 既腹心疾以上—不甘飤
包二·二四二 既腹心疾以上—不甘飤
包二·二二一 既又病〻心疾少—不内飤

包二·二二三 既又病〻心疾少—不内飤

郭·語三·八 父孝子—(愛)
郭·語三·四〇 —(愛)睪(親)則其殺懸(愛)人

郭·語二·八 —（愛）生於眚（性）

郭·語二·八 罣（親）生於—（愛）

郭·語三·三五 —（愛），𢘅（仁）也

郭·語三·三〇 —（愛）飼（治）者皐（親）

郭·語三·四〇 愍（愛）罣（親）則其殺—（愛）人

郭·語一·九二 —（愛）膳（善）之胃（謂）𢘅（仁）

上（六）·用·一一 亞（惡）猷—

餘

包二·二〇七 病腹疾，以少—，尚毋又咎

忆

忆

郭·唐·七 世亡—（隱）直（德）

《玉篇·心部》：忆同忆。

懋

忞

郭·性·四七 不又（有）夫憍（奮）犾（作）之青（情）則—（柔）

上（二）·容·五三（正） 𢇍（絕）穜（種）—（侮）眚（姓）

上（一）·性·三八 不又（有）夫柬（奮）犾（猛）之情則—（侮）

《說文》或體。

上（三）·中·一五 昏（聞）民—（懋）

上（三）·彭·七 多—（務）者多惪

清（一）·祭·一二 亦岂—（懋）妥（綏）心

清（一）·皇·一〇 卑女譬夫之又—（娟）妻

清（一）·皇·一〇 —（娟）夫又埶亡（無）遠

清（一）·皇·一二 —（娟）夫先受吝（殄）罰

惹

清（一）·祭·九 公—（懋）拜=（拜手）䭫=（稽首）

清（三）·琴·六 —（懋）尃（敷）亓（其）又（有）敓（悅）

慕

清(三)·琴·一四 大亓(其)又(有)—(謨)

清(五)·殷·二六 这(急)利囂神—(莫)龏(恭)而不寡于逡

慁

郭·成·三九 型(刑)兹(兹)亡(無)—(赦)

上(三)·周·五三 此丌(其)所取—

上(三)·中·七 惑(赦)怨(過)—(與)皇(罪)

急

郭·語二·四二 凡敚，乍(作)於—者也

《玉篇·心部》：急，慁之古文。

惱

郭·性·三四 憙(喜)斯

上(一)·性·一九 濬深鬱(鬱)—(慆)

怕

上(四)·昭·九 —(怕)君吳王廷

懽

郭·緇·二四 則民又(有)—(歡)心

郭·緇·二八 而雀(爵)不足—(勸)也

郭·尊·一六 誊(教)以—(權)悔(謀)

郭·尊·三二 不時則亡—(勸)也

郭·性·五二 未賞而民—(勸)

上(二)·容·六 賓不—(勸)而民力

上(四)·相·三 炃(庶)□(?)—(觀)於四枳之褺

上(三)·中·二十二 則民—(歡)丞(承)學(學)

清(五)·命·四 能毋(毋)—(勸)虐(乎)

急

䲭

清（五）·命·四 能母（毋）—（勸）虐（乎）

清（五）·命·一二 —（勸）之以賞

上（二）·從（乙）·一 㬎（顯）訪（嘉）—（勸）信

上（四）·曹·六一 㠯—（勸）亓志

上（四）·曹·六〇 一出言三軍皆—

上（四）·相·三 百攻（工）—（勸）於事

及

上（五）·弟·五 臤（賢）者—（及）安（焉）

上（七）·鄭甲·二 㠯（以）—（急）於含（今）

上（七）·鄭乙·二 㠯（以）—（及）於含（今）

悭

郭·尊·三四 咎則民—

怚

慮

郭·性·四八 —斯莫與之結壴（矣）

慮

上（五）·三德·二 毋爲㒸（僞）—（詐）

清（一）·祭·一六 女（汝）母（毋）以少（小）𢘽（謀）敗大—（作）

悆

包二·五 伻大斂（令）—以爲𥎦斂（令）圍陞𥎦人其𡉏典

愉

上（三）·周·五 遉（復）即命—（渝）

上（六）·用·四 民日—（愉）樂

郭・窮・一三 無茖董—坧山石不爲☐

上（三）・周・一五 成又（有）—（渝）

上（三）・周・一六 官又（有）—（渝）

上（三）・彭・七 氏（是）胃（謂）益—

上（六）・競・一一 盍必死—爲樂虘（乎）

上（七）・凡甲・五 亓（其）智（知）—暲（障）

上（七）・凡乙・一一 亓（其）智（知）—暲

郭・老乙・二 建悳（德）女（如）□□貞（真）女（如）—

上（四）・柬・二 毖（儀）—迖（窔）

郭・老甲・二三 潼（動）而—出

愚

上（三）・中・二六 —忎（恐）怠虐（吾）子愳（憂）

態

清（三）・芮・一九 悳（德）型（刑）—（怠）絉（惰）

清（五）・殷・一六 晨（振）著（若）敘（除）—（慝）

怠

郭・老甲・三六 智（知）止不—（殆）

郭・性・四五 不又（有）夫亙（恆）—之志則縵

郭・語一・六七 政其虞（然）而行，—（治）安

上（五）・三德・一六 毳（喪）—（怠）係樂

上（五）・三德・二〇 至型（刑）—（以）忞

清（二）・繫・五 是孚（褒）—（姒）

清(二)·繫·五 孚(褒)—(姒)辟(嬖)于王

息

上(七)·武·四 義勳(勝)—則長

佛

罷

上(三)·周·二四 —(弗)經于北洍(頤)

上(三)·周·二四 —(弗)頤

上(三)·周·二五 —(弗)經

忘

郭·尊·一四 則民埶(褻)陵張(長)貴以—

郭·語二·一六 —生於吁(訏)

上(一)·孔·六 前王不—

上(三)·周·二〇 亡(无)—

上(三)·周·二〇 亡(无)—，吉

上(三)·周·二一 亡(无)—又(有)疾

上(三)·周·二一 亡(无)—

上(三)·周·三九 —虐(號)

上(三)·彭·一 毄心不—

上(四)·內·附 母(毋)—姑姊(姊)妹而遠敔之

上(四)·相·一 政毋—所司(治)

上(四)·曹·五四 思—亓死而見亓生

上(五)·鮑·二 —亓(其)迿佝也

上(五)·三德·九 係子是胃(謂)—神

上(六)·競·六 正□……—矣

上(六)·用·九 台(以)—民悳(德)

清(一)·保·九 岂(微)寺(志)弗—

清(一)·耆·一一 □□□—(荒)

清(一)·耆·一一 康藥(樂)而母(毋)—(荒)

清(一)·耆·一四 康藥(樂)而母(毋)—(荒)

清(三)·琴·一〇
亦思不—

清(五)·殷·二六
諡(感)高玟(文)稟(富)而昏—賓(詢)

惕

清(三)·芮·七
夫民甬(用)悥(憂)—(傷)

憧

上(三)·中·四
售(雍)也—

清(三)·芮·一二
莫敢惷(㦜)—

悖

上(一)·性·一五
則—女(如)也斯難(戁)

上(三)·周·四八
丌(其)心不—

忨

上(一)·孔·一四
㤅好色之—(愿)

上(三)·中·二六
—(愿)因(因)虗(吾)子而訇(治)

上(四)·柬·二一
—(願)䎽(聞)之

上(六)·孔·一三
言不—(願)見於𦔻=(君子)

清(一)·皇·一三
既告女(汝)—(元)悳(德)之行

清(三)·芮·二六
乇可與—(忨)

清(三)·良·一〇
王子白(伯)—(願)

上(一)·孔·一九
木苽又(有)𢧵—而未㝵(得)達也

上(三)·彭·四
古(故)君之—(愿)

惏

清(三)·芮·四
母(毋)—(婪)惥(貪)埶(狎)昆(惃)

愆 㑎

包二·八五
差令—　人名

《説文》愆字籀文从侃聲。

惑

包二·一三八
鄴—　人名

包二·一六八
隋惦之人—　人名

郭·魯·四
㝢(寡)人—安(焉)

忌　惛

上（一）·紂·四　則民不—
上（一）·紂·二二　此邑（以）迩（邇）者不—

上（三）·中·一〇　—（赦）佔（過）舉（與）辠

上（一）·紂·三　上人惷（疑）則百眚（姓）—
上（五）·鬼·六　勿（物）斯可—

包二·五七　佫暖之司敗周—受期
上（三）·中·七　—（赦）佔（過）舉（與）辠（罪）

上（六）·孔·二七　此邑（以）不—
清（五）·湯丘·一二　叓（使）貨（過）以—

郭·語四·一三　是胃（謂）迷—

窓
上（二）·容·二〇　思民毋—（惑）

賊
郭·緇·五　上人悿（疑）則百眚（姓）—（惑）
郭·緇·六　則民不—（惑）
郭·緇·四三　此以徸（邇）者不—（惑）

惑惑
包二·一〇六　少攻尹—爲鄗陵貣郕異之黃金七益以翟種

惛
悹
郭·性·六四　恴（憂）谷（欲）僉（儉）而毋—
上（六）·競·六　今君之貪—（昏）亞（苛）匿（慝）

忌
郭·太·七　以—（紀）爲墣（萬）勿（物）經

忿　悁

郭·語一·二六
智(知)—(己)而句(後)智(知)人

上(六)·用·一五
告衆之所畏—

忎

郭·尊·一
改—勳(勝)

包二·一七二
攻膺苛—

郭·尊·一
津(盡)—(憤)緣(滿)

息

包二·一三八反
又(有)—不可讲

清(一)·尹誥·二
氒(厥)辟复(作)—(怨)于民

清(五)·殷·二一
土(妒)—(怨)毋复(作)

清(五)·殷·二六
神民並蠭(尤)而九(仇)—(怨)所聚

上(四)·曹·一七
天下……交堅(地)不可㠯先复(作)—(怨)

郭·緇·一〇
少(小)民隹(惟)日懕(怨)

郭·緇·一〇
少(小)民亦隹(惟)日—(怨)

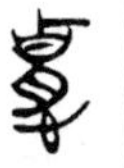
上(一)·孔·二七
人之—子立不

郭·尊·三四
弅(弇之誤讀爲「恭」)則民不—(怨)

上(二)·從(乙)·二
則民不—(怨)

上(二)·從(甲)·五
斂(除)十—(怨)

郭·緇·二二
則大臣不—(怨)

悹

上(一)·孔·三
多言難而—(悁)退(懟)者也

上(一)·孔·一八
㠯(以)俞(喻)丌(其)—(捐)者也

上(一)·孔·一九
猷又(有)—(捐)言

慗

慗 郭・語二・四 兼（廉）生於—

郭・語二・四 —生於恥

悡 上（一）・孔・一七 湯之水丌（其）炁（愛）婦—（黎）

恚

郭・性・四二 —爲甚

新甲三・一八四—二、一八五、二二二 以其不良—瘳之古（故）

新乙二・三、四 少（小）達（遲）—瘥（瘥）

新甲三・二六五 ☐達（遲）—瘥（瘥）

九・五六・七八 頸（夏）层—（奎）

怨

上（一）・紂・六 少（小）民隹（惟）曰—（怨）

上（一）・紂・一二 則大臣不—（怨）

从李家浩先生：《説文》古文「怨」。

怒

郭・語一・四六 慮（皆）又（有）憙（喜）又（有）—（怒）

《集韻・莫韻》：怒，古作忞。《説文》以「忞」爲「怨」之古文。

苳 郭・老甲・三四 未智（知）牝戊（牡）之合𡔗（朘）—（怒）

郭・性・二 憙（喜）—（怒）依（哀）悲之旣（氣）

郭・性・六四 —（怒）谷（欲）涅（盈）而毋☐

上（一）・性・一 憙（喜）—（怒）哀悲之氣（氣）

上（七）・鄭甲・三 女（如）上帝魂（鬼）神㠯（以）爲—（怒）

上（七）・鄭乙・三 女（如）上帝魂神㠯（以）爲—（怒）

慍

恩 郭・性・三四 —（慍）斯惪（憂）

郭・性・三五 通，—（慍）之終也

郭・語二・三〇 惪（憂）生於—（慍）

郭・語二・七 —（慍）生於惪（憂）

郭・語二・三 —（慍）生於青（性）

上（二）・從（甲）・四 —（温）良而忠敬

惡

天卜 戲又外—

天卜 戲又—於東方

天卜 少又—於穿〻

上（一）·紂·一 又（有）國者章毌（好）章—

上（一）·紂·四 數—㠯（以）慮民淫

上（一）·紂·二二 丌（其）—也又（有）方

上（一）·紂·二三 而—（惡惡）不㞻也

郭·語二·二五 忞（怒）生於—

郭·語二·二五 —生於眚（性）

憎

上（五）·三德·二 上帝牺（將）—之

悔

上（六）·用·一二 則弗可—

憤 奮

郭·性·四六 不又（有）夫—（奮）猍（作）之青（情）則悉（懋）

悶

上（一）·孔·二六 北白舟—

愴 愈

包二·六八 鄟— 人名

包二·一四二 小人之州人君夫人之敀—之宿一夫

包二·一四三 鄗逄尹𢘓執小人〻（小人）於君夫人之敀—

包二·一四四 从〻取—之刀以解从〻之桎

包二·一八七 遊戲黄—

天卜 蒖— 人名

望一·一 軋朡志以—豢爲怨固貞既—☐

望一·二 苛— 人名

新甲一·三 雁—以大央爲坪☐

憯

憯 䜭 清(一)·尹至·五 執(摯)悳(德)不—(憯)

悲

悲 包二·一七九 門妻— 人名

天卜 逿玉玩折車馬於—中

郭·老丙·一〇 則以依(哀)—位(莅)之

郭·性·二 憙(喜)惹(怒)依(哀)—之槩(氣)

郭·性·二九 凡至樂必—

郭·性·三一 凡惪(憂)思而句(後)—

郭·性·三一 其剌，則流女(如)也以—

郭·語一·七三 —茬其所也

郭·語二·二九 —生於樂

上(一)·性·一 憙(喜)惹(怒)—之氛(氣)

上(一)·性·一 哭亦—

上(一)·性·一九 凡惪(憂)思而句(後)—

上二·民·一一 内虐(恕)罶(巽)—

上(一)·性·一九 丌(其)杲(拔)灑(流)女(如)也㠯(以)—

上(二)·昔·四 唯悫(哀)—是思

惻

惻 上(五)·鮑·六 肰(然)—(則)奚女(如)

⿱則心 包二·二〇七 長—

包二·二二〇 長—

望一·卜 以䡅—爲⿱卲心固☐

帛乙一〇·二八 天像是—

郭·語二·二七 —(賊)生於惎

郭·語二·四三 —(賊)，退人也

上(二)·容·四二 —(賊)逃(盜)夫

上(二)·容·六 不型(刑)殺而無頪(盜)—(賊)

新甲三·三七七 —陽一豬

上（五）・鬼・二 —（賊）百眚（姓）

上（六）・用・三 亦不婁（遍）於—（賊）

清（一）・皇・九 是人斯廼詥（讒）—（賊）□□

清（三）・芮・一〇 不遠亓（其）—（則）

清（三）・芮・二六 莫之能—（測）

悳

上（六）・用・七 —（貞）可新（慎）哉

郭・老甲・一 覜（盜）—（賊）亡又（有）

郭・老甲・三一 覜（盜）—（賊）多又（有） 省形。

惜

清（一）・祭・八 㥞（遜）—（措）乃心

清（五）・湯丘・二 —（舒）快以恳（恆）

忱

郭・六・一六 其葬—之力弗敢單（憚）也

新甲三・一九八、一九九—二 毋爲—

天卜 少又外惡不爲—

信一・〇三九 貳言—也

忞

新甲三・一 不爲—（忧）

新甲三・六一 ▨成敢甬（用）解訛懌—（忧），若 忧之異體。

忧

新零・四七二 不爲—（忧）▨

恙

上（三）・亙・七 —（詳）宜利主

上（五）・三德・一一 不—（祥）勿爲

上（五）·三德·三 是胃（謂）不—（祥）

上（七）·鄭乙·四 弗愄（畏）䰟（鬼）神之不—（祥）

清（一）·尹至·三 頙（夏）又（有）—（祥）

清（一）·尹至·三 憙（胡）今東—（祥）不章

清（一）·皇·八 弗畏不—（祥）

清（三）·說中·五 叓（且）天出不—（祥）

清（五）·厚·九 畏不—（祥）

清（五）·厚·一〇 廼弗畏不—（祥）

清（五）·殷·一三 可（何）胃（謂）—（祥）

清（五）·殷·一五 寺（是）名曰—（祥）

清（五）·殷·二七 舍（餘）敓—（養）

惴

惴 㤜

清（五）·殷·一八 衣備（服）—（端）而好訐（信）

怲

怲 恖

包二·一四六 佸辶大斂李—之金五益

上（二）·從（甲）·八 —（怲）則亡新（親）

上（七）·鄭甲·三 唯（雖）邦之—（怲）

上（七）·鄭乙·三 唯（雖）邦之—（怲）

清（三）·說中·七 隹（惟）哀（衣）戠（載）—（病）

惙

惙 惥

郭·五·一〇 悳（憂）心不能—惙

新甲三·三一 —〓（惙）若組若結

此字有重文號。

忡

忡 忩

郭·五·一二 悳（憂）心不能—〓（忡〓）

从終之古文。

慽

上(三)·周·一二 君子又(有)—(終)

郭·性·三四 —斯歎

郭·性·三四 㥑(憂)斯—

上(一)·孔·四 民之又—惓(惓)也

新甲三·一〇 ☐先，少(小)又(有)外言—也

新乙四·九五 猶(將)—之

新零·二〇四 ☐女子之—

清(一)·程·五 隹(惟)商—才(在)周

清(一)·程·五 周—才(在)商

清(一)·金·二 未可以—(戚)虐(吾)先王

蕆

郭·性·三〇 —(戚)肰(然)以終

郭·唐·一三 用—

从陳偉先生釋爲『戚』字異體。

㥑

郭·老甲·三四 終日虐(乎)而不—(憂)

郭·唐·一六 佢(居)𦬕(草)茅之中而不—(憂)

郭·唐·一六 夫古者舜佢(拒)於𦬕(草)茅之中而不—(憂)

郭·六·四一 不叓(使)此民也—(憂)其身

上(三)·彭·七 多悉(務)者多—

上(四)·昭·一〇 虐(吾)未又(有)㠯(以)—(憂)

上(四)·內·六 亡(無)厶(私)—(憂)

上(四)·內·六 父母所—=(憂憂)之

上(五)·競·五 又(有)—(憂)於公身

上(五)·競·九 幾(豈)不二子之—(憂)也才(哉)

上(五)·三德·四 —愳之閒(間)

上(五)·三德·七 必逯(復)之㠯—甏(喪)

上(五)・三德・一四 而奡(寡)亓—(憂)

上(五)・三德・一六 不𢇁(絶)—(憂)卹(恤)

上(七)・吳・六 寍(寧)心敨(撫)—(憂)

清(一)・耆・七 我—(憂)以𩰫

清(一)・皇・一二 以𧗿(助)余一人—(憂)

清(三)・芮・七 夫民甬(用)—(憂)惕(傷)

清(三)・芮・八 心之—(憂)矣

清(四)・筮・爻五五 爲—(憂)悬(懼)

清(五)・封・八 囩童才(兹)—(憂)

𢝊

上(三)・周・四一 又(有)—(隕)自天

⿳宀頁心

天卜 既滄然以—然不欲飤

𢝊字異體。

⿰忄頁

郭・老乙・四 幽(絶)學亡—(憂)

上(一)・孔・一六 緑衣之—

上(一)・性・一九 凡—(憂)思而句(後)悲

⿱亘心

郭・五・五 君子亡审(中)心之—(憂)則亡审(中)心之智

郭・五・九 —(憂)心不能惙惙

郭・性・三一 凡—(憂)思而句(後)悲

郭・性・三四 恩(愠)斯—(憂)

郭・語二・七 恖(愠)生於—(憂)

郭・性・六二 凡—(憂)患之事谷(欲)妊(任)

郭・性・六四 —(憂)谷(欲)僉(儉)而毋惛

郭・語二・三〇 —(憂)生於恖(愠)

郭・語二・三一 褱(哀)生於—(憂)

郭・五・一二 —(憂)心不能忄冬(忡)忄冬(忡)

患　憚　悼　恐

患

上（一）·性·三一 凡—（憂）卷（惓）之事谷（欲）任樂事谷（欲）逡（後）

上（二）·從（甲）·六 —（憂）則☐

上（二）·從（乙）·三 —（憂）則䎽（昏）

上（五）·鮑·五 品（三）飤（食）色—（憂）

郭·老乙·五 貴大—若身

郭·老乙·七 虗（吾）所以又（有）大—者

郭·性·六二 凡恴—之事谷𢜤

憚 𢡱

上（四）·曹·三四 君毋—（憚）自裝（勞）

悼

清（二）·繫·三三 而立亓（其）弟—子

清（二）·繫·一一四 宋—公朝于楚

清（二）·繫·一三三 王命坪亦（夜）—武君

清（二）·繫·三三 里之克或（又）殺—子

清（二）·繫·一三七 王命坪（平）亦（夜）—武君𡥈人於齊陳淏求𠮛

恐 志

新甲三·一五、六〇 ☐隹潒（蕩）栗—（恐）膿（懼）

《說文》古文。

上（三）·中·二六 愚—（恐）怠虗（吾）子𢝊（憂）

上（三）·彭·八 —（恐）弗能守

上（六）·競·七 則—（恐）後致（誅）於吏（史）者

上（七）·武·五 武王䎽（聞）之—（恐）䁅（懼）

清（一）·保·一 —（恐）述（墜）保（寶）訓

清（一）·保·二 —（恐）不女（汝）及訓

清（一）·保·四 —（恐）救（求）中

清（三）·芮·八 —（恐）不和坸（均）

清（三）·祝·一 —（恐）弱（溺）

惖

惖 悬

清（五）·命·四 能母（毋）—（恐）虐（乎）

清（五）·命·五 女（如）—（恐）而承夅（教）

包二·一三八 黄— 人名

包二·一五七 屈— 人名

包二·一六三 周— 人名

包二·一六三 隋— 人名

郭·老甲·一六 戁（難）—（易）之相成也

上（二）·從（甲）·一七 是目曰君〓（君子）難得而—（易）叓（使）也

上（二）·從（甲）·一八 是目曰少（小）人—（易）㝵（得）而難叓（使）也

上（三）·彭·六 述（怵）—之心

上（四）·曹·四六 少則—（易）軗

上（四）·曹·四六 圪成則—（易）……者收之

上（五）·三德·五 叓（變）棠（常）—（易）豊（禮）

上（五）·三德·一五 毋能而—（易）之

郭·老甲·一四 大少（小）之多—（易）必多𩁹（難）

惎

惎 忑 忑

郭·忠·一 不—（欺）弗智

郭·六·四一 下攸（修）—（其）沓（本）

郭·語二·二六 —生於棘（乘）

郭·語二·二七 惻（賊）生於—

郭·語四·一三 是胃（謂）自—（欺）

《集韻·志韻》：惎，古文作忑。

清（三）·良·六 又（有）司馬子—（期）

清（四）·筮·爻六一 邦又兵命廌—（怪）

清（五）·湯丘·三 乃與少臣—（基）毋（謀）郢邦

清（一）·程·八 意（億）亡勿甬（用），不—

恥

郭·緇·二八 則型（刑）罰不足—

郭·語二·三 —生於㤮（狂）

上（二）·從（乙）·三 —則軋（犯）

上（五）·季·三 氏（是）𦔻＝（君子）之—也

上（五）·三德·一三 不有大禍（禍）必大—

上（六）·天乙·七 與卿夫＝（大夫）同—尾（度）

上（六）·天甲·七 與卿夫＝（大夫）同—尾（度）

⿱聑心

⿱耳心

郭·語二·四 悡生於—

上（一）·孔·八 王公—之

上（一）·孔·九 多—者丌（其）忞之虐（乎）

上（六）·用·四 —好弃（棄）怯

恧

郭·語二·一七 —生於浠

郭·語二·一八 逃生於—

怍

上（六）·用·七 亓（其）頌（容）之—

憐

𡡉

郭·性·五九 凡兑（說）人勿—（吝）也

上（一）·性·三九 憍（僞）斯—（文）矣

上（一）·性·三九 —（文）斯慮矣

上（四）·內·六 —（憐）而任不可

上（四）·曹·五 —（鄰）邦之君明

忍

郭·語二·五一 少（小）不—，伐（敗）大𢒼「埶（勢）」

上（三）·亙·一 自猒（厭）不自—

清（一）·程·七 果拜不—

懲 慵 懌

懲 清(一)·祭·一 余多寺(時)叚(假)—

慵

㦗 郭·窮·一五 古(故)君子—於恆(反)己(己)

懌

新甲三·六一 ☐成敢甬(用)解詬—𢚫(忧),若

新甲三·二一九 ☐㠯(以)陵尹—之大保(寶)豢爲君貞

新甲三·二一六 譻(許)定以陵尹—之大保(寶)豢☐

新零·五八四、甲三·二六六、二七七 以陵尹—之髗髀爲君貞

新乙二·二五、零·二〇五、乙三·四八 譻(許)定以陵尹—之大保(寶)豢爲☐

新乙四·一一〇、一一七 尚忄(怡)—

⿰爿睪 新乙一·四、一〇、乙二·一二 㠯(以)君不—(懌)之古(故)

新乙一·一七 㠯(以)君不—(擇)之古(故)

新乙一·二八 㠯(以)君不—之古(故)

⿱皀心 包二·五九 龔— 人名 《說文》新附。

包二·八二 郘— 人名

包二·一三三 彭— 人名

天卜 義—

包二·一六八 弁— 人名

包二·一七六 郿— 人名

天卜 義—

郭·緇·四一 備(服)之亡—

郭·老甲·九 觀(涣)虐(乎)其奴(若)—

郭·成·三六 從允—(釋)怹(過)

郭·太·一〇 道亦其—(字)也

郭·太·一二 天陛(地)名—(字)並立

忞

㤓 岳 㤳 㤈

上(五)·鮑·八 旗(作)内(入)不爲—(災)

清(一)·金·四 多—(才)多埶(藝)

清(三)·芮·一一 恂求又(有)—(才)

清(三)·芮·一五 褱(懷)—(慈)學(幼)弱

清(五)·殷·一八 丂(孝)—(慈)而哀(哀)眾(鰥)

郭·尊·二五 非豊(禮)而民兑(悅)—此少(小)人矣

𢙁 郭·窮·一五 古(故)君子惇於—(反)㠯(己)

《玉篇·心部》有㤓字。

包二·九三 郘— 人名

𢗾 仰·一 一—智縷

悠 包二·九五 張— 人名

包二·一八五 陽— 人名

𢜎 包二·九〇 龏— 人名

包二·九〇 龏—

包二·一七一 邚寢尹之人—

包二·一八九 盬— 人名

郭·語一·一〇五连九九 我行—者

新乙四·九八 鄭卜子— 人名

新乙四·一〇五 奠(鄭)— 人名

清(一)·耆·七 戕(臧)武—=(赳赳)

怯

窓 包二·一二八 正婁— 包二·一四一 正婁— 包二·一四三 正婁— 包二·一六二 正婁—

包二·一六八 隋—

态 上（四）·曹·五六 邦豙（家）㠯—（宏） 上（六）·用·四 愳好弁（棄）—

清（三）·良·二 文王又（有）—（閔）夭

㤱

忎 包·一一〇 鄗連嚣競—

《玉篇·心部》有㤱字。

悅

上（一）·性·二六 不同—而交 上（一）·性·二九 凡—人勿罯（吝） 上（一）·性·三六 —爲甚

怊

包二·二二六 —（悼）髝 人名 包二·二二八 —（悼）髝 包二·二三〇 —（悼）髝 包二·二三四 —（悼）髝

包二·二三六 —（悼）髝 包二·二四二 —（悼）髝

常二 ▨之走與—新王之愄佶让尹郘逘以王命舒方逄？戠悬

望一·一 —固 望一·三 —固 望一·一〇 —固 望一·一三 —固

望一·八八 —王 望一·一一〇 —王

忌　陑　悉　怱

清(一)·楚·一六 至—(悼)折(哲)王猷居鄗(鄜)郢

清(二)·繫·一三五 坪(平)亦(夜)—(悼)武君

包二·二六七 —戠

怒 之異文。

上(二)·子·一 —(肥)、竃(磽)

郭·緇·三一 不—言

郭·緇·三一 則民言不—(危)行

新甲三·二八五 其國(域)—三袿(社),上□

包二·一〇七 羕陵攻尹—

包二·一八〇 疆馭郙—

郭·老甲·一一 誓(慎)冬女(如)—(始)

郭·老甲·一七 萬勿(物)復(作)而弗—(始)也

上(二)·從(甲)·九 正(政)莕＝(之所)—(治)也

新乙四·一一〇、一一七 尚—(怡)懌

新零·三五三 寺—(怡)□

上(四)·曹·四一 可㠯又(有)—(治)邦

上(四)·曹·四五 既戰(戰)而又(有)—＝(殆心)

上(四)·曹·五二 戰(戰)毋—(殆)

上(五)·季·一八 —(辭)曰子之言也已砫(主)

清(一)·尹至·四 今亓(其)女(如)—(台)

清(二)·繫·一二四 奠(鄭)白(伯)—(駘)朝周王于周

清(二)·繫·一二六
莫(鄭)白(伯)—(駘)皆朝于楚

清(三)·琴·一三
仡(適)舍(余)龏(恭)害(害)—(怠)

清(三)·琴·一四
良悳(德)亓(其)女(如)—(台)

清(三)·芮·二四
寍(咎)可(何)亓(其)女(如)—(台)䎸(哉)

清(五)·厚·四
隹(惟)女(如)—(台)

清(五)·厚·九
隹(惟)女(如)—(台)

清(五)·命·八
—(殆)於亂(亂)矣

清(五)·湯丘·一三
虘(吾)戉(戡)虽(夏)女(如)—(台)

清(五)·湯丘·一七
悉(愛)民女(如)—(台)

清(五)·湯丘·一九
共(恭)命女(如)—(台)

㤥

包二·一四一
秦大夫—之州里公

上(三)·中·二六
愚忑(恐)—虘(吾)子憂(憂)

上(五)·三德·二
—(怠)者遊(失)之

㥔

上(七)·武·一四
敬勳(勝)—(怠)則吉

上(七)·武·一四
—(怠)勳(勝)敬則烕(滅)

上(一)·孔·九
多恥者丌(其)—之虐(乎)

上(一)·性·三七
不又(有)夫恆—(忻)之志則曼

上(五)·弟·一二
言行相—(近)

𢙁

郭·太·二
以道從事者必—(託)其名

郭·太·一一
亦—(託)其名

郭·緇·二一
而埶(褻)臣—(託)也

見《玉篇·心部》。

偲 包二·一九七 少又—（怫）於𡨥＝（躳身）　包二·一九九 少外又—（怫）　包二·二〇一 少又—（怫）於𥦂＝（躳身）　包二·二一〇 少又—（怫）於𡨥身

包二·二一七 少又—（怫）於𥦂身　包二·二二七 少又—（怫）於𥦂身　天卜 少又—（怫）𡨥＝（躳身）　天卜 少又—（怫）於𥦂＝（躳身）

天卜 少又—（怫）於宮室　天卜 少又—（怫）於止　天卜 少又—（怫）於宮人　天卜 少又—（怫）於𨕖

天卜 諆然又外—（怫）又𥛚之　天卜 少又—（怫）又𥛚　望一·七五 ▨又—（怫）於䑠與宮室　望一·七三 少又—（怫）於▨

秦一三·一四 少又—（怫）於宮室

㥨 包二·二三一 少又—（怫）也　包二·二二九 少又—（怫）於宮室　包二·二三三 少又—（怫）於宮室　天卜 少又—（怫）於宮中

望一·七五 —（怫）於𥦂＝與宮室　望一·七五 牺又—（怫）於𥦂＝與▨

恖 天卜 少又—（怫）於𡨥＝（躳身）　天卜 少又外—（怫）　从佃省聲。从李守奎先生釋『𢘅』。『𢘅』當即『悲』字，亦即《説文·心部》的『怫』。

包二·一一九反 宵—

曾一五五 —之䮹爲左驂　曾一七八 —之䮹爲右驂

郭·語二·四三 䛐「𡔷（華）」，自—（安）也　新甲三·二〇六 文—受三（四）　清（一）·耆·三 —（宴）以二公

愚 悄 悗 恩

新乙三·三三 ▨爲箸告我—所取於□▨

包二·一九八 甶攻解於人—

恖

包二·一九七 竆（躳身）—（尚）毋又（有）咎

包二·一九九 躳身—（尚）毋又咎

宓

新甲一·一四 以𤻮（肨）痮（脹）、心—（悶）▨

新甲一·一六 ▨心—（悶）

新甲三·二二、五九 ▨伓膺—心之疾

新甲二·八 ▨—（悶）卒（卒）歲或至夏栾

新甲三·一八九 既心—（悶）、𤻮（肨）痮（脹）

新甲三·一九八、一九九—二 ▨—（悶），

新零·二二一、甲三·二一〇 以痒（肨）瘬（脹）、心—（悶）

新甲三·二一九 吕（以）痒（肨）瘬（脹）、心—（悶）

新甲三·二九一—一 ▨既心—（悶）

新甲三·二九一—二 膚疾、—（悶）心

新零·二一五 心—（悶）、卒（卒）▨

新零·一二六 ▨吕（以）—（悶）▨

新零·三〇六 吕（以）—（悶）心▨

新零·五八四、甲三·二七七 吕（以）痒（肨）瘬（脹）、心—（悶）

急

望一·九 吕—心

望一·三八 吕（以）心—

清（二）·繫·五二 夫=（大夫）—（閔）

天卜 少外又—

㥫　惃　悟　慯　豊

戔心
九・五六・一五下　—瞿之日
見《集韻・寒韻》。

包二・七四　周—　人名

包二・一九一　邨昜仔公—

郭・尊・一六　則民淫—遠豊(禮)亡新(親)𢙾(仁)

吾心
郭・語二・一一　—生於慮
《玉篇・心部》：悟，持也。

郭・語二・一一　静(争)生於—

上(一)・孔・二六　谷風—

爲心
郭・性・四八　—(僞)斯吝(遴)壴(矣)
慯見《字彙・心部》。

郭・性・四八　凡人—(僞)爲可亞(惡)也

郭・性・六〇　言及則明，皇之而毋—

郭・性・六四　谷(欲)皆虔(文)而毋—

上(一)・性・三〇　毄(舉)之而毋—(僞)

上(一)・性・三二　人之不能㠯(以)—(僞)也

上(二)・從(乙)・一—二　則—(僞)不章

上(四)・曹・三四　㠯觀卡=(上下)之青(情)—(僞)

上(五)・三德・二　毋爲—(僞)慮(詐)

清(五)・殷・一五　還(遹)則文之—(化)

包二・二〇　不貞周—之奴以至命

郭・老甲・一　㡭(絶)—(僞)弃慮(詐)

郭・老甲・一三　而萬勿(物)牆(將)自—(化)

郭・語一・六八　詧(察)天道以—(化)民燹(氣)

上(一)・性・三九　—(僞)斯罳(文)矣

郭・性・二二　芺(笑)—(喜)之澤=「泮(淺)澤」也

郭・性・二三　樂，—(禮)之深澤也

寋

郭·尊·三四 —（緩）不足以安民

愋

包二·一一〇 鄗連囂競—

包二·一八二 右司馬—之州加公番鲇

上（二）·從（甲）·五 君＝（君子）不—（寬）則亡（無）

上（二）·從（甲）·五 一曰—（寬）

愲

𩨋

包二·二四九 怨— 人名

包牘一 郫— 人名

常二 以王命方逢戠—

《玉篇·心部》有愲字。

𩩲

包二·二二六 怨— 人名

包二·二二八 怨—

包二·二三〇 怨—

包二·二三二 怨—

包二·二三四 怨—

包二·二三六 怨—

包二·二三九 怨—

包二·二四二 怨—

包二·二四五 怨—

包二·二四七 怨—

愲字異體。

𩨍

包二·二六七 𦟼— 人名

包二·二七七 一白—

異文作𩨋、𩩲。

㥎

𢛳

郭·尊·二四 —（惠）裝（勞）之簹（軌）也。

見《玉篇·心部》。

憲

郭·成·四 其道民也不—（浸）

憏

㥽

郭·語一·八四 又—（察）膳（善），亡爲膳（善）

郭·語一·八五 —（察）所智（知），憏（察）所不智（知）

郭·語一·八五 憏（察）所智（知），—（察）所不智（知）

郭·語一·八六 埶（勢）與聖爲可—（察）也

見《集韻·祭韻》。

慬　慪　憍　[觀心]　[㓝心]　㦗　懐　[弜心]

蕙  郭·窮·二 可(何)—〈僕(難)〉之又(有)才哉

 郭·緇·六 —(謹)亞(惡)以涃(困)民淫(淫)

 郭·緇·三三 而—(謹)於行

 郭·窮·三 卲繇衣胎蓋冒(帽)袿(經)冡(冢)—(巾)

 包二·八七 坓— 人名

[喬心]  曾一五六 —䣓尹之黄爲右驂

 曾一七三 —之子爲右驌

[觀心]  包二·二五九 一會—之觴

 清(五)·殷·一五 帎(申)豊(禮)—(勸)忚(規)

 清(五)·殷·一五 民—(勸)毋皮(疲)

 清(五)·殷·一七 四方—(勸)孝(教)

 清(五)·殷·二一 —(觀)𦣞(覺)悤(聰)明

[㓝心]  郭·語一·一二 又(有)侄(地)又(有)—(形)

 郭·語一·四六 又(有)沓(慎)又(有)—

 郭·窮·一〇 非其智—(衰)也

[弜心]  包三·二七八 㮚脰尹之人盬—告緍多命以睱賕

憲

郭・尊・二三 余（除）—（害）智（知）生

郭・尊・三八 遭（轉）而大又（有）—（害）者

郭・尊・三八 又（有）是攺（施）少（小）又（有）—（害）

疑爲『害』字異體。

蕙

上（一）・性・四 或—（厲）之

上（一）・性・五 —（厲）青（性）者

上（四）・柬・一六 邦—（瀝）之

憥

郭・六・一六 —（勞）其莽（股）忶（肱）之力弗敢單（憚）也

猷心

上（一）・性・二六 㠯（以）—（猷）者也

彊心

郭・語二・三四 —（强）生於青（性）

郭・語二・三四 立生於—

霝心

郭・語一・三四 豊（禮）緐樂—「霝（零）」則戚（蹙）

郭・語一・三五 樂緐（繁）豊（禮）—「霝（零）」則訪（謾）

龍心

郭・老乙・五 人—（寵）辱若纓（驚）

郭・老乙・五 可（何）胃（謂）—（寵）辱

郭・老乙・六 是胃（謂）—（寵）辱纓（驚）

郭・老乙・六 —（寵）爲下也

上（七）・鄭乙・二 牆（將）保（保）亓（其）—炎（恢）

優

[illegible]

上(七)・鄭甲・二
牺(將)保(保)亓(其)—(懭)炎(怏)

包二・一一七
安陵公—爲株易貣郘異之金五益

懠

上(一)・性・一五
則—(懠)女(如)也斯叏(作)

競

包二・九五
某— 人名

包二・九五
胃沓雜其弟𠬝而—殺之

聰

上(二)・容・一二
聖(聽)不—(聰)

懥

上(三)・周・四
—(窒)悳(惕)

悳

上(三)・周・四
懥(窒)—(惕)

惌

上(三)・中・一三
—(弛)而巻(惓)放(力)之

緩

上(三)・中・一三
備(服)之—(緩)

上(三)・中・一七
型(刑)正(政)不—(緩)

[illegible]

上(三)・中・二〇
—(盡)丌斱(慎)者

忨	上(三)·亙·一〇 —言之遂(後)者季(校)比焉
悒	上(三)·亙·一三 而不—(慮)
㦝	上(四)·曹·二正 今邦—(彌)少(小)而鐘愈大
忎	上(四)·曹·五 不狀(然)—(任)亡焉
忩	上(四)·曹·一七 毋—炁(愛)貨貲子女
視	上(五)·鮑·三 器必蠲(蠲)—(視)
㥂	上(五)·鮑·五 百眚(姓)皆宮(邑)—
見	上(五)·季·二一 □□□□□□猶如君子聽—(悓)
忝	上(六)·競·三 或可—(祰)安(焉)
愬	上(六)·競·四 塼(溥)情而不—(愈?)吏(使)丌(其)厶(私)
悤	上(六)·平·二 王—(固)繇(繇)之會(答)女(汝)毁新都栽(鄢)陵

忌

上（六）·平·三
𧶠少市（師）亡—（忌）

⿰忄盍
悆

上（六）·用·二
豫（預舍）命乃縈不可—

憮

上（六）·用·二
非—於福

⿰忄定

上（六）·用·八
—（定）保之亟

慼

上（七）·鄭乙·四
—（戕）惻（折）亓（其）君

⿱伙心

上（七）·凡甲·二六
惻（賊）—（盜）之复（作）

⿱己心

清（一）·尹至·二
弗—（虞）亓（其）又（有）眾

清（三）·説下·四
廼弗—（虞）民

⿱艹懸

清（一）·尹誥·一
頣（夏）自—（絕）亓（其）又（有）民

悆

清（一）·耆·八
—（畝）乓（厥）醴（禋）明（盟）

⿱庚心

清（一）·祭·一八
—＝（唐唐）啚（厚）箟（顏）忍恥

⿱乇心

清(二)·繫·一三五
昜(陽)城洹(桓)—(定)君

清(二)·繫·一二七
鴋(陽)城洹(桓)—(定)君

恷

清(三)·琴·一
周公复(作)多士敬(儆)—(毖)

清(三)·琴·二
壂(成)王复(作)敬(儆)—(毖)

志

清(三)·琴·一四
差(佐)寺(事)王—(聰)明

愈

清(三)·芮·四
母(毋)惏(婪)—(貪)教(猜)昆(惃)

恪

清(三)·芮·六
—斧(哉)母(毋)巟(荒)

清(五)·封·七
盤(簋)鈋(觥)鍸(卣)—(格)

懕

清(三)·芮·八
隹(兄)俤(弟)—矣

上(六)·用·一
—之台(以)兇(凶)芏(刑)

慗

清(三)·芮·二〇
覓(研)—(甄)嘉惟

偩

清(三)·芮·二五
則—(逸)者不憖(美)

憲

清(三)·芮·二五
則偩(逸)者不—(美)

瘯

清(三)·赤·八
是囟(使)句(后)—(疾)疾而不智(知)人

楚

清(三)·赤·一二
是思(使)句(后)—=恂=(棼棼眩眩)而不智(知)人

憂 清(四)·筮·爻五五 爲悳(憂)—(懼)

㤿 清(四)·別·二 〈〈—(蒙)

愳 清(四)·別·六 〈〈—(隨)

慼 清(四)·別·六 〈〈—(咸)

㦯 清(四)·別·七 〈〈—(睽)

讀 清(四)·別·七 〈〈—(晉)

淒 清(四)·別·七 〈〈—(濟)

㥶 清(四)·別·八 〈〈—(渙)

㦳 清(五)·命·一 立明王以—(訓)之

恋 清(五)·湯丘·一三 型(刑)亡(無)卣(攸)—(赦)

詓 清(五)·殷·一三 可(何)胃(謂)—(仁)

詓 清(五)·殷·一八 寺(是)名曰—(仁)

忄只

清（五）·殷·一五
帔（申）豊（禮）懃（勸）—（規）

惿

清（五）·殷·一七
非褱（壞）于—（湛）

怪

清（三）·説中·四
女（汝）复（作）—（淫）雨

清（五）·殷·一七
坸（徇）賨（句）傑（過）—（淫）

清（五）·殷·二五
戲（虐）—（淫）自嘉而不縷（數）

聧

清（五）·殷·一三
可（何）胃（謂）—（聖）

清（五）·殷·一九
寺（是）名曰—（聖）

卷十一

水

 包二·二一三 大—備玉一環

 包二·二一五 大—

 包二·二三七 大—一膚

 包二·二四三 罷禱大—一膚

 包二·二四八 罷禱大—一犧馬

 天卜 罷禱大—一犆

 天卜 罷禱大—一静

 天卜 啻禘大—一瑞環

 望一·五四 大—備玉一環

 帛甲一·二九 □□—□

 郭·太·一 —反補（薄）大（太）一

 郭·太·一 大（太）一生—

 郭·太·六 是古（故）大（太）一贇（藏）於—

 郭·尊·七 —之道也

 郭·尊·七 墕（禹）之行—

 郭·唐·一〇 垔（禹）幻（治）—

 郭·語四·一〇 不見江沽（湖）之—

 九·五六·二七 行—事，吉

 上（一）·孔·二九 河—智

 上（一）·孔·一七 湯之—丌（其）悉（愛）婦悡（棃）

 上（二）·容·二三 —桨（潦）不湝

 上（二）·容·五三正 土玉—酉（酒）

 上（二）·魯·四 —目（以）爲膚

 上（二）·魯·五 —粞（將）沽（涸）

 新乙四·四三 寋（賽）禱大—

 望一·一三一 大—

 上（五）·三德·一六 敓（奪）民旹（時）已—事

 上（七）·凡甲·一〇 —之東流

 上（七）·凡甲·一二 —系（奚）得（得）而清

 上（七）·凡乙·二 —火之味（和）

河

上(七)·凡乙·八 —之東流

清(一)·尹至·五 頣(夏)䎂(播)民内(入)于—曰暑(戰)

清(一)·楚·一 逆上洲—

清(一)·楚·三 逆流哉(載)—

清(二)·繫·六八 母(毋)能涉白—

清(二)·繫·一二二 内(入)至汧—

清(三)·説中·五 若馬鷹(津)—

清(四)·筮·雨一七 [illegible]才(在)上侌(陰)—

清(四)·筮·爻五二 八爲風爲—爲言

清(四)·筮·卦五二 —也

清(五)·厚·一二 若—㚔(厥)𣶒(深)

清(五)·湯門·一九 —火金木土

清(五)·殷·一 高宗觀於匋(洹)—之上

清(五)·殷·七 虐𦔻夫長莫長於—

清(五)·殷·一六 楑(揆)宑(中)—奐(衡)

上(一)·孔·二九 —水智

上(二)·容·一三 匋(陶)於—賓(濱)

上(二)·容·二四—二五 決九—之桼(阻)

上(二)·容·二七 北鼓(注)之—

上(二)·容·二六—二七 東鼓(注)之—

上(三)·中·二 —東之城(盛)豪(家)也

上(六)·平王與·三 虐(吾)先君䞣(莊)王迈—澮(淮)之行

清(一)·保·八 昔㞧(微)叚(假)中于—

清(二)·繫·二〇 躛(衛)人乃東涉—

清(二)·繫·二一 翟人或涉—

清(二)·繫·三四 囟(使)君涉—

清(二)·繫·五五 衛𠂤(師)爲—曲之戰

涑 江 沱

清(二)·繫·六五 述(遂)敗晉𠂤(師)于—

清(二)·繫·七六 連尹戠(止)於—澭

清(二)·繫·九四 齊臧(莊)公涉—䜌(襲)朝訶(歌)

郭·窮·三 匋(陶)笞(拍)於—匩

郭·唐·七 𤃥(禪)之—(動)

郭·唐·一七 不—(動)也

从何琳儀先生釋涑。

郭·老甲·二 —海(海)所以爲百浴(谷)王

郭·老甲·二〇 猷(猶)少(小)浴(谷)之與—海(海)

郭·語四·一〇 不見—沽(湖)之水

上(二)·容·二六 𤲶(禹)乃迵(通)三—五沽(湖)

新甲三·二六八 返(及)—、灘(漢)、浞(沮)、漳

新乙四·九 返(及)—，走(上)逾取☐

上(七)·吴·五 贅(衍)敢居我—完(干)

新甲三·一八〇 ☐毈於—一豭

包二·一七〇 喜—人宋丹

郭·五·一七 能遲(差)—(池)其羿(羽)

上(四)·曹·六 昔—舶語寡(寡)人曰

清(二)·繫·六九 高之固至莆—

清(二)·繫·一一〇 以與夫秦王相見于黃—

清(二)·繫·一一五 城黃—

清(二)·繫·一一五 𨊠啟章銜𠂤回黃—

沫 温 涂 溺

沫

清（二）·繫·一一六 以遉（復）黄—之自（師）

清（二）·繫·一三〇 子馬子—子坓子衒（率）自（師）以迩楚人

郭·尊·三五 戠（勇）不足以—衆

温

新甲三·三二二 鼬於—父鴼

涂

湌

上（二）·容·二五 —（徐）州

溺

溺

包二·一七二 醓— 人名

包二·一七七 大室酭尹—

包二·二四六 由攻解於水上與—人

包二·七 邦人内其—典

包二·七 臧王之墨以内其臣之—典

郭·老甲·三三 骨—（弱）董（筋）秫（柔）而捉固

郭·老甲·三七 —（弱）也者

郭·太·九 天道貴—（弱）

郭·老甲·八 必非（微）—（妙）玄達

上（二）·容·三六 弜（强）—（弱）不絧（辭）諹（揚）

上（五）·姑·一〇 公家乃—（弱）

清（三）·芮·一五 褱（懷）忞（慈）學（幼）—

清（三）·祝·一 忎（恐）—（溺）

弥

清（四）·筮·祟四八 寠（熱）—（溺）者

嫋

上（五）·鮑·三 老—（弱）不型（刑）

涇

郭・緇・六
慬（謹）亞（惡）以涃（困）民—（淫）

郭・唐・一二
辠（罪）—祛（？）〼

清（二）・繫・九〇
𢀛=（至于）—

渭

上（二）・容・二七
埊（禹）乃迵（通）經（涇）與—

清（一）・楚・三
—（潰）自𩪘（脅）出

清（一）・楚・八
乃—（潰）疆涅之波（陂）而宇人女（焉）

清（三）・赤・九
晉（巫）鶩（烏）乃歍（歎）少（小）臣之朐（喉）—（胃）

漾

包二・一二
—陵　地名

包二・一二
—陵

包二・一三
—陵

包二・一二六
—陵

汧

清（二）・繫・一二三
內（入）至—水

洛

新甲三・三四九
鼬於—鄘

上（二）・容・二六
埊（禹）乃迵（通）泚（伊）、—

上（六）・天甲・六
—（樂）尹行身咊（和）二

上（六）・天乙・五
—（樂）尹行身咊（和）二

汝

清（二）・繫・一七
周成王周公既䢅（遷）殷民于—邑

清（二）・繫・一〇二
—以逷（復）方城之𠂤（師）

清（二）・繫・二九
圾蘇於—

清（二）・繫・一〇〇
城—昜（陽）

澮

信二・〇九 一—幘

信二・〇一四 一—土鈚鼎

信二・八 二—盌

包二・二六〇 一—□

沁

清（一）・祭・一五 既—，乃又（有）顫（履）宗

沝 上（六）・用・一六 —吝惠武

漳

新甲三・二六八 返（及）江、灘（漢）、沮（沮）、—

淇

上（四）・逸・多一 覘（兄）及弟—

沂 清（二）・繫・一八 衛（衛）人自庚（康）丘遷（遷）于—（淇）衛（衛）

沇

清（一）・尹至・二 民—（噂）曰余返（及）女（汝）皆亡（亡）

漸

槧 包二・六一 塦— 人名

包二・一四〇 登人所—木四百先於鄒君之陞蘘溪之中

包二・一八六 醢— 人名

包二・二四九 見於繼無逡者與—木立

包二・二五〇 命攻解於—木立

上（三）・周・五〇 鳴（鴻）—于陸

上（三）・周・五〇 鳴（鴻）—于陞（阪）

清（一）・楚・五 畲逗遷（徙）居發—

清（一）・楚・六 至畲朔畲蟄（摯）居發—

⿱毄水

包二·八四
郛——　人名

清（三）·說中·二
——（漸）之于乃心

訛形。

清（三）·說下·八
克——（漸）五祀

⿱斬水

上（三）·周·五〇
天不——（漸）

上（三）·周·五〇
鳿（鴻）——（漸）于䦧（澗）

湘

⿱相木

包二·八三
鄦之墠里人——痼

深

曾一七一
品——驂爲左飛

郭·老甲·八
——不可志（識）

郭·性·三一
濬（浚）——賊（郁）舀（陶）

郭·性·二三
樂，禮（禮）之——澤也

郭·成·四
則其淳（淳）也弗——𦰩（矣）

郭·成·一〇
是古（故）君子之求者（諸）㠯（己）也——

郭·成·二三
未又（有）能——之者也

郭·尊·一九
古（故）終是勿（物）也，而又——安（焉）者

上（一）·孔·二
丌（其）思——而遠

上（四）·采·四
王音——浴（谷）

上（四）·柬·八
爲高山——溪

上（四）·柬·八
夢高山——溪虐（吾）所㝵（得）

上（五）·鮑·六
亓（其）爲忎（災）也——矣

上（五）·三德·一一
毋揣（揣）——

上（五）·鬼·八
䫉（顏）色——晦（晦）

上(六)·用·二〇
又(有)但之—

宋
郭·五·四六
—(深),莫敢不深

郭·五·四六
深,莫敢不—(深)

淮

上(二)·容·二五
埀(禹)迥(通)—與忻(沂)

泗

上(二)·容·三七
乃立—(伊)尹吕爲差(佐)

上(二)·容·三七
—(伊)尹既已受命

洹

清(二)·繫·三
柬(厲)王生—(宣)王

清(二)·繫·三
—(宣)王是㕜弃帝钕弗畋

清(二)·繫·一二七
鴋(陽)城—(桓)跕(定)君

清(二)·繫·一三五
昜(陽)城—(桓)跕(定)君

清(五)·厚·一一
廼—(宣)弔(淑)卒(厥)心

灘

潅

上(六)·平王與·三
戕(莊)王迈(至)河—(淮)之行

清(二)·繫·四四
朝周襄王于衡—(雍)

清(二)·繫·七七
連尹截(止)於河—

濁

雨二一·一
定新鐘之宮爲—穆

雨二一·三
姑佬之宮爲—文王羿爲啁☐

雨二一·四
☐之宮爲—獸金羿

郭·老甲·九
坉虖(乎)其奴(若)—

郭·老甲·九
竺(孰)能—以朿(静)者

新零·三八二
☐—溛☐

滯

渧

郭·語二·一七
—生於忩(欲)

郭·語二·一七
悉生於—

上(一)·性·一八
—焊(忓)

𣀔

郭·性·三〇
—潑

渚

郭·語四·一七 利其—(豬)者

新乙四·九 ▨—沰(沮)、章(漳)

上(四)·逸·交二 集于中—

洨

上(三)·周·一一 孠(厥)孚—(交)女(如)

濟

清(二)·繫·一一二 齊人女(焉)刣(始)爲長城於—

沽

郭·語四·一〇 不見江—(湖)之水

上(二)·容·二六 垔(禹)乃迵(通)三江五—(湖)

上(二)·魯·五 水牆(將)—(涸)

上(五)·鮑·五 —弗讓(僕)人之生

上(五)·弟·一六 梟(寡)翻(聞)則—(孤)

上(六)·用·六 亓(其)自能不—(涸)

上(六)·用·一九 而亦不可—

湳

清(五)·厚·六 —(沉)湎于非彝

汈

曾一七七 石—(梁)人騳＝

曾二一四 所𤦃石—(梁)肆𤦃祖新田之盟

郭·成·三五 擄(津)—(梁)婧(争)舟即汈字。

上(四)·逸·交一 交＝(交交)鳴鷩，集于中—(梁)

洦

泊

郭·性·六三 谷(欲)柔齊而—

上(二)·容·三五 厚忎(施)而—(薄)會(儉)

上(四)·柬·一 柬(簡)大王—澭(旱)

洍　海

上（四）·曹·五四
駐（重）賞—（薄）坓（刑）

上（六）·用·七
亓（其）自視之—

信二·〇一〇
—組之金

从水从白。本作—，段玉裁注《説文》作—，隸作泊，亦古今字也。

洍

信一·〇四八
☐若—☐

新甲三·一一七、一二〇
—瞀占之

新乙一·一八
—瞀㠯（以）陵☐

新零·一〇三
—瞀☐

涇

清（二）·繫·八二
爲長澂（斆）而—（洍）之

清（二）·繫·八二
是雞父之—（洍）

海

海

郭·窮·一〇
寡（窮）四—（海）

上（三）·中·一八
又（有）四—之内

清（二）·繫·一一二
自南山逗（屬）之北—（海）

[氵毋]

包二·一四七
宋獻爲王煮鹽於—

郭·老甲·二
江—（海）所以爲百浴（谷）王

郭·老甲·二〇
猷（猶）少（小）浴（谷）之與江—（海）

郭·性·九
四—（海）之内，其眚（性）弌（一）也

上（二）·容·五
四—（海）之内亩

上（二）·容·二〇
四—（海）之外皆青（請）社（貢）

上（二）·容·一九
四—（海）之内亙（及）

上（二）·容·二五
東鼓（注）之—（海）

上（二）·容·二六
東鼓（注）之—（海）

上（二）·容·二六
東鼓（注）之—（海）

上（二）·容·四一
㠯雹四—（海）之内

上（二）·容·九
而橐（包）才（在）四—（海）之内

滔　湝　滮　浩　波

上（二）·容·五　四—（海）之外宾（賓）
上（七）·吴·五　㠯（以）室（廣）東—（海）之表

上（三）·周·九　又（有）孚—缶

上（二）·民·七　而旻（得）既（氣）塞於四—（海）矣
上（二）·民·一二　塞于四—（海）

滔

潘　清（三）·琴·一　亯（享）隹（惟）—（慆）帀

湝

上（二）·容·二四　𠠡湝—湝（流）

滮

上（六）·用·六　繼𠩺湝（流）—

滮　新乙三·七　☐彔—諸生㠯（以）長筆爲君貞

浩

包二·六七　大伴尹頸句—受旨

波

包二·一一〇　—尹宜爲鄗貣郕異之黄金七益以翟種
天卜　桀於大—一牂

清（一）·楚·一　乇（宅）凥（處）爰—
清（一）·楚·八　乃渭（潰）疆涅之—（陂）而宇人女（焉）

上（二）·容·二四　㠯—（陂）明者（都）之澤

浮

新甲三・三一七 —三(四)袿(社)

上(五)・鮑・三 乃命又(有)嗣(司)箸集(祚)—

測

清(五)・厚・九 斯民心難—

湍

上(七)・凡甲・二〇 —之則泧(滅)

清(一)・保・五 —侌(陰)昜(陽)之勿(物)

清(三)・祝・一 司—彭=(滂滂)

郭・老甲・三八 —而羣之

濁

䤺

上(三)・周・四五 恭—(冽)

清

郭・老乙・一五 —(靜)爲天下定(正)

郭・五・八 思不—不詧(察)

郭・五・九 思不能—

郭・五・二 思不能—

郭・五・一二 悬(仁)之思也—

郭・五・一三 —則詧(察)

上(一)・孔・五 —富(廟)王悳(德)也

上(一)・孔・二一 —

上(三)・亙・四 —獎(氣)生天

上(六)・競・六 而湯—者

清(三)・琴・一〇 備(服)才(在)—富(廟)

清(五)・湯門・二 女(如)亡(無)又(有)良言—(情)至於今

淵

上（七）·凡甲·一二 水系（奚）𣎆（得）而—

上（七）·凡乙·九 系（奚）𣎆（得）而—

㴱 郭·老甲·一〇 湝（將）舍（徐）—

郭·尊·一三 則民弗㥁（德）—湝（壯）

囦 郭·性·六二 慮谷（欲）—（淵）而毋憍 《說文》古文。

上（三）·彭·四 或（又）椎（墜）於—（淵）

上（五）·君·一 㾞（顏）—（淵）時（侍）於夫子

上（五）·君·一 㾞（顏）—（淵）复（作）而畣（答）曰

上（五）·君·二 㾞（顏）—（淵）退

上（五）·君·三 㾞（顏）—（淵）時（侍）於夫子

𣶒 帛乙七·一〇 出自黃—

帛乙二·二四 又—□洄

清（三）·琴·五 曰—（淵）亦印（抑）

清（三）·芮·二六 言罙（深）于—（淵）

清（五）·厚·一二 若水𠂢（厥）—（深）

清（五）·湯丘·一八 罙（深）—（淵）是淒（濟）

澹

郭·語一·一〇七—一〇八 各以—（詹）訏（詞）毀也

从裘錫圭先生：此字声旁从『炎』省聲，或即『澹』字別體，在此讀为『詹』，後起字作『譫』。

澤

郭·性·二三 樂，澧（禮）之深—也

上（二）·容·一三 魚（漁）於靁（雷）—

上（二）·容·二四 㠯波（陂）明者（都）之—

上（四）·曹·二正 山非—，亡又（有）不民上(二)·容·三 蚃者鮁(漁)—

溴

包二·一〇〇 登成訟走仿郘綃以其敓湯汸與罶—之古

从水从臭。《説文》臭下云古文以爲—字。

郭·語四·七 流—而行

上(三)·彭·六 遠慮(慮)甬(用)素心白身—(釋)

淫

上(一)·紂·四 數惡㠯(以)虞民—

清(一)·保·四 欽才(哉)勿—

清(一)·保·一一 敬才(哉)母(毋)—

郭·尊·一六 則民—悃遠豊(禮)亡新(親)急(仁)

《古文四聲韻》古文。

淺

郭·五·四六 —(淺)莫敢不□(淺)

郭·五·四六 □(淺)莫敢不—(淺)

⿱戔水

信二·〇一四 二—缶

⿰戔水

帛乙五·三三 以成四—之尚

沙

⿸尾少

包二·五九 長—正龏懌受㕜

包二·六一 長—公

包二·一六七 大廄盤—

望二·三一 ▨□綏五匈之絉革—絉

上(四)·柬·九 王㠯(以)告榠(相)—與中佘(余)

上(四)·柬·一〇 榠(相)—中佘(余)會(答)

上(四)·柬·一五 榠(相)—中佘(余)與五連少子及龍臣皆逗

滎　沼　澗　灘　決　津

壘　上（三）·周·二　孤（需）于—（沙）

鄁　包二·七八　長—（沙）之旦陽倚受期

滎

滎　上（二）·容·二三　水—（潦）不湝

沼

絮　包二·一七九　登—之人隋訓

澗

上（三）·周·五〇　鳿（鴻）澌（漸）于—（澗）

上（五）·三德·一二　罘—（岸）之邑

灘

韉　上（一）·孔·一〇　—峑之智（智）

上（一）·孔·一一　—峑之智（智）

上（二）·容·二七　䖵（禹）乃從—（漢）目南爲名浴（谷）五百

上（二）·容·二七—二八　從—（漢）目北爲名浴（谷）五百

清（二）·繫·一二　楚文王以啟于—（漢）殤（陽）

新甲三·二六八　返（及）江、—（漢）、沮（沮）、漳

《説文》：俗灘从佳。

決

上（二）·容·二四—二五　—九河之渫（阻）

津

清（二）·繫·一三二　晉人回（圍）—（津）長陵

槃 郭·尊·一 —(盡)忿(憤)緜(滿) 與《説文》古文形近。

濿 郭·窮·四 郘(吕)宔(望)爲牂耊—
上(二)·容·五一 涉於孟—(津)

淦

上(六)·用·四 —(陰)則或淦(陰)
上(六)·用·四 淦(陰)則或—(陰)
清(五)·殷·一七 監(濫)萓(媚)莫—(感)

湛

包二·一六九 —母邑人屈帝
清(五)·厚·一三 母(毋)—于酉(酒)
帛乙二·二六 又鼎□—

休

郭·語二·三六 [忄矣](疑)生於—「溺(弱)」

跊 郭·語二·三六 —生於眚(性)
从裘錫圭先生：此「跊」爲「休」之訛體。簡文在此讀爲「弱」。

凄

郭·成·二五 「允市(師)—(濟)悳(德)」
郭·成·二六 言信於衆之可以—(濟)悳(德)也
郭·六·一六 句(苟)—夫人之善施
上(二)·容·三一 —(濟)於爀(廣)川
九·五六·三九下 嗌—垔之火
上(四)·曹·四三 行陞(阪)—(濟)墮(障)
清(一)·皇·一三 嚚(臨)余于—(濟)

湯　汙　涇　渴　　沈　瀧

清(五)・湯丘・一八 罙(深)㟪(淵)是—(濟)

上(三)・周・五 未—(濟)

瀧

帛甲三・二八 —汩凶溝

沈 沓

郭・窮・九 初—酭

清(一)・金・一一 隹余—(沖)人亦弗返智

清(一)・金・一二 隹余—(沖)人亓(其)親逆公

清(一)・皇・一 繇(肆)朕—(沖)人非敢不用明刑

清(三)・琴・九 迖(逐)思—(忱)之

清(三)・琴・一〇 亓(其)舍(余)—(沖)人

清(三)・芮・二四 豢(朕)隹(惟)—(沖)人

渴

清(五)・厚・五 之匿(慝)王廼—(竭)[illegible](失)其命

涇

郭・太・三 是以成—澡(燥)

郭・太・三 —澡(燥)復相補(薄)也

郭・太・四 —澡(燥)者

郭・太・四 —澡(燥)之所生也

汙

九・五六・四七 又—(穿)安(洝)

上(五)・三德・一二 宮室—池

湯

包二・一三一 陰司敗某軙告—公

包二・一三五反 左尹以王命告—公

包二・一七三 古让—昃

包二・一八四 —午 人名

信二・〇一四 —鼎

望二・五四 —鼎

郭・尊・六 —不易桀民而句(後)詞(治)之

郭·唐·一
—(唐)吴(虞)之道

郭·唐·三
古(故)—(唐)吴(虞)之☐

郭·緇·五
隹(惟)尹允及—咸又(有)一悳(德)

上(一)·孔·一七
—之水丌(其)忎(愛)婦恝(黎)

上(二)·容·三六
—乃尃(輔)爲正(征)叓(籍)

上(二)·容·三七
—乃惎(謀)戒求臤(賢)

上(二)·容·三九
—䎽(聞)之

上(二)·容·四二
—王天下丗=(三十)又(有)一傑(世)而受复(作)

上(二)·容·四〇
—或(又)從而攻之

包二·二六五
一—鼎

上(五)·鬼·一
昔者堯叁(舜)埀(禹)—

上(六)·競·六
而—清者

清(一)·尹至·一
彖(逯)至才(在)—

清(一)·尹至·四
—曰女(汝)告我顕腫(隱)衒(率)若寺

清(一)·尹至·四
—罙埑誓彶(及)尹

清(一)·尹至·四
—逩(往)延(征)弗雋(服)

清(一)·尹誥·一
隹尹既彶—咸又(有)一悳

清(一)·尹誥·二
執(摯)告—曰

清(一)·尹誥·三
—曰於(嗚)虐(呼)

清(三)·赤·一
集于—之廑(屋)

清(三)·赤·一
—䠷(射)之膭(獲)之

清(三)·赤·一
—逩(往)☐

清(三)·赤·二
—句妻紝巟胃少臣曰

清(三)·赤·五
—舁(返)騂(廷)

清(三)·赤·五
—忞(怒)曰箁涌虛蝨

清(三)・赤・五
—乃□之

清(三)・赤・一五背
赤鴼之集—之廛(屋)

清(五)・湯丘・一
—屋(處)於湯(唐)坓(丘)

清(五)・湯丘・二
—亦飤(食)之

清(五)・湯丘・三
—反遉(復)見少(小)臣

清(五)・湯丘・六
—曰善才(哉)

清(五)・湯丘・一〇
—曰善才(哉)

清(五)・湯丘・一一
—或(又)䎽(問)於少(小)臣

清(五)・湯丘・一三
—或(又)䎽(問)於少(小)臣

清(五)・湯丘・一四
—或(又)䎽(問)於少(小)臣

清(五)・湯丘・一六
—或(又)䎽(問)於少(小)臣

清(五)・湯丘・一七
—或(又)䎽(問)於少(小)臣

清(五)・湯丘・一八
—或(又)䎽(問)於少(小)臣

清(五)・湯門・一
—才(在)啻門

清(五)・湯門・五
—或(又)䎽(問)於少(小)臣曰

清(五)・湯門・三
—或(又)䎽(問)於少(小)臣曰

清(五)・湯門・一〇
—或(又)䎽(問)於少(小)臣

清(五)・湯門・一一
—或(又)䎽(問)於少(小)臣

清(五)・湯門・一九
—或(又)䎽(問)於少(小)臣

清(五)・湯門・二一
—曰天尹，唯古先=(之先)帝之良言

清(五)・湯門・一七
—或(又)䎽(問)於少(小)臣

清(五)・殷・二三
甬(用)肖(孽)卲(昭)句(后)成—

汏

清（四）·筮·爻五三 下爲—（汏）

湎

清（五）·厚·六 湎（沉）—于非彝

淡

郭·老丙·五 —可（呵）其無味也

溢

溢

清（三）·芮·九 屯員（圓）馬（滿）—（溢）

洒

湮

上（五）·鮑·五 —（洒）肰（然）䚟（將）薨（亡）

滄

上（四）·柬·一 王—至𦑮（蹄）

象

天卜 旣—然，以寡=然，不欲食

上（二）·從（甲）·一九 錯—而毋斂

郭·緇·一〇 晉冬旨（耆）—

浴

信一·〇五 必若五—之溥

帛乙一一·二八 山川澫—

郭·老甲·二〇 猷（猶）少（小）—（谷）之與江海（海）

郭·老乙·一一 上悳（德）女（如）—浴（谷）

上（二）·容·二七 壐（禹）乃從灘（漢）㠯南爲名—（谷）五百

上（二）·容·二七—二八 從灘（漢）㠯北爲名—（谷）五百

上（二）·容·三一 㠯衜於溪—（谷）

上（一）·孔·二六 —風忞（背）

上（三）·周·四四 莱—（谷）弦（射）豨（鮒）

上（五）·弟·二 生而不因（因）其—（俗）

谷 郭·老甲·二 江海(海)所以爲百—(谷)王 郭·老甲·三 是以能爲百—(谷)王 郭·老甲·三 以其能爲百—(谷)下 从李守奎先生説：所从聲旁與谷不同，或釋爲渦。

澡

郭·太·三 是以成溼—(燥)

郭·太·四 溼—(燥)之所生也

郭·太·四 溼—(燥)者

郭·太·三 溼—(燥)復相補(薄)也

汲

上(三)·周·四五 可㠯(以)—

上(五)·競·五 —(隰)俚(朋)會(答)曰

湶 上(六)·競·二正 盍敢(殊)之二子—(急)廼(將)

淳

郭·成·四 則其—(淳)也弗深悏(矣)

瀞

泆 信二·〇八 一—盌

信二·〇九 一—帽

泣

上(四)·柬·一四 句(後)而—(詨)胃(謂)大剌(宰)

澤 郭·五·一七 —(泣)涕女(如)雨

清(二)·繫·八〇 爲南—(懷)之行

清(二)·繫·九九 爲南—(懷)之行

涕

郭·五·一七 ▨□深—女(如)雨

滅

烕 清(二)·繫·七 幽王及白(伯)盤乃—

清(二)·繫·一九 幽侯—女(焉)

清(二)·繫·一三二 奠(鄭)子瘍(陽)用—

郭・唐・二八 —臤(賢)

上(七)・凡甲・二〇 測之則—(滅)

清(一)・尹誥・二 我戢(捷)—(滅)頣(夏)

清(三)・說中・三 故(古)我先王—(滅)頣(夏)

汩

帛甲三・二九 瀧—凼澫

泯

上(六)・用・一九 又(有)—＝之不浍

凼

帛甲三・三〇 瀧汩—澫

沱

包二・五五 —堤 人名

包二・八〇 —期 人名

包二・八一 —兢 人名

新甲三・一一、二四 宅茲—(沮)、章(漳)

新甲三・二六八 返(及)江、灘(漢)、—(沮)、漳

包二・三四 —忻 人名

包二・四六 —碨 人名

包二・五二 —牆 人名

包二・一六四 —昜賹尹鄗余

包二・一七二 —昜人陞團

包二・一七六 莪—君之人苛斡

包二・一八一 —昜人醢軋

包二・一八三 —昜人邗得

新乙四・九 ☐渚—(沮)、章(漳)

上(四)・昭・一 卲(昭)王爲室於死—(滑)之滤(淲)

溕 漫 ⿰氵疌 澫　　⿰氵忘 ⿰氵柞 浗 潃

溕

包二·一四九 —澇一賽

漫

常一 郕—君贏逕其衆以逿楚之戠

信二·〇一四 一—瓶

帛乙·一一、一七 山川—浴

帛甲三·三一 瀧汨㳄—

⿰氵疌

上（四）·逸·交三 集于中—

上（四）·昭·五 王遅（徙）凥（居）於坪（平）—（漫）

上（四）·昭·五 𡊾（卒）吕（以）夫=歓=（飲酒）於坪—（漫）

清（二）·繫·九八 克—（賴）邾（朱）邡（方）

澫 ⿱萬水

上（五）·競·六 不—二品（三）子

清（一）·楚·一四 以爲凥（處）於酉—

⿰氵忘

曾一七四 —國爲左飛

⿰氵柞 桼

郭·緇·六 懂（謹）亞（惡）以—民淫（淫）

浗

郭·唐·一七 —（求）虖（乎）大人之興

潃 ⿱攸水

包二·一六六 —駟爲右驌

《玉篇·水部》：潃，水流貌。

⿰氵殺 ⿱殺水 郭·性·三〇 哭之歔（動）心也濈（浸）—

澹 ⿱談水 包二·一三七反 以行古—上恒。

⿱葚水 包二·九六 —宊人軋臣

郭·老甲·二二 大曰—

⿱歁水 包二·一三九反 命—上之戠獄爲陰人舒𨊠𣪕

包二·九六 軋臣訟—宊

包二·九八 —公朔宵吴

⿱遆水 清（三）·説上·五 一豕乃觀（旋）保以—（逝）

渒 包二·八五 秀— 人名

潙 新甲三·一五、六〇 ☐隹—栗忎（恐）膿（懼）

从何琳儀先生釋「潙」讀「危」。所从「爲」以「象」代之。

⿰氵介 新甲三·二一 ☐☐，卲（昭）告大川有—。少（小）臣☐

新零·九、甲三·二三、五七 ☐食，卲（昭）告大川有—

新零·一九八、二〇三 有敓（祟）見于大川有—

⿰氵死 上（二）·容·二六 蚃（禹）乃迵（通）—（伊）、洛

⿰氵禾 天卜 筮禱—京漳豢酉飤

見《玉篇·水部》。⿰氵禾，水名。

清（二）·繫八五 爲—之𠂤（師）

湋
清（二）・繫・一三〇
楚人涉—（氾）

澳
新甲三・四〇三
—溹一豬

㳅
上（二）・容・二一
宔（中）正之罜（旗）吕—（熊）

濅
上（二）・容・二四
𨙻—湝潹（流）

瀼
上（二）・子・七
王則亦不大—

灈
新甲三・二六八
延—至於—（淮）

澾
新甲三・三四三—一
䣄於—昏（辰）袿（社）

㬎
曾一三九
—鞅貽

淺
上（三）・周・五八
—（曳）丌（其）輪

潚
上（三）・亙・二
爲弍（一）若—（寂）

上（五）・季・四
—（備）言多難□□□□□□□□□□□舀（擾）事皆旻（得）亓（其）嚾（勸）而弜（强）之

淦

上(五)·弟·八
酓(飲)酉(酒)女(如)—(淯)

漢

上(六)·用·二〇
而又(有)弔(淑)之—(淺?)

溼

清(一)·金·一一
王捕(布)箸(書)以—(泣)

洲

清(一)·楚·一
逆上—水

浯

清(一)·祭·二
不—(淑)疾甚

伊

清(二)·繫·一〇二
楚卲(昭)王戠(侵)—(伊)

溫

清(二)·繫·一二三
明(盟)陳和與陳湨於—門之外

湨

清(二)·繫·一二三
明(盟)陳和與陳—於溫門之外

清(二)·繫·一三七
王命坪亦(夜)悼武君李人於齊陳—求白(師)

沃

清(三)·說中·三
日—朕心

汸

清(三)·琴·九
—=(滂滂)才(在)下

況　漌　洀　濍　澀　流

清(三)·芮·四
稟(富)而亡(無)—

清(三)·芮·一〇
母(毋)—(害)天棠(常)

清(三)·赤·五
篙(孰)—(調)虘(吾)彇盂(羹)

清(五)·厚·九
天命不可—

清(五)·湯門·一四
唯(雖)成或(又)—(瀆)

上(二)·從(甲)·一九
君子不㠯—言戢(傷)人

上(一)·性·二八
言谷(欲)植(直)而毋—(流)

上(一)·性·一九
丌(其)杲(拔)—(流)女(如)也㠯(以)悲

上(一)·性·三八
不又(有)夫詘〓(詘詘)之心則—(流)

清(一)·楚·三
逆—哉(載)水

郭·語四·七
—澤而行

郭·成·二
非從末—者之貴

郭·成·一四
非從末—者之貴

郭·尊·二八
悳(德)之—

郭·緇·三〇
古(故)大小不昌—

郭·性·四六
不又(有)夫詘詘(款款)之心則—

上(二)·容·二四
䎽㳅湝—(流)

郭·性·三一
其刺，則—女(如)也以悲

上(六)·孔·二四
君子—亓觀安(焉)

上(六)·用·六
繼𠨷—(流)滮

涉

上（七）·凡甲·二 民人—型（形）

上（七）·凡甲·一〇 水之東—

上（七）·凡乙·一 㕣（凡）勿（物）—型（形）

上（七）·凡乙·一 —型（形）城（成）豊（體）

上（七）·凡乙·二 民人—型（形）

上（七）·凡乙·二 —型（形）城（成）豊（體）

清（一）·金·七 官弔（叔）返亓羣䢵俤乃—言于邦曰

清（三）·琴·九 —（攸）自求敚（悦）

包二·一二八反 既—於喬與喬差僕受之

天策 齒—

天策 蓍—

帛甲三·一五 以—山陵

郭·老甲·八 夜（豫）虐（乎）奴（若）冬—川

上（一）·孔·二九 —秦丌（其）幽（絶）

上（二）·容·五一 —於孟瀌（津）

上（三）·周·一二 甬（用）—大川

上（三）·周·二五 利—大川

上（三）·周·二五 不可—大川

上（三）·周·五四 利—大川

上（三）·周·五八 利—大川

上（三）·周·五八 利—大川

上（四）·柬·九 王若牺（將）鼓而—之

上（四）·柬·一一 牺（將）必鼓而—之

上（七）·鄭甲·六 晉人—，牺（將）救莫（鄭）

上（七）·鄭乙·六 晉人—，牺（將）救莫（鄭）

清（二）·繫·二一 翟人或—河

清（二）·繫·三四 囟（使）君—河

⿲木水木　瀕　く　川

清（二）·繫·六八
母（毋）能—白水

清（二）·繫·九四
齊𢧵（莊）公—河𧦝（襲）朝訶（歌）

清（二）·繫·一三〇
楚人—沬（氾）

清（二）·繫·一三三
戠（止）邾公—濶以歸（歸）

新甲三·四一四、四一二
䰰於—▨

清（一）·楚·九
至成王自箬郢遷衮—涅

清（一）·楚·一三
女（焉）遷（徙）衮（襲）—郢

清（一）·楚·一四
王大（太）子以邦遉（復）於—郢

清（一）·楚·一四
王大（太）子自—郢遷（徙）居疆郢

清（一）·皇·五
以—（賓）右（佑）于上

甽

上（二）·子·八
采（播）者（諸）—（畎）畾（畝）之中

《說文》：甽古文く，从田从川。甽即今之畎字。

帛甲三·一二
山—四𦉢

帛乙二·一六
山—㴝浴

帛丙七·二
可以—

郭·老甲·八
夜（豫）虐（乎）奴（若）冬涉—

郭·尊·一二
不訋（治）不—（順）

郭·成·三八
而可以至—（順）天棠（常）悏（矣）

郭·尊·一二
不—（順）不坪（平）

郭·成·三二
君子訋（治）人侖（倫）以—（順）天悳（德）

郭·唐·四
旹（時）事山—

郭·唐·六
效（教）民大—（順）之道也

上（二）·魯·二
女（如）毋悉（愛）珪壁弊（幣）帛於山—

上（二）·魯·四
弊（幣）帛於山—

上（二）·魯·四
夫—

上（二）·容·三一
淒（濟）於𡵨（廣）—

上（一）·紂·七
四或（國）—（順）之

新甲三・二一　☐☐，卲（昭）告大—有汸。少（小）臣☐

新零・九、甲三・二三、五七　☐食，卲（昭）告大—有汸

新零・一九八、二〇三　有祱（祟）見于大—有汸

上（三）・周・二三　利涉大—

上（三）・周・二五　不可涉大—

上（三）・周・二五　利涉大—

上（三）・周・五四　利涉大—

上（三）・周・五八　利涉大—

上（五）・三德・一〇　毋龤（壅）—

上（五）・三德・一二　監—之都

上（五）・三德・一七　智（知）天足㠯—（順）旹（時）

上（五）・三德・一八　—（順）天旹＝（之時）

上（六）・競・七　女（如）—（順）言弇亞（惡）虐（乎）

上（七）・凡甲・七　—（順）天之道

清（一）・程・三　斥忘（祈）于六末山—

清（一）・程・八　思（使）卑膻（柔）和—（順）

清（一）・保・六　咸—（順）不諍（逆）

清（五）・厚・二　咸（通）𦧗禹□□□□□□□□□□□—

清（五）・命・九　亡（無）壤（讓）則不—（順）

巠

郭・性・六五　退谷（欲）尋而毋—（輕）

郭・尊・一三　則民果以—（輕）

郭・唐・一九　不以仄（匹）夫爲—（輕）

上（六）・孔・二二　言之則忎（恐）舊（尤）—子

上（六）・孔・二二　—子迷

㐬

包二・一七四　佶戱—瘇

郭・唐・八　炁（愛）睪（親）—（忘）臤（賢）

侃

上(三)·亙·五 智(知)既(既)而—(荒)

上(四)·曹·六一 —者毋(悔)之

上(五)·三德·七 是胃(謂)大—(荒)

上(五)·三德·二二 四—(荒)之内

清(三)·琴·一一 弻(弼)敢—(荒)才立(位)

清(三)·琴·一三 攷(孝)敬肥(非)紃—(荒)

清(三)·琴·一五 弻(弼)敢—(荒)悳(德)

清(三)·芮·六 恪𢦔(哉)母(毋)—(荒)

清(三)·祝·一 又(有)上—＝(茫茫)

清(三)·赤·二 湯句妻紝—胃少臣曰

清(三)·赤·三 紝—胃(謂)少(小)臣曰

清(三)·赤·三 少臣自堂下受紝—盪(羹)

清(三)·赤·三 紝—受少(小)臣而嘗之

清(三)·赤·四 四—(荒)之外

天策 ▨䭾—馯▨

郭·緇·三二 不—于義(儀)

上(一)·紂·一六 不—

清(二)·繫·一二〇 魯侯—(衍)明(盟)于魯稷門之外

清(三)·琴·一三 勿請福之—(愆)

州

包二·二七 不以死於其—者之詧(察)告

《説文》州古文—。

包二·三二 不以所死於其—者之居處名族至命

包二·九五 卲無戠之—人鼓䠜張惏

包二·一一四 —莫囂痜

包二·一一四 —司馬

包二·一二六 —里人

包二·一二八 —里人

包二·一四二 達遫至—衛从＝糆軗之

包二·一四四 从＝逃至—衛

包二·一六六 份𡨥斂之—苛蘘

包二·一八〇
霝里子之—差䣊時

包二·二四九反
不智其—名

包二·二二
司馬之—加公李瑞

包二·二四
豫之—加公

包二·三〇
邵司馬之—加公李偳

包二·三五
新遊宮中諭之—加公弼罷受期

包二·四二
霝里子之—加公文壬

包二·六八
鄗君之者—加公周踦受期

包二·一六四
—加公䣊勳（勝）

包二·一八一
卲上之—加公郢

包二·一八一
莫囂之—加公五陽

包二·一八五
鄬郢公之—加公婁逌

包二·一八九
—加公張讙

包二·一八九
鄦君之—加公石瘢

包二·三二
—里公

包二·三七
—里公

包二·一四一
—里公

包二·一九一
郿族—里公黄固

包二·五八
宣王之埦—人苛朡

包二·一四二
㠯〃之—人君夫人之敀愈

包二·一四四
—人䣖斁小人〃（小人）信以刀自戕

包二·一四四
—人女以㠯〃告

信一·〇二三
—昊〃杲〃有胃日

帛甲五·四
九—不坪

包二·八〇
肆士石佢訟其—人肆士石䏌

包二·八〇
少臧之—人

包二·八四
虘人之—人

上（二）·容·二五
競—

上（二）·容·二五
夾州、涂（徐）—

上（二）·容·二五
簹（莒）—

上（二）·容·二五
於是虖（乎）夾—、滄（徐）州刣（始）可凥（處）

上（二）·容·二六
䣈（荆）—

上（二）·容·二六
鄸（揚）—

上（二）·容·二六
於是虖（乎）蓏—刣（始）可凥（處）也

上（二）·容·二七
於是於（乎）敓（豫）—刣（始）可凥（處）也

上（二）·容·二七
於是虖（乎）虘—刣（始）可凥（處）也

上（二）·容·四一
湯於是唐（乎）䢅（徵）九—之帀（師）

泉

上(六)·天甲·一　凡天子晝(建)之㠯(以)—

上(六)·天乙·一　凡天子建之㠯(以)—

上(七)·君乙·四　—徒之樂

清(二)·繫·八二　五(伍)雞迋(將)吴人以回(圍)—埅(來)

清(二)·繫·一〇七　居于—埅(來)

清(三)·説上·六　才(在)北晋(海)之—

清(三)·良·一一　楚恭王又郘(伯)—利(犁)

包二·八六　訟羕陵君之陞—邑人迻塙

《説文》—或省水。

包二·一四三　郻寍磝敔君之—邑人黄欽

上(二)·容·三三　☐又—所

清(二)·繫·一〇三　者(諸)侯同槑(盟)于鹹—以反晉

湶

郭·成·一四　窮—(源)反沓(本)者之貴

《字彙補》：湶與泉同。

包二·三　疾一夫居於郢迻區—邑

包二·一〇〇　以其敓—汸與𦊕澤之古

上(三)·周·四五　寒—(泉)飤(食)

上(二)·容·二五　壘(禹)乃迵(通)蔞與—

滖

郭·成·一一　窮(窮)—(源)反沓(本)者之貴

从李守奎先生：疑爲滖之異體。

永

清(五)·厚·三　隹(惟)天乃—保顕(夏)邑

清(五)·厚·四　—保顕(夏)邦

清(五)·厚·四　—敓(敘)才(在)服

清(五)·封·八　以—厚周邦

羕

新甲三·一九三　鄦尹—習之㠯(以)新(新)承惪☐

上(三)·周·九　元—(永)貞

上(三)·周·四七　元—(永)貞

上（三）·周·四八 利—（永）貞

包二·四〇 李— 人名
包二·四一 —逸公
包二·一七六 番— 人名
包二·二二一 尚毋又—
包二·二二三 尚毋又—

包二·七五 —陵 地名
包二·八六 —陵
包二·一〇七 —陵
包二·一二八 —陵
包二·一七七 —陵

包二·一八六 —陵
天策 ▨—□君▨
天策 ▨番—嫎一▨
秦九九·三 ▨—也至秋三月
帛乙二·八 天陞乍—

郭·老甲·三五 賹（益）生曰—（祥）
郭·性·一〇 或—（養）之
郭·性·一一 —（養）眚（性）者

郭·性·二六 —（永）思而數（動）心
郭·性·三四 —（咏）斯猷（猶）
郭·性·三四 奮斯—（咏）

郭·尊·三九 求其—（養）
上（二）·容·一三 孝—（養）父母
上（二）·容·三三 亓生賜—（養）也

上（二）·容·三七 —（佯）㝵（得）于民
上（二）·容·一六 祆（妖）—（祥）不行
上（三）·彭·一 受命—（永）長

上（四）·柬·二三 君善夫=（大夫）可—（永）靜
清（一）·保·一一 日不足隹㥀（宿）不—（詳）

清（一）·祭·一三 不隹句禝之受命是—（永）舀
清（三）·說下·三 弼（弼）—（永）脡（延）
清（三）·芮·一八 各恚（圖）卑（厥）—（永）

谷

郭·老甲·五 咎莫僉（憯）虐（乎）—（欲）得
郭·老甲·六 不—（欲）以兵強於天下

郭·老甲·一〇 保此衍(道)者不—(欲)端(尚)呈(盈)

郭·老甲·一一 聖人—(欲)不谷(欲)

郭·老甲·一二 聖人谷(欲)不—(欲)

郭·老甲·三二 我—(欲)不谷(欲)而民自樸

郭·老甲·三二 我谷(欲)不—(欲)而民自樸

郭·成·一七 則民—(欲)其智之述也

郭·成·一七 則民—(欲)其福(富)之大也

郭·成·一八 則民—(欲)其貴之上也

郭·成·二〇 —(欲)人之敬㠯(己)也

郭·成·二〇 是古(故)—(欲)人之悉(愛)㠯(己)也

郭·性·五八 —(欲)其䐓(宛)也

郭·性·六二 凡悳(憂)患之事—(欲)㚢(任)

郭·性·六二 身—(欲)寈(静)而毋訍

郭·性·六二 樂事—(欲)後

郭·性·六三 行—(欲)恿(勇)而必至

郭·性·六三 —(欲)柔齊而泊

郭·性·六二 慮—(欲)困(淵)而毋愚

郭·性·六三 憙(喜)—(欲)智而亡末

郭·性·六三 窗(貌)—(欲)壯(庄)而毋果(拔)

郭·性·六四 悳(憂)—(欲)僉(儉)而毋惛

郭·性·六四 恣(怒)—(欲)浧(盈)而毋[illegible]

郭·性·六四 進—(欲)孫(遜)而毋攷(巧)

郭·性·六五 退—(欲)尋而毋巠(輕)

郭·性·六五 —(欲)皆廛(文)而毋愚

上(一)·孔·七 文王隹(唯)—(裕)也

郭·尊·二六 不以旨(嗜)—(欲)害(害)其義(儀)簋(軌)

上(一)·孔·三 専(溥)僓(觀)人—(俗)安(焉)

上(一)·孔·九 黄鴌則困而—(欲)反丌(其)古也

上(一)·孔·一六 見丌(其)岂(美)必—(欲)反一本

谿

上（一）・紂・四　—

上（一）・性・二七　門外之絧（治）—（欲）丌（其）折也

上（一）・性・二七　甬（用）心—（欲）悳（德）而毋莭

上（一）・性・二七　凡身—（欲）青（靜）而毋遣（動？）

上（一）・性・二七　慮—（欲）囦（淵）而毋異

上（一）・性・二七　退—（欲）緊（？）而毋翚（輕）

上（一）・性・二八　言—（欲）植（直）而毋澅（流）

上（一）・性・二八　居仉（處）—（欲）牆（壯）蓦（？）而毋曼

上（一）・性・三一　凡悥（憂）卷（惓）之事谷（欲）任樂事—（欲）逡（後）

上（四）・曹・四六　卒（卒）—（欲）少吕多

上（四）・曹・六四　虘（吾）一—（欲）毌（聞）三弋（代）之斋=

上（六）・孔・一五　吕（以）亓其所—（欲）智（知）不行矣

上（七）・武・二　王女（如）—（欲）雚（觀）之

上（七）・武・四　—（欲）勳（勝）義則兇

上（七）・武・九　亞（惡）逹=（失？失）道於脂（嗜）—（慾）

溪

包二・一四〇反　蘘—　地名

包二・一八二　某—邑人詧腹志

郭・語四・一七　不賽（塞）其—（溪）

曽二一二　桐—二夫

上（二）・容・三一　吕衝於—浴（谷）

新甲三・三五五　鱦於栗—一貊

新甲三・四〇三　漳—一豬

《廣韻・齊韻》溪與谿同。

上（四）・柬・三　無又（有）名山名—

上（四）・柬・八　爲高山深—

上（四）·柬·八 夢高山深—虗所旻

清（一）·楚·一一 至霝王自爲郢遷居秦—之上

清（一）·楚·一二 猷居秦（乾）—之上

清（一）·楚·一二 至卲（昭）王自秦—之上遷居媺郢

清（一）·楚·一三 女（焉）復（復）遷（徙）居秦（乾）—之上

溪

上（七）·君甲·九 先君霝（靈）王乹（姦）—（繫）云（員）

睿

濬

清（五）·湯丘·一九 君旣—明

清（五）·湯門·一三 悳（德）—明執訐（信）以義成

《說文》古文。

郭·性·三一 —（濬）深賊（鬱）舀（陶）

上（一）·性·一九 —深贅（鬱）慆

濟

曾一五七 —之駟爲右驂

觳

清（二）·繫·八二 爲長—（壑）而涇（洍）之

冰

清（三）·說下·七 思（使）若玉—

冬

各

包二·二 —栾之月

《說文》古文从日作。

包二·八〇 —栾之月

包二·八一 —栾之月

包二·二〇五 —栾之月

包二·二〇六 —栾之月

秦一·一 —栾之月

天卜 —栾之月

天卜 —栾之月

天卜 —栾

冶　雨

帛乙一・一六 春頭昧—

帛丙一・三 荃司—

郭・老甲・八 夜(豫)虐(乎)奴(若)—涉川

郭・老甲・二 誓(慎)冬女(如)门(始)

郭・五・一八 又(有)與—(終)也

郭・緇・一〇 晉—旨(耆)滄

上(二)・子・一二 —(終)見芙孜而薦之

上(二)・容・二二 —(冬)不敢㠯蒼㘥(辭)

新甲三・一〇七 ▨□貞：七月至—柰之月，尚▨

新乙一・三一、二五 以至—柰之月

新乙四・六三、一四七 —(冬)柰之月

上(一)・紂・六 晉—(冬)耆(祁)寒

九・五六・四〇 凡(冬)—三月

上(四)・昭・七 君王至於定—(冬)

清(四)・筮・得二二 巛⿱—(冬)見四

清(四)・筮・貞三一 巛巛烎(秋)—(冬)

清(四)・筮・貞三一 巛巛頭(夏)烎(秋)—(冬)

清(四)・筮・四季三八 沓(春)頭(夏)烎(秋)—(冬)

清(五)・湯門・二〇 芚(春)頭(夏)烎(秋)—(冬)

冶

[尸台]

包二・八〇 少臧(臧)之州人—士

包二・八〇 —士石臘

雨

帛甲一・三二 風—是於

帛甲七・二五 風—䨓禕

帛乙三・七 雹雲—土

帛乙三・一五 天—

帛乙八・四 寺—進退

郭・五・一七 ▨□溧涕女(如)—

郭・緇・九 日㝿—

上(一)・孔・八 —亡政

上(二)・魯・四 丌(其)欲—或甚於我

上（二）·魯·四 女（如）天不—
上（二）·魯·五 女（如）天下—

上（一）·紂·六 日凥（處）—
上（四）·柬·一六 三日，大—，邦蕙（瀝）之
清（三）·説中·四 女（汝）复（作）恶（淫）—

清（三）·芮·二一 風—寺（時）至
清（四）·筮·雨一二 ⟨≡⟩≪凸（凡）—堂（當）日
清（四）·筮·雨一四 内（入）—堂（當）日才（在）上

清（四）·筮·祟四九 —市（師）
清（四）·筮·爻六一 風—
清（四）·筮·十七命六二 日—日取（娶）妻

上（二）·魯·五 丌（其）欲—
上（三）·周·三四 遇—則吉
上（三）·周·三八 蜀（獨）行遇—

靁

靁 靁

包二·一七四 正昜让—秦
包二·一七五 —孚 （逸）
信二·〇一 一—

上（七）·凡甲·一一 箸（孰）爲—
清（一）·金·九 天疾風以—

清（四）·筮·卦四六 —是

霊

包二·八五 —宋 人名

電

電

帛乙三·五 又—雲雨土

䨮

䨮

清（四）·筮·爻五九 爲—（雪）爲霧（露）爲霓（霰）

䨭 清(一)·楚·六 酓相(霜)及酓—(雪)及酓訓(徇)

上(四)·采·三 蠶亡，—氏

𩅰 郭·老甲·二五 其—(脆)也

霰

霓 覔 清(四)·筮·爻五九 爲零(露)爲—(霰)

《說文》或體。

霰 包二·九一 佁大戠六敓(令)周—

雹

雩 帛甲一·五 曰故(天)熊—虐

霝

包二·一七二 —昜人盬象

包二·一八〇 —里子之州差𤕦時

包二·二三〇 長— 卜具

包二·二四二 長—

包二·二四七 駁—

帛甲六·三二 毋敢骰天—

天卜 白— 卜具

天卜 倀— 卜具

新乙四·一一〇 ☐—☐

九·五六·九四 丁亥又(有)—(靈)

新甲三·二三三、一九〇 以白—(靈)爲君坪夜君貞

新乙四·八二 —(靈)君子

新乙一·二八 遠(就)禱—(靈)君子一豬

上(一)·紂·一四 「毘(苗)民非甬—(命)」

清(一)·楚·一一 至—(靈)王自爲郢遷居秦溪之上

清(二)·繫·五〇 —(靈)公高幼

清(二)·繫·五一 乃佁—(靈)公以虘(號)于廷

清(二)·繫·八〇 以至—(靈)王

清(二)·繫·八〇 —(靈)王卽殜(世)

霝

天卜 娶禱巫豬—酉鎇鐘樂之

包二·二七〇 —光之綫

包二·二七七 —光之結帽

需

包二·四二 —里子之州加公文壬

包二·一四九 —坨一邑

包二·二三四 駁— 卜具

包二·二六一 —光之綉

望二·一二 —光之章

望二·一〇 —光之純

望二·一三 二—光之中干

望二·四七 一—光之㠯

望二·五〇 —光之阩絕

天卜 迎— 人名

天卜 長—

新甲三·六五 ☐—(靈)力，

上(三)·周·二四 皦(舍)尒(爾)—(靈)龜

上(七)·君甲·九 先君—(靈)王𡴎(姦)涘(繫)云(員)

上(七)·君乙·九 先君—(靈)王𡴎(姦)涘(繫)云(員)

上(七)·吳·八 天子之—(靈)

上(七)·吳·八 天子之—(靈)

清(一)·程·二 卑(俾)—(靈)名莬(凶)

清(二)·繫·五三 乃立—(靈)公

清(二)·繫·五五 —(靈)公高立六年

清(二)·繫·七五 陳公子諻余殺亓君—(靈)公

清(二)·繫·九七 —(靈)王爲命(令)尹

清(二)·繫·九八 —(靈)王卽立(位)

霝

包二·二七二 —光結帽

包二·二七六 —光結帽

包二·二七六 —光之童

纒

包二·二六八 —光之紑

包二·二六八 緄組之—

望二·八 黃𩚖組之—

靈

清（五）·命·一二
—（臨）之以中

零

上（一）·孔·二一
審（甚）—之賹也

郭·老甲·一九
以逾甘—（露）

清（一）·皇·一〇
以自—（落）乎（厥）豙（家）

清（四）·筮·爻五九
爲—（露）爲霓（霰）

霰

雩

上（三）·周·三八
女（如）—又（有）礪（厲）

雩

包二·六九
—戲　人名

上（五）·鮑·八
—（雩）塝陛至巸（杞）

清（五）·封·二
—（越）才（在）天下

上（一）·紂·二〇
「出內（入）自尒市（師）—

清（三）·良·七
—（越）王句戩（踐）又（有）大夫同（種）

需

上（二）·容·二
敉（侎）—（儒）爲矢

清（一）·金·七
公𤕤（將）不利於—（孺）子

清（三）·琴·七
—（孺）子王矣

上（三）·周·五七
—丌（其）首

上（三）·周·五七
—又（有）衣絮（袽）

[illegible]

上（二）·容·四一
𠮾—四海（海）之內

[illegible]

帛甲一·一〇
出自□—

[illegible]

曾一八
虓首之—

曾五九
貂—

曾九三
虓裂之—

曾九五
無—

曾三
豻首之—

雹

曾五六 貂首之—
曾六九 貂首之—
曾三五 紆—
曾八九 紆—
曾三八 紆首之—

曾八三 紆首之—
曾八七 紆首之—
曾一一 貂首之—
曾一五 貂首之—

鏤
曾八〇 虎—

歔
曾二八一 屯—翆翻

霥、鏤、歔一字異寫，皆讀爲蒙。

曾四二 屯—翆
曾四四 屯戠—羽
曾四九 紆—

雲

帛乙三・六 又電—雨土

𩁾

霥
包二・一七四 周—

包二・一八五 𨙸郢人㪷—适酉中

从拔之古文。《集韻・勿韻》有𩁾字。

霹

郭・成・三九 言不—（溯）大祟（常）者

霣

郭・語三・三一 智銅（治）者—（寡）悔（悔）

䨚

新乙二・一四 □蒯羅丘—□

雲　雲　天卜　解於二天子與—君以𤪌珥

云　郭·緇·三五　大虽（雅）—

上（三）·亙·四　—（云云）相生

上（七）·君甲·九　先君霝（靈）王𠦪（姦）渓（繫）—（員）

上（七）·君乙九　先君霝（靈）王𠦪（姦）渓（繫）—（員）

霒　霒　会　包二·一八〇　瞳笋—㞷女　《說文》古文。

郭·太·二　是以成—（陰）易（陽）

郭·太·二　—（陰）易（陽）復相補（薄）也

郭·太·五　—（陰）易（陽）者

郭·太·五　—（陰）易（陽）之所生

郭·太·八　—（陰）易（陽）之所不能成

郭·語四·一六　利木—（陰）者

包二·一三四　子郙公誼之於—之數客

包二·一三五　—之正

上（二）·容·二九　乃支（辨）—（陰）易（陽）之㷖（氣）

上（六）·天甲·五　文—（陰）而武易（陽）

清（一）·保·六　測—（陰）㵗（陽）之勿（物）

清（二）·繫·九二　爲坪—（陰）之𠂤以回齊

清（二）·繫·九四　以逯（復）坪—（陰）之𠂤（師）

清（二）·繫·一二七　秦人敗晉𠂤於茖（洛）—（陰）

上（六）·天乙·四　文—（陰）而武易（陽）

上（七）·凡乙·一　—（陰）易（陽）之尿（尻）

清（四）·筮·得一四　⚏⚎內（入）於—（陰）

清（四）·筮·雨一七　⚎⚏才（在）上—（陰）

清（五）·殷·二八　唯（雖）—（陰）或（又）明

魚

上（七）・凡甲・二〇 豸（貌）言而禾（和）不—（陰）

包二・二五六 籤—一籊

包二・二五七 囂—二箕

包二・二五九 一—鞁之縷

天策 —箙

天策 —韔

望二・二三 —鞁之冢

曾二 紫—與彔—

曾五 三襪貂與彔—之箙

曾五 紫—之箙

曾一四 二襪貂與彔—之箙

曾一四 一彔—之箙

曾一六 一襪紫—彔魚之箙

曾一九 屯襪紫—彔—之箙

曾二九 一襪貂與彔—之箙

曾三六 四襪貂與彔—之箙

曾六三 彔—之箙

曾六三 襪貂與彔—之箙

曾一〇二 一彔—之箙

曾八 三貂襪紫—之箙

曾一九 一襪貂紫魚之—

曾七〇 襪貂與紫—之箙

曾一〇四 紫—之箙

曾二九 一彔—之聶

曾八八 彔—之聶

曾四 彔—之韔

曾八 彔—之韔

曾六三 彔—之韔

曾七一 彔—之韔

曾八八 彔—之韔

曾五五 紫—之韔

曾五八 紫—之韔

曾一三 一襪紫—彔—之箙

曾二六 二襪紫—彔—之箙

曾二九 三襪紫—彔—之箙

曾三九 一襪紫—與彔—之箙

曾一〇六 襪貂與彔—之韇

曾一〇八 四襪紫—

曾一七四 —軒

上（二）・魯・四 —㠯（以）

上（二）・魯・五 —⿰爿酉（將）死

上（二）・容・一三 —（漁）於靁（雷）澤

上（二）·容·五 —蝨（鰲）獻

新甲三·三二一 鼬於—是

上（三）·周·四〇 槖又（有）—

上（三）·周·四一 槖亡（无）—

上（五）·姑·八 乃命長—𦊆𠮷（己）

上（五）·姑·九 長—𦊆𤉡（册）

上（五）·姑·九 姑（苦）㦸（成）豙（家）父專（捕）長—𦊆

上（五）·姑·一〇 長—𦊆惻（賊）參（三）𡉚（欲）

上（六）·孔·五 —（吾）道之

清（四）·筮·爻五三 爲瘇（腫）脹爲—爲權（罐）侗（筩）

新甲三·三一六 司馬—之述

从宋華强先生釋。

䲁

上（六）·用·一六 良人可思—之身

鯀

郭·語一·三 天生—（倫）

郭·語一·五 而句（後）又（有）—（倫）

郭·語二·四四 遜（由）㝵—生

鯢

包二·一九四 舒銜— 人名

鱖

鱥

清（二）·繫·八〇 執吴王子—（蹶）繇（由）

鮮

郭·成·九 則民—不從俟（矣）

上（四）·逸·多一 —我二人

清(三)·芮·二六 而—可與惟

清(五)·厚·一一 亦—克以誨(謀)

鯛

包二·一六五 黃— 人名

包二·一九〇 黃—

魝

包二·一七〇 登— 人名

鮩

包二·一六六 苛— 人名

包二·一八五 苛—

鮭

包二·一八三 —鴼 人名

鯖

郭·忠·六 古(故)行而—(請)兑(悦)民

魰

包二·一二一 大—尹屈遥

上(二)·容·三 蚩者—(漁)澤

上(六)·競·八 萑(澤)梨(濟)吏(史)—守之

鰆

上(二)·容·二四 面旗—㠪

鱻

包二·二六五 一鐈—貞(鼎)

从李守奎先生釋此字。

龍

九·五六·一〇八 —日

包二·一三八 陳— 人名

包二·一七一 登無— 人名

望二·一一 —枕

帛丙四·三 □—

郭・性・二八　益樂—指
郭・性・二八　凡古樂—心
上（四）・柬・一五　中㑲與五連少子及—（寵）臣皆逗

上（七）・君甲・五　君王—（隆）亓（其）祭
上（七）・君乙・五　君王—（隆）亓（其）祭

清（一）・尹至・二　—（寵）二玉
清（二）・繫・三　—（共）白（伯）和立

清（二）・繫・三一　乃譴大子—（共）君而殺之
清（二）・繫・八五　楚—（共）王立七年

清（二）・繫・八六　—（共）王叓芸公嘑於晉
清（五）・封・七　—盟（鬻）緆（璉）蘿（鑵）

⿰⿱立月兄

清（二）・繫・八七　—（共）王叓（使）王子昬（辰）嘑（聘）於晉
新零・五七二　☐無—☐
上（一）・紂・一三　—（恭）㠯（以）立（泣）之

⿰⿱立月召

上（六）・用・一六　—（恭）弔（淑）㠯成

⿱立月

新甲三・三四六—二、三八四　陽無—之述
上（五）・競・七　陞（地）不生—

⿰⿱立月石

新甲三・三一五　䣏於靳（新）邑—（龍）郘☐

⿰⿱立月卩

清（五）・厚・一　𢍁（問）前文人之—（恭）明悳（德）
清（五）・厚・四　以庶民隹（惟）政之—（恭）

上（一）・性・一七　凡古樂—（隆）心

上(六)·用·七 擇—(恭)又(有)武

飛

曾一七一 品探驊爲左—
曾一七一 宋客之騶爲右—
曾一七二 殤禐之䮾爲左—
曾一七三 邡鄗之騂爲左—
曾一七三 大首之子騂爲右—
曾一七四 憲國爲左—
曾一七五 宮廄尹之騶爲左—
曾一七五 垔子爲右—
曾一七六 鄭禮白爲左—
曾一七六 酉邡之駐右—
上(三)·周·五六 —鳥羅(離)之
上(六)·用·五 征虫—鳥(?)
清(二)·繫·一四 —曆東逃于商盍(蓋)氏
清(二)·繫·一四 殺—曆(廉)
清(三)·說下·三 女(如)—鸖(雀)罔畏觀(離)

翼

翼

曾三 一—翻
曾六二 一—翻
曾一四 一—之翻
曾三〇 一—之翻
曾三七 一—之翻
曾六八 一—之翻
曾八四 一—之翻
曾八四 屯一—之翻
曾八八 一—之翻
曾九一 一—之翻
曾九七 一—之翻
曾一〇一 一—之翻
曾三 屯一—之蒈
曾六 屯一—之翻
曾九 屯一—之翻
曾二〇 屯一—之翻
曾三〇 屯一—之翻
曾四六 屯一—之翻
曾六九 屯一—之翻
曾六 屯八—之翻
曾三〇 屯八—之翻
曾三七 翻屯八—
曾四〇 屯八—之翻
曾六八 屯八—之翻
曾八二 屯八—之翻
曾一七 屯八—之翻

曾九 屯九—之翻
曾一〇 屯二—之翻
曾七九 一—之䍶
曾八〇 二—之翻

曾九九 二—之翻
曾一〇〇 屯六—之翻

清(一)·保·七 —⁼(翼翼)不解

非

包二·四〇 㙯— 人名
望一·八六 敚—祭祀
望二·四九 二𣏟𡰥一—衣
帛甲六·二二 曰—九天

郭·老甲·八 必—(微)溺(妙)玄達
郭·尊·四 𢇛(教)—改道也
郭·尊·五 學—改侖(倫)也

郭·尊·一八 —𢇛(教)所及也
郭·尊·二四 —豊(禮)而民兑(悦)忞(戴)此少(小)人矣

郭·尊·二五 —侖(倫)而民備(服)
郭·尊·二五 訂(治)民—還(率)生(性)而已也

郭·緇·七 —其止之共唯王惓
郭·緇·二六 —甬(用)逕(晋)
郭·性·五四 亞(惡)之而不可—者

郭·魯·七 —子思
郭·窮·九 —其悳(德)加
郭·窮·九 —其智懷(衰)也

郭·窮·一〇 —亡體(體)壯(狀)也
郭·窮·二 童(動)—爲達也
郭·成·二 —從末流者之貴

郭·成·一四 —從末流者之貴
郭·成·二七 亦—又(有)譯婁以多也
郭·成·二六 其生而未又(有)—之,節(即)於而也

郭·性·二七
則—其聖(聲)而從之也

郭·六·三
—聖智者莫之能也

郭·六·一五
—我血燹(氣)之新(親)

郭·六·五
—忠信者莫之能也

郭·六·四五
—言行也

郭·語一·五五
爲孝，此—孝也

郭·語一·五六
爲弟，此—弟也

郭·語一·五八
弗爲，此—也

郭·語一·五八
爲之，此—也

郭·語一·六四
型—詬也

郭·語一·六六
信—至齊也

郭·語一·七二
而亡—㠯(己)取之者

郭·語三·八
—又(有)爲也

郭·語三·五五
宯(賓)客之用緇(幣)也，—正

郭·語三·五七
人之眚(性)—與止虖(乎)其

郭·語三·六六下
亡—樂者

郭·語四·一
—(靡)言不讎(讎)

郭·語四·一
—(靡)悳(德)亡復

上(一)·紂·一四
「眊(苗)民—甬需(命)」

上(二)·魯·三
毋乃胃(謂)丘之會(答)—與(歟)

上(一)·魯·四
毋乃胃(謂)丘之畬(答)—與(歟)

九·五六·五四
—正中

九·五六·七〇
—[illegible]([illegible])。

上(三)·周·一〇
—(匪)人

上(三)·周·二〇
丌(其)—遉(復)又(有)禬(眚)

上(三)·周·三五
—今之古(故)

上(三)·亙·三正
韋(愇)生—(悲，悲)生韋(愇)

上(三)·亙·六
名—

上(三)·亙·六
生—生

上(三)·亙·六 或—或

上(三)·亙·一二 無—亓所

上(四)·曹·一 —山非澤

上(四)·曹·二正 非山—澤

上(四)·曹·六三 —所㠯𠏿(教)民

上(五)·鬼·六 頪(類)獸—鼠

上(六)·用·二 事—與又(有)方

上(六)·用·八 —稷之穜(種)

上(七)·吳·一 —疾蜵安(焉)加之

上(七)·吳·八 㠯(以)陸(陳)邦—它也

清(一)·尹誥·一 —民亡與戰(守)邑

清(一)·程·四 可(何)敬(警)—朋

清(一)·程·四 可(何)戒—商

清(一)·程·五 可(何)甬(用)—桓(樹)

清(一)·程·八 可(何)褢(褱)—彣(文)

清(一)·程·八 可(何)監—旹(時)

清(一)·程·八 可(何)孜(務)—和

清(一)·程·九 可(何)保—道

清(一)·程·九 可(何)悉(愛)—身

清(一)·程·九 可(何)力—人

清(一)·皇·一 緜朕滔人—敢不用明刑

清(一)·皇·七 乃隹詉=疋區疋數于—彝

清(一)·皇·九 斯乃—休悳(德)以麐(應)

清(三)·說上·三 帝殹(抑)尔以畀舍(余),殹(抑)—

清(三)·說中·四 —乃身

清(三)·說下·六 寺(時)罔—乃載

清(三)·說下·七 女(汝)母—貨女(如)戠石

清(三)・琴・二
文—易市

清(三)・琴・六
—天諡(廞)悳(德)

清(三)・琴・一四
不畀甬(用)—頌(雍)

清(三)・琴・一六
悳(德)—隓(惰)市

清(三)・琴・一六
文—敕(動)市

清(三)・芮・二四
—榖折(哲)人

清(四)・筮・祟五〇
—痓(狂)乃緣(縊)者

清(四)・筮・爻五二
爲—(飛)鳥

清(五)・厚・六
湎(沉)湎于—彝

清(五)・厚・一三
曰酉(酒)—飤(食)

清(五)・封・八
林(靡)念—(尚)常

清(五)・湯丘・一八
是—恣(愛)民虎(乎)

清(五)・湯丘・一九
是—共(恭)命虎(乎)

清(五)・殷・五、
肙(厭)—(必)䏗(臧)

清(五)・殷・五
亞(惡)—(必)㞷(喪)

清(五)・殷・七
肙(厭)—(必)坪(平)

清(五)・殷・七
亞(惡)—(必)䍣(傾)

清(五)・殷・八
虖(吾)𤔲夫墬(險)—(必)矛返(及)干

清(五)・殷・八
肙(厭)—(必)稟(富)

清(五)・殷・八
亞(惡)—(必)亡(無)飤

清(五)・殷・一七
—褱(壞)于湛(湛)

卷十二

孔

上(二)·民·一 囝邑(夏)䍐於—子

上(五)·三德·三 天命—明

清(三)·良·八 又(有)—䍃(丘)

清(五)·厚·六 弗甬(用)先剸(哲)王—甲之典刑

不

包二·一五反 新偖让尹—爲其對—憖

包二·二〇 —貞周惝之奴以至命

包二·二二〇 —逗於邱易

包二·二一七 戯外又—訓

包二·二一〇 戯外又—訓

包二·二五 —迲玉敂(令)步,玉婁㾀以廷

包二·五三 —量廡下之貣

包二·五九 —以廷

包二·三二 —以死於其州者之居處名族至命

包二·四二 —詧(察)公孫虩之佢之死

包二·七二 —詎人於郘豫

包二·一四九 —量其闈金酭攸之於其尹敂

包二·一三六 㚇=與慶—信殺佢卯=自殺

包二·一三七 詧(察)䑕苛冒、佢卯—殺舒昄

包二·一五〇 貣让萅(蘪)之王金—賽

包二·五四 —詧(察)長陵邑之死

包二·三一 —迋鄗之已里人青辛以廷

包二·七〇 —迋繇若以廷

包二·四五 秀—孫

包二·二四九 —死又祟見

包二·二一七 由(思)攻解於—殆

包二·六〇 —迋射㕣君之司馬周駕以廷

包二·三七 —迋苛曆以廷

郭·老丙·五 視之—足見

郭·老丙·三 六新(親)—和

郭·老丙·一 信—足

郭·老丙·二 安又(有)—信

郭·老丙·四 往而—害

郭·老丙·五 而—可既也

郭·老丙·五 聖(聽)之—足䎽(聞)

郭·唐·一 (番)而—徫(傳)

郭·唐·一 番而—徫(傳)

郭·唐·二 窮以—均(慇)

郭·唐·一三 正(征)—備(服)也

郭·唐·一三 番而—逋(傳)

郭·太·一四 —足於下者

郭·唐·一六 升爲天子而—喬(驕)

郭·唐·一六 夫古者舜佢(居)於艸(草)茅之中而—𢚧(憂)

郭·唐·一六 佢(居)艸(草)茅之中而—𢚧(憂)

郭·唐·一七 升(登)爲天子而—喬(驕)

郭·唐·一八 未年—弋

郭·唐·一八 辛王天下而—矣(疑)

郭·唐·一八 君民而—喬(驕)

郭·唐·一九 —以天下爲重

郭·唐·二一 —僅(番)而能蝺(化)民者

郭·唐·二七 大明—出

郭·唐·二八 敹(養)—杲(肖)

郭·忠·三
大舊(久)而—俞(渝)

郭·忠·四
—异(期)而可要者，天也

郭·忠·七
百工—古

郭·太·一二
—思相☐

郭·太·一二
古(故)杠(功)成而身—剔(傷)

郭·五·九
—智

郭·語四·四
□—誓(慎)而床(户)之閟(閉)

郭·語四·一三
—與智悔(謀)

郭·太·一三
埅(地)—足於東南

上(二)·紂·一七
則行—可匿

郭·忠·四
大忠—兑(説)

郭·忠·四
大信—异(期)

郭·忠·四
—兑(説)而足羖(養)者

郭·忠·三
信人—伓(倍)

郭·忠·二
蟡(爲)勿(物)而—犨(發)

郭·語一·一〇三
豊(禮)不同，—害(豊)，不殺

上(一)·紂·一四
誉(教)之—壄(成)也

郭·老甲·五
以其—静(争)也

郭·老甲·七
是胃(謂)果而—强

上(三)·周·一〇
亡(无)—利

上(三)·周·三一
亡(无)—利

上(三)·周·四四
菉普—飤(食)

上(三)·周·五七
—女(如)西筶(鄰)之酌祭

上(三)·彭·三
—智(知)所冬(終)

上(三)·彭·六
—可長

上(三)·彭·六
—可行

上(五)·鬼·五(墨下)
腊(狀)若生又(有)耳—辭(聞)

上(六)·用·四
五井(刑)—行

上(六)·用·六
亓(其)自能—沽(涸)

上(六)・用・一九
而亦—可𢁃

上(六)・天乙・一〇
男女—𧥝(語)鹿(獨)

上(六)・天乙・一〇
堋(朋)沓(友)—𧥝(語)分

上(七)・吳・九
今日隹(惟)—毋(敏)既卲(莅)矣

上(七)・吳・九
楚人爲—道

上(七)・吳・九
—思丌(其)先君之臣事先王

包二・一〇二
以其爲其𣪠鄵癰斷—瀍

郭・老甲・八
深—可志(識)

郭・老甲・一五
此其—善已

郭・老乙・四
亡爲而亡—爲

郭・老乙・五
亦—可以不禖(畏)

郭・老乙・五
亦—可以不禖(畏)

郭・老乙・一四
其甬(用)—幣(敝)

郭・老乙・一六
善休(保)者不—兑(脱)

郭・老乙・一六
子孫以其祭祀—乇

郭・老丙・一三
是以□人欲—欲

郭・老丙・一三
—貴𩁹(難)得之貨

郭・六・五
君子—卞(偏)女(如)衍(道)

郭・六・一八
智(知)—可爲者

郭・六・二九
—爲君幽(絶)父

郭・六・三七
婦—婦

郭・六・三〇
—爲堋(朋)習(友)丌[瑟(殺)]宗族

郭・六・三〇
參(三)新(親)—卽

郭・六・三七
父—父

郭・六・三八
君子—帝(諦)明虘(乎)民(萌)散(微)而已

郭・六・三九
男女—卞(辨)

郭·六·四一 —叀(使)此民也悥(憂)其身

郭·性·三七 人之—能以爲也

郭·性·四六 —又(有)夫懽(奮)犲(作)之青(情)則悉(懋)

郭·性·五五 非之而—可亞(惡)者

郭·性·五〇 —以其青(情)

郭·性·五四 亞(惡)之而—可非者

郭·成·一 行不信則命—從

郭·成·一二 —反其杳(本)

郭·成·二 信—惜(著)則言不樂

郭·成·二 信不惜(著)則言—樂

郭·成·二 民—從上之命

郭·成·七 一宮之人—勳(勝)其敔

郭·成·八 一宮之人—勳(勝)[其哀]

郭·成·九 其鷹(存)也—毛「厚」(重)

郭·成·九 則民鮮—從悀(矣)

郭·成·一〇 —求者(諸)其杳(本)而戉(攻)者(諸)其末

郭·成·一二 句(苟)—從其繇(由)

郭·成·一二 君上卿「鄉(享)」成—唯杳(本)

郭·成·一五 上—以其道

郭·成·四 其道民也—寖(浸)

郭·成·一四 句(苟)—從其繇(由)

郭·成·一六 而—可孯(堅)也

郭·成·一九 可—新(慎)虐(乎)

郭·成·一九 古(故)君子所復之—多

包二·二六 —逗鄟昜宮夫=以廷

郭·成·二一 戝(勇)而行之—果

郭·成·二二 「唯彭(冒)—單爯(稱)悳(德)」

郭·成·二八 此以民皆又(有)眚(性)而聖人—可莫(慕)也

郭·成·三〇 —必爲邦羿(旗)

郭·成·三四 所厇(宅)—遠(陵)俟(矣)

郭·成·三五 君子—緝(逞)人於豊(禮)

郭·成·三五 其先也—若其後也

郭·成·三六 其勳(勝)也—若其已也

郭·成·三八 —還(率)大夏(雅)

郭·成·一六 而—可弇(掩)也

郭·成·三九 言—朔(溯)大祟(常)者

郭·尊·三 —繇(由)其道

郭·尊·三 —行

郭·尊·三一 坓(刑)—隶(逮)於君子

郭·尊·二三 可從也而—可及也

郭·尊·三三 —忠則不信

郭·尊·三六 殺—足以勳(勝)民

郭·緇·四 則君—俟(疑)其臣

郭·緇·一四 —從其所以命

郭·語一·一〇三 豊(禮)不同,不豐(豐),—殺

郭·忠·三 古(故)—𡉚〈皇(忘)〉生

郭·語一·一〇三 豊(禮)—同,不豐(豐),不殺

郭·語一·七九 障(尊)而—罣(親)

郭·語二·三九 凡乜,又(有)—行者也

上(一)·孔·魯·一 子—爲我[者](圖)之

郭·老乙·一四 其甬(用)—穿(窮)

郭·老乙·一五 善建者—拔

上(一)·孔·四 夬=(上下)之—和者

 上(一)·孔·六 前王—忘

 上(一)·孔·六 —(丕)㬎(顯)隹(唯)悳(德)

 上(一)·孔·八 言—中志者也

 上(一)·孔·八 少㒸丌(其)言—亞(惡)

 上(一)·孔·一一 則智(智)—可㝵(得)也

 上(一)·孔·一二 —亦能改(怡)虖(乎)

 上(一)·孔·一三 —攴不可能

 上(一)·孔·一三 不攴—可能

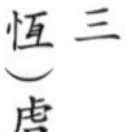 上(一)·孔·一三 —亦智(智)亙(恆)虖(乎)

 上(一)·孔·一七 牐(將)中之言不可—韋(畏)也

 上(一)·孔·一三 —亦又徸虖(乎)

 上(一)·孔·二一 則㠯(以)爲—可女(如)可(何)也

 上(一)·孔·二五 又(有)兔—𦍐(逢)㫖(時)

 上(一)·孔·二五 少明—

 上(一)·孔·二三 冬(終)虖(乎)—猒(厭)人

 上(一)·孔·二七 北風—𢇍(絶)

 上(一)·孔·二八 㾃(墉)又蘼慙(慎)寍(密)而—智(知)言

 上(一)·孔·二七 人之怨子立—

 上(一)·孔·二九 𢍏而—智(智)人

 上(二)·子·七 王則亦—大湊

 上(一)·孔·二〇 𢂸(幣)帛之—可迲(去)也

 上(一)·孔·二〇 人—可解(懈)也

 上(一)·孔·一 行此者丌(其)又(有)—王虐(乎)

 上(二)·魯·六 公剴(豈)—飤(飽)杒(粱)飤肉才(哉)毆(也)

 上(一)·紂·一 則民咸(咸)㔓(扐)而型(刑)—刜

 上(一)·紂·一一 則忠敬—足

 上(二)·容·四三 亓政絧(治)而—賞

 上(二)·魯·一 子—爲我圕(圖)之

 郭·六·三三 害(蓋)亡(無)—以也

上(二)·魯·二 —智(知)型(刑)與悳(德)

上(二)·魯·五 女(如)天—雨

上(二)·容·一 皆—受(授)丌子而受(授)臤(賢)

上(二)·容·六 賔—蹇(勸)而民力

上(二)·容·四 於是虐(乎)不賞—罰

上(二)·容·四 不型(刑)—殺

上(二)·容·四 —型(刑)不殺

上(二)·容·一二 聖(聽)—聰(聰)

上(二)·容·一八 尾(宅)—工(空)

上(二)·容·二二 各(冬)—敢昌蒼訇(辭)

上(二)·容·四三 官而—箮(爵)

上(二)·子·七 道—奉盟

上(二)·子·九 而丌(其)父戔(賤)而—足叟(偁)也與(歟)

上(二)·魯·四 毋乃不—

上(二)·魯·四 女(如)天—雨

上(三)·中·一〇 而(爾)所—智(知)

上(三)·中·七 悳(德)孥(教)—巻(倦)

上(三)·中·二二 害□者—

上(三)·中·二三 —可不新(慎)也

上(三)·中·二三 不可—新(慎)也

上(三)·中·附 幾(豈)—又(有)恎也

上(三)·彭·一 乃—遊(失)尾(度)

上(三)·彭·五 五紹(紀)—工

上(四)·相·四 —昏(問)又(有)邦之道

上(五)·君·二 視之而—義

上(五)·君·二 聖(聽)之而—義

上(五)·君·三 欲行之—能

上(五)·弟·一三 欲迲(去)之而—可

上（六）·競·一
隻（逾）戢（歲）—已

上（六）·競·二正
隻（逾）戢（歲）—已

上（六）·競·七
則言—聖（聽）

上（六）·競·一二
祭正—隻

上（六）·競·一三
命割疾（瘖）—敢監祭

清（二）·繫·八
邦君者（諸）矦女（焉）訇（始）—朝于周

清（二）·繫·九一
述（遂）以罡（遷）醬（許）於鄴（葉）而—果

清（二）·繫·九三
鄉（欒）絰（盈）纛（襲）巷（絳）而—果

包二·一五五
政五連之邑於鄴王士—以告僕

包二·一五六
左尹宂以其—得執之處弗能詣

包二·二四九反
—智其州名

包牘一反下
廣執事□—□□之□

包二·三八
—逗弦咎君之司馬駕與弦咎君之人南軺、登敢以廷

包二·一〇六
氾期—賽金

包二·一一三
氾期—賽金

包二·一二二
—割既走於前

包二·一二三
競—割皆既累

包二·一四六
所又責於𠤳帰戲、寤戲、緐戲五帀（師）而—交於新客者

包二·一四六
緐戲五帀而—交於新客者

包二·二二一
—內飤

包二·二二三
—內飤

包二·二三九
—甘飤

包二·二四二
—甘飤

信一·〇八
☐章舉即哉勻—難

信一·〇一一
—□虐

信一·〇一四
—智也

磚三七〇·一
競利天殺之僕—敢—告

天卜
—欲食

天卜
少又—訓

天卜
期宰腼遑去處—爲友

天卜
由攻解於—殆弫死者

天卜
☐攻解於—殆☐

望一・九 —内飤　望一・一三 —可以逋思褰身皷　望一・五〇 —見福　望一・七八 與—殆與槑禮　望一・一七六 —壯死

望一・五九 —死　帛乙一一・一九 —欽　帛乙一一・二五 —㾓　帛乙一二・九 —見陵西

帛甲三・七 —戕　帛甲五・五 九州—坪　帛乙三・九 —得其参職　帛丙二・三 —可以冡女　帛丙二・四 —火得

帛丙二・四 —成　帛丙四・二 —可以乍大事　帛丙五・二 匿—見　帛丙六・二 —可出帀　帛丙五・三 —可以言

帛丙六・二 帀—遑　帛丙七・二 —可以川　帛丙七・二 —折於邦　帛丙八・二 —可以簐室　帛丙一二・二 —可以攻

郭・老甲・七 —以取强　郭・老甲・二八 古(故)—可得天(而)新(親)

郭・五・一 —型(形)於内胃(謂)之行　郭・五・二 —型(形)於内胃(謂)之行

郭・五・三 —型(形)於内胃(謂)之行　郭・五・六 不安則—藥(樂)

郭・五・一〇 悳(憂)心—能惙惙　郭・五・二二 不貟(遠)—敂　郭・五・二三 不行—義

郭・五・四 —型(形)於内胃(謂)之悳(德)之行　郭・五・二四 胃(謂)之—智

郭・五・二四 見臤(賢)人而—智(知)其又(有)悳(德)也　郭・五・三四 遙而—畏㢸(强)語(禦)

郭·六·三七
子—子

郭·五·三九
—行也

郭·五·四一
—彊不梂

郭·五·四五
如（諾），莫敢—如（諾）

郭·五·四六
進，莫敢—進

郭·五·四六
淺（淺）莫敢—淺（淺）

郭·語三·四二
或遜（由）其—逮（進？）

郭·尊·二四
爲邦而—以豊（禮）

郭·尊·二三
爰—若也

郭·尊·二七
—和不安

郭·尊·三一
豊（禮）—逮（逮）於小人

郭·尊·三一
民—可或（惑）也

郭·尊·三三
不忠則—信

郭·尊·三三
不悉（愛）則—新（親）

郭·尊·三二
—悉（愛）則不新（親）

郭·尊·三三
—□則弗悬（懷）

郭·尊·三四
龏（龍之誤，讀爲「恭」）則民—情（怨）

郭·尊·三三
—釐則亡愄（畏）

郭·成·二九
害（盍）道—說（悦）之司（始）也

新甲二·二八
而—良又（有）閑（閒）

新甲三·一三二、一三〇
以其—安於氏（是）凥（處）也

新甲三·一八四—二、一八五、二二二
以其—良恙瘳之古（故）

新甲三·一九八、一九九—二
虞（且）瘠（疥）—出

新乙二·三七
㠯（以）坪夜君—癉（懌）

新乙四·三一
▨—遷（遷）▨

新乙一·四、一〇、乙二·一二
㠯（以）君—斁（懌）之古（故）

上（二）·從（甲）·四
方（防）亦坂（反）是＝（是，是）故孝（君子）新（慎）言而—新（慎）事

上(二)·從(甲)·五 君孨=(君子)—愋(寬)則亡(無)
上(二)·從(甲)·六 —共(恭)則亡(無)㠯敘(除)辱
上(二)·從(甲)·六 —悬(仁)

上(二)·從(甲)·七 —敔則事亡(無)城(成)
上(二)·從(甲)·八 愄(威)則民—道

上(二)·從(甲)·八 而—智則奉(逢)𢦔(災)害
上(二)·從(甲)·九 其事—
上(二)·從(甲)·九 志燹(氣)—旨

上(二)·從(甲)·一一 可行而—可言
上(二)·從(甲)·一一 君子—言
上(二)·從(甲)·一一 可言而—可行

上(二)·從(甲)·一二 唯殜(世)不儙(?)
上(二)·從(甲)·一二 迉(持)善—猒(厭)

上(二)·從(甲)·一三 —必才(在)近遟(昵)藥(樂)
上(二)·從(甲)·一六 —訓(順)行㠯出之
上(二)·從(乙)·二 則民—惰(怨)

上(二)·從(乙)·二 —膚(敷)灋(法)贏(盈)亞(惡)
上(二)·從(乙)·三 —紿(治)則變(亂)

上(二)·從(乙)·六 —則志不遙(匿)
上(二)·從(乙)·六 悬(仁)而—智(知)則
上(二)·從(乙)·一—二 則憍(僞)—章

上(二)·容·六 —型(刑)殺而無頪(盜)惻(賊)
上(二)·容·四 於是虐(乎)—賞不罰

上(二)·容·一二 —㠯亓子爲逡(後)
上(二)·容·一七 聖(聽)—聣(聰)
上(二)·容·一七 視—明

上(二)·容·一八 —㝵(得)己
上(二)·容·二一 繼(宰)—折骨
上(二)·容·二一 穜(舂)—粯(糓)米

上(二)·容·二三 水檠(潦)—湝
上(二)·容·二九 無求—㝵(得)
上(二)·容·三三 —㠯亓子爲後

上(二)·容·三五 傑(桀)—述亓先王之道
上(二)·容·三六 弜(强)溺(弱)—絧(辭)諹(揚)

上(二)·容·三六 天地四旹(時)之事—攸(修)
上(二)·容·三七—三八 而—量亓力之不足

上(二)·容·三七—三八 而不量亓力之—足
上(二)·容·三九 悳惠而—俻
上(二)·容·三九 女(如)是而—可

上(二)·容·四二 受(紂)—述亓先王之道
上(二)·容·四三 而絧(治)𤔲(亂)—▨收

上(二)·容·四四 —能命者從而桎𢍰(梏)之
上(二)·容·四四 —能述(遂)者内(入)而死
上(二)·容·四九 思民—疾

上(二)·容·五二 受—智(知)亓未又(有)成正(政)
上(一)·性·三 善—善
上(一)·性·二一 唯(雖)怂(過)—亞(惡)

上(一)·性·二一 —㠯(以)
上(一)·性·二六 —同悅而交

上(一)·性·三八 —又(有)夫柬(奮)狂(猛)之情則悉(侮)
上(一)·性·三七 —又(有)夫柬=(柬柬)之心則悉

上(二)·昔·三 不見(顯)於内=(内。内)言—㠯(以)出
上(二)·昔·三 —見(顯)於外

上(二)·昔·三 外言—㠯(以)内(入)
上(二)·昔·三 —見(顯)於内=(内。内)言不㠯(以)出

上(二)·昔·三 —見(顯)於内
上(二)·昔·四 癹(發)命—夜
上(二)·昔·四 —䎽(聞)不命(令)

九·五六·二二下 —吉
九·五六·二五 —果
九·五六·三〇 逃人—㝵(得)
九·五六·三七下 —可㠯(以)复(作)大事

九·五六·三九下 —可㠯(以)畜六牲
九·五六·四六 丌(其)宔(中)—壽
九·五六·一八下 —吉

上(三)·亙·一〇 習㠯—可改也
上(三)·亙·三正 —蜀(獨)又(有)與也
上(三)·亙·五 思—宎(歿)

上(三)·亙·五 隹(唯)逡(復)㠯—灋(廢)
上(三)·亙·七 焉又(有)事—复(作)無事舉(舉)

上(三)·亙·八 又(有)—善
上(四)·昭·三 𡭊之母辱君王—朕(逆)
上(四)·昭·四 辻命(令)尹—爲之告

上(四)·内·一正 言人之君之—能㕜(使)亓(其)臣者
上(四)·内·一正 —與言人之臣之不能事亓(其)君者

上(四)·内·三 不與言人之子之—孝者
上(四)·内·三 言人之子之—孝者

上(四)·内·三 不與言人之父之—能畜子者
上(四)·内·六 𣥏(止)之而—可

上(四)·内·七 孝而—諫
上(四)·内·八 冟(冠)—力

上(四)·内·八 行—頌
上(四)·内·一〇 —衣(依)立

上(四)·內·一〇 才(在)少(小)—静(爭)

上(四)·曹·三 此—貧於散而福於悳與

上(四)·曹·五 —肰(然)恁(任)亡焉

上(四)·曹·六 則亦—可㠯不攸(修)政而善於民

上(四)·曹·六 —肰(然)亡㠯取之

上(四)·曹·一〇 —晝寢

上(四)·曹·一九 —可㠯出豫

上(四)·曹·一九 —和於豫

上(四)·曹·一九 —可㠯出戦(陳)

上(四)·曹·一九 —和於戦(陳)

上(四)·曹·三三 不和則—見(輯)

上(四)·曹·三三 —悉(義)則不備(服)

上(四)·曹·三四 又(有)智(知)—足

上(四)·曹·三九 人之虗(甲)—緊(堅)

上(四)·曹·四二 父陞(兄)—廌(薦)

上(四)·曹·四四 亓遷(就)之—尃(附)

上(四)·曹·四六 三軍大敗—勳(勝)

上(四)·曹·四八 —乎則—亙(恒)

上(四)·曹·五一 虗(吾)戮啻(敵)—訓(順)於天命

上(四)·曹·五六 三善盡(盡)甬(用)—皆(棄)

上(五)·競·三 —出三年

上(五)·競·六 —遂(踐)於善而敓(奪)之

上(五)·季·一〇 好型(刑)則—羊(祥)

上(五)·季·一四 幾敢—㠯亓夨〓之連等告

上(五)·姑·三 —㹜則㝵(得)字(免)而出

上（五）・君・一
韋（回）—悉（敏）

上（五）・君・二
視之而—義

上（五）・三德・二
訮而—訮

上（五）・三德・一二
—歆不飤（食）

上（五）・三德・一七
—攸（修）亓成

上（五）・三德・二〇
付（？）之—戥

上（五）・三德・二二
君子—慙（慎）亓悳（德）

上（五）・鬼・四
䰟（鬼）神—明

上（六）・天甲・一三
此所—孝（教）於帀（師）也

上（六）・天乙・二
邦君爲天子之立身—字

上（七）・鄭乙・一
—嗀（縠）日欲吕（以）告夫₌（大夫）

上（七）・君甲・二
虛𠭁（罕）又（有）白玉三回而—戔（殘）才

上（七）・君甲・三
—聖（聽）鼓鐘之聖（聲）

上（七）・君甲・五
而天下莫—語之

上（七）・君甲・五
而—爲亓（其）樂

上（七）・君甲・七
吕（以）戳（囂）民又（有）—能也

上（七）・君甲・七
䰟（鬼）亡—能也

上（七）・君乙・一
君王又（有）白玉三回而—戔（殘）

上（七）・君乙・二
虛𠭁（罕）又（有）白玉三回而—戔（殘）才

上（七）・君乙・四
一人土（杜）門而—出

上（七）・君乙・八
言—敢罤（斁）身

上（七）・凡甲・一〇
可（何）古（故）大而—罡（燿）

上（七）・凡乙・一
系（奚）㝵（得）而—死

清(一)·尹至·三 憲(胡)今東恙(祥)—章

清(一)·尹至·五 執(摯)悳(德)—憠(僭)

清(一)·尹誥·二 今句(后)害(胡)—藍(監)

清(一)·程·五 —違芽(材)

清(一)·程·五 —可藥

清(一)·程·五 時(時)—遠

清(一)·程·六 朕餌(聞)周長—弍(貳)

清(一)·程·七 果拜—忍

清(一)·程·七 隹(惟)杍(梓)敝—義

清(一)·程·八 意(億)亡勿甬(用),—忑

清(一)·程·八 青民—芓(災)

清(一)·程·九 —可以寤(藏)

清(一)·程·九 炁(愛)日—跌(足)

清(一)·保·一 隹王五=(五十)年,—痃(豫)

清(一)·保·二 忎(恐)—女(汝)及訓

清(一)·保·五 —諱(違)于庶萬眚(姓)之多欲

清(一)·保·六 咸川(順)—詳(逆)

清(一)·保·六 言—易實覍(變)

清(一)·保·七 翼=(翼翼)—解

清(一)·保·九 鬻(祇)備(服)—解

清(一)·保·一〇 艅朕餌茲—舊(久)

清(一)·保·一〇 —及尔(爾)身受大命

清(一)·保·一一 日—足隹佰(宿)不羕(詳)

清(一)·保·一一 日不足隹佰(宿)—羕(詳)

清(一)·耆·五 人備(服)余—睾(冑)

清(一)·者·八 —(丕)㬎(顯)逨(來)各(格)

清(一)·者·一〇 —憙不藥(樂)

清(一)·者·一〇 不憙—藥(樂)

清(一)·者·一二 —憙不藥(樂)

清(一)·者·一二 不憙—藥(樂)

清(一)·金·一 王—瘵(豫)又(有)𡰥(遲)

清(一)·金·四 —若但(旦)也

清(一)·金·五 尒(爾)—我訏(許)

清(一)·金·七 公牺(將)—利於需(孺)子

清(一)·皇·一 緐朕隺人非敢—用明刑

清(一)·皇·二 則—共(恐)于卹

清(一)·皇·三 亡(無)—嚚(懔)達

清(一)·皇·五 百眚(姓)萬民用亡(無)—䪼(擾)比才王廷

清(一)·皇·六 遠土—(丕)承

清(一)·皇·八 弗畏—恙(祥)

清(一)·皇·八 —肯惠聖亡辠(罪)之詢

清(一)·皇·八 乃隹(惟)—訓(順)是絅

清(一)·皇·一〇 以—利氒(厥)辟氒(厥)邦

清(一)·皇·一二 邦亦—寍(寍)

清(一)·祭·一 我䎽且(祖)—余(豫)又𡰥

清(一)·祭·二 —沸(淑)疾甚

清(一)·祭·三 毋惖(謀)父滕(朕)疾隹(惟)—瘳

清(一)·祭·三 岂(亡)悳(圖)—智(知)命

清(一)·祭·七 公爯(稱)—(丕)顯悳(德)

清(一)·祭·一〇 毋惖(謀)父滕(朕)疾隹(惟)—瘳

清(一)·祭·一三 —(丕)隹(惟)周之㝐(旁)

清(一)·祭·一三 —(丕)隹句(后)稷(稷)之受命是羕䢅

清(一)·祭·一三 —(丕)隹(惟)周之咼(厚)芇

清(一)·祭·一四 —(丕)則亡遺逡(後)

清(一)·祭·一五 —(丕)隹(惟)文武之由

清(一)·祭·一五 —(丕)則鹽(寅)言孳(哉)

清(一)·祭·一八 寺(時)隹(惟)大—弔(淑)孳(哉)

清(一)·祭·一九 我亦—以我辟竷(陷)于憅(難)

清(一)·楚·八 衆—容於免

清(二)·繫·一 昔周武王監觀商王之—龔帝=

清(二)·繫·一 禋祀—盅(寅)

清(二)·繫·四五 莫(鄭)降秦—降晉

清(二)·繫·四五 晉人以—慭

清(二)·繫·五〇 母(毋)乃—能邦

清(二)·繫·五四 右行瘽䁥會—敢歸

清(二)·繫·六四 郘(趙)罾(旃)—欲成

清(二)·繫·六八 所—復(復)頜(詢)於齊

清(二)·繫·七八 司馬—訓(順)繙(申)公

清(二)·繫·一〇三 至今齊人以—服于晉

清(二)·繫·一二九 —果內(入)王子定

清(三)·說中·四 女(如)—鴖(瞑)均(眩)

清(三)·說中·五 叓(且)天出—恙(祥)

清(三)·說中·五 —虘(徂)遠

清(三)·說中·七 若詆(抵)—見(視)

清(三)·說中·七 吉—吉

清(三)·說下·四 —隹(惟)鷹(鷹)唯(隼)

清(三)·說下·五 亓又廼司四方民—(丕)克明

清(三)·說下·七 上下罔—我義(儀)

清(三)·說下·八 余—克辟萬民

清(三)·琴·三 記我俖(夙)夜—免(逸)

清(三)·琴·四 允—(丕)承不(丕)㬎(顯)

清(三)·琴·四 允不(丕)承—(丕)㬎(顯)

清(三)·琴·四 —曹(造)𢦏(哉)

清(三)·琴·五 褎(裕)皮(彼)趣(熙)—茖(落)

清(三)·琴·五 嚴(嚴)余—解(懈)

清(三)·琴·六 —易畏(威)義(儀)

清(三)·琴·六 俖(夙)夜—解(懈)

清(三)·琴·七 —娩(逸)藍(監)舍(余)

清(三)·琴·七 —(丕)寍亓(其)又(有)心

清(三)·琴·八 日內(入)皋鑾—寍(寧)

清(三)·琴·一〇 亦思—忘

清(三)·琴·一〇 命—𡰥(夷)箁(歐)

清(三)·琴·一一 叀(對)天之—易

清(三)·琴·一二 —(丕)㬎(顯)亓(其)又(有)立(位)

清(三)·琴·一二 —遳(失)隹(惟)同

清(三)·琴·一四 亓(其)又(有)心—易

清(三)·琴·一四 —畀甬(用)非頌(雍)

清(三)·琴·一六 —鼎(墜)卣(修)彥(彥)

清(三)·芮·二 莫卹邦之—寍(寧)

清(三)·芮·四 康戲而—智薨(藟)告

清(三)·芮·六 亓(其)由—繼(攝)丁(停)

清(三)·芮·六 卹邦之—䏍(臧)

清(三)·芮·七 —惷(圖)難(難)

清(三)·芮·七 此悳(德)型(刑)—齊

清(三)·芮·八 皮(彼)人—敔

清(三)·芮·八 —藍(鑒)于頣(夏)商

清(三)·芮·八 忎(恐)—和均(均)

清(三)·芮·九 民—日辛

清(三)·芮·一〇 —遠亓(其)惻(則)

清(三)·芮·一六 —秉純悳(德)

清(三)·芮·一六 而—智(知)允盈(盈)

清(三)·芮·一七 邦甬(用)—寍(寧)

清(三)·芮·一九 亦—可韙(壞)

清(三)·芮·二一 —奉(逢)庶戁(難)

清(三)·芮·二三 女(如)闢(關)柭—閟(閉)

清(三)·芮·二三 五(互)梎(相)—彊(彊)

清(三)·芮·二四 戠(歲)廼—厇(度)

清(三)·芮·二五 我之—言

清(三)·芮·二五 則愈(逸)者—媺(美)

清(三)·芮·二六 而器—再利

清(三)·芮·二七 我心—快

清(三)·芮·二七 戾之—□□

清(三)·芮·二八 我之—□

清(三)·赤·三 尔—我嘗

清(三)·赤·三 虐(吾)—亦殺尔

清(三)·赤·四 亡(無)—見也

清(三)·赤·四 亡(無)—見也

清(三)·赤·六 見(視)而—能言

清(三)·赤·六 —可飤(食)也

清(三)·赤·八 是囟(使)句(后)瘥(疾)疾而—智人

清(三)·赤·九 —可噩(及)于笞(席)

清(三)·赤·一二 是思(使)句(后)慭=恂=而—智(知)人

清(三)·赤·一五 亓(其)一白兔—旻(得)

清（四）·筮·至一三 日—遏（易）向

清（四）·筮·至一三 䎽（昏）䎽（聞）—至

清（四）·筮·成三〇 ∧∧一∧一—同

清（四）·筮·成三一 ∧∧一∧一一—成

清（四）·筮·軍三五 乃曰—

清（四）·筮·軍三六 虘（且）—相用命

清（四）·筮·祟四三 肴乃父之—㱯=（葬死）

清（四）·筮·十七命六三 封（卦）乃—試（忒）

清（五）·厚·九 天命—可憁

清（五）·厚·九 畏—恙（祥）

清（五）·厚·一〇 迺弗畏—恙（祥）

清（五）·厚·一一 今民莫—曰余娱（保）孥（教）明悳（德）

清（五）·封·三 趄=（桓桓）—（丕）苟（敬）

清（五）·封·五 柬（簡）胯（乂）亖（四）方—𡝤

清（五）·封·八 余既監于殷之—若

清（五）·命·二 女（如）—居而㞷（重）義

清（五）·命·二 或司—義而墜（降）之禍（禍）

清（五）·命·三 夫民生而佴（恥）—明

清（五）·命·五 道天又（有）亟（極）則—臬（威）

清（五）·命·六 —臬（威）則—卲（昭）

清（五）·命·六 正人亡（無）亟（極）則—䛠（信）

清（五）·命·六 不䛠（信）則—行

清（五）·命·八 弗智（知）則—行

清（五）·命·八 迂（干）善韋（違）則—行

清（五）·命·九 㫋（傷）人則—罚（義）

清（五）·命·九 亡（無）壤（讓）則—川（順）

清（五）·命·一〇 多虞（詐）則—忠

清(五)·命一一 民甬(用)—遳(失)

清(五)·命·一二 峕(權)—𧇾(法)

清(五)·命·一二 中—忠

清(五)·命·一三 罰□□□—從裳(勞)

清(五)·命·一三 事—朁(震)

清(五)·命·一三 正(政)—成

清(五)·命·一三 埶(藝)—逕(淫)

清(五)·命·一三 樂—繣(伸)

清(五)·命·一三 哀—至

清(五)·命·一三 均—鼠(一)

清(五)·命·一三 季(惠)而—仞=(忍人)

清(五)·命·一三 人—尭(勝)□□不智(知)死

清(五)·命·一四 均一—和

清(五)·命·一四 豊(禮)□□則—貴

清(五)·命·一四 正(政)成則—長

清(五)·命·一四 事朁(震)則—攻(功)

清(五)·命·一四 裳(勞)而—至

清(五)·命·一四 人不尭□□則—智死

清(五)·命·一五 尚(賞)—扐(必)中

清(五)·命·一五 以峕(權)從𧇾(法)則—行

清(五)·命·一五 行—必𧇾(法)

清(五)·命·一五 備(服)而—鈢

清(五)·湯丘·三 三月—出

清(五)·湯丘·五 —猷(猶)受君賜

辛 清(五)·湯丘·五 吟(今)君逹(往)—以時

辛 清(五)·湯丘·九 而—智(知)喪

辛 清(五)·湯丘·一三 虽(夏)王—旻(得)亓(其)悳(圖)

辛 清(五)·湯丘·一五 —叓(事)䎽(問)

辛 清(五)·湯丘·一五 —屋(處)矣(疑)

辛 清(五)·湯丘·一五 飤(食)時—旨(嗜)饍(饕)

辛 清(五)·湯丘·一六 —又(有)所竈(𪚥)

辛 清(五)·湯丘·一六 —備(服)𠈁(過)文

辛 清(五)·湯丘·一六 器—敐(雕)鏤

辛 清(五)·湯門·一五 民備—俑(庸)

辛 清(五)·湯門·一六 记(起)设(役)—時

辛 清(五)·湯門·一七 型(刑)情(輕)以—方

辛 清(五)·湯門·二〇 各時(司)—解

辛 清(五)·殷·九 孯〓(君子)而—諱(讀)箸(書)占

辛 清(五)·殷·一〇 則若火〓之瘽瘁而—旮

辛 清(五)·殷·一二 而—智(知)邦之𣳟(將)岂

辛 清(五)·殷·一六 梌(捈)宙(中)水奥(衡),—力

辛 清(五)·殷·二〇 昔勤—居

辛 清(五)·殷·二〇 虞(淡)鼻(祇)—易

辛 清(五)·殷·二二 音色柔丂(巧)而賭(叡)武—罔

辛 清(五)·殷·二五 戲(虐)怪(淫)自嘉而—縷(數)

辛 清(五)·殷·二六 返(急)利嚣神慕(莫)葬(恭)而—㬎(顧)于遂(後)

包二・一三八反 同官—可誅

九・五六・一四下 —秎(利)㠯(以)祭祀

上(二)・從(甲)・一四 又(有)所又(有)舍(餘)而—敢𦘕(盡)之

上(二)・從(甲)・一四 又(有)所—足而不敢弗▨

上(二)・從(乙)・一 十日□惠而—係

郭・五・三七 不東〈柬〉，—行

郭・五・八 悳(德)弗之(志)—成

郭・語一・八五 憏(察)所智(知)，憏(察)所—智(知)

郭・語二・五一 少(小)—忍，伐(敗)大坴「埶(勢)」

郭・語二・五四 又(有)遜(由)而—行

郭・五・四一 —彊(剛)不矛(柔)

郭・語二・五三 又(有)行帀(而)—遜(由)

郭・語四・一六 —折其枳(枝)

郭・五・一四 得則—亡(忘)

郭・五・一二 心—能降

郭・五・二二 —睘(遠)不敬

郭・五・二四 胃(謂)之—聖

郭・五・二三 胃(謂)之—聰

郭・五・二 —身(仁)不聖

郭・五・二 —型(形)於内胃(謂)之□

郭・五・四一 不彏—梂

郭・五・二二 不障(尊)—共(恭)

郭・老乙・一三 終身—丞

郭・老乙・一一 坣(廣)悳(德)女(如)—足

郭・五・八 智弗思—得

郭・語三・三八 不膳(善)睪(擇)，—爲智

郭·語一·七一 亡勿(物)—勿(物)

郭·語三·三九 勿(物)—葡(備)

郭·五·二二 不敬—嚴

郭·五·二三 胃(謂)之—明

郭·五·二 不嚴—障(尊)

郭·老乙·一三 終身—逨

包二·一六 —檣新佶让尹

包二·一七 —敢—告見日

包二·一六 新佶让尹—爲僕斷

包二·二三 秀—孫 人名

包二·二七 —以死於其州者之詧(察)告

包二·二九 癸未之日—廷

包二·二四八 由攻解日月與—殆

包二·三〇 —詧(察)陞雎之傷

包二·三六 —逕剢君以廷

包二·四四 —逷登人之金

包二·一五六 □執命爲王斁取邾—浧斁而逃命

包二·五八 三受—以出

包二·七三 —量駐奉

包二·七九 —廷

包二·八二 以其—分田之古

包二·六一 —行伐昜廄尹郙之人戜戟於長犀彡公之軍

包二·五一 —逕陰大让尹宋姉以廷

包二·五五 —逕大市儨以廷

包二·一二六 陽錯之與其父陽年同室與—同室

包二·一二八 由一戠獄之宔以至命—至命

包二·六八 —逕競酉之司敗鄭愴以廷

包二·四三 —逷板於登人以至命於郢

郭·老甲·二八 亦不—可得而害

郭·老甲·二八 亦—可得而疋(疏)

郭·老甲·二九 —可得而貴

郭·老甲·二九 亦可—可得而戔(賤)

郭·老甲·三二 我谷(欲)—谷(欲)面民自樸

郭·老甲·三四 終日虖(乎)而—惪(憂)

郭·老甲·三五 是胃(謂)—道

郭·老甲·三六 古(故)智(知)足—辱

郭・老甲・三六 智（知）止—怠（殆）
郭・老甲・三八 —不若已
郭・老甲・三八 —可長保也

郭・老甲・三八 不—若已
郭・五・八 思—倀不型（形）
郭・五・四六 後，莫敢—後

郭・五・二〇 —聖不智
郭・五・九 思—能倀（長）
郭・語三・一一 牙（與）—好教（學）者遊，員（損）

郭・五・二一 —安不樂
郭・語四・六 及這而—可
郭・語四・二三 則壞陛（地）—鈔（削）

郭・語四・三 —足以出芒（亡）
郭・老甲・一〇 保此衍（道）者—谷（欲）端（尚）呈（盈）

郭・五・一一 思—能翌（輕）
郭・語三・四九 思亡—遜（由）我者
郭・語四・二三 則言談—勺（弱）

郭・五・四六 深，莫敢—深
郭・五・二二 不果—柬（簡）
郭・語四・一八 衆而—割（害）

郭・五・九 —悬（仁）不智
郭・五・一五 型（形）則—亡（忘）
郭・五・二〇 —聰不明

郭・五・九 不悬（仁）—智
郭・五・九 思—能清
郭・語三・一四 自視（示）其所—族，益

郭・老甲・二八 不—可得而利
郭・五・八 思不倀—型（形）
郭・五・八 —型（形）不安

郭・五・九 —悬（仁）
郭・語三・一六 所—行，益
郭・語四・一七 —賽（塞）其溹（溪）

郭·五·二〇 不聽—明
郭·五·二一 不遂—果
郭·五·二一 不悉(愛)—急(仁)

郭·五·二一 —𠭁(變)不兑(悦)
郭·五·二一 不悳(直)—遂
郭·五·二一 不兑(悦)—𦎫(戚)

郭·五·二一 不𠭁(變)—兑(悦)
郭·五·二一 —悳(直)不遂
郭·五·二一 —智不急(仁)

郭·五·三七 —柬〈柬〉,不行
郭·語四·二 非(靡)言—賰(讎)
郭·語三·四 —敚(悦),可去也

郭·語三·二〇 春秋亡—以其生也亡耳
郭·語四·二四 唯(雖)戠(勇)力䎽(聞)於邦,—女(如)材

上(三)·周·一 —又(有)躳(躬)
上(三)·周·二〇 —畜之
上(三)·周·二〇 —𥫸(耕)而穫(穫)

上(三)·周·二二 —豙(家)而飤(食)
上(六)·天甲·一三 —韋(諱)所不夅(教)於帀(師)者三

上(六)·天乙·一〇 不韋(諱)所—夅(教)於帀(師)者三
上(七)·君甲·八 君王唯—長年

清(一)·楚·三 麗—從行
清(二)·繫·一〇二 七戢(歲)—解輓(甲)
清(五)·厚·三 —盤于庚(康)

郭·語一·六〇 正(政)—達,虘(且)生虖(乎)不達其虘(然)也
郭·語一·六〇 正(政)不達,虘(且)生虖(乎)—達其虘(然)也

郭·語一·七六 ☐䖒肰(然)—肰(然)
郭·語三·六四下 亡亡勿(物)—勿(物)

郭·五·一〇
心—能兑(悦)

郭·語二·四五
未又(有)善事人而—返者

上(一)·紂·一二
—可不敬也

上(一)·紂·四
則民—惑

上(一)·紂·四
則君—裘(勞)

上(一)·紂·二
則民情—弋

上(一)·紂·三
砉(淑)人義(儀)—弋

上(一)·紂·二
則君不惎(疑)亓(其)臣＝(臣，臣)—或(惑)於君

上(一)·紂·二
則君—惎(疑)亓(其)臣＝(臣，臣)不或(惑)於君

上(一)·紂·四
言亓(其)所—能

上(一)·紂·四
—訇(詒)亓(其)所能

上(一)·紂·八
—從亓(其)所㠯(以)命

上(一)·紂·九
—可不斱(誓)也

上(一)·紂·九
長民者衣備(服)—攺

上(一)·紂·一
女(如)不我㝵(得)

上(一)·紂·一
大人—睪(親)亓(其)所䢓

上(一)·紂·一
亦—我力

上(一)·紂·一一
大臣之—睪(親)也

上(一)·紂·二
邦家之—寍(寧)也

至

上(一)·紂·一二 古(故)君—與(以)少(小)悬(謀)大

上(一)·紂·一二 則大臣—令

上(一)·紂·一二 不可—敬也

上(一)·紂·(一)四 正(政)之—行

上(一)·紂·一四 林人—斂(儉)

上(一)·紂·一五 古(故)上—可吕(以)埶型(刑)而翌爯(爵)

上(一)·紂·一六 則民言不舍行=(行行)—舍言

上(一)·紂·一六 則民言—舍行=(行,行)不舍言

上(一)·紂·一六 可言—可行

上(一)·紂·一六 —伲

上(一)·紂·一六 可行—可言

上(一)·紂·一八 此言之砧—可爲

上(一)·紂·二一 君子—自畱(留)安(焉)

上(一)·紂·二一 厶(私)惠—褱(懷)悳(德)

上(一)·紂·二三 而遠者—𢘓(疑)

上(一)·紂·二三 此吕(以)迩(邇)者—惑

上(一)·紂·二三 人隹(惟)曰—利

上(一)·紂·二三 而惡=(惡惡)—㞺也

上(一)·紂·二四 —我告猷

香中大·一 丌(其)容—改

包二·一〇四 期—屈栾之月賽金

包二·一三七反 其余執,䣄—時而斷之

天卜 從十月以—來歲之十月

天卜 冬栾—祟於社戠牛

郭·老甲·二四 —虛

郭·老甲·三四 和之—也

郭·五·一七 肰(然)句(後)能—哀

郭·唐·二 㤅(仁)之—也

郭·唐·二〇 亟(極)㤅(仁)之—

郭·唐·八 僮(番)，義之—也

郭·唐·二六 七十而—(致)正(政)

郭·唐·二八 亂之—

郭·唐·二八 幻(治)之—

郭·性·二〇 —頌(容)峊(貌)

郭·性·六三 行谷(欲)恧(勇)而必—

郭·窮·一〇 —(致)千里

郭·緇·一一 則民—(致)行异(己)以敓(悅)上

新甲一·一六 卒歲或—夏

新甲一·二二 —九月又(有)良閒

新零·五二六、甲三·三七 ☐—師[於陳]之歲

上(一)·孔·二 —矣

上(一)·從(乙)·三 紿(治)己(也)—則☐☐

上(二)·從(乙)·五 㠯歬(待)名之—也

上(一)·性·一八 皆—丌(其)情也

上(二)·從(甲)·一九 行險(險)—(致)命

上(二)·民·二 㠯至(致)「五—」㠯行「三亡(無)」

上(二)·民·二 㠯—(致)「五至」㠯行「三亡(無)」

上(二)·民·三 敢䎽(問)可(何)胃(謂)「五—」

上(二)·民·三 勿(志)之所—者

上(二)·民·三 「五—」虖(乎)

上(二)·民·四 恖(哀)亦—安(焉)

上(二)·民·四 所—者

上(二)·民·四 樂之所—者

上(二)·民·四 豊(禮)亦—安(焉)

上(二)·民·四 豊(禮)之所—者

上(二)·民·五 此之胃(謂)五—

上(二)·民·五 「五—」既𦣻(問)之矣
上(一)·性·二五 攸(修)身近—㥁(仁)

上(一)·性·三五 甬(用)情之—
新甲三·一九一 ☐以—十月,三☐☐

郭·語四·二七、二七背 —而亡及也已
包二·一六 (子左尹)諿之新佸让尹丹,命爲僕—典。既皆—典
包二·二〇 不貞周惼之奴以—命

包二·三二 不以所死於其州者之居處名族至命
包二·四三 不遈板於登人以—命於郢
包二·六七 不軋𢆶戲遈其田以—命

包二·一二一 競不割不—☐女
包二·一二三 郱俸未—剸(斷)
包二·一二八 由一戠獄之宔以—命不—命
包二·一二八反 戠言市以—既涉於喬與喬差僕受之

包二·一三四 數客百宜君既以—命於子鄗公
包二·一三五反 執事人以—命於郢
包二·一三七反 以—命於子左尹

包二·一三七反 見日命一執事人—命,行以古𪗂上恒,僕(僕)徛之以—命
包二·一三八反 匿—從父兄弟不可諿
包二·一四二 達遬—州衛

包二·一四四 从=逃—州衛
包二·一五七反 妳少宰尹郙詃以此等—命
包二·一二 —作於戕郢之戠
包二·一二六 —作於戕郢之戠

包二·二〇九 𤽅絟—祚於栽郢之戠
包二·二〇五 既禱—福
包二·二〇六 既禱—福
包二·二一四 —秋三月
包二·二二四 既禱—命

包二·二二五 既禱—命
秦一·二 —新父
秦一·三 —新父句由紫之疾
秦一三·一 以—新父母肥豢

秦九九·九 ☐王母—新☐
秦九九·一〇 訓—新父母
天卜 時王從十月以—來戠之十月
天卜 訓—惠公

帛乙一二·一六　則鼠—

帛丙一·二　乙則—

帛甲五·一五　—于逷天旁潼

天卜　—㽙𡱝之月安良瘢

郭·性·二九　皆—（致）其情也

郭·性·二九　凡—樂必悲

郭·語四·二七、二七背　—之或至之

上（二）·容·一六　戱（癘）役（疫）不—

上（二）·容·五一　—於共、緵之閈（閒）

上（一）·孔·五　—矣

郭·性·五七　攸（修）身近—悬（仁）

郭·老甲·三四　精之—也

上（四）·昭·五　因命（令）—俑毁室

上（四）·昭·七　君王—於定咎（冬）

上（四）·柬·一　王滄—𦃃（蹕）

上（四）·柬·四　贅尹—（致）命於君王

上（四）·内·七　唯（雖）—於死

上（四）·曹·六四　此先王之—道

上（五）·競·六　𡨄（寡）人—於𠭁（辯）日飤（食）

上（五）·鮑·八　既—齊埅（地）

上（五）·姑·六　褭衺㠯（以）—於含（今）才（哉）

上（五）·三德·三　—于孫=（孫子）

上（五）·鬼·四　亓力能—安而弗爲唬

上（五）·鬼·四　啻（意）亓力古不能—安唬

上（六）·競·一一　古（故）死丌（期）𨟻—

上（六）·競·一二　未㠯（以）—於此

上（六）·慎·六　悬（仁）之—

上（七）·凡甲·九　—遠從迩（邇）

上（七）·凡甲·九　足𨟻（將）—千里

上(七)·凡甲·一六 —聖(聽)千里

上(七)·凡乙·三 五既(毀)竝—

上(七)·凡乙·七 —遠從迩(邇)

上(七)·凡乙·九 夫雨之—

清(一)·皇·三 自耇臣—于又貧厶(私)子

清(一)·皇·七 —于𠂆(厥)逡(後)嗣立王

清(一)·楚·四 —酓恎(狂)亦居京宗

清(一)·楚·四 —酓羿與屈約(紃)

清(一)·楚·五 —酓只酓䏣酓䕁及酓賜酓追

清(一)·楚·五 —酓朔酓摯(摰)居發漸

清(一)·楚·六 —酓繹自旁屽遷居喬多

清(一)·楚·六 —酓甬及酓嚴

清(一)·楚·七 —焚冒酓帥自箬遷居焚

清(一)·楚·七 —宵囂酓鹿自焚遷居宵

清(一)·楚·七 —武王酓鬏自宵遷居免

清(一)·楚·八 —文王自疆浧遷居湫郢

清(一)·楚·九 —㚤囂自福丘遷袤箬(鄀)郢

清(一)·楚·九 —成王自箬郢遷袤湫浧

清(一)·楚·一〇 —穆王自睽郢遷袤爲郢

清(一)·楚·一〇 —臧(莊)王遷袤䕁郢

清(一)·楚·一一 —龏王康王𡕣=王皆居爲郢

清(一)·楚·一二 —邵王自秦(乾)溪之上遷居姚郢

清(一)·楚·一三 —獻惠王自姚郢遷袤爲郢

清(一)·楚·一六 —悼(悼)折(哲)王猷居鄩(鄩)郢

清(二)·繫·三四 —于梁城

清(二)·繫·六九 高之固—莆池

清(二)·繫·八〇 以—需(靈)王

清(二)·繫·一三八 齊𠂤(師)—峊

清(四)·筮·至九 仌二仌—四正之

清(四)·筮·至一〇 仌仌亖封(卦)見乃—

清(四)·筮·至一二 三仌乃亦—堂(當)

清(四)·筮·至一三 聞(昏)聞(聞)不—

清(四)·筮·十七命六二 曰果曰—曰亯(享)

清(五)·命二 則尾(度)—于亟(極)

清(五)·命·三 則尾(度)—于亟(極)

清(五)·命·四 則尾(度)—于亟(極)

清(五)·命·三 則尾(度)—于亟(極)

清(五)·命·五 則尾(度)—于亟(極)

清(五)·湯門·一 古之先帝亦有良言青(情)—於今虎

清(五)·湯門·二 女(如)亡(無)又(有)良言清(情)—於今

包二·二〇四 —九月憙雀立

郭·忠·一 信之—也

郭·忠·一 忠之—也

郭·忠·二 杙(必)—而不結

郭·忠·二 —忠女(如)土

郭·忠·二 —信女(如)旹(時)

郭·老乙·三 以—亡爲也

郭·忠·四 —信不伓(倍)

郭·忠·四 信之—也

郭·忠·四 —忠亡(詭)

郭·成·三八 而可以—川(順)天祟(常)恢(矣)

望二·三八 赤金桶宑叟—白金

新甲二·八 ☐宔(悶),卒(卒)歲或—夏栾

新甲三·二〇 齊客陳(陳)異—(致)福於王歲,獻☐

新甲三·二七 齊客陳(陳)異—(致)福於王之歲,獻☐

新甲三·三九 —癸卯之日安良虘(瘥)

新甲三·一一七、一二〇 ☐栾之月以—來歲之夏栾

新甲三·二〇一 以逾—吝(文)君

新甲三·二一七 齊客陳異—(致)福於王之歲

新甲三・二四八 ▨卒（卒）歲國（或）—巹（來）歲之夏栾▨

新甲三・二六八 延—於瀵

新甲三・二七二 齊客陳異—（致）福於王之歲

新甲三・二八〇 吕（以）逾—

新乙一・三一、二五 以—冬栾之月

新乙四・一〇〇、零・五三二、六七八 還反（返）—於東陵

新零・一〇七 ▨□貞：七月—冬栾之月，尚▨

新零・一六五、一九 齊客陳異—（致）福於王之戢（歲）

新零・三〇一、一五〇 吕（以）逾—文君□□▨

新零・五八四、甲三・二六六、二七七 卒（卒）歲或—▨

信一・〇一 戔人夆上則型戮—

上（一）・孔・一八 折杜則情憙（喜）丌（其）—也

上（二）・民・三 志（詩）亦—安（焉）

上（二）・民・四 樂亦—安（焉）

上（三）・周・二 至（致）寇（寇）—

上（三）・周・二 —（致）寇（寇）至

上（三）・周・三七 至（致）寇（寇）—

上（三）・周・三七 —（致）寇（寇）至

上（三）・周・四四 气（汔）—

上（三）・中・六 —敬之

上（三）・中・一六正 宜佖之—者

上（三）・中・二三 —炁（愛）之豖（卒）也

清（一）・尹至・一 彔（逯）—才（在）湯

清（一）・尹誥・四 乃—（致）眾于白（亳）宙（中）邑

清（一）・金・一三 王乃出逆公—鄗（郊）

清（一）・祭・一四 —于萬啻（億）年

清（一）・楚・一一 —霝王自爲郢遷居秦溪之上

清（二）・繫・一〇三 —今齊人以不服于晉

清（二）・繫・一一三 —今晉戉（越）以爲好

清（二）・繫・一二二 内（入）—汧水

清(三)·芮·二一 風雨寺(時)—
清(三)·赤·一〇 —于頸(夏)句(后)
清(五)·命·六 則尾(度)—于亟(極)

清(五)·命·一三 哀不—
清(五)·命·一四 哀—則貴(匱)

清(五)·命·一四 裳(勞)而不—
清(五)·殷·八 殜=(世世)—于逡(後)飤(嗣)

垩

曾一二一 —紫
郭·語三·六五下 虘(皆)—安(焉)
郭·語一·六九 父子，—上下也

郭·語一·七一 虘(皆)—安(焉)
郭·語一·六六 信非—齊也

郭·語三·二六 悳(德)—區者
郭·語三·二六 㠯「飼(治)」者—亡閒(間)

郭·語三·二八 未又(有)其—
郭·語三·二九 則悬(仁)飼(治)者—亡閒(間)

上(一)·紂·七 則民—(致)行㠯(己)㠯(以)兑(悦)上
上(六)·孔·二 言即—矣

清(一)·保·九 —于成康(湯)

新甲三·三三 齊客陳異—(致)福於王之歲

秦一三·四 ☐訓—新父眾昃戠牛酉飤

臺　逕　西

臺 臺

郭·老甲·二六 九成之—甲▨

上(二)·子·一一 遊於央(瑶)—之上

上(二)·容·三八 戈(飾)爲条(瑶)—(臺)

上(二)·容·四四 是虐(乎)复(作)爲九城(成)之—(臺)

上(二)·容·四六—四七 乃出文王於虽(夏)—(臺)之下而䎽(問)焉

清(五)·湯丘·四 是又(有)—(臺)僕(僕)

逕

郭·緇·二六 非甬(用)—(晋)

西

包二·一五三 —與鄱君佢疆

包二·一五四 —與鄱君執疆

包二·一六六 子—戲尹之人辛

包二·一八四 王—州里公周訟

包二·一九一 王—州里公命訟

范二七 女東而東—而—受上天受中

天策 —𥜽君

天卜 罷禱—方全猪

帛乙四·二〇 —域又吝

帛乙·一二一二 不見陵—

郭·太·一三 於—此

九·五六·四五 盍(蓋)—南之遇(寓)

九·五六·四六 盍(蓋)—北之遇(寓)

九·五六·四七 —方□□□

九·五六·九二 不可㠯(以)—南行

九·五六·九〇 不可㠯(以)—遷(徙)

九·五六·四九 不秎(利)□凥(居)—南□▨

九·五六·五四 □—北貧

九·五六·九三 □□㠯(以)—化(北)行

新甲三·二一三 子—君

上(二)·容·二〇 —方之罡(旗)㠯月

上(二)·容·三一 —方爲三倍(調)

新甲一·二七 舉禱於子—君戠牛,樂▨

新甲二·三八、三九 ▨樂之,饋祭子—君,𠶷

新零·一四七 禱子—君戠牛

新甲三・一二九 女—北□▨

新甲三・二〇二、二〇五 臺（就）禱子—君戠牛

新乙一・六 子—君

新零・二二八 命—陵人▨

新乙一・一一 舉禱於子—君

新乙二・二四、三六 ▨舉禱子—君

新乙四・一二六 —陵執事人台（以）君王▨

上（三）・周・一七 王用亯于—山

上（三）・周・三五 利—南

上（三）・周・三七 利—南

上（三）・周・五七 不女（如）—箸（鄰）之酌祭

上（四）・曹・一 東—七百

上（五）・弟・一八 東—南北

上（六）・競・一〇 自古（姑）蚤（尤）㠯（以）—

上（七）・武・三 武王—面而行

清（一）・尹至・三 才（在）—才（在）東

清（一）・尹至・五 自—戠（捷）西邑

清（一）・尹至・五 自西戠（捷）—邑

清（一）・尹誥・一 尹念天之敗—邑頣（夏）

清（二）・繫・五 周幽王取妻于—繒（申）

清（二）・繫・六 坪（平）王走—繒（申）

清（二）・繫・六 回坪王于—繒（申）

清（二）・繫・六 曾（繒）人乃降—戎

清（二）・繫・一四 —豊商盍（蓋）之民于邾虘

清（三）・良・六 楚郘王又（有）命君（尹）子—

清（四）・筮・卦四二 —方也

清（四）・筮・祟四四 乃—祭

⿱西邑

新甲三・一一、二四 㠯（以）選—（遷）凥（處）

鹹　鹽　盬　醬　户

鹹　盛
清(二)·繫一〇三　者(諸)侯同盟(盟)于—泉以反昏

盬　盧
包二·一四七　宋獻爲王煮—於海
《説文》鹹也。古者宿沙初作煮海—，簡文从鹵从監省聲。
上(二)·容·二一三　瘦(瘻)者煮—尾

鹽　監
包二·三　—族郘一夫
包二·一七二　—象　人名
包二·一七七　—癉　人名
包二·一八一　—軋　人名
包二·一六二　—虞　人名
包二·一七一　—塙　人名
包二·一八六　—漸　人名
包二·一七六　—塙
包二·一八〇　—虞
包二·二一二　—吉
天卜　—丁　人名
新甲二·六、三〇、一五　—(監)壽君以吳夏☐
新甲三·二六　—鹽券以長☐

鑪
包二·一八六　—昜敂嬰
包二·一八九　—悚　人名
包二·一九四　—慭　人名
包二·二六七　—萬之紋
天卜　—丁
包二·一七三　—虞
包二·一九二　—塙
包二·二二六　—吉
包二·二二七　—吉

鐔
包二·二三八　—吉
包二·二四一　—吉
與鹽異文。

醬
新甲三·八、一八　趄—以郘郿爲☐
新乙四·三五　—占之
新乙四·四四　趄—☐

户
新乙一·二八　還(就)禱門、—屯一鮮(牂)
新零·四四二　☐禱門—
新甲三·五六　亯(就)禱—一羊
上(三)·周五　四—
清(四)·筮·祟四九　九，乃—

房

床 包簽 《説文》古文。
郭·語四·四四 □不誓(慎)而—(户)之閟(閉)
九·五六·二七 秎(利)目(以)申—(户)秀(牖)

上(三)·周·五二 閨(閾)丌(其)—(户)

包二·二六六 一—公
包二·二六六 一大—
包二·二六六 一少—
信二·〇八 一—松

包二·一四九 —一邑
望二·四五 一—柜
望二·四五 一大—
清(二)·繫六七 囟(使)亓女子自—宋觀郈(駒)之克

清(二)·繫·六八 女子芙(笑)于—宋(中)

戹

曾七 衡—
曾一〇 歓衡—
曾二〇 歓衡—
曾四三 衡—
曾六一 衡—

曾六六 衡—
曾一一二 衡—
曾一一五 衡—
天策 衡—
望二·六 衡—
車軛之象形。

扉

清(五)·封·二 —(肇)橐(右)玟(文王)

扂

曾八 歓—
曾一八 軎—
曾五八 軎—
曾六二 紫—
曾六三 紫—
曾六七 軎—

曾七五 緽—
曾六六 紫輪之—
曾七〇 輪—
曾七一 軎—
曾七三 軎—
曾八八 軎—

曾一〇四 軎—

張正明 主編
劉玉堂 執行主編

楚學文庫

楚系簡帛文字編

（二）

滕壬生 編著

長江出版傳媒
湖北教育出版社

甫

清(一)·皇·六 少民—叚(假)能豙(稼)啬(穡)

清(一)·皇·六 軍—多實

清(一)·皇·六 王—能盍(奄)又(有)四哭(鄰)

清(一)·皇·六 孫=—

清(一)·皇·七 廼弗肯—先王之明刑

清(一)·皇·八 隹(維)俞(媮)悳(德)—

清(一)·皇·九 喬(驕)—從肣(禽)

清(一)·皇·一一 正(政)—迷啚(亂)

清(一)·皇·一一 獄—亡(無)成

清(一)·皇·一一 少(小)民—

清(一)·皇·一一 咼(禱)亡(無)—祀

清(一)·皇·一二 天—弗寍(保)

清(二)·繫·五八 —挽(扶)宋公之馭(御)

清(二)·繫·一〇六 自歸(歸)於吴=縵(洩)—(庸)

清(二)·繫·一三二 莫=子旟(陽)—滅

清(四)·筮·軍三六 仌亖禾(和)虞(且)不相—命

曾一七〇 䩓—子之騽爲右驂

曾一七一 䩓—之駟爲左驂

曾二一二 羔—四夫

清(一)·者·二 郘(呂)上(尚)—(父)命爲司政(正)

清(二)·繫·一〇五 秦異公命子—、子虎銜(率)𠂤(師)救楚

葡

望一·五四 𣪘檮大—(備)玉一環

郭·語三·三九 勿(物)不—(備)

郭·尊·二七 百之而句(後)—(服)

爾

郭·老甲·三〇
而民—（彌）畔（叛）

清（二）·繫·一一
亓夫=高之巨（渠）—（彌）殺卲公

清（二）·繫·八九
—（弭）天下之虢（甲）兵

新甲三·六五
宜—

新乙四·三〇、三二
▨噧—產毋害爾▨

新乙四·三〇、三二
▨□爾產毋害—▨

卷四

目

郭·五·四七
—而智（知）之胃（謂）之進之

郭·性·四三
—之好色

郭·語一·五〇
容绝（色），㲋（司）也

上（一）·性·三六
—之好色

上（二）·民·六
明—而見之

上（五）·君·六
凡—毋遊

上（五）·君·二
—勿視也

上（五）·鬼五·（墨下）
又（有）—不見

上（六）·天甲·七
—巠（恆）㬥（顧）還

上（六）·天乙·七
—巠（恆）㬥（顧）還面

上（七）·君甲·五
王蔖=㠯（以）爲—觀也

上（七）·君乙·五
王蔖=㠯（以）爲—觀也

清（二）·繫·一三七
陳疾—衘（率）車千䡽（乘）

清（三）·芮·四
此心—亡（無）亟（極）

清（三）·祝·四
童（同）以—

清（五）·殷·二一
而天—毋眉（眛）

郭·唐·二六
耳—䏋（輒）明衰

與《古文四聲韻》引古《老子》目字同。

眊　瞃　睘

肙
郭·五·四五
耳—鼻口手足六者

眊
上（三）·彭·三
—（眊眊）舍（余）朕孳

瞃　昏
包二·一二〇
小人命爲—以傳之
《說文》昏目或在下。

睘
望二·五〇
一
望二·五〇
一湍—
孳乳爲環。

新乙四·一〇二
丁—（亥）之日
新零·二一四
乙—（亥）之日

清（二）·繫·一九
大敗𨚒（衛）呰（師）於—

⿰見袁
郭·五·二三
不—（遠）不敬
新甲三·四二
—（遠）柰之月

⿱⿰見袁止
郭·老甲·九
—（涣）虐（乎）其奴（若）懌（釋）

睹
包二·一九
義—　人名
《說文》古文从見。

眔
清（一）·皇·一二
朕遺父兄—朕儙臣
清（三）·說下·三
—（既）亦詣（詣）乃備
清（三）·說下·五
迵（恫）—（瘝）少（小）

清（三）·芮·八
楚（靡）所告—（懷）
清（五）·殷·一八
丂（孝）忈（茲）而哀（哀）—（鰥）

瞻

賠

郭·緇·一六　民具尔—(瞻)

相

包二·八五　畲—鼄　人名

包二·一二一　而—卡弃之於大洛

包二·一七一　畲—痯　人名

包二·一九六　畲—觑　人名

帛甲四·一　四神—戈

帛甲七·三五　以遖—□思

帛乙一二·七　亡又—釁

包二·二五九　—遥之器所以行

信一·〇四　—保如芥

郭·老甲·一六　先後之—墮(隨)也

郭·老甲·一六　戁(難)惕(易)之—成也

郭·老甲·一五　又(有)亡之—生也

郭·老甲·一六　長耑(短)之—型(形)也

郭·太·二　神明復—槫(薄)也

郭·老甲·一六　高下之—浧(盈)也

郭·老甲·一九　天陸(地)—會也

郭·老乙·四　—去可(何)若?

郭·老乙·四　—去幾可(何)

郭·太·一二　不思—☐

郭·太·二　侌(陰)昜(陽)復—槫(薄)也

郭·太·三　倉(滄)然(熱)復—槫(薄)

郭·太·三　溼澡(燥)復—槫(薄)也

郭·性·二九　怽(哀)、樂,其眚(性)—近也

郭·語三·三　君臣不—才(在)也

郭·語四·二〇　若兩輪之—遖(轉)

郭·語四·二〇　而終不—敗

上(二)·民·四　悫(哀)樂—生

上(二)·子·一　善與善—受也

上(二)·從(甲)·一三　君=(君子)—讓(就)也

上(二)·從(甲)·一七　逡(後)人則奉—之

上(一)·性·一八　丌(其)眚(性)—近也

九・五六・五〇 三增三枼（殜）不—志

新乙四・一三四 晋縣爲畲—之䣜告大☐

郭・老甲・一六 先後之—墮（隨）也

上（三）・亙・四 云＝（云云）—生

上（四）・逸・交一 君子—好

上（四）・逸・交四 君子—好

上（五）・競・一〇 或㠯豎（豎）迓㚔戕𤼷（牙）爲—

上（五）・季・二二 邦—懷毀

上（六）・競・一一 亓左右—伀（公）自善曰

清（一）・祭・一七 母（毋）各豪（家）—而（乃）室

清（一）・楚・二 —罯㫚四方

清（一）・楚・六 畬—（霜）及畬霷（雪）

清（二）・繫・一〇九 —見于虢（虢）

清（二）・繫・一一〇 —見于黄池

清（三）・芮・一一 母（毋）又（有）—放（負）

清（三）・良・一 堯之—叜

清（三）・良・九 奠（鄭）定公之—又（有）子皷（皮）

清（四）・筮・雨一六 ☳☲金木—見

清（四）・筮・死一六 ☲☳者—見

清（四）・筮・雨一八 火—見才（在）下

清（四）・筮・鏴二〇 妻夫—見

清（四）・筮・死二二 ☳☲者—見

清（四）・筮・軍三四 虞（且）—亞（惡）也

清（四）・筮・軍三六 虞（且）不—用命

清（五）・殷八 句（苟）我與尔（爾）—念

清（五）・殷・八 —毋（謀）

郭・六・四九 𠭰（使）民—新（親）也𤕤（難）

上（二）・昔・一 大（太）子朝君＝（君，君）之母俤（弟）是—

上（三）·中·一六正 含（今）女（汝）—夫

上（五）·弟·一二 言行—慫（近）

清（一）·皇·七 以豪（家）—乒（厥）室

清（五）·湯丘·七 必思（使）事與飤（食）—堂（當）

清（五）·湯門·一一 五以—之

眛

上（二）·民·一一 日逑月—

上（七）·吳·五 下之相戩（擠）也

棿

望一·七 鼬豹𠃊—豪▨

包·一四九 陵辻尹之—陽余可内之

郭·窮·六 而爲者（諸）侯—

九·五六·四五 凡—坦

上（四）·柬·九 王𠮛告—（相）㞑步與中余

上（四）·柬·一〇 —（相）㞑步中余（余）會

上（四）·柬·一五 —（相）㞑步

上（四）·相·二 可胃（謂）—（相）邦矣

上（五）·弟·一八 以爲者（諸）侯—（相）歆（矣）

清（五）·湯門·一〇 五以—（相）之

想

清（三）·説中·三 隹庶—（相）之力舜（勝）

清（三）·芮·二〇 五（互）—（相）柔訛（比）

清（三）·芮·二二 五（互）—（相）不彊（彊）

䫫

清（五）·湯門·九 是亓（其）爲堂（當）—（壯）

眚

郭·語二·一 情生於—（性）

郭·語二·八 㤅（愛）生於—（性）

郭·語二·一〇 忩（欲）生於—（性）

郭·語二·二〇 智生於—(性)

郭·語二·二三 子生於—(性)

郭·語二·二五 惡生於—(性)

郭·語二·二八 憙(喜)生於—(性)

郭·語二·三〇 恖(慍)生於—(性)

郭·語二·三二 瞿生於—(性)

郭·語二·三四 彊(强)生於—(性)

郭·語二·三六 欰生於—(性)

郭·語三·七一下 又(有)—(性)又(有)生

郭·語三·六八下、六九下 又(有)—(性)又(有)生虖(乎)名

郭·語三·五七 人之—(性)非與止虖(乎)其

郭·語三·五八 又(有)—(性)又生虖(乎)生又(有)[illegible]

上(一)·紂·七 百—(姓)㠯(以)悬(仁)頛

上(一)·紂·七 㠯(以)卲(昭)百—

上(一)·性·五 蔥(厲)—(性)者

上(一)·性·三四 情出於—(性)

上(一)·性·五 凡敳(動)—(性)者

上(一)·性·六 長—(性)者

上(一)·性·一八 丌(其)—(性)相近也

上(一)·性·二 道司(始)於情=(情,情)生於—(性)

上(一)·性·三 —(性)也

上(一)·性·四 凡—(性)

上(一)·性·三三 —(性)或生之

上(一)·性·一 —(性)也

上(一)·性·五 逆—(性)者

上(一)·性·三三 —(性)之方也

上(一)·性·三 凡—(性)爲宔(主)

上(一)·性·七 又(有)㠯(以)習丌(其)—(性)也

上(一)·性·三四 唯—(性)忎(愛)爲近悬(仁)

上(四)·柬·一二 夫唯毋灘而百—(姓)逄

清(一)·程·八 —(生)民不芽(災)

清(一)·保·五 不諱(違)于庶萬—(姓)之多欲

清(一)·皇·四 百—(姓)萬民用

郭·老丙·二 所百—(姓)曰我自肰(然)也

郭·性·一 凡人唯(雖)又(有)—(性)

郭·性·二 —(性)也

郭·性·二 —(性)自命出

郭·性·三 青(情)生於—(性)

郭·性·五 凡—(性)爲宔(主)

郭·性·四 —(性)也

郭·性·六 唯(雖)又(有)—(性)心，弗取不出

郭·性·九 凡—(性)，或皶(動)之

郭·性·九 四海(海)之內，其—(性)弌(一)也

郭·性·一〇 凡皶(動)—(性)者

郭·性·二 萬(厲)—(性)者

郭·性·二 逆—(性)者

郭·性·二 羕(養)—(性)者

郭·性·二 出—(性)者

郭·性·二 室—(性)者

郭·性·一二 長—(性)者

郭·性·一四 又(有)以習其—(性)也

郭·性·二九 依(哀)、樂，其—(性)相近也

郭·性·四〇 唯—(性)怎(愛)爲近息(仁)

郭·性·五二 —(性)善者也

郭·緇·五 上人恢(疑)則百—(性)賊(惑)

郭·緇·九 卒裝(勞)百—(姓)

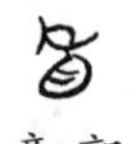
郭·緇·二 章志以邵(昭)百—(姓)

郭·緇·一二 百—(姓)以息(仁)道

郭·成·二六 聖人之—(性)與中人之眚(性)

郭·成·二六 聖人之眚(性)與中人之眚(性)

郭·成·二八　此以民皆又（有）—（性）而聖人不可莫（慕）也

上（二）·容·四八　百—（姓）亓可（何）辠（罪）

上（二）·容·五三（正）　䎽（昏）者百—（姓）

上（二）·容·五〇　䎽（昏）者百—（姓）

上（二）·从（甲）·六　吕頌（容）百—（姓）

上（二）·容·三五　安身力吕裝（勞）百—（姓）

上（一）·紂·六　卒裝（勞）百—（姓）

上（一）·紂·三　上人𥝌（疑）則百—（姓）惑

上（二）·容·五三正　𢇍（絶）穜（種）悉（侮）—（姓）

上（二）·昔·三　子—（省）

上（三）·彭·七　百—（姓）之宔（主）

上（四）·柬·一二　夫唯毋（毋）湶（旱）而百—（姓）迻

上（四）·柬·一四　而百—（姓）㠯（以）𢇍（絶）

上（四）·曹·二七　毋皐百—（姓）

上（五）·鮑·五　—（姓）皆宦（邑）惥

上（五）·季·五　百—（姓）送之㠯（以）□□

上（五）·鬼·二　惻（賊）百—（姓）

上（七）·凡甲·八　百—（姓）之咊（和）

上（一）·孔·一六　民—（性）古（固）然

上（一）·孔·二四　民—（性）古（固）然

上（一）·孔·二一　民—（性）古（固）然

上（二）·子·六　㝵（得）丌（其）社稷（稷）百—（姓）而奉守之

上（五）·季·三　絁（紉）𧦈（設）於百—（姓）

上（七）·武·一五　百—（姓）之爲經（聽）

清（四）·筮·四位三二　子—（姓）

旳　睇　瞂　瞙　眝

旳	睇	睇眉	[illegible]	瞂戚		[illegible]			瞙	眝
郭·唐·二 敹(養)—(性)命之正	新零·四〇七 ☐—一☐	清(五)·殷·二一 而天目毋—(眯)	上(五)·君·六 正見毋昊(側)—(視)	曾三 二— 曾四六 革— 曾一〇三 畫— 曾八四 二畫—	曾九七 二畫— 曾六一 二—	曾一〇一 首之— 曾六 二黃金之— 曾二〇 二黃金之— 曾九一 二畫— 曾三七 二畫—	曾一〇 黃金之— 曾二七 畫— 曾八八 畫— 曾三〇 二畫— 曾三四 二畫—	曾四〇 二畫—	上(三)·周·四八 艮丌(其)—	上(六)·孔·一五 君子—之 上(六)·孔·一五 㠯(以)亓所—䙷(眭)之

眛 嬰 嬰 自

上（六）·用·一九
又（有）—丌（其）不見

清（一）·楚·一〇
居—（睽）郢

清（一）·楚·一〇
至穆王自—（睽）郢遷（徙）袁爲郢

清（二）·繫·九一
公會者（諸）侯於—（湨）梁

包二·二四六
—畬鹿以帝（適）武王

包二·一三四
苛冒趄卯—殺

包二·一三五反
卯—殺

包二·一三六
卯—殺

包二·二〇九
—頭层之月以帝（適）集戠之頭层之月

包二·二一二
—頭层之月以帝（適）集戠

包二·二一六
—頭层之月以帝（適）集戠

包二·一九七
—𦊧层之月以帝（適）𦊧层之月

包二·一九九
—𦊧层之月以帝（適）𦊧层之月

包二·一四四
小人信以刀—傷

包二·二〇一
—𦊧层之月以帝（適）𦊧层之月

包二·二二六
—𦊧层之月以商集戠之

包二·二三〇
—𦊧层之月以帝（適）集戠之

包二·二二八
—𦊧层之月以帝（適）集戠之𦊧层之月

包二·二三二
—𦊧层之月以帝（適）集戠之𦊧层之月

包二·二三四
—𦊧层之月以帝（適）集戠之

天卜
尚—利訓

天卜
尚—利訓

天卜
—利訓

天卜
集戠—利訓

帛甲一·八
出—□霆

帛乙七·八
出—黃𣌭

郭·老甲·一二
是古（故）聖人能尃（輔）萬勿（物）之—肰（然）

郭·老甲·一三
而萬勿（物）酒（將）—愄（化）

郭·老甲·一四 萬勿(物)牆(將)—定

郭·老甲·一九 萬勿(物)牆(將)—賓(賓)

郭·老甲·二三 道法—肰(然)

郭·老甲·三一 我無事而民—福(富)

郭·老甲·三二 我谷(欲)不谷(欲)而民—樸

郭·老甲·三二 我亡爲而民—蟲(化)

郭·老甲·三二 我好青(静)而民—正

郭·老甲·三八 —遺咎也

郭·老丙·二 而百眚(姓)曰我—肰(然)

郭·老丙·一四 是以能補(輔)墡(萬)勿(物)之—肰(然)

郭·語一·九九 亡又(有)—壵(來)也

郭·語二·四三 㚔『𦬁(華)』,—㬎也

郭·語四·一三 是胃(謂)—惎(欺)

郭·語三·一三 —視(示)其所能,員(損)

郭·語三·一四 —視(示)其所不族,益

郭·緇·九 不—爲貞

郭·緇·四一 君子不—窗(留)女〈安(焉)〉

郭·緇·三九 出內(入)—尔市(師)于(虞)

郭·性·二 眚(性)—命出

郭·尊·二一 忠信日益而不—智(知)也

郭·唐·二一 —生民未之又(有)也

上(一)·性·二 命—天降

上(一)·孔·七 又(有)命—天

上(二)·容·一九 而遠者—至

上(二)·容·二五 —爲(芑爲於)

上(二)·容·三四 啓於是虐(乎)攻益—取

上(二)·容·三九 陞(升)—戎(?)述(隊)

上(二)·容·三九—四〇 內(入)—北門

上(二)·容·四〇 墜(降)—鳴攸(條)之述(隊)

上(二)·容·四二 —爲芑爲於

上(二)·容·九—一〇 —內(入)焉

上(一)·紂·二 出內(入)—尔市(師)雩

上(一)·紂·二一 君子不—崙(留)安(焉)

上（二）·從（乙）·一
則—异（忌）司（始）

新甲三·一一·二四
☐昔我先出—邟道

新甲三·一三七
冊告—吝（文）王以熹（就）聖趄王

新甲三·二一九
—頣（夏）

新甲三·二四〇
王肥還郢遅（徙）於鄩（鄀）郢之歲

新甲三·二六七
冊告—吝（文）王以還（就）聖趄［王］☐

新乙一·一九
—頣（夏）栾之月以至枩歲頣（夏）栾

新乙一·三一、二五
—頣（夏）栾之月

新乙四·三五
尚—宜訓（順）也

新乙二·三五·三四
竆（躳）身尚—宜訓（順）

新乙四·七一
☐—宜訓（順）

新零·六五
☐尚—宜訓（順）☐

新零·一七七
☐戠（歲）貞：—☐

新零·二一七
—我先＝（先人）

郭·老甲·一九
民莫之命（令）天（而）—均安

上（三）·周·九
比之—內

上（三）·周·一一
—天右（祐）之

上（三）·周·二三
—求口實

上（三）·周·四一
又（有）悳（隕）—天

上（三）·亙·一一
而能—爲也

上（三）·彭·七
氏（是）胃（謂）—厚

上（四）·逸·交一
㠯（以）—爲镸（長）

上（四）·逸·交四
㠯（以）—爲戠（慧）

上（四）·昭·四
并儯（僕）之父母之骨厶（私）—塼（敷）

上（四）·昭·八
—訟於王

上（四）·柬·一
王—臨卜

上（四）·曹·二二
君—衒（率）

上(四)·曹·三四 君毋還(憚)——裝(勞)

上(四)·曹·六三 乃——怨(過)㠯敚(悅)於蓳(萬)民

上(五)·姑·九 長魚矯僰(册)——公所

上(六)·競·一〇 ——古(姑)蚤(尤)㠯(以)西

上(六)·競·一一 亓左右相佁——善曰

上(六)·用·九 禍(禍)不降——天

上(六)·用·一一 而——嘉樂

上(七)·凡甲·六 虗(吾)系(奚)——飤之

上(七)·凡乙·五 虗(吾)系(奚)——飤之

上(七)·凡乙·一三 冬(終)身——若

上(七)·吳·九 ——晊(望)日㠯逹(往)必五六日

清(一)·尹至·一 隹尹——頙(夏)虐(徂)白(亳)

清(一)·尹至·五 ——西戠(捷)西邑

清(一)·尹誥·一 頙(夏)——蔥(絕)亓(其)又(有)民

清(一)·保·一 戊子——演=

清(一)·保·四 ——詣(稽)氒(厥)志

清(一)·金·六 所爲社(功)——以弋(代)王之敓

清(一)·金·一〇 所——以爲社(功)以弋(代)武王之敓(說)

清(一)·金·一四背 周武王又疾周公所——以弋(代)王之志

清(一)·皇·三 ——夆(逢)居臣至于又貧(分)厶(私)子

清(一)·皇·一〇 以——零(落)氒(厥)豪(家)

清(一)·皇·一七 亓(其)皆——寺(時)宔(中)員(乂)萬邦

清(一)·楚·三 渭(潰)——黜(脅)出

清(一)·楚·六 至酓繹(延)——旁屽遷(徙)居喬多

清（一）·楚·七
至焚冒酓帥（率）—箬（鄀）遷居焚

清（一）·楚·七
至宵嚣（敖）酓鹿—焚遷（徙）居宵

清（一）·楚·七
至武王酓鮾—宵遷（徙）居免

清（一）·楚·八
至文王—疆浧遷（徙）居湫＝郢

清（一）·楚·九
—福丘遷袠（襲）箬（鄀）郢

清（一）·楚·九
—箬郢遷袠（襲）湫＝浧＝

清（一）·楚·一〇
—睽（睽）郢遷袠爲郢

清（一）·楚·一一
—爲郢遷居秦（乾）溪之上

清（一）·楚·一二
—秦（乾）溪之上

清（一）·楚·一三
—媺（孅）郢遷袠爲郢

清（一）·楚·一四
王—邵吁遷（徙）鄐（蔡）

清（一）·楚·一四
王大（太）子—湫郢

清（一）·楚·一五
王—鄐（蔡）遉（復）郊（鄀）

清（一）·楚·一五
柬大王—疆郢遷（徙）居藍＝郢＝

清（二）·繫·一八
—庚丘疊（遷）于沂（淇）衛

清（二）·繫·二一
衛人—楚丘

清（二）·繫·三七
褱（懷）公—秦逃歸

清（二）·繫·六一
奠（鄭）成公—韉（厲）逃歸

清（二）·繫·六七
齊同（頃）公囟（使）亓女子—房宯觀邻＝之＝克＝

清（二）·繫·七九
—齊述（遂）逃迈（適）晉

清（二）·繫·七九
—晉迈（適）吴

清（二）·繫·九二
—自（師）逃歸（歸）

清（二）·繫·一〇六
—歸（歸）於吴＝

清（二）·繫·一〇八
繡（申）公屈晉（巫）—晉迈（適）吴

清（二）·繫·一一二
—南山逗（屬）之北海（海）

清(三)·說上·六　一豕坒(隨)宔(仲)之—行
清(三)·說上·七　—從事于鬯(般)
清(三)·說中·一　敓逨(來)—専厰(巖)

清(三)·說中·三　甬(用)孚—㭉(邇)
清(三)·琴·九　流(攸)—求敓(悅)
清(三)·芮·三　以—訿(訾)讀

清(三)·芮·七　母—縱(縱)于娩(逸)以䦆(遨)
清(三)·芮·一七　—记(起)伐(殘)蠱(虐)

清(三)·赤·三　少臣—堂下受(授)紝斻遜(羹)
清(五)·湯丘·一四　若—叏(事)朕身也

清(五)·湯丘·一五　可(何)以—炁(愛)
清(五)·湯丘·一五　古先=聖人所以—炁(愛)

清(五)·湯丘·一六　此以—炁(愛)也
清(五)·湯門·一七　咸解體—卹(恤)

清(五)·殷·九　虐(吾)孛(勉)—印(抑)畏以敬
清(五)·殷·二五　□□□□□□□□□□□□□□□□□戲怪(淫)—嘉而不縷

鼻

天策　童組之—
天策　☐—貝纓

皆

包二·一六　既—至典
包二·一二三　雇女返場貫競不割—既累
包二·一二五　敔司馬陧牛—言曰

包二·一三五　連利—智其殺之
包二·一三六　逾旌—言曰
包二·一二五　黃齊黃鼈—以甘固之㚖月死於小人之敔

包二·一三七　凡二百人十一人既累—言曰
包二·一三七　逾,旌與慶—讓覑智苛冒、恒卯不殺舒昒
包二·二一五　峗山既—城(成)

包二·一四〇 畢□尹酉䣞與剢君之司馬奉爲—告城

包二·二〇〇 志事速得，—速賽之

包二·二五三 二羿膚—彤中

包二·二五四 二牺白之膚—敗

包二·二五九 二緹婁，—纓純

包二·二六三 二箕笞—又秀

包二·二五三 二牺白之膚—敗

包二·二六三 一生縛完，一圩縛完，—衜

包二·牘一反上 一軨車之上□—膺執事不□□之□

包牘一 駁右二真韅犀—首皐

信一·〇六 —三代之子孫

信二·〇二 一革—又鈎

信二·〇三 一簠竽，—又褱

信二·〇一九 裀笞—緅罟

仰二五·一 —又蔑

仰二五·二〇 —藏於一笰之中

仰二五·二一 —又絟縷

信二·〇二三

仰二五·二八 二鄬釶—又蓋

牌四〇六·二二

望二·六 —紃

望二·四九 笞十又二—紡綢

望二·四九 其三亡童—丹楸之衣

望二·四九 其二亡童—紫衣

望二·四九 其三亡童—緹衣

望二·四七 四膚—虞宫

望二·一一 □八十紫盍輷杠—雕

望二·九 兩馬—又□耑罦

望二·四七 二𦈡—秋衣□

望二·三七 金之□首—又□鐶

望二·二三 革鞁豗促睯—絟純

郭·老甲·一五 —智(知)善

郭·老甲·一五 天下—智(知)敚(美)之爲敚(美)也

郭·五·六 五行—型(形)于内而時行之

郭·六·三七 外内—得也

郭·六·四五 言行—迵(通)

郭·六·四六 參(三)者—迵(通)

郭·性·一五 其司(始)出—生於人

郭·性·二八 —䛕(教)其人者也

郭·性·二九 —至(致)其情也

郭·忠·七 羣勿(物)—成

郭·成·二八 此以民—又(有)眚(性)而聖人不可莫(慕)也

上(一)·孔·八 —言上之衰也

上(一)·孔·一〇 害曰童而—叚於丌(其)初者也

上(一)·性·一八 —至丌(其)情也

上(二)·從(甲)·一 民—㠯爲義

上(二)·容·一 —不受(授)丌子而受(授)臤(賢)

上(二)·容·一〇 萬邦之君—㠯亓邦壤(讓)於臤(賢)

上(二)·容·二〇 四海(海)之外—青(請)社(貢)

九·五六·一二 —不吉

上(三)·中·二四 所孛(學)—終

上(三)·中·二 所孛(學)—亞(惡)

上(四)·柬·一六 四疆—篙(熟)

上(四)·柬·一七 君—楚邦之牆(將)旬(軍)

上(四)·曹·一九 贅君—絧丌言㠯(以)告大剨(宰)

上(四)·曹·一四 三弋(代)之戟(陳)—廌(存)

上(四)·曹·三二 戟連—栽

上(四)·曹·五二 —曰勑(勝)之

上(四)·曹·五三 必贊首—欲或之

上(四)·曹·五六 三善𦘔(盡)甬(用)不—(棄)

上(四)·曹·六〇 出言三軍—懽

上(四)·曹·六〇 一出言三軍—逹(往)

上（四）·曹·六二
四人—賞

上（五）·競·九
伋俚㝬鞊（鮑）砉（叔）舀（牙）—拜

上（五）·鮑·一
—爲亓（其）容

上（五）·鮑·五
眚（姓）—宦（邑）悳

上（五）·季·五
—㝵（得）亓嚾（勸）而弜（强）之

上（五）·弟·一四
虗子—能又（有）時（待）虎（乎）

上（五）·弟·一八
—可以爲者（諸）侯㥶（相）歎（矣）

上（六）·競·一〇
—貧疕

上（六）·競·一〇
夫婦—祖（詛）一支

上（六）·慎·六
是—貧疕（苦）約疠（瘍）瘠（疾）

上（七）·吳·九
—乔（敝）邑之昪（期）也

清（一）·尹至·二
余返（及）女（汝）—岂（亡）

清（一）·皇·一三
—卹尔（爾）邦

清（一）·祭·一七
亓—自寺（時）宔（中）㲽（乂）萬邦

清（一）·祭·二〇
—缶（保）舍（胥）一人

清（一）·楚·六
—居喬多

清（一）·楚·一一
—居爲郢

清（二）·繫·一二六
—朝于楚

清（三）·説上·六
人—從

清（四）·筮·爻六一
上下—乍（作）

清（五）·湯丘·一三
民人—䋤（脅）禺𣎆（離）

清（五）·湯丘·一六
—哉（𢦏）

清（五）·湯丘·一八
遠民—亟（極）

清(五)·湯門·一〇 百志—竆(窮)

包二·二七三 九碧二戟—戩

包二·二七三 二碧二帶—木

包二·二七〇 駁右二真鞻麐—首皐

虘

郭·語一·四五 —(皆)又(有)憙(喜)又(有)忞(怒)

郭·語一·六五 上下—(皆)得其所之胃(謂)信

郭·語一·七一 —(皆)至安(焉)

郭·語一·一〇六 —(皆)又(有)之

郭·語三·六五 —(皆)至安(焉)

上(二)·子·九 —(皆)人子也

帛乙九·二四 日月—亂

新甲三·一三八 ▨旣—(皆)告

上(四)·昭·一〇 邦人—(皆)見之三日安(焉)

上(六)·孔·一七 —(皆)同亓(其)□

清(二)·繫·五二 乃—(皆)北(背)之日

清(二)·繫·九九 同(頃)公—(皆)

虘

郭·唐·二七 丏(萬)勿(物)—(皆)訇

郭·忠·七 而百善—(皆)立

郭·忠·七 而人羖(養)—(皆)足

𧇮

郭·唐·八 —(虘(皆))采(由)此也

魯

包二·二 —昜

包二·一七六 —客専臣

仰二五·一八 —攷之

曾一六二 以犨—䞍公之犨=

郭·魯·一 —穆公昏(問)於子思曰

上(二)·魯·一 —邦大旱

者

上(四)·曹·一 昔周室之邦—

上(四)·曹·一 —臧(莊)公晒(將)爲大鐘

清(二)·繫·七〇 齊同(頃)公回(圍)—＝

清(二)·繫·七一 郃之克衔(率)𠂤(師)栽(救)—

清(二)·繫·一二〇 —俟侃(衍)

清(二)·繫·一二一 明(盟)于—稷門之外

清(二)·繫·一二一 戉(越)公内(入)㐭(饗)於—＝

清(二)·繫·一二四 —侯彝(顯)

清(三)·良·八 —哀公又(有)季孫

清(五)·厚·五 者—天子

包二·二七 不以死於其州—之對告

包二·三二 不以所於其州—之居處名族至命

包二·八三 訟羅之廡寍之圣—邑人邚女

包二·二四九 見於絕無後—與漸木立

包二·二五〇 舉禱於絕無後—各肥豬

天卜 甶攻解於不殆弘死—

郭·老甲·七 善—果而已

郭·老甲·一〇 爲之—敗之

郭·老甲·一〇 執之—遠之

郭·老甲·一〇 竺(孰)能庀以迬—

郭·老甲·一〇 保此衍(道)—不谷(欲)竘(尚)呈盈

郭·老甲·二七 智(知)之—弗言

郭·老乙·三 爲道—日員(損)

郭·老乙·一五 善建—不拔

郭·老丙·二 爲之—敗之

郭·老丙·二 執之—遊(失)之

郭·太·四 溼澡(燥)—

郭·太·四 古(故)戠(歲)—

郭·太·一四 其上▨者

郭·老甲·六 以衍(道)差(佐)人宔(主)—

郭·緇·二 又(有)郕(國)—章好章亞(惡)

郭·緇·六 古(故)君民—

郭·緇·二 古(故)倀(長)民—

郭·緇·一五 下必又(有)甚安—矣

郭·緇·四三 而遠—不悘(疑)

郭·緇·四三 此以僂(邇)—不賊(惑)

郭·魯·二 恒爯(稱)其君之亞(惡)—

郭·魯·三 向(嚮)—虐(吾)昏(問)忠臣於子思

郭·魯·三 亙(恒)爯(稱)其君之亞(惡)—可胃(謂)忠臣矣

郭·魯·五 亙(恒)爯(稱)其君之亞(惡)—

郭·魯·五 夫爲其君之古(故)殺其身—

郭·魯·六 夫爲其君之古(故)殺其身—

郭·魯·六 交(效)录(祿)雀(爵)—也

郭·窮·六 而爲—(諸)侯相

郭·五·二〇 唯又(有)悳(德)—

郭·語四·一六 利木会(陰)—

郭·語四·五 級(急)—爲首

郭·語四·八 數(竊)邦—爲者(誅)侯

郭·尊·一〇 亡智(知)命而不智(知)㠯(己)—

上(二)·容·四—五 道逄(路)無殤死—

帛丙一一·三 會—疾

孳乳爲諸。

上(二)·容·一〇 堯㠯天下壤(讓)於臤(賢)—

上(二)·容·一〇 天下之臤(賢)—莫之能受也

上(二)·容·一六—一七 昔—天地之差(佐)叁(舜)而右(佑)善

上(二)·容·三四 咎(皐)秀(陶)乃五壤(讓)㠯天下之臤(賢)—

上(二)·容·五〇 至(制)約—(諸)戾

上(二)·容·三九—三〇 三年而天下之人亡訟獄—

上(二)·容·五〇 䎽(昏)—百眚(姓)

上（二）·從（甲）·一
昔三弋（代）之明王之又（有）天下—

郭·老甲·八
長古之善爲士—

郭·老乙·三
學—日益

郭·老乙·七
虐（吾）所以又（有）大患—

郭·老乙·一五
善休（保）—不兑（脱）

郭·太·五
四時—

郭·太·五
会（陰）昜（陽）—

郭·太·五六
天陞（地）—

郭·太·九
雀（削）成—以益生者

郭·太·五
神明—

郭·太·二
以道從事—必忨（託）其名

郭·太·九
雀（削）成者以益生—

郭·太·一四
不足於下—

郭·尊·一
爲人上—之柔（務）也

郭·尊·二
或前之—矣

郭·尊·一九
古（故）終是勿（物）也，而又深安（焉）—

郭·尊·二三
君民—

郭·尊·二八
爲古（故）衒（率）民向（嚮）方—

郭·尊·三八
遭（轉）而大又（有）利—

郭·尊·二九
亡（明）悳（德）—

郭·尊·三七
下必又（有）甚安（焉）—

郭·性·八
凡勿（物）亡不其（期）也—

郭·性·二
室眚（性）—

郭·性·二
萬（厲）眚（性）—

郭·性·二
出眚（性）—

郭·性·一二
長眚（性）—

郭·性·一二
凡見—之胃（謂）勿（物）

郭·性·一二
快於㠯（己）—之胃（謂）兑（悦）

郭·性·一三
義也—

郭·性·一三
勿（物）之埶（勢）—之胃（謂）埶（勢）

郭·性·一五
其參（三）述（術）—

郭·性·二八 皆䜭(教)其人—也
郭·性·三八 戚(就)其見—
郭·性·四二 凡甬(用)心之喿(躁)—

郭·性·四二 甬(用)智之疾—
郭·性·五一 又(有)媺(美)青(情)—也
郭·性·五二 含福—也

郭·性·五二 青(性)善—也
郭·性·五三 又(有)衍(道)—也
郭·性·五四 亞(惡)之而不可非—

郭·性·五五 上交—也
郭·性·五三 又(有)悳(德)—也
郭·性·五五 非之而不可亞(惡)—

郭·性·五六 攸(修)身—也
郭·性·五八 以猷—也
郭·性·五八 以悳(德)—也

郭·六·三 非聖智—莫之能也
郭·六·四 非息(仁)宜(義)—莫之能也
郭·六·八 又(有)從人—

郭·六·八 又(有)銜(率)人—
郭·六·九 又(有)叓(使)人—
郭·六·一三 ▨□父兄貢(任)—

郭·六·一五 宜(義)—
郭·六·一八 智(知)不可爲—
郭·六·一八 智(知)可爲—

郭·六·一八 智(知)不行—
郭·六·一九 智也—
郭·六·一八 智(知)行—
郭·六·二〇 信也—

郭·六·二一 子也—
郭·六·二一 聖也—
郭·六·二三 六—客(各)行其戠(職)而岳(獄)訮(犴)亡繇(由)迮(作)也

郭·六·二二 息(仁)—
郭·六·二四 雚(觀)—(諸)時(詩)、箸(書)則亦才(在)壴(矣)

郭・六・二四 萑（觀）—（諸）豊（禮）、樂則亦才（在）壴（矣）

郭・六・二五 萑（觀）—（諸）易、春秋則亦才（在）壴（矣）

郭・六・四〇 君子於此弌（一）編（偏）—亡所灋（廢）

郭・六・四三 君子明虖（乎）此六—

郭・六・四五 參（三）—不迵（通）

郭・六・四五 參（三）—迵（通）

郭・六・四六 參（三）—

郭・六・四七 少—以攸（修）其身

郭・六・四七 爲衍（道）—必繇（由）此

郭・語四・八 數（竊）鉤（鈎）—戝（誅）

上（一）・性・二三 又（有）心愄（畏）—也

上（一）・性・二三 又（有）道—也

上（一）・性・二三 又（有）悳（德）—也

上（一）・性・二四 —也

上（三）・亙・三正 生或—同焉

上（三）・亙・八 多采（採）勿（物）先—又（有）善

上（三）・亙・一〇 恣言之遂（後）—斈（校）比焉

上（三）・亙・一一 兩—不灋（廢）

上（三）・亙・一三 名無又（有）灋（廢）—

上（三）・彭・七 多忞（務）—多惪

上（三）・彭・七 □—不㠯

上（四）・曹・三七 民—（？）

上（四）・曹・四五 死—弗收

上（五）・鮑・二 迿佝—㒸還亓所㠯（以）衰薨（亡）

上（五）・三德・二 敬—㝵（得）之

上（五）・三德・二 怨（怠）—遊（失）之

上（五）・三德・一三 凡若是—

上(五)·三德·二一
竿之長枸株遉車善游—

上(五)·鬼·一
昔—堯銮(舜)埅(禹)湯

上(五)·鬼·三
退(及)五(伍)子疋(胥)—

上(五)·鬼·三
遂(滎)𢦏(夷)公—

上(六)·競·二正
虛欲(欲)致(誅)—(諸)祝吏(史)

上(六)·競·七
則忈(恐)後致(誅)於吏(史)—

上(六)·天甲·七
—(諸)戾飤同脜(狀)

上(六)·天甲·一三
不韋(諱)所不孥(教)於帀(師)—三

上(六)·天乙·二
豊(禮)—

上(七)·君甲·八
君人—可(何)必安才(哉)

上(七)·君甲·九
薾(爾)君人—可(何)必安才(哉)

清(二)·繫·二
—(諸)正

清(二)·繫·七
邦君—(諸)正乃立幽王之弟

清(二)·繫·八
邦君—(諸)侯女𦤎不朝于周

清(二)·繫·一〇
齊襄公會—(諸)侯

清(二)·繫·一一
奠武公亦政東方之—(諸)侯

清(二)·繫·二〇
齊趄公會—(諸)侯

清(二)·繫·四一
罘—(諸)侯於墆(踐)土

清(二)·繫·四四
楚成王銜(率)—(諸)侯以回(圍)宋伐齊

清(二)·繫·五六
王會—(諸)侯于友(厥)[illegible](貉)

清(二)·繫·六一
王會—(諸)侯于麤(厲)

清(二)·繫·六二
公會—(諸)侯以𢦏(救)奠(鄭)

清(二)·繫·六六
會—(諸)侯于𢇍(斷)道

清(二)·繫·六七
今𦣻亓(其)會—(諸)侯

清(二)·繫·六九 遉—(諸)侯于凼(斷)苴

清(二)·繫·七〇 既會—(諸)侯

清(二)·繫·八五 晉競公會—(諸)侯

清(二)·繫·八九 子燮(燮)及—(諸)侯之夫=

清(二)·繫·九一 公會—(諸)侯於瞁(湨)梁

清(二)·繫·九二 坪(平)公銜𠂤(師)會—(諸)侯

清(二)·繫·九四 坪(平)公銜𠂤(師)會—(諸)侯

清(二)·繫·九六 命尹子木會郘文子武及—(諸)侯之夫=

清(二)·繫·九七 命尹會郘(趙)文子及—(諸)侯之夫=

清(二)·繫·九八 會—(諸)侯于繡(申)

清(二)·繫·一〇一 述(遂)明(盟)—(諸)侯於聖(召)陵

清(二)·繫·一〇三 —(諸)侯同槑(盟)

清(二)·繫·一〇九 公會—(諸)侯

清(二)·繫·一一〇 晉柬(簡)公會—(諸)侯

清(二)·繫·一一九 晉公止會—(諸)侯於邘(任)

清(五)·厚五 —魯天子

信一·〇二 天返於刑—

信一·〇一七 以成其明—

信二·〇二〇 彫—二十二足桱

信一·〇二三 播—

包二·二二七 毀禱觀俤無遂—

包二·一一三 新—莫囂勳

孳乳□都。

包二·一四六 而不交於新客—

郭·成·二 而能念(念)悳(德)—

郭·成·三 其所才(在)—內(入)悉(矣)

郭·成·一〇 是古(故)君子之求—(諸)㠯(己)也深

郭·成·一四 窮湶(源)反畣(本)—之貴

郭·成·三六 耋(來)—信

郭·成·三九 言不朔(溯)大棠(常)—

郭·尊·八
戚訦(諸)—出所以智(知)㠯(己)

九·五六·三六
幽(幼)子—不吉

九·五六·四三
命尒司兵死—

上(二)·民·三
勿(志)之所至—

上(二)·民·四
樂之所至—

上(二)·民·四
豊(禮)之所至—

上(二)·民·四
所至—

上(二)·容·四四
不從命—從而桎𢷎(梏)之

上(二)·容·五三(正)
至(制)約—(諸)矦

上(一)·性·二
夂(終)—近義

上(一)·性·二
司(始)—近情

上(一)·性·二
智(知)義—能内(入)之

上(一)·性·五
逆眚(性)—

上(一)·性·五
恔(交)眚(性)—

上(一)·性·五
凡敳(動)眚(性)—

上(一)·性·五
蕙(厲)眚(性)—

上(一)·性·五
出眚(性)—

上(一)·性·六
長眚(性)—

上(一)·性·六
怘(囿)於其—之胃(謂)兑(悦)

上(一)·性·六
勿(物)之埶(勢)—之胃(謂)埶(勢)

上(一)·性·六
凡見—之胃(謂)勿(物)

上(一)·性·七
習也—

上(一)·性·七
宜(義)也—

上(一)·性·八
丌(其)三述—

上(一)·性·一〇
所㠯(以)生悳(德)於中—也

上(一)·性·一七
人—也

上(一)·性·二四
非之而不可亞(惡)—

上(一)·性·二四
實(謂)於宜(義)—也

上(一)·性·二五
攸(修)身—也

上(一)·性·二六
㠯(以)道—也

上(一)·性·二六
㠯(以)猷(猷)—也

上(一)·性·二六
㠯(以)古(故)—也

上(一)·性·三一
凡孥—求丌

上(一)·性·三五
凡甬(用)心之趮(躁)—

上(一)・性・三五
甬(用)智之疾—

上(一)・性・三六
甬(用)力之聿—

上(一)・性・三六
甬(用)身之弁(弁)—

上(一)・性・三八
人之𢡛(悅)肰(然)可與和安—

新甲三・二五三
▨緅喪相(喪)—甫▨

上(四)・柬・三
城於虘中—

上(四)・柬・一二
能詞(祠)—

上(四)・柬・一六
色逗—(睹)又(有)焚人

上(四)・柬・二三
臣—亦又(有)䋎(靜)虐(乎)

上(四)・曹・四七
—收之

上(四)・曹・四七
剔(傷)—𦖞(問)之

上(四)・曹・四九
此三—足㠯戰(戰)虐(乎)

上(四)・曹・五七
善戰(守)—奚女(如)

上(四)・曹・六一
埇(勇)—憙(喜)之

上(四)・曹・六四
而毋或(惑)—(諸)少(小)道與(歟)

上(四)・曹・六五
於天下—

上(五)・季・一
䎽〻之從事—於民之

上(五)・季・七
夫時(詩)也—

上(五)・季・七
夫義—

上(五)・姑・三
—(諸)矦(侯)畜我

上(五)・弟・六
貧戔(賤)而不約—

上(五)・弟・六
䮎(富)貴而不喬(驕)—

上(五)・弟・九
事而弗受—

上(五)・弟・一四
肰(然)則夫二晶(三)子—

上(六)·孔·二 二道—可旻(得)䎽(聞)舁(歟)
上(六)·孔·四 □息=(仁心)—𥁰(盟)

上(六)·孔·一一 易(賜)与息(仁)人𨒪(?)—也
上(六)·孔·一二 亦㠯亓勿審二逃—㠯觀於民

上(六)·孔·二一 —孳=僡(?)㠯(紀)而立仔
上(七)·武·一五 力則桯=—敗

上(七)·武·一五 而敬—萬殜(世)
上(七)·鄭·乙二 而遂(後)楚邦囟(思)爲—(諸)侯正

清(二)·繫·八三 是教吴人反楚邦之—(諸)侯
清(五)·命·一〇 凡卑(厥)六—

清(五)·命·一一 是古(故)明王奉此六—

郭·老甲·二七 言之—弗智(知)
郭·老甲·三三 酓(含)悳(德)之厚—
郭·老甲·三七 返也—
郭·老甲·三七 溺(弱)也—

郭·成·一 古之甬(用)民—
郭·尊·一〇 又(有)智(知)㠯(己)而不智(知)命—
上(一)·孔·一一 則達—

上(二)·容·二 長—酥尾
上(二)·容·二 婁(僂)—攷譽
上(二)·容·一一 而臤(賢)—莫之能受也

上(二)·容·一一 □□□臤(賢)—
郭·成·二 非從末流—之貴
上(二)·容·三 凡民俾敝—

上(二)·容·三 蚩—鮌(漁)澤
上(二)·容·一〇 㠯求臤(賢)—而壤(讓)焉
上(二)·容·一九 而遠—自至

上(二)·容·一七—一八
墨(禹)乃五壤(讓)㠯天下之臤(賢)—

上(二)·容·一九
是㠯逵(近)—敓(悦)紿(治)

上(二)·容·二二
㠯爲民之又(有)詓(訟)告—鼓(鼓)焉

上(二)·容·二四
㠯波(陂)明—(都)之澤

上(二)·容·四四
不能述(遂)—内(入)而死

上(二)·容·四七
九邦—亓可逨(來)虖(乎)

上(二)·容·五〇
成悳—

上(二)·容·四九
昔—文王之差(佐)受也

上(二)·容·五二
㠯少(小)會—(諸)戻之帀(師)於晷(牧)之埜(野)

上(二)·昔·一
昔—君老

上(四)·内·一正
古(故)爲人君—

上(四)·内·二
亓(其)君—

上(四)·内·三
父之不能畜子—

上(四)·内·三
不與言人之子之不孝—

上(四)·内·四
古(故)爲人倪(兄)—

上(四)·内·四
古(故)爲人俤(弟)—

清(二)·繫·五七
穆王思(使)毆(驅)㬎(孟)—(諸)之麋

清(二)·繫·八六
—(諸)競〃公〃

清(二)·繫·八九
子燮(燮)及—(諸)侯之夫〃

清(三)·琴·九
—(諸)尔多子

清(三)·芮·二五
則惥(逸)—不媺(美)

清(三)·赤·一五
是訇(始)爲埤(陴)丁—(諸)麈

清(四)·筮·死一六
☰☰—相見

清(四)·筮·死一八
☷☷簭(筮)疾—

清(四)·筮·死二二
亼亼—相見

清(四)·筮·祟四四
四乃𦱤(縊)—

清(四)·筮·祟四七
伏鐱(劍)—

清(四)·筮·祟四七
𦱤(縊)—

清(四)·筮·祟四七
乃殆(辜)—

清(四)·筮·祟四八
𠆸(溺)—

清(四)·筮·祟四八
𦅫(縊)—

清(四)·筮·祟四八
殆(辜)—

清(四)·筮·祟四九
乃痓(狂)—

清(四)·筮·祟五〇
非痓(狂)乃𦅫(縊)—

上(一)·孔·一
行此—亓(其)又(有)不王虐(乎)

上(一)·孔·四
卡=(上下)之不和—

上(一)·孔·五
又城(成)工(功)—可(何)女(如)

上(一)·孔·八
言不中志—也

上(一)·孔·九
祟=(祟祟)—芋則

上(一)·孔·九
䝭=(䝭䝭)—莪則𠂤(以)人𦼮(益)也

上(一)·孔·九
多恥—亓(其)忎之虐(乎)

上(一)·孔·一八
𠂤(以)俞(喻)亓(其)悹(捐)—也

上(一)·孔·二四
亞(惡)亓(其)人—亦然

上(一)·孔·子一
三王—之乍(作)也

上(二)·子·一
昔—而弗(殁)殜(世)也

上(二)·子·五正
從—(諸)卉茅之中

上(二)·子·八
采(播)—(諸)𤰈(畎)畾(畝)之中

上(二)·子·一一
又(有)𩠐監(銜)卯而階(錯)—(諸)亓(其)前

上(二)·子·九
厽(叁)王—之乍(作)也

上(二)·子·一三
然則厽(叁)王—箸(孰)爲

上(二)·子·一三
厽(叁)王—之乍(作)也女(如)是

上(二)·魯·一
母乃遊(失)—(諸)型(刑)與悳(德)虐(乎)

郭·五·四三 疋膚膚達—(諸)君子道

郭·五·四四 胃(謂)之障(尊)臤(賢)—也

郭·五·四三 出(小)而軫—

郭·五·四九 聋(聞)道而畏—

郭·五·四〇 少(小)而訪〈診(軫)〉—也

郭·五·四三 大而晏—

郭·五·五〇 好悳(德)—也

郭·五·五〇 聋(聞)道而䜌(樂)—

郭·五·一九 又(有)悳(德)—也

郭·五·四五 耳目鼻口手足六—

郭·五·五〇 聋(聞)道而共(恭)—

郭·忠·四 不兑(説)而足敎(養)—

郭·忠·二 忠信戾(積)而民弗罣(親)信—

郭·忠·五 不异(期)而可要—，天也

郭·唐·二一 不禮(番)而能蝺(化)民—

郭·忠·一二 大古而—(処)尚(常)

郭·唐·一四 古—堯生於天子而又(有)天下

郭·唐·一五 夫古—舜佢(拒)於屮(草)茅之中而不㥑(憂)

郭·唐·二五 古—聖(聖)人廿(二十)而冒(曰)

郭·唐·二〇 禮(番)也—

郭·唐·二二 古—堯之與舜也

郭·忠·九 氏(是)古(故)古之所以行虖(乎)閔嘍—

郭·忠·五 天也妃(配)天墜(地)也—

郭·語一·三八·三九 詩所以會古含(今)之恃(志)也—

郭·語一·四三 樂，或生或教—也

郭·語一·二一 遜

郭·語一·九七 即(節)廈(文)—也

郭·語二·四一 凡卮(過)，正一以遊(失)其卮(它)—也

郭·語二·四二 凡敓，乍（作）於毖—也

郭·語一·四五 凡又（有）血炁（氣）—

郭·語一·五四 臤（賢）—能里（理？）之

郭·語一·八七 君臣、朋習（友），其睪（擇）—也

郭·語一·八九 多好（好）—，亡好（好）者也

郭·語一·八九 多好（好）者，亡好（好）—也

郭·語一·一〇二 凡同—迵（通）

郭·語一·一〇五連九九 我行怺—

郭·語一·一〇九 虐與容與夫其行—

郭·語二·三九 凡𠂤，又（有）不行—也

郭·語二·三八 凡悔（謀），已衜（道）—也

郭·語二·四六 未又（有）等『蕚（華）』而忠—

郭·語二·四七 智（知）命—亡𠂤

郭·語二·五二 其行—異

郭·語二·四八 又（有）悳（德）—不迻

郭·語三·五 不我（義）而加—（諸）已

郭·語三·九 牙（與）爲我（義）—遊，益

郭·語三·一〇 牙（與）𧆞（莊）—処（處），益

郭·語三·一一 牙（與）𦥑—処（處），員（損）

郭·語三·一二 牙（與）不好教（學）—遊，員（損）

郭·語三·一九 陞（地）能貪（含）之生之—

郭·語三·三二 㠯『鈞（治）』—卯

郭·語三·四九 思亡不遜（由）我—

郭·語三·三三 兼行則㠯『鈞（治）』—中

郭·語三·三〇 㤅（愛）鈞（治）—𦥑（親）

郭·語三·三一 智鈞（治）—賓（寡）悔（悔）

郭·語三·四四 虔（文）衣（依）勿（物）以青（情）行之—

郭·語三·二八 則㥁（仁）鈞（治）—至亡閒（間）

郭·語三·五三 臤（賢）—隹（唯）其止也以異

郭·語一·七二 而亡非㠯(己)取之—
郭·語三·五四 樂，備悳(德)—之所樂也
郭·語三·五九 得—樂

郭·語三·五九 遊(失)—哀
郭·語三·六六上 亡亡遜(由)也—
郭·語三·六六下 亡非樂—

郭·語三·二六 㠯『䚡(治)』—至亡閒(間)
上(一)·紂·一 又(有)國—章好(好)章惡
上(一)·紂·一三 長民—巹(教)之㠯悳

上(一)·紂·六 古(故)長民—章志
上(一)·紂·九 長民—衣備(服)不改

上(一)·紂·二二 而遠—不㤅(疑)

郭·唐·二 古昔臤(賢)忎(仁)聖—女(如)此
郭·唐·二八 忎(仁)—爲此進

郭·忠·六 三—
郭·緇·一六 倀(長)民—衣備(有)不改
上(一)·性·三八 攷(巧)言利訂(詞)—(者)

舒

包二·一三七 信察(察)䢀—舒慶之殺佢卯
包二·一三五 連利皆—其殺之
仰二五·一 一新—縷

包二·二四九反 不—其州名
信一·〇一四 不—也
信一·〇二九 不—其敗
郭·老甲·一四 夫亦牆(將)—(知)足

郭·老甲·六 化(禍)莫大虐(乎)不—(知)足
郭·老甲·一五 天下皆—(知)敚(美)之爲敚(美)也

郭·老甲·一五 皆—(知)善
郭·老乙·二 不克則莫—(知)其亙「亟(極)」
郭·老丙·一 大上下—智(知)又(有)之

郭·六·一
聖與—𦎫(就)壴(矣)

郭·六·一
聖、—也

郭·六·三
非聖—者莫之能也

郭·六·一七
—(知)可爲者

郭·六·一八
—(知)不行者

郭·六·一八
以—衟(率)人多

郭·六·一八
—(知)行者

郭·六·一九
—也者

郭·六·三四
夫—

郭·六·三八
或以—(知)其弌(一)壴(矣)

郭·窮·一
而—(知)所行矣

郭·緇·六
下難—(知)則君倀(長)袋(勞)

郭·窮·一二
古(故)莫之—(知)而不叜

郭·成·二〇
戚(就)反者(諸)㠯(己)而可以—(知)人

郭·緇·三九
精—(知)

郭·成·二一
是以—(知)而求之不疾

郭·尊·八
戚(就)者(諸)出所以—(知)㠯(己)

郭·尊·九
智(知)道而句(後)—(知)行

郭·尊·九
繇(由)豊(禮)—(知)樂

郭·尊·九
智(知)人所以—(知)命

郭·尊·九
智(知)命而句(後)—(知)道

郭·尊·九
智(知)㠯(己)所以—(知)人

郭·尊·一〇
亡—(知)命而不智(知)㠯(己)者

郭·尊·一〇
又(有)智(知)㠯(己)而不—(知)命者

郭·尊·二
又(有)—(知)豊(禮)而不智(知)樂者

郭·尊·二
亡智(知)樂而不—(知)豊(禮)者

郭·尊·二
又(有)智(知)豊(禮)而不—(知)樂者

郭·尊·二二
而不可𡭊(使)—(知)之

郭·太·八 君子智(知)此之胃(謂)▨

郭·五·九 不悳(仁)不—

郭·五·八 —弗思不得

郭·五·九 不—

郭·五·一四 —之思也倀(長)

郭·五·二三 聋(聞)君子道而不—(知)其君子道也

郭·五·二四 胃(謂)之不—

郭·五·二四 見臤(賢)人而不—(知)其又(有)悳(德)也

郭·五·二五 聋(聞)而—(知)之

郭·五·二五 —也

郭·五·二七 —(知)而行之

郭·五·二五 見而—(知)之

郭·五·一五 型(形)則—

郭·五·二六 聖人—(知)而(天)道也

郭·五·二六 聋(聞)而—(知之)

郭·五·二七 見而—(知)之

郭·五·二八 —也

郭·五·二八 聖,—(知)豊(禮)藥(樂)之所穀(由)生也

郭·五·二五 —也

郭·五·二八 —(知)而安之

郭·五·三〇 見而—(知)之

郭·五·三〇 —也

郭·五·三〇 —(知)而安之

郭·五·四四 —(知)而事之

郭·五·四四 君子—(知)而與(舉)之

郭·五·四八 幾而—(知)之

郭·五·四七 目而—(知)之胃(謂)之進之

郭·五·四七 寵(俞)而—(知)之胃(謂)之進之

郭·五·四七 辟(譬)而—(知)之胃(謂)之進之

郭·語四·一一 不—(各)其向(鄉)之小人、君子

郭·性·三八 可—(知)也

郭·性·四二 甬(用)—之疾者

郭·尊·二九 交矣而弗—(知)也

郭·尊·三五 尃(博)不足以—(知)善

郭·尊·三五 快(決)不足以—(知)侖(倫)

郭·唐·一六 —(知)命也

郭·唐·二二 —(知)其能羧(養)天下之老也

郭·性·五五 —(知)道者也

郭·性·六三 憙(喜)谷(欲)—而亡末

上(一)·孔·一〇 灘生之—(智)

上(一)·孔·一一 灘生之—(智)

上(一)·孔·一一 則—(智)不可㝵(得)也

上(一)·孔·一三 不亦—(智)亙(恒)虖(乎)

上(一)·孔·二七 七㝵(稷)—(智)難

上(一)·孔·二五 —(知)言而又(有)豊(禮)

上(一)·孔·二八 䵘(墉)又薺蔥(慎)窨(密)而不—(知)言

上(一)·孔·二八 青蠅—(知)

上(一)·孔·二九 惓而不—(智)人

上(二)·容·五二 受不—(知)亓未又(有)成正(政)

上(二)·容·四九 —(知)地之利

上(二)·容·四九 高下肥毳之利𦘠(盡)—(知)之

上(二)·容·四八 虘(吾)所—(知)多廌(盡)

上(二)·容·四九 —(知)天之道

上(一)·性·二四 —(知)道者

上(一)·性·三二 可—(知)也

上(一)·性·三四 —(知)頪(類)五

上(二)·從(甲)·八 而不—則奉(逢)㛍(災)害

上(二)·魯·二 不—(知)型(刑)與悳(德)

上(二)·魯·二 㞋(庶)民—(知)敓(說)之事

上(二)·從(甲)·一二 必或—(知)之

上(二)·從(乙)·六 𢚄(仁)而不—(知)則

上(三)·中·九 弗—(知)舉(舉)也

上(三)·中·一〇 而(爾)所不—(知)

上（三）·中·一〇
舉（舉）而（爾）所—（知）

上（三）·彭·三
不—（知）所冬（終）

上（四）·昭·五
虗不—（知）亓（其）尔甍（葬）

上（四）·曹·四
……今天下之君子既可—（知）已

上（四）·曹·二八
又—（知）舍（舍）又（有）能

上（四）·曹·三四
又（有）—（知）不足

上（五）·競·八
虗（吾）不—（知）亓爲不善也

上（五）·季·一
罷不—（知）民秀（務）之安（焉）才（在）

上（五）·君·四
夫子—（知）而□信斯人

上（五）·君·九
蜀（獨）—（知）人所亞（惡）也

上（五）·弟·四
莫我—（知）也夫

上（五）·三德·一七
—（知）天足㠯川（順）旹（時）

上（五）·三德·一七
—（知）地足㠯古（固）材

上（五）·三德·一七
—（知）人足㠯會新（親）

上（五）·鬼·一
息（仁）義聖—

上（五）·鬼·四
虗（吾）弗—（知）也

上（五）·鬼·四
虗（吾）或弗—（知）也

上（六）·孔·一〇
可明而—与（歟）

上（六）·慎·六
—（知）道不可㠯（以）𢙺（疑）

上（七）·武·一
不—（知）黄帝

上（七）·武·一〇
日夋（余）—（知）之

上（七）·凡甲·五
亓—（知）愈暲（障）

清（一）·金·一二 —（知）今皇天達（動）畏（威）

清（一）·祭·三 岜（亡）悳（圖）不—（知）命

清（二）·繫·二七 鄀（蔡）侯—（知）賽（息）侯之誘吕（己）也

清（二）·繫·五七 繡（申）公弔（叔）侯—（知）之

清（三）·芮·四 康戲而不—蕫（蘁）告

清（三）·芮·一一 聖—惪（用）力

清（三）·芮·一六 而不—（知）允温（盈）

清（三）·赤·八 是囟（使）句（后）瘱（疾）疾而不—（知）人

清（三）·赤·一一 而—（知）朕疾

清（三）·赤·一一 我—（知）之

清（三）·赤·一二 而不—（知）人

清（五）·命·八 弗—（知）則不行

清（五）·命·一五 法以—（知）耑=

清（五）·命·一五 權以—（知）敚=

清（五）·命·一五 敚以—（知）昀=

清（五）·命·一五 昀以—（知）夂（終）

清（五）·湯丘·九 而不—（知）喪

清（五）·殷·二 —（知）二又（有）郯（國）之請（情）

清（五）·殷·一二 而不—（知）邦之牆（將）岜（喪）

清（五）·殷·二〇 寺（是）名曰—

智

仰二五·一 一悳—縷

郭·老甲·六 —（知）足之爲足

郭·老甲·二〇 夫亦牆（將）—（知）止

郭·老甲·二一 未—（知）其名

郭·老甲·二七 言之者弗—（知）

郭·老甲·二七 —（知）之者弗言

郭·老甲·三〇 虘（吾）可（何）以—（知其）肰（然）也

郭·老甲·三一 人多—（知）天（而）戠（奇）勿（物）慈（滋）㠯（起）

郭·老甲·三四 未—智（知）牝戊（牡）之合土勿（㠯）蒸（怒）

郭·老甲·三四 —（知）和曰明

郭·老甲·三六 —（知）止不怠（殆）

郭·老甲·三六 古（故）—（知）足不辱

郭·老甲·一 㡭（絶）—（知）弃卞（辯）

郭·老乙·一八 虘（吾）可（何）以—（知）天☐

郭·唐·二七 此以—（知）其弗利也

郭·唐·二三 —（知）其能幻（司）天下之長也

郭·語一·八 又（有）生又（有）—（知）

郭·語一·二九 —（知）天所爲

郭·語一·二九 —（知）人所爲

郭·語一·三〇 慮（然）句（後）—（知）道

郭·語一·八五 悆（察）所智（知），悆（察）所不—（知）

郭·語二·二〇 卯生於—

郭·語二·二〇 —生於眚（性）

郭·語二·四七 —（知）命者亡𠂹

郭·語三·三一 —飼（治）者賨（寡）悔（悔）

郭·語三·三八 不膳（善）睪（擇），不爲—

郭·語四·六 母（毋）命（令）—（知）我

郭·語四·一三 槀（早）與—悔（謀）

郭·語四·一一 飤（食）韭（鳩）亞（惡）—（知）終其莫

郭·語四·一三 不與—悔（謀）

上（三）·亙·五 —（知）既（既）而荒（荒）

上（六）·莊·六 臣不—（知）君王之𤕝（將）爲君

清(五)·厚·三 —(知)天之畏(威)弋(哉)

清(五)·命·一四 □□不—(知)死

智

郭·語一·一六 又(有)急(仁)又(有)—

郭·語一·二五 遜(由)樂—(知)型

郭·語一·二六 智(知)忌(己)而句(後)—(知)人

郭·語一·二六 —(知)己而句(後)智(知)人

郭·語一·二七 智(知)豊(禮)而句(後)—(知)行

郭·語一·二七 智(知)人而句(後)—(知)豊(禮)

郭·語一·二八 其—(知)尃(博),虞(然)句(後)智(知)命

郭·語一·二八 其智(知)尃(博),虞(然)句(後)—(知)命

郭·語一·八五 憏(察)所—(知),憏(察)所不智(知)

智

郭·語一·六三 —(知)豊(禮)虞(然)句(後)智(知)型(形)

包二·一三七 迻搉與慶皆謹觧—苛冒

磚三七〇·二 考沓僕未—其人今僕謹

帛乙一二·二〇 民人弗—戠

磚三七〇·三 孝沓僕不—其人今僕敢之某

帛乙八·一四 恭民未—

晳

郭·成·一七 則民谷(欲)其—之述也

郭·成·一七 —而比即(次)

新零·一七三 ▨□昏—▨

盁

上(一)·紂·二 爲上可旂而—(知)也

上(一)·紂·三 下難—(知)則君長

上(一)·紂·一九 青(精)—(知)壁而行之

上(一)·性·三五 甬(用)—之疾者

百

百 百

信一·二七 天屨—豪

天下—贛

天下之—用爲首

包二·一一五 一—益二益四兩

《說文》百古文—从自。

包二·一三三 会郙之慶李—宜君，命爲僕捕之

包二·一三四 數客—宜君既以至命於子郙公

包二·一三八 與其戳客—宜君

包二·一四〇 登人所漸木四—先於鄴君之陞蘘溪之中

包二·一四〇反 其—又八十先於畢墬郢中

包二·二六九 絑署一—色四十色

帛甲四·三三 千又—戠

帛甲七·二二 —神風雨

帛乙一一·三 型—事

帛丙一一·一三 —神山川

包二·一三七 凡二—人十一人

包牘一 絑署，—條四十攸罩之頁

郭·老甲·一 民利—伓(倍)

郭·老甲·二 江海(海)所以爲—浴(谷)王

郭·老甲·三 是以能爲—浴(谷)王

郭·老甲·三 以其能爲—浴(谷)下

郭·老丙·二 而—眚(姓)曰我自肰(然)也

郭·緇·五 上人怢(疑)則—眚(姓)賊(惑)

郭·緇·九 卒裻(勞)—眚(姓)

郭·緇·一二 章志以卲(昭)—眚(姓)

郭·緇·一二 —眚(姓)以悬(仁)道

上(二)·容·三 思役—官而月青(請)之

上(二)·容·五三(正) 䎽(昏)者—眚(姓)

上(二)·容·二七—二八 從灘(漢)㠯北爲名浴(谷)五—

上(二)·容·二七 垔(禹)乃從灘(漢)㠯南爲名浴(谷)五—

上（二）·容·三五 安身力㠯裝（勞）—青（姓）
上（二）·容·四八 —青（姓）亓可（何）辠（罪）

上（二）·容·五〇 䵷（昏）者—青（姓）
上（二）·容·五一 武王乃出革車五—輮（乘）
上（二）·容·六—七 於是虖（乎）方—里之宔（中）

上（二）·從（甲）·六 㠯頌（容）—青（姓）
新甲一·二七 ▨（樂）之，—之，贛（貢）
新甲三·一八九 㠯（以）—腸體疾

新甲三·一三六 —之，贛（貢）
新甲三·二九八 ▨—之
新乙一·一三 各大牢，—▨
新乙二·一 樂之，—，贛（貢）

新乙四·一二八 兄（祝）亓（其）大牧（牢），—
新零·四〇 —之，贛（貢）
新零·一二五 㠯（以）—▨

九·五六·二七 又（有）志—事，大吉
九·六二一·四 —□
新乙四·二五 ▨大留（牢），—▨

上（四）·柬·一二 夫唯母（毋）澕（旱）而—青（姓）迻
上（四）·曹·一 東西七—

上（四）·曹·二七 毋辠—青（姓）
上（四）·曹·三六 能紿（治）—人

上（四）·曹·三六 吏（使）倀（長）—人
上（五）·競·八 含（今）内之不旻（得）—生（姓）

上（五）·鮑·三 長—糧
上（五）·季·三 紬（紖）耆（設）於—青（姓）

上（五）·姑·一 虐於—=䘵=
上（五）·姑·一 姑戉豪父㠯亓族參坓（欲）正（征）—䘵

上（五）·姑·五 姑（苦）戠（成）豙父乃寍（寧）—鐌
上（五）·姑·九 敂（糾）人於—鐌

上（五）·鬼·二 惻（賊）—青（姓）
上（六）·天甲·七 —正𡨦（顧）還肻（脊）

上（七）·武·一一 而—殜（世）不遊（失）之道
上（七）·武·一五 —青（姓）之爲緸（聽）

上（七）·君甲·三 珪=之君—
上（七）·君乙·三 —青（姓）之宔（主）

上（七）·凡甲·二五 —勿（物）不死女（如）月
上（七）·凡乙·一五 則—勿（物）不遊（失）

清（一）·皇·四 —青（姓）萬民用
清（二）·繫·六〇 與兵車—窒（乘）
清（二）·繫·一〇〇背 —

清（三）·說上·一 王命乎（厥）—攻（工）向
清（三）·說下·八 弗易—青（姓）
清（三）·說下·九 虐乃専之于—青（姓）

清（三）·芮·九 凡—君子
清（三）·芮·一八 政（正）—又（有）司
清（四）·算·七 —

清（四）·算·一〇 —
清（四）·算·一一 —|…卆=（九十）—
清（四）·算·一六 —

清（四）·算·一九 —
清（五）·湯丘·七 今少臣能廛章—義
清（五）·湯門·一〇 —志皆窮（窮）

信二·〇二九 紫緅—囊
郭·忠·七 而—善虏（皆）立
郭·忠·七 —工不古
郭·語一·一八 夫（天）生—勿（物），人爲貴

上(一)·孔·一三
鰭棹出目(以)—兩

上(二)·子·六
㝵(得)丌(其)社稷(稷)—青(姓)而奉守之

上(一)·紂·三
上人惫(疑)則—青(姓)惑

上(一)·紂·六
卒裳(勞)—青(姓)

上(一)·紂·七
目(以)卲(昭)—青

上(一)·紂·七
—青(姓)目(以)惪(仁)頪

九·六二一·二二
新—

上(三)·彭·七
—青(姓)之宔(主)

鼻

郭·五·四五
耳目—口手足六者

郭·語一·五一
臭(嗅),—(鼻)㪅(司)也

訛字。

奭

郭·緇·三六
君—員(云)

上(一)·紂·一八
君—員(云)

清(三)·良·四
武王又(有)君—

奭

郭·成·二二
君—曰

郭·成·二九
君—曰

與《說文》之奭同形，但不同字。

習

包二·二二三
屈宜—之以形筡爲左尹卲尬貞

秦一三·二
遆豹—以犬靁占之吉

天卜
陲憙—之以新承命

天卜
陲獻—之以承命占之

天卜
陲貫—之以白靁占之吉

天卜
陲憙—之以白靁

天卜
陲—　人名

天卜
陲貫—之承命貞之

天卜
陲獻—之以白靁占之吉

天卜
陲遣—之以承彖占之

天卜 陸道—之以新承命占之

天卜 陸郢—之以新豕占之

天卜 鹽丁—之以長保占之

天卜 郚瑤—之以白霝占之

天卜 盤栖—之以長筆

天卜 義懌—之以新長刺占之

天卜 鹽峼—之以承豕

天卜 軋膢—之以承豕占之

天卜 鹽丁—之以新承命占之

天卜 弁丑—之以御蠹占之吉

天卜 軋膢志—之以白蠹—之

天卜 弁丑—之以保豕占之

望一 痼以黃蠹—之

望一·九一 ▨□萑媛—之以黃蠹占之

秦九九·五 苛慶—黃蠹占之吉

郭·性·一 𡉚(待)—而句(後)奠

郭·性·一二 —也

郭·性·一三 —也者

郭·性·一四 又(有)以—其眚(性)也

郭·性·六一 蜀(獨)処則—父兄之所樂

上(一)·性·一 寺(待)—而司(後)奠

上(一)·性·六 —也

上(一)·性·七 又(有)㠯(以)—丌(其)眚(性)也

上(一)·性·七 —也者

上(一)·性·三〇 寊(獨)居則—

新甲三·二五 奠(鄭)憲—之以陸(隋)医之▨

新甲三·四一 彭定—之以鳴羅▨

新甲三·一九二、一九九—一 鹽(鹽)眚—之以黿蠹

新甲三·一九三 鄆尹羕—之㠯(以)新(新)承恴▨

新乙四·一七 ▨□□—之㠯(以)白▨

新乙四·四九 ▨□𥎦—之㠯(以)承恴

羽

習 新零·二一三、二一二 ☐周墨—之㠯(以)萑霝☐ 上(三)·亙·一〇 —㠯不可改也

習 郭·語三·一〇 追—虔(文)章，益 郭·語三·一三 処(處)而亡𢘓—也，員(損)

羽 包二·二六〇 一—翣 包二·二六九 車戟戠— 天策 白—宇竿 天策 白—之宇竿 天策 紩—之戠

天策 一䄀韃羽之罽𤣩— 天策 系—之黷 天策 翼—之篁 天策 絑—之宇竿 天策 絑—之承

天策 玄—之戠 天策 䛒— 天策 白—之戠 天策 白—之首 天策 鞻—之罽

望二·四七 一少敗—翣 天策 玄—之常 天策 玄—之宇 天策 𤣩—之戠 仰二五·三五 —虜一域

望二·四七 一大—翣 信二·〇一九 一長—翣 秦九九·三反 白—之戠

上(四)·采·四 許— 上(四)·采·四 𩦎—

上(四)·采·四 趄— 上(四)·采·四 —諆 清(三)·良·一〇 子—

习 包二·牘一 車戟，戠—一署 據文義乃—字省半。

翆 包二·一四一 少里喬鋫尹— 包二·一八八 𢧵—人名 包二·一九五 所諨於少里喬鋫尹—

包二·二五三 二—虘

包二·二五四 二—虘

雨二一·三 姑侁之宮爲濁客王—爲濁

雨二一·四 ☐之宮爲濁獸☐—

包二·一二八 少里喬與尹—

曾六 紫—之常

曾四二 屯霥—之翻

曾四四 屯戠雯—

曾六一 屯獴—翻

曾八一 鷸=戠翼白—

曾七九 玄—之首

曾一〇六 彔—之鉡賠

《說文》雩之或體。簡文中皆讀羽。字當是羽之或體。

翟

包二·一九三 昜—人翏賢 地名

包二·一〇五 貣郕異之黃金七益以—種

包二·一〇八 貣郕異之黃金七益以—種

包二·一〇九 貣郕異之黃金七益以—種

包二·一〇六 貣郕異之黃金七益以—種

包二·一一〇 貣郕異之黃金七益以—種

包二·一〇七 貣郕異之黃金卌=益二益以—種

包二·一一一 貣郕異之黃金十益一益四兩以—種

包二·一一二 貣郕異之黃金四益以—種

包二·一一三 貣郕益之黃金五益以—種

包二·一一四 貣郕異之黃金七益以—種

望二·二 —輪

清(二)·繫·一九 —述(遂)居衛=

清(二)·繫·二一 —人或涉河

清(二)·繫·三二 文公奔—(狄)

清(二)·繫·三六 文公十又二年居—=

清(二)·繫·八七 競(景)公史(使)—(糴)之伐(茷)嘜(聘)於楚

鄦

曾二六 —輪

曾二八 —輪

曾四五 —輪

曾四七 —輪

曾五〇 —輪

翡

曾五三 —輪　曾五三 —輪　曾七一 —輪　曾七三 —輪　新甲三·三四九 䎗於洛—　天策 翠—

羆 望二·一三 —（翡）翠（翠）之首　望二·一三 —羸，冢毛之首

翠

翠 包二·二六九 翁—（翠）旹=（之首）　从羽辠聲。辠—古音甚近，翠當是—之異構或从羽辠聲。古文字中首自往往通用。辠亦作辠。　天策 —翟

天策 —羅　天策 —首　天策 —贏　天策 ☐綏組綴綏—☐

望二·一三 —昀　望二·一三 羆—之首　信二·〇四 一良圓餅載紡霝緶良馬皃—造

信二·〇二 一司—珥　包牘一 —首

鶤 曾九 —絆　曾九 —頸　曾九 —簹　曾六 —首　曾八九 —首　曾一三八 —鶚　曾一三六 —鶚

翏

包二·一六九 武陵戲尹之人—足　包二·一九三 昜翟人—賢

郭·窮·九 後—（戮）死　上（六）·競·一〇 —（聊）昏（攝）㠯（以）東　上（一）·孔·二六 —莪又（有）孝志

包二·一七三 偎王佶室—牆　包二·一七四 肅王埮人—亞夫　包二·一七七 正昜正差—㙇（壄）　包二·一八九 —亞夫

包二·一六八 佶戲黃瘰之人—輚　九·五六·四〇下 以—六頁（擾）之日　九·五六·六七 子少（瘳）—，卯大（瘳）—　九·五六·七〇 ☐昏（辰）大—（瘳）省形。

翯
上（五）・姑・八 乃命長魚—
上（五）・姑・九 長魚—嬰（冊）自公所
上（五）・姑・一〇 長魚—惻（賊）參（三）垰=

翇
信二・〇三 一良—
信二・〇三 一—
从李守奎博士釋翇。

翣
信二・〇一九 一長羽—
信二・〇一九 一翣—
望二・四七 一大羽—
望二・四七 一大竹—
望二・四七 一小雕羽—

⿱羽弓
天策 䡮—

⿱羽甚
天策 —羽之篁
从羽从甚，《說文》甚字古文作□。
天策 翠—

⿱羽付
信二・〇一九 一—翣
从羽𡊅聲，𡊅即坿。

⿱羽夬
包二・四九 秋— 人名
包二・一三八 陳— 人名
包二・一九四 邵— 人名
包二・一五〇 邵—

⿱羽乇
曾七九 一翼之—

⿱羽台

包二·二六九 戭羽一— 讀作厹。《詩·小戎》有厹矛。一種兵器。

包二·二六九 五—

包二·二六九 三—

包二·二七三 九—

包二·二七三 二—

包牘一 七—

包牘一 一—

包牘一 五—

包牘一 三—

⿱羽纆

天策 纆組之—

⿱羽各

包二·二六九 七—車戟戭羽

⿱羽矛

包二·二七七 二翠—

天策 兩馬之欂—

天策 乘馬＝之章—

天策 長—

天策 長—

天策 ☐索兩馬長—鏟☐

天策 ☐二長—☐

望二·九 嵩—嗾☐ 矛字異體。

⿱羽壬

包二·一八七 所諨於正敘—

⿱羽巠

⿱羽巠 包二·一二八 正敘—

包二·一四一 正敘—

包二·一四三 正敘—

⿱羽兒

包二·一八四 大厰黃— 人名

⿰羽剃

天策 鴺羽—

天策 鴺羽之—

天策 鴺羽之—

天策 —白羽之首

包二·二〇〇 —(一)禱於夫人戠豬
包二·二〇〇 —(一)禱於卲王戠牛
包二·二〇三 —(一)禱於卲王戠牛

包二·二〇〇 —(一)禱文坪夜君
包二·二〇六 —(一)禱文坪夜君
包二·二〇三 —(一)禱於文坪栾君

包二·二〇五 —(一)禱於卲王戠牛
天卜 —(一)禱卓公
天卜 —(一)禱大稿戠牛

天卜 —(一)禱祇戠牛
天卜 —(一)禱惠公
天卜 —(一)禱裳□戠豢

天卜 —(一)禱西方全豬
天卜 —(一)禱祇戠牛
望一·一一二 —(一)禱先君東宅公戠牛

望一·一一九 —(一)禱王孫喿豜
郭·五·一六 其義(儀)—(一)也
郭·五·一六 能爲—(一)

郭·成·一八 貴而—(能)纕(讓)
郭·太·七 罷(一)块(缺)—(一)浧(盈)
郭·太·七 —(一)块(缺)罷(一)浧(盈)

郭·語四·二五 —(一)豪(家)事乃又(有)貨(祏)
新甲一·二二 疾罷癀—(一)也
新甲一·二二 疾—(一)癀罷也

新甲三·一三六 ▨壁，以—(一)禱大牢饋
新甲三·二八四 疾罷癀—(一)也
新零·三三九 ▨—(一)也

清(五)·湯門·六 —(一)亞(惡)
清(五)·湯門·六 —(一)好

翠

包二·二七七 二—翠

⿱羽竜　⿱羽曾　戳　⿱羽敢　⿱羽融　⿱羽介

⿱羽介 上(四)·柬·一五 —棂(相)䖬中佘(余)與五連少子及龍(寵)臣皆逗

⿱羽融 天策 系羽之—

⿱羽敢 包二·九九 番— 人名

戳 天策 白羽之—　天策 白羽之—　天策 旲羽之—　天策 ▱—一䎗䎕

⿱羽曾 曾九七 一翼之—　曾一五 一翼之—　曾一七 一翼—　曾一七 屯八翼之—

曾二〇 屯一翼之—　曾三〇 一翼之—　曾三〇 屯八翼之—　曾六九 一翼之—

曾五五 屯二翼之—　曾九九 二翼之—　曾三七 一翼之—　曾三七 —屯八翼

曾一〇〇 屯六翼之—　曾三 屯八翼之—　曾六 屯八翼之—　曾一〇 屯二翼之—

曾六 屯八翼之—　曾一四 屯八翼之—　曾三七 一翼之—　曾二〇 屯八翼之—

曾四三 屯冡羽之—　曾六一 屯貘罜—　曾三七 —屯八翼　曾二〇 一翼之—

⿱羽竜 天策 —羽之戳

上（七）·凡甲·一〇
可（何）古（故）大而不—（燿）

隹

郭·緇·五
—（惟）尹（允）及湯咸又（有）悳（德）

郭·緇·九
—（誰）秉寍（國）成

郭·緇·一〇
少（小）民—（惟）日懕

郭·語三·五三
臤（賢）者—（唯）其止也以異

帛乙一·一
—……

帛乙一〇·一三
—天乍宎

帛甲四·九
是—四寺

帛乙一〇·二三
民敬—備

帛乙七·五
—孛（悳）匿

帛乙六·一〇
—悳匿之戠

帛乙一〇·五
—天乍福

上（一）·孔·六
不（丕）㬎（顯）—（唯）悳（德）

上（一）·孔·三
—（唯）能夫

上（一）·孔·六
乍競—（唯）人

上（一）·紂·三
—（惟）尹夋及康（湯）

上（一）·紂·五
—（惟）秉或（國）

上（一）·紂·五
—（惟）王之功

上（一）·紂·六
少（小）民亦—（惟）日令

上（一）·紂·六
少（小）民—（惟）日命

上（一）·紂·一四
—（惟）复（作）五虐之型（刑）日金

上（一）·紂·二一
—（惟）君＝（君子）能好（好）丌（其）匹

上（一）·紂·二三
人—（惟）日不利

新甲三·一五·六〇
☐—潒（蕩）栗忎（恐）膿（懼）

上（三）·周·四四
—䘯

上（三）·中·二一
女（汝）—（惟）㠯

上（三）·亙·九
—（唯）一㠯猶一

上（三）·亙·五
—（唯）逡（復）㠯不灋（廢）

上（三）·亙·九
—（唯）逡（復）㠯猶逡（復）

上（四）·逸·交三

—心是蕒

上（四）·逸·交四

—（唯）心是萬

上（四）·曹·六五

亦—（唯）䎽（聞）夫坖（禹）

上（五）·姑·三

—（惟）不㠯（以）[illegible]

上（五）·弟·一五

—（雖）多䎽（問）而不沓（友）臤（賢）

上（五）·鬼·六

—（惟）䔢（兹）复（作）章（彰）

上（六）·用·一三

—（唯）君之𠳋（貫？）臣

上（六）·用·二〇

—善是善

上（七）·吳·六

—（惟）舍（余）一人所豊（禮）

上（七）·吳·九

—（唯）三夫₌丌（其）辱昏（問）之

上（七）·吳·九

今日—（惟）不𢘅（敏）既卯（苙）矣

清（一）·尹至·一

—（惟）尹自頣（夏）虞（徂）白（亳）

清（一）·尹至·二

—（惟）𢦏（災）虐悳（極）瘧（暴）𤸰（瘇）

清（一）·尹至·三

—（惟）我棘（速）禍（禍）

清（一）·尹誥·一

—（惟）尹既返湯咸又（有）一悳（德）

清（一）·尹誥·一

亦—（惟）氒（厥）眾

清（一）·尹誥·三

—（惟）民遠邦遏（歸）志

清（一）·程·一

—王元祀貞（正）月既生朗（魄）

清（一）·程·一

大（太）姒夢見商廷—（惟）棶（棘）

清（一）·程·五

—（惟）商慼才（在）周₌

清（一）·程·六

欲—（惟）柏夢

清（一）·程·六

—（惟）杍（梓）敝不義

清(一)·程·七 —(惟)容内(纳)棶(棘)

清(一)·程·七 —(惟)商慼才(在)周=

清(一)·程·七 —(惟)杍(梓)敝不義

清(一)·程·七 —(惟)容内(納)棶(棘)

清(一)·保·一 —王卒=年

清(一)·保·六 身兹備—

清(一)·保·一一 日不足—俖(宿)不恙(詳)

清(一)·者·一一 是—(惟)良士之迈=

清(一)·者·一三 是—(惟)良士之愳=(懼)

清(一)·者·一四 是—(惟)良士之愳=(懼)

清(一)·金·三 —(惟)(爾)元孫發也

清(一)·金·一一 —(惟)余沓(沖)人亦弗返(及)

清(一)·金·一二 —(惟)余沓(沖)人亓(其)親逆公

清(一)·皇·一 —(惟)正月庚午

清(一)·皇·一 —(惟)莫覓(開)

清(一)·皇·二 廼—(惟)大門宗子埶(邇)臣

清(一)·皇·七 乃—(維)詨=疋區疋敎(教)于非彝

清(一)·皇·八 —(維)俞(媮)悳(德)用

清(一)·皇·八 乃—(惟)不訓(順)是紿(治)

清(一)·皇·九 乃—(維)乍(詐)區(詬)以會(答)

清(一)·祭·四 —(惟)寺(時)皇上帝

清(一)·祭·五 我亦—(惟)又(有)若且(祖)

清(一)·祭·七
我亦—(惟)又若且(祖)𤕫(祭)公

清(一)·祭·一〇
疾—(惟)不瘳

清(一)·祭·一〇
—(惟)周文王受之

清(一)·祭·一二
—(惟)武王大敗(敗)之

清(一)·祭·一一
—(惟)天奠我文王之志

清(一)·祭·一三
—(惟)文武中大命

清(一)·祭·一三
不(丕)—(惟)周之荾(旁)

清(一)·祭·一三
不(丕)—(惟)句禝之受命是羕(永)𠪚(厚)

清(一)·祭·一三
—(惟)我逡(後)嗣

清(一)·祭·一四
—(惟)周之𠪚(厚)茾(屏)

清(一)·祭·一五
不(丕)—(惟)文武之由

清(一)·祭·一八
寺(時)—(惟)大不弔(淑)䔲(哉)

清(一)·祭·一九
我亦—(惟)以没我殀(世)

清(一)·祭·二〇
余—(惟)弗迟(起)滕(朕)疾

清(一)·楚·一
女日比(妣)—

清(三)·說上·一
—(惟)鬯(殷)王賜敓(說)于天

清(三)·說上·一
—(惟)弦(弼)人

清(三)·說上·三
—(惟)帝以余畀尔=

清(三)·說上·六
亓(其)—(惟)敓(說)邑

清(三)·說上·六
是—(惟)員(圓)土

清(三)·說中·一
女(汝)逨(來)—(惟)帝命

清(三)·說中·二
甬(用)—(惟)女(汝)复(作)礪(礪)

清(三)·説中·三 —(惟)乃巹(腹)

清(三)·説中·五 —(惟)庶想(相)之力発(勝)

清(三)·説中·六 甬(用)—(惟)多悳(德)

清(三)·説中·六 —(惟)戕(干)戈

清(三)·説中·七 —(惟)戕(干)戈生(眚)乎(厥)身

清(三)·説下·四 不—(惟)鷹(鷹)唯(隼)

清(三)·説下·五 女亦—(惟)克㬎(顯)天

清(三)·説下·八 —(惟)寺(时)大戊盍(謙)曰

清(三)·説下·九 余—(惟)弗进(雍)天之叚(嘏)命

清(三)·琴·一 考(孝)—(惟)型帀

清(三)·琴·五 悳(德)元—(惟)可(何)

清(三)·説中·四 女(汝)—(惟)孳(兹)敓(説)砥(底)之于乃心

清(三)·説中·六 心毁—(惟)備

清(三)·説中·六 叀(且)—(惟)口迟(起)戎出好

清(三)·説中·七 —(惟)衮(衣)戠(載)悳(病)

清(三)·説下·二 余—(惟)命女敓(説)鼃(融)朕命

清(三)·説下·五 女—(惟)又萬壽(壽)才(在)乃政

清(三)·説下·六 女亦—(惟)又萬福業=才(在)乃備(服)

清(三)·説下·九 弋(式)—(惟)參(三)悳(德)賜我

清(三)·琴·一 亯(享)—(惟)潘(慆)帀

清(三)·琴·二 天—(惟)㬎(顯)

清(三)·琴·六 才(在)言—(惟)克

清（三）·琴·八
是—（惟）尾（宅）

清（三）·琴·一〇
—（惟）克少（小）心

清（三）·琴·一二
不達（失）—（惟）同

清（三）·琴·一六
—（惟）福思

清（三）·芮·八
而—（惟）啻（帝）爲王

清（三）·芮·二一
此—（惟）天所建

清（三）·芮·二四
豢（朕）—（惟）湝（沖）人

清（五）·厚·二
啟—（惟）后

清（五）·厚·四
以庶民—（惟）政之龏（恭）

清（五）·厚·五
—（惟）曰其勭（助）上帝亂（亂）下民

清（五）·厚·九
—（惟）女（如）訇（台）

清（三）·琴·一〇
廼是（禔）—（惟）民

清（三）·琴·一二
寺（持）—（惟）文人之若（若）

清（三）·琴·一六
純—（惟）敬帀

清（三）·琴·一七
黄句（耇）—（惟）程（盈）

清（三）·芮·一七
凡—（惟）君子

清（三）·芮·二一
—（惟）四方

清（三）·赤·一〇
尔—（惟）咼

清（五）·厚·三
—（惟）天乃永保顕（夏）邑

清（五）·厚·四
—（惟）女（如）訇（台）

清（五）·厚·七
—（惟）寺（時）下民雁帝之子

清（五）·厚·一〇
—（惟）所役之司民

清(五)·厚·一〇 亦—(惟)歆(禍)之卣(攸)及

清(五)·厚·一〇 —(惟)司民之所取

清(五)·厚·一一 曰民心—(惟)本

清(五)·厚·一一 氒(厥)復(作)—(惟)枼(葉)

清(五)·厚·一二 廼是—(惟)人

清(五)·厚·一三 民曰—(惟)酉(酒)甬(用)䘵(肆)祀

清(五)·厚·一三 亦—(惟)酉(酒)甬(用)庚(康)樂

清(五)·厚·一三 —(惟)神之卿(饗)

清(五)·厚·一三 民亦—(惟)酉甬敱畏(威)義(儀)

清(五)·厚·一三 亦—(惟)酉甬恧(恒)瘇(狂)

清(五)·封·二 則—(惟)女(汝)吕丁

清(五)·封·三 亦—(惟)女(汝)吕丁

清(五)·封·五 女—(惟)𢧈(臧)者尔猷

清(五)·封·八 女亦—(惟)㝗(淑)章尔遠(慮)

清(五)·湯丘·一一 朕—(惟)逆訓(順)是煮(圖)

清(五)·湯門·二〇 此—(惟)事首

清(五)·湯門·二一 —(惟)天道

清(五)·殷·二七 則—(唯)小心翼=

郭·老甲·一七 天(夫)—弗居也

郭·老甲·一八 僕(樸)—(雖)妻(微)

郭·老乙·四 —與可(呵)

郭·老乙·一 夫—嗇

郭·五·四五 莫敢不—

郭·五·四五 心曰—

郭·六·七　—（雖）堯求之弗得也

郭·六·四八　—其人所才（在）

郭·性·一　凡人—（雖）又（有）眚（性）

郭·六·一二　—（雖）才（在）草茆（茅）之宷（中）

郭·性·六　—又（有）眚（性）心，弗取不出

郭·性·一四　—人衍（道）爲可衍（導）也

郭·性·四〇　—宜（義）衍（道）爲忻（近）忠

郭·性·四〇　—眚（性）炁（愛）爲近悬（仁）

郭·語四·一四　—（雖）戁（難）之而弗亞（惡）

郭·性·四一　—人衍（道）爲可衍（道）也

郭·性·四一　—亞（惡）不悬（仁）爲忻（近）宜（義）

郭·性·五〇　—（雖）怂（過）不亞（惡）

郭·性·五〇　—（雖）難不貴

郭·性·五一　—（雖）未之爲

郭·性·三七　—（雖）能其事

郭·緇·四四　人—（雖）曰不利

郭·窮·二　—（雖）臤（賢）弗行矣

郭·緇·四二　—君子能好其駜（匹）

郭·緇·八　非其止之共—王恙

郭·尊·二八　—悳（德）可

郭·尊·三七　夫—是

郭·成·九　—（雖）肰（然）

郭·成·五　—（雖）㫐『厚（重）』其命（令）

郭·成·二二　—彭（冒）不單爯（稱）悳（德）

郭·成·二七　—（雖）其於善道也

郭·成·三七　—君子道可近求而可遠向也

郭·成·二九　—（雖）又（有）其亙（恒）而可能，終之爲難

上（二）·從（甲）·一二　—殜（世）不儠（？）

上（二）·昔·四　—忞（哀）悲是思

上（二）·昔·四　—邦之大㝵是敬

上（一）·性·一　凡人—（雖）又（有）生（性）

上（一）·性·八 —人道爲可道也
上（一）·性·二一 —（雖）怂（過）不亞（惡）
上（一）·性·三四 —青（性）炁（愛）爲近悬（仁）

上（一）·性·三四 —宜（義）道爲近中（忠）
上（一）·性·三四 —亞（惡）不悬（仁）爲近宜（義）

上（二）·容·四六 —（雖）君亡道
上（二）·容·四六 —（雖）父亡道
上（二）·魯·一 —

上（一）·孔·七 文王—（雖）谷（裕）也

與《説文》新附售字同形，但並非同字。从李家浩先生釋爲『隹』。下从口，如同楚文字丙作㔷，青作[glyph]。

雀

包二·二〇二 𢼸—（爵）立遟逯
包二·二〇四 至九月憙—立
郭·太·九 —（削）成者以益生者
郭·尊·二 —（爵）立（位）
郭·魯·六 交（效）录（禄）—（爵）者也
郭·緇·二八 古（故）上不可以埶（褻）型（刑）而翌（輕）—（爵）
郭·緇·二八 而—（爵）不足懽（勸）也
上（一）·孔·二七 可斯—之矣
上（一）·孔·二〇 虗（吾）㠯（以）折杜旱（得）—

雞

清（二）·繫·八一 亓子五員與五之—逃歸吴
清（二）·繫·八一 五（伍）—（將）
清（二）·繫·八二 是—父之埅（洍）

鷄

包二·二五七 囂—一箕
《説文》鷄 籀文—从鳥。
包二·二五七 㡴—一箕
包二·二五八 㡴—一箕

𨾨

鴟

上（五）·鬼·三 —𡰥（夷）而死

雝

天策 —臭之鐶
上（一）·孔·五 肅—（雍）

雁

雁

包二·九一 周— 人名

包二·九一 嬰— 人名

包二·一六五 奠— 人名

天卜 —楊 人名

天卜 —䄳 人名

天卜 既肧—疾

天卜 既肧—疾

新甲一·三 —愴以大央爲坪☐

新甲二·二二、二三、二四 —寅以少(小)央爲☐

新乙二·一一 ☐—(膺)疾

新乙二·三七 伓(背)、—(膺)☐

新乙三·二二 既伓(背)、—(膺)疾

新乙三·五一 ☐貞:既伓(背)、—(膺)疾

包二·一八四 郙—

包二·一二一 小人信㫃下鄴闈里人—女返

包二·一二三 孔執—女返

包二·一二三 —女返

香中大·三 三悳(仁)而畫於—

上(七)·凡甲·一一 系(奚)古(故)少(小)—暲(障)豉(封)

堆

堆 鳲

上(三)·周·五〇 —(鴻)漸于堅(阪)

上(三)·周·五〇 —(鴻)漸于陸 《說文》或體。

上(三)·周·五 —(鴻)漸(漸)于䦶(澗)

清(五)·厚·七 隹(惟)寺(時)下民—帝之子

雄

雄 鴖

郭·語四·一四 邦又(有)巨—

郭·語四·一六 —是爲割(害)

郭·語四·二六 三—一䳄(雌)

雎

鴜
郭·語四·二六
三⿰鳥厷(雄)一—

奮

郭·性·二四
則慆女(如)也斯—

清(一)·耆·五
虘士—甲

郭·性·三四
慆斯—

郭·性·三四
—斯羕(咏)

雚

望一·卜
☐☐—缓習之以黄靁占☐
包簡觀作𩀘，所从之雚形與—同。

郭·六·二四
—(觀)者(諸)𦔻(詩)、箸(書)則亦才(在)壴(矣)

郭·六·二四
—(觀)者(諸)豊(禮)、樂則亦才(在)壴(矣)

郭·性·一七
—(觀)其之迻而逹訓之

郭·六·二五
—(觀)者(諸)昜、春秋則亦才(在)壴(矣)

郭·性·二五
—(觀)叴(賚)武

郭·性·二五
—(觀)卲(韶)䪿

上(五)·季·七
火〓—(觀)之

清(一)·皇·五
先王用又(有)—(勸)

清(五)·封·二
古(故)天—(勸)之乍亡㚖(斁)

清(五)·封·七
龍盬(鬻)緣(璉)—(鑵)鉦耇𠃢

舊

包二·一三五反
而—(久)不爲斷

包二·二三六
—不瘶

包二·二四二
—不瘶

包二·二四七
—不瘶

曾一六四
—安車

郭·忠·三
大—(久)而不俞(渝)

郭·性·二六
其居即(次)也—

郭·老甲·三七
可以長—(久)

上(一)·孔·子二
—矣

上(二)·子·九
而(爾)昏(問)之也—矣

上（一）·性·一六 丌（其）居節也—

新甲三·三五〇 既於—虛、乑（肖）父二豬☐

新零·三〇四 ☐既於亓（其）—虛一☐

新零·四六二 ☐亓（其）—☐

九·五六·三三 㠯（以）遠行—（久）

郭·語四·一 害（情）以—（咎）

上（三）·周·五 飤（食）—悳（德）

上（三）·周·四四 —莯亡（无）畲（禽）

上（三）·中·八 夫民安—而厇（墬）埶（舉）

上（六）·孔·一八 民—（久）聑（問）学

上（六）·孔·二二 言之則忑（恐）—（尤）巠子

清（一）·保·四 昔坴（舜）—复（作）火=

清（一）·保·一〇 鯩䣍（聞）茲不—（久）

清（三）·芮·一七 尚藍（鑒）于先—

售

郭·老乙·三 長生—（舊‖久）視之道也

上（五）·姑·七 台（以）義毋—（舊）

包二·一八三 㙟—

从陳偉先生釋雋。

上（四）·采·二 —☐

蔑

郭·六·三六 此六者客（各）行其戠（職）而狱叴—繇（由）亡（乍）也

上（一）·孔·九 天保丌（其）旱（得）录（禄）—畐矣

上（四）·曹·二背 敀（曹）—（沫）之戟（陳）

上（五）·鬼·六 —帀（師）見兇

茈 蒴 蕓 蔁 蔔 羊

上(六)·競·七 吏(史)𧜱(製)—凿折祝之

清(二)·繫·一三一 内(入)於—

敷

上(四)·曹·一三 —(沬)曰

上(四)·曹·一三 莪(曹)—(沬)會(答)曰

上(四)·曹·二〇 敚(曹)—(沬)會(答)曰

上(四)·曹·二三 莪(曹)—(沬)曰

郭·殘·五

郭·六·三一 悬(仁)頪(類)—而速

郭·六·三二 悬(仁)—而敔(更)

清(三)·芮·二 —(囍)敗(敗)改繇

清(三)·良·五 楚成王又(有)命(令)君(尹)子—(文)

清(三)·良·一〇 子羽子刺—(蔑)明卑登酉(富)之厇王子全(百)

羊

包二·一八一 莫— 人名

包二·二七五 一轅—車

望二·四五 一—檡

曾六 紫—須之緦

曾九 紫—須之緦

曾六八 —須之緦

帛乙九·八 四□堯—

孳乳爲祥。

郭·窮·七 白(百)里迡遣五—

新甲一·二 門一—

新甲三·五六 㝬(就)禱户一—

九·五六·二八 敘(除)不—(祥)

上(三)·周·三八 九(喪)—毋(悔)亡(无)

上(五)·季·一〇 好型(刑)則不—(祥)

清(一)·楚·二 㳄(游)裳(徜)—(徉)

羕

曾二一二 —甫四夫

上(一)·孔·子一 子—昏(問)於孔子曰

上(一)·孔·子三 子—曰

上(二)·子·一 子—曰

上(二)·子·五背 子—

上(二)·子·六 子—曰

上(二)·子·八 子—曰

上(二)·子·九 子—昏(問)於孔〓(孔子)曰

上(二)·子·一三 子—曰

牂

包二·二一七 舉禱楚先老僮、祝融、媸酓，各一—

包二·二四〇 舉禱五山，各一—

包二·二四三 二天子，各一—

包二·二四三 庚土、司命，各一—

天卜 五差各一—

天卜 二天子各兩—

包二·二三七 庚土、司命，各一—

天卜 桀於大波一—

天卜 豢— 人名

望一·五五 袄一—

包二·二三七 庚土司命各一—

郭·窮·四 郘(呂)皇(望)爲—柰澫

郭·語一·三三 豊(禮)生於—(庄)

新甲三·二一四 ☐□𣪠(就)禱三楚先屯一—

新乙三·一七 ☐禱陞(地)室(主)一—

新乙四·六二 ☐兩—

新乙四·八六 ☐於陞(地)室(主)一—

新乙四·一二四 ☐一—

新甲三·一七〇 ☐—(牂)，緩之兆玉

新甲三·一八八、一九七 各兩—(牂)。旂☐

羣

羣

上(三)·周·五四 鬷(湙)丌(其)—

上(五)·競·二 —臣之皐(罪)也

上(五)·競·一〇 —戰(獸)蓋(遷)

帛乙八·二一 —民以□

帛乙九·二五 —神乃悳

帛乙九·一 —神五正

郭·老甲·三八 湍而—之

郭·忠·七 —勿(物)皆成

郭·性·一三 —善之藴(葹)也

郭·性·一四 —勿(物)之衍(道)

上(一)·性·七 —善之藴(葹)也

上(二)·容·四一 於是虐(乎)叕(亡)宗鹿(戮)族戔(殘)—焉備(服)

上(四)·曹·二一 凡畜—臣

上(四)·曹·二三 必聚—又(有)司而告之

上(六)·用·七 咎—言之弃(棄)

清(二)·繫·四三 鄗(蔡)及—緣层(夷)之𠂤(師)以交文=公=

清(二)·繫·四三 文公銜(率)秦齊宋及—戎

美

美

媺

郭·緇·一 好—(美)女(如)好茲(緇)衣

美字異體。詳見卷十二女部。

上(六)·天甲·四 —(媺)爲不娧(媺)

上(六)·天乙·三 不—(媺)爲娧(媺)

敚

上(六)·競·九 非爲—(媺)玉肴生(牲)也

羌

新甲三・三四三—二 踤—之述

⿰羊古

包二・二〇二 舉禱於宮陛宔一—

包二・二一四 賽禱宮厌土一—

⿰古羊

包二・二三三 舉禱宮厌土一—

包二・二三七 楚先老僮祝融嫿酓各兩—

包二・二三 侳山一—

包二・二四三 坐山一—

羒

天卜 舉禱於二天子各兩牂兩—

天卜 舉禱宮陛宔一—

天卜 賽禱宮陛宔一—

望一・一二一 嫿酓各一—

新甲二・二九 ☐五宔(主)山各一—(牂)

新乙一・二八 遠(就)禱門、户屯一—(牂)

⿰羊肅

包二・二三七 舉禱大一—

天卜 句土一—

⿱羊手

天卜 舉禱袜一—

瞿

郭・語二・三二 監生於—

郭・語二・三二 —生於眚(性)

矍

九・五六・一五下 戔—之日=(之日)

羴

郭・性・二四 則—(鮮)女(如)也斯憙(喜)

上(一)・性・一四 則—(馨)女(如)也斯憙(喜)

清(二)・繫・一二四 魯侯—(顯)

雙　雔　雧

臒　包二·五八　苛—
包二·一六九　苛—
包二·一九　苛—
新甲三·一五、六〇　☐隹潒（蕩）栗忎（恐）—（懼）
从眀，臒省聲。

雙　望二·五〇　一—璜
望二·五〇　一—虎（琥）

雔　包二·一八二　郊人—㠯　人名

雧　集　包二·一　—箸
包二·一三一　—昜公鄝逯虞受
包二·一六四　—让命登嘉
包二·二六八　—組之萫經

包二·二二六　聿—戠
包二·二二八　聿—戠
包二·二三〇　聿—戠
包二·二〇九　聿—戠

包二·二三四　自型层之月以帝（適）—戠之型层之月
望一·三四　☐—戠之
包二·二二八　以適—戠

包二·二三〇　以適—戠
包二·二三二　以適—戠
包二·二三二　聿—戠
包二·二三四　聿—戠

郭·緇·三七　其—大命于氒（厥）身
新乙四·七　☐㠯（以）心痵（悶），爲—

新零·一三五　爲—戠（歲）貞
上（四）·逸·交二　—于中渚
上（四）·逸·交三　—于中澫

清（三）·赤·一　—湯之廛（屋）
清（三）·赤·一五背　赤鴼之—湯之廛（屋）

清（四）·筮·四季三九　乃蜡（惟）兇之所—於四立（位）是視

鳥

寨 包二・一〇 鄍戱上連囂之還—瘧族澗一夫
包二・二一 不迡—獸黃辱
包二・一九四 —脰鳴 人名

天卜 —戠期宀晒又憙
天卜 —戠期宀晒又憙
包二・二二六 以適—戠
包二・二一二 聿—戠

包二・二一六 聿—戠
信二・〇二四 —楮之器
天策 —楮尹朡㸌一革轡
天策 集脰尹㸌一齒輣

包二・二〇九 自頣层之月以適—戠之頣层之月
包二・一二 ……以適—戠
天卜 —戠尚自利訓

天卜 —戠尚自利訓
郭・五・四二 君子—大成
新甲三・三二五—一 既於鶵（喪）丘、桐—

郭・老甲・三三 攫—䰻（猛）獸弗扣（敂）
上（二）・容・二一 北方之罤（旗）目—

上（三）・周・五六 飛—羅（離）之
清（四）・筮・爻五二 爲非（飛）—

上（六）・用・五 征虫飛—（？）

鳩

上（一）・孔・二一 尸—虐（吾）信之
上（一）・孔・二二 尸—曰

鴞

清（一）・金・九 曰周（雕）—

鷬

難 包二・二三六 疾—瘢
《說文》或从隹。

難

郭・老甲・一二 不貴—得之貨

郭・緇・五 下—智(知)則君倀(長)裝(勞)

郭・成・一五 民之從之也—

郭・成・三〇 唯(雖)又(有)其亙而可能，終之爲—

郭・性・三六 凡學者求(求)其心爲—

郭・性・四四 人不—爲之死

郭・性・五〇 唯(雖)—不貴

上(一)・孔・二七 七衒(衛)智(智)—

上(一)・孔・三 多言—而𡪞(悁)退(怼)者也

上(二)・從(甲)・一七 是𠂤日君＝(君子)—得而惕(易)㝵(使)也

上(二)・從(甲)・一八 是𠂤日少(小)人惕(易)㝵(得)而—㝵(使)也

上(二)・從(甲)・一八 名—静(争)也

上(一)・性・一五 則悖女(如)也斯—(戁)

上(一)・紂・二一 下—𥏻(知)則君長

新甲三・一三五 ▨—出

新甲三・一九四 占之：—瘕(瘥)▨

帛甲四・二五 三日□黄—

上(四)・曹・二三 亓(期)會之不—

上(五)・季・一一 —民能多一矣

上(六)・孔・一四 則不—虗(乎)

上(六)・用一五 嬰(逦)而不—

上(六)・用・二 冒—軋(犯)央(殃)

清(五)・厚・九 斯民心—測

難

曾一七四 —駟爲古驂

郭・老甲・一四 多惕(易)必多—(難)

郭・老甲・一五 古(故)終亡—(難)

郭・老甲・一五 聖人猷(猶)—𩃮(難)之

上(五)・弟・一〇 夫以眾軋(犯)—(難)

上(六)・用・一四 而—亓(其)又(有)惠民□

鏌 信一·〇八 匀不—

郭·語三·四五 卯則—(難)壂(犯)也 訛書。

鴅

清(三)·良·二 武丁又(有)敊(傅)—(說)

鷗

包二·八五 黃— 人名

上(二)·子·一一 又(有)—監(銜)卯階(錯)者(諸)丌(其)前

上(一)·孔·一六 —鴇之情

上(一)·孔·一〇 鴇—之情 从白於藍先生釋。

鴼

新甲三·三二二 既於溫父，—

鴈

鳶 包二·一四五 敍—

郭·性·七 —生而戟(伸)

鶫

天策 —羽刺

天策 —羽之翿

鷜 天策 —羽之翿

天策 —羽之翿

鶬

新甲三·四〇四 既於窮—、解滐三黏

鳶

鳶 帛丙五·二 —銜

上(五)·競·四 高宗命仪(傅)—(說)

鵒 鳴 ⿰鳥匕 ⿰鳥少 ⿰鳥公

鵒

⿰谷隹

郭·老甲·一三 憍(化)而—(欲)复(作)

鳴

包二·九五 張怵訟鄢之—鄗邑人某慦挐其斎大市米堣人味

包二·一九四 集脰— 人名

上(一)·孔·九 黃—則困而谷(欲)反丌(其)古也

上(一)·孔·二三 麋—吕(以)樂訂(詞)而會

上(一)·性·三 弗鈎(扣)不—

上(二)·容·四〇 墜(降)自—攸(條)之述(遂)

新甲三·二六三 —父、蓟丘、枯〼

上(三)·周·一二 —壓(謙)

上(三)·周·一三 —壓(謙)

上(三)·周·一四 —佘(豫),凶

上(五)·鬼·五(墨下) 又(有)口不—

上(六)·孔·一四 —仉(居)危杒

上(七)·凡甲·一 系(奚)聶(呱)而—

上(七)·凡甲·一三 含(禽)獸系(奚)旻(得)而—

上(七)·凡乙·一 系(奚)聶(呱)而—

上(七)·凡乙·九 含(禽)獸系(奚)旻(得)而—

⿰鳥匕

包二·八〇 言胃剔其弟石耴—

⿰鳥少

包二·二五五 —酭一硈

包竹簽 —脊

⿰鳥公

天策 —罯

⿰鳥雋

包二·一八三 —公抾

曾四六 —旃

曾八六 —旃

曾八九 —旃

新乙四·七六 ☐禱於—鄴之袿（社）滕（豢）

⿰鳥賓

包二·二七三 其上載：—署、毫首

⿰鳥卩

天策 ☐毛之首—弋

鵯

包二·六七 登人苛—

《龍龕手鑑·鳥部》：鵯同鶪。鶪字見《爾雅·釋鳥》。

⿰鳥或

包二·七〇 笙敔公若—受期 人名

⿰鳥旁

曾一三八 鵯—

曾一三六 鵯—

⿰鳥巽

帛丙

⿰金鳥

上（六）·天乙·七 凡天子—（禽）斔（氣）

⿰鳥霝

清（一）·楚·一二 娧（媺）郢邉（徙）居—〓郢〓

⿰鳥亘

清（一）·祭·九 乃詔（召）羅（畢）—丼（井）利毛班

鵑

清（三）·說上·二 乒（厥）敓（說）之痯（狀）—（腕）

鶴 壟 鵅 烏

清(三)·說下·三 女(如)飛—(雀)

清(三)·說下·四 不隹(惟)—(鷹)唯(隼)

清(三)·赤·一 曰故(古)又(有)赤—(鵲)

清(三)·赤·一五背 赤—之集湯之廛(屋)

烏 於

郭·語一·二二 我(義)生—道

郭·語一·二二 㤅(仁)生—人

郭·語一·二三 或生—外

郭·語一·二三 或生—内

郭·語一·三三 豊(禮)生—牂(庄)

郭·語一·三三 樂生—亳(薄)

郭·語一·八二 厚—義，尃(薄)於㤅(仁)

郭·語一·八二 厚於義，尃(薄)於㤅(仁)

郭·語一·七七·八二 ▨—義，罕(親)而(七七)不㝷(八二)

郭·語一·一〇五 勿(物)各止—其所

郭·語二·一 情生—眚(性)

郭·語二·一 豊(禮)生—情

郭·語二·二 嚴(嚴)生—豊(禮)

郭·語二·一二 尚(黨)生—静

郭·語二·三 恥生—恙(狂)

郭·語二·三 室(望)生—敌

郭·語二·四 烈生—恥

郭·語二·四 兼(廉)生—烈

郭·語二·五 尃生—虔(文)

郭·語二·五 虔(文)生—豊(禮)

郭·語二·七 息(慍)生—㥑(憂)

郭·語二·八 罕(親)生—㤅(愛)

郭·語二·八 罕(愛)生—眚(性)

郭·語二·九 忠生—罕(親)

郭·語二·一〇 忿(欲)生—眚(性)

郭·語二·一一 静(争)生—悟

郭·語二·二 悟生—慮
郭·語二·一四 矜生於—
郭·語二·一五 楥(諼)生—忩(欲)
郭·語二·一五 号(饕)生—楥(諼)

郭·語二·一六 忘生—吁(訏)
郭·語二·一七 浸生—忩(欲)
郭·語二·一七 恧生—浸
郭·語二·一八 逃生—恧

郭·語二·一九 猍生—返
郭·語二·二一 敚生—卯
郭·語二·二一 玝(好)生—敚
郭·語二·二二 從生—玝(好)

郭·語二·二三 子生—(眚)性
郭·語二·二三 易生—子
郭·語二·二四 𡙷(肆)生—易

郭·語二·二五 忞(怒)生—恶
郭·語二·二五 恶生—眚(性)
郭·語二·二六 甚生—輮(乘)

郭·語二·二六 乘生—忞(怒)
郭·語二·二七 惻(賊)生—甚
郭·語二·二九 悲生—樂

郭·語二·二八 憙(喜)生—(眚)性
郭·語二·三〇 恩(愠)生—眚(性)
郭·語二·三一 悢(哀)生—惪(憂)

郭·語二·三二 瞿生—(眚)性
郭·語二·三二 監生—瞿
郭·語二·三三 望生—監

郭·語二·三四 立生—彊(强)
郭·語二·三四 彊(强)生—眚(性)
郭·語二·三六 䶊生—眚(性)

郭·語二·三六 悘(疑)生—休『溺(弱)』
郭·語二·三七 北生—悘(疑)
郭·語二·四二 凡敓,乍(作)—𢜔者也

郭·語三·三 所以異—父
郭·語三·五〇 㦿—惪(德)
郭·語三·五〇 志—衍(道)

郭·語三·五〇 庇—悬(仁)

郭·語三·五一 遊—埶(藝)

郭·語二·二 敬生—厰(嚴)

上(一)·紂·二 則君不悬(疑)丌(其)臣、(臣,臣)不或(惑)—君

上(二)·子·一二 遊—串咎之内

香中大·三 三悬(仁)而晝—雇

上(一)·孔·一附 子羔昏(問)—孔子曰

上(二)·子·九 子羔昏(問)—孔〓(孔子)曰

上(二)·子·一〇 悬而晝(劃)—伓(背)而生〓(生,生)而能言

上(一)·紂·一七 —幾義之

上(一)·紂·一七 則民訢(慎)於言而數(謹)—行

上(二)·子·一一 觀—伊而旻(得)之重厽(叁)也

上(二)·子·一一 遊—央(瑶)臺之上

上(一)·紂·一七 則民訢(慎)—言而數(謹)於行

上(六)·競·一 割疾(瘥)與梨(梁)丘虗(據)言—公曰

郭·唐·一六 夫古者舜佢(拒)—屮(草)茅之中而不悬(憂)

郭·唐·一七 今之弋—直(德)者

郭·唐·一五 並—大峕(時)

郭·唐·一四 古者堯生—天子而又(有)天下

郭·唐·八 六帝興—古

新甲三·二 ☐咎,又(有)敓(祟)見—卲(昭)王、文☐

新甲三·三三一 ☐—倉墬一黏

新甲三·三五三 旣—郚思虛一黏

新甲三·三六八 ☐旣—余城

新甲三·四一四、四一二 旣—楸☐

新甲三・四二
〼蔞茖受女—楚之歲

新乙三・三三
〼爲箸告我㬎所取—□〼

新甲三・一八二—二
〼司馬蚘逗—鐳

新甲三・二三九
〼解—北方

新甲三・三〇四
大膪(牢)饋之—黃李

新零・二九四、四八二
〼[王]復—藍郢之歲

郭・成・三五
少(小)人不緹(逞)人—刃(仁)

上(一)・性・三四
情出—眚(性)

上(二)・容・二五
—是虐(乎)

上(二)・容・二五
—是虜(乎)夾州、滄(徐)州刣(始)可尻(處)

新甲一・三
〼王遷(徙)—鄩(鄢)郢之戢(歲)

上(二)・容・二六
—是虐(乎)䎵(荊)州、鄒(揚)州䣙(始)可尻(處)也

上(二)・容・三二
紂壤(讓)—來

新甲二・六、三〇、一五
王遷(徙)—鄩(鄢)郢之歲

新甲一・四
歸備(佩)玉—二天子

新甲二・一三
王遷(徙)—鄩(鄢)郢之歲

新甲三・四
罣(擇)日—是旯(期)

新甲三・五
〼□栾寓(賽)禱—䎵(荊)王

新甲三・二〇一
罪(擇)日—八月腱祭競坪王

新甲三・二七
齊客陞(陳)異至(致)福—王之歲，獻〼

新甲三・二〇四
王遷(徙)—鄩(鄢)郢之歲

新甲三・二一三
見卲(昭)王、蕙(惠)王

新甲三・二四〇
王自肥還郢遲(徙)—鄩(鄢)郢之歲

新甲三·二九七 王復—藍郢之▨
新甲三·三〇八 既—□▨
新甲三·三一〇 既—赴䁬、郘思二牯▨

新甲三·三一二 既—下彤蓎
新甲三·三一三 既—䈞
新甲三·三一五 既—新(新)邑龍郘▨

新甲三·三二〇 既—醞取
新甲三·三二一 既—魚是
新甲三·三二五—一 既—𩏂(喪)丘、桐寨

新甲三·三二二 既—温父鴼
新甲三·三二四 既—郚生橐
新甲三·三五〇 既—舊虛、𢆶(肖)父二牯▨

新甲三·三五五 既—栗溪一牯
新甲三·三六一、三四四—二 既—叩戲緄二牯
新甲三·四〇一 日—九月廌(薦)虘(且)禱之，吉

新乙一·二〇 王遷(徙)—鄩(鄩)郢之歲
新乙三·三六 ▨□亓(其)縈(說)，又后
新乙三·三七 ▨豢，既—無▨

新甲三·一 我王—林丘戠=(之歲)
新甲三·九三 ▨□—郢之▨
清(五)·厚九 —(鳴)虖(呼)

新乙三·五三 ▨禱—亓(其)禝(社)一膌(豢)▨
新乙三·六五 ▨禱—亓(其)禝(社)一膌(豢)▨

新乙四·二 王遲(徙)—鄩(鄩)郢之[歲]▨
新乙四·四七 王遷(徙)—鄩(鄩)郢之[歲]

新乙四·四三 睪(擇)日—屈柰
新乙四·六六 王遲(徙)—鄩(鄩)郢之[歲]▨
新零·一九三 不跂取—弢與𦐊▨

新零·九、甲三·二三、五七 曰：—(鳴)唬(虖)悢(哀)哉—
新零·三〇四 ▨既—亓(其)舊虛一▨

郭·魯·一
魯穆公昏(問)—子思曰

郭·成·二七
唯(雖)其—善道也

郭·五·三八
不匿，不辩(遍)—道

郭·五·一
義型(形)—内胃(謂)之悳(德)之行

郭·五·一
息(仁)型(形)—内胃(謂)之悳(德)之行

郭·五·二
豊(禮)型(形)—内胃(謂)之悳(德)之行

郭·五·二
不型(形)—内胃(謂)之□

郭·五·二
不型(形)—内胃(謂)之行

郭·五·三
聖型(形)—内胃(謂)之悳(德)之行

郭·五·四
不型(形)—内胃(謂)之悳(德)之行

郭·五·七
士又(有)志—君子道胃(謂)之時(志)士

郭·五·三
不型(形)—内胃(謂)之行

郭·五·四二
各止—其里

上(一)·性·二四
篙(篤)—息(仁)者也

上(二)·容·六
昔堯凥(處)—丹府與藋陵之閘(間)

上(二)·容·一〇
堯紂天下壤(讓)—臤(賢)者

上(二)·容·一〇
萬邦之君皆𠭁亓邦壤(讓)—臤(賢)

上(二)·容·一三
匋(陶)—河賓(濱)

上(二)·容·一四
堯—是虖(乎)爲車十又(有)五輮(乘)

上(二)·容·一四
紂三從壑(舜)—旬(畎)母曰(畝)之中

上(二)·容·三九
—是虐(乎)新(慎)戒陞(登)臤(賢)

上(二)·容·二七
於是—(乎)敘(豫)州刣(始)可凥(處)也

上(二)·容·二八
乃飤(食)—埜(野)

上(二)·容·二八
佰(宿)—埜(野)

上(二)·容·三一
𠭁衝—溪浴(谷)

上(二)·容·三二 於是—(乎)峟(治)篧(爵)而行录(禄)

上(二)·容·三二 —是於(乎)峟(治)篧(爵)而行录(禄)

上(二)·容·三六 —是

上(二)·容·四〇 立—中朿

上(二)·容·四一 —是虐(乎)天下之兵大迟(起)

上(二)·容·四一 —是虐(乎)𣦸(亡)宗鹿(戮)族戔(残)羣焉備(服)

上(二)·容·四二 自爲芑爲—

上(二)·容·四三 無萬(勵)—民

上(二)·容·四四 加儇(圜)木—亓上

上(二)·容·四七 文王—是虐(乎)素耑(端)褾(褰)裳㠯行九邦

上(二)·容·四六—四七 乃出文王—虽(夏)臺(臺)之下而餌(問)焉

上(二)·容·五一 涉—孟溥(津)

上(二)·容·五〇—五一 武王—是虖(乎)复(作)爲革車千鞭(乘)

上(二)·容·五二 而尋(得)遊(失)行—民之唇(朕)也

上(二)·容·五二 㠯少(小)會者(諸)侯之帀(師)—畨(牧)之埜(野)

上(二)·魯·四 丌(其)欲雨或甚—我

上(二)·容·五二 武王—是虖(乎)素完(冠)㝐(冕)

上(二)·昔·三 不見(顯)—內=(內。內)言不紂(以)出

上(二)·昔·二 至命—闢(閤門)

上(二)·昔·三 割(蓋)憙(喜)—內

上(二)·昔·三 不見(顯)—外

上(二)·昔·三 恩(慍)—外

上(二)·昔·三 憙(喜)—外

上(二)·昔·三 不見(顯)—內

新甲二·三二 ☐牺(将)爲瘨—後☐

新甲三·三三 齊客陳異至(致)福—王之歲

新甲三·六九 之,賡—競坪(平)王

新甲三·一三二、一三〇
以其不安—氏(是)尻(處)也

新甲三·一五〇
☐猎，䏝—棊(麓)☐

新甲三·二二—
所受盟—☐

新甲三·二一七
齊客陳異至(致)福—王之歲

新甲三·二三三、一九〇
紂(以)合—伓(背)

新甲三·三一七
䏝—桐者☐

新甲三·三八七
䏝—高寺

新甲三·三九八
䏝—誓虩一豬

新乙一·二九、三〇
毀禱—卲(昭)王

新乙四·五四
☐王復—藍郢之〔歲〕

新乙四·一〇〇、零·五三二、六七八
還反(返)至—東陵

新零·三〇三
既鳫(薦)之—東陵

九·五六·一九
建—戌

九·五六·一三
窒—申

九·五六·一三
盍—亥

九·五六·一三
建—昏(辰)

九·五六·一四
贛—午

九·五六·一六
建—未

九·五六·一七
窒—子

包二·二〇九
……瞢緝逷複—葳郢之歲

包二·二二一
瞢緝逷複—戠郢戠〓(之歲)

包二·一二
東周之客瞢緝至復—葳郢之戠

包二·一一五
大司馬卲陽敗晋帀(師)—襄陵之歲

包二·一五五
襄陵之行僕宦—鄢

包二·一三四
子郜公証之—会之數客

包二·一三四
既以至命—子郜公

包二·一五八
畢得硼爲右叓—莫囂之軍

包二·一五九
逷叓爲告—少帀(師)

包二·一七九
所詎—郏逄尹庳

包二·二〇二
褣—新父鄴公子彖

包二·二三八
由攻解—戠(歲)

包二·二三一
由(思)攻祱，逷緒取、冠䌕—南方

包二·二三三
閼—大門一白犬

包二·二
壴圍命之—王大子

信一·〇二 天返—刑者
信一·〇七 脜之—先王之法也
信一·〇三一 監—此
包二·三 瘵夫居—郢逄區湯邑

仰二五·二〇 皆藏—一第之中
秦九九·一一 賽禱—五無王父王母

郭·老甲·二五 爲之—其亡又(有)也
郭·老甲·二六 絅(治)之—其未亂
郭·老甲·三三 比—赤子

郭·老甲·三七 天下之勿(物)生—又(有)
郭·老甲·三七 生—亡
郭·五·三九 不𦮰—道也

郭·老乙·九 堇(僅)能行—其中
郭·老丙·八 以得志—天下
郭·老丙·一二 亙(恒)—其獻(且)成也敗之

郭·成·二五 柔(務)才(在)信—衆是以上之亙(恒)
郭·成·二六 其生而未又(有)非之,節(即)—而也

郭·緇·三三 則民誓(慎)—言
郭·緇·三三 而懂(謹)—行
郭·緇·三四 —尉(緝)退(熙)敬止

郭·太·一三 —西北
上(一)·性·二四 實(謂)—宜(義)者也
上(一)·性·三〇 凡—道逄(路)毋愄(畏)

上(二)·容·三一 淒(濟)—圭(廣)川
新甲一·五 又(有)敓(祟)見—卲(昭)王、獻(獻)惠

新甲三·二七二 齊客陳異至(致)福—王之歲

郭·太·六 是古(故)大(太)一贇(藏)—水
郭·太·九 伐—弱(强)
郭·太·一三 陸(地)不足—東南

郭·太·一四 又(有)余(餘)—下

郭·太·一四 又(有)余(餘)—上

郭·太·一四 不足—下者

上(一)·孔·六 —虐(呼)

上(一)·孔·九 賓(貴)咎—其也

上(一)·孔·一〇 闡疋㠯(以)色俞(喻)—豊(禮)

上(一)·孔·一〇 害曰童而皆臤—丌(其)初才也

上(一)·孔·一二 反内(納)—豊(禮)

上(一)·孔·二二 —差曰

上(二)·魯·五 —虐(呼)

上(二)·魯·五 或甚—我

上(一)·孔·魯三 —虐(乎)

新甲三·三〇〇、三〇七 解—夊(太)

郭·性·一二 快—㠯(己)者之胃(謂)兑(悦)

郭·性·五五 篙(篤)—急(仁)者也

郭·性·六〇 凡—路毋愄(畏)

郭·太·六 行—時

郭·太·九 責—▨

郭·成·一 求之—㠯(己)爲亙(恒)

郭·成·二 是君子之—言也

郭·成·四 君子之—斈(教)也

郭·成·七 君均(袀)褭(冕)而立—复(阼)

郭·成·一四 是古(故)君子之—言也

郭·成·二四 𤼲(發)—色

郭·成·二四 型(形)—中

郭·成·二五 言信—衆之可以淒(濟)悳(德)也

郭·尊·三二 豊(禮)不隶(逮)—小人

郭·成·三三 言余之此而宅(托)—天心也

郭·成·三八 言釿(慎)求之—㠯(己)

郭·尊·三一
坓(刑)不隶(逮)—君子

上(二)·子·二
垄(夋、俊、舜)耈(來)—童土之田

上(二)·魯·二
女(如)毋忞(蔑)珪壁番(幣)帛—山川

上(一)·孔·二一
—差虐(乎)憙(喜)之

郭·窮·二
舜耕—鬲(歷)山

郭·窮·五
行年七十而賭(屠)牛—朝訶(歌)

郭·窮·一〇
驥(驥)馰張山騹空—卲坴

郭·窮·一五
古(故)君子惇—恆(反)己(己)

郭·語四·二四
唯(雖)戟(勇)力鬨(聞)—邦，不女(如)材

新乙四·一五
王遷(徙)—敦(鄩)郢之歲

包二·七
王廷—藍郢之遊宮

包二·一〇
居—鄗宼之少桃邑

包二·九九
以其反官自致—新大廄(厩)之古

包二·一六
逗儥—子左尹

包二·一二〇
郱倖敹馬—下鄢而債之於昜城

包二·四三
不遆板—登人以至命於郢

包二·九二
不逗—郤豫

包二·七七
周甬受正李勴耴以數田—章宼𨛻邑

包二·六一
不行代昜廄尹郙之人戠戟—長㞕公之軍

包二·一二一
言—昜城公

包二·一二一
會殺余睪—競不割之官

包二·九〇
爲偏—鄎

包二·九一
胃𦟢—其土

包二·九二
而得之—鼈之室

包二·一二八反
以至既涉—喬與

包二·一五二
欸飤田，病—賗(責)

包二·一五五
敵政五連之邑—𦟢王士

包二·一三〇
以足金六匀聖命—枼

包二·一二一 而相卡弃之—大迻
包二·一二二 不割既走—前
包二·一二三 死—宿

包二·一四〇 小人各政—小人之陞
包二·一三五 不告—見日
包二·一四六 所又靚（責）—寢戲五市（師）

包二·一四六 而不交—新客者
包二·一四七 陳悬宋獻爲王煮盧（鹽）—海

包二·一四九 陵让尹塙以楊虎斂閘金—邾敓，販仿之新昜一邑
包二·一五一 左馭番戌飤田—邵寅數邑，城田一索畔蓄

包二·一三一 舒慶之獄—陰之正
包二·一三二 敢告—見日
包二·一四九 牺誁之—其尹敏（令）
包二·一九五 所諨—少里喬舉尹羿

包二·一九九 宋客盛公鸚耑—楚之戢
包二·二〇〇 罷禱—夫人，戢豬
包二·一九八 思攻解—人愚

包二·二〇八 賽—行白犬酉飤
包二·二一一 䰍敍—宮室
包二·二一三 少又亞—王事
包二·二〇七 屏—埜陞宝一豬

包二·二一九 速商之，厭一豬—陞室
包二·二一九 逷冠（冠）紼—二天子
包二·二二四 舉禱—新王父司馬子音戢牛

包二·二四九 又祭見—絕無遂（後）者與漸木立
包二·二五〇 命攻解—漸木立
包二·二一九 不逗—郘昜

包二·二〇二 猶禱—宮陞宝一牯
包二·二二五 舉禱—殤東陵連囂子雙肥豣
包二·二四六 由攻解—水上與溺人

包二·二五〇 舉禱—絕無遂（後）者
包二·一九八 少又慐—竆〓
包二·二〇一 少又慐—竆〓
包二·二一七 少又慐竆（躬）身

包二·一四〇反 其百又八十先—畢陉郏中

包二·二二四 東周之客讐繹逅復—蒇郢之戢

包二·二二九 少又慐—宫室

包二·二〇三 罷禱—文坪夜君

包二·二〇六 罷禱—文坪夜君

包二·二〇〇 罷禱—卲王戠牛

包二·一四〇 登人所漸木四百先—鄴君之陉蘘溪之中

包二·二〇三 罷禱—卲王戠牛

包二·二〇五 讐繹逅賸—栽郢之戢

包二·一二九 東周客鄗（鄙）繹逅胙—蒇郢之戢

磚三七〇·三 敢告—見日

秦一·一 周客鄕無王—宋東之戢

秦一·一 紫以其又疾之古箸之—戠□

秦一三·五 貞吉□禱戠牛—王褋王父▨

秦九九·一五 秦客公孫□叀—陉之戢

天卜 少又慐—遊

天卜 冬栾至棠—社戠牛

天卜 少又慐—宫中

天卜 既逗—王以爲頭层戰過返遅速

天卜 啚祭惠公—郭之位

天卜 倏—大波一牂

天卜 牺又壺—宫中

天卜 牺又亞—車馬下之人

天卜 叡又恶—東方

天卜 見—白朝

天卜 三戢之宙牺大又憙—王室

天卜 少又慐—宫人

天卜
少又愖—止

天卜
少又愖—宮室

天卜
由攻解—弫死

天卜
由社解—𦅫禮與弫死

天卜
☐解—不殆

天卜
解—二天子與雲君以璊珥

天卜
少又愖—竆=(躬身)

天卜
逅玉玩折車馬—悲中

天卜
秦客公孫紻餌—萩郢之戢

天卜
鄦客纆腰餌王—萩郢之戢

望一·七
郙客困芻餌王—䢦☐

望一·七五
傎—躬與宮室

望一·五五
罷禱—二王

望一·一〇六
☐餌逅玉—柬大王☐

秦一三·一四
少又愖—宮室

帛甲一·三四
風雨是—

上(三)·亙·五
生(性)出—又(有)

上(三)·亙·五
音出—生(性)

上(三)·亙·六
事出—名

上(三)·亙·八
𠭯(亂)出—人

上(三)·彭·四
既只(躋)—天

上(三)·彭·四
或(又)椎(墜)—困(淵)

上(四)·昭·一
卲王爲室—死沢(滑)之滹(滤)

上(四)·昭·二
少人之告繧𢬒(將)剸(専)—含(今)日

上(四)·昭·五
王遲(徙)凥(居)—坪(平)澫(漫)

上(四)·昭·五
𦀚𠯑夫=歙=—坪(平)澫(漫)

上(四)·昭·七
君王至—定᧐(冬)

上(四)·昭·八 自訟—王

上(四)·昭·八 臣辠(罪)亓(其)宎(容)—死

上(四)·昭·九 天加禍—楚邦

上(四)·昭·九 至—郢

上(四)·柬·一 命龜尹羅貞—大頭(夏)

上(四)·柬·一八 邦家大澣(旱)痼(因)瘢(歎)智(知)—邦

上(四)·柬·二〇 倀子䣾(將)正—君

上(四)·內·八 祝—五祀

上(四)·相·四 虗(吾)見—君

上(四)·曹·二正 飯—土輜(塯)

上(四)·曹·三 此不貧—㪍(美)而福於㥶與(歟)

上(四)·曹·三 此不貧於㪍(美)而福—㥶與(歟)

上(四)·曹·七 今異—而(尔)言

上(四)·曹·一九 不和—邦

上(四)·曹·二〇 爲和—邦女(如)之可(何)

上(四)·曹·二一 詩—又(有)之曰

上(四)·曹·二二 此所吕爲和—邦

上(四)·曹·二三 爲和—豫女(如)可(何)

上(四)·曹·二三 所吕爲和—豫

上(四)·曹·二四 爲和—戟(陳)女(如)可(何)

上(四)·曹·三五 毋辟(嬖)—便俾(嬖)

上(四)·曹·三七 甬(用)都耈(教)—邦

上（四）・曹・六三
乃自伀㠯敓（悅）—萬（萬）民

上（四）・曹・六五
—天下者

上（五）・競・五
又（有）𢝊（憂）—公身

上（五）・季・一
季庚（康）子䎽（問）—孔＝曰

上（五）・季・三
純（紉）耆（設）—百眚（姓）

上（五）・季・一八
臤（賢）人大—邦

上（五）・姑・一
㠯（以）見亞（惡）—敷＝公＝

上（五）・姑・五
含（今）宔（主）君不適—虛（吾）古（故）

上（五）・姑・五
必思君㝵（得）志—㠯（己）

上（五）・姑・九
立—廷

上（五）・姑・九
敂（糾）人—百錄

上（五）・君・三
虘新（親）䎽（聞）言—夫子

上（五）・君・三
䇺（顏）困（淵）時（侍）—夫＝子＝

上（五）・君・一四
肰（然）則臤（賢）—垔（禹）也

上（五）・三德・六
凡宅（托）官—人

上（五）・三德・六
宅（托）人—官

上（五）・三德・八
遊（失）—媺（美）

上（六）・競・一〇
出喬（矯）—郢（鄗）

上（六）・用・一三
不㠯（忌）—天

上（六）・用・一五
而考（巧）—左右

上（七）・武・一
武王䎽（問）—帀（師）上（尚）父

上（七）・武・一一
武王䎽（聞）—大（太）公䚕（望）曰

上（七）·武·五
及—身

上（七）·武·九
亞（惡）㞷〓—忿連（縺）

上（七）·鄭甲·四
毋㠯（以）城（成）名立（位）—上

上（七）·鄭乙·七
與之戩（戰）—兩棠

上（七）·君乙·一
敢告—見日

上（七）·凡甲·一五
視—天下

上（七）·凡乙·一一
是古（故）聖人尿（尻）—亓（其）所

上（七）·吳·三正
青（請）城（成）—楚

上（七）·吳·四
㦘（親）—桃逆裝（勞）亓（其）夫〓

上（七）·吳·七
三夫〓辱命—㝱（寡）君之業（僕）

上（七）·吳·八
吳人虘□□—周

清（一）·尹誥·三
—（鳴）虗〓

清（一）·程·八
—（鳴）虐（呼）

清（一）·保·七
—（鳴）虐（呼）

清（一）·保·九
—（鳴）虐（呼）

清（一）·耆·八
畬（歆）㐹醒（禋）明（盟）—

清（一）·金·二
爲一坦（壇）—南方

清（一）·金·七
公牺（將）不利—需（孺）子

清（一）·金·八
□□□□亡以逗（復）見—先王

清（一）·金·八
—逡（後）周公乃遺王志（詩）

清（一）·祭·四
—（鳴）虎（呼）

清（一）·祭·八
—（鳴）虎（呼）

清(一)・祭・一四
—(嗚)虎(呼)

清(一)・祭・一五
—(嗚)虎(呼)

清(一)・祭・一七
—(嗚)虎(呼)

清(一)・楚・一
季繺(連)初降—鄀山

清(一)・楚・二
穴酓遅(遲)遱(徙)—京宗

清(一)・楚・四
思(使)若(鄀)嗌(嗌)卜遱—𡊄宅

清(一)・楚・八
衆不容—免

清(一)・楚・十一
以爲凥(處)—章華之臺

清(一)・楚・十四
以爲凥(處)—酉=澫=

清(一)・楚・十四
王大(太)子以邦復(復)—湫郢

清(一)・楚・一五
鄘郢復(復)—鄭(鄀)

清(二)・繫・一九
大敗衜(衛)𠂤(師)—睘

清(二)・繫・二二
齊人女(焉)𠶷(始)爲長城—濟

清(二)・繫・二三
鄀哀侯取妻—陳

清(二)・繫・二三
賽=(息)侯亦取妻—陳

清(二)・繫・二五
賽=侯求𢦔(救)—鄀=

清(二)・繫・二五
我牆(將)求𢦔(救)—鄀(蔡)

清(二)・繫・二六
文王敗之—新(莘)

清(二)・繫・二六
文王爲客—賽(息)

清(二)・繫・一一九
晉公止會者(諸)侯—邘(任)

清(二)・繫・二九
圾䆁—汝

清(二)・繫・二九
改遂—陳

清（二）・繫・三八 文公—楚

清（二）・繫・四四 之𠂤（師）以敗楚𠂤（師）—城僕（濮）

清（二）・繫・四四 盟（盟）者（諸）侯—𡏽（踐）土

清（二）・繫・四五 秦人豫戍—奠=

清（二）・繫・四五 奠人致（屬）北門之筦（管）—秦=之=

清（二）・繫・五九 —宋=

清（二）・繫・六八 所不復（復）頙（詢）—齊

清（二）・繫・七六 連尹截（止）—河

清（二）・繫・七八 王命繡（申）公噂（聘）—齊

清（二）・繫・八〇 吴人女（焉）或（又）服—楚

清（二）・繫・八四 吴王子脣晒记（起）禍（禍）—吴=

清（二）・繫・八六 龍（共）王叓（使）芸（鄖）公噂（聘）—

清（二）・繫・八七 競公叓（使）翟（糴）之伐（茷）噂（聘）—楚

清（二）・繫・八八 子脣噂（聘）—晉

清（二）・繫・八九 明（盟）—宋

清（二）・繫・九〇 敗楚𠂤（師）—隈（鄢）

清（二）・繫・九一 公會者（諸）侯—䀹梁

清（二）・繫・九一 述（遂）以壆魯（許）—鄴（葉）而不果

清（二）・繫・九一 𠂤（師）造—方城

清（二）・繫・九三 奔内（入）—曲夭（沃）

清（二）・繫・九五 以爲成—晉

清（二）・繫・一〇一 魯（許）公旍—頌（容）城

清（二）・繫・一〇一 述（遂）明（盟）者（諸）侯—𦣞（召）陵

清(二)·繫·一〇六 自歸(歸)—吳=

清(二)·繫·一一六 —楚

清(二)·繫·一一七 與晉𠂤(師)戰(戰)—長城

清(二)·繫·一二一 戉(越)公內(入)亯(饗)—魯=

清(二)·繫·一二三 明(盟)—晉軍

清(二)·繫·一二三 明(盟)陳和與陳淏—溋門之外

清(二)·繫·一二四 晉公獻齊俘馘—周王

清(二)·繫·一二七 敗晉𠂤(師)—莕(洛)侌(陰)

清(二)·繫·一二八 與之戩(戰)—珪(桂)陵

清(二)·繫·一三一 內(入)—蔑

清(二)·繫·一三一 楚𠂤(師)回(圍)之—鄭

清(二)·繫·一三一 以歸(歸)—郢

清(二)·繫·一三二 亡遂(後)—奠(鄭)

清(二)·繫·一三二 楚人歸奠之四牺軍與亓萬民—奠

清(二)·繫·一三四 與晉𠂤(師)戰(戰)—武昜(陽)之城

清(二)·繫·一三六 陳人女反而内王子定—陳

清(二)·繫·一三七 李(使)人—齊陳淏求𠂤(師)

清(二)·繫·一三七 以從楚𠂤(師)—武昜(陽)

清(三)·琴·八 五攴(啟)曰—(嗚)

清(三)·琴·一一 —(嗚)虘(呼)

清(三)·琴·一五 —(嗚)虘(呼)

清(三)·芮·二六 —(嗚)虘(虖)畏䍃(哉)

清(三)·赤·二 嘗我—而(尔)蓬(羹)

清(三)·赤·六 —迻(路)

清（五）·殷·一　高宗觀—匋（洹）水之上

清（五）·殷·一　高宗乃𦖞（問）—少壽曰

清（五）·殷·五　長—風

清（五）·殷·五　虗𦖞夫隥（險）莫隥（險）—心

清（五）·殷·五　高宗乃或（又）𦖞（問）—彭且（祖）曰

清（五）·殷·七　長—水

清（五）·殷·七　虗𦖞夫隥莫隥—槼（鬼）

清（五）·殷·七　虗𦖞夫長莫長—

清（五）·殷·二三　—（嗚）虗（呼）

清（五）·殷·二七　—（嗚）虗（呼）

清（五）·殷·二八背　鬐高宗𦖞—三咼（壽）

包二·一三八反　壐𡍐之戕敍—𡍐之所誁

包二·一三九反　其所命—此箸之中

包二·一四一　秦夫₌悳之州里公周瘲言—左尹與鄰公賜

包二·一四一　訔經逿悛—莪郢之戢

包二·一四三　鄗逄尹憍執小人—君夫人之敀愴

包二·一四三　言—左尹與公賜

包二·一六二　訔經逿悛—莪郢之𦊅尿之月

包二·二七　不以死—其州者之詧（察）告

常二　王居—莪郢之遊宮

新甲一·一一　☐忻（祈）福—北方

新甲一·七　☐衛箽忻（祈）福—太

新甲一·二一　忻（祈）福—卲（昭）王

新甲一·二七　𡊄禱—子西君戠牛，樂☐

新甲三·一四六　☐𡊄禱—太一犆☐

新甲三·一四七　☐𡊄禱—☐

新甲三·一五九—二　王遻（徙）—鄵（鄩）郢之歲

新甲三·一六六、一六二　☐𡊄禱—二天子各兩痒（牂）

新甲三·一七七　又（有）敚（祟）見—夊（太）曰

新甲三·二六九 紂(以)一豬—東陵

新甲三·二九九 ☐王遷(徙)—敫(鄩)郢之歲

新乙·四六 ☐☐—吝(文)伕:(夫人)世=(三十)乘☐

新乙一·一一 罌禱—子西君

新乙一·一一 禱—吝(文)伕=(夫人)

新乙一·一二 王遷(徙)—敫(鄩)郢之歲

新乙一·一三 或罌禱—盛武君

新乙一·一六 王遷(徙)—敫(鄩)郢之歲

新乙一·一八 王遷(徙)—敫(鄩)郢之歲

新乙一·二二 見—司命、老嫜(童)、祝融(融)、空(穴)酓(熊)

新乙一·二六、二 王遷(徙)—敫(鄩)郢之歲

新乙二·八 ☐君冐(朝)—笿☐

新乙二·三〇 —北方一犪

新乙三·二八 罌禱—卲(昭)王、吝(文)☐

新乙三·四四、四五 —郌山一玧璜☐

新乙四·二七 死(恒)由郙亥敓(説)—五殜(世)☐

新零·二三〇 ☐饋之—黄李

上(六)·用·三 亦不䙴(邇)—惻(賊)

上(七)·君甲·九 萬(厲)殍(戮)死—人手

清(一)·程·四 —(嗚)虘(呼)

清(一)·程·六 —(嗚)虘(呼)

清(一)·皇·一 —(嗚)虘(呼)

清(一)·皇·八 我王訪良言—是

清(一)·皇·一二 —(嗚)虘(呼)

清(四)·筮·得一三 ⊜三复(作)—陽

清(四)·筮·得一四
≪≪内(入)—侌(陰)

清(四)·筮·小三一
≡≪≪—公利貧(分)

清(四)·筮·軍三三
≡≪≪朿(次)—四立(位)之中

清(四)·筮·四季三九
乃蝕兇之所集—四立是視

清(四)·筮·爻六一
复(作)—上

清(四)·筮·爻六一
复(作)—下

清(五)·命·一〇
福莫大—行

清(五)·命·一〇
禍(禍)莫大—逕(淫)祭

清(五)·湯丘·九
夫人母以我爲訇(怠)—亓事虎(乎)

清(五)·湯丘·九
我訇(怠)—亓(其)事

清(五)·湯丘·一一
女(如)幸余閑(閒)—天畏(威)

清(五)·湯丘·一二
—少(小)臣

清(五)·湯丘·一三
湯或(又)聑(問)—少(小)臣

清(五)·湯丘·一四
湯或(又)𦖞(問)—少(小)臣

清(五)·湯丘·一六
湯或(又)𦖞(問)—少(小)臣

清(五)·湯丘·一七
湯或(又)𦖞(問)—少(小)臣

清(五)·湯丘·一八
湯或(又)𦖞(問)—少(小)臣

清(五)·湯門·一
𦖞(問)—少(小)臣

清(五)·湯門·一
古之先帝亦有良言青(情)至—今虎

清(五)·湯門·二
女(如)亡(無)又(有)良言清(情)至—今

清(五)·湯門·三
湯或(又)𦖞(問)—少(小)臣曰

清(五)·湯門·五
湯或(又)𦖞(問)—少(小)臣曰

清(五)·湯門·一〇
湯或(又)𦖞(問)—少(小)臣

清(五)·湯門·一一
湯或(又)𦖞(問)—少(小)臣

清(五)·湯門·一六 大弼(費)—邦

清(五)·湯門·一八 湯或(又)𦣞(問)—少(小)臣

清(五)·湯門·一九 湯或(又)𦣞(問)—少(小)臣

於

上(四)·逸·交二 交=鳴—

上(四)·逸·交三 交=鳴—

清(三)·赤·六 眔—(烏)牺(將)飤(食)之

清(三)·赤·六 䍜(巫)—(烏)曰

清(三)·赤·七 眔—(烏)乃緣䍜鴍(烏)曰

清(三)·赤·七 眔鴍(烏)乃緣䍜—(烏)曰

清(三)·赤·七 䍜(巫)—(烏)乃言曰

清(三)·赤·九 眔—(烏)乃迲(往)

清(三)·赤·九 䍜—(烏)乃歂少臣之朐(喉)渭(胃)

舄

信二·七 黄金與白金之— 从朱德熙、裘錫圭先生釋，讀爲『錯』。

鵲

上(一)·孔·一〇 —椋之逯(歸)

上(一)·孔·一一 —椋之逯(歸)

上(一)·孔·一三 —椋出𠂤(以)百兩

上(五)·弟·四 —(於)莫我智(知)也夫

畢

罼

包二·一五八 —得硼爲右弁於莫囂之軍

包二·一四〇反 其百又八十先於—脭郏中

包二·一七三 —同

包二·一四〇 —䐶尹酉楮與剢君之司馬奉爲皆告城(成)

包二·一八二 —會

包二·一五九 —繣命以顕洛弁

棄

弃

包二·一二一 而相卡—之於大逄

《說文》古文作。

包二·一七九 鄝人陳— 人名

信一·一八 其谷能有—也

郭·老甲·一 丝(絶)智(知)—鞭(辯)

郭·老甲·一 丝(絶)攷(巧)—利

上(二)·容·三 瀋—不登(廢)

上(五)·三德·一九 皇天之所—

上(六)·莊·七 氏(是)言—之

上(六)·用·四 既好—(棄)怯

上(六)·用·五 而亦弗能—(棄)

上(六)·用·七 咎群言之—(棄)

清(二)·繫·四 王是訇(始)—(棄)帝攸(籍)弗畋(田)

再

郭·窮·一五 學(幽)明不—

郭·語二·四九 悘(疑)取—

上(二)·昔·一 大(太)子—三

新甲三·二六四 城—㠯(以)紊

清(三)·芮·二 内(芮)良夫乃隻(作)訟(毖)—夂(終)

清(三)·芮·二六 不—利

清(三)·芮·二八 虘(吾)甬(用)隻(作)訛(毖)—夂(終)

爯

上(六)·孔·一七 興道學—(稱)

叐

包二·二四四 贛之衣裳各三—

郭·成·二二 唯彭(冒)不單—(稱)悳(德)

郭·魯·一 恒—(稱)其君之亞(惡)者

郭·魯·五 亙(恒)—(稱)其君之亞(惡)者

郭·魯·三 亙(恒)—(稱)其君之亞(惡)者可胃(謂)忠臣矣

上(二)·容·三四 述(遂)—(稱)疾不出而死

上(二)·子·八 而吏(使)君天下而—(偁)

上(二)·子·九 而丌(其)父戔(賤)而不足—(偁)也與(歟)

上(四)·曹·九 子㠯(以)毆(賢)—(稱)而遊(失)之

上(四)·曹·九 㠯(以)亡道—(稱)而叟身遷𠳵(死)

上(四)·曹·九 君子㠯毆(賢)—(稱)

上(四)·曹·一〇 㝵(得)?㠯亡道—(稱)

上(五)·季·一五 眛(迷)父兄子俤(弟)而—(賕)

上(六)·用·二 —(稱)秉纆(重)德

清(一)·祭·七 公—(稱)不(丕)顯悳(德)

清(三)·琴·九 恒(桓)—(稱)亓(其)又(有)著(若)

清(三)·芮·一六 莫—(稱)乎(厥)立(位)

清(五)·殷·二二 天下脛(甄)—(稱)

幼

包二·三 所—未㙯

上(二)·子·四 虛(吾)昏(聞)夫圭(叐、俊、舜)几(其)—也

上(三)·中·七 老=(老老)慈—

清(二)·繫·五〇 霝(靈)公高—

清(二)·繫·五〇
君—未可奉承也

紿
上(三)·中·八
若夫老〓(老老)慈〓—(慈幼)

紎
郭·殘·二
从李守奎：幺爲糸之省，或可釋紎，見于《龍龕手鑑·糸部》。

丝
包二·六七
不軦—(兹)𫲨(且)逿其田以至命
从李守奎：讀兹。即兹字，與小篆丝同形。依字形厠此。詳見玄部。

上(四)·采·五
—(兹)信然

幽
九·五六·三六
—(幼)子者不吉

九·五六·四五
凥(居)之—俟不出

上(五)·三德·三
昜(陽)而—

上(五)·三德·三
—而昜(陽)

上(七)·君甲·九
受(紂)—萬(厲)殍(戮)死於人手

上(七)·君乙·八
傑(桀)受(紂)—萬(厲)殍(戮)

清(二)·繫·五
周—王取妻于西繡(申)

清(二)·繫·六
—王起𠂤(師)

清(二)·繫·七
攻—〓王〓

清(二)·繫·七
邦君者(諸)正乃立—王之弟臣于鄰

清(二)·繫·一九
—侯滅兦(焉)

清(二)·繫·一一二
晉—公立四年

上（四）·曹·四〇
出帀（師）又（有）—（忌）虐

上（四）·曹·四二
此出帀（師）之—（忌）

上（四）·曹·四二
三軍𦎫（散）果（裹）又（有）—（忌）虐

上（四）·曹·四三
此嫳（散）果（裹）之—（忌）

上（四）·曹·四四
此戰（戰）之—（忌）

清（五）·湯門·三
—言成人

清（五）·湯門·三
—言成邦

清（五）·湯門·三
—言成陸（地）

清（五）·湯門·三
—言成天

㡬

牌四〇六·五
▨—▨

郭·老甲·二五
其—也

郭·老乙·四
相去—可（何）

郭·五·四八
—而智（知）之

上（二）·從（甲）·八
從正（政）又（有）七—（機）

上（二）·民·一
—（凱）俤君子，民之父母

上（三）·中附
—（豈）不又（有）性也

上（三）·彭·二
—（豈）若已

上（四）·曹·二一
—（豈）俤（弟）君子

上（七）·吳·五
—（豈）不右（佑）才（哉）

清（三）·芮·一二
—（既）又（有）衆俑（庸）

清（三）·芮·二五
則畏天之發—（機）

譏

新零·三三六、三四一
—見中▨

幾字異體。

叀

郭·忠·五 口—(惠)而實弗从(從)

清(一)·皇·三 —(助)氒(厥)辟

清(一)·皇·四 是人斯—(助)王共(恭)明祀

清(一)·皇·五 是人斯既—(助)氒辟堇勞王邦王豕

清(一)·皇·九 卑王之亡(無)依亡(無)—(助)

清(一)·皇·一二 以—(助)余一人𢝊(憂)

从黃天樹先生釋。

惠

天卜 —公首以豻

天卜 訓至—公

天卜 罷禱卓公訓至—公

天卜 既啻祭—公

天卜 啻祭—公於郢之位戠豢饋之

天卜 舉禱—公

天卜 啻祭—公

天卜 賽禱—公戠豢

天卜 罷禱—公

帛乙一〇·一九 神則—之

上(一)·紂·二一 厶(私)—不褱(懷)𢛳(德)

上(二)·從(甲)·五 三日—

上(二)·從(乙)·一 十日口—而不係

上(二)·從(甲)·六 不—則亡(無)㠯(聚)民

上(二)·容·三九 𢛳—而不𠷎

新甲一·二— 獻(獻)—王

新甲一·五 又(有)敓(祟)見於卲(昭)王、獻(獻)—

新乙一·二一、二三 獻(獻)—王

新乙一·二九、三〇 獻(獻)—王各大牢饋

郭·尊·三二 —則民材足

郭·緇·四一 厶(私)—不𡒍『壞(懷)』𢛳(德)

上(六)·用·八 鼓—蓄

上(六)·用·一六 沁吝—武

清(一)·皇·八 不肯—聖亡(無)辠(罪)之訽(辭)

清(一)·楚·一三 至獻—王自娩(嬔)郢遝衮爲郢

清(二)·繫·七 —王

清(二)·繫·八 —王

清(二)·繫·一八 —王

清(二)·繫·三二 —公

清(二)·繫·三二 —公

清(二)·繫·三三 —公

清(二)·繫·三三 —公

清(二)·繫·三四 —公

清(二)·繫·三五 —公

清(二)·繫·三五 —公

清(二)·繫·三五 —公

清(二)·繫·三八 —公

清(二)·繫·一〇六 —王

清(五)·殷·一七 —民由壬(任)

蕙

新甲三·二一三 —(惠)王

新乙四·一二 臺(就)禱卲(昭)王、—(惠)王，屯☐

惠字異體。

疐

清(三)·琴·一〇 命不尸(夷)箸(歇)—(對)

玄

新甲三·三一四 —悳(德)之述

曾七九 —罕之首

曾一二二 屯—組之縢

曾一三一 —市之縢

帛丙九·一 —司秋

茲

帛丙九・二
—曰

包二・六六
鄰— 人名

郭・老甲・八
必非(微)溺(妙)—達

郭・老甲・二八
是胃(謂)—同

上(二)・子・一二
遊於—咎之内

天策
—羽之常

天策
書—羽之戳

天策
—羽之戳

天策
—帶

天策
—帶

天策
—帶

與《説文》古玄形近。

郭・唐・二三
昏(聞)舜—(慈)虖(乎)弟☐

郭・成・三九
型(刑)—(茲)亡(無)悬(赦)

新甲三・一一、二四
宅—(茲)沇(沮)、章(漳)

上(三)・亙・二
未或—(滋)生

清(一)・保・六
身—備

清(一)・保・一〇
鯩㽞(聞)—不舊(久)

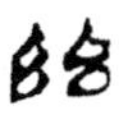
清(一)・皇・一二
監于—

清(一)・楚・一
秉—衒(率)

清(三)・祝・一
句(侯)—某也發陽(揚)

清(三)・祝・二
—我絰(贏)

清(五)・厚・二
—咸又(有)神

清(五)・厚・八
鄀(肆)女(如)其若龜簭(筮)之言亦勿可速(專)改—

郭・老甲・二一
—之曰道

上（二）・從（甲）・八
而不智則奉（逢）—（灾）害

⿱兹才

清（一）・尹至・四
—（兹）乃柔大縈

清（一）・耆・九
复（作）—（兹）祝誦

清（一）・祭・三
賸（朕）身尚才（在）—（兹）

清（一）・祭・六
—（兹）由遜孥（學）于文武之曼悳（德）

清（一）・祭・八
女（汝）念—（哉）

清（一）・祭・九
允—（哉）

清（一）・祭・一五
不（丕）則龏（寅）言—（哉）

清（一）・祭・二十
女（汝）亓（其）敬—＝（哉）

清（三）・説中・三
敬之—（哉）

清（三）・説中・五
女隹（惟）—（兹）敚（説）砥（底）之于乃心

清（三）・説中・六
敬之—（哉）

清（三）・説下・七
敬之—（哉）

清（三）・説下・一〇
褱女亓又昏（友）眘（勑）朕命—（哉）

清（三）・琴・三
才（在）—（兹）

清（三）・琴・四
不曹（造）—（哉）

清（三）・琴・一六
弗亓顉（墜）—（哉）

清（三）・芮・二
敬之—（哉）君子

清（三）・芮・二
敬—（哉）君子

清（三）・芮・五
尚𦈢＝敬—（哉）

清（三）・芮・六
敬—（哉）君子

清（三）・芮・六
恪—（哉）母（毋）巟（荒）

予 舒

予

清(三)·芮·二四 寍可(何)亓女(如)炱(台)—(哉)

清(三)·芮·二六 於(嗚)虖(虖)畏—(哉)

清(五)·殷·九 夫—(兹)□

清(五)·殷·二三 我𦥑(寅)晨共(降)—(在)九尾(宅)

上(四)·曹·五五 —(蒠)者思咠(悔)

上(四)·曹·六一 賞䑋(獲)訳—(蒠)

兹

上(五)·鬼·六 隹(惟)—(兹)复(作)章(彰)

上(五)·季·二一 毋信—(諛)曾(憎)

令

清(三)·祝·一 乃—(舍)采(幣)

舒

舍

包二·七六 —丹 人名

包二·一六九 —拡 人名

包二·一七六 —亡愄 人名

包二·一八〇 舟室—臣

包二·一八二 —善 人名

包二·一八四 —郙 人名

包二·一八四 —緹 人名

包二·一九一 —余善 人名

包二·一九二 —頸臣 人名

包二·一九三 —逞 人名

包二·一九四 —衙鯢— 人名

包二·一九二 —頸臣 人名

包二·一三一 —焜 人名

包二·一三六 —焜

包二·一三七 —焜

包二·一三八 —焜

包二·一三六 —逰

包二·一三一 —慶 人名

包二·一三五反 —慶

爰

包二·一三九反 —旌

包二·一三六 —慶

包二·一三七 —慶

包二·一三六 —昒 人名

包二·一三一 —逿 人名

包二·一三七 —昒

包二·一七一 —豫 人名

包二·一九一 —豫

常二 以王命賄—方逄戢愲

清(一)·耆一三 蟲(蟋)蟄(蟀)才(在)—

清(一)·祭一四 參—(叙)之

□

包二·八二 —快 人名

包二·一一八 —臘 人名

包二·一二五 —脾 人名

包二·一三二 —慶 人名

包二·一三七反 —慶

包二·一四五 宋—戠歸之客

□

清(一)·楚·一六 宋(中)—(謝)迟(起)禍

□

清(二)·繫·一二八 競(景)之賈與—(舒)子共戠(止)而死

郭·尊·二三 —不若也

上(六)·孔·九 息(仁)—息(仁)而進之

清(一)·楚·一 乇(宅)尻(處)—波

清(一)·楚·二 —生絰白(伯)遠中(仲)

清(一)·楚·二 —旻(得)

清(三)·芮·二四 虘(吾)楚(靡)所—(援)

亂

上（四）·柬·六 㝵（變）—（亂）䰟（鬼）神之祟（常）

上（六）·用·一一 —（亂）節䜭（僭）行

上（六）·天甲·一一 不言—（亂）

清（一）·皇·一一 正（政）用迷—（亂）

清（二）·繫·九三 晉—（亂）

清（二）·繫·一〇〇 譽（許）人—（亂）

清（五）·厚·五 隹（惟）曰其勫（助）上帝—（亂）下民

郭·老甲·二六 絧（治）之於其未—

受

爰

包二·六 犇得—之

包二·一八 命—正以出之

包二·一八 鄝遺—鑄鐱之倌宋弨

包二·二一 鄝䣈—期

包二·二三 郤少司敗臧未—期

包二·二四 里公陯得—期

包二·三七 福昜剸尹之州里公婁毛—

包二·二五 司敗黄貴鈉—期

包二·二六 鄟昜大正登生抾—期

包二·二七 邸昜君之州里公登嬰—期

包二·三一 鄬司敗鄝酉—期

包二·三二 邸昜君之州里公登纓—期

包二·二八 㸷尹之司敗卻卺𡊄—期

包二·三九 付鍫之闈敔公周童年—期

包二·四二 霝里子之州加公文王里公苛譀—期

包二·一八六 莫—　人名

包二·一四七 —屯二儋之飤金鋞二鋞

包二·四八 龏（龔）夫人之夫₌番贏—期

包二·四六 郕異之司敗番覨—期

包二·五二 郯異司敗番豫—期
包二·五三 臨昜之宣司敗李舸—期
包二·八五 以其—錡缶人而逃

包二·七七 周甬—正李勸卂以敷田於章寏鄦邑
包二·八七 以—鄦昜之棲官隍遏逃之古

包二·一二八反 喬差僕—之
包二·一三〇 弗—
包二·一三〇 集昜公鄗逯虛—
包二·二七七 苛郙—

包二·一九 鄢正婁剢虜—期
包二·二〇 鄗司敗李瑁—期
包二·三三 臨昜之駁司敗黃異—期

包二·三六 剶舸—期
包二·三八 弡夻君之司敗臧舸—期
包二·三三反 —期
包二·四七 頵司敗李聽—期

包二·四三 郯君之右司馬均臧—期
包二·四五 五帀佶腇司敗周國—期
包二·四九 鄢喬差宋加—期

包二·五五 郯異之司敗番逗—期
包二·五六 喜君之司敗遠紃—期
包二·五六 喜居之司敗遠紃—期

包二·六九 大廄馯司敗翠獻—期
包二·七〇 筀敔公若鯎—期
包二·五七 佶腇之司敗周惆—期

包二·五八 苛醍以—宣王之垞市之客苛舌
包二·五八 三—
包二·六〇 弡夻君之司敗臧舸—期

包二·六一 新大廄(厩)陞漸—期
包二·六二 邺郢司惪黎陽—期
包二·七三 仿斂賢—期

包二·七八 長鄢之旦隍倚—期
包二·七九 臨得—期
望二·一二 紫緅紃—釦□
望二·一二 紫緅—紃銡□

包二・六四 郘異之司敗番覎—期

包二・六三 —其覣鼛朔

郭・唐・二〇 上直(德)—(授)臤(賢)之胃(謂)也

郭・唐・二一 —(授)臤(賢)則民遷效(教)而蝺(化)虖(乎)道

郭・唐・二五 堯僮(番)天下而—(授)之

郭・唐・二七 僮(番)天下而—(授)臤(賢)

郭・忠・八 古(故)但(亶)而可—也

郭・語三・五 弗—也

郭・成・三四 是古(故)君子箽笞(席)之上毀(讓)而—學(幼)

上(一)・孔・二 文王—命矣

上(一)・孔・六 二后—之

上(二)・容・一〇 天下之臤(賢)者莫之能—也

上(二)・容・一四—一五 坴(舜)—命

上(二)・容・四六 —(紂)斛(聞)之

上(二)・容・五二 —不智(知)亓未又(有)成正(政)

上(二)・容・四二 —(紂)不述亓先王之道

上(二)・容・四九 昔者文王之差(佐)—也

上(二)・容・一 皆不受(授)丌子而—(授)臤(賢)

上(二)・容・四二 湯王天下世〓(三十)又(有)倛(世)而—复(作)

上(二)・容・五〇 含(今)—無道

上(二)・容・一八 肰(然)句(後)敢—之

上(二)・容・二八 句(后)禝(稷)既已—命

上(二)・容・三〇 數既—命

上(二)・容・一 皆不—(授)丌子而受(授)臤(賢)

上(二)・容・一一 而臤(賢)者莫之能—也

上(二)・容・二九 咎(皋)訌(陶)既已—命

新甲三・二〇三 ☐吴殹無—一赤

新甲三・二〇三 吴憙(喜)—一匿

新甲三・二九二
駁昊（昃）—九臣

新甲三・二九四、零・三三四
攻婁連爲攻人—六臣

新零・三七
☐繁鴋—☐

新甲三・二九四、零・三三四
軔不萬（害）、鄰回二人—二臣

九・五六・三八下
倀（長）子—丌（其）咎

九・五六・四四
君昔—某之埅肖芳糧

新零・三四三
☐宋木—一臣

上（二）・子・一
善與善相—也

新甲三・一五、六〇
甬（用）—繇元龜、啓（巫）箸（筮）曰

上（二）・子・七
坴（夋、俊、舜）丌（其）可胃（謂）—命之民矣

上（三）・周・四五
並—丌（其）福

上（三）・周・五七
是—福吉

上（三）・彭・一
—命兼（永）長

上（四）・曹・六五
—矣

上（五）・姑・三
而—（授）我衆

上（五）・弟・一
前（延）陵季〻僑而弗—

上（五）・弟・九
事而弗—者

上（五）・弟・一〇
以新（親）—備（服）

上（五）・鬼・二背
而—首於只（岐）禮（社）

上（六）・競・一二
二夫可不—皇瑕

上（六）・用・五
—（受）勿（物）于天

上（六）・天乙・八
士—舍（餘）

上（七）・君甲・九
—（紂）幽萬（厲）殄（戮）死於人手

上（七）·君乙·八
傑（桀）—（紂）幽萬（厲）殄（戮）

清（一）·程·三
—商命

清（一）·保·三
必—之以詷

清（一）·保·四
—之欽才（哉）

清（一）·保·七
甬（用）—（授）氒（厥）緒

清（一）·保·九
甬（用）—大命

清（一）·保·一一
及尔（爾）身—大命

清（一）·皇·一一
是—（授）司事帀（師）長

清（一）·皇·一二
忢（媢）夫先—吝（殄）罰

清（一）·祭·五
甬（用）纏（膺）—天之命

清（一）·祭·一〇
隹（惟）周文王—之

清（一）·祭·一一
康—亦弋（式）甬（用）休

清（一）·祭·一二
我亦走（上）下卑（譬）于文武之—

清（一）·祭·一三
不（丕）隹（惟）句（后）禝（稷）之—命是兼舀

清（二）·繫·六七
駒之克熤（將）—齊侯

清（二）·繫·七八
氏（是）余—妻也

清（三）·芮·五
君子而—柬萬民之窨

清（三）·芮·二八
而邦—亓（其）不盜（寧）

清（三）·赤·三
少（小）臣自堂下—（授）紝巟蓋（羹）

清（三）·赤·三
紝巟—少（小）臣而嘗之

清（三）·赤·四
少（小）臣—亓（其）余（餘）而嘗之

清（五）·封·二
雁（膺）—大命

争　孚　敔

清(五)·封·三
孜(干)敦般—

清(五)·湯丘·五
不猷(猶)—君賜

清(五)·湯丘·一九
既—君命

清(五)·殷·二〇
内(納)諫—訾

包二·一五五
僕命恆—足

包二·一五五
若足命。鄢少司城龔頡爲敔，—足於僕(僕)
从袁國華先生釋。

争

郭·緇·一一
上好息(仁)則下之爲息(仁)也—先

清(二)·繫·七六
連尹襄老與之—

清(二)·繫·七八
公—少盄

清(四)·筮·軍三四
曰—之虘(且)相亞(惡)也

孚

望二·二
齒—(病)

敔

包二·三八
登—　人名

帛甲六·二九
毋—歆天霝

清(二)·繫·五四
右(左)行瘻(蔑)陖(隨)會不—歸(歸)
《說文》古文敢。

敔

包二·一五
—告見日
《說文》古文作𢼸。

包二·一七
不—不告見日

郭·六·一七
危(委)其死弗—悉(愛)也

郭·六·一六
憥(勞)其葬(股)怯(肱)之力弗—單(憚)也

上(二)·民·三
—䎽(問)可(何)胃(謂)「五至」

上(二)·民·一
—䎽(問)可(何)女(如)而可胃(謂)民之父母

上(二)·容·四六
臣—勿事虖(乎)

上(二)·民·五
—䎽(問)可(何)胃(謂)『三亡(無)』

上(二)·從(甲)·一四
又(有)所不足而不—弗▨

上(二)·民·八
城(成)王不—康,迺(夙)夜𠀠(基)命又(宥)寍(密)

新乙四·七〇
—甬(用)一元▨

上(二)·從(甲)·一四
又(有)所又(有)舍(餘)而不—𦘔(盡)之

新甲三·六一
▨成—甬(用)解訛怿惪(忧),若

上(四)·昭·二
寉(稚)人弗—歨(止)

上(五)·季·一四
幾(豈)—不㠯(以)亓夫=之連(傳)等告

上(五)·姑·七
虐(吾)—欲褒衰

上(五)·君·四
—䎽(問)可(何)胃(謂)也

上(五)·三德·五
毋胃(謂)之不—

上(六)·孔·二〇
竘(孰)—訨(謕)之

上(七)·鄭乙·五
毋—厶(私)門而出

上(七)·君甲·一
—告於見日

上(七)·君甲·八
言不—畢(斁)身

清(一)·程·二
告王=弗—占

清(一)·金·六
勿—言

清(一)·金·一一
公命我勿—言

清(一)·皇·一
緐(肆)朕遳(沖)人非—不用明刑

清(一)·祭·一〇
—孶(告)天子

清(三)·琴·一一
弻(弼)—亢(荒)才立(位)

清(三)·琴·一五
弻(弼)—亢(荒)悳=

清(三)·芮·一二
莫—悆(憧)憧

清(三)·赤·二
少(小)臣弗—嘗

清(五)·湯丘·一一
剴(豈)—以衾(貪)壂(舉)

清(五)·殷·二
—䛐(問)人可(何)胃(謂)長

清(五)·殷·四
—䛐(問)人可(何)胃(謂)長

清(五)·殷·六
—䛐(問)人可(何)胃(謂)長

清(五)·殷·一二
—䛐(問)先王之遺𢘫(訓)

清(五)·殷·二四
—䛐(問)疋(胥)民古(胡)曰昜。

敨

九·五六·四三
某—㠯(以)丌(其)妻□妻女(汝)

《説文》古文从攴。

包二·八五
郚—　人名

包二·一三三
—告於見日

包二·一三五
僕不—不告於見日

包二·二二四
臧—爲位

包二·二二五
臧—爲位

磚三七〇·一
僕不—不告

磚三七〇·三
人孝□—告於見日

磚三七〇·三
含僕—之某

磚三七〇·四
—告於▨

郭·老甲·一八
天陞(地)弗—臣

郭·老甲·九
—(嚴)虐(乎)其奴(若)客

郭·老丙·一四
而弗—爲

郭·五·四五
莫—不唯

郭·五·四五
如(諾)莫—不如(諾)

郭·五·四六
淺(淺)莫—不淺(淺)

郭·五·四六
後莫—不後

郭·五·四六
深莫—不深

郭·五·四六
進莫—不進

上(二)·容·一八
肰(然)句(後)—受之

上(二)·容·二二
备(冬)不—㠯蒼𠣏(辭)

上(二)·容·四六
子—勿事虗(乎)

上（二）·容·二二 顕（夏）不—㠯層（暑）訇（辭）

上（三）·中·五 —昏（問）爲正（政）可（何）先

上（三）·中·九 —昏（問）壆（舉）才

上（三）·彭·三 —昏（問）爲人

上（四）·柬·七 安—殺祭？㠯君王之身殺祭未尚又

上（四）·柬·一三 君王母（毋）—戈（災）害

上（四）·相·二 —昏（問）民事

上（四）·曹·七 臣是古（故）不—㠯古（故）倉（答）

上（六）·競·一三 命割疾（瘧）不—監祭

上（七）·吳·三正 —不喪

上（七）·吳·五 詣（衍）—居我江完（干）

上（七）·吳·七 —告刵（視）日

上（七）·吳·七 毋—又（有）逹（避）逮之羿（旗）

叡

⿰𥄎攵

包二·一六五 郘異之人周— 人名

包二·一七〇 鄴— 人名

包二·一八三 鄴—

帛甲六·三〇 毋敢—天霝

或釋爲叡。

上（三）·周·二八 —（浚）死（恆）

上（三）·周·二九 —（浚）死（恆）

上（六）·用·一八 —亓（其）又（有）宙成

⿰𥄎爰

上（三）·周·五四 —（渙）丌（其）羣

上（三）·周·五四 —（渙）走丌（其）尻

上（三）·周·五四 —（渙）丌（其）躳

殤　殂　殉

上（三）·周·五四 元吉。—（渙）
上（三）·周·五五 —（渙）丌（其）尻
上（三）·周·五五 —（渙）丌（其）血

上（三）·周·五五 —（渙）丌（其）大虐（號）

䵻
上（三）·周·五四 亓 亣—（渙）

殤
包二·二二二 又繁見新王父—
包二·二二二 —因其裳（常）生（牲）
天卜 食女—各殺
曾一七二 —褑之釁爲左飛

上（二）·容·四—五 道逄（路）無—死者
新乙四·一〇九 敹（就）禱三殜（世）之—（殤）〼

新甲三·二七一 大—坪夜之楚禝，東
清（四）·筮·祟四七 風長—（殤）

清（四）·筮·祟四八 長女—（殤）
清（四）·筮·祟五〇 孛（字）—（殤）

𣧅
包二·二二五 罷禱於—……

殂
殜
九·五六·五〇 三增三—（矤）不相志

殉
肑
秦九九·一一 司命司禍各一—纓
曾一正 豻—
曾一六 三豻—之箙
曾三九 三豻—之箙

曾一〇二 三豻—之箙

殆

包二·二一七 由攻解於不— 《說文》枯也。又辜下有古文殆。《三體石經》辜字古文亦作殆。
天卜 —雁楊占之吉
天卜 ☐不—弫死
天卜 由攻解於不—弘死者
天卜 由攻解於不—
天卜 ☐☐攻解於不—
望一·七八 與不—

清（四）·筮·祟四七 乃—（辜）者
清（四）·筮·祟四八 —（辜）者

包二·二七七 一箬䵼—之冒

清（一）·祭·一九 我亦隹（惟）以没我—（世）

清（二）·繫·一一九 宋—（悼）公迺（將）會晉公

清（三）·芮·二四 民甬（用）戾—（盡）

死

包二·二七 不以—於其州者之詧（察）告
包二·三二 不以所—於其州者之居處名族至命
包二·二四九 不—又槳
包二·四二 不詧（察）公孫虩㐰之—
包二·五四 不詧（察）長陵邑之—
包二·二四九 尚毋—
郭·緇·三八 —不可敓（奪）名
郭·語四·四 亞（惡）言復己而—無日
天卜 ☐不殆弫—
天卜 由社解於槼瘻與弫—
天卜 嗌—爲芥
天卜 由攻解於不殆弫—者

包二・一二五 臱月—於小人之敔
包二・一五八 —病甚
包二・一二三 —於寄
天卜 ☐槼與私—者☐

包二・一五一 成—其子番步逸之
包二・一五一 步—無子其弟番黏逸之
包二・一五一 孞—無子左尹士命其從父子弟番款逸之

秦九九・三 瘻毋—
郭・六・五 足此民尔(黎)生—之甬(用)
郭・六・一七 危(委)其—弗敢忎(愛)也

郭・六・一四 足以—
郭・六・一九 是由夫—又(有)宔(主)
郭・六・四六 —與之遳(斃)也

郭・性・四四 人不難爲之—
郭・窮・九 後翏(戮)—
上(二)・容・四—五 道逸(路)無殤—者

上(二)・容・三三 亓—賜㢡(葬)
上(二)・容・三四 述(遂)爯(稱)疾不出而—
上(二)・魯・四 木犆(將)—

上(二)・容・四四 不能述(遂)者内(入)而—
上(二)・魯・五 魚犆(將)—
新甲三・四〇 占之：兆不—

九・五六・六四 —生才(在)子
九・五六・七一 又(有)—
九・五六・七〇 —生才(在)栖(酉)
九・五六・六六 —生才(在)寅

上(三)・周・一五 丞(恆)不—
上(三)・中・二三 所㠯城(成)—也

上(四)・昭・一 卲(昭)王爲室於—浞(滑)之滜(滸)
上(四)・昭・八 臣辠(罪)亓(其)宓(容)於—

上(四)・内・七 唯(雖)至於—
上(四)・曹・四四 矣(疑)戳(戰)—

上(四)·曹·四五
—者弗收

上(四)·曹·五四
思忘亓—而見亓生

上(五)·姑·五
唯—安(焉)逃之

上(五)·姑·七
立—可(何)戭(傷)才(哉)

上(五)·姑·一〇
姑(苦)戓(成)豙(家)父立—

上(五)·弟·八
—不覭(顧)生

上(五)·三德·五
民乃囂—

上(五)·鬼·三
鴟巳(夷)而—

上(七)·君甲·九
受(紂)幽萬(厲)殄(戮)—於人手

上(七)·凡甲·一
系(奚)㝵(得)而不—

上(七)·凡甲·二四
人—返(復)爲人

上(七)·凡甲·二五
百勿(物)不—女(如)月

上(七)·凡乙·一
系(奚)㝵(得)而不—

清(二)·繫·五一
—人可(何)辠(罪)

清(二)·繫·七七
墨(黑)要也—

清(二)·繫·九〇
柬(厲)公亦見禍(禍)以—

清(二)·繫·一二八
競之賈與舍(舒)子共戠(止)而—

清(二)·繫·一三五
三執珪之君與右尹卲之𨑻(竢)—女(焉)

清(三)·祝·三
晒(將)敨(注)爲—

清(四)·筮·死二
瘧(病)哭—

清(四)·筮·死四
弌(一)虐(虛)—

清(四)·筮·死六
兇寺(待)—

清(四)·筮·死八
吉寺(待)—

清(四)·筮·死一一
今旌(焉)—

清(四)·筮·死一四
今旌(焉)—

清(四)·筮·死一五
仌仌箬(筮)—妻

清(四)·筮·死一七
乃曰—

清(四)·筮·死二〇
乃曰牺(將)—

清(四)·筮·死二一
仌仌箬(筮)—夫

清(四)·筮·死二三
乃曰—

清(四)·筮·祟四四
八乃奴(奴)㠯(以)—

清(四)·筮·祟四六
女子大面端虡(嚇)—

清(四)·筮·祟四六
長女爲妾而—

清(四)·筮·十七命六二
曰—生

清(五)·命·四
夫民生而痌(痛)—喪

清(五)·命·一四
□□不智(知)—

清(五)·湯丘·一〇
唯(雖)臣—而或(又)生

清(五)·湯丘·一九
退不㬎(顧)—生

望一·一七六
恴攻解於下之人不壯—

郭·忠·三
不伓(倍)—也

上(一)·紂·一九
—不可敓(奪)名

㑥

望一·一三
不—

望一·三九
☐足骨疾尙毋—

包二·二四一
甶攻解於禮與兵—

上(六)·競·一一
盍必—愈爲樂虐(乎)

上(六)·競·一一
古(故)—亓(期)牺(將)至

上(四)·昭·五
虐不智(知)亓(其)尒—(葬)

清(二)·繫·一六
以戰(守)周之奎(墳)—(墓)

骨

包二·一五二
昏—貫之又五箭

包二·一五二
款飤田坊於覩—僨之

包二·二六三
二—楇

仰二五·一〇
又—夬

髀　體

仰二五・三〇　—交
望一・三八　足—疾
望二・六　—狡
上（二）・容・二一　盤（宰）不折—

郭・老甲・三三　—溺（弱）堇（筋）秫（柔）而捉固
上（四）・昭・三　僕（僕）之父之—才於此室之牆（階）下

上（四）・昭・四　并僕（僕）之父母之—厶自塼
上（六）・用・一七　（競？）之不—（滑）

上（七）・凡乙・四　—=之既林（靡）
上（七）・凡乙・五　—=之既林（靡）

新零・三一一　—爲坪夜（君貞）〼
新零・五八四、甲三・二六六、二七七　以陵尹懌之髗—爲君貞

郭・緇・八　君以民爲—
郭・緇・八　心好則—安之
郭・緇・九　古（故）心以—法（廢）

郭・性・一七　—其宜（義）而即（節）虔（文）之
清（三）・赤・九　走（上）K（刺）句（后）之—

清（五）・湯丘・二　身—觧（痓）胁（平）
清（五）・湯門・一七　咸解—自卹（恤）

新甲三・一八九　吕（以）百腈—疾

膿

郭・窮・一〇　非亡—（體）壯（狀）也
上（一）・性・一〇　—（體）丌（其）宜（義）而節虔（取）之

上（二）・民・五　亡（無）—（體）
上（二）・民・七　亡（無）—（體）之豊（禮）
上（二）・民・一一　亡（無）—（體〈服〉）之

上（二）・民・一一
亡（無）—（體）之豊（禮）

上（二）・民・一一
亡（無）—（體）之豊（禮）

上（二）・民・一二
亡（無）—（體）之豊（禮）

上（二）・民・一三
亡（無）—（體）之豊（禮）

上（二）・民・一三
亡（無）—（體）之豊（禮）

上（一）・紂・五
君吕（以）民爲—（體）

僼

上（一）・紂・五
古（故）心吕（以）—（體）廌

骼

清（二）・繫・七一
以鞹—玉笏與章（淳）于之

[骨不]

新乙四・八
既—（背）、骿（膺）疾，吕（以）𩩲（胛）疾▨

新零・二一〇—一
▨—（背）吕（以）▨

髗

新甲三・一三一
▨疾，—疾

新甲三・二四五
▨□疾，—疾、吕（以）心▨

骬

新乙三・五
司—

髗

新乙一・三一、二五
疾—

髗

新零・五八四、甲三・二六六、二七七
以陵尹懌之—髀爲君貞

𩩲

新甲三・一〇〇
以—（胛）疾

新乙四・八
吕（以）—（胛）疾▨

⿰骨毛

包二・二七二
白—（鏕）

包二・二七六
白—（鏕）

⿰骨夬

望二・二三
一柹椹絟純組續又—

⿰骨雁

新甲三・一〇〇
▨貞：既肧（背）—（膺）疾

新乙四・八
既骱（背）、—（膺）疾，㠯（以）髋（胛）疾▨

⿰骨巤

清（一）・楚・三
渭（潰）自—（脅）出

疑爲『臘』字異體。

清（一）・楚・三
呇（巫）戕（并）胲（該）亓（其）—（脅）以楚

⿰骨頁

清（二）・繫・四七
伐—（滑）

⿰骨戈

清（三）・祝・五
童（同）以—

⿰骨欠

清（五）・厚・一〇
亦隹（惟）—（禍）之卣（攸）及

肉

包二・二五五
□—䣕一巽

包二・一四五
—宲旦瀍之

上（二）・魯・六
公剴（豈）不飤（飽）杒（粱）飤—才（哉）殹（也）

上（五）・弟・八
飤（食）—女（如）飯土

清（三）・祝・四
晒（將）敔（注）爲—

清（五）・湯門・七
六月生—

肧

天卜 既—雁疾

新甲三・一〇〇 ☐貞=既—（背）、膗（膺）疾

胎 昫

郭・窮・三 卲豯衣—蓋冒（帽）祬（經）冟（冢）幢（巾）

臚 膚

包二・八四 —人之州人 《説文》籀文作膚。

包二・二六一 鍺—之純

望二・一一 鍺—之純

望二・一二 鍺—之裏

郭・五・四三 疋—=達者（諸）君子道

郭・唐・二 妃（配）虖（乎）脂—肤血漻（氣）之青（情）

上（二）・魯・四 水吕（以）爲—

上（二）・魯・四 石吕（以）爲—

上（二）・從（乙）・二 不—（敷）瀍（法）贏（盈）亞（惡）

上（二）・容・一 —（盧）是（氏）

新甲三・二九一—二 —疾、宔（悶）心

新零・二九二 —疾☐

新零・三〇六 —疾

包二・一九一 —戱連囂旇

包二・一九三 —娷 人名

信二・〇一四 二—

信二・〇一五 一緂裳壽—之純

信二・〇二七 一—亯

上（四）・柬・三 城於—中者

肤

上（三）・周・三三 陞（陞）宗漸（噬）—（膚）

上（三）・周・三八 誎（臀）亡（无）—（膚）

上（三）・周・四一 —（膚），亓（其）行

[月幾]

清（五）·湯門·七
七月乃—（肌）

脰

包二·一九四
集—鳴夜

包二·一三九
—尹　職官名

包二·一七三
正昜—尹

天策
集—尹　楚之厨字。

[月吾]

包二·二七八反
—尹

胃

包二·一五反
五帀宵倌之司敗告—

帛乙二·二八
是—孛

帛乙四·一一
是—亂紀

帛乙九·二二
是—恵匿

郭·語四·一二
是—（謂）浦行

郭·語四·一三
是—（謂）迷惑

郭·語一·六五
上下膚（皆）得其所之—（謂）信

郭·語一·九二
悉（愛）膳（善）之—（謂）悬（仁）

郭·語一·九四
備之—（謂）聖

郭·語一·一〇〇
涅聖之—（謂）聖

包二·九五
—杳雜其弟𦤶而䰯殺之

包二·九六
—殺其[豈几]

包二·九〇
—殺其[豈几]

包二·一二八
發尹利之命—

包二·八六
—謂殺其弟

包二·一四〇
與剢君之司馬奉爲皆告城言—

郭·老甲·二八
是—（謂）玄同

包二·一五七
詧（察）䢅大梁之戠舊之客苛=坦=言—

郭·老甲·三五
是—（謂）不道

郭·老甲·七
是—（謂）果而不强

郭·老乙·五
可（何）—（謂）態（寵）辱

郭·老乙·六
是—（謂）態（寵）辱纓（驚）

郭·五·一
不型（形）於内—（謂）之行

郭·五·二
不型(形)於内—(謂)之行

郭·五·二
不型(形)於内—(謂)之□

郭·五·二
此之—(謂)□

郭·五·二
豊(禮)型(形)於内—(謂)之悳(德)之行

郭·五·四
四行和—(謂)之善

郭·五·三
不型(形)於内—(謂)之行

郭·五·三
□□於内—(謂)之悳(德)之行

郭·五·三
聖型(形)於内—(謂)之悳(德)之行

郭·五·四
不型(形)於内—(謂)之悳(德)之行

郭·五·四
和—(謂)之悳(德)

郭·五·七
—(謂)之君□

郭·五·四四
—(謂)之障(尊)臤(賢)

郭·五·四七
目而智(知)之—(謂)之進之

郭·五·七
支(有)志於君子道—(謂)之時(志)士

郭·五·二三
—(謂)之不聰

郭·五·二三
—(謂)之不明

郭·五·二四
—(謂)之不智

郭·五·二四
—(謂)之不聖

郭·五·二六
此之—(謂)也

郭·五·三○
此之—(謂)也

郭·五·四一
此之—(謂)也

郭·五·四七
竈(喻)而智(知)之—(謂)之進之

郭·五·四八
此之—(謂)也

郭·五·四七
辟(譬)而智(知)之—(謂)之進之

郭·五·四四
—(謂)之障(尊)臤(賢)者也

郭·六·一
此可—(謂)六悳(德)

郭·六·一四
—(謂)之君

郭·六·一八
—(謂)之夫

郭·六·一七 —(謂)之以忠叓(事)人多

郭·六·一八 —(謂)之婦

郭·六·二一 —(謂)之聖

郭·六·二二 —(謂)之宜(義)

郭·六·二三 —(謂)之孝

郭·性·一二 快於吕(己)者之—(謂)兑(悦)

郭·唐·二〇 上直(德)受(授)臤(賢)之—(謂)也

郭·太·八 君子智(知)此之—(謂)☐

郭·太·一〇 而—(謂)之陛(地)

郭·太·一〇 上,燹(氣)也,而—(謂)之夫

郭·語四·一四 是—(謂)童(重)基

上(一)·孔·七 城(誠)—(謂)之也

上(一)·孔·四 坴(坴)其可—(謂)受命之民矣

上(二)·子·七 坴(夋、俊、舜)亓(其)可—(謂)受命之民矣

上(一)·孔·四 毋乃—(謂)丘之畣(答)非與(歟)

上(一)·孔·一 哀公—(謂)孔子

上(二)·魯·三 毋乃—(謂)丘之畣(答)非與(歟)

上(二)·從(甲)·一一 可—(謂)孛(學)矣

上(二)·魯·一 哀公—(謂)孔=(孔子)

上(二)·從(甲)·一五 —(謂)之必城(成)則弃(弃)

郭·五·一 義型(形)於内—(謂)之悳(德)之行

九·五六·三〇 是—達日

九·五六·三一 是—(謂)外昜(陽)日

九·五六·一八下 是—(謂)無紀

九·五六·二六 是—(謂)昜(陽)日

九·五六·二七 是—(謂)交日

郭·性·一三 勿(物)之埶(勢)者之—(謂)埶(勢)

郭·性·一二 凡見者之—(謂)勿(物)

上(三)·彭·七 氏(是)—(謂)益愈

上(三)·彭·七 氏(是)—(謂)自厚

上(三)·彭·七 氏(是)—(謂)百眚(姓)

上(三)·彭·七 氏(是)—(謂)敓(遭)吳(殃)

上(三)·彭·八 氏(是)—(謂)𢇍(絶)纗(輟)

上(四)·柬·一七 大宰(宰)迟(起)而—(謂)之

上(四)·柬·二〇 大宰(宰)—(謂)陵尹

上(四)·相·二 可—(謂)叟(相)邦矣

上(四)·曹·二六 是—(謂)軍紀

上(六)·競·一三 公或—(謂)之

上(七)·君乙·六 人—(謂)之安邦

上(七)·君乙·六 —(謂)之利民

上(七)·吳·四 —(謂)余曰

清(四)·筮·卦五五 —(謂)之

包二·八三 —殺噬昜公合

包二·八九 —取其妾嬭

包二·九一 —甕於其土

包二·九〇 言—緐丘之南里信又龏酉

包二·一二〇 䦷言—

包二·一二一 儯言—

包二·一二三 孔言—

包二·一四五反 司豊之客須□箸言—

包二·一二六 大駐尹帀言—

包二·一二九 恒思少司馬登瘍言—

包二·一三五反 舒慶告—

包二·一五二 言—番成無逡

包二·八〇 言—傷其弟石耴魤

信一·〇二八 箸是—

磚三七〇·一 □與仟門之里人一賁告儘言—

郭·尊·二二
桀不—(謂)其民必亂

郭·魯·一
可(何)女(如)而可—(謂)忠臣

郭·魯·二
可—(謂)忠臣矣

郭·魯·三
亙(恒)爯(稱)其君之亞(惡)者可—忠臣矣

郭·五·一
悬(仁)型(形)於內—(謂)之悳(德)之行

郭·性·一三
又(有)爲也者之—(謂)古(故)

郭·忠·五
忠信之—(謂)此

郭·忠·四
夫此之—(謂)

郭·語四·一三
是—(謂)自惎(欺)

上(一)·性·六
怣(圄)於其者之—(謂)兑(悅)

上(一)·性·六
勿(物)之埶(勢)者之—(謂)埶(勢)

上(一)·性·六
凡見者之—(謂)勿(物)

上(二)·民·一
敢䎽(問)可(何)女(如)而可—(謂)民之父母

上(一)·性·七
之—(謂)古(故)

上(二)·民·三
之—(謂)民之父母矣

上(二)·民·五
此之—(謂)五至

上(二)·民·三
敢䎽(問)可(何)—謂『五至』

上(二)·民·五
敢䎽(問)可(何)—(謂)『三亡(無)』

上(二)·民·七
此之—(謂)『三亡(無)』

新乙四·四五
㠯(以)—(謂)之□

上(四)·柬·一一
此所—(謂)之潪(旱)母

上(四)·柬·一四
句(後)而浚—(謂)大割(宰)

上(四)·柬·二三
命(令)尹—(謂)大割(宰)

上(四)·內·九
是—(謂)君〓子〓

上(五)·弟·四
又(有)陞(施)之—(謂)也虐(乎)

上(五)·三德·一
是—(謂)參(三)悳

上（五）・三德・三
是—（謂）大莪（感）

上（五）・三德・三
是—（謂）不恙（祥）

上（五）・三德・三
是—（謂）天豊（禮）

上（五）・三德・四
是—（謂）違（罪）

上（五）・三德・四
是—（謂）畏（危）

上（五）・三德・五
毋—（謂）之不肰（然）

上（五）・三德・六
是—（謂）邦固

上（五）・三德・六
是—（謂）邦薦（竊）

上（五）・三德・六
是—（謂）反逆

上（五）・三德・七
是—（謂）大巟（荒）

上（五）・三德・九
係子是—（謂）忘神……

上（六）・用・一〇
—（謂）天高而不概

上（七）・凡甲・一八
是—（謂）少（小）敵（徹）

清（三）・赤・二
湯句（后）妻紝巟—（謂）少（小）臣曰

清（三）・赤・三
紝巟—（謂）少（小）臣曰

清（四）・筮・卦四四
—（謂）之

清（四）・筮・卦四七
古（故）—（謂）

清（四）・筮・卦四四
—（謂）之

清（四）・筮・卦四七
古（故）—（謂）

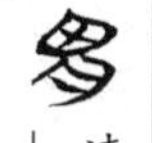
清（四）・筮・卦五五
—（謂）之

清（四）・筮・卦五八
古（故）—（謂）

清（四）・筮・卦五八
古（故）—（謂）

清（五）・湯丘・六
𧥾之亓—（謂）虐君可（何）

清（五）・湯門・六
是—（謂）玉穜（種）

清（五）・湯門・一一
是—（謂）四正

清(五)·湯門·一三
此—(謂)光(美)悳(德)

清(五)·湯門·一四
此—(謂)亞(惡)悳(德)

清(五)·湯門·一五
此—(謂)光(美)事

清(五)·湯門·一五
此—(謂)亞(惡)事

清(五)·湯門·一五
此—(謂)光(美)投(役)

清(五)·湯門·一六
此—(謂)亞(惡)投(役)

清(五)·湯門·一六
此—(謂)光(美)正(政)

清(五)·湯門·一七
此—(謂)亞(惡)正(政)

清(五)·湯門·一七
此—(謂)光(美)型=

清(五)·湯門·一七
此—(謂)亞(惡)型(刑)

清(五)·湯門·一八
是—(謂)埅(地)真

清(五)·湯門·二〇
是—(謂)九宏

清(五)·殷·二
敢螽(問)人可(何)—(謂)長

清(五)·殷·二
可(何)—(謂)險(險)

清(五)·殷·二
可(何)—(謂)肩(厭)

清(五)·殷·二
可(何)—(謂)亞(惡)

清(五)·殷·四
敢螽(問)人可(何)—(謂)長

清(五)·殷·四
可(何)—(謂)險(險)

清(五)·殷·四
可(何)—(謂)肩(厭)

清(五)·殷·六
敢螽(問)人可(何)—(謂)長

清(五)·殷·六
可(何)—(謂)險(險)

清(五)·殷·六
可(何)—(謂)肩(厭)

腸

清(五)·般·六 可(何)—(謂)亞(惡)

清(五)·般·一三 可(何)—(謂)恙(祥)

清(五)·般·一三 可(何)—(謂)義

清(五)·般·一三 可(何)—(謂)悳(德)

清(五)·般·一三 可(何)—(謂)音

清(五)·般·一三 可(何)—(謂)悊(仁)

清(五)·般·一三 可(何)—(謂)聖(聖)

清(五)·般·一三 可(何)—(謂)智(知)

清(五)·般·一三 可(何)—(謂)利

清(五)·般·一三 可(何)—(謂)訐(信)

肓 上(一)·性·二四 —(謂)於宜(義)者也

包二·一六六 鄺陵命—佢

曾一六四 長—人與杙人之馬

曾一六六 長—人之駟

上(一)·孔·二五 —(腸)少人

肩

敝 新乙四·六一 —伓(背)疾□

上(五)·君·七 —毋癹(廢)毋肩(痌)

清(三)·說上·三 —女(如)惟(椎)

清(三)·琴·三 弻(弼)寺(持)亓(其)又(有)—

胳

清(三)·說中·五 才(在)坙(厥)—(落)

肘

寸 郭·成·二一 敬訢(慎)以—之

齎

上（一）·性·二九 祭祀之豊（禮）必又（有）夫—（臍臍）之敬

腹

包二·二三六 既—心疾

包二·二三九 既—心疾

包二·二四二 既—心疾

包二·二四五 既—心疾

包二·二四七 既—心疾

包二·二〇七 病—疾，以少悉（氣），尚毋又咎

天策 —絓

新乙一·三一、二五 瘨（脹）—

脽

脽 上（四）·昭·六 龏之—駁（馭）王栖（將）取車

上（四）·昭·六 僕（僕）遇—

上（四）·昭·七 龏之—被（披）之亓（其）袿

上（四）·昭·七 王命龏之—毋（毋）見

上（四）·昭·八 或昏死言僕（僕）見—之倉也

上（四）·昭·九 今君王或命（令）—毋（毋）見

上（四）·昭·一〇 亓（其）子—既與虔（吾）同車

脛

脛 信二·〇二六 皇—二十又五

信二·〇二七 一鉄杋一—

肖

清（二）·繫·一一七 —（宵）蹵（遯）

胤

衛 上（三）·周·四九 剾（列）丌（其）—

臐

上（三）·彭·七 一命戈（一）—

上（三）·彭·八 三命四—

勝	痳 包二·一六八 佫戱黄—之人㺯鐱(韐)；《説文》古文—从疒从朿，朿亦聲。
腫	清(四)·筮·爻五九 爲—(踵)
臘	望一·三七 肓(胸)—疾
胙	雋 包二·二〇五 東之客醬緹逯—於栽郢之歲
	腹 包二·二二四 東周客醬緹逯—於栽郢之歲
膳	郭·語一·一五 又(有)顛(美)又(有)—(善)；郭·語一·八四 又憏(察)膳(善)，亡爲—(善)；郭·語三·三八 不—(善)睪(擇)，不爲智
	郭·語三·四七 莫得—(善)其所；郭·語三·五二 —(善)日過我；郭·語一·八四 又憏(察)—(善)，亡爲膳(善)
	郭·語三·五二 我日過(化)—(善)；郭·語一·九二 悉(愛)—(善)之胃(謂)悬(仁)
	譱 郭·語三·二五 我(義)，—(善)之方也
脊	上(六)·競·九 非爲媺(㜲)玉—生(牲)也；清(四)·筮·死一〇 亽亽兇亞(惡)—(爻)
	清(四)·筮·死一三 ⟨亽三吉亞(惡)—(爻)；清(四)·筮·雔二一 ⟨亽三梟(少)—(淆)；清(四)·筮·果四一 奴封(卦)奴—(爻)

清（四）・筮・祟四三　—（淆）乃父之不瓬＝

清（四）・筮・爻五二　㕣（凡）—（爻）象

清（四）・筮・爻六一　㕣（凡）—（爻）

脯

脯　𦚏　包二・二五五　—一籔

包二・二五七　—二箕

包二・二五八　檮—一笲

包竹簽　□—

包竹簽　鼨—

包竹簽

脩

包二・二五五　—一籔

包二・二五七　—二箕

胊

腶　包二・二五八　僻—一篗

包二・二五八　一笲—

天策　—縪

望二・一三　罩—

清（三）・赤・九　﨤（巫）鷔（烏）乃欧（歎）少（小）臣之—（喉）渭（胃）

脡

新甲三・一三六　—鐘樂之

新乙一・二九、三〇　—☐

新甲三・二一二　—鐘樂之

新甲三・二〇一　睪（擇）日於八月—祭競坪王

清（三）・説下三　弼（弼）羕（永）—（延）

延　新甲三・一四五　—鐘樂之

新甲三・二六一　—鐘樂之

省形。

脂

郭·唐·二　妃（配）㫊（乎）—膚（肤）血𣱼（氣）之青（情）

上（七）·武·九　亞（惡）迷＝道於—（嗜）谷（慾）

清（一）·耆·三　复（作）訶（歌）一夂（終）日藥＝—＝酉＝

清（一）·耆·七　王又（有）—（旨）酉（酒）

清（三）·赤·一　—（旨）䍃（羹）之

截

清（一）·尹至·二　隹（惟）—（災）蠹（虐）悳（極）瘳䡴

清（三）·説中·七　隹（惟）衮（衣）—（載）㤙（病）

肰

郭·老甲·一二　是古（故）聖人能尃（輔）萬勿（物）之自—（然）

郭·老丙·一四　是以能楠（輔）墧（萬）勿（物）之自—（然）

郭·老丙·二　而百眚（姓）日我自—（然）也

郭·成·九　唯—（然）

郭·尊·二　所以信其—（然）也

郭·五·一六　—（然）句（後）能爲君子

郭·五·二〇　—（然）句（後）能金聖（聲）而玉晨（振）之

郭·五·一七　—（然）句（後）能至哀

郭·五·三四　宔（中）心詨（辯）—（然）而正行之

郭·六·二七　爲君亦—（然）

郭·六·二八　爲妟（妻）亦—（然）

郭·六·二九　爲弸（朋）習（友）亦—（然）

郭·六·四三　—（然）句（後）可以劃（剸）岳（獄）

郭·六·四六　—（然）句（後）是也

郭·性·三一　條（悠）—（然）以思

郭·性·九　譥（教）叓（使）—（然）也

郭·性·一八　—（然）句（後）復以譥（教）

郭・性・二三
—(然)句(後)其内(入)拔(祓)人之心也㚅

郭・性・三〇
慼(戚)—(然)以終

郭・性・三三
其心弁(變)則其聖(聲)亦—(然)

郭・性・四六
人之说(悦)—(然)可與和安者

上(二)・子・一三
—則厶(叁)王者箸(孰)爲

上(一)・孔・一六
民眚(性)古(固)—

上(一)・孔・二〇
民眚(性)古(固)—

上(一)・孔・二四
亞(惡)丌(其)人者亦—

上(二)・從(甲)・一三
—句(後)能立道

上(二)・昔・一
—句(後)竝聖(聽)之

上(二)・容・一八
—句(後)敢受之

上(二)・容・二一
垔—句(後)訇(始)行㠯僉(儉)

上(二)・容・三九
—后從而攻之

上(一)・性・二〇
則丌(其)聖(聲)亦—(然)

上(一)・性・三九
—(然)而丌(其)怂(過)不亞(惡)

信一・〇一
周公戠—作色

天卜
疾□—遅番

天卜
諆—又外惪又縈

郭・老甲・二三
道法自—(然)

郭・老甲・三〇
虐(吾)可(何)以智(知)其—(然)也

郭・語一・七六
☒戞肰(然)不—(然)

郭・語一・七六
☒戞—(然)不肰(然)

郭・唐・三
—(然)后(後)正世

上(四)・柬・一三
女(如)君王攸(修)郢高方若—(然)里

上(五)・鮑・五
灑(洒)—(然)牆(將)莣(亡)

上(五)・季・一四
—(然)亓(其)宔(主)人亦曰

上(五)・君・一一
—(然)則箸(孰)臤(賢)

羸

羸

上(五)·弟·一二 —(然)則筥(孰)臤(賢)

上(五)·弟·一四 —(然)則臤(賢)於坙(禹)也

上(五)·三德·五 毋胃(謂)之不—(然)

上(六)·競·二正 公與頁會(答)之尚(倘)—(然)

清(一)·祭·一七 —(然)莫血(恤)亓(其)外

清(一)·祭·二〇 —(然)母(毋)夕□

清(三)·説上·四 王曰旦(亶)—(然)

信二·〇一九 一草—慮

包二·四一 番— 人名

包二·四八 番—

包二·一八 —逄公角戠之

包二·八六 —逄公角

包二·二六九 一和—虜

包牘一 一和—虜

仰二五·三〇 一—偬

仰二五·三六 —膚一堣

肙

上(四)·曹·一六 卡=和慶(且)—(輯)

肯

望二·二 —絥联紊之韝—

望二·六 丹厚絥之韝—

望二·一二 —絥之純

上(二)·容·三六 民乃宜—(怨)

清(二)·繫·一一八 與晉固爲—(怨)

清(三)·芮·一三 罔又(有)—(怨)誦(訟)

肎

清(三)·琴·六 殹(緊)莫—(肯)曹(造)之

清(三)·芮·五 而莫—(肯)齊好

清(三)·芮·二二 罔—(肯)獻言

肥

包二·二五〇 —豬

包二·二〇二 裕新毋—豣

包二·二〇三 舉禱於殤東陵連囂子—豣

包二·二二五 舉禱於殤東陵連囂子斐—豣

天卜 高祭葙禡—▨

望一·二六 ▨栽陵君—豣

望一·二六 遊禱北子—豢

秦一三·一 賽禱五褋以至新父母—豢

上（二）·容·一六 肣（禽）獸（獸）—大

上（二）·容·四九 高下—毳之利肁（盡）智（知）之

新乙四·八〇 墮子—豬

新甲三·一七五 —陵陸（陳）豧之述

新甲三·二四〇 王自—還郢遅（徙）於鄩（鄩）郢之歲

上（三）·周·三一 —腙（遯）

上（五）·季·一 季庚（康）子䎽（問）於孔₌曰—

上（五）·季·六 ▨盜（盜）秭（移）—也

上（五）·季·八 戲（遂）含（今）語—也

上（五）·季·一一 毋乃—之昏也

上（五）·季·一一 古（故）女（如）虗（吾）子之足—也

上（五）·季·一八 丘也昏君₌田—民則安

清（一）·楚·一三 女（焉）曰—遺

清（一）·楚·一六 女（焉）遷（徙）衮（襲）—遺

清（三）·琴·一三 攺（孝）敬—（非）紉（怠）巟（荒）

清（三）·良·一〇 王子白（伯）忑（願）—中（仲）土（杜）啬（逝）斷斤

胼

包二·八五 苛— 人名

腋 胱 䐗 䐘 腃 脨 𦞠 䐬 膝

腋 包二·一九四 集脰鳴— 《玉篇·肉部》有腋字。

胱 包二·一五五 部— 人名 包二·二二一 郙— 人名 包二·二二二 郙— 人名 包二·二二二 郙—占之日吉

包二·二二三 郙—

䐗 郭·窮·五 行年七十而—(屠)牛於朝訶(歌) 《玉篇·肉部》：䐗亦作猪，簡文中讀爲屠。

䐘 包二·四五 五帀佶—司敗周國受期 包二·五七 佶—之司敗周惑受期 見《廣韻·藥韻》。

腃 胅 郭·唐·二六 四枳(肢)—(倦)陞(懈) 《廣韻·至韻》有腃字。

脨 帛丙八·三 —不遉

𦞠 新甲三·一八九 㠯(以)百—體疾

䐬 新甲三·三〇四 大—(牢)饋之於黃李

膝 新乙二·一六 ☐禮(社)—(豢) 新乙三·五三 ☐禱於其禮(社)—(豢)☐

新乙三·六五 ☐禱於亓(其)禮(社)—(豢)☐ 新乙四·七四 ☐禮(社)—(豢)

胺

新乙四・七六 ☑禱於鼙鄗之社（社）一—（豢）

新零・一六三 ☑□社稷（稷）—（豢）

新零・一九六 ☑亓（其）社（社）一—（豢）

新零・三〇八 ☑飤（食）滕（豢）台（以）—（豢）

臟

包二・一七五 腜尹—（騰）

包二・八〇 治士石佢訟其州人治士石—

郭・性・三一 濆（浚）深—（郁）舀（陶）

郭・性・四四 —（郁）舀（陶）之槩（氣）也

信一・一 周公—然乍色曰

从盞省聲。

包二・一三五 陸—

从李守奎疑與臟爲一字。

脊

上（三）・周・二六 欽（感）丌（其）—（腓）

上（三）・周・二六 欽（感）丌（其）—（脊）

清（五）・封・七 斷□—虩

豚

上（三）・周・三〇 好—（遯）

上（三）・周・三〇 亖穴—（遯）

上（三）・周・三〇 —（遯）丌（其）尾礪（厲）

上（三）・周・三一 肥—（遯）

上（三）・周・三一 嘉—（遯）

䐤

上(五)·季·一八
—(邪)民不鼓

上(五)·君·三
虐(吾)子可(何)其—(惰)也

上(五)·君·三
虐(吾)是以—(惰)也

膻

上(五)·弟·一九
子—=女(如)也

腈

上(六)·天甲·三
不—(精)爲腈(精)

上(六)·天甲·三
不腈(精)爲—(精)

上(六)·天甲·三
—(精)爲不腈(精)

胥

上(六)·天甲·七
百正㬥(顧)還—(胥)

上(六)·天乙·六
百正㬥(顧)還—(胥)

雋

清(一)·尹至·五
湯逹(往)延(征)弗—(服)

朋

清(一)·程·四
—棶(棘)戠(穀)杍=松=

清(一)·程·四
可(何)敬(警)非—

清(三)·良·七
又(有)堅(隰)—

膳

清(一)·皇·三
—(羞)于王所

肯

清（一）·皇·七
廼弗—用先王之明刑

清（一）·皇·八
不—惠聖（聽）亡辠（罪）之詞（辭）

資

清（二）·繫·三一
欲亓（其）子鷄（奚）—（齊）之爲君也

清（二）·繫·三二
乃立鷄（奚）—（齊）

清（二）·繫·三二
亓夫=里之克乃殺鷄（奚）—（齊）

胥

清（三）·良·七
秦穆公又（有）—（殺）大夫=

脹

清（四）·筮·爻五三
爲瘇（腫）—

脖

清（五）·封·五
東（簡）—（乂）亖（四）方不𡦇

朔

清（一）·楚·五
至畬—畬𢺍（摯）居發漸

胋

清（五）·湯門·七
四月乃—（固）

刀

包二·一四四
小人取愴之—以解小人之桎

包二·一四四
信以—自戕（傷），州人焉以𡿪=（小人）告

包二·二五四
二—

信二·〇二七
一絲—

削

- 削 曾三 —顯
- 曾四三 —縧毯
- 曾九八 —紫彔之鞅
- 曾一一五 —敗

剉 曾六一 —敗

剴

- 郭·緇·一二 —（豈）必聿（盡）恴（仁）
- 郭·緇·四二 少（小）=人—（豈）能好其駜（匹）
- 上（二）·魯·六 公—（豈）不飤（飽）杒（粱）飲肉才（哉）殹（也）

剴 清（五）·湯丘·一一 —（豈）敢以衾（貪）舉（舉）

剴 上（四）·內·八 —（剴）必又（有）益

利

- 秎 包二·一二二 里公—釜返
- 《說文》古文作[glyph]。
- 包二·一三五 連— 人名
- 包二·一四六 豕玹苛欿—之金一益削益
- 包二·一六四 —吉 人名
- 包二·一七四 —郘 人名
- 包二·一二八 婁尹—
- 包二·一四一 婁尹—
- 包二·一四三 婁尹—
- 包二·一七一 所謯於婁尹—
- 包二·二五八 諱—二箕
- 孳乳爲梨。
- 包二簽
- 信一·〇一五 於久—乎
- 天卜 尚自—訓
- 天卜 尚自—訓
- 天卜 尚自—訓
- 天卜 自—訓
- 郭·老甲·一 㡭（絶）攷（巧）弃—
- 郭·老甲·一 民—百伓（倍）

郭・緇・一七 —（黎）民所信

郭・緇・四四 人唯（雖）曰不—

郭・唐・一 利天下而弗—也

郭・唐・一 —天下而弗利也

郭・唐・一 —天下而弗利也

郭・唐・二 利天下而弗—也

郭・唐・三 而弗—

郭・唐・二〇 —天下而弗利也

郭・唐・二〇 利天下而弗—也

郭・唐・二七 此以智（知）其弗—也

郭・尊・一五 則民力罷（舋）以衔—

郭・性・四三 —爲甚

郭・尊・三八 又（有）是𢻱（施）少（小）又（有）—

郭・尊・三八 遭（轉）而大又（有）—者

郭・性・四六 人之攷（巧）言—訂（詞）者

郭・語四・一六 —木侌（陰）者

郭・語四・一七 —其渚（瀦）者

上（一）・孔・一七 東方未明又（有）—訂（詞）

上（一）・性・三六 —爲甚

上（一）・性・三八 攷（巧）言—訂（詞）者

上（一）・紂・二三 人隹（惟）日不—

上（二）・容・一九 會天地之—夫

上（二）・容・四九 智（知）地之—

上（二）・容・四九 高下肥毳之—聿（盡）智（知）之

上（二）・從（甲）・一五 爲—桂

新甲三・三九五 —牖一冢

上（三）・周・一 亡（无）卣（攸）—

上（三）・周・一 不—爲寇（寇）

上（三）・周・一 —迎（禦）寇（寇）

上（三）・周・二 —用亙（恆）

上（三）・周・四 —用見大人

上(三)·周·八 —埶(執)言
上(三)·周·一〇 亡(无)不—
上(三)·周·一一 吉亡(无)不—

上(三)·周·一八 —涉大川
上(三)·周·二〇 不—又(有)卣(攸)迬(往)
上(三)·周·二一 亡(无)卣(攸)—

上(三)·周·二二 又(有)礶(厲)—巳
上(三)·周·二二 —堇(艱)貞
上(三)·周·二二 —涉大川

上(三)·周·二二 —又(有)卣(攸)迬(往)
上(三)·周·二二 —貞

上(三)·周·二五 —涉大川
上(三)·周·二六 —貞
上(三)·周·三五 —見大人

上(三)·周·三七 —西南
上(三)·周·四〇 不—丂(賓)
上(三)·周·四二 —見大人

上(三)·周·四七 —貞
上(三)·周·五八 —涉大川
上(五)·三德·四 毋亯䐗(逸)焉(安)救(求)—

上(五)·三德·五 古(故)棠(常)不—
上(七)·君乙·六 胃(謂)之—民

清(一)·金·七 公𤖺(將)不—於需(孺)子
清(一)·皇·一〇 以不—氒(厥)邦

清(一)·祭·九 乃詔(召)畢䵼井(井)—毛班
清(三)·芮·二二 亓(其)悳(德)型(刑)義(宜)—

清(三)·芮·二六 而器不再—
清(三)·良·一一 楚恭(共)王又(有)郘(伯)州—(犁)

初

清(四)·筮·小三一 三〈公〉於公—貧(分)
清(五)·命·六 攻堅(地)以—之

清(五)·湯丘·八 以和—萬民
清(五)·湯丘·一六 與民分—

清(五)·般·一三 可(何)胃(謂)—
清(五)·般·二一 寺(是)名曰—

清(五)·般·二六 汲(急)—囂神慕(莫)龏(恭)而不㬥(顧)于遂(後)

九·五六·二一下 —㠯(以)結言
九·五六·二四下 —㠯(以)豪(嫁)女
九·五六·三一 —㠯(以)行𠂤(作)
九·五六·一六下 —㠯(以)祭祀
九·五六·一七下 —㠯以(取)(娶)妻

初

郭·老甲·二八 不可得而—
郭·老甲·三〇 民多—器

上(一)·孔·一六 虗(吾)㠯(以)蒚䌌㝵(得)氏—之詩
香中大·二 亡(無)—又(有)冬(終)九

上(三)·周·二 —九
上(三)·周·四 —六
上(三)·周·七 —六

上(三)·周·九 —六
上(三)·周·一二 —六
上(三)·周·一四 —六

上(三)·周·一六 —九
上(三)·周·一八 —六
上(三)·周·二〇 —九

上(三)·周·二二 —九
上(三)·周·二四 —九
上(三)·周·二六 —六

上(三)·周·二八 —六

上(三)·周·三〇 —六

上(三)·周·三二 —九

上(三)·周·三五 —六

上(三)·周·三七 —六

上(三)·周·四〇 —六

上(三)·周·四二 —六

上(三)·周·四四 —六

上(三)·周·四七 —九

上(三)·周·五〇 —六

上(三)·周·五三 —六

上(三)·周·五四 —六

清(一)·楚·一 季𦁤(連)—降於郢山

初

上(六)·用·一 思民之—生

初

上(一)·孔·一〇 害曰童而皆臤於丌(其)—者也

初

郭·窮·九 —㴱(?)酭

上(五)·姑·四 —虘(吾)弜(强)立絧(治)衆

則

上(一)·紂·二 —民情不弋

上(一)·紂·三 下難埶(知)—君長

上(一)·紂·三 上人悬(疑)—百眚(姓)惑

上(一)·紂·六 —下之爲悬(仁)也静(争)先

上(一)·紂·七 —民至(致)行㠯(己)㠯(以)兑(悦)上

助

上(一)·紂·五 尹䍃(好)—民台之

上(一)·紂·一〇 皮(彼)求我—

上（一）·紂·一一
—忠敬不足

上（一）·紂·一二
—大臣不令

上（一）·紂·一三
—民又（有）恙=（恙心）

上（一）·紂·一三
—民伓=（不伓）

上（一）·紂·一三
—民又（有）罤（親）

上（一）·紂·一三
—民又（有）㝵心

上（一）·紂·一三
—民又（有）免心

上（一）·紂·一六
—民言不舍行=（行，行）不舍言

上（一）·紂·一七
古（故）言—慮丌（其）所冬（終）

上（一）·紂·一七
—民訢（慎）於而數（謹）於行

上（一）·紂·二二
—畍（好）悬（仁）不

上（一）·紂·一七
—行不可匿

上（二）·子·二
—

上（二）·子·二
伊堯之悳（德）—甚昷（温）褮

上（五）·鬼·三
—善者或不賞

上（七）·武·四
怠勳（勝）義—喪

上（七）·武·一二
身—君之臣

上（七）·武·一二
道—聖人之道

上（七）·武·一三
—弗道

上（七）·武·一三
志勳（勝）欲—利

上（七）·武·一四
欲勳（勝）志—喪

上（七）·武·一四
志勳（勝）欲—從

上（七）·武·一五
弗力—桂=

上（七）·凡甲·二〇
測之—減（滅）

清(五)·厚·四 天—弗臭(斁)
清(五)·命·一四 哀至—貴(匱)

勵
包二·二一六 苛嘉以長—(前)爲左尹虎貞

勵
帛乙一二·一四 是—鼠至
帛乙一二·二三 —無絲祭
帛乙一二·二七 祀—述
帛乙八·一八 㬜以爲—
帛乙一〇·一八 神—惠之

帛乙一二·二 民—又穀
帛乙一·二 乙—至
郭·老丙·六 用兵—貴右
郭·老丙·六 君子居—貴左

郭·老丙·一〇 —以㤅(哀)悲位(莅)之
郭·老丙·一〇 戰勳(勝)—以喪豊(禮)居之
郭·尊·三二 惠—民材足

郭·尊·三二 不時—亡懽(勸)也
郭·尊·三三 不忢(愛)—不新(親)
郭·尊·一三 —民弗悳(德)清牆(壯)

郭·尊·一三 —民果以巠(輕)
郭·尊·一五 —民少以吝(吝)
郭·尊·一五 —民力䏍(嗇)以銜利

郭·尊·一四 —民埜(野)以静(争)
郭·尊·一六 —民湯(?)悃遠豊(禮)亡新(親)息(仁)

郭·尊·一六 —民進善安(焉)
郭·尊·一七 戚(訧)近—亡避(辟)
郭·尊·一七 因亙(恒)—古(固)

郭·尊·二六 民忢(愛)—子也
郭·尊·三三 不忠—不信
郭·尊·三三 不□則弗悬(懷)

郭·尊·二六 弗忢(愛)—戳(讎)也
郭·語一·三四 豊(禮)繁樂霝『霝(零)』—戚(蹙)
郭·語一·三五 樂緐(繁)豊(禮)霝—訪(譾)

上(四)·曹·五
—不可𠂤不攸(修)政而善於民

上(四)·曹·六
—亦不可𠂤不攸(修)政而善於民

上(四)·曹·三三
吏(使)人不親—不緯(敦)

上(四)·曹·三三
不和—不見(輯)

上(四)·曹·三三
不悉(義)—不備(服)

上(四)·曹·三五
—民新(親)之

上(四)·曹·三五
—民和之

上(五)·季·九
孯⁼弜(强)—遗(遺)

上(五)·季·九
愳(威)—民不道(導)

上(五)·季·一〇
俞(逾)—遊(失)衆

上(五)·季·一八
丘也昏孯⁼田肥民—安

上(五)·季·二〇
大皋(罪)—夜(處)之𠂤(以)型(刑)

上(五)·弟·一四
肰(然)—夫二晶(三)子者曰

上(五)·弟·一六
㝨見—埶(肆)

上(五)·弟·一六
㝨(寡)䎽(聞)—沽(孤)

上(五)·弟·一六
多䎽—𧡦(惑)

上(五)·弟·一六
多見—弗王

清(一)·皇·二
—不共(恐)于卹

清(五)·命·五
—㡯(度)至于亟(極)

郭·五·一五
型(形)—不亡(忘)

郭·五·一五
不亡(忘)—聰

勛

郭·尊·三三
弗勇—亡復

郭·尊·三三
不蠹—亡愄(畏)

郭·尊·三四 弈（龏之誤，讀爲「恭」）—民不情（怨）

郭·尊·三四 咎—民惶

郭·尊·三四 正—民不叟（吝）

郭·五·一三 詧（察）—安

郭·五·一三 型（形）—𢟪（仁）

郭·五·一三 安—愠（温）

郭·五·一三 愠（温）—兑（悦）

郭·五·一三 清—詧（察）

郭·五·一三 玉色—型（形）

郭·五·一三 亲（戚）—新（親）

郭·五·一三 㤅（愛）—玉色

郭·五·一三 新（親）—㤅（愛）

郭·五·一三 兑（悦）—亲（戚）

郭·五·一四 得—不亡（忘）

郭·五·一四 不亡（忘）—明

郭·五·一四 玉色—型（形）

郭·五·一四 倀（長）—得

郭·五·一四 明—見臤（賢）人

郭·五·一五 型（形）—智

郭·五·一五 翌（輕）—型（形）

郭·五·一五 玉音—型（形）

郭·五·一六 型（形）—聖

郭·五·二九 𧮮（樂）—又（有）悳（德）

郭·五·二九 又（有）悳（德）—邦豪（家）毀

郭·五·二九 和—𧮮（樂）

郭·語三·四 —可已

郭·語三·三四 交行—

郭·語三·二八 —𢟪（仁）鈳（治）者至亡閒（間）

郭·語三·六三 忠—會

郭·語三·三三 兼行—戋『鈳（治）』者中

郭·語三·四〇 㤅（愛）罣（親）—其殺㤅（愛）人

郭·語三·四五
卯—䧿(難)䡡(犯)也

郭·語三·二九
—成名

上(一)·孔·二一
—㠯(以)爲不可女(如)可(何)也

上(一)·紂·一七
—民不

上(一)·孔·八
—言讒人之害也

上(一)·孔·九
棠=(棠棠)者芋—

上(一)·孔·九
黄駘—困而谷(欲)反亓(其)古也

上(一)·孔·一一
—智(智)不可㝵(得)也

上(一)·孔·一一
—逮者

上(一)·孔·一二
—亓(其)思賸矣

上(一)·孔·一一
—㠯(以)亓(其)录(禄)也

上(一)·孔·一四
亓(其)四章—俞(愉)矣

上(一)·孔·一八
折社—情惪(喜)亓(其)至也

上(一)·孔·三
如坴(坴)才(在)今之殜(世)—可(何)若

上(二)·子·六
坴(叏、俊、舜)之悳(德)—城(誠)善

上(二)·子·七
王—亦不大湏

上(二)·子·八
女(如)坴(叏、俊、舜)才(在)含(今)之殜(世)—可(何)若

上(二)·子·一三
然—厽(叁)王者筥(孰)爲

上(一)·紂·四
—民不惑

上(三)·周·三四
遇雨—吉

上(三)·中·一〇
—民可幼

上(三)·中·二二
—民懽(歡)丞(承)孝(學)

上(三)·彭·三
未—于天

上(四)·昭·九
此—僕(僕)之辠(罪)也

上(五)·競·七
—詬者(諸)魂(鬼)神曰

上（五）·季·八
不弜（强）—不立

上（五）·三德·五
少（小）邦—戔（剗）

上（七）·吳·二
此—社禝（稷）

清（一）·耆·一二
—夂（終）以复（祚）

清（一）·金·五
我—昚（晉）壁與珪

清（一）·祭·一四
不（丕）—亾遺遂（後）

清（三）·芮·一〇
—畏（威）蠱（虐）之

清（三）·芮·二五
—畏天之發幾（機）

清（五）·封·二
—隹（惟）女（汝）吕丁

清（五）·命·一
又（有）尚（常）—室＝

清（五）·命·二
—厇（度）至于亟（極）

上（五）·姑·三
戕—晉跸之社祖（稷）可㝵（得）而事也

上（六）·競·七
—言不聖（聽）

清（一）·耆·一一
—夂（終）以康＝

清（一）·耆·一四
—夂（終）以恩（懼）

清（一）·金·一四
蘇（秋）—大敦（穫）

清（一）·祭·一五
不（丕）—龜（寅）言孳（哉）

清（三）·芮·二四
—女（如）禾之又（有）秬（稃）

清（三）·芮·二五
—偽（逸）者不媺（美）

清（五）·命·一
少（小）命日＝成＝—敬

清（五）·命·一
—厇（度）□□亟（極）

清（五）·命·三
—厇（度）至于亟（極）

清(五)·命·三　—乇(度)至于亟(極)

清(五)·命·四　—乇(度)至于亟(極)

清(五)·命·五　—乇(度)至于亟(極)

清(五)·命·六　道天又亟(極)—不=臬=

清(五)·命·六　不臬—不卲(昭)

清(五)·命·六　正人亡(無)亟(極)—不=㖃=

清(五)·命·六　不㖃—不行

清(五)·命·八　弗智(知)—不行

清(五)·命·八　亟(極)命—民陵(墮)乏

清(五)·命·八　亟(極)福—民=彔=

清(五)·命·八　民彔迁=善=韋(違)—不行

清(五)·命·九　亟(極)禍(禍)—民=臬=

清(五)·命·九　民臬—逕=祭=

清(五)·命·九　亟(極)佴(恥)—民=㕚=

清(五)·命·九　民㕚(枳)—殤=人=

清(五)·命·九　殤人—不罔

清(五)·命·九　亟(極)賞—民賈=亓=上=

清(五)·命·九　賈亓上—亡=壞=

清(五)·命·九　亡壞—不川(順)

清(五)·命·九　亟(極)罰—民多=虐=

清(五)·命·一〇　不忠—亡(無)遉(復)

清(五)·命·一四　哀至—貴(匱)

清（五）·命·一四
樂繡（伸）—亡（荒）

清（五）·命·一四
豊（禮）□□—不貴

清（五）·命·一四
埶（藝）遥—割（害）於材（才）

清（五）·命·一四
正（政）成—不長

清（五）·命·一五
以中從忠—尚＝

清（五）·命·一五
以㟁（權）從𪾔（法）—不行＝

清（五）·湯丘·一三
萅（春）𥝩（秋）改—

清（五）·湯門·二
—可（何）以成人

清（五）·湯門·二一
—可（何）以改之

清（五）·殷·九
—若火＝之瘺（寵）疰（狂）而不肴（友）

清（五）·殷·一〇
八紹（紀）—緍（紊）

清（五）·殷·一〇
四晋（海）之𡰥（夷）—复（作）

清（五）·殷·一五
遻（邇）—文之悳（化）

清（五）·殷·一九
譢（讒）䌛（謠）—敓（屏）

清（五）·殷·二四
昜—舌（悍）達（佚）亡（無）祟（常）

清（五）·殷·二四
晋—□□□□□□□□□□□戲怪自嘉而不縷（數）

清（五）·殷·二七
—隹（唯）小心翼＝

鼎

郭·六·二五
雚（觀）者（諸）易、春秋—亦才（在）壴（矣）

郭·五·一五
𦖞（聞）君子道—玉音

郭·五·四六
和—同

郭·六·四八
得其人—擧（舉）安（焉）

郭·六·四八
不得其人—止也

郭・六・二五 雚（觀）者（諸）豊（禮）、樂——亦才（在）壴（矣）

郭・緇・二五 ——民又（有）愻（遜）心

郭・緇・二七 ——型（刑）罰不足恥

郭・緇・三三 ——民誓（慎）於言

郭・六・二四 雚（觀）者（諸）時（詩）、箸（書）——亦才（在）壴（矣）

郭・緇・二 ——民青（情）不紅（忒）

郭・緇・四 ——君不悘（疑）其臣

郭・緇・五 上人悘（疑）——百眚（姓）賊（惑）

郭・緇・六 ——民不賊（惑）

郭・緇・六 下難智（知）——君倀（長）褮（勞）

郭・緇・七 ——君不褮（勞）

郭・緇・八 心好——體安之

郭・緇・八 君好——民悆（欲）之

郭・緇・一〇 上好息（仁）——下之爲息（仁）也爭先

郭・緇・二 ——民至（致）行巳㠯（己）以敓（悅）上

郭・緇・一八 皮（彼）求我——

郭・緇・二〇 ——忠敬不足

郭・緇・二一 ——大臣不台（治）

郭・緇・二二 ——大臣不悁（怨）

郭・緇・二四 ——民又（有）孞心

郭·緇·二五
—民又(有)新(親)

郭·緇·二四
—民又(有)懽(歡)心

郭·緇·二五
—民不伓(倍)

郭·緇·三三
行—䭫(旨)其所幣(敝)

郭·緇·三三
古(故)言—慮(慮)其所終

郭·緇·三四
—行不可匿

郭·緇·三五
—民不能大其娸(美)而少(小)其亞(惡)

郭·性·二
—勿(物)取之也

郭·緇·四四
—好㥻(仁)不硻(堅)

郭·性·一九
其先後之舍(叙)—宜(義)道也

郭·性·二〇
或舍(叙)爲之即(節)—度(文)也

郭·性·二五
—免(勉)女(如)也斯僉(儉)

郭·性·二四
—慆女(如)也斯奮

郭·性·二五
—齊女(如)也斯复(作)

郭·性·六一
巳—勿復言也

郭·性·二七
—非其聖(聲)而從之也

郭·性·三一
其剌,—流女(如)也以悲

郭·性·三三
其心弁(變)—其聖(聲)亦肰(然)

郭·性·四五
不又(有)夫亙(亟)怡之志—縵(慢)

郭·性·四五
不又(有)夫柬柬(簡簡)之心—采(悉)

郭·性·四七
不又(有)夫𢡮(奮)犮(作)之青(情)—忞(懋)

郭·性·五九
言及—明,⿱占止之而毋愄

郭·性·二四
—𦍒(鮮)女(如)也斯憙(喜)

郭·性·六一
蜀(獨)処—習父兄之所樂

郭·唐·二一
受(授)臤(賢)—民遷效(教)而蟡(化)虖(乎)道

郭·忠·一
信厡（積）—可信也

郭·忠·一
忠厡（積）—可罜（親）也

郭·唐·二〇
上直（德）—天下又（有）君而世明

从李守奎先生，『則』之省形，與『鼎』字同形。

昒

郭·老丙·一二
—無敗事壴（矣）

郭·五·六
不安—不藥（樂）

郭·五·六
不藥—亡悳（德）

郭·五·一〇
我心—□

郭·成·一
行不信—命不從

郭·成·二
信不慬（著）—言不樂

郭·成·四
—其潭（淳）也弗深悿（矣）

郭·成·九
—民鮮不從悿（矣）

郭·成·一七
—民谷（欲）其智之述也

郭·成·二〇
—必先敬人

郭·成·二〇
—必先悉（愛）人

郭·成·一七
—民谷（欲）其福（富）之大也

郭·成·一八
—民谷（欲）其貴之上也

郭·成·二八
—聖人不可由與嘼（守）之

郭·成·三六
—先者余

郭·語四·二二
山亡墜（？）—坨—（阤）

郭·語四·二二
成（城）無蓑—坨（阤）

郭·語四·二三
—壤陞（地）不鈔（削）

郭·語四·二三
—言談不勺（弱）

上（二）·從（甲）·三
豊（禮）—寡（寡）而爲息（仁）

上（二）·從（甲）·三
諮（教）之㠯型（刑）—述（遂）

上（二）·從（甲）·五
君=（君子）不愋（寬）—亡（無）

上（二）·從（甲）·六
不共（恭）—亡（無）㠯敘（除）辱

上(二)·從(甲)·六 不惠—亡(無)㠯聚民
上(二)·從(甲)·七 不敬—事亡(無)城(成)
上(二)·從(甲)·七 —亡(無)㠯行正(政)

上(二)·從(甲)·八 而不智—奉(逢)笄(灾)害
上(二)·從(甲)·八 愄(威)—民不道
上(二)·從(甲)·八 罰—民逃

上(二)·從(甲)·八 [illegible]—遊(失)衆
上(二)·從(甲)·八 悟(怲)—亡新(親)
上(二)·從(甲)·八 獄—興

上(二)·從(甲)·九 〼—民复(作)嬰(亂)
上(二)·從(甲)·一〇 誂—遠〓戾〓(遠戾,遠戾)所㠯〼

上(二)·從(甲)·一〇 敬、誂、信〓(信,信)—㝵(得)衆
上(二)·從(甲)·一五 不叠(教)而殺—禯(號)

上(二)·從(甲)·一五 事必又(有)畀(基)—惻(賊)
上(二)·從(甲)·一五 胃(謂)之必城(成)—龏(弄)

上(二)·從(甲)·一六 悳(憂)—〼
上(二)·從(甲)·一六 君〓(君子)藥(樂)—絅(治)正
上(二)·從(甲)·一七 逡(後)人—奉相之

上(二)·從(甲)·一七 人—啓道之
上(二)·從(甲)·一七 —垐依之
上(二)·從(乙)·一 —自异(忌)司(始)

上(二)·從(乙)·一 從命—正(政)不裳(勞)
上(二)·從(乙)·二 —民不惰(怨)
上(二)·從(乙)·二 毋占(佔)民膾(斂)—同

上(二)·從(乙)·三 悳(憂)—翻(昏)
上(二)·從(乙)·三 愳(懼)—伓(背)
上(二)·從(乙)·三 恥—軛(犯)

上(二)·從(乙)·三 不絅(治)—嬰(亂)
上(二)·從(乙)·三 絅(治)己(也)至—□〼
上(二)·從(乙)·三 妄(怒)—勳(勝)

剛

上（二）·從（乙）·三
少（小）人藥（樂）—肴（疑）

上（二）·從（乙）·六
不武—志不逜（匿）

信一·〇一
戔人峉上—型戮至

信一·〇六
☐久—炎皆三代之子孫

郭·緇·一
—民臧（咸）放（扐）而型（刑）不屯

郭·五·五
君子亡宙（中）心之悳（憂）—亡宙（中）心之智

上（四）·內·六
善—迮之

上（四）·內·六
不善—歨=之=

上（四）·內·一〇
肰（然）—孚（免）於戻

上（四）·曹·三八
牂—不行

上（四）·曹·四六
少—愓（易）轂

上（四）·曹·四八
不汖—不亙（恒）

上（四）·曹·四八
不和—不肙（輯）

上（六）·競·一二
—未旻（得）與昏（聞）

上（七）·吳·三正
—君之志也

郭·老甲·三五
勿（物）壓（壯）—老

省形。

郭·老乙·二
不克—莫智（知）其亙「亟（極）」

郭·緇·三一
—民言不惪（危）行

郭·緇·一六
—民悳（德）弌（一）

上（六）·用·七
是戠（衛）戔亓（其）又（有）綸紹（紀）—方豯而弗可矣

信一·〇二
戔人—恃

信一·〇一
戔人峉上則型戮至—☐

上（三）·亙·九
又（有）—

刉

剛

郭·性·八
—取之也

郭·性·八
—之桓也

既刂

新甲三·二五〇
—於☐

新甲三·二七九
☐—於

新零·三〇四
☐—於亓（其）舊虛一☐

新甲三·三〇八
—於□☐

新甲三·三一〇
—於赳畧、郄思二黏☐

新甲三·三一二
—於下彤藁

新甲三·三一三
—於隋

新甲三·三一四
—於下窯、下姑留二黏

新甲三·三一六
—於歔宗、余疋二黏

新甲三·三一七
—於桐者☐

新甲三·三二一
—於魚是

新甲三·一五〇
☐猎，—於棊（麓）☐

新甲三·二七八
☐虛，—二黏

新甲三·三一五
—於新（新）邑龍郯☐

新甲三·三二〇
—於醢取

新甲三·三二二
—於温父、鴿

新甲三·三二四
—於郘生棗

新甲三·三二五—一
—於蠢（喪）丘、桐寨

新甲三·三二六—一
—一黏

新甲三·三三二
☐—安一黏

新甲三·三三三
☐猎，某一冢。—一☐

新甲三·三四三—一
—於濯昏（辰）禱（社）

新甲三·三四六—二、三八四
—於莖丘寡二黏

新甲三·三四九
—於洛鄱

新甲三·三五〇
—於舊虛、肴（肖）父二黏☐

新甲三·三五三
—於鄢思虛一黏

新甲三·三六八
☐—於余城

新甲三·三六一、三四四—二
—於卭戲緦二黏

新甲三·三八七
—於高寺

新甲三·三九七 —於▨

新甲三·三九八 —於䨓虩一黏

新甲三·四〇三 —於劁丘、某丘二▨

新甲三·四〇九 —於桐一黏

新乙三·三七 ▨豢，—於無▨

新乙三·五九 ▨一一黏▨

新乙四·一四六 ▨浌，—二黏

副

副

清(一)·程·四 朋棶(棘)戠(𢦏)杍=松=柏—

割

割 刉

包二·一二一 藿里人競不—

包二·一二一 酓殺舍睪於競不—之官

包二·一二三 競不—皆既牀

包二·一二一 競不—不至□女

包二·一二三 孔犇競不—

包二·一二三 不—既走於前

上(二)·昔·三 —(蓋)悥(喜)於内

新甲三·二八二 聿(盡)—㠯(以)九黏

郭·語四·一六 馻(雄)是爲—

郭·語四·一八 衆而不—

上(六)·競·一 —疾與梨(梁)丘虘(據)言於公曰

上(六)·競·一三 命—疾(瘽)不敢監祭

清(五)·命·一四 敎(藝)逕(淫)則—(害)於材(才)

劃

劃 𦘩

曾六 —启

曾七一 —启

曾七三 —启

曾八八 —启

曾一〇四 —启

曾二五 —括

曾二六 —括

曾三九 —括

曾七〇 —靭

曾一一六 —箬

劑 戠
上(七)·吳·五 下之相—(擠)也

封 刲
清(四)·筮·至一〇 亼亼—(卦)見
清(四)·筮·死一九 三三亼弌(一)—(卦)亢
清(四)·筮·果四一 奴(如)—(卦)奴(如)肴(爻)
清(四)·筮·十七命六三 各堂(當)亓(其)—(卦)
清(四)·筮·十七命六三 —(卦)乃不試(忒)

刾 㔟
九·五六·三五 女(如)遠行、—

刖
清(四)·算·一四 三—
清(四)·算·一四 三—
清(四)·算·一六 二—
清(四)·算·一六 二—
清(四)·算·一八 一—
清(四)·算·一八 一—
清(四)·算·二〇 一—
清(四)·算·二〇 二—
清(四)·算·二一 一—
清(四)·算·二一 一—
清(四)·算·一二 四—
清(四)·算·二一 一—
清(四)·算·二一 一—
清(四)·算·二一 二—
清(四)·算·二一 一—
清(四)·算·二一 四—
清(四)·算·二一 一—
清(四)·算·二一 二—
清(四)·算·二一 二—
清(四)·算·二一 三—

削
九·五六·七 梅三—一篇
九·五六·八 梅三—一篇

清(四)・算・一
弍—

清(四)・算・一
弍—

罰

罰 罰

郭・緇・二七
則型(刑)—不足恥

郭・緇・二九
敬明乃—

郭・成・五
是古(故)畏(威)備(服)型(刑)—之婁(屨)行也

郭・成・三八
文王复(作)—

上(二)・容・四
於是唐(乎)不賞不—

上(二)・從(甲)・八
—則民逃

上(一)・紂・一五
敬明乃—

上(四)・曹・二一
丵(刑)—又(有)辠

上(五)・季・二〇
壓(臧)辠(罪)則夜(處)之㠯(以)—

清(一)・皇・一二
忢(媢)夫先受吝(殄)—

清(一)・祭・一九
四方克宔(中)尔(爾)—

清(三)・說下・六
宔(中)乃—

清(三)・芮・二二
日亓—寺(時)敱(償)

清(五)・命・九
亟(極)—則民多=虘=

清(五)・命・一〇
大命殜(世)—

清(五)・命・一一
—莫大於多虘(詐)

清(五)・命・一二
喿(畏)之以—

清(五)・命・一二
—□□□不從裳(勞)

清(五)・殷・一六
寺(時)型(刑)—訪(赦)

清(五)・殷・二六
天—是加

剠

上（三）·周·四三 于—?

清（一）·者·九 戠（歲）又（有）—（歇）行

刑

郭·成·三九 文王之（型）—莫厚安（焉）

剔

上（四）·曹·三二 亓逞（將）銜（師）𦘔（盡）—（傷）

上（四）·曹·四五 —（傷）者弗䛠（問）

上（四）·曹·五一 則戢㞍—（傷）亡

上（四）·曹·四七 —（傷）者䛠（問）之

清（三）·説中·七 甬（用）—（傷）

㓩

包二·一一六 爲䣞陵貣郘異之金三益—益

非同《説文》之刖。

新甲三·二九二 又—；晉▢

剢

包二·一四六 豕玫苛欲利之金一益—益

包二·一一九 郚（鄢）正婁—虜受呂（幾）

包二·一三六 不逗—君以廷

包二·一四〇 —君之司馬奉爲皆告城

《廣雅·釋詁》有剢字。

上（二）·容·一八 田無—（蔡）

省形。

鄝

包二·四三 —君之右司馬均臧受期

包二·一四〇反 登人所漸木四百先於—君之陞蘘溪之中

从李家浩先生説：因爲是地名，故或加注『邑』旁。

鄝

包二·四一 不逗郢—以廷

包二·四八 不逗旦—以廷

包二·一八八 郢𦀚龔夫人之人郢—

包二·一八三 —昜人陳楚

省刀。

包二·六〇 —諻 人名

包二·六七 —紻 人名

包二·七七 周甬受正孝—丮以數田於章䆴鄘邑

包二·八二 —勁 人名

上（三）·周四九 —（列）丌（其）衜

包二·四二 —勁

包二·四二 —䦟 人名

包二·一四二 —鄬 人名

殴

包二·三 𨚗—之少僮

包二·一六八 佶—黄痤之人𦩻鐱

包二·一六九 武陵—尹之人翏足

包二·一七〇 大佶—黄敨

包二·一四六 所又責於寣—五帀（師）

包二·一四六 —緩 人名

包二·一四六 所又責於𨚗歸—寣—緐—五帀

包二·一六七 佶—郙軋

包二·一六三 郹—連囂鐇

包二·一八六 新—尹之人縢

包二·一八六 佶—郝韄

包二·一七二 郹—鈇軋

包二·一七四 緐—黄𤓰

包二·一七四 佶—亢瘇

包二·一七五 佶—郙遠

包二·一八〇 郹—黄請

包二·一八〇 宋佶—少童羅角

包二·九一 佶大—六敔周霰之人周雁訟付䙳之閘人周琜（瑤）

包二·一五〇 荛陵之—里人石紳

包二·一六二 郢—尹䢅

包二·一六八 𨚗—某欵

包二·一六六 子西—尹之人辛

包二·一〇 郹—上連囂之

包二·一二五 —尹癸詧（察）之

上（二）·容·一六 —（癘）役（疫）不至

新甲三·三六一、三四四—二 䏘於卬—緩二黏

上（五）·季·一四 虞（且）夫—（剾）含（今）之夫=

清（一）·楚·三 爰旻（得）妣—

刲

清(一)·楚·三
妣—賓于天

从李守奎先生：『戱』與『劂』當爲一字。

上(六)·孔·一四
—(劂)弁(與)民之行也

上(一)·紂·一
則民成(咸)劳(扐)而型(刑)不—

刔

包二·二
—敘壴圍命之於王大子

从八从大，右从刀左从大，與从人每不別如光㡬等字，故當釋—象刀解人形。

包二·三
—之玉膺之典—戱之少僮

包二·五
佯大敘念以爲—敘圍隚—人其㢆典

包二·一四六
所又責於—帰戱

包二·一六五
—寢遺喜

包二·一六六
—寢敘之州苛𧸙

包二·一六八
—戱某欽

包二·一七一
—寢尹之人㤰

劑

包二·一三二反
—尹集駐從郢以此等逑

包·九五
䣄邑人某兢畟其—大市米𡏄人咊

刃

郭·成·三五
少(小)人不緹(逞)人於—(仁)

清(二)·繫二
萬民弗—(忍)于氒(厥)心

劒

釰

上(二)·容·一八
不—(刃)金

鐕

包二·一八
鄝遺受鑄—之官宋〓弨〓

仰二五·二七
一邸鎬—

天策
三行—

九·五六·三六
縴(帶)—(劒)

劒　刨　韌　絜　耕　　　　耙

新乙四·五六
☐瘔受君—

新零·四八〇
☐君—

劍字異體。

信二·〇一九
—綿之緣

郭·六·三〇
參(三)新(親)不—

郭·老甲·二七
—其頷

桊
信二·一八
柜—

耕
昧
郭·窮·二
舜—於鬲(歷)山

㖛
郭·成·一三
戎(農)夫柔(務)飤(食)不强—

䎬
上(三)·周·二〇
不—(耕)而穫(穫)

䎭
上(四)·柬·二三
子止爲人臣者亦又(有)—(靜)虐(乎)

勫
清(一)·保·四
親—(耕)于鬲(歷)茅

上(二)·容·二四
壘(禹)親執枌(枌)(耒)—(耙)

角

包二·一八 嬴逄公—戠之

包二·八六 嬴逄公—

包二·一八〇 羅— 人名

包二·二六〇 一—□

雨二一·二 坪皇—爲定客王商

望二·一八 黃生—之交

望二·一三 —鹿（鏕）

上（二）·孔·二九 —幡婦

新甲三·三五一 —二袿（社）二冢

上（三）·周·四一 敂丌（其）—

上（五）·三德·一〇 毋爲—言

觭

新零·一九三 不欧取於弜與—◪

觵

新甲三·三九五 利—冢

衡

天策 ◪囂—昔兩之革緣

清（二）·繫·四四 述（遂）朝周襄王于—澭（雍）

天策 —戹

衜

曾二〇 斂—戹 从止。

曾四三 —戹

曾六四 —戹

曾六六 —戹

曾一一五 —戹

奧

上（七）·君甲·三 五貞（鼎）竽祈（管）—（搁）於前

上（七）·凡甲·四 咎（凡）勿（物）流型—（衡）系從（縱）

上（七）·凡乙·三 虐（吾）系（奚）—（衡）系（奚）從（縱）

清（五）·殷·一六 楑（揆）审（中）水—（衡）

觟

望二·六二 二—完

解

天卜 —於二天子與雲君以琫珥

天卜 由社—於累禮與弝死

天卜 由攻—於不殆弝死者

天卜
由攻—於弜死

包二·一四四
小人取愴之刀以—小人之桎

包二·二四一
由攻—於禮與兵死

包二·二四八
由攻—日月與不由

天卜
恩攻—於不殆

香中大·四
—于時

包二·二四六
由攻—於水上與象人

新甲三·六一
☐成敢甬(用)—訛懌悳(忧),若

清(一)·保·七
翼=不—

清(一)·保·九
嚳(祇)備(服)不—

清(一)·保·一〇
今女(汝)嚳(祇)備(服)母(毋)—

清(二)·繫·一〇二
七散(歲)不—虢(甲)

𠝏

包二·一二〇
命倞邦—句

包二·一五七
竽倌之舊貣—

包二·一五七
鄢攻尹屈惕命—舟贅

包二·一九八
恩攻—於人悪(害)

包二·二一一
由攻—於槼禮

包二·二一七
由攻—於不殆

包二·二三八
由攻—於散

包二·二五〇
命攻—於漸木立

望一·一七六
恩攻—於下之人

郭·老甲·二七
—其紛

新甲三·三〇〇、三〇七
—於夂(太)

新甲三·二三九
☐—於北方

新甲三·四〇四
䣓於䆣鴝、—滐三貀

清(三)·琴·五
厰(嚴)余不—(懈)

清(三)·琴·六
佰(夙)夜不—(懈)

清(五)·湯門·一七
民咸—體自卹(恤)

清(五)·湯門·二〇
各時(司)不—

觴 航 觧 羸 鯀 繇

乘 上（一）·孔·二〇 人不可—（懈）也

省形。

郜 郭·五·三六 敬而不—

李家浩先生按：《古文四聲韻》上聲蟹韻引古《老子》解作[glyph]，疑郜即[glyph]之異體。

觴

觴 包二·二五九 一會䙴之—

瓬 仰二五·二七 —龍

觧 包二·二四 不詧（察）陞—之剔（傷）

常二 郘漫君—逛其衆以逮楚之戠

天策 翟—

望二·一三 䏍（翡）—

上（二）·從（乙）·二 不膚（敷）瀍（法）—（盈）亞（惡）

上（三）·周·四〇 —（羸）豕孚是蜀（獨）

上（三）·周·四四 —（羸）丌（其）缾（瓶）

上（三）·周·五三 遊（旅）—（瑣瑣）

清（三）·芮·一五 褱（懷）忎（慈）學（幼）弱—（羸）𡨄（寡）脛（矜）蜀（獨）

清（五）·湯門·八 亓（其）燹（氣）朁—（歇）發紨（治）

清（五）·湯門·八 九月—（顯）章

卷五

竹

包二・一五〇 邵昜之牢宰戰—邑人宋鼎

包二・二六〇 一—柅

望二・四七 一大—嬰

望二・四八 二—囙

箭

上（一）・緇衣・一二 —公之募（寡）命員（云）

从李守奎先生釋。

上（七）・凡甲・五 篙（孰）爲—（侍）奉

上（七）・凡乙・四 篙（孰）爲—（侍）奉

筍

筍 筭

包二・一八〇 瞳—夽尾女

《集韻・準韻》：筍，或作筭。

箬

清（一）・楚・七 若囂（敖）酓義（儀）遷（徙）居—（鄀）

清（一）・楚・七 至焚冒酓帥（率）自—（鄀）遷（徙）居焚

清（一）・楚・九 至空囂自福丘遷袞—（鄀）郢

清（一）・楚・九 至成王自—（鄀）郢遷袞湫=涅=

節

郭・成・二六 其生而未又（有）非之，—（即）於而也

上（一）・性・一〇 體（體）丌（其）宜（義）而—旻（文）之

上（一）・性・一二 善丌（其）—

上（一）・性・一六 丌（其）居—也舊

上（四）・曹・四四 亓堂（啓）—不疾

上（五）・姑・六 臣之—

上（五）·弟·四
嚻（亂）—而㥶（哀）聖（聲）

上（五）·三德·三
齊=—=

上（六）·用·一
參—之未得

上（六）·用·一一
𤔲（亂）—簪（僭）行

篸 篇

九·五六·四
三赤二—

九·五六·五
三赤二—

九·五六·六
三赤二—

篁

包二·一九〇
—敆（令）州加公𦎫女

天策
瞿羽之—

簡

新乙四·六
▨陵尹子—紡紫緫廿=（二十）▨

等

包二·一三二反
𦳝尹集駐從郢以此—逨

上（四）·曹·四一
周—（志）是鹰（存）

上（五）·季·一四
幾（豈）敢不㠯（以）亓（其）𡖊=之連（傳）—告

笀

包二·九
□—□以內（入）

包竹簽
廷—（志）

包二·一三
大宫痎內氏—

包二·一二七
大宫痎內氏—

包二·一三三
子鄗公命鄙右司馬彭懌爲僕筭篙—

包二·一五七反
鄗少宰尹𨚕訟以此—至命

郭·緇·四
爲下可頪（類）而—（等）也

上（五）·季·七
㠯（以）—（誌）𦍟=㤅=

筮 簭

郭·緇·四六
不可爲卜—（筮）也

新甲三·一五、六〇
甬（用）受繇元龜、呇（巫）—（筮）曰

新甲三・七二 ☐以犨之大彤—(筮)爲君貞

新甲三・一八九 卜—(筮)爲祱，既☐

新零・二〇七 —(筮)

新乙四・五九 ☐□馬之—(筮)復爲君☐

新零・二八三 ☐龜、—(筮)

上(三)・周・九 备(邍)—(筮)

清(四)・筮・死一五 《≪—(筮)死妻

清(四)・筮・死一八 〈≪—(筮)疾者

清(四)・筮・死二一 ≪《—(筮)死夫

清(四)・筮・志二四 𠬪(凡)—(筮)志

清(四)・筮・軍三二 ≪〈𠬪(凡)—(筮)志事

清(四)・筮・軍三五 三〈≪奴—(筮)匍(軍)遊

清(五)・厚・八 郗女其若龜—(筮)之言

清(五)・般・一一 龜—(筮)孚貣(忒)

新甲三・一一三 鄅嘉以衛医之—(筮)爲坪夜君貞

新乙四・一〇〇 ☐□□—爲君貞

簭

上(四)・曹・五二 返(及)尔龜—(筮)

从李守奎先生釋。

筭

天策 大縡之—

天策 一—

清(五)・封・六 朱—元(軏)

筦

笑

包二・一三三 子郙公命鄖右司馬彭懌爲僕—等

包二・一九〇 —州加公周藹

望二・四八 二—促(筵)

上(五)・季・四 虞(且)—(管)中(仲)又(有)言曰

『管』與『筦』相通，此处釋『管』。

筦 筵 簟 笥 箄 箸

清(二)·繫·四五 莫人敚北門之—(管)於秦=之=戍=人=

清(二)·繫·四六 我既㝵(得)奠(鄭)之門—(管)也

筦 筶

包二·二七七 一—，䶑䩜之盾

从李家浩先生：『筶』是『筦』的異體。

筵 ⿱竹宴

包二·二六二 二—

信二·〇二三 一寢—

信二·〇二三 六箭— 《説文》：「筵，竹席也。」

簟 ⿱竹敦

郭·成·三四 是古(故)君子—笞(席)之上毁(讓)而受學(幼)

从李學勤先生釋簟。

笥 ⿷匚司

望二·四八 二竹—

箄

望一·一四六 二—

箸

包一 集—(書)

包二·四 敦是其—之

包二·八 司馬徒—之

包二·一四 集—(書)言

包二·一三九反 其所命於此—之中

郭·六·二四 雚(觀)者(諸)時(詩)、—(書)則亦才(在)壴(矣)

上(五)·鮑·三 乃命又(有)𤔲(司)—集(祚)浮

包二·一四五反 司豐之客須□—言胃

信一·〇二八 —是胃

望一·三 以少—爲怨固貞

上(一)·性·八 —(書)

上(一)·性·九 —(書)

上(七)·武·一三 大囩覝(望)奉丹—(書)㠯(以)朝

箬 箣 竿 箑 籚 簦

郭·性·一六 —(書)，又(有)爲言之也

郭·性·一五 時(詩)、—(書)、豊(禮)、樂

秦一·一 以其又疾之古—之

新乙三·三三 ◪爲—告我㤅所取於□◪

上(五)·姑·六 鑾(欒)—(書)欲乍(作)墮(難)

上(五)·姑·七 鑾(欒)—(書)乃退

上(五)·姑·一〇 鑾(欒)—(書)式(弒)敕(厲)公

上(七)·武·二 才(在)丹—(書)

上(七)·武·三 夫先王之—(書)不弁(與)北面

上(七)·武·三 道—(書)之言

清(一)·金·一一 王捕(布)—(書)以𣹢(泣)

箬

包二·二二三 屈宜習之以—形爲左尹卲肔貞

新乙一·五 君𦋺(朝)於—◪

新乙二·八 ◪君𦋺(朝)於—◪

箣

包二·一〇三反 𡉚—爲李

竿

天策 絑羽之宇—

天策 白羽之宇—

上(五)·三德·二一 —之長枸株遉車善游者

箑 篓

包二·二六〇 一羽—

《說文》扇也，从竹疌聲。—或从妾。

信二·〇一九 二竹—

望二·四七 一少—

籚 簷

上(二)·容·二五 —(莒)州

簦 簭

信二·〇一四 —▌

信二·〇二七 二㲃几—

策

包二·二六〇 一丩牀又—

天策 —

天策 一—

清（一）·者·二 复（作）—娩（逸）爲東尚（堂）之客

笂

仰二五·二三 一柜

長沙馬王堆帛書《老子》乙本籌—之—作笂。

笵

望二·四八 二—莢（簣）

策之異寫。

箙

箘

曾二 豻兩之—

曾一九 三—

曾三七 —五秉

曾四二 二紫韐之—

曾七四 襮貂之—

曾九九 一—

曾一六 三豻兩之—

曾一〇二 三豻兩之—

曾六二 豻—

曾五 一襮貂與紫魚之—

曾八 三貂襮紫魚之—

曾五 —五秉

曾一五 —五秉

曾一六 —五秉

曾二〇 —五秉

曾六八 —五秉

曾二六 二襮紫魚彔魚之—

曾三六 四襮貂與彔魚之—

曾四八 彔魚之—

曾六三 襮貂與彔魚之—

曾一〇九 貂之—

竽

包二·一五七 —駐倌—倌之舊貣解

信二·〇三 一簫—

新甲三·一七九 中萅（春）—我之里一冢▨

笙 算 笑 篦 笀 ⺮子

上（七）·君甲·三　五貞（鼎）—祇（管）奧（擲）於前

信二·〇三　二—

新甲三·三五二　未智其攸里之—☐

郭·老乙·一〇　弗大—

郭·性·二四　聞（聞）—（笑）聖（聲）

郭·性·二二　—（笑），豊（禮）之澤=「泮（淺）澤」也

郭·老乙·九　大—（笑）之

上（一）·性·一四　聞（聞）—（笑）聖（聲）

上（三）·周·四二　一斛（握）于—（笑）

上（四）·柬·一九　人晒（將）—（笑）君

上（五）·三德·一一　毋—（笑）型（刑）

上（六）·莊·七　不穀（穀）㠯—（笑）繡（申）公

上（六）·平·四　王—（笑）曰

上（六）·平·六　王—（笑）

清（二）·繫·六八　女子—（笑）于房宇（中）

信二·〇九　一齒—

曾一五五　—斬之譽爲左驂

包二·九〇　誏—

包二·八〇　旣發—

包二·八五反 既發—
包二·一二五反 既發—

包二·一四八 客發—
包二·一五〇反 客發—

⿱𥫗云

曾一〇 貂定之—

芥

信一·〇四 相保如—
上(四)·柬·二 龜尹智(知)王之庶(遮)於日而疠(病)—(疥)

笲

包二·二五六 四—飤
包二·二五八 檮脯一—
包二·二五八 一—朊

包二·二五八 炅鷄一—
包二·二五九 一纏—
望二·四八 二䓬—

包二·二五九 一—
包二·二六四 ▨一栗又—
包 竹簽 緖—

包 竹簽 嘆—
信二·〇九 一—箕買
信二·〇一三 一—䞓

信二·〇一三 一小䞓—
天策 二—
天策 二馬之—

天策 —綏組緣
天策 四馬之—
天策 犇—綏

簡

望一·三 吕(以)少(小)—(籌)爲悡固貞

信二·〇三
一—竽

郭·窮·二
匋(陶)—(拍)於河𦣞

仰二五·一六
又紵鍏筍—

包二·二五七
飤室所以食—

包二·二五七
冢脯二—

包二·二五七
脩二—

包二·二五七
豢豬一—

包二·二五七
𦣞魚二—

包二·二五七
窨飽二—

包二·二五七
白飽二—

包二·二五七
炅鷄一—

包二·二五七
栗二—

包二·二五七
𦣞鷄一—

包二·二五八
蘁一—

包二·二五八
梟二—

包二·二五八
葦茈二—

包二·二五八
芰二—

包二·二五八
蕈一—

包二·二五八
蘀利二—

包二·二五八
菰一—

信二·〇六
—四十又四

信二·〇六
二豆—

信二·〇六
四粿—

信二·〇二〇
五—

仰二五·二一
鍏—十二—

笑

包二·一二四 —邑 地名

包二·一八五 —邑人苛佗

包二·一五三 —邑

信二·〇五 十—

信二·〇六 二—箕

笠

信二·〇一八 一—

筵

信二·二一 一錦—裀繒

《玉篇·竹部》有筵字。

箸

天策 一䈁—(盖)

天策 紡—(盖)

清(三)·琴·一〇 命不𡰥(夷)—(歇)

望二·一二 一紫—(盖)

箹

包二·一五二 昏骨貫之又五—(盖)

箸字異體。

筍

信二·〇四 一良圓餅截紡—(盖)緶良鳥莧翠𥂝

箭

包二·二〇四 凡此—也既盡遝

包二·二一三 遝古—

新甲三·一〇九 ☐☐—，庚申之氏日以起辛酉之日禱之☐

箴
包二·二五六
—魚一箴

篳
曾六七
—䈞

曾七〇
—䈞

箽
望二·二
其—丹秋之裏

上（五）·鮑·三
—（重）命之

筧
郭·六·四五
其—（覞）十又二

《玉篇·竹部》有筧字。

篜
信二·一一
二—

篧
郭·老甲·二三
其猷（猶）囩（橐）—（籥）與

篧字見《集韻·桓韻》。

籫
籔
包二·二五五
脩一—

包二·二五六
箴魚一—

包二·二五五
脯一—

簦
包二·二六四
一冗—

《玉篇·竹部》有籫字。

篴
信二·〇一一
一—

簡
信二·〇二三
六—篡

篳
天卜
長— 即芦—

草與竹互作，此即葟之異體。

簊　籔　簷　箴　篳　簧

新甲一·二七
☐—爲君貞

新甲一·七
☐衜—忻(祈)福於太

新甲三·一五二
☐㠯(以)衛—爲君☐

新乙一·二六、二
諻生以衜筆爲君貞

新乙三·七
☐录滮諻生㠯(以)長—爲君貞

新乙三·六
☐—爲君貞

新乙四·五五
☐—爲君貞

新乙四·八五
☐長—爲君卒(卒)戠(歲)貞

新乙四·一〇五
㠯(以)長—爲君卒(卒)歲貞

新零·四五六
☐長—☐

上(四)·柬·一五
母(毋)敢婺—(操)簍

簍

上(四)·柬·一五
母(毋)敢婺簗(操)—

上(五)·競·三
發(廢)古—(虘)

上(五)·君·一〇
欲其𡰥□□貴□昔者仲屖(尼)—徒三人

上(七)·武·五
亓(其)—(運)十殜(世)

清(一)·尹至·三
亡—(典)

笂

清(二)·繫·七一
以韖骼玉—與𦎫(淳)于之田

笙

清(三)·說上·二
敓(說)方—(築)壂(城)

清(三)·琴·一三
—(篤)亓絸(諫)卲(劭)

清(一)·金·一三
二公命邦人隶(盡)逿(復)—(筑)之

篤

清(三)·芮·一五
邦甬(用)昌—(熾)

箕

其

郭·緇·四二
唯君子能好—駜(匹)

郭·緇·三五
則民不能大其娺(美)而少(小)—其亞(惡)

郭·緇·三五
則民不能大—娺(美)而少(小)其亞(惡)

郭·緇·三七
—集大命于𠂤(厥)身

郭·緇·三九
—義(儀)弌(一)也

郭·緇·四〇
必見—成

郭·緇·四〇
必見—敂(蓋)

上(六)·慎·五
不纆(纆)—志

郭·緇·三五
以成—信

上(一)·孔·九
賁(貴)咎於—也

清(五)·厚·四
—才(在)寺(時)後(後)王之卿

清(五)·厚·五
隹(惟)曰—劬(助)上帝𤔔(亂)下民

清(五)·厚·六
之匿(慝)王廼渴(竭)𢇍(失)—命

清(五)·厚·八
肆女—若龜簭之言亦勿可連(專)改

清(五)·厚·一〇 啟之民—亡款(諒)

笄

信二·〇二一 一第一—

箕,《汗簡》引《尚書》作。

丌

包二·九一 胃甕於—土

包二·一五反 不爲—詧(察)

包二·一五反 哼執—倌人

包二·一〇二 以—爲—蚏鄗瘻斷不瀍

包二·一〇〇 登成訟走仿邵緔以—敓湯汸與蜀澤之古

包二·二一八 以—下心而疾

曾六 —旗

曾二〇 —旗貽

曾七七 —革鞶黃金之釴

曾一六一 石芫贛泰以肈—肇=

曾一九〇 一肈駟

曾一九〇 —二肈屯麗

曾二 —一襮紫黃紡之綳

曾二〇五 肈肇人兩馬?與—車

郭·老甲·五 以—不静(争)也

郭·老甲·七 —事好

郭·老甲·八 猷(猶)虐(乎)—奴(若)愄(畏)四叟(鄰)

郭·老甲·九 敢(嚴)虐(乎)—奴(若)客

郭·老甲·九 觀(涣)虐(乎)—奴(若)懌

郭·老甲·九 屯虐(乎)—奴(若)樸

郭·老甲·一五 此—不善已

郭·老甲·二三 —猷(猶)囚(橐)籊(籥)與

郭·老乙·二 不克則莫智(知)—亙「亟(極)」

郭·老乙·一四 —甬(用)不幣(敝)

郭·老乙·一六 —悳(德)乃貞(真)

郭·老乙·一六 —悳(德)又(有)舍(餘)

郭·老乙·一七 —悳(德)乃長

郭·老乙·一七 —悳(德)乃奉(豐)

郭·老乙·九 堇(僅)能行於—中

郭·老乙·一六 子孫以—祭祀不乇

郭·老乙·一四 —甬(用)不寡(窮)

郭·老丙·一 —即(次)矛人(侮)之

郭·老丙·二 猷(猶)虐(乎)—貴言也

郭·老丙·五 淡可(呵)—無味也

郭·老丙·一二 互恆於—其叡(且)成也敗之

郭·忠·七 君子—它(施)也忠

郭·忠·八 —言尔信

郭·性·二六 —反善復訂(始)也訢(慎)

郭·性·二九 是古(故)—心不遠

郭·性·二九 怺(哀)、樂—眚(性)相近也

郭·性·三〇 —剌(烈)繺(漣)繺(漣)女(如)也

郭·性·三一 —剌，則流女(如)也以悲

郭·性·三二 —聖(聲)弁(變)則☐

郭·性·三三 其心弁(變)則—聖(聲)亦肰(然)

郭·性·三六 從—所爲

郭·性·三七 不能—心

郭·性·三七 求—心又(有)爲也

郭·性·三八 —心必才(在)安(焉)

郭·性·四七 又(有)—爲人之快女(如)也

郭·性·四七 又(有)—爲人之蒃女(如)也

郭·性·五〇 不以—青(情)

郭·成·二 不信—言

郭·成·三 —所才(在)者內(入)悠(矣)

郭·成·四 則—滰(淳)也弗深悠(矣)

郭·成·四 —道民也不憲(浸)

郭·成·四 是古(故)亡虐(乎)—身而廌(存)虐(乎)其訇(詞)

郭·成·五
是古（故）亡虖（乎）其身而廌（存）虖（乎）——訇（詞）

郭·成·八
一宮之人不勳（勝）——敌

郭·成·九
一軍之人不勳（勝）——戠（勇）

郭·成·九
——廌（存）也不厇『厚（重）』

郭·成·一〇
不求者（諸）其沓（本）而戉（攻）者（諸）——末

郭·成·一〇
——重（動）也弗多悘（矣）

郭·成·一〇
不求者（諸）——沓（本）而戉（攻）者（諸）其末

郭·成·一二
不反——沓（本）

郭·成·一二
句（苟）不從——繇（由）

郭·成·一四
句（苟）不從——繇（由）

郭·成·一五
不反——沓（本）

郭·成·一五
上不以——道

郭·成·一七
則民谷（欲）——福（富）之大也

郭·成·一七
則民谷（欲）——智之述也

郭·成·一八
則民谷（欲）——貴之上也

郭·成·二一
——悘（疑）也弗枉（往）悘（矣）

郭·成·二一
——迲（去）人弗遠悘（矣）

郭·成·二四
——鍚也固悘（矣）

郭·成·二六
——生而未又（有）非之節（即）於而也

郭·成·二七
及——専（溥）長而厇

郭·成·二七
唯（雖）——於善道也

郭·成·二九
唯（雖）又（有）——亙（恆）而可能，終之爲難

郭·成·三五
其先也不若——後也

郭·成·三五
——先也不若其後也

郭·成·三六
——勳（勝）也不若其已也

郭·成·三六
其勳（勝）也不若——已也

郭·六·七
☐繇（由）——衍（道）

郭·六·一五 畜我女（如）—子弟

郭·六·三三 㵒—志

郭·六·三七 —返（反）

郭·六·三九 或以智（知）—弌（一）壴（矣）

郭·六·四一 遊（失）—編偏

郭·六·四四 —睪（釋）之也六

郭·六·四四 是以—𧖴（剸）岳（獄）速

郭·六·四五 —簋（覞）十又二

郭·六·四七 少者以攸（修）—身

郭·六·四八 唯—人所才（在）

郭·緇·一四 不從—其所以命

郭·緇·四〇 必䎽（聞）—聖（聲）

郭·唐·三 𣏌（必）正—身

郭·唐·一九 秉（及）—又（有）天下也

郭·唐·二二 智（知）—能羧（養）天下之老也

郭·唐·二三 智（知）—能幻（司）天下之長也

郭·唐·二四 秉（及）—爲堯臣也

郭·唐·二四 古（故）—爲兆（朁）寞子也

郭·六·一六 憥（勞）—莽（股）怯（肱）之力弗敢單（憚）也

郭·六·一七 危（委）—死弗敢悉（愛）也

郭·太·一〇 道亦—炁（字）也

郭·太·一〇 青（請）昏（問）—名

郭·太·一一 亦怋（託）—名

郭·太·一一 以道從事者必怋（託）—名

郭·太·一二 古（故）化（過）—方

郭·太·一三 —上☐者

郭·太·一三 —下高以弜（强）

郭·語一·二八 —智（知）尃（博），㞃（然）句（後）智（知）命

郭·語一·七三 悲芊—所也

丌

郭·語一·八七

君臣、朋習（友），—睪（擇）者也

丌

郭·語一·一〇九

虐與容與夫—行者

八

郭·語四·一五

必聿（盡）—古（故）

八

郭·語四·五

既得—級

丌

郭·語三·一三

自視（示）—所能，員（損）

亓

上（一）·孔·一

行此者—（其）又（有）不王虐（乎）

亓

上（一）·孔·二

—（其）樂安而屖

亓

上（一）·孔·二

—（其）思深而遠

亓

上（一）·孔·三

—（其）言旻（文）

亓

上（一）·孔·三

—（其）聖（聲）善

亓

上（一）·孔·三

邦風—（其）內（納）勿（物）也

亓

上（一）·孔·四

—（其）甬（用）心也䐿（將）可（何）女（如）

亓

上（一）·孔·四

—（其）甬（用）心也䐿（將）可（何）女（如）

亓

上（一）·孔·四

詩—（其）猷坪（平）門

亓

上（一）·孔·五

㠯（以）爲—（其）畚（本）

亓

上（一）·孔·五

㠯（以）爲—（其）䊵

亓

上（一）·孔·八

少䈁—（其）言不亞（惡）

亓

上（一）·孔·九

多恥者—（其）忞之虐（乎）

亓

上（一）·孔·九

天保—（其）旻（得）录（禄）蔑畺（疆）矣

亓

上（一）·孔·九

黃鳥則困而谷（欲）反—（其）古也

亓

上（一）·孔·一〇

害曰童而皆臤於—（其）初者也

亓

上（一）·孔·一一

則—（其）思賹矣

亓

上（一）·孔·一一

則㠯（以）—（其）录（禄）也

亓

上（一）·孔·一四

—（其）四章則俞（愉）矣

上(一)·孔·一五 敬蟋(愛)—(其)查(樹)

上(一)·孔·一五 及—(其)人

上(一)·孔·一五 —(其)保(褒)厚矣

上(一)·孔·一六 見—(其)峞(美)必谷(欲)反一本

上(一)·孔·一六 㠯(以)—(其)蜀(篤)也

上(一)·孔·一七 湯之水—(其)悉(愛)婦烈(黎)

上(一)·孔·一八 㠯(以)俞(喻)—(其)惪(捐)者也

上(一)·孔·一八 折杜則情憙(喜)—(其)至也

上(一)·孔·二一 —(其)聳(離)志必又(有)㠯(以)俞(逾)也

上(一)·孔·二一 —(其)言又(有)所載而后内(納)

上(一)·孔·二一 —(其)猷軳(酡)與

上(一)·孔·二二 —(其)義一氏

上(一)·孔·二三 兔虘—(其)甬(用)人則虐(吾)取

上(一)·孔·二四 甚貴—(其)人

上(一)·孔·二四 必好—(其)所爲

上(一)·孔·二四 必敬—(其)立(位)

上(一)·孔·二四 亞(惡)—(其)人者亦然

上(一)·孔·二九 涉秦—(其)䜌(絶)

上(一)·孔·二七 徰—所悉(愛)

上(一)·紂·三 —(其)義(儀)不弋

上(一)·紂·四 不訇(詒)—(其)所能

上(一)·紂·八 不從—(其)所㠯(以)命

上(一)·紂·八 而從—(其)所行

上(一)·紂·一〇 大人不罕(親)—(其)所䣜

丌 上(一)·紂·一〇 而信—(其)所賤

丌 上(一)·紂·一五 —(其)

丌 上(一)·紂·一五 —(其)出女(如)緍

丌 上(一)·紂·一七 行則旨—(其)所蔽(敝)

丌 上(一)·紂·一八 能大—(其)顛(美)而少(小)丌(其)亞(惡)

丌 上(一)·紂·一八 能大丌(其)顛(美)而少(小)—(其)亞(惡)

丌 上(一)·紂·二〇 扎(必)見—(其)鞏(轍)

丌 上(一)·紂·二一 少(小)人皼能骭(好)—(其)匹

丌 上(一)·紂·二一 隹(惟)君=(君子)能骭(好)—(其)匹

丌 上(一)·紂·一七 古(故)言則慮—(其)所冬(終)

丌 上(二)·子·四 虗(吾)昏(聞)夫坴(叜、俊、舜)—(其)幼也

丌 上(二)·子·六 㝵(得)—(其)社稷(稷)百眚(姓)而奉守之

丌 上(二)·子·七 坴(叜、俊、舜)—(其)可胃(謂)受命之民矣

丌 上(二)·子·八 古(故)夫坴(叜、俊、舜)之悳(德)(—其)城(誠)臤(賢)矣

丌 上(二)·子·九 而—(其)父戔(賤)而不足孯(偁)也與(歟)

丌 上(二)·魯·五 —(其)欲雨

丌 上(二)·子·一一 又(有)鬾監(銜)卯而階(錯)者(諸)—(其)前

丌 上(二)·魯·四 —(其)欲雨或甚於我

丌 上(三)·周·二五 —(其)猷攸=(逐逐)

丌 上(三)·周·二六 埶(勢)—(其)隓(墮)

上(三)·周·二七 欽(感)—(其)拇

上(三)·周·三〇 滕(遯)—(其)尾礪(厲)

上(三)·周·三七 —(其)坔(來)復(復)

上(三)·周·三八 —(其)行婁(萋)疋(且)

上(三)·周·四一 敂—(其)角

上(三)·周·四五 並受—(其)福

上(三)·周·四八 —(其)伓(背)

上(三)·周·四八 艮—(其)足

上(三)·周·四八 不陞(拯)—(其)陵(隨)

上(三)·周·四九 艮—(其)躳

上(三)·周·四九 艮—(其)頌(輔)

上(三)·周·五三 九(喪)—(其)僮(童)僕(僕)

上(三)·周·五四 豩(渙)走—(其)尻

上(三)·周·五四 豩(渙)—(其)躳

上(三)·周·五七 需—(其)首

上(三)·中·三 —豪(家)

上(三)·中·一三 唯(雖)又(有)跉(孝)悳(德)

上(三)·中·二五 不聿(盡)—说

上(三)·彭·四 可(何)—宗(崇)

上(四)·相·一 先—欲

上(五)·君·六 爯(稱)—衆寡(寡)䤈而秀

上(五)·弟·一一 —天民也虐(乎)

上(五)·弟·四 —必此虐(乎)

上(五)·弟·一五 —緄(阻)繼(絶)虐(乎)

上(五)·弟·一九 —聖(聽)子逄(路)逩(往)虐(乎)

上(五)·弟·二〇 又(有)𢼄植—槈而訶(歌)安(焉)

上（六）・競・五 ―（其）祝吏之爲丌（其）君祝敓也

上（六）・競・七 古―（其）祝吏蔎（製）蔑耑折祝之

上（六）・競・一一 ―左右相伀（公）自善曰

上（六）・用・一九 又（有）眛―（其）不見

上（七）・吳・四 慙（親）於桃逆䈁（勞）―（其）夫＝

上（七）・吳・四 虔（且）青（請）―（其）行

上（七）・吳・九 隹（唯）三夫＝―（其）辱昏（問）之

上（七）・吳・九 瀍（廢）―（其）瞳（實）獻

上（七）・吳・九 隹（唯）三夫＝―（其）辱昏（問）之

亓

包二・七 邦人內―象典

包二・七 臧王之墨以內―臣之象典

包二・二七 不以死於―州者之瞀（察）告

包二・三二 不以所死於―州者之居處名族至命

包二・六三 受―䚄僉朔

包二・六七 不軗丝㪴逿―田以至命

包二・八〇 冶士石伹訟―州人冶士石膱

包二・八一 以―政―田

包二・八〇 言胃剔―弟石耴鈋

包二・八二 以―不分田之古

包二・八四 胃殺―䚄臣

包二・八五 以―受鈐缶人而逃

包二・八六 胃殺―弟

包二・八八 以反―官

包二・八九 胃取―妾嬎

包二・九二 苛鱛以―喪―子丹

包二・九三 以―敓―遂

包二・九五 ……某戆與―喬大市米㙜人咮

包二・九五 胃杳雜其弟㑂而戆殺之―

包二・九七 以―敓妻

包二·九九 以—反官

包二·九九 訟—官人番𥬜

包二·一二七 鏑居郢與—季父𨔵連囂必同室

包二·一二八 兼陵之州里人陽鏑之不與—父陽年同室

包二·一二八反 —對戠言市既以迈郢

包二·一三四 含会之數客不爲—斷

包二·一三五 陞寵連利皆智—殺之

包二·一三五反 苛冒宣卯殺—䂂昍

包二·一三七反 —余執，䞣至旹（時）而斷之

包二·一三八 與—數，客百宜君，大弁連中

包二·一三八反 與—戕，又情不可誅

包二·一三九反 —所命於此箸之中

包二·一四〇反 —百又八十先於畢陞鄴中

包二·一四九 䞣誅之余—尹敓

包二·一四九 不量—闈金

包二·一四九 與—罰，女繇一賽

包二·二五〇 戲𨒫—處而梪之

包二·二六九 —上載

包二·一五一 —逡（後）子番步遂之

包二·一五一 左尹士命—從父之弟番款遂之

包二·一五一 —子番步後之

包二·一五六 左尹宂以—不得執之處

包二·一九八 以—古敓之

包二·二二三 以—古敓之

包二·二二七 以—古敓之

包二·二三七 以—古敓之

包二·二四六 以—古敓之

包二·二四八 以—古敓之

包二·二四九 以—又瘻病

包二·二四九反 不智— 州名

包二·二六九 一䍛—罛木

望二·四九 九亡童—四亡童皆緹衣

望二·四九 —三亡童皆丹絾之衣

望二·四九 —二亡童皆紫衣

包二·五 佗大敓念以爲䉛敓圍陞䉛人—犀典

望一·四〇 毋以—古又咎

望一・四〇 尚毋以—古大咎

望一・二八 以—古敓之

望一・二二 以—未又雚立

望二・二 —并檽

望二・一三 —篁丹緅之裏

望二・二 —韋丹緅联纁之綶

望二・五〇 —一霝光之阩絶

天卜 既郚處—新室

天卜 以—古檠之

天策 —上載

天策 —上載

信二・〇七 —蹀

信二・〇一二 —木器

信一・〇一七 以成—明者

信二・〇二五 —木器

信二・〇二九 —木器

信一・〇二九 不知—敗

磚三七〇・二 未智—人含僅謍(察)

磚三七〇・三 不智—人含僅敢之某

常二 郕湹君贏逞—衆

秦一・一 紫以—又疾之古

秦一三・二 以—古敓之

秦九九・三 埜以—又痥之

秦九九・七 王夫以—頸☐

秦九九・一五 埜以—又痥之☐

帛甲三・二三 以爲—戠

帛乙一・一一 不得—祟

帛乙一・二六 亂逹—行

帛乙四四 —邦

帛丙八・三 —邦又大亂

帛丙一・五 —敀

帛乙二・一六 降于—方

帛乙二・二一 山陵—發

帛乙三・一一 不得—參職

帛乙五・八 每于—王

帛乙七・二〇 乍—下凶

郭・老甲・三 —才(在)民上也

郭・老甲・四 —才(在)民上也

郭・老甲・二七 解—紛

郭・老甲・二七 賽(塞)—門

郭・老甲・二七 閟(閉)—逆(兑)

郭·老甲·三〇 虗（吾）可（何）以智（知）—肰（然）也

郭·老甲·二七 副—顏

郭·老甲·四 —才（在）民前也

郭·老甲·九 坉虗（乎）—奴（若）濁

郭·老甲·二一 未智（知）—名

郭·老甲·二五 —霍（脆）也

郭·老甲·二五 —安也

郭·老甲·二四 各復—堇（根）

郭·老甲·二五 爲之於—亡又（有）也

郭·老甲·二五 —未莚（兆）也

郭·老甲·二五 —幾也

郭·老甲·二六 絧（治）之於—未亂

郭·老甲·二七 迵（同）—訢（塵）

郭·老乙·一三 賽（塞）—逆（兑）

郭·老乙·一三 閟（閉）—門

郭·老乙·一三 賽—事

郭·老乙·一三 啓—逆（兑）

郭·尊·二 所以信—肰（然）也

郭·尊·三 不繇（由）—道

郭·尊·五 桀以人道亂—民

郭·尊·五 堣（禹）以人道訂（治）—民

郭·尊·一八 訔（教）—正（政）

郭·尊·二〇 可孝（教）也而不可迪（由）—民

郭·尊·三〇 侖隶—頪（類）安（焉）

郭·尊·三六 不從—所命（令）

郭·尊·三九 求—羕（養）

郭·性·二 及—見於外

郭·性·九 —甬（用）心各異

郭·性·一四 又（有）以習—眚（性）也

郭·性·一五 —參（三）述（術）者

亓 郭·性·一五 —司(始)出皆生於人

亓 郭·性·一七 體—宜(義)而即(節)度(文)之

亓 郭·性·二一 好—頌(容)

亓 郭·性·二一 樂—衍(道)

亓 郭·性·二一 善—即(節)

亓 郭·性·二三 —詞(詞)宜(義)道也

亓 郭·性·二三 肰(然)句(後)—内(入)拔(拔)人之心也

亓 郭·性·二七 —出内(入)也訓(順)

亓 郭·性·二七 則非—聖(聲)而從之也

亓 郭·性·二七 司—悳(德)也

亓 郭·性·四四 又(有)—爲人之迦迦(節節)女(如)也

亓 郭·性·五〇 句(苟)以—青(情)

亓 郭·性·五一 句(苟)又(有)—青(情)

亓 郭·六·一一 智(知)—以又(有)所逯(歸)也

亓 郭·六·二四 六者客(各)行—戠(職)而岳(獄)訶(犴)亡繇(由)迮(作)也

亓 郭·六·四八 不得—人則止也

亓 郭·六·四八 得—人則𢍉(舉)安(焉)

亓 郭·緇·一七 大人不新(親)—所臤(賢)

亓 郭·緇·四 則君不怢(疑)—臣

亓 郭·緇·七 言—所不能

亓 郭·緇·七 非—止之共唯王恭

亓 郭·緇·七 不詞(詞〈辭〉)—其所能

亓 郭·緇·一七 —頌(容)不改

亓 郭·緇·一八 而信—所戔(賤)

亓 郭·緇·二九 —出女(如)緍

 郭・緇・三〇
—出女（如）綍（紼）

 郭・緇・三三
行則䭫（旨）—其所幣（敝）

 郭・緇・三三
古（故）言則慮（慮）—所終

 郭・緇・四〇
必見—幣（敝）

 郭・緇・四二
少（小）〓人剴（豈）能好—駜（匹）

 郭・緇・四三
—亞（惡）又（有）方

 郭・緇・四六
—古之遺言礜（與）

 郭・魯・二
恆爯（稱）—君之亞（惡）者

 郭・魯・三
亙（恆）爯（稱）—君之亞（惡）者可胃（謂）忠臣

 郭・五・一六
—義（儀）罷（一）也

 郭・魯・五
亙（恆）爯（稱）—君之亞（惡）者

 郭・魯・五
夫爲—君之古（故）殺其身者

 郭・魯・五
夫爲其君之古（故）殺—身者

 郭・魯・六
夫爲其君之古（故）殺—身者

 郭・魯・六
夫爲其君之古（故）殺其身者

 郭・語一・五九
正（政）—虡（然）而行，治安尔也

 郭・語一・四六
—豊（體）又（有）容又（有）頧（色）

 郭・語一・一〇五
勿（物）各止於—所

 郭・語一・六七
政—虡（然）而行，怠（治）安

 郭・語二・五二
—所之同

 郭・語三・一
—弗亞（惡）也

 郭・語三・一四
自視（示）—所不族，益

 郭・語三・二八
未又（有）—至

郭·語三·四〇
悉（愛）睪（親）則—殺悉（愛）人

郭·語三·四二
或遜（由）—闢（避？）

郭·語三·四二
或遜（由）—不𦘔（進？）

郭·語三·四七
莫得膳（善）—所

郭·語三·四八
思亡—（期）

郭·語三·五三
臤（賢）者隹（唯）—止也以異

郭·語三·五七
人之眚（性）非與止虐（乎）—

郭·語四·一一
不智（知）—向（鄉）之小人、君子

郭·語四·一一
飤（食）韭（鳩）亞（惡）智（知）終—年

郭·語四·一七
不賽（塞）—溪（溪）

郭·語四·一七
善叀（使）—下

郭·語四·一七
不折—　枳（枝）

郭·語四·一七
利—渚（潴）者

郭·語四·一八
善事—上者

上（一）·孔·二四
敚（悦）—（其）人

上（二）·從（甲）·一七
—叀（使）人器之

上（二）·從（甲）·一八
—叀（使）人必求備安（焉）

上（二）·從（乙）·五
君=（君子）聛（聞）善言𠂤改（改）—

上（一）·性·七
又（有）𠂤（以）習—（其）眚（性）也

上（一）·性·八
—（其）三述者

上（一）·性·八
—（其）司（始）出也

上（一）·性·三八
又（有）—（其）爲人之

上（一）·性·三八
又（有）—（其）爲人之慧女（如）也

上(一)·性·一二 兑(悦)—(其)夆

上(一)·性·一二 樂—(其)道

上(一)·性·一八 —(其)

上(一)·性·一八 —(其)眚(性)相近也

上(一)·性·一九 —(其)𣏟(拔)灋(流)女(如)也㠯(以)悲

上(一)·性·三一 凡夆者求—(其)

上(二)·容·一 皆不受(授)—子而受(授)臤(賢)

上(二)·容·一 —惪酋清

上(二)·容·五 各㝵(得)—殜(世)

上(二)·容·一四 而敚(美)—行

上(二)·容·一七 不㠯—子爲逡(後)

上(二)·容·三三 不㠯—子爲後

上(二)·容·三三 —死賜𤖼(葬)

上(二)·容·三五 傑(桀)不述—先王之道

上(二)·容·三八 取—兩女晉(琰)、𦚢(琬)

上(二)·容·四二 受(紂)不述—先王之道

上(二)·容·四三 —政絢(治)而不賞

上(二)·容·四四 視(寘)盂庈(炭)—下

上(二)·容·五二 受不智(知)—未又(有)成正(政)

上(二)·容·三八—三九 —喬(驕)大(泰)女(如)是䐗(狀)

上(二)·容·三七—三八 而不量—力之不足

上(二)·昔·三 能事—(其)憝(親)

新甲三·一七六 ▨□以—古(故)敚(說)之

新甲三·二一二、一九九—三 以—古(故)敚(說)之

新甲三·九六 以—古(故)敚(說)之□▨

新甲三·一一二 以—無死(恒)米之古(故)

新甲三・一一二
以—逹(遲)出之古(故)

新甲三・一三二、一三〇
以—不安於氏(是)凥(處)也

新甲三・一八四—二、一八五、二二二
以其不良恚瘳之古(故)

新甲三・三五二
未智—攸里之算☑

新甲三・一八八、一九七
☑曰(以)—(其)古(故)敚(說)之

新甲三・二一九
而敚(說)—祱(祟)

新乙一・二九、三〇
—(其)古(故)敚(說)之

新乙三・三六
☑□—(其)檠(說),又(有)檠(祟)於☑

新乙三・三九
以—(其)古(故)敚(說)☑

新乙二・四一
以—(以)古(故)敚(說)☑

新乙三・六一
曰以—(其)古(故)敚(說)之

新乙三・六五
☑禱於—(其)祩(社)牓(豢)☑

新乙四・三
—(其)古(故)敚(說)之

新乙四・一四五
兄(祝)—(其)戠牛之禱

新零・三〇四
☑䬻於—(其)舊虚一☑

新零・三三八
—(其)祩(社)禝(稷)□☑

九・五六・二六
乃浧(盈)—(其)志

九・五六・三〇
女必出—(其)邦

九・五六・三七下
必毀—(其)壬

九・五六・三八下
—(其)身,倀(長)子受—(其)咎

新乙二・三、四
以—(其)古(故)敚(說)☑

上(三)・周・二六
欽(感)—(其)脊(腓)

上(三)・周・二六
欽(感)—(其)脊(膂)

上(三)・周・二六
欽(感)—(其)拇

上(三)・周・三七
繲(解)—(其)拇

上(三)・亙・三正
求—所生

上(三)・亙・四
因生—所慾(欲)

上（三）·亙·五
遉（復）—所慾（欲）

上（三）·亙·一二
無不𡬠（得）—亟（恆）

上（三）·亙·一二
無非—所

上（四）·采·四
—繸也

上（四）·昭·五
虗（吾）不智（知）—（其）尒蕟（葬）

上（四）·昭·七
龏（龔）之脽被（披）之—（其）裣

上（四）·内·八
君子㠯城（成）—（其）孝是胃（謂）君=子=

上（四）·相·一
先—欲

上（四）·曹·二〇
則谿—杲（本）虗

上（四）·曹·四二
—逞（將）違（卑）

上（四）·曹·四三
—𡴘（去）之不速

上（四）·曹·四四
—𨖽（就）之不尃（附）

上（四）·曹·五二
乃遊（失）—備（服）

上（四）·曹·五二
必迻（過）—所

上（四）·曹·五四
思忘—死而見亓生

上（四）·曹·五四
思忘亓死而見—生

上（四）·曹·六五
各㠯—殜（世）

上（五）·競·八
虗（吾）不智（知）—（其）爲不善也

上（五）·鮑·一
皆爲—（其）容

上（五）·鮑·二
遝（埛）—（其）所㠯（以）蕟（葬）

上（五）·鮑·二
爲—（其）容

上（五）·鮑·二
爲—（其）言

上(五)·鮑·二 觀(觀)—(其)容

上(五)·鮑·七 死而走(尚)稷(秋)—(其)型(刑)

上(五)·季·七 孥〻敬城(成)—(其)悳(德)

上(五)·季·一四 幾敢不㠯—(其)先〻之連(傳)等告

上(五)·季·一四 肰(然)—(其)宔(主)人亦曰

上(五)·姑·一 姑戠豕父㠯—族參(三)坉(欲)正(征)百豫

上(五)·姑·九 與—妻

上(五)·君·三 虐(吾)子可(何)—䁐(惰)也

上(五)·弟·一 敚伵虐(乎)—所

上(五)·三德·四 戔(殘)—新(親)

上(五)·三德·一七 叟(没)—身才(哉)

上(五)·三德·一七 不攸(修)—成

上(五)·鬼·一 則㠯—(其)賞善罰暴也

上(六)·孔·五 則虐爲信㠯(以)事—(其)上

上(六)·用·一九 又(有)眛—(其)不見

上(六)·天乙·五 冒〻直(得)—(其)央

上(七)·武·五 —(其)箽(運)十殜(世)

上(七)·武·七 見—(其)前

上(七)·武·七 必慮—(其)遂(後)

上(七)·武·一一 —(其)道可㝵(得)㠯䎽(聞)㖪

上(七)·鄭甲·三 莫(鄭)人昏(問)—(其)古(故)

上(七)·鄭乙·一 莫(鄭)子豖(家)殺—(其)君

上（七）·鄭乙·二
莫子豪（家）殺—（其）君

上（七）·鄭乙·三
莫（鄭）人情（請）—（其）古（故）

上（七）·鄭乙·四
𢡎（戕）惻（折）—（其）君

上（七）·君乙·四
此—（其）二回（違）也

上（七）·凡甲·五
—（其）智（知）愈暲（障）

上（七）·凡甲·六
簹（孰）智（知）—（其）疆

上（七）·凡甲·九
—（其）刣（始）生女（如）蒴（蘖）

上（七）·凡甲·一〇
—（其）人（入）宙（中）

清（一）·尹至·一
女（汝）—（其）又（有）吉志

清（一）·尹至·一
余岦（閔）—（其）又顕（夏）眾□吉好

清（一）·尹至·二
—（其）又句（后）乑志亓（其）倉（爽）

清（一）·尹至·二
亓（其）又句（后）乑志—（其）倉（爽）

清（一）·尹至·二
弗𢘅（虞）—（其）又（有）眾

清（一）·尹至·三
—（其）又（有）民衔（率）曰

清（一）·尹至·四
今—（其）女（如）刣（台）

清（一）·尹至·五
夸（戚）—（其）又（有）顕=

清（一）·尹誥·一
顕自蕝（絕）—（其）又（有）民

清（一）·尹誥·三
句（后）—（其）孷（賚）之

清（一）·尹誥·三
—（其）又顕（夏）之金玉日（實）邑

清（一）·保·一〇
—（其）又（有）所直（由）矣

清（一）·耆·一〇
没（役）車—（其）行

清（一）·耆·一二
日月—（其）穮（邁）

亓 清（一）·金·一 我—（其）爲王穆卜

亓 清（一）·金·五 周公乃内—（其）所爲社（功）

亓 清（一）·金·七 官弔返—（其）羣暱俤

亓 清（一）·金·一二 隹余沓（沖）人—（其）親逆公

亓 清（一）·皇·九 —（其）由（猶）克又（有）騰（獲）

亓 清（一）·祭·一 珠（昧）—（其）才（在）立（位）

亓 清（一）·祭·二 公—（其）告我归（懿）悳（德）

亓 清（一）·祭·五 隹寺（時）皇上帝厇（宅）—（其）心

亓 清（一）·祭·五 卿（享）—（其）明悳（德）

亓 清（一）·祭·一七 肰（然）莫血（恤）—（其）外

亓 清（一）·祭·一七 —（其）皆自寺（時）审（中）旻（乂）萬邦

亓 清（一）·祭·二〇 女（汝）—（其）敬𢽽=

亓 清（一）·楚·二 季𦅫（連）䎽（聞）—（其）又（有）嗙（聘）

亓 清（一）·楚·三 吾戕眩—（其）臘（脅）以楚

亓 清（一）·楚·五 思（懼）—（其）宔（主）

亓 清（二）·繫·一一 —（其）夫=

亓 清（二）·繫·一一 立—（其）弟子纍（眉）壽

亓 清（二）·繫·三一 欲—（其）子䵒肯之爲君也

亓 清（二）·繫·三二 —（其）夫=

亓 清（二）·繫·三三 而立—（其）弟悼子

亓 清（二）·繫·三五 惠公女以—（其）子褱公爲執（質）于秦=

亓 清（二）·繫·三五 秦穆公以—（其）子妻之

亓 清（二）·繫·五二 豫（舍）—（其）君之子弗立

亓 清（二）·繫·五九 䭾（奪）—（其）玉帛

亓 清（二）·繫·六七 今蕭—（其）會者（諸）侯

清(二)·繫·六七 子—(其)與臨之

清(二)·繫·六七 囟(使)—(其)女子自房审觀卻=之=克=

清(二)·繫·七五 殺—(其)君需(靈)公

清(二)·繫·七六 取—(其)室以叏(予)繡(申)公

清(二)·繫·七七 —(其)子墨(黑)要也或(又)室少孔

清(二)·繫·八一 —(其)子五員與五之雞逃歸(歸)吴

清(二)·繫·九二 焚—(其)四章(郭)

清(二)·繫·九五 殺—(其)君臧(莊)公

清(二)·繫·一〇四 囟(使)各復(復)—(其)邦

清(二)·繫·一三一 與—(其)四迺(將)軍

清(二)·繫·一三二 與—(其)萬民於莫(鄭)

清(二)·繫·一三五 楚人書云(弃)—(其)幝(旃)

清(三)·説上·四 我—(其)殺之

清(三)·説上·四 我—(其)已

清(三)·説上·六 —(其)隹(惟)敓(説)邑

清(三)·説下·四 乑—(其)怹(禍)亦羅于罝罘

清(三)·説下·五 —(其)又廼司四方民不(丕)克明

清(三)·説下·一〇 褎(欲)女—(其)又春(友)呇朕命紱

清(三)·琴·一 罔顉(墜)—(其)考(孝)

清(三)·琴·二 砌(陟)隆(降)—(其)事

清(三)·琴·三 孝(教)—(其)光明

清(三)·琴·三 弼(弼)寺(持)—(其)又(有)肩

清(三)·琴·四 甬戟(仇)—(其)又(有)辟

清(三)·琴·五 甬(用)求—(其)定

清(三)·琴·六 惹(懋)尃(敷)—(其)又(有)敓(悦)

清(三)·琴·六 褎(裕)—(其)文人

亓 清(三)·琴·七 文＝—(其)又(有)豙(家)

亓 清(三)·琴·七 缶(保)藍(監)—(其)又(有)逡(後)

亓 清(三)·琴·七 不(丕)盜(寧)—(其)又(有)心

亓 清(三)·琴·七 孷＝—(其)才(在)立(位)

亓 清(三)·琴·八 晚(適)—(其)縣(顯)思

亓 清(三)·琴·九 恒爯(稱)—(其)又(有)著(若)

亓 清(三)·琴·一〇 —(其)畬(余)沓(沖)人

亓 清(三)·琴·一一 弋(式)克—(其)又(有)辟

亓 清(三)·琴·一二 不(丕)縣—(其)又(有)立(位)

亓 清(三)·琴·一三 笙(篤)—(其)䚒(諫)卲(劭)

亓 清(三)·琴·一四 —(其)又(有)心不易

亓 清(三)·琴·一四 大—(其)又(有)慕(謨)

亓 清(三)·琴·一四 良悳(德)—(其)女(如)𠛍(台)

亓 清(三)·琴·一六 弗—(其)𩕳(墜)𢦏(哉)

亓 清(三)·琴·一六 思豊—(其)逿(復)

亓 清(三)·芮·一 戠(御)事各縈(營)—(其)身

亓 清(三)·芮·六 —(其)由不邋(攝)丁(停)

亓 清(三)·芮·一〇 不遠—(其)惻(則)

亓 清(三)·芮·一一 必罙(探)—(其)厇(宅)

亓 清(三)·芮·一一 以畢(親)—(其)瘄(狀)

亓 清(三)·芮·一二 以求—(其)上

亓 清(三)·芮·一三 恖(恆)静(争)獻—(其)力

亓 清(三)·芮·一六 —(其)厇(度)甬遳縈

亓 清(三)·芮·一九 反＝—(其)亡(無)成

亓 清(三)·芮·二一 邦—(其)康盜(寧)

清(三)·芮·二二 而莫旻(得)—(其)朿(次)

清(三)·芮·二二 曰—(其)罰寺(時)湏(償)

清(三)·芮·二三 —(其)悳(德)型(刑)義(宜)利

清(三)·芮·二四 寠(咎)可—(其)女(如)忥(台)羿(哉)

清(三)·芮·二五 我—(其)言矣

清(三)·芮·二八 而邦受—(其)不寍(寧)

清(三)·赤·一 我—(其)亯(享)之

清(三)·赤·二 句(后)—(其)殺我

清(三)·赤·四 少臣受—(其)余而嘗之

清(三)·赤·七 于飤(食)—(其)祭

清(三)·赤·八 —(其)下舍(舍)句(后)疾

清(三)·赤·八 —(其)走(上)K(刺)句(后)之體

清(三)·赤·一二 —(其)下舍(舍)句(后)疾

清(三)·赤·一三 —(其)走(上)K(刺)句(后)之身

清(三)·赤·一三 句(后)之疾—(其)瘳

清(三)·赤·一四 —(其)一白兔不旻(得)

清(四)·筮·死一 ☰☰六虛(虛)—(其)

清(四)·筮·至一一 ☳☳—(其)余(餘)惕(易)向

清(四)·筮·得一五 —(其)徐(失)十三

清(四)·筮·四季三九 乃㠯(以)名—(其)兇

清(四)·筮·乾四〇 臭(坤)乃各彶(返)—(其)所

清(四)·筮·果四一 —(其)余(餘)佋(昭)穆

清(四)·筮·十七命六三 各堂(當)—(其)封(卦)

清(五)·命·七 以—(其)市冒(冕)尚(當)天之福

清(五)·命·七 以—(其)斧戉(鉞)尚(當)天之禍(禍)

清(五)·命·八 —(其)亟(極)亂(一)

六 清（五）·命·八
乃室（曠）命以弋（代）—（其）上

六 清（五）·命·九
亟（極）賞則民貴〓—〓上〓

六 清（五）·湯丘·六
民人𤔲之—（其）胃（謂）虗（吾）君可（何）

六 清（五）·湯丘·六
能—（其）事而旻（得）亓（其）飤（食）

六 清（五）·湯丘·六
能亓（其）事而旻（得）—（其）飤（食）

六 清（五）·湯丘·七
未能—（其）事而旻（得）其飤（食）

六 清（五）·湯丘·九
夫人母（毋）以我爲訇（怠）於—（其）事虎（乎）

六 清（五）·湯丘·九
我訇（怠）於—（其）事

六 清（五）·湯丘·一三
虽（夏）王不旻（得）—（其）惹（圖）

六 清（五）·湯丘·七
未能—（其）事而旻（得）其飤（食）

六 清（五）·湯門·六
—（其）末煲（氣）

六 清（五）·湯門·八
—（其）煲（氣）朁緐（歜）發約（治）

六 清（五）·湯門·八
是—（其）爲長虞（且）好才（哉）

六 清（五）·湯門·八
—（其）煲（氣）畜（奮）昌

六 清（五）·湯門·九
是—（其）爲甞（當）裂（壯）

六 清（五）·湯門·九
是—（其）爲力

六 清（五）·湯門·一〇
是—（其）爲疾央（殃）

典

典 包二·三
份之玉脜之—

典 包二·五
佹大敂悆以爲𢼸敂宜陞𢼸人其厚—

典 包二·七
邦人内其象—

典 包二·七
臧王之墨以内其臣之象—

典 包二·八
昭之子疕一夫未在—

典 包二·一一
在陲豫之—

包二・一二 對郚室人某瘽之—之在漾陵之參鉨

包二・一三 閒迎之—匱

包二・一六 命爲僕至—

包二・一六 旣皆至—

包二・一六 僕又—

包二・一六 卲行無—

望二・一 辛□□□車與器之—

天策 ▨黄—▨

清（五）・厚六 弗甬（用）先剴（哲）王孔甲之—刑

畀

新甲三・三一九 不見—▨

新甲三・三五二 ▨二—

清（一）・祭・五 守（付）—四方

清（一）・祭・九 聿（盡）守（付）—余一人

清（三）・説上・三 帝殹（抑）尔以—畬（余）

清（三）・説上・三 隹（惟）帝以余—尔＝

清（三）・琴・一四 不—甬（用）非頌（雍）

巽

上（三）・中・二三 —華孛（學）杳（本）也

上（六）・慎・一 精灋㠯（以）—埶（藝）

清（一）・皇・三 逦方（旁）救（求）—（選）睪（擇）元武聖夫

清（四）・筮・四季三七 坔（來）—大吉

清（四）・筮・四季三七 坔（來）—少（小）吉

清（四）・筮・四季三八 坔（來）—少（小）凶

清（四）・筮・乾四〇 臾（坤）朔之日逆乾以長（當）—

清（四）・筮・乾四〇 内（入）月五日豫（舍）—

清（四）・筮・祟五〇 —祟㝀（字）殤（殤）

清（四）・筮・天干五〇 二八—辛

⿰畀番　⿰畀黽　⿰畀鳥

清(四)·筮·地五三
丑未—

上(一)·孔·九
—(鍨)募(寡)
《説文》古文巽。

包二·一六三
郘戲連囂—

⿰畀黽
包二·九二
苛—，以其喪其子丹，而得之於—之室

包二·一六六
—，菽陵之偏司敗𨚗𣪊

包二·一六九
軺—　人名

包二·一三〇
鉄公—之戠

包二·一二五
宋客盛公—蓴楚之戠

包二·一三二
陰人苛冒趄卯以宋客盛公—之戠

包二·一九七
宋客盛公—咢楚之戠

包二·一九九
宋客盛公—咢於楚之戠

包二·二〇一
宋客盛—咢於楚之戠

奠

畁

包二·二六〇
一—弓
孳乳爲鄭。

包二·二
魯昜公以楚帀(師)逡(後)譢—之戠

包二·四
遊昜公以楚帀(師)逡(後)譢—之戠

包二·八五
—妸　人名

包二·一六〇
臧—言之少帀(師)

包二·一六四
—也人

包二·一六六
陞公之人—少士

包二·一六五
新都人—逃　人名

包二·一六五
喜君之人—雁　人名

包二·一八一
—羊　人名

包二·一八六
—受　人名

包二·一八八
鄅—　人名

天卜
—愴　人名

帛甲六・一一 以四神降—

帛甲六・一七 敦—四□

郭・性・一 心亡—志

郭・性・二七 —（鄭）衜（衛）之樂

新甲三・二五 —（鄭）憲習之以隆（隋）医之▨

新甲三・三一二 —（鄭）見之述

新甲三・三九一 —（鄭）余穀▨

新乙一・一四 句郑公—（鄭）余穀大城邶（兹）竝（方）之歲

新乙四・一〇五 —（鄭）悚

上（二）・容・二八 天下之民居—（定）

上（六）・平・二 —（鄭）壽急（辭）不敢會（答）

上（六）・平・三 —（鄭）壽女（如）不能

上（六）・平・四 王遉（復）見—＝

上（七）・鄭乙・三 乃迟（起）帀（師）回（圍）—（鄭）三月

上（七）・鄭乙・三 —（鄭）人情（請）亓（其）古（故）

上（七）・鄭乙・六 牺（將）救—（鄭）

清（一）・金・四 以—（定）尔（爾）子孫于下坔（地）

清（一）・祭・一一 隹（惟）天—我文王之志

清（二）・繫・一二 —（鄭）以匌（始）政（正）

清（二）・繫・三七 迈（適）—＝

清（二）・繫・四三 命（令）尹子玉述（遂）衒（率）—（鄭）

清（二）・繫・四五 秦晉回（圍）—＝

清（二）・繫・四五 秦人豫戍於—＝

清（二）·繫·四六　我既旻（得）—（鄭）之門筦（管）也

清（二）·繫·四六　秦𠂤（師）𨟻（將）東𧗓（襲）—＝

清（二）·繫·四七　乃以—（鄭）君之命勞秦衜

清（二）·繫·五七　—（鄭）白（伯）爲右芋（盂）

清（二）·繫·六一　臧王逑加—（鄭）䚷（亂）

清（二）·繫·六一　—（鄭）成公自䜌（厲）逃歸

清（二）·繫·六二　晉成公會者（諸）侯以救（救）—（鄭）

清（二）·繫·六三　臧（莊）王回（圍）—（鄭）三月

清（二）·繫·六三　—（鄭）人爲成

清（二）·繫·六三　晉中行林父衜𠂤（師）救（救）—（鄭）

清（二）·繫·七四　陳公子諻（徵）舒（舒）取妻于—（鄭）穆公

清（二）·繫·八五　命尹子褈（重）伐—（鄭）

清（二）·繫·九〇　㛸王亦衜𠂤回—（鄭）

清（二）·繫·九〇　東（厲）公救（救）—（鄭）

清（二）·繫·一二四　—（鄭）白（伯）紉（駘）朝周王于周

清（二）·繫·一二六　—（鄭）白（伯）紉（駘）皆朝于楚

清（二）·繫·一二七　—（鄭）人戠（侵）犢閘（關）

清（二）·繫·一二九　晉𨌲余衜晉𠂤與—（鄭）𠂤以内王子定

清（二）·繫·一三〇　郎臧（莊）坪君衜𠂤戠（侵）—＝

清（二）·繫·一三〇　—（鄭）𠂤（師）逃内（入）於蔑

清（二）·繫·一三一　聿逾—（鄭）𠂤與亓四𨟻軍

清（二）·繫·一三一　—（鄭）大宰欣亦记禓於奠＝

清（二）·繫·一三二　—（鄭）子𣆪（陽）用滅

清（二）·繫·一三二　亡遂（後）於—（鄭）

清（二）·繫·一三二　楚人歸—（鄭）之四𨟻（將）軍與亓萬民於奠

清（二）・繫・一三二
楚人歸奠之四牺軍與亓萬民於—（鄭）

清（三）・良・八
—（鄭）䡄（桓）公與周之遺老

清（三）・良・九
—（鄭）定公之相又（有）子皷（皮）

上（七）・鄭甲・二
含（今）—（鄭）子豪殺亓（其）君

上（七）・鄭甲・三
乃记（起）帀（師）回（圍）—（鄭）三月

左

曾一六
黃■賁所馭—𨍭

曾二二
裘■定所馭—屍

曾二五
哀■裛所馭—䡆𨍭

曾三一
哀■立馭—尹之𨍗＝

曾三二
鄜■𪇓馭—彤屍

曾一六
—𨍭

曾二五
—䡆𨍭

曾三一
—尹

曾三二
—彤屍

曾一四九
—驌

曾一五一
—驌

曾一五六
—驂

曾一七一
—飛

曾一七二
貘之譽爲—驂

曾一七五
大㖦之騮爲—驂

曾一七六
鄭䡆白爲—飛

曾二一一
—进徒一馬

清（三）・良・八
宋又（有）—帀（師）

清（三）・祝・二
乃—教（執）土以祝曰

包二・四九
不遲鄗—喬尹穆翆以廷

包二・一三八
—閘尹　職官名

包二・二三九
陞乙以共命爲—㐌貞

包二・一五一
—馭番成飤田

包二・一五二
—馭遊昬骨賈之玉䈞

包二・一〇五
—司馬　職官名

包二・一一六
—司馬

包二・一二九 —司馬
包二・一三〇 —司馬
包二・一三〇反 —司馬
包二・一五二 —司馬逭命—敘㱚定之

包二・一五五 —司馬
包二・一二 —尹 楚官名
包二・一二八 —尹與鄰公賜
包二・一三七反 以至命於子—尹

包二・一四一 —尹
包二・一四三 —尹
包二・一四五 —尹
包二・二〇九 —尹

包二・二一二 —尹
包二・二二一 —尹
包二・二二三 —尹
包二・二二六 —尹

包二・二三〇 —尹
包二・二三六 —尹
包二・二四五 —尹
包二・二六七 —尹

天卜 —帀虐㝵於楚之戠
天策 一—㚏
郭・老丙・六 君子居則貴—

郭・老丙・八 古(故)吉事上—
郭・老丙・九 是以下(偏)牑(將)軍居—

上(二)・容・二〇 㠯攴(辨)亓—(左)右
上(三)・周・七 帀(師)—宋(次)
上(五)・季・一一 是—(佐)虘(乎)

上(六)・競・一一 亓—右相佁(公)自善曰
上(六)・平・三 殺—尹

上(六)・用・一五 而考(巧)於—右
上(七)・武・六 笤(席)逡(後)—耑(端)曰

上(七)・凡甲・三 未智(知)—右之請
清(二)・繫・五一 乃命—(左)行穢与㬝會卲襄公之弟也于秦

差

清（二）·繫·五四 —（左）行癧䧱會不敢歸（歸）

清（二）·繫·五七 宋公爲—（左）芋（盂）

清（三）·説上·三 尔—（左）執朕袂

清（四）·筮·得三 ☰☷參（三）—（左）同

清（四）·筮·得六 ☱☷—（左）乃旻（得）

右 
清（五）·厚·一二 𠦑廾（徵）女（如）—之服于人

疑『左』字異體，特指左手。

曾一二〇 攻—坪所賠行𨏈五𨏥

曾七 —敛（令）

新甲三·二一一 让—金受

清（三）·良·四 述（遂）—（佐）成王

包二·五一 陰𥎦之正—𦘔𤸇受期

包二·一〇八 喬—瘀

包二·一二八反 喬—僅受之

包二·一三八 酭—蔡惑

包二·七七 正昜—䍃𡕓

包二·一八〇 霝里子之州—𤰈時

天卜 五—各一牂

天策 故—𩒨臣御乘𨏥

包二·四九 鄗喬—宋加受期

包二·五一 陰𥎦之正—𦘔𦟪受期

郭·老甲·六 以衍（道）—（佐）人宔（主）者

郭·窮·四 戰（釋）板䇲（築）而—（佐）天子

上（一）·孔·二二 於—曰

新乙四·一四四 攻—㠯（以）君命取𢛳霝（靈）

上（二）·容·一六—一七 昔者天地之—（佐）㚬（舜）而右（佑）善

上（二）·容·三七 乃立泗（伊）尹㠯爲—（佐）

上（一）·孔·二一 於—虐（乎）𢡃（喜）之

上（二）·容·四九 昔者文王之—（佐）受也

工

上(三)·中·一九
猷(猶)—(左)民

清(三)·琴·一三
—(佐)寺(事)王志(聽)明

郭·成·二三
强之—也

郭·成·二三
訇(詞)之—也

郭·忠·七
百—不古

上(二)·容·一八
尾(宅)不—(空)

上(二)·容·二三
乃立壺(禹)㠯爲司—

上(一)·孔·五
又城(成)—(功)者可(何)女(如)

九·五六·一三
—於栖(酉)

九·五六·一四
—於戌

九·五六·一六
—於子

上(三)·周·一六
出門交又(有)—(功)

上(三)·周·一七
貞—(功)

上(三)·彭·五
五絽(紀)不—

清(二)·繫·一一七
楚㠯(師)亡—(功)

清(二)·繫·一二八
楚㠯(師)亡—(功)

清(五)·厚·八
隹(惟)寺(時)余經念乃高且(祖)克害(憲)皇天之政—(功)

式

上(一)·紂·八
下土之—

或
清(一)·皇·五
先神示(祇)返(復)—(式)用休

巨

曾一七二
建—之子爲右驂

郭·語四·一四
邦又(有)—駄(雄)

《說文》古文作□。

上(六)·天甲·六
㠯(以)—(矩)

上(六)·天乙·六
㠯(以)—(矩)

清(二)·繫·一一 亓夫=高之—(渠)爾殺卲公

清(二)·繫·一二 車斆高之—(渠)爾

清(五)·封·五 —(秬)鬯一卣

上(五)·弟一九 —(蘧)白(伯)玉侳(止)虐(乎)

巫

天卜 磐禱—猪霝酉鎆樂之

天卜 八月逿佩玉於—

天卜 遊—

新甲三·一五、六〇 甬(用)受繇元龜、—(巫)篙(筮)曰

包二·二一九 戲爲—綳瑞，逨—之；厭一黏於隆室

包二·二四四 磐禱—一全豬

清(一)·程·二 —(巫)銜(率)敂(祓)大(太)姒

清(一)·楚·三 —(巫)戕(并)賅(該)亓(其)臘(脅)以楚

清(二)·繫·七五 王命繡(申)公屈—(巫)迈(適)秦求白(師)

清(二)·繫·一〇八 繡(申)公屈—(巫)自晉迈(適)吴

清(三)·赤·六 —(巫)鷙(烏)曰

清(三)·赤·七 眾鷙(烏)乃緣(訊)—(巫)鷙(烏)曰

清(三)·赤·七 —(巫)鷙(烏)乃言曰

清(三)·赤·九 —(巫)鷙乃歎(歎)少臣之朐(喉)渭(胃)

清(三)·赤·一〇 我天—(巫)

清(三)·赤·一〇 女(如)尔天—(巫)

清(四)·筮·祟五〇 八乃—(巫)

甘

晉 望一・一四〇 祟—□□ 望一・一一九 翌禱大夫之丁—

甘 包二・九〇 以—臣之戠爲偏於鄗 包二・一二五 —臣之戠 包二・一二九 —臣之戠 包二・二三六 不—飤

包二・二三九 不—飤 包二・二四二 不—飤 包二・二四五 不—飤 包二・二四七 不—飤

郭・老甲・一九 以逾—零(露) 上(一)・孔・一〇 —棠之保(褒) 上(一)・孔・一三 —

上(一)・孔・一五 —棠之蟋(愛) 上(一)・孔・二四 虗(吾)吕(以)—棠𡨦(得)宗宙(廟)之敬

上(四)・曹・五三 復(復)—戰(戰)又(有)道虖 上(四)・曹・五三 此復(復)—戰(戰)之道

清(三)・赤・一三 是思(使)句(后)䎽(昏)嚻(亂)—心

猒

猒 猒 郭・緇・四六 我龜既—(厭)

猒 上(一)・紂・二四 我龜既—(厭) 上(二)・從(甲)・一二 㞢(持)善不—(厭) 上(一)・孔・二三 冬(終)虖(乎)不—(厭)人

上(三)・中・一二 謂=(謂謂)—(猒)人 上(三)・亙・一 自—(厭)不自忍

猒 上(三)・中・一六正 君=(君子)亡所—(猒)人

甚

昰 匹

郭·唐·二四
—忠

郭·唐·二四
—孝

郭·唐·二五
南面而王而（天）下而—君

郭·語四·二五
衆强—多不女（如）𣅀（時）

上（五）·季·一一
夫攺（迫）邦—

清（二）·繫·二七
賽（息）侯之妻—娩（美）

清（二）·繫·三六
翟—善之

㕣

郭·老甲·五
辠（罪）莫厚（重）虐（乎）—（淫）欲

郭·老甲·三六
—炁（愛）必大𧶠（費）

郭·性·三二
凡思之甬（用）心爲—

郭·性·四二
患爲—

郭·性·四三
兑（悦）爲—

郭·性·四三
忞（哀）樂爲—

郭·性·四三
利爲—

郭·尊·三七
不必又（有）—安（焉）者

包二·一九八
占之—吉

郭·成·七
則民必有—安（焉）者

上（二）·子·二
伊堯之悳（德）則—昷（温）㬿

上（一）·孔·二四
—貴丌（其）人

上（二）·魯·四
丌（其）欲雨或—於我

上（二）·魯·五
或—於我

上（二）·容·六
—緩而民備（服）

新甲三·一二九
☑占之曰：—吉

上（一）·性·三六
利爲—

新甲三·一六五
定占之曰：—☑

新甲三·一六〇
☑曰：—吉

新甲三·一八一
☑壁、占之＝—吉

包二·一五八
畢得硼爲右𠬝於莫囂之軍，死病—

郭·緇·一五
下必又（有）安者矣—

上（四）·柬·八
不穀瘝—疠（病）聚（驟）

上（四）·柬·二二
古（故）贅尹—牺（將）必智（知）之

上（六）·競·一
虘幣帛—娩（孅）於虘先君之量矣

上（六）·用·一九
不卲亓（其）—明

清（一）·保·二
觳疾豈—

上（一）·性·三五
巻（惓）爲—

上（一）·性·三五
思爲—

上（一）·性·三六
悦爲—

清（一）·祭·二
不泀（淑）疾—

新乙四·二四
☐〔占〕之：—吉

郭·性·四二
思爲—

曰

包二·一三一
陰司敗某軑告湯公競軍言—

包二·一三六
恒糈苛冒言—

包二·一三六
逪扂皆言—

包二·一三七
䍐警凡二百人十一人既䍐皆言—

包二·一四一
瘝言—

包二·一四三
欽言—

包二·二〇四
郿敓占之—吉

包二·二〇八
占之—吉

包二·二一七
苛嘉占之—吉

包二·二二二
鄦脒占之—吉

包二·二二三
屈宜占之—吉

包二·二三一 觀綳占之—吉

包二·二四四 觀綳占之—吉

包二·二四一 陳乙占之—吉

包二·二四八 瞽吉占之—吉

包二·二五〇 義占之—吉

包二·二一五 盬吉占之—吉

包二·二二七 盬吉占之—吉

包二·二三八 盬吉占之—吉

包二·二二九 五生占之—吉

包二·二三三 五生占之—吉

包二·二四六 五生占之—吉

秦一·一 鈇□—又縈見

天下 占之—吉

信一·〇一 周公戠然作色—

信一·〇九 女可冐—

信一·〇七四 周公—

望一·一八 瞽佗占之—吉

望一·一七 逓豹占之—吉

望一·三九 占之—吉

望一·一 —故

帛甲二·七 —女皇

帛甲四·一三 倀—

帛甲四·一七 二—

帛甲四·二二 三—

帛甲四·二七 四—

帛甲六·二〇 —非九天

帛乙九·三〇 帝—繇

帛丙一·二 —取

帛丙二·二 —女

帛丙五·二 —㰪

帛丙六·二 —虘

帛丙七·二 —倉

帛丙九·二 —玄

帛丙二·二 —姑

郭·老甲·二二 虛(吾)弜(强)爲之名—大

郭·老甲·二二 逋(遠)—曰反(返)

郭·老甲·二二 潧—逋(遠)

郭·老甲·三一 是以聖人之言—

郭·老甲·三四 智(知)和—明

郭·老甲·三四 和—㬎(祟(常))

郭·老甲·三五 心叓(使)㷼(氣)—弜(强)

郭·老甲·三五 賹(益)生—羕(祥)

郭·老甲·二二 大—潧

郭・老丙・二
而百眚（姓）—我自肰（然）也

郭・老丙・六
古（故）曰—兵者▨

郭・緇・一
夫子—

郭・緇・二
子—

郭・緇・五
子—

郭・緇・八
子—

郭・緇・一〇
子—

郭・緇・一二
子—

郭・緇・一四
子—

郭・緇・一七
子—

郭・緇・一六
子—

郭・緇・二〇
子—

郭・緇・三四
子—

郭・緇・二七
子—

郭・緇・二九
子—

郭・緇・二三
子—

郭・緇・三二
子—

郭・緇・三七
子—

郭・緇・四〇
子—

郭・緇・四一
子—

郭・緇・四二
子—

郭・緇・三〇
子—

郭・緇・四三
子—

郭・緇・四四
人唯（雖）—不利

郭・成・一
成之䎽（聞）之—

郭・成・六
昔者君子有言—

郭・成・二二
君奭—

郭・成・二二
君子—

郭・成・二九
君子—

郭・成・三六
君子—

郭・成・三七
昔者君子有言—

郭・成・二九
君奭曰

郭・成・三八
康弆（誥）—

郭・魯・一
子思—

郭·魯·三 子思—
郭·魯·四 成孫弋—
郭·唐·二七 吴(虞)時(詩)—

郭·五·四五 心—唯
郭·六·一六 古(故)—
上(一)·孔·一 孔=(孔子)—

上(二)·子·二 孔=(孔子)—
上(一)·孔·三 孔=(孔子)—
上(一)·孔·四 —
上(一)·孔·四 —

上(一)·孔·五 —訟氏(是)也
上(一)·孔·六 剌(烈)旻(文)—
上(一)·孔·七 孔=(孔子)—

上(一)·孔·一〇 害—童而皆臤於丌(其)初者也
上(一)·孔·一六 孔=(孔子)—
上(一)·孔·二一 孔=(孔子)—

上(一)·孔·二二 𡰥駘—
上(一)·孔·二三 畐丘—
上(一)·孔·二三 於差—

上(一)·孔·二七 必—虗(吾)奚舍之賓贈氏(是)也
上(一)·紂·二 子—
上(一)·紂·三 子—

上(一)·紂·九 子—
上(一)·紂·一四 隹(惟)复(作)五虖之型(刑)—金
上(一)·紂·一四 子—

上(一)·紂·一七 子—
上(一)·紂·二三 子—
上(一)·紂·二三
上(一)·紂·六 子—

上(一)·紂·一二 子—
上(一)·紂·二一 子—
上(一)·紂·五 子—
上(一)·紂·七 子—

上(一)·紂·一一 子—
上(一)·紂·二〇 子—
上(一)·紂·二三 宋人又(有)言—

上(一)·紂·一五 子—
上(一)·紂·一六 子—
上(一)·紂·一〇 子—

上(一)·孔·子一 子羔昏(聞)於孔子—
上(一)·孔·子二 孔子—
上(一)·孔·子三 子羔—

上(一)·孔·子四 孔子—
上(二)·子·一 孔=(孔子)—
上(二)·子·一二 盤(履)㠯(以)慈(祈)禱—

上(二)·子·一三 子羔—
上(二)·子·四 孔=(孔子)—
上(二)·民·一 詣(詩)—
上(二)·民·五 子邑(夏)—

上(二)·民·九 子邑(夏)—
上(二)·民·一 孔=(孔子)倉(答)—
上(二)·民·三 孔=(孔子)—

上(二)·民·五 孔=(孔子)—
上(二)·魯·一 孔=(孔子)倉(答)—
上(二)·魯·二 孔=(孔子)—

上(二)·魯·三 出遇子贛〔贛(貢)〕—
上(二)·魯·三 子贛〔贛(貢)〕—
上(二)·從(甲)·三 䎽(聞)之—

上(二)·從(甲)·五 一—愋(寬)
上(二)·從(甲)·一〇 —=從正(政)所矛(務)三
上(二)·從(甲)·一三 䎽(聞)之—

上(二)·從(甲)·八 䎽(聞)之—
上(二)·從(甲)·一一 䎽(聞)之—
上(二)·從(甲)·一六 䎽(聞)之—

上(二)·從(甲)·一七 是㠯—君=(君子)難得而惕(易)㕜(使)也
上(二)·從(乙)·一 十—口恵而不係

上(二)·從(甲)·一八 是㠯—少(小)人惕(易)㝵(得)而難㕜(使)也
上(二)·從(乙)·三 䎽(聞)之—

上(二)·昔·三 君子—

上(二)·昔·二 㠯(以)告寺=人=(寺人,寺人)内(入)告于君=(君,君)—

上(二)·容·三二 —悫速蓑(衰)

上(二)·容·三三 —聖人

上(二)·容·四六

上(二)·容·四三 古(故)—

上(二)·容·四七 文王—=可

上(二)·容·四七 —

上(二)·容·四九—五〇 武王—

上(二)·容·五二—五三正 —

新甲一·一二 生占之—

新甲三·一二 ▨—:吉,義(宜)少(小)瘦(瘥)

新甲三·一五、六〇 甬(用)受繇元龜、晋(巫)筮(筮)—

新零·九、甲三·二三、五七 曰:於(嗚)唬(虖)悢(哀)哉—

新甲二·二五 ▨占之—:吉

新甲三·七三 ▨占之曰=吉▨

新甲三·七五 ▨嘉占之—:吉▨

新甲三·七一 ▨䑝篆占之—:吉▨

新甲三·一一二 嘉占之—

新甲三·一二九 ▨占之—:甚吉

新甲三·一六〇 ▨—,甚吉

新甲三·一六五 定占之—:甚▨

新甲三·一七〇 定占之—:吉

新甲三·一九八、一九九—二 嘉占之—

新甲三·二〇〇 定占之—=吉

郭·緇·二七 隹(惟)乍(作)五瘧(虐)之型(刑)—曰法

上(二)·從(甲)·五 四—悬(仁)

上(二)·從(甲)·九 䎽(聞)之—

上(二)·從(甲)·一九 䎽(聞)之—

上(二)·從(乙)·二 䎽(聞)之—

上(三)・中・六 孔=(孔子)—
上(三)・中・八 中(仲)尼—
上(三)・中・一〇 中(仲)弓—

上(三)・中・一七 中(仲)弓—
上(三)・中・二五 中(仲)弓—
上(三)・中・二六 孔=(孔子)—

上(三)・中附 孔=(孔子)—
上(三)・彭・二 —…戒之毋喬(驕)
上(三)・彭・二 彭祖—

上(三)・彭・七 彭祖—
上(三)・彭・八 弍(二)拜旨(稽)首—
上(四)・昭・九 王—

上(四)・相・二 公—
上(四)・曹・一 敓(曹)穫(沫)内(入)見—

上(四)・曹・五 敓(曹)蔑(沫)—
上(四)・曹・六 臧(莊)公—

上(四)・曹・八 臣餌(聞)之—
上(四)・曹・二一 詩於又(有)之—

上(四)・曹・二三 臧(莊)公—
上(四)・曹・三四 倉(答)—

上(四)・曹・四〇 牆(莊)公—
上(四)・曹・四二 臧(莊)公或(又)餌(問)—

上(四)・曹・五二 皆—勳(勝)之
上(四)・曹・五三 臧(莊)公或(又)餌(問)—

上(四)・曹・五四 臧(莊)公或(又)餌(問)—
上(四)・曹・五六 倉(答)—

上(四)·曹·五六
—城

上(四)·曹·五六
—固

上(四)·曹·五六
—蘆(阻)

上(四)·曹·五七
臧(莊)公—

上(四)·曹·六〇
會(答)—

上(五)·競·二
汲(隰)倗(朋)—

上(五)·競·五
量之㠯(以)言—多

上(五)·競·五
會(答)—

上(五)·競·五
公—

上(五)·競·七
會(答)—

上(五)·競·九
记(起)而言—

上(五)·季·一一
子—

上(五)·季·二
子—

上(五)·姑·二
告姑(苦)戓(成)豪(家)父—

上(五)·君·一
子—

上(五)·君·一
會(答)—

上(五)·君·二
子贛(貢)—

上(五)·君·一一
子贛(貢)—

上(五)·君·一二
贛(貢)—

上(五)·君·一五
贛(貢)—

上(五)·弟·四
韋(回)子戁(嘆)—

上(五)·弟·四
子—

上(五)·弟·九
子—

上(五)·弟·一三
子—

上(五)·弟·一五
肰(然)則夫二晶(三)子者—

上(五)·鬼·六
我(俄)—虘(虘)喬唬

上(六)·競·四
文子畣(答)—

上(六)·孔·二
趄(桓)子—

上(六)·孔·二二
趄(桓)子—

上(六)·慎·三正
古(故)—

上(七)·武·一
上(尚)父—

上(七)·武·六
右耑(端)—

上(七)·武·七
為機—

上(七)·武·九
毋—可(何)戔(殘)

上(七)·武·一三
大(太)公畣(答)—

上(七)·君甲·二
王—

上(七)·君乙·一
軋(范)戊(叟)—

上(七)·君乙·二
王—

上(七)·凡甲·一四
䎽(問)之—

上(七)·凡甲·二七
古(故)—臤(賢)

清(一)·尹至·一
湯—

清(一)·尹至·一
尹—

清(一)·尹至·二
民沇(噂)—

清(一)·尹至·三
亓(其)又(有)民衒(率)—

清(一)·尹至·三
咸—

清(一)·尹至·四
湯—

清(一)·尹至·四
尹—

清(一)·尹至·五
夏䍇民内于水—曽(戰)

清(一)·尹至·五
帝—

清(一)·尹誥·一
尹—

清(一)·尹誥·二
執(摯)告湯—

清(一)·尹誥·三
湯—

清(一)·尹誥·三
執(摯)—

清(一)·程·四
—發

清(一)·保·二
王若—

清(一)·耆·三
复(作)訶(歌)一夂(終)—藥=脂=酉=

清(一)·耆·五
复(作)訶(歌)一夂(終)—蹬=尭=

清(一)·耆·六
复(作)訶(歌)一夂(終)—鼏=

清(一)·耆·八
复祝誦一夂—明=上=帝=

清(一)·耆·一〇
复訶一夂(終)—七蟲=蜜=

清(一)·金·一
周公—

清(一)·金·一
周公—

清(一)·金·三
先王—

清(一)·金·六
乃命執事人—

清(一)·金·七
乃流言于邦—

清(一)·金·七
周公乃告二公—

清(一)·金·九
—周(雕)鴞

清(一)·金·一一
王䎽(問)執事人—

清(一)·金·一一
—昔公堇(勤)勞王豪

清(一)·皇·一
公若—

清(一)·皇·一〇
—余蜀(獨)備(服)才寢

清(一)·祭·一
王若—

清(一)·祭·三
—天子

清(一)·祭·四
王—

清(一)·祭·七
王—

清(一)·祭·八
王—

清(一)·祭·九 —允孳(哉)

清(一)·祭·九 —三公

清(一)·祭·一二 公—

清(一)·祭·一五 公—

清(一)·祭·一七 公—

清(一)·祭·一八 —三公

清(一)·祭·二〇 公—

清(一)·楚·一 女—比(妣)隹

清(一)·楚·四 今—楚人

清(一)·楚·五 氏(抵)今—栾=

清(一)·楚·八 氏(抵)今—郢

清(一)·楚·九 —福丘

清(一)·楚·一三 女(焉)—肥遺

清(二)·繫·一 名之—千畱(畝)

清(二)·繫·二四 —以同生(姓)之古(故)

清(二)·繫·二五 乃史(使)人于楚文王—

清(二)·繫·二七 亦告文王—

清(二)·繫·三一 晉獻公之婢妾—驪姬

清(二)·繫·三三 惠公賂秦公—

清(二)·繫·四六 告—

清(二)·繫·五一 —死人可(何)辠(罪)

清(二)·繫·五二 乃膚(皆)北(背)之—

清(二)·繫·六六 旻(且)卲(召)高之固—

清(二)·繫·六八 郘(駒)之克墜堂而折(誓)—

清(二)·繫·七二 競(景)公—

清(二)·繫·七八 繡(申)公—

清(二)·繫·八九 明(盟)於宋—

清(二)·繫·九七 明(盟)于宋—

清(二)·繫·一二三 —母(毋)攸(修)長城

清(三)·說上·三 王迺繇(訊)敚(說)—

清(三)·說上·三 敚(說)迺—

清(三)·說上·四 王—

清(三)·說上·四 遂(失)宔(仲)卜—

清(三)·說中·一 —女(汝)逨(來)隹(惟)帝命

清(三)·說中·二 敚(說)—

清(三)·說中·二 武丁—

清(三)·說下·三 王—

清(三)·說下·四 王—

清(三)·說下·四 女(汝)母(毋)瘴(忘)—

清(三)·說下·六 王—

清(三)·說下·七 王—

清(三)·說下·八 王—

清(三)·說下·八 隹(惟)寺(時)大戊盍(謙)—

清(三)·說下·一〇 王—

清(三)·琴·一 元內(納)攺(啟)—

清(三)·琴·二 元內(納)攺(啟)—

清(三)·琴·二 母(毋)—高=才(在)上

清(三)·琴·三 嚻(亂)—

清(三)·琴·四 亶再攺(啟)—

清(三)·琴·四 嚻(亂)—

清(三)·琴·五 參(三)攺(啟)—

清(三)·琴·五 —肙(淵)亦印(抑)

清(三)·琴·六 嚻(亂)—

清(三)·琴·七 四攺(啟)—

清(三)·琴·八 嚻(亂)—

清（三）·琴·八 五攴（啟）—

清（三）·琴·九 嚻（亂）—

清（三）·琴·九 —亯（享）會（答）舍（余）一人

清（三）·琴·一〇 六攴（啟）—

清（三）·琴·一一 嚻（亂）—

清（三）·琴·一二 七攴（啟）—

清（三）·琴·一二 嚻（亂）—

清（三）·琴·一三 八攴（啟）—

清（三）·琴·一四 嚻（亂）—

清（三）·琴·一四 —亯（享）人大……罔克甬之

清（三）·琴·一五 九攴（啟）—

清（三）·琴·一六 嚻（亂）—

清（三）·芮·二 —敬之𢦏（哉）君子

清（三）·芮·九 —余（予）未均

清（三）·芮·一五 二攴（啓）—

清（三）·芮·二二 —亓（其）罰寺（時）㞷（償）

清（三）·芮·二五 民亦又（有）言—

清（三）·芮·二六 —於（嗚）虐（虖）思𢦏（哉）

清（三）·祝·一 乃敎（執）采（幣）以祝—

清（三）·祝·二 乃左敎（執）土以祝—

清（三）·赤·一 —故（古）又（有）赤鴼（鵠）

清（三）·赤·一 乃命少（小）臣—

清（三）·赤·二 少（小）臣—

清（三）·赤·二 —句（后）亓（其）殺我

清（三）·赤·三 紝巟胃（謂）少（小）臣—

清（三）·赤·五 湯忞（怒）—

清（三）·赤·六 𦉢（巫）鸄（烏）—

清(三)·赤·七
⿱巫口(巫)鴍(烏)—

清(三)·赤·七
⿱巫口(巫)鴍(烏)乃言—

清(三)·赤·一〇
頙(夏)句(后)—

清(三)·赤·一〇
少(小)臣—

清(三)·赤·一〇
少(小)臣—

清(三)·赤·一一
少(小)臣—

清(三)·赤·一一
頙(夏)句(后)—

清(三)·赤·一一
少(小)臣—

清(四)·筮·死一七
才(在)上乃—死

清(四)·筮·死二〇
乃—牺(將)死

清(四)·筮·死二三
乃—死

清(四)·筮·志二八
—迷(速)

清(四)·筮·軍三四
—爭之

清(四)·筮·軍三五
乃—不

清(四)·筮·十七命六二
—果

清(四)·筮·十七命六二
—至

清(四)·筮·十七命六二
—亯(享)

清(四)·筮·十七命六二
—死生

清(四)·筮·十七命六三
—㝵(得)

清(四)·筮·十七命六二
—見

清(四)·筮·十七命六二
—瘳

清(四)·筮·十七命六二
—咎

清(四)·筮·十七命六二
—男女

清(四)·筮·十七命六二
—雨

清(四)·筮·十七命六二
—取(娶)妻

清(四)·筮·十七命六二
—戰

清(四)·筮·十七命六二
—成

清(四)·筮·十七命六二
—行

清(四)·筮·十七命六二
—雔(售)

清(四)·筮·十七命六二
—宇(旱)

清(四)·筮·十七命六二
—祟

清（五）·厚·一 王若—

清（五）·厚·五 —者魯

清（五）·厚·五 隹（惟）—其勳上帝𤔲下民

清（五）·厚·七 王—：

清（五）·厚·九 厚父—

清（五）·厚·一一 —民心隹（惟）本

清（五）·厚·一一 莫不—余㛊（保）季（教）明悳（德）

清（五）·厚·一二 —天𥃝（監）司民

清（五）·厚·一三 民—隹（惟）酉（酒）甬（用）𧙀（肆）祀

清（五）·厚·一三 —酉（酒）非飤（食）

清（五）·封·七 王—

清（五）·命·一 —大命又（有）棠（常）

清（五）·命·一〇 天古（故）卲（昭）命以命力之—

清（五）·湯丘·二 湯亦飤（食）之—

清（五）·湯丘·三 少（小）臣會（答）—

清（五）·湯丘·六 湯—

清（五）·湯丘·六 是名—昌

清（五）·湯丘·七 是名—喪

清（五）·湯丘·九 方惟—

清（五）·湯丘·一〇 湯—

清（五）·湯丘·一七 少（小）臣會（答）—

清（五）·湯門·二 少（小）臣會（答）—

清（五）·湯門·三 少（小）臣—

清（五）·湯門·三 少（小）臣會（答）—

清（五）·湯門·五 湯或（又）𦖞（問）於少（小）臣—

清（五）·湯門·六 少（小）臣會（答）—

清(五)·湯門·一一
少(小)臣會(答)—

清(五)·湯門·一八
少(小)臣會(答)—

清(五)·湯門·二〇
少(小)臣會(答)—

清(五)·湯門·二一
湯—

清(五)·殷·一
高宗乃䛐(問)於少壽—

清(五)·殷·二
少壽會(答)—

清(五)·殷·四
宔(中)壽—

清(五)·殷·四
宔(中)壽會(答)—

清(五)·殷·五
高宗乃或䛐於彭且(祖)—

清(五)·殷·六
彭且(祖)會(答)—

清(五)·殷·七
高宗乃言—

清(五)·殷·一二
乃尃(復)語彭且(祖)—

清(五)·殷·一四
彭且(祖)會(答)—

清(五)·殷·一五
寺(是)名—恙(祥)

清(五)·殷·一六
寺(是)名—義

清(五)·殷·一七
寺(是)名—悳(德)

清(五)·殷·一八
寺(是)名—音

清(五)·殷·一八
寺(是)名—志(仁)

清(五)·殷·一九
寺(是)名—聑(聖)

清(五)·殷·二〇
寺(是)名—智

清(五)·殷·二一
寺(是)名—利

清(五)·殷·二二
寺(是)名—𧡸(叡)許(信)之行

清(五)·殷·二三
彭且(祖)—

清(五)·殷·二四
彭且(祖)—

清(五)·殷·二四
敢䛐疋民古(胡)—昜=

替

清（五）·殷·二四
古（胡）—晋=

清（五）·殷·二七
—於（嗚）虖（呼）

清（五）·殷·二八
—於（嗚）虖（呼）

包二·一七七
喜君之人—妄

上（二）·容·三八
取方兩女—（琰）兔兔琬

上（六）·用·一一
𤔲（亂）節—（僭）行

清（五）·湯門·八
亓（其）燹（氣）—鯀（歍）發紿（治）

曹

上（五）·弟·四
—之喪

清（二）·繫·二〇
署（遷）于—

清（二）·繫·四二
乃及秦𠂤（師）回（圍）—及五麋（鹿）

清（三）·琴·四
不—（造）𢦏（哉）

清（三）·琴·六
毆（緊）莫冒（旨）—（造）之

乃

信一·〇三二
—教

信一·〇三三
金玉久—

帛甲一·三五
—取虘

帛甲三·一
—上下朕連

帛甲三·九
—命山川四晋

帛甲四·三
—步以爲戠

帛甲六·三
炎帝—命祝融

帛甲七·三〇
—迷日月

帛乙九·二七
群神—惪

帛乙四·二八
—又鼠

郭·老乙·一七
其惪（德）—長

郭·老乙·一七
其惪（德）—奉（豐）

郭·老乙·一六
其惪（德）—貞（真）

郭·唐·九
—弋（式）其臣

郭·唐·九
—弋(式)其孝

郭·語四·二六
罷(一)豕(家)事—又(有)貨(祏)

上(一)·紂·一五
敬明—罰

上(二)·昔·四
大(太)子—亡䎽(聞)、亡聖(聽)

上(二)·子·一二
—見人武

上(二)·魯·一
毋—遊(失)者(諸)型(刑)與悳(德)虐(乎)

上(二)·魯·三
毋—胃(謂)丘之畣(答)非與(歟)

上(二)·魯·四
毋—不可

上(二)·容·八
堯—敓(悅)

上(二)·容·一三
—及邦子

上(二)·容·一五
—卉備(服)蓋(箁)著(箬)冒(帽)

上(二)·容·一七
垔(禹)—五壤(讓)吕天下之臤(賢)者

上(二)·容·一七
𡘋(舜)—老

上(二)·容·一八
垔(禹)—因山陞(陵)坪(平)湿(隰)之可坓(封)邑

上(二)·容·一九
—因迩(?)吕智(知)遠

上(二)·容·二二
垔(禹)—書(建)鼓於廷

上(二)·容·二三
—立垔(禹)吕爲司工

上(二)·容·二五
垔(禹)—迵(通)蒦與湯

上(二)·容·二六
垔(禹)—迵(通)泒(伊)、洛

上(二)·容·二六
垔(禹)—迵(通)三江五沽(湖)

上(二)·容·二七
垔(禹)—從灘(漢)吕南爲名浴(谷)五百

上(二)·容·二七
垔(禹)—迵(通)經(涇)與渭

上(二)·容·二八
—立句(后)裡(稷)吕爲經(盈)

上(二)·容·二八
—飠飤(食)

上(二)·容·二八
—飤(食)於埜(野)

上(二)·容·二八—二九
五年—壤(穰)

上(二)·容·二九
—立咎(皐)秥(陶)目爲李(李)

上(二)·容·二九
—支(辨)侌(陰)昜(陽)之𣱼(氣)

上(二)·容·二九
民—賽

上(二)·容·三〇
—立數目爲樂正

上(二)·容·三〇
坌(舜)—欲會天地之𤈦(氣)

上(二)·容·三四
咎(皐)秀(陶)—五壤(讓)目天下之臤(賢)者

上(二)·容·三六
湯—専(輔)爲正(征)复(籍)

上(二)·容·三六
民—宜肙(怨)

上(二)·容·三七
—執兵欽瘧

上(二)·容·三七
湯—惎(謀)戒求臤(賢)

上(二)·容·三七
—立泗(伊)尹目爲差(佐)

上(二)·容·四〇
傑(桀)—逃之鬲(鬲)山是(氏)

上(二)·容·四〇
傑(桀)—逃之南蓮(巢)是(氏)

上(一)·孔·魯二
毋—

上(二)·容·四六—四七
—出文王於虽(夏)臺(臺)之下而䎽(問)焉

上(二)·容·四七
文王—迟(起)帀(師)目鄉(嚮)豐、喬(鎬)

上(二)·容·四八
—坠(降)文=王=(文王，文王)時故時而孝(教)民時

上(二)·容·五一
武王—出革車五百鞁(乘)

九·五六·二六
—浧(盈)丌(其)志

九·五六·七一
—引

上(三)·周·一七 從—𠪚(維)之

上(三)·周·四二 —變(亂)卤啐(萃)

上(三)·周·四七 攺日—革之

上(三)·彭·一 —不遊(失)乇(度)

上(三)·彭·一 —㮚(將)多昏(問)因由

上(四)·曹·一〇 —命毀鐘型而聖(聽)邦政

上(四)·曹·三二 —□白徒

上(四)·曹·五二 —遊(失)亓備(服)

上(四)·曹·六三 —自怣(過)吕敓(悦)於堇(萬)民

上(五)·鮑·一 —命百又(有)䎡(司)曰

上(五)·季·一一 毋—肥之昏也

上(五)·姑·五 姑戓(成)豕父—盜百鍭

上(五)·姑·一〇 公家—溺(弱)

上(五)·三德·二 天—隆(降)材(災)

上(五)·三德·五 土地—迈(坼)

上(五)·三德·五 民—囂死

上(五)·三德·六 土地—迈(坼)

上(五)·三德·六 民人—𣬈(喪)

上(五)·三德·九 —無凶材(災)

上(五)·三德·一四 爲善福—逨(來)

上(五)·三德·一四 爲不善禍(禍)—或(惑)之

上(六)·用·一 餘命—縈不可慍

上(七)·鄭甲·三 —迟市回(圍)奠三月

上(七)·君乙·一 王—出而見貞竿祇(管)奠(掬)於前

上(七)·凡乙·一九 大嚻(亂)—复(作)

清(一)·尹至·四
孳(兹)—柔大縈

清(一)·尹誥·四
—至(致)眾于白(亳)中(中)邑

清(一)·耆·一
—歆(飲)至于文大(太)室

清(一)·耆·四
逡(後)箮(爵)—從

清(一)·耆·六
逡(後)箮(爵)—復(復)

清(一)·耆·七
褎(裕)悳(德)—救

清(一)·金·二
周公—爲三坦(壇)同墮(墠)

清(一)·金·三
尔(爾)母(毋)—有備子之責才(在)上

清(一)·金·五
我—以璧與珪逿(歸)

清(一)·金·五
周公—内(納)亓(其)所爲社(功)

清(一)·金·六
—命執事人曰

清(一)·金·七
—流言于邦曰

清(一)·金·七
周公—告二公曰

清(一)·金·八
禍(禍)人—斯昊(得)

清(一)·金·八
—遺王志詩曰周(雕)鴞

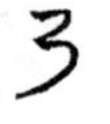
清(一)·金·一二
王—出逆公至鄗(郊)

清(一)·皇·七
—隹設=疋區(驅)疋斅(教)于非彝

清(一)·皇·八
—隹不訓(順)是絢(治)

清(一)·皇·九
斯—非休悳以膺(應)

清(一)·皇·九
—隹乍(詐)區(詬)以會(答)

清(一)·皇·一〇
—弃盍(蓋)善=夫=

清(一)·皇·一一
—隹(惟)又(有)奉俟(疑)夫

清(一)·祭·八
愻(遜)惜(措)—心

清(一)·祭·九
—詔(召)羅鮔井(井)利毛班

清(一)·祭·一五　—又(有)頿(履)宗

清(一)·祭·二一　—出

清(一)·楚·三　—妻之

清(一)·楚·四　—檄若人之痛(憧)以祭

清(一)·楚·八　—渭疆涅之波(陂)而宇人女

清(二)·繫·一　—乍(作)帝钗(籍)

清(二)·繫·三　—歸東(厲)王于敵(彘)

清(二)·繫·四　戎—大敗周自于千畝(畝)

清(二)·繫·六　曾(繒)人—降西戎

清(二)·繫·七　幽王及白(伯)盤—滅

清(二)·繫·七　周—亡

清(二)·繫·七　邦君者(諸)正—立幽王之弟舍臣于虢(號)

清(二)·繫·八　晉文侯戴(仇)—殺惠王于虢(號)

清(二)·繫·九　晉文侯—逆坪(平)王于少鄂

清(二)·繫·一三　—埶(設)三監于殷

清(二)·繫·一七　—𠭣念頣(夏)商之亡由

清(二)·繫·一八　—先建衛吊坏于庚丘

清(二)·繫·一九　衛人—東涉河

清(二)·繫·二四　賽爲(嬀)—內(入)于鄀=

清(二)·繫·二四　—叓人于楚文王曰

清(二)·繫·三一　—譔(讒)大子龍(共)君而殺之

清(二)·繫·三二　—立勳(奚)資(齊)

清(二)·繫·三二　—殺勳(奚)資(齊)

清(二)·繫·三三　秦穆公—內惠公于晉

清(二)·繫·三四　—倭(背)秦公弗秂(予)

清(二)·繫·三六　—迈(適)齊=

清(二)·繫·三七
—迈(適)衠=

清(二)·繫·三七
—迈(適)楚

清(二)·繫·三七
秦穆公—訋(召)文公於楚

清(二)·繫·四二
—及秦白回曹及五麋

清(二)·繫·四七
—以奠君之命裟秦三銜

清(二)·繫·四七
秦𠂤(師)—遉(復)

清(二)·繫·五〇
母(毋)—不能邦

清(二)·繫·五〇
—命右(左)行癈

清(二)·繫·五一
—佸(抱)霝公以虐(號)于廷

清(二)·繫·五二
—虘(皆)北(背)之曰

清(二)·繫·五三
—立霝公

清(二)·繫·五六
—行

清(二)·繫·六八
—先歸(歸)

清(二)·繫·六九
—逃歸(歸)

清(二)·繫·七〇
—敦(執)南亶(郭)子

清(二)·繫·八四
吴王盍(闔)虜(盧)—歸(歸)

清(二)·繫·八六
—敓(説)芸(鄖)公

清(三)·説上·五
—殺一豕

清(三)·説上·五
一豕—觀(旋)保以遺(逝)

清(三)·説中·二
淛(漸)之于—心

清(三)·説中·三
攺(啟)—心

清(三)·説中·四
隹(惟)—畐(腹)

清(三)·説中·四
非—身

清(三)·説中·五
女隹拏敓砥之于—心

清(三)·説中·六
—府(俯)見(視)埅(地)

清(三)·説中·七
𡳿(志)之于—心

清(三)·説下·三 罘(旣)亦腤(詣)—備(服)

清(三)·説下·五 女隹又萬𠷎(壽)才(在)—政

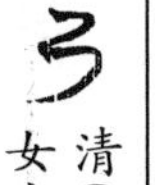
清(三)·説下·六 女亦隹又萬福䊷〓才(在)—備(服)

清(三)·説下·六 寺(時)䍙非—載

清(三)·説下·六 宰(中)—罰

清(三)·説下·九 虗(吾)—尃(敷)之于百青(姓)

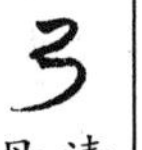
清(三)·説下·一〇 母(毋)蜀(獨)—心

清(三)·芮·二 —复(作)訟再夂(終)

清(三)·芮·二三 民—𡥘(嗥)嚣

清(三)·祝·一 —敎(執)采(幣)以祝曰

清(三)·祝·一 —夻(舍)采(幣)

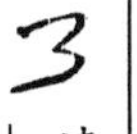
清(三)·祝·二 —左敎(執)土以祝曰

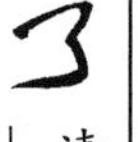
清(三)·祝·二 —𢻮(投)以土

清(三)·赤·一 —命少(小)臣曰

清(三)·赤·四 —卲(昭)然

清(三)·赤·五 —逃于頙(夏)

清(三)·赤·五 湯—□之

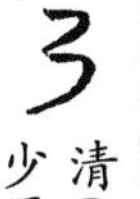
清(三)·赤·五 少臣—疾(眛)而帰(寢)於逄

清(三)·赤·七 衆鶩—戀(訊)詔鶩曰

清(三)·赤·七 詔(巫)鶩(烏)—言曰

清(三)·赤·九 衆鶩(烏)—逨(往)

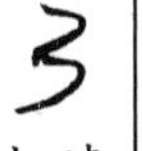
清(三)·赤·一〇 少(小)臣—记(起)而行

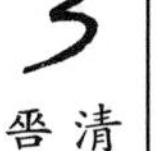
清(三)·赤·九 詔鶩—歠少臣之朐(喉)渭(胃)

清(三)·赤·一〇 夏句—戀(訊)少(小)臣曰

清(三)·赤·一四 頙句(后)—從少臣之言

清(三)·赤·一四 —坐(發)陞(地)

清(三)·赤·一四
—斬之

清(四)·筮·享二
—鄉(饗)

清(四)·筮·得二
≪三〈人—㝵(得)

清(四)·筮·享四
二二〈≪—亦鄉(饗)

清(四)·筮·得四
三〈≪右—㝵(得)

清(四)·筮·得六
〈≦〈右(左)—㝵(得)

清(四)·筮·㕜六
≪≪出—述(遂)

清(四)·筮·得八
〈≦≳〈女—㝵(得)

清(四)·筮·㕜八
三〈≦內(入)—𢓭(復)

清(四)·筮·得一〇
〈≦三男—㝵(得)

清(四)·筮·至一〇
〈〈〈≦封(卦)見—至

清(四)·筮·至一二
三≪—亦至

清(四)·筮·得一二
⋈三〈—亦㝵(得)

清(四)·筮·雨一五
—宇(旱)

清(四)·筮·死一七
才(在)上—曰死

清(四)·筮·得一七
三〈≦—亦㝵(得)

清(四)·筮·得一九
〈≦〈✕—亦㝵(得)

清(四)·筮·死二〇
—曰牆(將)死

清(四)·筮·男二一
中男—男

清(四)·筮·得二一
〈≦≳〈—亦㝵(得)

清(四)·筮·男二一
女—女

清(四)·筮·得二三
〈≦三—亦㝵(得)

清(四)·筮·讎二二
—亦讎(售)

清(四)·筮·死二三
才(在)上—曰死

清(四)·筮·小二五
〈〈≦—㝵(得)之

清(四)·筮·志二七
堂(當)昏(辰)—

清(四)·筮·小二七
〈〈三〈—㝵(得)之

清(四)·筮·成二九
三✕✕〈—成

清(四)·筮·貞二八
≡≡卒(萃)—

清(四)·筮·貞二八
≪≪卒(萃)—

清(四)·筮·小二九
〈〈⋈—㝵(得)之

清(四)·筮·成三〇
〈〈〈〈不同—

清(四)·筮·志三一
—中昇(期)

清(四)・筮・軍三三
〔亼〕〔亼〕𠂔(次)於四立(位)之中—

清(四)・筮・軍三五
—曰不

清(四)・筮・四季三九
—蜡皃之所集於四立是視

清(四)・筮・四季三九
—㠯(以)名亓(其)皃

清(四)・筮・乾四〇
𠦝臾—各彼(返)亓(其)所

清(四)・筮・果四一
—果

清(四)・筮・果四二
㕣(小)事日—前

清(四)・筮・祟四三
九—山

清(四)・筮・祟四三
肴(淆)—父之不殀⁼

清(四)・筮・祟四三
莫(暮)屯(純)—室中

清(四)・筮・祟四三
—父

清(四)・筮・祟四四
屯(純)—母

清(四)・筮・祟四四
八—奴(奴)㠯(以)死

清(四)・筮・祟四四
—西祭

清(四)・筮・祟四四
四—𦬆(縊)者

清(四)・筮・祟四五
九—祟(㦽)

清(四)・筮・祟四五
五—梠莪

清(四)・筮・祟四七
—殆(辜)者

清(四)・筮・祟四九
—瘧(狂)者

清(四)・筮・祟四九
—户

清(四)・筮・祟五〇
八—咢(巫)

清(四)・筮・祟五〇
非瘧(狂)—繻(溢)者

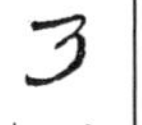
清(四)・筮・十七命六三
—力(扐)占⁼之⁼

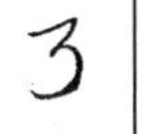
清(四)・筮・十七命六三
卦(卦)—不試(忒)

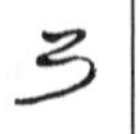
清(五)・厚・二
—降之民

清(五)・厚・三
隹(惟)天—永保顕(夏)邑

清(五)・厚・八
隹寺余經念—高且克害皇天之政工

清(五)・命・八
—室(曠)命以弋(代)亓(其)上

清(五)・湯丘・三
—與少臣惎毋忠(謀)郢(夏)邦

清(五)・湯丘・四
方惟𦖞(聞)之—鐵(箴)

卣 箬

清(五)·湯門·七 二月—褢

清(五)·湯門·七 三月—刑(形)

清(五)·湯門·七 四月—䶊(固)

清(五)·湯門·七 七月—幾(肌)

清(五)·湯門·七 八月—正

清(五)·湯門·八 十月—成

清(五)·湯門·八 民—時生

清(五)·湯門·九 燹(氣)戚(促)—老

清(五)·湯門·九 燹(氣)鍬(徐)—猷

清(五)·湯門·一〇 燹(氣)屈—夂(終)

清(五)·殷·一 高宗—䛐於少壽曰

清(五)·殷·五 高宗—或(又)䛐於彭且(祖)曰

清(五)·殷·七 高宗—言曰

清(五)·殷·一一 —専(復)語彭且(祖)曰

迺

曾一三 —靭

曾一六 —靭

曾六九 —鞍

曾一七六 —祁之駐爲右騑

上(三)·周·四二 乃燮(亂)—啐(萃)

上(三)·周·四七 改日—孚

清(一)·程·一 —半=釁取周廷杍梪于乓閈(間)

清(一)·保·五 —(乃)易立(位)埶(設)詣(稽)

清(一)·保·八 —(乃)追(歸)中于河

清(一)·皇·二 —隹(惟)大門宗子埶(邇)臣

鹵

清（一）・皇・七 —弗肯用先王之明刑

清（一）・皇・九 是人斯—訡（讒）惻（賊）□□

清（三）・説上・三 王—緜（訊）敓（説）曰

清（三）・説上・三 敓（説）—曰

清（三）・説上・四 天—命敓（説）伐逵=宔=

清（三）・説上・五 —遂（踐）

清（三）・説下・四 —弗悬（虞）民

清（三）・説下・五 亓（其）又—司四方民不（丕）克明

清（三）・琴・一〇 —是（褆）隹（惟）民

清（三）・芮・二四 戠（歲）—不尾（度）

清（五）・厚・三 —嚴禎畏皇天上帝之命

清（五）・厚・五 之匿（慝）王—渴（竭）殜（失）其命

清（五）・厚・六 天—弗若（赦）

清（五）・厚・六 —述（墜）氒（厥）命

清（五）・厚・七 —弗懇（慎）氒（厥）悳（德）

清（五）・厚・一〇 —弗畏不恙（祥）

清（五）・厚・一一 —洹（宣）弔（淑）氒（厥）心

清（五）・厚・一二 —是隹（惟）人

鹵 卣

清（一）・保・一〇 亓（其）又（有）所—（由）矣

卤、鹵當爲一字，从《説文》重出。

丂

丂

清（一）・金・四 是年（佞）若—（巧）能

清（五）・殷・一八 —（孝）忞（慈）而哀（哀）眔（鰥）

粤

清（五）·殷·二二
音色柔—（巧）而贎（叡）武不罔

包二·一九七
宋客盛公𨛭—於楚之戢

包二·一九九
宋客盛公𨛭—於楚之戢

包二·二〇一
宋客盛公𨛭—於楚之戢

秦九九·一五
秦客公孫鞅—於楚之戢

天卜
左帀虐—於楚之戢

清（一）·皇·一
穖又（有）耆耇慮（慮）事—（屏）朕立（位）

清（一）·楚·二
季繍（連）𦵯亓（其）又（有）—（聘）

清（二）·繫·一八
以乍（作）周厚—（屏）

清（二）·繫·五八
𡜵孫（申）白（伯）亡（無）愄（畏）—（聘）于齊

清（二）·繫·六六
公命邭（駒）之克先—（聘）于齊

清（二）·繫·七八
王命繡（申）公—（聘）於齊

清（二）·繫·八六
龍（共）王𡜵（使）芸（鄖）公—（聘）於晉

清（二）·繫·八七
競公𡜵翟（糴）之伐（茷）—（聘）於楚

清（二）·繫·八八
龏（共）王𡜵（使）王子唇（辰）—（聘）於晉

可

郭·老乙·二
—以長……

郭·老乙·四
相去幾—（何）

郭·老乙·四
唯與—（呵）

郭·老乙·四
相去—（何）若

郭·老乙·五
亦不—以不禔（畏）

郭·老乙·五
—（何）胃（謂）（態）（寵）辱

郭·老乙·八
若—（何）以迲天下矣

郭·老乙·八 若—以乇(託)天下矣

郭·老乙·一八 虐(吾)—(何)以智(知)天☐

郭·成·一二 未有—得也者

郭·成·一五 是以民—敬道(導)也

郭·成·一六 —馯(御)也

郭·成·一六 而不—弇(掩)也

郭·成·一九 —不訢(慎)虐(乎)

郭·成·一六 而不—孯(孯)也

郭·成·一九 戚(就)反者(諸)㠯(己)而—以智(知)人

郭·成·二五 言信於衆之—以凄(濟)悳(德)也

郭·成·二八 則聖人不—由與嘼(守)之

郭·成·二八 此以民皆又(有)眚(性)而聖人不—莫(慕)也

郭·成·三七 惟君子道—近求而可遠向也

郭·成·三七 惟君子道可近求而—遠向也

郭·成·三八 而—以至川(順)天棠(常)恢(矣)

郭·成·三〇 唯(雖)又(有)其亙(恆)而—能,終之爲難

郭·忠·一 忠㾓(積)則—罕(親)也

郭·忠·五 不弄(期)而—要者,天也

郭·性·七 猷(猶)口之不—蜀(獨)言也

郭·忠·八 古(故)怛(亶)而—受也

郭·唐·一五 旹(時)弗—秉(及)歖(矣)

郭·唐·一五 從(縱)息(仁)、聖—与

郭·六·一八 智(知)不—爲者

郭·六·四二 —以魝(剸)岳(獄)

郭·六·四三 —以緯(諱)其亞(惡)

郭·性·四七 弗牧不—

郭·性五·五四 亞(惡)之而不—非者

郭·性·五五 非之而不—亞(惡)者

郭·語四·二二 士亡(無)双(友)不—

上（一）·孔·四 丌（其）甬（用）心也䎹（將）—（何）女（如）
上（一）·孔·五 又城（成）工（功）者—（何）女（如）

上（一）·孔·四 丌（其）甬（用）心也䎹（將）—（何）女（如）
上（一）·孔·二 則智（智）不—旻（得）也

上（一）·孔·一三 不叏不—能
上（一）·孔·一三 —旻（得）
上（一）·孔·一七 䎹（將）中之言不—不韋（畏）也

上（一）·孔·二一 人不—解（懈）也
上（一）·孔·二一 希（幣）帛之不—迲（去）也
上（一）·孔·二一 則㠯（以）爲不—女（如）可（何）也

上（一）·孔·二一 則㠯（以）爲不可女（如）—（何）也
上（一）·孔·二七 —斯雀之矣
上（二）·魯·二 之—（何）才（在）

上（二）·子·七 坴（夋、俊、舜）丌（其）—胃（謂）受命之民矣
上（二）·子·一 —（何）古（故）㠯（以）旻（得）爲帝

上（二）·子·八 女（如）坴（夋、俊、舜）才（在）含（今）之殜（世）則—（何）若
上（一）·紂·九 不—不訢（誓）也

上（一）·紂·一六 可言不—行
上（一）·紂·一六 可行不—言
上（一）·紂·一五 古（故）上不—㠯（以）婁型（刑）而翌峑（爵）

上（一）·紂·二 爲上—齐而䏶（知）也
上（一）·紂·二 爲下—頙而峕（志）也
上（一）·紂·一二 不—不敬也

上（一）·紂·一六 —行不可言
上（一）·紂·一六 —言不可行
上（一）·紂·一八 白珪（圭）之砧尚—𥕉（磨）

上（一）·紂·一七 則行不—匿
上（一）·紂·一八 此言之砧不—爲
帛丙九·二 —以篋

上（三）・周・二五 不—涉大川

上（三）・中・一〇 不—宑（弇）也

上（三）・中・二三 不—不訢（慎）也

上（三）・中・一一 敢昏（問）道民興悳（德）女（如）—（何）

上（三）・中・二五 —不訢（慎）虐（乎）

上（三）・彭・一 臣—（何）埶（藝）

上（三）・彭・四 —（何）丌宗（崇）

上（三）・彭・六 不—行

上（四）・柬・一三 大剌（宰）弗—爲㦰（歲）安（焉）篙（熟）

上（四）・相・四 虐（吾）子之答也—（何）女（如）

上（五）・弟・八 —言虐（乎）其信也

上（五）・鬼・六 勿（物）斯—惑

上（六）・競・一一 —何悬（仁）……

上（六）・競・一二 二夫—不受皇瑅

郭・老甲・二八 古（故）不—得天（而）新（親）

郭・老甲・三八 不—長保也

郭・老甲・三六 —以長舊（久）

郭・老甲・三〇 虐（吾）—（何）以智（知）其肰（然）也

郭・老丙・五 淡—（呵）其無味也

郭・老丙・五 而不—既也

郭・魯・三 亙（恆）爯（稱）其君之亞（惡）者—胃（謂）忠臣矣

郭・尊・一 —以爲君

郭・尊・四 學爲—益也

郭・尊・一九 —學也而不可矣（俟）也

郭・尊・二三 可從也而不—及也

郭・尊・二八 唯悳（德）—

郭・尊・三一 民不—或（惑）也

郭・尊・四 𧥺（教）爲—頪（類）也

郭·尊·一七 然句(後)—逾(愉)也

郭·尊·二〇 可孝(教)也而不—迪(由)其民

郭·尊·二〇 而民不—𣥺(止)也

郭·尊·二一 民—叓(使)道(由)之

郭·尊·二二 而不—勥(强)也

郭·尊·二三 —從也而不可及也

郭·尊·三七 古(故)悳(德)可易而𢻱(施)—迲(轉)也

郭·魯·一 可(何)女(如)而—胃(謂)忠臣

郭·魯·一 —(何)女(如)而可胃(謂)忠臣?

郭·魯·二 —胃(謂)忠臣矣

郭·性·五〇 凡人青(情)爲—兑(悦)也

郭·性·一五 唯人衍(道)爲—衍(導)也

郭·性·四六 人之㐌(悦)肰(然)—與和安者

郭·六·一 此—胃(謂)六悳(德)

郭·窮·二 —(何)慬〈慔(難)〉之又(有)才(哉)

郭·緇·一五 不—不誓(慎)也

郭·緇·二一 此以大臣—不可不敬

郭·緇·二八 古(故)上不—以埶(褻)型(刑)而翟(輕)雀(爵)

郭·緇·三四 則行不—匿

郭·緇·三五 尚—𦥑(磨)也

郭·緇·三八 死不—敚(奪)名

郭·緇·三六 不—爲也

郭·緇·三八 此以生不—敚(奪)志

郭·老甲·二八 亦不—得而疋(疏)

郭·老甲·二八 亦不—得而害

郭·老甲·二八 不—得而利

郭·老甲·二九 亦可不—得而戔(賤)

郭·老甲·二九 不—得而貴

郭·老甲·二九 亦—不可得而戔(賤)

郭·語一·五六 不—爲也

郭·語一·五六 而不—不爲也

郭·語一·八六 埶(勢)與聖爲—悉(察)也
郭·語一·一〇一 鑵，可去—逷(歸)
郭·語一·一〇一 鑵，—去可逷(歸)

郭·語三·四 則—巳
郭·語三·四 不敓(悅)，—去也
郭·語三·四三 或遜(由)其—

郭·語四·六 及之而不—
郭·語四·二五 古(故)悔(謀)爲—貴
包二·一三八反 又憒不—諓
包二·一三八反 同官不—諓

包二·一三八反 匿至從父兄弟不—諓
包二·一四九 陵让尹之柂余—内之
包二·一六六 章余—
信一·〇九 女—訚曰

信一·〇六四 戔—
信一·〇四七 天—謂
范二七 ☐受—迸以爲僡安
望一·一三 不—以違思惥身韍

望一·一五四 日所—以斋
帛丙二·三 不—以冢女
帛丙二·三 —以出帀
帛丙五·三 不—以亯祀
帛丙八·三 不—

帛丙一一·二 —以攻城
帛丙一一·三 —以聚衆
帛丙一二·二 不—以攻
九·五六·三四 無爲而—
九·五六·三七下 不—㠯(以)复(作)大事

九·五六·三九下 不—㠯(以)畜六牲
九·五六·一九下 無爲而—
九·五六·二二下 無爲而—
九·五六·二三下 —㠯(以)爲少(小)社

九·五六·四六 不—凥(居)
九·五六·九二 不—㠯(以)西南行
上(二)·容·一八 垦(禹)乃因山陵(陵)坪(平)僤(隰)之—垟(封)邑

上(二)·容·二五 競州、簷(莒)州訇(始)—凥(處)也
上(二)·容·二五 夾州、滄(徐)州訇(始)—凥(處)

上(二)·容·二六 於是虖(乎)蓏州訇(始)—凥(處)也
上(二)·容·二七 於是於(乎)敘(豫)州訇(始)—凥(處)也

上(二)·容·四七 文王曰：—

上(二)·民·六 不—旻(得)而䎽(問)也

上(一)·性·三一 少枉内(納)之—

上(三)·亙·七 事甬(庸)㠯不—賡(更)也

上(三)·亙·一〇 習㠯不—改也

上(四)·昭·九 —(何)訴又(有)安

上(四)·内·六 不善則止〻之〻而不—

上(四)·曹·二四 爲和於戟(陳)女(如)—(何)

上(四)·曹·三五 爲和女(如)—(何)

上(四)·曹·三六 爲笔女(如)—(何)

上(五)·季·八 孠〻不—㠯(以)不〻弖〻

上(五)·姑·七 立死—(何)戢(傷)才(哉)

上(五)·君·三 虗(吾)子—(何)其媠(惰)也

上(五)·君·三 欲迲(去)之而不—

上(六)·用·七 則方谿而弗—矣

上(六)·用·一二 則弗—悔

上(七)·君甲·八 —(何)也

上(七)·君乙·七 —(何)也

上(七)·凡甲·七 虗(吾)女(如)之—(何)思䣜(饗)

上(七)·凡甲·一〇 䣛(將)—(何)聖(聽)

清(一)·尹誥·三 虗(吾)—(何)复(祚)于民

清(一)·程·四 —(何)敬(警)非朋

清(一)·程·四 —(何)戒非商

清（一）・程・五　—（何）甬（用）非桓=

清（一）・程・五　不—藥

清（一）・程・八　—（何）監非旹（時）

清（一）・程・八　—（何）爱（務）非和

清（一）・程・八　—（何）褁（裹）非彣（文）

清（一）・程・八　—（何）保非道

清（一）・程・九　—（何）炁（愛）非身

清（一）・程・九　—（何）力非人=

清（一）・程・九　不—以寡（藏）

清（一）・金・一　未—以慼（戚）虐（吾）先王

清（二）・繫・五〇　未—奉承也

清（二）・繫・五一　死人—（何）辠（罪）

清（二）・繫・五二　生人—（何）辜（辜）

清（三）・琴・五　悳（德）元隹（惟）—（何）

清（三）・芮・一六　于—又（有）静（爭）

清（三）・芮・一九　亦不—鞿（壞）

清（三）・芮・一九　甬（用）皇（皇）—畏

清（三）・芮・二四　客（咎）—（何）亓女（如）台（台）𢦏（哉）

清（三）・芮・二六　乇—與忈（忨）

清（三）・芮・二六　而鮮—與惟

清（三）・赤・六　不—飤（食）也

清（三）・赤・七　頣（夏）句（后）之疾女（如）—（何）

清（三）・赤・九　不—埶（及）于笞（席）

清（三）・赤・一一　朕疾女（如）—（何）

清（五）・厚・八　肄女其若龜筮之言亦勿—速改

清(五)·厚·九
天命不—淴

清(五)·湯丘·二
此—以和民虎(乎)

清(五)·湯丘·三
少(小)臣倉(答)曰—

清(五)·湯丘·六
民人爯之亓(其)胃(謂)虐(吾)君—(何)

清(五)·湯丘·九
虐(吾)—(何)君是爲

清(五)·湯丘·一〇
此言弗或(又)—旻(得)而爯(聞)也

清(五)·湯丘·一二
又(有)顕(夏)之悳(德)—(何)若才(哉)

清(五)·湯丘·一五
—(何)以自悉(愛)

清(五)·湯門·二
則—(何)以成人

清(五)·湯門·二
—(何)以成邦

清(五)·湯門·二
—(何)以成埅(地)

清(五)·湯門·二
—(何)以成天

清(五)·湯門·五
人—(何)旻(得)以生

清(五)·湯門·五
—(何)多以長

清(五)·湯門·一一
—(何)也

清(五)·湯門·一四
—以菜(保)成

清(五)·湯門·一八
—(何)也

清(五)·湯門·一九
—(何)也

清(五)·湯門·二一
則—(何)以改之

清(五)·殷·二
敢爯(問)人—(何)胃(謂)長

清(五)·殷·二
—(何)胃(謂)隓(險)

清(五)·殷·二
—(何)胃(謂)肩(厭)

清(五)·殷·二 —(何)胃(謂)亞(惡)

清(五)·殷·四 敢𦕚(問)人—(何)胃(謂)長

清(五)·殷·四 —(何)胃(謂)墮(險)

清(五)·殷·四 —(何)胃(謂)肩(厭)

清(五)·殷·四 —(何)胃(謂)亞(惡)

清(五)·殷·六 敢𦕚(問)人—(何)胃(謂)長

清(五)·殷·六 —(何)胃(謂)墮(險)

清(五)·殷·六 —(何)胃(謂)肩(厭)

清(五)·殷·六 —(何)胃(謂)亞(惡)

清(五)·殷·一三 —(何)胃(謂)恙(祥)

清(五)·殷·一三 —(何)胃(謂)義

清(五)·殷·一三 —(何)胃(謂)悳(德)

清(五)·殷·一三 —(何)胃(謂)音

清(五)·殷·一三 —(何)胃(謂)𢘓(仁)

清(五)·殷·一三 —(何)胃(謂)聖(聖)

清(五)·殷·一三 —(何)胃(謂)智(知)

清(五)·殷·一三 —(何)胃(謂)利

清(五)·殷·一三 —(何)胃(謂)訐(信)

上(六)·用·一九 而亦不—戲

叵 郭·老甲·二一 —以爲天下母

『可』之異體,與《說文》新附之『叵』非一字。

奇

包二·七五 邵—

上(五)·姑二 □坴(郤)—(錡)䎽(聞)之

上(五)·姑一〇 長魚矯慖參坴=—(錡)

兮

兮　包二·八七　鄦昜大—尹宋歎訟

兮　包二·一一六　—尹蘊爲鄜陵貳郘異之金三益削益

号

号　清（三）·祝·二　乃左敎（執）土以祝曰—（皋）

于

于　包二·一六三　李歆—

于　帛甲一·二　虗—綬

于　帛甲五·一六　至—邉天旁達

于　帛乙二·一五　降—其方

于　帛乙五·七　每—其王

于　帛丙一·一　取—下

于　帛丙七·三　不訢—邦

于　帛丙三·七　内—上下

于　帛丙一〇·三　故不義—四方

于　郭·緇·三七　其集大命—氒（厥）身

于　郭·緇·三九　出内（入）自尔市（師）—（虞）

于　郭·緇·三二　不侃（諐）—義（儀）

于　郭·性·一八　耆（教），所以生悳（德）—宔（中）者也

于　香中大·四　解—時

于　上（二）·民·二　㠯皇（横）—天下

于　上（二）·民·一一　塞—四方

于　上（二）·民·一二　塞—四海（海）

于　上（二）·昔·二　㠯（以）告逹=人=（寺人，寺人）内（入）告—君=（君，君）曰

于　上（一）·性·一〇　所㠯（以）生悳（德）於—者也

于　上（一）·孔·二二　文王才上於卲—天

于　上（二）·容·三七　羕（佯）㝵（得）—民

于　上（二）·容·四五　—　地名

上(二)·容·五二—五三正
㠯告吝(閔)—天

新甲三·三四七—一
䲃於鄴—二袿(社)

新零·一一四
☐—天之□☐

新零·一九八、二〇三
有敚(祟)見—大川有汾

郭·五·六
五行皆型(形)—內而時行之

上(三)·周·二
孤(需)—血

上(三)·周·二
孤(需)—蒿(郊)

上(三)·周·一四
紒(介)—石

上(三)·周·二四
𦃽(弗)經—北洍(頤)

上(三)·周·四三
困—䔮藟(藟)

上(三)·周·四二
王畧(假)—宙(廟)

上(三)·彭·一
昏(問)—彭祖曰

上(三)·彭·一
而訟—帝棠(常)

上(三)·彭·二
—(吁)

上(三)·彭·三
未則—天

上(四)·逸·交二
集—中渚

上(五)·鮑·四
日城(盛)—縱(縱)

上(五)·姑·六
弜(强)—公豪(家)

上(五)·三德·三
至—孫=

上(六)·用·四
德徑—康

上(六)·用·五
叟(受)勿(物)—天

清(一)·尹至·三
見章—天

清(一)·尹至·五
夻(㦰)亓(其)又(有)顕=𦗟(播)民內(入)—水曰𦉪

清(一)·尹誥·二
於(嗚)虐=可(何)复(祚)—民

清(一)·尹誥·三
𠂤(厥)辟复(作)悁(怨)—民

清(一)·尹誥·四
乃至(致)眾—白(亳)宙(中)邑

清(一)·程·一
廼孚=䠁(發)取周廷杍(梓)梪(樹)—𠂤閒(問)

清（一）·程·三
忎（祈）—六末山川

清（一）·程·三
攻—商神

清（一）·程·三
占—明堂

清（一）·程·四
受商命—皇帝=

清（一）·程·七
迟（芃）—商

清（一）·保·四
親勸（耕）—鬲（歷）茅（丘）

清（一）·保·五
不諱—庶萬眚（姓）之多欲

清（一）·保·五
乓（厥）又（有）攺（施）—上下遠埶（邇）

清（一）·保·八
昔岀（微）叚（假）中—河

清（一）·保·八
廼（乃）追（歸）中—河

清（一）·保·九
至—成康（湯）

清（一）·耆·一
乃飮（飲）至—文大（太）室

清（一）·耆·一〇
蚩（蟋）螀（蟀）趣隆（降）—尚（堂）

清（一）·金·四
命—帝𨑒（廷）

清（一）·金·五
以奠（定）尔（爾）子孫—下陸（地）

清（一）·金·六
以弋（代）王之敚（説）—金紂（縢）之匱

清（一）·金·七
乃流言—邦曰

清（一）·皇·二
今我卑（嬖）少（小）—大

清（一）·皇·二
王則不共（恐）—衈

清（一）·皇·三
䐠（羞）—王所

清（一）·皇·三
自耄（釐）臣至—又貧（分）厶（私）子

清（一）·皇·七
至—乓（厥）逡（後）嗣立王

清(一)·皇·七
乃隹設=疋區(驅)疋敎(教)—非彝

清(一)·皇·八
以駬(問)求—王臣

清(一)·皇·一二
監—茲

清(一)·皇·一三
輔余—險

清(一)·祭·六
醫(臨)余—淒(濟)

清(一)·祭·六
孳由(迪)遜(襲)斈(學)—文武之曼悳

清(一)·祭·一二
我亦走(上)下卑(譬)—文武之受命

清(一)·祭·一四
藍(監)—顕(夏)商之既敗(敗)

清(一)·祭·一四
至—萬啻=年=

清(一)·祭·一九
我亦不以我辟竄(陷)—𪆾(難)

清(一)·祭·一九
弗逵(失)—政

清(一)·楚·一
氐(抵)—空(穴)竆(窮)

清(一)·楚·一
遊(前)出—喬山

清(一)·楚·一
凥(處)—方山

清(一)·楚·二
先凥(處)—京宗

清(一)·楚·三
妣戲賓—天

清(二)·繫·二
孚=東=王=大蘑(虐)—周

清(二)·繫·二
萬民弗刃(忍)—氒心

清(二)·繫·三
乃歸東(厲)王—彘(彘)

清(二)·繫·三
龏(共)白(伯)和歸—宋

清(二)·繫·四
戎乃大敗周自—千畝(畝)

清(二)·繫·五
周幽王取妻—西繡(申)

清(二)·繫·五
孚(褒)㚣(姒)辟(嬖)—王=

清(二)·繫·六
回(圍)坪(平)王—西繡=

清(二)·繫·七 立幽王之弟舍(余)臣—虢(號)

清(二)·繫·八 晉文侯戠(仇)乃殺惠王—虢(號)

清(二)·繫·八 邦君者侯女訇不朝—周

清(二)·繫·九 晉文侯乃逆坪王—少鄂

清(二)·繫·九 立之—京自(師)

清(二)·繫·九 止—成周

清(二)·繫·一〇 晉人女(焉)訇(始)攺—京自(師)

清(二)·繫·一一 齊襄公會者(諸)侯—首壯(止)

清(二)·繫·一二 楚文王以啟—灘(漢)煬(陽)

清(二)·繫·一三 乃埶(設)三監—殷

清(二)·繫·一四 飛曆東逃—商盍(蓋)氏

清(二)·繫·一五 西䙴商盍之民—邾虐

清(二)·繫·一五 止—成周

清(二)·繫·一七 周公既䙴殷民—洛邑

清(二)·繫·一八 乃先建衛弔坒—庚丘

清(二)·繫·一八 衛人自庚丘䙴—沂(淇)衛

清(二)·繫·二〇 䙴(遷)—曹

清(二)·繫·二一 伐衛—楚丘

清(二)·繫·二二 衛人自楚丘䙴—帝丘

清(二)·繫·二三 是賽=爲=晒歸—賽

清(二)·繫·二四 賽(息)爲(嬀)乃內(入)—鄀=

清(二)·繫·二四 乃吏(使)人—楚文王曰

清(二)·繫·三二 惠公奔—梁

清(二)·繫·三三 秦穆公乃內惠公—晉

清(二)·繫·三四 至—梁城

清(二)·繫·三五 秦公銜自与惠公戰(戰)—𣪠(韓)

清（二）·繫·三五 以亓子褱公爲執（質）—秦= | 清（二）·繫·三八 秦人记𠂤以内文公—晉= | 清（二）·繫·四四 述朝周襄王—衡澭（雍）

清（二）·繫·四八 襄公新銜𠂤御秦𠂤—嶹（崤） | 清（二）·繫·五一 卲襄公之弟癕也—秦 | 清（二）·繫·五一 乃伍（抱）靁公以虐（號）—廷

清（二）·繫·五二 而卲（召）人—外 | 清（二）·繫·五四 敗之—殽亞

清（二）·繫·五五 秦公以戰（戰）—殽亞之古（故） | 清（二）·繫·五八 史（使）孫（申）白（伯）亡（無）愄嗖（聘）—齊

清（二）·繫·六一 王會者（諸）侯—䲐（厲） | 清（二）·繫·六二 晉成公𠦆（卒）—扈

清（二）·繫·六四 殃（席）—楚軍之門 | 清（二）·繫·六五 述（遂）敗晉𠂤（師）—河

清（二）·繫·六六 會者侯—𢇍（斷）道 | 清（二）·繫·六六 公命郇之克先嗖—齊 | 清（二）·繫·六八 女子芺（笑）—房宇（中）

清（二）·繫·六九 遉者侯—𢇍（斷）𨑐（道） | 清（二）·繫·七〇 安子銜𠂤以會—𢇍𨑐（道） | 清（二）·繫·七一 敗齊𠂤（師）—𦸒（靡）幵（笄）

清（二）·繫·七一 以鞹駱玉笲與章（淳）—之田 | 清（二）·繫·七二 齊同（頃）公朝—晉競（景）公

清（二）·繫·七四 吴人服—楚 | 清（二）·繫·七四 陳公子諻（徵）郐（舒）取妻—莫（鄭）穆公

清（二）·繫·八三 以敗楚𠂤—白（柏）𦥑（舉） | 清（二）·繫·八四 與吴人戰（戰）—析 | 清（二）·繫·九四 晉人既殺繺絰—曲天（沃）

清(二)·繫·九七 明(盟)—宋

清(二)·繫·九七 明(盟)—虢(號)

清(二)·繫·九八 會者(諸)侯—繡(申)

清(二)·繫·一〇三 者侯同盟—鹹泉以反晉

清(二)·繫·一〇三 至今齊人以不服—晉=

清(二)·繫·一〇七 居—州坙(來)

清(二)·繫·一〇九 相見—虢(號)

清(二)·繫·一一〇 以與夫秦王相見—黃池

清(二)·繫·一一一 以與戉命尹宋盟—邿

清(二)·繫·一一三 宋公敗齊自—襄坪(平)

清(二)·繫·一一四 卒(卒)—鬉

清(二)·繫·一一九 宋悼公朝—楚

清(二)·繫·一二一 魯侯侃(衍)明(盟)—魯稷門之外

清(二)·繫·一二五 奠(鄭)白(伯)紿(駘)朝周王—周

清(二)·繫·一二六 奠(鄭)白(伯)紿(駘)皆朝—楚

清(三)·說上·一 隹(惟)甓(殷)王賜敓(說)—天

清(三)·說上·一 以貨旬(徇)求敓(說)—邑人

清(三)·說上·二 隹弦人旻敓—專厰(巖)

清(三)·說上·五 敓—䆴伐遳(失)审(仲)

清(三)·說上·七 自從事—甓(殷)

清(三)·說中·一 武丁朝—門

清(三)·說中·二 潮(漸)之—乃心

清(三)·說中·五 女(汝)隹𦍌(兹)敓(說)砥(底)之—乃心

清(三)·說中·七 𣶃(志)之—乃心

清(三)·說下·四 乑亓惢亦羅—罼罬

清(三)·說下·五 余克亯(享)—朕辟

清(三)·說下·九 虐乃尃之—百青(姓)

清(三)·說下·一〇 尃(敷)之—朕政
清(三)·琴·七 㬎(顯)—上下
清(三)·琴·一〇 思輔舍(余)—勤(艱)

清(三)·琴·一五 是螸(墜)—著(若)
清(三)·芮·一 恖(恆)静(争)—稟(富)

清(三)·芮·七 母(毋)自縱—逸(逸)以囂(遨)
清(三)·芮·八 不藍(鑒)—頣(夏)商

清(三)·芮·一六 —可又(有)静(争)
清(三)·芮·一七 尚藍(鑒)—先舊
清(三)·芮·二六 言罙(深)—㘅(淵)

清(三)·赤·一 集—湯之廛(屋)
清(三)·赤·五 乃逃—頣(夏)
清(三)·赤·六 —飤(食)亓(其)祭

清(三)·赤·九 不可丞(及)—笞(席)
清(三)·赤·一〇 至—頣=句=

清(五)·厚·二 能咯(格)—上
清(五)·厚·六 湳(沉)湎—非彝
清(五)·厚·四 不盤—庚(康)

清(五)·厚·一〇 亡㬎(顯)—民
清(五)·厚·一一 引(矧)其能丁良—𠭃(友)人

清(五)·厚·一二 𡐓(厥)升(徵)女(如)右之服—人
清(五)·封·五 命女(汝)侯—鄦(許)

清(五)·封·七 余既監—殷之不若
清(五)·命·二 則尾(度)至—亟(極)
清(五)·命·三 則尾(度)至—亟(極)

清(五)·命·四 則尾(度)至—亟(極)
清(五)·命·五 則尾(度)至—亟(極)

平

清(五)·命·六 則厇(度)至—亟(極)

清(五)·殷·一七 非褱(壞)—愖(湛)

清(五)·殷·二六 汲(急)利囂神慕(莫)龏(恭)而不㬥(顧)—逡(後)

包二·二一四 文—夜君

包二·二四〇 文—垦君

曾一六〇 —夜君之兩駟馳

楚之『平』字皆作『坪』。重見卷十三土部。

旨

郭·尊·二六 不以—(嗜)谷(欲)禽(害)其義(儀)篕(軌)

清(五)·湯丘·二 鹽(絶)飭(芳)—以蝕(粹)

清(五)·湯丘·一五 飤(食)時不—(嗜)饍(饕)

郭·緇·一〇 晉冬—(耆)滄

郭·緇·四二 —我周行

上(一)·紂·一七 行則—丌(其)所蔽(敝)

上(二)·從(甲)·九 志燹(氣)不—

上(三)·彭·八 弍(二)拜—(稽)首曰

上(七)·凡甲·二九 豸(貌)言而爲天埅(地)—

上(七)·凡乙·一六 厇(託)於身—(稽)之

上(七)·凡乙·二二 爲天埅(地)—

清(一)·程·五 —味旣甬(用)

清(三)·祝·二 —(詣)五氐(夷)

𦧝

郭·語一·六四 型非—也

嘗

郭·唐·一四 未—堣(遇)☐

郭·魯·五 —又(有)之矣

清(三)·赤·二 —我於而(尒)遜(羹)

清(三)·赤·二 少(小)臣弗敢—

清(三)·赤·三 尔不我—

清(三)·赤·四 絍巟受少(小)臣而—之

清(三)·赤·四 少(小)臣受亓(其)余(餘)而—之

崇

天卜 冬柰至—戠牛

望一·八六 —祭☐

嘗祭之嘗。

上(六)·莊·一正 㠯(以)共(供)萅(春)稷(秋)之—(嘗)

喜

包二·五四 —君司敗弁善受期

包二·五六 —君之司敗遠䌹受期

包二·一六三 —人之州加公黃監

包二·一六五 —君之人猷雁

包二·一七〇 —池人宋丹

包二·一七七 —君之人瞀妾

新甲三·三二 鄻—以定☐

新甲三·二五 牆(將)又(有)—

新零·六四二 ☐—☐

憙

包二·七 —之子庚一夫居郢里

包二·一六五 㓵寤遺—

包二·一六七 —夫人之人文睸

包二·二〇〇 夏柰又—

包二·二〇四 至九月—雀立

包二·一九八 㫚宙又—

包二·二一五 㫚宙又—

天卜 辛亥—之

上(一)·孔·一八 折杜則情—(喜)丌(其)至也

上(一)·孔·二一 於差虗(吾)—(喜)之

上(一)·孔·二二 虗(吾)—(喜)之

天卜 三戠之宷䣻大—於王室

天卜 吕中䣻又志事—

天卜 吕中䣻大—又事

天卜 吕宷又心—

天卜 集戠吕宷䣻又—

天卜 吕宷又—

天卜 陞— 人名

望一·二六 吕宷又—於志☐

郭·性·二 —(喜)䓘(怒)依(哀)悲之㤩(氣)

香中大·四 上帝—之

郭·性·二四 則犇(鮮)女(如)也斯—(喜)

郭·性·三四 㡯(舞)、—(喜)之終也

郭·性·六三 —(喜)谷(欲)智而亡末

郭·語一·四五 虘(皆)又(有)—(喜)又(有)䓘(怒)

上(二)·昔·三 割(盖)—於内

郭·語二·二八 —(喜)生於眚(性)

郭·語二·二八 樂生於—(喜)

上(二)·昔·三 —(喜)於外

新甲三·三一四 玄—(憙)之述

新甲三·二〇三 吴—(喜)受一匿

新零·一三九 ☐又(有)—(憙)☐

上(四)·采·四 嘉賓逌—

上(四)·曹·五五 戜(勇)者思—(喜)

上(四)·曹·六一 埇(勇)者—(喜)之

上(五)·三德·六 民之所—(喜)

上(六)·天甲·六 一—(喜)一䓘(怒)

上(六)·天乙·五 一—(喜)一䓘(怒)

清(一)·耆·一〇 不—(喜)不藥(樂)

清(一)·耆·一二 不—(喜)不藥(樂)

清(三)·琴·一二 思—(憙)才(在)上

清(五)·殷·一八 —(喜)神而順(憂)人

壴

包二·二 矧敘—宜命之於王大子而以陞矧人

秦九九·一〇 —速賽之

郭·老丙·一二 則無敗事—(矣)

郭·性·三六 疋(近)得之—(矣)

郭·性·三七 弗得之—(矣)

郭·性·四八 吝(遴)斯慮—(矣)

郭·性·四九 信—(矣)

郭·性·四九 慮斯莫與之結—(矣)

郭·性·四八 憍(僞)斯吝(遴)—(矣)

郭·性·五一 斯人信之—(矣)

郭·六·一九 終身弗改之—(矣)

郭·六·二五 雚(觀)者(諸)豊(禮)、樂則亦才(在)—(矣)

郭·六·一 聖與智𦤎(就)—(矣)

郭·六·二五 雚(觀)者(諸)易、春秋則亦才(在)—(矣)

郭·六·二 𢖩(仁)與宜(義)𦤎(就)—(矣)

郭·六·二四 雚(觀)者(諸)時(詩)、箸(書)則亦才(在)—(矣)

郭·六·三九 或以智(知)其弌(一)—(矣)

上(三)·中·五 㠯行—(矣)

上(三)·中·八 既昏(聞)命—(矣)

上(三)·中·一一 既昏(聞)命—(矣)

上(三)·中·一五 昏(聞)虗(乎)足㠯(以)孝(教)—(矣)

上(五)·弟·六 虗(吾)見之—(矣)

上(五)·弟·九 虗(吾)見之—(矣)

彭

清(四)·筮·爻五八
爲—(鼓)

新甲一·二五
禝公子虡(虩)命—定以少(小)冟(尨)爲君貞

新甲三·一三三
公子命—定以少(小)尨䵶(黿)爲☐

新甲三·一七二
—定㠯(以)少(小)冟(尨)䵶(黿)爲☐

新甲三·一六八
☐—定☐

新甲三·二〇四
—定以少(小)尨䵶黿☐

新乙三·三八
—定㠯(以)少(小)冟(尨)䵶(黿)爲☐

新零·二七〇
☐或䕒(遯)—定之〔說〕☐

包二·一三三
—懌 人名

新甲三·四一
—定習之以鳴羅☐

上(三)·彭·一
—祖

上(三)·彭·一
—祖曰

上(三)·彭·二
—祖曰

上(三)·彭·三
—祖曰

上(三)·彭·七
—祖曰

清(三)·祝·一
司湍—₌(滂滂)

清(五)·殷·六
—且(祖)會(答)曰

清(五)·殷·五
—且(祖)曰

清(五)·殷·一一
乃尃(復)語—且(祖)曰

清(五)·殷·一二
—且(祖)

清(五)·殷·一四
—且(祖)會(答)曰

清(五)·殷·二三
—且(祖)曰

清(五)·殷·二四
高宗或(又)䎽(問)於—且(祖)曰

嘉

包二·七四
不逞让御衔—以廷

包二·一五九
郢公—之告言之攻尹

包二·一六四
集让命登—

包二·二一六
苛— 人名

包二·一六六
愄王埦臧—

包二·二一七
苛—

新甲三·七五
☐—占之曰：吉☐

新甲三·一一二
—占之曰

上(三)·周·一七
孚于—

上(四)·采·四
—賓遢憙

上(六)·用·一一
而自—樂

上(六)·用·一三
—德吉猷

清(一)·皇·二
楙(懋)昜(揚)—悳(德)

清(一)·皇·二
隹莫覔(開)余—悳(德)之兑(説)

新甲三·一一三
郦—以衛屎之筭(筮)爲坪夜君貞

新甲三·一九八、一九九-二
—占之曰

清(一)·保·七
帝先(堯)—之

清(一)·耆·四
—簭(爵)速歆(飲)

清(一)·耆·六
—簭(爵)速歆(飲)

清(三)·芮·二〇
覔(研)懇(甄)—惟

清(五)·殷·二五
□□□□□□□□□□戲(虐)怪(淫)自—而不縷(數)

鼓

包二·九五
—䟓 人名

信二·〇三
一彫—

上(一)·孔·一四
𠳏(以)鐘—之樂

上(二)·容·二 楣戈—瑟(瑟)

上(二)·容·二二 吕爲民之又(有)詻(訟)告者—(鼓)焉

上(二)·容·二二 敳(撞)—

上(二)·容·二二 垂(禹)乃聿(建)—於廷

與攴部之鼓爲一字異體。卷三重見。

上(四)·柬·九 王若晒(將)—而涉之

上(四)·柬·一一 晒(將)必—而涉之

上(四)·曹·五二 改𢽾尔—

上(六)·用·八 心□—惠蓄

鼙

鞞 包二·一四五 鄖客—臬 人名

𧯨

戲 上(四)·逸·交一 —(愷)俤君子

上(四)·逸·交二 —(愷)俤

上(四)·逸·交三 君子—(愷)紋(豫)是好

豆

信二·〇六 二—箕

信二·〇一二 —之器

信二·〇一二 二十—

信二·〇二〇 杯—三十

信二·〇二五 十皇—

信二·〇二五 二鑰—

望二·四五 四皇—

郭·老甲·二 或虐(呼)—(屬)

梪

包二·二四四 𧯠—

包二·二五〇 𧯠遷其處而—之

包二·二六六 四皇—

包二·二六六 四合—

郭·性·八 剛之—也

上(三)·彭八 毋向—

清(一)·程一 廼𡿨=蘗(發)取周廷杍—(樹)于乓閒

豊　豞　暨　豋

清(一)·程·五
可(何)甬(用)非—〃(樹樹)

梧
帛乙二·一〇
天—牺乍濭

望二·四六
四—

新甲三·三七九
毗於倸—一☐

上(六)·孔·二〇
—(埶)敢計(謚)之

郭·六·二
乍(作)—(禮)樂

郭·六·二五
雚(觀)者(諸)—(禮)、樂則亦才(在)壴(矣)

郭·六·二六
—(禮)樂,共也

郭·緇·二四
齊之以—(禮)

郭·性·六六
祭祀之—(禮)必又(有)夫齊齊之敬

郭·性·一六
—(禮)、樂,又(有)爲皀(舉)之也

郭·性·一五
時(詩)、箸(書)、—(禮)、樂

郭·性·六六
賓客之—(禮)必又(有)夫齊齊之頌(容)

上(一)·紂·一三
齊之巳(以)—(禮)

新甲二·二八
匀(旬)亦(腋)—(體)出

新甲三·一〇一、九四
☐亦(腋)—(體)出

上(五)·三德·三
是胃(謂)天—(禮)

上(五)·三德·五
㝵(變)棠(常)惥(易)—(禮)

上(六)·天乙·二
—(禮)者義之兓(兄)也

上(六)·天乙·三
—(禮)之於尸(尸)宙(廟)也

清(一)·金·一二
我邦豪(家)—(禮)亦宜之

清(五)·殷·一五
帏(申)—(禮)懃(勸)忯(規)

郭·尊·二
又(有)智(知)—(禮)而不智(知)樂者

郭·尊·一一
亡智(知)樂而不智(知)—(禮)者

郭·尊·九
繇(由)—(禮)智(知)樂

郭·尊·一三
𠸽(教)以—(禮)

郭·尊·一六
則民(淫)惃遠—(禮)亡新(親)悬(仁)

郭·尊·二〇
逯(歸)—(禮)

郭·尊·二三
訂(治)民復—(體)民

郭·尊·二四
爲邦而不以—(禮)

郭·尊·二四
非—(禮)而民兑(悦)𢓊(戴)，此少(小)人矣

郭·尊·二九
䖒(且)莫大虐(乎)—(禮)樂

郭·尊·三一
—(禮)不隶(逮)於小人

郭·成·三五
君子不緹(逞)人於—(禮)

郭·五·二
—(禮)型(形)於内胃(謂)之悳(德)之行

郭·五·三七
—(禮)也

郭·五·二八
聖，智(知)—(禮)藥(樂)之所敹(由)生也

郭·五·二二
不共(恭)亡—(禮)

郭·五·二八
—(禮)也

郭·五·三一
悬(仁)，義—(禮)所敹(由)生也

郭·五·三一
—(禮)也

郭·老丙·一〇
戰勳(勝)則以喪—豊(禮)居之

郭·語一·一六
又(有)義又(有)—(禮)

郭·語一·二七
智(知)人而句(後)智(知)—(禮)

郭·語一·三一
—(禮)因人之情而爲之

郭·語一·二四
悳(德)生—(禮)

郭·語一·三四
—(禮)繁樂悪則戚(蹙)

郭·語一·三五
樂緐(繁)—(禮)悪則訪(謾)

郭·語一·四二
—(禮),交之行述也

郭·語一·四六
其—(體)又(有)容又(有)頜(色)

郭·語一·六三
智(知)—(禮)虗(然)句(後)智(知)型(形)

郭·語一·一〇三
—(禮)不同,不䨻(豐),不殺

郭·語二·一
—(禮)生於情

郭·語二·五
慶(文)生於—(禮)

郭·語二·二
嚴(嚴)生於—(禮)

郭·語三·六〇
—(禮)𠂤(必)兼

郭·語三·三六
—(禮)行之也

上(一)·孔·五
敬宗富(廟)之—(禮)

上(一)·孔·一二
反内(納)於—(禮)

上(一)·孔·二五
智(知)言而又(有)—(禮)

上(二)·子·五正
與之言—(禮)

上(二)·民·四
—(禮)亦至安(焉)

上(二)·民·二
必達於—(禮)樂之茝(洍)

上(二)·民·四
—(禮)之所至者

上(二)·民·六
之—(體)

上(二)·民·七
亡(無)體(體)之—(禮)

上(二)·民·一一
亡(無)體(體)之—(禮)

上(二)·民·一一
亡(無)體(體)之—(禮)

上(二)·民·一二
亡(無)體(體)之—(禮)

上(二)·民·一三
亡(無)體(體)之—(禮)

上(二)·民·一三
亡(無)體(體)之—(禮)

香中大·五
孔子恫(司)以—(禮)

上(四)·內·一正
—(禮)是貴

上(四)·內附
則民又(有)—(禮)

上(五)·君·一
君子爲—(禮)

上(六)·孔·二一
保訢(慎)亓(其)—(禮)樂

上(七)·鄭乙·四
圂(鄭)囝豙遉(顛)邍天下之—(禮)

上(七)·吳·六
隹(惟)舍(余)一人所—(禮)

清(五)·命·一二
倂(訓)之以—(禮)

清(五)·命·一三
—(禮)又(有)旹(時)

清(五)·命·一四
—(禮)□□則不貴

郭·老丙·九
言以喪—豊(禮)居之也

郭·語一·三三
—(禮)生於牂(庄)

郭·五·五〇
好—(禮)者也

上(一)·性·二九
祭祀之—(禮)必又(有)夫臍=(臍臍)之敬

上(一)·性·一〇
—(禮)

上(一)·性·二九
賓客之—(禮)必又(有)夫齊=(齊齊)之頌(容)

上(一)·性·八
—(禮)

上(二)·從(甲)·三 —(禮)則募(寡)而爲悬(仁)

上(二)·從(甲)·二 行之吕—(禮)也

上(七)·凡甲·二七 斆(揚)脝(肫)而—(禮)

上(七)·凡乙·二 流型(形)城(成)—(體)

上(七)·凡乙·五 身—(體)不見

豐

上(三)·周·五一 —丌(其)芾(屋)

上(三)·周·五一 —丌(其)芾(沛)

上(三)·周·五一 —丌(其)坿

清(三)·琴·一六 思—亓(其)逫(復)

包二·二一 司—司敗

包二·一四五反 司—之客須□箸言胃

上(二)·容·四七 —、喬(鎬)不備(服)

上(二)·容·四五 —

上(二)·容·四八 —、喬(鎬)之民䎽(問)之

上(二)·容·四八 —

虘

帛甲一·六 曰故□奄霝—

虔

清(二)·繫·一一九 䡈(韓)—灼(趙)蘆(籍)

清(五)·厚·八 廼—秉氒(厥)悳(德)

清(二)·繫·一二四 衛侯—奠(鄭)白(伯)紹(駘)朝周王于周

虔

清(五)·封·五 —(虔)血(恤)王豙(家)

虘　虖

包二·一二八　郯逄尹—

包二·一四一　郯逄尹—

包二·一四三　郯逄尹—

包二·一七九　所詎於郯逄尹—　从白於藍先生釋。

上(一)·孔·二三　兔—丌(其)甬(用)人則虘(吾)取

上(一)·紂·一四　虘(吾)夫=(大夫)龏(恭)—(且)匋(儉)

新乙三·六〇、乙二·一三　▨巳之昏廌(薦)—(且)禱之

九·五六·二〇下　䆁䄶折(製)布—

郭·唐·二　妃(配)—(乎)脂膚(肤)血㔭(氣)之青(情)

郭·唐·一七　浗(求)—(乎)大人之興

郭·唐·二一　受(授)臤(賢)則民遷效(教)而蝺(化)—(乎)道

郭·唐·二三　昏(聞)舜丝(慈)—(乎)弟▨

郭·唐·二五　古(故)堯之[illegible](番)—(乎)舜也

郭·語一·六〇　正(政)不達慶(且)主—(乎)不達其虖(然)也

郭·語一·九一　夫(缺)生—(乎)未得也

郭·語三·五七　人之青(性)非與止—(乎)其

郭·語三·七二上　—(乎)勿(物)

郭·語三·五八　又(有)青(性)又生—(乎)生又(有)[illegible]

郭·語三·六八下、六九下　又(有)青(性)又(有)生—(乎)名

郭·語一·九六　又(有)生—(乎)名

郭·語一·六二　其生也亡爲—(乎)其型(形)

郭·忠·九　氏(是)古(故)古之所以行—(乎)閔嘍者

清(五)·厚九　於(嗚)—(呼)

上(二)·容·一四
堯於是—(乎)爲車十又(有)五輮(乘)

上(二)·容·七
於是—(乎)方囩(圓)千里

上(二)·容·一四
壑(舜)於是—(乎)訇(始)孛(免)埶(刈)𨝕(斲)槈(耨)萎(鍤)

上(二)·容·二五
於是—(乎)夾州、滄(徐)州訇(始)可凥(處)

上(二)·容·二六
於是—(乎)蓏州訇(始)可凥(處)也

上(二)·容·二七
於是—(乎)虘州訇(始)可凥(處)也

上(二)·容·六—七
於是—(乎)方百里之审(中)

上(二)·容·四六
臣敢勿事—(乎)

上(二)·容·五〇—五一
武王於是—(乎)复(作)爲革車千輮(乘)

上(二)·容·四六
子敢勿事—(乎)

上(二)·容·五二
武王於是—(乎)素完(冠)䙷(冕)

上(二)·容·四七
九邦者亓可逨(來)—(乎)

上(四)·曹·二〇
則谿亓臬(本)—

上(四)·曹·四二
三軍瞢(散)果(裹)又(有)幾(忌)—

上(四)·曹·四三
戰(戰)又(有)幾(忌)—

上(四)·曹·四四
既戰(戰)又(有)幾(忌)—

上(四)·曹·四九
此三者足㠯戰(戰)—(乎)

上(四)·曹·五〇
復(復)盤戰(戰)又(有)道—(乎)

上(四)·曹·五四
復(復)故戰(戰)又(有)道—

上(四)·曹·六〇
又(有)之—

虐

上(六)·莊·六 繡(申)公忘夫析述之下—(乎)

虐

包二·一六三 郘思公之州里公—

天卜左市—尃於楚之戢

信一·〇一一 不㑥—

信一·〇一五 於久利—

上(二)·容·三六 —(虐)疾訇(始)生

上(五)·姑·一 —於百=鐌=

《說文》古虐如此。與簡文虐同形。

上(六)·孔·一一 夫民—之

虘

信一·〇一二 天君天下—閒周公

信一·〇一四 —哉

郭·老甲·二一 —(吾)勥(强)爲之名曰大

郭·老甲·三〇 —(吾)可(何)以智(知)其肰(然)也

郭·老乙·七 返(及)—(吾)亡身

郭·老乙·七 爲—又(有)身

郭·老乙·七 —(吾)所以又(有)大患者

郭·老乙·一八 —(吾)可(何)以智(知)天☐

郭·六·四二 君子明—(乎)此六者

郭·六·三八 君子不帝(諦)明—(乎)民(萌)敚(微)而已

郭·窮·六 莞(管)寺(夷)—(吾)寍(拘)繇(囚)束縛

郭·魯·八 —(吾)亞(惡)昏(聞)之矣

郭·魯·三 向(嚮)者—(吾)昏(問)忠臣於子思

郭·緇·二六 —(吾)夫夫共(恭)叡(且)𩏂(儉)

郭·成·四 是古(故)亡—(乎)其身

上(一)·孔·六 —(吾)敚(悦)之

上(一)·孔·六 —(吾)敬之

上(一)·孔·二一 文王—(吾)𡵂(美)之

上(一)·孔·二二 —(吾)憙(喜)之

上(一)·紂·二三 —(吾)弗信之矣

上(二)·容·四一 之桑(蒼)—(梧)之埜(野)

上(二)·子·四 —(吾)昏(聞)夫壬(夋、俊、舜)

上(二)·容·五〇 —(吾)慮(勴)天畏(威)之

上(二)·容·四八 —(吾)所智(知)多廌(盡)

上(二)·容·五〇 —(吾)伐而弋(代)之

上(二)·容·五〇 —(吾)敚(説)而弋(代)之

上(三)·中·二六 忑(愿)因(因)—(吾)子而𠚤(治)

上(三)·中·二六 愚忑(恐)怠—(吾)子𢝊(憂)

上(四)·柬·五 速祭之—(吾)瘵鼠疠(病)

上(四)·柬·八 夢高山深溪—(吾)所旻(得)

上(四)·相·四 —(吾)見於君

上(四)·曹·五一 —(吾)戰(戰)啻(敵)不訓(順)於天命

上(四)·曹·六四 —(吾)言氏(是)不(否)

上(五)·季·一一 古(故)女(如)—(吾)子之足肥也

上(五)·姑·二 㠯(以)—(吾)族参𡉚與□□□□於君

上(五)·君·一 —(吾)語女(汝)

上(五)·君·三 —(吾)子可(何)其𤷈(惰)也

上(五)·弟·六 —(吾)見之壴(矣)

上(五)·弟·七 —(吾)䎽(聞)父母之喪飤肉女飯土

上(五)·弟·一五 —(吾)告女(汝)

上(五)·鬼·四 固(故)—(吾)因加(嘉)

上(六)·競·二正 是—亡=良祝吏(史)也

上(六)·競·二正 是—(吾)所覔(望)於女(汝)也

上(六)·平王與·二 —(吾)可改而可(何)

上(七)·凡甲·四 —(吾)系(奚)異系(奚)同

上(七)·凡甲·七 —(吾)系(奚)旹(時)之窒(塞)

上(七)·凡甲·七 —(吾)女(如)之可(何)思𩝘(饗)

上(七)·凡甲·八 —(吾)系(奚)事之

上(七)·凡乙·三 —(吾)系(奚)㚇(衡)系(奚)從(縱)

清(一)·尹誥·三 於(嗚)—=

清(一)·金·二 未可以慼(戚)—(吾)先王

清(二)·繫·一五 西䙴(遷)商盍(蓋)之民于邾—

清(三)·說下·九 —(吾)乃尃(敷)之于百青(姓)

清(三)·琴·九 於(嗚)—(呼)

清(三)·琴·一一 於(嗚)—(呼)

清(三)·琴·一五 於(嗚)—(呼)

清(三)·芮·二四 —(吾)㭊(靡)所爰(援)□詣

清(三)·芮·二六 於(嗚)—(虖)畏𦏧(哉)

清(三)·芮·二七 —(吾)审(中)心念詿(絓)

清(三)·芮·二七 —(吾)忎(恐)辠(罪)之□身

清(三)·芮·二八 —(吾)甬(用)复(作)訛(毖)再夂(終)

清(三)·赤·三 —(吾)不亦殺尔

清(三)·赤·五 箸洧—(吾)𥀂盈(羹)

清(五)·湯丘·六 民人𦎧之亓胃—(吾)君可(何)

清(五)·湯丘·八 —(吾)此是爲見之

清(五)·湯丘·九 —(吾)可(何)君是爲

清(五)·湯丘·一三 —(吾)戓(戡)虽(夏)女(如)刣(台)

清(五)·殷·二 —(吾)……

清(五)·殷·四 —(吾)𦎧(聞)夫長莫長於風

清(五)·殷·五 —(吾)𦎧(聞)夫墬莫墬於心

清(五)·殷·六 —(吾)𦎧(聞)夫長莫長於水

清(五)·殷·七 —(吾)𦎧夫墬莫墬於㚇(鬼)

清(五)·殷·七 —(吾)𦎧夫長莫長於□

清(五)·殷·八 —(吾)𦎧夫墬非矛返干

清(五)·殷·九 —(吾)孪(勉)自印畏以敌

清(五)·殷·一二 於(嗚)—(呼)

清(五)·殷·二三 於(嗚)—(呼)

清(五)·殷·二七 於(嗚)—(呼)

清(五)·殷·二八 於(嗚)—(呼)

郭·緇·四四 —(吾)弗信之矣

郭·語二·五〇 母(毋)遊(失)—(吾)䢅『埶(勢)』

上(一)·孔·一六 —(乎)㠯(以)蓊[glyph]㝵(得)

上(一)·孔·二〇 —(吾)㠯(以)折杜㝵(得)雀□

上(一)·孔·二一 亶丘—(乎)善之

上(一)·孔·二一 亶丘—(乎)善之

上(一)·孔·二二 —(吾)善之

上(一)·孔·二二 —(吾)信之

⿸虍甫　⿸虍示

上（一）·孔·二三
—（吾）岦（美）之

上（一）·孔·二三
兔虘丌（其）甬（用）人則—（吾）取

上（一）·孔·二四
—（吾）㠯（以）甘棠

上（一）·孔·二七
咠—（吾）奚舍之賓贈氏（是）也

上（一）·紂·一四
—（吾）夫＝（大夫）龏（恭）虘（且）匌（儉）

上（二）·魯·一
母乃遊（失）者（諸）型（刑）與悳（德）—（乎）

上（二）·魯·三
—（吾）女（若）逋（重）命（名）丌（其）與（歟）

上（二）·魯·四
或（何）必寺（恃）虐（乎）名—（乎）

上（二）·魯·五
或（何）必寺（恃）虐（乎）名—（乎）

上（二）·魯·四
或（何）必寺（恃）—（乎）名虐（乎）

上（二）·魯·五
或（何）必寺（恃）—（乎）名虐（乎）

包二·二五三
二罜—

包二·二五四
二—盇

包二·二五三
二晒白之—

包二·二五四
二晒白之—

仰二五·三五
羽—一域

仰二五·三六
龍—一域

望二·四五
四—

望二·五八
以二—丹秋之宧

信二·〇一一
白—

信二·〇一九
一草罷—

上（一）·紂·一四
隹（惟）复（作）五—之型（刑）曰金」

上（一）·孔·一二
不亦能改（怡）—

上（一）·孔·一三
不亦又逹—（乎）

上（一）·孔·二三
冬（終）—（乎）不猒（厭）人

上（五）·季·一一
是左（佐）—（乎）

虘

郭·語一·三〇 智（知）道—（然）句（後）智（知）命

郭·語一·六一 正不達慶生虖（乎）不達其—（然）也

郭·語一·三〇 —（然）句（後）智（知）道

郭·語一·三〇 智（知）道—（然）句（後）智（知）命

郭·語一·五九 正（政）其—（然）而行，治安尔也

郭·語一·六一 正（政）不達，慶（且）生虖（乎）不達其—（然）也

郭·語一·六三 智（知）豊（禮）—（然）句（後）智（知）型（形）

郭·語一·二八 其智（知）尃（博），—（然）句（後）智（知）命

郭·語一·六七 政其—（然）而行，怠（治）安

盧

上（一）·紂·四 歎惡㠯（以）—民淫

⿸虍夆

包二·八一 周賜訟鄗之兵—執事人宫司馬競丁

包二·二六九 一和龍—

包二·二七〇 駁右二真𩍐—

包牘一 一和龍—

包二·牘一 駁右二真𩍐—

仰二五·七 □□之—衣

秦九九·六 ▨一—一□▨

天策 行服—二真

天策 兩馬—

天策 三真—

天策 三真—

天策 三真行—

天策 三真行—

天策 三真行—

天策 驪=—

天策 驪=—
郭·語三·五〇 —於悳(德)
上(二)·容·五一 粡(帶)—(甲)三千

上(四)·曹·三一 遊(失)車—(甲)
上(四)·曹·三九 人之—(甲)不緊(堅)

上(四)·曹·三九 我—(甲)必緊(堅)
清(一)·耆·二 辛公詎—(甲)爲立(位)

虢

包二·四二 不詧(察)公孫—之佢之死
清(二)·繫·八九 爾(弭)天下之—(甲)兵
清(二)·繫·九七 爾(弭)天下之—(甲)兵

清(二)·繫·一〇二 七戠(歲)不解—(甲)

虩

天卜 田邑與兵—(甲)之事
虩字之異文。

虎

包二·一四九 陵让尹塙以楊—斂閘金於郕敓
包二·二七一 —長
包二·二七三 —長

包牘一 —長
天策 —毳
天策 —韔
天策 —韔
望二·一五 禺純—▨

望二·五〇 一雙—(琥)
曾六二 —韔
曾八〇 —雺
上(二)·民·二 『三亡(無)』—
上(二)·民·五 民之父母—(乎)

上(三)·周·二五 —見(視)轟=(眈眈)
上(四)·采·四 募—
上(四)·逸·交二 若豹若—

上(五)·三德·一八 豻貌飤(食)—
清(一)·祭·四 於(鳴)—(呼)
清(一)·祭·八 於(鳴)—(呼)

虢

於 清(一)·祭·一四 於(嗚)—(呼)

清(一)·祭·一五 於(嗚)—(呼)

清(一)·祭·一七 於(嗚)—(呼)

清(二)·繫·一〇五 子—銜(率)𠂤(師)戕(救)楚

清(五)·湯丘·三 此可以和民—(乎)

清(五)·湯丘·一八 是非㤅(愛)民—(乎)

清(五)·湯丘·一九 是非共(恭)命—(乎)

清(五)·湯門·一 古之先帝亦有良言青(情)至於今—(乎)

䖑

曾八 —䒵之轟

曾二四 —雺

曾九三 —契之雺

曾一〇三 —首之𣭻

曾一三 —韔

曾二六 —韔

曾二九 —韔

曾一正 —韔

曾三六 —韔

曾六五 —韔

曾一〇五 —韔

曾一三 —䒵之轟

曾四二 —韔

曾六〇 —韔

曾三二 屯—䒵之轟

曾四二 —䒵之轟

曾六五 —䒵之轟

曾九九 屯—䒵之轟

曾九八 —䒵之𣭻

曾一八 —首之雺

曾二八 —首之雺

曾一〇二 一—䒵之轟

虎之異體。

虢

包二·一五 登— 人名

包二·一三〇 郘— 人名

包二·一六二 盬— 人名

包二·一七三 盬—

瞽　勮　盧　庫

新甲一·二五 禮公子—(虩)命彭定以少(小)冟(尨)黔爲君貞

新甲三·三七四、三八五 䀠於疋—(虩)

〓 上(六)·用·五 盍事—〓(赫赫)

清(四)·筮·祟四六 女子大面端—(赫)死

郭·五·二五 —(虩)虞(虩)才(在)上

郭·五·二五 —〈虞(虩)虞(虩)〉,聖也

虞

望一·一三六 ☒□公—☒

新乙一·一六 公子—(虩)命諸生吕(以)衛□☒

包二·一八〇 鹽—

上(一)·紂·九 —一(虩虩)帀(師)尹

郭·緇·一六 —(虩)虞(虩)帀(師)尹

訛形。

新零·四五二 —(皆)告虞(且)禱之☒

清(二)·繫·一一〇 盍—(盧)卽殜(世)

清(二)·繫·八四 吴王盍—(盧)乃歸(歸)

清(二)·繫·一〇九 與吴王盍—(盧)伐楚

新甲一·四 曆禱一—

新甲一·一五 ☒於司命一—

新乙一·一五 司命、司禍(禍)各一—

新零·三五一 ☒一—☒

新乙三·二七 ☒—斪(祈)之

新零·一五 ☒(司)命一—

上(五)·弟·二〇 子—(乘)虐(乎)軒而虐未見邦而信禨

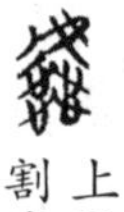
上(六)·競·一 割瘈與梨丘—(據)言於公曰

上(六)·孔·二二 —(予)不赴

𧇊

上（六）・用・六　—（脣）亡齒倉

虡

上（六）・用・一四　弖（强）君—（虐）政

清（一）・皇・一　穫又耆耇—（慮）事嘐（屏）朕立（位）

𧇾

清（三）・芮・一〇　則畏（威）—（虐）之

清（一）・尹至・二　隹（惟）胾（災）—（虐）悳（極）瀀（暴）𤸫

清（三）・芮・一七　自卭（起）俴（殘）—（虐）

清（一）・金・三　𩔾（遘）𧗃（害）—（虐）疾

𧆨

清（三）・良・三　又（有）—（虢）弔（叔）

清（三）・良・八　—（虢）弔（叔）

𧇗

清（五）・殷・二〇　—（洃）𧢲（祇）不易

盂

上（二）・容・四四　視（寘）—庚（炭）亓下

盛

包二・一二五　宋客—公𩾷𤔲楚之戢

包二・一三二　宋客—公𩾷之戢

包二・一九七　宋客—公𩾷𤔲於楚之戢

包二・一九九　宋客—公𩾷𤔲於楚之戢

包二・二〇一　宋客—公𩾷𤔲於楚之戢

郭・唐・二　聖之—也

上（一）・孔・二　大頣（夏）—悳（德）也

新乙一・一三　或𢼸禱於—武君

盬　臣

包・一二四　皆以甘—之戢（歲）

包・二六五　二𠫵—

盬字異體。

匚

望二·四六
☐—二會盞

郭·窮·三
匋（陶）笤（拍）於河—

上（二）·從（甲）·五
—（固）三折（誓）

新甲三·二〇三
吴憙（喜）受一—

新甲三·二〇六
孫達受一—

新甲三·二二〇
一—

新甲三·二二〇
宋良志受三（四）—

新甲三·二九二
馭昊（昃）受九—

新甲三·二九四、零·三三四
攻婁連爲攻人受六—

新甲三·二二四
☐某棐（榗）冬御釮受十—

新零·三四三
☐宋木受一—

盎

望二·五一
一豕—

鎜

鎜

信二·〇三
一戚—之柜

从鎜之省形。

益

包二·一〇七
郘異之黄金卅—二—以翟穜

包二·一〇五
郘異之黄金七—以翟穜

包二·一〇六
郘異之黄金七—以翟穜

包二·一一七
肰異之金卅=—二—

包二·一四六
豕玫苛忲利之金一—刜—

信二·〇一六
八—

盈

温

九·五六·四七
尻（居）之不—（盈）志

上（五）·三德·八
唯（雖）—（盈）必虚

上（六）·用·一七 亡咎隹（惟）—（盈）
清（三）·芮·四 圄（滿）—（盈）

涅
包二·一四九 —滂一賽
包二·一五六 □執命爲王穀取郲不—穀而逃命
郭·老甲·一六 高下之相—（盈）也

郭·老甲·三七 桼（殖）而—（盈）也
郭·老甲·三八 金玉—（盈）室
郭·老乙·一四 大—（盈）若中（盅）

郭·性·六四 苤（怒）谷（欲）—（盈）而毋𢦏
郭·太·七 罷（一）块（缺）罷（一）—（盈）

郭·語一·一〇〇 —聖之胃（謂）聖
郭·語四·二四 金玉—（盈）室不女（如）悔（謀）

上（三）·亙·四 信—（盈）天墜（地）
上（六）·競·九 番—壐（臧）菖（言）吏

上（七）·武·一一 亦又（有）不—（盈）於十言
上（七）·凡甲·一〇 牺（將）可（何）—（盈）

上（七）·凡乙·八 牺（將）可（何）—（盈）
清（一）·楚·八 乃渭疆—之波（陂）而宇人女（焉）

清（一）·楚·八 至文王自疆—遷（徙）居湫〓郢〓
清（一）·楚·九 至成王自箬郢遷衷（襲）湫〓—〓

盁
上（二）·子·七 道不奉—

[登/皿]
包·二六五 二—貞（鼎）

字頭	字形	出處	字形	出處
⿰火⿱亞皿		信二・〇二八 茖羨—		
⿱儢皿		郭・五・四九 —也		
⿰酉⿱兒皿		新甲三・三二〇 䣾於—取		新甲三・三四五－二 ▨—一秥▨
⿰糹⿱鄉皿		上（二）・容・二一 —（宰）不折骨		
⿱丞皿		上（六）・平王與・三 盬（醢）—不㚟（爨）		
⿰酉⿱甚皿		上（六）・平王與・四 先君智（知）—不盍		
盬		上（六）・平王與・三 —（醢）盉不㚟（爨）		上（六）・平王與・四 —（醢）不㚟（爨）
⿱蜀皿		上（五）・鮑・三 豚人洒迿倘器必—（蠲）䙷（視）		上（五）・鮑・五 公弗詰—（蠲）
		上（六）・天甲・八 邦君飤（食）—（濁）		上（六）・天乙・七 邦君飤（食）—（濁）
⿱廷皿		清（一）・金・四 命于帝—（廷）		
⿱孔皿		清（二）・繫・七四 是少—		清（二）・繫・七六 敓之少—

⿱孫皿

清(二)·繫·七七
亓(其)子墨(黑)要也或(又)室少—

清(二)·繫·七八
司馬子反與繡(申)公争少—

清(二)·繫·七九
繡(申)公繖(竊)載少—以行

清(三)·赤·一
脂(旨)—(羹)之

清(三)·赤·二
少(小)臣旣—(羹)

清(三)·赤·二
嘗我於而(尔)—(羹)

清(三)·赤·三
少(小)臣自堂下受紝巟—(羹)

清(三)·赤·五
簹(孰)湆(調)虐(吾)—(羹)

⿱龍皿

清(五)·封·七
龍—(𩰫)

盤

清(五)·封·七
—(簋)鈚(䚈)錙(卣)恖(格)

去

郭·老甲·一八
是以弗—也

郭·老乙·四
相—可(何)若

郭·老乙·四
相—幾何(何)

郭·語三·四
不敓(悅),可—也

郭·語一·一〇一
鑵,可—可逯(歸)

新甲三·一三二、一三〇
死(恒)遟(徙)—□

新甲三·一六五
□遟(徙)—氏(是)凥(處)也

上(五)·君·六
毋欽毋—

上(七)·君乙·六
含君王聿—耳目之欲

清（四）·筮·男一九
〈〈〈〈㕣（凡）男上—

清（四）·筮·男二〇
〈〈〈〈式（二）下—弍（一）

清（四）·筮·小得三〇
〈〈〈三埅（邦）—政已

䢖

上（四）·曹·四三
亓—（去）之不逮

迲

天卞
期宋牺遖—（去）處不爲友

从辵與古璽—形同。

天卞
☐期宋—（去）處以是故敓☐

郭·老乙·八
若可（何）以—（去）天下矣

郭·成·二一
其—（去）人弗遠俟（矣）

九·五六·一五下
□—（去）遲（徙）豪（家）

上（一）·孔·二〇
希（幣）帛之不可—（去）也

上（二）·容·一九
—（去）蠱（苛）而行柬（簡）

上（二）·容·一六
柴（禍）才（災）—（去）亡

上（二）·容·四一
—（去）之桑（蒼）虐（梧）之埜（野）

上（三）·彭·二
三—（去）丌二

上（四）·柬·一二
吕（以）—（去）邦家

上（五）·競·八
此能從善而—（去）祇（禍）者

上（五）·君·三
欲—（去）之而不可

上（五）·弟·一三
不曲方（防）以—（去）人

上（五）·三德·二〇
噌—（去）吕毋（謀）

衁

仰二五·二九
五銖—（皿）

郭·六·一五
非我—獎（氣）之新（親）

郭·語一·四五
凡又（有）—獎（氣）者

郭·唐·二 妃(配)虖(乎)脂膚(肤)—㤅(氣)之青(情)

上(三)·周·二 孫(需)于—

上(三)·周·五五 饅(渙)丌(其)—

清(四)·筮·文五四 爲—

清(五)·封·五 虔(虔)—(恤)王豕(家)

卹

新乙四·九五 卯—也

新零·一一四 勿—亡(無)咎☐

上(三)·周·三八 勿—(恤)

上(三)·周·四二 勿—(恤)

上(五)·三德·一六 不㡭(絶)慐(憂)—(恤)

清(一)·皇·二 王則不共(恐)于—

清(一)·皇·三 堇(勤)—王邦王豕(家)

清(一)·皇·八 弗—王邦王豕(家)

清(一)·皇·一三 皆—尔(爾)邦

清(三)·芮·一 莫—邦之不盜(寧)

清(三)·芮·六 —邦之不䀐(臧)

清(五)·湯門·一七 民咸解體自—(恤)

清(五)·殷·一八 —(恤)遠而悉(謀)新(親)

盡

盡

上(一)·紂·一二 毋昌(以)辟(嬖)御—妝后

上(一)·紂·一二 毋昌辟士—夫₌向(卿)使(士)

省形。

盍

信二·〇一二 十甌垪純又—

包二·二五四 一鐊—

朱駿聲云：今隸作盍，从去从皿，深得六書之意。疑篆文本从去皿不从大血也。孳乳爲蓋。

包二・二五四 二虜—

信二・〇一四 一湯鼎純又—

信二・〇一四 二銅純又—

信二・〇一九 一草麗膚■絵褱■又—

信二・〇二四 一馬匜純又—

仰二五・二八 一鄰鈚皆又—

望二・九 紫—

望二・五三 二卯缶又—

望二・四六 六牘又—

望二・四六 四盌又—

望二・五〇 一金□又—

九・五六・一八 —於辰

九・五六・一九 —於巳

九・五六・二一 —於未

九・五六・二三 —於申

九・五六・二四 —於戌

上(六)・競・二正 —致(殊)之二子祭(急)犕

上(六)・競・一一 —必死愈爲樂虐(乎)

上(六)・用・五 —事虩=

上(七)・武・二 —菑(齋)唐(乎)

上(七)・吳・九 我先君—(闔)盧

清(一)・皇・六 王用能—(奄)又(有)四叕(鄰)

清(一)・皇・一〇 乃弇—(蓋)善=夫=

清(一)・楚・一二 —(闔)虜(盧)内(入)郢

清(二)・繫・一四 飛曆(廉)東逃于商—(蓋)氏

清(二)・繫・一四 成王伐商—(蓋)

清(二)・繫・一五 西𨙸(遷)商—(蓋)之民于邾虘

清(二)・繫・八四 吳王—(闔)虜(盧)乃歸(歸)

清(二)・繫・一〇九 與吳王—(闔)虜伐楚

清(二)・繫・一一〇 —(闔)虜卲殜(世)

清(三)・說下・八 隹寺(時)大戊—(謙)曰

䘙

帛甲六・二六
非九天則大—

帛甲五・一〇
山陵傒—

主

上(三)・亙・七
恙(詳)宜利—

丹

包二・七六
舒— 人名

包二・九二
以其喪其子—

包二・一七〇
喜池人宋— 人名

信二・〇一五
一—緅之衦

望二・四七
—緅之裏

望二・二
—厚緅之純

望二・二
—緟之屋

望二・五八
—秋之宦

望二・一〇
—緟之裏

望二・二三
—厚緅之裏

望二・二
—緅联綣之緄

望二・二
—厚緅之緄

望二・四八
—緅之緰

望二・四七
—緅之固

望二・四七
—緅之衣

望二・五〇
—秋之阩絶

望二・六
—厚緅之釐胄

望二・二
—緅之軒夬

望二・二
—緅之釐

新乙四・一四一
黽尹—吕(以)承國爲☐

上(二)・容・六
昔堯尻(處)於—府與藋陵之閗(間)

上(七)・武・一三
大图覞(望)奉—箸(書)吕(以)朝

上(七)・武・一三
—箸(書)之言又(有)之曰

清(五)・厚・一二
女(如)—之才(在)朱

包二・一六
諠之新佁让尹—

包二・二六八
—黄之緾

省形。

膢

丹 上(二)·容·三八 習(?)爲—宫

絣 望二·四八 —(丹)絥之繝(襡) 丹字異體。

膢

曾一正 —輪　曾三 —紳賠　曾四 —輪

曾七 —輪　曾一三 —輪

曾一五 —紳　曾一八 —紳　曾二三 —輪

曾二五 —輪　曾二八 —紳

曾三八 —紳　曾九一 —紳　曾三八 —輪

腹 包二·六二 疋— 人名　包二·六五 鈇— 人名　包二·九四 苛— 人名　包二·一一九反 秀—志 人名

包二·一六三 周惕之人—　包二·一九三 郘— 人名　包二·一八二 鄨—志 人名　包二·一八六 鄨—志

天卜 軋—志 人名　天卜 軋—志 人名　天卜 軋— 人名

天卜 軋—　天卜 纆— 人名　天策 寨糈尹—疠一革轡

望一・一七〇 軛—

上(四)・曹・六一 賞—(獲)詔芓(蒽)

上(四)・曹・六二 女(如)上—(獲)而上鼾(聞)

清(一)・程・四 壘=(化爲)—

清(一)・皇・九 亓(其)由(猶)克又(有)—(獲)

清(二)・繫・二六 —(獲)哀侯以歸

清(三)・赤・一 湯豉(射)之—(獲)之

形

包二・二二三 —箬 卜具

包二・二五三 二孠膚皆—中

天卜 箬—

曾一三〇 鷺=—甲

曾三二 鄎■蠶馭左—屌

曾三八 黄■拂馭右—鞴

曾一三〇 馭左—屌

曾一三五 鷺=—甲

望二・一三 —类，黄末

曾一二六 鷺=—甲

曾一二七 鷺=—甲

新甲三・三一二 齜於下—蘽

新甲三・七二 ▨以毙之大—簪(筮)爲君貞

賸

新甲三・七一 ▨—篆占之曰：吉▨

青

包二・三一 —辛 人名

包二・一二九 一—犨

包二・一九三 王— 人名

包二・二五六 一算—

包二・二六二 一齙—之裹

信二・〇一 屯—黄之象

信二・〇三 漆—黄之象

信二・〇一二 緅與—絵之磐囊七

帛甲五·二四
—木

郭·老甲·三二
我好—(静)而民自正

郭·老乙·一五
—(清)勳(勝)然(熱)

郭·性·二〇
君子媺(美)其—(情)

郭·性·三八
—(情)安遊(失)才(哉)

郭·性·四〇
—(情)出於青(性)

郭·性·四〇
信，—(情)之方也

郭·性·四二
甬(用)—(情)之至者

郭·性·四七
不又(有)夫憺(奮)猝(作)之—(情)則悉(懋)

郭·性·五〇
句(苟)以其—(情)

郭·性·五〇
凡人—(情)爲可兑(悦)也

郭·性·五〇
不以其—(情)

郭·性·五一
句(苟)又(有)其—(情)

郭·性·五一
又(有)媺(美)—(情)者也

郭·太·一〇
—(請)昏(聞)其名

郭·唐·二
妃(配)虖(乎)脂膚(肤)血勞(氣)之—(情)

上(二)·容·二〇
四海(海)之外皆—(請)社(貢)

上(二)·容·三
思役百官而月—(請)之

新乙一·一五
公北坒(地)宔(主)各一—義(犧)

上(三)·中·二〇
所淶(竭)丌—(情)

上(四)·曹·三四
吕觀卡=之—(情)憍(僞)

上(五)·季·一
—(請)昏(問)

上(五)·季·二
—(請)昏可胃急(仁)之吕(以)悳(德)

上(五)·姑·五
而又(有)遂(後)—(請)

上(六)·競·七 毋専—(情)

上(六)·競·七 —(請)不隻(獲)

上(六)·天乙·四 型(刑)屯用—(情)

上(七)·吳·三正 —(請)城(成)於楚

上(七)·吳·四 虞(且)—(請)亓(其)行

清(三)·說下·八 弗易百—(姓)

清(三)·說下·九 虐(吾)乃専(敷)之于百—(姓)

清(四)·筮·卦六〇 —色

清(五)·湯門·一 古之先帝亦有良言—(情)至於今虎(乎)

郭·語一·八八 —(清)深(廟)之慶也

郭·語三·四四 慶(文)衣(依)勿(物)以—(情)

上(一)·紂·一九 —(精)𥿉(知)陛而行之

上(一)·孔·二八 —蠱智(知)

静

郭·老甲·五 古(故)天下莫能與之—(争)

郭·老甲·五 以其不—(争)也

郭·尊·一四 則民埜(野)以—(争)

郭·尊·二七 十之方—

郭·語二·二 —(争)生於悟

郭·語二·一二 尚(黨)生於—

上(一)·紂·二 —龏(恭)尔立(位)

上(一)·紂·六 則下之爲𢚩(仁)也—(争)先

上(二)·容·一三 昔[者]埶(舜)—(耕)於鬲(鬲)丘

清（三）·芮·一
悳（恆）—（爭）于稟（富）

清（三）·芮·一三
悳（恆）—（爭）獻亓（其）力

清（三）·芮·一六
于可又（有）—（爭）

觔

上（四）·內·一〇
才（在）少（小）不—（爭）

井

九·五六·四七
是胃（謂）虛—

上（六）·用·四
五—（刑）不行

上（六）·用·一三
兇（凶）—（刑）厲政

上（六）·用·一四
折（制）灋（法）即（節）—（刑）

上（六）·用·一六
柬亓（其）又（有）亙（恒）—（形）

荓

九·五六·二七
㞢（鑒）—、行水事

上（三）·周·四四
㐬六—

上（三）·周·四四
攺邑不攺—

上（三）·周·四四
—浴（谷）弦（射）豿（鮒）

上（三）·周·四四
舊—亡（无）禽（禽）

上（三）·周·四四
—普不飤（食）

上（三）·周·四四
逩（往）銮（來）—

上（三）·周·四四
亦母（毋）䝈（繘）—

上（三）·周·四五
—鱅（甃）

上（三）·周·四五
—槧（冽）

上（三）·周·四五
—朻（救）不飤（食）

上（三）·周·四五
—朻（救）勿寞

《説文》『阱』之古文，帛本、今本皆作『井』。

丼

清（一）·祭·九
乃詔（召）羅（畢）䡿—（井）利毛班

刑

荆

曾七五 —輴之輪

清(一)·皇·四 敷(敷)明—

清(一)·皇·七 廼弗肯用先王之明—

清(五)·厚·六 弗甬先剝(哲)王孔甲之典—

㓷

清(一)·皇·一 繇(肆)朕谘人非敢不用明—

清(五)·湯門·七 三月乃—(形)

罣

上(四)·柬·一二 而—(刑)之吕(以)漳(旱)

上(四)·柬·一二 此爲君者之—(刑)

即

信一·〇八 章與—戈

望二·一三 二—

郭·老丙·一 其—(次)新(親)譽之

郭·老丙·一 其—(次)柔(侮)之

郭·性·一七 體其宜(義)而—(節)慶(文)之

郭·性·三九 敬,勿(物)之—(節)也

郭·性·二〇 所以慶(文)—(節)也

郭·性·二〇 或舍(叙)爲之—(節)則慶(文)也

郭·性·二一 善其—(節)

郭·性·二六 其居—(次)也舊

郭·成·一七 智而比—(次)

郭·語一·九七 —(節)慶(文)者也

上(一)·孔·八 —南山

上(一)·性·三三 勿(物)之—(則)也

上(二)·容·四九 武王—立(位)

上(二)·容·五〇 其—(次)

上(三)·周·五 復(復)—命愈(渝)

上(六)·孔·二 言—至矣

上（六）·用·一四 折（制）灋（法）—（節）井（刑）

清（一）·楚·一二 競（景）坪（平）王—立（位）

清（三）·祝·三 陽（揚）武—救（求）尚（當）

清（三）·祝·四 陽（揚）武—救（求）尚（當）

清（三）·祝·五 陽（揚）武—救（求）尚（當）

清（二）·繫·三 洹王—立（位）

清（二）·繫·一〇 武公—殜（世）

清（二）·繫·一〇 臧（莊）公—立（位）

清（二）·繫·一〇 臧（莊）公—殜（世）

清（二）·繫·一〇 卲（昭）公—立（位）

清（二）·繫·一五 周室—（既）庳（卑）

清（二）·繫·二一 文公—殜（世）

清（二）·繫·二一 成公—立（位）

清（二）·繫·三八 褭（懷）公—立（位）

清（二）·繫·五八 穆王—殜（世）

清（二）·繫·五八 臧（莊）王—立（位）

清（二）·繫·七七 臧（莊）王—殜（世）

清（二）·繫·七七 龏（共）王—立（位）

清（二）·繫·八〇 霝（靈）王—殜（世）

清（二）·繫·八一 競（景）坪（平）王—立（位）

清（二）·繫·八二 競（景）坪（平）王—殜（世）

清（二）·繫·八二 卲（昭）王—立（位）

清（二）·繫·八七 柬（厲）公—立（位）

清（二）·繫·九一 晉臧（莊）坪（平）公—立（位）兀（元）年

清（二）·繫·九七 康王—殜（世）

既

清(二)·繫·九七 乳=王—立(位)

清(二)·繫·九八 乳=王—殜(世)

清(二)·繫·九八 霝(靈)王—立(位)

清(二)·繫·九九 競(景)坪(平)王—立(位)

清(二)·繫·一〇〇 柬(簡)公—立(位)

清(二)·繫·一〇〇 競(景)坪(平)王—殜(世)

清(二)·繫·一〇〇 卲(昭)王—立(位)

清(二)·繫·一〇四 競(景)坪(平)王—立(位)

清(二)·繫·一〇四 競(景)坪(平)王—殜(世)

清(二)·繫·一〇五 卲(昭)王—立(位)

清(二)·繫·一〇六 卲(昭)王—殜(世)

清(二)·繫·一一〇 盍虜—殜(世)

清(二)·繫·一一〇 夫秦(差)王—立(位)

清(二)·繫·一一九 楚聖(聲)趄(桓)王—立(位)

清(二)·繫·一二七 聖(聲)王—殜(世)

清(二)·繫·一二七 勿(悼)折(哲)王—立(位)

欧

包二·一六 —皆至典

包二·一二八反 —涉於喬與

包二·一二八反 其謹，戠言市—以返郢

包二·一三四 —以至命於子郙公

包二·一五五反 —言之，謴之左尹

包二·二〇四 凡此箬也—聿遏

包二·二一五 —皆城

包二·二二五 —禱至命

包二·八〇 —發笇，執勿遊(失)

包二·一二五反 —發笇

包二·一二二 場賈—走於前

包二·一二二 女返—走於前

包二·一二二 不割—走於前

包二·一二三 郙傳之伎—走於前

包二·一二三 皆—槑

包二·二二一 —又病

包二·二二三 —又病

包二·二二四 —禱至命

包二·二三六 —腹心疾

包二·二三九 —腹心疾

包二·二四二 —腹心疾

包二·二四五 —腹心疾

包二·二四七 —腹心疾

秦一三·五 貞—□禱戠牛於五禩王父王▨

天卜 —又閒己寍與膃湫

天卜 —逗於王

天卜 —訛處其新室

天卜 —啻祭惠公

天卜 胚(背)雁(膺)疾—

天卜 —胚(背)雁(膺)疾

天卜 —愈然以寍=然不欲食

天卜 —滄然以寍=然不欲食

天卜 —賽

天卜 —賽卓公

天卜 —賽

望一·三七 —心孛

望一·三六 —心

望一·八八 聖王悤王—賽禱

望一·一一二 —饋

望一·九 —牂

望一·一三五 —禱未賽

郭·老甲·二〇 名亦—又(有)

郭·老丙·五 而不可—也

郭·老丙·一 其—〈即(次)〉愄(畏)之

郭·五·一〇 —見君子

郭·五·一〇 亦—訽(覩)止(之)

郭·五·一〇 亦—見止(之)

郭·五·一二 —見君子

郭·緇·一九 我—見

郭·緇·四六 我龜—猒(厭)

郭·六·九 —又(有)夫六立(位)也

郭·六·一〇 六戠(職)—分

郭·六·二〇 —生畜之

郭・語四・五
—得其級

上(二)・民・五
「五至」—䎽(問)之矣

上(二)・民・一三
志—旻(得)

上(二)・民・一三
槩(氣)志—從

上(二)・民・七
而旻(得)—(氣)塞於四海(海)矣

上(二)・容・二三
垔(禹)—已

上(二)・容・二八
句(后)稷(稷)—已受命

上(二)・容・二九
咎(皐)砧(陶)—已受命

上(二)・容・三〇
數—受命

上(二)・容・三七
泗(伊)尹—已受命

新甲一・二五
—伓(背)□

新甲三・六
□坪夜君貞：—

新甲三・一〇〇
□貞：—肧(背)膗(膺)疾

新甲三・一一三
—又(有)疾

新甲三・一八九
—心宻(悶)、痵(肨)痮(脹)

新甲三・一八九
卜筶(筮)爲位，—□

新甲三・一九四
—又(有)疾

新甲三・二〇一
—敓之□

新甲三・二一九
—爲貞

新甲三・二一五
—心□

新甲三・二三三、一九〇
—心疾

新甲三・二四六
□豢爲坪夜君貞：—□

新甲三・二五七
—伓(背)、雁(膺)疾

新乙四・八
—骱(背)、膗(膺)疾，㠯(以)髋(胛)疾□

新乙三・二二
—伓(背)、雁(膺)疾

新乙三・五一
□貞：—伓(背)、雁(膺)疾

上(四)・昭・一
室—成

上(四)・昭・五
尔古須(鬚)—格(格)

上(四)・曹・一
型—城(成)矣

上(四)·曹·四〇
—成耆(教)矣

上(五)·競·三
—祭安(焉)

上(五)·競·四
—祭之

上(五)·鮑·八
—至齊陛(地)

上(五)·姑·一〇
參(三)𡉚(郤)—亡

上(六)·莊·一背
㠯(以)臧(莊)王—成時四叜之賔

清(一)·尹誥·一
隹尹—返(及)湯咸又(有)一悳(德)

清(一)·程·一
隹王元祀貞(正)月—生朗(魄)

清(一)·程·五
旨味—甬(用)

清(一)·保·六
夋(舜)—旻(得)中

清(一)·耆·五
鐙(輶)尭(乘)—弍(飭)

清(一)·耆·七
—醉又蠢(侑)

清(一)·金·一
武王—克𢽳(殷)三年

清(一)·皇·五
是人斯—𧇚(助)氒(厥)

清(一)·皇·一三
—告女𡰥(元)悳(德)之行

清(一)·楚·四
室—成

清(一)·祭·一四
藍(監)于頣(夏)商之—敗(敗)

清(一)·祭·一五
—氾乃又(有)顚(履)宗

清(二)·繫·七〇
—會者(諸)侯

清(二)·繫·一七
周公—躗殷民于洛邑

清(三)·說下·七
余—訊故訟(怭)女(汝)

清(三)·芮·二〇
䌖剌(斷)—政而五想柔訛(比)

清(三)·赤·二
少(小)臣—蜜(羹)之

清(五)·命·五
六亟(極)—達

清(五)·湯丘·一九
君—濬明

清（五）·湯丘·一九 —受君命

清（五）·殷·九 —窜（回）或歪（止）

上（七）·凡甲·一 既城（成）—生

上（七）·凡甲·一 —城（成）既生

上（七）·凡乙·一 —城（成）既生

上（七）·凡乙·五 骨〓之—林（靡）

欧

帛乙四·二六 日月—亂

帛乙七·三一 日月—亂

包二·一三七 凡二百人十一人—盟

包二·一三七反 陰之正—爲之累誁

新乙四·四四 —才（在）鄀

新零·三〇三 —廌（薦）之於東陵

上（一）·紂·一一 我—見

上（一）·紂·二四 我龜—肰（厭）

上（一）·孔·一九 —曰天也

新甲一·一七 —城（成），虞（且）□

新甲三·四五 —成□

新甲三·七二 —心疾，以□

新甲三·一三八 □—虘（皆）告

新甲三·二三八 貞：—伓（背）、膺疾

上（三）·周·五三 遾（旅）—宋（釐）

上（三）·亙·九 天道—載

上（三）·彭·八 —㝵（得）昏（聞）道

上（四）·柬·四 —詠而卜之農（表）

上（六）·用·一〇 而譮—返（及）

上（六）·用·一二 —出於口

上（七）·吴·九 今日隹不毌（敏）—卬（莅）矣

清（二）·繫·一三 周武王—克鬠（殷）

清（二）·繫·二八 —見之

皀 爵

清(二)·繫·三四 惠公—内(入)
清(二)·繫·四六 我—旻莫之門箕也
清(二)·繫·九四 晉人—殺繇絰于曲天(沃)

清(二)·繫·一〇四 —閼(縣)陳鄒(蔡)
清(二)·繫·一〇六 卲(昭)王—逡(復)邦

飲
包二·二〇二反 新母—城
包二·二〇二反 新父—城
包二·二〇五 —禱至福
包二·二〇六 —禱至福

清(三)·祝·二 少(小)臣—蓬(羹)之

旣
上(三)·亙·五 智(知)—(既)而亢(荒)

清(五)·封·五 巨(柜)—一卣

寽
上(一)·紂·一五 古(故)不可㠯(以)埶(褻)型(刑)翌—(爵)

篧
上(二)·容·四三 官而不—(爵)
上(二)·容·三二 於是於(乎)训(治)—(爵)而行录(禄)

上(四)·曹·二一 而賞—(爵)又(有)悳
上(四)·曹·三七 毋囚—(爵)

上(四)·曹·五〇 勑(勝)則录(禄)—(爵)又祟(常)
清(一)·耆·三 王夜—(爵)醻(酬)縪(畢)公

清(一)·耆·四 嘉—(爵)速飲(飲)
清(一)·耆·四 逡(後)—(爵)乃從

清（一）·耆·四 王夜—（爵）𢑚（酬）周公

清（一）·耆·六 嘉—（爵）速歙（飲）

清（一）·耆·六 逡（後）—（爵）乃復（復）

清（一）·耆·六 周公夜—（爵）𢑚（酬）縪（畢）公

清（一）·耆·八 周公或夜—（爵）𢑚（酬）王

清（一）·耆·九 周公秉—（爵）未歙（飲）

望一·二三 ☐未又（有）—立

箵

郭·魯·七 ☐录（禄）—（爵）者☐

郭·魯·七 □□義而遠录（禄）—（爵）

食

信二·〇二一 一瓶—醬

天卜 酉（酒）—（食）

天卜 酉—（食）

包二·二五一 —（飤）室之金器

包二·二五七 —室所以眗箕

新乙三·四二 酉（酒）—。☐

新甲三·二四三 酉（酒）—

新乙四·八〇 酉（酒）—

新零·一 牛酉（酒）—

饍

新甲三·二一二、一九九—三 —祭卲（昭）王大牢

養

敹

郭·唐·二 —（養）眚（性）命之正

郭·唐·二 —（養）生而弗敡（傷）

郭·忠·四 不兑（説）而足—（養）者

郭·忠·七 而人—（養）膚（皆）足

郭·唐·一〇 足民—（養）▨

郭·唐·二三 智（知）其能—（養）天下之老也

郭·唐·二七 退而—（養）其生

郭·唐·二八 —（養）不喿（肖）

郭·六·三三 求—（養）新（親）之志

飯

上（五）·弟·八 虐（吾）䎽（聞）父母之喪飤（食）肉女（如）—土

上（二）·魯·六 公剴（豈）不—枊（粱）飤肉才（哉）殹（也）

上（四）·曹·二正 —於土輜（㽸）

飤

包二·一四七 爰屯二僖之—金鋞二鋞

包二·一五一 左馭番戌—田

包二·一五二 欸—田，病於腜（責）

包二·二五六 四簠—

包二·二六六 一—桱

包二·二三六 不甘—

包二·二三九 不甘—

包二·二四二 不甘—

九·五六·三五 秎（利）於畬（飲）—（食）

包二·二二一 不内—

包二·二二三 不内—

包二·二五五 —室之—

包二·二五七 —室所以食箕

包二·二〇〇 酉—

包二·二〇二 酉—

包二·二〇三 酉—

包二·二〇四 酉—

包二·二〇八 酉—

包二·二一〇 酉—

包二·二一一 酉—

包二·二二七 酉—

包二·二二九 酉—

包二·二三三 酉—

秦一三·四 酉—

秦九九·一 酉—

天卜 酉—

天卜 不欲—

望一·九 不内—

望一・一 酉—

望一・三七 不能—

九・五六・三五 居又(有)—(食)

郭・語一・二〇 —(食)與顏(色)與疾

郭・語三・五六 此—(食)乍安

郭・語三・五六 聿(進?)—(食)之衍(道)

郭・語四・一一 —(食)韭(鳩)亞(惡)智(知)終其葉

上(二)・從(甲)・七 見上卒—(食)

上(二)・魯・六 公剴(豈)不飤(飽)杒(粱)—肉才(哉)殹(也)

上(二)・容・三 歓而—(食)之

上(二)・容・四 邦無—(食)人

上(二)・容・二一 —(食)不童(重)昧(味)

上(二)・容・二八 乃飤—(食)

上(二)・容・二八 乃—(食)於埜(野)

上(二)・容・二九 民又(有)余(餘)—(食)

新甲三・二五五 ☐三人之—

新乙三・四二 ☐—。是=(是日)祭王孫厭一家

新零・三〇八 ☐—(食)滕(豢)台(以)滕(豢)

新零・三〇八 ☐—(食)豬台(以)☐

上(三)・周・五 —(食)舊悳(德)

上(三)・周・二二 不豪(家)而—(食)

上(三)・周・四四 朿普不—(食)

上(三)・周・四五 朿杋(救)不—(食)

上(三)・周・四五 寒湶(泉)—(食)

上(三)・周・五〇 畬(飲)—(食)盧=(衎衎)

上(四)・內・九 㠯(以)—(食)亞(惡)

上(四)·曹·一一
—(食)不脊(二)[illegible](味)

上(四)·曹·一五
亓—(食)足吕飤(食)之

上(四)·曹·一五
亓飤(食)足吕—(食)之

上(四)·曹·二一
繡(申)攻(功)而—(食)

上(四)·曹·三〇
□厚—(食)

上(四)·曹·三三
帚—(食)𢧢(華)兵

上(四)·曹·六三
毋亦—(食)餴

上(五)·弟·二三
—其實女(汝)安(焉)能也

上(五)·三德·一二
不歓不—(食)

上(五)·三德·一八
豻貌—(食)虎

上(五)·鬼·六
弗歓(飲)弗—(食)

上(六)·天乙·六
—(食)吕(以)義

上(六)·天乙·六
者(諸)戾—同疳(狀)

上(六)·天乙·七
邦君—(食)蜀(濁)

上(七)·君乙·二
楚邦之中又(有)—(食)田

上(七)·凡甲·六
虗(吾)系(奚)自—之

上(七)·凡甲·八
魂(鬼)之神系(奚)—

上(七)·凡乙·五
虗(吾)系(奚)自—之

清(二)·繫·一〇二
—(食)人

清(三)·赤·六
眾鶩牺(將)—(食)之

清(三)·赤·六
不可—(食)也

清(三)·赤·六
于—(食)亓(其)祭

清(五)·厚·一三
日酉(酒)非—(食)

清(五)·湯丘·二 湯亦—(食)之

清(五)·湯丘·七 未能亓(其)事而旻(得)其—(食)

清(五)·殷·八 亞(惡)非(必)亡(無)—

清(五)·殷·八 殜=至于逡(後)—(嗣)

臥

包二·二四五 不甘—

包二·二四七 不甘—

郭·成·一三 戎(農)夫柔(務)—(食)不强耕

天策 一齒—

上(五)·鮑·六 偈舀(牙)人之與偖而—(食)人

清(五)·湯丘·一 少(小)臣善爲—(食)

清(五)·湯丘·一 又(有)郣(莘)之女—(食)之

清(五)·湯丘·一五 —(食)時不旨(嗜)饍(饕)

清(五)·湯丘·一八 餡(饑)又(有)所—(食)

饋

包二·二〇〇 —之

包二·二〇二 —之

包二·二〇三 —之

包二·二〇五 —之

包二·二〇六 —之

包二·二一四 —之

包二·二一四 —之

包二·二一五 —之

包二·二二三 —之

包二·二二四 —之

包二·二四〇 —之

包二·二四一 —之

新乙一·二九、三〇 獻(獻)惠王各大牢—

新零·二三〇 ☐—之於黃李

包二·二五〇 —之

天卜 罷禱惠公戠豢豕—

天卜 ☐豢豕—

天卜 冬栾至嘗於社戠牛—之

天卜 賽禱惠公戠豢—之

饋

望一・二〇
─祭之

望一・二〇
─之

新甲二・三八、三九
☐樂之，─祭子西君，𤔲

新甲三・一三六
㠯(以)罷禱大牢─

新甲三・一四五
☐─，延鐘樂之☐

新零・一三
☐各大㽬(牢)─

新甲三・二〇〇
舉禱子西君、文夫人各戠牛─

新甲三・二〇九
☐競坪(平)王大㽬(牢)─

新甲三・二六一
☐大㽬(牢)─

新甲三・三〇四
大牖(牢)─之於黃李

新甲三・四一九
大牢─之☐

清(三)・赤・五
少(小)臣─

饋

包二・二四三
─之

包二・二四八
─之

飽

𣪘

上(七)・凡甲・七
虗(吾)女(如)之可(何)思─(饔)

上(七)・凡乙・六
虗(吾)女(如)之可思─(饔)

《說文》古文。

飢

清(二)・繫・一〇二
晉𠂤(師)大疫虘(且)─

餡

上(二)・從(甲)・一九
─滄而毋敓

清(五)・湯丘・一八
─(饑)又(有)所飤(食)

飵

包二・二五七
𥧈─二箕

包二・二五七
白─二箕

《集韻・支韻》有飵字。

䭫

郭・緇・三三
行則─(旨)其所幣(敝)

饕

信二·〇一七　二—眞

⿰飠成

包二·一三〇　—公鴋之戠

與包二·一二五、一三二、一九七等文例相同，疑「⿰飠成」與「盛」異文。

飦

信二·〇四　一良圓—戠紡䋊絅良馬蒐翠䊦

⿰飠林

信二·〇一四　一沫之—

⿰飠㐬

上(四)·曹·六三　毋亦飤(食)—

飢

清(四)·筮·爻五三　才(在)上爲—(醪)

⿰飠方

清(五)·湯丘·一　鹽(絶)—(芳)旨以飿(粹)

飿

清(五)·湯丘·二　鹽(絶)⿰飠方(芳)旨以—(粹)

饍

清(五)·湯丘·一五　飤(食)時不旨(嗜)—(饕)

合

合

包二·八三　胃殺嗌昜公—

包二·一六六　晋—之人鄝得

包二·二一〇　郿—　人名

包二·二一四　郿—

郭·老甲·二六　—☐

上(二)·魯·三　毋乃胃(謂)丘之—(答)非與(歟)

新甲三·二三三、一九〇　㠯(以)—於伓(背)

上(四)·曹·七
臣是古(故)不敢吕古(故)—(答)

上(四)·曹·一三
蔽(曹)藪(沫)—(答)曰

上(四)·曹·二〇
敓(曹)藪(沫)—(答)曰

上(四)·曹·二四
—(答)曰

上(四)·曹·三四
—(答)曰

上(四)·曹·三五
—(答)曰

上(四)·曹·三六
—(答)曰

上(四)·曹·三八
—(答)曰

上(四)·曹·四〇
—(答)曰

上(四)·曹·四二
—(答)曰

上(四)·曹·四三
—(答)曰

上(四)·曹·四五
—(答)曰

上(四)·曹·四六
—(答)曰

上(四)·曹·四九
—(答)曰

上(四)·曹·五〇
—(答)曰

上(四)·曹·五三
—(答)曰

上(四)·曹·五四
—(答)曰

上(四)·曹·五六
—(答)曰

上(四)·曹·五七
—(答)曰

上(四)·曹·六〇
—(答)曰

上(四)·曹·六四
蔽(曹)穢(沫)—(答)曰

上(五)·季·一九
訢(慎)少吕(以)—(合)大

上（五）·君·一 —（答）曰

上（六）·競·二正 公與頁—（答）之尚（倘）肰（然）

上（七）·武·一一 大（太）公覲（望）—（答）曰

上（七）·武·一二 大（太）公覲（望）—（答）曰

清（一）·皇·九 乃隹（維）乍（詐）區（詬）以—（答）

清（五）·湯丘·三 少（小）臣—（答）曰

清（五）·湯丘·一二 少（小）臣—（答）曰

清（五）·湯丘·一三 少（小）臣—（答）

清（五）·湯丘·一五 少（小）臣—（答）

清（五）·湯丘·一七 少（小）臣—（答）

清（五）·湯丘·一九 少（小）臣—（答）

清（五）·湯門·三 少（小）臣—（答）曰

清（五）·湯門·六 少（小）臣—（答）曰

清（五）·湯門·一一 少（小）臣—（答）曰

清（五）·湯門·一三 少（小）臣—（答）

清（五）·湯門·一八 少（小）臣—（答）曰

清（五）·湯門·二〇 少（小）臣—（答）曰

清（五）·湯門·一 少（小）臣—（答）曰

合

包二·二六五 二—匼

包二·二六六 四—梪

信二·〇二四 四—

信二·〇二七 一鑪—

信一·〇三九 貳—匀也

信一·〇四六 一—與

信二·〇一三 緂—

望二·四七 雕杯廿=—

僉

望二·五四 二—盞

郭·老甲·三四 未智(知)牝戊(牡)之—𠢕(朘)菍(怒)

郭·成·二九 㲉(襄)我二人,毋又(有)—才(在)音(言之誤)

上(二)·民·一 孔=(孔子)—(答)曰

上(四)·柬·五 贅尹—(答)曰

上(四)·柬·一〇 中佘(余)—(答)

上(四)·柬·一一 大剌(宰)進—(答)

上(四)·柬·一三 大剌(宰)—(答)

上(四)·柬·二三 大剌(宰)—(答)曰

上(四)·相·四 虗(吾)子之—也可(何)女(如)

上(五)·鮑·七 鞋(鮑)弔(叔)亞(牙)—(答)曰

上(六)·競·四 文子—(答)曰

上(七)·武·一三 大(太)公—(答)曰

上(七)·吳·七 —(答)曰

清(三)·琴·九 日亯(享)—(答)舍(余)一人

清(五)·般·二 少壽—(答)曰

清(五)·般·四 宔(中)壽—(答)曰

清(五)·般·六 彭且(祖)—(答)曰

清(五)·般·一四 彭且(祖)—(答)曰

畣

上(三)·中·六 中(仲)弓—(答)曰

僉 會

望二·四八 十—(劍)緋

望二·四八 七商—(劍)

郭·性·六四 㥯(憂)谷(欲)—(僉)而毋惛

郭·性·二六 則免(勉)女(如)也斯—(儉)

上(一)·孔·三 大—(歛)材安(焉)

上(二)·容·三五 厚丞(施)而泊(薄)—

上(一)·紂·一四 虗(吾)夫=(大夫)龏(恭)虘(且)—(儉)

郭·老甲·五 咎莫—(憯)虐(乎)谷(欲)得

上(四)·曹·八 必共(恭)—(儉)㠯(以)㝵(得)之

包二·一二一 —殺舍(余)睪於競不割之官

會之省。

㑒

上(七)·凡甲·二四 而—(險)

僉

上(六)·孔·五 吾—(諗)弗見也

侖

郭·性·一七 聖人比其頪(類)而—(綸)會之

郭·成·三二 君子訂(治)人侖(倫)—川(順)天悳(德)

郭·尊·一 民虐(乎)民—(倫)

郭·尊·五 學非改—(倫)也

郭·尊·三〇 —隶其頪(類)安(焉)

郭·尊·三〇 或—(論)之

郭·尊·三五 快(決)不足以智(知)—(倫)

今

郭·唐·一七 —之弋於直(德)者

上(三)·周·三五 非—之古(故)

上(四)·昭·八 —君王或命(令)肨母(毋)見

上(四)·曹·二正 —邦悳(彌)少(小)而鐘愈大

上(四)·曹·四 —天下之君子既可智(知)已

上(四)·曹·七
—異於而(尔)言

上(四)·曹·六五
—與古亦肰(然)

上(六)·競·六
—君之貪惛(昏)蟊(苛)匿(慝)

上(六)·競·八
—新(薪)登(蒸)思吳(虞)守之

上(六)·競·九
—內寵又割疾(瘥)外=

上(七)·吳·九
—曰隹(惟)不毋(敏)既卹(莅)矣

清(一)·尹至·一
趘(越)—昀=

清(一)·尹至·三
憲(胡)—東恙(祥)不章

清(一)·尹至·三
—亓(其)女(如)紿(台)

清(一)·尹誥·二
—句(后)耆(胡)不藍(監)

清(一)·尹誥·二
—隹民遠邦逯(歸)志

清(一)·保·三
—舩疾允痦(病)

清(一)·保·一〇
—女(汝)鬻(祇)備(服)母(毋)解

清(一)·耆·一〇
—夫君子

清(一)·耆·一二
—夫君子

清(一)·金·一二
—皇天達(動)畏(威)

清(一)·皇·二
—我卑(譬)少(小)于大

清(一)·楚·四
—曰楚人

清(一)·楚·五
氏(抵)—曰柰=

清(一)·楚·八
氏(抵)—曰郢

清(二)·繫·一〇三
至—齊人以不服于晉=

清(二)·繫·一一三
至—晉戉(越)以爲好

清(四)·筮·死一一
尻(處)之—旇(焉)死

清(四)·筮·死一四
—旇(焉)死

清(五)·厚·一〇
—民莫不曰余媬孥(教)明悳

舍

清（五）・湯丘・四
—少（小）臣又（有）疾

清（五）・湯丘・七
—少（小）臣能㞜（展）章（彰）百義

清（五）・湯門・一
古之先帝亦有良言青（情）至於—虎（乎）

清（五）・湯門・二
女（如）亡（無）又（有）良言清（情）至於—

吟

上（一）・孔・子三
如𡍮（鏊）才（在）—之殜（世）則可（何）若

簡文「吟」與《説文》之「吟」「含」同形。

上（四）・柬・二〇
君王之瘙從—日已瘦（瘥）

舍 舍

包二・一三〇
恒思少司馬鄗勳或以足金六匀—棐

包二・一三三
以—会之數客

郭・老甲・一〇
𨢣（將）—（徐）生

郭・老甲・一〇
𨢣（將）—（徐）清

郭・老乙・一六
其悳（德）又（有）—（餘）

郭・性・一九
其先後之—（叙）則宜（儀）道也

郭・性・一九
或—爲之即（節）則慶（文）也

上（一）・孔・二七
酋虐（吾）奚—之賓贈氏（是）也

上（二）・從（甲）・一
莫之—（餘）也

上（二）・從（甲）・二
王—（餘）人邦冡（家）土墜（地）

上（二）・從（甲）・四
又（有）所又（有）—（餘）而不敢𦘔（盡）之

九・五六・四二
毋㠯（以）—人貨於外

包二・一五四
王所—新大廄以啻蔽之田

上（三）・彭・二
—（余）〔告汝〕

上（三）・彭・二
—（余）告女（汝）人綸（倫）

上（三）・彭・三
眊〃（眊眊）—（余）朕孳

上（三）・彭・五
—（余）告女（汝）化〼（禍）

會

上(四)·曹·二八 又智(知)—(舍)又(有)能

上(六)·天乙·八 士受—(餘)

上(七)·吴·六 隹(惟)—(余)一人所豊(禮)

清(一)·尹誥·四 —之吉言

清(一)·祭·二〇 兹皆舍(保)—(胥)一人

清(二)·繫·七 邦君者(諸)正乃立幽王之弟—(余)臣于虢(虢)

清(三)·説上·三 帝殹(抑)尔以畀—(余)

清(三)·琴·三 䏌(示)告—(余)㬎(顯)悳(德)之行

清(三)·琴·七 不䘒(逸)藍(監)—(余)

清(三)·琴·九 曰亯(享)會(答)—(余)一人

清(三)·琴·一〇 思輔—(余)于勤(艱)

清(三)·琴·一〇 亓(其)—(余)湝(沖)人

清(三)·琴·一一 甬(用)頌(容)咠(輯)—(余)

清(三)·琴·一二 仡—(余)龏䛐(害)匃(怠)

清(三)·琴·一三 —(余)彖(逯)思念

清(三)·赤·八 亓(其)下—(舍)句(后)疾

清(五)·殷·二七 —(餘)敬恙(養)

包二·一二〇 —(余)䦈 人名 《侯馬盟書》作畲。

包二·一二〇 —(余)睪 人名

包二·一二一 —(余)睪

包二·一二一 —(余)羊 人名

包二·一八二 畢— 人名

包二·二〇一 郿— 人名

包二·二五九 一—䰜之觴

包二·二六三 一—

長五·四〇六·八

帛丙一一·三
—者医

郭·性·一七
聖人比其頪(類)而侖(綸)—之

郭·語三·六三
忠則—

郭·語四·二七、二七背
聖(聽)君而—

郭·語一·三六、三七
易所以—天道人道也

郭·語一·三八、三九
詩所以—古含(今)之恃(志)也者

郭·語一·四〇、四一
春秋所以—古含(今)之事也

上(一)·孔·二三
慶鳴㠯(以)樂訇(詞)而—

上(二)·容·九
—才(在)天地之閒(間)

上(二)·容·一九
—天地之利夫

上(二)·容·三〇
坌(舜)乃欲—天地之燹(氣)

上(四)·曹·二三
亓(期)—之不難

上(四)·曹·三八
而(尔)或畁(興)或康㠯—

上(五)·三德·一七
智(知)人足㠯—新(親)

清(二)·繫·一一
齊襄公—者(諸)侯于首壯(止)

清(二)·繫·二〇
齊趄公—者侯以成楚丘

清(二)·繫·三九
秦晉女訇(始)—好

清(二)·繫·五一
—邵襄公之弟癰也于秦

清(二)·繫·五四
陖(隨)—不敢歸(歸)

清(二)·繫·五六
王—者(諸)侯于友(厥)貉(貉)

清(二)·繫·六二
晉成公—者侯以栽莫

清(二)·繫·六六
陖(隨)—衒(率)𠂤(師)

清(二)·繫·六六
—者(諸)侯于幽(斷)道

清(二)·繫·六七
今蔷亓(其)—者(諸)侯

清(二)·繫·七〇
安(晏)子衒𠂤(師)以—于幽(斷)莨(道)

清(二)·繫·七〇 既—者(諸)侯
清(二)·繫·八五 —者(諸)侯以戕(救)鄭=
清(二)·繫·八八 衙自—者(諸)侯以伐秦

清(二)·繫·八九 楚王子波(罷)—晉文子燮及者侯之夫=
清(二)·繫·九一 公—者(諸)侯於暝(溴)梁

清(二)·繫·九二 坪公銜自—者(諸)侯
清(二)·繫·九四 坪公銜自—者(諸)侯
清(二)·繫·九六 命尹子木—郐文子武

清(二)·繫·九七 命(令)尹—郕(趙)文子及者侯之夫=
清(二)·繫·九八 —者(諸)侯于繡(申)

清(二)·繫·一〇一 晉與吳—爲一
清(二)·繫·一〇五 與楚自(師)—伐陽(唐)

清(二)·繫·一〇九 公—者(諸)侯
清(二)·繫·一一〇 晉柬(簡)公—者(諸)侯
清(二)·繫·一一一 竔(趙)趄子—者侯之夫=

清(二)·繫·一一九 晉公止—者(諸)侯於邘(任)
清(二)·繫·一一九 宋殚(悼)公牺(將)—晉公

郭·老甲·一九 天陞相—也
上(二)·容·五二 㠯少(小)—者(諸)戾之帀(師)於昜(牧)之埜(野)

倉

包二·一九 犇— 人名
包二·一八一 遊— 人名
帛丙七·一 —莫得

郭·太·三 是以成—(滄)然(熱)
郭·太·四 —(滄)然(熱)之所生也

郭·太·四 —倉(滄)然(熱)者
上(二)·容·一 —頡是(氏)
新甲三·三三一 ▨於—墬一豛

内　入

上(六)·用·六　盧(唇)亡齒—(滄/寒)
清(五)·殷·二〇　上下毋—(攘)

清(一)·尹至·二　亓(其)又(有)句(后)氒(厥)志亓(其)—(爽)
清(五)·封·五　易(錫)女(汝)—(蒼)珪巨(秬)鬯一卣

上(四)·昭·八　或昏死言僕(僕)見脽之—也

入

曾一正　書—車
曾二〇七　—(入)自此桯官之宙
曾二〇八　所—(入)長坛之宙

内

包二·七　邦人—其象典　古—入同字，楚簡帛文—即入也。
包二·七　臧王之墨以—其臣之象典
包二·九　廷等以—

郭·五·一　義型於—胃(謂)之悳(德)之行
郭·五·二　不型(形)於—胃(謂)之□

郭·五·二　豊(禮)型(形)於—胃(謂)之悳(德)之行
郭·五·三　不型(形)於—胃(謂)之行

郭·五·三　聖型(形)於—胃(謂)之悳(德)之行
郭·五·三　□□於—胃(謂)之悳(德)之行

郭·五·四　不型(形)於—胃(謂)之悳(德)之行
郭·五·六　五行皆型(形)于—而時行之

郭·五·二　不型(形)於—胃(謂)之行
郭·語四·二七、二七背　視𦉢(朝)而—(入)
郭·語四·二七、二七背　內(入)之或—(入)之

郭·語四·二七、二七背　—(入)之或內(入)之
上(二)·容·四四　不能述(遂)者—(入)而死
上(一)·性·二六　門—之絧(治)谷(欲)亓(其)𧖧(逸)也

上(二)·昔·二 㠯(以)告遈=人=(寺人,寺人)—(入)告于君=(君,君)曰

上(二)·昔·三 不見(顯)於—

上(二)·昔·三 外言不㠯(以)—(入)

上(二)·昔·三 割(蓋)憙(喜)於—

上(二)·昔·三 不見(顯)於—(內。內)言不㠯(以)出

上(二)·昔·二 大(太)子—見

新甲二·四〇 ▨下—外禝禱句所▨

新甲三·一三四、一〇八 庚午之夕—齋

新甲三·三六〇 未—▨

包二·一八 中酴瞢适—之

包二·一四九 陵让尹之相㗊余可—之

包二·一五〇 让蕾(蘪)之客苛昍—之

包二·一三 大宮痎—氏筭

包二·一二七 大宮痎—氏筭

包二·二二一 不—飤

包二·一九七 出—事王

包二·二〇一 出—事王

包二·二〇九 出時王—

包二·二一二 出—時王

包二·二一六 出—時王

包二·二二六 出—寺王

包二·二二八 出—寺王

包二·二三〇 出—寺王

包二·二三二 出—步王

包二·二三四 出—寺王

望一·三七 不—飤

望一·二九 出—寺王

望一·一五五 —斋

帛乙二·三三 —月七日

帛丙七·三 又梟—于上下

郭·六·二六 —立(位)父、子、夫也

郭·六·二六 悬(仁),—也

郭·六·三〇 門—之絧(治)紉(仁)筭(弁)宜(義)

郭·性·四 智(知)宜(義)者能—(入)之

郭·性·九 四海(海)之—,其眚(性)弌(一)也

郭·性·六一 少(小)枉—之可也

郭·性·二七 其出—（入）也訓（順）
郭·性·五八 門—之絧（治）
郭·成·三 其所才（在）者—（入）悠（矣）

郭·成·一五 唯（雖）强之弗—（入）悠（矣）
郭·唐·一二 咎采繇—（入）用五型（刑）

郭·五·一 悬（仁）型（形）於—胃（謂）之悳（德）之行
郭·五·一 不型（形）於—胃之行

上（二）·容·五 四海（海）之—甶
上（二）·容·九 而橐（包）才（在）四海（海）之—
上（二）·容·九—一〇 自—（入）焉

上（二）·容·三一—三二 蓁林—（入）
上（二）·容·四一 㠯乇四海（海）之—

九·五六·一七下 —（入）人
九·五六·二七 —（納）室
九·五六·三三 —（入）貨
九·五六·四一 秎（利）㠯（以）—（入）人民

九·五六·四一 秎（利）㠯（以）—（納）田邑
九·五六·六七 㠯（以）—（入）
九·五六·六〇 夕不㝵（得）㠯（以）—（入）

上（一）·性·一四 肰（然）句（後）丌（其）—（入）杲（拔）人之心敂
上（一）·性·二三 又（有）—歖（動）

上（一）·性·三一 少枉—（納）之可也
上（一）·紂·二〇 出—（入）自尔帀（師）雩
上（三）·周·九 比之自—

上（三）·中·一八 又（有）四海之—
上（三）·中·二〇 難（難）㠯（以）—（納）諫

上（四）·昭·一 王—（入）洒（將）洛（格）
上（四）·柬·七 王—（納）㠯（以）告安（焉）

上（四）·柬·二〇 君—（入）而語儯（僕）之言於君₌王₌

上（四）·曹·一 敔（曹）穢（沫）—（入）見曰

上（四）·曹·一八 所㠯佢（距）—

上（五）·競·一背 爲齊競建—之兵

上（五）·競·八 含（今）—之不叟（得）百生（姓）

上（五）·鮑·三 毋—（入）錢器

上（五）·鮑·八 旌（作）—（入）不爲恣（災）

上（五）·姑·九 敂（糾）人於百𧰼以—（納）

上（五）·姑·九 —（納）庫之繇

上（五）·三德·三 外—又（有）詃（辨）

上（五）·三德·一一 —（入）虛毋樂

上（五）·三德·二二 四巟（荒）之—

上（六）·用·九 —閑（間）譌衆

上（七）·鄭甲·二 㠯（以）及—（入）坔（地）

上（七）·鄭乙·二 㠯（以）及—（入）坔（地）

上（七）·凡甲·二五 此惻（賊）或—（入）

清（一）·尹至·五 頣（夏）𦉢（播）民—（入）于水曰罝（戰）

清（一）·程·七 隹（惟）容—（納）棶（棘）

清（一）·金·五 周公乃—（納）亓（其）所爲社（功）

清（一）·楚·四 無以—之

清（一）·楚·五 夜而—尿（尸）

清（一）·楚·一二 盍虜（盧）—（入）郢

清（二）·繫·二四 必—（入）

清（二）·繫·二四 賽（息）爲乃—（入）于鄀₌

清(二)·繫·三三 秦穆公乃—惠公于晉
清(二)·繫·三四 我句(後)果—(入)
清(二)·繫·三四 惠公旣—(入)

清(二)·繫·三六 而弗能—(入)
清(二)·繫·三七 亦莫之能—(入)
清(二)·繫·三八 秦人记𠂤以—文公于晉=

清(二)·繫·七六 王—(入)陳
清(二)·繫·八三 述(遂)—(入)郢

清(二)·繫·九三 奔—(入)於曲天(沃)
清(二)·繫·一二一 戉(越)公—(入)亯(饗)於魯=

清(二)·繫·一二一 齊侯晶(参)𨌲(乘)以—(入)
清(二)·繫·一二二 —(入)至汧水

清(二)·繫·一二三 晉三子之夫=—(入)齊
清(二)·繫·一二九 莫𠂤(師)以—(入)王子定
清(二)·繫·一二九 不果—(入)王子

清(二)·繫·一三一 奠(鄭)𠂤(師)逃—(入)於蔑
清(二)·繫·一三六 陳人女反而—(入)王子定
清(三)·說中·一 —(入)才(在)宗

清(三)·琴·一 元—(納)攺(啟)曰
清(三)·琴·二 元—(納)攺(啟)曰

清(三)·琴·八 曰—(入)皐礜(舉)不窋(寧)
清(三)·芮·二 —(芮)良夫乃叜(作)訛(毖)再夂(終)

清(四)·筮·弋八 三〈亖〉—(入)乃𢔌(復)
清(四)·筮·雨一四 —(入)雨𡈼(當)日才(在)上
清(四)·筮·乾四〇 —(入)月五日豫(舍)巽

清(四)·筮·果四二 —事譽(數)內(入)
清(四)·筮·果四二 內事譽(數)—(入)
清(四)·筮·爻六一 —又(有)叜(吝)

仝

清（五）·般·二〇 —（納）諫受訾

清（五）·般·二〇 —丕（基）而外比

郭·語一·二三 或生於—

郭·緇·三九 出—（入）自尔帀于（虞）

上（一）·孔·一二 反—（納）於豊（禮）

上（一）·孔·二〇 丌（其）言又（有）所載而后—（納）

上（二）·子·一二 遊於串咎之—

郭·語一·二〇 或遜（由）外—（入）

上（六）·競·三 公—（入）

上（六）·競·九 今—寵又（有）割疾（瘧）外。

郭·語三·六〇 —賸也

清（四）·筮·得一四 ≪≪—（入）於侌（陰）

清（四）·筮·行二三 ≪≪述（遂）嘼（數）—（入）復（復）

清（四）·筮·戰二四 ⅩⅩ呂（凡）是—

清（四）·筮·戰二七 戠（勝）—

『內』多讀爲『入』，此二字似未分化。

仝

包二·二四一 一—豢

全

包二·二一〇 舉禱社，一—豬

《説文》篆文—从玉，純玉曰全。

包二·二四四 舉禱巫，一—豬

包二·二一〇 舉禱鹽祑一—豢

包二·二二七 一—豢

包二·二三七 一—豢

天卜 一—猪

上（五）·鮑·三 珪璧必—

清（三）·良·八 史—（伯）宦中（仲）虔（號）弔（叔）

清（三）·良·一〇 子羽子刺萈（蔑）明卑登酉（富）之厇王子—（百）

缶

包二・二六〇 一—

包二・二六五 二卯—

包二・二六五 二乇—

望二・四六 二卯—

望二・五四 一辻—

上（三）・周・九 又（有）孚海—

清（一）・祭・二〇 犨皆—（保）舍（胥）一人

清（三）・琴・七 —（保）藍（監）亓（其）又（有）逡（後）

包二・八五 䍊—公德訟宋䶊

包二・八五 以其受䍊—人而逃

信二・〇一四 一辻—

信二・〇一四 二淺—

鈷

包二・二五五 窨（蜜）梅（梅）一—

硞

包二・二五五 鮸酭一—

包二・二五五 窨一—

包二・二五五 莌蔽二—

包二・二五五 茜菰之蔽一—

匋

新甲三・二四四 —人黽昏受二

上（二）・容・一三 —（陶）於河賓（濱）

郭・窮・二 —（陶）笞（拍）於河匿

郭・忠・一 不詭不—（慆）

窑

包二・二七七 一—

匋之異寫。

鉒

上（二）・容・二九 咎（皋）—（陶）既已受命

上（二）・容・二九 乃立咎（皋）—（陶）㠯爲孛（李）

缾

包二・二六五 二—缶

《說文》或从瓦作瓶。

上(三)·周·四四
嬴(嬴)丌(其)—(瓶)

垪
信二·二一
一—(梅)醬

信二·○一四
一洓

鉼字異體。

銅
包二·二六五
二鉼—

鉼字異體。

銓
包二·八五
—缶公德訟宋㻞

包二·八五
以其受—缶人而逃

郭·語四·二六
三—(荂)一莛(實)

包二·八九
苛—　人名

上(一)·孔·九
—=(錆錆)者莪則㠯(以)人葬(益)也

新甲三·一八二—二
☐司馬蚘逗於—

清(二)·繫·一一五
城—(雍)丘

矢

包二·二六○
四—

仰二五·三一
黃郙之—八

曾四六
—五秉

曾四八
—五秉

曾五六
—五秉

曾五六
—五秉

曾二○
用—

曾六八
用—

曾六○
九—

曾七○
九—

曾四三
—二秉又六

曾六五
三—

曾一一六
三—

曾三七
—箙五秉

曾九○
—箙五☐

上(一)·孔·二三
四—皀

上(二)·容·二
敉(侏)需(儒)爲—

上(二)·容·一八
不鉻(斁)——

躾

上(三)·周·三七 旻(得)黃—

上(六)·用·一二 若—之字(置)於弦

清(三)·説上·二 紳(引)弜(關)辟—

弦

包二·一三八 坪—公

包二·三八 —旮君

包二·六〇 —旮君

郭·窮·八 孫弔(叔)三—『射(謝)』丕『亟(期)』思少司馬

从李守奎：从弓、从倒矢。與《説文》之弦非一字。

上(三)·周·四四 恭浴(谷)—(射)豣(鮒)

矦

清(三)·祝·三 —(射)戎也

清(三)·祝四 —(射)禽也

清(三)·祝·五 晒(将)—(射)曶(干)音(函)

清(三)·祝五 —(射)音(函)也

清(三)·赤·一 湯—(射)之䉶(獲)之

矰

猷

包二·一六五 登— 人名

包二·一八八 郘— 人名

矦

包二·五一 陰—(侯)之正差䟽瘢受呂

包二·二一三 —(后)土司命司禍各一少環

包二·二一四 賽禱宮—(后)土一羖

包二·二一五 —(后)土

包二·二三三 罷禱宮—(后)土一羖

包二·二三七 —(后)土司命各一牂

帛丙一一・三
會者—

上（二）・容・五〇
至（制）約者（諸）—（侯）

上（二）・容・五二
𠂤（少）（小）會者（諸）—（侯）之帀（師）於畓（牧）之埜（野）

上（二）・容・五三正
至（制）約者（諸）—

新甲三・二五
奠（鄭）憲習之以陸（隋）—之☐

新甲三・一一三
郿嘉以衛—之算箅（筮）爲坪夜君貞

郭・老甲・一八
—王女（如）能獸（守）之

郭・窮・六
而爲者（諸）—相

郭・老甲・一三
—王能守之

郭・語四・八
數（竊）邦者爲者（諸）—

上（四）・柬・一〇
晉—皮（彼）聖人之孫=

上（四）・柬・一四
—（侯）大剌（宰）遜逩（伴）進芥

上（五）・競・八
外之爲者（諸）—（侯）狀（笑）

上（五）・弟・一八
皆可以爲者（諸）—叟（相）歖（矣）

上（六）・天甲・七
—量募（顧）還身

上（六）・天乙・六
—量募（顧）還身

上（七）・鄭乙・二
而遂楚邦囟（思）爲者（諸）—正

上（七）・君乙・四
—（侯）子三人

清（二）・繫・八九
衔（率）𠂤（師）會者（諸）—以伐秦

清（五）・封・五
命女（汝）—于鄦（許）

医

包二・二四・三
—（后）土司命各一牂

天策
☐☐—之旆軒

上（三）・周・一四
利建—（侯）行帀（師）

上（五）・姑・三
者（諸）—（侯）畜我

清（二）・繫・八
晉文—戠（仇）乃殺惠王于鄇（虢）

清(二)·繫·八 邦君者—女訇不朝于周

清(二)·繫·九 晋文—乃逆坪(平)王于少鄂

清(二)·繫·一〇 奠武公亦政東方之者—

清(二)·繫·一一 齊襄公會者—于首壯

清(二)·繫·一八 以—般之金(餘)民

清(二)·繫·一九 幽—滅女(焉)

清(二)·繫·二〇 齊逗(桓)公會者(諸)—以成(城)楚丘

清(二)·繫·二三 鄒(蔡)哀—取妻於陳

清(二)·繫·二三 賽＝—亦取妻於陳

清(二)·繫·二三 鄒(蔡)哀—命従＝

清(二)·繫·二四 鄒(蔡)哀—妻之

清(二)·繫·二四 賽(息)—弗訓(順)

清(二)·繫·二五 賽(息)—求栽(救)於鄒＝

清(二)·繫·二五 鄒(蔡)哀—衒(率)帀(師)以栽(救)賽(息)

清(二)·繫·二六 膢(獲)哀—以歸

清(二)·繫·二六 鄒(蔡)—與從

清(二)·繫·二六 賽(息)—以文王歆＝

清(二)·繫·二七 鄒—智賽侯之誘㠯也

清(二)·繫·二七 鄒侯智賽—之誘㠯也

清(二)·繫·二七 賽(息)—之妻甚娩(美)

清(二)·繫·二八 賽(息)—訇(辭)

清(二)·繫·二八 殺賽(息)—

清(二)·繫·三〇 女(焉)取邨(頓)以贛(恐)陳—

清(二)·繫·四一 楚成王衒(率)者(諸)—以回(圍)宋伐齊

清(二)·繫·四四 盟(盟)者(諸)—於塼(踐)土

清(二)·繫·五六 王會者(諸)—于友(厥)[illegible](貉)

清(二)·繫·五七 繲(申)公弔(叔)—智(知)之

清(二)·繫·六一 王會者(諸)—于酈(厲)

清(二)·繫·六二 晉成公會者(諸)—以戕(救)奠(鄭)

清(二)·繫·六六 會者(諸)—于𢇍(斷)道

清(二)·繫·六七 今晉亓(其)會者(諸)—

清(二)·繫·六七 郇(駒)之克𤖆(將)受齊—㡀(幣)

清(二)·繫·六九 遉者(諸)—于𢇍(斷)菹(道)

清(二)·繫·七〇 旣會者(諸)—

清(二)·繫·七二 郇之克走數(援)齊—之紼

清(二)·繫·七二 齊—之耂(來)也

清(二)·繫·八三 是教吴人反楚邦之者(諸)—

清(二)·繫·八五 晉競公會者(諸)—以戕(救)鄭=

清(二)·繫·八九 子𡕒(燮)及者(諸)—之夫=

清(二)·繫·九一 公會者(諸)—於眛(淏)梁

清(二)·繫·九二 坪(平)公衒(率)𠂤(師)會者(諸)—

清(二)·繫·九四 坪(平)公衒(率)𠂤(師)會者(諸)—

清(二)·繫·九六 命(令)尹子木會𨚵(趙)文子武及者(諸)—之夫=

清(二)·繫·九七 命(令)尹會𨚵(趙)文子及者(諸)—之夫=

清(二)·繫·九八 會者(諸)—于繲(申)

清(二)·繫·九九 殺郗(蔡)霝(靈)—

清(二)·繫·一〇一 述明者(諸)—於堲(召)陵

清(二)·繫·一〇三 者(諸)—同栗于鹹泉以反晉

清(二)·繫·一〇六 郗(蔡)卲(昭)—繲(申)懼

清(二)·繫·一〇七 以自逆郗(蔡)卲(昭)—

清(二)·繫·一〇九 公會者(諸)—

清(二)·繫·一一〇 晉柬(簡)公會者(諸)—

矣

清(二)·繫·一一一 灼(趙)起(桓)子會者—之夫=

清(二)·繫·一一九 晉公止會者—於邳(任)

清(二)·繫·一二〇 戊公與齊—貣(貸)

清(二)·繫·一二〇 魯—侃(衍)明于魯稷門之外

清(二)·繫·一二一 魯—馭(御)

清(二)·繫·一二一 齊—晶(參)肈(乘)以内(入)

清(二)·繫·一二一 晉𤰈(魏)文—弁(斯)從晉=𠂤=

清(二)·繫·一二三 齊—明(盟)於晉軍

清(二)·繫·一二四 述(遂)以齊—貣(貸)

清(二)·繫·一二四 魯—彝(顯)

清(二)·繫·一二四 衛—虔

矣

郭·老甲·二 此亡敗事—

郭·老甲·六 此亙(恆)足—

郭·老乙·八 若可以厇(託)天下—

郭·老乙·一〇 不足以爲道—

郭·老乙·八 若可(何)以迲天下—

郭·魯·五 嘗又(有)之—

郭·魯·二 可胃(謂)忠臣—

郭·魯·八 虐(吾)亞(惡)昏(聞)之—

郭·魯·四 亙(恆)爯(稱)其君之亞(惡)者可謂忠臣—

郭·尊·二 或前之者—

郭·尊·一九 可學也而不可—(俟)也

郭·尊·一九 正(政)弗行—

郭·尊·二三 而民又(有)爲亂—

郭·尊·二五 殜(世)此亂—

郭·尊·三一 此往—

郭·窮·一 而智(知)所行—

郭·窮·二 唯(雖)臤(賢)弗行—

郭·緇·一五 下必又(有)甚安者—

郭·緇·四五 虗(吾)弗信之—

郭·唐·一八 卒王天下而不—(疑)

上(一)·孔·二 文王受命—

上(一)·孔·二 至—

上(一)·孔·三 衰—少矣

上(一)·孔·三 衰矣少—

上(一)·孔·五 至—

上(一)·孔·六 貴㪉(且)㬎(顯)—

上(一)·孔·九 天保丌(其)㝵(得)录(祿)蔑畺(疆)—

上(一)·孔·七 信—

上(一)·孔·一一 則丌(其)思賹(益)—

上(一)·孔·一四 兩—

上(一)·孔·一五 丌(其)保(褒)厚—

上(一)·孔·二七 可斯雀—

上(一)·孔·二 舊—

上(一)·孔·四 坔(夋)其可胃(謂)受命之民—

上(二)·子·七 坔(夋、俊、舜)丌(其)可胃(謂)受命之民—

上(二)·子·八 古(故)夫坔(夋、俊、舜)之悳(德)(丌其)城(誠)臤(賢)—

上(二)·子·九 而(爾)昏(問)之也舊—

上(二)·民·七 而旻(得)既(氣)塞於四海(海)—

上(二)·民·三 [之]胃(謂)民之父母—

上(二)·民·五 『五至』既窽(問)之矣

上(二)·民·八 牆(將)可孳時(詩)—

上(一)·性·三二 弗得之—

上(一)·性·三九 䍜(吝)斯慮—

上(一)·性·三九 爲(僞)斯䍜(文)—

上(二)·從(甲)·一一 可胃(謂)斈(學)—

上（一）・性・二〇 則心並（從）之—

上（一）・紂・二三 虐（吾）弗信之—

上（三）・彭・四 夫子之悳登—

上（四）・相・二 可胃（謂）埶（相）邦—

上（四）・曹・一 型既城（成）—

上（四）・曹・七 □不同—

上（四）・曹・三三 果勳（勝）—

上（四）・曹・四〇 既成夆（教）—

上（四）・曹・四四 是古（故）—（疑）戟（陳）敗

上（四）・曹・四四 —（疑）戰（戰）死

上（四）・曹・五二 毋思民—（疑）

上（四）・曹・六五 亦隹餌（聞）夫垔（禹）康（湯）傑（桀）受—

上（五）・競・七 天陛（地）盟（明）弃（棄）我—

上（五）・鮑・六 亓（其）爲忞（災）也深—

上（五）・鮑・六 亓（其）爲不悬（仁）厚—

上（五）・季・一一 難民能多一—

上（五）・季・一三 民必備（服）—

上（五）・季・二三 肰（然）則邦坪（平）而民順—

上（五）・鬼・二 此明—

上（五）・鬼・三 此明—

上（六）・競・一 虐（吾）先君之量—

上（六）・競・六 正□……忘—

上（七）·君甲·八
戊叟行年𠦄＝—

上（七）·君乙·八
戊（叟）行年𠦄＝—

清（一）·保·一〇
亓（其）又（有）所逌（由）—

清（三）·琴·七
需（孺）子王—

清（三）·芮·二
天猷畏—

清（三）·芮·八
民之俴（賤）—

清（三）·芮·八
心之悳（憂）—

清（三）·芮·八
㑊（兄）俤（弟）悹—

清（三）·芮·一五
天猷畏—

清（三）·芮·二五
我亓（其）言—

清（五）·命·八
㠯（殆）於䜌（亂）—

清（五）·湯丘·一五
不屋（處）—（疑）

清（五）·殷·一〇
九牧九—（有）䣞（將）芒（喪）

上（六）·孔·一五
㠯（以）亓其所谷（欲）智（知）不行—

包二·三六
㓹— 人名

包二·三八
臧— 人名

包二·六〇
臧—

包二·一九〇
遊宮州加公—

清（五）·厚·四
天則弗—（斁）

清（五）·封·二
古（故）天雚（勸）之乍亡—（斁）

清（五）·殷·一〇
—＝（惶惶）先反

高

高

包二・二三七 箐之—坓

包二・二四一 箐之—坓

望二・一三 一秦高之中干—

望二・一三 秦—之雽署

曾一四七 —都之駟爲左驌

曾一四七 —都之駟爲左驌

曾一六七 —馱爲右驌

曾一六七 —都之駟爲右驂

曾一七〇 —都之鷽爲右驂

郭・老甲・一六 —下之相浧（盈）也

郭・太・一三 其下—以彊（强）

上（二）・容・三一 —山埅（登）

上（二）・容・四〇 吕伐—神之門

上（二）・容・四九 —下肥毳之利聿（盡）智（知）之

新甲三・三八七 郆於—寺

新零・一二九 ☐—蘔之☐

九・五六・四五 北方—三方下

九・五六・四六 西方—，三方下

九・五六・四六 北、南—，二方下

九・五六・四七 東、南—，二方下

九・五六・四七 東、北—，二方下

九・五六・五四 復（作）—凥（居）於西㝵

上（四）・柬・六 古（故）夫帝=魂（鬼）神—明

上（四）・柬・七 君與陵尹子—卿（饗）

上（四）・柬・八 爲—山深溪

上（四）・柬・八 王㠯（以）韬（問）贅尹—

上（四）・柬・八 夢—山深溪虗（吾）所旻（得）

上（四）・柬・一三 女（如）君王攸（修）郢—方若肰（然）里

上（五）・競・二 昔—宗祭

上（五）・三德・九 —昜（陽）曰

上（六）・競・三 —子國子倉（答）曰

上（六）・競・三 若丌（其）告—子……

上（六）·用·一〇 胃（謂）天—而不概

上（七）·凡甲·二〇 敗之則—（槁）

清（一）·耆·一 縪（畢）公—爲客

清（二）·繫·一一 車斁—之巨（渠）爾（彌）

清（二）·繫·一二 亓夫〓—之巨爾殺卲公

清（二）·繫·四六 奠之賈人弦—䣭（將）西市

清（二）·繫·五〇 霝（靈）公—幼

清（二）·繫·五五 霝（靈）公—立六年

清（二）·繫·六六 旻（且）卲（召）—之固曰

清（二）·繫·六九 —之固至莆池

清（二）·繫·九一 齊—厚自（師）逃歸（歸）

清（三）·琴·二 母（毋）曰—〓才（在）上

清（五）·厚·八 乃—且（祖）克害皇天之政工（功）

清（五）·厚·一二 若山乓（厥）—

清（五）·湯丘·一八 —山是䢃（逾）

清（五）·殷·一 —宗觀於匐（洹）水之上

清（五）·殷·一 —宗乃䛜（問）於少壽曰

清（五）·殷·五 —宗乃或（又）䛜（問）於彭且（祖）曰

清（五）·殷·五 —文成且（祖）

清（五）·殷·七 —宗乃言曰

清（五）·殷·一一 —宗恭（恐）恖（懼）

清（五）·殷·二四 —宗或（又）䛜（問）於彭且（祖）曰

清（五）·殷·二四 —文成且（祖）

清（五）·殷·二五 詮—玟稟而昏忘寶（詢）

清（五）·殷·二八背 —宗䛜（問）於三壽（壽）

亳

亯 清（三）·良·六 又（有）鄴（葉）公子—（高）

郭·語一·三三 樂生於—（薄）

冂

同 清（二）·繫·六七 齊—（頃）公朝于晉競（景）公

清（二）·繫·七〇 齊—（頃）公回（圍）魯=

清（二）·繫·七二 齊—（頃）公朝于晉競（景）公

清（二）·繫·九九 —（頃）公虘（皆）曩（早）殜（世）

《說文》古文。

市

包二·九五 大—米埋人坏

包二·一二八反 戠言—以至

包二·一二八反 其詧（察）戠言—旣以返郢

包二·五八 苛隄以受宣王之䆫—之客苛适

包二·一九一 宣王䆫—客苛臞

上（二）·容·一八 閘（關）—無賦

上（二）·容·三六 吕正（征）閘（關）—

清（二）·繫·四七 奠（鄭）之賈人弦高牆（將）西—

央

包二·二〇一 —筤 著草名

天卜 大— 著草名

上（二）·子·一一 遊於—（瑶）臺之上

新甲一·三 雁憎以大—爲坪☐

新甲二·二二、二三、二四 雁寅以少（小）—爲☐

新甲三·二五八 鄘寅吕（以）大—☐

上（五）·三德·四 必禺（遇）凶—（殃）

章

上（六）・用・二 冒難軛（犯）—（殃）

上（六）・天乙・五 冒=直（得）亓（其）—

清（五）・湯門・一〇 是亓（其）爲疾—（殃）

天策 鶩=之—翠

天策 ☐兩馬之—翠

天策 ☐馬之—翠

天策 ☐結四馬之—翠☐

天策 鶩=之—翠

上（二）・從（甲）・一二 —（敦）行不俟（倦）

上（二）・從（甲）・五 —（敦）五德

清（二）・繫・六九 齊三辟（嬖）夫=南—（郭）子鄒（蔡）子安子

清（二）・繫・七〇 邰（駒）之克乃敕南—（郭）子鄒子安子以歸

清（二）・繫・九二 焚亓（其）四—（郭）

軟

上（三）・周・五二 —（閿）丌（其）亡（无）人

清（五）・殷・二八 専（補）—（缺）而救柱（枉）

繫

新乙三・二三 —之里一豢

京

上（五）・三德・七 皇天弗—（諒）

上（五）・三德・七 上帝弗—（諒）

上（五）・三德・七 上帝弗—（諒）

清（一）・楚・二 先凥（處）于—宗

清（一）・楚・二 穴畲遲（遲）遻（徙）於—宗

清（一）・楚・四 至畲愇（狂）亦居—宗

就

清(二)·繫·九 立之于—𠂤(師)

清(二)·繫·一〇 晉人女(焉)訇(始)啟于—𠂤(師)

亯

郭·五·一三 兑(悦)則—(戚)

郭·五·二一 不兑(悦)不—

郭·五·三三 而信之—

郭·六·一 聖與智—(就)壴(矣)

郭·六·二 息(仁)與宜(義)—(就)壴(矣)

郭·六·二 忠與信—(就)

新甲三·五六 —(就)禱門□

新甲三·一三七 册告自吝(文)王以—(就)聖趄王

新甲三·五六 —(就)禱户一羊

新甲三·五六 —(就)禱行一犬

新乙四·九六 剒(荆)王—(就)禱

清(五)·封·八 女(汝)亦隹(惟)—(淑)章尔遽(慮)

遠

望一·三〇 ▨吕(以)—(就)集戠之剒

望一·三四 ▨—(就)集戠之▨

上(二)·容·七 衛(率)天下之人—(就)

新甲三·一〇二 是日—(就)禱於▨

新乙一·四、一〇、乙二·一二 —(就)禱墜(陳)宗一豬

新乙一·一七 —(就)禱三楚先屯一痒(牂)

新乙一·二八 —(就)禱門、户屯一牂(牂)

新乙四·一二七 —(就)▨

新零·二五五 —(就)禱文▨

郭·六·四八 新(親)—(就)遠近

新乙四·九七 —(就)禱璧玉兆

新甲三·二六七 册告自吝(文)王以—(就)聖趄[王]▨

亯

上(四)·曹·九 㠯亡道爯而旻(没)身—(就)𣦸(死)
上(四)·曹·四四 亓—(就)之不尃(附)

上(四)·曹·五一 盤—(就)行□人

臺

新乙三·一七 —(就)▨
新乙三·三一 —(就)禱三楚▨
新零·三一八 睪(擇)日—(就)▨

新零·二九〇 昏=(氏日)—(就)[禱]▨
清(一)·金·六 —(就)逡(後)武王力(陟)

清(三)·琴·三 日—(就)月㾅(將)
清(五)·殷·二一 聽(觀)—(覺)悤(聰)明

歀

新甲三·二一四 —(就)禱□□▨
新零·二八二 是=(是日)—(就)禱五殜(世)▨
新甲三·二一三 —(就)禱▨

新零·二三一 ▨—(就)禱夋(太)▨
新甲三·二六八 是日—(就)禱楚祧(先)=老嫜(童)、祝▨

新零·二五四、一六二 —(就)禱北▨
新乙四·一〇九 —(就)禱三殜(世)之殤(殤)▨
新乙四·一四 —(就)▨

上(三)·周·四七 革言晶(三)—(就)

亯

包二·一八二 —𡸟邑人陞賢
包二·一〇三 —月 月名
包二·一六三 —月
包二·一七一 —月

包二·一八〇 —月
包二·一九三 —月
包二·一九六 —月
包二·二三七 —祭

包二・二四一 —祭

信一・〇四二 導誓棄—

天卜 罕蔔—禱祑一瑞

天卜 —祭惠公戠豢

天卜 —祭惠公於郙之位戠豢

天卜 旣—祭惠公

帛乙一一・一八 百神是—

帛丙五・三 可以—祀

帛丙六・三 不可以—

新甲三・三〇 —月▨

新甲三・二四〇 —（享）月▨

新甲三・二五六 —（享）薦▨

新乙一・一六 —月

新乙四・四三 —（享）月

新乙一・二六、二 —（享）月

上（三）・周・一七 王用—于西山

上（五）・三德・四 毋—（享）鼐（逸）焉（安）救（求）利

上（五）・三德・七 吕祀不—

上（五）・三德・九 毋凶備（服）吕—祀

清（二）・繫・一二一 戊（越）公内（入）—（饗）於魯=

清（三）・說下・四 余克—（享）于朕辟

清（三）・琴・一 無悬（悔）—（享）君

清（三）・琴・一 —（享）隹（惟）濬（慆）帀

清（三）・琴・九 曰—（享）會（答）舍（余）一人

清（三）・琴・一四 曰—（享）人大……罔克甬之

清（三）・芮・一八 龏（恭）䀌（監）—（享）祀

清（三）・赤・一 我亓（其）—（享）之

清（四）・筮・十七命六二 曰—（享）

清（五）・封・九 經嗣枼（世）—（享）

清（五）・湯丘・一 —（烹）之和

清（五）・殷・一四 余（餘）—（享）獻社（攻）

𦎧

清(四)·筮·享一 〈〈〈凸(凡)—(享)月朝

𦎧

上(三)·周·四九 —(敦)㠯

上(四)·内附 然(然)句(後)奉之㠯中—(準)……先其欲

上(四)·曹·一八 城—(郭)必攸(修)

清(二)·繫·七一 以鶇骼玉笏與—(淳)于之田

[illegible]

清(三)·芮·一九 亦不可—(壞)

[illegible]

包二·二三七 —之高𡍜

包二·二四一 —之高𡍜

郭·老甲·二四 —(篤)也

郭·老甲·三五 名與身—(孰)新(親)

郭·老甲·三六 貴(特)與貞(亡)—(孰)疠(病)

郭·老甲·三六 身與貨—(孰)多

郭·成·二四 民—(孰)弗信

郭·成·二四 民—(孰)弗從

郭·五·三三 新(親)而—(篤)之

郭·窮·四 戥(釋)板—(築)而差(佐)天子

郭·唐·九 古者吴(虞)舜—(篤)事𠀠(瞽)寞(叟)

郭·性·三九 —(篤),悬(仁)之方也

郭·性·五五 —(篤)於悬(仁)者也

上(二)·子·一四 然則厽(叁)王者—(孰)爲

上(二)·容·四六 —(孰)天子而可及

新甲三·三七四、三八五 —生一家

新乙四·一三六 ☐坓中尚大—占☐

篁

新零・四一五
▨之穫—匊箮□▨

新零・三六八
▨—▨

上（四）・柬・一三
大剳（宰）弗可爲戢（歲）安（焉）—（熟）

上（四）・柬・一六
四疆皆—（熟）

上（四）・曹・四
—（孰）能并兼人畟（鄰）邦之君亡道

上（五）・君・一一
仲屛（尼）與虐（吾）子産—（孰）臤（賢）

上（五）・君・一二
肰（然）則—（孰）臤（賢）

上（五）・君・一五
夋（舜）𡔷（？）與壐（禹）—（孰）臤（賢）

上（七）・凡甲・五
—（孰）爲㚤（侍）奉

上（七）・凡甲・五
—（孰）智（知）亓（其）疆

上（七）・凡甲・一一
天—（孰）高與

上（七）・凡甲・一四
—（孰）雩漆之

上（七）・凡乙・五
—（孰）智（知）亓（其）疆

上（七）・吳・八
—（孰）爲帀（師）徒

清（一）・金・九
蘇（秋）大—（熟）

清（三）・赤・五
—（熟）洀（調）虐（吾）瑤（羹）

清（五）・湯門・五
—（孰）少而老

上（二）・容・三八
—（築）爲璿室

清（五）·厚·一
—父 人名

上（四）·曹·五四
罙（朿）而—之

清（五）·厚·四
—父拜韻〓

清（五）·厚·七
—父

清（五）·厚·九
—父曰

信二·〇一五
—鈛夬

上（六）·用·一〇
胃（謂）埅（地）—（厚）而不達

郭·老甲·四
民弗—也

郭·老甲·三三
酓（含）悳（德）之—者

郭·成·五
唯（雖）—（重）其命（令）

郭·成·九
其膺（在）也不—（重）

郭·緇·二
以視民—

郭·緇·四四
而—幽（絕）䀀（富）貴

郭·語一·七
而句（後）又（有）—

郭·語一·八二
—於義，尃（薄）於𢚧（仁）

郭·語一·一四
又（有）聿又（有）—

郭·尊·二九
其載也亡—安（焉）

上（二）·容·三五
—丞（施）而泊（薄）會（儉）

上（一）·孔·一五
丌（其）保（褒）—矣

郭·語三·二二
𢚧（仁），—之☐

郭·成·二七
及其尃（溥）長而—『厚（重）』大也

望二·二
丹—緅之䋎

望二·二
丹—緅之裏

上(三)·彭·七
氏(是)胃(謂)自—

上(五)·鮑·六
亓(其)爲不㥛(仁)—矣

上(五)·鮑·七
至欲飤而上(尚)—亓(其)會(斂)

上(四)·曹·三〇
毋逡(復)遊(失)……□—飤(食)

清(五)·厚·一三背
—父

清(二)·繫·九一
齊高—自𠂤(師)逃歸(歸)

望二·二八
丹—緅之□童

望二·二八
丹—緅之轊冑

望二·二
丹—緅之純

𠪋

郭·老甲·三六
—(厚)藏(藏)必多貢(亡)

上(二)·容·五二
而㝵(得)遊(失)於民之—(厚)也

厚字異體。

清(一)·祭·一三
不(丕)隹句(后)禝之受命是羕—(厚)

清(一)·祭·一四
不(丕)隹(惟)周之—(厚)荓(屏)

清(一)·祭·一八
𢈈⁼—(厚)奄(顏)忍恥

垕

上(七)·凡甲·二
系(奚)㝵(得)而不—(厚)

上(七)·凡乙·二
系(奚)㝵(得)而不—(厚)

《説文》古文。

良

包二·二一八
病—瘥(瘥)

包二·二一八
罷(擇)—月—日遈(歸)之

包二·二二七
卲—　人名

包二·二四〇
毀禱文坪䖒君子—

信二·〇三
一—羉

信二·〇四
一—國鉼𢧵紡䋎纓—馬躗翼𥫗

信二·〇四
一—心業

信二·〇四
一業—翢

秦一·三
—月—日

天卜 安—瘕

天卜 睪(擇)—日

天卜 睪(擇)—日

天卜 睪(擇)—日

天卜 睪(擇)—日

天卜 睪(擇)—日

新甲一·二二 至九月又(有)—閒

新甲二·二八 而不—又(有)閼(閒)

新甲三·三九 至癸卯之日安—叡(瘥)

新甲三·一〇一、九四 而不—▨

新甲三·一八四—二、一八五、二二二 以其不—恚瘳之古(故)

新甲三·一八四—二、一八五、二二二 ▨□未—瘕(瘥)

新甲三·二四二 ▨坪郗文君子—，樂，贛(貢)

新甲三·二四一 —志占之曰▨

新甲三·二六六、二七七、零·五八四 暊(夏)與—志以陵尹懌之髗髀爲君貞

新甲三·三四七—一 亳—之述

新乙一·一二 暊與—志㠯(以)陵尹▨

新乙三·二八 ▨毄—之敚(說)

新零·二一一 戠—之▨

新零·二七六 㠯(以)—□▨

秦九九·一四 ▨三月睪(擇)—日

上(三)·周·二二 —馬由(逐)

上(四)·采·三 —人亡不宜也

上(四)·昭·九 楚邦之—臣所𣪠(慧)

上(四)·柬·一九 君聖人虘(且)—

上(四)·曹·五四 思—車良士往取之餌(耳)

上(四)·曹·五五 思良車—士往取之餌(耳)

向

上（六）・競・二正 是虛亡＝—祝吏（史）也

上（六）・用・三 —人鼎安（焉）

上（六）・用・一五 —人可思鯀之身

上（七）・鄭甲・五 奠（鄭）人命𠂤（以）子—爲嫛（執）命

上（七）・鄭乙・五 奠人命𠂤（以）子—爲嫛（執）命

清（一）・耆・一三 是隹（惟）—士之愳＝

清（一）・皇・八 我王訪—言於是人

清（五）・厚・一一 引（矧）其能丁—于沓（友）人

清（五）・湯門・一 古之先帝亦有—言青（情）至於今虎

清（五）・湯門・二 女（如）亡（無）又（有）—言清（情）至於今

清（五）・湯門・二一 唯古先＝帝之—言

清（一）・耆・一一 是隹（惟）—士之迈＝

清（一）・耆・一四 是隹（惟）—士之愳＝

清（三）・琴・一四 —悳（德）亓（其）女（如）忖（台）

清（三）・芮・二 内（芮）—夫乃复（作）訟（忪）再夂（終）

亩 亩

清（二）・繫・一二三 母（毋）伐—（廩）

《説文》或體『廩』，亩即廩字。

啚

清（四）・别・一 三—（否）

嚚

清（一）・皇・三 亡（無）不—（懍）達

清（一）・皇・一三 母（毋）隹（惟）尔（爾）身之—（懍）

嗇

清(一)·皇·一三 —(臨)余于淒(濟)

嗇

郭·老乙·一 夫唯—

郭·老乙·一 莫若—

上(二)·子·二 埜(爻、俊、舜)—於童土之田

清(一)·皇·六 少(小)民用叚(假)能豪(稼)—(穡)

《說文》古文。

來

九·五六·四 舊五稜又六—

九·五六·三 五稜又五—

清(三)·説中·二 —各(格)女(汝)斂(説)

清(三)·芮·二一 政命悳(德)型(刑)各又(有)祟(常)—(次)

清(三)·芮·二三 而莫旻(得)亓(其)—(次)

清(四)·筮·軍三三 亼亼—(次)於四立(位)之中

清(四)·筮·四位三五 —(次)匍(軍)

逨

郭·老乙·一三 終身不—

郭·窮·四 邵(吕)奎(望)爲牂—澹

郭·窮·一○ 驥(驥)馰張山騹空於卲—

郭·成·三六 —(來)者信

郭·性·二五 雚(觀)—(賚)、武

郭·性·二八 —(賚)武樂取(趣)

郭·語一·九九 亡又(有)自—(來)也

郭·語四·二 —(來)言剔(傷)吕(己)

郭·語四·二一 若四旹(時)一遣一—(來)

上(一)·性·一五 雚(觀)—(賚)

天卜 從十月以至—戠之十月

新甲三·一一七、一二○ ☐栾之月以至—歲之夏栾

新甲三·二四八 ☐卒(卒)歲國(或)至—(來)歲之夏栾

包二·一三二反 喬尹集駐從郢以此等—

上(三)·周·三五 逨(往)訐—(來)反

上(三)·周·三六 逨(往)訐—(來)碩

上(三)·周·三七 丌(其)—(來)復(復)

上(三)·周·四四 造(往)—(來)菉=

上(五)·弟·五 —(來)取余言

上(五)·弟·一五 —(來)虐(吾)告女(汝)

上(五)·三德·六 行造(往)視—(來)

上(五)·三德·一四 爲善福乃—(來)

上(五)·三德·一六 四方—(來)嚣

上(七)·鄭乙·一 鄎(郞)人—(來)告

上(七)·凡甲·六 亓(其)—(來)亡尾(託)

上(七)·凡乙·五 亓(其)—(來)亡尾(託)

上(七)·吳·一 竂(竈)—(來)告曰

清(二)·繫·二五 君—(來)伐我=

清(二)·繫·四六 —(來)寚(襲)之

清(二)·繫·七二 齊侯之—(來)也

清(二)·繫·七六 旻(得)自(師)以—(來)

清(二)·繫·八二 五雞迖(將)吳人以回州—(來)

清(二)·繫·一〇七 居于州—(來)

清(四)·筮·志三〇 日爲—(來)

清(四)·筮·四季三七 —(來)巽少(小)吉

清(四)·筮·四季三七 —(來)巽大吉

清(四)·筮·四季三八 —(來)巽大凶

逨

上(二)·容·四七 七邦—(來)備(服)

九·五六·四四 囟(思)某—逯(歸)飤(食)故

新零·一四六 ☐義㠯(以)—(來)☐

《三體石經》僖公——古文作[glyph]。

上(三)·周·九 冬(終)—(來)又(有)它吉

上(三)·周·九 不寍(寧)方—(來)

昚　[illegible]　复　韸　夏

清(一)·尹至·一 我—(來)趆(越)今昀=

清(一)·耆·八 不(丕)㬎(顯)—(來)各(格)

清(一)·祭·二 余隹(惟)寺(時)—(來)見

清(三)·說上·七 敚(說)—(來)

清(三)·說中·一 敚(說)—(來)自尃(傅)厰(巖)

清(三)·說中·一 女(汝)—(來)隹(惟)帝命

椪

上(三)·周·三六 大訐不—(來)

上(六)·用·一二 —(嗇)則行也(?)

清(三)·說下·一〇 褏女(汝)亓(其)又(有)沓(友)—(勑)朕命䇂(哉)

清(五)·命·一三 事不—(震)

清(五)·命·一四 事—(震)則不攻(功)

[illegible]

郭·老甲·一 民—(復)季(孝)子(慈)

上(三)·周·二二 車敚(說)—(輹)

[illegible]

清(三)·說中·四 隹(惟)乃—(腹)

[illegible]

九·五六·一三 —於巳

九·五六·一四 —於午

九·五六·一六 —於申

九·五六·一九 —於亥

九·五六·一七 —於楢(酉)

九·五六·二二 —於寅

頣

包二·六七 大任尹—句浩受㠯

包二·一五九 畢繮命以—逄弁

包二·一六二 —居甲寅

包二·一六五 —栾己亥

包二·一七二 —栾己亥
包二·一八二 —栾己亥
包二·一二 —栾之月
包二·二〇 —栾之月

包二·一九二 鄁人舒—臣
包二·一九三 —敓鄰詨
包二·一八七 —栾乙丑
包二·一二六 —𡰥之月
包二·一三一 —栾之月

包二·一三六 —𡰥之月
包二·二〇九 —𡰥之月
包二·二〇九 —𡰥之月
包二·二一二 —栾之月

包二·二一二 自—𡰥之月以適集戠之—𡰥之月
包二·二四九 —𡰥之月
磚三七〇·三 —𡰥之月

包二·二一六 —𡰥之月
包二·二一六 自—𡰥之月以適集戠之—𡰥之月
磚三七〇·二 —𡰥之月

帛乙一·一四 春—秋冬
帛丙六·一 戲司—
郭·性·二五 笠（觀）卲（韶）—（夏）

郭·性·二八 佋（韶）—（夏）樂情
郭·緇·七 少（小）—（雅）員（云）
郭·緇·七 大—（雅）員（云）

郭·緇·三六 少（小）—（雅）員（云）
上（一）·孔·二 大—（夏）盛悳（德）也
上（一）·紂·四 大—（雅）員（云）

上（一）·性·一七 —（夏）樂情
新甲三·八·一八 —（夏）𡰥之月
新乙四·一五 —（夏）栾☐

上（四）·柬·一 命龜尹羅貞於大—（夏）
清（一）·尹至·一 隹（惟）尹自—（夏）虞（徂）白（亳）

清（一）·尹至·三 —（夏）又（有）恙（祥）
清（一）·尹至·四 女（汝）告我—（夏）䏙（隱）銜（率）若寺（時）

清（一）·尹至·五
穷（戒）亓（其）又（有）—＝

清（一）·尹誥·一
尹念天之敗（敗）西邑—（夏）

清（一）·尹誥·一
—（夏）自藂（絕）亓（其）又（有）民

清（一）·尹誥·二
我戡（捷）滅（滅）—（夏）

清（一）·尹誥·三
亓（其）又（有）—（夏）之金玉日（實）邑

清（一）·祭·一四
藍（監）于—（夏）商之既敗（敗）

清（二）·繫·一七
乃甾（追）念—（夏）商之亡由

清（三）·說中·三
故（古）我先王滅（滅）—（夏）

清（三）·芮·八
不藍（鑒）于—（夏）商

清（三）·赤·五
乃逃于—（夏）

清（三）·赤·六
—（夏）句（后）又（有）疾

清（三）·赤·七
—（夏）句（后）之疾女（如）可（何）

清（三）·赤·一〇
至于—＝句＝

清（三）·赤·一〇
—句（后）乃絲（訊）少（小）臣曰

清（三）·赤·一一
—（夏）句（后）曰

清（三）·赤·一四
—（夏）句乃從少臣之言

清（五）·殷·二三
睲（診）—（夏）之遍（歸）商

顕

天卜
—层之月

天策
欿差—臣馯乘耸

天卜
以爲—层戰適返迟遴

天卜
—层之月

新甲三·一五九—二
—（夏）栾之月

新甲一·一六
卒歲或至—

頞

包二·一二八
—层之月

包二·一二八反
—层之月

曾一三一
黃—馭右旆

天卜
—栾之月

秦一三·八
—栾之月

 天卜 —栾之月
 新甲・六、三〇、一五 盬壽君以吴—▨
 新甲三・二〇四 —（夏）栾之月

 新甲三・二四八 ▨舝歲國（或）至苤（來）歲之—（夏）栾▨
 新甲三・二四三 —（夏）祏戠牛

 新乙一・一九 自頣（夏）栾之月以至苤歲—栾
 新乙一・三一・二五 自—（夏）栾之月
 新乙一・二〇 —栾▨

 上（二）・容・二二 —（夏）不敢㠯昬（暑）訽（辭）

頣

 包二・二〇〇 —栾又憙
 天卜 —栾之月
 包二・一一五 —栾之月

 清（五）・湯丘・一二 又（有）—（夏）之悳（德）可（何）若才（哉）
 清（五）・湯門・二〇 芚（春）—（夏）㱩（秋）备（冬）

頣

 清（四）・筮・得・一八 ≪三〈—（夏）見五
 清（四）・筮・貞三〇 ≪≪昚（春）—（夏）
 清（四）・筮・貞三一 〈≪—（夏）㱩（秋）备（冬）

 清（四）・筮・四季三七 —（夏）裳（勞）大吉
 清（五）・厚・二 建—（夏）邦
 清（五）・厚・三 隹（惟）天乃永保—（夏）邑

 清（五）・厚・三 才（在）—（夏）之剌（哲）王
 清（五）・厚・四 永保—（夏）邦

晛

 包二・二二四 執事人—甖
 包二・二二五 —甖
 郭・成・三八 不還（率）大—（雅）

 新甲三・二六六、二七七、零・五八四 —（夏）與良志以陵尹懌之髗髀爲君貞
 新甲三・二〇九 遯（迻）—（夏）

新乙一・一二 暊與良志㠯（以）陵尹☐ 省止。

虽 郭・唐・一三 吴（虞）—（夏）之㣍（治）也 郭・唐・一三 —（夏）用戈 郭・緇・三五 大—（雅）云

上（一）・紂・一八 少（小）—（雅）員（云） 上（二）・容・四六—四七 乃出文王於—（夏）臺（臺）之下而䎽（問）焉

清（五）・湯丘・一三 —（夏）王不㝵（得）亓（其）惪（圖） 清（五）・湯丘・一三 虐（吾）戓（戡）—（夏）女（如）㠯（台）

清（五）・湯丘・一四 句（后）栖（將）君又（有）—（夏）才（哉）

昰 上（二）・民・五 子—（夏）曰 上（二）・民・七 子—（夏）曰 上（二）・民・九 子—（夏）曰 上（二）・民・一 子—（夏）䎽（問）於孔子

舞

舞 無 清（三）・琴・一 𩐙（琴）—（舞）九絉（卒） 清（三）・琴・一背 周公之𩐙（琴）—（舞）

清（三）・琴・二 𩐙（琴）—（舞）九絉（卒）

舝

舝 禼 郭・尊・二六 不以旨（嗜）谷（欲）—（害）其義（儀）篕（軌） 新甲三・二九四、零・三三四 𩋙不—（害）、鄗回二人受二匿

清（一）・保・八 㞧（微）亡（無）—（害）

郭・五・三五 不以少（小）道—（害）大道 訛形。

舜

蘬 上（一）·孔·一六 虐（乎）吕（以）—䌷㝵（得）氏初之詩

上（一）·孔·一六 夫—之見訶（歌）也

上（一）·孔·一七 菜—之忎（愛）婦

邁 新甲三·六四 ☐☐少（小）臣成奉—戲

清（一）·金·三 翳（遘）—（害）𧆨（虐）疾

舜 𡕘 郭·唐·六 堯—之行

郭·唐·九 古者吴（虞）—箸（篤）事兆（瞽）寞（瞍）

郭·唐·一〇 吴（虞）—其人也

郭·唐·一六 夫古者—佢（拒）於艸（草）茅之中而不𢝊（憂）

郭·唐·二二 昏（聞）—孝

郭·唐·二二 古者堯之與—也

郭·窮·二 —耕於鬲（歷）山

郭·唐·二三 昏（聞）—丝（慈）虗（乎）弟☐

郭·唐·二三 昏（聞）—弟

郭·唐·二五 古（故）堯之𧻚（番）虗（乎）—也

上（一）·孔·子三 如—（𡕘）才（在）今之殜（世）則可（何）若

上（二）·子·六 堯之㝵—（夋、俊、舜）也

上（二）·子·二 —（夋、俊、舜）畬（來）於童土之田

上（二）·子·六 堯見—（夋、俊、舜）之悳（德）臤（賢）

上（二）·子·六 —（夋、俊、舜）之悳（德）城（誠）善

上（二）·子·八 女（如）—（夋、俊、舜）才（在）含（今）之殜（世）則可（何）若

上（二）·子·八 古（故）夫—（夋、俊、舜）之悳（德）亓（其）城（誠）臤（賢）矣

上（二）·容·一二 見—（舜）之臤（賢）也

上(一)·孔·子四
—(㚇)其可胃(謂)受命之民矣

上(二)·子·五正
堯之取—(夋、俊、舜)也

上(二)·子·四
虐(吾)昏(聞)夫—(夋、俊、舜)丌(其)幼也

上(二)·子·七
—(夋、俊、舜)

上(二)·子·七
—(夋、俊、舜)丌(其)可胃(謂)受命之民矣

上(二)·容·一三
昔[者]—(舜)静(耕)於鬲(鬲)丘

上(二)·容·一四
㠯三從—(舜)於旬(畎)雷(畝)之中

上(二)·容·一四
—(舜)於是虖(乎)肙(始)孛(免)埶(刈)䢂(斵)槈(耨)蒌(銍)

上(二)·容·一四—一五
—(舜)受命

上(二)·容·一四
—(舜)北面

上(二)·容·一六—一七
昔天地之差(佐)—(舜)而右(佑)善

上(二)·容·一七
—(舜)又(有)子七人

上(二)·容·一七
—(舜)乃老

上(二)·容·二三
—(舜)聖(聽)正(政)三年

上(二)·容·三〇
—(舜)乃欲會天地之燹(氣)

上(四)·曹·二正
昔堯之鄉(饗)—(舜)也

上(五)·君·一二
—(舜)君天下□非以弃(己)名

上(五)·鬼·一
昔者堯—(舜)垂(禹)湯

上(七)·武·一
不智黄帝耑瑶堯—(舜)之道才唐

清(一)·保·四
昔—(舜)舊复(作)小人=

清(一)·保·六
—(舜)既旻(得)中

韋

清（三）·良·一 堯之相—＝（舜舜）

韋

包二·二五九 二紫—之韒
包二·二七三 韇—韐
仰二五·一〇 大纙之—
仰二五·一二 一圾—之韘

天策 赤—之綏
望二·二 其—丹緅联綣之緤
望二·九 紫—之□
望二·九 ▨紫—之□

望二·九 紫—之軜
曾五四 緐—之箙
曾五八 𦚗—之箙
曾六六 㲋—之銍
曾一一二 緐—之

郭·老甲·三〇 夫天多期（忌）—（諱）
上（一）·孔·一七 腘（將）中之言不可不—（畏）也

新乙四·一〇二 吕（以）𧗿—（肇）爲君𢃄（卒）歲之貞
上（三）·亙·三正 韋（愇）生非＝（悲，悲）生—（愇）

上（三）·亙·三正 —（愇）生非＝（悲，悲）生韋（愇）
上（五）·君·一 —（回）不毋（敏）

上（五）·君·一 —（回）君子爲豊（禮）
上（五）·弟·四 —（回）子𢡺（嘆）曰

上（五）·弟·一五 —（回）𡳿（來）
上（六）·天甲·一三 不—（諱）所不𡥈（教）於市（師）者三

清（一）·尹誥·三 卑（俾）我衆勿—（違）朕言
清（五）·命·八 迁（干）善—（違）則不行

韙

清（三）·芮·二三 人頌（訟）攼（扞）—（違）

韔

函

天策 虎—

天策 虎—

天策 魚—

天策 鞋—

望二·八 貍貘之—

望二·九 ▨—，凶純

曾一正 虓—

曾一三 虓—

曾二三 虓—

曾二五 虓—

曾二六 虓—

曾二九 虓—

曾四二 虓—

曾七三 虓—

曾一〇二 虓—

曾一〇五 虓—

曾四八 紫魚之—

曾五五 紫魚之—

曾五八 紫魚之—

曾一〇四 彔魚之—

曾七四 彔魚之—

曾八八 彔魚之—

曾六七 豻—

曾九九 豻—

曾五 彔魚之—

曾八 彔魚之—

曾六三 彔魚之—

函

天策 魚—

天策 魚—

天策 鞋—

天策 鞋—

靭

曾一六 画—

《說文》新附。

曾二三 鯀—

曾二五 鯀—

曾二八 鯀—

曾七〇 書—

曾三二 鯀—

曾三八 鯀—

曾六三 鯀—

曾四三 紛—

曾六七 紛—

曾五三 纘—

曾七五 纘—

曾四五 貣—

曾五四 貣—

曾七一 貣—

曾四 斂—

曾一八 斂—

曾二六 斂—

曾三一 斂—

曾三六 歛— 曾五八 歛— 曾八八 歛—

⿰韋方

包二·一九三 楚—逝 人名

新甲三·二九四、零·三三四 —不簋(害)、鄭回二人受二臣

⿰韋㕣

包二·二七三 ⿰韋縣章—

包牘一 紫—

⿱竹韋

曾四六 無— 曾八 二歛— 曾一九 二歛— 曾三六 二歛— 曾二 屯歛—

曾一四 歛— 曾一七 歛— 曾二三 歛— 曾二五 歛— 曾二六 歛—

曾三八 歛— 曾五八 歛— 曾一〇五 歛— 曾三二 繽— 曾五五 繽—

曾三九 貧— 曾七二 貧— 曾一二二 —賠 曾一二五 —賠

曾一二六 —賠 曾一二七 —賠 曾一三七 —賠 曾一三八 —賠 曾一二四 三—

⿰韋亘

曾四五 豻— 曾四八 豻— 曾六三 豻— 曾七一 豻— 曾七三 豻—

曾八五 豻— 曾五五 纗貂與彔魚之— 曾一〇六 纗貂與彔魚之— 曾一一五 虓—

曾一一七 屯虓— 曾七〇 貍— 曾一一九 絕—

⿰韋旱

包二·二七六 軹—

軒

牘一

韒

曾一八三 —迨

曾一八四 —迨

《集韻·爻韻》有韒字。

韚

包二·二七一 䊵牛之革—

⿰韋睪

信二·二 一兩緣—縷

見《玉篇·韋部》。

⿰韋雍

⿰韋售

曾三 —輴

曾一〇 —輴

曾二八 —輴

曾三〇 —輴

曾三四 —輴

曾五六 鞎—輴

曾七八 鞎—輴

曾六九 斂—輴

曾八六 —輴

曾八九 —輴

曾一一三 鞎—輴

曾一〇三 —戠

曾三七 —輴

⿰革售

曾八四 —戠

从革與从韋往往無別。

⿰韋系

曾五九 —䩭

曾七八 —䩭

曾九一 —䩭

曾二一 —䩭

曾二八 —䩭

曾二五 —韌

从韋繇省聲。

⿰韋分

 新甲三・二三七—一 一—玉寘□☐

⿰韋彡

 包二・二七七 鞄—之盾

 包二・二七〇 二䩜—

韓  仰二五・一二 一坺韋之—

與⿰韋彡爲一字異體。

⿰韋𧘇

 曾三 豻—

 曾一一 豻—

 曾三一 豻—

 曾三五 豻—

 曾五六 豻—

 曾九五 豻—

 曾八九

⿰韋盾

 曾三 鞹—

 曾一〇 鞹—

 曾二〇 鞹—

 曾二八 鞹—

 曾三〇 鞹—

 曾三七 鞹—

 曾五六 鞎鞹—

 曾五九 鞎鞹—

 曾六九 敓鞹—

 曾七八 鞹—

 曾八四 鞹—

 曾八六 鞹—

 曾九一 鞹—

 曾一〇三 鞹—

鞧  曾一一三 鞎鞹—

从革。

⿰韋炎

 包二・二七一 鈓䩞之—鞍

从韋从臾省。

⿰韋弁

 曾二三 二—

鞄 鞾 韤 韉 弟

鞄
- 曾八六 一—
- 曾一〇四 一—
- 曾二 二—
- 曾三六 二—
- 曾五八 二—
- 曾一〇五 二—
- 曾七二 一—
- 曾七五 一—
- 曾九五 —鞎敗顯鞅貽
- 曾二五 二—
- 曾二六 二—
- 曾·五五 一組—綏鞼軌

鞄
- 牘一

鞾
- 新乙二·一〇 ☐乘—(雀)迻(路)

韤
- 包二·二五九 一—鞟

韉
- 包二·牘一

弟
- 包二·八〇 言胃傷其—石耴䏘
- 包二·八六 胃殺其—
- 包二·九五 胃味䨲其—搿而殺之
- 包二·一三八反 匿至從父兄—不可誅
- 包二·一五一 左尹士命其從父之—番款逿(後)之
- 包二·一五一 步死無子其—番黜逿(後)之
- 信一·〇一一 𢾊—君子
- 郭·唐·二三 昏(聞)舜—
- 郭·六·一三 子—大材埶(藝)者大官
- 郭·六·一六 畜我女(如)其子—
- 郭·六·二八 爲昆—也
- 郭·六·二九 爲昆—㡭(絶)妟(妻)

郭·六·二九 不爲妟(妻)㓙(絶)昆—

郭·六·四〇 司(始)於孝—

郭·語一·五五 爲—，此非弟也

郭·語一·五六 爲弟，此非—也

郭·語一·八〇 長—，睪(親)道也

郭·語三·六 長—，孝之紡(方)也

郭·語一·七〇 兄—，至先後也

郭·唐·五 效(教)民—也

郭·唐·二三 昏(聞)舜丝(慈)虖(乎)—☐

上(三)·周·八 —子轝(輿)殍(尸)

上(三)·彭·五 父子兄—

上(四)·逸·多一 覞(兄)及—淇

清(二)·繫·七 乃立幽王之—舍臣于虢(虢)

清(二)·繫·一一 —子

清(二)·繫·三三 而立亓(其)—悼子

清(二)·繫·五一 乃命右(左)行蔑(蔑)与隓(隨)會卲(召)襄公之—雍(雍)也于秦

俤

包二·二二七 罍禱覬—無逡(後)者

九·五六·二五 無—(弟)

九·五六·二五 女(如)又(有)—(弟)

上(二)·昔·一 大(太)子朝君=(君，君)之母—(弟)是相

上(二)·民·一 幾(凱)—君子，民之父母

弟字異體。

上(四)·内·四 言人伬(兄)之不能慈(慈)—(弟)者

上(四)·内·四 不與言人之—(弟)之不能承(承)伬(兄)者

上(四)·内·四 古(故)爲人—(弟)者

上(四)·内·四 言人之—(弟)之不能承(承)伬(兄)者

上(四)·内·一〇 —民之經也

清(一)·耆·三 紝(恁)尸(仁)睉(兄)—(弟)

桀

清(一)·金·七 𢧵(兄)—

清(三)·芮·八 佳(兄)—(弟)懕矣

上(五)·鬼·二 退(及)—受學(幽)萬(厲)

乘

天策 —䡈之右轄番女反馯之

《説文》乘古文—从几。

天策 故差顕臣馯—肈☐

天策 茍弘馯—肈

天策 一—田車

天策 番亥—西殤君之軒☐

天策 一—肈

新甲三·一六七 ☐—騮☐

新甲三·一八三—一 ☐女—騮☐

新乙二·一〇 ☐乘𩀱(雀)洛(路)

新乙三·四六 ☐□於吝(文)伕=(夫人)丗=(三〇)—☐

新乙四·一三九 北方兄(祝)禱—良馬

郭·語二·二六 —生於忞(怒)

新甲三·七九 ☐白,一—絑(朱)洛(路)

新甲三·二三七—一 舉禱一—大洛(路)黄䡊(絹)

新乙四·一五一 □三—

信二·〇四 一—良輣

信二·〇四 一良心—

上(四)·柬·二 贅尹智(知)王之疠(病)—(勝)

上(七)·君甲·二 王曰軛(范)—

上(七)·君甲·二 軛(范)—曰

上(七)·君乙·二 王曰軛(范)—

上(七)·君乙·二 軛(范)—曰

清(一)·耆·五 夏(作)訶(歌)一夂(終)曰𨕖=—=(乘)

清(三)·說中·三
佳(惟)庶想(相)之力—(勝)

清(五)·命·一三
人不—(勝)□□不智(知)死

[illegible]

包二·二二七
卲— 人名

包二·二七五
一—羊車

包二·二六七
左尹𡨦(葬)。甬(用)車一—(乘)軒

包二·二七一
一—正車

包二·二七三
一—𩏂=(韋車)

包二·二七四
一—楃㯷=貝□□

望二·二
女—一—

望二·五
畋(田)車一—

天卜
逯𦂶車二—

上(二)·容·一四
堯於是虖(乎)爲車十又(有)五—(乘)

上(二)·容·五一
武王乃出革車五百—(乘)

上(二)·容·五〇—五一
武王於是虖(乎)复(作)爲革車千—(乘)

曾一二〇
凡輕車十—又二𨏥

曾一二〇
凡輕車十𨏥又二—

曾一二〇
攻差坪所賠行輕五—

曾一二〇
遊車九—

曾一二一
大凡四十—又三—

曾一二三
—𨏥

曾一五九
凡大官之馬十—

曾一六〇
朱夜宴以—逯尹之𨏥

曾一六五
𨏥駟—

曾一六七
—馬駟

曾一六七
—輕

曾一七四
—馬六駈

曾一九一
坪夜君之㡀逄車二—

曾一一九
鄴君一—

郭·語二·二六
甚生於—(乘)

上(三)·周·三七
償(負)虘—(乘)

上(五)·鮑·六
墮(萬)—(乘)之邦而貴尹

上(五)·季·一二
复(作)而—(乘)之

清(二)·繫·六〇
以女子與兵車百—(乘)

 清（二）·繫·一二一
齊侯晶（参）—（乘）以内（入）

 清（二）·繫·一三七
陳疾目衜（率）車千—（乘）

戰

 清（四）·筮·戰二五
—（勝）外

 清（四）·筮·戰二七
—（勝）内

 清（四）·筮·祟五一
衆—（勝）

 清（四）·筮·祟五一
男—（勝）女

繅

 清（一）·金·一〇
夫＝—（乘）

卷六

木

包二·一四〇
登人所漸—四百先於鄴君之陁(地)蘘溪之中

包二·二四九
見於絶無逡者與漸—立

包二·二五〇
命攻尹解於漸—立

包二·二六六
—器

信二·〇一二
其—器

信二·〇一七
其—器

信二·〇二〇
其—器

信二·〇二五
其—器

信二·〇二九
其—器

帛甲五·二五
青—

帛甲五·二七
赤—

帛甲五·二九
黄—

帛甲五·三一
白—

帛甲五·三三
墨—

帛甲五·二七
卉—民人

郭·成·三〇
槁(矯)—三年

郭語四·一六
利—侌(陰)者

上(二)·容·一六
卉—晉(蓁)長

上(二)·容·四四
加傑(圜)—於亓上

新零·三四三
☐宋—受一匿

上(四)·采·二
高—

上(五)·三德·一
卉—須旹(時)而句(後)畜(奮)

上(六)·競·四
—爲成於宋

上(七)·鄭甲·五
思子豙(家)利—三蕃

上(七)·凡甲·九
十回(圍)之—

上(七)·凡甲·一二
卉—系(奚)夏(得)而生

柰 李

上(七)・凡乙・七 十回(圍)之—

清(一)・金・九 大—斯㦸(拔)

清(一)・金・一三 凡大—斎=㦸(拔)

清(二)・繫・九六 命(令)尹子—會郃(趙)文子武

清(四)・筮・雨一六 亖〈亖〉金—相見

清(四)・筮・爻五六 爲—

清(四)・筮・卦六〇 —也青色

清(五)・湯門・一九 水火金—土

上(一)・孔・八 伐—

上(一)・孔・一〇 梂—之旨(時)

上(一)・孔・一一 梂—之旨(時)

上(一)・孔・一七 因—茺之保(報)

上(二)・魯・四 —䞣(將)死

上(一)・孔・一九 —茺又(有)𥨊忎而未㝵(得)達也

上(二)・魯・四 —㠯(以)爲民

上(一)・孔・一二 梂—福㪿(斯)才犟=(君子)

柰

包二・二四三 毋又—

柰、祟古本一字。詳見卷一。

李

包二・二二 司馬之州加公—瑞

包二・二四 —逗 人名

包二・二〇 鄁司敗—肜受旮

包二・四〇 —兼 人名

包二・四七 —耶 人名

包二・八一 泥競爲—

包二・八二 鄙勁爲—

包二・八四 秀期爲—

包二・八〇 秀頭爲—

包二・八三 旦坪爲—

包二・八九 鄐是遐爲—

包二・九七 旦擇—

包二・一〇二 耶佗鄐㚘爲—

包二・一二五反 宔倚爲—

包二・一四二 鄙鄰爲—

包二・一四六 佶辻六敂—怲之金五益

包二・一六六 —郘 人名

包二・一七三 —瑑之人雎

包二·一七五 —瘴 人名

包二·一四五反 義亞爲—

上(二)·容·二九 乃立咎(皐)𨑡(陶)吕爲—(李)

包二·九〇 郘尚爲—

包二·九一 郘從爲—

磚三七〇·三 ☒人—□敢告於見日

新甲三·三〇四 大牖(牢)饋之於黄—

包二·二三 邻之棫里之敀無叉—競由

包二·三〇 邳司馬之州加公—偳

包二·四四 鄵右仟尹—抾受旮

包二·七七 周甬受正—勴𠃊以敷田於章域𨚗邑

包二·五三 —訶 人名

包二·八五 秀渒爲—

包二·八六 宵陎爲—

包二·九四 義得爲—

包二·九六 —壄 人名

包二·九六 但捭爲—

包二·一三三 会鄎之慶—百宜君命爲僕搏之

包二·一四六 戲纓爲—

包二·一六三 —歆于

包二·一八二 —獻 人名

包二·一七九 佶让—訙

包二·一八一 —鍋 人名

帛乙七·四 隹—恵匿

磚三七〇·四 ☒□□人—□敢告於☒

磚三七〇·二 䠷殺僮之䚄—

磚三七〇·三 䠷殺僮之䚄—

新零·二三〇 ☒饋之於黄—

新甲三·二二〇 —(李)緋爲☒

清(一)·尹誥·三 句(后)亓(其)—(賚)之

清(一)·祭·一六 女母以俾(嬖)士息(塞)夫₌卿—(士)

清(二)·繫·二 卿—(士)者(諸)正

清(二)·繫·一三七 —(使)人於齊陳淏求㠯

清(三)·琴·七 —₌(慭)亓(其)才(在)立(位)

棒

曾七七 麗時—車

杍

清(一)·程·一 迵芓₌蘴(發)取周廷—(梓)柦(樹)于乍閈

清(一)·程·七 隹(惟)—(梓)敝不義

桃

清(一)·程·七 隹(惟)—(梓)敝不義

《説文》古文。

桂

包二·一〇 居於鄭㝅之少—邑

上(七)·吴·四 𢜩(親)於—逆裝(勞)丌(其)夫=

包二·二五九 一—完

棠

上(一)·孔·一〇 甘—之保(褒)

上(一)·孔·二四 虘(吾)㠯(以)甘—𠭁(得)宗窗(廟)之敬

上(一)·孔·一五 甘—之蟋(愛)

杜

坾

上(一)·孔·一八 折—則情憙(喜)丌(其)至也

上(一)·孔·二〇 虘(吾)㠯(以)折—𠭁(得)雀□

杢

清(一)·程·三 敝(幣)告宗方(祊)—(社)禝(稷)

椲

上(二)·容·一 —~是(氏)

楑

上(三)·周·三二 亼亼—(睽)

上(三)·周·三三 —(睽)伓(孤)

上(三)·周·三三 —(睽)伓(孤)

清(三)·芮·二二 而緷(繩)剸(斷)遳(失)—

清(五)·殷·一六 —(揆)宧(中)水奥(衡)

清(五)·殷·二八 —(揆)宧(中)而象祟(常)

椅

清(三)·芮·一〇 或因斬—(柯)

梓 梓

上（四）·逸多·二 莫奴（如）松—

棫 棫

清（一）·程·一 疊=松柏—柞

清（一）·程·四 —橐（覆）柞=

清（一）·程·六 女（如）—柞亡堇（根）

樻 樻

包二·二五九 一—椙

杙 杙

郭·窮·二八 斁（釋）—（桎）㯕（梏）

曾一六四 長腸人與—人之馬

曾一六九 —人之駟=

曾二一四 —爲人

樝 樝 槳

新甲三·七四 ☐—（樝）里一☐

新甲三·二二四 ☐某—（樝）冬御釮受十臣

新零·一一 大—（樝）里人☐

新零·五二九 —（樝）里☐

樸 樸 檏

天策 軥=兩馬之—翆

天策 —翆

天策 虎韔二—

郭·老甲·九 屯虐（乎）其奴（若）—

郭·老甲·三二 我谷（欲）不谷（欲）而民自—

柅 柅

上（三）·周·四〇 繫于金—

枸 枸

包二·九七 坪昜之—里人

上（五）·三德·二一 竿之長—株遉車善游者

枋
上(三)·亙·九 焉又(有)—(方)

楊
包二·一四九 陵让尹塙以—虎斂閘金於郙敓貴伤之新昜一邑
包二·一九二 —亂人鄰臣
天卜 雁— 人名
新零·七二 —里人禱□

移
包二·牘一

枳
信二·〇二三 一柿—絵純
信二·〇二三 □楢—
包二·二六五 二—錢(盞)
包二·二五九 一櫝—
包二·二六〇 一竹—
郭·唐·二六 四—(肢)朕(倦)陛(懈)
郭·語四·一七 不折其—(枝)
上(四)·相·三 亟(庶)□寋(觀)於四—(肢)之褻
上(五)·弟·二三 不斬(折)其—(枝)
上(五)·鬼·四 此兩者—(歧)
上(六)·用·一五 皋(罪)之—葉
清(三)·芮·一九 莫之能—(支)
清(三)·芮·一九 天之所—(支)

權
清(四)·筮·爻五三 爲—(鑵)裥(筩)

柜
包二·二六一 一鍥—
信二·〇三 一戚盟之—
仰二五·二三 一楪—

穀　槃　包二·二七四　一輮槝⁼—貝□□

楮　包二·一四九　告—一邑

梂　郭·五·四一　不彊不—
上(一)·孔·一二　—木福斯(斯)才尋⁼(君子)
上(一)·孔·一〇　—木之旹(時)
上(一)·孔·一一　—木之旹(時)

柘　曾三九　—■四馭右橦展

桐　新甲三·三一七　郘於—者▨
新甲三·三二五—一　郘於鬲(喪)兵—寨
新甲三·四〇九　郘於—一黏
曾二一二　—撲一夫

橎　新甲三·三一八　▨—與其國(域)

枌　上(二)·容·二四　垂(禹)親執—(朸)(耒)耙(耙)

松　清(一)·程·一　疊⁼—柏棫柞
清(一)·程·四　朋棶(棘)戠(轂)杍⁼—⁼

㳂　上(四)·逸·多二　莫奴(如)—杍

檜　仰二五·三一　又—

柏　曾二一二　—撲二夫
清(一)·程·一　疊⁼松—棫柞

机

清（一）·程·四 杍松—副

清（一）·程·六 欲隹（惟）—夢

望二·四五 一房—

望二·四五 一—

梠

信二·〇八 一房—

某

包二·一二 對郚室人—瘽之典之在漾陵之參鉩

《說文》槑或从某史—兄篚—作某。

包二·一三 —瘽在漾陵之參鉩閒迎之典匱

包二·二五五 䆋—一缶

信二·〇二一 一瓶—醬

新甲三·三三三 ☐豬，—一冢

新甲三·三六七 —丘一冢

新甲三·四〇三 㲋於酨丘、—丘、二☐

新乙三·五八 ☐—一〔豬〕

包二·九五 訟如之鳴䣐邑人—

包二·一六八 郊戲—欽

包二·一六九 鄴郢—子菑

包二·一八二 —溪邑人䇂腹志

包二·一八五 邸昜君之—敓

包二·一九三 —訓 人名

磚三七〇·一 —塁與僕䏝之下☐☐☐

磚三七〇·三 不智其人含僕敢之—

天策 —殤嫚一左夛䡅

曾一四三 —芸之黄爲右驂

曾一四六 —芸之大騮爲右驂

曾一七五 —芸之騮爲右驂

九·五六·四四 囟（思）—逨（來）逿（歸）飤（食）故

新甲三·二二四 —綮（楷）冬（終）御釮受十臣

九·五六·四三 含（今）日—牺（將）欲飤（食），—敢目（以）丌（其）妻☐妻女（汝）

清（三）·祝·一 句（侯）兹—也發陽（揚）

樹

敳 郭・語三・四六 彊（强）之—（尌）也

查 上（一）・孔・一五 敬蟋（愛）丌（其）—（樹）

清（四）・筮・卦五七 —（樹）是

省形。

本

上（一）・孔・一六 見丌（其）岦（美）必谷（欲）反一—

咊 包二・九五 胃（謂）—甏其弟匇而戇殺之

包二・九五 戇與其鬍大市米堮人—

杳 郭・成・一二 不反其—（本）

郭・成・一二 君上卿『鄉（享）』成不唯—（本）

郭・成・一四 窮湶（源）反—（本）者之貴

郭・成・一五 不反其—（本）

郭・六・四一 孝，—（本）也

郭・六・四二 下攸（修）甚（其）—（本）

郭・成・一一 窮（窮）藻（源）反—（本）者之貴

郭・成・一〇 不求者（諸）其—（本）而戉（攻）者（諸）其末

上（一）・孔・五 吕（以）爲丌（其）—（本）

上（三）・中・二三 巽華學（學）—（本）也

清（五）・殷・二七 畱（晦）而—由生光

杲 清（五）・厚・一一 曰民心隹（惟）—

上（四）・曹・二〇 則毿亓—（本）虖

上（七）・凡乙・一 既—（本）既槿（根）

朱

信二・〇一六 鎰一—

曾八六 —毛之首

曾六五 —旃

曾一六〇 —夜宴以翼遏尹之肇

曾一八〇 —逄

曾一八一 —逄

曾一八二 —逄

曾一一五 —旃

新零・四二二 ☐—☐

清（五）·厚·一二
女（如）丹之才（在）—

清（五）·封·六
—笄元（軏）

根

上（六）·天乙·五
—之㠯（以）玉㪷（斗）

株

包二·一〇八
爲—昜貣郘異之黄金七益以翟穜

包二·一一七
—昜莫鄗壽君

包二·一一七
爲—昜貣郘異之金五益

包二·一八二
郙—之仿周𨗟

包二·一八九
—昜莫囂州加公張讙

上（五）·三德·二一
竿之長枸—遉車善游者

清（二）·繫·一一三
灼狗衔（率）𠂤（師）與戉（越）公—（朱）句伐齊

末

望二·一三
黄—

郭·成·二
非從—流者之貴

郭·成·一四
非從—流者之貴

郭·性·六〇
必㚸（使）又（有）—

郭·性·六三
憙（喜）谷（欲）智而亡—

上（四）·采·一
喪之—

上（四）·曹·二〇
三教之—

清（一）·程·三
𢙐（祈）于六—山川

清（五）·湯門·六
亓（其）—㤼（氣）

果

包二·一八八
鄗丘郲遬之人—

信一·〇八
女—

望一·一
張—　人名

曾一七
二—

曾九一
二—

曾九九
二—

曾一四
三—

曾三七
二—

曾八二
二—

曾二〇 三—

曾三〇 三—

曾三三 三—

曾八四 三—

郭·老甲·七 善者—而已

郭·老甲·七 —而弗喬(驕)

郭·老甲·七 是胃(謂)—而不强

郭·老甲·七 —而弗發(伐)

郭·老甲·七 —而弗矜

郭·五·二一 不遂不—

郭·五·三四 —也

郭·成·二一 戠(勇)而行之不—

郭·尊·一三 則民—以巠(輕)

新甲三·三四八 閟(殹)陽大宫—之述☐

新乙二·二六 ☐□此—廷☐

新乙四·一〇 此—廷

新零·一〇二、五九 ☐堅=(堅子)郛—告大司城瘖☐

新零·二七八 ☐—也

新零·六三 ☐尚—見☐

上(三)·亙·一〇 —天下

上(三)·亙·一一 甬(庸)又(有)—與不果

上(三)·亙·一一 甬(庸)又(有)果與不—

上(三)·亙·一三 而—述(遂)

上(四)·曹·三三 —勳(勝)矣

上(四)·曹·四二 三軍甏(散)—(裹)又(有)幾(忌)虘

上(四)·曹·四三 此甏(散)—(裹)之幾(忌)

清(一)·程·七 —拜不忍

清(二)·繫·三四 我句(後)—内(入)

清(二)·繫·九一 述以釐豐於鄴而不—

清(二)·繫·九三 鄉組纕(襄)巷(絳)而不—

清(二)·繫·一二九 不—内(入)王子

清(四)·筮·果四〇 凸(凡)—

清(四)·筮·果四一 大事戠(歲)才(在)前—

清(四)·筮·果四一 中事月才(在)前—

條

郭・性・三一
—肰(然)以思

槀　栗

信二・〇一五
一綟常緒膚之純帛—

信二・〇一五
一丹楸之衦□裹組—

上(六)・孔・一三
大為毋—(聑)

標

郭・緇・一五
民之—(表)也

上(一)・紂・九
民之—(蕈)也

料

上(三)・周・四五
菜—(救)勿寞

上(三)・周・四五
菜—(救)不飤(食)

柱　桂

包二・二六六
一—柧

郭・成・二一
其恢(疑)也弗—(往)恢(矣)

郭・性・六一
少(小)—内之可也

上(一)・性・三一
少—内(納)之可也

上(二)・從(甲)・一五
爲利—(枉)

上(七)・武・一五
弗力則=—(枉)

清(五)・殷・一五
—(往)尼(宅)毋諟(徙)

清(五)・殷・二〇
共(供)—(皇)思坔(修)

清(五)・殷・二八
尃(補)虁(缺)而救—(枉)

清(四)・筮・果四一
峕(小)事日乃前—

清(四)・筮・果四一
亓(其)余(餘)佋(昭)穆—

清(四)・筮・果四一
卡=同頫(狀)—

清(四)・筮・果四二
外事嬰(數)而出乃—

清(四)・筮・十七命六二
曰—曰至曰亯(享)曰死生曰旻(得)曰見

枯
新甲三·二六三 鳴父、莿丘、—▨

稾
郭·成·三〇 —(橋)木三年

柔
望二·九 紫韋之□紫□白—之妥訓□
望二·九 ▨白—▨
郭·性·八 —之約
郭·性·九 —取之也
郭·性·六三 谷(欲)—齊而泊
清(一)·尹至·四 孳(茲)乃—大縈
清(三)·芮·二〇 縛剌(斷)既政而五(互)想(相)—訛(比)
清(五)·殷·二二 音色—丂(巧)而賭(叡)武不罔

材
郭·尊·三二 恵則民—足
郭·六·一三 子弟大—埶(藝)者大官
郭·六·一四 少(小)—埶(藝)者少(小)官
郭·六·二一 會墇長—以事上
郭·語四·二四 唯(雖)戝(勇)力聞(聞)於邦,不女(如)—
上(一)·孔·三 大會(歛)—安(焉)
上(五)·三德·一 地共—民共力
上(五)·三德·一七 智(知)地足㠯古(固)—
清(五)·命·一四 埶(藝)逕(淫)則割(害)於—(才)

杲
包二·八七 陳— 人名
帛丙四·二 少—

栽		上（四）·曹·三二 戟連皆—	上（六）·平·二 女（汝）毁新都—（鄢）陵
築	箃	帛丙二·二 不可以出師—邑	帛丙八·二 不可以—室
		上（五）·鮑·四 —（敦）湛（堪）伓（背）忎（愿）	
榦	榫	帛甲四·一五 倀曰青—	帛甲四·三〇 四日□墨—
		上（三）·周·一八 —（幹）母之蛊（蠱）	上（三）·周·一八 —（幹）父之蛊（蠱）
		上（三）·周·一八 —（幹）父之蛊（蠱）	
棟		清（三）·赤·八 與二白兔屍句（后）之帰（寢）室之—	清（三）·赤·一二 屍句（后）之帰（寢）室之—
柱		望二·一五 —昜馬	望二·一六 ▨—昜馬胄緐
梠		新乙四·八八 —里人禱於其禮（社）▨	
檐	桧	九·五六·一 敔栅之四—（擔）	九五六·一 敔栅之五—（擔）
		九·五六·一 敔栅之六—（擔）	九·五六·三 敔栅之十—（擔）一—（擔）
		九·五六·四 舊廿〓（二十）—（擔）	九·五六·六 ▨—（擔）三—（擔）

植
郭·緇·三 好氏(是)貞(正)—(直)
郭·尊·二八 —(置)蚤(郵)而連(傳)命

上(五)·弟·二〇 又(有)戕—其槈而訶(歌)安(焉)
上(六)·孔·二五 衆之所—

櫺
望二·一一 其并—丹厚綊之緤

宎
郭·六·二六 衍(道)—(困)止

椙
上(二)·容·二 —戉鼓瑟(瑟)

柤
相
曾二一四 所貘汈肆貘—新田之畾

杠
望二·一一 紫盖軥—皆雕

桯
包二·一二四 司豊之臺邑人—甲受沢易之酷官

桱
包二·二六六 一飤—
望二·四五 一雕—

牀
包二·二六〇 一斗—
上(五)·季·九 昏之—(臧)慶中又言曰
上(五)·三德一〇 毋虛—

清(三)·赤·八 共尻句(后)之—下
清(三)·赤·一二 共尻句(后)之—下

枕
梒 信二・〇二三 一䋣索—

櫝
樟 曾一五三 —騏爲右驂

櫛
榔 包二・二五九 四—
《集韻・櫛韻》：櫛或作榔。

梳
仰二五・二五 一齒—

槈
上（二）・容・一四 夆（舜）於是虖（乎）訇（始）孕（免）埶（刈）玨（斸）—（槈）萎（鍤）
上（五）・弟・二〇 又（有）植其—而訶（歌）安（焉）

柫
曾三八 黃▇—馭右彤輪
曾一三三 黃—馭右𨌲輪
曾一六七 鄦—之騶爲左驂

桮
杯 信二・〇二〇 —豆三十
《說文》本作桮，古文作匼，《通訓定聲》云：古盛羹若注酒之器，通名曰—。
信二・〇二〇 —三十

牌・四〇六・八
望二・四七 雕—廿：會

槃
盤 包二・一五 —舸夸執僕之倌登虩
《說文》籀文从皿作[盤]。
包二・九七 絕—邑人郜埜
包二・一五〇 —己 人名

包二・一六七 大廄—㞕鄢人喪覞
包二・二六五 一—
天卜 —酉 人名
望二・四九 一—

望二・五三 二—
上（四）・曹・五〇 遉—戰（戰）又（有）道虖（乎）
上（四）・曹・五三 此遉（復）—戰（戰）之道

清(一)·楚·一 見—庚之子
清(一)·楚·二 及之—(泮)
清(二)·繫·五 生白(伯)—
清(二)·繫·六 王與白(伯)—述(逐)坪=王=
清(二)·繫·七 幽王及白(伯)—乃滅
清(五)·厚·四 不—于庚(康)
清(五)·封·七 —監(鑑)鍒(鍪)盟

持

米

郭·老甲·二五 易—也
郭·老甲·三七 —而浧(盈)之

讀持。

機

上(七)·武·七 爲—曰皇=隹(惟)堇(謹)

榎

包牘一 一絅—

栢

包二·二七〇 一敀—

竹简榎之異文作栢。

楥

郭·語二·一五 —(諼)生於忩(欲)
郭·語二·一五 號(饕)生於—(諼)

棧

望二·三八 ▨□里之—

桊

包二·二六〇 一瑟,又—
信二·〇三 三𥎦瑟—

樇

包二·二七四 一輮—檄貝□□
曾七三 南(?)■陵連𦑑愇馭—轂
曾七四 —■轂
曾一二〇 一—轂

椎 柄 桶 樂

椎

上（五）·三德·一一 毋—（揣）深

曾一二三 緷—玉墜皐

上（三）·彭·四 或（又）—（墜）於囦（淵）

柄

上（五）·三德·一 —（平）旦毋哭

桶

天策 倜—

天策 齒—

望二·三八 赤金—弇吝王至白金▨

樂

信二·〇一八 —人之器

天卜 嬰禱祏戠牛—之

天卜 賽禱夜□戠豢—之

天卜 賽禱白朝戠犅—之

天卜 嬰禱巫猪霝酉鏞—之

天卜 禱白朝戠牛犅—之

天卜 ▨□戠牛—▨

天卜 大牢—之

天卜 大牢—之

望一·一七六 ▨殺坪—思攻解於下之人不壯死

曾一七六 —君之駐爲右驂

郭·老甲·四 天下—進而弗詀（厭）

郭·尊·一〇 繇（由）—智（知）依（哀）

郭·尊·一三 譥（教）以—

郭·尊·三一 訂（怡）—和悴（萃）

郭·成·二 信不懎（著）則言不—

郭·六·二 乍（作）豊（禮）—

郭·六·二五 雚（觀）者（諸）豊（禮）、—則亦才（在）壴（矣）

郭·性·一五 時（詩）、箸（書）、豊（禮）、—

郭·性·一六 豊（禮）、—又（有）爲貞（舉）之也

郭·性·二一 —其衍（道）

郭·性·二七 莫（鄭）衛（衛）之—

郭·性·二八 佋（韶）頣（夏）—情

郭·性·二八 查（賚）武—取（趣）

郭·性·二八 凡古—龍心

郭·性·二八 益—龍指

郭·性·二九 㥷(哀)、—，其眚(性)相近也

郭·性·二九 凡至—必悲

郭·性·三二 凡、—思而句(後)忻

郭·性·三三 喿(噪)游—也

郭·性·三六 不女(如)以—之速也

郭·性·四四 耳之—聖(聲)

郭·性·五四 蜀(獨)処而—

郭·六·二六 豊(禮)—，共也

新乙三·六三 ☐脡鐘—之☐

新甲三·二一二、一九九—三 脡鐘—之

郭·老丙·四 —樂與餌

郭·語一·二二 ……—段

郭·語一·二四 遜(由)—智(知)型

郭·語一·二四 豊(禮)生—

郭·語一·三二 善里(理？)而句(後)—生

郭·語一·三三 —生於亳(薄)

郭·語一·三四 豊(禮)繁—悪『需(零)』則戚(蹙)

郭·語一·三四 —緐(繁)豊(禮)悪『需(零)』則訪(謾)

郭·語一·四三 —，或生或教者也

郭·語二·二八 —生於憙(喜)

郭·語二·二九 悲生於—

郭·語三·五四 —，備悳(德)者之所樂也

郭·語三·五四 樂，備悳(德)者之所—也

郭·語三·六六下 亡非—者

上(一)·性·一二 —丌(其)道

上(一)·性·一七 頣(夏)—情

上(一)·性·一七 武—取

上(一)·性·一七 凡古—龍(隆)心

上(一)·性·一八 —

上(一)·性·一九 —之皷(動)心也

上(一)·性·二三 寙(獨)居而—

上(一)·性·三一 父兄之所—

新甲三·二〇〇 ☐鐘—之

包二・二六一 —成之純

上(一)・孔・一四 㠯(以)鐘鼓之—

上(一)・孔・二三 麋鳴㠯(以)—詞(詞)而會

上(一)・孔・二 丌(其)—安而屖

上(二)・子・一 㠯(以)又(有)吴(虞)是(氏)之—正宮

上(一)・性・八 —

上(一)・孔・一 —亡隱(離)情

上(二)・容・八 與之言—

上(二)・容・三〇 乃立數㠯爲—正

上(二)・容・四五 謏(厚)—於酉(酒)

新甲二・三八、三九 ☐—之,饋祭子西君,型

新甲三・四六 之,贛,—之

新甲三・一四五 ☐饋,延鐘—之☐

新甲三・一三六 脡鐘—之

新甲三・二〇〇 延鐘—之

新甲三・二六一 延鐘—之

新甲三・二九八 ☐—之,百之,贛(貢)之。祝☐

新乙二・一 —之,百,贛(貢)

新乙一・一一 —虞(且)贛(貢)之

新甲三・二〇九 延鐘—之

上(四)・内・六 父母所—〓(樂樂)之

上(四)・曹・一一 不聖(聽)—

上(五)・鮑・四 庚(更)民韍(怫)—

上(五)・君・二 夫子紿(治)十室之邑亦—

上(五)・君・一一 紿(治)蔓(萬)室之邦亦—

上(五)・三德・一六 毳(喪)忿(怠)係—

上(五)・三德・七 憙(喜)—無菫(限)尾(度)

上(五)・三德・一一 内(入)虚毋—

上(六)・孔・二一 保訢(慎)亓(其)豊(禮)—

上（六）·用·四 民日愈（愉）—

上（六）·用·一一 而自嘉—

上（七）·武·六 安—必戒

上（七）·君甲·五 州徒之—

上（七）·君乙·五 而不爲亓（其）—

清（五）·命·四 夫民生而—生穀（穀）

清（五）·命·一一 吴（娱）之以—

清（五）·厚·一三 亦隹（惟）酉（酒）甬（用）庚（康）—

清（五）·命·一三 —不纏（伸）

清（五）·命·一四 —纏（伸）則亡（荒）

緿

上（二）·民·四 —亦至安（焉）

上（二）·民·四 —之所至者

上（二）·民·二 必達於豊（禮）—之茝（洍）

上（二）·民·四 悳（哀）—相生

上（二）·民·五 亡（無）聖（聲）之—

上（二）·民·七 亡（無）聖（聲）之—

上（二）·民·八 亡（無）聖（聲）之—

上（二）·民·一〇 亡（無）聖（聲）之—

上（二）·民·一一 亡（無）聖（聲）之—

上（二）·民·一二 亡（無）聖（聲）之—

上（二）·民·一二 亡（無）聖（聲）之—

上（二）·民·一三 亡（無）聖（聲）之— 樂之異文。

梁

清（二）·繫·三二 惠公奔于—

清（二）·繫·三四 至于—城

清（二）·繫·九一 公會者（諸）侯於瞁（湨）—

梨

上（六）·競·一 割疾（瘠）與—（梁）丘虘（據）言於公曰

上（六）·競·九 —（梁）丘

采　柿　柧　柆　析　檮　枼

⿰禾邚　包二·一六五　—人鈇宜
包二·一六三　—人鈇慶
包二·一六九　—人鈇慶
魏都大梁之梁。

邚　包二·一七九　—人鈇慶
省形。

杒　信二·〇二九　二芺—□□
上(二)·魯·六　公剀(豈)不飤(飽)—(梁)飤肉才(哉)殹(也)
从李家浩先生釋。

采　郭·性·四五　不又(有)夫柬柬(簡簡)之心則—(⿰忄采)
上(三)·亙·七　—(採)勿(物)出於复(作)

上(三)·亙·八　多—(採)勿(物)先者又(有)善

柿　信二·〇二三　一—枵
李家浩先生以爲从鬧省聲，與《說文》之柿非一字。

柧　信二·〇二一　一—頁因
信二·〇一八　—桼

柆　清(四)·筮·祟五〇　九—竑子

析　清(二)·繫·八四　與吴人戰(戰)于—

檮　包二·二五八　—脊一笲

枼　清(五)·厚·一一　氒(厥)复(作)隹(惟)—(葉)
清(五)·封·九　經嗣—(世)亯(享)

休

休
新甲三·六五 —有成慶
上（三）·彭·一 —才（哉）
清（一）·皇·五 先神示（祇）退（復）式用—

清（一）·皇九 斯乃非—悳（德）以麐（應）
清（一）·祭·一一 康受亦弋（式）甬（用）—

清（三）·説下·九 余罔絉（墜）天—
清（五）·殷·二八 天尞（顧）退（復）之甬（用）—

桎

桎
鉥 上（二）·容·四四—四五 於是虘（乎）复（作）爲金—三千
上（二）·容·四四 不從命者從而—夅（梏）之
上（二）·容·四五 既爲金—

框 包二·一四四 小人取愴之刀以解小人之—

梏

梏
棒 上（三）·周·二二 僮（童）牛之—（牿）

夅 郭·成·三六 言語—（哰）之
上（二）·容·四四 不從命者從而桎—（梏）之
《集韻》有哰字。

上（五）·鬼·七 又（有）足而—（梏）
清（一）·祭·一〇 敢—（告）天子

清（五）·殷·二二 以—（誥）四方

罄 清（一）·皇·一〇 卑（譬）女（如）—（梏）夫之又（有）悉（媢）妻

柙

柙
櫨 郭·窮·六 戰（釋）杙（桎）—（梏）

梟

包二・二五八
—二箕

帛丙七・三
又—內于上下

杫

信二・〇二七
一鈠—

天策
紡□之繣—▨

天策
▨翼八—▨

榠

上（三）・周・一五
—（冥）余（豫）

上（五）・三德・一九
毋曰—＝（冥冥）

清（三）・祝・二
釁曼—＝（冥冥）

鄍

曾六五
黄■豻駍—君之一韋敏車

包二・一四三
戮寍屭敔—君之鼎邑人黄欽

曾二〇一
—君之睘肈＝

李零先生釋『榠』。

机

包二・一八三
—券之州人周庚

板

包二・四三
不逯—於登人以至命於郢

上（二）・容・七
（於是於）壵（持）—正立（位）

郭・窮・四
戰（釋）—篙（築）而差（佐）天子

郭・窮・七
戰（釋）—梒而爲雹（朝）卿

郭・緇・七
上帝—板

桼

上（一）・紂・四
上帝—＝（板板）

枆

包二・二七七
二馬之—

杋

郭・性・四八
弗—（補）不足

枕

望二·四
龍—

望二·一一
又—餚膚之純

望二·一一
—中僮婁紫□

梘

新甲三·三八〇
□—寢戠尹□□

栓

包牘一
一—

天策
一—

郭·窮·七
戰（釋）板—而爲晉（朝）卿

榁

包二·二六九
一—

疑與『栓』爲一字異寫。

包二·一二一
—䍐

样

美

包二·一八四
鄗尹之陪—倚

包二·一九〇
—快耳

包二·一二〇
—䍐 人名

包二·一二〇
—䍐

[木甫]

包二·一七五
鄜邑人登—　人名

信一·〇四
—□

郭·老丙·一三
是以能—（輔）萬（萬）勿（物）之自肰（然）

郭·太·一
天反—（薄）大（太）

郭·太·一
水反—（薄）大（太）

郭·太·二
神明復相—（薄）也

郭·太·二
侌（陰）昜復相—（薄）也

郭·太·三
溼澡（燥）復相—（薄）也

郭·太·三
四時復—（薄）也

郭·太·三
倉（滄）然（熱）復相—（薄）也

棈

帛甲五·三五
青木亦木黄木白木墨木之—

梢	㭾		櫏		櫰	欘		樊	欅
包二·二六三 二骨—	梶 包二·二六六 一梶— 包二·二六六 一炅— 包二·二六六 一楮—	包二·二六六 一宥— 《集韻·迄韻》有椐字。	櫜 望二·四五 一酰—（梃） 望二·四五 一牛—（梃）	望二·四五 一羊—（梃） 望二·四五 一豕—（梃）	包二·八七 以受鄦昜之—官隱逿=逃之古 見《玉篇·木部》。	包二·二三 邻之—里人敃無又李兹思 見《集韻·莜韻》。	清（五）·命·一三 勿（物）乎（厥）耑（權）之—（屬）也	信二·〇三 四—	仰二五·二二 一—柜	曾二〇七 入此—官之中

欃	桊	柊	楫	𣗋		桑	桎	桯	槿	
信二·○一八 一—□	梯 郭·性·五九 谷(欲)其—也 《集韻·霽韻》有桊字。	絭 包二·一二九 左司馬迲以王命＝恒思舍—黃王之㚖 《廣雅·釋器》有柊字。	信二·一一 二彤—	栓 望二·一五 一—□約緤 上(一)·性·二八 孯＝埶(執)志必又(有)夫—＝(注注)之心 見《集韻·用韻》。	上(五)·三德·一四 𥺼(將)齊勿—(刉)	信二·○一四 一—然之盌	信二·○二○ 彤者二十二足—	郭·語一·九三 急(仁)悉(義)爲之—	上(二)·容·四五 専(溥)亦(夜)𠂤爲—(淫)	上(七)·凡甲·一 既杲(拔)既—(根) 上(七)·凡乙·一 既杲(拔)既—(根)

槼

新乙四·一三二

□𠮛（以）君之—㝵（得）痳□

乒

上（三）·周·二三

岃（何）天之—（衢）

槃

上（六）·孔·三

上不皋（罪）㥏（仁）而—（溥）尃

切

上（六）·孔·一四

鳴仉（居）危—

櫓

上（六）·慎·五

茅芙—（？）筱

概

上（六）·用·一〇

胃（謂）天高而不—

清（一）·祭·六

我亦隹又（有）若且（祖）周公—（暨）且（祖）卲（召）公

柞

清（一）·程·一

𠭯=松柏棫—

清（一）·程·四

棫橐（覆）—=（柞柞）

棟

清（一）·程·六

女（如）棫—亡堇（根）

清（一）·程·一

大（太）姒夢見商廷隹（惟）—（棘）

清（一）·程·四

朋—（棘）戠（敼）杍=松=

清（一）·程·七

隹（惟）容内（納）—（棘）

棱

清（一）·楚·四

爲—室=

柭　乆　楒　㮚　纂　東

柭 清（三）·芮·二〇 女（如）閘（關）—屋（扃）鍪

柭 清（三）·芮·二二 女（如）閘（關）—不閟（閉）

乆 清（三）·赤·九 亓（其）走（上）—（刺）句（后）之體

乆 清（三）·赤·一三 亓（其）走（上）—（刺）句（后）之身

楒 清（四）·筮·祟四五 五乃—敨

㮚 清（四）·筮·雠二一 〈巛二〉—（少）肴（淆）

纂 清（五）·封·六 —（纂）絣（弁）

東

東 包二·一四〇 —周之客

東 包二·一四一 —周之客

東 包二·一五三 —與蔆君伍疆

東 包二·一五四 —與蔴君執疆

東 包二·一六七 —郘人登步

東 包二·一七一 東宅人舒豫—

東 帛乙四·三二 —䣞又吝

東 郭·太·一三 陞（地）不足於—南

東 新乙四·一四一 ▨—陵

東 新甲三·二七一 大殤坪夜之楚禝，—

東 上（二）·容·三一 —方爲三俈（調）

東 上（二）·容·二五—二六 —豉（注）之海（海）

東 上（二）·容·二六—二七 —豉（注）之河

東 天卜 毀禱—城夫人豬₌酉食

東 天卜 獻又惡於—方

東 望一·一〇九 —宔公

東 望一·一一三 —宅公

東 望一·一一五 —石公

東 曾一二 郘連轠—臣所馭政車

東 秦一·一 周客鄰無王於宋—之戠

東 九·五六·四五 ▨盍（蓋）—▨

東 九·五六·四七 —、北高

東 九·五六·四九 垑於—北之北

九·五六·五三 □於室—

九·五六·五八 □尻(居)—南多丌(基)▨

上(三)·周·三五 不利—北

上(三)·周·五七 —箬(鄰)殺牛

上(三)·中·二 河—之城(盛)豪(家)也

上(四)·采·一 出門㠯(以)—

上(四)·曹·一 —西七百

上(五)·弟·一八 —西南北

上(七)·武·三 —面而立

上(七)·凡甲·一〇 水之—流

上(七)·凡乙·八 水之—流

上(七)·吳·五 㠯(以)室(廣)—海(海)之表

清(一)·尹至·三 才(在)西才(在)—

清(一)·尹至·三 憲(胡)今—恙(祥)不章

清(一)·耆·二 复(作)策褫(逸)爲—尚(堂)之客

清(一)·金·八 周公石(宅)—三年

清(二)·繫·九 乃—遷(徙)

清(二)·繫·一〇 奠武公亦政(正)—方之者(諸)侯

清(二)·繫·一四 飛曆—逃于商盍(蓋)氏

清(二)·繫·一五 坪(平)王—䢜(遷)

清(二)·繫·一六 秦中(仲)女(焉)—居周地

清(二)·繫·一九 衛人乃—涉河

清(二)·繫·四六 秦𠂤晒—寰(襲)奠=

清(二)·繫·九二 毆(驅)車𡉚(至于)—畱(畝)

清(四)·筮·祟四九 日出—方

清(四)·筮·卦六〇 —方也

林

包二·一二九 —周客

包二·一三二 —郭之里

包二·二〇六 —周之客

包二·二〇七 —周之客

包二·二二〇 —周之客

包二·五八 —周之客

包二·一二 —周之客

包二·一二五 —敔公谿掉

包二·一二六 —周之各

包二·一三一 —周之客

包二·二一〇 賽禱—陵連囂豻豕

包二·二一八 —周之客

包二·一四五 —周之客

包二·一九〇 —宅人登環

包二·二〇九 —周之客

范二七 女—而—西而西受上天受中□

上(六)·競·一〇 豎(攝)㠯(以)—

上(二)·容·三一—三二 蓁—內(入)

新甲三·一 我王於—丘哉=(之歲)

新甲三·四〇二 䣓於沱—𨟻▨

上(四)·柬·二二 命(令)尹子—䎽(問)於大剸(宰)

清(二)·繫·六三 晉中行—父衒(率)自(師)救(救)奠(鄭)

替

上(六)·競·八 山—(林)吏(史)蔑(衡)守之

無

包二·一五 登壓而—古

包二·一六 邵行—典

包二·二三 邻之櫰里之𧭈—又李𤐿思

包二·九五 邵—戡之州人鼓䠷張㤝訟鄢之

包二·一三八 陳—正 人名

包二·九〇 䋣昜旦—又弃㥩

包二·一四〇 —譹 人名
包二·一四五 —以歸之
包二·一五一 步死—子其弟番黯逯之
包二·一五二 言胃番成—逘(後)

包二·一五一 黯死—子左尹士命其從父之弟番款逘(後)之
包二·一七一 登—龍 人名
包二·二二七 舉禱覴俤—逘(後)者

包二·二四九 見於絶—逘(後)者與漸木立
包二·二五〇 舉禱於絶—逘(後)者各肥豬
包二·二三五 —咎—祭

天卜 —祱
天卜 —敓
望一·六一 ☐—大咎
曾九五 —弓
曾九五 —雺

曾四八 —聶
曾四八 —聶
帛乙二·二三 —絲祭
曾四二 —聶
郭·老甲·三一 我—事而民自福(富)

郭·老丙·五 淡可(呵)其—味也
郭·老丙·二 古(故)—敗也
郭·老丙·二 聖人—爲
郭·老丙·二 —執

郭·老丙·一二 則—敗事壴(矣)
郭·窮·一三 —莕菫愈埳山石不爲☐
郭·語四·四 亞(惡)言復己而死—日
郭·語四·二二 成(城)—蓑則坨(阤)

上(二)·容·四 邦—飤(食)人
上(二)·容·四—五 道逄(路)—殤死者
上(二)·容·一八 田—(蔡)

上(二)·容·六 不型(刑)殺而—頪(盜)惻(賊)
上(二)·容·一八 閘(關)市—賦
上(二)·容·二九 —求不𡭁(得)

上(二)·容·五〇 含(今)受爲—道
上(二)·容·四三 —萬(勸)於民
新甲一·二二 ☐之：死(恒)貞吉，—咎

新甲一·二四 死(恒)貞—咎
新甲二·三四 ☐之日：吉，—咎
新甲三·一七 ☐期宙(中)—咎，又(有)閒(間)☐

新甲三·三九 —瘳
新甲三·二三二、九五 無咎—敓(祟)
新甲三·一一二 —死(恒)米
新甲三·一七三 ☐—咎

新甲三·一一二 以其—死(恒)米之古(故)
新甲三·一五八 ☐閈(閒)，卒(卒)哉(歲)—咎☐

新甲三·二三二、九五 —咎無敓(祟)
新甲三·二三五—二 —咎無敓(祟)☐
新甲三·二〇三 ☐吴殹—受一赤

新甲三·二三五—二 無咎—敓(祟)☐
新甲三·二八四 ☐死(恒)貞—咎
新甲三·三五七、三五九 ☐於鼈(喪)丘、—與☐

新甲三·三四六—二、三八四 壘—龍之述
新乙三·一 ☐兆—☐
新乙三·二、甲三·一八六 無咎—敓(祟)

新乙三·二、甲三·一八六 —咎無敓(祟)
新乙三·三七 ☐豢，既於☐
新乙三·三九 ☐—咎

新乙四·五〇 ☐無咎—祱(祟)☐
新零·一九五 死(恒)貞—(咎)☐
新零·五七二 ☐—龍☐

九·五六·一八下 是胃(謂)—紀
九·五六·二二下 —爲𦙶可
九·五六·二五 —俤(弟)
香中大·四 乃—凶祆(殺)

上(三)·亙·一 亙先—又(有)
上(三)·亙·六 —胃(謂)音
上(三)·亙·六 —胃(謂)又(有)

上(三)·亙·六 —胃(謂)生
上(三)·亙·六 —胃(謂)或
上(三)·亙·七 —胃(謂)事

上(三)·亙·七 焉又(有)事不复(作)—事舉(舉)
上(三)·亙·八 又(有)絧(治)—𤔔(亂)

楚

上(三)·亙·一一
—與也

上(三)·亙·一一
—夜(舍)也

上(三)·亙·一二
—非亓所

上(三)·亙·一三
名—又(有)灋(廢)者

上(四)·柬·三
—又(有)名山名溪

上(五)·弟·一三
—所又(有)舍(餘)

上(五)·三德·一
罘(明)王—思

上(五)·三德·四
君—宔(主)臣

上(五)·三德·七
凡飤(食)歙—量詯(計)

上(五)·三德·九
乃—凶材(災)

上(五)·三德·一八
天—不從

上(六)·莊·一正
虗(吾)既果城(成)—鏷(敵)

上(六)·用·一七
既—社衆人亡慮

楚

包二·二
魯昜公以—帀(師)逡(後)韢莫之戢

包二·四
遊昜公以—帀逡(後)韢莫之戢

包二·八八
—斨司敗馭須訟

包二·一二〇
□客監匿逅—之戢

包二·一六三
—斨族倀旁

包二·一八三
陳—　人名

包二·一九〇
—斨邻　人名

包二·一九二
慣王佶室—剌

包二·一九三
—軡道　人名

包二·二一七
—先老僮

包二·一二五
宋客盛公鷃粤—之戢

包二·二〇一
宋客盛公鷃粤於—之戢

包二·二二六
大司馬悤髓迸—邦之帀徒以救郙之戢

包二·二三〇
大司馬悤髓逗—邦之帀

包二·二二八
大司馬悤髓逗—邦之帀徒以救郙之戢

包二·二三二
大司馬悤髓迸—邦之帀(師)

包二·一九七
宋客盛公鷃粤—之戢

包二·二三四 大司馬𢜎𩪣逆楚—之帀(師)

包二·一九九 宋客盛公鬻聘於—之歲

包二·二三六 大司馬𢜎𩪣逆—邦之帀(師)

包二·二三九 大司馬𢜎𩪣逆—邦之帀(師)

包二·二四二 大司馬𢜎𩪣逆—邦之帀(師)

包二·二四五 大司馬𢜎𩪣逆—邦之帀徒

包二·二四七 大司馬𢜎𩪣逆—邦之帀徒以救郙歲=

仰二五·三九 —孝般之年

常一 郘漘君贏逆其衆以逿—之歲

天卜 郙客困公頌逅—之歲

天卜 左帀虐聘於—之歲

望一·一二四 —先既禱

郭·窮·八 堣(遇)—臧(莊)也

上(一)·孔·二六 陞(隰)又(有)長—㝵(得)而毋之也

新甲三·四二 ☐蔞茖受女於—之歲

新甲三·一八八、一九七 舉禱—先

新零·三九一 ☐氏—☐

新甲三·三四 ☐□—之歲

新甲三·一〇五 ☐鷹(薦)三—先,客(各)☐

新甲三·一三四、一〇八 乙亥禱—先與五山

新甲三·二七一 大殤坪夜之—褸,東

新乙一·一七 邊(就)禱三—先屯一痒(牂)

新乙三·三一 臺(就)禱三—☐

新乙三·四一 舉禱於三—祩(先)各一痒(牂)

新乙四·二六 ☐三—先

新零·九四 有—之☐

新零·九八 ☐於—先與五山☐

新零·一七二 ☐貞,—邦既☐

新零·一七八 北方,—☐

新零·三一三 邊(就)禱三—☐

上(四)·昭·九 可(何)訢又(有)安?天加禍於—邦
上(四)·昭·九 —邦之良臣所嗀(慧)

上(四)·柬·三 欲祭於—邦者虖(乎)
上(四)·柬·五 —邦又(有)祟(常)

上(四)·柬·六 古(故)爲—邦之魂(鬼)神宔(主)
上(四)·柬·一七 君皆—邦之牆(將)匍(軍)

上(六)·平·一 禍(禍)敗因(因)童於—邦
上(六)·平·三 君王與—邦懼𢜩(難)

上(七)·君甲·二 —邦之中又(有)飤(食)田
上(七)·君甲·四 君王又(有)—

上(七)·君乙·二 —邦之中又(有)飤(食)田
上(七)·吳·三正 青(請)城(成)於—

上(七)·吳·九 —人爲不道
清(一)·楚·三 䂇(巫)戕(并)眩(該)亓(其)臘(脅)以—

清(一)·楚·四 氏(抵)今曰—人
清(二)·繫·一二 —文王以啟于灘𨻰(陽)
清(二)·繫·二〇 齊趄公會者侯以成—丘

清(二)·繫·二一 伐衛于—丘
清(二)·繫·二一 衛人自—丘鄐(遷)于帝丘

清(二)·繫·二四 乃吏人于—文王曰
清(二)·繫·三七 乃逅(適)—
清(二)·繫·三八 秦穆公乃訋(召)文公於—

清(二)·繫·四一 —成王衛者侯以回宋伐齊
清(二)·繫·四二 —王豫(舍)回歸
清(二)·繫·四四 宋及羣戎之𠂤以敗—𠂤於城僕

清(二)·繫·四四 獻—俘馘

清(二)·繫·四八 秦穆公欲與—人爲好

清(二)·繫·四九 与(與)—爲好

清(二)·繫·五六 宋右帀芋(華)孫兀(元)欲裳(勞)—帀

清(二)·繫·五六 —穆王立八年

清(二)·繫·六一 —臧(莊)王立十又四年

清(二)·繫·六二 —𠂤(師)未還

清(二)·繫·六四 㹧(席)于—軍之門

清(二)·繫·六四 —人被駕(駕)以𠂤(追)之

清(二)·繫·七四 —臧(莊)王立

清(二)·繫·七四 吴人服于—

清(二)·繫·七九 教吴人反(叛)—

清(二)·繫·八〇 吴人女(焉)或(又)服於—

清(二)·繫·八二 以敗—𠂤(師)

清(二)·繫·八三 是教吴人反—邦之者(諸)侯

清(二)·繫·八三 以敗—𠂤(師)于白(柏)舉(舉)

清(二)·繫·八五 —龍(共)王立七年

清(二)·繫·八六 競(景)公欲與—人爲好

清(二)·繫·八七 競公𤔲翟(糴)之伐嘐於—

清(二)·繫·八八 宋右帀芋孫兀行晉—之成

清(二)·繫·八八 —王子波(罷)會晉文子燮及者侯之夫=

清(二)·繫·九〇 敗—𠂤(師)於陾(鄢)

清(二)·繫·九六 —康王立十又四年

清(二)·繫·一〇一 以伐—

清(二)·繫·一〇二 —卲(昭)王戠(侵)尹(伊)

清(二)·繫·一〇四 —霝(靈)王立

清(二)·繫·一〇五 陳鄗(蔡)𨑒(胡)反—

清(二)·繫·一〇五 陳鄀(蔡)鈇(胡)反—

清(二)·繫·一〇五 與吴人伐—

清(二)·繫·一〇五 與—𠂤(師)會伐陽(唐)

清(二)·繫·一〇七 —人女(焉)闕(縣)鄀(蔡)

清(二)·繫·一一〇 與吴王盍虜(盧)伐—

清(二)·繫·一一四 —柬(簡)大王立七年

清(二)·繫·一一四 宋悼公朝于—

清(二)·繫·一一六 違迵而歸之於—

清(二)·繫·一一七 —人豫(舍)回(圍)而還

清(二)·繫·一一七 —𠂤(師)亡工(功)

清(二)·繫·一一七 —以與晉固爲肙(怨)

清(二)·繫·一一九 —聖(聲)趄(桓)王即立(位)

清(二)·繫·一二六 —聖(聲)趄(桓)王立四年

清(二)·繫·一二六 奠(鄭)白(伯)訇(駘)皆朝于—

清(二)·繫·一二七 以爲—救(援)

清(二)·繫·一二八 楚𠂤(師)亡工(功)

清(二)·繫·一三〇 子坪子衒𠂤(師)以这(交)—=人=

清(二)·繫·一三一 —𠂤(師)回(圍)之於鄭

清(二)·繫·一三二 —人歸(歸)奠(鄭)

清(二)·繫·一三五 —𠂤(師)大敗

清(二)·繫·一三五 —人聿(盡)厺(弃)亓(其)帽(旃)

清(二)·繫·一三六 —邦以多亡城

清(二)·繫·一三六 —𠂤𤆬戕(救)武昜(陽)

清(二)·繫·一三七 以從—𠂤(師)於武昜(陽)

清(二)·繫·一三七 晉—以戰(戰)

清(三)·良·五 —成王又(有)命(令)君(尹)子蘁(文)

楚

清(三)·良·五 —軺(昭)王

清(三)·良·一一 —恭(共)王又(有)郘(伯)州利(犁)

清(三)·赤·六 牆(將)蕪(撫)—

曾一二四 一真—甲

曾一二七 三真—甲

曾一三〇 一索—甲

曾一二二 一真—甲

曾一二六 一—甲

曾一三〇 一—甲

曾一三六 三真—甲

楙

清(一)·皇·二 —(懋)昜(揚)嘉悳(德)

麓

⿱林录

新甲三·一五〇 ☐䅄,䣡於—(麓)☐

《説文》古文从录。

⿱林帶

⿱林豆

包二·一七三 登軍之州人妻—

从何琳儀先生釋。

⿱林發

清(一)·楚·五 酓—(樊)及酓賜

清(一)·楚·八 湫郢遷(徙)居—〓郢〓(樊郢)

清(一)·楚·一〇 至臧(莊)王遷(徙)衮(襲)—〓郢〓(樊郢)

才

郭·語三·一五 —(在)心,益

郭·語四·一二 臤(賢)人不—(在)昃(側)

郭·唐·二八 聖者不—(在)上

新乙四·四四 既—(在)郢

新乙四·五五 —(在)行,還☐

上(五)·競·六 尚(當)—(在)虗(吾)

上(五)·競·九 幾(豈)不二子之悳(憂)也—(哉)

上(五)·三德·五
善=—=(哉)參(三)善才(哉)

上(五)·三德·一七
天—(哉)人才(哉)

上(五)·三德·一七
倗(凭)可(何)新(親)—(哉)

清(一)·保·四
欽—(哉)

清(一)·保·八
嚳(祗)之—(哉)

清(一)·保·九
敬—(哉)

清(一)·保·一一
敬—(哉)

清(五)·封·七
戒—(哉)

曾七七
—□□

郭·性·三八
青(情)安遊(失)—(哉)

郭·六·一二
唯(雖)—(在)草茆(茅)之宙(中)

郭·六·二四
雚(觀)者(諸)時(詩)、箸(書)則亦—(在)壴(矣)

郭·六·二五
雚(觀)者(諸)豊(禮)、樂則亦—(在)壴(矣)

郭·六·二五
雚(觀)者(諸)易、春秋則亦—(在)壴(矣)

郭·六·四八
唯其人所—(在)

包二·八
昭之子茆一夫未—典

郭·老甲·二〇
卑(譬)道之—(在)天下也

郭·魯·四
善—(哉)

郭·緇·三七
昔—(在)上帝

郭·唐·一八
方—(在)下立(位)

郭·窮·一四
嚳(譽)㒸(毀)—(在)仿(旁)

郭·語三·一九
—(在)曩(早)

郭·語三·三
君臣不相—(在)也

郭·老甲·三
聖人之—(在)民前也

郭·老甲·三
其—(在)民上也

郭·老甲·四
其—(在)民前也

郭·老甲·四
其—(在)民上也

郭·五·二五
明明—(在)下

郭·性·三八
其心必—(在)安(焉)

郭・窮・二
可（何）慬〈僅（難）〉之又（有）—（哉）

郭・成・三
其所—（在）者内（入）悘（矣）

郭・成・二九
愳（襄）我二人，毋又（有）合—（在）音（言之誤）

郭・成・三三
余—宅（托）天心

上（二）・容・九
會—（在）天地之閒（間）

九・五六・六四
死生—（在）子

九・五六・六七
死生—（在）寅

九・五六・七一
死生—（在）申

九・五六・六三
死生—（在）丑

九・五六・七〇
死生—（在）栖（酉）

九・五六・六五
死生—（在）寅

上（四）・昭・三
僕（僕）之父之骨—（在）於此室之階下

上（四）・内・七
不飤（食）若—（災）

上（四）・内・一〇
—（在）大不諹（亂）

上（四）・内・一〇
—（在）少（小）不静（爭）

上（四）・曹・五
篙（孰）能并兼人—（哉）

上（四）・曹・一〇
曼—（哉）

上（四）・曹・二三
怭（過）不—（在）子才（在）□

上（四）・曹・二三
怭（過）不才（在）子—（在）□

上（五）・季・一
罷（抑）不智（知）民爱（務）之安（焉）—（在）

上（五）・季・二
君=（君子）—（在）民之上

上（五）・季・二二
—（災）逡=殜（世）比諹（亂）

上（五）・姑・四
隹（惟）欲畜女（汝）者—（哉）

上（五）・姑・六
可㠯（以）女（如）是亓疾與（歟）—（哉）

上（五）・姑・七
㠯（以）事殜（世）—（哉）

上(五)·姑·七
立死可(何)戱(傷)—(哉)

上(六)·競·一二
善—(哉)

上(七)·凡甲·四
五言—(在)人

上(七)·凡乙·三
五言—(在)人

清(一)·尹至·一
彔(逯)至—(在)湯＝

清(一)·程·五
隹(惟)商感—(在)周＝

清(一)·程·六
敬—(哉)

清(一)·程·七
明＝—(在)向

清(一)·耆·一三
䖵(蟋)䗇(蟀)—(在)舒

清(一)·皇·一
公咎(格)—(在)者(庫)門

清(一)·皇·二
我䎽昔—(在)二又或之折王則不共(恐)于卹

清(一)·皇·四
獻言—(在)王所

清(一)·皇·五
百眚(姓)萬民用亡(無)不頋比—(在)王廷

清(一)·皇·六
卑(俾)備(服)—(在)氒(厥)豕(家)

清(一)·皇·一〇
曰余蜀(獨)備(服)—(在)寢

清(一)·皇·一一
善夫莫達—(在)王所

清(一)·皇·一三
母(毋)复組(祖)考頋(羞)—(哉)

清(一)·祭·一
孫(昧)亓(其)—(在)立(位)

清(一)·祭·三
縢(朕)身尚—(在)孳(茲)

清(一)·祭·三
縢䠠—(在)縢辟卲王之所＝

清(一)·祭·五
尃(敷)䎽(聞)—(在)下

清(一)·祭·一九
昔—(在)先王

清(一)·程·五
周感—(在)商

清(一)·皇·一二
戠(敬)—(哉)

清(三)·說下·五
女(汝)隹(惟)又(有)萬屬(壽)—(在)乃政

清（三）·說下·六 又萬福糞=—（在）乃備（服）

清（三）·琴·二 母（毋）曰高=—（在）上

清（三）·琴·六 —（在）言隹（惟）克

清（三）·琴·七 孛=亓（其）—（在）立（位）

清（三）·琴·八 晝之—（在）見（視）日

清（三）·琴·八 夜之—（在）見（視）晨（辰）

清（三）·琴·九 汸=（滂滂）—（在）下

清（三）·琴·一〇 備（服）—（在）清宙（廟）

清（三）·琴·一二 思憙（憙）—（在）上

清（三）·琴·一二 右帝—（在）茖（落）

清（五）·命·二 福彔（禄）—（在）人=

清（五）·命·二 禍（禍）怨（過）—（在）人=

清（五）·湯丘·九 善—（哉）

清（五）·湯丘·一〇 善—（哉）

清（五）·湯丘·一二 又（有）顕（夏）之悳（德）可（何）若—（哉）

清（五）·湯丘·一四 句（后）牐（將）君又（有）虽（夏）—（哉）

清（五）·湯門·一 湯—（在）啻門

清（五）·湯門·二 又（有）—（哉）

清（五）·湯門·八 是亓（其）爲長虞（且）好—（哉）

上（一）·孔·一二 梂木福斯（斯）—羣=（君子）

上（一）·孔·子三 如奎（𡕒）—（在）今之殜（世）則可（何）若

上（一）·孔·二二 文王—上於卲于天

上（二）·子·八 女（如）奎（夋、俊、舜）—（在）含（今）之殜（世）則可（何）若

上(二)·魯·二
之可(何)—(在)

上(二)·魯·三
此是—(哉)

上(二)·從(甲)·一三
不必—(在)近迡(昵)藥(樂)

上(二)·魯·六
公剴(豈)不飤(飽)杒(粱)飤肉—(哉)殹(也)

新零·九〇
☐☐—(在)郢，船(躬)☐

上(三)·周·五六
取皮(彼)—(在)坹(穴)

上(三)·中·七
譽(舉)殹(賢)—

上(三)·中·九
唯(雖)又(有)殹(賢)—

上(三)·中·一〇
夫殹(賢)—

上(三)·彭·一
休—(哉)

上(六)·用·一〇
言—家室

上(七)·君甲·八
君人者可(何)必安—(哉)

上(七)·君乙·二
虛䡈(罕)又(有)白玉三回而不戔(殘)—(哉)

上(七)·君乙·八
君人者可(何)必安—(哉)

清(一)·尹至·三
—(在)西才(在)東

清(一)·尹至·三
才(在)西—(在)東

清(一)·耆·一〇
蟋(蟋)蟀(蟀)—(在)尚(堂)

清(一)·耆·一一
蟋(蟋)蟀(蟀)—(在)笫(席)

清(一)·金·三
尔母(毋)乃有備子之責—(在)上

清(一)·金·七
㞷(成)王由學(幼)—(在)立(位)

清(三)·說上·六
—(在)北晋(海)之州

清(三)·說中·一
—(在)鼜(殷)

清(三)·說中·一
內(入)—(在)宗

清(三)·說中·五
—(在)乑(厥)胳(落)

清(三)·說下·二
少臣罔奚(俊)—(在)朕備(服)

清(三)·說下·八
昔—大戊

清(三)·琴·四
叚(假)—(哉)古之人

㐌

清（三）·琴·一一 弻（弼）敢巟（荒）—立（位）

清（三）·琴一一 龏（寵）畏（威）—（在）上

清（三）·琴·一一 敬（警）㬎（顯）—（在）下

清（三）·芮·一二 昔—（在）先王

清（四）·筮·雨一三 ☳☳—（在）下

清（四）·筮·雨一四 堂（當）日—（在）上

清（四）·筮·死一七 —（在）上乃曰死

清（四）·筮·雨一七 ☲☵—（在）上

清（四）·筮·雨一八 火相見—（在）下

清（四）·筮·雔一九 女—（在）咎（舟）

清（四）·筮·死二三 —（在）上乃曰死

清（四）·筮·果四〇 大事戠（歲）—（在）前

清（四）·筮·果四一 中事月—（在）前

清（四）·筮·爻五三 —（在）上爲飢（醪）

清（五）·厚三 —（在）顕（夏）之剸（哲）王

清（五）·厚·四 其—（在）寺（時）後（後）王之卿

清（五）·厚·七 甬（用）敘（敘）—（在）服

清（五）·厚·一二 女（如）玉之—（在）石

清（五）·厚·一二 女（如）丹之—（在）朱

信一·〇一四 不智—

信一·〇一九 □與□是之—

上（一）·孔·孔 善—（哉）商也

上（二）·民·八 善—（哉）

上（二）·民·九 丌（其）—諓（許）也

上（七）·武·一 坙（舜）之道—（在）虐（乎）

郭·忠·二 —（必）至而不結

郭·唐·三 —（必）正其身

郭·唐·二八 天下—（必）壞

郭·語三·一六 —（必）行，員（損）

郭·語三·六〇 豊（禮）—（必）兼

上（一）·紂·二〇 —

上（一）·紂·二〇 —（必）見丌（其）𩊄（轍）

叒 櫹

清（一）·楚·五 宗—（必）夜

清（五）·命·一五 尚（賞）不—（必）中

郭·語二·四七 智（知）命者亡—（必）

郭·語二·三九 凡—（必）又（有）不行者也

訛體。

郭·成·三五 —汈婧争舟

𠬪 若

郭·老乙·一三 大成—夬（缺）

郭·老乙·一 莫—壴

郭·老乙·四 相去可（何）—

郭·老乙·五 人態（寵）辱—纓（驚）

郭·老乙·五 貴大患—身

郭·老乙·六 遊（失）之—纓（驚）

郭·老乙·六 得之—纓（驚）

郭·老乙·九 —昏（聞）若亡

郭·老乙·九 若昏（聞）—亡

郭·老乙·八 —可（何）以迲天下矣

郭·老乙·八 —可以厇（託）天下矣

郭·老乙·二 〔進〕道—退

郭·老乙·一四 大浧（盈）—中（盅）

郭·老乙·一四 大攷（巧）—仙（拙）

郭·老乙·一四 大成—詘

郭·老乙·一五 大植（直）—屈

郭·老丙·一二 新（慎）終—訂（始）

郭·老乙·一四 大成—詘

包二·一七六 宵倌司敗—

信一·〇五 必—五浴之溥

信一·〇四八 ▨—汲▨

郭·老甲·三八 不不—已

郭·語四·一九
—齒之事脴（舌）

郭·成·三五
其先也不—其後也

郭·成·三六
其勑（勝）也不—其已也

郭·尊·二三
爰不—也

郭·語四·一七
—蛩蝨（蛩）之足

郭·語四·一九
—齒之事脴（舌）

郭·語四·二〇
—兩輪之相甬（轉）

郭·語四·二一
—四旹（時）一遣一迯（來）

新甲三·三一
惙=（惙惙）—組若結

上（二）·子·八
女（如）垄（叜、俊、舜）才（在）含（今）之殜（世）則可（何）—

新甲三·六一
☑成敢甬（用）解訛懌悳（忧），—

桑

桒

包二·九二
以其—其子丹

包二·一一三
新都—夜公適

包·一六七
鄗人—覞

上（二）·容·四一
迲（去）之—（蒼）虐（梧）之埜（野）

上（二）·民·七
亡（無）備（服）之—（喪）

上（二）·民·一二
亡（無）備（服）之—（喪）

上（二）·民·六
亡（無）備（服）之—（喪）

新甲三·四〇〇
䰢於上—丘☑

䨑

新甲三·二五三
☑緻—（喪）者甫☑

之

包二·七
齊客陳豫訋王—戠

包二·七
王廷於藍郢—遊宫

包二·七
臧王—墨以内其臣—象典

包二·七
憙—子庚一夫居郢里

包二·八
庚—子昭一夫

包二·八
昭—子茆一夫未在典

包二·八
司馬徒箸—

包二·一〇
鄓戠上連囂—還寋瘖族澗一夫

包二·一〇
居於鄓寍—少挑邑

包二·一一
在陳豫—典

包二·一二 對郚室人某瘽—典—在漾陵—參鉩

包二·一五反 五帀宵倌—司敗告胃

包二·一六 謞—新偖迅尹丹

包二·一三 漾陵—參鉩而在—

包二·一三 某瘽在漾陵—參鉩閘迎—典匱

包二·一五 五帀宵倌—司敗

包二·一五 卲行—夫盤妸夸執僕—倌

包二·一八 鄝遺受鑄鐱—官宋弘

包二·一八 命受正以出—

包二·一八 中酴譽逜內—

包二·二〇 不貞周惕—奴以至命

包二·二一 正旦塙戠—

包二·二二 司馬—州加公李瑞

包二·二二 不詧（察）陳宔鼪—傷—古

包二·二三 邻—槫里—敃無又李𬿌思

包二·二四 豫—州加公

包二·二四 不詧（察）陳鼪—傷

包二·二七 邸昜君—州里公登嬰受𠬝

包二·二七 不以死於其州者—詧（察）告

包二·二八 贅尹—司敗郚𠫑𡙕受𠬝

包二·二八 不逗贅尹—鄦邑公遠忻

包二·二九 鄝莫囂—人周壬受𠬝

包二·三〇 邔司馬—州加公李偳

包二·三一 不逗鄰—己里人青辛以廷

包二·三三 臨昜—司敗黃異受𠬝

包二·三二 不以所死於其州者—居處名族至命

包二·五八 宣王—垞州人苛矍

包二·五八 登公𩾚—州人苛痲

包二·五八 苛鯷以受宣王—垞市—客苛适

包二·六〇 𢀜𠫑君—司敗臧𦕈受𠬝

包二·六〇 不逗𢀜𠫑君—司馬周駕以廷

包二·六一 不行代昜廄尹郙—人戠𢦔於長𡰪公—軍

包二·六二 不逗安陸—下隱里人屈犬少宫𡎈申以廷

包二·六四 郘異—司敗番覬受旮
包二·六五 周賜—夫=
包二·六六 不選登媎—子媄以廷

包二·六八 鄗君—者州加公周蹻受旮
包二·六八 不選競酉—司敗鄆愴以廷
包二·三四 郙嬰—闈戠公周童耳受旮

包二·三四 不選郙嬰—闈人周敓周瑤以廷
包二·五五 郘異—司敗番受旮
包二·五六 喜君—司敗
包二·五七 佁腰—司敗

包二·三五 新遊宮中謫—州加公弼麗受旮
包二·三七 福昜宵尹—州里公婁毛受(旮)
包二·三八 弦旮君—司敗

包二·三八 不選弦旮君—司馬與弦旮君—人南輊登敢以廷
包二·四二 不詧(察)公孫輗—佢—死

包二·四四 不逯登人—金
包二·四八 龏夫人—夫=
包二·五一 陰戻—正差鼓瞜受旮
包二·五三 臨昜—宦司馬李妸受旮

包二·五三 不量無下—貣
包二·五四 不詧(察)長陵邑—死
包二·四九 戊申—日
包二·五四 酉唇—日
包二·五五 癸亥—日

包二·五七 辛酉—日
包二·五八 戊午—日
包二·六二 壬戌—日
包二·六四 乙亥—日
包二·六八 酉戌—日

包二·七〇 乙丑—日
包二·七一 辛亥—日
包二·七三 辛亥—日
包二·七六 乙未—日
包二·七八 壬唇—日

包二·七九 己未—日
包二·八一 冬栾—月
包二·八五 辛巳—日
包二·八八 壬午—日
包二·九〇 甲唇—日

包二·九五 戊午—日
包二·九七 戊戌—日
包二·一一五 庚午—日
包二·七一 不選宙昜—仔門人軋慶以廷

包二·七二 大臧—州人盜䎃受邵
包二·八二 以其不分田—古
包二·八三 訟羅—𢊍䆒—夅者邑人𨚵女

包二·八三 傷—妾㕣𢍁
包二·八三 酁—壛里人湘痼
包二·八四 膚人—州人
包二·八四 訟聖夫人—人

包二·八六 鄗昜君—蔞陵邑人紫
包二·八六 訟羕陵君—陳㞷邑人巡墭
包二·八七 以受郙昜—棰官陽逿=逃—古

包二·八九 司衣—州人苛鐈
包二·九二 以其喪其子丹而得—於鱷—室
包二·九六 軋臣訟漕宎—南昜里人陽緩

包二·一五五 足𨓚王士—宅
包二·一五五 政五連—邑於𨓚王士
包二·一五六 左尹冠以其不得執—處
包二·一五六 子陵尹詎—

包二·一五七 對𡪢大枼—戠舊—客苛=坦=言胃
包二·一五七 宋宙—斨古斨堬
包二·一五七 竽倌—舊貣解

包二·一五九 郢公嘉—告言—攻尹
包二·一五九 陳興—告言—子司馬
包二·一六〇 臧莫言—少帀

包二·一六一 嘉事命以王命詎—正
包二·一六三 陽君—人隋愓
包二·一六三 邳思公—州里公虘
包二·一六四 鄝君—人利吉

包二·一六四 荇君—加公宋末
包二·一六四 郞尹—人敓兮
包二·一六四 鮌—州加公𦋖勳
包二·一六五 喜君—人莫雁

包二·一六五 鄁君—人登𦅻
包二·一六五 罝酟尹—州加䞨鯷
包二·一六五 郞敓—州加公苛昭
包二·一六五 郕異—人周𢿨

包二·一六五 佶陵君—人登定
包二·一六六 蔑陵—偏司敗𨚫瞉
包二·一六六 份𡩡敓—州苛𧁏
包二·一六六 晉會—人𨛙得

包二·一六六 子西戲尹—人辛

包二·一六六 陸公—人莫少士

包二·一六七 喜夫人—文瑁

包二·一六七 臧奏—人吴加

包二·一六八 夜基—里人鄴墜

包二·一六八 㬐善—人苛趌

包二·一六八 佶戲黄㾩—人𤇾鍬

包二·一六八 隋惄—人惑

包二·一六九 武陵戲尹—人翏足

包二·一七〇 䝿妾—人登鮴

包二·一七一 份寎—人怵

包二·一七二 愄王—埦人臧䁲

包二·一七二 鄴郢攻尹—人登賢

包二·一七三 新埜君—州加公巡

包二·一七三 登軍—州人婁瀸

包二·一七三 李瑶—人雎

包二·一二五 屈栾—月

包二·一二五 戊寅—日

包二·一二六 癸卯—日

包二·一二八反 癸丑—日

包二·一二八反 既涉於喬與喬差僕—之

包二·一二九 東周客鄦緹遉䄂於𢦏郢—哉

包二·一二九 甘匿—哉

包二·一三二反 甲午—日

包二·一二九 恒思會業黄王—臭一青犫—賫

包二·一三〇 鉄公鷄—哉

包二·一三〇反 須左司馬—㸚行牆以䣄—

包二·一三三 以舍会—𢽾客

包二·一三三 会郙—慶李百宜君命爲僕搏—

包二·一三四 子鄗公誼—於陰—𢽾客

包二·一三五 会—正國執僕—父遈

包二·一三五 陸寵連利皆智其殺—

包二·一三五 倚執僕—䚄緹

包二·一三五反 郐—𢽾客敗得冒卯自殺

包二·一三五反 郐—戠客或執𠣩—䚄叨

包二·一四六 豕攻苛𣪠利—金一益削益

包二·一四五 無以歸—

包二·一四六 佶让六敂李㥁—金五益

包二·一四七 屯二儋—飤金鋅二鋅

包二·一四九 栖詳—於其尹敘
包二·一四九 陵让尹—陞艳余可内—
包二·一五〇 邔昜—酷里人卲罢

包二·一五〇 蕘陵—戝里人石紳
包二·一五〇 让蕭—客苛旫内—
包二·一五一 步死無子其弟番黜篴(後)—

包二·一五一 成死其子番步篴(後)—
包二·一五一 左尹士命其從父—弟番款篴(後)—
包二·一五二 王士—逡埕賞閒—

包二·一五二 命左敘勳定—
包二·一五三 凡—六邑
包二·一五四 王所舍新大廄以嗇蔵—田
包二·一五五 襄陵—行儯宦於鄢

包二·九八 礜騶—以訟邸昜君—人佖公番申以覭
包二·九九 自致於新大廄—古
包二·一〇〇 郝敓—邾邑人走仿

包二·一一五 大司馬卲鄒敗晉帀於襄陵—戠
包二·一二〇 市僨—於昜城
包二·一二〇 小人命爲旰以傳—

包二·一二〇 傳郑倴得—
包二·一二一 會殺舍睪於競不割—官
包二·一二一 而相卡弃—於大迻

包二·一二三 孔收郑捧—佉
包二·一二五 戳尹癸詧(察)—
包二·一二五 臭月死於小人—敔
包二·一二五 卲戊—笑邑

包二·一二五反 廷疋昜—酷官—客
包二·一二八 斐尹利—命胄
包二·一二八 陞鏑—不與其父陞年同室

包二·一二八 由一戠獄—宔以至命不至命
包二·一四五反 甲申—日
包二·一四五反 甲戌—日
包二·一五七反 己亥—日

包二·一三五反 君命速爲—斷
包二·一三六 由聖—
包二·一三六 執事人爲—
包二·一三七反 儯(僕)軍造言—

包二・一三七反 以郘人䜴慶—告逗僕

包二・一三七反 命逨爲—斷

包二・一三八反 由㨖—𢦏敘於㨖之所謓

包二・一三九反 其所命於此箸—中

包二・一三九反 命灋上—戠獄爲陰人舒㨖䍃

包二・一四〇 與詧（察）君—司馬奉爲皆告城

包二・一四〇 小人各政於小人—陞

包二・一四〇反 剸君—陞蘘溪—中

包二・一四三 喬執小人於君夫人—敓愈

包二・一四四 小人取愈—刀以解小人—桎

包二・一四五 東周—客

包二・一四五 郙客望困業—窢=敍虜

包二・一四五 夕冢旦瀍—

包二・一一五 庚午—日

包二・一九三 靈君—人舒遲

包二・一九四 戕尹毛—人

包二・一九四 郯戲尹鼉—人

包二・一九九 宋客盛公鶨甹於楚—戠

包二・二〇〇 志事速得皆速賽—

包二・二〇三 弄石被裳—禁

包二・二〇五 東—客譽㨖逯伎於戕郢—戠

包二・二一九 速巫—，厭一豭於陞室

包二・二一八 甲寅—日

包二・二二八 自𦍞层之月以帝（適）集戠—𦍞层之月

包二・二四一 篙—高坐

包二・二四二 大司馬悼愲逕楚邦—市徒以救郙之戠

包二・二二三 屈宜習—以形筥爲左尹卲㫃貞

包二・二五一 食室—金器

包二・二五三 二牺白—膚

包二・二五四 二素王綣—綉

包二・二五五 飤室—飤

包二・二五五 莤蔬—蘪一砿

包二・二五九 相尾—器所以行

包二・二五九 二紫韋—韜

包二・二五九 一會覾—觴

包二・二五九 一魚鞁—縷

包二・二六一 鍺膚—純

包二・二六一 樂成—純

包二・二六一 霝光—綉

乇 包二·二六二 一鼪青—表	乇 包二·二六三 結蕪—純	乇 包二·二六三 一素縞—紿裏	乇 包二·二六 壬申—日	乇 包二·二七 癸栖—日
乇 包二·二七 乙亥—日	乇 包二·二六三 王絟—純	乇 包二·二六三 一絅縞—緯	乇 仰二五·三 何馬—紁衣	乇 仰二五·八 一紫絟—笿
乇 包二·二六八 纁光—組	乇 包二·二七〇 一緅緎—給	乇 信二·〇二五 屯漆彫又業—臺	乇 仰二五·一八 鄅金—鉈	
乇 仰二五·一八 白金—銍	乇 仰二五·二七 促纙—紼	乇 仰二五·二七 促羅繶—緆	乇 仰二五·三一 黃紛—矢八	乇 仰二五·一〇 又紅組—綏
乇 包二·一七三 郘異—人五慶	乇 包二·一七四 大戠—州人黃子姚	乇 包二·一七四 隴城莫囂—人利郘	乇 包二·一七六 蔵氾君—人苛輊	
乇 包二·一七六 陽奠—人鬻	乇 包二·一七六 陽君—人酈懌	乇 包二·一七六 卲媛—人舒亡惃	乇 包二·一七七 喜君—人晉妾	
乇 包二·一七七 羕陵公—人鈇繇	乇 包二·一七七 郤莫囂—人鹽癗	乇 包二·一七九 登溈—人陸訓	乇 包二·一七九 陵尹—人黃系	
乇 包二·一七九 聖夫人—鄀邑人鬻	乇 包二·一八〇 霝里子—州差番時	乇 包二·一八〇 競貫—州加公陽旣	乇 包二·一八〇 鄃君—人番鄦	
乇 包二·一八一 卲上—州加公郢	乇 包二·一八一 酈族—州人孫止	乇 包二·一八一 坪夜君—州加公畬鹿	乇 包二·一八二 郝株—仿周邅	
乇 包二·一八一 莫囂—州加公五鄅	乇 包二·一八一 孫— 人名	乇 包二·一八二 右司馬愋—州加公番鲇	乇 包二·一八二 大臧—加公黃申	
乇 包二·一八三 杋券—州人周庚	乇 包二·一八四 鄁尹—人陸羕倚	乇 包二·一八五 鄩郢公—州加公婁逾	乇 包二·一八五 君夫人—券陎周促	

包二·一八五 邸昜君—某敓

包二·一八六 邸昜君—人番覗

包二·一八六 新戲尹—人滕

包二·一八七 大尹—人黃新

包二·一八七 郮昜莫囂—人瘍

包二·一八八 鄦丘𨚵遫—人果

包二·一八九 昜廄尹郙—人黃𣄿

包二·一八九 鄦君—州加公周瘢

包二·一八九 邘競—州加公卲秦

包二·一八九 昜廄尹—人黃𣄿

包二·一八九 鄓敓—州加苛昭

包二·一九〇 冡君—子連郢

包二·一九一 昜君—人宋午

包二·一九一 邳辻尹—人舒余善

包二·一九二 陲人龔筐—人疌

包二·一九二 坪陵君—州加公伹新

秦一三·二 逿豹習以大靁占—吉

秦九九·一 甲申—夕

秦九九·一 乙酉—日

秦九九·四 占—四戠無咎

秦九九·一五 以其又㾓—

秦一三·八 顕䘮—月

秦一三·八 丁丑—日

秦九九·一〇 壴遳賽—

秦九九·一一 綏—吉玉北方

雨二一·一 ▨定新鐘—宮爲濁穆

雨二一·三 ▨姑侁—宮爲濁文王羿爲濁

雨二一·四 ▨—宮爲濁𦉪鐘羿▨

天卜 占—吉

天卜 貞—恒貞吉

天卜 田邑與兵𪒠—事

天卜 辛亥憙—

天卜 尚宜安長處—

天卜 三戠—宋𣄿大又憙於王室

天卜 高祭惠公於郭—位戠豢

天卜 𣄿又亞於車馬—人

天卜 臭月己酉—日

天卜 癸丑—日

天卜 癸卯—日

天卜 己卯—日

天卜 甲午—夕

天卜 己丑—日

天卜 丙戌—日

天卜 甲寅—日

天卜 丙辰—日
天卜 顯棗—月
天卜 獻馬—月
天卜 畱层—月
天卜 遠层—月

天卜 屈层—月
天卜 冬层—月
天卜 齊客繮謄豐王於蕆郢—戠
天卜 左帀唐叀於楚—戠

天卜 郙客困公頌迈楚—戠
天卜 鏞鐘樂—
天卜 大牢樂—
天卜 陞獻習—以白黿占之

天卜 少遅瘕又祭—
天卜 從十月以至來戠—十月
天卜 吉玉琫—
天策 乘韓—右轎番女反馸—

天策 綏組—纓十又二
天策 兩馬—章翯
天策 兩馬—革繖
天策 兩馬—紡轡

天策 鄌組—約
天策 綠組—纓
天策 兩馬—紩綏
天策 白羽—首
天策 赤韋—綏

天策 驩羽—翱
天策 二馬—帶
天策 翟羽—翾
天策 童組—㝵
天策 兩馬—轡

天策 聿綠組—綏
天策 紫綠—童
天策 白金—釣
天策 方組—纓
天策 黃綢—纏

天策 纓組—朋
天策 馬—鋇纓
天策 黃金—弋
天策 黃金—面
天策 生絟—綳

天策 四馬—笲
天策 綠組—綎
天策 生絟—純
天策 絑羽—宇竿
天策 纓組—結

天策 生絟素絟—纏
天策 兩馬—長纓
天策 玄羽—翱
天策 生絟—常
天策 大幹—笄

天策 玄羽—常
天策 系羽—䍜
天策 翟羽—篁
天策 綠組—綀
天策 林紃—絓

天策 番亥乘西鴋君—軒▨
天策 白金—鈦
望一·六三 弇遝豹—祱
望一·二九 嬰禱大夫—丁晉

望一·五二 速□其胸禱—
望一·一七六 思攻解於下—人
望一·一 齊客張果餌[王]於栽郢—歲

望一·一六〇 乙酉—日
望一·六 癸亥—日
望一·七 䍃层—月
望一·九 占—恒貞吉

望一·四九 以其古敓—
望一·五二 速瘢賽—
望二·二 肙緅联綣—雚胄
望二·八 丹緅—裏

望二·二 丹絙—屋
望二·二 縜緅联綣—純
望二·六 貍莫—冢
望二·一九 紫黃—組
望二·六 丹厚緅—雚胄

望二·七 黃金組—贅十又八
望二·八 生絬—裏
望二·八 丹緅—雚
望二·九 白柔—妥
望二·九 金組—童

望二·二 丹絙—裏
望二·一一 鍺膚—純
望二·二 肙緅—純
望二·一三 鍺膚—裏
望二·一三 羆翠—首

望二·一三 冢毛—首
望二·一三 二需光—中干
望二·一三 一秦高—中干
望二·一三 冢毛—首

望二·一九 ▨紫䪌白金—交
望二·二三 魚鞁—冢
望二·二三 丹厚緅—裏
望二·八 丹緅—裏
望二·一八 黃生角—交

望二·四八 紅緅—室
望二·四九 一生丝—縷
望二·四九 其三亡童皆丹緅—衣
望二·一八 白金—阩戠

望二·五○ 㸚丹秋—阩絶
望二·四七 丹緅—宦
望二·六一 索豙—純
望二·一三 白金—勿
望二·四七 一丹緅—因

望二·六○ 五囪—純
望二·二 丹厚緅—純
望二·四八 丹緅—綢
望二·一三 霝光—童
望二·一二 霝光—純

望二·二三 黄夋組—纓
曾一正 大莫囂殤喙適豧—春
曾二 豻殉—箙
曾三 豻首—雺

曾六 紫翠—常
曾六 二黄金—戠
曾七 鸞=—鞁轡賠
曾八 三貂䙰紫魚—箙

曾八 紫組—綏
曾八 貂定—䍐
曾九 屯一翼—翻
曾九 屯九翼—翻
曾一○ 貂定—笂

曾一○ 黄金—戠
曾一○ 貂蓍—䍐
曾一○ 紫羊須—緦
曾一三 虓蓍—聶

曾一四 一彔魚—箙
曾一六 三豻殉—箙
曾一七 璗組—綏
曾一五 貂首—雺
曾一八 虓首—雺

曾二○ 二黄金—戠
曾二九 一彔魚—聶
曾三一 二畫扈—載
曾三一 紫纑—綏
曾四二 二紫黔—箙

曾四三 兩馬—郲甲
曾四三 屯雺翠—翻
曾四四 兩馬—轡
曾四五 黄紡—綏
曾四五 貂定—䍐

曾四六 墨毛—首
曾四八 紫黔—安賠
曾四八 紫魚—韔
曾四九 𩊚組—綏
曾五○ 紫黔—安

曾五○ 𩊚組—敳
曾五三 鄛君—車
曾五三 紫黔—韓
曾五三 反彔—弦
曾五三 摶組—綎

曾五四 係韋—箙
曾五四 紫裣—裏
曾五四 戠組—綷
曾五五 黃紡—裏
曾五五 襮貂與彖魚—韔

曾五五 鄦紫—𧜵
曾五八 牺韋—箙
曾五九 屯紫裣—裏
曾六〇 馭鄅君—一𩍐

曾六〇 二紫裣—箙
曾六二 貍薹—韔
曾六三 哀■還馭命尹—一韓翻車
曾六三 彖魚—韔

曾六三 紫組—綷
曾六四 紫彖—綏
曾六四 黃金—勒
曾六五 黃■豻馭郳君—一韓敏車

曾六五 紫裣—杶
曾六五 紫繕—數
曾六六 黃金—勒
曾六六 㚒韋—䡅
曾六六 紫彖—䋎

曾六七 紫裣—純
曾六七 所馭■坪夜君—敏車
曾六七 襮紫魚與豻—箙屯狐白之聶
曾六八 紫黃紡—綳

曾六八 白敌—首
曾六九 黃金—轅
曾七〇 所馭■鄃尹—敏車
曾七〇 虓薹—䍐
曾七三 反彖—裏

曾七三 貍韓—聶
曾七四 襮貂—箙
曾七五 荆轓—輪
曾七六 紫因—箙
曾七六 鄦紫—加

曾七七 其革纈黃金—釴
曾七一 毚組—綏
曾七一 豻薹—聶
曾八五 紫黃紡—䋎

曾八六 朱毛—首
曾八八 鄦紫—綳
曾八八 紫組—綷
曾八九 貂定—頸
曾九一 豻尾—䍐

曾九三 虓裻—霥
曾九五 豻薹—䍐
曾九八 削紫彖—鞅
曾九八 虓薹—䍐
曾九九 屯紫魚—聶

曾一〇四 紫組—綏
帛甲五・二三 攷數—
帛甲七・三 日月—行
帛乙三・二二 閏—勿行
帛乙五・二四 天実—行

帛乙五・三四 四淺—行
帛乙六・一三 隹悳匿—戠
帛乙六・二〇 繫—以素降
帛乙六・三〇 爲—正

帛乙一〇・二〇 神則惠—
仰二五・二 中君—一紽衣
仰二五・二 絅縞—緒
信一・〇六 皆三代—子孫

信一・〇七 弃—於先王—法也
信二・〇九 緍綿—裏
信二・〇一〇 泊組—金
信二・〇一一 屯維〃—條紃

信二・〇一二 緅與素絵—紡囊二十又一
信二・〇一三 一草齊緻—歛
信二・〇一五 一緂裳壽爐—純
信二・〇一五 一丹緻—衦

信二・〇一九 𠫑綿—緣
仰二五・二〇 皆臧於一第—中
信二・〇二一 一緍紫—寢裀
信二・〇二三 屯結芒—純
信二・〇四 集精—器

信二・〇一三 一紅介—留衣
信二・〇一四 一涂—鉥鼎
信二・〇一四 一柹然—盌
仰二五・一〇 紽布—緭二域
仰二五・一五 綏組—緫

常二 郘湹君贏逕其衆以逿楚—戠
常二 晉㞋—月己丑—日
仰二五・三九 楚孝般—年

磚三七〇・一 競利天殺—
磚三七〇・二 䟣殺僕—䚉
磚三七〇・三 不智其人今僕敢—某
郭・老甲・二 臨事—紀

郭・老甲・一三 牆（將）貞（鎮）—以亡名之斀（樸）
郭・老甲・一六 戁（難）惕（易）—相成也
郭・老甲・一六 先後—相墮（隨）也

郭・老乙・九 大芙（笑）—
郭・老乙・一六 攸（修）—身
郭・老乙・一七 攸（修）—天下▢
郭・老丙・一 其即（次）新（親）譽—

郭·老丙·一 其即（次）柔（侮）—

郭·老丙·五 聖（聽）—不足齨（聞）

郭·老丙·九 言以喪豊（禮）居—也

郭·魯·五 亙（恆）爯（稱）其君—亞（惡）者

郭·魯·四 而未—得也

郭·性·三四 迮（舞），憙（喜）—終也

郭·性·一五 衍（道）—而已

郭·性·九 四海（海）—內，其眚（性）弍（一）也

郭·性·四二 甬（用）智—疾者

郭·性·四六 不又（有）夫詘詘（款款）—心則流

郭·尊·二 或前—者矣

郭·尊·六 民—道也

郭·尊·七 句（后）褉（褉）—埶（藝）陘（地）

郭·尊·二四 恖（惠）裳（勞）—篤（軌）也

郭·尊·七 陘（地）—道也

郭·六·一六 憥（勞）其葬（股）怯（肱）—力弗敢單（憚）也

郭·六·一九 終身弗改—壴（矣）

郭·六·二〇 胃（謂）—婦

郭·六·二一 胃（謂）—聖

郭·六·二一 或從而季（教）悔（誨）—

郭·六·二三 胃（謂）—孝

郭·成·一 古—甬（用）民者

郭·成·四 君子—於耆（教）也

郭·成·五 民弗從—悷（矣）

郭·成·六 君子—述悳（德）也

郭·成·二六 其生而未又（有）非—，節（即）於而也

郭·唐·二 悬（仁）—至也

郭·唐·二二 古者堯—與舜也

郭·唐·六 堯舜—行

郭·唐·一 堯舜—王

郭·唐·二三 智（知）其能幻（司）天下—長也

郭・唐・一三 忎(愛)而正(征)— | 郭・忠・八 信嵡(義)—弃『期(基)』也 | 郭・忠・六 忠—爲衍(道)也

郭・忠・八 氏(是)古(故)古—所以行虗(乎)閔嘍者 | 郭・窮・一四 聖(聽?)—弋母之白不蚉(釐)

郭・五・八 悳(德)弗—(志)不成 | 郭・五・四 和胃(謂)—悳(德) | 郭・五・三四 悳(直)而述(遂)—

郭・五・三 □□於内胃(謂)—悳(德)之行 | 郭・五・三九 柬〈柬(簡)〉—爲言猷(猶)練也

郭・語一・三一 豊(禮)因人—情而爲之 | 郭・語一・三一 豊(禮)因人之情而爲—

郭・語一・三八・三九 詩所以會古含(今)—恃(志)也者 | 郭・語一・二一 止—

郭・語一・四〇、四一 春秋所以會古含(今)—事也 | 郭・語一・四二 豊(禮),交—行述也 | 郭・語一・五四 臤(賢)者能里(理?)—

郭・語一・七二 而亡非㠯(己)取—者 | 郭・語一・九二 㤅(愛)膳(善)—胃(謂)息(仁) | 郭・語一・一〇六 虘(皆)又(有)—

郭・語一・九三 息(仁)嵡(義)爲—桯 | 郭・語二・五二 其所—同 | 郭・語三・一九 陸(地)能貪(含)—生之者

郭・語三・二三 □—耑(端)也 | 郭・語三・二四 嵡(義),息(德)—㚸(盡)也 | 郭・語四・四 □不誓(慎)而床(戶)—閟(閉)

上(一)・孔・四 與戔(賤)民而豫— | 上(一)・孔・四 民—又戚惓(惓)也 | 上(一)・孔・二〇 或前—而后交

上(一)·孔·一四 𠂤(以)鐘鼓—樂
上(一)·孔·一七 因木莁—保(報)
上(一)·孔·二七 人—怨子立不

上(一)·孔·二〇 帣(幣)帛—不可迲(去)也
上(一)·孔·二五 大田—卒(卒)章
上(一)·紂·一三 𡥈(教)—𠂤(以)正(政)

上(一)·紂·一三 長民者𡥈(教)—𠂤(以)悳(德)
上(一)·紂·八 下土—式
上(一)·紂·二一 人—郚(好)我

上(一)·紂·八 蓳(萬)民訧—
上(二)·子·九 厽(叁)王者—乍(作)也
上(二)·子·一一 取而軟(吞)—

上(二)·子·一四 □厽(叁)天子事—
上(二)·子·二 伊堯—悳(德)則甚昷(温)嬰
上(二)·子·一〇 禼(契)—母

上(二)·子·二 坴(夋、俊、舜)畓(來)於童土—田
上(二)·子·八 女(如)坴(夋、俊、舜)才(在)含(今)—殜(世)則可(何)苦

上(二)·子·一一 遊於央(瑶)臺—上
上(二)·子·八 采(播)者(諸)𡿪(畎)畂(畝)—中

上(二)·子·六 堯見坴(夋、俊、舜)—悳(德)臤(賢)
上(二)·從(甲)·一四 又(有)所又(有)舍(餘)而不敢𦘦(盡)—

上(二)·從(甲)·一三 君=(君子)—相讓(就)也
上(二)·從(甲)·一 昔三弋(代)之明王—又(有)天下者

上(二)·從(甲)·三 詻(教)—𠂤型(刑)則述(遂)
上(二)·從(乙)·一 曰軋(犯)人—矛(務)
上(二)·從(甲)·三 䎽(聞)—曰

上(二)·從(甲)·一 䎽(聞)—曰
上(二)·容·一〇 萬邦—君皆𠂤亓邦壤(讓)於臤(賢)

上（二）·容·一七 壐（禹）乃五壤（讓）㠯天下—臤（賢）者

上（二）·容·一八 肰（然）句（後）敢受—

上（二）·容·二一 宋（中）正—羿（旗）㠯澳（熊）

上（二）·容·二六 東彭（注）—海（海）

上（二）·容·二四 㠯波（陂）明者（都）—澤

上（二）·昔·四 唯邦—大㝵是敬

上（二）·昔·二 女（如）祭祀—事

上（二）·昔·一 肰（然）句（后）竝（並）聖（聽）—

上（二）·昔·一 大（太）子朝君〓（君，君）—母俤（弟）是相

上（二）·昔·一 大（太）子前—母〓俤〓（母弟，母弟）送

新甲三·二一二、一九九—三 脡鐘樂—

新甲二·二七 ▨纆子—里一豢▨

新甲三·一一二 嘉占—曰

新甲三·二六 ▨歲，八月，己未—日

新甲三·三〇四 祭—

新甲三·二〇〇 氏（是）月—▨

新甲三·三二二 炂余穀—述

新甲三·五一 ▨𨚵𡰥—月

新甲一·一二 生占—曰

新甲三·九九 先—以一壁

新乙三·五〇 ▨生—敚（說）

新乙三·五四 豬室—里人禱▨

新乙三·二九 ▨於蕺（鄗）郢—歲

新乙四·三 亓（其）古（故）敚（說）—

新乙三·二八 ▨𦖞良—敚（說）

新乙四·五四 ▨王復於藍郢—〔歲〕

新乙四·九八 𧶠頁—羅

九·五六·一 敔栂—四檐（擔）

九·五六·一 敔栂—五檐（擔）

九·五六·一 敔栂—六檐（擔）

新乙一·一八 王遷（徙）於𨙶（鄩）郢—歲

新乙一·一七 㠯（以）君不懌（擇）—古（故）

新零·一〇 ▨禱—□▨

新零·一〇〇 占—

新零·一九七 ▨而歸—□▨

新零·二六四 ▨戌—▨

新零·三三一—一 ▨樂虡（且）贛（貢）—

上(三)·周·二二 僮(童)牛—梏(牿)
上(三)·周·二三 芬(豶)豕—酉(牙)
上(三)·周·二三 加(何)天—乘(衢)

上(三)·中附 女(汝)蜀(獨)正—
上(三)·中·一〇 人丌(其)豫(舍)—者
上(三)·中·一三 備(服)—緩(緩)

上(三)·中·一八 昔三弋(代)—明王
上(三)·中·二四 —。百⁼(一日)己善立

上(三)·中·二五 含(今)—君子叓(使)人
上(三)·亙·七 天—事
上(三)·亙·一二 舉(舉)天下—复(作)也

上(三)·亙·一三 與天下—明王
上(三)·彭·二 戒—毋喬(驕)
上(三)·彭·六 述(怵)愓—心

上(三)·彭·六 忍⁼—毋悬(謀)不可行
上(三)·彭·七 百眚(姓)—宔(主)

上(四)·采·一 喪—末
上(四)·采·三 城上生—葦

上(四)·采·三 道—遠尔
上(四)·采·三 礎剸—賓

上(四)·采·四 —白也
上(四)·昭·一 牺(將)狢(格)—

上(四)·昭·三 僕(僕)—母(毋)辱君王不兟(逆)
上(四)·昭·六 大尹遇—

上(四)·昭·九 此則僕(僕)—辠(罪)也
上(四)·昭九 大尹—言脽
上(四)·昭·一〇 邦人虘見—三日安(焉)

上(四)·柬·二 贊尹智(知)王—疠(病)乘

上(四)·柬·三 尚(當)謐而卜—於大頸

上(四)·柬·五 既謐而卜—褏(表)

上(四)·柬·五 速祭—虐(吾)瘵鼠疠(病)

上(四)·柬·六 古(故)爲楚邦—槐(鬼)神宔(主)

上(四)·柬·七 吕君王—身殺祭未尚又

上(四)·柬·一〇 牐(將)必鼓而涉—

上(四)·柬·一一 此所胃(謂)—溽(旱)母

上(四)·柬·一一 帝牐(將)命—攸(修)

上(四)·柬·一七 大剌(宰)记(起)而胃(謂)—

上(四)·柬·一七 君皆楚邦—牐(將)軍(軍)

上(四)·柬·二〇 君内而語儯—言於君=王=

上(四)·柬·二〇 君王—瘵從今日己瘻

上(四)·内·三 父—不能畜子者

上(四)·内·六 父母所樂=—

上(四)·内·九 岂(媺)下—君子曰

上(四)·内·一〇 古(故)爲岑(少)必聖長—命

上(四)·内·一〇 爲戔(賤)必聖貴—命

上(四)·曹·六 翌(鄰)邦—君亡道

上(四)·曹·七 君子昇(得)—遊(失)之

上(四)·曹·八 必共(恭)畬(儉)吕昇(得)—

上(四)·曹·八 而喬(驕)大(泰)吕遊(失)—

上(四)·曹·一五 啻(敵)邦……亓飤足吕飤—

上(四)·曹·一五 亓兵足吕利—

上(四)·曹·一九 三教—末

上(四)·曹·二二 民—父母

上（四）·曹·二三 又（有）司而告—

上（四）·曹·三〇 三行—逡（後）

上（四）·曹·三一 命—毋行

上（四）·曹·三四 㠯觀卞〓—青（情）僞（僞）

上（四）·曹·三四 佖（匹）夫𡢁婦—獄訟

上（四）·曹·三九 人—虗（甲）不緊（堅）

上（四）·曹·四三 臣䎽（聞）—

上（四）·曹·五〇 幾（忌）莫—堂（當）

上（四）·曹·五二 皆曰勳（勝）—

上（四）·曹·五四 收而聚—

上（四）·曹·五五 思良車良士往取—餌（耳）

上（四）·曹·五七 㠯攻人—所亡又（有）

上（四）·曹·六〇 又（有）—虖

上（四）·曹·六一 埇（勇）者憙（喜）—

上（四）·曹·六四 此先王—至道

上（五）·競·四 含（今）此祭—㝵（得）福者也

上（五）·競·四 周量—㠯（以）寖𤕤（汲）

上（五）·競·八 含（今）內—不㝵（得）百生（姓）

上（五）·競·八 外—爲者（諸）矦（侯）狀（笑）

上（五）·季·一一 毋乃肥—昏也

上（五）·季·四 此—胃（謂）㤅（仁）之㠯（以）悳（德）

上（五）·季·五 百眚（姓）送—㠯（以）□□⍁

上（五）·季·七 㠯（以）斤（謹）孳〓—行也

上（五）·季·一〇 臤（賢）人—居邦豪（家）也

上（五）·季·一四 虘（且）夫戱（廁）含（今）—㚖〓（先人）

上（五）·季·二一 聽㒵則民發（然）—

上（五）·姑·一
百鐌反—

上（五）·姑·二
與士仉堷旦夕絅（治）—

上（五）·姑·六
臣—節

上（五）·姑·六
㠯（以）正上下—謌

上（五）·姑·七
虐（吾）子楮（圖）—

上（五）·君·一
言—而不義

上（五）·君·二
視—而不義

上（五）·君·一二
聖（聽）—而不義

上（五）·君·二
▨問—曰

上（五）·君·二
此君子—大勇（務）也

上（五）·君·三
欲行—不能

上（五）·弟·六
虐（吾）見—壴（矣）

上（五）·弟·九
虐（吾）見—壴（矣）

上（五）·弟·一二
求爲—言

上（五）·三德·一
是胃（謂）川（順）天—棠（常）

上（五）·三德·二
敬者㝵（得）—

上（五）·三德·三
敬＝—＝

上（五）·三德·四
女（如）反—

上（五）·三德·八
皇天—所亞（惡）

上（五）·三德·一二
監川—都

上（五）·三德·二〇
晝……付（？）—不戠

上（五）·三德·二一
竿—長枸株逡車善游者

上（五）·鬼·一
天下灋—

上（五）·鬼·三　神—罰
上（五）·鬼·三　天下—聖人也

上（六）·競·一二　虐□晏子是壞追—言也
上（六）·孔·四　能行䏍（聖）人—道
上（六）·孔·一二　亓（其）易（賜）與罷（覘）—民

上（六）·孔·二〇　訋（孰）敢訁（謐）—
上（六）·用·一　思民—初生

上（六）·用·一九　又（有）泯=—不逄
上（六）·天乙·七　民—儀也

上（七）·武·一〇　曰夆（余）智（知）—
上（七）·武·一二　身則君—臣

上（七）·君甲·五　州徒—樂
上（七）·君乙·七　含（今）君王書（盡）去耳目—欲

上（七）·凡甲·四　箸（孰）爲—公
上（七）·凡甲·四　箸（孰）爲—逆
上（七）·凡甲·五　骨=—既林（靡）

上（七）·凡甲·八　百眚（姓）—咊（和）
上（七）·凡甲·一九　虐（吾）能豸（貌）—
上（七）·凡乙·八　月—又（有）軍（暈）

上（七）·凡乙·八　水—東流
上（七）·吳·五　又（有）軒輗（冕）—賞
上（七）·吳·七　毋敢又迲（避）逨—羿（旗）

清（一）·尹誥·一　尹念天—敗（敗）西邑頣（夏）
清（一）·尹誥·二　民䢅（復）—甬（用）麗（離）心

清（一）·尹誥·三　句（后）亓（其）李（賚）—
清（一）·尹誥·三　亓又（有）頣—金玉日（實）邑
清（一）·尹誥·四　舍—吉言

清(一)·保·一 王念日—多鬲(歷)
清(一)·保·三 必受—以詞
清(一)·保·五 不諱于庶萬眚(姓)—多欲

清(一)·保·六 測侌(陰)昜(陽)—勿(物)
清(一)·者·一 大戓(戡)—
清(一)·者·二 复(作)策𧢲(逸)爲東尚—客

清(一)·者·五 毆(繄)民—秀
清(一)·者·八 臨下—光

清(一)·者·一一 是隹(惟)良士—迈〓(方)
清(一)·者·一三 是隹(惟)良士—思〓(懼)

清(一)·者·一四 是隹(惟)良士—思〓(懼)
清(一)·金·三 尔母(毋)乃有備子—責才上
清(一)·金·五 尔(爾)—䛑(許)我〓

清(一)·金·六 以弋(代)王—敓(説)于金紎(縢)之匱
清(一)·金·六 以弋(代)王之敓(説)于金紎(縢)—匱

清(一)·金·七 我—□□□□亡以逡(復)見於先王
清(一)·金·一〇 以攴(啓)金紎(縢)—匱

清(一)·金·一〇 以弋(代)武王—敓(説)
清(一)·金·一〇 王旻(得)周公—所自以爲社(功)
清(一)·金·一二 我邦冡(家)豊(禮)亦宜—

清(一)·金·一三 二公命邦人𦘔(盡)逡(復)笙(筑)—
清(一)·金·一四 二公命邦人𦘔(盡)逡(復)笙(筑)—

清(一)·皇·二 隹莫𤰈(開)余嘉悳(德)—兑(説)
清(一)·皇·二 又(有)或(國)—折(哲)王則不共(恐)于卹

清(一)·皇·四 王用能承天—魯命
清(一)·皇·七 孫〓用穠(末)被先王—耿光

清(一)·皇·七 廼弗肯用先王—明刑

清(一)·皇·八 不肯惠聖亡皋—詒(辭)

清(一)·皇·九 卑王—亡依亡轟(助)

清(一)·皇·一〇 卑(譬)女(如)䅗(梏)夫—又(有)悉(媢)妻

清(一)·皇·一三 母(毋)隹(惟)尔身—䍜(懔)

清(一)·皇·一三 旣告女忎(元)悳(德)—行

清(一)·祭·二 余畏天—复(作)畏(威)

清(一)·祭·四 縢(朕)—皇且(祖)周文王

清(一)·祭·五 甬(用)纏(膺)受天—命

清(一)·祭·六 孳(兹)由(迪)遯(襲)斈(學)于文武—曼悳(德)

清(一)·祭·八 以余少(小)子颺(揚)文武—刺(烈)

清(一)·祭·八 卲(昭)宔(主)—刺(烈)

清(一)·祭·一〇 皇天改大邦叟(殷)—命

清(一)·祭·一〇 隹(惟)周文王受—

清(一)·祭·一〇 隹(惟)武王大敗(敗)—

清(一)·祭·一一 隹(惟)天奠我文王—志

清(一)·祭·一一 邍(董)—甬(用)畏(威)

清(一)·祭·一二 敬龏(恭)—

清(一)·祭·一二 我亦走下卑于文武—受命

清(一)·祭·一三 不(丕)隹(惟)周—旁(旁)

清(一)·祭·一三 不(丕)隹(惟)句(后)禝(稷)—受命是羕(永)𠫤(厚)

清(一)·祭·一四 不(丕)隹(惟)周—𠫤(厚)荓(屏)

清(一)·祭·一四 藍(監)于頣(夏)商—旣散(敗)

清(一)·祭·一四 參舒(叙)—

清(一)·祭·一五 不(丕)隹(惟)文武—由

清(一)·祭·一八 求先王—共(恭)明悳(德)

清(一)·祭·二〇　康□—

清(一)·祭·二〇　旁(鬘)伓(服)—

清(一)·祭·二一　䢅(祭)公—㬊(顧)命

清(一)·楚·一　見盤庚—子

清(一)·楚·二　及—盤(泮)

清(一)·楚·三　乃妻—

清(一)·楚·四　無以内—

清(一)·楚·四　乃𥨸(竊)若人—牺以祭

清(一)·楚·八　乃渭疆涅—波而宇人女(焉)

清(一)·楚·九　女(焉)改名—曰福丘

清(一)·楚·一〇　𦼍郢遷(徙)居同宫—北

清(一)·楚·一〇　女(焉)遷(徙)居承=—=埜=

清(一)·楚·一一　居秦(乾)溪—上

清(一)·楚·一二　猷居秦(乾)溪—上

清(一)·楚·一二　至卲(昭)王自秦(乾)溪—上遷(徙)居䡵=郢=

清(一)·楚·一三　居秦(乾)溪—上

清(一)·楚·一三　改爲—

清(二)·繫·一　昔周武王監觀商王—不龏帝=

清(二)·繫·一　名—曰千畗(畝)

清(二)·繫·五　坪王或䢦取孚(褒)人—女

清(二)·繫·七　乃立幽王—弟舍臣于鄕(虢)

清(二)·繫·九　立—于京自(師)

清(二)·繫·一〇　奠(鄭)武公亦政東方—者侯

清(二)·繫·一一　亓(其)夫=高—巨(渠)爾殺卲(昭)公

清(二)·繫·一二　車斁(轘)高—巨(渠)爾

清(二)·繫·一五　西𨙶(遷)商盍(蓋)—民于邾虘

清(二)·繫·一五　以御奴虔—戎

清(二)·繫·一五 以御奴虘—戎
清(二)·繫·一六 以戰(守)周—堃(墳)蓋(墓)
清(二)·繫·一七 乃峕(追)念頣(夏)商—

清(二)·繫·一八 以侯殷—㑹(餘)民
清(二)·繫·二二 自南山逗(屬)—北海(海)
清(二)·繫·二四 以同生(姓)—古(故)

清(二)·繫·二四 鄎(蔡)哀侯妻—
清(二)·繫·二五 君女(焉)敗—

清(二)·繫·二六 文王敗—於新(莘)
清(二)·繫·二七 鄎(蔡)侯智(知)賽(息)侯—誘吕也
清(二)·繫·二七 賽(息)侯—妻甚娩(美)

清(二)·繫·二七 君必命見—
清(二)·繫·二八 文王命見—
清(二)·繫·二八 王固命見—

清(二)·繫·二八 既見—
清(二)·繫·二八 克—
清(二)·繫·三一 晉獻公—婢妾曰驪姬

清(二)·繫·三一 欲亓子勬資—爲君也
清(二)·繫·三一 乃讒大子龍(共)君而殺—
清(二)·繫·三二 亓夫=里—克乃殺勬資(齊)

清(二)·繫·三三 里—克或(又)殺悼子
清(二)·繫·三五 秦穆公以亓子妻—
清(二)·繫·三六 翟(狄)甚善—

清(二)·繫·三六 乃迈(適)齊=人善—
清(二)·繫·三六 迈(適)宋=人善—

清(二)·繫·三七 囟(使)衺(襲)褱(懷)公—室
清(二)·繫·三八 亦莫—能内(入)

清(二)·繫·三八 囟(使)衺(襲)褱(懷)公—室
清(二)·繫·三九 遚(徙)—审(中)城
清(二)·繫·四一 晉文公囟(思)齊及宋—悳

清(二)·繫·四二 伐𨑓以敓齊—戍及宋之回

清(二)·繫·四二 伐𨑓以敓齊之戍及宋—回

清(二)·繫·四三 郚及羣緣𡰥(夷)—𠂤以交文=公=

清(二)·繫·四四 宋及羣戎—𠂤以敗楚𠂤於㑢

清(二)·繫·四五 奠(鄭)人敢北門—笶於秦之戍人

清(二)·繫·四五 秦—戍人㕜(使)人歸告曰

清(二)·繫·四六 我既旻(得)奠(鄭)—門笶(管)也

清(二)·繫·四六 𡴧(來)𩁹(襲)—

清(二)·繫·四六 奠(鄭)—賈人弦高𨟭(將)西市

清(二)·繫·四七 遇—

清(二)·繫·四七 乃以奠(鄭)君—命裟秦三銜

清(二)·繫·四八 大敗—

清(二)·繫·五一 會卲(召)襄公—弟瘫(雍)也于秦

清(二)·繫·五一 襄而夫人𦖞(聞)—

清(二)·繫·五二 豫(舍)亓(其)君—子弗立

清(二)·繫·五二 乃𢉖(皆)北(背)—曰

清(二)·繫·五三 我莫命卲(招)—

清(二)·繫·五四 敗—于𤟤𠀚

清(二)·繫·五五 秦公以戰于𦔻𠀚—古(故)

清(二)·繫·五五 銜(率)𠂤(師)爲河曲—戰

清(二)·繫·五七 穆王思(使)毆(驅)𦋺(孟)者—麋

清(二)·繫·五七 𡎺(徙)—徒薔

清(二)·繫·五七 繙(申)公弔(叔)侯智(知)—

清(二)·繫·五八 用𢱧(挾)宋公—馭(御)

清(二)·繫·五八 宋公—車蓦(暮)䡅(駕)

清(二)·繫·六四 𡖠(席)于楚軍—門

清(二)·繫·六五 楚人被䡅(駕)以𠂤(追)—

清(二)·繫·六六 公命郇—克先喤(聘)于齊

清(二)·繫·六六 旻(且)卲(召)高—固曰

清(二)·繫·六七 子亓(其)與臨—

清(二)·繫·六八　郘—克墜(降)堂而折(誓)曰

清(二)·繫·六九　高—固至莆池

清(二)·繫·七〇　郘—克乃教(執)南亭(郭)子

清(二)·繫·七一　郘—克衒(率)𠂤(師)戕(救)魯

清(二)·繫·七一　以鞁骼玉笅與章(淳)于—田

清(二)·繫·七二　郘—克走數(援)齊侯之繻

清(二)·繫·七二　郘之克走數(援)齊侯—繻

清(二)·繫·七二　獻—競(景)公

清(二)·繫·七二　齊侯—壵(來)也

清(二)·繫·七三　老夫—力也

清(二)·繫·七六　連尹襄老與—爭

清(二)·繫·七六　敚—少盄

清(二)·繫·七九　女(焉)訇(始)迵(通)吴晉—逄(路)

清(二)·繫·八〇　爲南深(懷)—行

清(二)·繫·八一　少帀亡(無)䝨讒(讒)連尹頳(奢)而殺—

清(二)·繫·八一　亓(其)子五(伍)員與五(伍)—雞逃歸(歸)吴

清(二)·繫·八二　爲長瀫(壑)而渥(洍)—

清(二)·繫·八二　是雞父—渥(洍)

清(二)·繫·八三　是教吴人反楚邦—者(諸)侯

清(二)·繫·八五　爲沬—𠂤(師)

清(二)·繫·八七　競公史翟(糴)—伐鄟(聘)於楚

清(二)·繫·八八　行晉楚—成

清(二)·繫·八九　子燮(燮)及者(諸)侯—夫=

清(二)·繫·八九　爾(弭)天下—虢(甲)兵

清(二)·繫·九二　爲坪(平)会(陰)—𠂤(師)以回(圍)齊

清(二)·繫·九四　以復(復)坪(平)会(陰)—𠂤(師)

清(二)·繫·九五　以復(復)朝訶(歌)—𠂤(師)

清(二)·繫·九六　命尹子木會郘(趙)文子武及者(諸)侯—夫=

清(二)·繫·九七 爾(弭)天下—虩(甲)兵

清(二)·繫·九七 會邦文子及者(諸)侯—夫=

清(二)·繫·九九 爲南深(懷)—行

清(二)·繫·一〇二 洛以遉(復)方城—𠂤(師)

清(二)·繫·一〇二 又軋(范)氏与中行氏—禍(禍)

清(二)·繫·一〇四 改邦陳鄀(蔡)—君

清(二)·繫·一〇八 女(焉)訇(始)迵(通)吴晉—洛(路)

清(二)·繫·一一一 戉(越)人因衣(襲)吴—與晉爲好

清(二)·繫·一一一 灼(趙)趄(桓)子會者(諸)侯—夫=

清(二)·繫·一一三 晉𠂤(師)閔長城句俞—門

清(二)·繫·一一四 告以宋司城皷—約公室

清(二)·繫·一一五 違迵而歸—於楚

清(二)·繫·一一六 以遉(復)黄池—𠂤(師)

清(二)·繫·一二〇 以建昜(陽)郘陵—田

清(二)·繫·一二一 明(盟)于魯稷門—外

清(二)·繫·一二三 晉𠂤(師)迖(逐)—

清(二)·繫·一二三 晉三子—夫=内(入)齊

清(二)·繫·一二三 明(盟)陳和與陳淏於溋門—外

清(二)·繫·一二八 衔櫝闈—𠂤與上或之𠂤以这(交)之

清(二)·繫·一二八 衔櫝闈之𠂤與上或—𠂤以这(交)之

清(二)·繫·一二八 與—戰(戰)於珪(桂)陵

清(二)·繫·一二八 競(景)—賈與䰜(舒)子共戬(止)而死

清(二)·繫·一三〇 洒(將)與—戰(戰)

清(二)·繫·一三一 楚𠂤(師)回(圍)—於鄭

清(二)·繫·一三二 楚人歸奠(鄭)—四洒(將)軍

清(二)·繫·一三三 克—

清(二)·繫·一三四 以遉(復)鄎(部)—𠂤(師)

清(二)·繫·一三四 與晉𠂤戰於武昜(陽)—城下

清（二）·繫·一三五 三執珪—君與右尹卲（昭）之𨚵（竢）死女（焉）

清（二）·繫·一三五 三執珪之君與右尹卲（昭）—𨚵（竢）死女（焉）

清（三）·説上·二 𡰥（厥）敓（説）—㾓（狀）

清（三）·説上·四 我亓（其）殺—

清（三）·説上·六 一豕𨻰（隨）𡧔（仲）—自行

清（三）·説上·六 是爲赤（赦）敨（俘）—戎

清（三）·説上·六 才（在）北𣎆（海）—州

清（三）·説上·七背 尃（傅）敓（説）—命

清（三）·説中·二 漸（漸）—于乃心

清（三）·説中·三 隹（惟）庶想（相）—力兊（勝）

清（三）·説中·三 敬—𢦔（哉）

清（三）·説中·五 女（汝）隹（惟）𢦔（兹）敓（説）砥（底）—于乃心

清（三）·説中·六 敬—𢦔（哉）

清（三）·説中·七背 尃（傅）敓（説）—命

清（三）·説中·七 𨑬（志）—于乃心

清（三）·説下·七 敬—𢦔（哉）

清（三）·説下·八 天章—甬（用）九悳（德）

清（三）·説下·九 虐（吾）乃尃（敷）—于百青（姓）

清（三）·説下·九 余隹弗进（雍）天—叚（嘏）命

清（三）·説下·一〇 尃（敷）—于朕政

清（三）·琴·一背 周公—𨨞（琴）𣦼（舞）

清（三）·琴·二 敬=—=

清（三）·琴·三 敬（儆）—

清（三）·琴·三 䏚（示）告佘（余）㬎（顯）悳（德）—行

清（三）·琴·四 叚（假）才（哉）古—人

清（三）·琴·四 思型—

清（三）·琴·五 思毘彊—

清（三）·琴·六 敬—

清(三)·琴·六 殹(繄)莫肎(肯)曹(造)—
清(三)·琴·八 皇天—社(功)
清(三)·琴·八 晝—才(在)見(視)日

清(三)·琴·八 夜—才(在)見(視)晨(辰)
清(三)·琴·九 迖(逐)思涾(忱)—
清(三)·琴·一〇 疐(對)天—不易

清(三)·琴·一一 疐(對)天—不易
清(三)·琴·一二 寺(持)隹(惟)文人—著(若)

清(三)·琴·一三 畏天—載
清(三)·琴·一三 勿請福—侃(愆)
清(三)·琴·一五 ……罔克甬(用)—

清(三)·琴·一六 訖(適)我敬—
清(三)·芮·二 莫卹邦—不盜(寧)
清(三)·芮·二 敬—才(哉)君子

清(三)·芮·三 龏(恭)天—畏(威)
清(三)·芮三 載聖(聽)民—繇

清(三)·芮·五 君子而受柬萬民—窨
清(三)·芮·五 卑(譬)—若童(重)載以行隋(峭)險

清(三)·芮·六 莫—敓(扶)道(導)
清(三)·芮·六 畏天—隆(降)載(災)
清(三)·芮·六 卹邦—不狷(臧)

清(三)·芮·七 民—俴(賤)矣
清(三)·芮·八 心—悥(憂)
清(三)·芮·一〇 則畏(威)盧(虐)—

清(三)·芮·一二 身與—語
清(三)·芮·一八 天—所韙(壞)

清(三)·芮·一九 莫—能枳(支)
清(三)·芮·二〇 民—闈(關)閟(閉)

清(三)·芮·二四 則女(如)禾—又(有)秝(稱)
清(三)·芮·二五 我—不言
清(三)·芮·二五 則畏天—發幾(機)

清(三)·芮·二六 莫—能惻(測)
清(三)·芮·二七 虘(吾)忢(恐)辠(罪)—□身

清(三)·芮·二七 戾—不□□
清(三)·芮·二八 我—不□

清(三)·良·一 黃帝—帀(師)
清(三)·良·七 吳王光又(有)五(伍)—疋(胥)
清(三)·良·八 奠(鄭)桓(桓)公與周—遺老

清(三)·良·九 奠(鄭)定公—相又(有)子皷(皮)
清(三)·良·九 子産—帀(師)

清(三)·良·一〇 子産—輔
清(三)·良·一〇 畐(富)—厘

清(三)·祝·三 引虘(且)言—
清(三)·祝·四 引虘(且)言—
清(三)·祝·五 引虘(且)言—

清(三)·赤·一 集于湯—廑(屋)
清(三)·赤·一 湯𥎦(射)—䐯(獲)之
清(三)·赤·一 脂(旨)搔(羹)—

清(三)·赤·一 湯𥎦(射)之䐯(獲)—
清(三)·赤·一 我亓(其)亯(享)—

清(三)·赤·二 少(小)臣既𥁕(羹)—
清(三)·赤·四 紝巟受少(小)臣而嘗—
清(三)·赤·四 四巟(荒)—外

清(三)·赤·四 少(小)臣受亓余(餘)而嘗—
清(三)·赤·四 四𠭯(海)—外
清(三)·赤·五 湯乃□—

清(三)·赤·六 眾鴍(烏)粞(將)飤(食)—
清(三)·赤·七 頭句(后)—疾女(如)可(何)
清(三)·赤·七 與二白兔尻句—帰室之棟

清(三)·赤·八 與二白兔尻句之帰(寢)室—棟
清(三)·赤·八 共尻句(后)—牀下
清(三)·赤·九 亓走(上)K(刺)句(后)—體

清(三)·赤·九 是思(使)句(后)—身疈(痾)蓳
清(三)·赤·九 晉(巫)鴍乃欸(歎)少(小)臣—朐(喉)渭(胃)

清(三)·赤·一一 我智(知)—
清(三)·赤·一一 尻句(后)—帰(寢)室之棟
清(三)·赤·一二 尻句(后)之帰(寢)室—棟

清(三)·赤·一二 句(后)—疾亓(其)瘳
清(三)·赤·一三 亓(其)走(上)K(刺)句(后)—身

清(三)·赤·一三 共尻句(后)—牀下
清(三)·赤·一四 頭(夏)句(后)乃從少(小)臣—言

清(三)·赤·一四 乃斬—
清(三)·赤·一五背 赤鴼—集湯之麔(屋)
清(三)·赤·一五背 赤鴼之集湯—麔(屋)

清(四)·筮·至九 ≪≪至四正—
清(四)·筮·死一一 尻(處)—
清(四)·筮·死一四 尻(處)—

清(四)·筮·死二〇 —乃曰粞(將)死
清(四)·筮·小二五 ≪≪乃㝵(得)—
清(四)·筮·貞二七 ≡≪乾(乾)—

清(四)·筮·貞二七 ≪≪臾(坤)—
清(四)·筮·小二七 ≪≪乃㝵(得)—
清(四)·筮·小二九 ≪≪乃㝵(得)—

清(四)·筮·四位三二 君—
清(四)·筮·四位三二 身—
清(四)·筮·四位三二 門—

清(四)·筮·四位三三　—立(位)

清(四)·筮·四位三三　—立(位)

清(四)·筮·四位三三　—立(位)

清(四)·筮·軍三三　—立(位)

清(四)·筮·軍三三　亼亼弟(次)於四立(位)—中

清(四)·筮·軍三四　曰爭—

清(四)·筮·四位三五　妻—

清(四)·筮·四位三五　臣—

清(四)·筮·四位三五　外—

清(四)·筮·四位三六　—立(位)

清(四)·筮·四位三六　—立(位)

清(四)·筮·四位三六　—立(位)

清(四)·筮·四位三六　—立(位)

清(四)·筮·四位三六　—立(位)

清(四)·筮·四季三九　乃蛗(惟)兇—所集於四立是視

清(四)·筮·乾三九　臾(坤)朔(晦)—日

清(四)·筮·祟四三　肴(淆)乃父—不㱙=(葬死)

清(四)·筮·卦四四　胃(謂)—

清(四)·筮·卦四四　胃(謂)—

清(四)·筮·卦四八　—晷(震)

清(四)·筮·卦四八　—兑

清(四)·筮·祟五一　夫天—道

清(四)·筮·卦五五　胃(謂)—

清(四)·筮·卦五五　胃(謂)—

清(四)·筮·爻五八　四—象爲墬(地)

清(四)·筮·卦五九　—羅(離)

清(四)·筮·卦五九　—褮(勞)

清(四)·筮·十七命六三　乃力(扐)占=—=

清(五)·厚·一　䛐(問)前文人—龏(恭)明悳(德)

清(五)·厚·二　乃降—民

清(五)·厚·二　帝亦弗㞷(鞏)啟—經悳(德)

清（五）·厚·二 少命咎（皋）繇下爲—卿事
清（五）·厚·三 智（知）天—畏（威）戈（哉）
清（五）·厚·三 𦧟（問）民—若否

清（五）·厚·三 才（在）顕（夏）—剌（哲）王
清（五）·厚·三 廼嚴禛畏皇天上帝—命
清（五）·厚·四 以庶民隹（惟）政—龏（恭）

清（五）·厚·四 其才（在）寺（時）後（後）王—卿
清（五）·厚·五 复（作）—君
清（五）·厚·五 复（作）—帀（師）

清（五）·厚·五 —匿（慝）王廼渴（竭）湌（失）其命
清（五）·厚·六 弗甬先剌王孔甲—典刑
清（五）·厚·七 隹（惟）寺（時）下民𨽁帝—子

清（五）·厚·七 咸天—臣民
清（五）·厚·七 欽—戈（哉）

清（五）·厚·八 乃高且克害皇天—政工（功）
清（五）·厚·八 肄女其若龜筮—言亦勿可逨改
清（五）·厚·九 玆少（小）人—悳（德）

清（五）·厚·一〇 隹（惟）所役—司民
清（五）·厚·一〇 敓—民其亡諒（諒）
清（五）·厚·一〇 亦隹（惟）歠（禍）—卣（攸）及

清（五）·厚·一〇 隹（惟）司民—所取
清（五）·厚·一二 女（如）玉—才（在）石

清（五）·厚·一二 女（如）丹—才（在）朱
清（五）·厚·一二 卑幷（徵）女（如）右—服于人
清（五）·厚·一三 隹（惟）神—卿（饗）

清（五）·封·二 古（故）天雚（勸）—乍亡臭（斁）
清（五）·封·八 余既監于殷—不若

清（五）·封·九背 謹（封）鄙（許）—命
清（五）·命·一 立明王以悉（訓）—
清（五）·命·二 而易（賜）—福=

清(五)·命·二 或司不義而墜—禬=

清(五)·命·三 走(上)以明—

清(五)·命·四 上以教(穀)—

清(五)·命·四 上以臬(畏)—

清(五)·命·六 攻(功)陞(地)以利—

清(五)·命·七 以人—佴(恥)尚(當)天之命

清(五)·命·七 以亓市冒(冕)尚(當)天—福

清(五)·命·七 以亓斧戉(鉞)尚(當)天—禬(禍)

清(五)·命·七 立明王以怣(訓)—

清(五)·命·一〇 正(政)—所畃(殆)

清(五)·命·一一 秎(撫)—以季(惠)

清(五)·命·一一 和—以均

清(五)·命·一一 韐(斂)—以哀

清(五)·命·一一 吴(娛)—以樂

清(五)·命·一二 侳(訓)—以豊(禮)

清(五)·命·一三 教—以埶(藝)

清(五)·命·一二 正—以政

清(五)·命·一二 童(動)—以事

清(五)·命·一三 懽(勸)—以賞

清(五)·命·一二 臬(畏)—以罰

清(五)·命·一三 霝(臨)—以中

清(五)·命·一二 行—以耑=

清(五)·命·一三 勿(物)乓(厥)耑(權)—楇也

清(五)·湯丘·一 言(烹)—和

清(五)·湯丘·一 又(有)郣(莘)—女飤(食)之

清(五)·湯丘·二 湯亦飤(食)—

清(五)·湯丘·四 方惟𦗔(聞)—乃織(箴)

清(五)·湯丘·五 朝而䌛(訊)—

清(五)·湯丘·五 繒(適)奉(逢)道逄(路)—祙(祟)
清(五)·湯丘·六 民人繇(聞)—亓(其)胃(謂)虐(吾)君可(何)

清(五)·湯丘·六 子—員(云)
清(五)·湯丘·八 以攸(修)四時—正(政)
清(五)·湯丘·八 以埶(設)九事—人

清(五)·湯丘·八 虐(吾)此是爲見—
清(五)·湯丘·一〇 君天王—言也
清(五)·湯丘·一〇 子—員(云)也

清(五)·湯丘·一一 唯(雖)余孤—與𠧟〃交
清(五)·湯丘·一二 又(有)顕(夏)—悳(德)可(何)若才(哉)

清(五)·湯丘·一二 又(有)顕(夏)—悳(德)
清(五)·湯丘·一四 傑(桀)—疾

清(五)·湯門·一 古—先帝
清(五)·湯門·四 悳(德)以光—
清(五)·湯門·四 五以叟(相)—

清(五)·湯門·五 六以行—
清(五)·湯門·六 唯皮(彼)五味—熋(氣)

清(五)·湯門·一〇 五以叟(相)—
清(五)·湯門·一一 五以相—
清(五)·湯門·一五 民長萬(賴)—

清(五)·湯門·一八 五以壐(將)—
清(五)·湯門·一八 五以壐(將)—

清(五)·湯門·一九 六以行—
清(五)·湯門·二〇 六以行—

清(五)·湯門·二一 唯古先〃帝—良言
清(五)·湯門·二一 則可(何)以改—

清(五)·殷·一 高宗觀於匎(洹)水—上
清(五)·殷·二 尔是智(知)二又(有)郪—請
清(五)·殷·九 則若火＝—瘥痤而不沓(友)

清(五)·殷·一〇 鼛(殷)邦—蚕(妖)恙(祥)並迟(起)
清(五)·殷·一〇 四晦(海)—尸(夷)則复(作)

清(五)·殷·一二 而不智邦—牺(將)芒(喪)
清(五)·殷·一二 敢䎽(問)先王—遺忍(訓)
清(五)·殷·一四 䎽(聞)天—祟(常)

清(五)·殷·一四 冑(祇)神—明
清(五)·殷·一四 走卲𢖻(順)穆而敬(警)民—行
清(五)·殷·一五 還(通)則文—爲(化)

清(五)·殷·一五 専(輔)民—怣(化)
清(五)·殷·一六 冒神—福

清(五)·殷·一六 同民—力
清(五)·殷·二二 寺(是)名曰𥉳(叡)訐(信)—行

清(五)·殷·二三 䁥(診)頣(夏)—逯(歸)商
清(五)·殷·二七 民—有畜＝
清(五)·殷·二八 天㝳(顧)逡(復)—甬(用)休

上(二)·民·一 幾(凱)俤君子,民—父母
上(二)·民·二 必先𥎦(知)—
上(二)·民·六 奚(繫)耳而聖(聽)—

上(二)·民·一一 亡(無)體(體)—豊(禮)
上(二)·民·一一 亡(無)備(服)—喪(喪)
上(二)·民·一二 亡(無)體(體)—豊(禮)

上(二)·民·一三 亡(無)體(體)—豊(禮)
上(二)·民·一三 亡(無)聖(聲)—樂
上(二)·民·一三 亡(無)體(體)—豊(禮)

上(一)·性·八 道(導)—而已
上(一)·性·三三 㥤(仁)—方也
上(一)·性·三三 勿(物)—即(則)也

生

上(一)·性·三三 青(性)—方也

上(一)·性·三五 凡甬(用)心—趠(躁)者方也

上(一)·性·三三 青(性)或生—

上(一)·性·六 忞(圄)於其者—胃(謂)兑(悦)

新甲三·二七 齊客陳(陳)異至(致)福於王—歲，獻☐

包二·八七 —慪 人名

《說文》屮木妄生也从之。在土上讀若皇。

包二·九二 —還 人名

包二·九九 —坷 人名

包二·一〇〇 —坷

包二·一二五反 —倚 人名

包二·二九 —得 人名

秦一三·八 苛慶以—蘦蔽連囂☐

望二·九 反芋—戟

望二·一五 絶—

郭·老乙·二 —(廣)悳(德)女(如)不足

郭·性·六五 君子執志必又(有)夫—(往往)之心

上(一)·孔·一〇 灘—之智(智)

上(一)·孔·一一 灘—之智(智)

上(二)·容·五 —(匡)天下之正(政)十又(有)九年而王天下

上(二)·容·三一 淒(濟)於—(廣)川

上(六)·慎·四 均分而—(廣)貤(施)

清(三)·芮·一七 卑—(匡)以戒(誡)

清(三)·芮·一九 甬(用)—(皇)可畏

帀

包二·一二 士—(師)墨

包二·四五 五—佶服司敗周國受旨

包二·四六 不遲郙異之大—郙僨以廷

包二·五五 不遲大—(師)僨以廷

曾一三七 韢—之贌

曾一七七 少—之駷爲左驌

曾一七七 少—之駟爲右驂

帛丙二·二 可以出—

帛丙六·二 不可以出—

帛丙六·二 —不復

新零·四三三 ▨大—（師）□▨

上（六）·天甲·一三 不韋（諱）所不孝（教）於—（師）者三

上（六）·天甲·一三 此所不孝（教）於—（師）也

清（一）·皇·一一 是受（授）司事—（師）長

包二·五 新官—（師）瑗

包二·二 魯昜公以楚—（師）遂轅莫之歲

包二·四 遜昜以公楚—（師）遂轅莫之歲

包二·一三 士—（師）陽慶

包二·一二 大駐尹—（師）

包二·一五 五—（師）宵倌之司敗若敢告見日

包二·一五反 五—（師）宵倌之司敗告胃

包二·一〇三 大司馬卲鄗敗晉—（師）於襄陵之歲

包二·一一五 卲陽敗晉—（師）於襄陵之歲

包二·一一五 大—（師）子緒

包二·六四 不逗郕異之大—（師）郕儥

包二·一二〇 郏倴黻馬於下鄵—（師）儥之於昜城

包二·一二六 大駐尹—（師）

包二·一四六 所又覞於寵戲五—（師）

包二·一五九 逿弁爲告於少—

包二·一六〇 臧莫言之少—（師）

包二·一八五 五—（師）士尹宜咎

包二·二二六 大司馬卲鵬逕楚邦之—（師）徒以救郙歲=（之歲）

包二·二二八 大司馬卲鵬逕楚邦之—（師）徒以救郙之歲

包二·二三〇 楚邦之—（師）

包二·二三二 楚邦之—（師）

包二·二三四 楚邦之—（師）

包二·二三六 楚邦之—（師）

包二·二三九 楚邦之—（師）

包二·二四二 楚邦之—（師）

包二·二四五 楚邦之—（師）

包二·二四七 楚邦之—（師）

天卜
左—(師)虐甹於楚之戠

上(二)·容·三八
𨑒(起)—(師)𠚤伐昏(岷)山是(氏)

上(二)·容·四一
湯於是虐諽(徵)九州之—(師)

上(二)·容·四七
文王乃𨑒(起)—(師)𠚤鄉(嚮)豊、喬(鎬)

上(二)·容·五二
𠚤少(小)會者(諸)戾之—(師)於嘼(牧)之埜(野)

上(二)·容·五二
或亦𨑒(起)—(師)𠚤逆之

新零·二二四
▨—(師)賓之▨

九·五六·三〇
秎(利)𠚤(以)行—(師)徒

郭·窮·五
畧(遷)而爲天子—(師)

郭·成·二五
允—(師)淒(濟)悳(德)

郭·緇·一六
虔(虢)虔(虢)—(師)尹

郭·緇·三九
出內(入)自尔—(師)于(虞)

新甲三·二九六
莫囂昜爲晉—(師)戰於長▨

上(三)·周·七
才(在)—(師)审(中)吉

上(三)·周·七
—(師)出以聿(律)

上(三)·周·八
長子銜(師)—(師)

上(三)·周·一四
利建戾(侯)行—(師)

上(四)·曹·四〇
出—(師)又(有)幾(忌)虖

上(四)·曹·四二
此出—(師)之幾(忌)

上(四)·曹·五一
反(返)—(師)牆(將)逡(復)

上(五)·鬼·五(墨下)
䗅(融)—(師)又(有)成氏

上(五)·鬼·六
蔑—(師)見兇

上(五)·鬼·七
昔䗅(融)之氏(是)—(師)

上(六)・用・一八
嬰(邇)立—(師)長

上(七)・武・一
[武]王㝬(問)於—(師)上(尚)父

上(七)・武・一
—(師)上(尚)父曰

上(七)・武・三
—(師)上(尚)父奉箸(書)

上(七)・鄭甲・六
—(師)未還

上(七)・鄭乙・三
牆(將)必爲—(師)

清(二)・繫・五六
宋右—(師)芋孫兀欲裝楚帀

清(二)・繫・八一
少—(師)

清(二)・繫・八八
叓宋右—(師)芋孫兀行晉楚之成

清(三)・琴・一
亯(享)隹(惟)濬(慆)—

清(三)・琴・一
考(孝)隹(惟)型—

清(三)・琴・二
天隹(惟)㬎(顯)—

清(三)・琴・二
文非易—

清(三)・琴・一六
悳(德)非墮(惰)—

清(三)・琴・一六
純隹(惟)敬—

清(三)・琴・一六
文非敕(動)—

清(四)・别・五
〈〈—(師)

包二・五二
不逕邸異之大—(師)儥以廷

清(三)・良・一
黃帝之—(師)

清(三)・良・三
又(有)—(師)上(尚)父

清(三)・良・八
宋又(有)左—(師)

清(三)・良・九
子産之—(師)

清(四)・筮・祟四九
雨—(師)

清(五)・厚・五
复(作)之—(師)

清(二)・繫・二五
鄎(蔡)哀侯銜—(師)以栽(救)賽(息)

清(二)・繫・五六
宋右—(師)芋(華)孫兀(元)欲裝(勞)楚帀(師)

出　師

上（一）・紂・九　號〓（虩虩）—（師）尹

上（一）・紂・二〇　出內（入）自尒—（師）雩

師

新零・五二六、甲三・三七　☐至—〔於陳〕之歲

出

包二・一八　命受正以—

包二・五八　三受不以—

包二・一九七　—內事王

包二・二〇一　—內事王

包二・二三〇　—內寺王

包二・二〇九　—內峕王

包二・二一二　—內峕王

包二・二一六　—內峕王

包二・二三二　—內寺王

包二・二二六　—內寺王

包二・二二八　—內步王

包二・二三四　—內寺王

望一・一四　—內寺王

帛甲一・七　—自☐霆

帛乙七・七　—自黃淵

帛丙二・二　可以—帀

帛丙二・二　不可以—帀

郭老甲・二三　違（動）而愈—

郭・唐・二七　大明不—

郭・唐・一二　—弋（試）兵革

郭・尊・三〇　或繇（由）忠（中）—

郭・性・六　唯（雖）又（有）眚（性）心，弗取不—

郭・尊・八　戚（就）者（諸）—所以智（知）㠯（己）

郭・性・一〇　或—之

郭・性・二　—眚（性）者

郭・性・一五　其司（始）—皆生於人

郭・性・一八　里（理）其青（情）而—內（入）之

郭・性・二三　其—於性也信

郭・性・二七　其—內（入）也訓（順）

郭・性・六五　—言必又（有）夫柬柬（簡簡）之信

郭・緇・二九　其—女（如）緡

郭・緇・三〇　誓（慎）尒—話

郭・緇・三〇　其—女（如）緷（紼）

郭・緇・三九　—內（入）自尒帀（師）于（虞）

郭·窮·八　—而爲命(令)尹
郭·語一·一九　或繇(由)中—
郭·語一·二一　繇(由)中—者

郭·語四·三　不足以—芒(亡)
九·五六·三〇　—正(征)
九·五六·三〇　女必—丌(其)邦
九·五六·四五　尻(居)之幽悠不—

九·五六·五三　日—(炙)庶之
九·六二一·一　—婁
九·六二一·五　自—福是
上(一)·孔·一三　鵲棣—㠯(以)百兩

上(二)·從(甲)·一六　不訓(順)行㠯—之
上(一)·性·八　丌(其)司(始)—也
上(一)·性·三四　情—於眚(性)

上(一)·紂·二〇　—內(入)自尔帀(師)雩
上(一)·紂·一五　丌(其)—女(如)緡
上(二)·容·二二　垔(禹)必速—

上(二)·容·四六—四七　乃—文王於虽(夏)薹(臺)之下而餌(問)焉
上(二)·容·五一　武王乃—革車五百鞚(乘)

上(二)·昔·三　不見(顯)於內=(內。內)言不㠯(以)出
新甲二·二八　□瘠(疥)不—

新甲二·二八　勻(旬)亦(腹)豊(體)—
新甲三·一〇一、九四　☑亦(腹)豊(體)—
新甲三·一一二　逹(遲)—

新甲三·一一二　以其逹(遲)—之古(故)
新甲三·一三五　☑難—
新甲三·一一、二四　☑昔我先—自鄁逪

新甲三·一九八、一九九—二　尚遬(速)—
香中大·一　—言

上(三)·周·二　孺(需)于血，—
上(三)·周·四　不—迎(御)事
上(三)·周·七　帀(師)—以聿(律)

上(三)·周·一六
—門交又(有)工(功)

上(三)·周·五五
欲易—

上(三)·中·一七
若—三

上(三)·亙·二
—生虛實(静)

上(三)·亙·四
同—而異生(性)

上(三)·亙·五
音—於生(性)

上(三)·亙·五
又(有)—於或

上(三)·亙·五
生(性)—於又(有)

上(三)·亙·五
名—於

上(三)·亙·五
言—於音

上(三)·亙·六
事—於名

上(三)·亙·七
采(採)勿(物)—於复(作)

上(三)·亙·八
𧾷(亂)—於人

上(四)·相·一
寺＝(待時)—

上(四)·相·一
古(故)此事＝(事使)—政＝

上(四)·曹·二三
三軍—

上(五)·競·三
不—三年

上(五)·姑·三
不㦮則㝵(得)字(免)而—

上(五)·姑·四
唯(雖)㝵(得)字(免)而—

上(五)·君·二
𥾚(數)日不—

上(六)·競·一〇
—喬(矯)於郢(鄗)

上(六)·用·一二
既—於口

上(七)·君甲·四
𠀆(一人)土(杜)門而不—

上(七)·君乙·一
王乃—而見之

上(七)·凡甲·一〇
日之𠣞(始)—

清(一)·金·一二
王乃—逆公至鄗(郊)

清(一)·楚·一
遊(前)—于喬山

索

清(一)·楚·三 渭(潰)自髓(脊)—

清(一)·祭·二一 乃—

清(二)·繫·一七 方(旁)埶(設)—宗子

清(二)·繫·二九 文王以北啟—方成(城)

清(二)·繫·九三 鄕(樂)絽(盈)—奔齊=

清(二)·繫·一〇〇 譽(許)公旄—奔晉=

清(三)·說中·五 叓(且)天—不恙(祥)

清(三)·說中·六 叓(且)隹(惟)口迟(起)戎—好

清(三)·良·九 後(後)—邦

清(四)·筮·弌六 巜巜—乃述(遂)

清(四)·筮·雨一五 譽(數)而—乃宇(旱)

清(四)·筮·鏟二二 六二巜—乃亦鏟(售)

清(四)·筮·行二二 ≪三凸(凡)行譽(數)—

清(四)·筮·果四二 外事譽(數)而—

清(四)·筮·祟四九 日—

清(五)·湯丘·三 三月不—

清(五)·殷·二一 弜(强)敓(並)丩(糾)—

包二·一五一 左駁番城飤田於宼鄐邑城田一—畔疆

—素本由一字分化二字，可以通用。簡文—多讀素。

包二·二五四 —絟綉

包二·二六二 —絟綉

信二·〇七 一—緋紼

信二·〇一二 緅與—絟之紁囊二十又一

信二·〇二三 一絟—櫃

天策 —周之𩨞

天策 —絟之里☐

天策 —絟生絟☐

天策 ☐衡厄—鞶☐

望二·四九 皆赤☐☐頸—豖之毛

天策 生絟與—☐

天策 生絟與—絟☐

天策 衡厄—鞶緑☐

曾一二二 二真楚甲—紫𥿮之賸

曾一二四 綒唯𡧍皐—絅貽三𩎟

曾一二九 一吴甲—吴組之縢

曾一三〇 䮷=—甲

曾一三〇 一—楚甲

南 孛

郭·老甲·二
視—（素）保僕（樸）

郭·緇·二九
王言女（如）—

上（二）·容·五二
武王於是虖（乎）—（素）冠（冠）尭（冕）

上（二）·容·五三正
武王—（素）虖（甲）申（陳）於鬯（殷）蒿（郊）

上（二）·容·四七
—（素）耑（端）襌（褰）裳

上（五）·鬼·七
發（發）昜（揚）—債

上（七）·鄭乙·五
紖（疏）—㠯（以）紩（供）

清（五）·封·六
繎（鸞）鈴（鈴）—（素）旂

上（一）·紂·一五
王言女（如）—

南

郭·老乙·一〇
明道女（如）—（費）

包二·三八
—輚　人名

包二·九〇
緐丘之—里人龏忕

包二·九〇
言胃緐丘之—里信又龏酉

包二·九六
—昜里　地名

包二·一〇二
—陵　地名

包二·一五三
—與蓤（蔆）君佢疆

包二·一五四
—與蓤（蔆）君執疆

包二·二三一
冞繃於—方

望一·七六
—方又敚

郭·太·一三
陛（地）不足於東—

郭·唐·二五
—面而王而（天）下而甚君

上（一）·孔·八
即—山

上（二）·容·一四
子堯—面

上（二）·容·二〇
—方之罟（旗）㠯它（蛇）

生

上(二)·容·二七
壵(禹)乃從灘(漢)㠯—爲名浴(谷)五百

上(二)·容·三一
—方爲三借(調)

上(二)·容·四〇
傑(桀)乃逃之—菓(巢)是(氏)

新甲三·三九三
—兆一豢

九·五六·五八
□尻(居)東—多𡍮(基)

九·五六·四五
盍西—之遇(寓)

九·五六·四七
東、—高

九·五六·四八
凡宮垿於西—之—

上(三)·周·三五
利西—

上(三)·周·三七
利西—

上(四)·曹·一
—北五百

上(五)·弟·一八
东西—北

上(七)·武·二
—面而立

上(七)·武·一三
大(太)公—面

清(一)·金·二
爲一坦(壇)於—方

清(二)·繫·六九
齊三辟(嬖)夫=—𩫏(郭)子

清(二)·繫·七〇
郃之克乃執(執)—𩫏(郭)子

清(二)·繫·八〇
爲—罙(懷)之行

清(二)·繫·九九
爲—罙(懷)王之行

清(二)·繫·一一二
自—山逗(屬)之北海(海)

清(三)·良·三
又(有)—宮适

清(三)·良·三
又(有)—宮天

清(四)·筮·卦四九
—方

包二·二六
郙易大正登—拡受𠫑

包二·二二三
殤亟其祟—

包二·二五九
一—紅之纙

包二·二六三
—縛完(冠)

包二·二〇九
五— 人名

包二·二一一
五—

包二·二三九
五—

包二·二三二
五—

包二·二四五
五—

包二·二四六
五—

仰二五·二七
—紃紹組

天策
—麃

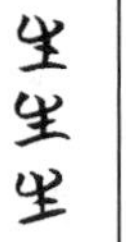
天策
—絟之綳

天策
—絟之常

天策
—絟索絟之童

天策
—絟(之)童

天策
—絟之純

天策
—絟之常

望二·一八
□黄—角之交

望二·四九
一—丝之縷

望二·二五
—紶

曾一五六
王孫—□之騏爲左驂

曾一六四
鄱牧之—駁爲左驌

曾一六四
𪊨夫之—駁爲右驌

帛丙三·三
畜—

帛甲五·二
是—子四

帛甲二·一一
是—子四

郭·老甲·一〇
牆(將)舍(徐)—

郭·老甲·二一
先天陸(地)—

郭·老甲·三七
天下之勿(物)—於又(有)

郭·老甲·三七
—於亡

郭·太·一
大(太)一—水

郭·太·四
溼澡(燥)之所—也

郭·太·四
倉(滄)然(熱)之所—也

郭·太·五
会(陰)昜(陽)之所—

郭·太·五
神明之所—也

郭·太·五
天陸(地)之所—也

郭·太·六
大(太)之所—也

郭·五·二八
聖,智(知)豊(禮)藥(樂)之所穀(由)—也

郭·五·三一
息(仁),義豊(禮)所穀(由)—也

郭·忠·三
古(故)不𡈼〈皇(忘)〉—

郭·緇·三八 此以—不可敓(奪)志

郭·尊·一八 夫—而又(有)戠(職)事者也

郭·尊·二五 訇(治)民非還(率)—(性)而已也

郭·唐·二 羖(養)—而弗敡(傷)

郭·成·二六 其—而未又(有)非之，節(即)於而也

郭·性·一八 季(教)，所以—悳(德)于宔(中)者也

郭·性·一五 其司(始)出皆—於人

郭·六·一四 叀(使)之足以—

郭·六·三五 聖—息(仁)

郭·唐·二七 退而羖(養)其—

郭·語二·二 悟—於慮

郭·語二·一五 楥(諼)—於念(欲)

郭·語二·一二 尚(黨)—於静

郭·語二·一〇 慮—於念(欲)

郭·語二·一〇 念(欲)—於靑(性)

郭·語二·二 静(争)—於悟

郭·語二·一三 伓—於念

郭·語二·一四 矜—於伓

郭·語二·一三 悆(念)—於念(欲)

郭·語二·一五 號(饕)—於楥(諼)

郭·語二·一六 忘—於吁(訏)

郭·語二·一七 渇—於念(欲)

郭·語二·一七 恖—於渇

郭·語二·一八 逃—於恖

郭·語二·一九 彶—於念(欲)

郭·語二·一九 𠊱—於彶

郭·語二·二〇 卯—於智

郭·語二·二〇 智—於靑(性)

郭·語二·二一 㚅(好)—於敓

郭·語二·二一 敓—於卯

郭·語二·二二 從—於㚅(好)

郭·語二·二三 子—於靑(性)

郭·語二·二三 易—於子

郭·語二·二四 容—於𢓊(肆)

郭·語二·二四 𢓊(肆)—於易

郭·語二·二五 忞(怒)—於惡

郭·語二·二五 惡—於眚(性)
郭·語二·二六 乘—於忞(怒)
郭·語二·二六 惎—於𨋍(乘)
郭·語二·二七 惻(賊)—於惎

郭·語二·二九 悲—於樂
郭·語二·三〇 㥯(愠)—於眚(性)
郭·語二·二八 憙(喜)—於眚(性)

郭·語二·三〇 𢝊(憂)—於㥯(愠)
郭·語二·三一 懐(哀)—於𢝊(憂)
郭·語二·三二 監—於瞿

郭·語二·三二 瞿—於眚(性)
郭·語二·三六 欲—於眚(性)
郭·語二·三四 立—於𧾲(强)
郭·語二·三三 望—於監

郭·語二·三四 𧾲(强)—於眚(性)
郭·語二·三五 𣃔(斷)—於立
郭·語二·三六 㤂(疑)—於休『溺(弱)』

郭·語二·三七 北—於㤂(疑)
九·五六·三六 㠯(以)—吉
九·五六·六三 死—才(在)丑

九·五六·七〇 死—才(在)栖(酉)
九·五六·六五 死—才(在)寅
九·五六·六六 死—才(在)寅
九·六二一·三一 —於

九·五六·二五 —子
九·五六·三〇 —子
九·五六·三四 —子
郭·語三·一九 陸(地)能貪(含)之—之者

郭·語三·六八下、六九下 又(有)眚(性)又(有)—虖(乎)名
郭·語三·六七下 —爲貴
郭·語三·七下 又(有)眚(性)又(有)—

郭·語三·二〇 春秋亡不以其—也亡耳
上(二)·子·一〇 㥃而畫(劃)於伓(背)而—(生)而能言

上(一)·性·八 並—於
上(一)·性·一〇 所㠯(以)—悳(德)於中者也
上(一)·性·三三 眚(性)或—之

上（二）·容·二四
不—之毛

上（二）·容·三三
亓—賜羕（養）也

上（二）·容·三六
虐（虐）疾訇（始）—

上（二）·民·五
悘（哀）樂相—

新甲一·一二
—占之曰

新甲二·一六六
諸—以□□爲君貞

新甲三·一四三
諸—占之▨

新甲三·三七四、三八五
箸—一冢

新甲三·三二四
𦑣於郘—稟

新乙一·二六、二
諸—吕（以）衛筆爲君貞

新乙一·一六
公子虘（虩）命諸—吕（以）衛□▨

新乙三·七
▨彔濾諸—吕（以）長筆爲君貞

新乙三·五〇
▨—之敚（說）

新乙三·三二
▨或吕（以）義（犧）—（牲）

新零·九、甲三·二三、五七
少（小）臣成蓦（暮）—畢孤▨

新零·二六八
▨諸—吕（以）衛▨

上（四）·采·三
城上—之葦

上（四）·曹·四七
善於死者爲—者

上（四）·曹·五四
思忘亓死而見亓—

上（五）·競·七
陛（地）不—龍

上（五）·競·八
含（今）内之不旻（得）百—（姓）

上（五）·鮑·三
犨（犧）—（牲）

上（六）·競·九
非爲媺（媺）玉肴—（牲）也

上（六）·天甲·五
文—武殺

上（六）·天乙·五
文—武殺

上（七）・武・七
訇（怠）—敔

上（七）・凡甲・一
既城（成）既—

上（七）・凡甲・一三
卉木㝵（得）之㠯（以）—

上（七）・凡甲・五
魂（鬼）—於人

上（七）・凡乙・四
魂（鬼）—於人

上（七）・凡乙・九
卉木系（奚）㝵（得）而—

清（一）・程・一
隹王元祀貞月既—朗（魄）

清（一）・楚・二
爰—緹白（伯）

清（一）・楚・三
—侸雹（叔）

清（三）・説上・四
逄（失）宑（仲）是—子

清（三）・説上・四
—二戊（牡）豕

清（三）・説中・七
隹戕（干）戈—（眚）乑（厥）身

清（三）・芮・一五
—□□戁（難）

清（三）・芮・二七
亡（無）父母能—

清（三）・芮・二七
亡（無）君不能—

清（四）・筮・十七命六二
曰死—

清（五）・命・一
□—民而成大命＝

清（五）・命・四
夫民—而樂生穀（穀）

清（五）・命・四
夫民—而痌（痛）死喪

清（五）・湯丘・一〇
唯（雖）臣死而或（又）—

清（五）・湯丘・一九
退不㬥（顧）死—

清（五）・湯門・五
人可（何）旻（得）以—

清（五）・湯門・七
六月—肉

清（五）・湯門・八
民乃時—

清(五)·般·一 先—

清(五)·般·二七 畮(晦)而本由—光

清(二)·繫·三 朿(厲)王—洹=王=

清(二)·繫·五 —坪(平)王=

清(二)·繫·五 —白(伯)盤

清(二)·繫·二四 以同—(姓)之古(故)

清(二)·繫·二九 是—㫄(堵)囂(敖)及成王

清(二)·繫·五二 —人可(何)䵻(辜)

郭·老乙·三 長—售(舊)=(久)視之道也

郭·太·九 雀(削)成者以益—(者)

郭·老甲·三五 賹(益)—曰羕(祥)

郭·唐·二一 自—民未之又(有)也

郭·語一·一 凡勿(物)繇(由)亡『亡(無)』—

郭·語一·二 而句(後)豊(教)—

郭·語一·八 又(有)—又(有)智(知)

郭·語一·二二 我(義)—於道

郭·語一·二二 㤅(仁)—於人

郭·語一·二三 或—於外

郭·語一·二三 或—於內

郭·語一·二四 悳(德)—豊(禮)

郭·語一·二四 豊(禮)—樂

郭·語一·二四 ⧄—悳(德)

郭·語一·三二 善里(理?)而句(後)樂—

郭·語一·三三 豊(禮)—於牂(庄)

郭·語一·三三 樂—於亳(薄)

郭·語一·六〇 正(政)不達,虘(且)—虖(乎)不達其獻(然)也

郭·語一·六二 其—也亡爲虖(乎)其型(形)

郭·語一·九一 夬(缺)—虖(乎)未得也

郭·語一·九六 又(有)—虖(乎)名

郭·語一·一〇四 凡勿(物)繇(由)望—

郭·語二·一 豊(禮)—於情

郭·語二·一 情—於眚(性)

生 郭·語二·二 嚴(嚴)—於豊(禮)
生 郭·語二·二 敬—於嚴(嚴)
生 郭·語二·四 兼(廉)—於悡

生 郭·語二·三 宔(望)—於敓
生 郭·語二·三 恥—於忘(狂)
生 郭·語一·三 天—緐(倫)
生 郭·語二·四 悡—於恥

生 郭·語二·五 慶(文)—於豊(禮)
生 郭·語二·五 専—於慶(文)
生 郭·語二·六 大—……

生 郭·語二·七 怠(慍)—於悥(憂)
生 郭·語二·八 慨(愛)—於眚(性)
生 郭·語二·八 睪(親)—於慨(愛)

生 郭·語一·九 而句(後)好亞(惡)—
生 郭·語一·一八 夫(天)—百勿(物),人爲貴
生 郭·語一·四三 樂,或—或教者也

生 郭·語二·四四 逊(由)𥡆緐—
生 郭·語三·五八 又(有)眚(性)又生虐(乎)—又有𢓊

生 郭·語三·五八 又(有)眚(性)又—虐(乎)生又(有)𢓊
生 上(二)·子·甲 —乃虐(呼)曰
生 香中大·三 三悬(仁)而晝於雇—

生 上(三)·中·二三 所㠯立—也
生 上(三)·亙·二 出—虛靑(静)
生 上(三)·亙·二 未或兹(滋)—

生 上(三)·亙·二 (氣)是自—自复(作)
生 上(三)·亙·三正 求亓所—
生 上(三)·亙·三正 —或者同焉

生 上(三)·亙·三正 韋(愇)生非〓(悲,悲)—韋(愇)
生 上(三)·亙·三正 異(翼)—異(翼)

生 上(三)·亙·三正 韋(愇)—非〓(悲,悲)生韋(愇)
生 上(三)·亙·三正 —,不蜀(獨)又(有)與也

上(三)·亙·四 云=(云云)相—

上(三)·亙·四 —之生行

上(三)·亙·四 清燹(氣)—天

上(三)·亙·四 厇(濁)燹(氣)—墬(地)

上(三)·亙·四 生之—行

上(三)·亙·五 音出於—(性)

上(三)·亙·五 —(性)出於又(有)

上(三)·亙·六 生非—

上(三)·亙·六 —非生

上(三)·亙·九 亙燹(氣)之—

上(五)·弟·八 死不親(顧)—

上(六)·用·一八 台(以)字(置)民—

清(三)·良·三 又(有)柬(散)宜—

產

包二·一八七 妻— 人名

包二·一〇六 鄦陵攻尹—

上(五)·君·一一 仲㞊(尼)與虐子—箸(孰)臤(賢)

清(三)·良·九 又(有)子—

清(三)·良·九 子—之帀(師)

清(三)·良·一〇 子—之輔

蕐

包二·一一六 鄦陵攻尹—

毛

郭·老乙·一六 子孫以其祭祀不—

稽

郭·五·三三 其—(繼)悉(愛)人

巢

望一・八九　王孫—　人名

樔

上(一)・孔・一〇　䲨—之逯(歸)

上(一)・孔・一一　䲨—之逯(歸)

上(一)・孔・一三　䲨—出㠯(以)百兩

桼

天卜

束

新甲三・一三七　各—絟(錦)珈璧

新零・四〇九　☐各—絟(錦)☐

郭・窮・六　莞(管)寺(夷)虗(吾)寄(拘)繇(囚)—縛

訛形。

䌻

上(四)・曹・五四　—(束)而厚之

柬

望一・一〇　㦿禱—大王

望一・一〇、二八　—大王

郭・五・二三　不果不—(簡)

郭・五・三五　—(簡)也

郭・六・三二　宜(義)强而—

上(二)・容・八　敓(悦)—(簡)㠯行

上(二)・容・一九　迲(去)亞(苛)而行—(簡)

上(一)・性・三七　又(有)丌(其)爲人之—(柬柬)女(如)也

新甲一・二一　—大王

江陵馬山一號墓衣上墨書文字

郭・五・三七　不—〈柬〉,不行

郭・五・三八　—〈柬(簡)〉也

郭・五・三九　—〈柬(簡)〉之爲言猷(猶)練也

郭·五·四〇
—〈柬(簡)〉，義之方也

郭·性·四五
不又(有)夫—柬(簡簡)之心則采(悉)

上(三)·中·二〇
戁(難)㠯(以)內(納)—

上(六)·用·二
—(簡)=足=

上(六)·用·七
曼=—=

上(六)·用·一六
—亓(其)又(有)亙(恒)井(形)

清(一)·楚·一五
—大王自疆郢遷(徙)居藍=郢=

清(二)·繫·一二
改立—(簡)公

清(二)·繫·一〇〇
—(簡)公即立(位)

清(二)·繫·一〇九
晉—(簡)公立五年

清(二)·繫·一一四
楚—(簡)大王立七年

清(三)·芮·五
君子而受—萬民之窖

清(三)·良·三
又(有)—(散)宜生

清(五)·湯門·一六
正(政)—(簡)以成

清(五)·殷·二八
棘(束)—(簡)和募(慕)

剌

剌

天卜
義懌以新長—剌爲邸昜番勳貞

天卜
義懌習之以新長—占之

天策
觖羽之—

天策
觖羽之—

郭·性·三〇
其—(烈)繳(連)繳(連)女(如)也

郭·性·三一
其—，則流女(如)也以悲

郭·性·六〇
凡交毋—(裂)

新零·一八〇
▨—爲坪(夜君貞)▨

新甲三·二三五—一
鹽(盬)佚㠯(以)長—▨

新乙四·一四九、一五〇
㠯(以)長—▨

清(一)·祭八
以余少(小)子颺(揚)文武之—(烈)

棗　櫜　櫜　囩

剌 清(三)·良·一〇 子—萬(蔑)明卑登

剌 清(五)·封·二 謐(毖)光氒(厥)—(烈)

剌 上(一)·孔·六 —(烈)旻(文)曰

剌 上(一)·性·三〇 凡交毋—(拔)

剌 清(一)·祭·八 卲(昭)宔(主)之—(烈)

清(二)·繫·二 孪〓(至于)—〓王〓(厲王)

清(二)·繫·三 乃歸—(厲)王于啟(彘)

清(二)·繫·三 —(厲)王生洹〓王〓

清(二)·繫·八七 —(厲)公卽立(位)

清(二)·繫·八九 —(厲)公先起兵

清(二)·繫·九〇 —(厲)公戕(救)奠(鄭)

清(二)·繫·九〇 —(厲)公亦見禍(禍)以死

信一·〇二七 天履首—

棗

信二·〇三 二—

上(二)·容·九 而—(包)才(在)四海(海)之内

上(三)·周·四〇 —又(有)魚

上(三)·周·四一 㠯(以)芑—苽(瓜)

上(三)·周·四一 —亡(无)魚

清(一)·程·四 棫—(覆)柞〓

清(五)·封·二 庳(肇)—(右)玟(文王)

囩

包二·二六四 二革— 从口云聲，云員音近，古通。簡文—皆讀爲圓。

信二·〇一 二—鑑

望二·四八 二葦—

牌四〇六・三
革—一又

上(三)・亙・九
先又(有)—(圓)

曾四
—軒

曾七
—軒

曾四五
—軒

曾五三
—軒

曾一二〇
—軒

曾一二〇
—軒

从口省形。

上(二)・容・七
於是虖(乎)方—(圓)千里

囩之異體。

圓

曾二〇三
鄎君之—軒

从口省形。

回

新甲三・二九四、零・三三四
軔不禼(害)、鄻—二人受二匿

上(六)・莊・五
王子—(圍)敓(奪)之

上(七)・君甲・一
君王又(有)白玉三—而不戔(殘)

上(七)・君甲・二
此亓(其)一—(違)也

上(七)・君甲・三
虗(吾)埶(罕)又(有)白玉三—而不戔(殘)才

上(七)・君乙・一
君王又(有)白玉三—而不戔(殘)

上(七)・君乙・二
虗埶(罕)又(有)白玉三—而不戔(殘)才(哉)

上(七)・君乙・三
此亓(其)一—(違)也

清(二)・繫・六
—(圍)坪(平)王于西繡=

清(二)・繫・三九
—(圍)商窨(密)

清(二)・繫・四一
衛者侯以—(圍)宋伐齊

清(二)・繫・四二
乃及秦𠂤—(圍)曹及五鹿

清(二)・繫・四二
伐衛以敓齊之戍及宋之—(圍)

清(二)・繫・四二
楚王豫(舍)—(圍)歸

圖

清（二）·繫·四五 秦晉—（圍）奠=

清（二）·繫·五九 衒（率）𠂤（師）—（圍）宋九月

清（二）·繫·六三 戕（莊）王—（圍）奠（鄭）三月

清（二）·繫·七〇 齊同（頃）公—（圍）魯=

清（二）·繫·七五 戕（莊）王衒（率）𠂤（師）—（圍）陳

清（二）·繫·八二 五雞逹吴人以—（圍）州柸（來）

清（二）·繫·九〇 郪（共）王亦衒（率）𠂤（師）—（圍）奠（鄭）

清（二）·繫·九二 爲坪（平）会（陰）之𠂤（師）以—（圍）齊

清（二）·繫·一〇六 女（焉）克𫺃（胡）—（圍）郗（蔡）

清（二）·繫·一一五 𠭯敔章衒（率）𠂤（師）—（圍）黄池

清（二）·繫·一一六 —（圍）赤壍

清（二）·繫·一一七 楚人豫（舍）—（圍）而還

清（二）·繫·一三一 楚𠂤（師）—（圍）之於鄭

清（二）·繫·一三二 晉人—（圍）津（津）長陵

清（二）·繫·一三四 𩲡（魏）繐（擊）衒（率）𠂤（師）—（圍）武𥏻（陽）

圕

上（二）·魯·一 子不爲我—（圖）之

悥

郭·成·二 信不—（著）則言不樂

郭·成·三一 —（図）爲父子之新（親）

郭·緇·二三 毋以少（小）悔（謀）敗大—（作）

上（一）·紂·一二 毋㠯（以）少（小）悬（謀）敗大—

上（五）·鮑·六 公弗—（堵）

上（五）·姑·七 虐（吾）子—（圖）之

上（五）·姑·七 遠慵（慮）—（圖）逡（後）

上（六）·用·六 各又（有）亓（其）異—（緒）

上（六）·用·一四 設（？）亓（其）又（有）繼—（緒）

上（六）·用·一八 番（播）—（緒）浴衆

上（七）・凡乙・一六 㝵（得）豸（貌）而—（圖）之

清（一）・祭・三 岦—（圖）不智（知）命

清（三）・芮・七 不—（圖）戁（難）

清（三）・芮・一八 各—（圖）毕（厥）羕（永）

清（五）・湯丘・一一 朕隹（惟）逆訓（順）是—（圖）

國

曾一七四 —爲左飛

上（一）・紂・一 又（有）—者章好（好）章惡

包二・一三五 会之正—執僕之父逾

包二・四五 周— 人名

新甲三・一一二 氏（是）日—（或）▨

新甲三・二四八 ▨卒（卒）歲—（或）至

新甲三・二八五 其—（域）悉三袿（社）

新甲三・三一八 ▨播與其—（域）

新乙四・一四一 䍃尹丹㠯（以）承—爲▨

上（三）・亙・一 又（有）—

上（三）・亙・三正 —，亙焉

上（三）・亙・五 又（有）出於—

上（三）・亙・六 —非或

上（三）・亙・二 而未—明

上（三）・亙・一二 甬（庸）—

上（四）・昭・一〇 —□衣㡀

上（四）・曹・一四 —㠯克

上（四）・曹・二三 臧（莊）公—（又）䎽（問）

上（四）・曹・三五 臧（莊）公—（又）䎽（問）

上（四）・曹・三六 臧（莊）公—（又）䎽（問）

上（四）・曹・四四 臧（莊）公—（又）䎽（問）曰

上（四）・曹・五三 臧（莊）公—（又）䎽（問）曰

上（四）・曹・五三 必贊首皆欲—之

上（四）・曹・六四 而毋—（惑）者（諸）少（小）道與（歟）

上（五）・鮑・五 臣唯（雖）欲試（試）—不㝵（得）見公

上（五）・三德・一四 爲不善禍（禍）乃—（惑）之

上（六）・競・三 —子㑹（答）曰

上（六）・競・一三 公—胃（謂）之

新甲三・二五一 其—（域）之寢仙麃▨
上（四）・曹・四六 臧（莊）公—（又）䎽（問）曰

上（二）・民・一三 它（施）汲（及）四—

上（三）・周・五 —從王事
上（三）・周・七 帀（師）—豎（輿）殍（尸）
上（三）・亙・一 —乍（作）

上（三）・亙・三正 生—者同焉
上（三）・亙・一三 甬（庸）—遊（失）之
上（四）・曹・三七 而（尔）—豎（興）或康𠳋會

上（五）・鬼・三 則善者—不賞
上（五）・鬼・四 而暴[者]—[不][罰]

上（六）・莊・七 臣䣓（將）—至（致）安（焉）
上（六）・平王與・四 邦—（國）不旻（得）聖（聽）於薵中

上（六）・用・四 淦（陰）則—淦（陰）
上（六）・用・四 昜（陽）則—昜（陽）

上（三）・彭・四 —（又）椎（墜）於囦（淵）

上（七）・吳・一 —童（動）之
上（七）・吳・二 君而—言

郕
帛乙四・二一 西—又咨
帛乙四・三三 東—又咨
郭・老乙・二 莫智（知）其亙（亟〈極〉）可以又（有）—（國）

郭・老乙・二 又（有）—（國）之母
郭・緇・二 又（有）—（國）者章好章亞（惡）

國

清（一）·祭·四　尾（宅）下—（國）

清（三）·芮·一四　燹（燮）戟（仇）攺（啓）—（國）

清（五）·殷·二　尔（爾）是智（知）二又（有）—（國）之請（情）

宼

包二·一〇　凥於鄍—之少桃邑

包二·七七　周甬受正李勯耴以斆田於章—𨟻邑

包二·八三　訟羅之廡—之㚇者邑人邔女

包二·一二四　死於郘（鄗）東敔卲戊之笑邑

包二·一二五　郘（鄗）—之客葦

包二·一四三　郻—𠪚敔公郙君之㭺邑人黄欽

包二·一五一　左駍番戌飤田於邧—歖邑，城田一，索畔蓄

郭·緇·九　隹（誰）秉—宼（國）成

上（四）·曹·一六　緐紀於大=—=（大國大國）

上（五）·競·一〇　—吕（以）昷（豎）迅（刁）舁（與）戔（易）否（牙）爲相

圈

[囗关]

包二·二五四　☐金—

囿

[囗右]

郭·老甲·二二　—中又有四大安

从裘錫圭先生隶作『[囗右]』，即『囿』字異體，讀作『域』。

㤙

上（一）·性·六　—（囿）於其者之胃（謂）兑（悦）

圃

圑

包二·一七二　陸—　人名

包二·一八六　陸—

从尃。

因

信二·〇二一 一柜頁—

望二·二 一丹緅之—

曾七六 紫—之箐

郭·成·一八 民必—此厚(重)也，以復之

郭·尊·一七 —亙(恆)則古(固)

包二·二二三 殤—其棠生

郭·性·一九 堂(當)事—方而折(制)之

郭·六·一四 —而它(施)彔(禄)安(焉)

郭·語一·三一 豊(禮)—人之情而爲之

上(二)·容·一八 埅(禹)乃—山陸(陵)坪(平)隰(隰)之可坓(封)邑

上(二)·容·一九 —民之欲

上(二)·容·一九 乃—迩(?)吕智(知)遠

上(一)·性·一一 堂(當)事—方而裚(制)之

上(三)·中·二六 忈(愿)—(因)虐(吾)子而訇(治)

上(三)·亙·四 —生亓所慾(欲)

上(三)·亙·九 亙旣(氣)之生，—

上(三)·彭·一 乃牆(將)多昏(問)—由

上(四)·昭·五 —命(令)至俑毀室

上(五)·季·二一 —邦庯〓之所臤(賢)而舉(興)之

上(五)·姑·四 而—(因)吕(以)害君

上(五)·弟·二 生而不—(因)其浴(俗)

上(五)·鬼·四 古(故)虐(吾)—加(嘉)

上(六)·競·五 可—於民者

清(一)·程·五 桓(樹)—欲

清(二)·繫·一一一 戍人—衰吴之與晉爲好

清(三)·芮·一〇 或—斬椅(柯)

冈

望二·五〇 一—一耑睘

上（一）·紂·二三 望（朋）畜（友）卣（攸）—（攝）吕（以）威義（儀）。

上（四）·曹·三七 毋—箑（爵）

固

包二·一二〇 □客監—迈楚之歲

包二·一八六 軦— 人名

包二·一九一 黃— 人名

包二·九〇 甘—之歲

包二·一二五 甘—之（歲）

望一·一、二、九 怨— 人名

望一·一〇、一三、一四、一五 怨—

包二·一二九 甘—之歲

望一·一七、一九 怨—

郭·老甲·三三 骨溺（弱）菫（筋）秫（柔）而捉—

上（四）·曹·一三 又（有）—悉（謀）而亡固城

上（四）·曹·一三 又（有）固悉（謀）而亡—城

上（四）·曹·一五 亓城—足吕攷（捍）之

上（四）·曹·五六 曰—

上（五）·季·二二 句（苟）能—戰

上（五）·三德·六 是胃（謂）邦—

上（五）·三德·一二 秉之不—

上（五）·鬼·八 而正—

清（二）·繫·二八 王—命見之

清（二）·繫·六六 是（且）卲（召）高之—曰

清（二）·繫·六九 高之—至莆池

清（二）·繫·一一八 楚以與晉—爲肓（怨）

圍

包二·二
份敓壴—命之於王大子而以隓份人

包二·五
侳大敓悆以爲份敓—隓份人其𠩺典

困

包二·一四五
郙客望—業之𡨥：敍𢉖

望一·五
客—𠃌飤王於栽☐

望一·六
☐—飤王於☐

上(一)·孔·九
黃鳥則—而谷(欲)反丌(其)古也

上(三)·周·一
—尨(蒙)

上(三)·周·四三
—于苹蘲(藟)

上(七)·凡甲·二四
戠(識)僉(險)而—

上(七)·凡乙·一七
戠(識)僉(險)而—

上(七)·凡乙·一七
戠(識)—而逡(復)

清(四)·別·六
⚌—⚌慼(革)

卜

郭·老甲·二三
其猷(猶)—(橐)篧(籥)與

从陳偉先生釋囗，讀橐。

圄

天卜
郙客—公頌迈楚之戢

囫

清(二)·繫·四七
未—(葬)

清(二)·繫·五三
女(焉)—(葬)襄公

馬

清(三)·説中·五
若—䲨(津)水

清(三)·芮·四
—(滿)溋(盈)康戲而不智薑(蘁)告

清(三)·芮·九
乇員(圓)—(滿)溢(溢)

因

清(三)·良·二
又(有)咎—(囚)

⿴囗帀

清(五)·封·八
—童才(兹)悳(憂)

員

秦一·二
☐五殊王父以𨓚至新父凡紫敓—☐

郭·緇·二
寺(詩)—(云)

郭·緇·三
寺(詩)—(云)

郭·緇·五
尹寡(誥)—(云)

郭·緇·七
大頣(雅)—(云)

郭·緇·九
寺(詩)—(云)

郭·緇·九
君䍐(牙)—(云)

郭·緇·一七
寺(詩)—(云)

郭·緇·一八
寺(詩)—(云)

郭·緇·二六
寺(詩)—(云)

郭·緇·二六
吕型(刑)—(云)

郭·緇·二二
𦐊公之寡(顧)命—(云)

郭·緇·三九
寺(詩)—(云)

郭·緇·四一
寺(詩)—(云)

郭·緇·三〇
寺(詩)—(云):

郭·緇·三六
少(小)頣(雅)—(云)

郭·緇·三九
君迧(陳)—(云)

郭·緇·七
少(小)頣(雅)—(云)

郭·語三·一六
𣏌(必)行,—(損)

清(一)·耆·一二
戠(歲)裔—(云)茖(莫)

清(三)·說上·六
是隹(惟)—(圜)土

清(三)·說下·二
—經悳(德)配天

郭·語三·二
牙(與)𢼸者処(處),—(損)

郭·語三·一二
教(學)者遊,—(損)

郭·語三·一三
亡𢼸習也,—(損)

郭・老乙・三 員(損)之或—(損)
郭・老乙・三 爲道者日—(損)

郭・緇・一三 邵(吕)型(刑)—(云)
郭・緇・一六 寺(詩)—(云)
郭・緇・四三 寺(詩)—(云)
郭・緇・四五 寺(詩)—(云)

郭・緇・四六 寺(詩)—(云)
郭・唐・一九 亡天下弗能—(損)
上(一)・紂・二一 告(詩)(云)
上(一)・紂・二一 告(詩)—(云)

清(三)・芮・九 乇—(圓)圂(滿)溋(溢)

上(四)・曹・五 君亓毋—(愪)

上(一)・紂・二 告(詩)—(云)
上(一)・紂・一〇 君縺(陳)—(云)
上(一)・紂・一〇 告(詩)—(云)
上(一)・紂・一二 辨公之募(寡)命—(云)

上(一)・紂・一四 吕型(刑)—(云)
上(一)・紂・一五 吕型(刑)—(云)
上(一)・紂・一六 告(詩)—(云)

上(一)・紂・二 君連(陳)—(云)
上(一)・紂・一七 告(詩)—(云)
上(一)・紂・一八 大虽(雅)—(云)

上(一)・紂・一八 少(小)虽(雅)—(云)
上(一)・紂・二三 告(詩)—(云)
上(一)・紂・二三 告(詩)—(云)
上(一)・紂・二四 —(云)

香中大・一 告(詩)—(云)

上(一)・紂・一 告(詩)—(云)
上(一)・紂・二 告(詩)—(云)
上(一)・紂・三 君真(誥)—(云)
上(一)・紂・四 大頭(雅)—(云)

上(一)·紂·五 告(詩)—(云)
上(一)·紂·六 君睿(牙)—(云)
上(一)·紂·七 告(詩)—(云)

上(一)·紂·八 呂型(刑)—(云)
上(一)·紂·九 告(詩)—(云)
上(一)·紂·一五 康亯(誥)—(云)

清(二)·繫·八一 亓子五(伍)—與五(伍)之雞逃歸(歸)吴
清(二)·繫·八三 五(伍)—爲吴大宭(宰)

清(五)·湯丘·六 子之—(云)
清(五)·湯丘·一〇 子之—(云)也

郭·老甲·二四 天道—|

郭·語三·一三 自視(示)其所能，—(損)

郭·緇·四 寺(詩)—(云)

上(一)·紂·一三 告(詩)—(云)

信一·〇一一 不—虐

清(一)·祭·三 縢(朕)—(魂)才(在)縢(朕)辟卲(昭)王斋=(之所)

清(三)·良·七 雩(越)王句—(踐)又(有)大夫同(種)

賤 [illegible]

貝　　　　　　　　貨　　　　　　　　賜　資

貝

包二·二七四　一輮槫㮼—□□

天策　—纓

曾八〇　鞻—

上(四)·逸·交四　戠□—

貨

郭·老甲·一二　不貴難得之—

郭·老甲·三五　身與—篙(孰)多

郭·老丙·一三　不貴戁(難)得之—

九·五六·二九　內(入)—，吉

九·五六·三三　內(入)—，吉

九·五六·四二　秎(利)㠯(以)取—於人之所

九·五六·四二　㠯(以)舍人—於外

上(四)·曹·一七　毋怣忎(愛)—資子女

上(六)·用·八　自亓(其)又(有)保(寶)—

上(六)·用·一三　非—台(以)疇

清(三)·說上·一　以—旬(徇)求敓(說)于邑人

清(三)·說下·七　女(汝)毋(毋)非—女(如)戠(埴)石

清(五)·湯丘·一二　叓(使)—(過)以惑

賜

郭·語三·六〇　內—(貨)也

資

新零·一九二　▨大—

[貝欠]

上(四)·曹·一七　毋怣忎(愛)貨—子女

購

郭·緇·一三 壛(萬)民—(賴)之

賢

掔 包二·一九三 翏— 人名

信一·〇二 天返於刑者又走—

郭·成·一六 而不可—(掔)也

掔 上(二)·從(甲)·三 是日㝵(得)—(賢)士一=人=(一人，一人)譔(譽)

上(二)·從(甲)·四 遊(失)—(賢)士一人

郭·五·四八 上帝—女(汝)

齋

包二·一二九 一青犛之—

貣

包二·五三 不量廡下之—

包二·一五七 竽宿之舊—解

包二·一〇三 司馬弘—郕異之黃金以—鄗鄳以糴種

包二·一〇五 —郕異之黃金七益以翟種

包二·一〇六 —郕益之黃金七益以翟種

包二·一〇九 —郕異之黃金七益以翟種

包二·一〇七 —郕異之黃金卅=益二益以翟種

包二·一〇八 —郕異之黃金七益以翟種

包二·一一一 —郕異之黃金十益一益四兩以翟種

包二·一一三 —郕異之黃金五益以翟種

包二·一一〇 爲鄗—郕異之黃金七益以翟種

包二·一一四 —郕異之黃金七益以翟種

包二·一二〇 —让蕭之王金不賽

戓 清(五)·湯丘·一二 民人諏(趣)—(忒)

包二·一一五 —郕異之鋘金一百益二益四兩　包二·一一六 —郕異之金七益　包二·一一六 —郕異之金三益刖益

包二·一一八 爲鄗—郕異之金六益　包二·一一八 爲鄟昜—郕異之金七益　包二·一一七 —郕異之金卌=益二益

包二·一一七 —郕異之金五益　包二·一一九 爲郘昜—郕異之金十益一益四兩　包二·一一九 —郕異之金四益　弌訛爲戈。

清(二)·繫·一二〇 戊公與齊侯—(貸)　清(二)·繫·一二四 述(遂)以齊侯—(貸)　清(五)·殷·一一 龜簭(筮)孚—(忒)

賂

清(二)·繫·三三 惠公—秦公曰

賸

曾一二四 黃紡之—　據文義當借作賸。　曾一三七 紫組之—　曾一三七 軉帀之—　曾一三八 纓—

贈

上(一)·孔·二七 必曰虛(吾)奚舍之賓—氏(是)也

清(五)·封·六 —尒膺(薦)彝

贛

贇 包二·一七五 遊宮坦倌黃—　《説文》籀文作𧸇。　上(二)·魯·三 子—(贛(貢))曰　新甲一·二七 ☐(樂)之,百之,—(貢)

新甲一·一〇 ☐—(貢)。凡是戊唇(辰)以敓(會)己巳禱之　新甲三·四六 之,—,樂之

新乙一·一一 樂虡(且)—(貢)之
新乙二·一 樂之，百，—(貢)頁
新零·四〇 百之，—(貢)
新零·三三一—一 ☑樂虡(且)—(貢)之

上(六)·用·七 —=(坎坎)險=(險險)

贛
包二·二四四 —之衣裳各三再
信一·〇一〇 —賜布也
天下 大牢樂之百—

新零·二八七 百之，—(貢)
新甲三·二四二 ☑坪郯文君子良，樂，—(貢)
新甲三·二九八 ☑—(貢)之

上(四)·相·四 告子—(貢)曰
上(五)·君·一一 子羽餌(問)於子—(貢)曰

上(五)·君·一一 子—(貢)曰
上(五)·君·一二 子—(貢)曰

上(五)·君·一五 子—(貢)曰
上(五)·弟·一 子—(貢)曰

上(五)·弟·八 子—(貢)𠃊(曰)
清(二)·繫·三〇 女(焉)取邨(頓)以—(恐)陳侯

贊
新官—衆(?) 曾六七

歎
上(六)·用·二〇 又(有)—=(坎坎)之裕

賞
包二·一一九反 鄙— 人名
包二·一五二 王士之後鄙—閒之
上(二)·容·四三 亓政紿(治)而不—

郭·性·五二 未—而民懽(勸)

上(二)·容·四 於是虐(乎)不—不罰

上(四)·曹·二一 而—篧(爵)又(有)悳

上(四)·曹·二七 万=(萬人)……毋誼(誅)而—

上(四)·曹·三五 —坸(均)聖(聽)中

上(四)·曹·四五 亓—諓(淺)虞(且)不中

上(四)·曹·五四 貯(重)—泊(薄)荁(刑)

上(四)·曹·六一 —膢(獲)詔笋(蒠)

上(四)·曹·六二 四人皆—

上(五)·鬼·一 則㠯(以)亓(其)—善罰暴也

上(五)·鬼·二 則魂(鬼)神之—

上(五)·鬼·三 則善者或不—

上(七)·吳·五 或又(有)軒轅(冕)之—

清(五)·命·九 亟(極)—則民貫=亓=上=

賞

郭·尊·二 —與荁(刑)

郭·六·二 ☐—慶安(焉)

清(五)·命·一二 懽(勸)之以—

清(五)·命·一四 以—從裳=

賜

包二·八一 周—

包二·一四一 左尹與鄴公—

包二·一四三 左尹與鄴公—

新零·九二 ☐祀(祀)配卿(饗)—☐

清(三)·說上·一 隹(惟)暨(般)王—敓(說)于天

清(三)·說下·九 弋(式)隹(惟)參(三)悳(德)—我

賜

信一・〇一〇 贛—布也

清(五)・湯丘・五 不猷(猶)受君—

包二・六五 周— 人名

上(二)・容・三三 亓生—羕(養)也

上(二)・容・三三 亓死—𣪠(葬)

上(一)・魯・三 —，而(尔)昏(聞)衖(巷)逄(路)之言

上(三)・周・五 或—緖(鞶)絺(帶)

上(三)・周・七 王晶(三)—命

賜

包二・一二八 左尹與鄴公—

賜

清(一)・楚・五 畬熋(樊)及畬—

貤 貤

上(二)・容・六 堯戔(賤)—(施)而旹=(時時)

上(六)・慎・四 均分而坣(廣)—(施)

清(二)・繫・五九 —(奪)亓(其)玉帛

贏

曾一五七 —尹鄢之䮴爲左驂

曾一五七 —尹鄢之黃爲左驂

上(三)・周・三三 見豕—(負)坴(塗)

上(三)・周・三七 —(負)虘輮(乘)

上(四)・曹・二一 录(禄)毋—(負)

賓

上(一)・孔・二七 必曰虗(吾)奚舍之—贈氏(是)也

上(二)・容・一三 匋(陶)於河—(濱)

費　責　賈

新甲一・二三　與—禱之
新甲三・二六二　—之命
新零・二二四　☐帀（師）—之☐

清（一）・楚・三　妣戲—于天

宜
郭・老甲・一九　萬勿（物）牆（將）自—（賓）
清（二）・繫・五二　而女（焉）牆（將）—（寘）此子也

宿
郭・性・六六　—客之豊（禮）必又（有）夫齊齊之頌（容）

上（四）・采・三　磋剌之—

費
䝨
郭・老甲・三六　甚忎（愛）必大—（費）

責
郭・太・九　—於☐

賗
包二・九八　晉翻以訟邸易君之人邰公番申以—

《說文》从貝束聲。

包二・一四六　所又—於寡戲五帀而不交於新客者

包二・一四六　所又—於邔歸戲
包二・一五二　欵飤田病於—（責）

清（一）・金・三　尔（爾）母（毋）乃有備子之—才（在）上

賈
包二・一六二　陞—　人名
包二・一八〇　競—之州加公陽鼪
包二・一八五　臨昜人宔—
包二・一二二　孔執場—
包二・一二二　場—既走於前

包二・一九〇 軺— 人名
包二・一九〇 屈— 人名
包二・一二一 東邗里人瑒—

包二・一五二 左馭遊層骨—之，又五簐
天卜 陸— 人名

清(二)・繫・四六 莫(鄭)之—人弦高牺(將)西市
清(二)・繫・一二八 競(景)之—與醻(舒)子共戩(止)而死

清(三)・說下・七 若—女(汝)母(毋)非貨女(如)戠(識)石
清(五)・命・九 亟(極)賞則民—〓亓〓上〓

賤

上(四)・采・四 子之—奴

贇 郭・成・一七 福(富)而貧(分)—
上(一)・紂・一〇 而信丌(其)所—
上(一)・紂・二三 翟(輕)蠿(絕)貧—

賦

上(二)・容・一八 閘(關)市無—

貪

郭・語三・一九 陛(地)能—(含)之生之者

貪 上(二)・從(甲)・五 事則—(貪)
上(六)・競・六 今君之—惛(昏)亞(苛)匿(慝)

念 上(二)・從(甲)・一五 毋㚣(奔)毋褫(號)、毋惻(賊)、毋—(貪)

貧

曾四五 —敃
曾四五 —扂
曾五四 —扂
曾三九 —靭
曾四五 —靭

曾五四 —軔
曾三九 —軘
曾七二 —軘
曾八六 —軘

郭·成·一七 福(富)而—(分)賤
郭·緇·四四 翠(輕)𢇍(絕)—戔(賤)

上(一)·性·二三 —而民聚安(焉)
上(一)·紂·二二 翠(輕)𢇍(絕)—賤

九·五六·四七 西方□□□—
九·五六·五四 □西北—

上(三)·彭·五 唯(雖)—必攸(修)
上(四)·曹·三 此不—於散(美)而福(富)於悳與(歟)?昔周□

上(五)·弟·六 —戔(賤)而不約者
上(五)·三德·一一 毋𠢧—毋芺(笑)型(刑)

清(一)·皇·三 自奮(釐)臣至于又(有)—(分)厶(私)子

郭·性·五三 —而民聚安(焉)

盼

清(四)·筮·小三一 [illegible]於公利—(分)

賃

責

郭·六·四 —(任)𡍬(地)
郭·六·一〇 以—(任)此
郭·六·一三 父兄—(任)者

上(六)·慎·三正 —(任)悳(德)㠯(以)巳(矣)

賕　貴

賕

贅　上（五）·三德·一三　天之所敗多亓—（喜）

貴

曾一二四　黌=黃金—

曾一三七　黌=黃金之—

曾一三八　黃金之—

信一·〇二六　天欲—

包二·二六五　二—鼎

包二·二五　司敗黃—鈉受旮

郭·老甲·一二　不—難得之貨

郭·老甲·三八　—福（富）喬（驕）

郭·老甲·二九　古（故）爲天下—

郭·老丙·二　猷（猶）虐（乎）其—言也

郭·老丙·六　君子居則—左

郭·老丙·六　用兵則—右

郭·老丙·一三　不—戁（難）得之貨

郭·成·二　窮（窮）滾（源）反沓（本）者之—

郭·成·二　非從末流者之—

郭·成·一四　非從末流者之—

郭·成·一四　窮湶（源）反沓（本）者之—

郭·成·一六　古（故）君子不—辟（僻）勿（物）而貴與民又（有）同也

郭·成·一八　則民谷（欲）其—之上也

郭·成·一六　古（故）君子不貴辟（僻）勿（物）而—與民又（有）同也

郭·語三·六七下　生爲—

郭·尊·一四　則民埶（褻）陵張（長）—（貴）以忘

郭·性·三七　不—

郭·語一·一八　夫（天）生百勿（物），人爲—

郭·性·五〇　唯（雖）難不—

郭·性·五三　戔（賤）而民—之

郭・成・三〇
是以君子—

郭・太・九
天道—溺（弱）

上（一）・孔・二四
甚—丌（其）人

上（一）・孔・二四
后稷之見—也

上（一）・性・二三
戔（賤）而民—之

上（二）・容・五
上下—戔（賤）

上（一）・紂・二二
而厓（厚？）𢇍（絕）賔（富）—

郭・語四・二五
古（故）悔（謀）爲可—

九・五六・四八
凥（居）之—

郭・緇・四四
而厚𢇍（絕）賔（富）—

上（四）・內・一〇
爲戔（賤）必聖（聽）—之命

上（七）・武・一〇
亞（惡）忘=（忘？忘）於—福

上（七）・凡乙・二〇
百眚（姓）帀=（之所）—唯君=

郭・老甲・二九
不可得而—

郭・五・三五
—貴，其止（等）僔（尊）臤

郭・老乙・五
—大患若身

包二・一九二
郘人武—墨

九・五六・四二
秎（利）𠂤（以）見公王與—人

郭・緇・二〇
而賔（富）—已逃（過）也

上（四）・內・一正
豊（禮）是—

上（四）・曹・二一
—戔（賤）同𣥠（待）

上（四）・曹・二四
—又（有）祟（常）

上（四）・曹・二四
凡—人甶（思）仉（處）前立（位）一行

上（五）・季・二〇
好人勿—

上（五）・姑・三
君—我

上（五）・弟・六
賔（富）—而不喬（驕）者

上（五）・鬼・一
此𠂤（以）—爲天子

上（七）·凡甲·二八 百眚（姓）菥=（之所）—唯君=

清（四）·筮·爻五四 爲—人

清（五）·命·一四 哀至則—（匱）

清（五）·命·一四 豊（禮）□□則不—

上（一）·紂·二 而賹（富）—𢀳（已）让（過）

上（一）·孔·六 —叡（且）㬎（顯）矣

上（一）·孔·二一 —也

郭·成·一八 —而罷（能）纕（讓）

上（一）·紂·一一 我弗—即（聖）

上（六）·用·一三 征民乃—

賽

包二·一四九 女絲一— 《説文》新附。

包二·一四九 涅溇一—

包二·一四九 溕溇一—

包二·一四九 竔溇一—

包二·一五〇 貣让茜（藁）之王金不賽

包二·一〇五 让期不—金

包二·一〇六 让期不—金

包二·一〇八 让期不—金

包二·一一三 让期不—金

包二·一一四 让期不—金

包二·二一〇 —禱東陵連囂豻豕

包二·二一三 —禱大備玉一環

秦九九·一四 纓之吉玉疾速瘢速—之

秦一三·一 —禱五褋以至新父母肥豢

秦九九·一 —禱宮㘿室

秦九九·一 —禱行一白犬

包二·一〇四 让期不—金

包二·二〇八 —於行一白犬

天卜 —禱白朝戠犝樂之

天卜 —禱大水一精

天卜 —禱社一精

天卜 —禱宮脛室一犠

天卜 —禱宮脛室一犠

天卜 —禱褮尚戠豢

天卜 —禱大水一精

天卜 —禱卓公

天卜 既—卓公

天卜 —禱惠公

天卜 —禱社一精

天卜 既—

郭·語四·一七 不—(塞)其溪(溪)

包二·二一四 —禱新母

包二·二一九 —禱祡一白犬

包二·二〇〇 志事速得皆速—之

望一·四四 速—之

包二·二一四 —禱宮侯土一粘

包二·二一四 —禱卲王戠牛

包二·二一四 —禱文坪夜君

望一·一〇九 —禱宮脛▨

望一·四四 速瘷—之

望一·一三五 既禱未—

秦九九·一〇 壴遴—之

秦九九·一一 —禱於五祼王父王母

秦九九·二 —禱行一白犬

望一·一〇九 聖王卲王既—禱

望一·一一九 —禱王孫喿

秦一·三 罷良月良日晒速—

上(二)·容·二九 民乃—

新甲三·三〇三 戩(擇)於八月之审(中)—禱▨

郭·老甲·二七 —(塞)其門

郭·老乙·一三 —(塞)其逆(兑)

郭·老乙·一三 —其事

清（二）・繫・二三 —（息）侯亦取妻於陳

清（二）・繫・二三 是—（息）爲（嬀）

清（二）・繫・二三 𤖸（將）歸于—（息）

清（二）・繫・二四 —（息）爲（嬀）乃内（入）于鄀（蔡）

清（二）・繫・二四 —（息）侯弗訓（順）

清（二）・繫・二五 文王弖（起）峕（師）伐—（息）

清（二）・繫・二六 鄀（蔡）哀侯衒（率）帀（師）以䢅（救）—（息）

清（二）・繫・二六 文王爲客於—（息）

清（二）・繫・二六 —（息）侯以文王歓=（歓酒）

清（二）・繫・二七 鄀（蔡）侯智（知）—（息）侯之誘㠯（已）也

清（二）・繫・二七 —（息）侯之妻甚娧（美）

清（二）・繫・二八 —（息）侯訠（辭）

清（二）・繫・二八 起峕（師）伐—（息）

清（二）・繫・二八 殺—（息）侯

清（二）・繫・二九 取—（息）爲（嬀）以歸

⿱宀思

新甲三・四 —（賽）禱司命、司彔☑

新甲三・五 ☑□柰—（賽）禱於剬（荆）王

新乙二・二〇 —（賽）禱大（太）一☑

新乙四・四三 —禱大水。

新乙三・六一 —（賽）禱北方☑

新乙四・九一 ☑—（賽）禱☑

新零・四六三 ☑□吉日—（賽）亓（其）☑

貴

郭・老甲・三六 —（持）與貢（亡）篙（孰）疠（病）

新乙四・一〇六 八月又（有）女子之—

貟

郭·老甲·三六 厚(厚)𧷽(藏)必多—(亡)

郭·老甲·三六 貴(持)與—(亡)篙(孰)疠(病)

九·五六·九六 —(亡)於昏(辰)即

九·五六·九六 —(亡)於午☐

九·五六·九七 凡—(亡)日☐昏(辰)少日必㝵(得)

肪

常二 郘逘以王命—舒方迲戠愲

眆

曾一七八 —公之騂爲右驌

曾一八〇 —公之黄爲右驌

曾一八三 —公之黄爲右驌

曾一八二 —公之騂爲右驌

曾一八三 —公之驪爲左驌

時

包二·一八〇 霝里子之州差晋—

見《玉篇·貝部》。

頷

郭·老甲·二七 剴其—

清(三)·琴一 罔—(墜)亓(其)考(孝)

清(三)·琴·一六 不—(墜)卣(修)彦(彦)

清(三)·琴·一六 弗亓(其)—(墜)笲(哉)

賅

天策 林緺—

天策 林郢—

天策 兩馬之革轡—

天策 賄鑑—

天策 鑑賄—☐

天策 ☐賄—☐

天策 賄鑑—

清(一)·楚·三 晉(巫)戕(并)—(該)亓(其)髓(脊)以楚

賟

包二·一四九　以楊虎斂闈金於邾敓，—仿之新昜一邑

歸

包二·一四五　月冢旦灋之無以—之

包二·一四五　宋鵌戠—之客

贄

包二·一四五反　舍月冢之鵌人□□—客之□金十兩又一兩

疑歸之異文。

會

包二·九二　郜陸午之里人藍訟登—尹之里人苛鱈

賀

郭·語四·二六　罷（一）豢（家）事乃又（有）—（祏）

賫

包二·九四　苛朡訟聖冢之夫₌軦豎以—田

包二·二七八反　瑶脜尹之人盬怒告緍多命以嬰—

磚三七〇·一　☐與仟門之里人一—告僮言胃

望二·七　丹楸之童黃夋組之—十又八

望二·一〇　需光之純黃夋且之—八☐

賈

天策　☐—賅☐

天策　鑑—

天策　鑑—

天策　—鑑

天策　—鑑

賵

信一·〇四五　☐毋—善

賸

噴

包二·一一〇　攻尹—

包二·一一八　攻尹鵌—

郭·老甲·三五　—（益）生曰羕（祥）

賹

上（一）·孔·二一　審（湛）䨓（露）之—也

上（一）·孔·二一　則丌（其）思—矣

《廣韻·卦韻》有賹字。

賠　贔　曈

曈　包二·一八〇 —筭会𡰥女

曈　新甲三·一二三 下—一豬

上(七)·吳·九 瀘(廢)丌(其)—(賓)獻

包二·一五〇 宋— 人名

見《玉篇·貝部》。

贔　清(一)·耆六 复(作)訶(歌)一夂(終)曰—

曾一五〇 新—尹之騍爲右驂

曾一四〇 所—十真又五真

曾一二〇 攻差坪所—行鞋五犨

曾一〇六 彖之鉼—

曾一一五 鈎環—

曾一二三 一革韇—

曾一一 鞁轡—

曾一五 顯鞅—

曾三七 顯鞅—

曾九一 顯鞅—

曾一〇三 旗—

曾三一 琱—

曾二六 琱—

曾一六 逐—

曾四六 逐—

曾七二 逐—

曾六四 鏇—

曾八七 鏇—

曾六 鏇—

曾八一 鏇—

曾一二六 栖—

曾一二六 栖—

曾九七 輴—

曾一三六 栖—

曾一三六 栖—

曾一三七 幃—

曾一三八 幃—

曾一二六 軺—

曾一二八 軺—

曾一三九 歉—

曾一三三 歉—

曾一二六 軐—

曾一二五 軐—

曾一二二 韗—

曾一三七 韗—

贅

⿱敖貝

包二·二一八 —尹之司敗邻夅墊受𠮵

包二·二一八 不迖—尹之鄗邑公遠忻

包二·一五七 舟—

包二·一六八 舟—公豕

曾一五八 —尹之騏爲右驌

曾一五八 —尹之騆爲右驂

曾一六五 —尹之駴爲右驌

上(四)·柬·二 —尹智(知)王之疠(病)乘(勝)

上(四)·柬·四 —尹許諾

上(四)·柬·五 —尹會(答)曰

上(四)·柬·八 王𠰦(以)𦖞(問)—尹高

上(四)·柬·二一 陵尹與—尹又(有)古(故)虐(乎)

⿱㫃貝

曾·一九八 —殤公之一㡀𨍭=

⿰貝發

⿱癹貝

曾·二一四 所—石沕䛑

曾·二一四 —祖新田之盟

贈

上(二)·從(乙)·二 毋占(佔)民—(斂)則同

⿰貝壽

⿰貝冒

郭·語四·一 非(靡)言不—(讎)

上(六)·用一三 非貨台(以)—

⿰貝叚

包二·二七 邸昜君之州里公登—受𠮵

包二·二七八 瑶脰尹之盬𡤩告紑多命以—貿

⿱亘貝

郭·緇·四五 人而亡—(恆)

上(六)・競・八
縛緋者—(枉)

清(一)・保・九
逮(傳)—(貽)孫=(子孫)

清(二)・繫・一二九
晉—余衒(率)晉𠂤(師)與奠(鄭)𠂤(師)以内(入)王子定

清(三)・芮・六
卹邦之不—(臧)

清(五)・殷・五
眉(厭)非(必)—(臧)

邑

包二・三
痍一夫,凥於䣊遙區湯—

包二・一〇
凥於鄗寃之少桃—

包二・二八
不逗贅尹之鄽—公遠忻

包二・五四
不詧(察)長陵—之死

包二・七七
周甬受正李勣乩以斁田於章寃僑—

包二・七九
上臨—公

包二・七九
下臨—

包二・八三
訟羅之廡寃之夅者—人邔女

包二・八六
鄱昜君之萊陸—人紫

包二・八六
訟羕陵君之陲肖—人巡墝

包二・八八
墬逄泝—𨟻軍𨟻鄎以反其官

包二・一〇〇
郙敚之郙—人走仿

包二・九五
張恷訟鄗之鳴鄊—人某憖

包二・九七
宋昜玄盤—人郘絜以訟坪昜之枸里人文逜(适)

包二・一二五
邵戊之笑—

包二・一四三
鄝寃鳫敔郙君之肖—人黃欽

包二・一四九
新昜—

包二・一四九
需坨—

包二・一四九
鄁一—

包二・一四九
房一—

包二・一四九
借褚一—

包二・一四九
礪一—

包二·一四九 新告一—

包二·一五〇 邛昜之牢宙戰竹—人宋鼎

包二·一五三 笑一—

包二·一五三 郯一—

包二·一五一 左馭番戌飤田於邳歡—城田一，索畔萅

包二·一五三 並一—

包二·一五三 郚一—

包二·一五三 余爲一—

包二·一五三 郙一—

包二·一五三 凡之六—

包二·一五五 政五連之—於鄹王士

包二·一六三 郄—人鄭攸

包二·一六四 鄵—人疋迟

包二·一六九 湛母—人屈帝

包二·一六九 鄢逸—人周經

包二·一六九 鄵—人吴勳

包二·一七一 鄰—人登瘠

包二·一八五 笑—人苛佗

包二·一八八 上鄄—人周喬

包二·一八八 鄢坪—戡罢

包二·一七四 酈—人鄒郕

包二·一七五 鄘—人登楠

包二·一七九 聖夫人之鄁—人曹

包二·一八二 啬埜—人陳骰

包二·一八二 某溪—人詹腰志

包二·一八三 瓩戰郐—公姦

包二·一九〇 鄘—人登瓶

包二·一九三 鄟—人秀偏

天卜 田—與兵獻之事

帛丙二·二 築—

上（二）·容·一八 墨（禹）乃因山陸（陵）坪（平）徑（隰）之可坓（封）

新甲三·二七五 ☐大—吕（以）牛

新甲三·三一五 毓於薪（新）—龍邸☐

新甲三·二七五 中—吕（以）豬（豢）

九·五六·四一 秎（利）吕（以）内（納）田—

九·五六·四五 敔邦復（作）—之遇（寓）

九·五六·二五 貨不爯（稱）吕（以）鼠田—

上（三）·周·四 丌（其）—人晶（三）

上（三）·周·一〇 —人不戒

上（三）·周·二一 —人之灾（災）

邦

上(三)·周·四四
敀—不敀菉

上(五)·君·一一
夫子紿(治)十室之—亦樂

上(五)·三德·一二
罙鼎(岸)之—

上(七)·吳·一
……二—

上(七)·吳·一
而哲(慎)䜌(絶)我二—之好

上(七)·吳·八
先王姑每(緐)大巸(熙)之—[也]

上(七)·吳·九
皆凥(敝)—之昇(期)也

清(一)·尹至·五
自西哉(捷)西—

清(一)·尹誥·一
尹念天之敗(敗)西—頣(夏)

清(一)·尹誥·一
非民亡與戰(守)—

清(一)·尹誥·四
亓(其)又(有)頣(夏)之金玉日(實)—

清(一)·尹誥·四
乃至(致)眾于白(亳)宙(中)—

清(一)·皇·一
朕寡(寡)—少(小)邦

清(二)·繫·二
以克反商—

清(二)·繫·一三
商—興反

清(二)·繫·一四
成王屎伐商—

清(二)·繫·一七
周公既䢅殷民于洛—

清(三)·說上·一
以貨旬(徇)求敓(說)于—人

清(三)·說上·五
—人皆從

清(三)·說上·六
亓(其)隹(惟)敓(說)—

清(五)·厚·三
隹(惟)天乃永保頣(夏)—

清(五)·封·三
咸成商—

郭·語四·六
皮(破)—芒(亡)𣃇(將)

郭·語四·八
𢿨(竊)—者爲者(誅)侯

郭·語四·一四
—又(有)巨𩨈(雄)

郭·語四·二四 唯（雖）戠（勇）力䎽（聞）於—，不女（如材）

帛乙四·五 其—

帛乙五·二〇 亥隹—所

帛丙八·四 其—又大亂

帛丙四·三 爲—芙

帛丙七·三 不訢于—

清（三）·良·九 後（後）出—

清（五）·厚·二 建顕（夏）—

清（五）·厚·五 埶（設）萬—

清（五）·厚·六 亡乑（厥）—

䢅

包二·七 —人内其象典

包二·一五〇 —輇 人名

包二·二二六 楚—之市

包二·二二八 楚—之市

包二·二三〇 楚—之市

包二·二三二 楚—之市

包二·二三四 楚—之市

包二·二三六 楚—之市

包二·二三九 楚—之市

包二·二四二 楚—之市

包二·二四五 楚—之市

包二·二四七 楚—之市

信一·〇一七 ☒□—以成其明者☒

郭·老甲·三〇 而—慈（滋）昏

郭·老甲·二九 以正之（治）—

郭·老乙·一七 攸（修）之—

郭·老乙·一八 以邦觀—

郭·老乙·一八 以—觀邦

郭·老丙·三 —豪（家）緍（昏）□安又（有）正臣

郭·緇·二 萬—乍（作）孚

郭·緇·二〇 —豪（家）之不盜（寧）也

郭·成·三〇 不必爲—昇（旗）

郭·尊·二四 爲—而不以豊（禮）

上（一）·孔·三 —風丌（其）内（納）勿（物）也

上（一）·孔·四 —風氏（是）也

上（二）·子·一 坪（平）萬—

上(二)·容·四 —無飤(食)人

上(二)·容·一〇 萬邦之君皆𠂤亓—壤(讓)於臤(賢)

上(二)·容·一〇 萬—之君皆𠂤亓邦壤(讓)於臤(賢)

上(二)·容·一三 乃及—子

上(二)·容·三八 妝北迲(去)亓—

上(二)·容·四五 於是虐(乎)九—畔(叛)之

上(二)·容·四五 不聖(聽)亓—之正(政)

上(二)·容·四七 九—者亓可逨(來)虖(乎)

上(二)·容·四七 文王於是虐(乎)素耑(端)𧞤(褰)裳𠂤行九—

上(二)·容·四七 七—逨(來)備(服)

上(二)·魯·一 魯—大旱

上(二)·魯·一 —大旱

上(一)·魯·二 —大旱

上(一)·魯·一 魯—大旱

上(二)·從(甲)·二 王舍(餘)人—豪(家)土墜(地)

上(二)·從(乙)·一 興—豪(家)

上(一)·紂·一 墓(萬)邦复(作)㠯—

上(一)·紂·二 —家之不寍(寧)也

上(二)·民·一四 𠂤畜萬—

上(二)·昔·四 唯—之大咢是敬

新零·一七二 ☐貞,楚—既☐

九·五六·四一 秎(利)𠂤(以)内(入)—宔(中)

九·五六·四五 豉—复(作)邑之遇(寓)

九·五六·三〇 女必出丌(其)—

上(三)·周·八 啓—丞(承)豪(家)

上(三)·周·一三 征—

上(四)·昭·九 天加禍於楚—

上(四)·柬·三 欲祭於楚—者虐(乎)

上(四)·柬·一六 —蒠(瀝)之

 上(四)·柬·一七 皆楚—之牆(將)旬(軍)

 上(四)·柬·一八 —家㠯(以)軒轡

 上(四)·柬·一八 —家大漧(旱)

 上(四)·曹·一 昔周室之—魯

 上(四)·曹·六 叓(鄰)—之君亡道

 上(四)·曹·一〇 乃命毀鐘型而聖(聽)—政

 上(四)·曹·四一 可㠯又(有)詒(治)—

 上(四)·曹·四二 繇(由)—腳(御)之

 上(四)·曹·五六 —豪(家)㠯忲(宏)

 上(五)·鮑·四 不㠯(以)—豪(家)爲事

 上(五)·季·五 則—又(有)榫(姦)童(動)

 上(五)·季·八 㠯(以)凥(居)—豪(家)之述曰

 上(五)·季·一〇 臤(賢)人之居—豪(家)也

 上(五)·季·二一 因—峟₌臤(賢)而舉(興)之

 上(五)·季·二二 —相懷毀

 上(五)·姑·三 戕則晉—(邦)之社祖(稷)可㝵而事也

 上(五)·三德·五 —遊(失)旗(幹)棠(常)

 上(五)·三德·四 —豪(家)亓褱(壞)

 上(五)·三德·五 大—迆(過)戠(傷)

 上(五)·三德·六 是胃(謂)—固

 上(五)·三德·六 是胃(謂)—蘠(竊)

 上(五)·三德·一三 —虔(且)亡

 上(六)·競·八 舉(舉)—爲欽(斂)

上(六)·平王與·四 —或(國)不旻(得)聖於壽中

上(六)·天乙·一 —君建之吕(以)坘(都)

上(六)·天乙·二 夫=爲—君之立身不字

上(六)·天乙·四 屯用青(情)—喪

上(七)·鄭甲·一 吕(以)—之悟(怲)

上(七)·鄭甲·二 唯(雖)—之悟(怲)

上(七)·君乙·二 楚—之中又(有)飤(食)田

上(七)·君乙·六 人胃(謂)之安—

上(七)·吳·六 咎生之—

上(七)·吳·八 吕(以)陳(陳)—非它也

清(一)·尹誥·三 今隹(惟)民遠—逯(歸)志

清(一)·耆·四 穆=克—

清(一)·金·七 乃流言于—曰

清(一)·金·九 —人□□□□岂(弁)

清(一)·金·一二 我—豪(家)豊(禮)亦宜之

清(一)·金·一三 二公命—人聿逯笙(筑)之

清(一)·皇·一 朕寡(寡)少(小)—

清(一)·皇·三 堇(勤)卹王—王豪(家)

清(一)·皇·六 王—用盜(盜)

清(一)·皇·八 弗卹王—王豪(家)

清(一)·皇·一〇 以不利氒辟氒—

清(一)·皇·一三 皆卹尔(爾)—

清(一)·祭·七 坙(修)和周—

清(一)·祭·一六 女母(毋)以戾孳皐蝕岂寺(時)宴(遠)大—

清(一)·祭·一七 亓(其)皆自寺(時)审(中)員(乂)萬—

清(一)·楚·一四 王大(太)子以—遉於湫郢

清(一)·楚·一五 王大(太)子以—居鄅(鄘)郢

清(一)·楚·一六 —大瘠(瘠)

清(二)·繫·七 —君者(諸)正乃立幽王之弟

清(二)·繫·八 —君者侯女刣不朝于周

清(二)·繫·三九 二—伐緒(鄀)

清(二)·繫·五〇 母(毋)乃不能—

清(二)·繫·八三 是教吴人反楚—之者(諸)侯

清(二)·繫·八四 卲(昭)王女(焉)遉(復)—

清(二)·繫·一〇四 改—陳郗(蔡)之君

清(二)·繫·一〇四 囟(使)各遉(復)亓(其)—

清(二)·繫·一〇六 卲(昭)王旣遉(復)—

清(二)·繫·一〇八 二—爲好

清(二)·繫·一三六 楚—以多亡城

清(三)·說中·三 戠(捷)菅(蠢)—

清(三)·芮·一 周—聚(驟)又(有)禤(禍)

清(三)·芮·二 莫卹—之不寍(寧)

清(三)·芮·六 卹—之不覞(臧)

清(三)·芮·一二 甬(用)建亓(其)—

清(三)·芮·一五 —甬(用)昌篤(熾)

清(三)·芮·一七 —甬(用)不寍(寧)

清(三)·芮·二一 —亓(其)康寍(寧)

清(三)·芮·二八 而—受亓(其)不寍(寧)

清(四)·筮·爻六一 —又(有)兵命

清(五)·封·八 以永厚周—

清(五)·湯丘·三 乃與少(小)臣惎(基)毋(謀)鄢(夏)—

清(五)·湯門·二 可(何)以成—

清（五）·湯門·三
幾言成—

清（五）·湯門·四
四以成—

清（五）·湯門·一〇
夫四以成—

清（五）·湯門·一六
大弼（費）於—

清（五）·殷·一〇
鼙（殷）—之蚕（妖）堇（祥）並记（起）

清（五）·殷·一二
而不智（知）—之牆（將）芒（喪）

清（五）·殷·一九
留（留）—旻（偃）兵

上（六）·天乙·一
—君五殜（世）

垄

清（四）·筮·小三〇
巜三—（邦）去政已

都

包二·一〇二
上新— 地名

包二·一〇二
新— 地名

包二·一六五
新—

上（六）·平·二
女（汝）毀新—栽（鄢）陵

包二·一一三
新—

包二·一一三
新—

秦一·二
▨禱蘇—於五殜王以▨

上（四）·曹·三七
甬（用）—晉（教）於邦

上（五）·三德·一二
監川之—

鄰

叜

郭·老甲·九
猷（猶）虐（乎）其奴（若）悁（畏）四—（鄰）

郭·尊·一五
則民少以—（吝）

郭·尊·三四 正則民不—(吝)

郭·六·三 帰(寢)四—(鄰)之帝(抵)虐(梧)

九·五六·二五 㠯(以)祭，—(吝)

上(二)·從(甲)·四 四—(鄰)

郭·窮·一二 古(故)莫之智(知)而不—

上(四)·曹·六 —(鄰)邦之君亡道

清(一)·皇·六 王用能盍(奄)又(有)四—(鄰)

清(四)·筮·爻六一 外又(有)—(吝)

清(四)·筮·爻六一 内又(有)—(吝)

[illegible]

上(三)·周·一三 丌(其)—(鄰)

上(三)·周·五七 不女(如)西—(鄰)之酌祭

上(三)·周·五七 東—(鄰)殺牛

郊

包二·一八二 —人韝㠱

邸

包二·三二 —昜君之州里公登纓受期

包二·九八 —昜君

包二·一六二 —昜君

包二·一六三 —昜君

包二·一六七 —昜君

包二·一七五 —昜君

包二·一八五 —昜君之某敓

包二·一八六 —昜君番覭

天卜 —昜君番勳

天卜 —昜君

天卜 —𥛍君

郛

包二·一六七 珞尹— 人名

新零·一〇二、五九 ☐孯=(孯子)—果告大司城瘽☐

竉

郙

包二·一三二 秦競夫人之人䟽(舒)慶坦處陰郥(侯)之東—之里

鄭

鄭 曾一五一 —成之駟爲右驂
曾一六五 —駴爲右驂
曾一七六 —穜白爲左飛
新甲三・二二三 —建日（以）□☐

新乙一・三二、二三 句郲公—〔余穀〕大軙（城）邺（兹）竝（方）之歲
新乙四・六三、一四七 —痿日（以）駁靁爲君☐

新乙四・九八 —卜子怵 人名
新零・二二二 ☐〔句郲〕公—途〔穀〕☐

清（二）・繫・八五 晉競（景）公會者（諸）侯以栽（救）—=（鄭鄭）

邮

包二・六七 郘—大宫屈柁
包・一八一 —昜人孛屬
包・一八六 郘—人軦固

鄵

包二・一五七 鄵宫夫=命少宰尹—詃
包二・一六九 —邑人吴勳
包二・一七七 —賵 人名

包二・一五七反 鄵少宰君—詃以此等至命

鄩

新甲一・三 ☐王遷（徙）於—（鄩）郢之戢（歲）
新甲二・六、三〇、一五 王遷（徙）於—（鄩）郢之歲

新甲二・二二、二三、二四 ☐於—（鄩）郢之歲
新甲三・一五九—二 王遷（徙）於—（鄩）郢之歲
新甲三・一七八 〔王徙於〕—（鄩）郢之歲

新甲三・二〇四 王遷（徙）於—（鄩）郢之歲
新甲三・二四〇 王自肥還郢遅（徙）於—（鄩）郢之歲

新乙四・六六 王遷於—（鄩）郢之歲
新乙四・六七 王遷（徙）於—（鄩）郢之歲
新乙四・二 王遷（徙）於—（鄩）郢之〔歲〕

新甲三·二一五
王遷（徙）於—（鄩）郢之歲

新乙一·二〇
王遷（徙）於—（鄩）郢之歲

包二·一二
—公丁

敔

新甲三·一八三—二
王遷（徙）於—（鄩）郢之歲

新甲三·二九九
☐王遷（徙）於—（鄩）郢之歲

新乙一·一六
王遷（徙）於—（鄩）郢之歲

新乙一·二六、二
王遷（徙）於—（鄩）郢之歲

新甲三·二二一
王遷（徙）於—（鄩）郢之歲

新乙一·一二
王遷於—（鄩）郢之歲

新零·二一六
☐—（鄩）郢之歲

上（二）·容·三一
—（鄩）聖（聲）之紹（紀）

埶

新甲三·二五九
王遲（徙）於—（鄩）郢［之］歲

鄗

新甲三·三〇
☐☐公城—（鄩）之歲

蔽

新乙三·二九
☐於—（鄩）郢之歲

包二·一二〇
—里　地名

哪

新乙四·一六
☐—（鄩）郢之歲

新甲三·二二三
王於—（鄩）郢之歲

鄩

新甲二·一三
王遲（徙）於—（鄩）郢之歲

塛

清（一）·楚·十六
女（焉）遷（徙）居—郢

邘
包二·一一五　—鼍　人名

郲
包二·一三二　秦競夫人之人䣄（舒）慶坦尻（處）陰—（侯）之東郭之里
包二·一三三　䣄—（侯）之慶李百宜君，命爲僕搏之

鄗
包二·一〇三　以貣—鄗以糴種
包二·一一五　爲—鄗貣郕異之鍨金一百益二益四兩

清（一）·金·一三　王乃出逆公至—（郊）

鄦
包二·八七　—昜大主尹宋款訟
包二·八七　以受—昜之檯官陽湯＝逃之古（故）
仰二五·二五　—昜公一紡衣

鄹
包二·一一五　—陵之戠
包二·一八九　—君之州加公石瘢

郢
上（六）·競·一〇　出喬（矯）於—（鄗）

郢
郢
包二·七　王廷於藍—之遊宫
包二·七　𠥵之子庚一夫居—里
包二·四三　不逿板於登人以至命於—
包二·一〇二反　瘼既逾於—廼須訟
包二·一二七　鎖居—
包二·一二八反　其謍（察）戠言市既以迈—
包二·一五五　—足命甕王士
包二·一三二反　𦿉尹集駐從—以此等來
包二·一三五反　命一執事人以至命於—
包二·一九〇　冢君之子連—
包二·一六五　郙—
包二·一七二　郙—少司馬陞慭
包二·六二　𨚕—

包二·一六七 戠—隋逼
包二·一六九 郙—
包二·一六九 郙—
包二·一七一 郙—

包二·一七二 郙—
包二·一二 蒧—
包二·五八 蒧—
包二·一二六 蒧—
包二·一二九 蒧—

包二·一三一 蒧—
包二·一四〇 蒧—
包二·二〇六 蒧—
包二·二〇七 蒧—

包二·二一八 蒧—
包二·二二四 蒧—
常二 王處於戠—之遊宮
天卜 陳— 人名

天卜 —占之吉
天卜 戠—
天卜 戠—

望一·一、七、八 戠—
新甲一·三 ☐王遷(徙)於鄵(鄩)—之戢(歲)
新甲三·九三 ☐☐於—之☐

新甲二·六、三〇、一五 王遷(徙)於鄵(鄩)—之歲
新甲二·一三 王遲(徙)於鄵(鄩)—之歲

新甲二·二二、二三、二四 ☐於鄵(鄩)—之歲
新甲三·一一三 ☐[王徙於鄩]—之歲
新甲三·一五九—二 王遷(徙)於鄵(鄩)—之歲

新甲三·一七八 [王徙於]鄵(鄩)—之歲
新甲三·一八三—二 王遷(徙)於敫(鄩)—之歲
新甲三·二〇四 王遷(徙)於鄵(鄩)—之歲

新甲三·二一五 王遷(徙)於鄵(鄩)—之歲
新甲三·二二一 王遷(徙)於鄵(鄩)—之歲
新甲三·二二四 王遷(徙)於敫(鄩)—之歲

新甲三·二二三 王於鄵(鄩)—之歲
新甲三·二四〇 王自肥還—
新甲三·二四〇 遲(徙)於鄵(鄩)—之歲

新甲三・二五八
王遷（徙）於敔（鄢）—之歲

新甲三・二五九
王遅（徙）於塱（鄢）—〔之〕歲

新甲三・二九七
王復於藍—之▨

新甲三・二九九
▨王遷（徙）於敔（鄢）—之歲

新乙一・五
▨—之歲

新乙一・一二
王遷（徙）於敔（鄢）—之歲

新乙一・一六
王遷（徙）於敔（鄢）—之歲

新乙一・一八
王遷（徙）於敔（鄢）—之歲

新乙一・二〇
王遷（徙）於鄩（鄢）—之歲

新乙一・二六、二
王遷（徙）於敔（鄢）—之歲

新乙四・一一〇、一一七
迷（速）從—耊（來）

新乙四・二
王遅（徙）於鄩（鄢）—之〔歲〕▨

新乙四・一五
王遷（徙）於敔（鄢）—之歲

新乙四・四四
既才（在）—

新乙四・一六
▨嘞（鄢）—之歲

新乙四・五四
▨王復於藍—之〔歲〕

新乙四・六七
王遷（徙）於鄩（鄢）—之歲

新乙四・一〇〇、零・五三二、六七八
居—

新乙四・一一三
▨—之古（故）

新零・九〇
▨□才（在）—，舡（舠）▨

新乙四・八五
居—

新零・一一三
〔王徙〕於鄢—之戠（歲）

新零・二一六
▨敔（鄢）—之歲▨

上（四）・昭・九
至於—

上（四）・柬・一三
女（如）君王攸（修）—高方若肰（然）里

清（一）・楚・八
氏（抵）今曰—

清（一）・楚・八
文王自疆浧遷（徙）居湫—

清（一）・楚・八
湫—遷（徙）居䕫（樊）郢

清（一）・楚・八
䕫（樊）—遷（徙）居爲郢

清（一）・楚・九
爲—逿（復）遷（徙）居免郢

清（一）·楚·九　自福丘遷衰（襲）箬（鄀）—

清（一）·楚·九　自箬（鄀）—遷衰（襲）湫浧

清（一）·楚·一〇　湫浧遷□□□□居睘（睽）—

清（一）·楚·一〇　自睘—遷衰爲郢

清（一）·楚·一〇　至臧（莊）王遷衰薆（樊）—

清（一）·楚·一〇　薆（樊）—遷居同宫之北

清（一）·楚·一一　□衰（襲）爲—

清（一）·楚·一一　至龏（共）王康王孠₌（嗣子）王皆居爲—

清（一）·楚·一一　自爲—遷（徙）居秦（乾）溪之上

清（一）·楚·一二　至卲（昭）王自秦（乾）溪之上遷（徙）居娩（嬂）—

清（一）·楚·一二　娩（嬂）—遷（徙）居鷃郢

清（一）·楚·一二　鷃—遷（徙）衰（襲）爲郢

清（一）·楚·一三　復遷衰娩（嬂）—

清（一）·楚·一三　自娩（嬂）—遷衰爲郢

清（一）·楚·一三　自娩（嬂）郢遷衰爲—

清（一）·楚·一三　女（焉）遷（徙）衰（襲）湫—

清（一）·楚·一四　酉滿遷（徙）居如—

清（一）·楚·一四　如（鄀）—遷（徙）居鄀吁

清（一）·楚·一四　王大（太）子以邦復於湫—

清（一）·楚·一五　王大（太）子自湫—遷居疆郢

清（一）·楚·一五　柬大王自疆—遷（徙）居藍郢

清（一）·楚·一五　藍—遷（徙）居鄩（鄩）郢

清（一）·楚·一五　鄩（鄩）—復於鄌（鄌）

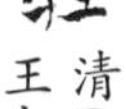
清（一）·楚·一五　王大（太）子以邦居鄩（鄩）—

清（一）·楚·一六　以爲凥（處）於鄉—

清（一）·楚·一六　至悡（悼）折（哲）王猷居鄩（鄩）—

清（一）·楚·一六　女（焉）遷（徙）居鄩—

清（二）・繫・八三 述（遂）内（入）—
清（二）・繫・一三一 以歸（歸）於—

郊
包二・一九 —正妻剸虜受期
包二・六六 —正妻鄰串受期
包二・一五七 —宦夫₌命少宰尹𨛬訬

包二・一五七 —攻尹屈惕命解舟
包二・九五 鼓䠷張怵訟—之鳴䣃邑人某懿與其蕎大市米堁人昧

包二・四九 不逗—左喬尹穆羿以廷
包二・四九 —喬差宋加受旨
包二・八一 周賜訟—之兵庫執事人宦司馬競丁

包二・一五五 襄陵之行僕宦於—
包二・一五五 —少司城龏頡爲㪿，緩足於僕
包二・一五五 方—左司馬競慶爲大司城㪿客

包二・一五七反 —少宰尹𨛬訬以此等至命
包二・一六七 大廄盤尾—人喪覞
包二・一七〇 —人黃戌
包二・一七一 —人䟁佢余

包二・一七四 —人䟁媛
包二・一七六 —人番羕
包二・一八八 執事人鄗莫
包二・一八八 —坪邑䟁羿
包二・一九四 —人盬憖

新零・四〇三 —里人▨
清（一）・楚一四 酉灘遷（徙）居—（鄢）郢
清（一）・楚一五 王自鄀（蔡）復（復）—（鄢）

鄳
新甲三・一九三 —尹兼習之日（以）新（新）承悳▨

鄂
鄂
包二・一六四 —君之人利吉
清（二）・繫・九 晉文侯乃逆坪（平）王于少—

郙
包二・九四 —逄公壽
包二・一四九 闡金於—敓䝻仿之新昜一邑
包二・一五六 □執命爲王穀取—不涅穀而逃命
包二・一六二 —司敗隆

清(二)·繫·一五 西遷(遷)商盍(蓋)之民于—虐
清(二)·繫·九八 克灘(賴)—(朱)邡(方)

郫
包二·一二一 —昜莫囂臧寵
新乙四·二七 死(恒)由—亥敓(說)於五殜(世)☐

邡
曾一七三 —鄗之騎爲左飛
曾一七六 酉—之駐爲右飛
新甲三·八、一八 ☐大鹹(城)邶(兹)—(方)之歲

清(二)·繫·九八 克灘(賴)郝(朱)—(方)

鄱
包二·一五三 西與—君佢疆
包二·一五四 西與—君執疆
包二·一七五 —君之右司馬
新零·一四五 ☐□—之☐

鄘
鄘
包二·二八 辛巳之日不逛贊尹之—邑公遠忻
包二·一〇六 —陵攻尹産
包二·一一六 —陵攻尹乘産
包二·一一六 主尹薰爲—陵貣郕異之金三益刖益
包二·一六六 —陵敏(令)賜佢
清(一)·楚·一五 郇(鄘)郢復(復)於—(鄘)

郜
包二·一二 督(察)—室人某瘽之典之在漾陵之參鉩
新甲三·三三七 ☐—父一☐

郐
包二·一七二 —快 人名
清(二)·繫·七四 陳公子諻(徵)—(舒)取妻于莫穆公
清(二)·繫·九八 教(執)—(徐)公

清（二）·繫·九八 述（遂）以伐—（徐）

郕

鄰 曾一五三 —馬尹之駟爲左驂
曾二一〇 —尹一馬

邗

包二·一二一 東—里人塲賈
包二·一八九 —競之州加公郘秦
包二·一八三 泜昜人—得
包二·一八四 泜昜人—得

鄴

包二·四〇 —弘 人名

郯

包二·一八三 —人鱻豸 古國名，在今山東—城西南。
包二·一九四 —戩尹鼺之人
包二·八一 —洛公蠭戩之
包二·八二 —洛公蠭戩之
包二·一四一 —洛尹虗
包二·一四三 —洛尹虗
包二·一七九 所逗於—洛尹虗
包二·一二八 —洛尹虗

部

包二·二〇〇 —公子春
包二·二〇三 —公子春
包二·二一四 —公子春
包二·二四〇 —公子春
郚 包二·二〇六 —公子春

鄗

包二·一七一 —邑人登瘏

郏

包二·一二〇 命倞—解句
包二·一二三 —茜 人名
包二·一二〇 —倖 人名
包二·一二一 —倖
包二·一二二 子收—倖之攸
包二·一二三 —倖未至斷
包二·一二三 —倖之攸既走於前

郇

包二·二八 賛尹之司敗—厶臺受期
包二·五六 —逼 人名

清(二)·繫·六六 公命—(駒)之克先嘽于齊
清(二)·繫·六七 —(駒)之克牺受齊侯甬
清(二)·繫·六八 —(駒)之克墜堂而折(誓)曰

清(二)·繫·七〇 —(駒)之克乃敎南章(郭)子
清(二)·繫·七一 —(駒)之克衒自(師)戠魯
清(二)·繫·七二 —(駒)之克走斁齊侯之緋

郝

包二·一六七 —軋 人名
包二·一七五 倍戡—逸

鄁

包二·三一 —司敗鄰丙受旮
包二·三一 不逕—之已里人青辛以廷
包二·五〇 —少司敗鄰丙受旮
包二·一六五 —君之登熷

包二·一八〇 —君新州里公壂勳
天策 —組之約
天策 —組之緓
天策 —組繏
天策 —組之約
天策 —組

鄝

包二·二一 —雎 人名
包二·二九 —莫囂之人周壬受旮
包二·一一六 爲—貣郕異之金七益

包二·一〇五 爲—貣郕異之黃金七益以翟種
包二·一一六 —莫囂卲步
包二·一四三 —寇屭敔鄎君之郜邑人黃欽

包二·一五三 北與—昜佢疆
包二·一五四 北與—昜埶疆

䢺

包二·一六六 晉合之人—得
包二·一七九 —人陳弃
天卜 —酯尹迡以觚蓍爲君月貞

清(二)·繫·三〇 女(焉)取—(頓)以贛(恐)陳侯

郙

包二・六 新官連囂—趙
包二・六一 不行代昜廄尹—之人戝栽於長虖公之軍
包二・一四五 —客望困祟之寇＝(宎邑)敘䕫

包二・一八〇 疆馺—㤘
包二・一八〇 右馺—還

包二・一八四 舒— 人名
包二・一八九 昜廄尹—之人黃欿
包二・二七七 苛—受一箸鉤䩡
包二・二二六 救—戠＝(之歲)

包二・二二八 救—之戠
包二・二三〇 救—之戠
包二・二三二 救—戠＝(之歲)
包二・二三四 救—戠＝(之歲)

包二・二三六 救—戠＝(之歲)
包二・二三九 救—之戠
包二・二四二 救—之戠
包二・二四五 救—戠＝(之歲)

包二・二四七 救—戠＝(之歲)
包二・二四九 救—之戠
包二・二六七 救—戠＝(之歲)
包牘一 救—之戠

天卜 —客圉公頌迈楚之戠

郕

包二・五 新官敘—
包二・四六 —債 人名
包二・四六 不逞—異之大市郕債以廷
包二・五二 —異

包二・五五 —異之司敗番逗受旨
包二・六四 不逞—異之大市郕債
包二・一〇九 貣—異之黃金七益以翟種

包二・一一〇 爲鄗貣—異之黃金七益以翟種
包二・一一六 貣—異之金七益
包二・一一六 —異之金三益刖益

包二・一一七 貣—異之金五益
包二・一一九 爲昜陵貣—異之金四益
包二・一六五 —異之人周敔
包二・一三五 陳— 人名

包二·一六六 李— 人名

包二·一八八 㒒遊— 人名

包二·一七四 利— 人名

仰二五·二七 一—鎬鍂

常一 —湰君

清(三)·説中·四 —(越)疾罔瘳

清(三)·説下·三 勿易卑(俾)—(越)

⿰勺阝

包二·一九〇 楚犺—

清(二)·繫·六四 —(趙)罥(旃)不欲成

清(二)·繫·九六 命(令)尹子木會—(趙)文子武

邧

包二·二二 —司馬之州加公李瑞

包二·二四 —司馬

包二·三〇 —司馬之州加公李偳

包二·一五一 左馭番戌飤田於—寈𣪊邑，城田一，索畔莇

包二·一九一 —让尹之人舒余善

⿰化阝

包二·九八 —公番申

新甲三·三四三—一 —(蒁)己之述

邻

包二·二三 —少司敗臧未受期

包二·二三 不遈—大司敗以盟—之棫里之敀無又孝竎由

包二·一八三 𥐻戰—邑公𡣕

⿰⿺尢火阝

鄀

包二·八五 —緟 人名

包二·八五 —敢 人名

包二·九七 —𦃦 人名

包二·一八六 㕁迅—和

包二·一九三 —䑋 人名

新甲三·三九八 —𧸘之述

新甲三·三二二 —余𣪘之述

⿰古阝

包二·一五三 —一邑

郘

郘 包二·二七 —塙 人名
郘 包二·七六 —塙
郘 包二·九〇 —尚 人名
郘 包二·九三 —恇 人名

郘 包二·一〇二 —佗 人名
郘 包二·一八八 —繒 人名
郘 包二·一八九 邗競之州加公—秦 人名

邩

邩 包二·八三 訟羅之廡寅之夆者邑人—女
邩 包二·九九 —昜 地名
邩 包二·一七三 —昜

邩 包二·一二五 —昜公
邩 包二·二一九 逗於—昜
邩 包二·二二〇 不逗於—昜

邔

邔 包二·一二五 —昜之酷倌黃齊
邔 包二·一八八 —宧夫黃轍

𨛛

𨛛 包二·五六 —慶 人名

耶

耶 包二·一五〇 —昜之酷里人邵䍐
耶 包二·一五〇 —昜之牢宙(中)獸(獸)竹邑人宋𣪘
耶 包二·一七九 —昜让周瞂 見《龍龕手鑑》。

𨛭

𨛭 望一·一一四 郘禱東—公☐
𨛭 包二·一六七 東—人登步
𨛭 包二·一六七 東—人登䟒

䢶

䢶 包二·一七七 —莫囂之人鹽瘇

𨛫

𨛫 包二·九一 —從 人名
𨛫 曾二一四 杙爲人口葬—
𨛫 清(一)·耆·一 延(征)伐—
𨛫 清(一)·耆·一四背 —夜

郄

包二·一六三 —邑人鄩佊

郘

包二·七五 —奇 人名

包二·八二 —賢 人名

包二·八二 —鼈 人名

包二·八二 —懌 人名

包二·八二 —壽 人名

包二·八二 —卒 人名

包二·八二 —瞐 人名

包二·一〇〇 —緰 人名

包二·一〇八 —壽君

包二·一五五 —胱 人名

包二·一六九 —怏 人名

包二·一八三 —寅 人名

包二·一八四 —寅

包二·一八四 —寅

常二 —逯 人名

郭·緇·一三 —（呂）型（刑）員（云）

郭·窮·四 —（呂）𡈼（望）爲牂𡘇𤅐

清（一）·耆·二 —（呂）上（尚）甫（父）命爲司政（正）

𨞃

包二·一〇〇 —敚之郙邑人走仿

包二·一六二 —少司馬龏酉

从朕字所从聲旁。

𨚡

包二·一八二 —株之仿周𨘥

包二·一四〇反 其百又八十先於畢陞—中

从卷字所从聲旁。

𨚖

包二·一六六 蔵陵之偏司敗—轂

包二·一六七 蔵陵人—𩰫

新甲三·三九三 南—一豢

𨛋

包二·一八八 鄟丘—𨘥之人果

新乙四·一〇二 —輓 人名

𨛭

包二·一五九 —公嘉之告言之攻尹

包二·一六二 —戠尹䵼

包二·一八八 上—邑人周喬

見《玉篇·邑部》。

要阝

包二·一四五 —客登余善

包二·一八一 卲上之州加公—

付阝

包二·三四 —舉之闈戠公周童耳受期

包二·三四 己丑之日不逛—舉之闈人周敓、周瑔以廷

亙阝

郭·窮·八 孫吾(叔)三躲『射(謝)』—『郚(期)』思少司馬

包二·一六三 —(郚)思公之州里公虘

埶阝

包二·一一八 —昜司馬寅競𠦝爲—昜貣邮異之金七益

金阝

包二·一八〇 —君之人曹鄰

隻阝

包二·一五三 —一邑

絲阝

郊

包二·六七 —邰大宫屈㐌

包二·一八六 —邰人軺固

門阝

夘阝

包二·一〇三 以貣鄗—以糶種

包二·一一五 爲鄗—貣邮異之鉘金一百益二益四兩

聊

耶

包二·一二五 —宲之客葦

曾二一三 二鑰二公—二夫

鄸

包二·一三 —慶吉啓漾陵之厽(參)

包二·一〇三 大司馬卲(昭)—敗晉(晉)帀(師)於襄陵之戢(歲)

郢　鄴　鄗

包二·一六九　—逘邑人周絓
包二·一七四　鄗邑人—邶
包二·一八三　鷉公拓陽雟司敗—

曾一五七　贏尹—之黃爲右驌
曾一五七　贏尹—之黃爲右驌

上(二)·容·二六　—(揚)州

新零·三六四　☐赤—☐

包二·三　瘣一夫，尻於—洛區湯邑
包二·八九　—是䢵爲李
包二·一〇二　—婀　人名

包二·一一九反　—賞　人名
包二·一一九反　—迒　人名
包二·一五二　王士之逡—賞閒之
包二·一七二　—君繇發

天策　林—

包二·一七〇　—人郙遲
新甲三·二三三、一九〇　☐—少(小)司馬陳(陳)鯢志㠯(以)白霝(靈)爲君坪夜君貞

清(二)·繫九一　述(遂)以䙴(遷)𨚓(許)於—(葉)而不果

邺
清(三)·良六　又(有)—(葉)公子喬(高)

包二·一四九　—一邑
包二·一八八　—丘㭮遨之人果

壂 包二·一六五 㓞寑—喜

郢

包二·一四五 —客—神—客絲哀

包二·一四五 —客韓梟

秦一三·三 —豹 人名

望一·七 —豹

清（一）·楚·一 季繼（連）初降於—山

郟

包二·一〇 尻於—寊之少桃邑

包二·一六四 —君之人斂兮

包二·一六三 —戠連囂鐇

包二·一〇 —戠上連囂之還寨瘳族澗一夫

包二·一七二 —戠䤸軞

包二·一八〇 —戠黃請

包二·一八九 —斂之州加苛昭

包二·一六五 —斂之州加公苛昭

郐

曾七〇 所馭■—尹之敏車

都

曾一四五 —牧之騏爲右驂

曾一四七 高—之駟爲左驌

曾一四七 —牧之覞爲右驂

曾一六七 高—之駟爲右驂

曾一七〇 高—之罍爲左驂

曾一八〇 —牧之覞爲左驌

曾一八二 —牧之黃爲右驌

鄆

包二·六八 —愴 人名

包二·七八 —思 人名

郜

天卜 —還以䣃蓍爲君月貞

天卜 —瑶習之以白靁占之

郟

包二·一六八 夜基之里人—墜

鄟

包二·二六 不逕—昜宮夫₌以廷

包二·一九三 —邑人秀偏

包二·二六 —昜大正登生鈦受期

鄗

包二·一一〇 —連囂競愲

包二·一一〇 爲—貣郕異之黄金七益以翟穜

包二·一一八 —連囂競快

包二·一一八 爲—貣郕異之金六益

包二·一六八 —人秦赤

包二·一八四 —人秦赤

包二·六八 —君之耆州加公周琦受吕

包二·一四三 —洛尹憙執小人(小人)於君夫人之敀愈

曾六〇 馭—君之肇

曾一四四 —君之騮爲左驌

曾一五〇 —君之騮爲左驌

曾一五三 —君之騮爲左驌

曾一五三 —君之騮爲左驌

曾一五三 —君之騮爲右驌

曾一五八 —君之騮爲左驌

曾一九七 —君之輊車

曾一六三 —君之肇₌

曾一七三 郝—之騂爲左飛

曾一九四 —君之洛車三肇

郎

天卜 高祭惠公於—之位戠豢饋之

邾

包二·一〇〇 朕敓之—邑人走仿

邻	⿰帀阝	⿰奉阝	⿰宗阝	⿰儡阝	⿰弥阝	⿰弃阝	⿰厤阝	⿰昱阝	⿰彖阝	
曾一二 —連鑘東臣所馭政車	仰二五・三一 黃—之矢八又檜	包二・一七七 —昜司敗郱䁯	包二・七二 不詎人於—豫；包二・八四 虘人之州人陳僖訟聖夫人之人—敕—未胃殺其䟫臣 見《集韻・東韻》。	包二・七七 周甬受正李勧卂以數田於章宬—邑	包二・一九二 —人武貴墨	包二・二二一 —朕 人名；包二・二二三 —朕；包二・二二三 —朕	曾一三〇 —𩕏馭左彤展	包二・四一 —鄴；包二・一八八 —鄴	包二・一〇七 —陵；包二・一一七 —陵；包二・一六六 —陵；包二・一六九 —陵	包二・一七七 —让歙絑；包二・一八四 —人舒郙；包二・一八六 —邛公欲；曾一一九 —君一䡈；曾一一九 —君㟭一䡈

鄴 郄 鄗 鄘 郭 𨟴 邦 郕

曾一五七 —駟爲左驌

包二·一二八 左尹與—公賜

包二·一四三 言於左尹與—公賜

包二·一四一 言於左尹與—公賜

包二·一六四 —邑人疋卲

清（二）·繫·一三三 逾—（部）

清（二）·繫·一三四 以復（復）—（部）之𠂤（師）

包二·二〇 —司敗李聰受期

包二·九〇 以甘匿之歲爲偏於—

包二·一七五 —邑人登補

包二·一九〇 —邑人登炮

新甲三·三六四 ☐芒—二黏

鄽

包二·一七四 —（鄽）邑人鄒郕

包二·竹牘 大司馬—愲

包二·一七四 —城莫囂之人利卲

新乙一·一四 句—公莫（鄭）余穀大城邶（兹）竝（方）之歲

新乙一·三二·二三 句—公鄭（余穀）大軾（城）邶（兹）竝（方）之歲

新甲三·八·一八 ☐大軾（城）—（兹）邡（方）之歲

新乙一·三二、二三 句邦公鄭（余穀）大軾（城）—（兹）竝（方）之歲

新乙四·二一 ☐城—（兹）竝（方）之歲☐

新乙一・一四
句郱公莫（鄭）余穀大城—（兹）竝（方）之歲

新甲三・一一、二四
☐昔我先出自—道

新甲三・四〇九
上—㠯（以）豢

新甲三・四一三
☐下—㠯（以）豢☐

新甲三・四〇六
—余二☐

清（二）・繫・一二〇
以建昜（陽）—陵之田

新甲三・三一五
䣊於𣂹（新）邑龍—☐

新甲三・三二四
䣊於—生夒

上（二）・容・四五
豐、鄗（鎬）、—、䢼、于、鹿　國名

新甲三・三三四
閘（關）—三袿（社）

新乙三・四四、四五
於—山一珽璜☐

新乙四・二六
—山

上（二）・容・一六
—

新甲三・三五三
䣊於—思虛一豭

新乙四・九〇
—一稷（稷）一牛

⿰多阝

新甲三·二七一 ☐瀫—社

⿰帚阝

新乙三·二三 —里一豬

⿰奚阝

新甲三·三四七—一 䣄於—于二袿（社）

⿰悳阝

新零·二三六·一八六 ☐車，—公中

⿰坙阝

新甲三·三八六 —一冢

⿰秀阝

包二·一四二 —齊 人名

包二·六二 —鄢

⿰彔阝

包二·一五三 南與—君佢疆

包二·一五四 南與—君執疆

⿰青阝

包二·五〇 —辛 人名

包二·一七九 聖夫人之人—邑人䍐

包二·八四 —尹之陆㨾倚

⿰甬阝

包二·一八七 —昜莫嚣之人瘆

包二·一八八 —莫 人名

⿰夜阝

新甲三·二三四、零·六六 ☐爲坪—君卜之☐

新甲三·二四二 ☐坪—文君子良，樂，贛（貢）

郊

包二·一五三
—邑

𨟙

曾一四二
—君之騏爲右驂

簡文所从之雧即集之初文。

曾一六三
—君之駟駐爲右驌

曾一七二
—君之騽爲左驌

曾一七三
—君之騂爲左驌

曾二〇三
—君之圓軒

郘

郶

包二·九二
—陸午之里人藍訟登賖尹之里人苛鱈

包二·九三
—人軦纆

包二·一二二
亞□—輮返

包二·一三四
子—公

包二·一三四
子—公

包二·一三九反
左尹以王命告子—公

包二·一七〇
鄴人—遅

包二·一八三
—人鄏酉

包二·一六四
浞昜牒尹—余

包二·一九二
—人舒頸臣

新甲三·八·一八
趄鬣以—賒爲□

新零·二三六、一八六
—公□

鄌

郚

包二·八六
—昜君之蒹陓邑人紫

赳

新甲三·三一〇
甑於—譬、鄒思二豬□

郹

包二·六三
—市之里人

包二·一八四
—人箸舸

鄲

包二·四四 —右仔尹李鉉受期

郱

包二·一二一 東—里人

郔

包二·一一九 —昜貣郘異

邱之異文。

邟

包二·一八四 —傴

包二·一八六 告戲—韃

《玉篇·邑部》有邟字。

⿱白邑

曾·二六 黄一𧽗所馭—軒鄿輪

異文作皇。

郯

包二·一七九 —人登蒼

鄘

包二·一七六 —懌 人名

包二·一八三 —酉 人名

包二·二〇一 —會 人名

包二·一八一 —族之州人孫止

包二·一九一 —族州里公黄固

包二·二〇四 —敓

包二·二一〇 遐—合之祱

包二·二一四 遐—合之祱

天卜 —祁 人名

新甲三·一一三 —(應)嘉以衛侯之筭(筮)爲坪夜君貞

新乙四·七九 —(應)寅

新甲三·一七八 —(應)寅☐

郗

包二·一一八 —遺 人名

包二·六六 —串 人名

包二·一〇二 —餞 人名

包二·一二〇 下— 地名

- 包二·一三〇 集昜公—逯唐受
- 包二·一三八 —冒 人名
- 包二·一三八 —惑 人名
- 包二·一四二 𡌬— 人名
- 包二·一七五 宋廄馭—臣
- 包二·一六三 下—
- 包二·一八〇 番— 人名
- 包二·一八二 下— 地名
- 包二·一八三 —已 人名
- 包二·一八四 —斎 人名
- 包二·一八七 登— 人名
- 包二·一九二 —齊 人名
- 包二·一九三 —誅 人名
- 包二·一七〇 —敀 人名
- 包二·二四〇 —公子冡
- 包二·一九一 —丙 人名
- 包二·一九四 —步 人名
- 包二·二〇〇 —公子冡
- 包二·二〇二 —公子冡
- 包二·二〇三 —公子冡
- 包二·二〇六 —公子冡
- 包二·二一四 —公子冡
- 仰二五·二八 二—鈢
- 曾一四二 —黹之騍爲右驂
- 清(一)·楚·一四 王自郡吁遷(徙)—(蔡)
- 清(一)·楚·一五 王自—(蔡)逯(復)郊(鄀)
- 清(二)·繫·二三 —(蔡)哀侯取妻於陳
- 清(二)·繫·二三 迡(過)—(蔡)哀侯命𡳿=(止之)
- 清(二)·繫·二四 賽(息)爲(嬀)乃內(入)于—(蔡)
- 清(二)·繫·二五 䤈(將)求栽(救)於—(蔡)
- 清(二)·繫·二五 賽(息)侯求栽(救)於—(蔡)
- 清(二)·繫·二六 —(蔡)侯與從
- 清(二)·繫·二七 —(蔡)侯智(知)賽(息)侯之誘吕(己)也
- 清(二)·繫·四三 —(蔡)及羣緣𡰥(夷)之𠂤以交文=公=
- 清(二)·繫·九九 陽(縣)陳—(蔡)
- 清(二)·繫·九九 郘—(蔡)霝(靈)侯
- 清(二)·繫·一〇四 既陽(縣)陳—(蔡)
- 清(二)·繫·一〇四 改邦陳—(蔡)之君

篕　郄　酄　　鄡　邵　戳　撻

清（二）·繫·一〇五
陳—（蔡）𣪌（胡）反楚

清（二）·繫·一〇六
女（焉）克𣪌（胡）回（圍）—（蔡）

清（二）·繫·一〇六
—（蔡）卲（昭）侯𦅫（申）懼

清（二）·繫·一〇七
居于州𡍮（來）是下—（蔡）

清（二）·繫·一〇七
楚人女（焉）䦎（縣）—（蔡）

清（二）·繫·一〇七
吴纓（洩）用（庸）以𠂤（師）逆—（蔡）卲（昭）侯

上（二）·容·四五
豊、橋（鎬）、郍、—、于、鹿

新甲三·三一〇
𦣞於𨑩𦤠、—思二黏▨

新甲三·三二
—喜以定▨

新甲三·二九四、零·三三四
𩉴不𥜽（害）、—回二人受二臣

新乙四·七六
▨禱於𩳏—之社（社）滕（豢）

清（三）·良·四
又（有）—（召）公

上（四）·曹·四二
三軍—（散）果（裹）又（有）幾（忌）虘

清（一）·祭·一
且（祖）—（祭）公

清（一）·祭·二
—（蔡）公拜=（拜手）䭫=（稽首）

我亦隹(惟)又(有)若且(祖)—(祭)公　清(一)·祭·七

—(祭)公之賜(顧)命　清(一)·祭·二一

𨚗

如(鄀)郢遷(徙)居—吁　清(一)·楚·一四

王自—吁遷(徙)鄀(蔡)　清(一)·楚·一四

郲

以爲凥(處)於—郢　清(一)·楚·一六

扈

晉成公卒(卒)于—　清(二)·繫·六二

𨟻

卲(昭)王歸(歸)—(隨)　清(二)·繫·八四

郂

齊三辟(嬖)夫=南章(郭)子—(蔡)子　清(二)·繫·六九

郤(駒)之克乃敎南章子—(蔡)子安子以歸　清(二)·繫·七〇

鄕

—(欒)絰(盈)出奔齊　清(二)·繫·九三

臧(莊)公光銜(率)𠂤(師)以逐—(欒)絰(盈)　清(二)·繫·九三

郊

命(令)尹會—(趙)文子及者(諸)侯之夫=　清(二)·繫·九七

虢

明(盟)于—(虢)　清(二)·繫·七

晉文侯戟(仇)乃殺惠王于—(虢)　清(二)·繫·八

邦君者(諸)正乃立幽王之弟舍臣于—(虢)　清(二)·繫·九八

以與吳王䍐(壽)夢相見于—(虢)　清(二)·繫·一〇九

邢

以與戉(越)命(令)尹宋䍐(盟)于—　清(二)·繫·一一二

䢀	郎	鄭	䢽	𨚗	郋	酆	𨝸	䢾		鄉
 清(二)·繫·一一九 晉公止會者(諸)侯於—(任)	 清(二)·繫·一三〇 —戕(莊)坪(平)君衒(率)𠂤(師)戬(侵)奠(鄭)	 清(二)·繫·一三一 楚𠂤(師)回(圍)之於—	 清(三)·説中·三 爕(燮)—(强)	 清(三)·良·三 又(有)—(芮)白(伯)	 清(三)·良·一一 楚恭(共)王又(有)—(伯)州利(犁)	 清(四)·別四 亽—(豐)	 清(五)·湯丘·三 乃與少(小)臣惎(基)悉(謀)—(夏)邦	 清(五)·湯丘·一 取妻於又(有)—(莘)	 清(五)·湯丘·一 又(有)—(莘)之女飤(食)之	 卿  上(二)·容·四七 文王乃迟(起)帀(師)㠯—(嚮)豐、鄗(鎬)

清（四）·筮·享二
〈〈三〈屯（純）牝乃—（饗）

清（四）·筮·享四
三〈〈乃亦—（饗）

清（二）·繫·九三
鄉（欒）絰（盈）寴（襲）—（絳）而不果

郙

曾一六七
—柫之駟爲左驂

上（四）·采·一
宫—（巷）喪之末

衖

包二·一四二
遊遝至州—（巷）

巷字異體。

上（一）·紂·一
亞、（惡惡）女（如）亞（惡）—（巷）白（伯）

造

包二·一四四
小人逃至州—（巷）

郭·緇·一
亞（惡）亞（惡）女（如）亞（惡）—（巷）白（伯）

上（二）·魯·三
而昏（聞）—（巷）洛（路）之言

逝

上（三）·周·三二
遇宔（主）于—（巷）

卷七

日

包二·一五 見—

包二·一七 不敢不告見—

包二·一九 乙丑之—

包二·一九 乙亥之—

包二·二〇 乙丑之—

包二·二〇 甲昏之—

包二·二一 己巳之—

包二·二一 辛未之—

包二·二二 辛未之—

包二·二四 癸酉之—

包二·二五 癸巳之—

包二·二六 壬申之—

包二·三五 癸未之—

包二·三五 乙酉之—

包二·三六 乙巳之—

包二·二八 甲戌之—

包二·二八 辛巳之—

包二·三一 戊寅之—

包二·三八 己丑之—

包二·三九 戊申之—

包二·四〇 己栖之—

包二·四一 乙未之—

包二·四二 丙申之—

包二·四二 戊戌之—

包二·四四 己亥之—

包二·四五 己酉之—

包二·四七 甲辰之—

包二·四七 辛巳之—

包二·四八 戊申之—

包二·四八 癸亥之—

包二·五二 癸丑之—

包二·五三 戊午之—

包二·五四 辛亥之—

包二·五四 丙辰之—

包二·五五 癸亥之—

包二·五六 癸丑之—

包二·五六 己未之—

包二·五七 辛酉之—

包二·六二 壬戌之—

包二·六二 辛巳之—

包二·六四 乙亥之—

包二·六四 戊寅之—

包二·六八 丙戌之—

包二·七〇 乙未之—

包二·七一 己丑之—

包二・七二 壬辰之—
包二・七二 辛丑之—
包二・八八 壬午之—
包二・九五 戊午之—
包二・九八 辛丑之—

包二・一一五 庚午之—
包二・一二八反 癸卯之—
包二・一二八反 癸卯之—
包二・一三二 癸巳之—

包二・一三二反 甲午之—
包二・一四一 乙巳之—
包二・一四五反 甲戌之—
包二・一四五反 甲申之—

包二・一五七反 己亥之—
包二・二一三 乙丑之—
包二・二一八 己酉之—
包二・二一八 甲寅之—
包二・二一八 罼良月良—逯之

包二・二四八 由攻解—月與不殆
信一・〇一〇 立—
信一・〇二四 州昊=杲=有月—
常一 己丑之—
磚三七〇・二 見—

磚三七〇・三 見—
秦一・一 辛未之—
秦一・三 良月良—牺遂賽
秦一三・一 申未之—
秦一三・三 癸酉之—

秦一三・八 丁丑之—
秦九九・一 乙酉之—
秦九九・一四 三月罼良月良—
天卜 癸卯之—
天卜 丙午之—

天卜 丙辰之—
天卜 庚戌之—
天卜 癸巳之—
天卜 甲寅之—
天卜 丙戌之—

天卜 己丑之—
天卜 己栖之—
天卜 己卯之—
天卜 癸丑之—
天卜 庚辰之—

天卜 罼良—冬柰賽禱宮陉室一䍧
天卜 罼良—冬柰至祟於社戠牛
天卜 ▨罼良—遠柰之月亯祭惠公

望一・七 癸未之—
望一・二 己酉之—
望一・一五四 —所可以斋
望一・二 乙酉之—
帛甲七・一〇 十—四寺

郭·老甲·三四 終—虗(乎)而不惪(憂)
郭·老乙·三 學者—益
郭·老乙·三 爲道者—員(損)

郭·尊·二一 忠信—益而不自智(知)也
郭·緇·九 —傛雨
郭·緇·一〇 少(小)民亦隹(惟)—悁(怨)

郭·緇·一〇 少(小)民隹(惟)日慁(怨)

郭·語三·五二 我—過(化)膳(善)
郭·語三·五二 膳(善)—過(化)我
郭·語三·一八 ……勿以—勿又里而……

郭·語四·四 亞(惡)言復己而死無—
上(一)·紂·六 少(小)民亦隹(惟)—令

上(一)·紂·六 少(小)民隹(惟)—命
上(二)·民·一一 —逑月相
上(一)·紂·六 —倶雨

新甲三·四 睪(擇)—於是旯(期)
新甲三·二二、五九 乿—癸丑，少(小)☐
新甲三·二六 ☐歲，八月，己未之—

新甲三·三九 至癸卯之—安良瘥(瘥)
九·五六·一八下 凡工—

新甲三·五八 午之—尚毋瘨。占之……☐
新甲三·四一 ☐氏(是)—
新甲三·一一 氏(是)—國(或)☐
九·五六·二一下 凡城—

新甲三·一一三 乙卯之—
新甲三·二〇一 睪(擇)—於八月𦛗祭競坪王
新甲三·二一七 乙丑之—
九·五六·二二下 凡復—

九·五六·一三下 凡建—
九·五六·一四下 凡竷—
九·五六·二三下 凡莔—
九·五六·四三 含(今)—某晒(將)欲飤(食)

新甲三・二二三 己巳之—

新甲三・三〇三 斁(擇)—於八月之宔(中)賽禱▨

新甲三・三一五 黃宜—之述

新甲三・四〇一 —於九月廌(薦)虘(且)禱之，吉

新乙二・四二 ▨亥之—䲷(皆)禡(薦)之

新乙四・四三 睪(擇)—於屈栾

新零・五 ▨□睪(擇)—於▨

新零・二一九 睪(擇)日於□▨

新零・三一八 睪(擇)—臺(就)▨

新零・一〇四 ▨之—▨

新零・三二九 ▨君七—貞

上(三)・周・一四 不冬(終)—

上(三)・周・一八 遂(後)甲晶(三)—

上(三)・周・四七 攺—乃革之

上(三)・周・四七 攺—卤孚

上(三)・周・五一 —中見芾(瞞)

上(四)・昭・二 少人之告繸犅剸(專)於含(今)—

上(四)・昭・三 辻命尹陳省爲見—告

上(四)・昭・一〇 邦人虗見之三—安(焉)

上(四)・柬・一 三咎(嚮)—而立

上(四)・柬・一六 晶(三)—

上(四)・柬・二〇 君王之瘵從今—已瘧(瘧)

上(四)・曹・五二 明—遉(復)戟(陳)

上(六)・用・四 民—愈(愉)樂

上(七)・武・一二 武王齋七—

上(七)・鄭乙・一 不穀(穀)—欲吕(以)告夫=

上(七)・君乙・一 敢告於見—

上(七)・凡甲・一〇 —之刣(始)出

上(七)・吳・七 敢告刯(視)—

上(七)·吴·九 今—隹不惖既卲(莅)矣

上(七)·吴·九 自眭—吕迲(往)必五六日

上(七)·吴·九 自眭(望)日吕(以)迲(往)必五六—

清(一)·尹誥·四 亓(其)又(有)頙(夏)之金玉—(實)邑

清(一)·程·九 悉(愛)—不欿(足)

清(一)·保·一 王念—之多鬲(歷)

清(一)·保·一一 —不足隹佰(宿)不恙(詳)

清(一)·耆·七 明—勿稻

清(一)·耆·一〇 夫—□□

清(一)·耆·一二 —月亓(其)穫(邁)

清(三)·説中·三 —沃朕心

清(三)·説下·六 書女(如)見(視)—

清(三)·琴·三 —臺(就)月牆(將)

清(三)·琴·八 書之才(在)見(視)—

清(三)·琴·八 —内(入)皐鑾(舉)不寍(寧)

清(三)·芮·九 民不—幸

清(三)·芮·二三 —月星晨(辰)

清(四)·筮·咎八 ≡∧≪—妻夫佋(昭)

清(四)·筮·瘳一一 ≡∧≡—上毀瘳

清(四)·筮·雨一二 ∧≡≪吕(凡)雨堂(當)—

清(四)·筮·至一三 —不遢(易)向

清(四)·筮·雨一四 内(入)雨堂(當)—才(在)上

清(四)·筮·志二六 堂(當)—奴(如)

清(四)·筮·志三〇 —爲坓(來)

清(四)·筮·乾三九 臾(坤)朗(晦)之—逆乾以長巽

清(四)·筮·乾四〇 内(入)月五—豫(舍)巽

清(四)·筮·果四一 省(小)事—乃前

清(四)·筮·祟四九 —出東方

清(四)·筮·祟四九 代(食)—監天

清(四)·筮·祟四九 昊(昃)—天

清(四)·筮·祟四九 莫—雨帀(師)

清(四)·筮·爻五四 爲—爲貴人爲兵爲血

清(四)·筮·爻六一 —月又(有)此(食)

清(五)·命·一 少(小)命—成

時

旹

郭·太·六 行於—

郭·太·二 是以成四—

郭·太·四 四—者

上(二)·容·四八 乃壁(降)文〓王〓(文王，文王)時故—而孝(教)民時

郭·性·一六 —(詩)，又(有)爲爲之也

郭·性·一五 —(詩)、箸(書)、豊(禮)、樂

上(二)·容·四八—四九 乃壁(降)文〓王〓(文王，文王)時故時而孝(教)民—

上(二)·容·一六 堂(當)是—也

上(二)·容·四八 乃壁(降)文〓王〓(文王，文王)—故時而孝(教)民時

上(六)·天甲一二 —言而殜(世)行

清(五)·湯丘·五 吟(今)君進(往)不以—

清(五)·湯丘·八 以攸(修)四—之正(政)

清(五)·湯丘·一五 飤(食)—不旨(嗜)饍(饔)

清(五)·湯門·八 民乃—生

清(五)·湯門·一五 记(起)设(役)—訓(順)

清(五)·湯門·一六 记(起)设(役)不—

清(五)·湯門·二〇 各—(司)不解

旹攴

郭·五·六 五行皆型（形）于内而—行之

郭·五·二七 行之而—

旹

包二·一三七反 其余執𤄶至—而剸之

郭·尊·三二 不—則亡懽（勸）也

《説文》古文从之日作旹。

郭·窮·一四 穿（窮）達以—（時）

郭·窮·一五 穿（窮）達以—（時）

郭·唐·四 —（時）事山川

郭·唐·一四 忎（仁）以遺（逢）—（時）

郭·唐·一五 並於大—（時）

郭·唐·一五 —（時）弗可秉（及）歖（矣）

郭·語四·二一 若四—（時）一遣一䇇（來）

郭·語四·二五 衆强甚多不女（如）—（時）

上（一）·孔·一一 梂木之—（時）

上（一）·孔·二五 又（有）兔不𢍏（逢）—（時）

上（二）·容·三 古（故）堂（當）是—（時）也

上（二）·容·三六 堂（當）是—（時）

上（二）·容·六 堯戔（賤）貤（施）而—₌（時）

上（二）·容·三六 天地四—（時）之事不攸（修）

上（四）·内·八 —昧社（攻）縈（禜）行

上（四）·曹·二〇 毋穫（獲）民—（時）

上（五）·鮑·七 而上（尚）不—（時）㚈（變）

上（五）·三德·一 天共—（時）

上（五）·三德·一 卉木須—（時）而句（後）奮（奮）

上（五）·三德·一五 聚（驟）敓（奪）民—（時）

上（五）·三德·一六 敓（奪）民—（時）吕土攻（功）

上（五）·三德·一七 智（知）天足吕川（順）—（時）

早

昌 書

上(五)·三德·一八 川(順)天—=(之時)

上(七)·凡甲·七 虗(吾)系(奚)—(時)之窒(塞)

清(一)·程·八 可(何)監非—(時)

清(五)·命·一三 豊(禮)又(有)—(時)

郭·語四·一三 —(早)與智悔(謀)

包二·五八 —暮 人名

包二·六三 執事人—暮求朔炣不以朔廷

杲

上(三)·中·一四 —(早)使(使)不行

郭·語三·一九 才(在)—(早)

郭·老乙·一 是以—(早)備(服)是胃(謂)

郭·老乙·一 是以—(早) 从枣省聲。

㬪

郭·語四·一二 —(早)與臤(賢)人

新零九、甲三·二三、五七 少(小)臣成慕(暮)生—孤□

清(二)·繫·一〇〇 邵(昭)公同(頃)公廬(皆)—(早)殜(世)

昧

香

上(二)·容·二一 飤(食)不童(重)—(味)

上(四)·内·八 時—社(攻)縈(禁)行

清(一)·保·一 己丑—(昧)爽□□□□□□□□

上(六)·孔·二六 不—(味)酉(酒)

晵

帛丙五・一 欿出—

包二・一七三 臧— 人名

包二・一八四 墮— 人名

暑 包二・一八五 墮— 與晵異文。

昭

郭・緇・一一 章志以—百眚(姓)

晉

包二・一六六 —會之人邨得

包二・一七四 吳— 人名

包二・一八九 新大廄墮—

包二・一一五 大司馬卲鄒敗—帀於襄陵之戢

包二・一〇三 大司馬卲鄒敗—帀於襄陵之戢

望二・策 革鞁豚促—皆絵純

曾一四 一—杸

曾三〇 一—杸

曾三三 一—杸

曾六八 一—杸

曾九一 一—杸

曾一一〇 一—杸

曾一六五 —殤駁爲左驌

郭・緇・一〇 晉—冬旨(耆)滄

新甲三・二九二 又肭；—☐

新甲三・二九六 莫囂昜爲—帀(師)戩於長☐

新乙四・一三四 —縣爲會相之敵告大☐

上(二)・容・一六 卉(木)—(蓁)長

上(一)・紂・六 —畲(冬)耆(祁)寒

上(四)・柬・一〇 —侯皮(彼)聖人之孫=

上(五)・鮑・八 —人戮(伐)齊

上(五)・鮑・八 —邦又(有)嬰(亂)

上(五)・姑・三 犾則—辪(邦)之社祖(稷)可㝵(得)而事也

上(六)・競・四 吏(使)聖(聽)獄於—邦

上(七)·鄭·甲·六 —人涉湎(將)救奠(鄭)

清(二)·繫·八 —文侯戟(仇)乃殺惠王于虢

清(二)·繫·九 —文侯乃逆坪(平)王于少鄂

清(二)·繫·九 —人女(焉)刣(始)啟于京𠂤(師)

清(二)·繫·三一 —獻公之婢妾曰驪姬

清(二)·繫·三三 秦穆公乃内惠公于—

清(二)·繫·三八 —惠公𡚬(卒)

清(二)·繫·三八 秦人记𠂤(師)以内文公于—

清(二)·繫·三九 秦—女(焉)刣(始)會好

清(二)·繫·四一 —文公立四年

清(二)·繫·四一 —文公囟(思)齊及宋之悳

清(二)·繫·四五 —文公立七年

清(二)·繫·四五 秦—回(圍)奠(鄭)

清(二)·繫·四五 奠(鄭)降秦不降—

清(二)·繫·四七 —文公𡚬(卒)

清(二)·繫·四九 秦女(焉)刣(始)與—教(執)衜

清(二)·繫·五〇 —襄公𡚬(卒)

清(二)·繫·五四 —人记(起)𠂤(師)

清(二)·繫·六一 —成公會者(諸)侯以栽(救)奠(鄭)

清(二)·繫·六二 —成公𡚬(卒)于扈

清(二)·繫·六三 —中行林父衒𠂤栽奠(鄭)

清(二)·繫·六五 述(遂)敗—𠂤(師)于河

清(二)·繫·六六 —競(景)公立八年

清(二)·繫·七一 魯㾝(臧)孫嗇(許)迈(適)—求𢿱(援)

清(二)·繫·七二 齊同(頃)公朝于—競(景)公

清(二)·繫·七九 自齊述(遂)逃迈(適)—

清(二)·繫·七九 自—迈(適)吴

清(二)·繫·七九 女(焉)刣(始)迵(通)吴—之迻(路)

清(二)·繫·八五 —競公會者(諸)侯以𢦏奠(鄭)

清(二)·繫·八七 龍(共)王史芸(郥)公嘤於—

清(二)·繫·八八 靚王史王子唇嘤(聘)於—

清(二)·繫·八八 王或史宋右帀芋孫兀(元)行—楚之成

清(二)·繫·八八 楚王子波(罷)會—文子茭及者(諸)侯之夫=

清(二)·繫·九一 —臧(莊)坪(平)公郎立(位)

清(二)·繫·九三 —亂(亂)

清(二)·繫·九四 —人既殺絲(欒)絽于曲夭(沃)

清(二)·繫·九五 以爲成於—

清(二)·繫·九六 —臧(莊)坪(平)公立十又二年

清(二)·繫·九九 —臧(莊)坪(平)公郎殜(世)

清(二)·繫·一〇〇 魯(許)公妀出奔—

清(二)·繫·一〇一 —與吴會爲一

清(二)·繫·一〇一 —𠂤(師)大疫虘(且)飢

清(二)·繫·一〇二 —人曼(且)又(有)軋(范)氏与中行氏之禍(禍)

清(二)·繫·一〇三 者(諸)侯同盟于鹹泉以反—

清(二)·繫·一〇三 至今齊人以不服于—

清(二)·繫·一〇八 —競(景)公立十又五年

清(二)·繫·一〇八 女(焉)钊(始)迵(通)吴—之逄(路)

清(二)·繫·一〇八 以至—悼公

清(二)·繫·一〇八 繡(申)公屈晋(巫)自—逅吴

清(二)·繫·一〇九 —柬(簡)公立五年

清(二)·繫·一一〇 —柬(簡)公會者(諸)侯

清(二)·繫·一一一 戉(越)人因袞(襲)吴之與—爲好

清(二)·繫·一一一 —敬公立十又一年

清(二)·繫·一一二 —幽公立四年

清(二)·繫·一一三 —𠂤閔長城句俞之門

清(二)·繫·一一三 至今—戉(越)以爲好

清(二)·繫·一一五 —嵒(魏)弁(斯)

清(二)·繫·一一七 與—白(師)戰(戰)於長城

清(二)·繫·一一八 楚以與—固爲肓(怨)

清(二)·繫·一一九 —公止會者(諸)侯於邽(任)

清(二)·繫·一一九 宋竨(悼)公牆(將)會—公

清(二)·繫·一二一 —嵒(魏)文侯弁(斯)從晉白(師)

清(二)·繫·一二一 —白(師)大戝(敗)齊白(師)

清(二)·繫·一二三 —白(師)述(逐)之

清(二)·繫·一二二 齊與—成

清(二)·繫·一二三 齊侯明(盟)於—軍

清(二)·繫·一二三 —三子之夫=(大夫)内(入)齊

清(二)·繫·一二四 公獻齊俘馘於周王

清(二)·繫·一二七 秦人敗—白(師)於莕(洛)会

清(二)·繫·一二九 —腫余衒—白(師)與莫(鄭)白(師)以内(入)王子定

清(二)·繫·一二九 遊(魯)昜公衒(率)白(師)以这(交)—人

清(二)·繫·一二九 —人還

清(二)·繫·一三二 —人回(圍)津(津)

清(二)·繫·一三三 武君衒(率)白(師)戠(侵)—

清(二)·繫·一三四 與—白(師)戰(戰)於武昜(陽)之城下

清(二)·繫·一三七 —楚以戰(戰)

清(三)·芮·一 寇(寇)戎方—

清(三)·芮·一〇 寇(寇)戎方—

清(三)·良·四 —文公又(有)子軛(犯)

暘

包二·一八七 鄗昜莫囂之人瘆正秀—

晏

郭·五·四三 大而—者

郭·五·四〇 大而—者也

上(六)·競·一二 虗□—子是壞(讓)追之言也

皓

皓

- 包牘一 四馬—面

昃

㫯

- 昃 包二·一八一 —廣曆 人名
- 昊 上(二)·昔·一 大(太)子—聖(聽)
- 郭·語四·一二 臤(賢)人不才(在)—(側)
- 包二·二六六 一—椐
- 新甲三·一五九—一 ☐祝，—(昃)禱之☐
- 上(五)·君六 毋正見毋—(側)䁐(視)
- 新甲三·二九二 馭—(昃)受九固
- 上(六)·用·九 而焚丌(其)反—(昊/側)
- 清(四)·筮·祟四九 —(昃)日

昏

昏

- 郭·老乙·九 下士—(聞)道
- 郭·老乙·九 上士—(聞)道
- 郭·老乙·九 若—(聞)若亡
- 郭·老乙·九 中士—(聞)道
- 郭·老甲·三〇 而邦慈(滋)—
- 新甲三·一〇九 ☐□簸。庚申之—以起辛酉之日禱之☐
- 郭·性·二四 —(聞)訶(歌)謠(謠)
- 郭·性·五五 —(聞)道反上
- 郭·性·五六 —(聞)道反㠯(己)
- 郭·唐·二三 —(聞)舜丝(慈)虖(乎)☐
- 上(二)·魯·三 而—(聞)衖(巷)洛(路)之言
- 郭·性·五六 —(聞)衍(道)反下
- 郭·太·一〇 青(請)—(問)其名
- 上(一)·孔·子一 子羔—(問)於孔子日

上(一)·孔·子二
而(尔)—(問)之也

上(二)·子·四
虗(吾)—(聞)夫坴(夋、俊、舜)丌(其)幼也

上(二)·子·九
子羔—(問)於孔〓(孔子)曰

上(一)·孔·魯四
而(尔)—(聞)衖(巷)逄(路)之言

上(二)·子·九
而(爾)—(問)之也舊矣

新乙四·三六
丁巳之—㠯(以)☐

新乙三·六〇、乙二·一三
☐巳之—廌(薦)虘(且)禱之

上(二)·容·三八
迡(起)帀(師)㠯伐—(岷)山是(氏)

郭·魯·一
魯穆公—(問)於子思曰

郭·魯·三
向(嚮)者虗(吾)—(問)忠臣於子思

郭·魯·八
虗(吾)亞(惡)—(聞)之矣

郭·唐·二二
—(聞)舜孝

郭·唐·二三
—(聞)舜弟

上(三)·中·二
舉—(聞)之

上(三)·中·五
敢—(問)爲正(政)可(何)先

上(三)·中·六
售(雍)也弗—(聞)也

上(三)·中·八
既—(聞)命壴(矣)

上(三)·中·九
敢—(問)⿱𦥑止(舉)才

上(三)·中·一一
敢—(問)道民興悳(德)女(如)可(何)

上(三)·亙·三正
—(昏昏)不盜(寧)

上(三)·彭·一
乃⿰爿酉(將)多—(問)因由

上(三)·彭·一
—(問)于彭祖曰

上(三)·彭·二
女(汝)孳〓(孳孳)尃(布)—(問)

上(三)·彭·二 —(問)：
上(三)·彭·三 敢—(問)爲人
上(三)·彭·八 既㝵(得)—(聞)道

上(四)·昭·八 大尹—(聞)之
上(四)·昭·八 或—(聞)死言儯(僕)見脽之倉也

上(四)·相·二 敢—(問)民事
上(四)·相·四 不—(問)又(有)邦之道

上(四)·相·四 而—(問)埶(相)邦之道
上(五)·競·二 諐(譔)祖己而—(問)安曰

上(五)·季·九 ▨蒖(異)於丘㡿=(之所)—(聞)
上(五)·季·九 —(聞)之牂(臧)虔(文)中(仲)又(有)言曰

上(五)·季·一八 丘也—(聞)羣=田肥民則安
上(五)·弟·一一 㓥(宰)我—(問)君子

上(六)·競·四 王命屈木—(問)
上(六)·競·一二 則未㝵(得)與—(聞)

上(七)·吳·八 募(寡)君—(問)左右
上(七)·吳·九 隹(唯)三夫=(大夫)丌(其)辱—(問)之

清(五)·殷·二六 諗(感)高玟(文)稟(富)而—忘賓(詢)

晦

晦

上(三)·亙·九 先又(有)—(晦)
上(五)·鬼·八 㾜(顏)色深—(晦)

帛甲三·一四 山川四— 讀作海。

清(三)·説上·六 才(在)北—(海)之州

清(三)·赤·四 四—(海)之外

清(五)·殷·一〇 四—(海)之尸(夷)則复(作)

清(五)·殷·二四 古(胡)曰—(晦)

晉

上(二)·容·一四 吕三從坴(舜)於旬(甽)—(畝)之中

旱

上(二)·魯·一 魯邦大—

上(二)·魯·一 邦大—

滣

天卜 以腦—以歆尚毋又咎

天卜 既又聞己寔與腦—

上(四)·柬·一 柬(簡)大王泊—(旱)

上(四)·柬·一一 此所胃(謂)之—(旱)母

上(四)·柬·一二 而劉(刑)之吕(以)—(旱)

上(四)·柬·一二 夫唯母(毋)—(旱)而百眚(姓)迻

上(四)·柬·一八 邦家大—(旱)

雫

清(三)·説中·四 若天—(旱)女(汝)复(作)恙(淫)雨

昌

郭·成·九 走(上)句(苟)—(倡)之

郭·緇·三〇 古(故)大人不—流

上（五）・三德・一〇 毋爲人—（倡）

上（五）・三德・一八 好—天從之

清（三）・芮・一五 邦甬（用）—簻（熾）

清（五）・湯丘・六 是名曰—

清（五）・湯門・九 亓（其）燹（氣）畜（奮）—

署

㬲 郭・緇・九 日—雨

上（二）・容・二二 顕（夏）不敢㠯—（暑）䛐（辭）

昃 上（一）・紂・六 日—雨

㬎

清（五）・厚・一〇 亡—（顯）于民

㬎 天策—紻

天策—央

天策—央

天策—央

上（一）・孔・六 貴𣪠（且）—（顯）矣

上（二）・從（乙）・一 —（顯）訪（嘉）懽（勸）信

上（四）・曹・三八 戰（戰）又（有）—（顯）道

上（四）・曹・四〇 此戰（戰）之—（顯）道

上（五）・鬼・八 而志行—（顯）明

清（一）・耆・八 不（丕）—（顯）逨（來）各（格）

清（三）・說下・五 女（汝）亦隹（惟）克—（顯）天

清（三）・琴・二 天隹（惟）—（顯）帀

清（三）·琴·三
脂（示）告舍（余）—（顯）悳（德）之行

清（三）·琴·四
允不（丕）承不（丕）—（顯）

清（三）·琴·七
—（顯）于上下

清（三）·琴·八
毞（適）亓（其）—（顯）思

清（三）·琴·一一
敬（警）—（顯）才（在）下

清（三）·琴·一二
不（丕）—（顯）亓（其）又（有）立（位）

㬥

郭·唐·一二
辠（罪）淫（淫）—（暴）▨

从施謝捷先生釋。

上（二）·從（甲）·一八
則—（暴）毀之

上（二）·容·三七
乃執兵欽—

上（五）·鬼·一
則已（以）亓（其）賞善罰—也

上（五）·鬼·三
而—者或不罰

昔

信一·〇八七
君子古—

天策
衡—

郭·緇·三七
—才（在）上帝

郭·唐·二
古—臤（賢）急（仁）聖者女（如）此

郭·成·六
—者君子有言曰

郭·成·三七
—者君子有言曰

上（二）·昔·一
—者君老

上（二）·子·一
—者而弗（殁）殜（世）也

上(二)·从·一
—三弋(代)之明王之又(有)天下者

上(二)·容·六
—堯凥(處)於丹府與陵之閒(間)

上(二)·容·一三
—[者]夎(舜)静(耕)於鬲(鬲)丘

上(二)·容·一六—一七
—者天地之差(佐)夎(舜)而右(佑)善

上(二)·容·四九
—者文王之差(佐)受也

上(三)·中一八
—三弋(代)之明王

上(四)·曹·二正
—堯之鄉(饗)夎(舜)也

上(四)·曹·三
—周□……

上(四)·曹·六
—池舶語募(寡)人曰

上(四)·曹·六四
—之明王之记(起)於天下者

上(五)·競·二
—高宗祭

上(五)·鬼·一
—者堯夎(舜)禹(禹)湯

上(五)·鬼·七
—韓(融)之氏(是)帀(師)

清(一)·金·一一
—公堇(勤)勞王豪(家)

清(二)·繫·一
—周武王監觀商王之不龏(恭)帝=

清(三)·说下·八
—在大戊

清(五)·殷·一九
—勤不居麐(浹)爵(祇)不易

新甲三·一一、二四
☐—我先出自邡遶

上(七)·吴三正
—上天不中(衷)

清(一)·保·三
—䒨(前)人連(傳)保(寶)

清(一)·保·四
—夎(舜)舊复(作)尖=(小人)

昆

清（一）·保·八
—岂（微）叚（假）中于河

清（一）·皇·二
我辝—才二又或之折（哲）王則不共（恐）于卹

清（一）·祭·一九
—才（在）先王

昆

郭·六·二八
爲—弟也

郭·六·二九
爲—弟㡭（絶）妟（妻）

郭·六·二九
不爲妟（妻）㡭（絶）—弟

清（三）·芮·四
母（毋）惏（婪）悆（貪）敊（猹）—（惃）

皃

天卜
—宔牺大又憙事

天卜
—宔又志憙

天卜
—宔又憙

天卜
—宔牺又志憙事

天卜
—宔牺違去處不爲友

天卜
—宔牺弁衆

天卜
—宔少又偯於寡=

天卜
—宔牺又憙

新甲三·四
罣（擇）日於是—

新乙四·二三
中—君王又（有）亞（惡）於外▨

新甲三·四三
未及中—君王▨

新甲三·二七〇
—中又（有）外龚（喪）

包二·一四六
秀—

从裘錫圭先生釋讀爲『幾』。

旮

包二·一九
鄢正婁刴虜受—

包二·二一
鄝匍受—

包二·二五
司敗黄貴𨚗受—

包二·二八
鬻尹之司敗郘𠃊𡈼受—

包二·三一
鄗司敗鄝𠮷受—

包二·三二
郘昜君之州里公登綅受—

包二·三三
臨昜之敀司敗黄異受—

包二·三六
剭訶受—

包二·三八
弢𠃊君之司敗臧訶受—

包二·三九
付壂之閘敔公周童耳受—

包二·四三 郯君之右司馬均臧受—
包二·四七 顛司敗孝聣受—
包二·五三 臨昜之宦司馬孝𢘟受—

包二·五六 喜君之司敗遠𦂥受—
包二·五七 倍䐦之司敗周惑受—
包二·六四 郕異之司敗番晛受—

包二·七〇 筆敔公若駴受—
包二·二一五 —宋又憙
望一·二六 —宋又憙

包二·二二 里公隋得受—
包二·二三 邻少司敗臧未受—
包二·五〇 鄗少司敗鄝丙受—

包二·五二 郕異司敗番豫受—
包二·四六 郕異之司敗番晛受—
包二·四九 鄗喬差宋加受—

包二·一〇六 逃—不賽金
包二·六五 周賜之夫=嚜義受—
包二·六六 鄗正婁鄝串受—

包二·六八 鄗君之耆州加公周踦受—
包二·一九八 —宋又憙

包二·二二一 —宋尚毋又恙
包二·六九 大廄駭司敗雩𢧵受—

包二·七一 宋昜司敗黃戠受—
包二·七四 让大𢾊珊之州加公周遅、里公周𪏆受—
包二·七五 羕陵正婁邵奇受—

包二·七六 𩃭君之司敗舒丹受—
包二·一〇四 —至屈栾之月賽金
新甲三·二三六 吉。—之宋(中)疾▨

新甲三·一七 ▨—宋(中)無咎，又(有)閖(間)▨

[日豕]

新零・一二四
☐與痐—☐

[日舀]（陷）

包二・一一九反
秀—

此『秀陷』與包二・八四『秀見』當是同一人。

[日刃]

望二・二三
革鞁—保晉皆絟純

望二・六
—丝繐

包二・一五〇
苛—内之

包二・一三三
並殺僕之䚄—

包二・一三五
苛冒趄卯並殺僕之䚄—

包二・一三六
舒— 人名

包二・一三七
舒—

昳

昒

包二・一三五反
苛冒宣卯殺其䚄—

包二・一七三
古让湯—

昊

信一・二三
州—昊杲杲有胃日

《廣韻・晧韻》：昊，《説文》作昦。

[日舀]

包二・八
庚之子—一夫—之子疕一夫未在典

包二・一六五
苛— 人名

包二・一八九
鄓敓之州加苛—

[日各]

包二・二六八
紛—

[日果]

上（六）・用・一二
聶亓（其）—（踝）而不可逿（復）

暲

上（七）・凡甲・一一
系（奚）古（故）少（小）雁—（障）豉（封）

上（七）・凡甲・五
亓（其）智（知）愈—（障）

曽 旲 𡚸 旦 倝

曽
清(一)·楚·二 詈—四方

旲
清(五)·封·二 —(駿)尹三(四)方

𡚸
清(五)·封·六 璁(蔥)玩(衡)玉—

旦
包二·七八 長鄗之—隚倚受吕
包二·八三 —坪 人名
包二·八八 —李 人名
包二·八八 —䠱 人名
包二·九〇 緐昜—無又葬悚
包二·一四五 月宲—瀍之
包二·二一 正—墙戠之
包二·三二 —墙戠之
包二·三七 —墙 人名
包二·九七 —捭李
包二·一三五 陳— 人名
上(五)·三德·一 檑(平)—毋哭
清(一)·耆·二 周公弔(叔)—爲宔
清(三)·説上·四 王曰—(亶)肰(然)
清(三)·良·四 又(有)周公—

倝 旗
包二·七五 不遅鉄—以廷
包二·一三一 陰司敗某—告湯公
上(二)·容·二四 面—䱜(?)䏍
清(二)·繫·三五 秦公衒(率)自(師)与惠公戰(戰)于—(韓)
清(二)·繫·一一五 —(韓)啓章衒(率)自(師)回(圍)黄池
清(二)·繫·一一六 —(韓)啓章衒(率)自(師)栽(救)赤壉
清(二)·繫·一一九 —(韓)虔竌(趙)簷(籍)

翰

清（二）·繫·一三三 —（韓）緅蚤縺衒𠂤（師）回（圍）武𥎦（陽）

清（五）·封·三 —（扞）椺（輔）珷（武王）

上（七）·君甲·二 虘—（罕）又白玉三回而不戔（殘）才（哉）

上（七）·君乙·二 虘—（罕）又白玉三回而不戔（殘）才（哉）

上（七）·君甲·九 先君霝（靈）王—（姦）涹（繫）云（員）

上（七）·君乙·九 先君霝（靈）王—（姦）涹（繫）云（員）

朝

包二·一四五 纆— 人名

天卜 白— 神祇名

帛甲八·六 又宵又—

郭·成·三四 —廷之立（位）

郭·窮·五 行年七十而賭（屠）牛於—訶（歌）

上（二）·容·五 肣（禽）戰（獸）—

上（二）·容·二一 —不車逆

上（二）·昔·一 大（太）子—君=（君，君）之母俤（弟）是相

九·五六·六六 —逃（盜）㝵（得）

九·五六·七一 —閟夕啓

九·五六·七一 —逃（盜）㝵（得），晝㝵（得），夕不㝵（得）

上（三）·周·六 —晶（三）褫（表）之

上（六）·用·一五 而𩁹亓（其）又（有）恵民□宜于—夕

上（七）·武·一三 大公䚻（望）奉丹箸（書）㠯（以）—

清（一）·耆·一二 從—返（及）夕

清（二）·繫·八 邦君者（諸）侯女（焉）㚸（始）不—于周

清（二）·繫·四四 述（遂）—周襄王于衡澭（雍）

清（二）·繫·七二 齊同（頃）公—于晉競（景）公

清（二）·繫·九四 齊臧（莊）公涉河㩁（襲）—訶（歌）

清（二）·繫·九五 以復（復）—訶（歌）之𠂤（師）

旗 軺 鞽

清(二)·繫·一一四 宋悼公—于楚

清(二)·繫·一二四 奠(鄭)白(伯)紉(駘)—周王于周

清(二)·繫·一二六 奠(鄭)白(伯)紉(駘)皆—于楚

清(三)·說中·一 武丁—于門

清(四)·筮·貞二六 巛巛月—

清(四)·筮·乾三九 月—吉

清(五)·厚·三 —夕緯(肆)祀

清(五)·湯丘·五 —而絛(訊)之

清(二)·繫·七一 以—駱玉笅與章(淳)于之田

清(三)·良·五 楚—(昭)王又(有)命(令)君(尹)子西

㫋

曾三 —賠 从㫃从羽从丌。

曾六 其—

曾一五 屖—賠

曾一七 —賠

曾二〇 其—賠

曾三〇 —賠

曾四〇 —賠

曾八二 —賠

曾八七 —賠

曾九一 —賠

曾一〇〇 —賠

曾一〇三 —賠

羿

天策 ☐□□豹裏之—☐

天策 ☐匕—☐

天策 ☐—八札

郭·尊·二 祟(禍)福之—(基)也

郭·成·三〇 不必爲邦—(旗)

上(二)·容·二〇 西方之—(旗)㠯月

旆

上(二)·容·二〇 噩(禹)䖵(然)句(後)台(始)爲之虍(號)—(旗)

上(二)·容·二〇 南方之—(旗)㠯它(蛇)

上(二)·容·二〇 東方之—(旗)㠯日

上(二)·容·二一 审(中)正之—(旗)㠯澳(熊)

上(二)·容·二一 北方之—(旗)㠯鳥

上(五)·競·一〇 亡(無)—(旗)

上(七)·吳·七 毋敢又(有)達(避)逮之—(旗)

斾 曾八〇 —賠

曾六 二— 曾九 二— 曾一四 二— 曾一七 二— 曾二〇 二—

曾三三 二— 曾三七 二— 曾四〇 二— 曾六二 二— 曾六八 二—

曾八二 二— 曾一〇二 二—

罤 包二·二六九 一䍐其—木 包二·二七三 二䍐二—皆木 包牘一 一䍐其—木

旌

旍 曾六五 朱—

䴖 包二·二八 足— 人名 从羽，青聲。《集韵》以䴖□旌異體。 包二·三八 足— 包二·七〇 足—

包二·二六九 緐—

包牘一 緐—

天策 駜—

天策 緐—

天策 緐—

望二·一三 堆—

望二·一三 秦高之□—

旂

曾六八 一貂—

信二·〇一一 一石業=之—

信二·〇一一 三彤—

新甲二·一〇 —（祈）▨

新零·二八四 ▨旂（祈）之▨

清（五）·封六 緣（鸞）鈴（鈴）索（素）—

旃

郭語三·二 猷（猶）三軍之—也

旜

曾七二 紫—

曾一一五 朱—

曾四六 䲹—

曾八六 䲹—

曾八九 䲹—

施

郭·六·一六 句（苟）淒夫人之善—

游

遊

包二·一五二 左馭—牺骨賈之，又五鄶

包二·一八一 —倉 人名

包二·一八七 —戱黃惫

包二·一八八 儀—邸 人名

包二·七 王廷於藍郢之—宮

包二·三五 新—宮中諭之州加公弼麗受期

包二·一七五 —宮坦倌黃贛

包二·一九〇 —宮州加公訶

常一 王處於戠郢之—宮

天卜 丙辰之日—晉

天卜 臭月—晉

天卜 舉禱行一白犬—晉

曾一二〇 —車九犟

郭·性·三三 詠（啾）—聖（聲）

郭·性·三三 喿(噪)—樂也　郭·性·三三 譣(吟)—依(哀)也　郭·性·三三 戱(戲)—心也

郭·語三·九 牙(與)爲戕(義)者—，益　郭·語三·一二 牙(與)不好教(學)者—，員(損)

郭·語三·一四 —蕙，益　郭·語三·五一 —於埶(藝)　上(二)·丁·七 先王之—

上(二)·子·一二 —於串咎之内　上(二)·子·一一 —於央(瑶)臺之上

上(五)·君·六 凡目毋—　上(五)·弟·四 子—(游)曰又(有)埅(施)之胃(謂)也虐

遊

上(五)·三德·二一 竿之長枸株遉車善—者

迂

包二·二七七 紩組之—　遊之省寫。《龍龕手鑑》：迂，遊之古字。

翟

包牘 緣—首

逰

包二·四 —昜公—　包二·四七 不遅顓宮夫=鈇公—期　包二·一八六 —快

曾一一九 —公三犨逸車　曾一九五 —殤公之逸車三犨　簡文中旅爲魯之異文。

上(三)·周·五三 六二·六六—(旅)　上(三)·周·五三 九四：—(旅)　上(三)·周·五三 —(旅)貞吉

族

上(三)·周·五三 —(旅)既宋(釐)

上(三)·周·五三 —(旅)焚亓(其)宋(釐)

上(三)·周·五 —(旅)贏=(瑣瑣)

清(二)·繫·二九 改—於陳

清(二)·繫·一二九 —(魯)昜公衒(率)𠂤(師)以這(交)晉=人=

清(二)·繫·一三四 —(魯)昜公衒(率)𠂤(師)救(救)武昜(陽)

清(二)·繫·一三五 —(魯)昜(陽)公

清(四)·別·七 亼—(旅)

清(四)·筮·軍三五 三亼奴(如)箸(筮)匍(軍)—(旅)

清(四)·筮·四季三九 𠂤(凡)箸(筮)志事及匍(軍)—(旅)

包二·一一六 —殹 人名

《說文》古文作㫃。古文以爲魯衛之魯。

包二·三 鹽—邸一夫

包二·一〇 鄭戲上連囂之還寞瘳—澗一夫

包二·三二 不以所死於其州者之居處名—至命

包二·一六三 楚斨—倀旁

包二·一八一 郿—之州人孫止

包二·一九一 郿—之州里公黃固

郭·六·二八 袒字(为「免」之誤寫)爲宗—也

郭·語三·一四 自視(示)其所不—，益

上(二)·容·四一 於是虐(乎)䍐(亡)宗鹿(戮)—戔(殘)羣焉備(服)

郭·六·三〇 爲宗—𠂢〔瑟(殺)〕弸(朋)習(友)

上(五)·姑·一 姑戓豙父呂亓—參坤(郤)正(征)百錄

上(五)·姑·二 呂(以)虛(吾)—參(三)坤(郤)與□□□□於君

⿸㫃言

曾·二一三 —一夫

⿸㫃昜

天策 某—㚇一右寡一龍輈

天策 番亥乘西—君之軒

曾一正 —喙 人名

曾一六二 魯—公

曾一六三 —城君

天卜 邸—君

曾一六五 晋—駁爲左驂

曾一九五 遊—公之逸車三乘

曾一九八 贅—公

九·五六·九六 □□舍(陰)—(陽)

新零·三七 ☑繁—受☑

新甲三·三六 ☑大莫囂—爲「戰」於長城之「歲」☑

清(一)·保六 測侌(陰)—(陽)之勿(物)

清(二)·繫·一二六 是(寘)武—(陽)

清(二)·繫·一二七 —(陽)城洹(桓)定(定)君銜(率)犢關之自(師)

清(二)·繫·一三二 奠(鄭)子—(陽)用滅

清(二)·繫·一三四 咢(魏)繐(擊)銜(率)自(師)回(圍)武—(陽)

⿸㫃黃

曾一一 —炢☑

旋

清(四)·筮·死一一 凥(處)之今—(焉)死

清(四)·筮·死一四 凥(處)之今—(焉)死

晶

曾一二二 —真吴甲

簡文中讀爲參，按《說文》重出。

曾一二九 —(參)䮵鄡甲

曾一七九 鄱牧之—(參)匹駒騮

信一·〇三 教箸—(參)戠

上(三)·周·七 王—(三)賜命

上(三)·周·一四 六—(三)

上(三)·周·一六 六—(三)

上(三)·周·一八 九—(三)

上(三)·周·一八 逡(後)甲—(三)日

上(三)·周·二二 九—(三)

上(三)·周·二四 六—(三)

上(三)·周·三五 九—(三)

上(三)·周·三七 六—(三)

上(三)·周·三八 九—(三)

上(三)·周·四〇 九—(三)

上(三)·周·五二 —(三)戠(歲)不覿

上(三)·周·五三 九—(三)

上(三)·周·五四 六—(三)

上(三)·周·五八 六—(三)

清(二)·繫·一二一 齊侯—(參)乘(乘)以内(入)

曐

九·五六·七九 乙—(星)才(在)

星

帛乙一·二一 日月—辰

《說文》或省作星。

帛乙七·二二 —辰不同

上(三)·中·一九 胃=(日月)—昏(辰)

上(五)·競·一正 鞀(鮑)雷(叔)雪(牙)酓(答)曰—變

清(三)·芮·二三 日月—晨

清(五)·殷·一一 而—月嚻(亂)行

曑

帛甲二·二一 —柒螞逃

帛乙三·一二 不得其—

上(五)·三德·一
是胃(謂)—(三)悳

上(六)·用一
—節之未得

上(五)·三德·五
善才(哉)—(三)善才(哉)

清(一)·祭·一四
—舒(叙)之

清(一)·祭·二〇
—(三)公余隹(惟)弗迟(起)縢(朕)疾

清(三)·說下·九
弋(式)隹(惟)—(三)悳(德)賜我

清(三)·琴·五
—(三)攺(啟)曰悳(德)元隹(惟)可(何)

清(五)·殷·一
—(三)壽與從

参

郭·語三·六七上
名弍(二),勿(物)—(三)

清(四)·筮·見一
≪≡〈吕(凡)見—(三)女

清(四)·筮·見三
〈≡吕(凡)見—(三)男

清(四)·筮·得三
〈≪—(三)右(左)同

清(四)·筮·得五
≪≙—(三)右同

清(四)·筮·死五
〈〈—(三)吉同

清(四)·筮·死七
≙≙—(三)兇同

清(四)·筮·得七
〈≪—(三)男同

清(四)·筮·得九
≪〈—(三)女同

清(四)·筮·死九
〈〈—(三)吉同

清(四)·筮·死一二
≙≙—(三)兇同

清(四)·筮·娶一四
≪≪吕(凡)取(娶)妻—(三)

清(四)·筮·娶一六
〈≪三吕(凡)取(娶)妻—(三)

清(四)·筮·讎一八
〈≪三吕(凡)讎(售)—(三)男

清(四)·筮·小二八
≙≙—(三)同弌(一)

上(五)·姑·一
姑或豪父吕(以)亓族—(三)坓(郤)正百鐌

上(五)·姑·二
吕(以)虐(吾)族—(三)坓(郤)與□□□□於君

上（五）·姑·六
—（三）坒（欲）中（忠）立（位）

上（五）·姑·六
害—（三）坒（郤）

上（五）·姑·八
—（三）坒（郤）家宰取宔（主）君之衆

上（五）·姑·一〇
長魚矯恻（賊）—（三）坒（郤）

上（五）·姑·一〇
—（三）坒（郤）既亡

厶

包二·一二
對郚室人某瘇之典之在漾陵之—（三）鈢

包二·一三
漾陵之—（三）鈢而在之

包二·一三
某瘇在漾陵之—（三）鈢閒逊之典匱

郭·六·三〇
—（三）新（親）不忉

郭·六·四四
凡君子所以立身大灋（法）—（三）

郭·六·四五
—（三）者不迵（通）

郭·六·四五
—（三）者迵（通）

郭·性·四一
亞（惡）頪（類）—（三）

上（二）·子·九
—（三）王者之乍也

上（二）·子·一一
觀於伊而旻（得）之僉—（三）也

上（二）·子·一三
然則—（三）王者簹（孰）爲

上（二）·子·一三
—（三）王者之乍（作）也女（如）是

上（二）·子·一四
□—（三）天子事之

上（一）·紂·七
垔（禹）立—（三）年

上（一）·孔·子一
—王者之乍（作）也

上（四）·柬·九
王夢—（三）閨（圭）未啟

上（四）·曹·二三
二—（參）子孪（勉）之

上（五）·弟·一四
肰（然）則夫二—（三）子者曰

三字或體，與晶字同形。

郭·性·一五
其—（三）述（術）者

郭·語四·三
—（三）殜（世）之福

上(五)·競·六 不滿二—(三)子

上(五)·鮑·二 二—(三)子孪(免)之

上(五)·鮑·五 —(三)飤(食)色惪(憂)

晨

晨 包二·一八六 㫘(丙)—

《説文》或體。

月

包二·一九 頸栾之—

包二·一二六 頸尿之—

包二·一二八 頸尿之—

包二·一二八反 顋尿之—

包二·一三一 頸栾之—

包二·二〇九 頸尿之—

包二·二〇九 頸尿之

包二·二一二 頸尿之—

包二·一三五反 以夕爲— 頸栾之—

包二·二一四 秋三—

包二·二一八 罩良—良日逯之

包二·二四八 由攻解日—與不殆

包二·七一 㚖—

包二·七二 㚖—

包二·七三 㚖—

包二·七七 㚖—

包二·七八 㚖—

包二·一四一 㚖—

包二·二一八 㚖—

包二·二二一 㚖—

包二·二一五 㚖—㫘昏之日

包二·八〇 冬栾之—

包二·八一 冬栾之—

包二·八二 冬栾之—

包二·八三 冬栾之—

包二·八六 䜌尿之—

包二·一三二 䜌尿之—

包二·二〇一 䜌尿之—

包二·一〇三 亯—

包二·一六三 亯—

包二·一七一 亯—

包二·一二五 屈栾之—

包二·一九 八—

包二·二五八—　包二·二六八—　包二·三二八—　包二·三三八—

包二·三六八—　包二·四二八—　包二·八七八—　包二·八八八—

包二·二三九—　包二·三六九—　包二·三九九—　包二·四〇九—

包二·四三九—　包二·五三九—　包二·六〇九—　包二·六一九—

包二·六三九—　包二·九一九—　包二·九五九—　包二·一八五九—

包二·二〇四九—　磚三七〇·二顕尿之—　磚三七〇·三顕尿之—　秦一·一冬栾之—

秦一·三良—良日牺遂賽　秦一三·三亯—　上(二)·容·二〇西方之羿(旗)㠯—　秦一三·八顕栾之—

秦一三·一四方秋三—　秦九九·一五八—庚子之日　秦九九·三秋三—　上(二)·民·一一日逑—相

秦九九·一四☐三—罼良日舉禱大陘宝一黏　天卜冬栾之—

天卜爲君—貞　天卜爲君—貞

天卜臭—　天卜秋三—　天卜㽞尿之—

天卜 屈柰之—

天卜 遠柰之—

望一・二三 —饋東宅公

天卜 顕尿之—

天卜 獻馬之—

望一・四 獻馬之—

望一・八 蒖—

帛乙・一五 —則絰絀

帛乙二・三四 內—七日

帛乙四・九 五—

望一・七 訚尿之—

望一・九・一〇 臭—

帛乙三・二〇 是達—

帛乙三・二〇 孛戠八—

帛乙三・二九 三—

新零・二五七 ☐之—

帛乙三・二五 一—

帛乙三・二七 二—

帛乙六・二五 是—

帛丙五・三 不見—

新零・五二六、甲三・三七 十—，壬戌☐

新甲三・四〇一 日於九—廌（薦）虡（且）禱之，吉

新乙一・三一、二五 聿（盡）七—尚毋又（有）大☐

新乙四・一四四 九—

新乙四・一〇六 八—又（有）女子之貴

上（二）・容・三 思役百官而—青（請）之

上（二）・孔・八 十—善諱（論）言

新甲三・二六 ☐歲，八—，己未之日

新甲三・三〇 啚—☐

新甲三・二二一 八—

新甲三・三三 獻馬之—

新甲三・二二三 八—

新甲三・五一 ☐訚尿之—

新甲三・二一七 獻馬之—

新甲三・一 九—☐

新甲三・一一三 頣(夏)栾之—

新乙四・三五 才(在)郢爲三—

新乙四・四三 亯(享)—

新甲三・二〇〇 氏(是)—之☐

新乙四・一〇六 九月、十—又(有)外☐

新甲三・三四 遠栾之—

九・五六・四〇 凡冬三—

九・五六・五四 夏三—

九・五六・五 萩(秋)三—

九・五六・一七 月 八—

九・五六・一八 九—

九・五六・一九 十—

九・五六・三九 凡秋三月

新甲三・二一五 八—

新乙一・一六 亯—

新乙一・二六、二 亯(享)—

新乙三・六〇、乙二・一三 八—辛酉☐

上(四)・采一 疋埜—

上(五)・鮑・一 十—而徒杒(梁)城

上(五)・鮑・一 九—敆(除)洛(路)

上(七)・鄭甲・三 乃还(起)帀(師)回(圍)奠(鄭)三—

上(七)・鄭乙・三 乃还(起)帀(師)回(圍)奠(鄭)三—

上(七)・凡甲・一〇 —之又(有)軍(暈)

上(七)・凡甲・二五 百勿(物)不死女(如)—

清(一)・程・一 隹王元祀貞(正)—既生朗(魄)

清(一)・耆・九 於……—又(有)盛(盈)敚(缺)

清(一)・耆・一二 日—亓(其)穢(邁)

清(二)・繫・五九 戕王銜自回宋九—

清(二)・繫・六三 戕王回(圍)奠三—

清(三)・琴・三 日臺(就)—揗(將)

朔

清(三)·丙·二三
日—星晨(辰)

清(四)·筮·享一
巛巛𠭯(凡)亯(享)—朝

清(四)·筮·享三
三三三—夕屯(純)戊(牡)

清(四)·筮·貞二六
三三三—夕

清(四)·筮·乾三九
—朝吉

清(四)·筮·乾三九
—＝(月夕)吉

清(四)·筮·乾四〇
內(入)—五日豫(舍)巽

清(四)·筮·果四一
中事—才(在)前

清(四)·筮·爻六一
日—又(有)此(食)

清(五)·湯丘·三
三—不出

清(五)·湯門·一
貞(正)—己咅(亥)

清(五)·湯門·六
鼠一(一)—㠯(始)舄(揚)

清(五)·湯門·七
四—乃胋(固)

清(五)·湯門·七
七—乃騰(肌)

清(五)·湯門·七
八—乃正

清(五)·湯門·七
六—生肉

清(五)·湯門·七
五—或收(褎)

清(五)·湯門·七
二月乃褢

清(五)·湯門·七
二—乃刑(形)

清(五)·湯門·八
十—乃成

清(五)·湯門·八
九　—鱀(顯)章

清(五)·殷·一一
而星—嚻(亂)行

朤

信一·二三
有—日

从何琳儀：《篇海》『陰』作『隝』，《字匯》補『陰』作『阴』，可證『朤』爲『月』之繁文。

包二·六三
詧—。執事人䢅暮求—，婀不以—廷

包二·九八
澧公—　人名

九·五六·七八
☒㞕—於塋

期

昇

包二·一五　登—　人名

包二·三六　足—

包二·四七　不遲顛宮夫=鈇公遊—

包二·八三　泥—　人名

包二·九九　番—　人名

包二·八四　秀—　人名

郭·老甲·三〇　夫天多—(忌)韋(諱)

郭·忠·四　不—(期)而可要者，天也

郭·忠·四　大信不—(期)

郭·忠·八　信，𢘓(義)之—「期(基)」也

期字異體。

上(六)·天甲·一一　古(故)龜又(有)五—(忌)

上(六)·天乙·一一　古(故)龜又(有)五—(忌)

上(七)·吳·九　孤吕(以)㲋(賢)多—(忌)

上(七)·吳·九　皆希(敝)邑之—(期)也

清(四)·筮·志三一　乃中—(期)

翻

郭·緇·二九　—(播)型(刑)之迪

有

包二·一二三　—疾

望二·四五　一—

讀作盍。《說文》：盍，小甌也。

郭·成·七　則民必—甚安(焉)者

郭·成·六　昔者君子—言曰

郭·成·一二　未—可得也者

郭·成·三七　昔者君子—言曰

上(一)·性·六　—爲也

新甲三·二一　☒□，卲(昭)告大川—浍。少(小)臣☒

新甲三·六五　休—成慶

新乙四·五三　林—☒

新乙四·八四　☒毋—咎

新零·九四　—楚之☒

新零·一九八、二〇三　有祱(祟)見于大川—浍

新零・九、甲三・二三、五七
☐食，卲（昭）告大川—汵

上（五）・三德・六
上帝是—（祐）

上（五）・三德一三
身虞（且）—瘧（病）

上（五）・三德・一三
不—大禍（禍）必大恥

上（五）・三德二〇
魂（鬼）神是—（祐）

朙 明

帛乙九・一六
五正乃—
《說文》古文从日。

郭・老甲・三四
智（知）和曰—

郭・老乙・一〇
—道女（如）孛（費）

郭・唐・一五
神—均（？）從

郭・唐・二一
上直（德）則天下又（有）君而世—

郭・唐・二七
大—不出

郭・尊・一
—虐（乎）民侖（倫）

郭・窮・一五
學（幽）—不再

郭・緇・二九
敬—乃罰

郭・五・二〇
不聰不—

郭・五・二七
—也

郭・五・一四
不亡（忘）則—

郭・五・二五
—（明明）才（在）下

郭・五・二三
胃（謂）之不—

郭・五・二五
—（明），智也

郭・六・三八
君子不帝（諦）—虐（乎）民（萌）敚（微）而已

郭・六・四二
君子—虐（乎）此六者

郭・太・二
是以成神—

郭・太・二
神—復相補（薄）也

郭・太・五
神—者

郭・太・五
神—之所生也

上（一）・孔・一七
東方未—又（有）利訂（詞）

上（一）・孔・二五
少—不

上(一)·紂·一五 敔—乃罰

上(二)·從(甲)·一 昔三弋(代)之—王之又(有)天下者

上(二)·民·六 —目而見之

上(二)·民·一二 屯(純)㝵(德)同明

上(二)·容·一七 視不—

上(二)·容·二四 㠯波(陂)—者(都)之澤

上(三)·周·四五 王—

上(三)·中·一八 昔三弋(代)之—王

上(三)·亙·二 而未或—

上(三)·亙·五 —(明明)天行

上(三)·亙·九 焉又(有)—

上(三)·亙·一三 —士

上(三)·亙·一三 —王

上(四)·柬·六 古(故)夫帝=魂(鬼)神高—

上(四)·曹·五 㗊(鄰)邦之君—

上(四)·曹·五一 —日㴇(將)戩(戰)

上(四)·曹·五二 明—遉(復)戦(陳)

上(四)·曹·六〇 —慙(慎)㠯戒

上(四)·曹·六四 昔之—王之卲於天下者

上(六)·用·一九 不邵亓(其)甚—

上(五)·三德·一 —毋訶(歌)

上(五)·三德·三 天命孔—

上(五)·鬼·二 則魂(鬼)神之賞此—矣

上(五)·鬼·五(墨上) 虐古(故)曰魂神又所—又所不明

上(五)·鬼·五(墨上) 虐古(故)曰魂神又所明又所不—

清(一)·程·三 占于—堂

楚學文庫

張正明 主編
劉玉堂 執行主編

楚系簡帛文字編

（四）

滕壬生 編著

長江出版傳媒
湖北教育出版社

屖 清(三)·芮·二〇 女(如)閘(關)柭—(扃)錖

扅 清(三)·良·二 又(有)臣—(扈)

曾五 一襪載—
曾九 一襪載—
曾一四 二襪載—
曾一七 二襪載—
曾一九 二襪載—

曾三〇 一襪載—
曾三一 二襪弁—
曾三七 二紉載—
曾四〇 二襪載—
曾六〇 弁—

曾六二 弁—
曾六八 一襪載—
曾八〇 一𧝝載—
曾八二 ☐襪載—
曾八四 二襪載—

曾一〇二 二襪載—

門

包二·一九 阩—又敗
包二·二〇 阩—又敗
包二·二一 阩—又敗
包二·二三 阩—又敗
包二·二四 阩—又敗

包二·二六 阩—又敗
包二·二七 阩—又敗
包二·二八 阩—又敗
包二·二九 阩—又敗

包二·三〇 阩—又敗
包二·三二 阩—又敗
包二·三三 阩—又敗
包二·三五 阩—又敗
包二·四四 阩—又敗

包二·三六 阩—又敗
包二·三七 阩—又敗
包二·三八 阩—又敗
包二·三九 阩—又敗
包二·四二 阩—又敗

包二·四五 阩—又敗
包二·四八 阩—又敗
包二·五三 阩—又敗
包二·五四 阩—又敗
包二·五五 阩—又敗
包二·五六 阩—又敗

包二·六一 阩—又敗
包二·六二 阩—又敗
包二·六七 阩—又敗
包二·六九 阩—又敗
包二·七〇 阩—又敗

包二·七二 阩—又敗
包二·七三 阩—又敗
包二·七五 阩—又敗
包二·七六 阩—又敗
包二·七八 阩—又敗

包二·七九 阩—又敗
包二·二三三 閔於大—一白犬
包二·七一 不逕宙昜之仔—人軺慶以廷
包簽

磚三七〇·一 ☐與仔—之里人一賨告僕言胃
天卜 啬祭—一☐
郭·老甲·二七 賽(塞)其—
郭·老乙·一三 閟(閉)其—

新乙一·二八 遠(就)禱—、户屯一鮮(牂)
郭·六·三〇 —内之綢(治)紉(仁)穽(弇)宜(義)
郭·六·三一 —外之綢(治)宜(義)斬紉(仁)

郭·性·五八 —内之綢(治)
郭·窮·四 戰監—坓陞(地)
郭·語四·八 者(諸)侯之—

上(一)·性·二六 —内之綢(治)谷(欲)丌(其)鶺(逸)也
上(一)·孔·四 詩丌(其)猷坪(平)—

上(二)·容·四〇 吕伐高神之—
新甲一·二 —一羊
新甲三·五六 臺(就)禱—☐
新甲三·二一三 ☐户、—

新零·四四二 ☐禱—户
九·五六·二七 吕(以)祭—犻(行)
九·五六·二八 秎(利)吕(以)祭—犻(行)

上(四)·采·一 出—吕(以)東
上(四)·采·二 毋过(過)虗(吾)—
上(五)·姑·九 公恩亡告弝(强)—夫=

上(五)·姑·一〇 弝(强)—夫=(大夫)衒(率)吕(以)睪(釋)
上(七)·鄭乙·五 毋敢厶(私)—而出

門

上（七）·君甲·四 丌（一人）土（杜）—而不出

清（一）·皇·一 公畧（格）才（在）耆（庫）—

清（一）·皇·二 廼隹大—宗子埶（邇）臣

清（二）·繫·四五 莫人政北—之笑於秦之戍人

清（二）·繫·四六 我既旻（得）莫之—笑也

清（二）·繫·六四 殃（席）于楚軍之—

清（二）·繫·一一三 晉𠂤（師）閔長城句俞之—

清（二）·繫·一二一 魯侯侃（衍）明（盟）于魯稷—之外

清（二）·繫·一二三 明（盟）陳和與陳淏於溋—之外

清（三）·說中·一 武丁朝于—

清（四）·筮·四位三二 —之

清（四）·筮·祟四四 臾（坤）祟—行

清（五）·湯門·一 湯才（在）啻—

閨 閨

上（二）·容·三八 立爲玉—（門）

从李零先生：『閨』可能是表示玉門的專用字。

閨

上（三）·周·五二 —（闃）亓（其）㝣（户）

上（四）·昭·三 至—，辶（卜）命（令）尹陳省爲見日告

上（四）·柬·九 王夢晶（三）—（圭）未啟

闢 閃

郭·語三·四二 或遯（由）其—

《說文》古文。

新甲三·一三四、一〇八 ☒甲戌—（闢）

閟

郭·老乙·一三 —（閉）其門

郭·語四·四 □不誓（慎）而㝣（户）之—（閉）

閒

九·五六·六〇 〔朝〕—(閉)夕啓
九·五六·六一 朝啓夕—(閉)
九·五六·七一 朝—(閉)夕啓

上(六)·用·三 —(閉)言自闢(關)
清(三)·芮·二〇 民之闢(關)—(閉)

清(三)·芮·二二 女(如)闢(關)柭不—(閉)

閒 閼

包二·一三 某瘽在漾陵之參鉩—迎之典匱
包二·一五二 郢賞—之
天卜 ☐又—
天卜 乙巳又—

天卜 戊申或?又—
天卜 既又—己寋與膉漱
望一·六七 ☐辰—
上(二)·容·五一 至於共、縊之—(閒)

上(二)·容·九 會才(在)天地之—(閒)
新甲三·二〇八 逨(速)又(有)—(閒)
新甲三·二三二、九五 ☐牺(將)逨(速)又(有)—(閒)

新甲三·二三五—二 義(宜)逨(速)又(有)—(閒)
上(四)·曹·一四 少(小)邦仉(處)大邦之—(閒)

上(四)·曹·二四 車—(閒)容俉(伍)
上(四)·曹·二六 五(伍)之—(閒)必又(有)公孫公子

上(五)·三德·四 憂懼之—(閒)
清(二)·繫·九九 —(縣)陳鄀(蔡)

清(二)·繫·一〇四 既—(縣)陳鄀(蔡)
清(二)·繫·一〇五 —(縣)之
清(二)·繫·一〇七 楚人女(焉)—(縣)鄀(蔡)

閼

清(三)·芮·三 —(問)鬲(隔)著(若)否

關

閒

上(二)·容·六 昔堯凥(處)於丹府與藋陵之—(閒)

新甲一·二二 至九月又(有)良— 《說文》古文。

新甲三·一七 ☐期寍(中)無咎,又(有)—(閒)☐

新甲二·二八 而不良又(有)—(閒)

新甲三·一五八 ☐—,卒(卒)歲無咎☐

新甲三·三四八 —(閒)陽大宫果之述☐

上(六)·用·九 內—(閒)譌衆

上(七)·吳·六 才敓(披)戬之—(閒)

清(一)·程·一 取周廷杍梪于乓—(閒)

清(五)·湯丘·一一 女(如)幸余—(閒)於天畏(威)

清(五)·湯丘·五 少—(閒)於疾

閉

郭·語三·二七 㠯(治)者至亡閒(閒)

郭·語三·二九 則悬(仁)鈏(治)者至亡—(閒)

㓞

望一·六七 己未又—

天卜 今日又—

天卜 夜兦分又—

包二·一七九 疆駭婁—

包二·二二〇 庚辛又—

郭·老甲·二三 天陛(地)之—(閒)

閼之省形。

清(二)·繫·一二七 —(悼)折(哲)王卽立(位)

闈

閘

包二·一四九 陵让尹塙以楊虎斂—金於郙敓

包二·一四九 不量其—金

包二·三四 不逞俈㝵之—人周敓周瑤以廷

包二·三四 俈㝵之—戠公周童耳受旮

包二·三九 付㝵之—敔公周童耳受旮

包二·九一 周雁訟付㝵之—人周瑤

包二・一二一 以=信卡下鄰—里人雁女返

包二・一三八 左—尹 職官名

上（一）・孔・一〇 —疋㠯（以）色俞（喻）於豊（禮）

上（一）・孔・一〇 —疋之改（怡）

上（一）・孔・一一 —疋之改（怡）

上（二）・容・一八 —（關）市無賦

上（二）・容・三六 㠯正（征）—（關）市

新甲三・三三四 —（關）郢三袿（社）

上（六）・用・三 閟（閉）言自—（關）

清（二）・繫・一二八 衛犢—（關）之𠂤與上或（國）之𠂤

清（二）・繫・一二六 王衛宋公以城贖—（關）

清（二）・繫・一二七 奠（鄭）人戠（侵）犢—（關）

清（三）・芮・二〇 民之—（關）閟（閉）

清（三）・芮・二〇 女（如）—（關）柭屢（扃）叄

清（三）・芮・二二 女（如）—（關）柭不閟（閉）

清（五）・殷・一七 —（宣）義（儀）和藥（樂）

上（六）・競・八 約（要）夾（挾）者—（忨）

閔

昬

包二・一九〇 —（文）纏 人名

仰二五・三〇 一贏悳又—

郭・語一・三一連九七 豊（禮）因人之情而爲之即（節）—（文）者也

郭・語一・四 又（有）命又（有）—（文）又（有）名

郭・語二・五 尊生於—（文）

郭・語二・五 —（文）生於豊（禮）

郭・語一・六〇 正（政）不達，—生虖（乎）不達其虗（然）也

郭・語一・八八 㝐（賓）客，青（清）𡩜（廟）之—也

闈　閔　閔　耳

郭·語三·七一上　命与—与
郭·語三·一〇　追習—(文)章,益
郭·語三·四四　—(文)衣(依)勿(物)以青(情)行之者

郭·語三·四一　迥(踊),哀也,三迥(踊),—(文)也
郭·語四·六　必—(文)以訛
郭·尊·一七　行此—(文)也

郭·性·一七　體其宜(義)而即(節)—(文)之
郭·性·二〇　或舍(叙)爲之即(節)則—(文)也
郭·性·二〇　所以—(文)即(節)也

郭·性·二二　拜,所以□□□其譽—(文)也
上(二)·子·五正　或㠯(以)—而遠

憂

上(一)·孔·二八　□亞而不—

江陵馬山一號墓錦衾絹里墨書文字

郭·忠·九　氏(是)古(故)古之所以行虖(乎)—嘍者

包二·二三三　—於大門一白犬
郭·老甲·二七　—(閉)其逆(兑)

清(二)·繫·一〇一　—方城
清(二)·繫·一一三　晉𠂤(師)—長城句俞之門

包二·一九〇　樣快—　人名
包二·三四　周童—　人名
包二·三九　周童—
包二·一七五　番噬—　人名

郭·語四·二　墉(墻)又(有)—
郭·唐·二六　—目耽(輒)明衰
上(五)·君·二　—勿聖(聽)也

清(一)·楚·三
孚(厥)䀇(狀)聖(聶)—

清(四)·筮·爻五八
爲—(珥)爲環

上(一)·性·三六
—之樂聖(聲)

包二·二六五
一聑—真

郭·語一·五〇
聖(聲),—設(司)也

郭·語三·二一
春秋亡不以其生也亡—

郭·性·四四
—之樂聖(聲)

上(七)·凡甲·一〇
日之又(有)—(珥)

上(七)·凡甲·一三
亡—而聃(聞)聖(聲)

耴

包二·七七
周甬受正李䣍—以斁田於章寏僞邑

包二·八〇
言胃傷其弟石—䶊

曾一四三
玁—之黄爲左驂

耿

清(一)·皇·七
孫=用穢被先王之—光

清(二)·繫·一三
殺三監而立家子—

清(二)·繫·一四
殺家子—

聯

包二·二六五
一—耳真

望二·二
肙緅—紩(縢)之䡝肙

望二·二
絹緅—紩(縢)之緯

望二·二
丹䋢—紩(縢)之緯

望二·二—三
絹緅—紩(縢)之純

望二·一〇
☐紩(縢)之軑軔

聖

包二·一七九
—夫人

望一·八八
—王

望一·八八
—王

包二·九四
苛䅣訟—冢之夫=軺豎以賚田

包二·八四
陳德訟—夫人之人郘䋣

郭·老甲·二
—人谷(欲)不谷(欲)

郭·老甲·二
是以—人亡爲古(故)亡敗

郭·老甲·三
—人之才(在)民前也

郭·老甲·一二
是古(故)—人能尃(輔)萬勿(物)之自肰(然)

郭·老甲·一四 是以—人猷(猶)𡏟(難)之
郭·老甲·一六 音—(聲)之相和也
郭·老甲·一七 是以—人居亡爲之事

郭·老甲·三一 是以—人之言曰
郭·老丙·二 —人無爲
郭·老丙·五 —(聽)之不足䎽(聞)
郭·五·二 不—

郭·五·二 不㤴(仁)不—
郭·五·三 —型(形)於内胃(謂)之悳(德)之行
郭·五·一五 —之思也翚(輕)

郭·五·一六 型(形)則—
郭·五·二四 胃(謂)之不—
郭·五·二五 —也
郭·五·二五 —也

郭·五·二六 —也
郭·五·二六 —人智(知)而〈天〉道也

郭·五·二八 —，智(知)豊(禮)藥(樂)之所穀(由)生也
郭·六·三 非—智者莫之能也

郭·六·一 —與智亯(就)壴(矣)
郭·六·一 —、智也
郭·六·二一 胃(謂)之—

郭·六·三四 父—
郭·語一·一七 又(有)—又(有)善
郭·語一·五〇 —(聲)，耳毁(司)也

郭·語一·四七 又(有)—(聲)又(有)臭(嗅)又(有)未(味)
郭·語一·一〇〇 浧聖之胃(謂)—

郭·語一·一〇〇 浧—之胃(謂)聖
郭·語一·九四 備之胃(謂)—

郭·性·一六 —人比其頪(類)而侖(論)會之
郭·性·二三 凡—(聲)

 郭·性·二七
則非其—（聲）而從之也

 郭·性·三三
其心弁（變）則其—（聲）亦肰（然）

 郭·性·二四
聑（聞）芺（笑）—（聲）

 郭·性·四四
耳之樂—（聲）

 郭·性·二四
—（廳）銮（琴）开（瑟）之聖（聲）

 郭·窮·一四
—（聽）之弋母之白不耋（釐）

 包二·一六八
陞—　人名

 上（二）·容·一六
吕定男女之—（聲）

 上（二）·容·一八
壐（禹）—（聽）正（政）三年

 上（二）·容·二九
而—（聽）亓訟獄

 上（二）·容·二三
叠（舜）—（聽）正（政）三年

 上（二）·容·三〇
而—（聽）甬（用）之

 上（二）·容·三一
敎（尋）—（聲）之絽（紀）

 上（二）·容·三三
曰—人

 上（二）·容·四五
不—（聽）亓邦之正（政）

 郭·成·二六
—人之眚（性）與中人之眚（性）

 上（二）·容·三六
衆㚏（寡）不—（聲）訟（頌）

 郭·成·三七
「—人天悳（德）」害（何）

 郭·成·二八
此以民皆又（有）眚（性）而—人不可莫（慕）也

 郭·尊·六
—之訇（治）民

 新甲三·二六七
册告自夻（文）王以逯（就）—趄〔王〕☐

 新甲三·一三七
册告自夻（文）王以㬪（就）—趄王

 新甲三·三二七—二
縈—二貼

 上（一）·孔·三
丌（其）—（聲）善

 上（四）·柬·一〇
晉侯皮（彼）—人之孫＝（子孫）

 上（四）·柬·一九
君—人虐（且）良

 上（四）·曹·一〇
乃命毀鐘型而—（聽）邦政

上(四)·曹·一一
不—(聽)樂

上(四)·曹·三四
君必身—(聽)之

上(四)·曹·三五
賞均(均)—(聽)中

上(五)·鮑·一
—(聽)亓(其)言

上(五)·鮑·二
—(聽)言

上(五)·君·二
—(聽)之而不義

上(五)·君·六
—(聽)之僭侈

上(五)·弟·四
𧮫節而悢(哀)—(聲)

上(五)·鬼·一
急(仁)義—智

上(五)·鬼·二
焚—人

上(五)·鬼·三
天下之—人也

上(六)·競·五
祝吏(史)進……思—

上(六)·競·七
則言不—(聽)

上(六)·競·九
公退武夫亞(惡)—人

清(一)·程·四
女(汝)敬—(聽)古夢

清(一)·皇·三
廼方救巽罩元武—夫

清(二)·繫·一一九
楚—(聲)趄(桓)王卽立(位)

清(二)·繫·一二六
楚—(聲)趄王立四年

清(二)·繫·一二七
—(聲)王卽殜(世)

清(三)·說中·二
—(聽)戒朕言

清(三)·芮·三
載—(聽)民之繇

清(三)·芮·三
由(迪)求—人

清(三)·芮·一一
—智恿(用)力

清(三)·芮·一四
甬(用)又(有)—政悳(德)

清(五)·湯丘·一五
古先〓(之先)—人

清(五)·湯丘·一五
古先〓(之先)—人所以自悉(愛)

郭·老乙·一二 大音祇—(聲)
郭·太·一一 —人之從事也
郭·緇·四〇 必䎽(聞)其—(聲)
郭·五·一九 金—(聲)

郭·五·一九 —也
郭·五·二〇 不—不智
郭·五·二〇 肰(然)句(後)能金—(聲)而玉晨(振)之

郭·成·二八 則—人不可由與罟(守)
上(五)·姑·八 㠯(以)不—命
上(五)·君·二 —(聽)之而不義

上(五)·弟·一九 其—(聽)子洛(路)逩(往)虐(乎)
上(七)·凡甲·二七 向—好也……

望一·八八 —王
包二·一三六 由(思)—之
包二·一三〇 以足金六匀—命於桊
郭·語一·八六 埶(勢)与—爲可憭(察)也

上(二)·昔·一 犾(然)句(后)竝(並)—(聽)之
上(二)·昔·一 大(太)子昃—(聽)

上(二)·昔·四 大(太)子乃亡䎽(聞)、亡—(聽)
上(二)·民·六 奚(繫)耳而—(聽)之

上(二)·民·七 亡(無)—(聲)之樂
上(二)·民·八 亡(無)—(聲)之樂
上(二)·民·一〇 亡(無)—(聲)之樂

上(二)·民·一一 亡(無)—(聲)之樂
上(二)·民·一二 亡(無)—(聲)之樂
上(二)·民·一二 亡(無)—(聲)之樂

上(二)·民·一三 亡(無)—(聲)之樂
上(二)·民·五 亡(無)—(聲)之樂

上(一)·性·一五 聖(聽)鋻(琴)瑟(瑟)之—(聲)
上(一)·性·一七 —(聽)而坐(從)之也

上(一)·性·二〇 則丌(其)—(聲)亦肰(然)

上(一)·性·三六 耳之樂—(聲)

上(四)·內·一〇 古(故)爲㞷(少)必—(聽)長之命

上(四)·內·一〇 爲戋(賤)必—(聽)貴之命

上(七)·武·一三 道則—人之道

上(七)·君甲·三 不—(聽)鼓鐘之聖(聲)

上(七)·君乙·三 不聖(聽)鼓鐘之—(聲)

上(七)·凡乙一三 飤之又(有)—(聲)

聑

清(五)·殷·七 亞(惡)非(必)—(傾)

聖

郭·唐·二七 —者不才(在)上

郭·唐·一 —之盛也

郭·唐·一五 從(縱)急(仁)、—可与

郭·唐·五 先—牙(與)後恥(聖)

郭·唐·四 夫—人上事天

郭·唐·一四 —以堣(遇)命

上(一)·紂·一一 —(聖)

郭·唐·二五 古者—(聖)人廿(二十)而冒(曰)

耳口

郭·唐·三 —(聖)道備歖(矣)

郭·唐·六 先聖牙(與)後—(聖)

上(一)·紂·一一 我弗貴—(聖)

上(一)·性·一四 䎽(聞)芺(笑)—(聲)

聰

聣 郭·五·一五 不亡(忘)則—

郭·五·二〇 不—不明

郭·五·二三 胃(謂)之不—

郭·五·二六 —也

上(二)·容·一七 聖(聽)不—(聰)

悤 清(五)·殷·二一 觀(觀)臺(覺)—(聰)明

聽

包二·四七 鄗司敗李—

包二·二〇 鄗司敗李—

从黃錫全先生釋爲『聽』。

職

帛乙三·一三 不得其參—天雨

聞

䎽 新零·一七三 ▨□—智▨

清(四)·筮·至一三 —(昏)䎽(聞)不至

清(五)·厚·一 —(問)前文人之龏(恭)明悳(德)

清(五)·厚·一 戚(適)—(聞)禹□□□□□□□□□川

清(五)·厚·三 —(問)民之若否

清(五)·湯丘·四 方惟—(聞)之乃籤(箴)

清(五)·湯丘·六 民人—(聞)之亓(其)胃虘(吾)君可(何)

清(五)·湯丘·一〇 此言弗或(又)可旻(得)而—(聞)也

清(五)·湯丘·一一 湯或(又)—(問)於少(小)臣

清(五)·湯丘·一三 湯或(又)—(問)於少(小)臣

清(五)·湯丘·一四 湯或(又)—(問)於少(小)臣

清(五)·湯丘·一六 湯或(又)—(問)於少(小)臣

清(五)·湯丘·一七 湯或(又)—(問)於少(小)臣

清(五)·湯丘·一八 湯或(又)—(問)於少(小)臣

清(五)·湯門·一 —(問)於少(小)臣

清(五)·湯門·三 湯或(又)—(問)於少(小)臣曰

清(五)·湯門·五 湯或(又)—(問)於少(小)臣曰

清(五)·湯門·一〇 湯或(又)—(問)於少(小)臣

清(五)·湯門·一一 湯或(又)—(問)於少(小)臣

清(五)·湯門·一八 湯或(又)—(問)於少(小)臣

清(五)·湯門·一九 湯或(又)—(問)於少(小)臣

龠

望一·一 齊客張某—王於栽郢之歲

清(一)·金·一〇 王—(問)執事人

清(一)·祭·一 我—(聞)且(祖)不余(豫)又(有)尸(遲)

清(一)·祭·五 尃(敷)—(聞)才(在)下

清(二)·繫·五一 襄而夫人—(聞)之

清(三)·芮·三 母(毋)頣—(聞)繇

清(三)·赤·一三 是思(使)句—(昏)嗣甘心

清(五)·殷·一 高宗乃—(問)於少壽曰

清(五)·殷·二 敢—(問)人可(何)胃(謂)長

清(五)·殷·四 敢—(問)人可(何)胃(謂)長

清(五)·殷·四 虗—(聞)夫長莫長於風

清(五)·殷·五 虗—(聞)夫險莫險於心

清(五)·殷·五 高宗乃—(問)於彭且曰

清(五)·殷·六 敢—(問)人可(何)胃長

清(五)·殷·六 虗(吾)—(聞)夫長莫長於水

清(五)·殷·七 虗—(聞)夫險莫險於槼(鬼)

清（五）·殷·七
虐—（聞）夫長莫長於□

清（五）·殷·一二
敢—（問）先王之遺忍（訓）

清（五）·殷·八
虐—（聞）夫隂非（必）矛返（及）干

清（五）·殷·一四
—（聞）天之祟（常）

清（五）·殷·二四
高宗或（又）—（問）於彭且（祖）曰

清（五）·殷·二四
敢—（問）疋（胥）民古（胡）曰昜（揚）

清（五）·殷·二七
—（聞）孝（教）忍（訓）

清（五）·殷·二八（背）
高宗—（問）於三壽（壽）

[illegible]

包二·一五七
鄢宮夫=命少剌尹郕訟詧（察）—大梁之戠舊之客苛=坦=言胃

望一·一〇七
▨—逿玉於東▨

新甲三·二四四
匋人韻—受二

上（二）·民·一
敢—（問）可（何）女（如）而可胃（謂）民之父母

上（二）·民·一
子昆（夏）—（問）於孔子

上（二）·民·三
敢—（問）可（何）胃（謂）「五至」

上（二）·民·五
「五至」既—（問）之矣

上（二）·民·五
敢—（問）可（何）胃（謂）「三亡（無）」

上（二）·民·一〇
□可昊（得）而—（問）弁（歟）

上（七）·武·一
武王—（問）於帀（師）上（尚）父

上（七）·武·一一
武王—（聞）於大（太）公覞（望）曰

上（七）·武·五
武王—（聞）之忑（恐）覞（懼）

上（七）·武·一二
亓道可得（得）㠯（以）—（聞）唐

上（七）·武·一三
武王北面而復（復）—（問）

上（五）·姑·二
□㘥（郤）奇（錡）—（聞）之

上（五）·姑·五
虐—（聞）爲臣者

䎽

包二·一三〇反
須左司馬之畀行牺以—之

《說文》古文从昏作䎽。古文《尚書》作䎽。

包二·一三七
信䜭（察）—智（知）舒慶之殺佢卯

信一·〇三六
子是—於

包二·一三七
逾㸬與慶皆䜭（察）—智（知）舒慶之殺佢卯

信一·〇七
—之於先王之法也

信一·〇一二
天君天下虐—周公

天卜
齊客繮牋—王於栽郢之戢

天卜
齊客繮牋—王於栽郢之戢

天卜
秦客公孫紻—王於栽郢之戢

望一·七
郱客𤔲—王於栽郢之戢

郭·老丙·五
聖（聽）之不足—（聞）

郭·緇·三八
古（故）君子多—（聞）

郭·緇·四〇
必—（聞）其聖（聲）

郭·語四·二四
唯（雖）戚（勇）力—（聞）於邦，不女（如）材

上（二）·從（甲）·一九
—（聞）之曰

上（二）·從（甲）·一一
—（聞）之曰

上（二）·從（甲）·一三
—（聞）之曰

上（二）·從（甲）·九
—（聞）之曰

上（二）·從（甲）·八
—（聞）之曰

上（二）·從（甲）·一八
—（聞）之曰

上（二）·從（甲）·一六
—（聞）之曰

上（二）·從（乙）·二
—（聞）之曰

上（二）·從（乙）·三
—（聞）之曰

上（二）·從（乙）·三
悳（憂）則—（昏）

上（二）·從（乙）·四
—（聞）之曰

上（二）·從（乙）·五
君=（君子）—（聞）善言目改（改）亓

上（二）·容·一三
堯—（聞）之

上（二）·容·四六
受（紂）—（聞）之

上（二）·容·四六
文王—（聞）之

上（二）·容·三九
湯—（聞）之

上（二）·容·四六—四七 乃出文王於虽（夏）臺（臺）之下而—（問）焉

上（二）·容·五〇 —（昏）者百眚（姓）

郭·成·一 成之—（聞）之曰

上（三）·周·三八 九（喪）羊悬（悔）亡（无），—（聞）

上（四）·柬·一〇 君王尚㠯（以）—（問）大剌（宰）

上（四）·柬·八 王㠯（以）—（問）贅尹高

上（四）·柬·二二 命（令）尹子林—（問）於大剌（宰）

上（四）·曹·五 臣—（聞）之曰

上（四）·曹·八 臣—（聞）之曰

上（四）·曹·一三 —（問）戟（陳）奚女（如）

上（四）·曹·一三 臣—（聞）之

上（四）·曹·三五 臧（莊）公或（又）—（問）

上（四）·曹·四〇 臣—（聞）之

上（四）·曹·四二 臧（莊）公或（又）—（問）曰

上（四）·曹·四二 臣—（聞）之

上（四）·曹·四三 臧（莊）公或（又）—（問）曰

上（四）·曹·四四 臧（莊）公或（又）—（問）曰

上（四）·曹·四五 剔（傷）者弗—（問）

上（四）·曹·四六 臧（莊）公或（又）—（問）曰

上（四）·曹·五〇 臧公或（又）—（問）曰

上（四）·曹·五三 臧（莊）公或（又）—（問）曰

上（四）·曹·六四 虐一谷（欲）—（聞）三弋斎=

上（四）·曹·六五 亦隹（唯）—（聞）夫垂（禹）康（湯）傑受矣

上（五）·君·三 虐（吾）新（親）—（聞）言於夫子

上（五）·弟·六 虐（吾）—（聞）而未之見也

上（五）·弟·七 虐—（聞）父母之喪飤肉女（如）飯土

上（五）·弟·九 虐—（聞）而未之見也
上（五）·弟·一五 隹（雖）多—（問）而不㫉（友）臤（賢）

上（五）·鬼·五（墨下） 媾若生又（有）耳不—（聞）
清（一）·程·六 朕—（聞）周長不弍（貳）
清（一）·皇·二 我—（聞）昔才二又或之折王

清（一）·楚·二 季繼—（聞）亓（其）又（有）嘐
清（四）·筮·至一三 —（昏）髀（聞）不至
清（五）·湯丘·一五 不叏（事）—（問）

上（七）·凡甲·二 —（問）之曰
上（七）·凡甲·一一 —（問）天箮（孰）高與
上（七）·凡乙·七 —（問）之曰

上（二）·昔·四 大（太）子乃亡—（聞）亡聖（聽）
九·五六·三一 無—（聞）
上（六）·孔·二 二道者可旻（得）—（聞）弁（歟）

䎽

天卜 秦客公孫紻—王於莪郢之戢
天卜 齊客繧膢—王於莪郢之歲

上（六）·天·八 不可㠯（以）不—（聞）恥厇（度）

上（六）·天乙·七 不可㠯（以）不—（聞）恥厇（度）

⿱昏耳

郭·五·一五 聰則—（聞）君子道
郭·五·二三 —（聞）君子道而不智（知）其君子道也

郭·五·二五 —（聞）而智（知）之
郭·五·二六 —（聞）君子道
郭·五·二六 —（聞）而智（知）之

郭·五·四九 —（聞）道而兑（悦）者
郭·五·四九 —（聞）道而畏者
郭·五·五〇 —（聞）道而𢡊（樂）者

聾

郭·五·五〇 —(聞)道而共(恭)者

訛形。

上(二)·容·二 於是虖(乎)唫(喑)—孰燭

上(二)·容·三七 詮、—、皮、瘦、宲、婁

職

識

清(二)·繫·四四 獻楚俘—

清(二)·繫·一二四 晉公獻齊俘—於周王

聶

曾二 敔—

曾五 屯貂蒕之—

曾八 虒蒕之—

曾一六 緻—

曾一九 緻—

曾一九 四緻—

曾一九 一貍蒕之—

曾二九 二貍蒕之—

曾二九 屯虒蒕之—

曾三九 二狐白之—

曾四二 虒蒕之—

曾四六 狐白之—

曾四八 無—

曾六〇 無—

曾六三 一襡—

曾六三 襡—

曾六五 虒蒕之—

曾六八 狐白之—

曾七三 貍韓之—

曾七八 虒蒕之—

曾九九 一緻—

曾九九 二貂—

曾一〇二 一緻—

曾一〇二 一虒蒕之—

曾一〇二 一貍—

曾一〇六 豻蒕之—

曾一〇八 蒕之—

曾一一五 貍—

上(六)·用·一二 —亓(其)睐(踝)而不可逘(復)

上(七)·吳·六 —(攝)周孫=(子孫)

聑

包二·七二 大臧(臧)之州人盜—受期

聑
上（六）·孔·四 行—（聖）人之道

縣
清（二）·繫·五五 秦公以戰（戰）于—𠚤之古（故）

臣 頤
亣公—
上（三）·周·二四
上（三）·周·二四 曰遉（顛）—
上（三）·周·二四 蹇（弗）—
上（三）·周·二四 觀我敚（微）—
上（三）·周·二四 觀—
上（三）·周·二五 遉（顛）—
上（三）·周·二五 繇（由）—礪（厲）吉

配
上（七）·吳·八 先王姑每（緐）大—（熙）之邑也

𠤷
九·五六·四三 尔居複（復）山之—

手
郭·五·四五 耳目鼻口—、足六者
《說文》古文。
上（七）·君甲·九 傑（桀）受（紂）幽萬（厲）殄（戮）死於人—

拇
上（三）·周·二六 欽（感）丌（其）—
上（三）·周·二七 欽（感）丌（其）—
上（三）·周·三七 繲（解）丌（其）—

指
郭·性·二八 益樂龍—

拳
曾二一二 —一夫

捧

拜 包二·二七二 紫—

揚雄説拜从兩手下作𢫶。

包二·二七六 紫—

上（一）·性·一二 —

郭·性·二一 —，所以□□□其譽慶（文）也

上（五）·競·九 伋（隰）倗（朋）与（與）鞊（鮑）雪（叔）酉（牙）皆—

清（一）·程·三 王及大（太）子發並—吉夢

上（三）·彭·八 弍（二）—旨（稽）首曰

上（六）·莊·八 繡（申）公坐（坐）—

《説文》古文。

摶

包二·一三三 会郙之慶李百宜君，命爲僕—之

捉

郭·老甲·三三 骨溺（弱）菫（筋）秫（柔）而—固

承

及

包二·二〇九 五生以—悳爲左尹𦙶貞

天卜 —命 卜具

天卜 —豪 卜具

天卜 新—命

天策 白羽之首—二戈

天策 ☐首—一梏毛首☐

新甲三·一九三 鄗尹羕習之旨（以）新（新）—悳☐

新乙四·四九 ☐□𥏫習之旨（以）—悳

新乙四·一四一 黽尹丹旨（以）—國爲☐

上（三）·周八 啓邦—（承）豪（家）

上（三）·周·二八 或—（承）丌（其）頫（羞）

上（三）·中二二 則民懽（歡）—（承）孚（學）

上（四）·內·四 不與言人之俤之不能—（承）伲者

上（四）·內·四 言人之俤之不能—（承）倪者

上（四）·內·六 言—（承）倪（兄）

上（七）·吳·九 不共—（承）王事

清（一）·程·三 攻于商神瞎（望）—（烝）占于明堂

清（一）·皇·四 王用能—天之魯命

清（一）·皇·六 遠土不（丕）—

二 清（一）·楚·一〇 女（焉）退居—（蒸）之埜（野）

清（二）·繫·五〇 未可奉—也

清（三）·琴·四 允不（丕）—不（丕）㬎（顯）

清（五）·命·五 女（如）忈（恐）而—季（教）

丞

包二·二三二 —悳 卜具

包二·二四五 —悳

撫

辻

郭·性·三四 —（舞）悳（喜）之終也

郭·性·三四 猷（猶）斯—（舞）

《說文》古文。

郭·六·二四 六者各行其戠而狱夻亡繇—（舞）也

辻之訛形。

失

遊

包二·八〇 執勿—

包二·一四二 —逕至州衎（巷）

帛乙三·一九 是—月

帛乙一〇·三〇 經紲—□

帛乙三·三二 是胃—終

郭·老乙·六 遊—之若纓（驚）

郭·老丙·一一 執之者—（失）之

郭·緇·一八 譥（教）此以—（失）

郭·六·四一 —（失）其戥

郭·性·三八 青（情）安遊—才（哉）?·詌

郭·語二·四〇 凡迮（過），正=以—（失）其迱（它）者也

郭·語二·五〇 母（毋）遊—虐（吾）虍

 郭·語三·五九 —（失）者哀

 上（二）·魯·一 母乃—（失）者（諸）

 上（二）·從（甲）·四 —（失）孯（賢）士一人

 上（二）·從（甲）·八 𢦏則—（失）衆

 上（一）·紂·一 訔（教）此㠯（以）—（失）

 上（三）·周·一〇 —（失）前敓（禽）

 上（三）·周·一六 —（失）丈夫

 上（三）·亙·一三 甬（庸）或—（失）之

 上（三）·彭·一 乃不—（失）厇（度）

 上（三）·彭·五 唯（雖）福（富）必—（失）

 上（四）·曹·七 君子𠭁（得）之—（失）之

 上（四）·曹·八 而喬（驕）大（泰）吕—（失）之

 上（四）·曹·九 君子吕䝷（賢）爯（稱）而—（失）之

 上（四）·曹·一〇 害（曷）又（有）弗—（失）

 上（四）·曹·五二 乃—（失）亓備（服）

 上（五）·季·二〇 凡—（失）勿危（危）

 上（五）·三德·二 忽（怠）者—（失）之

 上（五）·三德·五 邦—（失）榦（幹）祟（常）

 上（七）·武·一一 而百殜（世）不—（失）之道

 上（七）·凡甲·一九 彔（録）之則—（失）

 上（七）·凡甲·二七 不—（失）亓（其）所

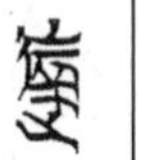 上（七）·凡乙·二 系（奚）—（失）而死

 清（一）·祭·一九 弗—（失）于政

 清（二）·繫·一三六 犬—（逸）而還

 清（三）·説上·一 甬爲—（失）宔（仲）叏人

 清（三）·説上·四 天𨑛命敓伐—（失）宔（仲）

攫　拔　播　捐

清(三)·説上·四　—(失)宋(仲)卜曰

清(三)·説上·五　—(失)宋(仲)𢡄(違)卜

清(三)·説上·五　敚(説)于𡩋(圍)伐—(失)宋(仲)

清(三)·琴·一二　不—(失)隹(惟)同

清(三)·芮·一六　亓尾甬(用)—(失)縈

清(三)·芮·二二　而縛(繩)剸(斷)—(失)楑

清(三)·芮·二八　□□是—(失)

清(五)·命·一一　民甬(用)不—(失)

清(五)·殷·二四　昜(揚)則舌(悍)—(失)亡(無)祟(常)

𢓊

上(六)·孔·三　昏(聞)亓(其)司於—(失)人

清(四)·筮·得一五　亦旱(得)亓(其)—(失)十三

攫

郭·老甲·三三　—鳥猷(猛)獸弗扣(敂)

拔　𢭏

郭·老乙·一五　善建者不—

郭·性·二三　肰(然)句(後)其内(入)—(祓)人之心也昫

郭·性·六三　窗(貌)谷(欲)壯(庄)而毋—(拔)

上(一)·性·一四　肰(然)句(後)丌(其)内(入)—(拔)人之心敂

上(一)·性·一九　丌(其)—(拔)瀗(流)女(如)也㠯(以)悲

《古文四聲韻》古文。

播　𢿎

信一·〇二四　—者

《説文》古文从支作𢿎。

捐　肙

清(一)·祭·七　保—(乂)王冡(家)

捭　捕　扣　担　㩘　掾　女

捭

清(一)·祭·一七　亓(其)皆自寺(時)宙(中)—(乂)萬邦

包二·九六　但—爲李

包二·九七　旦—李

捕

清(一)·金·一一　王—(布)箸(書)以浧(泣)

扣

郭·老甲·三三　攫鳥猷(猛)獸弗—(敂)

担

郭·緇·七　下民卒—(疸)

㩘

包二·一八六　新戲尹之人—

掾

上(七)·凡甲·二九　—(録)之不浧(盈)掾(録)

女

信一·〇八　☐章與即戋勻不難—果☐

信一·〇九　天下爲之—可□曰

范二七　隻以爲悳让悳弁—東而東西而西

天卜　食—殤各殺

天策　乘輊之右輪番—反馯之

望二·二　—㸚一㸚

帛甲二·八　—皇

帛丙二·三　可以冢—

帛丙四·一　余取—

帛丙四·三　取—爲邦芺

帛丙八·四　取—凶

帛乙四·二四　—日月既亂

帛乙五·一五　—曰亥隹邦所

帛丙二·二　曰—

包二·八三　訟羅之廡寍之坴者邑人邸—

包二·一八七　妾婦壬—

包二·一二二　孔執雇—返

包二·一二三　雇—返

包二・一二一 以〃信卡下鄰闌里人雇—返 包二・一九〇 篁斂州加公壆— 包二・一四九 與其溮—繇一賽 郭・老甲・一八 侯王—(如)能獸(守)之

郭・老乙・一一 上悳(德)—(如)浴(谷) 郭・老乙・一一 建悳(德)—(如)□□貞(真)女(如)愉

郭・老乙・一一 建悳(德)女(如)□□貞(真)—(如)愉 郭・老乙・一〇 明道—(如)孛(費)

郭・六・五 君子不卞(偏)—(如)衍(道) 郭・六・三九 男—不卞(辨) 郭・六・一五 畜我—(如)其子弟

郭・魯・一 可(何)—(如)而可胃(謂)忠臣? 郭・緇・一 亞(惡)亞(惡)—(如)亞(惡)遆(巷)白(伯)

郭・緇・一 好媺(美)—(如)好茲(緇)衣 郭・緇・一八 —(如)不我得

郭・緇・三〇 其出—(如)緈(紼) 郭・緇・二九 其出—(如)緍 郭・緇・二九 王言—(如)絲

郭・緇・四一 君子不自留(留)女〈安(焉)〉 郭・緇・二九 王言—(如)索

郭・忠・二 至忠—(如)土 郭・忠・三 君子—(如)此 郭・忠・九 —(如)此也

郭・性・二四 則犇(鮮)—(如)也斯憙(喜) 郭・五・二九 文王之見也—(如)此

郭・五・一七 ▨□深涕—(如)雨 郭・五・四八 上帝賢—(汝) 郭・語四・一六 其舉—(如)牺(將)又(有)敗

郭·語四·二四
唯(雖)戒(勇)力䎽(聞)於邦，不—(如)材

郭·語四·二五
衆强甚多不—(如)旹(時)

新甲三·四二
▨蔞茖受—於楚之歲

郭·性·二四
則慆—(如)也斯奮

郭·性·二五
則免(勉)—(如)也斯僉(儉)

郭·性·二五
則譸(悸)—(如)也斯戁(歎)

郭·性·二六
胃—(如)也

郭·性·三一
其剌，則流—(如)也以悲

郭·性·三六
不—(如)以樂之速也

郭·性·四四
又(有)其爲人之迎迎(節節)—(如)也

郭·性·四七
又(有)其爲人之菉—(如)也

郭·性·四七
又(有)其爲人之快—(如)也

郭·唐·二
古昔臤(賢)悬(仁)聖者—(如)此

郭·唐·二五
—(如)此也

郭·唐·二九
—(如)此也

郭·六·三三
男—卞(辨)生言

上(二)·容·一六
㠯定男—之聖(聲)

上(二)·容·一七
—(如)是牆(狀)也

上(二)·容·三九
—(如)是而不可

上(二)·容·四九
—(如)是牆(狀)也

上(一)·紂·一五
王言—(如)索

上(一)·紂·一
—(如)不我㝵(得)

上(一)·紂·一
野(好)頍(美)—(如)野(好)紂衣

上(一)·紂·一五
王言—(如)絲

上(一)·紂·一五
丌(其)出—(如)緍

上(一)·紂·一 亞=(惡惡)—(如)亞(惡)衙(巷)白(伯)

上(一)·紂·一一 —(如)亓=(其其)弗克見

上(一)·性·三七 又(有)亓(其)爲人之俖=(俖俖)—(如)也

上(一)·性·三七 又(有)亓(其)爲人之柬=(柬柬)—(如)也

上(一)·性·一五 則悆(懠)—(如)也斯隻(作)

上(一)·性·三八 又(有)亓(其)爲人之慧—(如)也

上(一)·性·一四 則犇(馨)—(如)也斯憙(喜)

上(一)·性·一九 亓(其)杲(拔)瀊(流)—(如)也㠯(以)悲

上(二)·昔·二 —(如)祭祀之事

上(一)·性·一六 蒷—(如)也

上(一)·性·一五 則悸—(如)也斯難(難)

新甲三·一二九 —西北□▨

新乙四·五八 ▨犧六—

新零·二〇四 ▨—子之慼

九·五六·一九下 —(如)㠯(以)祭祀

九·五六·二五 —(如)又(有)俤(弟)

九·五六·二九 取(娶)妻豪(嫁)—

九·五六·三〇 —必出亓(其)邦

上(三)·周·一一 孚(厥)孚洨(交)—(如)

上(三)·周·二六 取—吉

上(三)·周·五七 不—(如)西筡(鄰)之酌祭

上(三)·中·三 道—(汝)思老

上(三)·中·二一 —(汝)隹(惟)㠯

上(三)·中·附 —(汝)蜀(獨)正之

上(三)·彭·二 —(汝)孳=(孳孳)

上(三)·彭·五 舍(余)告—(汝)化▨(禍)

上(三)·彭·六 余(余)告—(汝)咎

上(四)·柬·五
—(如)虜(表)

上(四)·柬·一三
—(如)君王攸郢高方若肰里

上(四)·相·四
虗子之箸也可(何)—(如)

上(四)·相·四
孔=(孔子)曰—(如)迺(斯)

上(四)·曹·一三
餌(問)戟(陳)奚—(如)

上(四)·曹·一三
戰(守)鄵(邊)城奚—(如)

上(四)·曹·一七
毋忞忎(愛)貨資子—

上(四)·曹·二〇
爲和於邦—(如)之可(何)

上(四)·曹·二二
爲和於豫—(如)可(何)

上(四)·曹·二四
爲和於戟(陳)—(如)可(何)

上(四)·曹·二七
君—(如)親銜(率)

上(四)·曹·三三
爲親—(如)可(何)

上(四)·曹·三五
爲和—(如)可(何)

上(四)·曹·三六
爲𦨶—(如)可(何)

上(四)·曹·三八
勿兵㠯克奚—(如)

上(四)·曹·五六
善攻者奚—(如)

上(四)·曹·五七
善戰(守)者奚—(如)

上(五)·君·一
迷(坐)虗(吾)語—(汝)

上(五)·弟·一一
—(汝)能新(慎)紿(始)與冬(終)

上(五)·弟·一五
虗(吾)告—(汝)

上(五)·弟·一九
子臄=(惇惇)—(如)也

上(五)·弟·一九
子噩=(愕愕)—(如)也

上(五)·弟·一九
—(如)戢(誅)□圂(淵)駁(馭)

上(五)·三德·一
天亞(惡)—(如)忻

上(五)·鬼·三
—(汝)吕(以)此詁之

上(六)·競·二正
是虘所寬於—(汝)也

上(六)·競·七
—(如)川(順)言弇亞(惡)虐

上(六)·莊·六
—(如)臣智(知)君王之爲君

上(七)·武·二
王—(如)谷(欲)雚(觀)之

上(七)·凡甲·二六
心—(如)能勳(勝)心

上(七)·凡乙·七
—(如)蒴(蘖)

清(一)·程·五
—(如)天隆(降)疾

清(一)·尹至·一
—(汝)亓(其)又(有)吉志

清(一)·尹至·二
余返(及)—(汝)皆岦(亡)

清(一)·尹至·四
今亓(其)—(如)紿(台)

清(一)·尹至·四
—(汝)告我顕(夏)䵬衙(率)若寺(時)

清(一)·程·四
—(汝)敬聖(聽)吉夢

清(一)·程·六
—(如)棫柞亡堇(根)

清(一)·程·九
人甬(用)—(汝)母(謀)

清(一)·保·二
忎(恐)不—(汝)及訓

清(一)·保·三
—(汝)以箸(書)受之

清(一)·保·一〇
今—(汝)鼏(祇)備(服)母(毋)解

清(一)·皇·九
卑(譬)—(如)戎夫

清(一)·皇·一〇
卑(譬)—(如)䂞(梏)夫之又(有)悉(媢)妻

清(一)·皇·一三
旣告—(汝)忎(元)悳(德)之行

清(一)·皇·一三
卑(譬)—(如)舡(主)舟

清(一)·祭·八
—(汝)念孳(哉)

清(一)·祭·一五
—(汝)母以戾孳皐𧯂岦

清(一)·祭·一六
—(汝)母(毋)以俾訕息(塞)尔臧(莊)句

清(一)·祭·一六
—(汝)母(毋)以少(小)毖(謀)斁大虐(作)

清(一)·楚·一　—曰比(妣)隹
清(二)·繫·五　坪王或𢽾取孚(褎)人之—
清(二)·繫·五九　以—子與兵車百乗(乘)

清(二)·繫·六七　囟亓—子自房宔觀郘之克
清(二)·繫·六八　—子芺(笑)于房宔(中)
清(二)·繫·一二〇　㬰(且)男—服

清(三)·説上·三　鵙(腕)肩—(如)惟(椎)
清(三)·説中·一　—(汝)逨(來)隹(惟)帝命

清(三)·説中·二　來各(格)—(汝)敚(説)
清(三)·説中·二　甬(用)隹(惟)—(汝)复(作)礪(礪)

清(三)·説中·四　—(如)不見(瞑)眴(眩)
清(三)·説中·四　朕畜—(汝)
清(三)·説中·四　—(汝)复(作)恙(淫)雨

清(三)·説中·五　—(汝)复(作)舟
清(三)·説中·五　—(汝)隹羿敚砥之于乃心
清(三)·説中·五　—(汝)克晛(覘)見(視)四方

清(三)·説中·七　余告—(汝)若寺(時)
清(三)·説下·二　余隹命—(汝)敚𩋌朕命
清(三)·説下·三　—(如)飛鶴罔畏觀(離)

清(三)·説下·四　—(汝)母(毋)瘇(忘)曰
清(三)·説下·五　—(汝)隹(惟)又(有)萬曷(壽)才(在)乃政

清(三)·説下·五　—(汝)亦隹(惟)克㬎(顯)天
清(三)·説下·六　—(汝)亦隹又(有)萬福粦=才(在)乃備(服)

清(三)·説下·六　書—(如)見(視)日
清(三)·説下·六　夜—(如)見(視)晨(辰)
清(三)·説下·七　—(汝)母非貨女(如)戠石

清(三)·説下·七　女(汝)母非貨—(如)戠石
清(三)·説下·七　余既訳故詼(毖)—(汝)
清(三)·説下·一〇　褎—(汝)亓又䍐朕命羿

清(三)・琴・一四 良悳(德)亓(其)—(如)訇(台)

清(三)・芮・二〇 —(如)闢(關)柭㡲(扃)鉴

清(三)・芮・二三 —(如)闢柭不閟(閉)

清(三)・芮・二四 䆮可亓—(如)訇(台)㚨

清(三)・芮・二四 則—(如)禾之又(有)䄬(稱)

清(三)・良・一 黃帝之帀(師)—和䵣人保侗

清(三)・赤・七 頣(夏)句(后)之疾—(如)可(何)

清(三)・赤・一〇 —(如)尔天咠(巫)

清(三)・赤・一一 朕疾—(如)可(何)

清(三)・赤・一三 句—(如)敓(撤)䴪(屋)

清(四)・筮・見一 《《|《乩(凡)見參(三)—

清(四)・筮・見四 |《《|《同—

清(四)・筮・得八 《|《《—乃旱(得)

清(四)・筮・得九 《《|《參(三)—同

清(四)・筮・娶一五 |《|《—同男吉

清(四)・筮・娶一七 《|《男同—兇

清(四)・筮・男二一 中男乃男—乃女

清(四)・筮・男二一 中男乃男女乃—

清(四)・筮・貞二五 《《|《—子

清(四)・筮・祟四六 —子大面端虘(嚇)死

清(四)・筮・祟四六 長—爲妾而死

清(四)・筮・祟四八 長—殤(殤)

清(四)・筮・祟五一 男戠(勝)—

清(四)・筮・十七命六二 曰男—

清(五)・厚・四 隹(惟)—(如)訇(台)

清(五)・厚・八 肆—(如)其若龜簭之言亦勿可速改

清(五)・厚・九 隹(惟)—(如)訇(台)

清(五)・厚・一二 —(如)玉之才(在)石

清(五)・厚・一二 —(如)丹之才(在)朱

清(五)·厚·一二
乖㚖—(如)右之服于人

清(五)·封·二
則隹(惟)—(汝)吕丁

清(五)·封·三
亦隹(惟)—(汝)吕丁

清(五)·封·五
命—(汝)侯于鄦(許)

清(五)·封·五
—(汝)隹(惟)埜(臧)者尔猷

清(五)·封·五
昜—(汝)倉珪巨鬯一卣

清(五)·封·八
—(汝)亦隹亯章尔遠

清(五)·命·二
—(如)不居而歪(重)義

清(五)·命·三
—(如)謹(懲)而悬(悔)怂(過)

清(五)·命·三
—(如)又(有)佴(恥)而亙(恆)行

清(五)·命·五
—(如)忈(恐)而承孥(教)

清(五)·命·五
正人莫—(如)又(有)亟(極)

清(五)·命·五
道天莫—(如)亡(無)亟(極)

清(五)·湯丘·一
又(有)鄀(莘)之—飤(食)之

清(五)·湯丘·四
—(如)思(使)咢(召)

清(五)·湯丘·八
—(如)我弗見

清(五)·湯丘·一一
—(如)幸余閑(閒)於天畏(威)

清(五)·湯丘·一三
虗(吾)戠(戡)虽(夏)—(如)紿(台)

清(五)·湯丘·一七
悉(愛)民—(如)紿(台)

清(五)·湯丘·一九
共(恭)命—(如)紿(台)

清(五)·湯門·二
—(如)亡(無)又(有)良言清(情)至於今

上(一)·孔·四
丌(其)甬(用)心也𨞬(將)可(何)—(如)

上(一)·孔·五
又城(成)工(功)者可(何)—(如)

姬

包二·一七六
子—䀌壓

敀

清(二)·繫·三一
晉獻公之婢妾曰驪—

妻

㚤

包二·九一
周鬟之—氂女

包二·九七
以其敓—

秦九九·三
瘢毋死與—子母▨

帛丙三·二
—畜生

郭·老甲·一八
僕(樸)唯(雖)—(微)

郭·六·二八
爲—(妻)亦肰(然)

上(一)·孔·四
丌(其)甬(用)心也牺(將)可(何)—(如)

上(一)·孔·二一
則㠯(以)爲不可—(如)可(何)也

上(一)·孔·二二
心—(如)結也

上(二)·魯·二
—(如)毋忘(蔑)珪壁帀(幣)帛於山川

上(二)·魯·三
—(右)天(夫)毋忘(蔑)珪壁

上(二)·魯·三
—(如)夫政坓(刑)與悳(德)

上(二)·魯·三
虐(吾)子—(若)違(重)命(名)丌(其)與(歟)

上(二)·魯·四
—(如)天不雨

上(二)·魯·五
—(如)天不雨

上(二)·魯·六
亡(無)—(如)庶(庶)民可(何)

上(二)·子·一二
又(有)畲(部)是(氏)之—也

上(二)·子·八
—(如)坴(叏、俊、舜)才(在)含(今)之殜(世)則可(何)若

上(二)·子·一〇
又(有)酉(娀)是(氏)之—

上(二)·子·一三
厽(叁)王者之乍(作)也—(如)是

郭·六·二九 爲昆弟𢇁(絶)—(妻)

郭·六·二九 不爲—(妻)𢇁(絶)昆弟

九·五六·一三下 秎(利)㠯(以)取(娶)—

九·五六·一七下 秎(利)㠯(以)取(娶)—

九·五六·二九 取(娶)—

九·五六·四四 某敢㠯(以)丌(其)—女(汝)

上(五)·姑·九 與亓—與亓母

清(一)·皇·一〇 臱(譬)女(如)䂙(梏)夫之又(有)悉(媢)—

清(一)·楚·三 乃—之

清(二)·繫·五 周幽王取—于西繡(申)

清(二)·繫·二三 鄐(蔡)哀侯取—於陳

清(二)·繫·二三 賽=(息)侯亦取—於陳

清(二)·繫·二四 鄐(蔡)哀侯—之

清(二)·繫·二七 賽(息)侯之—甚娧(美)

清(二)·繫·三五 秦穆公以亓(其)子—之

清(二)·繫·七四 陳公子諻郤取—于莫穆公

清(二)·繫·七八 氏(是)余受—也

清(二)·繫·七八 取以爲—

清(三)·赤·二 湯句—紝巟胃少臣曰

清(四)·筮·得一 三巜—夫同

清(四)·筮·咎八 亼巜日—夫佋(昭)

清(四)·筮·娶一四 巜巜𠮚(凡)取(娶)—參(三)

清(四)·筮·死一五 亼巜篸(筮)死—

清(四)·筮·娶一六 亼三𠮚(凡)取(娶)—參

清(四)·筮·𨽾二〇 上—夫相見𨽾(售)

清(四)·筮·四位三五 —之

清(四)·筮·十七命六二 曰取(娶)—

清(五)·湯丘·一 取—於又(有)鄐(莘)

婦

包二·一六八 妾—監　包二·一七三 妾—逡　包二·一七五 妾—嫌　包二·一七七 妾—姓　包二·一八七 妾—壬女

包二·一九一 妾—娀　上(三)·周·五〇 —孕而　上(三)·周·二八 —人吉

郭·六·四二 生民斯必又(有)夫—、父子、君臣　郭·六·三七 婦不—　郭·語四·一〇 佖(匹)—禺(偶)夫

上(一)·孔·一七 湯之水丌悉(愛)—恝　上(一)·孔·二九 角幡—　郭·六·二〇 胃(謂)之—　郭·六·三四 —信

郭·六·二〇 —悳(德)也　郭·六·三七 —不婦　郭·六·二七 外(立)位君、臣、—也　上(一)·孔·一七 菜茍之悉(愛)—

上(四)·曹·三四 佖(匹)夫奡(寡)—之獄(訟)　上(六)·競·一〇 夫—皆祖(詛)一支

敂

郭·成·三二 分爲夫—之支(辨)

妃

郭·忠·五 —(配)天地也者　郭·唐·一一 —虖脂膚血槊(氣)之青(情)

从陳偉先生釋妃。

母

包二·一六九 湛—(母)邑人屈帝　包二·二〇二 褣新—(母),肥冢　包二·二〇二反 新—(母)既城(成)　包二·二一〇 竆身尚—(毋)又咎

包二·二一七 竆身尚—(毋)又咎　天卜 尚—(毋)又咎　包二·二一四 賽禱新—(母)　包二·二四九 尚—(毋)死　包二·二〇一 尚—(毋)又咎

天卜 尚—(毋)以是古又咎　帛乙一〇·一 —弗或敬　帛乙一一·五 敬之—戈　帛甲六·二八 —敢猷天霝　帛甲七·二〇 閏四□—思

帛乙八・一九 —童群民
郭・老甲・二一 可以爲天下—
郭・老乙・二 又(有)或(國)之—

郭・太・七 壗(萬)勿(物)—(母)
郭・窮・一四 聖(聽?)之弋—(母)之白不釐(釐)
郭・語四・六 —(毋)命(令)智(知)我

郭・語二・五〇 —(毋)遊(失)虘(吾)埶「埶(勢)」
新甲二・三三 ▨疛(悶),尚—(毋)又(有)咎▨

上(三)・周・一四 —(毋)頪(疑)
上(三)・周・一八 椑(幹)—之蛊(蠱)
上(三)・周・四四 亦—(毋)鱻(繘)恭

上(四)・昭・四 父—之骨厶(私)自塼
上(四)・昭・八 王命龏之腓—(毋)見
上(四)・昭・九 今君王或命(令)腓—(毋)見

上(四)・曹・一七 疆陞(地)—先而必取□焉
上(四)・曹・一七 —忎炁(愛)貨資子女

上(四)・曹・二〇 —穫(獲)民昔(時)
上(四)・曹・二〇 —敚(奪)民利

上(四)・曹・二一 录(禄)—償(負)
上(四)・曹・二五 —(無)粞軍必又(有)嚳(數)獄夫=(大夫)

上(四)・曹・三五 —辟(嬖)於便俾(嬖)
上(四)・曹・三五 —倀(長)於父雉(兄)

上(四)・曹・三七 —从(御)軍
上(四)・曹・五二 戰(戰)—忌(殆)
上(四)・曹・五八 所㠯爲—退

上(四)・曹・六〇 —冒㠯追(陷)
上(四)・曹・六三 —亦飤(食)餩

上（四）·柬·一二
夫唯—（毋）澫而百青迻

上（四）·柬·一三
君王—（毋）敢戋（災）害

上（五）·季·七
火=（小人）—寡（寐）☒

上（五）·三德·一
檽（平）旦—哭

上（五）·三德·一
明—訶（歌）

上（五）·三德·二
—爲□□

上（五）·三德·一一
—旻貧

上（五）·三德·一一
—芖（笑）型（刑）

上（五）·三德·一一
—惴（揣）深

上（五）·三德·一一
—乇（度）山

上（五）·三德·一一
—牘（逸）亓身

上（五）·三德·四
—訽（詬）政卿於神宎（祇）

上（五）·三德·四
—亯（享）牘（逸）焉（安）救（求）利

上（五）·三德·四
—胃（謂）之不敢

上（五）·三德·五
—胃（謂）之不肰（然）

上（五）·三德·一〇
—爲角言

上（五）·三德·一五
—不能而爲之

上（五）·三德·一五
—能而悬（易）之

上（六）·用·二
亦力孛（勉）𠮝—忘

清（一）·保·一〇
今女（汝）𦉢（祇）備（服）—（毋）解

清（一）·保·一一
—（毋）淫

清（一）·者·一一
—（毋）已大藥（樂）

清（一）·者·一一
康藥（樂）而—（毋）忘（荒）

清（一）·者·一二
—（毋）已大康

清（一）·者·一三
康藥而—（毋）忘（荒）

清（一）·者·一四
—（毋）已大康

清（一）·耆·一四 康藥（樂）而—（毋）忘（荒）
清（一）·金·三 尔（爾）—（毋）乃有備子之責才（在）上

清（一）·皇·一二 —（毋）隹尔（爾）身之罍（懔）
清（一）·皇·一三 —（毋）复（作）組（祖）考顛（羞）才（哉）

清（一）·程·九 人甬（用）女（汝）—（謀）
清（一）·祭·一五 女（汝）—（毋）以戾孽皇𪗋岂
清（一）·祭·一六 女—（毋）以俾訲息尔戕句

清（一）·祭·一六 女—（毋）以少悬㪉大慮
清（一）·祭·一六 女—（毋）以俾士息夫=卿李
清（一）·祭·一七 女—（毋）各冡相而（乃）室

清（一）·祭·一八 女（汝）—（毋）□豎
清（一）·祭·二〇 肰（然）—（毋）夕□

清（二）·繫·五〇 —（毋）乃不能邦
清（二）·繫·六八 —（毋）能涉白水

清（二）·繫·一二三 —（毋）攸（修）長城
清（二）·繫·一二三 —（毋）伐䊸（廩）丘
清（三）·說下·四 女（汝）—（毋）疸（忘）曰

清（三）·說下·七 女（汝）—（毋）非貨女（如）戠（埴）石
清（三）·說下·一〇 —（毋）蜀（獨）乃心

清（三）·琴·二 —（毋）曰高=才（在）上
清（三）·芮·三 —（毋）顛䎽（聞）繇
清（三）·芮·四 尾（度）—（毋）又（有）諮

清（三）·芮·四 —（毋）惏（婪）愈（貪）救（狎）昆（惃）
清（三）·芮·六 恪𢍰（哉）—（毋）巟（荒）

清（三）·芮·七 —（毋）自縱于晚以罍（遨）
清（三）·芮·一〇 —（毋）灊（害）天崇（常）
清（三）·芮·一一 —（毋）又（有）相放（負）

清(三)·芮·二七 亡(無)父—能生

清(四)·筮·祟四四 屯(純)乃—

清(五)·厚·一三 —(毋)湛于酉(酒)

清(五)·命·三 人□—(毋)諻(懲)虐(乎)

清(五)·命·四 能—(毋)懽(勸)虐(乎)

清(五)·命·四 能—(毋)忎(恐)虐(乎)

清(五)·湯丘·九 夫人—(毋)以我爲旬於亓事虎

清(五)·殷·一五 柱(往)尾(宅)—遅(徙)

清(五)·殷·一五 民觀(勸)—皮(疲)

清(五)·殷·二一 土(妒)悁(怨)—复(作)

清(五)·殷·二一 而天目—眉(眯)

上(二)·子·一〇 禼(契)之—

上(二)·子·一二 句(后)稷(稷)之—(母)

上(二)·子·一三 是句(后)稷(稷)之—(母)也

上(二)·魯·二 女(如)—(毋)悉(薆)珪璧帀(幣)帛於山川

上(三)·中·一八 —(毋)自隓(惰)也

上(三)·彭·八 —(毋)敀貆(富)

姑

帛丙一一·一 —分長

帛丙一一·二 曰—

曾二一二 斱—長暘三夫

上(四)·內·附 母(毋)忘—嫭(姊)妹而遠敬之

上(五)·姑·一 —(苦)戜(成)豪父事敕(厲)公

上(五)·姑·一 —(苦)戜豪父

上(五)·姑·二 告—(苦)戜(成)豪(家)父曰

上(五)·姑·三 —(苦)戜(成)豪(家)父曰

上(五)·姑·五 —(苦)戠豙父乃盜(寧)百鑠
上(五)·姑·六 胃(謂)—(苦)戠(成)豙(家)父曰

上(五)·姑·七 —(苦)戠(成)豙(家)父曰
上(五)·姑·九 —(苦)戠豙父尃(捕)長魚矞

上(五)·姑·一〇 —(苦)戠豙(家)父立死
上(七)·吳·八 先王—每(緐)大巸(熙)之邑也

故
雨二一·三 —侊之宮爲濁吝王孚爲□▨
新甲三·三一四 毗於下窯、下—留二豁

威
上(一)·紂·二三 望(朋)畬(友)卣(攸)図=(攝,攝)㠯(以)—義(儀)
上(一)·紂·一六 敬尔—義(儀)

妣
清(一)·楚·三 爰旻(得)—戱
清(一)·楚·三 —戱賓于天

姊
上(四)·内·附 —(姊)妹

妹
上(四)·内·附 母(毋)忘姑姊(姊)—而遠敬之

婢
清(二)·繫·三一 晉獻公之—妾曰驪姬

奴
包二·二〇 不貞周愄之—以至命
郭·老甲·八 夜(豫)虐(乎)—(若)冬涉川
郭·老甲·九 敢(嚴)虐(乎)其—(若)客
郭·老甲·九 覩(渙)虐(乎)其—(若)懌(釋)

媄

郭·老甲·九 坉虐(乎)其—(若)濁
郭·老甲·九 屯虐(乎)其—(若)樸
郭·老甲·九 猷(猶)虐(乎)其—(若)愄(畏)四叟(鄰)

上(四)·采·一 子—思我
上(四)·逸·多一 莫—(如)蘿葦

上(四)·逸·多一 莫—(如)䚮(兄)
上(四)·逸·多二 莫—(如)同生
清(二)·繫·一五 以御—虞之戎

清(四)·筮·志二六 堂(當)日—(如)
清(四)·筮·軍三五 三㕣—(如)篙甬(軍)遂
清(四)·筮·果四一 —(如)封(卦)奴(如)肴(爻)

清(四)·筮·果四一 奴(如)封(卦)—(如)肴(爻)
清(四)·筮·爻六一 —(如)大奴(如)少(小)
清(四)·筮·爻六一 奴(如)大—(如)少(小)

伮
包二·一二二 孔收郝傳之—
包二·一二三 郝傳之—旣走於前
《說文》古文—从人。

奶
清(四)·筮·祟四四 八乃—(奴)㠯(以)死

媄 娓
郭·緇·三五 則民不能大其—(美)而少(小)其亞(惡)
郭·性·二〇 君子—(美)其青(情)

郭·性·五一 又(有)—(美)青(情)者也
清(一)·楚·一二 至卲王自秦(乾)溪之上遷(徙)居—(媺)郢

清(一)·楚·一三 秦(乾)溪之上遉遷衰—(媺)郢
清(一)·楚·一三 至獻惠王自—(媺)郢遷衰爲郢

清(二)·繫·二七 賽(息)侯之妻甚—(美)
清(五)·湯門·一二 —(美)悳(德)系(奚)若

好

殽

郭·老甲·一五 天下皆智(知)殽(美)之爲—(美)也

郭·老丙·七 弗—(美)也

郭·老丙·七 —(美)之

上(二)·容·二一 衣不褻(鮮)—(美)

好

郭·老甲·八 其事—

郭·五·四九 —義者也

郭·五·四九 —急(仁)者也

郭·五·五〇 —悳(德)者也

郭·五·五〇 —豊(禮)者也

郭·尊·三六 上—是勿(物)也

郭·性·二一 —其頌(容)

郭·性·四 所—所亞(惡)

郭·性·四 —亞(惡)

上(五)·季·一〇 —型(刑)則不羊(祥)

上(五)·季·一〇 —殺則复(作)亂(亂)

清(一)·尹至·二 余党(閔)亓又頣眾□吉—

清(二)·繫·三九 秦晉女(焉)司(始)會—

清(二)·繫·八六 競公欲與楚人爲—

清(三)·芮·五 而莫冐(肯)齊—

清(三)·說中·六 复(且)隹(惟)口起(起)戎出—

清(三)·芮·一六 莫—安情

清(五)·殷·一八 衣備(服)崽(端)而—訐(信)

孚

郭·老甲·三二 我—青(静)而民自正

郭·緇·一 好娧(美)女(如)—茲(緇)衣

郭·緇·一 —娧(美)女(如)好茲(緇)衣

郭·緇·二 又(有)郕(國)者章—章亞(惡)

郭·緇·三 —氏(是)貞(正)植(直)

郭·緇·六 章—以視民忩(欲)

郭·緇·八　心—則體安之
郭·緇·一五　古(故)上之—亞(惡)
郭·緇·四一　人之—我

郭·緇·八　君—好則民忿(欲)之
郭·緇·一〇　上—𢚩(仁)則下之爲𢚩(仁)也争先

郭·緇·一四　上—好此勿(物)也
郭·緇·四二　少(小)=人剴(豈)能—其駜(匹)
郭·緇·四四　則—𢚩(仁)不硻(堅)

郭·緇·四二　唯君子能—其駜(匹)
郭·語一·八　而句(後)—亞(惡)生
郭·緇·四三　君子—𢦔?(逑)

郭·性·四三　目之—色
上(一)·孔·二四　必—丌(其)所爲
上(二)·從(甲)·八　—□

上(一)·孔·一四　㤅—色之忎
上(一)·性·一二　—丌(其)頌(容)
上(一)·孔·一二　—，反內(納)於豊(禮)

上(三)·周·三〇　—豚(遯)
上(四)·逸·交一　君子相—
上(四)·逸·交一　戠(愷)紋(豫)是—

上(四)·逸·交三　戠(愷)紋(豫)是—
上(五)·三德·一八　—昌天從之

上(五)·三德·一八　—頁(旺)天從之
上(六)·用·四　惡—弃(棄)怯

上(七)·凡甲·二七　向聖—也
上(七)·吳·一　而哲鹽我二邑之—
清(二)·繫·四八　秦穆公欲與楚人爲—

清(二)·繫·四九　与(與)楚爲—
清(二)·繫·一〇八　二邦爲—

清(二)·繫·一一一 戉人因衮(襲)吴之與晉爲—
清(二)·繫·一一三 至今晉戉(越)以爲—

孯

上(一)·紂·一 —(好)頿(美)女(如)玨(好)紂衣
上(一)·紂·一 又(有)國者章—(好)章惡

上(一)·紂·一 玨(好)頿(美)女(如)—(好)紂衣
上(一)·紂·五 君—(好)則民谷之
上(一)·紂·二一 少(小)人歖能—(好)亓(其)匹

上(一)·紂·二 —(好)是正植(直)
上(一)·紂·二一 隹(惟)君=(君子)能—(好)亓(其)匹
上(一)·紂·八 上—(好)

上(一)·紂·六 上—(好)息(仁)
上(一)·紂·九 上之—(好)亞(惡)

上(一)·紂·二一 人之—(好)我
上(一)·紂·二二 則—(好)息(仁)不
上(一)·紂·二三 「君子—(好)𢧐(戟)」

上(六)·孔·一四 —刉(砌)㞷(墭)㠯(以)為茵
上(六)·孔·二六 —(好)罬(罥)隹(唯)聚

汙

郭·語一·八九 多—(好)者,亡玨(好)者也
郭·語一·八九 多玨(好)者,亡—(好)者也

郭·語二·二一 —(好)生於敓
郭·語二·二二 從生於—(好)
从李守奎先生：丑爲㞷之訛。

孜

郭·語三·一一 牙(與)不—教(學)者遊,員(損)
上(一)·性·三六 目之—色

清(五)·湯門·六 而罷(一)亞(惡)罷(一)—
清(五)·湯門·八 是亓(其)爲長虔(且)—才(哉)

嬛 媢

包二·一七四 黄子— 人名

嬛

曾一七四 —駟爲左驂

新甲三·八、一八 癸—(亥)之日

新甲三·二〇四 癸—(亥)之日

新乙四·一〇五 丁—(亥)之日

新零·二五七 乙—(亥)之日

新零·二九四、四八二 丁—(亥)之日

娭

包二·六六 不逜登姷之子—以廷

如

信一·〇四 附—蟾

信一·〇四 相保—笭

郭·緇·一九 —其弗克見

郭·五·四五 —(諾),莫敢不如(諾)

郭·五·四五 如(諾),莫敢不—(諾)

上(四)·内·八 —从(從)㠯(己)迟(起)

旻

清(一)·金·九 禾斯—(偃)

清(五)·殷·一九 畱(留)邦—(偃)

妝

郭·緇·二三 毋以卑(嬖)御息(塞)—(莊)句(后)

上(一)·紂·一二 毋㠯(以)辟(嬖)御書—后

嫌

包二·一七五 妾婦—

姓 姪

包二·一七七 妾婦— 人名

婁

包二·五 新官—頸犬
包二·二五 玉—搩 人名
包二·三七 福昜剌尹之州里公—毛受
郭·成·二七 亦非又（有）譯—以多也

上（二）·容·三七 —（僂）
上（二）·容·二 —（僂）者坆譽
包二·二五九 二緹—皆紕純

望二·一一 僕—紫☐
包二·一六四 —逗 人名
包二·一六二 —恔

包二·一六四 —鼩 人名
包二·一七三 —灉 人名

包二·一七九 門—悲 人名
包二·一九 鄢正—對虜受几
包二·六六 鄢正—鄰串受几
包二·四八 王— 人名

包二·一七九 疆馯—閒
包二·一八五 —逌 人名
包二·一八七 —産 人名
包二·六五 王—逯 人名

包二·六九 王—
包二·七四 王—逯
包二·一二八 —恔 人名
包二·一四一 —恔

上（七）·君甲·四 宮妾㠯（以）十百—
上（七）·君乙·四 宮妾㠯（以）十百—

上（六）·競一〇 亓（其）人—（數）多已
上（三）·彭·二 大筌（匡）之—

包二·一六一 廄仿司馬—臣
包二·一六一 廄仿弁—佗
包二·七五 美陵正—邵奇受几
包二·一四三 正—恔

包二·一九二 —逼 人名
郭·成·五 是古（故）畏（威）備（服）型（刑）罰之—（屢）行也

郭·語一·九〇
—(數),不𦘔(盡)也

新甲三·二九四、零·三三四
攻—連爲攻人受六臣

郭·語二·四四
名,—也

姦

包二·一八三
欿戰郃邑公—

妥

望二·九
白□之—訓

清(一)·祭·一二
亦岂(美)恣(懋)—(綏)心

上(三)·中·一四
—(綏)層

清(一)·程·七
—(綏)用多福

妖

上(二)·容·三八
—北迲(去)亓邦

嬔

包三·八九
胃取其妾—

妭

包二·一九一
妾婦— 人名

見《集韻·支韻》。

娕

包二·一八一
少妾— 人名

見《集韻·霰韻》。

鞍

包二·六六
不逞登—之子娭以廷

嬞

新甲三·二六八
老—(童)、祝☐

新乙一·二二
老—(童)、祝韓(融)、空(穴)酓(熊)

嫭

包二・一八五
五子— 人名

婋

包二・三五
不逕—以廷

包二・二一七
—酓 神祇名

包二・二三七
—酓

望一・一二一
—酓

清(一)・楚・二
—(游)裳(徜)羊(徉)

婁

九・五六・四六
□—

媰

要

郭・五・一六
—(淑)人君子

見《廣韻・屋韻》。

嫯

帛乙六・一八
—之以素降

婸

天卜
▨之—

見《方言》卷六。

嬰

上(三)・周・四七
—(鞏)用黃牛之革

姒

清(一)・程・一
大(太)—夢見商廷隹(惟)棶(棘)

清(一)・程・二
吾(巫)衔(率)敕(祓)大(太)—

娱

清(五)・厚・九
—(保)教明悳(德)

清(五)・厚・一一
今民莫不曰余—(保)孚(教)明悳(德)

嫎

清(五)・湯丘・一
又(有)郙(莘)—(媵)以少(小)臣

毋

包二·二一四 賽禱新—(母)

包二·二三三 尚—又羕

包二·二三六 —又柰

信一·〇六一 ☑心—☑

包二·二四七 —又柰

信一·〇三八 —教之七戠

秦九九·三 瘢—死與妻子女☑

信一·〇四 —倨

秦一三·一 賽禱五祼以至新父—肥豢

秦一三·一四 尚—又咎

包二·二三二 穿(躬)身尚—又咎

包二·二二一 邵宮尚—又羕

包二·二二六 躳身尚—又咎

包二·二三四 竆身尚—又咎

信一·〇四五 ☑—賵善☑

秦九九·九 王—至新☑

秦九九·一一 王—

秦一三·一 ☑父—

郭·成·二九 毀(襄)我二人，—又(有)合才(在)音(言之誤)

郭·性·六二 慮谷(欲)困(淵)而—愮

郭·性·六二 身谷(欲)青(静)而—訬

郭·性·六三 窗(貌)谷(欲)壯(庄)而—杲(拔)

郭·性·六〇 —蜀(獨)言

郭·性·六〇 言及則明，㫗之而—愮

郭·性·六四 谷(欲)皆閔(文)而—愮

郭·性·六四 進谷(欲)孫(遜)而—攷(巧)

郭·性·六四 悳(憂)谷(欲)僉(儉)而—惛

郭·性·六五 退谷(欲)尋而—巠(輕)

郭·性·六〇 凡交—剌(裂)

郭·性·六〇 凡於路—愄(畏)

郭·性·六一 句(苟)—(無)大害

秦九九·一〇 訓至新父—疾

郭·五·四八 —貳尔心

新甲三·一九八、一九九—二 —爲忧

新甲三·一一二 尚—又(有)米

望一·三九 尚—死

新甲三·一一三 —又(有)☐

新甲三·一五一 之頭(夏)栾，—又(有)大咎☐

新甲三·二四七、二七四 —又(有)大咎

新甲一·一二 還返尚—又(有)咎

新甲三·四〇 ☐—死

新甲三·一四三 ☐尚—爲蚘(忧)

新甲三·一五五 栾，—又(有)大咎。占☐

新甲三·二二九 ☐□返尚—又(有)咎

新甲三·三八 ☐尚—又(有)咎，占☐

新甲三·一一七、一二〇 尚—又(有)大咎

新乙一·一九 尚—又(有)大咎

新乙四·一〇三 尚—☐

新乙四·八五 尚—又(有)咎

新乙一·九、乙二·一七 尚—又(有)咎

新乙四·六〇 ☐陵，尚—又(有)☐

新乙四·三〇、三二 ☐□爾𤯍—害爾☐

新乙四·四〇 尚—又(有)咎☐

新零·二一〇—一 ☐尚—☐

望一·九 尚—爲大蚤

包二·一九七 悳—又咎

包二·一九九 悳—又咎

包二·二〇七 尚—又咎

望一·四〇 —以其古又咎

望一·四〇 尚—以其古又咎

上(二)·從(甲)·一五 毋𢍏(弃)毋褫(號)、毋惻(賊)、—悋(貪)

新甲三·一三一 尚—死☐

新甲三·五八 午之日尚—癠。占之：…☐

上(一)·性·三一 句(苟)—害

新乙一·三一、二五 聿(盡)七月尚—又(有)大☐

上(一)·性·二七 退谷(欲)緊(?)而—翌(輕)

上(一)·性·二七 甬(用)心悳(德)而—茍

上(一)·性·二七 凡身谷(欲)害(静)而—遳(動?)

上(一)·性·二八 言谷(欲)植(直)而—瀿(流)

上(一)·性·二八 居仉(處)谷(欲)牂(壯)蒚(?)而—曼

郭·緇·二三 毋—以卑(嬖)士息(塞)大夫

郭·緇·二三 —以卑(嬖)御息(塞)妝(莊)句(后)

上(一)·性·三〇 凡於道逄(路)—愄(畏)

上(一)·性·三〇 凡交—剌(拔)

上(一)·紂·一二 —㠯(以)少(小)悬(謀)敗大惹

上(一)·紂·一二 —㠯(以)辟(嬖)士讎夫=(大夫)向(卿)使(士)

上(一)·紂·一二 —㠯辟(嬖)御讎妝后

上(二)·容·二〇 思民—寇(惑)

上(二)·從(甲)·一九 從事而—說

上(二)·從(甲)·一九 鐈滄而—飲

上(二)·從(乙)·二 —占(佔)民贍(斂)則同

上(二)·昔·一 大(太)子朝君=(君,君)之—俤(弟)是相

上(二)·昔·一 大(太)子前之—俤=(母弟,母弟)送

上(二)·昔·一 大(太)子—俤(弟)

九·五六·四二 —㠯(以)舍人貨於外

上(三)·彭·二 戒之—喬(驕)

上(三)·彭·八 —向梪

上(三)·彭·八 —劭毀(賢)

上(四)·內·六 父—所恖=(憂憂)之

上(四)·內·八 父—又(有)疾

上(四)·內·九 孝子事父—

上(四)·曹·三七 —因筐(爵)

上(五)·姑·五 虐(吾)—又(有)它

上(五)·姑·七 台(以)義—售(舊)

上(五)·姑·九 與亓—

上(五)·君·六 凡目—遊

上(五)·君·六 —欽毋去

民

上（五）·君·七 脊—癹（廢）毋肩（痌）

上（五）·君·七 身—躳（偃）毋倩（静）

上（五）·君·七 行—坒（眂）毋敹（摇）

上（五）·君·七 足—豙（墜）毋高

上（五）·君·七 足毋豙（墜）—高

上（五）·弟·八 莫新（親）虖（乎）父—

上（五）·弟·七 虐錭父—之喪

上（六）·競·七 —尃青（情）

上（六）·孔·一三 大為—槑（聑）

上（七）·武·一〇 —堇（勤）弗志

上（七）·鄭甲·四 —㠯（以）城（成）名立（位）於上

上（七）·鄭乙·五 —敢厶（私）門而出

上（七）·吳·七 —敢又（有）迲（避）逨之羿（旗）

郭·緇·二二 毋—以少（小）悔（謀）敗大愭（作）

包二·二四三 —又柰

包二·二四五 —又柰

包二·二二八 穿身尚—又咎

包二·二三〇 窮身尚—又咎

包二·二三九 —又柰

上（二）·民·一 幾（凱）俤君子，民之父—（母）

上（二）·民·一 敢䎽（問）可（何）女（如）而可胃（謂）民之父—（母）？

上（二）·民·三 「民之父—（母）虖（乎）」

上（二）·民·一二 爲民父—（母）

帛乙五·二五 卉木—人

帛乙八·一二 恭—未智

帛乙八·二二 母童群—

帛乙一二·一 —則又穀

帛乙一二·一七 —人弗智戠

帛乙九・二二 建恆褱—

帛乙一〇・三四 下—之祍

帛乙一一・二三 —祀不⿰爿言

郭・尊・一 民虐(乎)—侖(倫)

郭・尊・一三 則—果以巠(輕)

郭・尊・一二 善者—必衆

郭・尊・一三 則—弗悳(德)清牆(壯)

郭・尊・一五 則—少以叟(吝)

郭・尊・一五 則—力罷(啚)以衒利

郭・尊・一六 則—進善安(焉)

郭・尊・一六 則—湯(?)悃遠豊(禮)亡新(親)息(仁)

郭・尊・二三 —余憲(害)智訂(治)民復—(體)民

郭・尊・二三 訂(治)—復豊(體)民

郭・尊・二三 君—者

郭・尊・二五 訂(治)—非還(率)生(性)而已也

郭・尊・二六 —五之方各(格)

郭・尊・三五 慢(緩)不足以安—

郭・尊・三四 弃(龏之誤，讀爲「恭」)則—不悁(怨)

郭・尊・五 堣(禹)以人道訂(治)其—

郭・尊・一四 則—埶(褻)陵張(長)貴以忘

郭・尊・一四 則—埜(野)以静(争)

郭・尊・二〇 可孝(教)也而不可迪(由)其—

郭・尊・二〇 而—不可𣥁(止)也

郭・尊・二一 —可貞(使)道(由)之

郭・尊・三一 —不可或(惑)也

郭・尊・三二 惠則—材足

郭・六・四七 ☐人—

郭・六・四九 貞(使)—相新(親)也難(難)

郭·六·三八 君子不帝（謫）明虘（乎）—（萌）散（微）而已

郭·六·四〇 是古（故）先王之𡥆（教）—也

郭·六·四一 不㚖（使）此—也悳（憂）其身

郭·六·四一 是古（故）先王之𡥆（教）—也

郭·緇·六 古（故）君—者

郭·語四·二一 而—弗害也

郭·性·五二 未譥（教）而—亙（恆）

郭·性·五二 未賞而—懽（勸）

郭·性·五三 貧而—聚安（焉）

郭·性·五三 戔（賤）而—貴之

上（二）·容·六 甚緩而—備（服）

上（二）·容·八 於是虐（乎）訇（始）語堯天地人—之道

上（二）·容·一九 因—之欲

上（二）·容·二〇 思—毋𡨦（惑）

上（二）·容·二二 㠯爲—之又（有）詓（訟）告者䵻（鼓）焉

上（二）·容·二九 —乃賽

上（二）·容·二八 天下之—居奠（定）

上（二）·容·二九 —又（有）余（餘）飤（食）

上（二）·容·三六 —乃宜肙（怨）

上（二）·容·四八 豐、喬（鎬）之—䎽（聞）之

上（二）·容·四三 無萬（勵）於—

上（二）·容·四四 思—道（蹈）之

上（二）·容·四八 乃埅（降）文=王=（文王，文王）時故時而孥（教）—時

上（二）·容·五二 而㝵（得）遊（失）行於—之唇（脵）也

上（二）·容·七 禾（和）衆（懷）㠯逑天下之—

上（二）·容·四九 思—不疾

上（二）·民·一 「幾（凱）俤吾子，—之父母」

上(四)·內·一〇
—之經也

上(四)·曹·五
則不可㠯不攸(修)政而善於—

上(四)·曹·六
則不可㠯不攸政而善於—

上(四)·曹·一二
兼㤅(愛)萬(萬)—

上(四)·曹·二〇
毋穫(獲)—旹(時)

上(四)·曹·二〇
毋敓(奪)—利

上(四)·曹·二二
—之父母

上(四)·曹·三五
則—新(親)之

上(四)·曹·三五
則—和之

上(四)·曹·三七
思銜(帥)受—者(?)

上(四)·曹·四九
不兼畏……於—

上(四)·曹·五二
毋思—矣(疑)

上(四)·曹·五六
—又(有)寳(保)

上(四)·曹·六一
萬(萬)—……□多

上(四)·曹·六三
乃自怹(過)㠯敓(悅)於萬(萬)—

上(四)·曹·六三
非所㠯誊(教)—

上(五)·季·一一
難—能多一矣

上(五)·季·一五
肰則—逘(坐)不善

上(五)·季·一八
丘也昏䎽=田肥—則安

上(五)·季·二〇
救—㠯(以)睬(親)

上(六)·孔·一二
亓(其)易(賜)與罷(覩)之—

上(六)·孔·一四
殹(㕞)舁(與)—之行也

上(六)·孔·二七
而—道(導)之

上(六)·用·一
思—之初生

上(六)·用·四
—日愈(愉)樂

上(六)·用·一二
台(以)—乍(作)康

上（六）·天乙·七 —之儀也

上（七）·武·六 —之反宿（側）

上（七）·君乙·六 胃（謂）之利—

上（七）·吳·五 不能㠯（以）牧—而反志

清（一）·程·八 青（生）—不芽（災）

清（一）·皇·一一 少—用𠷎亡（無）用祀

清（一）·皇·四 百青（姓）萬—

清（一）·皇·六 少—用叚能豙（稼）嗇（穡）

清（五）·厚·一一 今—莫不曰余婇（保）𡥈（教）明悳（德）

清（五）·命·一 □生—而成大命

清（五）·命·三 夫—生而佴（恥）不明

清（五）·命·四 夫—生而樂生穀（穀）

清（五）·命·四 夫—生而痌（痛）死喪

清（五）·命·八 亟（極）命則—陵（墮）乏

清（五）·命·八 亟（極）福則—彔（祿）

清（五）·命·九 亟（極）禍（禍）則—槼（畏）

清（五）·命·九 亟（極）佴（恥）則—𠬝（枳）

清（五）·命·九 亟（極）賞則—貫亓（其）上

清（五）·命·九 亟（極）罰則—多虞（詐）

清（五）·命·一一 以牧堇（萬）—

清（五）·湯丘·三 此可以和—虎（乎）

清（五）·湯丘·五 —人㝅之亓胃虐君可

清（五）·湯丘·八 以和利萬—

清（五）·湯丘·一二 —人諏（趣）貣（忒）

清（五）·湯丘·一三 —人皆紜（脅）禺（偶）㕯（離）

清（五）·湯丘·一四 吾（淑）慈我—

清(五)·湯丘·一六
與—分利

清(五)·湯丘·一七
爲君㤅(愛)—

清(五)·湯丘·一七
㤅(愛)—女(如)紿(台)

清(五)·湯丘·一八
遠—皆亟(極)

清(五)·湯丘·一八
是非㤅(愛)—虎(乎)

清(五)·湯門·八
—乃時生

清(五)·湯門·一四
—長萬(賴)之

清(五)·湯門·一五
疠(病)—亡(無)古(故)

清(五)·湯門·一六
—咸解體自卹(恤)

郭·緇·一
則—臧(咸)放(扐)而型(刑)不屯

郭·緇·一一
古(故)倀(長)—者

郭·緇·六
章好以視—忿(欲)

郭·緇·六
則—不賊(惑)

郭·緇·六
慬(謹)亞(惡)以涸(困)—淫(淫)

郭·緇·七
下—卒担(疸)

郭·緇·八
君以—爲體

郭·緇·八
君好則—忿(欲)之

郭·緇·八
—以君爲心

郭·緇·九
君以—芒(亡)

郭·緇·一七
利(黎)—所信

郭·緇·一八
—此以緐(繁)

郭·緇·二一
—之蔭(葩)也

郭·緇·二五
則—又(有)新(親)

郭·緇·二五
則—不伓(倍)

郭·緇·三三
則—誓(慎)於言

郭·緇·三五 則—不能大其娩(美)而少(小)其亞(惡)
郭·緇·一一 則—至(致)行𠬝(己)以敓(悦)上

郭·緇·二 以視—厚
郭·緇·一〇 少(小)—民亦隹(惟)日悁(怨)
郭·緇·一〇 少(小)—隹(惟)日㥱(怨)

郭·緇·一三 墧(萬)—賸(賴)之
郭·緇·一五 —之菓(柬)也
郭·緇·一六 —具爾瞻(瞻)

郭·緇·一六 則—悳(德)弌(一)
郭·緇·一六 倀(長)—者衣備(服)不改

郭·緇·二三 倀(長)—者𢽤(教)之以悳(德)
郭·緇·二四 則—又(有)懽(歡)心
郭·緇·二四 則—民又(有)孪心

郭·唐·五 效(教)—弟也
郭·唐·二一 受(授)臤(賢)則—遷效(教)而蝺(化)虖(乎)道
郭·唐·四 效(教)—又(有)尊也

郭·唐·二一 不僮(番)而能蝺(化)—者
郭·唐·一八 君—而不喬(驕)
郭·唐·二四 爲—宔(主)也

郭·老甲·一 —利百伓(倍)
郭·老甲·一 —复(復)季(孝)子(慈)
郭·老甲·三 聖人之才(在)—前也

郭·老甲·一九 —莫之命(令)天(而)自均安
郭·老甲·三一 我無事而—自福(富)

郭·老甲·三二 我谷(欲)不谷(欲)而—自樸
郭·老甲·三二 我好青(静)而—自正

郭·老甲·三二 我亡爲而—自蠱(化)
郭·老甲·三 其才(在)—上也

郭·老甲·四 其才(在)—上也
郭·老甲·四 —弗厚也
郭·老甲·四 其才(在)—前也

郭·老甲·四 —弗害(害)也
郭·老甲·三〇 而—爾(彌)畔(叛)
郭·老甲·三〇 —多利器

上(二)·魯·四 木㠯(以)爲—
上(二)·魯·五 爲—
上(二)·魯·六 亡(無)女(如)庻(庶)民可(何)

上(二)·子·三 之童土之莉(黎)—也
上(一)·孔·四 與戔(賤)—而饞之
上(一)·孔·二四 —青(性)古(固)然

上(一)·孔·一六 —青(性)古(固)然
上(一)·孔·二 —青(性)古(固)然
上(三)·中·一九 猷(猶)差(左)—

上(六)·慎·四 —之厚
上(七)·君乙·七 —乍(作)而囟(思)䪢之

上(七)·君乙·七 㠯(以)戳(囂)—又(有)不能也

郭·緇·二 則—青(情)不紅(忒)
郭·唐·四 效(教)—又(有)敬也
郭·唐·四 效(教)—又(有)新(親)也

郭·唐·五 效(教)—孝也
郭·唐·六 效(教)—大川(順)之道也
郭·唐·七 孝之殺,悉(愛)天下之—

郭·唐·一〇 足—羧(養)☐
郭·唐·一二 孫—效(教)也
郭·唐·二一 自生—未之又(有)也

上(一)·紂·一二 —之蘁(絶)也
上(一)·紂·四 歎惡㠯(以)慮—淫
上(一)·紂·五 君맞(好)則—㕣之

上(一)·紂·一
則—咸(咸)㔭(扐)而型(型)不刲

上(一)·紂·二
則—情不弋

上(一)·紂·四
則—不惑

上(一)·紂·五
君目(以)—爲僼(體)

上(一)·紂·五
—目(以)君爲心

上(一)·紂·六
少(小)—亦隹(惟)曰令

上(一)·紂·六
古(故)長—者章志

信一·〇一五
於—利虐(乎)

信一·〇三三
金玉—乃

上(一)·紂·八
蓳(萬)—訞之

上(一)·紂·七
則—至(致)行㠯(己)目(以)兑(悦)上

上(一)·紂·九
—之蘽(葉)也

上(一)·紂·九
—具尔詹(瞻)

上(一)·紂·九
長—者衣備(服)不攺

上(一)·紂·一〇
—此目(以)縷(繁)

上(一)·紂·一三
則—又(有)恙=(恙心)

上(一)·紂·一三
則—又(有)免心

上(一)·紂·一三
則—伓=(不伓)

上(一)·紂·一三
則—又(有)罕(親)

上(一)·紂·一三
則—又(有)忈心

上(一)·紂·一四
「脠(苗)—非甬霝(命)

上(一)·紂·一六
則—言不舍行=(行,行)不舍言

上(一)·紂·一七
則—訢(慎)於而歡(謹)於行

上(三)·中八
夫—安舊而厍(塚)毖(舉)

上(三)·中·二二
則—懽(歡)丞(承)孛(學)

上（四）·曹·二正 亡又（有）不—
上（四）·曹·二八 則—宜之

清（五）·厚·二 乃降之—
清（五）·厚·三 䛐（問）—之若否
清（五）·厚·四 以庶—隹（惟）政之龏（恭）

清（五）·厚·五 古天降下—
清（五）·厚·五 隹曰其勳（助）上帝亂下—
清（五）·厚·七 隹寺（時）下—堆帝之子

清（五）·厚·七 咸天之臣—
清（五）·厚·九 斯—心難測

清（五）·厚·九 —弋（式）克共（恭）心苟（敬）愄（畏）
清（五）·厚·一〇 隹（惟）所役之司—

清（五）·厚·一〇 敨之—其亡歆（諒）
清（五）·厚·一〇 亡㬎（顯）于—
清（五）·厚·一〇 隹（惟）司—之所取

清（五）·厚·一〇 今—莫不曰余保（保）叏（教）明悳
清（五）·厚·一二 曰天僉（監）司—

清（五）·厚·一二 —弋（式）克苟（敬）悳（德）
清（五）·厚·一三 —曰隹（惟）酉（酒）甬（用）頫（肆）祀

郭·成·一 古之甬（用）—者
郭·成·二 —不從上之命
郭·成·三 古（故）君子之立（莅）—也

郭·成·四 其道—也不窸（浸）
郭·成·五 —弗從之悞（矣）

郭·成·七 則—必有甚安（焉）者
郭·成·九 則—鮮不從悞（矣）

郭·成·一五 是以—可敬道（導）也

郭·成·一五 —之從之也難

郭·成·一七 則—谷（欲）其智之述也

郭·成·一七 則—谷（欲）其福（富）之大也

郭·成·一八 —必因此厚（重）也，以復之

郭·成·一八 則—谷（欲）其貴之上也

郭·成·二四 —簹（孰）弗從

郭·成·二八 此以—皆又（有）眚（性）而聖人不可莫（慕）也

上（二）·魯·二 庶（庶）—智（知）敚（説）之事

上（二）·子·七 坴（叏、俊、舜）丌（其）可胃（謂）受命之—矣

上（四）·內·附 則—又（有）豊（禮）

上（四）·相·二 敢昏（問）—事

上（五）·季·一 𦔻=之從事者於—之[上]

上（五）·三德·一 —共力

上（五）·三德·五 —乃囂死

上（五）·三德·六 舉=（興興）—事

上（五）·三德·六 —之所憙（喜）

上（五）·三德·一五 聚（驟）敚—旹（時）

上（五）·三德·二〇 —之所欲

上（五）·三德·二三 臨—㠯悬（仁）

清（一）·尹至·二 —沈（噂）曰余及女（汝）皆岂（亡）

清（一）·尹至·三 亓（其）又（有）—銜曰隹我棘（速）禍（禍）

清（一）·尹至·五 頣图—内（入）于水曰嘼（戰）

清（一）·尹誥·一 頣自薦亓又（有）—

清（一）·尹誥·一 非—亡與戰（守）邑

清(一)·尹誥·二
乓辟复(作)悬(怨)于—

清(一)·尹誥·三
今隹(惟)—遠邦逯(歸)志

清(一)·尹誥·三
虐可(何)复(祚)于—

清(一)·耆·四
庶—和同

清(一)·耆·五
毆(緊)—之秀

清(二)·繫·二
萬—弗刃(忍)于乓(厥)心

清(二)·繫·一五
西豊商盍之—于邾虐

清(二)·繫·一七
周公既豊殷—于洛邑

清(二)·繫·一八
以侯殷之夌(餘)—

清(二)·繫·一三二
楚人歸奠(鄭)之四牺軍與亓(其)萬—於奠(鄭)

清(三)·説下·四
迺弗悬(虞)—

清(三)·説下·五
亓(其)又迺司四方—不(丕)克明

清(三)·説下·六
迵(恫)眔(瘝)少(小)—

清(三)·説下·九
余不克辟萬—

清(三)·琴·一〇
迺是(禔)隹(惟)—

清(三)·芮·三
載聖(聽)—之繇

清(三)·芮·五
君子而受柬萬—之咎

清(三)·芮·七
夫—甬(用)悥(憂)惕(傷)

清(三)·芮·七
—之伐(賤)矣

清(三)·芮·九
—不日幸

清(三)·芮·一二
坪(平)和庶—

清(三)·芮·一五
萬—具(俱)憖(憖)

清(三)·芮·一九
—所訞訛(僻)

清(三)·芮·二〇
—之閘(關)閟(閉)

清(三)·芮·二一
料和庶—

清(三)·芮·二四
—甬(用)戾𦘔(盡)

清(三)·芮·二五
—亦又(有)言曰

清(三)·芮·二六
—多勤(艱)𪲔(難)

清(五)·殷·一二
古—人迷亂(亂)

清(五)·殷·一四
走(上)卲(順)穆而敬(警)—之行

清(五)·殷·一五
尃(輔)—之悠(化)

清(五)·殷·一五
—觀(勸)毋皮(疲)

清(五)·殷·一六
同—之力

清(五)·殷·一七
恵—由壬(任)

清(五)·殷·一九
和—甬(用)政(正)

清(五)·殷·二〇
神—莫責

清(五)·殷·二二
牧—而馯(御)王

清(五)·殷·二四
敢龠疋—古(胡)曰昜(揚)

清(五)·殷·二六
神—並蠢而九惃所聚

清(五)·殷·二七
—之有𦔻(晦)

清(五)·殷·二八
龏(恭)神袋(勞)—

清(三)·芮·二三
—乃望(嗥)囂

九·五六·四一
秎(利)㠯(以)內(入)人—(民)

九·五六·四五
宜人—(民)

九·五六·四九
窨尻(居)南北不利人—(民)

上(二)·從(乙)·二
毋占(佔)—(民)贍(歛)則同

上(六)·孔·一二
亓易與罡(覞)之—

上(六)·孔·一八
—舊(久)昏(問)學

上(二)·從(甲)·一
—(民)皆㠯爲義

上(二)·從(甲)·八
罰則—(民)逃

上(二)·從(乙)·二
則—(民)不情(怨)

上(二)·從(甲)·六
不恵則亡(無)㠯聚—(民)

上(二)·從(甲)·八
愄(威)則—(民)不道

弗

上(二)·從(甲)·二
而—(民)或弗義

上(二)·容·五—六
卌=(三十)又(有)七年而—(泯)冬(終)

弗

包二·一五六
左尹宄以其不得執之處—熊詣

郭·老甲·一七
爲而—志(恃)也

郭·老甲·一七
成而—居

郭·老甲·一七
萬勿(物)隻(作)而—忖(始)也

郭·老甲·一八
是以—去也

郭·老甲·一八
天埅(地)—敢臣

郭·老甲·一八
天(夫)唯—居也

郭·老甲·二七
智(知)之者—言

郭·老甲·二七
言之者—智(知)

郭·老甲·三三
攫鳥猷(猛)獸—扣(敂)

郭·老甲·三三
蜎蠆虫(虺)它(蛇)—蠚(螫)

郭·老乙·九
—大英(笑)

郭·老丙·七
—娩(美)也

郭·老丙·一四
而—敢爲

郭·緇·一九
我—迪聖

郭·緇·一九
如其—克見

郭·緇·三一
君子—言

郭·緇·三一
君子—行

郭·緇·四四
虐(吾)—信之矣

郭·緇·四六
龜啚(筮)猷(猶)—智(知)而皇(況)於人虖(乎)

郭·語一·五八
—爲，此非也

郭·語四·一五
唯(雖)戁(難)之而—亞(惡)

帛乙一〇・二 母—或敬

帛乙一二・一九 民人—智戠

郭・五・七 善—爲亡近(忻)

郭・五・八 智—思不得

郭・五・七 悳(德)—之(志)不成

上(二)・子・一 昔者而—(殁)殜(世)也

郭・五・四二 —能進也

郭・五・三八 又(有)大辠(罪)而—大豉(誅)也

郭・五・三九 又(有)少(小)辠(罪)而—亦(赦)也

郭・窮・二 唯(雖)臤(賢)—行矣

郭・語四・二一 而民—害也

郭・語四・一九 而終—旮「臽(陷)」

上(三)・周・五六 —遇佱(過)之

上(三)・彭・八 忎(恐)—能守

上(四)・昭・二 穉(稚)人—敢歨(止)

上(四)・曹・九 害(曷)又(有)—㝵(得)

上(四)・曹・一〇 害(曷)又(有)—遊(失)

上(四)・曹・四五 死者—收

上(四)・曹・六三 —琗危地

上(五)・君・一 —能少居也

上(五)・弟・九 事而—受者

上(六)・用・五 而亦—能弃(棄)

上(六)・用・二〇 民亦—能望

上(七)・吳・三正 兩君之—㞼(順)

清(五)・湯丘・一〇 此言—或(又)可旻(得)而𦖞(聞)也

包二・一二二 不割既走於前孔—反

包二・一二二 場賈既走於前孔—反

包二・一二二 女返既走於前孔—及

郭·尊·二六
—悘(愛)則戠(𩐡)也

郭·成·四
則其潭(淳)也—深悘(矣)

郭·尊·三三
—勇則亡復

郭·尊·三三
不□則弗𢘅(懷)

郭·性·三七
—得之𡉚(矣)

郭·性·六
唯(雖)又(有)眚(性)心，—取不出

郭·成·五
民—從之悘(矣)

郭·成·六
䌛(由)𨑒(上)之—身也

郭·成·一三
名—得悘(矣)

郭·成·一〇
其重(動)也—多悘(矣)

郭·成·一五
唯(雖)强之—内(入)悘(矣)

郭·成·二一
其𨑥(去)人—遠悘(矣)

郭·成·二一
其悘(疑)也—枉(往)悘(矣)

郭·成·二四
民篙(孰)—信

郭·成·二四
民篙(孰)—從

郭·性·四七
—牧不可

郭·六·七
唯(雖)堯求之—得也

郭·六·一六
憦(勞)其𦸗(股)忲(肱)之力—敢單(憚)也

郭·六·一七
危(委)其死—敢悘(愛)也

郭·六·一九
終身—改之𡉚(矣)

郭·尊·二九
交矣而—智(知)也

郭·成·一三
糧—足悘(矣)

包二·一三〇
左司馬郕虞—受

包二·一二三
孔—及

上(三)·中·六
售(雍)也—昏(聞)也

上(三)·中·九
—智(知)𨑴(舉)也

上（四）·曹·八 君—𦘡（盡）
上（五）·鮑·五 公—詰蠱（蠱）
上（五）·三德·六 建五官—散（措）

上（五）·三德·七 皇天—京（諒）
上（五）·三德·七 上帝—京（諒）

上（五）·三德·七 上帝—京（諒）
上（五）·三德·八 唯（雖）成—居
上（五）·三德·一四 —殺（滅）不隉（隕）

上（五）·三德·二二 民莫—信
上（五）·鬼·六 —歓（飤）弗飤（食）

上（五）·鬼·六 弗歓（飤）—飤（食）
上（六）·孔·五 孳=—見也
上（六）·孔·九 不悬（仁）人—旻（得）進矣

上（七）·鄭甲·四 —愄（畏）魂（鬼）神之不恙（祥）
清（一）·程·二 王—敢占

郭·語一·七四 之—也
郭·唐·一 利天下而—利也
郭·唐·一一 羖（養）生而—䲹（傷）
郭·唐·一一 安命而—实（天）

郭·唐·二 利天下而—利也
郭·唐·三 而—利
郭·唐·一九 又（有）天下—能益

郭·唐·一五 旹（時）—可秉（及）歆（矣）
郭·唐·一九 亡天下—能員（損）

郭·唐·二〇 利天下而—利也
郭·忠·一 不恳（欺）—智

郭·忠·五 君子—言尔
郭·忠·二 忠信庳（積）而民—睪（親）信者

郭·忠·五
口叀(惠)而實—从(從)

郭·忠·六
君子—采(由)也

郭·忠·六
君子—申尔

郭·忠·六
忠人—乍(作)

郭·忠·六
信人—爲也

上(一)·紂·一一
我—貴耶(聖)

郭·語三·五
—受也

上(一)·紂·一一
女(如)丌=(其其)—克見

上(七)·鄭乙·四
—愄(畏)魂(鬼)神之不恙(祥)

清(一)·皇·七
廼—肯用先王之明刑

清(一)·皇·七
—卹王邦王豪(家)

清(一)·皇·八
—畏不恙(祥)

清(一)·皇·一二
天用—宔(保)

清(一)·祭·一九
—遴(失)于政

清(二)·繫·二
萬民—刃(忍)于氒心

清(二)·繫·二四
賽(息)侯—訓(順)

清(二)·繫·四
洹王是句弃帝攸—畋

清(二)·繫·六
繡(申)人—敗(畀)

清(二)·繫·三四
乃偯(背)秦公—叏(予)

清(二)·繫·三六
而—能内(入)

清(二)·繫·三七
銜(衛)人—善

清(二)·繫·五二
豫(舍)亓(其)君之子—立

清(二)·繫·六四
郘(趙)嘼(旃)不欲成—卲(召)

清(五)·厚·二
帝亦—孯(鞏)啟之經悳(德)

清(五)·厚·四
天則—臭(斁)

清(五)·厚·六
—甬先劓王孔甲之典刑

清(五)·厚·六
天廼—若(赦)

清(五)·厚·七
廼—悊(慎)氒(厥)悳(德)

清(五)·厚·一〇
廼—畏不恙(祥)

上(一)·紂·一六 䎽=(君子)—言

上(一)·紂·二三 虐(吾)—信之矣

郭·語三·一 其—亞(惡)也

上(一)·紂·一六 䎽=(君子)—行

上(二)·從(甲)·一四 又(有)所不足而不敢—☐

上(七)·武·一二 則—道

清(一)·尹至·二 —㤅(虞)亓(其)又(有)眾

清(一)·尹至·五 湯逨延(征)—僑(服)

清(一)·保·三 忢(恐)—念(堪)夂(終)

清(一)·保·九 光(微)寺(志)—忘

清(一)·金·一一 隹余沓人亦—返智(知)

清(一)·祭·二〇 余隹—记(起)賸(朕)疾

清(三)·說下·四 廼—㤅(虞)民

清(三)·說下·八 —易百青(姓)

清(三)·說下·九 余隹—迭天之叚命

清(三)·琴·一六 —亓顛(墜)㚔(哉)

清(三)·芮·五 所而—敬

清(三)·赤·二 少(小)臣—敢嘗

清(五)·命·八 —智(知)則不行

清(五)·湯丘·八 女(如)我—見

郭·尊·一三 則民—悳(德)清牆(壯)

从周鳳五、陳斯鵬二位先生釋『弗』。

郭·老甲·四 天下樂進而—詀(厭)

郭·老甲·四 民—厚也

郭·老甲·四 民—害(害)也

郭·老甲·七 果而—发(伐)

郭·老甲·七 果而—矜

郭·老甲·七 果而—喬(驕)

郭·老甲·一二 而—能爲

上(四)·曹六〇
—(弗)牺(將)弗克

上(二)·從(甲)·一
昔三—(代)之明王之又(有)天下者

郭·緇·五
其義(儀)不—(忒)

郭·窮·一四
聖(聽?)之—母之白不釐(釐)

郭·魯·四
成孫—曰

郭·魯·二
成孫—見

郭·唐·九
乃—(式)其臣

郭·緇·一三
下土之—(式)

郭·唐·一七
今之—於直(德)者

郭·唐·九
乃—(式)其孝

郭·唐·一二
出—(試)兵革

郭·唐·一八
未年不—(弋)

上(二)·容·五〇
虐(吾)敓(説)而—(代)之

上(二)·容·五〇
虐(吾)伐而—(代)之

上(一)·紂·二
則民情不—(弋)

上(一)·紂·三
𠰱(淑)人義(儀)不—

上(三)·中·一八
昔三—(代)之明王

上(四)·曹·一四
三—(代)之帔皆廌(存)

上(四)·曹·六四
虐一谷斛三—(代)斎=

上(五)·鮑·一
鬯人之所㠯(以)—(代)之

上(五)·鮑·二
周人之所㠯(以)—(代)之

上(六)·用·四
遉相—(弋/代)勛

上(七)·武·七
見而(邇)所—(代)

清(一)·金·一〇
以—(代)武王之敓(説)

清(一)·金·一四背
周公所自以—(代)王之志

悎 也

清（一）·祭·一一 康受亦—（式）甬（用）休
清（三）·說下·九 —（式）隹参（三）悳賜我
清（三）·琴·一一 —（式）克亓（其）又（有）辟

清（五）·命·八 乃室（曠）命以—（代）亓（其）上
清（五）·厚·九 民—（式）克共（恭）心芍（敬）愄（畏）

清（五）·厚·一二 民—（式）克芍（敬）悳（德）
清（五）·殷·二三 —（代）傑（桀）専（敷）又（佑）下方

信二·〇四 一良圓鉼截紡劉縺良馬頁翠—

包二·一三〇 □戠— 秦刻石—字作。
信一·〇七 䎽之於先王之法也
信一·〇一〇 贛賜布—
信一·〇三九 貳畬勻—

信一·〇一八 其谷能有弃—
包二·二〇四 凡此箖—
包二·二三一 少又傴—
郭·成·六 君子之述悳（德）—

郭·尊·五 學非改侖（倫）—
郭·忠·九 女（如）所—
郭·魯·六 交（效）录（禄）雀（爵）者—

郭·尊·五 學㠯（己）—
新甲三·一三八 虘（且）禱—
郭·語一·五八 爲之，此非—

上（一）·性·一四 則犇（馨）女（如）—斯憙（喜）
上（一）·性·一八 哭之數（動）心—

上（一）·性·五 古（故）—
上（一）·性·三一 少枉內（納）之可—
上（一）·性·一四 丌（其）出於情—信

上（一）·性·三一 則勿違（復）言—
上（一）·性·三三 青（性）之方—
上（一）·性·一七 人者—

上（一）·性·三三
㤅（仁）之方—

上（一）·性·二六
㠯（以）猷（猷）者—

上（二）·容·一二
見坴（舜）之臤（賢）—

上（二）·容·二七
於是虖（乎）虞州刣（始）可凥（處）—

上（二）·容·三三
亓生賜羕（養）—

新零·二八〇
☐—也

新甲三·一〇
☐先，少（小）又（有）外言感—

新甲三·一〇
君牺（將）又（有）志成—。☐

新甲三·一三二、一三〇
以其不安於氏（是）凥（處）—

上（二）·容·五二
而㝵（得）遊（失）行於民之唇（朕）—

新甲一·二二
疾罷癀罷—

新甲三·九六
☐迖（遅）—

新乙四·三五
尚自宜訓（順）—

郭·老甲·一三
衍（道）亙（恆）亡爲—

郭·老甲·四
民弗害（害）—

郭·成·四
其道民—不憲（浸）

郭·成·二七
唯（雖）其於善道—

郭·成·六
繇（由）走（上）之弗身—

郭·成·三五
其先也不若其後—

郭·窮·二
堣（遇）告（造）古（故）—

郭·窮·二
天—

郭·窮·三
非爲名—

郭·魯·四
而未之得—

郭·窮·五
堣（遇）周文—

郭·窮·六
堣（遇）齊逗（桓）—

郭·窮·八 堣(遇)楚臧(莊)—
郭·窮·一〇 非亡體(體)壯(狀)—

郭·窮·一四 悳(德)行弌(一)—
郭·尊·三 所以敍(除)𠰻—
郭·尊·三 所以□舉(舉)—

郭·尊·四 𧥣(教)爲可頪(類)—
郭·尊·四 忠爲可信—
郭·忠·四 墜(地)—

上(一)·性·三五 唯人道爲可道(導)—
上(一)·性·三六 㑊之㤅(氣)—

上(一)·性·三九 凡人㤔＝(僞爲)可亞(惡)—
上(三)·亙·一〇 習㠯不可改—
上(三)·亙·一一 而能自爲—

上(四)·采·三 良人亡不宜—
上(四)·采·三 —遺夬(玦)
上(四)·采·四 亓—

上(四)·采·四 之白—
上(四)·内·六 反此𨡴(亂)—
上(四)·内·一〇 民之經—

上(四)·相·四 虗子之答—可(何)女(如)
上(四)·曹·二正 昔堯之鄉(饗)鍪(舜)—
上(四)·曹·一二 而亡又(有)厶(私)—

上(四)·曹·一八 所㠯爲倀(長)—
上(五)·季·二 此君子之大務(務)—

上(五)·季·六 ☐盜(盜)秜(移)肥—
上(五)·季·七 夫時(詩)—者

上(五)·季·七 㠯(以)斤(謹)厚＝(君子)之行—
上(五)·季·八 ☐—縈(縈)

 上(五)·季·一〇 臤(賢)人之居邦豪(家)—

 上(五)·季·一四 則敚(微)言—巳

 上(五)·季·一六 女(如)肎(則)客之事—

 上(五)·季·一八 子之言—巳砫(主)

 上(五)·季·一八 丘—昏聓=田肥民則安

 上(五)·姑·四 虗亡能絧(治)—

 上(五)·姑·七 亡道,正(征)—

 上(五)·君·二 目勿視—

 上(五)·君·三 虗(吾)子可(何)其䐔(惰)—

 上(五)·君·三 虗(吾)是以䐔(惰)—

 上(五)·君·九 蜀智(知)人所亞(惡)—

 上(五)·鬼·一 則㠯亓賞善罰暴—

 上(五)·鬼·三 天下之聖人—

 上(五)·鬼·三 天下之𧹇(亂)人—

 上(五)·鬼·四 虗(吾)弗智(知)—

 上(五)·鬼·四 虗(吾)或弗智(知)—

 上(六)·孔·五 急(仁)亓(其)女(如)此—

 上(六)·孔·一四 戥(𠩜)㫃(與)民之行—

 上(六)·天乙·七 民之儀—

 上(七)·吳·八 㠯(以)墜(陳)邦非它—

 上(七)·吳·八 先王姑每(緐)大配(熙)之邑—

 清(一)·金·三 尔(爾)元孫發—

 清(一)·金·四 不若但(旦)—

 清(一)·金·九 是戠(歲)—

 清(二)·繫·二七 郜侯智賽侯之誘㠯—

 清(二)·繫·四六 我既旻莫(鄭)之門筦—

 清(二)·繫·五一 會卲襄公之弟㾓—于秦

 清(二)·繫·五二 而女牺(將)寘(寘)此子—

 清(二)·繫·七二 齊侯之銮(來)—

 清(二)·繫·七三 老夫之力—

清(二)·繫·七七 墨(黑)要—死
清(三)·祝·一 句(侯)茲某—發陽(揚)
清(三)·祝·三 弢(射)戎—

清(三)·祝·四 弢(射)禽—
清(三)·祝·五 弢(射)音(函)—
清(三)·赤·四 亡(無)不見—

清(三)·赤·四 亡(無)不見—
清(三)·赤·六 是少(小)臣—
清(三)·赤·六 不可飤(食)—

清(四)·筮·四位三三 立(位)—
清(四)·筮·四位三三 立(位)—
清(四)·筮·四位三三 立(位)—

清(四)·筮·軍三四 虘(且)相亞(惡)—
清(四)·筮·四位三六 立(位)—
清(四)·筮·四位三六 立(位)—

清(四)·筮·四位三六 立(位)—
清(四)·筮·卦四二 西方—
清(四)·筮·卦四二 金—

清(四)·筮·卦五一 北方—
清(四)·筮·卦五一 南方—
清(四)·筮·卦五二 火—

清(四)·筮·卦五二 赤色—
清(四)·筮·卦五三 水—
清(四)·筮·卦五三 黑色—

清(四)·筮·卦六〇 東方—
清(四)·筮·卦六〇 木—
清(五)·命·一三 勿(物)氒(厥)耑(權)之欘—

清(五)·湯丘·一〇 君天王之言—
清(五)·湯丘·一〇 此言弗或(又)可旻(得)而䎽(聞)—

清(五)·湯丘·一六 此以自炁(愛)—
清(五)·湯門·一八 五以壐(將)之可(何)—

清（五）·湯門·一九
六以行之可（何）—

郭·五·三九
不行—

郭·五·二五
聖—

郭·五·二五
智—

郭·緇·一一
上好患（仁）則下之爲患（仁）—爭先

郭·語一·一九
人之道—

郭·語一·一〇七—一〇八
各以澹（詹）訂（詞）毀—

郭·語一·五三
義亡能爲—

郭·語一·三八、三九
詩所以會古含（今）之恃（志）—者

郭·語一·四〇、四一
春秋所以會古含（今）之事—

郭·語一·四二
豊（禮），交之行述—

郭·語一·四三
樂，或生或教者—

郭·語一·六四
型非䛠—

郭·語一·七三
悲莌其所—

郭·語一·八七
君臣、朋習（友），其睪（擇）者—

郭·語一·九一
夬（缺）生虖（乎）未得—

郭·語一·九九
亡又（有）自逨（來）—

郭·語二·三八
凡悔（謀），已衔（道）者—

郭·語二·四三
惻（賊），退人—

郭·語二·四三
爯「雩（華）」，自㥯—

郭·語二·四四
名，婁—

郭·語三·八
非又（有）爲—

郭·語三·四
不敓（悅），可去也

郭·語三·六 習(友)，君臣之衍(道)—

郭·語三·七 長弟，孝之紡(方)—

郭·語三·五五 宑(賓)客之用幣(幣)—，非正

郭·語三·三六 悉(愛)，悬(仁)—

郭·語一·八九 多玗(好)者，亡玗(好)者也

郭·語三·四一 迵(踊)，哀也，三迵(踊)廈(文)—

郭·語三·一 君猷(猶)父—

郭·語三·五 弗受—

郭·語三·四五 卯則雄(難)軺(犯)—

郭·語三·四六 彊(强)之尌(尌)—

郭·語三·一三 処(處)而亡[illegible]習—，員(損)

郭·語三·三 君臣不相才(在)—

郭·語三·三七 豊(禮)行之—

郭·語三·四一 迵(踊)，哀—，三迵(踊)，閔(文)也

郭·語三·五四 樂，備悳(德)者之所樂—

上(二)·子·一 宑之子—

上(二)·子·一 昔者而弗(殁)殜(世)—

上(二)·子·一 昔者弗(殁)殜(世)—

上(一)·孔·一 三王者之乍(作)—

上(一)·孔·一 膚(皆)人子—

上(一)·孔·二 訟坪(平)悳(德)—

上(一)·孔·二 而(尔)昏(問)之—

上(一)·孔·二 大題(夏)盛悳(德)—

上(一)·孔·二 寺—

上(一)·孔·三 邦風丌(其)内(納)勿(物)—

上(一)·孔·三 多言難而悹(悁)退(懟)者—

上(一)·孔·三 —

上(二)·子·三 之童土之莉(黎)民—

上(一)·孔·四 民之又戚惓(惓)—

上(一)·孔·四 邦風氏(是)—

上(二)·子·四 虐(吾)昏(聞)夫坴(夋、俊、舜)丌(其)幼—

上(一)·孔·四 丌(其)甬(用)心—腼(將)可(何)女(如)

上(一)·孔·五 曰訟氏(是)—

上(二)·子·五正 堯之取坴(夋、俊、舜)—

上(一)·孔·五 清宙(廟)王悳(德)—

上(二)·子·六 堯㝵(得)坴(夋、俊、舜)—

上(一)·孔·七 文王隹(唯)谷(裕)—

上(一)·孔·七 城(誠)胃(謂)之—

上(二)·子·七 人子—

上(一)·孔·七 城(誠)命之—

上(一)·孔·八 言不中志者—

上(一)·孔·八 皆言上之衰—

上(一)·孔·八 則言讒人之害—

上(二)·子·九 厶(叁)王者之乍(作)—

上(二)·子·九 而丌(其)父戔(賤)而不足爯(偁)—與(歟)

上(二)·子·九 毆亦城(成)天子—與(歟)

上(二)·子·九 而(爾)昏(問)之—舊矣

上(二)·子·九 虘(皆)人子—

上(二)·子·一〇 是禹(禹)—

上(二)·子·一一 觀於伊而旻(得)之重厶(叁)—

上(二)·子·一一 ▨—

上(一)·孔·一一 青(情)蟋(愛)—

上(一)·孔·一一 則智(智)不可㝵(得)—

上(一)·孔·一一 則㠯(以)丌(其)录(禄)—

上(二)·子·一二 是禼(契)—

上(二)·子·一二 又(有)䢦(邰)是(氏)之女—

上(二)·子·一三 是句(后)稷(稷)之母—

上(二)·子·一三 厽(參)王者之乍(作)—女(如)是

上(一)·孔·一六 思古人—

上(一)·孔·一六 卲公—

上(一)·孔·一六 㠯(以)丌(其)蜀(篤)—

上(一)·孔·一八 折杜則情憙(喜)丌(其)至—

上(一)·孔·一八 㠯(以)俞(喻)丌(其)䆫(捐)者—

上(一)·孔·一九 既曰天—

上(一)·孔·二〇 人不可𢍰—

上(一)·孔·二〇 丌(其)陊(離)志必又(有)㠯(以)俞(逾)—

上(一)·孔·二一 贊大車之囂—

上(一)·孔·二一 則㠯(以)爲不可女(如)可(何)—

上(一)·孔·二一 審(湛)露(露)之賹—

上(一)·孔·二一 貴—

上(一)·孔·二二 心女(如)結—

上(一)·孔·二四 后稷之見貴—

上(一)·孔·二四 則㠯(以)文武之悳—

上(一)·孔·二四 㠯(以)□蘐之古(故)—

上(一)·孔·二七 必曰虗(吾)奚舍之賓贈氏(是)—

上(二)·魯·二 視—

上(一)·紂·一五 —

上(三)·中·六 售(雍)也弗昏(聞)—

上(三)·中·九 弗智(知)舉(舉)—

上(三)·中·九 不可不先—

上(三)·中·二三 不可不新(慎)—

上(三)·中·二三 巽華㪯(學)杳(本)—

上（三）·中·二三
所㠯立生—

上（三）·中·附
正—

上（六）·競·一二
虘□晏子是壤（讓）追之言—

上（七）·吳·三正
則君之志—

上（七）·吳·九
皆㣈（敝）邑之昇（期）—

清（一）·金·三
尔（爾）元孫發—

清（二）·繫·三一
欲亓子勬資之爲君—

清（二）·繫·五〇
未可奉承—

清（二）·繫·七七
亓子墨要—或室少盂

清（二）·繫·七八
氏（是）余受妻—

清（五）·湯門·一一
五以㮚（相）之可（何）—

郭·成·一七
古（故）君子不貴辟（僻）勿（物）而貴與民又（有）同—

郭·成·一八
反此道—

郭·唐·一
利天下而弗利—

郭·唐·二
利天下而弗利—

郭·唐·二
聖之盛—

郭·唐·五
效（教）民弟—

郭·唐·五
效（教）民又（有）敬—

郭·唐·六
效（教）民大川（順）之道—

郭·唐·八
悬（仁）而未義—

郭·唐·八
䖒〈虘（皆）〉采（由）此—

郭·唐·一〇
吴（虞）舜其人—

郭·唐·一二
□㶊孫民效（教）—

郭·唐·一三
正（征）不備（服）—

郭·唐·一四
㠯（治）—

郭·唐·一七
智（知）命—

郭·唐·一七
不涑（動）—

郭·唐·一七
㪅（美）—

郭·唐·一九 秉(及)其又(有)天下—
郭·唐·二〇 僮(番)—者

郭·唐·二〇 利天下而弗得利—
郭·唐·二〇 上直(德)受(授)臤(賢)之胃(謂)—

郭·唐·二一 自生民未之又(有)—
郭·唐·二二 古者堯之與舜—

郭·唐·二三 智(知)其能幻(司)天下之長—
郭·唐·二四 古(故)其爲兆(瞽)寞(叟)子—

郭·唐·二四 秉(及)其爲堯臣—
郭·唐·二五 古(故)堯之僮(番)虖(乎)舜—

郭·唐·二五 女(如)此—
郭·唐·二四 爲民宔(主)—
郭·唐·二九 女(如)此—

郭·忠·一 忠厡(積)則可罙(親)—
郭·忠·一 信厡(積)則可信—

郭·忠·三 不伓(倍)死—
郭·忠·五 天也妃(配)天墜(地)—者
郭·忠·六 信人弗爲—

郭·忠·六 君子弗采(由)—
郭·忠·七 君子其它(施)—忠
郭·忠·八 古(故)但(亶)而可受—

郭·忠·八 信,砉(義)之昪「期(基)」—
上(一)·紂·六 則下之爲悬(仁)—静(争)先

上(二)·從(乙)·五 吕竢(待)名之至—
上(一)·紂·一二 不可不敌—
上(二)·從(甲)·九 正(政)耑=(之所)司(治)—

上（二）·從（甲）·一八 是目曰少（小）人惕（易）㝵（得）而難㫚（使）—

上（二）·從（甲）·一八 名難静（争）—

上（二）·從（甲）·一三 君=（君子）相讓（就）—

上（五）·鮑·一 㠯㫚（使）返（及）亓蒄—

上（五）·鮑·二 忘亓（其）迿佝—

上（五）·鮑·八 是戠（歲）—

上（五）·弟·九 虐（吾）䎽（聞）而未之見—

郭·老甲·四 民弗厚—

郭·老甲·一六 高下之相浧（盈）—

郭·老甲·一六 音聖（聲）之相和—

郭·老甲·一五 天下皆智（知）𢼸（美）之爲𢼸（美）—

郭·老丙·一二 人之敗—

郭·老甲·一七 萬勿（物）隻（作）而弗门（始）—

郭·老甲·一六 先後之相墮（隨）—

郭·老甲·一六 戁（難）惕（易）之相成—

郭·老甲·一七 爲而弗志（恃）—

郭·老甲·一八 是以弗去—

郭·老甲·一八 天（夫）唯弗居—

郭·老甲·一九 天埅（地）相會—

郭·老甲·二〇 卑（譬）道之才（在）天下—

郭·老甲·二四 亙（恆）—

郭·老甲·二四 箮（篤）—

郭·老甲·二五 易畔（叛）—

郭·老甲·二五 其未茈—

郭·老甲·二五 其幾—

郭·老甲·二五 易後（散）—

郭·老甲·二五 易悔（謀）—

郭·老甲·二五 易米（持）—

郭·老甲·二五 其安—

郭·老甲·二五 其霍（脆）—

郭·老甲·二六 爲之於其亡又（有）也

郭·老甲·三〇 虗（吾）可（何）以智（知）其肰（然）—

郭·老甲·三四 精之至—

郭·老甲·三四 和之至—

郭·老甲·三七 道之甬（用）—

郭·老甲·三七 返—者

郭·老甲·三七 溺（弱）—者

郭·老甲·三七 道僮（動）—

郭·老甲·三八 不可長保—

郭·老甲·三八 莫能獸（守）—

郭·老甲·三九 天之道—

郭·老乙·二 而百眚（姓）曰伐自肰（然）—

郭·老乙·三 長生售（舊=久）視之道—

郭·老乙·六 態（寵）爲下—

郭·老丙·一一 古（故）無敗—

郭·老丙·二 猷（猶）虐（乎）其貴言—

郭·老丙·五 淡可（呵）其無味—

郭·老丙·五 而不可既—

郭·老丙·七 弗媺（美）—

郭·老丙·九 言以喪豊（禮）居之—

郭·老丙·一二 亙（恆）於其𫊸（且）成—敗之

郭·老甲·二四 居以須復—

郭·五·五 悳（德），天道—

郭·五·五 善，人道—

郭·五·一四 智之思—倀（長）

郭·五·一五 聖之思—翌（輕）

郭·五·一六 慙（慎）其蜀（獨）—

郭·五·一六 其義（儀）罷（一）—

郭·五·一八 又（有）與冬（終）也—

郭·五·一八 ▨子之爲善—

郭·五·一九 聖—

郭·五·一九 善—

郭·五·二四 𦖞（聞）君子道而不智（知）其君子道—

郭·五·一九 又(有)悳(德)者—

郭·五·二四 見臤(賢)人而不智(知)其又(有)悳(德)—

郭·五·二六 聰—

郭·五·二六 聖—

郭·五·二七 義—

郭·五·二七 聖人智(知)而〈天〉道—

郭·五·二七 悳(德)—

郭·五·二七 明—

郭·五·二八 豊(禮)—

郭·五·二八 智—

郭·五·三〇 智—

郭·五·三〇 此之胃(謂)—

郭·五·三〇 悬(仁)—

郭·五·三一 豊(禮)—

郭·五·三一 義—

郭·五·三一 悬(仁)，義豊(禮)所穀(由)生—

郭·五·三二 兑(悦)—

郭·五·三二 顔色伀(容)伇(貌)悃(温)，貞(變)—

郭·五·三三 悉(愛)—

郭·五·三四 遂—

郭·五·三四 植(直)—

郭·五·三五 義—

郭·五·三五 行—

郭·五·三六 嚴—

郭·五·三六 敬—

郭·五·三七 噂(尊)—

郭·五·三七 豊(禮)—

郭·五·三八 東〈柬(簡)〉—

郭·五·三九 又(有)大皋(罪)而弗大豉(誅)—

郭·五·三九 不辯於道—

郭·五·三九 又(有)少(小)辠(罪)而弗亦(赦)—

郭·五·四〇 匿之爲言也猷(猶)匿匿—

郭·五·四〇 匿之爲言—猷(猶)匿匿也

郭·五·四〇 少(小)而訪〈診(軫)〉者—

郭·五·四〇 大而晏者—

郭·五·四一 匿，悬(仁)之方—

郭·五·四一 矛(柔)，悬(仁)之方—

郭·五·四一 此之胃(謂)—

郭·五·四二 弗能進—

郭·五·四四 胃(謂)之墫(尊)臤(賢)者—

郭·五·四五 心之返—

郭·五·四八 此之胃(謂)—

郭·五·四八 天—

郭·五·五〇 好豊(禮)者—

郭·五·五〇 好悳(德)者—

郭·五·五〇 好義者—

郭·語三·二五 悉(義)，膳(善)之方—

郭·語一·五六 不可爲—

郭·語一·五六 爲弟，此非弟—

郭·語一·五六 而不可不爲—

郭·語一·五五 爲孝，此非孝—

郭·太·二 聖人之從事—

郭·太·二 侌(陰)昜(陽)復相補(薄)—

郭·太·三 溼澡(燥)復相補(薄)—

郭·太·三 倉(滄)然(熱)復相補(薄)—

郭・太・三 四時復補(薄)—

郭・太・五 神明之所生—

郭・太・五 天埅(地)之所生—

郭・太・六 大(太)一之所生—

郭・太・一〇 下，土—

郭・太・一〇 道亦其志(字)—

郭・太・一〇 上，燹(氣)—，而胃(謂)之天

郭・緇・二〇 而賏(富)貴已𨓚(過)—

郭・緇・二〇 大臣之不新(親)—

郭・緇・三六 躳(允)—君子

郭・緇・三六 不可爲—

郭・緇・三六 臺—大成

郭・緇・三九 其義(儀)弌(一)—

郭・緇・四六 不可爲卜筶(筮)—

郭・窮・三 堣(遇)先(堯)—

郭・窮・一三 善伓(否)，㠯(己)—

上(一)・紂・一八 墨(臺)—大埅(成)

郭・語三・五三 臤(賢)者隹(唯)其止—以異

郭・老甲・四 其才(在)民上—

郭・老甲・一六 長耑(短)之相型(形)—

上(三)・彭・七 賊者自賊—

上(六)・天乙・二 義之䚄(兄)—

郭・成・二 是君子之於言—

郭・成・三 古(故)君子之立(莅)民—

此類字與『只』字同形，讀爲『也』。

郭・成・九 其膺(存)—不㕟(厚)

郭・成・一〇 是古(故)君子之求者(諸)㠯(己)—深

郭・成・一〇 其重(動)—弗多悆

郭・成・一六 而不可弇(掩)—

郭・成・一六 而不可孯(掔)—

郭·成·一六 是以民可敬道（導）—

郭·成·一八 則民谷（欲）其福（富）之大—

郭·成·二〇 是古（故）谷（欲）人之悉（愛）㠯（己）—

郭·成·二〇 谷（欲）人之敬㠯（己）—

郭·成·二二 害（盖）言疾—

郭·成·二一 其悘（疑）—弗枉（往）悘（矣）

郭·成·二三 孪（免）之述—

郭·成·二三 强之工—

郭·成·二三 訂（詞）之工—

郭·成·二三 鐘之穽（弇）—

郭·成·二五 此言—

郭·成·二六 言信於衆之可以淒（濟）悳（德）—

郭·成·二七 亦非又（有）譯妻以多—

郭·成·二七 則猷（猶）是—

郭·成·二八 及其尃（溥）長而厖（厚）大—

郭·成·三〇 害（盖）言寅之—

郭·成·三三 害（盖）此言—

郭·成·三六 其勳（勝）也不若其已—

郭·成·三七 惟君子道可近求而可遠向—

郭·忠·八 忠，息（仁）之實—

郭·忠·八 古（故）䜌（孿）罪（親）尃（溥）—

郭·六·一 息（仁）、宜（義）—

郭·六·一 聖、智—

郭·成·三九 害（蓋）此言—

郭·成·三三 言余之此而宅（托）於天心—

郭·六·一一 智（知）其以又（有）所逼（歸）—

郭·六·三
叀(使)之又(有)向—

郭·六·一〇
既又(有)夫六立(位)—

郭·六·一七
忠者，臣悳(德)—

郭·六·一六
憦(勞)其莽(股)忲(肱)之力弗敢單(憚)—

郭·六·一七
危(委)其死弗敢炁(愛)—

郭·六·一九
夫悳(德)—

郭·六·一九
智—者

郭·六·二〇
以信從人多—

郭·六·二一
聖—者

郭·六·二一
子—者

郭·六·二四
六者客(各)行其戠(職)而岳(獄)訠(犴)亡繇(由)迮(作)—

郭·六·二五
新此多—

郭·六·二六
頟此多—

郭·六·二六
悬(仁)、内—

郭·六·二六
宜(義)，外—

郭·六·二六
豊(禮)樂，共—

郭·六·二七
内立(位)父、子、夫—

郭·六·二七
外立(位)君、臣、婦—

郭·六·二七
爲父—

郭·六·二八
袒字爲宗族—

郭·六·三二
猷(猶)更更—

郭·六·三三
害(蓋)亡(無)不以—

郭·六·三三
少而寮多—

郭·六·三三
是以更—

郭·六·三七
外内皆得—

郭·六·三八
緍(昏)所繇(由)迮(作)—

郭·六·四〇
是古(故)先王之𧦝(教)民也

郭·六·四一
不叀(使)此民—悳(憂)其身

郭·六·四一 孝，𠈷(本)—

郭·六·四一 是古(故)先王之孥(教)民—

郭·六·四八 不得其人則止—

郭·六·四九 㝵(使)民相新(親)—戁(難)

郭·尊·七 埅(地)之道—

郭·尊·一八 夫生而又(有)戠(職)事者—

郭·尊·一九 古(故)終是勿(物)—，而又深安(焉)者

郭·尊·二〇 可孥(教)—而不可迪(由)其民

郭·尊·二〇 而民不可歨(止)—

郭·尊·二一 忠信日益而不自智(知)—

郭·尊·二三 可從也而不可及—

郭·尊·二三 可從—而不可及也

郭·尊·二四 猷(猶)狊之亡適—

郭·尊·二四 悳(惠)裟(勞)之篡(軌)—

郭·尊·三一 民不可或(惑)—

郭·尊·三二 不時則亡懽(勸)—

郭·尊·三六 上好是勿(物)—

郭·尊·三七 古(故)悳(德)可易而攺(施)可遭(轉)—

郭·性·二 則勿(物)取之—

郭·性·四 眚(性)—

郭·性·五 勿(物)取之—

郭·性·五 埶(勢)—

郭·性·六 凡心又(有)志—

郭·性·八 剛之梪—

郭·性·八 而學或㝵(使)之—

郭·性·九 𧮫(教)㝵(使)肰(然)—

郭·性·九 四海（海）之內，其眚（性）弌（一）—

郭·性·九 柔取之—

郭·性·二 埶（勢）—

郭·性·二 勿（物）—

郭·性·一一 古（故）—

郭·性·二 兑（悅）—

郭·性·二 宜（義）—

郭·性·一二 習—

郭·性·一二 衍（道）—

郭·性·一三 群善之蓏（蕝）—

郭·性·一三 習—者

郭·性·一三 義—者

郭·性·一四 又（有）以習其眚（性）—

郭·性·一六 豊（禮）、樂，又（有）爲皇（舉）之—

郭·性·二三 其訂（詒）宜（儀）道—

郭·性·一六 時（詩），又（有）爲爲之—

郭·性·一九 或興之—

郭·性·二四 則惛女（如）—斯奮

郭·性·二五 則誖（悖）女（如）—斯戁（歎）

郭·性·二五 則免（勉）女（如）—斯僉（儉）

郭·性·二六 喟女（如）—

郭·性·二六 其居即（次）—舊

郭·性·二七 司其悳（德）—

郭·性·二七 其出內（入）—訓（順）

郭·性·二八 皆𧦝（教）其人者—

郭·性·二九 悠（哀）、樂，其眚（性）相近—

郭·性·三〇 其剌（烈）戀（連）戀（連）女（如）—

郭·性·三〇 哭之數（動）心—濈（浸）潑

郭·性·三三 谂(吟)游㤺(哀)—

郭·性·三三 喿(噪)游樂—

郭·性·三三 𢦏(戲)游心—

郭·性·三四 迮(舞)，憙(喜)之終—

郭·性·三七 求其心又(有)爲—

郭·性·三八 誨(敏)，宜(義)之方—

郭·性·三八 可智(知)—

郭·性·四二 唯人衍(道)爲可衍(道)—

郭·性·四四 又(有)其爲人之卽卽(節節)女(如)—(慄)

郭·性·四七 又(有)其爲人之㤅女(如)—

郭·性·四九 新(慎)，息(仁)之方—

郭·性·五一 又(有)媺(美)青(情)者—

郭·性·五二 含福者—

郭·性·五三 又(有)悳(德)者—

郭·性·五三 又(有)衍(道)者—

郭·性·五四 又(有)内禮者—

郭·性·五六 攸(修)身者—

郭·性·五八 以猷者—

郭·性·五八 以悳(德)者—

郭·性·五九 凡兑(說)人勿㥌(吝)—

郭·性·二〇 或舍(叙)爲之即(節)則度(文)—

上(四)·昭·八 或昏死言僕見膞之倉—

上(四)·昭·九 此則僕之皋(罪)—

上(五)·競·一〇 二人—

上(七)·君甲·八 君王唯不長年可(何)—

上(七)·君乙·七 䰟(鬼)亡不能—

郭·語三·二〇 春秋亡不以其生—亡耳

郭·語三·六六上 亡亡遜(由)—者

氏

上(一)·紂·九 不可不斱(誓)—
上(一)·紂·一八 夋—君子
上(一)·紂·二二 丌(其)惡—又(有)方

上(一)·紂·二 爲下可頍而凿(志)—
上(一)·紂·九 民之蘗(蘗)—

上(一)·紂·一一 大臣之不罕(親)—
上(一)·紂·二〇 丌(其)義(儀)一—
上(一)·紂·一二 民之蘁(絶)—

上(一)·紂·二 爲上可齐而鉽(知)—
上(一)·紂·八 下之事上—

包二·一三 大宧痎内—筹
包二·一二七 大宧痎内—筹
曾一二三 一—裪
曾一三七 一—裪

郭·忠·八 —(是)古(故)古之所以行虐(乎)閔嘍者
上(一)·孔·二七 必曰虐(吾)奚舍之賓贈—(是)也

上(一)·孔·二七 中—君子
新甲三·一一一 —(是)日國(或)☐
新甲三·一三二、一三〇 以其不安於—(是)尻(處)也

新甲三·一六五 ☐逯(徙)去—(是)尻(處)也
新甲三·二〇〇 —(是)月之☐
新零·四二〇 ☐□於—(是)尻(處)☐

上(四)·采·三 霝—
上(四)·曹·六四 虐(吾)言—(是)不(否)
上(六)·慎·六 —(是)吕君=(君子)苜方

清(二)·繫·一四 飛曆東逃于商盍—
清(二)·繫·七八 —(是)余受妻也
清(二)·繫·一〇二 晉人㬈又軋—与中行氏之禤

清(二)·繫·一〇二 晉人㬈(且)又(有)軋氏与中行—之禤
清(三)·說中·一 王齣(原)比—(厥)夢

清（一）·尹至·二 亓（其）又（有）句（后）—（厥）志亓（其）倉（爽）

清（一）·尹誥·一 亦隹（惟）—（厥）眾

清（一）·尹誥·二 —（厥）辟复（作）悁（怨）于民

清（一）·保·五 —（厥）又敀于上下遠埶

清（一）·保·七 甬（用）受（授）—（厥）緒

清（一）·保·四 自詣（稽）—（厥）志

清（一）·保·八 又易伓（服）—（厥）臯

清（一）·耆·八 悆—（厥）醴（禋）明（盟）

清（一）·皇·三 以肅（助）—（厥）辟

清（一）·皇·五 是人斯既肅—（厥）辟

清（一）·皇·七 至于—（厥）逡嗣立王

清（一）·皇·七 以豪（家）相—（厥）室

清（一）·皇·一〇 以不利—（厥）辟乓（厥）邦

清（一）·皇·一〇 以不利乓（厥）辟—（厥）邦

清（一）·皇·一〇 以自霝（落）—（厥）豪

清（一）·祭·一一 盛（成）—（厥）社（功）

清（一）·祭·一一 亦尚扈（宣）臧—（厥）心

清（一）·祭·一二 戓（戡）—（厥）敵（敵）

清（二）·繫·二 萬民弗刃（忍）于—（厥）心

清（三）·説上·一 王命—（厥）百攻（工）向

清（三）·説上·二 —（厥）卑（俾）繆（繃）弓

清（三）·説上·二 —（厥）敚（説）之脜（狀）

清（三）·説中·五 才（在）—（厥）辂（落）

清（三）·説中·七 隹（惟）戎（干）戈生（眚）—（厥）身

清（三）·芮·一 —（厥）辟钺（御）事各縈（營）亓身

清（三）·芮·一六 莫爯（稱）—（厥）立（位）

清（三）·芮·一八 各恚（圖）—（厥）羕（永）

清（五）·命·一〇 凡—（厥）六者

氒

清(三)·說下·四
—(厥)亓忑(禍)亦羅于罿罘

清(五)·命·一三
勿(物)—(厥)耑(權)之檲(屬)

郭·緇·三
好—(是)貞(正)植(直)

新甲三·四一
▨—(是)日

上(一)·孔·四
邦風—(是)也

上(一)·孔·五
曰訟—(是)也

上(一)·孔·五
—(是)也

上(一)·孔·一六
虗(吾)㠯(以)菁[illegible]㝵(得)—初之詩

上(一)·孔·二二
丌(其)義一—

上(三)·彭·七
—(是)胃(謂)益愈

上(三)·彭·七
—(是)胃(謂)百眚(姓)

上(三)·彭·七
—(是)胃(謂)敓(遺)旻(殃)

上(三)·彭·八
—(是)胃(謂)醟(絶)縩(輟)

帛甲一·一五
—□僋

郭·緇·三七
其集大命于—(厥)身

上(三)·周·一一
—(厥)孚洨(交)女(如)

上(六)·用·六
是龏(恭)—身

上(六)·用·一一
冒還—壁

清(一)·楚·三
—(厥)揗(狀)曌(聶)耳

清(五)·厚·六
真(顛)㣛(覆)—(厥)悳

清(五)·厚·六
廼述(墜)—(厥)命

清(五)·厚·六
亡—(厥)邦

清(五)·厚·七
廼弗忞(慎)—(厥)悳

清(五)·厚·八
廼虔秉—(厥)悳(德)

清(五)·厚·一一
—(厥)复(作)隹(惟)枼(葉)

清(五)·厚·一一
廼洹(宣)弔(淑)—(厥)心

清（五）·厚·一二 若山—（厥）高

清（五）·厚·一二 若水—（厥）㴱（深）

清（五）·厚·一二 —（厥）升女（如）右之服于人

清（五）·封·二 向（尚）昏（純）—（厥）悳（德）

清（五）·封·二 訟（悠）光—（厥）剌（烈）

清（五）·封·三 鲞（鳌）—（厥）猷

氏

上（二）·容·五三背 訟（容）城（成）—（氏）

清（一）·楚·一 —（抵）于空（穴）竆（窮）

清（一）·楚·三 —（抵）今日楚人

清（一）·楚·五 —（抵）今日栾

清（一）·楚·八 —（抵）今日郢

戈

包二·二六一 一—

牌四〇六·四

秦一·五 二—

天策 二—

天策 郙—

天策 黄金之—

天策 二—

望二·五〇 一耑—

曾三 二戟—屯一翼之䎡

曾六一 二戟—屯猣羽之翻

曾六 二—

曾一〇 二—

曾一五 二—

曾二七 二—

曾三〇 二—

曾八四 二—

曾四〇 二—

曾九一 二—

曾一〇一 二—

曾一〇三 二—

曾一〇六 一—

帛甲四·二 四神相—

帛乙一一·六 敬之毋—

信二·〇二八 四—

天策 鑵—

郭·唐·一三 虽（夏）用—

清（三）·說中·六 隹（惟）戏（干）—复（作）疾

清（三）·說中·七 隹（惟）戏（干）—生（眚）乎（厥）身

戎

郭・成・一三
—(農)夫柔(務)飤(食)不强耕

上(五)・弟・二〇
又(有)—植其槈而訶(歌)安(焉)

上(六)・用・一四
克轍—事

清(二)・繫・四
—乃大敗周𠂤(師)于千畓(畝)

清(二)・繫・六
曾(繒)人乃降西—

清(二)・繫・二五
—乃大敗周𠂤于千畓

清(三)・祝・三
㹧(射)—也

曾一七九
—洛

上(二)・容・一
釿(神)—(農)是(氏)

上(二)・容・三九
坓(升)自—(?)述(遂)

上(三)・周・三八
莫(暮)譽(夜)又(有)—

清(一)・耆・六
复(作)訶(歌)一夂(終)曰䫱=(䫱䫱䫱䫱)—備

清(一)・皇・六
—兵以能興

清(一)・皇・九
卑(譬)女(如)—夫

清(二)・繫・四三
曾(繒)人乃降西—

清(三)・說上・六
是爲赤(赦)敫(俘)之—

清(三)・說中・六
复(且)隹口迟(起)—出好

清(三)・芮・一〇
寇(寇)—方晉

戰

戋

上(三)・中・二〇
孚您(過)—析

上(四)・曹・一六
亓城固足㠯—(捍)之

清(三)・說中・六
隹(惟)—(干)戈复(作)疾

清(三)・說中・七
隹(惟)—(干)戈生(眚)氒(厥)身

榦

䧹

曾六
二—(戟)

曾九
二—(戟)

曾一四
一—(戟)

曾一七　一—(戟)

曾三〇　一—(戟)

曾三三　一—(戟)

曾三七　一—(戟)

曾六一　一—(戟)

曾六八　一—(戟)

曾九一　一—(戟)

曾九九　一—(戟)

戝

曾六二　一—(戟)

戟

天策　一—(戟)

天策　二—(戟)

天策　一—(戟)

包二·六一　戝—　人名

包二·二六九　七署車—(戟)戩羽

包二·二七三　二—(戟)

包牘一　絑縞七署,車—(戟)戩习一署

借筆。

戣

上(一)·紂·一〇　鍨(執)我—₌(戟)

从陳偉先生釋『戟』。

賊

⿱則戈

上(三)·彭·七　—者自賊也

上(三)·彭·七　賊者自—也

戍

清(二)·繫·四一　—敎(穀)

清(二)·繫·四二　伐衞(衛)以敓(脫)齊之—及宋之回(圍)

清(二)·繫·四五　秦人豫—於奠(鄭)

清(二)·繫·四六　奠(鄭)人敢北門之笑於秦之—人

戰

郭·窮·四
—監門丕(來)Ջ(地)

郭·成·六
—與型(刑)人

上(四)·曹·一三
虐(吾)欲與齊—

戰

郭·老丙·一〇
—勑(勝)則以喪豊(禮)居之

新甲三·二九六
黃竈昜爲晉、帀(師)—於長▨

上(四)·曹·一八
必又—(戰)心㠯獸(守)

上(四)·曹·一九
不可㠯—(戰)

上(四)·曹·三二
既—(戰)牁(將)斆(量)

上(四)·曹·三八
—(戰)又(有)㬎(顯)道

上(四)·曹·四〇
此—(戰)之㬎(顯)道

上(四)·曹·四三
—(戰)又(有)幾(忌)虐

上(四)·曹·四四
此—(戰)之幾(忌)

上(四)·曹·四四
矣(疑)—(戰)死

上(四)·曹·四四
既—(戰)又(有)幾(忌)虐

上(四)·曹·四五
既—(戰)而又怠=(殆心)

上(四)·曹·四五
此既—(戰)之幾(忌)

上(四)·曹·四六
遉敗—(戰)又(有)道虐

上(四)·曹·四九
此三者足㠯—(戰)虐(乎)

上(四)·曹·五〇
遉盤—(戰)又(有)道虐(乎)

上(四)·曹·五三
此遉(復)盤—(戰)之道

上(四)·曹·五三
遉(復)甘—(戰)之道

上(四)·曹·五四
遉故—(戰)又道虐

上(四)·曹·五五
此遉(復)故—(戰)之道

清(二)·繫·三五
与(與)惠公—(戰)于䩫(韓)

戲　或

戲

清（二）·繫·五五 秦公以—（戰）于驪峀之古
清（二）·繫·五五 銜𠂤（師）爲河曲之—（戰）
清（二）·繫·八四 與吴人—（戰）于析
清（二）·繫·一一七 與晉𠂤（師）—（戰）於長城
清（二）·繫·一二八 與之—（戰）於珪（桂）陵
清（二）·繫·一三〇 牺（將）與之—（戰）
清（二）·繫·一三四 與晉𠂤—（戰）於武昜城下
清（二）·繫·一三八 晉楚以—（戰）
清（四）·筮·十七命六二 曰—日成日行
清（三）·芮·四 康—而不智萱（蕭）告
清（五）·殷·二五 —（虐）怪（淫）自嘉而不縷（數）

或

包二·一二〇 —殺下鄰人舍睪
包二·一三〇 恒思少司馬邦（？）勳—以足金六匀舍棊
帛乙一〇·三 母弗—敬
天卜 戊申—又閒
上（一）·紂·七 四—（國）川（順）之
郭·老甲·二 —命之
新甲一·一六 卒歲—至夏
新甲二·一九、二〇 —爲君貞
新甲三·八七 卒歲—至頭（夏）柰☐
新甲三·一一〇 —以肩薳（竈）求亓（其）祭（説）
新甲三·一一二 —爲君貞
新甲三·一一二 —爲君貞
新甲三·一三二、一三〇 ☐—爲君貞
新甲三·一八四—二 —爲君貞
新甲三·二二四 —受三匿
新乙一·一三 —斝禱於盛武君、命（令）尹之子璥
新乙二·四五 臢—☐
新零·二二一、甲三·二一〇 卒（卒）歲—至頭（夏）柰之月
新零·二七〇 ☐—蓳（遯）彭定之[説]☐

上（二）·子·五正
—𠭁（以）慶而遠

郭·語一·四三
樂，或生—教者也

清（一）·耆·八
周公—夜箴（爵）㽙（酬）王

清（一）·皇·二
又—（國）之折王則不共于卹

清（二）·繫·五
王—取孚（褒）人之女

清（二）·繫·二一
翟人—涉河

清（二）·繫·三一
—讓惠公及文公

清（二）·繫·三三
里之克—（又）殺悼子

清（二）·繫·七七
亓子墨要也—（又）室少盄

清（二）·繫·八〇
吴人女（焉）—（又）服於楚

清（二）·繫·八八
—（又）攸（修）成

清（二）·繫·八八
王—（又）叏宋右帀芋孫兀行晉楚之成

清（二）·繫·一二八
𥛚城洹𢀾君衒犢闈之𠂤與上—（國）之𠂤

清（三）·芮·一〇
—因斬椅（柯）

清（三）·芮·二七
莫我—聖（聽）

清（五）·命·二
—司不義而墜（降）之禍（禍）

清（五）·湯丘·一〇
唯（雖）臣死而—（又）生

清（五）·湯丘·一〇
此言弗—（又）可旻（得）而𦖞（聞）也

清（五）·湯丘·一一
湯—（又）𦖞（問）於少（小）臣

清（五）·湯丘·一三
湯—（又）𦖞（問）於少（小）臣

清（五）·湯丘·一四
湯—（又）𦖞（問）於少（小）臣

清（五）·湯丘·一六
湯—（又）𦖞（問）於少（小）臣

清（五）·湯丘·一七
湯—（又）𦖞（問）於少（小）臣

清（五）·湯丘·一八
湯—（又）𦖞（問）於少（小）臣

清（五）·湯門·三
湯—（又）𦖞（問）於少（小）臣曰

清（五）·湯門·五
湯—（又）𦖞於少（小）臣曰

清（五）·湯門·七
五月—收（褎）

清（五）·湯門·一〇
湯—（又）𦖞（問）於少（小）臣

清（五）・湯門・一一 湯—（又）𠭁（問）於少（小）臣

清（五）・湯門・一四 唯（雖）成—（又）澀（瀆）

清（五）・湯門・一七 湯—（又）𠭁（問）於少（小）臣

清（五）・湯門・一九 湯—（又）𠭁（問）於少（小）臣

清（五）・殷・五 高宗乃—（又）𠭁（問）於彭且（祖）曰

清（五）・殷・九 既窜（回）—㞢（止）

清（五）・殷・二四 高宗—（又）𠭁（問）於彭且（祖）曰

郭・性・一〇 —長之

郭・性・一〇 —萬（厲）之

郭・性・一〇 —逆之

郭・性・一〇 —羕（養）之

郭・性・一〇 —出之

郭・性・一〇 —室（實）之

郭・性・一九 —舍（叙）爲之即（節）則閔（文）也

郭・性・八 而學—臾（使）之也

郭・性・一九 —興之也

郭・性・三九 眚（性）—生之

郭・六・三八 —以智（知）其弌（一）壴（矣）

郭・六・二一 —從而孥（教）悔（誨）之

郭・尊・三〇 —埶（藝）之外

郭・尊・三〇 —羕之

郭・老甲・二 —虐（呼）豆（屬）

郭・老乙・三 員（損）之—員（損）

郭・老乙・七 或[可]（何）……

郭・尊・三一 民不可—（惑）也

郭・尊・三〇 —侖（論）之

上（二）・魯・五 —甚於我

上(一)·紂·五
隹(惟)秉—(國)

上(一)·紂·二
則君不惎(疑)亓(其)臣=(臣，臣)不—(惑)於君

上(二)·容·五二
—亦记(起)帀(師)目逆之

上(一)·性·三三
青(性)—生之

新零·五八四、甲三·二六六、二七七
卒(卒)歲—至▨

郭·語三·四二
—遊(由)其闢(避？)

郭·語三·四三
—遊(由)其可

郭·語三·四二
—遊(由)其不聿(進？)

九·五六·二八
必—䜌(亂)之

清(五)·厚·四
—律(肆)祀三后

清(五)·殷·二八
唯(雖)会(陰)—(又)明

戓

包二·一三五反
郘之戰客—執僕之䚻昒

郭·語四·二七、二七背
至之—至之

郭·語四·二七、二七背
內(入)之—內(入)之

郭·語一·四三
樂，—生或教者也

郭·語一·一九
—遊(由)外內(入)

郭·語一·一九
—遊(由)中出

郭·語一·二三
—生於內

郭·語一·二三
—生於外

郭·太·六
—而或▨

新甲二·八
▨宼(悶)，卒(卒)歲—至夏栾

上(二)·從(甲)·一二
必—智(知)之

上(一)·孔·二〇
—前之而后交

上(二)·魯·四
亓(其)欲雨—甚於我

上(二)·從(甲)·二
而民—弗義

上(二)·魯·四
—(何)必寺(持)虗(乎)名虗(乎)

上(二)·魯·五
—(何)必寺(持)虗(乎)名虗(乎)

戔

清(一)·祭·一二 —(戡)氒(厥)戠(敵)

清(一)·耆·一 大—(戡)之

清(五)·湯丘·一三 虐(吾)—(戡)虽(夏)女(如)紂(台)

戮

信一·〇一 戔人夅上則刑—至

帛丙一一·四 —不義

上(七)·君甲·九 受(紂)幽萬—(戮)死於人手

上(七)·君乙·八 受幽萬—(戮)死於人手

郭·尊·三 殺—(戮)

戡

郭·性·四二 思爲—(甚)

構形借筆。

戕

包二·一六七 —郢

包二·一六九 —郢

从黄錫全先生释戕。

包二·一六九 —郢

包二·一七〇 —郢

包二·一七二 —郢

包二·一八五 —郢 地名。郕爲戕之異體。

武

包二·一六九 —陵戲尹之人翏足

包二·一七五 —城人番噬耳

包二·一九二 —貴墨 人名

包二·二四六 自畬鹿以帝(適)—王

信一·〇三〇 ☐聞之也—又☐

帛丙一·四 —☐☐其敔

帛丙二·四 女此—

郭·性·二五
雚(觀)丕(賚)、—

郭·性·二八
丕(賚)—樂取(趣)

郭·窮·四
堣(遇)—丁也

九·五六·四三
敢告□紟之子—殭

上(一)·孔·二四
則𠬝(以)文—之悳也

上(一)·性·一七
—樂取

上(二)·从(乙)·六
不—則志不遷(匿)

上(二)·子·一二
帝之—尚吏

上(二)·子·一二
乃見人—

上(二)·容·四九
—王即立(位)

上(二)·容·四九—五〇
—王曰

上(二)·容·五〇—五一
—王於是虖(乎)复(作)爲革車千鞁(乘)

上(二)·容·五一
—王乃出革車五百鞁(乘)

上(二)·容·五二
—王於是虖(乎)素完(冠)免(冕)

新乙一·一三
或𦥑禱於盛—君

上(四)·曹·六三
魂(鬼)神勭—

上(六)·競·九
公退—夫亞(惡)聖人

上(六)·天甲·五
文会(陰)而—昜(陽)

上(六)·天乙·四
文会(陰)而—昜(陽)

上(七)·武·三
—王西面而行

上(七)·武·五
—王䎽(問)之忎(恐)恖(懼)

上(七)·武·一一
—王䎽(聞)於大(太)公䚕(望)曰

上(七)·武·一二
—王齋七日

上(七)·武·一三
—王北面而逿(復)䎽(問)

清(一)·程·六
引(矧)又勿亡𥝤(秋)明—褔(威)

清（一）·耆·一　—王八年

清（一）·耆·四　方戚（臧）方—

清（一）·耆·五　方戚（臧）方—

清（一）·耆·七　戚（臧）—悉=（赳赳）

清（一）·金·一　—王既克髲（殷）三年

清（一）·金·六　臺（就）遂（後）—王力（陟）

清（一）·金·一〇　王夏周公之所自以爲社以弋（代）—王之敓（說）

清（一）·金·一四背　周—王又（有）疾

清（一）·皇·三　廼方救巽罕元—聖夫

清（一）·祭·四　刺（烈）且（祖）—王

清（一）·祭·六　孳由巠夅于文—之曼悳

清（一）·祭·八　以余少子颺（揚）文—之剌

清（一）·祭·一〇　隹（惟）—王大敗（敗）之

清（一）·祭·一二　隹（惟）文—中大命

清（一）·祭·一二　我亦走（上）下卑（譬）于文—之受命

清（一）·祭·一五　不（丕）隹（惟）文—之由

清（一）·楚·七　至—王酓鱻自宵遷居免

清（二）·繫·一　昔周—王監觀商王之不龏帝=

清（二）·繫·一〇　—公卽殜（世）

清（二）·繫·一〇　奠（鄭）—公亦政（正）東方之者（諸）侯

清（二）·繫·一三　周—王既克髲（殷）

清（二）·繫·一三　—王陟，商邑興反殺三監而立彔子耿

清（二）·繫·九六　命尹子木會邻文子—

清（二）·繫·一二六　是（寘）—鴋（陽）

清（二）·繫·一三三　王命坪亦悼—君銜自戠晉

清（二）·繫·一三四　愳（魏）繐（擊）銜自（師）回（圍）—鴋（陽）

清（二）·繫·一三四　遂（魯）昜公銜（率）自（師）栽（救）—昜（陽）

戠

清(二)·繫·一三四 與晉𠂤戰於—昜(陽)之城下

清(二)·繫·一三五 坪亦(夜)恖(悼)—君

清(二)·繫·一三六 楚𠂤牺(將)栽—昜(陽)

清(二)·繫·一三七 王命坪亦悼—君孶人於齊陳淏求𠂤

清(二)·繫·一三七 以從楚𠂤(師)於—昜(陽)

清(三)·說中·一 —丁朝于門

清(三)·說中·二 —丁曰來各(格)女(汝)敚(說)

清(三)·芮·一四 以—丞(及)恿(勇)

清(三)·良·二 —丁又(有)敁(傅)鵍(說)

清(三)·良·四 —王又(有)君奭

清(三)·祝·四 陽(揚)—卽救(求)尚(當)

清(三)·祝·五 陽(揚)—卽救(求)尚(當)

清(五)·殷·二二 音色柔丂(巧)而睹(叡)—不冈

包二·一八 贏洛公角—之

包二·二六 正羅壽—之

包二·三二 旦塙—之

包二·三四 泥忻—之

包二·四九 義筐—之

包二·七七 正義牢—之

包二·八二 郯洛公—之

包二·八〇 泥期—之

包二·八五 足吉—之

包二·八九 秀齊—之

包二·九一 足忻—之

包二·九七 義牢—之

包二·九〇 正秀齊—之

天卜 —牛

包二·一一九反 宵懷—之

包二·一三九反 命濬上之—獄爲陰人舒湦睘

包二·一四二 鄝齊—之

新甲三·五一 ☐—牛，樂之

包二·八四 正義弫—之

包二·八八 旦稅—之

包二·九六 正足期—之

包二·一四五 宋䣄—歸之客

包二·五九 秀免—之
包二·四〇 鄴弫—之
望二·一八 白金之阩—☐
天卜 賽禱白朝—犕

天卜 賽禱惠公—豢
天卜 —豢
包二·二一四 —牛
包二·二二四 —牛
包二·二一四 —豢

包二·二〇〇 —牛
包二·二〇〇 —豢
包二·二〇〇 —豬
包二·二一五 —豬
天卜 —豢

望一卜 —牛
新甲三·二四三 頙(夏)社—牛
包二·一二八反 —言市以至
包二·一二八反 其詧(察)，—言市旣以返郢

郭·六·二四 六者客(各)行其—(職)而岳(獄)訬(犴)亡繇(由)迮(作)也
郭·尊·一八 夫生而又(有)—(職)事者也

郭·六·九 此六—(職)也
郭·六·一〇 六—(職)既分
清(三)·說下七 女(汝)母(毋)非貨女(如)—(埴)石

包二·二〇四 —豬
包二·二〇三 —牛
包二·二〇三 —[illegible]

包二·二四三 —牛
包二·二四八 —豢

包二·一二八 由一—獄之宔以至命不至命
包二·一五七 詧(察)䆊大梁之—舊之客苛=坦=言胃
包二·二四〇 —牛
包二·二四〇 —豢

秦一三·五 —牛
包二·三九 正疋忻—之

戠

曾八一 —白罕

與戠異文。

戔

戋

信一・〇一
—人畬上則刑戮至

信一・〇二
—人剛恃

信一・〇六四
☐—可☐

郭・老甲・二九
亦可不可得而—(賤)

郭・性・五三
—(賤)而民貴之

郭・成・三四
毀(讓)而処—(賤)

郭・緇・四四
翟(輕)幽(絕)貧—(賤)

郭・緇・一八
而信其所—(賤)

上(一)・孔・四
與—(賤)民而豼之

上(二)・子・九
而兀(其)父—(賤)而不足叟(偁)也與(歟)

上(一)・性・二三
—(賤)而民貴之

上(二)・容・五
上下貴—(賤)

上(二)・容・六
堯—(賤)貤(施)而旹=(時時)

上(二)・容・四一
於是虐(乎)叚(亡)宗鹿(戮)族—(殘)羣焉備(服)

上(四)・内・一〇
爲—(賤)必聖(聽)貴之命

上(四)・曹・二一
貴—(賤)同壵(待)

上(五)・三・德四
—(殘)亓新(親)

上(五)・三德・五
少(小)邦則—(剗)

上(五)・鬼・六
毀折鹿—(踐)

上(六)・用・一四
台(以)異(翼)四—(踐)

上(六)・天甲・六
戟(戟)帓(陳)—(踐)亡

上(六)・天乙・五
戟(戟)帓(陳)—(踐)亡

上(七)・君乙・一
君王又(有)白玉三回而不—(殘)

上(七)・君乙・二
虐(吾)釚(罕)又(有)白玉三回而不—(殘)才

上(七)・君乙・一
命爲君王—(賤)之

清(二)・繫・一一〇
戊(越)公句—(踐)克吴

戉

清(二)·繫·一一〇 —(越)公句戔(踐)克吴

清(二)·繫·一一一 —(越)人因衮(襲)吴之與晉爲好

清(二)·繫·一一一 以與—(越)命尹宋槑于邪

清(二)·繫·一一三 灼狗衔㠯與—(越)公株句伐齊

清(二)·繫·一一三 —(越)公宋公敗齊㠯于襄坪

清(二)·繫·一一三 至今晉—(越)以爲好

清(二)·繫·一二〇 鬼𠚗繫衔㠯與—(越)公殹(翳)伐齊

清(二)·繫·一二〇 齊與—(越)成

清(二)·繫·一二〇 —(越)公與齊侯貣明于魯稷門之外

清(二)·繫·一二一 —(越)公内(入)亯(饗)於魯

清(五)·命·七 又(有)鈙(斧)—(鉞)

清(五)·命·七 以亓(其)斧—(鉞)尚(當)天之禍(禍)

⿰奇戈

郭·老甲·二九 以—(奇)甬(用)兵

戨

郭·老甲·三一 人多智(知)天(而)—(奇)勿(物)慈(滋)记(起)

从奇省聲。

⿱列戈

曾四 宫廄敍—所馭聳聹膢輪

曾·九三 虓—之霥

⿱𠣏戈

郭·語三·二八 則悬(仁)—(治)者至亡閒(間)

郭·語三·三〇 愍(愛)—(治)者皋(親)

郭·語三·三一 智—(治)者賨(寡)㥪(悔)

⿱㠯戈

郭·語三·二六 —「䛐(治)」者至亡閒(間)

郭·語三·三三 兼行則—「䛐(治)」者中

郭·語三·三二 —「䛐(治)」者卯

⿱⿰丰丰戈

新甲三·三八〇 ☐視䙴—尹☐☐

上(三)·周·二二 班車—(衛)

上(四)·逸·交四 㠯(以)自爲—(慧)

戡

上（六）·孔·一七
堎（閈）輂（車）—（衛）

上（六）·用·六
是—（衛）戔亓（其）又（有）綸絽（紀）

清（三）·芮·一四
—（衛）想（相）社禝（稷）

[illegible]

帛甲三·八
山陵不—

帛甲三·二三
以爲其—

[illegible]

上（四）·昭·九
楚邦之良臣所—（慧）

包二·一三五反
陰之—客郙（捕）得冒，卯自殺

包二·一三八
陞罢與其—客，百宜君，大㚖連中

包二·一三五反
陰之—客或執笀（僕）之䎽挋

㦸

包二·一三八反
由（思）挋之—敘於挋之所誅。與其—，又情不可誅

郭·緇·一九
執我—戟

郭·緇·四三
君子好—（逑）

上（六）·天乙·五
—（戟）帗（陳）戔（踐）亡

清（一）·耆·六
克燮—（仇）戳（讎）

清（二）·繫·八
晉文侯—（仇）乃殺惠王于虢（虢）

清（三）·琴·四
甬（用）—（仇）亓（其）又（有）辟

清（三）·芮·一四
燮（燮）—（仇）攺（啓）䣓（國）

戲

新甲三·六四
☐☐少（小）臣成奉𧡨—

戭

包二·二六九 五䎉—三䎉

包二·二七二 臼—

包二·二七三 二—，皆戠二䎉

包牘一 五䎉—(穙)

貟爲楚之爨字。

𢧀

上(四)·曹·三二 飤(食)—(輂)兵

𢨋

上(四)·曹·五一 則—尾剔(傷)亡

𢧢

上(五)·競·一〇 或㠯(以)豎(豎)退(刁)与(與)—(易)𦥑(牙)爲相

𢧮

上(五)·三德·二〇 付(?)之不—

𢨏

上(六)·用·一六 縷亓(其)又(有)—(威)頌(容)

戵

上(七)·吳·六 才(在)攼(披)—(敾)之閈(間)

清(一)·耆·六 克燮戡(仇)—(讎)

清(三)·芮·一三 畏燮(燮)方—(讎)

戥

清(一)·程·四 朋棶(棘)—(𣪊)杍(梓)松

𢧐

清(一)·尹至·五 自西—(捷)西邑

清(一)·尹誥·二 我—(捷)滅(滅)頙(夏)

戕

清(三)·説中·三 —(捷)嗇(蠢)邦

清(一)·皇·六 —(并)祀天神

清(一)·楚·三 巹(巫)—(并)賅(該)亓(其)臘(脅)以楚

臧

清(一)·祭·六 甬(用)—(畢)盛(成)大商

臧

清(一)·金·九 大木斯—(拔)

清(一)·金·一三 凡大木斎=(之所)—(拔)

戠

清(一)·祭·一二 戓(戡)氒(厥)—(敵)

戋

清(三)·芮·一 氒(厥)辟—(御)事各縈(營)亓身

清(三)·赤·一五 以—(御)白兔

戔

清(三)·芮·一八 疋(胥)—(箴)疋(胥)悬(謀)

戚

郭·語一·三四 豊(禮)繁樂霝「霝(零)」則—(蹙)

郭·尊·七 —(造)父之馸(御)馬

清(五)·湯門·九 燹(氣)—(促)乃老

慼

上(一)·性·一九 —(戚)肰(然)㠯(以)冬(終)

从濮茅左先生：『慼』，當爲『戚』之異體。

我

𢦔

郭·老甲·三二 —亡爲而民自𢧢(化)

郭·老甲·三二 —好青(静)而民自正

郭·老甲·三一 —無事而民自福(富)

郭·老甲·三二 —谷(欲)不谷(欲)而民自樸

郭·老丙·二 而百眚(姓)曰—自肰(然)也

郭·緇·一八 執—栽栽

郭·緇·一八 女(如)不—得

郭·緇·一九 —既見

郭·緇·一九 —弗迪聖

郭·緇·一九 亦不—力

郭·緇·四一 人之好—

郭·緇·四二 旨—周行

郭·緇·四六 —龜既猒(厭)

郭·唐·九 —(義)而未悬(仁)也

郭·六·一五 非—血燹(氣)之新(親)

郭·六·一五 畜—女(如)其子弟

郭·成·二九 毀(襄)—二人，毋又(有)合才(在)音

郭·語一·二二 —(義)生於道

郭·語一·一〇五连九九 —行悈者

郭·語三·四九 思亡不𨒙(由)—者

郭·語三·五二 膳(善)日過(化)—

上(一)·紂·一〇 皮(彼)求—則

上(一)·紂·一〇 𢇛(執)—𢧐

上(一)·紂·一一 —弗貴耶(聖)

上(一)·紂·一〇 亦不—力

上(一)·紂·二 —既見

上(一)·紂·二一 人之玗(好)—

上(一)·紂·二一 覞—周行

上(一)·紂·二四 不—告猷一

上(一)·紂·二四 —龜既猒(厭)

上（二）・魯・四　丌（其）欲雨或甚於—
上（二）・魯・五　或甚於—
上（二）・民・八　魂（威）—（儀）𡰥=（遲遲）

上（二）・民・一一　魂（威）—（儀）𡰥=（逮逮）
上（二）・民・一三　魂（威）—（儀）異=（翼翼）

新甲三・一一、二四　▨昔—先出自𨛭遺
新甲三・一七九　中蓍（春）竽—之里一冢▨

新乙三・三三　▨爲箸告—𥎦所取於□▨
新零・二一七　自—先=（先人）
新零・三〇二　▨之少多—飤▨

郭・五・一〇　—心則□
上（三）・周・二四　觀—敚（微）頤
上（三）・周・四五　爲—心寒

上（四）・采・一　子奴思—
上（四）・逸・多一　鮮—二人
上（四）・曹・三九　—兵必砥礸（礪）

上（四）・曹・三九　—㦻（甲）必緊（堅）
上（四）・曹・三九　—吏（使）夫=（大夫）

上（四）・曹・三九　—吏（使）𨠭（將）軍
上（四）・曹・四〇　—君身進
上（五）・姑・三　者（諸）戾（侯）畜—

上（五）・姑・三　君貴—
上（五）・姑・三　而受（授）—衆

上（五）・弟・四　莫—智（知）也夫
上（五）・弟・一一　剸（宰）—昏（問）君子
上（五）・鬼・六　—（俄）曰虞（虗）喬唬

上（六）・平・五　—及含（今）可（何）若
上（六）・平・六　女（如）—㝵（得）𡥈（免）

上(七)·鄭乙·四　—牺(將)必囟(思)子彖(家)
上(七)·吳·一　而慙(慎)鹽(絶)—二邑之好

上(七)·吳·五　酱(衍)敢居—江完(干)
上(七)·吳·九　—先君蓋(闔)廬……

清(三)·祝·二　兹—絰(嬴)
清(三)·説下·七　上下罔不—義(儀)
清(五)·湯丘·八　女(如)—弗見

清(五)·湯丘·九　夫人母(毋)以—爲訇(怠)於亓事虎(乎)
清(五)·湯丘·九　—訇(怠)於亓(其)事

清(五)·湯丘·一四　罟(淑)慈—民
郭·語三·五　不—(義)而加者(諸)已

郭·語四·六　母(毋)命(令)智(知)—
上(二)·魯·一　子不爲—圂(圖)之
清(二)·繫·二五　君耊(來)伐—

清(二)·繫·四六　—既旻(得)莫(鄭)之門筦(管)也
清(二)·繫·五二　—莫命卲(招)之

清(一)·尹至·一　—逨(來),趚今昀=(旬日)
清(一)·尹至·三　隹(惟)—棘(速)禍(禍)
清(一)·尹至·四　女告—頣腥銜(率)若寺(時)

清(一)·尹誥·二　—戠(捷)戊(滅)頣(夏)
清(一)·尹誥·三　卑(俾)—眾勿韋(違)朕言

清(一)·耆·七　—悤(憂)以嬰
清(一)·金·一　—亓(其)爲王穆卜
清(一)·金·五　尔(爾)之訡(許)—

清(一)·金·五　尔(爾)不—訡(許)
清(一)·金·五　—乃以璧與珪逿(歸)
清(一)·金·七　—之□□□□亡以逿見於先王

清（一）·金·一一 公命—勿敢言

清（一）·金·一二 —邦冢豊（禮）亦宜之

清（一）·皇·二 今—卑（譬）少（小）于大

清（一）·皇·八 —王訪良言於是人

清（一）·皇·二 —𦖞昔才二又或之折（哲）王

清（三）·說上·四 —亓（其）殺之

清（三）·說上·四 —亓（其）已

清（三）·說中·三 故（古）—先王𡙮（滅）頣（夏）

清（三）·說下·九 弋隹參（三）悳（德）賜—

清（三）·芮·二七 莫—或聖（聽）

清（三）·赤·一 —亓（其）言（享）之

清（三）·赤·二 嘗—於而（尔）蒸盂（羹）

清（三）·赤·三 句（后）亓（其）殺—

清（三）·赤·三 尔不—嘗

清（三）·赤·一〇 —天晉（巫）

清（三）·赤·一一 —智（知）之

清（五）·殷·八 句—與尔相念相悬（謀）

清（五）·殷·八 —思天風

清（五）·殷·二三 —韶（寅）晨共萚（在）九尾

清（一）·尹誥·二 —戩（捷）𡙮（滅）頣（夏）

清（一）·祭·一 —𦖞（聞）且（祖）不余（豫）又（有）尸（遲）

清（一）·祭·二 公亓告—归（懿）悳（德）

清（一）·祭·五 —亦隹（惟）又若且（祖）周公

清（一）·祭·七 —亦隹又若且（祖）𤔲公

清（一）·祭·一一 隹（惟）天奠—文王之志

清（一）·祭·一二 —亦走（上）下卑（譬）于文武之受命

清（一）·祭·一九 —亦不以我辟竆于難

清（一）·祭·一九 我亦不以—辟竆于難

清（一）·祭·一九 —亦隹（惟）以没我殀（世）

義

清(一)·祭·一九 我亦隹(惟)以没—殀(世)

清(一)·祭·二一 維—周又(有)棠(常)型(刑)

清(三)·琴·三 訖—硒(夙)夜不兔(逸)

清(三)·琴·一六 訖(適)—敬之

清(三)·芮·二六 —心不快

清(三)·芮·二五 —之不言

清(三)·芮·二五 —亓(其)言矣

清(三)·芮·二八 —之不□

義

包二·一九 —覩 人名

包二·二四九 —占之恒貞吉

天卜 —懌 人名

包二·二四九 覩— 人名

包二·二五〇 —占之曰吉

天卜 —懌

郭·老丙·三 安又(有)悬(仁)—

郭·性·一三 —也者

郭·五·一 —型(形)於内胃(謂)之悳(德)之行

郭·五·一六 其—(儀)罷(一)也

郭·五·二七 —也

郭·五·三一 —也

郭·五·四〇 —之方也

郭·五·四一 彊(剛)，—之方

郭·尊·二六 不以旨(嗜)谷(欲)害(害)其—(儀)簋(軌)

郭·尊·三九 童(踵)—蘖(集)釐(理)

郭·緇·三〇 敬尔愄(威)—(儀)

郭·緇·三二 不侃(愆)于—(儀)

郭·緇·四五 嬰(攝)以愄(畏)—(儀)

郭·魯·七 〔爲〕—而遠录(禄)雀(爵)

郭·性·五四 達於—者也

郭·唐·八 悬(仁)而未—也

郭·語一·一六 又(有)—又(有)豊(禮)

郭·語一·七七、八二 ▨於—，罕(親)而—(七七)不障(尊)(八二)

郭·語一·八二 厚於—，尃(薄)於忎(仁)

郭·語四·八 —士之所廌(存)

上(一)·紂·三 咠(淑)人—(儀)不弋

上(一)·孔·二二 丌(其)—氏

上(一)·紂·一六 敬尔威—

上(一)·紂·一七 於幾—之

上(一)·紂·二三 「堲(朋)畬(友)卣(攸)図=(攝)㠯(以)威—(儀)」

上(二)·從(甲)·一 民皆㠯爲—

新零·二〇七 —(犧)牲

上(二)·從(甲)·二 譽(教)之㠯—

上(二)·容·九 竺(篤)—與信

新乙二·九 ▨兩—(犧)馬

新乙三·二一 驟—(犧)馬▨

新零·一六三 山—(犧)▨

上(五)·季·七 夫—者

上(五)·姑·四 而因(因)㠯(以)害君，不—

上(五)·君·二 視之而不—

上(五)·君·二 聖(聽)之而不—

上(五)·鬼·一 忎(仁)—聖智

上(六)·慎·四 時(時)悳(德)而方(方)—

上(七)·武·四 怠勳(勝)—則喪

上(七)·武·四 —勳(勝)怠則長

上(七)·武·四 —勳(勝)谷(欲)則從

上(七)·武·四 谷(欲)勳(勝)—則兇

清(一)·程·七 隹(惟)杍(梓)敝不—

清(五)·命·二 夫司悳(德)司—

清（五）·命·二 女（如）不居而圣（重）—

清（五）·命·二 或司不—而陛（降）之禍（禍）

郭·緇·三九 其—（儀）弌（一）也

郭·成·三一 折（制）爲君臣之—

郭·尊·一 畚（尊）悳（德）—

郭·尊·四 —爲可畚（尊）也

郭·五·二二 不行不—

郭·五·三一 息（仁），—豊（禮）所穀（由）生也

郭·五·三五 —也

新甲三·一二 ▢曰：吉，—（宜）少（小）瘦（瘥）

上（二）·從（甲）·二 而民或弗—

包二·六五 墜— 人名

包二·八四 —弨 人名

包二·九二 —癸 人名

包二·九七 —牢

包二·九九 —牢

包二·一〇〇 —牢

包二·一一八 —得 人名

包二·九四 —得

包二·七七 —牢 人名

包二·一四五反 —亞 人名

包二·一〇一 —牢

帛丙一〇·三 敍故不—

帛丙一一·四 翏不—

清（一）·楚·六 畬咢及若嚣（敖）畬—（儀）

清（一）·楚·七 若嚣（敖）畬—（儀）遝（徙）居箬（鄀）

清（三）·說下·八 上下罔不我—（儀）

清（五）·湯丘·七 今少（小）臣能廛（展）章（彰）百—

清（五）·殷·一三 可（何）胃（謂）—

清（五）·湯門·一三 悳（德）濬明執訐（信）以—成

清（五）·殷·一六 寺（是）名曰—

清（五）·殷·一七 闡（宣）—（儀）和藥（樂）

清(三)·琴·六 不易畏(威)—(儀)

清(三)·琴·一四 畏(威)—(儀)謚

清(五)·厚·一三 民亦隹酉甬敱畏—(儀)

包二·四九 —笸 人名

包二·六六 秀— 人名

郭·語三·六四下 亡(毋)—(我)

郭·語一·五三 —亡能爲也

郭殘·七

郭殘·八

上(六)·天乙·六 飤(食)，㠯(以)—

清(二)·繫·四〇 戠(止)繙(申)公子—(儀)以歸

清(二)·繫·四八 女(焉)繁(脱)繙(申)公—(儀)

清(二)·繫·八五 鄭人戠(止)芸(鄖)公—(儀)

上(六)·天乙·三 —反之

上(六)·天乙·二 —之𣅀(兄)也

⿱我羊

新乙一·一五 室(主)各一青—(犧)

新乙二·三八、四六、三九、四〇 室(主)〔一〕青—(犧)

義从我聲。此省形，在此讀『犧』。

義

郭·唐·八 僮(番)，—之至也

郭·唐·一三 —互(恆)☐

我

郭·緇·二 —(儀)型(刑)文王

郭·語三·三五 —(義)，宜也

郭·語三·二四 —(義)，悳(德)之聿(盡)也

郭·語三·二五 —(義)，膳(善)之方也

郭·語三·九 牙(與)爲—(義)者遊

義字異體。

上(四)·柬·二 —(儀)愈迗(突)

上(四)·曹·三三 不—(義)則不備(服)

郭·語一·七六 ☐—肰(然)不肰(然)

郭·語一·九三 㥛(仁)—(義)爲之楻

訛形。

簪

新甲三・一一七、一二〇 洍—占之

新乙一・一八 洍—㠯(以)陵□

新零・一〇三 洍—□

琴

坓 郭・性・二四 聖(聽)—(琴)开(瑟)之聖(聲)

坓 上(一)・性・一五 聖(聽)—(琴)㻭(瑟)之聖(聲)

清(三)・琴・一背 周公之—(琴)舞(舞)

清(三)・琴・二 —(琴)舞(舞)九絉(卒)

坓 上(一)・孔・一四 㠯(以)—(琴)亓(瑟)之敓(悅)

坓 清(三)・琴・一 —(琴)舞(舞)九絉(卒)

瑟

包二・二六〇 一—必又(有)枎

信二・〇三 三紒—

㻭 上(一)・性・一五 聖(聽)坓(琴)—(瑟)之聖(聲)

上(二)・容・二 楣戈鼓—(瑟)

开 郭・性・二四 聖(聽)坓(琴)—(瑟)之聖(聲)

郭・六・三〇 爲宗族—〔瑟(殺)〕弸(朋)習(友)

郭・六・三〇 不爲弸(朋)習(友)—〔瑟(殺)〕宗族

亓 望二・四七 二—

望二・四九 二—岕

望二・五〇 —丹秋(絉)之阩𠃧

望二・五〇 亓(其)一—需光之阩𠃧

直

上(一)·孔·一四 吕(以)銮(琴)—(瑟)之敚(悦)

直

郭·唐·七 世亡忄(隱)—(德)

郭·唐·一七 今之弋於—(德)者

郭·唐·二〇 上—(德)則天下又(有)君而世明

郭·唐·二〇 上—(德)受(授)臤(賢)之胃(謂)也

上(一)·性·三二 不怘(過)—舉(舉)

上(六)·天乙·四 文—(德)絧(治)

上(六)·天乙·五 武—(德)伐

上(六)·天乙·五 冒=(日月)—(得)亓(其)央

臬

郭·老乙·一四 大—(直)若屈

郭·五·三四 —(直)也。

郭·緇·三 好氏(是)貞(正)—(直)

上(一)·紂·二 㚤(好)是正—(直)

《説文》古文。當即植字。卷六重見。

亡

包二·一七一 —畇 人名

包二·一七五 宋—正 人名

包二·一七六 舒—愄 人名

包二·二六一 樂城之純—裏

望二·四九 二—童

望二·四九 三—童

望二·四九 四—童

望二·四九 九—童

帛甲一·二四 —章弼弼

帛乙一·三四 卉木—尚

帛乙三·三四 —奉

帛乙四·一四 —尿

帛乙八·七 —又尚恒

帛乙一二·五 —又相壐

郭·老甲·二 —孰古(故)亡遊(失)

郭·老甲·二 是以聖人—爲古(故)亡敗

郭·老甲·一八 道互(恆)—名

郭·老乙·七 返(及)虗(吾)—身

郭·老乙·九 若昏(聞)若—

郭·老乙·一二 大方—禺(隅)

郭·老乙·一二 天象—坓(形)

郭·老甲·二六 爲之於其—亡又(有)也

郭·老甲·三二 我—爲而民自𢡺(化)

郭·老乙·三 以至—爲也

郭·老乙·七 返(及)虗(吾)—身

郭·老乙·九 若昏(聞)若—

郭·老乙·一二 大方—禺(隅)

郭·老乙·一二 天象—坓(形)

郭·五·五 —宔(中)心之智則亡宔(中)心□□之悦

郭·五·五 君子亡宔(中)心之𢝊(憂)則—宔(中)心之智

郭·五·五 君子—宔(中)心之𢝊(憂)則亡宔(中)心之智

郭·五·九 不藥(樂)—悳(德)

郭·五·二二 不共(恭)—豊(禮)

郭·五·六 不藥則—悳(德)

郭·五·七 善弗爲—近(忻)

郭·五·一四 得則不—(忘)

郭·五·一五 型(形)則不—(忘)

郭·五·二一 不樂—悳(德)

郭·唐·六 敎(教)民大川(順)—道也

郭·唐·一九 —天下弗能員(損)

郭·六·三三 害(蓋)—(無)不以也

郭·老甲·一 覜(盜)惻(賊)—又(有)

郭·老甲·二 亡執古(故)—遊(失)

郭·老甲·一三 衍(道)亙(恆)—爲也

郭·老甲·一四 爲—爲

郭·老甲·二 是以聖人亡爲古(故)—敗

郭·老甲·一四 事—事

郭·老甲·三七 生於—

郭·老甲·一三 牆(將)貞(鎮)之以—名之數(樸)

郭·老甲·一五 又(有)—之相生也

郭·老甲·一七 是以聖人居—爲之事

郭·老甲·二九 以—事取天下

郭·成·三九 型(刑)丝(兹)—(無)愳(赦)

郭·成·四 是古(故)—虐(乎)其身而廌(存)虐(乎)其訇(詞)

郭·尊·一〇 —智(知)命而不智(知)㠯(己)者

郭·忠·二 忠人—詭

郭·窮·一〇 非—體(體)壯(狀)也

郭·窮·一 —其殜(世)

郭·語一·七二 而—非㠯(己)取之者

郭·語一·九九 —又(有)自耂(來)也

郭·語一·七一 —勿(物)不勿(物)

郭·語一·八九 多好(好)者，—好(好)者也

郭·語一·八四 又悇(察)膳(善)，—爲膳(善)

郭·語二·四七 智(知)命者—

郭·語一·五三 義—能爲也

郭·語三·四八 思—彊(疆)

郭·語三·四九 思—不遜(由)我者

郭·語三·四八 思—衺(邪)

郭·語三·四八 思—其(期)

郭·語三·一 父—亞(惡)

郭·語三·六四下 —(毋)義(我)

郭·語三·六四下 —亡勿(物)不勿(物)

郭·語三·六四上 —(毋)古(固)

郭·語三·六六下 —非樂者

郭·語三·二九 則恳(仁)鈞(治)者至—閒(間)

郭·語三·二〇 春秋亡不以其生也—耳

郭·語三·二六 戋「鈞(治)」者至—閒(間)

郭·語三·一二 処(處)而—□習也，員(損)

郭·語四·一 非(靡)悳(德)—復

郭·語四·二二 士—(無)双(友)不可

郭·語四·二三 山—墜(？)則坨(阤)

郭·語四·二七、二七背 至而—及也已

上(二)·從(甲)·五 君子=(君子)不悽(寬)則—(無)

上(二)·從(甲)·六 不惠則—(無)㠯聚民

上(二)·從(甲)·六 不共(恭)則—(無)㠯敘(除)辱

上(二)·從(甲)·七 不敬則事—(無)城(成)

上(二)·從(甲)·七 則—(無)㠯行正(政)

上(二)·從(甲)·八 悟(怲)則—新(親)

上(二)·子·一 吏(使)—(無)、又(有)

上(一)·孔·一 樂—隱(離)情

上(二)·魯·六 —(無)女(如)屡(庶)民可(何)

九·五六·二五 必死㠯(以)—貨

新乙四·二三 丠—(無)咎

新乙四·三八 丠—(無)咎

新乙四·一二二 丠—(無)咎

新乙四·三五 —(無)

郭·性·六 —与不▨

新乙四·一〇〇、零·五三二、六七八 丠—(無)咎

上(一)·紂·二三 人而—死(恆)

上(一)·紂·二一 「備之—臭(斁)」

香中大·二 —(無)初又(有)冬(終)九

郭·尊·一六 則民惃遠豊(禮)—新(親)息(仁)

郭·尊·一七 戚(就)近則—避(僻)

郭·尊·三二 不時則—懽(勸)也

郭·老甲·一一 此—敗事矣

郭·老甲·一四 未(味)—未(味)

郭·老甲·一五 古(故)終—難(難)

郭·六·三九 君臣—宜(義)

郭·尊·二四 猷(猶)叜之—適也

九·五六·九四 丁巳夂(終)亓(其)身,—□▨

新甲三·二五 之,—(無)咎

新甲三·四三 丠—(無)咎

郭·六·二四 六者客(各)行其戠(職)而岳(獄)諺(犴)—繇(由)迮(作)也

新甲三·四〇 占之:丠不死,—(無)祱(祟)。▨

上(二)·昔·四 大(太)子乃—䎽(聞)、亡聖(聽)

上(二)·昔·四 大(太)子乃亡䎽(聞)、—聖(聽)

新甲三・一一七、一二〇 —（無）咎
新零・一〇〇 逃（兆）—（無）咎
新乙四・七一 兆—（無）咎
新甲三・二二九 兆—（無）咎

郭・尊・三三 不釐則—愄（畏）
上（二）・民・五 「三—（無）」虐
上（二）・民・一二 —（無）聖（聲）之樂
上（二）・民・一一 —（無）聖（聲）之樂

上（二）・民・二 㠯至（致）「五至」㠯行「三—（無）」
上（二）・民・五 —聖（聲）之樂
上（二）・民・七 此之胃（謂）「三—（無）」

上（二）・民・七 —（無）體（體）之豊（禮）
上（二）・民・八 —（無）聖（聲）之樂
上（二）・民・一一 —（無）備（服）之喪（喪）

上（二）・民・一二 —（無）聖（聲）之樂
上（二）・民・一三 —（無）聖（聲）之樂
上（二）・民・一三 —（無）體（體）之豊（禮）

上（二）・民・一三 —（無）備（服）
上（二）・民・一〇 亡（無）聖（声）之樂
上（二）・民・一三 —（無）備（服）喪（喪）

上（二）・民・一三 —（無）體（體）之豊（禮）
新甲三・一九 ▨兆—（無）咎。又（有）敚（祟）▨

上（三）・周・二 —（无）咎
上（三）・周・七 —（无）咎
上（三）・周・八 —（无）咎
上（三）・周・一〇 比—（无）首，凶

上（三）・周・一一 吉—（无）不利
上（三）・周・二〇 —（无）忘，吉
上（三）・周・二五 —（无）咎
上（三）・周・二七 —（无）悬（悔）

上（三）・周・三一 —（无）不利
上（三）・周・三三 悬（悔）—（无）
上（三）・周・三七 —（无）所逩（往）

上（三）・周・四〇 豖（臀）—
上（三）・周・四〇 —（无）咎
上（三）・周・四四 —（无）九（喪）亡（无）旻（得）

上（三）·周·四七 —（无）咎

上（三）·周·四七 呣—（无）

上（三）·周·四八 —（无）咎

上（三）·周·四九 悬（悔）—（无）

上（三）·周·五四 悬（悔）—（无）

上（四）·采·三 良人—不宜也

上（四）·采·三 蠶—

上（四）·昭·三 僕晒埮—老㠯僕之不㝵

上（四）·內·六 —厶（私）遡（樂）

上（四）·內·附 □—（無）慹（難）

上（四）·曹·五 不肰（然），恁（任）—焉

上（四）·曹·九 㠯—道爯（稱）而旻（没）身遵（就）𣧑（死）

上（四）·曹·一〇 㠯—道爯（稱）

上（四）·曹·一四 又（有）克正（政）而—克戟（陳）

上（四）·曹·二四 逡（後）則見—

上（四）·曹·三四 —所不中

上（五）·競·九 公身爲—（無）道

上（五）·競·一〇 —（無）羿（旗）

上（五）·姑·七 —道，正（征）也

上（五）·姑·九 公恖—告弝（强）門夫＝（大夫）

上（六）·競·三 是信虗—（無）良祝吏（史）

上（六）·競·八 祝亦—（無）益

上（六）·用·四 社（功/攻）之—纑

上（六）·用·一八 人—戲

上（七）·君乙·七 瑰（鬼）—不能也

上（七）·凡甲·一三 —耳而餌（聞）聖（聲）

上（七）·凡甲·二一 天下—不又（有）—（章）

上（七）·凡甲·二九 尃（敷）之—所匀（均）

清（一）·尹至·三 隹截盧悳（極）瘽（暴）䡴（瘇）—箕（典）

清(一)·尹誥·一 非民—與獸(守)邑

清(一)·程·六 引又勿—豚(秋)明武禨(威)

清(一)·程·六 女(如)棫柞—堇(根)

清(一)·程·七 卑(俾)行量—乏

清(一)·程·八 意(億)—勿甬(用)

清(一)·保·八 岂(微)—(無)害(害)

清(一)·耆·九 萬壽—疆

清(一)·金·八 我之□□□□—以復見於先王

清(一)·皇·三 —(無)不嚚(懔)達

清(一)·皇·五 百眚(姓)萬民用—(無)不頁(擾)比才(在)王廷

清(一)·皇·八 不肯惠聖—(無)皐之訽

清(一)·皇·九 卑王之—(無)依亡(無)薦

清(一)·皇·九 卑王之亡(無)依—(無)薦(助)

清(一)·皇·一〇 悉夫又(有)埶—(無)遠

清(一)·皇·一一 獄用—(無)成

清(一)·皇·一一 少(小)民用𢑚(禱)—(無)用祀

清(一)·祭·一四 不(丕)則—遺逡(後)

清(二)·繫·七 周乃—

清(二)·繫·八 周—王九年

清(二)·繫·一七 乃𡧊(追)念顕(夏)商之—由

清(二)·繫·五八 宋孫白—(無)愄嘐于齊

清(二)·繫·五九 宋人是古殺孫白—(無)愄

清(二)·繫·九〇 東公亦見禍(禍)以死—逡(後)

清(二)·繫·八一 少帀—(無)䀠讙連尹頳而殺之

清(二)·繫·一一七 楚自(師)—工(功)

清(二)·繫·一二八 楚自(師)—工(功)

清(二)·繫·一三二 —逡(後)於奠(鄭)

清(二)·繫·一三六 楚邦以多—城

清(三)·琴·四 思坙(攸)—罙(數)

清(三)·芮·四 此心目—(無)亟(極)

清(三)·芮·四 稟(富)而—(無)涚

清(三)·芮·七 而—(無)又(有)絽(紀)紞(綱)

清(三)·芮·一五 豫(舍)命—(無)成

清(三)·芮·一九 反=(板板)亓(其)—(無)成

清(三)·芮·二五 毋忠(謀)—(無)少(小)大

清(三)·芮·二七 —(無)父母能生

清(三)·芮·二七 —(無)君不能生

清(三)·良·六 又(有)守(賓)須—

清(三)·赤·四 —(無)不見也

清(三)·赤·四 —(無)不見也

清(四)·筮·咎九 穆上毀—咎

清(四)·筮·貞二九 巛巛吉—

清(四)·筮·貞三〇 亖亖—旾(春)

清(五)·厚·六 —孚(厥)邦

清(五)·厚·一〇 啟之民其—欸(諒)

清(五)·命·三 能—(無)佴(恥)虖(乎)

清(五)·命·五 道天莫女(如)—(無)亟(極)

清(五)·命·六 正人—(無)亟(極)則不㖞(信)

清(五)·命·九 貫亓(其)上則—(無)壞

清(五)·命·一〇 不忠則—(無)遌(復)

清(五)·命·一四 樂纏(伸)則—(荒)

清(五)·湯丘·一三 型(刑)—(無)卣(攸)恋(赦)

清(五)·湯門·二 女(如)—(無)又(有)良言清(情)至於今

清(五)·湯門·一四 悳(德)㝢(變)亟執譌以—成

清(五)·湯門·一五 记(起)事—(無)穫

清(五)·湯門·一五 疠(病)民—(無)古(故)

清(五)·湯門·一六 正(政)𠈉(禍)踋(亂)以—(無)祟(常)

清(五)·湯門·一七 型(刑)奄(重)以—(無)祟(常)

清(五)·殷·八 亞(惡)非(必)—(無)飤

清(五)·殷·二四 昜(揚)則舌(悍)遳(佚)—(無)祟(常)

殜

上(四)·昭·一 又(有)一君子—(喪)備(服)曼(蹒)廷

莣

上(五)·鮑·一 㠯(以)叀(使)返(及)亓(其)—(葬)也

从死，芒聲，『衰亡』之『亡』。

上(五)·鮑·二 遲(堋)亓(其)所㠯(以)—(葬)

上(五)·鮑·五 灑(洒)肰(然)牺(將)—(亡)

上(五)·鮑·二 迿佝者叀(使)遲(堋)亓(其)所㠯(以)衰—(亡)

乍

帛甲七·二九 晷禕亂—

帛乙二·七 天埅—羕

帛乙二·一二 天棓牺—濿

帛乙九·一九 —其下凶

帛乙一〇·七 隹天—福

帛乙一〇·一五 隹天—宎

帛丙一·三 —事

帛丙四·二 —大事

郭·忠·六 忠人弗—(作)

郭·六·二 —(作)豊(禮)樂

郭·緇·二 萬邦—(作)孚

郭·語二·四二 凡敓，—(作)於㦸者也

郭·語三·五六 此飤(食)—安

上(一)·孔·六 —競隹(唯)人

上(一)·孔·一 三王者之—(作)也

上(二)·子·九 厽(叁)王者之—(作)也

上(二)·子·一三 厽(叁)王者之—(作)也女(如)是

郭·緇·二七 隹(惟)—五瘧(虐)之型(刑)曰法

上(三)·亙·一 或—(作)

上(三)·亙·二 又(有)—(作)行

上(五)·姑·六 鑾(欒)箸(書)欲—(作)鞬(難)

上(六)·用·一一 台(以)民—(作)康

上(六)·用·一八 迟(起)事—(作)志

上(七)·君甲·七 民—(作)而囟(思)𧭼之

清(一)·保·七 甬(用)—(作)三隆(降)之悳(德)

清(一)·皇·九 乃隹(維)—(詐)區(詬)以畣(答)

清(二)·繫·一 乃—(作)帝钕(籍)

清(二)·繫·一五 殜(世)—(作)周屆

清(二)·繫·一七 以—(作)周厚嘍(屏)

清(四)·筮·爻六一 上下皆—(作)

清(五)·封·二 古(故)天雚(勸)之—亡臭(斁)

望

郭·語一·一〇四 凡勿(物)篴(由)—生

郭·語二·二三 —生於監

上(五)·三德·一 弦—齊佰(宿)

上(七)·吳·二 亦唯君是—

上(一)·孔·二二 而亡—

上(六)·用·二〇 而民亦弗能—

䀢

郭·緇·三 爲上可—(望)而智(知)也

上(七)·武·二 武王䎽(聞)於大(太)公—(望)曰

𣞤　𢧢　杗

朢 上（七）・武・二　大（太）公—（望）倉（答）曰

朢 上（七）・武・一二　大（太）公—（望）倉（答）曰

朢 上（七）・武・一三　大公—（望）奉丹箸（書）吕（以）朝

朢 清（一）・程・三　攻于商神，—（望），承（烝），占于明堂

覔 覓 上（六）・競・二正　是虗（吾）所—（望）於女（汝）也

㞢 生 包二・一四五　郙客—困芔之戢＝敘𢈷（顔）

生 郭・窮・四　郘（吕）—（望）爲牂㚇瀌

生 郭・語一・一　凡勿（物）繇（由）—「亡（無）」生

生 郭・語二・三　—（望）生於敬

齐 乐 上（一）・紂・二　爲上可—（望）而𥏼（知）也

乐 郭・性・三五　歎斯—

乐 郭・性・三五　—斯通

戲 郭・性・三三　—（戲）游心也

無 無 包二・一五　登𡑞而—古

無 九・五六・二九　不吉，亦—咎　同無。卷六重見。

無 清（一）・楚・四　—以内之

無 清（三）・琴・一　—悬（悔）亯（享）君

區

包二·三
瘶一夫處於郢逄—湯邑

上(七)·凡甲·四
九—出誨(誨)

清(一)·皇·七
乃隹設⁼疋—(驅)疋敨于非彝

清(一)·皇·九
乃隹(維)乍(詐)—(詬)以會(答)

郭·語三·二六
悳(德)至—者

匿

包二·一三八反
—至㞢父兄弟不可誁

帛乙五·一四
凡戢悳—

帛乙六·一二
隹悳—之戢

帛乙七·六
隹孛悳—

帛丙五·二
得以—

郭·五·三七
不—不辯(遍)於道

郭·五·三八
—也

郭·五·四〇
—，悬(仁)之方也

郭·五·四〇
匿之爲言也猷(猶)—也

郭·五·四〇
—之爲言也猷(猶)匿匿也

郭·緇·三四
則行不可—

上(一)·紂·七
則行不可—

上(二)·容·三三
迲(去)亞虫(苛)—(慝)

上(六)·競·六
今君之貪惛(昏)亞虫(苛)—(慝)

上(六)·天甲·一〇
才(在)道不訢(語)—

清(五)·厚·五
之—(慝)王廼渴(竭)娩(失)其命

清(五)·封·六
篡(纂)絣(弁)，—(枙)

匹

曾一七九
鄀牧之驂—駒駟

曾一八七
三—駟

曾一八九
王帛一聳逄車麗□□—駟

清(五)·封·六
馬亖(四)—

匹 郭·老甲·一〇 笁（孰）能—以迬者

郭·唐·一八 不以—夫爲叕（輕） 上（一）·紂·二一 隹（惟）君=（君子）能毌（好）丌（其）— 上（一）·紂·二一 少（小）人豈能毌（好）丌（其）—

駆 曾一二九 㬰—鞀甲 曾一三一 三—畫甲

从馬匹聲，即馬匹之匹的專字。

匡

匩 望二·四八 一—□□五□白之遷

筐 包二·七〇 —敔公 上（三）·彭·二 大—（匡）之妻

匱

清（一）·金·一〇 以攼（啓）金紎（縢）之—

包二·一三 某瘽在漾陵之厽（参）鈐閒迎之典—

匣

笚 仰二五·二〇 皆藏於一—之中

—同笚。《説文》：匣，匱也。从匚甲聲。《廣韻》：匣，箱甲也。

㔽 望二·九 皆又（有）—

医 牌四〇六·六 牌四〇六·八

圓 清（四）·筮·爻五八 四之象爲墜（地）爲—（圓）

匳

清(五)·封·七 周(雕)—(匚)

曲

包二·二六〇 ☐—豬

《説文》古文作𠃊。

郭·六·四三 能獸(守)弌(一)—安(焉)

上(五)·季·二三 臤(賢)人堂(當)亓—吕(以)城(成)之

上(五)·弟·一三 不—方(防)以迲(去)人

清(二)·繫·五五 衛自(師)爲河—之戰(戰)

清(二)·繫·九三 奔内(入)於—夭(沃)

清(二)·繫·九四 晉人旣殺繇絽(盈)于—夭

清(四)·筮·爻五七 爲它，爲—(曲)

清(五)·湯門·一九 以成五—(曲)

弓

包二·二六〇 一莫—

天策 一—

上(三)·中·一 中(仲)—吕(以)告孔=(孔子)曰

上(三)·中·五 中(仲)—曰

上(三)·中·一六背 中(仲)—

上(三)·中·一七 中(仲)—曰

上(三)·中·二五 中(仲)—曰

清(三)·説上·二 氒(厥)卑(俾)繲(繃)—

清(四)·筮·爻五七 爲—琥玩(璜)

曾五 二鄴—

曾九 二鄴—

曾一五 二鄴—

曾一六 二鄴—

曾二〇 二鄴—

曾三三 二鄴—

曾四五 紫—

曾四三 一鄴—

曾四六 一鄴—

曾五四 革—

曾五六 一鄴—

曾六五 一鄴—

張

曾六八 二鄀—

曾七〇 一鄀—

曾七二 一鄀—

曾八四 —逐賠

曾八六 一鄀—

曾九〇 二鄀—

曾九五 無—

清(三)·祝三 僊(隨)—䣾(將)敨(注)爲死

清(三)·祝·四 外—䣾(將)敨(注)爲肉

清(三)·祝·五 踵—䣾(將)䠗(射)㝵(干)音(函)

包二·九五 —愱 人名

包二·一八九 —謹 人名

望一·一 —果 人名

郭·窮·一〇 驥(驥)駒—山騹空於卲坴

弸

郭·六·二八 爲—(朋)習(友)亦肰(然)

郭·六·三〇 不爲—(朋)習(友)丌〔瑟(然)〕宗族

郭·六·三〇 爲宗族丌〔瑟(殺)〕—(朋)習(友)

扇

郭·語一·八七 君臣、—(朋)習(友)

彊

郭·語三·四六 —(强)取之也

郭·語三·四六 —(强)之鼓(封)也

郭·語三·四八 思亡—(疆)

彊

清(三)·琴·五 思毷—之

引

九·五六·七一 非訔，乃—

清(一)·程·六 —(矧)又勿亡秝(秋)明武禙(威)

清(三)·祝·三 —虞(且)言之

清(三)·祝·四 —虞(且)言之

清(三)·祝·五 —虞(且)言之

清(五)·厚·一一 —(矧)其能丁良于沓(友)人

弘

弦

曾四八 革—

曾五三 反录之—

發

發

包二·八〇 旣—竽

包二·一四一 —尹利

包二·一四三 —尹利

包二·一五〇反 客—笴

包二·一七一 所詎於—尹利

包二·一七二 鄖尹繇— 省形。

包二·一五〇反 客—竽 省形。

⿰弓坴

曾一一六 一㘥—

九·五六·四三 取告□繳之子武—

九·五六·四四 吕讉韋(犢)某於武—斎=(之所)

⿰弓叏

新甲三·三五六 以微㓝尹—與▨

新零·一九三 不歅取於—與膌▨

⿲弓酉弓

⿰弓酉

包二·三五 —罷 人名

曾一正 臒輪—鞶琱貽

曾三二 臒輪—鞶琱貽

曾一一七 白金之—

弦

曾七 臒輪畫趄—肇琱賠
曾一三 臒輪—肇琱賠
曾一六 —肇琱賠
曾一八 臒輪齒桶—肇琱賠

曾二六 革𦅻—琱賠
曾三六 臒輪—肇琱賠
曾三九 臒輪—琱賠
清(三)·説下·三 —(弼)羕(永)娗(延)

清(三)·琴·三 —(弼)寺(持)亓又(有)肩
清(三)·琴·一一 —(弼)敢巟(荒)才立(位)
清(三)·琴·一五 —(弼)敢巟(荒)悳(德)

清(五)·湯門·一六 大—(費)於邦

包二·五一 宋— 人名 《説文》古文弼。

上(六)·用·一二 若矢之字(置)於—

曾三 —賠
曾五 —賠
曾九 —賠
曾一五 —賠
曾一六 —賠
曾三三 —賠

曾三七 —賠
曾四〇 —賠
曾四六 —賠
曾五六 —賠
曾六八 —賠
曾七二 —賠

清(二)·繫·四六 奠(鄭)之賈人—高䣶(將)西市

上(五)·三德·一 —望齊佰(宿)

弡

上(五)·三德·一七 嬰(興)地之—
上(六)·用·一三 攻亓(其)若—

⿰弓夬

清(二)·繫·六四 —(席)于楚軍之門

⿰弓申

清(三)·說上·二 紳(引)—(關)辟矢

⿰弓字

清(四)·筮·祟五〇 巽祟—(字)殤(殤)

系

系

包二·一七九《說文》籀文— 黃— 人名 从爪从絲。

天策 —羽之䎗

上(一)·孔·二七 峕虗(吾)—舍之賓贈氏(是)也

上(二)·民·六 —(繫)耳而聖(聽)之

上(五)·鮑·六 肰(然)恖(則)—女(如)

上(五)·季·一三 爲—女(如)

清(四)·筮·卦四三 —(奚)古(故)

清(四)·筮·卦四三 —(奚)古(故)

清(四)·筮·卦五四 —(奚)古(故)

清(四)·筮·卦五四 —(奚)古(故)

清(五)·湯丘·一六 爲君—(奚)若

清(五)·湯門·一二 姚(美)悳(德)—(奚)若

清(五)·湯門·一三 岦(美)正(政)—(奚)若

清(五)·湯門·一三 亞(惡)正(政)—(奚)若

清(五)·湯門·一三 岦(美)型(刑)—(奚)若

孫

曾一五六 王—生之騏爲左驂

新乙三·二四 ▨祭王—厝

新乙三·四二 是=(是日)祭王—厭一家

新零·三一三 ▨是=(是日)祭王—□▨

清(二)·繫·五八 㕜(使)—(申)白(伯)亡(無)愄(畏)嗖(聘)于齊

包二·二三 秀不—

孫

包二·三一 秀不—

包二·四三 秀不—

包二·四四 秀不—

包二·四五 秀不—

包二·四二 不對公—虢之𠍀之死

包二·一八一 —止

秦九九·一五 秦客公—□

天卜 秦客公—紻舾王於栽郢之歲

望一·八九 賽禱王—巢

望二·六四 長王—□▨

包二·五〇 秀不—

郭·性·六四 進谷(欲)—(遜)而毋攷(巧)

郭·魯·二 成—弋見

郭·魯·四 成—弋曰

郭·唐·一二 —民效(教)也

望一·一一九 罷禱王—㮚豣=

上(二)·從(乙)·四 □思(誨)而共(恭)—(遜)

新甲三·二〇六 —達受一匿

香中大·五 —安□

上(四)·柬·一〇 晉侯皮聖人之—(子孫)

上(四)·曹·二五 公—公子

上(四)·曹·二六 五之閈必又(有)公—公子

上(五)·三德·三 至于—=(孫子)

上(七)·吳·六 聶(攝)周—=(子孫)

清(一)·金·三 尔(爾)元—發也

清(一)·金·三 隹(惟)尔(爾)元—發也

清(一)·金·五 以奠(定)尔子—于下坓(地)

清(二)·繫·五六 宋右帀芋—兀欲裟楚帀

清(二)·繫·五九 宋人是古殺—(申)白(伯)亡慨

清(二)·繫·六〇 以芋(華)—兀(元)爲敎(質)

清(二)·繫·七〇 魯𢉩—譖迈晉求斆(援)

清(二)·繫·八八 𡰥(使)宋帀芋—兀(元)行晉楚之成

清(三)·良·八 魯哀公又(有)季—

緜

緜 綿

包二·二七五 絓縛之—

信二·〇五 屯赤—之帕

信二·〇八 羊—之純

信二·〇九 繒—之裏

信二·〇一九 —裏

《玉篇·系部》：綿與緜同。

繇

上(三)·周·二五 —(由)頤磷(厲)吉

上(四)·曹·二〇 則—亓杲(本)虖

上(四)·曹·四二 —(由)邦𨍭(御)之

上(五)·姑·九 —之，姑戎豕父尃長魚罵

上(五)·弟·一〇 —，夫以眾軋(犯)㝁(難)

上(六)·用·七 則方—而弗可矣

清(二)·繫·八〇 執吳王子鱥(蹶)—(由)

清(三)·芮·三 載聖(聽)民之—

清(五)·厚·二 少命咎(皋)—(繇)下爲之卿事

清(五)·殷·一九 諆(讒)—(謠)則敝(屏)

包二·七〇 —發 人名

包二·一四六 —詈五币而不交於新客者

包二·一四九 女—一賽

包二·一七二 郢君—發

包二·一七四 —戠黃瓜

包二·一八〇 —娤 人名

郭·窮·三 卲—衣胎蓋冒(帽)絰(經)冡(冢)慬(巾)

郭·窮·六 莞(管)寺(夷)虗(吾)寄(拘)—(囚)束縛

郭·六·三八 緍(昏)所—(由)迮(作)也

郭·語一·一 凡勿(物)—(由)室「亡(無)」生

郭·六·二四 六者客(各)行其戠(職)而岳(獄)訟(犴)亡—(由)迮(作)也

郭·六·四七 爲衍(道)者必—(由)此

郭·成·六 —(由)走(上)之弗身也

郭·成·一二 句(苟)不從其—(由)

郭·成·一四
句(苟)不從其—(由)

郭·尊·三
不—(由)其道

郭·尊·三〇
或—(由)宔(中)出

郭·語一·一〇
又(有)勿(物)又(有)—又緟

郭·尊·九
—(由)豊(禮)智(知)樂

郭·尊·一〇
—(由)樂智(知)依(哀)

帛乙九·三一
帝曰—

帛乙一一·二九
帝⿰爿酉—以亂□之行

郭·語一·一〇四
凡勿(物)—(由)望生

新甲三·三一
☐亓(其)—曰：氏(是)日未兑

郭·五·二八
智豊藥(樂)之所—生也

郭·五·三一
義豊(禮)所—(由)生也

曾三五
—⿰毛安

曾三八
—靭

曾四三
—⿰毛安

曾五六
—⿰毛安

曾六一
—⿰毛安

曾六二
—靭

曾六三
—靭

曾七一
—⿰戠攴

曾八六
—⿰毛安

曾八九
—⿰毛安

曾九五
—⿰毛安

曾一〇五
—靭

曾一一五
—⿰車安

新甲三·一五、六〇
甬(用)受—元龜、晋(巫)(筮)(筮)曰

从人或从尸，不从肉。

卷十三

繭

絸 包二·二六八 —組之繻

《說文》古文繭从糸見。

包二·二七七 一—組綏

清(三)·琴·一三 笙(篤)亓(其)—(諫)卲(劭)

緒

包二·二六三 二—

清(一)·保·七 甬(用)受(授)乓(厥)—

純

包二·二五九 二緹婁，皆繏—

包二·二六一 一縞衣，赭膚之—，樂城之—

包二·二六二 一白鞶，紟—

包二·二六二 一縞笮，緑裏，紟—

包二·二六二 二筵笮，紟—

包二·二六二 一匙青之裏，紫裏，繡—綿—，素紟綉

包二·二六三 結蕪(無)之—

信二·〇八 一鈔笮革綿之

信二·〇二三 六簡筵，屯紟—

信二·〇二八 紫章之納，紛—

仰二五·二 中君之一紝衣績—

仰二五·三 何馬之紝衣紟—

仰二五·八 大繢之—

仰二五·九 一—緅笮

仰二五·一六 一芺芀之縞緹紟—

天策 ⧄黃金帶緑之—

天策 緑組之—

天策 緅組之—

天策 生紟之—

天策 緅—

天策 紛—

望二·二 丹厚緂之—

望二·二 綪緂聯朕(縢)之—

望二·八 貍貘之韍，□—

望二·一一 赭膚之—

紙　紝　經

望二・二 肩緘之—　望二・二〇 絟(錦)—　望二・五九 紅緘之—　望二・六一 索(素)豕之—　望二・六〇 五囱之—

望二・九 □報，㓚—　望二・一〇 霝光之—　望二・二〇 絟—　曾六七 紫綸之—

包二・二六七 鹽萬之—　包二・二七一 紩績之—　包二・二七一 纀—

清(三)・琴・一六 —隹(惟)敬帀

紕 曾六五 紫絟之—

紕字異體。

紙

信二・〇二 一兩絲—縷

紝

清(一)・耆・三 —(恁)𡰥(仁)䏶(兄)俤(弟)　清(三)・赤・二 湯句(后)妻—㐬胃(謂)少(小)臣曰

清(三)・赤・三 —㐬胃(謂)少(小)臣曰　清(三)・赤・三 少(小)臣自堂下受—㐬壂　清(三)・赤・三 —㐬受少(小)臣而嘗之

經

清(五)・厚・二 帝亦弗巩(鞏)啟之—悳(德)　清(五)・厚・七 隹寺(時)余—念乃高且克害皇天之政工(功)

曾六四 繽—

經 郭・太・七 以忌(紀)爲壖(萬)勿(物)—　新甲三・三九〇 𦙶—寺一貂

天策 緯絡—紛紉紛結

上(二)・容・二七 埀(禹)乃迵(通)—(涇)與渭

上(三)・周・二四 翟(弗)—于北洍(頤)

上(三)・周・二五 翟(弗)—

上(三)・彭・二 若—與緯

上(四)・内・一〇 民之—也

上(五)・姑・七 虗(吾)想立—行

上(六)・用・一 是善敗之—

清(三)・説下・二 —悳(德)配天

清(五)・封・八 —嗣業(世)亯(享)

清(五)・殷・二一 —緯忈(順)齊

絚

包二・二六八 集組之著—

緯

包二・二五九 一—粉

包二・二六三 一絅縞之—

清(五)・殷・二一 經—忈(順)齊

上(三)・彭・二 若經與—

郭・六・四三 可以—(諱)其亞(惡)

續

郭殘・二〇

縷

郭・語一・一〇 又(有)勿(物)又(有)繇又—

紀

紀 郭·老甲·二 臨事之—

紀 上(四)·曹·一六 緥—於大國

紀 上(四)·曹·二六 是胃(謂)軍—

絽

絽 帛乙四·一三 是胃亂—

絽 上(二)·子·七 亦—

絽 上(二)·容·三一 敂(尋)聖(聲)之—(紀)

絽 上(三)·彭·五 五—(紀)不工

絽 上(三)·彭·五 五—(紀)必(畢)周

絽 上(六)·用·一九 定又(有)—(紀)

絽 清(三)·芮·七 而亡(無)又(有)—(紀)紞(綱)

絽 清(五)·殷·一〇 八—(紀)則緍(紊)

納

納 信二·〇二八 紫夆之—

紡

紡 包二·二六八 一—審

紡 包·簽·二一 郢君—衣

紡 信二·〇二三 二—絹

紡 信二·〇一五 一—裙

紡 仰二五·五 鄦易公一—衣

紡 天策 —笞(席)

紡 天策 —宦

紡 天策 —□之纏

紡 天策 —箬

紡 天策 兩馬之—轡

紡 望二·二 丹組之屋，—裏

紡 望二·一五 —屋

紡 望二·四九 笞(席)十又二，皆—繙(襡)

紡 望二·六一 一少(小)—冠

紡 曾四五 黃—之綏

紡 曾五五 黃—之裏

紡 曾四 —襮

紡 曾五 紫黃—之絣

紡 曾九 紫黃—之絣

紡 曾一四 紫黃—之絣

紡 曾一七 紫黃—之絣

紡 曾一九 紫黃—之絣

絕

曾三一 紫黃—之綳
曾三三 紫黃—之綳
曾六八 紫黃—之綳
曾八四 紫黃—之綳

曾七 紫黃—之縏
曾一〇 紫黃—之縏

曾一五 紫黃—之縏
曾一七 紫黃—之縏
曾二八 紫黃—之縏
曾三〇 紫黃—之縏
曾五六 紫黃—之縏

曾六四 紫黃—之縏
曾一二四 黃—之縢
曾一二五 黃—之縢
曾一二六 黃—之縢
曾一二八 黃—之縢

曾一二九 黃—之縢
曾一三二 黃—之縢
曾一三五 黃—之縢
曾一三九 黃—之縢
郭·語三·七 長弟，孝之—(方)也

新乙四·六 ☒陵尹子簡—紫緟廿〓(二十)☒

𢇍

曾五 —聶 《説文》古文作𢇍。
曾一三 —聶
曾一四 —聶
曾一六 —聶
曾一九 —聶

曾二六 屯一—聶
曾九〇 一—聶
曾九九 一—聶
曾一一五 —䮄
曾一一九 —韇

曾一〇二 一—聶
曾二八 —䮄
曾八〇 —䮄

上(一)·孔·二九 涉秦丌(其)—(絕)
上(一)·孔·二七 北風不—(絕)

𠛧

望二·一七 韔，—純☐☒
望二·一七 —𡈼杆昜馬馬純

纟 九・五六・三四 是胃（謂）—（絶）日

繼

上（六）・用・一四 設（？）亓（其）又（有）—堵（緒）

上（六）・用・六 —丙澅（流）滤

𢇍

郭・老乙・四 —（絶）學亡惪（憂）

郭・六・二九 不爲妻（妻）—昆弟

郭・緇・四四 而厚—（絶）臨（富）貴

包二・二四九 見於—無逡（後）者與漸木立

包二・二五〇 㽈禱於—無逡（後）者各肥豬

天策 —鞍

郭・緇・四四 翟（輕）—（絶）貧戔（賤）

上（一）・紂・二二 翟（輕）—（絶）貧賤

上（一）・紂・二二 而厔（厚）—（絶）譶（富）貴

上（二）・容・五三（正） —（絶）穜（種）悉（侮）眚（姓）

上（三）・彭・八 氏（是）胃（謂）—（絶）縈（輟）

上（四）・柬・一四 而百眚（姓）㠯（以）—（絶）

清（二）・繫・六六 會者（諸）侯于—（斷）道

清（五）・湯丘・一 —（絶）舫（芳）旨以蝕（粹）

上（七）・吳・一 而慙（慎）—（絶）我二邑之好

《說文》云：一曰反𢇍爲繼。簡文似無別。

郭・六・二九 不爲君—（絶）父

郭・六・二九 爲父—（絶）君

郭・六・二九 爲昆弟—（絶）妻（妻）

郭・六・三二 宜（義）頪（類）卉而—（絶）

清（二）・繫・六九 遉（須）者（諸）侯于—（斷）亶（道）

續　紹　縕

清(二)・繫・七〇
安(晏)子銜𠂤(師)以會于—(斷)菹
从刀省形。

𠤏
郭・老甲・一
—(絕)憍(僞)弃慮(詐)

望二・五〇
亓(其)一𠦄需光之阩—

郭・老甲・一
—(絕)智(知)弃鞭(辯)

郭・老甲・一
—(絕)攷(巧)弃利

續
賡
上(二)・從(甲)・一六
㠯軋(犯)—軺(軋)見
《說文》古文。

新甲三・六九
之，—於競坪(平)王

上(三)・亙・七
事甬(庸)㠯不可—(更)也

紹
綤
郭殘・二七
从卲省聲。

縕
絰
包二・一二九
鄐(鄱)— 人名

包二・一三五
而倚執僕之䚩—

包二・一六九
周— 人名

包二・一八四
舒— 人名

包二・一三二反
轡—之肓=(亨月)

包二・一四〇
轡—

包二・一六二
轡—

包二・二〇六
轡—

包二・二〇七
轡—

包二・二一六
轡—

包二・二一八
轡—

包二・二二五
轡—

包二・二六七
絓緒之—

包二・二七一
多揫絾—

帛乙一・七
月則—絀

帛乙一・二八
—絀達□

郭・成・三五
君子不—(逞)人於豊(禮)

郭・成・三五
少(小)人不—(逞)人於刃(仁)

上(二)・容・二八
乃立句(后)裎(稈)㠯爲—(盈)

繎　繙　級　約

新零・二三八 起痼—（緼）命坪夜君〼

清（一）・楚・二 爰生—白（伯）遠中（仲）

清（二）・繫・九三 鄉（樂）—（盈）出奔齊

清（二）・繫・九三 齊臧公光銜自以逐鄉—（盈）

清（二）・繫・九四 晉人既殺欒—（盈）于曲天

清（三）・祝・二 茲我—（贏）

包二・一二 瞽— 人名

包二・一二六 瞽—

《說文》或體。

繎

緂

天策 綠組之纘—維

繙

包牘一 —芋結項

級

郭・語四・五 既得其—

郭・語四・五 —（急）者爲首

上（五）・競・一正 —（隰）俚（朋）與鞊（鮑）翏（叔）翆（牙）從

上（五）・鮑・九 鞊（鮑）翏（叔）翆（牙）與—（隰）俚之諫

約

天策 鄗組之—

望二・三二 〼纆—。紫鞁，紃奉〼

望二・三三 〼纆—。紫〼

包二・二六八 紃—

郭・性・九 柔之—

香中大・九 以上下之—

上（五）・弟・六 貧戔（賤）而不—者

上（六）・競・八 —（要）夾（挾）者闇（忨）

繯　結

清(三)·芮·一九
—結縔(繩)剸(斷)

清(二)·繫·一一四
告以宋司城坡之—公室

上(二)·容·五〇
至(制)—者(諸)侯

上(二)·容·五三(正)
至(制)—者(諸)侯

包二·二七一
紛—

繯

曾一二三
一氏裀柘縢組—一常組—一絅組—

結

包二·二七二
霝光—幀

包二·二七六
霝光—幘

包二·二七七
霝光之—幘

包牘一
繙芋—項

信一·〇五二
▨—之心▨

仰二五·六
一—衣

天策
綅組之—

郭·忠·二
朼(必)至而不—

郭·性·四九
慮斯莫與之—壴(矣)

郭·緇·二五
信以—之

上(一)·孔·二三
心女(如)—也

上(二)·容·一
喬—是(氏)

上(一)·性·三九
慮斯莫与—

上(一)·紂·一三
信㠯(以)—之

新甲三·三一
惙〓(惙惙)若組若—

九·五六·二一下
秎(利)㠯(以)—言

清(三)·芮·一九
約—縔(繩)剸(斷)

詁
上(七)·凡甲·二一
厽(參)生弔城(成)—

縛

郭·窮·六　莞(管)寺(夷)虘(吾)㝛(拘)繇(囚)束—

上(六)·競·八　—䌳者眭(枉)

繃

繃　包二·二三〇　觀—　人名

包二·二三一　觀—

天策　林—

包二·二四二　觀—

曾五　紫黃紡之—

曾九　紫黃紡之—

曾一四　紫黃紡之—

曾一七　紫黃紡之—

曾三〇　紫黃紡之—

曾三一　紫黃紡之—

曾三三　紫黃紡之—

曾三七　紫黃紡之—

曾四〇　紫黃紡之—

曾六八　紫黃紡之—

曾九一　黃紡之—

曾一〇二　紫黃紡之—

曾五四　鄦紫之—

曾一〇六　鄦紫之—

曾四二　紫—

曾六二　紫—

曾八〇　紫—

綼　包二·二四四　觀—

包二·二一九　戱(且)爲巫—璊

清(三)·說上·二　卑(厥)卑(俾)—(繃)弓

天策　生絟之—

天策　生絟之—

天策　伓—

天策　紫—

天策　紫—

天策　林—之絓

繟

清(一)·耆·一　—(畢)公高爲客

清(一)·耆·三　王夜籊(爵)𦉢(酬)—(畢)公

繯 清(一)·耆·六 周公夜簹(爵)𠭯(酬)—(畢)公

縣 清(一)·祭·九 乃詉(召)—(畢)䭿丼(井)利毛班

紿 緍 上(三)·中·二四 所孝(學)皆—

終

帛乙三·三三 是胃達—

郭·語一·四九 又(有)—又(有)紿(始)

丹 郭·老甲·一五 古(故)—亡𩏂(難)

郭·老甲·三四 —日𧆛(乎)而不𢝊(憂)

郭·老乙·一三 —身不𢓊

郭·老乙·一三 —身不逨

郭·老丙·一二 新(慎)—若訂(始)

郭·性·三 —者近義

郭·性·三〇 𦯤(戚)肰(然)以—

郭·性·三四 辵(舞)、憙(喜)之—也

郭·性·三五 通，恩(慍)之—也

郭·尊·一九 古(故)—是𠫵(物)也，而又深安(焉)者

郭·六·一九 —身弗改之壴(矣)

郭·六·一九 —身不䜌(變)

香中大·二 亡(無)初又(有)—(終)九

郭·成·三〇 唯(雖)又(有)其亙(恆)而可能，—之爲難

郭·語四·三 是以—殜(世)

郭·語四·二 飤(食)韭(鳩)亞(惡)智(知)—其菓

郭·語四·一九 而—弗礬

上(一)·紂·一七 古(故)言則慮亓(其)所—(終)

新甲三·二二四 ☐某槳(檣)—御紂受十臣

郭·語四·二〇 而—不相敗

郭·緇·三三 古(故)言則慮(慮)其所—

九·五六·九四 丁巳—(終)亓(其)身

新甲三·三一 —(終)𠂤(以)□☐

上(三)·周·二
—(終)吉

上(三)·周·四
—(終)凶

上(三)·周·五
或賜緒(鞶)紼(帶)，—(終)

上(三)·周·一四
不—(終)日

上(三)·周·五〇
不—(終)

上(三)·彭·二
釿(慎)—(終)保裳(勞)

上(三)·彭·三
不智(知)所—(終)

上(五)·弟·一一
女(汝)能釿(慎)紿(始)與—(終)

上(五)·弟·一六
其□安(焉)—(終)

上(六)·用·二〇
凡民之—(終)頪(類)

上(七)·凡甲·二五
—(終)則或𨍭

清(一)·保·三
忑(恐)弗念(堪)—(終)

清(一)·耆·三
复(作)訶(歌)一—(終)

清(一)·耆·五
复(作)訶(歌)一—(終)

清(一)·耆·六
复(作)訶(歌)一—(終)

清(一)·耆·八
复(作)祝誦一—(終)

清(一)·耆·一〇
周公复(作)訶(歌)一—(終)

清(一)·耆·一一
則—(終)以康

清(一)·耆·一二
則—(終)以复(祚)

清(一)·耆·一四
則—(終)以愳(懼)

清(三)·芮·二
内良夫乃复訟(毖)再—(終)

清(三)·芮·二八
虘甬复訟(毖)再—(終)

清(五)·命·一五
刣(始)以智(知)—(終)

清(五)·湯門·一〇
嬖(氣)屈乃—(終)

縠

綒

包二·二六三
一生一完，一圬一完

从縠省聲。

練

郭·五·三九
柬〈柬(簡)〉之爲言猷(猶)—也

縞

包二·二五九 —宧

包二·二五九 一—笞

包二·二六一 一—衣

包二·二六二 一—笞

包二·二六三 一秦—之絠裏

包二·二六三 一絅—之緯

包二·二六九 絑—七䋈

包二·二七三 —純

包牘一 絑—七䋈

仰二五·二 絅—之緒

仰二五·一六 一芙芴又—緾絟純

仰二五·二六 一鑑又繰—

望二·五九 ☐—裏，紅緅之純☐

望二·六一 —裏，素冢之純

曾七〇 晋笞組綷—

曾八八 —綏

曾一一五 —綏

縵

清（二）·繫·一〇六 吴—（洩）用（庸）以𠂤（師）逆鄗（蔡）卲（昭）侯

郭·性·四五 不又（有）夫亙怡之志則—

繡

䋺

包二·二六二 一䝤青之裛（表）紫裏，—純

繪

仰二五·一〇 一紩布之—（袷）

縷

上（三）·周·三八 丌（其）行—（萋）疋（且）

上（三）·周·四一 丌（其）行—（萋）疋（且）

絹

信二·〇一三 二紡—

信二·〇一五 一紡帬（裙）與—

綃

包二·二六七 鹽—之轤

包二·二六七 鹽薦之轤—

包二·二六八 絓—緯

包二·二七五 二纏—

包二·二七五 絓—之綿

緑　絑　絀

包二・二七七
二絓—之㡖

望二・二
—緅联䋀縢之緑

望二・二一
☐純綅笞，—☐

[糹占]

天策
紛—

天策
☐—衡紟生☐

天策
疋—

天策
☐—四馬之章翠

天策
☐—虎韔二檯☐

望二・八
生—之裏

絹之省形。

包二・二六二
一縞笞，—裏

包二・二六九
—組之綍

包牘一
—組之縢

信二・〇二一
縉—之裏

仰二五・五
鄦昜公一紡衣—緾

天策
—組☐

天策
—組之縑

天策
—組之纓

天策
—組纓

天策
—組之綎

天策
聿—組之綏

天策
—組之純

望二・四七
一丹緅之因(茵)，—裏

上(一)・孔・一〇
—衣之思

上(一)・孔・一六
—衣之思

包二・一七〇
—幛裏 人名

包二・一七七
鄴辵斂—

包二・二六九
—署

包二・二六九
笓中干，—縞七署

包牘一
—署

包牘一
笓中干，—縞七署

天策
—羽之承

天策
—羽之翿

天策
—羽之宇竿

天策
—署

新甲三・七九
☐白，一乘—(朱)逄(路)

帛乙一・八
月則絀—

帛乙一・二九
絀—達□

繱 緹 紫

繱

纆 信二·〇九 —綿之裏

信二·〇二一 一—紫之寢裀—綠之裏

緹

包二·二五九 二—婁

信二·〇二 一兩紉—縷

紫

紕 包二·八六 鄱昜君之萰陊邑人—

包二·二五九 二—韋之輯

包二·二六二 —裏

包二·二六七 —蚰

包二·二七〇 —綍緌

包二·二六八 —靻鞅

包牘一 —紳。—軩，虎長

包牘一 —縏

信二·〇一五 —裏

信二·〇二一 一繙—之寢裀

仰二五·八 一—絵之笫（席）

秦一·一 —以其又疾之古

秦一·二 至新父凡—敔

秦一·三 至新父句由—之疾

秦一·三 速瘢—牺罷良月良日牺速賽

天策 ▨—綠之童

天策 ▨與—之▨

天策 —緉

天策 —緉

天策 —帶

天策 —裏

天策 —緢

望二·六 —黃之組

望二·四六 —盍

望二·一一 枕中，蹼妻—▨

望二·一九 ▨—嬰，白金之交

望二·三二 —鞍

望二·三三 ▨纆約，—▨

望二·四九 其二亡童皆—衣

望二·九 —韋之□□

望二·一二 —䜌紃受結□夌組之霝

望二·一二 一紫□，䋎膚之裏

曾六 —翠之常

曾三一 —纑之綏

曾三二 —魚之聶

曾四三 —紸

曾四四 —勒

曾四五 —弓

曾五八 —裞之褋

曾六〇 二—栓之箙
曾六一 —滕
曾六六 —纑之敵
曾七六 —因之篙
曾八〇 —⿱⿰阝敫糸

曾八〇 —⿱⿰阝敫糸
曾八八 —栓裏
曾四 —裏
曾六五 —裏
曾六七 —裏

曾五 —黃紡之綳
曾九 —黃紡之綳
曾一四 —黃紡之綳
曾一九 —黃紡之綳
曾三一 —黃紡之綳

曾三三 —黃紡之綳
曾三七 —黃紡之綳
曾六八 —黃紡之綳
曾八二 —黃紡之綳
曾八四 —黃紡之綳

曾一〇二 —黃紡之綳
曾四三 —滕
曾五〇 —栓之安
曾九八 削—彔之鞅
曾六 —緄

曾一〇 —緄
曾二〇 —緄
曾七 —黃紡之⿱⿰阝敫糸
曾一〇 —黃紡之⿱⿰阝敫糸
曾二八 —黃紡之⿱⿰阝敫糸

曾三五 —黃紡之⿱⿰阝敫糸
曾五六 —黃紡之⿱⿰阝敫糸
曾六四 —黃紡之⿱⿰阝敫糸
曾六九 —黃紡之⿱⿰阝敫糸
曾八四 —黃紡之⿱⿰阝敫糸

曾八六 —黃紡之⿱⿰阝敫糸
曾八九 —黃紡之⿱⿰阝敫糸
曾一〇三 —黃紡之⿱⿰阝敫糸
曾四二 —綳
曾六〇 —綳

曾六二 —綳
曾八〇 —綳
曾八八 鄴—之綳
曾一九 一⿰衤焉貂—魚之箙
曾一九 —組之綏

曾五七 —組之綏
曾五八 —組之綏
曾七三 —組之綏
曾一〇四 —組之綏
曾六三 —組之敵

曾二六 二⿰衤焉—魚彔魚之箙
曾三九 一⿰衤焉—魚與彔魚之箙
曾六四 —組之敵
曾五 一⿰衤焉貂與—魚之箙

曾一六 一䉼—魚彔魚之箙
曾八 三貂䉼—魚之箙
曾一三 一䉼—魚彔魚之箙
曾一九 屯䉼—魚彔魚之箙

曾二九 二䉼—魚彔魚之箙
曾五五 —魚之韔
曾五八 —魚之韔
曾六 —羊須之緄
曾九 —羊須之緄

曾七〇 䉼貂與—魚之箙
曾六三 —組之綍
曾八八 —組之綍
曾五三 —綏
曾一八 —箙

曾四五 —箙
曾七三 —箙
曾一〇四 —箙
曾三一 —扂
曾六二 —扂
曾六三 —扂

曾六五 —棆之杶
曾六七 —棆之純
曾一一六 —㒷
曾一二二 —赦之縢
曾一二三 —組之縢

曾一二四 —組之縢
曾一二五 —市之縢
曾一二五 —纑之縢
曾一二六 —纋之縢
曾一二七 —市之縢

曾一二一 至—
新乙四·六 ▨陵尹子簡紡—繶廿=(二〇)▨
包二·二七一 —䊪

包二·二七一 —親執
包二·二七一 —紳，紃綷。—紿，虎長
包二·二七二 —拜
包二·二七六 —拜

紅

信二·〇一三 一—介之留衣
仰二五·一〇 又—組之綏
仰二五·一二 —組之綏
仰二五·一四 ▨革綍又玉鐶—䋎

望二·二 —紪之純
望二·四八 二—紪之絈
望二·五七 一—紪之㡚絈▨
望二·四八 二—紪之室

繅

仰二五·二六 一鑑又—縞

緇

紂 上(一)·紂·一 毌(好)頮(美)女(如)毌(好)—衣

見《玉篇》，緇字異體。

緂

信二·〇一三 一—言

信二·〇一五 一—常䞓膚之純

望二·二〇 ☐純—笞

纓

郹 郭·老乙·五 人態(寵)辱若—(驚)

郭·老乙·六 是胃(謂)態(寵)辱—(驚)

郭·老乙·六 得之若—(驚)

郭·老乙·六 遊(失)之若—(驚)

包二·三二 登— 人名

包二·一四六 戱— 人名

包二·二五九 組—

包二·二七〇 —組之綏

包二·二七七 一紩組之—

信二·〇一五 一青緅—組

仰二五·一五 —組之繸

仰二五·九 一純—笞

秦九九·一一 ☐☐疾—一環

秦九九·一一 —之吉玉北方

秦九九·一四 ☐—之吉玉☐

天策 —組之結

天策 ☐奔笄—

天策 笄—組䌟䌟

天策 馬之鋇—

天策 —組之望

天策 長—

天策 —組之纓

天策 —組之纓

天策 紩—

天策 兩馬之紩—

望二·一二 —絓項

新甲二·一〇 ☐聿(盡)—以兆玉

新甲三·一七〇 ☐痒(眻)—之兆玉

清(五)·封六 羅—(纓)，鉤雁(膺)

新甲三·二一四 —之兆玉

紻

包二·六七 㓹— 人名

天卜 公孫— 人名

緓 天策 縣— 馬具

緄

緄 包二·二六八 絓緧—　信二·〇七 一索—綁　信二·〇一三 —紝　信二·〇一八 —維　天策 —絇

天策 二—☐　天策 二—綏　天策 —童　天策 —絡　望二·四九 —笞

望二·六 絜雕革—紳㕞丝繐

望二·四八 一—綁　天策 二—綏　包二·二六八 —纓

紳

紳 曾三 韄—貽　曾·一〇 鞎—紃　曾一八 韄—　曾六一 顯鞅—衡厄　曾六四 紉—

曾九一 韄—　包二·二七一 紫—　望二·六 縪—　天策 革—

清(三)·說上二 —(引)弸(關)辟矢

縷 曾一五 韄—　曾二八 韄—　曾三五 韄—　曾三八 韄—　曾四三 顯鞅—衡戹

曾四七 鞎—　曾五六 鞎—　曾六九 鞎—　曾七九 鞎—　曾八三 韄—

曾八九 韄—　曾九三 韄—　曾九五 鞎—　曾一〇三 韄—

紳與縷在簡文中併讀爲靷。

緭

上(四)·曹·三六
—(申)攻(功)走(上)臤(賢)

上(六)·莊·四下
—(申)公子皇酱(首)皇子

纏

包二·九三
軋— 人名

包二·一〇一
秀— 人名

包二·一四五
—朝 人名

包二·一五九
畢— 人名

包二·一九〇
閔(文)— 人名

天策
—腹

天卜
—腹

郭·緇·三七
戋(割)—觀文王悳(德)

上(四)·曹·二一
—(申)攻(功)而飤(食)

上(六)·莊·六
—(申)公曰臣不智君王之牺(將)爲君

清(二)·繫·四八
女(焉)縈(脱)—(申)公義(儀)

清(二)·繫·五七
—(申)公弔(叔)侯智(知)之

清(二)·繫·七六
取亓(其)室以女—(申)公

清(二)·繫·七七
司馬子反與—(申)公争少盂

清(二)·繫·七八
—(申)公曰氏(是)余受妻也

清(二)·繫·七八
司馬不訓(順)—(申)公

清(二)·繫·七八
王命—(申)公嘐(聘)於齊

清(二)·繫·七八
—(申)公轍載少盂以行

清(二)·繫·九八
會者(諸)侯于—(申)

清(二)·繫·七五
王命—(申)公屈晉迈秦求白

清(二)·繫·一〇六
鄗(蔡)卲(昭)侯—(申)懼

清(二)·繫·一〇八
—(申)公屈晉(巫)自晉迈(適)吴

清(三)·芮·三
以—(申)尔(爾)毋(謀)猷

繻

天卜
—腹

天卜
—腹

天卜
—腹

清(二)·繫·五
周幽王取妻于西—(申)

纗
天卜 —膢
天卜 —膢
天卜 —膢

纗
清（二）·繫·六 坪（平）王走西—（申）
清（二）·繫·六 回（圍）坪（平）王于西—（申）
清（二）·繫·四〇 戠（止）—（申）公子義（儀）以歸

清（五）·命·一三 樂不—（伸）
清（五）·命·一四 樂—（伸）則亡（荒）

纏
天卜 —膢

緇
包二·一五〇 石— 人名

組
包二·二五九 —緹
包二·二六七 紩—之綃
包二·二六八 集—之蓍經
包二·二六八 絸—之繻（纑）
包二·二七〇 綠—之緣
包二·二七〇 緹—之綏
包二·二七二 紩—之鐳鈦
包二·二七六 紩—之鐳之鈦
包二·二七七 紩—之迂
包二·二七七 —綏
包牘一 綠—之縢
包牘一 紩—鐳之大
信二·〇七 —緣
信二·〇一三 —緣
信二·〇一三 —緣
信二·〇一五 一青緅纓—
信二·〇二三 —績
仰二五·一〇 又紅—之綏
天策 纓—之純
天策 纓—之結
天策 綃—之童
天策 纓—之㙉
天策 方—之纉
天策 方—之纉
天策 筭纓—䜌革鞴
天策 ☐結—綏☐
天策 綠—之纉
天策 綠—之綀

天策 鄗—之纓
天策 鄗—之紟
天策 鄗—之紟
天策 肂綠—之綏
天策 綠—之維

天策 童—之鼻
天策 鄗—之童
天策 纓—之纓
望二·七 黃夋—之䰗十又八

望二·八 ▨黃夋—之繻
望二·九 夋—之童
望二·一二 銡□夋—之霝
望二·二三 黃夋—之纓
望二·一〇 黃夋—▨

望二·四八 —纓
望二四八 —纓
新甲三·三一 惙〓(惙惙)若組—結
仰二五·一五 纓—之繐
仰二五·一二 紅—之綏

組
曾二 屯𤫊—之綏
曾五 屯𤫊—之綏
曾八 𤫊—之綏
曾一四 屯𤫊—之綏
曾一九 𤫊—之綏

曾二三 𤫊—之綏
曾二五 屯𤫊—之綏
曾二六 屯𤫊—之綏
曾二九 屯𤫊—之綏
曾三二 屯𤫊—之綏

曾三六 𤫊—之綏
曾七六 屯𤫊—之綏
曾八九 屯𤫊—之綏
曾一九 紫—之綏
曾五六 屯紫—之綏

曾七三 紫—之綏
曾一〇 —珥填
曾六四 紫—珥
曾三一 —維
曾三六 —綏

曾五〇 覔—之敱
曾五三 覔—之綏
曾七五 覔—之綏
曾五三 榑—之維
曾五四 戠—之維

曾六三 紫—之維
曾七五 紫—之維
曾八八 紫—之維
曾六三 紫—之敱
曾六四 紫—之敱

曾八 紫—之綏
曾五七 紫—之綏
曾五八 紫—之綏
曾五九 覔—之綏
曾七一 覔—之綏

綸 絙 紟

曾八六 —綏　曾一二二 屯玄—之縢　曾一二三 紫—之縢　曾一二三 —繯　曾一二六 吴—之縢

曾一三一 吴—之縢　曾一三一 臺紡之縢—

緅 新甲三·三六一、三四四—二 鼬於吅戲—二黏　新甲三·二五三 ☐—蠢(喪)者甫☐

上(五)·弟·一五 其—(阻)繼(絶)虐(乎)

纏 仰二五·二四 一—綁

从糸从叡與《汗簡》同。

綸

上(三)·彭·二 人—(倫)

絙

天策 ☐莫司馬—坊王☐

紟

絵 包二·二五四 二索王—之綉 《說文》籀文从金作[glyph]，簡文讀作錦。

包二·二五六 青—之□四㯂　信二·〇七 —緂之夾　信二·〇二一 一—坐裀縉

信二·〇一二 緅與索—之紡囊廿=又一緅與青—之紡囊七　信二·〇二三 六箙笅屯—純　信二·〇二三 一柿枕—純

仰二五·三 何馬之紑衣—純—緒　仰二五·八 一紫—之笞　仰二五·一六 又縞紳—純　仰二五·二一 鉀箕一十二箕皆又—縫

仰二五·二二 一楪柜又—綉　天策 生—之純　天策 生—常　天策 生—之綳　天策 素—之里

緣 綔 紴 絛 縱

天策 —宧 天策 生—素—之童 天策 素—生—之童 望二策 —純	新零·四〇九 ◩各束—(錦)◩ 包二·二五九 一楕柅，又—綉(綉) 包二·二六〇 一竹柅，—宧 包二·二六二 一縞笿，綠裏，—純	包二·二六二 素—綉 包二·二六三 王—之純 包二·二七二 紸—之纏 《說文》籀文。簡文中讀錦。	銯 包二·二六二 一白䋜，—純	包二·二六二 一䋄青之表，紫裏，繡純，—純 从糸从全，全乃金之誤。	緣 信二·〇二 一兩—釋縷	綔 上(七)·吳·二 孤居貸(保)系—之中	紴 包二·一一九反 秀— 人名 包牘一 繙芋結項，告紝，纆—，一周轊	絛 包二·牘一 百—四十=(四十)攸翠(翠)之頁	縱 上(五)·鮑·四 日城(盛)于—(縱) 上(五)·鮑·四 —公之所欲 清(三)·芮·七 母(毋)自—(縱)于𢝳(逸)以嚚(遨)

紃

包二・二六八 —約

包二・二六八 —緈

包二・二七一 —緈

信二・〇一一 純維=之—褻

望二・六 —緈

望二・三二 —奉

望二・三一 ◪☐綏五囟之—革屖—

望二・一二 紫緣—受鋯☐

曾七 鞁紳—

曾一一 鞁紳—

纕

郭・成・一八 貴而罷(能)—(讓)

纗

天策 墨紒娂☐君—◪

天策 西䑣君之軒—靷

縷

包二・二五九 一魚皷之—

仰二五・一 一新智—

仰二五・一 一莣智—

仰二五・一 疋—

天策 —綏

信二・〇二 一兩緣繹—

信二・〇二 一兩丝紝—

信二・〇二 一兩諠—

上(三)・周・四五 佳䙡—

清(五)・般・二五 戲(虐)怪(淫)自嘉而不—(數)

綫

包二・二七〇 霝(靈)光之—

組
仰二五·二七　生絇絔—
望二·六　紫黃之—
望二·二　丹—之裏

紉
天策　紛—
郭·六·三一　門內之絧(治)—(仁)穽(弇)宜(義)
郭·六·三一　門外之絧(治)宜(義)斬—(仁)

縈
信一·〇六六　▨—爲▨
上(四)·內·八　社(功)—(禁)行
上(六)·競·九　外又(有)梨(梁)丘墬(據)—(縈)恚(狂)
清(一)·尹至·四　孳(茲)乃柔大—
清(三)·芮·一　戠事各—(營)亓身
清(三)·芮·一六　亓尾甬(用)遳(失)—(營)
新甲三·三二七—二　▨—聖二䊾
上(五)·三德·一四　方—(營)勿伐
上(五)·三德·一五　埤(俾)聖(聽)亓—(營)
上(六)·用·一　豫(預/舍)命乃—不可恡

繩
縉
包二·牘一　—紴

絇
仰二五·二七　生—絔組

緘
清(五)·湯丘·四　方惟䎽(聞)之乃—(箴)

滕

羲
曾一五二 —尹𦨴之騑爲右驂
曾二一一 —尹𦨴一馬

新零·二七一 —尹□
包二·一五七 舟—

曾一七一 —尹𠂤之兩騑爲騎

縢
包二·一八六 新戱尹之人—

絣
包牘一 紫—
包牘一 綠組之—
曾一二五 紫纑之—
曾一三一 吴組之—
曾一三一 玄市之—

曾一二三 柘—
曾一二五 黄紡之—
曾一二五 紫市之—
曾一二六 黄紡之—
曾一二六 吴組之—

曾一二六 紫組之—
曾一二七 吴組之—
曾一二八 紫組之—
曾一二八 黄紡之—
曾一二九 吴組之—

曾一二九 紫市之—
曾一三六 紫市之—
曾一三六 紫組之—
曾一三六 紫市之—

曾四三 紫—
清(三)·説上·二 —隆(降)虿(庸)力

縢
清(一)·祭·三 悉父—(朕)疾隹(惟)不瘳
清(一)·祭·三 —(朕)身尚才(在)㚏
清(一)·祭·三 —(朕)䪼才縢(朕)辟卲王斎=

清(一)·祭·四 —(朕)之皇且(祖)周文王剌(烈)且(祖)武王
清(一)·祭·九 悉(謀)父—(朕)疾隹(惟)不瘳

紣　包二·二六七　—組之紣　包二·二七二　—組之鑐鈦　望二·二　冑緅联—之韡冑　望二·一〇　☐联—之鞞勳

望二·二　联—之純　望二·二　冑緅联絭之纅　望二·二　联—之纅　包牘·一　—組之大　包二·二七六　—組之鑐之鈦

包二·二七七　—組之迗　包二·二七七　—組之綅　清(三)·芮二四　—(朕)隹(惟)滔(沖)人　上(二)·容·五一　至於共—之閼(間)

鱌　曾四三　屯紫—　曾一二二　紫紴之—　曾一二二　紫紴之—　曾一二二　屯玄組之—

曾一二三　紫組之—

繞　天策　悳韋綠組之—　天策　悳韋聿彫綠組之—

纈　包二·二七〇　綠組之—　包二·二七〇　紫—

維

信二·〇一八　緯—　天策　緻—　曾一二三　緹—犀堅韋

綊

仰二五·一九　☐☐又紫—

緐

緐　包二·九〇　—丘少司敗遠悖?　包二·九〇　—丘之南里信又羿酉=　包二·九〇　—昜旦無又羿悚

上(二)·容·一九　者而—(繁)　包二·九〇　競得訟—丘之南里人羿悚

纆　紛　　絚　緕

絣　郭·緇·一八 民此以—(緐)　上(一)·紂·一〇 民此𠂤(以)—(緐)　曾·六九 —常二畫戠　《説文》籀文。

上(六)·用·一九 民道—(煩)多　清(五)·封·六 纂(纂)—(弁)

纆　新甲二·二七 ☐—子之里一豢☐

紛　包二·二六〇 —歓　包二·二六八 —𥿞　信二·〇二八 紫絳之納—純—𦃇　天策 —結　天策 —宎

天策 —儠　天策 —純　天策 —紉　天策 —雩

曾四三 —韌　曾六七 —韌　曾六三 —㲺　郭·老甲·二七 解其—

紛　包二·二七一 —約

繽　曾四四 —䋮　曾五三 —韌　曾七五 —韌　曾一〇四 —韌　曾四九 —鞑

曾五五 —鞑　曾六四 —經　曾六七 —㲺　曾七五 —㲺　曾七五 —㡳

絚　經　上(三)·周二八 不—(恆)丌(其)悳(德)　上(三)·周二八 —(恆)丌(其)悳(德)

緕　帛乙一二·二四 則無—祭

緍

緍

郭·緇·二九 其出女(如)—

上(一)·紂·一五 丌(其)出女(如)—

郭·老丙·三 邦豢(家)—(昏)□安又(有)正臣

郭·六·三八 —(昏)所繇(由)迮(作)也

清(五)·殷·一〇 八絽(紀)則—(斎)

絡

絡

天策 菓—

天策 緙—

綮

綮 綾

上(三)·周·五七 需又(有)衣—(袽)

繫

繫

上(三)·周·四〇 —于金柅

清(二)·繫·一二〇 𧊒(魏)—(擊)衍(率)𠂤(師)與戉(越)公殹(緊)伐齊

縺

清(二)·繫·一三四 𧊒(魏)—(擊)衍(率)𠂤(師)回(圍)武𧙛(陽)

績

績

信二·〇七 弁—

信二·〇二三 組—

綌

綌

上(六)·用·二〇 又(有)贛=(坎坎)之—

綆

綆

信二·〇四 一良圓軒載紡箣—良馬頁翟造

綢

綢

曾一二三 一—

曾一二五 一革—

曾一三三 一革—

綏

曾一二八 一｜

曾一二八 一｜

曾一三一 一｜

包二·二七〇 緌組之｜

包二·二七七 一絸，組｜

仰二五·一〇 又紅組之｜

仰二五·一二 二鍡紅組之｜

天策 ▨｜

天策 ▨緌組纓｜翠▨

天策 革｜

天策 二革｜

天策 縷｜

天策 二緯｜

天策 赤韋之｜

天策 綠組之｜

天策 組｜

望二·六一 素淾之純組｜

望二·四八 二組｜

曾二 屯𤦹組之｜

曾二 屯𤦹組之｜

曾五 屯𤦹組之｜

曾八 𤦹組之｜

曾一五 屯𤦹組之｜

曾二三 屯𤦹組之｜

曾二五 屯𤦹組之｜

曾二六 屯𤦹組之｜

曾二九 屯𤦹組之｜

曾三二 屯𤦹組之｜

曾三六 𤦹組之｜

曾四六 屯𤦹組之｜

曾五八 𤦹組之｜

曾七二 屯𤦹組之｜

曾七六 屯𤦹組之｜

曾八九 屯𤦹組之｜

曾一〇五 𤦹組之｜

曾八 紫組之｜

曾一九 紫組之｜

曾五四 紫組之｜

曾七三 紫組之｜

曾一〇四 紫組之｜

曾三一 紫繐之｜

曾三六 組｜

曾三二 革｜

曾三八 革｜

曾四三 革｜

曾五三 䵷組之｜

曾七一 䵷組之｜

曾七一 䵷組之｜

曾七一 犒｜

曾六四 紫彖之｜

曾二〇 一犒｜

彝

曾八八 縞—

曾四 二鷈—

曾五八 二獡—

曾八五 綒—

曾八六 組—

彝

清(五)·厚·六 湳(沉)湎于非—

清(一)·皇·七 乃隹(維)詉=(急急)疋(胥)區(驅)疋(胥)敎(教)于非—

緅

緅

天策 —笞

天策 —純

包牘一 —秋之給

見《説文》新附。

清(二)·繫·一三四 訊(韓)—(取)䰠(魏)繻(擊)衒(率)𠂤(師)回(圍)武殤(陽)

緻

包二·二七〇 一—絨之給

緊

信二·〇六 屯紫—之帩

信二·〇一二 —與索絵之紴囊廿=又一

信二·〇一二 —與青絵之紴囊七

信二·〇一九 裀若皆—襡

信二·〇二四 屯—帩

信二·〇二四 紫—百囊

紉

曾一一七 載—裛

紝

包二·二七七 一—

包牘一 繙芌結項告—

紴

信二·〇一二 緅與索絵之—(縏)囊廿=又一

信二·〇一二 緅與青絵之—(縏)囊七

紻

九·五六·一〇九 常—

絅

包二·二六三 一—縞之緯

仰二五·二 —縞之綪

紩

天策 —綏

天策 —綏

紝

信二·〇一三 一墜笄縴—

繆

仰二五·二七 促羅繢之—

穋

郭老甲·二一 敚—(穆)

䋶

望二·二 丹厚緅之—

望二·二 丹緅聯縌(縢)之—

望二·二 綪緅聯縌(縢)之—

望二·二四 ☐聯縌(縢)之—☐☐

望二·一五 一椅，一𦉜，☐—

紼

曾一三一 𦃟—之縢

紌

郭·緇·三 則民青(情)不—(忒)

九·五六·三六 折(製)衣常(裳)表—

絓

包二·二六七 —綪之綎

包二·二六八 —綪縴

包二·二七一 —綪之純

包二·二七五 —綪之綿

絡　結　䌖　絈　䋊　䋖　綉　絨　䋎

包二·二七五　—□
包二·二七二　—絵之繶
包二·二七七　二—綃之褈

包二·二七〇　一緅絨之—
包二·二七一　紫—
包牘一　緅秋之—

包二·一二二　士尹—詅返子
包二·二六三　—蕪之純
信二·〇二三　屯—芒之純

包二·二六八　繻光之—

包二·二六三　一秦縞之—裏
包簽　兩—衣

信二·〇二三　—櫃椹

郭·緇·三〇　其出女(如)—(绋)

包二·二五四　二素王絵之—
包二·二六一　霝光之—
包二·二六二　素絵—
仰二五·二二　一楔柜又絵—

包二·二五九　又(有)絵—
右旁所从之『季』乃『秀』之誤寫。

包二·二七〇　一緅—之絡
包二·二七一　多舟—緹

包二·二六七　䍌蔿之—

絓

天策 林綳之—
天策 綠組之—
天策 腹—
曾三一 組—
曾四三 紫—
曾五三 縛組之—

曾五四 戠組之—
曾六三 紫組之—
曾七〇 組—
曾八八 紫組之—

緾

包二·二六八 丹黃之—（裏）
仰二五·五 鄦易公一紡衣綠—
仰二五·八 一紫絵之笞繢—
仰二五·一六 一芙茐又縞—

緪

包二·二六八 鞄—
見《玉篇·糸部》。

緔

天策 —組之約
天策 —組之☐

緮

曾一二四 紫—之縢
曾一三三 紫—之縢

綪

仰二五·二 絅縞之—
仰二五·三 絵純絵—

縜

繄
包二·五六 遠— 人名

綘

包二·二六八 絅—（縫）
包二·二七一 絅—（縫）
仰二五·一二 綸—（縫）
仰二五·一三 墿韋之紀綸—（縫）
望二·一二 絅—（縫）

纆

曾四五 —綏
曾八五 —綏
曾一二三 —維玉墜韋
曾一二三 —維犀墜韋
曾一二四 —唯乇韋
曾一二五 —唯韋
曾一二八 —維韋
曾一二九 —唯韋
曾一三三 —維韋

緆

包二·二六七 綦組之—

上(五)·鮑·三 故繮—田繮

緭

包二·二六八 緄—

包二·二七五 紌(?)—

包二·二七七 一—

緣

信二·〇七 組—

信二·〇一三 組—

信二·〇一九 𩂋綿之— 見《廣韻·至韻》。

縁

包二牘一 一栓，—翌頁

縨

包二·八五 差敏(令)偲郜—

上(六)·競·八 縛—者眭(枉)

縨

清(一)·祭·五 甬(用)—(膺)受天之命

繝

繝

天策 黄—之纏

綼

包二牘一 紩，組之大，楚—

包二牘一反上 一□，—組綏

綪

包二·二三一 思攻祝，逯—(佩)取冠紼於南方

包二·一一五 大帀(師)子—(佩)

包簽 —笲

望一·二八 ▨□逯—玉一環柬大[王]▨

綞

包二·二七五 二—絹

紆

郭·語三·四八 思亡—(邪)

緦

曾六 紫羊須之— 曾一〇 紫羊須之— 曾六八 羊須之— 曾六 紫— 曾一〇 紫— 曾二〇 紫—

曾四六 紫— 曾一〇六 紫—

纏

包二·二五九 一—笄 包二·二五九 六— 仰二五·二三 五芏— 仰二五·二一 鏍箕一十二箕皆又絵— 見《集韻·隱韻》。

纏

包二·二七二 絓絵之— 包二·二七七 二絓綪之— 天策 —組之翏 天策 ▨絵之—

天策 □組之—▨ 天策 生絵素金之— 天策 □組之—□ 天策 紡□之— 香中大·九 □好而—之

上(六)·用·二 叓(稱)秉—(重)德

繐

望二·六 䬹雕革，緙紳，豖丝—

緅

馬一·一 綮以一—衣見於君 信二·〇二 一兩—縷 信二·〇七 絵—之夾 信二·〇一三 一草齊—之飲

信二·〇一五 一丹—之衦 望二·二 丹厚—之綵 望二·六 丹厚—之□童

望二·二 丹厚—之純 望二·二 丹—之裏 望二·二 綪—联緂縢之綵

繏

望二·一二　肯—之純

望二·二二　▨肯—联絑（縢）之▨

望二·四八　紅—之室

望二·五九　紅—之純

望二·六　丹厚—之鑿肯

望二·四七　一丹—之因（茵）

望二·四九　其三亡童皆丹—之衣

望二·四八　紖—之繝（襡）

繏

曾一二九　襛—

曾一三八　—韉

緫

包二·二七一　—純

天策　兩馬—絵帶

望二·一三　緹—項

仰二五·一〇　大—之韋

綸

仰二五·一五　綏組之—

繂

仰二五·一二　—緈

仰二五·一三　墿韋之紃—緈

縩

郭·老丙·七　鏞—爲上

𦅫

包二·二六四　登人遠—

《廣韻·櫛韻》有綴字。

㬎系

郭·緇·四四　而亞（惡）亞（惡）不—（著）也

䌸

包二・二七八反 条(瑶)脰尹之人盬惡告—多命以睘瘀

郭・性・五八 門内之—(治)

郭・性・五九 門外之—(治)

郭・六・三一 門内之—(治)紉(仁)穽(弇)宜(義)

郭・老甲・二六 —(治)之於其未亂

郭・六・三一 門外之—(治)宜(義)斬紉(仁)

郭・語一・四九 又(有)終又(有)—(始)

上(二)・子・一 古能—(治)天下

上(二)・容・一九 是㠯逮(近)者敓(悅)—(治)

上(二)・容・三六 弝(强)溺(弱)不—(辭)諹(揚)

上(二)・容・四三 亓(政)—(治)而不賞

上(二)・容・四三 而—(治)蹈(亂)不㠯

上(一)・性・一六 —(治)亓(其)悳(德)

上(四)・柬・一九 陵尹贅尹皆—(紿)亓言㠯告大剠

上(四)・曹・三六 能—(治)百人

上(四)・曹・三六 能—(治)三軍

上(五)・姑・一 與士仉埻旦夕—(治)之

上(五)・姑・四 虐(吾)亡能—(治)也

上(五)・君・一一 夫子—(治)十室之邑亦樂

上(五)・君・一五 垔(禹)—(治)天下之川☐

上(六)・天・五 文悳(德)—(治)

清(一)・皇・八 乃隹(惟)不訓(順)是—(治)

清(三)・琴・一三 攷(孝)敬肥(非)—(怠)巟(荒)

清(三)・芮・一 莫—(治)庶戁(難)

清(五)・湯門・八 亓(其)燹(氣)朁緐(歇)發—(治)

上(二)·從(乙)·一 —(治)正𢻱(教)
上(二)·從(乙)·三 —(治)巳(也)至則□▨
上(二)·從(乙)·三 不—(治)則嬰(亂)

上(二)·從(甲)·一六 君〻(君子)藥(樂)則—(治)正

郭·老乙·一 —(治)人事天 誤寫爲絇。
郭·唐·二三 智(知)其能—(嗣)天下之長也 从司省聲。
郭·唐·二六 五十而—(治)天下

郭·唐·一〇 腦(益)—(治)火
郭·唐·一〇 后稷(稷)—(治)土
郭·唐·一三 吴(虞)虽(夏)之—(治)也

郭·唐·一四 —(治)也
郭·唐·二八 —(治)之
郭·唐·一〇 壐(禹)—(治)水

紿
上(三)·亙·八 又(有)—(治)無𤔔(亂)

望二·四八 丹緅之—
望二·四八 紺緅之—
望二·四九 笫十又二皆紡—

天策 鄬組—

曾九 鞸—

仰二五·二七 生約—組

信二·〇二四 二業緣—

紩

望二・六一
霝光之—

綃

包二・一〇〇
登城訟走仿部—以其敚湯汸與羉澤

績

仰二五・八
一紫縊之笲—綥

纍

包二・一七六
𨻶𡐦之人—

[糸庶]

新乙四・六
☐陵尹子簡紡紫—廿〓（二十）☐

纆

上（四）・曹・一八
—（繕）㪘（甲）利兵

上（四）・曹・五一
—（繕）㪘（甲）利兵

[糸甫]

新甲三・二二〇
李—爲☐

緊

上（一）・性・二七
退谷（欲）—（?）而毋𢀴（輕）

[糸豊]

曾三一
紫—之綏

曾六六
紫—之敳

曾一二五
紫—之縢

[糸鹵]

信二・〇七
一—緅衣

纘

天策
繼䋛綏組之—

天策
鍾銍繼䋛綏組之—

天策
倜示綏組之—十又六

天策
繼安素鄗組之—

紨

天策 童組之𦍙貝—

天策 纏組之𦍙貝—

天策 緣組之—

天策 ☐緣組之—

天策 鍾戈緣組—

天策 方組之—

望二二 黃夌組之—卅=

望二·八 黃夌組之繻組—

望二·八 黃夌組之— 均疑爲縢字異體。

纐

郭·語三·五五 宑(賓)客之用—(幣)也，非正

包二·二五九 一生□之—

繁

曾七 紫黃紡之—

曾一五 紫黃紡之—

曾二八 紫黃紡之—

曾三〇 紫黃紡之—

曾三五 紫黃紡之—

曾三八 紫黃紡之—

曾四九 紫黃紡之—

曾五六 紫黃紡之—

曾六九 紫黃紡之—

曾七八 紫彖之—

曾一一五 紫彖之—

曾八〇 紫—

繲

上(四)·曹·一六 —紀於大國

繫

上(三)·周·三七 公六—(解)

上(三)·周·三七 —(解)丌(其)拇

纕

上(三)·彭·二 若—(表)與裏

繺

上(三)·彭·八 氏(是)胃(謂)𢇍(絕)—(輟)

纆

上（四）·昭·二
少（小）人之告—牆（將）剸（專）於含（今）日

綧

緯

上（四）·曹·三三
吏（使）人不親則不—（敦）

紋

上（四）·逸·交一
戭（愷）—（豫）是好

上（四）·逸·交三
戭（愷）—（豫）是好

上（六）·用·一六
而—亓（其）又（有）盍用

纆

上（五）·鮑·三
故—緇田纆

紋

上（五）·鮑·七
又（有）𤔲（司）祭備（服）毋（無）—

絁

上（五）·季·三
—（紉）嗇（設）於百眚（姓）

纖

上（五）·三德·一四
天材（災）—=（繩繩）

縸

上（六）·用·二〇
而又（有）—=（莫莫）之

上（六）·用·一四
毋事—=（莫莫）

縌

上（六）·用·一六
—亓（其）又（有）戭（威）頌（容）

[糸共]

上（七）·鄭乙·五
綎（疏）索㠯（以）—（供）

紋

清（一）·金·一〇
以攺（啓）金—（縢）之匱

約

清（一）·楚·四
至酓羿與屈—（紃）

縃

清（一）·楚·六
至酓—（延）自旁岍遝（徙）居喬多

緐

清（二）·繫·三一
欲亓（其）子—（奚）資（齊）之爲君也

清（二）·繫·三二
乃立—（奚）資（齊）

清（二）·繫·三二
亓（其）夫₌（大夫）里之克乃殺—（奚）資（齊）

緒

清（二）·繫·三九
二邦伐—（鄀）

縈

清（二）·繫·四八
女（焉）—（脱）繡（申）公義（儀）

絉

清（三）·説下·九
余罔—（墜）天休

清（三）·琴·一
簭（琴）舞九—（卒）

清（三）·琴·二
簭（琴）舞九—（卒）

清（三）·芮·七
覍（變）改祟（常）—（術）

清（三）·芮·一九
悳（德）型（刑）態（怠）—（惰）

紘

清（三）·芮·七　而亡（無）又（有）絽（紀）—（綱）

[糸興]

清（一）·皇·一一　是楊（揚）是—（繩）

清（三）·芮·一九　約結—（繩）剸（斷）

清（三）·芮·二〇　—（繩）剸既政而五想（相）柔訛（比）

清（三）·芮·二二　而—（繩）剸（斷）遾（失）楑

縊

清（四）·筮·祟四八　四，—（縊）者

清（四）·筮·祟五〇　四，非瘴（狂）乃—（縊）者

綀

清（五）·厚·一　□□□□王監劼嘉—（績）

[糸啻]

清（五）·湯丘·五　—（適）奉（逢）道逄（路）之祩（祟）

[糸啻]

上（六）·用·四　社（功/攻）之亡—

[糸丞]

清（五）·湯丘·一三　民人皆—（瞀）禺（偶）䢂（離）

素

天策　繼安—

天策　☐—二偶☐☐　借索爲素。

上（三）·彭·六　遠慮（慮）甬（用）—心白身澤（釋）

鬆

緩

包二·七六　周—　人名

包二·九六　陽—　人名

包二·一八九　龏—　人名

上（二）·容·一　軒—（轅）是（氏）

絲

上(二)·容·六 甚—而民備(服)

《說文》或體。

絲

信二·〇二 一兩—紝縷

信二·〇一五 一—褏

郭·緇·二九 王言女(如)—

望二·六 革縪紳豚—繐

望二·四九 一生—之縷

上(一)·紂·一五 王言女(如)—

上(六)·用·一〇 用曰之—(聯)

清(一)·祭·六 荸由(迪)—(襲)孚(學)于文武之曼悳

疑爲『絲』字異體，讀爲『袭』。

轡

天策 兩馬之—

天策 鸗=之紡—

天策 綏組—

天策 兩馬之革—

天策 兩馬之革—

天策 兩馬之革—

天策 兩馬之—

天策 兩馬之紡—

天策 革—

天策 紫—

望二·一二 紫—

曾七 鸗=之鞁—賠

曾五七 六—

曾一一 鞁—賠

曾一五 鞁—賠

曾二二 鞁—

曾二五 鞁—

曾三五 鞁—

曾三八 鞁—

曾四一 鞁—

曾六六 兩馬之革—

曾六九 鞁—

曾八三 鞁—

曾七九 革—

曾六四 兩馬之—

䜌

曾八〇 兩馬之—

曾九八 兩馬之—

曾九三 肬轄—鐐貽

郭·性·三〇 其刺（烈）—（漣）—（漣）女（如）也

郭·性·六七 居喪必又（有）夫—（漣）—（漣）之㥴（哀）

郭·尊·一 濰忿（憤）—（滿）

郭·忠·八 古（故）—（蠻）睪（親）尃（溥）也

上（一）·性·二九 居喪必又（有）夫—（累累）之哀

清（一）·楚·二 季—（連）䎽（聞）亓（其）又（有）粤（聘）

清（五）·封·七 —（璉）蘿（鑵）鉦

虫

上（六）·用·五 征—飛鳥（？）

蚰

蟲

包二·二一 黃— 人名

蟲

蠧

包二·八一 郯逸公—戠之

包二·八二 郯逸公—戠之

今作蛙。

強

弜

包二·四〇 鄴— 人名

包二·八四 正義—戠之

包二·一〇三 宜昜司馬—

包二·一六二 陞— 人名

郭·語四·一一五 衆—甚多不女（如）旹（時）

天卜 ▨罘—死者▨

『弜』即《説文》古文『剛』。

天卜 ▨不殆—死

郭·成·一三 戎（農）夫柔（務）飤（食）不—耕

郭·成·二三 —之工也

郭・六・三二 宜(義)—而柬

郭・成・一五 唯(雖)—之弗内(入)恢(矣)

上(二)・容・三六 —(强)溺(弱)不絅(辭)諹(揚)

上(三)・亙・一〇 舉(舉)天下之复(作)—者

上(五)・季・五 舀(擾)事皆旻亓(其)嚾(勸)而—(强)之

上(五)・季・八 孯=(君子)不可㠯(以)不—(强)

上(五)・季・九 孯=(君子)—(强)則遺(遺)

上(五)・姑・六 —(强)于公冡(家)

上(五)・姑・四 虗(吾)—(强)立絧(治)衆

上(五)・姑・九 公恩亡告—(强)門夫=

上(五)・姑・一〇 —(强)門夫=衙㠯罼

上(六)・天甲・一三 —(强)行忠謀(謀)信言

清(二)・繫・五〇 猷求—(强)君

清(五)・殷・二一 —(强)敉(並)丩(糾)

郭・老甲・六 不谷(欲)以兵—於天下

郭・老甲・七 是胃(謂)果而不—

郭・老甲・七 不以取— 弓訛作人。

弘

天卜 由攻解於不殆—死者

曾七 差斂—所馭韗=韄輪

弨

上(六)・慎・二 —㠯(以)庚志

蜀

上(一)・孔・一六 㠯(以)丌(其)—(篤)也

上(一)・性・二三 —(獨)居而樂

上(一)・性・三〇 毋—(獨)言

上(一)・性・三〇 —(獨)居則習

上(三)・周・三八 —(獨)行遇雨

上(三)・周・四〇 羸(羸)豕孚是—(獨)

上(三)・中・附 女(汝)—(獨)正之

上(三)・亙・三正 不—(獨)又(有)與也

清(一)·皇·一〇 曰余—(獨)備(服)才(在)寢

清(三)·說下·一〇 母(毋)—(獨)乃心

清(三)·芮·一五 褱(懷)忞(慈)學(幼)弱羸(羸)寡(寡)脛(矜)—(獨)

郭·老甲·二一 —(獨)立不亥(改)

郭·五·一六 訢(慎)其—(獨)也

郭·性·七 —(獨)行

郭·性·七 猷(猶)口之不可—(獨)言也

郭·性·五四 —(獨)処而樂

郭·性·六〇 毋—(獨)言

上(五)·君·九 —(獨)智(知)人所亞(惡)也

上(五)·君·九 —(獨)貴人所亞(惡)也

郭·性·六〇 —(獨)処則習父兄之所樂

虫訛爲它。

螻

蠱

信二·〇三 逯土—

从婁省聲。

蚩

莹

郭·老甲·三三 蜎蠆虫(虺)它(蛇)弗—(蚩)

清(三)·赤·九 是思(使)句(后)之身疴蠱(疴)—

蝕

鉵

包二·二一〇 嬰禱—祑一全豢

本作蝕，从虫从飤食亦聲。

包二·二二七 嬰禱—大一全豢

蠇

蠤

包二·一八五 觀— 人名

包二·一九〇 周— 人名

蚤

蝨

郭·語四·一八 若蚤—(蚤)之足

蚤

郭·尊·二八 逨虐(乎)櫙(置)—(郵)而逋(傳)命

上(六)·競·一〇 自古(姑)—(尤)㠯(以)西

⿱臺虫

帛乙二·八 亡又相—

上(二)·容·三 —者鮁(漁)澤

⿱开虫

郭·語四·一八 若—⿱开䖵(⿱开虫)之足

《廣韻·先韻》有蚈字。

蚘

新甲三·一四三 ▨尚毋爲—(忧)

望一·九 尚毋爲大—(忧)

新甲三·一八二—二 ▨司馬—逗於鐳

疑當爲憂字異體。

⿰虫㤅

上(一)·孔·一一 青(情)—(愛)也

上(一)·孔·一五 敬—(愛)丌(其)查(樹)

上(一)·孔·一五 甘棠之—(愛)

疑爲㤅之異體。

蟡

郭·忠·二 —(爲)勿(物)而不韋(發)

⿱爲䖵

郭·老甲·三二 我亡爲而民自—(化)

蠠

⿱宓甘

包二·二五五 —一砳

從甘讀作蜜。

包二·二五五 —(蜜)某一坫

包二·二五七 —蝕二箕

上(一)·孔·二八 牖(墉)又薺慭(慎)—(密)不智言

上(二)·民·八 「城(成)王不敢康，迺(夙)夜宫(基)命又(宥)—(密)」

蜜

上(二)·容·四六 —(密)須是(氏)

郭殘·一一

郭·六·二五 —(密)此多也

從徐在國先生釋。

我蟲

新零・四三五　—(哦)一☑

本蟲

郭・語一・四九　凡勿(物)又(有)—又(有)卯

可蟲

上(一)・容・一九　迲(去)—(苛)而行柬(簡)

上(二)・容・三三　迲(去)—(苛)匿(慝)

清(三)・赤・九　是思(使)句(后)之身—(疴)蓳

上(六)・競・六　今君之貪惛(昏)—(苛)匿(慝)

龠蟲

信一・四　☑迆如—

侃蟲

上(三)・周・五〇　畬(飲)飤(食)—(衎衎)

君蟲

上(五)・鮑・八　公—(昆)亦不爲戠(害)

亥蟲

清(一)・耆・七　旣醉又—(侑)

清(五)・殷・二六　神民並—(尤)而九(仇)悁(怨)所聚

蟗

清(一)・耆・九　虫(蟋)—(蟀)趨隆(降)于尚(堂)

清(一)・耆・一〇　周公叜訶一夂(終)曰𧈫(蟋)—(蟀)

清(一)・耆・一三　𧈫(蟋)—(蟀)才(在)舒

七蟲

清(一)・耆・一〇　叜訶一夂(終)曰—(蟋)蟗

清(一)・耆・一一　—(蟋)蟗(蟀)才(在)笞(席)

清(一)・耆・一三　—(蟋)蟗(蟀)才(在)舒

蜡

清（一）・耆・九
—（蟋）蟀（蟀）趨隆（降）于尚（堂）

蝛

清（四）・筮・四季三九
乃—（惟）兇之所集於四立（位）是視

清（五）・厚・一
—（適）𧥄（聞）禹□□□□□□□□□川

蛘

清（五）・殷・一〇
鼙（殷）邦之蚕（妖）—（祥）並记（起）

蛘

清（五）・殷・一五
适（括）還蚕（妖）—（祥）

蚕

清（五）・殷・一〇
鼙（殷）邦之—（妖）蛘（祥）並记

清（五）・殷・一四
适（括）還—（妖）蛘（祥）

蟲

包二・一九一
周—　人名

郭・老甲・二一
又（有）䖝（道）—（蚀）成

蠱

盅

上（三）・周・一八
亓亓—（蠱）

上（三）・周・一八
榦（幹）父之—（蠱）

上（三）・周・一八
榦（幹）母之—（蠱）

上（三）・周・一八
榦（幹）父之—（蠱）

風

帛甲一・三一
—雨是於

帛甲七・二四
—雨膚祥

上（一）・孔・三
邦—丌（其）內（納）勿（物）也

颺 飌 䬕 它

上(一)·孔·四 邦—氏(是)也
上(一)·孔·二六 浴—丕(背)
上(一)·孔·二七 北—不㡭(絕)

上(五)·弟·四 □—也
清(四)·筮·雨一八 火相見才(在)下—

清(四)·筮·祟四七 裝(勞)祟—長殤(殤)
清(四)·筮·爻五二 八爲—
清(四)·筮·爻六一 —雨日月又(有)此(食)

凬

清(三)·芮·二一 —雨寺(時)至
清(五)·殷·九 我思天—

清(五)·殷·五 虗(吾)䎽(聞)夫長莫長於—

凬

清(一)·金·九 天疾—以雷
清(一)·金·一三 天反—

陽

清(一)·祭·八 以余少(小)子—(揚)文武之剌(烈)
清(一)·祭·八 —(揚)㘴(成)康卲(昭)宔(主)之剌(烈)

上(七)·凡乙·九 簹(孰)颰(拔)—而迸(屏)之

清(一)·耆·七 我息(憂)以—

它

包二·一六四 蒦—人，鄭敓(令)之州加公苛晤
郭·老甲·三三 蜎蠆虫(虺)—(蛇)弗蓳(螫)
上(二)·民·一三 —(施)返(及)四國

上(二)·容·二〇 南方之罡(旗)㠯—(蛇)
上(二)·民·一二 —(施)返(及)孫₌(孫子)

新甲三・三九七　夫—一冢
上（三）・周・九　冬（終）逨（來）又（有）—吉

上（五）・姑・五　虛（吾）毋又（有）—
上（七）・吳・八　㠯（以）陴（陳）邦非—也

清（三）・赤・七　帝命二黃—（蛇）與二白兔
清（三）・赤・一一　帝命二黃—（蛇）與二白兔
清（三）・赤・一三　殺黃—（蛇）與白兔

清（三）・赤・一四　殺二黃—（蛇）與一白兔
清（四）・筮・爻五七　爲—（蛇）
清（四）・筮・爻五七　爲—

郭・忠・七　君子其—（施）也忠
郭・六・一四　因而—（施）彔（祿）安（焉）

⿱則它

天策　☒□馬尹—㛍一□☒
天策　☒紛—
天策　☒□—生絟與索☒

⿱龍它

天策　—周
天策　☒—車一□☒

天策　一右寡—輴☒
天策　☒某𥢶一右寡一—輴☒

天策　—輴

鼂

⿱黽日

包二・一七二　臧—　人名
包二・一七九　聖夫人之郜邑人—
包二・二七〇　二—鞁—
信二・〇二八　紛—

包二・二七三　鞙牛之鞾＝（革堇）縞純—䞨。
郭・窮・七　戰（釋）板桎而爲—（朝）卿

龜

新乙二・八 ▨君—（朝）於筶▨

郭・緇・四六 —呇（筮）猷（猶）弗智（知）而皇（況）於人虖（乎）

郭・緇・四六 我—既猒（厭）

新甲三・一五、六〇 甬（用）受繇元—、呇（巫）筶（筮）曰

新甲三・二四四 匋人—聒受二

新乙四・一二九 —尹〔丹〕▨

新乙四・一四一 —尹丹𠂤（以）承國爲▨

新零・二〇七 ▨弭元—

新零・二四一 ▨未與—

新零・二四五 尹祴—▨

新零・二八三 ▨—、筶（筮）

新零・二九七 ▨弭元—、筶（筮）□▨

上（三）・周・二四 豫（舍）尒（爾）霝（靈）—

上（四）・柬・一 命—尹羅貞於大頸（夏）

上（四）・柬・二 —尹智王之庶（遮）於日而痞（病）疥（疥）

上（四）・柬・二 —尹速卜城於膚中者

上（四）・曹・五二 返（及）尒—筶（策）

上（六）・天甲・一一 古（故）—又（有）五昇（忌）

上（六）・天乙・一一 古（故）—又（有）五昇（忌）

清（五）・厚・八 肄女（如）其若—筶之言亦勿可速改

清（五）・殷・一一 —筶（筮）孚貟（忒）

鼈

鼈 鱻

上（二）・容・五 魚—（鱉）獻

蠅 [illegible]

上(一)·孔·二八 青—智(知)

秦一三·八 坣—　卜具

長—　卜具 天卜

天卜 御—　卜具

白—　卜具 天卜

新甲三·一一五 ☐盬(盬)痁以黠—爲坪夜君☐

新乙四·三四 ☐之—爲君𡚽(卒)戠(歲)之貞☐

新甲三·三四二—二 𧇾(穌)前𠂤(以)尨—爲☐

新乙四·四六 彭定𠂤(以)駁—爲君𡚽(卒)歲貞

新乙四·一四七 駁—

新零·二一三、二一—二 ☐周墨習之𠂤(以)賓—☐

新零·四五〇 ☐之—奠☐

秦一三·二 犬—　卜具

秦一三·三 黃—　卜具

秦九九·五 黃—

望一·八八 黃—

新甲三·一九二、一九九—一 盬(盬)痁習之以黠—

新乙四·一〇三 尨—

《集韻·青韻》：[illegible]，黃[illegible]，龜名。簡文中用爲卜具。

包二·一九九 石被裳以訓—爲左尹舵貞

新甲三·一三三 公子命彭定以少(小)尨—(靇)爲☐

新甲三·一五七 ☐(彭)定以畬(駁)—(靇)☐

新甲三·二〇四 彭定以少(小)尨—(靇)☐

新乙三·一九 彭定以少(小)冟(尨)—(靇)爲☐

新乙三·二〇 ☐白—(靇)爲坪(夜君貞)☐

新乙三·三八
彭定以少（小）冟（尨）—（黿）爲☐

新乙四·一三〇
☐尨—（黿）爲君𡊁（卒）歲貞

新乙四·六一
☐尨—（黿）爲君貞

新乙三·四三
☐吕（以）少（小）冟（尨）—（黿）爲君貞

新零·三七〇
☐白—（黿）☐

賜黽

包二·八二
邵— 人名

包二·一九四
郯戲尹—之人

兆黽

包二·八五
會相— 人名

新甲三·三
☐咎，又（有）敚（祟）與—

新乙四·一一八
☐—☐

新甲三·三三
鮇—吕（以）尨黿爲君𡊁（卒）歲☐

斷黽

包二·一二五
黃— 人名

雚黽

新乙四·九八
吕（以）黿頁之—爲君三歲貞☐

縣黽

包二·一〇三
子司馬以王命＝蒹陵公—

矛貝黽

包二·一一五
邗— 人名

黿頁

新乙四·九八
—頁之黿

鮎

新甲三·一一五 ☐盬(鹽)㾓以—鼋爲坪夜君☐

新甲三·一九二、一九九—一 盬(鹽)㾓習之以—鼋

龜舍

新甲一·二五 禮公子虞(虩)命彭定以少(小)冟(尨)—爲君貞

龜余

新甲三·八、一八 趄醫以郙—爲☐

卵

包二·二六五 二—缶

望二·四六 二鉳—盞

望二·四六 二—缶

上(二)·子·一一 又(有)䰝監(銜)—而階(錯)者(諸)丌(其)前

螻

曾一八 宇▌寶斂—所馭少輊

曾一二六 宇寶斂—馭少輊

二

二 包二·四 凡君子—夫

二 包二·一一五 —益

二 包二·一三七 槑譽凡—百人十一人旣槑

二 包二·一四七 屯—僉之飤

二 包二·一四七 金銍—銍

二 包二·二一九 —天子

二 包二·二三七 —天子

二 包二·二四三 —天子

二 包二·二五二 —鉼鐵

二 包二·二五三 —翆膚

二 包二·二五三 —金

二 包二·二五四 —翆

二 包二·二五四 —刀

二 包二·二五四 —膚盍

二 包二·二五四 —素王綠之綉

二 包二·二五四 —晒白之膚

二 包二·二五五 蓏—箕

二 包二·二五七 豕脯—箕

二 包二·二五七 脩—箕

二 包二·二五七 窖飽—箕

二 包二·二五七 白飽—箕

二 包二·二五七 鬻魚—箕

二 包二·二五七 栗—箕

二 包二·二五八 臬—箕

二 包二・二五八 華茈—箕
二 包二・二五八 芰（芪）—箕
二 包二・二五八 蘁—箕
二 包二・二五八 蕖—箕
二 包二・二五九 —紫韋之韜

二 包二・二五八 蕁利—箕
二 包二・二五九 —䩣䍐
二 包二・二五九 —緹婁
二 包二・二六三 —鑑

二 包二・二六〇 —篓
二 包二・二六〇 —鎊
二 包二・二六二 —燭鏞
二 包二・二六二 —篓
二 包二・二六三 —緒

二 包二・二六三 —骨梢
二 包二・二六三 —萁笤
二 包二・二六三 —俾笤
二 包二・二六四 —革囩
二 包二・二六五 —少鈋

二 包二・二六五 —畲匿
二 包二・二六五 —喬真
二 包二・二六五 —貴真
二 包二・二六五 —豋真
二 包二・二六五 —卯缶

二 包二・二六五 —让缶
二 包二・二六五 —鉼銅
二 包二・二六六 —祈
二 包二・二七〇 —䍐鞁
二 包二・二七三 —戟

二 包二・二七〇 馭右—貞鞙虡
二 包二・二七三 —帶
二 包二・二七三 —戥
二 包二・二七三 —䍐
二 包二・二七六 —馬之鋧

二 包二・二七七 —絓縛之纏
二 包二・二七七 —翠翠
二 包二・二七七 —馬之秏
二 包二・二七七 —鑑
二 包牘一 駁右—真韅虡

二 信二・〇一 —青方
二 信二・〇一 —圓缶
二 信二・〇一 —方監
二 信二・〇三 —笙

二 信二・〇三 —橐
二 信二・〇四 —業緣組軿
二 信二・〇六 少箕十又—
二 信二・〇六 —豆箕
二 信二・〇一一 —䣁白虡

二 信二・〇一三 —紡絹
二 信二・〇一四 —淺缶
二 信二・〇一四 —膚
二 信二・〇一四 —銅
二 信二・〇一四 —釬

二 信二·〇一七 —飧𥎦
二 信二·〇一九 —竹篓
二 信二·〇二〇 彫者二十—足桱
二 信二·〇二七 —鼎
二 信二·〇二九 —芙

二 仰二五·一一 紑布之絹—堣
二 仰二五·一二 又—鐶
二 仰二五·二八 —鄰釶
二 長五·四〇六·二二
二 秦一·四 —戈

二 天卜 逿𥿡車—輮
二 天卜 —天子
二 天策 —倜鞓
二 天策 —戟
二 天策 —長侵

二 天策 —筭
二 天策 —馬之筭
二 天策 —駑料
二 天策 —馬之帶
二 天策 —鞁

二 天策 ☐—長䍐☐
二 天策 紶虎韔—欐
二 天策 —真行備麆
二 天策 紫綳其上載—戈一戟

二 天策 —方箄
二 天策 —行鐱
二 天策 —秭
二 天策 —縪綏
二 望一·五五 毄禱—王☐

二 望二·一三 —霝光之中干
二 望二·四五 —居喿
二 望二·四五 —芹
二 望二·四六 —飽卵盞
二 望二·四六 —盘

二 望二·四七 —金勺
二 望二·四八 —策莢
二 望二·四八 —葦固
二 望二·四七 —廈
二 望二·四七 —竹同

二 望二·四九 笘十又—
二 望二·四九 其—亡童皆紫衣
二 望二·五〇 —即
二 望二·五一 —豖蓋
二 望二·五三 —斛

二 望二·五三 —監
二 望二·五三 —剌
二 望二·五四 —會盞
二 望二·六二 —觟完
二 望二·五三 —卯缶

二 望二·四九 —亓
二 望二·四九 —亓关
二 曾二 —緐箙
二 曾二 —貍貘之聶
二 曾一三 —襛貂與彔魚之箙

曾一九 —襪載扂
曾三一 —襪弁扂
曾三一 —畫扂之載
曾三六 —飤軏
曾三七 —紃載扂

曾三九 —狐白之聶
曾四三 羊—秉又六
曾五八 —貂襪彔魚之箙
曾六〇 —紫黔之箙
曾六一 —戢

曾七五 —犒綏
曾九九 —箙
曾九九 —貂聶
曾六 —戟
曾六 —戈

曾八 —犒綏
曾八 —飤軏
曾一五 —鄴弓
帛甲四·一六 —日
帛乙三·二六 —月

帛乙七·一 十又—
曾三三 —襪載扂
曾三七 —畫戢
曾四〇 —旆
曾六二 —菓

曾九九 —翼之翻
曾一一五 洛車—韗
曾一一六 —韗洛車
曾一二〇 凡輯車十韗又—韗

曾一二五 —真吳甲
曾一三一 —吳甲
曾一九〇 其—韗屯麗
曾一九一 坪夜君之幣洛車—韗

曾三七 —鄴弓
曾二〇 —黃金之戢
曾三二 —韓
曾二一二 逦—人
曾二一二 柏檏—夫

郭·六·四五 其覞(覎)十又—
郭·緇·四七 —十又三
九·五六·一 舊—秷又五來
九·五六·四六、四七 —方下

九·五六·三 敔秭之十檐(擔)—檐(擔)
九·五六·五 三赤—笛
上(一)·孔·六 —后受之
上(二)·從(甲)·五 —曰共(恭)

新甲一·四 歸備(佩)玉於—天子
新甲一·四 各—璧
新甲三·一六六、一六二 ☐犧禱於—天子各兩痒(牂)

二 新乙二·三八、四六、三九、四〇 嬖禱於—天子各痒(翔)☐
二 新甲三·八一、一八二—一 歸備(佩)玉於—天子，各二☐
二 新甲三·二〇三 —赤，弇☐

二 新甲三·二二四 又—赤
二 新甲三·二二四 —赤☐
二 新甲三·二四四 匋人龜晳受—
二 新甲三·二四四 受—赤

二 新甲三·二五〇 王虛—袿(社)
二 新甲三·二七八 禱—冢
二 新甲三·二七八 ☐虛，䣙—䝑
二 新甲三·二八五 ☐里—猎、三冢

二 新甲三·二九四、零·三三四 軗不禼(害)、酄回—人受二臣
二 新甲三·二九四、零·三三四 軗不禼(害)、酄回二人受—臣
二 新甲三·三一〇 —䝑☐

二 新甲三·三一二 —䝑
二 新甲三·三一二 禱—冢☐
二 新甲三·三一四 䣙於下窔、下姑留—䝑
二 新甲三·三二五—二 馬人—袿(社)

二 新甲三·三一六 䣙於歖宗、余疋—䝑
二 新甲三·三二七—二 縈聖—䝑
二 新甲三·三四六—二、三八四 䣙於葟丘寡—䝑

二 新甲三·三四七—一 䣙於鄎于—袿(社)
二 新甲三·三四三—二 䣙於上獻、犬焚—䝑
二 新甲三·三四九 —袿(社)二䝑

二 新甲三·三四九 二袿(社)—䝑
二 新甲三·三五〇 䣙於舊虛𥎦(肖)父—䝑☐
二 新甲三·三五一 角—袿(社)二冢

二 新甲三·三五三 固—袿(社)
二 新甲三·三五二 ☐—昇
二 新甲三·三六二 葟—袿(社)
二 新甲三·三八七 ☐寺—袿(社)

二 新甲三·四〇三 䣙於𢼊丘、某丘—☐
二 新乙三·五二 禱—冢
二 新乙四·二六 —天子
二 新零·三三三 䣙㠯(以)—䝑☐

二 新零·四三〇 —猎☐
二 上(三)·周·一二 六—
二 上(三)·周·二〇 六—
二 上(三)·周·二二 九—

上(三)·周·二六 六—
上(三)·周·二八 九—
上(三)·周·三〇 六—
上(三)·周·三七 九—

上(三)·周·四〇 九—
上(三)·周·四七 六—
上(三)·周·四八 六—

上(三)·周·五三 六—
上(三)·周·五四 九—
上(三)·彭·二 三迲(去)丌—
上(四)·逸·多一 鮮我—人

上(四)·曹·二三 —厽(參)子孛(勉)之
上(四)·曹·二五 進必又(有)—牺(將)軍
上(五)·競·六 不瀟—品(三)子

上(五)·競·九 幾(豈)不—子之惪(憂)也才(哉)
上(五)·競·一〇 —人也

上(五)·鮑·二 —品(三)子孛(免)之
上(五)·弟·一四 肰則夫—晶(三)子者
上(六)·競·二正 盍敢之—子褱(急)牺(將)

上(六)·孔·二 —道者可旻(得)䎽弁(歟)
上(六)·天乙·一 士—殜(世)
上(六)·天乙·五 洛(樂)尹行身咊(和)—

上(七)·君乙·四 此亓(其)—回(違)也
上(七)·吳·一 —邑

清(一)·尹至·二 龍(寵)—玉
清(一)·尹至·二背 —
清(一)·耆·三 㬎(宴)以—公

清(一)·金·一 —公告周公曰
清(一)·金·一三 —公命邦人聿(書)復笙(筑)之
清(一)·皇·二 我䎽昔才—又或(國)之折(哲)王

清(二)·繫·三六 文公十又—年居翟(狄)
清(二)·繫·三九 —邦伐緒(鄀)

清(二)・繫・九六
晉臧(莊)坪公立十又—年

清(二)・繫・一〇八
—邦爲好

清(二)・繫・一一六
—年

清(三)・說上・二背
—

清(三)・說上・四
生—戊(牡)豕

清(三)・說中・二背
—

清(三)・琴・二背
—

清(三)・芮・二背
—

清(三)・芮・一五
—攺(啓)曰天猷畏矣

清(三)・赤・二背
—

清(三)・赤・七
帝命—黃它(蛇)與二白兔

清(三)・赤・七
帝命二黃它(蛇)與—白兔

清(三)・赤・八
帝命句(后)土爲—荾(陵)屯

清(三)・赤・一一
帝命—黃它(蛇)與二白兔

清(三)・赤・一一
帝命二黃它(蛇)與—白兔

清(三)・赤・一二
帝命句(后)土爲—荾(陵)屯

清(三)・赤・一四
殺—黃它(蛇)與—白兔

清(三)・赤・一四
又(有)—荾(陵)

清(四)・筮・二
—

清(四)・算・一七
—四…—

清(四)・算・一九
——…——

清(四)・算・一九
——…百午=(八十)—

清(四)・算・二〇
三——

清(四)・算・二一
———刖(半)

清(四)・筮・祟四八
—五夾四,

清(五)・厚・二背
—

清(五)・封・二背
—

清(五)・命・二背
—

清(五)・湯門・七
—月乃裹

清(五)・殷・二
尔(爾)智(知)—又(有)或(國)之請(情)

清(五)・殷・二背
—

弍

弍 郭·語三·六七上 名—(二),勿(物)參(三)

弍 信一·〇三九 —言忱也 《說文》古文。

弍 上(三)·彭·八 —(二)拜旨(稽)首曰

弍 清(一)·程·六 朕餌(聞)周長不—(貳)

弍 清(四)·算·一 —弍— —

弍 清(四)·筮·男二〇 —(二),下去弍(一)

戌 戌 郭·五·四八 毋—尔心

㪫 上(四)·曹·一一 飤(食)不—(二)𩞄(味)

亟

亟 亟 郭·唐·一九 —(極)悬(仁)之至

亟 清(三)·芮·四 此心目亡(無)—(極)

亟 清(五)·命·三 則厇(度)至于—(極)

殛 上(六)·用·八 悺(定)保之—

亟 清(五)·命·二 則厇(度)至于—(極)

亟 清(五)·命·二 則厇(度)□□—(極)

亟 清(五)·命·四 則厇(度)至于—(極)

亟 清(五)·命·四 則厇(度)至于—(極)

亟 清(五)·命·五 則厇(度)至于—(極)

亟 清(五)·命·五 六—(極)既達

亟 清(五)·命·五 正人莫女(如)又(有)—(極)

亟 清(五)·命·五 道天莫女(如)亡(無)—(極)

亟 清(五)·命·五 道天又(有)—(極)則不㮚(威)

亟 清(五)·命·六 正人亡(無)—(極)則不𠲷(信)

恆

清（五）·命·六 則乇（度）至于—（極）
清（五）·命·八 亓（其）—（極）鼠（一）
清（五）·命·八 —（極）命則民陵（墮）乏

清（五）·命·八 —（極）福則民彔（禄）
清（五）·命·八 —（極）禍（禍）則民㬥（畏）

清（五）·命·九 —（極）佴（恥）則民𠬝（枳）
清（五）·命·九 —（極）賞則民賈亓（其）上

清（五）·湯丘·一八 遠又（有）所—
清（五）·命·九 —（極）罰則民多虞（詐）

清（五）·湯門·一四 悳（德）㝉（變）—執譌以亡成
清（五）·湯丘·一八 遠民皆—（極）

亟

清（三）·赤·九 不可—（及）于笞（席）

恖

包二·二二二 —貞吉
包二·二二三 —貞吉
包二·二二九 —貞吉
包二·二三一 —貞吉
包二·二三九 —貞吉

包二·一三七反 以行古灂上—
天卜 —貞吉
天卜 —貞吉
郭·尊·三九 民心又（有）—

新甲三·四四 —（恒）占之，兆☐
上（一）·性·三七 不又（有）夫—悊（忻）之志則曼

天卜 —貞吉
天卜 —貞吉
郭·魯·一 —爯（稱）其君之亞（惡）者

上（三）·亙·一二 無不㝵（得）亓—（恆）
清（三）·芮·一 —（恆）静（爭）于稟（富）

清(三)·芮·一三 —(恆)静(争)獻亓(其)力
清(四)·別·四 亼—(恆)

清(五)·厚·一三 亦隹(惟)酉(酒)甬(用)—(恒)瘇(狂)
清(五)·湯丘·二 惜(舒)快以—(恆)

亙
郭·老甲·二四 —(恆)也
郭·老乙·二 不克則莫智(知)其—「亟(極)」 讀極。訛書爲外。

包二·一九九 —貞吉
包二·二一〇 —貞吉
包二·二一〇 —貞吉
包二·二一七 —貞吉
包二·二一八 —貞吉

包二·二二六 —貞吉
包二·二三六 —貞吉
包二·二四五 —貞吉
包二·一二九 —思酓業黄王之臾一青犛之齎

包二·二四七 —貞吉
天卜 —貞吉
帛乙九·一〇 建—襄民
郭·老甲·六 此—(恆)足矣

郭·老甲·一三 衍(道)—(恆)亡爲也
郭·老甲·一八 道—(恆)亡名
郭·老丙·一二 —(恆)於其戲(且)成也敗之

郭·性·五二 米耈(教)而民—(恆)
郭·成·一 求之於㠯(己)爲—(恆)

郭·成·二四 是以上之—(恆)秂(務)才(在)信於衆
郭·成·二九 唯(雖)又(有)其—(恆)而可能,終之爲難

郭·魯·五 —(恆)爯(稱)其君之亞(惡)者
郭·魯·三 —(恆)爯(稱)其君之亞(惡)者可胃(謂)忠臣矣

郭·魯·六 —(恆)□□□之亞(惡)□
郭·尊·一七 因—(恆)則古(固)
郭·唐·一三 義—(恆)〼

上(一)·紂·二二 人而亡—(恆)

上(一)·孔·一三 不亦智(智)—(恆)虐(乎)

新甲一·二二 ☒之：—(恒)貞吉，無咎

新甲一·二四 —(恒)貞無咎

新甲三·一一二 無—(恒)米

新甲三·一一二 以其無—(恒)米之古(故)

新甲三·一三二、一三〇 —(恒)遟(徙)去☒

新甲三·一九八、一九九—二 —(恒)貞吉，少☒

新甲三·二四七、二七四 占之：—(恒)貞吉

新甲三·三六五 ☒—(恒)貞

新乙四·二七 —(恒)由郫亥敓(說)於五殜(世)☒

新乙四·八四 —(恒)貞吉

新零·七 ☒—(恒)貞

新零·一二〇 —(恒)貞吉☒

新零·二〇八 —(恒)貞吉☒

新零·三三〇 ☒—(恒)貞無咎

上(三)·周·二 利用—(恆)

上(三)·周·一五 —(恆)不死

上(三)·周·二八 公 亓—(恆)

上(三)·周·二八 敾(浚)—(恆)

上(三)·周·二九 敾(浚)—(恆)

上(三)·亙·一 —先無又(有)

上(三)·亙·二 —燹(氣)之

上(三)·亙·二 —莫生燹=(氣。氣)

上(三)·亙·三正 或，—焉

上(三)·亙·三背 —先

上(三)·亙·九 —燹(氣)之生

上(三)·彭·一 唯—

上(四)·曹·四八 不叅則不—(恒)

上(五)·季·二二 緘(滅)速毋—(恒)

上(五)·弟·五 春秋不—(恆)至

上(五)·三德·一七 —(恒)道必㙻

上(六)·用·一六 東亓(其)又(有)—(恒)井(形)

包二·一二九 —思少司馬登瘇言胃

包二·一三〇 —思少司馬鄬勳 讀期。

包二·一三〇 —貞吉 《説文》恆古文—从月，簡文从夕。

望一·四五 —貞吉

秦一三·一四 —貞吉

包二·二〇一 —貞吉

清（五）·命·三 女（如）又（有）佴（恥）而—（恆）行

天卜 —貞吉

包二·二三三 —貞吉

竺

仰二五·三〇 一贏偯又䧙—鈁骨交

郭·老甲·九 —（孰）能濁以朿（静）者

郭·老甲·一〇 —（孰）能庀以迬者

九·五六·一三下 —室 借爲「築」。

九·五六·五六 □不—（築）

上（二）·容·九 —（篤）義與信

新甲三·三七七 鼬於—

凡

包二·四 —君子二夫

包二·一三七 —二百人十一人

包二·一五三 —之六邑

包二·二〇四 —此筓也

秦一·二 至新父—紫

曾一二〇 —鞋車十[癹/車]又二[癹/車]

曾一二一 大—四十[癹/車]又三[癹/車]

曾一四〇 大—六十又四真

曾一四八 —新官之馬六[癹/車]

曾一五九 —大官之馬十[癹/車]

曾一九五 —帠逄車九[癹/車]

曾一九六 —逄車九[癹/車]

曾二〇四 —帠車鞋〓嘼〓瞀〓八[癹/車]

曾二〇七 ■—宮廄之馬與[glyph]十[癹/車]

曾二〇八 ■—宮廄之馬所入長坛之𡧊五[癹/車]

帛乙五·一一 —戕悳匿

郭·性·五 —眚(性)爲宔(主)

郭·性·六 —心又(有)志也

郭·性·九 —眚(性),或𢿡(動)之

郭·性·一〇 —𢿡(動)眚(性)者

郭·性·一二 —見者之胃(謂)勿(物)

郭·性·一四 —衍(道)

郭·性·三一 —悥(憂),思而句(後)悲

郭·性·三二 —思之甬(用),心爲甚

郭·性·六〇 —於路毋愄(畏)

郭·性·五〇 —人青(情)爲可兑(悦)也

郭·性·四二 —甬(用)心之喿(躁)者

郭·六·四四 —君子所以身立大灋(法)參(三)

郭·語一·四五 —又(有)血熨(氣)者

郭·語一·四八 —勿(物)又(有)螽又(有)卯

郭·語一·一〇二 —同者迵(通)

郭·語一·一〇四 —勿(物)繇(由)望生

郭·語二·三九 —𢓊,又(有)不行者也

郭·語二·三八 —悔(謀),已衔(道)者也

郭·語二·四〇 —讹(過),正一以遊(失)其迱(它)者也

郭·語二·四二 —敚,乍(作)於悬者也

郭·語四·五 —敓(說)之道

九·五六·一三下 —建日

九·五六·一四下 —贛日

九·五六·一五下 —敂日

九·五六·二二下 —復(復)日

九·五六·二三下 —蔔日

九·五六·二四下 —敓日

九·五六·一九下 —坐日

九·五六·二〇下 —盍日

九·五六·二一下 —城日

九·五六·一六下 —坪日

九·五六·一七下 —窞日

九·五六·一八下 —工日

上(一)·性·四
—眚(性)

上(一)·性·六
—見者之胃(謂)勿(物)

上(一)·性·一七
—古樂龍(隆)心

上(一)·性·一九
—悳(憂)思而句(後)悲

上(一)·性·三〇
—於道逄(路)毋愄(畏)

上(一)·性·三一
—孥者求丌

上(一)·性·三一
—悳(憂)惓(惓)之事谷(欲)任樂事谷(欲)逡(後)

上(一)·性·三五
—甬(用)心之趠(躁)者

新甲一·一〇
—是戊昏(辰)以畬(會)己巳禱之

上(三)·亙·七
—多采(採)勿(物)先者又(有)善

上(四)·曹·二一
—畜羣臣

上(四)·曹·二四
—貴人由仉前立(位)一行

上(四)·曹·二五
—又(有)司衒(率)倀(長)

上(五)·季·二〇
—欲勿祟(狂)

上(五)·君·六
—目毋遊

上(五)·三德·六
—宅(托)官於人

上(五)·三德·一三
—若是者

上(六)·天甲·一
—天子晝(建)之吕(以)州

上(六)·天乙·一
—天子建之吕(以)州

上(六)·天乙·七
—天子鴿(禽)嬖(氣)

清(三)·芮·一七
—隹(惟)君子

清(五)·命·一〇
—卑(厥)六者

清(五)·命·一三
—此勿(物)卑(厥)嵩(權)之樱(屬)也

上(二)·從(甲)·九
—(凡)此七者

清(一)·金·一三
—大木斎=(之所)臧(拔)

清(三)·芮·九
—百君子

清(四)·筮·見一
《三八—(凡)見參(三)女

清(四)·筮·享一
《《—(凡)亯(享)月朝

清(四)·筮·見三
〈三三—(凡)見參(三)男

清(四)·筮·見五
〈〈三—(凡)見大人

清(四)·筮·叏五
〈三三—(凡)叏뿔(數)而

清(四)·筮·咎七
三〈三—(凡)咎見述(術)

清(四)·筮·叏七
〈〈〈—(凡)叏뿔(數)而

清(四)·筮·瘳一〇
〈三〈—(凡)瘳見述(術)

清(四)·筮·雨一二
〈三〈—(凡)雨堂(當)日

清(四)·筮·娶一四
〈〈〈—(凡)取(娶)妻參

清(四)·筮·娶一六
〈〈三—(凡)取(娶)妻參(三)

清(四)·筮·男一九
〈〈〈—(凡)男,上去

清(四)·筮·行二二
〈三三—(凡)行,뿔(數)出

清(四)·筮·戰二四
〈〈〈—(凡)是,内

清(四)·筮·貞二四
三三—(凡)貞(貞)

清(四)·筮·志二四
—(凡)箁(筮)志

清(四)·筮·貞二四
〈〈〈—(凡)貞(貞)

清(四)·筮·小二四
〈〈〈—(凡)少(小)旻(得)

清(四)·筮·小二六
〈〈〈—(凡)少(小)旻(得)

清(四)·筮·戰二六
〈〈〈—(凡)是,外

清(四)·筮·成二八
〈〈〈—(凡)成,同

清(四)·筮·軍三二
〈〈〈—(凡)箁(筮)志事

清(四)·筮·四季三八
—(凡)箁志事及匍遊(旅)

清(四)·筮·乾三九
—(凡)倝(乾)

清(四)·筮·果四〇
—(凡)果

清(四)·筮·爻五二
—(凡)肴(爻)象

清(四)·筮·爻六一
—(凡)肴(爻)

清(四)·筮·十七命六二
—(凡)十七命

清(四)·筮·十七命六三
—(凡)是

土

土 包二·九一
胃爨於其—

土 包二·二一三
厌— 即—神

土 包二·二一四
厌—

土 包二·二一五
厌—

土 包二·二三三
罷禱宮厌——羖

土 包二·二三七
厌—

土 包二·二四三
厌—

土 信二·〇三
逯—螻

土 天卜
句——犢

土 天卜
句——犢

土 望一・五六 句—

土 望一・五四 矣(后)—

土 帛乙三・八 電雲雨—

土 帛乙七・一一 —允

土 帛乙一二・三三 —事

土 郭・忠・二 至忠女(如)—

土 九・五六・四五 —田聚(驟)旱(得)

土 九・五六・五五 □—少

土 上(二)・容・五三正 —玉水酉(酒)

土 上(二)・容・二八 逸(復)穀穀豢(換)—

土 上(一)・紂・八 下—之式

土 郭・太・一〇 下，—也

土 上(四)・曹・二正 飯於—輜(熘)

土 上(四)・曹・二正 欲歡於—型(鉶)

土 上(五)・三德・五 —地乃沰(坼)

土 上(五)・三德・六 —地乃—(坼)

土 上(七)・凡甲・一二 —系(奚)旱(得)而坪(平)

土 清(一)・皇・六 遠—不(丕)承

土 清(二)・繫・四四 槑(盟)者(諸)侯於堞(踐)—

土 清(三)・說上・六 是隹(惟)員(圓)—

土 清(三)・良・九 —(杜)白(伯)

土 清(三)・良・一〇 肥中(仲)—(杜)簹(逝)

土 清(三)・祝・二 乃—教(執)—以祝曰

土 清(三)・祝・二 乃殳(投)以—

土 清(三)・赤・八 帝命句(后)—爲二菱(陵)屯

土 清(三)・赤・一二 帝命句土爲二菱(陵)屯

土 清(五)・湯門・一九 水火金木—

土 清(五)・殷・二一 —(妒)悁(怨)毋复(作)

土 郭・唐・一〇 后稷(稷)幻(治)—

土 郭・緇・一三 下—之弋(式)

土 上(二)・子・二 釜(爰、俊、舜)畬(來)於童—之田

土 上(二)・子・三 之童—之莉(黎)民也

土 上(二)・從(甲)・二 王舍(餘)人邦豪(家)—墜(地)

地

上(五)·弟·八 飤(食)肉女(如)飯—
上(七)·君甲·四 𠀚(一人)—(杜)門而不出
上(七)·君乙·四 一人—(杜)門而不出

包二·一四九 霝—一邑
郭·語四·二二 山亡隆(?)則—
郭·語四·二二 成(城)無蓑則—
《玉篇·土部》有坨字。

清(二)·繫·一六 秦中(仲)女(焉)東居周—

包二·一四〇 从=(小人)各政於从=(小人)之—
包二·一四〇反 鄴君之—蘘溪之中
包二·一四〇反 其百又廾=(八十)先於畢—郏中
包二·二〇二 舉禱於宮—宔(主)

包二·二〇七 屛於埜(野)—宔一黏
包二·二〇七 宮—宔一黏
包二·二一九 逨適之,厭一黏於—宔
秦九九·一 賽禱宮—宔一黏

秦九九·一一 —宔
天卜 賽禱宮—宔一殍
天卜 賽禱宮—宔一殍
天卜 舉禱宮—宮一殍

望一·一〇九 賽禱宮—☐
帛乙二·六 天—乍羕
郭·老甲·一九 天—(地)相會也
郭·老甲·一八 天—(地)弗敢臣

郭·老甲·二一 先天—(地)生
郭·老甲·二三 —大
郭·老甲·二三 天—(地)之勿(間)

郭·老甲·二三 人法—(地)
郭·尊·七 句(后)禝(稷)之埶(藝)—(地)
郭·唐·四 下事—(地)

郭·太·五 天—(地)之所生也
郭·太·七 —(地)之所不能坴(埋)

郭·五·四九 其人—(施)者(諸)人
郭·六·四 貢(任)—(土地)
郭·窮·五 戰監門逩—(地)

郭·語三·一九
—(地)能貪(含)之生之者

郭·語四·二三
則壞—(地)不釗(削)

新乙一·一五
公北、—(地)宔(主)各一青義(犧)

新乙二·三八、四六、三九、四〇
遯禱於—(地)宔(主)〔一〕青義(犧)

新乙三·一七
☒禱—(地)宔(主)一牂

新乙三·六〇、乙二·一三
—(地)宔(主)

新乙四·二六
—(地)宔(主)

新乙四·一四〇
☒禱—(地)宔(主)☒

新零·三
—(地)宔(主)㠯(以)□☒

上(二)·容·九
會才(在)天—之閒(間)

上(二)·容·八
於是虐(乎)訂(始)語堯天—人民之道

上(二)·容·一六—一七
昔者天—之差(佐)坌(舜)而右(佑)善

上(二)·容·一九
會天—之利夫

上(二)·容·九
頹(履)—戴(戴)天

上(二)·容·三〇
坌(舜)乃欲會天—之㷉(氣)

上(二)·容·三六
天—四旹(時)之事不攸(修)

上(二)·容·四九
智(知)—之利

郭·太·一
是以成—(地)

郭·太·五
天—陘(地)者

郭·太·一二
天—(地)名恣(字)並立

郭·太·一〇
而胃(謂)之—(地)

郭·太·一四
—(地)不足於東南

郭·唐·一五
天—(地)右(佑)之

上(二)·從(甲)·二
王舍(餘)人邦豪(家)土—(地)

上(三)·亙·一
未又(有)天—(地)

上(三)·亙·四
厓(濁)燢(氣)生—(地)

上(三)·亙·四
業=(察察)天—(地)

上(三)·亙·四
信浧(盈)天—(地)

上(三)·彭·二
天—與人

上(四)·曹·一七
交—(地)不可吕先𡕒情

上(四)·曹·六三
弗琗危—

上(五)·競·七
—(地)不生龍

上(五)·鮑·八
既至齊—(地)

上(五)·鮑·八
雩(雩)塝(旁)—(地)至𣏌(杞)

上(五)·弟·四
又(有)—(施)之胃(謂)也虐(乎)

上(五)·三德·一
—共材

上(五)·三德·五
土—乃迈(坼)

上(五)·三德·六
土—乃迈(坼)

上(五)·三德·一七
璺(興)—之弡

上(五)·三德·一七
智(知)—足吕古(固)材

上(五)·三德·一八
迟(起)—之

上(六)·用·九
亦不出自—(地)

上(六)·用·一〇
胃(謂)—(地)乇(厚)而不達

上(七)·凡甲·三
天—(地)立冬(終)立𧦝(始)

上(七)·凡甲·一一
—(地)箸(孰)倀(遠)与(與)

上(七)·凡甲·一一
箸(孰)爲—(地)

上(七)·凡甲·二九
豸(貌)言而爲天—(地)旨

上(七)·凡乙·二二
爲天—(地)旨

上(七)·吴·八
鲞頽(履)墜(陳)—(地)

清(一)·金·五
以奠尔子孫于下—(地)

清(三)·説上·六
一豕—(隨)审(仲)之自行

清(三)·説中·六
乃府(俯)見(視)—(地)

清(三)·赤·一三
坓(發)—(地)斬莜(陵)

清(三)·赤·一四
乃坓(發)—(地)

清(四)·筮·爻五八
四之象爲—(地)

清(五)·命·六
攻(功)—(地)以利之

清(五)·湯門·二
可(何)以成—(地)

清(五)·湯門·三
幾言成—(地)

清(五)·湯門·四
九以成—(地)

清(五)·湯門·一八
九以成—(地)

清(五)·湯門·一八
是胃(謂)—(地)真

⿰彳坙

郭·語一·一二
又(有)—(地)又(有)⿰忄坙(形)

墬

郭·忠·四
—(地)也

郭·忠·五
天地妃(配)天—(地)也者

《字彙補》：墬，同地。

堣

⿱禺土

仰二五·一一
紑布之緡二—

仰二五·三五
羽虜一—

仰二五·三六
龍虜一—

郭·窮·三
—(遇)先(堯)也

郭·窮·四
—(遇)武丁也

郭·窮·五
—(遇)周文也

郭·窮·六
—(遇)齊逗(桓)也

郭·窮·七
—(遇)秦穆

郭·窮·八
—(遇)楚臧(莊)也

郭·窮·二
—(遇)不堣(遇)

坪

郭·窮·二 —(遇)告(造)古(故)也
郭·窮·二 堣(遇)不—(遇)
郭·唐·一四 聖以—(遇)命

九·五六·二八 㠯(以)—(寓)人
九·五六·三二 —(遇)寇(寇)逃(盜)
上(六)·競七 多—(訏)言

曾一二〇 攻差—所賠行鞋五䡅
曾一四四 北—爲右驌
曾一六一 —夜君之兩騶駝
曾一六五 晒䣋—之騹爲左驂

曾一九一 —夜君之帟逄車二䡅
帛甲五·六 九州不—

包二·八三 旦— 人名
包二·九七 —昜之枸里人文适
包二·一三八 —弡(射)公

包二·一八四 —陵敓信
包二·一八八 鄢—邑䢼罗
包二·一九二 —陵君之州加公伹新

包二·一八一 —夜君
包二·二〇〇 文—夜君
包二·二〇三 文—栾(夜)君

包二·二〇六 文—夜君
雨二一·二 —皇角爲定文王商
曾六七 所馭■—夜君之敀車
郭·老丙·四 安—(平)大

郭·尊·一二 不川(順)不—(平)
郭·尊·三四 均不足以—(平)正(政)
九·五六·一三 —於未

九·五六·一四 —於申
九·五六·一六 —於戌
九·五六·一九 —於丑

九·五六·二〇 —於寅
九·五六·二二 —於昬(辰)

上(二)·容·一八
壘(禹)乃因山陵(陵)—(平)隰(隰)之可坪(封)邑

新甲一·三
雁憎以大央爲—▨

新甲二·二一
▨王爲—夜▨

新甲三·六九
之，賡於競—(平)王

新甲三·二〇九
▨競—(平)王大單(牢)饋

新甲三·一一三
郿嘉以衛戻之簭(筮)爲—夜君貞

新甲三·一一五
▨藍(盬)脂以黠霝爲—夜君▨

新甲三·二三三、一九〇
以白霝(靈)爲君—夜君貞

新甲三·二四二
▨—郚文君子良，樂，贛(貢)

新甲三·二八〇
▨競—(平)王

新甲三·二三四、零·六六八
▨爲—郚君卜之▨

新乙二·三七
吕(以)—夜君不懌(懌)

新乙三·二〇
▨白蘁(霝)爲—(夜君貞)▨

新零·一八〇
剌爲—(夜君貞)▨

新零·三一一
髀爲—夜(君貞)▨

新零·一八九
▨思—夜君城壹瘳迷(速)瘢(瘥)▨

上(一)·孔·二
訟—(平)悳(德)也

上(一)·孔·四
詩亓(其)猷—(平)門

上(二)·子·一
—(平)萬邦

上(四)·昭·五
王遲(徙)尻(居)於—(平)澫(漫)

上(四)·昭·五
卒(卒)吕(以)夫=歆=(飲酒)於—(平)澫(漫)

清(一)·楚·一二
競(景)—(平)王卽立(位)

清(二)·繫·五
生—(平)王

清(二)·繫·六
王與白(伯)盤述(逐)—(平)王

清(二)·繫·六
回(圍)—(平)王于西繡(申)

清(二)·繫·九
晉文侯乃逆—(平)王于少鄂

均

清(二)·繫·一五 —(平)王東䙴(遷)

清(二)·繫·八一 競(景)—(平)王卽立(位)

清(二)·繫·八二 競(景)—(平)王卽殜(世)

清(二)·繫·九一 晉臧(莊)—(平)公卽立(位)兀(元)年

清(二)·繫·九二 —(平)公衛(率)𠂤(師)會者(諸)侯

清(二)·繫·九二 爲—(平)会之𠂤以回齊

清(二)·繫·九二 —(平)公立五年

清(二)·繫·九四 以邍—(平)会(陰)之𠂤(師)

清(二)·繫·九四 —(平)公衛(率)𠂤(師)會者(諸)侯

清(二)·繫·九六 晉臧(莊)—(平)公立十又二年

清(二)·繫·九九 競(景)—(平)王卽立(位)

清(二)·繫·九九 晉臧(莊)—(平)公卽殜(世)

清(二)·繫·一〇〇 競(景)—(平)王卽殜(世)

清(二)·繫·一〇四 競(景)—(平)王卽立(位)

清(二)·繫·一〇四 競(景)—(平)王卽殜(世)

清(二)·繫·一一三 宋公敗齊𠂤于襄坪(平)

清(二)·繫·一三〇 郎臧—(平)君衛𠂤戠莫(鄭)

清(二)·繫·一三三 王命—(平)亦(夜)悼武君

清(二)·繫·一三五 遜(魯)昜(陽)公—(平)亦(夜)怨(悼)武君

清(二)·繫·一三七 王命—(平)亦(夜)悼武君李人於齊陳淏求𠂤

清(三)·芮·一二 —(平)和庶民

清(五)·殷·七 肩(厭)非(必)—(平)

垍

郭·老甲·一九 民莫之命(令)天(而)自—安

新甲三·三四九 司城—之述

清(三)·芮·九 曰余(予)未—

清(五)·命·一一 和之以—

壤

 清(五)·命·一三
—不亂(一)

 清(五)·命·一四
—一不和

垧  包二·四三
—臧　人名

 郭·尊·三四
—(均)不足以坪(平)正(政)

 上(四)·曹·三五
賞—(均)聖(聽)中

 清(三)·說中·四
女(如)不視(瞑)—(眩)

 清(三)·芮·九
忎(恐)不和—(均)

 清(五)·殷·一七
—(徇)賓(句)傑(遏)怪(淫)

 郭·成·七
君—(袧)禮(冕)而立於复(阼)

畇  郭·唐·二
窮以不—(忽)

 上(二)·容·三〇
天下大和—(均)

罬  郭·語四·二三
則—陞(地)不鈔(削)

从李守奎先生：疑爲壤之本字，《說文》訛變爲毀。

 上(二)·容·一〇
萬邦之君皆㠯亓邦—(讓)於䝿(賢)

 上(二)·容·一〇
堯㠯天下—(讓)於䝿(賢)者

 上(二)·容·一七
墨(禹)乃五—(讓)㠯天下之䝿(賢)者

 上(二)·容·二九
五年乃—(穰)

 上(二)·容·三四
墨(禹)於是虐(乎)—(讓)益

 清(五)·命·九
賞亓(其)上則亡(無)—(讓)

 清(五)·命·一一
賞莫大於—(讓)

墧

上（二）·容·三二 吕—（讓）於來

上（六）·競·一二 虛（吾）□晏子是—（讓）追之言也

墧

包二·三七 旦— 人名

包二·七六 郘—

包二·八六 逌— 人名

包二·一四九 陵让尹—以楊虎斂閘金於邾敓

包二·一六三 臧— 人名

包二·一七一 鹽— 人名

包二·一七六 鹽—

包二·一八七 登— 人名

包二·一九二 鹽—

臺

包二·二一 旦—戠之

包二·三二 旦—戠之

𨑀

包二·二七 郘— 人名

基

丌

包二·一六八 夜—之里人鄴墜

郭·語四·一四 是胃（謂）童（重）—

清（五）·殷二〇 內—（基）而外比

圪

氣

上（四）·曹·四六 —成則惕（易）

堵

帛甲二·三一 以司—襄

壁

包二·二一八 —（壁）琥睪良月良日逯（歸）之

堂

九・五六・五三 ☐☐☐弼—吉

清(一)・程・三 占于明—

清(二)・繫・六八 郘(駒)之克墜(降)—而折(誓)曰

清(三)・赤・三 少(小)臣自—下受(授)紝巟盪(羹)

清(三)・祝・一 又(有)下—〓(湯湯)

望

包二・二四三 —山一點 《説文》坐古文坐。

信二・〇一八 一槃—首鐘

九・五六・一三 —於戌

九・五六・一六 —於丑

九・五六・一八 —於卯

九・五六・一九 —於辰

九・五六・二〇 —於巳

九・五六・二四 —於栖(酉)

上(二)・容・一四 紒(謁)而—之

上(六)・莊・八 繡(申)公—(坐)拜

上(六)・天甲・六 天子—

上(七)・凡甲・一五 —而思之

上(七)・凡乙・一〇 —不下笞(席)

上(五)・鬼・七 湆(沈)—(坐)念惟

填

曾一〇 組珥— 讀作瑱。

坦

包二・一三二 秦競夫人之人谽慶—處郄郘之東鄅之里

包二・一七五 遊宮—倌黃贛

九・五六・四五 凡楃—

九・五六・五七 凡—南☐☐

九・五六・四七 中—

清（一）·金·二 周公乃爲三—（壇）同䂮（墠）

清（一）·金·二 爲一—（壇）於南方

清（一）·金·二 周公乃爲三坦（壇）同—（墠）

壎 壦

包二·八三 鄟之—里人湘痼

封 玤

上（二）·容·一八 垔（禹）乃因山陵（陵）坪（平）隉（隰）之可—（封）邑

新乙四·一三六 ☐—中尚大筈占☐

上（五）·姑·一 吕亓族參—（郤）正百鎵

上（五）·姑·二 □—（郤）奇（錡）竆之

上（五）·姑·六 參—（郤）中（忠）立（位）

上（五）·姑·六 害參（三）—（郤）

上（五）·姑·八 參（三）—（郤）家宰取宔（主）君之眾

上（五）·姑·一〇 長魚翯惻（賊）參—（郤）

上（五）·姑·一〇 —（郤）至姑戓豢父立死

清（二）·繫·一八 乃先建衛弔—（封）于庚丘

清（二）·繫·一三〇 奠（鄭）皇子=馬子池子—（封）子衒（率）𠂤（師）以这（交）楚人

壐 鉨

包二·一二 對郚室人某瘇之典之在漾陵之參—

包二·一三 某瘇在漾陵之參—閒迎之典匱

包二·一三 漾陵之參—而在之

墨

包二·七 臧王之—以内其臣之象典

包二·一二 士帀—

包二·一九二 武貴— 人名

天策 ☐寨尹—☐

黖

新零・二一三、二一二 ☐周— 人名

清（二）・繫・七七 亓子—（黑）要也或室少𡥈

清（二）・繫・七七 —（黑）要也死

帛甲四・二九 四曰☐—榦

帛甲五・三二 —木

曾四六 —毛之首

曾四七 —犨 即—車

曾一七三 新貼人之騂₌—犨

上（六）・用・三 誇亓（其）又（有）宔（中）—

黠

包二・七四 周— 人名

包二・一五二 左司馬逜命左斂（令）—定之

包二・一五一 步死無子，其弟番—後之；—死無子

鱎

包二・九八 鄐— 人名

包二・一〇七 黃— 人名

包二・一一七 喬尹— 人名

型

型

郭・老甲・一六 長耑（短）之相—（形）也

郭・語一・二五 遊（由）樂智（知）—

上（二）・從（甲）・三 諮（教）之𠤕—（刑）則述（遂）

上（一）・紂・一 則民咸（咸）𢦏（扐）而—（刑）不𠛱

上（一）・紂・八 吕—（刑）員（云）

上（一）・紂・一三 齊之𠤕（以）—（刑）

上（一）・紂・一四 吕—（刑）員（云）

上（一）・紂・一四 隹（惟）复（作）五虐之—（刑）曰金

上（一）・紂・一四 折（制）𠤕（以）—（刑）

上（一）・紂・一五 吕—（刑）員（云）

上（一）・紂・一五 𠕋—（刑）之由（迪）

上(一)·紂·一五
古(故)上不可𠂤(以)㜸—(刑)而翟(爵)

上(四)·曹·一
—既城(成)矣

上(四)·曹·二正
欲歜於土—(鉶)

上(四)·曹·一〇
乃命毀鐘—而聖(聽)邦政

清(三)·琴·四
思—之

清(五)·殷·一六
寺(時)—(刑)罰訪(赦)

型

郭·五·二
不—(形)於内胃(謂)之□

郭·五·一
急(仁)—(形)於内胃(謂)之悳(德)之行

郭·五·一
義—(形)於内胃(謂)之悳(德)之行

郭·五·二
不—(形)於内胃(謂)之行

郭·五·二
豊(禮)—(形)於内胃(謂)之悳(德)之行

郭·五·三
聖—(形)於内胃(謂)之悳(德)之行

郭·五·三
不—(形)於内胃(謂)之行

郭·五·四
不—(形)於内胃(謂)之悳(德)之行

郭·五·八
思不倀不—(形)

郭·五·一三
玉色則—(形)

郭·五·一四
玉色則—(形)

郭·五·一五
—(形)則不亡(忘)

郭·五·一五
玉音則—(形)

郭·成·六
戰與—(形)人

郭·成·五
是古(故)畏(威)備(服)—(形)罰之婁(屢)行也

郭·唐·一二
咎采(繇)内(入)用五—(刑)

郭·語一·六二
其生也亡爲虖(乎)其—(形)

郭·語一·六三
智(知)豊(禮)虡(然)句(後)智(知)—(形)

信一·〇一 戔人夆上則—戮至
信一·〇二 天返於—者
帛丙一一·三 —百事
郭·五·一 不—(形)於内胃(謂)之行

郭·語一·六四 —非譌也
郭·語三·一七 天—成
郭·語三·七〇 爲其—
上(二)·容·四 不—(刑)不殺

上(二)·魯·一 毋乃遊(失)者(諸)—(刑)與悳(德)虐(乎)
郭·成·二 —(形)於中

郭·性·五二 未—(刑)而民愄(畏)
郭·成·三九 —(刑)兹(茲)亡悪害(何)
土旁漏畫橫劃。

上(三)·中·一七 —(刑)正(政)不緩(緩)
上(五)·鮑·三 老弱(弱)不—(刑)

上(五)·季·二〇 大辠(罪)則夜(處)之吕(以)—(刑)
上(五)·季·一〇 好—(刑)則不羊(祥)

上(五)·姑·四 —(刑)莫大安(焉)
上(五)·三德·一一 毋芺(笑)—(刑)

上(五)·三德·二〇 至—(刑)忩(以)悉
上(六)·天乙·八 剌(剌)—(刑)則吕(以)哀(哀)

上(七)·凡乙·一 吕(凡)勿(物)流—(形)
上(七)·凡乙·一 流—(形)城(成)豊(體)

上(七)·凡乙·二 民人流—(形)
上(七)·凡乙·二 流—(形)城(成)豊(體)
清(一)·祭·二一 維我周又(有)祟(常)—(刑)

清(三)·琴·一 考(孝)隹(惟)—帀
清(三)·芮·七 此悳(德)—(刑)不齊
清(三)·芮·一七 莫……—

清(三)·芮·一九 悳(德)—(刑)態(怠)紩(惰)
清(三)·芮·二一 政命悳—(刑)各又棠朩
清(五)·湯丘·一二 —(刑)亡(無)卣(攸)恋(赦)

清(五)·湯丘·一七 —(刑)亡(無)卣(攸)恋(赦)
清(五)·湯門·一一 悳(德)事役(役)正(政)—(刑)

清(五)·湯門·一三 岂(美)—(刑)系(奚)若
清(五)·湯門·一三 亞(惡)—(刑)系(奚)若

清(五)·湯門·一七 —(刑)情(輕)以不方
清(五)·湯門·一七 此胃(謂)岂(美)—(刑)

茔

郭·緇·一 則民臧(咸)放(扐)而—(刑)不屯
郭·緇·一三 郘(吕)—(刑)員(云)
郭·緇·二四 齊之以—(刑)

郭·緇·二六 折(制)以—(刑)
郭·緇·二七 則—(刑)罰不足恥
郭·緇·二八 古(故)上不可以埶(褻)—(刑)而翟(輕)雀(爵)

郭·緇·二九 吕—(刑)員(云)
郭·緇·二九 翻(播)—型(刑)之迪
郭·緇·二 我(儀)—(刑)文王
郭·老乙·一二 天象亡—(形)

郭·尊·二 賞與—(刑)
郭·尊·三一 —(刑)不隶(逮)於君子
郭·六·二 折(制)—(刑)灋(法)

上(二)·魯·三 女(如)夫政—(刑)與悳(德)
上(二)·魯·二 政—(刑)與

上(四)·曹·二一 —(刑)罰又(有)皋
上(四)·曹·五四 駐(重)賞泊(薄)—(刑)

上(六)·用·一 匽之台(以)兇(凶)—(刑)

城

城

包二·一〇〇 登— 人名

包二·一二〇 昜—公 職官名

包二·一二〇 郙𠉤檄馬於下鄰而儥之於昜—

包二·一四〇 司馬奉爲皆告—

包二·一五一 左馹番成飤田於邛寞𠭁邑，—田一索畔葍

包二·一五五 司— 職官名

包二·一五五 少司— 職官名

包二·一七四 隴—莫囂之人利郘

包二·一七五 武—人番嗌耳

包二·二一五 峗山既皆—(成)

包二·二六一 樂—之純

天卜 燬禱東—夫人豬酉食

郭·老甲·一六 戁(難)惕(易)之相—也

郭·老甲·一七 —而弗居

郭·老甲·二一 又(有)𤔡(道)蟲(蛀)—

郭·老甲·二六 九—之臺甲□

郭·老乙·一三 大—若夬(缺)

郭·老乙·一四 大—若詘

郭·老丙·二 —事述(遂)社(功)

郭·老丙·一二 互(恆)於其戲(且)—也敗之

郭·緇·九 隹(誰)秉寞(國)—

郭·緇·一三 —王之孚

郭·緇·二七 教之不—也

郭·緇·三六 壄也大—

郭·緇·四〇 必見其—

郭·魯·二 —孫戈見

郭·魯·四 —孫戈曰

郭·成·一三 士—言不行

郭·成·一 —之𦕍(聞)之曰

郭·五·八 悳(德)弗之(志)不—

郭·五·四二 君子集大—

郭·語三·一七 天型—

郭·語三·二九 則—名

郭·語三·三九 不—𢖶(仁)

九·五六·二六 百事訓(順)—(成)

上(一)·孔·五 又—(成)工(功)者可(何)女(如)

上(一)·孔·七
—(誠)胃(謂)之也

上(一)·孔·七
—(誠)命之也

上(二)·子·九
皷亦—(成)天子也與(歟)

上(二)·子·六
坴(叜、俊、舜)之悳(德)則—(誠)善

上(一)·紂·一四
砻(教)之不—(成)也

上(一)·紂·一七
㠯(以)—(成)丌(其)信

上(二)·子·八
古(故)夫坴(叜、俊、舜)之悳(德)(丌其)—(誠)臤(賢)矣

上(二)·容·五三(背)
訟(容)—(成)氏(氏)

上(二)·容·四四
是虐(乎)复(作)爲九—(成)之臺(臺)

上(三)·中·二
河東之—(盛)豙(家)也

上(三)·中·九
又(有)—(成)

上(三)·中·一二
不及丌(其)—(成)

上(三)·中·二三
所㠯—(成)死也

上(四)·内·八
君子㠯(以)—(成)亓孝

上(四)·曹·一
型既—(成)矣

上(四)·曹·一三
戰(守)鄾(邊)—奚女(如)

上(四)·曹·一三
又(有)固悬(謀)而亡固—

上(四)·曹·一五
亓—固足㠯攼(捍)之

上(四)·曹·一八
—章(郭)必攸(修)

上(四)·曹·五六
曰—，曰固，曰蔑(阻)

上(五)·鮑·一
十月而徒秎(梁)—

上(五)·鮑·四
日—(盛)于縱(縱)

上(五)·季·七
孝=(君子)敬—(成)亓(其)悳(德)

上(五)·季·二三
臤(賢)人堂(當)亓(其)曲㠯(以)—(成)之

上（六）·平王與·一
競坪（平）王命王子木逅（至）—父

上（六）·天乙·一一
臨—不言毁

上（七）·武·一五
吏（使）民不逆而訓（順）—（成）

上（七）·凡甲·一
系（奚）旻（得）而—（成）

上（七）·凡甲·一
流型（形）—（成）豊（體）

上（七）·凡甲·三
流型（形）—（成）豊（體）

上（七）·凡乙·一
系（奚）旻（得）而—（成）

上（七）·凡乙·一
流型（形）—（成）豊（體）

上（七）·凡乙·一
既—（成）既生

上（七）·凡乙·二
流型（形）—（成）豊（體）

上（七）·吳·三正
青（請）—（成）於楚

清（一）·耆·九
於……月又（有）—（盈）敓（缺）

清（一）·金·六
—（成）王由學（幼）才（在）立（位）

清（一）·祭·六
克夾卲（紹）—（成）康

清（一）·祭·七
甬臧（畢）—（成）大商

清（一）·祭·八
颺（揚）—（成）康卲（昭）宔（主）之剌（烈）

清（一）·祭·一二
—（成）卑（厥）社（功）

清（二）·繫·三四
至于梁—

清（二）·繫·三九
遷（徙）之审（中）—

清（二）·繫·四二
居方—

清（二）·繫·四四
羣戎之㠯以敗楚㠯於—儥

清（二）·繫·九一
㠯（師）造於方—

清（二）·繫·一〇〇
—汝昜（陽）

清（二）·繫·一〇一
居嚳（許）公旎於頌（容）—

清（二）·繫·一〇一
閔方—

清（二）·繫·一〇二 洛以遉方—之𠂤（師）
清（二）·繫·一一二 齊人女㚷（始）爲長—於濟
清（二）·繫·一一三 晉𠂤閔長—句俞之門

清（二）·繫·一一四 告以宋司—䢷之約公室
清（二）·繫·一一五 —黃池

清（二）·繫·一一五 —龔（雍）丘
清（二）·繫·一一七 與晉𠂤（師）戰（戰）於長—
清（二）·繫·一二三 母（毋）攸（修）長—

清（二）·繫·一二六 王衒（率）宋公以—贚閘（關）
清（二）·繫·一二七 𥄉（陽）—洹（桓）恶（定）君

清（二）·繫·一三四 與晉𠂤戰於武昜（陽）之—下
清（二）·繫·一三五 昜（陽）—洹（桓）恶（定）君
清（二）·繫·一三六 楚邦以多亡—

清（三）·説上·二 敚（説）方笙（築）—（城）

郭·老乙·一二 大器曼—
郭·太·一 是以—天
郭·太·一 是以—埅（地）
郭·太·二 是以—成四時

郭·太·二 是以—成神明
郭·太·二 是以—侌（陰）昜（陽）
郭·太·三 是以—倉（滄）然（熱）

郭·成·一二 君上卿「鄉（享）」—不唯杳（本）
郭·太·九 雀（削）—者以益生者
郭·太·二 古（故）事—成而身長

郭·太·一二 古（故）社（功）—而身不剔（傷）
上（七）·凡乙·二 流型（形）—（成）豊（體）

郭·太·三 —戢（歲）而止
郭·語四·二二 —（城）無蓑則坨（阤）
九·五六·一八 —於巳

上（二）・從（甲）・七 不敢則事亡（無）—（成）

九・五六・二一 —於申

九・五六・二二 —於栖（酉）

九・五六・二三 —於戌

九・五六・二四 —於亥

九・五六・二一下 —（成）言

包二・二〇二反 新父既—

包二・二〇二反 新母既—

信一・〇一七 以—其明者

曾一五六 宙—子之騮爲左驌

曾一六三 禓—君之駟爲左驌

曾一六六 禓—君之騍爲左驌

曾一七三 宋司—之騍爲左驌

曾一七六 宋司—之駐爲左驂

曾一九三 禓—君之迻車三騹

帛丙一一・二 可以攻—

新甲三・二六四 —再㠯（以）叅

新甲三・三〇 ☐□公—鄗（郙）之歲

新甲三・二八一 ☐—一祜

新甲三・三二六—一 下獻司城己之寏人

新甲三・三四九 司—均之述

新甲三・三九二 壆—一叅

新零・一〇二、五九 ☐堅〓（堅子）郛果告大司 瘽☐

新乙一・一四 句郢公奠（鄭）余穀大—郙（兹）竝（方）之歲

新乙一・三二、二三 句郢公鄭〔余穀〕大—（城）郙（兹）竝（方）之歲

鹹

包二・四 遂昜公以楚帀遂—莫之戢

《說文》籀文从𩫏。

包二・二 魯昜公以楚帀（師）遂—莫之戢

新甲三・八、一八 ☐大—（城）郙（兹）邡（方）之歲

墉

墉

郭・六・二一 會—長材以事上

增 埤 塞 墠 堫 壘 毀

墉
包二・一七〇 絑—
上(一)・孔・二八 —(墉)又蒂慙(慎)窨(密)而不智(知)言
郭・語四・二 —又(有)耳

增
九・五六・五〇 三—三殜(歼)不相志
上(六)・孔・七 贏收人不—(?)

埤
上(五)・三德・一四 —(俾)聖(聽)亓縈(營)
上(七)・凡甲・九 进(升)高從—
上(七)・凡乙・七 进(升)高從—
清(三)・赤・一五 是飼(始)爲—(陴)丁者(諸)廛(屋)

塞
上(二)・民・七 而旻(得)既(氣)—於四海(海)矣
上(二)・民・一一 —于四方
上(二)・民・一二 —于四海(海)
新零・二八〇 ☐—(賽)禜禱
新零・四八四 ☐寁—☐

墠
墠
郭・成・二八 則聖人不可由與—之

堫
九・五六・四八 凡宮—於西南之南
九・五六・四九 —於東北之北
九・五六・五〇 —於西北不秎(利)於子
九・五六・五〇 —於東南不秎(利)於☐

壘
壘
包二・一九〇 —昜君之人宋午

毀
敳
郭・語一・一〇七—一〇八 各以澹(詹)訇(詞)—也
九・五六・三七下 必—丌(其)壬
上(二)・從(甲)・一八 則蠢—之
上(四)・昭・五 因命(令)至俑—室
上(四)・曹・一〇 乃命—鐘型而聖(聽)邦政

壞 坷 堋

上(六)·平·二 女(汝)—新都𣂔(鄗)陵

清(三)·說中·六 心—隹(惟)備

清(四)·筮·咎九 穆上—，亡咎

清(四)·筮·瘳一一 𠄠(四)日上—，瘳

壞 堁

郭·唐·二八 天下𠃍(必)—

郭·緇·四一 厶(私)惠不—「壞(懷)」悳(德)

壞之訛書。

坷

包二·九九 里— 人名

包二·一〇〇 里—

堋 堲

天策 緮組之—

郭·語四·一四 必先與之以爲—(朋)

上(二)·容·四九 文王—(崩)

上(三)·周·一四 —(朋)欲(盍)𥃋(簪)

上(三)·中·一九 山又(有)—(崩)

上(六)·天乙·一〇 —(朋)𣅀(友)不語(語)分

上(二)·紂·二三 「—(朋)𣅀(友)卣(攸)囙=(攝攝)目(以)威義(儀)」

倗

包二·一七三 黃— 人名

包二·二六〇 一—几

郭·六·三〇 爲宗族(瑟)(殺)—(朋)習(友)

郭·六·三〇 不爲—(朋)習(友)瑟宗族

郭·緇·四五 —(朋)友卣(攸)𢍰(攝)

上(五)·競·一正 級(隰)—(朋)與鞊(鮑)𦧧(叔)𦥑(牙)從

上(五)·競·五 汲(隰)—(朋)會(答)曰

圭　場

上(五)·競·九
伋(隰)—(朋)与鞁(鮑)吾旮皆拜

上(五)·競·一〇
—(朋)堂(黨)羣獸(獸)耋(遷)

上(五)·鮑·九
鞁(鮑)吾(叔)旮(牙)與級(隰)—(朋)之諫

郁

包二·一六五
—郢

楚別都之一。

包二·一七二
—郢

清(一)·楚·一五
藍郢遷居—(鄘)郢

清(一)·楚·一五
王大(太)子以邦居—(鄘)郢

清(一)·楚·一六
至恕(悼)折王猷居—(鄘)郢

郢

包二·一九〇
—郢

遝

上(五)·鮑·二
—(堋)亓(其)所吕(以)莡(葬)

上(五)·鮑·二
迿佝者㝵—(堋)亓(其)所吕(以)衰莡(亡)

場

䞣

包二·一二一
—貫　人名

包二·一二二
—貫

包二·一二三
—貫

圭

上(二)·魯·三
女(若)天毋恣(盘)—璧

珪

郭·緇·三五
白—之石

上(二)·魯·二
女(如)毋恣(薆)—璧帋(幣)帛於山川

新零·二〇七
—璧唯☐

上(五)·鮑·三
犂(犧)生(牲)—璧必全

上(七)·君甲·三
—〓(珪玉)之君

上(七)·君乙·三
—〓(珪玉)之君

清(一)·金·二
秉璧旹(植)—

塗 坴 埭 㙊 块 埘 塊 堆

清（一）·金·五 我則𦖝（晉）壁與—

清（一）·金·五 我乃以壁與—逿（歸）

清（二）·繫·一二八 與之戰（戰）於—（桂）陵

清（二）·繫·一三五 三執—之君與右尹卲之豝（族）死女（焉）

清（五）·封·五 易（錫）女（汝）倉（蒼）—巨（秬）鬯一卣

赶

上（一）·紂·一八 「白—（圭）之砧尚可𣏌（磨）」

《說文》圭之古文。

垄

上（三）·周·三三 見豕偵（負）—（塗）

包二·一七〇 盬— 人名

望一·一二四 ☐—既禱楚先既禱☐

帛甲二·一八 天—是各

郭·太·七 罷（一）—罷（一）浧（盈）

見《龍龕手鑑·土部》，簡文讀『缺』。

郭·語一·九五 —遜（由）敬乍（作）

包二·九五 鼓䠞張惏訟鄗之鳴䣎邑人某戆𤼵其斋大市米—人味

隼

望二·一三 —胥（旌）

《廣韻·灰韻》有堆字。

埮　圩　圩　圣　坆　坛　垚　垢　㙲　坉　壐

埮
望二・五六
☐—匕一圩五六

上(四)・昭・三
儯(僕)栖(將)—亡老

垺
包二・二六三
一—紵完

圩
望二・五六
一—

圣
包二・八三
訟羅之廡寅之—者邑人邘女

包二・一五七
車轄—斨……

包二・二六一
二☐—

坆
仰二五・一二
一—韋之韓

上(二)・容・二
婁(僂)者—譻

坛
曾二〇八
■凡宮廏之馬所入長—之审五犨

垚
信二・〇二四
一集—

垢
郭・窮・一三
無茖堇愈—山石不爲☐☐☐☐

㙲
包二・五五
氾—　人名

坉
郭・老甲・九
—(沌)虐(乎)其奴(如)濁

壐
包・一五
登—(壐)而無古(故)

包・一七六
子姬盬—(壐)

切

上（五）·季·二〇
—（臧）辠（罪）則夜（處）之㠯（以）罰

上（六）·競·九
番浧—（臧）萺（啬）吏

墊

郭·老甲·三五
勿（物）—（壯）則老

堥

新零·一一五、二二
是蓏—而□亦不爲大訽（詬）

墉

上（一）·紂·一
—（儀）型文王

疑當爲『義』字異體。

坂

新甲三·三六二
—二袿（社）

垦

上（二）·容·一
—遲是（氏）之又（有）天下也

垒

上（二）·從（甲）·四
方（防）亦—（反）是〓（是，是）故君〓（君子）誓（慎）言而不誓（慎）事

庢

上（一）·紂·一八
—（壓）也大壓（成）

垙

新甲三·四〇八
▱—丘

新乙四·三〇、三二
▱□爾—毋害爾▱

上（一）·紂·二二
「君子𢔶（好）—」

陳偉先生释爲『戟』，讀爲『仇』。

笙
上(三)·周·二二
[illegible]三大—(畜)

上(三)·周·二
孤(需)于—(埿)

上(四)·昭·四
并儯(僕)之父母之骨厶(私)自—(敷)

上(六)·競·四
—(溥)情而不恖(愈?)吏(使)丌(其)厶(私)

上(四)·曹·六一
—(勇)者憙(喜)之

上(五)·姑·一
與士仉—旦夕絧(治)之

上(五)·鬼·八
不及—(遇)焚

上(六)·平·七
圅(謙)龔(恭)—(淑)悳(德)

上(六)·天乙·一
邦君建之㠯(以)—(都)

清(一)·楚·九
至—(堵)𦉫自福丘遝袠箬(鄀)郢

清(二)·繫·二九
是生—(堵)𦉫(敖)及成王

奎 坂 墣 墶 坐 垡 堅

清(二)·繫·一六 以戰(守)周之—(墳)墓(墓)

清(二)·繫·二九 —蘇於汝

清(二)·繫·四四 宋及羣戎之𠂤(師)以敗楚𠂤(師)於城—(濮)

清(二)·繫·一一六 回(圍)赤—

墉

清(二)·繫·一一七 𪘲(魏)㚒(斯)灼(趙)㶳(浣)𠦪(韓)啟章衒(率)𠂤(師)戝(救)赤—

清(三)·赤·一三 —(發)𡐓(地)斬菱(陵)

清(三)·赤·一四 乃—(發)𡐓(地)

清(一)·祭·七 —(修)和周邦

清(五)·殷·二〇 共(供)桂(皇)思—(修)

䝨

包二·七三 仿斂(令)—(賢)受旨

包二·八二 郘—(賢) 人名

包二·八五 登—(賢) 人名

包二·一七二 登—(賢) 人名

包二·一八二 陳—(賢) 人名 从力臤聲，疑爲賢字異體。

上(七)·凡甲·二七 古(故)曰—(賢)

清(一)·祭·一八 女(汝)母(毋)□—

掔

上(七)·吳·九 㠯(以)—(賢)多㚅(忌)

臤

上(六)·慎·一
—(堅)弜(强)吕(以)立志

堯

⿱兟土

郭·唐·一
—舜之王

郭·唐·九
忠事帝—

郭·唐·一四
古者—生於天子而又(有)天下

郭·唐·二二
古者—之與舜也

郭·唐·二四
秉(及)其爲—臣也

郭·唐·二四
—徸(番)天下而受(授)之

郭·唐·六
—舜之行

郭·唐·二五
古(故)—之徸(番)虖(乎)舜也

兟

郭·六·七
唯(雖)—求之弗得也

《説文》古文堯。

上(四)·曹二正
昔—之鄉(饗)坴(舜)也

上(二)·子·五正
—之取坴(叜、俊、舜)也

上(二)·子·六
—見坴(叜、俊、舜)之悳(德)臤(賢)

上(二)·子·二
伊—之悳(德)則甚昷(温)毖

上(二)·子·六
—之㝵(得)坴(叜、俊、舜)也

清(三)·良·一
—之相燹(舜)

先

帛乙九·七
四□—羊

郭·窮·三
堣(遇)—(堯)也

上(二)·容·六
—戔(賤)貤(施)而旹=(時時)

上(二)·容·六
昔—凥(處)於丹府與藋陵之閈(間)

上(二)·容·八—九
—是吕視臤(賢)

夫

上(二)·容·九 —爲之孝(教)曰

上(二)·容·一〇 —吕天下壤(讓)於臤(賢)者

上(二)·容·一二 —又(有)子九人

上(二)·容·一三 —爲善興臤(賢)

上(二)·容·八 —乃敓(悦)

上(二)·容·一四 —於是虖(乎)爲車十又(有)五輮(乘)

上(二)·容·八 於是虐(乎)訇(始)語—天地人民之道

上(二)·容·一三 —餌(聞)之

上(二)·容·一四 子—南面

上(五)·鬼·一 昔者—銮(舜)墨(禹)湯

上(七)·武·一 不智黄帝耑瑄—皇之道才虐

清(一)·保·七 帝—(堯)嘉之

堇

郭·老甲·二四 各復其—(根)

郭·老乙·九 —(僅)能行於其中

清(一)·金·一一 昔公—(勤)勞王豪(家)

清(五)·封·五 以—(勤)余不(一人)

清(一)·程·六 女(如)棫柞亡—(根)

清(一)·皇·三 —(勤)卹王邦王豪(家)

清(一)·皇·五 是人斯既薾(助)氒(厥)辟—(勤)勞王邦王豪(家)

里

包二·七 憙之子庚一夫居郢—

包二·二二 —公隋得受旮

包二·二三 郘之椒—之敀無又李烎思

里 包二·二四 —公隋得受𠯑
里 包二·二七 邸昜君之州—公登睅受𠯑
里 包二·三〇 —公隓得受𠯑
里 包二·三一 不逕鄗之己—人青辛以廷
里 包二·三七 福昜剸尹之州—公婁毛受(𠯑)
里 包二·四二 需—子之州加公文壬
里 包二·四二 —公苛譈
里 包二·六二 下隓—人
里 包二·六三 郚市=(之市)—人
里 包二·八三 鄿之擢—人湘痼
里 包二·九〇 言謂：鄃丘之南—信又弊酉=
里 包二·九〇 鄃丘之南—人弊惏
里 包二·九二 鄗午之—人
里 包二·九二 登賹尹之—人
里 包二·九六 南昜— 地名
里 包二·九七 枸—人文逪(适)
里 包二·一二〇 蔽— 地名
里 包二·一二一 山昜— 地名
里 包二·一二一 東鄁—人塲貫
里 包二·一二一 薹—人競不割
里 包二·一二一 从=信卡下蔡閈—人雇女返
里 包二·一二二 —公吴抲
里 包二·一二二 —公利賢返子
里 包二·一三二 鄃慶坦尻郐郿之東鄃之—
里 包二·一三八反 同—
里 包二·一四一 少—喬舉尹羿
里 包二·一五〇 邸昜之酷—人卲䍜
里 包二·一五〇 蒞陵之戯—人石紳

包二·一六三 郟（期）思公之州—公虘

包二·一六八 夜基之—人郛墜

包二·一八〇 霝—子之州差礬時

天策 ☒□一䎞䈀紫—

天策 番之—人之☒

天策 素絵之—

包二·一八〇 鄗君新州—公陞勳

磚三七〇·一 ☒與仔門之—人一賫告僕言胃

郭·性·一七 —（理）其青（情）而出内（入）之

郭·五·四二 各止於其—

郭·成·三一 以—（理）人侖（倫）

郭·窮·七 白（百）—退遣五羊

郭·窮·二 至（致）千—

郭·語三·一七 人與勿（物）斯—（理？）

郭·語三·一八 勿以日勿又—而

上（二）·容·六—七 於是虖（乎）方百—之宔（中）

上（二）·容·二六 并—〈廛〉（瀍）、干（澗）

新甲三·七四 ☒檠（楷）—一☒

新甲三·七七 骍（馭）—一豢☒

新甲三·二八五 ☒—二豬、三冢

新甲三·二六二 命—人禱☒

新甲三·三五二 未智其攸—之算☒

新乙三·二三 鄙—一豬

新乙三·二三 韘之—一豢

新乙三·五四 稓室之—人禱☒

新乙四·八八 梠—人禱於其袿（社）☒

新零·一一 大檠（楷）—人☒

新零·七二 楊—人禱☒

新零·一一六 ☒堵—人禱於亓（其）☒

新零·四〇三 郊—人☒

新零・五二九 櫱（楢）—☑
上（四）・柬・一三 女君王攸郢高方若肰—
上（五）・競・四 䢸人之伓（背）者七百—

上（六）・天甲・一 夫＝（大夫）聿（建）之㠯（以）—
上（六）・天乙・一 夫＝（大夫）建之㠯（以）—

上（七）・凡乙・七 足牺（將）至千—
上（七）・凡乙・一一 至聖（聽）千—

清（二）・繫・三二 亓（其）夫＝（大夫）—之克乃殺勳資（齊）
清（二）・繫・三三 —之克或（又）殺悼子

郭・語一・三二 善—（理？）而句（後）樂生
郭・語一・五四 臤（賢）者能—（理？）之

釐 奎

郭・尊・三三 不—則亡愄（畏）
郭・尊・三九 童（踵）義蓳（集）—（理）
郭・太・八 埅（地）之所不能—

郭・窮・一五 聖（聽？）之弋母之白不—（釐）
上（一）・性・一七 —（賚）
清（一）・皇・三 自—（釐）臣至于又貧（分）厶（私）子

清（五）・封・三 —（釐）乎（厥）猷

野 埜

包二・一七一 瘳— 人名
《汗簡》古文。
包二・一七三 新— 地名
包二・一八二 亯（享）—邑人墬賢

包二・一八三 新—人少妄訇
包二・二〇七 屌於—埅室一黏
秦九九・三 —以其又病之
秦九九・一五 —以其又病之

望一・一五六 —斋☑
郭・尊・一四 則民—（野）以静（争）
九・五六、三一 秝（利）㠯（以）行隻（作）、[逅（蹠）]四方—（野）外

田

九·五六·四三 不周之—（野）
上（二）·容·二八 佰（宿）於—（野）
上（二）·容·四一 迲（去）之桑（蒼）虗（梧）之—（野）
上（二）·容·二八 乃飤（食）於—（野）
上（二）·容·五二 㠯少（小）會者（諸）矦之帀（師）於畓（牧）之—（野）
上（四）·采·一 —又萊
上（四）·采·四 北—人
清（一）·楚·一〇 女（焉）遷（徙）居承（蒸）之—（野）

包二·六七 不軋丝戲（且）逯（歸）其—以至（致）命
包二·七七 周甬受正李𠝴肌以賨—於章寍𨜏邑
包二·八一 以其政其—
包二·八二 以其不分—之古
包二·九四 軋竪，以賨—
包二·一〇一 章郈訟宋偈，以攸—
包二·一五一 左馭番成飤—
包二·一五二 欵飤—病於賕（責）
包二·一五四 王所舍新厩以啬蔽之—
天卜 —邑與兵虩之事
曾二一四 所彌汈逮彌祖新—之盟
九·五六·二五 不再（稱）㠯（以）䜌—邑
九·五六·三一 㠯（以）—轍（獵）
九·五六·四五 土—聚（聚）㝵（得）
九·五六·四一 秎（利）㠯（以）内（纳）—邑
上（一）·孔·二五 大—之衺（卒）章
上（二）·容·一八 —無剢（蔡）
上（二）·子·二 垄（叜、俊、舜）畬（來）於童土之—
新零·四 〼—，又（有）祱（祟）見〼
上（五）·鮑·三 故繹紿—繹
上（六）·天甲·五 信武㝵（得）—
上（六）·天乙·四 信武㝵（得）—

疇

上（七）·君甲·三　楚邦之中又（有）飤（食）—

上（七）·君乙·二　楚邦之中又（有）飤（食）—

清（二）·繫·七二　以䩱輅玉笏與章（淳）于之—

清（二）·繫·一二〇　以建昜（陽）邱陵之—

九·五六·四六　丌（其）宔（中）不—（壽）

晦

⿱毋田

上（二）·子·八　采（播）者（諸）𤰈（畎）—（晦）之中

清（二）·繫·二　名之曰千—（畝）

清（二）·繫·四　戎乃大敗周𠂤（師）于千—（畝）

清（二）·繫·九二　毆（驅）車至（至于）東—（畝）

清（五）·殷·二七　民之有—（晦）

⿱毋田

上（二）·容·五二　𠮷（少）會者（諸）矦之帀（師）於—之埜（野）

李家浩先生：即『晦』字異體。

甸

包二·一八六　兼陵少—尹燒

與佃爲一字。

新甲三·四〇〇　—尹宋之述

畔

⿱半田

包二·一五一　左馭番戌飤田於邲寘歠邑，城田一，索—萻

郭·老甲·二五　昜—（判）也

郭·老甲·三〇　而民爾（彌）畔（叛）

上（二）·容·四五　於是虐（乎）九邦—（叛）之

留

信二·〇一三　一紅介之—衣

新甲三·三一四　䣭於下寮、下姑—二豬

新乙四·二五　▨大—（牢），百▨

畜

九·五六·三九下 不可㠯（以）—六牲

上（四）·曹·二一 凡—羣臣

畜

帛丙三·三 妻—生分

上（二）·民·一四 㠯—萬邦

上（三）·周·二〇 不—之

上（四）·内·三 言人之父之不能—子者

上（四）·内·三 不與言人之父之不能—子者

上（四）·内·五 與父言〓（言，言）—子

上（五）·姑·三 者（諸）矦（侯）—我

上（五）·姑·四 隹（惟）欲—女（汝）者才（哉）

清（三）·説中·四 朕—女（汝）

郭·六·一五 —我女（如）其子弟

郭·六·二〇 既生—之

畮

曾六五 —畓坪之駴爲左驂

留

包二·二〇八 —层之月

包二·二四六 嬰禱—王

天卜 —层之月

望一·六 —层之月

曾六三 —車

曾一七〇 —君子之騽爲右驌

九·五六·七七 —层

九·五六·八七 —层

新甲二·三八、三九 ☑樂之，饋祭子西君，—

新甲三·二四三 嬰禱畱祀—單（牢）

新甲三·二四三 嬰禱—祀畱單（牢）

新甲三·四〇三 㓜於—丘、某丘二☑

新乙一·一一 —牢

新乙一·一一 —牢，樂☑

新乙四·九六 —（荆）牢，𠬪

新乙四·九六 —（荆）王臺（就）禱

新零・一八 ☐—☐

⿰扌留

包二・一三二 —𡰥之月

包二・一九九 自—𡰥之月以帝（適）—𡰥之月

包二・二〇一 —𡰥之月

包二・二〇一 自—𡰥之月以帝（適）—𡰥之月

包二・二二六 —𡰥之月

包二・二二六 自—𡰥之月以適集歲之—𡰥之月

包二・二二八 —𡰥之月

包二・二二八 自—𡰥之月以適集歲之—𡰥之月

包二・二三〇 自—𡰥之月以適集歲之—𡰥之月

包二・二三六 —𡰥之月

包二・二三九 —𡰥之月

包二・二四二 —𡰥之月

包二・二四五 —𡰥之月

包二・二四七 —𡰥之月

包二・二三四 自—𡰥之月以適集歲之—𡰥之月

包二・一九九 —𡰥之月

包二・二三四 —𡰥之月

包二・二三二 —𡰥之月

包二・二三二 自—𡰥之月以適集歲之—𡰥之月

天卜 —𡰥之月

天策 ☐一—箬

常一 —𡰥之月

九・五六・八八 —𡰥

新甲三・五 ☐□柰寋（賽）禱於—（荆）王

上（四）・昭一 —条之

包二・一六二 —𡰥之月

包二・一七一 —𡰥之月

包二・一七九 —𡰥壬申

包二・一八七 —𡰥乙亥

上（二）・容・二六 —（荆）州、鄗（揚）州

⿰扌留

新甲三・五一 ☐—𡰥之月

上（七）・吳・四 —（荆）爲不道

新甲三・一四八 ☐舉禱—☐

舊 口巂 亩 畄 畺

舊

包二·一五七 大粱之戠—之客苛坦

包二·一五七 倌等倌之—貣解

九·五六·一 —二秥又五來

九·五六·二 —四檐(擔)

九·五六·三 —六敄

九·五六·四 —廿=(二十)檐(擔)

口巂

曾八〇 一—載扈 見《集韻·齊韻》。

清(二)·繫·七 是—(攜)惠王

亩

上(三)·周·一七 從乃—(維)之

上(一)·孔·二一 —丘虐(乎)善之

上(一)·孔·二三 —丘曰

畄

清(五)·殷·二三 我—(寅)晨共(降)孳(在)九尾(宅)

畺

上(一)·孔·九 天保丌(其)旻(得)录(祿)蔑—(疆)矣

疆

包二·八七 《說文》疆—或 㙊— 人名 从彊土。

包二·一五三 南與郘君佢—

包二·一五三 東與菱君佢—

包二·一五三 北與鄝昜佢—

包二·一五三 西與鄱君佢—

包二·一五四 南與郘君執—

包二·一五四 東與菱君執—

包二·一五四 北與鄝昜執—

包二·一五四 西與鄱君執—

包二·一七九 —馭妻閒

包二·一八〇 —馭郙匄

清(一)·程·九 人毋(謀)—(彊)

清(一)·楚·八 乃渭(潰)—涅之波(陂)而宇人女(焉)

上(四)·柬·一六 癹(發)駐(馳)迈(蹠)四—

上(四)·曹·一七 —墜(地)毋先而必取□焉

清(一)·楚·一五 王大(太)子自洮郢遷(徙)居—郢

清(一)·楚·一五 柬大王自—郢遷(徙)居藍郢

彊

清(一)·耆·九 萬壽亡—

清(三)·芮·二三 五(互)想(相)不—(彊)

黄

包二·一〇九 —辛 人名

包二·一〇三 —金

包二·七一 —畝 人名

包二·八五 —𠭰 人名

包二·一一一 —金十益一益四兩

包二·八五 —𩬊 人名

包二·八五 —行 人名

包二·八五 —爲宗 人名

包二·一〇七 —䣶 人名

包二·二一 —蛊 人名

包二·二一 —辱 人名

包二·二五 —貴鈉 人名

包二·一一四 —金七益

包二·一二五 —䵼 人名

包二·一二五 —齊 人名

包二·一三八 —愓 人名

包二·一四三 —欽 人名

包二·一六二 —亞 人名

包二·一六四 —監 人名

包二·一六八 —瘶之人𦊆鈢

包二·一六九 —和 人名

包二·一七〇 —䙡 人名

包二·一七〇 —戊 人名

包二·一七〇 —敔 人名

包二·一七三 —倗 人名

包二·一七四 —子嫚 人名

包二·一七四 —債 人名

包二·一七四 —瓜 人名

包二·一七五 —贛 人名

包二·一七九 —系 人名

包二·一八〇 鄓戲—請

包二·一八二 —申 人名

包二·一八四 —䍲

包二·一八七 遊戲—愴

包二·一八七 —新 人名

包二·一八八 —輣 人名

包二·一九一 —固 人名
包二·二六八 丹—之緹
包二·一八九 —欲 人名
包二·一六五 —鯛 人名
包二·一九〇 —鯛

信二·〇一 屯青—之彖
信二·〇三 紃青—之彖
信二·〇七 —金與白金之舄
信二·〇二八 紃青—之彖

秦一三·三 —黿卜具
天卜 —芋 人名
天策 —金之面

天策 —䓫
天策 —金帶
望一·八八 —黿
望二·九 紫—之組
望二·八 —㚟組之繻

望二·一三 彤关—末
望二·一〇 —㚟組之賚
望二·一〇 ☐—☐
曾二八 —■學所馭𩣡軒
曾四五 —克■馭鞍車

曾四五 —紡之綏
曾五五 —紡之裏
曾六九 —金之韇
曾六 二—金之戠
曾二〇 二—金之戠

曾四二 —金之弐
曾五 紫—紡之絅
曾九 紫—紡之絅
曾一四 紫—絅之絅

曾一七 紫—紡之絅
曾一九 紫—紡之絅
曾三七 紫—紡之絅
曾六八 紫—紡之絅
曾八二 紫—紡之絅

曾四 紫—紡之𦃞
曾七 紫—紡之𦃞
曾一〇 紫—紡之𦃞
曾二八 紫—紡之𦃞

曾九七 紫—紡之𦃞
曾一〇二 紫—紡之𦃞
曾六六 —金之勒
曾八〇 —金之勒

曾一二四 紫—紡之縢
曾一二四 鸞=—金貴
曾一二五 —賫馭左旆
曾一二八 —𤇾■馭𩣡軒

曾一三三 —■紼馭右𧝓𨍭

曾一三七 —金之貴

曾一三八 —金之貴

曾一四三 某䓞之—爲右驂

曾一四三 𤝞肂之—爲左驂

曾一四五 大迅尹之—爲左驌

曾一八三 肣公之—爲右驌

曾一五二 宮寶尹之—爲左驌

曾一五二 左阩徒之—爲右驌

曾一五六 憙𦅀尹之—爲右驂

曾一五七 羸尹鄝之—爲右驌

帛甲四·二四 三日□—難

帛甲五·二八 —木

帛乙七·九 出自—㟝

九·五六·四七 —帝□□庶民凥(居)之▨

新甲三·四三 ▨—佗占之

新甲三·三一五 —宜日之述

新甲三·三〇四 大牆(牢)饋之於—李

新零·二三〇 ▨饋之於—李

包二·三三 —異 人名

秦九九·五 —黿

上(三)·周·四七 㝨(犨)用—牛之革

清(二)·繫·一一〇 以與夫秦(差)王相見于—池

上(三)·周·三〇 戉(執)用—牛之革

清(二)·繫·一一五 城—池

清(二)·繫·一一五 𢼸(韓)啟章銜𠂤(師)回(圍)—池

清(二)·繫·一一六 以復—池之𠂤(師)

清(三)·琴·一七 —句(耇)隹(惟)程(盈)

清(三)·良·一 —帝之帀(師)

清(三)·赤·一三 殺—它(蛇)與白兔

清(三)·赤·一四 殺二—它(蛇)與一白兔

曾六〇 —金之戉

曾六四 —金之勒

曾一四三 莆之—爲左驌

曾一四九 鄗君之—爲左驂

曾一六二 逯尹之一騏一—

曾一八四 牧人兩—

曾一九七 一—駐左驂

天策 —金之弋

天卜 —迯 人名

仰二五・三一 —帀之矢八

上(一)・孔・九 —𨑩則困而谷(欲)反亓(其)古也

上(三)・周・三七 旻(得)—矢

上(七)・武・一 不智(知)—帝之道才虐

清(三)・赤・七 帝命二—它(蛇)與二白兔

清(三)・赤・一一 帝命二—它(蛇)與二白兔

男

郭・六・三三 —女卞(辨)生言

郭・六・三九 —女不卞(辨)

九・五六・三四 —不𣈆(壽)

九・五六・三五 —必敚(美)於人

上(二)・容・一六 㠯定—女之聖(聲)

上(五)・三德・三 —女

清(二)・繫・一二〇 —女

清(四)・筮・見二 同—=

清(四)・筮・見三 參(三)—

清(四)・筮・得七 參(三)—同

清(四)・筮・得一〇 亼三—,乃旻(得)

清(四)・筮・娶一五 女同—

清(四)・筮・娶一七 —同女

清(四)・筮・䨚一八 參(三)—

清(四)・筮・男一九 𠬝(凡)—

清(四)・筮・男二一 中—乃男,女乃女

清(四)・筮・男二一 中男乃—,女乃女

清(四)・筮・祟五一 夫天之道,—

力

清（四）·筮·十七命六二 曰—女

郭·性·四三 甬（用）—之𦘔（盡）者

郭·尊·一五 則民—𦥑（𠁁）以衔利

郭·緇·一九 亦不我—

郭·六·一六 㽞（勞）其葬（股）怯（肱）之—弗敢單（憚）也

郭·語四·二四 唯（雖）戟（勇）—䎽（聞）於邦，不女（如）材

上（一）·性·三六 甬（用）—之𦘔者

上（二）·容·六 寅不蹇（勸）而民—

上（二）·容·三七—三八 而不量亓—之不足

上（二）·容·三五 安身—𠂤裟（勞）百眚（姓）

上（一）·紂·一〇 亦不我—

新甲三·六五 ▨靁（靈）—

上（四）·内·八 晃（冠）不—

上（五）·弟·一〇 士戠（鉤）以—則炃

上（五）·三德·一 民共—

上（五）·鬼·四 亓（其）—能至安（焉）而弗爲唬（乎）

上（五）·鬼·四 音（意）亓（其）—古（故）不能至安（焉）唬

上（六）·用·二 亦—孪（勉）𠂤毋忘

上（七）·凡甲·三〇 古之—，乃下上

清（一）·程·九 可（何）—非人

清（一）·金·六 臺（就）逘武王—（陟）

清（二）·繫·三九 穆（戮）—同心

清（二）·繫·七三 老夫之—也

清（三）·說上·二 滕隆（降）𨸏（庸）—

清（三）·說中·三 隹庶想（相）之—尭（勝）

清（三）·芮·一一 聖智悳（用）—

清（三）·芮·一三 悳（恆）静（争）獻亓（其）—

功 劼 務 勥 勁

清（三）·芮·一四 以—及复（作）
清（四）·筮·十七命六三 乃—（扐）占之
清（四）·筮·十七命六三 占之必—（扐）

清（五）·命·一〇 天古（故）卲（昭）命以命—之曰
清（五）·湯門·九 是亓（其）爲—

清（五）·殷·一六 楑（揆）审（中）水奥（衡），不—
清（五）·殷·一六 同民之—

功

上（一）·紂·五 隹（惟）王之—

劼

清（五）·厚·一 □□□□王監—嘉績（績）

務 秀

上（五）·季·二 此君子之大—（務）也

勥 弜

郭·老甲·二二 虐（吾）—（强）爲之名曰大
郭·老甲·三五 心叓（使）熈（氣）曰—（强）
郭·五·四一 不—（剛）不矛（柔）
郭·五·四一 —（剛），義之方

郭·太·九 伐於—（强）
郭·太·一三 其下高以—（强）
郭·尊·二二 而不可—（强）也
上（二）·從（甲）·五 君=（君子）—（強）行

上（四）·相·一 備其—（強）
上（六）·競·一二 公—迟（起）

彊

郭·五·三四 遙而不畏—（强）語（禦）
郭·五·四一 不—不梂

勁

包二·四二 㓜— 人名
包二·八二 㓜—
包二·一九三 膚— 人名

勝

⿱乘力

包二·一一三 新者莫囂—

包二·一三〇 鄗— 人名

包二·一六四 瞢— 人名

包二·一六九 吴— 人名

包二·一八〇 墬— 人名

天卜 番— 人名

天卜 番—

郭·老乙·一五 青(清)—(勝)然(熱)

郭·老乙·一五 喿(燥)—(勝)蒼(滄)

郭·老丙·一〇 戰—(勝)則以喪豊(禮)居之

上(三)·周·三〇 莫之—(勝)叜(敚?)

上(四)·曹·三三 果—(勝)矣

上(四)·曹·三三 親衒(率)—(勝)

上(四)·曹·四一 三軍出乎競(境)必—(勝)

上(四)·曹·四六 三軍大敗不—(勝)

上(四)·曹·四九 —(勝)則录(禄)雚(爵)又(有)祟(常)

上(四)·曹·五二 皆曰—(勝)之

⿱乘力

郭·成·三六 其—(勝)也不若其己也

上(二)·從(乙)·三 妄(怒)則—(勝)

郭·成·七 一宮之人不—(勝)其敔

郭·成·八 一宮之人不—(勝)〔其哀〕

郭·成·九 一軍之人不—(勝)其戟(勇)

郭·尊·三六 殺不足以—(勝)民

上(七)·武·四 怠—(勝)義則喪

上(七)·武·四 義—(勝)怠則長

上(七)·武·一三 志—(勝)欲則利

上(七)·武·一四 欲—(勝)志則喪

上(七)·凡甲·二六 心不—(勝)心

動

旌 包二・一八〇 繇—
包二・一六三 楚斨旌倀—

違 天卜 期宙將—去處不爲友
望一・一三 不可以—(動)思嬰身
帛甲五・二〇 遉天旁— 與《汗簡》古文相近。

郭・老甲・二三 —(動)而愈出
郭・尊・三九 凡—(動)民必訓(順)民心
上(二)・魯・三 虗(吾)子女(若)—(重)命(名)亓(其)與(歟)

上(五)・君・二 —(動)而不義
上(五)・君・二 身毋—(動)安(焉)

清(一)・金・一二 今皇天—(動)畏(威)
清(一)・祭・一一 —(董)之甬(用)畏(威)
清(二)・繫・一一五 —迵而歸之於楚

敨 郭・性・一〇 凡眚(性)或—(動)之

敨 郭・性・三〇 哭之—(動)心也濈(浸)殺
郭・性・三〇 樂之—(動)心也
郭・性・二六 羕(永)思而—(動)心
郭・性・一〇 凡—(動)眚(性)者。
動、敨一字異寫。

勞

袋 郭・尊・二四 悳(惠)—(勞)之篙(軌)
勞字異體。詳見卷八。

清(一)・金・一一 昔公堇(勤)—王家(家)
清(一)・皇・五 是人斯既鬲孚辟堇(勤)—王邦王家

券

旇 包二・一六八 舟斨公—
包二・一八三 枏—之州人周庚
包二・一八五 君夫人之—陎周迟
新甲三・二六 盤(鹽)—以長▨

勤

清(三)・琴・一〇 思輔舍(余)于—(艱)
清(三)・芮・二六 民多—(艱)懃(難)

加

劉 清(五)・般・一九 昔—不居

加

曾四八 豻—

曾七六 鄅紫之—

曾八五 豻—

包二・二二 司馬之州—公李瑞

包二・一八九 邘競之州—公郘奉

包二・一八九 鄦君之州—公石瘢

包二・一八九 株昜莫囂州—公張譁

包二・一九〇 筭州—公周藠

上(二)・容・四四 —傑(圜)木於亓上

包二・二四 邛司馬之州—公李逗

包二・三〇 邛司馬之州—公李偳

包二・三五 新遊宮中謪之州—公弼麗受旮

包二・四二 霝里子之州—公文壬

包二・四九 鄗喬差宋—受旮

包二・六八 鄗君之耆州—公周迶受旮

包二・七四 州—公周邍

包二・一六四 鮍之州—公魯勳

包二・一九〇 篁敂(令)州—公陽女

包二・一六四 喜人之—公黃監

包二・一六四 荇君之—公宋末

包二・一六五 鄍敂(令)之州—公苛昭

包二・一六五 囂䣊尹之州—䟫䠣

包二・一六七 吴— 人名

包二・一七三 新埜君之州—公遊

包二・一八〇 州—公陽䢓

包二・一八一 坪夜君之州—公禽鹿

包二・一八一 卲上之州—公郢

包二・一八二 右司馬愋之州—公番鉆

包二・一八五 鄴郢公之州—公婁逌

郭・窮・九 非其悳(德)—

包二・一二二 —公軋戊

包二・一二三 —公臧申

上(四)・昭・九 天—禍於楚邦

上(五)・鬼・四 古(故)虗(吾)因—(嘉)

上(七)・吳・一 非疾烟安(焉)—之

清(二)・繫・六一 戕(莊)王述(遂)—莫(鄭)嚻(亂)

清(五)・般・二六 天罰是—

勇

郙　郭・語三・五　不我（義）而—者（諸）已

勈

恿　郭・尊・三三　弗—則亡復

郭・性・六三　行谷（欲）—（勇）而必至

清（三）・芮・一一　聖智—（用）力

清（三）・芮・一四　以武岙（及）—（勇）

戭　包二・七一　黄—　人名

《説文》或从戈用。

天策　嗇—

郭・成・二一　—（勇）而行之不果

郭・尊・三五　—（勇）不足以沫衆

郭・語四・二四　唯（雖）—（勇）力鬨

郭・成・九　「軍之人不勳（勝）其—（勇）

《玉篇》：戭，古勇字。

上（四）・曹・五五　—（勇）者思憙（喜）

旐

包二・六七　郘郚大宫屈—

包二・七九　臨—　人名

包二・一九七　左尹—

包二・一九九　石被裳以訓蘢爲左尹—貞

包二・二〇一　酈會以央管爲子左尹—貞

包二・二〇七　卲—　人名

包二〇九　以承悳爲左尹—貞

包二一二　以寶彖爲左尹—貞

包二・二一六　以長前爲左尹—貞

包二・二二三　卲—

包二・二二四　衛妝爲子左尹—遯禱於新王父司馬子音戠牛饋之

包二・二二五　爲子左尹—遯禱於殤

包二・二二六　以琛彖爲左尹—貞

包二・二二八　以共命爲左尹—貞

包二・二三〇　以長霝爲左尹—貞

包二・二三四　以駁霝（靈）爲左尹—貞

包二・二三八　由（思）左尹—遂遉處

⿰女呈

清(二)·繫·一〇〇 晉(許)公—出奔晉

清(二)·繫·一〇一 居晉(許)公—於頌(容)城

包二·五八 晉— 人名

包二·一三一 晉—

包二·一四一 晉—

包二·一三一 舒— 人名

包二·一三六 舒—

包二·一三七 舒—

包二·一三八 舒—

包二·一三九反 舒—

包二·一三六 適—皆言曰

包二·一三七反 —逹宿

包二·一三五反 陰之戠客或執筐(僕)之誽—

包二·一三七 —與慶皆;詧(察)䎽智

包二·一三八反 由(思)—之戭敍於—之所誁

包二·一六八 苛— 人名

⿰申力

包二·一一八 競— 人名

婧

郭·成·三五 攜(津)汈(梁)—(爭)舟

妊

郭·性·六二 凡悥(憂)患之事谷(欲)—(任)

媛

包二·一七四 䖸— 人名

包二·一七六 卲—之人舒亡愄

⿰女族

包二·一四三 㒇尹—

包二·一六七 苛— 人名

包二·一九一 膚戲連囂—

包二·一四一 儥尹—

上(五)·鮑·八 —(作)內(入)不爲恣(災)

⿱既力

郭·唐·二 妃妃(配)虖(乎)脂膚(肤)血—(氣)之青(情)

⿱㸚力

上（一）·紂·一　則民咸（咸）—（扐）而型（刑）不刺

⿰方力

上（三）·中·一三　怹（弛）而㤘（惓）—（力）之

⿰臣力

上（六）·用·四　遣相𢦏（弋/代）—

⿰𠂤力

清（五）·厚·五　隹（惟）曰其—（助）上帝亂（亂）下民

⿰幵力

清（五）·湯丘·二　身體蹼（痊）—（平）

⿱㸚⿰㸚㸚

清（三）·芮·一三　□□□□□□□□□甬（用）—（協）保

⿱㸚⿰㸚㸚

清（一）·尹誥·二　我克—（協）我畜（友）

豙

清（五）·封·六　攸—（脅）

卷十四

金

包二·一一五 鍬—一百益二益四兩

包二·一一六 賁郯異之—七益

包二·一一六 賁郯異之—三益剛益

包二·一一七 賁郯益之—五益

包二·一一八 賁郯異之—七益

包二·一一九 爲郘易賁郯異之—十益一益四兩

包二·一一九 爲易陵賁郯異之—四益

包二·一三〇 屈㙷以足—六匀（鈞）聖命於桀

包二·一三〇 鍼勑或（又）以足—六匀（鈞）舍桀＝

包二·一四七 爰屯二儋之飤—鋥二鋥

包二·二五一 食室之—器

包二·二五三 二—

包二·二五三 一—比

包二·二五四 一—比

包二·二六三 一—鈔

包二·二六五 大兆之—器

包二·二六六 —足

包二·二七二 赤—之鈦

包二·二七二 白—之銍

包二·二七三 白—之鈦

包二·二七六 白—之鈦

包二·二七六 白—之鈦

包牘一 白—大

信二·〇七 黃—與白—之馬

信二·〇二〇 純彫八—足

信一·〇三三 —玉久乃

牌四〇六·四 —戈八

牌四〇六·一八

天策 黃—之面☐

天策 赤—之鈞

天策 黃—之戈

天策 —鏞

曾一〇 黃—之戠

曾二〇 二黃—之戠

曾四二 黃—之玳

曾六〇 黃—之玳

曾六四 黃—之勒

曾六六 黃—之勒

曾六九 黃—之韇

曾七七 其革轡黃—之玳

曾八〇 黃—之勒

曾一一七 白—之弼

曾一三七 鷥=黃—之貴

曾六 二黃—之戠

天策 黃—帶

天策 白—之釱

包二・一二九 足—六匀（鈞）

郭・性・五 —石之又（有）聖（聲）

郭・語四・二四 —玉浧（盈）室不女（如）悔（謀）

上（一）・性・三 —石之又（有）聖（聲）也

上（二）・容・一八 不釖（刃）—

上（二）・容・四四—四五 於是虐（乎）复（作）爲—桯三千

清（一）・金・六 周公乃內亓所爲社自以弋王之敚于—紋（縢）之匱

清（一）・金・一〇 以攼（啓）—紋（縢）之匱

清（三）・說中・二 若—，甬（用）隹（惟）女（汝）复（作）礪（礪）

清（四）・筮・雨一六 亖亖—木相見

清（四）・筮・卦四二 —也

清（五）・湯門・一九 水火—木土

包二・四四 不逯登人之—

包二・一〇三 貣郘異之黃—

包二・一〇四 呂至屈栾之月賽—

郭・老甲・三八 —玉浧（盈）室

包二・一〇五 貣郘異之黃—七益以翟穜

包二・一〇六 貣郘異之黃—七益以翟穜

包二・一〇七 貣郘異之黃—卌=益二益以翟穜

包二・一〇八 貣郘異之黃—七益以翟穜

包二・一〇八 貣郘異之黃—七益以翟穜

包二・一〇九 貣郘異之黃—七益以翟穜

包二・一一一 黃—十益一益四兩

包二・一一二 黃—四益

包二・一四九 陵让尹塙以楊虎斂（斂）闈—於邾敓

包二・一四九 不量其闈—

包二・一五〇 貣让蒿（藁）之王—不賽

包二・一〇五 讹呂不賽—

包二・一〇六 讹呂不賽—

包二・一一二 讹呂不賽—

金 包二·一一四 沘𦣻不賽—
金 包二·一四六 豕玫苛欿利之—一益削益
金 包二·一四六 佶让六敂（令）李㥁之—五益

金 包服·一一三 黃—五益
金 包二·一一四 黃—七益
金 仰二五·一五 ▨—之鉈
金金 仰二五·一八 鄅—之鉈白—之銍

金 望二·四七 二—勺
金 望二·四七 四—匕
金 望二·一八 白—之阩戠▨
金 望二·一九 白—之交
金 望二·三八 白—之勿

金 望二·一二 白—之□釣
金 郭·五·一九 —聖（聲）
金 郭·五·二〇 肰（然）句（後）能—聖（聲）而玉晨（振）之

金 郭·五·一九 —聖（聲）
金 上（三）·周·一 見—夫
金 上（三）·周·四〇 繫于—柅

錫

鍚 天策 ▨大迻—箳帟昑□▨
鍚 天策 一左寡—箳

銅

銅 曾六二 匑—䀍

鏤

鏤 清（五）·湯丘一六 器不敗（雕）—

鑄

盥 包二·一八 鄝遺受—鐱（劍）之官宋=弫=

鍺 仰·一〇 —（鑄）劍

釬

銅 鈃 信二·〇一四 二—

鍇 包二·二五二 二鉼—

鑑 包二·二六三 二—　包二·二七七 二—　仰二五·二六 一—　天策 賈—　天策 —賈

鎬 仰二五·二七 一郕—鍂　仰二五·三三 一—

鋥 清(五)·封·七 鍱(鍪)，—，周(雕)匧(匚)，鼑(鼎)，

鈆 郭·語四·一五 必收—

鑪 信二·二四 二小—　清(二)·繫·四一 戌穀(穀)，居—

鈕 包二·二一四 峗山一—　《說文》古文。

銛 郭·老丙·七 —紼爲上

鑿 九·五六·二七 —〔(鑿)〕菾(井)

錢 包二·二六五 二枳—　包二·二六○ 一竊—　从李家浩先生：此字右旁即《三體石經》古文「踐」所从聲旁，似可釋作「錢」。

鍪 上(五)·鮑·三 毋内(入)—器

銍

包二·二七二 白金之—

包二·二七六 赤金之—

仰二五·一八 白金之—

天策 鏜—

鈦

包二·二七二 赤金之—

包二·二七二 綦組之鑐—

包二·二七三 白金之—

包二·二七六 白金之—

包二·二七六 綦組之鑐之—

天策 白金之—

鈦

天策 鈚—

天策 悳—

天策 白金之—

鈦、鈦爲一字異寫。

鈞

上(二)·子·二 —也

鉦

清(五)·封·七 蘿(鑵)，—，耂彑，

鐃

包二·二七〇 —，緄組之綏

鐘

包二·一七〇 陼—連囂砳

兩二一·一 ▨定新—之宫爲濁穆

信二·〇一八 一槃坐首—

天卜 嬰禱亚猪霝酉鍘—樂之

上(一)·孔·一四 吕(以)—鼓之樂

新甲三·一三六 膍—樂之

新甲三·一四五 ▨饋，延—樂之▨

新甲三·二〇〇 延—樂之

新甲三·二〇九 延—樂之

新甲三·二一二、一九九—三 膍—樂之

鑾　釺　鍁　鉈

鐘

新甲三・二六一　延(延)—樂之

新甲三・二九三　☐鐘佗、—匿受☐

新乙三・六三　☐脡—樂之☐

新零・八　☐脡—☐

上(四)・曹・一　魯臧(莊)公酒(將)爲大—

上(四)・曹・二正　今邦瘛(彌)少(小)而—愈大

上(四)・曹・一〇　乃命毀—型而聖(聽)邦政

上(七)・君甲・三　不聖(聽)鼓—之聖(聲)

上(七)・君乙・三　不聖(聽)鼓—之聖(聲)

鏞

包二・二六二　☐☐二燭—

《説文》或體。

曾五四　菡—

鉈

包二・二六六　一—

信二・〇八　一—

望二・四六　二—、卯盞

仰二五・三四　一—

皆讀爲匜，即『匜』之異體。

鍁

信二・〇二七　一—杋

釺

信二・〇一四　二—

鑾

上(五)・姑・六　—(欒)箸(書)欲乍(作)難(難)

上(五)・姑・七　—(欒)箸(書)乃退

鍪

上(五)・姑・一〇　—(欒)箸(書)式(弑)敕(厲)公

鈇
信二・〇一七
—首

鈞
天策
赤金之—
天策
白多之—
望二・一二
白多之□—

鈔
包二・二六三
一金—
信二・〇八
一—笴
郭・語四・二三
則壞陞(地)不—(削)

鉻
上(二)・容・一八
不—(詻)矢

鈛
曾七七
其革䋣黃金之—
信二・〇一五
夆—𢍰

鈺
包牘一
赤金之—

鉡
曾一〇六
录翆之—賠

鉛
包二・二六六
一—鐱

銍
包二・一四七
爰屯二儋之飤金—二—

鈬
信二・〇二四
一馬—
見《玉篇・金部》，異體作鋻。

鉘
包二・二六五
二少— 讀作觚
見《集韻・模韻》。

鉼

包二·二五二 二—鐩

鋧

包二·二七六 二馬之—

天策 ☐紩綏馬之—綏

鋯

望二·一二 紫繼紃受—☐

銉

曾一一 旅鋸歃兼—旛

鋉

包二·一一五 貣郕異之—金一百益二益四兩

⿰金⿰角刂

⿰金冓

包二·一二六 隉— 人名

包二·一二六 隉—

包二·一二七 —居鄢

包二·一二八 隉—

天卜 樊禱巫猪靁酉—鐘樂之

鍉

望二·六 ☐☐臭紃綘又—☐衡厄骨珓

見《廣韻·齊韻》。

鎋

⿰金萬

曾四 —

⿰金昊

包二·二六一 一—柜

鈇

包二·二七七 廿=—

錸　鍬　鎢　鎜　鐶　　鑘　鑵　鎊　鑐

包二·二五四 二—

包二·一六八 廖— 人名

包二·二五四 二錸，四—，一—盍

信二·〇一 一—
信二·〇八 一洪—
信二·〇一四 一椓然之—

信二·〇一〇 一小—垩
信二·〇一七 鈇首屯又—

仰二五·一二 一攻韋之韓紟綘又二—
仰二五·一四 革絀又玉—

天策 雖臭之—
天策 臭—
望二·三七 ▨金之□首皆又□— 見《廣韻·删韻》。

包二·二七二 紑組之—鈇
包二·二七六 紑組之—
包牘一 紑組—之大

天策 —灼□章之毛
天策 —灼□章▨
天策 —戈

包二·二六〇 二—

包二·二六五 一牛—一豕—

鑵	鉢	銨	鐄	釓	鍗				釮	
郭·語一·一〇一 —，可去可逯（歸）	包二·二六六 二—（禁）	包二·二七一 郂鑖之鞍—	天策 ☐—面	仰二五·二八 二鄰—	曾四 —賠	曾四一 —賠	曾八〇 —賠	曾九八 —賠	新甲三·二二四 ☐某檗（楷）冬御—受十匿	清（四）·筭·二一 一刖（半）…—（錙）
				天策 ☐之純—鈌黄金之面☐	曾一五 —賠	曾四三 —賠	曾八三 —賠	曾一一五 —賠	清（四）·筭·二一 刖（半）…—（錙）	清（五）·命·一五 備（服）不—
					曾一八 —賠	曾四七 —賠	曾八五 —賠			
					曾二五 —賠	曾六一 —賠	曾八七 —賠			
					曾三五 —賠	曾六四 —賠	曾九三 —賠			
					曾三八 —賠	曾六九 —賠	曾九五 —賠			
						曾七九 —賠				

鉒 新甲三・二二〇 六—

錶 包二・二六〇 一—

鏊 望二・五〇 一金—

釵 上(六)・莊・九 不㠯(以)晨(辰)—(扶)疌(步)

清(五)・命・七 又(有)—(斧)戉(鉞)

鉠 清(三)・芮・二〇 女(如)闌(關)柭屖(扃)—

鐱 清(四)・筮・祟四七 五，伏—(劍)者

鈴 清(五)・封・六 䜌(鑾)—(鈴)索(素)旂

鋊 清(五)・封・七 釥(銚)、—(卣)、急(格)

釥 清(五)・封・七 —(銚)、鋊(卣)、急(格)

鑅 清(五)・封・七 監(鑑)、—(鎣)、豎

幵 清(二)・繫・七一 敗齊𠂤(師)于森(靡)—(笄)

勺

望二·四七
二金—

香中大·九
亦—

郭·語四·二四
士又(有)悔(謀)双(友)則言談不—(弱)

清(五)·封·七
鉦、斉—，盤

与

郭·唐·六
先聖—(與)後叩(聖)考

郭·語三·九
—(與)爲懸(義)者遊

郭·語三·九
—(與)䶊(莊)者処(處)

郭·語三·一一
—(與)[glyph]者処(處)

郭·語三·一一
—(與)不好教者遊

郭·老乙·四
光(美)—亞(惡)

郭·唐·一五
從(縱)恴(仁)、聖可—

郭·性·六
亡—不☐

郭·性·二二
所以爲信—詿(徵)也

郭·性·四六
人之兌肰(然)可—和安者

郭·性·四八
慮斯莫—之結壴(矣)

郭·六·一
聖—智𦤎(就)壴(矣)

郭·六·二
恴(仁)—宜(義)𦤎(就)壴(矣)

郭·六·二
忠—信𦤎(就)

郭·六·一九
能(一)—之齊

郭·六·四六
君子所生—之立

郭·六·四六
死—之嘂(斃)也

郭·語一·八六
埶(勢)—聖爲可憏(察)也

郭·語一·一〇七
快(決)—信，器也

郭·語三·七一上
命与閔(文)—

郭·語三·七一上
命—閔(文)與

尻 几 与

清（二）·繫·三四 秦公銜𠂤（師）—（與）惠公戰于䡄

清（二）·繫·四九 —（與）楚爲好

清（二）·繫·五一 乃命右行𤸰—（與）䧿會卲襄公之弟瘫也于秦

清（二）·繫·一〇二 晉人曼又（有）軘氏—（與）中行氏之禍

郭·語一·一〇九 虐與容—夫其行者

郭·語一·一〇九 虐—容與夫其行者

郭·語一·一一〇 飤（食）—頪与疾

郭·語一·一一〇 飤（食）与頪—疾

簡文形即「牙」字，此與「與」同。

天策 紛—

天策 紛—

几

包二·一四六 秀—

包二·二六〇 一坐—

尻

包二·三 瘬一夫，—於鄩逡區湯邑

包二·七 憙之子庚一夫，—鄢里

包二·一〇 —於鄓寚之少桃邑

包二·三二 不以所死於其州者之居—名族至命

包二·一三二 鄶慶坦—郄郿之東竆之里

包二·一五六 左尹宂以其不得執之—

包二·二五〇 戱遑其—而桓之

常一 王—於戠郢之遊宮

天卜 旣詐—其新室

天卜 尚宜安長—之

望二·四七 一霝光之—

帛甲一·二 —于緩

郭·老甲·二二 王—（居）一安

郭·成·八 君衰絰而—（處）立（位）

郭·性·六一 蜀（獨）—則習父兄之所樂

郭·語三·一〇 牙（與）愷（莊）者—（處），益

郭·語三·一二 —(處)而亡𧥺習也，員(損)

郭·語三·一一 牙(與)𦬁者—(處)，員(損)

郭·語三·三六 愍(義)—(處)之也

新甲三·一一、二四 㠯(以)選𨘋(遷)—(處)

新甲三·一三二、一三〇 以其不安於氏(是)—(處)也

新甲二·一九、二〇 ☐閔(文)君必遷(徙)—(處)安善

新甲三·一六五 ☐遷(徙)去氏(是)—(處)也

新零·四二〇 ☐□於氏(是)—(處)☐

上(四)·曹·一四 少(小)邦—(處)大邦之閒(間)

上(四)·曹·二四 凡貴人由—(處)前立(位)一行

清(一)·楚·一 乇(宅)—(處)爰波

清(一)·楚·一 —(處)于方山

清(一)·楚·二 先—(處)于京宗

清(一)·楚·一一 以爲—(處)於章華之臺

清(一)·楚·一四 以爲—(處)於酉溝

清(一)·楚·一五 以爲—(處)於𨛭郢

包二·二三八 由(思)左尹旄遂復—

九·五六·四八 —(居)之貴

九·五六·四九 —(居)南北不利(利)人民

九·五六·四九 —(居)西北利(利)

九·五六·四五 □—(居)之幽悗不出

九·五六·四五 —(居)之安壽

九·五六·四六 不可—(居)

九·五六·五八 —(居)東南多𡉚(基)

九·五六·四七 —(居)之不温(盈)志

九·五六·四七 黃帝□□庶民—(居)之

上(二)·容·二三 山陵(陵)不—(序)

上(二)·容·六 昔堯—(處)於丹府與藋陵之閒(間)

上(二)·容·二五 競州、簷(莒)州司(始)可—(處)也

上(二)·容·二五
夾州、澮(徐)州訇(始)可—(處)

上(二)·容·二六
劀(荊)州、鄒(揚)州訇(始)可—(處)也

上(二)·容·二六
於是虖(乎)蓏州訇(始)可—(處)也

上(二)·容·二七
於是虖(乎)虡州訇(始)可—(處)也

上(二)·容·二七
於是於(乎)敘(豫)州訇(始)可—(處)也

上(一)·性·二八
居—(處)谷(欲)牆(壯)葛(?)而毋曼

上(三)·周·二六
—(居)吉

上(四)·昭·五
王邊(徙)—(居)於坪濭(漫)

上(五)·姑·一
與士—埴旦夕紿(治)之

清(三)·赤·七
—句(后)之歸(寢)室之棟

清(三)·赤·八
共—句(后)之牀下

清(三)·赤·一一
—句(后)之歸(寢)室之棟

清(三)·赤·一二
共—句(后)之牀下

清(四)·筮·死一一
—(處)之，今旋(焉)死

清(四)·筮·死一四
—(處)之，今旋(焉)死

天卜
𦣞审晒遧(動)去—不爲友

天卜
☐审去—以是古敓☐

上(三)·周·一六
利—(居)貞

上(三)·周·二五
—貞

上(三)·周·五四
餕(渙)走丌(其)—

上(三)·周·五五
餕(渙)丌(其)—

上(六)·天甲·一〇
—正(政)不語(語)樂

郭·成·三四
毀(讓)而—戔(賤)

郭·性·五四
蜀(獨)—而樂

凥

清(五)·湯丘·一
湯—(處)於湯(唐)丘(丘)

清(五)·湯丘·一五
不—(處)矣(疑)

且

望二·七 黄夋—之賫十又八

郭·唐·五 新(親)事—(祖)滓(廟)

上(六)·天甲·一〇 蕃(尊)—(組)不折(誓)事

清(五)·厚·八 隹寺余經念乃高—(祖)克害皇天之政工(功)

清(一)·祭·一 —(祖)饉(祭)公

清(一)·祭·一 我餌—(祖)不余(豫)又巳(遲)

清(一)·祭·四 滕(朕)之皇—(祖)周文王

清(一)·祭·四 剌(烈)—(祖)武王

清(一)·祭·五 我亦隹又若—(祖)周公

清(一)·祭·六 概(暨)—(祖)卲(召)公

清(一)·祭·七 我亦隹又(有)若—(祖)饉(祭)公

清(五)·殷·五 高宗乃或𣪘於彭—(祖)曰

清(五)·殷·六 高文成—(祖)

清(五)·殷·六 彭—(祖)會(答)曰

清(五)·殷·一一 乃尃(復)語彭—(祖)曰

清(五)·殷·一二 於(嗚)虖(呼)，彭—(祖)

清(五)·殷·一四 彭—(祖)會(答)曰

清(五)·殷·二三 彭—(祖)曰於(嗚)虖(呼)

清(五)·殷·二四 高宗或(又)𣪘(問)於彭—(祖)曰

清(五)·殷·二四 高文成—(祖)

昰

清(二)·繫·六六 —(且)卲(召)高之固曰

清(二)·繫·八七 —(且)許成

清(二)·繫·一〇二 晉人—(且)有軛氏之禤

清(二)·繫·一二〇 —(且)男女服

清(二)·繫·一二三 齊人—(且)又陳慶子牛之禤

組

望二·四五 四皇—

斤 斧 斯 斦 斳 所

眹 清(一)·皇·一三 母(毋)复(作)—(祖)考頎(差)才(哉)

斤

上(五)·季·七 㠯(以)—(謹)孳=(君子)之行也

斧

清(五)·命·七 以亓(其)—戉(鉞)尚(當)天之禍(禍)

斯

包二·八八 楚—司敗𢱧須訟

包二·八八 陞逄—邑𨒌軍𨒌鳷,以反其官

包二·一五七 車轄夅—牢宙之—古—寍竽駐倌

包二·一五七 舟— 人名

包二·一六八 舟—公族

包二·一九〇 楚—邰 人名

包二·一六三 楚—族倀㚤

斦

包二·一四九 —澇一賽

包二·一六九 告— 人名

包二·一八七 告—貼臣

斳

斳 曾·二一二 斳姑長暘

所

包二·三 —幼未陞

包二·三二 不以—死於其州者之居處名族至命

包二·一四六 —又責於𣄰帰戲、寢戲、𨛹戲五帀(師)而不交於新客者

包二·一四六 —又責於𣄰寤戲

包二·一六二 —詎告於正婁恔

包二·一七一 —詎於發尹利

包二·一七九 —詎於郯逄尹𢝊

包二·一八七 —詎於正敓(令)翌

包二·一九三 告—詎於儥尹

包二·一九五 —詎於少里喬𢍏尹翆

包二·一九六 —詎於王丁司敗逷

包二·二五九 相遲之器—以行

天策 —詎於鄴寅童軒鶩=☐

曾一正 右敛建—乘大𨍏

包二·一三九反 其—命於此箸之中

包二·一四〇 登人—漸木四百先於鄴君之陸蘘溪之中

帛乙五·二一 亥佳邦—

郭·老甲·二 江海（海）—以爲百浴（谷）王

郭·老甲·二〇 智（知）止—以不訂（殆）

郭·老乙·七 虐（吾）—以又（有）大患者

郭·性·四 所好—亞（惡）

郭·性·四 —好所亞（惡）

郭·性·五 所善—不善

郭·性·二〇 —以閔（文）即也

郭·性·三二 —以爲信與謹（徵）也

郭·性·三六 從其—爲

郭·性·六一 蜀（獨）処則習父兄之—樂

郭·緇·七 言其—不能

郭·緇·七 不訂（詞〈辭〉）其—所能

郭·緇·一四 而從其—行

郭·緇·三三 行則餡（旨）其—幣（敝）

郭·緇·三三 古（故）言則慮（慮）其—終

郭·六·一一 智（知）其以又（有）—逯（歸）也

郭·六·三八 緡（昏）—繇（由）迮（作）也

郭·六·四〇 君子於此弋（一）編（偏）者亡—灋（廢）

郭·六·四四 凡君子—以立身大灋（法）參（三）

郭·六·四六 君子—生與之立

郭·尊·二 —以信其肰（然）也

郭·尊·二 —以戉（攻）□□

郭·尊·三 —以敍（除）畜也

郭·尊·九 智（知）吕（己）—以智（知）人

郭·窮·一 而智（知）—行矣

郭·忠·八 氏（是）古（故）古之—以行虖（乎）閔嘍者

郭·五·二八 聖、智（知）豊（禮）藥（樂）之—穀（由）生也

郭·五·三一　四行之—和也

郭·成·三　其—才(在)者内(入)俟(矣)

郭·成·一九　—求之不逺(陵)

郭·成·一九　古(故)君子—復之不多

郭·成·三四　—厇(宅)不逺(陵)俟(矣)

郭·語一·二九　智(知)天—爲

郭·語一·六五　上下膚(皆)得其—之胃(謂)信

郭·語一·七三　悲苲其—也

郭·語四·九　義士之—廌(存)

郭·語一·八五　憏(察)—智(知)，憏(察)所不智(知)

上(一)·孔·二四　必好丌(其)—爲

上(一)·孔·二七　蓮丌—(悉)(愛)

上(一)·孔·二〇　丌(其)言又(有)—載而后内(納)

上(一)·紂·四　言丌(其)—不能

上(一)·紂·一〇　—信▌

上(一)·紂·四　不討(詒)丌(其)—能

上(一)·紂·八　不從丌(其)—㠯(以)命

上(一)·紂·一〇　大人不罕(親)丌(其)—䢅

上(一)·紂·一七　行則旨丌(其)—蔽(敝)

上(一)·紂·一七　古(故)言則慮丌(其)—冬(終)

上(二)·從(甲)·一〇　誂則遠=戾=(遠戾，遠戾)—㠯▨

上(二)·從(甲)·一〇　從正(政)—矛(務)三

上(二)·從(甲)·一四　又(有)—又(有)舍(餘)而不敢𦘔(盡)之

上(二)·從(甲)·一四　又(有)—不足而不敢弗▨

上(二)·容·四八　虐(吾)—智(知)多廌(盡)

上(二)·容·三三　㒼—

上(三)·周·三七　亡(无)—造(往)

上(三)·周·五三　此丌(其)—取𢚔

上(三)·中·一〇　而(爾)—不智(知)

上(三)·中·一〇　舉(舉)而(爾)—智(知)

上(三)·中·二三　—㠯立生也

上(三)·中·二五 ―斈(學)皆亞(惡)
上(三)·彭·三 不智(知)―冬(終)

上(四)·曹·一八 ―㠯佢(距)内
上(四)·曹·二三 ―㠯爲和於豫

上(四)·曹·三四 亡―不中
上(四)·曹·五二 必沚(過)亓―

上(四)·曹·五七 㠯攻人之―亡又(有)
上(四)·曹·五八 ―㠯爲毋退

上(四)·曹·六二 ―㠯爲剸(斷)
上(五)·姑·九 長魚瞏𤔔(册)自公―

上(五)·弟·一三 君子亡―不足
上(五)·三德·六 民之―憙(喜)
上(五)·三德·一三 天之―敗多亓贅(喜)

上(五)·三德·二〇 民之―欲
上(六)·競·二正 是虐(吾)―覓(望)於女(汝)也

上(六)·用·一五 告衆之―畏忌
上(七)·吳·六 隹(惟)舍(余)一人―豊(禮)

清(一)·保·一〇 命未又―次(延)
清(一)·保·一〇 亓(其)又(有)―卣(由)矣
清(一)·金·六 周公乃内(納)亓―爲社(功)

清(一)·金·一四背 周公―自以弋(代)王之志
清(二)·繫·六八 ―不復(復)頌(訟)於齊
清(三)·芮·五 ―而弗敬

清(三)·芮·八 埜(靡)―告眔(懷)
清(三)·芮·一八 天之―韙(壞)
清(三)·芮·一九 天之―枳(支)

清(三)·芮·一九
民—訞訛(僻)

清(三)·芮·二一
此隹(惟)天—建

清(三)·芮·二二
隹(惟)四方—㷊(祇)畏

清(三)·芮·二三
埜(靡)—并(屏)褎(依)

清(三)·芮·二四
虐(吾)埜(靡)—爰(援)□詣

清(五)·厚·一〇
隹(惟)—役之司民

清(五)·湯丘·一六
不又(有)—竉(瀧)

清(五)·湯丘·一八
遠又(有)—亟

清(五)·湯丘·一八
裳(勞)又(有)—思

清(五)·殷·二六
神民並蠱(尤)而九(仇)悁(怨)—聚

包二·二五七
飤室—以眴筭

包二·一五四
王—舍新大厩以啻蔽之田

望一·一五四
▨日—可以斋▨

郭·緇·一四
不從其—以命

郭·緇·一七
大人不新(親)其—臤(賢)

郭·緇·一七
利(黎)民—信

郭·緇·一八
而信其—戔(賤)

郭·語一·二九
智(知)人—爲

郭·語一·三六、三七
易—以會天道人道也

郭·語一·三八、三九
詩—以會古含(今)之恃(志)也者

郭·語一·四〇、四一
春秋—以會古含(今)之事也

郭·語一·八五
悿(察)所智(知)，悿(察)—不智(知)

郭·語一·一〇五
勿(物)各止於其—

郭·語二·五二
其—之同

郭·語三·二
—以異於父

郭·語三·一三
自視(示)其—能，員(損)

郭·語三·一四
自視(示)其—不族，益

郭・語三・一六
—不行，益

郭・語三・四七
莫得膳(善)其—

郭・語三・五四
樂，備悳(德)者之—樂也

郭・尊・八
戚(戚)者(諸)出—以智(知)吕(己)

郭・尊・九
智(知)人—以智(知)命

郭・尊・三六
不從其—命(令)

上(二)・民・四
樂之—至者

上(二)・民・四
豊(禮)之—至者

新乙三・三三
▨爲箸告我㬎—取於□▨

新甲二・四〇
▨下内外𥙊禱句—▨

九・五六・四〇下
頁(擾)帝之—

九・五六・四二
秎(利)吕(以)取貨於人之—

上(四)・内・六
父母—樂=(樂樂)之

上(四)・内・六
父母—悳=(憂憂)之

上(五)・鮑・一
鬠(般)人之—吕(以)弋之

上(五)・鮑・二
遻(堋)亓(其)—吕(以)莵(葬)

上(五)・鮑・二
周人之—吕(以)弋(代)之

上(六)・孔・一六
而訾(對)䎽(問)亓(其)—□(？)

上(六)・平・二
由(思)先王亡—逯(歸)

上(六)・天甲・一三
此—不孝(教)於市(師)也

上(七)・武・七
見而(逦)—弋(代)

上(七)・凡甲・一六
是古(故)聖人屎(尻)於亓(其)—

上(七)・凡甲・二九
尃(敷)之亡—匀(均)

上(七)・凡乙・一一
是古聖人屎(尻)於亓—

清(一)・皇・三
𦡟(羞)于王—

清(一)・皇・四
獻言才(在)王—

斯

清(一)·皇·一一
善夫莫達才(在)王—

清(四)·筮·乾四〇
䡅臾乃各彶亓—

清(五)·命·一〇
正(政)之—䢔(殆)

清(五)·湯丘·一五
古先=(之先)聖人—以自炁(愛)

清(五)·湯丘·一八
遠又(有)—亟

曾四
宮廄敂䢃—馭乘𩦺

曾七
左敂弘—馭𩦺=

曾一三
黃■迲王—馭大展

曾一二
■邻連𩡻東臣—馭政車

曾一六
黃■賁—馭左𩧊

曾一八
宋■竈敂𩡻—馭少䡪

曾二二
裘■定—馭左展

曾二五
哀■褢—馭左𩡻𩧊

曾二六
黃■𦁊—馭𨍏軒

曾六七
—馭■坪夜君之畋車

曾七〇
—馭■鄃尹之畋車

曾二一〇
—緊大宰𩢍=

曾二〇八
凡宮廄之馬—入長坛之宙五𩦺

曾二一四
—犢石沏肆犢祖新田之𥁰

攽

清(一)·金·一〇
王旻(得)周公之—自以爲社(功)以弋(代)武王之敓(說)

斯

郭·性·二五
則詩(悖)女(如)也—懟(歎)

郭·語三·一七
人與勿(物)—里(理?)

上(一)·孔·一二
棣木福—(斯)才孝=(君子)

上(一)·性·一五
則悖女(如)也—難(戁)

上(一)·孔·二七
可—雀之矣

上(一)·性·一五
則悆(懠)女(如)也—叓(作)

上(五)·君·四
夫子智(知)而□信—人

上(五)·弟·一一
—善欸(矣)

上（五）·鬼·六 勿（物）—可惑

清（一）·皇·四 是人—亹（助）王共（恭）明祀

清（一）·皇·五 是人—既亹（助）氒（厥）

清（一）·皇·九 —乃非休悳（德）以譍

清（一）·皇·九 是人—廼訡（讒）惻（賊）□□

清（五）·厚·九 —民心難測

具

郭·性·二六 則免（勉）女（如）也—僉（儉）

郭·性·三四 猷（猷）—迮（舞）

郭·性·三四 羕（咏）—猷（猶）

郭·性·三四 惪（憂）—戚

郭·性·三四 愠（愠）—惪（憂）

郭·性·三四 憙（喜）—慆

郭·性·三四 慆—奮

郭·性·三五 歎—寀

郭·性·四九 人不訢（慎）—又（有）怭（過）

郭·性·四八 吝（遴）—慮壴（矣）

郭·性·三五 寀—通（踊）

郭·性·五一 —人信之壴（矣）

信二·〇一七 二餥—

清（一）·金·九 禾—昃（偃）

上（一）·性·三九 為（僞）—䛓（文）矣

上（一）·性·三九 䛓（吝）—慮矣

上（一）·性·三九 慮—莫与之結

省形。

清（一）·金·八 禍（禍）人乃—旻（得）

清（一）·金·九 大木—㩮（拔）

清（一）·金·一三 禾—记（起）

斷

𠟭

包二·一一六 新告辻尹不爲僕(僕)—作。《說文》古文

包二·一〇二 以其爲其覣鄵瘽—

包二·一三五反 而舊不爲—

包二·一三五反 君命速爲之—

包二·一三七 舒㛸執，未又—，逵宿而逃

包二·一三七反 其余執，牺至時而—之

包二·一九二 愄王告室楚—陳吉

包二·一三四 由—之

包二·一三四 吟会之數客不爲其—

望二·五五 二—□▨

上(四)·昭二 少人之告繧牺(將)—(專)於含(今)日

上(四)·曹·六二 所㠯爲—(斷)

清(三)·芮二二 而緙(繩)—(斷)逵(失)桬

𠟭

信二·〇一 四—七

包二·一二三 郙倴未至—

郭·語二·三五 —生於立

上(四)·采·三 磴—之賓

清(三)·芮·一一 和—(專)同心

清(三)·芮·二〇 約結緙(繩)—(斷)

郭·六·四二 可以—狃

郭·六·四三 肰(然)句(後)可以—狃

郭·六·四四 是以其—狃速

郭·六·三〇 參(三)新(親)不—

新

包二·一〇二 上—都 地名

包二·一〇二 —都 地名

包二·一七四 —告辻黃債

包二·一七六 —大廐(厩)屈爲人

包二·一八三 —大廐鄵己

包二·一八三 —坓人少妾句

包二·一八六 —戠尹之人㩲

包二·一八九 —大廐陞晋

包二·一九一 —大廐篭慚

包二·一九二 坪陵君之州加公佢—

包二・三五　—遊宮中諭之州加公弼罷受期
包二・一六五　—都人莫逃
包二・二〇二反　—母旣城

新

包二・一六　—告辻尹
包二・一六　詎之—告辻尹丹
包二・一六　—告辻尹不爲僕(僕)斷
仰二五・一　一—智縷

郭・唐・四　效(教)民又(有)—(親)也
郭・唐・五　—(親)事且(祖)窜(廟)

郭・緇・二五　則民又(有)新(親)
上(五)・弟・八　莫—(親)虐(乎)父母

上(五)・弟・一〇　以—(親)受備(服)
清(二)・繫・四七　襄公—(親)衙㠯御(禦)秦㠯于嵴(崤)

天策　☐馬御—竻☐

斦

新乙三・二七　☐虜(鹿)—(祈)之

斷

清(三)・良・一〇　王子白(伯)忎(願)、肥中(仲)、木(杜)啬(逝)、—斥

斗

上(三)・周・五一　日中見—
上(六)・天甲・六　根之㠯(以)玉—(斗)

斛

上(三)・周・四二　一—(握)于芺(笑)

料

清(三)・芮・二〇　—和庶民

斪　斦　斷　斗　斛　料

升

郭·唐·一六
—爲天子而不喬（驕）

郭·唐·一七
—（登）爲天子而不喬（驕）

矛

秦一·五
一—

仰二五·一八
一□一—

郭·五·四一
—（柔），悥（仁）之方也

郭·五·四一
不强（剛）不—（柔）

上（二）·從（甲）·一〇
從正（政）所—（務）三

上（二）·從（乙）·一
曰軋（犯）人之—（務）

上（三）·亙·八
先又（有）—（柔）

清（五）·殷·八
虘（吾）䎽（聞）夫險非（必）—返（及）干

清（五）·殷·一二
象—（茂）康敄（懋）

敄

清（一）·程·六
—（務）睪（擇）用周

清（一）·程·八
可（何）—（務）非和

矜

郭·老甲·七
果而弗—

从李家浩先生釋『矜』。

䂆

天策
陸—𡛷吅君纗☐

秫

天策
☐☐二—

天策
一—

天策
一—

天策
一—

柕

天策
二—

柔

郭·老甲·三三
骨溺（弱）堇（筋）—（柔）而捉固

轚 軝 車

轚 包二・一三〇 亟(期)思少司馬屈—以足金六匀(鈞)聖命於業＝

軝 上(二)・容・三九 —三十乓而能之

車

車 包二・一五七 —轄夅斨
車 包二・二六七 甬—＝一輮軒
車 包二・二六九 —戟
車 包二・二七一 一輮正—
車 包二・二七五 一輮羊—

車 包牘一 —戟
車 包牘一反 一軩—之上□皆
車 天卜 犆又亞於—馬下之人
車 天卜 折—馬於悲中
車 天卜 ▨□綦—二輮

車 天策 蠪—一□▨
車 天策 ▨—鼂衡厄
車 天策 ▨㚥一王—
車 望二・一 辛□□□—與器之筭
車 望二・五 畋—一䡖

車 曾一正 書入—
車 曾一二 郘連𨊠東臣所馭政—
車 曾四五 黃克■馭輤—
車 曾五三 鄦■君之—
車 曾六三 䍏—

車 曾六七 所馭■坪夜君之敏—
車 曾七〇 所馭■郙君之敏—
車 曾七一 □云尹■瘻馭敏—
車 曾七五 黃豊■馭王僮—

車 曾七六 輈輻—
車 曾七七 麗時椁—
車 曾一一五 逄—二䡖
車 曾一一六 二䡖逄—
車 曾一一七 三䡖逄—

車 曾一一八 逄—三䡖
車 曾一二〇 一敏—
車 曾一六五 安—
車 曾一六六 政—
車 曾一七七 王僮—

車 曾一八七 王帛一䡖逄—
車 曾一九一 坪夜君之帛逄—二䡖
車 曾一九三 鴋城君之逄—三䡖
車 曾一九五 遊鴋公之逄—三䡖

車 郭・緇・四〇 句(苟)又(有)—
車 郭・語四・一〇 —敔(蓋)之莖(醯)酭(䀋)
車 九・五六・三六 —馬

上(一)·孔·二一
贊大—之罍也

上(二)·容·一四
堯於是虖(乎)爲—十又(有)五轃(乘)

上(二)·容·二一
朝不—逆

上(二)·容·五〇—五一
武王於是虐(乎)复(作)爲革—千轃(乘)

上(二)·容·五一
武王乃出革—五百轃(乘)

上(一)·紂·二〇
句(苟)又(有)—

新零·一二一
☐大迻(路)—☐

新零·一六七
☐—，義(犧)馬☐

上(三)·周·二二
—敚(說)复(輹)

上(三)·周·二二
班—戔(衛)

上(三)·周·三二
見—遏

上(四)·昭·六
棄之脽駁(馭)王牺(將)取—

上(四)·昭·六
牺(將)取—

上(四)·昭·一〇
亓(其)子脽既與虐(吾)同—

上(四)·曹·二四
—閘(閒)容俉(伍)

上(四)·曹·三一
……遊(失)—虖(甲)

上(四)·曹·五五
思良—良士往取之餌

上(四)·曹·五八
衙(率)—㠯車

上(四)·曹·五八
衙(率)車㠯—

上(五)·鮑·一
一之日而—秎(梁)城

上(五)·三德·二一
竿之長枸株復—善游者

上(六)·莊·三
載之塼(傳)—㠯(以)走(上)虖

清(一)·耆·一〇
役(役)—亓(其)行

清(二)·繫·一二
—敳高之巨(渠)爾

清(二)·繫·五八
宋公之—蓦(暮)駕

清(二)·繫·六〇
以女子與兵—百奪(乘)

清(二)·繫·九二
毆(驅)—至東畾(畝)

清(二)·繫·一三六
楚人蕜(弃)亓幕—兵

軒

清(二)·繫·一三七 陳疾目銜—千輂(乘)

清(四)·筮·爻五四 爲兵,爲血,爲—

清(五)·封·六 敓(路)—

軒

包二·二六七 一輮(乘)—

上(二)·容·一 —緩(轅)是(氏)

上(五)·弟·二〇 子虘(乘)虐(乎)—

天策 所逗於鄅寅童—鬻

天策 ☐—裹素金之里

天策 西𦎫君之—

天策 番亥乘西𦎫君之—

天策 ☐一童—

望二·九 —反

曾五〇 上—

曾五〇 下—

上(四)·柬·一八 邦家㠯(以)—轗

上(七)·吳·五 又(有)—輗(冕)之賞

曾四 囩—

曾二六 黃𥫗所馭𨊝—

曾四五 囩—

曾五三 囩—

曾一二八 黃𥫗■馭𨊝—

曾一七二 輩—

曾一七四 魚—

曾二〇三 鄦君之圓—

輕

輕

天策 ☐笞綼絡—紛冥木□☐

天策 監綼絡—生絵之經

翌

包二·一八九 佶㞙登—

郭·五·二 思不能—(輕)

郭·緇·二八 古上不可以埶型而—(輕)雀(爵)

上(一)·紂·二三 —(輕)𢇍(絕)貧賤

郭·緇·四四 —(輕)𢇍(絕)貧戔(賤)

郭·五·一五 聖之思也—(輕)

上(一)·紂·一五 古(故)不可以埶(褻)型(刑)而—雀(爵)

輣
輣 包二·一五七
車—夅斨牢宙之斨古斨埦筝駐倌筝倌之舊貣解

輿
曾一六四
長腸人—杙人之馬

舁
包二·二〇三
—石被裳之篥
包二·二二三
—郙胱之敓
包·二四一
—藍吉之篥

包二·二四三
—(郪)禱卲王
望一·六三
—逿豹之祱
曾一七二
邊—人駛= 从與省聲。

軫
郭·五·四三
少(小)而—者

韗
轉
曾六九
黄金之—

轂
曾七三
南■陵連轠愇馭棩—
曾七四
棩■—
曾一七六
端—

輈
天策
⧄□㚘一右寡蠪—⧄
天策
某蒍㚘一左寡蠪—⧄
天策
蠪—

軶
戹
曾六四
衡—
軶之象形,卷十二重見。

軥
望二·一一
—杠皆敃

轙
钀
包二·二六六
一鉊—
《說文》钀—或从金从獻。

載

天策 其上—一戟

天策 其上—二戈一戟

天策 其上—☐

曾二 二—屆

曾三一 二畫屆之—

曾三七 二紡—屆

曾一一七 —紉裏

曾五 一襪—屆

曾九 一襪—屆

曾三〇 一襪—屆

曾一四 二襪—屆

曾一七 二襪—屆

曾一九 二襪—屆

曾三三 二襪—屆

曾八四 二襪—屆

曾一〇二 二襪—屆

上(一)·孔·二〇 丌(其)言又(有)所—而后内(納)

上(三)·周·三三 —鬼一車

上(三)·亙·九 天道既—

上(四)·曹·三二 各—尔賊(藏)

清(二)·繫·七九 繡(申)公㵀(竊)—少孔以行

清(三)·說下·七 寺(時)罔非乃—

清(三)·琴·六 爨=(業業)畏—(忌)

清(三)·琴·一三 畏天之—

清(三)·芮·三 —聖(聽)民之繇

清(三)·芮·六 畏天之隆(降)—(災)

清(三)·芮·六 卑(譬)之若童(重)—以行隋(峭)險

輂

曾八〇 二襪—屆

从車，𢦏聲。

𨊠

郭·尊·二九 其—也亡厚安(焉)

軍

軑 包牘一 其上—

上(六)·莊·三 —(載)之塼(傳)車㠯(以)走(上)虖(乎)

包二·二六九 其上—

包二·二七三 其上— 載之訛形。

包二·八八 䡛— 人名

包二·六一 不行伐昜廄尹郙之人戥戟於長辰公之—

包二·八七 𨍭— 人名

包二·九三 羅— 人名

包二·一三一 競— 人名

包二·一三七反 僕(僕)—造言之

包二·一五八 畢得硼爲右叓於莫囂之—

上(二)·容·五一 三—大軋(範)

包二·一七三 登—之州人妻𧂳

郭·老丙·九 上牆(將)—居右

郭·老丙·九 是以卞(偏)牆(將)—居左

上(四)·相·三 㠯(以)備—使(?)

上(四)·曹·二二 三—出

上(四)·曹·二五 毋(無)牆—必又(有)譻(數)獄夫₌

上(四)·曹·二五 進必又(有)二牆(將)—

上(四)·曹·二六 是胃(謂)—紀

上(四)·曹·二八 三—又(有)銜(帥)

上(四)·曹·三六 能紿(治)三—

上(四)·曹·三七 毋氽(御)—

上(四)·曹·三九 我吏(使)牆(將)—

上(四)·曹·四〇 人吏(使)牆(將)—

上(四)·曹·四〇 三—出乎競(境)必勳(勝)

上(四)·曹·四二 三—𢿟(散)果(裹)又(有)幾(忌)虖

上(四)·曹·四三 三—未成

上(四)·曹·四六 三—大敗不勳(勝)

上(四)·曹·五〇 虐(號)命(令)於—中

上(四)·曹·六〇 一出言三—皆懽

上(四)·曹·六〇 一出言三—皆遳(往)

上(七)·鄭甲·七 王安(焉)還—𠂤(以)记(起)之

上(七)·鄭乙·七 王安(焉)還—𠂤(以)记(起)之

上(七)·凡乙·八 月之又(有)—(暈)

清(一)·皇·六 —用多實

清(二)·繫·一二三 齊侯明(盟)於晉—

清(二)·繫·一三一 聿逾莫自與亓四遖—

清(二)·繫·一三二 楚人歸奠(鄭)之四牺(將)—

郭·成·九 一—之人不勳(勝)其戠(勇)

上(七)·凡甲·一〇 月之又(有)—(暈)

清(二)·繫·六四 㹞(席)于楚—之門

眗

郭·語三·二 猷(猶)三—之旃也

範

範 軋

包二·六七 不—丝䖒逿其田以至(致)命

包二·七一 —慶 人名

包二·九三 —繡 人名

包二·九三 —駁 人名

包二·九四 —竪 人名

包二·九六 —臣 人名

包二·一六七 佶戠郕—

包二·一六八 —作 人名

包二·一六九 —鴹 人名

包二·一七二 郞戠鈇—

包二·一八一 盬— 人名

包二·一八六 —固 人名

包二·一九〇 —賈 人名

秦九九·一二 —腹 人名

天卜 —腹 人名

天卜 —腹 人名

天卜 —腹志 人名

天卜 —腰志

望一・一七〇 —腰☐

上(二)・容・五一 三軍大—(範)

上(二)・從(甲)・一六 吕—(犯)膺軺(軓)見

上(二)・從(乙)・一 曰—(犯)人之矛(務)

上(二)・從(乙)・三 恥則—(犯)

上(五)・弟・一〇 夫以衆—(犯)難(難)

上(六)・競・四 —(范)武子之行安(焉)

上(七)・君甲・二 王曰—(范)乘

上(七)・君乙・二 王曰—(范)乘

上(七)・君乙・二 —(范)乘曰楚邦之中又飤(食)田

清(二)・繫・一〇二 晉人旻(且)又—(范)氏与(與)中行氏之禍(禍)

軺

郭・語三・四五 卯則雖(難)—(犯)也

軺

上(二)・從(甲)・一六 吕軺(犯)膺—(軓)見

从張光裕先生：「軺」从心，與「軺」應同爲一字。

軺

包二・八七 —慶

此與包二・七一的「軺慶」同爲一人，「軺」即「軓」字異體。

軺

清(三)・良・五 晉文公又(有)子—(犯)

清(三)・良・五 又(有)咎—(犯)

清(三)・良・七 又(有)—(范)羅(蠡)

轄

轄 天策 右—

曾一〇 —

輪

曾一止 腰—

曾四 腰—

曾七 腰—

曾一三 腰—

曾一八 腰—

曾二五 腰—

輔　斬　軭　輗

曾三一 郕—
曾二六 鄺—
曾二八 鄺—
曾四五 鄺—
曾五三 鄺—

曾七五 荆轓之—
郭·語四·二〇 若兩—之相遡（轉）

上（三）·周·五八 戹（鬼）丌（其）—

輗 輨
曾七六 輶—車
《說文》輗—或从宜。
曾一二〇 一輶—車

軭 軴
包二·一四五 郘客左尹—
天策 乘—之右轎番女反馯之
天策 衛□乘—左☐

望一·一九 以—惻爲怨固
曾一八 宙■審敂轋所馭少—
曾四二 軸毛吉■馭鄗君一鞏—
曾一二〇 ■凡—車十鞏又二鞏

曾一二〇 攻差坪所賠行—五鞏
曾一二六 宙審敂轋馭少—
曾一五四 行— 車名
曾一五五 行—
曾一五六 行—

曾一五七 行—
曾一五八 行—
曾一六七 鞏— 車名
曾一六九 少— 車名
曾一九七 鄗君之—車

斬
曾一五五 笇—之鸐爲左驂
郭·六·三一 門外之絧（治）宜（義）—紉（仁）
郭·六·二七 紖（疏）—布實（經），丈（杖）

清（三）·芮·一〇 或因—椅（柯）
清（三）·赤·一三 坙（發）陞（地）—菱（陵）
清（三）·赤·一四 乃—之

輔
清（一）·皇·一三 —余于險
清（三）·琴·一〇 思—舍（余）于勤（艱）

軌 戟 軩 軭 輗 輴 輨 輲 輓

清(三)·良·一〇
子產之—子羽、子剌、萬(蔑)明、卑登、酉(富)之㕔、王子全(百)

望二·一〇
☒联絥(縢)之軌—

望二·九
反芋之堂—

望二·一〇
☒联絥之—軌

上(四)·曹·三二
—連皆栽

軩

包牘一
一—正車

包牘一反
一—車

包二·二七六
絥組之鐳之鈦，—韗

曾一八
齒—

曾五八
齒—

曾六三
齒—

曾七一
荏—

曾七六
—輴車

曾一二〇
一—輴車

曾四五
黃克■馭 —車

見《玉篇·車部》。

新乙四·一〇二
郳— 人名

輯

新甲三·二三七—一 毄禱一乘大迻（路）黃—（絹）

輂

包二·二七一 絓緖之純多—

輌

輏

帛書殘片

輦

曾二八 黃孛所馭—軒

曾六〇 馭鄗君之一—

曾一二二 犨—

曾一七〇 犨—

曾一七二 —軒

輟

天策 一齒—

天策 齒—

䡺

曾一六 黃■賈所馭左—

曾二五 哀■裛所馭左 —

曾三八 黃■栜馭右彤—

曾一二二 大—

曾一三三 黃栜馭右 —

曾一四四 左—

曾一四五 左—

曾一四六 左—

曾一四七 右—

轘

天策 大—之笇

轘

曾七九 鞁紳豻霥—革䜌

包二·三八 南— 人名

包二·一七六 苛— 人名

𨋵

包二·一七九 畬鹿

輸

 包二・二六八 轍—

 包二・二七三 糶—

 包二・二七六 轍—

 望二・二 翟—

軛

 上（一）・孔・二一 丌（其）猷—（酡）與

轓

 曾七五 荆—之輪

見《廣雅・釋器》。

轚

 包二・一八八 黄— 人名

轞

 包二・二六七 藍馬之—緧

轗

 包二・一五〇 邦— 人名

 九・五六・三一 𠃊（以）田（獵）—，隻（獲）

 上（六）・用一四 克—戎事

輂

 曾二〇五 輂—人兩與其車

 曾二〇六 輂—人兩雎

轝

 望二・二 肓紪聯縢（縢）之—肓

 望二・六 丹厚紪之—肓

 望二・八 丹紪之—

轚

 上（一）・紂・一〇 孔（必）見丌（其）—（轍）

轢

 上（四）・柬一八 邦家𠃊（以）軒—

轁 上(四)・曹・二正 飯於土—(塯)

軙 上(四)・曹・四六 少則惕(易)—

軪 上(四)・曹・六三 䰟(鬼)神—武

韓 上(六)・用・八 —(達)難儥言

韓 上(六)・用・一七 而庶之亦不能—(達)

駕 清(二)・繫・五八 宋公之車募(暮)—(駕)

駕 清(二)・繫・六五 楚人被—(駕)以𠂤(追)之

軭 清(三)・良・六 齊—(桓)公又(有)龠寺(夷)虗(吾)

軭 清(三)・良・八 奠(鄭)—(桓)公與周之遺老

𠂤

清(二)・繫・四 戎乃大敗周—(師)于千畮

清(二)・繫・六 幽王起—(師)

清(二)・繫・九 立之于京—(師)

清(二)・繫・一〇 晉人女(焉)𠭯啟于京—(師)

清(二)・繫・三四 秦公銜—(師)与惠公戰于𩏩

清(二)・繫・三八 秦人起—(師)以內文公于晉

清(二)・繫・四二 乃及秦—(師)回曹及五鹿

清(二)・繫・四三 郚及羣𦃝𡰥之—(師)以交文公

清(二)・繫・四四 宋及羣戎之—(師)以敗楚𠂤於城僕

清(二)・繫・四四 宋及羣戎之𠂤(師)以敗楚—(師)於城僕

清(二)・繫・四六 秦—(師)𨠬(將)東𥜭(襲)奠(鄭)

清(二)・繫・四八 襄公新(親)銜(率)—(師)

清(二)・繫・四八 御(禦)秦—(師)于𡸿(崤)

清(二)・繫・五四 秦康公銜—(師)以𨑋𤸱子

清(二)·繫·五四
晉人记(起)—(師)

清(二)·繫·五五
衒—(師)爲河曲之戰(戰)

清(二)·繫·五九
戕王衒—(師)回宋九月

清(二)·繫·六二
楚—(師)未還

清(二)·繫·六三
晉中行林父衒(率)—(師)栽(救)奠(鄭)

清(二)·繫·六五
楚人被犂以—(追)之

清(二)·繫·六五
述(遂)敗晉—(師)于河

清(二)·繫·六六
陖(隨)會衒(率)—(師)

清(二)·繫·六九
安子衒—(師)以會于幽(斷)道

清(二)·繫·七一
郤之克衒—(師)栽(救)魯

清(二)·繫·七一
敗齊—(師)于瘁(靡)幵

清(二)·繫·七五
戕(莊)王衒(率)—(師)回(圍)陳

清(二)·繫·七五
王命繡(申)公屈㽙(巫)迈(適)秦求—(師)

清(二)·繫·七五
旻(得)—(師)以銮(來)

清(二)·繫·八二
以敗楚—(師)

清(二)·繫·八三
以敗楚—(師)于白(柏)舉(舉)

清(二)·繫·八五
爲沬之—(師)

清(二)·繫·八九
衒(率)—(師)會者(諸)侯以伐秦

清(二)·繫·九〇
鄵王亦衒—(師)回奠(鄭)

清(二)·繫·九〇
敗楚—(師)於㥪(鄢)

清(二)·繫·九一
—(師)造於方城

清(二)·繫·九二
齊高厚自—(師)逃歸(歸)

清(二)·繫·九二
坪公衒(率)—(師)會者侯

清(二)·繫·九二
爲坪会之—(師)以回(圍)齊

清(二)·繫·九三
戕公光衒—(師)以逐鄉絟

清(二)·繫·九四
以遉(復)坪会(陰)之—(師)

清(二)·繫·九四
坪公衒(率)—(師)會者(諸)侯

清(二)·繫·九五
以遉(復)朝訶(歌)之—(師)

清(二)·繫·一〇一
晉—(師)大疫虘(且)飢

清（二）·繫·一〇二
楚卲王戠（侵）伊洛以復（復）方城之—（師）

清（二）·繫·一〇五
秦異公命子甫子虎衒（率）—（師）救（救）楚

清（二）·繫·一〇五
與楚—（師）會伐陽（唐）

清（二）·繫·一〇七
吴纆用以—（師）逆鄗（蔡）卲侯

清（二）·繫·一一二
灼狗衒—（師）與戉公株（朱）句伐齊

清（二）·繫·一一三
晉—（師）閔長城句俞之門

清（二）·繫·一一三
戉公宋公敗齊—（師）于襄坪

清（二）·繫·一一五
王命莫囂昜爲衒—（師）以定公室

清（二）·繫·一一五
鼼啟章衒—（師）回黄池

清（二）·繫·一一六
王命莫囂昜爲衒—（師）戠晉

清（二）·繫·一一六
以復（復）黄池之—（師）

清（二）·繫·一一七
鼼（韓）啟章衒（率）—（師）救（救）赤墉

清（二）·繫·一一七
與晉—（師）戰（戰）於長城

清（二）·繫·一一七
楚—（師）亡工（功）

清（二）·繫·一二〇
咎（魏）繫衒（率）—（師）與戉（越）公毆（翳）伐齊

清（二）·繫·一二一
晉咎（魏）文侯弃（斯）從晉—（師）

清（二）·繫·一二二
晉㠯（師）大戝（敗）齊—（師）

清（二）·繫·一二三
齊—（師）北

清（二）·繫·一二三
晉—（師）迖（逐）之

清（二）·繫·一二七
秦人敗晉—（師）於茖会

清（二）·繫·一二八
鴋城洹恶君衒犢闈之—（師）

清（二）·繫·一二八
與上或之—（師）以这（交）之

清（二）·繫·一二八
楚—（師）亡工（功）

清（二）·繫·一二九
晉賰余衒晉—（師）與奠㠯（師）

清（二）·繫·一二九
晉賰余衒晉㠯（師）與奠—（師）

清（二）·繫·一二九
遯昜公衒—（師）以这（交）晉人

清（二）·繫·一三〇
郎臧（莊）坪（平）君衒—（師）戠（侵）奠（鄭）

清（二）·繫·一三〇
奠（鄭）—（師）逃内（入）於蔑

峕

清(二)·繫·一三〇 郎臧坪君衜—(師)戠莫

清(二)·繫·一三一 楚—(師)回(圍)之於鄭

清(二)·繫·一三一 聿逾莫—(師)與亓四遖軍

清(二)·繫·一三三 王命坪亦悼武君衜—(師)戠晉

清(二)·繫·一三四 𨚵繣衜—(師)回武𥏧(陽)

清(二)·繫·一三四 以復郢(郜)之—(師)

清(二)·繫·一三四 遜(魯)昜公衜—(師)栽(救)武昜

清(二)·繫·一三四 與晉—(師)戰(戰)於武昜(陽)之城下

清(二)·繫·一三五 楚—(師)大敗

清(二)·繫·一三六 楚—(師)牆(將)栽武昜(陽)

清(二)·繫·一三七 以從楚—(師)於武昜(陽)

清(二)·繫·一三七 王命坪亦悼武君李人於陳淏求—(師)

清(二)·繫·一三八 齊—(師)至嵒

清(二)·繫·一七 乃—(追)念顕(夏)商之亡由

清(二)·繫·一九 赤䣙(翟)王峁虐迟(起)—(師)伐衛(衛)

清(二)·繫·一九 大敗衛(衛)—(師)於睘

清(二)·繫·二五 文王迟(起)—(師)伐賽(息)

清(二)·繫·二八 起—(師)伐賽(息)

清(二)·繫·四七 秦—(師)乃復(復)

官

包二·五 新—市瑗

包二·五 新—敂邶

包二·五 新—婁頣犬

包二·六 新—連囂郙趞

包二·一八 鄰遺受鑄鐱之—宋〓弫〓

包二·一八 宋弫灋其—事

包二·八七 以受郗昜之榰—陞逷〓逃之古

包二·八八 以反其—

包二·九九 以其反—

包二·九九 教敂甹訟其—人番翾

包二·一二一 會殺余睪於競不割之—

包二·一二五反 廷疋昜之酷—之客

陵

包二·一三八反 同—不可諯

包二·一七五 郢=新—宋亡正

包二·一七六 宵—司敗若

包二·一八二 宵—司敗逗

郭·六·一四 子弟大材埶(藝)者大—

郭·六·一四 少(小)材埶(藝)者少(小)—

上(三)·周·一六 —又(有)愈(渝)

上(四)·相·三 實—蒼(倉)

上(四)·曹·二五 毋俾夫=必又譽大—之帀(師)

上(五)·弟·一〇 見以㐲(擅?)—

上(五)·三德·六 凡宅(托)—於人

上(五)·三德·六 宅(托)人於—

上(五)·三德·六 建五—弗散(措)

清(一)·金·七 —(管)弔汲亓羣𧿹㑀

曾五七 新—敆歆馭公左□

曾六七 新—贛豸(?)

曾一四二 外新—之騆=

曾一四三 宮廄之新—騆

曾一四四 新—人之騆=

曾一四五 新—人之騆=

曾一四八 ▋凡新—之馬六聳

曾一四九 大—之騆=

曾一五〇 大—之騆=

曾一五二 大—之騆=

曾一五五 大—之騆=

曾一五七 大—之騆=

曾一五八 大—之騆=

曾一五九 ▋凡大—之馬十聳

曾一七一 新—人之駃=

上(二)·容·四三 —而不篧(爵)

上(二)·容·二 而—丌才(材)

陵 陸 陸

包二·四〇 旹— 地名

包二·五四 不詧(察)長—邑之死

包二·一〇二 南— 地名

包二·一五〇 蕘—之戠里人石練

陸 包二・一五六 子—尹詎之

陸 包二・一六五 佶—君之人登定

陸 包二・一六九 武—戱尹之人翏足

陸 包二・一七九 —尹之人黄系

陸 包二・一八一 —人番乙

陸 包二・一八四 坪—敂倍

陸 包二・一九二 坪—君之州加公佢新

陸 包二・七五 羕— 地名

陸 包二・八六 羕—

陸 包二・一〇七 羕—

陸 包二・一二八 羕—

陸 包二・一七七 羕—

陸 包二・一八六 羕—

陸 包二・一二 漾— 地名

陸 包二・一二 子左尹命漾—宦夫＝

陸 包二・一二 漾—大宦瘊

陸 包二・一三 漾—之參鉩而在之

陸 包二・一三 某瘻在漾—之參鉩閒迎之典匱

陸 包二・一〇七 鄴— 地名

陸 包二・一一七 鄴—

陸 包二・一一七 鄴—

陸 包二・一六六 鄴—

陸 包二・一〇三 襄— 地名

陸 包二・一五五 襄—之行僕宦於鄢

陸 包二・一一五 大司馬卲鄒敗晋帀於鄻—之戢

陸 包二・一一五 蘸—公

陸 包二・一〇五 安— 地名

陸 包二・一一七 安—公

陸 包二・一〇六 鄺—攻尹産

陸 包二・一〇六 鄺—

陸 包二・一一六 鄺—

陸 包二・一一六 鄺—

陸 包二・一一二 昜— 地名

陸 包二・一一九 昜—

陸 包二・一四九 —让尹之相墮余可内之

陸 包二・一六六 蕺—之偏司敗兆毂

陸 包二・一六七 蕺—人兆䚓

陸 包二・二〇二 東—連囂＝肥豣

陸 包二・二二五 東—連囂子雙

陸 包二・二四三 東—連囂豣冢＝(冢冢)

陸 曾七三 南[redacted]—連𩖶愇馭椯轂

陸 帛甲三・六 山—不戠

陸 帛甲三・二七 以涉山—

陸 帛甲五・八 山—羕𡟰

陸 帛乙二・二〇 山—其發

陸 帛乙一一・一二 不見—西

陸 新甲三・一七五 肥—陸(陳)豧之述

陸 新甲三・二一六 嚳(許)定以—尹懌之大保(寶)豪☐

新乙一・一二　頣與良志吕（以）—尹⧄
新乙二・二五、零・二〇五、乙三・四八　䜌（許）定吕（以）—尹憚之大保（寶）豪爲⧄
新乙一・一八　涹瞀吕（以）—⧄

新乙四・六　⧄—尹子簡紡紫綖廿₌（二十）⧄
新乙四・六〇　⧄—，尚毋又（有）⧄
新乙四・一〇〇、零・五三二、六七八　還反（返）至於東—

新乙四・一四一　⧄東—
新乙四・一二六　西—執事人台（以）君王⧄
新乙四・一四九、一五〇　東—　地名

新零・二〇〇、三二三　—肴（尹）憚⧄
新零・三〇三　旣鹿（薦）之於東—
新零・五八四、甲三・二六六、二七七　以—尹憚之髗髀爲君貞

上（四）・柬・七　君與—尹子高卿（饗）
上（四）・柬・一九　—尹贅尹皆絧（紿）丌言吕告大剌（宰）

上（四）・柬・二〇　大剌（宰）胃（謂）—尹
上（四）・柬・二〇　—尹與贅尹又（有）古（故）虐（乎）

上（五）・弟・二　前（延）—季子
上（六）・平・二　女（汝）毀新都栽（鄢）—

清（二）・繫・一〇一　述（遂）明（盟）者（諸）侯於咠（召）—
清（二）・繫・一二〇　以建昜（陽）郘—之田

清（二）・繫・一二八　與之戰（戰）於珪（桂）—
清（二）・繫・一三二　晉人回（圍）津（津）長—

陞
上（二）・容・六　昔堯凥（處）於丹府與藿—之閑（間）
上（二）・容・一八　垂（禹）乃因山—（陵）坪（平）陧（隰）之可坓（封）邑

上（二）・容・二三　山—（陵）不尻（序）
新甲三・二一九　⧄吕（以）—尹憚之大保（寶）豪爲君貞

陰　陽

郭·成·三四　所乇(宅)不—(陵)俟(矣)
郭·尊·一四　則民埶—張貴以忘
陵字異體。

陰
包二·五一　—疾之正差鈇瘢受期
包二·一三一　—司敗某敂告湯公
包二·一三五反　—之戩客敦得冒

包二·一三一　舒慶之獄於—之正
包二·一三一　—人佢娟
包二·一三五反　—之戩客或執訖之覨㝵
包二·一三七反　—之正既爲之㬪諓

會
九·五六·二九　是胃(謂)—(陰)日
九·五六·九六　□□—(陰)𥏫(陽)

侌
九·五六·三三　是胃(謂)—(陰)日
『侌』是『會』的異體。

陽
清(二)·繫·一〇五　與楚𠂤(師)會伐—(唐)
清(三)·祝·一　句(侯)兹某也發—(揚)
清(三)·祝·三　—(揚)武即救(求)尚(當)

清(三)·祝·四　—(揚)武即救(求)尚(當)
清(三)·祝·五　—(揚)武即救(求)尚(當)
清(四)·筮·得一三　☰☰旻(作)於—

⿱陽土
包二·六二　屈犬、少宦—申以廷
包二·六五　—義　人名
包二·七八　旦—　人名
包二·八五　—昬(辰)　人名

包二·八七　—軍　人名
包二·八七　—疆　人名
包二·八七　以受鄦昜之櫳官—湯=逃之古
包二·八八　—洛郱邑[illegible]軍、[illegible]驟鵋以反其官

包二·九六　—緩　人名
包二·一二五　—牛　人名
包二·一四九　陵让尹之相—余可内之
包二·一七六　—𡰥人之䋖
包二·一八〇　—勳　人名

包二·一八〇　—𩚵　人名
包二·一八三　—雋司敗陽
包二·一八五　—愋　人名
包二·一九〇　—女　人名
包二·一二八　—鏑

包二・一二六 —年 人名
包二・一七六 —君之人鄜懌
包二・一八四 —署 人名
包二・一二七 —年
包二・一二八 —年

包二・一六三 —君之人隋惕
新甲三・九二 長—人☐
新甲三・三三一 ☐於倉—一豭
新甲三・三四六—二、三八四 —無龍之述

新甲三・三四八 閒(閒)—大宮果之述☐
新甲三・三七七 惻—一豬
新乙四・八〇 —子肥豬

陽字異文。

陸

陸 陵

包二・六二 安—(陸)

郘

包二・一八一 安—(陸)

墜

上(三)・周・五〇 鳿(鴻)漸于—

阪

阪 陘

上(三)・周・五〇 鳿(鴻)漸于—(阪)
上(四)・曹・四三 行—(阪)淒(濟)墬(障)

險

險 陰

上(二)・從(甲)・一九 行—(險)至(致)命
清(一)・皇・一三 輔余于—

清(三)・芮・六 卑(譬)之若童(重)載以行隋(崝)—

墬

清(五)・殷・二 可(何)胃(謂)—(險)
清(五)・殷・四 可(何)胃(謂)—(險)

清(五)・殷・五 虘𦧝夫—(險)莫墬(險)於心
清(五)・殷・五 虘𦧝夫墬(險)莫—(險)於心

陟 陷 隊 隰 降

險

清（五）·殷·六 可（何）胃（謂）—（險）

清（五）·殷·七 虘龠夫—（險）莫墜（險）於槼（鬼）

清（五）·殷·七 虘龠夫墜（險）莫—（險）於槼（鬼）

清（五）·殷·八 虘龠夫—（險）非（必）矛彶（及）干

陟

清（二）·繫·一三 武王—，商邑興反

清（三）·良·二 又（有）伊—

陷 臽

上（四）·曹·六〇 毋冒㠯—（陷）

隊 墜

包二·一六八 鄴— 人名

隰 陘

上（一）·孔·二六 —（隰）又（有）長楚㝵（得）而悉之也

坙

清（三）·良·六 又（有）—（隰）朋

降

帛甲六·一〇 以四神—奠

帛乙二·一四 —于其方

郭·性·三 命自天—

上（六）·用·九 禍（禍）不—自天

上（六）·用·一一 司民之—兇（凶）而亦不可逃

清（五）·厚·二 乃—之民

清（五）·厚·五 古天—下民

上（一）·性·二 命自天—

清（一）·楚·一 季繎（連）初—於鄀山

陸

清(二)·繫·四五 莫(鄭)—秦不降晉
清(二)·繫·四五 莫(鄭)降秦不—晉

隆
郭·五·一二 心不能—
上(二)·容·四〇 —(降)自鳴攸(條)之述(遂)

上(五)·三德·二 天乃—(降)材(災)
上(七)·凡乙·三 天—(降)五尾(度)

清(一)·程·五 女(如)天—(降)疾
清(三)·說上·二 滕—(降)重(庸)力

清(三)·琴·二 砀(陟)—(降)亓(其)事
清(三)·琴·九 天多—(降)悳(德)

清(三)·芮·六 畏天之—(降)載(災)
清(五)·命·二 或司不義而—(降)之禍(禍)

降
清(一)·耆·一〇 蚩(蟋)蟨(蟀)趣—(降)于尚(堂)

隆
清(二)·繫·六八 郤之克—(降)堂而折(誓)曰
上(七)·吳·三正 —(降)怭(禍)於我□□

清(一)·保·七 甬(用)乍(作)三—(降)之悳(德)

隓
包二·二二 —(隋)得 人名
新甲三·二五 莫(鄭)憲習之以—(隋)戾之▨

隆
包二·一六八 —宓

陖
上(三)·周·二六 埶(勢)丌(其)—(墮)
清(二)·繫·五一 乃命右行癢与(與)—(隨)會卲襄公之弟癰也于秦

清(二)·繫·五四 右行癢(蔑)—(隨)會不敢歸(歸)
清(二)·繫·六六 —(隨)會衒(率)𠂤(師)

隆
清(五)·命·八 亟(極)命則民—(墮)乏

陉
郭·語四·二三 山亡—則坨(阤)

陆
郭·唐·二六 四枳(肢)朕(倦)—(惰)
上(三)·周·一六 —(隨)又(有)

陵
上(三)·周·一六 公公—(隨)
上(三)·周·一六 —(隨)求又(有)旻(得)

上(三)·周·四八 不陞(拯)丌(其)—(隨)

陠
包二·二四 —得
包二·一六三 —晨 人名
包二·一七〇 鐘連囂炣
包二·一七一 —晨

包二·一七一 —偏 人名
包二·一七九 —訓 人名
包二·一八四 郙尹之—样倚

隨
郭·老甲·一六 先後之相—(隨)也
清(三)·琴一六 悳(德)非—(惰)帀

隨
上(三)·中一八 毋自—(惰)也

隓 包二・六二 下—里人 隋姓之隋。

隂 包二・一六七 鄝郢—逼

附 ⿱付臣 包二・四九 義—（僕） 人名

包二・一三五反 隂之戠客或覣（執）—（僕）之戠㞷

包二・一九二 陞人龏—（僕）之人㞷

包二・一六四 大廄登—（僕）

从白於藍釋爲『臣附』之『附』的专用字。

障 墇 上（四）・曹・四三 行堅（阪）淒（濟）墇（障）—

隱 隱 上（一）・孔・一 訔（詩）亡—（離）志

上（一）・孔・一 旻（文）亡—（離）言

陘 上（一）・孔・二〇 丌（其）—（離）志必又（有）𠯑（以）俞（逾）也

陼 磚三七〇・四 —□人李𢭏敢告於

陳 塦 新甲三・二七 齊客—（陳）異至（致）福於王之歲，獻▨

新乙一・四、一〇、乙二・一二 遷（就）禱—（陳）宗一豬

新零・一六五、一九 —（陳）異 人名

新甲三・一七五 肥陵—（陳）豧之述

包二・七 齊客—豫訽王之戠

包二・一一 在—豫之典

包二・一六六 —公之人莫少士

包二・二二 不謍（察）—宔雒之傷之古以告

包二・三〇 不詧（察）—雎之傷
包二・六一 —漸 人名
包二・八七 —果 人名
包二・六九 —㠱 人名
包二・八四 —德 人名

包二・八五 —欿 人名
包二・八六 訟羕陵君之—㟁邑人巡墇
包二・九二 鄗—午之里人
包二・一〇七 —得 人名

包二・一三五 —臧 人名
包二・一三五 —旦 人名
包二・一三五 —郕 人名
包二・一三五 —鄗 人名
包二・一三五 —寵 人名

包二・一三八 —旦 人名
包二・一三八 —龍 人名
包二・一三八 —無正 人名
包二・一三八 —㝮 人名
包二・一四五 —訢 人名

包二・一五九 —畀 人名
包二・一六二 —貫 人名
包二・一六二 —弝 人名
包二・一六八 —聖 人名
包二・一七二 —憃 人名

包二・一七二 —團 人名
包二・一八三 —楚 人名
包二・一八八 —坡 人名
包二・一九一 —人龏穀
包二・一七九 —弃 人名

包二・一八一 —環 人名
包二・一八二 —賢 人名
包二・一九二 —吉 人名
包二・一九二 —人龏筐之人上
包二・二二八 —乙 人名

包二・二三九 —乙 人名
包二・二四一 —乙
天卜 —郢 人名
天卜 —遣 人名
天卜 —獻 人名

天卜 —憙 人名
天卜 —貫 人名
天策 —㠯 人名
新甲三・二三三、一九〇 —（陳）覭志 人名

新甲三・二〇 齊客—（陳）異至（致）福於王歲，獻☐
新甲三・二七二 齊客—異至（致）福於王之歲

上（四）・昭・三 辻命尹—省爲見日告
上（七）・吳・八 遙（踐）頻（履）—（陳）埅（地）

 上（七）·吳·八 吕（以）—（陳）邦非它也

 上（七）·吳·九 吳走—（陳）

 清（二）·繫·二三 郗哀侯取妻於—

 清（二）·繫·二三 賽（息）侯亦取妻於—

 清（二）·繫·二九 改遊於—

 清（二）·繫·四三 命尹子玉述銜莫、𨕦、—、郗及羣䜌𡰥之𠂤

 清（二）·繫·七四 —公子誰（徵）郐（舒）取妻于莫（鄭）穆公

 清（二）·繫。七五 —公子誰余殺亓君霝公

 清（二）·繫·七五 臧王銜（率）𠂤（師）回（圍）—

 清（二）·繫·七六 王內（入）—

 清（二）·繫·九九 鴋（縣）—、郗（蔡）

 清（二）·繫·一〇四 既鴋（縣）—、郗（蔡）

 清（二）·繫·一〇五 —郗鈇（胡）反楚

 清（二）·繫·一二〇 鴋（縣）—、郗（蔡）

 清（二）·繫·一二二 齊人叟又—鏖子牛之禍

 清（二）·繫·一二三 明（盟）—和與陳淏於溋門之外

 清（二）·繫·一二三 明（盟）陳和與—淏於溋門之外

 清（二）·繫·一三六 —人女反而内王子定於陳

 清（二）·繫·一三六 陳人女反而內王子定於—

 清（二）·繫·一三七 孝人於齊—淏求𠂤（師）

 清（二）·繫·一三七 —疾目銜（率）車千𨌥（乘）

阱

 清（三）·良·四 又（有）君—（陳）

《説文》古文。

𨻰

 清（二）·繫·一〇四 改邦—、郗（蔡）之君

階

上(四)·昭·三　儯(僕)之父之骨才(在)於此室之—(階)下

⿰阝木

包二·一八五　族—　人名

⿰阝禾

上(二)·容·七　四向—

阩

包二·二〇　—門又敗
包二·二一　—門又敗
包二·二三　—門又敗
包二·二四　—門又敗
包二·二六　—門又敗

包二·二八　—門又敗
包二·二九　—門又敗
包二·三〇　—門又敗
包二·三二　—門又敗
包二·三六　—門又敗

包二·三八　—門又敗
包二·四三　—門又敗
包二·四七　—門又敗
包二·五〇　—門又敗
包二·五六　—門又敗

包二·五七　—門又敗
包二·五九　—門又敗
包二·七三　—門又敗
包二·七八　—門又敗
包二·七一　—門又敗

天卜　☐酉食—占之吉
包二·三三　—門又敗

包二·一九　—門又敗
包二·三五　—門又敗
包二·四五　—門又敗
包二·五五　—門又敗
包二·七〇　—門又敗

包二·四〇　—門又敗
包二·四一　—門又敗
包二·四八　—門又敗
包二·七六　—門又敗
包二·一六二　郙敗—　人名

上(二)·容·三一　高山—(登)
上(二)·容·三九　—(升)自戎(?)述(遂)
上(二)·容·四八　乃—(降)文₌王₌(文王,文王)時故時而孝(教)民時

上（三）·周·三三
—（陞）宗䜌（噬）肤（膚）
上（三）·周·四八
不—（拯）丌（其）陵（隨）

上（五）·三德·一一
—（登）丘毋訶（歌）

包二·一二八
—門又敗
升訛爲屵。阩、陞皆爲登升之升。

阩

望二·五〇
其一霝光之—繼
望二·五〇
其一𠦪丹秋之—繼
望二·一八
白金之—哉
望二·八五
登— 人名

陞

包二·二
壴𩢲命之於王大子而以—𥎦人
包二·三
所幼未—𥎦之玉府之典
包二·五
佗大敓（令）念以爲𥎦敓（令）𩢲—𥎦人其𡋣典

陦

郭·唐·二七
吴（虞）—（詩）曰

阝全

包二·八六
鄱昜君之菓—邑人紫

隢

包二·一一九反
宵—

隥

曾四五
貟—
曾六七
繽—
曾七三
歛—
曾七五
繽—
曾六三
紛—

曾一二三
鞁—

階

上（二）·子·一一
又（有）䰄監（銜）卵而—（錯）者（諸）丌（其）前
上（六）·用·六
—心懷惟

四 隋 隰 陓 䧢

䧢 新甲三・三一三 鼢於—

陓 上(五)・三德・一〇 毋剌(斷)—(洿)

隰 清(二)・繫・九〇 敗楚𠂤(師)於—(鄢)

隋 清(三)・芮・六 卑(譬)之若童(重)載以行—(峭)險

四

信二・〇一 —剌匕

信二・〇三 —梘

信二・〇六 箕—十又六

信二・〇六 —粿箕

信二・〇八 —硾=之硜

信二・〇二四 —亯

信二・〇二五 —索

信二・〇二八 —戈

曾二八 —鞁

曾五七 —鞁

曾九五 —鞁

帛甲四・二〇 —日

帛甲五・一一 —神

帛甲六・八 —神降蒦

帛甲七・一一 —寺

郭・緇・一二 —方怣(順)之

曾三六 —襪貂與彔魚之箙

曾三二 —箙

上(一)・孔・一四 丌(其)—章則俞(愉)矣

上(一)・孔・二二 —矢貞

上(三)・周・一 六—

上(三)・周・五 —户

上(三)・周・七 六—

上(三)・周・一〇 六—

上(三)・周・一四 九—

上(三)・周・二一 九—

上(三)・周・二二 六—

上(三)・周・二五 六—

上(三)・周・三七 九—

上(三)・周・四九 六—

上(三)·周·五一
九—

上(三)·周·五四
六—

上(三)·周·五八
九—

上(三)·中·一八
又(有)—海之内

清(一)·皇·六
王用能盍(奄)又(有)—叟(鄭)

清(二)·繫·九二
焚亓(其)—亯(郭)

清(二)·繫·九六
楚康王立十又—年

清(二)·繫·一一二
晉幽公立—年

清(二)·繫·一二六
楚聖(聲)趄(桓)王立—年

清(四)·算·一七
—|…二—

清(四)·算·一九
—六—|—

清(四)·算·二〇
—五—|—

清(四)·算·二一
—|—三

清(五)·湯門·四
—以成邦

清(五)·湯門·七
—月乃胋(固)

清(五)·湯門·一〇
夫—以成邦

清(五)·湯門·一一
唯皮(彼)—神

清(五)·湯門·一一
是胃(謂)—正

曾一二〇
—肇車

帛甲三·一三
山川—咠

帛甲六·一八
敎奠—□

帛乙八·二八
—興鼠

郭·性·一四
術(道)—述(術)

郭·六·三
帰(寢)—叟(鄭)之帝(抵)虐(梧)

郭·性·九
—海(海)之内，其眚(性)弌(一)也

郭·性·四一
所爲術(道)者—

包二·一一五
鋘金一百益二益—兩

包二·一一九
爲郘昜貣郕異之金十益一益—兩

包二·二五九
—栁

包二·二六〇
—矢

包二·一一九
爲昜陵貣郕異之金—益

包二·二五四
—鐃

包牘一
—馬晧莤

望二·四六
—豋

曾三九
柘■—馭右襢展

郭·五·三一
—行之所和也

郭·五·四
—行和胃(謂)之善

郭・窮・一〇 穿(窮)—海(海)
郭・語四・二一 若—旹(時)一遣一逨(來)
九・五六・一 敔秭之—檐(擔)

九・五六・二 舊—檐(擔)
九・五六・三一 利㠯(以)行作—方埜(野)外

上(四)・柬・一五 王許諾攸(修)—蒿
上(四)・柬・一六 發(發)駐(駐)迡(蹠)—疆

上(七)・武・六 爲名(銘)於笫(席)之—耑(端)
清(一)・楚・二 詈曺—方

包二・二六六 —皇梪
包二・二七一 —馬之凵(白)面
包二・二七六 —馬首(之首)
天策 絽—馬之章睪

牌四〇六・三五
秦九九・四 —戠無咎
天策 —馬之笄
郭・老甲・九 猷(猶)虐(乎)其奴(若)愄(畏)—叟(鄰)

郭・老甲・二二 國中又(有)—大安
郭・太・二 是以成—時
郭・太・四 —時者
上(二)・民・一三 它(施)返(及)—國

上(二)・容・五 —海(海)之外宾(賓)
上(二)・容・五 —海(海)之內由
上(二)・容・七 —向咮

上(二)・容・九 而槖(包)才(在)—海(海)之內
包二・二五六 —箕飤
上(二)・容・一九 —海(海)之內坌(及)

上(二)・容・二〇 —海(海)之外皆青(請)社(貢)
上(二)・容・三六 天地—旹(時)之事不攸(修)

上(二)・容・四一 㠯雹—海(海)之內
上(一)・性・八 道—述也
上(二)・從(甲)・五 —曰悬(仁)

新甲三・二五一 —家

新零・二三九—二 ▨—□▨

上（三）・彭・七 三命—蔑

上（四）・相・三 烈□（？）寋於—枳之褻

上（四）・曹・六二 —人皆賞

上（五）・三德・八 邦—益

上（五）・三德・一六 —方䒤（來）囂

上（五）・三德・二二 —巟（荒）之內

上（六）・用・一四 台（以）異（翼）—戔（踐）

清（一）・尹至・四背 —

清（一）・尹誥・四背 —

清（一）・金・四 尃（溥）又（有）—方

清（一）・祭・五 守（付）畀—方

清（一）・祭・一八 —方克宔（中）尔（爾）罰

清（二）・繫・三 十又—年

清（二）・繫・四一 晉文公立—年

清（二）・繫・六一 楚臧（莊）王立十又—年

清（二）・繫・一三一 書（盡）逾奠（鄭）𠂤（師）與亓（其）—迺（將）軍

清（二）・繫・一三二 楚人歸（歸）奠（鄭）之—𤖨軍

清（三）・說上・四背 —

清（三）・說中・四背 —

清（三）・說中・六 女（汝）克覞（覘）見（視）—方

清（三）・說下・四背 —

清（三）・說下・五 亓又廼司—方民不（丕）克明

清（三）・琴・四背 —

清（三）・琴・七 —攺（啟）曰

清（三）・芮・四背 —

清（三）・芮・二一 隹（惟）—方所鬻（祇）畏

清（三）・赤・四 —巟（荒）之外

清(三)·赤·四
—昔(海)之外

清(三)·赤·四背
—

清(四)·筮·至九
〈二〉〈二〉至,—正之

清(四)·筮·得二二
〈冬〉〈二〉各(冬)見—

清(四)·筮·軍三三
〈二〉〈冬〉弟(次)於—立(位)之中

清(四)·筮·四季三九
乃蜡兇之所集於—立(位)是視

清(四)·筮·祟四四
—乃蒜(縊)者

清(四)·筮·祟四七
弌(一)—弌(一)五

清(四)·筮·祟四七
—,蒜(縊)者

清(四)·筮·祟四八
—,緣(縊)者

清(四)·筮·祟四八
二五夾—

清(四)·筮·祟四八
—一五

清(四)·筮·祟五〇
—,非瘥(狂)乃緣(縊)者

清(四)·筮·地五七
巳亥—

清(四)·筮·爻五八
—之象爲陛(地)

清(五)·厚·四背
—

清(五)·般·四背
—

清(五)·般·一〇
—厰(嚴)粞(將)行

清(五)·般·一〇
—昔(海)之巳(夷)則夏(作)

清(五)·般·一七
—方觀(勸)爻(教)

清(五)·般·一九
—方達寍(寧)

清(五)·般·二二
以夆(誥)—方

包二·一一一
黃金十益一益—兩《説文》籀文作。

包二·一一二
黃金—益

包二·一四〇
登人所漸木—百先於郯君之阤(地)蘘溪之中

曾一四〇
大凡六十真又三真

望二·四五
—皇組

望二·四九
—亡童

望二·四五
—皇豆

望二·四七
—金匕

亞

望二·四七
—虐

郭·唐·二六
—枳(肢)朕(倦)陞(懈)

上(一)·紂·七
—或(國)川(順)之

新甲三·二〇六
文㬎受—(四)

新甲三·三一七
浮—(四)社(社)

新甲三·三一七
—(四)冢、一豬

新零·三一〇
禱—(四)冢☐

上(六)·天甲·八
天子—辟延(筵)笫(席)

上(六)·天乙·八
天子—辟延(筵)笫(席)

清(五)·封·二
皃(駿)尹—(四)方

清(五)·封·五
東(簡)胯(乂)—(四)方不規

清(五)·封·六
馬—四(匹)

亞

天卜
少又外—

郭·性·四
好—(惡)

郭·六·四四
可以緯(諱)其—(惡)

郭·性·五〇
唯(雖)怂(過)不—(惡)

郭·性·四九
肰(然)而其怂(過)不—(惡)

郭·性·五五
非之而不可—(惡)者

上(一)·紂·九
上之好(好)—(惡)

上(一)·紂·一八
能大丌(其)顏(美)而少(小)丌(其)—(惡)

上(一)·性·二一
唯(雖)怂(過)不—(惡)

上(一)·性·二四
非之而不可—(惡)者

上(三)·中·二五
所孚(學)皆—(惡)

亞
上(六)·用·一一
昌—(惡)猷慨

亞
上(六)·用·一七
䎽(聞)—(惡)毋悉(謀)事

亞 天卜 牺又—於宮中　天卜 牺又—於車馬下之人　郭·性·五四 —(惡)之而不可非者　上(一)·性·二四 —(惡)之而不可非者

清(四)·筮·死一〇 [illegible]兇，—(惡)肴(爻)　清(四)·死一三 [illegible]吉，—(惡)肴(爻)　清(四)·筮·軍三四 虘(且)相—(惡)也

亞 郭·性·四一 —頪(類)厽(三)　郭·性·四八 凡人憍爲可—(惡)也

亞 包二·一七四 肅王琓人瘳—夫　包二·一八九 瘳—夫　郭·緇·一 亞(惡)亞(惡)女(如)—(惡)遆(巷)白(伯)

郭·緇·二 又(有)國(國)者章好章—(惡)　郭·緇·六 慬(謹)—(惡)以涸(困)民淫(淫)

郭·緇·三五 則民不能大其娩(美)而少(小)其—(惡)　郭·語一·八 而句(後)好—(惡)生

郭·語三·一 其弗—(惡)也　郭·語三·一 父亡—(惡)

上(五)·三德·一 天—(惡)女(如)忻　上(五)·三德·八 皇天之所—(惡)

亞 包二·一六二 黄— 人名　包二·一八八 瘳—夫

上(六)·天甲·一二 臨飤(食)不語(語)—(惡)

亞 上(一)·性·三四 唯—(惡)不急(仁)爲近宜(義)　上(一)·性·三四 —頪(類)三

亞

上（一）·性·三九
肰（然）而丌（其）怹（過）不—（惡）

上（一）·性·三九
凡人為⁼（僞爲）可—（惡）也

亞

包二·二一三
少又—於王事

新乙四·二三
中晜（期）君王又（有）—（惡）於外☐

郭·緇·一五
古（故）上之好—（惡）

郭·魯·二
恒爯（稱）其君之—（惡）者

郭·語四·四
—（惡）言復己而死無日

郭·魯·三
亙（恒）爯（稱）其君之—（惡）者可胃（謂）忠臣矣

郭·語四·一五
唯（雖）難（難）之而弗—（惡）

郭·語四·二
飤（食）韭（鳩）—（惡）智（知）終其

上（五）·季·一九
弃—（惡）毋適

上（五）·季·二二
衆必—（惡）善

上（五）·君·九
蜀（獨）智（知）人所—（惡）也

清（五）·湯門·六
而罷（一）—（惡）罷（一）好

清（五）·湯門·一二
—（惡）悳（德）系（奚）若

清（五）·湯門·一二
—（惡）事系（奚）若

清（五）·湯門·一二
—（惡）设（役）系（奚）若

清（五）·湯門·一三
—（惡）正（政）系（奚）若

清（五）·湯門·一三
—（惡）型（刑）系（奚）若

清（五）·湯門·一四
此胃（謂）—（惡）悳（德）

清（五）·湯門·一五
此胃（謂）—（惡）事

清（五）·湯門·一七
此胃（謂）—（惡）正（政）

清（五）·湯門·一七
此胃（謂）—（惡）型（刑）

清(五)·般·二 可(何)胃(謂)—(惡)

清(五)·般·四 可(何)胃(謂)—(惡)

清(五)·般·五 —(惡)非(必)岜(喪)

清(五)·般·六 可(何)胃(謂)—(惡)

清(五)·般·七 —(惡)非(必)睲(傾)

清(五)·般·八 —(惡)非(必)亡(無)飤

亞

郭·老甲·一五 —(惡)已

上(一)·孔·八 少(小)𦑛亓(其)言不—(惡)

上(一)·紂·一 亞=(惡惡)女(如)—(惡)衖(巷)白(伯)

上(一)·紂·一 —(惡惡)女(如)亞(惡)衖(巷)白(伯)

上(一)·孔·二四 —(惡)亓(其)人者亦然

上(一)·孔·二八 □—而不廑

上(五)·季·一九 —(惡)人勿歡(戕)

上(六)·競·七 女(如)川(順)言弇—(惡)虐(乎)

上(六)·競·九 公退武夫—(惡)聖人

清(五)·湯門·一六 此胃(謂)—(惡)遐(役)

亞

包二·一二二 —□鄅輮返子

包二·一四五反 義— 人名

郭·魯·五 亙(恒)爯(稱)其君之—(惡)者

郭·魯·八 虛(吾)—昏(聞)之矣

上(二)·昔·三 嚳舉一敚(𢦏)灋(廢)—(惡)

上(二)·從(乙)·二 不膚(敷)灋(法)贏(盈)—(惡)

上(四)·內·九 㠯(以)飤(食)—(惡)

上(五)·姑·一 㠯(以)見—(惡)於敕(厲)公

上(五)·姑·五 而反—(惡)之

上(七)·武·九 毋曰—(胡)害

上(七)·武·九
—(惡)𡉚=(危?危)於忿連(縺)

上(七)·武·九
—(惡)逘=(失?失)道於脂(嗜)谷(慾)

五

包二·四五
—市告䐚司敗周國受𠀠

包二·三三
—皮 人名

包二·一四六
所又責於𡟁帰戲、寢戲、䌛戲—，市(師)而不交於新客者

包二·一四六
䌛戲—市而不交於新客者

包二·一五二
左馭遊唇骨賈之，又—蔔

包二·二〇九
—生 人名

包二·二一一
—生

包二·二三二
—生

包二·二四六
—生

包二·二四〇
㙊禱—山各一䍧

包二·二四六
—豕

包二·二六六
—皇槩

包二·二六九
—䍃戠

望二·六〇
—囟(彩)之純(紃)

曾五
箙—秉

曾五
箙—秉

曾九
箙—秉

曾一五
箙—秉

曾一七
箙—秉

望二 策
—囟之紃

曾二〇八
▌凡宮廄之馬所入長坛之𡧍—䡈

曾二〇
箙—秉

曾三〇
箙—秉

曾三三
箙—秉

秦一·二
—無王以▨

曾四六
羊—秉

曾四八
羊—秉

曾五六
羊—秉

曾八六
羊—秉

曾九五
羊—秉

曾一二〇
攻差坪所賶行軖—䡈

秦一三·一
賽禱—褋以至新父母肥豢

秦一三·五
—褋王父王▨

秦九九·一〇
▨禱之於—褋王父王母

秦九九·一一
賽禱於—褋王父王母

帛乙九·一三
—正

郭·性·四〇
智(知)頪(類)—

郭·唐·一二
咎采(䌛)内(入)用—型(刑)

郭·五·四
悳(德)之行—

上(二)·容·一四
堯於是虐(乎)爲車十又(有)—輮(乘)

上(二)·容·五一
武王乃出革車—百輮(乘)

上（二）·民·五
「—至」既䎽（問）之矣

上（二）·民·五
此之胃（謂）—至

新甲三·一三四、一〇八
乙亥禱楚先與—山

新甲三·二三〇
☐☐又—☐白☐☐

新甲三·三三五
䢍一䙐（䙐）一牛，—☐

新甲三·一九五
☐嬖禱—山、祠☐☐

新甲二·二九
☐—宔（主）山？各一戠（瓶）☐

新乙四·二七
死（恒）由郙亥敚（說）於—殜（世）☐

新零·九九
☐於楚先與—山☐

九·五六·三七下
凡—子

九·五六·三九下
凡—亥

九·五六·一
舊二秓又—來

上（三）·周·一
六—

上（三）·周·八
—：畋（田）又（有）酓（禽）

上（三）·周·二三
吉。六—

上（三）·周·二七
九—

上（四）·内·八
祝於—祀

上（四）·曹·二六
—（伍）之閱必又（有）公孫公子

上（四）·曹·二六
—人吕敨（伍）

上（五）·三德·六
建—官弗敨（措）

上（五）·鬼·三
汲—（伍）子疋（胥）者

上（六）·莊·三
四與—之閒（間）虐（乎）

上（七）·君甲·三
—貞（鼎）竽祝（管）奠（掬）於前

上（七）·凡甲·四
—既（㤅）竝至

上（七）·凡甲·四
—言才（在）人

上（七）·凡乙·三
—既（㤅）竝至

上（七）·吳·九
自䁼（望）日吕（以）造（往）必—六日

清（一）·尹至·五背
—

清（二）·繫·四二
乃及秦𠂤回曹及—麋

清（二）·繫·七四
戕（莊）王立十又—年

清（二）·繫·八一
亓子—（伍）員與五（伍）之雞歸吴

 清(二)·繫·八一
亓子五(伍)員與—(伍)之雞逃歸吴

 清(二)·繫·八一
—(伍)雞迲(將)吴人以回州⿱來止

 清(二)·繫·八三
—(伍)員爲吴大宰(宰)

 清(二)·繫·九三
坪(平)公立—年

 清(二)·繫·一〇八
晉競(景)公立十又—年

 清(二)·繫·一〇九
晉柬(簡)公立—年

 清(三)·說上·五背
—

 清(三)·說中·五背
—

 清(三)·說下·五背
—

 清(三)·琴·五背
—

 清(三)·琴·八
—攺(啟)曰於(嗚)虐(呼)

 清(三)·芮·五背
—

 清(三)·芮·二〇
繅剸(斷)既政而—(互)想(相)柔訛

 清(三)·芮·二二
—(互)想(相)不疆(彊)

 清(三)·良·七
吴王光又(有)—(伍)之疋(胥)

 清(三)·祝·二
旨(詣)—尸(夷)

 清(三)·赤·五背
—

 清(四)·筮·死三
∧二二一—虘(虘)同

 清(四)·筮·得一八
∧∧一二∧頣(夏)見—

 清(四)·筮·志二九
亦然—

 清(四)·筮·乾四〇
內(入)月—日豫(舍)巽

 清(四)·筮·祟四三
—，寊(滅)宗

 清(四)·筮·祟四七
—，伏鐱(劍)者

 清(四)·筮·祟四七
弌(一)四弌(一)—

 清(四)·筮·祟四八
一四一—

 清(四)·筮·祟五〇
—、八乃啚(巫)

 清(五)·封·五背
—

 清(五)·命·五背
—

 清(五)·殷·五背
—

上(一)·性·三四 智(知)頪(類)—

包二·一五 僙—帀宵倌之司敗若敢告見日

包二·一五反 —帀宵倌之司敗告胃

仰二五·二三 —芏縫

仰二五·二九 —銖皿

天卜 —差各一牂

包二·二二九 —生

包二·二三三 —生

包二·一八五 —帀士尹宜咎

包二·一九一 —佗 人名

信一·〇五 必若—浴之溥

信二·〇二〇 —箕

帛乙四·八 —月

帛乙五·二二 —宎

包二·一一七 爲株昜貣郙異之金—益

包二·一四六 佶辶六敂李怲之金—益

包二·一一三 黄金—益

包二·一五五 政—連之邑於鼮王士

包二·一七三 —慶 人名

包二·一八一 —鄏 人名

包二·一八五 —子娉 人名

郭·五·一 —行

郭·五·六 —行皆型(形)于內而時行之

郭·窮·七 白(百)里迢遣五羊

上(二)·容·三四 𠫭(皐)秀(陶)乃—壤(讓)㠯天下之臤(賢)者

上(二)·容·一六 叏(辨)爲—音

上(一)·紂·一四 隹(惟)复(作)—虐之型(刑)曰金

上(二)·從(甲)·五 —德

上(二)·從(甲)·五 章(敦)—德

上(二)·從(甲)·五 —曰敬

新乙四·三六 ▨兩又—

上(二)·容·一七 垔(禹)乃—壤(讓)㠯天下之臤(賢)者

上(二)·容·二六 垔(禹)乃迥(通)三江—沽(湖)

上(二)·容·二七 垔(禹)乃從灘(漢)㠯南爲名浴(谷)—百

上(二)·容·二七—二八 從灘(漢)㠯北爲名浴(谷)—百

上(二)·容·二八—二九 —年乃壤(穰)

上(二)·容·三三 垔(禹)又(有)子—人

上(三)·周·五
九—

上(三)·周·一〇
九—

上(三)·周·一一
六—

上(三)·周·二五
六—

上(三)·周·四五
九—

上(三)·周·四九
六—

上(三)·周·五一
六—

上(三)·周·五七
九—

上(四)·柬·一五
中佘與—連少子及龍臣皆逗

上(四)·曹·一
南北—百

上(六)·孔·一四
易與民不飤—穀

上(六)·用·四
—井(刑)不行

上(六)·天乙·一一
古(故)龜又(有)—异(忌)

清(三)·説下·八
克漸(漸)—祀

清(四)·算·一一
—十……—

清(四)·算·一六
—十—……

清(四)·筮·得一八
《三《頭(夏)見—

清(四)·算·二〇
—六—一

清(四)·算·二一
—十—……

清(四)·筮·祟四五
—乃楒詖

清(四)·筮·祟四八
二—夾四

清(四)·筮·祟四九
—，乃瘧(狂)者

清(五)·厚·五背
—

清(五)·湯丘·一五
—味皆哉(緝)

清(五)·湯門·四
—以埂(相)之

清(五)·湯門·四
—以壐(將)之

清(五)·湯門·四
—以成人

清(五)·湯門·六
唯皮(彼)—味之燹(氣)

清(五)·湯門·七
—月或收(褒)

清(五)·湯門·一〇
—以埂(相)之

六

清（五）·湯門·一一 —以相之

清（五）·湯門·一八 —以塹（將）之

清（五）·湯門·一八 —以塹（將）之

清（五）·湯門·一九 以成—凸（曲）

清（五）·湯門·一九 以穗（植）—穀（穀）

清（五）·般·一一 —寶皃（變）色

×

清（四）·筮·爻五四 —（五）象爲天

清（四）·筮·地五六 昏（辰）戌—（五）

《說文》古文。

包二·九一 佶大戠—敂（令）周霰之人周雁

包二·一一八 賁郘異之金—益

包二·一四六 佶让—敂（令）李愔之金五益

包二·一五三 鄟一邑，凡之—邑

包二·二五九 —縫

包二·一二九 足金—匀（勻）

包二·一三〇 足金—匀

包二·一三〇 鄝勳或以足金—匀舍桊＝

信二·〇二三 —籲篓

天策 緅組之續十又—

望二·四六 —韇

曾二八 —轡

曾五七 —轡

曾九二 —轡

曾一〇〇 —翼之翯

曾一二八 —馬畫甲

曾一四八 ■凡新官之馬—犨

曾六二 屯—翼之

郭老丙·三 —新（親）不和

郭·五·四五 耳目鼻口手足—者

郭·六·一 此可胃（謂）—悳（德）

郭·六·八 ▨—立（位）也

郭·六·一〇 —戠（職）既分

郭·六·一〇 既又（有）夫—立（位）也

郭·六·一〇 以裕—悳（德）

郭·六·二三 —者客(各)行其戠(職)
九·五六·四 嚋五稅又—來
郭·六·三五 此—者客(各)行其戠(職)

郭·六·四三 君子明虛(乎)此—者
上(二)·容·三〇 复(作)爲—頪(律)六
上(二)·容·三〇 复(作)爲六頪(律)—

新甲三·二九四(零·三三四) 攻婁連爲攻人受—臣
新乙四·五八 ☒犧—女
新乙四·一三一 ☒—☒

曾五七 —琝
曾九五 —轡
上(二)·容·三五 王天下十又(有)—年而傑(桀)复(作)

郭·唐·八 —帝興於古
新甲三·二二〇 —鉒
九·五六·一 敔秭之—檐(擔)
九·五六·四六 —腗(擾)

上(三)·周·一 —四
上(三)·周·五 —晶(三)
上(三)·周·七 亡(无)咎。—

上(三)·周·八 上—
上(三)·周·九 初—
上(三)·周·一〇 上—
上(三)·周·一一 —五

上(三)·周·一二 —二
上(三)·周·一二 —五
上(三)·周·一三 上—
上(三)·周·一四 —二

上(三)·周·二〇 —二
上(三)·周·二二 —四
上(三)·周·二五 —五
上(三)·周·二 —四

上(三)·周·二六 初—
上(三)·周·二六 —二
上(三)·周·二七 上—
上(三)·周·三五 初—

上(三)·周·三七 初—
上(三)·周·三七 —晶(三)
上(三)·周·四〇 初—
上(三)·周·四五 上—

上（三）・周・四七 —二
上（三）・周・四九 —四
上（三）・周・四九 —五
上（三）・周・五〇 初—

上（三）・周・五三 —二
上（三）・周・五六 上—
上（七）・吳・九 自眭（望）日㠯（以）造（往）必五—日

清（一）・程・三 忎（祈）于—末山川
清（二）・繫・三四 立—年

清（二）・繫・五五 霝（靈）公高立—年
清（三）・說上・六背 —
清（三）・說中・六背 —

清（三）・說下・六背 —
清（三）・琴・六背 —
清（三）・琴・一〇 —攷（敵）曰亓（其）舍（余）湝（沖）人

清（三）・芮・六背 —
清（三）・赤・六背 —
清（四）・筮・死一 三三—虗（虛），亓（其）

清（四）・算・三 ——千三百—
清（四）・算・一 —七———
清（四）・算・一五 —三十—

清（四）・算・一五 ——…三—
清（四）・算・一八 —九———
清（四）・算・一九 —八———
清（四）・算・二〇 —七———

清（五）・厚・六背 —
清（五）・封・六背 —
清（五）・命・五 —亟（極）既達

清（五）・命・一〇 凡乓（厥）—者
清（五）・命・一一 是古（故）明王奉此—者

清（五）・湯門・四 —以行之
清（五）・湯門・七 —月生肉

七

卉

清(五)·湯門·一九
—以行之

清(五)·湯門·二〇
—以行之

清(五)·般·六背
—

清(四)·筮·地五五
卯酉(酉)—(六)

省形。

包二·一〇五
貣郕異之黃金—益以翟種

包二·一〇六
貣郕異之黃金—益以翟種

包二·一一〇
貣郕異之黃金—益以翟種

包二·一一四
貣郕異之黃金—益以翟種

包二·一〇八
貣郕異之黃金—益以翟種

包二·一〇九
貣郕異之黃金—益以翟種

包二·一一六
貣郕異之金—益

包二·一一八
貣郕異之金—益

包牘一
絑縞—翠䩡，戠羽

信一·〇三八
母教之—戠

信二·〇一二
緅與青絵之鞶囊—

信二·〇一三
—見景之衣

信二·〇一五
—布帩

望二·四八
—會紼

曾五八
—聚環

曾二一〇
—夫

九·五六·四
方—

上(二)·容·五—六
世=(三十)又(有)—年而民(泯)冬=(終)

上(二)·容·一七
垒(舜)又(有)子—人

上(二)·容·四七
—邦逨(來)備(服)

上(一)·性·三四
忎(愛)頪(煩)—

上(二)·從(甲)·八
從正(政)又(有)—幾(機)

上(二)·從(甲)·九
凸(凡)此—者

新零·三三九
☐君—日貞

新乙一·三一、二五
聿(盡)—月尚毋又(有)大☐

上(四)·曹·一
東西—百

上(五)·競·三
𦇧人之伓(背)者—百里

九

十 上（六）・天甲・一
凡天子—殜（世）

十 上（七）・武・一二
武王齋—日

十 清（二）・繫・一九
周惠王立十又—年

十 清（二）・繫・四五
晉文公立—年

十 清（二）・繫・八五
楚龍（共）王立—年

十 清（二）・繫・一〇二
—戠（歲）不解虢（甲）

十 清（二）・繫・一一四
楚柬（簡）大王立—年

十 清（三）・説中・七背
—

十 清（三）・説下・七背
—

十 清（三）・説下・七背
—

十 清（三）・琴・七背
—

十 清（三）・琴・一二
—攺（啟）曰思又（有）息

十 清（三）・芮・七背
—

十 清（三）・赤・七背
—

十 清（四）・算・一
—|—六—

十 清（四）・筮・十七命六二
㕣（凡）十—命

十 清（四）・算・一
—八—|—

十 清（四）・算・一四
—|・…六

十 清（四）・算・一四
—|—…三

十 清（四）・算・二〇
—|—…九—

十 清（四）・算・三
—|—百二十—

十 清（五）・厚・七背
—

十 清（五）・封・七背
—

十 清（五）・命・七背
—

十 清（五）・湯門・七
—月乃𦡊（肌）

十 清（五）・殷・七背
—

九 包二・二〇
—月

九 包二・二三
—月

九 包二・三六
—月

九 包二・四〇
—月

九 包二・一四五反
—月

九 包二・一七五
—月

九 包二・五二
—月

九 包二・九〇
—月

九 包二・九三
—月

九 包二・四五
—月

包二·四六 —月
望二·四九 —亡童
郭·老甲·二六 —成之臺甲▨
上(二)·容·一二 堯又(有)子—人

新甲三·四〇一 日於—月廌(薦)虘(且)禱之，吉
新乙四·一〇六 —月、十月又(有)外▨
九·五六·二八 —月

曾七〇 —羊
曾一二〇 遊車—䡅
曾一二一 逸車—
曾九 屯—翼之翻
曾六〇 —羊

曾一九五 凡䡅逸車—䡅
曾一九六 凡逸車—䡅
帛甲五·三 —州
帛甲六·二二 —天

香中大·二 亡(無)初又(有)冬(終)—
新甲三·一 —月▨
新甲三·二九二 馭昊(昃)受—臣
新甲三·二八二 聿(盡)割吕(以)—貼

新甲三·三二四 屈—之述
新乙四·一四四 —月

包二·三九 —月
包二·四二 —月
包二·二〇四 —月憙雀立
包二·二七三 —翠
信二·〇一八 小大十又—

上(二)·容·五 圭(匡)天下之正(政)十又(有)—年而王天下
上(二)·容·二四—二五 決—河之渫(阻)

上(二)·容·四一 湯於是虘(乎)謹(徵)—州之市(師)
上(二)·容·四四 是虘(乎)复(作)爲—城(成)之臺(臺)

上(二)·容·四五 於是虘(乎)—邦畔(叛)之
上(二)·容·四七 文王於是虘(乎)素耑(端)䙘(褰)裳吕行—邦
新甲三·二八二 禱吕(以)—▨

上(三)·周·一 上—
上(三)·周·二 初—
上(三)·周·一〇 —五
上(三)·周·一八 —二

九 上(三)·周·二〇 初—
九 上(三)·周·二七 —五
九 上(三)·周·三二 初—
九 上(三)·周·三二 —二

九 上(三)·周·三七 —二
九 上(三)·周·四〇 —晶(三)
九 上(三)·周·四一 —五
九 上(三)·周·四一 —四

九 上(三)·周·四五 —晶(三)
九 上(三)·周·四五 —五
九 上(三)·周·五〇 —晶(三)
九 上(三)·周·五一 —四

九 上(三)·周·五三 —晶(三)
九 上(三)·周·五三 —四…遊(旅)
九 上(三)·周·五八 —四

九 上(六)·用·五 —恵是鼎(貞)
九 清(二)·繫·四 立卌(三十)又—年
九 清(二)·繫·八 —年

九 清(二)·繫·五九 —月
九 清(三)·説下·八 天章之甬(用)—悳(德)
九 清(三)·説下·九背 —

九 清(三)·琴·一 䆜(琴)甹(舞)—絉(卒)
九 清(三)·琴·二 䆜(琴)甹(舞)—絉(卒)

九 清(三)·琴·九背 —
九 清(三)·琴·一五 —攺(啟)曰於(嗚)虖(呼)
九 清(三)·芮·九背 —

九 清(三)·赤·九背 —
九 清(四)·筮·得二〇 亼亼䟣(秋)見—
九 清(四)·筮·祟四三 —乃山

九 清(四)·筮·祟四七 —,戊(牡)祟(豦)
九 清(四)·筮·祟四九 —,乃户
九 清(四)·筮·祟五〇 —,粒、竑子

九 清(四)·筮·地五二 子午—
九 清(四)·筮·爻五六 —象爲大戰(獸)
九 清(四)·算·一 —十…—

清（四）·筮·九 |

清（四）·算·一二 —|…四—

清（四）·算·一二 —|…八百—

清（四）·算·一八 —十二|—|—

清（四）·算·二〇 —十…|—

清（五）·厚·九背 |

清（五）·封·九背 |

清（五）·命·五 —迁（間）具（俱）寘（塞）

清（五）·命·九背 |

清（五）·湯丘·二 —窔（竅）發明

清（五）·湯丘·八 以埶（設）—事之人

清（五）·湯門·四 —以成埅（地）

清（五）·湯門·四 —以成天

清（五）·湯門·八 —月䜌（顯）章

清（五）·湯門·一八 —以成埅（地）

清（五）·湯門·一八 唯皮（彼）—神

清（五）·湯門·一九 夫—以成天

清（五）·湯門·二〇 唯皮（彼）—神

清（五）·湯門·二〇 是胃（謂）—宏

清（五）·殷·九背 |

清（五）·殷·一〇 —牧九矣（有）廼（將）芒（喪）

清（五）·殷·一〇 九牧—矣（有）廼（將）芒（喪）

清（五）·殷·二三 我畄（寅）晨共（降）䔹（在）—厇（宅）

清（五）·殷·二六 神民並蠢（尤）而—（仇）悁（怨）所聚

鈗

包二·一二〇 下鄗蔽里人余韻告下鄗—執事人昜城公䍩睪

禽

上（三）·周·八 畋（田）又（有）—（禽）

上（三）·周·一〇 遊（失）前—（禽）

上（三）·周·二八 畋亡（无）—（禽）

上(三)·周·四四 舊莯亡(无)—(禽)

清(三)·祝·四 䠶(射)—也

帛甲二·二八 爲禹爲—

郭·老甲·一二 是古聖人能尃(輔)—勿(物)之自肰(然)

郭·老甲·一三 而—勿(物)牆(将)自愚(化)

郭·老甲·一四 —勿(物)牆(将)自定

郭·老甲·一七 —勿(物)復(復)而弗忖始也

郭·老甲·一九 —勿(物)牆(将)自宜(賓)

郭·緇·二 —邦乍(作)孚

郭·性·一〇 或—(厲)之

郭·性·二 —(厲)眚(性)者

上(二)·容·一〇 —邦之君皆㠯亓邦壤(讓)於叚(賢)

上(二)·容·四三 無—(勵)於民

上(五)·鬼·二 汲(及)桀受學(幽)—(厲)

上(七)·武·一五 而敬者—殜(世)

上(七)·君甲·九 受(紂)幽—(厲)殄(戮)死於人手

上(七)·君乙·八 桀受(紂)幽—(厲)殄(戮)死於人手

上(七)·凡甲·二九 豸(貌)言而—民之利

清(一)·保·五 不諱(違)于庶—眚(姓)之多欲

清(一)·耆·九 —壽亡疆

清(一)·皇·四 百眚(姓)—民

清(一)·祭·一四 至于—啻=(億)年

清(一)·祭·一七 亓(其)皆自寺(時)审(中)㝵(×)—邦

清(二)·繫·二 —民弗刃(忍)于氒(厥)

清(二)·繫·一三二 與亓(其)—民於奠(鄭)

清(三)·說下·五 女隹又—𦒚(壽)才乃政

清(三)·說下·六 女亦隹又—福𦒚=才乃備

清(三)·説下·九 余不克辟—民

清(三)·芮·五 君子而受柬—民之咎

清(三)·芮·一五 —民具(俱)慭(慭)

清(五)·厚·五 埶(設)—邦

清(五)·湯丘·八 以和利—民

清(五)·湯門·一五 民長—(賴)之

蠆

郭·老丙·一三 是以能補(輔)—(萬)勿(物)之自肰(然)

郭·緇·一三 —(萬)民贎(賴)之

郭·太·七 —(萬)勿(物)母

郭·太·七 以忌(紀)爲—(萬)勿(物)經

上(二)·容·五一 □(帶)虐(甲)—(萬)人

上(二)·子·一 坪(平)—邦

上(二)·民·一四 㠯畜—邦

上(一)·紂·一 —(萬)邦复(作)及

上(一)·紂·八 —(萬)民試之

上(三)·中·三 子又(有)臣—(萬)人

上(四)·曹·五 敔(曹)—(沫)曰

上(四)·曹·一二 兼悉(愛)—(萬)民

上(四)·曹·六一 —(萬)民

上(四)·曹·六三 乃自怂(過)㠯敚(悅)於—(萬)民

上(五)·君·一一 絧(治)—(萬)室之邦亦樂

清(五)·命·一一 以牧—(萬)民

禹

清(三)·良·一 䆁(舜)又(有)—

垔

郭·尊·五
—(禹)以人道訇(治)其民

郭·尊·六
桀不易—(禹)民而句(後)亂之

郭·尊·六
—(禹)之行水

郭·緇·一二
—(禹)立三年

郭·唐·一〇
—(禹)紿(治)水

郭·成·三三
大—(禹)曰

九·五六·三九下
嗌淒—之火

上(二)·容·一七
見—(禹)之臤(賢)也

上(二)·容·一七
—(禹)乃五壤(讓)吕天下之臤(賢)者

上(二)·容·一八
—(禹)聖(聽)正(政)三年

上(二)·容·一八
—(禹)乃因山陵(陵)坪(平)徑(隰)之可坢(封)邑

上(二)·容·二二
—(禹)必速出

上(二)·容·二〇
—(禹)猷(然)句(後)紿(始)爲之虔(號)罪(旗)

上(二)·容·二二
—(禹)乃書(建)鼓於廷

上(二)·容·二一
—(禹)猷(然)句(後)紿(始)行吕會(儉)

上(二)·容·二三
乃立—(禹)吕爲司工

上(二)·容·二三
—(禹)既已

上(二)·容·二四
—(禹)親執枌〈朸〉(耒)耙(耜)

上(二)·容·二五
—(禹)乃迵(通)蔞與湯

上(二)·容·二六
—(禹)乃迵(通)三江五沽(湖)

上(二)·容·二五
—(禹)迵(通)淮與忻(沂)

上(二)·容·二六
—(禹)乃迵(通)泿(伊)、洛

上(二)·容·二七
—(禹)乃從灘(漢)吕南爲名浴(谷)五百

上(二)·容·二七
—(禹)乃迵(通)經(涇)與渭

上(二)·容·三三
—(禹)又(有)子五人

上(二)·容·三四
—(禹)於是虐(乎)壤(讓)益

禼　畕　獸

上（二）·子·一〇 是—（禹）也

上（一）·紂·七 —（禹）立厽（三）年

上（四）·曹·六五 亦隹（唯）龏夫—（禹）康（湯）傑受矣

上（五）·君·一四 肰（然）則臤（賢）於—（禹）也

上（五）·君·一五 夋（舜）𠭯（？）與—（禹）箸（孰）臤

上（五）·君·一五 —（禹）紂（治）天下之川▨

上（五）·鬼·一 昔者堯夋（舜）—（禹）湯

禼

上（二）·子·一〇 —（契）之母

讀與偰同。

上（二）·子·一二 是—（契）也

畕

包二·一六八 —善之人苛𣶃

天策 —笞

帛甲四·二〇 二日朱四—

以畕爲單，即單之異體。

獸

上（四）·曹·五七 善—（守）者奚女（如）

戰

包二·二一 不逗寨—黄辱、黄蚰以廷

包二·一四二 鄢—之以告

包二·一五〇 邛昜之牢审—竹邑人宋𪔂

包二·一八三 𥐰—邻邑公姦

雨二一·四 ▨之宫爲濁—金羿▨

天卜 旣逗於王以爲頣戻—適返迟遾

郭·老甲·一九 侯王女（如）能—（守）之

郭·老甲·二四 —（守）中

郭·老甲·三三 攫鳥猷（猛）—弗扣（敂）

郭·老甲·三八 莫能—（守）也

郭·六·四三 能—（守）弌（一）曲安（焉）

郭·緇·三八 齊而—（守）之

甲

上(二)·從(甲)·一 夫是則—(守)之㠯信

上(二)·容·二 虘(跛)巋(躃)—(守)門

上(二)·容·五 肣(禽)—(獸)朝

上(二)·容·一六 肣(禽)—(獸)肥大

上(四)·昭·八 老臣爲君王—(守)

上(五)·季·一九 足言而簹(密)—(守)之

上(五)·三德·二〇 㥶(慎)—(守)虛詶

上(五)·鬼·六 頪(類)—非鼠

上(五)·鬼·六 象皮(彼)—鼠

清(一)·尹誥·一 非民亡與—(守)邑

清(二)·繫一·六 以—(守)周之坴(墳)蓠(墓)

清(四)·筮·爻五六 九象爲大—(獸)

上(四)·曹·一三 —(守)鄾(邊)城奚女(如)

上(五)·競·一〇 俚(朋)堂(黨)、羣—(獸)畫(遷)

上(七)·武·四 息(仁)㠯(以)—(守)之

上(七)·武·五 息(仁)㠯(以)—(守)之

上(七)·武·五 不息(仁)㠯(以)—(守)之

包二·一二 —戌之日

包二·二八 —戌之日

包二·二九 —戌之日

包二·四七 —辰之日

包二·二〇 —辰之日

包二·八〇 —辰之日
包二·一六二 —寅
包二·一七九 頭脣—寅
包二·一四五反 —戌之日
包二·一七四 —戌

包二·一六反 —申王諨
包二·一四五反 九月—申之日
包二·一六五 —申
包二·一八一 —申
包二·一八五 —辰

包二·二一八 —寅之日
包二·一三二反 —午之日
包二·一七二 —午
包二·一九二 —午
天卜 —午之夕

郭·老甲·二六 九成之臺—☐
新甲三·八〇 —戌之日
新甲三·一一九 ☐—戌之昏以起乙亥之日廌（薦）之

新乙四·一四四 —申之日

包二·八二 —寅之日
包二·九〇 —辰之日
秦九九·一 —申之夕
天卜 —寅之日
望一·一三七 —戌

望一·一三二 —斋
望一·一六一 —子之日
新甲三·一三四、一〇八 ☐—戌閗（鬭）
上（三）·周·一八 逡（後）—晶（三）日

上（三）·周·一八 选（先）—晶（三）日
清（四）·筮·天四三 三乾（乾）—壬

九·五六·四〇 壬、癸、—、乙不吉
九·五六·三八 —、乙吉
九·五六·三九 —、乙城（成）日
清（二）·繫·一三七 —戌，晉楚以戰（戰）

曾四三 三吳—
曾四三 兩馬之䩢—
包二·四六 —辰之日
曾六一 二真吳—
曾一二三 一真吳—

曾一三八 一真吳—
曾一二二 鸞=之形—
曾一二五 鸞=形—
曾一三五 鸞=形—
曾一二四 鸞=畫甲

乙

曾一二七 鷥=畫—
曾一三七 鷥=畫—
曾一二五 一吴—
曾一二八 一吴—
曾一二九 一吴—

曾一二六 一楚—
曾一三一 一楚—
曾一三六 一楚—
曾一二八 二吴—
曾一三一 二吴—

曾一三〇 䮂=索—
曾一三〇 一索楚—
曾一三七 備—
曾一二八 六馬畫—

包二·八九 遠— 人名
包二·一二〇 —卯之日
包二·一八一 番— 人名
包二·一九 —丑之日
包二·一八四 —丑

包二·四一 —未之日
包二·七〇 —未之日
包二·一八七 䪼栾—丑
包二·一九七 —未之日
包二·二〇九 —丑之日

包二·二一六 —丑之日
包二·一四一 —巳之日
包二·一四三 臭月—巳之日
包二·二七 —亥之日
包二·一六四 —亥

包二·一七一 —亥
包二·三六 —巳之日
包二·七五 —巳之日

新甲三·二一七 —丑之日
新乙一·一二 —巳之日
新乙一·一八 —巳之日
新甲三·一三四、一〇八 —亥禱楚先與五山

新乙四·九八 —卯之日
新零·二一四 —睘(亥)之日
新零·二五七 —嬛(亥)之日
新零·一〇三 —巳之日

天卜 —巳又閒
包二·一九九 —未之日
新甲三·一一三 —卯之日

包二·二二八 陞— 人名
包二·二三九 陞—
包二·二四一 陞—
包二·七 —栖之日
包二·一六七 —栖

包二·一九 —亥之日
包二·四〇 —未之日
望一·二 —酉之日
望一·二 —酉之日
望一·六六 —丙

望一·九〇 —丑之日
望一·九〇 —丑
帛丙一·三 —則至
九·五六·三八 甲、—吉
九·五六·三九 甲、—城(成)日

九·五六·七九 —壘(星)□()
清(四)·筮·天四四 〈〈臾(坤)—癸

上(二)·容·一 椲—是(氏)

乾

清(四)·筮·貞二七 三〈〈—(乾)之
清(四)·筮·乾三九 㠯(凡)—(乾)
清(四)·筮·乾四〇 —(乾)臾(坤)長(當)艮

清(四)·筮·乾四〇 —(乾)臾乃各彶(返)亓所
清(四)·筮·乾四〇 臾朔之日逆—(乾)以長巽
清(四)·筮·天四三 三—(乾)甲壬

清(四)·筮·祟四三 —(乾)祟:屯(純)、五,寷(滅)宗

亂

郭·尊·六 桀不易堣(禹)民而句(後)—之

《三體石經》亂之古文。

郭·尊·二二 桀不胃(謂)其民必—

郭·尊·二三 而民又(有)爲—矣
郭·尊·二五 殜(世)此—矣
郭·唐·二八 —之至

包二·一九二 楊—人鄰齊
帛甲七·二八 碧禕—乍
帛乙一·二四 —達其行
帛乙四·一二 是胃—紀
帛乙四·二七 日月既—

帛乙七·二五 日月皆—
帛丙八·四 又大—
上(二)·容·四三 而紿(治)—(亂)不㝡

上(一)·孔·二三
𠳋(以)御—(亂)

上(三)·周·四二
乃—(亂)卤哰(萃)

上(三)·亙·八
—(亂)出於人

上(三)·亙·八
又(有)紿(治)無—(亂)

上(五)·鬼·二
—(亂)邦豙(家)

上(五)·鬼·三
天下之—(亂)人也

清(三)·琴·四
—(亂)曰已,不曹(造)𢦏(哉)

清(三)·琴·六
—(亂)曰非天詮(廞)悳(德)

清(三)·琴·八
—(亂)曰𢘍(適)亓(其)㬎(顯)思

清(三)·琴·九
—(亂)曰恒(桓)爯(稱)亓又(有)著(若)

清(三)·琴·一一
—(亂)曰弻(弼)敢巟(荒)才立(位)

清(三)·琴·一二
—(亂)曰仡舍龏耆訇

清(三)·琴·一四
—(亂)曰良悳亓女(如)訇

清(三)·琴·一六
—(亂)曰訖(適)我敬之

清(三)·赤·一三
是思(使)句(后)𦔻—(亂)甘心

清(五)·殷·一一
而星月—(亂)行

清(五)·殷·一二
古民人迷—(亂)

嗂

九·五六·二八
必或—(亂)之

上(五)·季·一〇
好殺則复(作)—(亂)

上(五)·季·二二
才(災)逡⁼(後之)殜(世)比—(亂)

清(五)·命·八
訇(殆)於—(亂)矣

嗂

郭·成·三二
是古(故)小人—(亂)天棠(常)以逆大道

上(二)·從(甲)·二
其—(亂)

上(二)·從(甲)·九
☐則民复(作)—(亂)

上(二)·從(乙)·三
不紿(治)則—(亂)

上(四)·內·一〇 才(在)大不—(亂)

清(五)·湯門·九 燹(氣)逆—(亂)以方

清(五)·湯門·一六 正(政)仳(禍)—(亂)以亡(無)祟(常)

嚻 清(三)·琴·三 —(亂)曰訖(適)我個(夙)夜不免(逸)

嚶 上(五)·鮑·八 晉邦又(有)—(亂)

丙

丙

[丙口]

包二·三一 鄦— 人名

包二·五〇 鄦—

包二·一九一 鄦—

包二·三六 —戌之日

包二·六八 —戌之日

包二·一六六 —寅

包二·一六八 —午

包二·一七五 —午

天卜 —戌之日

望一·九 —辰之日

望一·六六 —丁

包二·一七一 —戌

包二·一八一 —戌

包二·一七三 —辰

包二·一八四 —申

包二·一八三 鄜— 人名

包二·五四 —辰之日

包二·一六八 —辰

包二·一八五 —午

包二·四二 —申之日

包二·一六五 —申

包二·一八五 —申

包二·一六三 —寅

包二·一八六 —辰

包二·二二五 —辰之日

天卜 —午之日

天卜 —辰之日

望一·六八 乙—少☐

帛丙一·三 —子

九·五六·三九 —丁吉

九·五六·四〇 (丙)、丁城(成)日

新零·一〇九 ☐之，—(丙)昏(辰)之日

新零·四一八 —(丙)☐

丁

清（二）·繫·一三八 —（丙）子，齊𠂤（師）至喦，述（遂）還

清（四）·筮·天四五 亾良—（丙）

包二·一二 郳公—

包二·八一 競— 人名

天卜 鹽—

天卜 鹽—

望一·一〇 —巳之日

郭·窮·四 堣（遇）武—也

新甲一·三 —巳之日

新甲二·六、三〇、一五 —巳之日

新甲三·四二 —酉之日

新甲三·三四 —酉☒

新甲三·二五八 —巳之日

新乙四·一〇五 —嬛（亥）之日

新乙四·一〇二 —睘（亥）之日

新零·二〇六 ☒□尹—，㠯（以）長☒

新零·二七一 ☒—丑之日

新甲三·一七八 —巳之日

清（一）·程·二 宗—敝（祓）大（太）子發

清（三）·說中·一 武—朝于門

清（三）·良·二 武—又（有）敖（傅）鵅（説）

清（四）·筮·天四六 亾兑—

清（五）·厚·一一 引（矧）其能—良于𦍒（友）人

清（五）·封·二 則隹（惟）女（汝）吕—

清（五）·封·七 王曰於（嗚）虖（呼），—，戒才（哉）

秦一三·二 —丑之日

包二·四 —巳之日

九·五六·九四 —巳夂（終）丌（其）身

九·五六·四〇 㐭（丙）、—城日

九·五六·三九 㐭（丙）、—吉

九·五六·九四 —亥又（有）靁（靈）

清（三）·說中·二 武—曰來各（格）女（汝）敓（說）

清（三）·芮·六 亓由不邋（摄）—（停）

清（三）·赤·一五 是㠯爲埤（陴）—者（諸）塵

清（四）·筮·得一一 亾亾見—譻（數）

戊

包二·一二一 —巳之日
包二·二六七 —亥之日
秦一三·八 —丑之日
天卜 盬— 人名

包二·一二八 王—司敗逿
包二·一四一 王—司敗逿
包二·一四三 王—司敗逿
包二·一九六 所諨於王—司敗逿

新甲二·二二、二三、二四 —巳之日

包二·三一 —寅之日
包二·三九 —申之日
包二·四二 —戌之日
包二·五三 —午之日
包二·四八 —申之日

包二·六〇 —午之日
包二·九七 —戌之日
包二·一二五 邵—之笑邑
包二·三二 —寅之日
包二·六四 —寅之日

包二·六五 —寅之日
包二·一六九 —寅
包二·一八四 —寅
包二·一二五 —寅之日
包二·一六五 —午

包二·一八七 —午
天卜 —申
包二·一六七 —辰
包二·一八七 八月—辰

郭·老甲·三四 未智(知)牝—(牡)之合𢎞(朘)荍(怒)
郭·六·二八 紝(疏)衰齊—(牡)𣏟(麻)實(經)

新甲一·一〇 ☒贛(貢)。凡是—唇(辰)以飤(會)已巳禱之
新甲三·一二六、零·九五 ☒—申之夕以起己☒

清(一)·保·一 —子自演〓(瀆水)
清(三)·說上·四 生二—(牡)豕
清(三)·說下·八 隹寺(時)大—盍(謙)曰

清(三)·說下·八 昔在大—
清(四)·筮·享三 ☰☰月夕屯(純)—(牡)
清(四)·筮·祟四七 九,—(牡)祟(虖)

成

包二·九五 —午之日

包二·四一 —申之日

包二·四六 —申之日

包二·九二 —申之日

包二·九三 —申之日

包二·五八 —午之日

包二·一九〇 —寅

包二·一六二 —寅

包二·三〇 —寅之日

上(二)·容·五一 —午昔〻(之日)

清(四)·筮·天四七 亼裳(勞)—

成

包二·九一 —唯 人名

包二·一二〇 昜—公

包二·一二一 昜—公

包二·一四五 —昜辻尹—以告子司馬

天策 司— 職官名

上(一)·紂·二一 北(必)見亓(其)—

上(二)·容·五二 受不智(知)亓未又(有)—正(政)

上(二)·容·五〇 —悳者

帛乙一〇·二九 —隹天□

帛丙二·四 不—

曾一五一 鄭—之騮爲右驂

曾二一一 鄭—一馬

郭·忠·七 羣勿(物)皆—

新甲三·一〇 君牆(將)又(有)志—也。▨

新甲三·四五 既—▨

新甲三·一六 ▨少(小)臣—迷(速)瘳，是▨

新甲三·六一 ▨—敢甬(用)解訛懌悥(忧)，若

新甲三·六四 ▨□少(小)臣—奉邁戲

新甲三·六五 休有—慶

新乙四·七〇 ▨少(小)臣—拜〻(拜手)䭬〻(稽首)

新乙四・二八 臣—敢☐

新零・九、甲三・二三、五七 少(小)臣—蓦(暮)生畢孤☐

新零・五八 ☐□—逾☐

新零・一〇六 ☐臣—之☐

新零・一九八、二〇三 少(小)臣—敬之瞿☐

上(三)・周・五 亡(无)—

上(三)・周・一五 —又(有)愈(渝)

上(四)・昭・一 室既—

上(四)・曹・四〇 既—耆(教)矣

上(四)・曹・四三 三軍未—

上(四)・曹・四六 乞—則惕(易)

上(五)・姑・一 姑(苦)—(成)彖(家)父事敕(厲)公

上(五)・姑・二 告姑(苦)—(成)彖(家)父曰

上(五)・姑・五 姑—(成)彖父乃寍百籙

上(五)・姑・九 姑—(成)彖父尃(捕)長魚翯

上(五)・姑・一〇 姑—(成)彖(家)父立死

上(五)・三德・八 唯(雖)—弗居

上(五)・三德・一七 不攸(修)亓—

上(六)・競・四 木爲—於宋

上(六)・用・三 亓(其)又(有)—悳(德)

清(一)・皇・四 用克和又(有)—

清(一)・皇・一一 獄用亡(無)—

清(一)・楚・九 至—王自箬郢遻衮湫涅

清(一)・楚・四 室既—

清(二)・繫・九 止于—周

清(二)・繫・一三 —王屎伐商邑

清(二)・繫・一四 —王伐商盍

清(二)・繫・一五 止于—周

清(二)・繫・一七 周—王

清(二)·繫·二〇 齊趄公會者侯以—(城)楚丘

清(二)·繫·二一 —公卽立(位)

清(二)·繫·二九 是生桌(堵)囂(敖)及—王

清(二)·繫·二九 文王以北啟出方—(城)

清(二)·繫·四一 楚—王

清(二)·繫·四八 囟(使)歸(歸)求—

清(二)·繫·五九 宋人女(焉)爲—

清(二)·繫·六一 奠(鄭)—公自䜌(厲)逃歸

清(二)·繫·六一 晋—公會者侯以栽奠(鄭)

清(二)·繫·六二 晋—公卒(卒)于扈

清(二)·繫·六三 奠(鄭)人爲—

清(二)·繫·六四 郘(趙)罾(旃)不欲—

清(二)·繫·七一 齊人爲—

清(二)·繫·八六 囟(使)歸(歸)求—

清(二)·繫·八七 旻(且)許—

清(二)·繫·八七 虘(且)攸(修)—

清(二)·繫·八八 或(又)攸(修)—

清(二)·繫·八八 王或叏宋右帀芋孫兀(元)行晋楚之—

清(二)·繫·九五 以爲—於晋

清(二)·繫·一二〇 齊與戉(越)—

清(二)·繫·一二三 齊與晋—

清(三)·良·四 述差—王

清(三)·良·五 楚—王又命(令)君(尹)子蘛(文)

清(四)·筮·成二八 ≪≫𠚤(凡)—，同

清(四)·筮·成二九 ≡≫乃—

清(四)·筮·成三一 ≪≦不—

清(五)·封·三 咸—商邑

清(五)·命·一 □生民而—大命

清(五)·命·一 少(小)命日—

清(五)·命·一三 正(政)不—

清(五)·命·一四
正(政)—則不長

清(五)·湯丘·三
未—，少(小)臣又(有)疾

清(五)·湯門·二
則可(何)以—人

清(五)·湯門·二
可(何)以—邦

清(五)·湯門·二
可(何)以—埅(地)

清(五)·湯門·二
可(何)以—天

清(五)·湯門·三
幾言—邦

清(五)·湯門·三
幾言—埅(地)

清(五)·湯門·三
幾言—天

清(五)·湯門·三
幾言—人

清(五)·湯門·四
五以—人

清(五)·湯門·四
四以—邦

清(五)·湯門·四
九以—埅(地)

清(五)·湯門·四
九以—天

清(五)·湯門·八
十月乃—

清(五)·湯門·一〇
夫四以—邦

清(五)·湯門·一三
悳(德)濬明執訐(信)以義—

清(五)·湯門·一四
可以寀(保)—

清(五)·湯門·一四
悳(德)弇(變)亟執譌以亡—

清(五)·湯門·一四
唯(雖)—或(又)澀(瀆)

清(五)·湯門·一六
正(政)柬(簡)以—

清(五)·湯門·一八
九以—埅(地)

清(五)·湯門·一九
以—五凸(曲)

清(五)·湯門·一九
夫九以—天

包二·一四七 将以—收

新零·三五二 ☐於—祼(祼)慶☐

清(一)·保·九 至于—康(湯)

郭·緇·三五 以—其信

己

包二·三一 不逞鄗之—里人青辛以廷

包二·一五〇 盤— 人名

包二·一八三 鄰— 人名

包二·一七三 —未

包二·一八七 —未妄婦壬女

包二·一八〇 亯月—巳

包二·一二八 —酉之日

包二·二一八 臭月—酉之日

包二·三四 —丑之日

包二·一九六 八月—巳

包二·二一 —巳之日

包二·二二 —巳之日

包二·一七六 十月—丑

包二·一九一 —丑

包二·四〇 —栖之日

包二·六五 —丑之日

包二·六九 —丑之日

包二·一六五 —丑

包二·四三 —亥

包二·七八 —亥之日

包二·二三 —巳之日

包二·一六三 —巳

包二·一九六 亯月—巳

包二·三七 —丑之日

包二·三八 —丑之日

包二·三九 —丑之日

包二·一六五 頙栾—亥

包二·一八五 九月—亥

包二·一九二 臭月—亥

包二·二二八 —卯之日

包二·二三〇 —卯之日

常一 —丑之日

天卜 —丑

天卜 —栖之日

天卜 臭月—酉之日

天卜 —卯之日

望一·二 —酉之日

望一·一三二 —未之日

新甲三·五一 —巳之日☐

包二·一五七反 —亥之日

望一·二七 —未又閒

望一·一〇六 —巳内斋

新甲三·二六 ☐歲，八月，—未之日

己 新甲一・一〇 ▨贛(貢)。凡是戊昏(辰)以飤(會)—巳禱之

己 新甲三・一四四 ▨起—酉禱之▨

己 新甲三・三四三—一 佖(遷)—之述

己 新甲三・一二六、零・九五 ▨戊申之夕以起—▨

己 新甲三・一六三 八月辛—之夕歸一璧於▨

己 新乙一・一六 —巳之日

己 新乙一・四、一〇、乙二・一二 —丑(之日)

己 新乙一・二八 —丑之日

己 新乙一・一七 —卯之日

己 新乙一・二六、二 —巳之日

己 新乙二・五 ▨戊申以起—酉禱之▨

己 新乙三・四九、乙二・二一 —丑之日▨

己 新乙四・四 —亥之日

己 新乙四・五 —未之夕

己 新乙四・八二 —未之日

己 新乙四・一〇九 —未之日

己 新零・二七二 —未▨

己 九・五六・一〇二 —啻□之

己 九・五六・一〇一 □□柰—壬□□

己 包二・二二六 —卯之日

己 包二・二四五 —卯之日

己 包二・二四七 —卯之日

己 包二・二三二 —卯之日

己 包二・二三四 —卯之日

己 包二・二三六 —卯之日

己 郭・語三・五 不我(義)而加者(諸)—

己 郭・語四・四 亞(惡)言復—而死無日

己 上(五)・競・二 詈(譔)祖—而昏(問)安曰

己 上(五)・競・二 祖—會(答)曰昔先君祭

己 清(一)・保・一 —丑沓(昧)爽□□□□□□□□□□

己 清(四)・筮・天四八 亼羅(離)—

己 清(五)・湯門・一 貞(正)月—啻(亥)

己 郭・成・一〇 是古(故)君子之求者(諸)—(己)也深

己 郭・成・一九 戚(就)反者(諸)—(己)而可以智(知)人

郭·尊·一〇
又(有)智(知)—(己)而不智(知)命者

郭·尊·一〇
亡智(知)命而不智(知)—(己)者

上(一)·紂·七
則民至(致)行—(己)勸(以)兑(悦)上

郭·成·一
求之於—(己)爲亙(恒)

郭·性·一二
快於—(己)者之胃(謂)兑(悦)

郭·成·二〇
谷(欲)人之敬—(己)也

郭·語四·二
坙(來)言剔(傷)—(己)

郭·窮·一五
古(故)君子惇於恆(反)—(己)

上(四)·內·八
如芷(從)—(己)迟(起)

上(五)·姑·五
必思君㝵(得)志於—(己)

上(五)·姑·九
乃命長魚矯—(己)

上(六)·用·一三
不—(忌)於天

上(六)·用·一三
而—(忌)於人

清(二)·繫·二七
鄀(蔡)侯智(知)賽(息)侯之誘—(己)也

郭·語一·七二
而亡非—(己)取之者

郭·成·二〇
是古(故)谷(欲)人之悉(愛)—(己)也

郭·成·三八
言新(慎)求之於—(己)

楚之㠱，皆爲己之異寫。

㠱 异

郭·緇·一一
則民至行—㠱(己)以敓(悦)上

包二·六九
墬— 人名

包二·一一二
正昜公—

包二·一七六
墬— 地名

包二·一八二
𩁹— 人名

上（五）・君・一三 非以爲—（己）名

上（五）・君・一四 □非以—（己）名

郭・尊・五 學—（己）也

上（二）・從（乙）・一 則自—（忌）司（始）

上（二）・從（甲）・八 行在—（己）而名在人

庚

包二・七 憙之子—一夫居郢里

包二・八 —之子昭一夫

包二・八五 宋— 人名

包二・一一五 —午之日

包二・一一四 州司馬—爲州貣郟異之黄金十益以翟種

包二・一八三 周— 人名

包二・二二〇 —辛又閒

磚三七〇・二 —子之夕

秦九九・一五 —子之日

天卜 —戌之日

天卜 八月—辰之日

天卜 十月—辰之日

望一・一三二 —申

望一・一三二 —申内斋

曾一正 —申

九・五六・三七 —、辛城（成）日

九・五六・三九 —、辛、壬、癸不吉

九・五六・四〇 —、辛吉

新甲三・一〇九 ☐□簸。—申之昏以起辛酉之日禱之☐

新甲三・二二一 —昏（辰）之日

上（五）・季・二 —子曰

上（五）・季・一四 —（康）子曰

上（六）・慎・二 弜弖（以）—志

清（一）・皇・一 隹（惟）正月—午

清（二）・繫・一八 衛人自—（康）丘疊于沂衛

清（二）・繫・一八 乃先建衛（衛）弔坓（封）于—（康）丘

清（四）・筮・天四九 ☐瞿（震）—

清（五）・厚・四 不盤于—（康）

清（五）・厚・一三 亦隹（惟）酉（酒）甬（用）—（康）樂

辛

磚三七〇・三 —子之夕

上（五）・鮑・四 —（更）民轄（怫）樂

包二・三一 青— 人名

包二・五〇 郙— 人名

包二・一〇九 黃— 人名

包二・一六六 子西戱尹之人—

包二・二一 —未之日

包二・二二 —未之日

包二・二四 —未之日

包二・二五 —未之日

包二・六〇 —未之日

包二・六一 —未之日

包二・三二 —巳之日

包二・三三 —巳之日

包二・三四 —巳之日

包二・四三 —巳之日

包二・四四 —巳之日

包二・六八 —巳之日

包二・六九 —巳之日

包二・八七 —巳之日

包二・一四〇 —巳之日

包二・一九三 —巳

包二・一九四 —巳

包二・五七 —酉之日

包二・六一 —酉之日

包二・一六六 —酉

包二・一八六 —酉

包二・七六 —丑之日

包二・一六八 —丑

包二・四五 —丑之日

包二・七二 —丑之日

包二・五三 —亥之日

包二・七三 —亥之日

包二・五四 —亥之日

包二・七一 —亥之日

包二・一六八 —亥

包二・一八九 —亥

秦一・一 —未之日

天卜 —丑憙之

望一・六七 —壬戱▨

望一・七 —未之日

九・五六・三七 庚、辛城（成）日

九・五六・三九 庚、—、壬、癸不吉

九・五六・四〇 庚、—吉

新甲二・七 —酉之▨

新甲三・四六 —酉之日禱之

新甲三・一六三 八月—巳之夕歸一璧於▨

新乙一・二一、二三 —未之日禱之▨

辠

新乙三・二九
—酉之□

新乙三・六〇、乙二・一三
八月—酉□

新乙四・六八
—亥之□

新乙四・一二六
—酉之日

新零・三一五
—酉□

上（二）・民・六
—可旻（得）而䎽（問）也

清（一）・耆・二
—公証虘（甲）爲立（位）

清（四）・筮・天五〇
三〈巽—

郭・老甲・五
—（罪）莫厚（重）虐（乎）甚（淫）欲

郭・五・三五
又（有）大—（罪）而大鼓（誅）之

郭・五・三八
又（有）少（小）—（罪）而亦（赦）之

郭・五・三八
又（有）大—（罪）而大鼓（誅）之

郭・五・三八
又（有）大—（罪）而弗大鼓（誅）也

郭・五・三九
又（有）少（小）—（罪）而弗亦（赦）也

郭・唐・一二
—（罪）淫祛（？）□

上（二）・容・四八
百眚（姓）亓可（何）—（罪）

上（三）・中・八
—，正（政）之佁（始）也

上（三）・中・一〇
惑（赦）怂（過）譽（與）—

上（四）・昭・七
不隻（獲）寅（引）頸之—（睪）

上（四）・昭・八
臣—（罪）亓（其）宊（容）於死

上（四）・昭・九
此則僕（僕）之—（罪）也

上（四）・曹・二一
坓（刑）罰又（有）—

上（四）・曹・二七
毋—百眚（姓）

上（四）・曹・三七
毋辟（避）—

上(五)·競·二　羣臣之—(罪)也
上(五)·季·二〇　大—(罪)則夜(處)之㠯(以)型(刑)

上(五)·季·二〇　𡒊—(罪)則夜(處)之㠯(以)罰
上(五)·季·二一　大—(罪)殺之

上(五)·季·二二　臧(臧)—(罪)型(刑)之
上(六)·孔·四　女(如)子—(罪)悬(仁)

上(六)·用·一五　—(罪)之枝葉
清(一)·皇·八　不肯惠聖亡(無)—(罪)之詞(辭)

清(一)·祭·一五　女母(毋)以戾孽—𡠌(時)寞(遠)大邦
清(二)·繫·五一　死人可(何)—(罪)

清(三)·琴·八　日內(入)—亹(舉)不盜(寧)

清(二)·繫·五二　生人可(何)—(辜)

辜　姑

包二·二四八　甶(思)攻解日月與不—　《說文》古文。

辯

郭·五·三七　不匿，不—(徧)於道
郭·五·三九　不—於道也　从陳偉先生釋『辯』，讀爲『徧』。

詖　上(五)·三德·三　外內又(有)—(辨)　从李守奎先生：當即《說文》之『辯』。

壬

包二·二九　周—　人名
包二·四二　文—　人名
包二·一八五　—寅
包二·一八七　妾婦—女
包二·一九三　—青　人名

包二·五九 —午之日
包二·一七一 —午
包二·二二六 —申之日
包二·一六二 —申
包二·三七 —辰之日

包二·六六 —辰之日
包二·一六五 —辰
包二·一八八 —辰
包二·一九一 —辰
包二·六二 —戌之日

包二·一六二 —戌
包二·一八〇 —戌，𧹞笋会𡰥女
包二·一六四 —午
望一·六七 辛—䖒☒

望一·六九 —癸大又翏(瘳)
望一·七二 —申
天卜 —午
帛丙一·三 —子
九·五六·三八 —、癸城(成)日

九·五六·三九 庚、辛、—、癸不吉
九·五六·四〇 —、癸、甲、乙不吉
九·五六·九五 —戌㠯(以)折(製)
新乙一·二四 —昏(辰)之日

新甲三·一六一 ☒—午之日祭卲(昭)王☒
新甲三·二〇二、二〇五 —昏(辰)之日禱之☒
新甲三·三〇〇、三〇七 —午之日

新乙一·一七 —昏(辰)之日禱之
新零·一四七 —昏之日
新零·五二六、甲三·三七 十月，—戌☒

清(四)·筮·天四三 ☰乾(乾)甲—
清(五)·殷一七 惠民由—(任)

癸

包二·九二 義— 人名
包二·一二五 戱尹—詧(察)之
包二·二四 —酉之日
包二·二七 —栖之日
包二·一六三 —酉

包二·二三 —丑之日
包二·五二 —丑之日
包二·五五 —丑之日
包二·五六 —丑之日
包二·五七 —丑之日

包二·八一 —丑之日
包二·一三一 —丑之日
包二·一五六 —丑
包二·一七二 —丑
包二·一八三 —丑

包二・二〇五 —丑之日
包二・二五 —巳之日
包二・二六 —巳之日
包二・三三 —巳之日
包二・三八 —巳之日

包二・一七七 —巳
包二・一八二 —巳
包二・一六五 —未
包二・一八一 —未
包二・五五 —亥之日

包二・六三 —亥之日
包二・一二六 —卯之日
包二・一二八反 —卯之日
秦一三・三 —酉之日
天卜 —卯之日

天卜 —丑之日
天卜 —巳之日
天卜 —巳之夕
望一・一六〇 —亥之日
望一・一五六 —未之日

望一・九〇 —丑之日
望一・六九 壬—大又翏（瘳）
望一・七一 —丑甲寅
新甲三・八、一八 —嬛（亥）之日

新甲三・二二、五九 罷日—丑，少（小）▨
新甲三・三九 至—卯之日安良瘥（瘥）
新甲三・一七二、乙三・一九 ▨—丑之日

新甲三・二〇四 —嬛（亥）之日
新甲三・二九九 —丑之▨
新乙一・一四 —未［之日］
新乙一・二二 —酉之日褰禱▨

九・五六・三七 壬、—、吉
九・五六・三八 壬、—城（成）日
九・五六・三九 庚、辛、壬、—不吉

清（四）・筮・天四四 巛臾（坤）乙—

子

包二・二 壴宜命之於王大—
包二・四 凡君—二夫
包二・七 憙之—庚一夫居郢里
包二・八 庚之—昭一夫

包二・八 昭之—疕一夫未在典
包二・四二 需里—之州加公文壬
包二・六六 不逕登姑之—娭以廷
包二・九二 以其喪其—丹

包二·一一五 命尹—士
包二·一一五 大帀—紼
包二·一三八 陰人御君—陞旦
包二·一五一 成死其—番步逡之

包二·一一二 —左尹
包二·一四五 成昜让尹成以告—司馬
包二·一三九反 左尹以王命告—鄗公
包二·一五六 —陵君諠之

包二·一六六 —西戲尹之人辛
包二·一六九 鄒郢某—菑
包二·一七四 大鈇之州人黄—嬰
包二·一七六 苛狗— 人名

包二·一七六 —姬盤璽
包二·一八〇 需里—之州差晉時
包二·一八五 五—婞 人名
包二·一九〇 宲君之—連郢

包二·二〇〇 鄴公—豢
包二·二〇六 鄴公—豢
包二·二一四 鄴公—豢
包二·二四〇 鄴公—豢
包二·二〇〇 部公—春

包二·二〇三 部公—春
包二·二四八 司馬—音
包二·二一三 二天—
包二·二三七 二天—

包二·二二五 罌禱於殤東陵連囂—雙肥豜
包二·二四〇 罌禱文坪虽(夜)君—良
曾一四七 大首之—騂爲右驌

曾一五一 司馬上—爲左驂
曾一七二 建巨之—爲右驂
曾一七五 大首之—爲右驌
曾一五六 宙城—之駟爲左驌

曾一六八 縣—之駟爲左驂
曾一七三 憲之—爲右驌
曾一七三 大首之—騂爲右飛
曾一七三 跖玕—爲左驌

信一·〇五 君—之道
信一·〇一一 敳弟君—
信一·〇三六 —是聞於▨
信一·〇五一 君—
磚三七〇·二 庚—之夕

磚三七〇·三 庚—之夕
包二·二四〇 部公—春
包二·二四八 吾公—春
包二·二四〇 司馬—音
望一·一五五 己巳甲—之日

望一・一六一 甲—之日

天策 白鞁狗—▨

望一・一一六 ▨□於東石公社北—

望一・一一六 嬖禱北—肥豢酉食

秦九九・三 妻—

秦九九・一五 庚—之日

天卜 二天—

帛甲二・三 是生—四

帛丙一・三 壬—

郭・老甲・一 民復（復）季（孝）—（慈）

郭・老甲・三三 比於赤—

郭・老丙・六 君—居則貴左

郭・太・八 君—智（知）此之胃（謂）▨

郭・六・五 君—不卞（偏）女（如）衍（道）

郭・六・一三 —弟大材埶（藝）者大官

郭・六・一六 畜我女（如）其—弟

郭・六・二一 —也者

郭・六・二 —悳（德）也

郭・六・二六 內立（位）父、—、夫也

郭・六・三六 君—言

郭・六・三七 子不—

郭・六・三七 子不—

郭・六・三九 父—不新（親）

郭・六・四〇 君—於此弌（一）編（偏）者亡所灋（廢）

郭・六・四二 生民斯必又（有）夫婦、父—、君臣

郭・六・四四 凡君—所以立身大灋（法）參（三）

郭・六・四六 君—所生與之立

郭・五・五 君—亡宧（中）心之悥（憂）則亡宧（中）心之智

郭・五・九 未見君—

郭・五・七 士又（有）志於君—道胃（謂）之時（志）士

郭・五・一〇 既見君—

郭・五・一二 既見君—

郭·五·一五 聽則鞏(聞)君—道

郭·五·一六 娶(淑)人君—

郭·五·一六 肰(然)句(後)能爲君—

郭·五·一七 君—訢(慎)其☐

郭·五·一八 君—之爲悳(德)也

郭·五·一八 ☐—之爲善也

郭·五·二三 未尚(嘗)鞏(聞)君—道

郭·五·二四 鞏(聞)君子道而不智(知)其君—道也

郭·五·二六 鞏(聞)君—道

郭·緇·三七 —曰

郭·緇·二九 —曰

郭·緇·三七 君—言又(有)勿(物)

郭·緇·三八 古(故)君—多䎽(聞)

郭·緇·四〇 —曰

郭·緇·四一 君—不自留(留)女〈安(焉)〉

郭·緇·四二 唯君—能好其駜(匹)

郭·五·四二 能進之爲君—

郭·五·四二 君—集大成

郭·緇·一〇 —曰

郭·尊·八 是以君—人道之取先

郭·尊·二一 兼(養)心於—俍(諒)

郭·尊·二六 民悉(愛)則—也

郭·尊·三一 埶(刑)不隶(逮)於君—

郭·成·四 君—之於耆(教)也

郭·成·一〇 是古(故)君—之求者(諸)㠯(己)也深

郭·成·一一 是君—之於言也

郭·成·二二 君—曰

郭·成·一九 古(故)君—所復之不多

郭·成·三二 君—訇(治)人侖(倫)以川(順)天悳(德)

郭·成·三五 君—不緄(逞)人於豊(禮)

郭·成·三七 惟君—道可近求而可遠向也

郭·成·四〇 是古(故)君—訢(慎)六立(位)以巳(已)天祟(常)

郭·魯·一 魯穆公昏(問)於—思曰

郭·魯·一 —思曰

郭·魯·八 非—思

郭·窮·三 立而爲天—

郭·窮·五 罨(遷)而爲天—帀(師)

郭·窮·九 —疋(胥)前多衼(功)

郭·窮·一五 古(故)君—惇於恆(反)㠯(己)

郭·語三·八 父孝—悉(愛)

郭·語二·二三 —生於眚(性)

郭·語四·一一 其向(鄉)之小人、君—

郭·唐·五 天—畢(親)齡

郭·唐·一四 古者堯生於天—

郭·唐·一六 升爲天—

郭·唐·一七 升(登)爲天—

郭·唐·二四 古(故)其爲兆(瞽)寞(叟)—也

上(一)·孔·一 —羔昏(問)於孔子曰

上(一)·紂·三 —曰

上(一)·紂·七 —曰

上(一)·紂·一一 —曰

上(一)·紂·一四 —曰

上(一)·紂·一五 —曰

上(一)·紂·二〇 —曰

上(一)·紂·二一 君—不自畄(留)安(焉)

上(一)·紂·二二 「君—玨(好)(戟)」

上(二)·子·一 弃之—也

上(二)·子·一 —羔曰

上(二)·子·六 —羔曰

上(二)·子·七 人—也

上(二)·子·八 —羔曰

上(二)·子·九 —羔昏(問)於孔〓(孔子)曰

上(二)·子·九 膚(皆)人—子

上(二)·子·九 畋亦城(成)天—也

上(二)·子·一三 —羔曰

上(二)·魯·一 —不爲我圖(圖)之

上(二)·魯·三 虗(吾)—女(若)違(重)命(名)丌(其)與(歟)

上(二)·魯·三 —贛[贛(貢)]曰

上(一)·魯·四 —贛(貢)曰

上(二)·昔·三 君—曰

上(二)·昔·一 君—曰

上(二)·昔·一 大(太)—朝君₌(君,君)之母俤(弟)是相

上(二)·昔·一 大(太)—前之母₌俤₌(母弟,母弟)送

上(二)·昔·一 大(太)—母俤(弟)

上(二)·昔·一 大(太)—再三

上(二)·昔·一 大(太)—昃聖(聽)

上(二)·昔·三 —眚(省)

上(二)·昔·四 大(太)—乃亡聞(聞)、亡聖(聽)

新甲二·三八、三九 ☐樂之,饋祭—西君,暂

新甲一·二五 禮公—虡(號)命彭定以少(小)寵(尨)毹爲君貞

新甲三·二四二 ☐坪郗文君—良,樂,贛(貢)

新乙一·六 —西君

新乙一·一一 礜禱於—西君

新乙一·一三 命(令)尹之—瓛

新乙四·八〇 陞—肥豬

新乙一·一六 公—虡(號)命諸生㠯(以)衛□☐

九·五六·三四 生—

九·五六·三七 凡五—

九·五六·一六 工於—

九·五六·一七 盜於—

九·五六·一九 敓於—

九·五六·二〇 饑於—

九·五六·二一 建於—

九·五六·二四 逯(復)於—

九·五六·二七 —、丑、寅、卯

上(三)·周·八 大君—又(有)命

上(三)·周·八 弟—舉(輿)殍(尸)

上(三)·周·一二 君—又(有)冬(終)

上(三)·中·二六 忈(愿)因(因)虛(吾)—而㠯(治)
上(三)·中·附 夫—唯又(有)與(舉)

上(三)·彭·四 夫—之悳登矣
上(四)·采·一 —奴思我

上(四)·采·四 —之賤奴
上(四)·逸·交一 戠(愷)俤君—

上(四)·逸·交一 君—相好
上(四)·逸·交二 君—

上(四)·逸·交四 君—相好
上(四)·昭·一 又一君—䟽備曼廷
上(四)·昭·一〇 亓(其)—脽既與虛同車

上(四)·柬·七 君與陵尹—高卿(饗)
上(四)·柬·一五 與五連少—及龍臣皆逗
上(四)·柬·一九 張—䣞(將)正於君

上(四)·柬·二二 命尹—林𨣢於大剸(宰)
上(四)·柬·二二 —𣥠爲人臣者亦又䋣虐
上(四)·內·一正 君—之立孝

上(四)·內·三 言人之父之不能畜—者
上(四)·內·三 不與言人之—之不孝者
上(四)·內·三 古(故)爲人—者

上(四)·內·三 言人之—之不孝者
上(四)·內·三 不與言人之父之不能畜—者

上(四)·內·五 與父言＝(言,言)畜—
上(四)·內·五 與—言＝(言,言)孝父

上(四)·內·六 君—事父母
上(四)·內·七 君—孝子
上(四)·內·七 君子孝—

上(四)·内·八　君—曰

上(四)·内·八　孝—

上(四)·内·八　君—㠯(以)城(成)亓孝

上(四)·内·九　是胃(謂)君—

上(四)·内·九　孝—事父母

上(四)·内·一〇　君—曰俤，民之經也

上(四)·相·四　告—贛(貢)曰

上(四)·相·四　—贛(貢)曰

上(四)·曹·四　虗—之答也可女(如)

上(四)·曹·七　君—㝵(得)之遊(失)之

上(四)·曹·九　君—㠯臤(賢)爯而遊(失)之

上(四)·曹·九　君—㠯臤(賢)爯(稱)

上(四)·曹·一七　毋忎恋(愛)貨資—女

上(四)·曹·二二　幾(豈)俤(弟)君—

上(四)·曹·二三　二厽(參)—孪(勉)之

上(四)·曹·二三　怹(過)不才(在)—才(在)□

上(四)·曹·二五　公孫公—

上(四)·曹·二六　五之閱必又公孫公—

上(五)·競·六　不澫二品(三)—

上(五)·競·九　幾不二—之惪(憂)也才

上(五)·君·一　詹(顔)囦(淵)時(侍)於夫—

上(五)·君·一　君—爲豊(禮)

上(五)·君·一　夫—曰迷，虗語女(汝)

上(五)·君·三　虗—可(何)其膳(惰)也

上(五)·弟·四　韋(回)—鷨(嘆)曰

上(五)·弟·八　—贛(貢)乙(曰)

上(五)·君·一一　夫—詞(治)十室之邑亦樂

上（五）·弟·一一
剢（宰）我昏（問）君—

上（五）·弟·一九
—暲=（惇惇）女（如）也

上（五）·弟·一九
其聖（聽）—逄（路）逹（往）虖（乎）

上（五）·弟·二〇
—盧虖軒而虗未見邦而信禮

上（五）·三德·九
係—是胃（謂）忘神

上（五）·三德·二二
君—不憖（慎）亓悳（德）

上（五）·鬼·三
役五（伍）—疋（胥）者

上（六）·競·四
軋（范）武—之行安（焉）

上（六）·競·一三
安（晏）—訇（辭）

上（六）·孔·二
夫—曰言即至矣

上（六）·孔·二二
言之則忘舊（尤）巠—

上（六）·孔·二四
君—流亓觀安（焉）

上（七）·鄭甲·三
莫—豪遉遉天下之豊

上（七）·鄭甲·七
含（今）晉人牺（將）救—豪（家）

上（七）·鄭乙·四
我牺（將）必囟（思）—豪（家）

上（七）·鄭乙·五
奠（鄭）人命㠯（以）—良爲穀命

上（七）·鄭乙·五
囟（思）—豪（家）利木三奮

上（七）·鄭乙·六
㠯（以）—豪（家）之古（故）

上（七）·吳·八
天—之霝（靈）

上（七）·吳·八
天—之霝（靈）

清（一）·程·二
卲（詔）大（太）—發

清（一）·程·二
宗丁敂（祓）大（太）—發

清（一）·程·三
王及大（太）—發並拜吉夢

清（一）·保·一
戊—自演=（瀆水）

清（一）·耆·一〇
今夫君—

清(一)·耆·一二 今夫君—
清(一)·金·三 尔母(毋)乃有備—之責才(在)上

清(一)·金·四 以奠尔—孫于下坔(地)
清(一)·金·七 公牺(將)不利於需(孺)—
清(一)·皇·二 廼隹大門宗—埶(邇)臣

清(一)·皇·三 自耋臣至于又(有)貧(分)厶(私)—
清(一)·祭·一 衮(哀)余少(小)—

清(一)·祭·三 天—
清(一)·祭·八 以余少—颺文武之剌
清(一)·祭·一〇 敢彔(告)天—

清(一)·祭·一三 公曰天—
清(一)·祭·一三 方書(建)宗—

清(一)·祭·一四 於(鳴)虎(呼),天—
清(一)·祭·一五 於(鳴)虎(呼),天—
清(一)·祭·一七 於(鳴)虎(呼),天—

清(一)·祭·二〇 天—
清(一)·楚·一 見盤庚之—

清(一)·楚·一四 王大(太)—以邦逿於湫郢
清(一)·楚·一四 王大—自湫郢遷居疆郢
清(一)·楚·一五 王大—以邦居鄗(鄘)郢

清(二)·繫·一一 殺卲(昭)公而立亓弟—鬟(眉)壽
清(二)·繫·一一 殺—鬟(眉)壽

清(二)·繫·一三 殺三監而立彔—耿
清(二)·繫·三一 欲亓—鄭(奚)資(齊)之爲君也

清(二)·繫·三一 乃謹大—龍(共)君而殺之
清(二)·繫·三三 而立亓(其)弟悼—
清(二)·繫·三五 秦穆公以亓—妻之

清(二)・繫・三五 惠公𠀠(焉)以亓(其)—褱公爲執于秦

清(二)・繫・四〇 戠(止)繡(申)公—義(儀)以歸

清(二)・繫・四三 命尹—玉述衔莫自以交文公

清(二)・繫・五二 豫(舍)亓君之—弗立

清(二)・繫・五九 以女—與兵車百𦀚(乘)

清(二)・繫・六七 —亓(其)與臨之

清(二)・繫・六七 齊同(頃)公囟亓女—自房审觀郇(駒)之克

清(二)・繫・六八 女—芺(笑)于房审(中)

清(二)・繫・六九 南𩫖(郭)—、鄒子、安子

清(二)・繫・六九 南𩫖子、鄒—、安(晏)子

清(二)・繫・六九 南𩫖(郭)子、鄒(蔡)子、安(晏)—

清(二)・繫・七〇 郇之克乃敎南𩫖(郭)—、鄒子、安子以歸

清(二)・繫・七〇 郇之克乃敎南𩫖(郭)子、鄒—、安子以歸

清(二)・繫・七四 陳公—諻(徵)郃(舒)取妻于奠(鄭)穆公

清(二)・繫・七五 陳公—諻(徵)余(舒)殺亓君霝公

清(二)・繫・七七 亓(其)—墨(黑)要也或(又)室少孔

清(二)・繫・七七 司馬—反與繡公爭少孔

清(二)・繫・八〇 執吴王—鱥(蹶)繇(由)

清(二)・繫・八四 吴王—昏牺卲禓(禍)於吴

清(二)・繫・八五 命尹—褈(重)伐奠(鄭)

清(二)・繫・八八 楚王—波會晉文子燮

清(二)・繫・八八 楚王子波會晉文—燮

清(二)・繫・九六 命尹—木會郤文子武

清(二)・繫・九六 命尹子木會郤文—武

清(二)・繫・九七 命尹會郤文—及者侯之夫

清(二)・繫・一〇五 命—甫(蒲)、子虎衔自(師)栽楚

清(二)・繫・一〇五 命子甫(蒲)、—虎衔(率)自(師)栽(救)楚

清(二)·繫·一四 殺家—耿

清(二)·繫·一七 方(旁)埶(設)出宗—

清(二)·繫·二〇 公—啟方奔齊

清(二)·繫·二一 公—啟方女(焉)

清(二)·繫·三三 里之克或(又)殺悼—

清(二)·繫·五二 而女(焉)牆(將)寘此—也

清(二)·繫·五四 秦康公銜𠂤(師)以邋瘫—

清(二)·繫·七〇 南亹(郭)—、鄒子、安子

清(二)·繫·八一 亓—五員與五之雞逃歸吴

清(二)·繫·八九 楚王子波會晉文—燮(燮)

清(二)·繫·一一一 灼趠—會者侯之夫

清(二)·繫·一二二 齊人旻又陳慶—牛之禚

清(二)·繫·一二三 晉三—之夫₌內(入)齊

清(二)·繫·一二八 競(景)之賈醬(舒)—共戳而死

清(二)·繫·一二九 晉䞇余銜晉𠂤(師)與奠𠂤(師)以內(入)王—定

清(二)·繫·一三〇 —池、子垟子銜𠂤(師)以迲楚人

清(二)·繫·一三〇 子池、—垟子銜(率)𠂤(師)以迲(交)楚人

清(二)·繫·一三〇 子池、子垟—銜𠂤(師)以迲楚人

清(二)·繫·一三〇 奠皇—₌(子、子)馬、子垟子銜𠂤(師)以迲楚人

清(二)·繫·一三二 奠(鄭)—㒚(陽)用滅

清(二)·繫·一三六 陳人女反而內王—定於陳

清(二)·繫·一三八 㔻(丙)—

清(三)·說上·四 遳(失)宔(仲)是生—

清(三)·琴·七 需(孺)—王矣

清(三)·琴·九 者(諸)尔多—

清(三)·琴·一三 秋(咎)尔多—

清(三)·芮·二 敬之𢦏(哉)君—

清(三)·芮·二 敬夅(哉)君—
清(三)·芮·五 君—而受柬萬民之䜭
清(三)·芮·六 敬夅(哉)君—

清(三)·芮·九 凡百君—
清(三)·芮·一七 凡隹(惟)君—

清(三)·良·五 晉文公又(有)—軏(犯)
清(三)·良·五 又(有)—余(餘)

清(三)·良·五 楚成王又(有)命(令)君(尹)—蔿
清(三)·良·六 楚卲(昭)王又(有)命(令)君(尹)—西

清(三)·良·六 又(有)司馬—忑(期)
清(三)·良·六 又(有)鄴(葉)公—亯(高)
清(三)·良·九 又(有)—産

清(三)·良·九 奠(鄭)定公之相又(有)—鞁(皮)
清(三)·良·九 又(有)—大弔(叔)

清(三)·良·九 —産之帀(師)
清(三)·良·九 王—白(伯)忎(願)
清(三)·良·一〇 —産之輔

清(三)·良·一〇 —羽、子剌、蔑(蔑)明
清(三)·良·一〇 子羽、—剌、蔑(蔑)明
清(三)·良·一〇 卑登、酉之厦、王—全(百)

清(四)·筮·貞二五 巛〈女〉—
清(四)·筮·四位三二 —眚(姓)
清(四)·筮·祟四六 女—大面端虞(嚇)死

清(四)·筮·祟五〇 九,粒,窓—
清(四)·筮·地五二 —午畳(震)
清(四)·筮·地五二 —午九

清(五)·厚·五 曰者魯,天—
清(五)·厚·九 於(鳴)虖(呼),天—

孕 挽

清（五）·湯丘·六 —之員（云）

清（五）·湯丘·一〇 —之員（云）也

郭·語一·六九 父—，至上下也

上（二）·民·一 「幾（凱）俤君—，民之父母」

上（二）·民·五 —昰（夏）曰

上（三）·周·五〇 婦—而

挽

孒

包二·八八 旦—戠之

包二·一六八 司舟公—

包二·一七五 霝—

包二·一七二 登—

郭·成·二三 —之述也

上（二）·容·一四 坙（舜）於是虖（乎）刣（始）—（免）蓺（刈）莊（斸）槈（耨）菨（銸）

郭·緇·二四 則民又—心

上（四）·內·一〇 肰（然）則—（免）於戾

上（四）·曹·二三 二厽（參）子—（勉）之

上（六）·莊·八 君王—（免）之死

上（六）·平·六 女（如）我㝵（得）—（免）

上（六）·用·二 亦力—（勉）㠯毋忘

清（五）·殷·九 虐（吾）—（勉）自印（抑）畏以敬

清（五）·殷·二七 㚅（顧）逿（復）—（勉）䰞（祗）

上（五）·鮑·二 二品（三）子—（免）之

望一·一七 既心—以癢

望一·一七 以心—以欷

令
郭・六・二八 袒—爲宗族也
上(五)・姑・三 不敓則㝵(得)—(免)而出
上(五)・姑・四 唯(雖)㝵(得)—(免)而出

鬭
上(六)・用・三 足於—(慤)
新乙一・一四 句郙公奠(鄭)余—大城邶(兹)竝(方)之歲

敎
包二・一五六 □埶命爲王—取郙，不浧毅而逃命
包二・一五六 □埶命爲王毅取郙，不浧—而逃命
包二・一六六 葴陵之偏司敗郯—
包二・一九一 龏— 人名
帛乙一二・四 民則又—
上(二)・容・二八 遉(復)—(穀)𢍰(換)土
上(四)・柬・八 不—瘬甚疠(病)聚(驟)
上(四)・柬・九 含(今)夕不—夢若此可(何)
上(六)・莊・八 含(今)日繻公事不—(穀)
上(七)・鄭乙・一 不—(穀)日欲㠯(以)告夫=(大夫)
清(二)・繫・四一 成—(穀)，居鏕
清(三)・芮・二一 年—(穀)焚(紛)成
清(五)・命・四 夫民生而樂生—(穀)
清(三)・芮・二四 非—折(哲)人
清(五)・命・四 上以—(穀)之
清(五)・湯門・一九 以穗(植)五—(穀)

彀
新甲三・三二二 邶余—之述
新甲三・三九一 奠(鄭)余—▨
新零・三四二 ▨奠(鄭)余—▨

[illegible]
清(三)・芮・九 疋(胥)—(穀)疋(胥)均(均)

季

勢 清（一）·金·三 —（邁）適（害）蠱（虐）疾

包二·一二七 —父

天卜 ▨飤—父▨

帛乙七·三四 戠—乃

郭·老甲·一 民复（復）—（孝）子（慈）

上（一）·孔一·仲弓 —是▨

上（三）·中·一 —是（氏）

上（三）·中·一 —逗子

上（三）·中·二 夫—是（氏）

上（五）·弟·二 前（延）陵—子

清（一）·楚·一 —緣（連）初降於郢山

清（一）·楚·二 —緣䢵亓又（有）嘐（聘）

清（一）·楚·三 生㐰𦣞（叔）、麗—

清（三）·良·八 魯哀公又（有）—孫

清（五）·命·一一 秎（撫）之以—（惠）

清（五）·命·一三 —（惠）必仞=（忍人）

清（五）·命·一三 —（惠）而不仞=（忍人）

孟

上（二）·容·五一 涉於—濝（津）

上（五）·季·六 丘昏（聞）之—者（子）吴（餘）曰

孳

郭·老丙·三 安又（有）孝—（慈）

郭·緇·二五 古（故）—（慈）以悉（愛）之

上（三）·彭·二 女（汝）—（孳孳）尃（布）昏（問）

上（三）·彭·三 眊=（眊眊）舍（余）朕—

上（三）·彭·八 朕—不勀（敏）

孤

新零・九、甲三・二三、五七 少(小)臣成蓦(暮)生𡊅—□

上(七)・吳・四 —吏一介吏(使)

上(七)・吳・八 —也

上(七)・吳・八 —也

清(五)・湯丘・一一 唯(雖)余—之與卡=(上下)交

伌

上(三)・周・三三 楑(睽)—(孤)

上(三)・周・三三 楑(睽)—(孤)

今本作『孤』。

𡥈

郭・老甲・一二 𡥈(教)不—(教)

郭・老甲・一二 —(教)不𡥈(教)

郭・老甲・一七 行不言之—(教)

郭・緇・二七 —之不成也

郭・尊・二〇 可—(教)也而不可迪(由)其民

郭・六・四一 是古(故)先王之—(教)民也

郭・六・二 —(教)此民尔(使)之又(有)向也

郭・六・二一 或從而—(教)悔(誨)之

上(一)・孔・二三 吕(以)道交見善而—(攸)

上(一)・性・四 —㠯(使)肰(然)也

上(一)・性・一二 兑(悦)丌(其)—

上(一)・紂・一四 —(教)之不埅(成)也

上(一)・性・三一 凡—者求丌

上(二)・民・八 𨟻(將)可—時(詩)矣

上(二)・容・三 —(教)而恙(誨)之

上(二)・容・四八 乃埅(降)文=王=(文王，文王)時故時而—(教)民時

上(二)・容・九 堯爲之—(教)曰

上(三)・中・一五 昏(聞)虐(乎)足吕(以)—(教)壴(矣)

上(三)・中・一六正 —(教)而㠯(使)之

上(三)・中・一七 㥁(德)—(教)不卷(倦)

上（三）・亙・一〇 恴言之逡（後）者—（校）比焉

上（六）・天甲・一三 不韋（諱）所不—（教）於帀（師）者三

上（六）・天甲・一三 此所不—（教）於帀（師）也

清（一）・祭・六 孳由（迪）遜—（學）于文武之曼悳

清（三）・琴・三 —（教）亓（其）光明

清（三）・芮・一八 疋（胥）忍（訓）疋（胥）—（教）

清（五）・厚・一一 今民莫不曰余娱（保）—（教）明悳（德）

清（五）・命・五 女（如）忎（恐）而承—（教）

清（五）・殷・一七 四方⿱觀心（勸）—（教）

清（五）・殷・二七 𦖞（聞）—（教）忍（訓）

疑

⿱矣心

郭・緇・四 則君不—（疑）其臣

郭・緇・五 上人—（疑）則百眚（姓）賊（惑）

郭・緇・四三 而遠者不—（疑）

郭・成・三 其所才（在）者内（入）—（矣）

郭・成・四 則其淳（淳）也弗深—（矣）

郭・成・五 民弗從之—（矣）

郭・成・一一 弗得—（矣）

郭・成・九 則民鮮不從—（矣）

郭・成・一三 名弗得—（矣）

郭・成・一三 糧弗足—（矣）

郭・成・一五 唯（雖）强之弗内（入）—（矣）

郭・成・二一 其迲（去）人弗遠—（矣）

郭・成・二一 其⿰忄矣（疑）也弗枉（往）—（矣）

郭・成・二一 其—（疑）也弗枉（往）⿰忄矣（矣）

郭・成・二四 其錫也固—（矣）

學

郭·成·三四
所厇（宅）不逺（陵）—（矣）

郭·成·三八
而可以至川（順）天祟（常）—（矣）

郭·魯·四
—（噫）

郭·語四·一五
聿（盡）之而—（俟）

九·五六·四五
□尻（居）之幽—不出

上（三）·亙一〇
者又（有）—（疑）

㤎

上（一）·孔·一四
—好色之忎

上（一）·從（乙）·三
少（小）人藥（樂）則—（疑）

郭·語二·三六
—（疑）生於休「溺（弱）」

郭·語二·三七
北生於—（疑）

上（一）·紂·二
則君不—（疑）丌（其）臣，（臣，臣）不或（惑）於君

上（一）·紂·三
上人—（疑）則百眚（姓）惑

上（一）·紂·二二
而遠者不—（疑）

『疑』字異體。

矣

郭·唐·一八
卒王天下而不—（疑）

『疑』字異體省形。

郭·成·三四
是古（故）君子簟笘（席）之上毀（讓）而受—（幼）

郭·窮·一五
—（幽）明不再

上（五）·鬼·二
返（及）桀受—（幽）萬（厲）

清（一）·金·七
壂王由（猶）—（幼）才（在）立（位）

清（三）·芮·一五
褱（懷）忎（慈）—（幼）弱、羸（羸）奡（寡）矜（矜）蜀（獨）

⿱弱子

⿸厂⿱弱子

包二·五
伅大敂（令）悆以爲𤔲敂（令）圍㘣𤔲人其—典

⿰子爰
新甲三・二九四、零・三三四 吕(以)—

⿰子而
上(三)・周・二 ⿱穴三—(需)
上(三)・周・二 —(需)于圢(坭)
上(三)・周・二 —(需)于蒿(郊)
上(三)・周・二 —(需)于墿(沙)
上(三)・周・二 —(需)于血

⿰子朱
清(一)・祭・一 —(昧)亓(其)才(在)立(位)

⿰子夸
清(一)・祭・二〇 —蠥伓(服)之

孓
包二・一二二 —執場賈
包二・一二二 —執競不割
包二・一二二 —弗返

孴
碑三七〇・二 李—，僕(僕)未智其人。含(今)僕謍(察)
碑三七〇・三 李—，僕(僕)不智其人
上(六)・競・一〇 翏(聊)、—(攝)吕(以)東

云
清(二)・繫・一一七 多—(棄)幱(旃)莫(幕)
清(二)・繫・一三五 楚人書—(弃)亓(其)幱(旃)、幕、車、兵

疏 紽
仰二五・二 中君之一—衣
仰二五・三 何馬之—衣
仰二五・一一 —布之緼二堣
郭・六・二七 —(疏)衰齊戊(牡)𦬁(麻)實(絰)
郭・六・二七 —(疏)斬布實(絰)，文(杖)

丑

包二·一九 乙—之日

包二·二〇 乙—之日

包二·四九 乙—之日

包二·五一 乙—之日

包二·一六六 乙—

包二·一八四 乙—

包二·二〇九 乙—之日

包二·二一二 乙—之日

包二·二三 癸—之日

包二·五五 癸—之日

包二·五二 癸—之日

包二·五七 癸—之日

包二·二〇五 癸—之日

包二·二〇六 癸—之日

包二·五〇 乙—之日

包二·二一六 乙—之日

包二·四五 辛—之日

包二·七二 辛—之日

包二·九八 辛—之日

包二·一七五 辛—

包二·三七 己—之日

包二·三八 己—之日

包二·三九 己—之日

包二·一七四 己—

包二·三一 己—之日

包二·七一 己—之日

包二·一八八 己—

常二·一 己—之日

秦一三·八 丁—之日

天卜 己—之日

天卜 癸—之日

天卜 弁— 人名

天卜 弁—

望一·七 癸—

望一·七一 癸—甲寅

望一·一 乙—之日

九·五六·一三 復於—

九·五六·一六 坐於—

九·五六·二〇 敓於—

九·五六·二四 萄於—

九·五六·二七 子、—、寅、卯

清(一)·保·一 己—香(昧)爽□□□□□□□□□

清(四)·筮·地五三 —未八

清(四)·筮·地五三 —未巽

新甲三·一七二 ☒癸—之日

新甲三·二一七 乙—之日

新甲三·二九九 癸—之☒

羞 寅

新乙一·二八 己—之日
新乙三·四九、乙二·二一 己—之日
新零·二六七 己—之日

新零·二七一 ☐丁—之日

新甲三·二二·五九 鼉日癸—，少（小）☐

天卜 弁—
天卜 弁—
天卜 弁—

羞 頤

上（三）·周·二八 或丞（承）丌（其）—（羞）
上（三）·中·二六 愚忑（恐）怠虐（吾）子—（憂）

寅

包二·一〇九 蓋昜司馬— 人名
包二·一一八 鄟昜司馬—
包二·一八五 壬—五帀士尹宜咎
包二·一八七 顕尿甲—
包二·八二 甲—之日

包二·一六二 甲—
包二·一八六 甲—
包二·二一八 甲—之日
包二·二一九 甲—之日
包二·一八三 部— 人名

包二·三〇 戊—之日
包二·三一 戊—之日
包二·三二 戊—之日
包二·六四 戊—之日
包二·六五 戊—之日

包二·六六 戊—之日
包二·一六二 戊—
包二·一七一 戊—
包二·一七四 戊—
包二·一八一 戊—

包二·一九〇 戊—
包二·一九三 戊—
包二·一六六 丙—
包二·一八〇 丙—
天卜 甲—之日

天策 所諨於鄁—童軒鸗=
九·五六·二三 建於—
九·五六·二七 子、丑、—、卯
九·五六·三一 子、丑、—、卯

九·五六·一八 工於— ／ 九·五六·一九 寍於— ／ 九·五六·二二 饕於— ／ 新甲二·二二、二三、二四 雁—以少(小)央爲☐	新甲三·一七八 郿(應)—☐ ／ 九·五六·一九 寍(應)— ／ 清(四)·筮·地五四 —申一	清(四)·筮·地五四 —申裳(勞)	⿱寅黃 上(四)·采·二 不—之嫜 ／ 上(四)·昭·七 不叟(獲)—(引)頸之—(罪)	⿱寅曰 郭·成·三〇 害(盖)言—之也 此爲寅字異體。	票 清(五)·厚·三 廼嚴—畏皇天上帝之命	⿱寅皿 清(二)·繫·一 禋祀不—(寅)	⿱⿰寅鬼皿 清(一)·祭·一五 不(丕)則—(寅)言孳(哉)	卯 包二·一三五反 宣— 人名 ／ 包二·一三五反 宣— ／ 包二·一三六 ⿰亻亘— 人名 ／ 包二·一三六 ⿰亻亘—	包二·一三七 ⿰亻亘— ／ 包二·二二六 己—之日 ／ 包二·二二八 己—之日 ／ 包二·二三〇 己—之日 ／ 包二·二三二 己—之日	包二·二三四 己—之日 ／ 包二·二三六 己—之日 ／ 包二·二三九 己—之日 ／ 包二·二六二 己—之日

卯

辰

包二·二四五 己—之日
包二·二四七 己—之日
包二·一二六 癸—之日
包二·一二八反 癸—之日
天卜 己—之日

天卜 己—之日
天卜 癸—之日
郭·語二·二〇 —生於智
郭·語二·二一 敓生於—

郭·語三·三二 𨒅「銅(治)」者—
郭·語三·四五 —則雗(難)犯(犯)也
九·五六·一六 城於—
九·五六·一八 坐於—

九·五六·二八 子、丑、寅、—
九·五六·三〇 子、丑、寅、—
九·五六·三一 子、丑、寅、—
新甲三·三九 至癸—之日安良瘧(瘥)

新甲三·一一三 乙—之日
新乙一·一七 己—之日
新乙四·九八 乙—之日

郭·語一·三 人生—
郭·語一·四九 凡勿(物)又(有)螽又(有)—

包二·一二〇 乙—之日
包二·一三二 趄— 人名
包二·一三四 趄—
包二·一三四 趄—
包二·一三五 趄—

包二·二〇七 癸—之日 《説文》古文卯。
清(四)·筮·地五五 —莤(酉)羅(離)
清(四)·筮·地五五 —莤(酉)〈(六)

包二·二六五 大—之金器 《説文》古文—省。

唇

包二·三七 苛— 人名
包二·七八 壬—之日
包二·七三 壬—之日
包二·八〇 甲—之日
包二·九〇 甲—之日

包二·一四一 甲—之日
包二·一五二 —骨貫之，又五箭
包二·二二四 丙—之日
包二·二二五 丙—之日

包二·八五 隉— 人名

包二·一七三 丙—(辰)

包二·一八三 丙—(辰)

天卜 丙—(辰)之日

天卜 十月庚—(辰)之日

帛乙一·二三 日月星—(辰)

帛乙七·二七 星—不同

九·五六·一四 敚於—(辰)

九·五六·一五 萄於—(辰)

九·五六·一三 建於—(辰)

九·五六·一九 坐於—(辰)

九·五六·二〇 工於—(辰)

九·五六·二二 坪於—(辰)

九·五六·二三 敓於—(辰)

九·五六·二四 韓於—(辰)

九·五六·三二 —(辰)、巳、午、未

新甲三·二〇二、二〇五 壬—(辰)之日禱之☐

新甲一·一〇 ☐贛(貢)，凡是戊—(辰)以飤(會)己巳禱之

新甲三·二二一 庚—(辰)之日

新乙一·一七 壬—(辰)之日禱

新乙一·二四 壬—(辰)之日

新乙一·二八 壬—(辰)之日

新零·一四七 壬—之日

新零·一七六 ☐酉(丙)—(辰)之日☐

包二·一八二 甲—(辰)

新零·三〇七 己酉—(辰)禱之

上(三)·中·一九 冒(日月)星—(辰)

上(六)·莊·九 不㠯(以)—(辰)欽(扶)疌(步)

清(二)·繫·八四 吴王子—(晨)晒迟禑於吴

清(二)·繫·八八 䚍王叏王子—(辰)噂於晉

清(四)·筮·地五六 —(辰)戌艮

清(四)·筮·志二七 堂(當)—(辰)，乃

清(四)·筮·地五六 —(辰)戌✕(五)

清(五)·封·二 向(尚)—(純)乎(厥)悳(德)

晨

包二·四六 甲—之日

包二·一六三 隋— 人名

包二·六六 壬—之日

包二·一四三 甲—之日

包二·一七一 隋—

辱

包二・一七五 丙—

包二・一六七 八月戊—

包二・一八七 八月戊—

包二・一八四 壬—(辰)

包二・一八五 甲—(辰)

包二・一八六 丙—(辰)

包二・一九一 壬—(辰)

清(三)・說下・六 夜女(如)見(視)—(辰)

清(五)・般・二三 我嵒(寅)—共(降)孳(在)九尾(宅)

清(三)・琴・八 夜之才(在)見(視)—(辰)

清(三)・芮・二三 日月星—

清(五)・般・一六 —(振)著(若)敘(除)態(慝)

包二・二一 黃— 人名

上(二)・從(甲)・六 不共(恭)則亡(無)吕敘(除)—

上(四)・昭・三 僕(僕)之母(毋)—君王不[illegible](逆)

上(六)・平・五 —於孝(老)夫

上(七)・吳・七 三夫=—命於𡩣(寡)君之業(僕)

上(七)・吳・九 隹(唯)三夫=亓(其)—昏(問)之

憂 郭・老甲・三六 古(故)智(知)足不—

憂 郭・老乙・五 人態(寵)—若纓(驚)

郭・老乙・六 可(何)胃(謂)態(寵)—

郭・老乙・一一 大白女(如)—

郭・老乙・六 是胃(謂)態(寵)—纓(驚)

巳

包二・二〇七 少未—

包二・四 丁—之日

包二・一二一 丁—之日

包二・二一 己—之日

包二・二二 己—之日

包二·二三 己—之日
包二·一八〇 啬月己—
包二·一九六 己—
包二·二五 癸—之日
包二·三三 癸—之日

包二·三八 癸—之日
包二·七四 癸—之日
包二·一三二 癸—之日
包二·一八二 癸—
包二·一九二 癸—

包二·一九五 所詛於少里喬壆尹羿—
包二·二八 辛—之日
包二·三〇 辛—之日
包二·一七一 辛—

包二·三三 辛—之日
包二·四七 辛—之日
包二·六二 辛—之日
包二·三六 乙—之日
包二·一四一 乙—之日

包二·一四三 臭月乙—之日
包二·一八三 乙—之日
仰二五·一二 又二鐶紅組之綏—
仰二五·二八 二鄴鈚皆又蓋—

仰二五·三〇 一龍徳又韍竺鈁骨交—
仰二五·三四 一鉈—
郭·成·三六 其勳(勝)也不若其—也

天卜 既又間—寍與膉瀏
天卜 乙—又間
天卜 癸—之日
望一·一三七 己—内斋
望一·一五五 ▨己—甲子

天卜 癸—之夕
望一·一〇 丁—之日
望一·一三七 己—内斋
郭·老甲·七 善者果而—

郭·老甲·一五 此其不善—
郭·老甲·一五 亞(惡)—
郭·老甲·三八 不不若—
郭·老丙·七 得—而甬(用)之

郭·緇·二〇 而贔(富)貴—怭(過)也
郭·尊·二五 訂(治)民非還生(率)(性)而—也
上(一)·性·三一 —

郭·性·一五 戕(道)之而—
郭·性·六一 —則勿復言也
郭·語二·三八 凡悔(謀),—衜(道)者也郭・語四・二七、二七背 至而亡及也—

上(二)・從(乙)・三 紿(治)—(也)至則□▨

上(二)・容・一八 不㝵(得)—

上(二)・容・二三 埅(禹)既—

上(二)・容・二八 句(后)稷(稷)既—受命

上(二)・容・三七 泗(伊)尹既—受命

上(二)・容・二九 咎(皋)咎(陶)既—受命

郭・語三・四 則可—

新甲一・三 丁—之日

九・五六・一三 饔於—

九・五六・一七 退(復)於—

九・五六・二 坐於—

九・五六・二一 工於—

九・五六・二三 坪於—

九・五六・三一 昏(辰)、—、午、未

上(三)・周・一七 又(有)孚才(在)道—明

上(三)・周・二三 又(有)礪(厲)利—

上(三)・周・四一 —(起)凶

上(三)・彭・二 幾(豈)若—

上(四)・曹・四 今天下之君子既可智—

上(四)・曹・二〇 君必不—

上(五)・季・一四 則敚(微)言也—

上(五)・季・一八 子之言也—砫(主)

上(五)・三德・二 —而不已

上(五)・三德・二 已而不—

上(六)・競・一 僉(逾)戢(歲)不—

上(六)・競・二正 僉(逾)戢(歲)不—

上(六)・競・一〇 亓(其)人妻(數)多—

清(一)・耆・一一 母(毋)—大藥(樂)

清(一)・耆・一二 母(毋)—大康

清(一)・耆・一四 母(毋)—大康

清(三)・說上・五 我亓(其)—

清(三)・琴・四 䶂(亂)曰—，大曹(造)𢦏(哉)

清(四)・筮・小三〇 《三埊(邦)去政—

清(四)・筮・地五七 —亥兑

清(四)・筮・地五七 —亥四

包二・二 魯昜公—楚帀(師)遂韓莫之戢

包二・二 壴宜命之於王大子而—陞刅人

包二・一五 僕—告君王

包二・五 伌大斂念—爲刅斂(令)圍陞刅人其犀典

包二・七 臧王之墨—内其臣之象典

包二・一八 命受正—出之

包二・二〇 不貞周恋之奴—至命

包二・二三 不逗邻大司敗—槼

包二・二七 不—死於其州者之詧(察)告

包二・三二 不—所死於其州者之居處各族至命

包二・四三 不逗板於登人—至命於郢

包二・三三 不逗五皮—廷

包二・四五 不逗登屝—廷

包二・四八 不逗昱鄒—廷

包二・五二 不逗郕異之大帀價—廷

包二・五五 不逗大帀(師)債—廷

包二・五八 三受不—出

包二・五八 苛䁆—受宣王之垞市之客苛逴(适)

包二・五六 不逗郚逼，砼慶—廷

包二・六〇 不逗弦(射)㕣君之司馬周駕—廷

包二・六七 不軋丝戲逯其田—至命

包二・八一 —其政其田

包二・八二 —其不分田之古

包二・六九 不逗大廏馭陲㠯—廷

包二・七一 不逗宙昜之仔門人軋慶—廷

包二・九三 軋纆訟軋駁—其敚其遂

包二・九八 瞢䴉—訟邸昜君之人佖公番申，—責賴(債)

包二・八五 —其受錡缶人而逃

包二・八七 —受鄦昜之棬官墬逃之古

包二・七六 不逗周緩—廷

包二・七八 不逗長𡟉正差鄴思—廷

包二·八八 —反其官
包二·九〇 —甘臣之戠爲偏於鄗
包二·九二 —其喪其子丹
包二·一〇二 —其爲其䛒鄰癰斷不瀝

包二·一〇三 —貣鄗郿以糴種
包二·一〇三 —貣鄗以糴種
包二·一〇〇 —其反官自致於新大廄之古
包二·一九八 —其古敓之

包二·一二〇 小人命爲—傳之
包二·一二八 由一戠獄之宔—至命
包二·一二八反 —逅郢
包二·一三〇反 須左司馬之䢕行䣭—斛之

包二·一三二反 㝬尹㑥駐從郢—此等來
包二·一三三 —舍会之數客
包二·一三三 僕—詰告子鄗公
包二·一三五反 左尹—王命告湯公

包二·一二八反 戠言市—至既涉於喬與喬差僕受之
包二·一三四 數客、百宜君既—至命於子鄗公

包二·一三九反 —爲誁
包二·一四四 州人女—小人告
包二·一四五 無—歸之
包二·一三二 趄卯—宋客盛公䲨之戠

包二·一三九反 —王命告子鄗公
包二·一四五 成昜辻尹—告子司馬
包二·一四七 䣭—成收
包二·一四九 —楊虎斂閘金於邾敓

包二·一五四 王所舍新大廄—啬蔵之田
包二·一五五 不—告僕(僕)
包二·一五六 左尹冠—其不得執之処

包二·一五七反 鄢少宰尹郳訟—此笥至命
包二·一五九 畢纏命—頙逄弁
包二·一六一 嘉事命—王命謌之正
包二·一九七 —保冡爲左尹舵貞

包二·一九九 —訓甚爲左尹舵貞
包二·二〇一 —央管爲子左尹舵貞
包二·二〇七 病腹疾—少愛尚毋又咎

包二·二〇九 —丞悳爲左尹舵貞
包二·二二〇 —其下心而疾
包二·二〇二 —其古敓之
包二·二三一 —其古槃之

包二・二二六 —琛豪爲左尹𦭶貞

包二・二二一 —少寶爲左尹郘𦭶貞

包二・二二三 —彤筥爲左尹郘𦭶貞

包二・二三〇 自暂㞕之月—帝（適）集戢之暂㞕之月

包二・二三九 既腹心疾，—上㤄（氣），愛不甘飤

包二・二二八 陸乙—共命爲左尹𦭶貞

包二・二四二 大司馬悼滑逗楚邦之帀（師）徒—救郙之戢

包二・二三四 瞽吉—駁靈爲左尹𦭶貞

包二・二四六 自畲鹿—帝（適）武王

包二・二四五 大司馬悼滑—逆楚邦之帀（師）徒以救郙之戢

包二・二四九 —保豪爲左尹郘𦭶貞

包二・二一六 苛嘉—長葥爲左尹𦭶貞

包二・二四九 —其又瘇病

包二・二五七 飤室所—朐箕

包二・二五九 相、遷之器所—行

包二・二六 不逗郙昜宦夫=—廷

包二・二七八 瑶脰尹之人盬巺告絽多命—賬賫

帛甲二・二九 —司堵襄

帛甲三・二〇 —爲其戢

帛甲三・二四 —涉山陵

帛甲五・四 步—爲戢

帛甲六・七 —四神降莫

帛乙五・三〇 —成四淺之尚

帛乙六・二一 繫之—素降

帛乙六・二六 是月—妻

帛乙八・一六 曆—爲則

帛丙二・二 可—出帀簐邑

帛丙二・三 可—豪女

帛丙五・三 不可—言

曾一六一 石芫贛㚇？—䡅其䡅=

曾一六二 —䡅魯殤公之䡅=

常一 郕漫君嬴逗其冢—遈楚之戢

常二 邵逯—王命貤舒方迲戢悹

秦一三・一 —至新父母肥豢

秦一三・二 —其古敓之

秦一・一 紫—其又疾之古

秦一三・一四 —其古敓之

秦九九・三 埜—其又疠之

范二・一 —爲僡妄隻—爲悳让悳进

望一・五四 —其古敓之

望一・三 —少簡爲恕固貞

望一・一四 —竆豙爲恕固貞

望一・一七 —保豙爲恕固貞

望一・一七 —心疒賡

曾一六〇 未夜宴—龔復尹之肇＝

望一・一 軦腹志—愈豙爲恕因貞

望一・一三 不可—逹思㥁身皷

望一・一三 —心㾝然

望一・二二 —其未又篧立

望一・四四 毋—其古又咎

望一・五一 毋—其古敓之

天卜 陞郢習之—新保豙占之

天卜 —是古又大咎

天卜 義懌習之—新長剌占之

天卜 軦腹之習之—丞豙占之

天卜 盤栖習之—長簟

天卜 弁丑習之—長霝占之

天卜 —長霝爲君月貞

天卜 —其占敓之

天卜 —其古敓之

天卜 從十月—至來戠之十月

天卜 以𦛔漱—歈

天卜 解於二天子與雲君—瑞珥

天卜 莫愈—大央爲邸易君番勳貞

天卜 既逗於王—爲頣层戰適返遅速

天卜 既滄然—寡

天卜 黃沱—大英爲邸易君番勳貞

信一・〇一七 —成其明者

信一・〇三四 —吏翯牒

信一・〇四九 言—爲

上（一）・孔・五 —（以）爲丌（其）沓（本）

上（一）・孔・一一 則—（以）丌（其）录（禄）也

上（一）・孔・五 —（以）爲丌（其）䕨

上（一）・孔・一三 䵹楳出—（以）百兩

上（一）・孔・一四 —（以）鐘鼓之樂

上（一）・孔・一六 —（以）丌（其）蜀（篤）也

上（一）・孔・一六 虗（乎）—（以）蒿䄂㝵（得）氏初之詩

上（一）・孔・一八 —（以）俞（喻）丌（其）𡨦（捐）者也

上(一)·孔·二〇 丌(其)陘(離)志必又(有)—(以)俞(逾)也

上(一)·孔·二一 則—(以)爲不可女(如)可(何)也

上(一)·孔·二二 —(以)御謟(亂)

上(一)·孔·二三 麐鳴—(以)樂訇(詞)而會

上(一)·孔·二三 —(以)道交見善而孪(傚)

上(一)·孔·二四 虐(吾)—(以)甘棠旻(得)宗宙(廟)之敬

上(一)·孔·二四 則—(以)文武之悳也

上(二)·子·一 可(何)古(故)—(以)旻(得)爲帝

上(二)·子·四 每—(以)□寺丌(其)言

上(二)·子·五五 或—(以)慶而遠

上(二)·子·一二 槃(履)—(以)菍(祈)禱曰

上(二)·容·七 禾(和)寀(懷)—逨天下之民

上(二)·容·八—九 堯是—視臤(賢)

新甲二·一六 謠生—□□爲君貞

上(二)·容·一〇 萬邦之君皆—亓邦壤(讓)於臤(賢)

上(二)·容·一〇 —求臤(賢)者而壤(讓)焉

上(二)·容·二一 北方之羿(旗)—鳥

上(二)·容·二一 宔(中)正之羿(旗)吕澳(熊)

上(二)·容·一二 而欲—爲逡(後)

上(二)·容·一二 不—亓子爲逡(後)

上(二)·容·四一 —雹四海(海)之内

上(二)·容·一三 —善亓新(親)

上(二)·容·一四 —三從坴(舜)於旬(畎)畮(畝)之中

上(二)·容·一六 —定男女之聖(聲)

上(二)·容·一七 不—亓子爲逡(後)

上(二)·容·一七 垔(禹)乃五壤(讓)—天下之臤(賢)者

上(二)·容·一七 而欲—爲逡(後)

上(二)·容·二三 乃立垔(禹)—爲司工

上(二)·容·二四 —波(陂)明者(都)之澤

上(二)·容·二〇 —攴(辨)亓𢀜右

上(二)·容·二〇 東方之䍐(旗)—月

上(二)·容·三三 是—爲名

上(二)·容·二七 垔(禹)乃從灘(漢)—南爲名浴(谷)五百

上(二)·容·二二 顕(夏)不敢—昬(暑)訇(辭)

上(二)·容·二二 —爲民之又(有)詓(訟)告者䜴(鼓)焉

上(二)·容·二七—二八 從灘(漢)—北爲名浴(谷)五百

上(二)·容·二八 乃立句(后)禝(稷)—爲緝(盈)

上(二)·容·三〇 乃立數—爲樂正

上(二)·容·三二 焉—行正

上(二)·容·三二 —壤(讓)於來

上(二)·容·三三 不—亓子爲後

上(二)·容·二二 备(冬)不敢—蒼訇(辭)

上(二)·容·二九 乃立咎(皋)𫫇(陶)—爲李(李)

上(二)·容·三七 乃立泗(伊)尹—爲差(佐)

上(二)·容·三八 迟(起)帀(師)—伐昏(岷)山是(氏)

上(二)·容·五二 或亦迟(起)帀(師)—逆之

上(二)·容·四七 文王於是虐(乎)素耑(端)䙴(褰)裳—行九邦

上(二)·容·五二—五三、四 —告吝(閔)于天

上(二)·從(甲)·六 不惪則亡(無)—聚民

上(二)·從(甲)·一〇 誂則遠=戾=(遠戾，遠戾)所—☐

上(二)·從(甲)·七 則亡(無)—行正(政)

上(二)·從(甲)·一八 是—曰少(小)人惕(易)㝵(得)而難叓(使)也

上(二)·從(甲)·一六 不訓(順)行—出之

上(二)·從(乙)·五 君=(君子)䎽(聞)善言—改(改)亓

上(二)·從(乙)·五 —歨(待)名之至也

上(二)·性·一九 攸肰(然)—(以)思(息)

上(一)·性·二六 —(以)悳(德)者也

上(一)·性·二六 —(以)憨(猷)者也

上(一)·性·二六 —(以)古(故)者也

上(一)·紂·四 數惡—(以)慮民淫

上(一)·紂·七 則民至(致)行㠯(己)—(以)兑(悦)上

上(一)·紂·七 —(以)卲(昭)百眚

上(一)·紂·七 百眚(姓)—(以)悬(仁)頓

上(一)·紂·八 不從丌(其)所—(以)命

上(一)·紂·一〇 䛰(教)此—(以)遊(失)

上(一)·紂·一〇 民此—(以)緮(繁)

上(一)·紂·一 —(以)眡(示)民

上(一)·紂·一二 毋—(以)辟(嬖)士書夫=(大夫)向(卿)使(士)

上(一)·紂·一二 毋—辟(嬖)御書妝后

上(一)·紂·一二 毋—(以)少(小)悬(謀)敗大惷

上(一)·紂·一七 —(以)㙗(成)丌(其)信

上(一)·紂·一三 信—(以)結之

上(一)·紂·一三 齊之—(以)型(刑)

上(一)·紂·一三 龍(恭)—(以)立(涖)之

上(一)·紂·二三 「塱(朋)畣(友)卣(攸)囙=(攝,攝)—(以)威義(儀)

上(一)·紂·一三 齊之—(以)豊(禮)

上(一)·紂·一三 長民者䛰(教)之—(以)悳(德)

上(一)·紂·一三 古(故)慈(子)—(以)炁(愛)之

上（一）·紂·一四　折（制）—（以）型（刑）
上（一）·紂·二二　此—（以）迩（邇）者不惑
上（二）·民·二　—皇（橫）于天下

上（二）·從（甲）·一　民皆—爲義
上（二）·從（甲）·一　夫是則戰（守）之—信
上（二）·魯·四　魚—（以）

上（二）·昔·三　外言不—（以）内（入）
上（二）·昔·三　不見（顯）於内=（内，内）言不—（以）出

上（二）·魯·四　木—（以）爲民
上（二）·魯·四　石—（以）爲膚
上（二）·魯·四　水—（以）爲膚

上（二）·魯·三　—（以）事上天
新甲三·一六四　—君不懌（懌）之古（故）▨
新甲三·一〇〇　—（以）髋（胛）疾

新甲三·二四五　▨□疾，髓疾、—（以）心▨
新甲二·一八　▨—（以）黏▨
新甲三·二八二　聿（盡）割—（以）九黏

新甲三·二〇四　彭足—少（小）尨蘢（竈）▨
新甲三·二六五　—（以）其古（故）敚（說）之
新甲三·二七五　▨大邑—（以）牛

新甲三·二九一—一　—（以）疾慶（且）痮（脹）
新甲三·一一五　▨鹽（鹽）痯—鼪竈爲坪夜君▨
新甲三·四〇九　上郊—（以）豢

新甲三·二〇一　—（以）逾至吝（文）君
新甲三·二六七　册告自吝（文）王—（以）遷（就）聖逗［王］▨

新甲三·一三一　—（以）心瘁（悶）
新甲三·一六六、一六二　瓔（纓）之—兆玉▨
新甲三·一八八、一九七　▨—（以）亓（其）古（故）敚（說）之

新甲三·五　—（以）逾▨
新甲三·二一二、一九九—三　—（以）其古（故）敚（說）之
新甲三·五　—逾訓（順）至文王

新甲三・八、一八 趄醬—郙臉爲☐

新甲三・四一三 ☐下郊—（以）豢☐

新甲三・一三六 ☐璧—（以）罷禱大牢饋

新甲三・二三三、一九〇 —（以）白靁（靈）爲君坪夜君貞

新甲三・一三七 冊告自吝（文）—臺（就）聖趄王

新甲三・一一三 郿嘉—（以）衛戾之箅（筮）爲坪夜君貞

新乙三・三八 彭定—（以）少（小）寵（尨）蘦（靇）爲☐

新甲三・二三三、一九〇 —（以）合於伓（背）

新甲三・七二 旣心疾，—☐

新乙二・四一 —（以）其古（故）敚（説）☐

新乙四・四五 —（以）火□☐

新乙四・七 ☐—（以）心痵（悶）

新乙一・三一、二五 —（以）至冬栾之月

新乙三・六一 ☐廣。—（以）亓（其）古（故）敚（説）之

新乙三・三二 ☐或—（以）義（犧）生（牲）、璧玉☐

新乙三・三九 —（以）亓（其）古（故）敚（説）☐

新乙四・四五 —（以）胃（謂）之□

新乙一・一八 洍膋—（以）陵☐

新乙二・三七 —（以）坪夜君不瘁（懌）

新乙四・四六 彭定—（以）駁靇爲君卒（卒）歲貞

新零・五八四、甲三・二六六、二七七 —（以）陵尹懌之髗髀爲君貞

九・五六・一三下 㮊（利）（以）—取（娶）妻

九・五六・一五下 不（㮊）利（以）—祭祀

九・五六・二一下 㮊（利）—（以）結言

九・五六・二三下 可—（以）爲少（小）杠

九・五六・二四下 㮊（利）—（以）冡（嫁）女

九・五六・一六下 㮊（利）—（以）祭祀

九・五六・二八 —（以）堣（寓）人

九・五六・二九 㮊（利）—（以）爲室冡（家）

九・五六・二九 —（以）見邦君

新乙二・一一 ☐—（以）痵（肨）痮（脹）☐

新乙四・八 既骭(背)、膗(膺)疾，—(以)䐁(胛)疾☐

新乙三・七 ☐彖澹謠生—(以)長筆爲君貞

郭・老甲・一〇 竺(孰)能庀—迬者

郭・老甲・三七 可—長舊(久)

郭・老甲・二九 以—戟(奇)甬(用)兵

郭・老甲・九 竺(孰)能濁—(束)(静)者

郭・老甲・一四 智(知)—束(静)

郭・老甲・二九 —亡事取天下

郭・老甲・二四 居—須復也

郭・老甲・一八 是—弗去也

郭・老甲・二〇 智(知)止所—不訂(殆)

郭・老甲・一七 是—聖人居亡爲之事

郭・老甲・二 江海(海)所—爲百浴(谷)王

郭・老乙・一 是—杲(早)

郭・老甲・一四 是—聖人猷(猶)𧌒(難)之

郭・老甲・二九 —正之(治)邦

郭・老甲・三一 是—聖人之言曰

郭・老甲・二一 可—爲天下母

新甲三・一三二、一三〇 —其不安於氏(是)凥(處)也

郭・老甲・一九 —逾甘霤(露)

新甲三・一一二 —其逹(遲)出之古(故)

郭・老甲・八 是—爲之頌(容)

郭・老甲・一一 是—聖人亡爲古(故)亡敗

郭・老乙・一 是—杲(早)備(服)是胃(謂)

郭・老乙・二 莫智(知)其亙(亟〈極〉)可—又(有)或(國)

郭・老乙・二 可—長

郭・老乙・三 —至亡爲也

郭・老乙・五 亦不可—不禔(畏)

新甲三・一〇〇 —心☐

郭・老乙・七 虗(吾)所—又(有)大患者

郭・老乙・八 若可(何)—迲天下矣

郭・老乙・八 炁(愛)—以身爲天下

郭·老乙·八 若可以—厇(託)天下矣

郭·老乙·一〇 是—建言又(有)之

郭·老乙·一〇 不足—爲道矣

郭·老乙·一六 子孫—其祭祀不乇

郭·老乙·一八 —邦觀邦

郭·老乙·一八 虗(吾)可(何)—智(知)天▨

郭·老乙·一八 —天下觀天下

郭·老乙·一八 —向(鄉)觀向(鄉)

郭·老丙·九 言—喪豊(禮)居之也

郭·老丙·八 是—卞(偏)牐(將)軍居左

郭·老丙·一〇 則—心依(哀)悲位(莅)

郭·性·五八 —猷者也

郭·老丙·一二 是—□人欲不欲

郭·老甲·一三 牐(將)貞(鎮)之—亡名之斁(樸)

郭·性·二一 是—敬安(焉)

郭·老丙·一〇 戰勳(勝)則—喪豊(禮)居之

郭·老丙·一三 是—能補(輔)壖(萬)勿(物)之自肰(然)

郭·性·一四 又(有)—習其眚(性)也

郭·性·一八 𧥺(教),所—生悳(德)于宔(中)者也

郭·性·五〇 不—其青(情)

郭·性·一八 肰(然)句(後)復—𧥺(教)

郭·性·二三 所—爲信與諓(徵)也

郭·性·三一 條(悠)肰(然)—思

郭·性·三六 不女(如)—樂之速也

郭·性·三七 人之不能—爲也

郭·性·五〇 句(苟)—其青(情)

郭·六·二〇 —信從人多也

郭·六·一一 智(知)其—又(有)所遈(歸)也

郭·六·一〇 —貢(任)此▨

郭·六·一〇 —裕六悳(德)

郭·六·一四 㝵(使)之足—生

郭·六·一五 —宜(義)㝵(使)人多

郭·六·二三 —睦里社

郭·六·一七
胃（謂）之—忠𠭖（事）人多

郭·五·三五
不—少（小）道赶（屠）大道

郭·五·三六
—其外心與人交

郭·五·三二
—其宔（中）心與人交

郭·六·三三
是—更也

郭·六·三八
或—智（知）其弌（一）壴（矣）

郭·六·四二
可—剸（剌）岳（獄）

郭·六·四四
凡君子所—立身大灋（法）參（三）

郭·六·四四
是—其剸（剌）岳（獄）

郭·六·四七
少者—攸（修）其身

郭·太·一
是—成陞（地）

郭·太·一
是以—成天

郭·太·二
是—成会（陰）昜（陽）

郭·太·二
是—成四時

郭·太·三
是—成倉（滄）然（熱）

郭·太·三
是—成溼澡（燥）

郭·太·七
—忌（紀）爲壖（萬）勿（物）經

郭·太·一三
其下高—㢸（强）

郭·太·九
雀（削）成者—益生者

郭·太·一〇
—道從事者必恺（託）其名

郭·成·一五
上不—其道

郭·成·三
敬新（慎）—肘（主）之

郭·成·三
身備（服）善—先之

郭·成·一五
是—民可敬道（導）也

郭·成·二七
亦非又（有）譯婁—多也

郭·成·一九
戚（就）反者（諸）㠯（己）而可—智（知）人

郭·成·一八
民必因此厚（重）也，—復之

郭·成·二八
此—民皆又（有）眚（性）而聖人不可莫（慕）也

郭·成·三〇
是—君子貴

郭·成·三一
—里（理）人侖（倫）

郭·成·三二
是古（故）小人變（亂）天祟（常）—逆大道

郭·成·二四
是—上之亙（恒）柔（務）才（在）信於衆

郭·成·四〇
是古（故）君子訢（慎）六立（位）—巳（已）天祟（常）

郭·成·二五
言信於衆之可—淒（濟）悳（德）也

郭·唐·一四
聖—堣（遇）命

郭·唐·一四
恴（仁）—遣（逢）皆（時）

郭·唐·二二
能—天下徸（番）歆（矣）

郭·唐·二七
此—智（知）其弗利也

郭·唐·一八
不—仄（匹）夫爲巠（輕）

郭·唐·一九
不—天下爲重

郭·尊·二
所—信其肰（然）也

郭·尊·三
所—□嬰（舉）也

郭·尊·三
所—敘（除）砻也

郭·尊·五
墒（禹）—人道紿（治）其民

郭·尊·五
桀—人道亂其民

郭·尊·一六
𡧊（教）—懽（權）悔（謀）

郭·尊·一二
是—爲正（政）者𡧊（教）道之取先

郭·尊·八
戚（就）者（諸）出所—智（知）吕（已）

郭·尊·八
是—君子人道之取先

郭·尊·九
智（知）吕（已）所—智（知）人

郭·尊·九
智（知）人所—智（知）命

郭·尊·一六
先〓（先之）—悳（德）

郭·尊·一三
𡧊（教）—樂

郭·尊·一三
則民果—巠（輕）

郭·尊·一四
則民埜（野）—静（争）

郭·尊·一四
則民埶（褻）陵張（長）貴—忘

郭·尊·一五
則民少—叜（吝）

郭·尊·三五
尃（博）不足—智（知）善

郭·尊·二四
爲邦而不—豊（禮）

郭·尊·三五
快（决）不足—智（知）侖（倫）

郭·忠·九
氏（是）古（故）古之所—行虖（乎）閔嘍者

郭·窮·一五 穿(窮)達—旹(時)
郭·窮·一四 穿(窮)達—旹(時)
郭·語四·一 穿(情)—舊(咎)

郭·語四·一 言—司(殆)
郭·語四·三 足—終殜(世)
郭·語四·三 不足—出芒(亡)

郭·語四·一四 必先與之—爲朢(朋)
郭·語三·一八 勿—日勿又里而
郭·語三·二〇 春秋亡不—其生也亡耳

郭·語三·五三 臤(賢)者隹(唯)其止也—異
郭·語一·三六、三七 易所—會天道人道也
郭·緇·二 —視民厚

郭·語一·三八、三九 詩所—會古含(今)之恃(志)也者
郭·語一·四〇、四一 春秋所—會古含(今)之事也

郭·語三·四四 慶(文)衣(依)勿(物)—青(情)行之者
郭·語一·一〇七—一〇八 各—澹(詹)訇(詞)毀也

郭·緇·二 章志—卲(昭)百眚(姓)
郭·緇·二 則民至(致)行㠱(己)—敓(悅)上
郭·緇·八 君—民爲體

郭·緇·六 慬(謹)亞(惡)—涃(困)民涇(淫)
郭·緇·八 民—君爲心
郭·緇·九 古(故)心—體法(廢)

郭·緇·九 君—民芒(亡)
郭·緇·一二 百眚(姓)—悬(仁)道
郭·緇·一四 不從其所—命
郭·緇·一八 謷(教)此—遊(失)

郭·緇·一八 民此—緐(繁)
郭·緇·二一 此—大臣不可不敬
郭·緇·二二 毋—少(小)悔(謀)敗大愭(作)

郭·緇·二三 毋以—卑(嬖)御息(塞)妝(莊)句(后)
郭·緇·二三 毋—卑(嬖)士息(塞)大夫

郭·緇·二四 齊之—豊—(禮)

郭·緇·二四 誊(教)之—正(政)

郭·緇·二四 倀(長)民者誊(教)之—悳(德)

郭·緇·二五 古(故)拏(慈)—恐(愛)之

郭·緇·二五 信—結之

郭·緇·二五 共(恭)—位(莅)之

郭·緇·二六 折(制)—型(刑)

郭·緇·三二 而歪(亟)—行

郭·緇·三二 君子道人—言

郭·緇·三五 —成其信

郭·緇·三八 此—生不可敓(奪)志

新甲一·一四 —瘁(肨)痕(脹)、心宨(悶)☐

新甲一·三 雁愴—大央爲坪☐

新甲一·二五 禮公子虡(虩)命彭定—少(小)冟(尨)騌爲君貞

新甲一·一三 —瘁(肨)痕(脹)、心☐

新甲二·六、三〇、一五 盬(盬)壽君—吴夏☐

新甲二·一〇 ☐聿(盡)緄—兆玉

新甲三·一一二 —其無死(恒)米之古(故)

新甲三·七二 ☐—敓之大彤簪(筮)爲君貞

上(三)·周·一二 不翩(富)—(以)

上(三)·周·四一 —(以)芑橐苽(瓜)

上(三)·中·二三 所—城(成)死也

上(三)·中·二三 所—立生也

上(三)·中·二四 亘=(一日)—善立

上(三)·中·二四 亘=(一日)—不善立

上(三)·亙·七 事甬(庸)—不可賡(更)也

上(三)·亙·九 隹(唯)一—猶一

上(三)·亙·一〇 習—不可改也

上(四)·柬·八 王—(以)䎽(問)贅尹高

上(四)·柬·一〇 君王尚—(以)䎽(問)大剌(宰)

上（四）·柬·一四　而百眚（姓）—（以）㡭（絶）
上（四）·柬·一八　社禝（稷）—（以）迷（坐）與
上（四）·柬·二〇　君王之瘰從今日—瘽（瘥）

上（四）·相·三　—（以）實寶（府）庫
上（四）·曹·八　必共（恭）會—㝵（得）之
上（四）·曹·一五　亓飤（食）足—飤（食）之

上（五）·競·四　周量之—（以）濅湝（汲）
上（五）·競·九　進芋倗（明）子—（以）馳於倪（郳）廷

上（五）·鮑·一　—（以）㚖返亓葬（葬）也
上（五）·鮑·二　還亓（其）所—（以）葬（葬）
上（五）·季·六　夫箬〻—（以）箬孴〻之悳也

上（五）·季·一四　幾敢不—（以）亓犬〻之連等告
上（五）·季·二〇　救民—（以）賝（親）
上（五）·姑·二　—（以）虐族參玤與□□□□於君

上（五）·姑·四　而因（因）—（以）害君
上（五）·君·三　虐（吾）是—媄（惰）也
上（五）·弟·一〇　夫—眾軋（犯）㪅（難）

上（五）·弟·一〇　—新（親）受備（服）
上（五）·弟·一三　不曲方（防）—迲（去）人
上（五）·三德·七　必復之—憂𢁱（喪）

上（五）·三德·一六　敓民旹（時）—土攻（功）
上（五）·三德·一七　智天足—川（順）旹（時）
上（五）·三德·一七　智地足—古（固）材

上（五）·鬼·一　則—（以）亓（其）賞善罰暴也
上（六）·競·一〇　自古（姑）、蚤（尤）—（以）西

上（六）·孔·一二　—（以）觀於民
上（六）·用·二　亦力孪（勉）—毋忘
上（七）·武·一三　大公覭奉丹箸（書）—（以）朝

上（七）·鄭乙·五　紋（疏）索—（以）紲（供）
上（七）·鄭乙·六　—（以）子豪之古（故）
上（七）·鄭乙·七　君王必進市—（以）迟（起）之

上(七)・君甲・五 王岿=(之所)—(以)爲目觀也

上(七)・君甲・七 人—(以)君王爲叚(聚)

上(七)・君乙・六 人—(以)君王爲叚(聚)

上(七)・吳・八 —(以)陞(陳)邦非它也

清(一)・程・九 不可—窅(藏)

清(一)・保・三 以受之—詷

清(一)・保・三 女(汝)—箸(書)受之

清(一)・保・八 —退(復)又(有)易

清(一)・耆・三 㬎(宴)—二公

清(一)・耆・七 我恖(憂)—臤

清(一)・耆・一一 則夂(終)—康

清(一)・耆・一三 則夂(終)—复(祚)

清(一)・耆・一四 則夂(終)—愳(懼)

清(一)・金・一 未可—慼(戚)虛(吾)先生

清(一)・金・四 —奠(定)尓(爾)子孫于下坖(地)

清(一)・金・五 我乃—璧與珪遈(歸)

清(一)・金・六 自—弋王之敓于金紒之匱

清(一)・金・八 我之□□□□亡—逡見於先王

清(一)・金・九 天疾風—雷

清(一)・金・一〇 —攺(啓)金紒之匱

清(一)・金・一〇 自—爲社以弋武王之敓

清(一)・金・一一 王捕(布)箸(書)以浧(泣)

清(一)・金・一二 —章公悳(德)

清(一)・金・一四背 周公所自—弋(代)王之志

清(一)・皇・二 —𦏧(助)氒(厥)辟

清(一)・金・一〇 —啓(啓)金紒(縢)之匱

清(一)・皇・五 —瀕(賓)右(佑)于上

清(一)・皇・六 戎兵—能興

清(一)・皇・七 —豙(家)相氒(厥)室

清(一)・皇・八 —翻(問)求于王臣

清(一)·皇·九 斯乃非休悳—麐(應)

清(一)·皇·九 乃隹乍(詐)區(詬)—啻

清(一)·皇·一〇 —不利氒(厥)辟氒(厥)邦

清(一)·皇·一一 是—爲上

清(一)·皇·一二 —㬎(助)余一人悥(憂)

清(一)·祭·八 —余少子颺(揚)文武之剌

清(一)·祭·一五 女(汝)母(毋)—戾孶皇

清(一)·祭·一六 女母—俾游息尔臧(莊)句

清(一)·祭·一六 女母—少惎(謀)敗大虞(作)

清(一)·祭·一六 女母—俾士息夫=卿李(士)

清(一)·祭·一九 我亦不—我辟竄于欺

清(一)·祭·一九 我亦隹(惟)—没我殀(世)

清(一)·楚·三 呇戕晐(該)亓鼺(脅)—楚

清(一)·楚·四 無—內之

清(一)·楚·四 乃㵎(竊)若人之㛒—祭

清(一)·楚·一一 —爲凥(處)於章華之臺

清(一)·楚·一四 —爲凥(處)於酉澫

清(一)·楚·一四 王大(太)子—邦逿於湫郢

清(一)·楚·一五 王大(太)子—邦居鄃(鄢)郢

清(一)·楚·一五 —爲凥(處)於粿郢

清(二)·繫·一 —龔(登)祀帝=(上帝)天神

清(二)·繫·二 —克反商邑

清(二)·繫·六 —攻幽王

清(二)·繫·七 —攻幽王

清(二)·繫·一二 奠(鄭)—㚸(始)政(正)

清(二)·繫·一三 楚文王—啟于灘(漢)滆

清(二)·繫·一五 —御奴虘之戎

清(二)·繫·一六 —戰(守)周之奎(墳)蘘(墓)

清(二)·繫·一六 秦—㚸(始)大

清(二)·繫·一七 —乍(作)周厚㗊(屏)

清(二)·繫·一八 —侯殷之夋(餘)民

清(二)·繫·二〇 齊𧻚公會者侯—成(城)楚丘

清(二)·繫·二四 —同生(姓)之古(故)

清(二)·繫·二六 郚哀侯銜帀(師)—戜賽

清(二)·繫·二六 贕(獲)哀侯—歸

清(二)·繫·二九 取賽(息)爲(嬀)—歸

清(二)·繫·二九 文王—北啟出方成(城)

清(二)·繫·三〇 女(焉)取郚(頓)—贛(恐)陳侯

清(二)·繫·三五 戠(止)惠公—歸

清(二)·繫·三五 惠公女—亓子褱(懷)公爲執(質)于秦

清(二)·繫·三五 秦穆公—亓(其)子妻之

清(二)·繫·三八 秦人迟𠂤(師)—內文公于晉

清(二)·繫·四〇 戠(止)繡公子義(儀)—歸

清(二)·繫·四一 楚成王銜者侯—回宋伐齊

清(二)·繫·四二 伐衛—敓齊之戍及宋之回

清(二)·繫·四三 郚及羣縊巳之𠂤—交文公

清(二)·繫·四四 宋及羣戎之𠂤—敗楚𠂤

清(二)·繫·四五 晉人—不憖

清(二)·繫·四七 乃—奠君之命裝秦三銜

清(二)·繫·五一 乃伓(抱)霝(靈)公—虐(號)于廷

清(二)·繫·五四 秦康公銜(率)𠂤(師)—遳(送)癰(雍)子

清(二)·繫·五五 秦公—戩(戰)于𡒒𠂤之古(故)

清(二)·繫·五六 䣝(將)—伐宋

清(二)·繫·五九 —女子與兵車百𨍭

清(二)·繫·六〇 —芋孫兀(元)爲𢼸(質)

清(二)·繫·六二 晉成公會者侯—戜莫

清(二)·繫·六五 楚人被𩋄—𠂤(追)之

清(二)·繫·六九 安子銜𠂤—會于𡐓𡐓

清(二)·繫·七一 —𩌳駱玉笅與𦫼于之田

 清（二）·繫·七五 旻（得）𠂤（師）—逨（來）

 清（二）·繫·七六 取亓室—夋（予）繡（申）公

 清（二）·繫·七八 取—爲妻

 清（二）·繫·七九 繡公繖載少盂—行

 清（二）·繫·八〇 —至霝（靈）王

 清（二）·繫·八二 五雞逆吳人—回州逨（來）

 清（二）·繫·八二 —敗楚𠂤（師）

 清（二）·繫·八三 —敗楚𠂤（師）于白遷（舉）

 清（二）·繫·八五 晉競公會者侯—𢦏奠（鄭）

 清（二）·繫·八六 競（景）公—𨓤（歸）

 清（二）·繫·八九 衒（率）𠂤（師）會者（諸）侯—伐秦

 清（二）·繫·九〇 柬（厲）公亦見禍（禍）—死

 清（二）·繫·九一 述—𨒪（遷）譽（許）於鄴（葉）而不果

 清（二）·繫·九二 爲坪会之𠂤—回齊

 清（二）·繫·九三 齊臧公光衒𠂤—逐鄉絰

 清（二）·繫·九四 —復坪会（陰）之𠂤（師）

 清（二）·繫·九五 —復朝訶（歌）之𠂤（師）

 清（二）·繫·九五 —爲成於晉

 清（二）·繫·九八 述（遂）—伐郐（徐）

 清（二）·繫·一〇一 —伐楚

 清（二）·繫·一〇二 —復（復）方城之𠂤（師）

 清（二）·繫·一〇三 者侯同盟于鹹泉—反晉

 清（二）·繫·一〇三 至今齊人—不服于晉

 清（二）·繫·一〇七 吳緩用—𠂤逆郗卲侯

 清（二）·繫·一〇八 —至晉悼公

 清（二）·繫·一〇九 —與吳王𠷎夢相見于鄉（號）

 清（二）·繫·一一〇 —與夫秦王相見于黃池

 清（二）·繫·一一一 —與戉命尹宋盟（盟）于邪

 清（二）·繫·一一二 述（遂）—伐齊

 清（二）·繫·一一三 至今晉、戉（越）—爲好

清(二)·繫·一一四 告—宋司城坡之約公室

清(二)·繫·一一五 王命莫囂昜爲衒𠂤—定公室

清(二)·繫·一一六 —遉(復)黄池之𠂤(師)

清(二)·繫·一一七 楚—與晉固爲肙(怨)

清(二)·繫·一二〇 —建昜(陽)、邱陵之田

清(二)·繫·一二一 齊侯晶(参)奪—内(入)

清(二)·繫·一二六 王衒(率)宋公—城贜闈(關)

清(二)·繫·一二七 —爲楚敪(援)

清(二)·繫·一二八 與上或(國)之𠂤(師)—迩之

清(二)·繫·一二九 晉䞴余衒晉𠂤與莫𠂤—内王子定

清(二)·繫·一二九 遂昜公衒𠂤—迩(交)晉人

清(二)·繫·一三〇 子坓子衒𠂤—迩(交)楚人

清(二)·繫·一三一 —歸(歸)於郢

清(二)·繫·一三三 戠(止)郲公涉瀾—歸(歸)

清(二)·繫·一三三 —遉(復)長陵之𠂤(師)

清(二)·繫·一三四 —遉(復)郘(郜)之𠂤(師)

清(二)·繫·一三六 楚邦—多亡城

清(二)·繫·一三七 —從楚𠂤(師)於武昜(陽)

清(二)·繫·一三七 晉楚—戰(戰)

清(三)·説上·一 —貨旬求敓(説)于邑人

清(三)·説上·三 帝毆(抑)尔—畀畬(余)

清(三)·説上·三 隹(惟)帝—余畀尔

清(三)·説上·五 一豕乃觀(旋)保—遺(逝)

清(三)·説下·三 —䔪(益)見(視)事

清(三)·芮·三 —自訿(訾)讀

清(三)·芮·三 —繙(申)尔(爾)悉(謀)猷

清(三)·芮·六 卑之若童(重)載—行隋(峭)險

清(三)·芮·七 母自縱于脕—囂

清(三)·芮·一一 —畢(親)亓(其)㾓(狀)

清(三)·芮·一二 —求亓(其)上

清（三）·芮·一三 先君—多社（功）

清（三）·芮·一四 —力及复（作）

清（三）·芮·一四 —武丞（及）恿（勇）

清（三）·芮·一七 卑里（匡）—戒（誠）

清（三）·芮·一八 —交罔悬（謀）

清（三）·芮·二八 —寓命達聖（聽）

清（三）·良·一一 —爲大宰

清（三）·祝·一 乃教（執）采（幣）—祝曰

清（三）·祝·二 乃左教（執）土—祝曰

清（三）·祝·二 乃奎（投）—土

清（三）·祝·三 童（同）—心

清（三）·祝·五 童（同）—戥

清（三）·祝·四 童（同）—目

清（三）·赤·一五 —钺（御）白兔

清（四）·筮·四季三九 乃—（以）名亓（其）兇

清（四）·筮·乾四〇 逆亁（乾）—長（當）巽

清（四）·筮·祟四四 八乃奴（奴）—（以）死

清（五）·厚·四 —庶民隹（惟）政之龏（恭）

清（五）·厚·一一 亦鮮克—誨（謀）

清（五）·封·五 —堇（勤）余天（一人）

清（五）·封·八 —永厚周邦

清（五）·命·一 正—稩（禍）福

清（五）·命·一 立明王—恷（訓）之

清（五）·命·三 走（上）—明之

清（五）·命·四 上—㲉（穀）之

清（五）·命·四 女（如）懽（勸）—忠訐（信）

清（五）·命·四 上—臬（畏）之

清（五）·命·五
達道₌（道道）天—正人

清（五）·命·六
夫明王卲天計（信）人—乇（度）攻（功）

清（五）·命·六
攻（功）堅（地）—利之

清（五）·命·七
—人之佴（恥）尚（當）天之命

清（五）·命·七
—亓（其）市冒（冕）尚（當）天之福

清（五）·命·七
—亓（其）斧戉（鉞）尚（當）天之禍（禍）

清（五）·命·八
乃室（曠）命—弋（代）亓（其）上

清（五）·命·一〇
天古（故）卲（昭）命—命力之曰

清（五）·命·一一
—牧堇（萬）民

清（五）·命·一一
秋（撫）之—季（惠）

清（五）·命·一一
和之—均

清（五）·命·一一
鞀（斂）之—哀

清（五）·命·一二
吴（娛）之—樂

清（五）·命·一二
侀（訓）之—豊（禮）

清（五）·命·一二
教之—埶（藝）

清（五）·命·一二
正之—政

清（五）·命·一二
童（動）之—事

清（五）·命·一二
懽（勸）之—賞

清（五）·命·一二
槩（畏）之—罰

清（五）·命·一二
霝（臨）之—中

清（五）·命·一三
行之—峕（權）

清（五）·命·一四
—賞從裳（勞）

清（五）・命・一四 —□□備（服）

清（五）・命・一五 —中從忠則尚（賞）

清（五）・命・一五 —嵩（權）從𤔲（法）則不行

清（五）・命・一五 𤔲（法）—智（知）嵩（權）

清（五）・命・一五 嵩（權）—智（知）㣲（微）

清（五）・命・一五 㣲（微）—智（知）訇（始）

清（五）・命・一五 訇（始）—智（知）夂（終）

清（五）・湯丘・一 又（有）䢵（莘）嬳（媵）—少（小）臣

清（五）・湯丘・二 䜌（絶）飭（芳）旨—䶥（粹）

清（五）・湯丘・二 —道心蕣（嗌）

清（五）・湯丘・二 惜（舒）快—恧（恆）

清（五）・湯丘・三 此可—和民虎（乎）

清（五）・湯丘・五 吟（今）君逹（往）不—時

清（五）・湯丘・七 —和利萬民

清（五）・湯丘・八 —攸（修）四時之正（政）

清（五）・湯丘・八 —埶（設）九事之人

清（五）・湯丘・八 —長奉社禝（稷）

清（五）・湯丘・九 夫人母（毋）—我爲訇（怠）於亓事虎

清（五）・湯丘・一一 剴（豈）敢—衾（貪）𢀜（舉）

清（五）・湯丘・一二 㚇（使）貨（過）—惑

清（五）・湯丘・一五 可（何）—自悉（愛）

清（五）・湯丘・一五 古先=（之先）聖人所—自悉（愛）

清(五)·湯丘·一六 此—自悉(愛)也

清(五)·湯門·二 則可(何)—成人

清(五)·湯門·二 可(何)—成邦

清(五)·湯門·二 可(何)—成埅(地)

清(五)·湯門·二 可(何)—成天

清(五)·湯門·四 五—成人

清(五)·湯門·四 悳(德)—光之

清(五)·湯門·四 四—成邦

清(五)·湯門·四 五—叟(相)之

清(五)·湯門·四 九—成埅(地)

清(五)·湯門·四 五—壐(將)之

清(五)·湯門·四 九—成天

清(五)·湯門·五 六—行之

清(五)·湯門·五 人可(何)旻(得)—生

清(五)·湯門·五 可(何)多—長

清(五)·湯門·六 是哉—爲人

清(五)·湯門·九 㷼(氣)變(融)交—備

清(五)·湯門·九 㷼(氣)逆亂(亂)—方

清(五)·湯門·一〇 夫四—成邦

清(五)·湯門·一〇 五—叟(相)之

清(五)·湯門·一一 五—相之

清(五)·湯門·一三 悳(德)濬明執訏(信)—義成

清(五)·湯門·一四 可—㑒(保)成

清(五)·湯門·一四 悳叜(變)亟執譌—亡成

清(五)·湯門·一六 正(政)柬(簡)—成

清(五)·湯門·一六 正侀亂(亂)—亡(無)棠

午

清（五）·湯門·一七　型（刑）情（輕）—不方
清（五）·湯門·一七　型（刑）竃（重）—亡（無）祟（常）
清（五）·湯門·一八　九—成埅（地）
清（五）·湯門·一八　五—壄（將）之
清（五）·湯門·一八　五—壄（將）之
清（五）·湯門·一九　—成五乚（曲）
清（五）·湯門·一九　夫九—成天
清（五）·湯門·一九　六—行之
清（五）·湯門·一九　—穗（植）—穀（穀）
清（五）·湯門·二〇　六—行之
清（五）·湯門·二一　則可（何）—改之
清（五）·殷·九　虐孪（勉）自印（抑）畏—敬
清（五）·殷·一九　龏（恭）神—敬
清（五）·殷·二三　—夆（誥）四方
清（五）·殷·二六　甬（用）兇—見詢

包二·九二　郚陸—之里人藍訟登賒尹之里人苛鑐
包二·一八四　湯—　人名
包二·一九一　宋—　人名
包二·五三　戊—之日
包二·五八　戊—之日
包二·五九　戊—之日
包二·六〇　戊—之日
包二·九五　戊—之日
天卜　壬—
天卜　甲—之夕
包二·一九二　甲—
包二·一一五　庚—之日
天卜　丙—之日
包二·一七六　戊—
包二·一七九　戊—
包二·一六八　丙—
包二·一七一　壬—
包二·一三二反　甲—之日
包二·一七二　甲—

未

包二·一八五 丙—

包二·五九 壬—之日

包二·八八 壬—之日

新甲三·一三四、一〇八 庚—之夕内齋

新甲三·三〇〇、三〇七 壬—之日

新甲三·五八 —之日尚毋癀。占之……☐

新甲三·一六一 ☐壬—之日祭卲(昭)王☐

九·五六·一七 蔔於—

九·五六·二一 坐於—

九·五六·二三 工於—

九·五六·三六 昏(辰)、巳、—、未

清(一)·皇一 隹(惟)正月庚—

清(四)·筮·地五二 子—鬠(震)

清(四)·筮·地五二 子—九

包二·二〇七 少—巳以其古祭之

包二·二一 辛—之日

包二·二三 辛—之日

包二·七〇 乙—之日

包二·七四 乙—之日

包二·三 所幼—陛

包二·八 昭之子疕一夫—在典

包二·二三 臧— 人名

秦一·一 辛—之日

秦一三·一 乙—之日

包二·七五 乙—之日

包二·八四 郚— 人名

包二·一二三 郙傣—至剌

包二·一三七 舒腥執—又剌逵㝛而逃

望一·七 癸—之日

包二·二〇一 乙—之日

包二·一八三 己—

包二·二四 辛—之日

包二·二五 辛—之日

包二·二九 癸—之日

包二·六〇 辛—之日

包二·六一 辛—之日

包二·七六 乙—之日

包二·七七 辛—之日

包二·七九 己—之日

包二·一六三 辛—

包二·一六五 癸—

包二·一八一 辛—

包二·一八一 癸—

包二·一八六 己—

包二·一九〇 己—

包二·一九二 乙—

磚三七〇・二 —智其人

望一・一五 辛—之日

帛甲三・三一 —又日月

帛乙七・一四 恭民—智

望一・一三五 既禱—賽

望一・二二 以其—又簉立

望一・六七 己—又閒

郭・老甲・二一 —智(知)其名

郭・老甲・二六 絧(治)之於其—亂

郭・老甲・一四 未(味)亡—(味)

郭・老甲・一四 —(味)亡未(味)

郭・老甲・三四 —智(知)牝戊(牡)之合𦣻(朘)惹(怒)

郭・老甲・二五 其—莵(兆)也

郭・五・二三 —尚(嘗)𦖞(聞)君子道

郭・魯・四 而—之得也

郭・成・二六 其生而—又(有)非之,節(即)於而也

郭・成・二三 —又(有)能深之者也

郭・忠・二 —之又(有)也

郭・性・五一 唯(雖)—之爲

郭・性・五一 —言而信

郭・性・五二 —型(刑)而民宨(畏)

郭・性・五二 —賞而民懽(勸)

郭・語一・九一 夬(缺)生虐(乎)—得也

郭・語一・四八 又(有)聖(聲)又(有)臭(嗅)又(有)—(味)

上(二)・容・五二 受不智(知)亓—又(有)成正(政)

上(一)・孔・一九 木苽又(有)藏忎而—㝵(得)達也

上(一)・孔・一七 東方—明又(有)利訂(詞)

新甲三・一八四—二、一八五、二二二 ☐□—良瘽(瘥)

新甲三・四三 —及中昗(期)君王☐

新甲三・三六〇 —内☐

新甲三・一六〇 —聿(盡)八月疾必瘽(瘥)☐

新乙一・二一、二三 辛—之日禱之☐

新乙四・一〇九 己—之日

新乙一・三二、二三 癸—之日

新乙四・五 己—之夕

新乙四・八二 己—之日

九・五六・二七 午、—、申
九・五六・三一 巳、午、—
新零・二七二 己—☐

九・五六・一三 坪於—
九・五六・二二 坐於—
九・五六・二六 午、—、申

上(三)・周・五八 —淒(濟)
上(三)・亙・一 未又(有)天墜(地)，—
上(三)・亙・一 —又(有)天墜(地)

上(三)・亙・二 —或兹(滋)生
上(三)・彭・三 —則于天
上(四)・昭・一〇 虐—又(有)㠯(以)悳(憂)

上(四)・柬・七 㠯君王之身殺祭—尚又
上(四)・柬・九 王夢晶閨(圭)—啟
上(四)・曹・四三 三軍—成

上(四)・曹・四三 軙(陳)—豫
上(五)・三德・二二 之罷—可㠯遂

上(六)・競・一二 則—旻(得)與昏(聞)
上(六)・用・一 參節之—得

上(六)・用・一一 若罔之—癹(發)
上(七)・鄭乙・六 帀(師)—還

上(七)・凡甲・三 —智(知)左右之請
上(七)・凡甲・一九 古豸(貌)虘(担)之又(有)—敗(畀)

上(七)・凡乙・三 —智(知)左右之請
清(一)・保・一〇 命—又所次(延)
清(一)・耆・九 周公秉箮(爵)—畝

清(一)・金・一 —可以慼(戚)虐先王
清(一)・金・九 王亦—逆公
清(一)・金・九 —穀(穫)

清(二)·繫·四七　晉文公舜(卒)，—殅(葬)

清(二)·繫·五〇　—可奉承也

清(二)·繫·八七　虞(且)攸(修)成，—還

清(三)·芮·九　曰余(予)—均

清(四)·筮·地五三　丑—巽

清(四)·筮·地五三　丑—八

清(五)·湯丘·三　—成，少(小)臣又(有)疾

清(五)·湯丘·七　—能亓事而旻(得)其飤(食)

清(二)·繫·六二　楚自(師)—還

包二·一七三　己—

包二·四一　乙—之日

包二·三五　癸—之日

郭·五·九　—見君子

郭·五·一二　—見君子

郭·五·二三　—尚(當)見臤(賢)人

郭·唐·一四　—嘗堣(遇)▨

郭·唐·一七　—年不弋

郭·唐·九　我(義)而—悬(仁)也

郭·尊·一二　衆—必訇(治)

郭·唐·八　悬(仁)而—義也

郭·唐·二一　自生民—之又(有)也

郭·語二·四五　—又(有)善事人而不返者

郭·語二·四六　—又(有)筍「孪(華)而忠者

郭·語三·二七　—又(有)其至

上(一)·紂·一〇　—見

新乙四·四五　▨□白文—白□

新零·二四一　▨—與黽

上(五)·弟·九　虐(吾)䎽(聞)而—之見也

上(五)·弟·附　—可胃(謂)悬(仁)也

上(六)·競·九　勿(物)而—者(著)也

上(六)·競·一二　—㠯(以)至於此

申

彭

郭·語二·五〇 母(毋)遊(失)虐(吾)—(未)

郭·語二·五〇 此—(未)得矣

郭·語二·五一 少(小)不忍，伐(敗)大—(未)

李家浩先生：此爲古文『未』。參見《汗簡》和《古文四聲韻》。

申

包二·四二 丙—之日

包二·一六五 丙—

包二·一八二 丙—

包二·一八四 丙—

包二·一八五 丙—

包二·三九 戊—之日

包二·四一 戊—之日

包二·四六 戊—之日

包二·四八 戊—之日

包二·四九 戊—之日

包二·九一 戊—之日

包二·一六八 戊—

包二·一六七 壬—

包二·一八一 壬—

包二·一八九 戊—

包二·二六 壬—之日

包二·一六二 壬—

信一·〇五三 —以監

秦九九·一 甲—之夕

天卜 戊—或又閒

望一·七〇 庚—

九·五六·一三 盜於—

九·五六·一四 坪於—

九·五六·二〇 復(復)於—

九·五六·二四 工於—

九·五六·二七 午、未、—

上(二)·容·五三正 武王素虖(甲)吕—(陳)於鬯(殷)蒿(郊)

新甲三·一〇九 ☐☐筱。庚—之昏以起辛酉之日禱之☐

新甲三·一二六、零·九五 ☐戊—之夕以起己☐

新甲三·三一〇 喬尹—之述

新乙四·一四四 甲—之日

清(二)·繫·二〇 女(焉)立悳(戴)公—

清(四)·筮·地五四 寅—裝(勞)

清(四)·筮·地五四 寅—一

郭·忠·六 君子弗—尔

酉

秦一三·三 癸—之日

新甲三·一〇九 ☑□簌。庚申之昏以起辛—之日禱之☑

新零·三〇七 己—昏(辰)禱之

酉在楚簡讀酒。干支酉从木或加飾筆。

⿰酉彡

新甲三·四二 丁—之日

新甲三·四六 辛—之日禱之

新甲二·七 辛—之☑

新甲三·一四四 ☑起己—禱之☑

新甲三·三〇四 ☑—之日

新乙二·五 ☑戊申以起己—禱之☑

新乙三·二九 辛—之☑

新乙四·一二六 辛—之日

新甲二·一三 辛—之日，東☑

⿴酉米

包二·六八 不逞競—之司敗鄵愴以廷

包二·一四〇 —⿰米各 人名

包二·九〇 龏— 人名

包二·一六二 龏—

包二·五七 辛—之日

包二·六一 辛—之日

包二·九九 辛—之日

包二·一〇〇 辛—之日

包二·三五 乙—之日

包二·一八六 辛—

包二·一二八 乙—之日

包二·一六三 癸—

包二·二〇四 癸—之日

包二·四五 己—之日

包二·五一 己—之日

包二·五二 己—之日

包二·九四 己—之日

包二·一七五 己—

包二·二二〇 己—之日

天卜 己—之日

望一·九〇 乙—之日

九·五六·二三 城於—

九·五六·二四 坐於—

九·五六·二六 申、—、戌、亥

九·五六·一五 坪於—

九·五六·二〇 蔔於—

九·五六·二一 遉(復)於—

清(一)·楚一四 以爲凥(處)於—濿

清(四)·筮·地五五 卯—(酉)羅(離)

清(四)·筮·地五五 卯—(酉)〈(六)

酒

沓

包二·二七 癸—之日
天卜 己—之日
包二·四〇 己—之日
包二·一六七 乙—
包二·二二一 臭月己—之日
包二·八九 乙—之日

包二·七 乙—之日

酒 酉

包二·二〇〇 —飤 不从水。魏《三體石經》—字古文作酉。
包二·二〇二 —飤饋之
包二·二〇二 —飤
包二·二〇三 —飤

包二·二〇三 —飤
包二·二一一 —飤
包二·二二七 —飤
包二·二二九 —飤
包二·二三三 —飤

秦九九·一 —飤
秦九九·一 —飤
秦一三·四 —飤
天卜 畢禱巫猪—鏞鐘樂之
天卜 —食

天卜 —食
望一·二七 —飤
上（二）·容·四五 諮（厚）樂於—（酒）
上（二）·容·四五 或（又）爲—（酒）池辛

新甲三·八六 —（酒）食
新甲三·二四三 —（酒）食
新乙三·四二 —（酒）食。☐

新乙四·八〇 —（酒）食
新零·一 牛，—（酒）食

上（四）·采·二 豊又—（酒）
上（五）·弟·八 酓（飲）—（酒）女（如）湰（淆）

上（六）·孔·二六 不味（味）—（酒）
清（一）·耆·三 監歓（飲）—（酒）

清（一）·耆·三 复訶一夂（終）曰藥脂—（酒）
清（一）·耆·七 王又（有）脂（旨）—（酒）
清（五）·厚·一三 母（毋）湛于—（酒）

清(五)·厚·一三 民曰隹(惟)—(酒)甬(用)䘨(肆)祀
清(五)·厚·一三 亦隹(惟)—(酒)甬(用)庚(康)樂

清(五)·厚·一三 曰—(酒)非飤(食)
清(五)·厚·一三 亦隹—(酒)甬敭畏義
清(五)·厚·一三 亦隹—(酒)甬恧(恒)瘥

酴

包二·一八 中—豊迲内之

酷

包二·一二五 邛易之—倌黄齊
包二·一二五反 廷疋易之—官之客
包二·一五〇 邛易之—里人卲㬎

配

新零·九二 ▨祀(祀)—卿(饗)賜▨
清(三)·說下·二 經悳(德)—天

酌

上(三)·周·五七 不女(如)西菩(鄰)之—祭

酖

醓

包二·一三八 —差鄰惑
包二·一六五 囂—尹之州加鈇鯷
包二·一七七 大室—尹象
天卜 郜—尹逊以𦉧荅爲君月貞

醉

清(一)·耆·七 既—又蠢(侑)

莤

包二·二五五 —蘸之藏一砳

醬

酒

包二·二五四 二—白之膚
《說文》古文作酒。
天卜 期审—大又憙事
信二·〇一一 二—
包二·二五三 二—白之膚

郭·老甲·一〇 —(將)舍(徐)生
郭·老甲·一〇 —(將)舍(徐)清
郭·老丙·九 上—(將)軍居右
郭·老丙·八 是以下(偏)—(將)軍居左

上(二)·民·八 —(將)可孥時(詩)矣

新甲一·一二 —(將)逾取蓄(稟)

信二·〇二一 一瓶食—

信二·〇二一 一瓶某—

上(二)·容·五〇 天—(將)戠(誅)焉

新甲二·一六 —(將)逾☐

新甲三·二五 —(將)又(有)喜

新甲二·三二 ☐—(將)爲癘於後☐

包二·一三〇反 須左司馬之羿行—以舒之

包二·一四二 小人—敢之

郭·語四·一六 其舉女(如)—(將)又(有)敗

新甲三·一〇 君—(將)又(有)志成也。☐

包二·一六 頸事—瀍

包二·一〇二反 —須□

天卜 寋戠期宙—又憙

望一·二三 —得事

天卜 期宙—達去處不爲友

望一·七五 —又愿於船＝與☐

天卜 期宙—弁衆

秦一·三 紫—罣良月良日—速賽

帛乙二·一一 天桓—乍潙

帛乙一一·二八 帝—繇以亂□之行

天卜 —少又愿於宮室

天卜 期宙—又志事憙

天卜 —又癘

天卜 —又亞於車馬下之人

天卜 —又亞於宮宙

九·五六·四三 含(今)日某—(將)欲飤(食)

新乙四·四四 —(將)見王

新乙三·二、甲三·一八六 ☐—(將)遬(速)瘉(瘥)

上(二)·容·五三(正) 天—(將)戠(誅)焉

新甲三·二三二、九五 ☐—(將)遬(速)又(有)閼(間)

郭·老甲·一四 萬勿(物)—牺(將)自定

郭·老甲·一四 夫亦—(將)智(知)足

郭・尊・一三 則民弗悳（德）清—（壯）

上（四）・采・二 —𡵂（𢦏）人

上（四）・昭・一 —（將）洛（格）之

上（四）・昭・一 王内（入）—（將）洛（格）

上（四）・昭・二 少（小）人—（將）訋寇（寇）

上（四）・昭・二 少（小）人之告纆—（將）剸（專）於含（今）日

上（四）・昭・三 僕（僕）—（將）埮亡老

上（四）・昭・四 僕（僕）—（將）訋寇（寇）

上（四）・昭・六 蘢之脽駿（馭）王—（將）取車

上（四）・柬・一九 人—（將）芺（笑）君

上（四）・曹・二三 —（莊）公或（又）聑（問）

上（四）・曹・二五 進必又（有）二—（將）軍

上（四）・曹・二五 毋—（將）軍必又譻獄夫＝

上（四）・曹・三一 𣅀＝（明日？）—（將）戰（戰）

上（四）・曹・三二 曰—（將）𢓊行

上（五）・鮑・二 𡨦人—（將）迫佝

上（五）・鮑・五 湿（洒）肰（然）—（將）莣（亡）

上（五）・三德・二 皇天—（將）舉之

上（五）・三德・二 上帝—（將）憎之

上（五）・三德・一四 —（將）舉（興）勿殺

上（五）・三德・一四 —（將）齊勿桍（刳）

上（六）・莊・六 臣不智（知）君王之—（將）爲君

上（七）・武・二 —（將）㠯（以）箸（書）見

上（七）·武·一二
君齋—（將）道之

上（七）·鄭甲·七
含（今）晉人—（將）救子豕（家）

上（七）·鄭乙·六
—（將）救莫（鄭）

上（七）·凡甲·一〇
—（將）可（何）聖（聽）

上（七）·凡甲·一〇
—（將）可（何）正（征）

清（一）·金·七
公—（將）不利於需（孺）子

清（二）·繫·二三
賽（息）爲—（將）歸于賽

清（二）·繫·二五
我—（將）求栽（救）於鄀

清（二）·繫·四六
秦𠂤—（將）東寶（襲）莫

清（二）·繫·四六
莫（鄭）之賈人弦高—（將）西市

清（二）·繫·五二
而攵（焉）—（將）寊（寘）此子也

清（二）·繫·五六
—（將）以伐宋

清（二）·繫·六七
郤之克—（將）受齊侯甾（幣）

清（二）·繫·一一九
宋殚公—（將）會晉公

清（二）·繫·一三〇
—（將）與之戰（戰）

清（二）·繫·一三二
楚人歸莫（鄭）之四—（將）軍

清（二）·繫·一三六
楚𠂤—（將）栽（救）武昜（陽）

清（三）·祝·三
—（將）敳（注）爲死

清（三）·祝·四
—（將）敳（注）爲肉

清（三）·祝·五
—（將）發（射）掔（干）音（函）

清（三）·赤·六
眾鶩（烏）—（將）飤（食）之

清（三）·赤·六
—（將）䌊（撫）楚

清（四）·筮·死二〇
之，乃曰—（將）死

清（五）·湯丘·一四
句（后）—（將）君又（有）虽（夏）才（哉）

清（五）·殷·一〇
四厰（嚴）—（將）行

清（五）·殷·一〇
九牧九矣（有）—（將）岜（喪）

清(五)·殷·一二
而不智(知)邦—(將)岜(喪)

包二·一四九
—誁之於其尹敂(令)

此『酉』訛爲酋。

郭·老甲·一九
萬勿(物)—(將)自賓(賓)

郭·老甲·二〇
夫亦—(將)智(知)止

新乙二·四五
☐—(將)遬(速)瘉(瘥)

上(二)·魯·四
木—(將)死

上(二)·魯·四
石—(將)𤇏(焦)

上(二)·魯·五
魚—(將)死

包二·一四四
州人—敂(捕)小人

包二·一四七
—以成收

包二·一三七反
其余執，—至時而斷之

上(一)·孔·一七
—(將)中之言不可不韋(畏)也

上(二)·魯·五
水—(將)沽(涸)

上(一)·孔·四
丌(其)甬(用)心也—(將)可(何)女(如)

上(一)·孔·四
丌(其)甬(用)心也—(將)可(何)女(如)

郭·老甲·一三
—(將)貞(鎮)之以亡名之𢿘(樸)

郭·老甲·一三
而萬勿(物)—(將)自愄(化)

上(三)·彭·一
乃—(將)多昏(問)因由

上(四)·柬·一〇
—(將)必鼓而涉之

上(四)·柬·一七
……—(將)爲客告

上(四)·柬·二二
古贊尹甚—(將)必智之

上(四)·柬·二二
君王之疠—(將)從含日㠯已

上(四)·曹·三九
我吏(使)—(將)軍

上(四)·曹·四〇
人吏(使)—(將)軍

上（四）·曹·四〇 —（莊）公曰

上（四）·曹·五一 明日—（將）戰（戰）

上（六）·競·二正 盍敢之二子傒—（將）……

上（六）·競·一一 古（故）死丌（期）—（將）至

上（七）·吳·一 馬—（將）走

䐗

郭·語四·七 皮（破）邦芒（亡）—（將）

㮴

上（五）·姑·八 —（將）大害

遖

清（二）·繫·一三一 聿（盡）逾奠（鄭）𠂤（師）與亓（其）四—（將）軍

𨑑

清（五）·封·三 嚴—（將）天命

清（五）·湯門·一八 五以—（將）之

清（五）·湯門·一八 五以—（將）之

蔃

清（四）·別·八 三八—（漸）

醓

醓

包二·二五五 𩶗—一砫

包二·二五五 醢肉—一䍙

包二·二五五 莪—一䍙

郭·窮·九 初洎（？）—

郭·語四·一〇 車𣪘（蓋）之莖（醓）—（亶）

酓

包二·八五 —相鼂 人名

包二·一七一 —相瘨 人名

包二·一八一 —鹿扂（居） 人名

包二·一八五 —雯适 人名

包二·一九〇 —鹿㞷(居) 人名

包二·一九六 —相叡 人名

包二·二一七 嫿(鸞)—

包二·二三七 嫿—

包二·二四六 自—鹿以帝(適)武王

望一·一二一 嫿—

郭·老甲·三三 —(含)悳(德)之厚者

九·五六·三五 秎(利)於—(飲)飤(食)

新甲三·一八八、一九七 老童、祝韓(融)、禮—(熊)

新乙四·一三四 晉縣爲—相之馓告大☐

新零·二五四、一六二 ☐[祝]韓(融)、穴—(熊)

上(三)·周·五〇 —(飲)飤(食)饝=(衎衎)

上(五)·弟·八 —(飲)酉(酒)女(如)涇(淆)

清(一)·楚·二 穴—遅(遲)遷(徙)於京宗

清(一)·楚·四 至—性(狂)亦居京宗

清(一)·楚·四 至—羿與屈約(紃)

清(一)·楚·五 至—只、酓䑳、酓樊及酓賜、酓逅

清(一)·楚·五 至酓只、—䑳、酓樊及酓賜、酓逅

清(一)·楚·五 至酓只、酓䑳、—樊及酓賜、酓逅

清(一)·楚·五 —樊及酓賜、酓逅

清(一)·楚·五 酓樊及—賜、酓逅

清(一)·楚·五 酓樊及酓賜、—逅

清(一)·楚·五 —逅遷(徙)居發漸

清(一)·楚·五 至—朔、酓埶(摯)居發漸

清(一)·楚·六 —埶遷(徙)居旁屽

清(一)·楚·六 至—繹自旁屽遷居喬多

清(一)·楚·六 —甬(勇)及酓嚴

清(一)·楚·六 酓甬(勇)及—嚴

清(一)·楚·六 —相(霜)及酓霝(雪)

清（一）·楚·六
酓相（霜）及—䨮（雪）

清（一）·楚·六
酓䨮（雪）及—訓（徇）

清（一）·楚·六
—咢及若䍜酓義（儀）

清（一）·楚·六
酓咢及若䍜—義（儀）

清（一）·楚·六
若䍜—義遲居箬（鄀）

清（一）·楚·七
至焚冒—帥自箬遲居焚

清（一）·楚·七
至宵䍜—鹿自焚遲居宵

清（一）·楚·七
至武王—醱自宵遲（徙）居免

新乙一·二二
老嫜（童）、祝鶇（融）、空（穴）—（熊）

郭·尊·一
—（尊）悳（德）義

郭·尊·四
義爲可—（尊）也

郭·尊·二〇
—（尊）息（仁）

上（六）·天甲·一〇
—（尊）且（俎）不折（誓）事

醶

曾二·四五
一—槱

齍

包二·二五五
—肉醢一𦉢

醱

包二·二五六
—一𦉢

酘

上（六）·用·八
而可—（飲）飤（食）

醻 酋 尊 戌

醻

清（二）·繫·六一 王會者（諸）侯于—（厲）

清（二）·繫·六一 奠（鄭）成公自—（厲）逃歸

酋

上（二）·容·一 亓惪—清

尊

郭·唐·四 效（教）民又（有）—也

郭·唐·七 —臤（賢）古（故）番

郭·唐·八 —臤（賢）遺罜（親）

郭·唐·一〇 悉（愛）罜（新）—臤（賢）

隫

郭·五·二二 不嚴不—（尊）

郭·五·三五 其止（等）—隫（尊）臤（賢）

郭·五·三七 —（尊）也

郭·五·三七 —（尊）而不喬（驕）

郭·五·四四 後，士之—（尊）臤（賢）者也

郭·五·四四 胃（謂）之—（尊）臤（賢）

郭·五·四四 胃（謂）之—（尊）臤（賢）者也

郭·唐·六 悉（愛）罜（親）—（尊）臤（賢）

郭·語一·七八 父，又（有）罜（親）又（有）—（尊）

郭·語一·七九 —（尊）而不罜（親）

郭·語一·一八二 不—（尊）厚於義

戌

包二·一六二 壬—

包二·一七〇 黃— 人名

包二·一七一 丙—

包二·一八一 丙—

包二·二八 甲—之日

包二·二九 甲—之日

包二·四二 戊—之日

包二·八三 壬—之日

戌

包二·一五一 番— 人名
包二·一五一 —死其子番步逡之
包二·一五二 番—
包二·一五二 番—

包二·一二 甲—之日
包二·三六 丙—之日
包二·六八 丙—之日
包二·六二 壬—之日
包二·一六八 九月戊—

包二·八六 戊—之日
包二·九七 戊—之日
包二·一二三 軋— 人名
天卜 庚—之日

天卜 丙—之日
望一·一三七 ☐祭禽甲—
九·五六·一八 饕於—
九·五六·一九 建於—

九·五六·二二 逯(復)於—
九·五六·二三 城於—
九·五六·二四 盍於—
九·五六·二七 申、栖(酉)、—、亥

新甲三·八〇 甲—之日
新甲三·一一九 ☐甲—之昏
新甲三·一三四、一〇八 ☐甲—闢(闢)

新零·五二六、甲三·三七 十月，壬—☐
新零·二六四 ☐—之☐

清(二)·繫·一三七 甲—，晉楚以戰(戰)
清(四)·筮·地五六 昏(辰)—艮
清(四)·筮·地五六 昏(辰)—×(五)

亥

包二·一八七 秋— 人名
包二·二七 乙—之日
包二·六四 乙—之日
包二·一六四 乙—
包二·七八 己—之日

包二·一五七反 臭月己—之日
包二·一六五 頸栾己—
包二·五三 辛—之日
包二·五四 辛—之日
包二·七一 辛—之日

包二·一三六 癸—之日
包二·一六九 癸—
包二·一六二 乙—
包二·一七一 乙—
包二·四三 己—

包二·四四 己—之日
包二·一八一 乙—
包二·一八七 乙—
包二·一九三 十月乙—
包二·一九二 臭月己—

包二·二四九 己—之日
包二·一七〇 臭月己—
包二·一七二 頸栾己—
包二·一七五 己—

包二·一七七 臭月己—
包二·一八二 頸栾己—
包二·一八五 九月己—
包二·四八 癸—之日

包二·五五 癸—之日
包二·六三 癸—之日
望一·二 乙—
包二·七三 辛—之日
包二·一七二 辛—

郭·老甲·二一 蜀(獨)立不—(攺)
新乙四·二七 丞(恒)甶郛—敚(說)於五殜(世)□

新甲三·一三四、一〇八 乙—禱楚先與五山

包二·二六七 丁—之日
包二·一九 乙—之日
天卜 辛—憙之
天策 番—乘西旟君之軒

九·五六·二〇 建於—
九·五六·二三 返(復)於—
九·五六·二七 申栖(酉)、戌、—
九·五六·一三 盍於—

九·五六·一七 坪於—
九·五六·一八 敆於—

清(四)·筮·地五七 巳—兑
清(四)·筮·地五七 巳—四

亥
清(五)·湯門·一 貞(正)月己—(亥)

合文與數字

一夫

包二·三 醢族郘——(一夫)

包二·三 痪——(一夫)

包二·七 憙之子庚——(一夫)居郢里

一月

帛乙三·二四 ——(一月)二月三月

一日

上(三)·中·二四 ——(一日)𠮱不善立

上(三)·中·二四 ——(一日)𠮱善立

七日

帛乙三·一 內月——〓八日

八日

帛乙三·二 內月七日——〓

七月

新甲三·一〇七 ▨□貞：——〓至冬栾之月，尚▨

八月

包二·七 ——〓乙酉之日

包二·一七三 ——〓辛未

包二·一九六 ——〓己巳

天卜 ——〓庚辰之日

天卜 ——〓逿備玉於巫

望二·一 ——〓辛□□□車與器之典

曾一正 ——〓庚申

九·五六·七八 ——〓東井

新甲二·二二、二三、二四 ——〓(八月)

新甲一·三 ——〓，丁巳之日

新甲二·六、三〇、一五 ——〓(八月)

新甲二·二五 𦘔(盡)——〓疾𢉩(瘥)▨

九月

新甲二·一三 —=(八月)

新甲三·八〇 —=(八月)

新甲三·一六三 —=(八月)辛巳之夕歸一璧於☐

新甲三·二〇一 睪(擇)日於—=(八月)脠祭競坪王

新甲三·二五八 —=(八月)

新甲三·三〇〇、三〇七 —=(八月)

新甲三·三三九 ☐罼(擇)日—=(八月)之宙(中)脠☐

新乙三·二九 —=(八月)

新乙四·九八 —=(八月)

新乙四·五 —=(八月)

新零·三一五 ☐—=(八月)

新甲三·一七八 —=(八月)

新甲一·二二 至—=又(有)良閒

十月

包二·一六反 —=甲申王諨

包二·五九 —=壬午之日不以廷

包二·七二 —=壬辰之日

包二·七四 —=癸巳之日

包二·九七 —=戊戌之日

包二·六〇 —=辛未之日

包二·六一 —=辛未之日

包二·六五 —=戊寅之日

包二·六六 —=戊寅之日

包二·六四 —=乙亥之日

包二·一九〇 —=乙亥

包二·一九三 —=乙亥

包二·七一 —=己丑之日

包二·四三 —=辛巳之日

包二·六二 —=辛巳之日

包二·六八 —=辛巳之日

包二·六九 —=辛巳之日

包二·七〇 —=己丑之日

包二·九六 —=辛巳之日

包二·一四〇 —=辛巳之日

包二·七五 —=乙未之日

包二·七六 —=乙未之日

天卜 從十月以至來歲之—=

天卜 —=丙戌之日

新甲三·一九一 ☐以至—=(十月)，三☐☐

亯月

包二·一二〇 ——₌己卯之日

包二·一二一 ——₌丁巳之日

包二·一三二反 ——₌甲午之日

包二·二〇〇 ——₌頸[illegible]又憙

包二·二六七 ——₌丁亥之日

九·五六·七七 ——₌(亯月)才(在)西

九·五六·七八 ——₌(亯月)胃

爨月

包二·一二五 黃齊、黃鼈皆以甘匿之——₌死於小人之敔卲戊之笑邑

又五

曾一四〇 所賠十真——₌真

曾二〇九 ▨車十𨌲——₌▨

又六

曾一四一 大凡八十馬甲——₌馬之甲

曾四三 羊二乘——₌(又六)

先之

上(二)·從(甲)·一七 少(小)人——₌(先之)

郭·尊·一六 ——₌(先之)以悳(德)

清(五)·湯丘·一五 古——₌(之先)聖人

清(五)·湯丘·一五 古——₌(之先)聖人所以自悉(愛)

先人

清(五)·湯門·二一 唯古——₌(之先)帝之良言

新零·二一七 自我——₌(先人)以▨

新甲三·一三 ▨罷夜遂——₌(先人)▨

上(五)·季·一二 ——₌歬₌(先人之所)善

上(五)·季·一二 ——₌歬₌(先人之所)叀亦變之▨

上(五)·季·一四 虘夫戲(廁)含(今)之——₌(先人)

上(五)·季·一四 幾敢不𠂤(以)亓——₌(先人)之連等告

之日

上（五）·季·一五 —＝（先人）歬＝（之所）瀌勿迟（起）

清（二）·繫·一五 是秦—＝（先人）

清（五）·湯丘·六 —＝（先人）又（有）言

包二·五 丁巳—＝
包二·一二一 丁巳—＝
包二·一二 甲戌—＝
包二·一二〇 乙卯—＝
包二·七 八月己酉—＝

包二·二二一 己酉—＝
包二·一九九 乙未—＝
包二·二〇一 乙未—＝
包二·二〇五 癸丑—＝
包二·二〇六 癸—＝之日

包二·二二四 丙辰—＝
包二·二二五 丙辰—＝
包二·二二六 己卯—＝
包二·二二八 己卯—＝
包二·二三〇 己卯—＝

包二·二三二 己卯—＝
包二·二三四 己卯—＝
包二·二三六 己卯—＝
包二·二三九 己卯—＝
包二·二四五 己卯—＝

包二·二四七 己卯—＝
包二·二〇七 癸卯—＝
包二·二六七 丁亥—＝
秦九九·一五 八月庚子—＝
天卜 癸卯—＝

天卜 丙午—＝
望一·一六一 甲子—＝
望一·九 丙辰—＝
望一·一〇 丁巳—＝
望一·一六五 乙丑—＝

望一·一五六 辛未—＝
望一·一三二 己未—＝
新甲一·三 丁巳—
新甲二·六、三〇、一五 丁巳—＝

新甲二·二二、二三、二四 丁巳—＝（之日）
新甲三·四二 丁酉—＝（之日）
新甲三·五一 己巳—＝☑

新甲三·一三三 ☑己巳—＝（之日）
新甲三·一六三 八月辛巳—＝（之日）歸一璧於☑
新甲三·二五八 丁巳—＝（之日）

之月

新甲三・二八三 —＝（之日）

新甲三・八、一八 癸嬛（亥）—＝（之日）

新甲三・八〇 甲戌—＝（之日）

新甲三・一六一 ☐壬午—＝祭卲（昭）王☐

新甲三・二〇四 癸嬛（亥）—＝（之日）

新乙一・一二 乙巳—＝（之日）

新乙一・一七 壬㫚（辰）—＝（之日）禱之

新乙一・一六 己巳—＝（之日）

新乙一・一七 己卯—＝（之日）

新乙一・一八 乙巳—＝（之日）

新乙一・二一、二三 辛未—＝禱之

新乙三・四九、乙二・二一 己丑—＝（之日）

新乙四・九八 乙卯—＝（之日）

新乙四・一〇五 丁嬛（亥）—＝（之日）

新乙四・一二六 辛酉—＝（之日）

新零・一四七 壬㫚—＝（之日）

新甲三・一七二 ☐癸丑—＝（之日）

新零・一〇三 乙巳—＝（之日）

新零・二七一 ☐丁丑—＝（之日）

新甲三・三〇〇、三〇七 壬午—＝（之日）

上（二）・容・五一 戊午—＝（之日）

九・五六・一五下 惓矍—＝（之日）

九・五六・七九 ☐□□□—＝（之日）

九・五六・三六 秎（利）㠯（以）大祭—＝（之日）

包二・二 冬栾—＝（之月）

包二・四 屈栾—＝（之月）

包二・一二九 頣栾—＝（之月）

包二・一九七 䎽层—＝（之月）

包二・一九七 自䎽层—＝以帝（適）䎽层—＝

包二・一九九 䎽层—

包二・二二六 䎽层—＝

之夕

之市

包二・二二八 ⿱刑田⿸尸示—=

包二・二二八 自⿱刑田⿸尸示—=以帝（適）集戢之⿱刑田⿸尸示—=

包二・二三〇 ⿱刑田⿸尸示—=（之月）

包二・二三〇 ⿱刑田⿸尸示—=（之月）

包二・二三四 自⿱刑田⿸尸示—=以帝（適）集戢之⿱刑田⿸尸示—=

包二・二三九 ⿱刑田⿸尸示—=

包二・二四五 ⿱刑田⿸尸示—=

包二・二四七 ⿱刑田⿸尸示—=（之月）

包二・二〇六 冬栾—=

包二・二〇七 遠栾—=

天卜 遠栾—=

新甲三・一一七、一二〇 ☐栾—=以至來歲之夏栾

新甲三・一〇七 ☐□貞：七月至冬栾—=尚☐

新甲三・八、一八 夏⿸尸示—=

新甲三・一五九—二 頣（夏）栾—=

新甲三・二九九 夏栾—=（之月）

新乙一・一二 頣（夏）栾—=（之月）

新乙一・一七 頣（夏）栾—=（之月）

新乙一・一八 頣（夏）栾—=（之月）

新乙三・四九、乙二・二一 ☐頣（夏）栾—=（之月）

新乙一・三一、二五 自頣（夏）栾—=（之月）

新乙一・四、一〇、乙二・一二 頣（夏）栾—=之月

新乙一・九、乙二・一七 —=（之月）

新乙一・一四 屈栾—=（之月）

新甲三・四二 親（遠）栾—=（之月）

新甲三・二〇四 頣（夏）栾—=

新乙一・一九 自頣（夏）栾—=以至来歲頣（夏）栾

新零・二二一、甲三・二一〇 卒（卒）歲或至頣（夏）栾—=

新甲三・一二六、零・九五 ☐戊申—=（之夕）以起己☐

新甲三・一三四、一〇八 庚午—=（之夕）内齋

新乙四・五 己未—=（之夕）

包二・六三 鄴—=里人𨛭阿受其兇（兄）𨛭朔

之首

包二·二六九 絑署，一百箁四十箁罩——＝(之首)

包二·二七六 四馬——＝

之頁

包二·牘一 絑署，百條四十攸翠——＝(之頁)

之所

包二·一三八反 甶(思)䢅之戕敍於䢅——＝誁

郭·老乙·五 人——＝裮(畏)

郭·老丙·一三 復衆——＝泚(過)

郭·太·四 溼澡(燥)——＝生也

郭·太·四 倉(滄)然(熱)——＝生也

郭·太·五 天埅(地)——＝生也

郭·太·五 侌(陰)昜(陽)——＝生

郭·太·五 神明——＝生也

郭·太·六 大(太)一——＝生也

郭·太·七 此天——＝不能殺

郭·太·七 埅(地)——＝不能釜(埋)

上(二)·從(甲)·九 正(政)——＝(之所)司(治)也

上(四)·曹·六四 虐一谷(欲)䎽(聞)三弋(代)——＝(之所)

上(五)·季·九 ☐蒖(異)於丘——＝(之所)昏(聞)

上(五)·季·一二 光＝——＝(先人之所)善

上(五)·季·一二 光＝——＝(先人之所)㝵 亦 變 之 ☐

上(五)·季·一五 光＝——＝(先人之所)灋勿迟(起)

上(五)·季·二一 因邦——＝(之所)臤(賢)而罨之

上(六)·用·一五 而言話(語)——＝迟(起)

上(七)·君甲·五 王——＝(之所)㠯(以)爲目觀也

上(七)·凡乙·二〇 百眚(姓)——＝(之所)貴唯君

之時　之歲　止之　小子

 上（七）·凡乙·二〇　君—=（之所）貴唯心

 清（一）·金·一三　凡大木—=（之所）壚（拔）

 清（一）·祭·三　賸（朕）韙（魂）才（在）賸（朕）辟卲（昭）王—=（之所）

 新零·四一七　▨—=（之時）

 包二·二一八　東周之客簪緹逅（歸）作（胙）於栽郢—=

 包二·二二一　東周之客簪緹逅作（胙）於栽郢—=

 包二·二二六　大司馬悼（悼）髗逹楚邦之帀（師）徒以救郙—=

 包二·二三二　徒以救郙—=

 包二·二三四　徒以救郙—=

 包二·二三四　徒以救郙—=

 包二·二三六　徒以救郙—=

 包二·二四五　徒以救郙—=

 包二·二四七　徒以救郙—=

 包二·二六七　大司𢜔（悼）戩救郙—=

 望一　郙客困芻餇（問）王於栽郢—=

 新甲三·一　我王於林丘—=（之歲）

 清（二）·繫·二三　鄀（蔡）哀侯命—=（止之）

 新零·三九、五二七　▨—=（小子）夜▨

 清（一）·程·一　廼—=（小子）𢀿取周廷杍梪（樹）于乎（厥）閑（間）

包二・一二〇　—=爲君以傳之

包二・一二一　—=不信㪘馬。—=卡下鄴闈里人雇女返

包二・一三六　—=與慶不信殺恒卯=(卯,卯)自殺

包二・一二五　黃䵷皆以甘匿之㚟月死於—=之敔

包二・一四〇　—=各政於—=之堂

包二・一四一　—=之州人君夫人之敀愈之宿一夫

包二・一四二　—=晒敷(捕)之夫自傷—=鄗戰之以告

包二・一四四　—=取愴之刀以解—=之桎

包二・一四五反　—=以八月甲戌之日

包二・一四三　鄗逄尹憍執—=於君夫人之敀愴

包二・一四四　—=逃至州衛,州人—晒敷(捕)—=信以刀自戕(傷)州人鄗以—=告

郭・成・三二　是古(故)—=變(亂)天棠(常)以逆大道

郭・尊・三二　豊(禮)不隶(逮)於—=

郭・語四・一一　不智(知)其向(鄉)之—=君子

郭・尊・二五　非豊(禮)而民兑(悦)恣(戴),此—=(小人)矣

上(三)・周・八　—(小人)勿用

上(三)・周・三一　—(小人)否

上(五)・季・七　—=(小人)雚(觀)之

上(五)・季・七　—=(小人)毋寢(寐)

清(五)・殷・九　則若—=(小人)之瘥瘁(狂)而不昚(友)

清(一)・保・四　昔垄(舜)舊复(作)—=(小人)

小韋

天策 二緙綏——＝

天策 ☒之綏——＝

天策 ——＝之革綏

小雜

信二·〇一一 純——＝之褱紃

小凶

清（四）·筮·四季三七 艮羅（離）——＝（小凶）

小迮

清（四）·別四 ⊗——＝（少迮）

小又

清（四）·別七 ⊠——＝（小又）

小篙

清（四）·別八 ☰——＝（小篙）

大夫

包二·一二 子左尹命漾陵宮——＝譥（察）郜室人某瘽之典之在漾陵之參鉨

包二·一五 卲行之——＝盤㽁夸執僕（僕）之倌登虞

包二·一五反 卲行之——＝夸執其倌人

包二·四一 龏夫人之——＝番嬴受旮

包二·四七 不遲頡宮——＝䞴公遬期

包二·六五 周賜之——＝陽義受旮

包二·九四 苛朡訟聖冢之——＝軺豎以賓田

包二·一三〇 桑宮——＝

包二·一二六 子左尹命漾陵之宮——＝譥（察）州里人陽鎖之與其父陽年同室與不同室

包二·一五七 鄗宮——＝命少㓷尹郙詃

包二·一二八 羕陵宮——＝司敗譥（察）羕陵之州里人陽鎖之不與其父陽年同室

包二·一八八 邓宮——＝黄轅

包二·一四一
秦—＝𡿺之州里公周瘢言於左尹與鄗公賜

望一·二二
走趣事王—＝

郭·緇·二三
毋以卑（嬖）士息（塞）—＝

郭·緇·二六
虗（吾）—＝夫共（恭）䱷（且）𩎟（儉）

上（四）·昭·一
王戒（誡）邦—＝（大夫）㠯（以）歙（飲）

上（四）·曹·二五
毋俾—＝（大夫）必又𦥯（數）大官之帀（師）

上（四）·曹·二五
毋𠭯軍必又譻獄—＝（大夫）

上（四）·曹·三九
我吏（使）—＝（大夫）

上（四）·曹·三九
人吏（使）—＝（大夫）

上（五）·姑·九
公恖亡告𢐀（強）門—＝（大夫）

上（七）·吳·四
𢝊（親）於桃逆𧛛（勞）丌（其）—＝（大夫）

上（七）·吳·七
三—＝（大夫）辱命於𡨦（寡）君之𡗓

清（一）·金·一〇
—＝（大夫）綼（綼）

清（一）·皇·一一
乃弁盍善—＝—＝

清（一）·祭·一六
女母以俾士息—＝（大夫）卿李

清（二）·繫·三二
亓—＝（大夫）里之克

清（二）·繫·五〇
—＝（大夫）聚𢘓（謀）曰

清（二）·繫·五二
—＝（大夫）悖（閔）

清（二）·繫·六九
齊三辟—＝（大夫）南𩠐子、鄒子、安子銜㠯以會于𨛭亘

清（二）·繫·八九
晉文子燮及者（諸）侯之—＝（大夫）

清（二）·繫·九六
命尹子木會郘文子武及者侯之—＝（大夫）

清（二）·繫·九七
命尹會𨚗（趙）文子及者（諸）侯之—＝（大夫）

清（二）·繫·一二三
晉三子之—＝（大夫）內（入）齊

清（二）·繫·一一一
勺（趙）𧻚（桓）子會者侯之—＝（大夫）

曾二一〇 七—=（大夫）

信一·〇三二 含卿—=

上（一）·紂·一二 毋目（以）辟（嬖）士書—=（大夫）向（卿）使（士）」

清（二）·繫·一一 亓—=（大夫）高之巨（渠）爾殺卲（昭）公而立亓弟子釁（眉）壽

大簹

清（四）·別·二 〔仌—=（大簹）

大藏

清（四）·別·四 〈仌—=（大藏）

大迣

清（四）·別·六 〈≡—=（大迣）

子孫

信一·〇六 皆三代之—=

郭·老乙·一六 子孫—=以其祭祀不乇

上（二）·民·一二 它（施）返（及）—=（子孫）

清（一）·保·九 連（傳）飼（貽）—=（子孫）

清（一）·皇·六 —=（子孫）用穢（末）被先王之耿光

孔子

上（一）·孔·一 —=（孔子）曰

上（一）·孔·三 —=（孔子）曰

上（一）·孔·七 —=（孔子）曰

上（一）·孔·一六 —=（孔子）曰

上（一）·孔·二一 —=（孔子）曰

上（一）·孔·二七 —=（孔子）曰

上（二）·子·一 —=（孔子）曰

上（二）·子·二 —=（孔子）曰

上（二）·子·三 —=（孔子）曰

上（二）·子·七 —=（孔子）曰

上（二）·子·八 —=（孔子）曰

上（二）·子·九 —=（孔子）曰

上（二）·子·九 子羔昏（問）於—=（孔子）曰

上（二）·魯·一 —=（孔子）會（答）曰

上（二）·魯·一 哀公胃（謂）—=（孔子）

君子

上(二)·魯·二 —(孔子)曰

上(二)·魯·五 —=(孔)子曰

香中大·五 —=怛(司)以豊(禮)

上(二)·民·一 子昱(夏)窺(問)於—=

上(二)·民·一 —=(孔子)倉(答)曰

上(二)·民·八 —=(孔子)曰

上(二)·民·一〇 —=(孔子)乇(曰)

上(三)·中·一 中(仲)弓己(以)告—(孔子)曰

上(三)·中·一一 —=(孔子)曰

上(三)·中·一二 —(孔子)

上(三)·中·二六 —(孔子)曰

上(三)·中·附 —(孔子)曰

上(四)·相·二 —=(孔子)……

上(四)·相·四 —=(孔子)曰女(如)迺(斯)

上(四)·相·四 —=(孔子)退

上(五)·季·二 —=(孔子)曰

上(五)·季·六 —=(孔子)曰

上(五)·季·一一 —=(孔子)曰

郭·成·三〇 是以—=貴

郭·成·三 古(故)—=之立(莅)民也

郭·成·一三 是古(故)—=之於言也

郭·成·一六 古(故)—=不貴辟(僻)勿(物)而貴與民又(有)同也

郭·六·三八 —=不帝(謫)明虖(乎)民(萌)散(微)而已

郭·性·二〇 —=娧(美)其青(情)

郭·成·二九 —=曰

郭·性·六四 —=執志必又(有)夫坒坒(往往)之心

郭·六·四二 —=明虖(乎)此六者

郭·忠·五 —=弗言爾

郭·忠·六 —=弗采(由)也

郭·忠·六
—=弗申爾

郭·忠·七
—=其它(施)也忠

郭·性·六七
—=身以爲宔(主)心

上(一)·紂·一七
古—=(君子)募(寡)言而行

上(一)·紂·二一
隹(惟)—=(君子)能㚸(好)丌(其)匹

上(一)·紂·一六
—=(君子)弗言

上(一)·紂·三
罟(淑)人—=(君子)

上(三)·中·一六正
—(君子)亡所肰(狷)人

上(三)·中·二〇
含(今)之—(君子)

上(五)·季·一
—=(君子)之從事者於民之上

上(五)·季·二
—=(君子)才(在)民之上

上(五)·季·七
㠯(以)等(誌)—=(君子)忐=(之志)

上(五)·季·七
㠯(以)斤(謹)—=(君子)之行也

上(五)·季·七
—=(君子)涉之

上(五)·季·七
—=(君子)敬城(成)亓(其)悳(德)

上(五)·季·九
—=(君子)弜(强)則遻(遺)

上(六)·孔·五
—=(君子)弗見也

上(六)·慎·六
氏(是)㠯(以)—=(君子)旹(向)方

清(五)·殷·九
—=(君子)而不讀(讀)箸(書)占

上(一)·孔·一二
棣木福斯(斯)才—=(君子)

上(二)·從(甲)·四
方(防)亦坂(反)是=(是,是)故—=(君子)新(慎)言而不新(慎)事

上(二)·從(甲)·五
—=(君子)弜(強)行

上(二)·從(甲)·五
—=(君子)不愋(寬)則亡(無)

上(二)·從(甲)·一三
—=(君子)之相讓(就)也

上(二)·從(甲)·一六
—=(君子)藥(樂)則絧(治)正

上(二)·從(甲)·一七
是目曰—=(君子)難得而惕(易)貞(使)也

上(二)·從(乙)·五
—=(君子)䎽(聞)善言目攺(改)亓

豎子

新乙四·五七
▨爲—=(豎子)䟽哀告大▨

新零·一〇二、五九
▨—=(豎子)郙果告大司城瘖▨

司子

清(一)·楚·一一
至莽王、康王、—=(嗣子)王皆居爲郢

清(二)·繫·九七
—=(孺子)王卽立(位)

清(二)·繫·九八
—=(孺子)王卽殜(世)

公孫

包二·一四五
郻客—=哀

上下

帛甲三·二
乃—=朕□

帛丙七·三
又梟内于—=

九·五六·二六
目(以)爲—=(上下)之禱祠(祠)

上(一)·孔·四
—=(上下)之不和者

上(四)·曹·一六
—=(上下)和虘(且)肙(輯)

清(四)·筮·果四一
—=(上下)同脜(狀)

上(四)·曹·三四
目觀—=(上下)之青(情)憑(僞)

清(五)·湯丘·一一
唯(雖)余孤之與—=(上下)交

上人

上(三)·中·二二
—=(上人)相遉(復)目忠

上帝

上(四)·柬·六
古(故)夫—=(上帝)䰟(鬼)神高明

清(一)·程·四
受商命于皇—=(上帝)

清(二)·繫·一
以龏(登)祀—=(上帝)天神

清(五)·封·三
巤(祇)事—=(上帝)

清(二)·繫·一
昔周武王監觀商王之不龏(恭)—=(上帝)

日月

帛甲三·三四
未又—=(日月)

帛甲四·三五
—=夋生

帛甲七·二
帝夋乃爲—=之行

帛甲七·三二
乃逆—=(日月)

帛乙一·二一
—=星辰

帛乙四·二五
—=既亂

帛乙七·二三
—=皆亂

帛乙七·三〇
—=既亂

上(六)·天乙·五
—=(日月)直(得)亓(其)央

氏日

新零·二九〇
—=(氏日)臺(就)(禱)☐

是日

新甲三·二六八
—=(是日)

新零·二八二
—=(是日)斆(就)禱五殜(世)☐

視日

包二·一三二
敢告於—=

旬日

清(一)·尹至·一
遣(越)今—=(旬日)

月夕

清(四)·筮·乾三九
—=(月夕)吉

白犬

包二·二〇八 賽禱行一—＝（白犬）

匹馬

曾一三〇 —＝索甲

曾一三一 玄市之滕—＝

曾二一〇 所騎大宰—＝

駟馬

曾一四二 外新官之—＝

曾一四四 新官人之—＝

曾一四五 新官人之—＝

曾一四六 新官人之—＝

曾一四九 大官之—＝

曾一五〇 大官之—＝

曾一五二 大官之—＝

曾一五三 大官之—＝

曾一五四 大官之—＝

曾一五六 大官之—＝

曾一六六 長腸人之—＝

曾一六九 杙人之—＝

曾一七七 石汈人之—＝

駢馬

曾一七四 犨馬之—

曾一七五 尼犨之—

曾一七一 新官人之—＝

曾一七二 邊輿人—＝

曾一七三 新賠人之—＝

曾一七六 □人之—＝

乘馬

天策 所誼於鄴寅童軒—＝

天策 一乘輴—＝之章罘紩綏

天策 —＝之紡緣

曾七 —＝之鞁緣逄

曾一一五 —＝之緣

曾一二二 —＝之彤甲

曾一二四 —＝黃金之貴

曾一二五 —＝彤甲

曾一二六 —＝畫甲

曾一二七 —＝彤甲

曾一三〇 —＝彤甲

曾一三七 —＝畫甲

曾一三八 —＝黃金之貴

曾一三九 —＝彤甲

曾二一〇 左尹—＝

馬鹿

天策 —=麈

天策 —=麈

天策 —=麈

天策 —=麈

天策 —=三麈

並立

郭·太·一二 天埅（地）名志（字）—

郭·唐·一五 —=於大旹（時）

屮茅

郭·唐·一六 佢（居）—（草）—（茅）之中而不𢝊（憂）

郭·唐·一六 夫古者舜佢（拒）於—（草）—（茅）之中而不𢝊（憂）

竹篓

包二·二六〇 二—=（竹篓）

彤周

天策 二—=科

犆牛

包二·二二二 舉禱—=饋之

包二·二二二 —=（犆牛）

轉車

曾二〇六 𨏥𨏥人兩騅—=

隆車

曾一二二 𨏥—=

曾一四三 宮廄之新官駟—=

曾一六三 麗鄗君之—=

曾三一 哀立馭左尹之—=

輂車

天策 苛駐乘—=

天策 攼差頣臣駐乘—=

天策 一乘—=

天策 一乘—=

隆車

曾六二 黃起■馭 慶事之=—

與外車爲一字異寫。

輶車
包二·二七三 一輮—=（輶車）

輮車
曾七 差敂弜所馭—=
曾一三七 ■—=備甲

輊車
曾二〇四 ■凡帬車—=䡍=肇=八肇

輴車
天策 赤韋之綏—=兩馬之檴罗
天策 一乘—=
與肇車皆讀爲田車。

肇車
曾一六五 肇—=駟
曾一七五 疋肇之駟—=
曾二〇二 命尹之帬—=
曾一六〇 朱夜宴以肇逡尹之—=
曾一六一 石芫贛柰以肇其—=
曾·一七五 疋肇之駟、—=
曾二〇四 凡帬車䡍=䡍—=八肇
曾·二〇一 郥君之帬—=

害割
郭·語四·一八 衆而不—=（害割）
郭·語四·一六 鈜（雄）是爲—=

瑞玉
天卜 大水一—=（瑞玉）環
天卜 解於二天子與雲君以—=（瑞玉）珥
天卜 八月逯—=（琊玉）於巫

躳身
包二·一九七 出内事王書卒歲—=（躳身）尚毋又咎
包二·一九九 書卒歲—=（躳身）尚毋又咎
包二·二〇一 出内事王，書卒歲，—=（躳身）尚毋又咎
包二·一九八 少又愍於—=（躳身）
天卜 少愍於—=（躳身）

天卜 少又𢘅於—〓（躬身）

郭・唐・二 窮—〓不均（慇）

望一・七五 𢘅於—〓與宮室

望一・七四 牺又𢘅於—〓（躬身）

包二・二〇二 少又𢘅於—〓

新甲一・九 —〓（躬身）尚☐

新零・二九三 —〓（躬身）毋☐

革堇

包二・二七三 鞙牛之—〓（革堇）

兄弟

郭・五・三三 遷於—〓

夫人

新甲三・二一三 文—〓（夫人）

新甲三・一七六 吝（文）君、吝（文）—〓（夫人）歸☐

新乙四・一二八 文—〓（夫人）

新乙一・六 吝（文）—〓（夫人）

新乙一・一一 禱於吝（文）—〓（夫人）

新乙一・一三 吝（文）—〓（夫人）

新乙三・四六 ☐□於吝（文）—〓（夫人）卌〓（三十）乘☐

聖人

郭・尊・六 —〓之訇（治）民

一人

上（四）・曹・二六 五人𠂤敔（伍），—〓（一人）

清（五）・封・五 以堇（勤）余—〓（一人）

同人

清（四）・別・一 ☰—〓（同人）

信人
清（五）·命·六
事（使）—＝（信人）臬（畏）天

忍人
清（五）·命·一三
季（惠）必—＝（忍人）
清（五）·命·一三
季（惠）而不—＝（忍人）

昊天
上（一）·孔·六
—＝（昊天）又城（成）命

拜手
新乙四·七〇
—＝（拜手）䭫＝（稽首）
清（一）·祭·二
欋（祭）公—＝（拜手）䭫＝（稽首）
清（一）·祭·九
公䓗（懋）—＝（拜手）䭫＝（稽首）
清（五）·厚·五
厚父—（拜手）䭫＝（稽首）

稽首
新乙四·七〇
拜＝（拜手）—＝（稽首）
清（一）·祭·二一
王拜—＝（稽首）䢘（舉）言
清（一）·祭·三
欋（祭）公拜＝（拜手）—＝（稽首）
清（一）·祭·九
公䓗（懋）拜＝（拜手）—＝（稽首）
清（三）·説上·四
尔右—＝（稽首）
清（五）·厚·五
厚父拜（拜手）—＝（稽首）

顧首
九·五六·四
方—＝（顧首）一

里社
郭·六·二二
以睦—（里社）

不伓
上（一）·紂·一三
則民—＝（不伓）

- 关心：上（一）·紂·一三　則民又（有）—＝（关心）
- 贕鼎：望二·四六　六—＝（贕鼎）
- 金鈗：包二·二七二　白—＝舊
- 𤅢豆：包二·二五六　—＝一䍙
- 淺澤：郭·性·二二　芖（笑），豊（禮）之—＝（淺澤）也
- 閽門：上（二）·昔·二　至命於—＝（閽門）
- 顏色：郭·五·三二　—＝佁（容）佼（貌）悃（温）卞（變）也
- 顏色：郭·五·三二　—＝（顏色）佁（容）佼（貌）慍（温），卞（變）也
- 蠆虫：郭·老甲·三三　蜎—＝虫（虺）它（蛇）弗蠚（蠚）
- 教學：郭·語一·六一　—＝（教）（學）其也
- 營室：九·五六·七八　䍐层朔於—＝（營室）

厚奉	冢豕	宫犬	戠牛	檀木	豬豕	至于
信二・〇八 四—＝之硂	包二・二四三 罷禱東陵連囂—＝酉飤	望一・一一七 王之北子各—＝酉食	包二・二〇二 槠於新父鄝公子冡—＝豬酉飤	九・五六・三九下 午不可㠯(以)—＝(樹木)	天卜 罷禱巫—＝靈酉鏞鐘樂之	帛丙六・三 —＝其下
信二・〇一一 一—＝之旂	望一・一一九 罷禱王孫喿—＝	包二・一四五 郙客望困業之—＝叙顏	包二・二〇五 罷禱於卲王—＝(戠牛)		天卜 罷禱東城夫人—＝酉飤	清(二)・繫・二 —＝(至于)東(厲)王
信二・〇二五 屯𦉪彤—＝之硂	望一・一一〇 速祭公宔—＝酉飤(食)☐		天卜 ☐—＝(戠牛)		天卜 罷禱宮𥚃—＝酉食	
			天卜 罷禱大福—＝			
			天卜 禱白朝—＝犅			
			秦一三・四 ☐訓至新父眔畏—＝酉飤			
			天卜 冬栾至棠於社—＝饋之			
			天卜 罷禱番先—＝饋之			
			秦一三・四 ☐訓至新父眔畏—＝酉飤			

志心

清（二）·繫·九〇
—=（至于）涇

清（二）·繫·九二
毆（驅）車—（至于）東畱（畝）

疑矣

郭·語一·五二
—=敃（司）

上（一）·孔·八
少旻（文）多—=（疑矣）

隘言

新甲三·三一
—=（隘言）□言

飲酒

上（四）·曹·一一
不—=（飲酒）

清（二）·繫·二七
賽（息）侯以文王—=（歆酒）

㠯爲

清（一）·程·一
—=（化爲）松柏棫柞

清（一）·程·四
—=（化爲）雘

潰水

清（一）·保·一
戊子自—=（瀆水）

葬死

清（四）·筮·祟四三
肴（淆）乃父之不—=（葬死）

亡孟

清（四）·別·一
三—=（亡孟）

亡尸

清（四）·別·五
⨳—=（亡尸）

遻妹

清（四）·別·四
⨳—=（遻妹）

文王
清（五）・封・二　庳（肇）橐（右）—（文王）

武王
清（五）・封・三　旃（扞）補（輔）—（武王）

左右
清（五）・殷・二一　—＝（左右）悉（毋）比

一十
仰・三　鋰箕—＝（一十）

十一
清（四）・筮・一一　—　簡背數字

一十二
仰二五・二一　鋰箕—＝箕皆又絵縫

十二
清（四）・筮・一二　—　簡背數字
清（四）・算・一五　—一—六…三—
清（四）・算・一七　—一—八
清（四）・算・一八　—十五—一—
清（四）・算・一九　—十四—一—

十三
清（四）・筮・一三　—　簡背數字

十四
清（四）・筮・一四　—　簡背數字
清（四）・算・一四　—二十一—一—
清（四）・算・一九　十六—一—

十五
清（四）・筮・一五　—　簡背數字
清（四）・算・九　—三十…一—
清（四）・算・一六　—一—十—

十六

清(四)・算・一八 —十八—|—

清(四)・算・二一 —|—十—

清(四)・筮・一六 —簡背數字

清(四)・算・一三 四—|—

十七

清(四)・筮・一七 —簡背數字

清(四)・算・一七 —|—十二—

清(四)・算・一九 —|—十四—

十八

清(四)・筮・一八 —簡背數字

清(四)・算・一二 七—|—

清(四)・算・一五 —二十四—|—

清(四)・算・一八 —|—|—

清(四)・算・一九 —廿₌(二十)……|—

十九

清(四)・筮・一九 —簡背數字

二十

包二・二七七 |₌鉄

望二・四五 号—₌(二十)

望二・四七 敀杯—₌合

望二・四九 一緂□—₌(二十)

信二・〇一二 |₌豆

信二・〇一二 緅與素綸之紴囊—₌又一

信二・〇二六 皇脛—₌又五

信二・〇二六 脛—₌又五

天策 ▨□—₌白宫▨

新乙四・六
☐陵尹子簡紡紫緫—〓（二十）☐

郭・唐・二五
古者聖（聖）人—〓（二十）而冒（曰）

清（二）・繫・八
立—〓（二十）又一年

清（四）・算・八
—四十……—（二十）—

清（四）・算・一〇
—（二十）……十—

清（四）・算・一一
—（二十）—十

清（四）・算・一九
—四十—（二十）……

清（四）・算・二〇
—（二十）—十……

清（四）・算・二一
—（二十）—十五—

二十一

清（四）・算・一八
—（二十）——十八—

清（四）・筮・二一
— 簡背數字

清（四）・算・一四
—二十八——

二十二

清（四）・筮・二二
— 簡背數字

二十三

清（四）・筮・二三
— 簡背數字

二十四

清（四）・筮・二四
— 簡背數字

清（四）・算・一三
—（二十）——十六—

清（四）・算・一八
—（二十）——廿〓（二十）二—

清（四）・算・一七
—二十八——

清（四）・算・一五
—三十——

二十五

清(四)·筮·二五　—　簡背數字

清(四)·算·七　—五十=(五十)…—(二十)—

清(四)·算·一六　—卅=(三十)—(二十)—

清(四)·算·二一　—(二十)—廿=(二十)—

二十六

清(四)·筮·二六　—　簡背數字

二十七

清(四)·筮·二七　—　簡背數字

清(四)·算·一二　—(二十)—十八—

清(四)·算·一八　—卅=(三十)…—(二十)—

二十八

清(四)·筮·二八　—　簡背數字

清(四)·算·一四　—三十五——

清(四)·算·一七　—三十二——

二十九

清(四)·筮·二九　—　簡背數字

三十

包二·一〇七　郘異之黃金—=益二益以翟穜

包二·一一七　郘異之金—=益二益

新乙·四六　☒□於吝(文)佚=(夫人)—=(三十)乘☒

信二·〇二　杯豆—=(三十)

信二·〇二〇　杯—=(三十)

天卜　—=戠無咎無祱

望二·二　黃鞭組之綴—=

曾一四一　所賠—=駟之甲

郭·唐·唐二六　—=(三十)而又(有)家

上(二)·容·五—六　—=(三十)又(有)七年而民(泯)冬(終)

上(二)·容·四二　湯王天下—=(三十)又(有)一傑(世)而受复(作)

三十二

 清(四)·算·一 ——=(三十)—

 清(四)·算·一一 ——=(三十)—

 清(四)·算·六 ……—=(三十)—

 清(四)·算·一六 ——=(三十)—

 清(四)·算·一八 ——=(三十)……

 清(四)·算·二〇 ——=(三十)—

 清(四)·算·二一 ——=(三十)—

 清(四)·算·九 ——……十五—

 清(四)·算·一五 —三十六——

 清(四)·算·一三 ——=(三十)—

 清(四)·算·一七 三十六——

三十五

 清(四)·算·二一 ——=(三十)—

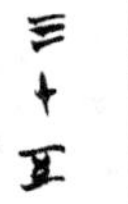 清(四)·算·一四 四十二——

 清(四)·算·五 —=(三十)五—

 清(四)·算·一六 ——=(三十)—

三十六

 清(四)·算·一二 ——=(三十)—

 清(四)·算·一五 —四十二——

 清(四)·算·一七 四十……—

四十

 包二·二六九 絑署，一百翁—=翁翠首

 包牘一 絑署百條—=翁翟之頁

 信二·〇六 —=笑

 信二·〇二三 小囊糗—=又八

曾一二一 大凡—=犟又三犟

清(四)·算·四 ……—|=(四十)—

清(四)·算·一 —|=(四十)—

清(四)·算·一一 —|=(四十)—

清(四)·算·一〇 —六十(六十)—|—

清(四)·算·八 —|……廿=(二十)—

清(四)·算·一三 —四十=(四十)八—|—

清(四)·算·一六 五—|—

清(四)·算·一七 —|……三十六—

清(四)·算·一九 —六十=(六十)—|—

清(四)·算·二〇 —|=(四十)—卅=(三十)—

清(四)·算·二一 —四十五—|—

四十二

清(四)·算·一四 九—|—

清(四)·算·一五 八—|—

四十五

清(四)·算·三 ……—|=(四十)—

清(四)·算·一二 四—|—

清(四)·算·二一 —刖(半)……—|—

清(四)·算·一六 ……—|四十—

四十八

清(四)·算·一三 —|=(四十)—

清(四)·算·一五 —|=(四十)—

四十九

清(四)·算·一四 六—|—

五十

郭·唐·二六 —=而紿(治)天下

清(四)·算·一 —|=(五十)—

清(四)·算·七 —|=(五十)……

清(四)·算·七 —|=(五十)·—

清(四)·算·一一 —|=(五十)—

清(四)·算·二〇 —|=(五十)—

五十四

清(四)·算·一二 —一=(五十)—

清(四)·算·一五 —一=(五十)—

五十六

清(四)·算·一三 四——

清(四)·算·一四 三——

六十

曾一四〇 大凡—=又四真

清(四)·算·一 —一(六十)

清(四)·算·六 —一=(六十)…五千四百—

清(四)·算·六 —一=(六十)…卅=(三十)—

清(四)·算·九 —一=(六十)—

清(四)·算·一〇 —一=(六十)—

清(四)·算·一一 —一=(六十)—

清(四)·算·一五 —一=(六十)…

清(四)·算·一八 —一(六十)—

清(四)·算·一九 —一=(六十)—

清(四)·算·二〇 —一=(六十)—

六十三

清(四)·算·一四 —七十…—=(六十)——

六十四

清(四)·算·一三 —一=(六十)—

七十

郭·唐·二六 —=(七十)而至(致)正(政)

郭·窮·五 行年—=而賭(屠)牛於朝訶(歌)

清(四)·算·一 —一=(七十)—

清(四)·算·五 —一=(七十)…六千

清(四)·算·五 —一=(七十)…

清(四)·算·一一 —一=(七十)—

清(四)·算·一四 ——…

清(四)·算·二〇 —一=(七十)—

七十二

清(四)・算・一二 —|—|—

清(四)・算・一三 ……—(七十)—|—

八十

包二・一四〇反 其百又—＝先於畢坔郲中

曾一四一 大凡—＝馬甲又六馬之甲

望二・二 ▨軜—＝(八十)

清(四)・算・一 —|—(八十)—

清(四)・算・四 —|—(八十)

清(四)・算・四 —百六十—|—(八十)—

清(四)・算・八 —|—(八十)—

清(四)・算・一〇 —百—|—(八十)—

清(四)・算・一三 —|—(八十)……

清(四)・算・一七 —|—

清(四)・算・一九 —百—|—(八十)—

清(四)・算・二〇 —|—(八十)—

八十一

清(四)・算・一二 —|—(八十)二—

九十

清(四)・算・一 —(九十)〔三〕—

清(四)・算・三 —|—(九十)……

清(四)・算・三 —|—(九十)・……

清(四)・算・九 —|—(九十)—

清(四)・算・一一 —百……—(九十)—

清(四)・算・一二 —(九十)……

清(四)・算・一八 —|—(九十)—

清(四)・算・二〇 —|—・……—(九十)—

百二十

清(四)・算・八 —|—|—八十＝(八十)

清(四)・算・九 —|—|—九十＝(九十)

清(四)・算・一〇 —(二十)—百

清(四)・算・一五 百八十—|—|—六十＝(六十)

清(四)・算・一七 —|—(二十)—八十＝(八十)—

清(四)・算・一九 —百四十—|—(二十)—

百四十	清(四)·算·五 —二百一十—｜—	清(四)·算·一〇 —百六十=(六十)—｜—	清(四)·算·一四 —二百十—｜—
	清(四)·算·一九 —百六十=(六十)—｜—		
百五十	清(四)·算·七 —二百—｜—(五十)—	清(四)·算·九 —｜—百二十—	清(四)·算·一六 —二百—｜—(五十)—
百六十	清(四)·算·八 —二百—｜—(六十)—	清(四)·算·一七 —二百—｜—(六十)—	清(四)·算·一九 —二·…—｜—
百八十	清(四)·算·三 —二百七十—｜—(八十)—	清(四)·算·九 —二百十—｜—(八十)—	清(四)·算·一五 —｜—百二十—
二百	清(四)·算·七 —｜—百五十=(五十)—	清(四)·算·八 —二百四十—｜—	清(四)·算·一七 —二百四十—｜—
二百一十	清(四)·算·五 —｜—百四十—	清(四)·算·一四 —｜—百四十—	清(四)·算·一八 —二百四十—｜—
二百四十	清(四)·算·六 —三百—｜—	清(四)·算·八 —｜—二百—	清(四)·算·一五 —三百—｜—
	清(四)·算·一七 —｜—二百—	清(四)·算·一三 —｜—百六十—	清(四)·算·九 —｜—二百十—
二百五十	清(四)·算·七 —三百—｜—(五十)—	清(四)·算·一六 —｜—(五十)—	
二百七十	清(四)·算·三 —三百六十—｜—	清(四)·算·九 —三百…—｜—(七十)—	清(四)·算·一二 —三百六十—｜—(七十)—

二百八十

清(四)·算·一八 —三·……—(七十)—

清(四)·算·五 ——(八十)—

清(四)·算·八 ——(八十)—

清(四)·算·一四 —三百五十——(八十)—

清(四)·算·一七 ——(八十)—

三百

清(四)·算·六 ———二百四十—

清(四)·算·七 ———二百

清(四)·算·九 —六百——……

清(四)·算·一一 —四百——

清(四)·算·一五 ———二百

清(四)·算·一六 ———二百

三百二十

清(四)·算·四 —四百——

清(四)·算·八 ——(二十)—

清(四)·算·一三 ——(二十)—

三百五十

清(四)·算·五 ——(五十)—

清(四)·算·七 ——(五十)—

清(四)·算·一四 ———二百

清(四)·算·一六

三百六十

清(四)·算·三 —四百五十——

清(四)·算·六 ——(六十)—

清(四)·算·八 —四百……—

清(四)·算·一二 —四百五十——

四百

清(四)·算·四 八十——

清(四)·算·七 ———三

清(四)·算·八 —八百——……

清(四)·算·一〇 —六百——
清(四)·算·一一 —五百——

四百二十

清(四)·算·五 ——(二十)—
清(四)·算·一五 ———三

四百五十

清(四)·算·三 四十——
清(四)·算·七 —五百…—(五十)—

四百八十

清(四)·算·四 六十——
清(四)·算·六 ——(八十)—
清(四)·算·一三 六十——

清(四)·算·一五 ——(八十)—

四百九十

清(四)·算·五 ———四
清(四)·算·一四 ——(九十)—

五百

清(四)·算·七 —千—…
清(四)·算·一一 —六百——

五百四十

清(四)·算·三 四十——
清(四)·算·六 —六百…—
清(四)·算·一五 —六…—

五百六十

清(四)·算·四 四十——
清(四)·算·五 ——(六十)—
清(四)·算·一三 四十——

清(四)·算·一四 ——(六十)—

六百

清(四)·算·六 —千二百—…五
清(四)·算·九 —九百——
清(四)·算·一一 —七百——

六百三十

清（四）·算·三 —（三十）—

清（四）·算·五 —七百……—（三十）—

清（四）·算·一二 ——（三十）—

清（四）·算·一四 —七·……—（三十）—

六百四十

清（四）·算·四 ——五百

清（四）·算·一三 ——五百

七百

清（四）·算·五 ——……六

清（四）·算·一一 —八百——

七百二十

清（四）·算·三 ——

清（四）·算·四 —八百……—

清（四）·算·一二 ——（二十）—

清（四）·算·一三 —八·……—（二十）—

八百

清（四）·算·四 ——……七百

清（四）·算·八 百——

清（四）·算·一〇 —千——

清（四）·算·一一 九百——

八百一十

清（四）·算·三 —九百……—

九百

清（四）·算·三 ——……八百

清（四）·算·九 ———六百—

清（四）·算·一一 —十·……—

千二百

清（四）·算·六 —千八百——

清（四）·算·八 —千六百——

清（四）·算·九 —千五百——

- 清（四）·算·一〇 —千四百—|—

千四百

- 清（四）·算·五 —|—七
- 清（四）·算·一〇 —千六百—|—

千五百

- 清（四）·算·七 —二千—|—
- 清（四）·算·九 —千八百—|—

千六百

- 清（四）·算·四 四百—|—
- 清（四）·算·八 —二千—|—
- 清（四）·算·一〇 千八百—|—

千八百

- 清（四）·算·三 七百—|—
- 清（四）·算·九 一百—|—
- 清（四）·算·一〇 —|—千六百

二千

- 清（四）·算·七 五百—|—
- 清（四）·算·八 四百—|—

二千一百

- 清（四）·算·五 八百—|—
- 清（四）·算·九 四百—|—

二千四百

- 清（四）·算·四 二百—|—
- 清（四）·算·八 八百—|—
- 清（四）·算·九 七百—|—

二千五百

- 清（四）·算·七 —三千—|—

二千七百

- 清（四）·算·三 五百—|—
- 清（四）·算·九 —|—二千

二千八百

- 清（四）·算·五 五百—|—
- 清（四）·算·八 二百—|—

三千

清(四)·算·六 六百——

三千二百

清(四)·算·四 —四千——

清(四)·算·八 六百——

三千五百

清(四)·算·五 二百——

清(四)·算·七 —四千——

三千六百

清(四)·算·三 五百——

清(四)·算·六 ——三千—

四千

清(四)·算·四 八百——

清(四)·算·七 五百——

四千二百

清(四)·算·五 九百——

清(四)·算·六 ——〔百〕[一〇]—

四千五百

清(四)·算·三 四百——

清(四)·算·七 ……——四千—

四千八百

清(四)·算·四 六百——

清(四)·算·六 四百——

四千九百

清(四)·算·五 —五千六百——

五千四百

清(四)·算·三 三百——

清(四)·算·六 ……—

五千六百

清(四)·算·四 四百——

清(四)·算·五 三百——

六千三百

清(四)·算·三　二百——

清(四)·算·五　……——

六千四百

清(四)·算·四　二百——

七千二百

清(四)·算·三　——六千

清(四)·算·四　—八十⁼(八十)……——

八千一百

清(四)·算·三　—〔八〕—

附録

001 
包二·一二一
小人信—下鄰閘里人雁女返

002 
包二·一三〇
亟(期)思尚馬—勝

003 
包二·一四七
墜—　人名

004 
包二·二五六
—一畚

005 
包二·二六五
二—鷹之鼎

006 
天策
大洛鍚—

天策
一左鼻鍚—

007 
天策
金—

天策
素周之—

008 
天策
▨筭緌組繺—一綏

009 
郭·六·四〇
君子於此弌(一)—(偏)者亡所灋(廢)

郭·六·四一
遊(失)其—(偏)

010  望二・三七 金之□首，皆又—鋈。白▨

011  信二・○二八 一—

012  仰二五・一六 又—鍏笥箕

013  仰二五・二七 友—

014  仰二五・三二 一伺—

015  范二七 女東而東西而西受上天受中—

016  曾一二四 —韋  曾一二四 緷唯—韋  曾一二八 —韋

017  曾四 —鐈  曾一○ —鐈

018  曾二八 黄■—所馭肇軒  曾一二九 黄—■馭肇軒

019  曾一七一 䵣尹—之兩騆馬騬

020  曾一四三 某—之黄爲右騬  曾一四六 某—之少騆爲左驂  曾一七五 某—之騆爲右驂

021
曾一四六 某—之大騽爲右驂
曾一五一 某—之騮爲左驂

022
曾五三 紫㭘之—
曾四五 革—
曾四七 革—
曾六七 簟—
曾六五 芒—

曾七一 芒—
曾六八 革—
曾五四 革—
曾六三 革—
曾一七五 某—之騮爲右驂

023
曾七〇 簟—

024
曾二六 革—

025
曾四 革—
曾二八 革—

026
曾二一三 二—二公鄴二夫

027
天策 一方—
天策 一方—
天策 二方—

028
郭·老甲·三四 未智(知)牝戊(牡)之合—(朘)恣(怒)
裘錫圭先生按：此字之義當與帛書本等之『朘』字相當。

029
郭·性·三八 —(察)其見者

030
郭·尊·三四 —則民惺

031 
郭・尊・三
所以敍（除）—也

032 
郭・成・二三
—之穽（弇）也

033 
郭・語四・二
飤（食）韭（鳩）亞（惡）智（知）終其—

034 
郭・語二・一四
—生於伓

035 
香中大・二
天㪥（且）—

036 
新甲三・七二
⍁以—之大彤簭（筮）爲君貞

037 
新甲三・三六三
毈於—⍁

038 
新甲三・三九二
—城一豢

039 
新甲三・九二
⍁弇—

新甲三・二〇三
又弇—

新甲三・二四四
弇—

040 
新零・三五二
⍁於成—（祼）麋⍁

041 
上（一）・紂・七
百眚（姓）㠯（以）悬（仁）—

042 
上（一）・紂・九
—容又（有）祟（常）

043 
上（一）・紂・二二
古（故）孝（君子）之吝（友）也又（有）—

044 
上（一）・紂・二三
而惡〓（惡惡）不—也

045 
上（一）・性・一九
濬深—（鬱）慆

046 
上（一）・性・三八
人之—（悦）肰（然）可與和安者

047 
上（二）・子・八
—而和

048 
上（二）・子・一一
觀於伊而旻（得）之—厽（叁）也

049 
上（二）・從（甲）・一七
則—敌之

050 
上（二）・從（甲）・一二
唯殜（世）不—（？）

051 
上（二）・從（甲）・八
—則遊（失）衆

052 
上（二）・容・二
長者—庑

053  上（二）·容·二四　面旃䲔（？）—

054  上（二）·容·四〇　立於中—

055  上（二）·容·四四　加—（圜）木於亓上

056  郭·忠·五　不昪（期）而可—者

057  包二·一三三　—殺僕之兄䀛

 包二·一三五　苛冒、趄卯—殺僕之兄䀛

 包二·一三六　苛冒桓卯—殺舒䀛

058  上（二）·從（甲）·一九　從事而毋—

059  上（二）·容·三七　—、瘦、宎、婁

060  郭·語一·七五　者—鞭不逮從一衍（道）

061  郭·語二·一九　—生於返

062  郭·緇·一二　又（有）—悳（德）行

063  曾一六六　—

 曾一七一　—探驊爲左飛（騑）

 曾一七一　—騅爲右驂

064

上（三）·亙·一
—（質）大（質）

上（三）·亙·一
（質）大—（質）

上（三）·亙·一
—（質）、青（静）、虚

065

上（四）·采·一
疋—月

066

上（四）·采·三
—也遺夬（玦）

067

上（四）·逸·交二
戲（愷）俤—

068

上（四）·曹·三一
—₌（明日？））䣶（將）戲（戰）

069

上（四）·曹·三二
曰䣶（將）—行

上（四）·曹·三二
—飤（食）戕（犇）兵

070

上（四）·曹·三六
爲—女（如）可（何）

071

上（四）·曹·五二
改—尔鼓

072

上（五）·季·一六
—（薦）豊（禮）▨

073

上（五）·姑·三
隹（惟）不㠯（以）—

074 上（五）·姑·九
內（納）庫之鯀—

075 上（五）·弟·四
—者，可逹（奉）而告也

076 上（五）·弟·八
子贛（貢）—（曰）

077 上（五）·三德·一七
亙（恒）道必—

078 上（六）·競·九
外又（有）梨（梁）丘—（據）縈（縈）恚（狂）

079 上（六）·孔·五
魚（吾）—（？）弗見也

080 上（六）·孔·一六
而訾（對）昏（問）亓（其）所—（？）

081 上（六）·孔·一六
而—（對）昏（問）亓（其）所（？）
上（六）·孔·二七
是—（對），求之於中

082 上（六）·孔·一九
㣲（微）言之—

083 上（六）·孔·二六
?不奉（捧）—（苽）

084 上（六）·用·一三
隹（唯）君之—（貫？）臣

085 
上（六）·用·一五
請命之所—

086 
上（六）·用·一七
衆誚—脜

087 
清（二）·繫·五六
王會者（諸）侯于友（厥）—（貉）

088 
清（三）·良·二
又（有）—（泰）𥅲（顛）

089 
清（三）·赤·一四
又（有）二菱（陵）—

090 
清（四）·別·五
巜—（泰）

091 
清（五）·命·九
亟（極）佴（恥）則民=—=（枳）

092 
上（三）·周·三〇
莫之勳（勝）—（敓？）

筆畫檢字表

一畫

一 一	く 一六八七	乙 二一〇五

二畫

八 一二一	凵 二〇三	丩 三三九	十 三四七	又 四四三	卜 五五二	刀 七〇八	乃 八〇三
丂 八一四	入 八九四	冂 九一二	人 一二八五	匕 一三四二	厶 一四五七	二 一九五五	力 二〇一三
几 二〇三三	乂 二〇九一	七 二〇九四	九 二〇九五	丁 二一〇九			

三畫

上 一七	下 二二	三 四八	士 七二	屮 七九	口 一五〇	干 三三四	丈 三四九
千 三四九	及 四七三	习 六〇九	寸 六九七	刃 七三三	丌 七五一	工 七八三	于 八二五
卂 九七〇	才 九八〇	之 九八八	乇 一〇四四	夕 一一六〇	巾 一二七三	山 一四五七	大 一五四六

川一六八七	女一七七八	弋一八二五	也一八二六	亡一八七七	弓一八九〇	凡一九六六	土一九六九
勺二〇三二	与二〇三二	己二一一五	子二一二三	孑二一四二	巳二一四八		

四畫

元九	天一〇	上一九	下二四	王五二	气七一	中七四	屯七九
少一一四	尐一一八	分一二三	介一二八	公一二九	牛一四三	止二一一	牙三二三
廿三五〇	卞四二一	厷四六三	父四六三	夬四六七	尹四六七	反四七七	友四八一
支四九三	予六七〇	亓七五九	巨七八三	曰七八七	兮八二五	丹八六四	井八六九
今八八八	内八九四	木九四二	帀一〇二七	日一一一六	月一一四九	凶一一九七	女一二一三
市一二七八	仁一三〇五	仅一三一六	仆一三二六	弔一三三三	化一三四二	卬一三四三	从一三四三
比一三四七	毛一三七九	方一三九〇	允一三九五	丙一四二五	文一四二九	匀一四四六	卝一四六七
勿一四七三	犬一五二五	火一五四〇	太一五五七	夭一五六六	亢一五七三	夫一五七四	心一五九五

水一六五九	云一七〇二	孔一七一二	不一七一二	户一七五一	手一七七三	毋一八〇三	氏一八四七
戈一八五〇	匹一八八八	引一八九二	冃一九〇八	斤二〇三七	斗二〇四六	升二〇四七	五二〇八六
六二〇九一	壬二一二一	厷二一四二	丑二一四三	午二一七六			

五畫

戋八	示二八	玉六三	卉九八	介一二三	必一三五	台一七七	右一七九
圣一八〇	叴一八九	辻二〇五	癶二二三	正二三三	尼二六七 一三〇五	迈二九〇	疋三二八
册三二九	半三三四	只三三四	句三三五	古三四〇	世三五〇	史四八三	皮五一六
叹五三〇	㬰五三九	占五五六	用五五九	目五六三	幼六六三	玄六六七	延七〇〇
刨七二七	左七八〇	甘七八五	可八一五	叵八二四	号八二五	平八三三	去八六〇
主八六四	仝八九九	矢九〇一	同九一二	市九一二	央九一二	本九五〇	末九五一
杙九八六	出一〇三一	生一〇三六	囚一〇五四	田一〇五五	邗一〇八九	邗一〇九五	邹一〇九八

郊 一一〇一	𨙨 一一〇七	郊 一一〇七	旦 一一三八	外 一一六三	禾 一一八一	术 一一八五	尾 一二〇四
穴 一二四五	由 一二六七	布 一二七八	白 一二八〇	仮 一三〇九	仡 一三一〇	仢 一三一五	付 一三一六
代 一三二二	仔 一三二四	仟 一三三四	北 一三四八	丘 一三五〇	尼 一三八六	兄 一三九七	弁 一三九八
司 一四三三	令 一四三七	印 一四四二	斥 一四六六	石 一四六七	犮 一五二七	立 一五八一	忈 一六二四
永 一六九一	冬 一六九五	𡰥 一七五二 二〇五一	匆 一七五七	失 一七七五	母 一七八九	奴 一七九四	佉 一七九五
奻 一七九五	民 一八〇六	弗 一八一九	氐 一八五〇	戊 一八六四	乍 一八八五	弘 一八九二	匜 一九〇四
它 一九五〇	𡈼 一九八〇	先 一九九九	田 二〇〇四	功 二〇一四	加 二〇一七	尻 二〇三三	且 二〇三六
矛 二〇四七	四 二〇七七	甲 二一〇三	丙 二一〇八	戌 二一一〇	孕 二一三六	字 二一三七	卯 二一四五
㠯 二一五一	未 二一七七	申 二一八一					

六畫

玏 六八	芋 八二	芑 八五	芒 八七	𦬁 八七	𦬊 九四	艺 九九	芏 一〇一

芋 一〇八	牝 一四五	名 一五四	戋 一七七	呈 一七八	吉 一八一	吁 一八九	号 一八九
各 一九〇	迉 二〇七	此 二二八	正 二三三	巡 二四七	迁 二七五	迗 二九九	代 三〇九
廷 三〇九	延 三一二	行 三一二	舌 三三三	关 四〇三	关 四〇三	共 四〇四	弁 四一四
攴 四二一	巩 四四二	𨑨 四七五	叓 四八二	聿 四九三	臣 四九九	寺 五一一	𡉄 五一一
男 五一八	收 五三四	攷 五三四	放 五四二	攸 五四五	自 五七二	百 六〇四	羽 六〇九
羊 六二八	再 六六二	纨 六六四	丝 六六四	争 六七〇	死 六八二	肉 六八八	肎 七〇三
刖 七二九	刲 七三三	竹 七三八	艺 七四三	甘 七五〇	右 七八二	式 七八三	旨 八三三
杏 八六〇	血 八六一	刑 八七〇	合 八八四	全 八九九	缶 九〇〇	机 九四九	朱 九五〇
枓 九五三	邪 九六三	休 九六四	朼 九六五	朷 九六九	叒 九八七	回 一〇四八	因 一〇五三
囡 一〇五五	邦 一〇七九	邧 一〇九四	邦 一〇九五	邮 一〇九六	邛 一〇九八	邺 一〇九八	邠 一〇九八
邩 一〇九八	帄 一一〇五	即 一一〇七	毦 一一〇七	邚 一一一三	𨛇 一一一四	郏 一一一四	早 一一二三

如一七九九	乒一八四九	戎一八五一	戍一八五二	戋一八六四	幵一八七六	丌丌一八七六	匹一八八九
匡一八八九	匧一八八九	曲一八九〇	孙一八九五	纠一九〇三	虫一九四四	弘一九四五	式一九六二
亙一九六四	吕一九六八	地一九七一	圪一九七九	圭一九九三	圩一九九五	圩一九九五	圣一九九五
切一九九六	圾一九九八	妊二〇一九	放二〇二〇	奸二〇三一	自二〇六〇	祁二〇六八	阪二〇六八
陎二〇七五	阱二〇七五	成二一一一	㠯二一一六	异二一一七	戌二一九二	亥二一九三	

七畫

走二一	祀三三	社三九	衬四二	衦四六	衧四六	彧五二	玨六八
壯七四	宙七七	串七九	肯七九	每八一	岔八一	芬八一	芙八四
芹八五	芸八五	芟八五	芫八六	芮八八	芳九〇	折九六	芭九九
芙一〇〇	芀一〇七	芾一〇七	芓一〇九	灼一一八	呇一二一	余一三九	采一四二
牡一四五	牢一四五	困一四六	告一四八	含一五二	明一五五	朐一五六	吾一五六

君一五七	千止二一七	彶二六四	迁三〇六	兵四〇〇	设五〇七	社五三七	殀六八二	角七三五	臣八五六	矣九〇六
令一七〇	夆二一七	迖二七三	併三〇九	弅四〇三	坙五一一	攺五三八	仯六八五	亘七四一	母八六五	良九二〇
呈一七八	进二一七	近二七四	足三二四	夋四二〇	敀五二〇	弦五四八	肘六九七	芺七四四	形八六六	弟九三七
杏一八九	卓二一九	迺二八三	言三五二	孚四二四	攼五二一	甫五六一	肖六九八	或七八三	朔八七〇	李九四三
吝一八九	步二二三	追二八五	告三六二	抾四六三	攸五二九	百六〇四	肙七〇三	巫七八四	即八七〇	杍九四四
否一九三	廷二四九	達二八六	弄三九八	癹四七六	改五三〇	羌六三一	利七〇九	邑七八六	卧八八二	杜九四五
訇二〇〇	逃二五二	迗二九一	夅三九九	圣四八二	攻五三五	弃六六二	初七一二	甹八一五	吟八九〇	林九四五
走二〇五	返二六四	迬二九二	戒四〇〇	役五〇七	戊五三六	孚六七七	刅七三三	豆八三九	医九〇三	杢九四五

杙 九四六	束 一〇四五	郃 一〇九六	郟 一一〇一	异 一一五四	完 一二一八	吕 一二四四	伾 一三一〇	佀 一三二四	仙 一三三七	尾 一三八六
材 九五四	囯 一〇四七	郄 一〇九七	⿰此阝 一一〇二	⿰歹凡 一一六五	宊 一二二〇	宅 一二四八	佗 一三一一	佝 一三二六	佣 一三三七	汸 一三九四
宋 九五六	困 一〇五五	郚 一〇九八	邻 一一〇五	甬 一一六九	穷 一二二六	疕 一二五四	何 一三一一	灵 一三二六	低 一三三八	边 一三九五
杠 九五六	囲 一〇五六	郘 一〇九九	邵 一一一二	卣 一一七三	宋 一二三二	旯 一二六二	坷 一三一一	但 一三二九	⿸尸巨 一三三九	兑 一三九六
杓 九六三	貝 一〇五九	邛 一〇九九	那 一一一三	卣 一一七七	穸 一二三七	肖 一二八四	位 一三一五	吾 一三三四	伽 一三四〇	免 一三九七
机 九六五	邑 一〇七七	邪 一〇九九	邰 一一一四	克 一一七八	宊 一二三七	呆 一三〇五	但 一三一六 一九八〇	佋 一三三四	身 一三五七	伲 一三九七
𡈼 一〇二七	邸 一〇八六	邳 一〇九九	旱 一一三一	秀 一一八一	宋 一二四〇	忐 一三〇五	作 一三一八	佊 一三三五	求 一三七四	皃 一三九八
孛 一〇三五	邮 一〇八七	郤 一一〇一	明 一一三七	宏 一二〇九	実 一二四一	似 一三〇九	复 一三一九	促 一三三五	孝 一三七八	見 一四〇二

貝一四〇七	㕲一四五九	砢一四六九	卲一五八八	忘一六二八	忍一六四一	宋一六六六	沸一六八四	妬一六九六	妟一七九九	我一八六八
次一四一九	㽞一四六〇	砌一四六九	𠫭一五八九	忨一六二九	忞一六四二	泋一六六八	洢一六八四	耴一七六〇	妝一七九九	皇一八八七
𡿨一四二二	㝗一四六一	豕一五〇〇	志一六〇二	忌一六三〇	忛一六四三	困一六七一	沃一六八四	臣一七七三	妥一八〇一	齐一八八七
百一四二四 一四二六	庇一四六二	豸一五〇五	快一六一五	忱一六三五	怯一六四四	沙一六七二	汸一六八四	孨一七七五	妖一八〇一	匣一八八九
彡一四二九	底一四六五	尨一五二六	忻一六一七	忡一六三六	张一六六二	決一六七三	巠一六八八	抈一七七七	要一八〇二	医一八八九
㑒一四三七	庢一四六六	狂一五二九	忢一六一八	急一六三六	沁一六六四	沈一六七五	谷一六九二	妣一七九四	姒一八〇二	弦一八九二
卲一四三九	侗一四六六	灼一五四一	怠一六二五	忑一六三九	沆一六六四	汩一六八〇	备一六九五	姊一七九四	戎一八五一	男一八九三
免一四五三	㑄一四六六	夾一五四二	忍一六二六	忍一六四〇	沂一六六四	济一六八二	冶一六九六	孚一七九八	或一八五七	巡一八九三

筆畫檢字表

歫一八九三	[illegible]一八九四	系一八九四	[illegible]一九〇二	卵一九五五	戌一九六二	均一九七七	巠一九七九
氬一九七九	坓一九八一	[illegible]一九八五	块一九九四	坆一九九五	[illegible]一九九五	坉一九九五	坂一九九六
圣一九九六	垔一九九七	里二〇〇〇	甸二〇〇五	司二〇〇八	男二〇一二	勇二〇一四	[illegible]二〇一八
軔二〇一九	豸二〇三二	[illegible]二〇三三	旻二〇三六	叐二〇四七	車二〇四八	陘二〇七一	附二〇七二
陣二〇七四	陎二〇七五	辛二一一九	斈二一三六	佤二一三九	[illegible]二一三九	矣二一四一	辰二一四六
酉二一八二 二一八三							

八畫

祈三六	坛四〇	屎四二	祅四六	条四七	玩六七	条六八	玫六八
玫六八	玩七一	氛七二	芙八二	茅八三	芮八五	苰八六	英八七
苛八八	苾九〇	若九一 九八七	苴九四	茆九九	茆九九	罚九九	昔一〇〇
芢一〇一	尚一二五	忭一二九	佘一四〇	余一四一	牪一四七	味一五四	命一六五

和 一七五	戋 一七七	成 一七八	周 一八五	呈 一九九	吴 二〇二	歨 二一六	丞 二一七
盄 二一七	𣥚 二二〇	延 二四九	征 二四九	退 二四九	述 二四九	𣥠 二五二	怂 二五二
迮 二五六	迪 二六〇	𨑡 二六四	遟 二六六	迟 二六八	近 二七四	迹 二七五	备 二七七
衍 二八二	迢 二八三	𨑨 二八四	适 二八五	迥 二八五	迱 二八五	迴 二八六	迋 二八八
迧 二八八	选 二八九	迡 二九〇	追 二九一	𨑯 二九二	往 二九七	但 三〇八	建 三一〇
𢇛 三二六	冒 三六五	𢜔 三六七	妄 三九五	奉 三九八	弃 三九九	具 四〇三	婜 四四二
𧉮 四四二	拳 四六三	𦙶 四七一	秉 四七六	旻 四七八	取 四七八	叏 四八〇	叙 四八一
杳 四八一	卑 四八三	臭 四八三	史 四八六	事 四八六	隶 四九六	臤 四九六	杸 五〇六
役 五一一	岦 五一四	攺 五一七	放 五二〇	敔 五三八	牧 五四〇	攸 五四二	敀 五四二
枚 五四五	敊 五四八	效 五四九	兆 五五八	官 五六四	者 五八二	佳 六一六	於 六三八
紹 六六四	叀 六六六	受 六七二	争 六七七	肧 六八九	肤 六八九	肩 六九七	脊 六九九

肰七〇一	肥七〇四	朋七〇七	肯七〇八	胥七〇八	刿七〇九	⿰禾刅七〇九	初七一二
初七一三	封七二九	⿰⻊力七二九	刑七三一	⿰肉刂七三一	投七三四	其七五〇	典七七五
畀七七六	㕣七八六	卤八一三	廼八一三	卣八一四	奇八二四	虎八五三	孟八五六
卹八六二	青八六六	隶八六九	丼八六九	⿱山斗八七七	侖八八八	舍八九〇	匋九〇〇
⿰弓失九〇二	京九一三	亩九二二	來九二三	枋九四七	柜九四七	枌九四八	松九四八
⿰从木九四八	咊九五〇	果九五一	枉九五三	杲九五四	牀九五六	枕九五七	杯九五七
⿱山木九五八	采九六三	析九六三	板九六五	条九六五	枆九六五	杈九六五	杭九六六
東九七〇	林九七二	⿴口右一〇五二	固一〇五四	郊一〇八六	郊一〇九三	邾一〇九三	郕一〇九五
郤一〇九九	郤一〇九九	郘一〇九九	郄一一〇〇	部一一〇〇	郑一一〇〇	⿰兆阝一一〇〇	⿰其阝一一〇〇
郅一一〇〇	郑一一〇六	邶一一〇六	郍一一〇七	⿰多阝一一〇八	郲一一一〇	郈一一一〇	邢一一一三
郎一一一四	皆一一二二	昃一一二八	昊一一二八	昏一一二八	⿱毌日一一三一	昌一一三一	昔一一三三

昆一一三五	肣一一六九	乇一二〇五	宑一二三七	斧一二七八	使一三二三	欼一三三九	表一三六四	居一三八二	㞷一四六〇	易一五〇七
陷一一三七	卣一一七三	定一二一〇	寄一二三七	枤一二七九	咎一三三〇	佸一三四一	衦一三六八	凥一三八五	府一四六〇	兔一五二四
盼一一三七	彔一一八〇	宓一二一八	空一二四五	帛一二八〇	俟一三三三	亘一三四一	卒一三六八	屈一三八七	厌一四六二	狗一五二六
昳一一三七	季一一八七	宜一二二三	疠一二六一	侗一三〇九	佾一三三四	仳一三四二	哀一三七二	服一三九〇	孱一四六六	戾一五二七
昊一一三七	秈一一九二	佰一二二五	晃一二六三	依一三一五	侄一三三七	卓一三四三	孝一三七九	兒一三九五	厇一四六六	狐一五三一
冕一一三八	秅一一九三	宗一二三三	兩一二六八	佴一三一五	全一三三七	坐一三四六	毡一三八〇	脳一四四七	庢一四六七	犴一五三二
明一一五五	林一一九九	宔一二三五	罔一二七〇	侁一三一六	律一三三七	垩一三五一	钭一三八一	盉一四六〇	長一四六九	炎一五四五
夜一一六一	宨一二〇五	宮一二三七	椒一二七八	弥一三一九	伷一三三九	坙一三五五	毡一三八一	峌一四六〇	希一五〇四	祆一五五八

奎一五五九	奔一五六七	臭一五七三	祀一五八七	並一五八九	忠一六一三	态一六一五	念一六一五
忻一六一七	忝一六二二	怕一六二五	怚一六二六	怫一六二八	忿一六三一	怣一六三五	怲一六三六
忎一六四〇	怍一六四一	㤆一六四三	怘一六四四	㣺一六四五	忽一六四六	忢一六五四	忝一六五四
怭一六五六	怾一六五八	河一六六〇	沱一六六一	沬一六六二	泗一六六六	沽一六六七	泊一六六七
海一六六八	波一六六九	沼一六七三	泣一六七九	泯一六八〇	泬一六八〇	沶一六八二	𥃳一六八七
侃一六八九	雨一六九六	会一七〇二	非一七〇八	床一七五二	房一七五二	扂一七五二	門一七五三
拇一七七三	承一七七四	拔一七七七	肙一七七七	担一七七八	妻一七八七	帔一八〇一	䀠一八二五
戕一八五二	或一八五四	戋一八五八	戔一八五八	戕一八五八	武一八五八	戔一八五八	戔一八六三
戋一八六三	戔一八六四	戕一八六八	直一八七七	弦一八九三	杶一八九九	紉一九二九	弨一九四四
弦一九四五	蚤一九四七	蚩一九四九	函一九六二	竺一九六六	坨一九七一	坪一九七五	坣一九八〇
望一九八〇	坦一九八〇	坷一九九二	坭一九九七	坻一九九七	坐一九九八	畚二〇〇六	劼二〇一四

九畫

迵 二六九	逎 二八五	逡 二九八	部 三六二	[illegible] 三九九	杸 五一一	[illegible] 五二一	[illegible] 五四四	眊 五六四	姚 六三〇 一七九五	兹 六七〇
迷 二七〇	[illegible] 二八七	旻 三〇〇	[illegible] 三六五	[illegible] 三九九	嗖 五一四	鄕 五三〇	[illegible] 五四四	相 五六五	敳 六三〇 一七九六	爰 六七一
逃 二七二	[illegible] 二九〇	微 三〇八	信 三六八	要 四一五	啓 五一七	敂 五三五	[illegible] 五四五	眛 五六七	烏 六三八	殂 六八一
追 二七三	[illegible] 二九一	侗 三〇九	訇 三七五	革 四一七	敀 五一八	[illegible] 五三八	[illegible] 五四六	昀 五七一	[illegible] 六六二	肪 六八一
迸 二八四	[illegible] 二九二	衕 三二〇	訓 三七六	杋 四四二	故 五一八	[illegible] 五三八	[illegible] 五四七	皆 五七七	幽 六六四	[illegible] 六八二
歪 二八四	[illegible] 二九二	衍 三二二	[illegible] 三八二	段 四八一	政 五一八	叙 五四〇	教 五四九	[illegible] 六〇九	[illegible] 六六五	骨 六八五
速 二八五	退 二九八	[illegible] 三二六	音 三九二	[illegible] 四九三	[illegible] 五二〇	[illegible] 五四一	貞 五五二	[illegible] 六一二	兹 六六八	胎 六八九
[illegible] 二八五	後 二九八	品 三二九	弇 三九九	[illegible] 五一〇	[illegible] 五二〇	[illegible] 五四二	卧 五五九	美 六三〇	[illegible] 六六九	胃 六九〇

胤六九八	耙七三四	差七八二	欧八七六	亙九二〇	枳九四七	柫九五七	桀九六八	囿一〇五二	部一〇九五	邦一一〇五
胙六九九	竿七四二	甚七八六	食八七八	复九二五	柘九四八	柄九五九	乘九六九	⿱丂心一〇五二	郝一〇九六	郊一一〇七
胊七〇〇	⿱⺮弋七四三	壴八三六	酓八八六	⿱日巳九二九	柏九四八	柹九六三	柞九六九	坙一〇八五	郙一〇九七	邺一一〇七
肓七〇三	竽七四三	虐八四七	釷九〇〇	韋九三二	某九四九	柧九六三	柭九七〇	郛一〇八六	郅一一〇〇	郙一一〇七
胋七〇八	⿱⺮乇七四四	盈八五七	垪九〇一	俤九三八	枯九五四	柆九六三	南一〇三五	⿰里阝一〇八九	鄂一一〇一	⿰巫阝一一〇七
削七〇九	⿱⺮子七四四	盁八五九	矦九〇二	柰九四三	柔九五四	⿱业木九六三	柬一〇四五	鄂一〇八九	耶一一〇一	郅一一〇八
則七一三	⿱⺮壬七五〇	⿺辶合八六一	亯九一五	柅九四六	柱九五五	柙九六四	剌一〇四六	部一〇九四	郢一一〇二	⿰黍阝一一〇八
剉七二九	笄七五一	既八七二	厚九一九	枸九四六	相九五六	柊九六八	囷一〇五二	郤一〇九四	郲一一〇四	鄅一一〇八

俉一三四〇	㑀一三三五	俊一三一八	皅一二八三	胄一二六六	穾一二四七	宦一二二一	籿一一九五	朐一一六〇	昆一一三二	郛一一〇九
侾一三四〇	俁一三三五	侵一三二二	皂一二八三	冒一二六八	窀一二四七	迺一二二六	[illegible]一一九七	朔一一六〇	曺一一三八	郈一一〇九
佰一三四〇	俈一三三五	便一三二二	保一三〇三	畀一二七〇	牀一二四八	客一二二八	臬一一九八	変一一六二	韋一一三九	郝一一〇九
併一三四一	俍一三三七	侮一三二六	侔一三〇八	罚一二七三	疠一二五二	宗一二三七	耑一一九九	卤一一七三	羿一一四〇	郗一一一五
皀一三四二	臭一三三七	係一三二七	侯一三〇九	帥一二七三	疥一二五六	宻一二四二	韭一二〇〇	采一一八五	旂一一四一	昧一一二三
重一三五五	俻一三三七	俑一三二七	祉一三一五	柘一二七八	疿一二五六	[illegible]一二四三	室一二〇六	秋一一八九	施一一四二	昭一一二四
衽一三六五	佳一三三八	俘一三二九	侸一三一六	杭一二七九	疫一二五六	宫一二四三	宣一二〇八	昩一一九〇	星一一四六	晦一一三〇
袂一三六五	俉一三三九	咎一三三二	侳一三一六	帛一二八〇	冠一二六二	宋一二四六	宋一二一九	秎一一九四	昷一一五八	昬一一三二

衺一三六八	者一三七七	耇一三七九	屐一三八五	屍一三八六	屋一三八六	屇一三八六	屎一三八六
俞一三八八	兌一三九八	选一四〇二	欹一四一五	欷一四一七	欿一四一八	歊一四一八	故一四一八
頁一四二〇	覓一四二一	面一四二五	首一四二六	彥一四二九	卻一四四二	匍一四四七	圁一四四七
茍一四四九	鬼一四五三	畏一四五四	禺一四五六	庫一四六一	厌一四六二	砍一四六三	肩一四六五
厦一四六六	居一四六七	昜一四七七	象一五〇四	馬一五一一	畜一五一五	猷一五二六	狣一五三二
烑一五四一	炭一五四一	炢一五四四	炅一五四五	坴一五五八	夆一五五九	狀一五六七	烊一五六七
思一五九一	沓一六一二	言一六一二	恔一六一八	恂一六二〇	恃一六二二	愧一六二四	悉一六二四
急一六二六	怠一六二七	怨一六三二	怒一六三二	恩一六三二	岳一六四三	怵一六四三	怩一六四六
恁一六四六	惡一六五六	恪一六五六	汧一六六三	洛一六六三	洹一六六六	洨一六六七	洦一六六七
閑一六七一	津一六七三	洒一六七八	浂一六七九	泒一六八二	洀一六八五	泉一六九一	溪一六九五
音一七〇六	飛一七〇七	垔一七四八	庣一七五三	耵一七六五	配一七七三	指一七七三	拜一七七四

妟一七八七	威一七九四	紓一七九八	姦一八〇一	蜼一八五一	戝一八五二	戓一八六四	匩一八八九
癹一八九二	弴一八九四	紀一九〇一	級一九〇五	約一九〇五	紅一九一四	紂一九一五	紃一九二二
紉一九二三	紇一九二九	紈一九三〇	紋一九四〇	純一九四〇	風一九四九	殁一九六二	歪一九六二
恆一九六三	垧一九七八	垔一九八〇	封一九八一	型一九八二	型一九八二	城一九八六	垑一九九一
畨二〇〇五	勁二〇一四	夗二〇一八	勇二〇一八	旋二〇一九	俎二〇三六	耿二〇三七	斫二〇三七
矜二〇四七	𥎿二〇四七	杼二〇四七	軍二〇五三	朐二〇五四	軌二〇五四	軌二〇五七	省二〇六三
陘二〇六八	陟二〇六九	隆二〇七〇	陵二〇七一	陛二〇七六	亞二〇八二	亞二〇八三	禹二一〇〇
癸二一二三	孤二一四二	㝐二一四二	配二一八四	酋二一九二	亯二一九四		

十畫

旁二二	昛三四	昰三四	崇四一	岳四三	格四五	律四八	祿四八
珥六七	珓六九	珦六九	珞六九	班七一	莊八一	莧八一	莆八一

殺五〇八	敍五〇八	專五一五	堃五三〇	敉五四五	故五四八	敉五四八	罛五六四
眚五六七	眉五七一	眊五七一	眛五七二	昝六〇一	罝六一二	翌六一三	罘六一五
羔六二九	牂六二九	烏六三三	殉六八一	胳六九七	脊七〇〇	脩七〇〇	脡七〇〇
脂七〇一	胼七〇四	朕七〇五	脨七〇五	胺七〇六	胔七〇八	膀七〇八	朔七〇八
削七〇九	㓞七一三	𧴩七一三	剛七二六	書七二八	别七三一	刻七三一	郟七三一
砌七三四	刨七三四	栔七三四	耕七三四	奐七三五	碎七三八	笋七三八	皀七四四
笑七四四	笂七四五	笄七四五	笑七四七	笏七五〇	畁七七七	晋七八四	卣八一四
哹八一五	虔八四四	虐八四七	勴八五五	虔八五六	盍八五七	益八五七	涅八五八
奆八六一	盇八六二	絣八六五	卷八七七	效八七八	飤八七九	飢八八三	飩八八四
含八八四	畲八八七	舍八九〇	倉八九三	柯九〇九	臭九〇九	高九一〇	亳九一二
扃九二〇	夏九二五	虽九二九	桀九三九	乘九三九	尭九三九	桃九四五	桂九四五

移 九四七	桐 九四八	榴 九四九	杲 九五〇	根 九五一	株 九五一	條 九五三	栽 九五五
𣏾 九五八	梅 九五八	桊 九五八	桎 九六四	秼 九六四	梟 九六五	桰 九六六	样 九六六
美 九六六	梭 九六九	桑 九八八	師 一〇三一	索 一〇三四	𨛭 一〇五一	圃 一〇五二	圄 一〇五五
員 一〇五六	貣 一〇六〇	貤 一〇六四	賓 一〇六五	貢 一〇七三	都 一〇八五	罗 一〇八五	郫 一〇九四
郱 一〇九五	郚 一〇九五	郿 一〇九六	鄹 一一〇〇	鄃 一一〇一	鄉 一一〇一	郘 一一〇三	郪 一一〇五
𨚵 一一〇五	𨜒 一一〇五	郢 一一〇五	郭 一一〇六	郳 一一〇七	鄗 一一〇八	郐 一一〇八	部 一一〇八
郟 一一〇八	郕 一一一〇	鄑 一一一〇	郄 一一一二	鄰 一一一三	鄧 一一一四	卿 一一一四 一四四四	遆 一一一五
時 一一二一	峕 一一二一	杲 一一二三	晉 一一二四	晏 一一二七	昃 一一二八	㬎 一一三二	𣅃 一一三八
旆 一一四一	旂 一一四一	旂 一一四二	旃 一一四二	旌 一一四三	罣 一一四三	旅 一一四三	旋 一一四五
朔 一一五三	娶 一一六五	圅 一一六八	栗 一一七三	秼 一一八五	秦 一一九〇	秵 一一九三	程 一一九三
秬 一一九三	兼 一一九三	粉 一一九五	舀 一一九六	㼌 一二〇〇	家 一二〇〇	宿 一二一九	容 一二一九

珐一二二一	宰一二二一	宵一二二五	偭一二二五	害一二三〇	穸一二三七	寀一二三七	宿一二三七
宦一二三八	第一二四一	室一二四一	寅一二四二	突一二四六	宷一二四六	窮一二四七	窀一二四七
疾一二四八	病一二五二	疴一二五四	痓一二五四	疽一二五四	痞一二五七	痳一二六二	冢一二六五
罡一二七二	幂一二七三	帬一二七六	席一二七六	帢一二七八	帼一二七九	罘一二七九	倞一三〇九
倗一三一一	倚一三一五	敊一三一六	弢一三一九	後一三一九	俾一三二三	倪一三二三	倌一三二四
宿一三二四	倀一三二四	俴一三二五	傷一三二六	倦一三三三	巻一三三三	倅一三三四	倜一三三四
偶一三三七	殹一三三七	偖一三四〇	偕一三四〇	傀一三四〇	貟一三四一	飢一三四二	峇一三五五
垔一三五五	埕一三五五	峇一三五七	般一三六一	被一三六七	衾一三六七	衮一三六八	衵一三六八
衰一三六八	者一三七六	毸一三八〇	犀一三八六	屓一三八六	朕一三八九	般一三九〇	敓一三九〇
祧一四〇二	眡一四〇九	欽一四一七	彭一四三三	塱一四四二	崑一四四三	舲一四四四	曾一四四七
冢一四四八	皇一四五五	息一四五六	蠱一四五七	陰一四六〇	崒一四六〇	庫一四六一	届一四六四

砥 一四六五	金 一五二二	𢦏 一五四二	息 一六〇〇	忢 一六三一	[illegible] 一六四一	㤙 一六四八	涇 一六六三	[illegible] 一六八〇	扃 一七五三	姬 一七八七
扉 一四六五	臭 一五二七	戚 一五四四	恭 一六一八	悁 一六三一	恧 一六四一	悟 一六四九	洍 一六六八	淲 一六八一	閔 一七五九	婋 一八〇二
屒 一四六六	隻 一五二七	[illegible] 一五四五	恕 一六一八	恚 一六三二	悠 一六四三	悳 一六五〇	海 一六六八	浗 一六八一	耿 一七六〇	嬰 一八〇二
砧 一四六九	性 一五二九	㚔 一五六七	総 一六一八	惹 一六三二	悚 一六四三	[illegible] 一六五四	浩 一六六九	滶 一六八一	聃 一七七二	娱 一八〇二
砫 一四六九	狀 一五三二	[illegible] 一五六七	恩 一六一九	悔 一六三三	悖 一六四四	忌 一六五四	浮 一六七〇	[illegible] 一六八四	巸 一七七三	牿 一八二六
[illegible] 一五〇五	能 一五三四	奚 一五七三	悈 一六一九	恙 一六三五	悅 一六四四	愍 一六五四	浴 一六七八	流 一六八五	拳 一七七三	鈛 一八五二
豹 一五〇五	烝 一五四一	系 一五七三 一八九四	悭 一六二六	恐 一六三九	悗 一六四八	恋 一六五七	彖 一六七九	涉 一六八六	捉 一七七四	鄁 一八五八
豻 一五〇五	[illegible] 一五四一	[illegible] 一五八七	[illegible] 一六二八	恥 一六四一	宓 一六四八	涂 一六六二	涕 一六七九	庫 一七五二	捕 一七七八	戟 一八六六

㦲一八六六	發一八九二	紟一九二〇	紑一九三八	蚘一九四七	耓一九九四	畔二〇〇五	婧二〇一九	射二〇五三	陏二〇七一	亞二〇八三
戠一八六六	弹一八九四	紛一九二六	紼一九三八	蚕一九四九	𡋮一九九四	𤰞二〇〇五	𦥑二〇二四	陵二〇六四	陼二〇七二	亞二〇八三
戕一八六七	孫一八九四	䋐一九二九	紋一九四〇	脊一九六二	堥一九九六	留二〇〇五	釔二〇三〇	陰二〇六七	陳二〇七二	亞二〇八五
钱一八六七	純一八九八	𦀗一九三〇	紒一九四一	恧一九六三	埇一九九七	畜二〇〇六	𠝏二〇四五	陸二〇六八	陛二〇七五	𡥅二一三六
殌一八八五	紝一八九九	紩一九三〇	約一九四一	𠯈一九六六	侳一九九八	務二〇一四	料二〇四六	𨹳二〇六八	陸二〇七六	厚二一四一
覔一八八七	納一九〇一	紼一九三〇	紞一九四二	陞一九七一	𠢐一九九八	𢏚二〇一四	軒二〇五〇	陷二〇六九	階二〇七六	習二一四二
匿一八八八	紡一九〇一	紓一九三四	素一九四二	𡋗一九八三	𦓤一九九九	𥧂二〇一五	𢍏二〇五一	坙二〇六九	隋二〇七七	羞二一四四
匳一八九〇	絭一九〇八	絆一九三七	巡一九四三	珪一九九三	畱二〇〇五	𣃽二〇一六	𨊴二〇五二	陵二〇七一	亞二〇八二	辱二一四八

十一畫

訔三六三	訟三七六	詅三八五	弇四〇四	窜四八三	毀五一一	祱五二七	敀五四一	教五四九	晢六〇三	翏六一三
訪三六七	戠三七九	舟言三八六	異四〇五	書四九六	嘍五一四	敗五三〇	敫五四三	叄五四九	盁六〇三	翌六一三
詈三七二	設三七九	訞三八六	勒四二〇	毀四九六	啓五一七	賊五三三	致五四五	毅五五一	習六〇七	雀六二四
訾三七二	訡三八〇	訿三八六	埶四四一	臧五〇四	敏五一八	寇五三三	敎五四五	逃五五九	翏六一一	堆六二五
訢三七二	訦三八〇	章三九三	楼四四二	殹五〇七	敯五二一	寇五三三	敞五四六	斜五五九	翇六一二	羖六三一
訮三七五	訥三八一	穽三九九	曼四六六	敺五〇七	救五二二	敌五三七	敮五四七	盱五六四	翓六一二	䍧六三一
亓言三七六	訧三八三	穿三九九	彗四八一	殹五〇七	栽五二二	戢五三八	敷五四七	胥五六四	翆六一二	羒六三一
訛三七六	設三八五	貟四〇三	夐四八二	毀五一〇	敝五二三	敀五三八	敘五四七	榎五六七	翟六一三	畢六六一

貢一〇六七	貴一〇七二	昉一〇七三	眄一〇七三	飣一〇七七	覞一〇七七	畦一〇八〇	郞一〇八九
鄂一〇九三	鄄一〇九五	郪一一〇一	郻一一〇一	鄞一一〇二	鄍一一〇三	郟一一〇三	鄃一一〇三
郳一一〇四	郜一一〇九	郚一一〇九	扈一一一三	晧一一二八	晦一一三〇	晐一一三七	旌一一四一
族一一四四	参一一四七	晨一一四九	朙一一五五	唷一一六九	垔一一七三	彖一一八一	視一一八五
康一一八六	秋一一九三	捕一一九九	琛一二二一	宿一二二五	寋一二三七	家一二三八	害一二三九
窔一二四七	痒一二五四	痎一二五六	痑一二五七	痠一二五七	疾一二五八	痵一二五九	痼一二六一
痌一二六二	冐一二六三	罷一二六六	冕一二六六	罡一二七三	幕一二七三	帶一二七三	常一二七四
昺一二七六	笞一二七七	悚一二七八	㡰一二七九	番一二八四	敝一二八四	息一三〇六	信一三一二
連一三二三	徠一三二四	剔一三二六	窖一三三二	倍一三三七	偳一三三八	倱一三三八	倞一三四〇
從一三四三	虛一三五一	罔一三五二	庥一三六七	袤一三六七	衰一三六八	眿一三六八	裀一三七二
袿一三七三	畚一三七四	鬲一三七七	毯一三八二	舶一三九〇	舡一三九〇	舡一三九〇	旅一三九五

夆一三九五
視一四〇七
覒一四一二
眊一四一二
貪一四一四
歈一四一五
欲一四一五
忩一四一六
絘一四一七
欿一四一八
脜一四二四
眥一四二五
首一四二六
彫一四二九
訇一四三七
䑙一四四四
匓一四四八
臬一四五四
愚一四五六
羑一四五七
庶一四六二
宙一四六三
枭一四六七
臺一四六九
猪一五〇一
豣一五〇四
象一五〇八
鹿一五二二
逸一五二五
猛一五二七
猷一五三一
教一五三三
烱一五四三
炭一五四三
執一五七〇
情一六〇〇
宔一六一四
唸一六一六
惑一六一九
惟一六二〇
悆一六二六
悖一六二九
惏一六二九
惛一六三〇
惜一六三五
惙一六三六
恒一六三八
患一六三九
悼一六三九
惕一六四〇
𢘅一六四三
窓一六四四
𢘓一六四四
怨一六四四
隱一六四五
怱一六四六
悊一六四六
恩一六四七
惽一六四七
惝一六四八
急一六四八
㥏一六四九
惃一六四九
恧一六四九
悠一六五三
悬一六五四
懸一六五五
惦一六五五
悉一六五五
怪一六五八
涑一六六一
㴉一六六二
淋一六六四
淇一六六四
深一六六五
淮一六六六
浸一六六六
渚一六六七
淲一六六九
清一六七〇
溴一六七二
淫一六七二
淺一六七二
𩬆一六七二
梁一六七三
涂一六七四
跊一六七四
淒一六七四

淡一六七八	㒸一六七九	淳一六七九	淁一六八一	絛一六八一	淠一六八二	淩一六八三	浅一六八三
淏一六八四	淣一六八五	羕一六九一	雩一七〇〇	雲一七〇一	魚一七〇三	座一七五三	[illegible]一七五七
悤一七六六	聣一七七三	梟一七七七	捭一七七八	掾一七七八	婦一七八九	[illegible]一七八九	婢一七九四
婁一八〇〇	婌一八〇二	戰一八五一	[illegible]一八五八	裂一八六四	夐一八六四	戜一八六六	戟一八六七
戚一八六七	[illegible]一八七五	望一八八六	宷一八八七	區一八八八	第一八八九	張一八九一	弸一八九一
發一八九二	紙一八九九	經一九〇〇	紹一九〇四	絮一九〇四	終一九〇八	結一九一一	絀一九一一
紻一九一五	紳一九一六	組一九一八	紴一九二一	組一九二三	絇一九二三	絣一九二六	紛一九二六
紧一九二七	綾一九二七	絅一九三〇	紝一九三〇	紲一九三〇	給一九三一	結一九三一	[illegible]一九三一
絈一九三一	紈一九三一	[illegible]一九三五	絉一九四一	蚰一九四四	強一九四四	[illegible]一九四六	萑一九四六
盅一九四九	亟一九六二	窐一九七四	[illegible]一九七八	基一九七九	堵一九七九	堂一九八〇	埤一九九一
堋一九九二	堲一九九二	奎一九九四	埉一九九四	[illegible]一九九四	堆一九九四	隼一九九四	埮一九九五

十二畫

蒴八四	葕八五	[illegible]八六	萩八六	蘇八六	蒟八六	葉八七	葼八七
蕬八八	菘九〇	葺九一	萛九六	斳九六	葦九八	葙一〇一	蓸一〇一
蒝一〇二	蓉一〇二	菄一〇二	萬一〇二	菒一〇三	蒄一〇三	莪一〇五	蒖一〇五
蒂一〇七	萓一〇七	葬一一三	曾一二五	番一四二	駐一四五	韋一四五	犀一四六
情一四七	犇一四七	啻一八〇	罯一九三	畬一九三	悢一九四	衰一九五	嗚二〇二
單二〇四	喪二〇四	嵒二〇四	越二〇六	崎二一七	[illegible]二二〇	[illegible]二二〇	登二二一
散二二三	散二二八	[illegible]二三三	愇二四七	[illegible]二五四	逾二五五	偷二五五	遇二五九
遄二六〇	罨二六四	達二六八	達二六八	遂二七二	過二七五	徦二七五	逮二七七
道二七七	遅二八六	逡二八八	逿二八八	[illegible]二九〇	復二九三	[illegible]二九三	逄三〇〇
[illegible]三〇〇	御三〇六	跛三二六	裔三三四	嗇三六三	[illegible]三六五	詔三七二	[illegible]三七三
詛三七五	詘三七八	詆三七九	訽三七九	詀三八〇	詉三八二	詓三八三	訳三八六

善 三八七	㝬 四四三	敔 五四一	敨 五四八	署 六一三	鄎 六三七	敔 六七九	腊 七〇五	割 七二八	筭 七四〇	晳 八〇三
童 三九四	蓮 四七六	敞 五四二	敜 五四八	䍜 六一三	舄 六六一	殑 六八二	腃 七〇五	剌 七三一	筴 七四〇	喜 八三四
業 三九六	翁 四八一	敤 五四三	𠷎 五五九	雁 六二五 一四六四	幾 六六五	猒 六八八	脊 七〇六	鄒 七三一	筵 七四一	彭 八三七
寯 三九九	畫 四九五	敘 五四六	葥 五六一	雄 六二五	惠 六六六	胄 六九七	腈 七〇七	𠜝 七三二	箬 七四二	盌 八四〇
詘 四〇七	臧 五〇六	散 五四七	睇 五七一	隹 六二七	㝵 六六九	啟 六九七	脹 七〇八	棨 七三三	策 七四三	虔 八四四
夐 四一六	㳻 五二八	敡 五四七	䏁 五七一	集 六三二	舒 六七〇	脽 六九八	剀 七〇九	掙 七三四	箕 七四六	虒 八五四
煮 四二四	敦 五三〇	墩 五四七	智 六〇三	鳩 六三三	胬 六七二	截 七〇一	貺 七一六	筍 七三八	巽 七七六	虞 八五六
爲 四二五	敘 五四〇	敕 五四八	習 六〇九	𠨘 六三六	爰 六七二	腋 七〇五	鼎 七二一 一一七七	等 七三九	奠 七七七	盟 八五八

蚤八五九	瞀八七七	飯八七九	飭八八四	畬九〇〇	鉼九〇〇	躲九〇二	[illegible]九〇二	
㹱九〇九	就九一四	奩九二三	沓九二五	晷九二五	禽九二九	舜九三〇	喜九三二	
韌九三三	軒九三五	棠九四五	椅九四五	棫九四六	楮九四八	棟九五五	植九五六	
相九五六	柳九五七	棧九五八	椎九五九	棃九六二	框九六四	郰九六五	精九六六	
梢九六七	㭾九六七	梯九六八	栓九六八	桯九六八	巢九六九	棶九六九	無九七二 一八八七	
剌一〇四六	棗一〇四七	惹一〇四九	圍一〇五五	圍一〇五五	賞一〇六三	貤一〇六四	賓一〇六五	
費一〇六五	貴一〇六八	惠一〇七二	郭一〇八六	鄗一〇八九	鄐一〇九八	盇一〇九九	鄧一一〇一	
鄰一一〇四	鄟一一〇四	鄙一一〇四	郯一一〇八	鄉一一一三	鄙一一一四	豈一一二二	睹一一二四	
暑一一二四 一一三二	跲一一三七	朝一一三九	游一一四二	遊一一四二	晶一一四五	鼎一一五三	期一一五四	
盈一一五八	褸一一八四	鄰一一九二	程一一九二	秷一一九三	粡一一九五	椒一一九九	晉一一九九	
𥦗一二〇九	富一二一八	寐一二一九	寍一二二一	寢一二二六	帰一二二六	寓一二三〇	寒一二三〇	

叡 一二三一	害 一二三二	宴 一二三九	⿱宀前 一二四一	⿱宀甚 一二四二	⿱宀韋 一二四二	⿱宀叟 一二四二	⿱宀身 一二四六
寐 一二四八	瘦 一二五四	痤 一二五四	癠 一二五六	痏 一二五八	⿸疒免 一二五九	⿸疒孛 一二六〇	⿸疒夏 一二六〇
⿸疒卸 一二六〇	痦 一二六一	⿸疒言 一二六一	痛 一二六一	⿸疒余 一二六二	痓 一二六二	⿰言匕 一二六六	詈 一二七二
⿱罒升 一二七二	⿱罒方 一二七二	⿱罒果 一二七二	常 一二七四	愇 一二七六	⿰木佥 一二八〇	傑 一三〇八	備 一三一二
戠 一三二二	俸 一三三八	偏 一三三八	傒 一三四〇	係 一三四〇	虘 一三五一	⿰貝主 一三五五	量 一三五五
裕 一三六七	⿱爫牛 一三六九	⿴衣口 一三七二	⿰衤足 一三七二	⿴衣米 一三七三	毯 一三八二	毳 一三八二	⿰歹系 一三八六
⿰月坒 一三九七	⿰牛兒 一三九八	皋 一四一〇	覞 一四一四	欽 一四一四	訶 一四一七	⿰含欠 一四一七	⿰者欠 一四一八
⿰黑欠 一四一九	⿰黑京 一四一九	款 一四一九	項 一四二一	⿰身工 一四二一	順 一四二二	夏 一四二四	斬 一四二七
須 一四二八	詞 一四三六	⿰命攵 一四三八	鄉 一四四二	⿰匋羽 一四四七	⿰豸王 一四四八	敬 一四四九	戠 一四五三
⿱自示 一四五三	⿰忄畏 一四五五	蒐 一四五七	⿱由皿 一四五九	⿱癶出 一四六〇	⿰山畏 一四六〇	厥 一四六二	廁 一四六二
厝 一四六五	⿰豸古 一五〇二	貂 一五〇六	⿰豸免 一五〇九	馰 一五一五	馳 一五一六	⿰牛免 一五二五	猷 一五二七

猶一五二九	然一五四〇	焚一五四二	煬一五四四	毞一五四四	黑一五四五	喬一五六六	喬一五六六
喬一五六七	敎一五七二	族一五八七	旅一五八八	惪一六〇〇	悳一六〇五	惁一六一三	惹一六二四
罳一六二六	愉一六二六	惕一六二九	偲一六二九	惑一六二九	惛一六三〇	愁一六三二	恝一六三二
愠一六三二	惡一六三三	悶一六三三	悲一六三四	惻一六三四	惴一六三六	恧一六三六	瑟一六三六
愪一六三八	急一六四〇	甚一六四〇	悤一六四二	恚一六四三	悉一六四五	惝一六四八	惫一六四九
愋一六五〇	愲一六五〇	弼一六五一	𢙍一六五三	偲一六五四	恩一六五四	惥一六五五	悆一六五五
患一六五五	愈一六五六	愖一六五八	温一六六二	渭一六六三	湘一六六五	湳一六六七	湝一六六九
測一六七〇	湍一六七〇	淵一六七一	湶一六七一	燚一六七二	湫一六七二	滎一六七三	湛一六七四
渴一六七五	湯一六七五	湎一六七八	湪一六八一	湲一六八一	湤一六八一	湓一六八四	湶一六九一
容一六九五	雯一七〇一	雲一七〇二	鋞一七四九	閒一七五六	閔一七五八	鬟一七五九	閟一七五九
聣一七六六	覍一七七八	媄一七九五	嫙一八〇一	婡一八〇一	媹一八〇二	戟一八六四	發一八六五

督一八六五	莬一八八五	詸一九〇六	絡一九二七	畫一九四四	壘一九七四	晦二〇〇五	䜵二〇二四	欽二〇三一	䡨二〇五五	陸二〇七〇
戕一八六五	圓一八八九	絑一九一一	緯一九三一	蚤一九四六	郙一九九三	畱二〇〇七	鈕二〇二四	釙二〇三一	軞二〇五五	隆二〇七〇
戢一八六六	𢐯一八九二	紫一九一二	絾一九三一	蚩一九四七	場一九九三	畄二〇〇八	鈦二〇二五	斯二〇四三	輸二〇五七	陖二〇七一
戚一八六七	弼一八九二	紕一九一二	綏一九三一	戚一九四九	䵷一九九三	勝二〇一五	斨二〇四六	鈞二〇二五	輛二〇五八	陣二〇七一
琴一八七六	弻一八九二	絙一九二〇	絔一九三七	蛘一九四九	𡎸一九九四	勞二〇一五	鈇二〇二七	柔二〇四七	𨊪二〇五九	陁二〇七二
亓金一八七六	紹一九〇一	絝一九二一	𦁀一九四一	風一九五〇	𡒀一九九五	勞二〇一六	鈔二〇二七	軫二〇五一	䍜二〇六〇	陖二〇七二
亓亓亓一八七六	絕一九〇二	條一九二一	練一九四二	墜一九七四	𡉃一九九六	勞二〇二〇	鉾二〇二七	軏二〇五一	陘二〇六九	隢二〇七六
臬一八七七	結一九〇六	絹一九二六	絲一九四三	堣一九七四	堯一九九九	動二〇二〇	鉢二〇三〇	軥二〇五一	陞二〇七〇	亞二〇八五

禽二〇九八	萬二〇九九	亜二一〇一	禼二一〇二	辜二一二一	孳二一三八	學二一四一	孫二一四二
疏二一四二	夓二一四八	尊二一九二	尊二一九二				

十三畫

福二八	裡三二	祭三二	禍四〇	稟四四	禽四五	祼四五	褣四五
褘四六	褌四七	褨四七	瑗六六	瑞六七	盞六八	堅六九	堤七〇
欽七〇	煛七一	鼎八一	蓏八一	蔆八五	著八六	蒟八六	蒝八七
蓁八八	蒼八八	蓋九一	蔦九六	蒿九九	菑一〇一	甾一〇一	蓑一〇二
荃一〇二	蒐一〇三	莪一〇三	蓴一〇五	蔌一〇六	蘪一〇六	蓄一〇八	蒴一〇八
蒡一〇八	詹一二八	嗌一五一	會一七三	曾一八一	邀二〇六	趑二〇九	趹二〇九
趄二〇九	遘二一二	徭二二〇	壼二二〇	歲二二三	僉二五五	遜二六四	遣二六六
遲二六七	遠二七五	亶二八二	遙二八四	趙二八五	逼二八九	適二八九	運二八九

䯏 六八七	髶 六八八	䯵 六八八	歆 六八八	腸 六九七	腹 六九八	衕 六九八	腫 六九九
雋 六九九	腝 七〇五	腎 七〇五	腞 七〇六	䐹 七〇七	㔌 七〇九	䚃 七二七	㓷 七二八
觡 七三四	觲 七三五	觟 七三五	解 七三五	節 七三八	筮 七三九	筦 七四〇	筭 七四一
箭 七四二	笠 七四七	筩 七四七	䂂 七八二	猒 七八五	猷 七八五	嵩 八三四 一二七五	鼓 八三八
戠 八三九	豊 八四〇	虘 八四四	虞 八五一	虞 八五五	勧 八六九	飽 八八三	飥 八八三
飩 八八四	僉 八八七	會 八九一	亶 九一二	嗇 九二三	嗇 九二三	眗 九二八	圅 九三三
韍 九三四	韐 九三六	韓 九四五	楑 九四五	楊 九四七	檜 九五五	楣 九五六	椱 九五八
楥 九五八	椯 九五八	㮣 九六六	楫 九六八	楂 九六八	概 九六九	楒 九七〇	楚 九七五
楙 九八〇	乘 九八八	敕 一〇四七	橐 一〇四七	圓 一〇四八	團 一〇五二	資 一〇五九	欧 一〇五九
賢 一〇六〇	賂 一〇六一	賕 一〇六五	賈 一〇六五	賃 一〇六七	時 一〇七三	賅 一〇七三	賗 一〇七四
賃 一〇七六	罟 一〇八六	鄭 一〇八七	郢 一〇八九	鄗 一〇九三	鄌 一〇九四	鄝 一〇九六	鄎 一一〇一

鄀 一一〇三	衕 一一一五	罘 一一五九	粈 一一九五	留 一二三九	瘜 一二五三	幕 一二七六	戩 一三二九	裣 一三六五	⿰番毛 一三八〇	覓 一四一四
鄆 一一〇三	逝 一一一五	夢 一一六三	粠 一一九五	寘 一二三九	瘖 一二五三	韓 一二七六	像 一三三二	裛 一三六六	毞 一三八二	欲 一四一五
郿 一一〇五	暘 一一二七	儚 一一六五	粯 一一九六	痡 一二三九	痺 一二五七	幣 一二八〇	儵 一三三七	裹 一三六八	毡 一三八二	頌 一四二〇
鄝 一一〇五	⿰日果 一一三七	虜 一一六八	蘇 一一九八	實 一二四〇	⿸疒卷 一二五八	悉 一二八四	儀 一三三八	裴 一三七〇	⿰舟并 一三八九	頎 一四二四
鄵 一一〇六	⿰㫃卓 一一三八	稷 一一八四	坙 一二〇四	寍 一二四一	痰 一二五八	傳 一三二三	僂 一三四一	裩 一三七一	脂 一四〇九	頹 一四二五
鄜 一一〇六	韶 一一四〇	跊 一一八九	竆 一二二二	眭 一二四六	⿸疒奉 一二五九	遡 一三二四	壂 一三六一	裪 一三七二	覜 一四一二	睄 一四二七
鄍 一一一〇	遊 一一四三	稓 一一九三	⿱穴辛 一二二二	規 一二四六	皋 一二六六	傷 一三二六	⿰舟安 一三六二	裘 一三七四	⿰兆見 一四一二	郤 一四四二
郫 一一一四	⿰㫃言 一一四五	梁 一一九四	書 一二三一	瘏 一二五二	翟 一二七一	戠 一三二七	裏 一三六四	衺 一三七四	頤 一四一二	絕 一四四四

辟一四四五	匔一四四七	裉一四五四	愍一四五五	嵩一四六〇	壼一四六〇	廉一四六二	厰一四六四
厥一四六六	[illegible]一四六八	替一四六八	森一四六八	豢一五〇一	[illegible]一五〇一	貉一五〇六	駁一五一五
媽一五一五	馹一五一七	駃一五一七	[illegible]一五一七	[illegible]一五一八	廌一五一九	麀一五二三	塵一五二四
猷一五二九	[illegible]一五三二	鼠一五三三	熅一五四三	[illegible]一五四四	睪一五六九	皋一五七〇	堂一五八七
意一六〇四	息一六〇五	愼一六一二	訢一六一二	[illegible]一六一八	慈一六一八	[illegible]一六一八	想一六二一
[illegible]一六二三	慆一六二五	愚一六二七	愆一六二九	悳一六三一	愴一六三三	崽一六三六	惪一六三七
[illegible]一六三八	偬一六四六	偲一六四七	綷一六四七	愚一六四八	[illegible]一六五〇	戢一六五〇	[illegible]一六五〇
[illegible]一六五一	[illegible]一六五一	[illegible]一六五五	[illegible]一六五六	[illegible]一六五七	[illegible]一六五七	[illegible]一六六二	溺一六六二
務一六六二	根一六六五	湮一六六八	滔一六六九	[illegible]一六七三	溍一六七五	[illegible]一六七五	溢一六七八
滄一六七八	[illegible]一六七九	滅一六七九	桼一六八一	[illegible]一六八二	滿一六八三	[illegible]一六八六	[illegible]一六八七
溪一六九四	電一六九七	雹一六九八	雺一七〇〇	[illegible]一七〇〇	[illegible]一七四九	閨一七五五	閃一七五五

閼一七五六	嬰一八五二	惁一八七六	緻一九二〇	綉一九三一	塙一九七九	墿一九九二	畺二〇〇八	銍二〇二七	翌二〇五〇	陘二〇六八
聖一七六〇	戡一八五八	筐一八八九	絣一九二五	緋一九三二	臺一九七九	俚一九九二	勥二〇一四	釞二〇二七	輈二〇五一	障二〇七二
捧一七七四	戠一八六一	驅一八八九	綊一九二五	緾一九三二	訃一九七九	鄄一九九三	敦二〇一六	鈲二〇二七	載二〇五二	墜二〇七二
摶一七七四	戲一八六五	絸一八九八	䋣一九二五	絧一九三六	填一九八〇	塗一九九四	勤二〇一六	鈇二〇二八	軛二〇五五	隥二〇七六
嫌一七九九	戥一八六六	經一八九九	緐一九二五	絙一九三七	寍一九八一	壟一九九六	豢二〇二〇	銈二〇三一	軳二〇五五	陜二〇七七
鞍一八〇一	戰一八六六	綎一九〇四	綖一九二六	綈一九三九	鉨一九八一	塼一九九七	鉦二〇二五	新二〇四五	軼二〇六〇	亂二一〇六
嫥一八〇二	義一八七二	絹一九一〇	綌一九二七	絲一九四三	塞一九九一	勇一九九八	鉈二〇二六	斯二〇四六	軭二〇六〇	皐二一二〇
賊一八五二	瑟一八七六	縷一九一六	綏一九二八	蜀一九四五	毀一九九一	埜一九九九	鉛二〇二七	舒二〇四七	陸二〇六四	詨二一二一

轂二一三七
敦二一三七
孶二一四一
晉二一四二
員二一四五
稟二一四五
夓二一四八
夒二一八九

十四畫

稾二九
綮三五
𧛙三五
晳三六
慈三六
骯四一
集四二
禞四六
緊四七
禕四七
瑶六八
瓔六九
瑭七〇
蕒八一
蔓八四
葦八五
蔆八五
蓺八八
蔽八九
蘆九四
蕲九七
董九八
窡一〇〇
宿一〇〇
蕆一〇三
蒍一〇六
蓸一〇七
蔹一〇七
蔥一〇八
萃一〇八
單一四七
臉一五二
嘍二〇二
嗅二〇二
嬰二〇三
趄二一〇
歸二一四
羞二二〇
逹二四七
遣二四九
適二五二
棘二五八
遷二六〇
遯二七一
遨二七五
遮二七五
遙二九〇
邈二九一
德二九三
語三六〇
誦三六三
訓三六四
誨三六五
誥三七一
說三七二
誻三七二
誼三八〇
誂三八二
誫三八四
誚三八四
僕三九六
戳四〇七
鞄四一八
鞀四一八
鞁四一九
鞊四一九
鞞四二〇
鞈四二〇
鞅四二一
肇四二三
餌四二四
喙四四一

楢 九五七	槈 九五七	槃 九五七	榠 九六五	桯 九六八	[illegible] 九六九	樁 九六九	圖 一〇四九
[illegible] 一〇六〇	賓 一〇六四	貪 一〇六六	賕 一〇六八	貿 一〇七四	[illegible] 一〇七五	[illegible] 一〇七六	鄰 一〇八五
鄭 一〇八七	鄂 一〇八七	鄦 一〇八九	鄙 一〇九三	鄱 一〇九四	鄘 一一〇一	鄗 一一〇二	鄯 一一〇六
鄐 一一〇八	廊 一一一〇	㬎 一一三二	[illegible] 一一三七	旗 一一四〇	[illegible] 一一四一	[illegible] 一一四一	齊 一一七三
鼎 一一七七	跦 一一八五	[illegible] 一一九三	精 一一九四	[illegible] 一一九四	審 一一九四	[illegible] 一一九五	[illegible] 一一九九
[illegible] 一一九九	豙 一二〇〇	窰 一二〇九	賈 一二一八	[illegible] 一二二〇	寢 一二二六	寡 一二二七	[illegible] 一二三一
戩 一二三一	窬 一二三九	船 一二四五	瘜 一二五三	瘍 一二五四	痤 一二五四	瘧 一二五六	痟 一二五八
韋 一二六六	軸 一二六七	[illegible] 一二七〇	裳 一二七五	篇 一二七六	榑 一二七九	綸 一二八〇 一九二〇	暘 一二八三
僮 一三〇三	僑 一三〇九	儁 一三〇九	[illegible] 一三二四	僻 一三三四	售 一三三九	聚 一三五四	[illegible] 一三五四
監 一三五六	臨 一三五七	裉 一三六五	裏 一三六八	製 一三七〇	[illegible] 一三七四	壽 一三七七	[illegible] 一三七九
[illegible] 一三八一	毫 一三八一	蓄 一三八一	[illegible] 一三九五	辟 一四一一	親 一四一二	脛 一四一四	欽 一四一四

歌一四一七	𢿌一四二八	嵯一四六〇	碨一四六九	駉一五一五	廩一五二二	𡯑一五六六	𦋇一六二一	慵一六四二	憙一六五五	濾一六六九
歁一四一八	翥一四二八	賓一四六〇	豧一五〇一	駕一五一六	蝯一五二七	糟一五八一	愳一六二一	碬一六四五	匽一六五六	壘一六七三
款一四一八	彰一四二九	廡一四六一	貍一五〇六	駕一五一六	獄一五三三	𧾷一五八一	慕一六二五	憏一六五〇	瘵一六五六	滎一六七三
亶一四二〇	詢一四三六	廄一四六一	豣一五〇七	駟一五一六	罷一五四〇	端一五八七	態一六二七	慬一六五一	諈一六五七	瀘一六七八
碩一四二一	餚一四四四	廄一四六一	豫一五〇九	駝一五一六	熊一五四〇	音一五八九	愈一六三三	慪一六五一	漾一六六三	象一六七八
頷一四二三	耆一四四四	寧一四六四	駒一五一四	駐一五一七	熬一五四一	新一六一二	憃一六三五	惒一六五一	漳一六六四	豦一六七九
夏一四二四	罷一四四四	厲一四六五	騂一五一四	駂一五一八	寊一五四三	慫一六二〇	慽一六三七	憖一六五一	漸一六六四	綮一六八二
萹一四二八	誘一四五七	厭一四六五	駜一五一五	駻一五一九	虞一五四四	寒一六二〇	罳一六四一	憲一六五二	濡一六六六	瀸一六八三

𠩺一六八三	漗一六八五	澀一六八五	雷一六九九	雺一七〇〇	需一七〇〇	劊一七〇五	䚲一七〇六
䂭一七〇六	臺一七四九	閨一七五五	𨵿一七五六	聟一七六五	聞一七六六	䚮一七六九	𦖭一七七一
𥝩一七七一	聝一七七二	𡟎一八〇二	䡟一八五一	𦎧一八七二	𦏲一八七五	義一八七五	惡一八七六
䍙一八七六	膛一八八六	㦲一八八七	匱一八八九	綿一八九六	緒一八九八	監一九〇三	綝一九〇五
綳一九〇七	緍一九〇八	緀一九一〇	綠一九一一	緇一九一五	緂一九一五	綊一九一六	緄一九一六
緢一九一八	絽一九一九	綸一九二〇	綀一九二一	縱一九二一	綫一九二二	維一九二五	緍一九二七
綢一九二七	緅一九二九	緊一九二九	縀一九三二	緔一九三二	綘一九三二	綼一九三三	綦一九三五
緊一九三八	綧一九四〇	綁一九四一	緒一九四一	緼一九四二	蓳一九四六	蝭一九四七	蜜一九四七
𧗁一九四八	𩬆一九五一	墉一九九〇	敳一九九一	還一九九三	墍一九九五	頣二〇〇六	强二〇〇九
銅二〇二三	釬二〇二三	銛二〇二四	銍二〇二五	鍪二〇二六	鉻二〇二七	鉼二〇二八	銨二〇三〇
鉄二〇三一	𦤫二〇四四	輕二〇五〇	𨍉二〇五六	輔二〇五六	輒二〇五七	𨍴二〇五七	𨍈二〇五七

十五畫

戕三六八	諢三八三	報四一九	豎四九九	鬪五五九	剶六一三	骼六八七	篵七四七	錘九〇一	奪九四〇	樨九六七
鉢三七二	設三八五	鞈四一九	毆五〇七	覩五六七	觝六二四	膚六八九	箋七四八	覃九一七	棒九四四	絛九六八
諑三七二	諮三八六	龕四一九	得五一四	臱五七七	寨六三三	勛七一五	筆七四八	筥九一七	鼓九五〇	槿九六八
替三七六	諫三八七	寰四二〇	歛五二〇	虜五八一	鴋六三三	罰七三〇	筆七四九	顯九二八	標九五三	稽一〇四四
諆三七六	啟三九三	鞍四二〇	數五四三	魯五八一	雒六三六	箭七三八	溫八五七	萬九三〇	盤九五七	櫟一〇四五
誶三七八	蔆四一七	軭四二二	敵五四四	舒五九六	蕙六六七	篁七三九	縕八五九	適九三〇	樂九五九	羅一〇四五
誳三七九	鞊四一八	發四四一	敷五四四	奭六〇七	殤六八一	等七三九	搵八六〇	圅九三三	楣九六三	賢一〇六〇
誇三八一	誂四一八	隸四九三	數五四九	翼六一二	僼六八七	圅七四三	叡八八三	韡九三四	樺九六四	賞一〇六二

賜一〇六三	朙一〇六四	賤一〇六六	贊一〇六六	賦一〇六六	歸一〇七四	會一〇七四	賓一〇七四
發一〇七六	賘一〇七七	鄺一〇九四	鄴一〇九五	鄱一一〇九	鄓一一〇九	曁一一一〇	曁一一一二
雽一一三一	暲一一三七	曑一一三八	旃一一四〇	旟一一四五	稷一一八四	稞一一八五	稻一一八五
稷一一八五	糂一一九四	頪一一九四	糃一一九六	稟一二一八	實一二一九	寂一二二六	寓一二三一
竈一二三八	寖一二四〇	憲一二四〇	賔一二四三	瘙一二五六	瘷一二五六	瘠一二六二	絹一二六八
鄲一二七一	憚一二七六	僾一三一一	儋一三一二	儀一三二二	僻一三二五	僞一三三八	徵一三五四
褱一三六五	褢一三七一	褀一三七一	褱一三七二	耆一三七七	履一三八八	覗一四一三	慾一四一六
歎一四一八	軝一四一八	歙一四一九	頡一四二二	頪一四二二	頴一四二三	頤一四四三	鞮一四四四
隆一四六〇	廡一四六一	廢一四六一	廛一四六二	厤一四六二	廟一四六三	寐一四六四	殿一四六四
碞一四六五	猶一五〇三	豢一五〇四	豢一五〇四	飽一五〇六	豫一五〇九	毚一五〇九	騅一五一四
騞一五一八	麃一五二二	麇一五二四	猿一五三二	熱一五四三	鼓一五四四	臭一五四四	鶡一五五八

⿱賏大 一五五九	⿰耒⿱凡女 一五七〇	竵 一五八九	普 一五八九	鼠 一五九一	慮 一五九四	敼 一六一三	慧 一六一七
⿰犭悠 一六一九	慶 一六一九	⿰口⿱隹心 一六二一	⿰貝悤 一六二三	慮 一六二六	憧 一六二九	窸 一六三〇	賦 一六三〇
憎 一六三三	憤 一六三三	憯 一六三四	憚 一六三九	憐 一六四一	⿰忄爲 一六四九	憲 一六五〇	慾 一六五〇
蕙 一六五一	憍 一六五一	優 一六五三	⿱啇心 一六五三	禗 一六五四	憮 一六五五	慼 一六五五	蕊 一六五五
愈 一六五六	⿱県心 一六五七	懇 一六五七	⿰亻⿱登心 一六五七	淒 一六五七	槧 一六六四	黎 一六六五	澗 一六七三
澫 一六八一	諑 一六八二	潙 一六八二	湋 一六八三	流 一六八三	⿰氵業 一六八四	滛 一六八四	⿰氵⿱艹呆 一六九一
霓 一六九八	霆 一七〇〇	霥 一七〇〇	魰 一七〇五	闈 一七五七	撫 一七七五	遊 一七七五	⿰彳并 一七七七
播 一七七七	⿰扌桼 一七七八	嬞 一八〇一	⿰女勞 一八〇二	戮 一八五八	勠 一八五八	⿰歹翏 一八五八	戩 一八六五
戯 一八六六	敲 一八六七	⿱𦥑缶 一八八七	扇 一八九一	緜 一八九六	經 一八九九	緯 一九〇〇	劉 一九〇二
麽 一九〇四	縕 一九〇四	綧 一九〇九	練 一九〇九	綃 一九一〇	緹 一九一二	緣 一九二一	緎 一九二三
緬 一九二六	緁 一九二七	緶 一九二七	緮 一九三二	⿰糸春 一九三二	⿰糸則 一九三二	⿰糸耑 一九三三	⿰糸畏 一九三三

十六畫

⿰彳昜 二九二	踵 三二六	器 三三二	⿰月⿱虍皿 三三三	⿱無曰 三六一	諭 三六五	謀 三六五	諱 三七一
諫 三七二	⿱𦥑口 三七三	諺 三七四	譌 三七六	⿰言聿 三八一	謏 三八一	諹 三八一	諻 三八一
⿰言彔 三八一	⿰言便 三八二	⿰言秋 三八二	⿱舌言 三八二	譬 三八四	誒 三八六	諾 三八七	⿱羿言 三九九 一五七〇
⿰𦚏几 四〇三	興 四一五	⿱舌曰 四一六	鞔 四一八	⿰竟免 四一八	鞙 四二〇	⿰革見 四二二	融 四二四
賈 四四一	⿱⿰肉肉夂 四八二	禜 五二八	⿰𡨄又 五三三	魰 五四三	數 五四四	徼 五四六	歔 五四六
學 五五一	⿰貝言 五六五	⿰目𦰩 五七一	⿰⿱罒卸阝 六一〇	⿱罒高 六一二	罷 六一四	⿰鳥比 六二六	奮 六二六
⿱艹敖 六二八	⿱艹劾 六二八	⿰兮鳥 六三五	鴈 六三五	鳺 六三五	⿱𦍌鳥 六三五	⿰鳥巨 六三七	⿱㐬棄 六六二
叡 六八〇	⿱艹羲 六八五	⿰骨它 六八七	⿰月幾 六九〇	膳 六九九	⿱𦍌旨 六九九	⿰害刀 七〇九	劑 七二九
齊 七三三	劒 七三三	衡 七三五	⿰禹甬 七三七	⿱𥫗吾 七三九	篦 七四四	⿱𥫗害 七四七	⿱𥫗毅 七四九
憙 八三四	⿰豸虎 八五三	盬 八五六	鍪 八五七	⿰火盈 八五九	盤 八六〇	⿰食林 八八四	亶 九一三
橙 九二五	頴 九二七	⿱無止 九二九	韒 九三五	樻 九四六	檕 九四六	橎 九四八	樹 九五〇

韵一五三三	燒一五四一	鰵一五四一	樊一五四二	熾一五四四	當一五四五	韓一五七三	澥一五八九
憩一六〇〇	憲一六一六	懋一六一九	悪一六二一	寬一六三一	懟一六三四	寰一六三八	憁一六四一
懌一六四二	懲一六四七	僊一六四七	爲一六四九	蹇一六五〇	懸一六五一	蕙一六五二	憥一六五二
憨一六五三	慭一六五六	慇一六五七	澮一六六四	濁一六六六	熨一六六六	劉一六七〇	澹一六七一
澤一六七一	澇一六七四	澡一六七九	藁一六八一	濩一六八五	霾一六九八	雺一七〇二	龍一七〇五
韶一七〇六	鼍一七五〇	盧一七五一	聹一七六五	頤一七七三	斂一七七七	嫿一七九九	嬛一七九九
戰一八五三	戯一八六六	贅一八七六	鑿一八七六	彊一八九一	彉一八九一	縛一九〇七	瞉一九〇九
縞一九一〇	縉一九一二	縲一九一七	縈一九二三	縢一九二四	繞一九二五	縍一九二五	繳一九二九
縝一九三〇	縶一九三二	緣一九三三	緰一九三三	縋一九三四	縸一九四〇	飳一九四六	颬一九五〇
罾一九五一	鱦一九五五	壁一九七九	奮二〇〇八	數二〇一六	錫二〇二三	錈二〇二四	錢二〇二四
鍪二〇二五	錟二〇二六	錖二〇二八	錸二〇二九	錾二〇二九	錦二〇三〇	錶二〇三一	錀二〇三一

斵二〇三七	輹二〇五一	輹二〇五一	輩二〇五二	[illegible]二〇五八	韓二〇六〇	隰二〇六九	[illegible]二〇七二
隱二〇七二	獸二一〇二	[illegible]二一四五					

十七畫

齋三一	[illegible]三五 三七五	[illegible]四六	環六六	環七一	藍八二	薺八五	[illegible]九一
藏一〇〇	藋一〇六	薵一〇七	[illegible]一一三	[illegible]一四三	[illegible]一四六	[illegible]二〇三	[illegible]二一〇
[illegible]二一〇	[illegible]二一五	[illegible]二一七	舉二一九	[illegible]二二二	遬二五六	[illegible]二五七	[illegible]二七一
[illegible]二七三	邇二七五	衛三一九	嬰三二三	龠三二九	[illegible]三四七	謚三七三	[illegible]三七九
[illegible]三八二	[illegible]三八五	[illegible]三八六	戴四〇七	[illegible]四一五	[illegible]四一八	鞞四一九	[illegible]四二二
[illegible]四二二	擊四二二	[illegible]四二三	[illegible]五一四	斂五二一	斁五二九	[illegible]五三四	[illegible]五四三
歛五四三	數五四七	[illegible]五六四	[illegible]六一五	藿六二六	舊六二六	[illegible]六二八	[illegible]六三五
鴿六三六	[illegible]六三七	[illegible]六七一	髀六八六	體六八六	[illegible]七〇五	膝七〇五	[illegible]七三七

觫七三七	篸七三九	篕七四六	箄七四八	[illegible]七四九	齨八三三	壂八四〇	虡八五二
[illegible]八五六	𤼷八五八	蠱八六〇	臒八六五	𦡓八六六	爵八七七	篧八七七	餻八八四
畣八八七	矰九〇二	猷九〇二	亶九一四	頭九二五	韔九三三	韓九三五	皼九三六
檕九四八	檜九四八	榑九五五	檐九五五	櫛九五七	欘九六七	蔕九八〇	蚤一〇四四
橐一〇四七	賸一〇六一	歖一〇六二	賽一〇七〇	賺一〇七四	鄭一〇八八	嚹一〇八八	鄙一一〇六
鄲一一一〇	鄉一一一三	旙一一四五	壘一一四六	曑一一四六	鮀一一七八	穜一一八二	穩一一九三
鍚一一九六	雟一一九七	家一二〇三	窨一二一八	稟一二一八	實一二一九	窺一二二一	憲一二三二
寂一二三七	簪一二四〇	䆈一二四〇	寫一二四〇	窾一二四〇	窯一二四三	竇一二四六	寫一二四八
瘇一二五六	瘻一二五八	締一二七四	儆一三一一	儥一三二二	僂一三四〇	鼞一三四九	臨一三五七
甕一三六二	襄一三六六	褻一三六七	褒一三六七	襤一三七二	橦一三七二	氈一三八〇	鐙一三八二
懃一四一二	懃一四一二	嚚一四一四	歛一四一九	頸一四二一	鰟一四二二	顑一四二四	獄一四五九

醓二一八四	醘二一八九	醯二一九一					

十八畫

禱三六	璿六五	璧六五	𤩽七〇	餕七二	蕌八四	藥九〇	藥九〇
贇一〇〇	蕁一〇三	藤一〇五	藘一〇八	歸二一二	㯤二二三	韙二四七	遺二五三
還二六五	蟡二六八 一九四七	邋二七四	邊二八三	邏二八九	𨘢二九一	𥈭三二二	衞三二二
獂三二四	舉三三九	鄱三六二	謱三七四	謯三八七	韐三九四	驀四一六	肇四一九
鞭四二〇	鞖四二二	斁五三〇	戳五三三	瞻五六五	𦒉六一五	戳六一五	雜六二四
雔六二四	犨六三一	瞿六三一	雙六三二	鵯六三七	鵚六三七	鴮六三七	鵅六三八
䳑六六一	鵲六六一	羃六六一	斂六八〇	顒六八八	齋六九八	勳七一五	戴七二九
觴七三七	簵七三九	簡七三九	簪七四〇	簞七四一	簽七四二	簠七四七	簧七四八
簦七四八	簸七四八	篤七五〇	豐八四四	虢八五四	鹽八五九	盬八五九	蠲八五九

繎一九〇五	繵一九三四	繪一九四二	龜一九五二	鏑二〇二四	黏二一二一
繙一九〇五	繐一九三四	蠢一九四四	蠅一九五三	鏽二〇二八	黎二一三七
繩一九二三	繏一九三五	蠣一九四六	壘一九九一	鎋二〇二八	
繺一九二四	繺一九三五	蜜一九四七	壚一九九六	鏉二〇二九	
彝一九二九	繹一九三七	蟲一九四九	鼇二〇〇三	鎊二〇二九	
繀一九三三	纆一九三八	蟲一九四九	彊二〇一四	鎦二〇三一	
繝一九三三	繡一九三八	颪一九五〇	䋪二〇二〇	斷二〇四五	
纏一九三三	縺一九四〇	颻一九五〇	鎬二〇二四	鏊二〇五九	

十九畫

櫜三〇	嚴二〇三	譍三六二	肇四一八
䄡四六	趫二〇九	譔三六五	韝四二二
嬰六九	蹵二一五	䜌三七五	鞴四二三
薑八二	蘧二六四	讀三七六	鼄四二四
蘦一〇六	邍二七七	譸三八二	磬五一四
藤一〇八	蓬二九二	譠三八三	斅五四三
犢一四五	儹三〇八	龔四〇二	斂五四四
犡一四七	躗三二二	龏四〇三	數五四五

敾 五四六	鷗 六三五	鏲 八七八	櫝 九五七	瞳 一〇七五	鄺 一一一二	舵 一一七八	羅 一二七〇	韆 一三八〇	礰 一四六二	麗 一五二二
歂 五四八	鰱 六三五	篁 九一八	櫰 九六七	發 一〇七六	鄽 一一一二	穖 一一八三	羉 一二七一	壘 一三八〇	礪 一四六八	辭 一五三四
嬰 五七二	髗 六八七	醬 九二五	麓 九八〇	贅 一〇七六	戳 一一一二	稷 一一八五	罽 一二七二	頧 一三八八	犧 一五〇四	鼲 一五三四
翆 六一一	簕 七四七	顯 九二八	賜 一〇五九	賧 一〇七六	檻 一一一二	簪 一一九六	韐 一二七八	覵 一四一二	鉻 一五〇六 一五三三	鶶 一五五八
翻 六一五	篃 七四八	鬆 九三六	購 一〇六〇	竈 一〇八六	嚳 一一一三	寵 一二二三	警 一二七九	譁 一四二七	饞 一五〇九	甕 一五八八
鞡 六三三	篡 七四九	戳 九四一	贈 一〇六一	墪 一〇八八	虢 一一一五	燹 一二四六	艟 一三六二	鞘 一四二八	騮 一五一四	憲 一六一六
難 六三四	鎏 八五七	縩 九四一	贙 一〇六五	𨛗 一〇八八	旜 一一四二	竊 一二四六	𦪇 一三六二	羴 一四二八	騅 一五一九	懷 一六二一
饃 六三五	肅 八六二	簌 九五五	顉 一〇七三	鄭 一〇八九	農 一一四九	癠 一二五九	襄 一三六六	蠲 一四四四	驌 一五一九	懇 一六三二

懃一六三四	𢡾一六三九	懲一六四二	憼一六四七	懮一六五二	𢟮一六五三	㪑一六六五	瀋一六六九
瀧一六七五	𥗽一六八二	澳一六八三	瀼一六八三	瀕一六八七	霅一六九七	𤡤一七〇一	默一七〇一
霻一七〇一	鯛一七〇五	鯖一七〇五	鯌一七〇五	闞一七五七	龣一七六六	嬛一七九九	嬖一八〇二
戳一八五三	窾一八七六	繯一九〇六	繡一九一〇	繪一九一〇	繰一九一四	繢一九一七	繳一九二〇
緐一九二四	繙一九二四	繵一九二六	繝一九三三	繪一九三五	繯一九三五	繻一九三七	縷一九三八
纖一九三九	繲一九三九	繫一九三九	繿一九四二	鬆一九四二	繼一九四四	臺一九四七	蠢一九四八
蠢一九四八	衟一九四八	黓一九八二	壞一九九二	疇二〇〇五	疆二〇〇八	鏤二〇二三	鏗二〇二四
鏜二〇二九	鐀二〇三〇	轎二〇五五	轎二〇五八	轓二〇五九	隋二〇六八	獸二一〇二	齋二一九一
鬴二一九二							

二十畫

蘘八二	藷八六	竇一一三	釋一四三	犧一四六	犦一四七	嚾二〇二	魑二一五

巹 二二〇	雙 二二二	鬏 三三三	譽 三七三	譔 三七三	譯 三七九	䜃 三八五	譱 三八七
競 三九〇	儻 三九六	舉 四一五	韊 四二三	韡 四二三	數 五五一	鬏 六二四	犨 六三一
瞿 六三一	鴿 六三五	鬻 六六六	醶 六七一	臚 六八九	䑙 七〇六	脊 七〇六	膻 七〇七
衡 七三五	嬴 七三七	覻 七四八	幡 七七七	譁 八三九	簡 八五五	虘 八五六	盤 八五九
箸 八七八	饋 八八二	鏶 九〇一	鐠 九〇一	軟 九一三	遠 九一四	輚 九二五	韃 九三五
繇 九三五	韡 九三七	櫺 九五九	器 九六四	欅 九六七	賜 一〇六四	贊 一〇七四	覽 一〇七四
鄗 一〇九五	鄶 一一〇五	鄹 一一一四	䖘 一一一四	鶇 一一四〇	糬 一一九五	糞 一一九五	鐵 一一九六
魯 一一九七	寶 一二二〇	竇 一二三二	竈 一二四六	竊 一二四八	瘠 一二五八	癢 一二五九	瘡 一二六一
癕 一二六二	癈 一二六二	褸 一三六五	襲 一三六七	聲 一四二五	繇 一四二八	礦 一四六八	壘 一四六九
魍 一五〇六	驛 一五一四	驂 一五一六	驅 一五一六	騾 一五一七	獻 一五二七	黨 一五四五	惡 一六二一
懸 一六二五	懽 一六二五	愈 一六二五	奮 一六三三	憚 一六四二	惓 一六五二	慮 一六五二	劚 一六七〇

瀚一六七九　遺一六八二　霾一六九八　霰一六九八　雱一六九八　霤一六九九　龔一七〇七　鹹一七五一
曾一七五一　縣一七七三　臧一八六七　繼一九〇三　纍一九一五　繡一九一八　纏一九二二　繫一九二七
纕一九三九　纅一九三九　䜌一九四三　蠡一九四八　蠢一九四八　飆一九五〇　蠭一九五二　壞一九七八
壦一九八一　壇一九九〇　壚一九九八　鐃二〇二五　鐘二〇二五　鐫二〇二八　鐐二〇二九　轙二〇五一
輸二〇五九　隴二〇七五　嚶二一〇八

二十一畫

瓔六九　邌二四八　鄭三二二　囂三三一　譽三七四　諴三八二　譸三八二　聽四二三
韈四二三　歛五二一　躄五六四　翱六一三　鶄六三一　鷏六三三　鷃六三七　鶴六三八
雝六八八　膢六九八　簷七四二　簨七四二　籔七四九　籄七四九　蘢八三九　籚八五九
臺九一五　覈九一五　䰍九一九　䩱九二五　欋九四六　權九四七　櫺九五六　蘖九八〇
齎一〇六〇　贏一〇六四　贔一〇七五　矚一〇七六　鄕一一一三　爑一一九六　癰一二六二　酈一二七一

二十二畫

躐 一〇五八	贇 一〇六一	贙 一〇六二	䉾 一一九四	糷 一一九五	䊑 一一九五	癭 一二五四	癩 一二五八		
癪 一二五九	癢 一二五九	癴 一二六二	𢄼 一二七三	舊 一四一〇	覾 一四一二	䶆 一五〇四	𧳋 一五〇七		
蝪 一五二〇	鬉 一五二一	鬟 一五三二	鬁 一五三四	匔 一五八八	慦 一六一九	衜 一六二六	繁 一六九五		
鮭 一七〇五	盧 一七五一	醫 一七五一	聽 一七六六	聾 一七七二	纅 一九一二	纏 一九一八	繒 一九二三		
纓 一九三〇	纂 一九三〇	繂 一九三二	纆 一九三三	縶 一九三九	纇 一九四二	纏 一九四二	纞 一九四三		
鑫 一九四六	鑄 二〇二三	鑑 二〇二四	鑐 二〇二九	鑠 二〇三一	轡 二〇五九	隆 二〇六八	鑭 二一〇七		

二十三畫

鬱 二二〇	齮 三二三	酈 三三二	饠 三六二	羅 四二二	鶻 六一一	鷸 六三七	醽 六七一
籛 六八〇	籗 七四八	籨 七四八	羈 七七七	盧 八五六	韤 九三五	韊 九三五	韈 九三七
巤 一三五七	襯 一三七三	襭 一三七三	寵 一四一〇	顯 一四二三	顫 一四二四	麒 一五〇五	驟 一五一七
鼴 一五三四	鰊 一五三四	黴 一五四五	黷 一五四五	戀 一六一六	戁 一六七三	灑 一六八三	靁 一六九七

二十四畫

二十五畫

盫一九四八
龤一九五五
鑐二〇二九
鑵二〇三〇
鑿二〇三一
魐二一四五

二十六畫

齾三二三
讍三八六
釁四一七
驪六三七
麠六三八
彝六八一
繲七三七
簺七四八
韊九三七
竊一一九六
礹一四六九
纞一五四四
蠱一九四七
龞一九五三
龤一九五五
龖一九九〇

二十七畫

饡六三七
籲七四八
纝九一三
韝九一七
齹一四二七
驪一五一四
鑾二〇二六
韉二〇五九

二十八畫

贛三九四
韣四二四
蟫四二四
雧六三二
膕七〇六
鬱一二七三
鱅一五〇七
燮一五四二
惑一六三〇
戇一六五一
戇一六五一
靁一六九七
蠱一九五三
鼊一九五四
鑿二〇二四
钀二〇五一

二十九畫

齾三二三
韉九三七

三十畫

爨 四一六
⿱竹贛 七四八
⿰龔阝 一一〇九
⿰馬囂 一五一七
⿱戠異 一八六二
⿱賢龜 一九五四
⿱竹關 二〇二〇
⿱金鱻 一七〇五

三十一畫

⿱麗會 一五二三

三十二畫

⿱顯聿 四一九

三十三畫

三十四畫

⿱賜龜 一九五四
⿱㫁龜 一九五四

三十五畫

⿰韋⿱羽羽虫 六一五

[illegible] 一九五四

四十一畫

[illegible] 一九五四

六十二畫

[illegible] 一九五四

主要參考文獻

《長沙發掘報告》 中國科學院考古研究所 科學出版社一九五七年版
《信陽楚墓》 河南省文物研究所 文物出版社一九八六年版
《江陵馬山一號楚墓》 湖北荊州博物館 文物出版社一九八五年版
《曾侯乙墓》 湖北省博物館 文物出版社一九八九年版
《談談隨縣曾侯乙墓的文字資料》 裘錫圭 《文物》一九七九年第七期
《曾侯乙墓竹簡釋文與考釋》 裘錫圭 李家浩 文物出版社一九八九年版
《曾侯乙墓竹簡文字編》 張光裕 黃錫全 滕壬生 臺灣藝文印書館一九九七年版
《包山楚墓》 湖北省荊沙鐵路考古隊 文物出版社一九九一年版
《包山楚簡》 沙鐵路考古隊 文物出版社一九九一年版
《包山楚簡部分釋文校釋》 黃錫全 《湖北出土商周文字輯證》武漢大學出版社一九九二年版

《包山楚簡初探》 陳偉 武漢大學出版社一九九六年版
《包山楚文字編》 張守中 文物出版社一九九六年版
《包山卜筮簡考釋》 曾憲通 《第二届國際中國古文字學研討會論文集》香港中文大學一九九三年
《包山楚簡考釋》 周鳳五 中國古文字研究會第九届學術討論會論文
《包山楚簡研究(七篇)》 陳煒湛 紀念容庚先生百年誕辰暨中國古文字國際學術研討會論文
《包山楚簡神名與〈九歌〉神祇》 劉信芳 《文學遺産》一九九三年第五期
《包山楚簡文字考釋》 劉釗 中國古文字研究會第九届學術討論會論文
《從包山楚簡紀時材料論及楚國紀年與楚歷》 劉彬徽 見《包山楚簡》附録
《包山簡牘所反映的楚國歷法問題》 王紅星 見《包山楚簡》附録
《包山楚簡中的土地買賣》 李學勤 《中國文物報》一九九二年三月二十二日
《讀包山楚簡札記七則》 林澐 《江漢考古》一九九二年第四期

《論包山簡中一楚先祖名》	李學勤	《文物》一九八八年第八期
《包山二號楚墓卜筮祭禱竹簡的初步研究》	彭浩	《楚文化研究論集》（第二集）湖北人民出版社一九九一年版
《包山楚簡中的受期》	曹錦炎	《江漢考古》一九九三年第一期
《關於包山『受期』簡的讀解》	陳偉	《江漢考古》一九九三年第一期
《包山楚簡釋文補正》	李天虹	《江漢考古》一九九三年第三期
《包山竹簡選釋》	何琳儀	《江漢考古》一九九三年第四期
《包山楚簡讀後記》	湯餘惠	《考古與文物》一九九三年第二期
《包山楚簡研究（占卜类）》	李零	《中國典籍與文化論叢》（第一期）中華書局一九九三年版
《包山楚簡研究（五篇）》	李家浩	《第二屆國際中國古文字學研討會論文集》香港中文大學一九九三年印
《讀郭店竹簡〈成之聞之〉札記》	周鳳五	《古文字與古文獻》試刊號，臺灣楚文化研究籌備處一九九九年印
《望山楚簡》	湖北省文物考古研究所　北京大學中文系	中華書局一九九五年版

《江陵望山沙塚楚墓》 湖北省文物考古研究所 文物出版社一九九六年版
《江陵九店楚墓》 湖北省文物考古研究所 科學出版社一九九五年版
《九店楚簡》 湖北省文物考古研究所 北京大學中文系 中華書局二〇〇〇年版
《九店楚簡日書補釋》 劉樂賢 廣西教育出版社一九九八年版 《簡帛研究》（第三輯）
《郭店楚墓竹簡》 荊門市博物館 文物出版社一九九八年版
《郭店竹書別释》 陳偉 湖北教育出版社二〇〇三年版
《郭店楚簡校讀記》 李零 北京大學出版社二〇〇二年版
《郭店楚簡文字編》 張守中 張小滄 郝建文 文物出版社二〇〇〇年版
《釋楚簡文字『廋』》 李天虹 紫禁城出版社二〇〇〇年版 《華學》第4輯
《郭店楚簡識字札記》 周鳳五 臺灣學生書局一九九九年版 《張以仁先生七秩壽慶論文集》
《郭店楚簡國際學術研討會論文集》 湖北人民出版社二〇〇〇年版

《郭店楚簡文字考釋》	黄德寬　徐在國	《吉林大學古籍整理研究所建所十五周年紀念文集》吉林大學出版社一九九八年版
《郭店楚簡散論（二）》	顔世鉉	《江漢考古》二〇〇〇年第一期
《郭店楚簡雜考（五則）》	劉樂賢	《古文字研究》第二十二輯　中華書局二〇〇〇年版
《郭店楚簡選釋》	何琳儀	《簡帛研究》二〇〇一　廣西師範大學出版社二〇〇一年版
《〈荆門郭店楚簡〉讀後記》	白于藍	《中國古文字研究》第一期　吉林大學出版社一九九九年版
《試説郭店簡〈成之聞之〉兩章》	李學勤	《清華簡帛研究》（第一輯）　清華大學思想文化研究所二〇〇〇年印
《郭店楚簡文字續考》	黄德寬　徐在國	《江漢考古》一九九九年第二期
《郭店楚簡釋字八則》	劉國勝	《武漢大學學報》一九九九年第五期
《讀〈郭店楚墓竹簡〉瑣議》	李家浩	《中國哲學》第（二十輯）　遼寧教育出版社一九九九年版
《談包山楚簡『歸鄧人之金』一案及其相關問題》	李家浩	《出土文獻與古文字研究》（第一輯）　復旦大學出版社二〇〇六年版
《郭店楚簡老子研究》	池田知久	日本東京大學文學部中國思想文化研究室一九九九年印

《望山遣策車蓋文字釋讀》	李家浩	《中國文字學報》（第一輯）商務印書館二〇〇六年版
《香港中文大學文物館藏簡牘（甲・戰國楚簡）》	陳松長	《香港中文大學文物館藏簡牘》香港中文大學文物館出版二〇〇一年
《戰國文字研究（六種）》	朱德熙　裘錫圭	《考古學報》一九七二年第一期
《戰國文字通論》	何琳儀	中華書局一九八九年版
《楚系文字略論》	黄錫全	《華夏考古》一九九〇年
《略論戰國文字形體研究中的幾個問題》	湯餘惠	古文字研究》（第十五輯）中華書局一九八六年版
《金文編》	容庚編著　張振林　馬國權摹補	中華書局一九八五年版
《古璽文編》	羅福頤	文物出版社一九八一年版
《古幣文編》	張頷	中華書局一九八六年版
《汗簡注釋》	黄錫全	武漢大學出版社一九九〇年版
《文字學概要》	裘錫圭	商務印書館一九八八年版

《古文字論集》 裘錫圭 中華書局一九九二年版
《釋戰國楚簡中的『凫』字》 裘錫圭 《古文字研究》第二十輯 中華書局二〇〇六年版
《朱德熙古文字論集》 裘錫圭 李家浩整理 中華書局一九九五年版
《李家浩自選集》 李家浩 安徽教育出版社二〇〇二年版
《戰國古文字典》 何琳儀 中華書局一九九八年版
《戰國文字編》 湯餘惠主編 福建人民出版社二〇〇一年版
《楚文字編》 李守奎 華東師範大學出版社二〇〇三年版
《中國古文字研究》（第一輯） 吉林大學古文字研究室編 吉林大學出版社一九九九年版
《簡帛研究》（第三輯） 中國社會科學院簡帛研究中心編輯 廣西教育出版社一九九八年版
《簡帛研究二〇〇一》（上册） 中國社會科學院簡帛研究中心 廣西師範大學出版社二〇〇一年版
《簡帛研究二〇〇一》（下册） 中國社會科學院簡帛研究中心 廣西師範大學出版社二〇〇一年版

《楚帛書》 饒宗頤 曾憲通 中華書局香港分局一九八五年版
《長沙子彈庫戰國楚帛書研究》 李零 中華書局一九八五年版
《戰國竹簡〈民之父母〉中的『才辯』》 李家浩 《北京大學學報（哲學社會科學版）》二〇〇四年第四十一卷第二期
《上博藏竹書試讀》 劉信芳 簡帛研究網站二〇〇三年一月九日
《滬簡二册選釋》 何琳儀 簡帛研究網站二〇〇三年一月十四日
《讀上博楚簡（二）札記（壹）》 黄錫全 簡帛研究網站二〇〇三年二月二十五日
《説上博楚簡〈緇衣〉篇中的『悒』》 曹錦炎 《楚文化研究論集》（第六集） 湖北教育出版社二〇〇五年版
《釋信陽楚簡中的『䃥石之硜』》 黄鳳春 《楚文化研究論集》（第六集） 湖北教育出版社二〇〇五年版
《新蔡葛陵楚墓出土竹簡釋文》 賈連敏 《新蔡葛陵楚墓》 大象出版社二〇〇三年版
《上海博物館藏戰國楚竹書》（一） 馬承源主編 上海古籍出版社二〇〇一年十一月版
《上海博物館藏戰國楚竹書》（二） 馬承源主編 上海古籍出版社二〇〇二年十二月版

《上海博物館藏戰國楚竹書》(三)	馬承源主編	上海古籍出版社二〇〇三年十二月版
《上海博物館藏戰國楚竹書》(四)	馬承源主編	上海古籍出版社二〇〇四年十二月版
《上海博物館藏戰國楚竹書》(五)	馬承源主編	上海古籍出版社二〇〇五年十二月版
《上海博物館藏戰國楚竹書》(六)	馬承源主編	上海古籍出版社二〇〇七年七月版
《上海博物館藏戰國楚竹書》(七)	馬承源主編	上海古籍出版社二〇〇八年十二月版
《清華大學藏戰國竹簡》(一)	李學勤主編	中西書局二〇一〇年十二月版
《清華大學藏戰國竹簡》(二)	李學勤主編	中西書局二〇一一年十二月版
《清華大學藏戰國竹簡》(三)	李學勤主編	中西書局二〇一二年版
《清華大學藏戰國竹簡》(四)	李學勤主編	中西書局二〇一三年版
《清華大學藏戰國竹簡》(五)	李學勤主編	中西書局二〇一五年版
《楚地出土戰國簡册(十四種)》	陳偉等編著	經濟科學出版社二〇〇九年九月版

《上海博物館藏戰國楚竹書(一—五)文字編》 李守奎 曲冰 孫偉龍編著 作家出版社 二〇〇七年十二月版

《上博藏戰國楚竹書字匯》 饒宗頤 徐在國 北京師范大學出版集團 安徽大學出版社 二〇一二年十月版

初版後記

荊州博物館位於歷史文化名城江陵，屹立在楚故都紀南城畔。二十世紀七十年代以來，我館先後在這裏發掘了數千座戰國、秦、漢時期的古墓葬，出土了大批珍貴的歷史文物。其中楚簡、漢簡的數量之多，内容之新穎，書法之精美，早已聞名於世。我因工作關係，曾多次到現場主持或參與主持其發掘工作，並在室内對某些重要的發現親手進行清洗整理，深爲這些簡牘文字資料的重要所吸引，有心將它整理編纂出來，以供學術界研究使用。從一九八八年開始我就注意收集素材，湖北省社會科學院楚史研究所郭德維先生，湖北省博物館譚維四、舒之梅、潘炳炎先生，湖北省考古研究所陳振裕、王紅星先生和胡雅麗女士，湖南省博物館高至喜、劉彬徽先生，上海博物館馬承源先生，荊門市博物館劉祖信同志，荊州博物館陳躍均、彭浩、張萬高、金陵、吳順清等同志先後提供了有關方面的資料，給予了大力支持。楊隨震先生摹寫了部分文字，爲做卡片提供了方便。滕江南、彭孝英、陳江、彭捷、滕文生協助我做了三萬多張卡片。

一九九一年湖北省社會科學院張正明先生將此書列入他所主編的《楚學文庫》的寫作計劃，由湖北教育出版社支持出版。因我平日肩負着繁重的行政事務工作，方培元局長，張緒球等館級領導特地爲我安排了專職資料員黄有志同志，協助我進行文字編排、詞例摘録和負責全書的謄抄、排版工作。五年來，三易其稿，遂成今天之格局。

本書在編寫過程中，還得到了湖北教育出版社、荊州地委宣傳部、荊州行署文化局和荊州博物館的大力支持，以及張正明先生的鼎力相助。同時，也得到同行許多朋友的關心和鼓勵。特别是黄錫全同志對本書草稿進行過審閲，提過很多寶貴意見。黄有志同志潛心協助，精心繕寫，日夜勞作，爲此書付出了辛勤的汗水。總之，本書之成得助於許多同志的關心和幫助，於此謹致衷心的感謝。

由於本人水平和精力所限，書中難免疏漏不當之處，敬希讀者批評指正。

滕壬生

一九九四年四月於湖北荆州博物館

增訂本後記

《楚系簡帛文字編》作爲《楚學文庫》中的一本，由湖北教育出版社於一九九五年出版發行。李零先生指出：這『是包山楚簡公布后資料最詳備的楚系簡帛文字編。該書博采歷年發表的考釋成果，每字注明出處和辭例，極便讀者利用和覆驗原書，想必會推進大家對楚文字的認識，爲早日進入大規模識字階段作準備』。先生的鼓勵和寶貴意見給我日後繼續從事這一工作帶來了激奮。

二〇〇一年，湖北教育出版社的負責同志主動向我約稿，他説，許多知名學者對你編著的《楚系簡帛文字編》很感興趣，希望在原來的基礎上擴充新的内容，再做一本大型的楚系簡帛文字編，書名改爲《楚系簡帛文字大典》。不久，我到北京大學向恩師裘錫圭先生作了匯報。裘先生説，這是好事，但書名不要改，你的《楚系簡帛文字編》大家都熟悉，我們都在用。已經有了知名度，何必再改名？我希望新的增訂本把已經分布的楚簡文字盡可能多收一些，最好一網打盡。後來出版社完全贊同裘先生的意見。先生的教誨給了我很大的鼓勵。出版社的大力支持，令我非常感謝。

二〇〇二年便着手做郭店楚簡和九店楚簡的單字及辭例卡片，這時，高級考古攝影師金陵同志主動給我提供了郭店楚簡的照片資料，給我大力支持。後來我一直盼望河南新蔡葛陵楚簡的公開發表，待至二〇〇三年十月該簡隨其考古報告正式出版，在尚未公開發行時，河南省考古所的郝本性先生和賈連敏先生來荆州開會，就把這樣書送給了我，令我非常感動。從此以後，我才傾全力整理資料，着手編排。在整理資料的過程中，長江大學文學院副院長徐文武教授安排黄婷婷協助我搜集了數以萬計的文字資料，夫人彭孝英給我整理原書的卡片萬余張。在編排過程中，面對近五萬張單字卡片，如何才能理順分别歸入字頭，決非一人之力所能完成。這時荆州文物保護中心主任吴順清教授、主任助理蔡桂蘭主動關心，讓我臨時聘請助手，給了我極大的支持。至二〇〇四年，該書初稿完成，並交出版社。在這一過程中，彭捷、陳江、閆紅、潘荆南、郭萍、張揚等人，協助我做了大量資料編排工作。

從二〇〇五年至二〇〇七年，該書三易其稿。在一校二校三校時，李家浩先生在百忙中、在返鄉回家休息的日子裏，對該書先後三次審閲修改，提了許多寶貴意見，朱筆斑斕，嚴加把關，付出了大量的辛勞，令我十分敬佩和感謝。

二〇〇六年，在武漢大學組織的國際學術會議期間，李學勤先生問我近况如何。我向先生匯報了編撰該書的情况，并請先生爲該書作序。先生欣然答應：『好啊，没有問題。』并囑咐我『常電話聯繫』。我深知先生工作十分繁忙，對我這樣一個學識疏淺的後學之人如此關心厚愛，令我非常感激。

湖北教育出版社爲此書的出版付出了大量的人力、物力、財力。孫艷魁主任更是不憚其煩，多次來到荆州指導工作，在排版技術上嚴格把關，屢易校稿，辛勞尤多。在此，我再次向出版社及排版公司深表謝意。

這部書能够出版，是許多同志共同努力的結果。在其編著和出版過程中，除了前面提到的各位先生各位同志之外，還先後得到賈漢卿、劉彬徽、陳松長、黄錫全、陳偉、吴良寶、李守奎、陳佩芬、黄有志、楊隨震、張大軍等同志的關心和幫助，以及文物局、博物館等有關單位和有關領導的大力支持。在此，一併表示衷心的感謝。並請讀者批評指教。

滕壬生

二〇〇七年十二月

新版後記

荆州博物館位於全國歷史文化名城荆州古城西門内，距楚故都紀南城五公里，二十世紀七十年代以來，我館先後在荆州發掘了數千座戰國、秦、漢時期的古墓葬，出土了大批珍貴的歷史文物，其中楚簡、汉簡的數量之多，内容之新穎，書法之精美，早已聞名於世。我因工作關係，曾多次到現場主持或參與主持發掘工作，並在室内對某些重要的發現親手進行清洗、整理，深爲這些重要的簡牘文字資料所吸引，有心將它整理編纂出來，以供學界研究使用，自一九八八年開始，我就注意收集素材。

一九九一年湖北省社會科學院張正明先生將此書列入他主編的《楚學文庫》，由湖北教育出版社支持出版，當時因爲我平日肩負着全館繁重的行政事務工作，方培元局長等館級領導特地爲我安排專職助手黄有志同志協助我進行文字編排、詞例摘録、簡文摹寫，因爲出版社當時没有楚文字鉛印字庫並委托黄有志同志承擔了全書的謄抄工作。一九九五年七月《楚系簡帛文字編》出版。

北京大學教授、古文字學家李零先生翻閲此書後指出：『這是包山竹簡公佈後資料最詳備的《楚系簡帛文字編》，該書博采歷年發表的考釋成果，每字注明出處和辭例，極便讀者利用和覆驗原書，相必會推進大家對楚文字的認識，爲早日大規模識字階段作準備。』先生的鼓勵和寶貴意見給我日後繼續從事這一工作帶來了激奮。

二〇〇一年，湖北教育出版社的負責同志主動同我約稿，他説：『許多知名學者對你編纂的《楚系簡帛文字編》很感興趣，希望在原來的基礎上擴充新的内容，再做一本大型的《楚系簡帛文字編》，書名改爲《楚系簡帛文字大典》。』不久，我到北京大學開會，向恩師裘錫圭先生做了彙報，裘先生説：『這是好事，但書名不要改，你的《楚系簡帛文字編》大家都熟悉，我們都在用，已經有了知名度，何必再改名。我希望新的增訂本把已經公佈的楚簡文字盡可能多收一些，最好一網打盡。』先生的教誨給了我很大的幫助。後來出版社完全贊同裘先生的意見。

二〇〇二年，我便着手做郭店楚簡、九店楚簡、河南新蔡葛陵楚簡的單字及辭例卡片等工作，從二〇〇五年至二〇〇七年，經過兩年的日夜奮戰，《楚系簡帛文字編》（增訂本）面世了。

二〇一六年二月，湖北省政府計劃出版《荊楚文庫》，專家組負責對原來出版的《楚學文庫》中的經典書籍進行挑選，湖北教育出版社推薦《楚系簡帛文字編》（增訂本）作爲經典著作再版重出，黄錫全先生知道此信息後，打電話建議我把《上海博物館藏戰國楚竹書》及《清華大學藏戰國竹簡》悉數收入進來重新出版。李家浩先生也説：『此書出版後，那零星的楚文字資料都不用購買了，買這一本就足夠了，研究起來也很方便，這是一件功德無量的大事。』於是我便下定決心，趁此機會把《楚系簡帛文字編》編寫得更完備。荊州博物館黨委書記楊平等領導獲悉此事後，安排資金購買了《上海博物館藏戰國楚竹書》及《清華大學藏戰國竹簡》全套資料，給予了大力支持。面對兩萬多張卡片，如何才能理順分别歸入字頭，決非一人之力所能完成，荊州博物館宣教部李紅主任組織力量，安排潘荊南、劉静、陳子棨、劉玮等同志做了兩萬多張卡片，劉羽同志協助我具體負責。在編纂過程中經常遇到單字歸煩的問題，有時爲了一個字找到合適的正確位置，先後查閲了《楚地出土戰國簡册十四種》、《上海博物館藏戰國楚竹書（一—五）文字編》、《説文解字》等資料，每每飯不甘食，夜不能寐。

二〇一六年十一月底初稿完成，並交給了出版社，回首編著《楚系簡帛文字編》的幾十年，經過對楚簡帛文字資料的搜集、編寫、修改、增訂，其間數易其稿，遂成如今之格局。

《楚系簡帛文字編》收録的楚簡文字字形總數爲七萬一千四百三十一個，較之甲骨文、殷周金文，其數量之多，規模之宏大，材料之豐富，集中反映了戰國以來語言文字界對簡帛文字研究的豐碩成果。這部書體例完備，字頭首出小篆的楷書字形，次出小篆字形，異體字則分别排列在同一字頭下，結構不同的異體字，皆出隸古定，次於相應的字形，《説文》所無之字而有形聲可識者，用楷書作字頭，分别附於《説文》各部之末，見於後世字書者，則見於何書，皆有著述。

大家都知道，甲骨文是用刻刀鐫刻出來的，金文是鑄造出來的，而楚簡文字是楚人用毛筆書寫的楚人墨迹，是最早的書法表現形式。諸如載有文字的六國兵器，數量逾百件，其餘的文字載体若貨幣，若璽印，若陶器，其數量也僅千餘件，都不能與楚簡帛相比較，況且楚簡帛都有較多的上下文可供推求，其中的書籍有的還有傳世本，足資對照，這樣，通過楚簡帛能夠準確考釋許多文字，並且由之上溯殷周，下通秦漢，於古文字學中有其獨有的重要性。

這部書能夠出版，是許多同志共同努力的結果，在編著出版的過程中，李家浩先生在百忙中，在返鄉回家休息的日子裏，對該書先後三次審閲修改，提出了許多寶貴意見，朱筆斑斕，嚴加把關，付出了大量辛勞，令我十分敬佩和感謝。楊隨震先生、黄有志同志對本書草稿進行了校對工作，嚴格把關，提出了很多寶貴意見。

湖北教育出版社爲此書的出版付出了大量的人力、物力、財力，孫艷魁主任更是不憚其煩，多次來荆州指導工作，在排版技術上嚴格把關，屢易其稿，辛勞尤多。在此，我再次向出版社及排版公司深表謝意。

除了前面提到的各位先生、各位同志之外，還先後得到了賈漢卿、劉彬徽、陳松長、黄錫全、陳偉、吴良寶、李守奎、陳佩芬等同志的關心和幫助，以及文旅委、博物館等有關單位和有關領導的大力支持，在此表示衷心感謝，並請讀者批評指教。

滕壬生

二〇一七年元月

編後記

《楚系簡帛文字編》是滕壬生先生的遺作。作者在湖北教育出版社2008年出版的《楚系簡帛文字編》（增訂本）的基礎上，吸收了學術界最新的研究成果成果，增補了《上海博物館藏戰國楚竹書》三到七册和《清華大學藏戰國竹簡》一到五册的内容。作爲目前系統收録楚系簡帛文字最多的工具書，對於研究楚國及受楚文化影響較深的南方諸國文字和歷史文化有重要的參考價值。

出版社編輯衹對書稿做了如下修改：

一、對書稿的文字疏誤進行了訂正；

二、統一了正文中按語的體例；

三、重新編寫了《楚系簡帛文字編》筆畫檢字表；

四、核對原文，訂正了篇目、文字的錯誤；

遵照作者生前安排，書稿排出後，我們請荆州黄有志先生審看了校樣，荆州博物館荆南參加了書稿的資料收集、整理工作，在後期也提出了諸多參考建議。在此，一並致謝。

修訂難免有疏漏之處，期待讀者和專家提出寶貴意見，使本書的品質不斷提高，臻於完善。

湖北教育出版社